轨道交通用车轮技术进展

苏世怀　主编

北　京
冶　金　工　业　出　版　社
2019

内 容 提 要

本书汇编了马鞍山钢铁股份有限公司工程技术人员在轨道交通用车轮技术方面承担和参与的国家“863”项目科技报告以及公开发表的论文、专利等技术成果。2000年以来，马钢在轨道交通用车轮研发、生产制造系统技术方面开展了卓有成效的科研、关键技术攻关、政产学研用合作等工作，为推动我国轨道交通关键零部件用材料和工程技术发展发挥了举足轻重的作用。本书全面展现了马钢车轮技术发展历程，科学、系统地阐述了马钢在轨道交通用车轮技术发展、产品开发、试验研究、数值仿真、生产实践等领域关键技术方面所做的努力和取得的成绩。

本书可供钢铁冶金领域和轨道交通领域相关工程技术人员、管理人员参考。

图书在版编目(CIP)数据

轨道交通用车轮技术进展/苏世怀主编. —北京：冶金工业出版社，2019.1

ISBN 978-7-5024-7971-8

Ⅰ.①轨… Ⅱ.①苏… Ⅲ.①轨道交通—车轮—技术 Ⅳ.①U260.331

中国版本图书馆CIP数据核字(2018)第279764号

出 版 人　谭学余

地　　址　北京市东城区嵩祝院北巷39号　邮编　100009　电话　(010)64027926

网　　址　www.cnmip.com.cn　电子信箱　yjcbs@cnmip.com.cn

责任编辑　刘小峰　美术编辑　彭子赫　版式设计　孙跃红

责任校对　李　娜　责任印制　李玉山

ISBN 978-7-5024-7971-8

冶金工业出版社出版发行；各地新华书店经销；三河市双峰印刷装订有限公司印刷

2019年1月第1版，2019年1月第1次印刷

210mm×297mm；73.25印张；2418千字；1156页

600.00元

冶金工业出版社　投稿电话　(010)64027932　投稿信箱　tougao@cnmip.com.cn

冶金工业出版社营销中心　电话　(010)64044283　传真　(010)64027893

冶金工业出版社天猫旗舰店　yjgycbs.tmall.com

序

轨道交通是国民经济大动脉、关键基础设施和重大民生工程。加强现代化轨道交通建设，对扩大铁路运输有效供给、构建现代综合交通运输体系、建设交通强国，特别是国家“一带一路”“走出去”战略的实施，具有十分重要的意义。到2020年，全国铁路营业里程将达到15万公里，装备水平先进适用，运输安全持续稳定，创新能力不断提高，运输能力和服务品质全面提升，市场竞争力和国际影响力明显增强。这些目标的实现离不开轨道交通装备关键技术自主创新的集成。

车轮作为轨道交通的关键部件之一，其制造工艺技术复杂，涉及材料、冶炼、冷热加工、热处理、装配、检测、评价等多个领域，是中国率先走向世界的战略性轨道高端装备的重要部件。它在运行过程中起到承载、传递动力以及制动等作用，其安全服役性能尤为重要。车轮的质量、可靠性、适用性直接影响轨道交通的安全顺行，是我国轨道交通发展的基础产品。近年来，随着列车运行速度的提高、载重能力的提升，铁路用户对车轮的性能（良好的强韧匹配、耐磨性与抗冷热疲劳性协同）、品质（高洁净度、高均质）均提出了越来越高的要求。

马钢作为中国轨道交通用车轮的重要生产基地，是目前国内唯一一家实现了全流程车轮制备与产品谱系全覆盖的企业。1964年马钢车轮的诞生，实现了中国铁路使用国产车轮的百年梦想；时光荏苒，马钢车轮伴随着中国铁路风雨同行。多年来，马钢车轮牢牢把握世界车轮生产的前沿技术，大力开展自主创新，掌握和拥有马钢车轮的自主知识产权和核心竞争力，使自己不断发展壮大，成为世界车轮制造业的强者，马钢车轮已经成为中国品牌产品。

跨入21世纪，马钢根据国内外市场和铁路发展的需求，明确以世界一流为目标，以技术领先、高技术含量产品研制为主攻方向，积极构建以市场为导向，“产学研用”相结合的技术创新和研发体系，在铁路高速车轮、重载车轮、机车车轮、城市轨道交通减振降噪车轮等领域实现了关键技术突破，取得了一系列论文、专利、科技报告等技术创新成果。为梳理与总结经验，进一步提升车轮产品研发水平，也为广大轨道交通用车轮产品研发领域的工程技术人员在今后工作过程中得以借鉴前人经验与思路，马钢集团副总经理、总工程师苏世怀等同志编著了这本《轨道交通用车轮技术进展》。

本书汇编了自2000年以来，马钢及其合作单位的工程技术研究人员在轨道交通用车轮相关课题的研发、技术攻关过程中公开发表的论文、专利以及马钢承担参与的国家“863”项目的科技报告。本书是国内第一部全面、系统对轨道交通用车轮研发、技术等成果进行整理汇编的书籍，涉及内容具有创新性、规范性、服务性、资料性、系统性和理论性，相关作者、执笔人长期从事车轮研发与制造工作，专业技术水平高、经验积累丰富，我相信这本书对轨道交通装备产品研发领域的工程技术人员的工作有较大的帮助与参考价值。

我很高兴地向有关人员推荐这本《轨道交通用车轮技术进展》，它对于轨道交通用车轮研发来说不仅仅是一次梳理与总结，更为后续车轮领域技术创新奠定基石。愿它能够帮助技术人员的科研水平更上一层楼。

中国工程院院士

2018年12月6日

前　言

马钢是中国特大型钢铁联合企业和重要的钢材生产基地，具备年产2000万吨钢配套生产规模，拥有独具特色的“轮、型、板、线、特”产品结构。其中，车轮产品为“中国名牌”产品，具有良好经济与社会效益，也是最具市场竞争力的关键产品。

如今，铁路运输业已经成为世界很多国家经济发展的重要基础工业，马钢作为一个为中国铁路事业服务了五十余年的生产基地，在国家的大力支持下，积极配合中国铁路的快速发展，从生产装备、工艺技术、管理体制等方面不断创新，构建车轮制造全流程产品研发和质量保证体系，目前马钢车轮整体技术已达国际先进水平。近年来，马钢高性能铁路机车用整体车轮实现产业化、30t以上大轴重重载货车车轮形成系列化、高速动车组车轮研发实现新突破、轨道交通用低噪声车轮实现多样化，为我国轨道交通的发展作出了重大贡献。

马钢在多年不断发展的同时，形成了一支具有较强综合研发能力的轨道交通领域人才队伍。这些长期从事车轮研发的技术人员专业技术水平较高，在日常科研项目研发、技术攻关过程中对关键技术进行总结，公开发表了大量具有参考价值的技术论文、科技报告、专利发明等文献资料。为了进一步提高轨道交通车轮研发人员的科研思路能力，马钢结合自身与合作单位的创新研发实际编写了本书。

本书共分三个部分，第一部分“车轮系统国家‘863’项目科技报告”以近年来马钢承担或参与的4项国家“863”项目的科技报告为内容，分四个章节进行梳理汇编。第二部分“车轮技术研究”以技术综述、产品开发、数值仿真、试验研究、生产实践为章节对马钢及合作单位技术人员学术论文进行梳理汇编。第三部分“车轮领域专利文献”对马钢技术人员2000年以来授权的专利进行整理与汇编。在这些文献资料中，作为马钢合作单位的科研院校论文文献的编入，使得本书无论从产品研发思路，还是从理论基础研究与试验评价方法等方面都具有极高的学术参考价值。

本书不仅对轨道交通用车轮生产企业有参考价值，而且对于轨道交通装备产品研发、工艺改进和试验评价等更具实际价值。本书也可以供院校科研和教学参考。

本书在编撰的过程中参考和引用了一些文献资料内容，在此谨向这些著作文献的作者表示谢意。

由于我们经验和水平所限，加之时间仓促，书中不妥之处，望有关专家、同仁和广大读者不吝赐教指正。

马钢（集团）控股有限公司 苏世怀

2018年12月6日

目　录

轨道交通用车轮技术发展

车轮系统国家“863”项目科技报告

车轮技术研究

技术综述

产品开发·高速车轮

产品开发·重载车轮

产品开发·无碳化物贝氏体钢车轮

产品开发·减振降噪车轮

试验研究

数值仿真

生产实践

车轮领域专利文献

轨道交通用
车轮技术发展

轨道交通用车轮技术概述

1 中国轨道交通发展概况

1.1 轨道交通发展方向

轨道交通是铁路和城市轨道交通运输的总称，铁路是国民经济的交通大动脉，城市轨道交通是大中城市的基础性公共交通设施。

工业发达国家和地区铁路建设是以建立比较优势为前提、以服务主体需求对象为目的的，具有鲜明的特色。地域辽阔、人口密度小的工业发达国家，如美国、加拿大、澳大利亚等，拥有完善的重载货运铁路系统，车辆轴重已达40t，货运效能非常高，但铁路客运能力薄弱，发展势头也不强，原因在于铁路货运能力大、成本低，而铁路客运在快捷、便利方面不及航空和公路交通。地域小、人口密度大的工业发达国家和地区，如日本、欧洲、韩国等，客运铁路建设是重点，趋势是发展高速铁路，铁路货运能力较弱，原因在于铁路占地少，在中等距离范围，高速铁路在舒适性、快捷性、便利性和运能上较航空、公路交通具有明显优势。

随着城市化进程的发展，城市拥堵是各城市的“心头之痛”，而城市轨道交通以其在时间效益、能源效益、环境保护、优化城市空间结构等方面的优势在各城市迅速发展起来，成为重要城市公共交通运输工具。在人口为1000万的巴黎拥有1000公里城铁，轨道交通占公共交通运输总量的80%以上。伦敦、纽约、首尔等世界特大城市的这一比例都在70%以上，东京则高达90%[1]。

城市轨道交通因其运能运效高、节能环保，是国内外城市大力发展的公共交通方式，已经成为我国大中城市市民出行非常青睐的方式。但轨道交通运行过程中仍会产生一定的污染，噪声污染是其中较为严重的一种。轨道交通系统的运行噪声主要包括滚动噪声、冲击噪声、曲线高频噪声、设备噪声、桥梁噪声和气动噪声等，在设计建造时，须采取必要的措施使其达到有关要求，从而不影响周边人群身心健康。

我国地域辽阔、人口多、环境复杂，特别是随着国家对环保、绿色发展的重视，我国国情决定了必须以客运高速、货运重载、城际地铁低噪声为主，才能满足国民经济快速发展、人民物质文化生活水平不断提高的需要，这就要求我国必须齐头并举地发展自主的高速铁路、重载铁路及其低噪声技术。

纵观国外轨道交通发展，离不开高速、重载、低噪声三个主流方向，我国也不例外。在我国经济高速发展的形势下，三者需要持续发展，才能满足我国经济、社会发展需求，才能满足人民对美好生活的需求。

2008年8月，中国首条设计时速达300km/h的高速铁路——京津城际铁路通车运营，标志着中国轨道交通进入高铁时代，同时宣告轨道交通行业步入一个崭新的发展期，经过10年的快速发展，中国轨道交通行业已经由高速发展进入成熟发展阶段，根据国家“十三五”规划，国家对轨道交通行业的固定资产投资金额至少是3.5万亿元，预示着中国轨道交通行业仍将处于“黄金期”。

我国高速铁路经过10年的快速发展，“十三五”期间仍计划建设铁路新线2.3万公里，投资2.8万亿元。到“十三五”末，铁路网的总里程约达到14.5万公里。而且，城市轨道交通仍有着广阔的成长空间，2017年中国内地城轨交通完成建设投资4762亿元[2]，至少43个城市在开展轨道交通建设。相关部委已经明确，到2020年全国城市轨道交通营运总里程要达到6000公里，即在“十三五”期间每年要至少完成500公里的新建。此外，随着国家“一带一路”倡议的实施，沿线国家铁路建设将掀起新一轮高潮，将会有力支撑中国轨道交通装备行业“走出去”的战略，目前以中国中车为龙头，已经获得北美、澳大利亚、马来西亚等国家的轨道交通产品的订单，海外轨道交通市场未来也有巨大的发展空间。

可以预见，随着轨道交通用车辆设备的保有量不断增加，很多铁路车辆将进入大的检修保养周期，对安全运营、维护保养、检验检测需求必将增加，对中国轨道交通装备领域的制造企业而言，产业充满机会，市场规模和空间非常巨大。

1.2 铁路车轮的作用

“高速、重载、低噪声”是轨道交通的发展方向，安全是铁路运行的首要要求。根据 UIC（国际铁道联盟）的定义，高速铁路是指营运速度达 200km/h 的铁路系统，运行速度超过 200km/h 的轨道列车称为高速列车；而重载列车一般是指牵引重量达到或超过 5000t、车辆轴重达到或超过 30t 的货物列车。

无论是高速还是重载，都必须将安全运行放在首位。而作为列车的关键行走部件之一——车轮，在运行过程中起到承载、传递动力以及制动等作用，其安全服役性能显得尤为重要。

研究表明，运行速度超过 120km/h 后，随着列车运行速度的提高，列车的动力学条件发生显著变化，车轮与钢轨之间的摩擦磨损加剧，并且在高速列车的制动过程中，产生大量的摩擦热，加剧了车轮和钢轨因疲劳、剥离等引发的失效问题，给高速列车的安全运行带来极大的隐患，甚至发生安全事故，同时增加了铁路检修成本。1998 年德国高速列车出轨，造成 100 多人死亡的惨重事故，其起因就是车轮的疲劳断裂[3]。

国外实践证明，增大货车轴重、实现重载运输，是提高铁路运输能力、解决运能不足的有效途径。发展铁路重载运输技术的难点和重点之一，是如何保证在重载运输条件下轮轨的使用安全和使用寿命。研究结果表明，对于货车来说，由于采用踏面制动方式，随着车辆轴重的加大和速度的提高，导致制动力增大，车轮在制动时将承受巨大的热载荷，同时由于制动载荷的加大，车轮滑动距离增加，加剧了轮轨间的滑动摩擦趋势，从而使热损伤缺陷甚至热裂事故的发生几率增大。近年来，传统车轮钢运行于重载、提速条件下，先后暴露出大量的问题，由于恶劣条件的影响，也发生了多起货车车轮掉块、崩轮等事故。

可见，对于整车来说，车轮虽然是一个关键的行走部件，但是涵盖了钢铁冶金、金属材料、断裂力学、轮轨关系与轮轴关系、车辆工程等多个学科，性能的波动、质量的优劣直接关系到轨道交通的安全与发展，直接关系到运行安全。

根据我国铁路的发展模式，我国车轮制造业必须具备既能适应高速条件、又能适应重载条件的综合能力，实际上等于要求我国车轮制造业掌握完整的、系统的车轮生产技术，这一要求之高，是一些发达国家和地区不可比拟的。实现高等级车轮国产化，对于支撑我国铁路健康、可持续发展，确保国家经济安全具有重要作用。

2 马钢车轮系统发展概况

2.1 马鞍山钢铁股份有限公司概况

马钢是中国特大型钢铁联合企业和重要的钢材生产基地，隶属安徽省管辖，主营业务为黑色金属冶炼及其压延加工与产品销售、钢铁产品延伸加工、矿产品采选、建筑、设计、钢结构、设备制造及安装、技术咨询及劳务服务等，其中钢铁生产业务集中于马鞍山钢铁股份有限公司。

在 60 年的发展历程中，马钢为中国钢铁工业发展做出了独特贡献：中国首个火车车轮轮箍生产厂、中国首套高速线材轧机、中国首条热轧大 H 型钢生产线、中国钢铁行业首只面向全球发行的股票都诞生在这里。

马钢现拥有世界一流的冷热轧薄板、镀锌板、彩涂板、大小 H 型钢、高速线（棒）材、高速车轮、特钢等生产线，主体装备实现大型化和现代化，70%的工艺装备达到世界先进水平，形成了独具特色的“轮、型、板、线、特”产品结构。产品出口到 50 多个国家和地区，广泛应用于航空、铁路、海洋、汽车、家电、造船、建筑、机械制造等领域及国家重点工程，其中车轮产品、H 型钢为“中国名牌”产品，马钢商标被评为“中国驰名商标”。

2.1.1 产品种类

马钢板带产品有热轧板、冷轧板、镀锌板、彩涂板，广泛应用于造船、汽车、家电、集装箱、工程机械、油气输送等领域。为打造后发优势，马钢大力推进板材产品的研发工作。目前，马钢汽车板实现了整车供货，家电板进入了格力等国内家电行业龙头企业，管线钢批量用于国家西气东输工程。

马钢是我国第一家拥有热轧 H 型钢生产线的企业，现有品种规格齐全的 H 型钢、槽钢、铁塔用钢、矿用钢等产品。借助“十一五”国家科技支撑计划“高效节约型建筑用钢产品开发及应用研究”项目实施，马钢开发出海洋石油平台用H型钢、铁路车辆用H型钢、高强耐候H型钢等一批高科技含量、高附加值产品。

马钢拥有世界先进水平的线材轧机装备和技术，产品品种、规格齐全。开发出的非调质冷镦钢产品，通过拉拔冷镦可直接生产9.8级以上等级的螺栓紧固件，由于免除二次热处理，不仅降低了紧固件生产企业制造成本，还减少了能源消耗，因此备受客户青睐。德国大众、美国通用等世界知名企业产品和我国神舟飞船及新一代核潜艇上都用上了马钢冷镦钢生产的紧固件。

马钢是我国第一个火车车轮的诞生地，目前拥有两条车轮生产线，年生产能力70万件，是全球规模最大的火车车轮生产基地之一。产品主要有车轮、轮箍、轮件、环件、盘件、锻件6大系列数千种规格，是我国铁路客、货车轮的主要供应商和国内机车轮、轮箍的唯一供应商。

马钢特钢产品主要包括：合金结构钢、轴承钢、弹簧钢、齿轮钢、工模具钢、车轮轮箍钢、合金管坯用钢、高品质环件用钢、高等级冷镦钢、非调质钢、锚链钢、轧辊用钢、机电转子用钢、大型铸锻件用钢等品种系列，广泛应用于铁路、能源、汽车、机械、建筑、石油、化工、冶金、电力、航空、船舶、海洋等领域及国家重点工程。

2.1.2 发展历程

1958年12月19日，马钢小型轧钢车间轧出第一根合格钢材。

1964年7月29日，我国第一个直径840mm辗钢整体车轮成功轧制，结束了我国车轮轮箍长期依赖进口的历史。车轮轮箍工程与大庆油田、万吨水压机、原子弹并称为当时我国工业战线的四大成就。

1975年7月1日，马钢2300mm中板轧机工程竣工投产。

1987年5月28日，马钢建成我国第一条高速线材生产线。

1998年7月4日，我国第一条热轧大H型钢生产线建成投产。2004年3月，马钢热轧小H型钢生产线建成投入生产，使马钢热轧H型钢产品配套系列化。

2004年，冷热轧薄板系统工程、彩涂板工程、冷镦钢线材工程先后竣工投产。

2007年9月20日，新区500万吨从烧结、炼铁、炼钢到热轧、冷轧、镀锌的全流程生产线工程全面竣工投产。

2010年以来，开发管线钢、汽车板、家电板、车轮、高速车轮、高速车轴、海洋耐蚀型材和板材等产品。

2011年10月，马钢新建特钢生产线，高速车轮用钢改造项目建成投产。

2014年5月，马钢成功收购世界著名高铁轮轴生产企业法国瓦顿公司。

2017年6月，马钢建成车轴生产线，至此马钢形成完整的轮轴生产线。

2.2 马钢车轮系统装备概况

经过50多年的发展，马钢车轮生产系统已建成国内唯一一家炼钢→辗钢车轮制造全流程一体化的生产模式，与日本新日铁住金、意大利Lucchini属同一类型。相较于国外主要车轮生产厂，马钢车轮生产系统的装备条件处于明显的优势地位。

2.2.1 车轮钢冶炼装备

马钢车轮钢生产流程及装备条件的主要变化情况见表1。特别是2010年马钢投资20多亿元，建成了一条具有国际先进工艺技术装备水平的电炉特种钢炼钢、炉外精炼、连铸生产线，其中，电炉可实现自动化炼钢，工艺稳定性良好；LF、RH炉选用了成熟、可靠的装备；全弧形圆坯连铸机为Danieli的新一代机型，2011年底建成投产。

总体上看，马钢车轮钢生产线起点高，在装备条件上具有比较优势，每年可以为马钢高等级车轮制造提供80万吨优质钢坯。

表1 车轮钢生产流程及装备条件变化

时间段	生产流程及装备条件
1988年以前	平炉冶炼→模铸
1988~1995年	平炉冶炼→喷粉精炼→模铸

续表 1

时间段	生产流程及装备条件
1995~2000 年	平炉冶炼→倒包→SKF→模铸
2000~2001 年	平炉冶炼→LF→VD→模铸
2001~2002 年	转炉冶炼→LF→VD→模铸
2002~2013 年	转炉冶炼→LF→VD→圆坯连铸
2012 年以后	电炉冶炼→LF→RH→圆坯连铸

2.2.2　车轮制造装备

马钢车轮制造装备不断改造升级，始建于 20 世纪 60 年代的第一条车轮生产线已淘汰，现有两条生产线。2 号生产线于 2004 年建成，工艺流程见图 1，产能 30 万件；3 号生产线于 2008 年建成，工艺流程见图 2，产能 40 万件。马钢车轮总产能约 70 万件，为世界上规模最大的辗钢车轮生产厂之一。这两条生产线的建成，使马钢车轮生产线的装备水平跃居世界前列。

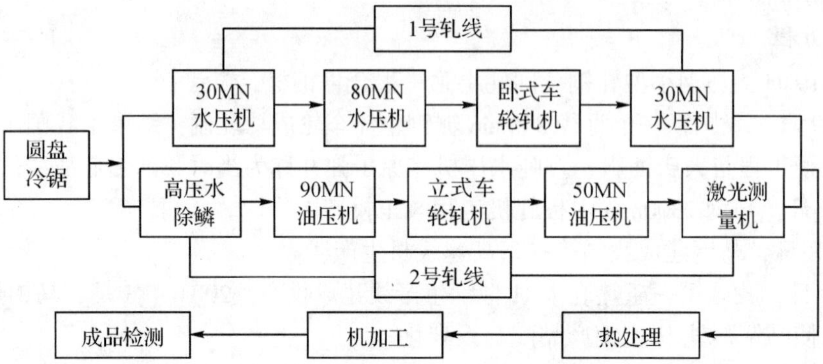

图 1　2 号车轮生产线工艺流程图

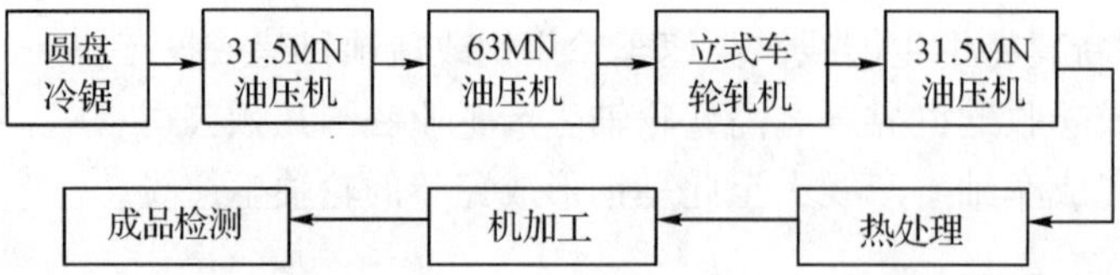

图 2　3 号车轮生产线工艺流程图

2 号、3 号生产线的工序特点：

坯料准备工序：圆盘冷锯机床由奥地利引进，具有测径、激光测量长度、称重等功能，能够自动校正锯切坯料的重量，散差可控制在±2. 5kg 之内。

压轧工序：2 号生产线的油压机由德国 SMS 设计、中国制造，立式轧机从德国 SMS 引进，整个轧区装备配置具有世界领先水平，能够生产出直径 700~1300mm 的车轮毛坯，优势是设备能力明显增大、控制精度明显提高，现主要生产直径 1000mm 以上的车轮；

3 号生产线主要产品对象是铁路用量最大的直径 840~915mm 的客、货车轮，油压机由日本三菱公司提供液压、电控系统，中国一重进行压力机本体设计及制造，车轮轧机由德国 SMS 引进，控制精度较 2 号生产线进一步提高。

两条新生产线使中小规格和大规格车轮的生产互不影响，品种适应能力显著提高。同时，由于控制精度的明显提高，综合成材率随之明显提高。

热处理工序：配属 2 号、3 号生产线的热处理区进行了全面技术改造，淬火加热炉、回火炉实现了完全自动化控制，淬火工艺采用计算机程序控制，热处理过程中的物料传递采用引进德国的 GLAMA 机械手。3号生产线的热处理区属完全新建，自动化程度、控制精度更高。

机加工工序：拥有73台车轮专用机加工设备（立式车床70台，引进的注油孔及精镗孔机床1台，钻床2台）和三个用于精加工的、引进德国Diedsheim和Hegenscheidt的数控加工中心。

数控加工中心的年产能达90万件，其中：

由12台VF120数控立车+4台上下料机械手组成的数控加工中心于1993年引进，可加工直径750~1098mm的各种型号车轮，年产能26万件；

由12台RQQ数控立车+3台上下料机械手组成的数控加工中心于2005年引进，主要用于加工直径840~915mm的各种型号车轮，年产能40万件；

由8台RQQ-1数控立车+2台上下料机械手组成的数控加工中心于2007年引进，可加工直径840~1250mm的各种型号车轮，年产能23万件。

检测工序：成品检测线共有四条，均与精加工机组连线自动生产，能够完成静平衡、硬度测试、超声波检测、磁粉探伤、抛丸、外观尺寸检查等功能。

静平衡试验设备为引进意大利的CEMB VUBS2000型离心力式硬支撑单面立式平衡机，测量灵敏度高、抗干扰冲击能力强、重复性好。

布氏硬度测试设备为国内最大的硬度计专业生产厂莱州华银试验仪器有限公司制造的HBMT-3000型门式车轮自动布氏硬度计，试验力值稳定，压痕直径测量精确。

超声波检测设备为引进加拿大的UMS 280D型车轮自动超探系统，稳定性好、灵敏度高、盲区小，具有始波丢失自动报警、缺陷波自动报警、缺陷位置图形显示和自动标记等功能。

磁探设备为国产CJW-9000SZ型车轮自动荧光磁粉探伤机，可以检测出2mm长的表面和近表面缺陷，具有自动退磁线圈，能保证车轮剩磁小于0.5mT。

3 国外车轮系统装备概况

目前，国外具有高速车轮生产条件的规模能力较大的车轮生产厂主要为日本新日铁住金公司和法国Valdunes公司、意大利Lucchini公司、德国BVV公司。其中，新日铁住金、Lucchini是全流程一体化的生产厂；法国Valdunes、德国BVV为无炼钢条件、钢坯需外购的生产厂。

3.1 车轮钢冶炼装备

表2为国外主要车轮生产厂车轮生产流程及装备条件。由表可知，国外主要车轮生产厂的炼钢工序均采用炉外精炼，能够获得高的洁净度。但从总体配置看，采用连铸工艺具有技术、经济综合优势，原因在于：

（1）连铸工艺流程短、金属收得率高、生产效率高、生产成本低、劳动强度低、自动化控制水平高、铸坯质量优良；

（2）连铸工艺流程清洁，钢中全氧及非金属夹杂含量低，尤其是大型夹杂含量低，在内在质量方面控制方面具有明显优势；

（3）连铸坯通体均匀性、一致性好，有利于提高质量稳定性；

（4）采用连铸坯，成坯率较模铸锭提高10%以上，并可根据产品需求而选择不同的比例定尺，能显著提高金属利用率。

表2 国外主要车轮生产厂车轮钢生产流程及装备条件[4]

生 产 厂	车轮钢生产流程及装备	备 注
日本新日铁住金	BOF（210t）+RH-PB+弧形连铸	钢坯自给
法国Valdunes	EAF（85t）+LF+RH+垂直连铸	钢坯外购
德国波鸿BVV	BOF（206t）+LF+VD+弧形连铸	钢坯外购
意大利Lucchini	EAF（60t）+LF+VD+圆锭模铸	钢坯自给

3.2　车轮制造装备

3.2.1　热成形工艺

由表3可见，Valdunes、BVV、Lucchini的工艺流程及装备配置基本相同，只是压力机吨位不同，这主要与产品定位及产能规模有关，压力机越大，产品规格范围越宽。

新日铁住金则采用具有专利技术的压力机+旋转锻造压力机的独特配置，由于成形压力机吨位小，产品规格范围可能较窄。

热成形装备条件主要通过影响成材率而影响经济性指标。国外车轮生产厂的热成形装备条件均建立在20世纪90年代之前，在水平上落后于马钢的两条新线。

进入21世纪后，Lucchini新建一条完整的2号车轮生产线，其热成形装备配置与马钢的车轮新线基本相同。

表3　国外主要车轮生产厂热成形装备条件[4]

生　产　厂		钢坯加热	预　成　形
日本新日铁住金		环形加热炉	3150t水压机成形→700t旋转锻造压力机
法国Valdunes			6300t水压机成形→立式轧机轧制→3000t水压机压弯
德国BVV			8000t水压机成形→立式轧机轧制→2000t水压机压弯
意大利Lucchini	1号线		7200t水压机成形→立式轧机轧制→2000t水压机压弯
	2号线		9000t油压机成形→立式轧机轧制→5000t油压机压弯

3.2.2　热处理工艺

热处理工艺是决定车轮综合性能的关键，是车轮制造的核心技术。尽管工艺模式同为轮辋淬火+回火工艺，但各厂的装备配置有着明显差异。

Lucchini、BVV的淬火加热炉均为步进式隧道淬火加热炉，加热速度慢、生产率低；Valdunes的淬火加热炉为环形加热炉，结构与马钢相似。

车轮淬火台均是各厂自行设计的，新日铁住金、Valdunes、BVV均采用轮辋表面喷水淬火方式，但结构参数、工艺参数均不相同，属各厂的自主技术。Lucchini的淬火台独具特色，采用轮辋浸水冷却方式。

3.3　生产规模

从表4可以看出国外主要车轮生产厂的产能规模。

表4　国外主要车轮生产厂的产能[4]

生产厂	日本新日铁住金	法国MG-Valdunes	意大利Lucchini	德国BVV
产能/万件	27	25	37	20

4　马钢车轮系统的技术进步

4.1　生产制造技术

在冶金技术方面，马钢瞄准国外先进车轮生产厂的实物冶金质量水平，按照系统工程思路，整体筹划了工序技术开发目标，通过有机整合形成了高质量车轮钢的系统集成冶金技术。所进行的技术开发工作及其效果概述于表5，车轮钢冶金质量已达到国外先进车轮生产企业的水平。

表5　马钢高质量车轮钢冶金技术开发及其效果[4]

序号	开发工作	开发目的	实际效果
1	自动化炼钢技术	提高初炼钢水成分和温度命中率	碳命中率（±0.01%）：94.3% 温度命中率（±16℃）：93.2%

续表 5

序号	开发工作	开发目的	实际效果
2	高洁净度精炼技术	降低钢中气体、杂质元素和非金属夹杂物	T. O≤12ppm，N≤45ppm，H≤1. 5ppm，P≤0. 012%
3	连铸保护浇注技术	防止钢水吸气和二次氧化	浇注过程增 N 量≤3ppm
4	控制铸坯组织的连铸技术	提高铸坯组织的致密度和均匀性	中心等轴晶率≥50% C 偏析指数<1. 05
技术集成后实物冶金质量水平	T. O≤15ppm，N≤55ppm，H≤1. 5ppm，P≤0. 012%，B 类夹杂物低于 1. 0 级比例达到 100%		

在锻压轧制技术方面，马钢开发了车轮成形工艺数值模拟技术，能够对车轮成形过程中的金属变形、金属流动规律、温度场、应力场等进行综合分析，快速地根据外形、规格做出优化的压轧工艺设计，既提高了新产品开发的能力，又使质量监控具备了良好的溯源化和量化手段。

在热处理技术方面，针对车轮服役初期易发生“早期剥离”的问题，开发了一种新型的冷却技术，能够使踏面近表层的硬度梯度减缓、组织一致性提高、残余应力状态改善，已经获得国家发明专利授权。同时，还开发了一种淬火冷却水控制技术，能够保证各个淬火台冷却条件稳定、一致、可调，能使整批车轮的表面硬度散差控制在 EN、AAR 标准规定的范围内，提高了热处理工艺适应各种车轮产品技术要求的能力。

在检测技术方面，开发了能对车轮近表面进行探伤检查的电磁超声检测技术，与常规超声波探伤手段相结合，可以覆盖原有的超探盲区，做到轮辋全截面检查，大大提高了出厂产品内部质量检查的可靠性。

对技术开发的高度重视、持续投入，使马钢已经具备了进行高质量车轮生产的能力。

4.2 科研和产品开发

近年来，马钢先后主持和参与国家、省部级车轮重大项目 10 余项，直接研发经费投入累计超过 4 亿元，已建立完整的高端车轮开发技术体系并具备成熟的生产条件。马钢车轮系统近年来承担的重大科研项目进展情况见表 6。

表 6 马钢车轮系统近年来参与和承担的重大科研项目情况

序号	项目名称	项目类别	角色	时间/年
1	高速铁路用车轮材料及关键技术的研究	国家“863”计划	承担	2001～2005
2	重载铁路列车用车轮钢及关键技术的研究	国家“863”计划	承担	2006～2009
3	高速动车组用车轮的研究与开发	国家“863”计划	承担	2008～2010
4	动车组轮对自主创新	铁道部重大科技计划	参与	2009～2013
5	大功率机车轮对自主创新	铁道部重大科技计划	参与	2009～2013
6	时速 350 公里中国标准动车组轮轴设计研究	铁道部重大科技计划	参与	2014～2018
7	30 吨轴重重载列车车轮材料服役行为及关键设计、制备技术	国家“863”计划	承担	2015～2018
8	高速、重载轮轨系统金属材料与服役安全基础研究	国家“973”计划	参与	2015～2019

依托承担的重大科研项目，通过产学研合作，使马钢车轮生产系统技术水平得到了显著提高，技术开发的实效在马钢车轮新产品开发过程中得到了很好的检验，详见表 7。

表 7 马钢车轮产品开发实绩

序号	类别	项目实施效果
1	高速车轮前期研究	1. 开发成功 CL50A 材质车轮，以平均时速 270km/h、最高时速 321. 5km/h 在秦沈客专完成 60 万公里运用考核，为后续动车组车轮开发积累了经验； 2. 在“新曙光”“蓝箭”“中华之星”等 200km/h 等级客车上商业运行； 3. 2003 年获安徽省科学技术奖三等奖，2004 年获冶金科学技术二等奖

续表 7

序号	类别	项目实施效果
2	动车组 车轮产品	1. 试制成功 CRH2 型动车组用 SSW-Q3R 车轮、CRH5 型动车组用 ER8C 车轮、CRH3 型动车组用 ER8 车轮，车轮关键制造技术实现全面突破，成为后续动车组车轮试制、生产的基本遵循； 2. 研制成功时速 200~250km/h 动车组用 D1 材质车轮，批量生产的 D1 车轮顺利完成 64 万公里装车考核，服役表现不差于同车装用的进口车轮，表明马钢具备了既有“和谐号”动车组车轮国产化替代的能力； 3. 批量生产的 D2 车轮完成 60 万公里装车考核，服役表现好于同车装用的进口车轮，至今已安全运用超过 100 万公里。2017 年获得了国内轮轴企业首张 CRCC 认证证书，建成具备年产 5 万件高速动车组车轮的生产基地； 4. 2017 年获安徽省科学技术奖一等奖，2018 年获冶金科学技术一等奖
3	重载 车轮产品	1. 开发出我国铁路用第二代新材质 CL65、CL70 货车车轮，在大秦线批量投入商业运营，使用性能良好； 2. 成功开发出北美 AAR 系列车轮产品； 3. 成功开发出澳大利亚铁路用 HB340 以上硬度等级 35t 以上轴重货车车轮； 4. 成功开发出澳大利亚铁路用 45t 轴重货车车轮； 5. 2011 年获安徽省科学技术奖一等奖和冶金科技二等奖，2014 年获安徽省专利金奖
4	和谐机车用 整体机车轮	1. 完成铁总组织的两阶段装车考核，车轮最大运行里程超过 60 万公里，2013 年 9 月通过铁总组织的技术评审； 2. 2014 年通过 CRCC 认证，国内唯一一家国铁机车轮供货商； 3. 2014 年获冶金科学技术奖一等奖，2015 年获安徽省科学技术一等奖
5	普通 整体机车轮	2013 年底通过 CRCC 认证，国内唯一一家国铁机车轮供货商
6	城轨用减噪 车轮	形成减噪车轮关键制造技术集成，实现车轮批量生产供货
7	知识产权	授权专利 50 余项，发表论文多篇，技术秘密 200 余项

4.3 知识产权

1964 年 7 月 29 日，马钢车轮系统成功试轧出我国第一个直径 840mm 辗钢整体车轮，结束了我国车轮轮箍长期依赖进口的历史。经过 50 多年的积累，马钢车轮系统已经成功开发了 2000 多种规格车轮产品，在车轮产品的设计、制造、检测等方面形成了一整套较完整的自主技术集成，在核心关键技术方面已经有 50 多项发明专利和实用新型专利获得授权，并有 200 多项企业技术秘密，目前高速、重载、机车、低噪声车轮实现产业化和创新创造，为由“中国制造”向“中国创造”转变奠定基础。

4.4 体系建设

随着我国及世界铁路的迅猛发展，对铁路装备的要求也越来越高——可靠性、可用性、可维护性、安全性、经济性等切实落到实处。为适应日益增长的客户需求和日趋激烈的市场竞争，提高核心竞争力，提供可靠、安全的车轮产品，马钢车轮系统在原有质量保证体系建设的基础上，2014 年全面导入 IRIS 标准，同时整合 ISO9001、AAR M1003、CRCC、RISAS 等质量管理体系要求，2015 年重新构建了一个以 IRIS 为核心，以零缺陷管理和安防体系建设为基础，以责任体系为督导，以车轮轮箍产品全寿命周期的质量信息化系统为保证的全维度车轮轮箍质量管理体系。

（1）运用 IRIS 标准，不断提升管理成熟度。充分运用流程图方法、过程导向的方法、FMEA 方法、FMECA 方法、RAMS/LCC 方法、项目管理方法、技术状态管理方法、供应链管理方法、顾客关系管理方法、控制计划、ERP、创新机制、FRACAS 方法等，完善了企业在过程控制、产品设计、外包、采购、过程控制、客户服务等方面的管理，确保在产品整个的寿命周期内提供完善的服务，保障产品质量稳定，企业永续经营。

(2) 深化推进零缺陷管理活动，完善车轮预警机制。在主工序建立工序预防体系、完善纠正制度、强化三检制度，落实零缺陷管理中的“三不”理念，即不接受缺陷产品、不制造缺陷产品、不传递缺陷产品。建立生产过程中质量问题的实时跟踪制度，建立工序间质量信息的快速反应机制。重新设计工艺纪律监督检查体系，建立多层级的检查管理办法，提升工艺纪律检查效率，减少工艺违规带来的质量损失。

(3) 建立岗位质量责任制。2014 年马钢车轮系统对主要生产岗位作业标准进行了重新修订，增加了岗位质量责任和权利，通过培训，现场各岗位员工明确了本岗位的质量风险、明确了本岗位应承担的质量责任及本岗位具有的质量权利，从而保证零缺陷出厂。

(4) 建立车轮轮箍产品全寿命周期信息系统。基于 IRIS 标准管理体系，充分利用信息化技术，通过创新方法体系，将质量保证体系中对各项要求落实到每个工序，同时建立问题预警机制、实现实时监控、调整和处置，以满足当前铁路行业整个供应链管理和产品全生命周期管理要求，适应大批量定制生产模式；同时通过和客户后期使用信息对接、共享，构成了产品的全生命周期质量信息，用于产品的设计评价、可靠性改进以及质量责任追溯。

5 结束语

经过 50 多年的技术进步和不断投入与发展，通过几代马钢车轮人的艰苦奋斗和不懈努力，马钢在系列高速动车组用车轮、客货机车车轮、重载货车车轮、普速客车车轮、低噪声车轮、弹性车轮、地铁及轻轨用车轮的研制开发和生产制造领域已经跻身世界先进行列。所生产的系列车轮产品不仅满足了国内市场的需要，还通过与国际知名公司的合作，大量出口到 40 多个国家和地区，不仅为中国轨道交通事业的发展提供了强有力的支撑，而且也为世界轨道交通的发展做出了巨大贡献。

参 考 文 献

[1] 地铁投资逼近 3 个三峡工程总投资 拉动作用有多强？[N]. 人民网-人民日报，2008-12-08.
[2] 中国城市轨道交通协会. 城市轨道交通 2017 年度统计和分析报告 [R]. 2018-04-08.
[3] Liu Z X, Gu H C. Failure modes and materials performance of railway wheels [J]. Journal of Materials Engineering and Performance, 2000, 9 (5): 580-584.
[4] 苏世怀，江波. 马钢高质量车轮生产技术开发 [J]. 铁路采购与物流，2008 (2): 32-34.

马钢车轮系统发展大事记

1961年春，中共中央书记处会议决定，在马鞍山建设我国第一个车轮轮箍厂。

1962年5月，车轮轮箍工程开工建设。

1963年11月18日，马钢车轮轮箍厂成功轧制出第一个国产轮箍。

1964年7月29日，车轮系统成功试轧出我国第一个直径840mm辗钢整体车轮，结束了我国车轮轮箍长期依赖进口的历史。车轮轮箍工程与大庆油田、万吨水压机、原子弹并称为当时我国工业战线的四大成就。

1965年，冶金部、铁道部签署车轮轮箍交货技术条件的两部协议，该协议使用了23年后才宣告结束。

1978年改革开放以后，马钢车轮轮箍进入快速发展时期，产品质量稳步提高，品种范围大大拓展。

1981年，马钢车轮首次实现出口，也是我国铁路车轮的首次出口。

1988年，高性能车轮研究国家课题启动，马钢第一炼钢厂引入喷粉精炼工艺，车轮钢炉外精炼工艺开始。

1988年，车轮轮箍国家标准GB 8601—88、GB 8602—88首次颁布并开始执行，马钢车轮轮箍完全依据两项标准进行生产。

1991年7月，时任国务院总理李鹏视察马钢车轮轮箍厂。

1991年11月，时任中共中央总书记江泽民视察马钢车轮轮箍厂。

1994年8月，从德国引进的当时世界上最大的车轮数控加工线建成投产。

1995年，马钢第一炼钢厂引进SKF炉外精炼设备。

1996年，铁道部组织车轮轮箍座谈会；第一次铁路大提速；KKD车轮试制，TB 2708—1996标准颁布并实施，客车轮换型升级开始。

1998年4月，马钢车轮轮箍分公司成立，建立起ISO9002质量标准体系，10月首次取得北美铁道协会AAR认证资格。

1999年，马钢与铁道部四方车辆研究所签订联合试制200km/h快速轻型车轮技术协议，马钢开始走上高铁车轮研究之路。

2000年，马钢试制整体机车车轮，出口量首次突破1万吨；国标客货车轮完全退出中国铁路市场；

2002年4月，全新的转炉冶炼→95tLF、110tVD钢包精炼→圆坯连铸车轮轮箍用钢生产线建成投产。

2002年11月，马钢与中国铁道科学研究院金化所、青岛四方车辆研究所联合试制270km/h“中华之星”高速试验车轮，取得成功，最高试验速度达到321km/h。

2002年，马钢车轮启动信息化建设项目。

2003年1月，马钢启动“863”计划课题“高速铁路用车轮材料及关键技术研究”，试制成功200km/h高速试验车轮在“中华之星”投入了商业运行。

2004年，车轮压轧系统改造工程全面竣工。

2006年12月，马钢启动“863”计划课题“重载铁路列车用车轮钢及关键技术的研究”。

2007年9月，马钢车轮获得“中国名牌产品”称号。

2007年，重载车轮开发取得突破，成功进入澳大利亚矿山市场。

2008年6月，马钢与铁道部签署了《中国高速列车车轮自主创新合作协议》，启动中国高速铁路自主创新项目。

2008年11月，马钢车轮扩能改造工程全面完成，马钢车轮跃上年产110万件平台。

2008年12月，马钢启动“863”计划课题“高速动车组用车轮的研究与开发”，高速车轮开发取得突破，实物质量达国际先进水平。

2009年4月，高速车轮用钢改造项目上马。

2010年，马钢车轮第一条生产线永久退出生产系列。

2011年10月，高速车轮用钢改造项目建成投产。

2011年11月，安徽省科技厅批准马钢组建“高性能轨道交通新材料及安全控制安徽省重点实验室”。

2012年6月，马钢晋西轨道交通项目奠基，马钢正式进军轮对产业。

2012年12月，工业和信息化部批准马钢组建“工业产品（车轮、H型钢）质量控制和技术评价实验室”。

2012年12月，马钢高速车轮技术研究成果应用转化于韩国准高速车轮，成功打开韩国高速车轮市场。

2013年11月，马钢内燃机车整体辗钢车轮、电力机车整体辗钢车轮通过CRCC认证，成为国内唯一一家国铁机车整体辗钢车轮供货商。

2014年5月，马钢成功收购世界著名高铁轮轴生产企业法国瓦顿公司。

2014年7月，马钢交流传动内燃机车整体辗钢车轮、交流传动电力机车整体辗钢车轮通过CRCC认证，成为国内唯一一家国铁交流传动机车整体辗钢车轮供货商。

2015年4月，马钢启动“863”计划课题“30吨轴重重载列车车轮材料服役行为及关键设计、制备技术”，重载车轮实现系列化，我国第二代货运车轮投入商业运营。

2015年5月，马钢轨道交通有限公司成立，启动高速车轴建设项目。

2015年12月，安徽省发展改革委批准马钢组建“安徽省轨道交通轮轴工程研究中心”。

2015年12月，马钢成立轮轴事业部，有效发挥轮轴及其组合产品的优势，以实施专业化发展提高整体竞争实力。

2016年11月，马钢动车组D2材质车轮通过中国国家铁路集团有限公司装车考核评审。

2017年1月，马钢动车组D2车轮获得国内轮轴企业首张CRCC认证证书。

2017年4月，马钢与中国中车签订战略合作框架协议，携手共同发展。

2017年6月，马钢建成车轴生产线，至此马钢形成完整的轮轴产线。

2017年12月，马钢中标德铁轮对两年维修项目。

2018年6月，马钢首批高速车轮出口德铁。

2018年10月，马钢建成弹性车轮生产线，产品范围进一步扩大。

车轮系统
国家“863”项目科技报告

高速铁路用车轮材料及关键技术的研究

课题编号：2003AA331160

科技报告基本信息表

<table>
<tr><td rowspan="2">1. 报告名称</td><td colspan="2">中文（40字以内）：
高速铁路用车轮材料及关键技术的研究</td></tr>
<tr><td colspan="2">英文（400字符以内）：</td></tr>
<tr><td rowspan="2">2. 报告作者及单位（对报告编写做出直接贡献的研究人员，原则上五人以内）</td><td colspan="2">中文：</td></tr>
<tr><td colspan="2">英文：</td></tr>
<tr><td colspan="2">3. 使用范围（公开和延期公开，延期公开需明确延期时间）
延期公开，延期5年</td><td>4. 编制时间</td></tr>
<tr><td colspan="3">5. 报告编号（单位机构代码+课题编号+/顺序号）</td></tr>
<tr><td colspan="3">6. 备注（须注明的特殊事项，如延期公开报告的查询权限、免责声明、报告与其他工作或成果的联系等）</td></tr>
<tr><td>7. 摘要</td><td colspan="2">中文（1000字以内）：
客运高速是国内外铁路客运发展方向，提高客车运行速度能够有效提高客运效率。在高速条件下车轮会承受巨大的动载荷和热负荷，易发生各类疲劳损伤，直接影响高速列车运营安全，现有CL60材质客车车轮难以满足高速铁路运输的需要。因此，以本863课题为载体，根据高速运输特点，系统性地开展高速车轮材料和轮型设计优化、高速车轮制备工艺研究、高速车轮轮轨匹配关系研究。
系统性地研究了C、Cr、V、Al等元素对车轮组织性能的影响，确定了中碳铁素体珠光体高速车轮钢的成分设计方案。
系统开展了车轮钢冶炼中的气体和夹杂物控制技术、车轮轧制、热处理和检测技术研究，形成完整的高速车轮设计、制备和检测技术，确保高速车轮钢和高速车轮的实物质量满足设定指标要求。
开展了轮轨匹配关系及热摩擦损伤机理研究。材料的相变临界点是控制马氏体层产生和分布的关键因素，随着碳含量的降低，提高了A_{c1}和A_{c3}温度，这有利于减小奥氏体相变的产生范围，缩小高速冷却过程中马氏体区的深度和宽度，对于减少车轮踏面的制动剥离等缺陷具有十分积极的作用。
开展了高速铁路运行条件下的车轮失效机理及失效模式研究。高速车轮的主要失效形式为踏面剥离，以热-机械剥离为主要类型，接触疲劳剥离为次要类型。
开展了高速车轮轻量化结构轮形设计，两个轻量化轮型最终方案的主要强度、刚度指标均优于KDQ车轮，质量也较KDQ小，达到了预定的目标。
通过本课题的研究，开发出了适合我国高速铁路用辗钢车轮材料，试制车轮通过装车运行考验，表现出良好的使用性能，能够满足高速列车的使用要求。</td></tr>
</table>

续表

<table>
<tr><td>7. 摘要</td><td colspan="5">英文（2500 字符以内）：
Passenger transportation of high-speed is the development direction at home and abroad, and improving running speed can effectively improve passenger transportation efficiency. Under high-speed conditions, the wheels will bear huge dynamic loads and heat loads, which are prone to various types of fatigue damage, directly affecting the safety of high-speed train operations. The existing CL60 wheels are difficult to meet the needs of high-speed rail transportation. Therefore, with the 863 subject as the carrier, according to the characteristics of high-speed transportation, the high-speed wheel material and wheel design optimization, high-speed wheel preparation technology research and high-speed wheel-rail matching relationship research are systematically carried out.
The effects of C, Cr, V, Al and other elements on the microstructure of the wheel are systematically studied, and the composition design of medium carbon ferrite-pearlite high-speed wheel steel is determined.
Systematic research on gas and inclusion control technology, wheel rolling, heat treatment and inspection technology in wheel steel smelting are made and forms a complete high-speed wheel design, preparation and inspection technology. What we have done is to ensure the physical quality of high-speed wheel steel and wheels can meet the set indicator requirements.
The research on wheel-rail matching relationship and thermal friction damage mechanism are carried out. The critical point of phase transformation of materials is the key factor controlling the generation and distribution of martensite layer. As the carbon content decreases, the temperature of A_{c1} and A_{c3} is increased, which is beneficial to reduce the range of austenite transformation and reduce high-speed cooling. The depth and width of the martensite zone during the process have a very positive effect on reducing defects such as brake peeling of the wheel tread.
The wheel failure mechanism and failure mode under high-speed railway operating conditions are studied. The main failure mode of high-speed wheels is tread peeling, with thermo-mechanical peeling as the main type, and contact fatigue peeling as a secondary type.
The high-speed wheel lightweight structure wheel design is carried out. The main strength and stiffness indexes of the two lightweight wheel type final schemes are better than the KDQ wheels, and the weight is smaller than KDQ, which achieves the predetermined goal.
Through the research of this subject, the wheel material suitable for high-speed railways in China has been developed. The trial-made wheels have passed the tests of loading and running, showing good performance and meeting the requirements of high-speed trains.</td></tr>
<tr><td rowspan="2">8. 关键词</td><td colspan="5">中文（3~8 个，以分号隔开）：
高速车轮；成分设计；轮型设计；热处理；轮轨关系；失效模式</td></tr>
<tr><td colspan="5">英文（3~8 个，以分号隔开）：
high speed train wheel; composition design; wheel design; heat treatment; wheel rail relationship; failure mode</td></tr>
<tr><td rowspan="8">9. 支持渠道</td><td>课题名称</td><td colspan="4">高速铁路用车轮材料及关键技术的研究</td></tr>
<tr><td>主管部门</td><td>科学技术部</td><td>计划名称</td><td colspan="2">863 计划</td></tr>
<tr><td>课题编号</td><td></td><td>技术领域</td><td colspan="2">新材料技术领域</td></tr>
<tr><td>承担单位</td><td colspan="4">马鞍山钢铁股份有限公司</td></tr>
<tr><td>合作单位（不超过 5 家）</td><td colspan="4"></td></tr>
<tr><td>总经费（万元）</td><td></td><td>国拨经费（万元）</td><td colspan="2"></td></tr>
<tr><td>课题负责人</td><td colspan="4"></td></tr>
<tr><td>起始日期</td><td>年 月 日</td><td>结束日期</td><td colspan="2">年 月 日</td></tr>
<tr><td rowspan="2">10. 联系人</td><td>姓名</td><td></td><td>单位</td><td colspan="2"></td></tr>
<tr><td>电话</td><td></td><td>E-Mail</td><td colspan="2"></td></tr>
</table>

高速铁路用车轮材料及关键技术的研究

引言

客运高速是国内外铁路客运发展方向，提高客车运行速度能够有效提高客运效率。欧洲、日本是世界上高速铁路运输发达国家，高速铁路运输取得了巨大经济效益和社会效益。

车轮是铁道车辆重要行走部件，在车辆运行中具有承载、导向、向钢轨传递动力和制动等功能，随着运行速度的提高，车轮使用条件发生了显著变化，现有 CL60 材质客车车轮难以满足高速铁路运输的需要。因此需根据高速运输特点，系统性地开展高速车轮材料和轮型设计优化、高速车轮制备工艺研究、高速车轮轮轨匹配关系研究等工作。为此，马鞍山钢铁股份有限公司牵头申报了国家“863”计划课题“高速铁路用车轮材料及关键技术的研究”并得到科技部立项。

本课题拟在中碳铁素体珠光体车轮钢的成分设计及微合金化模式高速车轮钢强韧性能的综合控制手段、中碳铁素体珠光体车轮钢细小奥氏体组织的控制轧制工艺、车轮踏面和轮缘近表面区域探伤技术、高速铁路运行条下的轮轨匹配关系、高速铁路运行条件下的车轮失效机理及失效模式、整体车轮疲劳寿命有限元评定规范、高速车轮轻量化结构轮形设计等方面开展系统的研究工作。并在相关研究工作的基础上开发出适合我国高速铁路用辗钢车轮材料，掌握高速轮轨铁路的关键材料技术，包括新型车轮的研制和生产、轮轨匹配关系的确立，建立高速车轮生产和使用规范。

1 成分设计及微合金化模式的确定

1.1 碳含量对车轮材料特性的影响

1.1.1 实验材料的化学成分和基本力学性能

设计四种不同碳含量及合金元素的试验钢（材料Ⅰ、Ⅱ、Ⅲ、Ⅳ碳含量按 0.1%降低），采用真空熔炼炉冶炼，铸锭的重量大约为 150kg。

钢锭经过切头、表面机加工等前处理，锻造开坯后，根据拟定试验对材料的要求，锻造成板坯形状。锻态板状试验材料经热处理后进行相关试验。

热锻态以及正火+回火态下试验用钢的强度与塑性见表 1-1。热处理使试验材料硬度值处于规范要求的 HB240~300 的范围，四种车轮材料基本处于同一强度级别，为车轮耐磨性能和疲劳性能的比较与研究提供了基准平台。

表 1-1 热锻态下材料的强度与塑性

钢种	屈服强度/MPa		抗拉强度/MPa		伸长率/%		断面收缩率/%	
	锻态	热处理态	锻态	热处理态	锻态	热处理态	锻态	热处理态
Ⅰ	470	505	887	920	14	16	24	38
Ⅱ	480	522	897	915	15	16	37	45
Ⅲ	417	515	757	847	19	18	44	54
Ⅳ	470	550	757	852	20	18	49	60

1.1.2 碳含量对冲击韧性的影响

碳含量对冲击功的影响见图 1-1。可见降低碳含量对提高车轮材料的韧性有益，如果从韧性角度出发来选择材料，材料Ⅲ和材料Ⅳ相对合适。

1.1.3 碳含量对滚动磨损性能的影响

用 DN 疲劳试验机进行了试验用钢的滚动磨损试验。

碳含量与最大磨痕深度的关系见图 1-2。可见，在硬度值相当的情况下，随碳含量的降低，材料的耐滚动磨损性能降低，材料Ⅳ的耐滚动磨损性能最差，材料Ⅰ、Ⅱ和Ⅲ的最大磨痕深度相差并不大。进一步观察发现，材料Ⅰ、Ⅱ和Ⅲ有相当多的黏着磨损，而材料Ⅳ表面磨损比较快，造成了基体材料的脱落，磨粒磨损严重。从抗滚动磨损性能的角度讲，应该选择碳含量较高的材料Ⅰ、Ⅱ和Ⅲ。

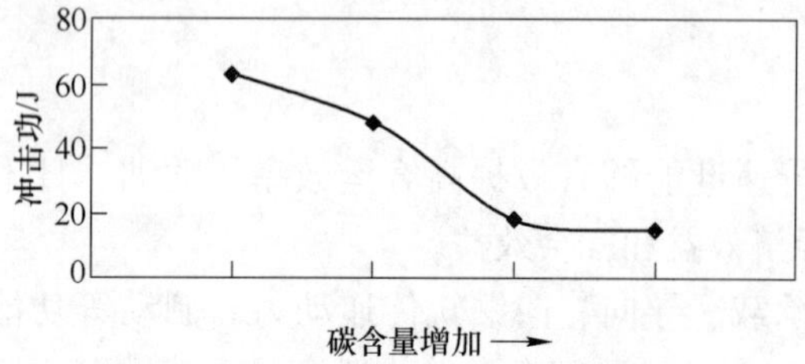

图 1-1　碳含量与室温冲击功的关系

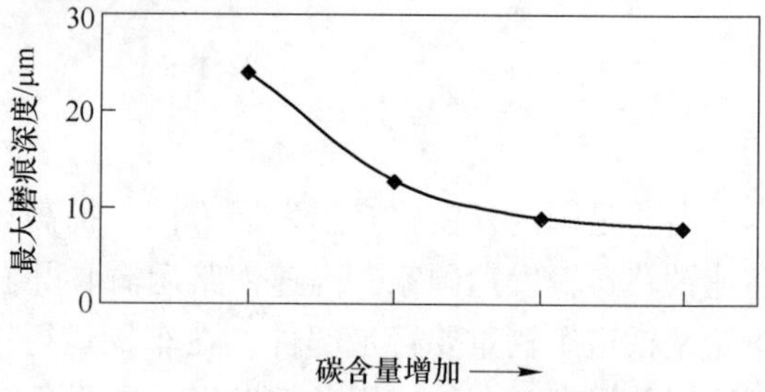

图 1-2　碳含量与最大磨痕深度的关系

1.1.4　碳含量对滑动磨损性能的影响

在 MHK500 环块磨损试验机上进行了材料的耐滑动磨损性能试验。

在实际运行过程中，车轮与铁轨之间没有润滑条件，属于干燥条件下的磨损，所以环块试验采用干磨，不使用润滑介质，将环状试样和块状试样直接进行摩擦。材料试块的磨痕宽度的结果见图 1-3。根据试验结果可以发现，碳含量的降低，会导致材料耐滑动磨损性能的降低，所以在考虑车轮的抗磨损性能时，可以考虑适当提高材料的碳含量。

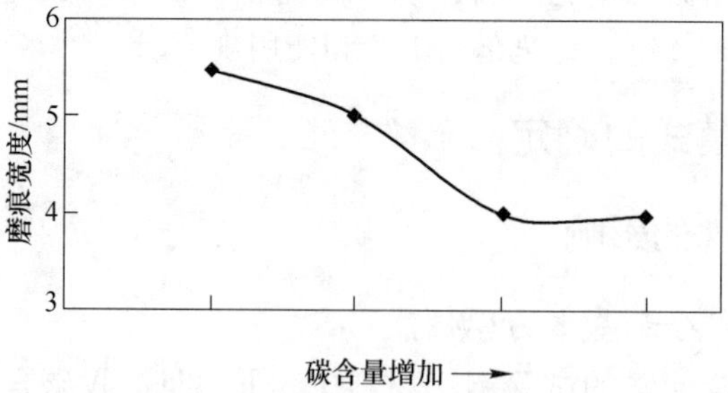

图 1-3　滑动磨损性能与碳含量的关系

1.1.5　碳含量对冷热疲劳性能的影响

根据 HB 6660—92《金属板材热疲劳试验方法》的规定进行冷热疲劳性能试验。试验所采用的参数为，水温 20℃，最高加热温度 800℃，初次选定的试验次数为 20 次，根据试验结果确定是否进行下一轮试验或者试验次数，结果见图 1-4。

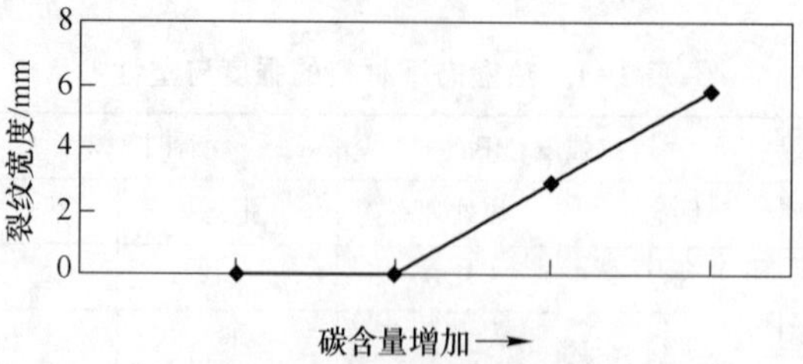

图 1-4　20 次循环裂纹宽度与碳含量的关系

结果显示，碳含量越高，在相同的循环次数下产生的裂纹长度越长。随着碳含量的降低，材料的抗冷热疲劳性能明显上升。由此可见，降低材料的碳含量，可以很好的改善材料的抗冷热疲劳性能。由于冷热疲劳性能对材料的抗剥离性能有着重要的影响，因此，应该优先选择材料Ⅲ或者材料Ⅳ。

1.1.6　碳含量对接触疲劳性能的影响

采用 JP-52 接触疲劳实验机，参照 GB 10622—89《金属材料滚动接触疲劳实验方法》进行四种对比材料的接触疲劳寿命试验，可以比较不同材料的额定疲劳寿命 L_{10}、中值寿命 L_{50}、斜率参数 b 及 P-N 曲线。

碳含量对材料的接触疲劳寿命的影响见图 1-5。可以看出，材料Ⅳ的抗接触疲劳性能最差，而材料Ⅰ、Ⅱ、Ⅲ的抗接触疲劳性能都比较好，疲劳寿命比较接近。从接触疲劳性能来看，材料的碳含量不宜过低。

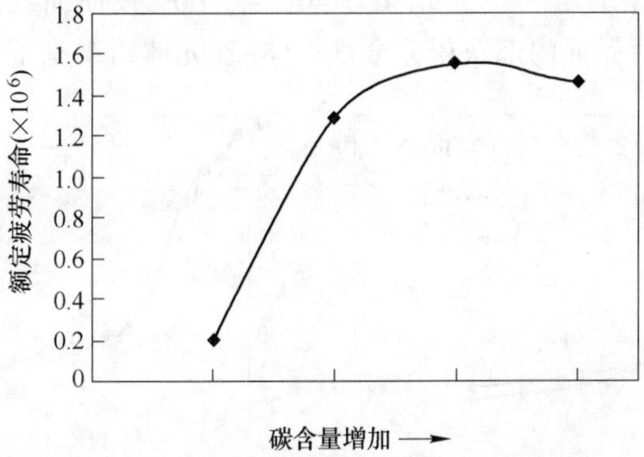

图 1-5　碳含量对材料额定疲劳寿命的影响

1.1.7　碳含量范围的确定

碳含量对各项性能的综合影响示意于图 1-6。图中显示，随碳含量的提高，材料的冲击韧性和抗冷热疲劳性能降低，而接触疲劳寿命和抗磨损性能升高。

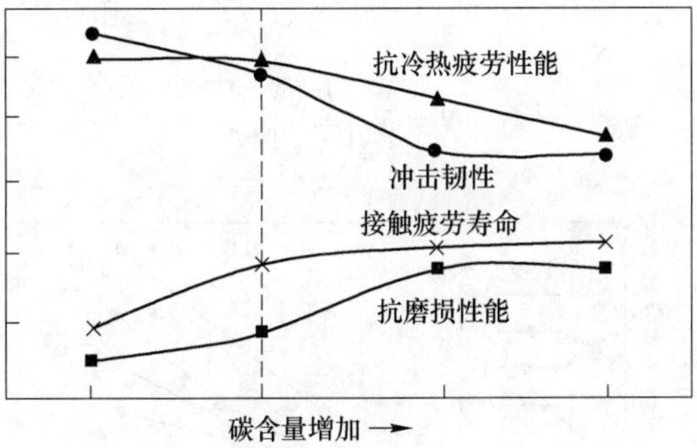

图 1-6　车轮钢性能与碳含量关系的示意图

1.2　微合金化模式的总体研究和确定

C 含量范围确立后，微合金化模式的建立则主要从强韧匹配的角度考虑。包括 C 元素，可能适合车轮钢微合金化的元素一般有 Si、Mn、Cr、Mo、V 等。为确立合适的合金化模式，在实验室整体研究了上述微量合金元素及它们复合添加对车轮材料组织、性能的影响。

采用 30kg 中频炉冶炼，浇成 27kg 上大下小圆锭，表面扒皮后锻成 ϕ35mm 圆棒。试验钢的合金化设计方式如下：

(1) C-Mn；(2) C-Mn+Cr；(3) C-Mn+（Cr，V）；(4) C-Mn+（Cr，Mo）；(5) C-Mn+（Cr，Mo，V）；(6) C-Mn+（Cr，Si）；(7) C-Mn+（Cr，Si，V）。

合金化方式对试验钢正火态强度的影响见图 1-7。

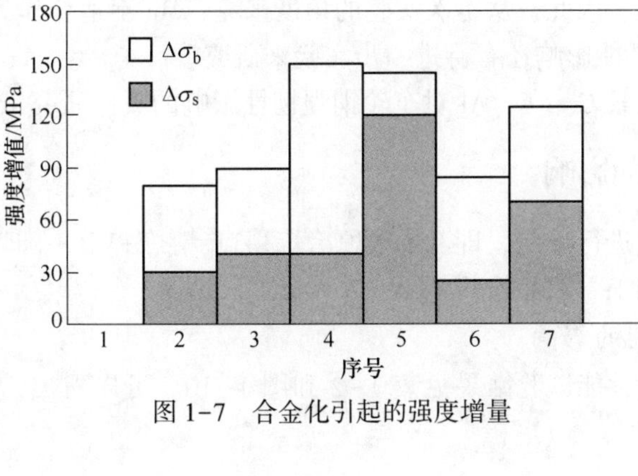

图 1-7　合金化引起的强度增量

试验钢的末端淬火曲线见图 1-8。结果表明，微 Cr 略微提高钢的淬透性，使硬度水平及均匀性明显提高，在微 Cr 基础上添加微量 V，淬透性进一步提高。同时加入 Cr、Mo 提高淬透性的作用最大，淬火曲线明显移向右上方；与微 Cr 钢相比，Si 含量增至 0.40%~0.60%仅使曲线向上平移，未对淬透性产生明显影响。淬透性提高幅度过大对保证内部获得完全铁素体-珠光体组织是不利的。

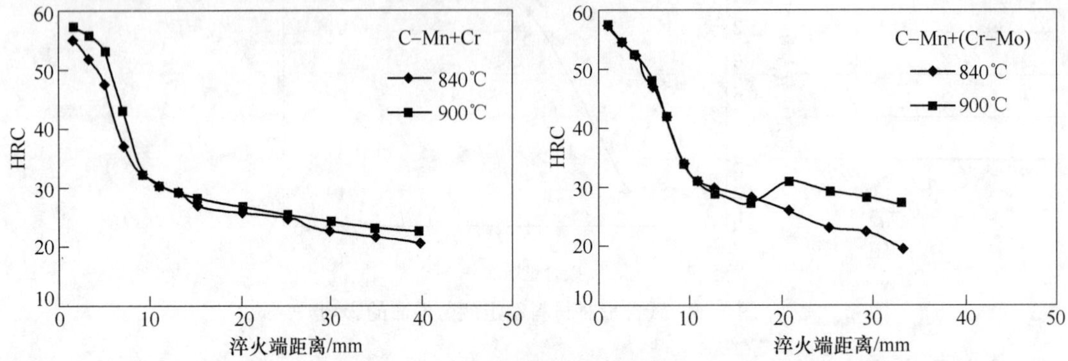

图 1-8 试验钢末端淬火曲线

在 Gleebe-2000 热模拟试验机上进一步研究了微量合金元素对铁素体-珠光体转变温度的影响，结果见图 1-9。微量 Cr 使 F-P 转变温度降低，Cr、Mo 复合加入使其进一步降低，降幅最大。

$$N = N_D \left(\frac{\sigma_D}{\Delta\sigma} \right)^5$$

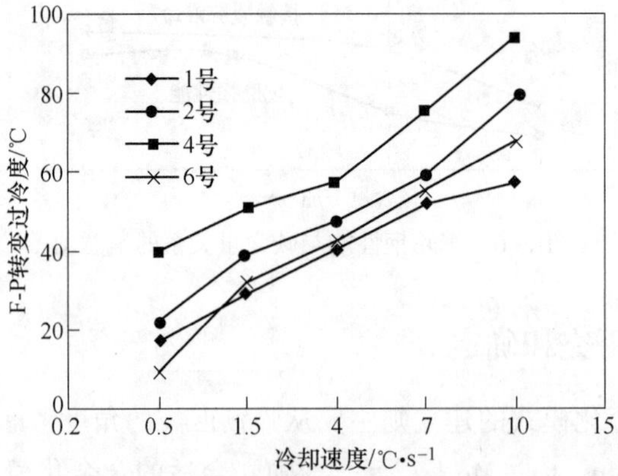

图 1-9 合金元素对铁素体-珠光体转变的过冷度的影响

从微合金化总体筛选实验结果看，以上微量合金元素对钢的性能、转变特性有明显影响，共同之处在于，提高强度的作用明显，提高淬透性的作用明显。

（1）加 Cr 提高材料的淬透性，硬度提高明显，且均匀性改善，应该成为改善车轮强韧性的备选微合金化成分之一。

（2）在加 Cr 的基础上进一步复合添加 Mo 元素，使钢的淬透性大幅提高，并产生非平衡转变组织，反而可能使钢的综合性能恶化，因此，从本次实验的角度来看，Mo 不适合作为车轮钢的添加元素。

（3）而加 V 对车轮钢的性能影响还有待进一步实验来研究。

以下是对三种合金添加元素 Cr、V、Al 对车轮钢强韧性影响的具体研究工作。

1.3 微量 Cr 对强韧性能的影响

采用正常的车轮生产工艺进行试验，即 95t 转炉冶炼→LF 精炼+VD→圆坯连铸→锻压轧制→等温→淬火加热→淬火→回火→机加工→成品检验。

1.3.1 加 Cr 对力学性能的影响

试验车轮轮辋的常规力学性能试验结果见表 1-2 和图 1-10。可以看出，无 Cr 钢的强度和硬度都较低，略超过规定的下限指标，含 Cr 车轮钢材料的强度和硬度有了明显的提高，增量分别为 50MPa 和 HB15，尤其是距轮辋表面 35mm 处的硬度，加 Cr 后有了显著的提高。加 Cr 对塑韧性的影响不明显。

表 1-2　试验车轮轮辋的常规力学性能

编号	试验温度/℃	抗拉强度 R_m/MPa	屈服强度 $R_{p0.2}$/MPa	伸长率 A(min)/%	踏面下 35mm 断面硬度（HB）
R1	21.5	900	570	16.5	261
R2	21.5	847	525	18	246
目标		820~940		≥14	≥245

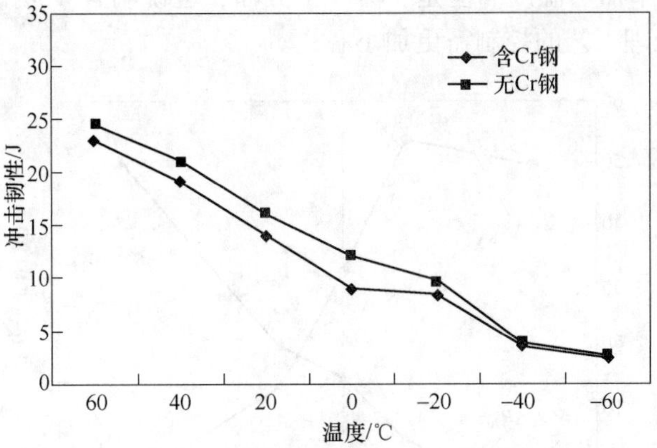

图 1-10　试验车轮轮辋 V 形冲击曲线

1.3.2　加 Cr 对显微组织的影响

TEM 观察发现，加 Cr 使珠光体的片层间距减小，使组织得到进一步细化。在扫描电镜下以 1~2 万的倍数观察珠光体，对珠光体片层间距做大量数据统计，结果示于图 1-11 中。可以看出，含 Cr 钢出现概率峰的片层间距值为 270~300nm，概率峰值约为 0.4，而无 Cr 钢出现概率峰的片层间距值为 330~380nm，概率峰值约为 0.3。另外，结果显示含 Cr 车轮钢的片层间距分布总体向小片层间距值方向偏移。数据统计的结果说明，加 Cr 使车轮钢的珠光体组织产生细化效果，片层间距减小。

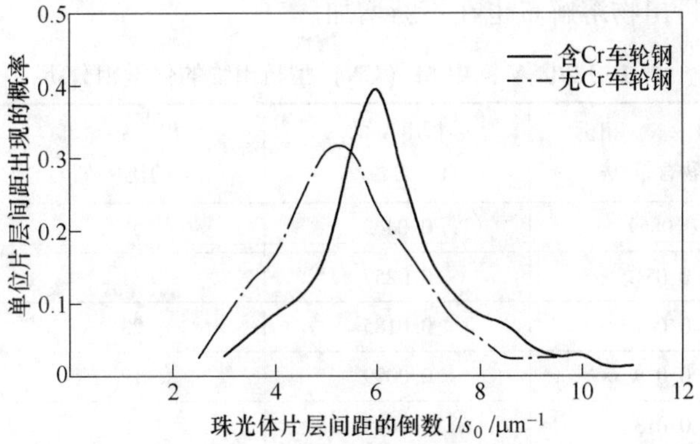

图 1-11　含 Cr 钢和无 Cr 钢珠光体片层间距的统计分布图

通过化学相分析研究了含 Cr 试验车轮钢中的碳化物，结果显示，碳化物全部都由渗碳体构成。定量分析发现，渗碳体中溶解有合金元素 Mn 和 Cr，其组成是 $(Fe_{0.981}Cr_{0.006}Mn_{0.013})_3C$，渗碳体中的 Cr 元素是基体含量的 3 倍。渗碳体中溶解有 Cr 等合金元素，使合金渗碳体相更稳定，在奥氏体化过程中渗碳体的溶解速率降低。稳定的渗碳体相将在一定程度上延缓原始组织向奥氏体转变的速率，从而降低在随后快冷过程中形成马氏体的可能。因此，在车轮钢中加入适量 Cr 元素在一定程度上还有助于提高车轮钢的抗剥离性能。

1.4　微合金元素 V 的作用

在实验室真空感应炉上冶炼了基本成分相同的两炉钢，其中 2#钢加入少量的 V。

将试样进行正火处理，采用不同正火温度，然后在 500℃回火 3h。对处理后的试样进行拉伸和冲击等力学性能测试。取样进行金相观察，扫描电镜（SEM）和透射电镜（TEM）观察和化学相分析。

1.4.1　加 V 对力学性能的影响

将加 V 对车轮钢性能产生的影响总结于图 1-12 中。可看出，在较低的加热温度下，加 V 主要起改善材料韧性的作用；而在较高的加热温度下，加 V 主要起提高材料强度的作用。不难看出，在二者之间存在一个中间温度，钢的强度和韧性都有一定程度的提高。因此，通过本次实验可以认为，含 V 车轮钢获得较好强韧性匹配有一个适中加热温度。但是，另一个方面，也说明含 V 钢的力学性能随加热温度波动较大，对含 V 车轮钢的热处理工艺的控制需更加小心。

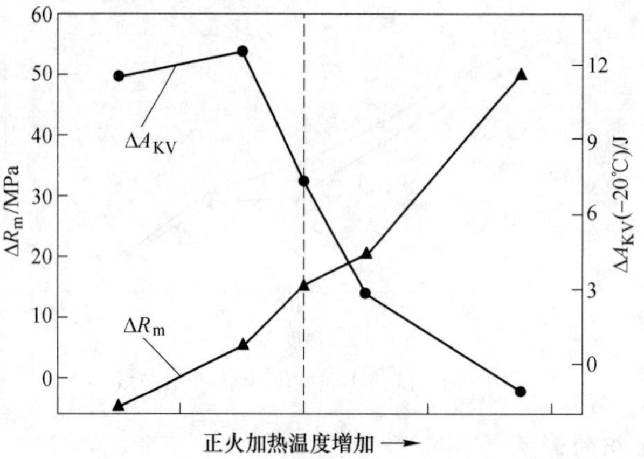

图 1-12　加 V 对车轮钢强韧性的影响（图中数据为强度或韧性增量）

1.4.2　析出相分析

V 的作用在很大程度上取决于其溶解和析出行为，析出物的数量、大小和分布也影响材料的组织与性能。含 V 钢中析出物的化学相分析结果见表 1-3。在轧制状态，钢中超过一半的 V 元素从基体中析出。在以后的正火加热过程中，这些析出的 V（C，N）粒子必然要部分回溶，加热温度越高，析出粒子回溶得越多。随着温度提高，V 析出物溶解量也在不断增加。

表 1-3　含 V 钢中 M（CN）型析出物的化学相分析

状　态	M（C，N）相析出物含量/%	析出 V 的百分含量/%	析出 V 占全部 V 的比例/%	M（C，N）析出相的结构
轧制态	0.0869	0.0449	55	$(V_{0.64}Ti_{0.18}Cr_{0.18})(C_{0.54}N_{0.46})$
淬火 1	0.051	0.0257	31	$(V_{0.63}Ti_{0.30}Cr_{0.07})(C_{0.38}N_{0.62})$
淬火 2	0.041	0.0185	23	$(V_{0.56}Ti_{0.37}Cr_{0.07})(C_{0.26}N_{0.74})$
淬火 3	0.029	0.0099	12	$(V_{0.43}Ti_{0.52}Cr_{0.05})(C_{0.27}N_{0.73})$
淬火 4	0.013	0.0015	2	$(V_{0.14}Ti_{0.74}Cr_{0.13})(C_{0.03}N_{0.97})$
正火态	0.818	0.0414	50	$(V_{0.63}Ti_{0.19}Cr_{0.18})(C_{0.56}N_{0.44})$

注：表中淬火温度 1→淬火温度 4，温度按 40℃逐渐增加。

1.4.3　V(C，N) 析出物与车轮钢显微组织的关系

含 V 钢和无 V 钢在不同加热温度下原始奥氏体显微组织及晶粒尺寸比较见图 1-13。可以看出，随着奥氏体化温度的升高，含 V 钢和无 V 钢的奥氏体晶粒尺寸都增大，但含 V 钢的晶粒长大速度明显低于无 V 钢。而且加热温度越高，含 V 钢比无 V 钢的原始奥氏体晶粒细小的程度越明显。说明在本实验温度范围内，加 V 可以抑制奥氏体晶粒的长大，且温度越高，这种抑制作用越明显。含 V 钢中这种晶粒较为细小的原始奥氏体组织与尚未全部回溶的 V 析出物对奥氏体晶粒长大的阻碍作用有很大关系。细小的奥氏体晶粒尺寸，对于获得细小的正火组织以及良好的韧性水平是相当重要的。

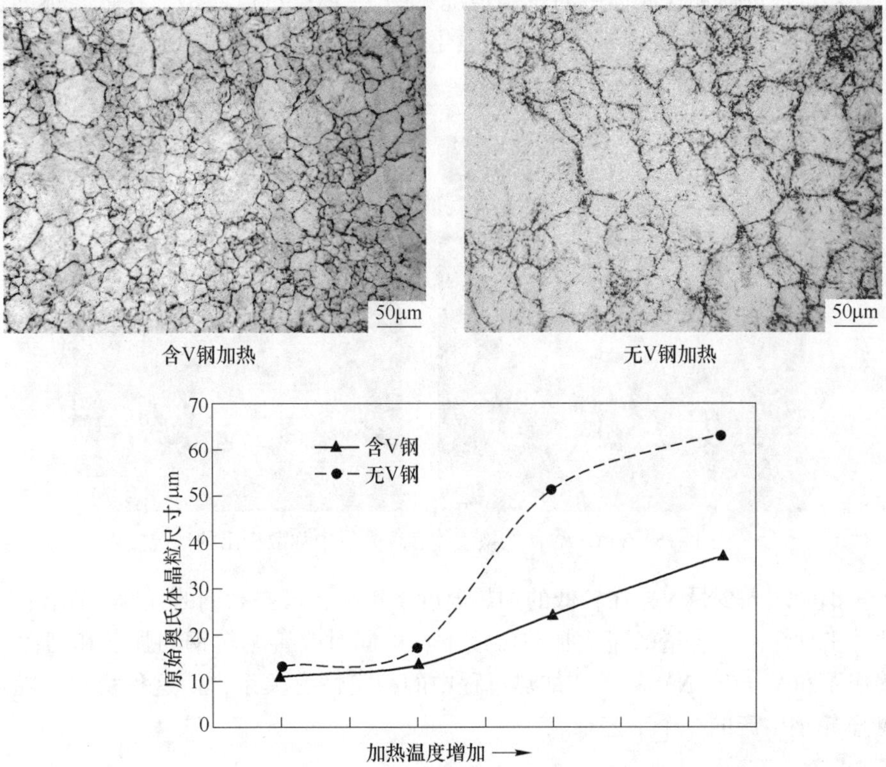

图 1-13　含 V 钢和无 V 钢的原始奥氏体组织及晶粒尺寸比较图

未溶析出物的另一个作用还表现为对铁素体形核的促进作用。在奥氏体向铁素体的转变之前，如果在奥氏体晶界或晶内存在许多分散的一定尺寸大小的 VN 或 V（C，N）粒子，则促进铁素体转变。实验钢正火组织见图 1-14。在相同的加热温度下，含 V 钢的铁素体含量远高于无 V 钢，说明加 V 可以有效地促进铁素体的形成。另外，含 V 钢的铁素体形态和尺寸与无 V 钢大不相同，分布的均匀性也优于无 V 钢，说明加 V 明显促进的铁素体含量的增加和显微组织的优化。

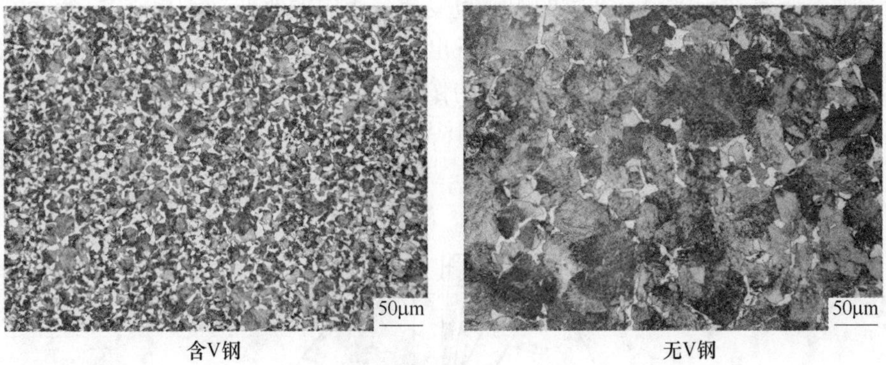

图 1-14　车轮钢的正火组织

1.4.4　V 在车轮钢中不同作用

车轮钢的服役组织为铁素体+珠光体。铁素体是材料中的软相，韧性较好，和铁素体相比，珠光体的韧性较差，在冲击载荷的作用下，基本没有吸收冲击载荷的能力。一般情况下，铁素体的百分含量越高，材料的冲击韧性越好。在较低的加热温度下，含 V 钢的铁素体含量较多，因而冲击韧性较高。随加热温度提高，铁素体含量减少，含 V 钢的冲击韧性降低。虽然在较高的加热温度下，含 V 钢的铁素体含量比无 V 钢多，但此时 V 在铁素体中析出的量增大，析出强化作用提高，使铁素体脆化，韧化和脆化两种效果相互作用，使含 V 钢的冲击韧性降至和无 V 钢基本处于同一水平。

在较高的加热温度下，含 V 钢的抗拉强度明显提高，这和 V 的析出强化作用有关。在淬火 3 或淬火 4 温度下加热，V 元素基本都溶解于基体中，见表 1-3。在随后的正火过程中，V 在铁素体转变和珠光体转变中和转变后弥散析出，对先共析铁素体和珠光体中的铁素体产生较强烈的析出强化作用，从而提高材料的强度。V 在先共析铁素体和珠光体中的析出情况见图 1-15。可以看出，在铁素体和珠光体中，都有大量的 V（C，N）粒子弥散析出，对基体的析出强化作用起了重要作用，这也是高温正火的含 V 钢比无 V 钢的强度高出许多的重要原因。

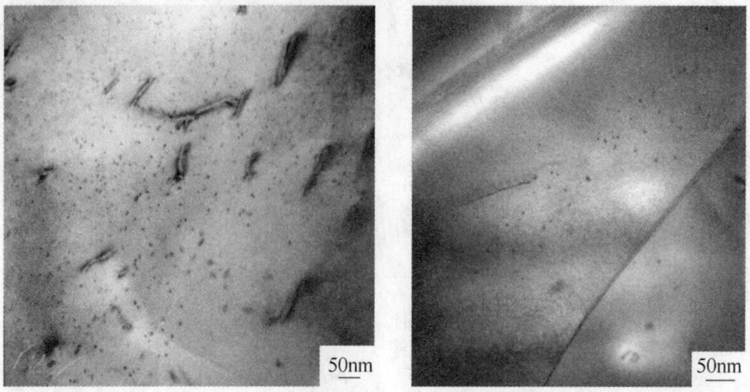

图 1-15　V(C，N) 在铁素体和珠光体中弥散析出的情况

总之，在车轮钢中加入少量 V，在较低的加热温度下正火，可提高钢的强度；在较高的加热温度下正火，可改善钢的冲击韧性。在合适的正火加热温度下，可同时改善车轮钢的强度和韧性。这种 V 对车轮钢强韧性的改善作用和 V（C，N）粒子在加热过程中的稳定性有关系，而这种稳定性随加热温度波动较大，这也是含 V 车轮钢生产的一个工艺难点。

1.5　微合金元素 Al 的作用

设计并冶炼四种试验钢 AL0、AL1、AL2 和 AL3，它们的基本化学成分相同，而 Al_s 含量每间隔 0.005%增加。

1.5.1　化学相分析结果

对 AL2 进行夹杂物化学相定量分析，其结果见图 1-16。可以看出，钢中的夹杂物主要是氧化物和 MnS，加入铝后还有 AlN 析出物。AL0 钢中的氧化物有 Al_2O_3 和 SiO_2，而 AL2 钢中的主要氧化物就只剩下 Al_2O_3 了，说明改变了脱氧剂后，脱氧产物的组成也发生了相应的改变。

加入微量 Al 后的另一个显著特点就是，钢中析出了较多的 AlN。定量分析 AlN 析出物发现，AL2 钢中大部分 N（74%）都和 Al 结合了。在这里，Al 的作用一方面固定了钢中的游离 N，减少了游离 N 的危害，另一方面形成的 AlN 在热加工过程中阻止奥氏体晶粒的长大，细化奥氏体晶粒。

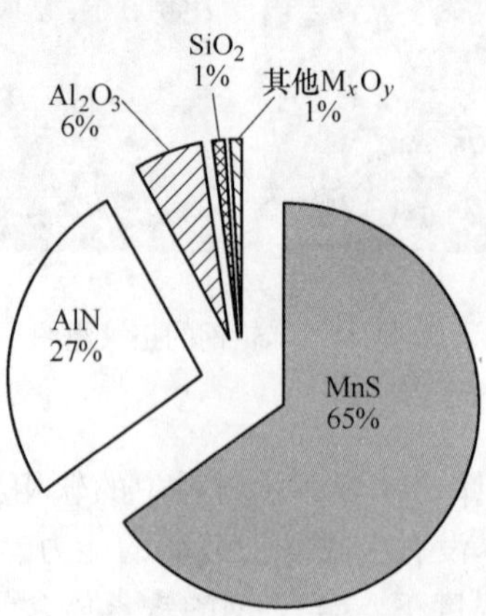

图 1-16　AL2 钢的夹杂物及析出物组成

1.5.2　显微组织分析

AL0、AL1、AL2 和 AL3 原始奥氏体晶粒依次减小，见图 1-17。当 Al_s 含量高于 AL0 中 Al_s 含量后，晶粒度可以提高一个级别以上，继续增加 Al_s 含量至 AL3 水平，晶粒平均尺寸减小不明显，但是组织中异常长大的晶粒出现的几率大大降低，原始奥氏体的晶粒尺寸变得更均匀。当 Al_s 达到 AL3 中 Al_s 含量以上

时，原始奥氏体晶粒再次细化，而且均匀，不再出现明显的异常长大的晶粒。

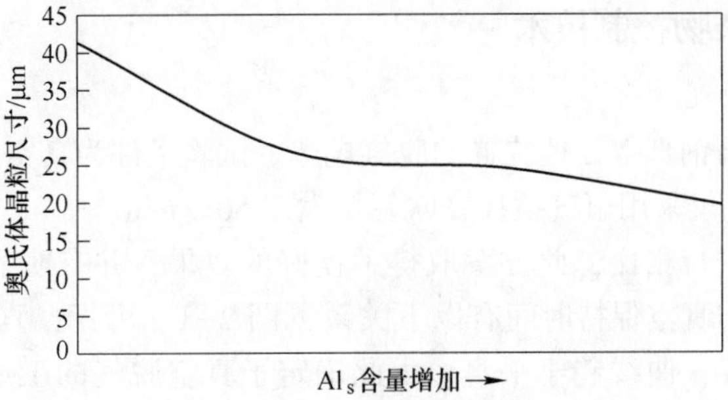

图 1-17 Al_s 含量和奥氏体晶粒尺寸的关系

原始奥氏体晶粒的大小虽然基本不影响珠光体片层间距，但强烈影响珠光体晶团的大小。而奥氏体晶粒大小和珠光体晶团大小又影响珠光体的塑性和韧性。珠光体晶团尺寸越小，裂纹扩展功越高，材料韧性提高。在珠光体片层间距一定的情况下，奥氏体晶粒越小，珠光体晶团尺寸越小，则珠光体组织的塑性和韧性越好。

1.5.3 晶粒度对冲击韧性的影响

AL0、AL1 和 AL2 三种钢的 V 形系列冲击结果见图 1-18。AL0 钢的脆性转变温度很高，冲击功低于 0℃后就迅速进入冲击曲线的下平台，低温冲击韧性非常低，-20℃冲击功 A_{KV} 远远不能满足标准要求的 10J。而 AL1 和 AL2 钢的脆性转变温度在图中并不能明显判断，在低温部分冲击功随温度变化明显，-20℃冲击功高于标准要求的 10J。可见，提高 Al_s 含量可形成一定数量的 AlN，细化了奥氏体晶粒，使 -20℃保持在冲击的上下平台之间，起到了提高韧性的作用。

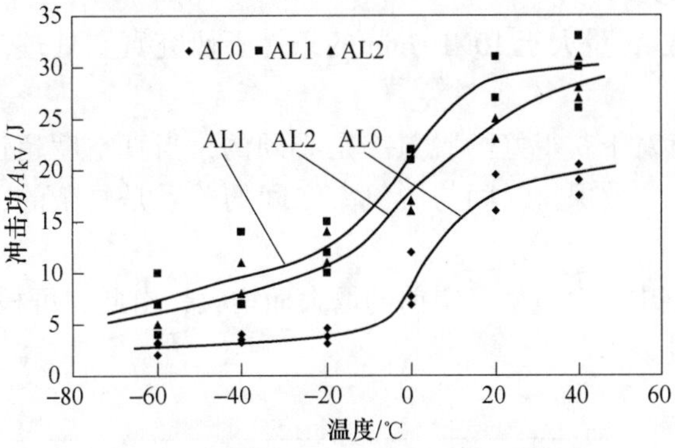

图 1-18 冲击韧性随温度的变化曲线

1.6 结论

总结以上实验，确定了优化后的高速车轮钢的基本成分：C：0.50%左右，Si：0.40%，Mn：0.70%，Cr：0.20%~0.30%，Al_s：0.015%~0.025%。

2 高速车轮工艺流程的技术研究

车轮制造工艺流程如下：

2500m³ 大高炉→铁水预脱硫→顶底复吹转炉冶炼→LF 精炼→VD 脱气→圆坯连铸→9000t 油压机锻压成形→立式轧机轧制→5000t 油压机压弯辐板→等温处理→喷水淬火+回火处理→精加工→检查。

因此，对车轮生产的整个工艺流程进行了全面、系统的技术研究，如下：

（1）冶炼中的气体和夹杂物控制技术；

（2）高均质度圆坯的连铸技术；

（3）压轧过程的数值模拟和金属流变的实验研究；

（4）热处理工艺研究；

（5）车轮近表面区域探伤技术。

2.1 冶炼中的气体和夹杂物控制技术

2.1.1 真空脱氢工艺研究

采用工业性试验研究了马钢真空处理装置的脱氢规律。试验条件为真空度在150Pa以下，搅拌氩气量大于40L/min。试验方案为：仅采用氩气搅拌，吹氩量大于50L/min。

与吹氩和电磁混合搅拌进行相比，此方案取得了良好的效果，并有明显的规律性，对试验结果进行回归分析发现，钢中氢含量与真空保持时间有以下关系见图2-1。可见，真空脱气前期［H］下降很快，一定时间后脱氢速度急剧下降，曲线趋于平直。由此确定了真空脱气的工序时间。真空处理后，钢中氢含量能根据需要稳定地控制在2.0ppm以下，达到高速车轮用钢的氢含量要求。

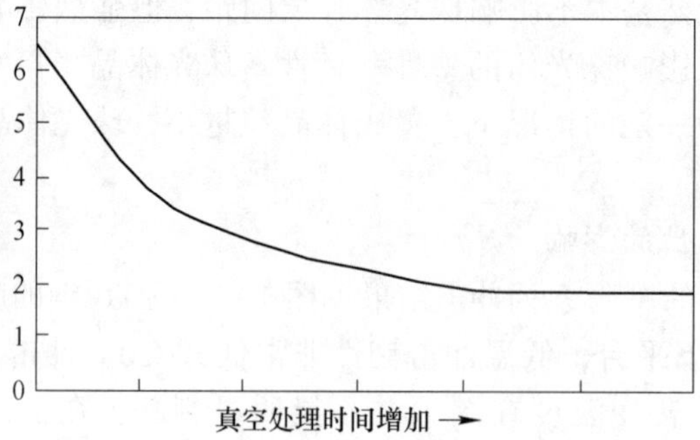

图2-1　钢中氢含量随真空处理时间的变化

2.1.2 真空脱氮工艺研究

在500Pa以下真空度、吹Ar量大于10NL/min的条件下研究真空处理对脱氮的影响。在真空处理过程中，采用弱电磁搅拌。

实践证明，较低的真空度对于获得好的脱氮率是必须的，当真空度超过一定值后，无论采用什么办法脱氮率都很低；真空状态下有效保持时间与脱氮率之间的关系是复杂的，总体趋势是随时间的延长脱氮率提高。

由图2-2可见，真空后钢中氮含量随真空前的增大而增大，由此，可根据需要，通过LF处理过程的控制而获得预期的终点氮含量。

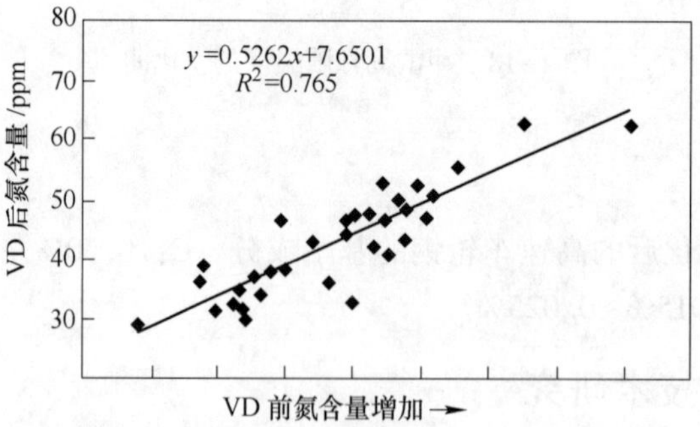

图2-2　真空处理前后氮含量的关系

对于高速车轮用钢，将LF结束时的氮含量控制在60ppm以下，可使真空处理后钢中氮含量控制在40ppm以下。

2.1.3 氧化物夹杂控制技术研究

氧化物夹杂控制的核心是脱氧工艺，其内容主要包括脱氧材料的选择、加入量、加入时间、加入方式以及脱氧产物排除方法等。本项目研究了铝加入量、加入时间、Ca系和Ca、Ba系合金变性处理在降低全氧和B类夹杂级别上的效果。

实际生产采用Al脱氧工艺，能够满足高速车轮对B类夹杂的要求。

2.2 圆坯连铸工艺研究

2.2.1 铸坯凝固坯壳厚度研究

采用“射钉法”测定连铸坯壳厚度，将作为示踪材料的钢钉击入正在凝固的坯壳，然后在铸坯相应位置取样进行分析，试验结果见表 2-1。

表 2-1 圆坯凝固坯壳测量值

射钉位置		坯壳厚度/mm	
相对位置	距弯月面距离/mm	坯壳厚度	两相区厚度
固定 2 段中部	6184	75	18
1 号拉矫机前	15400	155	20
3~4 号拉矫机间	21120	198	20

2.2.2 铸坯表面温度研究

采用双比色测温仪测定连铸坯表面温度，为建立连铸过程数学模型提供依据，同时可以验证数学模型的计算结果，为优化二冷工艺提供依据。

试验结果见图 2-3。可见，铸坯表面温度变化非常有规律，铸坯进入矫直时的温度均在 900℃以上，铸坯二冷室回温基本在 80℃以内，表明连铸二冷工艺基本合理且控制稳定，能可靠地保证铸坯质量。

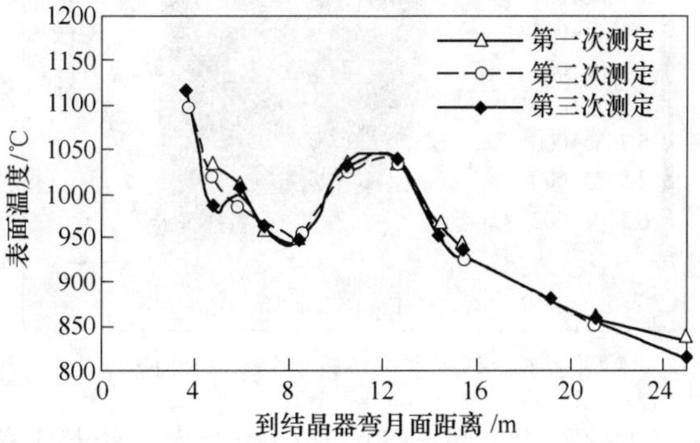

图 2-3 圆坯表面温度变化

2.2.3 车轮钢高温力学性能研究

在 Gleeble-2000 上对车轮钢进行了高温强度和断面收缩率的测定，以确定其高塑性区域。按面缩率大于 60%来划定钢的高塑性区域，则车轮钢高塑性区为 900℃以上。

2.2.4 铸坯矫直过程应力分析

根据钢种、铸机特性和连铸过程各工艺参数的变化和拉矫压力变化，用 Marc 有限元模拟软件进行应力应变分析，同时结合钢种的高温力学性能，提出不同拉速下的合理应力分布曲线及与之对应的工艺参数。

铸坯在矫直辊下和辊间的应力截面分布见图 2-4、图 2-5。由分布云图可以看出，在铸坯截面，应力分布大致从外到内逐渐减小，上下辊位置的应力比较集中，靠近两相区处所受的应力也较大。

2.3 压轧过程的数值模拟和实验研究

为掌握 HDSA、KKD 车轮在预成形工步、轧制及压弯中的应变、温度分布，金属流动规律，摩擦对预成形充满度的影响，成形过程的力能参数的变化，采用 MSC. SuperForm 平台进行有限元计算分析。

2.3.1 HDSA 车轮预成形过程分析

2.3.1.1 等效应变分析

预成形过程等效应变见图 2-6。在预成形第一阶段（增量步 500 步时），最大等效应变在上成形模对辐板切入处，达到 3.504，在上芯棒下部、下芯棒上部金属、轮毂上部及镦粗侧面鼓出部分区域的等效应变较小，最小等效累积塑性应变只有 0.129。预成形结束时（增量步 600 步）辐板处等效应变最大，达到

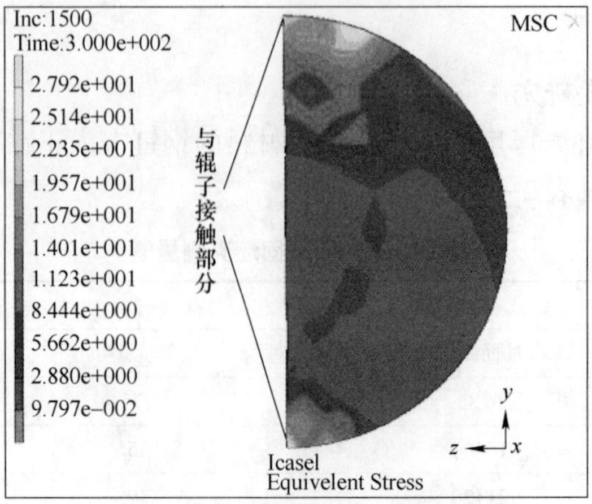

图 2-4　第二矫直辊下铸坯断面应力

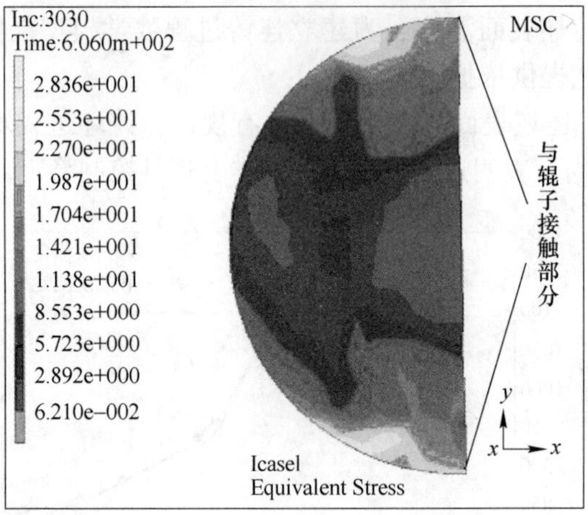

图 2-5　第三主拉矫辊后铸坯塑性应力

3.997，很明显的一个特点是轮毂下部要比轮毂上部的等效应变大，轮毂上部、靠近芯棒的局部区域及邻近踏面的局部区域等效应变较小，最小值只有 0.246。

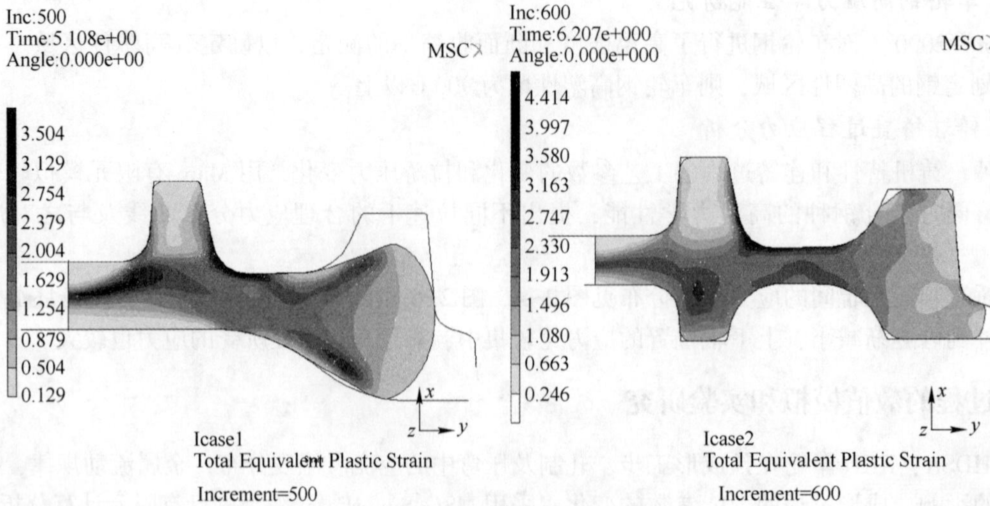

图 2-6　HDSA 车轮预成形过程等效应变

2.3.1.2　金属流动分析

不同增量步时流线分布情况见图 2-7。在增量步 100 步时，坯料侧边有出现双鼓形的趋势，随着上模的压下，单鼓形逐渐明显（增量步 200 以后）。增量步 500 步时，粗锻完成。增量步 600 步时预成形结束。在增量步 600 时可以看出网格流线弯曲剧烈，坯料心部金属主要分布在轮毂中心孔的冲块部位，通常这一部分金属组织粗大、缺陷较多，在冲孔时将被去除，不影响车轮质量。

预成形后，坯料最外层区金属分布于轮辋及轮缘外侧，坯料中间金属的分布区域拉得很长，可见此区域的金属变形最为剧烈。中心金属主要分布于轮毂孔冲块处，该区域应变较小，晶粒比较粗大，在后继的冲孔工序中被冲去。

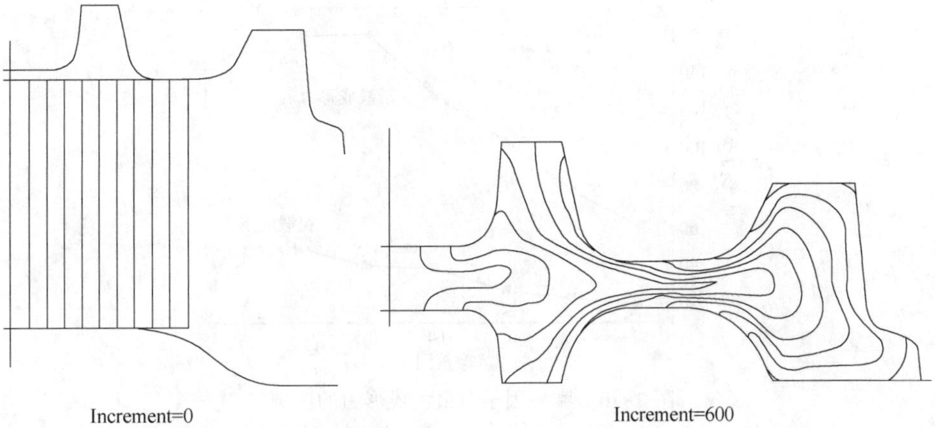

图 2-7 HDSA 车轮预成形金属流动情况

2.3.1.3 温度场分析

车轮预成形过程温降的主要途径是坯料与模具之间的热传导，HDSA 车轮预成形过程坯料的温度分布见图 2-8。坯料与模具接触表面的温度最低，坯料中部温度比较均匀。可以看出，随着金属变形的加剧，变形热效应明显。

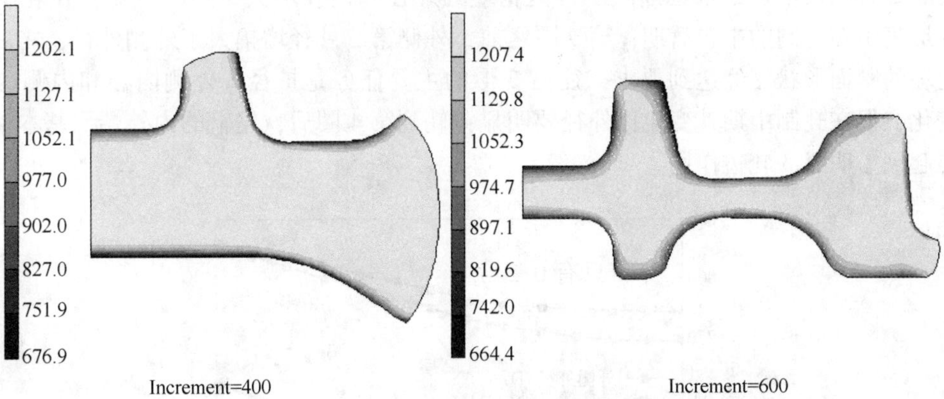

图 2-8 HDSA 车轮预成形过程坯料温度场分布（初始温度为 1250℃）

2.3.1.4 摩擦条件对 HDSA 车轮预成形充满度的影响

摩擦因子对车轮粗锻和精锻充满度的影响见图 2-9。$m \leqslant 0.2$ 时，粗锻时，轮辋侧面鼓出部位与上模侧壁没有接触，轮辋下部与下压痕模的圆弧间隙较大；精锻结束后轮毂下部明显不充满；摩擦因子 $m \geqslant 0.3$，金属径向流动阻力增大，轮毂处金属充满良好；摩擦因子继续增大，轮毂处出现过充满倾向，成形力急剧增加。对 HDSA 车轮成形有限元分析来看，摩擦因子取 0.3 是比较合理的。

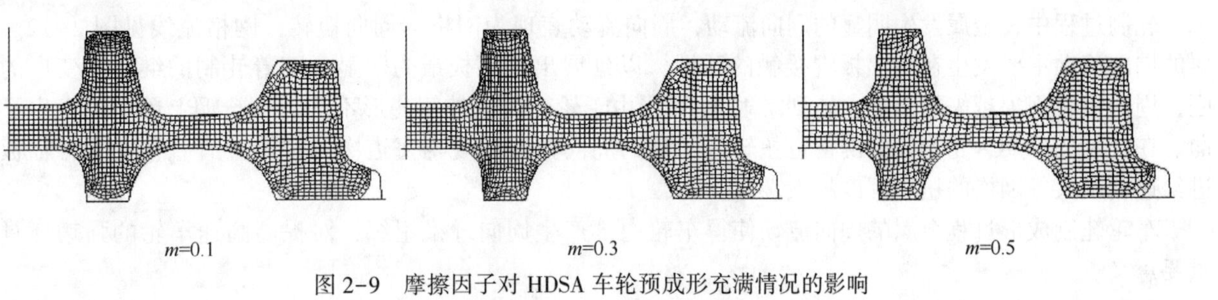

图 2-9 摩擦因子对 HDSA 车轮预成形充满情况的影响

2.3.1.5　HDSA 车轮预成形过程成形力分析

模具视为刚性体，计算出的成形力见图 2-10。可见，随着摩擦因子的提高，成形力增加，摩擦因子取 0.3 时较为合理。可以看出，粗锻成形力随摩擦因子增加而增加的幅度比精锻的增加幅度要小，摩擦因子对精锻的影响更大。

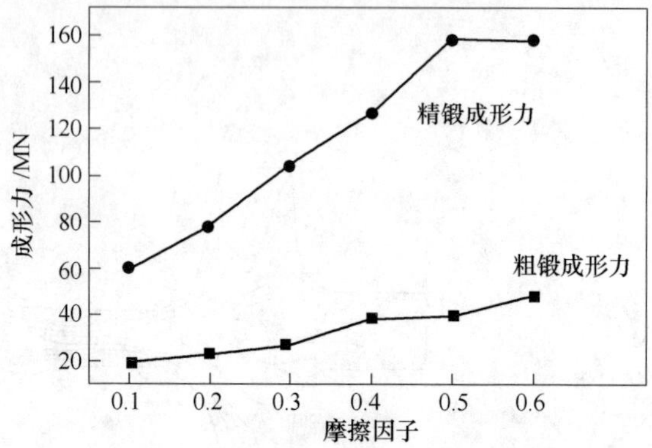

图 2-10　摩擦因子对最大成形力的影响

2.3.2　KKD 车轮预成形过程分析

KKD 车轮预成形过程和 HDSA 车轮类似。

2.3.3　HDSA 车轮轧制过程分析

2.3.3.1　轧制过程断面尺寸分析

HDSA 车轮轧制过程轮坯断面尺寸变化见图 2-11。外径、内径均在不断扩大，前 5 圈外径和内径增大不明显，往后尽管辐板辊进给量逐渐减小，但轮坯的外径和内径增大明显，可见，在轧制初期，变形较小，主要变形集中在轧制的中、后期；第 9 圈之前，外侧第二外径增幅大于外侧外径，之后两者的增幅基本相同，轮坯的踏面形状已经达到要求，往后变形的主要任务是扩径，外侧内径和内侧内径基本按照相同的趋势变化，但在轧制中期其变化比外径要明显；轧到第 4 圈后，轮辋的内外端面基本保持平直，说明此时轧边辊起到了明显的轧边作用。

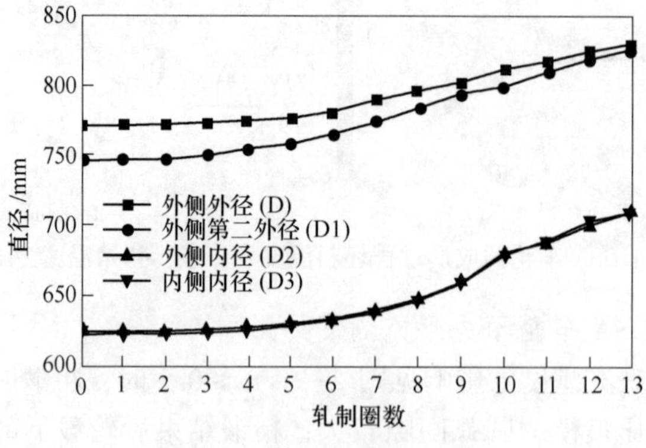

图 2-11　轮坯断面尺寸变化

2.3.3.2　周向变形分析

轧制过程中，金属发生明显的周向流动，周向流动表现为网格的周向扭转，网格流线见图 2-12。金属的周向流动主要发生在与辐板辊接触的区域，以延展出的辐板最为明显。随着轧制的继续、变形的加剧，周向扭转现象越来越明显，轧到第 12 圈后，由于轮辋的内外侧变形不均匀，轮辋上单元也发生了扭曲。在轧制的后期，轮辋处的网格也扭转。网格的周向扭转程度与每道次的进给量有直接关系，辐板辊进给速度越大，网格的扭转程度越大。

车轮轧制成形过程金属的周向流动使得车轮内部产生周向纤维组织，对提高高速车轮的强韧性具有重要意义。

2.3.3.3　等效应变分析

轮坯沿径向的一层单元切片变形情况见图 2-13。变形主要集中在辐板和轮辋处。轮毂处没有变形。

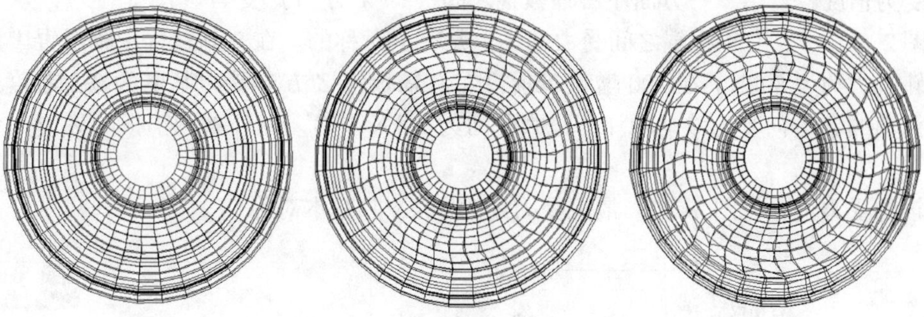

图 2-12　轮坯轧制过程的网格流线

轧制第 1 圈，最大等效塑性应变出现在辐板处，达到 0.257；轧制第 3 圈，变形由辐板向轮辋渗透，轮辋内外两端面及踏面仍然没有明显变形，最大等效应变达到 0.492；轧第 4 圈，变形逐渐向轮辋中部渗透，最大等效应变达到 0.629；轧第 6 圈，轮辋处的变形逐渐向轮辋中部渗透，辐板长度明显拉伸，最大等效应变达到 1.258；轧第 8 圈，轮辋处变形基本完全渗透，最大等效塑性应变达到 2.07；轧到第 9 圈时，轮辋与辐板处的网格畸变剧烈，此时进行了网格再造，继续计算。

轧到第 10 圈后，最大等效塑性应变达到 3.083，轮辋的外侧应变比内侧应变要大得多。

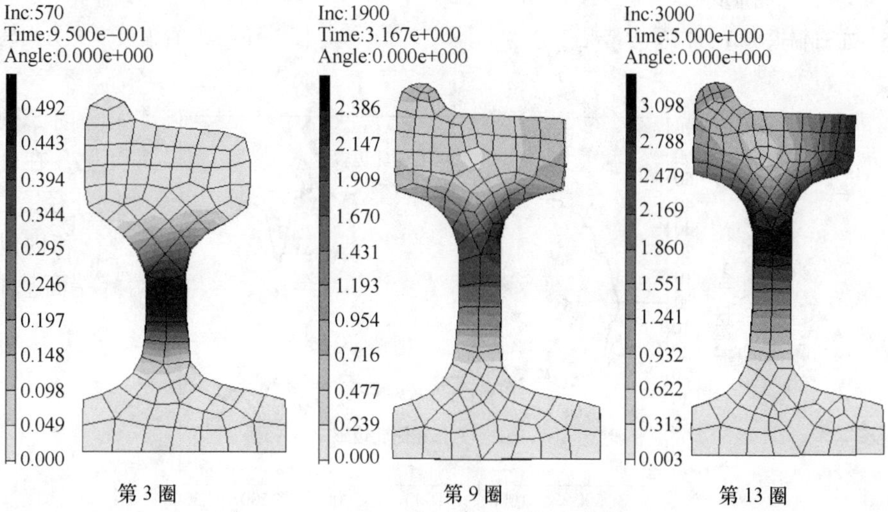

图 2-13　轮坯切片在轧制过程中的变形

2.3.3.4　轧制力分析

车轮轧制过程中，只有左右辐板辊是主动辊。受力轧辊有左右辐板辊、主辊及左右轧边辊。主辊的受力情况见图 2-14。在 500 增量步前（此时轮坯旋转近 3 圈），主辊基本上不受力。随后轧制力有波动地上升，最大轧制力达到 120kN。

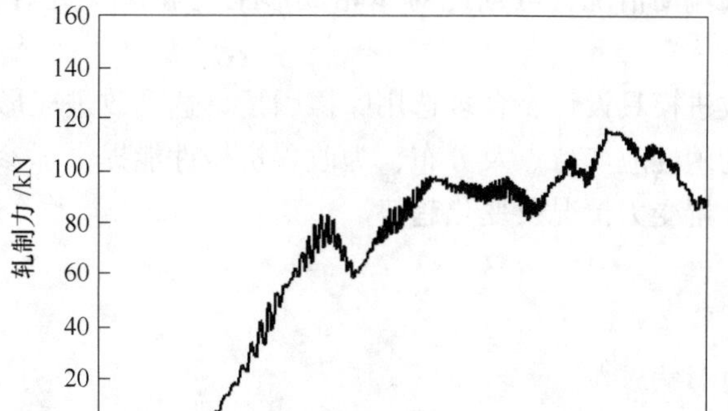

图 2-14　轧制过程中主辊受力情况

辐板辊的受力情况较复杂，一方面左右辐板辊之间（即 X 方向）受力（图 2-15），一方面是扩径时 Z 方向受力（图 2-16）。左右辐板辊之间受力基本上是完全对称的。在轧制过程中辐板辊 X 方向受力有波动，最大最大轧制力约为 80kN。在 500 增量步前，左右辐板辊 Z 方向受力基本为 0。之后，随着轮坯的扩径，左右辐板辊的 Z 方向受力波动增加，最大受力为 50kN 左右。此外右侧辐板的 Z 方向受力比左侧辐板辊稍大。

左右轧边辊的受力情况见图 3-17。最大受力约为 50kN 并基本对称。

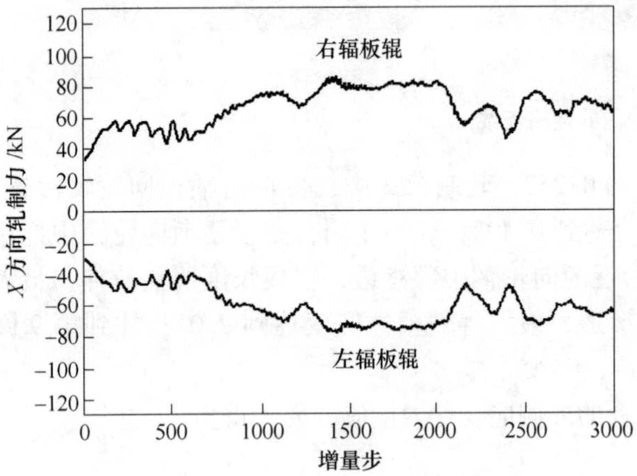

图 2-15　左右辐板辊 X 方向受力情况

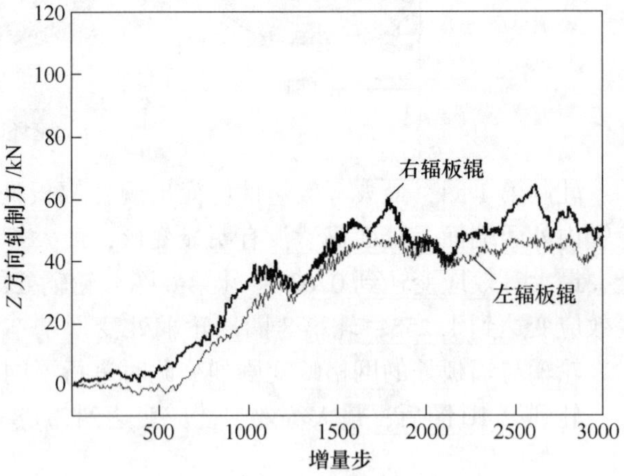

图 2-16　左右辐板辊 Z 方向轧制力

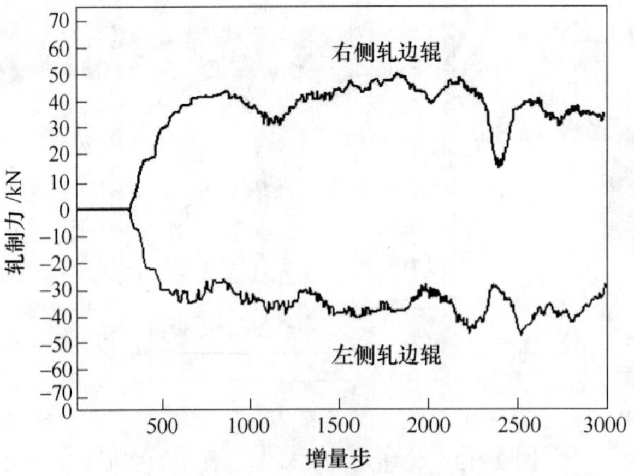

图 2-17　左右轧边辊的受力情况

2.3.4　分析结论

准确模拟出车轮预成形过程中等效应变分部，压缩比及温度分布，为预测和分析车轮预成形过程组织性能，保证车轮质量提供了基础。

分析了预成形过程中金属流动情况，可据此对车轮成形工艺和模具进行了改进，为跟踪分析车轮缺陷产生过程提供了基础。

根据模拟结果，可通过改进模具设计、合理选用摩擦因子，达到改进成形质量、降低成形力的目的。

得出了车轮轧制过程中的塑性应变特点及分布，为改善机械性能提供了参考。

得出了车轮轧制过程各轧辊受力情况及变化趋势。

2.4　热处理工艺研究

2.4.1　淬火加热温度的影响

试验结果表明，淬火温度低则车轮钢的强度较低而韧性相对较好，随着加热温度的升高，车轮钢的强度增加而韧性呈下降趋势，当加热温度超过某一温度时，强度的提高不再明显，但韧性却显著下降。提高加热温度，使合金元素更好的溶解于钢中，钢的淬透性提高，表现为强度提高，韧性下降。当超过一定温度加热时，钢的奥氏体晶粒尺寸急剧长大，使得钢的强度增幅减缓，韧性急剧下降。获得最佳强韧性匹配的加热温度范围为1000℃以下。

2.4.2 淬火方式和回火温度的影响

研究了不同冷却方式、回火温度对车轮强韧性能的影响，试验方案见表2-2，试验结果见表2-3。

表2-2 热处理试验工艺

淬火工艺		淬火试验编号	回火工艺	回火试验编号
踏面单面间歇淬火	喷水→停喷→喷水	1	自回火	A
			3h回火	B
踏面单面连续淬火	连续喷水	2	3h高温回火	C

表2-3 试验车轮轮辋力学性能

试验号	R_{eL}/MPa	R_m/MPa	A/%	Z/%	硬度值（HB）	A_{KV2}/J（-20℃）
1-A	—	905	17.5	47.5	247	15.73
2-A	610	915	17	46.5	253	10.95
1-B	575	900	17	48	252	15.87
2-B	580	905	17.5	45	254	11.50
1-C	535	850	18.5	48	236	17.77
2-C	565	885	18.5	47.5	244	12.53

通过热处理试验发现，间歇淬火工艺有利于改善车轮轮辋的综合强韧性能，当淬火态韧性确定后，回火很难使其发生明显变化，因此，回火温度应设定550℃以下。由于生产过程中间歇淬火较难控制，仍采用连续淬火工艺，回火温度设定为510℃。

2.4.3 回火后冷却方式的影响

车轮钢的回火温度属高温回火脆性区域，Mn、Si、Cr三种元素复合加入会加剧脆化作用。将国内外两个厂家生产的车轮钢分别进行回火脆性测试实验，测定回火脆化比，结果见表2-4。

表2-4 脆化比测定实验

冲击韧性值及脆化比	650℃回火		520℃回火	
	水冷	炉冷	水冷	炉冷
国内某企业生产的车轮钢	10J	7.0J	8.3J	7.0J
	脆化比：1.43		脆化比：1.19	
国外某企业生产的车轮钢	23.3J	20J	23J	21J
	脆化比：1.17		脆化比：1.09	

可以看出，650℃回火的脆化比显著高于520℃回火，说明从650℃冷却经历了一个更为完整的高温回火区间，因此炉冷带来的脆性相对更大一些。

国外车轮钢的高温回火脆性程度小一些，经分析，国内车轮钢原始奥氏体组织晶粒度为6级，而国外车轮钢的为8级，两者晶粒尺寸相差一倍，晶粒尺寸差异造成了抗高温回火脆性能力的不同。显然，晶粒尺寸越小，材料的抗回火脆性能力越强。因此，无论从提高冲击韧性的角度，还是从抗高温回火脆性能力的角度看，晶粒细化都是非常重要的。

2.5 车轮踏面和轮缘近表面区域探伤技术

现有检测技术由于存在盲区、耦合、操作等方面的种种问题，难以有效地进行车轮表面的原始缺陷和镟修前的踏面损伤检测。

2.5.1 技术方案

电磁超声的关键技术在于电磁超声换能器（EMAT）技术，采用最有效的表面波，即利用两个EMAT

直接在踏面和轮缘上各自激发出反向传播的两束超声表面波。所激发的声波束沿踏面和轮缘表面及近表面（约 10mm 深）内周向传播，从而使该区域得到全覆盖检测。

2.5.2　探头设计

采用了两个 EMAT（图 2-18）以覆盖整个踏面。考虑到提离效应，为使 EMAT 与检测面较好贴合，按照踏面和轮缘轮廓对电磁铁的硅钢片仿形加工。

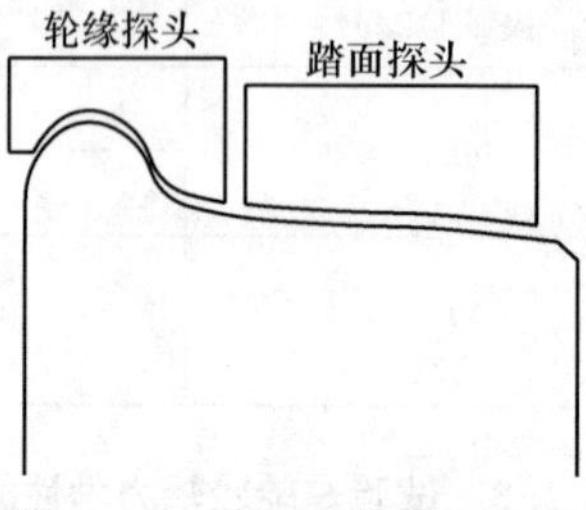

图 2-18　踏面和轮缘 EMAT

2.5.3　电磁超声仪器设计

四个面板软按键，菜单操作；能够自动监测探头故障，有效避免漏探；检测频率：0.3~1.2MHz，连续可调；增益：0~69dB，1dB 步长调节；报警方式：伤波正闸门报警、透过波负闸门报警；脉冲个数：每串发射可包含 1~100 个脉冲，可调；采用相关分析方法，1~5 次可调，有效避免误报；扫描时间：分 6 档可调。

2.5.4　样轮测试

在生产现场条件下，对刻槽长 20mm、深 0.8mm、宽 0.5mm 的样轮进行测试，踏面、轮缘及踏面与轮缘过渡圆弧三处刻槽清晰显示，信噪比不小于 20dB，噪声幅度不大于 5%，伤波高为 80%时系统灵敏度余量为 17~20dB，且重复性好。

采用电磁超探系统在踏面探测出约 12mm 长×0.2mm 深，3mm 长×0.1mm 深的长条缺陷，埋藏深度约 3mm 的 20mm×10mm 的面积缺陷，通过打磨、磁粉探伤和低倍检验证明缺陷确实存在。

2003 年 10 月 1 日，马钢车轮轮箍分公司制订了《车轮电磁超声探伤检验规程》，车轮电磁超声探伤正式投入生产检验。

2.5.5　使用效果

运用该技术与其他手段相结合，对 90 余炉出现皮下气泡的钢锭能否投入生产并保证质量做出了准确判定。

试验方法：在钢锭上钻孔制造人工缺陷并埋入钢钉，压轧后对人工缺陷的流变特点进行检查。人工缺陷的流变特点见图 2-19。可以看出，变形后皮下气泡沿周向和轴向延伸，无法用磁粉探伤检出。而采用电磁超声表面波检测，可以发现残余气泡有较低的反射波和造成较大的回波衰减（可达 10dB）。将电磁超声结果与机械加工余量相结合可以判断，钢锭皮下气泡到成品阶段能够彻底清除。试验结果证明，90 余炉钢锭制造的车轮完全符合相关技术条件的要求。可见，电磁超声技术开发完全满足工业性应用的要求。

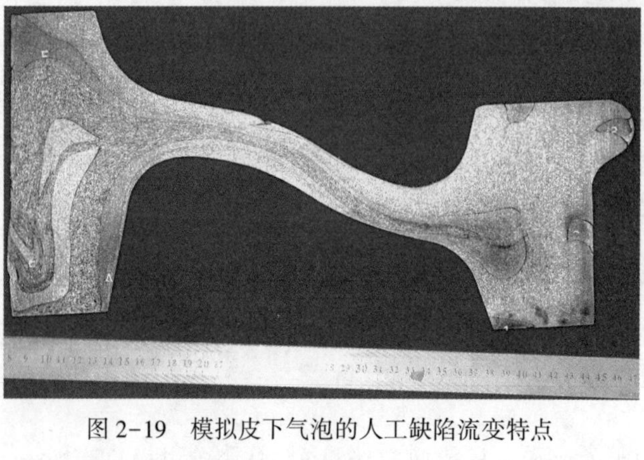

图 2-19　模拟皮下气泡的人工缺陷流变特点

3 轮轨匹配关系及热摩擦损伤机理

到目前为止，高速度、大载荷条件下轮轨接触区的实验研究仍十分困难。采用 ADINA 系统来进行有限元建模和热力耦合分析，配合实验数据，系统分析各种滑行状态下车轮踏面的温度场变化，并结合 CCT 曲线的测定，研究在制动过程中不同碳含量车轮钢的踏面相变分布的规律，以对确定车轮踏面剥离的机理，并指导车轮钢材料的选择。

3.1 有限元分析模型的建立

根据热传导规律和初步的计算结果，全流程滑动摩擦时，车轮温度的分布和变化可以分为以下三个阶段，见图 3-1。

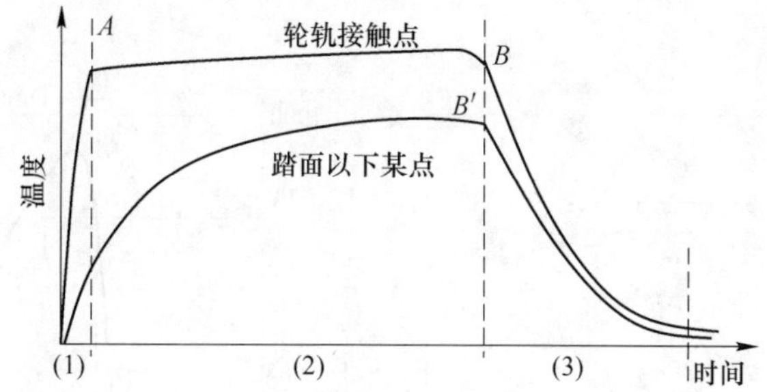

图 3-1　全滑动刹车状态下车轮不同部位的温度随时间的变化示意图

（1）起始升温段：滑动开始后很短时间内，接触区温度迅速升高；

（2）整体加热段：滑动后数秒内，轮辋整体被热源（接触区）加热；

（3）迅速冷却段：滑动结束后，热输入终止，在钢轨和环境温度作用下，轮辋迅速冷却。

为减小计算工作量，并保持基本的物理意义，必须采取合理的模型简化手段，因此，只考虑最简单的制动情况，即车轮抱死状态下的滑行制动。建立了轮轨关系的 2 维有限元模型。车轮形状简化为外径 $\phi_{外}=915$mm，内径 $\phi_{内}=170$mm，厚度 135mm 的带内孔圆柱体。轨道按钢体处理，厚度取 70mm。取 10m 长的轨道，见图 3-2。车轮和轨道共划分平面应力单元 17320 个，节点 20433 个。

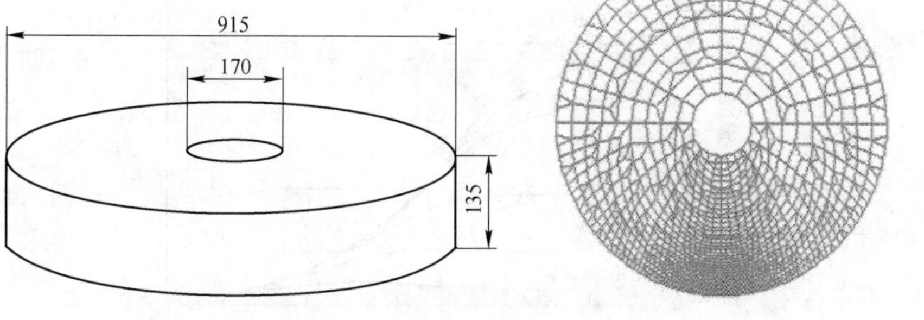

图 3-2　计算采用的简化轮型

3.2 典型工况下车轮的温度场和踏面相变

在典型工况下，简化轮型的温度场的计算结果示于图 3-3。可以看出，滑行接触区最高温度达到 900℃以上，已经超过了材料的 A_{c1} 和 A_{c3} 温度。

踏面深度方向温度分布和超过相变点温度区域的计算结果示于图 3-4。温度超过 A_{c1} 的区域深度接近 1mm，区域宽度接近 8mm，分别称之为奥氏体化区深度（A_d）和奥氏体化区宽度（A_w），该区域内具备了发生马氏体类相变的必要条件；但最终相变类型和相变层的厚度还取决于滑行结束时这些区域的冷却速度。

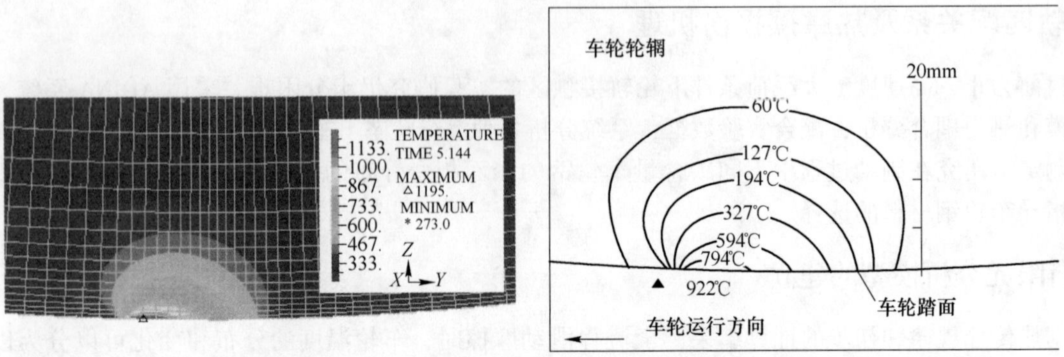

图 3-3　简化轮型在典型工况下滑行时模拟的温度场（略去钢轨部分）

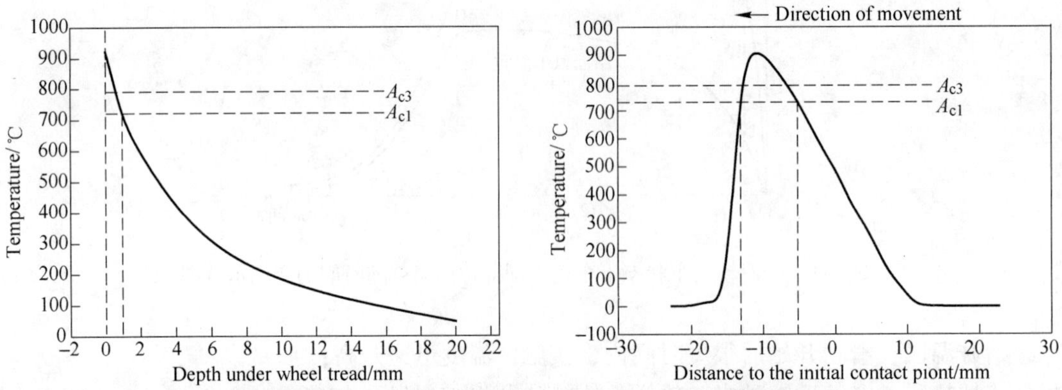

(a) 沿踏面深度方向A_d≈1mm　　(b) 沿踏面切线方向A_w≈8mm

图 3-4　简化轮型在典型滑行工况下踏面温度分布及奥氏体化区的大小

在 CCT 曲线上标记出各个区域的冷速（见图 3-5）。可见，由于摩擦热影响区很薄，在车轮和钢轨快速散热的情况下，冷却速度很快，相当于淬火过程，过冷奥氏体几乎全部形成马氏体组织。

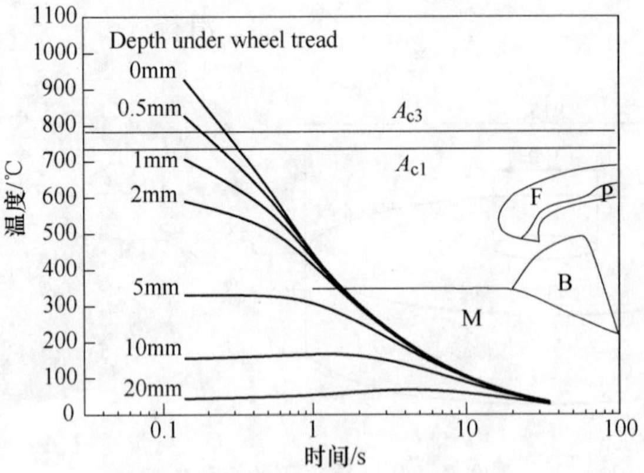

图 3-5　踏面接触区以下不同深度的冷却速度曲线及相变情况

踏面深度方向的温度分布和超过相变点 A_{c1} 和 A_{c3} 的区域的计算结果示于图 3-6（a）。车轮踏面以下温度超过 A_{c3} 的最大深度约 0.6mm，沿踏面切线方向，温度超过 A_{c3} 的最大宽度约 6mm，根据图 3-5 推断，该区域冷却后完全形成马氏体组织；这些计算结果与实物车轮上观察到的情况吻合（图 3-6（b））。

温度处于 A_{c1}～A_{c3} 时，发生不完全奥氏体化，铁素体的奥氏体化速度很慢，淬火后铁素体呈网状保留下来，形成马氏体+网状铁素体混合组织。这种组织强度低于马氏体层，而韧性和塑性低于基体组织，因此在大载荷作用下会产生应力集中，容易成为裂纹产生和扩展的通道。这解释了在许多实物照片中观察到的现象，即裂纹往往会在马氏体层的边缘产生，沿着马氏体层的底部扩展（图 3-7）。

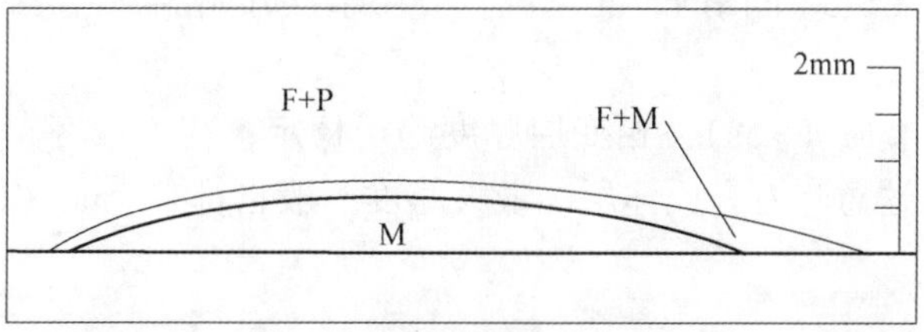

(a) 计算相结构

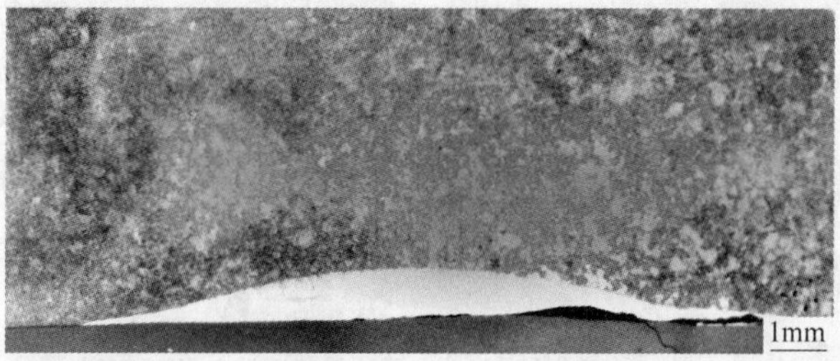

(b) 实物车轮制动产生的踏面马氏体层

图 3-6　车轮踏面下的摩擦相变带

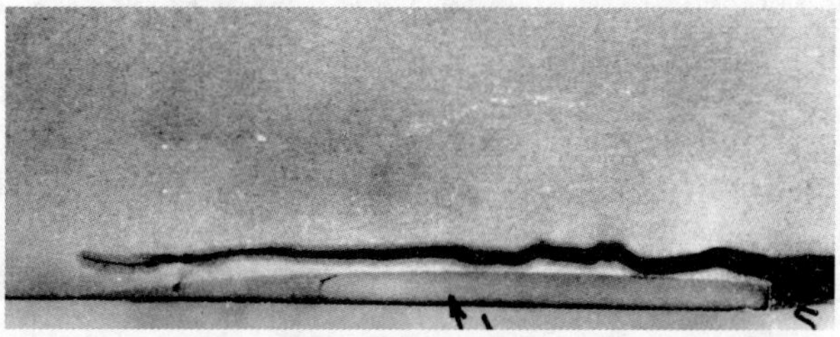

图 3-7　马氏体层底部裂纹的产生和扩展

3.3　滑行速度的影响

滑行速度对接触面峰值温度影响的计算结果见图 3-8。滑行速度的影响是较小的。提速并不增大踏面峰值温度，因而也不会增加相变层深度。速度对踏面剥离的影响主要表现在增大了相变层出现的概率。由于速度对踏面最大温度影响不大，因此随后的升温和冷却过程对初始速度也不敏感，滑行 5s 后踏面温度场和冷却速度的差异不大。

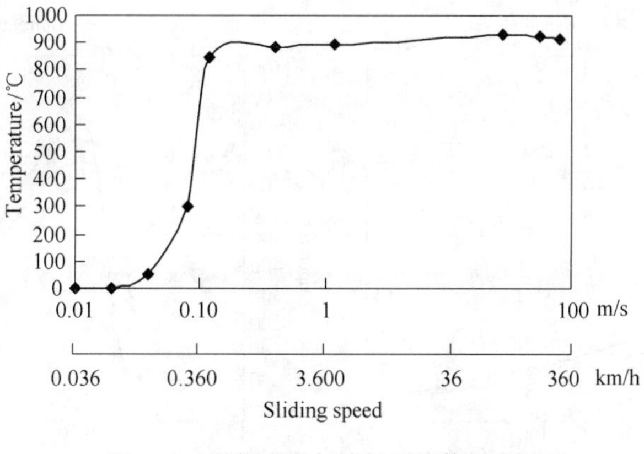

图 3-8　滑行速度与接触区峰值温度关系

3.4　滑行时间的影响

在稳定载荷条件下，滑行时间对踏面温度场影响的计算结果见图 3-9。可以看出，温度扩散需要一定时间，但越靠近接触面，温度达到平衡的时间越快。滑动摩擦开始 3s 后，接触面以下奥氏体化区深度即达到 1mm 左右，并趋于稳定。

随着滑动时间的进一步增加（>5s），相变层厚度趋于稳定，在一般客车正常载荷情况下，完全奥氏体化区的厚度不超过 1mm，这意味着马氏体层的最大厚度一般也都在 1mm 以内，这与实际经验观察到的车轮损伤规律相吻合。

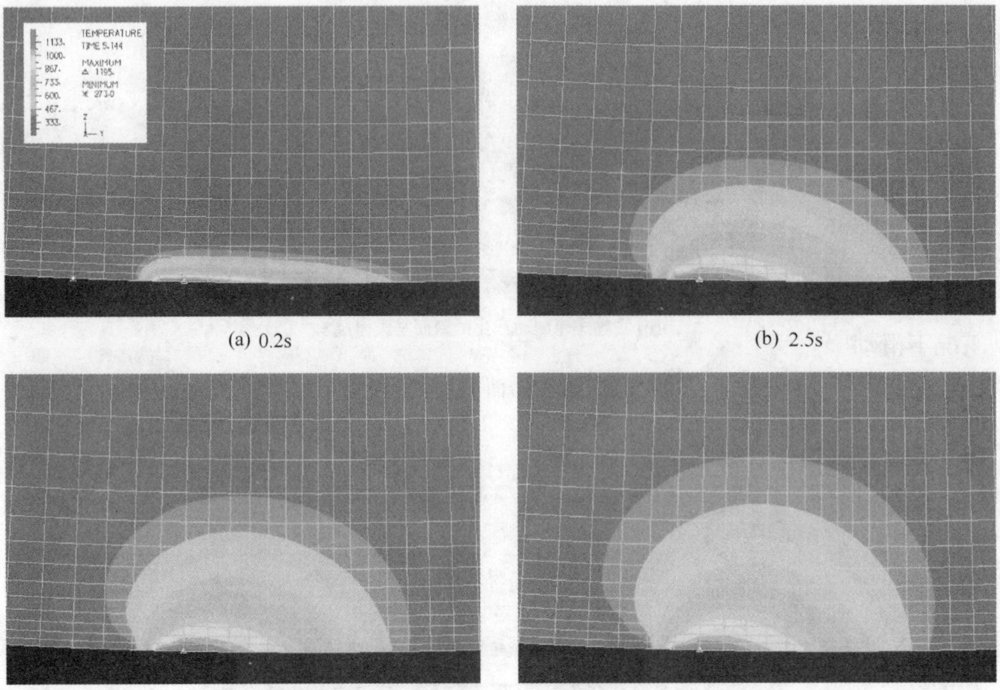

(a) 0.2s　(b) 2.5s　(c) 5s　(d) 10s

图 3-9　不同滑行时间后接触区的热扩散情况

3.5　载荷的影响

图 3-10 显示了在不同载荷下，以 200km/h 速度滑行 5s 后接触区温度的变化，载荷变化对车轮接触区峰值温度影响很大，载荷变化与最大温升、奥氏体化区深度都有线性的关系，说明在纯滑动的情况下，载荷增加会提高车轮踏面的峰值温度，增大奥氏体化区深度和范围，使马氏体层厚度和宽度大大增加。

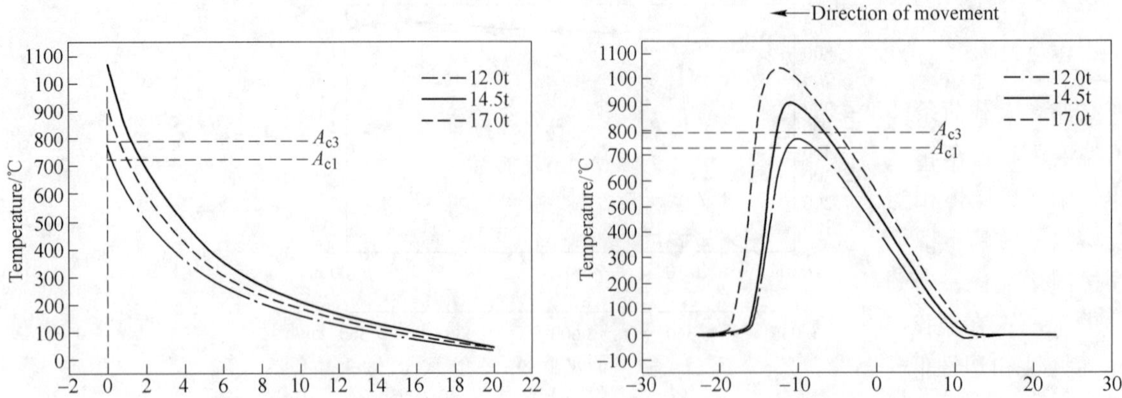

(a) 垂直踏面方向　(b) 踏面表层

图 3-10　不同载荷条件下踏面上接触点附近温度分布曲线

但需要指出的是，由于载荷增加，导致轮轨摩擦力增大，车轮发生制动抱死的几率减少，发生滚滑的可能性增大；在滚滑占主导的情况下，滑动摩擦时间缩短，高温区向踏面深度方向的扩散大大受到限制，相变层深度和宽度反而可能减小。因此载荷对车轮热疲劳过程的影响较为复杂，受到多方面因素的综合控制。

3.6 成分的影响

三种典型车轮材料的主要成分及基本性能见表 3-1。

表 3-1 试验钢的成分与基本性能

Steel	C/%	HB	A_{c1}/℃	A_{c3}/℃	M_s/℃
0.7%C	0.69	262	730	765	230
0.5%C	0.52	250	735	780	265
0.4%C	0.41	253	745	810	320

在典型工况下滑动摩擦后，不同成分车轮钢的表面峰值温度基本相同，均为 920℃左右，无论是在空冷还是钢轨接触条件下冷却，3 种材料表面的奥氏体化区最终都会形成马氏体组织。

A_{c1}和A_{c3}是控制踏面马氏体层产生及分布范围的主要因素，在 3 种试验车轮钢中，影响奥氏体化临界点的主要成分因素是碳含量。根据相变温度可以估算出马氏体层的分布，图 3-11 显示了计算原理。计算结果表明，提高奥氏体化临界点对抑制马氏体形成具有重要作用。

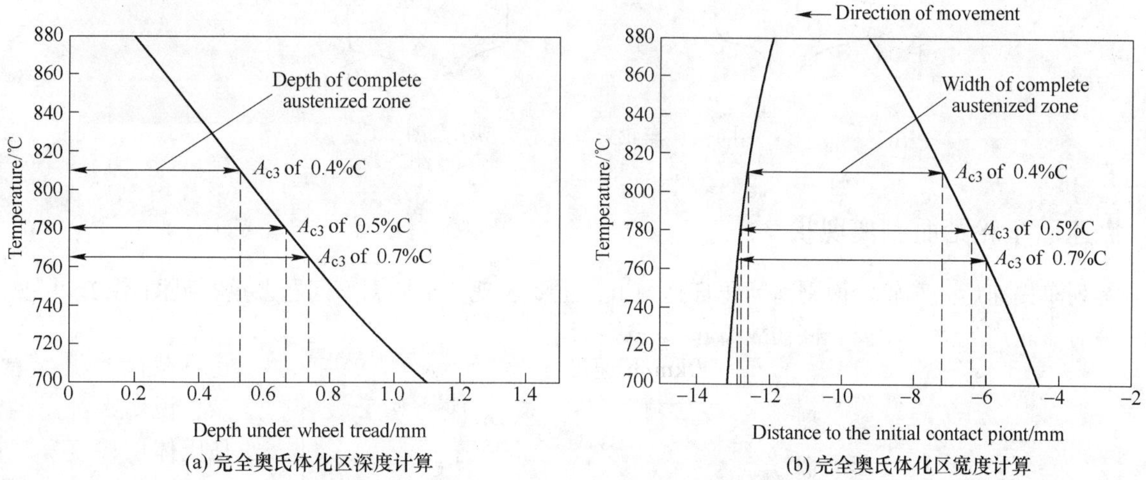

图 3-11 不同车轮钢奥氏体化区大小的计算

3.7 结论

在高速度大载荷条件下，轮轨滑动摩擦导致车轮踏面局部升温，热影响区范围窄，温升剧烈，接触区峰值温度可超过车轮材料的奥氏体化相变临界点。

车轮踏面奥氏体相变层初始深度约为 0.2mm，随着滑行时间的增加，高温区向踏面以下扩散，但在滑行开始数秒后趋于稳定，相变度最大深度可达到 1mm 以上。

摩擦热影响区冷却过程速度很快，过冷奥氏体几乎全部形成脆硬的马氏体组织，成为踏面剥离缺陷产生的根源；在温度达到A_{c1}和A_{c3}之间的区域形成马氏体+铁素体混合组织。这种组织强度低于马氏体层，而韧性和塑性低于基体组织，因此在大载荷作用下会产生应力集中，容易成为裂纹产生和扩展的通道。

在高速滑行时，车轮踏面峰值温度对速度不敏感；提速可能增大车轮表面相变层出现的几率，但并不增大踏面峰值温度和相变层的深度。

载荷增加导致车轮踏面峰值温度增大，在保持同样滑行时间的前提下，奥氏体化区大小也随载荷增大呈线性增长。

材料的相变临界点是控制马氏体层产生和分布的关键因素，随着碳含量的降低，提高了 A_{c1} 和 A_{c3} 温度，这有利于减小奥氏体相变的产生范围，缩小高速冷却过程中马氏体区的深度和宽度，对于减少车轮踏面的制动剥离等缺陷具有十分积极的作用。

4 高速铁路运行条件下的车轮失效机理及失效模式的确定

4.1 车轮失效基本类型

铁路车轮失效的基本类型示意于图 4-1。

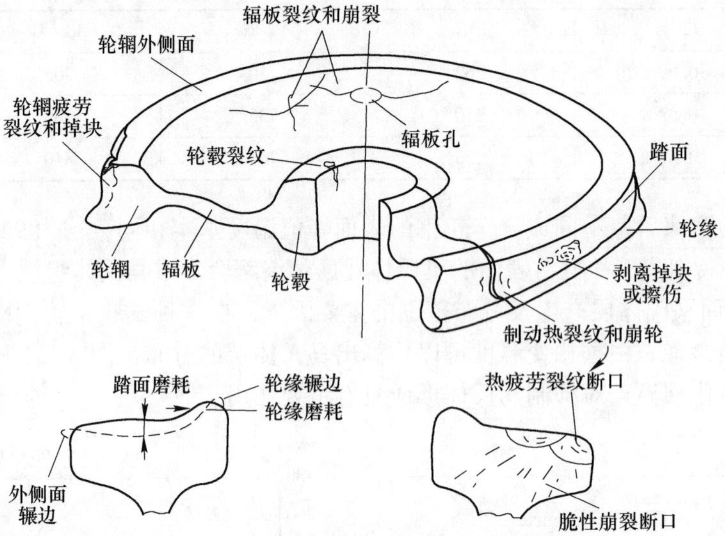

图 4-1 车轮失效基本类型示意图

4.2 提速后车轮踏面剥离现状

旅客列车提速后，车轮踏面剥离问题日趋突出，主要表现为早期剥离问题严重，见图 4-2。可见，速度的提高对车轮产生大量剥离、擦伤故障起了先决作用。

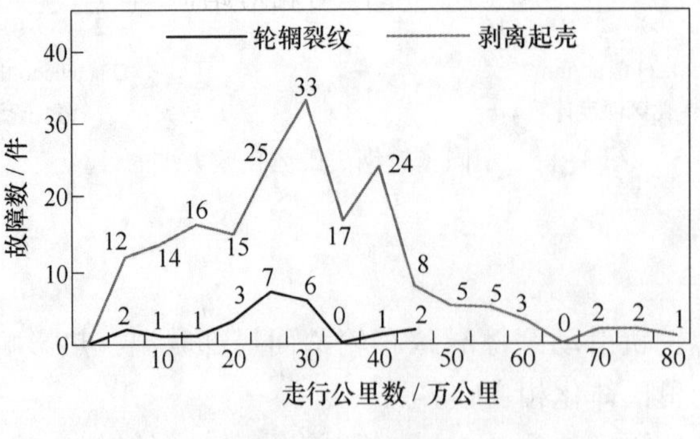

图 4-2 提速后车轮故障情况示意图

4.3 准高速、快速列车车轮损伤

准高速列车、快速列车用车轮的使用条件接近于高速车轮，因此，了解其损伤规律对确定高速车轮的失效机理及模式具有重要意义。

广深线“蓝箭”拖车组的车轮故障情况见表 4-1。第五次大提速后，部分直达客运快车时速达到 160km/h，客运机车 DF11G 整体机车车轮出现普遍的踏面剥离掉块现象。踏面剥离具有一定的规律性，新制车轮在使用初期（6 万~20 万公里）发生剥离的情况比较普遍，但经过镟修后再次使用，很长时间不发生剥离现象。部分北京局所属 DF11G 机车的跟踪调查情况见表 4-2。

表 4-1 “蓝箭”拖车组车轮故障统计

车组编号	走行里程/万公里	车轮总数	踏面剥离		踏面擦伤	
			数量	比例/%	数量	比例/%
L1	48.1	64	12	27.0	2	6.6
L2	41.5	64	17		0	
L3	47.6	64	18		1	
L4	51.8	64	23		2	
L5	48.9	64	19		5	
L6	41.9	64	14		0	
L7	37.2	64	24		1	
L8	33.2	64	11		23	
合计	350.2	512	138		34	

表 4-2 DF11G 车轮镟修后跟踪记录表

车号	镟修后轮径	首次镟修日期	首次镟修时走行公里数	截止调查之日镟修后继续走行公里数
0008	1032	04.06.23	61872	360478
0050	1031	04.07.07	110172	259292
0027	1030	04.08.06	130854	271880
0052	1029	04.08.20	64277	225443
0032	1024	04.09.03	189197	233766
0051	1024	04.09.10	60730	230261
0030	1024	04.09.28	180618	177994

4.4 剥离典型类型的分析及评判

4.4.1 制动剥离

南昌机务段的 DF4D 型机车在半年内连续发生 38 对轮对踏面剥离，车轮全部为乌克兰进口辗钢整体机车轮，剥离形貌见图 4-3、图 4-4。缺陷均沿周向分布，严重处有掉块产生，最深达 4mm。在剥离区域的踏面发现断续的白层和裂纹，裂纹起源于白层端部，白层下部组织较细，且有明显流变特征，白层附近显微硬度值为 HV409~488。

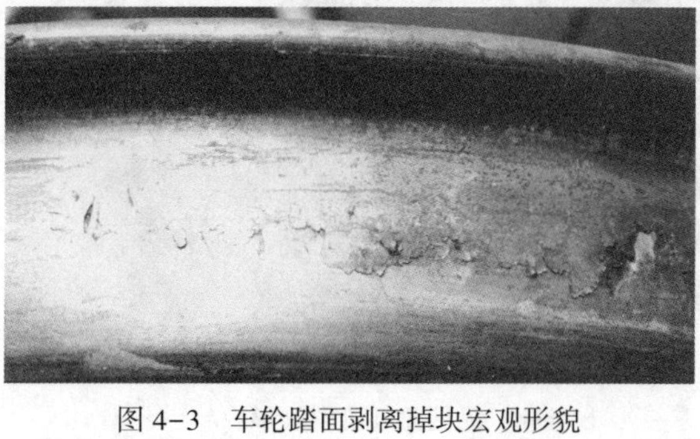

图 4-3 车轮踏面剥离掉块宏观形貌

图 4-4 车轮周向纵断面剥离形貌特征

分析结果表明，车轮的伤损性质属于制动剥离，直接原因是由于车轮在制动时产生的热效应。踏面制动时，轮瓦接触部位的摩擦产生高热使踏面局部瞬时加热到车轮钢相变点温度以上，随后冷却时形成所谓热机械作用的马氏体白层，脆硬的马氏体白层在轮轨接触应力、热应力和组织应力作用下碎裂和脱落，在随后轮轨接触应力作用下发展成大面积剥落掉块。

组织形貌特征表明，裂纹起源于马氏体白层处，塑性流变层是轮轨接触应力在车轮踏面处的表现特征。

4.4.2　轮对擦伤剥离

牡丹江车辆段的25G型客车的制动方式均为盘形制动，有踏面清扫器，无防滑器，最高时速120km/h。其损伤形式均为踏面局部剥离，特征是一个轮对中两个车轮剥离位置相对应，见图4-5。

车轮剥离宏观形貌见图4-6。剥离区附近有局部龟纹状裂纹特征，深度为1~3mm，两个车轮踏面剥离处具有向一个方向搓辗的特点。

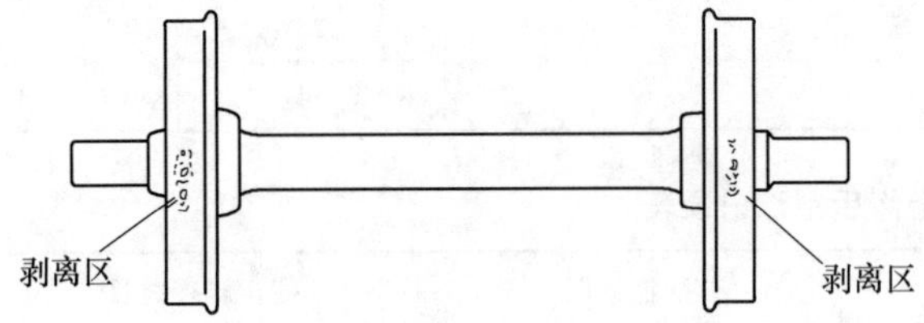

图4-5　车轮踏面剥离位置示意图

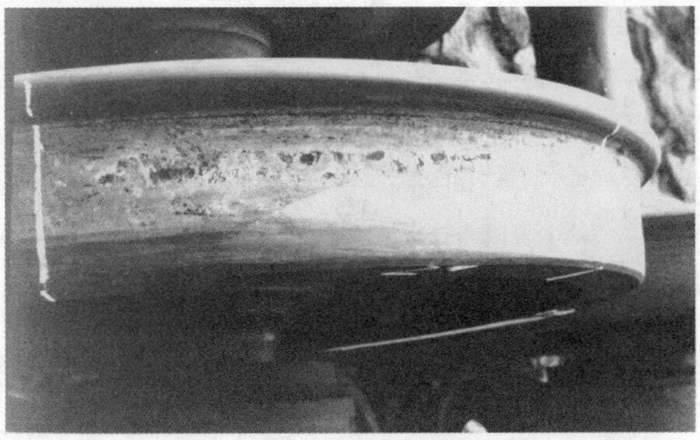

图4-6　1号车轮踏面剥离宏观形貌

剥离区样品浸蚀后肉眼即可见呈白亮的半弧形热影响层，厚度达1.5~2mm，热影响层组织为回火马氏体，踏面处可见有垂直向下的微细裂纹，这种特征表明在该部位经历过不止一次的热作用。

由剥离处的组织特征，结合制动条件、剥离特征，可以判定该种剥离属擦伤剥离类型。其产生的原因是，运行中的车轮，当紧急制动或制动力过大时，由于列车仍具有一定的惯性力向前运动，当惯性力大于轮轨黏着力时，会出现轮轨滑行、蠕滑及车轮在钢轨相对固定位置上空转现象，因而产生不同程度的摩擦热，这种摩擦热的温度很高，极易达到车轮钢相变点以上，迅速冷却时，硬而脆的马氏体便形成，随着车轮的滚动运行，马氏体部位极易碎裂、脱落，由擦伤而引起的剥离便形成，即擦伤剥离。

4.4.3　接触疲劳剥离

2001年10月21日至2002年3月20日，广深“蓝箭”动车组拖车“KDQ”轻型轮对陆续发生车轮踏面剥离，该车时速140~200km/h，采用盘型制动，有防滑器，轨道最小曲线半径为1600m，最大为4200m。

剥离特征是沿踏面圆周呈鱼鳞状剥离，见图4-7。剥离裂纹纵剖面形貌见图4-8，呈层状形态。剥离层深度在1~3mm左右，踏面与外侧面连接处有辗边特征，踏面中部存在较明显的磨耗，呈凹陷状。

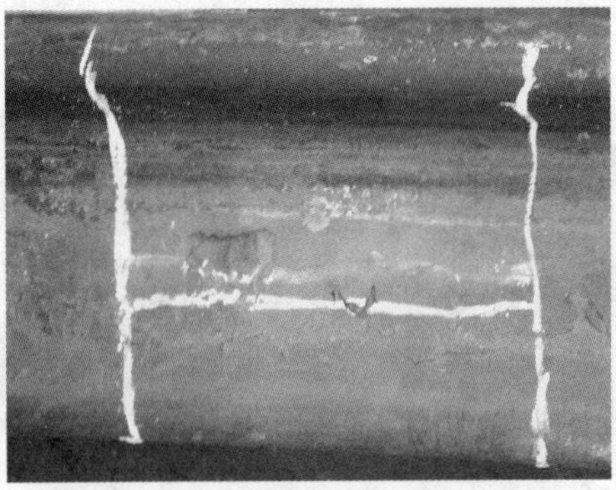

图4-7　车轮踏面剥离宏观形貌图

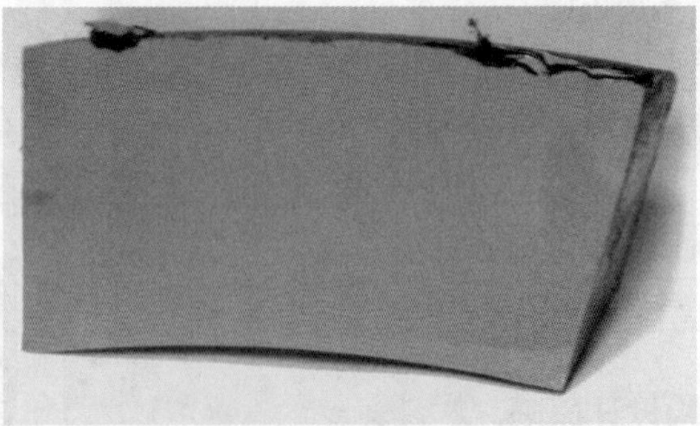

图4-8　纵剖面剥离裂纹形貌

缺陷分析发现，踏面表层无热影响组织，但踏面处金相组织产生变形，变形层深度在0.15mm左右，且剥离裂纹走向与组织变形方向一致，扫描电镜分析可以看出踏面表层组织变形的严重程度，表明车轮踏面处承受了较大的轮轨接触应力。

分析表明，该两个车轮踏面剥离属“轮轨接触疲劳剥离”类型。

研究表明，随着列车运行速度的提高，动载下车轮与钢轨接触应力将显著增大，最大切应力位置基本在踏面下 2~3mm 深度内，与车轮剥离和剥落发生位置一致。在这种条件下，很高的接触应力经常超过车轮的屈服强度，使车轮踏面承受严重的变形，随着每一次超过屈服强度的载荷循环，材料沿滚动方向产生塑性累计，在许多这样的循环后出现材料塑性枯竭从而达到材料的安定极限，微裂纹很容易在塑性区最大切应力位置与基体交界面的分离而萌生。

可见，使高速车轮保持较高的硬度、强度指标是必要的。

4.4.4 踏面斜裂纹

通化车辆段使用乌克兰 R7-T 钢种客车车轮期间，一度踏面斜裂纹现象较为突出，车辆采用盘形制动，不带踏面清扫器。

缺陷特征为，在靠近轮辋外侧面处存在较规则排布的“斜线”状表面裂纹，裂纹长 20mm 左右，其宏观形貌见图 4-9，纵剖面见图 4-10。外观检查发现，踏面中心处磨耗大于其他部位，呈凹陷状。

在剥离区，踏面处金相组织产生严重变形，变形层深度在 1.24mm 左右，且剥离裂纹走向与组织变形方向一致。而踏面中部变形层很薄，属正常磨耗和加工硬化形貌。组织、裂纹特征的关系表明，斜裂纹是承受了较大的轮轨滚动接触应力所致，是列车在弯道行驶时出现的。

图 4-9 车轮踏面斜裂纹宏观形貌

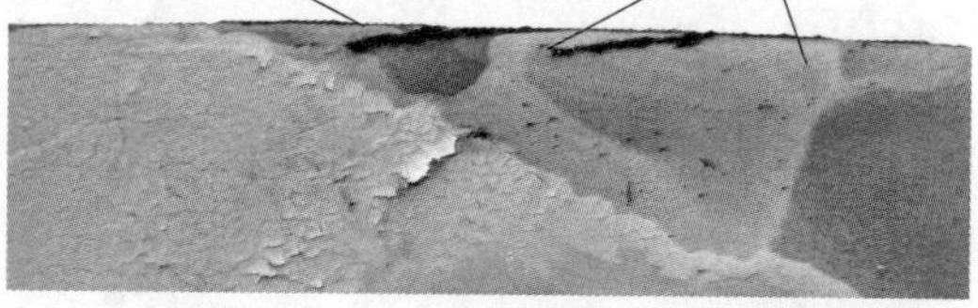

图 4-10 车轮纵剖面剥离裂纹形貌

踏面斜裂纹属少见的表面损伤，分析结果表明其仍属“轮轨滚动接触疲劳剥离”类型，其位于靠近轮辋外侧面处，与弯道行驶受力状态变化有关。

轮轨接触应力与运行速度、线路条件、轮轨接触面形状、转向架结构和性能、轮轨强度及匹配有密切关系。因此，车轮材料应结合我国铁路的实际情况选用。

4.5 高速车轮失效机理及模式的确定

由大量的现场调查、失效分析可以确定，高速车轮的主要失效形式为踏面剥离，以热-机械剥离为主要类型，接触疲劳剥离为次要类型。

5 高速车轮轻量化结构轮形设计

5.1 使用条件及要求

根据我国秦沈客运专线 270km/h 高速列车设计任务书的要求，进行尝试性高速车轮轻量化结构轮形设计。车轮应满足的使用条件见表 5-1。

表 5-1 高速车轮使用条件

轴重	最高运营速度	最高试验速度	制动方式	轨 距	直径
14.5t	270km/h	≥300km/h		1435mm	915mm

5.2 结构设计原则

高速列车车轮不仅要有高安全可靠性，还要求其自重及对车辆整体性能的影响尽可能地小。我国由于缺少高速车轮制造经验，不能盲目地减小车轮的主要结构尺寸，应将安全可靠放在第一位。为此，设计原则确定为，在保证安全可靠的前提下适当地减小车轮的自重。

5.3 设计方案

选择了两种方案，其主要尺寸见表 5-2，辐板外形见图 5-1。

表 5-2　设计方案的主要尺寸及重量

项目	磨耗限直径/mm	轮辋厚度/mm	轮毂壁厚/mm	辐板厚度（min）/mm	重量/kg	踏面形状
方案 1	865	50	28	17	324	LMA 型
方案 2	875	45	28	28	317	LMA 型
KDQ	865	50	30	17	326	LMA 型

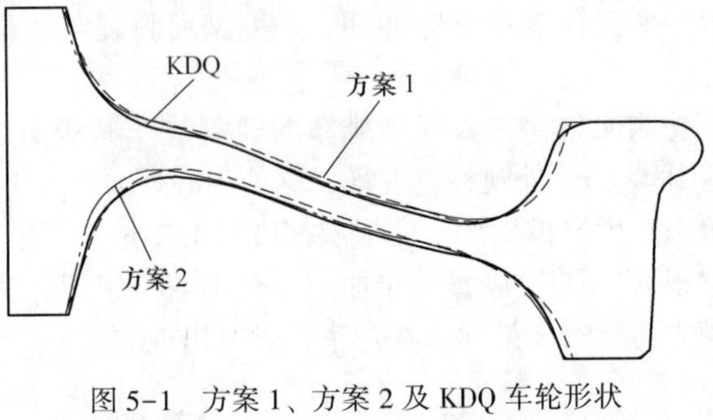

图 5-1　方案 1、方案 2 及 KDQ 车轮形状

5.4　形位尺寸公差

参照国外有关标准及根据轮轴配合的需要对形位尺寸公差提出了较高要求，与国外高速车轮主要形位尺寸公差及粗糙度的比较见表 5-3。

表 5-3　高速车轮形位公差及与国外的比较

项　目		ISO1005-8	PrEN13262	意大利 ETR	本次设计
轮毂孔圆柱度	精加工	0.015	≤0.02	0.01	0.015
	粗加工	0.5	≤0.1		0.1
轮毂孔径向跳动	精加工	0.1	≤0.1	0.1	0.1
	粗加工	0.1	≤0.2		0.2
踏面圆度		0.2	≤0.1	0.1	0.1
踏面间隙		符合图纸	0.5		0.2
轮毂孔粗糙度 R_a/μm	精加工	1.6~3.2	0.8~3.2	1.6	3.2

5.5　车轮辐板优化设计

采用 ANSYS 有限元分析软件进行优化设计及计算，并参照标准 AAR-S-660—83《机车和货车车轮设计分析评定方法》选取计算模型并对结果进行评定。

根据《270km/h 及以上速度级铁道车辆强度设计及试验鉴定暂行规范》考虑两种载荷工况，参照 KDQ 型车轮设计了两种初始形状，见图 5-2、图 5-3。

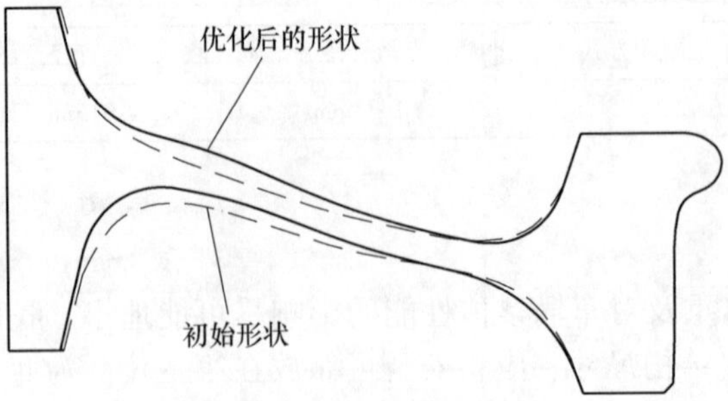

图 5-2　方案 1 初始形状

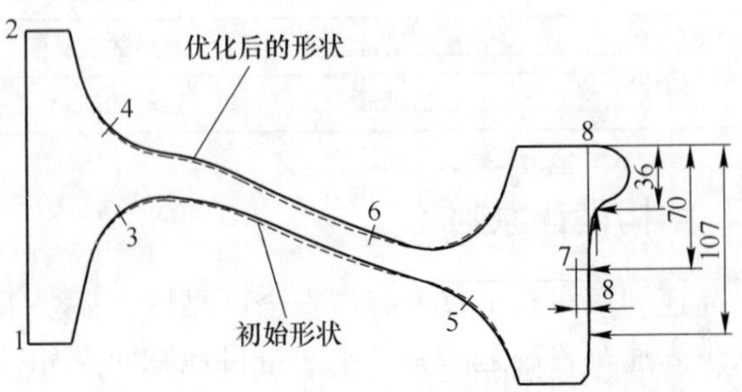

图 5-3　方案 2 初始形状

以 KDQ 为参照物进行优化设计，目标是强度、刚度应不劣于 KDQ 车轮，而且重量应尽可能地轻。主要结果列于表 5-4。

表 5-4 两个初始方案及 KDQ 车轮主要计算结果

项目	σ_{16}/MPa	σ_{14}/MPa	σ_{35}/MPa	σ_{33}/MPa	σ_{34}/MPa	D_{1X}/mm	D_{3Y}/mm	M/kg
KDQ	150.5	109.0	87.7	70.1	58.6	0.9909	0.0958	109.34
初始形状 1	135.6		76.9	78.6	64.4	1.164	0.0930	108.42
一次优化	139.0	88.6	76.5	67.4	58.2	0.9918	0.104	108.5
最终方案 1	131.1	92.1	76.1	63.6	55.7	0.9490	0.1062	108.54
初始形状 2	150.8	108.1	77.5	67.0	56.6	0.9834	0.0987	111.94
最终方案 2	142.6	114.0	78.3	64.7	53.5	0.9645	0.1073	110.12

注：σ_{ij}中的 i 代表工况；j 代表图 5-3 中的位置点，应力为各位置附近 mises 应力的极值；D_{1X}为第一工况下图 5-3 中 8 点的横向位移；D_{3Y}为第三工况下图 5-3 中 7 点的径向位移。

第一方案经过 50 次优化后，优化后径向、横向刚度均有所改善，车轮质量及应力有所增加，但均在约束范围之内。与 KDQ 相比，只有横向位移指标稍差。随后进行了第二次优化，其目的是减轻车轮质量，同时提高车轮的横向刚度。经过 34 次迭代之后已经收敛，与初始形状相比，质量还没有开始下降，但其他指标均比较好，经过综合分析，认为这个结果还是比较好的，因此停止了继续优化，将该优化结果作为最终结果。

第二方案经过 39 次迭代之后已经收敛。与它的初始形状相比，不仅半个车轮的质量下降 1.82kg，其他主要指标均有所改善，遂停止了优化，该优化结果作为最终结果。

5.6 指标校核及结论

经过车轮的静强度、疲劳强度及紧固度校核，均满足规范要求。相比较可以看出，两个最终方案的主要强度、刚度指标均优于 KDQ 车轮，质量也较 KDQ 小，达到了预定的目标。

6 高速试验用车轮的工业试制、装车试验及运行情况

6.1 高速试验用车轮的工业试制

按照铁道部《270km/h 客车试验用辗钢整体车轮技术条件（暂行）》进行了高速试验用车轮的工业性试制，试验用钢的化学成分见表 6-1，力学性能检验结果见表 6-2，实物质量符合试制技术条件要求。

表 6-1 试验用钢化学成分

炉号	C	Si	Mn	P	S	Cr	Al_s
421987 411752 411753	0.50~0.56	0.15~0.40	0.65~0.80	≤0.015	≤0.010	0.10~0.30	0.010~0.030

表 6-2 工业性试验车轮轮辋力学性能

炉号	R_{eL}/MPa	R_m/MPa	A/%	硬度值	A_{KV}(−20℃)/J
421987	620	930	17.5	266.0	10.2
411752	575	900	19.5	255.7	10.8
411753	550	875	18.5	248.7	14.7
目标		820~940	≥14	≥245	≥10

6.2 试制车轮的装车试验

该批试制车轮全部装在设计时速 270km/h 的两动九拖“中华之星”高速列车拖车部分，在铁道科学院环行铁道试验基地进行了最高时速 180km/h 的运行试验，除出现表面白层及浅层剥离外，未出现影响高速试验的损伤问题。

6.3　试制车轮的运行情况

2003年至2005年，“中华之星”高速列车在秦沈客运专线进行了高速试验，试验速度最高达到320km/h，最低超过200 km/h。拖车车轮1全部采用马钢（股）公司制造的CL50Aϕ915mm高速试验车轮。车组全部采用盘型制动方式，并装有电子控制防滑器。

试验条件为，在0到20多万公里左右所有拖车均空载运行，此后，拖车均按照载重装上沙子，以使车辆达到重载运行。

10万公里前调查发现，绝大多数车轮踏面存在不规则白亮斑及白亮条带，附近拌有小块状浅层剥离掉块，见图6-1。在同一条轮对的两个车轮踏面对称部位均具有上述特征。个别车轮踏面存在局部连片剥离特征，见图6-2。对每个车轮进行了检查，未发现车轮存在辗宽现象，也未发现存在有危及行车安全的故障。

图6-1　车轮踏面白亮条带处剥离掉块

图6-2　车轮踏面连片剥离形貌

试验用车轮的磨耗情况见表6-3，耐磨性良好。

表6-3　试验用车轮磨耗情况跟踪调查结果

测试地点	测试时间	磨耗量/mm	累计运行公里/km	备　注
山海关	2002年11月27日	0.4~0.6	4万以内	未镟修
沈阳（皇姑屯）	2003年4月14日	0.9~1.0	11万	
沈阳（皇姑屯）	2003年10月7日	1.4~1.5	21.5万	

第二、三次现场调查中，拖车车轮踏面白亮擦伤痕迹均未出现，说明其在随后的运行中被磨掉，除在整个踏面圆周均存在深度很浅、直径不大于10mm的麻坑状轻微剥离，见图6-3，未见其他伤损现象。

图6-3　踏面轻微麻坑状剥离

至2005年初，“中华之星”高速列车已经运行50万公里左右，下车检修发现车轮踏面有明显的斜裂纹，基本围绕着车轮全周分布，裂纹中心距轮缘95mm左右，并有辗边和踏面中部变形的现象，见图6-4、图6-5。

图 6-4 车轮踏面斜裂纹

图 6-5 车轮踏面磨耗情况

斜裂纹的金相分析未发现冶金异常及异常组织，裂纹仅 0.07mm 深，裂纹处存在明显的塑性变形层，斜裂纹沿变形流线方向扩展，见图 6-6。可见，斜裂纹是一种典型的接触疲劳损伤，其影响的区域是有限的，经过表面修理后还可继续使用。

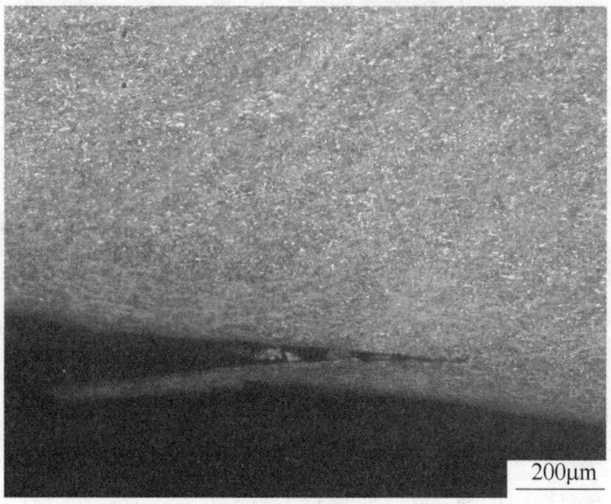

图 6-6 斜裂纹处的变形层

6.4 结论

试制车轮通过装车运行考验，表现出良好的使用性能，能够满足高速列车的使用要求。

7 结论

（1）高速车轮钢的基本成分：C：0.50%左右，Si：0.40%，Mn：0.70%，Cr：0.10%~0.30%，Al_s：0.010%~0.030%。

（2）形成完整的高速车轮设计、制备和检测技术，确保高速车轮钢和高速车轮的实物质量满足设定指标要求。

（3）材料的相变临界点是控制马氏体层产生和分布的关键因素，随着碳含量的降低，提高了 A_{c1} 和 A_{c3} 温度，这有利于减小奥氏体相变的产生范围，缩小高速冷却过程中马氏体区的深度和宽度，对于减少车轮踏面的制动剥离等缺陷具有十分积极的作用。

（4）高速车轮的主要失效形式为踏面剥离，以热-机械剥离为主要类型，接触疲劳剥离为次要类型。

（5）两个轻量化轮型最终方案的主要强度、刚度指标均优于 KDQ 车轮，质量也较 KDQ 小，达到了预定的目标。

（6）试制车轮通过装车运行考验，表现出良好的使用性能，能够满足高速列车的使用要求。

重载铁路列车用车轮钢及关键技术的研究

课题编号：2006AA03Z514

科技报告基本信息表

1. 报告名称

重载铁路列车用车轮钢及关键技术的研究

2. 报告作者及单位

江波　马鞍山钢铁股份有限公司；陈刚　马鞍山钢铁股份有限公司；崔银会　马鞍山钢铁股份有限公司

3. 公开范围	4. 编制时间
公开	2013-08-03

5. 报告编号

610400837-2006AA03Z514

6. 备注

无

7. 摘要

通过对国内外重载车轮使用和损伤情况综合调研，基本明确了我国重载车轮开发的基本方向，即车轮应具有高的抗接触损伤、抗磨损和抗热损伤能力。

在实验室开展了合金元素 Si、Mn、Cr、V 对车轮钢组织和性能影响的基础研究工作，在此基础上验证研究了 Si 合金化对车轮耐磨性、抗热损伤性能的影响，研究结果表明 Si 含量的增加能够有效缓解车轮热致剥离、防止热裂纹等热损伤缺陷的产生。同时高硅试验钢的强硬度性能指标明显优于同级别的低硅试验钢，有利于提高重载车轮钢的抗磨耗性能。根据上述研究结果，确定了重载车轮钢 Si 合金化成分设计方案。

在重载车轮冶炼工艺方面开展了车轮钢氢含量变化规律实验研究以及圆坯连铸水雾冷却改气雾冷却的技术改造工作，研究结果表明马钢自主开发的连铸氩封保护装置，减少了连铸中包过程的增氢反应，取得了实际的工艺效果。同时，气雾冷却更均匀，铸坯铸态组织和成分偏析得到一定改善。这两项研究结果在重载车轮钢冶炼过程中得到了应用。

通过一种适合于中高碳高硅钢材质的新型热处理工艺的成功开发和应用，使重载车轮踏面表层和近表层的异常组织区的出现得到了很好的抑制，从而保证车轮轮辋全截面铁素体+珠光体组织的实现，为改善重载车轮初期服役性能提供了保障。

通过对半工业性试制的重载车轮在铁道科学院环形试验基地进行的专门试验结果表明，耐磨性能优于普通 CL60 钢车轮，总体上讲，所研制的重载试验车轮基本达到了既提高耐磨性、又改善抗热损伤性能的预期目标。

根据 2007 年 7 月铁道部主持召开的“北京铁路货车重载车轮试验方案评审会”结论，制定了“新材质重载货车试验车轮（辗钢）技术条件”。根据技术条件要求，制定了半工业性试制相关技术规范，半工业性试制的 32 件新型重载车轮在大秦货运专线进行了实际装车运营考验，服役表现良好。

续表

根据2008年5月铁道部主持召开的“新材质重载铁路货车车轮技术评审会”的要求，制定了工业试制的相关技术规范，完成了1600件CL65、CL70新型重载车轮的工业性试制工作，实现产值768万元，各项性能指标均较好地满足技术条件的要求，这表明目前具有自主知识产权的重载车轮已具备批量生产能力。

本课题的成分设计思路、热处理工艺的研究成果已经成功推广运用于出口北美AAR系列车轮、40t大轴重重载车轮新品开发中，使出口重载车轮稳定地成为车轮产品结构中的主要一员。2007~2009年，生产和销售出口澳大利亚40t轴重矿山用重载车轮18300件，实现销售收入12915万元。

8. 关键词：Si合金化；重载；耐磨性；抗热损伤；热处理；装车服役考核

<table>
<tr><td rowspan="10">9. 支持渠道</td><td colspan="2">项目（课题）名称</td><td colspan="4">重载铁路列车用车轮钢及关键技术的研究</td></tr>
<tr><td colspan="2">主管部门</td><td colspan="2">安徽省科技厅</td><td>计划名称</td><td>863计划</td></tr>
<tr><td colspan="2">项目（课题）编号</td><td colspan="2">2006AA03Z514</td><td>技术领域</td><td>新材料技术领域</td></tr>
<tr><td colspan="2">承担单位</td><td colspan="4">马鞍山钢铁股份有限公司</td></tr>
<tr><td colspan="2" rowspan="4">合作单位</td><td colspan="4">钢铁研究总院</td></tr>
<tr><td colspan="4">中国铁道科学研究院</td></tr>
<tr><td colspan="4">大同爱碧玺铸造有限公司</td></tr>
<tr><td colspan="4"></td></tr>
<tr><td colspan="6">课题负责人</td></tr>
<tr><td colspan="2">起始日期</td><td colspan="2">2006-12-1</td><td>截止日期</td><td>2009-10-31</td></tr>
<tr><td rowspan="2">10. 联系人</td><td>姓名</td><td>崔银会</td><td>电话</td><td>0555-2877112</td><td>E-Mail</td><td>cyh-2002@vip.sina.com</td></tr>
<tr><td>单位</td><td colspan="5">马鞍山钢铁股份有限公司</td></tr>
</table>

重载铁路列车用车轮钢及关键技术的研究

引言

随着我国经济的快速扩张，铁路货运需求加大，目前铁路的货运能力远远不能满足要求，已经成为国民经济快速发展的制约瓶颈之一。

在目前铁路资源条件下，解决货运能力的当务之急是提速、重载。这也是世界铁道运输的必然趋势。铁道部提出的目标是，在“十一五”末货运列车的轴重由现在的21t提高到25t，行驶速度由80km/h提高到120km/h，运输效率可因此提高一半以上，30t轴重重载铁路预研计划也已经提出。这一需求对现有列车材料，特别是车轮材料将提出挑战性要求。

现有货车轮材料多为CL60或ZL-B钢种，近年来，传统车轮钢运行于重载、提速条件下，先后暴露出大量的问题，包括磨损和辗边严重，车轮剥离、掉块加剧，车轮的寿命急剧缩短，造成经常性的非正常停车检修。更为严重的是，在过去几年中，由于铁路运营压力，传统车轮多用于超负荷条件下运行，已经发生了多起货车崩轮和翻车的重大事故，带来了惨痛的生命财产损失，给重载列车的安全性带来不良的社会评价。

因此，现有的传统货运列车车轮很难满足重载、提速条件下新的工况要求，研制适于我国重载线路的新型货车车轮材料已经成为贯彻铁路发展战略的迫切需要，须尽快立项实施。

希望通过本项目的研究，针对重载货车用车轮钢的特点，进行完备的实验室和工业规模的研究，系统掌握此类钢的合金设计和工艺特点，研制开发出适用于我国铁道线路的重载车轮钢，推动我国铁路重载货运的发展。相信随着重载货物运输的发展，通过需求和科研的进一步密切结合，我国将逐步地全面掌握重载轮轨铁路关键材料的国产化生产制造技术，使我国铁路重载运输居于世界先进水平的行列。

1 国内外重载货车车轮情况调研

1.1 国内外货车轴重发展简介

众所周知，货车轴重的发展除了同货运量的发展密切相关外，还与货物的运输距离有必然的联系。货物的平均运输距离相当程度上依赖于国家的幅员辽阔程度，在这方面与我国具有可比性的国家主要是美国、前苏联、加拿大等国。国内外重载货车轴重比较见表1-1。

表1-1 国内外重载货车轴重比较

国别	中国	美国	南非	澳大利亚	俄罗斯
轴重/t	21	30~35	26	30~32.5	25

1950年，美国铁路通用货车的平均载重为47.7t，1960年达到50.3t。此后，随着轴重的提高，载重不断提高，每10年货车平均载重提高10t左右，提高速度之快在世界上领先，而且是稳步提高。60年代，美国通用货车生产中开始较大批量地采用25t和29.8t轴重的转向架，使货车的设计载重达到63.5t和90.7t。进入90年代以后，美国所有一级铁路的标准轴重已达到33t。

从50年代至90年代初，前苏联铁路通用货车平均载重始终没有超过美国，其发展起点相对较低，但载重的发展速度却很快。1950年，前苏联货车平均载重为32.3t，到1960年和1970年分别达到47.7t和59t，接近了美国同时期的水平。但70年代以后，其发展速度又有所减缓。由60年代至80年代末，每10年货车平均载重提高8.6t左右，提高速度比美国略低，但也是稳步提高的，而且近年来俄罗斯铁路正在将货车轴重提高到27t，并且在加紧研究适用于35t轴重的轨道零部件。

1950年，我国货车平均载重为32.3t，与前苏联在同一起点。1950~1960年，由于设计了50t货车，平均载重提高较快。但 1960 年之后，我国货车平均载重发展缓慢，每 10 年平均载重提高约 4. 5t，这与美国的提高 10t 和前苏联的提高 8. 6t 相差悬殊。

目前，在与我国可比性较强的其他国家中，加拿大、巴西和澳大利亚在其主要干线的重载运输中均采用了轴重 30t 左右的大型通用货车，澳大利亚 BHP 重载线路的轴重已经提高到 35t，巴西卡拉齐斯重载铁路的轴重已经达到 30t，南非货车轴重早在 20 世纪 70~80 年代就已达到 22. 5t，目前轴重已经达到 26t（窄轨），瑞典重载铁路已将轴重由 25t 提高到 30t，只有印度的货车轴重比我国略低，但是在 2001 年开始计划将重载列车轴重提高到 25t。

通过国内外货车轴重发展情况可以看出，轴重和载重的提高是各国货车发展的共同趋势和方向，提高轴重是世界各国重载运输一致采用的一项重要举措，重载运输技术已被国际公认是铁路货运发展的方向，重载运输取得的效益也已由各国的实际运输业绩所证实。

1. 2 国外重载铁路发展简介

1. 2. 1 优势

重载铁路有着非常高的效率和效益。在常规铁路充满竞争、投资不足、又需不断提高性能应付各种挑战时，重载铁路蒸蒸日上，以优异的特性为铁路的发展带来新的生机。

欧洲货物列车一般轴重为 20t，最长为 700m，而重载列车一般轴重在 30t 左右，由 200 多辆货车组成，长 2~3km，载重 2 万~3 万吨。一条重载铁路长达数百公里，年运量在 2000 万~1 亿吨，生产效率比欧洲平均水平高 20~30 倍，甚至 40 倍。

与常规铁路相比，重载铁路有三大优势：（1）经营上没有对手——巨大的发展潜力使投资者的收益有充分保障；（2）技术特性无以伦比——重载技术发展得完美无缺；（3）不用担心列车速度——列车速度无关紧要。

重载运输适用于大宗散装货物，特别是铁矿石、煤等。这些矿藏大多分布在美洲、澳洲、非洲和亚洲海拔 800m 以上的内陆山区，而主要市场却在欧洲、北美洲和日本。因而重载铁路一般都从荒芜的矿区至专用码头，很少出现在大城市周围。重载线路往往利用地形，除了个别地段外一般都是下坡。许多重载铁路不仅运送矿石或煤炭，也运输旅客和其他货物。通常，重载铁路和港口设施均属采矿公司。世界最大的矿石运输公司发起成立了国际重载协会（IHHA），会员最低条件是列车载重 5000t、轴重 21t、年货运量 2000 万吨。IHHA 常召开一些研讨会，增加轴重和减少维修费用是经常性议题，也有线路打磨和润滑、桥梁加固等，出席人数一般在 200~400 人之间，可见重载技术之热。

1. 2. 2 北美——普遍应用重载技术

重载运输在以货运为主的美国和加拿大非常普遍，各货运公司大部分列车均为重载，运输效率极高。

美国铁路每年运输近 8 亿吨煤，占总货运量的 42%。低硫煤产地主要集中在蒙大拿州与怀俄明州之间的粉河矿区，与中部和东部 60 个发电厂相距 1500~2000km。伯林顿北方圣塔菲翁事（BNSF）每天运营的煤运列车达 200 列，列车由 115 辆铝制煤斗车组成，长 1860m，载重 12227t。一条主要干线每年可运送 2 亿吨。为了进一步降低列车自重，BNSF 将煤斗改成槽型车。23 辆铝制槽型车组成的列车长 1866m，载重 15498t，同样的牵引重量槽型列车可多运 27%的煤。

美国除大宗散装货物外，集装箱运输也重载化。联合太平洋公司（UP）使用 101 英尺长载重 76t 的平车，并将 50 英尺集装箱叠放在 48 英尺集装箱上，列车长达 1600m。诺福克南方铁路公司（NS）在东部地区开行的双层集装箱列车，由 560 辆平车组成，长 2700m。

加拿大太平洋铁路（CP）的重载列车由 110 辆货车组成，列车载重 15000t，把塞尔柯克矿区的煤运至鲁珀特港以便出口到日本，或者把出口到中国和日本的谷物从 1700km 多外的内地运出来。每年通过 CP 重载铁路运输出口到亚洲的硫、钾矿达 5000 万吨。

加拿大铁矿集中在魁北克省。矿区至圣劳伦斯河港口的两条准轨重载铁路每年运出 4000 万吨矿石。卡提尔铁路长 460km，已成功地开发了拉克加麦恩、火湖等矿区，怀特山是现在唯一正开采的矿区。列车由 3 台机车和 156 辆货车组成，轴重 31t。年货运量 1500 万~2000 万吨。公司有 32 台机车、1230 辆货车。魁北克北岸拉布拉多铁路在卡提尔铁路东面，连接翁加瓦矿区与圣劳伦斯河七星港，线路长 639km，年货运量为 2000 万吨。由于气候严寒，铁路是这一地区的唯一地面运输工具。列车通常由 117~265 辆货车组成，轴重 32.5t，载重 13000~30000t。列车超过 165 辆，须编成 2 列再组合起来，列车中部有机车牵引。由 265 辆货车组成，长 3300m 的列车曾打破世界准轨重载纪录。公司有 55 台机车、2400 辆货车、11 辆客车和 6 辆动车。

1.2.3　澳洲——5 年内成本降低 50%

澳大利亚是世界主要铁矿石产地之一。储量主要集中在西澳大利亚州的费尔巴拉矿区，距印度洋 200~400km。布鲁肯希尔公司（BHP）以 208km 和 426km 铁路，分别将亚瑞、纽曼山矿区与黑德兰港连接起来。两线总运量为 6700 万吨。纽曼山铁路的列车由 240 辆货车组成，载重为 26000t，70min 完成装车，3 台 6000 马力机车以 30km/h 的速度将列车牵引至黑德兰港，全程 19 个小时。在港口，4 小时内自动完成卸车。也就是说，24 小时内矿石就从矿区运到轮船上。1996 年 BHP 创造了一项世界纪录：由 540 辆货车组成列车长达 5892m，列车载重为 72000t，其中 57000t 是铁矿石，列车由 10 台机车牵引，仅有 1 名司机，另外 9 台机车由 GE 公司生产的哈里斯机车遥控系统控制。亚瑞铁路的列车由 90 辆货车组成，载重 7200t，由 1 台 4000 马力的机车牵引。BHP 有 600 名员工，全员劳动生产率为 3000 万 t · km/人。BHP 靠增加轴重来提高列车载重量，5 年内使运输成本降低了 50%。BHP 希望成为世界第 1 个轴重 40t 的铁路。它花了 30 年时间将轴重从 30t 提高 37.5t。40t 轴重的机车和货车已完成实验。

昆士兰铁路（QR）是澳大利亚最大的铁路公司，有 9500km 线路。煤炭和矿石运输占 QR 货运量和货物周转量的 90%以上。1997 年，QR 的 1.05 亿吨货运量中，煤炭为 9100 万吨，矿石为 500 万吨。为了给予煤炭和矿石运输优先权，QR 将这部分运输与其他业务分离。仅布莱克沃特和南沃特克瑞克每年通过达林普尔湾和海波因特港出口的煤炭就达 8300 万吨。这条铁路为电力化米轨，列车由 120 辆载重 90t 的货车组成，轴重 26t 总载重 11000t。这条铁路还承运旅客和其他货物，旅客列车为摆式车体，时速达 160km。QR 曾预计 2001 年煤炭运量将达到 1.15 亿吨，提高 25%，货运量也相应增至 1.45 亿吨。

1.2.4　非洲——不断打破米轨纪录

Spoornet 是南非最大的铁路公司，1970 年货运量不到 500 万吨，现在已近 1 亿吨，是世界唯一 30 年间运量增加 20 倍的铁路公司。Spoornet 最初运输锡申矿区出口铁矿和锰矿的列车由 35 辆载重 73t 的货车组成，经金伯利至伊丽莎白港。由于矿石和煤炭出口量增长较快，列车长度增加到 50 辆、100 辆。1976 年，2 条电气化铁路建成，一条从锡申至萨尔丹哈湾，长 861km，主要出口铁矿石；另一条从德兰士瓦至印度洋上的里查兹湾，长 580km，主要出口煤炭。货车轴重 29t，是世界米轨铁路之首，并采用自导式转向架、旋转车钩和防锈侧墙。Spoornet 还多次打破米轨世界纪录，最新纪录是：16 台机车牵引 660 辆货车，载重 70000t，列车长 7.5km。Spoornet 营业里程为 19175km，是德国铁路的一半，而每年货物周转量达 1030 亿 t · km，是德国铁路的一倍。Spoornet 将采用全球移动通信系统、列车完整性检查、动力分散、ECP 制动系统、转向架悬挂制动器等新技术，进一步提高运输效率。

毛里塔尼亚 TFM 2SN IM 铁路全长 704km，连接弗德里克矿区与努瓦迪布港，是西北地区唯一的基础设施。每年除 1200 万吨铁矿石外，还要运送大量旅客和杂货。每天 3 对车即可满足运输需求，列车由 3~4 台机车牵引，货车轴重 26t。公司有机车 32 台、货车 1200 多辆，客车 8 辆。

非洲大陆的几内亚、摩洛哥、加蓬和埃及等国正以南非为样板，在专用铁路和矿石运输干线上采用重载技术。

1.2.5　南美——非凡的运输效率

由巴西 CVRD 集团下属的维多利亚采矿公司和卡拉雅斯公司分别经营的 2 条 900km 长的重载线路，每年运输 1.5 亿吨铁矿石，比法国铁路总货运量还多。

维多利亚采矿公司的米纳斯铁路为米轨，轴重 25t，长 946km，将巴西东南部的米纳斯吉拉斯州伊蒂巴拉矿区的矿石，运到维多利亚港附近的吐巴劳。这条铁路每年完成 1 亿吨货运量，货物周转量达 520t · km，而法国 3 万公里铁路货物周转量也不过 540 亿 t · km。线路运输密度比法国高 30 倍。货车年生产率为 400 万 t · km/辆，机车年生产率为 2.5 亿 t · km/台，比欧洲最好的铁路高 8~12 倍。全员劳动生产率为 1000 万 t · km/人，是欧洲平均水平的 16 倍。公司有 5000 名雇员、210 台内燃机车、13000 辆货车和 65 辆客车。除了矿石，这条铁路还运送 1 万吨普通货物，其中包括菲亚特在百亭工厂生产的 4000 辆轿车。另外，还发送旅客200万人次。全线年收入达4亿美元，利润相当可观，计划将铁路再延伸285km。

1980年一组地质学家因直升飞机故障，偶然发现了伊蒂巴拉北部裸露的优质铁矿。CVRD获得卡拉雅斯采矿权后，修建了892km、轴重30.5t的宽轨（1600mm）铁路，通向圣路易斯附近可以停靠36.5万吨货物的马得拉港。卡拉雅斯铁路年运量为4500万吨，货物周转量400多亿t·km。线路每天开7~8对列车，列车由204节载重100t的货车组成，总载重20400t。列车周转时间为56小时。全员劳动生产率为2400万t·km/人，货车生产率为1100万t·km/辆，机车生产率为5亿t·km/台，生产率比维多利亚铁路还高2~3倍。高生产率源自于高技术：载重100t的货车，6000马力的机车，实时数据传输的列车控制系统，计算机控制的调度中心和优化所有决策过程的模块化软件。下一步准备将轴重增加到32t。除了矿石，这条铁路也运送旅客和其他货物。公司有1800名雇员、85台机车和3800辆货车。

1.2.6 国外重载铁路的发展前景

重载铁路以优异特性成为国际金融界投资者的热门项目。俄罗斯的盖勒芬特财团通过波罗的海港口出口矿石的项目吸引了外国投资者，其中正在进行的项目是三条至芬兰港口的铁路，新建和改造既有铁路约400km。印度尼西亚两个主要煤田至港口的重载铁路已得到国际投资。印度东南铁路局已获得投资，建成了从拉利特普至新格罗利长500km煤运重载铁路，将新建235km达利加哈拉至加尔各答港和174km至班戈湾帕拉卫普的两条铁矿石重载铁路。巴西菲若瑙特公司1999年建成900km的菲若本铁路后，又以311km线路打通了玛托格罗索地区，另外390km线路于2001年完工。在美洲的中部和南部的重载铁路令投资者十分感兴趣，如哥伦比亚拉罗马煤田至加勒比海西纳加港铁路；经尼加拉瓜、巴拿马和墨西哥的矿产资源开发铁路等。铁路沿线农产品的巨大运输潜力，也为重载线路的收益提供了充分的保障。

尽管经营条件不尽相同，世界主要铁路公司一直注重借鉴重载铁路的经验，以便提高自己的运输效率。即使是运输效率很高的美国和加拿大铁路货运公司，也在进一步优化散装货物和集装箱运输，通过提高重载运输生产率来确保最大的收益率。

1.3 国外重载铁路用车轮的现状

1.3.1 北美重载车轮

北美铁路面临着与卡车、驳船和货轮等其他运输形式的激烈竞争，而铁路保持竞争的优势在于货运的每吨英里成本较低，其中降低成本的最有效方法之一是提高现有设备承载能力，因此需要增加轴重。由于轴重提高了，车轮的设计就成为方案选择的关键。

（1）降低安全系数，提高额定吨位；

（2）增加车轮直径，导致转向架成本的增加；

（3）重新设计车轮，以保证在增加额定吨位的同时，保证同样的安全系数。

假如车轮的设计人员不能改进设计，且又不能改变安全系数，铁路只能采用较大直径车轮，从而增加额外费用。因此，应强调不增加车轮直径，只改进车轮来提高承载能力。

早在1995年，美国铁路协会（AAR）就提出了在100t货车上将最大的可允许总重，从120t提高到130t。工业部门要求既要保证增加承载能力，又要不改变车轮的设计。其结果最大的热载荷和机械载荷实际上都提高了9%。后来，AAR通过低应力设计和轮辋热处理，非常有效地减少了车轮的故障。因此可得出改变车轮设计使轴重增加的结论。然而作为车轮的生产厂家，ABC Rail所关心的是与车轮辐板应力有关的安全系数的减小，以及未来使用状态的变化可能会进一步降低安全系数的余量。高级的计算机辅助设计绘图和分析程序使得工程设计人员在不发生加工和试验费用的情况下，通过仿真优化设计方案。ABC已启动了一个设计项目来验证现有直径914mm（36in）的车轮设计。

在北美，大部分的车轮直径均为914mm。历经多年，装有直径为914mm车轮的车辆被限制在120t载重载荷范围内。在1995年，该载重载荷被提高到130t。

在1996~1997年期间，143t载重的车都采用了直径较大的965mm（38in）车轮，而一些单元列车则在1997年成功地运用了143t载重。

1.3.2 南非重载车轮

由于重载铁路所需解决问题的复杂性，80年代后期，南非铁路工务和机车车辆部门之间进行了多学科合作，区分问题的实质。那时每个部门用他们控制的资金不断地解决问题，制订标准。由于不总是考虑对整个系统的影响，因此经常采用局部优化的方法。例如，工务部门在考虑车辆轨道特性不受影响的情况下，对轨道拟定标准，规定钢轨材料、运用磨耗和轨距控制，同样在考虑车轮对钢轨不可能损坏的情况下，机车车辆部门设法优化车轮寿命。

多学科研究成果如下：

（1）车轮和钢轨的共形轮廓设计；

（2）车轮轮辋厚度磨耗的新限制设定；

（3）为满足轮对更大的横向运动，采用更薄的轮缘；

（4）使用对称的钢轨垫片调整轨距变化，以击打直线轨道。

所有这些可有效减少轮轨磨耗。机车车轮平均使用寿命在重新镟修前由 5 万公里增至 22 万公里。货车车轮踏面每磨耗 1mm 已从运行 20 万公里提高至 34 万公里。钢轨的估算寿命由 1400MGT 增至 2000MGT 以上。钢轨磨耗由修正性磨耗变为可预防性磨耗，而磨耗到限的数量减少。

南非这种多部门合作进行重载铁路运输问题研究的方法是值得我们借鉴的。

1.3.3 国外重载铁路车轮运用中存在的问题

相关文献统计，1999~2003 年北美铁路车轮因失效而更换的类型及数量见表 1-2。

表 1-2 北美铁路车轮更换原因及数量

更换原因	轮缘裂纹	辋裂	轮辋掉块	碾边
更换数量	171	320	143	100

图 1-1 为 1999~2003 年失效车轮数量变化趋势，由图可见车轮失效逐年减少，2003 年失效的车轮比 2002 年减少接近 100 个。

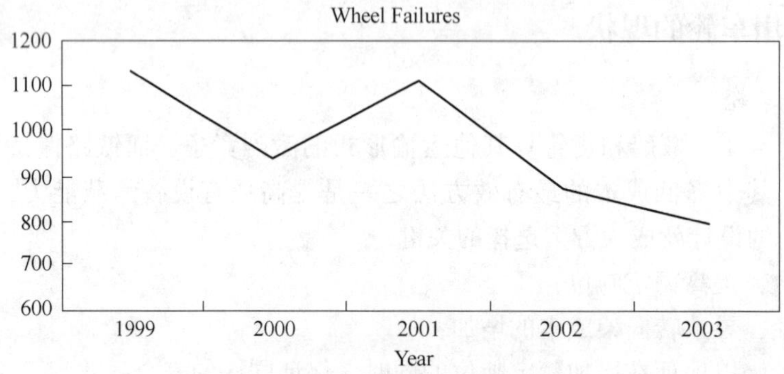

图 1-1 近五年来失效车轮数量变化趋势

从热处理和辐板设计上对失效车轮的数据进行更进一步的分析，分析结果见表 1-3。从中发现 2003 年由于失效而更换的车轮中有 20%是热处理直辐板轮（HT-SP）、非热处理直辐板轮（NHT-SP）或非热处理弯曲辐板轮（NHT-CP），这部分车轮在 2002 年所占的比例为 30%。其他车轮为热处理（轮辋淬火）弯曲辐板轮（HT-CP）。

表 1-3 失效车轮中是否热处理和辐板形式车轮所占比例

车轮形式	HT-CP	NHT-CP	HT-SP	NHT-SP
所占比例	80%	12%	2%	6%

图 1-2 中的曲线为各年生产的车轮中失效的数量。第一个峰值出现在 1980 年（24 个车轮失效），1995 年（70 个）和 1999 年（67 个）又分别出现了两个峰值。根据作者的观点，1979/1980 年大量车轮投入使用，同时又有大量新造车，这导致第一个峰值出现。大量车轮的使用就会使失效车轮的数量增加。对于 1995 年和 1999 年出现的峰值还没有一个明确的解释，不过 1995 年出现的由于车轮失效而更换的车轮主要是轮缘裂纹，1999 年是车轮和辐板的碎裂。而 1999 年车轮更换是某种程序化的检修过程，因为这些车轮都是平车上的。

图 1-2 各年生产的车轮中失效的数量

由以上统计数据可见，北美重载铁路车轮的主要问题是轮辋区域的裂纹和辗宽，这是因为其使用的多数为铸钢车轮，其夹杂物数量要高于辗钢车轮，此为轮辋区裂纹的主要诱因，而导致碾边的主要原因是其车辆的轴重大。

1.4 国内重载铁路用车轮的现状

长期以来，我国铁路货车车轮均为 CL60 钢制造。在 20 世纪 90 年代以前，我国货车轴重通常不超过 21t，在这种条件下 CL60 钢车轮的性能基本可以适应车辆运行条件的需要。近年来随着我国铁路不断提速和重载，货车轴重逐渐从 21t 提高到 23t，再到 25t，而车轮的制造材料却没有变化，即使是对于大秦线这样的重载专线，所使用的 E 型车轮也仅是在原 D 型车轮基础上进行了外形优化而成的，车轮材质依然沿用 CL60 钢，车轮轮缘踏面外形仍采用与 60kg/m 钢轨匹配的设计。根据近期对大秦线进行的初步现场调研，目前所使用的车轮中无论辗钢车轮还是铸钢车轮，实际使用效果均不理想。

根据已有的车轮失效分析案例显示，在重载运输条件下，车轮的失效形式与普通条件下有所不同，鉴于目前的调研情况并不全面，我国目前所使用的 E 型车轮性能指标是否适应大秦线重载列车的运营条件（载重、钢轨及线路等）要求，需要进行深入的调查、研究和论证。并且需对重载铁路轮轨匹配进行研究。

目前，国内重载铁路主要是大秦线，因此调研主要针对大秦线进行。

1.4.1 大秦线基本情况

大秦运煤专线是我国第一条重载铁路。全长约 778km（大同的安太普或口泉→秦皇岛的柳冲），该线线路复杂，坡道 80 多处，最大坡度 12‰，曲线 100 多处，桥梁和隧道较多，制动现象频繁，且车辆在运行区间不进行列检。大同到秦皇岛铺设的是 75kg 钢轨，重载运行；秦皇岛到大同铺设的是 60kg 钢轨，一般是空车回返。

大秦线主要采用两种车辆编组形式，一种为 120 辆 C60 车（轴重 21t，载重 61t，自重 22t,）进行编组；一种为 105 辆 C76（轴重 25t，载重 75t，自重 24t）或 C80 车（轴重 25t，载重 80t，自重 20t），车辆到站后一般不进行调头作业。该两种编组均采用双机车在前的方式进行牵引作业（为提高运量，曾进行过多种机车牵引形式试验，均因机车无法同步作业而未采用），机车主要有两种型号，一种为德国进口的 DG-1 型，一种为国产的 SS4 型，其中以国产的 SS4 型居多。

1.4.2 车轮使用情况

根据调研和统计，自 2005 年下半年起，在对车辆进行维修中发现 C76 和 C80 车轮对存在严重的踏面圆周磨耗超限现象。根据对调研中统计到的经过扣修的 29 辆车中，更换轮对 29 条，见表 1-4。其中 C76 车扣修 11 辆（运用时间为 18 个月），更换轮对 11 条，C80 车扣修 18 辆（运用时间为 12 个月），更换轮对 18 条。这 29 条磨耗超限轮对中 17 条为铸钢轮对（HEZB14 条，HDZ3 条），12 条辗钢轮对（HESA）。

表 1-4 超限轮对情况

车型	合计	车轮现车位数/条					
		1	2	3	6	7	8
C76	11	4		1	2	2	2

续表 1-4

车型	合计	车轮现车位数/条					
		1	2	3	6	7	8
C80	18		11	2			5
合计	29	4	11	3	2	2	7

据现场介绍，曾经对两个车次的60辆C80车（24辆投入运营不足9个月，36辆投入运营仅1年左右）的车轮踏面磨耗情况进行过调查。调查发现，这60辆C80车中踏面磨耗超过3mm的轮对共计70条，其中踏面圆周磨耗比较严重且存在踏面凹下的约60条，这60条轮对呈现一定的特点，一是同一轮对两车轮磨耗不一致，造成轮径差过大；二是踏面圆周磨耗形状同闸瓦摩擦体宽度基本一致，踏面外侧局部有碾边现象。

根据调研结果，初步分析认为这种严重的轮对磨耗主要同车轮材质、车辆设计结构、闸瓦及制动系统有关。

根据对更换的29条轮对进行了现场调查，辗钢与铸钢车轮踏面均存在严重的异常磨耗现象、轮对单侧磨耗及碾边现象，个别辗钢车轮还存在轮缘异常磨耗现象（见图1-3）。

(a) HESA车轮碾边　(b) 铸钢车轮碾边

(c) 辗钢车轮轮缘磨耗　(d) 辗钢车轮踏面异常磨耗

图1-3　现有辗钢与铸钢车轮失效形式

初步调查因车轮踏面圆周磨耗超限的C76、C80型敞车为齐厂、蒙厂、二七、株厂等单位制造，从已退卸的轮对调查情况看，无论辗钢车轮还是铸钢车轮，实际使用效果均不理想，主要表现为：踏面磨耗严重、轮缘磨耗严重、轮缘掉块等。以E型轮目前使用一年多的时间或运行约20万公里左右的时限看，即使不产生严重辗边的车轮其磨耗也达到了3mm以上，磨耗程度远远大于普通车型的车轮。

运用于大秦线 C76、C80 型车的 E 型重载车轮（HESA、HEZB）目前其材质是采用铁道行业标准 TB/T 2817—1997 及 TB/T 1013—1999 中规定的 CL60 钢种，以该钢种制造的在大秦线运用于 C64 等 23 吨轴重以下的货车车轮运用情况明显好于 C76、C80 重载 E 型车轮。

通过国内外重载货车车轮的使用情况分析可见，使用条件的变化决定了我国大轴重货车车轮开发的基本方向，即车轮应具有高的抗接触损伤、抗磨损和抗热损伤能力。

1.5 我国重载车轮的研究方向

由以上分析可见，车轮缺陷的产生同车轮钢材质、冶金质量等因素密切相关。因此，要使我国大轴重货车车轮能够满足使用条件变化的需要，具有高的抗接触损伤、抗磨损和抗热损伤能力，必须要在以下几个方面进行深入研究。

1.5.1 车轮材质研究

到目前为止，国内外使用的车轮轮箍钢均为中高碳 C-Mn 碳素钢，组织状态为铁素体-珠光体。这种钢的显著特点在于碳是决定其强、韧配合的关键因素，如我国的 CL60 级车轮的强度等级为 1000MPa 左右，断裂韧性在 50~60MPa · $m^{1/2}$；欧洲的 R7 钢车轮的强度等级为 900MPa 左右，断裂韧性超过 80MPa · $m^{1/2}$。

对于碳素钢车轮，从耐磨性、抗接触疲劳强度方面考虑，高碳为好，但材料抵抗热损伤、内部疲劳裂纹扩展的能力较差，而低碳则相反，因此，碳素钢无法在车轮各项使用性能之间作出良好的协调。但是，碳素钢车轮具有成本低、生产工艺简单、耐磨性能好等特点，因此目前仍应是我国大轴重货车车轮开发的首选。

目前，CL60 级 HESA 车轮（适用于 25t 轴重）在大秦线上已经投入运行，这表明 CL60 级车轮钢材质基本能够满足 25t 轴重货车的需要。但是 120km/h 货车提速试验表明，如将货车速度提高至 100~120km/h 时，因踏面制动导致的热损伤现象更严重。因此，如何在 CL60 级钢种的框架内提高 CL60 级车轮钢的抗热损伤性能应是目前研究的重点。硅能够提高钢在加热和冷却时的临界转变温度，从而使因制动热而发生相变的概率减小，有利于缓解热损伤缺陷的产生。国外的实践证明，通过增硅，能够在冷却时加速珠光体的转变从而阻止或减少马氏体转变，如果珠光体能够迅速产生，则在奥氏体达到马氏体转变开始温度前（300℃）会形成珠光体。因此，硅合金化 CL60 级车轮钢材质将会成为大轴重货车车轮开发的一个研究方向。

从国外新钢铁材料的发展趋势及其在铁路上的运用可以看出，无碳化物贝氏体材质具有优异的强韧性、循环硬化特性、低缺口敏感性、高疲劳强度、高的热稳定性和机械稳定性，对承受交变载荷和接触疲劳性能特别有利，能兼顾铁路车轮的各项使用性能要求。因此，开展无碳化物贝氏体车轮钢的研究必将成为大轴重货车车轮开发的一个方向，国外也已经进行了有益的尝试。

1.5.2 钢质的纯净度

提高车轮钢纯净度是消除车轮掉块、辋裂的根本性措施。因此，提高车轮钢的纯净度，特别是去除和改善脆性氧化物夹杂，一直是车轮钢生产的重要研究内容。

钢中总氧含量很大程度上决定了钢中氧化物夹杂的含量。1996 年以来在脱氧及夹杂物控制方面进行了深入的研究。通过脱氧剂的优选及其适时、适量的加入，在显著降低钢中全氧含量及 Al_2O_3 夹杂物含量的同时，使残余的 Al_2O_3 夹杂变性为低熔点产物而得以充分上浮排出，从而使全氧含量和夹杂物级别得到有效控制。通过几年的实践，已形成一套切实有效的高纯净车轮钢工艺冶炼路线。目前，KKD 车轮钢中的全氧质量分数已由过去的 20~30ppm 降低到 15~25ppm，平均为 20ppm，B 类夹杂稳定在 1.0 级以下，A 类、D 类夹杂稳定在 1.5 级以下。从实际使用情况看，KKD、HDS 车轮掉块、辋裂已成为偶发性现象。但是，AAR 的资料表明，2002 年大约有 174 件轮辋破损事故发生。由此可见，大轴重货车车轮的开发仍应走高纯净钢冶炼路线。

1.5.3 热处理工艺研究

在化学成分一定的前提下，车轮钢性能最终取决于奥氏体冷却转变后室温组织状态。对于碳素钢车轮来说，获得全截面微细珠光体组织（小的珠光体片层间距和珠光体团尺寸，薄的渗碳体片厚度，先共析铁素体合理分布）对于提高车轮抗接触损伤和耐磨性是极为有利的。

在常规单面连续淬火热处理条件下，由于冷却速度的差异，车轮轮辋无法获得均匀的微细珠光体组织，从而导致断面硬度由表及里递减，在运用的中后期，硬度较低的部位成为工作表面，接触疲劳强度降低；而在运用初期工作表面硬度高，轮轨之间又难以达到较好的接触拟合状态，不仅接触应力高，而且轮轨间滑动倾向也可能增大，从而会对热机械型损伤的产生有不利影响。因此，如能改进车轮热处理工艺，通过冷却方式的改变以减小淬火过程轮辋内外温度梯度，从而获得全截面微细珠光体组织，减小轮辋断面硬度梯度，对于减少车轮接触损伤和非正常磨耗是有益的，这也应是我国大轴重货车车轮开发的重要研究内容。同时，也应该看到，欧洲和北美车轮产品综合性能均匀稳定，波动小，强韧匹配好，与之相比，我国还存在一定的差距。这表明在热处理工艺制度的科学性、合理性，热处理工艺过程控制的稳定性等方面，仍需要做进一步的深入研究。

1.6　小结

通过上述调研可以发现，开发我国重载货车车轮是实现铁路货运重载化的关键技术之一，是关系到重载运输安全性、可靠性的关键，是极为必要的。

要使我国重载货车车轮能够满足使用条件变化的需要，具有高的抗接触损伤、抗磨损和抗热损伤能力，必须要在车轮材质、冶金质量控制、热处理工艺等方面进行深入研究，是一项十分艰巨的系统工程。

2　重载车轮合金成分设计实验室研究

2.1　重载车轮失效形式分析

对于重载列车，车轮承受的钢轨的支撑力加大，垂直应力场分布产生明显变化。轮轨接触部分等效应力急速上升，在高应力作用下，轮轨接触区面积加大。在车轮运行时，踏面磨耗和微观变形区域加大，接触疲劳失效几率加大。因此，单位走行距离下，重载车轮磨耗量加大，接触疲劳剥离情况更加恶化。另外，由于重载火车一般采用车轮踏面制动，列车制动过程实际上是将列车动能通过闸瓦和车轮踏面转换微摩擦热能的能量转换过程，列车轴重的增加，必然导致车轮制动热负荷的加大，车轮的热疲劳损伤情况恶化。大量模拟和现场结果也显示，制动剥离程度也加剧。理论上，车轮磨耗和剥离情况基本在同比增长的水平线上。重载车轮钢的服役工况见图 2-1。

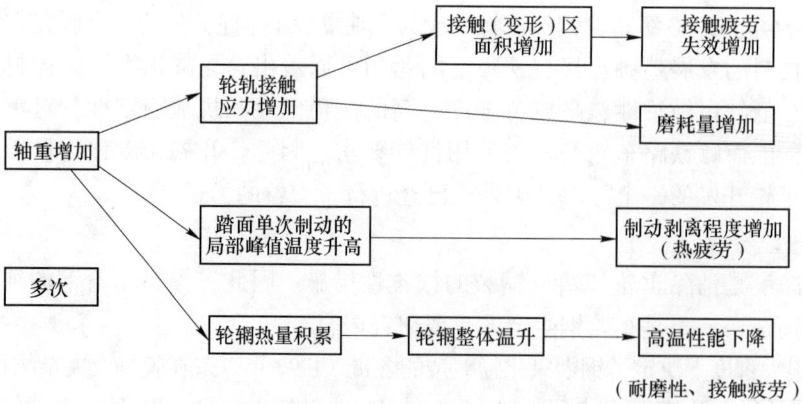

图 2-1　重载车轮钢的服役工况（示意图）

国内的研究和实践证明，在车轮使用初期轮轨磨耗量随运行里程增加急剧上升；随着轮轨间的进一步磨合，轮轨接触应力和磨耗量将稳定在一定水平；轴重从 21t 提高到 23t，轮轨磨耗量增加 80%左右；轴重从 21t 提高到 25t，轮轨磨耗量增加 150%左右。北美辗钢车轮的最新研究也显示，货车单车总重从 263 千磅增加到 315 千磅，车轮轮辋承受的应力和热负荷提高约 20%左右。

国内的货运列车多采用闸瓦制动，列车制动产生的摩擦热有很大一部分被车轮直接吸收，导致车轮的温度升高。车轮轴重增加和运行速度提高，不可避免地引起车轮整体温升的加剧。有报道称，在一定的工况条件下，薄轮辋的总体温度有可能达到 600℃左右。而车轮钢在高温下的抗热-机械疲劳损伤能力和耐磨性均出现明显下降。普通的 AAR 标准的 C 级钢，当温度升高至 800℉（425℃）时，其强度降低至室温的 70%左右；而升高至 1000℉（535℃）时，则强度只有室温的 40%。偏低的高温强度势必造成高温运行车轮使用寿命降低。

另外，在牵引扰动条件下，低轴重的空车滑动剥离问题也是货车车轮的研究重点之一。由于环境、设备状态及黏着条件的不确定性，轮轨摩擦及制动力的变化等因素，使得完全消除车轮滑动是不现实的。尤其在列车运行速度和车轮轴重增加后，车轮滑动带来的热剥离问题将更为突出，使车轮的非正常镟修次数增加，降低车轮的使用寿命。

综上所述，对于我国的货运列车，增加车轮轴重，提高列车运行速度后，主要将带来三个方面的失效：(1) 常温磨耗和接触疲劳的增加；(2) 热车轮的高温磨耗和接触剥离；(3) 制动剥离增加。

2.2 合金设计

针对上述三种常见失效形式，从合金设计方面考虑，优化元素配置，提高重载车轮钢综合性能。

2.2.1 改善车轮钢的抗滑动剥离性能

首先，对于滑动剥离的失效，在短期无法改善各种制动工况条件的情况下，提高车轮钢发生奥氏体化的相变温度是提高抗剥离性能的最有效途径。在马钢和钢铁研究总院合作进行“高速铁路用车轮钢及关键技术的研究”863 课题中，已做了大量的理论和实验研究，证明降低碳含量可显著提高奥氏体化温度，从而改善车轮钢的抗滑动剥离性能。但是，对于重载货车，主要的矛盾已转化为耐磨性不够，为提高车轮的抗剥离性能而过分降低碳含量将使耐磨性下降更多。因此，需从车轮钢其他合金元素的改变考虑，改善车轮钢的抗剥离性能。

车轮钢中常用的合金元素包括 C、Si、Mn、Cr、V、Mo 等。为获得提高相变点的合金设计，用理论计算的方法，使用热力学软件 Thermo-Calc 计算了合金元素 Si、Cr、Mn 元素对现有车轮钢成分体系相变点的影响，结果如图 2-2 和表 2-1 所示。V 和 Mo 为钢中的微量添加元素，基本对钢的相变点不会产生较大的变化，理论计算没有考虑这两种元素的影响。

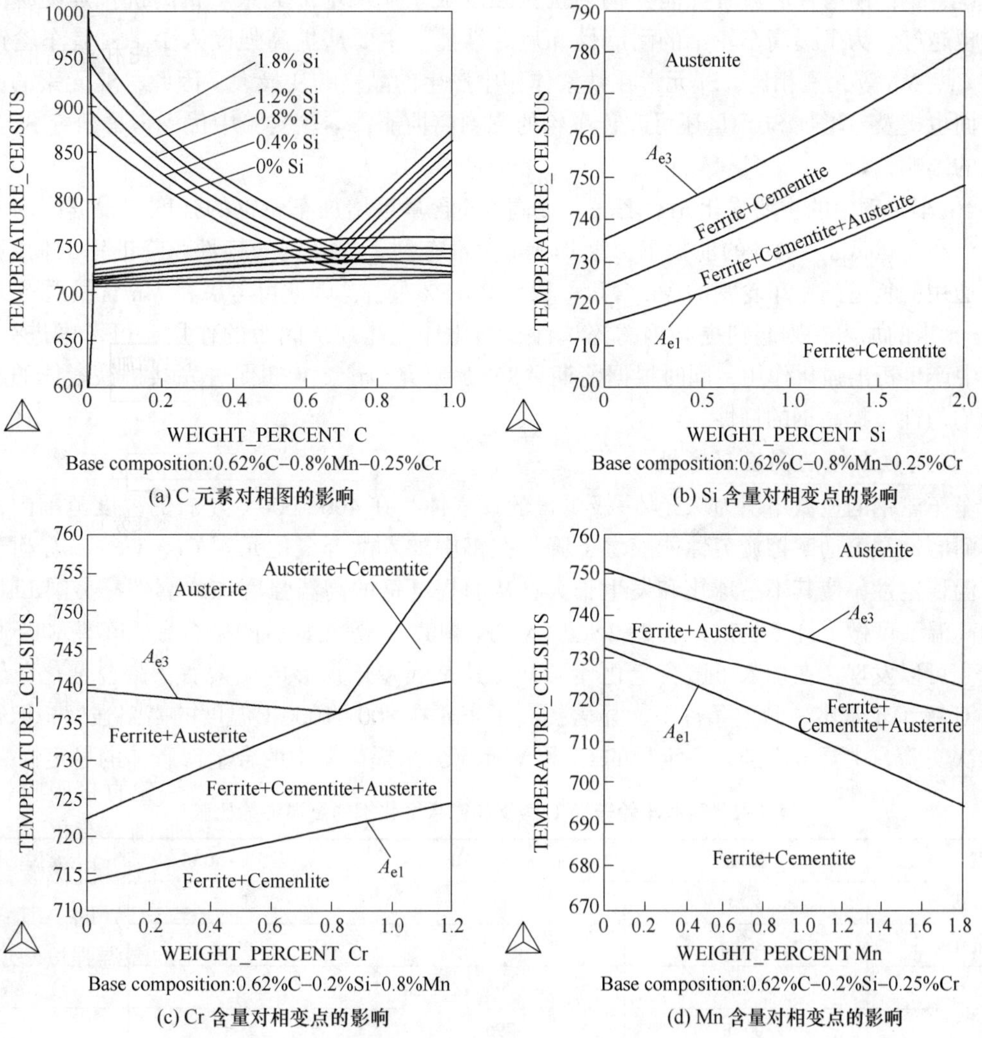

(a) C 元素对相图的影响　(b) Si 含量对相变点的影响
(c) Cr 含量对相变点的影响　(d) Mn 含量对相变点的影响

图 2-2　车轮钢中各合金元素对相变点的影响规律

表 2-1 合金元素含量变化对 A_{e1} 和 A_{e3} 点的影响

合金元素	原始含量 M/%	ΔM/%	ΔA_{e1}/℃	ΔA_{e3}/℃
Si	0.2	+0.6	+11	+14
		+1.0	+15	+20
		+1.6	+27	+38
Cr	0.25	+0.55	+5	-2
Mn	0.8	+0.6	-13	-9
		-0.6	+12	+10

从计算结果看，在钢中增加 Si 含量，可以显著提高钢的相变点。Si 含量从 0.2%增至 0.8%，A_{e1} 和 A_{e3} 点分别增加 11℃和 14℃；继续增至 1.2%，A_{e1} 和 A_{e3} 点则分别增加 15℃和 20℃。国外为了改善车轮钢抗剥离性能，曾经实验把 Si 含量增至 1.8%，不考虑对钢的韧塑性影响，这种 Si 含量无疑对车轮钢抗剥离性能有较大好处。而 Cr 元素在不超过 0.83%范围内的含量变化，都未对车轮钢相变点产生较大影响。如 Cr 含量从 0.25%增至 0.8%，A_{e1} 点仅 5℃，而 A_{e3} 点降低 2℃。而且 Cr 含量增至 0.8%将带来车轮钢的淬透性和韧塑性等一系列问题。对于 Mn 元素，含量和相变点则为反向变化规律，增加 Mn 含量带来 A_{e1} 和 A_{e3} 点的降低。若把 Mn 含量从现行的 0.8%降低至 0.2%，相变点 A_{e1} 和 A_{e3} 则分别增加 12℃和 10℃，但是 Mn 是车轮钢中的主要强化元素之一，降低 Mn 含量同样降低车轮钢的耐磨性。因此，从提高车轮钢的抗剥离性能的角度出发，较为现实而有效的合金化原则就是提高 Si 含量，至于 Si 含量提高至什么水平对钢的综合性能有利则依赖于实验室研究结果。

2.2.2 提高室温耐磨性和疲劳性能

一般来说，钢的耐磨性和疲劳性能与钢的抗拉强度成正比例增加关系。钢的抗拉强度越高，耐磨性和疲劳性能也越好。为了提高车轮钢的耐磨性和疲劳性能，主要从提高强度入手。Si 是车轮钢的常见强化元素，和 Cr、Mn 等元素相比，Si 元素在铁素体相中产生的晶格畸变最大，因此，Si 元素的固溶强化效果明显。前面也提及，增加 Si 含量还可改善车轮的抗剥离性能，本轮实验中优先考虑研究 Si 含量对车轮钢综合性能的影响。

Mn 元素也车轮钢中的主要强化元素之一，提高 Mn 含量可增加车轮钢的强度。根据国内外类似钢种的研究结果，在含量低于 1.1%的前提下，增加 Mn 含量有利于提高钢的韧性，降低钢的韧脆转变温度。目前，我国通用的货运列车车轮钢的 Mn 含量一般为 0.75%左右，因此可考虑将 Mn 含量适当提高。

微量 Cr 元素的加入，则起到提高钢的淬透性、细化珠光体片层间距的作用，可考虑进行优化研究。V 在车轮钢中产生析出强化作用，同时根据前期“863”研究结论，V 还促进先共析铁素体的形成，改善显微组织的均匀性，提高钢的韧性。

2.2.3 提高热车轮的高温耐磨性

重载货车车轮钢的显微组织为珠光体+极少量的铁素体。在 400~600℃左右的温度范围内，钢的强度明显下降，耐磨性和滚动摩擦疲劳性能随之下降。在钢中加入微合金化元素 Cr、V 等，有利于提高钢中渗碳体的高温稳定性，使其不易球化和发生长大，从而提高钢的高温强度和耐磨性。美国 LLC 公司为提高车轮钢的高温强度做了许多尝试，表 2-2 是加入 Cr、Mo、V 等元素后的微合金化车轮和普通 C 级车轮的性能对比。可以发现，在加入了微合金化元素、尤其是强碳化物形成元素后，微合金化车轮在室温强度保持普通 C 级车轮基本一致的条件下，显著提高了车轮在 800~1000℉温度的高温强度，取得了一定的效果。在本次实验，主要考虑加入一定量的 Cr 和 V 元素，来提高钢中的合金渗碳体的稳定性。

表 2-2 重载车轮普通 C 级钢和微合金化钢的高温性能比较

类型	温度	抗拉强度/MPa	屈服强度/MPa	与常温的强度比/%
普通 C 级	室温	1135	783	100
微合金化	室温	1083	759	100
普通 C 级	800 ℉	793	555	71
微合金化	800 ℉	796	598	79

续表 2-2

类型	温度	抗拉强度/MPa	屈服强度/MPa	与常温的强度比/%
普通 C 级	1000 ℉	436	319	41
微合金化	1000 ℉	539	435	57

2.3 实验室研究

2.3.1 实验过程

基于上述合金设计思路，考虑合金元素 Si、Mn、Cr、V 对车轮钢组织和性能的影响，设计并冶炼了各种化学成分实验用钢，实际成分见表 2-3。实验钢采用 50kg 真空感应炉冶炼，浇注成锭。

表 2-3 实验用钢的化学成分 (%)

序号	C	Si	Mn	P	S	Cr	V	O	N	Al_s	备注
1	0.60	0.19	1.06	0.0071	0.005	—	—	0.0010	0.0018	<0.005	基准 1
2	0.61	0.55	1.07	0.0069	0.006	—	—	0.0012	0.0021	<0.005	+1Si
3	0.61	0.96	1.08	0.007	0.005	—	—	0.0013	0.0018	<0.005	+2Si
4	0.62	1.26	1.14	0.0075	0.005	—	—	0.0017	0.0019	<0.005	+3Si
5	0.58	0.20	0.74	0.0076	0.005	0.19	—	0.0014	0.0017	<0.005	基准 2
6	0.59	0.59	0.74	0.0074	0.005	0.21	—	0.0015	0.0018	<0.005	+1Si
7	0.60	0.74	0.96	0.0072	0.005	0.21	—	0.0012	0.0019	<0.005	+2Si+Mn
8	0.58	0.19	1.08	0.0076	0.006	0.20	—	0.002	0.002	<0.005	+Mn
9	0.58	0.16	0.70	0.0074	0.005	0.34	—	0.0021	0.002	<0.005	+2Cr
10	0.60	0.20	0.76	0.0082	0.006	—	—	0.0016	0.0019	<0.005	-Cr
11	0.57	0.22	0.74	0.0088	0.006	0.20	0.14	0.0022	0.0019	<0.005	+2V
12	0.59	0.19	0.75	0.0069	0.005	0.20	0.10	0.0022	0.0071	<0.005	+V

根据目前我国货车车轮钢的成分体系，在合金设计时暂时不考虑 C 含量的变化，固定在 0.60%左右。而合金体系则考虑 0.20%Si-0.75%Mn-0.20%Cr 和 0.20%Si-1.10%Mn 两种基准成分，在此基础上，分别考察各个元素含量变化对钢的综合影响。1~4#钢单纯研究 Si 含量的影响，5~7#钢在另一个成分体系（含 Cr）研究 Si 的影响，其中 7#钢还增加了 Mn 含量。而 5、9、10#钢研究 Cr 元素的影响，5、11、12#钢研究 V 元素的影响。

钢锭经高温锻造成 50mm 厚板坯。锻造工艺为 1150℃加热、开锻，900℃终锻。板坯经 1150℃加热后经过实验室轧机多道次轧制成 16mm 厚钢板，终轧温度为 870℃。钢板的成品尺寸为 16mm 厚×120mm 宽×*L* 自由长。热轧态钢板进行热处理，热处理工艺为正火，先在空气炉中 860℃保温 1h，出炉空冷，然后在回火炉中进行 520℃保温 2h，出炉空冷。需要指出的是，重载货车车轮根据生产和加工工艺不同，分为辗钢和铸钢两大类。一方面，本次实验主要目的是进行重载车轮钢合金成分筛选的基础研究，研究内容为两类车轮钢较为共性的材料学特征，另一方面，对于这两种车轮的实际生产工艺，实验室研究无法完全和真实的模拟，因此在研究中没有刻意区分两种车轮，进一步的区别实验将在后续工作中体现。

将热处理后的实验钢加工成标准拉伸和冲击试样，测试钢的室温强度、塑性和冲击韧性。货车车轮钢为高碳钢种，一般韧脆转变温度均在室温左右，为了避免单温度条件下冲击功的偶然因素的影响，并考察实验钢种的韧脆转变温度，采用-20~80℃的系列温度进行冲击实验。还进行 300~600℃之间的高温拉伸实验，以研究不同合金成分对车轮钢高温性能的影响。采用 Gleeble-1500D 测量以不同加热和冷却速度下各种实验钢的相变点。在光学显微镜下观察了实验钢的金相组织，并选定不同的实验钢种进行珠光体片层间距的统计和测量。同时，对不同 Si 含量的车轮钢进行纳米硬度实验，以研究 Si 对铁素体（包括先共析铁素体和珠光体铁素体）的强化作用。

2.3.2 室温拉伸性能

将热处理后的实验钢板沿横向切取样品，加工成标准拉伸（ϕ10mm，标距 50mm），测试钢的室温强度、塑性，具体拉伸实验数据见表 2-4。

表 2-4 实验钢的室温拉伸性能

编号	温度/℃	$R_{p0.2}$/MPa	R_m/MPa	A/%	Z/%
1	24	480	880	19	48
2	24	515	935	16	49
3	24	550	985	15	47
4	24	640	1070	17	47
5	24	430	835	18	48
6	24	475	900	16	46
7	24	500	950	17	46
8	24	475	880	18	52
9	24	460	845	16	50
10	24	420	820	17	41
11	24	505	870	19	51
12	24	495	865	19	48

不同元素对车轮钢拉伸性能的影响规律见图 2-3。初步结果显示，在现有的加入量范围内，合金元素 Si 对车轮钢产生较强的强化效果，略微降低车轮钢的塑性。

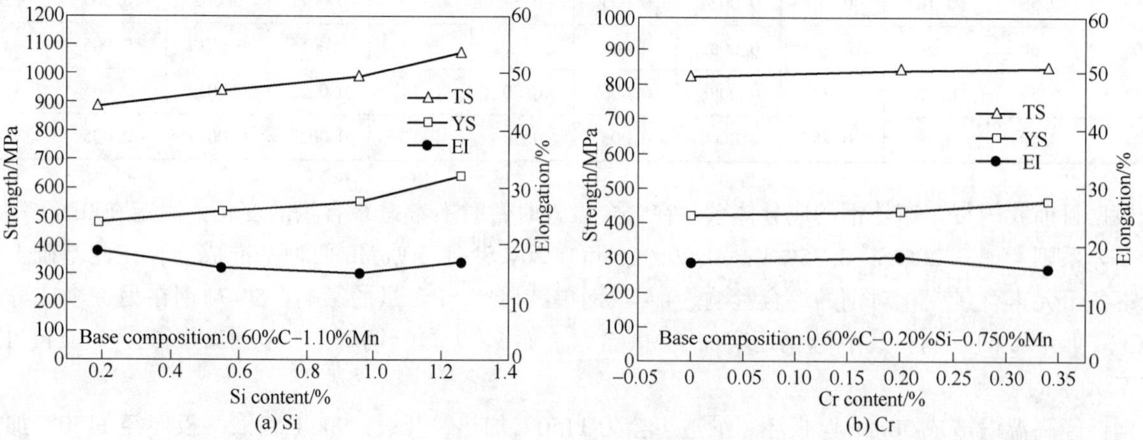

图 2-3 合金元素对车轮钢拉伸性能的影响

合金元素 Cr 对钢产生一定的强化作用，Cr 含量从无增加至 0.34%左右，约带来 40~60MPa 的抗拉强度增量。而 Mn 含量从 0.75%增加至 1.1%，约增加 50MPa 的抗拉强度增量。增加 0.1%左右的 V 含量，车轮钢的抗拉强度和屈服强度分别增加约 30MPa 和 60MPa 的增量。

而对于车轮钢的塑性而言，上述合金元素均产生明显影响。1~12#实验钢的延伸率均在 15%~19%的范围，断面收缩率均在41%~52%的范围内。具体而言，Si 含量的增加使车轮钢的塑性略有降低，Cr、Mn 对塑性的影响不大，而 V 对钢的塑性还略有改善作用。

进一步深入研究各个合金元素对强度的作用。本次实验钢中的主要强化元素有 C、Si、Mn、Cr、V 等，假设在上述各元素对车轮钢强度的贡献均为线性的，满足如下表达式：

$$\text{TS} = A + C_{\text{C}} \cdot \%\text{C} + C_{\text{Si}} \cdot \%\text{Si} + C_{\text{Mn}} \cdot \%\text{Mn} + C_{\text{Cr}} \cdot \%\text{Cr} + C_{\text{V}} \cdot \%\text{V}$$

式中，%M（M=C，Si，Mn，Cr，V）为各合金元素在钢中的含量；C_{M} 为每 1%的合金含量对车轮钢强度的贡献；A 为基础强度，和钢中其他强化元素及正火的冷却速率有关，即：

$$A = A_1 + a \cdot (\log CR) + C_{\text{p}} \cdot \%\text{P} + C_{\text{N}} \cdot \%\text{N}_{\text{free}}$$

由于全部实验钢正火冷却速率均一致，且钢中 P 和 N 相差不大，可以认为各实验钢之间的 A 值基本一致。对上述拉伸实验结果和实验钢化学成分进行多元线性回归，结果见表 2-5。

表 2-5　车轮钢中的各合金元素对车轮钢的抗拉强度贡献（线性回归结果）

	C_C	C_{Si}	C_{Mn}	C_{Cr}	C_V	A	复相关系数 R(-)
1%含量的强度贡献/MPa	1063	140	151	132	294	49	0.99
元素含量适用范围/%	0.55~0.65	0~1.5	0.6~1.2	0~0.35	0~0.15		
TS=633+1063×（%C-0.55）+140×%Si+151×%Mn+132×%Cr+294×%V							

从回归结果可以看出，C 是车轮钢中强化效果最明显的元素，每变动 0.01%的 C 含量，钢的抗拉强度变化约 10MPa。Si、Mn、Cr、V 等合金元素的强化效果也非常明显，每增加 0.4%的 Si 含量，抗拉强度提高 55MPa；每增加 0.3%的 Mn 含量，抗拉强度增加 45MPa；每增加 0.15%的 Cr 含量，抗拉强度增加 20MPa，每增加 0.1%的 V 含量，抗拉强度增加 30MPa。上述线性方程的复相关系数 R 非常高，达到 0.99，说明回归方程和现实情况吻合得较好，可以从图 2-4 反映出。

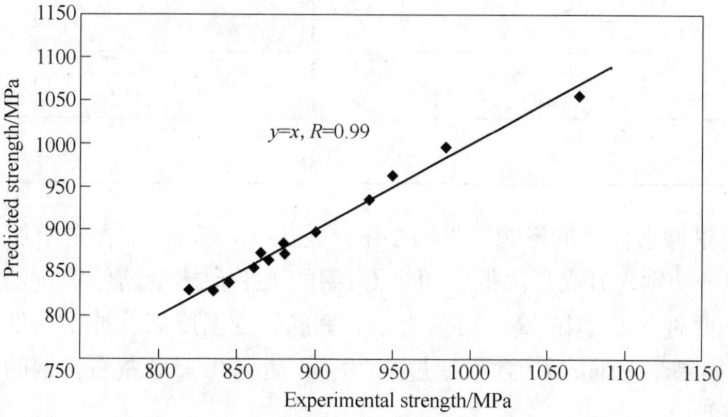

图 2-4　线性回归的预测强度和实际强度的吻合情况

2.3.3　系列冲击功

对于货车车轮钢冲击功的考核，我国现有的通行做法是选取车轮的标准位置（取样图略），开 U2 形缺口，在 20℃的环境温度下进行冲击实验。货车车轮钢一般采用高碳的合金设计，韧脆转变温度较高，一般在 20℃左右。因此，在这个敏感温度进行冲击实验冲击功的波动较大，影响对实验结果的研究和判断。因此，本次实验对车轮钢系列温度（-20~80℃）的冲击功进行研究。为从不同方面比较车轮钢的冲击性能，选取了系列冲击上平台能量，20℃冲击功和韧脆转化温度进行研究，从本次实验结果看，80℃冲击功基本均处于系列冲击实验的上平台区，可作为上平台能量值。而定义韧脆转变有多种方法，这里上下冲击平台能量的中间值所对应的理论温度定义为韧脆转变温度。实验结果如下。

研究 Si 含量对车轮钢冲击性能影响发现（图 2-5、表 2-6），随着 Si 含量增加，钢的韧脆转变温度不仅没有升高，反而有所下降。而 20℃正好处于韧脆转变的敏感温度，随韧脆转变温度下降，20℃时的冲击功也升高且更稳定。但是，值得注意的是，随着 Si 含量的升高，钢的冲击上平台能量有所下降。综合上述现象可以得出，只要车轮钢中的 Si 含量不超过 1%，钢的冲击韧性并不会受到较大损失。

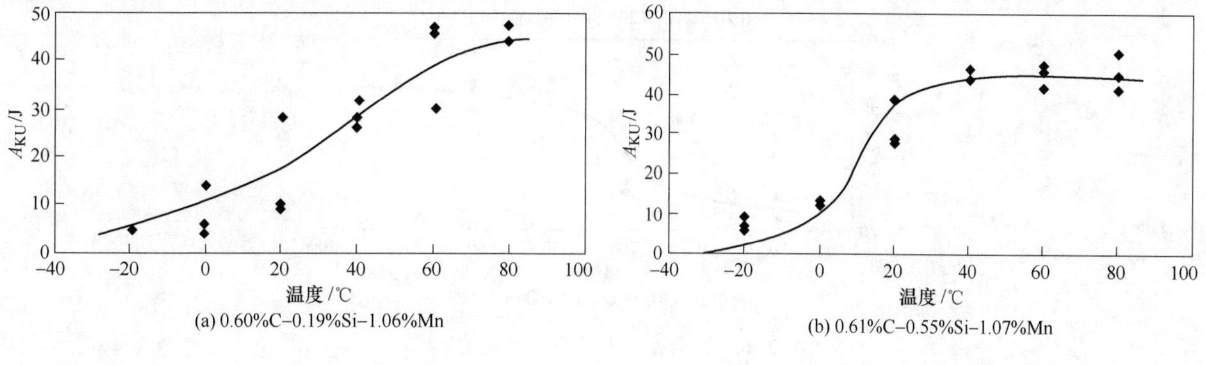

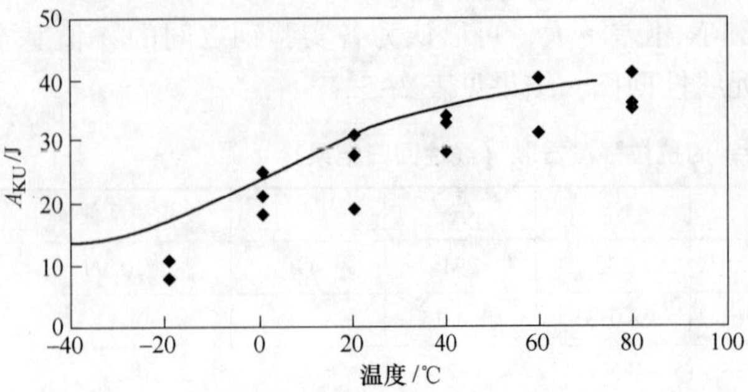

(c) 0.61%C-0.96%Si-1.08%Mn

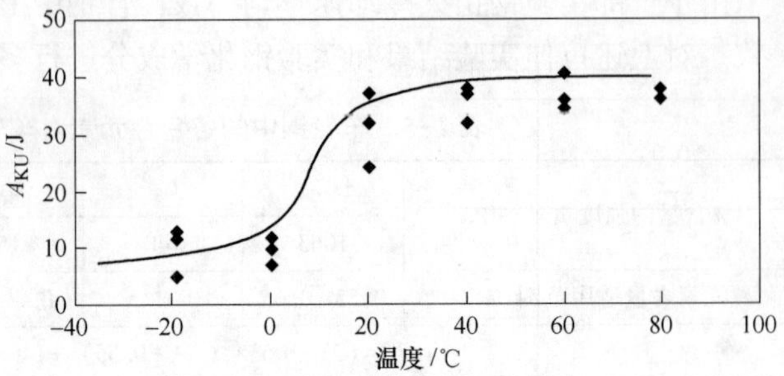

(d) 0.62%C-1.26%Si-1.08%Mn

图 2-5　Si 含量对车轮钢冲周功的影响

表 2-6　Si 含量对车轮钢冲击功的影响

Si 含量/%	冲击上平台能量 A_{KU}（80℃）/J	A_{KU}（20℃）/J	韧脆转变温度/℃	其他影响因素
0.19	44，47，47 46	10，28，9 16	~30	0.60%C
0.55	42，45，51 45	39，29，28 32	~10	0.61%C
0.96	36，35，41 37	19，31，28 26	~10	0.61%C
1.26	38，38，36 37	24，37，32 31	~10	0.62%C

研究 Cr 含量对车轮钢冲击性能的影响，见图 2-6、表 2-7。随着 Cr 含量增加，钢的韧脆转变温度先降低后升高，而 20℃冲击功则先升高后降低，而含 Cr 钢的上平台能量则较稳定的，约 47J 左右。考虑到无 Cr 钢的碳含量较其他两种含 Cr 钢的高，可认为是其韧脆转变温度高、冲击功低的原因之一。因此，实验在一定意义上说明，如果车轮钢的 Cr 含量超过 0.20%，达到 0.35%左右，钢的韧脆转变温度就有可能升高，使 20℃冲击功降低。

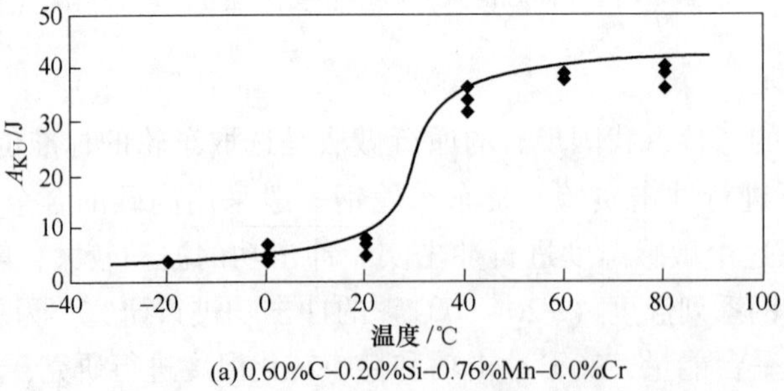

(a) 0.60%C-0.20%Si-0.76%Mn-0.0%Cr

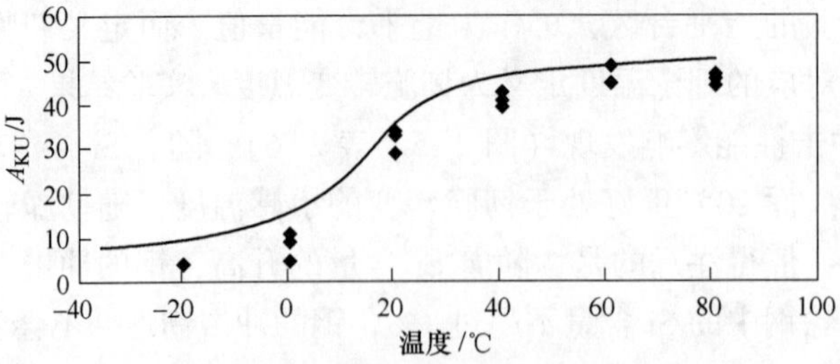

(b) 0.58%C-0.20%Si-0.74%Mn-0.19%Cr

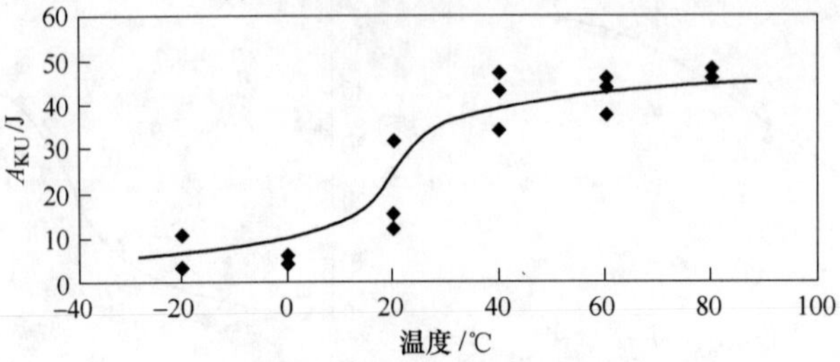

(c) 0.58%C-0.16%Si-0.70%Mn-0.34%Cr

图 2-6　Cr 含量对车轮钢冲击功的影响

表 2-7　Cr 含量对车轮钢冲击功的影响

Cr 含量/%	冲击上平台能量 A_{KU}（80℃）/J	A_{KU}（20℃）/J	韧脆转变温度/℃	其他影响因素
0.0	$\frac{39,\ 40,\ 36}{38}$	$\frac{5,\ 8,\ 7}{7}$	~30	0.60%C
0.20	$\frac{47,\ 45,\ 46}{46}$	$\frac{33,\ 29,\ 34}{32}$	~15	0.58%C
0.34	$\frac{48,\ 46,\ 46}{47}$	$\frac{12,\ 32,\ 15}{20}$	~25	0.58%C

研究 V 含量对车轮钢冲击性能的影响，见图 2-7、表 2-8。结果显示，当钢中加入一定的 V 含量，钢的韧脆转变温度有较大幅度的降低，上平台能量和 20℃ 冲击功也稳定升高。后面的实验可说明，加入 V 引起的韧性改善和显微组织的变化（先共析铁素体增加）有较大关系。

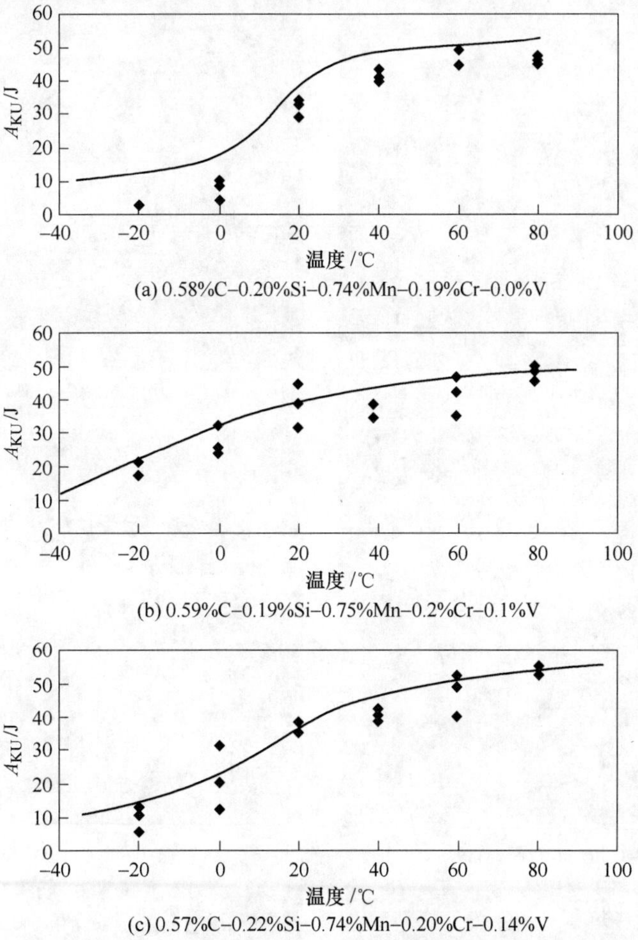

(a) 0.58%C-0.20%Si-0.74%Mn-0.19%Cr-0.0%V

(b) 0.59%C-0.19%Si-0.75%Mn-0.2%Cr-0.1%V

(c) 0.57%C-0.22%Si-0.74%Mn-0.20%Cr-0.14%V

图 2-7　V 含量对车轮钢冲击功的影响

表 2-8　V 含量对车轮钢冲击功的影响

V 含量/%	冲击上平台能量 A_{KU}（80℃）/J	A_{KU}（20℃）/J	韧脆转变温度/℃	其他影响因素
0.0	$\frac{47,\ 45,\ 46}{46}$	$\frac{33,\ 29,\ 34}{32}$	~15	0.58%C
0.10	$\frac{49,\ 45,\ 48}{47}$	$\frac{31,\ 44,\ 38}{38}$	<0	0.59%C
0.34	$\frac{54,\ 52,\ 53}{53}$	$\frac{35,\ 38,\ 38}{36}$	~0	0.57%C

2.3.4　显微组织

取热处理后试样进行打磨、抛光，用2%硝酸酒精腐蚀，在光学显微镜下进行观察。各钢实验钢的显微组织见图2-8。车轮钢的金相组织以珠光体组织为主，还有少量的晶界铁素体。晶界铁素体的体积百分数根据实验钢的成分略有差异。除11#和12#含V钢外，各实验钢的显微组织总体差异不大。而11#和12#钢由于添加一定含量的V，组织中先共析铁素体含量显著增多，且单位面积的铁素体数量增大，组织明显均匀和细化。这也正好解释了两种含V钢的塑性和韧性均比其他钢种有所改善。考虑到车轮钢经过正火热处理，正火温度为860℃，而理论计算两种钢中V的完全溶解温度达1000℃以上，860℃的正火温度下不仅不能使V大部分溶解，而且可能导致热轧过程中析出的VC或V（CN）聚集长大，降低V的析出强化效果。这也解释了为什么在经正火处理后的车轮钢中V的强化贡献只有约30MPa/0.1%V，而不是有的文献提到的800~1000MPa/0.1%V的水平。另一方面，由于V析出强化作用的减弱，在奥氏体中聚集长大的V粒子容易成为相变过程中诱导先共析铁素体形核的有效粒子。

(a) 0.60%C–0.19%Si–1.06%Mn

(b) 0.61%C–0.55%Si–1.07%Mn

(c) 0.61%C–0.96%Si–1.08%Mn

(d) 0.62%C–1.26%Si–1.14%Mn

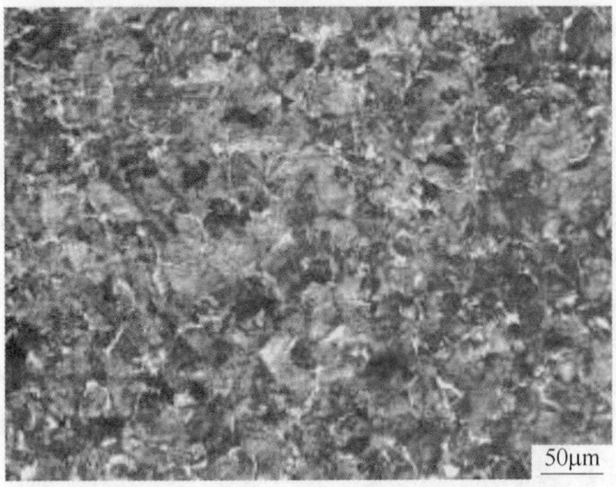

(e) 0.58%C–0.20%Si–0.74%Mn–0.19%Cr

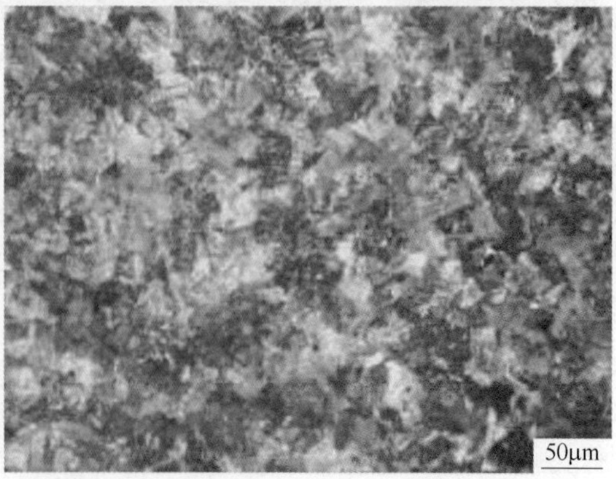

(f) 0.59%C–0.59%Si–0.74%Mn–0.21%Cr

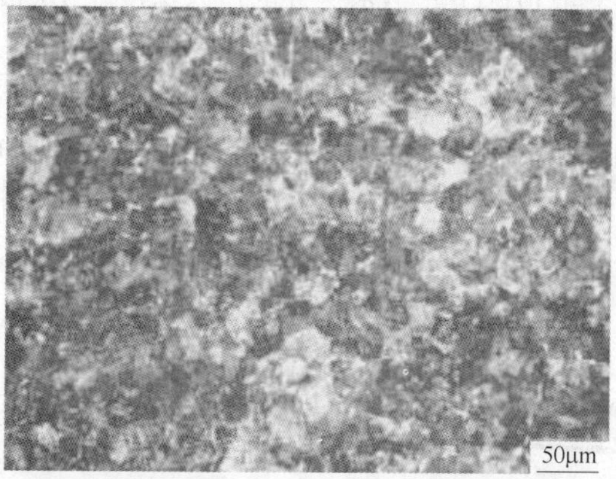

(g) 0.60%C–0.74%Si–0.96%Mn–0.21%Cr

(h) 0.58%C–0.19%Si–1.08%Mn–0.20%Cr

(i) 0.58%C–0.16%Si–0.70%Mn–0.34%Cr

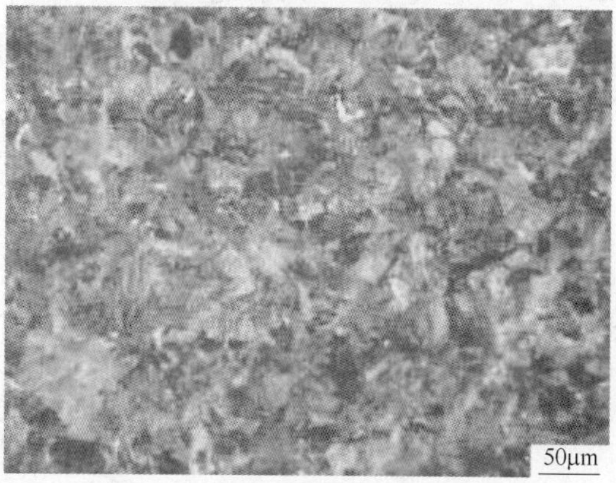

(j) 0.60%C–0.20%Si–0.76%Mn

(k) 0.57%C–0.22%Si–0.74%Mn–0.20%Cr–0.14%V

(l) 0.59%C–0.19%Si–0.75%Mn–0.20%Cr–0.1%V

图 2-8　实验钢的显微组织

2.3.5　纳米硬度实验

众所周知，Si 元素是非碳化物形成元素，渗碳体中不含 Si。Si 主要固溶于体心立方晶格中的铁素体，和铁原子较大的尺寸差使铁素体晶格产生强烈的畸变，形成固溶强化。Si 含量越高，铁素体的固溶强化越显著。这种固溶强化作用不仅体现于车轮钢的先共析铁素体中，还存在于珠光体铁素体中。而这种强化作用对渗碳体基本没有太大影响。前面的强度结果证实了 Si 的加入确实提高钢的总体强度，而通过纳米硬度实验可直接说明 Si 对铁素体的强化作用。

选 1～4#实验钢（不同 Si 含量），磨平上下表面，并对其中一面进行抛光并轻腐蚀。采用的纳米硬度计为美国橡树岭实验室研制的 DCM 新型纳米探针仪，该设备理论定位精度为 2nm，对于一般研究，其定位精度也基本在 100nm 以内，可以满足本实验定位先共析铁素体的要求。探针最大载荷为 20mN。将 1～4#样品同时置于纳米探针仪中，选取先共析铁素体尺寸大于 5μm 的区域，对满足要求的先共析铁素体进行纳米硬度测量，纳米探针的压入深度为 500nm 左右。一般情况下，纳米探针的压入深度在 100nm 以内，会出现一个硬度峰值，这是由于表面的平整度、表面活性物质及其他不定因素的影响，并不反映材料的本征特征。随着压入深度的增加，尤其当超过 300nm 时，纳米硬度值趋于稳定。这时的硬度基本可表征材料的特性。本实验中，每个实验数据点均取自 300nm 以下深度的平均硬度值，每个样品保证至少有 5 个有效数据点，并总体取平均。实验结果见图 2-9 和图 2-10。

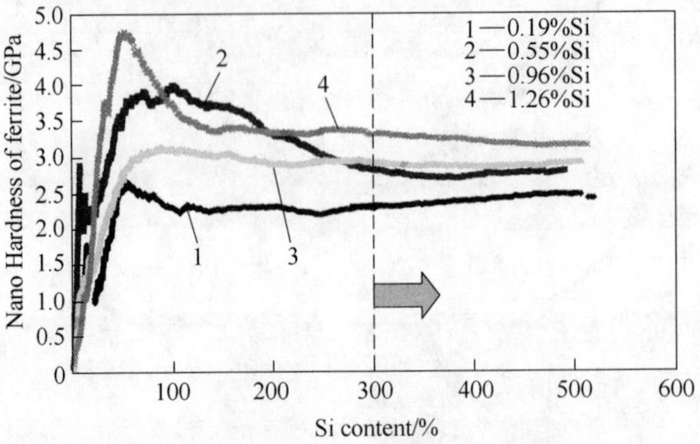

图 2-9 纳米硬度随压入深度的曲线图

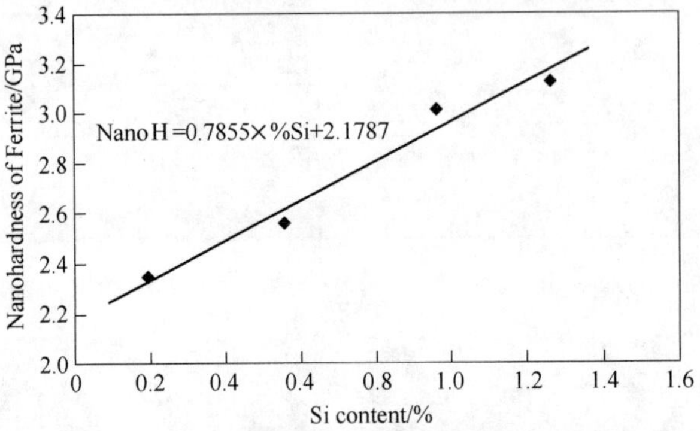

图 2-10 先共析铁素体的硬度和 Si 含量的关系

从上述实验结果可以看出，随着 Si 含量的增加，钢中先共析铁素体的纳米硬度逐渐增加。Si 含量为 0.2%时，铁素体的平均硬度为 2.34GPa，而到 1.3%Si 时，铁素体的硬度增加至 3.13GPa，增量达到原铁素体硬度的 1/3，可见 Si 对铁素体的强化效果比较显著。由于珠光体铁素体中一部分 Si 从形成渗碳体扩散而来，其 Si 含量甚至高于钢中的平均成分，因此，可以推断，Si 元素在珠光体铁素体中的固溶强化效果更强于先共析铁素体。车轮钢的显微组织以珠光体组织为主，珠光体铁素体也是车轮钢强度的主要贡献者之一，提高珠光体中的铁素体也同时提高钢的总体强度。

2.3.6 高温拉伸性能

重载和提速条件下的货车制动工况变得非常恶劣，在闸瓦制定不变的前提下，车轮踏面将可能因制动而被持续加热。研究车轮钢在高温的强度显出其重要性。本文研究了实验钢 300~600℃温度条件下的拉伸性能，实验结果见表 2-9~表 2-12。从结果可明显看出，除 300℃外，其他温度条件下车轮钢的强度呈下降趋势。这和高温下位错较容易被激活、钉扎位错变得更难有关系。而 300℃下的强度和室温相差不大，甚至有所提高，这可能和在这个温度下车轮钢正好处于形变时效的温度区间有关系。

表 2-9 车轮钢高温拉伸性能（300℃）

编号	试验温度/℃	$R_{p0.2}$/MPa	R_m/MPa	A/%	Z/%
1	300	480	925	35	65
2	300	515	955	31	63
3	300	535	985	26	61
4	300	580	1040	25	61

续表 2-9

编号	试验温度/℃	$R_{p0.2}$/MPa	R_m/MPa	A/%	Z/%
5	300	435	840	25	55
6	300	490	925	30	62
7	300	500	955	27	62
8	300	505	915	30	61
9	300	465	900	29	57
10	300	445	875	27	51
11	300	460	885	28	62
12	300	460	885	32	64

表 2-10 车轮钢高温拉伸性能（400℃）

编号	试验温度/℃	$R_{p0.2}$/MPa	R_m/MPa	A/%	Z/%
1	400	425	710	34	78
2	400	450	755	31	76
3	400	480	795	28	73
4	400	550	855	27	72
5	400	380	675	30	80
6	400	440	745	30	77
7	400	440	780	27	77
8	400	440	730	29	75
9	400	410	710	26	76
10	400	390	685	31	77
11	400	400	700	34	79
12	400	410	710	33	76

表 2-11 车轮钢高温拉伸性能（500℃）

编号	试验温度/℃	$R_{p0.2}$/MPa	R_m/MPa	A/%	Z/%
1	500	360	530	38	84
2	500	370	560	38	84
3	500	395	595	35	82
4	500	435	640	35	82
5	500	325	505	33	84
6	500	355	555	32	84
7	500	375	585	40	84
8	500	375	555	31	81
9	500	360	545	28	82
10	500	330	500	40	85
11	500	350	535	39	85
12	500	340	520	34	81

表 2-12 车轮钢高温拉伸性能（600℃）

编号	试验温度/℃	$R_{p0.2}$/MPa	R_m/MPa	A/%	Z/%
1	600	235	310	48	86
2	600	230	320	56	87

续表 2-12

编号	试验温度/℃	$R_{p0.2}$/MPa	R_m/MPa	A/%	Z/%
3	600	260	340	50	87
4	600	285	375	50	87
5	600	235	315	44	87
6	600	240	320	45	85
7	600	260	345	52	86
8	600	250	340	47	83
9	600	260	340	42	82
10	600	230	310	47	89
11	600	245	320	53	86
12	600	240	320	53	85

考虑到车轮钢的高温强度和室温强度的高低有直接的关系，计算了不同高温条件下高温强度和室温强度的比值，这里暂时定为 HTSR（High Temperature Strength Ratio），结果列于表 2-13 中。可以认为，在相同的温度下，该比值越高，车轮钢获得高温强度的能力越强，也就说明车轮钢的抗高温软化能力越强。从表中的结果可看出，各个钢种之间的 HTSR 值相差不大，说明在本实验条件车轮钢的抗高温软化性能没有较明显的差异。

表 2-13　车轮钢的高温强度比 HTSR 值

编号	300℃	400℃	500℃	600℃
1	1.051	0.807	0.602	0.352
2	1.021	0.807	0.599	0.342
3	1.000	0.807	0.604	0.345
4	0.972	0.799	0.598	0.350
5	1.006	0.808	0.605	0.377
6	1.028	0.828	0.617	0.356
7	1.005	0.821	0.616	0.363
8	1.040	0.830	0.631	0.386
9	1.065	0.840	0.645	0.402
10	1.067	0.835	0.610	0.378
11	1.017	0.805	0.615	0.368
12	1.023	0.821	0.601	0.370

研究还发现，在各温度条件下，含 Cr 钢种的平均 HTSR 值略高于不含 Cr 的钢种，随着 Cr 含量从 0 增加至 0.2%及 0.34%，车轮钢的 HTSR 值逐渐增加，如图 2-11 所示。尤其在 600℃时，Cr 含量从 0 增加至 0.34%，HTSR 值从 0.35 增加至 0.40，增加了 10%以上。结果说明 Cr 对车轮钢的高温性能有改善作用。而不同 Si 元素对 HTSR 值没有影响，各种 Si 含量的 HTSR 基本相同，变化不到 1%（见图 2-12，300℃除外）。300℃时的微小变化则可能和形变时效现象有关。结果说明 Si 元素对提高车轮钢的高温性能没有太大帮助，另外，由于无 Cr 钢基本均加入超过 1%的 Mn，结果也证明 Mn 对提高高温性能的作用也不明显。实验结果还显示，V 元素对提高高温性能也没有太大作用。

依然假设合金元素对高温强度的贡献是线性的，进一步对在高温条件下各合金元素对强度的贡献进行线性回归，回归结果见表 2-14。从表中可以看出，室温直至 500℃的复相关系数均较高，超过 0.94，说明回归公式的线性相关性较好。而 600℃的复相关系数有所降低，这和车轮钢总体抗拉强度下降幅度较大，各钢种的强度差区别不显著有关系。

从回归结果看，随着温度的升高，各元素对钢的高温强度贡献均减弱，但是各合金元素的减弱速率不同。C 元素作为主要强化元素，在 500℃以下均保持良好的强化效果，即使到 500℃，强化效果仍能达

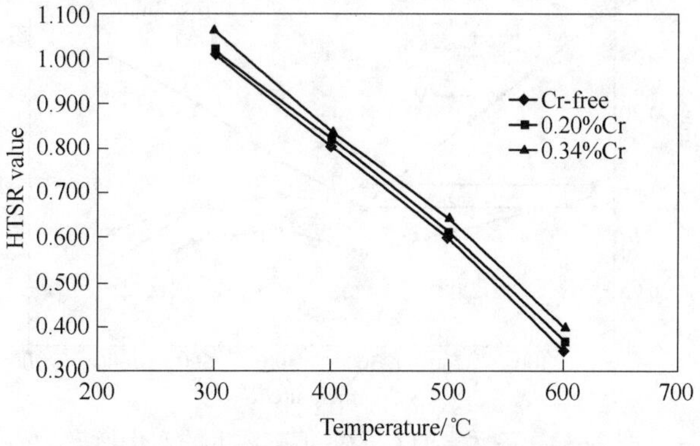

图 2-11 Cr 含量对高温 HTSR 值的影响

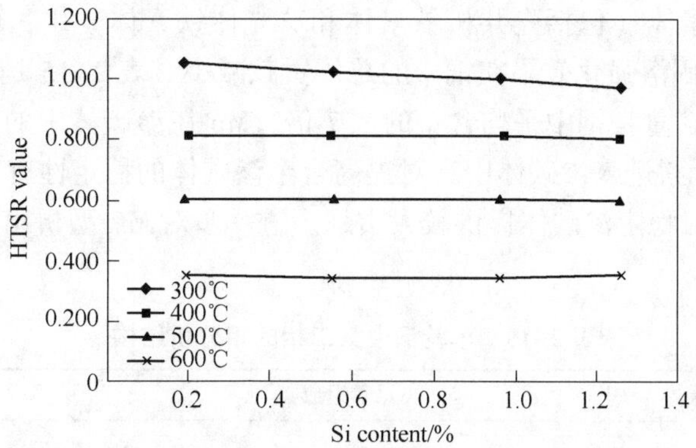

图 2-12 Si 含量对高温 HTSR 值的影响

到 824MPa/1%C，一旦温度达到 600℃，强化效果衰减为室温的一半左右，估计和渗碳体的聚集、长大和球化有关。随温度的升高，Mn、Si、V 等元素的强化效果呈下降趋势，尤其是 Si、V，强化效果衰减非常快。而 Cr 元素即使在 600℃仍然保持较高的强化效果，这和 Cr 中强碳化物形成元素，有提高渗碳体回火稳定性的作用。

表 2-14 各温度条件下合金元素对车轮钢强度的贡献（线性回归结果）

温度/℃	强度贡献	C_C/MPa	C_{Si}/MPa	C_{Mn}/MPa	C_{Cr}/MPa	C_V/MPa	复相关系数 R
24	C_M	1063	140	151	132	294	0.99
	C_M/C_C	1	0.13	0.14	0.12	0.28	
300	C_M	1029	82	145	120	122	0.94
	C_M/C_C	1	0.08	0.14	0.12	0.12	
400	C_M	1010	101	107	162	127	0.98
	C_M/C_C	1	0.10	0.11	0.16	0.13	
500	C_M	824	72	102	172	103	0.95
	C_M/C_C	1	0.09	0.12	0.21	0.12	
600	C_M	501	27	48	125	34	0.88
	C_M/C_C	1	0.05	0.10	0.25	0.07	

C 为车轮钢中最主要的强化元素，钢中 50%以上的强度均来自 C 元素的强化。为相对比较各合金元素对强度贡献的大小及其随温度的变化趋势，将 C 元素的强度贡献 C_C 作为比较基础，定义 C_M/C_C 值。可以认为，随着温度的升高，若 C_M/C_C 值增加，则说明该元素 M 对高温强度性能有提高和改善作用，反之亦然。各元素的 C_M/C_C 值随温度的变化趋势如图 2-13 所示。从图中可以更明显看出，Cr 元素显示出较强的高温强化能力，Mn 元素的高温强化效果和 C 相比则有轻微下降，高温强化效果下降较快的是 Si 和 V。线性回归的结果和计算 HTSR 值的结果基本吻合。

各元素高温下的强化行为和它们在钢中的分布有直接的关系，Cr 和 Mn 有较大部分进入渗碳体，形成

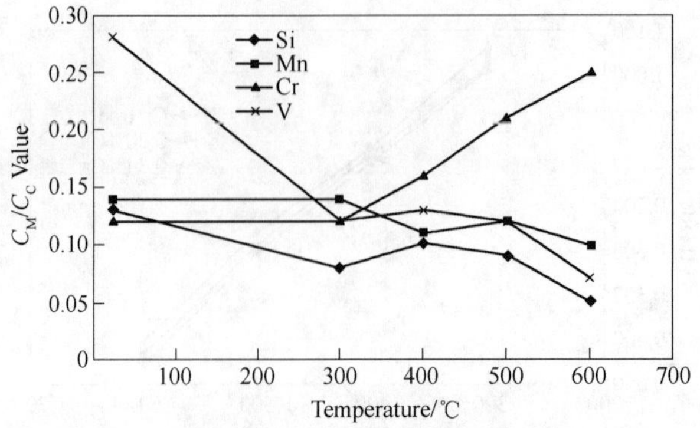

图 2-13　各元素的 C_M/C_C 值随温度的变化趋势

合金渗碳体，提高其高温稳定性。而 Cr 和 Mn 相比，Cr 是中强碳化物形成元素，对提高渗碳体稳定性的作用更大。Si 仅仅存在于铁素体（包括先共析铁素体和珠光体铁素体）中，而铁素体随温度升高，强度下降比渗碳体快，导致 Si 的固溶强化效果在钢中的总体贡献减小。表 2-15 是各元素在钢中存在形式的相分析结果。Cr 在渗碳体中的含量是钢中平均含量的 3.7 倍，Mn 在渗碳体中的含量为钢中的 2.7 倍，超过基体平均成分的 Cr、Mn 等元素进入渗碳体中，对提高合金渗碳体的稳定性有帮助。而 V 在渗碳体中的成分基本接近平均成分，很难对稳定渗碳体提供较大贡献。进一步对 MC 型析出相分析发现，大部分 V 均以 VC 或 V（CN）的形式析出。

表 2-15　车轮钢中第二相的相分析结构

钢号	相结构	元素组成	备注
12	M_3C	$(Fe_{0.970}Mn_{0.021}Cr_{0.008}V_{0.001})_3C$	$\%Cr_{cem}/\%Cr_{ave}=3.7$ $\%Mn_{cem}/\%Mn_{ave}=2.7$ $\%V_{cem}/\%V_{ave}=0.6$
13	M_3C	$(Fe_{0.970}Mn_{0.021}Cr_{0.008}V_{0.001})_3C$	$\%Cr_{cem}/\%Cr_{ave}=3.7$ $\%Mn_{cem}/\%Mn_{ave}=2.7$ $\%V_{cem}/\%V_{ave}=0.9$
12	MC	$(V_{0.914}Ti_{0.043}Cr_{0.044})(C_{0.905}N_{0.095})$	V 的析出比率：61%
13	MC	$(V_{0.914}Ti_{0.043}Cr_{0.044})(C_{0.905}N_{0.095})$	V 的析出比率：58%

注：$\%M_{cem}$ 表示在渗碳体中的元素含量；$\%M_{ave}$ 表示钢中的平均含量，M＝Cr、Mn、V 等。

本次高温拉伸实验说明，对高温性能改善作用最明显的方式是加入强碳化物形成元素，且碳化物形成元素应不单独形成碳化物，主要以合金渗碳体的形式存在于钢中。本次实验 Cr 元素的加入证明了这点。但实验发现，靠单一元素提高高温性能，若该元素添加量不大，对高温强度提高的贡献不大。

2.3.7　相变温度的研究

本次研究加 Si 的主要目的之一是为了提高车轮钢的奥氏体化相变点的温度。而前期“863”的理论计算结果和实际考察经验均表明，车轮由于滑动造成的踏面升温非常快，可达到 10^{2-3}℃/s。根据材料学原理可知，金属的加热速度越快，相变点越高。一旦在车轮滚滑发生后，温度超过其 A_1 和 A_3 相变点，车轮表面发生马氏体相变（部分或全部）将不可避免。因此，研究在模拟车轮表面相近加热速度下的相变点，对认识和改善车轮的滑动剥离有重要意义。本文实验室采用膨胀法测量了不同 Si 含量在不同加热速度下的相变点，结果如图 2-14 所示。其中，平衡相变点采用热力学软件 Thermo-Calc 计算。

从图 2-14 看出，随加热速率升高，不同 Si 含量车轮钢相变点升高，平衡态相变点相对最低。Si 含量从 0.2%升高至 1.3%，对于平衡态，A_1 点增加 16℃，A_3 点增加 22℃；当升温速率 100℃/s 时，A_1 点增加 30℃，A_3 点增加 18℃。引用前期“863”研究结果，在车轮滑行条件下，车轮沿着接触点周围温度分布如图 2-15 所示。若假定滑行接触区最高温度为 922℃（见表 2-16），Si 含量从 0.2%增加至 1.3%，奥氏体化区域厚度从 0.83mm 降低至 0.68mm，减小 20%；宽度从 7.3mm 减小至 6.3mm，截面积减小 30%以上。计算结果还显示，若考虑滑行区最高温度为 850℃，则 Si 含量从 0.2%增加至 1.3%可使奥氏体化区域截面积减小 45%。可见 Si 含量的增加，对抑制奥氏体形成和扩大有较好抑制作用。

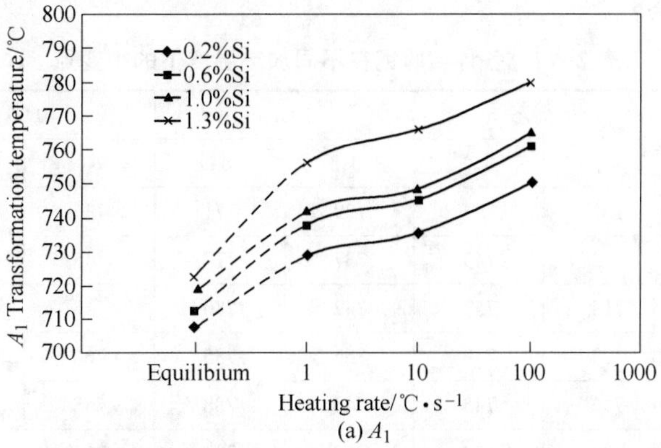

图 2-14　不同 Si 含量条件下相变点随加热温度的变化

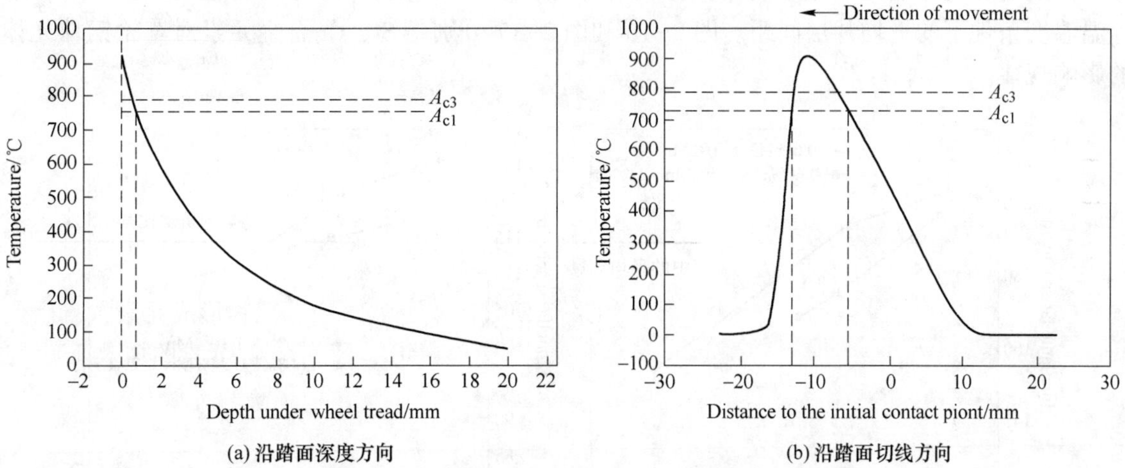

图 2-15　典型滑行条件下车轮踏面的温度分布

（图中 A_{c1} 和 A_{c3} 为 0.19%Si 含量的车轮钢升温速率为 100℃/s 时的相变点）

表 2-16　不同 Si 含量对车轮钢奥氏体化区域的影响（滑行的最高温度：922℃）

Si 含量/%	沿踏面深度方向/mm		沿踏面切线方向/mm	
	D_p	D_c	W_p	W_c
0.19	0.83	0.57	7.4	5.4
0.55	0.77	0.53	7.0	5.2
0.96	0.75	0.50	6.8	4.9
1.26	0.68	0.48	6.3	4.7

注：D_p，D_c 分别表示部分和完全奥氏体化区域的最大深度；W_p，W_c 分别表示部分和完全奥氏体化区域沿滑行方向的最大宽度。

实验还测量其他实验钢在不同加热温度下的相变点 A_1 和 A_3，结果见表 2-17，其中平衡态的相变点用于和各动力学条件下的相变点进行比较。除 Si 对相变点有明显影响外，Mn 和 Cr 元素在目前的变化范围内对车轮钢的相变点影响不大。

表 2-17 各种实验钢在不同加热温度下的相变点 (℃)

合金成分/%	平衡态		1℃/s		10℃/s		100℃/s	
	A_{e1}	A_{e3}	A_1	A_3	A_1	A_3	A_1	A_3
0. 19Si-1. 06Mn	707	737	729	771	736	787	750	803
0. 55Si-1. 07Mn	712	745	737	777	745	800	761	812
0. 96Mn-1. 08Mn	718	753	742	780	748	804	765	816
1. 26Si-1. 14Mn	723	759	756	785	766	811	780	822
0. 2Si-0. 74Mn-0. 19Cr	716	745	743	788	748	796	765	816
0. 59Si-0. 74Mn-0. 21Cr	722	752	750	784	754	801	772	822
0. 74Si-0. 96Mn-0. 21Cr	720	749	751	790	759	805	773	822
0. 16Si-0. 70Mn-0. 34Cr	718	746	738	781	752	803	765	817

注：C 含量均为 0. 60%左右。

2. 3. 8 片层间距的统计与分析

对于以珠光体相为主要组织的车轮钢，珠光体的片层间距也是影响力学性能的重要因素。本文研究了各种不同合金元素对珠光体片层间距的影响。对于车轮钢，从奥氏体向铁素体珠光体的转变温度区间以 650~600℃为主，因此首先研究了在 650℃和 600℃两个温度发生等温相变的珠光体片层间距的特征。实验在 Gleeble-1500D 热力模拟实验机上进行。实验钢种先升温至 860℃，保温 10min，然后以大于 30℃/s 的冷却速率冷却至 650℃和 600℃，分别保温 10min 和 3min，以保证实验钢发生完全的铁素体-珠光体相变。然后取样，在扫描电子显微镜下，随机抽取数十个 10k 倍数的视场进行观察，保证有 100 个以上的珠光体晶团的片层间距数据被统计记录。然后对统计的片层间距取代数平均，获得了在该等温温度条件下的平均片层间距。图 2-16 和图 2-17 分别是 Si、Cr 合金元素对车轮钢珠光体片层间距的影响规律。

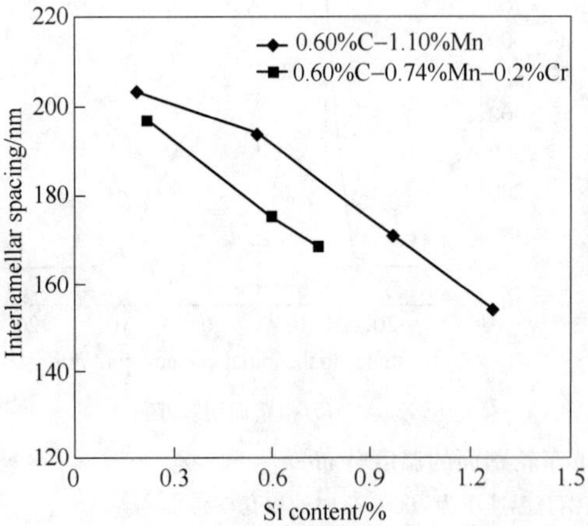

(a) 650℃

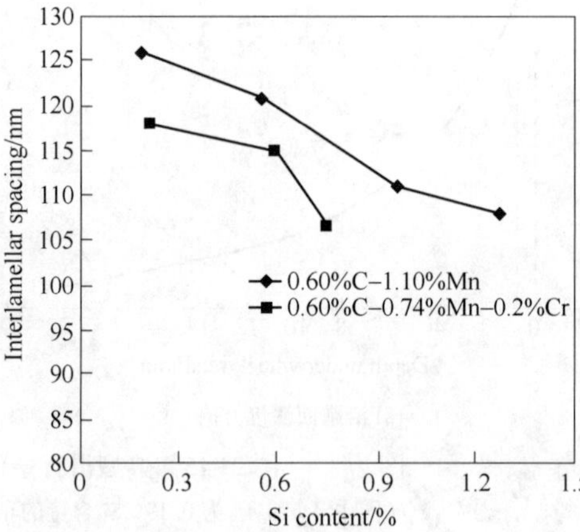

(b) 600℃

图 2-16 Si 元素对珠光体片层间距的影响

从测量结果可以看出，Si 含量的增加，促进了在同一等温相变的珠光体片层间距向细化的方向发展。随着 Si 含量从 0. 2%增加至 1. 3%，在 650℃的相变温度下，珠光体片层间距由 200nm 左右降低至 160nm 左右；而在 600℃的相变温度下，珠光体片层间距由 125nm 降低至 110nm 左右。Si 是非碳化物形成元素，当发生奥氏体向珠光体的转变时，首先需要进行 Si 元素的重新排列，形成渗碳体的区域必须把 Si 原子向铁素体区域排出。Si 元素在相变温度范围进行长程扩散是比较困难的，Si 元素的含量越高，渗碳体形成区域 Si 元素的重排越困难，渗碳体的厚度因此越小。

根据金属学原理，Cr 元素显著降低珠光体的长大速率而对形核率没有较大影响。因此，在不同的等温温度下，随着 Cr 含量的增加，珠光体的片层间距减小，如图 2-17 所示。根据本文的实验结果，Mn 含量的增加也明显减小珠光体的片层间距。

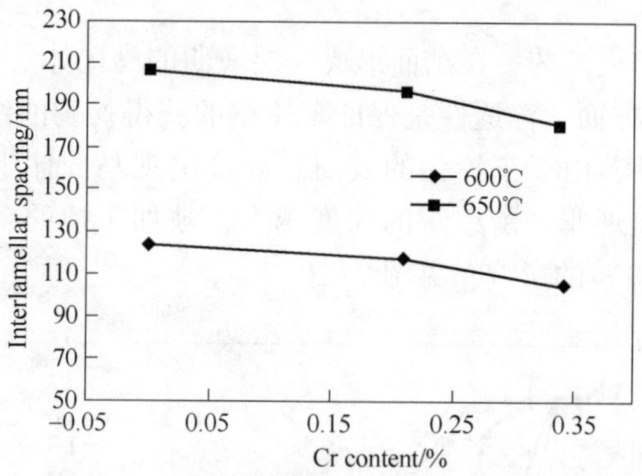

图 2-17 Cr 元素对珠光体片层间距的影响

进而，实验测量了不同 Si 含量下的实验钢在连续冷却条件的珠光体片层间距分布情况，如图 2-18 所示。取不同 Si 含量的空冷试样，在扫描电镜下观察珠光体，并在 10k 的统一放大倍数下随机统计珠光体片层间距，保证每个试样采集的样本数（珠光体晶团数量）大于 500 个。从实验结果可看出，随着 Si 含量的增加，粗大珠光体（这里暂定义为片层间距大于 400nm 的珠光体）的频度逐渐增大。尤其是当 Si 含量超过 1.0%以后，当 Si 含量从 0.2%分别增加至 0.6%、1.0%、1.3%时，片层间距大于 400nm 的珠光体出现的频度从 1.3%分别增加至 4.5%、5.1%、8.5%。四种 Si 含量的钢出现频度最大的片层间距均为 161~200nm，且 Si 含量越高，频度值越高。四种钢出现小于 120nm 片层间距的频度基本相同。

上述现象可和车轮钢的相变温度相联系。利用膨胀法测量了各种钢的降温相变点，如图 2-19 所示。随着 Si 含量的增加，A_{r3} 点逐渐升高，A_{r1} 基本保持不变。Si 含量从 0.2%升高至 1.3%时，A_{r3} 升高了约 20℃。过冷度或转变温度是影响珠光体片层间距的主要因素，转变温度越低，形成的珠光体越细，片层间距越小。因此，对于同一种钢，在较高温度发生珠光体相变的分数越大，得到的片层间距越大。由于高 Si 钢的 A_{r3} 温度较高，粗大珠光体出现的频度也比低 Si 钢大。

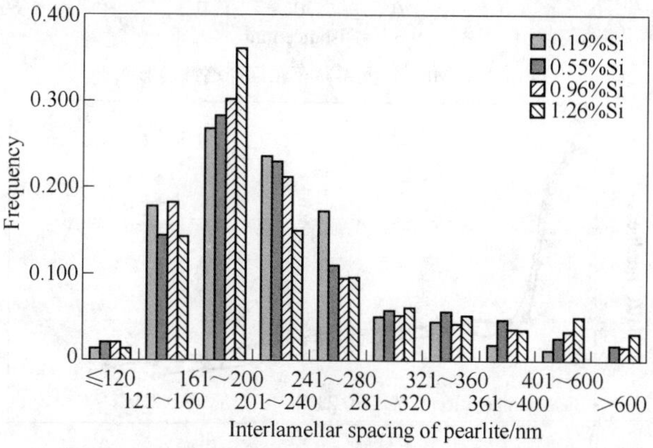

图 2-18 不同 Si 含量的车轮钢中不同的珠光体片层间距分布频度

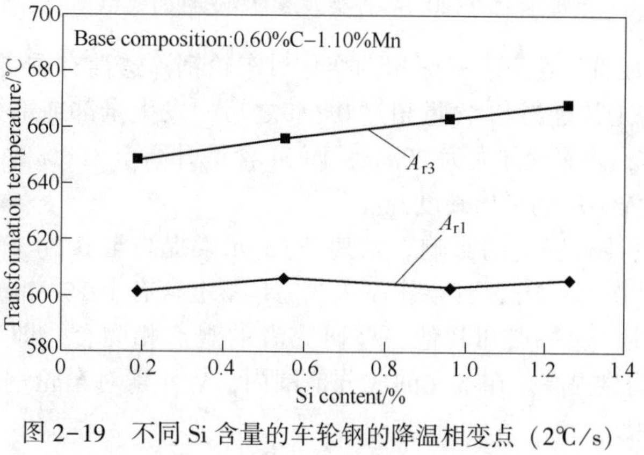

图 2-19 不同 Si 含量的车轮钢的降温相变点（2℃/s）

2.3.9　淬透性

车轮实际生产工艺为轮辋淬火工艺，在踏面形成一层薄薄的马氏体（淬透组织），由外向里形成逐渐过渡为珠光体+铁素体组织。一方面，淬透性是保证车轮钢的获得均匀的细珠光体组织的重要因素，车轮钢的淬透性不应太低。另一方面，由于车轮钢的表面不允许出现马氏体组织，这一层激冷的马氏体必须被加工掉。淬透性越高，踏面出现非平衡组织的深度越大，被加工掉的金属量越多。实验研究各种元素对车轮钢淬透性（顶端淬火实验）的影响，见图 2-20。

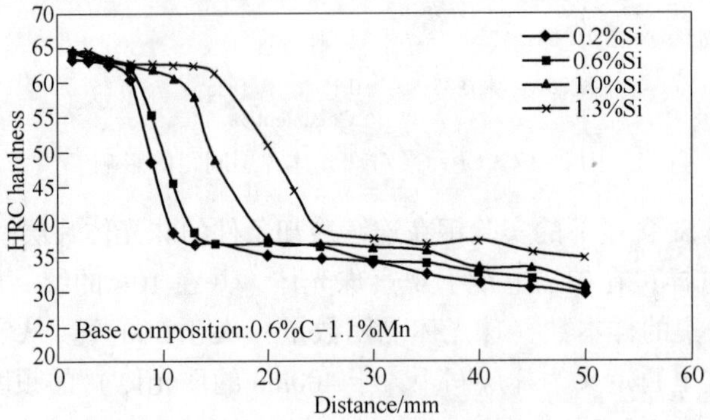

(a) 不同Si含量对车轮钢淬透性的影响

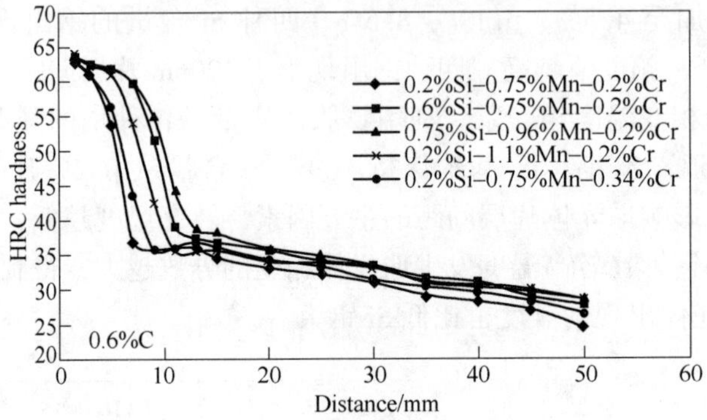

(b) Si、Mn、Cr元素对车轮钢淬透性的影响

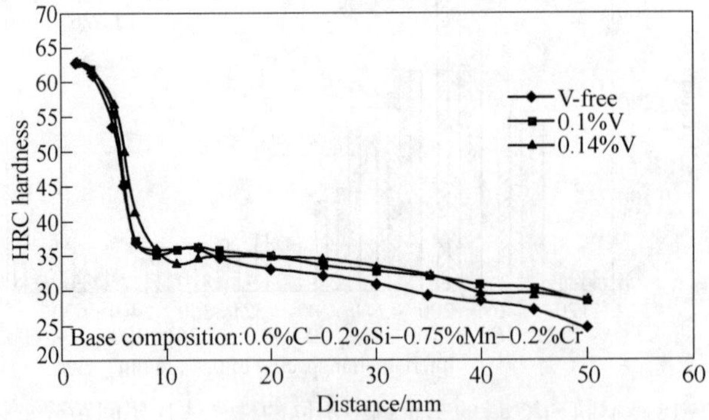

(c) V元素对车轮钢淬透性的影响

图 2-20　各种实验钢的淬透性曲线

在 0.6%C-1.1%Mn 的成分体系下，Si 元素的变化对车轮钢淬透性有重要影响。随着 Si 含量的增加，车轮钢的淬透性显著升高。尤其是当 Si 含量超过 0.6%之后，发生全部或部分马氏体相变的深度增加明显。当 Si 含量达到 1.0%时，该深度加大为 20mm，而 Si 含量升高至 1.3%时，淬透层的深度继续扩大为 25mm。而且，加 Si 后的未淬透层的平均硬度升高。

Cr 元素对车轮钢的淬透性有一定的影响。尤其是 Cr 元素提高至 0.34%后，淬透性增加，由于含有 0.34%Cr 的车轮钢中仅含量 0.75%Mn，其整体淬透性仍赶不上含有 1.1%Mn 的 1#钢。说明含有 1.1%Mn 的车轮钢具有较高的淬透性。这一点和其他一些研究者的观点相吻合，即当钢中的 Mn 含量一旦超过 1.0%左右，淬透性将发生明显提高。在本文的成分范围内，V 元素对车轮钢的淬透性不产生明显的提高作用，但改善平衡组织的硬度。

2.4 小结

经实验和回归分析，获得了车轮钢现有成分体系下的强度回归公式：

$$TS=633+1063\cdot(\%C-0.55)+140\cdot\%Si+151\cdot\%Mn+132\cdot\%Cr+294\cdot\%V$$

车轮钢的合金元素包括 C、Si、Mn、Cr、V 等。C 为车轮钢的主要强化元素，在室温下对抗拉强度的贡献约为 106MPa/0.1%C。在 500℃以下，C 仍然是保持高温强度的主要元素。而到 600℃，C 的强化作用由于渗碳体的球化和聚集长大而减弱。

Si 含量的增加在车轮钢中产生强烈的固溶强化作用，平均每增加 0.4%的 Si，车轮钢室温强度增加约 55MPa。纳米硬度实验表明，Si 的强化作用主要存在于钢中的铁素体中。但是，随着环境温度的提高，Si 对车轮钢的强度的贡献逐渐减弱，在 600℃的环境下，平均每增加 0.4%的 Si，车轮钢高温强度增加仅增加 10MPa 左右。实验结果还显示，Si 含量的提高对车轮钢的冲击韧性并不产生明显的损害，甚至可能有所改善。Si 的加入在现有冷却条件下并不改变车轮钢的基本显微组织。在等温相变条件下，Si 的加入可细化珠光体片层间距；采用连续冷却方式，过高的 Si 含量会增加发生粗大珠光体相变的机会。当 Si 含量超过 0.6%时，车轮钢的淬透性显著增加。

车轮钢中的 Mn 元素也具有较强的强化作用，平均每增加 0.1%的 Mn，抗拉强度增加 15MPa 左右。Mn 对车轮钢的高温强度也有一定的贡献，这可能和 Mn 元素进入渗碳体，形成更为稳定的合金渗碳体有关。Mn 降低钢的相变点，Mn 含量的增加可起到细化珠光体组织的作用。当钢中的 Mn 含量达到 1.0%~1.1%左右时，淬透性显著增加。

Cr 元素对车轮钢的室温拉伸强度也具有一定的作用。Cr 元素较为显著的作用是，提供了较高高温强化能力，这和 Cr 是中强碳化物形成元素，进入渗碳体中提高合金渗碳体的稳定性有一定关系。Cr 元素的添加在等温条件下细化珠光体片层。Cr 元素的添加提高淬透性，但在现有成分体系下提高的幅度并不大。

V 元素产生强烈的析出强化作用，对车轮钢的室温强度贡献较大。V 的加入还对车轮钢的显微组织产生一定的影响。在正火的热处理条件下，V 粒子的诱导相变作用使车轮钢的先共析铁素体增加并细化，组织更均匀。因此 V 在提高车轮钢强度的同时还提高钢的塑性和韧性。V 对车轮钢的抗高温软化能力没有较大帮助，实验结果显示，V 元素基本不进入渗碳体而是单独以 VC 或 V（CN）的析出物形式存在。V 在现有成分体系下并没有显著提高淬透性。

3 重载车轮高硅合金设计的实验室验证研究

3.1 高硅合金设计初步研究

根据上述合金成分研究的结果，在 C 含量在 0.60%~0.75%、Si 含量在 0.20%~0.80%的范围内设计了 4 种钢，重点研究了 C、Si 含量对车轮使用性能-耐磨性、抗损伤性能的影响，试验用钢的化学成分见表 3-1。

表 3-1 化学成分

（%）

编号	C	Si	Mn	P	S	Cr
1	0.62	0.76	0.70	0.023	0.019	0.19
2	0.63	0.27	0.75	0.017	0.010	0.17
3	0.69	0.23	0.77	0.016	0.020	0.19
4	0.73	0.25	0.79	0.017	0.094	0.19
5	0.73	0.71	0.80	0.013	0.009	0.19

试验用钢采用 25kg 真空感应炉冶炼，钢锭锻造后，按照常规工艺进行轧制和热处理，之后在实验室进行了常规力学性能、断裂韧性（CT30）、钢种转变特性参数等试验。

3.1.1 性能检验结果

性能检验结果见表 3-2，随着碳含量的增加，强硬度指标明显上升；在碳含量相当的前提下，高 Si 试验钢（1#、5#）的强硬度指标明显高于低 Si 试验钢（2#、4#）。

表 3-2　性能检验结果

编号	轮辋拉伸		辐板拉伸		断面硬度均值（HB）		轮辋 A_{KU5} 冲击均值/J		$K_{Q均}$
	R_m/MPa	Z/%	R_m/MPa	Z/%	踏面下 10mm	踏面下 40mm	常温	-20℃	/MPa · $m^{1/2}$
1	1072.4	39.2	879.8	36.19	311	298	24	15	63.2
2	1051.8	39.28	835.3	33.37	304	289	22	5.7	63.9
3	1091.9	37.65	858.9	27.41	320	311	18	5	50.5
4	1181.6	36.59	906.2	21.66	348	333	8	9	49.9
5	1240	27.5	880	27.0		339			

3.1.2　奥氏体晶粒度、金相组织检验结果

采用常规热处理工艺进行处理的 4 种试验钢轮辋心部组织均为断续网状 F+P（见图 3-1），采用 860℃×1h→盐水淬的热处理工艺进行了奥氏体晶粒度定性和定量评级检验，见表 3-3。

表 3-3　奥氏体晶粒度定性和定量评级

编号	奥氏体晶粒度（定性）	奥氏体晶粒度（定量）
1	8.5	10.69
2	8.5~8.0	8.96
3	8.0~8.5	9.25
4	8.5~9.0	9.30

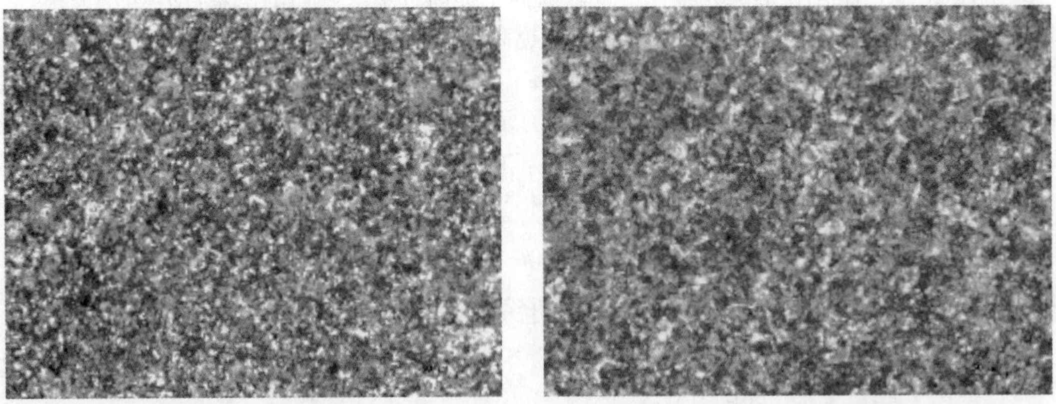

(a) 1#试验钢显微组织(100 ×)　　(b) 2#试验钢显微组织(100 ×)

图 3-1　试验钢显微组织

上述结果表明，Si 含量的增加未对车轮钢组织状态和奥氏体晶粒的长大产生不利影响。

3.1.3　钢种转变特性参数试验

对不同加热速率条件下试验钢的转变特性进行了研究，采用 Gleeble-1500 热模拟试验机测定了不同加热速率下各试验钢种的奥氏体转变开始温度、奥氏体转变结束温度（A_{c1}、A_{c3}），试验结果见表 3-4，图 3-2 为不同加热速率下奥氏体转变开始温度变化情况。结果表明，在不同加热速率下，1#中碳高硅试验钢 A_{c1} 和 A_{c3} 点温度明显高于其他 3 种材质。

表 3-4　不同加热速率下的钢种转变特性

编号	加热速率 100℃/s		加热速率 10℃/s		加热速率 0.04℃/s	
	A_{c1}	A_{c3}	A_{c1}	A_{c3}	A_{c1}	A_{c3}
1	765	818	762	802	738	801
2	752	803	749	797	728	792
3	741	802	743	792	724	789
4	748	810	734	778	720	780

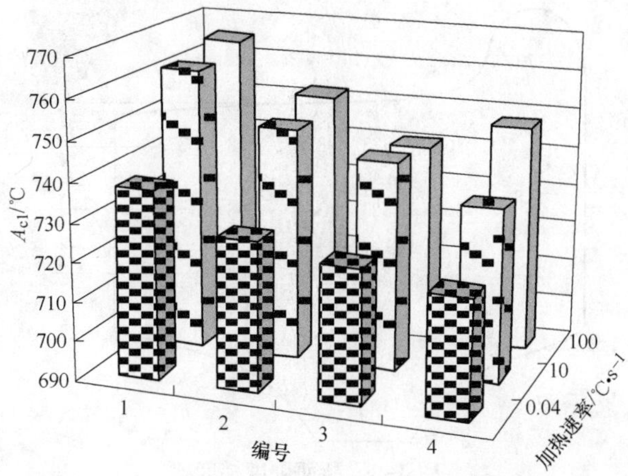

图 3-2 不同加热速率下的奥氏体开始形成温度（A_{c1}）

3.1.4 小结

高硅合金设计的实验室试验验证研究结果表明：

（1）高硅含量能够有效提高钢的A_{c1}、A_{c3}点的温度，这意味着材质奥氏体化的温度会升高，因此会使车轮因制动热而发生相变的几率减小；在不同的加热速率下，试验钢的A_{c1}和A_{c3}点温度明显高于其他材质，这意味着在车轮受到较大热输入的情况下，试验钢奥氏体化的温度会升高，从而会使车轮重新发生奥氏体相变的几率减小，这两点表明，由于Si的影响，能够有效缓解车轮热致剥离、防止热裂纹等热损伤缺陷的产生。

（2）高硅试验钢的强硬度性能指标明显优于同级别的低硅试验钢，这同硅的固溶强化作用有关，因为Si在钢中不形成碳化物，而是以固溶体的形态存在于铁素体或奥氏体中，因此能够提高硬度和强度，这一点对于提高重载车轮钢的抗磨耗性能也是极为有利的。

（3）根据上述结果，参考AAR车轮试制经验，确定重载车轮钢成分设计方案见表3-5。

表 3-5 重载车轮成分设计初步方案 （%）

类别	C	Si	Mn	P	S	Cr	[H]/ppm
CL65	0.60~0.65	0.60~0.80	0.70~0.85	≤0.025	0.008~0.015	0.16~0.23	≤2.0
CL70	0.70~0.75	0.60~0.80	0.70~0.85	≤0.025	0.008~0.015	0.16~0.23	≤2.0

3.2 复合微合金化成分设计验证试验研究

Cr、Mo、V元素能够有效提高淬透性，改善车轮的强硬度指标，提高车轮的耐磨性能，为此，在前期成分设计的基础上，开展了一轮复合微合金化成分设计验证试验研究工作。

3.2.1 澳大利亚重载车轮解剖结果

曾对澳大利亚40t轴重重载车轮的轮辋硬度试样进行了化学成分、断面硬度检验分析，结果见表3-6和图3-3。横断面金相组织检验结果表明，由表及里组织依次为索氏体+贝氏体（约2.0mm）；贝氏体+珠光体（约2.0mm）；珠光体+贝氏体（约1.8mm）；珠光体+断续网状铁素体，异常组织区深度约为5.8mm。

表 3-6 澳大利亚车轮成品成分检验结果 （%）

成分	C	Si	Mn	P	S	Cr	Mo	V	Ni	Cu
澳大利亚	0.72	0.78	0.76	0.010	0.044	0.14	0.034	0.079	0.094	0.16

从上述检验结果判断，澳大利亚重载车轮钢中，残余合金元素Cr、Mo、Ni的含量偏高，并明显采用了V微合金化，这是澳大利亚车轮断面硬度指标较高的主要原因之一。

3.2.2 试验思路

参照澳大利亚车轮解剖结果，一方面按照高Si+Cr；高Si+Cr+Mo+V；高Si+Cr+Mo+V+Ni+Cu合金设计思路进行成分调整验证试验，见表3-7，另一方面为验证不同淬火加热温度下合金元素对性能、组织的

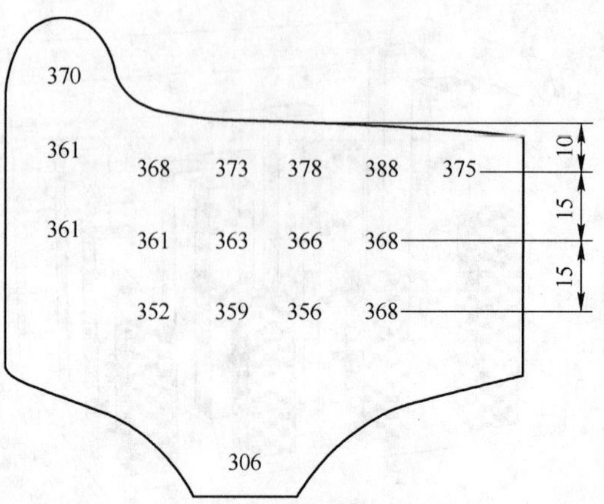

图 3-3　断面硬度梯度

影响，设计了两种淬火加热温度进行了现场热处理试验。试验工艺路线为：中频炉→电渣重熔炉→切锭→轧制→热处理。

表 3-7　中试成分调整设计方案　（%）

合金化	C	Si	Mn	Cr	Mo	V	Ni	Cu
Si+Cr	0.70～0.75	0.60～0.80	0.70～0.85	0.16～0.23	—	—		
Si+Cr+Mo+V	0.70～0.75	0.60～0.80	0.70～0.85	0.16～0.23	0.03～0.05	0.06～0.09		
Si+Cr+Mo+V+Ni+Cu	0.70～0.75	0.60～0.80	0.70～0.85	0.16～0.23	0.03～0.05	0.06～0.09	0.08～0.12	0.15～0.18

3.2.3　试验结果

按照 ϕ840mm 规格轧制了 6 件车轮，性能检验结果及金相检验结果见表 3-8。合金元素的加入、提高淬火加热温度虽然对强硬度产生了一定的影响，但效果不显著。同时，合金元素的加入使踏面下异常组织区的深度明显增加，相比于加 Cr 钢的 9-11.7mm 又增加了 3mm 以上，最大达到近 8mm（最大达到 16.9mm）。

表 3-8　性能检验结果

试验轮	加热温度/℃	淬火工艺	轮辋			踏面下 30mm 断硬（HB）	侧硬（HB）	异常区深度/mm
			R_m/MPa	A/%	Z/%			
1	840～860	上喷 50S+中喷 450S（水压 0.24MPa）	1272	12	32	356/357/352	354	9.0
2	900～920		1298	12	29.5	349/355/356	357	11.7
3	840～860		1282	11.5	27	365/352/356	360	16.9
4	900～920		1292	10	19.5	367/359/362	369	15.7
5	900～920		1319	10	24	375/373/376	387	16.5

可见，Cr、Mo、V 元素为强淬透性元素，虽然有益于提高强硬度指标，但是会明显增加踏面下异常组织区的深度，且会显著增加生产成本，实际生产不宜采用。

3.3　去 Cr 提 Si 微合金化工艺研究

从上述研究结果看，Si 含量的提高能有效改善车轮钢的强硬度水平，提高车轮抗热损伤性能，而 Cr 元素对于车轮踏面表面异常组织区的形成会起到促进作用。因此，进行了一轮提高 Si 含量、取消 Cr 微合金化成分优化试验。成分设计方案见表 3-9。

表 3-9　试验钢化学成分优化设计方案　（%）

牌号	C	Si	Mn	P	S	Cr
CL70	0.70～0.75	0.60～0.80	0.70～0.85	≤0.025	0.008～0.015	0.16～0.23
改良 CL70	0.70～0.75	0.80～0.95	0.78～0.85	≤0.025	0.006～0.020	—

按常规工艺进行了轧制和热处理后，性能检验结果见表 3-10。

表 3-10 性能检验结果

	试验编号	踏面下 35mm 处断裂硬度(HB)	离踏面 30mm 侧面硬度(HB)	轮辋 R_m/MPa
07-1-8045（C：0.75%、Si：0.91%）ϕ840mm	1	339~343	355	1261
	2	334~348	341	1250
	3	334~333	348	1243

为了验证 Si 元素替代 Cr 元素对改善车轮钢的强硬指标的作用，将近年生产的 AAR-C 级车轮钢中 C 含量在 0.74%~0.75%之间的炉次进行了统计，共 25 炉，结果见表 3-11。

表 3-11 AAR-C 级车轮性能统计情况

C	Si			轮辋 R_m/MPa			踏面下 30mm 断裂硬度(HB)		
0.74~0.75	Max	Min	Ave	Max	Min	Ave	Max	Min	Ave
	0.33	0.21	0.24	1230	1170	1197	350	322	341

可见，在 C 含量基本处于同一水平的前提下，无 Cr 高 Si 试验钢的强硬度性能明显高于含 Cr 车轮钢，可见，Si 能够完全替代 Cr 在钢中的强化作用。据此，对 CL65、CL70 重载车轮钢的成分按表 3-12 进行了最终优化设计。

表 3-12 重载车轮钢成分最终设计优化方案 (%)

钢种	C	Si	Mn	P	S	[H] /ppm
CL65	0.60~0.65	0.80~0.95	0.78~0.85	≤0.025	0.006~0.020	≤2.0
CL70	0.70~0.75	0.80~0.95	0.78~0.85	≤0.025	0.006~0.020	≤2.0

4 重载车轮钢冶炼工艺研究

4.1 常规工艺条件下车轮钢氢含量变化规律现场实验研究

近年来，随着钢包精炼、真空除气（VD）、真空冶炼（RH）和连铸的广泛应用，被认为已解决的白点问题又开始困扰一些钢铁企业，如车轮钢和轴承钢。

马钢在 20 世纪 90 年代中期前，车轮钢冶炼工艺为平炉-模铸，钢中 H 含量高达 6ppm 以上，但从未发生过白点。采用先进冶金工艺装备后车轮白点频繁出现的现象直接说明，洁净度的显著提高、杂质元素含量的显著下降使得车轮钢的白点敏感性显著提高，在此条件下，控制车轮钢的氢含量就尤为重要。

马钢车轮钢的现冶炼工艺路线为：90t 顶底复吹转炉→钢包吹氩处理→LF 精炼→VD 真空处理→喂线→（ϕ380mm、ϕ450mm）圆坯连铸。

根据钢中白点的形成机理，钢中过饱和氢是产生白点的充分必要条件。因此，要抑制车轮白点，降低白点敏感性，最关键的是要降低连铸坯中的实际氢含量，要做到这一点，首先必须弄清楚冶炼-连铸过程中的氢含量变化规律。

为此，通过采用离线测定氢含量的方法研究了车轮钢精炼-连铸中氢含量的变化规律及其影响因素，据此提出了重载车轮钢冶炼过程中氢含量控制的工艺措施。

4.1.1 实验方法

实验用钢钢种为 CL60（H），化学成分要求见表 4-1。

表 4-1 CL60（H）车轮钢化学成分控制范围 (%)

钢种	C	Si	Mn	P	S	Cr
CL60（H）	0.58~0.63	0.20~0.37	0.67~0.80	≤0.035	0.008~0.025	0.16~0.23

4.1.2　取样方法

4.1.2.1　大包、中包取样方法

采用上海贺力氏产专用钢包取样器从钢液中直接取样，钢包取样器由保护套管和真空石英吸管组成，吸管直径 ϕ6mm，壁厚 1.5mm。取样器插入钢液面下约 500mm 处，保持 3~5s。

4.1.2.2　结晶器取样方法

采用贺力氏产专用真空针孔取样器直接插入结晶器钢液中进行取样，取样器为石英材质，直径 ϕ6mm，壁厚 1.5mm。使用夹持器夹住取样器一端，将另一端直接插入结晶器保护渣下约 20mm 处，保持 1~3s。

4.1.2.3　固态氢试样取样方法

固态氢试样的取样分为两步：

第一步：采用大圆盘冷锯截取厚 40~50mm 的圆坯坯料，需时约 20min。

第二步：采用装备了特制的硬质合金空心钻头的 MAB800 型磁座钻制取固态样品，装备如图 4-1 所示，样品制取过程中采用水冷却。该装备可在厚度为 40~50mm 的铸坯上一次性制取取固体氢样品，每个试样的取样时间不超过 2min，样品表面光洁度较好，取样过程中样品不发热。

固态氢取样位置：

在上压矫面以下 50、100mm 处取 2 点，标注为：Y50、Y100；

相隔 90°，在表面以下 50、100mm 处取 2 点，标注为：Z50、Z100。

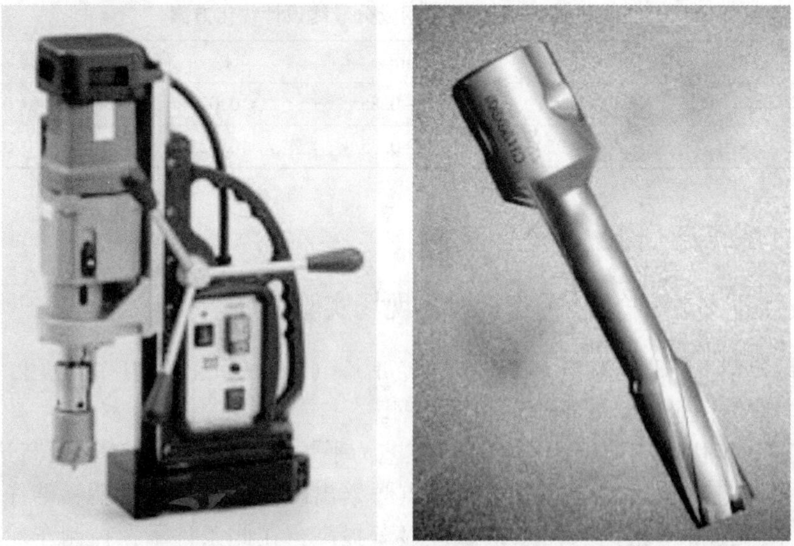

(a)　　(b)

图 4-1　磁座钻（a）和空心装头（b）

4.1.2.4　试样保存

将取得的红钢试样在 2~3s 内迅速放入冷水中进行快速冷却，立即取出，除去吸管后将试样在 3~5s 内迅速放入干冰桶内进行低温保存。

4.1.2.5　实验数量及取样点

为满足统计分析的要求，精炼-连铸过程实验炉数共 59 炉，且实验炉次均为连浇第 2 炉以后的炉次。

取样点为真空前、真空后、喂线后、连铸中期中包（约开浇 30min 左右）、连铸中期结晶器（约开浇 35min 左右）。

选取一定数量炉次，确定铸坯上与结晶器测定点对应的位置，制取 40~50mm 厚圆坯坯料，采用磁座钻制取固体氢试样。

4.1.2.6　氢含量测试方法

本实验研究采用离线定氢方式，即参照 EN13262 的要求，对在不同取样位置获得的样品用美国 LECO 公司制造的 RH-404 型定氢仪采用热萃取法进行氢含量的测定。每批试样分析前用标样对定氢仪进行标定。

4.1.3 实验结果

4.1.3.1 精炼过程 VD 前、VD 后、喂线后氢含量的现场测试结果

采用钢包专用取样器在精炼过程中的 VD 前、VD 后和喂线后对大包进行了取样测试，氢含量的测试结果见表 4-2。

表 4-2 VD 前、VD 后、喂线后氢含量测试结果 (ppm)

No.	$[H]_{VD前}$	$[H]_{VD后}$	$[H]_{喂线后}$	$\Delta[H]_{VD前-VD后}$	VD 脱氢率	$\Delta[H]_{喂线后-VD后}$
1	—	2. 1	—	—	—	—
2	8. 29	2. 24	3. 31	6. 05	73%	1. 07
3	7. 76	2. 58	3. 91	5. 18	67%	1. 33
4	9. 94	2. 58	3. 46	7. 36	74%	0. 88
5	—	—	—	—	—	—
6	8. 29	2. 87	3. 82	5. 42	65%	0. 95
7	—	2. 37	3. 74	—	—	1. 37
8	—	3. 33	3. 93	—	—	0. 6
9	5. 52	1. 6	2. 23	3. 92	71%	0. 63
10	8. 13	3. 59	5. 78	4. 54	56%	2. 19
11	6. 56	1. 29	1. 93	5. 27	80%	0. 64
12	6. 56	2. 85	—	3. 71	57%	—
13	5. 75	2. 06	3. 03	3. 69	64%	0. 97
14	—	3. 74	4. 66	—	—	0. 92
15	—	2. 46	—	—	—	—
16	5. 41	1. 37	1. 98	4. 04	75%	0. 61
17	4. 68	1. 14	1. 91	3. 54	76%	0. 77
18	7. 13	1. 21	2. 68	5. 92	83%	1. 47
19	7. 06	3. 41	3. 84	3. 65	52%	0. 43
20	4. 97	2. 25	—	2. 72	55%	—
21	—	—	3. 04	—	—	—
22	7. 55	3. 23	3. 82	4. 32	57%	0. 59
23	3. 4	1. 97	2. 37	1. 43	42%	0. 4
24	6. 83	2. 6	2. 78	4. 23	62%	0. 18
25	6. 31	2. 06	3. 29	4. 25	67%	1. 23
26	7. 03	1. 76	3. 77	5. 27	75%	2. 01
27	—	3. 78	—	—	—	—
28	—	1. 81	2. 06	—	—	0. 25
29	3. 28	2. 65	—	0. 63	19%	—
30	4. 85	1. 56	—	3. 29	68%	—
31	4. 19	—	2. 85	—	—	—
32	3. 93	1. 65	1. 77	2. 28	58%	0. 12
33	5. 75	2. 2	3. 6	3. 55	62%	1. 4
34	—	1. 33	4. 04	—	—	2. 71
35	6. 04	2. 4	3. 4	3. 64	60%	1

续表 4-2

No.	$[H]_{VD前}$	$[H]_{VD后}$	$[H]_{喂线后}$	$\Delta[H]_{VD前-VD后}$	VD 脱氢率	$\Delta[H]_{喂线后-VD后}$
36	—	—	—	—	—	—
37	—	3.43	4.45	—	—	1.02
38	8.83	5.02	6	3.81	43%	0.98
39	—	—	4.43	—	—	—
40	7.77	3.51	4.3	4.26	55%	0.79
41	9.74	4	—	5.74	59%	—
42	—	2.62	4.48	—	—	1.86
43	—	—	—	—	—	—
44	—	—	3.47	—	—	—
45	5.97	2.88	—	3.09	52%	—
46	—	2.93	4.1	—	—	1.17
47	7.99	2.53	3.72	5.46	68%	1.19
48	—	3.55	—	—	—	—
49	9.69	2.83	4.11	6.86	71%	1.28
50	6.29	—	1.98	—	—	1.98
51	8.73	2.74	—	5.99	69%	—
52	7.53	2.64	—	4.89	65%	—
53	6.21	3.24	4.15	2.97	48%	0.91
54	—	1.96	—	—	—	—
55	—	4.14	—	—	—	—
56	7.55	3.81	4.36	3.74	50%	0.55
57	—	—	—	—	—	—
58	10.00	3.52	4.04	6.48	65%	0.52
59	7.76	2.90	—	4.86	63%	—
Min	3.28	1.14	1.77	0.63	19%	0.12
Max	10	5.02	6	7.36	83%	2.71
Ave	6.82	2.65	3.51	4.33	62%	1.07

注：$[H]_{VD前}$—真空前氢含量；

$[H]_{VD后}$—真空后氢含量；

$[H]_{喂线后}$—喂线后氢含量；

$\Delta[H]_{VD前-VD后}$—VD 脱氢量，即真空前氢含量相对于真空后氢含量的增量，$\Delta[H]_{VD前-VD后}=[H]_{VD前}-[H]_{VD后}$；

VD 脱氢率 $=\Delta[H]_{VD前-VD后}/[H]_{VD前}$；

$\Delta[H]_{喂线后-VD后}$—喂线过程氢变化量，即喂线后氢含量相对于真空处理后氢含量的增量，$\Delta[H]_{喂线后-VD后}=[H]_{喂线后}-[H]_{VD后}$。

4.1.3.2 连铸中期中包、结晶器氢含量的现场测试结果

在连铸中期采用钢包专用取样器对连铸中包进行了取样测试，采用真空针孔取样器对结晶器钢液进行了取样测试，氢含量的测试结果见表 4-3。

表 4-3 连铸中包、结晶器氢含量测试结果 (ppm)

No.	$[H]_{喂线后}$	$[H]_{中包}$	$[H]_{结晶器}$	$\Delta[H]_{中包-喂线后}$	$\Delta[H]_{结晶器-中包}$	$\Delta[H]_{结晶器-喂线后}$
1	—	5.22	3.82	—	—	—
2	3.31	4.18	3.93	0.87	-0.25	0.62
3	3.91	4.77	4.21	0.86	-0.56	0.30

续表 4-3

No.	$[H]_{喂线后}$	$[H]_{中包}$	$[H]_{结晶器}$	$\Delta[H]_{中包-喂线后}$	$\Delta[H]_{结晶器-中包}$	$\Delta[H]_{结晶器-喂线后}$
4	3.46	5.23	4.01	1.77	-1.22	0.55
5	—	4.96	6.75	—	1.79	—
6	3.82	5.75	5.10	1.93	-0.65	1.28
7	3.74	4.16	3.74	0.42	-0.42	0.00
8	3.93	4.91	3.49	0.98	-1.42	-0.44
9	2.23	4.67	5.58	2.44	0.91	3.35
10	5.78	5.87	5.99	0.09	0.12	0.21
11	1.93	4.44	4.70	2.51	0.26	2.77
12	—	5.30	4.23	—	-1.07	—
13	3.03	4.96	4.13	1.93	-0.83	1.10
14	4.66	4.75	4.61	0.09	-0.14	-0.05
15	—	5.60	4.81	—	-0.79	—
16	1.98	3.28	4.68	1.30	1.40	2.70
17	1.91	4.64	5.21	2.73	0.58	3.30
18	2.68	4.04	3.55	1.36	-0.50	0.87
19	3.84	4.81	5.81	0.97	1.00	1.97
20	—	3.67	5.03	—	1.36	—
21	3.04	5.27	4.60	2.23	-0.67	1.56
22	3.82	5.13	4.24	1.31	-0.89	0.42
23	2.37	4.44	5.02	2.07	0.58	2.65
24	2.78	4.20	4.26	1.42	0.06	1.48
25	3.29	4.96	4.69	1.67	-0.28	1.40
26	3.77	5.61	4.99	1.84	-0.62	1.22
27	—	4.54	3.50	—	-1.04	—
28	2.06	4.96	4.46	2.90	-0.51	2.40
29	—	3.85	4.88	—	1.03	—
30	—	6.33	3.64	—	-2.69	—
31	2.85	4.42	3.93	1.57	-0.49	1.08
32	1.77	4.39	4.33	2.62	-0.06	2.56
33	3.6	4.95	4.89	1.35	-0.06	1.29
34	4.04	4.54	4.18	0.50	-0.36	0.14
35	3.4	4.32	3.49	0.92	-0.83	0.09
36	—	—	3.93	—	—	—
37	4.45	6.58	4.62	2.13	-1.96	0.17
38	6	6.26	6.00	0.26	-0.26	0.00
39	4.43	4.71	3.23	0.28	-1.48	-1.20
40	4.3	—	4.49	—	—	0.19
Min	1.77①	3.28	3.23	0.09	-2.69	-1.2
Max	6①	6.58	6.75	2.9	1.79	3.35
Ave	3.51①	4.86	4.52	1.44	-0.30	1.10

注：取自表 35 的统计结果；

$[H]_{中包}$-连铸中包氢含量；

$[H]_{结晶器}$-结晶器氢含量；

$\Delta[H]_{中包-喂线后}$-连铸中包过程氢变化量，即连铸中包氢含量相对于喂线后氢含量的增量，$\Delta[H]_{中包-喂线后}=[H]_{中包}-[H]_{喂线后}$；

$\Delta[H]_{结晶器-中包}$-结晶器过程氢变化量，即结晶器氢含量相对于连铸中包氢含量的增量，$\Delta[H]_{结晶器-中包}=[H]_{结晶器}-[H]_{中包}$；

$\Delta[H]_{结晶器-喂线后}$-连铸过程氢变化总量，即结晶器氢含量相对于喂线后氢含量的增量，$\Delta[H]_{结晶器-喂线后}=[H]_{结晶器}-[H]_{喂线后}$。

4.1.3.3 铸坯固态样品氢含量测试结果

铸坯固态样品氢含量测试结果见表4-4。

表4-4 铸坯固态样品氢含量测试结果 (ppm)

No.	$[H]_{真空后}$	$[H]_{中包}$	$[H]_{结晶器}$	取样坯号	铸坯氢含量测定结果			
					Y50	Y100	Z50	Z100
2	2.24	5.22	3.93	103	—	4.11	—	—
				104	—	3.03	—	—
3	2.58	4.77	4.21	103	—	3.84	—	—
7	2.37	4.16	3.74	103	3.95	4.32	4.37	4.42
				105	2.4	2.49	2.57	2.26
20	2.25	3.67	5.03	103	4.49	3.75	4.19	3.98

4.1.3.4 精炼—连铸过程氢含量总体波动范围

将各取样位置制取的氢试样定氢结果的最大值、最小值、平均值，以从宏观上了解各工序点的氢含量范围，结果见图4-2。

根据表4-2和表4-3的实验数据，对精炼-连铸过程中各取样位置的氢含量、$\Delta[H]_{喂线后-VD后}$、$\Delta[H]_{中包-喂线后}$、$\Delta[H]_{结晶器-中包}$的波动范围进行了统计，见表4-5。

表4-5 精炼-连铸过程氢含量变化统计结果 (ppm)

项目	$[H]_{真空前}$	$[H]_{真空后}$	$[H]_{喂线后}$	$[H]_{中包}$	$[H]_{结晶器}$	$\Delta[H]_{喂线后-真空后}$	$\Delta[H]_{中包-喂线后}$	$\Delta[H]_{结晶器-中包}$
Min	3.28	1.14	1.77	3.28	3.23	0.12	0.09	-2.69
Max	10	5.02	6	6.58	6.75	2.71	2.90	1.79
Ave	6.82	2.65	3.51	4.86	4.52	1.07	1.44	-0.30
样本数	38	50	40	38	40	35	30	37
95%置信	±0.56	±0.24	±0.31	±0.23	±0.24	±0.19	±0.29	±0.30
氢含量波动	6.26~7.38	2.41~2.89	3.20~3.82	4.63~5.09	4.28~4.76	0.88~1.26	1.15~1.73	-0.60~0.00

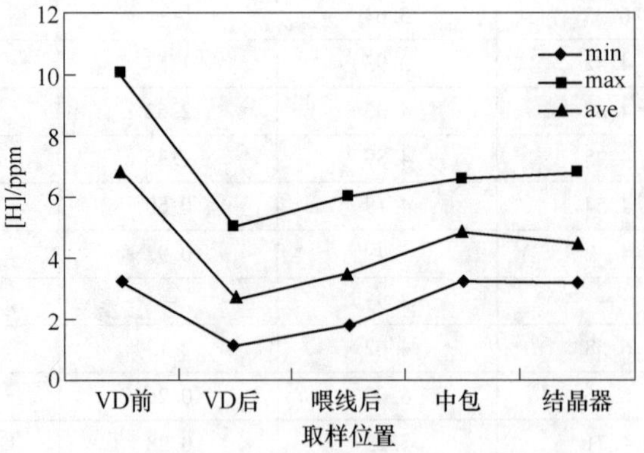

图4-2 精炼—连铸过程氢含量总体波动范围

表4-5和图4-2表明，在精炼-连铸过程中，车轮钢中氢含量具有较明显变化规律：真空处理具有明显脱氢效果；VD处理后钢水中明显增氢；与中包比，结晶器中氢含量略有降低。

4.1.4 讨论

4.1.4.1 实验结果可靠性分析

从本次实验情况看，有些氢含量测试结果波动较大，会对某些过程分析结果产生影响。这种偏差一方面来源于试样制备过程，如取样器在钢液中的相对位置、冷却过程中水分的吸收、低温保存时的氢析出、试样表面质量等；另一方面来源于生产过程工艺条件变化，如各工序钢水温度等；还有就是来源于试样内部差异，如夹杂物（氢陷阱）在试样内的分布等。

为进一步验证现场实验取得的氢行为变化规律的可靠性，在本次实验过程中同时对相同测试点的 N 含量进行了离线测试分析，分析结果见表 4-6，各工序点氮含量波动范围见图 4-3。从图 4-3 可见，精炼-连铸过程中氮含量变化规律同氢含量的变化规律基本一致：真空处理具有明显的脱氮效果；VD 真空处理后，钢水中有增氮现象。

表 4-6 喂线—连铸过程氮含量变化统计结果 (ppm)

项目	$[N]_{真空前}$	$[N]_{真空后}$	$[N]_{喂线后}$	$[N]_{中包}$	$[N]_{结晶器}$
Min	44.8	30.9	31.3	48.0	33.3
Max	110.6	87.3	89.0	104.7	129.8
Ave	67.7	44.8	47.5	66.2	70.4
样本数	33	50	50	39	40

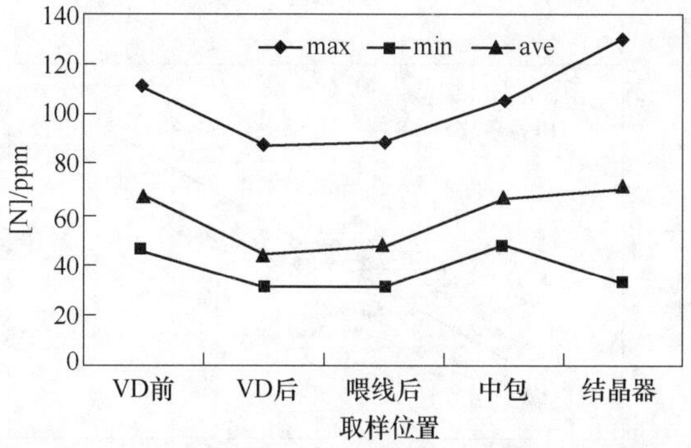

图 4-3 精炼—连铸过程氮含量总体波动范围

一般来说，VD 以后的钢水吸氮是普遍存在的，这主要是钢水与空气接触所致，而伴随着钢水的吸氮过程，必然也会发生吸氢反应，因此，精炼-连铸过程氮含量变化同氢含量的变化规律基本一致的结果表明，此次现场实验得出的氢行为规律应具有较高的可信度。

4.1.4.2 真空处理过程氢含量变化

本次实验中在真空工序钢水的处理条件（真空度、真空保持时间、吹氩强度）基本稳定，当真空度达到一定要求后，真空保持时间平均为 14min。

对真空过程氢含量的实验结果进行统计表明，真空脱氢效果明显，真空脱氢率（=真空脱氢量/VD 前氢含量）最大 83%，最小 19%，平均为 62%左右，主要分布在 50%~80%之间，对真空脱氢量与真空前氢含量之间的关系进行了回归分析统计，见图 4-4。可见，相关系数 $r=0.87>0.8$，表明真空脱氢量与 VD 前氢含量之间线性相关关系高度显著，VD 前氢含量越高，真空脱氢量越大。

由上述统计分析可见，真空处理过程是降低车轮钢氢含量必不可少的环节，具有显著的脱氢效果；真空脱氢量受 VD 前氢含量影响明显，也就是说，在目前真空处理工艺条件下，LF 工序的工艺变化不会对 VD 后的钢水氢含量产生较大的影响。

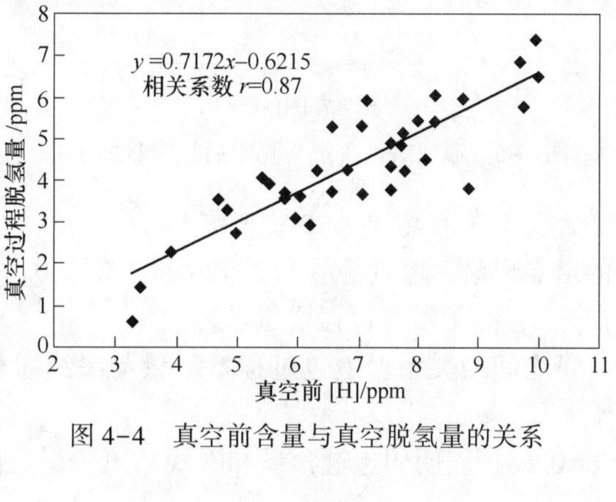

图 4-4 真空前含量与真空脱氢量的关系

4.1.4.3　喂线过程氢含量变化及增氢的主要来源

真空后的喂线过程存在明显增氢现象。喂线过程增氢量最大 2.71ppm，最小 0.12ppm，平均为 1.07ppm，喂线过程增氢量的主要波动范围为 0.88~1.26ppm。

喂线后氢含量与真空后氢含量之间关系的回归分析统计结果见图 4-5。相关系数 $r=0.83>0.8$，表明喂线后氢含量与真空后氢含量之间线性相关关系高度显著，喂线后氢含量随真空后氢含量的升高而明显增大，两者之间的关系可用一元线性回归方程来表示，见式（1）：

$$y=0.9395x+1.155 \tag{1}$$

式中，x 为 $[H]_{真空后}$，ppm；y 为 $[H]_{喂线后}$，ppm。

可推断，喂线过程增氢量 $\Delta[H]_{喂线后-真空后}$ 为：

$$\Delta[H]_{喂线后-真空后}=-0.0605x+1.155 \tag{2}$$

由关系式（2）可说明，真空后氢含量对喂线过程的氢含量变化相对影响不显著，喂线过程增氢量基本稳定在 1.1ppm 左右。

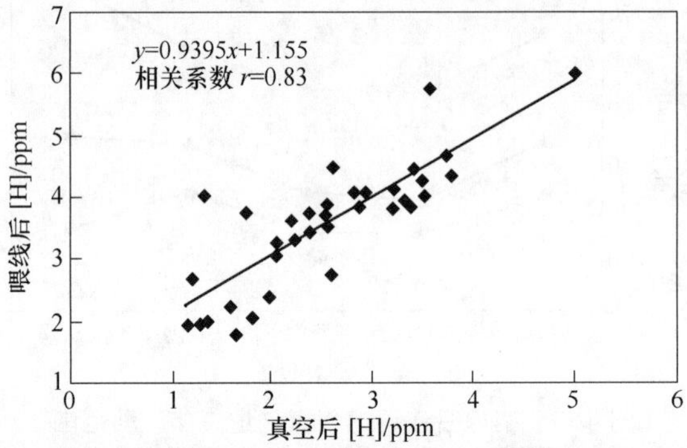

图 4-5　喂线后氢含量与真空后氢含量的关系

为明确喂线过程增氢来源，对离线测定的真空后和喂线后的氮含量两者之间的关系进行了回归分析统计，结果见图 4-6。可见，喂线过程氮含量变化规律同氢含量基本一致，喂线过程增氮量基本稳定在 3.8ppm 左右。

喂线过程氮含量和氢含量变化规律基本一致，增量相当稳定这一现象表明喂线过程增氢主要是因为喂线过程大流量吹氩造成钢液面大面积裸露，高温钢水同大气以及大气中的水分接触发生吸氮、吸氢反应，由于喂线操作时间基本稳定，导致增氢量、增氮量也相当稳定。

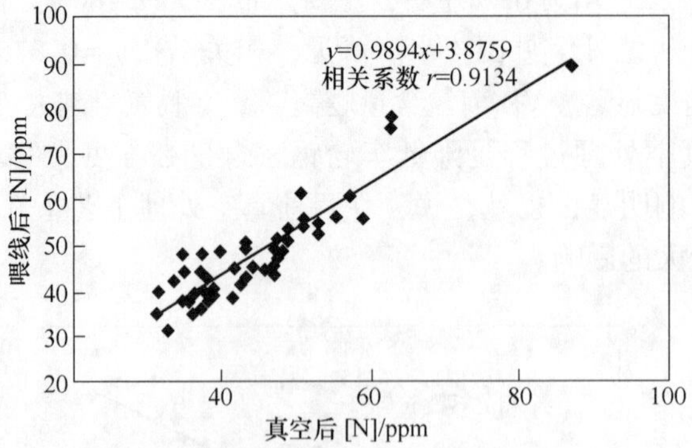

图 4-6　喂线后氮含量与真空后氮含量的关系

4.1.4.4　连铸中包过程氢含量变化及增氢的主要来源

连铸过程中中包存在明显的增氢现象，增氢量最大 2.90ppm，最小 0.09ppm，平均为 1.44ppm，增氢量的主要波动范围为 1.15~1.73ppm，高于喂线过程增氢量。

对中包氢含量与喂线后氢含量之间的关系、中包过程增氢量与喂线后氢含量之间的关系进行了回归分析统计，分别见图 4-7、图 4-8。

由图 4-7 可见，相关系数 $r=0.65$，表明中包氢含量和喂线后氢含量之间线性相关关系较显著，中包

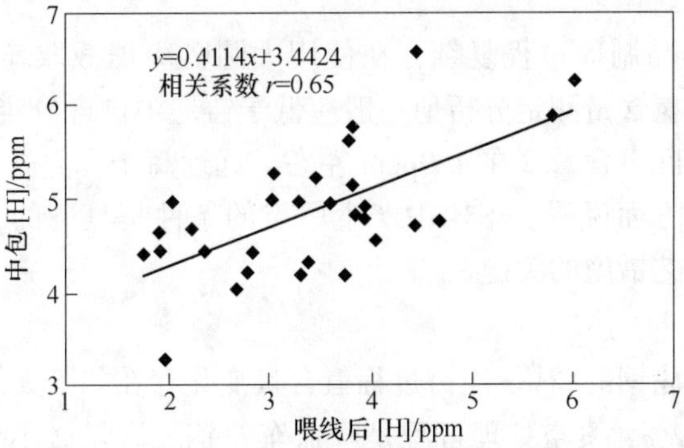

图 4-7 连铸中包氢含量与喂线后氢含量的关系

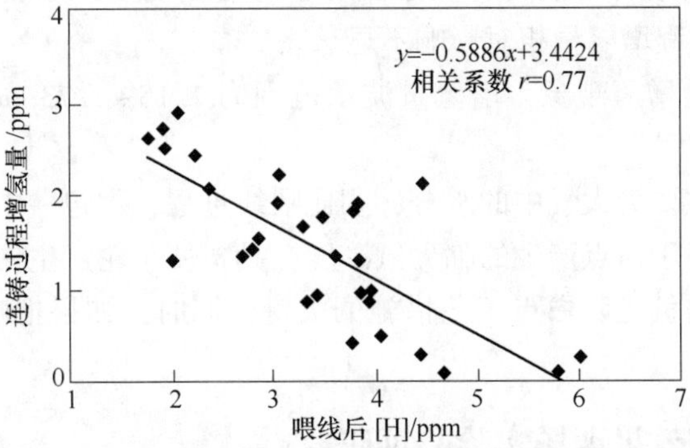

图 4-8 连铸中包过程增氢量与喂线后氢含量的关系

氢含量随喂线后氢含量增大呈升高的趋势，因此，消除喂线过程的增氢对降低中包钢水氢含量是有利的。由图 4-8 可见，相关系数 $r=0.77$，表明连铸中包过程氢变化量和喂线后氢含量之间线性相关关系较显著，喂线后氢含量越高，连铸过程增氢量就越低，这主要是因为当钢水中原始氢含量高时，会抑制吸氢反应的进行。

为明确连铸过程的增氢来源，对离线测定的喂线后氮含量和连铸中包氮含量两者之间的关系进行了回归分析统计，结果见图 4-9。可见，连铸过程氮含量的变化规律也同氢含量变化规律基本一致，中包氮含量随喂线后氮含量增大呈升高的趋势。

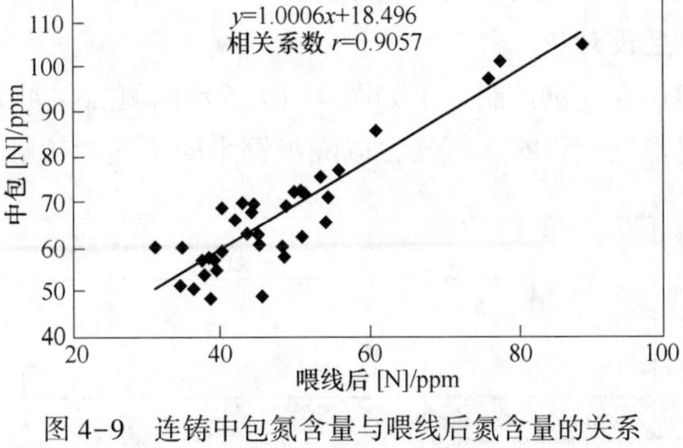

图 4-9 连铸中包氮含量与喂线后氮含量的关系

由于实验炉次均为连浇第 2 炉以后的炉次，因此基本排除了中包用耐火材料对增氢的影响。连铸过程增氢主要来源于大气，是由于大包长水口套管密封效果不好，使钢流进入长水口时同空气接触发生吸氢反应所致。图 4-7 所表现的规律也佐证了增氢主要来源于大气。

4.1.4.5 结晶器过程氢含量变化

结晶器钢水增氢量最大 1.79ppm，最小-2.69ppm，平均为-0.30ppm，结晶器过程氢含量的主要波动范围为-0.60~0.00ppm。这表明，在连铸过程中结晶器氢含量总体上略低于中包氢含量，但具体原因尚不清楚。

4.1.4.6　铸坯中的实际氢含量

从取样方法看，固态氢样品制取过程复杂，在使用大圆盘冷锯截取坯料过程中，由于无冷却措施，必然导致部分氢逸出，因此，氢含量测定分析值一般应低于铸坯中氢含量实际值。

从实验结果看，铸坯中实际氢含量多在4.0ppm左右，远远高于真空处理后钢水中的氢含量，且高于白点产生的临界氢浓度，这一方面说明，车轮中产生白点的条件是具备的，另一方面说明，防止真空处理后钢水中的增氢是防白点工艺措施的关键。

4.1.5　小结

通过本实验研究，发现车轮钢的精炼-连铸过程氢含量变化存在如下规律：

(1) 真空脱氢率平均为62%，真空处理过程是降低车轮钢氢含量必不可少的环节，具有显著的脱氢效果。

(2) 车轮钢在真空处理结束后的喂线过程存在明显的增氢现象，增氢量波动范围为0.81~1.19ppm左右，真空后氢含量对喂线过程增氢量相对影响不显著。

(3) 连铸过程存在明显的增氢现象，增氢量波动范围为1.15~1.73ppm，增氢量同喂线后氢含量成反比。

(4) 真空后的增氢来源主要为大气中的水分，相比喂线过程，大包→中包是增氢最大的环节。

(5) 铸坯中实际氢含量高于白点产生的临界氢浓度，具备使车轮产生白点的条件。

(6) 有效控制中包钢水增氢是防白点工艺措施的关键，同时，如果把喂线工序移至真空处理前会起到更好效果。

4.2　氩封保护浇注的工艺效果现场实验验证研究

上述车轮钢的氢行为变化规律现场实验研究的研究结果表明，连铸中包钢水的增氢反应是目前影响车轮钢白点敏感性的关键工艺因素。因此，如何有效控制中包钢水的增氢反应成为防增氢工艺措施的关键。

从工艺角度分析，中包钢水增氢来源于两个方面：一方面来源于连铸中包用耐火材料，如保护渣、炉衬等；另一方面来源于大气，当钢水由大包进入中包时，由于大包长水口套管密封效果不好，使钢水与大气接触而增氢。

因此，要有效控制中包钢水的增氢反应，关键所在是应对连铸大包长水口套管采取氩封保护措施，以有效隔绝钢水与大气的接触，从而防止中包钢水的持续增氢。

为此，自主研究设计了一种氩封保护装置，通过采用离线测定氢含量的方法，以验证该装置应用于生产实践后，对遏制连铸中包钢水增氢反应的工艺效果。

4.2.1　氩封保护浇注装置设计

根据上述研究结果，通过研究，设计制造了如图4-10所示的氩封保护装置，将其安装在大包滑动水口与大包长水口过渡处，通过氩气套管吹入氩气，以隔绝钢水同空气的接触。

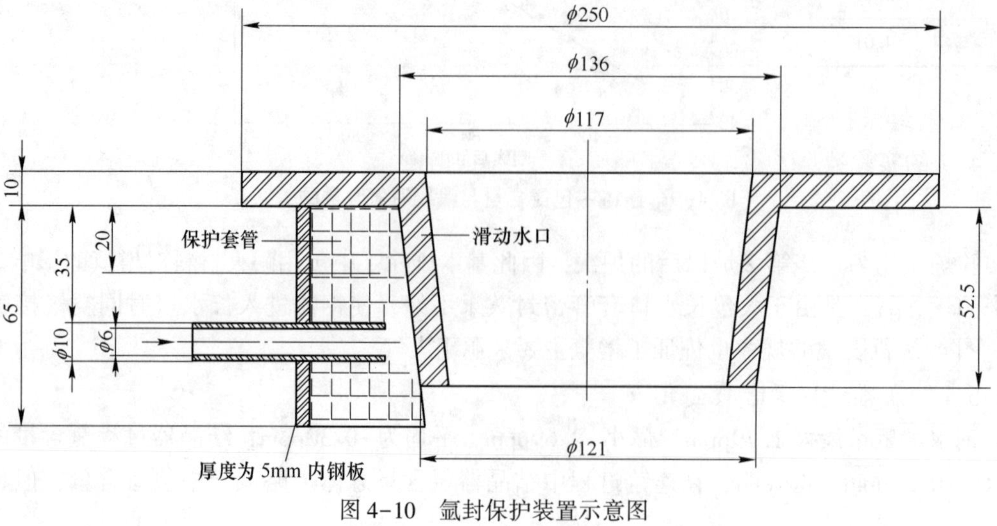

图4-10　氩封保护装置示意图

4.2.2 研究结果及讨论

4.2.2.1 连铸中期中包、结晶器氢含量测试结果

氩封保护装置使用后，采用相同的实验方法对［H］$_{中包}$、［H］$_{结晶器}$进行测试，以研究氩封保护浇注的工艺效果。在连铸中期采用钢包专用取样器对连铸中包进行了取样测试，采用真空针孔取样器对结晶器钢液进行了取样测试，氢含量的测试结果见表 4-7。

本实验研究结果中的实验序号（No.）继续了前文中的实验序号。

表 4-7 连铸中包、结晶器氢含量测试结果 (ppm)

No.	[H]$_{喂线后}$	[H]$_{中包}$	[H]$_{结晶器}$	Δ[H]$_{中包-喂线后}$	Δ[H]$_{结晶器-中包}$	Δ[H]$_{结晶器-喂线后}$
41	—	—	4.14	—	—	—
42	4.48	4.48	4.38	0.00	-0.11	-0.11
43	—	—	4.25	—	—	—
44	3.47	—	4.40	—	—	0.92
45	—	—	4.31	—	—	—
46	4.1	5.34	5.59	1.24	0.25	1.49
47	3.72	3.70	3.73	-0.02	0.03	0.01
48	—	4.72	5.11	—	0.39	—
49	4.11	4.38	3.01	0.27	-1.38	-1.11
50	1.98	3.67	2.78	1.69	-0.89	0.80
51	—	4.01	3.11	—	-0.90	—
52	—	2.72	1.44	—	-1.28	—
53	4.15	4.45	3.63	0.30	-0.82	-0.53
54	—	4.01	—	—	—	—
55	—	4.36	3.24	—	-1.12	—
56	4.36	5.95	5.64	1.59	-0.32	1.28
57	—	5.23	5.32	—	0.09	—
58	4.04	—	4.53	—	—	0.49
59	5.69	5.11	2.91	-0.58	-2.20	-2.78
Min	1.98	2.72	1.44	-0.58	-2.20	-2.78
Max	5.69	5.95	5.64	1.69	0.39	1.49
Ave	4.01	4.44	3.97	0.56	-0.88	0.05

4.2.2.2 氩封保护浇注工艺效果讨论

根据表 4-7 的实验数据，对氩封保护装置使用后的连铸过程中各取样位置的氢含量、Δ［H］$_{中包-喂线后}$、Δ［H］$_{结晶器-中包}$、Δ［H］$_{结晶器-喂线后}$的波动范围进行了统计，见表 4-8。

表 4-8 连铸过程氢含量变化统计结果 (ppm)

项目	[H]$_{喂线后}$	[H]$_{中包}$	[H]$_{结晶器}$	Δ[H]$_{中包-喂线后}$	Δ[H]$_{结晶器-中包}$	Δ[H]$_{结晶器-喂线后}$
Min	1.98	2.72	1.44	-0.58	-2.20	-2.78
Max	5.69	5.95	5.64	1.69	0.39	1.49
Ave	4.01	4.44	3.97	0.56	-0.88	0.05
样本数	10	14	18	8	13	10
95%置信	±0.57	±0.43	±0.51	±0.58	±0.41	±0.79

续表 4-8

项目	$[H]_{喂线后}$	$[H]_{中包}$	$[H]_{结晶器}$	$\Delta[H]_{中包-喂线后}$	$\Delta[H]_{结晶器-中包}$	$\Delta[H]_{结晶器-喂线后}$
氢含量波动	3. 44~4. 58	4. 01~4. 87	3. 36~4. 48	-0. 02~1. 14	-1. 29~0. 47	0. 74~0. 84

为验证氩封保护的工艺效果，将表 4-7 中的统计数据同表 4-3 进行了比较，可以发现，采用氩封保护后，中包氢含量、结晶器氢含量 95%置信区间范围均低于氩封保护前，特别是连铸中包过程增氢量波动范围-0. 02~1. 14ppm 明显低于氩封保护前的 1. 15~1. 73ppm。

但是，在图 4-8 曾经论述过，连铸中包过程增氢量随喂线后氢含量降低而呈明显增大的趋势，因此，为了证明并非是因为喂线后氢含量增大而降低了连铸中包过程增氢量，进行了进一步的计算工作。

根据图 4-8 中的一元回归方程

$$y=-0.5886x+3.4424 \tag{3}$$

式中，x 为喂线后氢含量；y 为连铸中包过程氢变化量。

将表 4-8 中喂线后氢含量的 95%置信区间范围 3. 44~4. 58ppm 代入式（3）中，可以计算出如果未采用氩封保护，则连铸中包过程增氢量波动范围为 0. 75~1. 42ppm。

将这一结果同表 4-8 中的连铸中包过程氢变化量的 95%置信区间范围-0. 02~1. 14ppm 比较可见，采用氩封保护后，连铸中包过程氢变化量的实际波动范围明显低于计算值。这也进一步表明，正是因为氩封保护装置的采用，才使连铸中包过程氢变化量发生了变化，减少了连铸中包过程的增氢反应，氩封保护装置的采用取得了实际的工艺效果。

通过现场实验和计算的结果表明，氩封保护装置的采用，减少了连铸中包过程的增氢反应，取得了实际的工艺效果。为此，在重载车轮钢冶炼过程中采取了氩封保护浇注措施。

4.3 圆坯气雾冷却技术改造试验研究

为改善连铸圆坯铸态组织，提高车轮产品的内在质量，进行了圆坯连铸机二冷全水冷改为气雾冷却的技术改造。为确保改造的顺利和效果，第一阶段仅对Ⅰ流的二冷段实施改造，待设备稳定及工艺成熟后，再推广到Ⅱ、Ⅲ流。2008 年完成了Ⅰ流改造并进行了热试，热试取得一定效果，随后进行了扩大试验，试验结果进一步验证气雾冷却冷却效果稳定，一定程度改善铸坯质量。

4.3.1 气雾改造及试验方案

4.3.1.1 气雾改造内容

改造内容：现行单纯气雾冷却，增加供气回落，更换足辊、移动段、固定段喷嘴，喷淋架，修改控制系统。

气雾冷却工艺设计的原则：冷却段 4 回路，总比水量最低 0. 20L/kg（现行比水量为 0. 26L/kg），采用恒定气压工艺。

根据二冷水工艺设计要求，委托江苏博际喷雾系统有限公司进行了喷嘴设计和制造。

4.3.1.2 气雾冷却二冷水设计方案

连铸Ⅰ流采用气雾冷却，Ⅱ、Ⅲ流二冷仍采用现行水冷方式，执行现行的二冷工艺制度。

Ⅰ流气雾冷却工艺方案：二冷水比水量按 0. 23L/kg 设置，采用 4 回路冷却工艺，各回路的冷却水分配比为 25%~30%、28%~25%、20%~24%、12%~16%，采用横气压的供气方式，气压设定为 0. 18~0. 22MPa。

4.3.2 热试试验结果

为根据圆坯气雾改造热试方案，进行了 4 组计 16 炉的热试试验，试验较为顺利，结果表明：气雾冷却较水冷均匀，Ⅰ流冷却区铸坯表面无明显黑斑，明显优于水冷工艺铸坯表面质量。采用 0. 23L/kg 比水量及配水制度，铸坯表面温度均匀稳定，铸坯表面无明显回温，冷却曲线合理，矫直前温度 950℃左右。采用气雾冷却工艺质量稳定，无裂纹等缺陷发生，铸坯宏观组织总体较水冷工艺略有提高。

所存在的问题是，喷嘴堵塞现象严重，现有水质严重影响喷嘴使用寿命和保证冷却效果。

对 2 组 4 炉进行了铸坯表面检测，结果表明用气雾冷却，铸坯表面温度变化更均匀稳定，结果见图 4-11。从试验结果看，气雾冷却大大提高了冷却水的雾化率，使得铸坯冷却更均匀，铸坯冷却宏观、表面温度变化表明，改造后的气雾冷却达到了设计效果。为此，在重载车轮冶炼中采取了气雾冷却措施。

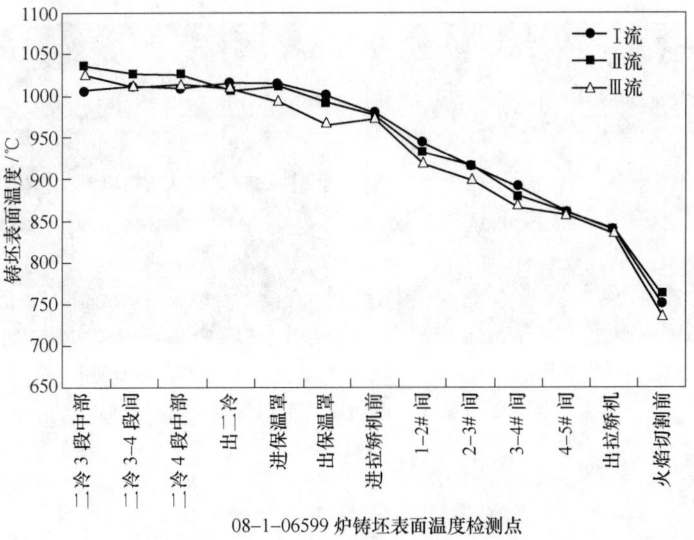

图 4-11　不同流次铸坯表面温度变化情况

5　重载车轮热处理工艺研究

硅含量提高后，当采用常规热处理冷却方法直接对车轮轮辋踏面或踏面+外侧面进行大流量连续强制性喷水冷却时，踏面表层 10mm 内的金属冷却速度极大（≥10℃/s），超过钢的下临界冷却速度，导致车轮轮辋踏面表层 10mm 以内会产生由珠光体、贝氏体组成的异常组织，这种异常组织较正常的铁素体-珠光体组织硬且脆，在轮轨接触应力的作用下极易发生剥离剥落；同时，会使踏面表层硬度明显升高，车轮使用初期踏面很难产生适当变形以尽快获得较理想的轮轨几何匹配关系，导致车轮轮辋承受过大的接触应力，容易产生早期接触疲劳损伤，影响车轮使用寿命。

为能够使车轮轮辋全截面实现全铁素体-珠光体组织，开展了适用于重载车轮材质的新型热处理工艺研究，重点研究淬火加热温度、淬火水压、冷却方式对强硬度性能和组织状态的影响。

5.1　存在的问题

Si 含量的提高，增大了车轮钢过冷奥氏体的稳定性，致使 C 曲线右移，淬透性提高，在这种条件下，如果仍采用常规的热处理工艺制度，保持淬火冷却速度不变，则必然导致异常组织区（贝氏体）的增大，这种组织硬且脆，极易产生剥落，甚至导致断裂事故的发生。

而一直以来，车轮公司为了保证车轮断面硬度、外侧面硬度，一直采用大水压（0.37~0.40MPa）、大水量的踏面连续淬火热处理工艺。在这种工艺条件下，由于冷却速度的关系，踏面表层及踏面近表层的组织状态不良，易导致异常组织的出现，这在 CL60、AAR-C 车轮正常生产中已屡见不鲜。

可见对于高 C、Si 的 CL65、CL70 重载车轮钢来说，如果仍保持如果常规的热处理工艺，淬火冷却速度不变，则异常组织区（贝氏体）会明显增大，势必会影响车轮的早期服役性能，影响车轮使用寿命。这一结果在与 CL70 级车轮钢成分控制范围相当的出口澳大利亚 40t 轴重 QC970 车轮（见表 5-1）第一次工业性试制中得到了证实。

对 07-1-0188 炉 2 件车轮按 QC970 规格进行轧制后，采用淬火加热 850~870℃×2.5h，连续中喷淬火 380s（水压 0.38MPa），回火 500℃×4.5h 的热处理工艺处理后，精加工后取样进行组织检验发现贝氏体深度达约 8~10mm，形貌见图 5-1。

表 5-1　试验车轮熔炼化学成分要求　（%）

炉号	C	Si	Mn	P	S	Cr
07-1-0188	0.76	0.72	0.81	0.016	0.011	0.18
QC970	0.72~0.77	0.60~0.80	0.78~0.85	≤0.025	0.010~0.020	0.16~0.20
CL70 初步设计	0.70~0.75	0.60~0.80	0.70~0.85	≤0.025	0.008~0.015	0.16~0.23

(a) 贝氏体组织　(b) 心部正常组织

图 5-1　轮辋显微组织形貌

5.2　热处理试验思路

为了能够有效抑制踏面表层异常组织区的存在，在与 CL70 级重载车轮钢成分控制范围相当的 QC970 车轮试制过程中，开展了适用于重载车轮材质的新型热处理工艺研究，重点研究淬火加热温度、淬火水压、冷却方式对强硬度性能和组织状态的影响，试验思路如下：

（1）降低淬火水压，将大水压降低到小水压，降低淬火冷却强度。

（2）降低淬火加热温度，降低过冷奥氏体的稳定性。

（3）采用复合淬火工艺，通过冷却速度的变化使轮辋表层组织只发生珠光体转变，并实现轮辋内部的强化。

5.3　热处理试验情况

5.3.1　第一轮热处理试验

对淬火水压和淬火台上喷嘴调整后，对 07-1-0188 炉 4 件车轮进行了一轮热处理工艺试验，具体改进措施如下：

按照进水总管水压指示值重新进行低水压淬火试验；

降低淬火加热温度，将淬火加热温度由 850～870℃ 降至 820～840℃，加热时间仍为 2.5h；回火工艺仍为 500℃×4.5h。

淬火工艺及性能和金相组织分析结果见表 5-2，所采取的改进措施取得了明显效果：

（1）降低淬火加热温度、降低淬火水压有效减少了踏面近表层 B 组织含量和深度，由原来的 11～13mm 贝氏体区降低至 6.7～8mm（3#、4#），且能够很好满足外侧面硬度要求（HB321～363）。

（2）弱喷+强喷工艺（1#、2#）能有效抑制和消除 B 的产生，但是该工艺对于设备要求较高，如果弱冷所用的上喷嘴系统发生对中不正、堵塞等，将影响弱喷效果。

表 5-2　淬火工艺及性能和金相组织分析结果

编号	淬火工艺	水压/MPa	30mm 处断硬（HB）	侧硬（HB）	未精加工态 金相组织检验结果（由表及里）
1	弱喷 60s+强喷 400s	0.11	339/339/341	337～350	细 P+断网 F（约 8.0mm），P+微量 F+少量 S（约 1.7mm），细 P+断网 F
2	弱喷 60s+强喷 450s	0.11	329/341/339	315～347	P+少量 F（约 3.0mm），P+S+少量 B，细 P+F+B，细 P+断网 F。B 区深 6.0mm 且含量大于 10%
3	连续喷水 500s	0.11	350/345/345	315～341	S（约 5.2mm），S+少量 B（约 1.5mm 且含量小于 5%），细 P+断网 F
4	连续喷水 500s	0.38	341/339/347	331～363	S+小于 10%B（约 5.05mm），P+大于 10%B（约 3.0mm），细 P+断网 F

5.3.2 第二轮热处理试验

为了验证热处理工艺参数调整的安全性，对水压、淬火加热温度又进行了调整，对07-1-0188炉4件车轮进行了一轮热处理试验。

热处理加热工艺为（800-820）℃×2.5h；回火工艺不变，为500℃×4.5h。

淬火工艺及性能和金相组织分析结果见表5-3。从此轮试验结果，可以看出：

（1）进一步降低淬火加热温度和淬火水压并未获得有益效果，反而可能会影响外侧面硬度值，外侧面硬度均靠标准的下限（321HB-363HB）。

（2）弱喷+强喷工艺的效果基本重现，但是断面硬度、侧面硬度值有下降，这同加热温度和淬火水压的调整有关。

表5-3 淬火工艺及性能和金相组织分析结果

编号	淬火工艺	水压/MPa	30mm处断硬（HB）	侧硬（HB）	未精加工态 金相组织检验结果（由表及里）
1	弱喷60s+强喷500s	0.07	325/331/326	309~354	P+少量F（约5.5mm），P+S+少量F（约2.5mm），细P+小于5%的F
2	弱喷60s+强喷500s	0.08	313/326/317	309~354	P+极少量F，P+少量F，细P+断网F
3	连续喷水500s	0.08	331/335/345	315~361	S+小于10%B（约4.50mm），P+大于10%B（约3.5mm），细P+断网F
4	连续喷水500s	0.08	337/333/337	313~337	S+小于10%B（约5.78mm），P+大于10%B（约3.8mm），细P+断F

上述试验表明，针对QC970车轮异常组织问题，通过热处理现场试验取得预期效果：

（1）采用降低淬火加热温度、降低淬火水压的措施（820~840℃淬火加热，0.1~0.13MPa淬火水压）取得了明显的效果，能够减少B区深度，但是不能完全消除B区。

（2）采用弱冷+强冷工艺能够有效抑制和消除B区，但是这种工艺对于淬火台设备要求较高，实现起来也存在一定的问题，如进行弱冷的上喷嘴系统所选用的喷嘴较小，易发生堵塞现象；目前上喷嘴系统由于使用次数极少，许多喷管已损坏，对中性较差；如果淬火水压发生波动后也将会影响弱喷效果。

（3）鉴于Cr对于异常组织区的形成起到了促进作用，因此应取消Cr元素。

5.4 热处理验证试验

根据上述试验结果，结合去Cr提Si成分设计优化的思路，在供澳大利亚ZC970车轮试制中进行了新型热处理工艺验证性试验工作，ZC970车轮的成分设计等同于表30中的改良CL70钢。

5.4.1 试验情况

考虑到淬火加热温度、淬火水压对外侧面硬度影响较大，因此将淬火加热温度提高到830~850℃，淬火水压提高到0.24MPa，弱冷时间缩短到50s。

试验炉号为07-1-8045（C：0.75%、Si：0.91%），按照ϕ840mm规格轧制了7件车轮，按照表5-4进行了热处理对比验证试验，结果见表5-5、图5-2。

表5-4 淬火工艺及金相检验结果

<table>
<tr><th>编号</th><th>淬火工艺</th><th>未精加工态金相检验结果（由表及里）</th><th>异常组织区深度/mm</th></tr>
<tr><td>1</td><td rowspan="2">连续淬火550s
（小水压）</td><td rowspan="2">S+断续网状F（图5-2(a)）；S+少量B+微量F（图5-2(b)）；细P+断续网状F+B（图5-2(c)）；细P+断续网状F，F含量小于5%</td><td>6.2</td></tr>
<tr><td>2</td><td>5.8</td></tr>
<tr><td>3</td><td rowspan="2">弱喷50s+强喷500s（小水压）</td><td rowspan="2">F+细P（图5-2(d)）；P+断续网状F，F含量大于5%（图5-2(e)）；细P+断续网状F，F含量小于5%</td><td>0</td></tr>
<tr><td>4</td><td>0</td></tr>
</table>

续表 5-4

编号	淬火工艺	未精加工态金相检验结果（由表及里）	异常组织区深度/mm
5	连续淬火 550s（大水压）	F+S(0.25mm)；S+少量 B(7.2mm)；细 P+断续网状 F+少量 B（3.1mm）；细 P+断续网状 F，F 含量小于 5%	10.55
6			10.45
7			11.0

表 5-5　断面硬度和外侧面硬度检验结果

编号	淬火工艺	踏面下 35mm 处断裂硬度（HB）		外侧面硬度（HB）（距踏面）		
		测量值	均值	10mm	30mm	45mm
1	连续淬火 550s（小水压）	339/337/339	338	321	326	323
2		331/329/323	328	326	326	326
3	弱喷 50s+强喷 500s（小水压）	326/325/331	327	323	329	329
4		335/329/333	332	335	337	335
5	连续淬火 550s（大水压）	339~343			355	
6		334~348			341	
7		334~333			348	

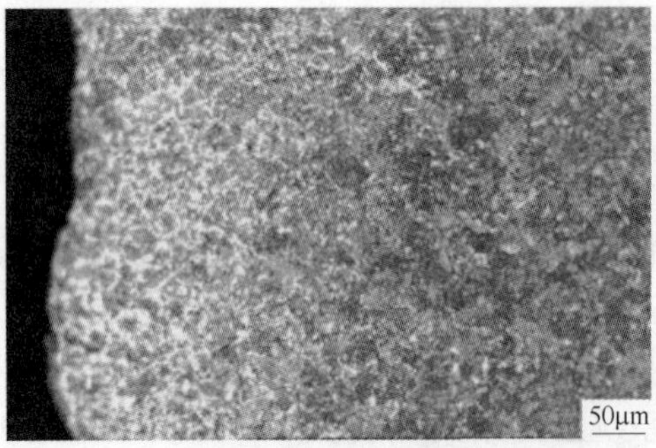

(a) S+ 断续网状 F (100×)

(b) S+ 少量 B+ 微量 F (500×)

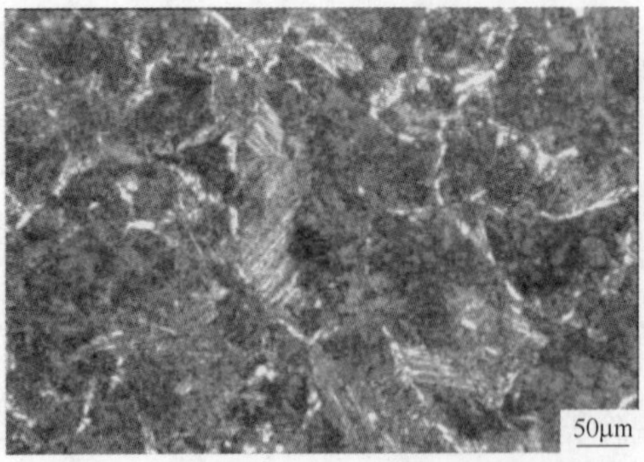

(c) 细P+ 断续网状 F+B (500×)

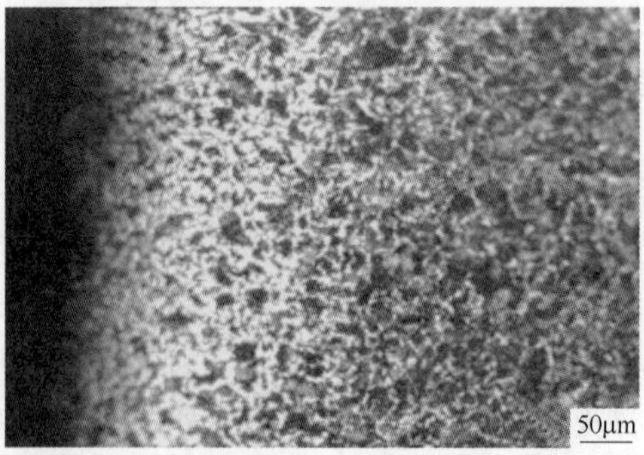

(d) F+ 细 P (100×)

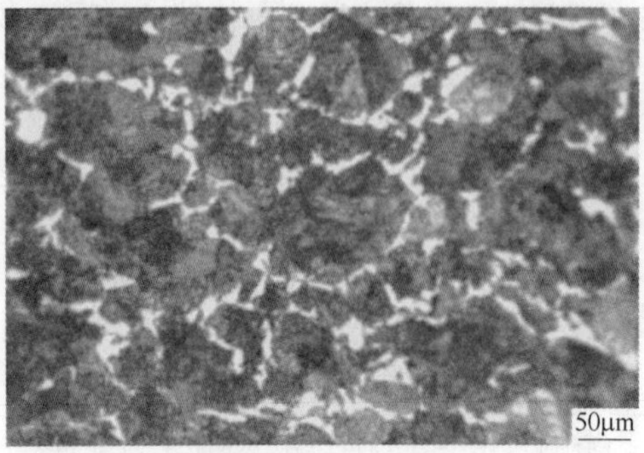

(e) P+ 断续网状 F (100×)

图 5-2　轮辋显微组织形貌

5.4.2 小结

从此次的试验结果看：

（1）从表5-5和表3-11的断面硬度检验结果看，基本处于同一水平，表明去Cr提Si成分优化方案是合理的。

（2）表5-5的金相检验结果表明，在降低淬火加热温度、降低淬火水压和复合淬火工艺的综合作用下，是能够有效抑制和消除异常组织区的。

（3）鉴于合淬火工艺对淬火设备要求较高，因此在试制中仍应留出7~8mm的精加工余量。

根据上述试验结果，同时考虑到外侧面硬度略低的实际情况，最终确定了CL65、CL70重载车轮的热处理工艺制度，见表5-6。

表5-6 CL65、CL70重载车轮热处理工艺

钢种	淬火加热温度	淬火水压	淬火工艺	回火工艺
CL65	850~870℃×2.5h	0.32MPa	弱喷50s+强喷240s	480℃×4h
CL70	830~850℃×2.5h	0.32MPa	弱喷50s+强喷240s	480℃×4h

6 CL65、CL70新型重载车轮的半工业性和工业性试制情况

6.1 CL65、CL70重载车轮半工业性试制

根据上述试验结果，基本确定了成分设计方案和热处理工艺制度，开展了CL65、CL70重载车轮的半工业性试制工作，各试制了一炉，按照运装货车［2007］404号《关于新材质重载货车车轮试验有关工作安排的通知》中的技术条件的要求进行了解剖。

6.1.1 工艺路线

转炉→LF→VD→ϕ380mm圆坯连铸（氩封保护浇注+气雾冷却）→切坯→轧制→等温→粗加工→淬火→回火→精加工。

6.1.2 性能检验结果（表6-1、表6-2）

表6-1 重载车轮成品化学成分 （%）

炉号	类别	C	Si	Mn	P	S	Cr
05309529	CL65	0.62	0.81	0.78	0.019	0.009	0.19
07302722	CL70	0.73	0.69	0.82	0.014	0.015	—

表6-2 中高碳高硅重载车轮性能检验情况

炉号	轮辋			辐板常冲均值/J	30mm处断裂硬度均值（HB）	外侧面硬度（HB）
	R_m/MPa	A/%	Z/%			
05309529	1110	13.5	31.0	19	315	301~324
07302722	1170	14	27.5	19	326	322~342
863合同	≥950	≥10			295~340	

从半工业性试制情况看，各项性能指标均能够很好的满足本课题任务合同书要求。

6.2 CL65、CL70重载车轮工业性试制

6.2.1 试制工艺

根据上述研究结果，按照科技装［2008］78号《关于印发新材质重载铁路车车轮技术评审会会议纪要的通知》的要求，完成了CL65车轮和CL70车轮两种新型重载车轮的首批各5炉共1600件的工业性试制工作。

6.2.2 生产工艺路线

转炉→LF→VD→ϕ380mm圆坯连铸（氩封保护浇注+气雾冷却）→切坯→轧制→等温→粗加工→淬

火→回火→精加工。

6.2.3　性能检验结果

按照运装货车［2007］404号《关于新材质重载货车车轮试验有关工作安排的通知》中的“新材质重载货车试验车轮（辗钢）技术条件”要求，对试制的10炉重载车轮性能情况进行了检验，从各项性能检验结果看（表6-3、表6-4），均较好地满足了技术条件要求。

表6-3　CL65重载车轮常规性能

炉　号	轮辋					辐板 A_{KU2}/J	
	R_m/MPa	A/%	Z/%	断裂硬度（HB）	均值（HB）	常温	均值
08-3-05478	1100	16.0	34.0	314/316/314	315	34/29/30	31
08-1-05736	1070	13.0	29.5	307/305/304	305	27/29/30	29
08-1-05737	1080	12.5	26.5	311/310/304	308	23/21/20	21
08-3-05481	1040	14.5	37.5	300/304/307	304	25/21/23	23
08-3-05470	1070	15.5	31.0	300/299/303	301	21/22/23	22
技术条件	≥1010	≥10	≥14	≥280		≥16	

表6-4　CL70级重载车轮常规性能

炉　号	轮辋					辐板 A_{KU2}/J	
	R_m/MPa	A/%	Z/%	断裂硬度（HB）	均值（HB）	常温	均值
08-2-06653	1190	16.5	32.0	329/336/339	335	24/28/32	28
08-3-06948	1170	16.0	30.5	332/331/326	330	16/16/18	17
08-2-06657	1150	12.0	30.5	338/336/337	337	18/16/16	17
08-2-06643	1170	12.0	25.5	324/326/323	324	16/18/18	17
08-2-06655	1150	12.5	29.5	330/326/325	327	16/19/16	17
技术条件	≥1050	≥10	≥14	≥300		≥16	

为验证热处理工艺对踏面表层和近表层金相组织的影响效果，对踏面表层金相组织状态进行了检验，均为珠光体+断网铁素体组织，与内部组织状态完全一致，均未发现异常组织区存在，见图6-1。可见，所采取的新型热处理工艺对于抑制表层异常组织具有稳定可靠作用。

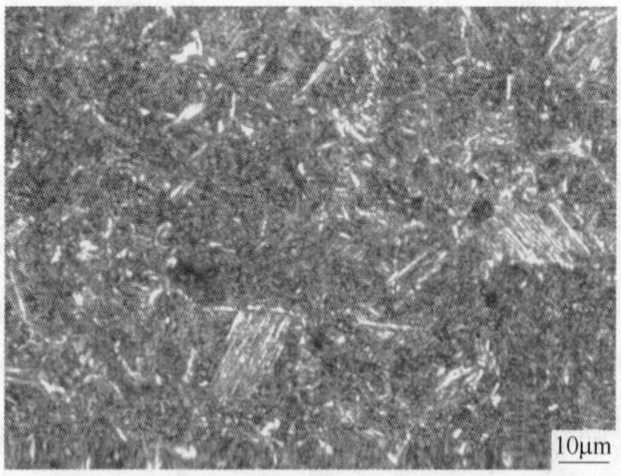

(a) 常规工艺踏面表层异常组织深8～12mm

(b) 试制车轮踏面表层P+少量F组织

图6-1　重载车轮组织状态（500×）

6.3　CL70重载车轮抗热损伤试验研究

6.3.1　试验参数

在实验室模拟现场工况对CL70重载车轮进行了整体抗热损伤试验研究。试验基本条件、停车制动模式的试验参数及坡道制动模式的试验参数见表6-5。

表 6-5 试验基本条件及试验基本参数

试验基本条件					
车型条件	轴重	轮径	制动方式	闸瓦类型	闸瓦压力
货车	25t	840mm	踏面单侧	高摩合成	20kN

停车制动模式的试验参数			
初速度	闸瓦压力	试验次数	试验初始温度
120km/h	20kN	100 次	20~60℃

坡道制动模式的试验参数					
第一组		第二组		第三组	
平均速度	32km/h	平均速度	40km/h	平均速度	60km/h
制动时间	45min	制动时间	20min	制动时间	5min
试验次数	5 次	试验次数	5 次	试验次数	5 次
初始温度	20~60℃	初始温度	20~60℃	初始温度	20~60℃

6.3.2 试验后车轮外观检验

新材质重载货车试验车轮经过抗热损伤性能测试后踏面宏观状况见图 6-2，从经过抗热损伤性能试验的车轮踏面宏观状况看，未出现明显的制动热裂纹和闸瓦拉伤现象，说明新材质重载车轮的抗热损伤性能较好。

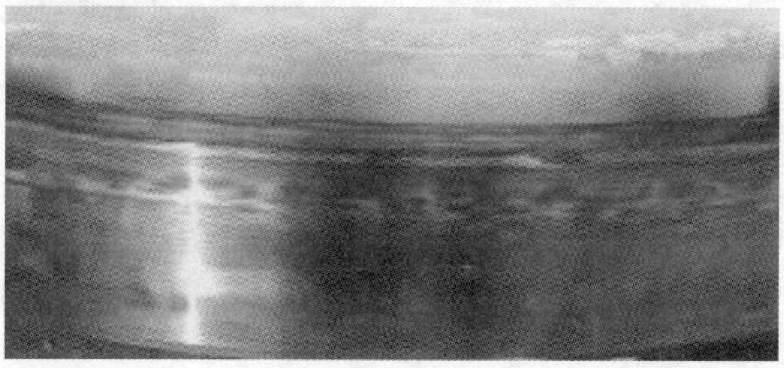

图 6-2 车轮经过抗热损伤性能试验后踏面的情况

6.4 试验车轮解剖检验

6.4.1 车轮轮辋低倍组织检验

在经过热损伤试验的车轮轮辋部位切取低倍试片进行酸浸低倍组织检验，车轮轮辋的低倍组织中未发现白点、缩孔残余、分层、翻皮、异型偏析、金属异物等肉眼可见缺陷。由于是经热损伤试验后的车轮，在靠近踏面表层较浅区域内可见有受热后的组织和微细热裂纹。

6.4.2 金相组织检验

观察车轮踏面表层附近受制动热影响区域的金相组织，见图 6-3。从金相组织中可以看出，踏面除出现有制动热裂纹外，其附近区域的组织也发生了变化。这是由于受制动热的反复作用，一方面，铁素体的析出量增加了；另一方面，晶粒在一定程度上被细化了。

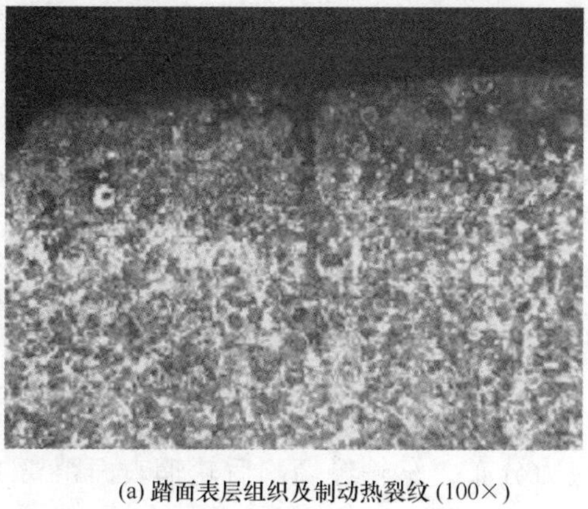

(a) 踏面表层组织及制动热裂纹 (100×)

(b) 踏面表层组织及制动热裂纹 (100×)

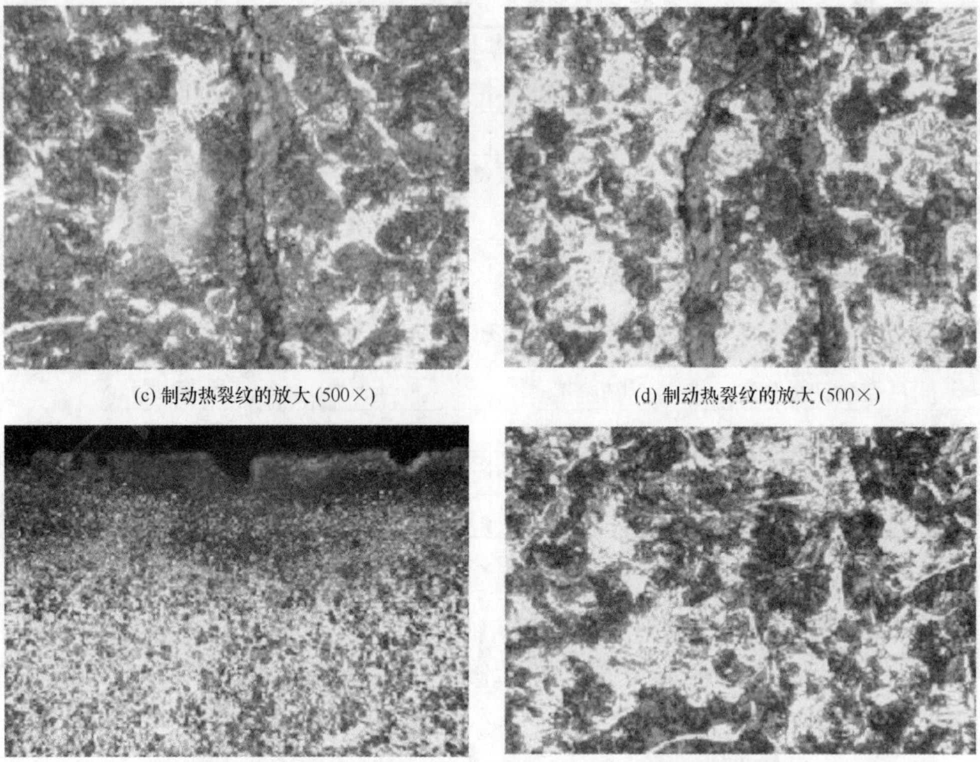

(c) 制动热裂纹的放大 (500×)　(d) 制动热裂纹的放大 (500×)

(e) 踏面制动热影响区 (100×)　(f) 热影响区组织放大 (500×)

图 6-3　制动热影响区域的显微组织形貌

6.4.3　轮辋断面硬度检验

热损伤试验后车轮轮辋踏面下 30mm 处断面布氏硬度均值为 HB328，车轮轮辋的断面网格硬度检验结果见图 6-4。从轮辋断面的网格硬度检测结果中可见，热损伤试验后对车轮踏面的硬度影响不明显，整个车轮轮辋断面的硬度变化梯度相对较小。

	37	36	35.5	34.1																						
38.5	35	35	35	35	35																					
38	35	35	35	34.5	35																					
35	35	35	35	35	35	34.5																				
35	35	34.5	35	35	34.5	34.5	34.5	34	33																	
34	34	34	34.5	34.5	34.5	34.5	34.5	34	35	36	35	34	34	34	35	34.5	34.5	34	35	34						
33	34	34	35	34	34	34.5	34	34	34.5	34.5	35	33.5	34.5	33	33	33	34	34	34.5	35	34	34.5	34.5	34.5	34.5	35
34	33.5	34	34.5	34	34	34	34	34	34	34	32.5	33.5	33	33	33.5	33.5	33	34	33.5	34	33.5	33.5	34	34.5	34.5	34
33.5	33.5	33	34	34	33.5	34	33.5	34	34	34	32.5	33	33	32.5	32.5	33	33	32.5	33	33.5	33.5	33	33.5	34	34.5	34.5
33	32.5	33	33	34	33	34	34	34	34.5	33	33.5	32.5	33	32.5	33	32.5	33	32.5	33	32.5	33	33	33	33.5	34	34
33.5	32	32.5	33.5	33	33.5	33.5	34	34	34	33	33	33	33.5	33.5	33	32.5	32.5	32.5	32	32.5	32.5	33	32.5	33	33.5	33
32	31.5	32.5	33	33	33.5	33.5	34	34	34.5	34	33	33	33.5	33	33	33	33	33	33	33	32	32.5	32	32	32.5	31.5
31	31.5	32	33	32.5	33	33.5	34	34	33.5	33	33.5	32.5	33	32.5	33	33	33	32	32.5	32	31.5	31.5	31.5	31	31	30.5
29.5	31	32	32.5	32	33	33	33	33	33	32.5	32.5	32.5	32.5	32.5	31.5	32.5	32	32	32	32.5	31.5	31	30.5	30	30	28.5
29	31	31	31.5	32.5	31.5	33	32.5	33	33	32.5	32	32	32.5	32.5	31	32	31.5	31.5	32	32	31	30.5	30	29.5	28	28
28	29	30	30.5	31.5	31.5	31.5	31.5	32	32	32	32	31.5	31	30.5	31	31	31	31.5	31	31	30	30	29	28	27	26.5
			29	30	30.5	30.5	30.5	31.5	31.5	31	30	31	30	30.5	30.5	30	30	31	30.5	30	29	28.5	28	26		

图 6-4　热损伤试验后车轮轮辋断面网格硬度检验结果

6.4.4　热损伤试验后踏面表层残余应力检测

用切割法测定了重载货车车轮轮辋内的整体残余应力分布，车轮经切割后轮辋表面距离 100mm 两标记点的收缩量为3.4mm，轮辋整体为压应力状态。

经过对热损伤试验后车轮的检验，CL70重载车轮宏观状态正常，说明该车轮的抗热损伤性能良好。尽管车轮踏面表层区域出现了一定厚度的制动热影响区，同时个别区域出现了微细的制动热裂纹，但裂纹最大深度不超过3mm，未穿透轮辋的拉应力区，不会影响到车轮使用安全性。

经过热损伤试验后的重载货车车轮轮辋整体的残余应力状态为压应力，这说明车轮整体仍保持使用安全性。

6.5 工业性试制小结

工业性试制结果表明，新型重载车轮各项性能指标均较好的满足了技术条件的要求，表明工业性试制技术规范设计合理，工艺操作稳定，已具备批量生产能力。

7 CL65、CL70重载车轮装车考核情况及其他

7.1 CL65级新型重载车轮铁道部环形线运行试验

2006年到2007年CL65级重载车轮装备在70t和80t级重车上，在铁道科学院环形试验基地参加了“第二阶段120km/h提速货车可靠性试验”，运行时速100~120km/h。2007年6月，试验结束，试验车轮运行里程达15万公里左右。CL65级重载试验车轮（05309529）的耐磨性能优于普通CL60钢车轮，踏面垂直磨耗量比普通CL60钢车轮低0.2~1.2mm，两辆车上CL65级重载试验车轮的踏面垂直磨耗量平均比普通CL60钢车轮低0.7mm。总体上讲，所研制的CL65级重载试验车轮基本达到了既提高耐磨性又改善抗热损伤性能的预期目标。

环形线试验结果证明，马钢重载车轮用钢研制开发的成分设计试验思路是基本正确的；马钢在重载车轮用钢研制开发方面拥有了自主知识产权，得到了铁道部认可，这为占领国内重载车轮市场创造了条件。

7.2 CL65、CL70级重载车轮在大秦运煤专线的装车运行考验

2007年底，CL65、CL70重载试验车轮各16件车轮装备在4种80t级重车上，在大秦运煤专线上进行了实际运营考验，运行时速不超过80km/h。2008年1月、4月和10月，对该批试验车轮的服役情况进行了三次现场观测（试验里程5万公里、12万公里、25万公里）。

从三次现场观测情况看，CL65和CL70钢试验车轮的磨耗情况总体较好，未出现异常磨耗现象。各车轮踏面状态也较好，未见有剥离、擦伤等情况发生，说明新材质重载车轮轮轨匹配关系良好。实测的踏面垂直磨耗量结果见表7-1。

表7-1 三次现场检测的踏面垂直磨耗量 (mm)

检查时间	车辆类型 车轮种类	C80	C80B	C80H	C80BH	平均磨耗量	同比减少
2008年1月	CL65	0.08	0.17	0.31	0.13	0.17	30%
	CL70	0.16	0.17	0.18	0.15	0.16	33%
	普通CL60	0.22	0.21	0.26	0.25	0.24	—
2008年4月	CL65	0.44	0.47	0.67	0.63	0.55	10%
	CL70	0.41	0.40	0.43	0.48	0.43	30%
	普通CL60	0.55	0.55	0.61	0.71	0.61	—
2008年10月	CL65	未测	1.56	未测	2.49	2.03	2%
	CL70		1.55		2.03	1.79	14%
	普通CL60		1.76		2.38	2.07	—

与试验车轮同车作为对比的普通CL60钢车轮、普通ZL-B铸钢车轮已经开始出现轻微的接触疲劳斜裂纹和刻度状热裂纹现象，这显示CL65和CL70钢试验车轮抗接触疲劳性能优于普通CL60钢车轮，同时其抗热损伤性能也不差于普通CL60钢车轮。

7.3 北京“铁路货车重载车轮试验方案评审会”

根据环行试验线装车试验情况，2007 年 8 月铁道部运输局装备部货车处主持了“铁路货车重载车轮试验方案评审会”，与会专家听取了《CL65（中碳高硅钢材质）、CL70（高碳高硅钢材质）重载铁路货车车轮试验结果报告》（第二阶段 120km/h 提速货车可靠性试验）后认为：

（1）实验室试验的结果表明 CL65、CL70 重载货车车轮的强度、硬度、抗磨耗性能等优于既有的 CL60 钢车轮。

（2）CL65、CL70 钢试制的辗钢重载货车试验车轮在第二阶段 120km/h 提速货车可靠性试验中运行了 15 万公里，结果表明试验车轮运用性能良好，与实验室结果相吻合。

（3）同意在大秦线进行装车试验，建议试验分两步走，第一步确定试验对象为 C80、C80B 等用 25t 轴重重载用车轮，由金化所提出试验用车轮技术条件，马钢和大同各试制 16 件车轮，同时提供常规 CL60 和 ZL-B 车轮各 16 件，在大秦线进行小批量对比试验，第二步根据小批量试验结果，在年底供大秦线使用的 3000 辆新造车上试装一大列（约 105 辆）进行扩大试验。

7.4 北京“新材质重载铁路货车车轮技术评审会”

2008 年 5 月，铁道部科技司、运输局装备部在北京主持召开了新材质重载铁路货车车轮技术评审会。北京交通大学、铁科院、四方车辆研究所、北京局、太原局、齐车公司、二七厂等单位的专家和代表参加了会议。

与会专家听取和审议了《大秦线 C80 型敞车车轮非正常磨耗情况现场统计与分析》《新材质重载货车车轮研究与试制》《环行线提速货车可靠性试验重载货车试验车轮运用情况总结》《大秦线重载货车试验车轮阶段性运用情况总结》等报告。经过认真的讨论和审查，认为：

大秦线 12.4 万公里运用考核结果表明，CL65、CL70 新材质重载货车车轮（各 16 片）磨耗量均低于 CL60 常规对比车轮，车轮状况正常，未出现宏观的疲劳裂纹、热裂纹和剥离等缺陷，一致同意“新材质重载铁路货车车轮”通过技术评审。

建议扩大装车考验数量每种重载铁路货车车轮各一列（105 辆/列）。

7.5 重载车轮使用效果

（1）环形线试验结果证明，重载车轮用钢研制开发的试验思路是基本正确的。

（2）马钢在重载车轮用钢研制开发方面拥有了自主知识产权，得到了铁道部认可，这为占领国内重载车轮市场创造了条件。

（3）两次评审会的成功标志着新型重载车轮研究工作已步入产业化轨道。

8 总结

（1）通过重载车轮的服役条件分析，常温及高温磨耗、接触疲劳、接触剥离及制动剥离是重载车轮主要失效方式。因此，重载车轮应具有高的抗接触损伤、抗磨损和抗热损伤能力是重载车轮基本要求，由此确定了重载车轮研究的技术指标要求。

（2）通过实验室基础研究和中试验证试验，确定了以 C-Si-Mn 为主的重载车轮材料合金化设计方案，研究开发出 CL65、CL70 两种新型重载车轮材料，能在明显提高强度、硬度的同时改进材料的相变特性，从而合理协调了抗机械损伤性能与抗热损性能之间的矛盾，有利于提高重载车轮的综合使用性能。

（3）解决了生产过程中氢含量控制技术等难题，进一步提高了车轮的质量可靠性。

（4）研究开发成功车轮踏面表层复合组织层控制热处理技术，通过新的轮辋强化冷却方式、专门的冷却水压的有机组合，有效抑制了重载车轮踏面表层复合组织层，这对于改善重载车轮服役性能具有重要的现实意义，是车轮生产技术领域影响创新性技术。

（5）在技术研究的基础上，进行了重载车轮的工业性试制，所试制的 CL65、CL70 级重载车轮化学成分、性能控制稳定，显微组织良好，说明试制工艺设计可靠、控制有效，具备批量生产的能力。

（6）试制车轮服役表现良好，有效地解决了大秦线重载货车车轮磨耗异常的问题，具有良好的适应性，证明了研究思路的正确性和各项研究工作的有效性。

高速动车组用车轮的研究与开发

课题编号：2008AA030703/03

科技报告基本信息表

1. 报告名称
高速动车组用车轮的研究与开发

2. 报告作者及单位
江波　马鞍山钢铁股份有限公司；陈刚　马鞍山钢铁股份有限公司；崔银会　马鞍山钢铁股份有限公司

3. 公开范围	4. 编制时间
公开	2013-08-05

5. 报告编号
610400837—2008AA030703/03

6. 备注
无

7. 摘要

对已投入运用的进口高速动车组用车轮在我国客运专线上的适用性进行了宏观评估，同时结合高速轮轨关系基础研究，确定了合理的轮轨外形匹配，为我国高速动车组用车轮技术方向提供依据。

对动车组车轮材料合金体系开展了系统的研究，结合进口动车组车轮的实物解剖分析，提出我国动车组车轮国产化的材料选择框架，在制造技术上更可行，在应用技术上更可靠。

在对各国车轮标准及技术条件进行调研分析基础上，结合国内在用动车组车轮服役情况拟定了我国200~250km/h动车组车轮技术条件草案，各项技术指标明显严于欧标EN13262和863技术指标。

开展动车组车轮用钢冶炼工艺研究工作，在杂质元素、气体含量控制，成分偏析控制等方面取得良好效果，使动车组车轮用连铸圆坯具有洁净度高、成分均匀性好的钢质特点，特别是T.O含量控制方面明显高于欧洲车轮钢，与日本车轮钢水平相当，从而为后续轧制和热处理研究创造了条件。

借助数值模拟平台进行了动车组车轮锻压轧制成形工艺研究，优化设计出车轮成形模具及成形过程中各项控制参数，确保车轮成形过程精度控制准确，车轮成品率较高，为提高车轮综合性能创造了条件。

通过研究分析进口车轮组织状态等特点明确了存在的差距，在此基础上，通过热处理工艺的改进和调整，使动车组车轮综合性能指标，特别是欧标型车轮低温冲击韧性和断裂韧性指标明显优于进口车轮，确保了车轮性能满足“863”指标和动车组车轮技术条件草案要求。

通过机加工工艺研究，掌握了高精度表面质量和降低表面残余拉应力控制技术，成功解决了车轮整体疲劳性能控制的技术难题，顺利通过整体疲劳试验。

在动车组过程检测和最终质量控制方面，建立了加热炉温和车轮钢温实时跟踪监测系统，为动车组车轮获得稳定的综合性能创造了条件。开展了基于CMM三维坐标测量机的高精度尺寸、形状、位置的测量技术研究，有效提高了动车组车轮的测量精度和测量效率。在建立了超探缺陷分类图库的基础上，开展了电磁超声表面波检测技术、相控阵超声检测技术的研究工作，最终建立了动车组车轮无盲区、全覆盖无损检测系统。

续表

进行了认证用车轮样轮的小批量试制工作，经总院和铁科院检验，在完全符合满足“863”技术指标要求的基础上，欧标车轮实物综合质量明显优于进口欧洲同类车轮水平，表明课题组已基本掌握高速动车组车轮的系统生产工艺技术，具备了批量生产能力。					
8. 关键词：动车组车轮；冶金质量；热处理；整体疲劳；无损检测					
9. 支持渠道	项目（课题）名称	高速动车组用车轮的研究与开发			
	主管部门	安徽省科技厅		计划名称	863 计划
	项目（课题）编号	2008AA030703		技术领域	新材料技术领域
	承担单位	马鞍山钢铁股份有限公司			
	合作单位	中国铁道科学研究院			
		钢铁研究总院			
		安徽大学			
		安徽工业大学			
	课题负责人	施雄樑			
	起始日期	2008-12-1		截止日期	2010-12-31
10. 联系人	姓名：崔银会	电话	0555-2877112	E-Mail	
	单位：马鞍山钢铁股份有限公司				

高速动车组用车轮的研究与开发

引言

2004年，国务院批准实施《中长期铁路网规划》，下发了《研究铁路机车车辆装备问题的会议纪要》，“十一五”期间，我国客运专线项目建设总投资12500亿元人民币，将实现列车时速200km/h以上快速客运初步成网的目标，能够辐射我国50万以上人口城市的70%，覆盖人口达到7亿多。客运专线建设是我国经济社会发展的迫切需要和历史选择，这一宏伟工程需要我国车轮制造业的支撑。

2007年4月18日时速200km/h高速动车组的开行，表明我国已跻身于拥有高速铁路的国家之列。但是，由于高速动车组备件供应商由车辆技术提供方指定，作为关键部件的高速动车组用车轮市场还要依赖进口。

按照铁路“十一五”发展规划，到2010年，高速客运专线将成为我国铁路客运的主要渠道，如果不能尽快掌握高速车轮的国产化关键技术，一方面由于高速车轮用量大、周转率高，进口产品价格昂贵，对动车组的运用成本有很大影响，而且，我国客运专线的发展很可能受制于人，直接影响国家经济安全；另一方面会因普通客运列车数量的大幅减少而流失大部分客车轮市场，直接造成国内车轮制造产业的效益严重下滑，更重要的是，产品结构将被局限于低端领域，在国际铁路车轮制造界的影响力会受到直接限制，严重制约我国车轮产业的生存与发展。

由于直接影响高速动车组的安全顺行，高速车轮的制造与应用属于高速轨道交通领域的关键技术。与欧、日相比，我国高速车轮的关键应用、制造技术储备相对薄弱，已不能适应我国高速铁路建设跨越式发展的要求。

“十五”期间项目申请单位承担并完成了国家“863”项目“高速铁路用车轮材料及关键技术研究”，在制造及应用技术研究方面已积累了一定的经验，为实现高速车轮国产化打下了一定的基础，但相对于客运专线的使用条件还缺乏明确的对应性。

目前，高速车轮已有了明确的运用载体，且属于铁路发展所急需的关键产品，因此，无论从国家利益和行业发展需求的角度讲，尽快实现高速车轮国产化都是极其必要的。

1 高速车轮使用情况调研

1.1 国内外铁路使用的轮轨材料和性能

世界上第一条现代化高速铁路——日本东海道新干线于1964年10月成功开通、运营，极大地促进了高速铁路的迅速发展，现已形成以日本新干线、法国TGV和德国ICE为代表的三大技术体系。

日本新干线除第一条高速铁路（东海道新干线）用过断面为50T的普通碳素热轧钢轨外，其他新干线一直采用强度等级为800MPa的JISE1101普通碳素热轧钢轨，轨面硬度大于HB235（低于我国铺设钢轨的硬度），但车轮的硬度较高，其中SSW-3R车轮轮辋的硬度为HB311~363。轮轨硬度配合方面，车轮硬度高于钢轨硬度。

欧洲高速铁路过去铺设UIC700钢轨，轨面硬度约为HB200~260。欧洲一体化后，广泛铺用UIC900A普通热轧钢轨，轨面硬度约为HB260~300。欧洲铁路根据线路条件不同可分别选用ER6~ER9车轮，而规定车速在200km/h以上时，选用ER7（车辆用）和ER8（机车、内燃动车组、电动车组）车轮，轮辋的硬度分别为HB248~285以及HB260~302，轮轨硬度配合接近于1/1关系。

比较日本和欧洲高速车轮的化学成分和力学性能可见，欧洲高速车轮采用中碳、高韧性技术路线，而日本高速车轮采用高碳、高强度技术路线。从ISO标准和日欧的标准演变来看，车轮材料的发展趋势是由原先的中高碳钢向低碳微合金化的方向发展，尽管强度和硬度比原先的材料略有降低，但韧性有明显提高，加上冶金工艺和技术的改善，材料的洁净度也有所提高，这些对改善车轮的抗损伤性能有利。

1.2　国外高速车轮使用情况

日本高速铁路以高安全性和高可靠性著称，未见有因车轮伤损而影响高速列车运行安全的报道。

在欧洲，高速列车用车轮产生了一些令人关注的问题。

1998 年 6 月 3 日，ICE884 次高速动车组发生惨重脱轨行车事故，事故原因是弹性车轮轮箍发生疲劳断裂，疲劳断裂源区未发现缺陷，至今对轮箍内表面裂纹萌生机理仍未弄清。

1998 年 6 月 17 日，英国发生一起高速列车脱轨事故，事故原因是车轮辐板孔裂纹引起的车轮断裂，事故后带有辐板孔的车轮停止使用。

车轮踏面多边形磨损在欧洲高速列车轮对上也较为严重，主要是由于轮对第一阶弯曲共振频率（高速轮对一般在 100Hz 左右）共振引起轮轨之间的相对横向滑动和压力载荷呈现周期的变化，导致车轮沿圆周踏面磨损发生周期性的变化。目前除了频繁镟削轮对外还没有其他好的处理手段。

德国 ICE 高速列车和瑞典高速列车 X2 动力车轮出现多边形问题，高速直线轨道出现了短波长波磨。对于这种伤损现象，欧洲学者的认识分歧较大，有的认为是车轮材料的各向异性引起，也有的认为和轮对或轨道结构特性有关，至今未找到明确的机理和解决办法，只能通过镟削车轮来消除。

瑞典高速列车 X2 用车轮出现过较为严重的滚动接触疲劳损伤，裂纹萌生于踏面下 10～20mm 深度范围内，发展成局部疲劳掉块，其产生原因是裂纹源处存在非金属夹杂物和过大的轮轨垂向接触力。而过大的轮轨力主要是由短波长的钢轨不平顺（如短波长波磨）引起的。通过多次钢轨打磨后，现在该类车轮疲劳裂纹已大大减少。

2001 年 1 月，瑞典中部地区 25 列 Regina 高速列车（最高运营速度 200km/h）投入运营，年底有 14 列停止运营，原因是车轮损伤严重，需要镟修。经调查表明，车轮损伤主要表现为局部裂纹和沿圆周方向在轮缘附近和踏面外侧出现剥离，主要原因是车轮表面材料发生累积塑性变形即棘轮变形引起的滚动接触疲劳，而棘轮变形萌生的滚动接触疲劳裂纹的扩展与雨水有密切关系。庞巴迪公司采取改变车轮型面、改进制动控制系统和改变车轮材料等解决措施，车轮损伤得到了缓解。车轮型面原来采用 P8 型面，换为 S1002 型面后轮轨接触应力得到较大的降低。Regina 列车车轮材料采用 UIC/R8T，车轮出现损伤后，通过在 R8T 材料的基础上适当增加 Si 和 Mn 含量，同时提高钢的洁净度，改进后的材料并不比 R8T 材料的抗拉强度和屈服强度大，但韧性得到了改善，车轮抗滚动接触疲劳性能得到提高。

通过对国外高速车轮使用情况的调研可以得到以下启示：

（1）提高钢的洁净度、控制非金属夹杂物状态（类型、尺寸、分布）是最基础的要求；

（2）辐板上存在安装工艺孔时，提高辐板韧性尤其重要；

（3）应根据轮轨相互作用关系确定轮/轨型面及性能配合关系。

1.3　我国客运专线在用动车组车轮使用情况

为了满足第六次大面积提速列车运行时速达到 200km/h 的需要，我国从国外引进技术制造了“和谐号”CRH1、CRH2、CRH5 型动力分散型高速动车组，并已投入运营，累计开行了 160 余组动车组，部分区段运行时速达到 250km/h。2008 年 8 月 1 日，我国第一条时速 350km/h 高速铁路-京津城际铁路建成通车，10 组 CRH2-300 和 CRH3 型时速 350km/h 国产高速列车投入运营，最高运营速度 350km/h，最高试验速度达到 394.3km/h。

针对国内动车组车轮的使用情况，对北京西动车所、上海南动车所和广州东动车所进行了现场定点调研和观测。其中，北京西动车所主要负责检修 CRH2 型和 CRH3 型动车组，上海南动车所主要负责检修 CRH1 型和 CRH2 型动车组，广州东动车所主要负责检修 CRH1 型动车组。

从调研情况看，三种动车组车轮出现明显问题，相比较而言，日本型车轮虽然强硬度高，但磨损性能并不好于强硬度较低的欧洲型车轮，见表 1-1。

表 1-1 不同车型车轮踏面磨耗情况

车型	踏面型式	车轮材质	线路	每 10 万公里磨耗/mm
CRH1	LMA	ER9	广深线	0.32
			上海-金华线	0.15
CRH2	LMA	SSW-Q3R	京广线	出现剥离
			沪杭线	1.00
			京津线	0.26
CRH3	S1002	ER8	京津线	0.30

1.4 调研结论

通过对国外高速列车车轮相关文献资料的检索和分析可见，目前世界范围内主要存在两种不同技术路线的车轮，一种是高碳高强度碳素钢的日系车轮，另一种是中碳高韧性低合金钢的欧系车轮。相比较而言，日系车轮在技术保密方面要比欧系车轮严格得多，很难得到日系车轮在制造方面的技术细节，因此，按照欧系车轮技术体系进行国产化的难度相对要低一些。

目前这两种车轮在我国高速铁路中均有应用，由于其使用时间均较短，两种车轮的优劣对比结果尚不十分明显。尽管如此，根据目前国内现有动车组进口车轮使用情况的现场调研和观测，仍然可以看出，无论是日系进口车轮还是欧系进口车轮，其在实际使用中均暴露出一些方面的问题，其中最主要的是踏面剥离。由此可见，进行高速车轮研究时，在保证车轮使用安全性的前提下，提高车轮踏面的抗剥离性能将是非常有必要的。

从现有调研结果看，日系、欧系车轮在客运专线的适用性并没有显示出明显差异，因此，我国可以选择适合现有生产技术条件的动车组车轮国产化技术路线。

2 200~250km/h 高速轮轨相互作用的基础研究

高速轮轨匹配关系研究的主要目的之一是，基于客运专线钢轨型面，优化车轮踏面型面，通过轮轨几何接触状态的改进，减轻车轮的磨损，降低车轮的接触疲劳剥离发生概率，提高列车的动力学稳定性，从而使动车组的运行品质和安全得到改善和提高。

我国在用动车组车轮的踏面型面有三种：LMA、XP55、S1002，在对客运专线不同踏面动车组车轮使用状态进行了实地调查、检测和统计分析的同时，借助数值模拟方法对这三种踏面型面的轮轨匹配关系进行了理论研究。

2.1 轮轨静态接触分析

通过静态接触分析可以得到如下结论：

（1）随着轮对横移量的增大，LMA 型面轮对与 CHN60 钢轨型面接触点对分布合理。滚动圆半径差、等效锥度能够兼顾车辆直线运动稳定性和曲线通过性能两方面要求。

（2）XP55 型面接触点对较为密集地分布在靠近轮缘根部区域，由于轮轨型面主要工作区域在钢轨型面 R80 圆弧与 R300 圆弧的过渡区域，导致其接触斑面积明显较小，接触斑内最大压力较高，容易造成踏面沟槽磨耗、钢轨内侧 R80 圆弧区域疲劳破坏。复杂动态条件下发生轮缘接触的可能性要明显高于 LMA。

（3）S1002 型面与 CHN60 钢轨型面匹配问题比较突出。轮轨滚动接触远不如其他二者平顺，会引起车辆动力学行为异常。如果考虑其动态的不平稳性，踏面剥离不可避免。

2.2 直线、曲线有砟轨道上高速轮轨动态特性

直线、曲线有、无砟轨道上高速轮轨动态特性分析结果见表 2-1。

表 2-1　直线、曲线有、无砟轨道上高速轮轨动态特性

<table>
<tr><th colspan="2">项目</th><th>LMA 型面</th><th>XP55 型面</th><th>S1002 型面</th></tr>
<tr><td colspan="2">直线有砟轨道上高速轮轨动态特性</td><td>轮轨接触特性最好、稳定性较好，临界速度比较高</td><td>轮轨接触特性、稳定性较好，临界速度比较高</td><td>轮轨接触特性、稳定性最差，临界速度为三者最低</td></tr>
<tr><td rowspan="2">曲线有砟轨道上高速轮轨动态特性</td><td>通过理想曲线</td><td>通过性能良好，轮轨磨耗指标最低，但接触应力较高</td><td>通过性能最好，接触应力最低，磨耗指标比 LMA 型面高</td><td>不能平顺通过曲线，在以 230km/h 通过曲线时激发了蛇行运动</td></tr>
<tr><td>通过随机不平顺曲线</td><td>轮对横移量、轮轨接触点、轮轨蠕滑率波动水平比较高，未发生异常现象，在所选取范围内轮轨接触应力、磨耗功比较高</td><td>轮对横移量、轮轨接触点、轮轨蠕滑率波动水平总体比较低，但发现有异常大的波动现象，在所选取范围内轮轨接触应力、磨耗功比较低；</td><td>轮对横移量、轮轨接触点、轮轨蠕滑率波动水平为三者最高，运动状态与其他二者差别较大，轮轨接触不平稳、滑动量较大</td></tr>
<tr><td rowspan="2">曲线无砟轨道上高速轮轨动态特性</td><td>通过理想曲线</td><td>通过性能良好</td><td>通过性能良好</td><td>通过性能不稳定</td></tr>
<tr><td>通过随机不平顺曲线</td><td>轮轨接触点波动水平比较高，在所选取范围内轮轨接触应力、磨耗功比较高</td><td>轮轨接触应力、磨耗功比较低</td><td>轮轨接触点波动水平为三者最大，在所选取范围内轮轨接触应力比较高，磨耗功比较高</td></tr>
</table>

2.3　研究结论

通过理论研究，得到的主要结果如下：

（1）从静态接触特型看，LMA 型面最好，XP55 次之，S1002 最差。

（2）从直线轨道上轮轨动力学特性看，LMA 型面轮轨接触特性最好、稳定性较好，临界速度最高；XP55 型面轮轨接触特性、稳定性较好，临界速度比 S1002 型面高；S1002 型面在轮轨接触特性、稳定性最差，临界速度为三者最低。

（3）从曲线轨道上轮轨动力学特性看，LMA 型面轮对横移量较大、接触应力最低、蠕滑率最低、磨耗功最低；XP55 型面轮对横移量较小、接触应力较高、蠕滑率较高、磨耗功较高，LMA 总体上好于 XP55；S1002 型面轮对横移量、接触应力、磨耗功等参量发生较大幅度波动，为三者最差。

高速轮轨匹配关系研究得出如下结论：

（1）在速度 200～250km/h 条件下，LMA 型面总体优于 XP55，S1002 型面不适用于我国轮轨技术条件。

（2）现有的 LMA 踏面也不是适合我国路况的最佳踏面，需要优化设计。

进一步采用“均良设计法”对 LMA 踏面进行了优化设计，该方法突破了过去一味追求最佳初始等效锥度的“先优后劣设计法”，设计原则是：

充分考虑车辆轨道耦合作用的“共性化”和“个性化”的结合，可以根据我国高速铁路发展的需求，针对不同线路条件和速度等级进行分级或个性化设计。

优化设计以现有 LMA 踏面（见图 2-1（a））为基础，通过引入车辆轨道耦合大系统理论模型、车辆悬挂参数特性与轮对等效锥度相互作用关系、线路随机谱对轮轨作用的影响、等效锥度对车辆蛇形失稳临界速度的影响规律、车轮踏面磨耗对临界速度的影响规律、车轮踏面磨损对临界速度的影响规律、轮径差控制等效锥度和轮轨法向间隙控制接触应力水平多目标函数，根据轮对磨耗特点和轮对最佳等效锥度特点，设计出 LMA-1、LMA-3 踏面，分别用于直线路和曲线较多线路见图 2-1（b、c）。该踏面巧妙而科学地通过设计轮对初始等效锥度和磨耗规律来控制轮对因磨耗带来的锥度变化，使轮对在正常的镟修期内始终能具有较高的临界速度，从而使车轮保持稳定的良好使用状态。

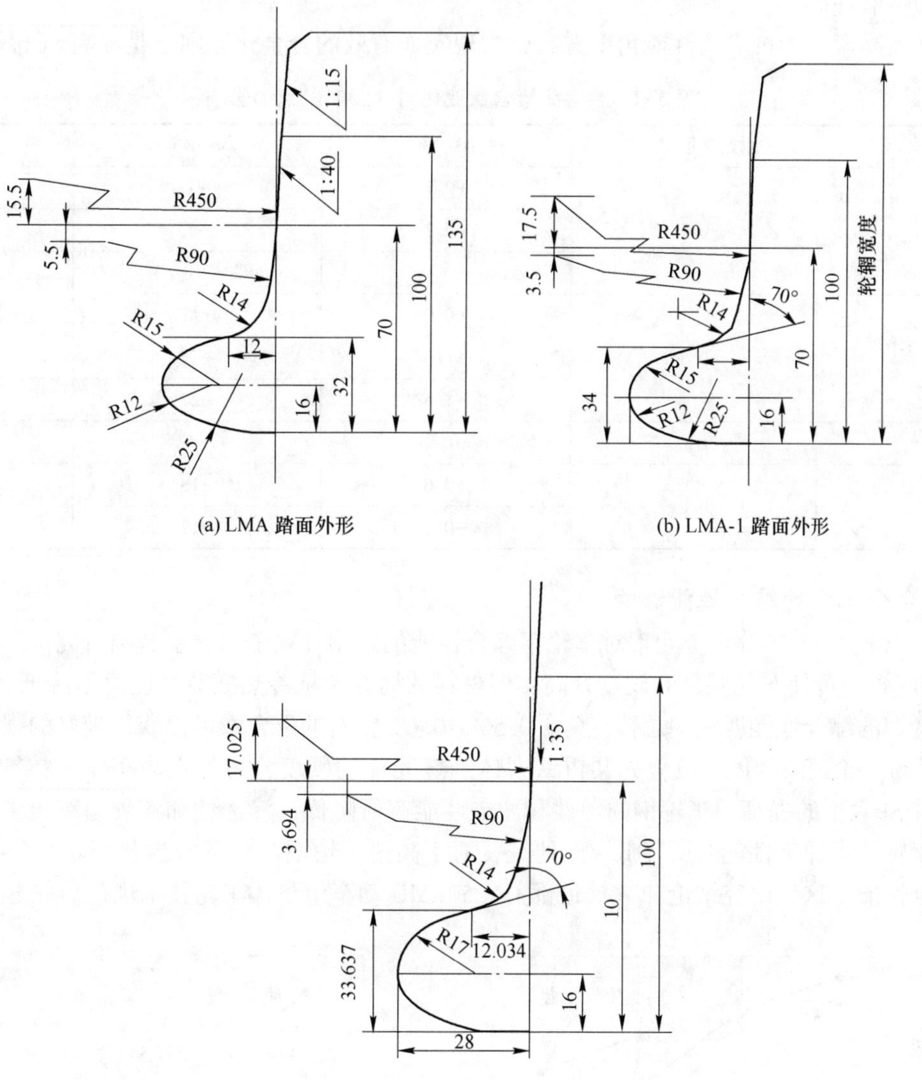

(a) LMA 踏面外形　(b) LMA-1 踏面外形

(c) LMA-3 踏面外形

图 2-1　踏面外形示意图

3　高速车轮材料基础研究

从高速车轮使用情况的调研和客运专线轮轨相互作用的初步研究结果看，正常情况下，磨损与剥离是影响动车组车轮服役表现的两个主要因素。

从材料学角度看，提高强度、硬度的手段简单、易行，改善磨损性能和接触疲劳性能是比较容易的，但综合考虑因轮轨间滑动而造成的热致剥离问题，就需对动车组车轮的材料学问题给予更深入的认识。

3.1　高速车轮的合金化研究

3.1.1　合金设计对相变温度的影响

使用热力学软件 Thermo-Calc 计算合金元素 C、Si、Cr、Mn 元素对现有车轮钢成分体系的平衡相图和相变温度的影响，结果见表 3-1，经研究分析得到如下结论：

在钢中增加 C 含量，基本不改变相变点 A_{c1}，但是显著降低 A_{c3}。说明要改善车轮钢的抗剥离性能，应尽量降低 C 含量，C 含量的降低还会带来材料韧性储备的提高，但 C 含量过度降低则会降低车轮材料的强度及耐磨性，降低车轮的使用寿命。

在钢中增加 Si 含量，可以显著提高钢的相变点，对提高车轮钢抗剥离性能有较大的好处。

Cr 元素在不超过 0.83%的范围内的含量变化，不会对车轮钢的相变点产生较大的影响。

增加 Mn 含量会带来 A_{c1} 和 A_{c3} 点的降低，但是 Mn 是车轮钢中的主要强化元素之一，降低 Mn 含量同样降低车轮钢的耐磨性。

因此，从提高车轮钢抗剥离性能角度看，较为现实而有效的合金化原则就是提高 Si 含量。

表 3-1　合金元素含量变化对 A_{c1} 和 A_{c3} 点的影响

合金元素	原始含量 M/%	ΔM/%	ΔA_{c1}/℃	ΔA_{c3}/℃
C	0.5	+0.1	+1	-12
		+0.2	+1	-23
		-0.1	-1	+18
Si	0.2	+0.6	+11	+14
		+1.0	+15	+20
		+1.6	+27	+38
Cr	0.25	+0.55	+5	-2
Mn	0.8	+0.6	-13	-9
		-0.6	+12	+10

3.1.2　合金元素的综合性能影响

对 C、Si、Cr、Al、V 等合金元素对车轮钢综合性能的影响开展了实验室基础研究工作，详见图 3-1。

C：提高碳含量可使车轮强度和硬度升高，但材料的韧性和抗冷热疲劳性能显著降低，碳含量合适与否决定了车轮钢的综合性能匹配的总体优劣，0.5%~0.6%左右的碳含量可以获得较好的强韧性配合。

Si：Si 提高车轮钢的强度，改善先共析铁素体和珠光体的硬度，另外提高车轮钢抗滑动（制动）剥离性能。随着 Si 含量的提高，车轮钢的塑性和冲击性能有所降低。淬透性和淬硬组织也随着 Si 含量的增加而提高，车轮的可加工性能有所降低。经研究，对于高速车轮钢，提高 Si 含量至 0.8%~1.0%左右可获得较优的综合性能。这一研究结论和《铁道部 CA250EMU 动车组整体车轮技术规范》是相一致的。

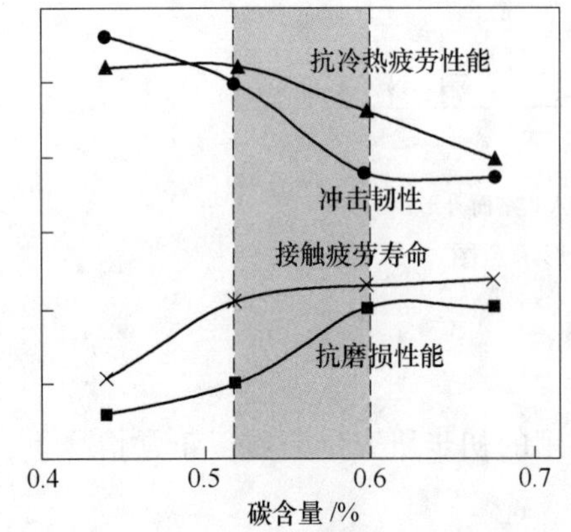

(a) C 含量的影响

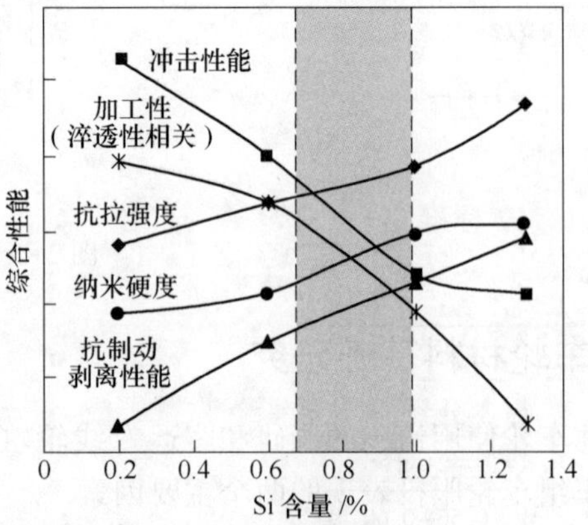

(b) Si 含量的影响

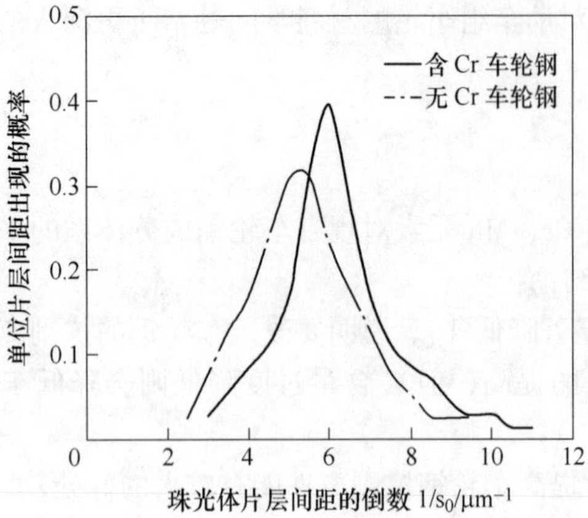

(c) Cr 含量的影响

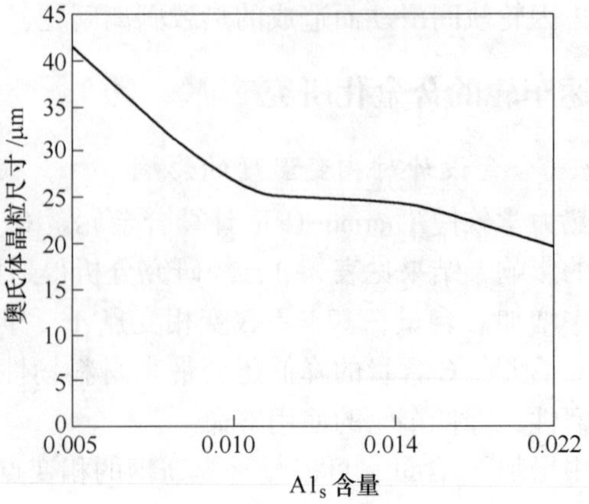

(d) Al 含量的影响

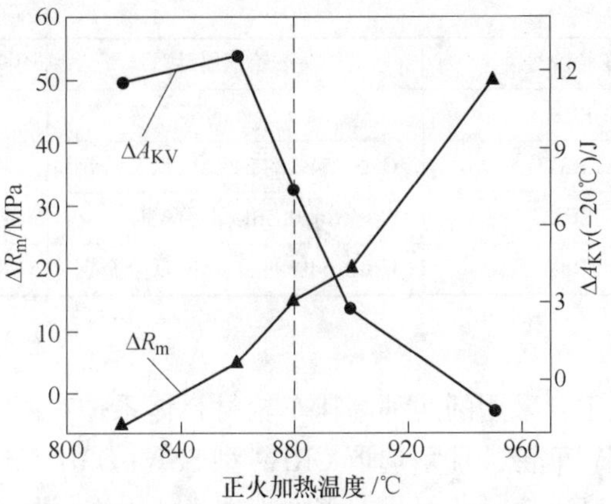

(e) V 含量的影响

图 3-1　合金元素的影响

Cr、Al、V：加 Cr 使车轮钢的珠光体组织产生细化效果，片层间距减小，从而提高车轮的强韧性。

加 Al 能细化奥氏体晶粒，从而在冷却后形成尺寸较小越珠光体，显著提高塑性和韧性。

而 V 对车轮钢力学性能的影响是多方面的，在较低的加热温度下，基体中未溶的 V（C，N）质点比较多，促进铁素体转变，使铁素体的含量增大，材料的整体冲击韧性提高。在较高加热温度下，V 大部分溶解在钢中，在随后相变过程中在铁素体和珠光体中弥散析出，对材料产生析出强化作用，提高材料的强化。因此，存在一个适中的加热温度，在这个温度下的材料，强度和冲击韧性都得到一定的提高。

3.1.3　高速车轮材料的合金设计思路

根据上述材料合金设计研究结果，结合国内外高速车轮的使用现状，确定如下成分设计（表 3-2）作为高速车轮材料可能的合金设计基本思路。

考虑到碳含量对车轮钢综合性能的影响，推荐采用 EN13262 中的 R7、R8 和 R9 作为高速车轮材料的主要成分体系。若对线路的耐磨性和车轮正常使用寿命提出更高的要求，可考虑较高的碳含量体系，如 R8、R9 钢；若重点关注材料的断裂行为和更高的安全性，可适当降低碳含量，如 R7、R8 钢。综合来看，R8 钢应具有强度、耐磨和韧性的较好匹配。在一定情况下，ER8V（提 Si 钢）可获得良好的强度、耐磨、抗制动剥离及韧性的综合性能匹配，有可能成为更为理想的高速车轮材料，但这种材料的成分体系游离于欧洲 EN13262 标准之外，其实际运用情况的优劣有待实践的不断检验。

表 3-2　建议高速车轮材料的合金设计方案

序号	C	Si	Mn	Cr	V	Mo、Ni、Cu	参考钢种
1	0.48~0.52	0.15~0.40	0.65~0.80	≤0.30	≤0.06	残余	ER7
2	0.52~0.56	0.15~0.40	0.65~0.80	≤0.30	≤0.06	残余	ER8
3	0.56~0.60	0.15~0.40	0.65~0.80	≤0.30	≤0.06	残余	ER9
4	0.52~0.56	0.90~1.10	0.90~1.10	≤0.30	≤0.06	残余	ER8V

3.2　典型动车组车轮的材料特性分析

对进口动车组车轮进行材料特性分析，了解国外动车组车轮合金化特点和冶金质量、组织-性能的控制水平，汲取国外动车组车轮生产工艺技术的长处和经验，通过技术消化提高动车组车轮的研究效率和水平。

目前，我国客运专线在用 200~250km/h 动车组车轮情况见表 3-3，共有四种牌号车轮。

表 3-3　客运专线在用动车组车轮情况

车型	车轮牌号	车轮钢属性	执行标准	备注
CRH1	ER9	C≤0.60%的碳素钢	欧洲标准 EN13262	
CRH2	ER8	C≤0.56%的碳素钢	欧洲标准 EN13262	
	SSW-Q3R	0.60%≤C≤0.75%的碳素钢	日本标准 JISE5402-1	已不再使用

续表 3-3

车型	车轮牌号	车轮钢属性	执行标准	备注
CRH3 (300km/h)	ER8	C≤0.56%的碳素钢	欧洲标准 EN13262	
	ER8V	C≤0.54%的 Si、Mn 低合金钢	欧洲车轮厂技术条件	
CRH5	ER8	C≤0.56%的碳素钢	欧洲标准 EN13262	
	ER8V	C≤0.54%的 Si、Mn 低合金钢	欧洲车轮厂技术条件	

3.2.1 材料合金体系

日系和欧系是目前国际上主要采用的两种高速车轮材料体系，对两种体系的材料特性进行系统分析，欧系这里暂选取 CRH5 型 ER8V 车轮，日系选取 CRH2 型 SSW-Q3R 车轮，见表 3-4。CRH2 型车轮为高碳碳素钢，其特点是主要依靠高碳含量获得足够多的细珠光体量进行材料强化。而 CRH5 型车轮则采用相对较低的碳含量，并进行较高含量的 Si、Mn 元素的合金化，属低合金车轮钢。

表 3-4 进口 CRH5 型和 CRH2 型车轮成分分析结果

牌号	化学成分/%										气体/ppm	
	C	Si	Mn	P	S	Cr	Ni	Mo	Al_s	Ti	T.O	N
SSWQ3R	0.66	0.29	0.78	0.015	0.008	0.09	0.014	0.013	0.036	0.0009	6.0	32
ER8V	0.54	0.95	0.95	0.007	0.0022	0.14	0.068	0.015	0.021	0.011	13	45

两种动车组车轮材料的平衡相图如图 3-2 所示。CRH5 型车轮把 Si 含量从一般的 0.3%左右提高至 1.0%左右，提高幅度较大。在相图上体现为提高了相变温度。CRH2 型车轮材料的 A_{c1} 和 A_{c3} 相变点分别为 716℃和 735℃，相变区间仅为 19℃。而 CRH5 型车轮材料的 A_{c1} 和 A_{c3} 相变点分别为 720℃和 770℃，与 CRH2 型车轮相比提高了 4℃和 35℃，且相变区间扩大为 50℃。

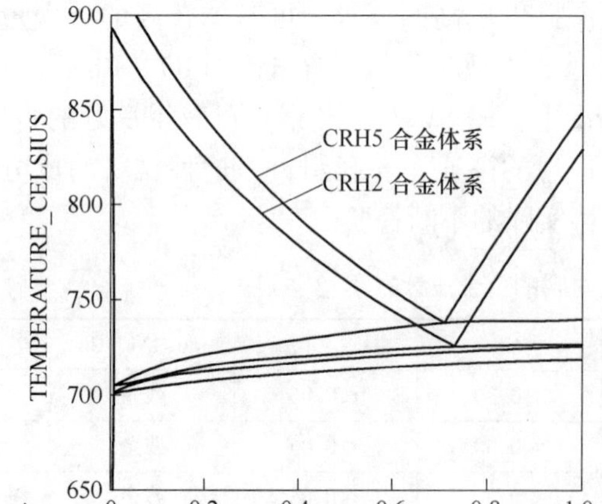

(a) 合金体系差异

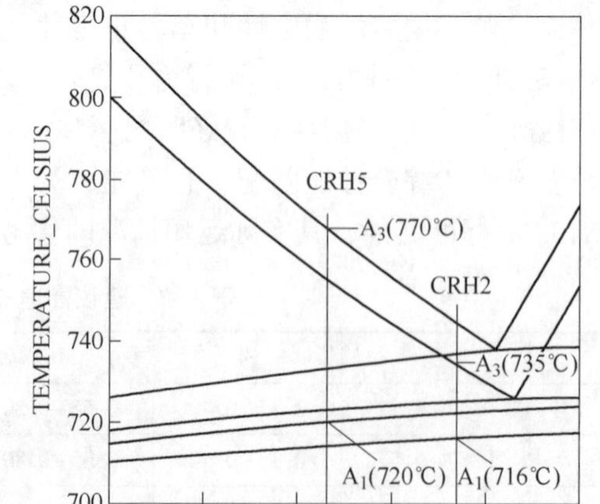

(b) 相变点的计算

图 3-2 CRH2 和 CRH5 型动车组车轮的平衡相图

两种钢在合金设计、平衡相图及相变点等相关方面存在一定的差别，正是在这些方面的差别使两种钢在相变特性、显微组织和力学性能方面出现显著的不同，使得两种材质的服役特性产生差异。

3.2.1.1 CCT 曲线

从 CRH2 和 CRH5 型车轮的 CCT 曲线绘制到一起进行比较，如图 3-3 所示。从图中可以看出，两种动车组车轮的相转变特性相类似，在很宽的冷却范围内均形成铁素体-珠光体组织。只有当冷却速率超过 10℃/s 以上时，才形成珠光体+贝氏体或马氏体组织。在正常的生产工艺条件下可获得以铁素体-珠光体为主的显微组织，符合车轮钢的显微组织要求。

两种钢在相变开始温度上存在较大差异。在各种冷却速度条件下，CRH5 型车轮的相变开始温度比

CRH2 型车轮高 20~50℃。主要有两方面的原因：其一是 CRH5 型车轮的碳含量较低，会在较高的温度先发生先共析铁素体转变；其二是 CRH5 型车轮的 Si 含量较高，也相对提高了相变点。两种钢的珠光体转变终止温度基本相同。

3.2.1.2 显微组织

由于在碳含量上的显著差异，两种钢的先共析铁素体量存在明显差异，见图 3-4。从图中可以看出，CRH2 型车轮在较高冷速端（2~8℃/s，对应于轮辋部分）的先共析铁素体含量小于 1%，而 CRH5 型车轮的铁素体含量则达到 5%~10%。二者在铁素体含量方面的差异直接影响两种动车组车轮材料的强韧性匹配关系。CRH5 型车轮轮辋的韧性较好，CRH2 型车轮的强度较高。两种钢在低冷速端的先共析铁素体差异则更大。

3.2.1.3 抗制动剥离性能

车轮经滑动摩擦后升温非常快，在随后的冷却过程中形成马氏体薄层，成为踏面剥离的根源。不同的材料对这种制动剥离性能有较大影响，这种抗剥离性能的差异主要与材料的相变温度有直接关系。除采用 Thermo-Calc 进行平衡计算外，还用 0.05℃/s、1℃/s 和 20℃/s 等不同升温速率进行了实际相变点的测量，如图 3-5 所示。实验结果显示，随着加热速率的提高，车轮材料的相变温度升高。而相变温度的变化带来的直接影响就是使滑动剥离区域的尺寸发生变化。同时，结果也显示，在任何升温速率条件下，CRH5 型动车组车轮均比 CRH2 型动车组车轮的相变温度高。若假定两种车均可能因紧急制动而发生轮轨相对滑动，从两种车轮的相变温度考虑，和 CRH2 型车轮相比，CRH5 型车轮的完全剥离层的深度和宽度均会出现相应减少，制动剥离状况大大改善。

车轮钢（日标）

C	Si	Mn	Cr	S	P	Al_s
0.67	0.3	0.8	0.08	0.008	0.015	0.036

原始状态：正火　　奥氏体化：870℃,5min

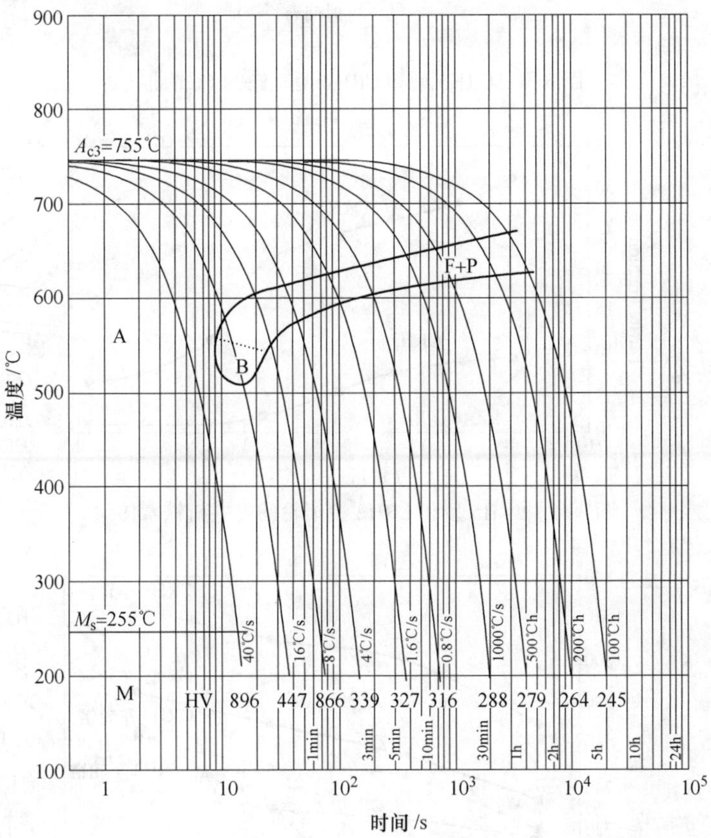

(a)

车轮钢(欧标)

C	Si	Mn	Cr	S	P	Al_s
0.54	1.04	0.98	0.02	0.001	0.006	0.012

原始状态：正火　　　　奥氏体化：870℃,5min

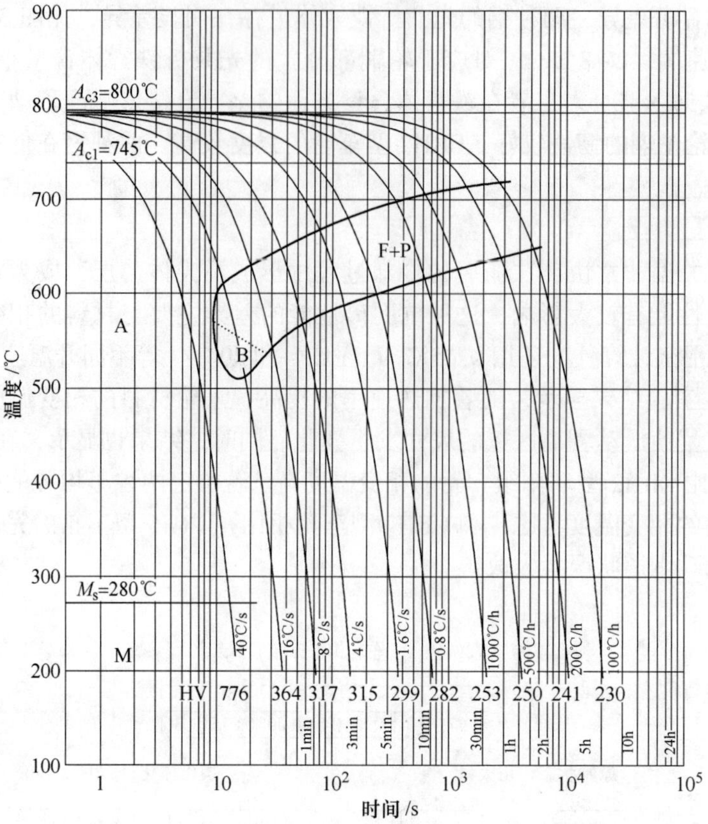

(b)

图 3-3　CRH5 型和 CRH2 型车轮的 CCT 曲线

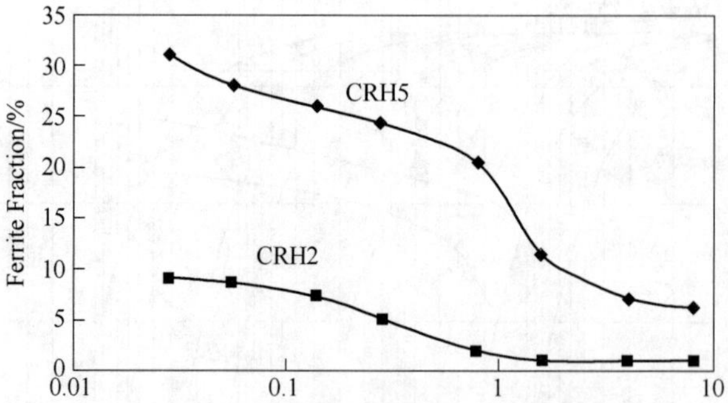

图 3-4　CRH5 型和 CRH2 型车轮的先共析铁素体量

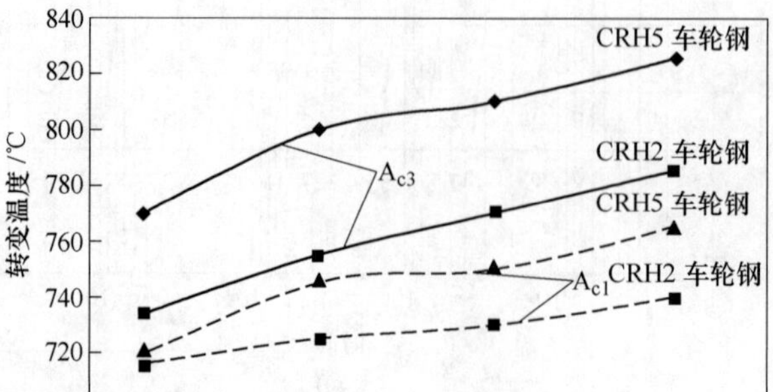

图 3-5　CRH5 型和 CRH2 型车轮相变温度与升温速率的关系

3.2.2 进口动车组车轮解剖分析

车轮钢化学成分分析结果见表3-5，夹杂物、力学性能分析结果见表3-6、表3-7。可见，高碳含量的日本SSW-Q3R车轮，在具有高强度、硬度的同时，断裂韧性明显高于进口的低碳含量欧洲车轮。对于欧标型ER8、ER9车轮实物，低温冲击未能满足EN13262要求，ER8V车轮的低温冲击与断裂韧性也未能满足《铁道部CA250EMU动车组整体车轮技术规范》要求。为找出日标、欧标车轮实物性能差距，进行更深层分析。

表3-5 进口车轮实物化学成分分析结果（钢研总院分析）

牌号	化学成分/%										气体/ppm	
	C	Si	Mn	P	S	Cr	Ni	Mo	Al_s	Ti	T.O	N
SSW-Q3R	0.66	0.29	0.78	0.015	0.008	0.09	0.01	0.013	0.036	0.0009	6	32
ER8V	0.54	0.95	0.95	0.0076	0.0022	0.14	0.07	0.015	0.021	0.011	13	45
ER8	0.54	0.38	0.75	0.005	0.0022	0.22	0.13	0.032	0.028	<0.005	13	61
	0.55	0.34	0.78	0.0072	0.0012	0.20	0.10	0.026	0.015	0.0097	11	48
ER9	0.59	0.35	0.76	0.0074	0.0027	0.24	0.10	0.031	0.018	<0.005	12	53

表3-6 进口车轮非金属夹杂物（铁科院分析）

类型	车轮轮辋	A 硫化物		B 氧化铝		C 硅酸盐		D 球状氧化物		B+C+D	
		粗系	细系	粗系	细系	粗系	细系	粗系	细系	粗系	细系
日标	SSW-Q3R	1.0	0	0.5	0	0	0	0.5	0	1.0	0
欧标	ER8V	0.5	0.5	0	0	0	0.5	0.5	0.5	1.0	1.5
	ER8	0.5	0.5	0	0.5	0	0	0	0.5	0.5	1.5
		0	0.5	0	0.5	0	0.5	0	0.5	0.5	1.5
	ER9	0.5	0.5	0.5	0.5	0	0.5	0.5	0.5	1.5	2.0
EN13262		≤1.5	≤1.5	≤1.0	≤1.5	≤1.0	≤1.5	≤1.0	≤1.5	≤2.0	≤3.0

表3-7 进口车轮实物力学性能

类型	牌号	分析单位	轮辋						辐板	
			R_{eH}/MPa	R_m/MPa	A_5/%	K_Q /MPa·$m^{1/2}$	A_{KV}/J (-20℃)	硬度（HB）	R_m/MPa	A_5/%
日标	SSW-3R	总院	625	1040	15.5	77.6	9.6	331	805	20.5
欧标	ER8V	总院	605	1000	18.5	56.9	5.0	—	815	21.0
		铁科				67.5	5.0	269		
	铁道部技术规范		≥570	900~1000	≥14	≥80	≥10	≥265		≤880
	ER8	总院	585	940	19.0	68.8	7.5	—	760	19.0
		铁科				6.7	9.0	265		
		总院	580	940	17.5	60.1	4.5	—	745	19.0
		铁科				75.2	5.7	265		
	EN13262		≥540	860~980	≥14	—	≥10	≥245	≥120①	≥16
	ER9	总院	610	990	18.5	60.6	6.0	—	795	21.0
		铁科				64.5	7.5	274		
	EN13262		≥580	900~1050	≥12	—	≥8	≥255	≥120①	≥14

①辐板 R_m 相对轮辋 R_m 减小值。

3.2.2.1　日标型车轮

A　炼钢工艺技术

在具有良好洁净度的同时，具有两方面的独到之处：

（1）在残余元素控制上，有针对性地充分利用某些元素的有益作用，并最大程度消除某些元素的有害作用。S一般被认为是钢中有害元素，但如果S含量控制在适当范围，并以细小弥散的MnS夹杂形态存在于钢中时，由于MnS熔点高于钢的热加工温度且在高温下稳定，能有效控制热加工时的晶粒长大，可为后续热处理工艺提供良好的组织状态，从而成为提高综合性能的一个有效因素。在现代炼钢工艺条件下，降低S含量是极易做到的，日本把S控制在较高水平，并不是受工艺条件所局限，而是把其作为改善车轮综合性能的重要手段。

（2）在非金属夹杂物控制上水平极高，CRH2型车轮中夹杂物以MnS为主，且MnS以3～12μm的细小点块状弥散分布，见图3-6，而不是常见的以较大尺寸条状存在，这就显著提高了S在控制热加工组织状态上的效能，存在的少量氧化物夹杂主要为MnS+Al_2O_3复合夹杂物，并且Al_2O_3被MnS包裹，这大大降低了脆性夹杂Al_2O_3的危害作用。

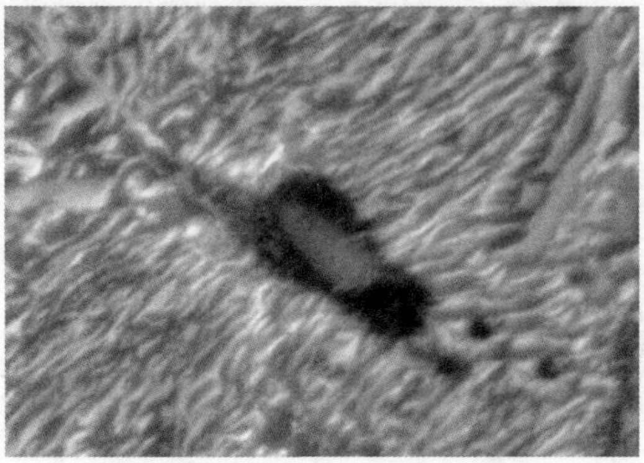

图3-6　日标车轮MnS+Al_2O_3夹杂物形貌（2000×）

B　热处理工艺技术

日本车轮轮辋珠光体晶粒尺寸、珠光体片间距均较小，并且辐板组织出现少量粒状珠光体，这说明其热处理工艺具有三方面特点：一是热处理加热方面，奥氏体稳定性控制恰当，既能在冷却过程中增大珠光体形核率，又不致先共析铁素体增多而影响强度；二是冷却能力强，使珠光体细化，从而通过对组织状态的有效控制而是综合性能达到高水平；三是辐板组织控制方面，通过对辐板进行球化处理获得少量粒状珠光体组织，从而降低辐板强度、提高辐板冲击韧性。从文献调研结果看，日本车轮热处理工艺装备条件、主要控制参数均是利于获得上述组织状态的，这说明日本在车轮热处理的软、硬件融合上达到了很高水平。

3.2.2.2　欧标型车轮

A　炼钢工艺技术

（1）各牌号欧标车轮化学成分能满足EN13262及《铁道部CA250EMU动车组整体车轮技术规范》要求，但在技术条件外残余元素的控制上未进行细化。这点从Ti元素的控制上得以反映，三种不同牌号车轮最小Ti含量低于0.005%，最大Ti含量高达0.011%，而Ti易与N结合生成TiN夹杂，从而降低了钢种AlN含量使其在弱热处理过程中的晶粒细化作用削弱。

（2）欧标型车轮中夹杂物TiN、Al_2O_3等脆性夹杂物为主，见图3-7。纯TiN、Al_2O_3夹杂物附近易微裂纹并伴有较大的应力集中，必然对韧性产生不良影响。

B　理工艺技术

进口欧标型3种牌号车轮轮辋踏面下及心部组织见图3-8。踏面下组织基本上为珠光体+微量铁素体，心部出现珠光体+少量铁素体，但铁素体分布明显不均，可推知欧标型车轮并未采用特殊热处理工艺，仅仅在奥氏体化后采用了踏面淬火工艺进行冷却，这可能也是导致车轮韧性偏低的又一原因。

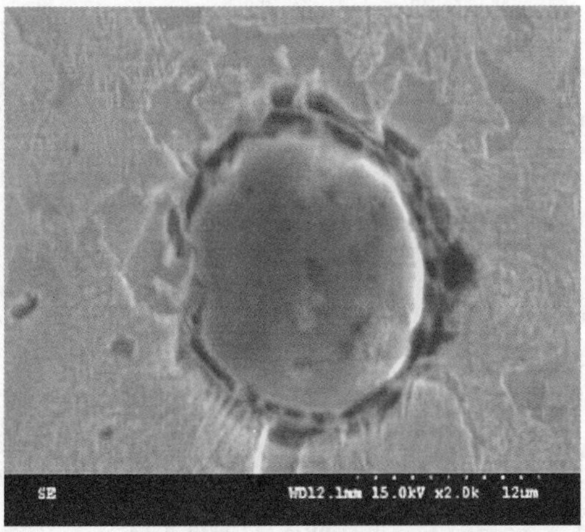

(a) ER8 中 Al_2O_3+CaS 复合夹杂物

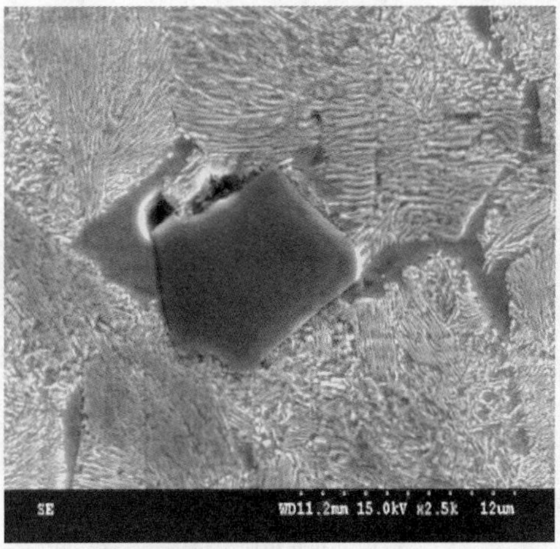

(b) ER8V 中 TiN 夹杂物

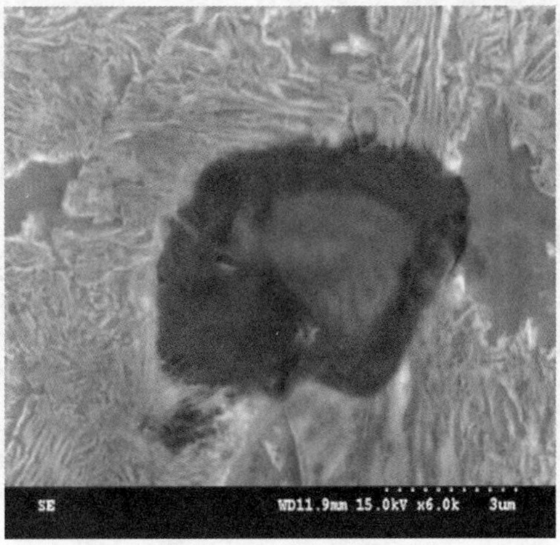

(c) ER9 种 Al_2O_3 夹杂物

图 3-7 欧标车轮夹杂物形貌（2000×）

3.3 研究结论

通过对车轮材料的基础研究分析知：

（1）从成分设计角度考虑，选用欧系路线进行车轮国产化难度、风险均较小；

（2）日本的车轮制造技术水平明显高于欧洲，主要原因是日本车轮在冶金质量控制及热处理工艺上具备较高的技术积累与储备。

4 200～250km/h 动车组车轮试制技术条件的拟定

4.1 国外标准调研分析

日本和欧洲的法、德等国代表着当今高速铁路技术的最高水平，但高速车轮标准存在显著差异。首先对各标准进行分析，为我国动车组车轮技术条件拟定提供一定的参考与依据。

日本标准由 JIS E5402-1《铁路车辆用整体车轮—质量要求》和 JIS E5402-2《铁路车辆用整体车轮—尺寸要求》两部分组成，实际上是 ISO 1005-6—1994 和原 JIS E5402 的组合体，一以贯之地延续内容简洁、技术要求较为宽松的特点。但日本车轮的实物质量远高于标准要求，这从日本车轮解剖分析结果得到直接的体现。显然，日本标准更注重于给用户和制造厂一个总体导向，让用户和制造厂以此为框架、并根据实际的使用要求而形成具体的产品技术条件。

欧洲标准显得刚性，通过复杂的技术要求而赋予标准以极强的可操作性，可以直接用作为产品技术条件。《铁道部 CA250EMU 动车组整体车轮技术规范》几乎完全套用了欧洲标准 EN13262，只是因车轮材

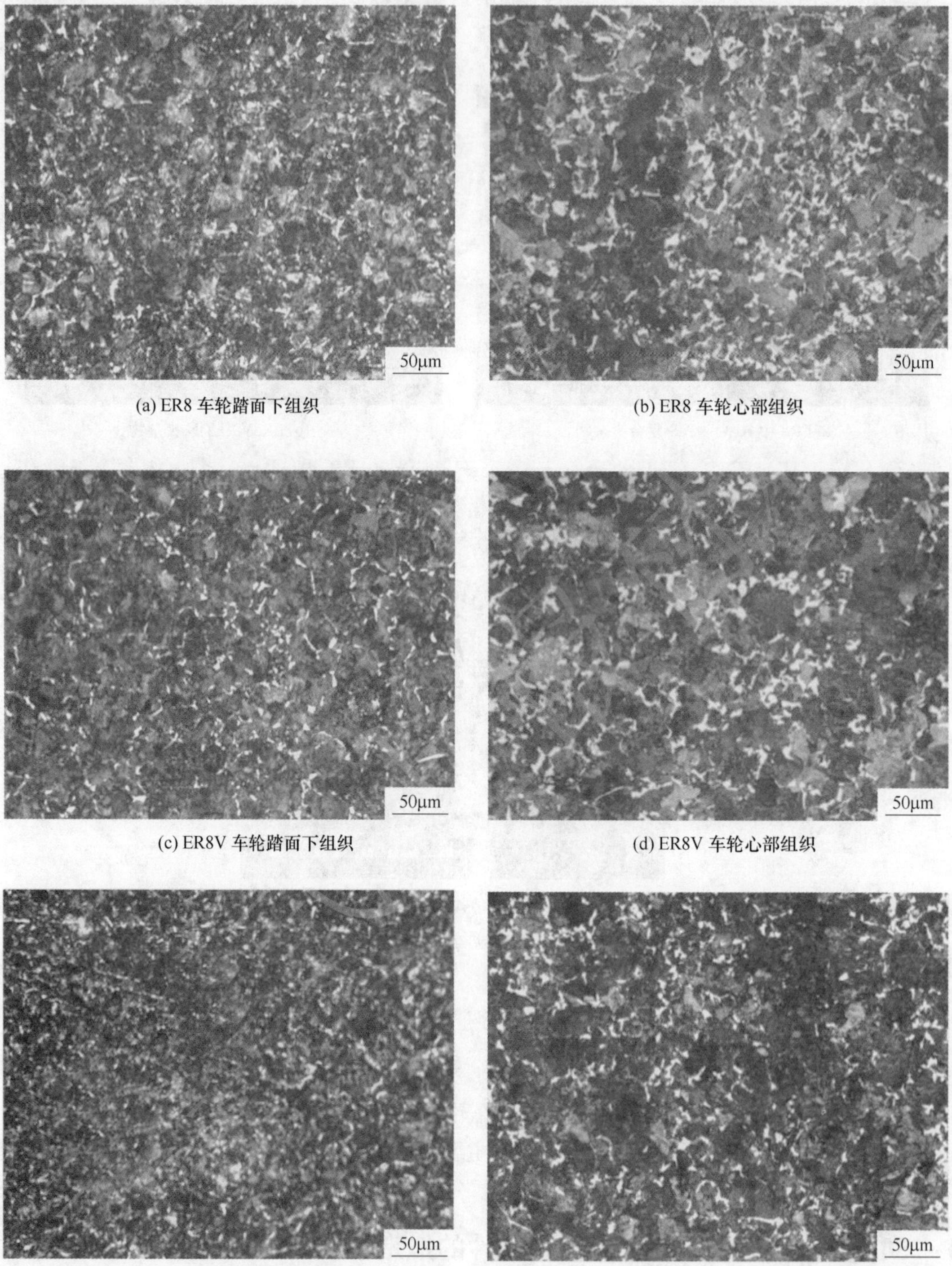

(a) ER8 车轮踏面下组织　　(b) ER8 车轮心部组织

(c) ER8V 车轮踏面下组织　　(d) ER8V 车轮心部组织

(e) ER9 车轮踏面下组织　　(f) ER9 车轮心部组织

图 3-8　进口欧标车轮轮辋组织（100×）

料变化而对某些指标做了调整，显示了欧洲标准对欧洲车轮生产厂的约束力。

日本是高速铁路发展最早的国家，在标准修订前（1998 年），高速车轮一直为高碳碳素钢 SSW-Q3R 车轮，采用高强度路线，从供我国动车组车轮的材料特点看，标准修订后，这一路线仍未改变，历经 40 余年的高速运用实践，表现出极高可靠性，且故障率很低，说明 SSW-Q3R 材质车轮与日本高速铁路使用条件的匹配度良好。日本在车轮材料研究上做了很多工作，但都没有得到实际应用，说明日本标准一直是与日本铁路使用要求相适应的标准，具有科学性、合理性和经济性。

欧洲高速车轮材料采用中碳非合金化的 ER7 或 ER8 车轮，特别强调韧性，采用的是高韧性技术路线。法国 TGV20 世纪 90 年代前使用 ER7 车轮，因剥离、辗宽而造成的返修率较高，显然与强度偏低有关，后来采用了强度较高的 ER8 车轮。

ER8V 车轮研究的出发点是在不降低韧性的同时大幅度提高强度，主要目的就是针对接触疲劳问题。这一研究成果转入实用的情况表明，欧洲对高速车轮强度的重视程度在增强。

无论日本还是欧洲，高速车轮都保持极高可靠性，高速铁路因车轮质量问题而发生的行车安全事故仅有德国 ICE 的颠覆事故一次，主要原因是车轮类型选择不当，车轮为弹性组装车轮。

从欧洲高速车轮的运用实践看，冶金质量是影响使用可靠性的关键要素之一，欧洲标准、技术条件对冶金质量（非金属夹杂物、杂质元素、气体含量、超声波探伤等要求）做出具体而严格的要求是必要的。

总体上看，日、欧高速车轮标准（技术条件）在钢质水平、尺寸精度方面的要求具有共性，而在车轮材料及其性能上的要求存在显著差异。

根据日、欧标准，以 SSW-Q3R 材质（日标型）和 ER8V 材质（欧标型）为对象，确定了本项目的技术指标见表 4-1。

表 4-1 动车组车轮技术指标

车轮类型	轮辋						
	$R_{p0.2}$/MPa	R_m/MPa	A/%	硬度值（HB）	A_{KU}/J（常温）	A_{KV}/J（-20℃）	K_{IC}/MPa · m$^{1/2}$
欧洲型	≥540	860~980	≥13	≥245	≥17	≥10	≥80
	注：拉伸目标按欧洲 R8T 车轮设定。						
日本型	—	790~980	≥8/12	311~363	≥10		≥50
	注：拉伸性能在轧态进行。						

注：车轮钢中氧含量<20ppm，氢含量<1.5ppm，氮含量<60ppm。

4.2 我国 200~250km/h 动车组车轮技术条件草案的拟定

4.2.1 背景

通过国外标准及国外车轮使用情况调研及动车组车轮材料基础研究，可知，日、欧高速车轮在钢质水平，车轮综合性能上有着严格的要求，车轮使用过程中表现出较好的服役性能。

但日本一直对车轮生产技术严格保密，不仅如此，仅以备件的模式提供，不提供后期技术服务，导致车轮维护难度较大、成本过高。同时，尽管日本车轮的实物质量优异，但在客运专线的使用状态并未显示出优势。因此，CRH2 动车组用车轮已由 ER8 车轮替代，日系的 SSW-QR3 车轮将不再是我国动车组车轮的选用对象。

根据使用对象的变化，为推进动车组车轮国产化进程，本项目研发中期以在用的欧系车轮为对象，在“863”动车组车轮技术指标的基础上，增加了相关牌号，对动车组车轮试制技术条件重新进行了调整。

4.2.2 试制技术条件草案主要技术要求

该技术条件草案以欧洲 EN13262《铁路规范—轮对和转向架—车轮—产品要求》及《铁道部 CA250EMU 动车组整体车轮技术规范》为基础拟定，相比上述标准：

（1）高洁净度：提高非金属夹杂物、超声波探伤控制级别，增加钢中气体要求，见表 4-2；

（2）高强韧配合力学性能：在新增 D1、D3 牌号的同时，增加断裂韧性要求，见表 4-3。

表 4-2 洁净度主要要求

牌号	欧标牌号	熔炼成分/%					气体/ppm			夹杂物	超探
		C	Si	Mn	P	S	[N]	[H]	T.O		
D1	ER8	0.50~0.56	0.17~0.40	0.65~0.80	≤0.015	≤0.010	≤70	≤2.0	≤20	A≤0.5 B/C/D ≤1.0	当量 <1.0mm
D2[①]	ER8V	0.50~0.56	0.90~1.10	0.90~1.10							
D3	ER9	0.54~0.60	0.17~0.40	0.65~0.80							

①D2 车轮为“863”课题中研究的欧洲型车轮。

表 4-3　轮辋主要力学性能要求

牌号	欧标牌号	R_{eH}/MPa	R_m/MPa	A_5/%	磨耗极限布氏硬度（HB）	A_{KU}/J（+20℃）	A_{KV}/J（-20℃）	K_Q/MPa · $m^{1/2}$
D1	ER8	≥540	860~980	≥13	≥245	≥17	≥10	≥80
D2	ER8V	≥570	900~1000	≥14	≥265	≥17	≥10	≥80
D3	ER9	≥580	900~1050	≥12	≥255	≥13	≥8	≥65

5　动车组车轮钢冶炼工艺研究

为获得较高冶金质量的车轮钢，以确保动车组车轮的实物质量和运用可靠性，进行了动车组车轮用钢冶炼-连铸工艺的研究，重点如下：

（1）钢的低 P、S 冶炼技术研究；

（2）钢中气体及夹杂物控制技术研究；

（3）无缺陷铸坯连铸生产技术研究；

（4）优化铸坯铸态组织结构技术研究。

通过大量试验研究，现已形成了稳定的工艺，生产的车轮钢完全满足技术条件。

5.1　冶炼-连铸工艺优化研究

5.1.1　低磷控制工艺技术

铁水含磷量一般在 0.08%~0.14%，而铁水预处理为单一的脱硫装置，炉后处理不具备脱磷条件，因此转炉冶炼是进一步降低钢中的［P］含量的关键，降低转炉冶炼终点钢中［P］含量和减少出钢回磷是获得较低［P］钢的两个重要环节。

通过大量工艺试验，形成了转炉冶炼低磷钢的如下关键技术：

（1）采用复吹技术，利用底吹气流克服顶吹氧流对熔池搅拌不足的弱点，加强熔池的搅拌力，改善了熔池内冶金反应动力学条件，使钢渣反应进一步接近平衡，有利于脱磷；

（2）采用双渣操作，早期加入大量的石灰，增加渣量，提高脱 P 效果；

（3）提高氧枪枪位及延长高枪位吹炼时间，增加渣中的 FeO 含量；

（4）采用了双挡渣法出钢工艺以防止回磷，即在出钢前用圆锥形挡渣帽挡一次渣，出钢 4/5 时加入挡渣塞，挡二次渣。

采用以上综合技术，转炉出钢 P 含量控制在 0.008%以下，出钢回 P 含量控制在 0.003%以下。

5.1.2　低硫控制工艺技术

硫是钢中有害元素，在钢水凝固过程中易偏析，降低钢的高温强度和塑性，是导致连铸坯产生裂纹的一大重要因素。

通过大量工艺研究和生产实践，在脱硫工艺上已经取得成熟、稳定的专有技术，要点如下：

（1）转炉冶炼。加强转炉吹炼后期的造渣，保证转炉终点硫含量≤0.020%；

（2）精炼造渣工艺。通过对渣的物化性质的研究，改进了精炼渣造渣工艺。造渣工作在出钢过程、LF 精炼过程两个工序完成，出钢过程加入大量的预熔渣，实现转炉渣快速变性、造新渣和加强脱硫的目的，使精炼前钢包中的（FeO）降低到 2.0%以下。LF 精炼后根据渣况加入一定量的活性石灰等原料，二次造渣，改善了渣的黏度，提高了精炼渣的流动性以及精炼渣吸附和同化精炼渣的能力。精炼过程加强造还原渣操作，实现白渣操作（（FeO）+（MnO）≤0.8%），以达到 LF 过程的高效脱硫和脱氧目的。

该工艺可确保钢中［S］含量控制在 0.015%以下，精炼最大脱硫率达 65%，最小硫含量达 0.005%以下的超低硫水平。

5.1.3　夹杂物控制工艺技术

铝镇静钢中氧化物夹杂主要为 Al_2O_3 为基的复合夹杂物，因其熔点高、硬度较高，轧制过程中导致夹杂破损，并沿轧制方向呈长链条状分布，是导致辋裂、接触疲劳剥离的主要因素，在冶炼工艺控制中处于重中之重地位。

脱氧工艺研究集中在以下方面：

（1）脱氧工艺。针对整体机车车轮钢的质量要求和工艺特点，在降低钢中氧含量方面，重点采用出钢过程 Si、Mn、复合 Al 合金进行预脱氧、LF 炉加铝终脱氧，结合精炼渣操作，可以使钢中全氧含量控制在 15ppm 左右。

（2）夹杂物变性处理。采用 LF 精炼后或 VD 脱气处理后喂复合钙线的处理工艺。关于 Ca 处理夹杂物变性技术，进行大量研究工作，现在基本实现夹杂物有效控制，将夹杂物变成尺寸较小、塑性钙铝酸盐类夹杂物，大大减少了夹杂物在车轮钢中危害程度。图 5-1 和表 5-1 是经过钙处理后铸坯中夹杂物形貌，尺寸及种类。由图表可见，夹杂物尺寸都控制在 2~3μm 左右，夹杂物种类主要以钙铝酸盐和硫化物的复合为主，钙处理效果非常好，此类夹杂物大大降低了夹杂物在车轮钢中危害程度。

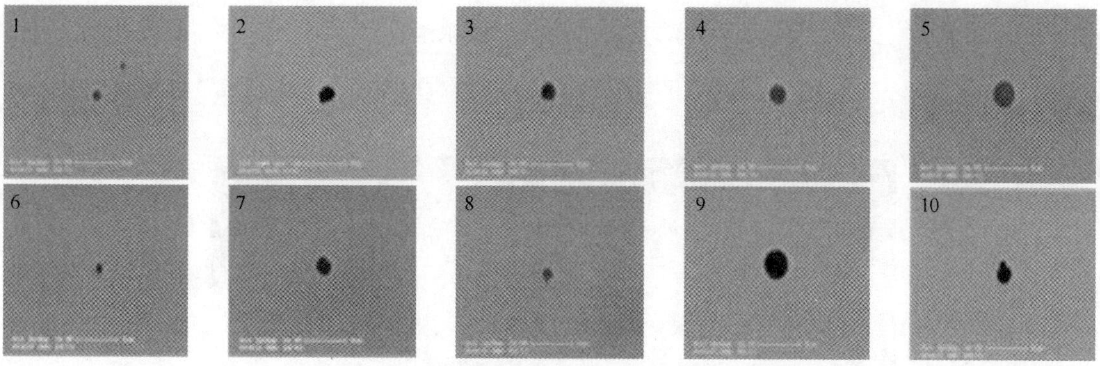

图 5-1 钙处理后铸坯中夹杂物形貌和尺寸

表 5-1 钙处理后夹杂物能谱分析结果 （%）

编号	Al	Ca	Mn	Mg	Si	S	O
1	18.79	7.73	10.94	17.23	—	18.51	26.80
2	30.25	13.02	5.87	7.43	—	5.98	37.44
3	28.47	14.31	13.33	4.60	—	8.34	30.95
4	29.88	10.70	11.15	4.92	—	12.07	31.29
5	24.58	42.10	—	2.26	—	2.02	29.04
6	15.56	12.10	19.95	10.26	—	19.08	23.05
7	37.23	12.96	—	8.02	—	4.51	37.28
8	17.34	49.39	—	—	—	6.11	27.16
9	15.45	34.31	—	2.52	3.47	2.71	41.54
10	20.02	48.60	—	—	—	4.12	27.27

5.1.4 结晶器电磁搅拌控制技术

日标型和欧标型材质属于中高碳系列钢种，此类钢在圆坯连铸过程中极易产生 C 元素偏析，从而导致车轮本体组织状态、综合性能产生差异。因此，针对马钢圆坯连铸机具有铸坯尺寸断面大，只有结晶器电磁搅拌的特点，重点研究了不同电磁搅拌电流强度对车轮钢圆坯 C 偏析影响（图 5-2）。可见，采用小电搅电流时，除了中心较小区域存在较为严重的正偏析和围绕中心正偏析存在一定区域的负偏析外，其他的区域 C 元素分布相对较为均匀，明显优于大电搅电流。

但是，在实际生产中发现小电搅电流时柱状晶较为发达，中心等轴晶区较小，而大电搅电流时柱状晶较短，中心等轴晶区增加，组织相对致密和细化。图 5-3 是不同电搅强度下铸坯的低倍组织。由图可见，小电搅电流时柱状晶较为发达，中心等轴晶区较小，等轴晶区存在一定疏松，而大电搅电流时，柱状晶较短，中心等轴晶区增加，组织相对致密和细化。

综上所述，结晶器电磁搅拌是改善铸坯铸态组织的有效措施，但是大电搅电流会造成铸坯出现近表面的严重 C 负偏析和铸坯断面 3/4~1/4 区域严重正偏析。结合多次不同电磁搅拌工艺试验及分析结果，将动车组车轮钢结晶器电磁搅拌电流强度进行了固化。

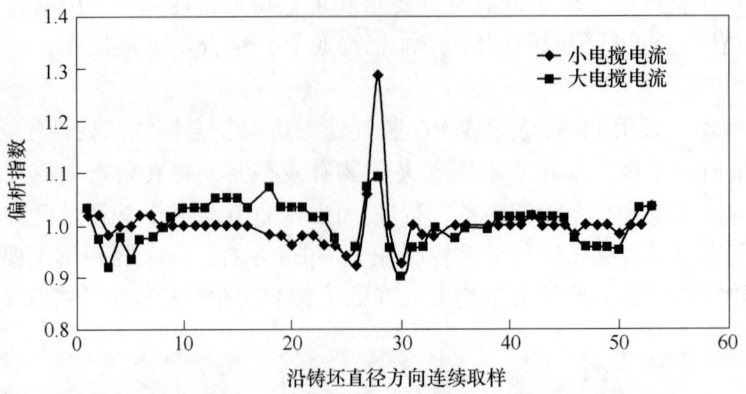

图 5-2　铸坯直径方向 C 偏析特征

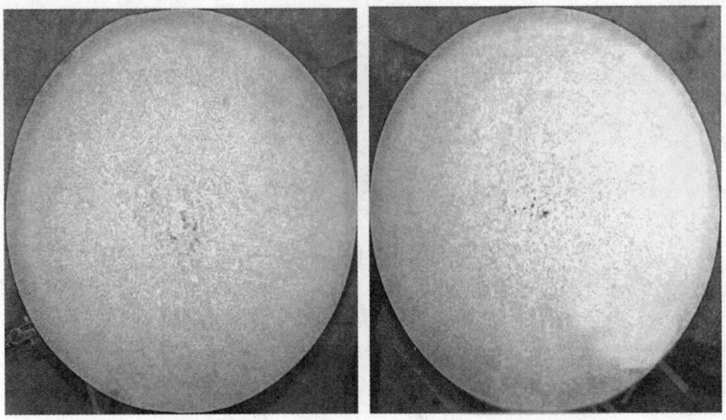

(a) 小电搅电流　　(b) 大电搅电流

图 5-3　不同电磁搅拌铸坯低倍组织

5.2　动车组轮用圆坯工业性试制

根据冶炼连铸工艺研究结果，进行了 34 炉动车组车轮钢的工业性试验，其中日标型车轮钢 9 炉，欧标型车轮钢 25 炉，以验证钢质控制的水平及稳定性。

5.2.1　杂质元素、气体含量控制

工业性试制车轮钢气体含量、杂质元素控制较好，其中 P 含量稳定有效地控制在 0. 015%以下，S 含量稳定有效地控制在 0. 005%以下。尤其是在 T. O、［N］控制上明显优于欧洲水平，已达到日本水平，完全满足“863”指标要求，见表 5-2。

表 5-2　34 炉动车组车轮钢杂质元素、气体含量控制水平　（%）

类型	炉号	T. O/ppm	N/ppm	H/ppm	P	S
日标	08200517	13. 2	33. 4	1. 1	0. 010	0. 0016
	08300546	11. 6	42. 0	0. 9	0. 010	0. 002
	08100562	10. 6	38. 1	0. 9	0. 011	0. 0018
	08100564	13. 4	43. 9	1. 0	0. 012	0. 0016
	09106276	7. 8	42. 7	1. 1	0. 014	<0. 002
	10102881	5. 5	30. 6	1. 0	0. 013	0. 003
	10102883	6. 4	36. 3	0. 9	0. 012	0. 005
	10102885	7. 2	32. 4	0. 7	0. 011	0. 005
	11003834QX	6. 6	23. 4	1. 0	0. 008	0. 001

续表 5-2

类型	炉号	T. O/ppm	N/ppm	H/ppm	P	S
欧标	08109351	11.5	43.4	1.2	0.009	0.0006
	09205979	9.1	33.8	1.3	0.010	<0.002
	10304047	8.2	32.2	0.8	0.007	0.0014
	10304049	9.9	40.1	0.7	0.006	0.0006
	10104210	7.7	35.1	0.9	0.008	0.0006
	10305001	6.4	67.7	1.0	0.007	0.0035
	10306973	5.1	39.2	0.8	0.007	0.003
	10306974	13.6	45.0	0.7	0.008	0.002
	10306976	8.4	43.2	0.7	0.006	0.001
	10306977	10.2	42.8	0.8	0.005	0.002
	10104212	4.2	38.8	1.1	0.008	<0.002
	10107279	5.6	25.0	1.0	0.006	0.001
	10107280	7.2	21.0	1.2	0.006	0.001
	10107284	6.4	32.0	1.1	0.009	0.001
	10104231	8.7	27.9	1.1	0.009	0.0011
	10104232	7.8	34.8	0.9	0.007	0.0007
	10104233	5.8	33.7	0.8	0.006	0.0014
	10104234	7.6	36.5	0.9	0.008	0.0003
	10204880	5.4	30.3	1.0	0.006	0.0014
	10305003	12.4	48.6	1.0	0.006	0.001
	10305005	7.4	45.1	0.9	0.007	0.0023
	10307133	6.4	33.9	1.2	0.007	0.001
	10307134	5.7	35.1	1.1	0.005	0.002
	10307144	8.5	46.6	0.7	0.007	0.003
	10307141	5.9	39.4	0.9	0.007	0.001
	10307149	5.3	39.2	0.8	0.006	0.001
Max		13.6	67.7	1.3	0.014	0.005
Min		4.2	21.0	0.7	0.005	0.0003
平均		8.1	37.5	0.9	0.008	0.0017
“863”指标		<20	<60	<1.5	—	—
欧洲进口车轮水平		11~13	45~53	—	0.007	0.0012~0.0027
日本进口车轮水平		10.3	31.5	—	0.015	0.008

5.2.2 成分偏析控制

34 炉车轮钢铸坯从边部到 3/4 半径处成分偏析得到有效控制，典型欧标型车轮用圆坯 C 元素偏析控制在 0.01%~0.02%之间，典型日标型车轮钢 C 元素偏析控制在 0.01%~0.03%之间。各牌号车轮钢部分炉次圆坯 C 元素偏析见图 5-4。

5.2.3 非金属夹杂物控制

非金属夹杂物在 34 炉中投轧圆坯试制的车轮上进行分析，结果见表 5-3。车轮夹杂物完全满足技术条件要求，同进口车轮相当。

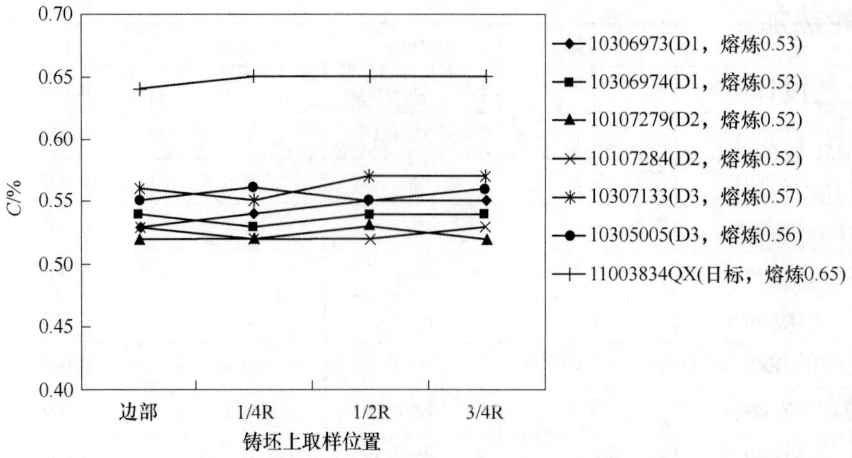

图 5-4　各牌号车轮钢部分炉次圆坯 C 元素偏析

表 5-3　部分投轧炉次车轮轮辋夹杂物分析结果

牌号和炉号 \ 夹杂物类型		A		B		C		D		B+C+D	
		硫化物		氧化铝		硅酸盐		球状氧化物			
		粗系	细系	粗系	细系	粗系	细系	粗系	细系	粗系	细系
D1	10304047	0.5	0.5	0	0.5	0	0	0	0.5	0.5	1.5
	10304049	0	0.5	0	0.5	0	0.5	0.5	0.5	1	1
	10104210	0.5	0.5	0	0.5	0	0	0	0.5	0	1.5
	10305001	0	0.5	0.5	0	0.5	0	0.5	0.5	1	1
	10306973	0.5	0.5	0	0	0	0.5	0	0.5	0.5	1
D2	09205979	0.5	0.5	0	0.5	0	0	0	0.5	0.5	1.5
	10104212	0.5	0.5	0	0.5	0	0	0.5	0.5	1	1
	10107279	0	0.5	0	0.5	0	0.5	0	0.5	0	1.5
	10107280	0.5	0	0.5	0	0.5	0	0.5	0	0.5	1
	10107284	0.5	0.5	0.5	0	0	0	0	0.5	0.5	1
D3	10104233	0.5	0.5	0	0.5	0	0	0	0.5	0.5	1.5
	10104234	0	0.5	0.5	0.5	0	0	0.5	0.5	1	1
	10204880	0	0.5	0	0.5	0	0.5	0	0.5	0	1.5
	10305003	0.5	0.5	0.5	0	0.5	0	0	0.5	0.5	1
	10305005	0.5	0.5	0	0	0	0	0	0.5	0.5	1
日标	08200517	0.5	0.5	0	0.5	0	0	0	0.5	0.5	1.5
	08300546	0	0.5	0.5	0.5	0	0.5	0.5	0.5	1	1
	08100562	0	0.5	0	0.5	0	0	0	0.5	0	1.5
	08100564	0.5	0	0.5	0	0.5	0	0.5	0.5	0.5	1
	11003834QX	0.5	0.5	0	0	0	0.5	0	0.5	0.5	1
技术条件		≤0.5	≤0.5	≤1.0	≤1.0	≤1.0	≤1.0	≤1.0	≤1.0	≤1.5	≤1.5

5.3　研究结论

通过开展冶炼-连铸工艺研究，使动车组车轮用连铸圆坯具有洁净度高、成分均匀性好的钢质特点，特别是 T.O 含量控制方面明显高于欧洲车轮钢，与日本车轮钢水平相当，从而为后续轧制和热处理研究创造了条件。

6 动车组车轮热加工工艺研究

6.1 热成形工艺设计思路

（1）采用 FEM 数值模拟成形过程，优化模具设计，获得良好的轧制坯。

（2）优化“压”与“轧”的负荷分配，确定合理扩径量。

（3）选择轮辋轧制压下量，改善斜辊受力状况。

（4）优化压痕器型面设计，结合分流面，准确分配轮毂与轮辋金属量。

热成形工艺需解决的技术难点：

（1）获得完好的轮缘形状，防止折叠缺肉缺陷。优化设计成形环，使轮缘轧制初期应与主辊轮缘孔型匹配，避免过厚的车型坯轮缘进入主辊形成折叠。

（2）轮坯辐板表面折叠问题，立式轧机起轧时靠辐板辊压下转动带动车轮旋转，建立稳定轧制，稳定轧制前车轮较大摆动容易产生辐板折叠，需要在模具设计和操作上解决。

（3）轮辋表面折叠问题，合理选择轧制线高度，立式轧机轧制线相对主辊中心线抬高，轧制时金属易于流向轮辋，避免车轮轧制线设置相对过高时导致轮辋金属过多，形成内外辋面折叠。

6.2 锻压成形工艺研究

车轮热成形过程金属发生了大位移变形，工艺参数复杂，影响因素众多，在 MSC/SuperForm 平台上，根据 90MN 压力机设备工艺参数，对 CCD890 车轮预成形和成形进行模拟分析，以确定预成型坯的最佳尺寸，对实际生产具有指导意义。车轮锻压成形过程见图 6-1、图 6-2。

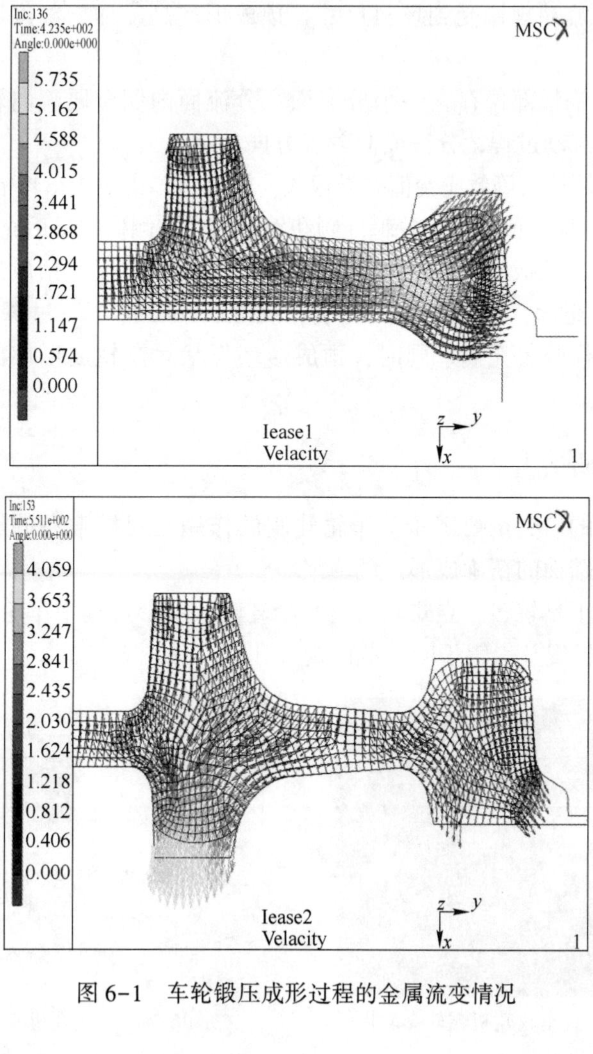

图 6-1 车轮锻压成形过程的金属流变情况

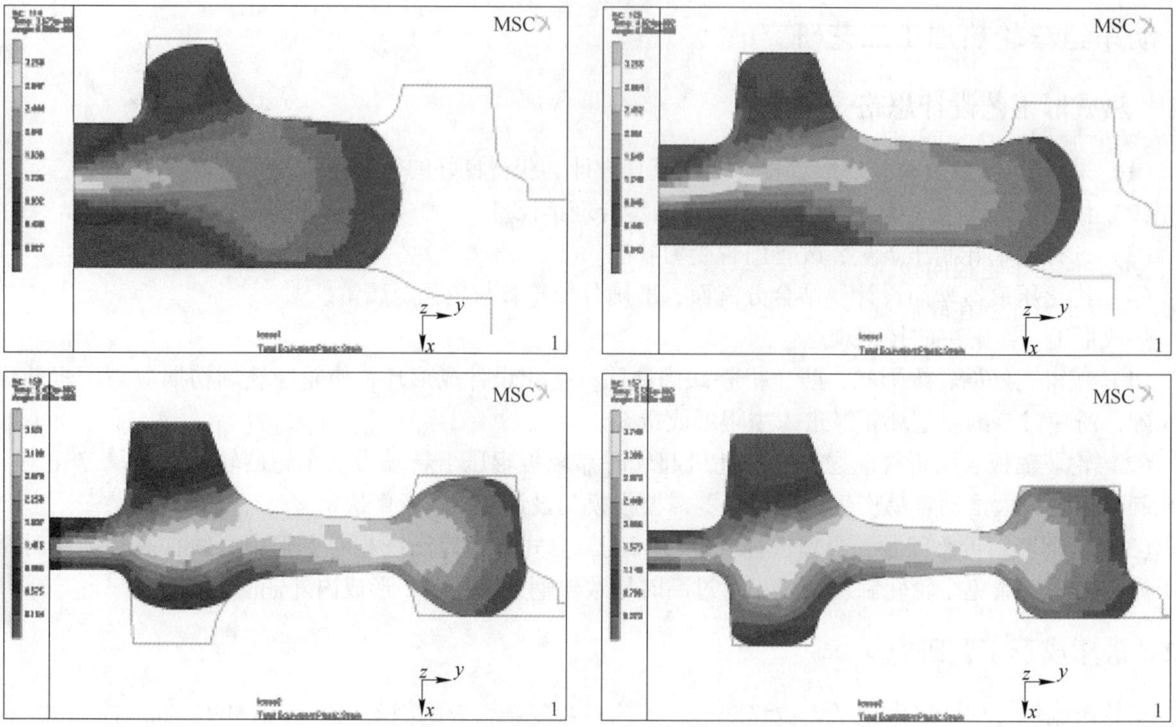

图 6-2　车轮锻压成形过程的等效应变

通过对车轮锻压成形的数值模拟，主要有以下结论：

(1) 车轮成形过程金属流动规律受到坯料尺寸、预成形坯高、加工温度、接触摩擦、冲压速度、模腔尺寸形状等工况的影响。

(2) 车轮成形过程轮坯辐板部位存在一个分流面，分流面内侧金属流向轮毂模腔；分流面外侧金属流向轮辋模腔。在轮坯金属流动过程，分流面向轮毂方向移动。

(3) 车轮成形过程中轮坯截面等效应变值差异很大，较大值多集中于车轮辐板和轮毂、轮辋两侧凹圆弧过渡处，且车轮辐板处的等效应变值较大；轮辋外侧和轮毂内、外侧模腔最后充满部位等效应变值较小。

(4) 预成形坯起到分配车轮成形时轮毂和轮辋金属需要量的作用。预成形压下过浅，轮毂部位分配金属过多，导致轮毂模腔过充满，轮辋模腔欠充满；反之，预成形压下过深，轮辋部位分配金属过多，导致轮辋模腔过充满，轮毂模腔欠充满。同时，预成形坯形状对车轮成形坯截面等效应力、等效应变和压缩比分布也有很大影响。

6.3　车轮轧制成形工艺研究

车轮轧制是车轮生产中的一个重要工步。车轮轧制的作用是对模锻后的轮坯进行轧制扩径，使辐板延展，并完成轮辋、轮缘及踏面的精确成形。

车轮轧制过程参与变形工具较多，立式轧机有 9 个轧辊，变形过程中车轮受力复杂，立式轧机工作见图 6-3。立式轧机主辊、辐板辊及斜辊于同一截面构成孔型，见图 6-4。

图 6-3　立式车轮轧机辗轧车轮图

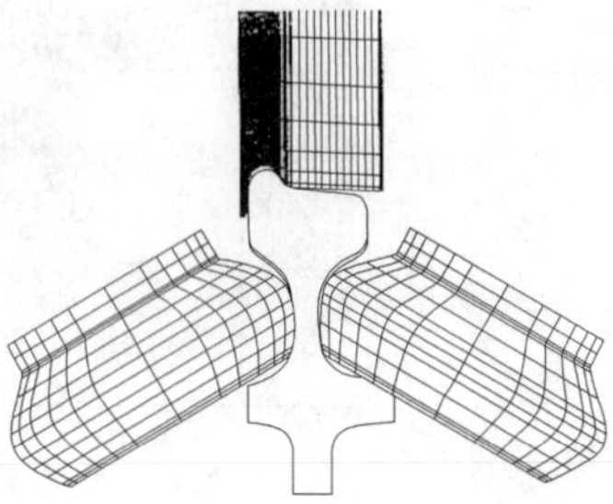

图 6-4　立式轧机轧制变形孔型图

车轮扩径前和扩径后的变化关系见图6-5。可以看出，成形坯与轧制坯之间有三个主要的区别：辐板长度、辋厚、辋高。由于辐板增长了距离，直接形成了车轮直径上的扩大。轮辋部分也发生了变化，辋高变矮（$h_R<h_F$），辋厚变窄（$\delta<\Delta$），整个轮辋部位的体积减小。但由于辋厚的减少（即 $\Delta-\delta$）远小于辐板长度的增加（即 l），所以，车轮直径仍是增加的。

车轮轧制过程见图6-6。可以看出，在由主辊、辐板辊和斜辊构成的孔型内，只有两个辐板辊之间留有空隙，此处空隙正好是车轮的辐板部位。开轧后，辐板辊和斜辊的位置是固定不动的，只有主辊在不断向前推进，在车轮径向挤压轮辋。在此情况下，轮辋部位的金属只有通过辐板辊之间的空隙流出，形成新的辐板。因此，在轧制过程中，轮辋部位逐渐减小，辐板逐渐增长，最终形成扩径。

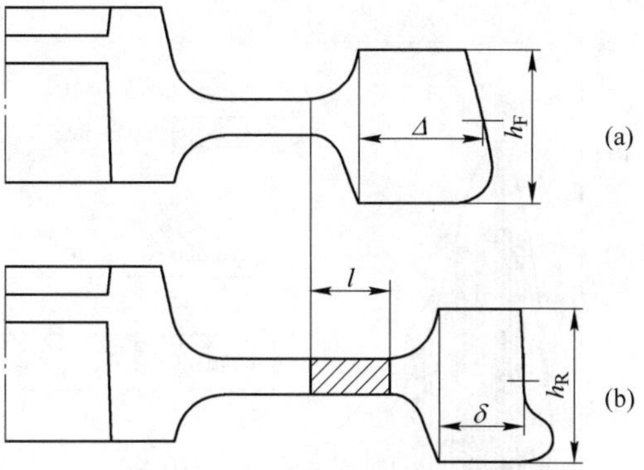

图6-5 辗钢车轮轧制过程坯形变化示意图
（a）扩径前（90MN成形坯）；（b）扩径后（轧制坯）

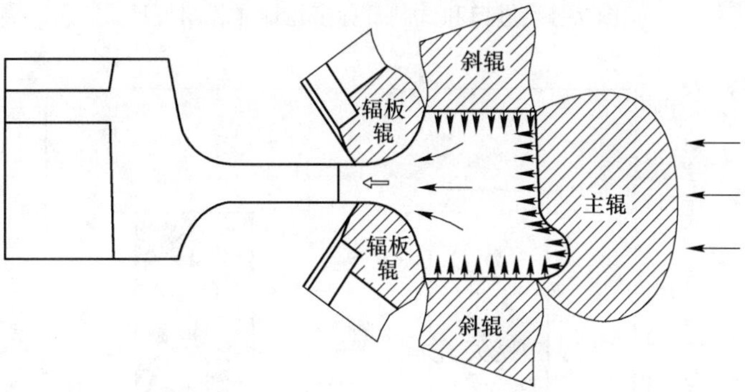

图6-6 车轮辗轧变形过程受力示意图

6.4 研究结论

通过车轮锻压成型工艺、轧制成形工艺研究，科学、合理的设计出车轮成形模具及成形过程中各项控制参数，确保车轮成形过程精度控制准确，提高车轮成品率。

7 动车组车轮热处理工艺研究

7.1 日标车轮热处理工艺研究

7.1.1 存在的技术难题

参照日本车轮实物成分进行日标型车轮的试制，以热加工状态直接进行常规热处理，试制车轮性能见表7-1。试制车轮性能和日本车轮存在较大差距，主要表现在：

（1）轮辋低温冲击、断裂韧性明显偏低；

（2）辐板强度偏高，韧性偏低。

通过对比分析知差距存在的主要原因为：日本车轮轮辋珠光体团尺寸较小，珠光体片间距较细，辐板存在少量粒状珠光体，见图7-1～图7-3。

表 7-1　前期试制日标车轮与进口日本车轮性能对比

类别		轮辋						辐板		
		R_m/MPa	A_5/%	硬度（HBW）	A_{KU}/J	A_{KV}/J（-20℃）	K_Q /MPa · $m^{1/2}$	R_m/MPa	A_5/%	A_{KU}/J
进口		1040	15.5	326	16.0	9.6	77.6	805	20.5	25.3
试制	热处理态	1060	17.0	318	8.7	5.3	47.4	850	17.0	14.0
	轧态	855	12.0	—	—	—	—	—	—	—
“836” 指标①		790~980	≥12	311~363	≥10	—	≥50	—	—	—

①“863”课题中拉伸指标为轧态下进行。

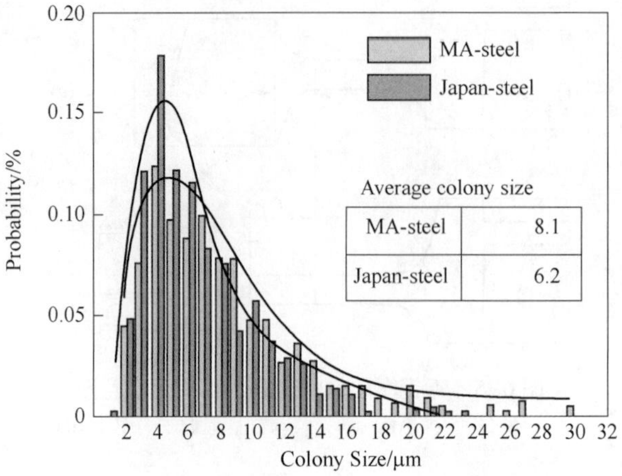

图 7-1　进口和试制日标车轮珠光体团统计

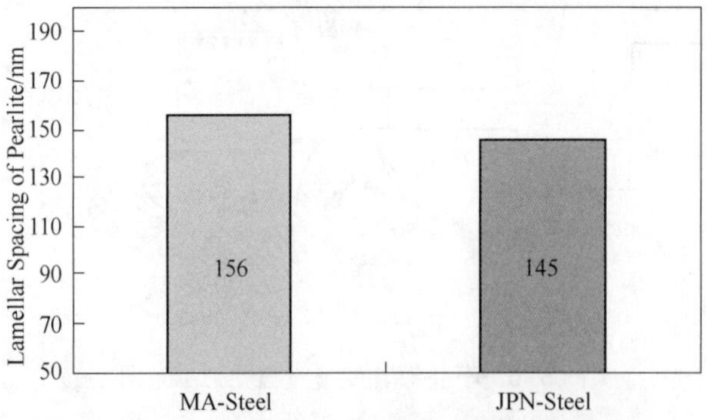

图 7-2　进口和试制日标车轮珠光体片间距统计

(a) 试制车轮　　(b) 进口车轮

图 7-3　试制车轮与进口车轮辐板组织比较

因此，如何使车轮获得和日本车轮相同的组织以提高车轮的综合性能成为日标车轮研究的技术难题。

7.1.2 提高车轮韧性实验室试验研究

7.1.2.1 组织与晶粒度对韧性的影响

取轧态辐板试样，在不同工艺下获得不同组织和晶粒度，并进行冲击韧性检测，比较组织和晶粒度对韧性的影响，具体见表 7-2。

表 7-2 不同加热制度下辐板组织、晶粒度及冲击功

C/%	试样	热处理加热工艺	冷却	目的	晶粒度	珠光体	A_{KU}/J
0.67	轧态辐板	—	空冷	验证晶粒尺寸与珠光体形态的组合影响	2.5~4.0	片状	7.8
		720℃×1h			2.5~4.0	部分球化	20.5
		850℃×1.5h			8.0	片状	17.3
		850℃×1.5h+720℃×1h			8.0	部分球化	25.9
		780℃×1.5h+720℃×1h			8.0~7.0	部分球化	23.7

可见珠光体形态对韧性的影响显著大于晶粒尺寸；细化晶粒并使珠光体部分球化，可进一步提高韧性。

7.1.2.2 粒状珠光体与加热制度的关系试验

辐板获得粒状珠光体的同时如何消除轮辋部位的粒状珠光体组织成为保证轮辋综合性能的关键。取经过球化处理的试样，在不同温度下进行奥氏体化，试验情况见表 7-3，可知，提高奥氏体化温度，消除粒状碳化物的效能明显增强，加热温度提高到 860~880℃为宜，基本可消除粒状珠光体组织（见图 7-4）。

表 7-3 粒状珠光体与加热制度关系试验结果

状 态	奥氏体化条件		粒状碳化物存在状态
	温度/℃	时间/min	
820±10℃×0.5h 正火→710~740℃×1h 退火	820	30	明显
	850		少量
	880		基本消除

7.1.3 热处理工艺的确定

调研得知，日本热处理加热炉可以对轮辋进行不同工艺温度加热以同步实现轮辋奥氏体化、辐板球化，同时可控制加热速度实现 22℃/min 快速加热。而马钢热处理加热炉炉内温度均一，最高加热速度仅能达到 5.1℃/min。

因此，在现有条件下，要使轮辋、辐板获得不同组织必须分步实现，首先对车轮进行球化处理，然后对辐板覆盖耐火材料进行保护，在二次加热时使轮辋完全奥氏体化而辐板温度仍低于两相区温度确保辐板球化组织得以保留。按照该思路，首先采用数值模拟技术对工艺各项参数进行预判，再根据实验室试验结果设计，基本确定工业性试制热处理工艺。

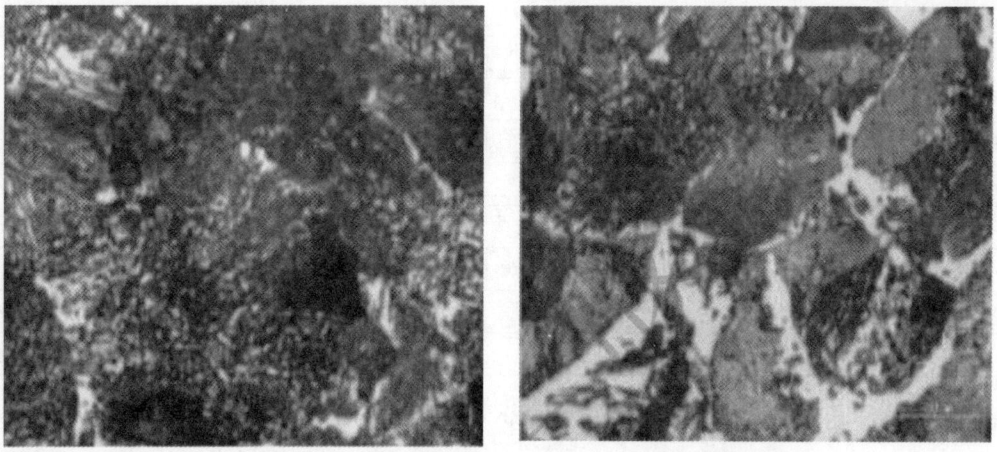

(a) 820℃×30min　　(b) 850℃×30min

(c) 880℃×30min

图 7-4　不同加热制度下粒状珠光体存在情况

取轧态车轮进行热处理验证试验，试验结果见表 7-4，本次试验车轮韧性指标明显提高，在主要指标上已接近日本车轮实物水平，完全满足“863”项目指标要求。

表 7-4　优化工艺后车轮热处理试验结果

试验类别	轮辋						辐板		
	R_m/MPa	A_5/%	硬度(HBW)	A_{KU5}/J (20℃)	A_{KV}/J (-20℃)	K_Q /MPa · $m^{1/2}$	R_m/MPa	A_5/%	A_{KU2}/J (20℃)
热处理态	1035	16.5	314	14.5	8.3	57	810	21.2	23.5
轧态	840	13.0	—	—	—	—	—	—	—
日本实物	1040	15.5	331	16.0	9.6	77.6	805	20.5	25.3
“863”指标①	790~980	≥12	311~363	≥10	—	≥50			

①“863”课题中拉伸指标为轧态下进行。

7.2　欧标车轮热处理工艺研究

7.2.1　车轮存在的技术难题

采用工业试生产圆坯进行了多轮欧标型车轮的轧制和热处理工艺试验，试验车轮轮辋主要性能分析结果见表 7-5。D1、D2、D3 车轮低温韧性、断裂韧性均不能符合试制技术条件要求，且低温韧性、断裂韧性的波动极大，韧性问题成为主要难题。

表 7-5　前期热处理试验欧标车轮各项性能

牌号		R_m/MPa	A_5/%	硬度(HBW)	A_{KU}/J (20℃)				A_{KV}/J (-20℃)				K_Q/MPa · $m^{1/2}$
					a	b	c	平均	a	b	c	平均	
D1	试制车轮	915	20.0	259	32	33	34	33	7	9	5	7	69
	技术条件	860~980	≥13	≥245	≥12			≥17	≥5			≥10	≥80
D2	试制车轮	980	21.5	279	26	23	26	25	6	12	9	9	67
	技术条件	900~1000	≥14	≥265	≥12			≥17	≥7			≥10	≥70
	“863”指标	860~980	≥13	≥245	—			≥17	—			≥10	≥80
D3	试制车轮	975	19.5	270	16	26	17	20	6	10	6	7	64
	技术条件	900~1050	≥12	≥255	≥9			≥13	≥5			≥8	≥65
“863”指标		860~980	≥13	≥245	≥17				≥10				≥80

取不同低温韧性、断裂韧性水平的样品进行比较分析，发现一致规律：奥氏体晶粒细小均匀时，韧性具有高水平；奥氏体晶粒混晶时，随晶粒不均匀程度的增大，韧性急剧降低。见图 7-5~图 7-7。

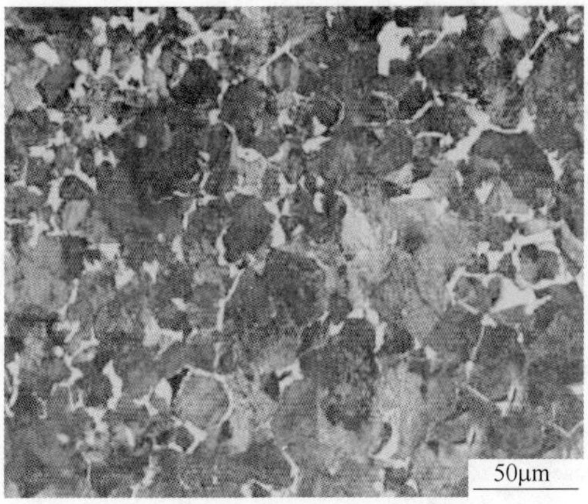

(a) 冲击功12J

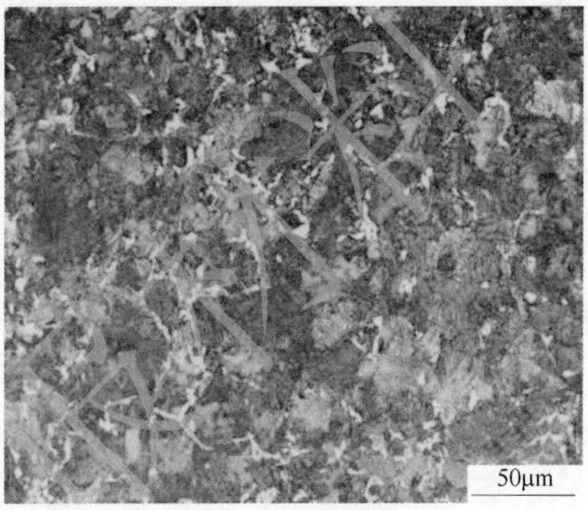

(b) 冲击功5J

图 7-5　车轮对应不同低温韧性水平的显微组织及晶粒度

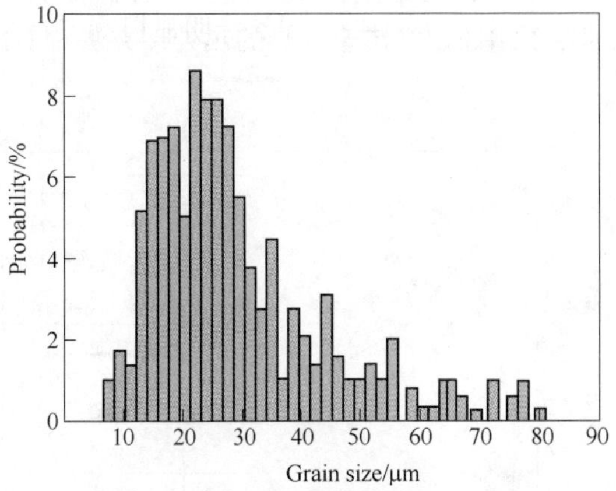

(a) 断裂韧性50MPa·m$^{1/2}$

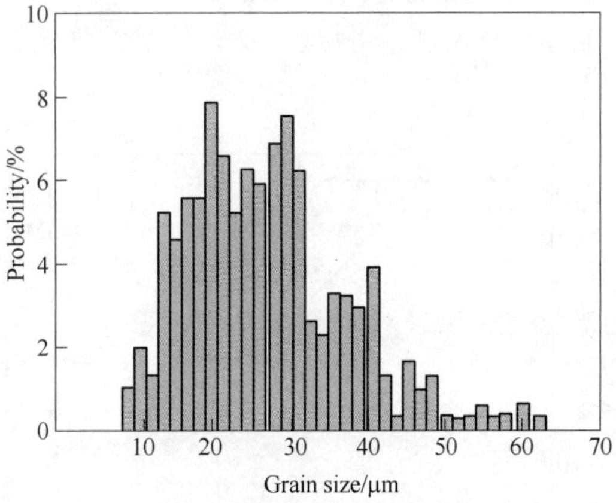

(b) 断裂韧性67MPa·m$^{1/2}$

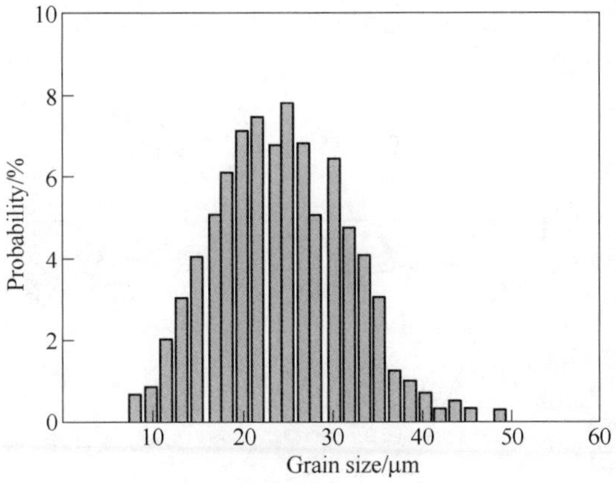

(c) 断裂韧性81MPa·m$^{1/2}$

图 7-6　不同断裂韧性试样晶粒尺寸分布统计

可以看出，前期试验出现问题的原因在于热处理加热温度高于奥氏体晶粒粗化温度，发生奥氏体晶粒异常长大而产生混晶不可避免，说明热处理工艺设计与试验钢的材料特性不相匹配。可见，提高韧性的聚焦点在细化原始奥氏体晶粒上。

7.2.2　车轮钢粗化温度研究

在 D1、D2、D3 轧态车轮上取样进行了粗化温度试验，重点研究原始组织、加热速度、加热时间对粗化温度的影响，见图 7-8、图 7-9 和表 7-6。从试验结果看：

（1）D1、D3 车轮钢在粗化温度下有着较宽加热温度区间，便于热处理加热温度参数的设定及现场温度控制，D2 车轮钢在粗化温度下加热温度区间相对较窄，这无疑会增加现场温度控制难度；

（2）在轧态组织的奥氏体晶粒粗化温度以下进行正火处理，再在正火组织的奥氏体晶粒粗化温度以

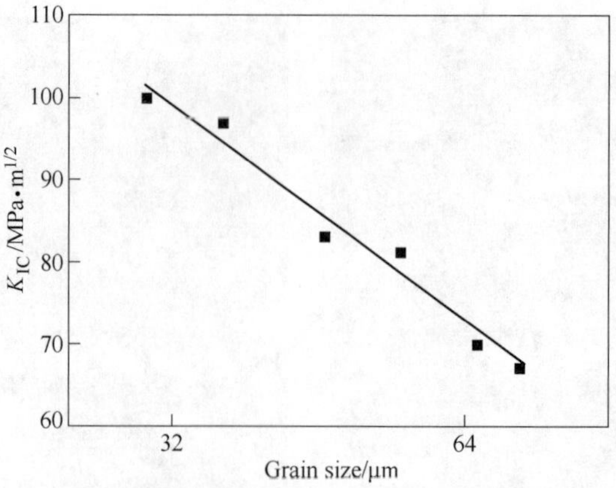

图 7-7 断裂韧性随最大晶粒直径对数的变化规律

下进行终热处理，晶粒细化作用明显，由此，D1、D2、D3 车轮热处理工艺方法、控制参数得以确定；

（3）在轧态组织的奥氏体晶粒粗化温度以下进行正火处理，再采用快速加热方式并保证加热毕车轮温度低于晶粒粗化温度，可保证 D2 车轮晶粒细化，因此，采用正火+快速加热的热处理方法对 D2 车轮有更好的效果。

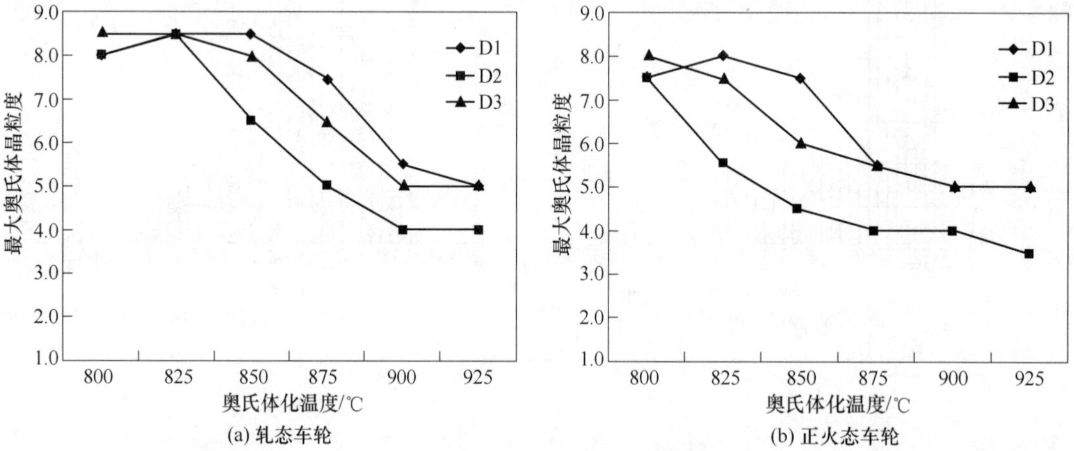

图 7-8 奥氏体晶粒度随温度变化情况

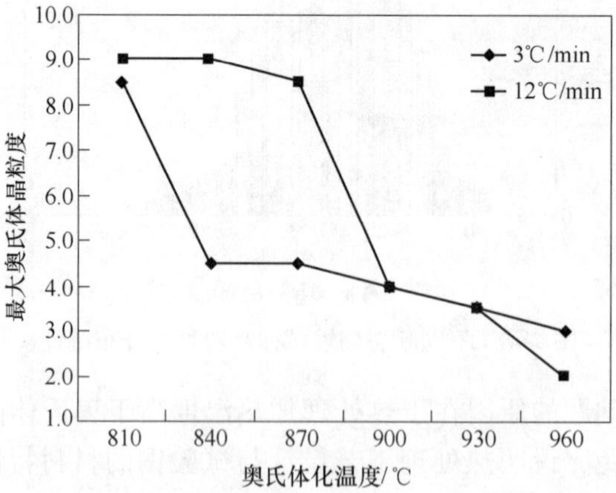

图 7-9 不同加热速度下 D2 车轮奥氏体晶粒度随温度变化情况

表 7-6 各牌号车轮钢粗化温度

牌号	轧态下粗化温度/℃	正火态下粗化温度/℃
D1	875℃左右	900℃左右
D2	845℃左右	865℃左右
D3	850℃左右	870℃左右

7.2.3 热处理工艺的确定

根据各牌号车轮钢粗化温度的研究结果，在热处理工艺上采取有利于晶粒细化的方法，针对 D1、D3 材质，在奥氏体晶粒粗化温度以下进行一次正火预处理，然后在奥氏体粗化温度以下进行最终热处理的工艺思路。

针对 D2 材质，先在该种材料晶粒粗化温度以下进行正火预处理，终处理采用常规加热和快速加热对比试验，同时进行工艺参数优化，即常规加热工艺的加热温度低于该种材料晶粒粗化温度，快速加热工艺的加热温度按加热完毕车轮实际温度低于晶粒粗化温度而设定。

热处理验证试验最终的性能检验结果见表 7-7。车轮的各项性能均能满足技术条件要求，并且韧性指标高于进口车轮水平。

表 7-7 改进热处理工艺下车轮综合性能

牌号		轮辋							辐板	
		R_{eH}/MPa	R_m/MPa	A_5/%	硬度（HB）	A_{KU}/J（20℃）	A_{KV}/J（-20℃）	K_Q /MPa · $m^{1/2}$	R_m 减小 /MPa	A_5/%
D1	试验轮	600	935	20	265	31.2	17.6	96.4	175	19.5
	进口轮	585	940	19.0	265	30.2	7.5	68.8	180	19.0
	技术条件	≥540	860~980	≥13	≥245	≥17	≥10	≥80	≥120	≥16
D3	试验轮	610	955	18.5	269	29.0	17.1	85.7	140	18.0
	进口轮	610	990	18.5	274	25.0	6.0	60.6	195	21.0
	技术条件	≥580	900~1050	≥12	≥255	≥13	≥8	≥65	≥130	≥14
D2	常规试验轮	630	995	20.0	278	26.6	13.4	68.3	155	22.0
	快速试验轮	610	980	20.5	270	27.1	15.3	80.3	160	23.0
	进口轮	605	1000	18.5	269	19.5	5.0	59.9	185	21.0
	技术条件	≥570	900~1000	≥14	≥265	≥17	≥10	≥70	≥120	≥16
	“863” 指标	≥540	860~980	≥13	≥245	≥17	≥10	≥80	—	—

7.3 研究结论

通过车轮锻压成形工艺、轧制成形工艺研究，科学、合理的设计设计出车轮成形模具及成形过程中各项控制参数，确保车轮成形过程精度控制准确，车轮成品率较高。

在研究分析进口车轮组织状态分布的基础上，通过热处理工艺的改进和调整，使动车组车轮综合性能指标，特别是欧标型车轮低温冲击韧性和断裂韧性指标明显优于进口车轮，确保了车轮性能满足“863”指标和动车组车轮技术条件草案要求。

8 车轮机加工、检测工艺研究

动车组车轮要具备良好的综合性能和优异的服役表现，与加热炉温稳定控制技术、无盲区全覆盖式无损检测技术、超高精度尺寸测量技术等的应用密切相关。为此，以确保动车组车轮实物质量稳定为目的开展了热处理加热炉加热均匀性检测技术开发，建立了加热炉温和车轮钢温实时跟踪监测系统，明确了加热温控失真、车轮钢温波动的主要原因，为动车组车轮获得稳定的综合性能创造了条件。在最终质量控制方面，针对动车组车轮加工精度要求高，传统的车轮测量手段已经不能满足测量要求的现状，开展了基于 CMM 三维坐标测量机的高精度尺寸、形状、位置的测量技术研究，确立了车轮圆度、平面度、圆柱度、线轮廓度、平行度、垂直度、圆跳动度及位置度的测量方案，从而有效提高了动车组车轮的测量精度和测量效率。同时结合大量的超声波探伤检测和缺陷的解剖对比分析，建立了超探缺陷分类图库，并在此基础上，开展了电磁超声表面波检测技术、相控阵超声检测技术的研究工作，最终建立了动车组车轮无盲区、全覆盖无损检测系统。通过上述检测技术开发并最终实现了系统集成，从而确保了动车组车轮产品的零缺陷出厂，保证了车轮的安全服役性能。

8.1 车轮机加工工艺研究

机加工工艺研究的主要目的是提高车轮的整体疲劳性能。机加工工艺主要工艺参数包括加工速度、加工用刀头尺寸、一次加工量等，选择不当，一方面会因表面粗糙度不佳成为疲劳裂纹萌生源，另一方面，会造成表面残余应力状态不佳而促进疲劳裂纹萌生、扩展。

采用X射线应力测定仪对不同加工工艺下的动车组车轮表面应力变化情况进行了研究，见表8-1。从研究结果看，虽然不同加工工艺均能保证车轮表面粗糙度满足技术条件要求，但表面残余应力却存在差异，增加加工速度可降低周向、径向拉应力值大小，在加工速度、刀头大小相同的情况下，小加工量效果相对更好。

根据研究结果，确定了动车组车轮精加工工艺，即在对热处理后车轮采用小尺寸刀头、高加工速度、小加工量进行最终精加工的加工工艺，2件D2车轮整体疲劳试验一次性通过。

表8-1　不同加工速度、刀头尺寸车轮残余应力情况

序号	工艺	位置	残余应力/MPa				测试点位置间隔
			1		2		
			周向	径向	周向	径向	
6	低加工速度，大刀头	R处	104	137	181	212	间隔180°
		中部	207	60	155	112	
7	高加工速度，大刀头	R处	207	-36	228	21	间隔180°
		中部	385	108	377	60	
8	高加工速度，大刀头，一次加工量大	R处	224	18	215	46	间隔180°
		中部	332	-113	48	-15	
9	高加工速度，小刀头，一次加工量小	R处	184	-36	186	-42	间隔180°
		中部	286	-25	57	31	

8.2 车轮无损检测工艺研究

车轮技术条件仅对车轮内部一般冶金缺陷规定了验收标准，但车轮内部可能存在裂纹、白点等危害性缺陷，其单个尺寸虽未超出验收标准，但对车轮使用安全存在严重的危害，故需对车轮轮辋内部缺陷在超声波检测时表现的特征进行分类，对一般性缺陷和危害性缺陷的准确、快速判定提供依据。

8.2.1 研究方法

通过对在线超声波检测发现的缺陷，分别进行A型扫描、B型扫描、C型扫描，提取缺陷超声波检测特征；精确定位缺陷后，用线切割方法进行解剖，缺陷剖面进行低倍检验；对低倍缺陷进行金相、断口、进行扫描电镜分析，确定缺陷的性质。

8.2.2 研究结果及其应用

经过大量的检验，对车轮超探缺陷的位置分布特征以及三种超声波扫描方式下的图形特征进行了分类，找出了夹杂、白点、疏松、粗晶等缺陷通常表现的位置分布特征和超声波扫描特征，对典型样品的分析结果见表8-2。从而避免了有缺陷车轮的出厂，也为快速分析判断缺陷产生原因创造条件。

表8-2　车轮轮辋内部主要缺陷的典型特征

类别	分布特征	A扫描特征	B扫描特征	C扫描特征	解剖分析
非金属夹杂物	单点；分散多点	单峰；单峰+草状波	点块状	点块状	确认为夹杂
疏松	心部点状密集分布	中间草状波	层状分布	密集点状分布	确认为疏松
粗晶	全部位	丛状波	无缺陷显示		确认为粗晶
白点	轮辋中部	双峰或多峰，无草状波	层状分布	密集点状分布	确认为白点

8.3 高精度车轮相关尺寸测量方法研究

8.3.1 高精度车轮的测量要求

高精度车轮加工精度要求高，尺寸精度、形状精度、位置精度和表面粗糙度都比普通车轮高 1~2 级，轮毂孔的尺寸精度高达 IT6 或 IT7。传统的车轮测量手段已经不能满足以动车轮为代表的高精度车轮的测量要求。对于有一定生产批量的车轮，加工精度测量采用 100%检验和抽样检验相结合的检验方案，即对关键尺寸采用 100%检验，一般尺寸精度、形状和位置精度采用抽样检验方案。

（1）对高精度车轮的重要尺寸，如轮毂孔的尺寸 $\phi 205U7_{-0.28}^{0.24}$，辐板孔的尺寸 $\phi 205H8_{0}^{+0.03}$需要 100%检验，在生产现场用内径千分表、量规等常规量具测量。

（2）对高精度车轮的形状精度、位置精度在 CMM 上测量。

（3）表面粗糙度用便携式粗糙度测量仪抽样测量。

8.3.2 三坐标测量机工作原理及其选择

三坐标测量机是集机械、光学、计算机技术、数控技术于一体的功能强大、高效率、高精度的检测设备，能对零件的几何量（包括尺寸量、形状误差和位置误差）进行测量，能连续扫面复杂曲线和曲面；还能对复杂零件测量并建立模型图，即逆向工程。

三坐标测量机主要组成部分：（1）主机系统（X、Y、Z 坐标轴，工作台等）；（2）测头系统；（3）电气控制硬件系统；（4）数据处理软件系统（测量软件）。

三坐标测量机作为一种几何量测量仪器，其基本原理是将工件放入其允许的测量空间（即工作台面上），用手动或机动方式将测头移动到被测点上，测头在 X，Y，Z 轴方向都装有光栅尺和读数头，开始采点发讯，再通过控制系统接受数据，采集到当前坐标系下测头红宝石球心相对于机床原点的坐标，由计算机系统对采集的数据进行处理和输出（包括对所求几何量的数据计算和误差补偿），通过数显装置将数据显示给用户，完成对被测零件的检测工作。

用三坐标测量机测量车轮系列产品的尺寸精度和形位精度需要选用合适的三坐标测量机，选择的主要技术因素有：测量范围、测量精度、测量机类型、测量效率和测量软件。针对车轮系列产品的测量选用中型 CMM 为宜，X 轴测量范围为 500~2000mm。测量精度宜选用中等精度的 CMM，中等精度的 CMM 常在车间或生产线上使用，单轴测量不确定度约为 $1\times10^{-5}L$，空间测量不确定度约为，$(2\sim3)\times10^{-5}L$，其中 L 为最大量程。测量不确定度应为被测工件尺寸公差的$\frac{1}{5}\sim\frac{1}{3}$，对于精密测量及复杂的形位测量要求更高，一般应为被测尺寸公差带的$\frac{1}{10}\sim\frac{1}{5}$。而且重复精度必须满足测量要求。

8.3.3 测量的方案和误差评定计算方法

根据高精度车轮测量要求，基于 CMM（三维坐标测量机）的高精度尺寸、形状、位置的测量技术，对圆度、平面度、圆柱度、线轮廓度、平行度、垂直度、圆跳动、位置度误差测量时测针的选择与工件的安装、工件坐标系的建立以及测点的布置进行了规定，确定了圆度、平面度、圆柱度、线轮廓度、平行度、垂直度、圆跳动、位置度误差测量方案及相应的误差评定计算方法。

根据各项形位误差建立的数学模型和计算方法，基于 Visual Studio 2005 下的 C#语言对各项形位误差数据处理编制了计算机程序，通过实例计算证明程序运行稳定可靠，人机交互界面良好，能够满足动车组车轮测量需要。

9 认证用动车组车轮的小批量试制

根据上述试验研究结果，完成了日标型、欧标型认证用动车组车轮的小批量试制工作，交钢研总院、铁道科学研究院等相关单位进行综合性能的检测与研究工作。

9.1 综合性能检验结果

车轮综合性能检验结果见表 9-1~表 9-3。

表 9-1　认证用动车组样轮化学成分检测结果

牌号	检验单位	化学成分/%					气体含量/ppm	
		C	Si	Mn	P	S	T.O	N
D1	铁科院	0.52	0.26	0.73	0.006	0.003	未测	未测
	马钢	0.54	0.26	0.73	0.007	0.004	10.3	42.2
D2	铁科院	0.51	0.92	0.95	0.008	0.001	未测	未测
	马钢	0.53	0.99	0.96	0.010	<0.002	5.9	37.4
D3	铁科院	0.54	0.25	0.74	0.007	0.002	未测	未测
	马钢	0.58	0.26	0.74	0.008	0.003	8.1	45.6
日标型	铁科院	0.65	0.27	0.83	0.008	0.001	6.4	22.8
	马钢	0.66	0.26	0.81	0.007	0.001	7.2	24.0
D1	技术条件	0.50~0.56	0.17~0.40	0.65~0.80	≤0.015	≤0.010	≤20	≤70
D2		0.50~0.56	0.90~1.10	0.90~1.10	≤0.015	≤0.010		
D2		0.54~0.60	0.17~0.40	0.65~0.80	≤0.015	≤0.010		
日标	"863"指标	—	—	—	—	—	<20	<60
欧标		—	—	—	—	—		

表 9-2　铁科院轮辋非金属夹杂物级别评定结果（级）

夹杂物类型 / 牌号	A 硫化物		B 氧化铝		C 硅酸盐		D 球状氧化物		B+C+D	
	粗系	细系	粗系	细系	粗系	细系	粗系	细系	粗系	细系
D1	0.5	0.5	0	0.5	0	0	0	0.5	0.5	1.5
D2	0	0.5	0	0.5	0	0	0.5	0.5	1.0	1.0
D3	0	0.5	0	0.5	0	0	0	0.5	0.0	1.5
技术条件	≤0.5	≤0.5	≤1.0	≤1.0	≤1.0	≤1.0	≤1.0	≤1.0	≤1.5	≤1.5
日标型	0.5	0.5	0	0	0	0	0	0.5	0.5	1.0

表 9-3　认证用动车组样轮力学能力检验结果

牌号	检验单位	轮辋							辐板	
		R_{eH}/MPa	R_m/MPa	A_5/%	硬度（HBW）	A_{KU}/J（20℃）	A_{KV}/J（−20℃）	K_Q /MPa · $m^{1/2}$	R_m/MPa①	A_5/%
D1	马钢	610	945	19.5	257	33.0	13.3	91.9	130	23.0
	铁科	560	905	20.0	262	30.0	14.5	86.7	175	23.5
	钢研	575	915	20.0	—	31.9	17.5	87.0	175	20.5
D2	马钢	650	985	22.5	269	30.0	16.1	80.5	170	24.0
	铁科	595	945	21.0	274	26.0	21.5	104.5	150	22.0
	钢研	610	955	20.5	—	28.1	19.2	98.0	155	22.5
D3	马钢	615	965	19.0	265	29.0	13.8	86.7	175	23.0
	铁科	590	950	19.5	279	25.0	10.5	80.7	170	21.0
	钢研	595	950	18.0	—	27.4	14.2	96.0	180	21.5
日标 轧态	铁科院	457	841	14.0	—	—	—	—	—	—
日标 成品		645	1030	17.0	312	16.5	—	56	220	18.5
D1	技术条件	≥540	860~980	≥13	≥245	≥17	≥10	≥80	≥120	≥16
D2		≥570	900~1000	≥14	≥265	≥17	≥10	≥70	≥120	≥16
D3		≥580	900~1050	≥12	≥255	≥13	≥8	≥65	≥130	≥14

续表 9-3

牌号	检验单位	轮辋							辐板	
		R_{eH}/MPa	R_m/MPa	A_5/%	硬度（HBW）	A_{KU}/J（20℃）	A_{KV}/J（-20℃）	K_Q/MPa · $m^{1/2}$	R_m/MPa①	A_5/%
欧标	“863”指标②	≥540	860~980	≥13	≥245	≥17	≥10	≥80	—	—
日标			790~980	≥8/12	311~363	≥10	—	≥50	—	—

①辐板 R_m 为相对轮辋 R_m 减小值；

②“863”指标中，欧标车轮为按欧洲 ER8V 车轮设定 D2 车轮，日标车轮拉伸指标为轧态下进行。

从检验结果来看，马钢欧标型小批量试制的认证用样轮性能满足铁科院试制技术条件草案和“863”项目制定指标的要求，特别是欧标型车轮低温冲击韧性和断裂韧性指标明显优于进口欧洲车轮，标明马钢现已具备试制的200~250km/h 动车组用车轮的能力。

但也应该看到，虽然马钢日标型小批量试制的认证用样轮性能满足“863”项目制定指标的要求，但是在综合性能的控制方面，特别是断裂韧性指标方面，仍与进口日本车轮存在一定的差距，这将是后续继续研究的重点。

9.2 摩擦磨损、接触疲劳分析

9.2.1 抗接触疲劳性能

列车在运行过程中，由于车轮与铁轨的接触，必然造成周期性的接触疲劳，而接触疲劳又是材料产生剥离的另一个重要原因。接触疲劳的存在，会加速裂纹的扩展，促进车轮的踏面剥离的产生。钢研总院对马钢试制的日标型和欧标型车轮材料加工取样进行滚动接触疲劳实验。考虑到踏面下 15mm 是车轮经常考察的典型位置之一，设定本次实验的接触疲劳工作面为平行于踏面的踏面下 15mm。

经采用数理分析方法获得两种动车组车轮抗接触疲劳性能的试验结果，两组试样的接触疲劳寿命 P-N 曲线见图 9-1。

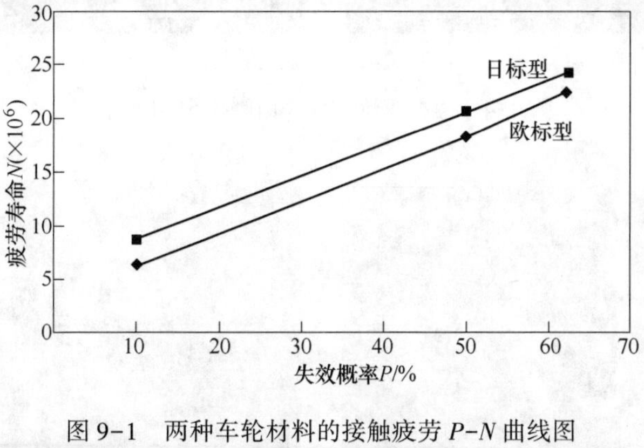

图 9-1 两种车轮材料的接触疲劳 P-N 曲线图

从试验结果可以看出，日标型比欧标型动车组车轮材料的接触疲劳寿命有一定程度的提高。破坏概率为 10%时的寿命从 6.29 百万次提高到 8.71 百万次，疲劳寿命提高了 38%。实验结果说明，日标型动车组车轮的抗接触疲劳性能优于欧标型车轮。

9.2.2 车轮钢滚动摩擦磨损性能

列车在运行过程中，车轮与钢轨之间产生较大摩擦力，因此轮轨在材质上必须良好搭配才能确保列车安全运行。西南交大对马钢试制的日标型（1#）和欧标型（2#）两种车轮材料进行摩擦磨损性能检测，试样的表面硬度及磨损量情况见图 9-2、图 9-3。可知，日标型车轮材料的硬度要明显大于欧标型车轮材料的硬度，对应的磨损量即为欧标型车轮材料的磨损量要大于日标型车轮材料，相同试验条件下欧标型材料的磨损量大 35.3%；即日标型材料的硬度大，表现出更好的耐磨性能。

从两种车轮试样表面磨痕和表面裂纹来看（图 9-4、图 9-5），日标型车轮材料的磨痕中心区域磨损较轻微，放大后发现表明存在有大块剥落的痕迹；对于其磨痕的边缘区域也有较为明显的剥落现象存在，

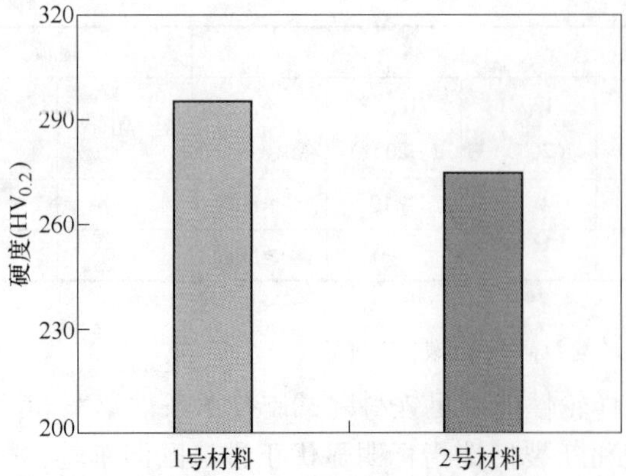

图 9-2　车轮试样的硬度

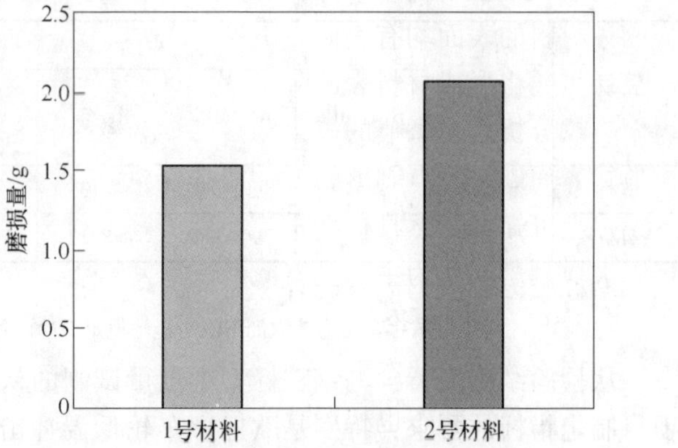

图 9-3　车轮试样的磨损量

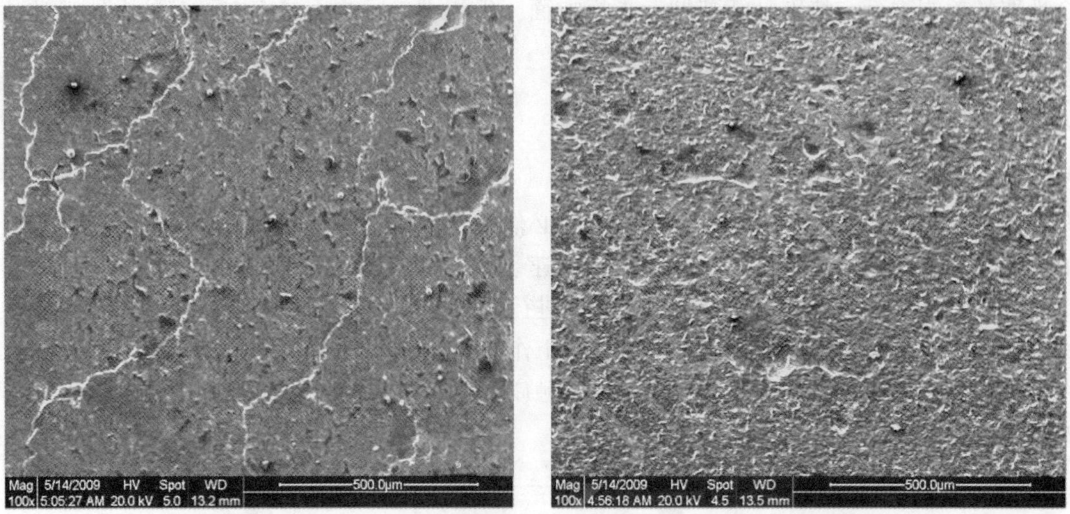

(a) 日标型车轮　　(b) 欧标型车轮

图 9-4　两种车轮试样表面磨痕 SEM 形貌

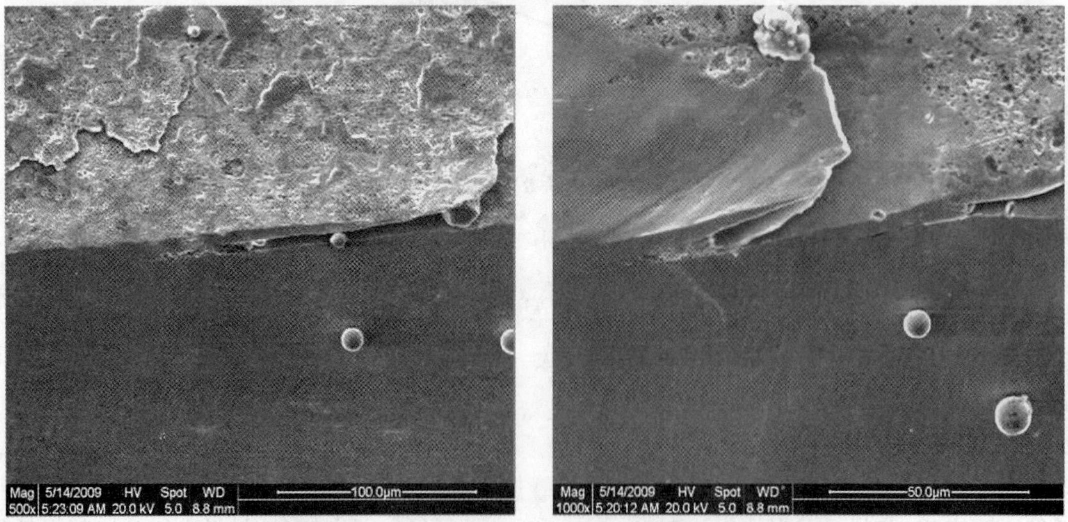

(a) 日标型车轮　　(b) 欧标型车轮

图 9-5　两种车轮试样表面裂纹 SEM 形貌

虽然磨损量较小，但表面存在较为明显的剥落损伤。欧标型车轮材料表面损伤主要以小麻点剥落为主，磨痕中心区域与边缘区域的损伤形态相差不大，放大后的形貌表明表面均匀的存在有小块剥落的痕迹，这与日标型材料的大块剥落损伤有明显的不同，这可能是欧标车轮材料的耐磨性不如日标型材料，导致磨损量过大，来不及形成大块剥落就被磨耗掉的缘故所致，在磨痕表面有尚未剥落掉的磨损颗粒的存在。而两种材料的表面均有表面疲劳裂纹形成。对于日标型车轮材料，表面的疲劳裂纹长度较长，此种裂纹的扩展贯通将形成材料表面的剥落，如果裂纹向纵深方向扩展就会可能形成疲劳断裂；欧标车轮材料的表面裂纹分析表明磨痕的表面较日标型材料要光滑，有较为短小的表面疲劳裂纹存在，这也与欧标车轮材料的表面以小麻点剥落的损伤形态是相对应的。

综上可知，虽然日标型车轮材料的耐磨性好于欧标型车轮材料，磨损量较小，但日标型材料表面损伤以大块剥落损伤为主，且表面疲劳裂纹长度较长，必然会影响车轮服役安全。

9.2.3 分析结论

在理想的运行状态下，日标型车轮摩擦磨损、接触疲劳优于欧标型车轮。但列车运行是一个复杂的过程，车轮受力状态也相对较复杂，尤其是在提速、刹车时由于摩擦力较大车轮局部温度急剧上升，会导致相变温度偏低的日标型车轮抗剥离性降低，造成表面损伤大块剥落，这点与服役动车组车轮调研结果基本一致。同时由于试制的欧标型车轮在韧性指标上高于日标型车轮，在现场服役时安全性可能明显会高于日标型车轮。

9.3 整体疲劳试验

在四方所轮轴疲劳试验台上进行了2件试制动车组车轮的整体疲劳试验，试验台结构和试验车轮见图9-6，从试验结果看，两件车轮在辐板最大径向当量应力幅为240MPa下，经过10^7次循环后，均没有产生裂纹，符合要求。

图9-6 轮轴疲劳试验台和试验车轮

9.4 研究结果

由于车轮未进行装车试运行，是否适用我国线路还有待验证，但从对车轮的解剖分析及实验室测试结果来看，马钢试制车轮综合性能完全满足技术条件要求，同时较进口车轮具备一定的优越性，主要表现在：

（1）马钢试制的车轮钢质控制水平较高，优于欧洲车轮实物，接近日本水平。

（2）马钢试制的日标型车轮多数性能已达到或接近日本车轮实物水平，仅在断裂韧性上存在一定差距。

（3）马钢试制的欧标型车轮总体性能优于欧洲车轮实物水平，特别是韧性指标明显高于欧洲车轮实物。

（4）日标型车轮材料表面损伤以大块剥落损伤为主，表面疲劳裂纹长度较长，且欧标型车轮在韧性指标上高于日标型车轮，服役安全性能可能会更优异。

（5）马钢试制的两种类型动车组车轮均满足“863”目标的要求。

10　总结

本课题从国外高速车轮调研入手，分析了欧洲型、日本型两种材质车轮在我国线路上的使用情况，通过比较车轮服役过程中的优劣性及国外失效高速车轮进行综合调研，找出了影响高速车轮使用安全性、可靠性的关键因素。通过对国外车轮实物解剖分析，进行技术消化吸收，同时开展材料基础研究，确立了我国车轮国产化技术路线，结合对国外标准的调研分析，拟定了适合我国线路的200～250km/h动车组用车轮技术条件草案。借助实验室研究手段和实物试验台，确立合理的轮轨匹配关系，设计出适合我国铁路路况的车轮踏面外型，有效降低车轮磨耗，提高车轮使用时间。通过车轮钢钢质优化研究，使车轮钢冶金质量超越欧洲同类车轮水平；通过热加工-热处理工艺研究，实现铸坯各部位金属择优分配于车轮轮辋、辐板、轮毂，运用细晶强-韧化机制，使车轮综合性能完全满足要求，并明显由于欧洲进口车轮水平；通过有效的机加工处理，显著提高车轮整体疲劳性能，提高车轮使用安全性。最终根据试验研究成果，成功地进行了小批量认证用车轮的试生产，性能完全满足要求。

根据我国铁路中长期发展规划，未来将完全实现动车组国产化。而目前作为重要组成部分的车轮、转向架等全部由国外进口，导致我国在国际铁路车轮制造界的影响力会受到限制，严重制约我国车轮产业的生存与发展，直接影响国家经济安全。本课题服务于我国高速铁路发展的迫切需求，铁道部也已明确将加快我国动车组及高铁车轮的快速研发，使得该课题研究开发工作具有广阔的应用前景。为降低研制风险，本项目首先从200～250km/h动车组用车轮着手研究，进行大量调研及材料基础研究，在消化吸收国外先进技术的基础上进行了科学、合理的创新，研制车轮性能达到指标要求，将通过后期有效相关程序及步骤实现车轮认证试验及装车试验以考察车轮的使用性能，因此，本课题具有一定的科学性、先进性和创新性。

30吨轴重重载列车车轮材料服役行为及关键设计、制备技术

课题编号：2015AA034302

科技报告基本信息表

1. 报告名称	中文： 30t及以上轴重重载车轮材料设计、制备技术和服役性能研究 英文： Research of material design, production technology and service performance for 30t and above axle load heavy haul freight car wheel	
2. 报告作者及单位	中文： 苏世怀　马鞍山钢铁股份有限公司；李昭东　钢铁研究总院；鲁连涛　西南交通大学；张关震　中国铁道科学研究院；任学冲　北京科技大学 英文： Su Shihuai Ma'anshan Iron & Steel Co., Ltd.; Li Zhaodong Central Iron & Steel Research Institute; Lu Liantao Southwest Jiaotong University; Zhang Guanzhen China Academy of Railway Sciences Corporation Limited; Ren Xuechong University of Science and Technology Beijing	
3. 公开范围 延期公开5年		4. 编制时间 2018-04-09
5. 报告编号 91340000610400837Y——2015AA034302/03		
6. 备注		
7. 摘要	中文： 针对国内外30t及以上轴重重载车轮需求，从国内外重载车轮使用情况调研、典型货车车轮样品失效分析及国内外车轮标准综合分析入手，识别出影响重载车轮使用安全性和可靠性的关键因素，确定了30t及以上轴重重载车轮关键技术指标及技术路线。 重点开展了重载车轮材料微合金化设计与优化、重载车轮轮型优化设计、重载车轮工业化冶炼、轧制及热处理工艺研究以及重载车轮服役性能研究及全寿命安全评价等工作，从研究结果看： 通过重载车轮材料的微合金成分设计优化实验室研究及半工业性验证试验，确定了满足国内30t轴重重载需求及出口40t轴重重载车轮的两种成分设计方案。 考虑我国重载条件，验证了现有HESA轮型在30t轴重条件运用的可行性，并在此基础上，完成了3种车轮轮型设计和优化。 开展了脆性氧化物夹杂塑性化处理新冶金技术研究，钢中夹杂物主要为塑性的MnS和MnS-Oxide，氧含量稳定控制在12ppm以下，确认了该项技术应用在重载车轮用钢的可行性。 研究了热处理加热、冷却参数、两次热处理工艺及复合冷却工艺对重载车轮组织性能的影响，确定了重载车轮热处理工艺。 完成了两种成分设计车轮的小批量和批量工业性试制，第三方检测结果满足课题设定目标要求。 完成了两种成分设计车轮的磨损和接触疲劳性能的对比试验研究，两种成分设计车轮材料的磨损性能和抗变形能力基本相当，优于现有CL60车轮材料。 完成了重载车轮整体疲劳试验、1∶1台架制动试验、10万公里装车运用考核及重载车轮疲劳寿命有限元分析，所设计的30t轴重车轮具有足够的安全余量，能够满足重载运输条件。 开展了重载车轮非金属夹杂物损伤容限及含腐蚀缺陷车轮钢服役安全评价，确定了重载车轮钢夹杂物临界尺寸为0.092mm，约100μm，车轮辐板腐蚀坑可允许的临界深度是300μm。	

续表

<table>
<tr><td>7. 摘要</td><td colspan="4">英文：
For domestic and foreign demand of heavy haul wheels with axle load 30t and above, the investigation of heavy load wheel usage, failure analysis of typical freight car wheels and comprehensive analysis of wheel standards were done. The key factors affecting the safety and reliability of heavy haul wheels are defined and the key technical requirements and technical routes for heavy haul wheels of 30t and above axle load were determined.
Material design and optimization, Wheel shape design and optimization, Steelmaking, Wheel forging and rolling, heat treatment, service performance and life-cycle safety evaluation of heavy haul wheels were done. The results are as follows:
two kinds of component design that satisfies the domestic demand of 30t axle heavy and the export demand of 40t axle heavy were determined.
The feasibility of the existing HESA wheel in the condition of 30t axle load was verified. Based on this, the design and optimization of three types of wheels were completed.
A new metallurgical technology for the plastic treatment of brittle oxide inclusions was studied. The inclusions in the steel are mainly plastic MnS and MnS-Oxide, and the oxygen content is steadily controlled below 12 ppm.
The effects of heating and cooling parameters, two heat treatment processes and composed cooling processes on the microstructure and properties of heavy haul wheels were studied. Based on this, the heat treatment process of heavy haul wheels was defined.
The results of the third-party testing showed that the properties of two component-designed wheels meet the requirements of the predetermined goals.
The wear properties and anti-deformation ability of the two component-designed wheels are basically equivalent and they are better than the existing CL60 wheel materials.
The results of fatigue test of full sized wheels, 1:1 bench brake test, 100, 000 km running test and finite element analysis of the fatigue life showed that the designed 30t axle heavy wheels can meet the heavy transport conditions.
The damage tolerance of non-metallic inclusions on heavy haul wheels and the safety evaluation of wheels with corrosion defects were studied. The result shows that the critical dimension of steel inclusions for heavy haul wheels was 0.092 mm, which was about 100μm and the allowable critical depth of etch pits of wheel web was about 300μm.</td></tr>
<tr><td rowspan="2">8. 关键词</td><td colspan="4">中文：
重载车轮；成分设计；轮型设计；热处理；服役性能；疲劳寿命</td></tr>
<tr><td colspan="4">英文：
heavy haul wheel; composition design; wheel design; heat treatment; service performance; fatigue life</td></tr>
<tr><td rowspan="7">9. 支持渠道</td><td>课题名称</td><td colspan="3">30 吨轴重重载列车车轮材料服役行为及关键设计、制备技术</td></tr>
<tr><td>主管部门</td><td>科学技术部</td><td>计划名称</td><td>863 计划</td></tr>
<tr><td>课题编号</td><td>2015AA034302</td><td>技术领域</td><td>新材料技术领域</td></tr>
<tr><td>承担单位</td><td colspan="3">马鞍山钢铁股份有限公司</td></tr>
<tr><td>合作单位</td><td colspan="3">中国铁道科学研究院；钢铁研究总院；西南交通大学；北京科技大学</td></tr>
<tr><td>课题负责人</td><td colspan="3">苏世怀</td></tr>
<tr><td>起始日期</td><td>2015-04-01</td><td>截止日期</td><td>2018-03-31</td></tr>
</table>

<table>
<tr><td rowspan="2">10. 联系人</td><td>姓名</td><td>崔银会</td><td>电话</td><td>0555-2877112</td><td>E-Mail</td><td></td></tr>
<tr><td>单位</td><td colspan="5">马鞍山钢铁股份有限公司科技管理部</td></tr>
</table>

30吨轴重重载列车车轮材料服役行为及关键设计、制备技术

课题技术总结

重载运输是国内外铁路货运发展方向，提高轴重能够有效提高货运效率。美国、澳洲是世界上重载运输发达国家，重载运输货车轴重达到32.5~40t，重载运输取得了巨大经济效益。

虽然近年来国内铁路货运得到迅猛发展，但目前我国运用的货车轴重仍以21t、23t、25t为主，与工业发达国家相比，轴重仍存在明显差距。与25t轴重相比，30t轴重货车运输效率提高约20%，增大货车轴重无疑是提高国内货运运输效率的有效途径，我国正在新建的中南通道、蒙西华中铁路等货运专线已按30t轴重标准建设。

车轮是铁道车辆重要行走部件，在车辆运行中具有承载、导向、向钢轨传递动力和制动等功能。随着车辆轴重加大，车轮使用条件发生了显著变化。以大秦线为例，虽然货车轴重仅由23t提高到25t，但因车轮材质和性能要求未发生改变，车轮踏面圆周非正常磨耗及踏面辗宽现象严重。可见，货车轴重增大使车轮受到的机械载荷、制动热负荷增大，导致机械损伤（磨损、接触疲劳、辗宽）和热损伤（热裂、制动剥离）成为影响车轮服役表现的突出问题。

为适应我国及国际重载运输的发展需要，有必要从提高车轮使用寿命和运行安全性方面考虑，自主开发30t及以上轴重货车车轮。

马钢自2004年起启动了重载货车车轮的研发工作，2006年承担了国家“863”计划课题“重载铁路列车用车轮钢及关键技术的研究”（课题编号：2006AA03Z514），系统地开展了重载车轮成分设计、制备技术研究，积累了重载车轮的开发经验，为本课题的开展奠定了基础。

本课题拟在调研30吨轴重及以上重载车轮失效形式及相关标准的基础上，开展微合金化技术研究、关键制备工艺研究和轮型设计优化，以及实验室综合性能研究，据此改进车轮材料合金化设计及工艺方案，优化制备工艺。随后通过半工业、工业性试制车轮产品，进行台架试验和装车试验，以检测车轮服役性能，结合车轮材料实验室试验结果，对车轮进行服役安全评价及寿命预测。最终根据实际车轮服役及损伤状况，对车轮设计及制造工艺进行优化调整，进一步改善车轮性能，开发出适合我国重载铁路运行特点的长寿命车轮材料和关键设计制备技术。

通过本课题的研究，研制开发出适用于我国及国外30t及以上轴重重载列车用车轮产品，实现30t轴重重载列车用车轮自主创新国产化，并逐步实现量产，建成示范生产线，形成年产5000件产业化能力，试制车轮实现批量装车。

1 重载车轮失效形式调研

1.1 国内重载货运专线车轮伤损情况

目前，我国重载货运专线主要为大同至秦皇岛的运煤专线（大秦线）。赴大秦线湖东车辆段对C80型车辆大列轮对磨耗以及C80型敞车运用中车轮踏面磨耗情况进行了现场调研，从C80型车辆车轮运用与检修数据统计分析看车轮伤损主要有以下特点：

（1）C80型车辆装用25T轴重的RE2A型轮对，与大秦线其他专用敞车装用的RD2轮对相比，轴重增大。近期RE2A型轮对出现的故障，其发生数量、比例较RD2轮对大。

（2）运用中的C80型车辆轮对故障中，踏面圆周磨耗比例高、较为严重。

（3）从C80型车辆发生轮对踏面圆周磨耗位数上看，2位车轮较多。

（4）从转向架型号上看，K6 型转向架较多。

（5）运用时间短，在扣修的车辆中，有 18 辆 C80 型车辆运行时间仅有 1 年左右；运用中轮对踏面圆周磨耗超过 3mm 的车辆中，24 辆 C80 型车辆运行不足 9 个月，36 辆 C80 型车辆运行时间仅有 1 年左右。从踏面圆周磨耗速度比较上看，RD2 型轮对踏面圆周磨耗速度约每年磨耗 1. 5~2mm，而 RE2A 型轮对远高于 RD2 型轮对。

（6）踏面圆周磨耗形状与闸瓦摩擦体宽度基本相当，踏面外侧局部有碾宽。

根据统计情况初步分析，造成轮对踏面圆周磨耗主要有以下几方面原因：

（1）材质方面：C80 型车辆采用 25t 轴重轮对，载重增大，致使每个车轮载荷加大，目前现有的车轮材质综合性能无法满足运用条件要求，轮对踏面的耐磨性等不能充分适应重载运输的实际条件，造成轮对踏面圆周磨耗加大。

（2）设计结构方面：C80 型车 2 位车轮踏面圆周磨耗居多，这应与车辆设计结构有关。

（3）制动系统方面：C80 型车辆运用初期发生的闸瓦划伤车轮踏面故障，通过采取有关措施，使闸瓦质量得到有效控制，划伤踏面故障明显下降。但近期出现的踏面圆周磨耗故障仍与闸瓦及制动系统有一定关系。

1. 2 国外重载货运车轮运用基本概况

2010 年，北美铁路联盟（AAR）对货运车轮检修数据进行了统计，换轮情况见表 1-1。其中与环境相关而导致剥离、擦伤的车轮更换情况见表 1-2。

表 1-1 北美车轮常见更换类型

更换类型	更换数量/件	所占比例/%
与正常运营相关	288437	56. 21
与磨损相关	77496	15. 10
与环境相关	146400	28. 53
车轮失效	796	0. 16

表 1-2 与环境相关的车轮更换情况

更换原因	更换数量/件
冲击力过高	33011
车轮不圆	10230
热裂纹	3926
踏面剥离	62689
踏面碾堆	7655
踏面擦伤	23576

从表 1-1 和表 1-2 可以看出，磨损、剥离是造成北美铁路车轮更换的主要原因，而实际上，大多数剥离是热损伤缺陷，主要是由于轮轨接触产生相对滑动和踏面制动而产生巨大的热输入，导致踏面表层形成马氏体薄层，在残余应力及轮轨接触载荷的作用下最终形成剥离，可见，北美重载运输带来的突出问题就是车轮热损伤和磨耗。

在前苏联，当轴重由 210kN 提高到 230kN 时，车轮轮对的碾边（堆）伤损增加了 18%，因磨损而报废的车轮增加了 25%。据统计，从 20 世纪 50 年代以后因材质原因引起的车轮停运率已不断下降，因制动原因引起的车轮相对停运率在 2009 年已增长至 70%。

澳大利亚重载车轮的磨耗和热裂现象也十分突出，因制动而导致的热裂增加了 10%。

1. 3 典型车轮伤损样品失效分析

从调研情况看，目前货车车轮运用中主要的伤损形式有踏面剥离、踏面制动热裂纹、踏面擦伤、踏面斜裂纹、轮缘碾堆外侧面碾边、轮缘掉块、车轮辋裂等。对典型货车车轮样品的车轮伤损机理进行了研究，结果见表 1-3。从制造角度看，车轮辋裂是危害性最大的一类缺陷形式。

表 1-3 典型货车车轮样品失效分析及车轮伤损机理研究

序号	问题	宏观形貌	分析结果
1	车轮轮辋裂纹	图 1-1	属于制造冶金缺陷，在车轮踏面面下一定深度范围内存在一定尺寸的链状夹杂物（Al_2O_3 类）是产生裂纹萌生的主要原因
2	车轮踏面斜裂纹伤损	图 1-2	踏面裂纹损伤属于滚动接触疲劳性质，接触疲劳裂纹是由于轮轨接触面在轮轨接触应力作用下，导致踏面表层金属塑性变形及疲劳裂纹萌生和发展
3	自踏面沿径向开裂	图 1-3	踏面裂纹属于热疲劳性质，主要成因是由于制动时闸瓦摩擦接触造成的热伤损
4	轮缘裂纹	图 1-4	轮缘裂纹属于疲劳裂纹扩展后导致的断裂，疲劳起源于轮辋内侧靠近轮缘处表面的因表面硬脆的马氏体白层碎裂后引发的微细裂纹，表面微细裂纹发生疲劳扩展后导致轮辋开裂

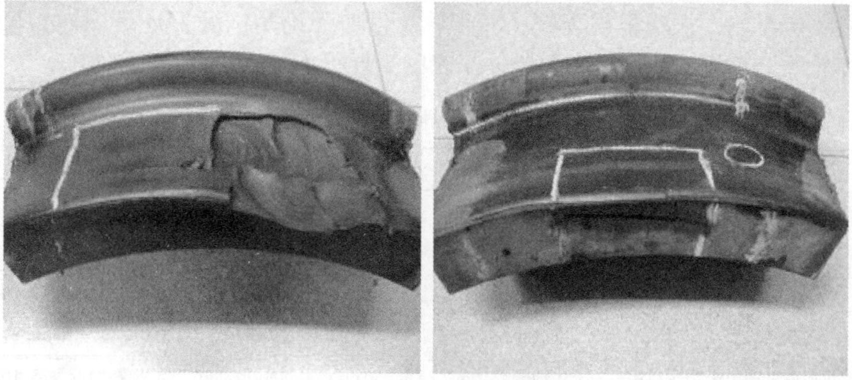

图 1-1 货车车轮轮辋裂纹

图 1-2 货车车轮踏面斜裂纹

图 1-3 货车车轮径向开裂

图 1-4 货车铸钢车轮轮缘裂纹

1.4　小结

（1）与普通货车相比，重载货车由于载重量大，车轮承受的工作载荷也随之增大，随着轴重的提高，重载车轮的伤损程度及报废率也随之提高。

（2）重载条件下，提高车轮的耐磨性和抗热损伤性能是车轮材料选择必须考虑的问题。

（3）从制造角度看，车轮辋裂是危害性最大的一类缺陷形式，因此控制车轮钢洁净度水平是至关重要的，也是需要关注的重点问题。

2　车轮标准综合分析

2.1　国外车轮技术标准综合分析

国际标准（ISO）及世界发达国家都制定有车轮技术标准，自成体系并不断完善。车轮从形式分为整体轮和分体轮（轮心和轮箍组成），车轮从制造方式可以划分为辗钢车轮和铸钢车轮，从车轮的运用又分为货车轮、客车轮、机车轮、大功率机车轮、动车轮。目前无论是国际上还是国内，车轮的发展方向都为整体车轮，分体轮逐渐被淘汰。国外有关整体车轮的主要标准见表 2-1。

表 2-1　国际组织及世界发达国家车轮标准目录

序号	国际或国家	标准号	标准名称
1	国际标准（ISO）	ISO 1005-6：1994	铁道机车车辆材料 第 6 部分：动力车和拖车用整体车轮交货技术条件
2	国际铁路联盟（UIC）	UIC 812-3：1984	机车车辆用非合金钢整体辗钢车轮供货技术条件（2006 年已经废止，被 EN 13262 代替）
3	欧洲标准（EN）	EN 13262：2004+A2：2011	铁路应用　轮对和转向架　车轮产品要求
4	北美铁路协会标准（AAR）	AAR M-107/208：2012	碳素钢车轮规范
5	日本工业标准（JIS）	JIS E5402-1：2005+A1：2008	铁道车辆—整体车轮—质量要求
6	苏联国家标准（ГОСТ）	ГОСТ 10791：2011	整体辗钢车轮技术条件

ISO 1005-6 标准把材料和相应的质量试验要求规定为两类，称为试验类别 A（以拉伸和冲击试验为依据）和 B（以硬度试验为依据），把公差分为两类，称为尺寸要求公差类别 Y 和 Z，其中 B 类试验与 Z 类公差组合，通常适用于货运业务为主的铁路系统。根据 C 含量的不同，将车轮材质划分为 6 个钢种，其中 C74GW 可用于重载需求。

国际铁路联盟整体车轮标准 UIC 812-3 在 2006 年废止，取而代之的标准是 EN 13262：2004。其检试验项目较多，要求较高。EN 13262 规定了 4 种钢种：ER6、ER7、ER8、ER9，但所有钢种的 C 含量要求均不超过 0.60%，不太适用于重载需求。

AAR M-107/M-208 标准规定了 L、A、B、C 四个钢种，其中 C 级钢可用于重载需求，该标准只对车轮硬度做出了要求，未对强韧性指标做出规定，要求相对较简单。最新版的 AAR 标准增加了 D 级钢车轮，其成分在 AAR-C 级钢车轮的基础上进行微合金化，表面硬度要求较 C 级钢有较大提高，主要用于重载需求。表 2-2 为国外标准中适用于重载需求的钢种成分和性能要求。

表 2-2　适用于重载需求的车轮钢成分和性能要求

钢种	化学成分/%					轮辋硬度（HB）
	C	Si	Mn	S	P	
C74GW	≤0.77（0.80）	≤0.40（0.43）	≤0.90（0.95）	≤0.040（0.045）	≤0.040（0.045）	293~363
SSW	0.60~0.75（0.57~0.80）	0.15~0.35（0.13~0.38）	0.50~0.90（0.46~0.94）	≤0.050（0.060）	≤0.045（0.055）	311~363
AAR-C	0.67~0.77	0.15~1.00	0.60~0.90	0.005~0.040	≤0.030	321~363
AAR-D						341~415

2.2 国内货车轮技术标准综合分析

我国铁路货车使用的车轮按照其生产工艺的不同可分为辗钢车轮和铸钢车轮。目前中国铁道行业用的货车车轮的技术条件有 TB/T 2817—1997《铁道车辆用辗钢整体车轮的技术条件》和 TB/T 1013—2011《碳素钢铸钢车轮技术条件》两个行业标准。

TB/T 2817—1997 规定的车轮钢钢种为 CL60，TB/T 1013—2011 规定了两种车轮钢钢种：ZL-B 和ZL-C，主要化学成分和性能要求见表 2-3 和表 2-4。

表 2-3 国内货车车轮标准化学成分要求 (%)

钢种	C	Si	Mn	S	P	Cr	Cu	Ni
CL60	0.55~0.65	0.17~0.37	0.50~0.80	≤0.040	≤0.035	≤0.25	≤0.25	≤0.25
ZL-B	0.57~0.67	≥0.15	0.60~0.90	≤0.040	≤0.030	≤0.25	≤0.35	≤0.25
ZL-C	0.67~0.77	≥0.15	≤1.20	≤0.040	≤0.030	≤0.25	≤0.35	≤0.25

表 2-4 国内货车车轮标准力学性能要求

钢种	拉伸试验		硬度试验		常温冲击功 $A_{KU2/J}$
	R_m/MPa	A/%	断硬（HB）	表面硬度（HBW）	
CL60	≥910	≥10	265~320	270~341	≥16
ZL-B	≥910	≥5	≥265	277~341	≥12
ZL-C	≥1030	≥4	≥300	321~363	≥10

随着我国铁路重载运输的发展，对重载货车整体辗钢车轮的使用性能提出了更高要求，而目前使用的 CL60 辗钢车轮已不能满足重载货车实际使用要求，需要增加新钢种，目前 TB/T 2817—1997 标准已经列入计划进行修订，现已完成标准征求意见稿。

ZL-B 和 ZL-C 钢种参考了 AAR M107/M208 标准，与 AAR M-107/M-208 标准中的 B 级和 C 级钢成分和硬度要求基本一致，其中 ZL-C 钢铸钢车轮可用于重载需求。

2.3 小结

（1）目前在国际铁路车轮技术标准中，日系和欧系的车轮技术标准制定的较为规范，内容相对详实，在国际铁路车轮技术标准中较为主流。

（2）通过国内外车轮轮箍标准体系的比较看，均各自存在独有的一些特点，均是在对使用条件进行大量研究的基础上制订的，同使用条件基本是相互适应的。

（3）从国内外车轮轮箍标准发展趋势看，冶金实物质量，如钢质的纯净度、热处理工艺的稳定性和可靠性等越来越受到高度重视。

（4）随着国内铁路重载运输的发展，对重载货车整体辗钢车轮的使用性能提出了更高要求，需要开发新钢种以适应国内重载发展的需要。

3 关键技术要求确定

从车轮失效形式分析和标准调研结果看，提高车轮钢材料的纯净度、车轮的耐磨性、抗接触疲劳性能和抗热损伤性能是车轮材料设计和车轮制备必须考虑的关键技术问题。根据调研结果，借鉴国外车轮标准要求，确定 30t 轴重重载车轮关键技术指标要求如下：

（1）车轮钢成分：

1）C 含量宜控制在 0.70%以上，以提高车轮的耐磨性能；

2）B 类非金属夹杂物级别≤1.0 级，T.O≤12ppm，以提高车轮钢材料的纯净度，预防辋裂等车轮失效形式的发生。

（2）车轮实物性能：轮辋 R_m≥1000MPa，A>10%，踏面 30mm 处最小硬度大于 HB300；辐板室温冲击功（标准 U2 试样）大于 10J；轮辋 K_Q>40MPa · $m^{1/2}$，300℃下轮辋材料抗拉强度不小于 700MPa，同批次车轮表面硬度波动不大于 HB30。

4　重载车轮材料的微合金化成分设计及优化

根据调研结果和设定的技术指标要求，采用理论计算和实验室试验相结合的方法开展了重载车轮材料的微合金化成分设计和优化。

4.1　热力学计算

采用 Thermo-Calc 热力学软件计算了 Cr、Si 对相图临界点（共析温度、共析 C 含量等）的影响，计算了 V、Al 及 Al-V 对析出相温度、析出量、固溶量等的影响，结果表明：

（1）从 CL60、CL65 向 CL70 发展，C 含量增加使车轮钢由亚共析钢改变为共析钢或过共析钢（如图 4-1 所示）。

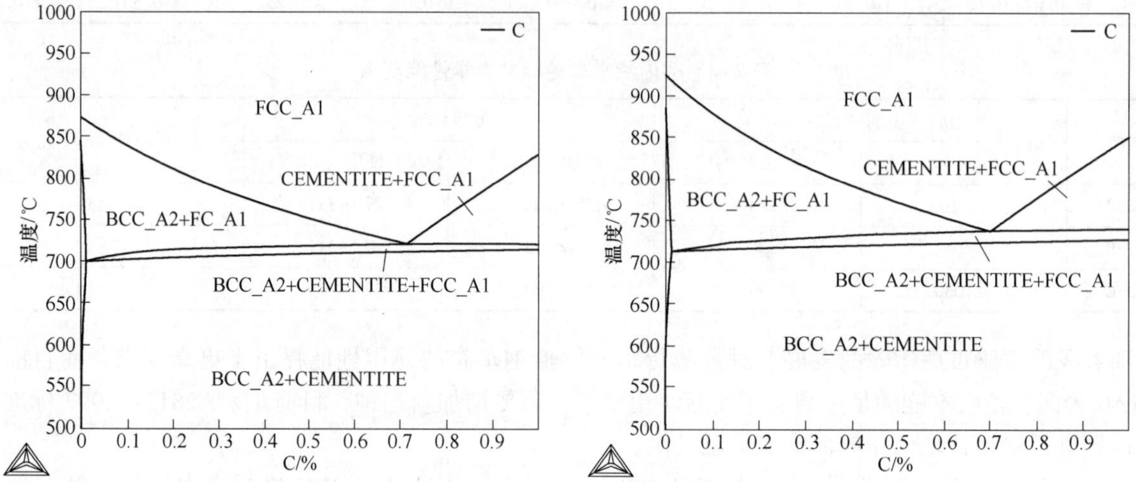

(a) 0.85%Mn-0.10%Cr　　(b) 0.85%Mn-0.85%Si-0.10%Cr

图 4-1　Fe-0~1% C-0.85% Mn-0.10% Cr、Fe-C-0.85% Mn-0.85% Si-0.10%Cr 钢的垂直截面图

（2）对于 Fe-C-0.85%Mn-0.1%Cr-Si 钢，提高 Si 含量将提高共析温度、降低共析 C 含量。提高 Si 含量将提高过共析 Fe-0.75%C-0.85%Mn-0.1%Cr-Si 钢的 A_{ecm} 温度。

（3）对于 Fe-C-0.85%Mn-0.85%Si-Cr 钢，提高 Cr 含量将提高共析温度、降低共析 C 含量，且 Cr 降低共析 C 含量的能力强于 Si。提高 Cr 含量将提高过共析 Fe-0.75%C-0.85%Si-0.85%Mn-Cr 钢的 A_{ecm} 温度。

（4）提高 Al_s 的含量，将提高 AlN 的析出温度；提高 V 的含量，将提高 V（CN）的析出温度，同时还将与 Al 竞争析出，减少 AlN 的析出量；V 含量提高到一定程度时，还将使高温下 V（CN）先于 AlN 析出（如图 4-2 所示）。

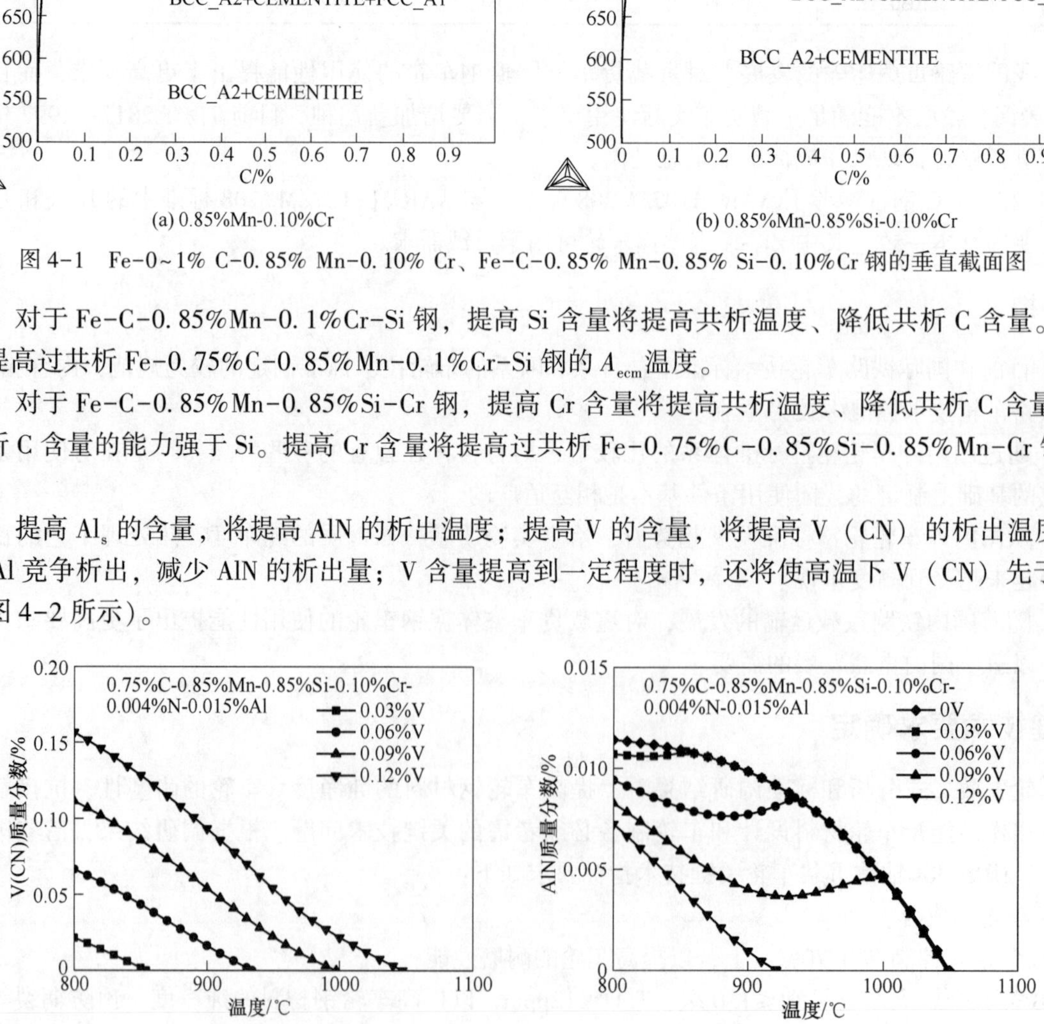

图 4-2　V 含量对 0.015Al 条件下 V（CN）、AlN 析出的影响

4.2 合金元素 Cr、V 对珠光体钢组织和性能的影响研究

高 C 和高 Si 含量是提高重载车轮耐磨性的关键技术思路。在此基础上，重点设计两组不同 Cr、V 含量的试验钢，开展了 Cr、V 含量对不同冷速下的相变点、组织及硬度影响研究，以便为 30t 轴重重载车轮的成分体系设计提供依据：

（1）在相同冷速下，随 Cr 含量增多，高 C 高 Si 钢珠光体平均转变温度降低，CCT 曲线向右下方移动，珠光体片层间距变小，硬度升高。但 Cr 含量大于 0.4%后，以上影响变弱。

（2）随着 V 含量的提高，高 C 高 Si 钢的珠光体平均转变温度也降低，CCT 曲线向右下方移动，珠光体片层间距，硬度升高。V 含量超过 0.1%后，以上影响变弱。

4.3 合金元素含量 Cr、V、Al 对重载车轮钢组织和性能的影响及成分优化研究

在 CL65、CL70 材质的基础上，完成了 8 种新型车轮钢成分设计，采用模拟车轮钢热处理的实验方法，定量研究了 C、Si、Cr、V、Al 含量对高碳珠光体钢显微组织和力学性能的影响，取得以下进展：

（1）实验室热处理轮辋的室温拉伸性能、热处理轮辐板 20℃冲击性能如表 4-1 所示。与 1#、2#（基准材质）相比，C、Si 含量增加，屈服强度和抗拉强度提高，冲击韧性下降，但 8 种新型车轮钢的综合力学性能指标均优于设定指标，余量较足。

表 4-1 车轮钢实验室热处理后室温拉伸性能（氮气冷却）、20℃冲击性能（空冷）

编号	主要成分（%）差异	R_m/MPa	$R_{P0.2}$/MPa	A/%	A_{KU2}(20℃）/J
1	0.61C-0.62Si-0.11Cr-0.0016V-0.013Al	968	594	17.3	34
2	0.63C-0.61Si-0.064Cr-0.053V-0.011Al	981	606	17.2	34
3	0.75C-0.92Si-0.063Cr-0.072V-0.012Al	1128	689	14.6	23
4	0.76C-0.81Si-0.12Cr-0.055V-0.012Al	1156	714	12.7	21
5	0.73C-0.89Si-0.22Cr-0.074V-0.018Al	1151	722	13.5	24
6	0.74C-0.88Si-0.017Cr-0.005V-0.018Al	1100	640	13.2	15
7	0.76C-0.88Si-0.13Cr-0.036V-0.025Al	1162	717	14.2	13
8	0.77C-0.89Si-0.13Cr-0.126V-0.026Al	1178	739	14.5	25
9	0.76C-0.88Si-0.39Cr-0.077V-0.026Al	1242	875	11.2	21
10	0.74C-0.83Si-0.13Cr-0.070V-0.002Al	1142	709	14.7	24
技术指标		≥1000	—	≥10	≥10

（2）Al_s 与 N 结合形成 AlN，细化奥氏体晶粒尺寸，但 Al_s 含量太高反而不利于晶粒细化（图 4-3）。Al_s 含量对强度影响很小，对冲击韧性的影响复杂，Al_s 含量宜控制在 0.01%~0.02%。

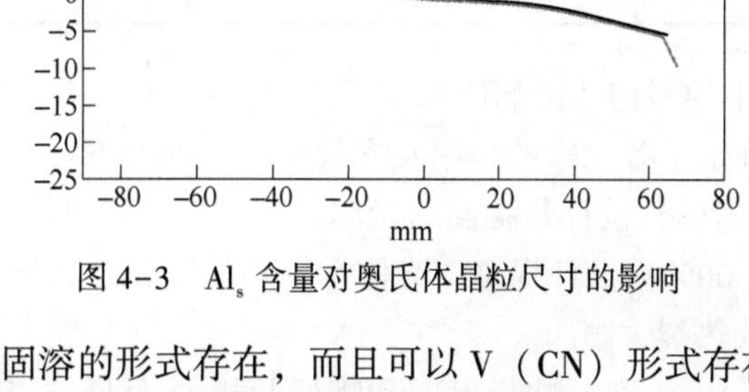

图 4-3 Al_s 含量对奥氏体晶粒尺寸的影响

（3）V 在高碳钢中不仅以固溶的形式存在，而且可以 V（CN）形式存在（图 4-4），起细化奥氏体晶粒、珠光体团与珠光体片层间距和沉淀强化作用，强韧性均有提高。V 含量宜控制在 0.05%~0.10%，过

低不利于奥氏体晶粒细化，过高时对淬透性的提高较大（图4-5），不利于车轮钢珠光体组织控制。

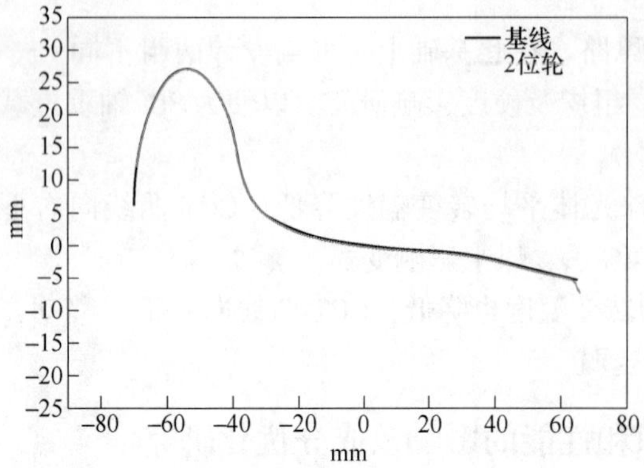

图4-4　名义V含量对析出V含量的影响

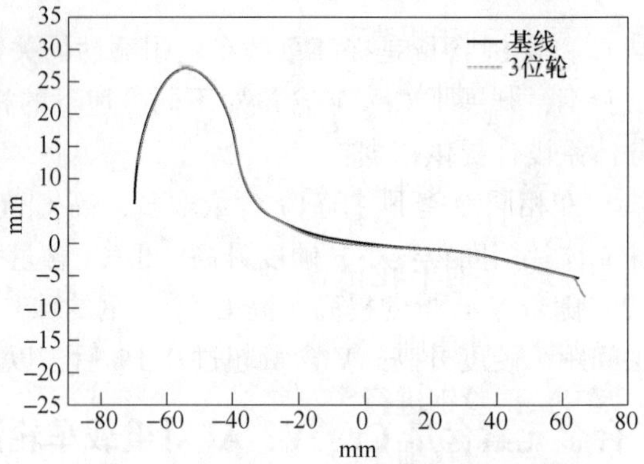

图4-5　不同名义V含量钢的端淬曲线

（4）提高Cr含量显著细化珠光体片层间距，从而提高车轮钢的强度。当Cr不超过0.22%时，提高Cr含量对强度的提升较小；当Cr含量提高到超过0.22%时，强度随Cr含量提升较快（图4-6）。过高的Cr（如0.40%）使得车轮钢的淬透性和硬度过高（图4-7），不利于车轮钢韧性和珠光体组织控制。宜控制Cr在0.25%以下。

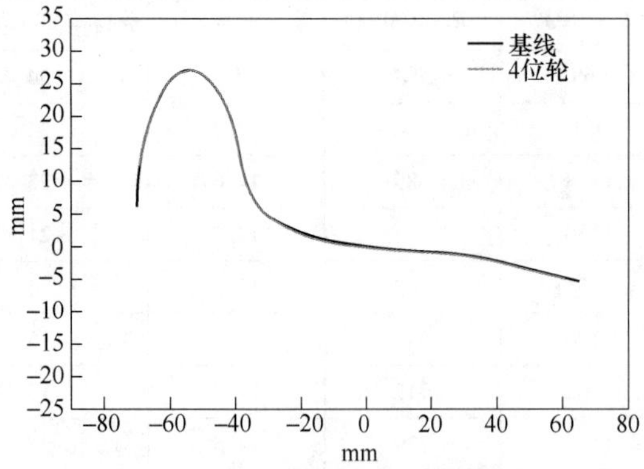

图4-6　Cr含量对强度的影响

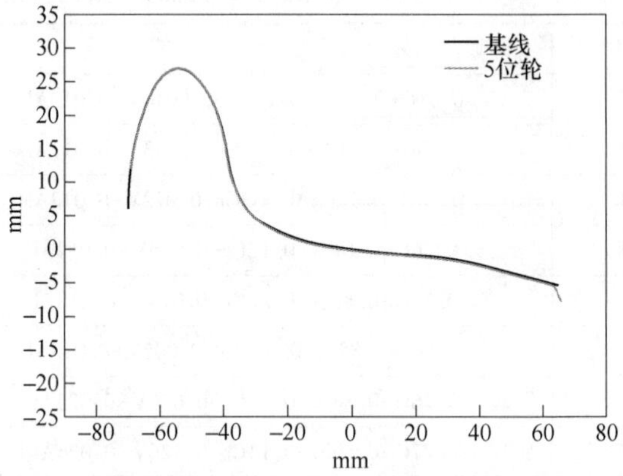

图4-7　不同Cr含量钢的端淬曲线

根据上述研究结果，在本研究的合金含量范围内，对合金元素的影响规律进行了总结，结果见表4-2。

表4-2　C、Si、Cr、V、Al对显微组织、力学性能和冲击韧性的影响规律

元素	奥氏体晶粒尺寸	珠光体团尺寸	珠光体片层间距	屈服强度	抗拉强度	冲击韧性
C、Si↑	—	—	—	↑	↑	↓
V↑	↓	↓	↓	↑	↑	↑
Cr↑	—	—	↓	↑	↑	不明显
Al↑	先↓后↑	—	—	不明显	不明显	复杂，宜控制在0.01%~0.02%水平

通过对Cr、V在珠光体钢中的强韧性影响研究及不同C、Si、Cr、V、Al含量的试样钢的组织性能研究，配合Thermo-Calc计算，确定了各元素的作用及含量控制原则如下：

C：高C含量（0.70%~0.77%）设计是提高珠光体车轮强度和耐磨性的关键。

Si：高Si含量（0.80%~1.00%）设计提高珠光体车轮的强度和耐磨性，但不严重恶化韧性，同时还提高A_{ecm}温度和共析温度，降低热裂纹倾向。

Cr：增加Cr含量可以提高A_{ecm}温度、共析温度和降低共析C含量。当Cr不超过0.22%时，提高Cr含量对强度的提升较小；当Cr含量提高到超过0.22%时，强度随Cr含量提升较快。过高的Cr（如

0.40%）使得车轮钢的淬透性和硬度过高，不利于组织和韧性控制。宜控制 Cr 在 0.25%以下。

V：以固溶和 V（CN）析出两种形式存在，起细化奥氏体晶粒、珠光体团与珠光体片层间距和沉淀强化的作用，有利于提高强韧性。V 含量宜控制在 0.05%～0.10%，过低不利于奥氏体晶粒细化，超过 0.10%以后继续增加 V 含量进一步细化珠光体片层间距的作用不显著，淬透性提高较大，不利于车轮钢珠光体组织控制。

Al：Al_s 含量宜控制在 0.01%～0.02%，有利于奥氏体晶粒尺寸细化。

4.4 试验钢试制车轮试验

根据成分设计原则，兼顾生产成本，从 8 种新型钢种中选取 3#（低 Cr 加 V）、4#（低 Cr 加 V）和 6#（无 Cr 无 V）试验钢进行了车轮试制，试验钢化学成分见表 4-3。其中，6#几乎不含 V，因此需要通过降低淬火温度以获得较细小的奥氏体晶粒尺寸。对试制车轮进行了轮辋室温拉伸、踏面下 30mm 布氏硬度以及辐板常温 U2 冲击检测，结果见表 4-4，均满足课题技术指标要求。但进行 V 微合金化的 3#和 4#具有更高的屈服强度和布氏硬度，塑性与冲击韧性未有明显降低。由表 4-3 和表 4-4 可知，3#和 4#成分、力学性能均相当，因此从 3#和 4#试验钢中任选一种钢进行断裂韧性试验。

表 4-3 试验钢化学成分 （%）

编号	C	Si	Mn	Cr	V	Al	主要差异
3#	0.75	0.92	0.82	0.063	0.072	0.012	0.75C-0.92Si-0.063Cr-0.072V-0.012Al
4#	0.76	0.81	0.84	0.120	0.055	0.012	0.76C-0.81Si-0.12Cr-0.055V-0.012Al
6#	0.74	0.88	0.86	0.017	0.005	0.018	0.74C-0.88Si-0.017Cr-0.005V-0.018Al

表 4-4 试制车轮的综合力学性能

编号	$R_{P0.2}$/MPa	R_m/MPa	A/%	辐板常温 A_{KU2}/J	踏面下 30mm 硬度（HB）			
					硬度 1	硬度 2	硬度 3	均值
3#	827	1221	13.5	13.0	363	350	345	353
4#	882	1246	13.5	13.3	356	354	347	352
6#	770	1230	14	13.7	347	346	337	343
技术指标	—	≥1000	≥10	≥10	≥300	≥300	≥300	≥300

对 4#、6#轮辋进行断裂韧性测试，结果见表 4-5，均满足课题技术指标要求。与 6#相比，4#车轮在提高强度、硬度的同时，断裂韧性水平也未明显降低。

表 4-5 试制车轮的断裂韧性 （$MPa \cdot m^{1/2}$）

试样编号	1	2	3	4	5	6	平均值	技术指标
4#	42.9	45.5	47.2	43.8	45.1	52.8	46.2	>40
6#	44.1	50.5	48.9	49.8	53.0	44.3	48.4	

从试制结果看，试制车轮实物均达到预定的技术指标，且余量较足。

4.5 成分设计方案

根据理论计算、实验室试验和车轮试制结果，综合考虑指标设定和制造成本，确定 30t 轴重重载车轮成分设计方案（见表 4-6）。其中高 C 高 Si 成分设计作为基本方案，可满足国内 30t 轴重要求；提 C 低 Cr 加 V 成分设计作为优化方案，可满足性能指标要求更高的车轮，如出口 40t 以上轴重车轮。

表 4-6 30t 轴重重载车轮成分设计方案 （%）

成分	C	Si	Mn	P	S	Cr	V	Al_s
基本方案	0.7～0.75	0.85～0.95	0.78～0.85	≤0.015	0.006～0.015	—	—	0.010～0.025
优化方案	0.73～0.77	0.80～0.89	0.82～0.89	≤0.015	0.006～0.015	0.10～0.15	0.05～0.06	≤0.015

4.6 成分设计方案验证

为确认成分设计方案在市场应用中的可行性、稳定性，采用中试试验方法进一步研究了 C、Si、Mn、Cr 含量对力学性能的影响。试验钢制备流程为中频炉—电渣重熔。

4.6.1 成分设计基本方案验证

试验钢熔炼化学成分见表 4-7，基本符合试验方案要求。

表 4-7 基本成分设计方案验证试验钢熔炼化学成分 (%)

成分设计		C	Si	Mn	P	S	Cr	V	Al_s
1	熔炼	0.71	0.85	0.77	0.009	0.008	0.07	0.003	0.019
	方案	0.69~0.71	0.80~0.90	0.74~0.80	≤0.015	0.006~0.015	—	—	0.010~0.025
2	熔炼	0.7	0.86	0.85	0.008	0.008	0.05	0.004	0.014
	方案	0.69~0.71	0.80~0.90	0.82~0.90	≤0.015	0.006~0.015	—	—	0.010~0.025
3	熔炼	0.71	0.95	0.78	0.009	0.008	0.07	0.004	0.019
	方案	0.69~0.71	0.90~1.00	0.74~0.80	≤0.015	0.006~0.015	—	—	0.010~0.025
4	熔炼	0.71	0.94	0.84	0.011	0.009	0.06	0.004	0.022
	方案	0.69~0.71	0.90~1.00	0.82~0.90	≤0.015	0.006~0.015	—	—	0.010~0.025
5	熔炼	0.75	0.84	0.79	0.012	0.008	0.06	0.004	0.012
	方案	0.74~0.76	0.80~0.90	0.74~0.80	≤0.015	0.006~0.015	—	—	0.010~0.025
6	熔炼	0.74	0.85	0.85	0.012	0.008	0.06	0.004	0.012
	方案	0.74~0.76	0.80~0.90	0.82~0.90	≤0.015	0.006~0.015	—	—	0.010~0.025
7	熔炼	0.75	0.96	0.77	0.010	0.010	0.06	0.004	0.018
	方案	0.74~0.76	0.90~1.00	0.74~0.80	≤0.015	0.006~0.015	—	—	0.010~0.025
8	熔炼	0.75	0.95	0.84	0.010	0.010	0.06	0.004	0.020
	方案	0.74~0.76	0.90~1.00	0.82~0.90	≤0.015	0.006~0.015	—	—	0.010~0.025
基本方案		0.70~0.75	0.85~0.95	0.78~0.85	≤0.015	0.006~0.015	—	—	0.010~0.025

用试验钢钢锭轧制车轮，热处理后进行力学性能分析。

试验车轮试验钢力学性能检验结果见表 4-8。可见，在试验设定的成分变化范围内，试验车轮各项性能均能满足技术指标要求，且均具有较大富余量。

表 4-8 基本成分设计方案验证试验车轮力学性能检验结果

试验钢	轮辋					辐板
	$R_{P0.2}$/MPa	R_m/MPa	A/%	踏面下 30mm 硬度（HB）	K_Q/MPa · $m^{1/2}$	A_{KU2}/J(常温)
1	766	1188	17	339	47.2	11.3
2	733	1182	15.5	335	47.1	17.3
3	777	1194	16	334	48.9	17.7
4	767	1193	16	336	47.7	14.0
5	755	1189	18	335	45.1	18.3
6	755	1189	18	335	44.5	18.3
7	767	1201	16	342	47.5	14.0
8	749	1183	16.5	337	45.8	13.7
技术指标	—	≥1000	≥10	≥300	≥40	≥10

4.6.2 成分设计优化方案验证

试验钢熔炼化学成分见表 4-9，基本符合试验方案要求。

表 4-9 优化成分设计方案验证试验钢熔炼化学成分 (%)

成分设计		C	Si	Mn	P	S	Cr	V	Al_s
1	熔炼	0.72	0.81	0.82	0.011	0.01	0.12	0.051	0.011
	方案	0.70~0.74	0.78~0.82	0.80~0.84	≤0.015	0.006~0.015	0.11~0.14	0.05~0.06	≤0.015
2	熔炼	0.72	0.8	0.89	0.012	0.01	0.13	0.052	0.014
	方案	0.70~0.74	0.78~0.82	0.85~0.90	≤0.015	0.006~0.015	0.11~0.14	0.05~0.06	≤0.015
3	熔炼	0.72	0.88	0.81	0.013	0.01	0.12	0.053	0.012
	方案	0.70~0.74	0.85~0.90	0.80~0.84	≤0.015	0.006~0.015	0.11~0.14	0.05~0.06	≤0.015
4	熔炼	0.73	0.89	0.9	0.01	0.01	0.12	0.055	0.015
	方案	0.70~0.74	0.85~0.90	0.85~0.90	≤0.015	0.006~0.015	0.11~0.14	0.05~0.06	≤0.015
5	熔炼	0.75	0.8	0.83	0.011	0.012	0.13	0.056	0.013
	方案	0.75~0.78	0.78~0.82	0.80~0.84	≤0.015	0.006~0.015	0.11~0.14	0.05~0.06	≤0.015
6	熔炼	0.76	0.81	0.89	0.012	0.01	0.13	0.055	0.015
	方案	0.75~0.78	0.78~0.82	0.85~0.90	≤0.015	0.006~0.015	0.11~0.14	0.05~0.06	≤0.015
7	熔炼	0.75	0.88	0.82	0.011	0.011	0.13	0.052	0.012
	方案	0.75~0.78	0.85~0.90	0.80~0.84	≤0.015	0.006~0.015	0.11~0.14	0.05~0.06	≤0.015
8	熔炼	0.75	0.89	0.88	0.014	0.011	0.13	0.05	0.014
	方案	0.75~0.78	0.85~0.90	0.85~0.90	≤0.015	0.006~0.015	0.11~0.14	0.05~0.06	≤0.015
9	熔炼	0.73	0.85	0.84	0.012	0.01	0.08	0.053	0.014
	方案	0.70~0.74	0.84~0.86	0.84~0.86	≤0.015	0.006~0.015	0.05~0.10	0.05~0.06	≤0.015
10	熔炼	0.72	0.86	0.86	0.008	0.015	0.14	0.056	0.013
	方案	0.70~0.74	0.84~0.86	0.84~0.86	≤0.015	0.006~0.015	0.12~0.16	0.05~0.06	≤0.015
11	熔炼	0.75	0.86	0.85	0.012	0.009	0.08	0.053	0.014
	方案	0.75~0.78	0.84~0.86	0.84~0.86	≤0.015	0.006~0.015	0.05~0.10	0.05~0.06	≤0.015
12	熔炼	0.75	0.86	0.86	0.01	0.015	0.14	0.058	0.013
	方案	0.75~0.78	0.84~0.86	0.84~0.86	≤0.015	0.006~0.015	0.12~0.16	0.05~0.06	≤0.015
优化方案		0.73~0.77	0.80~0.89	0.82~0.89	≤0.015	0.006~0.015	0.10~0.15	0.05~0.06	≤0.015

用试验钢钢锭轧制车轮，热处理后进行力学性能分析。

试验车轮试验钢力学性能检验结果见表 4-10。可见，在试验设定的成分变化范围内，试验车轮各项性能均能满足技术指标要求，且均具有较大富余量。

表 4-10 试验车轮力学性能检验结果

试验钢	轮辋					辐板
	$R_{p0.2}$/MPa	R_m/MPa	A/%	踏面下 30mm 硬度（HB）	K_Q/MPa · $m^{1/2}$	A_{KU2}(常温)/J
1	860	1222	13	345	45.5	11.7
2	879	1269	13.5	353	45.9	14.0
3	848	1241	14.5	345	47.5	13.3
4	840	1229	13	340	46.4	14.0
5	883	1282	13.5	347	44.8	13.7
6	880	1268	12.5	351	45.7	12.3
7	848	1249	14	349	45.7	14.0
8	865	1264	14.5	347	46.5	13.7
9	822	1224	14	347	45.5	15.7
10	803	1212	12	348	46.4	14.0
11	853	1233	14.5	354	45.5	13.0

续表 4-10

试验钢	轮辋					辐板
	$R_{p0.2}$/MPa	R_m/MPa	A/%	踏面下 30mm 硬度（HB）	K_Q/MPa · $m^{1/2}$	A_{KU2}(常温)/J
12	811	1224	12	343	44.7	12.0
技术指标	—	≥1000	≥10	≥300	≥40	≥10

4.6.3 两种方案的对比

从图 4-8 看，成分设计优化方案在明显提高车轮硬度的同时，断裂韧性与成分基本设计方案水平相当。

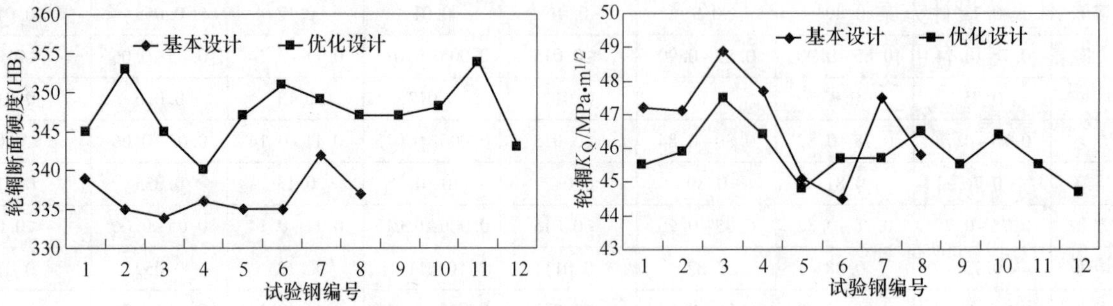

图 4-8 成分基本设计方案和优化设计方案的硬度、断裂韧性比较

4.6.4 两种方案试验钢车轮高温力学性能研究

选择 5#基本成分设计和 5#优化设计试验钢车轮，在轮辋部位取样，加工成 ϕ15mm 的棒样，进行热处理。热处理加热温度为 820℃、840℃、860℃、880℃，保温时间 1.5h，采取沙冷方式冷却，以模拟车轮踏面喷水淬火过程轮辋下 15~40mm 处的冷却速度。

拉伸试验在 Gleeble-2000 热模拟试验机上进行，参照 AAR M107 标准，将试样以 5.0℃/s 加热速度加热到 538℃保温 30s，以 10^{-3}mm/s 的应变速率进行拉伸。

试验结果见图 4-9。优化方案试验钢强度、塑性均高于基本方案，可见，优化方案试验钢的高温力学性能优于基本方案。

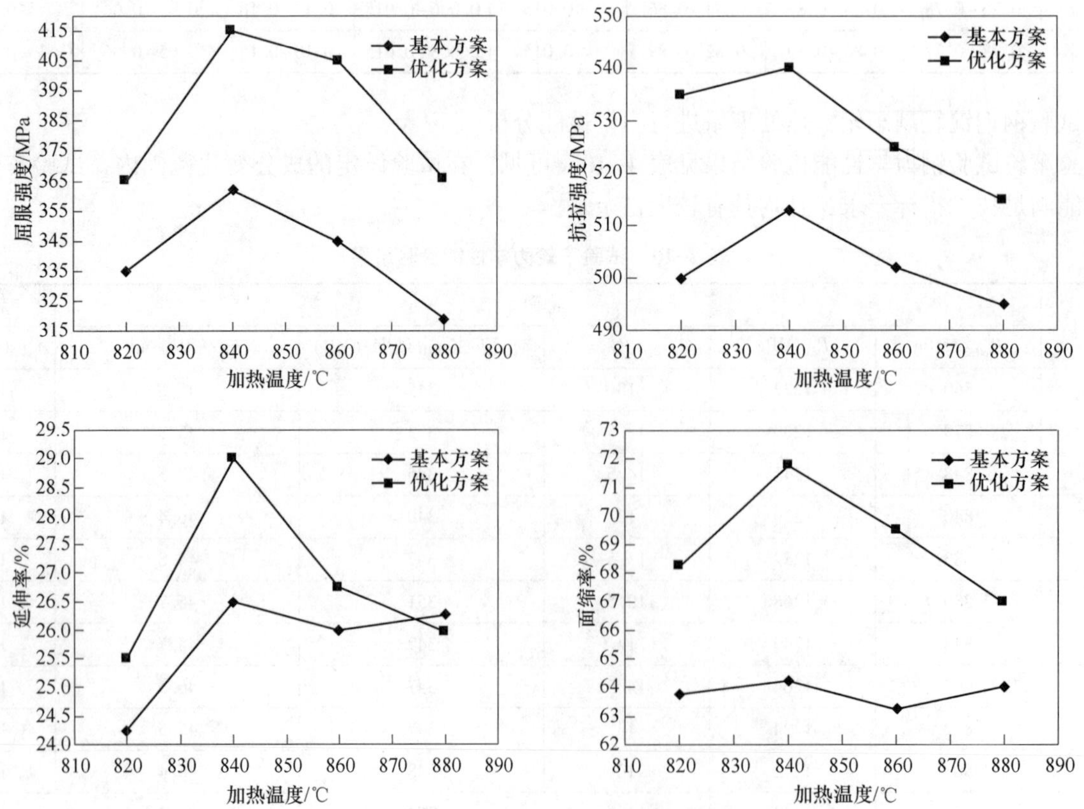

图 4-9 试验钢 538℃力学性能与热处理加热温度的关系

4.7 小结

（1）通过理论计算和实验室试验，系统研究了 Si、Cr、V、Al 对珠光体相变、组织、性能的影响规律，完成了 8 种高 C 高 Si 新型车轮钢的成分设计。

（2）3 种优选车轮试验钢试制车轮性能均达到设计指标要求。

（3）根据上述试验结果，确定了 30t 重载车轮成分设计方案，其中高 C 高 Si 成分设计作为基本方案，可满足国内 30t 轴重要求；提 C 低 Cr 加 V 成分设计作为优化方案，可满足性能指标要求更高的车轮，如出口 40t 以上轴重车轮。

（4）对成分设计方案进行了验证，基本设计方案可确保车轮满足技术指标要求，优化方案可改善车轮综合性能，均具有可行性和稳定性。

5 30t 轴重重载列车车轮轮型优化研究

5.1 重载轮型设计

图 5-1 为我国现有 HESA 车轮的设计图，其使用了 LM 型踏面，目前主要用于国内 25t 及以下轴重重载运输。考虑到轴重进一步增加到 30t 的车轮承载状况，在借鉴各国成功经验的基础上，首先设计出了适用于 30t 轴重重载车辆的设计轮型 1，其设计图如图 5-2 所示，其踏面亦为 LM 型，重在满足国内需求。同时，也设计出了可满足 35t 及以上轴重重载车辆需求的设计轮型 2（见图 5-3），其采用澳大利亚 WPR2000 踏面，旨在满足未来出口需求。在设计轮型 2 的基础上优化出了设计轮型 3，其踏面换成我国的 LM 型，其他参数保持不变，旨在满足国内需求。

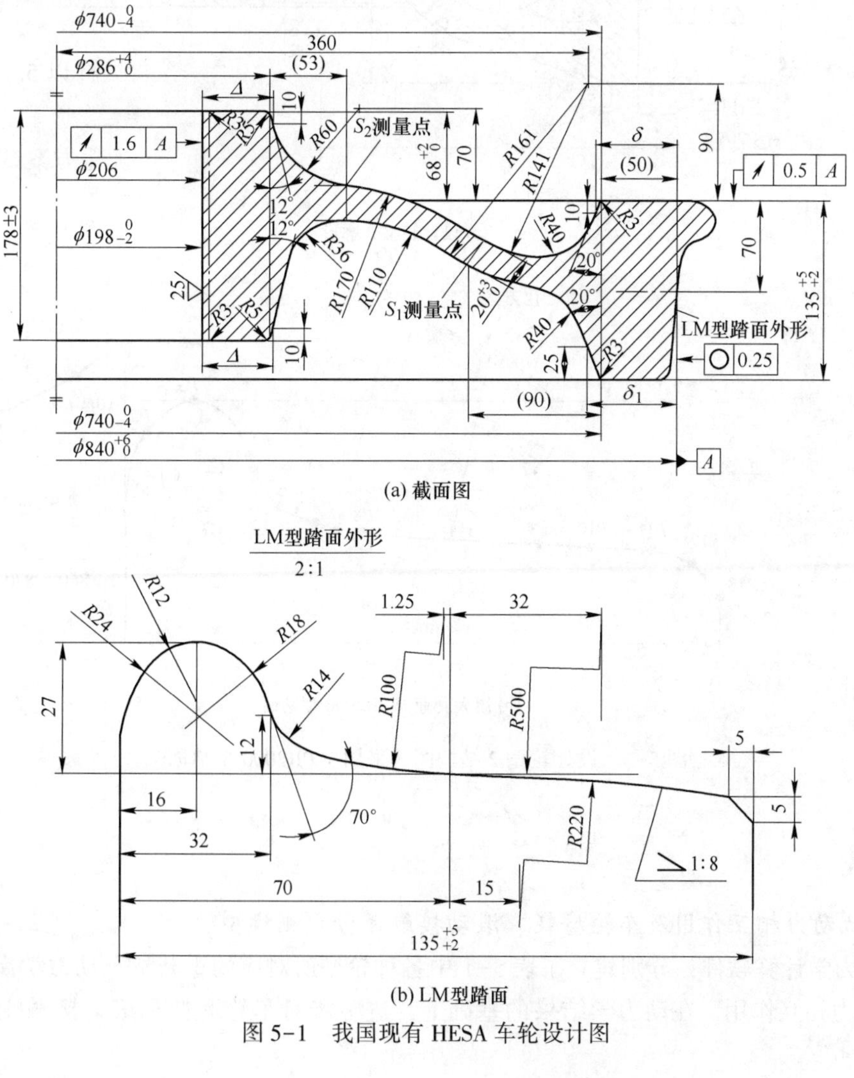

(a) 截面图

(b) LM型踏面

图 5-1 我国现有 HESA 车轮设计图

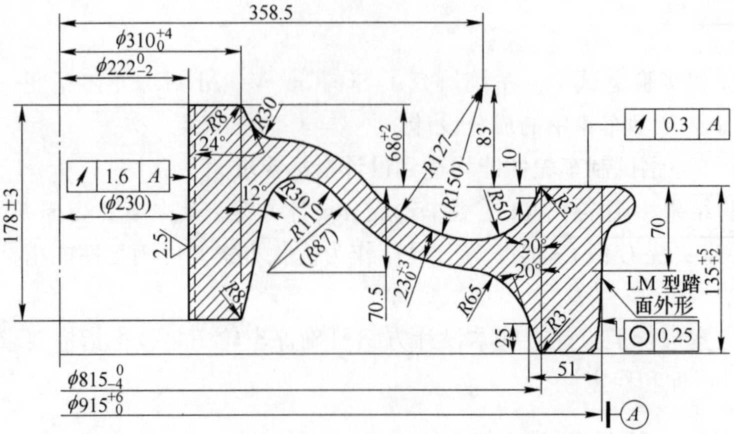

图 5-2　设计轮型 1 设计图，采用 LM 型踏面

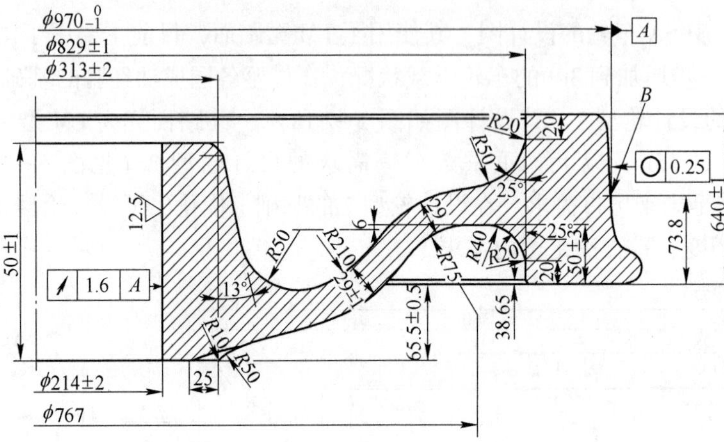

(a) 设计轮型 2 廓形

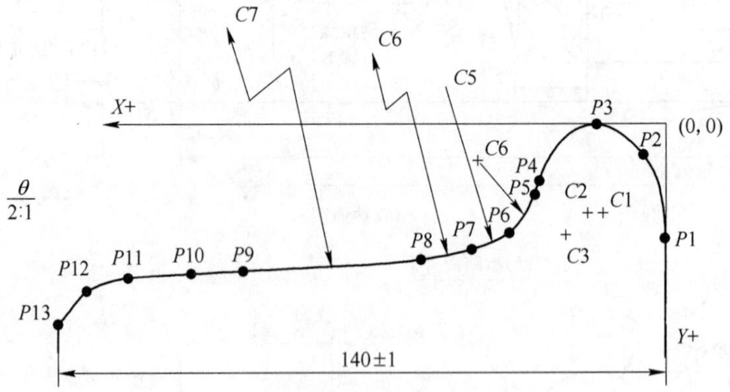

(b) 澳大利亚 WPR2000 型踏面

图 5-3　设计轮型 2 结构图，采用 WPR2000 型踏面

5.2　数值模型

5.2.1　轮轨动力相互作用及车轮磨耗、滚动接触疲劳预测模型

使用 UM 动力学计算软件，分别建立了表 5-1 中各种轮型所对应的重载货车动力学模型（见图 5-4），分析轮轨间的动力相互作用。在动力学结果的基础上，进一步对车轮磨耗和滚动接触疲劳做出预测，对比不同轮型的优劣。

表 5-1 四种轮型主要计算参数

轮型	型面	车轮质量/kg	名义滚动圆半径/mm
HESA	LM	314	420
设计轮型 1	LM	370	457.5
设计轮型 2	WPR2000	455	485
设计轮型 3	LM	455	485

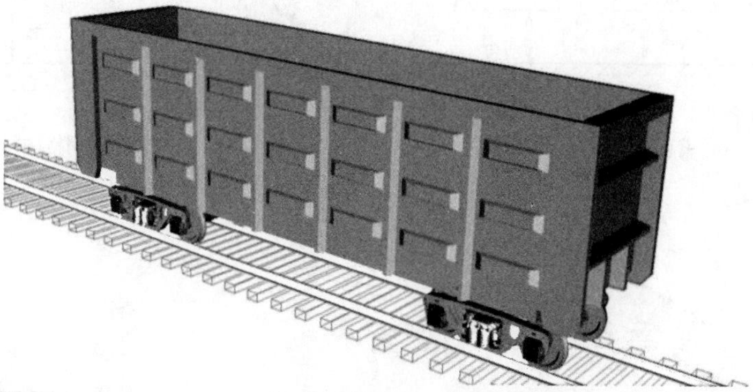

图 5-4 重载货车动力学仿真模型

车轮磨耗预测采用 Archard 磨损模型（又称为磨耗体积模型），即材料磨耗体积与法向力、滑动距离成正比，与材料的硬度成反比。

定性分析车轮滚动接触疲劳发生的机理和可能性，采用了英国剑桥大学 Johnson 教授提出的安定图（图 5-5）。安定理论认为，处于塑性安定和棘轮效应状态的接触材料会导致滚动接触疲劳。定量分析滚动接触疲劳，采用了英国铁路安全和标准委员会（RSSB）于 2004 年开发的损伤函数（图 5-6）。

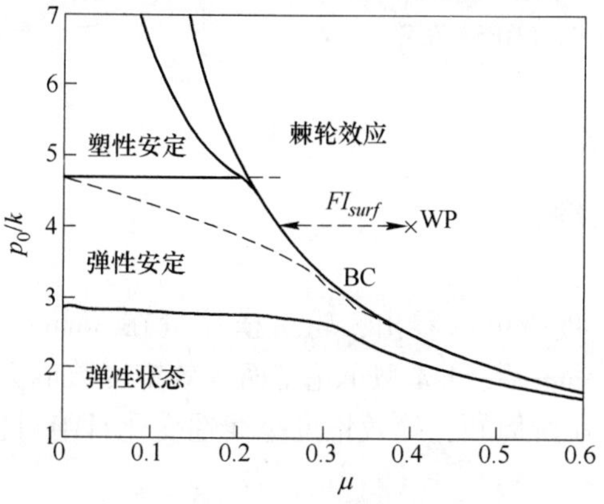

图 5-5 材料安定图

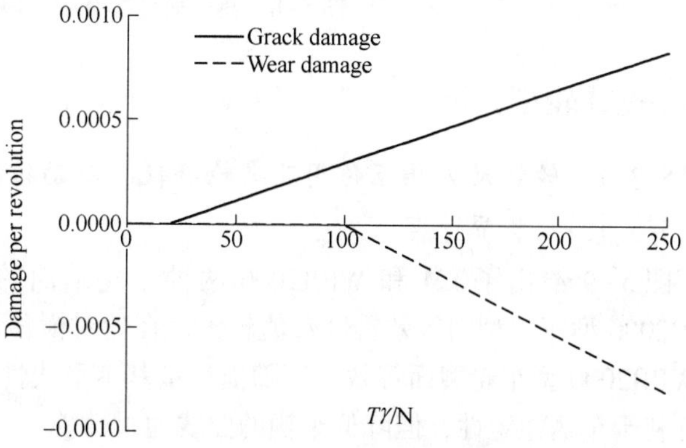

图 5-6 车轮滚动接触疲劳损伤函数

5.2.2 轮轨接触有限元模型

为精确计算轮轨间的接触应力水平，采用 ANSYS 建立了考虑轮轨真实几何的静态轮轨接触模型（图 5-7），用来分析不同轮型与我国 75kg/m 钢轨配合下的法向接触应力。轨道参数选用与上一节相同，轴重依然取为 30t。试算表明，对于所涉及的 4 种车轮型号，其匹配的最优轨底坡均为 1∶20，因此，此后对比分析中将仅针对 1∶20 轨底坡工况。

5.2.3 热负荷计算有限元模型

采用 ANSYS 建立了用于热负荷计算的数值模型，模型网格如图 5-8 所示。具体建模时，考虑了 HESA 车轮、设计轮型 1 和设计轮型 2 三种车轮，因为踏面制动热分析与车轮型面关系很小，所以未就设计轮型 3 进行单独建模（认为与设计轮型 2 相同）。本部分计算旨在分析 30t 轴重车辆在极端工况下的车轮踏面热负荷，即在长大下坡道上的紧急制动工况。

考虑到我国重载线路实际，长大下坡道的坡度选为 9.1‰，不同轨道的模拟方法参照 UIC510-5 标准。

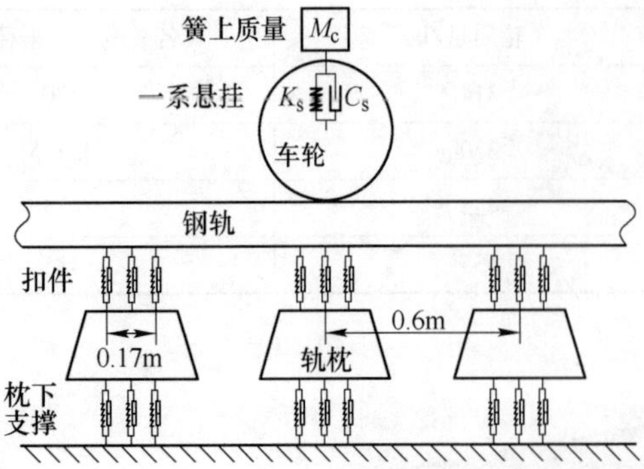

(a) 模型示意图

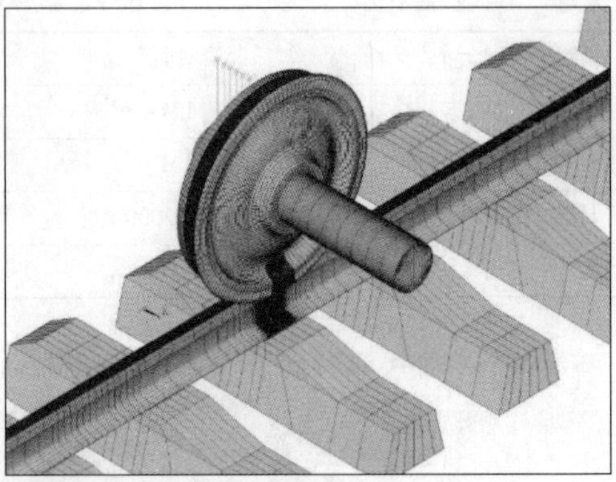

(b) 有限元网格图

图 5-7　三维轮轨接触有限元模型

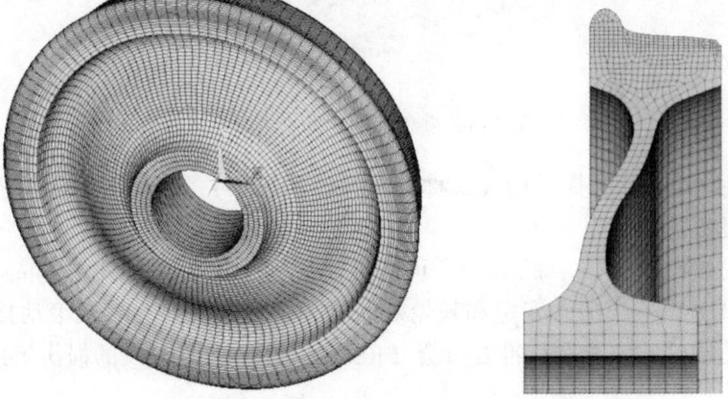

图 5-8　热负荷计算有限元模型的网格图（HESA 车轮）

5.3　设计轮型评价

5.3.1　轮轨动力相互作用及车轮磨耗、滚动接触疲劳预测

5.3.1.1　临界速度

图 5-9 给出了 LM 和 WPR2000 两种车轮踏面的等效锥度。可以看出，轮对横移量在 3mm 以内，WPR2000 型车轮型面等效锥度数值较大，在轮对横移量大于 3mm 后，LM 型车轮型面等效锥度数值更大，而 WPR2000 型车轮型面等效锥度随横移量基本呈线性变化。众所周知，等效锥度呈线性变化且绝对值较小有利于车辆稳定性，但降低车辆的曲线通过性能。

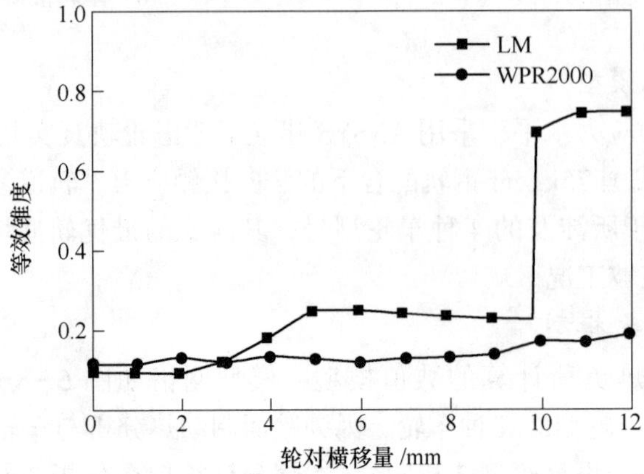

图 5-9　两种车轮廓形的等效锥度

5.3.1.2 车轮磨耗预测

图 5-10~图 5-12 列出了不同轮型车辆通过 500m 半径曲线不同里程时 1 位导向轮对上左右轮的磨耗分布，其中左轮位于曲线高（外）轨侧，即模拟中轨道均设为右曲线。运行里程统计时作了如下假设：车轮仅重复滚过所模拟的 500m 长轨道。观察计算结果，可以发现：

（1）由于曲线通过时外轨侧车轮会发生轮缘贴靠现象，所以左（外）侧车轮的最大磨耗（轮缘贴靠位置）明显大于右（内）侧车轮，外侧车轮更多表现为轮缘磨耗，且右侧车轮磨耗相对分布更加均匀；

（2）对比三种轮型结果，发现：HESA 车轮的磨耗最严重；设计轮型 1 的磨耗速度明显低于 HESA 车轮，但其磨耗分布特征因采用了同样的 LM 型面而基本相同；设计轮型 2 总的磨耗量最小，表现出更好的耐磨性能，尤其在初期（应指出，旨在出口的设计轮型 2 的 WPR2000 踏面与我国 75kg/m 钢轨型面的匹配并非最优，较容易发生两点接触）。总体而言，设计轮型的抗磨性能均优于 HESA 型车轮。

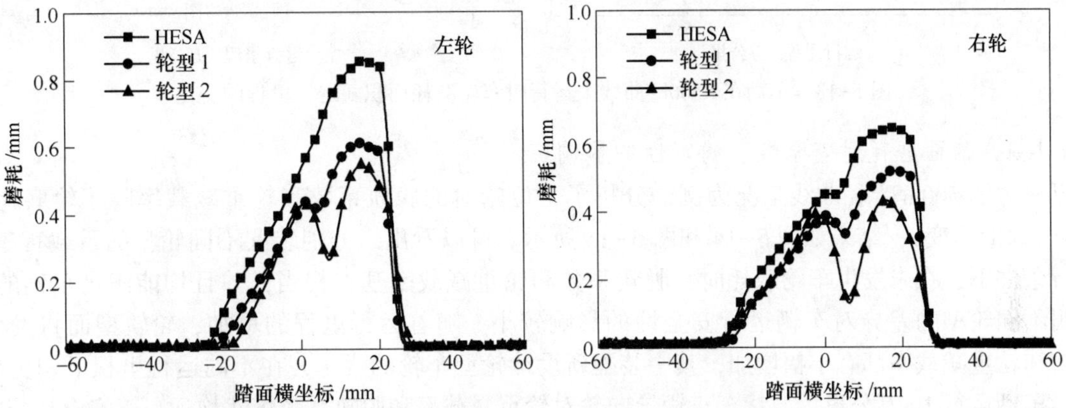

图 5-10 车辆在 R500m 曲线上运行 2 万公里后车轮型面磨耗分布

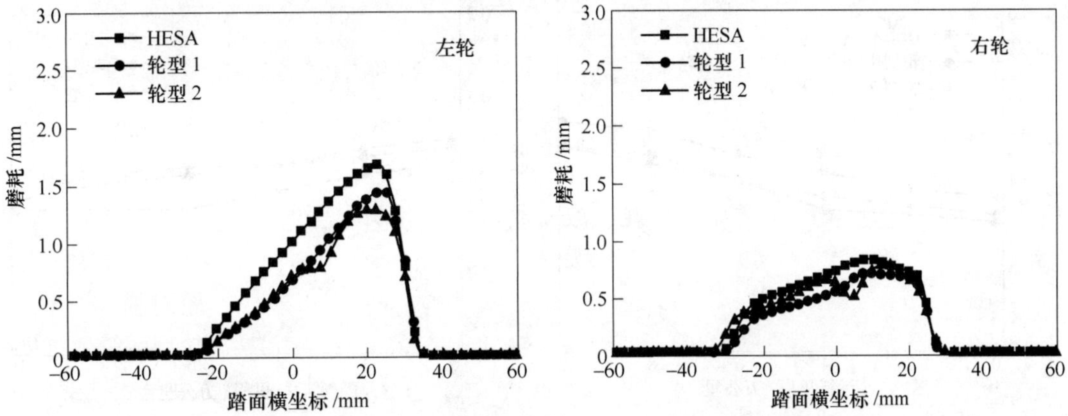

图 5-11 车辆在 R500m 曲线上运行 4 万公里后车轮型面磨耗分布

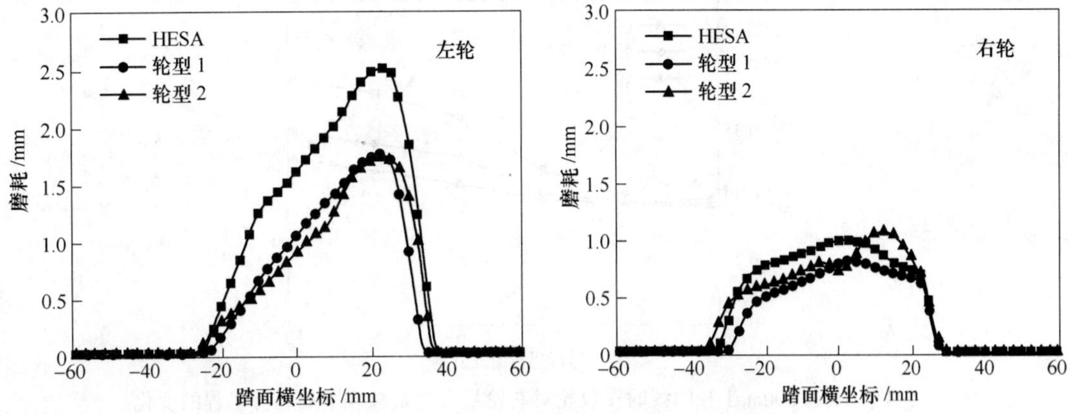

图 5-12 车辆在 R500m 曲线上运行 6 万公里后车轮型面磨耗分布

图 5-13 给出了不同轮型内外侧车轮磨耗随运行里程的变化，可以看出，磨耗面积基本随里程线性变化。

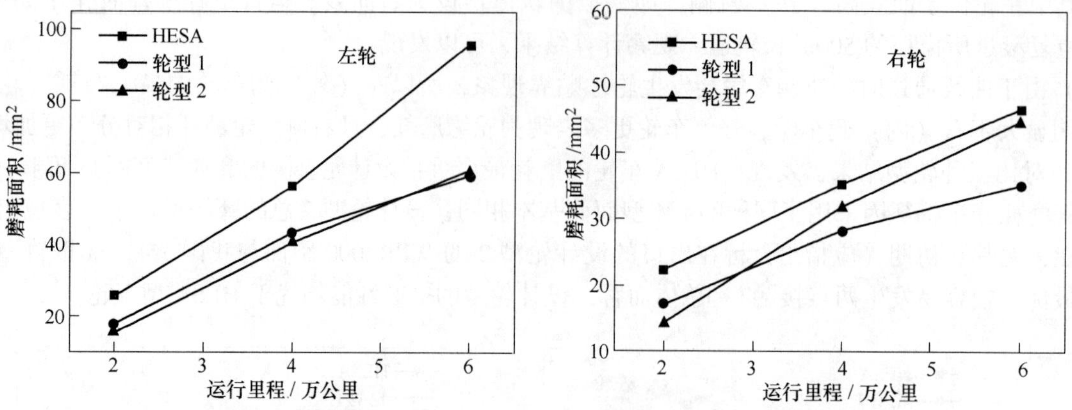

图 5-13　车辆在 R500m 曲线上运行时车轮磨耗面积随运行里程的变化

5.3.1.3　踏面磨耗对安全性、稳定性的影响

以更恶劣的 500m 半径曲线工况为例，分析了 1 位轮对的脱轨系数和轮重减载率随车轮磨耗的变化（假设钢轨廓形不变），结果如图 5-14 和图 5-15 所示。可以看出，分别装配不同轮型的重载货车，在相同的运行条件下，在未发生车轮磨耗时，脱轨系数和轮重减载率基本相当，并且均能满足车辆的安全运行，说明不同轮型的差异对车辆运行安全性的影响较小。随着运行里程的增加，轮轨型面将发生磨耗，脱轨系数和轮重减载率都有小幅增加，其中装配新设计轮型车轮的货车，在不同运行里程下均更加安全。需指出，车辆运行 10 万公里后，货车车辆导向轮对轮重减载率和脱轨系数仍然均远小于安全性指标（GB 5599—1985 中规定，脱轨系数安全限值为 1，减载率安全限值为 0.6）。

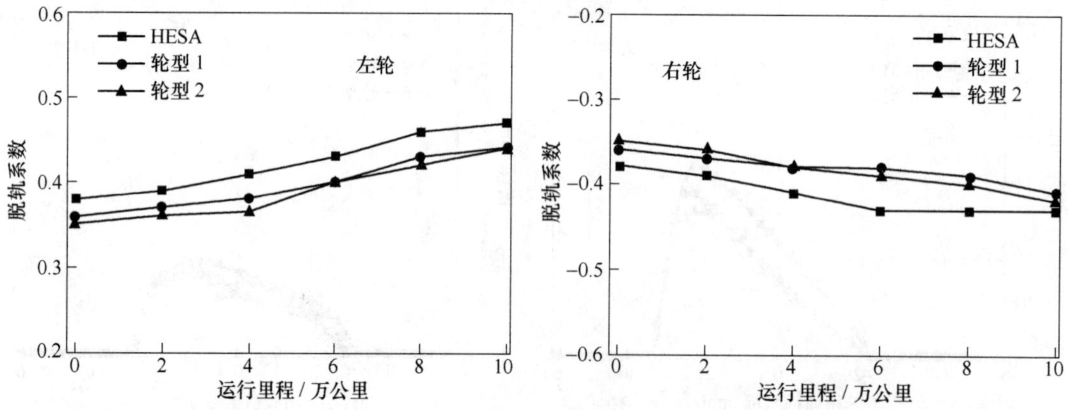

图 5-14　通过 500m 半径曲线时 1 位轮对最大脱轨系数随运行里程（车轮磨耗）的变化

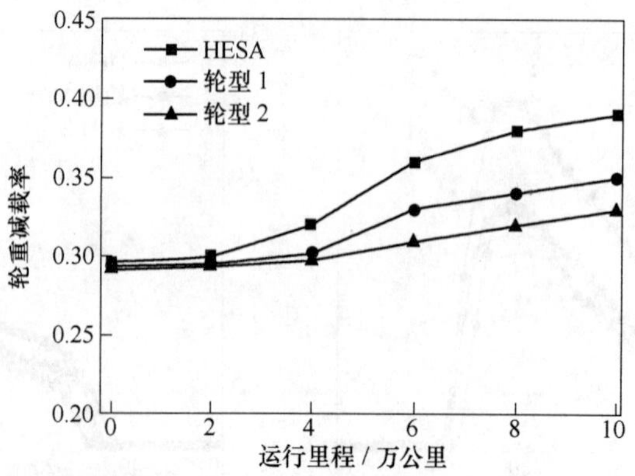

图 5-15　通过 500m 半径曲线时 1 位轮对右轮最大轮重减载率随运行里程的变化

图 5-16 进一步显示了车辆运行临界速度随车轮磨耗的变化。可以发现，车辆非线性临界速度随着磨

耗的发展呈小幅下降的趋势；相比较而言，装配设计轮型 2 的车辆具有最好的车辆运行稳定性。

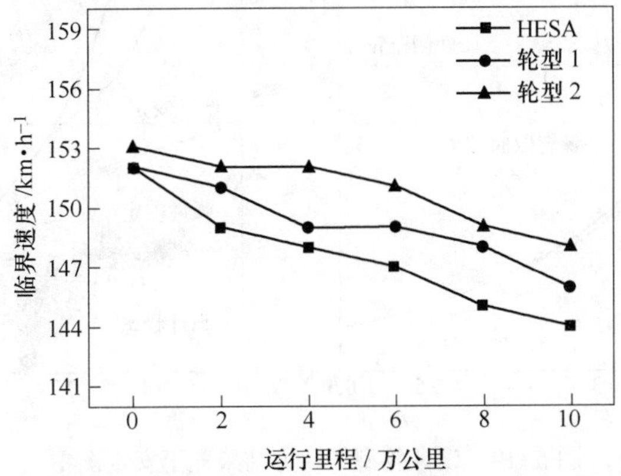

图 5-16　车辆滚过 500m 半径曲线时的车轮磨耗对车辆临界速度的影响

5.3.1.4　车轮滚动接触疲劳预测

把上述不同轮型车轮通过 500m 半径曲线时 1 位轮对的动力学结果绘制在安定图中，得到图 5-17～图 5-19。从中看出，当货车车辆装配 HESA 型车轮时，在轨道曲线外（左）侧滚动的车轮的大部分数据点都处在弹性安定区域内，相当一部分数据点处于棘轮效应区，因而材料比较容易萌生滚动接触疲劳裂纹，相比较而言，内（右）侧车轮状态要好很多；装配设计轮型 1 时，在轨道曲线外侧滚动车轮发生滚动接触疲劳的可能性明显降低；装配设计轮型 2 时，车轮发生滚动接触疲劳的可能性较设计轮型 1 更低。另外，无论哪种轮型，曲线外侧车轮承受更大的接触应力，更易发生滚动接触疲劳。

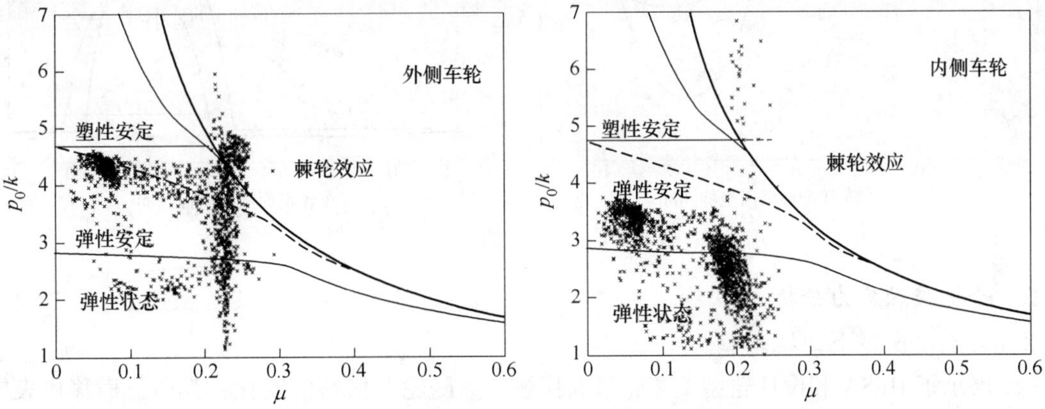

图 5-17　HESA 型车轮动力结果置于安定图中

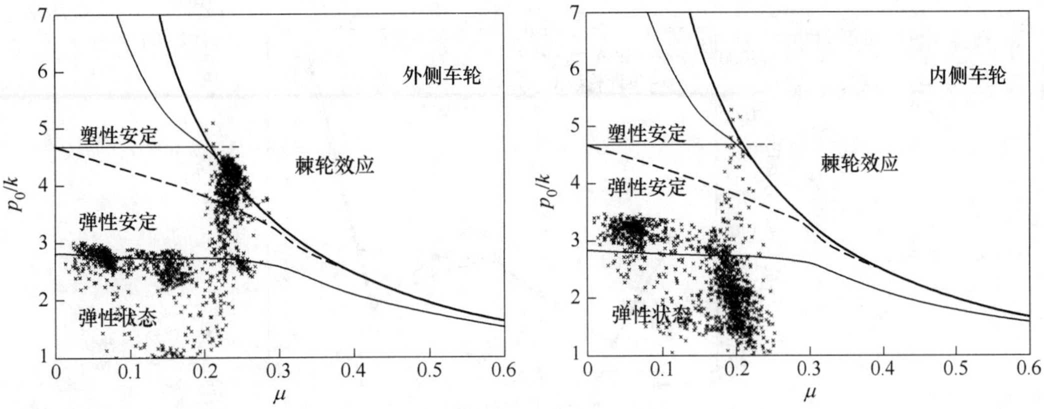

图 5-18　设计轮型 1 动力结果置于安定图中

1 位轮对车轮型面相应的损伤函数分布示于图 5-20，其数值为损伤值在曲线通过过程中的累加，横坐标零点位于车轮名义滚动圆处。根据损伤函数模型的定义，图中纵坐标取正值表示车轮会萌生滚动接触疲劳裂纹，负值表示车轮发生磨耗损伤。由图可见，外侧车轮主要以磨耗损伤为主，损伤主要分布在

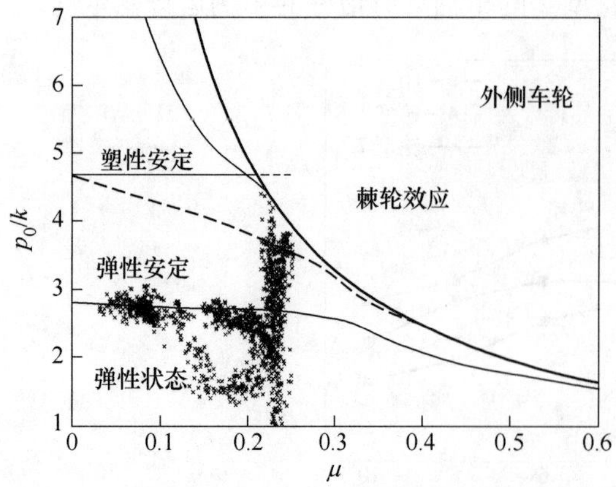

图 5-19　设计轮型 2 动力结果置于安定图中

名义滚动圆内侧 5~11mm 的范围内，其中 HESA 型车轮磨耗损伤值最大，设计轮型 2 最小；内侧车轮表现为滚动接触疲劳损伤，损伤主要分布在名义滚动圆外侧 2~11mm 的范围，也是 HESA 型车轮的裂纹损伤值最大，而设计轮型 2 最小。

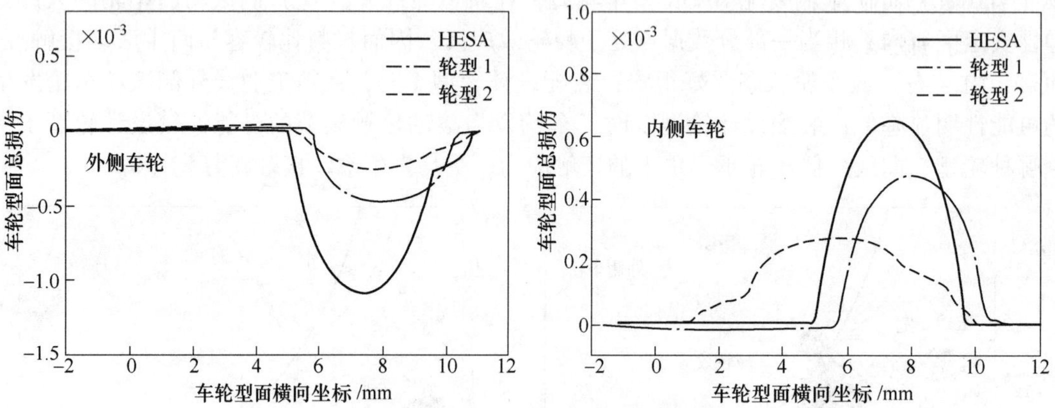

图 5-20　不同轮型的损伤分布

5.3.2　轮轨接触应力分析

5.3.2.1　不同横移下的结果

图 5-21 展示了 HESA 和设计轮型 1 车轮最大接触应力随轮对横移的变化，其中正横移代表轮轨接触斑向轮缘方向移动。可以看出，HESA 和设计轮型 1 的结果差异很小，这主要是因为三种车轮使用了同样的 LM 型踏面。

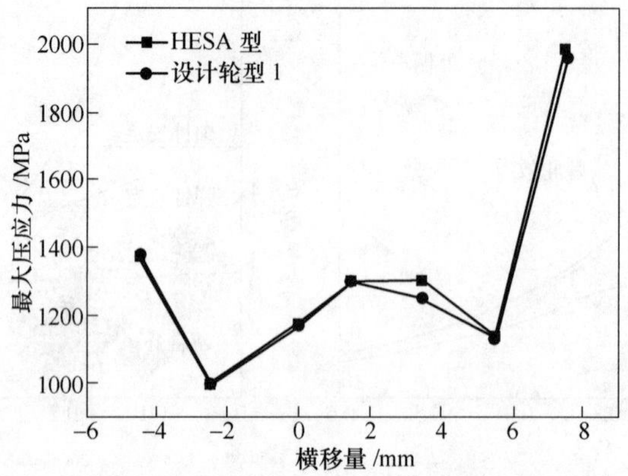

图 5-21　HESA 和设计轮型 1 车轮最大接触应力随轮对横移的变化

图 5-22 展示了 HESA 和设计轮型 2 最大接触应力随轮对横移的变化。可以看出，在大多数横移条件下，设计轮型 2 的最大接触压应力大于 HESA 型车轮，但在靠近轮缘时反之。造成此现象的原因是，设计轮型 2 旨在出口澳大利亚，其与我国 75kg/m 钢轨的匹配性能不佳。为此，接下来将进一步展示设计轮型

2 与澳大利亚 68kg/m 钢轨匹配时的结果。

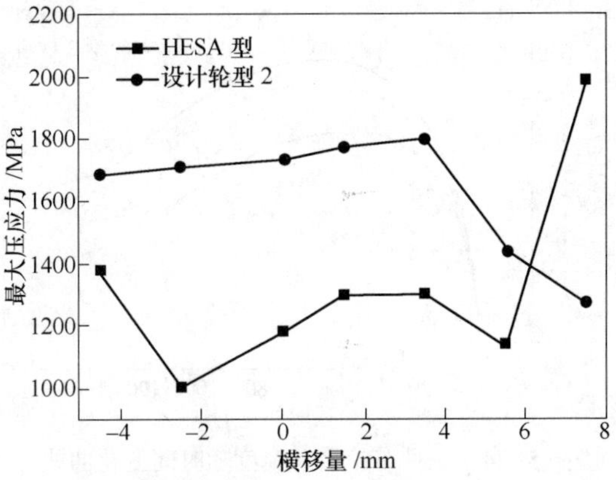

图 5-22　HESA 和设计轮型 2 最大接触应力随轮对横移的变化

5.3.2.2　澳大利亚 68kg/m 钢轨相关结果

澳大利亚重载铁路系统与我国相比，采用的是 68kg/m 钢轨，且轮背内侧距为 1348mm。图 5-23 列出了设计轮型 2 与澳大利亚 68kg/m 钢轨匹配时，其最大接触应力随横移的变化。可以发现，设计轮型 2 的应力水平明显小于 HESA 型车轮。

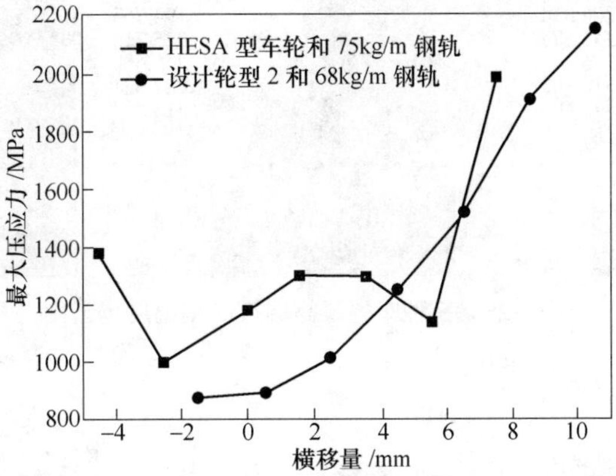

图 5-23　HESA 和设计轮型 2 分别匹配 75kg/m 和 68kg/m 钢轨时最大接触应力随横移的变化

5.3.3　车轮踏面制动热负荷计算

以长大下坡道紧急制动工况为例，展示踏面制动热负荷计算结果。取大秦线平均坡度较大的一段路线模拟一次紧急制动，三种车轮最高温度随时间变化曲线如图 5-24 所示。从图中可看出，温度随着时间的增加先升高后降低，开始时，由于车速较高热源输入的热量大于散热面散出的热量，所以车轮温度不断升高，当车速降低后热源输入的热量小于散热面散出的热量时，温度随着时间增加而降低。三种车轮中 HESA 车轮的最高温度最大，设计轮型 2 的最高温度最低，其中 HESA 车轮的最高温度在 60s 左右达到最大，为 343.866℃；设计轮型 1 的最高温度在 60s 左右温度达到最大，为 318.573℃；设计轮型 2 的最高温度在 45s 左右达到最大，为 265.487℃。由于设计轮型 2 的散热面积较大，所以最高温度最低且较 HESA 车轮和设计轮型 1 更早达到最高温度。

图 5-25 是三种车轮最高温度时刻温度场云图。从图中可看出，三种车轮的最高温度均出现在车轮踏面处，因为制动时间较短，温度还没来得及传到辐板处。计算三种车轮最高温度时刻的车轮的等效热应力，结果如图 5-26 所示。三种车轮的最大等效应力均出现在车轮踏面处。HESA 车轮的最大等效应力为 370MPa，设计轮型 1 的最大等效应力为 352MPa，设计轮型 2 的最大等效应力为 355MPa。

图 5-27 所示为三种车轮最高温度时刻的径向应力场。对比三种车轮，径向最大拉应力出现在车轮辐板与轮毂过渡的外圆角处，HESA 车轮的径向最大压应力出现在对应位置的内圆角处，设计轮型 1 和设计轮型 2 径向最大压应力均出现在车轮踏面处。HESA 车轮径向最大拉应力为 114MPa，径向最大压应力为 92.8MPa；设计轮型 1 径向最大拉应力为 60.8MPa，径向最大压应力为 67.2MPa；设计轮型 2 径向最大拉

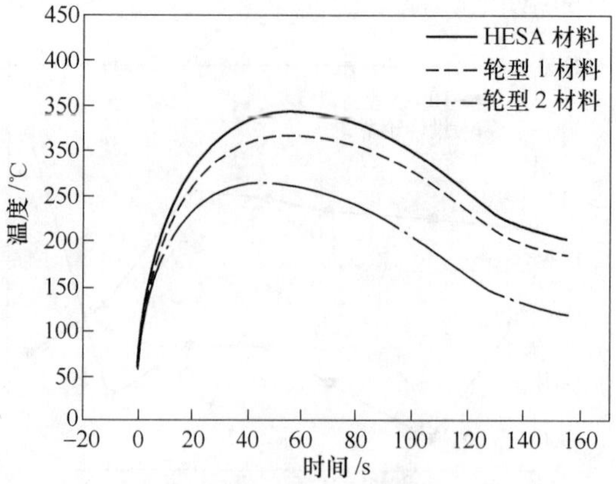

图 5-24　三种车轮最高温度随时间变化曲线

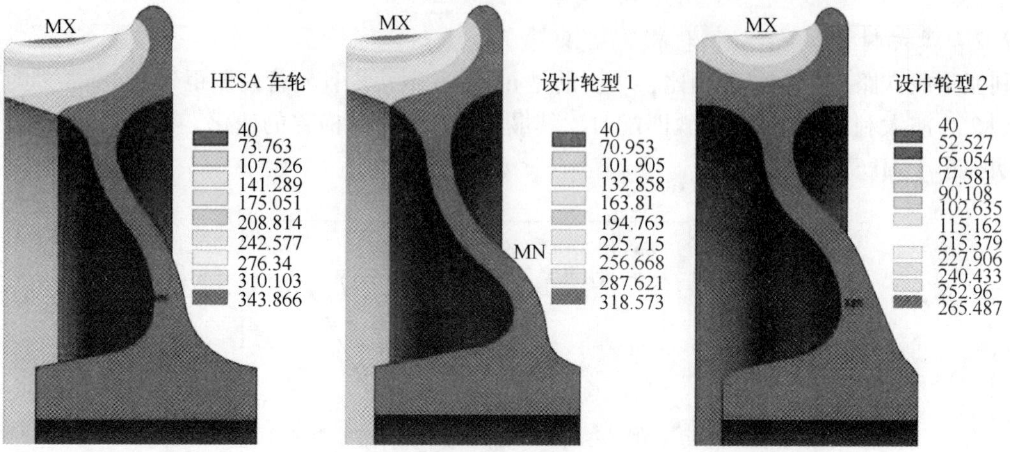

图 5-25　三种车轮最高温度时刻温度场云图

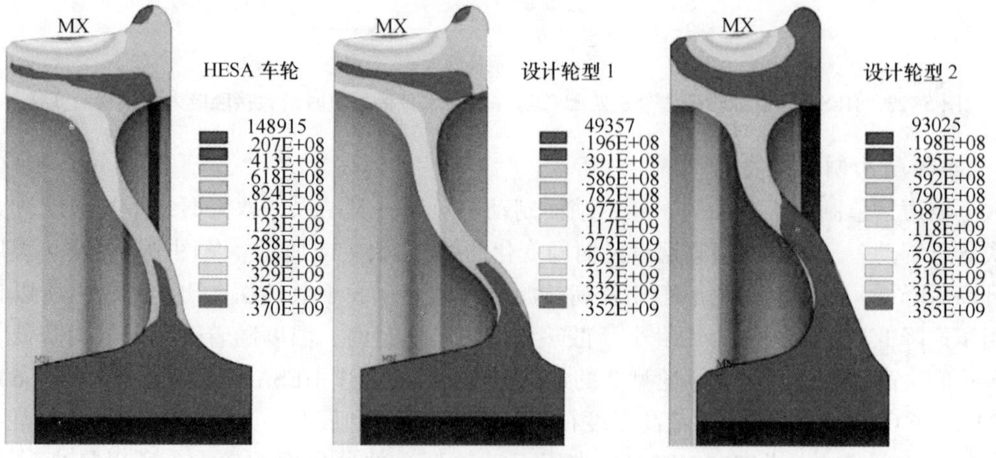

图 5-26　三种车轮温度最高时刻的等效应力场云图

应力为 50.4MPa。

图 5-28 为三种车轮在机械载荷与制动热载荷结合工况下的辐板 Haigh-Goodman 疲劳极限与车轮动态应力幅值评定图。从图中可看出，三种车轮均满足疲劳强度要求，其中 HESA 车轮较设计轮型 1 和设计轮型 2 更易疲劳，设计轮型 2 的疲劳程度最低。

根据我国铁道部行业标准《货车高摩擦系数合成闸瓦》（TB/T 2403—1993）要求车轮踏面温度不得超过 400℃。从图 5-29 中可看出，水平、长大坡道工况下三种车轮均满足要求，且 HESA 车轮在两种工况下温度均最高。在无长大下坡道工况下，HESA 车轮比设计轮型 1 温度高 16.456℃，比设计轮型 2 高 29.272℃；在有长大下坡道工况下，HESA 车轮比设计轮型 1 温度高 25.293℃，比设计轮型 2 高 78.379℃。

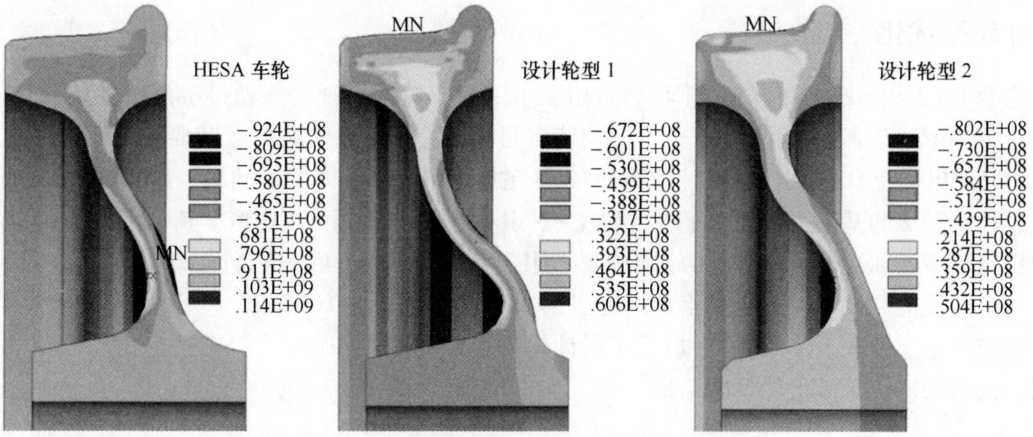

图 5-27　三种车轮温度最高时刻的径向应力场云图

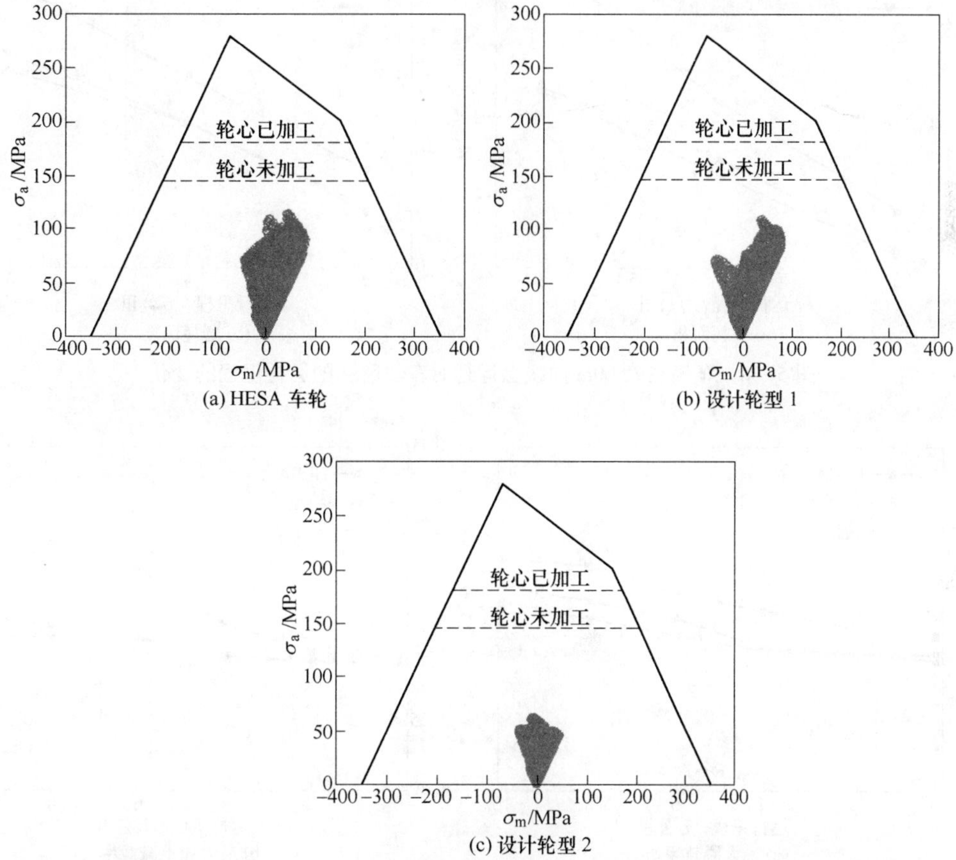

(a) HESA 车轮　(b) 设计轮型 1　(c) 设计轮型 2

图 5-28　机械与制动热载荷下车轮辐板 Haigh-Goodman 疲劳极限与车轮动态应力幅值评定

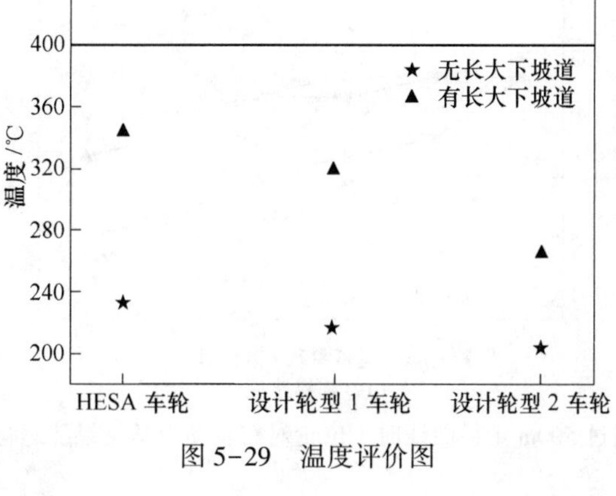

图 5-29　温度评价图

5.4 设计轮型优化

设计轮型1、2和HESA在（1）轮轨动力相互作用及车轮抗磨耗、滚动接触疲劳性能，（2）轮轨接触应力和（3）车轮踏面制动热负荷三个方面均能满足30t轴重重载铁路的运营要求，比较而言，设计轮型1和2的表现更优于HESA。另外，设计轮型2存在与我国钢轨不匹配的问题，造成了过高的接触应力。为此，在设计轮型2的基础上优化出了设计轮型3，其踏面换成我国的LM型，其他参数保持不变。

装配设计轮型2和3的货车车辆的初始非线性临界速度均为153km/h，即车轮踏面的影响可忽略。设计轮型3的磨耗性能与设计轮型2很相近，见图5-30。从图5-31可以看出，设计轮型2和3在不同磨耗下的动力学结果也非常相近。图5-32展示了设计轮型3车轮通过500m半径曲线时1位轮对的动力学结果安定图，其结果略优于其他轮型的结果。

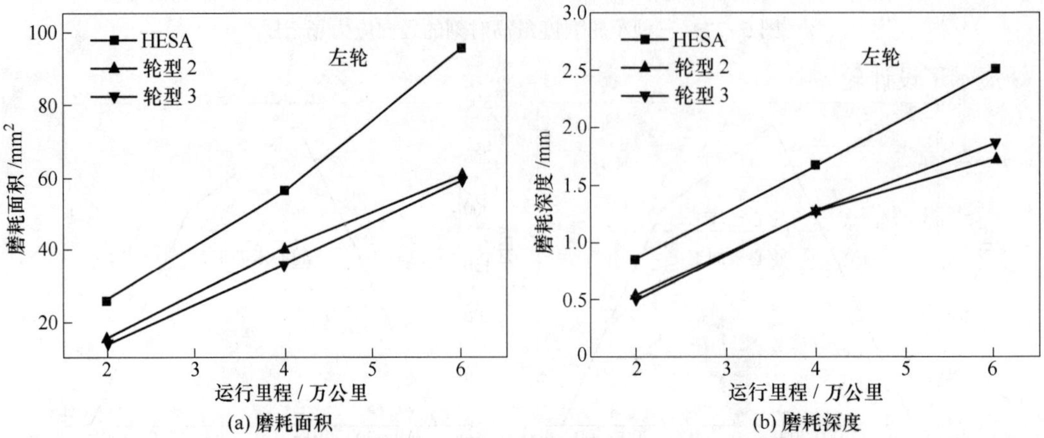

(a) 磨耗面积　(b) 磨耗深度

图5-30　车辆在 *R*500m 曲线上运行时车轮磨耗随运行里程的变化

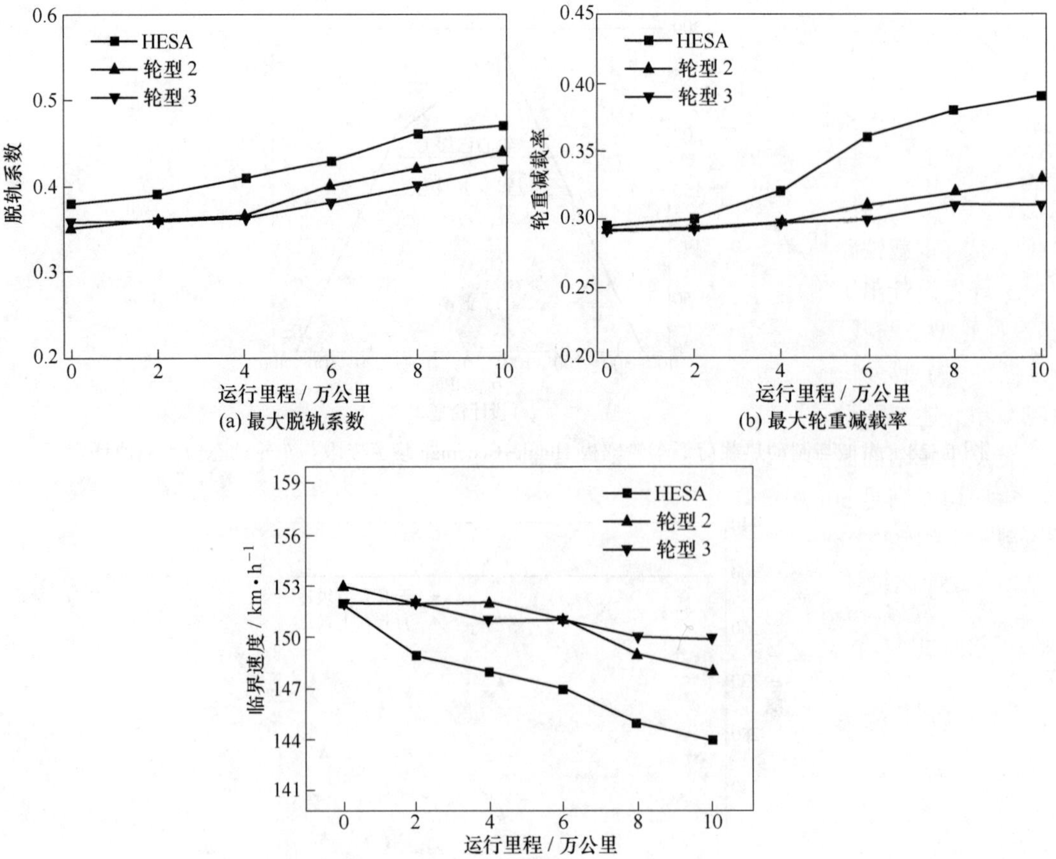

(a) 最大脱轨系数　(b) 最大轮重减载率

(c) 临界速度

图5-31　通过500m半径曲线时1位轮对右轮动力学结果随运行里程的变化

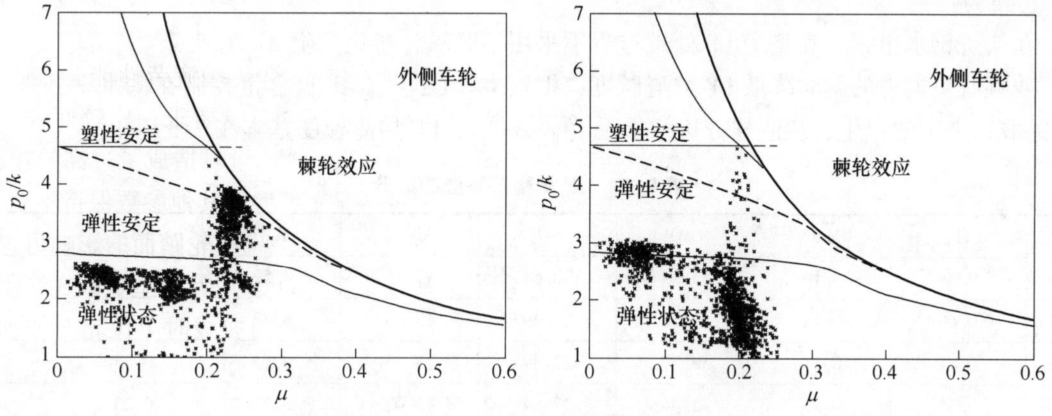

图 5-32 设计轮型 3 动力结果置于安定图中

图 5-33 展示了设计轮型 3 的接触应力结果。可以看出，其结果与 HESA、设计轮型 1 的结果非常接近。

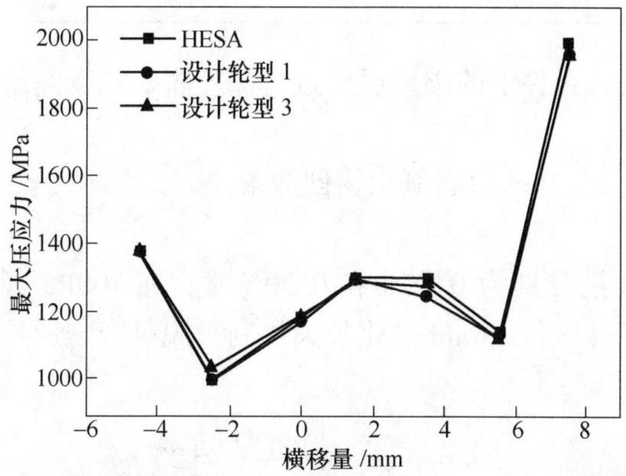

图 5-33 HESA 和设计轮型 1、3 车轮最大接触应力随轮对横移的变化

综合以上结果，可以发现，设计轮型 3 在本报告所考虑 4 个轮型中是最优的。

5.5 小结

考虑我国现有重载铁路技术条件，并借鉴重载发达国家如澳大利亚等国的运用经验，在国内 HESA 车轮的基础上，首先设计出了适用于 30t 轴重重载车辆的设计轮型 1、适用于 35t 轴重重载车辆的设计轮型 2。考虑到设计轮型 2 与我国钢轨不匹配的问题，对设计轮型 2 进行了进一步优化，得到设计轮型 3，其踏面换成我国的 LM 型，其他参数保持不变。

就 HESA 和上述三种设计轮型的服役性能从轮轨动力相互作用及车轮磨耗和滚动接触疲劳预测、轮轨接触应力分布及车轮踏面制动热负荷等三个方面开展研究。基于详实的对比分析，得到如下结论：总体来说，四种轮型均能满足 30t 轴重重载铁路运输的要求；相较而言，设计轮型 1、2 和 3 比 HESA 表现更优；设计轮型 1、2 和 3 之间的差异不大，考虑到设计轮型 2 运行于澳大利亚重载系统的事实，其表现略好于设计轮型 1，最优设计是设计轮型 3。

6 重载车轮工业化冶炼、轧制及热处理

6.1 车轮钢中脆性氧化物夹杂塑性化处理新技术研究

6.1.1 技术可行性试验

采用铝脱氧工艺的车轮钢，脆性氧化物夹杂控制稳定性较差，由此导致车轮发生辋裂的风险增大，直接影响运行安全性。

研究车轮钢夹杂物塑性化处理技术的目的是，在降低脆性氧化物夹杂物数量和尺寸的同时，使脆性氧化物夹杂被塑性 MnS 夹杂包裹，降低其危害性。

技术思路为：

（1）在初炼钢水出钢后和整个 LF 处理过程不采用铝脱氧，避免产生 Al_2O_3 夹杂。

（2）兼顾脱硫能力的同时降低 LF 炉渣碱度，把钢中［Ca］、［Al_s］含量控制在低水平，进一步避免 Al_2O_3 或铝酸钙夹杂的产生，从渣样分析结果看（表 6-1），LF 炉渣碱度基本在 2.5 以下。

表 6-1　LF 炉精炼终渣的成分　（%）

炉号	TFe	MnO	CaO	SiO_2	Al_2O_3	MgO	TiO_2	R
15003693	0.83	0.16	53.83	20.64	17.16	4.52	0.21	2.61
15003694	0.60	0.18	51.74	25.49	13.43	5.33	0.22	2.03
15003695	0.81	0.24	50.77	23.49	13.55	5.95	0.23	2.16
15003696	0.31	0.23	48.64	27.84	13.03	5.75	0.23	1.75
15003697	0.63	0.11	52.51	27.16	15.07	3.98	0.20	1.93
15003698	0.45	0.10	54.31	21.67	16.90	3.16	0.14	2.51
15003699	0.53	0.10	52.53	25.37	11.51	4.29	0.17	2.07
15003700	0.78	0.19	50.87	27.83	8.47	5.02	0.24	1.83

（3）RH 炉主要利用真空处理条件下的碳氧反应进行深度脱氧，真空结束前加入铝终脱氧，使脱氧产物细小、弥散。

（4）适度提高钢中硫含量，为 MnS 包裹氧化物创造条件。

理论依据为：

（1）根据式（6-1），C 含量分别为 0.60%和 0.70%时，在 100Pa 真空下平衡的 $a_{[O]}$ 为 3.3ppm 和 2.8ppm。在此低氧位下加入铝，根据 Ostwald 熟化长大机制，脱氧产物形核粒子粗化率常数低、长大趋势小，抑制了夹杂物长大。

$$K=\frac{[\%C]\ [ppmO]}{P_{CO}\ (atm)}=20 \tag{6-1}$$

（2）氧化物尺寸较大时，在凝固初期很容易被钢液凝固前沿捕获，不能作为 MnS 析出的异质形核点。因此，氧化物夹杂物必须充分细小是其被 MnS 包裹的必要条件，这是在达到低氧位才加 Al 的原因。

采用 CL60 车轮钢进行了技术可行性试验，试验流程为电炉—LF—RH—圆坯连铸。在 RH 取样进行了钢中氧含量分析，结果见表 6-2。真空碳脱氧后（加铝粒终脱氧之前），钢中活度氧都有较大幅度的降低，基本能达到 10ppm 左右。

试验钢全部投入车轮生产，取样进行了各项分析：

（1）钢中氧含量。由表 6-2 看，试验车轮中氧含量稳定低于 10ppm。

表 6-2　过程氧含量分析结果

炉号	真空开抽/ppm	真空加铝前/ppm	试制车轮/ppm
15003693	14.9	12.9	<5.0
15003694	24.9	15.6	7.3
15003695	23.6	9.4	5.3
15003696		15.4	6.4
15003697	18.4	7.6	5.9
15003698	10.8	6.7	5
15003699	21.7	6.9	5.2
15003700	15.5	12.6	<5.0

（2）非金属夹杂物定量分析。采用 ASPEX 对试验钢和原工艺车轮中夹杂物进行了对比分析（表 6-3），试验钢车轮中夹杂物总量高，但氧化物夹杂数量明显少于原工艺，塑性夹杂物（MnS 和 MnS 包裹氧化物的复合夹杂）占主体，MnS 包裹氧化物的复合夹杂占夹杂总量的 85%以上。

表 6-3 非金属夹杂物定量分析结果

分析位置	炉号	夹杂物总数量/个	主要类别夹杂物占比/%			MnS+（MnS-Oxide）占比/%
			MnS	MnS-Oxide	Oxide	
踏面下15mm以内	15003693	3811	80.2	14.9	0.9	95.1
	15003694	2822	77.0	15.3	1.8	92.2
	15003695	5120	80.4	13.9	1.7	94.3
	15003696	3091	82.3	11.7	2.0	94.0
踏面下15~30mm	15003693	1732	78.2	13.2	2.9	91.4
	15003694	1798	73.1	13.8	2.7	86.9
	15003695	2002	77.4	16.6	1.9	94.1
	15003696	1439	72.3	17.7	3.3	90.1
踏面下35~45mm	15003693	1603	76.5	12.4	3.4	88.8
	15003694	1549	70.7	15.9	4.0	86.6
	15003695	1260	72.5	12.7	6.2	85.2
	15003696	1187	71.1	15.0	4.4	86.1
原工艺车轮		725	19.3	1.8	34.8	21.1

（3）力学性能。由表 6-4 和图 6-1 可见，试验钢车轮轮辋强度水平与原工艺车轮相当，断裂韧性明显提高，平均值较原工艺提高了约 16MPa · $m^{1/2}$。

表 6-4 试验钢车轮力学性能

炉号	轮辋				辐板 A_{KU2}/J（常温）
	R_m/MPa	A/%	Z/%	K_Q/MPa · $m^{1/2}$	
15003693	1026	18.0	38	66.7	25
15003694	1025	19.5	39	73.1	24.7
15003695	1034	16.5	38	80.0	34
15003696	1041	16.5	37	76.5	32.3
15003697	1024	16.5	42	83.1	26.3
15003698	1035	13.5	41	73.6	31.7
15003699	1029	16.5	39	71.9	22.3
15003700	1033	15.5	35	76.5	23.3
原工艺	1031	16.3	35.9	59.3	26.7

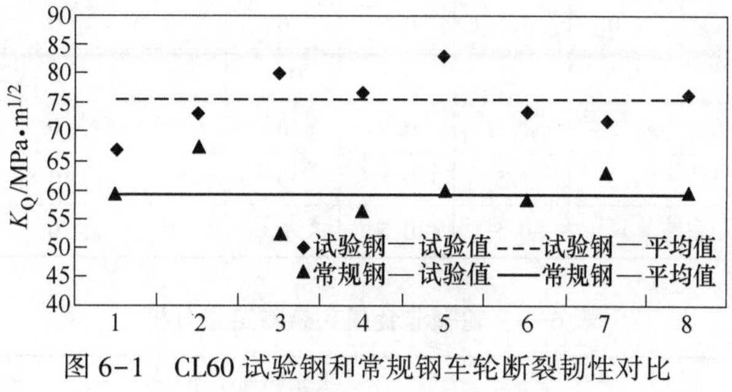

图 6-1 CL60 试验钢和常规钢车轮断裂韧性对比

从试验结果看，夹杂物塑性化技术具有以下优点：

（1）使车轮钢中夹杂物主要以塑性夹杂物为主，有效降低非金属夹杂物的危害性；

（2）大幅度提高车轮断裂韧性，有助于运用安全性的进一步提高。

6.1.2 在重载车轮钢中的验证试验

利用供北美 AAR C 车轮生产需求进行了工业性试验（内部牌号 AAR DH），移植上述工艺，考察夹杂物塑性化技术在重载车轮钢中应用的可行性和效果。

试验钢数量及化学成分要求见表 6-5。

表 6-5 高碳车轮钢试验数量和化学成分要求

方案	数量	C	Si	Mn	P	S	Cr	Ni	V
1	7	0.69~0.74	0.50~0.70	0.70~0.80	≤0.015	0.006~0.015	—	—	0.06~0.08
2	1	0.71~0.75	0.30~0.35	0.82~0.90	≤0.015	0.006~0.015	0.20~0.30	0.20~0.30	0.06~0.08

在试验钢连铸圆坯上取样进行氧含量分析，结果见表 6-6，与可行性试验结果具有良好重现性。

表 6-6 试验钢 T.O (ppm)

炉 号	距连铸圆坯表面	
	1/2*R*	3/4*R*
16001048	5.3	4.8
16001049	9.9	7.3
16001050	8.2	6.3
16001051	7.6	7.6
16001052	7.8	6.8
16001053	7.8	6.6
16001054	6.3	7.2
16001055	9.5	5.7

取 16001048、16001053 和 16001055 炉连铸圆坯试制车轮，然后进行解剖分析。

试验车轮的非金属夹杂物评级结果见表 6-7，脆性氧化物夹杂（B 类）均未超过 0.5 级，按 AAR M-107/208 标准进行的夹杂物定量分析结果见表 6-8，试验钢车轮中氧化物夹杂物控制达到高水平。

表 6-7 轮辋夹杂物评级

炉号	距离踏面/mm	夹杂物类型（级别）								
		A		B		C		D		DS
		细系	粗系	细系	粗系	细系	粗系	细系	粗系	
16001053	15	1.5	0.5	0.5	0	0	0	1	0.5	0
	30	1	1.5	0.5	0	0	0	1.5	1	0
	45	1	1.5	0	0.5	0	0	1.5	1.5	1.5
16001055	15	1.5	0.5	0	0.5	0	0	1.5	0.5	0
	30	2.0	1.5	0.5	0	0	0	1	1	0
	45	1.5	2	0.5	0.5	0	0	1	1	1.5
16001048	15	1.5	1.5	0.5	0	0	0	1.5	1	0
	30	1.5	1.5	0.5	0	0	0	1.5	0.5	0
	45	1	0.5	0.5	0	0	0	1.5	0.5	0

表 6-8 轮辋非金属夹杂物定量分析

炉号	夹杂物面积率/%			
	孔洞+氧化物		硫化物	
	平均	最大	平均	最大
16001048	0.007	0.032	0.064	0.173
16001053	0.005	0.032	0.067	0.146
16001055	0.005	0.046	0.071	0.184

续表 6-8

炉号	夹杂物面积率/%			
	孔洞+氧化物		硫化物	
	平均	最大	平均	最大
AAR M-107/208	≤0.100	≤0.750	—	≤0.750

在试验车轮取样进行力学性能检验，结果见表 6-9，也重现了提高断裂韧性的作用。

表 6-9 轮辋力学性能

炉号	拉伸性能				踏面下 40mm 处硬度（HB）	K_Q/MPa · $m^{1/2}$
	$R_{p0.2}$/MPa	R_m/MPa	A/%	Z/%		
16001048	772	1176	14.1	38.2	334	52.6
16001053	732	1139	15.1	39.5	327	61.3
16001055	768	1163	17.4	45.0	333	62.9
相似 C 含量车轮	720~814	1087~1236	11~16	32~45	319~347	44~46

6.1.3 在成分设计基本方案试验钢中的应用

根据脆性氧化物夹杂塑性化处理新技术可行性试验和重载车轮钢验证试验结果，采用夹杂物塑性化技术，在特钢公司完成一组 10 炉成分设计基本方案车轮用钢的试制。10 炉基本成分试验钢的铸坯 T.O、N 及部分炉次 1/2*R* 和 1/4*R* 处 C 含量偏差的分析结果见表 6-10。可见：

（1）除 1 炉 T.O 含量略超任务书设定考核指标外，T.O 含量控制良好；

（2）1/2*R* 和 1/4*R* 处 C 含量偏差控制满足任务书设定考核指标要求。

表 6-10 基本成分试验钢铸坯气体含量和 C 含量偏差检测结果

炉号	T.O/ppm	N/ppm	1/4*R* 和 1/2*R* 的 C 含量偏差/wt%
16002294	4.9	32.9	0.02
16002295	8	34.7	0.03
16002296	7.1	35.9	0.02
16002297	6.4	42.2	0.02
16002298	5	36.2	—
16002299	6.3	40.2	—
16002300	12.1	45.6	—
16002301	5	42.4	—
16002302	5	36.9	—
16002303	7.7	38.5	—
课题设定目标	≤12	—	≤0.03

6.2 高碳钢成分偏析控制技术研究

对圆坯连铸的铸温、拉速、电磁搅拌参数、二冷制度进行了综合性工艺试验。结果发现，电磁搅拌参数对车轮钢圆坯 C 偏析影响最为显著，如图 6-2 所示。采用小电搅电流时，除铸坯中心区外，其他区域 C 元素分布比较均匀。由于铸坯中心区金属在车轮压轧时被冲去，不会对车轮综合性能产生影响。

不同电磁搅拌强度下铸坯低倍照片如图 6-3 所示。电磁搅拌强度对铸坯铸态组织有一定影响，电磁搅拌强度较低时，铸坯低倍组织显示枝晶细长生长，断面中心等轴晶区小，但中心疏松程度较好，随着电磁搅拌强度增加，枝晶变短，中心等轴晶区增加，但相应中心疏松也较为严重。

针对结晶器电磁搅拌对圆坯碳元素分布及铸坯铸态组织的影响特征，综合分析认为，结晶器电磁搅拌电流强度控制在较小范围内较为合适，一方面提高了 C 分布均匀性，另一方面使柱状晶细化，平衡好了 C 偏析与组织致密度的关系。

通过上述试验，确定了工业性试验的结晶器电磁搅拌参数和其他连铸工艺参数。

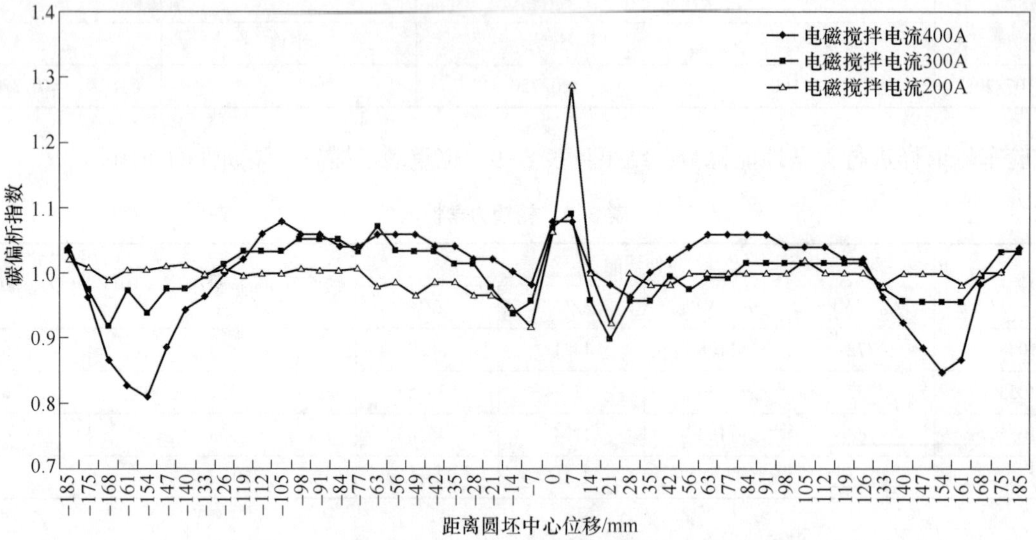

图 6-2　不同电磁搅拌电流强度圆坯碳元素偏析特征

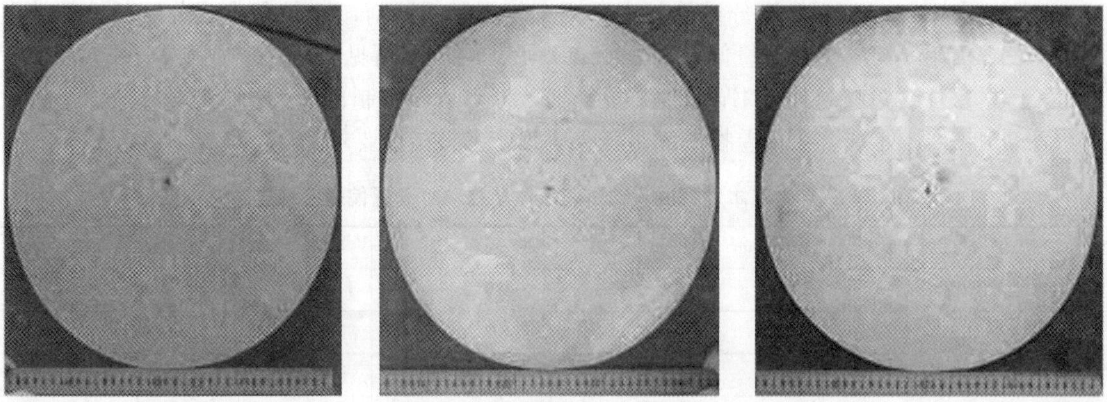

200A　　300A　　400A

图 6-3　不同电磁搅拌强度下圆坯低倍照片

6.3　轧制工艺研究

采用实物试验的方法，研究了两种成分设计方案下热加工温度对车轮热成形质量的影响。试验钢采用成分设计验证的中试试验钢钢锭，考察不同变形温度下型坯压力、车轮毛坯热成形质量。

试验以热轧坯料加热结束温度为参数起点，通过控制加热炉均热段温度而获得不同的钢坯温度，试验时加热炉均热段温度波动按±10℃控制。由图 6-4 和表 6-11 看，随钢坯热加工温度降低，压力机压力增加，钢坯温度低于 1210℃，成形工步压力达到 7000t 以上。压力达到一定之后，接近设备极限，压力机处在保压状态，成形坯成形末期金属停止流动，模腔尖角处存在较大空隙，坯料高向尺寸大于工艺值，

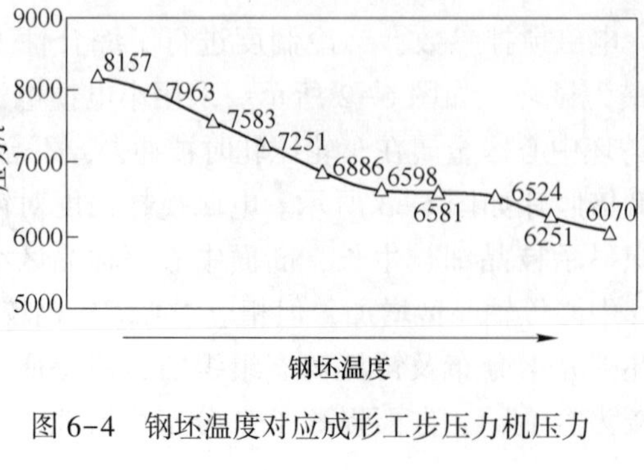

图 6-4　钢坯温度对应成形工步压力机压力

轮缘和外辋充满度差。由图 6-5 和表 6-11 看，钢坯热加工温度也决定了车轮轧制时间和轮缘充满时间，温度越低，轧制时间延长，当试验钢坯温度低于 1210℃时，出现轧制轮缘不充满现象，热轧毛坯轮辋表面折叠明显。

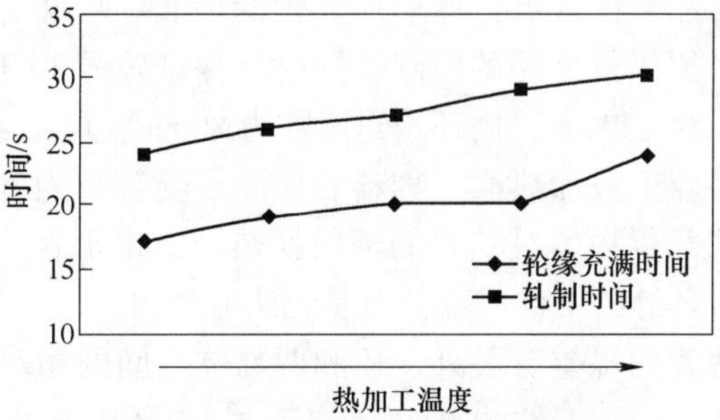

图 6-5　钢坯温度对应轧制参数

表 6-11　钢坯温度对应坯料形状记录

序号	钢坯温度/℃	轧制线中间坯料形状
1	1130	外辋严重欠充满，轮缘喉部明显折叠，轧制时周向局部轮缘欠充满
2	1150	外辋严重欠充满，内辋面轻微折叠，轧制时周向局部轮缘充满困难
3	1170	外辋严重欠充满，氧化铁皮较厚，轧制时周向局部轮缘充满困难
4	1190	外辋严重欠充满，氧化铁皮较厚，轧制时周向局部轮缘充满困难
5	1210	成形坯轮缘欠满，轧制时周向局部轮缘充满困难
6	1230	成形坯金属流动较合理，外辋充满恰当，轧制轮缘最终能充满
7	1250	成形坯金属流动合理，外辋充满恰当，轧制轮缘充满较好
8	1270	成形坯金属流动较合理，外辋充满恰当，轧制轮缘充满良好
9	1290	成形坯坯形好，轮辋及轮缘充满时间短，轧坯形状好
10	1310	成形坯坯形好，轮辋及轮缘充满时间短，轧坯形状好

综上所述，较低的钢温会阻碍金属流动，导致车轮轮缘和外辋不充满，产生折叠类废品，当车削加工余量不足以消除缺陷时会产生轧制废品，综合试验结果看，高硬度重载车轮钢坯最佳热成形加热温度应高于其他材质坯料，原则上应设定在 1300℃以下。

6.4　改善车轮热处理炉温度均匀性试验研究

车轮硬度均匀性（包括车轮周向硬度均匀性以及同批次车轮表面硬度的均匀性）直接影响到车轮的服役性能，是考核车轮实物质量的一项关键技术指标。影响车轮硬度均匀性的因素众多，其中热处理加热温度的均匀性是众多影响因素中最为关键的指标。

采用炉温跟踪仪对马钢环形车轮热处理炉的加热温度进行了在线测量，存在以下问题：

（1）沿环形加热炉径向温度不均匀，图 6-6 为炉膛内沿径向温度测试结果；

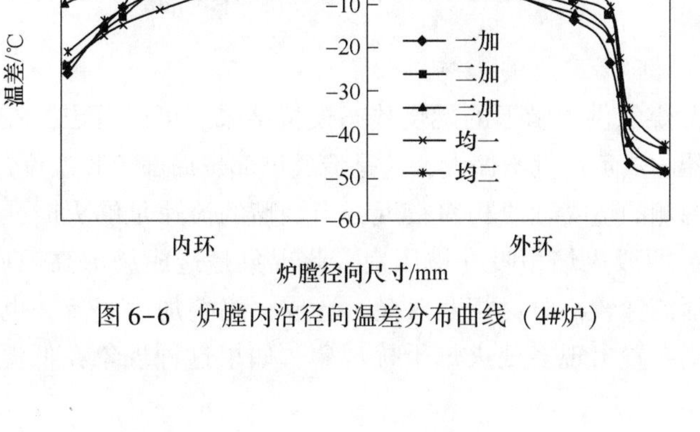

图 6-6　炉膛内沿径向温差分布曲线（4#炉）

(2) 环形炉沿炉膛长度方向，存在局部高温区。

6.4.1 沿炉膛径向局部低温区的传热分析

6.4.1.1 炉膛结构的影响分析（水封槽低温的影响）

由于环形加热炉运料的需要和结构特点，环形加热炉的炉底和炉墙为分体结构，并且炉底是环向运转的。因此在炉底和炉墙之间必须保留足够的间隙，同时为保证炉膛的气密性，炉底与炉墙的环缝采用水封刀加以密封。外环水封间隙为120mm，内环水封间隙为80mm，可见温差的大小正好与炉膛两侧的水封间隙宽度成比例。当物料在炉膛里被加热时，物料表面除了受到炉内气流对其表面的均匀加热外，主要还要接受来自不同方向、不同部位物体对物料的辐射换热。由于水封冷却的原因，相对炉膛温度来说属于非常的低温，因此造成面对环缝的工件局部低温是无法避免的。

辐射传热量的大小除了与两者的温差有关外，还和两物体之间的相对位置和“相互看得见”的面积有关，即传热学理论中的角系数，因为工件的表面积一定，如果环缝的开口越大，传热量就越多，因此，在炉子内外环宽度不同时，开口大的一侧温差更大。

6.4.1.2 烧嘴射流的影响

现有热处理炉采用侧烧嘴的供热方式，在侧烧嘴的射流作用下，烧嘴根部贴近炉墙部位形成低压，在烧嘴的根部形成回流。在烧嘴的上方，左右侧回流的是高温气流，而在烧嘴的下方，回流的气体正好是来自炉膛环缝部位的低温气体（包括环缝密封水蒸发产生的水蒸气），尽管量少，但温度较低，而且被加热工件的边缘部位，正处在低温回旋气流的通道上，有加剧被加热物料低温的趋势。

6.4.2 炉长方向温度不均的分析

依照加热炉的热工原理，沿炉长方向的温度分布主要取决于加热炉的供热和供热分配，也就是说，造成加热炉长度方向上的温度不均匀，可能来自炉子的燃料分配和烧嘴的布置。

6.4.2.1 烧嘴布置对周向流场的影响

图6-7是加热炉冷态流场的数值模拟图。从冷态流场的分布看，在炉子的高温段，出现炉子内外侧烧嘴相对布置，如图中的紫色区域。其害处是气流运行方向相对，容易引起火焰对冲，偏流等火焰相互干扰现象，造成局部温度过高。另外，预热段燃烧器布置过于密集，造成预热段气流运动阻力过大，影响高温段气流顺利流入到低温段并进入烟道。若烟道的抽力太大容易形成均热段烟气倒流。

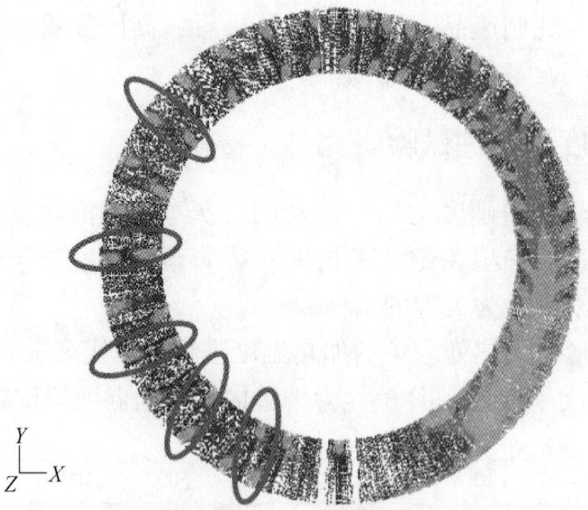

图6-7 炉膛周向截面流场分布图

6.4.2.2 烧嘴布置对周向温度场的影响

图6-8是加热炉在实际煤气供入量下的燃烧热态模拟结果。可以看出，在均热段的前一位置，即环形炉的1/3位置处，燃烧器的热负荷供给偏大，这是造成该部位局部炉膛温度过高的原因。从图中还可以看出，蓝色区域内，内外两侧的烧嘴轴线相对很近，当烧嘴的流速足够大时，两个流向相向的烧嘴的火焰因附壁效应而相互叠加，两股火焰相吸并被压扁，此现象是造成局部高温原因之一。而紫红色区域，因为烧嘴相对布置，当烧嘴流量较小时，相互对撞，造成火焰叠加后偏流，也是造成局部温度过高的原因。从模拟的结果看，烧嘴布置出现多处火焰干扰现象，如果这种现象在低温段，影响并不严重，但如

果发生在高温段，其后果十分严重。

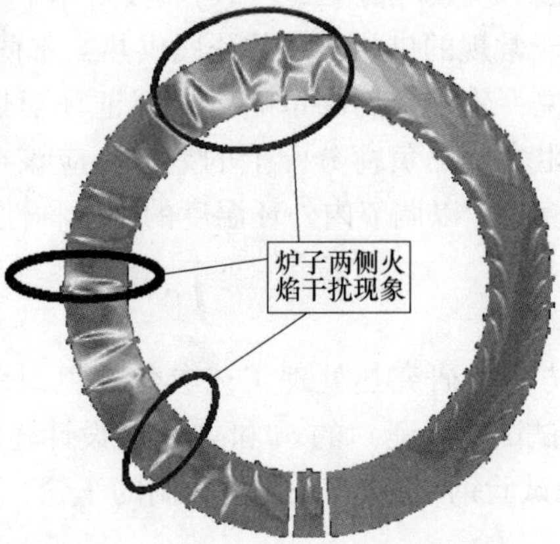

图 6-8　炉膛周向截面温度场分布图

6.4.3　改进方案

（1）水封槽局部遮蔽方案。为解环形加热炉水封槽的低温辐射问题，采用局部遮蔽的改进方案。遮蔽材料采用耐火石棉毡，石棉毡的厚度为10mm，将石棉毡用钢丝沿垂直面穿制成块，在炉底安放。如图6-9中灰色部分。

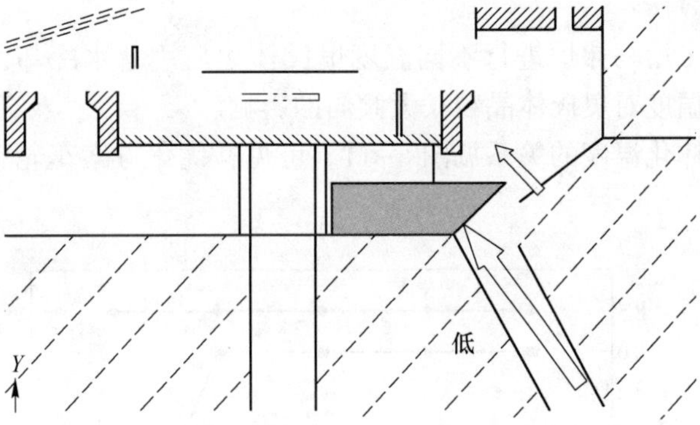

图 6-9　炉膛环缝遮蔽实施中石棉块安装效果图

为验证改善效果，采用炉温跟踪仪重点对温差最大的外环温度进行了测量，结果见图 6-10。可以看出，从炉膛中部的5#测点，到炉膛外环的1#测点，除预热段以外，炉内宽度方向上的温差基本控制在10℃以内，基本消除了环形炉水封槽低温辐射的影响。

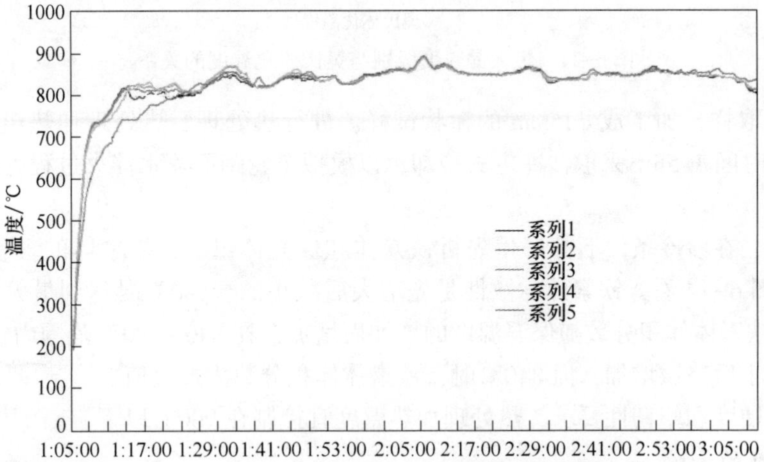

图 6-10　采用遮蔽方案后炉膛温度测试结果

（2）燃烧系统的改进方案

1）燃烧器趋于小型化，均匀布置；

2）预热段和加热一段可以采用常规烧嘴；但高温段采用均匀布置的小型烧嘴；

3）预热段和加热一段采用常规燃烧器，加热二段和均热段采用平焰烧嘴。

（3）供热分配的改进方案。由于常规的供热分配是分段供热，不同的温度段采用不同的空煤气总管，进行分段控制。但是对于环形炉来说，分段控制的策略很难保证环形炉沿径向的温度均匀性。由于环形炉的内环和外环空间和气体流动的阻力及热负荷分配上的差异，应该在分段供热的基础上，分别设置内环和外环的独立空煤气总管，分段控制，以调节内外环温度的不对称性。

6.5　热处理工艺研究

针对成分设计基本方案和优化方案，研究热处理工艺参数对组织性能的影响，其中成分设计基本方案试验用车轮为前述表 4-7 中（中试试验验证）的 6#和 4#成分设计轧制车轮，成分设计优化方案试验用轮采用在特钢公司冶炼的 1 组 10 炉试验钢中 16000115 炉轧制的车轮，其熔炼化学成分和主要力学性能见表 6-12。

表 6-12　成分设计优化方案试验钢熔炼化学成分　（%）

炉号	C	Si	Mn	P	S	Cr	V	Al_s
16000115	0.74	0.83	0.86	0.009	0.013	0.13	0.053	0.013
优化方案	0.73~0.77	0.80~0.89	0.82~0.89	≤0.015	0.006~0.015	0.10~0.15	0.05~0.06	≤0.015

6.5.1　加热温度的影响

在车轮轮辋部位取样，采用马弗炉进行不同温度奥氏体化后用盐水冷却，然后采用金相法分析奥氏体晶粒度，了解热处理加热温度对奥氏体晶粒长大倾向的影响。

最大晶粒度级别与奥氏体化温度的关系见图 6-11。可见，优化方案车轮钢的奥氏体晶粒长大倾向低于基本方案（图 6-12）。

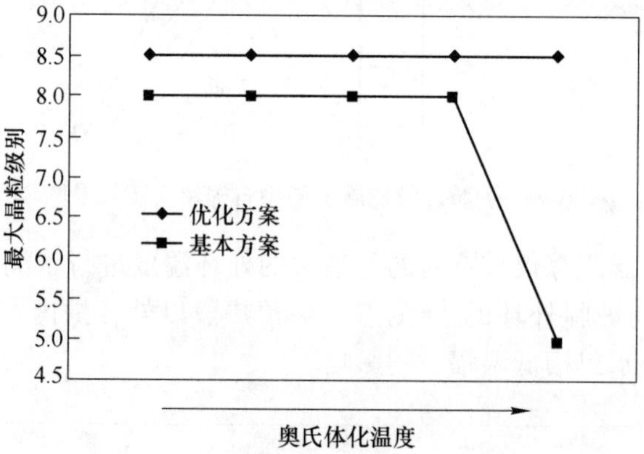

图 6-11　最大晶粒度级别与奥氏体化温度的关系

在上述车轮轮辋取样，加工成 ϕ15mm 的棒状试样，进行热处理。热处理加热温度为 820℃、840℃、860℃、880℃，保温时间 1.5h，采取沙冷方式冷却，以模拟车轮踏面喷水淬火过程轮辋下 15~40mm 处的冷却速度。

对于两种试验钢，在沙冷条件下都产生先析铁素体和珠光体组织，铁素体的含量很少，呈断续网状分布。由图 6-13 和图 6-14 看，铁素体弥散性是先增大后减小的，840℃时达到最大。由图 6-14 看，在 820~840℃范围内，铁素体体积分数随保温温度的增加而增加，在 840~880℃范围内铁素体体积分数随保温温度的增加而先减小后略微增加，但 840℃时，铁素体体积分数为最大值。

综合考虑车轮强硬度和塑韧性要求，热处理加热温度宜控制在 900℃以下。

6.5.2　冷却速度的影响

在上述车轮轮辋取样，利用 Gleeble-2000 热模拟试验机研究冷却速度对两种车轮钢组织和硬度的影响。试验参数为 900℃保温 5min，冷却速度为 30℃/s、20℃/s、15℃/s、10℃/s、8℃/s、5℃/s、3℃/s、1.0℃/s、0.5℃/s、0.2℃/s。

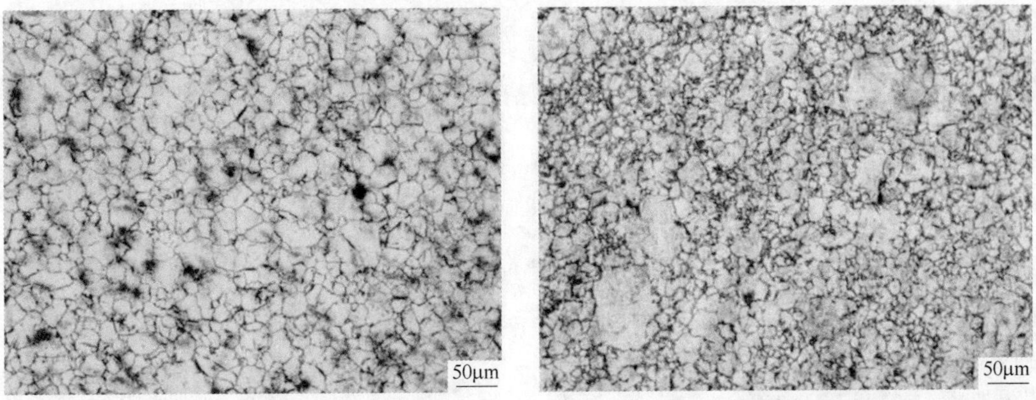

(a) 优化方案　　(b) 基本方案

图 6-12　900℃奥氏体晶粒对比

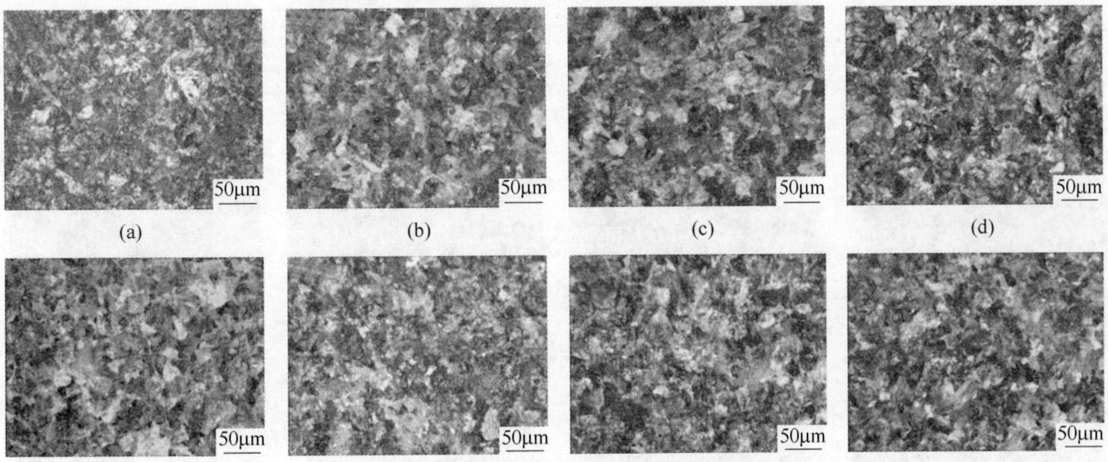

(a)　(b)　(c)　(d)　(e)　(f)　(g)　(h)

图 6-13　不同加热温度下的显微组织照片

基本成分试验钢：（a）820℃；（b）840℃；（c）860℃；（d）880℃；

优化方案试验钢：（e）820℃；（f）840℃；（g）860℃；（h）880℃

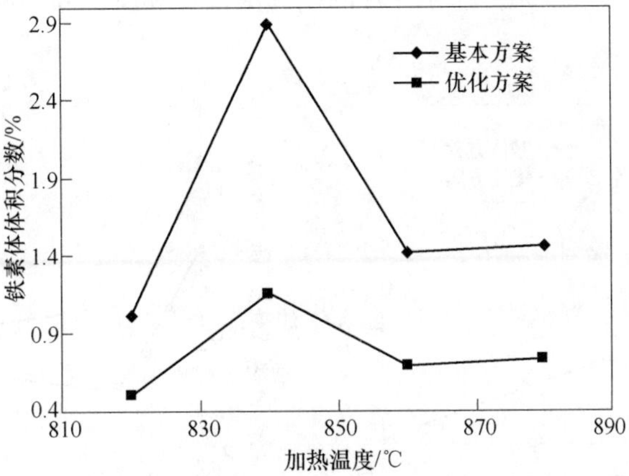

图 6-14　铁素体体积分数与加热温度的关系

将试样在焊接热电偶处锯开，进行组织和洛氏硬度分析。

组织分析结果见图 6-15、图 6-16。优化方案试验钢在 5℃/s 冷速条件下即有马氏体出现，而基本成分在 8℃/s 才出现马氏体。可见，采用基本成分对控制车轮踏面非珠光体组织有利。

对完全珠光体转变区域的铁素体含量进行定量分析，结果见图 6-17。可见，在不同冷却速度下，基本方案试验钢的铁素体含量均高于优化方案，铁素体含量均随冷却速度提高而减少。

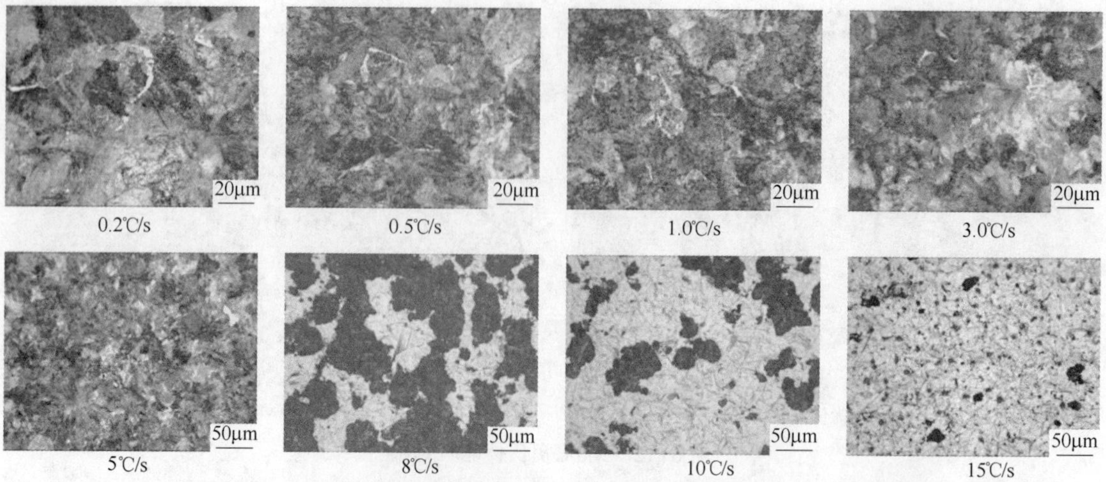

图 6-15　基本成分试验钢不同冷却速度下微观组织

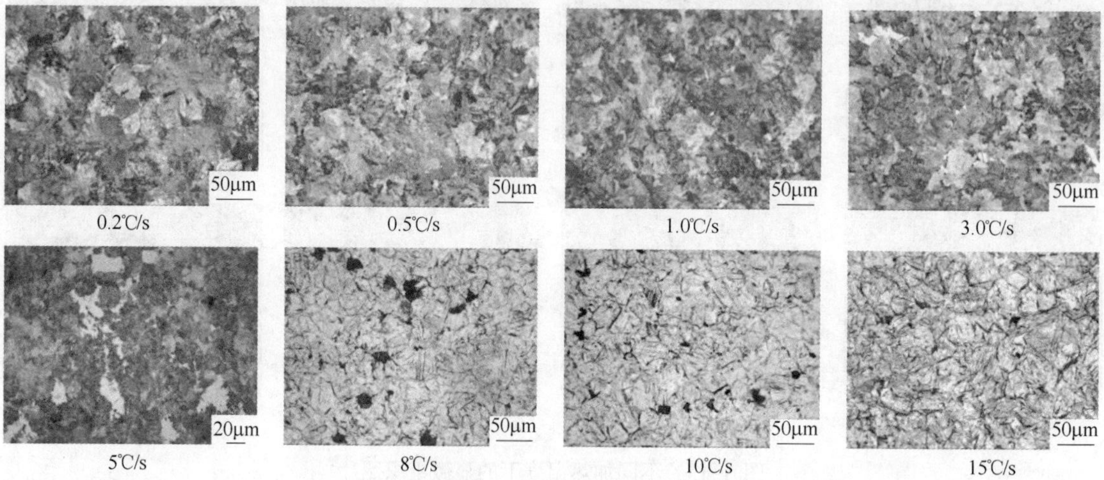

图 6-16　优化方案试验钢不同冷速下的微观组织

采用扫描电镜对完全珠光体转变区域的珠光体片间距进行定量分析，结果见图 6-18。珠光体组织扫描电镜照片见图 6-19、图 6-20。可见，珠光体片间距均随冷却速度提高而减少，采用优化方案有利细化珠光体组织。

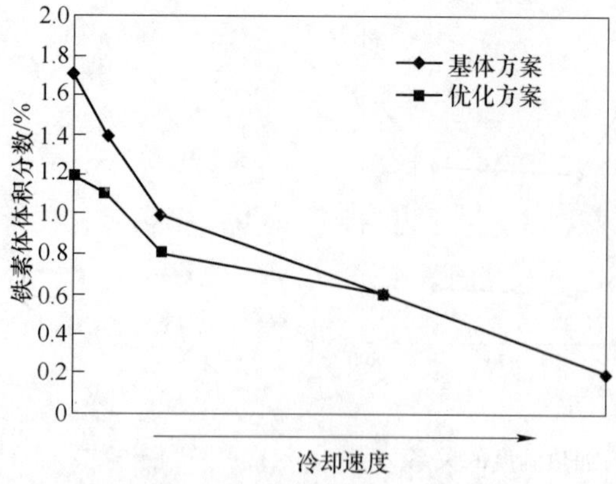

图 6-17　不同冷速下铁素体体积分数

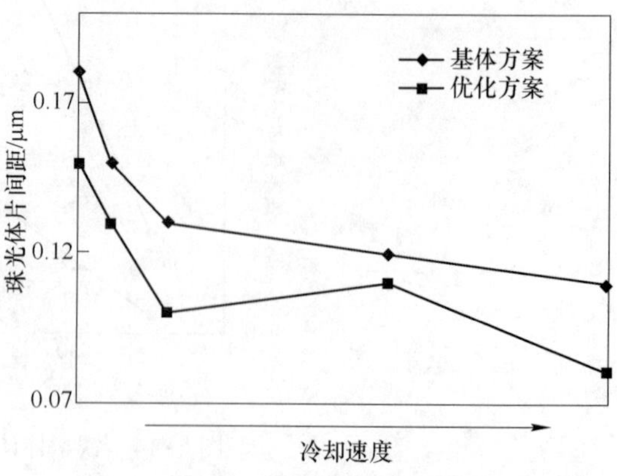

图 6-18　不同冷速下珠光体片层间距

冷却速度与硬度的关系见图 6-21。可见，在珠光体组织区，优化方案试验钢的硬度明显高于基本方案。

6.5.3　热处理方式（多阶）对力学性能的影响

用中试试验验证中 4#基本成分试验钢以及 16000115 炉成分优化试验钢轧制的车轮，进行了一次和二

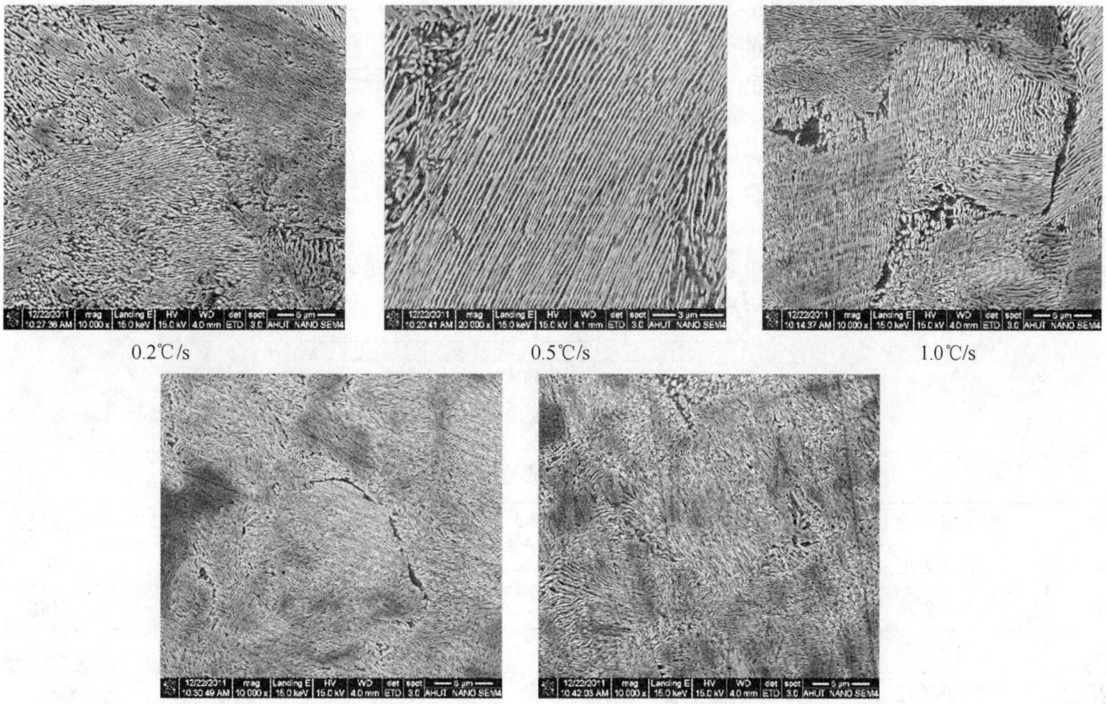

0.2℃/s　0.5℃/s　1.0℃/s

3.0℃/s　5.0℃/s

图 6-19　基本方案试验钢，珠光体电子扫描

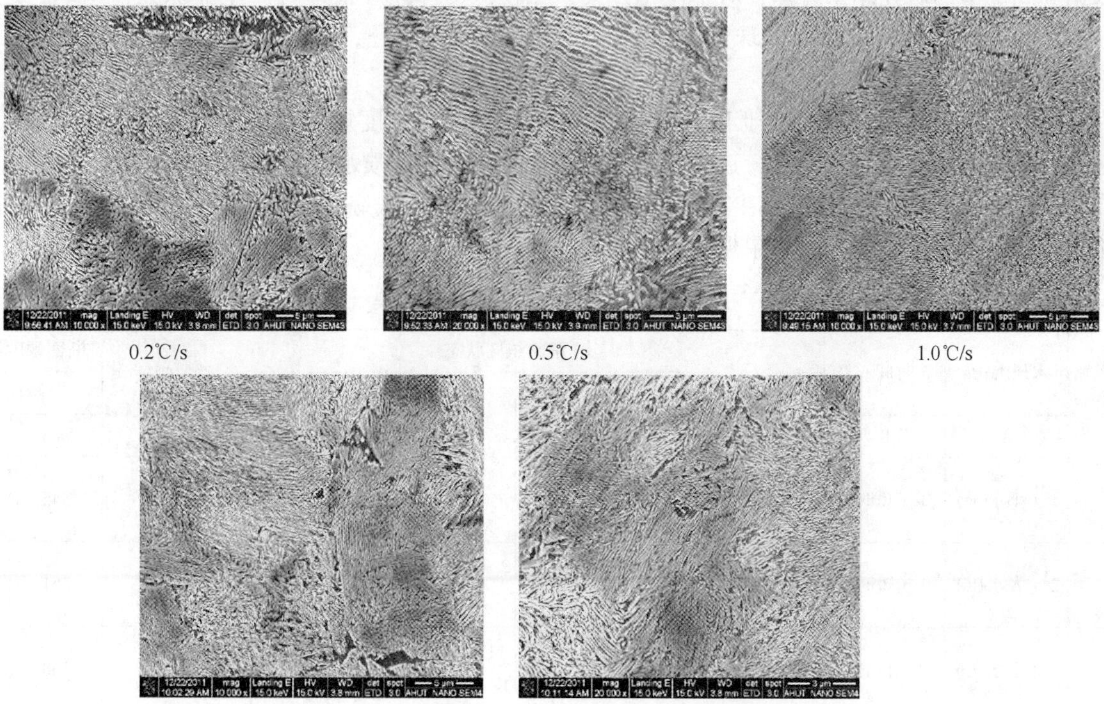

0.2℃/s　0.5℃/s　1.0℃/s

3.0℃/s　5.0℃/s

图 6-20　优化方案车轮钢，珠光体电子扫描

次热处理工艺对比试验。

二次热处理为先将车轮进行 860～880℃×2h 正火处理，然后进行终热处理，工艺为 840～860℃×2h 加热→喷水冷却→回火。

一次热处理工艺为 840～860℃×2h 加热→喷水冷却→回火。

试验车轮力学性能检验结果见表 6-13。对两种成分设计方案，两次热处理均有提高强度、硬度的作用，优化方案的提高幅度更大。对优化方案，两次热处理可能使塑性指标有所降低。

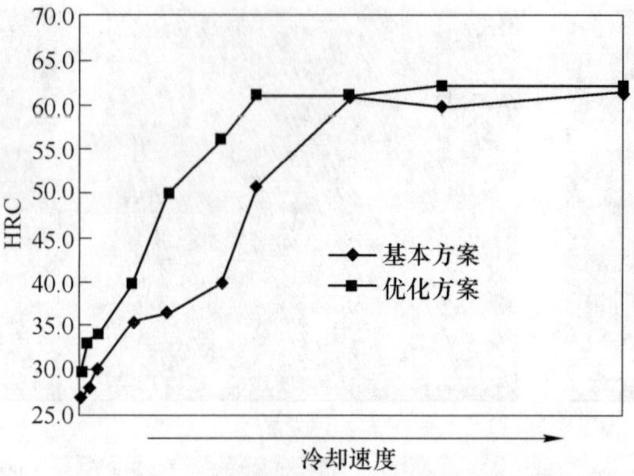

图 6-21　冷却速度与硬度（HRC）的关系

表 6-13　热处理方式对两种方案试验钢车轮轮辋力学性能的影响

类别	热处理方式	$R_{p0.2}$/MPa	R_m/MPa	A/%	Z/%	踏面下 30mm 硬度（HB）
基本方案	一次热处理	827	1180	13	30	330
	二次热处理	868	1205	15	45	336
优化方案	一次热处理	842	1234	15	42	343
	二次热处理	924	1268	13	43	352

6.5.4　冷却方式对组织性能的影响

根据 6.5.2 节的研究结果可知，对于优化方案，在较低冷却速度下即可产生非珠光体组织，这意味，热处理后，车轮踏面具有更深的非珠光体组织层，要解决这一问题，一般是靠增大热处理后加工余量，这是不经济的。

为此，开发了多级复合喷水冷却工艺，方式是先采用弱冷却强度短时喷水，然后用大冷却强度喷水，其关键是，根据车轮钢合金化特点，选择好第一次喷水冷却时间和喷水冷却水压为要素。

取 16000115 炉成分优化试验钢生产的车轮，采取正交试验方法综合研究复合喷水冷却工艺控制参数对车轮组织状态和硬度的影响，结果见表 6-14。

表 6-14　正交试验方案和试验结果

样轮号	水压/MPa	时间/s	异常组织区状态				侧硬（HB）	断面硬度（HB）	
								踏面下	
	A	B	轮缘	踏面中部	外侧面	评价值		5mm	35mm
1#	1（小水压）	1（短时）	无（0）	5.7mm 处出现 B、厚度 1.62mm（2）	2.5mm 处出现少量 B（1）	3	357	345	346
2#	2（大水压）	1（短时）	无（0）	6.16mm 处出现少量 B，厚度 3.5mm（1）	2.3mm 处出现少量 B，厚度 4.9mm（1）	2	350	351	344
3#	1（小水压）	2（长时）	无（0）	无（0）	11.11mm 处出现少量 B，厚度 1.55mm（1）	1	358	338	346
4#	2（大水压）	2（长时）	无（0）	无（0）	无（0）	0	355	344	341

从试验结果看，喷水水压是影响断面硬度指标主因，喷水时间是影响复合组织层的主因。对于轴向组织均匀性来说（轮缘、踏面中部、外侧面的异常组织区的均匀性），淬火冷却水压是主因。根据正交试验结果，采用复合喷水冷却工艺，预计可将优化方案车轮的踏面复合组织层深度控制在 8mm 以下，可以在后续机加工时得到消除。

6.5.5　热处理工艺确定

根据上述研究结果，热处理工艺确定如下：

对基本方案，热处理加热温度控制在900℃以下，采用一次性强喷水冷却。

对优化方案，热处理加热温度控制在900℃以下，采用多级复合喷水冷却。

6.6 小批量工业性试制

取前期工业性试制的优化成分试验钢和基本成分试验钢小批量投轧各30件车轮，并按设定的优化成分和基本成分设计车轮热处理工艺进行热处理。性能和非金属夹杂物检验结果见表6-15~表6-17。试制车轮的性能和组织均满足课题设定目标。

表6-15 轮辋拉伸和断面硬度检验结果

成分设计	轮辋拉伸				断面硬度（HB）①			
	$R_{p0.2}$/MPa	R_m/MPa	A/%	Z/%	1	2	3	平均
基本成分	756	1218	14.5	34	363	366	361	363
优化成分	863	1257	13.5	39	363	354	359	359
目标	—	≥1000	≥10	—				≥300

① 对基本成分设计车轮，断面硬度测试位置为踏面下30mm；对优化成分设计车轮为踏面下45mm。

表6-16 辐板冲击和断裂韧性检验结果

成分设计	辐板冲击/J				断裂韧性/MPa · $m^{1/2}$						
	1	2	3	平均	1	2	3	4	5	6	平均
基本成分	19	20	19	19.3	46.6	49.9	46.7	47.9	48.8	49.6	48.3
优化成分	15	16	15	15.3	46.1	47.4	43.4	46.9	45.3	43.7	45.5
目标				≥10							≥40

表6-17 非金属夹杂物评级结果

成分设计	A类		B类		C类		D类		Ds
	粗系	细系	粗系	细系	粗系	细系	粗系	细系	
基本成分	1.0	1.0	0.5	0.5	0	0	0.5	1.0	0
优化成分	1.5	1.0	0	0	0	0	1.0	1.0	1.0
目标	—	—	≤1.0		—	—	—	—	—

委托国家钢铁材料测试中心完成了两种成分设计车轮的第三方检测，检测结果（表6-18）满足课题设定目标。

表6-18 第三方检测结果

成分设计	轮辋室温拉伸		轮辋300℃拉伸	断面硬度（HB）①	辐板室温冲击A_{KU2}/J	轮辋断裂韧性/MPa · $m^{1/2}$
	R_m/MPa	A/%	R_m/MPa	平均	平均	平均
基本成分	1194	13.5	1170	363	12.6	50.1
优化成分	1212	13.0	1180	359	14.3	44.6
目标	≥1000	≥10	≥700	≥300	≥10	≥40

① 对基本成分车轮，断面硬度测试位置为踏面下30mm；对优化成分车轮为踏面下45mm。

6.7 工业性批量试制

采用优化成分设计和基本成分设计车轮钢分别完成了58批次出口澳大利亚40t以上轴重重载车轮和19批次供铁路总公司30t轴重重载的工业性批量试制。化学成分和组织性能控制结果分别见表6-19~表6-21。从批量试制结果看：

（1）化学成分控制良好，气体含量控制稳定，T.O含量满足课题设定目标要求；

（2）性能控制良好，满足课题设定目标要求；

（3）B类夹杂物控制满足课题设定目标要求。

表 6-19 批量试制车轮钢成分控制

成分设计		熔炼成分/%								气体含量/ppm	
		C	Si	Mn	P	S	Cr	V	Al_s	H	T.O
基本成分	实际控制	0.71~0.73	0.86~0.95	0.79~0.84	0.009~0.013	0.007~0.010	0.06~0.10	0.004~0.005	0.015~0.022	0.5~0.6	5.1~10.0
	设计方案	0.70~0.75	0.85~0.95	0.78~0.85	≤0.015	0.006~0.015	—	—	0.010~0.025	—	—
优化成分	实际控制	0.73~0.76	0.81~0.88	0.84~0.88	0.006~0.013	0.011~0.015	0.12~0.14	0.05~0.06	0.010~0.015	0.5~0.8	—
	设计方案	0.73~0.77	0.80~0.89	0.82~0.89	≤0.015	0.006~0.015	0.10~0.15	0.05~0.06	≤0.015	—	—

表 6-20 轮辋拉伸和断面硬度检验结果

成分设计	轮辋拉伸				断面硬度（HB）①	辐板冲击/J
	$R_{p0.2}$/MPa	R_m/MPa	A/%	Z/%		
基本成分	670~781	1129~1217	13~19	25~37	332~356	12~18
优化成分	782~892	1210~1285	10.5~16.5	27~41	341~366	—
目标	—	≥1000	≥10	—	≥300	≥10

① 对基本成分设计车轮，断面硬度测试位置为踏面下 30mm；对优化成分设计车轮为踏面下 40mm。

表 6-21 非金属夹杂物评级结果

成分设计	A 类		B 类		C 类		D 类	
	粗系	细系	粗系	细系	粗系	细系	粗系	细系
基本成分	0.5~1.5	0.5~1.0	0~1.0	0~0.5	0	0	0.5~1.0	0.5~1.0
优化成分	0.5~1.5	0.5~2.0	0~1.0	0~1.0	0	0	0.5~1.5	0.5~1.0
目标	—	—	≤1.0		—	—	—	—

6.8 小结

（1）完成了重载车轮钢冶炼及车轮轧制、热处理工艺研究，确定了车轮批量试制工艺；

（2）批量试制的两种成分设计车轮性能满足课题设定目标要求。

7 重载车轮综合性能评价研究

7.1 磨损与接触疲劳对比试验研究

7.1.1 供试材组织

采用 2t 中频炉+电渣重熔在技术中心中试基地完成了 CL60、基本成分设计（CL70）和优化成分设计（AAR-CM）车轮钢各 1 炉的冶炼，试验钢熔炼化学成分见表 7-1。将试验钢锭下料轧制，每根钢锭投轧 2 件 915mm 直径车轮，力学性能测试结果见表 7-2。使用 GPM-30 滚动接触试验机进行了基本成分设计车轮钢和优化成分设计车轮钢的滚动接触疲劳试验，并与 CL60 材质车轮钢的滚动接触疲劳试验结果进行了对比。

表 7-1 滚动接触疲劳对比试验用车轮钢材料化学成分 （%）

成分	C	Si	Mn	P	S	Cr	V	Al_s
基本成分设计	0.72	0.92	0.85	0.009	0.008	0.07	0.004	0.015
优化成分设计	0.75	0.85	0.85	0.011	0.012	0.13	0.058	0.012
CL60	0.62	0.3	0.74	0.009	0.002	0.12	0.00	0.018

表 7-2　滚动接触疲劳对比试验用车轮钢材料力学性能

成分	R_m/MPa	A/%	踏面下 30mm 硬度（HB）			
			硬度 1	硬度 2	硬度 3	均值
基本成分设计	1226	15.5	343	340	337	340
优化成分设计	1284	12	361	358	362	360
CL60	1050	17	298	292	289	293

试验前使用光学显微镜（OM）对现有 CL60、基本成分设计（CL70）和优化成分设计（AAR-CM）三种车轮材料进行了金相组织观察，如图 7-1 所示。使用扫描电镜（SEM）对这三种材料的组织进行了高倍率的观察，如图 7-2 所示。从图 7-1 和图 7-2 可看出，三种车轮材料均主要由珠光体与铁素体构成，珠光体组织中的渗碳体片层间距较小且排列规则；CL60 车轮材料的铁素体组织含量最多，其珠光体组织被较多的铁素体组织分割成蜂窝状；CL70 车轮材料中的铁素体组织含量较 CL60 车轮材料少，其珠光体组织也被铁素体组织分割成蜂窝状；AAR-CM 车轮铁素体组织含量最少，珠光体组织细密。

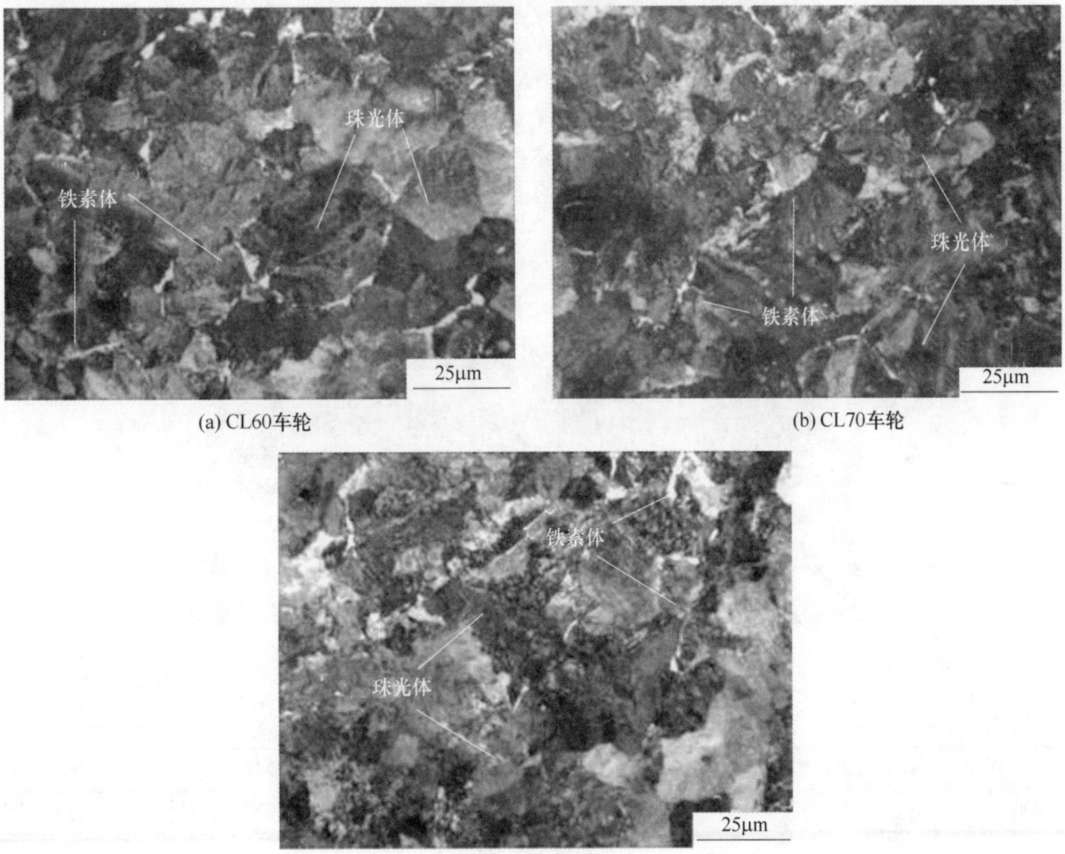

(a) CL60车轮　(b) CL70车轮

(c) AAR-CM车轮

图 7-1　三种车轮材料金相组织 OM 观察

7.1.2　磨损试验及结果分析

使用滚动接触磨损试验机模拟车轮和钢轨间的接触条件，测试车轮材料的磨损量。试验后通过磨痕观察、硬化层的硬度测试和组织观察，分析两种材质车轮钢磨损性能差异的原因。

车轮试样分别取自踏面下 10mm 的轮辋材料。与车轮试样对摩的材料为 U71MnG 钢轨钢。磨损试验在图 7-3 所示的 GPM-30 滚动接触磨损和疲劳试验机上进行，试验示意图见图 7-4，试验条件见表 7-3。在实际运行工况下，车轮踏面和钢轨的滑差率约为 0.5%，而根据 AAR M107/M208 标准，磨损试验中车轮和钢轨试样的滑差率应设定为 0.75%。AAR 标准要求的试验条件较苛刻，能反映出材料在相对恶劣的工况下的服役性能，因此本试验采用该标准要求的滑差率。在本试验中，车轮和钢轨试样的直径分别为 60.45mm 和 60mm，对应的差率即为 0.75。

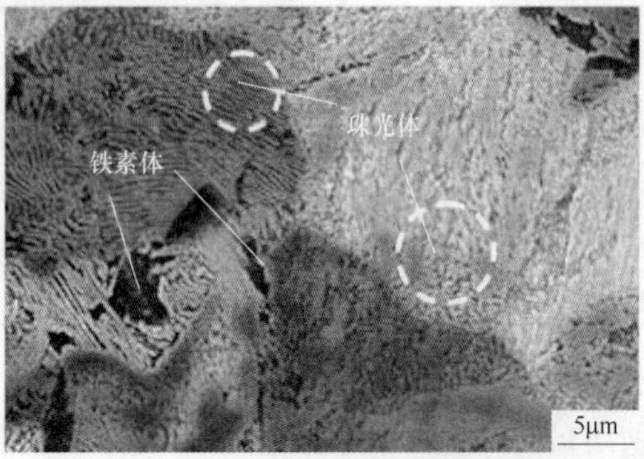

(a) CL60车轮

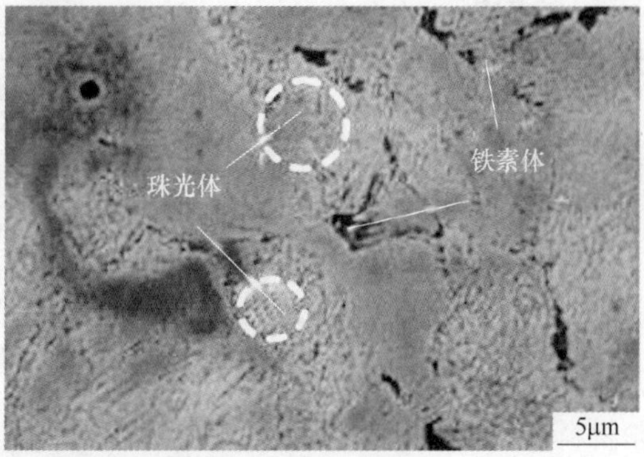

(b) CL70车轮

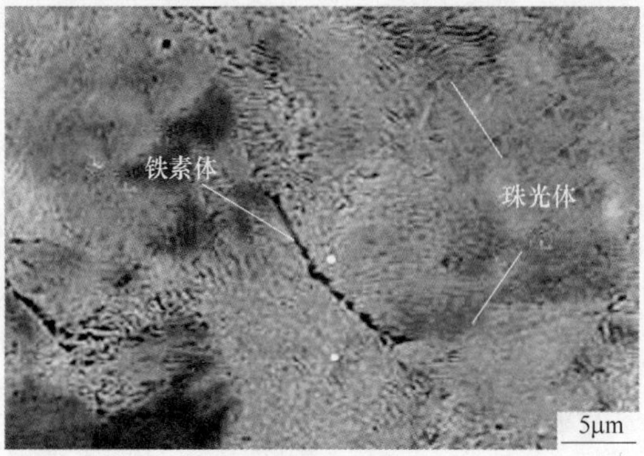

(c) AAR-CM车轮

图 7-2　三种车轮材料微观组织 SEM 观察

图 7-3　GPM-30 滚动接触磨损和疲劳试验机

表 7-3　磨损试验条件

接触应力/MPa	滑差/%	转速/r · min^{-1}	循环数/周次	冷却	陪试材料
2200	0.75	800	500000	风冷	U75V 钢轨钢

根据赫兹模拟准则计算得到车轮试样的圆弧半径为 15mm。车轮和钢轨试样的形状和尺寸见图 7-4。

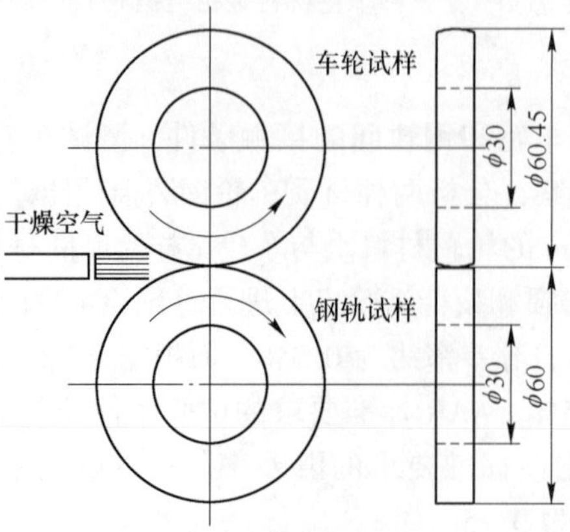

图 7-4　磨损试验示意图

参考 AAR M107/M208 标准，车轮和钢轨试样间的最大接触应力设定为 2200MPa。列车行进时产生的气流会对轮轨接触面形成风冷作用，为了使试验条件尽可能接近轮轨接触条件，试验时向轮轨试样接触面喷射干燥压缩空气。根据 AAR M107/M208 标准，所有试验的总循环次数均设定为 500000 次。

试验完成后利用电子天平对试样的磨损量进行测量。测量结果见图 7-5。可以看出，CL60 材料磨损量要大于 CL70 及 AAR-CM，CL70 和 AAR-CM 两者磨损量相近。

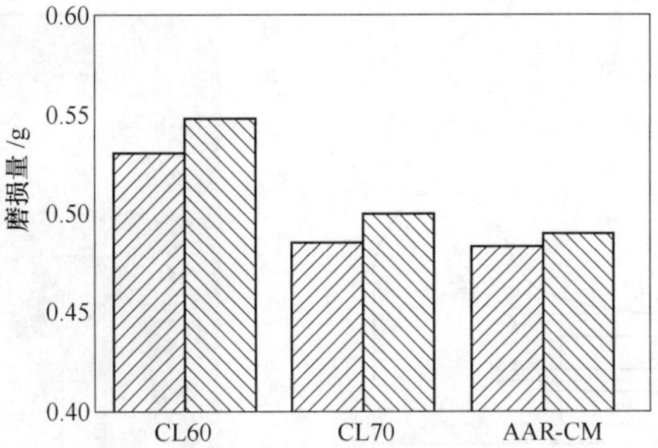

图 7-5　三种车轮材料的磨损量对比

对试验后的试样磨损表面进行了 SEM 观察，见图 7-6。由图可见，三种车轮材料都为剥层磨损，CL60 材料大片剥层磨损，CL70 和 AAR-CM 材料为小片剥层磨损。

(a) CL60 材料

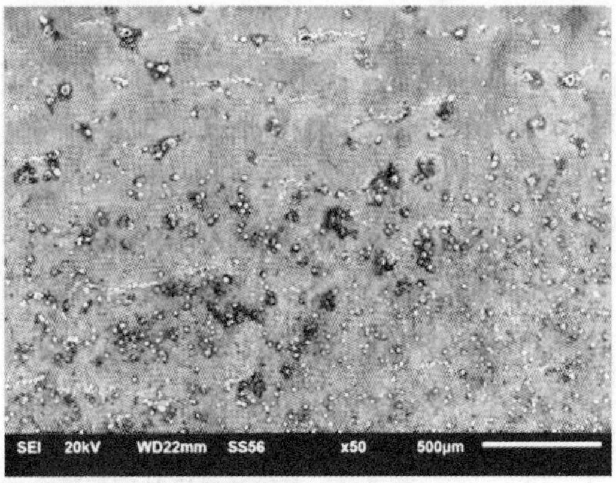

(b) CL70 材料

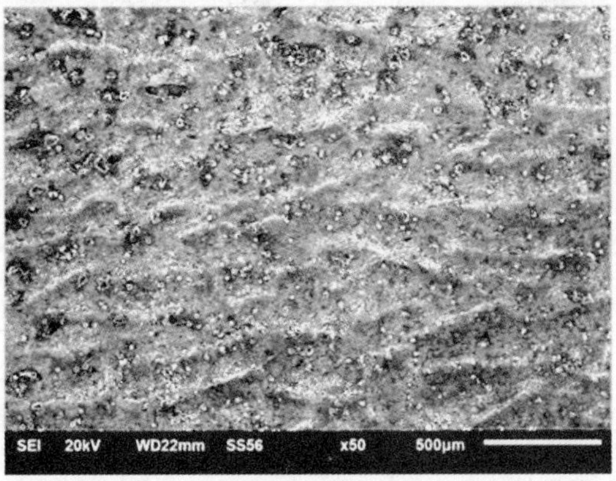

(c) AAR-CM 材料

图 7-6　三种材料损伤表面观察

7.1.3　滚动接触疲劳试验及结果分析

按照 GB 10622—89 标准《金属材料滚动接触疲劳试验方法》，分别对 CL60、CL70 和 AAR-CM 进行了滚动接触疲劳试验，获得了三种材料的 P-N 曲线和接触疲劳强度。试验后，通过损伤形貌和剖面组织观察，分析两种材质车轮钢抗滚动接触疲劳性能差异的原因。

从图 7-7 所示的位置获取车轮钢坯料，并将其加工为 GB 10622—89 标准《金属材料滚动接触疲劳试验方法》所要求的 JP-3 号疲劳试样。与车轮试样对摩的钢轨试样类型为 GB 10622—89 标准要求的PS-1 号疲劳试样。轮轨试样的接触类型为线接触。

滚动接触疲劳试验在图 7-3 所示的 GPM-30 滚动接触磨损和疲劳试验机上进行，试验示意图见图 7-8，试验条件见表 7-4。根据 AAR M107/M208 标准，将接触疲劳试验中车轮和钢轨试样间的滑差率设定为 0.3%。试验最大接触应力设定为 1500MPa。

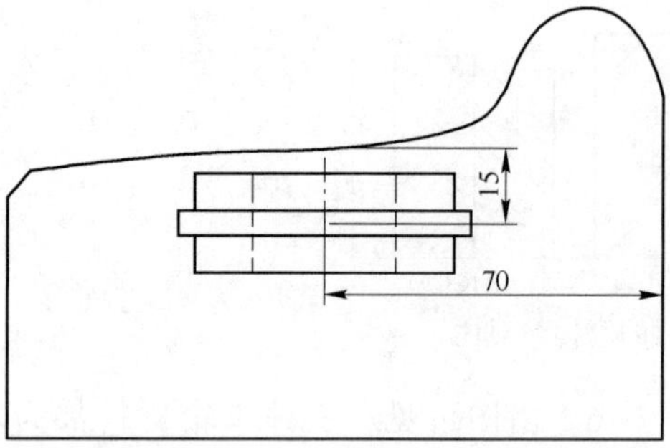

图 7-7　车轮接触疲劳试样取样示意图（单位：mm）

图 7-8　滚动接触疲劳试验示意图

表 7-4　滚动接触疲劳试验条件

接触应力/MPa	滑差/%	转速/$r \cdot min^{-1}$	润滑	陪试材料
1500	0.3	2000	20 号机油	U71V 钢轨钢

试验过程中使用 20 号机油对轮轨试样接触面进行润滑。对上述试验得到的数据进行统计分析，得到被试材料的 *P-N* 曲线。试验后使用扫描电镜观察车轮试样剥离形貌，使用激光共聚焦显微镜观察车轮试样剖面显微组织，分析材料种类对车轮钢滚动接触疲劳性能的影响。

由于滚动接触疲劳寿命分散性较大，每种材料进行了 6 组试验，试验结果见表 7-5，统计的参数估计见表 7-6。

表 7-5　车轮试样接触疲劳寿命的统计处理结果（1500MPa 接触应力）

试样编号	材料	疲劳寿命/周次	备　注
1	CL60	245743	剥离失效
2	CL60	553486	剥离失效
3	CL60	530482	剥离失效
4	CL60	298845	剥离失效
5	CL60	359408	剥离失效
6	CL60	434449	剥离失效
7	CL70	318427	剥离失效
8	CL70	387466	剥离失效
9	CL70	449696	剥离失效
10	CL70	638841	剥离失效
11	CL70	356224	剥离失效
12	CL70	354884	剥离失效
13	AAR-CM	794607	剥离失效
14	AAR-CM	1042038	剥离失效
15	AAR-CM	1300859	剥离失效
16	AAR-CM	2023019	剥离失效

续表 7-5

试样编号	材料	疲劳寿命/周次	备　注
17	AAR-CM	1163700	剥离失效
18	AAR-CM	1091471	剥离失效

表 7-6　接触疲劳寿命的数据处理结果（1500MPa）

组别	斜率参数 b	特征寿命 V_S	额定寿命 L_{10}	中值寿命 L_{50}
CL60	4.0217	459867	262796	419811
CL70	3.9385	469567	265185	427841
AAR-CM	3.3466	1414872	722240	1268103

从表 7-6 看，在 1500MPa 接触应力下，AAR-CM 材料滚动接触疲劳寿命要远远大于另外两种材料，而 CL60 和 CL70 材料寿命几乎相同。对 CL60 和 CL70 材料的接触疲劳寿命在 1300MPa 接触应力下进行了进一步评价，试验结果见表 7-7，统计的参数估计见表 7-8，P-N 曲线见图 7-9。

表 7-7　车轮试样接触疲劳寿命的统计处理结果（1300MPa 接触应力）

试样编号	材料	疲劳寿命/周次	备　注
1	CL60	950908	剥离失效
2	CL60	783758	剥离失效
3	CL60	625648	剥离失效
4	CL70	5000000	未失效
5	CL70	2406449	剥离失效
6	CL70	3624150	剥离失效

表 7-8　接触疲劳寿命的数据处理结果（1300MPa）

组别	斜率参数 b	特征寿命 V_S	额定寿命 L_{10}	中值寿命 L_{50}
CL60	3.7604	869161	477750	788445
CL70	<2.1503	>4290916	>1506723	>3618468

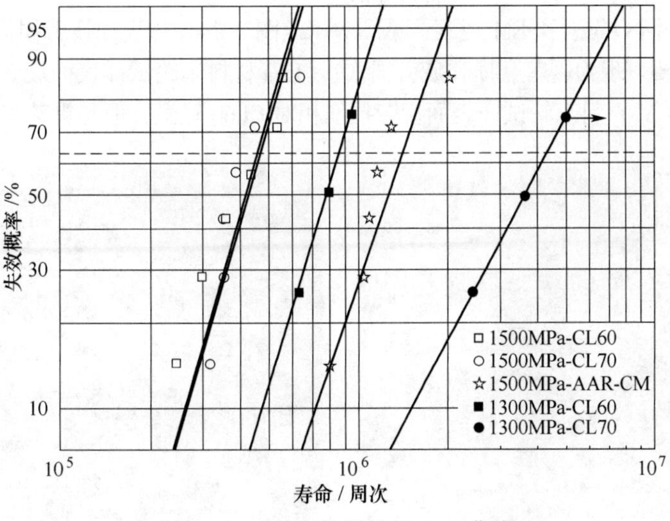

图 7-9　三种车轮材料的 P-N 曲线

7.1.4　干态接触性能试验

在室温干态下利用 JD-1 大型轮轨模拟试验机对 CL60、CL70 和 AAR-CM 三种车轮材料分别与 U71Mn 钢轨材料在 250km/h 速度工况对磨时的滚动接触疲劳性能进行了实验，并从磨损量、硬度分析、微观分析等不同方面对比研究了不同车轮材料对滚动接触疲劳特性的影响。

试验接触应力 1100MPa，摩擦系数 0.1，实验循环次数 10^6 次。试验机及试样尺寸见图 7-10。

试验结束后对磨损量进行了测量分析。三种试样磨损量如图 7-11 所示。CL60 车轮材料试样的磨损量最多为 1.504g，而 CL70 和 AAR-CM 两种车轮材料试样的磨损量基本相当，并且都比 CL60 的磨损量少，分别为 0.861g 和 0.812g。CL70 和 AAR-CM 两种材料车轮的耐磨性能基本相同，都较 CL60 材料车轮的耐磨性好，即在这三种车轮材料中，CL60 车轮材料的耐磨性是最差的。

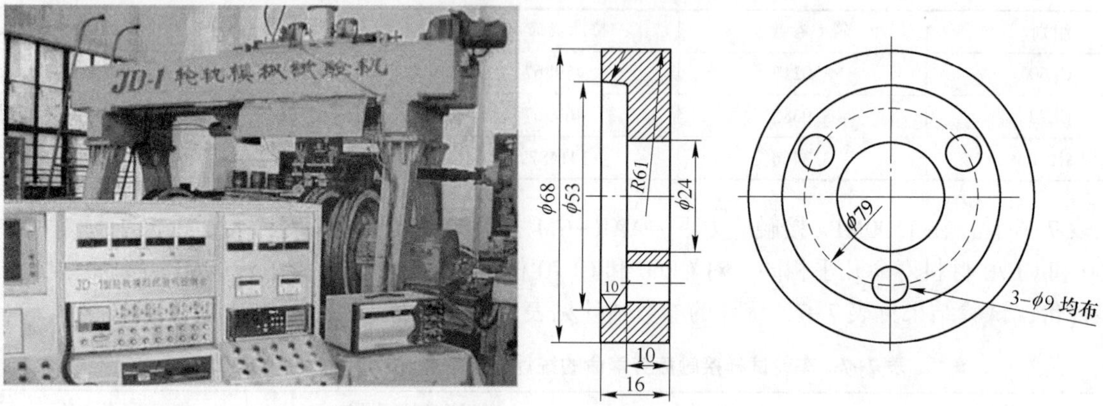

图 7-10　JD-1 试验机及试样尺寸图

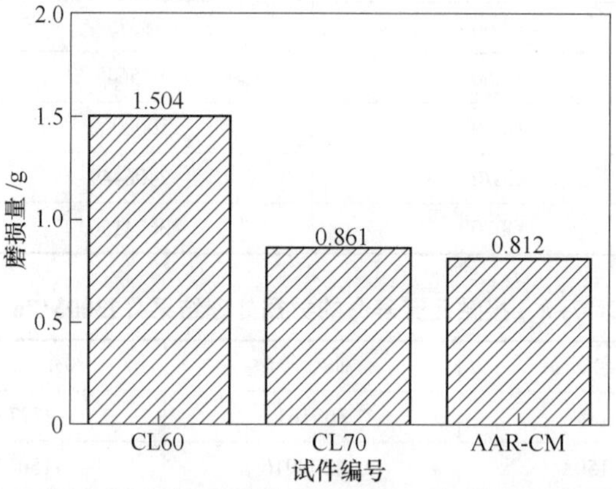

图 7-11　三种材料干态磨损量对比

试验结束后对试样典型区域进行 SEM 观察，见图 7-12~图 7-14。从表面疲劳损伤分析可以得出，三种车轮材料在高速模拟工况下主要表现为剥落磨损和疲劳损伤；CL60 材料车轮试样表面疲劳损伤相对严重，剥落损伤相对轻微，CL70 和 AAR-CM 材料车轮试样表面疲劳损伤相对 CL60 轻微，但是剥落损伤相对严重。

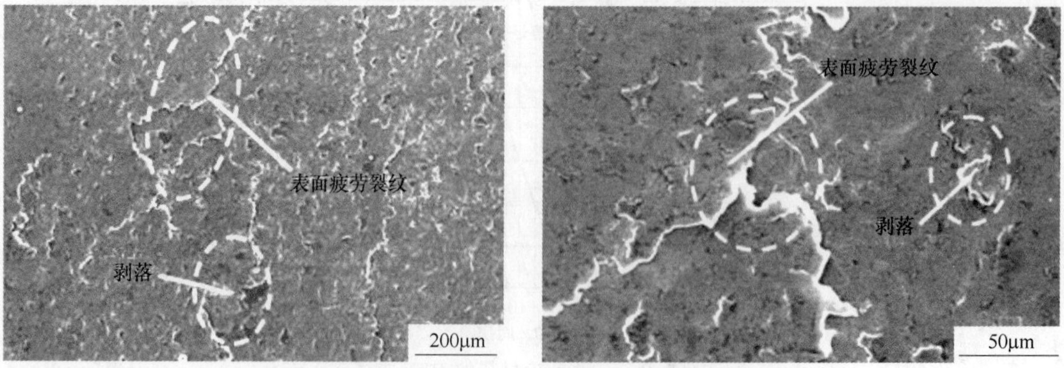

(a)　(b)

图 7-12　CL60 材料损伤表面 SEM 观察

为了更好地分析 CL60、CL70 和 AAR-CM 三种车轮材料的剖面损伤情况，在实验结束后利用线切割机对试样进行取样观察，见图 7-15。从图中可以看出，CL60、CL70 和 AAR-CM 三种车轮试样的塑性变形厚度大约分别为 120μm、80μm、75μm；与 CL60 车轮试样相比，CL70 和 AAR-CM 两种车轮试样在

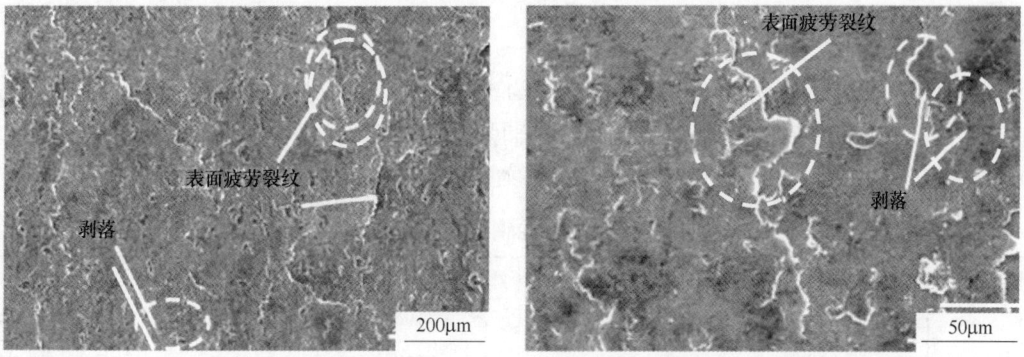

(a) (b)

图 7-13 CL70 材料损伤表面 SEM 观察

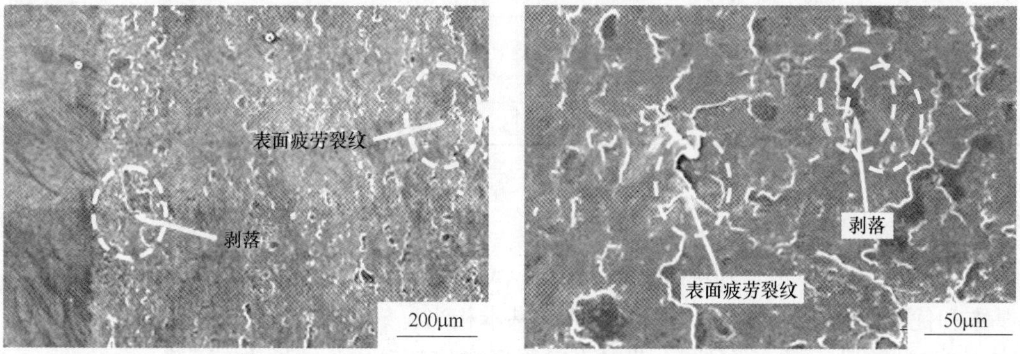

(a) (b)

图 7-14 AAR-CM 材料损伤表面 SEM 观察

250km/h 高速速度工况下的塑性变形层厚度相对要小很多，即 CL70 和 AAR-CM 两种车轮材料的抗变形能力比 CL60 车轮材料要强；而 CL70 车轮试样的塑性变形层厚度只比 AAR-CM 车轮试样的塑性变形层厚度稍微大一点，但相差不大，基本相当。

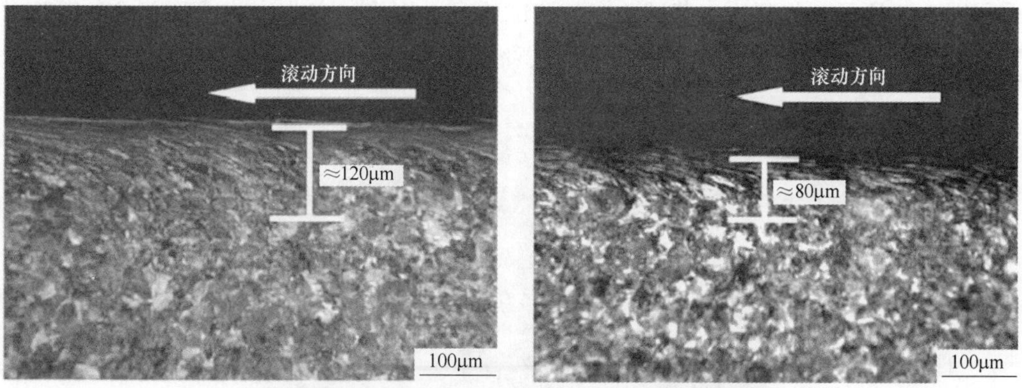

(a) CL60 材料 (b) CL70 材料

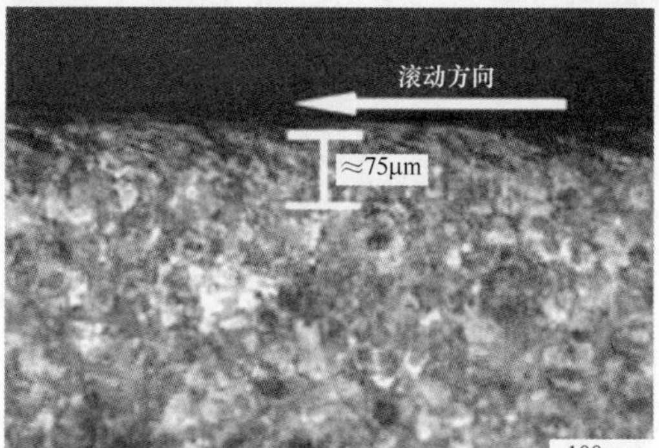

(c) AAR-CM 材料

图 7-15 三种材料干态磨损塑性变形观察

7.2　高温拉伸性能研究

对两种成分设计车轮的轮辋 300℃和 1000 ℉（约 538℃）的高温拉伸性能进行了试验研究，见表 7-9。与常温拉伸性能相比，在 300℃测试条件下，轮辋强度指标略有下降，塑性指标大幅上升；当测试温度达到 1000 ℉时，强度指标下降明显，塑性指标继续上升。

表 7-9　轮辋拉伸性能

试验温度	成分设计	$R_{p0.2}$/MPa	R_m/MPa	A/%	Z/%
室温	基本成分	747	1194	13.5	42
	优化成分	779	1212	13.0	40
300℃	基本成分	690	1170	25.5	74.5
	优化成分	705	1180	25.5	74.0
	目标	—	≥700	—	—
1000 ℉	基本成分	336	493.5	35.0	80
	优化成分	339.5	549.5	35.5	82.5

7.3　小结

（1）基本成分设计（CL70）和优化成分设计（AAR-CM）车轮磨损性能相近，均优于 CL60 车轮。

（2）基本和优化成分设计车轮材料抗变形能力基本相当，好于 CL60 车轮材料。

（3）在 300℃试验温度下，两种成分设计车轮强度均较常温试验结果略有下降。

8　重载车轮实验室服役性能试验研究及装车考核研究

8.1　车轮整体疲劳试验研究

8.1.1　试验设备、试验对象和试验依据

试验采用图 8-1 所示车轮整体疲劳试验台。该试验台采用旋转弯曲疲劳试验方式，试验对象为基本成分设计的 30t 轴重设计轮型 1（HFS 型）车轮。

图 8-1　车轮整体疲劳试验台

试验依据铁总标准性技术文件 TJ/CL 447—2016《铁路货车用 CL65、CL70 辗钢整体车轮暂行技术条件》进行，其中车轮辐板是疲劳试验所考核的重点部位，实验时要求辐板上径向应力的幅值为 240MPa，

循环比 $R=-1$，试验循环次数 10^7。载荷条件远大于车轮实际服役条件。

8.1.2 试验载荷的确定

试验时将车轮辐板的最大应力幅作为控制参数，正式试验前需要对车轮应力进行动态标定，以确定实验所需施加的载荷。为寻找最大应力幅值位置，在图 8-2 所示辐板内侧面径向划线位置分别紧密地布置 7 个测点，每个测点布置径向和周向两个应变片，应变片栅丝尺寸为 5mm×3mm。

从 30kN · m 开始从小到大依次施加弯矩载荷，每次施加载荷时对疲劳试验台进行约 2min 的实验循环加载，同时采用东华 DH5922 型动态应变仪测量各个测点径向应力。根据所测得的应力大小，调整试验弯矩加载值，直到最大、最小应力达到±240MPa 为止，此时载荷即为疲劳试验载荷。最终获得两件车轮在试验应力水平下对应的试验条件（见表 8-1）。

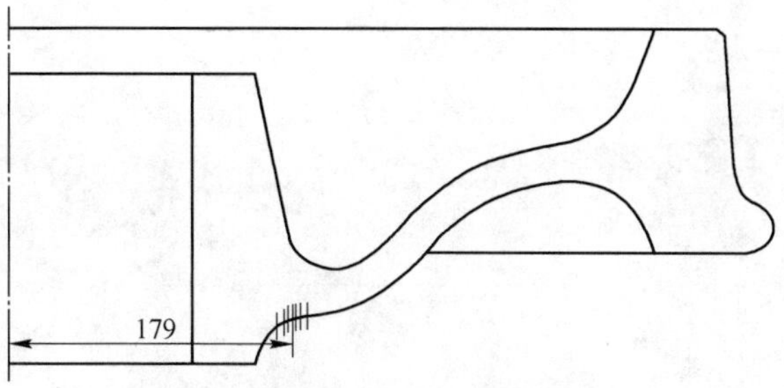

图 8-2 HFS 车轮应变片粘贴位置

表 8-1 车轮试验载荷值

车轮编号	试验弯矩/kN · m	试验应力/MPa	控制精度/%
1#	115	±240	±0.5
2#	119.5	±240	±0.5

8.1.3 试验结果

所考核的两件车轮辐板在经历±240MPa 最大试验应力下，经过 10^7 次循环后，均未产生裂纹。试验结果表明，在远大于车轮真实服役载荷的条件下，基本成分设计的 30t 轴重车轮的性能稳定良好。

8.2 重载车轮 1：1 台架制动试验

8.2.1 试验条件

采用对比试验的方法研究了基本成分设计车轮的抗热损伤性能，对比材质为现有的 CL60 材质，试验参数如下：

（1）轮径：915mm；

（2）制动方式：踏面单侧；

（3）闸瓦类型：高摩合成；

（4）闸瓦压力：20kN；

（5）停车制动模式的试验参数：初速度：120km/h，闸瓦压力：20kN，试验次数：100 次，试验初始温度：20~60℃；

（6）坡道制动模式的试验参数：坡道制动分三组进行。

第一组，平均速度：32km/h，制动时间：45min，试验次数：5 次，试验初始温度：20~60℃；

第二组，平均速度：40km/h，制动时间：20min，试验次数：5 次，试验初始温度：20~60℃；

第三组，平均速度：60km/h，制动时间：5min，试验次数：5 次，试验初始温度：20~60℃。

上述试验参数接近车轮真实服役条件下的制动参数。

8.2.2 试验结果

车轮经过制动试验后，车轮踏面的宏观状态分别见图 8-3 和图 8-4。从试验结果看，基本成分设计车轮的踏面状态较 CL60 材质车轮稍差，这与车轮成分中碳元素的含量有关。碳含量增高，车轮对热的敏感性递增。但 CL70 钢种车轮未出现制动热裂纹、闸瓦拉伤等现象，由此表明，所研发的 30t 重载货车车轮抗热损伤性能满足重载线路运行条件的要求。

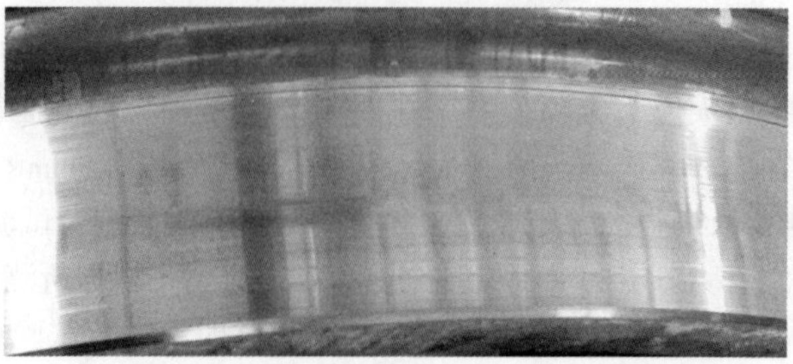

图 8-3　对比试验用 CL60 钢车轮制动试验后踏面状态

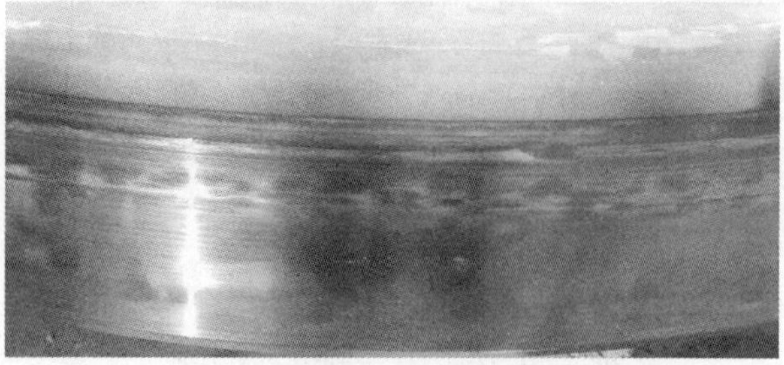

图 8-4　基本成分设计车轮制动试验后踏面状态

8.3　车轮运用考核

8.3.1　国内运用情况

对安装在大秦线 30t 轴重 C96 型货车的基本成分设计（CL70）、设计轮型 1（HFS 型）车轮装车运用情况进行了跟踪，结果见表 8-2，车轮踏面廓形见图 8-5。可以看出，在 30t 轴重运输条件下，CL70 材质 HFS 车轮每万公里的平均磨耗量约为 0.030mm，磨耗量很小，对 30t 轴重货车及重载铁路条件的适用性良好。

对安装在 25t 轴重 C80 型货车上原有 CL60 材质 HESA 型车轮踏面磨耗量进行了统计。结果见表 8-3。可以看出，即使在 25t 轴重条件下，原有 CL60 材质 HESA 车轮的踏面磨耗量较大，难以适应 30t 轴重运输条件。

表 8-2　30t 轴重条件下基本成分设计 HFS 车轮装车运行约 10 万公里磨耗实测量

车号	轮位	踏面磨耗量/mm	轮缘宽度/mm	轮位	踏面磨耗量/mm	轮缘宽度/mm
C96-9300110	1	0.611	31.8	2	0.293	31.9
	3	0.323	32.1	4	0.199	32.0
	5	0.188	31.9	6	0.214	31.7
	7	0.265	31.7	8	0.144	31.7

表 8-3　25t 轴重条件下原有 CL60 材质 HESA 车轮磨耗统计结果

车型	运行里程/万公里	踏面平均磨耗量/mm								每万公里平均磨耗量/km
		1 位	2 位	3 位	4 位	5 位	6 位	7 位	8 位	
C80	42.8~45	4.1	5.2	4.5	4.1	4.4	4.7	5.6	4.8	0.107
	38.6~40.7	3.7	4.6	4.2	4.15	4.0	4.3	4.8	4.7	0.108
	25.7~27.8	3.3	4.5	3.7	3.2	3.3	3.0	3.9	3.8	0.134
C80H	42.8~45	4.3	4.1	4.75	3.2	4.9	5.2	4.6	4.5	0.100
	38.6~40.7	4.7	4.7	4.5	4.5	5.2	5.0	4.9	4.0	0.118
	25.7~27.8	4.5	4.6	3.8	3.7	4.6	4.4	4.7	3.9	0.160

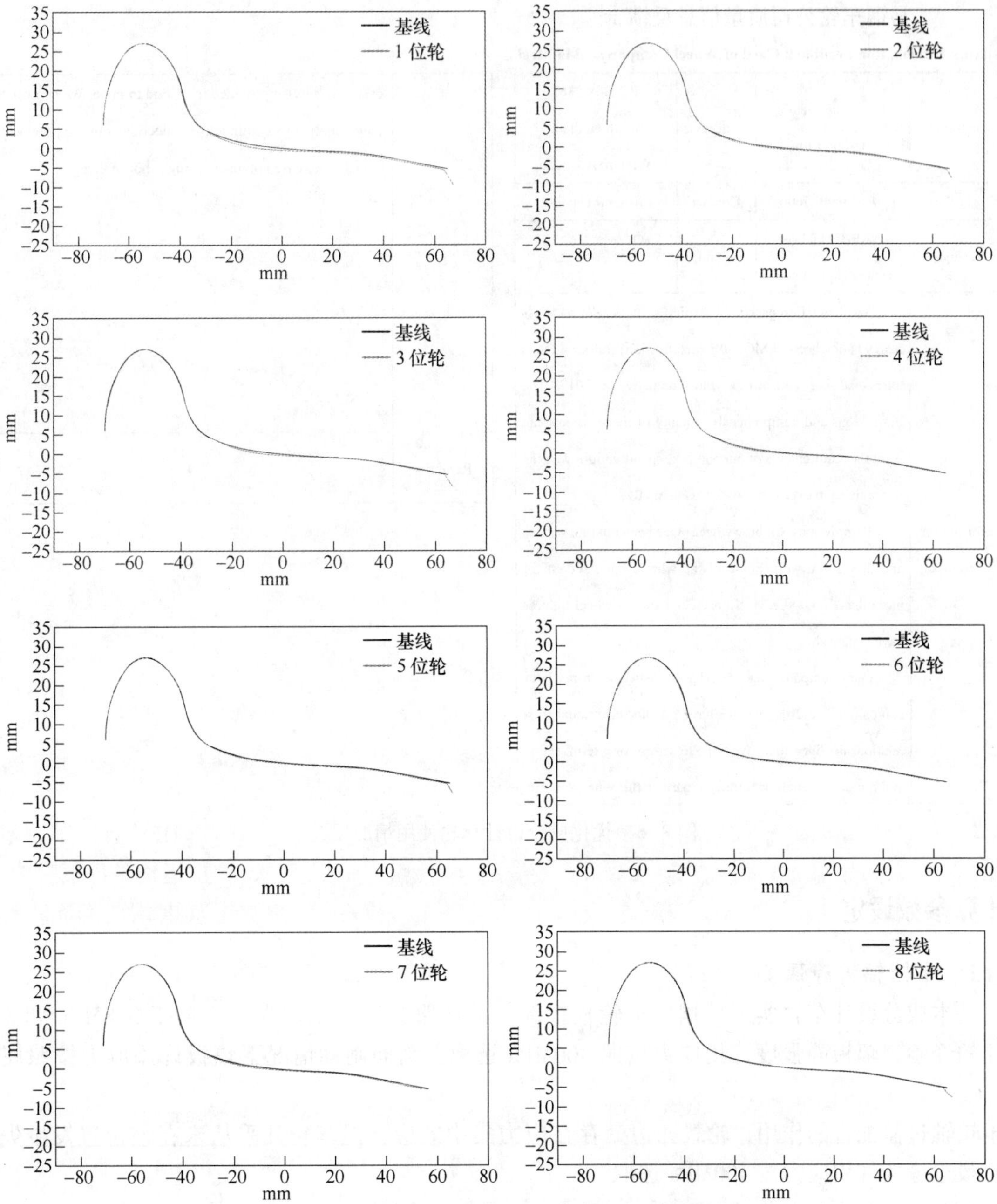

图 8-5　30t 轴重条件下运行 10 万公里车轮踏面磨耗廓形

8.3.2　国外运用情况

依托本课题研究成果批量试制的优化成分设计车轮已出口澳大利亚 FMG 公司，装车应用于 40t 以上轴重矿运列车上，部分车轮已运行 10 万公里以上，从该公司反馈的信息看，车轮使用情况良好。

8.4　小结

（1）从整体疲劳试验和 1∶1 台架制动试验看，所设计的 30t 轴重车轮能够满足重载运输条件；

（2）从国内外装车运行考核情况看，30t 以上轴重车轮使用情况良好（图 8-6）。

9　重载车轮服役寿命评价及寿命预测方法研究

铁路车轮的服役寿命问题在一定程度上可以通过车轮的强度来表征，重载车轮同样如此。在不考虑车轮踏面磨耗和损伤等因素的影响，对重载车轮的疲劳寿命进行了仿真计算。

马钢车轮公司质量信息反馈卡

Quality Information Feedback Card of Wheel Company，Ma Steel

Customer	Fortescue Metals Group Ltd	Address	PO Box 2365 South Hedland Western Australia
TEL	61 08 9140 5606	Contact	Russell Davies
Product	AAR-CM Class Heavy Haul Wheel	Signature	
Information Feedback	We have purchased 2440 pieces of AAR-CM class heavy haul wheels (FMG970B specification) for our 42 tons axle load ore cars from your company in 2017. The dimensions and comprehensive quality of these wheels can meet the requirements of our purchase specification. We plan to purchase in excess of 3600 wheels in 2018. By now, most of these wheels have been put into service and they serve well. Some of the wheels have served for more than 100,000 KM. No accidents due to wheel failures have occurred. Our company has purchased wheels from your company since 2015 and we have established mutual trust relationship since then. We hope to set up long-term, stable and mutually beneficial strategic partnership with you. The		

	customer service provided is second to none. We appreciate your company continuously meeting our requirements (usually increase volumes) at such short notice.
Remarks	

图 8-6　优化成分设计车轮使用情况反馈

9.1　计算参数设定

9.1.1　车轮辐板静强度

根据基本成分设计车轮实测数据，车轮辐板部位的屈服强度、拉伸强度不低于 388MPa 和 875MPa。根据以往的经验，辐板静强度许用应力按照 300MPa 选取，踏面制动情况下辐板许用应力按照屈服强度选取。

由于轮轴过盈配合的作用，轮毂孔边处存在应力集中效应，但车轮几乎从未在该位置发生失效，鉴于此，轮毂边缘的许用应力按 400MPa 选取。

9.1.2　车轮辐板 *S-N* 曲线的确定

参考 GL 规范 *S-N* 曲线拟合方法，对车轮的疲劳性能进行拟合。常用钢材料在曲线拟合时，*S-N* 曲线的第一段为：$N=N_D\left(\frac{\Delta\sigma_D}{\Delta\sigma}\right)^3$；第二段为：$N=N_D\left(\frac{\Delta\sigma_D}{\Delta\sigma}\right)^5$，寿命曲线的设计形式如图 9-1 所示。

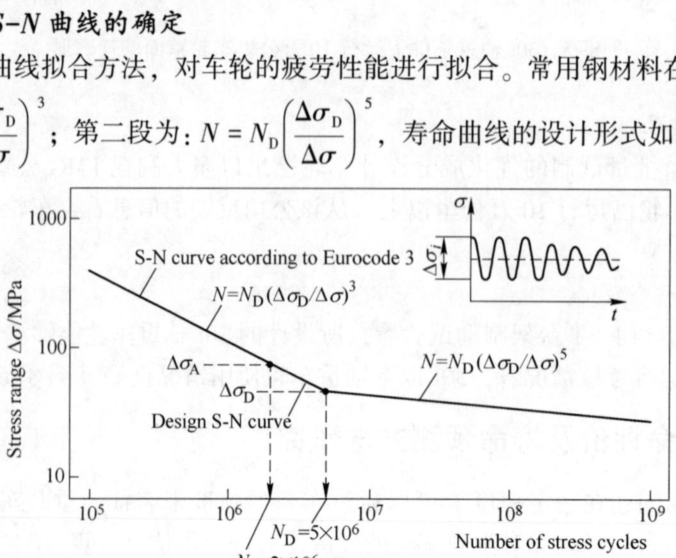

图 9-1　GL 规范中 *S-N* 曲线的设计形式

考虑到车轮属于超长疲劳寿命范围的服役，因此在寿命计算时可忽略上述 $S-N$ 曲线的第一段，仅对第二段曲线进行拟合，即拟合 $N=N_D\left(\frac{\Delta\sigma_D}{\Delta\sigma}\right)^5$ 段。将各车轮材料数据代入该表达式，可得各材料的 $S-N$ 曲线如下：

$$N = 10^7 \times \left(\frac{\sigma_{-1}}{\sigma}\right)^5$$

9.1.3 影响车轮疲劳强度的因素

车轮材料疲劳性能是根据辐板的光滑圆柱形试样获得的，实物车轮辐板疲劳极限受到尺寸系数、表面敏感系数、载荷因素等的影响。

（1）尺寸系数 ε。在疲劳强度试验中存在试验件尺寸越大疲劳强度就越低的现象。标准试验件的直径通常在6~10mm，比车轮的实际尺寸小得多，因此尺寸系数在车轮辐板的疲劳分析中必须加以考虑。

（2）表面敏感系数 β。通常，材料的疲劳强度或者疲劳寿命是由标准光滑试件得到的，在用此数据评估零部件的疲劳强度或疲劳寿命时，需要做表面敏感系数 β 的修正。因绝大多数结构或机械的疲劳关键部位往往就是应力集中部位，进行表面敏感系数 β 的修正时要与主要表面状态对应。

表面状态包括表面加工粗糙度 β_1、表层组织结构 β_2、表层应力状态 β_3，$\beta=\beta_1\beta_2\beta_3$。

1）表面加工粗糙度 β_1。表面加工粗糙度越好，疲劳强度就越高。辗钢车轮辐板表面需进行车削加工，对于普通客、货车以及机车车轮，其辐板的表面粗糙度不差于 $R_a=12.5\mu m$。

2）表层组织结构 β_2。零部件表面层对零部件的疲劳强度有着重要的影响，β_2 的确定完全依赖于试验，根据车轮辐板加工特点，取 β_2 值为1.0。

3）表层应力状态 β_3。若辐板未进行喷丸强化，取 β_3 数值为1，若车轮辐板表面进行喷丸强化，则根据机械设计手册确定 β_3 系数。

（3）载荷的影响。绝大多数材料的疲劳强度是由标准试验件在对称循环正弦波加载情况下得到的，而实际零部件所受到的载荷是十分复杂的，影响疲劳强度的载荷因素有载荷类型、加载频率、平均应力、载荷波形、载荷中间停歇和持续的影响等。

1）载荷类型的影响。零件受到的外载荷有拉压、弯、扭三种类型。对于几何形状和边界条件复杂的元件，疲劳危险部位处于多轴应力状态。载荷类型对疲劳强度的影响用载荷类型因子CL来描述。CL不仅取决于载荷类型，还取决于材料。车轮运行过程中，辐板应力主要由车轮所受的弯矩引起，因此认为辐板区域CL值为1。

2）加载频率的影响。绝大多数工程结构和机械受到的载荷频率在5~200Hz范围。在无腐蚀环境下，加载频率对金属材料的疲劳强度几乎没有影响，因此本研究认为辐板疲劳性能与运行速度无关。

3）平均应力的影响。相对于平均应力 $\sigma_m=0$ 的对称循环的疲劳寿命，在 $\sigma_m<0$ 时，疲劳寿命增加，而 $\sigma_m>0$ 时，疲劳寿命减少，本研究在 $\sigma_m>0$ 时对平均应力进行修正。

4）载荷波形的影响。试验表明，在常温无腐蚀环境下，波形对疲劳强度的影响甚微，在进行车轮疲劳分析时，未考虑载荷波形对车轮寿命的影响。

5）载荷停歇和持续的影响。车轮服役期间所受载荷具有中间停歇或载荷在某一水平上持续一段时间的情况（如停车或过曲线）。在常温无腐蚀环境下，载荷停歇和持续对大多数材料的疲劳强度影响不大。载荷持续对疲劳强度或疲劳寿命的影响取决于材料的蠕变/松弛性能，大多数金属材料具有蠕变/松弛行为，但不显著。因此载荷持续使疲劳强度或者疲劳寿命有所下降，但不显著，故在车轮辐板的疲劳寿命分析中没有考虑材料的蠕变/松弛因素。

9.2 重载车轮疲劳寿命计算方法

9.2.1 铁路车轮强度评定方法

国际上成熟的车轮强度计算标准有国际铁路联盟组织的UIC-510-5《整体车轮技术认可》、欧洲联盟标准EN13979-1《铁路应用—轮对和转向架—车轮—技术认可程序—部分1：轧制和铸造车轮》和北美铁路学会的AAR S-660《机车和车辆车轮设计分析评定方法》。国内没有制定具体的车轮强度计算标准。

AAR S-660 标准考虑了热负荷与机械负荷，共有 5 个计算工况。该标准采用比较的方法来达到评定目的，通过对比新设计车轮与既有车轮在新制、磨耗两种状态下的应力水平来分析车轮的强度性能，它不能对没有可比条件下的车轮进行强度评定。

标准 UIC-510-5 和 EN13979-1 所采用的强度评价方法一致，属于绝对评价方法。该方法认为车轮结构产生疲劳裂纹的方向与最大主应力方向相互垂直，其评定方法如图 9-2 所示。

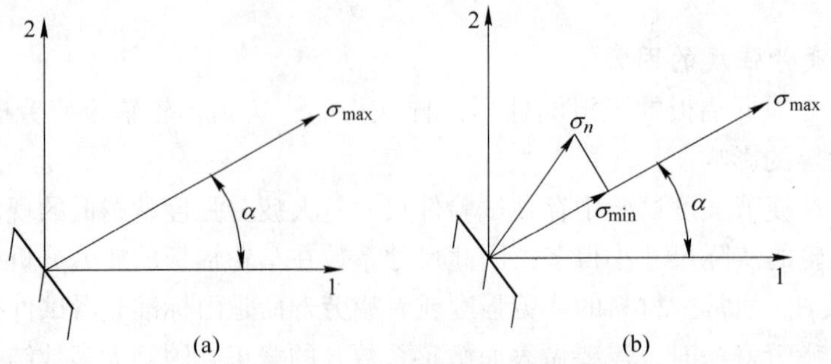

图 9-2　主应力方向确定及其投影示意图

UIC-510-5 和 EN13979-1 标准的计算方法大致相同，通过应力变化范围 $\Delta\sigma$ 评价车轮的强度性能。两标准没有给出踏面制动条件下车辆的有限元分析方法。

各标准的局限性在于：AAR S-660 标准采用比较法，分析内容中没有包含疲劳性能；UIC-510-5 和 EN13979-1 标准采用绝对评价方法，不包括踏面制动形式下车轮强度评定。

9.2.2　重载车轮疲劳强度计算方法

参照 UIC-510-5、EN13979-1 标准和 AAR 标准确定了本研究中重载车轮疲劳强度的计算方法和条件。

9.2.2.1　载荷工况

车轮强度计算时需要考虑轮轨力和踏面热输入，综合 UIC-510-5 标准和 AAR 标准的技术特点，在强度计算时既考虑轮轨力，又考虑踏面热输入引起的热应力。轮轨力数值按照 UIC-510-5、EN13979-1 标准选取。踏面制动方式下，车轮热输入与线路坡道情况、机车制动操纵方式以及拖车的制动系统有关，不同线路的踏面热输入量可能相差很多，考虑到大秦线运用工况比较恶劣且颇具代表性，能够反映国内通用线路上货车车轮承受的热负荷程度，制动、缓解时间见表 9-1。

表 9-1　大秦线延庆-茶坞空气制动工况

制动缓解闸次	1	2	3	4
HESA 货车车轮平均功率/kW	30	25	25	32.5
HFS 货车车轮平均功率/kW	39	32.5	32.5	42.25
制动时间/s	420	138	240	132
缓解时间/s	282	312	372	—

本研究模拟了 5 种载荷工况，分别为直线工况、曲线工况、道岔工况、直线制动工况和曲线制动工况。各工况载荷数值如下，载荷作用位置见图 9-3。

工况 1：直线工况

轮轨垂向力　　$R_1 = 1.25pg/2$

工况 2：曲线工况

轮轨垂向力　　$R_2 = 1.25pg/2$

轮轨横向力　　$H_2 = 0.7pg/2$

工况 3：道岔工况

轮轨垂向力　　$R_3 = 1.25pg/2$

轮轨横向力　　$H_3 = 0.42pg/2$

工况 4：直线坡道制动

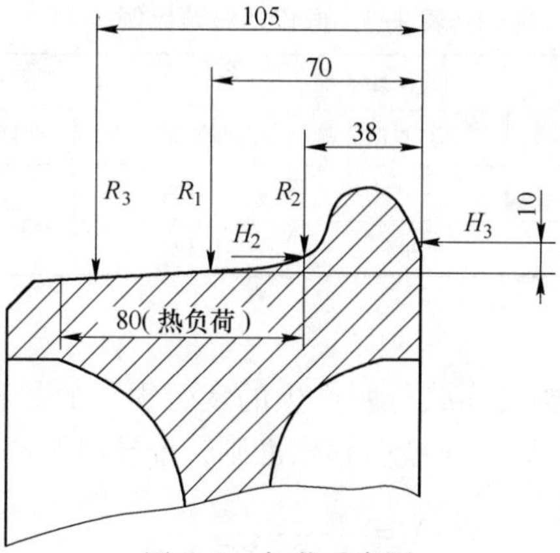

图 9-3 加载示意图

轮轨垂向力 $R_1 = 1.25pg/2$

热负荷：按照大秦线制动工况选取。

工况 5：曲线坡道制动

轮轨垂向力 $R_2 = 1.25pg/2$

轮轨横向力 $H_2 = 0.7pg/2$

热负荷：按照大秦线制动工况选取。

式中，p 为轴重；g 为重力加速度，取 9.8m/s^2。

9.2.2.2 材料性能

材料弹性模量和泊松比按照 2.1×10^{11}Pa 和 0.3 选取。温度场计算时选用 AAR S660 标准规定的材料性能，采用公制单位，见表 9-2。

表 9-2 材料物理性能

参数名称 \ 温度/℃	0	100	200	300	400	500
材料导热系数/W·(m·℃)$^{-1}$	48.30	46.43	44.56	42.69	40.83	38.96
材料比热/J·(kg·℃)$^{-1}$	434.02	473.21	512.4	551.59	590.77	629.96
热膨胀系数 ($\times10^{-5}$)/℃$^{-1}$	1.0645	1.1293	1.1941	1.2589	1.3237	1.3885

9.2.2.3 应力等效和当量方法

A 静强度等效

静强度等效应力选用 Mises 等效应力，其表达式为：

$$\sigma_e = \frac{1}{\sqrt{2}}\sqrt{(\sigma_1 - \sigma_2)^2 + (\sigma_2 - \sigma_3)^2 + (\sigma_3 - \sigma_1)^2}$$

式中，σ_1、σ_2、σ_3 分别为第 1、第 2、第 3 主应力。

B 轴对称车轮当量疲劳应力等效

对于轴对称车轮，当量疲劳应力计算参考 EN13979-1 标准和 UIC510-5 标准并进行修正，修正时考虑零件尺寸、表面状态、载荷类型等影响车轮疲劳强度的因素，计算公式为：

$$\sigma_e = \frac{\sigma_{\max} - \sigma_{\min}}{2\varepsilon\beta} + \psi \cdot \max\left(0, \frac{\sigma_{\max} + \sigma_{\min}}{2}\right)$$

9.2.2.4 线路比例假设

由于我国铁路线路交错纵横，线路条件与各地地形及当时修建因素有关，因此无法准确获得直线、曲线、道岔工况以及坡道等所占线路长度的比例，只能进行假设，这对车轮寿命分析结果带来较大影响。此外，车辆运行过程中空重车比例也不尽相同，本报告对空重车比例也进行了假设。本报告假设的线路比例情况和空重车比例见表 9-3。保守起见，假定车辆空车运行时所受载荷与重车直线工况相同，这使得车轮计算寿命稍保守。

表 9-3　假设的线路比例

项目	重车工况					空车比例
	直线工况	曲线工况	道岔工况	直线制动工况	曲线制动工况	按重车直线工况计算
普通	61%	20%	4%	10%	5%	35%
恶劣	44%	22%	4%	20%	10%	

9.2.2.5　累积损伤方法

车轮辐板失效是由一系列的变幅循环载荷所产生的疲劳损伤的累积造成。疲劳累积损伤对于疲劳寿命的预测是十分重要的，本研究采用 Miner 疲劳损伤准则，推导出循环次数计算公式，具体如下：

$$X = \frac{1}{\sum_{k=1}^{m} \frac{\lambda_i}{N_D}\left(\frac{\sigma_D}{\sigma_{ck}}\right)^{-5}}$$

式中，m 为工况数；λ_i 为工况 i 所占线路比例。

9.3　车轮寿命计算结果对比

采用通用有限元软件 ANSYS 对 30t 轴重条件下现有 HESA 轮型和设计轮型 1（HFS）轮型车轮强度进行计算，计算后，可直接得到各工况对应的静强度等效应力，通过后处理编程可以得到各工况下车轮当量疲劳应力。

本研究对新车轮和磨耗到限（轮辋厚度 23mm）的车轮进行强度和疲劳寿命分析，进行有限元分析时考虑轮轴过盈配合的影响，TB/T 1718-2003《铁道车辆轮对组装技术条件》中规定轮座与轮毂孔之间的过盈量为轮座直径的 0.08%～0.15%；考虑到过盈量大时车轮所受应力大，故按照最大过盈量计算车轮强度。建模时，对 HESA 轮型，车轴模型为 RE2B，轮轴过盈量为 0.315mm；对 HFS 轮型，车轴模型为 RF2，轮轴过盈量为 0.345mm。轮轴装配后磨耗到限状态下 HESA 和 HFS 车轮的有限元模型见图 9-4。

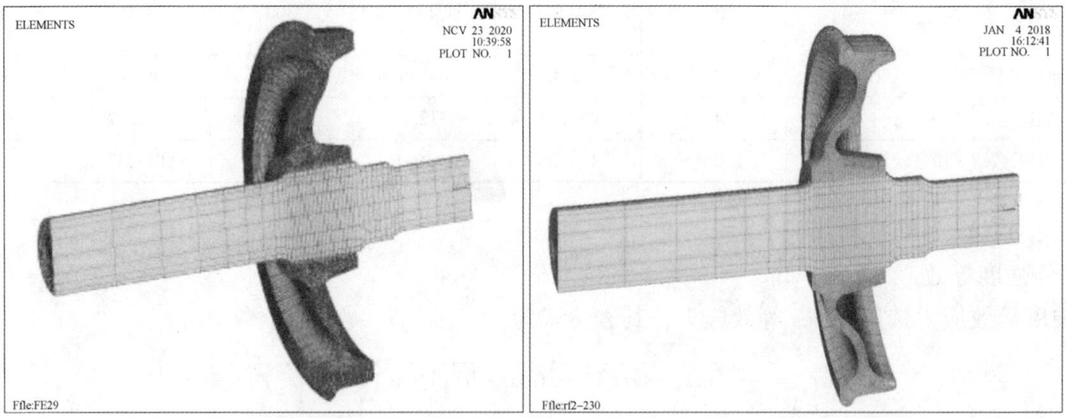

(a) HESA　　(b) HFS

图 9-4　轮轴装配后新车轮的有限元分析模型

根据假设的线路比例表 9-3，对车轮施加载荷，载荷大小见表 9-4。加载位置见图 9-3。

表 9-4　车轮载荷施加数值

载荷＼工况	直线工况	曲线工况	道岔工况	直线制动工况	曲线制动工况
径向力/kN	199.06	199.06	199.06	199.06	199.06
轴向力/kN	—	111.48	66.89	—	111.48
热输入	—	—	—	见表 10-1	见表 10-1

各工况下轮毂和辐板区域静强度最大值计算结果见表 9-5。Mises 应力分布见图 9-5～图 9-8。可见，即使在磨耗到限状态下，HESA 和 HFS 车轮的轮毂和辐板静强度均满足使用要求。

表 9-5　轮毂和辐板静强度计算结果　(MPa)

状态	轮型		直线工况	曲线工况	道岔工况	直线制动工况	曲线制动工况
新轮	HESA	轮毂	327	364	348	329	364
		辐板	206	187	281	259	316
	HFS	轮毂	324	362	342	325	360
		辐板	228	210	266	239	244
磨耗到限车轮	HESA	轮毂	329	369	353	33	374
		辐板	216	259	301	318	367
	HFS	轮毂	326	367	346	327	365
		辐板	236	214	278	290	303

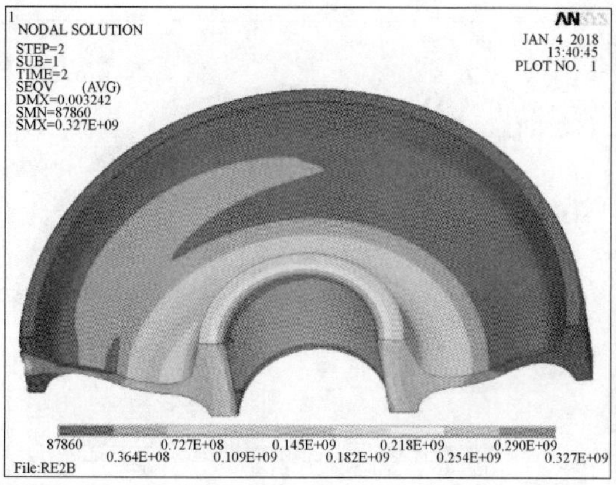

(a) 直线工况

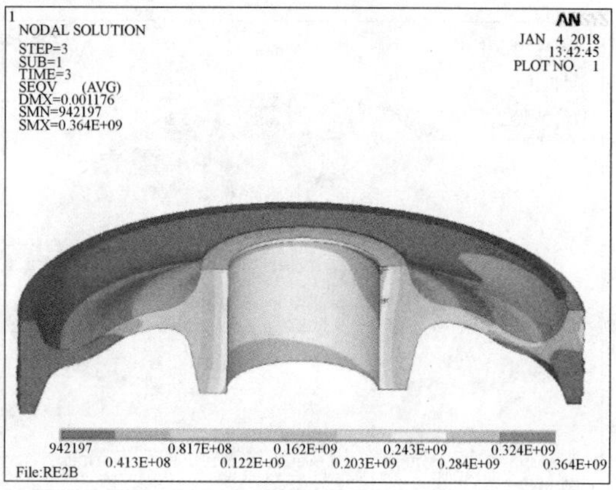

(b) 曲线工况

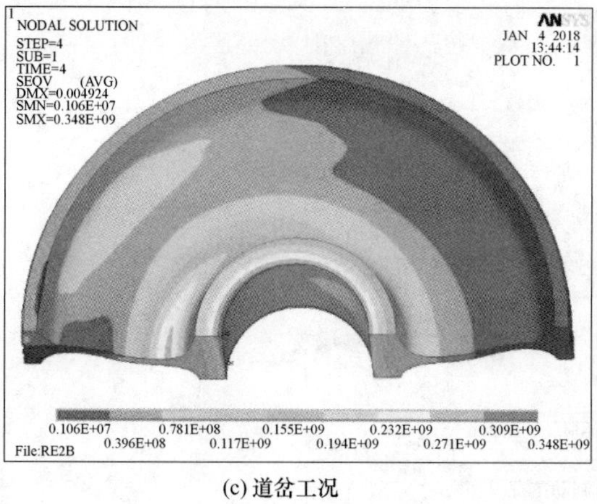

(c) 道岔工况

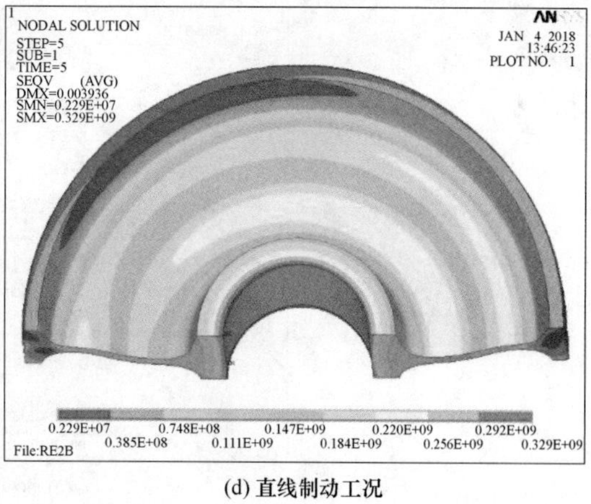

(d) 直线制动工况

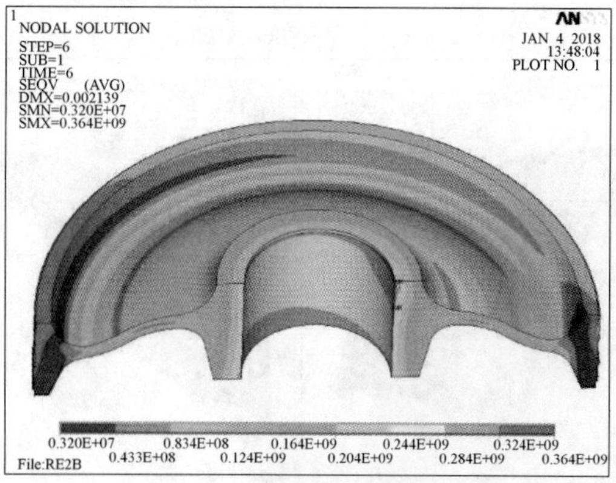

(e) 曲线制动工况

图 9-5　HESA 新车轮静强度计算结果

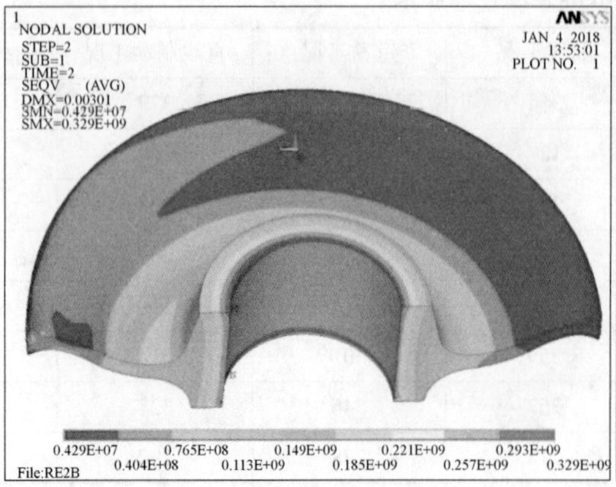

(a) 直线工况

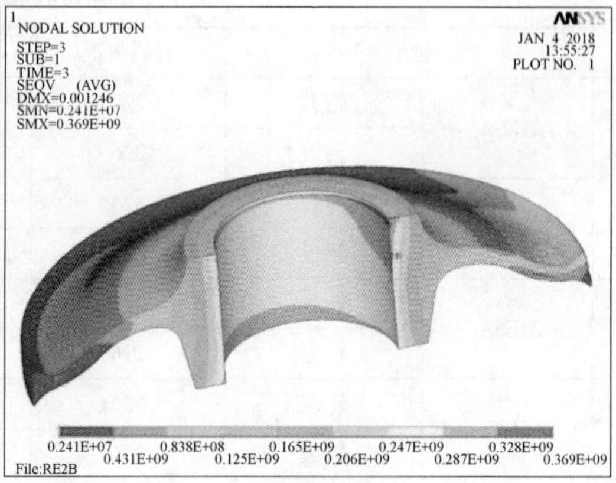

(b) 曲线工况

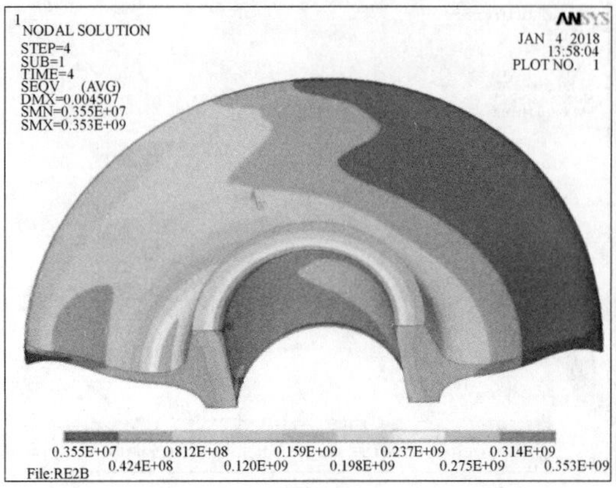

(c) 道岔工况

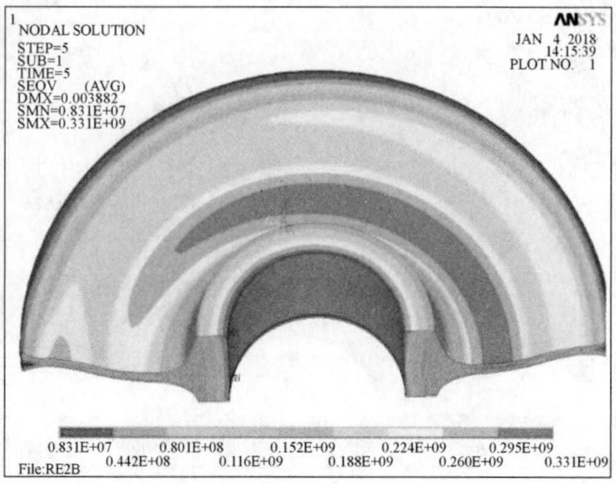

(d) 直线制动工况

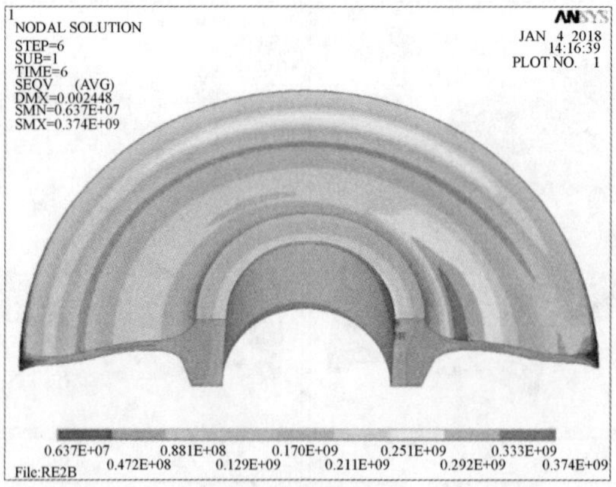

(e) 曲线制动工况

图 9-6　磨耗到限状态下，HESA 车轮静强度计算结果

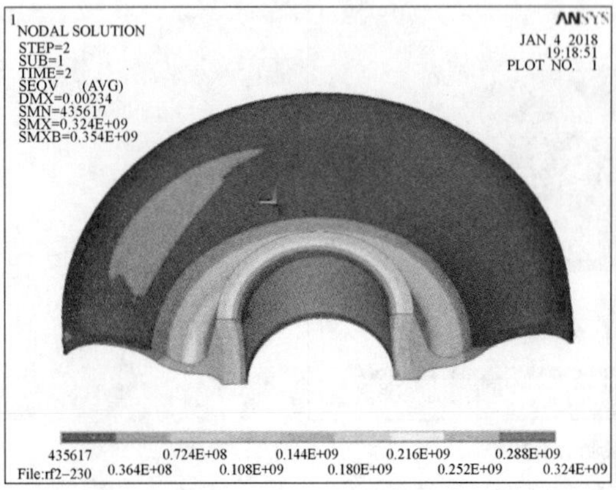

(a) 直线工况

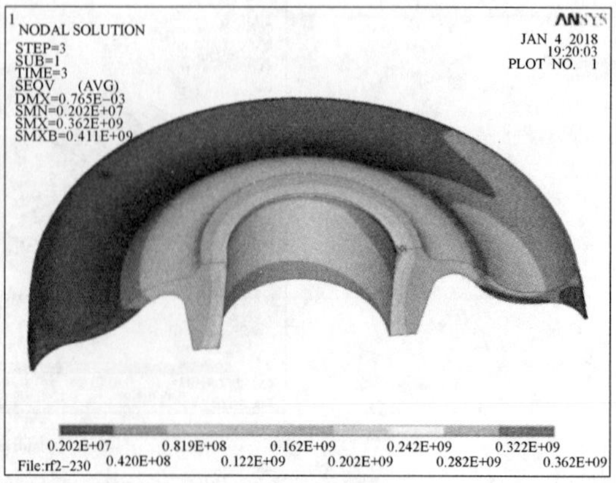

(b) 曲线工况

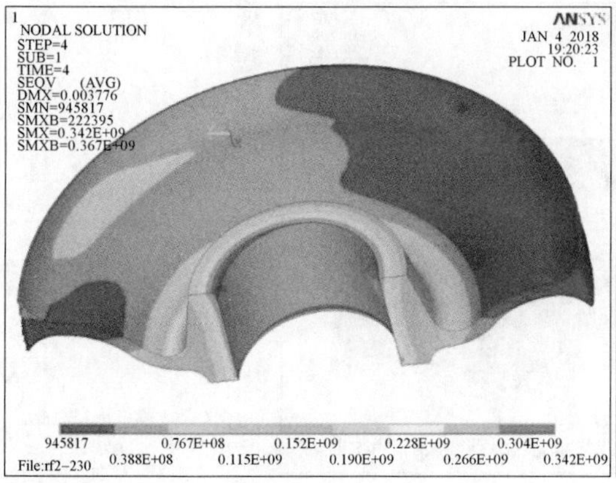

(c) 道岔工况

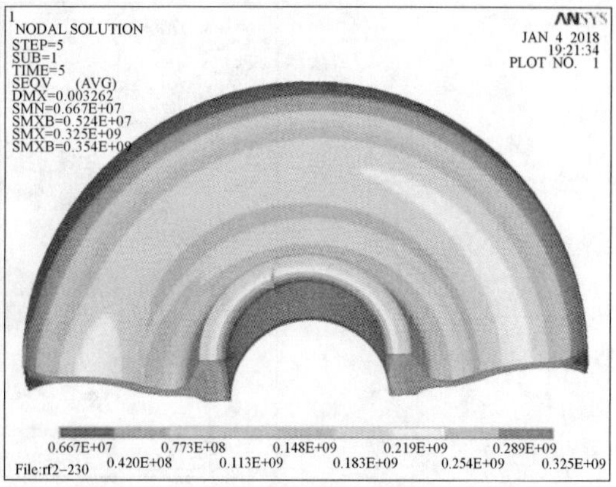

(d) 直线制动工况

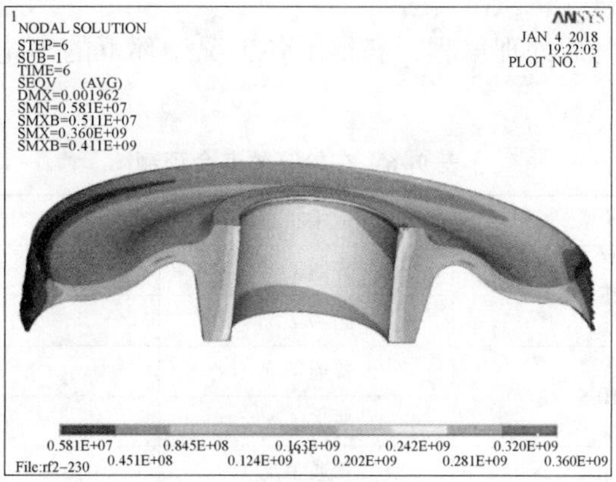

(e) 曲线制动工况

图 9-7 HFS 新车轮静强度计算结果

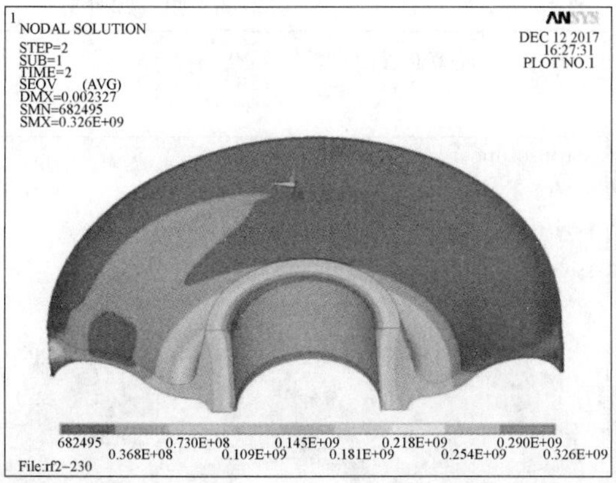

(a) 直线工况

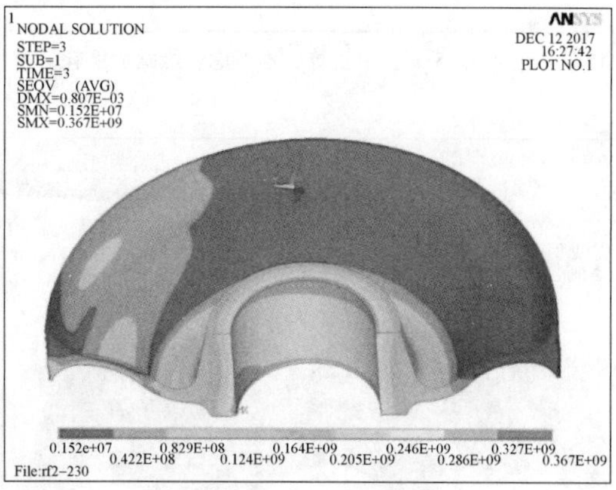

(b) 曲线工况

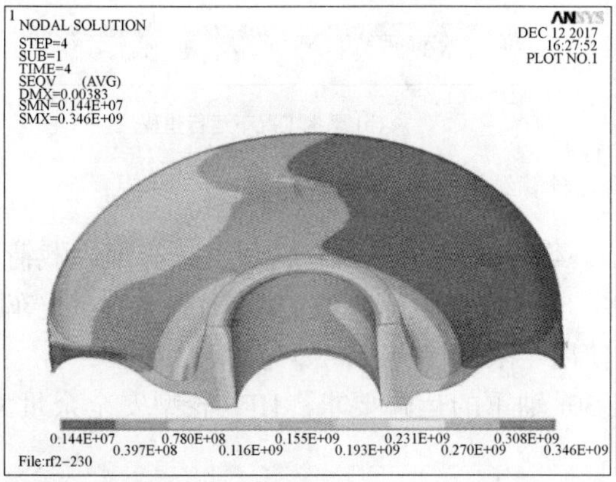

(c) 道岔工况

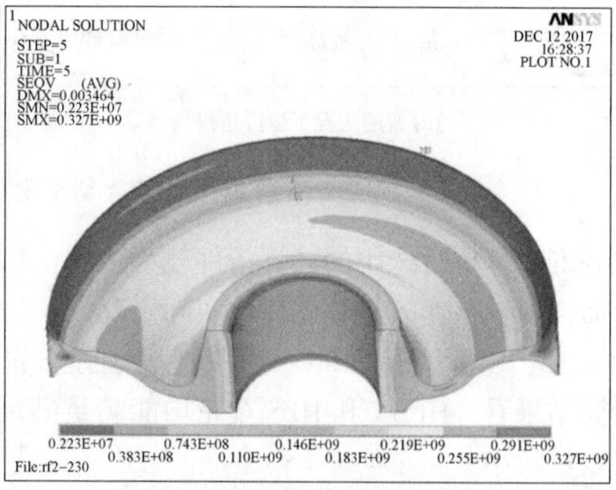

(d) 直线制动工况

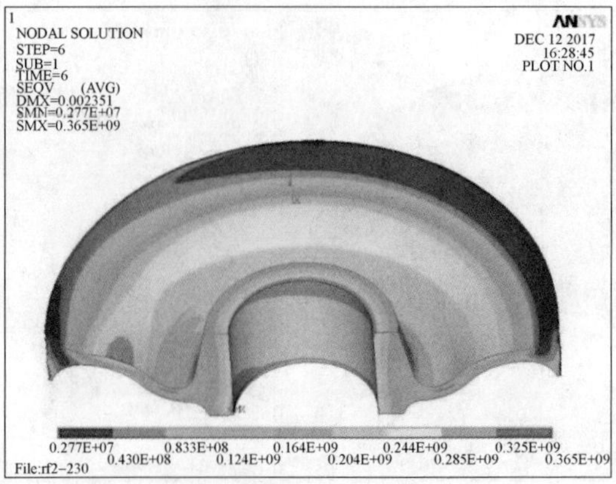

(e) 曲线制动工况

图 9-8　磨耗到限状态下，HFS 车轮静强度计算结果

通过对有限元计算结果进行后处理编程，获得了各工况循环下的车轮等效寿命，具体见表 9-6 及图 9-9～图 9-12。

表 9-6　车轮等效寿命预测

状态	轮型	运用状态	车轮寿命（折合使用年限①）
新轮	HESA	普通工况	129 万公里（8.6 年）
		恶劣工况	113 万公里（7.5 年）
	HFS	普通工况	1000 万公里（66.7 年）
		恶劣工况	716 万公里（47.7 年）
磨耗到限车轮	HESA	普通工况	42 万公里（2.8 年）
		恶劣工况	33 万公里（2.2 年）
	HFS	普通工况	403 万公里（27 年）
		恶劣工况	327 万公里（22 年）

① 按照货车每年运用 15 万公里折算，不考虑轮缘踏面磨耗、擦伤、剥离及车轮镟修等因素。

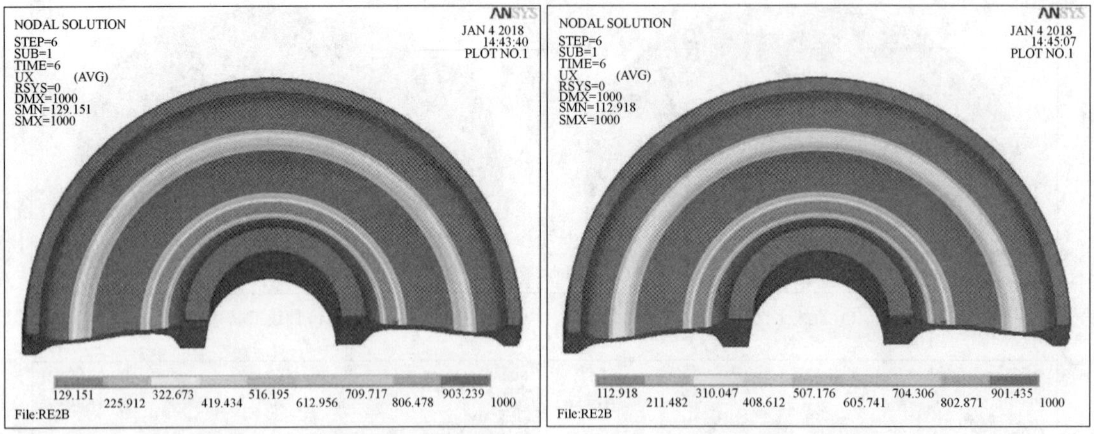

(a) 普通工况下运行里程　　(b) 恶劣工况下运行里程

图 9-9　HESA 新车轮寿命计算结果（万公里）

考虑到寿命分析时选用的计算条件较为苛刻：（1）载荷按照 EN13979 选取，该标准中载荷用于车轮的无限寿命强度校核，故计算载荷比实际工况大；（2）空车按照重车直线工况考虑；（3）空车所占比例较低，为 0.35，实际情况为 0.5。实际上，上述车轮使用年限估计更长。

从计算结果看，HESA 和 HFS 车轮均能满足满足 30t 轴重的运输要求。HFS 轮型安全余量大，HESA 车轮安全余量较小。

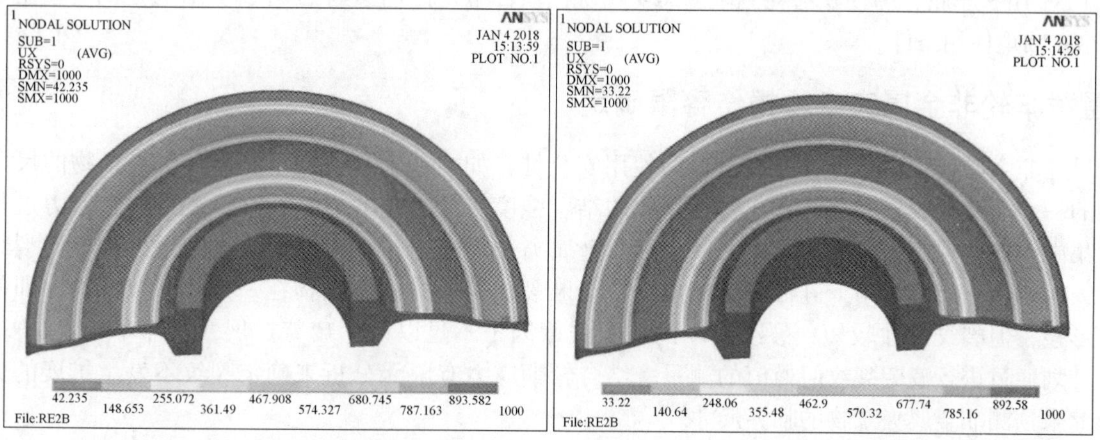

(a) 普通工况下运行里程　　(b) 恶劣工况下运行里程

图 9-10　磨耗到限状态下，HESA 车轮寿命计算结果（万公里）

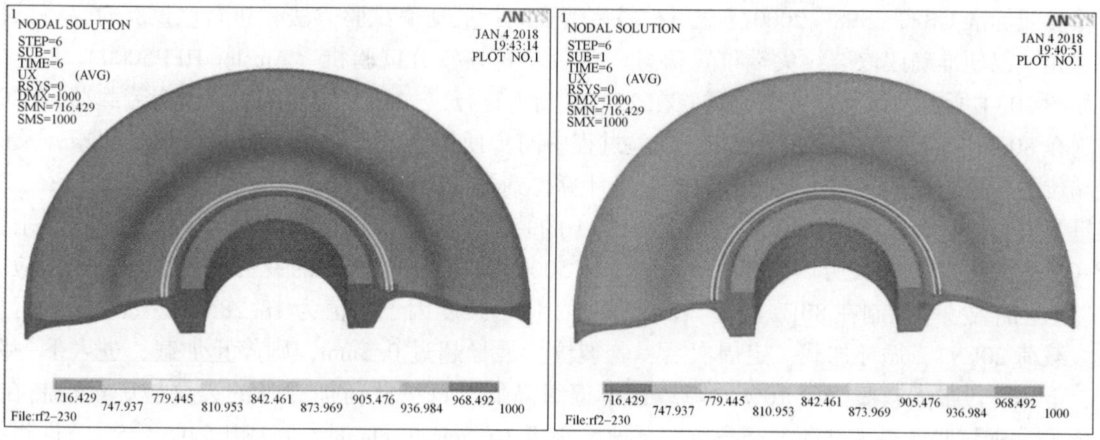

(a) 普通工况下运行里程　　(b) 恶劣工况下运行里程

图 9-11　HHS 新车轮寿命计算结果（万公里）

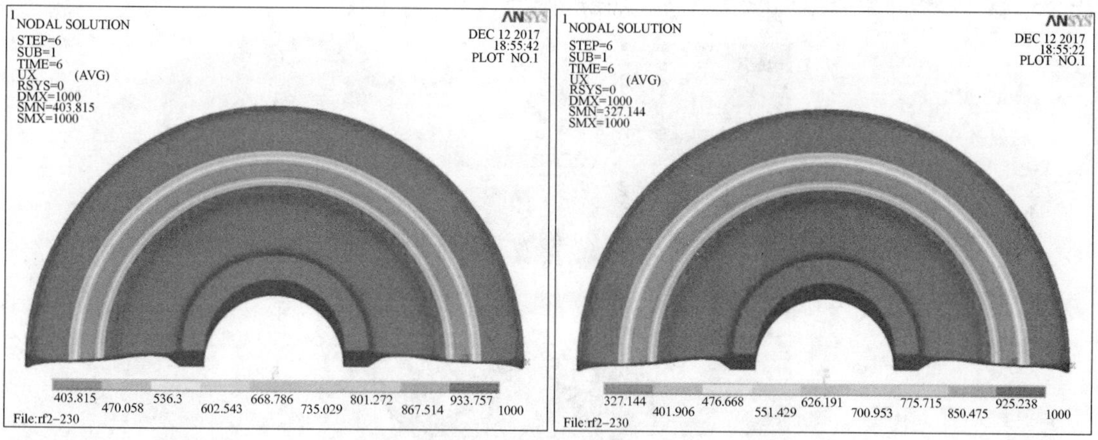

(a) 普通工况下运行里程　　(b) 恶劣工况下运行里程

图 9-12　磨耗到限状态下，HFS 车轮寿命计算结果（万公里）

9.4　小结

（1）HESA 和 HFS 车轮轮毂和辐板静强度均小于对应部位的屈服强度，能够满足 30t 轴重运输要求，HFS 车轮安全余量更大。

（2）HESA 车轮的结构设计强度基本能够满足 30t 轴重的运用，但寿命裕量较小。

(3) 对 HFS 车轮，即使在磨耗到限、恶劣工况的条件下寿命仍达到 22 年，具有充足的安全裕量，完全满足 30t 轴重使用条件。

10 重载车轮非金属夹杂物损伤容限确定

大尺寸非金属夹杂物会严重影响车轮的使用安全性，如引起辋裂、加重剥离等，夹杂物的尺寸是影响性能的一个关键参数，非金属夹杂物与基体的结合强度较低，有的夹杂物难以变形，在受力过程中引起应力集中，加速裂纹形核与扩展。大尺寸的非金属夹杂物在力学上可以作为微裂纹处理，当裂纹尺寸较大时，可能会在应力作用下进行疲劳扩展，直至断裂。如果控制夹杂物在一定尺寸范围内，即使引起微裂纹形核，但裂纹尺寸较短，裂纹尖端的应力强度因子不足以产生疲劳扩展，这样车轮就是安全的。因此，计划通过进行疲劳裂纹门槛值的测量，结合轮辋应力有限元分析来确定裂纹不发生扩展的最大尺寸，由此来预测非金属夹杂物的临界尺寸。

10.1 试验方法

10.1.1 Ⅰ型裂纹疲劳扩展门槛值试验

试验参照标准 GB/T 6398—2000《金属材料疲劳裂纹扩展速率试验方法》进行。试验时，将试样表面清洁并磨光，以便准确读取裂纹尖端位置信息。然后在高频疲劳试验机（Amsler HFP5000）上进行裂纹预制，如图 10-1 所示。预制疲劳裂纹试验在 25℃ 室温下进行，加载方式为Ⅰ型裂纹疲劳载荷，试验加载频率控制在 80Hz 左右，应力比 R 为 0.5，试验过程中同步使用光学显微镜进行裂纹尖端观察，及时记录裂纹尖端位置数据，根据裂纹尖端记录数据可以计算得到预制裂纹长度 a。

测量Ⅰ型裂纹疲劳扩展门槛值时，维持图 10-1 的装配条件，保持加载方向与裂纹扩展方向垂直，同样在 25℃ 室温下使用高频疲劳试验机（Amsler HFP5000）进行Ⅰ型裂纹的疲劳扩展试验，采用应力比 R 为 0.5，实验加载频率控制在 80Hz 附近，初始加载的应力强度因子幅值为 18.28MPa · $m^{1/2}$（载荷参数设置为最大载荷 20kN），循环加载一定周次后，若裂纹扩展量超过 0.3mm，则停止加载，进入下一阶段加载试验，下一阶段最大载荷按照 10% 的降载比率逐级降低，每级载荷加载时的裂纹扩展量控制在 0.3~0.5mm 左右，继续降低最大载荷。当裂纹扩展速率小于 10^{-6}mm/cycle 时，降载比例调至 5%，即每级的最大载荷比上一级最大载荷下降 5%。以此方法，直至裂纹扩展速率降低至循环加载 2×10^{6} 周次，而裂纹扩展量小于 0.2mm，此时，通过计算得到的裂纹尖端应力强度因子幅值，即为此材料Ⅰ型裂纹疲劳扩展门槛值。完成三块有效试样试验后，记录数据，准备进行复合型裂纹疲劳扩展门槛值试验。

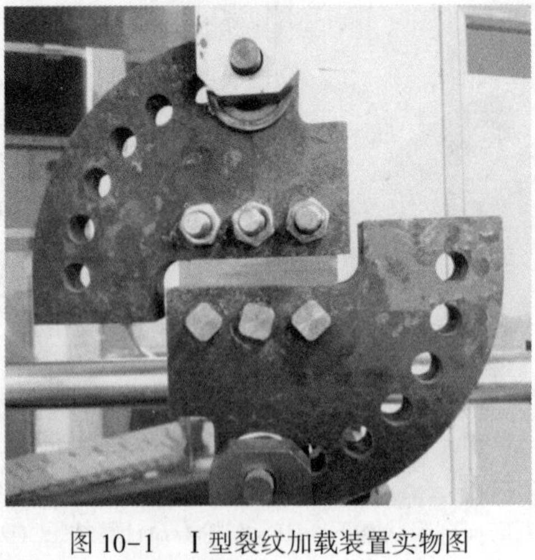

图 10-1 Ⅰ型裂纹加载装置实物图

10.1.2 复合型裂纹疲劳扩展门槛值试验

进行复合型裂纹疲劳扩展门槛值试验前，首先进行Ⅰ型裂纹预制，预制疲劳裂纹试验在 25℃ 室温下进行，加载方式为Ⅰ型裂纹疲劳载荷，试验加载频率控制在 80Hz 左右，应力比 R 为 0.5，试验过程中同步使用光学显微镜进行裂纹尖端观察，及时记录裂纹尖端位置数据，根据裂纹尖端记录数据可以计算得

到预制裂纹长度 a，最后一段预制疲劳裂纹加载的载荷接近Ⅰ型裂纹的疲劳门槛值。当裂纹尖端达到试样几何中心附近时，将加载装置整体转动一定角度，使其加载方向与预制疲劳裂纹扩展方向的法线夹角 α 分别成30°、45°、60°及90°，以 $\alpha=45°$ 为例，整体装置如图10-2所示。随后采用升载法进行复合型裂纹疲劳扩展实验测定，即开始加载时，裂纹尖端的应力强度因子幅值较低（低于Ⅰ型裂纹的疲劳扩展门槛值）；循环加载 2×10^6 周次后，如裂纹不扩展，应力强度因子幅值增加10%；再进行循环加载 2×10^6 周次，如裂纹不扩展，则继续增加裂纹尖端的应力强度因子幅值；在最后一次加载时，当裂纹在 2×10^6 周次内发生扩展，且扩展量不超过0.2mm时，试验有效；将发生扩展的最小应力强度因子幅值与不发生扩展的最大应力强度因子幅值取平均值，作为该裂纹疲劳扩展的门槛值。一个加载角度完成三块有效试样。实验完成后，在光学显微镜下测量每块裂纹复合加载条件下的扩展角度，最终将每个角度的三块试样所得出角度值取平均值。

图10-2 复合型裂纹加载装置实物图

10.2 复合型裂纹疲劳扩展门槛值

不同加载角度裂纹疲劳扩展门槛值的计算，按照应力强度因子手册中关于边缘裂纹的复合加载试件，裂纹尖端应力强度因子计算公式如下：

$$\Delta K_{\mathrm{I}} = F_{\mathrm{I}} \frac{\Delta P}{WB}\sqrt{\pi a} \tag{10-1}$$

$$\Delta K_{\mathrm{II}} = F_{\mathrm{II}} \frac{\Delta P}{WB}\sqrt{\pi a} \tag{10-2}$$

式中，ΔP 为裂纹启裂载荷幅值，Pa；a 为裂纹长度，m；F_{I} 为Ⅰ型分量形状因子；F_{II} 为Ⅱ型分量形状因子。

通过此公式可以计算得到本试验过程中不同载荷下裂纹尖端所对应的Ⅰ型和Ⅱ型应力强度因子数值。其中，形状因子 F_{I} 和 F_{II} 见图10-3。

将试验载荷以及复合型裂纹长度和试件尺寸代入计算公式，可以得到Ⅰ+Ⅱ复合型裂纹疲劳扩展门槛值。

有限元模拟复合型裂纹扩展，可将表征裂纹尖端应力函数的SIFs值准确地表达出来。本研究所用的有限元方法可以提供沿整个裂纹前沿得SIFs值。为了将夹具变形给试验带来的误差最小化，此处将夹具材料属性之一的弹性模量设置成比试样弹性模量大10倍以上参数，不同加载角度下试样的裂尖SIFs计算结果如图10-4所示。

复合型裂纹等效应力强度因子计算方法见式（10-3），其中对于金属材料 α 一般取1.15：

$$K_{\mathrm{equ}} = \frac{1}{2}K_{\mathrm{I}} + \frac{1}{2}\sqrt{K_{\mathrm{I}}^2 + 4(\alpha K_{\mathrm{II}})^2} \tag{10-3}$$

将试验数据进行有效处理，最终通过Franc3D有限元分析（图10-5），模拟出的复合型应力强度因子

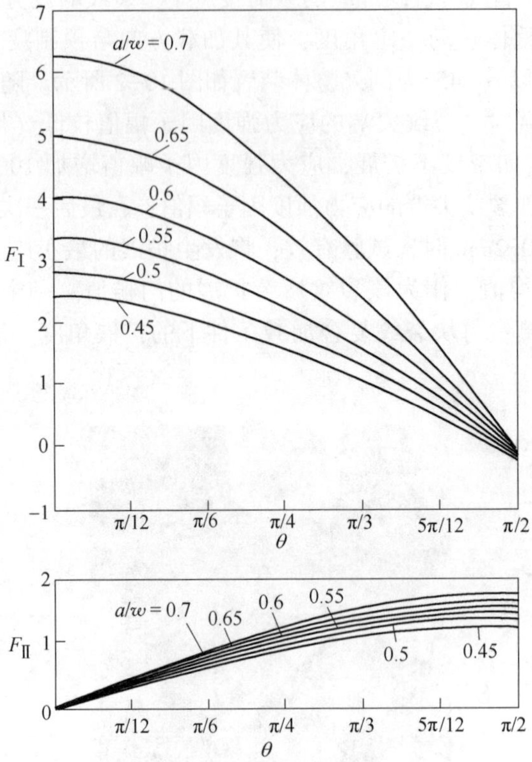

图 10-3　F_{I} 及 F_{II} 系数

范围门槛值各个分量结果以及相关试验参数（表 10-1）。

表 10-1　复合型裂纹疲劳扩展应力强度因子门槛值

编号	加载角度	应力比 R	裂纹尖端 I 型应力强度因子幅值 K_{I}/MPa · $m^{1/2}$	裂纹尖端 II 型应力强度因子幅值 K_{II}/MPa · $m^{1/2}$	等效裂纹尖端应力强度因子幅值 K_{equ}/MPa · $m^{1/2}$
1	90°（纯 II 型）	0.5	0	3.1	3.6
2	60°	0.5	2.0	1.5	3.0
3	45°	0.5	2.8	1.1	3.4
4	30°	0.5	2.6	0.5	2.8
5	0°（纯 I 型）	0.5	3.2	0	3.2

从有限元模拟结果看，车轮钢纯 I 型裂纹和纯 II 型裂纹的疲劳扩展应力强度因子范围门槛值分别为 $\Delta K_{\text{th, I}} = 3.2\text{MPa} \cdot \text{m}^{1/2}(R=0.5)$　$\Delta K_{\text{th, II}} = 3.6\text{MPa} \cdot \text{m}^{1/2}(R=0.5)$。

根据图中信息发现，复合型裂纹疲劳扩展的等效应力强度因子范围门槛值不随加载角度的变化而变化，即 $\Delta K_{\text{th, I+II, equ}}$ 趋于稳定，由此采用算术平均值求得 I + II 复合型裂纹疲劳扩展应力强度因子范围门槛值：$\Delta K_{\text{th, I+II, equ}} = 3.2\text{MPa} \cdot \text{m}^{1/2}$（$R=0.5$）。

对于复合型裂纹疲劳扩展应力强度因子范围门槛值结果，有以下规律：等效应力强度因子范围门槛值基本不随加载角度的变化而变化。

在小范围屈服条件下，裂纹疲劳扩展门槛值是材料的一项重要性能指标，它决定了材料在循环加载下裂纹是否扩展。为了讨论近门槛值应力强度因子现象，通常将不同的力学行为分为内在和外在两种。内在的等效力学行为用来解释裂纹扩展时，裂纹尖端新的裂纹面的产生。而外在力学行为通常导致裂纹尖端附近裂纹面随着循环加载而产生接触作用，这一现象也叫裂纹闭合。相关摩擦应力，尤其是 II 型加载和 III 型加载时的摩擦应力，会降低裂纹尖端实际驱动力（也称为等效驱动力或有效应力强度因子幅值）。因此，对疲劳裂纹扩展的抵抗包括两部分：有效部分和裂纹闭合部分。由于对纯 II 型裂纹扩展的有效阻力基础力学知识的不足，导致目前纯 II 型等效门槛值 $\Delta K_{\text{II, th}}$ 的实验数据缺失，加上复合型加载条件不理想的受力状况，导致 Paris-Erdogan 公式中的等效裂纹扩展速率有效数据太少。本研究则根据现有条件，

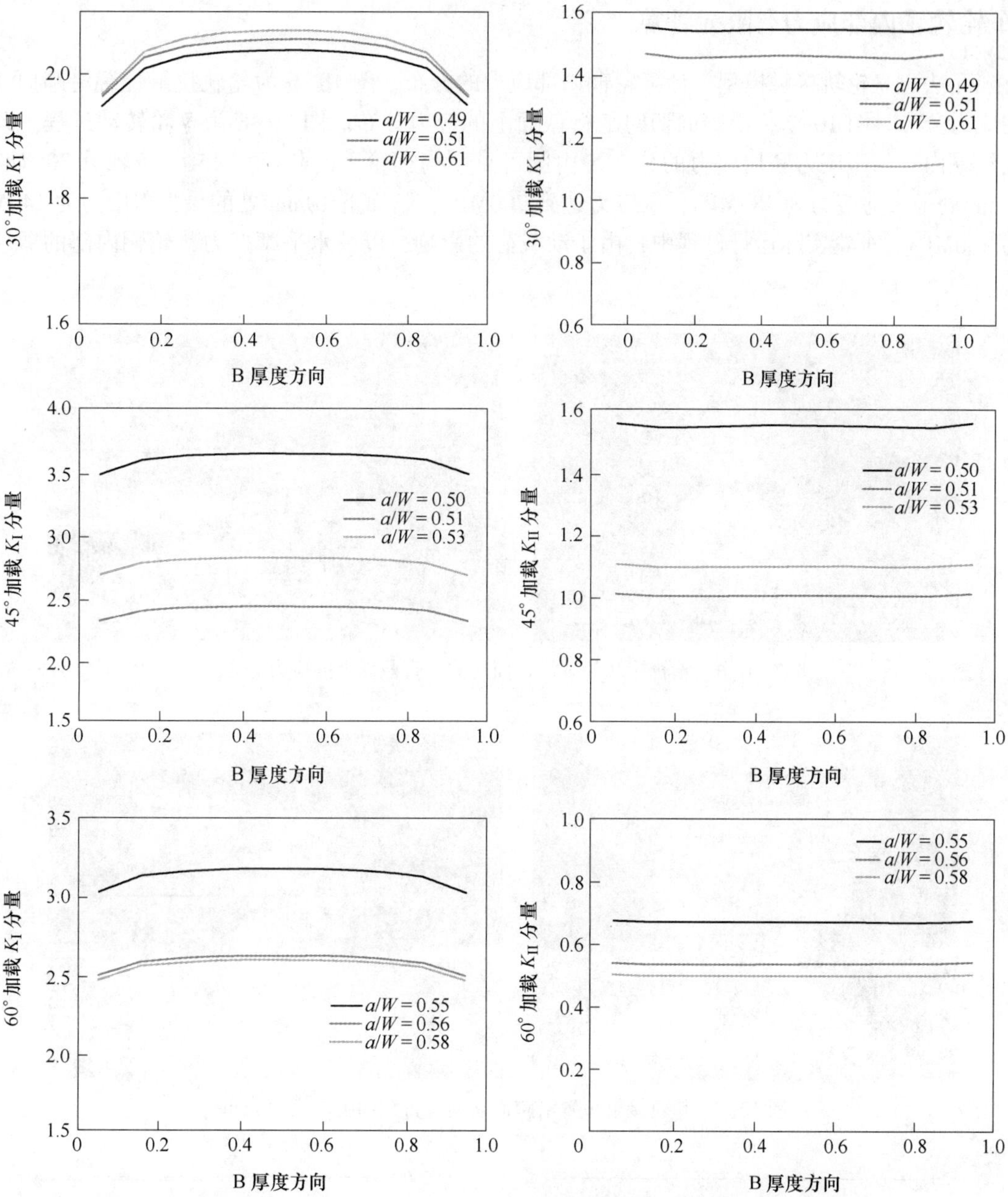

图 10-4　不同加载角度下复合型裂纹尖端应力强度因子分布图

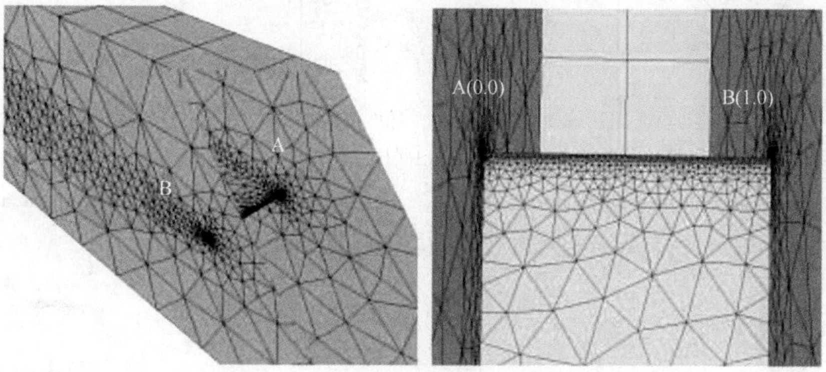

图 10-5　Franc3D 裂纹面及其尖端透视图

进行有针对性的实验，补充了纯Ⅱ型加载条件下的有效门槛值 $\Delta K_{\mathrm{II,th}}$ 试验数据，以及不同加载角度下的复合型裂纹疲劳扩展门槛值数据。

10.3　车轮轮辋内部应力有限元计算

用有限元法建立轮轨接触模型，计算轮辋内部应力的分布。图 10-6 为轮轨接触位置沿踏面切向垂直截面上的应力分布。图 10-7 为沿踏面切向平行截面上的应力分布。图 10-8 为车轮转动过程中踏面下不同深度处轮辋内部的压应力和切应力的分布。由图可见，当车轮垂向载荷为 15t（按轴重 30t 计算）时，踏面下 3mm 处最大剪应力为 185MPa，压应力达到 700MPa；踏面下 10mm 处的最大剪应力为 140MPa，压应力约为 430MPa。车轮实际运行过程中，由于动载荷的影响，以及水平摩擦力，轮辋内部的剪应力水平会更高些。

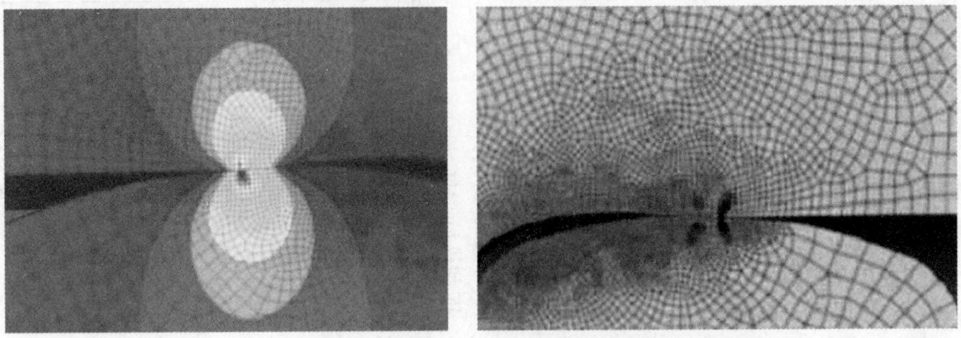

图 10-6　轮轨接触位置沿踏面切向垂直截面上的应力分布

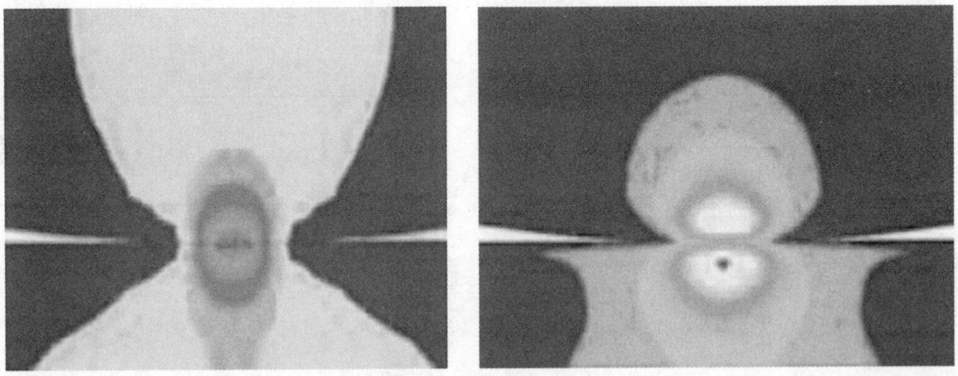

图 10-7　轮轨接触位置沿踏面切向平行截面上的应力分布

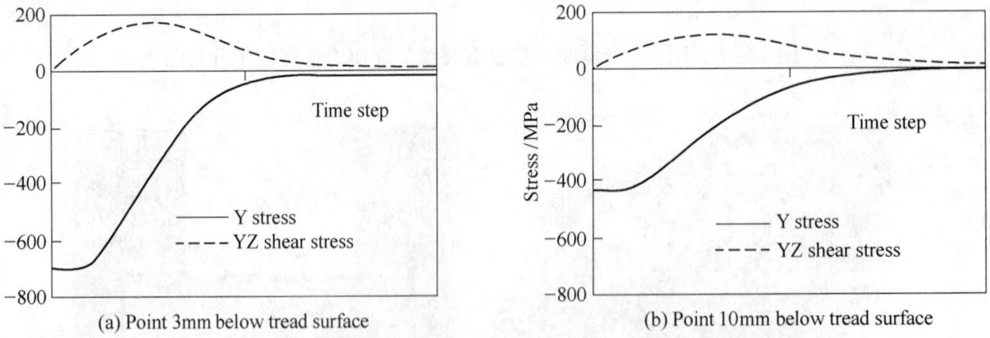

图 10-8　车轮转动过程中踏面下不同深度处轮辋内部的应力分布

10.4　夹杂物临界尺寸确定

根据以上计算和分析，在临界裂纹尺寸的计算中最大剪应力假定为 300MPa，按照Ⅱ型裂纹门槛应力强度因子为 3.6MPa · $m^{1/2}$，根据 $\Delta K_{th}=\Delta\sigma(\pi a)^{1/2}$ 计算可得临界半裂纹长度为：$a=0.046$mm，即裂纹长度为 0.092mm，约 100μm。

如有连续分布的夹杂物，（见图 10-9），因为这种夹杂物形成的裂纹往往会扩展连接在一起，形成一条较长的裂纹，因此这种夹杂物的也要引起注意。

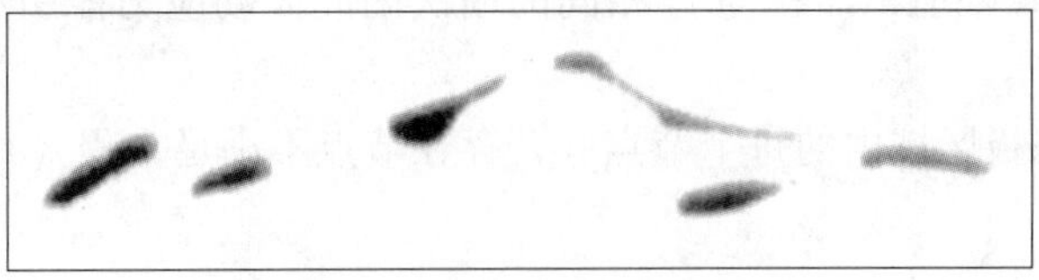

图 10-9 连续分布的分散夹杂物

10.5 小结

（1）通过模拟和计算，得到了重载车轮钢的Ⅰ+Ⅱ复合型裂纹疲劳扩展应力强度因子范围门槛值约为 $3.2\mathrm{MPa \cdot m^{1/2}}$（$R=0.5$），其基本不随加载角度的变化而变化。

（2）夹杂物临界尺寸为0.092mm，约100μm。

11 含腐蚀缺陷车轮钢服役安全评价

腐蚀是车轮常见的损伤之一，由于货车车辆的运行环境较客车更为严酷，因此表面腐蚀状况更为严重。表面腐蚀，不可避免的形成点腐蚀等不均匀腐蚀，会引起表面完整性的破坏，使得该处在循环载荷作用下易发生疲劳损伤，引发疲劳裂纹的扩展，导致车轮失效。本部分根据有限元计算和腐蚀状态下试样的疲劳性能试验，分析了腐蚀后材料的疲劳性能及其使用安全性，在此基础上提出了表面腐蚀确信的临界尺寸，供列车车轮使用安全参考。

11.1 有限元计算方法

采用有限元软件 COSMOS/M 和 ANSYS 进行有限元分析，二维轴对称模型模拟计算加工残余应力和过盈力，机械应力由三维模型模拟计算。

对车轮辐板，根据 Sines 准则，用加工残余应力、过盈力和机械应力进行疲劳计算。

应力的允许变化值是正交静态应力的线性函数，表达如下：

$$S_S = J_2' - A + \alpha(J_1^M + J_1^R + J_1^F) \leqslant 0 \tag{11-1}$$

上式中 J_2' 代表八面体剪切应力，定义如下：

$$J_2' = 1/3[(S_x - S_y)^2 + (S_y - S_z)^2 + (S_z - S_x)^2 + 6(T_{xy}^2 + T_{yz}^2 + T_{xz}^2)]^{1/2} \tag{11-2}$$

上式是由作用力引起的应力幅值决定，而作用力看作是载荷作用面（0°）和距作用面180°的径向作用面的应力状态。在方程（11-2）中每个节点应力分量（S_i，T_{ij}）的幅值定义为：

$$S_i = 1/2[(S_i^L)_{0°} - (S_i^L)_{180°}],\ T_{ij} = 1/2[(T_{ij}^L)_{0°} - (T_{ij}^L)_{180°}] \tag{11-3}$$

上式中下标0°和180°所在项代表各自模型面的应力幅值，上标L所在项代表由作用力引起的应力。以上应力是根据标准 AAR S-660 分析所得。

J_1^M 是交变应力（S_i^L）的正交分量和的平均值，而每个节点的交变应力是根据标准 AAR S-660 分析确定，其被定义为：

$$J_1^M = 1/2[(S_x^L + S_y^L + S_z^L)_{0°} + (S_x^L + S_y^L + S_z^L)_{180°}] \tag{11-4}$$

其中，$(S_x^L+S_y^L+S_z^L)_{0°}$ 是0°径向作用面上节点的正交应力分量，$(S_x^L+S_y^L+S_z^L)_{180°}$ 是180°径向作用面上节点的正交应力分量。

J_1^R 是每个节点上静态加工残余应力（S_i^R）的正交分量之和，表示如下：

$$J_1^R = S_x^R + S_y^R + S_z^R \tag{11-5}$$

J_1^F 是各节点上静态过盈力（S_i^F）的正交分量之和，定义如下：

$$J_1^F = S_x^F + S_y^F + S_z^F \tag{11-6}$$

常数 A 和 α 通过具有较大差异应力比（R）的疲劳试验确定。

$$A = (\sqrt{2}/3)f_1 \tag{11-7}$$

其中，f_1 是预定周次 N（$=10^7$）内能导致失效的反向轴应力（$R=-1$）幅值.

$$\alpha = (\sqrt{2}/3)(f_1/f_1' - 1) \tag{11-8}$$

其中，f_1'为波动应力（$R=0$）幅值，而在与f_1相同的周次内此波动应力能引起失效。因此，常数 A 和 α 能用应力幅f_1和f_1'描述。

用方程（11-1）评估辐板区域内的每个节点，若存在节点不满足方程（11-1），则可能发生疲劳。

11.2　腐蚀及疲劳试验

通过在疲劳试验中施加轴向应力确定常数 A 和 α 的值。试样尺寸如图 11-1 所示，试样最小直径 8mm，直径 8mm 的测试部分长度为 20mm。应力集中系数 K_t 为 1.0。疲劳试样纵向是沿着车轮径向方向。根据标准 ASTM E466—96，在设备 Amsler 100 HFP 5100 上进行疲劳测试。在本研究中，温度控制在 22～25℃，湿度为 30%～50%，用梯级法测定周次 $N=10^7$ 时的反向轴应力幅值（$R=-1$ 时疲劳极限）f_1 和波动应力幅值（$R=0$ 时疲劳极限）f_1'。实验中应力水平增量为 10MPa，有效试样数为 12（6 对），试样存活率 P_f 为 50%。

当时间一定时，研究腐蚀对疲劳极限的影响。用 ISO 11130：1999 标准的交替浸泡试验方法，在 3.5%NaCl 水溶液中对两组尺寸如图 11-1（a）的试样分别进行为期 8 天和 32 天的腐蚀试验。试验环境温度 $T=24～26$℃，湿度 $RH=40\%～45\%$，浸泡时间和干燥时间分别为 10min 和 50min。

腐蚀不同时间的试样如图 11-1（b）所示。用 CounterGT-X3 光学轮廓仪测定未腐蚀和腐蚀试样的表面粗糙度。用相同的方法测定腐蚀试样和未腐蚀试样在存活率 $P_f=50\%$，周次 $N=10^7$ 时疲劳极限 f_1 和 f_1'，应力水平增量为 6MPa。在室内而不是在控制腐蚀的条件下，进行腐蚀试样的疲劳测试。疲劳试样的所有断面用扫描电子显微镜观察。

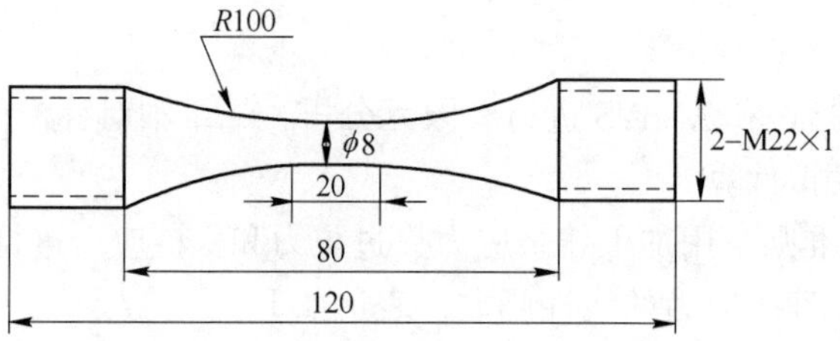

(a) 疲劳试样尺寸

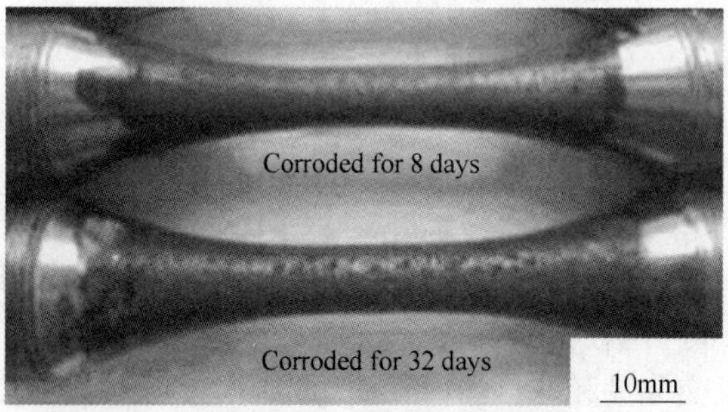

(b) 腐蚀不同时间的疲劳试样照片

图 11-1　试样尺寸和照片

11.3　试验结果和有限元模拟结果

车轮辐板试样的拉伸性能见表 11-1。

表 11-1　车轮辐板拉伸性能

屈服应力/MPa	抗拉强度/MPa	延伸率/%	断面收缩率/%	杨氏模量/GPa
432	945	14.4	22.7	207

未腐蚀试样和腐蚀试样表面形貌如图 11-2 所示，未腐蚀试样表面十分光滑；相反，腐蚀试样表面存在腐蚀坑。腐蚀坑深度和宽度随着浸泡时间增加而增加。未腐蚀试样和腐蚀试样上坑的粗糙度和最大深度如表 11-2 所示。

表 11-2 未腐蚀试样和腐蚀试样上坑的粗糙度和最大深度

试 样	粗糙度/μm	坑最大深度/μm
无腐蚀	0. 18	—
腐蚀 8 天	3. 0	88
腐蚀 32 天	33. 1	291

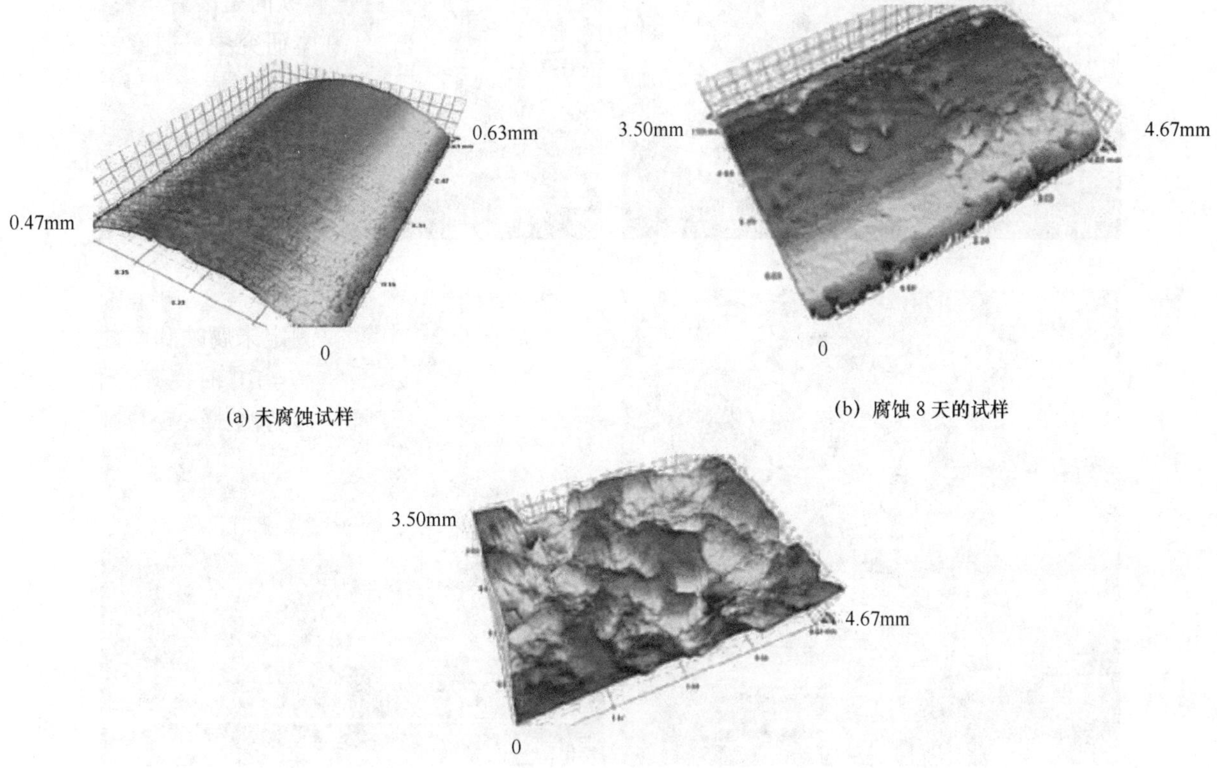

(a) 未腐蚀试样

(b) 腐蚀 8 天的试样

(c) 腐蚀 32 天的试样

图 11-2 未腐蚀试样和腐蚀试样的表面形貌

不同腐蚀状况下试样疲劳测试的结果（f_1 和 f_1'）列于表 11-3 中。而不同试样 A 和 α 的计算值也列于表 11-3 中。疲劳极限 f_1 和 f_1'随着浸泡时间增加而减小。A 值也随浸泡时间增加而减小，但 α 值变化不大。

表 11-3 不同腐蚀状况下试样的疲劳测试结果

试样	f_1/MPa	f_1'/MPa	A/MPa	α
无腐蚀	340	250	160	0. 169
腐蚀 8 天	296	225	132	0. 148
腐蚀 32 天	178	134	83	0. 154

未腐蚀试样断面和腐蚀不同时间的试样断面如图 11-3 所示。图 11-3（a）和（b）显示：疲劳裂纹起源于未腐蚀试样表面，在疲劳裂纹源处未观测到明显缺陷。而腐蚀 8 天的试样，疲劳裂纹起源于其表面腐蚀坑，腐蚀坑形状为半球状，深度约 100μm，如图 11-3（c）和（d）所示。对于腐蚀 32 天的试样，疲劳裂纹起源于深度约 300μm 的，腐蚀坑如图 11-3（e）和（f）所示，其深度稍大于表 11-2 中腐蚀坑的最大深度。

车轮横截面因加载引起的机械应力（Mises 应力）如图 11-4 所示。车轮辐板最大 Mises 应力位于轮辋内侧面与辐板过渡圆角处和轮毂内侧面与辐板过渡圆角处。车轮辐板最大 Mises 应力值为 209MPa。

Sines 准则方程（11-1）中的 A 和 α 用表 11-3 中的值替换，计算出有限元模型中各节点的 S_S 值。图 11-5 所示为未腐蚀车轮的计算结果，最大值位于轮毂外侧面与辐板过渡圆角处和轮辋内侧面与辐板过渡处，这意味着这些位置为高危险区。轮辋内侧面与辐板过渡圆角处表面最大 S_S 值是-76MPa，此值满

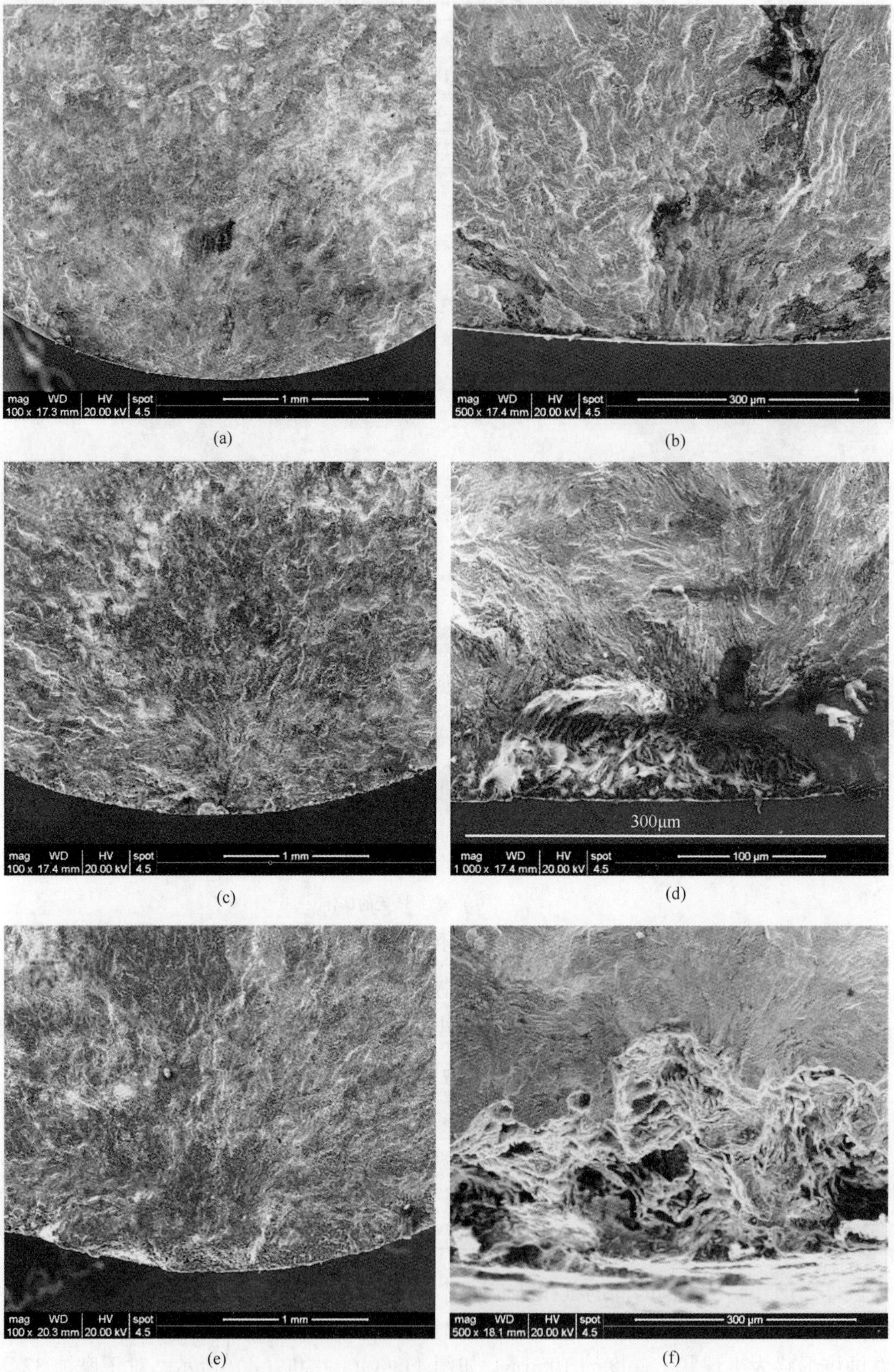

图 11-3　未腐蚀试样断面（a，b），腐蚀 8 天试样（c，d），腐蚀 32 天试样（e，f）

足 Sines 准则方程（11-1）。这说明在模拟条件下，未腐蚀车轮是安全的。与腐蚀 8 天和 32 天的试样具有相同腐蚀坑的车轮辐板，其表面的 S_S 最大值分别为-48MPa 和 1.6MPa。这表明，与腐蚀 32 天的试样具有相同腐蚀坑的车轮辐板将发生失效。

11.4　讨论

车轮在运行中要承受周期载荷，因此提高车轮疲劳极限是避免事故的重要方法。而喷丸处理是提高

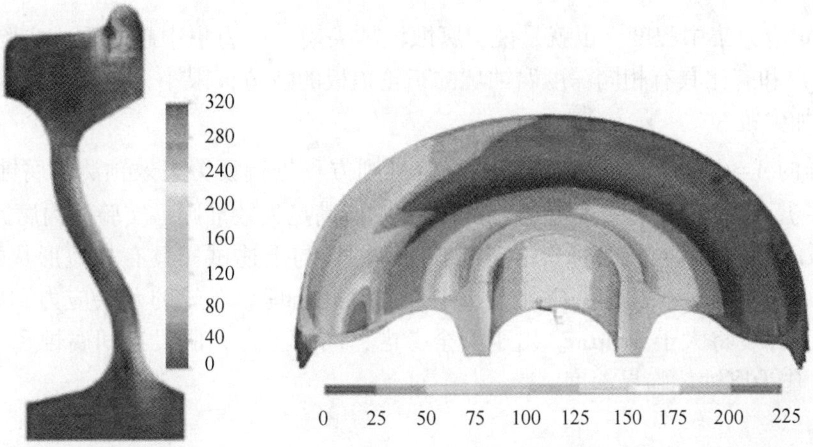

(a) 车轮 0° 截面应力分布　　(b) 车轮辐板应力分布

图 11-4　车轮截面轮廓的机械应力（Mises 应力，MPa）

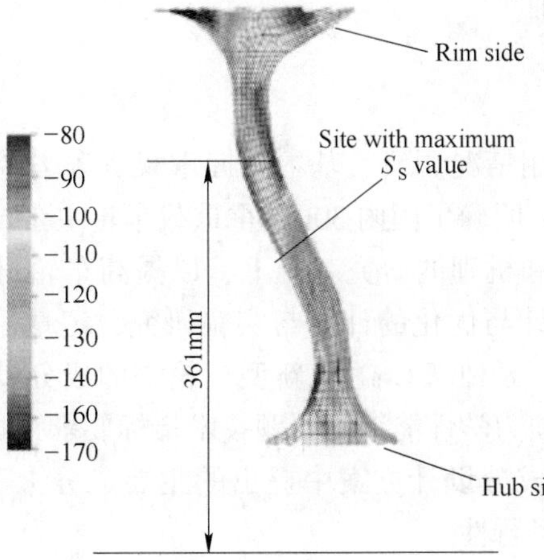

图 11-5　未腐蚀车轮的 Sines 准则结果（MPa）

材料和结构疲劳极限的有效方法。新车轮辐板和失效车轮辐板残余应力与位置深度的关系见图 11-6。新车轮辐板表层的最大残余压应力约 450MPa，压应力深度约 600μm。服役期间，在周期加载条件下车轮残余应力被释放。失效车轮辐板最大残余应力和压应力层深度分别为 350MPa 和 450μm。

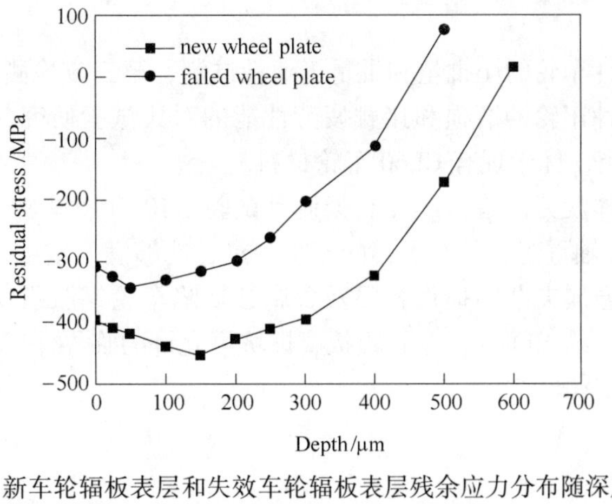

图 11-6　新车轮辐板表层和失效车轮辐板表层残余应力分布随深度的变化

在小疲劳试样上很难进行喷丸处理，因此测试疲劳极限所用试样是无喷丸处理试样。轮辋内侧面与辐板过渡圆角处表面的 S_S 最大值是-76MPa，此值满足 Sines 准则方程（11-1），这表明无腐蚀同时无喷丸处理的车轮在模拟条件下是安全的。虽然未测定疲劳极限提高的程度，但喷丸处理确实能提高车轮的疲劳极限。可确定的是：如果未经喷丸处理的车轮是安全的，则在相同服役载荷下喷丸处理的车轮也不会发生失效。

腐蚀坑形状决定应力集中程度，也就是说，腐蚀坑越尖锐，应力集中越严重。实验室内腐蚀 32 天的试样，其疲劳极限 f_1 和 f_1' 比具有相同深度腐蚀坑的车轮辐板的疲劳极限小，原因是实验室内腐蚀 32 天试样的腐蚀坑形状更加尖锐。

腐蚀 32 天试样的 $A=(\sqrt{2}/3)$、f_1 和 α 代入 Sines 准则方程进行疲劳失效预测。腐蚀 32 天的车轮辐板其表面 $J_2'+\alpha(J_1^{M}+J_1^{R}+J_1^{F})-A$ 的最大值是 1.6MPa，此值满足失效准则。实验室内腐蚀 32 天的试样腐蚀坑最大深度为 300μm。未经喷丸处理的车轮辐板上的腐蚀坑与上述试样具有相似形状的腐蚀坑，其腐蚀坑临界深度是 300μm。如果在试验和有限元分析中考虑喷丸处理后车轮的残余应力和腐蚀坑形状，则车轮辐板腐蚀坑的临界深度将大于 300μm。出于安全考虑，同时考虑到服役期间腐蚀和周期应力的综合作用，仍建议 300μm 作为腐蚀坑临界深度。

11.5 小结

腐蚀坑降低车轮的疲劳极限，促进疲劳裂纹萌生。

根据试验和有限元分析结果，车轮辐板腐蚀坑可允许的临界深度是 300μm。车轮辐板应进行防腐蚀保护，并定期在辐板表面涂抹防锈油。

12 结论

(1) 完成了国内外重载车轮运用情况调研，基本掌握重载货车失效主要形式。结合典型货车车轮失效分析及国内外车轮标准综合分析，明确了国内 30t 轴重重载车轮主要技术要求。

(2) 在现有重载车轮失效形式和机理的研究基础上，以提高车轮材料强硬度和韧性配合为目标，开展了重载车轮材料的微合金成分设计与优化的计算与实验研究，定量阐述了 Si、Cr、V、Al 对珠光体相变、组织、性能的影响规律，完成了 8 种高 C 高 Si 新型车轮钢的成分设计，在实验室试验的基础上优选了 3 种试验钢进行了车轮试制，各项力学性能满足课题技术指标要求，据此确定了 30t 轴重重载车轮钢成分设计基本方案和优化方案。针对成分设计方案中提出的主要成分上下限，采用中试炼钢、车轮试制、解剖分析的方式验证了成分设计的可行性。

(3) 考虑我国重载条件，验证了现有 HESA 轮型在 30t 轴重条件运用的可行性，并在此基础上，完成了 3 种车轮轮型设计和优化。

(4) 开展了脆性氧化物夹杂塑性化处理新冶金技术研究，钢中夹杂物主要为塑性的 MnS 和 MnS-Qxide，氧含量稳定控制在 12ppm 以下，确认了该项技术应用在重载车轮用钢的可行性。

(5) 研究了热处理加热、冷却参数、两次热处理工艺及复合冷却工艺对重载车轮组织性能的影响，确定了重载车轮热处理工艺。

(6) 完成了两种成分设计车轮的小批量和批量工业性试制，第三方检测结果满足课题设定目标要求。

(7) 完成了两种成分设计车轮的磨损和接触疲劳性能的对比试验研究，两种成分设计车轮材料的磨损性能和抗变形能力基本相当，优于现有 CL60 车轮材料。

(8) 完成了重载车轮整体疲劳试验、1∶1 台架制动试验、10 万公里装车运用考核及重载车轮疲劳寿命有限元分析，所设计的 30t 轴重车轮具有足够的安全余量，能够满足重载运输条件。

(9) 开展了重载车轮非金属夹杂物损伤容限及含腐蚀缺陷车轮钢服役安全评价，确定了重载车轮钢夹杂物临界尺寸为 0.092mm，约 100μm，车轮辐板腐蚀坑可允许的临界深度是 300μm。

课题验收报告

1 课题任务书规定的任务、考核目标及主要技术与经济指标

1.1 任务及考核指标

课题任务书规定的任务及考核指标见表1。

表1 课题任务书规定的任务及考核指标

序号	任务		考核指标
1	重载车轮材料的微合金化成分设计及优化	(1) 重载车轮材料的微合金化成分设计及优化	完成不少于3种微合金化车轮钢的实验室试验钢的设计
		(2) 材料微观组织-性能关系定量化研究	完成3种试验钢试制车轮的组织性能对比分析，至少1种车轮实物质量达到技术目标，踏面下30mm处最小硬度大于HB300，轮辋 K_Q>40MPa · $m^{1/2}$
2	重载车轮材料关键制备技术及工业化试制	(1) 重载轮-轨匹配及车轮轮型优化设计	完成不少于3种轮型设计及评价
		(2) 重载车轮工业化冶炼、轧制及热处理	确定生产制备工艺参数，实现批量工业性试制车轮不少于20件。车轮实物质量全面达到技术目标，轮辋 R_m≥1000MPa，A>10%，踏面30mm处最小硬度HB>300；辐板室温冲击功（标准U2试样）大于10J，轮辋 K_Q>40MPa · $m^{1/2}$，300℃下轮辋材料抗拉强度不小于700MPa；出具第三方测试合格报告
		(3) 重载车轮材料综合性能研究	完成重载车轮材料的综合性能试验
3	重载车轮服役性能研究及全寿命安全评价	(1) 车轮失效形式及相关标准调研	完成调研，形成调研报告
		(2) 1∶1台架实验及装车试验研究	完成不低于10万公里装车考核测试，完成1∶1台架试验
		(3) 服役寿命评价及寿命预测方法研究	建立重载车轮服役安全评价方法

1.2 主要技术指标

1.2.1 产品性能

30t轴重重载车轮实物轮辋材料室温力学性能，轮辋抗拉强度高于1000MPa，延伸率大于10%，轮辋截面踏面30mm深度最小硬度大于HB300；辐板室温冲击功（标准U2试样）大于10J，断裂韧性大于40MPa · $m^{1/2}$，出具第三方测试合格报告（国家钢铁材料测试中心、国家钢铁产品质量监督检验中心、中国北车集团大同电力机车有限责任公司试验中心、北京航空材料研究院）。

为保证重载车轮的抗热损伤性能，要求其300℃下轮辋材料抗拉强度不低于室温抗拉强度的70%，即700MPa。

1.2.2 技术系统

形成30t轴重重载车轮钢企业标准。

开发适用于我国重载线路的30t轴重重载辗钢车轮产品；

实现30t轴重重载列车用车轮自主创新国产化，并逐步实现量产。

建成示范生产线，形成年产 5000 件能力，产品批量生产合格率达到 90%以上。

1.2.3　知识产权

在重载车轮钢设计、制造工艺方面申请发明专利 5 项以上。

结合重载车轮材料组织性能关系、服役行为、失效机理及车轮可靠性评价方面发表论文 10 篇以上。

1.2.4　科学技术报告

本课题在课题执行期间，完成科技报告不少于 5 份，其中年度报告 3 份，中期检查报告 1 份，验收报告 1 份。

1.3　主要经济指标

实现 30t 轴重重载车轮关键制备技术集成，具备国产化批量生产能力，开拓新的利益增长点，创造可观的经济效益。项目执行期内，实现生产销售 3000 件。

2　课题任务完成情况概述

任务 1　重载车轮材料的微合金化成分设计及优化

研究内容 1：重载车轮材料的微合金化成分设计及优化

根据重载车轮失效形式调研和标准分析以及设定的技术指标要求，采用理论计算和实验室试验相结合的方法开展了重载车轮材料的微合金化成分设计和优化。

采用 Thermo-Calc 热力学软件计算了 Cr、Si 对相图临界点（共析温度、共析 C 含量等）的影响，计算了 V、Al 及 Al-V 对析出相温度、析出量、固溶量等的影响。从计算结果看：

（1）C 含量增加使车轮钢由亚共析钢改变为共析钢或过共析钢。

（2）提高 Si、Cr 含量将提高共析温度、降低共析 C 含量，提高 A_{ecm} 温度。

（3）提高 Al_s 的含量，将提高 AlN 的析出温度；提高 V 的含量，将提高 V(CN) 的析出温度，促进 V(CN) 析出。

根据计算结果，确定了高 C 和高 Si 含量是提高重载车轮耐磨性的关键技术思路。

开展了合金元素 Cr、V 对珠光体钢组织和性能的影响研究。重点设计了两组不同 Cr、V 含量的试验钢，开展了 Cr、V 含量对不同冷速下的相变点、组织及硬度影响研究，为 30t 轴重重载车轮的成分体系设计提供依据。从试验结果看：

（1）Cr、V 均使高 C 高 Si 钢珠光体转变温度降低，珠光体片层间距变小，硬度升高。

（2）Cr 含量大于 0.4%后，V 含量超过 0.1%后，以上影响变弱。

完成了 8 种新型车轮钢成分设计，采用模拟车轮钢热处理的实验方法，定量研究了 C、Si、Cr、V、Al 含量对高碳珠光体钢显微组织和力学性能的影响见表 2。从试验结果看：8 种新型车轮钢的综合力学性能指标均优于设定指标，余量较足。

表 2　车轮钢实验室热处理后室温拉伸性能（氮气冷却）、20℃冲击性能（空冷）

编号	主要成分（%）差异	R_m/MPa	$R_{P0.2}$/MPa	A/%	A_{KU2}(20℃)/J
3	0.75C-0.92Si-0.063Cr-0.072V-0.012Al	1128	689	14.6	23
4	0.76C-0.81Si-0.12Cr-0.055V-0.012Al	1156	714	12.7	21
5	0.73C-0.89Si-0.22Cr-0.074V-0.018Al	1151	722	13.5	24
6	0.74C-0.88Si-0.017Cr-0.005V-0.018Al	1100	640	13.2	15
7	0.76C-0.88Si-0.13Cr-0.036V-0.025Al	1162	717	14.2	13
8	0.77C-0.89Si-0.13Cr-0.126V-0.026Al	1178	739	14.5	25
9	0.76C-0.88Si-0.39Cr-0.077V-0.026Al	1242	875	11.2	21
10	0.74C-0.83Si-0.13Cr-0.070V-0.002Al	1142	709	14.7	24
技术指标		≥1000	—	≥10	≥10

根据上述研究结果，在本研究的合金含量范围内，对合金元素的影响规律进行了总结，确定了各元素的作用及含量控制原则。

C：高 C 含量（0.70%~0.77%）设计是提高珠光体车轮强度和耐磨性的关键。

Si：高 Si 含量（0.80%~1.00%）设计提高珠光体车轮的强度和耐磨性，但不严重恶化韧性，同时还提高 A_{ecm} 温度和共析温度，降低热裂纹倾向。

Cr：增加 Cr 含量可以提高 A_{ecm} 温度、共析温度和降低共析 C 含量。当 Cr 不超过 0.22%时，提高 Cr 含量对强度的提升较小；当 Cr 含量提高到超过 0.22%时，强度随 Cr 含量提升较快。过高的 Cr（如 0.40%）使得车轮钢的淬透性和硬度过高，不利于组织和韧性控制。宜控制 Cr 在 0.25%以下。

V：以固溶和 V（CN）析出两种形式存在，起细化奥氏体晶粒、珠光体团与珠光体片层间距和沉淀强化的作用，有利于提高强韧性。V 含量宜控制在 0.05%~0.10%，过低不利于奥氏体晶粒细化，超过 0.10%以后继续增加 V 含量进一步细化珠光体片层间距的作用不显著，淬透性提高较大，不利于车轮钢珠光体组织控制。

Al：Al_s 含量宜控制在 0.01%~0.02%，有利于奥氏体晶粒尺寸细化。

研究内容 2：材料微观组织-性能关系定量化研究

根据成分设计原则，兼顾生产成本，从 8 种新型钢种中优选 3 种（2 种 Cr-V 系和 1 种无 Cr 无 V 系）试验钢进行车轮试制，性能（见表 3 和表 4）满足课题技术指标要求。

表 3 试制车轮的综合力学性能

编号	$R_{p0.2}$/MPa	R_m/MPa	A/%	辐板常温 A_{KU2}/J	踏面下 30mm 硬度（HB）			
					硬度 1	硬度 2	硬度 3	均值
3#	827	1221	13.5	13.0	363	350	345	353
4#	882	1246	13.5	13.3	356	354	347	352
6#	770	1230	14	13.7	347	346	337	343
技术指标	—	≥1000	≥10	≥10	≥300	≥300	≥300	≥300

表 4 试制车轮的断裂韧性 （$MPa \cdot m^{1/2}$）

试样编号	1	2	3	4	5	6	平均值	技术指标
4#	42.9	45.5	47.2	43.8	45.1	52.8	46.2	>40
6#	44.1	50.5	48.9	49.8	53.0	44.3	48.4	

根据理论计算、实验室试验和车轮试制结果，综合考虑指标设定和制造成本，确定了 30t 轴重载车轮成分设计方案（见表 5），其中高 C 高 Si 成分设计作为基本方案，可满足国内 30t 轴重要求；提 C 低 Cr 加 V 成分设计作为优化方案，可满足性能指标要求更高的车轮，如出口 40t 以上轴重车轮。

表 5 30t 轴重重载车轮成分设计方案 （%）

成分	C	Si	Mn	P	S	Cr	V	Al_s	用途
基本方案	0.70~0.75	0.85~0.95	0.78~0.85	≤0.015	0.006~0.015	—	—	0.010~0.025	国内 30t 轴重
优化方案	0.73~0.77	0.80~0.89	0.82~0.89	≤0.015	0.006~0.015	0.10~0.15	0.05~0.06	≤0.015	国外 40t 以上轴重

为验证成分设计方案的可行性和稳定性，在方案设定的成分变化范围内，采用中试试验的方法完成了 8 炉基本成分设计和 12 炉优化成分设计中试试验钢试制车轮试验，从解剖分析结果看：

（1）在试验设定的成分变化范围内，试验车轮各项性能均能满足技术指标要求，且均具有较大富余量。

（2）成分设计优化方案在明显提高车轮硬度的同时，断裂韧性与成分基本设计方案水平相当，见图 1。

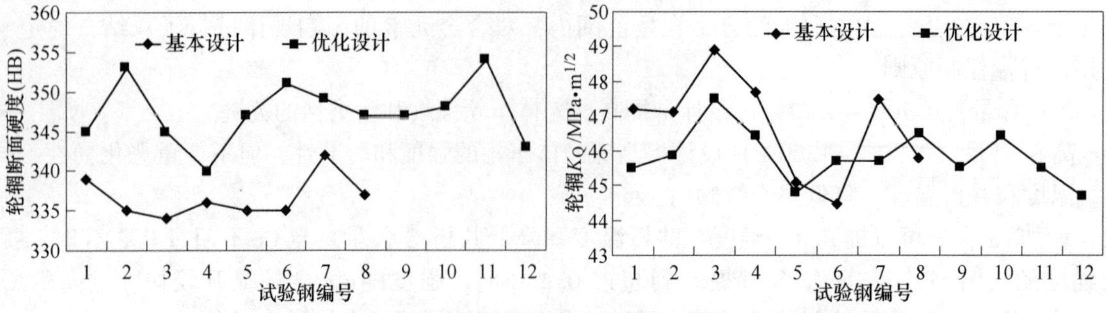

图 1　成分基本设计方案和优化设计方案的硬度、断裂韧性比较

任务 2　重载车轮材料关键制备技术及工业化试制

研究内容 3：重载轮-轨匹配及车轮轮型优化设计

目前我国 25t 轴重重载运输的主要轮型为 HESA，采用了 LM 型踏面。考虑到轴重进一步增加到 30t 的车轮承载状况，在借鉴各国成功经验的基础上，设计出适用于 30t 轴重重载车辆的设计轮型 1（图 2），踏面也为 LM 型，旨在满足国内需求。同时，设计出可满足 35t 及以上轴重重载车辆需求的设计轮型 2（图 3），采用重载发达的澳大利亚 WPR2000 踏面，旨在满足出口需求。在设计轮型 2 的基础上优化出了设计轮型 3，踏面为 LM 型，其他参数保持不变，旨在满足未来国内更高轴重货运需求。

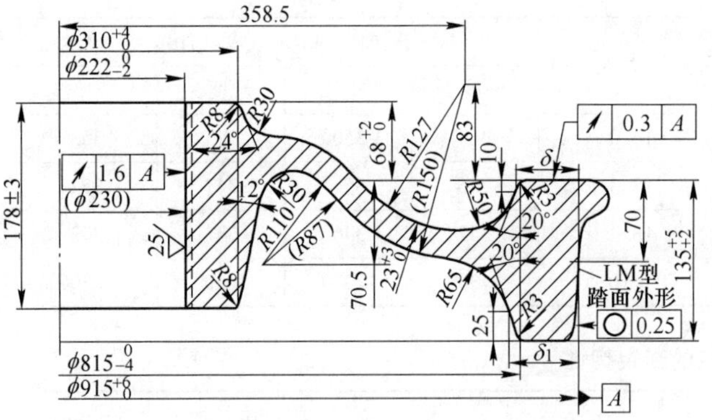

图 2　设计轮型 1，采用 LM 型踏面

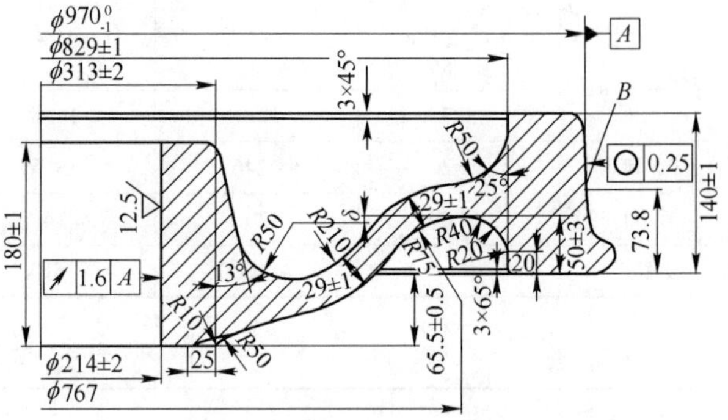

图 3　设计轮型 2，采用 WPR2000 型踏面

采用数值模拟的方法对 HESA 车轮以及新设计轮型的动力学、接触和热学行为进行分析，并从轮轨关系角度对新设计轮型和 HESA 车轮进行对比分析。评价内容主要有轮轨动力相互作用及车轮磨耗、滚动接触疲劳预测、轮轨接触应力分布、踏面制动热负荷计算和评价等。从分析结果看：

（1）四种轮型均满足 30t 轴重重载铁路运输要求，设计轮型 1、2 和 3 更优。

（2）设计轮型 1、2 磨耗低于 HESA 车轮；设计轮型 2 总磨耗量最小（见图 4）。

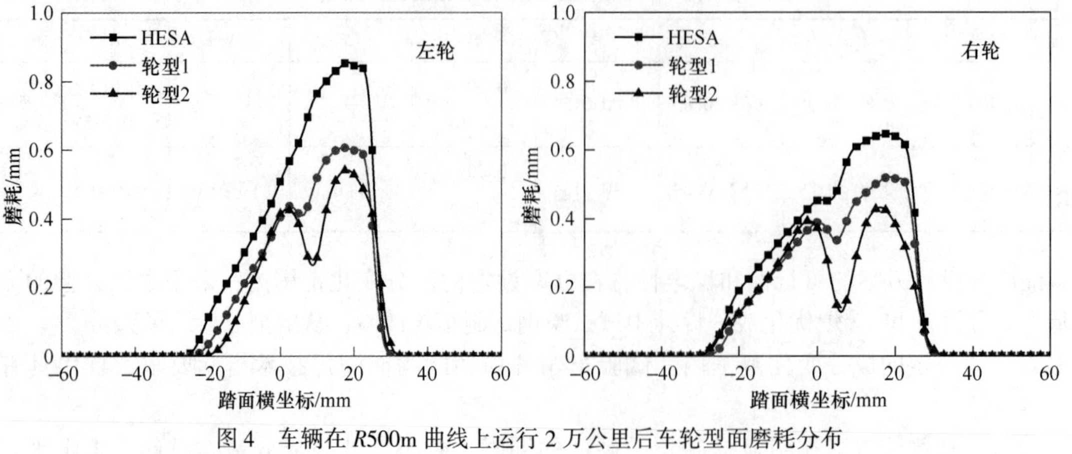

图 4　车辆在 R500m 曲线上运行 2 万公里后车轮型面磨耗分布

（3）设计轮型 1、2 耐磨性和抗滚动接触疲劳性能均优于 HESA 轮型（见图 5）。

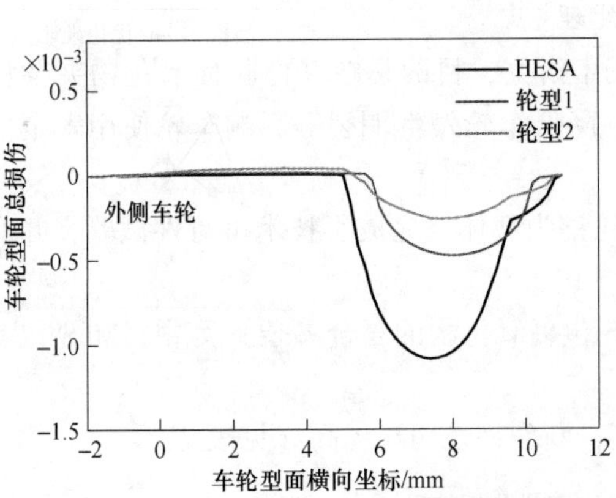

图5 不同轮型的损伤分布

（4）设计轮型1、2及HESA轮型踏面制动热负荷水平均满足要求，HESA车轮温度最高（见图6）。

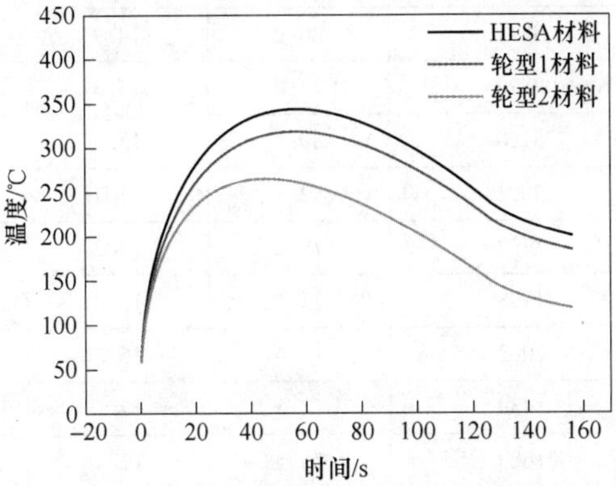

图6 车轮最高温度随时间变化曲线

（5）将WPR2000型面改为LM型面，设计轮型3明显改善轮轨接触关系（见图7）。

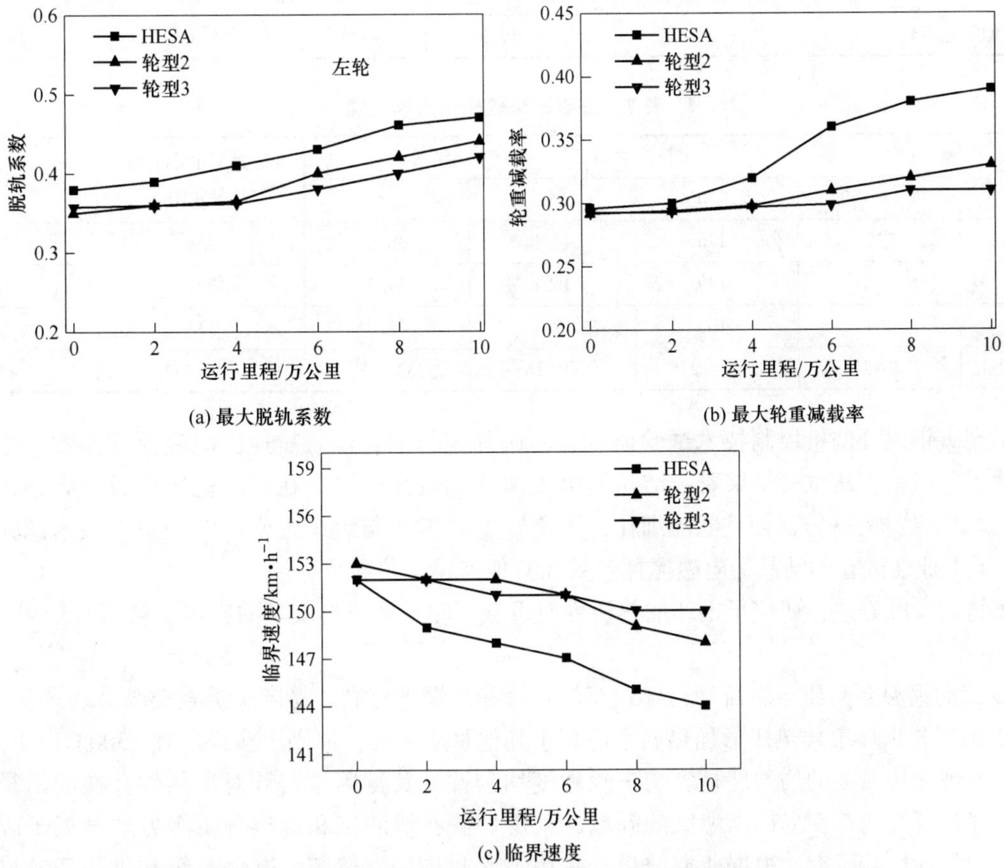

图7 通过500m半径曲线时1位轮对右轮动力学结果随运行里程的变化

研究内容4：重载车轮工业化冶炼、轧制及热处理

开展了车轮钢中脆性氧化物夹杂塑性化处理新技术研究，目的是在降低脆性氧化物夹杂物数量和尺寸的同时，使脆性氧化物夹杂被塑性 MnS 夹杂包裹，降低车轮发生辋裂等影响车轮使用安全性缺陷的可能性。

采用工业性试制试验方式，以现有 CL60 材质车轮钢为载体，完成了技术可行性试验，并对高碳重载车轮钢进行了验证试验。从试验结果看：

（1）车轮钢中夹杂物以塑性夹杂物（MnS 和 MnS 包裹氧化物的复合夹杂）为主，MnS 包裹氧化物的复合夹杂占夹杂总量的 85%以上（见表 6）。

（2）试验钢车轮轮辋强度水平与原工艺车轮相当，断裂韧性明显提高（见表 7）。

表6　非金属夹杂物定量分析结果

分析位置	炉号	夹杂物总数量/个	主要类别夹杂物占比/%			MnS+（MnS-Oxide）占比/%
			MnS	MnS-Oxide	Oxide	
踏面下 15mm 以内	15003693	3811	80.2	14.9	0.9	95.1
	15003694	2822	77.0	15.3	1.8	92.2
	15003695	5120	80.4	13.9	1.7	94.3
	15003696	3091	82.3	11.7	2.0	94.0
踏面下 15~30mm	15003693	1732	78.2	13.2	2.9	91.4
	15003694	1798	73.1	13.8	2.7	86.9
	15003695	2002	77.4	16.6	1.9	94.1
	15003696	1439	72.3	17.7	3.3	90.1
踏面下 35~45mm	15003693	1603	76.5	12.4	3.4	88.8
	15003694	1549	70.7	15.9	4.0	86.6
	15003695	1260	72.5	12.7	6.2	85.2
	15003696	1187	71.1	15.0	4.4	86.1
原工艺车轮		725	19.3	1.8	34.8	21.1

表7　高碳钢车轮轮辋力学性能

炉号	拉伸性能				踏面下 40mm 处硬度（HB）	K_Q/MPa · $m^{1/2}$
	$R_{p0.2}$/MPa	R_m/MPa	A/%	Z/%		
16001048	772	1176	14.1	38.2	334	52.6
16001053	732	1139	15.1	39.5	327	61.3
16001055	768	1163	17.4	45.0	333	62.9
相似 C 含量车轮	720~814	1087~1236	11~16	32~45	319~347	44~46

开展了高碳钢成分偏析控制技术试验研究，对圆坯连铸的铸温、拉速、电磁搅拌参数、二冷制度进行了综合性工艺试验，从试验结果看：结晶器电磁搅拌电流强度控制在较小范围内较为合适，一方面提高了 C 分布均匀性，另一方面使柱状晶细化，平衡好了 C 偏析与组织致密度的关系。根据试验结果（见图 8）确定了工业性试验的结晶器电磁搅拌参数和其他连铸工艺参数。

采用实物试验的方法，研究了钢坯加热温度对重载车轮毛坯成形质量的影响。从试验结果（图 9、图 10）看：

（1）较低的钢温会阻碍金属流动，导致车轮轮缘和外辋不充满，易产生折叠类废品。

（2）重载车轮钢坯最佳热成形加热温度应高于其他材质坯料，原则上应设定在 1300℃以下。

车轮热处理加热温度的均匀性是影响车轮硬度均匀性的关键因素，针对加热炉存在的沿径向温度不均匀、沿炉膛长度方向存在局部高温区的问题，采用炉温在线测试和传热分析等方式开展了改善车轮热处理炉温度均匀性试验研究，根据研究结果，采用了水封槽局部遮蔽、燃烧系统和供热系统局部改进等

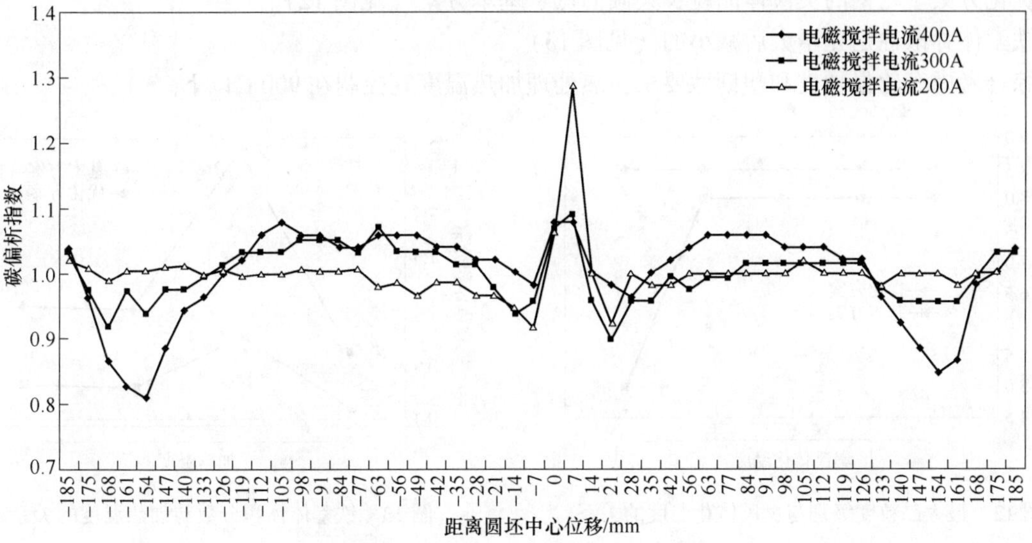

图 8　不同电磁搅拌电流强度圆坯碳元素偏析特征

措施，改善了热处理炉的炉温均匀性（见图 11），为热处理工艺设计的实现提供了保障。

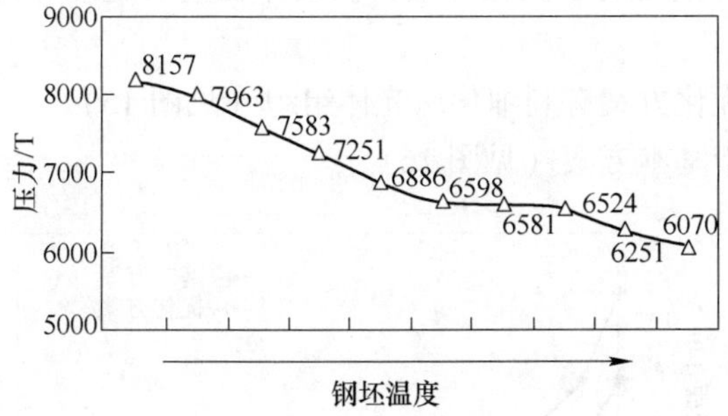

图 9　钢坯温度对应成形工步压力机压力

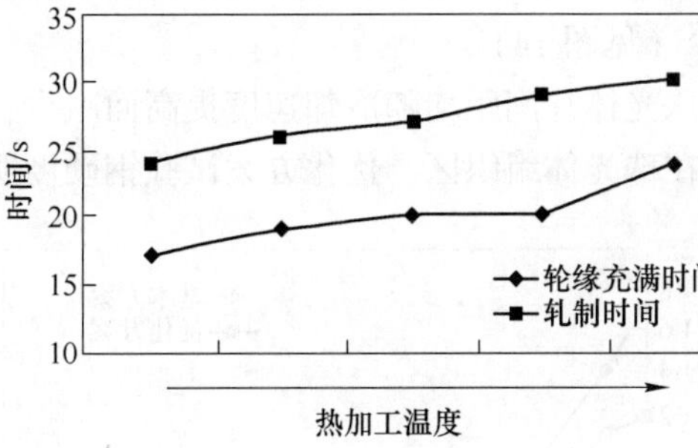

图 10　钢坯温度对应轧制参数

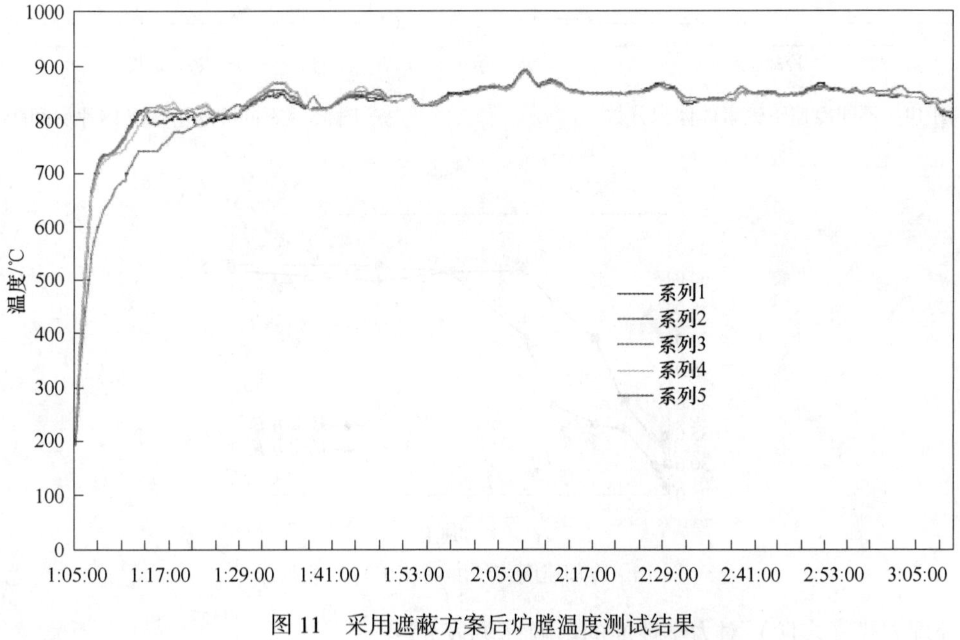

图 11　采用遮蔽方案后炉膛温度测试结果

针对成分设计基本方案和优化方案，系统研究了热处理工艺参数对组织性能的影响：

（1）加热温度的影响：

1）优化方案车轮钢的奥氏体晶粒长大倾向低于基本方案（见图 12）。

2）铁素体弥散性是先增大后减小的（见图 13）。

3）综合考虑车轮强硬度和塑韧性要求，热处理加热温度宜控制在 900℃以下。

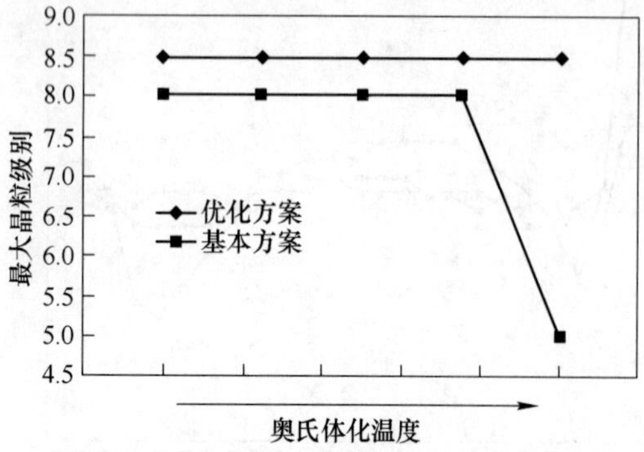

图 12　最大晶粒度级别与奥氏体化温度的关系

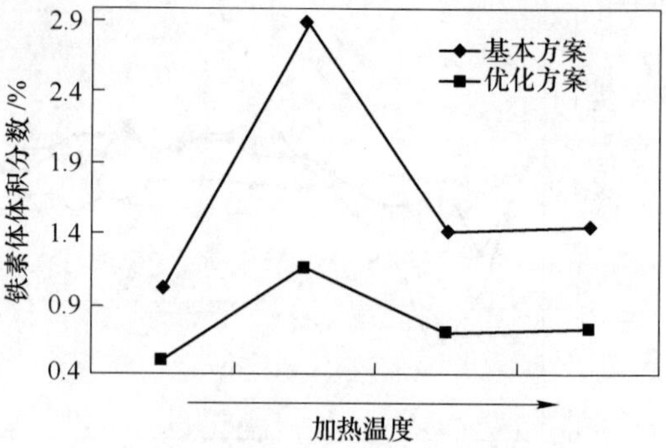

图 13　铁素体体积分数与加热温度的关系

（2）冷却速度的影响：

1）采用基本成分对控制车轮踏面非珠光体组织有利。

2）在不同冷却速度下，基本方案试验钢的铁素体含量均高于优化方案，铁素体含量均随冷却速度提高而减少（见图 14）。

3）珠光体片间距均随冷却速度提高而减少，采用优化方案有利细化珠光体组织（见图 15）。

4）在珠光体组织区，优化方案试验钢硬度明显高于基本方案（见图 16）。

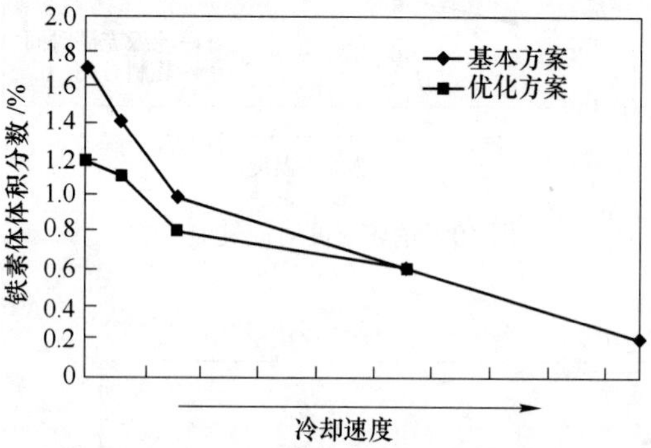

图 14　不同冷速下铁素体体积分数

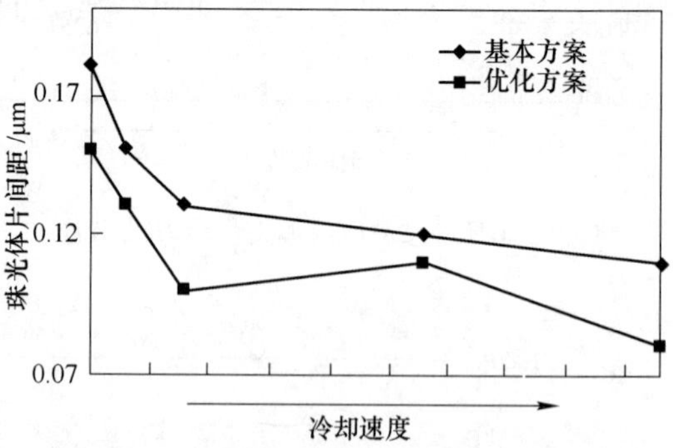

图 15　不同冷速下珠光体片层间距

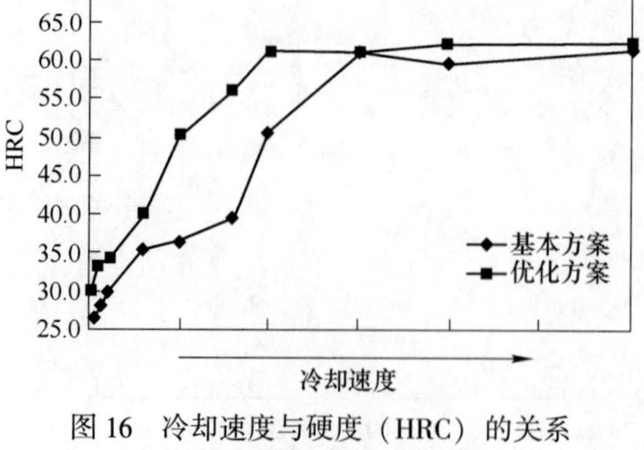

图 16　冷却速度与硬度（HRC）的关系

（3）热处理方式（多阶）对力学性能的影响（见表 8）：

1）对两种成分设计方案，二次热处理均有提高强度、硬度的作用，优化方案的提高幅度更大。

2）对优化方案，二次热处理使强硬度提高的同时，塑性指标基本处于同一水平，强塑性能配合良好。

表 8　热处理方式对两种方案试验钢车轮轮辋力学性能的影响

类别	热处理方式	$R_{p0.2}$/MPa	R_m/MPa	A/%	Z/%	踏面下 30mm 硬度（HB）
基本方案	一次热处理	827	1180	13	30	330
	二次热处理	868	1205	15	45	336
优化方案	一次热处理	842	1234	15	42	343
	二次热处理	924	1268	13	43	352

（4）冷却方式对组织性能的影响。对于优化方案，在较低冷却速度下即可产生非珠光体组织，这意味，热处理后，车轮踏面具有更深的非珠光体组织层。为此，开发了复合喷水冷却工艺，其关键是，根据车轮钢合金化特点，选择好喷水冷却时间和喷水冷却水压。

采用复合喷水冷却工艺，可将优化方案车轮的踏面复合组织层深度控制在 8mm 以下，可以在后续机加工时得到消除。

（5）重载车轮热处理工艺：

1）对基本方案，热处理加热温度控制在 900℃以下，采用一次喷水冷却。

2）对优化方案，热处理加热温度控制在 900℃以下，采用复合喷水冷却。

按照确定的制备工艺，完成了两种成分设计车轮各 30 件的小批量试制，试制结果（见表 9 ~ 表 11）满足课题设定指标要求。

表 9　轮辋拉伸和断面硬度检验结果

成分设计	轮辋拉伸				断面硬度（HB）①			
	$R_{p0.2}$/MPa	R_m/MPa	A/%	Z/%	1	2	3	平均
基本成分	756	1218	14.5	34	363	366	361	363
优化成分	863	1257	13.5	39	363	354	359	359
目标	—	≥1000	≥10	—				≥300

① 对基本成分车轮，断面硬度测试位置为踏面下 30mm；对优化成分车轮为踏面下 45mm。

表 10　辐板冲击和断裂韧性检验结果

成分设计	辐板冲击/J				断裂韧性/MPa · $m^{1/2}$						
	1	2	3	平均	1	2	3	4	5	6	平均
基本成分	19	20	19	19.3	46.6	49.9	46.7	47.9	48.8	49.6	48.3
优化成分	15	16	15	15.3	46.1	47.4	43.4	46.9	45.3	43.7	45.5
目标				≥10							≥40

表 11　非金属夹杂物评级结果

成分设计	A 类		B 类		C 类		D 类		Ds
	粗系	细系	粗系	细系	粗系	细系	粗系	细系	
基本成分	1.0	1.0	0.5	0.5	0	0	0.5	1.0	0
优化成分	1.5	1.0	0	0	0	0	1.0	1.0	1.0
目标	—	—	≤1.0		—	—	—	—	

委托国家钢铁材料测试中心完成了两种成分设计车轮的第三方检测，检测结果（见表 12）满足课题设定目标。

表 12　第三方检测结果

成分设计	轮辋室温拉伸		轮辋 300℃拉伸	断面硬度（HB）①	辐板室温冲击 A_{KU2}/J	轮辋断裂韧性/MPa · $m^{1/2}$
	R_m/MPa	A/%	R_m/MPa	平均	平均	平均
基本成分	1194	13.5	1170	363	12.6	50.1
优化成分	1212	13.0	1180	359	14.3	44.6

续表 12

成分设计	轮辋室温拉伸		轮辋 300℃拉伸	断面硬度（HB）①	辐板室温冲击 A_{KU2}/J	轮辋断裂韧性/MPa · $m^{1/2}$
	R_m/MPa	A/%	R_m/MPa	平均	平均	平均
目标	≥1000	≥10	≥700	≥300	≥10	≥40

① 对基本成分车轮，断面硬度测试位置为踏面下 30mm；对优化成分车轮为踏面下 45mm。

采用优化成分设计和基本成分设计车轮钢分别完成了 58 批次出口澳大利亚 40t 以上轴重重载车轮和 19 批次供铁路总公司 30t 轴重重载的工业性批量试制。批量试制结果（见表 13、表 14）满足课题设定目标要求。

表 13　轮辋拉伸和断面硬度检验结果

成分设计	轮辋拉伸				断面硬度（HB）①	辐板冲击/J
	$R_{p0.2}$/MPa	R_m/MPa	A/%	Z/%		
基本成分	670~781	1129~1217	13~19	25~37	332~356	12~18
优化成分	782~892	1210~1285	10.5~16.5	27~41	341~366	—
目标	—	≥1000	≥10	—	≥300	≥10

① 对基本成分车轮，断面硬度测试位置为踏面下 30mm；对优化成分车轮为踏面下 40mm。

表 14　非金属夹杂物评级结果

成分设计	A 类		B 类		C 类		D 类	
	粗系	细系	粗系	细系	粗系	细系	粗系	细系
基本成分	0.5~1.5	0.5~1.0	0~1.0	0~0.5	0	0	0.5~1.0	0.5~1.0
优化成分	0.5~1.5	0.5~2.0	0~1.0	0~1.0	0	0	0.5~1.5	0.5~1.0
目标	—	—	≤1.0		—	—	—	—

研究内容 5：重载车轮材料综合性能研究

采用滚动磨损和接触疲劳试验机参照美国 AAR 标准完成了两种成分设计车轮和现有 CL60 车轮的磨损性能和抗接触疲劳性能的对比试验研究。从试验结果看：

（1）基本成分设计（CL70）和优化成分设计（AAR-CM）车轮磨损性能相近，均优于 CL60 车轮（见图 17）。

（2）优化成分设计车轮接触疲劳性能强于基本成分设计和 CL60 车轮，高接触应力时基本成分设计（CL70）车轮和 CL60 车轮相当，低接触应力时基本成分设计车轮强于 CL60 车轮（见图 18）。

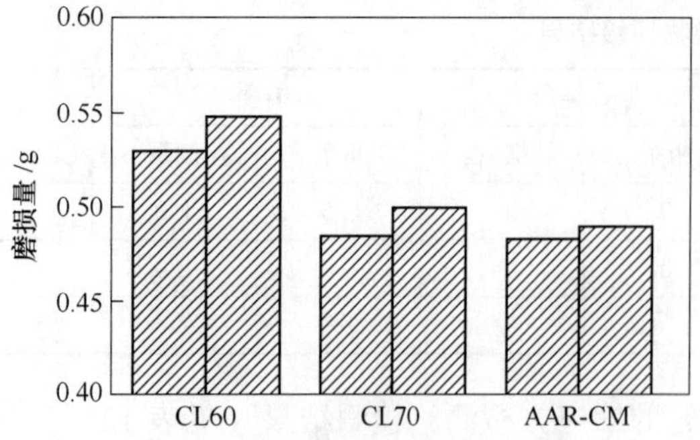

图 17　三种车轮材料的磨损量对比

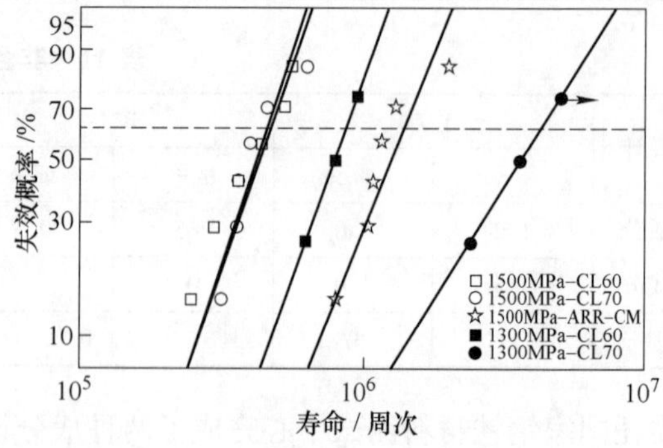

图 18　三种车轮材料的 P-N 曲线

在室温干态下利用 JD-1 大型轮轨模拟试验机对两种成分设计车轮和 CL60 车轮的滚动接触疲劳性能进行了进一步试验。结果表明：

（1）基本成分设计（CL70）和优化成分设计（AAR-CM）车轮磨损性能相近，均优于 CL60 车轮（见图 19）。

（2）基本和优化成分设计车轮材料抗变形能力基本相当，好于 CL60 车轮材料（见图 20）。

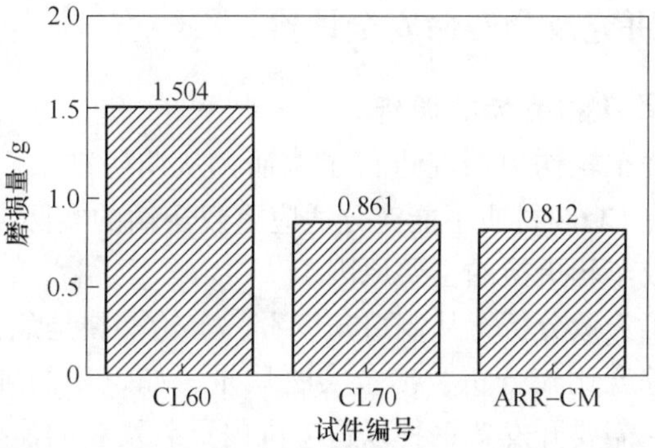

图 19　三种材料干态磨损量对比

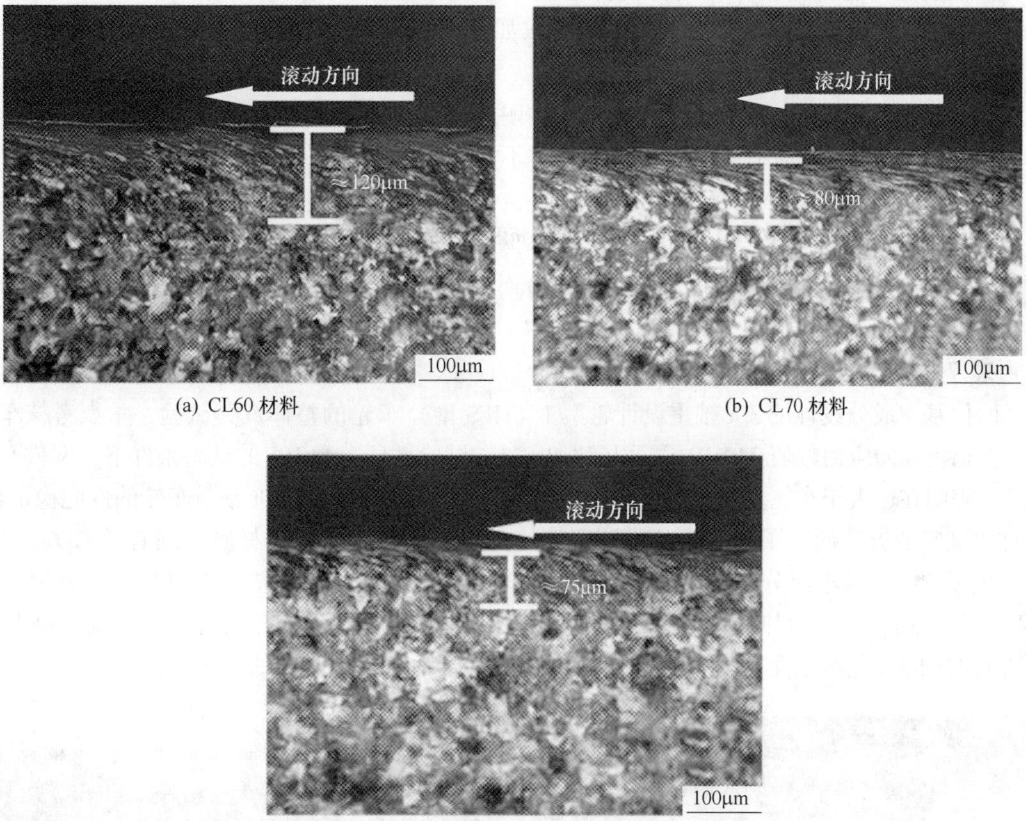

(a) CL60 材料　(b) CL70 材料

(c) AAR-CM 材料

图 20　三种材料干态磨损塑性变形观察

对两种成分设计车轮的轮辋 300℃和 1000 ℉（约 538℃）的高温拉伸性能进行了试验研究，见表 15。与常温拉伸性能相比，在 300℃测试条件下，轮辋强度指标略有下降，塑性指标大幅上升；当测试温度达到 1000 ℉时，强度指标下降明显，塑性指标继续上升。

表 15　轮辋拉伸性能

试验温度	成分设计	$R_{p0.2}$/MPa	R_m/MPa	A/%	Z/%
室温	基本成分	747	1194	13.5	42
	优化成分	779	1212	13.0	40
300℃	基本成分	690	1170	25.5	74.5
	优化成分	705	1180	25.5	74.0
	目标	—	≥700	—	—
1000 ℉	基本成分	336	493.5	35.0	80
	优化成分	339.5	549.5	35.5	82.5

任务 3　重载车轮服役性能研究及全寿命安全评价

研究内容 6：车轮失效形式及相关标准调研

对国内重载货运专线大秦线车轮伤损情况进行了调研，从调研结果看，车轮主要伤损类型为圆周磨耗，伤损程度随轴重提高，现有 CL60 材质不能充分适应重载运输的实际条件。从国外重载车轮失效形式调研结果看，磨损和剥离是造成车轮更换的主要原因。

对典型车轮伤损样品进行了失效分析，从制造角度看，车轮辋裂是危害性最大的一类缺陷形式。

对国内外车轮标准进行了综合比较分析，冶金实物质量，如钢质的纯净度、热处理工艺的稳定性和可靠性等越来越受到高度重视。需要开发新钢种以适应国内重载发展的需要。

从车轮失效形式分析和标准调研结果看，提高车轮钢材料的纯净度、车轮的耐磨性、抗接触疲劳性能和抗热损伤性能是车轮材料设计和车轮制备必须考虑的关键技术问题。根据调研结果，借鉴国外车轮标准要求，确定 30t 轴重重载车轮关键技术指标要求如下：

（1）车轮钢成分：

1）C 含量宜控制在 0.70%以上，以提高车轮的耐磨性能；

2）B 类非金属夹杂物级别不大于 1.0 级，T.O 不大于 12ppm，以提高车轮钢材料的纯净度，预防辋裂等车轮失效形式的发生。

（2）车轮实物性能：轮辋 $R_m \geqslant 1000$MPa，$A>10\%$，踏面 30mm 处最小硬度大于 HB300；辐板室温冲击功（标准 U2 试样）大于 10J，轮辋 $K_Q>40\text{MPa}\cdot\text{m}^{1/2}$，300℃下轮辋材料抗拉强度不小于 700MPa，同批次车轮表面硬度波动不大于 HB30。

研究内容 7：1∶1 台架试验及装车试验研究

完成了两件基本成分设计的 30t 轴重设计轮型 1（HFS 型）车轮的整体疲劳试验，重点考核车轮辐板的疲劳性能，在辐板径向应力幅值 240MPa，循环比 $R=-1$，试验循环次数 10^7 的试验条件下，两件车轮辐板均未产生裂纹，表明在远大于车轮真实服役载荷的条件下，基本成分设计的 30t 轴重车轮的性能稳定良好。

采用对比试验的方法研究了基本成分设计车轮的抗热损伤性能，对比材质为现有的 CL60 材质。从试验结果看（见图 21），基本成分设计车轮的踏面状态较 CL60 材质车轮稍差，这与车轮成分中碳元素的含量有关。碳含量增高，车轮对热的敏感性递增。但基本成分设计车轮未出现制动热裂纹、闸瓦拉伤等现象，表明所研发的 30t 重载货车车轮抗热损伤性能满足重载线路运行条件的要求。

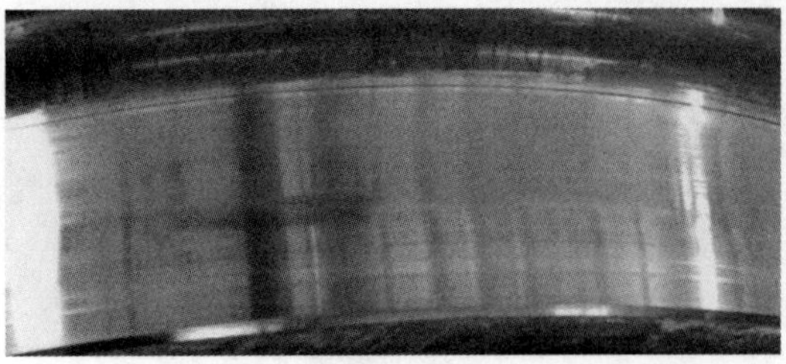

(a) CL60 车轮

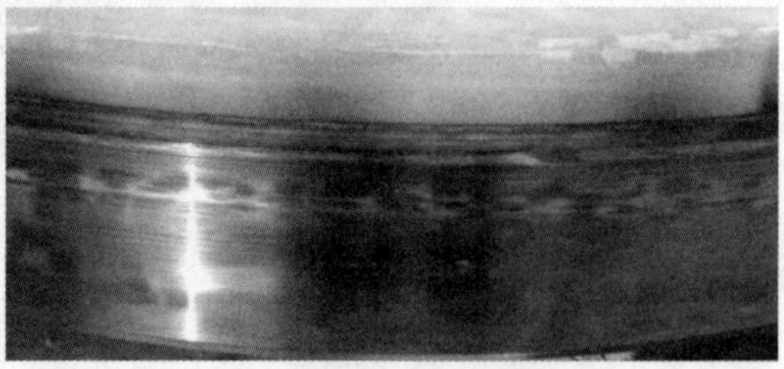

(b) 基本成分设计车轮

图 21　车轮制动试验后踏面状态

对安装在大秦线 30t 轴重 C96 型货车的基本成分设计（CL70）、设计轮型 1（HFS 型）车轮装车运用情况进行了跟踪，车轮每万公里的平均磨耗量约为 0.030mm，磨耗量很小，对 30t 轴重货车及重载铁路条件的适用性良好。

依托本课题研究成果批量试制的优化成分设计车轮已出口澳大利亚 FMG 公司，装车应用于 40t 以上轴重矿运列车上，部分车轮已运行 10 万公里以上，从该公司反馈的信息看（见图 22），车轮使用情况良好。

研究内容 8：服役寿命评价及寿命预测方法研究

以国内大秦线线路条件为基础，参照 UIC510-5、EN13979-1 及 AAR 标准，采用数值模拟的方法对 30t 轴重运输条件下 HESA 车轮和设计轮型 1（HFS 型）车轮（新车轮和磨耗到限车轮）的静强度等效应力和当量疲劳应力进行了计算（见表 16），并对车轮的疲劳寿命进行了预测（见表 17），从计算结果看：

马钢车轮公司质量信息反馈卡

Quality Information Feedback Card of Wheel Company, Ma Steel

Customer	Fortescue Metals Group Ltd	Address	PO Box 2365 South Hedland Western Australia
TEL	61 08 9140 5606	Contact	Russell Davies
Product	AAR-CM Class Heavy Haul Wheel	Signature	
Information Feedback	We have purchased 2440 pieces of AAR-CM class heavy haul wheels (FMG970B specification) for our 42 tons axle load ore cars from your company in 2017. The dimensions and comprehensive quality of these wheels can meet the requirements of our purchase specification. We plan to purchase in excess of 3600 wheels in 2018. By now, most of these wheels have been put into service and they serve well. Some of the wheels have served for more than 100,000 KM. No accidents due to wheel failures have occurred. Our company has purchased wheels from your company since 2015 and we have established mutual trust relationship since then. We hope to set up long-term, stable and mutually beneficial strategic partnership with you. The customer service provided is second to none. We appreciate your company continuously meeting our requirements (usually increase volumes) at such short notice.		
Remarks			

图 22 优化成分设计车轮使用情况反馈

表 16 轮毂和辐板静强度计算结果 (MPa)

状态	轮型		直线工况	曲线工况	道岔工况	直线制动工况	曲线制动工况
新轮	HESA	轮毂	327	364	348	329	364
		辐板	206	187	281	259	316
	HFS	轮毂	324	362	342	325	360
		辐板	228	210	266	239	244
磨耗到限车轮	HESA	轮毂	329	369	353	33	374
		辐板	216	259	301	318	367
	HFS	轮毂	326	367	346	327	365
		辐板	236	214	278	290	303

表 17 车轮等效寿命预测

状态	轮型	运用状态	车轮寿命（折合使用年限①）
新轮	HESA	普通工况	129 万公里（8.6 年）
		恶劣工况	113 万公里（7.5 年）
	HFS	普通工况	1000 万公里（66.7 年）
		恶劣工况	716 万公里（47.7 年）
磨耗到限车轮	HESA	普通工况	42 万公里（2.8 年）
		恶劣工况	33 万公里（2.2 年）
	HFS	普通工况	403 万公里（27 年）
		恶劣工况	327 万公里（22 年）

① 按照货车每年运用 15 万公里折算，未考虑车轮镟修。

（1）HESA 和 HFS 车轮轮毂和辐板静强度均小于对应部位的屈服强度，能够满足 30t 轴重运输要求，HFS 车轮安全余量更大。

（2）HESA 车轮的结构设计强度基本能够满足 30t 轴重的运用，但寿命裕量较小。

（3）对 HFS 车轮，即使在磨耗到限、恶劣工况的条件下寿命仍达到 22 年，具有充足的安全余量，完全满足 30t 轴重使用条件。

开展了严重影响车轮使用安全性的重载车轮非金属夹杂物损伤容限尺寸的研究。通过疲劳裂纹门槛值的测量，结合轮辋应力有限元分析确定了裂纹不发生扩展的最大尺寸，由此预测了非金属夹杂物的临界尺寸。从研究结果看：

（1）等效应力强度因子范围门槛值基本不随加载角度的变化而变化。

（2）车轮钢纯Ⅰ型裂纹和纯Ⅱ型裂纹的疲劳扩展应力强度因子范围门槛值分别为 3.2MPa · $m^{1/2}$（R=0.5）和 3.6MPa · $m^{1/2}$（R=0.5）。

（3）夹杂物临界尺寸为 0.092mm，约 100μm。

开展了含腐蚀缺陷车轮钢服役安全评价，根据有限元计算和腐蚀状态下试样的疲劳性能试验，分析了腐蚀后材料的疲劳性能及其使用安全性。从研究结果看（见图 23、表 18）：

（1）腐蚀坑降低车轮的疲劳极限，促进疲劳裂纹萌生。

（2）车轮辐板腐蚀坑可允许的临界深度是 300μm。

（3）车轮辐板应进行防腐蚀保护，并定期在辐板表面涂抹防锈油。

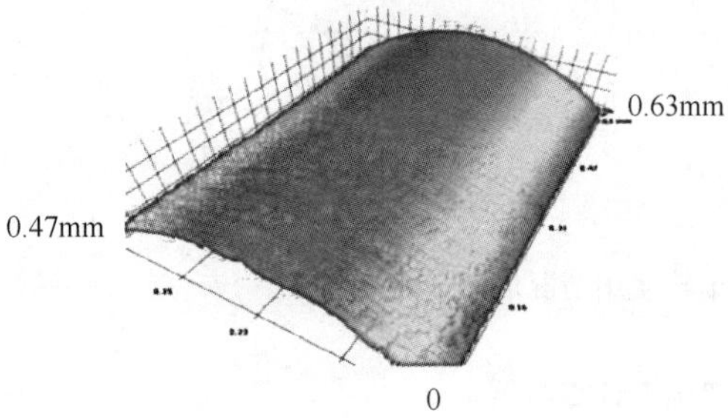

(a) 未腐蚀试样

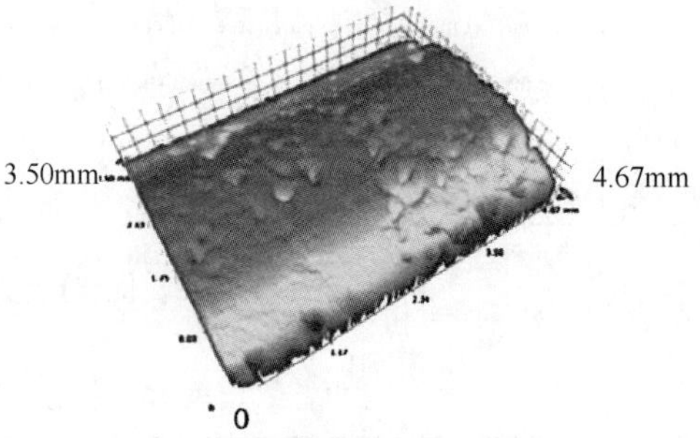

(b) 腐蚀 8 天的试样

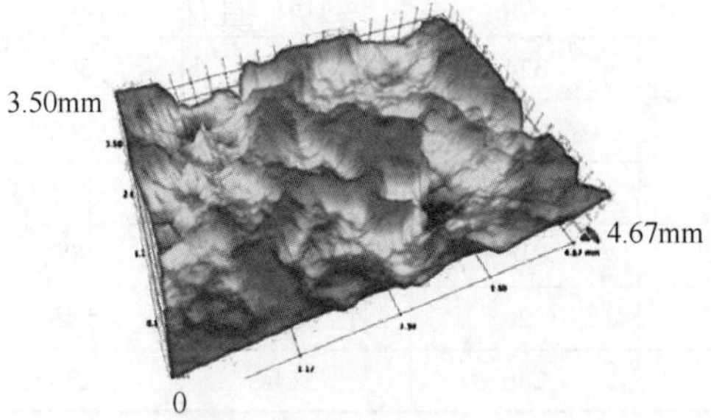

(c) 腐蚀 32 天的试样

图 23　未腐蚀试样和腐蚀试样的表面形貌

表 18　未腐蚀试样和腐蚀试样上坑的粗糙度和最大深度

试　样	粗糙度/μm	坑最大深度/μm
无腐蚀	0.18	—
腐蚀 8 天	3.0	88
腐蚀 32 天	33.1	291

3　课题研究成果的科学性、先进性和创新性评述

本课题从国内外重载车轮使用情况调研、典型货车车轮样品失效分析及国内外车轮标准综合分析入

手，识别出影响重载车轮使用安全性和可靠性的关键因素，确定了30t轴重重载车轮关键技术指标及技术路线。通过开展重载车轮材料的微合金化成分设计及优化，重载轮-轨匹配及车轮轮型优化设计和重载车轮工业化冶炼、轧制及热处理工艺研究，确定了30t及以上轴重重载车轮的成分设计方案、轮型设计及车轮制备工艺，从小批量试制和第三方、摩擦磨损和接触疲劳试验、1：1台架试验及装车试验结果看，性能完全满足设计要求，能够满足30t及以上轴重重载运输条件。

铁路货运重载是我国铁路发展的主要战略之一，在铁路货运轴重从23t逐步提高到25t、27.5t轴重的基础上，30t轴重货运专线也已逐步建成，对30t轴重货车车轮的需求也逐步增加。本课题服务于我国重载铁路发展的迫切需求，所开展的研究工作具有广阔的应用前景。同时，依托本课题的研究成果生产的40t轴重重载车轮已批量出口澳大利亚，不仅创造了可观的经济效益，而且对提高中国品牌在国际上的知名度产生了积极的影响。因此，本课题的研究成果具有一定的科学性、先进性和创新性。

4 课题知识产权产出情况

4.1 论文情况

课题实施期间，发表论文7篇，具体见表19。

表19 发表论文情况

序号	论文名称	刊物名称	卷号
1	Microstructural analysis on cleavage fracture in pearlitic steels	Materials Characterization	2016，119
2	V和Si对珠光体车轮钢显微组织和力学性能的影响规律	材料研究学报	2016，30（6）
3	U68CuCr与U75V钢轨的摩擦磨损行为对比	钢铁	2016，51（4）
4	轮辋浅层裂纹伤损容限分析	铁道机车车辆	2016，36（5）
5	Precipitation behaviour and control of TiN inclusions in rail steels	Ironmaking & Steelmaking	2016
6	滚动方向改变对车轮钢摩擦磨损性能的影响	西南交通大学学报	2017，52（1）
7	客车车轮轮辋密集型小缺陷检测方法研究	安徽冶金科技职业学院学报	2017，27（3）

4.2 专利情况

课题实施期间，申请发明专利5项，其中3项已授权，具体见表20。

表20 申请专利情况

序号	专利名称	专利授权或申请号	专利类别
1	一种车轮钢，其用途以及热处理方法	ZL201510230962.0	发明
2	一种高强度高韧性重载列车车轮用钢及其热处理方法	ZL201610989844.2	发明
3	一种超高强度铝合金化超高碳车轮用钢及其热处理方法	ZL201610989842.3	发明
4	一种高硬度耐磨车轮钢及车轮制备方法	201611003576.9	发明
5	一种高强高塑性重载铁路货车车轮用钢及其生产方法	201710440795.1	发明

4.3 标准制定

完成了1项行业标准及2项企业标准的制定，具体见表21。

表21 制定标准情况

序号	标准名称	标准号	标准类别
1	铁路货车用CL65、CL70辗钢整体车轮暂行技术条件	TJ/CL 447—2016	行业标准
2	铁路货车用CL65、CL70辗钢整体车轮	Q/MGB 489—2016	企业标准
3	AAR-CM材质整体辗钢车轮	Q/MGB 527—2018	企业标准

5　课题实施效果

课题成果对相关研发工作的开展以及本学科及相关学科发展的作用和影响；课题成果目前的应用、转化情况（包括与用户或企业等的合作情况），拟进一步推动成果转化的措施、方案及其前景分析；课题成果的其他经济、社会效益分析与评述；以及其他进展和成效等。

铁路是我国国民经济大动脉，是确保国家安全、经济安全和经济发展的战略工具，轴重的提高意味着运输效率的提高，本课题的成果满足了轴重提高对车轮提出的新要求，列车运行安全性和可靠性进一步提高，有力地保障了我国铁路货运的快速发展。同时本课题的成果对促进马钢车轮新产品设计和制备工艺开发技术的提升以及马钢轮轴产品从单一的车轮产品向轮轴以及轮对产品延伸都起到了很好的支撑和引领作用。

依托本课题的研究成果，成功研制出适合我国 30t 轴重重载运输条件的车轮产品，销售 3986 件，实现销售收入 896 万元。应用本课题的优化成分设计方案完成了 6832 件出口澳大利亚 40t 以上轴重矿运货车车轮的出口销售，实现销售收入 3945 万元。

随着我国货运轴重由目前主要以 23t、25t 为主向 30t 及以上轴重过渡，30t 及以上轴重车轮的需求将逐年提升，实现重载车轮国产化，不仅对车轮制造企业提升经济效益，另一方面对铁路运输部门降低采购成本，提高运输效率都有益处，同时对国外重载市场的进一步开拓意义重大。

6　课题组织管理情况

课题组采用了产学研合作形式，以我国重载铁路运输专线所需车轮需求为载体，借鉴国外重载车轮开发经验，系统开展 30t 轴重列车车轮材料的服役行为及关键设计、制备技术研究，提高我国重载车轮的研发水平。

课题工作目标明确，课题研究内容相互衔接。由于国家项目的持续支持，稳定了国内在车轮用钢领域长期合作的科研队伍，保持了在该领域科研、标准、生产的先进性。本课题项目组长期坚持年度中期检查和年终检查相结合，同时采用针对不同领域的问题及时组织有关方面协调解决的措施，保证项目顺利有序进行。

车轮技术研究

国内外车轮生产工艺的对比分析❶

钟 斌 吴勇中 陈 刚

（马鞍山钢铁股份有限公司）

摘 要 对比分析了国内外主要车轮生产厂家车轮生产工艺及特点，并对我国今后车轮生产技术的发展提出了建议。

关键词 车轮；生产；工艺

Comparison and Analysis of Train Wheel Production Processes

Zhong Bin Wu Yongzhong Chen Gang

（Ma'anshan Iron and Steel Co.，Ltd.）

Abstract The wheel production processes and their features of main wheel manufacturers in the world are compared and analyzed. Some proposals are raised in view of the future technical development of wheel production in China.

Key words train wheel；production；process

我国铁路运输系统承担了全国货运和客运总量的大半以上，铁路运输与其他运输方式相比具有运量大、成本低、安全可靠等优点，在国民经济和社会发展过程中，占据了重要的地位。从长远看，我国铁道车辆发展是同当前世界铁道车辆发展的总趋势相同的，即客车向高速度、高舒适度、高效能方向发展，货车向大型化和专用化方向发展。而车轮作为机车车辆的重要行走部件，其生产能力和产品质量对我国铁路运输事业的发展起着至关重要的作用。本文通过对国内外主要车轮生产厂家工艺技术现状进行对比分析，对我国今后车轮生产技术工作的方向提出了建议。

1 国内外车轮生产厂概况

据不完全统计，目前全世界约有30余家车轮生产厂[1]，主要分布在欧美国家以及亚洲的中国和日本等地区。美国曾是车轮生产能力最大的国家年产30万~40万吨车轮，但目前各车轮厂基本处于停产、半停产状态。而韩国、印度、澳大利亚、南非等国尽管有车轮制造厂，但产品主要依靠进口。除中国外，近几年世界上没有新建的车轮厂，与20世纪80~90年代相比，车轮生产厂的数量在减少，总的生产能力显著降低。

目前，法国莱迪纳（Valdunes）和日本住友是装备水平和技术水平处于领先的车轮厂，而俄罗斯、乌克兰的车轮厂则因其低成本优势极具市场竞争力。

2 车轮生产技术概况

车轮的生产方法主要有两种：轧制法和铸造法。

轧制法的优点是车轮具有均匀、致密的组织，良好的综合机械性能，因而具有高可靠性；缺点是生

❶ 原文发表于《江西冶金》2003年第4期。

产工序多，生产成本高。

铸造法的优点是流程短，工艺流畅，工序环节少，生产成本非常低，省去了轧制车轮时的铸锭、切坯、加热、镦粗、冲孔和轧制等工序，使生产工艺大大简化，明显降低了能耗，提高了金属的收得率；其缺点主要是车轮的塑性、韧性较差。

美国是主要使用铸钢轮的国家，生产工艺成熟，几乎所有的货车轮都使用铸钢轮，但客车轮和机车轮仍使用轧制车轮，这说明，即使在美国，当安全性要求更高时，轧制车轮仍是主要选择对象。实际上，由于美国车轮厂的倒闭或停产，目前只有大同与美国 ABC 公司合资的大同铸钢轮厂在满负荷生产，可见，在世界范围，铸钢轮的需求量是非常有限的。

日本和欧洲国家始终对铸钢轮持排斥态度，而他们轧制法生产线的装备和技术水平恰是领先的，且生产过程一直处在正常运转状态，与美国的情况截然不同，其原因在于轧制车轮既具有高可靠性，同时还具有广泛的适应性。

轧制车轮的生产模式主要有两种：一是自成体系的生产厂，欧洲的车轮厂基本如此，其特点是炼钢能力与轧制能力匹配，均采用电炉炼钢；二是归属于大钢铁企业的生产厂，主要为日本住友、俄罗斯、乌克兰车轮厂及中国马鞍山钢铁股份有限公司（马钢）。这两种模式之间存在的差异主要在钢上，欧洲车轮钢中的残余合金元素含量高，而住友和马钢车轮钢中残余合金元素含量非常低。

3 国外主要车轮生产厂家车轮生产工艺及特点

3.1 日本住友金属制钢所

该厂设备是德国施勒曼公司制造的，20 世纪 90 年代又在热加工工艺方面引进了 SIRD700 摆辗机，替代 30MN 压力机完成辐板弯曲加工、穿孔和对车轮定径整形。

其生产工艺流程[2]为：转炉（或电炉）熔炼→连铸圆坯→切削和折断成坯→环形炉加热→高压水除鳞→90MN 压力机镦粗、成形→ϕ1300 mm 立式车轮轧机轧制成形→SIRD700 摆动辗压机上整形穿孔→4MN 打印机打印→缓冷→连续装置上淬火、回火→超声波检查→硬度检查→机械加工→打印→静平衡测定→磁粉探伤→外观尺寸检查→涂漆包装→出厂。

该厂压轧能力为每小时 80 个车轮。其生产工艺特点为：（1）在 30MN/60MN 总压力 90MN 的水压机上，两个工步即上轧机，工艺先进，节省设备。但生产效率稍低，未能充分发挥后续工步设备效能。（2）采用摆辗机整形、冲孔以提高车轮尺寸精度，改善同心度，减少切削量，降低能耗。（3）用大直径连铸圆坯代替钢锭。（4）采用立式轧机代替卧式轧机轧制，该轧机于垂直面上轧制轮坯，有如下特点：1）辐板能均匀减薄，无产生台阶之弊。2）利于减小车轮偏心。3）氧化铁皮易掉落。4）因无庞大支架和传动机构，故设备重量轻，轧制大规格车轮不受支架限制。5）立式轧机所有设备均在地面，利于维修。6）立式轧机缺点是坯料进出轧机不方便，且只有送出一个轧好车轮才可进出坯料，不像卧式轧机可同时进出，以减少辅助时间。

3.2 法国莱迪纳车轮厂

该厂 2000 年生产车轮 37.5 万个，产品大多出口，其出口的车轮 50%销往亚洲、40%销往非洲、10%销往南美。出口亚洲的车轮主要为高速车轮，包括地铁和轻轨客车轮。

其工艺流程为：连铸坯→圆盘冷锯切坯→环形加热炉加热→60MN 压力机镦粗、成形、穿孔→立式轧机轧制→50MN 压力机压弯、二次冲孔→激光检测→隧道炉缓冷（可以不要）→环形加热炉加热→淬火台淬火→回火→喷丸→测量硬度→加工→超声波探伤。

该生产线与日本住友相似，采用立式轧机进行车轮轧制。对于小于 ϕ950mm 的车轮，采用 ϕ325mm 连铸坯，该坯由 90t 超高功率电炉熔炼、经真空脱气、立式连铸而得；对于大于 ϕ950mm 的车轮，采用模铸锭轧制。对于氢含量小于 2ppm 的炉号，轧后不等温问题不大，此外轧 300 件左右换一次模具。

3.3 乌克兰维克逊生产厂

该厂于 1974 年在高尔基省建立，经过创新、改动，目前的工艺、设备为老厂的替代产物。

其变形工艺及设备为：热钢坯→高压水除鳞→20MN 水压机自由镦粗→50MN 水压机环内镦粗、压痕→100MN 水压机成形→ϕ1500mm 新型六辊卧式轧机轧制→35MN 水压机压弯、矫正和冲孔。生产率为每小时生产 90 个车轮。

此生产线特点为：（1）工步数多，易调整。（2）压机多，吨位大。（3）新型轧机为六辊卧式轧机(最大车轮直径 ϕ1500mm)，该轧机较坚固的结构使其能在温度较低和金属变形应力较高的条件下轧制重型车轮。（4）小时产量高，车轮尺寸精度较高。（5）车轮偏心大大减轻，但不能完全消除。（6）维修性较差，换辊时间较长。（7）耗能大。

4 国内主要车轮生产厂家车轮生产工艺及特点

4.1 马钢车轮轮箍分公司

马钢车轮系统于 1964 年全面投产，是我国第一条自行设计的铁道机车车轮生产线。其拥有的工艺设备、检测设施、生产规模为亚洲之最，生产能力达 15 万吨。

目前马钢的工艺流程为：转炉冶炼→钢包精炼→圆坯连铸→切锭→环形加热炉加热→高压水除鳞→30MN 水压机镦粗、压痕→80MN 水压机成形→卧式车轮轧机轧制→30MN 水压机冲孔、打印、压弯、矫正→等温→粗加工→热处理（淬火、回火）→精加工→抛丸→超声波探伤→磁粉探伤→静平衡试验→外观检查入库。

由于压轧系统老化落后、能力不足，使生产效率较低，能耗、工序消耗等难以降低，生产成本一直居高不下。2003 年马钢将对压轧系统进行彻底改造，完成改造后的装备及工艺路线为：转炉冶炼→钢包精炼→圆坯连铸→圆盘冷锯切坯→ϕ28m 环形加热炉加热→高压水除鳞→90MN 油压机镦粗、成形→立式车轮轧机轧制→50MN 油压机压弯与冲孔→等温→热处理（淬火、回火）→精加工→抛丸→超声波探伤→磁粉探伤→静平衡试验→外观检查入库。

改造后的新系统与国外先进车轮生产厂相比，在车轮钢原料上，马钢所用与日本住友和法国莱迪纳为同一类型，金属利用率与其处于相同水平；由于采用圆盘冷锯下料，备料过程中的金属损耗与法国莱迪纳可处在同一水平，低于日本住友；由于油压机和车轮立式轧机为当今世界最新设备，设备条件优于法国莱迪纳和日本住友，在压轧精度上占优，机加工过程中的工序消耗及金属损耗应该处于较低水平。总体上看，新系统的装备水平高于法国莱迪纳和日本住友，这使得新系统成为世界上最先进的生产线。

4.2 太重钢轮厂

太重钢轮厂[3]移植和利用了原加拿大蒙特利尔钢轮厂的主要设备，于 1997 年建成投产，能够满足 AAR 标准和中国铁道行业标准对现代车轮轧制工艺技术的要求，可制造 ϕ610~1300mm 的各类铁道车辆用辗钢整体车轮和各种工业用钢轮。车轮的设计年产量为 6 万吨，约 16 万个。该厂车轮生产的工艺流程和装备如下：

30t 电炉炼钢→40t 钢包精炼炉精炼（真空脱气）→下浇铸圆锭→制坯（割缝+折断或锯切下料）→称重分类→环形加热炉加热→高压水除鳞→60MN 模锻成形压力机镦粗压痕、模锻粗成形→10MN 水压机冲孔→ϕ1300mm 七辊卧式车轮轧机扩径轧制→30MN 水压机压弯成形→等温处理→淬火前加热→轮辋淬火→回火处理→喷丸清理→机加工→预检验→无损检测→静平衡测试→喷丸强化→硬度测试→带尺检验→标记打印→涂装入库。

工艺技术特点：工序顺流，物流合理，减少了中间堆垛周转环节，缩短了生产周期，先热后冷，充分利用锻后余热，节约能源，降低了制造成本。其缺点是：原料来源不能得到充分保障，坯料重量散差大，成形水压机能力不足，因而无法达到设计能力。

4.3 大同爱碧玺铸造有限公司（大同铸钢轮生产厂）

大同爱碧玺铸造有限公司[4]是大同机车厂与 ABC 铁路产品中国投资公司共同投资建设的一家以生产铁路铸钢车轮为主的合资公司，年生产能力 25 万个，采用美国 ABC 公司生产铸钢轮专有的先进技术，可生产 ϕ710~1050mm 的各种规格型号的铸钢车轮，并可满足 25t 轴重、120km/h 速度的要求。产品同时满足 AAR M-208 最新版本规定、M1003 质量标准以及中国用户的要求。

工艺流程：12t 电弧炉熔炼→石墨铸型→钢桶缓冷→抛丸落砂切割补贴→环形加热炉加热→踏面淬火→低温回火→辐板抛丸强化→机械加工→磁粉探伤→超声波探伤→尺寸、硬度、称重检查→成品入库。

工艺技术特点：工艺简单，尺寸精度高，切削量少，生产成本低。其缺点是适用范围窄，大多数国家不接受。

5 对我国车轮生产工艺技术发展的展望

与国外先进车轮生产厂家相比，虽然以马钢为龙头的国内车轮生产厂在硬件设施达到或接近了国际先进水平，但在技术能力上还存在明显差距。日本住友和法国莱迪纳具备强大的研发能力，在钢的冶炼、车轮外形设计、压轧、热处理工艺、车轮使用过程等各个方面拥有深厚的技术积累和自主技术，因此，能引导车轮产品的开发方向，在车轮标准制订上起主要作用。而我国车轮生产基本上是一个来料加工过程，在技术积累、技术创新上的投入较少。因此，在我们的装备水平赶超国外先进生产厂的同时，应在软件设施，即提高技术能力上下功夫，只有这样，才能充分发挥新装备的优势。结合国内外技术现状及发展趋势，我国车轮生产厂今后应将技术重点放在以下几个方面。

5.1 加强车轮新材质、新工艺的研究

国内车轮生产厂的产品结构单一，档次较低，在国际市场上缺乏竞争力，这主要是与我们在车轮材质研究方面投入不够有关，国外先进的车轮生产厂家能够根据车轮的不同用途选用不同的钢种，结合不同的生产工艺以满足不同的使用要求。而长期以来，我国车轮生产用钢一直为 CL60 级钢，产品质量与国外产品相比，如硬度均匀性较差、抗损伤（轮辋内、外部，辐板疲劳裂纹）能力不足等，这极大地制约了我国铁路事业的发展。因此，借鉴国外材质研究和工艺开发方面的先进经验，努力提高车轮产品的内在质量，提高市场竞争力，开发出适合我国铁路高速、重载发展要求的新材质、新工艺是当务之急。

5.2 加快车轮新产品的开发力度

当前世界铁道车辆发展的总趋势是客车向高速度、高舒适度、高效能方向发展，货车向大型化和专用化方向发展，同时要减少轮轨噪声对环境质量的影响。为顺应铁路运输发展的这种趋势，在激烈的市场竞争中站稳脚跟，必须不断地研制和开发适应市场发展趋势的新材质、新产品。今后应重点开展高速车轮、重载车轮和低噪声车轮的开发研制工作。

5.3 重视有限元法和计算机仿真技术的应用

采用有限元法进行车轮结构的设计优化以及利用有限元法和计算机仿真技术对车轮生产过程进行模拟是 20 世纪车轮技术进步的主要标志之一[4]。典型的例子就是美国采用有限元法，设计了深盆形辐板及 S 形辐板车轮，这两种车轮由于大大改善了在热负荷作用下的车轮应力状态而得以迅速推广应用。1981 年，美国 AAR 已将车轮设计的有限元分析纳入标准，作为评价车轮设计的条件，而且西欧等许多国家都把车轮结构的有限元优化设计作为车轮结构改进的必要条件，在俄罗斯、乌克兰、加拿大及英国，S 形车轮也得到广泛的应用，并取得了很好的经济效益和社会效益。有限元法优化设计，已作为国际公认的车轮设计程序而用于高速、重载、轻轨等所有新结构车轮的设计中，发挥着难以估量的作用。

随着计算机的普及，用计算机控制车轮生产过程各个主要工序、主要参数已十分普遍。有限元法和计算机仿真技术可用于车轮轧制过程、车轮钢的塑性变形过程、热处理过程及温度变化的模拟，可为确定合理的下料质量和轧制工艺提供依据。

5.4 重点研究工艺流畅性问题

车轮生产装备达到一定水平后，要继续提高技术经济指标，应重点加强工艺顺畅性研究，在优化各工序和工艺的基础上，优化各工序间的匹配衔接，力争使车轮生产质量、产量、能耗等指标达到最佳水平。从车轮生产的特点来看，要重点研究以下几方面的匹配衔接问题：钢与材的衔接、轧区与后续工区的衔接、热处理工艺内部的衔接、热处理区与机加工区的衔接、制造与使用的衔接。

6 结语

综上所述，随着中国加入 WTO，中国铁路运输事业也迅速地与世界接轨，在新的世纪里，我国铁路运输将全面提速、车辆逐步更新，伴随着中国经济的飞速发展以及西部大开发等良好机遇，同时随着中国车轮产品在国际市场的竞争力日趋增强，国内车轮生产厂家面临巨大的机遇和挑战。因此，必须顺应国内和国际市场发展趋势，不断地对现有设备进行更新换代、坚持不懈地进行技术创新、开发出适应市场需要的新产品，提高自己的综合竞争能力，以在激烈的国际国内市场中立于不败之地。

参 考 文 献

[1] 秦国庆．车轮生产现状及发展趋势［J］．河北冶金，1998（6）：9-11.
[2] 秦国庆．车轮不同生产方式及特性分析［J］．锻压技术，1999（6）：31-34.
[3] 郭玉玺．中国第二条辗钢整体车轮生产线及其工艺技术水平分析［J］．铁道车辆，1998，36（9）：12-15.
[4] 郑伟生．国外轮轴技术发展综述（一）［J］．国外铁道车辆，1998（4）：1-5.

马钢高质量圆坯连铸技术开发[❶]

顾建国　苏世怀　龚志翔

（马鞍山钢铁股份有限公司）

摘　要　简要介绍了马钢圆坯连铸机技术特点，研究开发系列高质量圆坯连铸生产及控制技术，如无缺陷坯连铸技术开发、铸态组织优化技术开发等。所生产铸坯具有表面、内在质量优良，铸坯铸态组织均匀、致密，中心等轴晶比率高、成分偏析小的特点。采用圆坯所生产的车轮轮箍等产品综合性能达到国际先进水平。

关键词　圆坯连铸；铸坯质量；技术开发；车轮轮箍

Development of High Quality Round Bloom Continuous Casting Technology in Masteel

Gu Jianguo　Su Shihuai　Gong Zhixiang

（Ma'anshan Iron and Steel Co.，Ltd.）

Abstract　The technical features of round bloom continuous caster，as well as the high quality round bloom producing and controlling technology developed，such as non-defect bloom continuous casting technology and casting structure optimizing technology are briefed in this paper. The round bloom produced has many characteristics such as high surface and internal quality，homogeneous and dense casting structure，improved central equiaxed crystal rate and low segregation of chemical compositions，etc. The comprehensive properties of wheel and tyre products produced with round bloom have attained advanced world level.

Key words　round bloom continuous casting；bloom quality；technology development；train wheel and tyre

1　马钢圆坯连铸机技术概况

随着我国国民经济的迅猛发展，对铁路运输也提出来越来越高的要求。车轮是火车的关键部件，随着铁路列车提速、重载战略的实施，对车轮使用条件的要求日趋严格，因此车轮质量的好坏直接影响到我国铁路运输大发展的进程。马鞍山钢铁股份有限公司作为我国高质量车轮产品的重点生产企业，为适应我国铁路运输发展的需要，不断开展技术改进和技术创新。为进一步提高车轮钢质量和优化其生产工艺，2002 年马钢投巨资引进和建设具有 90 年代先进水平的全弧形大断面圆坯连铸机，通过近两年的大量试验研究，形成系列生产高质量圆坯的连铸技术，并自主完成了圆坯三流技术改造工作。综合检验结果表明，铸坯具有表面质量优良，内部质量高的特点，完全满足生产车轮轮箍的质量需求。

为了进一步优化车轮轮箍生产线，提高车轮轮箍产品内在质量，2002 年马钢公司自意大利 Danieli Centro Met 公司引进一套代表国际先进水平的大断面全弧形圆坯连铸机，铸坯断面有 ϕ380mm 和 ϕ450mm 两种。该铸机具有铸坯断面大，技术装备先进等特点。

马钢圆坯连铸机主要技术参数如下：

◆　弧形半径：$R=12$m

---

❶ 原文发表于 2004 年发展中国家连铸国际会议论文集；《钢铁》2004 年增刊。

- ◆ 铸机流数：3 流
- ◆ 流间距：1800mm
- ◆ 铸坯尺寸：ϕ380mm、ϕ450mm
- ◆ 定尺长度：3500~6500mm
- ◆ 拉坯速度：ϕ380mm：≤0.70m/min；ϕ450mm：≤0.58m/min
- ◆ 中间包容量：28t
- ◆ 浇铸周期：60~70min
- ◆ 注流保护：大包长水口+浸入式水口
- ◆ 结晶器：带足辊双锥度
- ◆ 电磁搅拌：M-EMS（外置式）
- ◆ 二冷方式：水冷，弱冷方式
- ◆ 矫直机：三点五机架矫直

2 圆坯质量要求

马钢大圆坯主要用于生产车轮轮箍产品，而车轮轮箍产品作为列车的行走的关键部件，其质量的好坏直接影响到列车的运行安全和运行质量。车轮轮箍用连铸圆坯的表面及内部质量主要要求如下：

（1）铸坯表面质量：铸坯表面不得有肉眼可见的夹渣、结疤、鼓肚、孔洞、划痕、裂纹等缺陷；表面振痕均匀有规律。

（2）铸坯内部质量：铸坯不允许存在肉眼可见的白点、气泡、夹杂（渣）、皮下气泡和裂纹等缺陷；较低的铸坯疏松、偏析级别。

3 圆坯技术研究开发现状

为满足车轮较高的质量需求，自 2002 年圆坯连铸机建成投产以来，马钢公司积极与国内冶金院校合作开展相关技术研究，进行了大量的工艺试验和技术改造工作。如开展了车轮轮箍钢连铸的传热及凝固机理、铸坯连铸过程应力应变研究，连铸工艺（如钢水过热度、电磁搅拌、冷却制度等）对圆坯凝固及内部质量的影响等，较好地掌握了圆坯连铸生产高质量车轮轮箍用钢坯的相关技术。使得生产的铸坯质量具有表面质量优良，铸坯铸态组织结构均匀致密，铸坯中心等轴晶比率高达 50%以上，内在质量高（低的 S、P 夹杂元素、气体及夹杂含量）等特点。使用圆坯轧制的 HDSA、KKD、LG61、KDQ 等车轮轮箍产品的综合检验结果表明，产品的各项性能指标均较好地满足标准要求。所研制开发的高压无缝钢管用圆管坯 15CrMoG、12Cr1MoVG 等产品综合质量达到国际同类产品先进水平。

4 无缺陷连铸技术的研究与开发

铸坯质量状况直接影响到最终产品的质量，因此无缺陷或低缺陷是连铸生产的基本要求，也是衡量铸坯质量的重要技术指标。为确保车轮轮箍产品质量，马钢积极开展无缺陷连铸技术的开发与研究。

4.1 表面无缺陷连铸技术

铸坯的表面缺陷主要决定于钢水在结晶器凝固过程。它是与结晶器内坯壳形成、结晶器振动、保护渣性能、水口及液面状况等因素有关。

为确保铸坯质量，开展了结晶器保护渣的研制开发，开发出适合马钢车轮轮箍钢连铸保护渣；开展了结晶器内部温度场测定，研究建立结晶器内钢水流场、温度场分布的数学模型等。2002 年投产以来，圆坯表面未出现明显的夹渣、裂纹、凹陷等缺陷，完全满足车轮生产及质量要求。

4.2 铸坯内部质量控制技术

铸坯内部质量主要取决于铸坯的凝固过程中铸坯的高温特性、冷却状况及与铸坯接触设备的状况。针对车轮轮箍钢产品，铸坯内部裂纹及铸坯疏松程度将对车轮轮箍的质量产生较直接的影响，因此，开展消除铸坯内部裂纹、提高铸坯的致密度是提高铸坯质量的关键。

为此，在开展圆坯高温力学性能试验、铸坯射钉试验、铸坯表面温度变化规律研究等的基础上，开发建立铸坯圆坯凝固传热模型、连铸过程应力变化数学模型等，研究制定了科学的连铸拉速制度、二冷水控制模型、矫直制度等，有效保证铸坯内部质量满足车轮轮箍等产品的质量需求。

4. 2. 1　圆坯高温力学性能试验

试验在 Glebble2000 热模拟试验机上进行，通过测定圆坯的高温强度和断面收缩率，为连铸二冷水工艺优化提供技术依据。测试钢种为 CL60 车轮钢，其化学成分见表 1。

表 1　CL60 钢化学成分

Table 1　The component of CL60 steel　　(%)

牌号	C	Si	Mn	P	S
CL60	0. 60	0. 31	0. 75	0. 015	0. 005

试验结果见图 1，CL60 钢圆坯 900～1200℃区域具有较高的塑性。因此，当铸坯温度处于此温度区域时，须采用弱冷制度，同时铸坯的矫直点温度须控制在 900℃以上。

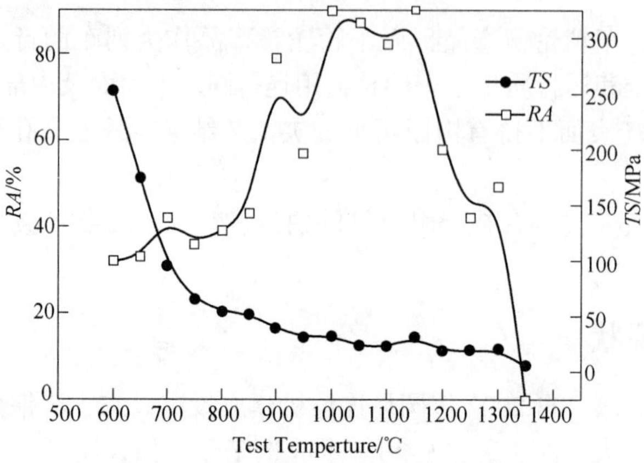

图 1　CL60 钢高温力学性能曲线

Fig. 1　Mechanical property curves of CL60 steel in high temperature

4. 2. 2　二冷水工艺优化试验

连铸的二次冷却方式及冷却制度对铸坯的质量有着直接的影响[1]。为获取优良的铸坯质量，根据车轮轮箍钢特点及铸坯质量要求，研究开展二冷工艺优化试验。试验根据连铸的凝固及传热特点，依据目标温度反算法原理，采用比水量的方法，建立和制定二冷工艺试验方案。试验结果表明，采用如下二冷工艺可较好满足连铸生产及铸坯质量需求，见表 2。

表 2　二冷工艺主要技术参数

Table 2　Basic technical data of secondary cooling system main

冷却段	冷却长度/m	冷却方式	喷嘴类型	比水量/L · kg^{-1}
4 段	5. 7	水冷	圆锥形 90°/60°	0. 30～0. 35

试验过程中采用红外线测温仪对铸坯表面温度进行在线测定，结果见图 2。铸坯表面温度变化较为合理，铸坯表面回温较小，进矫直区铸坯表面温度全部在 900℃以上。

4. 3　优化铸态组织技术开发

铸坯的铸态组织是评价铸坯内部质量的主要指标，因为铸坯内部质量的好坏很大程度上取决于铸坯的铸态组织，均匀而致密的等轴晶组织是铸坯最为理想的组织。如何提高等轴晶比率是提高连铸坯内部质量的关键，是获得良好的铸坯内部质量的首要条件。

根据铸坯凝固及传热特点，铸坯的柱状晶区和等轴晶区的相对大小主要取决于钢水温度、铸机拉速及冷却制度。在一定的连铸工艺条件下，为了最大程度地获得等轴晶组织，通常采取降低浇铸温度、调

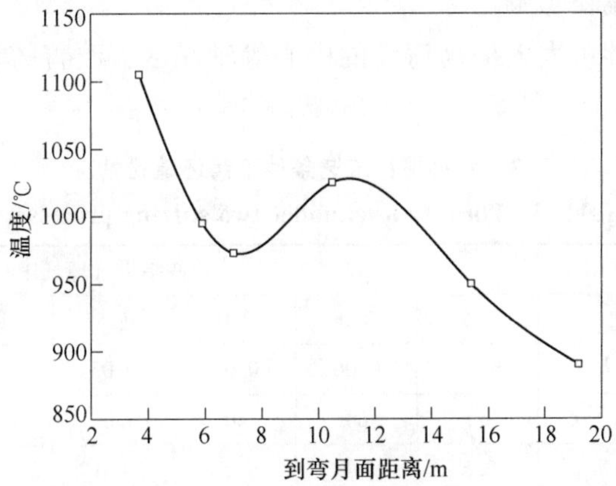

图 2　铸坯表面温度检测结果

Fig. 2　Result of round bloom surface temperature measurement

整拉速和弱冷方式，同时采用合理的电磁搅拌技术等。下面就简要介绍结晶器电磁搅拌技术的开发及其对铸坯组织影响情况[2]。

4.3.1　电磁搅拌对铸坯组织结构影响

试验结果表明，铸坯中心等轴晶比率随着搅拌电流的增加而增加，最高可达到 72.2%。电磁搅拌电流与铸坯中心等轴晶比率关系见图 3。对铸坯低倍组织影响见图 4。

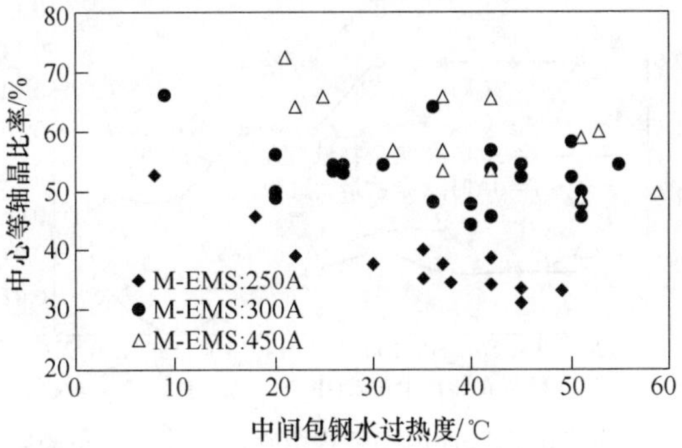

图 3　搅拌电流与铸坯中心等轴晶比率关系图

Fig. 3　Relationship between stirring current and central equiaxed crystal rate

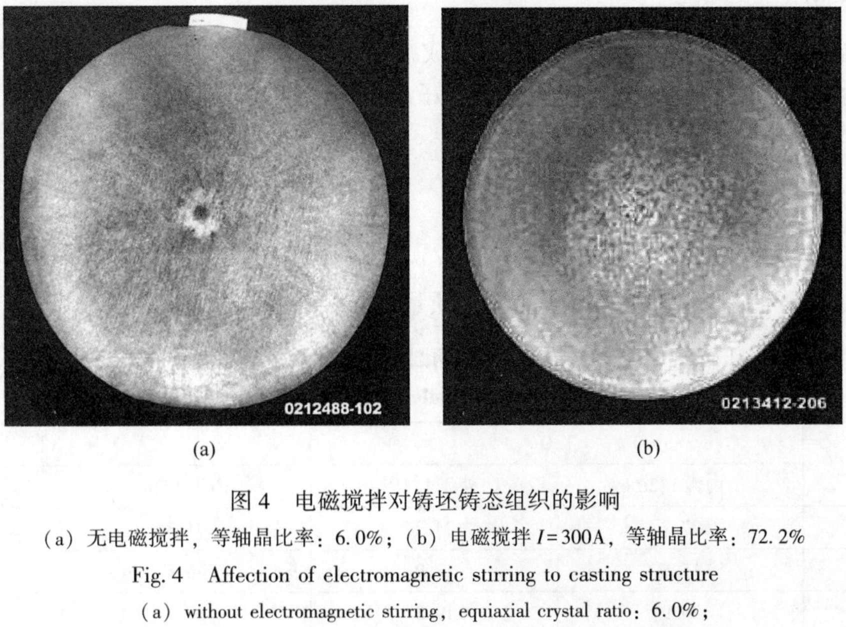

(a)　　　　(b)

图 4　电磁搅拌对铸坯铸态组织的影响

（a）无电磁搅拌，等轴晶比率：6.0%；（b）电磁搅拌 $I=300$A，等轴晶比率：72.2%

Fig. 4　Affection of electromagnetic stirring to casting structure

（a） without electromagnetic stirring，equiaxial crystal ratio：6.0%；

（b） with electromagnetic stirring （$I=300$A），equiaxial crystal ratio：72.2%

4.3.2　电磁搅拌对铸坯疏松影响

研究表明，结晶器电磁搅拌可大大提高铸坯的中心等轴晶区，改善铸坯的凝固组织，从而减少铸坯的疏松程度，见表3。

表3　两种搅拌工艺条件下铸坯疏松情况

Table 3　Porosity level under two stirring processes

工艺	项目	检测结果（铸坯中心→表面）							
搅拌 $I=300A$	疏松级别	2.5	2.0	2.0	1.5	1.0	1.0	1.0	0.5
	尺寸/mm（最大）	0.06	0.06	0.05	0.05	0.05	0.03	0.03	0.02
	密度/颗·cm^{-2}	60	60	40	30	20	20	20	10
无搅拌	疏松级别	2.5	2.5	2.5	1.0	1.5	1.0	1.0	2.0
	尺寸/mm（最大）	0.06	0.05	0.07	0.05	0.07	0.04	0.07	0.04
	密度/颗·cm^{-2}	60	60	60	30	30	30	30	20

4.3.3　电磁搅拌对铸坯夹杂物分布影响

研究表明，使用电磁搅拌可有效改善铸坯内部夹杂物的分布，降低夹杂物的尺寸。图5所示为两种不同搅拌工艺条件下，铸坯内部夹杂物的分布及夹杂物尺寸大小特点。

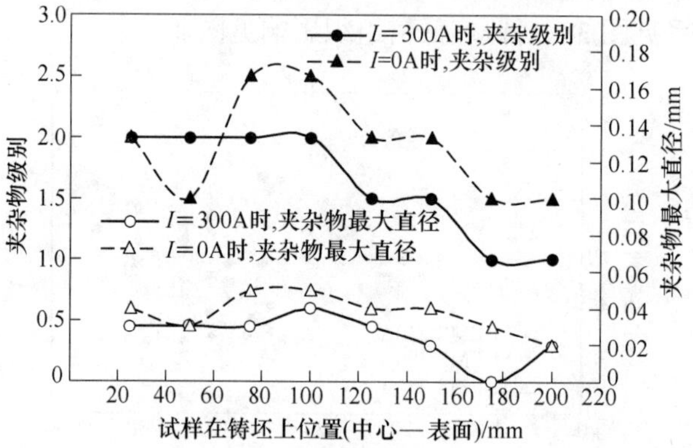

图5　M-EMS对圆坯内夹杂物级别、尺寸及分布的影响

Fig.5　Affection of electromagnetic stirring to the level, dimension and density of inclusion

5　圆坯质量分析

通过对圆坯连铸开展的系统技术研究工作，形成了系统的高质量圆坯连铸生产技术，配合先进的冶炼及精炼工艺技术，使所生产的铸坯具有表面质量好，振痕均匀，铸坯内在质量纯洁度高，铸坯内部组织均匀、致密、成分偏析小的特点。

5.1　铸坯纯洁度分析

检测分析了13块 ϕ450mm 车轮钢圆坯断面上（内外弧）全氧及气体含量，结果见表4。由此可见，铸坯具有较低的氮及全氧含量，铸坯内外弧无明显质量差异。

表4　车轮钢圆坯气体含量

Table 4　Gas content of wheel steel　　(ppm)

项目	T.O		[N]	
	内弧 1/2*R*	外弧 1/2*R*	内弧 1/2*R*	外弧 1/2*R*
最大值	27.2	24.7	71.3	70.8
最小值	15.8	12.9	46.5	45.2
平均值	20.9	19.8	58.4	57.1

铸坯断面上夹杂物的分布的检测分析结果，见图 5（结晶器电磁搅拌电流为 300A）。可见铸坯断面上夹杂物级别低且分布较为均匀。

5.2 铸坯低倍质量分析

铸坯低倍检验统计结果见表 5。结果表明，圆坯具有组织均匀、中心等轴晶比率高等特点。

表 5 ϕ450mm 圆坯低倍质量检测结果

Table 5 Microstructure test result of ϕ450mm round bloom

项目	椭圆度/%	内弧柱状晶厚/mm	内弧柱状晶厚/mm	中心等轴晶比率/%
最大值	1.5	130	100	58.2
最小值	0.0	90	60	45.5
平均值	0.95	115	90	52.1

5.3 铸坯成分偏析分析

铸坯宏观成品偏析采取了断面成分分析法及原位分析法，对 ϕ380mm 圆坯断面成分偏析检测结果见图 6。结果表明，圆坯除存在轻微的中心偏析外，总体偏析较小。

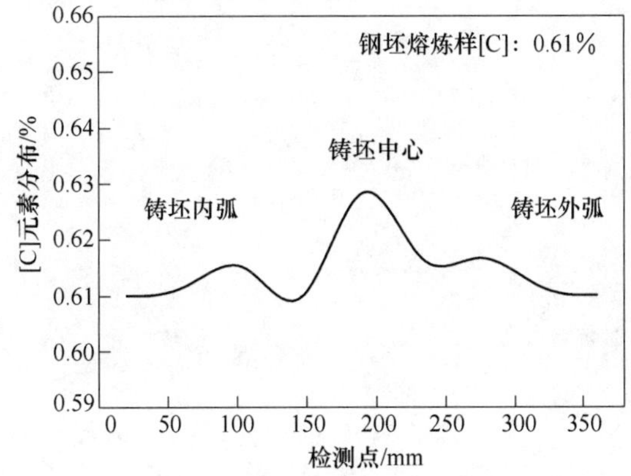

图 6 ϕ380mm 圆坯断面［C］元素分布情况

Fig. 6 Distribution of [C] along ϕ380mm round section

5.4 铸坯致密度分析

铸坯致密度直接反映和决定了铸坯的疏松及偏析情况，对铸坯断面密度测定结果见图 7。表明所生产铸坯具有较好的致密度，从而确保了铸坯质量满足后续产品需求。

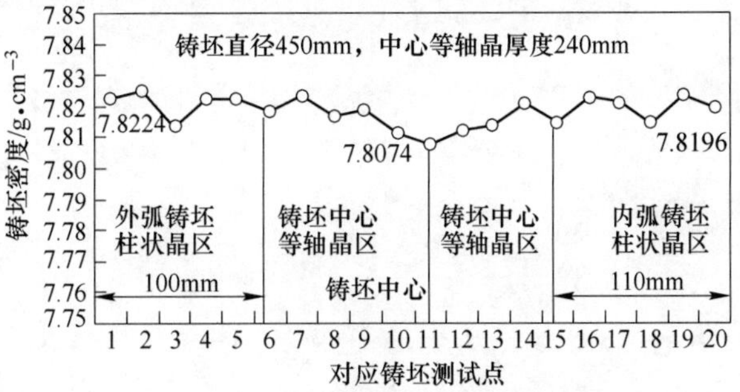

图 7 ϕ450mm 圆坯断面铸坯密度测定结果

Fig. 7 Density test result along ϕ450mm round section

6 圆坯产品开发情况

自 2002 年 4 月建成投产以来，根据市场需求，目前已成功开发出高质量的铁路用 HDSA、KKD 快速车轮、GKD 型（270km/h）高速车轮、1250 整体机车车轮等。所轧制产品经综合检验，结果表明采用连铸圆坯所生产的车轮轮箍产品各项性能指标均较好满足标准及用户需求，车轮轮箍的内在产品质量达到了国际先进水平。

同时根据市场需求，成功开发研制出高压无缝钢管用 20G、15CrMoG、12Cr1MoVG 等圆管坯，填补了我国大断面连铸圆管坯产品的空白，产品深受用户欢迎与好评。经综合检测，其实物质量已达到了国际同类产品先进水平。

7　结语

为满足高质量车轮轮箍产品质量的需求，开展了生产高质量铸坯的连铸技术的相关试验研究与开发，使圆坯的表面及内在质量显著提高，较好满足车轮轮箍等产品需求。

参 考 文 献

[1] 蔡开科，程士福，主编．连续铸钢原理与工艺［M］．北京：冶金工业出版社，1999.
[2] 龚志翔，张建平，等．M-EMS 对大圆坯质量的影响［J］．连铸，2003（5）：1-2，11.

铁道车辆辗钢车轮用钢的综述与讨论❶

崔银会[1] 潘 涛[2] 苏 航[2] 张 斌[3]

(1. 马鞍山钢铁股份有限公司；2. 钢铁研究总院；3. 中国铁道科学研究院)

摘 要 对国内外主要辗钢车轮用钢标准进行了综述，对车轮用钢方面的一些研究成果进行了介绍，并结合我国铁道车辆的实际情况对我国辗钢车轮用钢标准提出了一些建议。

关键词 辗钢车轮标准；车轮钢；比较；建议

Summarization and Discussion on Wheel of Rolled-off Steel Standards

Cui Yinhui[1] Pan Tao[2] Su Hang[2] Zhang Bin[3]

(1. Ma'anshan Iron and Steel Co., Ltd.; 2. Central Iron and Steel Research Institute;
3. China Academy of Railway Sciences Co., Ltd.)

Abstract Types of wheel steel stated in the main standards of wheel of rolled-off steel in the world are summarized. Some research achievements in the field of wheel steel are introduced, and suggestions on application of rolled-off wheel steel in China in the light of actual situation of railways and trains in the country are put forward.

Key words standards of wheel of rolled-off steel; wheel steel; comparison; suggestions

1 世界主要辗钢车轮标准简述

1.1 世界主要辗钢车轮标准

世界辗钢车轮标准有四个标准体系极具代表性，即：美国铁路协会 AAR 规范标准体系、欧洲标准体系、前苏联标准体系、日本标准体系，其他辗钢车轮标准都是这四个标准体系框架内的标准。美国铁路协会 AAR 规范标准体系车轮用钢是由 AAR M-107 碳素车轮钢标准规定；欧洲标准体系车轮用钢，主要标准有 PrEN 13262、UIC、BS 等标准，其中 PrEN 13262《铁路规范—轮对和转向架—车轮—产品要求》是 2000 年欧洲标准委员会 CEN 表决通过的适用于各种速度等级的整体锻轧车轮标准，已经被 CEN 成员国法国、德国、意大利、荷兰、西班牙、英国等采用，已经逐步取代以前被广泛采用的 UIC 标准；我国国标车轮采用的辗钢车轮标准和从前苏联分离出来的国家辗钢车轮标准都属前苏联标准体系；日本辗钢车轮标准自成体系，最新标准如 JIS E 5402-1：1998《铁道车辆用—整体车轮—品质要求》等。

1.2 我国辗钢车轮标准

我国辗钢车轮标准主要有国家标准 GB 8601—88《铁路用辗钢整体车轮》和铁道部行业标准 TB/T 2708—1996《铁路快速客车辗钢整体车轮技术条件》、TB/T 2817—1997《铁道车辆用辗钢整体车轮技术条件》、TJZL-01—98《乌克兰供中国铁路机车用粗制整体辗钢车轮技术条件》和科教装［2000］33 号文轻型客车车轮《铁路客车 KDQ 型车轮订货技术条件（暂行）》。

国家标准 GB 8601—88 主要适用于我国铁路提速以前的普通客货车车厢用车轮，其运行平均速度一般

❶ 原文发表于 2006 年全国大中型型钢生产技术交流会论文集。

在 80km/h 以下；铁道部行业标准 TB/T 2708—1996 和 TB/T 2817—1997 是为了满足铁路不断提速的需要，在参考世界诸多先进标准如 UIC、JIS 等的基础上铁道部组织制订的快速客货车车轮标准。随着铁路运输向高速重载方向发展，按国标生产的车轮逐年减少，铁标车轮现在已经基本取代国标车轮。TJZL-01—98 是铁道部为从乌克兰进口内燃、电力机车车轮制定的技术条件。科教装［2000］33 号文是铁道部为标准轨距、轴重≤15.5t、200km/h 以下的准高速轻型客车用车轮制定的技术条件。

2　主要辗钢车轮标准中车轮钢的比较

2.1　化学成分的比较

各国主要车轮标准对车轮钢化学成分的具体要求见表 1。TB/T 2708—1996 和 TB/T 2817—1997 中选取 TB/T 2708—1996 与各标准比较是因为这两个标准化学成分要求基本相同，只是［H］含量要求不一样，TB/T 2708—1996 要求［H］≤2.0ppm，TB/T 2817—1997 要求［H］≤3.5ppm。

表 1　各国主要车轮标准对车轮钢化学成分的比较　（%）

标准代号	钢种	C	Si	Mn	P	S	Cr	Cu	Mo	Ni	V	备注
AAR M-107	CLASS L	≤0.47	0.15~1.00	0.60~0.90	≤0.30	0.005~0.040	≤0.25	≤0.35	≤10	≤0.25	≤0.40	Al≤0.060，Ti≤0.03，Nb≤0.05
	CLASS A	0.47~0.57	0.15~1.00	0.60~0.90	≤0.30	0.005~0.040	≤0.25	≤0.35	≤0.10	≤0.25	≤0.40	
	CLASS B	0.57~0.67	0.15~1.00	0.60~0.90	≤0.30	0.005~0.040	≤0.25	≤0.35	≤0.10	≤0.25	≤0.40	
	CLASS C	0.67~0.77	0.15~1.00	0.60~0.90	≤0.30	0.005~0.040	≤0.25	≤0.35	≤0.10	≤0.25	≤0.40	
PrEN 13262	ER6	≤0.48	≤0.40	≤0.75	≤0.020	≤0.020	≤0.30	≤0.30	≤0.08	≤0.30	≤0.06	Cr+Mo+Ni≤0.50，v≥200km/h：［H］≤2.0ppm，v≤200km/h：［H］≤2.5ppm
	ER7	≤0.52	≤0.40	≤0.80	≤0.020	≤0.020	≤0.30	≤0.30	≤0.08	≤0.30	≤0.06	
	ER8	≤0.56	≤0.40	≤0.80	≤0.020	≤0.020	≤0.30	≤0.30	≤0.08	≤0.30	≤0.06	
	ER9	≤0.60	≤0.40	≤0.80	≤0.020	≤0.020	≤0.30	≤0.30	≤0.08	≤0.30	≤0.06	
ГОСТ 10791—89	1	0.44~0.52	0.40~0.60	0.80~1.20	≤0.35	≤0.40	—	—	—	—	0.06~0.15	
	2	0.55~0.65	0.22~0.45	0.50~0.90	≤0.30	≤0.40	—	—	—	—	—	
JISE 5402—1998	SSW	0.60~0.75	0.15~0.35	0.50~0.90	≤0.045	≤0.50	—	≤0.30	—	—	—	碳含量参照执行 ISO 1005-6（1994-08-01）
TB/T 2708—1996	CL60	0.55~0.65	0.17~0.37	0.50~0.80	≤0.35	≤0.40	≤0.25	≤0.25	—	≤0.25	—	Cr+Mo+Ni≤0.50，［H］≤2.0ppm
TJZL—01-98	CLJ-3	0.51~0.56	0.15~0.40	0.65~0.80	≤0.020	≤0.015	0.15~0.25	≤0.25	≤0.08	≤0.25	0.08~0.15	Al≤0.040，［H］≤2.0ppm
科教装［2000］33 号文	CL50A	≤0.52	≤0.40	≤0.80	≤0.025	≤0.025	≤0.30	≤0.30	≤0.08	≤0.30	≤0.06	Cr+Mo+Ni≤0.50，［H］≤2.0ppm

2.2　钢种适用车轮的分析与比较

由表 1 可看出，AAR M-107 碳素车轮钢标准和 PrEN 13262 对车轮钢化学成分分得较细，主要按碳的含量进行了分级，微量元素含量也进行了规定，最大特点是只规定各成分的上限值；而日本 JIS E5402-1：1998J 对车轮钢化学成分规定较宽，只规定了五大基本元素的成分要求，碳的含量范围较宽（0.60%~0.75%）；苏联标准体系 ГОСТ 标准对车轮钢分成了两级，即碳含量分别为 0.44%~0.52% 和 0.55%~

0.65%，微量元素含量除 V 外没有要求。我国的 TB/T 2708—1996、TB/T 2817—1997 标准中车轮钢化学成分碳含量继承了国标 GB 8601—88 对碳的要求，即 CL60 钢，其他元素含量的要求类似 UIC-3—84 标准的要求，TJZL-01—98、科教装［2000］33 号文两个标准的化学成分类似于 PrEN 13262 标准 ER8、ER7 钢种，TJZL-01-98 标准对微量元素含量规定有一些差异，主要是强化元素 V、Cr 含量。

以上标准对用户选择钢种牌号进行了规定和推荐。

AAR M-107 碳素车轮钢标准主要适用于时速 200km/h 以下的客货车厢用车轮，CLASS L 钢种适合于载荷较轻、制动条件较恶劣、快速运行的铁道车辆用车轮；CLASS A 钢种适合于载荷中等、制动条件恶劣、快速运行的铁道车辆用车轮；CLASS B 和 CLASS C 钢种适合于载荷和速度较高、制动条件恶劣的铁道车辆用车轮，AAR 标准体系 CLASS B 级车轮和 CLASS C 级车轮使用比较广泛。

PrEN 13262 钢种推荐原则同欧洲以前广泛采用的 UIC-3—84 标准，对速度较低、采用踏面制动、运行时磨耗严重或轴重较大的铁道车辆推荐使用高碳高强度的 ER9 钢种，如地铁车轮、重载货车车轮；运行速度高、车轮负荷和轮轨接触应力负荷都较低、采用踏面制动或盘形制动、运行时容易因车轮滑动引起高热应力作用的客货车辆车厢用车轮推荐使用 ER6、ER7 钢，如高速列车车辆用车轮；机车车辆用车轮推荐使用 ER8 钢种。

苏联标准体系 ГОСТ 标准，对运行速度较高（一般时速在 120~200km/h）、车轮负荷较轻的铁道车辆用车轮采用 ГОСТ 10791—89 牌号 1 钢种，牌号 2 钢种适合于载荷较大和速度中等（一般时速不超过 160km/h）的铁道车辆用车轮。

日本为了与 ISO 标准接轨，于 1998 年修改了以前的整体轧制车轮的 JIS 标准，该标准车轮钢只有一个成分范围，但要求根据不同速度等级的铁道车辆用碳素钢整轧车轮，材料成分参照选用 ISO 1005-6（1994-08-01）标准，碳含量可以从 0.46%~0.77%范围选用 6 个钢种。

我国 TB/T 2708—1996、TB/T 2817—1997、TJZL-01—98、科教装［2000］33 号文四个辗钢整体车轮标准都只规定了一个成分范围，分别适用于我国铁路时速 160km/h 以下的快速客车车厢用车轮、时速 120km/h 以下的快速货车车厢用车轮、时速 160km/h 以下轴重 23t 以下的快速客货车内燃和电力机车车轮、时速 200km/h 以下准高速轻型客车车轮。

3 我国铁道车辆车轮用钢的讨论

以上主要辗钢车轮标准对车轮用钢钢种规定，都是在大量研究的基础上提出来的，反映了各国所坚持的技术路线，本文研究标准的目的是提出适合我国各种速度等级各种类型铁道车辆车轮用钢，所以必须结合车轮的使用特点。

3.1 我国铁道车辆车轮使用中的主要问题

随着我国铁路提速战略的不断实施，国内有关研究部门研究发现随着列车运行速度的不断提高，车轮踏面剥离问题越来越严重，已经成为列车车轮运行中主要问题[1]。据上海车辆段统计，自 1997 年 4 月开行提速列车以来，车轮故障呈上升趋势，其中车轮擦伤剥离占车轮故障 60%以上。

2000 年以来，为研究 CL50A 车轮钢使用情况，我国有关研究人员对运用于广深线“蓝箭”号准高速列车 HSQ 车轮、沪宁线“新曙光”准高速列车 KDQ 车轮的使用情况进行了调查，也对中国第一条电气化客运铁路专线——秦沈客运专线高速试验列车拖车 GKDA 车轮的运行情况进行了跟踪。调查中发现，在广深线运行的准高速列车车轮运行中发现的主要问题是踏面剥离和轮缘辗宽，个别车轮轮缘垂直磨耗明显超限；在沪宁线运行的平均时速达 120km/h 准高速列车“新曙光”号，车轮踏面剥离表现为长度 200mm 以下的鱼鳞状连片剥离或小片剥离；“中华之星”试验高速列车拖车 GKDA 车轮运行中发生轻微擦伤及擦伤剥离。相比过去在频繁制动情况下的快速客货车轮用 CL60 钢车轮运行的擦伤及剥离情况，CL50A 车轮钢擦伤剥离程度较轻。

3.2 我国铁道车辆车轮用钢的建议

3.2.1 时速 200km/h 以下的快速客货车车轮继续使用降碳的 CL60 钢

我国时速 200km/h 以下的快速客货车，采用盘形制动，载荷与欧美同等类型的车辆比偏高，而我国使用的铁轨又多是普通钢轨，实践研究证明，轮轨硬度匹配为 0.9∶1 有利于降低车轮和钢轨的接触磨损，由于我国钢轨的实际硬度大于 HB 300，所以车轮轮辋踏面外侧面硬度 HB≥270 较好。又因为我国的车轮钢的冶金质量已经得到很好的控制，轮辋、辐板的疲劳破损不会成为主要问题，踏面表面剥离是最主要的问题。所以在保证适当硬度和强度的前提下，为提高车轮抗剥离的能力，必须提高车轮的韧性。这样，适当降低碳含量、再用适量的微合金元素进行强化很有必要。

3.2.2　时速 200km/h 以上高速列车车轮使用中低碳微合金钢

由于高速列车一般采用盘形制动，高速运行下，车轮踏面受到的热影响较普通列车车轮剧烈，它来源于轮轨间的滑动摩擦、起动和制动过程中，由于加速度、减速度均很大，当牵引力和制动力超过可用黏着力时，会在轮、轨接触面产生宏观滑动，运行过程中，车轮出现滚滑现象时也会在轮、轨接触面产生宏观滑动。这样，高速车轮的热疲劳剥离问题就主要归因于轮轨之间滑动引起的擦伤剥离。研究表明[2]，车轮踏面热疲劳剥离的原因在于马氏体组织的产生。在滑动摩擦剧烈时，踏面温升可超过 1000℃，使踏面金属重新淬火形成脆硬的马氏体组织，成为踏面剥离缺陷产生的根源。马氏体层浅，损伤程度轻；马氏体脆性小，损伤程度也轻。马氏体层的产生、厚度受钢的成分、淬透性、加热温度、冷速等多种因素的影响；马氏体的脆性与碳含量有关。因此，改进钢种可以改善热损伤问题，参考国外高速车轮的经验，结合我国铁路的实际情况，综合所有研究结果得到初步结论，碳含量在 0.5%左右的材料可以获得最好的综合性能[3]。

在碳含量基本确定的情况下，研究 Cr、V、Mo、Nb 等微合金的固溶强化机理，从碳当量的角度综合考虑 Si、Mn、Ni 对车轮材料的强韧指标的影响，确定 C 及微合金元素的最佳成分匹配，使材料性能满足高速列车车轮运行的技术指标要求。这一技术路线已有一定的研究基础，高速车轮用钢选择低碳微合金化技术路线是我国高速车轮用钢的重要方向。

3.2.3　重载货车轮和铁路机车车轮

我国铁路机车车轮包括内燃机车车轮和电力机车车轮，2000 年以前多从乌克兰进口，2001 年以后马钢依托国家批准立项的国家技术创新项目“铁路机车车轮的研制和开发”，通过产学研合作，成功开发了内燃机车车轮和电力机车车轮，正逐步替代进口。2005 年 3 月 28 日，我国第一条重载货运专线——大秦线正式开行 2 万吨重载列车，开辟了中国铁路重载运输的新纪元，大秦线 2 万吨重载列车所用车轮为马钢生产的 HESA 辗钢车轮和大同爱碧玺铸钢车轮厂生产的铸钢车轮，碳含量为 0.55%～0.65%。马钢生产的辗钢车轮和大同爱碧玺铸钢车轮厂生产的铸钢车轮，在大秦线运行过程出现了磨耗严重过早更换的问题，一定程度上影响了大秦线运输。由于重载货车轮和铁路机车车轮用钢国外都有成熟的经验，所以，应借鉴国外成熟的经验。

重载货车轮应用于车轮负荷大、制动条件恶劣但采用非踏面制动的场合，运行时磨耗严重，在轮轨接触区受高应力作用易引起接触疲劳，参考 AAR 美国车轮协会重载货车车轮钢选用经验，建议采用高碳高强度车轮钢，碳含量一般应该大于 0.60%，由于随着碳含量的增加，车轮的抗接触疲劳性能和抗滑动磨损性能增强，但车轮的韧性和抗热疲劳性能显著降低。为获得较好的综合强韧性能，应适当地添加微合金元素进行强化。鉴于货车车轮采用踏面制动方式，因此在进一步提速的前提下，特别是速度达到 100 km/h时速以上时，必须重点关注制动系统和制动条件的研究和改进。

铁路机车车轮包括内燃机车和电力机车用车轮，我国进口的车轮和自主研发的钢种相当于欧洲标准 ER8 钢，机车轴重较重，负荷较大，既有踏面制动又有采用盘形制动的，运行速度各个级别都有，所以车轮材料既要有一定的强度，又要有一定的韧性，高碳和低碳都不适合，欧洲机车车轮钢采用 0.51%～0.56%的 ER8 钢是有一定道理的，同样，为获得较好的综合强韧性能，钢的微合金化是必不可少的。

参 考 文 献

[1] 赵云辉．提速 DF4 型机车轮缘磨耗分析及对策［J］．铁道机车车辆，2001（2）：24-25.
[2] 张斌．铁路车轮、轮箍踏面剥离的类型及形成机理［J］．中国铁道科学，2001，22（2）：73-78.
[3] 季怀忠，等．碳含量对高速车轮用钢综合性能的影响［J］．钢铁，2005，40（2）：62-65.

铁路重载货车车轮新材料的研制❶

朱昌逑　江波　安涛　陈刚　崔银会

（马鞍山钢铁股份有限公司）

摘　要　针对重载车轮的损伤特点，研究了一种以C、Si为主要强化元素的铁素体-珠光体型车轮新材料，通过C、Si含量的合理配合，使车轮材料具备了高强度，并保持了较高韧性，同时具有合理的相变特性，装车运行试验表明，与目前常用的车轮材料相比，这种车轮材料的抗机械损伤性能和抗热损伤性能得到了较好的协调，更适合重载运输条件。

关键词　重载铁路；车轮；铁素体-珠光体钢；力学性能；相变特性

Research of a New Steel for Heavy Duty Wagon Wheels

Zhu Changqiu　Jiang Bo　An Tao　Chen Gang　Cui Yinhui

（Ma'anshan Iron and Steel Co.，Ltd.）

Abstract　A new ferrite-pearlite wheel with C and Si as main strengthening elements was developed aiming at the demage characteristics of heavy duty wagon wheel. With rational C and Si contents，the steel has high strength，relatively high toughness and reasonable phase transformation characteristics. On-line loading test showed that the new steel has a better balance between anti-mechanical and anti-thermal damage and is more suitable for heavy duty transportation than conventional wheel steel.

Key words　heavy duty railway；wagon wheel；ferrite-pearlite steel；mechanical property；phase transformation characteristic

1　引言

铁道部门规划，在“十一五”末期将货车轴重由21t提高到25t、速度由80km/h提高到120km/h，届时我国铁路将跨入货运重载的门槛，预计货运效率可提高50%以上。但从大秦线25t轴重货车运用情况看，执行现行铁标TB 2817—1997的CL60车轮服役表现不佳，磨耗量急剧增大了1倍以上，热裂纹发生量也明显增加，直接影响了正常运营。国外重载运输实践证明[1-4]，由于机械载荷、制动热负荷大幅度增大，机械损伤（磨损、接触疲劳、辗宽）和热损伤（热裂、制动剥离）会同时成为车轮使用过程中的突出问题。

抗机械损伤性能主要由材料强度决定，而抗热损伤性能则主要由材料韧性和相变特性决定[5-8]在确保高强度的基础上尽可能提高韧性并改进加热、冷却过程中相变特性，这是当前解决上述问题的着眼点。Joseph V. Kristan等[9]研究了一种采用Si、Cr合金化的铁素体-珠光体材料，强度水平与AAR C级车轮相当，A_{c3}点提高了50℃以上，在防止制动剥离上取得了较好效果；Lucchini提出了“C-Si-Mn系改良钢种”新概念[10]，其“专家6”新材料能够获得与AAR B级钢相当的塑性和高于AAR C级钢的屈服强度，并能够抑制和延迟制动过程中的奥氏体转变和快速冷却过程中的马氏体转变，在保证较高的耐磨性的前提下，提高车轮钢抗热损伤的能力。

❶　原文发表于《钢铁》2007年第8期。

本工作重点研究了 C、Si 对综合性能的影响，研制出一种合金化方式简单、更适用于重载运输条件的新型车轮材料。

2 研究思路、内容及试验方法

2.1 研究思路、内容

耐磨是铁路车轮应具备的基本功能。硬度水平相当时，铁素体-珠光体材料具有最好的耐磨性，因而，重载车轮材料应具有铁素体-珠光体组织状态。

根据铁素体-珠光体钢组织与性能的关系[11,12]，C 对强、硬度贡献最大、对韧性的损害最大，Si 则次之，若要保证韧性，降低 C 含量是最有效的，此时可通过 Si 弥补强度损失，从而获得较好的强韧配合。

由化学成分与 A_{c1}、A_{c3}、M_s 点的关系[13]看，降低 C 含量、提高 Si 含量使车轮受热、冷却时不易发生奥氏体相变、马氏体转变，有助于改善车轮材料的抗热损伤性能。

从合金元素对完全珠光体临界冷却速度 v_3 的影响规律看[14]，为使铁素体-珠光体组织易于获得，不宜实施复合合金化。Si 对 v_3 的影响很小，有利于预期组织状态目标的实现。

综上所述，把寻求 C、Si 含量的合理配合作为重点研究方向是可取的，由此确定本研究的主要内容如下：

（1）以 C 含量 0.1%为间隔设计四组试验钢，在实验室条件下研究 C 含量对车轮材料性能的影响，确定最佳 C 含量的范围；

（2）C 含量的范围确定后，以 Si 含量 0.3%为间隔设计 3 组试验钢，在实验室条件下研究 Si 含量对车轮材料性能及相变特性的影响，确定重载车轮材料的合金化设计方案；

（3）通过实物车轮试制验证新型车轮材料设计的有效性和可靠性；

（4）进行装车试验，考察用新材料制造的车轮的使用性能。

2.2 试验方法

试验钢均采用 ZCX02-26-1 型 200kg 真空熔炼炉冶炼，钢锭经过切头、表面机加工等前处理后，锻造成厚 60mm、宽 150mm 的板材供各项试验使用。

在马钢车轮生产线上进行新材料车轮的批量试制。在铁道科学院的环行试验线进行装车试验。

3 试验结果

3.1 C 含量对车轮材料性能的影响

试验用钢的化学成分及用 Gleeble1500 热模拟试验机测定的相变温度见表 1，材料的 A_{c3}、M_s 点随 C 含量的升高而明显降低。

表 1 试验钢成分、相变温度及常温拉伸性能

试验钢	化学成分/%					相变温度/℃		
	C	Si	Mn	S，P	Cr	A_{c1}	A_{c3}	M_s
A	0.69	0.31	0.84	<0.010	—	730	765	230
B	0.59	0.30	0.82	<0.010	0.37	738	770	250
C	0.50	0.35	0.82	<0.010	—	740	790	290
D	0.41	0.50	1.04	<0.010	—	745	810	320

根据前期摸索，采用 880℃×0.5h 正火+530℃×2h 回火的工艺进行热处理可使四种试验钢硬度水平相近（HB 240~260），从而使试验结果更具可比性。

在热处理后的试验钢上取样，在 DN 疲劳试验机上进行滚动磨损试验，在 MHK500 环块磨损试验机上进行了滑动磨损试验，根据 HB 6660—92《金属板材热疲劳试验方法》的规定进行了冷热疲劳试验，在钢铁研究总院结构所轴承钢研究室进行了接触疲劳试验，同时，研究了试验温度对冲击功的影响，试验结果见图 1，可以看出，当碳含量在 0.60%左右时，在抗机械损伤与抗热损伤性能可达到合理的平衡。

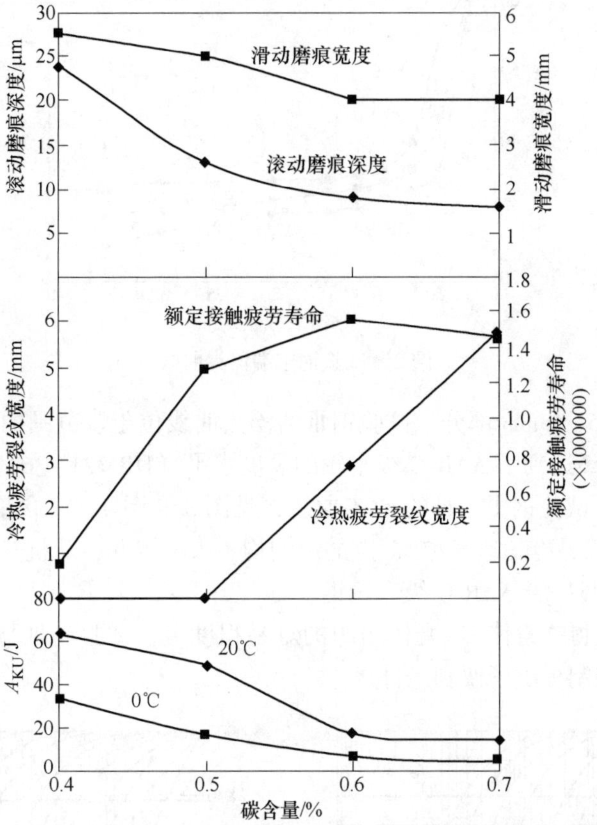

图 1 碳含量对试验钢综合性能的影响

3.2 Si 含量对车轮材料性能的影响

试验用钢的化学成分见表 2。其中，试验钢 I 与我国普遍采用的 CL60 钢相同。在锻态试验用钢上取一根 ϕ25mm 试棒，经 850℃×0.5h 正火+500℃×2h 回火后进行拉伸试验，初步了解 Si 对强度和塑性的影响，结果见表 2。可以看出，当 Si 含量低于 0.60%时，提高强度的作用并不显著，而达到 0.80%时，材料强度大幅度提高，塑性指标的降低并不明显。

表 2 试验钢化学成分及常温拉伸性能

试验钢	化学成分/%				常温拉伸性能			
	C	Si	Mn	S，P	R_{eL}/MPa	R_m/MPa	A/%	Z/%
Ⅰ	0.62	0.24	0.78	<0.010	420	835	18.2	41
Ⅱ	0.61	0.56	0.77	<0.010	445	850	18	36
Ⅲ	0.61	0.83	0.79	<0.010	500	905	16.5	33

车轮热处理采用踏面喷水冷却方式，由表及里冷却速度迅速降低，冷却速度的变化特点与末端淬透性试验相似，采用末端淬透性试验既能模拟 Si 在实物车轮中的真实强化作用，又能直观反映出 Si 对过冷奥氏体转变特性的影响，是一种简便、有效的试验方法。

在锻态试验钢上取样，按 GB 225—88《钢的淬透性末端淬火试验方法》加工试样，经过 850℃×0.5h 奥氏体化后进行末端淬火试验，结果见图 2。Si 含量的提高主要使淬火曲线向上平移，向右移动的幅度不大，说明 Si 对过冷奥氏体转变特性的影响不大，同时可以看出，试验钢Ⅲ的淬火曲线向上平移的幅度明显大于试验钢Ⅱ，且低冷却速度段的硬度均匀性也明显优于试验钢Ⅱ，因此，将 Si 含量提高至 0.80%左右不仅能大幅度提高车轮轮辋硬度，还能有效提高轮辋硬度的均匀性。

试验结果表明，喷水冷却时，踏面下 10~35mm 范围的冷却速度在 10~3℃/s，这一冷却速度范围大

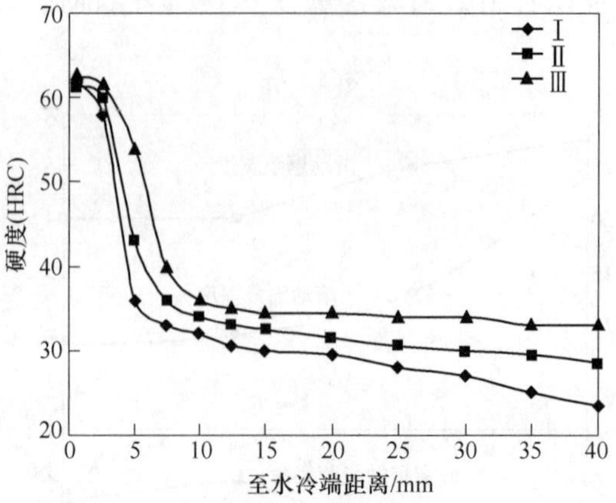

图 2　试验钢末端淬火曲线

致对应端淬试样上距末端 15~40mm 部分，试验钢Ⅲ的淬火曲线位于该范围的硬度值达到了 HRC 35~33，换算后为 HB 311~324，已经达到了 AAR C 级车轮的硬度水平（HB 321~363）。

按 GB 5056—85 测定了试验钢Ⅰ、Ⅲ的 CCT 曲线，见图 3 和图 4。Si 含量提高约 0.6%，使 A_{c1} 和 A_{c3} 分别提高 20℃和 10℃，对临界冷却速度和 M_s 点的影响均不大，因此，从抗热损伤性能角度讲，试验钢Ⅲ优于普通 CL60 车轮钢，明显好于 AAR C 级车轮钢。

从图 3 还可看出，在获得铁素体-珠光体组织的难易程度上，试验钢Ⅲ与普通 CL60 车轮钢持平，这为工业生产中热处理工艺控制提供了便利条件。

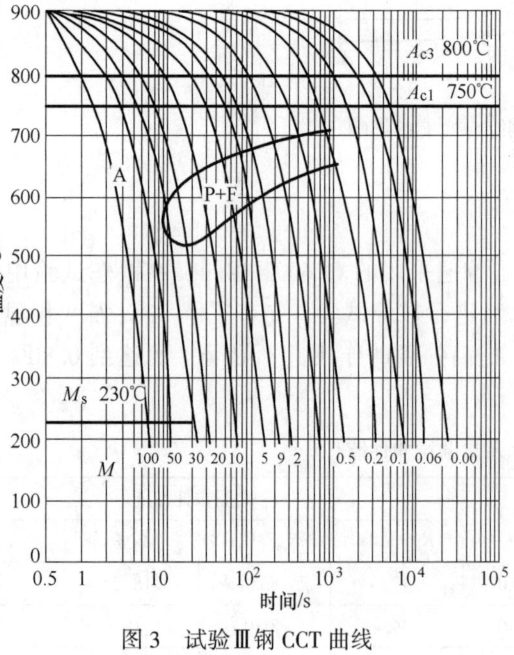

图 3　试验Ⅲ钢 CCT 曲线

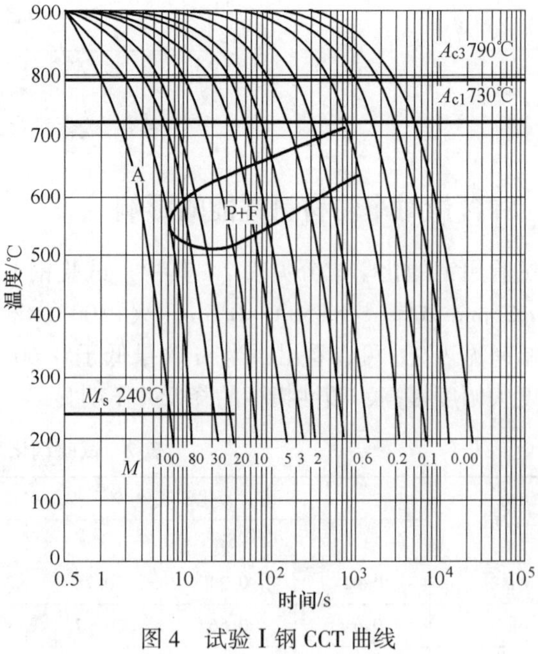

图 4　试验Ⅰ钢 CCT 曲线

3.3　合金化设计方案

由实验室试验结果看，当 C 含量在 0.60%左右、Si 含量提高到 0.80%左右时，可使车轮材料的硬度达到 AAR C 级车轮的水平，没有对塑性造成不良影响，且具有更有利的相变特性，在综合性能上明显优于 CL60 车轮和 AAR C 级车轮，因此，确定新型重载车轮材料的合金设计方案见表 3。

表 3　重载车轮材料的合金设计方案　　(%)

C	Si	Mn	P	S
0.58~0.63	0.75~0.85	0.75~0.85	≤0.030	0.005~0.020

3.4 工业性试制

为更好地衡量实验室的工作效果，取 CL60 和 AAR C 级钢进行比对试验，冶炼工艺路线均为转炉→LF→VD→ϕ380mm 圆坯连铸。工业性试制车轮钢的化学成分见表 4。

表 4 工业性试制车轮钢的化学成分 (%)

钢种	C	Si	Mn	P	S
0.8%Si 钢	0.62	0.81	0.78	0.019	0.009
CL60	0.63	0.28	0.76	0.015	0.015
AAR C	0.73	0.24	0.78	0.021	0.011

试验用钢压轧成相同规格的 ϕ840mm 车轮，开锻温度均为 1250℃，终轧温度 950℃左右。0.8%Si 钢和 CL60 钢的热处理均热温度均为 850±5℃，AAR C 级钢的热处理均热温度为 830±5℃，喷水冷却时间均为 200s，回火制度均为 500℃×4h。

在试制车轮的轮辋部位取样，按 TB 2817—1997 标准进行拉伸试验、断面硬度测试，按欧洲车轮标准 EN13262 和 GB/T 4161—84 标准进行断裂韧性试验，按 EN13262 进行了冲击功试验；在辐板部位取样分别按 EN13262 和 TB 2817—1997 进行拉伸试验和冲击功试验。拉伸试验结果见表 5，断面硬度、冲击功、断裂韧性试验结果见表 6。可见，0.8%Si 钢车轮材料的强、硬度水平和塑、韧性水平分别与高碳 AAR C 级、相同碳含量的 CL60 车轮材料持平，具有良好的综合力学性能。

表 5 试验车轮轮辋、辐板拉伸试验结果

钢种	轮辋				辐板			
	R_{eL}/MPa	R_m/MPa	A/%	Z/%	R_{eL}/MPa	R_m/MPa	A/%	Z/%
0.8%Si 钢	775	1130	15.0	27.5	520	940	14	34.5
CL60	720	1080	14.5	26.5	475	885	15	27.0
AAR C	830	1180	13.0	28.5	525	960	11	25.0

表 6 试验车轮硬度、冲击功和断裂韧性试验结果

钢种	轮辋			辐板
	踏面下 30mm 硬度（HB）	A_{KU5}/J（20℃）	K_Q/MPa·m$^{1/2}$	A_{KU2}/J（20℃）
0.8%Si 钢	334	11.3	63.2	28.3
CL60	292	11.7	63.9	29.3
AAR C	340	8.7	49.9	24.3

在车轮上由踏面起向轮辋内部取样进行组织分析，出现非珠光体组织的深度均为 3~5mm，可在后续机加工时完全消除，内部均为细珠光体+少量铁素体，实际晶粒度均为 7~8 级，可见在实现预期组织状态方面，Si 没有给热处理工艺增加任何难度。

制动过程中，车轮踏面硬度如果因受热而大幅降低，可能使磨损、踏面辗宽加剧，为此，在未回火态车轮上取样进行不同温度的回火试验，以研究温度对硬度的影响，结果见图 5。0.8%Si 钢在不同温度下硬度均明显高于 CL60 车轮钢，同 AAR C 级车轮钢基本相当，在高温区段硬度降低幅度则明显小于 CL60 和 AAR C 级车轮，显然，Si 对于提高车轮使用性能的稳定性是有益的。

总体上看，工业性试制实现了预期的组织、性能目标。

3.5 装车试验

在铁道科学院环行试验线对试制出的 0.8%Si 钢车轮、CL60 车轮和 AAR C 级车轮进行了装车试验。试验用车轴重 25t，试验速度 80~120km/h，计划试验里程 20 万公里，已试验里程 17 万公里。三种车轮的磨耗量分别为 2.0mm、>5mm、1.2mm，0.8%Si 钢车轮的磨损性能明显好于 CL60 车轮，与 AAR C 级车轮基本持平。试验过程中定期检查踏面损伤情况，0.8%Si 钢和 CL60 车轮的状态基本相同，踏面上出现少

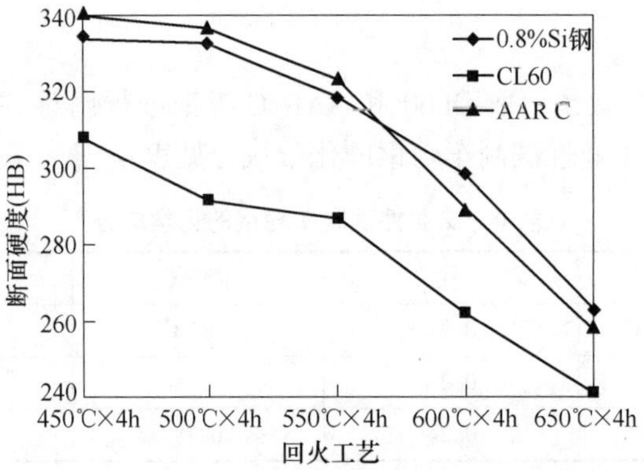

图5　回火温度对车轮材料硬度的影响

量"热斑"和细微热裂纹，而在AAR C级车轮的踏面上，"热斑"和热裂纹则经常出现，且"热斑"数量多、热裂纹开口度大。

装车试验结果证明，含C 0.60%、Si 0.80%的车轮材料确实具有更好的使用性能。

4　结论

所研制的含C 0.60%、Si 0.80%车轮材料可使抗机械损伤和抗热损伤性能之间的矛盾得到很好的解决，能够更好地满足铁路重载的需要。

参考文献

[1] 张进德．我国铁路货车技术近期发展趋向商榷［J］．铁道车辆，2001，39（5）：15-19.
[2] 文化．系统分析方法在治理轮轨磨损方面的应用［J］．铁道车辆，1991（3）：41-46.
[3] 郑伟生．关于我国重载车轮的若干问题［J］．铁道车辆，1993（10）：11-15.
[4] Richard Sullivan，et al. 2003 AAR Car Repair Billing Wheel Removal Analysis［C］．In：14th International Wheelset Congress，Orlando，2004：25-30.
[5] Liu Z X，Gu H C. Failure modes and materials performance of railway wheels［J］．Journal of materials engineering and performance，2000，9（5）：580-584.
[6] Sakamoto Haruo，et al. Fracture toughness of medium-high carbon steel for railroad wheel［J］．Materials science and engineering（A），2000，A285：288-292.
[7] 木川武彦．車輪材料の動向［J］．金属，2000，70（2）：21-32.
[8] 宋志坤，何庆复，孙琰，等．车轮制动热疲劳损伤研究综述［J］．铁道车辆，1997，35（9）：43-47.
[9] Joseph V Kristan，Daniel H Stone，Railroad Wheel Alloy Developed to Inhibit Spall Formation as a Result of Wheel Slide［C］．In：14th International Wheelset Congress，Orlando，2004：246-252.
[10] Ghidini A，Cantini S. Mechanical Comparison between North American and European Materials for Railway Wrought Solid Wheels，in Terms of RCF Resistance［C］．In：14th International Wheelset Congress，Orlando，2004：135-140.
[11] Gladman T. Physical metallurgy of microalloyed medium carbon engineering steels［J］．Ironmaking and Steelmaking，1989，16（4）：342-348.
[12] 康大韬，郭成熊，编译．工程用钢的组织转变与性能图册［M］．北京：机械工业出版社，1992.
[13] Andrews K W. Heat treatment for improvement in low temperature mechanical properities of 0.4 pct C-Cr steels［J］．JISI，1965，203（7）：721-727.
[14] Blondeau R，et al. The strain hardening behavier of dual-phase steel［J］．Mem. Sci. Rev. Met.，1975，72（11）：759-769.

马钢高质量车轮生产技术开发[❶]

苏世怀 江 波

（马鞍山钢铁股份有限公司）

摘 要 简要分析了国内外铁路车轮生产技术现状及趋势，概述了马钢公司在高质量车轮生产技术开发方面的进展、在高质量车轮产品开发上的一些实绩，通过综合比较分析认为，马钢完全有能力生产出以高速动车组用车轮、重载车轮为代表的高质量铁路车轮产品。

关键词 铁路；车轮；动车组；重载

2004年1月，国务院批准了我国铁路历史上第一个《中长期铁路网规划》，将历时10~15年、投资1.2万亿元，建成1.2万公里以上的客运专线、投入运营1000列以上的高速动车组，形成“四纵四横”的客运专线网，在“十一五”末将货运列车的轴重由现在的21t提高到25t、行驶速度由80km/h提高到120km/h，铁道部计划在5~8年的时间中把我国铁路高速、重载技术做到世界第一。因此，高质量等级车轮将成为铁路车轮产品的需求主体，这既是对我国铁路车轮制造业技术能力的考验，也为促进我国铁路车轮制造业的不断技术进步提供了动力和机遇。

为了更好地适应铁路发展的需要，马钢公司密切跟踪国内外车轮生产技术趋势，在高质量车轮生产技术开发方面开展了大量富有成效的工作。

1 我国铁路发展对车轮产品的要求

随着铁路的发展，对车轮的要求将发生重大变化，主要体现在品种结构和产品质量上。

品种结构方面，客车车轮将以200km/h及以上速度等级高速车轮为主导产品，预计到2010年年需求量可达10万件左右；货车车轮将主要为能适应25t轴重、120km/h运行速度的重载车轮，大面积替代仅能适应21t轴重的普通车轮。

质量方面，为确保高速动车组的安全顺行，高速车轮必须具有良好的内在质量（以高洁净度、高强韧配合为表征）和良好的使用性能（以抗表面热损伤性能和抗接触疲劳性能为主要表征）；为了保证重载货车的安全顺行，重载车轮必须具有良好的冶金质量（以非金属夹杂物类型、含量、分布状态为主要表征）和能协调好耐磨性、抗接触疲劳性能与抗热损伤性能之间关系的材料特性，可见，品种结构的变化对车轮生产技术的开发能力、控制水平提出了极高的要求。

2 国内外车轮生产技术现状及趋势

高质量车轮一要具有高的实物品质，具体要素为非金属夹杂物、杂质元素、气体含量低，尺寸精度高，强韧匹配好，残余应力分布状态合理等，这必须依托高水平的集成工艺技术；二要具有可靠的使用品质，能够适应使用条件而保持低故障率，这需要依托研发条件和水平，因此，只有当装备条件、工艺水平、研发能力及投入都达到一定层次后，才足以支撑高质量车轮的生产。

2.1 国内外主要车轮生产厂装备条件的比较分析

车轮质量是以装备条件为基础的。

---

❶ 原文发表于《铁路采购与物流》2008年第2期。

近年来，马钢对车轮生产线进行了大规模的系统技改，用转炉取代了平炉，用 Danieli 最新一代圆坯连铸机取代了模铸，建成了由奥地利 MFL 公司圆盘冷锯组成的下料工序、由德国 SMS 90kN、50kN 油压机、车轮立式轧机组成的压轧工序，并进行了系统性的自动化、信息化改造，冶金质量、综合机械性能、外形尺寸等各项指标的控制水平显著提高，工艺流程见图 1。同时，还正在新建一条由当今最先进装备组成的完整车轮生产线。

国外主要车轮生产厂的钢后技改没有大的动作，冶金装备条件见表 1，均配置了炉外精炼设备，在车轮钢洁净度控制上均达到很高水平，但采用转炉—精炼—连铸工艺的整体配置水平占优。

转炉初炼工序消耗低、冶炼周期短、生产能力大，初炼钢水中 H、N 含量低，为后续精炼处理提供了良好条件，相较于电炉初炼具有技术经济优势。

连铸的流程短、二次污染少、凝固条件稳定，连铸圆坯内部质量好且通体均匀性好，能显著提高金属利用率，相较于模铸具有明显的技术经济优势。

结合图 1、表 1 可以看出，与国外主要车轮生产厂相比较，马钢车轮生产线的工艺装备水平是世界一流的，完全能够满足高质量车轮生产的要求。

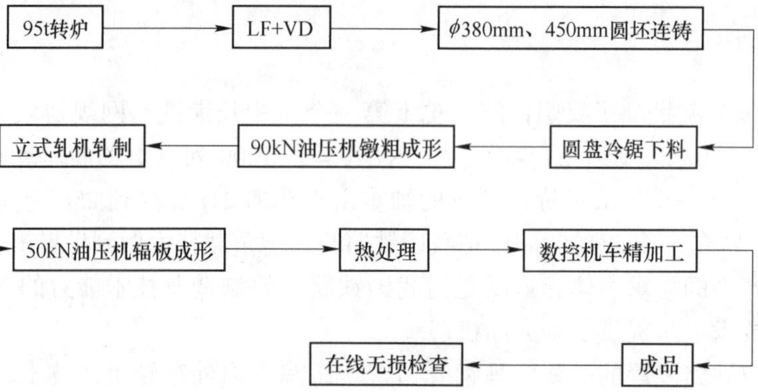

图 1　马钢车轮生产线工艺流程

表 1　国内外主要车轮生产厂的冶金装备条件

生产厂	工艺装备	洁净度水平/ppm			中碳 ER7T 高速车轮韧性	
		T. O	N	H	A_{KV}/J（-20℃）	K_Q/MPa · $m^{1/2}$
BVV（德）	转炉（260t）-LF+VD-弧形圆坯连铸	9.5	42.9	<2.0	≥10	>80
VALDUNES（法）	电炉（85t）-LF+RH-垂直圆坯连铸	12.7	72.2	<2.0	10~19	≥84
LUCHINI（意）	电炉（50t）-LF+VD-模铸	<20	<80	<2.0	≥12	>85
CAF（西）	电炉（36t）-LF+VD-模铸	11~16	75~80	<2.0	≥10	>80
住友（日）	转炉-RH-弧形圆坯连铸	10~16	32	<2.0	采用高碳钢车轮	

2.2　国内外车轮生产技术现状及趋势

冶金缺陷是导致车轮损伤、失效的主要因素之一，有可能造成灾难性后果，1998 年造成 100 多人死亡的德国高速列车出轨事故即是因车轮中存在脆性非金属夹杂物造成的。因而，冶金质量是衡量车轮生产水平的主要标杆之一，许多车轮技术条件已趋向于以洁净度为表征，对冶金质量作出更为细致的规定，概括起来有以下主要指标：

T. O<15ppm；H<2.0ppm；N<70ppm；S、P<0.015%；B 类夹杂<1 级；无明显的宏观偏析。

冶金质量同时还对车轮的机械性能，尤其是塑性和韧性有明显的影响，因此，要实现高质量车轮生产，首先必须掌握能实现高洁净度的车轮钢冶金技术。

当冶金质量控制水平及能力提高后，提高车轮相对于使用条件的适应性则是提高车轮使用品质的主导因素。欧、美以改善车轮使用性能为目的的研究相当活跃，特别注重通过材料及材料性能的优化综合性地提高车轮的耐磨性能、接触疲劳性能和抗热损伤性能，已经研制出用于高速列车的 Superlos、用于重载货车的“专家 6”等新型车轮材料，得到了实际应用，并储备了一些诸如 Micralos、Alpilos 等超前的新型车轮材料技术。

在我国铁路向高速、重载方向发展的过程中，车轮与使用条件不相适应的矛盾已经暴露，如大秦线25t 轴重货车用 CL60 车轮的严重磨损问题、高速动车组用车轮的剥离问题等都是具体的表现，因此，在我国高质量车轮生产技术体系中，使车轮与我国铁路使用条件相匹配是核心所在。

3 马钢高质量车轮工艺技术开发

冶金技术方面，转炉-LF-VD-圆坯生产线于 2002 年投产后，马钢瞄准国外先进车轮生产厂的实物冶金质量水平，按照系统工程思路，整体筹划了工序技术开发目标，通过有机整合形成了高质量车轮钢的系统集成冶金技术。所进行的技术开发工作及其效果概述于表 2，车轮钢冶金质量已能达到国外先进车轮生产厂的水平。

表 2 马钢高质量车轮钢冶金技术开发及其效果

序号	开发工作	开发目的	实际效果
1	转炉自动化炼钢技术	提高初炼钢水化学成分和温度命中率	碳命中率（±0.01%）：94.3% 温度命中率（±16℃）：93.2%
2	高纯净度车轮钢精炼技术	降低钢中气体、杂质元素和非金属夹杂物	T.O<15ppm、［N］<45ppm、［H］≤2ppm、［S］≤50ppm
3	连铸保护浇铸技术	防止钢水吸气和二次氧化	浇铸过程增［N］量<8ppm
4	控制铸坯内部组织的连铸技术	提高铸坯内部组织的致密度和均匀性	铸坯疏松<1.5 级；中心等轴晶率>50%；碳偏析指数<1.05
技术集成后实物冶金质量水平		T.O<18ppm、［N］<55ppm、［H］≤2ppm、［S］≤50ppm，B 类夹杂低于 1.0 级比率超过 98%，按铁标衡量宏观组织合格率 100%	

压轧技术方面，开发了车轮成形工艺数值模拟新技术，能够对车轮成形过程中的金属变形、金属流动规律、温度场、应力场等进行综合分析，快速地根据外形、规格作出优化的压轧工艺设计，既提高了新产品开发的能力，又使质量监控具备了良好的溯源化和量化手段，已通过安徽省科技厅组织的成果鉴定。

热处理技术方面，针对新车轮使用初期易发生“早期剥离”的问题，开发了一种新型的冷却技术，能够使踏面近表层的硬度梯度减缓、组织一致性提高、残余应力状态改善，已经获得国家发明专利；同时还开发了一种冷却水控制技术，能够保证各个淬火台冷却条件稳定、一致、可调，能使整批车轮的表面硬度散差控制在 EN、AAR 标准规定的范围内，同时也提高了热处理工艺适应各种技术要求的能力。

检测技术方面，开发了能对车轮近表面进行探伤检查的电磁超声检测技术，与常规超声波探伤手段相结合，可以覆盖原有的超探盲区，做到轮辋全截面检查，大大提高了出厂产品内部质量检查的可靠性。

对技术开发的高度重视、持续投入使马钢已经具备了进行高质量车轮生产的能力。

4 马钢高质量车轮产品开发

技术开发的实效在产品开发过程中得到了很好的检验。

马钢依托国家“863”项目“高速铁路用车轮材料及关键技术研究”开发了 270km/h 高速试验用车轮，在平均速度 250km/h、最高速度 324km/h 的试验条件下安全可靠地运行了 60 余万公里，表明马钢具备了高速车轮生产的能力，批量生产的同类其他用途车轮的各项技术指标基本能全面达到 EN 标准规定的高速车轮技术要求，且强、硬度明显高于进口车轮，见表 3，说明马钢已具备了高速车轮产业化的基础和能力。

针对大秦线 25t 轴重货车车轮的严重磨损问题，马钢适时开发了一种新型重载车轮，碳含量与 CL60 持平，塑、韧性也与 CL60 车轮持平，硬度等级超过 HB 300，与 AAR C 级车轮接近，见表 4，能更好地协调耐磨性、抗接触疲劳性能与抗热损伤性能之间的关系，其良好的使用性能已在铁道科学院环行试验线装车试验中得到了验证。在国外重载铁路用车轮开发方面，出口北美的 AAR C 级车轮已达 2 万件/年左右，同时还成功开发了澳大利亚铁路用 HB240 以上硬度等级的 40t 轴重货车车轮，今年产量将超过 5000 件，可见，马钢已完全具备了重载车轮产业化的能力。

在服务于铁路的同时，马钢还大力开发城市轨道交通用车轮，已成为韩国地铁用车轮的主要供应商，并正在与国内城市轨道交通运营商交流、合作，从统一车轮标准入手，开辟一个新的市场。

产品储备方面，马钢运用自主的热处理技术，在现行铁路行业标准框架下开发了一种“抗早期剥离车轮”，已经在进行装车运行考验，还研制了一种无碳化物贝氏体车轮，具有极其优异的综合性能，见表 5，同时还具有极其优良的抗热损伤性能，是一种富有潜力的新型车轮材料。

表 3　马钢产高速试验车轮及其他同类车轮的综合性能

钢种	用途	数量/炉	R_{eL}/MPa	R_m/MPa	A/%	硬度值（HB）	A_{KU}/J（常温）	A_{KV}/J（-20℃）	K_Q/MPa·m$^{1/2}$
ER7T	270km/h 高速试验	1	575	900	19.5	255	23	10.8	
	200km/h（KDQ）	4	570~580	880~915	16~20.5	252~265	23.3~26.5	11.0~14.8	89~106
	200km/h 轨检车	1	660	925	18	275	20.3	15.3	82
	出口印度	52	576.2±15.5	897.6±17.4	18.9±1.7	251.9±6.1	23.7±3.5	12.4±2.9	84~91
	法国进口		549	862	19.5	236	24.5	14.2	99.8
	EN13262		≥520	820~940	≥14	≥245	≥17	≥10	≥80

表 4　新型重载车轮与 AAR C 及 CL60 车轮的性能比较

类型	轮辋					辐板冲击功
	R_{eL}/MPa	R_m/MPa	A/%	硬度值（HB）	A_{KU5}/J	A_{KU2}/J
新品重载车轮	775	1130	15	334	11.3	28.3
AAR C	830	1180	13	340	8.7	24.3
CL60	720	1080	14.5	292	11.7	29.3

表 5　新型无碳化物贝氏体车轮的机械性能

R_{eL}/MPa	R_m/MPa	A/%	断面硬度（HB）	K_Q/MPa·m$^{1/2}$
860	1090	14.5	298~366	127

可以看出，马钢已在高质量车轮产品开发上取得了良好的实绩、积累了成功的经验，证明马钢有能力为我国铁路发展提供更多、更好的服务。

5　下一步展望

马钢即将形成 90 万件车轮的年生产能力，下一步的主要任务是以铁路的需求为导向，依托技术创新而优化产品结构。

工艺技术方面，一是要优化工艺流程、完善工序控制手段，做到工序衔接流畅、过程消耗降低、质量控制能力增强，使马钢车轮生产线在技术经济水平上处于优势地位；二是进一步完善洁净钢冶金技术，使车轮钢冶金质量完全达到欧、日车轮厂的水平，并研究诸如“氧化物冶金”等新技术在车轮钢生产中的适用性，形成具有自主技术的高洁净度、高均质度车轮钢冶金工艺；三是完善车轮压轧、热处理的数值仿真技术，提高工艺设计水平；四是完善实验手段，为技术开发、工艺研究提供充分的条件。

产品开发的重点之一为高速动车组用车轮，先期以消化日本、欧洲相关车轮技术为主，确保车轮实物质量达到进口车轮的同等水平，尽快实现高速动车组用车轮的国产化，同时跟踪分析其使用状态，研制适应我国客运专线使用条件的新型高速动车组用车轮；其二为重载车轮，先期按铁道部部署在大秦线推广应用已开发的新型重载车轮，同时进行 30t 轴重重载货车车轮的预研；其三是城市轨道交通用车轮，着重进行低噪声车轮开发。

马钢还将与铁路研究部门合作大力进行应用技术研究，弄清各类车轮的主要损伤形式、机理及其影响因素，以指导车轮使用性能的持续改进。同时，正在积极筹划铁路车轮质量控制与质量检测工程中心建设，建立具有设计、冶金工艺研究、材料性能研究等功能的系统性实验平台，并完善质量检测手段，使马钢向高质量铁路车轮研发基地的方向发展。

6 结语

我国铁路跨越式发展已进入攻坚阶段，作为一个已为铁路服务了四十余年的车轮生产基地，依托先进的装备条件和不断增强的技术实力，马钢有信心、有能力与铁路发展保持步调一致，充分发挥好铁路车轮生产基地的应有作用。

马钢铁道车辆用低合金高强度钢的研制和开发❶

苏世怀

（马鞍山钢铁股份有限公司）

摘　要　介绍了马钢铁道车辆用车轮和 H 型钢低合金高强度钢的研制和开发，在简述其生产工艺流程、质量控制水平等基础上，主要介绍马钢铁道用大功率机车轮、高速动车组车轮、重载车轮、贝氏体车轮和铁道车辆耐候 H 型钢等低合金钢产品。马钢产品的实物质量达到国际先进水平，为我国低合金钢的应用和研发水平，以及我国铁路事业做出了应有的贡献。

关键词　铁道车辆；车轮；H 型钢；低合金高强度钢

1　引言

铁路是我国重要的基础设施和国民经济的大动脉，发展趋势是“高速、重载、低噪声”，以及车辆结构的轻量化和车体材料的高耐候性。马钢是国内唯一同时具备铁道车辆用车轮和 H 型钢的设计研发和批量生产能力的企业。

车轮承担列车全部静、动态载荷[1]，是列车运行安全的关键部件之一。根据我国中长期铁路规划，客车时速已从 80km/h 逐渐提高到 160km/h，客运专线已经达到 200～300km/h。京津线、武广线、郑西线、京沪线等客运高速专线都已通车运营，客运专线里程已达到 1.2 万公里。我国货运列车的单节车皮的载重量由以前的 60～70t 提高到 80～100t，轴重由 21t 提高到 23t，大秦线、神华线等重载专线已经达到 25～27t，将来将达到 30t。

高速动车组车轮、大功率机车轮、重载车轮实物质量要求高，车轮材料强韧性好，钢质纯净，钢中有害气体含量以及硫、磷等有害元素含量和夹杂物总量要低，成分与金相组织均匀，尤其冲击韧性和断裂韧性等综合力学性能要高[2,3]。

自我国第一条热轧 H 型钢——马钢热轧 H 型钢生产线 1998 年建成投产以来，在相关单位和部门大力支持下，马钢在产品开发和应用方面做了大量的基础工作。在铁路造车用型钢方面，马钢与行业内的相关企业合作开发了一系列铁道车辆用热轧 H 型钢[4,5]，例如，马钢开发的 Q420NQR1 材质 H630 规格高强耐候热轧 H 型钢，用于 70 吨级平车底架中梁；Q450NQR1 材质 H630 规格高强耐候热轧 H 型钢，用于铁道车辆新设计开发的时速 160km/h 货车新车型。

到目前为止，马钢已有 12 万吨以上热轧 H 型钢用于铁道车辆制造，研制的系列铁道车辆用热轧 H 型钢产品填补了国内空白，满足了国内铁道车辆制造厂的需求。

2　马钢铁道车轮的研制和开发

2.1　马钢铁道车轮制造装备与实物水平

马鞍山钢铁股份有限公司自 1964 年生产出我国第一件自制整体辗钢车轮算起，已经生产有 1600 万件车轮轮箍在我国和世界各地铁路线上运行使用。马钢车轮轮箍生产工艺和设备达到国际一流水平，产品规格齐全，品种多样，按照世界不同标准生产 2000 多个品种规格的货车轮、客车轮和机车轮，最大可轧制直径 ϕ1250mm 整体机车车轮，年生产能力达到 90 万件。

❶ 原文发表于 2013 年铁路和建筑用钢学术研讨会论文集。

马钢可以按照美国铁路协会 AAR 规范标准体系、欧洲标准体系、日本标准体系、前苏联标准体系生产各种技术等级和要求的车轮，产品出口到欧洲、美洲、东南亚等 30 多个国家和地区。2007 年 4 月，马钢成功研制 40t 轴重供澳大利亚力拓公司载重 160t 矿石敞车的重载货车轮。2007 年 7 月，研制生产出供我国大秦铁路 25t 轴重重载货车用 CL65、CL70 材质 HESA 重载车轮。2010 年 10 月，200~250km/h 速度等级的动车组车轮已经完成相关试验。2013 年 9 月，ϕ1250mm 大功率电力机车轮完成两阶段装车运行考核，通过铁路总公司技术评审。

2011 年底，马钢投资 20 多亿元建成一条具有国际先进工艺技术装备水平的电炉特种钢炼钢、炉外精炼、连续浇铸和开坯生产线，可为马钢高等级车轮制造提供优质钢坯。目前，马钢高等级车轮钢中硫、磷、气体含量及夹杂物总量控制水平见表 1。结合包括水浸式超声波探伤系统的高速车轮精加工和检测生产线，马钢实现了硬件装备和工艺流程上柔性设计、灵活配套，进一步保证高等级车轮的质量控制和安全使用。

表 1 马钢高等级车轮钢的硫、磷、气体含量及夹杂物总量控制水平

项目	S/%	P/%	[H] /ppm	[N] /ppm	T. O/ppm	夹杂物总量/ppm
含量	≤0.015	≤0.015	≤2.0	≤60	≤20	18~40
平均值	0.004	0.008	1.3	36	6.8	24

2.2 中碳 Si-Mn 系低合金铁道车轮的开发

近年来，马钢先后承担、参与国家、省级、部级等重大车轮研究项目 10 余项，例如，国家“863”项目“高速铁路用车轮材料及关键技术研究”“重载铁路列车用车轮钢及关键技术的研究”和“高速动车组车轮研究与开发”。尤其是国家“863”项目“高速动车组车轮研究与开发”，在车轮生产工艺关键技术创新集成上取得了重大突破，研制的高速动车组车轮实物质量达到国际先进水平，形成了自主创新、高品质车轮关键技术集成体系。

铁道用车轮钢主要是中碳 Si-Mn 系低合金钢，在保证高的强度、硬度和耐磨性的基础上，通过加入合金元素和组织、夹杂物等控制技术，实现高的韧性[6]。

2.2.1 大功率整体机车轮的研制和开发

我国大功率整体机车轮都是依赖进口，马钢试制的大功率整体机车轮在完成两个阶段装车运用考核，车轮服役使用情况正常，于 2013 年 9 月通过了铁路总公司的技术评审。马钢认证试验的大功率整体机车轮的力学性能指标和技术条件要求见表 2，从表 2 及认证试验结果和服役使用情况看，马钢试制的大功率机车车轮全部满足技术条件要求。

表 2 马钢大功率机车车轮力学性能水平和技术条件要求

牌号	轮辋							辐板	
	R_{eH} /MPa	R_m /MPa	A/%	断面硬度 (HB)	A_{KU}/J (20℃)	A_{KV}/J (-20℃)	K_Q /MPa·m$^{1/2}$	R_m 减小 /MPa	A/%
J1	560	865	22	240	44	21	95	135	20
	570	870	20	239	44	22	111	125	20
	565	900	22	251	39	22	88	170	22
要求	≥520	820~940	≥14	≥235	≥17	≥10	≥80	≥110	≥16
J2	575	910	19	257	35	15	82	165	20
	580	915	20	253	32	18	92	170	21
	575	920	21	257	32	12	94	155	18
要求	≥540	860~980	≥13	≥250	≥17	≥10	—	≥120	≥16

2.2.2 马钢高速动车组车轮的技术开发

在系统开展国内外高速车轮使用情况调研、高速轮轨作用关系、高速车轮材料、车轮制造工艺、车轮韧性与疲劳性能研究等基础上，马钢于2010年10月试制生产D1、D2和D3三个牌号适合200~250km/h高速动车组车轮，样轮在铁道科学研究院和国家钢铁材料检测中心进行了全面认证试验与检测，顺利通过整体疲劳试验，见表3和表4。200~250km/h动车组车轮研发已基本形成系统的技术工艺体系，相应的车轮产品已经出口到韩国准高速上使用。

表3　认证用动车组车轮主要化学成分要求

牌号	化学成分/%					气体含量/ppm	
	C	Si	Mn	P	S	T. O	N
D1	0.50~0.56	≤0.40	≤0.80	≤0.015	≤0.010	≤20	≤70
D2	0.50~0.56	≤1.10	≤1.10	≤0.015	≤0.010		
D3	0.54~0.60	≤0.40	≤0.80	≤0.015	≤0.010		

表4　试制动车组样轮力学性能指标

牌号		轮辋							辐板	
		R_{eH} /MPa	R_m/MPa	A/%	断面硬度（HB）	A_{KU}/J（20℃）	A_{KV}/J（-20℃）	K_Q /MPa·$m^{1/2}$	R_m 减小 /MPa	A/%
D1	样轮	560	905	20	262	30	15	87	175	24
	要求	≥540	860~980	≥13	≥245	≥17	≥10	≥80	≥120	≥16
D2	样轮	595	945	21	274	26	22	105	150	22
	要求	≥570	900~1000	≥14	≥265	≥17	≥10	≥70	≥120	≥16
D3	样轮	590	950	20	279	25	11	81	170	21
	要求	≥580	900~1050	≥12	≥255	≥13	≥8	≥65	≥130	≥14

2.2.3　马钢重载车轮的研制和开发

为了满足我国货运列车的轴重提高到25t并且逐渐提高到27~30t、行驶速度由80km/h提高到120km/h、运输效率要提高30%以上的要求，马钢与中国铁道科学研究院合作，系统地研究了重载、提速条件下车轮的服役使用性能，调研了大秦线重载运输C80、C76型重载货车CL60材质车轮服役情况。在研究重载车轮伤损机理和技术关键基础上，在不降低现有CL60车轮的韧塑性指标下，提高车轮的强度和硬度，改善车轮抗滚动接触疲劳性能和磨损性能[7,8]。通过调整CL60车轮钢中碳、硅、锰合金元素含量，形成用普通C-Si-Mn合金化技术的CL65、CL70重载车轮用钢，其综合性能及特性参数明显得到改善与提高。CL60与CL65、CL70重载车轮主要化学成分与主要力学性能指标分别见表5和表6。

表5　CL60与CL65、CL70重载车轮主要化学成分　（%）

牌号	C	Si	Mn	P	S	H
CL60	0.55~0.65	0.17~0.37	0.50~0.80	≤0.035	≤0.040	≤2.0ppm
CL65	0.57~0.67	≤1.00	≤1.20	≤0.025	≤0.025	≤2.0ppm
CL70	0.67~0.77	≤1.00	≤1.20	≤0.025	≤0.025	≤2.0ppm

表6　CL60与CL65、CL70重载车轮主要力学性能指标

牌号	轮辋					辐板 A_{KU}/J（20℃）
	R_m/MPa	A/%	Z/%	断面硬度（HB）	表面硬度（HB）	
CL60	≥910	≥10	≥14	265~320	270~341	≥16
CL65	≥1010	≥10	≥14	≥280	≥302	≥16
CL70	≥1050	≥10	≥14	≥300	≥321	≥16

CL65、CL70 重载货车车轮陆续投入大秦线运营，从服役情况看，车轮踏面磨损情况正常，使用情况良好。根据 CL65、CL70 重载车轮研究成果和核心技术，成功开发了出口北美、巴西、澳大利亚等地区和国家的大轴重（30~40t 轴重）的重载车轮，实现了高质、高效、低成本生产。截至 2012 年底共生产相关车轮逾 15 万件，创造了一定的经济效益和社会效益，也使我国重载车轮的研究和制造技术居于世界先进水平行列。

2.3 马钢贝氏体车轮的研制

2.3.1 贝氏体车轮合金化原理与要求

利用 Si 等非碳化物形成元素在钢的中温转变时对碳化物析出的抑制作用，形成过饱和的板条状铁素体和富碳的薄膜状奥氏体的组织结构。这种纳米尺度的无碳化物贝氏体具有理想的组织结构和优异的强韧性，碳原子间隙固溶强化和板条亚结构的细晶强化，使之具有优良的强度特性；薄膜状的残余奥氏体又使它具有吸收变形能量、抵抗裂纹萌生和扩展的能力。

随着钢的纯净度的增加，引起损伤缺陷萌生由夹杂物变为显微组织的内在组元，如碳化物。无碳化物贝氏体无解理和空穴萌生的碳化物，因此对提高钢的强韧性特别有利，一方面组织中铁素体板条有利于细化有效晶粒尺寸，另一方面在铁素体板条间密集分布的残余奥氏体薄膜既有较高的加工硬化能力，对裂纹具有较好的钝化能力。

马钢进行了中碳 Si-Mn-Mo-V 系和 Si-Mn-Cu-B 系贝氏体车轮的实验室研究、半工业性试验研究，以及工业性试验研究[9]。贝氏体车轮要求其力学性能满足标准要求，碳含量适量，屈服强度要高（提高轮轨接触疲劳性能），韧性指标要高；轮辋踏面 50mm 内金相组织主要以无碳化物贝氏体组织为主。中碳 Si-Mn-Mo-V 系贝氏体铁道车轮通过中国铁道科学院环行线 18 万公里的运行试验，运行结果良好，没有发现裂纹等缺陷。

2.3.2 贝氏体车轮的组织结构

试验贝氏体车轮轮辋组织主要是无碳化物贝氏体，见图 1（a）和图 2；辐板金相组织为粒状贝氏体和铁素体组成，见图 1（b）；轮毂显微组织基本与辐板显微组织相同，但轮毂组织中块状铁素体大一些、数量多一些。粒状贝氏体由过饱和铁素体和块状残余奥氏体组成，铁素体为过饱和铁素体。

2.3.3 贝氏体车轮的力学性能

试制的贝氏体车轮的力学性能见表 7，轮辋抗拉强度与 CL60 钢车轮相当，但屈服强度高，约为抗拉强度 0.8 倍，预期提高车轮的滚动接触疲劳性能。轮辋断裂韧性平均 K_Q 为 $127MPa \cdot m^{1/2}$，K_{max} 平均为 $143MPa \cdot m^{1/2}$。韧塑性指标与系列冲击韧性和断裂韧性都非常高，这对车轮的安全服役非常有利。

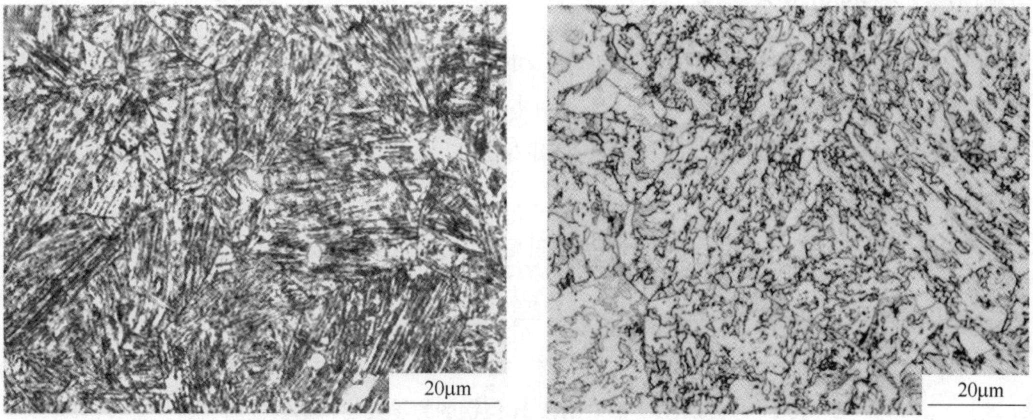

(a) (b)

图 1 贝氏体车轮金相组织（4%硝酸酒精侵蚀）

（a）轮辋；（b）辐板

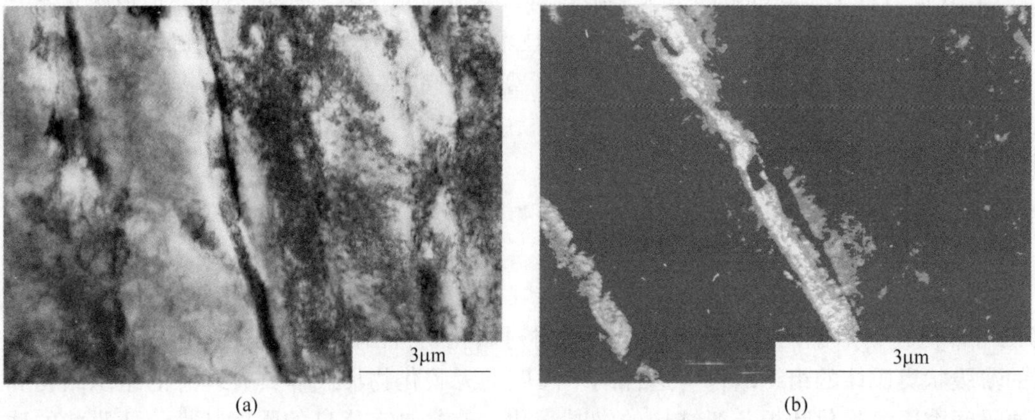

图 2　贝氏体车轮轮辋 TEM 组织

(a) 明场像；(b) 暗场像

表 7　贝氏体钢车轮力学性能和 TB/T 2817 标准要求

项目	R_{eH} /MPa	R_m /MPa	A/%	Z/%	断面硬度（HB）	系列冲击功 A_{KU}/J				
						20℃	0℃	-20℃	-40℃	-60℃
轮辋	860	1090	15	50	310	159	143	92	44	23
辐板	585	1020	13	37	295	91	64	31	24	13
轮毂	590	990	12	23	290	95	—	—	—	—
TB/T 2817	—	≥910	≥10	≥14	265~320	≥16	—	—	—	—

3　马钢铁道车辆用热轧 H 型钢的研制和开发

1999 年，马钢成功开发 SM400B 材质 H512 规格热轧 H 型钢用于集装箱平车上，代替 56 号工字钢。2000 年，应铁道车辆新设计 XN17B 平车要求，适时开发了 Q345T 材质 H600 规格热轧 H 型钢，用于平车底架纵梁。2003 年，配合铁道车辆新设计开发 25t 轴重共用平车，开发了 09CuPTiRE-B 和 09CuPCrNi-A 材质 H630 和 H600 规格耐候热轧 H 型钢，分别用于平车底架中梁和侧梁。根据高强耐候 H 型钢在铁路车辆上的应用效果，马钢为配合铁道车辆新设计开发 70 吨级平车，开发了 Q420NQR1 材质 H630 规格高强耐候热轧 H 型钢，作为 09CuPCrNi-A 升级产品，用于平车底架中梁；并开发 Q450NQR1 材质 H630 规格高强耐候热轧 H 型钢，用于铁道车辆新设计开发的时速 160km/h 货车新车型。

3.1　热轧耐候 H 型钢的技术要求

Q420NQR1 热轧耐候 H 型钢不仅具有高的强度和韧性，而且要有良好的耐候性能。其化学成分、力学性能、耐腐蚀性能应符合表 8 和表 9 的规定。同时，还必须具有良好的焊接性能和火焰矫正及加工性能，在 0℃时焊接试样，焊后 48h 再进行表面、根部及断面裂纹检验，要求检验面无裂纹，因此，钢材的晶粒度和非金属夹杂物级别等要求高。

表 8　Q420NQR1 热轧耐候 H 型钢的化学成分　　(%)

C	Si	Mn	P	S	Cu	Ni	Cr
≤0.20	≤1.00	≤1.60	≤0.030	≤0.015	0.20~0.60	0.10~0.80	0.20~1.00

表 9　Q420NQR1 热轧耐候 H 型钢的力学性能和耐候性能

R_{eL}/MPa	R_m/MPa	A/%	冲击功 A_{KV}/J		冷弯 180° $d=3a$	相对腐蚀率/%
			常温	-40℃		
≥420	≥520	≥21	≥47	≥24	完好	≤55

3.2 生产工艺及质量控制

3.2.1 生产工艺路线

铁水预处理→转炉冶炼→精炼→异型坯全保护连铸→铸坯表面清理→热轧 H 型钢轧制。

3.2.2 炼钢连铸工艺质量控制

转炉采用精料入炉，铁水经预处理脱硫，以降低含硫量；转炉冶炼采用高拉一次补吹法，严格控制终点温度和成分，杜绝钢水过氧化；出钢时严格控制下渣，挡渣出钢。采用造渣精炼工艺，确保脱氧、去夹杂效果。采用氩封全程保护浇铸工艺，提高钢的纯净度。采用专用结晶器保护渣[10]，杜绝黏结漏钢事故，保证连铸生产顺行，同时改善耐候钢铸坯表面质量。二冷采用弱冷工艺，防止铸坯表面裂纹的发生。

3.2.3 轧制工艺质量控制

坯料入炉前，对铸坯表面质量进行检查，对有结疤、夹杂、翘皮等表面缺陷的坯料进行火焰清理。所有坯料出炉送开坯机轧制前，经过高压水除鳞处理。必须要控制终轧温度，保证钢材的韧性。

3.3 实物质量

3.3.1 成品力学性能

对 71 个批号 Q420NQR1 热轧耐候 H 型钢的力学性能，以及常温、-40℃冲击性能试验值进行了统计，见表 10。

表 10 Q420NQR1 热轧耐候 H 型钢的力学性能

项目	R_{eL}/MPa	R_m/MPa	A/%	冲击功 A_{KV}/J	
				常温	-40℃
最小值	430	540	21	100	39
最大值	535	635	34	370	333
平均值	470	580	28	272	189

3.3.2 晶粒度及夹杂物

Q420NQR1 热轧 H 型钢组织为细铁素体+珠光体，实际晶粒度细于 9 级，夹杂物级别均满足技术条件要求，见表 11。

表 11 晶粒度及夹杂物检验结果

晶粒度		非金属夹杂物级别			
		A 类	B 类	C 类	D 类
最小值	9 级	0 级	0 级	0 级	1.0 级
最大值	11.5 级	1.5 级	2.0 级	0.5 级	2.0 级
要求	≥7 级	≤2.0 级	≤2.0 级	≤1.0 级	≤2.0 级

3.3.3 焊接性能

对 Q420NQR1 耐候热轧 H 型钢进行了斜 Y 型坡口焊接裂纹试验，试验温度为 0℃，焊后 48h 进行表面、根部及断面裂纹检验，结果见表 12，全部合格。

表 12 斜 Y 型坡口焊接裂纹试验结果

焊接方法	试样编号	表面裂纹率/%	断面裂纹率/%	根部裂纹率/%
富氩气体保护焊	653-30	0	0	0
	653-31	0	0	0
	653-32	0	0	0

续表 12

焊接方法	试样编号	表面裂纹率/%	断面裂纹率/%	根部裂纹率/%
埋弧自动焊	653-33	0	0	0
	653-34	0	0	0
	653-35	0	0	0

3.3.4　耐腐蚀性能

对 Q420NQR1 耐候热轧 H 型钢进行了 72h 周期浸润腐蚀试验，结果见表 13。4 个实验试样与 Q345B 相比，腐蚀失重的相对比值均小于等于 55%，耐腐蚀性能均满足技术条件要求。

表 13　周期浸润腐蚀试验结果

样品编号	腐蚀失重量/$g \cdot m^{-2}$	腐蚀失重速率/$g \cdot (m^2 \cdot h)^{-1}$	相对比值（Q345B）
105	125	1.74	53
113	119	1.65	51
205	129	1.79	55
213	111	1.54	48
Q345B	233	3.24	100

4　结论与展望

（1）马钢拥有五十多年铁道车轮和近二十年 H 型钢的生产实践，通过不断的研发和技术发展，形成了系列低合金钢铁道用材的制造技术和产品，马钢铁道车轮和 H 型钢都是“中国名牌”产品。

（2）在未来 5 年内，马钢全面建成国内高端车轮生产基地，提升我国车轮制造整体水平，实现高速车轮、大功率机车车轮等高端产品的国产化，并逐步替代进口车轮。同时，进一步开拓国外市场，实现整体机车轮、重载车轮销量逐年增加，并根据客户需求做好产品开发与服务。

（3）随着我国铁路发展的需求，马钢铁道车辆用热轧耐候 H 型钢强度级别和产品档次不断提高，不断开发符合铁道车辆的热轧 H 型钢产品，从普通的结构钢到低合金结构钢，再到高强度高耐候结构钢，为我国铁路事业的发展、产品升级换代，以及低合金钢的应用推广，提供了正能量。

参 考 文 献

[1] 金学松，刘启跃．轮轨摩擦学［M］．北京：中国铁道出版社，2004：121-129.
[2] 张斌，卢观健，等．铁路车轮、轮箍失效分析及损伤图谱［M］．北京：中国铁道出版社，2002：79-89.
[3] 刘忠侠．高速列车车轮钢的基础研究［D］．西安：西安交通大学，2001：23-31.
[4] 谢世红，汪开忠，吴结才，等．铁道车辆用耐候 H 型钢的开发［J］．钢铁研究，2005，33（1）：25-27.
[5] 汪开忠，孙维．耐候 H 型钢生产工艺优化研究［C］．2011 年华东五省炼钢学术交流会论文集，2011：221-224.
[6] 康大韬，郭成熊，编译．工程用钢的组织转变与性能图册［M］．北京：机械工业出版社，1992：35-41.
[7] 朱昌逑，江波，安涛，等．铁路重载货车车轮新材料的研制［J］．钢铁，2007，42（8）：56-59.
[8] 安涛，等．重载车轮对机械性能要求的研究［J］．铁道车辆，2006，44（11）：1-5.
[9] 张明如．贝氏体铁道车轮的研制和开发［D］．西安：西安交通大学，2007：29-33.
[10] 孙维，汪开忠，文光华，等．耐候钢异型坯连铸结晶器保护渣性能优化研究［J］．钢铁，2009，44（9）：28-32.

马钢高端车轮的开发与质量控制技术[❶]

邹强　赵海　宫彦华　张晓峰　毕军华

（马鞍山钢铁股份有限公司）

摘　要　针对中国轨道交通高速、重载、低噪声运输技术发展趋势，以及对车轮产品质量要求，论述了马鞍山钢铁股份有限公司（以下简称马钢）在轨道交通高端车轮产品开发与质量控制上的主要技术工作及效果，说明了马钢的工艺装备和质量控制技术可以满足各种运输条件对产品品种与质量的要求。

关键词　车轮；产品开发；质量控制

Development and Quality Control for High Quality Wheels in Masteel

Zou Qiang　Zhao Hai　Gong Yanhua　Zhang Xiaofeng　Bi Junhua

(Ma'anshan Iron and Steel Co., Ltd.)

Abstract　Focusing on the transport development trend of China rail transit featuring high-speed, heavy-load, and low noise, as well as quality required for wheel products, this paper discusses main technical works and achievements that Ma Steel obtains in development and quality control for wheel products, and proves how Ma Steel guarantees its products quality requirement under all kinds of transport mode in terms of processing equipment and quality control.

Key words　wheel; product development; quality control

1　引言

轮轴是轨道交通装备的基础部件和重要的走行部件。进入 21 世纪，中国铁路客运高速、货运重载以及城市轨道交通发展迅速，高标准、高质量、高使用性能成为轨道交通用车轮的主要要求，这为促进中国车轮制造技术的不断进步提供了动力和机遇。作为中国建成最早、规模最大的轨道交通用车轮生产厂，马钢密切跟踪轨道交通的发展需要和国内外轮轴技术发展趋势，在高品质车轮开发和质量控制上开展了大量富有成效的工作。

2　马钢车轮产品开发

2.1　高速车轮开发

马钢系统化开展高速车轮疲劳损伤机理研究[1]，开发出时速 200~250km/h D1 材质车轮，如图 1、表 1、表 2 所示。目前，该车轮已装车考核运行 25 万公里，服役表现良好。2014 年，依托 D1 车轮的工艺技术研究成果，向韩国出口 1100 余件高速车轮，目前该批次车轮正在韩国运行使用。同年，马钢研制开发时速 350km/h D2 材质车轮，与 D1 相比，强硬度提高的同时，韧性指标不降低，如表 1、表 3 所示。目前 D2 车轮已装车考核运行 22 万公里，服役表现良好。

❶　原文发表于《安徽冶金》2016 年第 3 期。

图 1　马钢高速车轮

表 1　马钢 D1、D2 车轮主要化学成分

牌号	化学成分/%					气体含量/ppm	
	C	Si	Mn	P	S	T. O	N
D1	0.50~0.56	0.17~0.40	0.65~0.80	≤0.015	≤0.010	≤20	≤70
D2	0.50~0.56	0.90~1.10	0.90~1.10	≤0.015	≤0.010		

表 2　马钢 D1 车轮轮辋主要性能指标

D1	R_{eH}/MPa	R_m/MPa	A_5/%	硬度（HBW）	A_{KU}/J(20℃)		A_{KV}/J(−20℃)		K_Q/MPa · $m^{1/2}$	
					最小	平均	最小	平均	最小	平均
样轮	646	969	20.5	260	24	27	10	14	75.2	93.3
技术要求	≥540	860~980	≥13	≥245	≥12	≥17	≥7	≥10	≥70	≥80

表 3　马钢 D2 车轮主要性能指标

D2	轮辋								辐板	
	R_{eH}/MPa	R_m/MPa	A/%	硬度（HBW）	A_{KU}/J（20℃）	A_{KV}/J（−20℃）	A_{KV}/J（−40℃）	K_Q /MPa · $m^{1/2}$	R_m 减小 /MPa	A/%
样轮	671	954	19.5	262~265	23	19	14	99.9	183	22.5
技术要求	≥580	900~1050	≥13	255~300	≥17	≥10	≥7	≥70	≥120	≥16

2.2　重载车轮开发

中国货运列车的轴重已提高到 25t 并逐步向 30t 发展，行驶速度由 80km/h 提高到 160km/h。马钢系统研究了重载、提速条件下车轮的服役使用性能，从 C-Si 合金化与热处理工艺改进等方面入手，开发出 CL65 与 CL70 级新型重载车轮（见图 2），与之前普遍使用的 CL60 级车轮相比，在不降低韧塑性指标下，提高车轮的强硬度，从而改善车轮滚动接触疲劳与磨损性能。其力学性能指标见表 4。从中国大秦线重载服役表现看，车轮磨损情况明显改善（见图 3）。CL65、CL70 级重载车轮的开发也极大地开拓了马钢出口国外重载车轮市场，根据其研究成果与核心技术，开发出北美、巴西、澳大利亚等国家与地区的大轴重（30~40t 轴重）的重载车轮。

图 2　马钢 CL65、CL70 重载车轮

表 4　CL65、CL70 重载车轮主要性能指标

牌号	轮辋					辐板
	R_m/MPa	A_5/%	Z/%	断面硬度（HBW）	表面硬度（HBW）	A_{KU}/J（20℃）
CL65	≥1010	≥10	≥14	≥280	≥302	≥16
CL70	≥1050	≥10	≥14	≥300	≥321	≥12
原 CL60	≥910	≥10	≥14	265~320	270~341	≥16

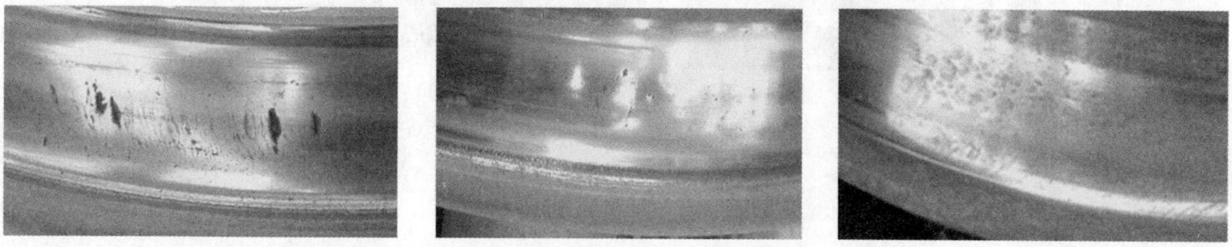

CL60　　　　CL65　　　　CL70

图 3　车轮服役 15 万公里对比

2.3　机车车轮开发

机车作为客货运列车牵引单元，与客货运车轮相比，整体机车轮重量增加 40%，直径增大到 1250mm，生产制造难度高，要求具有较好的抗接触疲劳剥离性能和异常磨耗能力，同时热损伤倾向低[3]。马钢根据机车轮服役工况和损伤失效特点，以提高车轮综合性能和服役安全为目标，自主开发出 J1、J2（见图 4）、J11、J12 整体车轮，其中 J1、J2 材质整体车轮主要力学性能如表 5 所示，实现了机车轮产品全覆盖，还按国际先进标准广泛出口到北美等国家和地区。

图 4　马钢大功率和谐型电力机车 J1、J2 车轮

表 5　大功率和谐型电力机车用整体车轮力学性能指标

牌号	轮辋								辐板	
	R_{eH} /MPa	R_m /MPa	A_5/%	Z/%	硬度（HBW）	A_{KU}/J（20℃）	A_{KV}/J（-20℃）	K_Q /MPa·m$^{1/2}$	R_m 减小 /MPa	A_5/%
J1 样轮	560	865	22.0	59.0	240	44.3	21.4	94.5	135	20.0
技术要求	≥520	820~940	≥14	≥14	≥235	≥17	≥10	≥80	≥110	≥16
J2 样轮	580	915	19.5	55.0	253	32.2	18.4	91.8	170	20.5
技术要求	≥540	860~980	≥13	≥14	≥250	≥17	≥10	—	≥120	≥16

2.4　低噪声车轮开发

目前中国已经有几十个城市开通地铁，具有“减振降噪”功能的低噪声车轮的需求越来越大。2015 年，马钢与国内研究单位合作，设计开发出一种针对地铁车辆用弹性车轮，经实验室测试，自由状态下，降噪效果为 14.3~16.8dB（A），加载状态下，降噪效果为 7.4~8.7dB（A），如图 5 所示，具备了在地铁

车辆推广应用弹性车轮的基础。马钢已形成了标准化系统化城轨用低噪声车轮研发与试验平台。

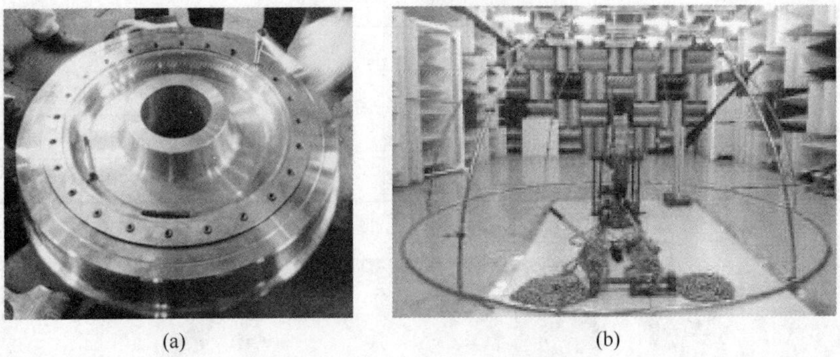

图 5　马钢地铁车辆用弹性车轮

（a）成品图；（b）车轮降噪测试

3　质量控制技术

马钢是中国唯一的一家从炼钢到辗钢车轮制造全流程一体化的生产单位，这种生产模式更利于全面质量控制和全流程技术开发。新建的电炉工艺流程生产线装备水平达到国际先进水平，确保所生产的车轮钢在成分、气体含量、非金属夹杂物、圆坯宏观组织上具有更好的稳定控制条件。车轮生产线的主要装备均从国外引进，自动化、信息化程度高，在综合力学性能、外形尺寸、检测等各项实物技术指标上具有良好的控制条件，生产工艺和设备已达到国际一流水平。

基于马钢装备条件，马钢车轮产品钢质纯净，化学成分与组织均匀，钢中有害气体含量以及夹杂物总量低。此外，马钢开发了一种夹杂物变性冶炼工艺，利用软相硫化锰对脆性氧化物夹杂物的包裹将氧化物夹杂与钢基体隔离，从而降低氧化物夹杂的危害性[4]，如图 6 所示。

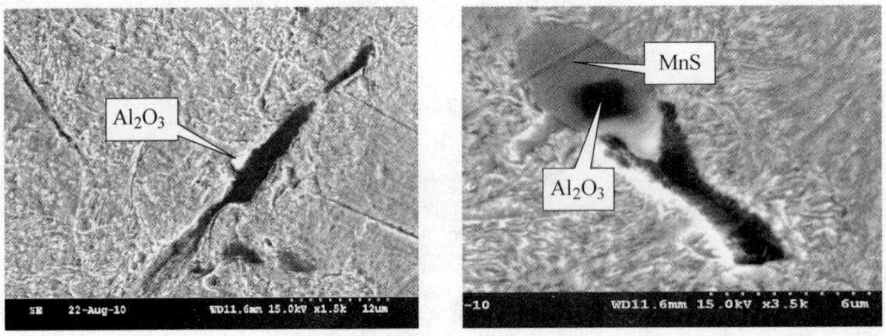

图 6　夹杂物变性对比

为抑制车轮踏面表层异常组织，马钢设计采用强弱水冷控制技术，避开了贝氏体转变区域，抑制踏面附近异常组织形成，如图 7 所示。

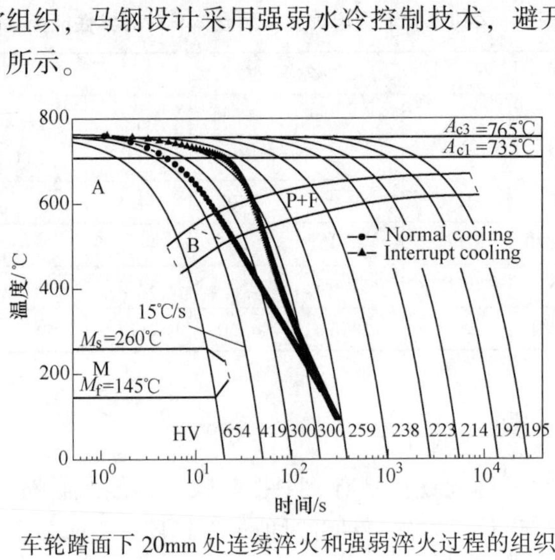

图 7　车轮踏面下 20mm 处连续淬火和强弱淬火过程的组织转变

马钢已形成完备的检测技术，针对处于轮轨接触应力影响区（见图 8）的缺陷建立了专门的检测、判定准则。设计采用相控阵超声检测技术，解决了检测盲区问题，保证车轮全截面扫查[5]，如图 9 所示，大大提高了出厂产品内部质量的可靠性。

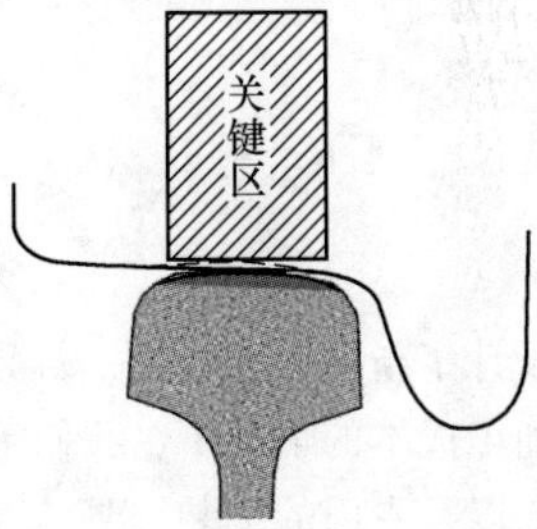

图 8　轮轨关键区示意图

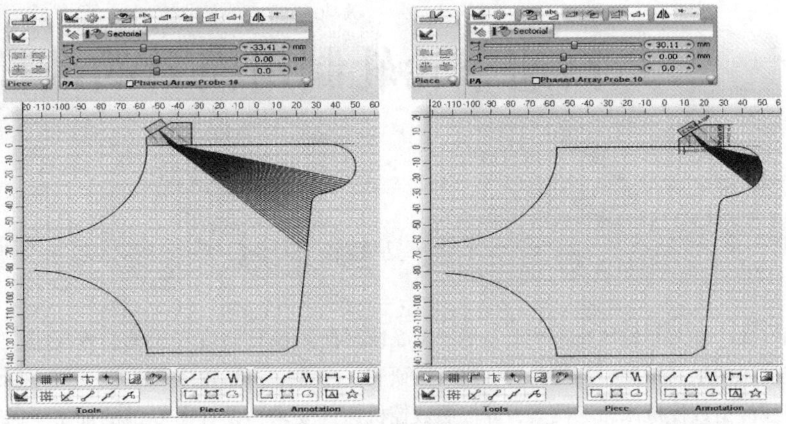

图 9　相控阵声束扫查模拟

4　结语

我国轨道交通跨越式发展已进入攻坚阶段，马钢作为一个已为轨道交通服务了五十年的生产基地，具备了雄厚的技术质量基础和工艺装备优势，轮轴实物质量不断提高，满足不同用户的需求。从管理体制、生产流程与控制、设备工艺技术、产品检测等各个具体环节着手，构建车轮制造全流程质量保证体系和防控体系，稳步提高工序质量智能控制能力，确保产品高标准制造与零缺陷出厂。

参 考 文 献

[1] 刘忠侠 . 高速列车车轮钢的基础研究 [D] . 西安：西安交通大学，2001.

[2] 江波，陈刚，王世付，钟斌，等 . 30~40t 轴重 Si-Cr 合金化重载车轮新材料研制 [J] . 安徽工业大学学报（自然科学版），2013（4）：391-394.

[3] 张斌，卢观健，傅秀琴，等 . 铁路车轮、轮箍失效分析及损伤图谱 [M] . 北京：中国铁道出版社，2002.

[4] 孙彪，刘学华，沈昶，等 . ϕ450mm 圆坯夹杂物分布研究 [C] . 第十七届全国炼钢学术会议文集，2013：839-844.

[5] 陈昌华，汤志贵，陈能进，等 . 列车车轮缺陷的超声波相控阵分析 [J] . 物理测试，2012（1）：34-39.

产品开发 · 高速车轮

高速车轮轧制用模具的数控加工[1]

赵愉悦

（马鞍山钢铁股份有限公司）

摘　要　针对车轮压轧系统改造后，新系统对所用模具精度提出的技术要求，我们设计了新的工艺过程，对数控机床加工高精度模具的可行性进行了研究，在考虑到车轮压轧用模具使用要求及加工成本的情况下，我们采用经济型数控机床加工模具，并按照数控机床的要求，设计了专门的加工工艺路线，以及专门的工装夹具、专用刀具，以满足加工工艺要求，最后，根据拟订的工艺路线编制了相应的NC加工程序，加工出了符合压轧系统要求的成品模具。

1　引言

铁路运输是国民经济的大动脉，是全国现代化交通系统中的骨干，与其他运输相比，具有运量大、成本低、安全可靠等优点，是一种能力很强的运输方式，随着我国国民经济的持续发展，铁路的客货运量将持续增长，铁路运输的发展前途广阔。为了生产出高速、舒适的机车车辆，铁路车辆生产厂家对我们分公司的车轮产品质量也提出了更高的要求，交付的车轮成品质量，无论是尺寸精度还是位置精度要求，都比过去提高了几个档次。

我们分公司是20世纪60年代初建厂的老企业，压轧车轮毛坯的水压机等主要设备以及辅助设备均为50年代产品，设备严重老化，压轧设备的磨损程度严重，相关的装配部件配合间隙大，影响了轧制车轮毛坯的质量，特别是在设备状况不正常的情况下，情况更是如此，有时，为了提高一批车轮成品加工合格率，在轧制车轮毛坯就需投入更大的料坯量，导致车轮成材率比较低，工序成本居高不下，影响了企业的经济效益。

2　模具数控加工的可行性

我们知道，要想降低车轮成品生产过程中的成本主要从两方面着手，即：第一，尽量减少轧制毛坯时投入的料坯量，最大限度地提高成材率，以降低坯料的投入成本；第二，尽量减少机械加工工序阶段车轮毛坯加工余量，使机床在单位时间里生产出更多的车轮成品，以降低加工成本。前些年，各车辆生产厂家就对我们分公司车轮成品质量提出了很高的要求。在分公司资金短缺的情况下，我们首先对车轮成品机械加工生产线进行了改造，加工出了满足客户要求车轮成品，由于，轧制设备本身的精度误差，在轧制车轮毛坯时，投入的料坯量增加，以弥补轧制偏差等缺陷，进而导致机械加工工序阶段余量增大，加工成本相应增加，影响了分公司的整体经济效益。最近，我们投入巨额资金对压轧系统生产线进行了技术改造，引进了德国SMS公司的压轧生产线，轧制出的车轮毛坯尺寸及位置偏差均控制在1mm以内。

我们知道，为了满足压轧新生产线的需要，系统使用的模具精度等级无论是形位精度还是表面粗糙度必须高于系统偏差精度几个等级。长期以来，我们分公司的模具加工任务由模具加工车间承担，主要通过普通C650、C630以及立式机床手工加工完成，加工出的模具成品无论是形状精度还是位置精度均很低，而且加工速度慢，生产周期长，根本无法满足新轧制生产线的生产需要。考虑到模具的使用要求及

❶　原文发表于第五届全国数控装备使用、维修与改造经验交流会（2003年）论文集。

加工成本，我们在模具车间引进了齐齐哈尔重型机床厂生产的经济型数控机床——CK5112G，由于是一种通用机床，要快速准确加工出高精度的模具成品，必须制订合理、专门的加工工艺流程，并设计制作专用夹具及刀具，以满足加工工艺要求。

3 模具加工工艺过程设计

工艺过程是在生产流程中改变生产对象的形状、尺寸、相对位置和性质等，使其成为成品或半成品的过程。我们在制定加工工艺过程时，首先应对工件图纸的技术要求进行分析，以了解它的相关部位的关系，找出主要技术关键，以便在拟订工艺规程时，采取适当的措施加以保证，同时，应合理、正确选择刀具以及工装夹具，以便快速准确地加工出符合图纸精度要求的高精度工件，最大限度地降低加工成本。下面，我们以车轮毛坯定型模具——成型模为例具体说明加工工艺过程的设计。

3.1 模具加工工艺路线

我们首先根据模具的图纸技术要求，在普通立式机床上将模具毛坯加工成统一尺寸的半成品，然后在数控机床，将模具的加工工艺路线分为粗、精加工两道工序，粗加工由数控程序控制机床刀具按阶梯轨迹加工半成品内腔和外圆，尽可能多地去除加工余量，然后刀台转位，由数控程序控制专用刀具依照模具的腔型精加工，通过机床在Z轴方向增加刀补的方法，两次仿型完成整个腔型加工，以满足模具设计的技术要求，具体工艺路线见图1。

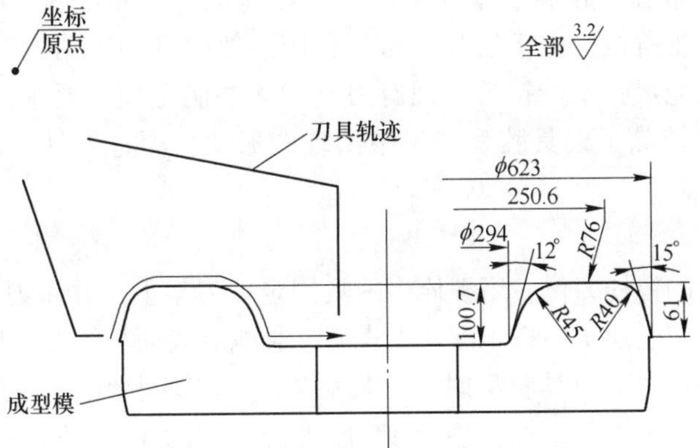

图1 工艺路线图

3.2 模具加工专用工装夹具

在数控机床加工完成型模的模腔后，即进入最后一道工序：加工尾部锥面及上端面，长期以来，在普通C512机床上以已加工过异型模腔为基准找正，然后用T型螺杆穿过机床花盘上的T型槽，并搭压板将模具装夹在机床工作面上，而上端面及尾部锥面的加工需两次装夹，其装夹找正及加工模具的辅助时间较长，为了保证同一高度尺寸并减少加工时间，最好放在数控机床上一次装夹由程序控制加工完成，这就需要一种新型的装夹异型腔模具专用夹具，使模具找正简便，而且一次装夹即可加工完模具的上端面及尾部锥面，缩短整个模具的加工周期，提高生产效率及表面加工粗糙度。

3.2.1 结构

此夹具由芯轴、压下螺杆、压紧螺帽、压套、顶丝、卡爪以及底座等组成，具体结构见图2。

3.2.2 工作原理

首先用吊具将需要加工的成型模半成品已加工过型腔面朝下吊运放到夹具芯轴上后，再用固定扳手旋紧压紧螺帽，将压套压下，由于压紧螺帽下部的凸台紧压在与之相配的压套凹型槽上，且压套下部的三个均分斜槽挤压在芯轴上部槽内的三个与之相配卡爪的斜面上，使卡爪同时向外运动并紧贴在成型模已加工过的1.5°锥孔斜面上，直到压紧成型模，然后继续旋紧压紧螺帽，由于压套上的三个均分斜槽与三个卡爪的斜面紧压，因此卡爪位置已经固定死无法移动，使得压套无法向下运动，在反作用力作用下，压下螺杆上提直到压下螺杆下部三个均分斜槽正好挤压在芯轴下部孔内的三个卡爪斜面上，并使三个卡爪同时向外运动，最后三个卡爪紧压在成型模异型腔面上，并最终夹紧成型模。

3.2.3　应用

为了适应装夹各种不同直径尺寸内腔及腔型的成型模，减少加工辅助时间，我们可以事先按一定尺寸规格将夹具的芯轴与两副卡爪制成一系列组，以供备用。在加工一批成型模时，只需选用与工件型腔内径尺寸相配外径的芯轴及适当长度的卡爪，然后将卡爪按实际加工中的位置安装好并用顶丝固定在芯轴上，并在机床上将卡爪另一端车削成与工件型腔相配的形状，使得卡爪与工件型腔接合面装夹可靠即可。

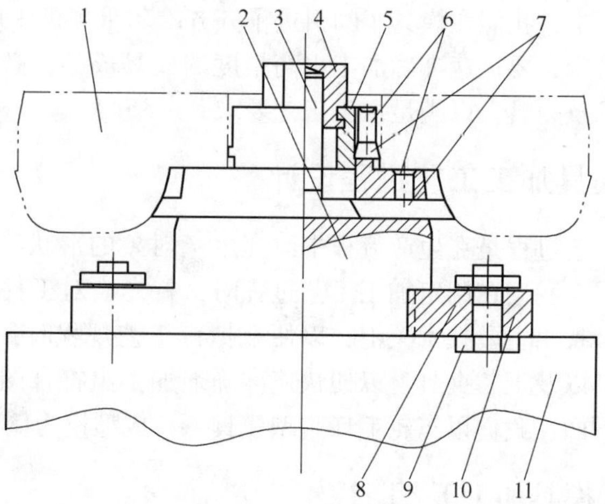

图2　夹具

1—成型模；2—芯轴；3—压下螺杆；4—压下螺帽；5—压套；6—顶丝；7—卡爪；8—螺帽；9—螺杆；10—底座；11—工作台

3.3　模具加工专用刀具

数控机床上加工成型模腔型，由粗、精加工两道工序完成。首先用左、右偏刀粗加工模具半成品，然后精加工模具腔型，精加工阶段，由于模具腔型深，用一般刀具加工出的腔型表面有明显振纹，而且整个腔型只能一次装夹加工完成，不能接刀，现有刀具均无法满足使用要求，为此，我们设计了一种专用刀具，刀具不仅刚性强，消除了模具腔型加工中出现的振纹，而且刀具一次装夹即可加工完成腔型，无须接刀。

3.3.1　刀具结构

首先，我们选取刀架上的镗杆刀位，用螺栓将刀具固定在刀架上，并将刀具切削部分设计成鱼肚型，其中为了避免刀具后刀面在切削加工中挤压已加工表面，影响其表面粗糙度，后刀面应该按照小于腔型R样板加工而成。这样，刀杆在加工模具腔型时，刀具后刀面不仅不挤压已加工表面，而且，使得刀具本体的刚性及强度大大提高，减少了腔型加工中出现的振纹，提高了模具的表面粗糙度，满足了轧制精度要求，具体结构见图3。

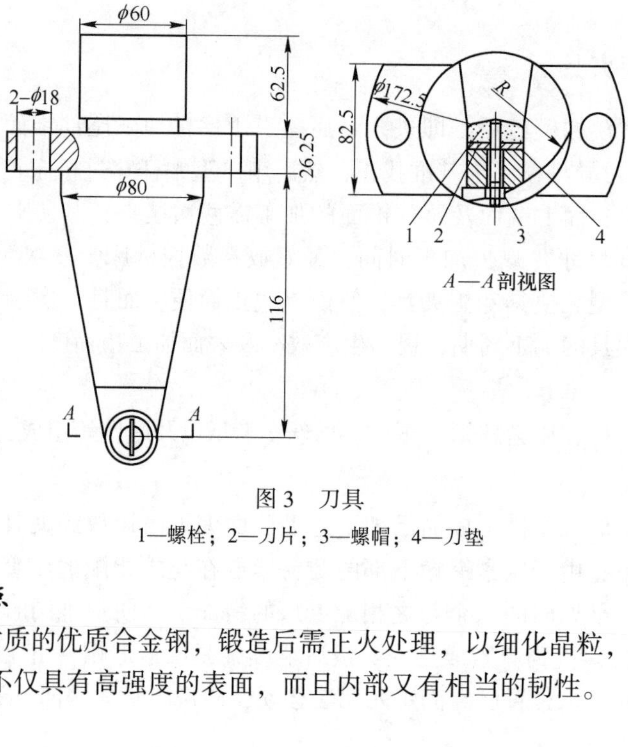

图3　刀具

1—螺栓；2—刀片；3—螺帽；4—刀垫

3.3.2　刀具制作要点

（1）刀杆采用40Cr材质的优质合金钢，锻造后需正火处理，以细化晶粒，在机械加工完毕后，最后再经过调质处理，使刀杆不仅具有高强度的表面，而且内部又有相当的韧性。

（2）为了增强刀具在加工腔型时的刚性及强度，在保证刀具中心高的前提下，应尽量增加刀体厚度并减少加工中刀具的垫片数量，以减少刀具在加工中出现的振动，保证加工表面粗糙度。

（3）为了保证在转位或更换刀片后，刀具的刀尖位置变化小，刀具的刀槽及中心螺钉孔加工，应在数控铣床上一次装夹找正加工完成。

3.3.3 新型刀具的特点

（1）定位精度高。由于采用机夹可转位刀具，刀片转位或更换刀片后，刀尖位置的变化在0.005mm。

（2）操作方便。加工中刀片会出现破损现象，采用机夹刀转位或更换刀片迅速、简便。

（3）刀具的刀垫采用淬硬钢，提高了刀片支承面的强度，减少了刀具振动。

（4）刀片采用涂层刀片，具有韧性较高的基体和硬度，耐磨性极高的表层（Tic，厚度5~12μm），较好地解决了刀具硬度，耐磨性，韧性之间的矛盾，降低了切削力，切削温度，改善了已加工表面质量。

3.4 NC加工控制程序的几点说明

首先，根据设计的加工工艺路线，分析成品图纸尺寸，找出各相关部位之间的尺寸关系，通过CAD制图绘制成型模成品图，然后偏置10mm（刀具半径）画等距线——刀具运动轨迹，接着求取偏置后成型模图的拐点坐标，最后根据拐点坐标，编制相应的NC加工控制程序，精加工仿形程序如下：

```
G92     X          Z
G00     T44
G00     X660       Z-63.8
G00     M03        S10
G01     X643.516   Z-29.859
G02     X516.974   Z6.842     I-48.296   K-12.941
G03     X493.96    Z6.468     I-7.887    K65.527
G01     X415.724   Z8.617
G02     X302.094   Z-34.865   I-3.017    K-54.917
G01     X277.804   Z-92
G01     X150
G00     Z50
G00     X          Z          T40
G00     M05        M30
```

其中，在加工程序编制时应该注意以下几点：

（1）刀补是对同一点，某号刀相对于基准刀在X，Z两个方向的偏差。基准刀不设刀补。若设刀补是为了自身微调方便。T44表示选取四号刀位，并调其刀补，撤销刀补为T40，其他含义相同，换刀前应取消刀补。

（2）程序原点可以是Z坐标轴上的任一点，但为了编程及对刀方便，程序原点常选工件右端面的回转中心。

（3）换刀点也是任意的，但为了减少刀具空程，提高生产效率，一般选择接近模具的位置，但是模具和刀架之间的距离要保证刀架有足够旋转换刀空间。

（4）由于成品精加工工序采用圆杯型刀加工模具，编制NC加工控制程序时，刀具运动轨迹应为模具尺寸轮廓的等距线，而且X方向的坐标值应以直径值编程。

（5）为了避免加工中刀具与模具廓型的曲率干涉，刀具曲率半径必须小于模具各部位的曲率半径。

4 结语

经过不同规格车轮模具加工生产实践证明，经济型数控机床加工高速车轮轧制用模具，加工出的模具产品质量稳定，所有产品的形位公差精度均符合图纸技术要求，满足了进口压轧生产线的需要，加工效率提高3~5倍，是一种行之有效、经济的加工方法。

高速列车车轮钢摩擦热致相变的计算机模拟❶

苏　航[1]　季怀中[2]　张永权[1]　杨才福[1]　刘　彤[3]

（1. 钢铁研究总院；2. 马鞍山钢铁股份有限公司；3. 郑州机械研究所）

摘　要　将有限元热力耦合计算与材料相变特征的实验研究相结合，研究了高速度及大载荷条件下的轮/轨摩擦导致车轮热损伤的机理，探讨了滑行速度、时间和载荷等因素对车轮踏面的温度场变化及对奥氏体相变区尺寸的影响。结果表明，在大载荷滑行情况下，接触区的峰值温度可超过材料的相变临界点，相变区深度可能达到1mm以上；滑行速度的提高可以增大相变层出现的几率，但并未增加相变层的深度；接触区峰值温度和相变区尺寸均随载荷的大小呈线性变化。

关键词　车轮钢；踏面剥离；相变；有限元分析

Simulation of Friction Heat Induced Phase Transformation in High Speed Train Wheel

Su Hang[1]　Ji Huaizhong[2]　Zhang Yongquan[1]　Yang Caifu[1]　Liu Tong[3]

(1. Central Iron and Steel Research Institute; 2. Ma'anshan Iron and Steel Co., Ltd.; 3. Zhengzhou Research Institute of Mechanics)

Abstract　Based on the finite element analysis of wheel/rail friction and experimental data of the phase transformation in wheel steel, the mechanism of wheel thermal fatigue under high speed and heavy load conditions was simulated. The changes of temperature field under several operating conditions (loading, braking time, running speed) have been calculated, and its affection on phase transformation zone in wheel tread has been discussed. The peak temperature of contact zone may reach over austenitizing temperature under heavy load sliding. The depth of austenized zone may reach at 1mm under the wheel tread. The increase of sliding speed does not affect the depth of phase transformation zone, but increase the probability of phase transformation. Both the peak temperature and the size of phase transformation zone increased with increased loading.

Key words　train wheel steel; tread spalling; phase transformation; finite element analysis

1　引言

随着国民经济的迅速发展，对铁路高速化的需求日益迫切[1]。与磁悬浮技术相比，高速轮/轨铁路的技术优势在于成本低、技术成熟、兼容性好。发展先进轮/轨铁路技术的难点和重点是要解决好高速、重载运行条件下轮/轨关系的矛盾。其中首要问题之一是车轮的踏面剥离[2]。踏面要承受重载、牵引、制动、轨道接头及道岔冲击等复杂的力学环境，服役条件十分苛刻。在高速滑动过程中，轮/轨摩擦产生大量的摩擦热，加剧了车轮因疲劳、剥离等引发的失效问题，给高速列车的安全运行带来极大的隐患。从车轮踏面剥离损伤产生形式上看，包括接触疲劳剥离、局部接触疲劳剥离、制动剥离（闸瓦制动）及擦伤剥离等多种情况。但从材料失效机理上分析主要可以归结为两类：一类是由交变接触应力引起的接触

❶　原文发表于《金属学报》2004年第9期。
国家高技术研究发展规划资助项目（2003AA331160）。

疲劳损伤，也称剥落（shelling）；另一类是由摩擦热循环引起的热疲劳损伤，称为剥离（spalling）。实际剥离现象往往是多种因素的相互作用的结果。

普通列车多采用闸瓦制动模式，其摩擦热主要来源于车轮与闸瓦之间的刹车热。高速列车多采用盘型制动，其摩擦热来源于轮/轨间的滑动或滚滑摩擦，车轮踏面受到的热影响较普通列车剧烈且集中。踏面热疲劳剥离是高速车轮最主要的损伤形式之一，目前对此仍缺乏深入了解和有效控制手段，因为涉及接触摩擦、温度-应力场耦合、传热、相变及材料组成等多方面的问题，到目前为止，进行高速度、大载荷条件下轮/轨接触区的实验研究仍非常困难。

由于计算技术的进步，采用有限元热力耦合分析来辅助研究这一问题已成为可能。国外在轮/轨动态温度场理论分析方面作过一些工作，文献［3］利用简化的物理模型讨论了车轮在钢轨上低速滑行所产生的热效应。俄国学者[4]利用有限元和单元热平衡法研究了在闸瓦制动的情况下，碾钢车轮的温度场和应力-应变场。到目前为止，在轮/轨关系研究上，尚未见到将有限元热力耦合分析与材料实验研究相结合的报道。本工作对此问题进行了方法上的探索，并结合实验数据，系统分析了各种滑行状态下车轮踏面温度场的变化，及其对材料相组成和力学特性的影响。

2 原理与方法

2.1 车轮踏面制动热损伤的物理过程

大量实验结果表明，车轮踏面的热疲劳剥离主要与马氏体的形成有关。汇总文献［5-8］的结果可以认为，热疲劳剥离的物理过程如下：在列车高速运行的情况下，制动可能引起轮/轨的滑动摩擦，轮/轨的接触区急剧升温，甚至达到材料的相变温度以上，从而产生局部奥氏体化；在制动过程结束后，由于车轮与钢轨的散热冷却，接触区温度快速下降，发生局部淬火，在局部区域产生脆性马氏体组织。在热应力以及载荷机械应力的联合作用下，脆硬的马氏体层极易产生裂纹，成为引起热损伤剥离的主要根源。

在上述热疲劳剥离的过程中，马氏体层的产生和厚度受钢的成分、淬透性、加热温度及冷速等多种因素制约；马氏体的脆性与碳含量有关。因此，通过计算滑动条件下温度场的变化，可以模拟出车轮材料发生相变的外部影响因素；通过对材料成分、相变特征的实验研究，可以测定材料发生相变的内部控制因素。两者相结合，不但能够了解马氏体层的产生条件、组成和脆性，更能够确定它产生的位置、厚度有产生规律和抑制手段，为新型高速车轮材料的设计提供理论和实验依据。

2.2 计算原理与方法

列车车轮和铁轨在高速摩擦时，轮/轨接触面温度在短时间内急剧升高，刹车后冷却速度也很快，因此，产生的热量在升温和冷却时主要以热传导方式传播，热辐射和对流引起的热量损失很小，可忽略。列车刹车时轮/轨摩擦是一个热力耦合问题，车轮在铁轨上摩擦滑行是动力学接触问题，摩擦产生的热量扩散又是一个热传导问题，同时还涉及高载荷（10^4kg 量级）和高速度的摩擦问题，热力耦合计算的非线性程度较高。本工作选用美国麻省理工学院（MIT）开发的 ADINA 系统软件进行了有限元建模和热力耦合分析。在 ADINA 系统中，热传导方程为

$$[C_s][T'] + [C_c][T] = [Q] \tag{1}$$

式中，$[C_s]$ 为材料热容矩阵；$[T]$ 和 $[T']$ 分别为节点温度和时间导数列阵；$[C_c]$ 为材料热传导率矩阵；$[Q]$ 为热源列阵。

不考虑材料黏性，力学方程为

$$[M][u''] + [K][u] = [F] \tag{2}$$

式中，$[M]$ 为材料质量矩阵；$[u]$ 和 $[u'']$ 为节点位移及时间二阶导数列阵；$[K]$ 为结构刚度矩阵；$[F]$ 为外载荷和温度载荷列阵。通过式（1）、式（2）的相互迭代即可求出热力耦合问题的解。考察滑动过程中接触区温度分布及变化速率是整个计算工作的核心。有了这一组重要参数，就可以确定车轮材料在刹车热循环中的相变情况，进而为选择适宜的材料提供理论指导。

由于研究的是在高速及大载荷条件下的动态对象，在网格划分和时间步划分上都要求尽可能密集，以免计算结果发散。如果完全采用三维全尺寸轮/轨模型模拟整个制动过程，计算的工作量将非常大。因

此，本工作只考虑车轮抱死状态下的短时间滑行制动，并采用二维简化轮型。将分析过程简化为以下3个阶段：

（1）模拟滑行开始时的升温过程，采用热力耦合模型，车轮在钢轨上摩擦滑行，待接触区峰值温度达到稳定时停止滑行，计算出此时车轮接触区边界温度的分布。

（2）模拟滑行时的温度扩散过程，采用纯热传导模型，保持车轮接触区边界温度到一定时间，使车轮上的热量进一步扩散。

（3）采用纯热传导模型，模拟滑行结束时的冷却过程，使车轮和铁轨一起自然冷却，并计算车轮接触区温度场随时间的变化。同时，结合对材料奥氏体连续冷却转变曲线的测定，计算和分析马氏体层的产生位置、厚度及分布规律。

本文集中讨论了升温及热扩散阶段（第1，2阶段）轮/轨接触区的温度分布规律，以及列车运行速度、载荷、滑行时间等因素对摩擦热影响区的影响。对冷却过程（第3阶段）的分析涉及比较多的材料实验工作，将在另文中讨论。

3　实验结果与讨论

3.1　实验材料基本参数的测定

本工作采用CL50A高速列车实验车轮钢，材料的实测成分（质量分数）为：C 0.52%，Si 0.32%，Mn 0.73%，P 0.014%，S 0.003%，Cr 0.24%，余为Fe。材料的实测相临界点分别为：A_{c1}=735℃，A_{c3}=780℃，M_s=265℃。对车轮轮辋进行淬火和回火处理，其正常组织状态为珠光体+少量铁素体。计算所用到的基本物理参数如下：$\sigma_b=850$MPa，$\sigma_{0.2}=525$MPa，密度$\rho=7.851$kg/m^3，弹性模量$E=2.101\times10^5$Pa，泊松比$\nu=0.3$。材料的一些物理性能随温度的变化见图1，高温时参数的波动是由于材料发生相变造成的。

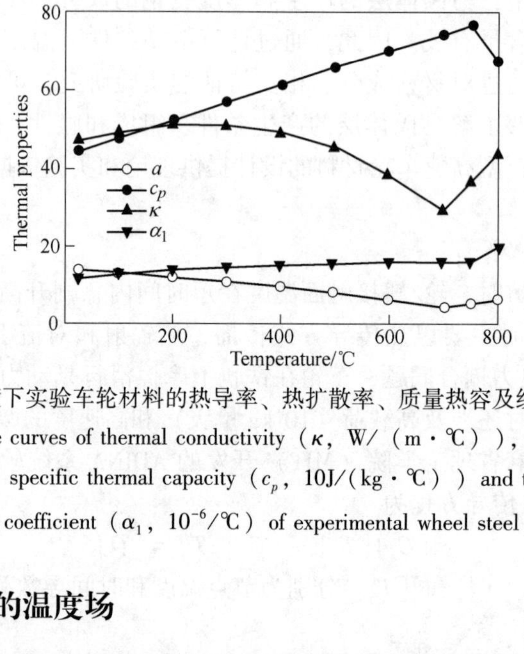

图1　不同温度下实验车轮材料的热导率、热扩散率、质量热容及线膨胀系数曲线

Fig. 1　Temperature curves of thermal conductivity（κ，W/（m · ℃）），thermal diffusibility（a，10^{-6}m^2/s），specific thermal capacity（c_p，10J/(kg · ℃)）and thermal expansion coefficient（α_1，10^{-6}/℃）of experimental wheel steel

3.2　典型制动条件下车轮的温度场

动态温度场的计算涉及热力耦合过程，由于计算量太大，本工作采用二维有限元模型，车轮形状简化为外径915mm，内径170mm，厚135mm的带内孔圆柱体。轨道按钢体处理，厚度取70mm。取10m长的轨道，车轮和轨道共划分平面应力单元17320个，节点20433个。依据计算工况不同分别在车轮上施加不同的速度和载荷，分5000时间步进行计算。另外由于轮、轨所用钢成分类似，在计算中热分配系数取0.5，近似认为摩擦热在轮/轨间等量分配。轮/轨滑动摩擦系数μ取0.3，环境温度设为0℃。

在滑行速度v=200km/h，载荷$P=1.42\times10^5$N，滑动摩擦时间t=5s的典型工况下，简化轮型的温度场的计算结果示于图2。可以看出，滑行接触区最高温度达到900℃以上，已经超过了材料的A_{c1}和A_{c3}温度，因此在接触面以下某些区域内将产生部分或完全奥氏体化相变。需要指出的是，由于问题的复杂性，本工作的全部计算结果都基于以下近似条件：

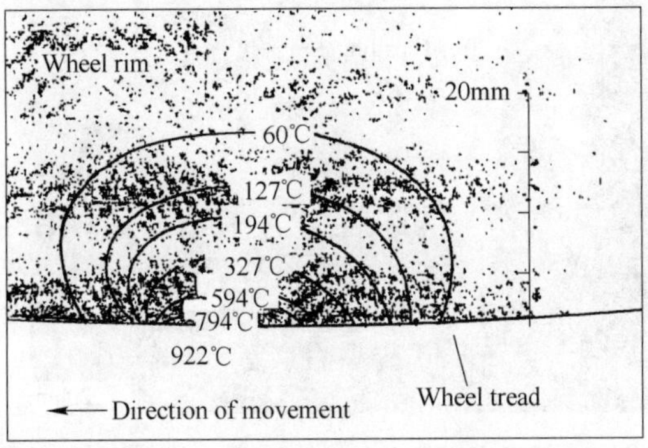

图2　简化轮型在典型工况下滑行时模拟的温度场

Fig. 2　Simulated temperature field of simplified wheel at a typical sliding condition（v=200km/h，P=1.42×10^{5}N，t=5s）

（1）不考虑在滑行过程中出现的车轮表面磨损；

（2）不考虑实际制动中可能出现的滚滑的情况；

（3）不考虑滑动摩擦系数随载荷与速度的变化；

（4）本工作采用的是简化轮型，轮热接触面的形态与采用实际轮型有所差异。

计算了踏面深度方向的温度分布和超过相变点温度的区域，结果示于图3。从图可以看出，在轮表面（踏面）以下温度超过A_{c1}的区域深度接近1mm；沿踏面切线方向，温度超过A_{c1}的区域宽度接近8mm；分别称之为奥氏体化区深度（记为d_A）和奥氏体化区宽度（记为w_A）。该区域内具备了发生马氏体类相变的必要条件，但最终相变类型和相变层的厚度还取决于滑行结束时这些区域的冷却速度。

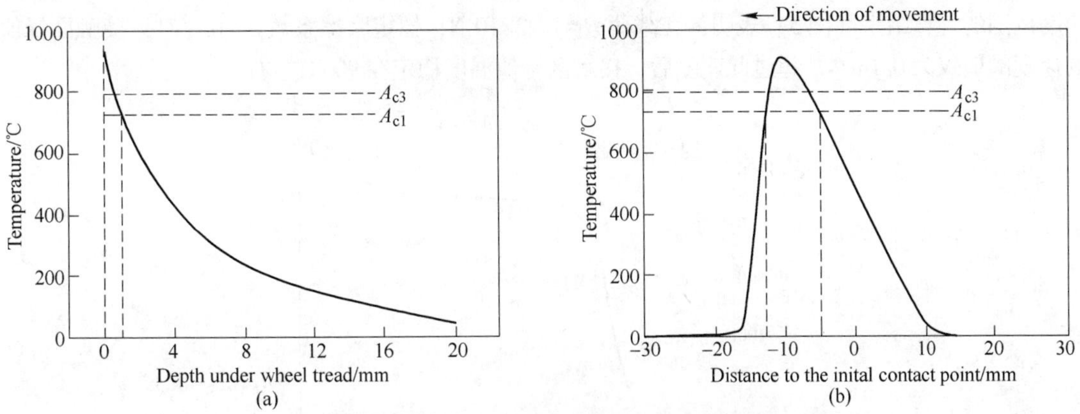

图3　简化轮型在典型滑行工况下的踏面温度分布及奥氏体化区的大小

Fig. 3　Calculated temperature distributions and sizes of austenized zone along depth direction（a） and arc direction（b） of wheel tread for the simplified wheel at a typical sliding condition

（a） depth of austenized zone，$d_A \approx$1mm；（b） width of austenized zone，$w_A \approx$8mm

为了验证上述理论计算结果，本工作从高速实验列车“中华之星”号拍摄到制动实验后车轮踏面的照片（见图4）。从图中可以看到条状的马氏体白层，以及最大直径约为10mm、深度约为1mm的剥离坑。实际观察到多数车轮存在类似的剥离坑，直径多在5~10mm，深度在1mm以内，与以上计算中相变区域的情况是吻合的。

同时，对比文献［4］对闸瓦制动的分析可以看出，高速列车采用盘型制动时，接触区峰值温度更高，但热影响区范围要小得多。这是由于闸瓦制动靠车轮和闸瓦摩擦实现，二者接触面积大，且大部分热能由车轮吸收，因此热影响区宽而温升平缓；而盘型制动产生的热能一部分由制动盘吸收，另一部分由轮/轨吸收，由于轮/轨接触面很小，因此热影响区窄而温升剧烈。

从图2和图3(b）还可看出，接触区峰值温度点并不是车轮最下缘中心点（静态接触的中心点)，而是沿行进方向略有前移，这是由于高速度制动巨大的剪切力使车轮发生弹性变形所致。

图 4 某高速实验列车车轮踏面损伤的现场照片

Fig. 4 Spalling pit（10mm in diameter and 1mm in depth）and martensitic white layer at the wheel tread of an experimental high speed train

3.3 滑行速度的影响

滑行速度对接触面峰值温度影响的计算结果见图 5。从图可以看出，滑行速度的影响是较小的。在稳定载荷 $P=1.42\times10^5$N，滑行速度 v 分别为 100km/h、200km/h 和 300km/h 时，轮/轨接触区峰值温度分别为 928，922 和 914℃，没有显著升高。由于网格划分和时间步划分的不连续性，因而计算中会存在一定的系统误差。但计算表明，大载荷高速运行时，车轮滑行速度对接触面峰值温度影响不大。其原因是，在轮/轨制动关系中，钢轨除了与车轮摩擦产生热量，同时也是主要的冷却介质。随着车轮速度增加 1 倍，虽然单位时间内产生的热量增加了 1 倍，但车轮接触的铁轨长度也增加 1 倍，相当于单位时间内冷却强度也增大了 1 倍，并且由于热传导速率远远低于滑行速度，新接触的钢轨接近环境温度。这样，当滑行速度超过某一阈值时，接触区峰值温度不再增加。宽速度范围的计算结果（图 5）表明，在载荷 $P=1.42\times10^5$N，恒定摩擦系数 $\mu=0.3$ 时，接触面峰值温度达到恒定的速度阈值仅为 0.1m/s，超过此速度后，接触区峰值温度稳定在 900℃左右。

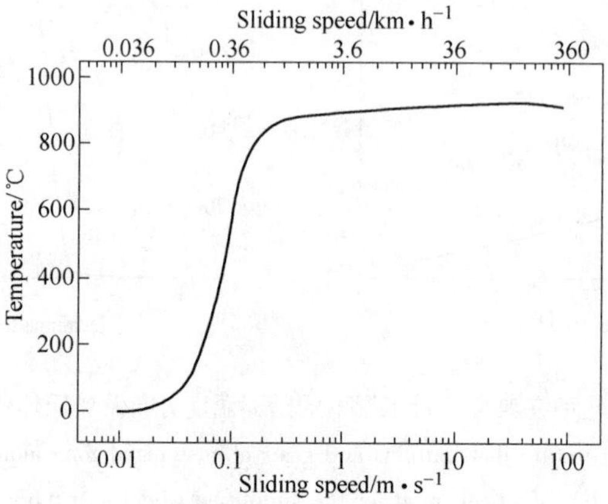

图 5 滑行速度与接触区峰值温度的关系

Fig. 5 Calculated curve of peak temperature of contact zone *vs* sliding speed（$P=1.42\times10^5$ N）

从计算结果看，提速并未增大踏面峰值温度，因而也不会增加相变层深度。速度对踏面剥离的影响主要表现在增大了相变层出现的概率。根据 Newton 运动定律，当初速度从 100km/h 提高到 300km/h 时，在恒定制动力的情况下，制动时间增加 3 倍，制动距离增大 9 倍，因此，车轮踏面上各点参与滑动摩擦的次数大幅度增加，相变层的出现几率也大大增加。

3.4 滑行时间的影响

计算了在稳定载荷 $P=1.42\times10^5$N 以及滑行速度 $v=200$km/h 条件下，滑行时间对踏面温度场的影响，计算结果见图 6。可以看出，温度扩散需要一定时间，但越靠近接触面，温度达到平衡的时间越快。滑动摩擦开始 3s 后，接触面以下奥氏体化区深度即达到 1mm 左右，并趋于稳定。但是，如果接触面滑行的时间很短（0.5s 以下），比如发生滚滑的情况，则奥氏体化区深度仅能达到 0.2～0.4mm，同时由于存在滚动，相变区表现为一条薄而长的相变带，这一相变带空冷后形成更薄的马氏体白层，这就是图 4 实物照片中白色亮带出现的原因。

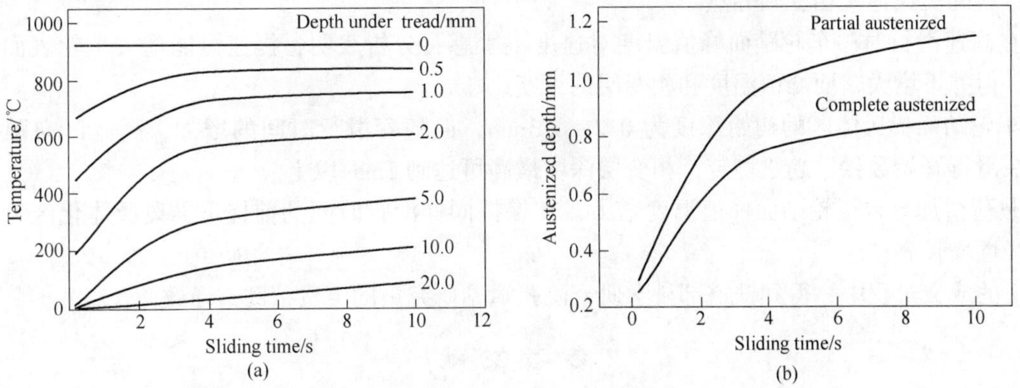

图 6 滑行时间对踏面附近温度及奥氏体化区深度的影响

Fig. 6 Calculated curves of temperature (a) and austenized depth (b) under wheel surface *vs* sliding time ($P=1.42\times10^5$N, $v=200$km/h)

3.5 载荷的影响

图 7 显示了在不同载荷下，以 200km/h 的速度滑行 5s 后接触区温度的变化。载荷变化对车轮接触区峰值温度影响很大，施加载荷 P 分别为 1.18×10^5N、1.42×10^5N 和 1.67×10^5N 时，接触区峰值温度分别为 777℃、922℃ 和 1062℃。可见在这一范围内，载荷变化与最大温升、奥氏体化区深度都有线性的关系，说明在纯滑动的情况下，载荷增加会提高车轮踏面的峰值温度，增大奥氏体化区深度和范围。但需要指出的是，由于载荷增加，导致轮/轨摩擦力增大，车轮发生制动抱死的几率减少，发生滚滑的可能性增大；根据上面的分析可以知道，在滚滑占主导的情况下，滑动摩擦时间缩短，高温区向踏面深度方向的扩散大大受到限制，相变层深度和宽度反而可能减小。因此载荷对车轮热疲劳过程的影响较为复杂，受到多方面因素的综合控制。

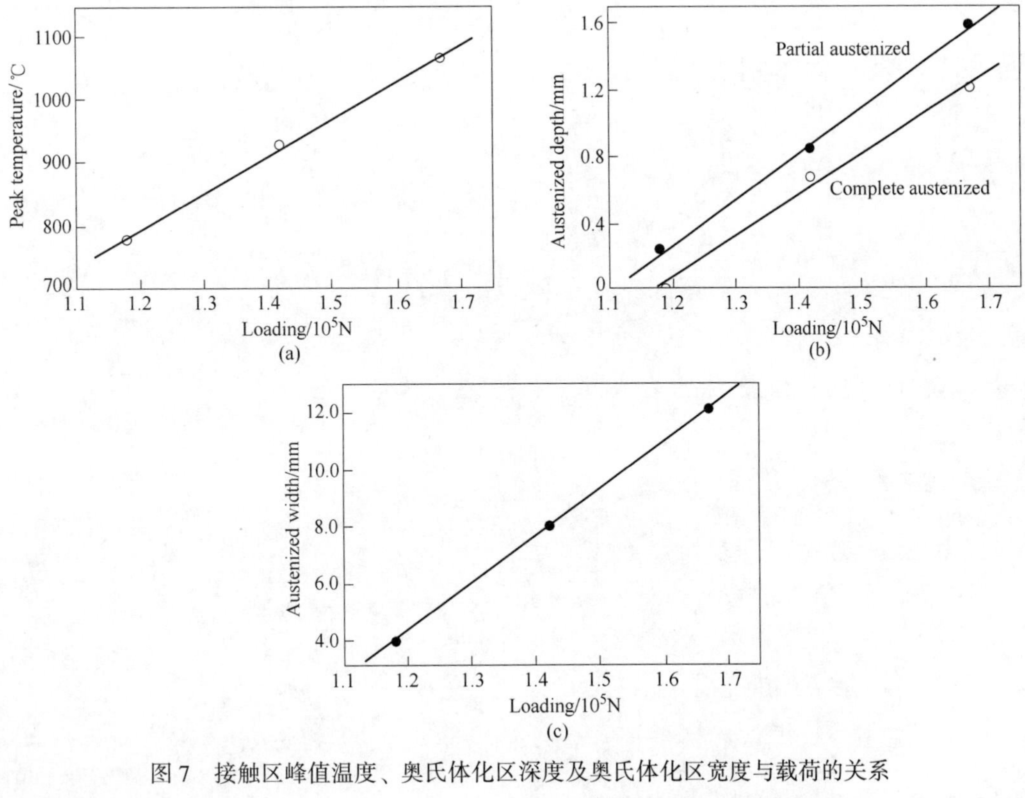

图 7 接触区峰值温度、奥氏体化区深度及奥氏体化区宽度与载荷的关系

Fig. 7 Calculated peak temperature (a), austenized depth (b) and austenized width (c) at different loadings

4 结论

（1）列车在高速度大载荷条件下，轮/轨滑动摩擦热影响区范围很窄，温升剧烈，接触区峰值温度可超过车轮材料的奥氏体化相变临界点。

（2）在高速滑行时，车轮踏面峰值温度对速度不敏感；分析表明，提速可能增大车轮表面相变层出现的几率，但并不增大踏面峰值温度和相变层的深度。

（3）车轮踏面奥氏体区的初始深度为0.2～0.3mm，但随着滑行时间的增加，高温区向踏面以下扩散，但是在滑行开始数秒后趋于稳定，相变层深度最高可达到1mm以上。

（4）载荷增加导致车轮踏面峰值温度增大，在保持同样滑行时间的前提下，奥氏体化区大小亦随载荷增大呈线性增长。

在本文的成文过程中，得到铁道部科学研究院张斌副研究员的宝贵帮助，谨致谢忱。

参考文献

[1] 肖彦君．中国铁道科学，2000，21（1）：9.
[2] 郑伟生，刘会英．铁道车辆，2001，39（2）：19.
[3] Sun J. In：The Chinese Railway Society ed. Proc 12th Int. Wheelset Congress，Qingdao，1998：18.
[4] Kisyelyev S N. Vestn Vses Nauchno-Issled Inst Zheleznodorozhn Transp，1994，(7)：13.
[5] Vernersson T. Wear，1999，236：96.
[6] Vernersson T. Wear，1999，236：106.
[7] Orringer O，Gray D E. Theory Appl. Fract. Mech.，1995，23（1）：55.
[8] Cole I S，Griffiths J R. Metall Australas，1985，17（1）：14.

高速列车车轮用钢的进展❶

崔银会[1] 张建平[1] 江 波[1] 苏 航[2]

(1. 马鞍山钢铁股份有限公司；2. 钢铁研究总院)

摘 要 对国际上高速列车车轮用钢研究与发展进行了介绍，并综述了国内高速列车车轮用钢方面的研究成果，对我国高速列车车轮用钢提出了建议。

关键词 高速列车车轮；车轮钢；进展；建议

Development of Wheel Steel on High Speed Train

Cui Yinhui[1] Zhang Jianping[1] Jiang Bo[1] Su Hang[2]

(1. Ma'anshan Iron and Steel Co., Ltd.; 2. Central Iron and Steel Research Institute)

Abstract This article introduced the foreign study and development of wheel steel on high speed train, some research achievements of wheel steel on high speed train in china are summarized, suggestions on application of wheel steel on high speed train in China are offered.

Key words high speed train wheel; wheel steel; development; suggestions

1 引言

为了加快我国铁路交通现代化的进程，中国铁路在 2004 年 4 月 18 日又进行了第五次大提速，提速网络基本覆盖了全国铁路主要干线，其中新增的最高时速 200km/h 线路达到 1812 公里，同时，我国时速在 200~300km/h 之间的高速轮轨铁路的建设也在积极筹划，铁路大提速对提速车轮尤其是时速超过 200km/h 的高速车轮需求越来越迫切。

高速车轮属于典型的高技术含量高附加值产品，国际市场售价是普通车轮的 3 倍以上，专家估计，五年以后，我国高速车轮年需求量将超过 1 万件，如此大批量消耗性产品，不可能也不应该大规模依赖进口，尤其是各国对此方面的技术研究高度保密，所以如何适应铁路大提速，开发自有知识产权的高速车轮用钢是摆在我国车轮制造业和有关研究人员面前急迫的任务。

2 国外高速车轮材料发展现状与趋势

作为高速轮轨铁路发展的核心技术之一，高速列车车轮用钢的研究重点是如何保证在高速运行条件下车轮使用安全和使用寿命。

国际上通常把运行速度超过 200km/h 的列车称为高速列车，研究结果表明，运行速度超过 120km/h 后，列车的动力学条件发生显著变化，车轮的使用条件也发生显著变化，车轮在列车运行中起承载、传递动力以及制动等作用。随着列车运行速度的提高，车轮与钢轨之间的磨损加剧，并且在高速列车的制动过程中，产生大量的摩擦热，加剧了车轮和钢轨因疲劳、剥离等引发的失效问题[12-14]，给高速列车的安全运行带来极大的隐患，甚至发生安全事故，同时增加了铁路检修成本，1998 年德国高速列车出轨，

❶ 原文发表于 2004 中国金属学会青年学术年会论文集。

国家高技术研究发展“863”专项经费资助（2003AA331160）。

造成 100 多人死亡的惨重事故，其起因就是车轮的疲劳断裂，因此各国为适应列车高速运行的需求。纷纷研制和生产新的高速列车车轮和钢轨用材料。

从各国早些时候的标准来看，用于生产车轮的材料主要是中高碳钢，以 Si、Mn 为主要强化元素，在性能方面，美国由于主要是货车车轮，所以要求并不严格，只对硬度有要求，而我国和前苏联的标准对性能的要求相对比较严格。

鉴于提速后中高碳系铁素体-珠光体车轮存在种种问题，国外在新型高速列车用车轮钢的研究方面进行了大量的工作，提出了降碳微合金化车轮、低碳贝氏体车轮等新的合金设计思路。

日本和欧洲的法、德等国高速车轮的轮形都具有轻量化的特点，但在车轮材料的选用上存在较大的差异。日本高速车轮材料为高碳碳素钢，欧洲高速车轮材料为中碳非合金化钢。从强度看，STY80-2R 与 R7 为两种不同强度等级的钢，国外研究者曾测定了这两种车轮的断裂韧性，STY80-2R 的 K_{IC}（0℃）<50MPa · $m^{1/2}$，而 R7 室温的 K_{IC}≈75MPa · $m^{1/2}$，-60~-20℃的 K_{IC}稳定在 60MPa · $m^{1/2}$以上。这些数据表明，R7 的抗脆断能力显著高于 STY80-2R。由此可见，日本高速车轮采用高强度技术路线，欧洲采用高韧性技术路线。

从 ISO 标准和日欧的标准演变来看，车轮材料的发展趋势是由原先的中高碳钢向低碳微合金化的方向发展，尽管强度和硬度比原先的材料略有降低，但韧性有明显提高，加上冶金工艺和技术的改善，材料的洁净度也有所提高，这些对改善车轮的抗损伤性能有利。

日本早期的车轮（包括新干线）所用材料 STY80 为含碳 0. 60%~0. 75%的高碳钢，为提高车轮在高速运行时的抗裂损性能，采用了降碳加 V 的措施，开发了 V2 钢（SVTY75-2R）[4]，将碳的含量由原来的约 0. 65%降到了 0. 55%，加入了 0. 18%~0. 21%的 V，从而使钢的冲击韧性和断裂韧性值显著提高，抗裂损性能比 STY80 钢要高。

为了与 ISO 标准接轨，日本于 1998 年修改了以前的整体轧制车轮的 JIS 标准，在该标准中，对材料性能的修改较少，但对材料的成分方面有了较大的改动，碳含量从 0. 46%~0. 77%分阶段规定了 6 个钢种，从这一变化可以看出日本在车轮材料使用上的改变，即降低碳的含量进行微合金化，在略微降低材料的强度和硬度的情况下，提高材料的韧性，从而提高材料的抗裂损性能。

欧洲很早就提出了采用低碳微合金化材料作为车轮用钢[5]，碳的含量以中低碳为主，其中 ER7 和 ER8 称为 1 类钢，主要用于时速 200km/h 的车轮，尤其是 ER7 钢，是被广为使用的钢种，我国参考 ER7 钢（如 R7T）生产用于 200km/h 列车的车轮，其抗剥离性能要比用 CL60 钢的国内快速客货车轮好。

1998 年，法国 Valdunes 公司研制出了一种新的钢种，含碳量比以上钢种更低，其下限值只有 0. 42%，强度极限约为 886MPa，而 R8T 的强度极限范围为 860~980MPa，两者相差不多；但新钢种的冲击功为 24J，比 R8T 的 15J 要大得多，研究结果表明，含碳 0. 42%的钢可以使车轮的寿命延长三倍，但这种钢目前仍停留在试验阶段，没有被正式使用[6]。

文献［7］介绍了美国 Abex 公司和 Griffin 公司铸钢车轮的生产工艺，解剖并测试了这两家铸钢车轮的力学性能和化学成分，结果表明，这两家公司的铸钢车轮均具有高强度，高硬度与低塑性，低韧性，其原因是微量元素 Cr、Ni、Mo 和 Cu 的存在。

20 世纪 80 年代末，英国剑桥大学与英国钢铁公司合作，研制 Fe-0. 5C-1. 5Si-2. 0Mn 贝氏体钢轨，此后对其成分、组织、性能进行优化，Bhadeshia 教授称之为无碳化物贝氏体钢。日本、印度等根据这一思路也试制出了贝氏体钢轨[10]。研究中采用了含碳 0. 04%、0. 1%、0. 52%以及 0. 77%共四种钢进行对比，考察它们的抗磨损性能，研究结果表明，不论是纯滑动摩擦，还是滚动/滑动摩擦，贝氏体钢都有着比珠光体钢更优良的抗磨损性能，可见，贝氏体钢用作车轮材料有较大的潜力，是高速车轮用钢未来的一个重要研究方向。

3　国内高速车轮用钢研究进展

国内高速车轮材料的研究方面，马钢和西安交通大学、钢铁研究总院等科研院所也做了大量的研究工作。

1990 年，马鞍山钢铁公司参照前苏联标准研制了含钒微合金车轮，该钢种各项性能指标都优于原有的 CL60 钢，铁道部的装车运行试验也说明含钒钢的实际应用性能优于普通碳素钢。2000 年，马钢技术中心与西安交通大学联合研制了微合金化车轮用钢，用于时速 200km/h 的列车，该钢种降低了原来钢种的含碳量，增加了合金元素的含量，并用 V 进行微合金化，研究表明，新钢种强度和硬度较高，其他各项性能均比原有钢种优异。文献［10］对国产 R7、R8 和 GL60 辗钢车轮，巴西辗钢车轮及美国 Abex 公司和 Griffin 公司的铸钢车轮用钢的断裂力学性能进行对比的研究，结果表明，国产车轮钢疲劳裂纹萌生抗力高于国外车轮钢，R7 钢裂纹萌生抗力最高，六种车轮钢的疲劳门槛值相当，稳态阶段的疲劳裂纹扩展速率也相差不大，国产车轮和巴西车轮钢断裂韧性 K_Q 值较 Abex 和 Griffin 车轮钢大，马钢对 R7 车轮的研究表明，对速度达到或超过 120km/h 的客运列车，使用 R7 钢车轮有较好的效果，冶炼 R7 车轮钢应作适当的成分调整，添加微 Cr 能起到良好效果，在此基础上把 Si 含量增至 0.40%~0.60%，可进一步提高强度，又确保组织和韧性不受影响[11]。

戚墅堰机车车辆工艺研究所采用宏观、微观检验方法对 3 起提速列车车轮进行了失效分析，结果表明，制动引起的过热区，非金属夹杂物冶金缺陷，尖角部位的应力集中分别是车轮失效的主要原因，提出了预防车轮失效的措施和建议，怀化铁路集团关于提速 DF4 型机车轮缘磨耗分析及对策的研究[12]、文献［13］则报道了提速对货车轮对的影响；发现随着列车运行速度的不断提高，车轮的踏面剥离问题越来越严重，已经成为制约高速列车发展的一个主要障碍，据上海车辆段统计，自 1997 年 4 月 1 日开行提速客车以来，车轮故障呈上升趋势，截至 1998 年 9 月 30 日，车轮故障达 279 件，其中车轮擦伤剥离就达 195 件，占 69.89%，近年来这种现象仍时有发生，上海东车辆段对 1996 年 4 月~1999 年 12 月的统计表明，货车轮对的主要故障也是踏面擦伤剥离，达到段修总镟轮数的 53.74%~65.97%，并呈上升趋势。

尽管经过国内外大量的研究，提出了降低材料的含碳量以及进行微合金化的方案，但是碳降低到什么程度可以获得最佳的综合性能尚无定论。2001 年起钢铁研究总院与马钢股份有限公司合作，系统开展了降低碳含量对车轮综合性能的影响的研究，在碳含量 0.7%~0.4%的范围内研究了不同成分材料的力学性能、抗滑动摩擦、抗滚动摩擦、抗热疲劳以及抗接触疲劳等性能，试验结果表明，随着碳含量的降低，材料的耐滑动摩擦性能、耐滚动摩擦性能以及材料的耐接触疲劳性能降低，材料的耐热疲劳性能有显著上升，碳和合金元素将影响沿原奥氏体晶界析出的铁素体的数量和形态，扫描电镜中试样循环加载的原位观察表明：当网状铁素体较厚且连续时，就为疲劳裂纹扩展提供通道；相反，网状铁素体较薄且不连续时，则裂纹可能沿珠光体晶区边界扩展，这就为车轮钢的成分选择和微合金化提供了研究方向。综合所有研究结果得到初步结论，碳含量在 0.5%左右的材料可以获得最好的综合性能（见图 1）。

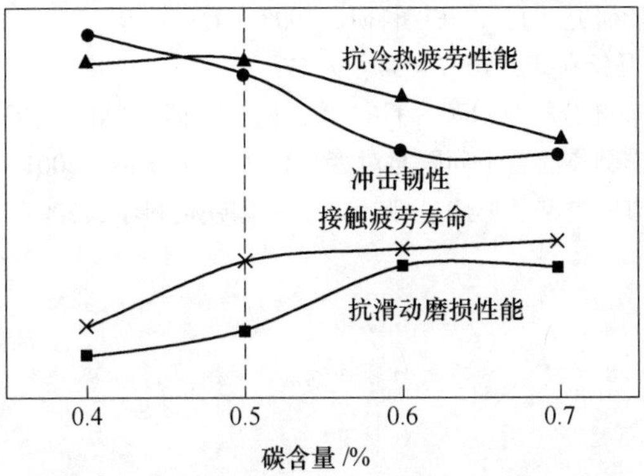

图 1 车轮钢碳含量与性能的关系（示意图）

Fig. 1 The relationship between carbon contents of wheel steel and properties

2002 年，马钢承担了直径 ϕ915mm 高速试验车轮的研制工作，并成功将其应用于中国第一条电气化客运铁路专线——秦沈客运专线高速试验列车拖车上，高速试验列车设计最高运营速度不高于 270km/h，试验运行最高速度要求超过 300km/h，该车组采用二动九拖电动车组，试验车轮的力学性能检验结果如表 1 所示。

表 1 试制车轮的力学性能

Table 1 The mechanical properties of test wheel steel

抗拉强度/MPa		延伸率/%		轮辋冲击/J		断面硬度（HB）	
轮辋	辐板	轮辋	辐板	常温	-20℃	踏面下 35mm 处	A 点
920	740	18	21	23	10	265	235

从力学性能检验结果看试制车轮常规的力学性能相当于法国同类高速车轮实物质量水平。

试制的高速车轮在“中华之星”试验高速列车运行30万公里后，车轮运行表现良好，仅发生轻微擦伤及擦伤剥离，极个别车轮踏面出现“横擦”现象，这估计是车辆在“蛇形”运动中导致形成，相比过去在制动频繁情况下的CL60钢车轮擦伤及擦伤剥离，其擦伤剥离程度明显较轻。

4 结语

降低碳含量并结合微合金化是国内高速车轮用钢发展的主要趋势，在碳含量基本确定的情况下，研究Cr、V、Mo、Nb等微合金的固溶强化机理，从碳当量的角度综合考虑Si、Mn、Ni对车轮材料的强韧指标的影响，确定C及微合金元素的最佳成分匹配，使材料性能满足高速列车车轮运行的技术指标要求，这一技术路线已有一定的研究基础，如何提高钢的强韧性，以提高高速车轮的运行安全，仍是高速车轮用钢重要的研究方向。

参考文献

[1] 沈志云，等. 轮轨接触力学研究的最新进展［J］. 中国铁道科学，2001，22（2）：1-14.
[2] Liu Z X.，Gu H C. Failure modes and materials performance of railway wheels［J］. Journal of Materials Engineering and Performance，2000，9（5）：580-584.
[3] Sakamoto Haruo，et al. Fracture toughness of medium-high carbon steel for railroad wheel［J］. Materials Science and Engineering（A），2000，A285：288-292.
[4] 木川武彦. 車輪材料の動向［J］. 金属，2000，70（2）：21-32.
[5] 欧洲标准委员会. 铁路规范　轮对和转向架　车轮　产品要求［S］. 2000.
[6] Valdunes. New steel grade triples ehwwl life［J］. International Railway Journal，1998（9）：45.
[7] 孟江英，钱立和. 铸钢车轮及其性能研究［J］. 钢铁，1999，34（10）：38-41，52.
[8] 郑伟生. 新钢号可提高车轮寿命3倍［J］. 国外铁道车辆，1999，36（5）：18-19.
[9] Bhadeshia. H K D H. Bainite in Steels［M］. second Edition，2001.
[10] Ramaswamy D. Wear Behavior of Bainitic Steels［J］. Dissertation Abstracts International，1992，52（12）：332.
[11] 钱立和. 车轮用钢断裂力学性能研究［J］. 马钢科研，1998（4）：6-9.
[12] 江波. 客车轮用钢研究［J］. 马钢科研，1997（3）：9-17.
[13] 赵云辉. 提速DF4型机车轮缘磨耗分析及对策［J］. 铁道机车车辆，2001，（2）：24-25.
[14] 郑伟生，刘会英. 关于车轮擦伤剥离的若干问题与对策［J］. 铁道车辆，2001，39（2）：19-22.
[15] 张斌. 铁路车轮、轮箍踏面剥离的类型及形成机理［J］. 中国铁道科学，2001，22（2）：73-78.

高速列车车轮材料研究的综述❶

崔银会[1] 张建平[2] 苏 航[3] 江 波[2]

(1. 安徽工业大学；2. 马鞍山钢铁股份有限公司；3. 钢铁研究总院)

摘 要 介绍了欧洲和日本高速列车车轮用钢研究与发展，综述了国内高速列车车轮用钢选用方面的研究成果。碳含量约为0.5%并添加少量微合金元素的试验钢，具有良好的强韧性和抗剥离性能，适合我国高速列车车轮用钢。

关键词 高速列车车轮；车轮钢；进展；R7钢

Summarize of Wheel Material Research on High Speed Train

Cui Yinhui[1] Zhang Jianping[2] Su Hang[3] Jiang Bo[2]

(1. Anhui University of Technology；2. Ma'anshan Iron and Steel Co., Ltd.；
3. Central Iron and Steel Research Institute)

Abstracts This article introduced study and development of wheel steel on high speed train in Europe and Japan, some research achievements of wheel steel on high speed train in China are summarized. The test steel with about 0.5%C and a small amount of microalloyed element have better combined properties and with better resistance on fatigue damage such as spalling, suitable for application of wheel steel on high speed train in China.

Key words high speed train wheel；wheel steel；development；R7 steel

1 引言

作为高速轮轨铁路发展的核心技术之一，高速列车车轮用钢的研究重点是如何保证在高速运行条件下车轮使用安全和使用寿命。

国际上通常把运行速度超过200km/h的列车称为高速列车。研究结果表明[1]，运行速度超过120km/h后，列车的动力学条件发生显著变化，车轮的使用条件也发生显著变化。车轮在列车运行中起承载、传递动力以及制动等作用。随着列车运行速度的提高，车轮与钢轨之间的磨损加剧，并且在高速列车的制动过程中，产生大量的摩擦热，加剧了车轮和钢轨因疲劳、剥离等引发的失效问题[2]，给高速列车的安全运行带来极大的隐患，甚至发生安全事故，同时增加了铁路检修成本。1998年德国高速列车出轨，造成100多人死亡的惨重事故，其起因就是车轮的疲劳断裂[3]。因此，各国为适应列车高速运行的需求，纷纷研制和生产新的高速列车车轮和钢轨用材料。

2 国外高速车轮材料发展现状与趋势

2.1 欧洲高速车轮材料研究的发展

从欧洲各国早些时候高速车轮用钢普遍采UIC812-3标准的R7钢，主要以Si、Mn为强化元素，其各

❶ 原文发表于《安徽冶金科技职业学院学报》2005年第2期。
国家高技术研究发展“863”专项经费资助（2003AA331160）。

种元素的百分比含量极限应低于或等于表 1 规定的数值。

表 1　R7 钢的化学成分

Table 1　The composition of R7 steel　　(%)

牌号	C①	Si	Mn	P②	S②	Cr	Cu	Mo	Ni	V	Cr+Mo+Ni
R7	0. 52	0. 40	0. 80	0. 035	0. 035	0. 30	0. 30	0. 08	0. 30	0. 05	0. 50

①可以在订货时约定最大碳含量为 0. 46%。这种情况下 R_m 的规定值大于 760MPa。

②可以在招标和订货时约定磷和硫的最大含量为 0. 040%。

车轮轮辋的力学性能要求 $R_m = 820 \sim 940$MPa，$A_5 \geqslant 14\%$，A_{KU}（+20℃）≥15J，断面硬度 HB 241～277。R7 钢属中碳系铁素体-珠光体钢。国外研究者曾测定了 R7 车轮钢机械性能，其轮辋的抗拉强度范围为 860～940MPa，断面硬度极限值超过 HB 260，断裂韧性室温的 $K_Q \approx 75$MPa · m$^{1/2}$，－60～－20℃的 K_Q 稳定在 60MPa · m$^{1/2}$以上。后来由于高速车轮在运行中不断出现剥离等种种问题，特别是 1998 年德国高速车轮断裂导致高速列车出轨多人死亡以后，欧洲各国加大了对新型高速列车用车轮钢的研究，重点研究在保证材料的强度和硬度降低不大的前提下，提高车轮钢的韧性。研究者们提出了降碳微合金化车轮、低碳贝氏体车轮等新的合金设计思路，同时改进车轮钢的冶金工艺和技术，使材料的洁净度有所提高，这些对改善车轮的抗损伤性能有利。法国 Valdunes 公司对 R7 钢进行了改进，碳含量降到 0. 50%以下，S、P 含量按≤0. 020%控制，实物车轮微合金元素 Cr 的含量上限由以前的 0. 25%提到 0. 30%，同时添加少量的 Al、Cu 合金元素进行强化。我国国内研究部门对法国实物车轮进行了检验分析，其轮辋的抗拉强度在 860～900MPa 之间，轮辋断面硬度在标准的下限 HB245～255，但是材料的断裂韧性超过 85MPa · m$^{1/2}$，说明改进后的 R7 车轮钢硬度和强度略有下降，但材料的韧性明显提高。1998 年，法国 Valdunes 公司又研制出了一种新的钢种，含碳量很低，其下限值只有 0. 42%，强度极限约为 886MPa，而 R7 钢的强度极限范围为 860～940MPa，两者相差不多；但新钢种的冲击功为 24J，比 R7 钢的 15J 要大得多。研究结果表明，含碳 0. 42%的钢可以使车轮的寿命延长 3 倍，但由于种种原因，这种钢目前仍停留在试验阶段，没有被正式使用[4]。

在大量研究的基础上，2000 年欧洲标准委员会 CEN 表决通过了 PrEN 13262《铁路规范—轮对和转向架—车轮—产品要求》，现在已经被 CEN 成员国奥地利、比利时、捷克、丹麦、芬兰、法国、德国、希腊、冰岛、爱尔兰、意大利、卢森堡、荷兰、挪威、葡萄牙、西班牙、瑞典、瑞士和英国等采用[5]，已经逐步取代以前被广泛采用的 UIC 标准。高速客车车轮用钢坚持了高韧性技术路线，沿袭采用原有的 R7 钢，只是对钢的洁净度提出了更高的要求，S、P 含量要求小于 0. 20%，其他化学成分要求不变。ER7 钢的轮辋和辐板的性能，增加了轮辋屈服强度要求（≥520MPa）和轮辋-20℃低温 V 形缺口冲击性能要求（三个试样平均值不低于 10J，最小值不小于 7J），说明对材料的塑性和韧性提高了要求。轮辋断面硬度布氏硬度最小值要求大于 HB245。

另外 20 世纪 80 年代末，英国剑桥大学与英国钢铁公司合作，研制 Fe-0. 5C-1. 5Si-2. 0Mn 贝氏体钢轨，此后对其成分、组织、性能进行优化，Bhadeshia 教授称之为无碳化物贝氏体钢[6]。研究中采用了含碳 0. 04%、0. 1%、0. 52%以及 0. 77%共四种钢进行对比，考察它们的抗磨损性能。研究结果表明，不论是纯滑动摩擦，还是滚动/滑动摩擦，贝氏体钢都有着比珠光体钢更优良的抗磨损性能，可见，有必要对贝氏体钢用作车轮材料作探索性研究。

2. 2　日本高速车轮材料研究的发展

日本高速车轮轮形虽然和欧洲的法、德等国高速车轮轮形一样都具有轻量化的特点，但早期日本和欧洲在车轮材料的选用上存在较大的差异，日本高速车轮（包括新干线高速列车用车轮）材料为高碳碳素钢，代表牌号为 SSW，采用加 V 强化的措施，其化学成分要求：C 0. 60%～0. 75%，Si 0. 15%～0. 35%，Mn 0. 50%～0. 90%，Cu≤0. 30%，P≤0. 045%，S≤0. 050%，轮辋的力学性能要求 R_m770/980MPa，$A_5 \geqslant 12\%$，断面硬度 HS37～45，轮辋外侧面硬度 HB 246～307。从强度看，日本的 SSW 高速车轮钢与欧洲的 ER7 为两种不同强度等级的钢。国外研究者也测定了 SSW 高速车轮钢的断裂韧性，SSW 高速车轮钢的 K_{IC}（0℃）<50MPa · m$^{1/2}$，比 R7 钢明显低，ER7 钢的抗脆断能力显著高于 SSW 高速车轮钢。由此可见，日

本高速车轮采用高强度技术路线，欧洲采用高韧性技术路线。后来日本车轮材料的研究者为提高车轮在高速运行时的抗裂损性能，开发了 V2 钢（SVTY75-2R）[7]，将碳的含量由原来的约 0.65%降到了 0.55%，加入了 0.18%~0.21%的 V，从而使钢的冲击韧性和断裂韧性值显著提高，抗裂损性能也相应提高。

为了与 ISO 标准接轨，日本于 1998 年修改了以前的整体轧制车轮的 JIS 标准，颁布了新的辗钢车轮标准 JIS E 5402-1：1998《铁道车辆用—整体车轮—品质要求》。在该标准中，对材料性能的修改较少，但对材料的成分方面有了较大的改动，碳含量从 0.46%~0.77%分阶段规定了 6 个钢种。高速车轮用钢大多数选用 ISO 标准 1005-6 C48GW-T-A 牌号车轮钢，其成品车轮主要化学成分要求：C≤0.52%，Si≤0.43%，Mn≤0.95%，P≤0.045%，S≤0.045%，其他化学元素和力学性能要求基本和欧洲原先采用的 UIC 标准中的 R7 钢相同。从这一变化可以看出日本在车轮材料使用上的改变，即降低碳的含量进行微合金化，在略微降低材料的强度和硬度的情况下，提高材料的韧性，从而提高材料的抗裂损性能。从 ISO 标准和日欧的标准演变来看，车轮材料的发展趋势是由原先的中高碳钢向低碳微合金化的方向发展，尽管强度和硬度比原先的材料略有降低，但韧性有明显提高，加上冶金工艺和技术的改善，材料的洁净度也有所提高，这些对改善车轮的抗损伤性能有利。

2.3 其他国家车轮用钢的情况

世界辗钢车轮用钢标准主要以四个标准体系代表，美国铁路协会 AAR M-107 碳素车轮钢标准、欧洲国际铁路联盟 UIC 车轮标准和 PrEN13262 车轮标准体系、前苏联车轮标准体系、日本标准体系，其他辗钢车轮标准都是这四个标准体系框架内的标准。

AAR M-107 碳素车轮钢标准对车轮钢化学成分分得较细，按 C 含量（%）分为 CLASS L（≤0.47）、CLASS A（0.47~0.57）、CLASS B（0.57~0.67）、CLASS C（0.67~0.77）四个车轮钢种，AAR M-107 碳素车轮钢标准主要适用于 200km/h 以下的客货车厢用车轮，CLASS L 钢种适合于载荷较轻、制动条件较其他各级恶劣、快速运行的铁道车辆用车轮；CLASS A 钢种适合于载荷中等、制动条件恶劣、快速运行的铁道车辆用车轮；CLASS B 和 CLASS C 钢种适合于载荷和速度较高、制动条件恶劣的铁道车辆用车轮，AAR 标准体系 CLASS B 级车轮和 CLASS C 级车轮使用比较广泛。由于美国列车时速一般在 120km/h 以下，只有在东北走廊华盛顿-纽约-波士顿线路上运行的电动高速列车最高运行速度达 240km/h[8]，并且美国主要以货车车轮为主，性能方面，要求并不严格，只对硬度有要求。文献［9］介绍了美国 Abex 公司和 Griffin 公司铸钢车轮的生产工艺，解剖并测试了这两家铸钢车轮的力学性能和化学成分。结果表明，这两家公司的铸钢车轮均具有高强度、高硬度与低塑性、低韧性，其原因是由于微量元素 Cr、Ni、Mo 和 Cu 的存在。

苏联标准体系 ГОСТ 标准对车轮钢分成了两级，即碳含量在 0.44%~0.52%和 0.55%~0.65%两个范围，微量元素含量除 V 外没有要求。苏联标准体系 ГОСТ 标准，对运行速度较高（一般时速在 200km/h 以下、120km/h 以上）车轮负荷较轻的铁道车辆用车轮采用 ГОСТ 10791—89 牌号 1 钢种（碳含量在 0.44%~0.52%），牌号 2 钢种（碳含量 0.55%~0.65%）适合于载荷较大和速度中等（一般时速不超过 160km/h）的铁道车辆用车轮。

3 国内高速车轮用钢研究进展

国内高速车轮材料的研究方面，马钢和西安交通大学、钢铁研究总院等科研院所也做了大量的研究工作。

1990 年，马鞍山钢铁公司参照前苏联标准研制了含钒微合金车轮，该钢种各项性能指标都优于原有的 CL60 钢，铁道部的装车运行试验也说明含钒钢的实际应用性能优于普通碳素钢。2000 年，马钢技术中心与西安交通大学联合研制了微合金化车轮用钢，用于时速 200km/h 的列车，该钢种降低了原来钢种的含碳量，增加了合金元素的含量，并用 V 进行微合金化[10]。研究表明，新钢种强度和硬度较高，其他各项性能均比原有钢种优异。文献［9］对国产 R7、R8 和 GL60 辗钢车轮，巴西辗钢车轮及美国 Abex 公司和 Griffin 公司的铸钢车轮用钢的断裂力学性能进行对比研究。其化学成分及力学性能见表 2，车轮钢的疲劳门槛值和断裂韧性见表 3。

表 2　材料化学成分和性能比较

Table 2　Compare of the material compositions and mechanical properties

车轮钢种	C	Si	Mn	P	S	R_e/MPa	R_m/MPa	A_5/%
马钢 R7	0.51	0.24	0.70	0.012	0.011	550	885	20
马钢 R8	0.55	0.28	0.73	0.010	0.010	605	915	19
马钢 CL60	0.62	0.22	0.69	0.022	0.021	590	955	16
巴西	0.60	0.31	0.85	<0.010	0.012	610	985	17
Abex	0.68	0.45	0.75	0.020	0.024	645	1080	15
Griffin	0.66	0.46	0.78	0.015	0.021	705	1090	9

表 3　材料疲劳和断裂性能的比较

Table 3　Compare of the material fatigue properties and rupture properties

车轮钢种	马钢 R7	马钢 R8	马钢 CL60	巴西	Abex	Griffin
疲劳门槛值/MPa · $m^{1/2}$	5.54	6.36	6.16	5.06	6.18	5.52
断裂韧性 $K_{Q均}$/MPa · $m^{1/2}$	80.94	72.83	70.52	77.26	52.09	54.00

结果表明，国产车轮钢疲劳裂纹萌生抗力高于美国和巴西的车轮钢，R7 钢裂纹萌生抗力最高，六种车轮钢的疲劳门槛值相当，稳态阶段的疲劳裂纹扩展速率也相差不大，国产车轮和巴西车轮钢断裂韧性 K_Q 值较 Abex 和 Griffin 车轮钢大。马钢 R7 钢的强度和韧性相当于法国的 R7 钢。

戚墅堰机车车辆工艺研究所采用宏、微观检验方法对 3 起提速列车车轮进行了失效分析，结果表明，制动引起的过热区，非金属夹杂物冶金缺陷，尖角部位的应力集中分别是车轮失效的主要原因，提出了预防车轮失效的措施和建议；怀化铁路集团关于提速 DF4 型机车轮缘磨耗分析及对策的研究[10,11]则报道了提速对货车轮对的影响；发现随着列车运行速度的不断提高，车轮的踏面剥离问题越来越严重，已经成为制约高速列车发展的一个主要障碍。据上海车辆段统计，自 1997 年 4 月 1 日开行提速客车以来，车轮故障呈上升趋势，截至 1998 年 9 月 30 日，车轮故障达 279 件，其中车轮擦伤剥离就达 195 件，占 69.89%，近年来这种现象仍时有发生。上海东车辆段对 1996 年 4 月～1999 年 12 月的统计表明，货车轮对的主要故障也是踏面擦伤剥离，达到段修总镟轮数的 53.74%～65.97%，并呈上升趋势。

由于我国提速列车车轮主要采用 CL60 钢，我国车轮研究者通过调查，发现在同样的线路条件下，R7 钢的抗剥离性能明显好于 CL60 钢。对 R7 钢车轮的研究表明，对速度达到或超过 120km/h 的客运列车，使用 R7 钢车轮有较好的效果，但同样的 R7 钢，硬度偏下限的车轮发生踏面剥离的可能性加大。所以冶炼 R7 车轮钢应作适当的成分调整，添加微 Cr 能起到良好效果，在此基础上把 Si 含量增至 0.40%～0.60%，可进一步提高强度，又确保组织和韧性不受影响[12]。

尽管经过国内外大量的研究，降低车轮钢的含碳量以及进行微合金化是一个较好的方案，但是碳降低到什么程度可以获得最佳的综合性能尚无定论。2001 年起钢铁研究总院与马钢股份有限公司合作，系统开展了降低碳含量对车轮综合性能的影响的研究，在碳含量 0.7%～0.4%的范围内研究了不同成分材料的力学性能、抗滑动摩擦、抗滚动摩擦、抗热疲劳以及抗接触疲劳等性能，试验结果表明，随着碳含量的降低，材料的耐滑动摩擦性能、耐滚动摩擦性能以及材料的耐接触疲劳性能降低，材料的耐热疲劳性能有显著上升。碳和合金元素将影响沿原奥氏体晶界析出的铁素体的数量和形态。扫描电镜中试样循环加载的原位观察表明：当网状铁素体较厚且连续时，就为疲劳裂纹扩展提供通道；相反，网状铁素体较薄且不连续时，则裂纹可能沿珠光体晶区边界扩展，这就为车轮钢的成分选择和微合金化提供了研究方向。综合所有研究结果得到初步结论，碳含量在 0.5%左右的材料可以获得最好的综合性能（见图 1）。

根据以上的研究结果，2002 年，铁科院金化所、铁科院标准计量所、马钢股份有限公司、北京钢铁研究总院、四方车辆研究所共同提出了《270km/h 客车试验用辗钢整体车轮技术条件和补充试验研究内容》，其中对高速车轮用钢的化学成分按 2000 年版欧洲标准 PrEN 13262《铁路规范—轮对和转向架—车轮—产品要求》规定。马钢承担了直径 ϕ915mm 高速试验车轮的研制工作，并成功将其应用于中国第一条电气化客运铁路专线——秦沈客运专线高速试验列车拖车上，高速试验列车设计最高运营速度

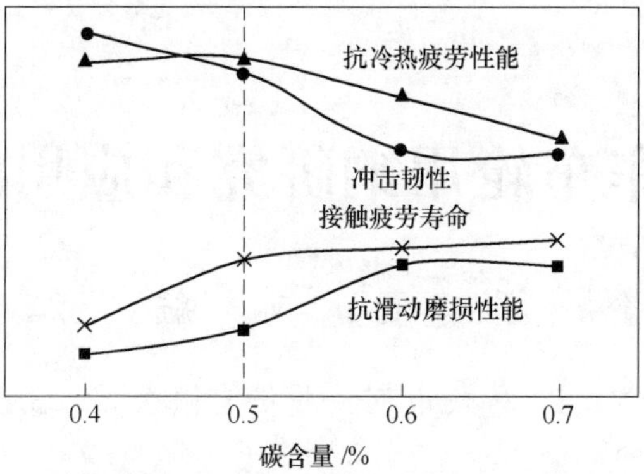

图1 车轮钢碳含量与性能的关系（示意图）

Fig. 1 The relationship between carbon contents of wheel steel and properties

≤270km/h，试验运行最高速度要求超过300km/h，该车组采用二动九拖电动车组。试验车轮的力学性能检验结果如表4所示。

表4 试验钢的力学性能

Table 4 The mechanical properties of test steel

抗拉强度/MPa		延伸率/%		轮辋冲击功/J		断面硬度（HB）
轮辋	辐板	轮辋	辐板	常温	-20℃	踏面下35mm处
920	740	18	21	23	10	265

从力学性能检验结果看试制车轮常规的力学性能相当于法国同类高速车轮实物质量水平。

试制的高速车轮在“中华之星”试验高速列车运行30万公里后，车轮运行表现良好，仅发生轻微擦伤及擦伤剥离，极个别车轮踏面出现“横擦”现象，这估计是车辆在“蛇形”运动中导致形成。相比过去在制动频繁情况下的CL60钢车轮擦伤及擦伤剥离，其擦伤剥离程度明显较轻。

4 结语

降低碳含量并结合微合金化是国内高速车轮用钢发展的主要趋势，在碳含量基本确定的情况下，研究Cr、V、Mo、Nb等微合金的固溶强化机理，从碳当量的角度综合考虑Si、Mn、Ni对车轮材料的强韧指标的影响，确定C及微合金元素的最佳成分匹配，使材料性能满足高速列车车轮运行的技术指标要求。这一技术路线已有一定的研究基础，如何提高钢的强韧性，以提高高速车轮的运行安全，仍是高速车轮用钢重要的研究方向。

参考文献

[1] 沈志云，等．轮轨接触力学研究的最新进展［J］．中国铁道科学，2001，22（2）：1-14.

[2] 张斌．铁路车轮、轮箍踏面剥离的类型及形成机理［J］．中国铁道科学，2001，22（2）：73-78.

[3] Liu Z X，Gu H C. Failure modes and materials performance of railway wheels［J］. Journal of Materials Engineering and Performance，2000，9（5）：580-584.

[4] 郑伟生．新钢号可提高车轮寿命3倍［J］．国外铁道车辆，1999，36（5）：18-19.

[5] 欧洲标准委员会．铁路规范—轮对和转向架—车轮—产品要求［S］，2000.

[6] Bhadeshia H K D H. Bainite in steels. second edition［M］. 2001.

[7] 木川武彦．車輪材料の動向［J］．金属，2000，70（2）：21-32.

[8] 吴礼本．国内外铁路高速列车述评［J］．铁道车辆，2003，41（6）：14.

[9] 孟江英，钱立和．铸钢车轮及其性能研究［J］．钢铁，1999，34（10）：38-41，52.

[10] 赵云辉．提速DF4型机车轮缘磨耗分析及对策［J］．铁道机车车辆，2001（2）：24-25.

[11] 郑伟生，刘会英．关于车轮擦伤剥离的若干问题与对策［J］．铁道车辆，2001，39（2）：19-22.

[12] 江波．客车轮用钢研究［J］．马钢科研，1997（3）：9-17.

高速列车车轮用钢研究和应用的进展❶

崔银会[1]　张建平[2]　苏　航[3]　江　波[2]

（1. 安徽工业大学；2. 马鞍山钢铁股份有限公司；3. 钢铁研究总院）

摘　要　介绍了欧洲和日本高速列车车轮用钢研究与发展情况，综述了其研究成果。高速列车车轮用钢在碳含量0.5%并添加少量微合金元素时，具有良好的强度、韧性和抗剥离性能。

关键词　高速列车车轮；车轮钢；进展

Progress of Research and Application of Wheel Steel for High Speed Train

Cui Yinhui[1]　Zhang Jianping[2]　Su Hang[3]　Jiang Bo[2]

（1. Anhui University of Technology；2. Ma'anshan Iron and Steel Co., Ltd.；3. Central Iron and Steel Research Institute）

Abstracts　This paper introduces the present research and development situation of wheel steel for high speed train in Europe and Japan. Their main research results can be summarized as follows: wheel steel for high speed train with carbon content of 0.5% and small amount of microalloying elements have better strength, toughness and spalling resistance properties.

Key words　high speed train wheel; wheel steel; progress

1　引言

作为高速轮轨铁路发展的核心技术之一，高速列车车轮用钢的研究重点是如何保证在高速运行条件下车轮使用安全和使用寿命。

国际上通常把运行速度超过200km/h的列车称为高速列车。研究结果表明[1]，运行速度超过120km/h后，列车的动力学条件发生显著变化，车轮的使用条件也发生显著变化。车轮在列车运行中起承载、传递动力以及制动等作用。随着列车运行速度的提高，车轮与钢轨之间的磨损加剧，并且在高速列车的制动过程中，产生大量的摩擦热，加剧了车轮和钢轨因疲劳、剥离等引发的失效问题[2]，给高速列车的安全运行带来极大的隐患，甚至发生安全事故，同时增加了铁路检修成本。1998年德国高速列车出轨，造成100多人死亡的惨重事故，其起因就是车轮的疲劳断裂[3]。因此各国为适应列车高速运行的需求，纷纷研制和生产新的高速列车车轮和钢轨用材料。

2　国外高速车轮材料发展现状与趋势

2.1　欧洲高速车轮材料研究的发展

从欧洲各国早些时候高速车轮用钢普遍采UIC812-3标准的R7钢，主要以Si、Mn为强化元素，其各

---

❶　原文发表于《钢铁研究》2005年第3期。
国家高技术研究发展“863”专项经费资助（2003AA331160）。

种元素的百分比含量极限应低于或等于表 1 规定的数值。车轮轮辋的机械性能要求见表 2。

表 1 R7 钢化学成分上限规定值 (%)

牌号	C①	Si	Mn	P②	S②	Cr	Cu	Mo	Ni	V	Cr+Mo+Ni
R7	0.52	0.40	0.80	0.035	0.035	0.30	0.30	0.08	0.30	0.05	0.50

①可以在订货时约定最大含碳量为 0.46%。这种情况下 R_m 的规定值大于 760MPa。

②可以在招标和订货时约定磷和硫的最大含量为 0.040%。

表 2 车轮轮辋的机械性能

牌号	R_e/MPa	R_m/MPa	A/%	A_{KU} (+20℃)/J	断面硬度 (HB)
R7	仅供参考	820~940	≥14	≥15	241~277

R7 钢属中碳系铁素体–珠光体钢，国外研究者曾测定了 R7 车轮钢力学性能，其轮辋的抗拉强度范围为 860~940MPa，断面硬度极限值超过 HB 260，断裂韧性室温的 $K_Q \approx 75\mathrm{MPa \cdot m^{1/2}}$，-60~-20℃的 K_{IC} 稳定在 $60\mathrm{MPa \cdot m^{1/2}}$ 以上。后来由于高速车轮在运行中不断出现剥离等种种问题，特别是 1998 年德国高速车轮断裂导致高速列车出轨多人死亡以后，欧洲各国加大了对新型高速列车用车轮钢的研究，重点研究在保证材料的强度和硬度降低不大的前提下，提高车轮钢的韧性。研究者们提出了降碳微合金化车轮、低碳贝氏体车轮等新的合金设计思路，同时改进车轮钢的冶金工艺和技术，使材料的洁净度有所提高，这些对改善车轮的抗损伤性能有利。法国 Valdunes 公司对 R7 钢进行了改进，碳含量降到 0.50%以下，S、P 含量按≤0.020%控制，实物车轮微合金元素 Cr 的含量上限由以前的 0.25%提到 0.30%，同时添加少量的 Al、Cu 合金元素进行强化。我国国内研究部门对法国实物车轮进行了检验分析，其轮辋的抗拉强度在 860~900MPa 之间，轮辋断面硬度在标准的下限 HB 245~255，但是材料的断裂韧性超过 $85\mathrm{MPa \cdot m^{1/2}}$，说明改进后的 R7 车轮钢硬度和强度略有下降，但材料的韧性明显提高。1998 年，法国 Valdunes 公司又研制出了一种新的钢种，含碳量很低，其下限值只有 0.42%，强度极限约为 886MPa，而 R7 钢的强度极限范围为 860~940MPa，两者相差不多；但新钢种的冲击功为 24J，比 R7 钢的 15J 要大得多。研究结果表明，含碳 0.42%的钢可以使车轮的寿命延长 3 倍，但由于种种原因，这种钢目前仍停留在试验阶段，没有被正式使用[4]。

在大量研究的基础上，2000 年欧洲标准委员会 CEN 表决通过了 PrEN 13262《铁路规范—轮对和转向架—车轮—产品要求》，现在已经被 CEN 成员国奥地利、比利时、捷克、丹麦、芬兰、法国、德国、希腊、冰岛、爱尔兰、意大利、卢森堡、荷兰、挪威、葡萄牙、西班牙、瑞典、瑞士和英国等采用[5]，已经逐步取代以前被广泛采用的 UIC 标准。高速客车车轮用钢坚持了高韧性技术路线，沿袭采用原有的 R7 钢，只是对钢的清洁度提出了更高的要求，S、P 含量要求小于 0.20%，其化学成分要求见表 3。ER7 钢的轮辋和辐板的性能增加了屈服强度规定和轮辋-20℃低温 V 形缺口冲击性能要求，说明对材料的塑性和韧性提高了要求，具体指标见表 4。

表 3 高速客车车轮用钢化学成分

钢种	最大含量/%①										
	C	Si	Mn	P②	S②	Cr	Cu	Mo	Ni	V	Cr+Mo+Ni
ER7	0.52	0.40	0.80	0.020	0.020	0.30	0.30	0.08	0.30	0.06	0.50

①对于特殊用途，可以允许这些数值在最大限度之内变动。

②在询价和定货时，可以允许最大百分含量 0.025%。

表 4 ER7 钢轮辋和辐板的性能指标

钢种	轮辋							辐板	
	R_{eH}/MPa①	R_m/MPa	A_5/%	A_{KU5}/J (+20℃)		A_{KV}/J (-20℃)		R_m 缩减量/MPa②	A_5/%
				平均	最小	平均	最小		
ER7	≥520	820/940	≥14	17	12	10	5	≥110	≥16

注：轮辋断面硬度布氏硬度最小值 HB 245。

①如不存在特殊的屈服强度，应确定屈服应力 $R_{p0.2}$。

②与同一车轮上的轮辋的抗拉强度相比的抗拉强度缩减。

另外20世纪80年代末，英国剑桥大学与英国钢铁公司合作，研制Fe-0.5C-1.5Si-2.0Mn贝氏体钢轨，此后对其成分、组织、性能进行优化，Bhadeshia教授称之为无碳化物贝氏体钢[6]。研究中采用了含碳0.04%、0.1%、0.52%以及0.77%共四种钢进行对比，考察它们的抗磨损性能。研究结果表明，不论是纯滑动摩擦，还是滚动/滑动摩擦，贝氏体钢都有着比珠光体钢更优良的抗磨损性能，可见，有必要对贝氏体钢用作车轮材料做探索性研究。

2.2　日本高速车轮材料研究的发展

日本高速车轮轮形虽然和欧洲的法、德等国高速车轮轮形一样都具有轻量化的特点，但早期日本和欧洲在车轮材料的选用上存在较大的差异，日本高速车轮（包括新干线高速列车用车轮）材料为高碳碳素钢，代表牌号为SSW，采用加V强化的措施，其化学成分要求见表5，轮辋的力学性能要求见表6。

表5　日本高速列车车轮用钢的化学成分　(%)

牌号	C	Si	Mn	Cu	P	S
SSW	0.60~0.75	0.15~0.35	0.50~0.90	≤0.30	≤0.045	0.050

表6　日本高速列车车轮用钢的力学性能

牌号	R_m/MPa	A_5/%（min）	断面硬度（HB）	轮辋外侧面硬度（HB）
SSW	770/980	12	37~45	246~307

从强度看，日本的SSW高速车轮钢与欧洲的ER7钢为两种不同强度等级的钢。国外研究者也测定了SSW高速车轮钢的断裂韧性，SSW高速车轮钢的K_{IC}（0℃）<50MPa·$m^{1/2}$，比R7钢明显低，ER7钢的抗脆断能力显著高于SSW高速车轮钢。由此可见，日本高速车轮采用高强度技术路线，欧洲采用高韧性技术路线。后来日本车轮材料的研究者为提高车轮在高速运行时的抗裂损性能，开发了V2钢（SVTY75-2R）[7]，将碳含量由原来的约0.65%降到了0.55%，加入了0.18%~0.21%的V，从而使钢的冲击韧性和断裂韧性值显著提高，抗裂损性能也相应提高。

为了与ISO标准接轨，日本于1998年修改了以前的整体轧制车轮的JIS标准，颁布了新的辗钢车轮标准JIS E 5402-1：1998《铁道车辆用—整体车轮—品质要求》。在该标准中，对材料性能的修改较少，但对材料的成分方面有了较大的改动，碳含量从0.46%~0.77%分阶段规定了6个钢种。高速车轮用钢大多数选用ISO标准1005-6 C48GW-T-A牌号车轮钢，其成品车轮主要化学成分要求见表7，其他化学元素和力学性能要求基本和欧洲原先采用的UIC标准中的R7钢相同。从这一变化可以看出日本在车轮材料使用上的改变，即降低碳的含量进行微合金化，在略微降低材料的强度和硬度的情况下，提高材料的韧性，从而提高材料的抗裂损性能。

表7　ISO标准1005-6 C48GW-T-A牌号车轮钢成品车轮主要化学成分　(%)

牌号	C	Si	Mn	P	S
C48GW-T-A	≤0.52	≤0.43	≤0.95	≤0.045	0.045

从ISO标准和日欧的标准演变来看，车轮材料的发展趋势是由原先的中高碳钢向低碳微合金化的方向发展，尽管强度和硬度比原先的材料略有降低，但韧性有明显提高，加上冶金工艺和技术的改善，材料的洁净度也有所提高，这些对改善车轮的抗损伤性能有利。

2.3　其他国家高速列车车轮用钢的情况

世界辗钢车轮用钢标准主要以四个标准体系代表，美国铁路协会AAR M-107碳素车轮钢标准、欧洲国际铁路联盟UIC车轮标准和PrEN13262车轮标准体系、前苏联车轮标准体系、日本标准体系，其他辗钢车轮标准都是这四个标准体系框架内的标准。

AAR M-107碳素车轮钢标准对车轮钢化学成分分得较细，按C含量（%）分为CLASS L（≤0.47）、CLASS A（0.47~0.57）、CLASS B（0.57~0.67）、CLASS C（0.67~0.77）四个车轮钢种，AAR M-107碳素车轮钢标准主要适用于平均时速200km/h以下的客货车厢用车轮，CLASS L钢种适合于载荷较轻、制动条件较其他各级恶劣、快速运行的铁道车辆用车轮；CLASS A 钢种适合于载荷中等、制动条件恶劣、快速运行的铁道车辆用车轮；CLASS B 和 CLASS C 钢种适合于载荷和速度较高、制动条件恶劣的铁道车辆用车轮，AAR 标准体系 CLASS B 级车轮和 CLASS C 级车轮使用比较广泛。由于美国列车时速一般在120km/h 以下，只有在东北走廊华盛顿-纽约-波士顿线路上运行的电动高速列车最高运行速度达 240km/h[8]，并且美国主要以货车车轮为主，性能方面，要求并不严格，只对硬度有要求。文献［9］介绍了美国 Abex 公司和 Griffin 公司铸钢车轮的生产工艺，解剖并测试了这两家铸钢车轮的力学性能和化学成分。结果表明，这两家公司的铸钢车轮均具有高强度、高硬度与低塑性、低韧性，其原因是由于微量元素 Cr、Ni、Mo 和 Cu 的存在。

苏联标准体系 ГОСТ 标准对车轮钢分成了两级，即碳含量在 0.44%~0.52%和 0.55%~0.65%两个范围，微量元素含量除 V 外没有要求。苏联标准体系 ГОСТ 标准，对运行速度较高（一般时速在 200km/h 以下、120km/h 以上）车轮负荷较轻的铁道车辆用车轮采用 ГОСТ 10791—89 牌号 1 钢种（碳含量在 0.44%~0.52%），牌号 2 钢种（碳含量 0.55%~0.65%）适合于载荷较大和速度中等（一般时速不超过 160km/h）的铁道车辆用车轮。

3 国内高速列车车轮用钢研究进展

国内高速车轮材料的研究方面，马钢和西安交通大学、钢铁研究总院等科研院所也做了大量的研究工作。

1990 年，马鞍山钢铁公司参照苏联标准研制了含钒微合金车轮，该钢种各项性能指标都优于原有的 CL60 钢，铁道部的装车运行试验也说明含钒钢的实际应用性能优于普通碳素钢。2000 年，马钢技术中心与西安交通大学联合研制了微合金化车轮用钢，用于时速 200km/h 的列车，该钢种降低了原来钢种的含碳量，增加了合金元素的含量，并用 V 进行微合金化[10]。研究表明，新钢种强度和硬度较高，其他各项性能均比原有钢种优异。文献［9］对国产 R7、R8 和 GL60 辗钢车轮，巴西辗钢车轮及美国 Abex 公司和 Griffin 公司的铸钢车轮用钢的断裂力学性能进行对比的研究。其化学成分及力学性能见表 8，车轮钢的疲劳门槛值和断裂韧性见表 9、表 10。

表 8 各种车轮钢的化学成分及力学性能

车轮钢种	化学成分/%					R_e/MPa	R_m/MPa	A_5/%
	C	Si	Mn	P	S			
马钢 R7	0.51	0.24	0.70	0.012	0.011	550	885	20
马钢 R8	0.55	0.28	0.73	0.010	0.010	605	915	19
马钢 CL60	0.62	0.22	0.69	0.022	0.021	590	955	16
巴西	0.60	0.31	0.85	<0.010	0.012	610	985	17
Abex	0.68	0.45	0.75	0.020	0.024	645	1080	15
Griffin	0.66	0.46	0.78	0.015	0.021	705	1090	9

表 9 各种车轮钢的疲劳门槛值及断裂韧性

车轮钢种	马钢 R7	马钢 R8	马钢 CL60	巴西	Abex	Griffin
疲劳门槛值/MPa·$m^{1/2}$	5.54	6.36	6.16	5.06	6.18	5.52
断裂韧性 $K_{Q均}$/MPa·$m^{1/2}$	80.94	72.83	70.52	77.26	52.09	54.00

结果表明，国产车轮钢疲劳裂纹萌生抗力高于美国和巴西的车轮钢，R7 钢裂纹萌生抗力最高，六种车轮钢的疲劳门槛值相当，稳态阶段的疲劳裂纹扩展速率也相差不大，国产车轮和巴西车轮钢断裂韧性 K_Q 值较 Abex 和 Griffin 车轮钢大。马钢 R7 钢的强度和韧性相当于法国的 R7 钢。

戚墅堰机车车辆工艺研究所采用宏、微观检验方法对 3 起提速列车车轮进行了失效分析，结果表明，制动引起的过热区，非金属夹杂物冶金缺陷，尖角部位的应力集中分别是车轮失效的主要原因，提出了预防车轮失效的措施和建议；怀化铁路集团关于提速 DF4 型机车轮缘磨耗分析及对策的研究[10]；文献［11］则报道了提速对货车轮对的影响，发现随着列车运行速度的不断提高，车轮的踏面剥离问题越来越严重，已经成为制约高速列车发展的一个主要障碍。据上海车辆段统计，自 1997 年 4 月 1 日开行提速客车以来，车轮故障呈上升趋势，截至1998年9月30日，车轮故障达279件，其中车轮擦伤剥离就达195件，占69.89%，近年来这种现象仍时有发生。上海东车辆段对1996年4月~1999年12月的统计表明，货车轮对的主要故障也是踏面擦伤剥离，达到段修总镟轮数的53.74%~65.97%，并呈上升趋势。

由于我国提速列车车轮主要采用CL60钢，我国车轮研究者通过调查，发现在同样的线路条件下，R7钢的抗剥离性能明显好于CL60钢。对R7钢车轮的研究表明，对速度达到或超过120km/h的客运列车，使用R7钢车轮有较好的效果，但同样的R7钢，硬度偏下限的车轮发生踏面剥离的可能性加大。所以冶炼R7车轮钢应做适当的成分调整，添加微Cr能起到良好效果，在此基础上把Si含量增至0.40%~0.60%，可进一步提高强度，又确保组织和韧性不受影响[12]。

尽管经过国内外大量的研究，降低车轮钢的含碳量以及进行微合金化是一个较好的方案，但是碳降低到什么程度可以获得最佳的综合性能尚无定论。2001年起钢铁研究总院与马钢股份有限公司合作，系统开展了降低碳含量对车轮综合性能的影响的研究，在碳含量0.7%~0.4%的范围内研究了不同成分材料的力学性能、抗滑动摩擦、抗滚动摩擦、抗热疲劳以及抗接触疲劳等性能，试验结果表明，随着碳含量的降低，材料的耐滑动摩擦性能、耐滚动摩擦性能以及材料的耐接触疲劳性能降低，材料的耐热疲劳性能有显著上升。碳和合金元素将影响沿原奥氏体晶界析出的铁素体的数量和形态。扫描电镜中试样循环加载的原位观察表明：当网状铁素体较厚且连续时，就为疲劳裂纹扩展提供通道，相反，网状铁素体较薄且不连续时，则裂纹可能沿珠光体晶区边界扩展，这就为车轮钢的成分选择和微合金化提供了研究方向。综合所有研究结果得到初步结论，碳含量在0.5%左右的材料可以获得最好的综合性能（见图1）。

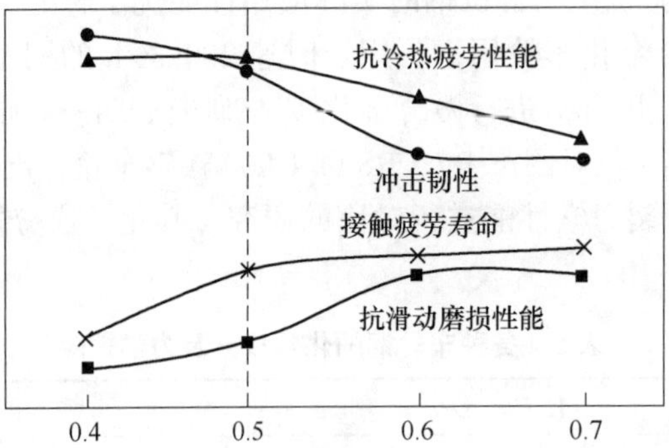

图1　车轮钢碳含量与性能的关系（示意图）

Fig. 1　The relationship between carbon contents of wheel steel and properties

根据以上的研究结果，2002年，铁科院金化所、铁科院标准计量所、马钢股份有限公司、钢铁研究总院、四方车辆研究所共同提出了《270km/h客车试验用辗钢整体车轮技术条件和补充试验研究内容》，其中对高速车轮用钢的化学成分要求见表10。

表10　高速车轮用钢的化学成分要求

牌号	熔炼分析（成品分析）化学成分（最大含量）/%										
	C	Si	Mn	P	S	Cr	Cu	Mo	Ni	V	Cr+Mo+Ni
CL50A	0.52 (0.54)	0.40 (0.43)	0.80 (0.84)	0.020 (0.020)	0.020 (0.020)	0.30	0.30	0.08	0.30	0.05	0.50

马钢承担了直径ϕ915mm高速试验车轮的研制工作，并成功将其应用于中国第一条电气化客运铁路专线——秦沈客运专线高速试验列车拖车上，高速试验列车设计最高运营速度不超过270km/h，试验运行最高速度要求超过300km/h，该车组采用二动九拖电动车组。试验车轮的力学性能检验结果如表11所示。

表11　试验列车车轮的力学性能检验结果

抗拉强度/MPa		延伸率/%		轮辋冲击功/J		断面硬度（HB）	
轮辋	辐板	轮辋	辐板	常温	-20℃	踏面下35mm处	A点
920	740	18	21	23	10	265	235

从力学性能检验结果看试制车轮常规的力学性能相当于法国同类高速车轮实物质量水平。

试制的高速车轮在“中华之星”试验高速列车运行30万公里后，车轮运行表现良好，仅发生轻微擦伤及擦伤剥离，极个别车轮踏面出现“横擦”现象，这估计是车辆在“蛇形”运动中导致形成。相比过去在制动频繁情况下的CL60钢车轮擦伤及擦伤剥离，其擦伤剥离程度明显较轻。

4 结语

降低碳含量并结合微合金化是国内高速车轮用钢发展的主要趋势，在碳含量基本确定的情况下，研究Cr、V、Mo、Nb等微合金的固溶强化机理，从碳当量的角度综合考虑Si、Mn、Ni对车轮材料的强韧指标的影响，确定C及微合金元素的最佳成分匹配，使材料性能满足高速列车车轮运行的技术指标要求。这一技术路线已有一定的研究基础，如何提高钢的强韧性，以提高高速车轮的运行安全，仍是高速车轮用钢重要的研究方向。

参考文献

[1] 沈志云，等．轮轨接触力学研究的最新进展［J］．中国铁道科学，2001，22（2）：1-14.

[2] 张斌．铁路车轮、轮箍踏面剥离的类型及形成机理［J］．中国铁道科学，2001，22（2）：73-78.

[3] Liu Z X，Gu H C. Failure modes and materials performance of railway wheels［J］. Journal of Materials Engineering and Performance，2000，9（5）：580-584.

[4] 郑伟生．新钢号可提高车轮寿命3倍［J］．国外铁道车辆，1999，36（5）：18-19.

[5] 欧洲标准委员会．铁路规范—轮对和转向架—车轮—产品要求［S］，2000.

[6] Bhadeshia H K D H. Bainite in steels. second edition［M］. 2001.

[7] 木川武彦．車輪材料の動向［J］．金属，2000，70（2）：21-32.

[8] 吴礼本．国内外铁路高速列车述评［J］．铁道车辆，2003，41（6）：14.

[9] 孟江英，钱立和．铸钢车轮及其性能研究［J］．钢铁，1999，34（10）：38-41，52.

[10] 赵云辉．提速DF4型机车轮缘磨耗分析及对策［J］．铁道机车车辆，2001（2）：24-25.

[11] 郑伟生，刘会英．关于车轮擦伤剥离的若干问题与对策［J］．铁道车辆，2001，39（2）：19-22.

[12] 江波．客车轮用钢研究［J］．马钢科研，1997（3）：9-17.

高速试验列车车轮的工业试制❶

崔银会[1,2]　肖　峰[2]

（1. 安徽工业大学；2. 马鞍山钢铁股份有限公司）

摘　要　介绍了为生产 270km/h 运营速度的高速车轮，马钢进行的工业试验概况，试制中采用的压轧、热处理、机加工工艺要点，以及试制车轮的性能检测结果，结果显示，试制车轮基本满足技术条件要求。同时对进一步提高车轮质量提出了建议。

关键词　高速车轮；试制；试制工艺

Industry Trial-production of High Speed Train Wheels

Cui Yinhui[1,2]　Xiao Feng[2]

（1. Anhui University of Technology；2. Ma'anshan Iron and Steel Co.，Ltd.）

Abstract　The general production situation of 270km/h high speed train wheels is introduced. The key points of main processings，such as rolling，heat treatment and machining were decribed. Meanwhile，some suggestions for improving quality of high speel train wheels were put forward.

Key words　high speed train；wheel；trial-production processing

1　引言

自 20 世纪末起，铁道部就自主研发独立知识产权的高速试验列车，准备运行在建设长达四年之久的中国第一条电气化客运铁路专线——秦沈客运专线上。高速试验列车动车组设计最高运营速度不超过 270km/h，试验运行最高速度要求超过 300km/h。该车组采用二动九拖电动车组，动车准备装配从乌克兰进口的 ϕ1050mm 整体机车车轮，拖车准备装配 ϕ915mm 高速试验车轮，拖车车轮铁道部要求由马鞍山钢铁股份有限公司提供。马钢之前已经成功研制了运行于广深客运专线的 200km/h 高速轻型客车车轮（称为 KDQ 车轮）。通过多年对国外高速车轮生产技术的研究和 200km/h 高速轻型客车车轮生产的实践，马钢对高速车轮的生产已经有了一定的技术储备，在此基础上马钢进行了 270km/h 高速车轮（称为 KGDA 车轮）的工业试制。

2　试制高速试验车轮的技术要求

结合文献调研、试验室试验和工业试验结果，马钢和钢铁研究总院、铁道科学研究院、四方车辆研究所共同提出了试制高速车轮技术条件——《270km/h 客车试验用辗钢整体车轮技术条件（暂行）》，并于 2002 年 3 月在铁道部组织的技术评审会上获得通过[1]。

该技术条件确立了我国高速车轮的研发方向，决定采用欧洲的技术路线，即中碳、中等强度、高韧性、高洁净度的 R7 钢种，具体技术要求如下。

试制高速车轮钢牌号采用 CL50A，对应于欧洲 PrEN13262 标准中的 R7 钢，基本化学成分和力学性能

❶　原文发表于《轧钢》2005 年第 3 期。

要求见表1和表2[1,2]。

表1　车轮钢牌号和熔炼（成品）化学成分要求

牌号	熔炼分析（成品分析）化学成分（最大含量）/%										
	C	Si	Mn	P	S	Cr	Cu	Mo	Ni	V	Cr+Mo+Ni
CL50A	0.52 (0.54)	0.40 (0.43)	0.80 (0.84)	0.020 (0.020)	0.020 (0.020)	0.30	0.30	0.08	0.30	0.05	≤0.50

表2　高速车轮的力学性能要求

牌号	R_m/MPa		δ_5（最小）/%		A_{KU5}（最小）/J（常温）	A_{KV}（最小）/J（-20℃）	布氏硬度（HB）	
	轮辋	辐板缩减量（最小）①	轮辋	辐板	轮辋②	轮辋③	轮辋表面硬度④	踏面下35mm处断面硬度（最小）⑤
CL50A	820~940	110	14	16	17	10	245~285	245

①辐板 R_m 缩减量指与同一车轮轮辋抗拉强度的缩减量；

②该值为三个试样平均值，但单个试样最小值不得低于12J；

③该值为三个试样平均值，但单个试样最小值不得低于7J；

④同一批中尺寸相同、钢种相同的车轮硬度极差值不得超过HB30；

⑤该位置指35mm磨耗极限处，轮辋-辐板过渡处硬度值至少应比磨耗极限处硬度低HB10。

由表2看出，高速车轮的力学性能要求明显高于常规的R7钢车轮，具体表现为：断面硬度值下限提高（HB 240→HB 245），韧性值常温冲击下限提高（15J→17J），并增加了低温韧性要求。

高速车轮非金属夹杂物要求，粗系A类夹杂≤1.5级，B、C、D类夹杂≤1级，且B+C+D类夹杂≤2级；细系A、B、C、D类夹杂≤1.5级，且B+C+D类夹杂≤3级。

内部完整性：轮辋无回波幅度超过同一深度的标准缺陷（直径1.5mm）回波幅度的内部缺陷。

相比于过去开发的各种车轮新产品，高速车轮的非金属夹杂物和超声波探伤指标的要求明显要高，洁净度要求显著提高。

以上要求构成了高速车轮的主要技术特点。

3　高速车轮工业试制

试制车轮原料选取了化学成分接近技术要求上限的 ϕ450mm 连铸圆坯，生产中采用圆盘冷锯切坯，按研究的工艺进行了试制。

3.1　高速车轮制造工艺要点

试制的高速车轮具有典型高速车轮的设计特点：薄轮辋、薄辐板、薄轮毂、LMA形踏面和大圆弧辐板等，图1为KGDA高速车轮轮形示意图，它是以200km/h轻型客车车轮形状为基础优化的轮形。

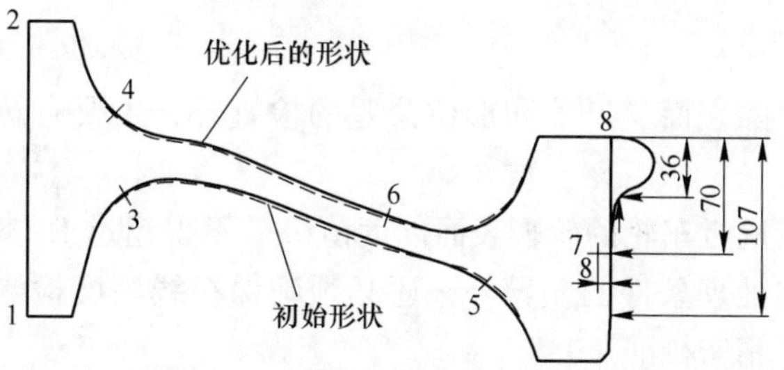

图1　试制高速车轮轮形示意图

KGDA车轮的外形、成品重量和尺寸偏差及形位公差与马钢已经开发成功的200km/h轻型客车车轮十分接近，因此，KGDA车轮的压轧和机加工工艺是基于KDQ车轮的生产经验，并通过比较和优化制定出来的。

连铸后的车轮制造工艺流程为：圆盘冷锯下料→环形炉加热→除鳞→3kt 水压机镦粗、定径、压痕→8kt 水压机成形→辗轧→3kt 水压机冲孔、辐板压弯→等温→粗加工→轮辋淬火→回火→理化性能试验→预加工→数控机床静加工→打印标记→硬度检查→超声波探伤→磁粉探伤→辐板表面强化抛丸→静平衡试验→钻注油孔→外形尺寸检查→防锈和包装。

3.1.1 高速车轮压轧工艺要点

连铸圆坯良好的表面质量、圆度和直度，以及圆盘锯下料保证了对坯料尺寸和重量的精度要求。试制生产中，根据高速车轮薄轮辋、薄辐板和薄轮毂的轮型结构特点，工艺设计人员通过有限元对车轮锻压过程中的金属流动规律进行了模拟和仿真研究，在此基础上设计了能实现良好的应力分布、压缩比分布、金属流向的压轧工艺和模具，设计的压轧工艺避开水压机的能力极限，完全在轧机上形成辐板台阶，即轮坯按 8kt 水压机的极限能力设计尺寸大小，压制成形后，到轧机扩径，轧到需要的直径后，调整轧机压下，继续扩径到终轧尺寸。实际生产中上述工艺有效地减少了压轧过程产生的缺陷，提高了毛坯精度和性能。

3.1.2 高速车轮热处理工艺要点

合理的热处理工艺关键要得到合理的强、硬度和韧性的匹配，使轮辋断面硬度和低温冲击同时满足技术条件的要求。

结合以前的工艺试验，考虑到试制车轮中加入了微合金 Cr 元素，虽然可提高车轮硬度，但车轮的低温冲击韧性显著降低，为此，试制车轮热处理时，将常规的回火温度 480~490℃调整到 505±5℃，以改善车轮的韧性指标。

（1）淬火加热：

预热段：≤860℃　　加热三段：880~900℃

加热一段：860~880℃　　加热时间：2h30min

加热二段：880~900℃

（2）淬火：踏面和内侧面双面喷水淬火 240s。

（3）回火：505±5℃×5h。

3.1.3 高速车轮机加工工艺要点

KGDA 高速车轮加工的最大难点在于实现残余静不平衡值不超过 30m · g 的要求。

从形位精度要求来看，KGDA 车轮与 KDQ 车轮基本相同，只是在踏面滚动圆圆度、辐板和轮毂侧面粗糙度、轴孔粗糙度有所提高，分别由 0.2、12.5、25 提高到 0.1、6.3、12.5。马钢原采用从德国进口的 VF-120 数控机床精加工的 KDQ 车轮（允许最大残余静不平衡值为 50m · g），KDQ 车轮残余静不平衡值不大于 30m · g 的仅占 38%。

研究表明轮辋高度波动、辋和毂诸圆同心度、轴孔的光洁度是影响车轮静不平衡值的主要因素。因此，高速车轮机加工时采取了控制三点辋高差、校正卡爪偏心、轴孔加工最后一刀空走等工艺措施，其中三点辋高差控制在 0.06mm 以下。实践证明，此机加工工艺是有效的。

3.2 高速车轮成品检测

对精加工后车轮的检测，除表面、尺寸和形位公差的检查外，主要有轮辋外侧面布氏硬度测试、超声波探伤和静平衡试验等。

由于在技术条件中规定了同批车轮的轮辋表面硬度值极差不得超过 HB30，因此除了在车轮热处理时尽量减少因设备和操作导致热处理条件的差异外，还必须确保在线硬度检测的准确可靠。为此试制生产中对在线硬度检测仪器进行了精密校准。

KGDA 车轮的超声波探伤要求轮辋不得存在大于 ϕ1.5mm 平底孔当量大小的缺陷；若存在平底孔当量大小为 ϕ1.5mm~ϕ1.5mm-3dB 的缺陷，则不允许相邻缺陷的间距太小，和不允许数量超过 10 个。为达到上述要求，除了应从车轮钢的冶炼上设法提高钢的洁净度外，还须解决超声波探伤的可靠性问题。马钢首先采用自动探伤系统对车轮轮辋进行探伤，然后人工对轮辋进行第二次探伤，将漏探率控制在较低的水平。除技术条件要求的以外，马钢还对轮毂和辐板部位进行人工探伤，以保证车轮整体完好性。

静平衡试验的关键是检测的可重复性。为此，试制生产中采取的措施主要是提高卡紧面，即车轮轴孔的光洁度和圆度，提高卡爪的卡紧精度。除了在精加工工艺采取一定措施外，还对静平衡机进行精密校准，使得静平衡试验的重复测量差异控制在1%的范围内。

4 成品检验结果

2002年6月初，马钢试制了首批KGDA高速车轮，该批车轮的力学性能、高倍夹杂检验结果分别见表3、表4。

表3 力学性能检验结果

R_m/MPa		δ_5/%		轮辋冲击功		断面布氏硬度（HB）	
轮辋	辐板	轮辋	辐板	A_{KU5}/J（常温）	A_{KV}/J（-20℃）	踏面下35mm处	A点
920	740	18	21	20/25/25	11/10/13	272/260/262	235

表4 高倍夹杂、显微组织检验结果

项目	A		B		C		D		B+C+D		显微组织	晶粒度
	细系	粗系	细系	粗系	细系	粗系	细系	粗系	细系	粗系		
技术条件	1.5	1.5	1.5	1	1.5	1	1.5	1	3	2	细珠光体+铁素体	6
检验结果	0.5	—	1	0.5	—	—	0.5	0.5	1.5	1	细珠光体+铁素体	7

轮辋表面硬度值全部分布在HB245~300范围内，其中95.4%的分布在HB260~290的HB30范围内，说明热处理工艺不稳定，硬度存在一定的散差。

超声波探伤未发现任何达到ϕ1.5mm-3dB平底孔当量大小的缺陷，说明“转炉—吹氩站—LF+VD—圆坯连铸”的炼钢工艺能够保证车轮钢有很好的洁净度。

一次性通过静平衡试验的KGDA车轮达97.4%，静不平衡值超标的车轮返修后也全部合格。

5 结论

本次试制拟订的工艺要点基本合理，试制的高速试验车轮基本满足高速客车轮技术条件的要求。今后高速车轮的生产中仍需要做以下研究和工艺改进工作：

（1）研究连铸圆坯车轮热处理后的时效性。

（2）提高产品性能稳定性和均匀性，结合热处理设备（主要指加热炉和淬火台）的技术改造，优化和稳定相应的热处理工艺。

高速车轮对加工精度和残余静不平衡值有较高要求。在此次生产KGDA车轮过程中，在如何提高加工精度和减小残余静不平衡值方面做了一些试验，并取得成功，但今后仍需进一步优化加工工艺，以提高加工效率、降低生产成本，减少由于静不平衡值超标而导致的返工。

参考文献

[1] 铁道部科学技术司.科技装函［2002］44号.
[2] 欧洲标准委员会.铁路规范—轮对和转向架—车轮—产品要求［S］.2000.

高速列车车轮淬火加热动态测温试验[1]

安　涛

（马鞍山钢铁股份有限公司）

摘　要　采用“黑匣子”耐高温温度测试仪，对高速列车车轮在淬火加热过程的温度进行了动态测试，验证了马钢车轮轮箍分公司在淬火加热炉技改完成后开发的淬火工艺的合理性，同时提出了淬火工艺优化的方向。

关键词　车轮；淬火；加热炉；测温

Dynamic Temperature Measurement of High Speed Train Wheel during Quenching

An Tao

（Ma'anshan Iron and Steel Co.， Ltd.）

Abstract　The temperature inside high speed train wheel during quenching was dynamically measured by using “black box” anti-high-temperature temperature measurer. The results showed that quenching technology，developed by Masteel wheel branch company after hardening heating furnace technique reform，was reasonable. The further optimization of quenching processing is put forward.

Key words　train wheel；quenching；heating furnace；temperature measurements

1　引言

马鞍山钢铁股份有限公司车轮轮箍分公司是亚洲最大、最先进的铁路车轮和轮箍的专业生产厂家。为了适应列车高速、重载的要求，“十五”期间，马钢投资近5亿元对车轮生产系统从轧钢到热处理至检测系统进行技术改造。新淬火系统主要包括一座新环形加热炉（4#炉），2台装料机械手和6台车轮淬火台。4#炉的燃烧系统、炉体结构、布料加热方式、控制系统和装出料机构等不同于改造前的车轮淬火加热炉。试产期间，车轮轮箍分公司开发了车轮淬火加热的工艺。通过对产品性能的统计分析，表明4#炉及临时工艺能够较好的实现产品技术条件要求的产品性能。为进一步改进检验4#炉的特性和验证工艺，做了两次车轮淬火加热过程动态测温试验。通过测量4#炉内车轮不同位置的温度变化，对加热速度的合理性进行分析，优化了炉温参数。通过测量轮辋、辐板和轮毂奥氏体化时间的分析，对加热时间参数进行了优化。

2　试验条件

两次试验都是采用KKD车轮作为试验工件，在4#炉中按照试验工艺加热3h，借助一种俗称“黑匣子”耐高温温度测试仪随试验工件入炉跟踪测试。该“黑匣子”由高温温度记录仪和保温箱组成。在入炉前通过计算机编程设定采样周期、触发时间和在炉时间等参数，然后将高温温度记录仪装入有耐火纤维隔热的保温箱中，连接热电偶并随车轮进入炉内。在炉中运动依次通过预热段、加热一段、加热二段、均热段。出炉后，由计算机调出记录数据。采用K型热电偶，其测温范围为0～1290℃，测量误差为

---

[1] 原文发表于第九届全国典型零件热处理学术及技术交流会暨第六届全国热处理学会物理冶金学术交流会（2006）论文集。

0.5%。记录仪的通道数为 7 个，分别用于第 8~14 点的测温。采样速率设定为每 8s 采集记录一次。设计测温点见图 1。测温点 8、9、10、12 用于测量轮辋温度场的变化。第 11 点用于测量车轮上表炉气温度。第 13 点用于测量辐板温度变化。第 14 点用于测量轮毂心部温度。

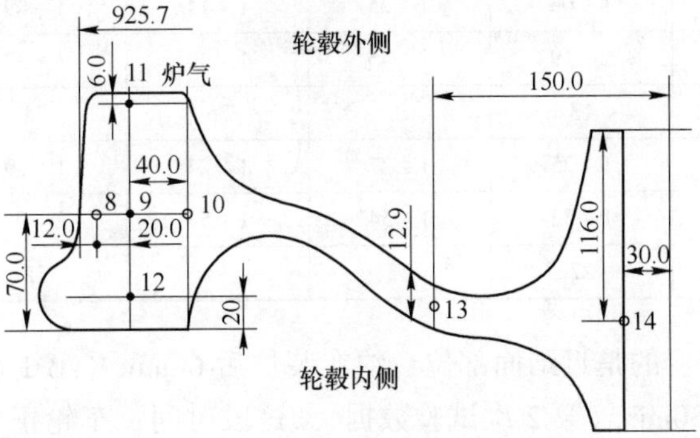

图 1　轮毂淬火加热温度测试点

4#淬火加热炉：4#淬火加热炉是一座外径为 28m 的环形加热炉，采用了强制供风亚高速烧嘴、全纤维炉内衬、工件架空受热、计算机控制等技术。炉膛宽 3.5m，有内、中、外环三排托料“梅花桩”。共分 60 个角度，每个角度有内、中、外三个“梅花桩”。加热区分为预热段、加热一段、加热二段和均热段，分别占 12、12、20、12 个角度，其中入口和出口之间占去 4 个角度。

试验工件：KKD 车轮是一种目前在我国普遍使用的提速客车轮，钢种为 CL60（化学成分类似 60 号钢）。主要尺寸见图 2。第 1 次试验采用的车轮是淬火过的黑皮车轮；第 2 次采用的是经机加工的光亮车轮。

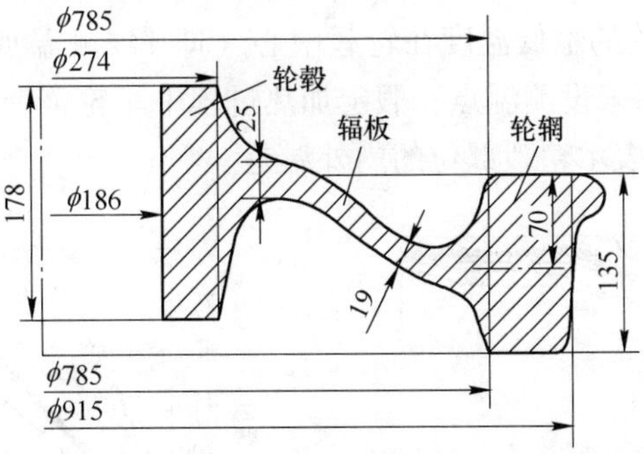

图 2　KKD 车轮结构及主要尺寸

试验工艺：KKD 车轮淬火加热的临时工艺：预热段：≤860℃；加热一段：860~880℃；加热二段：860~880℃；均热段：860~880℃；共 2.5h。试验控制：第 1 次试验：预热段：前 20min 为 770℃左右，后 15min 为 800℃左右；加热一段：860℃左右；加热二段：880℃左右；均热段：平稳在 870℃，上下波动不超过 10℃；第 2 次试验：预热段：控制基本在 800~840℃范围内。加热一段：860℃左右；加热二段：880℃左右；均热段：平稳在 860℃，上下波动不超过 10℃，两次试验加热总时间控制为 3h。前 2.5h 匀速通过预热段、加热一段、加热二段、均热段 4 个角度，平均 3.125min 转动一个角度。均热段保温 30min 后，连续转动 8 个角度出炉。

3　试验结果及分析

测得的两次温度-时间曲线见图 3 和图 4。其中，炉温取 4#炉实时监控系统记录的各段温度的平均值；第 11 点测得的车轮上表的炉气温度。辐板大部分和轮毂全部被架在上面的保温箱遮挡，保温箱底部与轮毂面间距仅为 10mm，加热效果受到一定影响。尤其当温度高于 700~800℃时，加热主要是靠辐射，遮挡对加热效果影响更大。所以实际生产情况下，加热相同时间，辐板和轮毂温度要比试验测量的温度高。因此，辐板和轮毂的试验数据仅用于参考。

相变时间对于 CL60 钢，在缓慢升温条件下，$A_{c1}=727℃$，$A_{c3}=765℃$。两次试验车轮各部位到达转变温度所需时间见表 1。

表 1　车轮各部位加热到转变温度所需时间

位置	转变温度	近踏面（8）	辋中心（9）	辋颈部（10）	近内辋面（12）	板中心（13）	毂中心（14）
第 1 次	A_{c1}	1：06	1：25	1：14	1：09	1：36	1：49
	A_{c3}	1：19	1：45	1：40	1：33	2：00	2：04
	时差/min	13	20	26	24	24	15
第 2 次	A_{c1}	1：25	1：27	1：24	1：29	1：27	1：56
	A_{c3}	1：52	1：54	1：57	2：01	1：58	2：10
	时差/min	27	27	33	32	31	14

由表 1 可见，首先开始转变的是近踏面部位，约在装炉后 66min（第 1 次试验数据），最后完成转变的是轮毂中心，约在装炉后 130min（第 2 次试验数据）。这段时间，车轮正处于加热二段加热（第 25 个角度到第 44 个角度）。

两次试验中，辐板和轮毂心部完成相变的时间大约都在装炉后 2h，若排除试验时辐板和轮毂加热受到保温箱遮挡的影响，则辐板和轮毂完成相变的时间更短。若加热 3h，则有 1h 多的保温时间，可能导致辐板奥氏体晶粒长大，最终影响回火后的辐板冲击韧性。从图 2 和图 3 来看，相变阶段加热曲线出现平台，这是由于相变潜热影响的缘故。由珠光体转变为奥氏体时是一个吸热的过程，吸热导致加热速度变慢。相变完成后剩下 50min 的时间用于奥氏体均匀化和温度均匀化。但对于碳素钢和一部分合金结构钢来说，奥氏体的均匀化的时间很短，可以视为零。所以，奥氏体转变完成后的加热目的是实现温度的均匀化。

在同一时刻，一般是近踏面位置（即 8#测温点）温度最高（钢表温度除外），轮辋的最低温度在轮辋中心（即 9#测温点），整个车轮的最低温度在轮毂中心（即 14#测温点）。加热过程中内外温度差的变化见图 5 和图 6。由于轮毂近表面未设测温点，假定加热过程中车轮整个表面的温度基本一致，所以可用（轮毂中心温度-近踏面温度）来表示轮毂部位的内外温差。

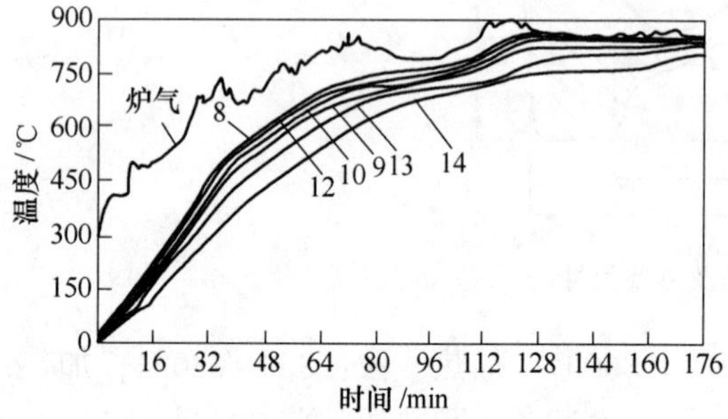

图 3　第 1 次实验的测试结果（黑皮轮）

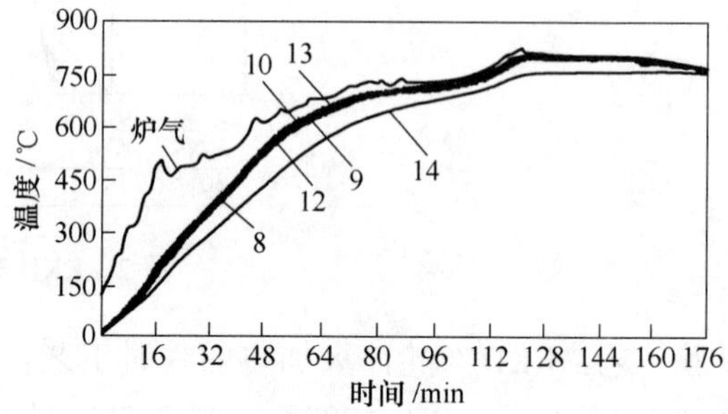

图 4　第 2 次实验的测试结果（光亮轮）

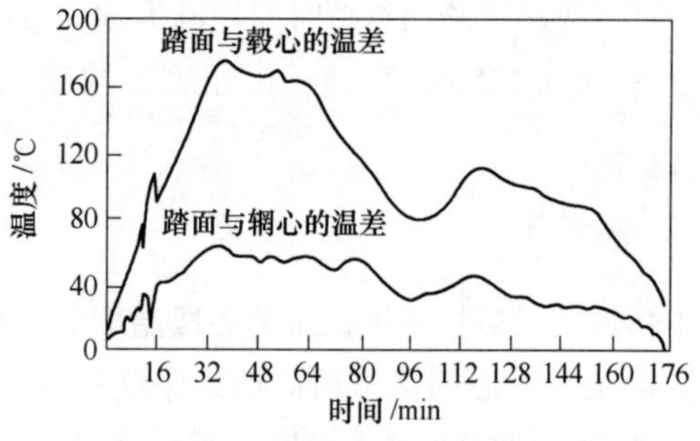

图 5　第 1 次试验（黑皮轮）踏面-轮辋中心和踏面-轮毂中心的温差分布

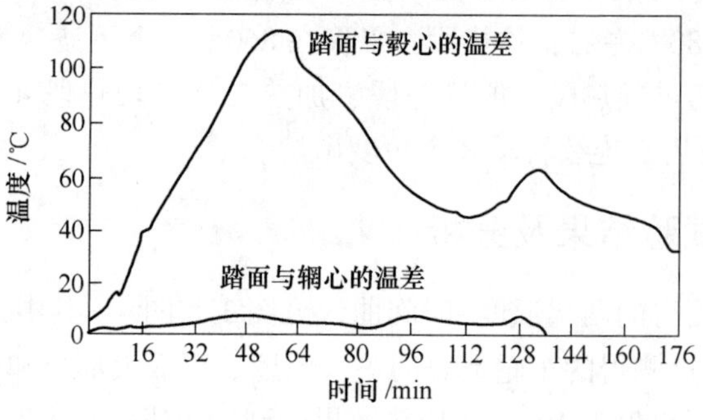

图 6　第 2 次试验（光亮轮）踏面-轮辋中心和踏面-轮毂中心的温差分布

两次试验中加热温度控制基本相同，但从图 3～图 6 来看，第 1 次试验中内外温差较大，而第 2 次试验中内外温差很小。究其原因，主要是第1次试验用车轮和第2次试验用车轮的表面状况不同，前者是淬火后的黑皮车轮，后者是经机加工的光亮车轮。同样加热条件下，黑皮车轮的加热速度显然要比光亮车轮的要快，这点也被以下的加热速度分析证明，加热速度快自然内外温差大。第1次试验中最大温差出现在加热一段的起始位置，第2次试验中最大温差出现在加热一段的中间位置。此后轮辋和轮毂的内外温差呈下降趋势。相变过程出现温差低谷，相变完成后出现第2个温差峰值。出炉时，轮辋部位的温度基本均匀，最大温差仅8℃。此时，轮毂内外温差也仅有24~26℃，对于相当于正火处理的轮毂来说，这种温差也是比较理想的。如果严格执行2.5h加热的工艺，并假定炉底恒速转动，那么每转动一个角度的时间为2.68min。按此计算，66min时车轮刚从第25个角度转到第26个角度，130min后车轮在第48个角度并马上转到第49个角度。剩下8个角度（21min）用于温度均匀化。从第1次试验来看，相变完成后21min尚不能实现轮辋的温度均匀化，内外温差接近30℃。但从第2次试验来看，轮辋温度均匀化不是问题，因为轮辋最大温差仅有8℃，且在装炉141min后，轮辋内外温差就已经接近零了。目前，车轮轮箍分公司的车轮生产工艺流程安排是，在等温后淬火前有一道初加工工序，所以加热车轮的表面状况同第2次试验。所以我们认为，不必考虑温度均匀化的问题。

温度变化速度对于热处理来说是一个重要的因素。就淬火加热而言，值得关注的是最大加热速度以及临界相变时和转变区间的加热速度，尤其是临界相变时和转变区间的加热速度决定着A_{c1}和A_{c3}的温度值以及转变速度。具体到这两次试验，考察的是分别在300~500℃、710~720℃和730~760℃3个温度范围内的加热速，见表2。

表2 加热速度

加热速度/℃·s^{-1}	300~500℃		710~720℃		730~760℃	
	近踏面	轮辋中心	近踏面	轮辋中心	近踏面	轮辋中心
第1次	0.25	0.22	0.09	0.05	0.04	0.03
第2次	0.18	0.17	0.05	0.05	0.02	0.02

总体来看，第1次试验中轮辋内外3个阶段的加热速度均高于第2次试验。其原因在上面提到过，因为两次试验采用的试验车轮的表面状况不同。从表1数据来看，第1次加热速度快，所以完成转变也快。相变开始前加热速度为0.05~0.09℃/s，相变过程中加热速度为0.02~0.09℃/s，根据以往试验，在这种加热速度条件下，CL60钢的A_{c1}、A_{c3}分别在725℃和765℃左右。两次试验得到的加热曲线相变平台进一步证明了这点。

加热温度跟踪试验得到的加热速度可作为更深入研究的输入条件。可以认为，1998年马钢钢铁研究所在通过热模拟试验测定CL60钢的CCT曲线时设定相变前加热速度为10℃/s和相变过程加热速度为0.05℃/s，是与车轮热处理生产实际相符合的。

4 结论

（1）对于KKD车轮来说，临时淬火加热工艺是合理的。

（2）加热时间宜控制在2.5h以内，否则辐板因保温时间过长而导致奥氏体晶粒长大，最终影响回火后车轮的辐板冲击韧性。

（3）对于经机加工的光亮车轮来说，加热过程中的内外温度差不大，加热速度仍有提高的空间。提高加热速度后，不仅能够加快相变的速度，增加4#炉的小时产量（当然4#炉的小时产量在很大程度上受淬火台生产能力的限制），而且能有效减小奥氏体的晶粒度，对改善热处理后的车轮力学性能有利。

（4）可尽量提升预热段的温度，并且在加热一段、加热二段和均热段全部按860~880℃控制。

参考文献

[1]《车轮轮箍生产》编委会.车轮轮箍生产（下册）[M].北京：冶金工业部工人听视教材编辑部，1992.
[2] 中国机械工程学会热处理学会《热处理手册》编委会.热处理手册（第1卷）[M].北京：机械工业出版社，2002.

高速车轮用钢连铸技术开发❶

张建平　龚志翔　陈刚　钟斌　吴宗双

（马鞍山钢铁股份有限公司）

摘　要　概述了马钢车轮钢生产工艺及圆坯连铸机技术特点，为开发高速车轮用圆坯，开展了无氧化保护浇铸技术、结晶器电磁搅拌技术、二冷水弱冷技术等优化试验研究，开发并形成了高质量车轮钢用钢连铸工艺技术。所生产的圆坯具有气体及夹杂含量低，表面质量优良、内部无裂纹，铸态组织均匀、致密，中心等轴晶比率平均达50%以上，铸坯偏析、疏松级别低的特点。

关键词　高速车轮钢；圆坯；保护浇铸；结晶器电磁搅拌；二次冷却；技术开发

Continuous Casting Technology Development for High-Speed Railway Wheel Steel

Zhang Jianping　Gong Zhixiang　Chen Gang　Zhong Bin　Wu Zongshuang

（Ma'anshan Iron and Steel Co., Ltd.）

Abstract　The characteristics of the railway wheel steel production process and the continuous casting system in Masteel are summarized. In order to develope the high quality round bloom using for high-speed railway wheel, a continuous casting technology, which includes the non-oxidizing casting protection technology, the mould electromagnetic stirring (M-EMS) technology and soft secondary cooling technology, etc. is optimized and developed. The round bloom produced has following characteristics: lower gas and inclusion content, higher surface and internal quality, no internal crack, homogeneous and dense macro-structure, better central equiaxed crystal ratio which is greater than 50% on average, lower level of segregation and porosity.

Key words　high-speed railway wheel steel; round bloom; casting protection; M-EMS; secondary cooling; technology development

1　引言

车轮是列车运行的重要部件之一，其质量的好坏直接影响到列车运行的安全性和稳定性。马鞍山钢铁股份有限公司作为我国列车车轮的重点生产企业，为适应我国铁路高速、重载大发展战略的需要，多年来，一直致力于提高车轮实物质量水平的工艺技术装备的升级改造与技术创新工作。在冶炼方面，自2001年淘汰平炉后，2002年又成功引进并建成一套先进的全弧形大断面圆坯连铸机，从而完成了车轮用钢坯由模铸圆锭到连铸圆坯的重大技术变革与进步。近年来，通过开展大量的工艺试验和技术研究，开发出一系列高质量车轮用钢的圆坯连铸技术，如无氧化保护浇铸技术、电磁搅拌技术、二冷水弱冷技术等，并成功开发出200km/h、270km/h高速旅客列车车轮，40t轴重的重载货车车轮用圆坯等。所生产的圆坯具有气体及夹杂含量低，表面、内在质量优良，铸坯铸态组织均匀、致密，中心等轴晶比率高达50%以上等特点，较好满足我国铁路运输大发展的需求。

❶　原文发表于第四届发展中国家连铸国际会议（2008）论文集。

2 车轮钢生产工艺特点

车轮是高风险产品，优良的冶金质量是车轮安全运行的重要前提和基本保障，马钢近年来通过不断的技术改造和创新，建立并形成一条代表国际先进水平的车轮钢专业生产线：

120t 转炉冶炼→钢包吹氩→LF 钢包精炼→VD 真空脱气→钢包喂线→大圆坯连铸→车轮轧制

其主要工艺特点是：优良的铁水、废钢等炼钢原辅料条件，先进的转炉自动化炼钢技术，高质量的钢包钢水精炼技术、真空脱气技术、脱氧及夹杂物控制技术、大断面圆坯连铸技术等，确保所生产的车轮产品具有均匀稳定的化学成分、低的气体及夹杂含量、优良的铸坯质量等。

圆坯连铸机主要技术参数如下：

- 弧形半径：$R=12$m
- 铸机流数：3 流
- 铸坯尺寸：ϕ380mm、ϕ450mm
- 拉坯速度：ϕ380mm：≤0. 90m/min；ϕ450mm：≤0. 58m/min
- 保护浇铸：钢包长水口+氩封+浸入式水口+结晶器保护渣
- 电磁搅拌：M-EMS（外置式）
- 二冷方式：水冷
- 矫直机：三点五机架矫直

3 无氧化保护浇铸技术

避免和减少钢水精炼后钢水的二次污染，是稳定和提高车轮钢纯净度的关键，尤其是钢水连铸过程的二次氧化给钢水的纯净度带来较大的危害，因此必须采取必要措施，减少钢水浇铸过程的二次氧化。

钢水无氧化保护浇铸是一有效的降低钢水二次氧化的重要技术，其主要包括如下工艺环节：钢包钢液面、钢包-中间包、中间包内钢液面、中间包-结晶器、结晶器内钢液面保护。这里重点介绍钢包-中间包钢水注流钢包浇铸技术的开发及应用效果。

3.1 注流保护浇铸技术

马钢车轮圆坯钢包→中间包注流保护，采用钢包长水口+密封垫圈+吹氩密封的物理保护+气体保护的双重保护方式。浇铸过程，将钢包钢水经由长水口直接注入中间包一定钢液面下，从而避免了浇铸过程钢流被空气二次氧化，同时提高中间包钢水液面的稳定性，减少钢液的喷溅。

3.2 注流保护浇铸效果

为评价注流保护浇铸效果，对比分析了无保护浇铸、长水口+密封垫圈+氩封两种浇铸方式浇铸过程增氮、Al_s 含量变化情况见表 1 和表 2。

表 1 可见，采用保护浇铸，圆坯浇铸过程的增氮量由 18. 9ppm 下降到 4. 4ppm，表明，采用氩封保护浇铸使浇铸过程增氮量降低约 14. 5ppm。

表 1 两种浇铸方式浇铸过程钢中［N］含量变化情况 (ppm)

浇铸方式	喂线后	中间包	增氮量	增氮率/%
氩封保护	47. 9	52. 3	4. 4	9. 2
未保护	47. 8	66. 7	18. 9	39. 5

有无氩封保护浇铸喂线后氮含量与中间包氮含量关系见图 1。可见，喂线后的氮含量同中间包中氮含量呈高度显著线性关系，直线的斜率接近 1. 0，说明浇铸过程增氮量稳定，同时表明氩封保护的效果良好稳定。

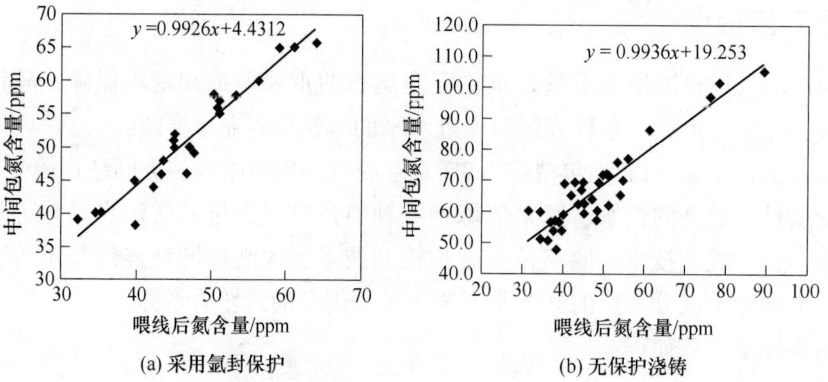

图 1　有无氩封保护浇铸喂线后和中间包钢中氮含量关系

表 2　两种浇铸方式浇铸过程钢中 Al_s 含量变化情况　（%）

浇铸方式	喂线后	中间包	衰减量	衰减率
氩封保护	0.026	0.019	0.007	26.9
未保护	0.018	0.007	0.011	61.1

由表 2 可见，采取氩封保护时，浇铸过程钢中 Al_s 含量衰减率大幅降低，衰减率由不采用保护浇铸的 61.1%下降到 26.9%。若扣除钢中 Al_s 自然衰减量，采用保护浇铸后，钢中 Al_s 含量的衰减率远低于 20%。

进一步对比分析有、无氩封保护浇铸所生产铸坯中夹杂含量表明，采用氩封工艺所生产的铸坯中夹杂总量从未采用保护浇铸的 29.7ppm 降到了 14.8ppm，降幅达 50%。

4　结晶器电磁搅拌技术

铸坯的铸态组织往往是评价铸坯内部质量的主要指标，均匀而致密的等轴晶组织是铸坯最为理想的组织。结晶器电磁搅拌通过作用于铸坯凝固初期，改善铸坯内钢水的运动来均匀铸坯内部温度、消除过热、析出气体及促使夹杂物上浮[1]，改善铸坯内部非金属夹杂物的分布，降低非金属夹杂物及全氧含量，提高金属的洁净度。

马钢圆坯结晶器电磁搅拌装置为外置式，电磁搅拌器采用旋转磁场，采用低频、变流技术来调节搅拌效果。为更好开发和利用结晶器电磁搅拌技术，试验研究了不同电磁搅拌参数对圆坯内在质量的影响[2]。

4.1　对铸坯等轴晶率的影响

研究结果表明，结晶器电磁搅拌可有效提高铸坯的中心等轴晶区，且铸坯中心等轴晶比率随着搅拌电流的增加而增加，最高达 72.2%。不同电磁搅拌电流条件下铸坯中心等轴晶比率结果见表 3，电磁搅拌对电磁搅拌电流与铸坯中心等轴晶比率关系见图 2。

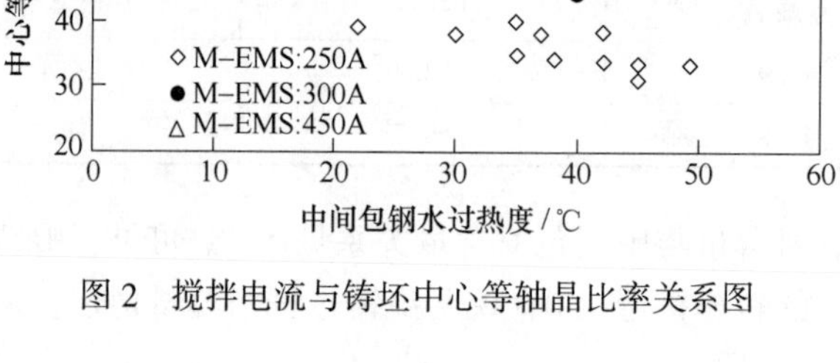

图 2　搅拌电流与铸坯中心等轴晶比率关系图

表 3 结晶器电磁搅拌对铸坯中心等轴晶的影响

搅拌电流/A		0	250	300	450
中心等轴晶率/%	波动范围	2.0~12.3	31.2~45.6	44.4~66.3	48.3~72.2
	平均值	7.6	36.8	53.0	58.1

4.2 改善铸坯疏松，降低碳、硫成分偏析

研究表明，在稳定的浇铸工艺条件下，结晶器电磁搅拌可有效改善铸坯的凝固组织，降低铸坯的疏松及铸坯中心 C、S 偏析程度。

为研究不同搅拌工艺对铸坯断面疏松级别的影响，试验从铸坯中心至表面连续制取了金相试样，对铸坯断面的显微疏松状况进行了检验分析。研究结果表明，使用电磁搅拌铸坯的铸坯疏松级别优于无电磁搅拌的铸坯，具体见表 4。

表 4 两种搅拌工艺条件下铸坯疏松情况

工艺	项目	检测结果（铸坯中心→表面）							
I=300A	疏松级别	2.5	2.0	2.0	1.5	1.0	1.0	1.0	0.5
	尺寸/mm（最大）	0.06	0.06	0.05	0.05	0.05	0.03	0.03	0.02
	密度/颗·cm^{-2}	60	60	40	30	20	20	20	10
I=0A	疏松级别	2.5	2.5	2.5	1.0	1.5	1.0	1.0	2.0
	尺寸/mm（最大）	0.06	0.05	0.07	0.05	0.07	0.04	0.07	0.04
	密度/颗·cm^{-2}	60	60	60	30	30	30	30	20

不同电磁搅拌工艺对圆坯中心 C、S 元素偏析影响的统计分析，见图 3。

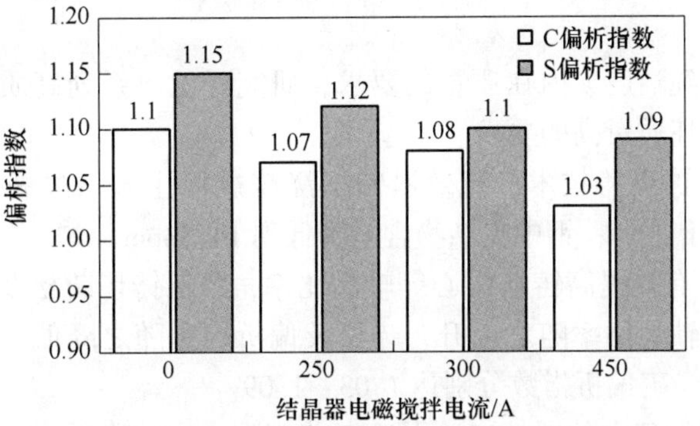

图 3 电磁搅拌对铸坯中心偏析的影响

由图 3 可见，提高结晶器电磁搅拌电流，可有效降低铸坯中心 C、S 元素偏析指数，铸坯中心 C 偏析指数由 1.1 最低下降到 1.03，中心 S 偏析指数由 1.15 最低下降到 1.09，有效改善铸坯中心成分偏析程度，提高了铸坯的均质度。

5 二冷水弱冷技术

连铸的二次冷却方式及冷却制度对铸坯的质量有着直接的影响[1]，为获取优良的铸坯质量，针对车轮钢种特点，以改善铸坯组织均匀性，降低偏析为目的，结合马钢圆坯二冷工况条件，研究开发了高质量车轮圆坯二冷弱冷工艺模型，见表 5、表 6。

表 5 圆坯二冷主要工艺技术参数

冷却方式	喷嘴类型	冷却长度/m	比水量/L·kg^{-1}	冷却段
水冷	圆锥形 90°/60°	5.7	0.20~0.40	4 段

表 6　圆坯二冷各段冷却水分配比例

冷却段	足辊	移动段	固定 1 段	固定 2 段
所占比例/%	10~20	30~40	20~30	10~20

结合连铸的凝固模拟计算及铸坯表面温度测定比对结果表明，采用上述二冷制度，连铸生产过程铸坯表面温度变化稳定，表面回温小于 60℃（工艺规定小于 80℃），进矫直区铸坯表面温度全部在 900℃以上，表明工艺设计合理、可靠。

铸坯低倍检测结果见表 7，表明采用优化的弱冷工艺模型，所生产的铸坯具有铸坯内部无裂纹、铸坯偏析、疏松级别低的特点，铸坯铸态组织均质度有明显改善。

表 7　ϕ450mm 圆坯低倍质量检测结果（$n=200$）

项目	椭圆度/%	中心等轴晶比率/%	中心疏松级别	偏析级别	裂纹
最大值	1.5	58.2	2.5	2.0	无
最小值	0.0	45.5	1.0	0.5	
平均值	0.95	52.1	1.5	1.0	

为研究铸坯断面金属致密度情况，使用金属原位分析系统对圆坯断面的表观致密度进行分析，结果见表 8，表明所生产铸坯具有较好的致密度。

表 8　铸坯断面致密度原位分析统计结果　　（%）

项目	致密度	疏松度	项目	致密度	疏松度
铸坯内弧	0.9731	0.0148	铸坯外弧	0.9782	0.0196
铸坯中部	0.9646	0.0374			

6　结语

为满足高速车轮对铸坯纯洁度、内在质量的要求，研究开发出系列高质量高速车轮专用圆坯连铸技术，较好满足高速车轮对铸坯质量高的要求。

（1）钢包长水口氩封保护浇铸技术，有效遏制了浇铸过程注流二次氧化程度，过程增氮量平均达 4.4ppm，Al_s 含量衰减率低于 30%；钢中夹杂物含量降低到 14.8ppm。

（2）结晶器电磁搅拌可有效提高铸坯中心等轴晶比率，降低铸坯疏松及偏析级别，随着结晶器搅拌电流的提高，铸坯的中心等轴晶比率随之上升，疏松及偏析级别随之降低，铸坯中心等轴晶比率最高达 72%，平均 58.1%；中心碳、硫偏析指数分别达 1.03、1.09。

（3）通过试验研究所开发建立的圆坯二冷弱冷工艺模型，有效降低了铸坯偏析及疏松缺陷程度，改善了铸坯的铸态组织均质度和致密度。

参 考 文 献

[1] 蔡开科，程士富，主编．连续铸钢原理与工艺［M］．北京：冶金工业出版社，1999.

[2] 龚志翔，陈刚，焦兴利，等．结晶器电磁搅拌对 ϕ450mm 连铸圆坯组织和夹杂物的影响［J］．特殊钢，2004（5）：35-37.

合金元素对高速车轮钢抗剥离性能的影响❶

潘涛 苏航 崔银会 江波

（钢铁研究总院） （马鞍山钢铁股份有限公司）

摘 要 利用热力学计算软件 Thermo-Calc 和 Gleeble 物理模拟技术辅助进行抗剥离车轮钢的合金设计。热力学计算结果显示，从成分设计的角度出发，提高 Si 含量和降低 C 含量提高车轮钢的相变点，可有效抑制车轮钢的制动剥离现象。动态升温模拟实验也说明，提 Si 可改善车轮钢的抗剥离性能。但是，降低 C 含量也带来车轮钢耐磨性的降低，而提高 Si 含量则在基本不损害塑性的情况下，显著提高车轮钢的强度。

关键词 车轮钢；合金设计；热力学；剥离；相变

Effects of Alloy Elements on Spalling-resistance of Wheel Steels for High Speed Train

Pan Tao Su Hang Cui Yinhui Jiang Bo

(Central Iron and Steel Research Institute) (Ma'anshan Iron and Steel Co., Ltd.)

Abstract Utilizing Thermo - Calc, thermodynamic computational software, and Gleeble simulation tester, chemistry design of spalling-resistant wheel steels was investigated. The computational results showed that, increasing Si content and decreasing C content is effective to reduce tread spalling since they both elevate transformation temperature of wheel steels. And Gleeble simulation test provides the evidence of improved spalling resistance by Si addition in kinetics. However, as one of the two methods to improve spalling resistance, decreasing C brings about wear-resistance reduction of wheel steel while Si addition increases the strength of wheel steels remarkably with slightly reduced ductility.

Key words wheel steels; chemistry design; thermodynamics; spalling; transformation

1 引言

高速列车在制动或转弯时，车轮容易因发生滑动摩擦而出现踏面剥离倾向。车轮的制动剥离现象和滑动摩擦致使车轮表面局部急剧升温、发生奥氏体化相变有关。苏航[1]通过数值模拟和实验证明，车轮钢的剥离倾向与车轮钢的相变点有关。在列车服役工况保持不变的情况下，提高车轮钢的相变点是抑制车轮发生制动剥离的最根本手段。在研制抗剥离车轮钢的过程中，尽量提高车轮钢相变点是合金设计的重要原则之一。研究工作[1,2]显示，降低车轮钢的碳含量可大幅度减少车轮踏面发生制动剥离的面积和概率。但是，碳含量降低太多不利于车轮钢的耐磨性和接触疲劳性能，尤其对于对耐磨性要求较高的重载货车车轮，碳含量降低的幅度不可能太大。本文利用 Thermo-Calc 热力学计算软件和 Gleeble 物理模拟实验机辅助进行抗剥离车轮钢的合金设计，取得了一定成效。

2 热力学计算

车轮钢中常用的合金元素包括 C、Si、Mn、Cr、V、Mo 等。为获得提高相变点的合金设计，使用热

---

❶ 原文发表于第十二届全国青年材料科学技术研讨会（2009）论文集。
国家“863”项目资助（2007AA030703）。

力学软件 Thermo-Calc 计算了合金元素 C、Si、Cr、Mn 元素对现有车轮钢成分体系相变点的影响，结果如图 1 所示。V 和 Mo 为钢中的微量添加元素，基本对钢的相变点不会产生较大的变化，计算中没有考虑这两种元素的影响。

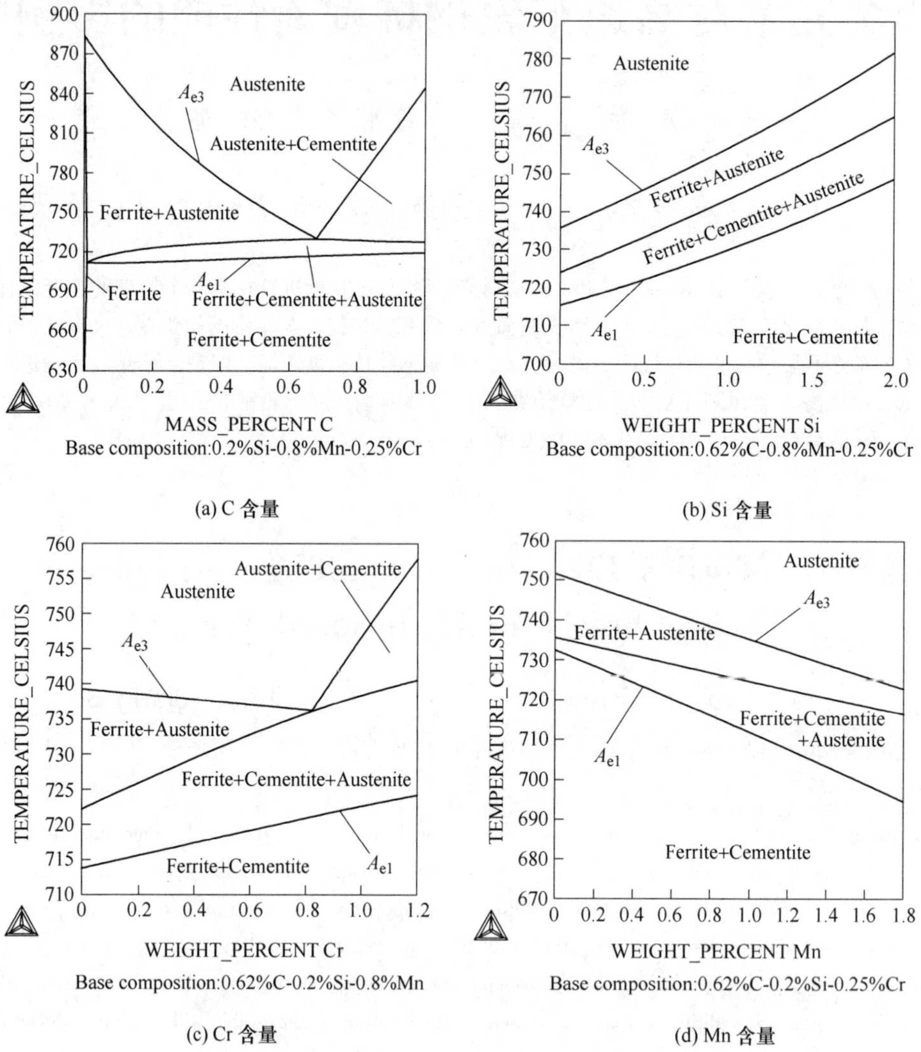

图 1　车轮钢中各合金元素对相变点的影响规律

Fig. 1　Influence of alloy elements on transformation point in wheel steel

从计算结果可以看出，车轮钢中减少 C 含量，显著提高 A_{e3}点，而对 A_{e1}点影响不大。C 含量从 0.6%减少至 0.4%，A_{e3}点升高 35℃，而 A_{e1}点还略有下降。在钢中增加 Si 含量，可以显著提高钢的相变点。Si 含量从 0.2%增加至 0.8%，A_{e1}和 A_{e3}点分别增加 11℃和 14℃；继续增加至 1.2%，A_{e1}和 A_{e3}点则分别增加 15℃和 20℃（和含 0.2%Si 的车轮钢相比）。国外[2]为了改善车轮钢的抗剥离性能，曾在实验中把 Si 含量增加至 1.8%，A_{e1}和 A_{e3}点分别增加了 27℃和 38℃（和含 0.2%Si 的车轮钢相比），不考虑对钢的韧塑性的影响，这种 Si 含量无疑对车轮钢抗剥离性能有较大的好处。而 Cr 元素在不超过 0.83%的范围内的含量变化，都不会对车轮钢的相变点产生较大的影响。如 Cr 含量从 0.25%增加至 0.8%，A_{e1}点仅升高 5℃，而 A_{e3}点反而降低 2℃。而且，Cr 含量增加至 0.8%将带来车轮钢的淬透性和韧塑性等一系列问题。对于 Mn 元素，含量和相变点则为反向变化规律，增加 Mn 含量带来 A_{e1}和 A_{e3}点的降低。若把 Mn 含量从 0.8%降低至 0.2%，相变点 A_{e1}和 A_{e3}则分别增加 12℃和 10℃，但是 Mn 是车轮钢中的主要强化元素之一，降低 Mn 含量同样降低车轮钢的耐磨性。

对于提高车轮钢的抗剥离性能，从合金设计的角度，主要有提高 Si 含量和降低 C 含量两种途径。进一步采用 Thermo-Calc 软件计算 C 和 Si 含量对车轮钢相变点 A_{e1}和 A_{e3}的复合影响，如图 2 显示了计算的 C-Si-（Fe-Mn-Cr）三元等温截面相图。从计算相图可以看出，若考虑车轮钢发生部分相变的开始温度为715℃，在C含量为0.6%时，仅须加入0.12%左右的Si；若C含量降低至0.4%，铁素体稳定元素Si的含量须达到0.3%才能保证在715℃刚刚开始发生相变。说明仅对A_{e1}点而言，降低C含量反而降低相变点。分析图2（b），在常规Si含量（0.2%~0.4%）下，发生完全奥氏体化的温度为775℃的条件是C含量必须降低至0.4%左右；基于车轮钢耐磨性的考虑，为了保持0.6%左右的C含量，只须相应升高Si含量至1.5%左右。

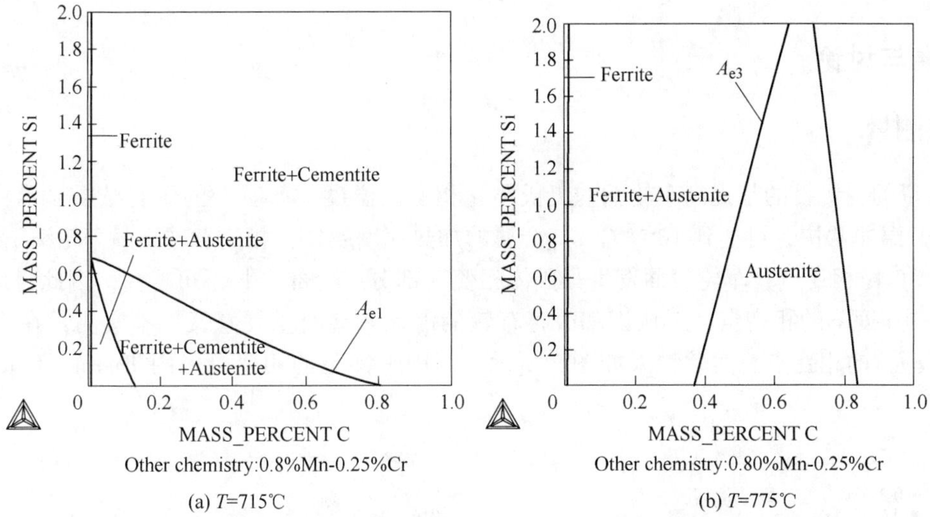

图2 车轮钢中C-Si-（Fe-Mn-Cr）等温截面图

Fig. 2 Isothermal Section of C-Si-（Fe-Mn-Cr） system in wheel steel

综合上述计算结果，为改善车轮钢抗制动剥离性能，可采取提高Si含量和降低C含量相结合的合金设计思路。具体对于重载货车车轮钢，由于耐磨性和抗接触疲劳的性能要求，以及考虑元素对A_{e1}和A_{e3}相变的综合影响结果，C含量不应有过多降低，抗剥离车轮钢的合金设计以提高Si含量为主。

3 合金设计与材料准备

基于上述合金设计思路，仅考虑Si含量对重载货车车轮钢的影响，设计并冶炼了如下成分的实验用钢，见表1。实验钢采用50kg真空感应炉冶炼，浇注成锭。钢锭经高温锻造成50mm厚板坯。锻造工艺为1150℃加热、开锻，900℃终锻。板坯经1150℃加热后经过实验室轧机多道次轧制成16mm厚钢板，终轧温度为870℃。钢板的成品尺寸为16mm(厚)×120mm(宽)×L(自由长)。对热轧态钢板进行热处理，热处理工艺为正火+回火。先在空气炉中860℃加热并保温1h，出炉空冷，然后在回火炉中进行520℃保温2h，出炉空冷。四种实验用钢经热处理后的显微组织均为珠光体+极少量的铁素体，符合车轮钢对显微组织的要求。

表1 实验用钢的化学成分

Table1 Chemical composition of experimental steels （%）

序号	C	Si	Mn	P	S	备注
1	0.60	0.19	1.06	0.0071	0.005	基准
2	0.61	0.55	1.07	0.0069	0.006	+0.4%Si
3	0.61	0.96	1.08	0.007	0.005	+0.8%Si
4	0.62	1.26	1.14	0.0075	0.005	+1.1%Si

利用Gleeble1500D模拟实验机，分别以1℃/s、10℃/s和100℃/s的升温速率，测量1~4号实验钢的A_1和A_3相变点（分别对应奥氏体相变开始和结束温度）。还测量1~4号实验钢的力学性能，包括试样拉伸性能和先共析铁素体的纳米硬度。其中，纳米硬度的测试过程为，对实验钢磨平上下表面，并对其中一面进行镜面抛光并轻腐蚀。采用的纳米硬度计为美国橡树岭实验室研制的DCM新型纳米探针仪，设备的理论定位精度为2nm，满足本实验定位先共析铁素体的要求。探针的最大载荷为20mN。将样品同时置

于纳米探针仪中，选取先共析铁素体尺寸大于 5μm 的区域，进行纳米硬度测量，纳米探针的压入深度为 500nm 左右。本实验条件下，纳米探针的压入深度在 100nm 以内，会出现一个硬度峰值，这是由于表面的平整度、表面活性物质及其他不定因素的影响，并不反映材料的本征特征。当压入深度超过 300nm 时，纳米硬度值趋于稳定。这时的硬度基本可表征材料的特性。本实验中，每个实验数据点均取自 300～500nm 深度的平均硬度值，每个样品保证至少有 5 个有效数据点，并总体取平均，即获得所需的纳米硬度。

4　实验结果与讨论

4.1　相变点测量

提高 Si 含量的主要目的是提高车轮钢的奥氏体化相变的温度。苏航[1]的研究结果显示，车轮由于滑动造成的踏面升温非常快，可达到 $10^{2\sim3}$℃/s。金属的加热速度越快，相变点越高。车轮滚滑一旦发生后，温度超过其 A_1 和 A_3 相变点，车轮表面发生马氏体相变（部分或全部）将不可避免。因此，研究在模拟车轮表面相近加热速度下的相变点，对认识和改善车轮的滑动剥离有重要意义。本文测量在不同的加热速度下 1～4 号实验钢的相变点，实验结果如图 3 所示。其中平衡态的相变点采用 Thermo-Calc 热力学软件计算。

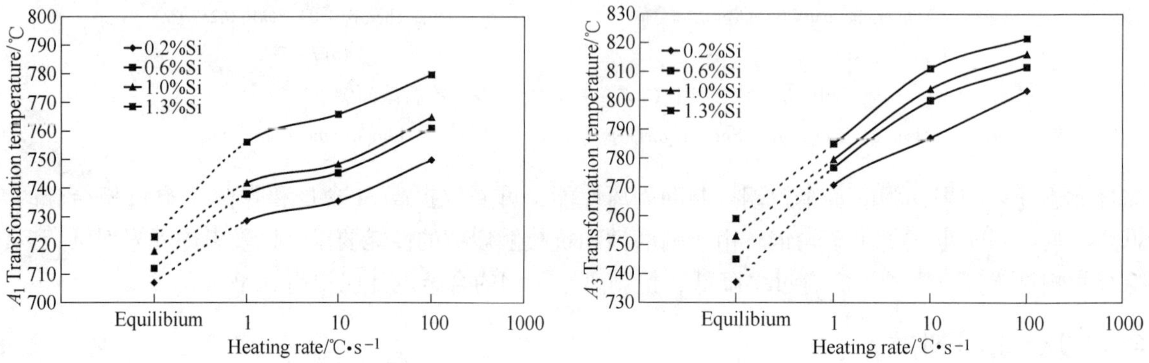

(a) A_1　　(b) A_3

图 3　不同 Si 含量条件下相变点随加热速度的变化

Fig. 3　Transformation point variation with heating rate changed with different Si contents

从上图可以看出，随着加热速率的升高，不同 Si 含量的车轮钢相变点均升高，而平衡态的相变点相对最低。Si 含量从 0.2%升高至 1.3%，对于平衡态，A_1 点增加 16℃，A_3 点增加 22℃；对于升温速率 100℃/s 时，A_1 点增加 30℃，A_3 点增加 18℃。升温速率达到 100℃/s 时，较为接近车轮钢发生滚滑的实际温度场变化情况，实验结果说明，提高 Si 含量，对车轮钢发生实际的制动剥离，具有较好的抑制作用。

4.2　力学性能

实验测量了不同 Si 含量的车轮钢的室温拉伸性能，如图 4 所示。结果显示，在现有的加入量范围内，合金元素 Si 对车轮钢产生较高的强化效果。Si 含量从 0.2%增加至 0.6%，抗拉强度和屈服强度分别增加了 55MPa 和 35MPa，再增加至 1.0%和 1.3%，抗拉强度累计增加了 105MPa 和 190MPa，屈服强度累计增加了 70MPa 和 160MPa。可见，每增加 0.4%左右的 Si，车轮钢将产生约 50～60MPa 的抗拉强度增量，强化作用非常显著。同时可看出，Si 的加入略微降低车轮钢的塑性。

Si 元素是非碳化物形成元素，渗碳体中不含 Si。Si 主要固溶于体心立方晶格中的铁素体，和铁原子较大的尺寸差使铁素体晶格产生强烈的畸变，形成固溶强化。Si 含量越高，铁素体的固溶强化越显著。这种固溶强化作用不仅体现于车轮钢的先共析铁素体中，还存在于珠光体铁素体中。而这种强化作用对渗碳体基本没有太大影响。前面的强度结果证实了 Si 的加入确实提高钢的总体强度，而通过纳米硬度实验可直接说明 Si 对铁素体的强化作用。

图 5 为不同 Si 含量的实验钢先共析铁素体的纳米硬度测试结果。

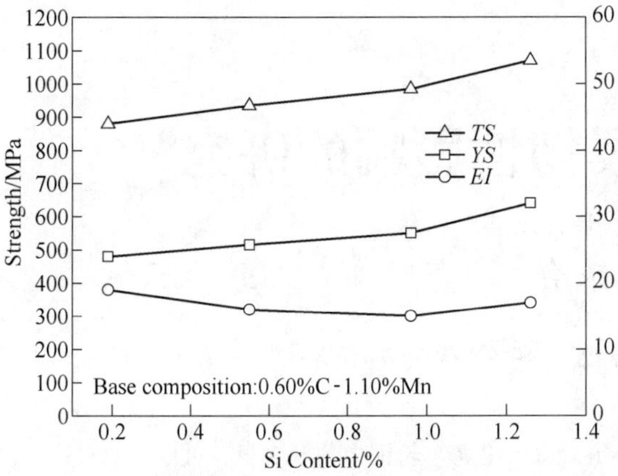

图4 实验用钢的拉伸性能

Fig. 4 Tensile properties of experimental steels

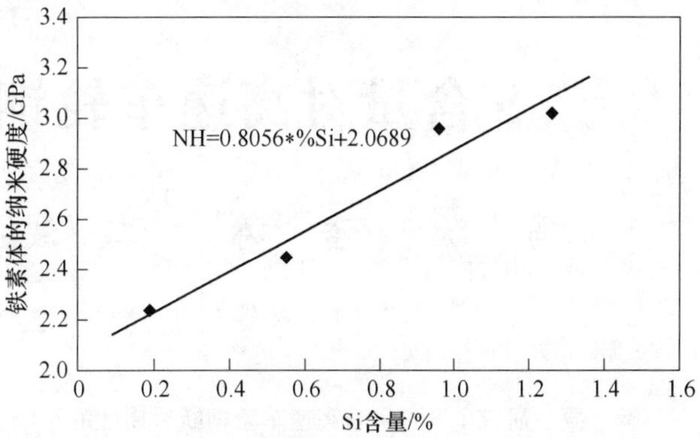

图5 先共析铁素体的硬度和Si含量的关系

Fig. 5 Relationship between nano-hardness of pro-eutectoid ferrite and Si content

从上述实验结果可以看出，随着Si含量的增加，钢中先共析铁素体的纳米硬度逐渐增加。Si含量为0.2%时，铁素体的平均硬度为2.34GPa，而到1.3%Si时，铁素体的硬度增加至3.13GPa，增量达到原铁素体硬度的1/3，可见Si对铁素体的强化效果比较显著。由于珠光体铁素体中一部分Si从形成渗碳体扩散而来，其Si含量甚至高于钢中的平均成分，因此，可以推断，Si元素在珠光体铁素体中的固溶强化效果更强于先共析铁素体。车轮钢的显微组织以珠光体组织为主，珠光体铁素体也是车轮钢强度的主要贡献者之一，提高珠光体中的铁素体也同时提高钢的总体强度。

对于改善车轮钢的抗制动剥离性能的两种重要途径，提高Si含量和降低C含量，在力学性能方面有着不同的影响。降低C含量虽然还提高钢的韧塑性，但降低车轮钢的强度和耐磨性；对于一些对耐磨性要求较高的车轮钢，降低C含量实际上是不可行的。而提高Si含量不仅同时提高车轮钢的A_1和A_3相变点，而且在不明显损害塑性的情况下显著提高钢的强度，有利于耐磨性的提高。因此，在合金设计中，可综合考虑上述因素对车轮钢的综合性能的影响。

5 结论

（1）利用Thermo-Calc热力学计算软件和Gleeble物理模拟技术辅助进行抗剥离车轮钢的合金设计，在现有的合金体系中，降低C含量和提高Si含量是改善车轮制动剥离性能的有效途径。

（2）对于耐磨性要求较高的重载货车车轮钢，尽量提高Si含量，在不同加热速率下，可显著提高车轮钢的A_1和A_3相变点，改善车轮钢的抗剥离性能。

（3）在本实验范围内，提高Si含量还显著提高车轮钢的强度，主要通过提高先共析铁素体和珠光体铁素体的强度来实现，而塑性略有降低。

参考文献

[1] 苏航，季怀忠，张永权，等. 高速列车车轮钢摩擦热致相变的计算机模拟［J］. 金属学报，2004，40（9）：909.

[2] Lonsdale C，Dedmon S，Pilch J. Recent developments in forged railroad wheels for improved performance［A］. 2005 Joint Rail Conference Proceeding［C］. Colorado，USA：2005：39.

S含量对高速车轮钢断裂韧性影响的研究❶

马 跃[1] 潘 涛[1] 江 波[2] 崔银会[2] 苏 航[1] 彭 云[1]

(1. 钢铁研究总院；2. 马鞍山钢铁股份有限公司)

摘 要 研究了S含量对高速车轮钢断裂韧性的影响，结果显示，适当提高车轮钢中的S含量，可以有效提高断裂韧性。对夹杂物的分析表明，S含量为0.001%（质量分数）的车轮钢中Al_2O_3和Al_2O_3+（Ca，Mg）O的氧化物夹杂相对较多，而MnS夹杂物较少。在相近的O含量水平下，将S含量从0.001%提高到0.006%，车轮钢中夹杂物形态发生变化，主要形成MnS包裹在Al_2O_3表面的复合夹杂物。断裂韧性的提高与夹杂物种类和形态的变化有关。应用镶嵌应力理论分析表明，MnS包裹在Al_2O_3表面后，相比于单独Al_2O_3夹杂物，可改善复合夹杂物周围的应力集中，从而改善断裂韧性。

关键词 车轮钢；断裂韧性；夹杂物；镶嵌应力

Study of the Effect of Sulfur Contents on Fracture Toughness of Railway Wheel Steels for High Speed Train

Ma Yue[1] Pan Tao[1] Jiang Bo[2] Cui Yinhui[2] Su Hang[1] Peng Yun[1]

(1. Central Iron and Steel Research Institute；2. Ma'anshan Iron and Steel Co., Ltd.)

Abstract The effect of sulfur contents on fracture toughness of railway wheel steels for high speed train was investigated. The results show that, with the same production process, sulfur content increase to some extent in wheel steels resulted in a great improvement in fracture toughness. The analysis of non-metallic inclusions revealed that, in the steel with sulfur content of 0.001%, a large amount of Al_2O_3 and complex Al_2O_3+（Ca, Mg）O inclusions were found, while MnS inclusions were rarely observed. When S content was increased from 0.001% to 0.006%, the type and morphology of inclusions were changed, MnS inclusions with core of Al_2O_3 were often observed and naked oxide inclusions were seldom found. This investigation shows that the fracture toughness improvement were closely associated with the type and morphology of inclusions due to sulfur content variation. The calculation showed that, with a cover of ductile MnS, stress concentration around complex inclusions decreased, which contribute to toughness improvement.

Key words railway wheel steels; fracture toughness; inclusions; tessellated stress

1 引言

断裂韧性作为车轮安全性设计的关键性指标而备受关注，Sakamoto等[1]定量研究了珠光体车轮钢断裂韧性与组织的关系后提出，提高组织中铁素体量并细化原始奥氏体晶粒可有效提高断裂韧性。Zhang和Gu[2]提出了Si-Mn-Mo-V系低碳贝氏体车轮钢的成分体系，改善了断裂韧性。研究[3-6]表明，杂质元素含量的增加会显著降低断裂韧性，因此传统车轮钢生产过程中通常严格控制O，S和P等杂质元素的含量。在现代冶炼条件下，S含量甚至被降低到0.001%（质量分数）以下，但是随着对非金属夹杂物与基体相互作用的深入研究，发现适量S在一定程度上能延缓疲劳裂纹的扩展[7]。考虑到断裂韧性同样是表

❶ 原文发表于《金属学报》2011年第8期。
国家高技术研究发展计划项目（2008AA030703）和铁道部重点课题项目（2009J015和2009J016）。

征材料阻止裂纹扩展的性能之一，S 可能对断裂韧性带来有益作用，但 S 含量对断裂韧性的影响尚缺乏深入的研究。而随着高速列车运营时速突破 350km，对车轮运行的安全性提出了更高的要求。因此，为了进一步提高车轮钢断裂韧性，本文研究了 S 含量对车轮钢的夹杂物形态、力学性能尤其是断裂韧性的影响。

2 实验方法

采用两种车轮钢进行对比研究，实验材料成分如表 1 所示。可见，两种车轮钢成分除 S 含量外其余成分相近，分别称为 10S 和 60S 钢。两种车轮钢在冶炼过程中均对夹杂物进行了 Ca 改性处理，车轮成形及热处理工艺相同。

表 1 实验用车轮钢的化学成分

Table 1 Chemical compositions of experimental wheel steels （%）

Steel	C	Si	Mn	Cr	P	S	Al	O	Ca
10S	0. 55	0. 27	0. 72	0. 18	0. 006	0. 001	0. 032	0. 0010	0. 0005
60S	0. 55	0. 29	0. 72	0. 16	0. 007	0. 006	0. 022	0. 0010	0. 0005

按照广泛使用的高速车轮产品欧洲标准 EN13262：2004 的规定制备力学测试、组织观察以及断裂韧性测试试样。断裂韧性实验在 MTS-50T 试验机上进行，试样尺寸符合 GB/T 4161—2007 要求，采用紧凑拉伸（CT）试样，厚度为 30mm，山形缺口。拉伸实验依据 GB/T 228—2002 在 WE300B 拉伸试验机上进行，试样直径为 10mm，标距为 50mm，测试室温拉伸性能。在 JB50 冲击试验机上依据 GB/T 229—2007 进行不同温度下的 Charpy 冲击实验，冲击试样尺寸为 10mm×10mm×55mm，采用 V 形及 U 形缺口，缺口深度为 5mm。组织观察试样经机械磨抛后采用 3%硝酸酒精腐蚀后在 LeicaMEF4M 光学显微镜上进行。采用 S4300 冷场发射扫描电镜（SEM）进行夹杂物观察并采用能谱（EDS）进行成分分析，以确定夹杂物的种类。

3 实验结果

3.1 组织观察及力学性能

在车轮踏面下 10mm 取样，观察两种车轮钢的金相组织，结果如图 1 所示。可见，两种车轮钢淬火后组织并无明显区别，均为珠光体组织。由于车轮钢 C 含量在共析点以下，有少量先共析铁素体分布于珠光体球团之间，经定量金相方法计算得出先共析铁素体体积分数约为 6%。

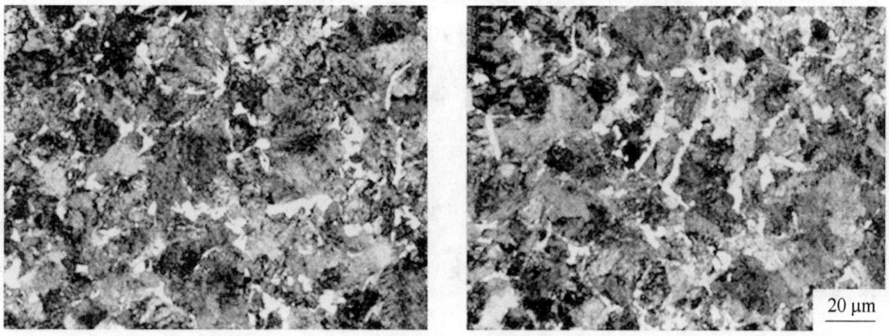

(a) (b)

图 1 两种车轮钢的金相组织

Fig. 1 Microstructures of 10S (a) and 60S (b) wheel steels

10S 和 60S 车轮钢中 C、Si 和 Mn 等主要强化元素含量处于同一水平，它们的拉伸性能基本相同，如表 2 所示，可见 S 含量对拉伸性能的影响不明显。

图 2 示出了两种车轮钢在不同温度下的冲击功。可见，V 形缺口 60S 车轮钢在-20℃的冲击功达到 14. 2J，超过 EN13262：2004 标准要求的 10J，并显著高于 10S 车轮钢；由 U 形缺口试样冲击功随温度的变化曲线可知，60S 车轮钢的韧脆转化温度为-40℃，低于 10S 车轮钢的-20℃。断裂韧性实验结果体现了相同的规律，当 S 含量由 0. 001%提高到 0. 006%时，断裂韧性值由 56MPa · $m^{1/2}$ 提高到 93MPa · $m^{1/2}$，说明适当提高钢中 S 含量极有利于改善断裂韧性。

表 2　实验车轮钢的拉伸性能

Table 2　Tensile mechanical properties of experimental wheel steels

Steel	σ_s/MPa	σ_b/MPa	δ/%	ψ/%
10S	560	930	19.0	47.5
60S	570	925	18.0	42.0

Note：σ_s—yield stress；σ_b—tensile stress；δ—elongation；ψ—reduction of area.

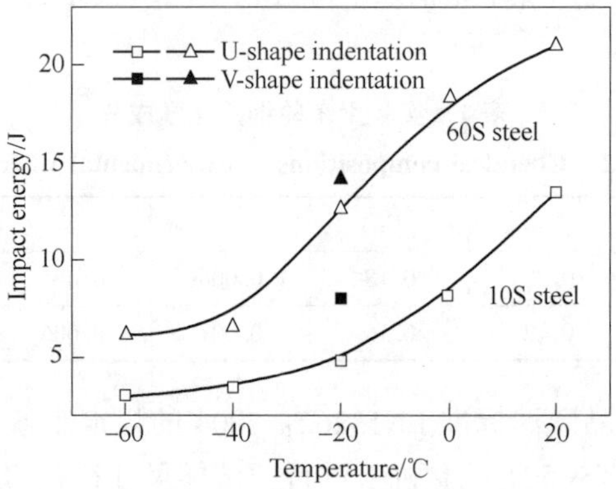

图 2　不同温度下两种车轮钢 V 形和 U 形缺口试样的冲击功

Fig. 2　Impact energy of the two wheel steels with V-shape and U-shape indentation at different temperatures

3.2　夹杂物分析

在 10S 车轮钢中观察到两种典型形貌的夹杂物，其中一种为近似球状的夹杂物，另一种为棱角分明的三角状或长条状夹杂物，分别如图 3(a) 和图 4(a) 所示，图 3 和图 4 中还分别给出了这两种夹杂物成分的 EDS 分析结果。由图 3 中示出的近球形夹杂物的 EDS 面扫描结果可知，在夹杂物区域有明显的 Al，O，Mg 和 Ca 富集(图 3(b)~(e))，因此夹杂物为 Al_2O_3+(Ca，Mg) O 的复合夹杂物，尺寸在 1~5μm 之间。此类夹杂物仍为硬质的氧化物夹杂，在夹杂物周围存在一定的应力场。由图 4(b) 可知，图 4(a) 所示三角形夹杂物的 EDS 结果中仅发现 Al、O 及基体元素 Fe，说明此类夹杂物是 Al_2O_3，由于其具有明显的尖角，在尖角处更易发生应力集中。在 10S 车轮钢未发现单独的 MnS 夹杂或被 MnS 包覆的复合夹杂物。杨成威等[8]对 MnS 的析出行为进行研究后认为，当 S 含量小于 0.002%时，不会在 Al_2O_3 上析出 MnS，与本文结果一致。

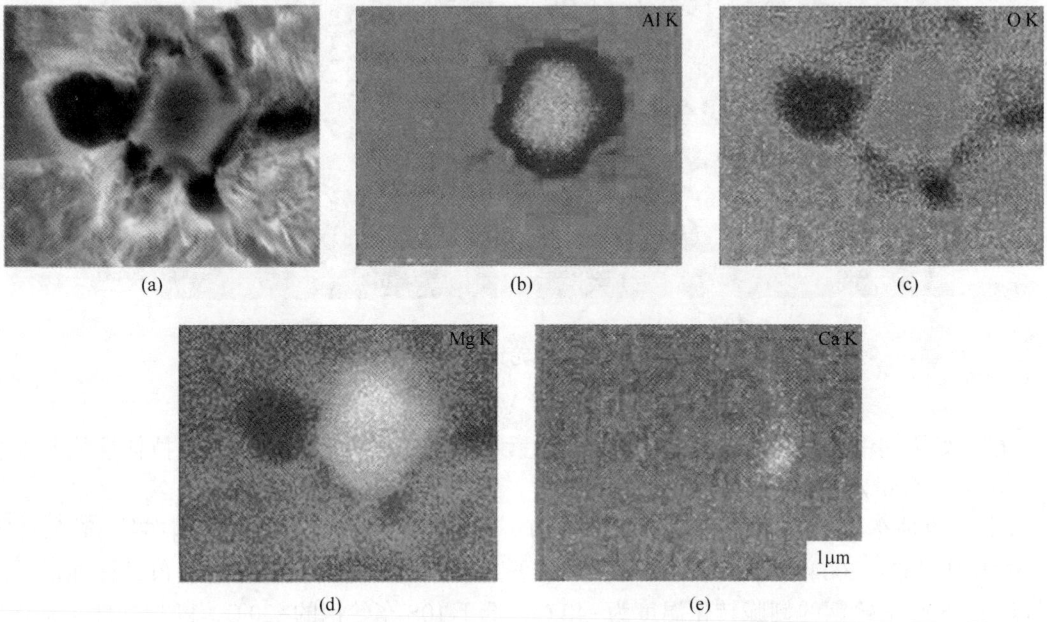

图 3　10S 车轮钢中近球形夹杂物 SEM 像及 EDS 面分析结果

Fig. 3　SEM image (a), EDS results of Al (b), O (c), Mg (d) and Ca (e) of ball-like inclusion in 10S wheel steel

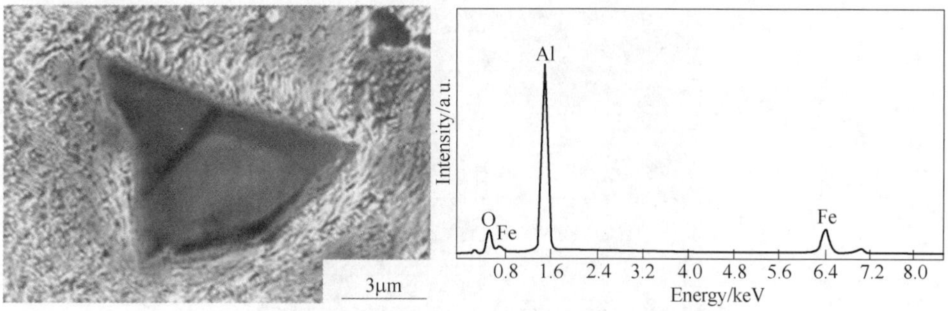

(a) (b)

图 4　10S 车轮钢中三角形夹杂物的 SEM 像及 EDS 结果

Fig. 4　SEM image（a）and EDS result（b）of trigonal inclusion in 10S wheel steel

在 60S 车轮钢中也观察到两种典型形貌的夹杂物，分别为有核的复合型夹杂物和单一夹杂物，两种夹杂物均为近球形或椭球形，外表光滑无锐角，分别如图 5(a) 和图 6(a) 所示，图 5 和图 6 中还分别给出了这两种夹杂物成分的 EDS 分析结果。由图 5 中示出的近球形夹杂物的 EDS 面扫描结果可知，在夹杂物的核心区域 Al、O 和 Mg 的含量较高，说明夹杂物核心是 Al 和 Mg 的氧化物；除核心外的部分 Mn、S 和 Ca 富集（图 5(b)~(g)），说明此类夹杂物是由硫化物（Mn，Ca）S 包覆的氧化物夹杂组成的复合夹杂物，夹杂物中氧化物核心尺寸在 1~3μm 之间，包覆的硫化物尺寸在 2~10μm 之间。由图 6（b）可知，图 6（a）所示单一夹杂物的 EDS 结果中仅发现 Mn、S 及基体元素 Fe，说明此类夹杂物是 MnS，尺寸在 3~15μm 之间。

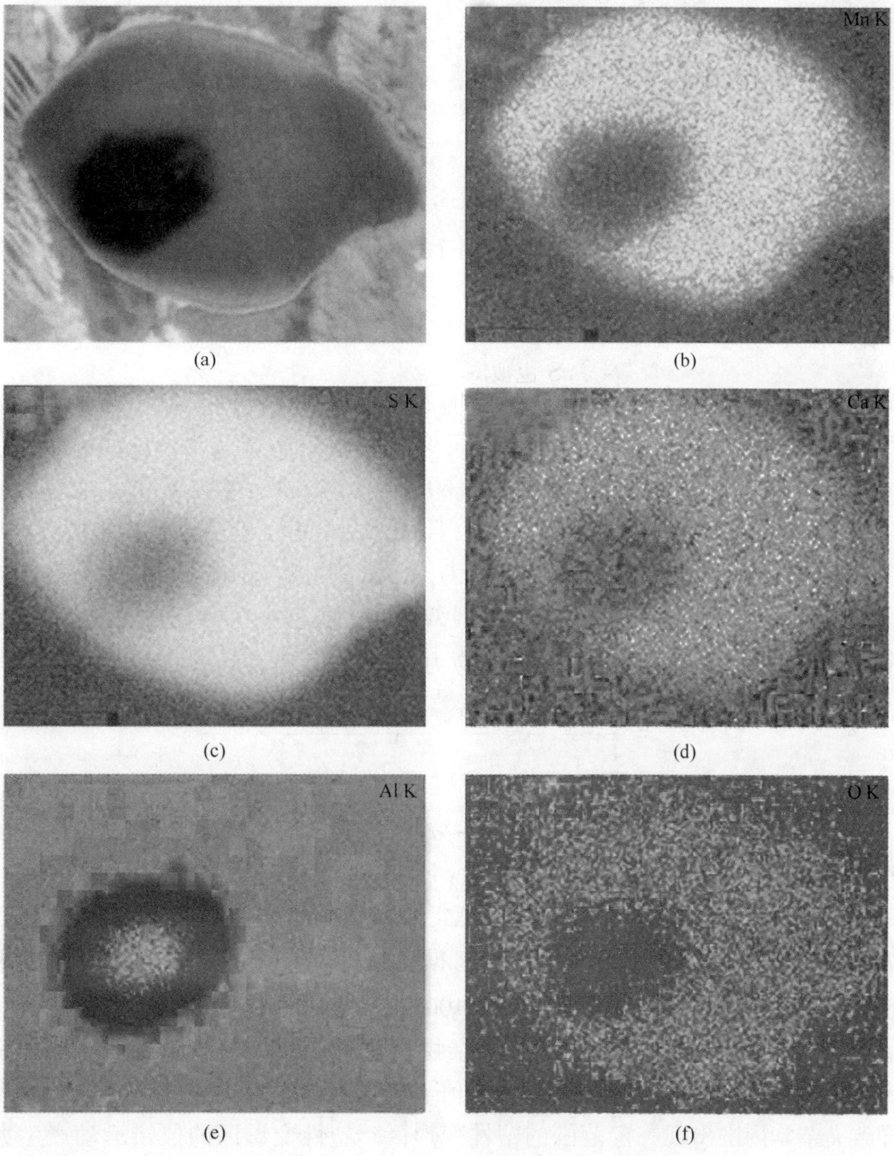

(a) (b) (c) (d) (e) (f)

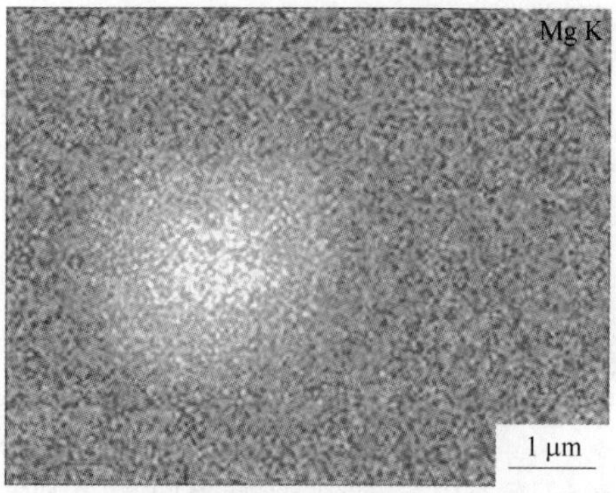

(g)

图 5　60S 车轮钢中有核的复合夹杂物的 SEM 像及 EDS 面分析结果

Fig. 5　SEM image (a) and EDS results of Mn (b), S (c), Ca (d), Al (e), O (f) and Mg (g) of core-shell structured inclusion in 60S wheel steel

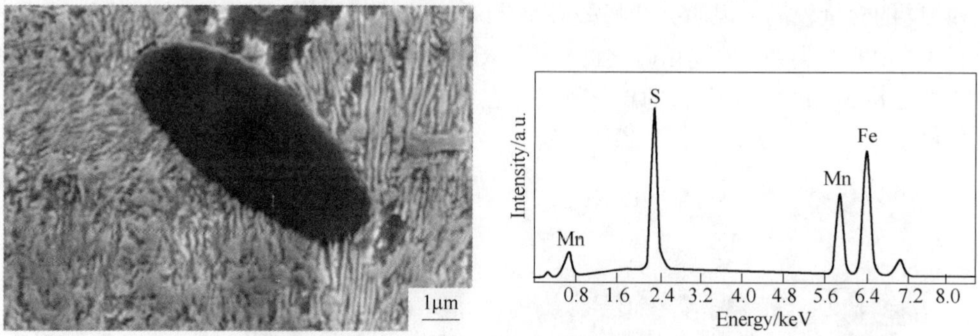

(a)　(b)

图 6　60S 车轮钢中的单一夹杂物 SEM 像及 EDS 结果

Fig. 6　SEM image (a) and EDS result (b) of single inclusion in 60S wheel steel

4　分析与讨论

由于夹杂物与基体间弹性模量、线膨胀系数等的差异，在冷却过程中会在夹杂物与基体之间产生镶嵌应力，其是导致材料基体产生应力集中并萌生微裂纹的原因之一[9,10]。将 Brooksbank 和 Andrews[10] 及潘涛等[11] 研究夹杂物的镶嵌应力的方法应用于 10S 和 60S 车轮钢的夹杂物造成的镶嵌应力分析。依据前述实验结果，车轮钢中存在的 Al_2O_3 夹杂物多为球形，且 Al_2O_3+MnS 复合夹杂物也多接近球形。由于Al_2O_3+(Ca，Mg) 这一类型的夹杂物为硬质夹杂物，与 Al_2O_3 类似，因此，仅以 Al_2O_3 来考察车轮钢中硬质夹杂物的镶嵌应力。基于以上条件建立了如图 7 所示的计算模型。模型中在半径 R_1 以内区域为 Al_2O_3 夹杂物，半径 $R_1 \sim R_2$ 范围内为包裹的 MnS。则 R_2 处的径向应力 σ_{R_2} 为[10]：

$$\sigma_{R_2} = \frac{(\alpha_M - \alpha)\Delta T}{\dfrac{\dfrac{1}{2}(1 + \nu_M) + (1 - 2\nu_M)d^3}{E_M(1 - d^3)} + \dfrac{1 - 2\nu}{E}} \tag{1}$$

式中，α_M 和 α 分别为基体和复合夹杂物线膨胀系数；ν_M 和 ν 分别为基体和复合夹杂物的 Poisson 比；E_M 和 E 分别为基体和复合夹杂物的 Young's 模量；ΔT 为珠光体相变完成时的温度与室温的温度差，取 500℃；$d=R_2/R_M$，则 d^3 为夹杂物所占的体积分数。据实验观察，车轮钢中球形 Al_2O_3 的平均尺寸为 $R_1=5\mu m$，夹杂物数量密度约为 $30mm^{-2}$，对应于 R_M 为 $100\mu m$。

对于单一的 Al_2O_3 夹杂物，即 $R_1=R_2$，得到夹杂物表面的应力为 781MPa。角状夹杂物应力集中状态比球状夹杂物更严重，所以镶嵌应力将会大于上述值。此强度已经接近或超过车轮钢的屈服强度，将会在冷却过程中导致夹杂物周围出现一定范围的塑性变形区。塑性变形区的位错运动产生大量空位聚集于

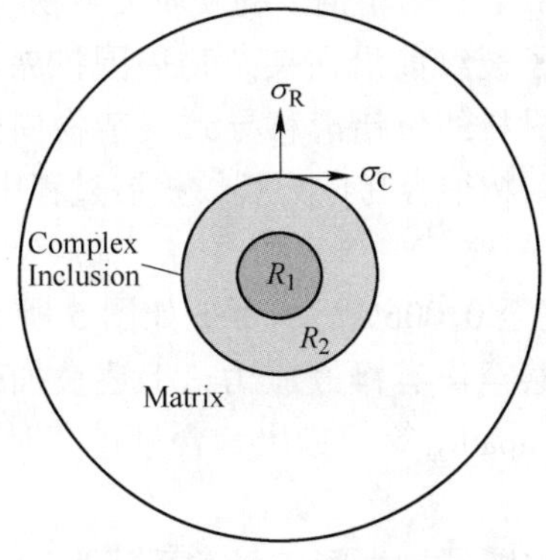

图 7 球形夹杂物与基体间镶嵌应力计算示意图

Fig. 7 Scheme used in calculation of tessellated stresses between spherical inclusion and matrix

σ_R—radial stress; σ_C—circumferential stress; R_1—radius of Al_2O_3 core; R_2—radius of complex inclusion

夹杂物周围，为裂纹的扩展创造条件。单一的 MnS 夹杂物由于热膨胀系数大于基体，在冷却过程中收缩大于基体，与基体间镶嵌应力为 0。

对于复合夹杂物，只考虑典型的 Al_2O_3+MnS 夹杂物的复合情况。由于 10S 与 60S 车轮钢中 O 含量差别不大，认为复合夹杂物中 Al_2O_3 尺寸可统一为 10S 车轮钢中的 5μm。对复合夹杂物的 Young's 模量、Poisson 比按照 Al_2O_3 与 MnS 的体积分数取得加权平均值，复合夹杂物的热膨胀系数 $\alpha=\alpha_2+(\alpha_1-\alpha_2)R_1/R_2$，其中 α_1 为 Al_2O_3 的热膨胀系数，α_2 为 MnS 的热膨胀系数。计算中用到的参数如表 3 所示。

按照上述计算方法，当 $R_2=3R_1$ 时，复合夹杂物的热膨胀系数 α 等于 14.8×10^{-6}/℃，此时，在冷却过程中夹杂物由于收缩更快而与基体之间分离，不存在镶嵌应力。对于 5μm 的 Al_2O_3 夹杂物，如果表面包裹 MnS 后夹杂物整体尺寸达到 15μm，夹杂物对基体的影响可降低到较小程度。

对于复合夹杂物半径小于 $3R_1$ 的情况，镶嵌应力变化见图 8。可见，随着 MnS 夹杂物开始包裹于 Al_2O_3 表面，复合夹杂物与基体间应力迅速下降，当有 1μm 厚的 MnS 夹杂物包裹 Al_2O_3 夹杂物时，镶嵌应力减小到原来的一半；当复合夹杂物尺寸达到被包裹 Al_2O_3 直径的 2 倍时，镶嵌应力已经下降到 100MPa。由此可见，提高 S 含量对降低硬质夹杂物镶嵌应力的巨大作用。

表 3 夹杂物和基体的热膨胀系数和弹性模量[9,10]

Table 3 Thermal expansion coefficients and elastic module of inclusions and matrix[9,10]

Material	$\alpha/\times10^{-6}$℃$^{-1}$	E/GPa	ν
MnS	18	103	-0.30
Al_2O_3	8.0	390	0.25
α-Fe	14.8	210	0.29

Note: α—thermal expasion cofficient; E—Young's modulus; ν—Poisson's ration.

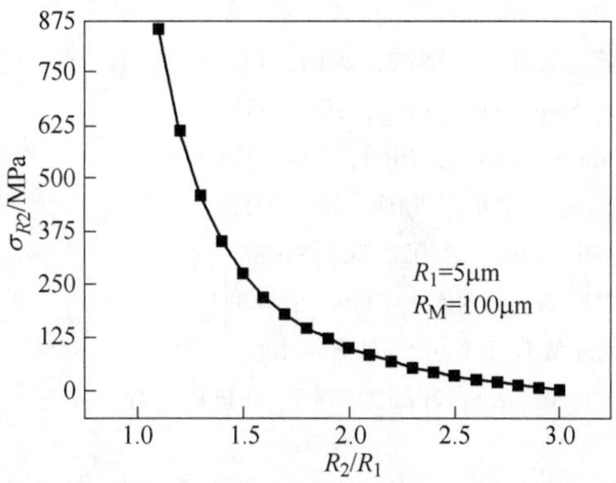

图 8 复合夹杂物产生的镶嵌应力与硫化物半径的关系

Fig. 8 Variation of tessellated stresses on the surface of composite inclusion with the radius of sulfide

在试样静态加载过程中，对于类似10S车轮钢中的硬质夹杂物状态，一方面夹杂物周围存在的镶嵌应力场与试样主应力场产生叠加，降低了裂纹前沿在夹杂物周围扩展的阻力；另一方面，根据前文计算结果，镶嵌应力超过屈服强度后，基体材料的位错滑移导致夹杂物周围出现空位聚集，这对解理断裂的裂纹形成具有促进作用。因此，硬质夹杂物很容易成为裂纹扩展过程中的起裂点，与Oh等[12]观察到的裂纹起裂点多处于含Al夹杂物位置的现象一致。

当车轮钢中S含量由0.001%提高至0.006%后，形成如图5所示的MnS包裹硬质氧化物的复合夹杂物，此时夹杂物周围应力水平较低，甚至没有镶嵌应力，上述叠加效应减弱，可以在一定程度上改善车轮钢断裂韧性。但Birkle等[13]和Raghupathy等[4]指出S含量过高时，大尺寸硫化物将会成为空位形核中心，从而成为起裂源，降低断裂韧性。

Oh等[12]研究非金属夹杂物尺寸与断裂韧性间定量关系认为，断裂韧性与夹杂物尺寸呈负相关关系。本文得到的结论与此不同，这是因为文献［12］中的结论是基于同一类型夹杂物得出的，而本文中涉及硬质氧化物夹杂和被硫化物包裹的复合夹杂物两种类型，尽管复合夹杂物尺寸整体大于单一的氧化物夹杂，但由于硫化物可起到降低夹杂物周围镶嵌应力的作用，因此，含有复合夹杂物的车轮钢断裂韧性仍然较大。这表明除了夹杂物的尺寸，车轮钢中夹杂物的类型对断裂韧性的作用同等重要。

除了夹杂物的类型之外，夹杂物数量、分布等对断裂韧性都存在直接影响。研究[14,15]表明，随着夹杂物数量增多和夹杂物间距减小，断裂韧性将会显著下降。观察发现，10S车轮钢中平均夹杂物间距大约为200μm，在60S车轮钢中，由于一定量单独MnS的出现，夹杂物数量略有提高，夹杂物间距略有减少，但结果表明含有更多数量夹杂物的60S车轮钢断裂韧性优于10S车轮钢，这进一步说明了夹杂物类型对断裂韧性具有很关键的影响。

相比于硫化物，氧化物对断裂韧性的损害更严重[3]。本文研究两种车轮钢中的O和S含量均处于较低的水平，这是利用硫化物减轻氧化物夹杂有害作用的前提。在高C-Cr轴承钢中，根据O含量控制S含量在合适的水平，能提高轴承钢疲劳寿命[7]。

5 结论

在O含量为0.001%时，将S含量从0.001%提高到0.006%，可在车轮钢中形成MnS包裹Al_2O_3的复合夹杂物，从而能够有效降低夹杂物与基体之间的镶嵌应力，改善断裂韧性，提高高速车轮钢的安全性。

参考文献

[1] Sakamoto H, Toyama K, Hiakawa K. Mater. Sci. Eng., 2000, A285: 288.
[2] Zhang M R, Gu H C. Eng. Fract Mech., 2008, 75: 5113.
[3] Musiol C, Brook R. Eng. Fract. Mech., 1977, 9: 379.
[4] Raghupathy V P, Srinivasan V, Krishnan H, Chandrasekharaiah M N. J. Mater. Sci, 1982, 17: 2112.
[5] Materkowski J P, Krauss G. Metall. Mater. Trans., 1979, 10A: 1643.
[6] Tsangarakis N. Mater. Sci. Eng., 1983, 58: 269.
[7] Lyne C M, Kasak A. Trans. ASM, 1968, 61: 10.
[8] 杨成威，吕迺冰，卓晓军，王新华，王万军．钢铁，2010，45（11）：32.
[9] Brooksbank D, Andrews K W. J. Iron Steel Inst., 1968, 206: 5959.
[10] Brooksbank D, Andrews K W. J. Iron Steel Inst., 1969, 207: 474.
[11] 潘涛，杨志刚，白秉哲，方鸿生．金属学报，2003，39：1037.
[12] Oh Y J, Lee B S, Hong J H. J. Nucl. Mater., 2002, 301: 108.
[13] Birkle A J, Wei R P, Pellissier G E. Trans. ASM, 1966, 59: 981.
[14] Li J, Guo F, Li Z, Wang J L, Yan M G. J. Iron Steel Res. Int., 2007, 14: 254.
[15] Garrison Jr W M, Wojcieszynski A L. Mater. Sci. Eng., 2007, A464: 321.

高速车轮钢断裂韧性与组织结构的关系❶

洪艳平[1] 闫 军[1] 苏世怀[2] 江 波[2] 沈晓辉[1] 章 静[1]

(1. 安徽工业大学；2. 马鞍山钢铁股份有限公司)

摘 要 以CL50D车轮钢为研究对象，对断裂韧性水平不同的试样断口进行显微组织分析，研究组织中晶粒尺寸、铁素体含量、珠光体片层间距对材料断裂韧性的影响。结果表明，车轮钢断裂韧性随着平均晶粒尺寸、5%最大平均晶粒尺寸的增大而降低，晶粒越均匀，断裂韧性越高；断裂韧性起初随铁素体含量的增加而增大，达到一个峰值后随着铁素体含量的增加而减小；在珠光体片层间距为0.13~0.16μm的范围内，断裂韧性与珠光体片层间距的相关性不大。

关键词 车轮钢；断裂韧性；显微组织

Relationship between Fracture Toughness and Microstructure of High-speed Railway Wheel Steel

Hong yanping[1] Yan Jun[1] Su Shihuai[2] Jiang Bo[2] Shen Xiaohui[1] Zhang Jing[1]

(1. Anhui University of Technology; 2. Ma'anshan Iron and Steel Co., Ltd.)

Abstract Microstructures of sample fracture of CL50D wheel steel in different fracture toughness levels were analyzed. Effects of grain size, ferrite conent and pearlite lamellar spacing on fracture toughness were studied. Results show that fracture toughness of wheel steel increases with decreasing of average grain size and 5% maximum average grain size. The more uniform of grain size distributes, the higher of fracture toughness is. At the beginning fracture toughness increases as the increase of volume fraction of ferrite, reaches a peak value, then reduces as the increase of volume fraction of ferrite. When the range of pearlite lamellar spacing is 0.13-0.16μm, there is little correlation between fracture toughness and pearlite lamellar spacing.

Key words wheel steel; fracture toughness; microstructure

1 引言

铁路的高速化和重载化发展对车轮的断裂韧性提出了更高的要求，如车轮钢断裂韧性平均值应大于或等于80MPa·$m^{1/2}$，最小值不得小于70MPa·$m^{1/2}$，目前，国内车轮钢断裂韧性不能完全达到这个标准。材料的显微组织对其断裂韧性有极其复杂的影响，Sangho等[1]认为解理断裂单元比奥氏体晶粒尺寸小，奥氏体晶粒尺寸对解理裂纹扩展起着重要的作用；Seshu Kumar等[2]认为原始奥氏体晶粒越细小，材料的断裂韧性越高；Sakamoto等[3]认为断裂韧性正比于铁素体含量和原始奥氏体晶粒直径；Modi等[4]研究了珠光体片层间距对强度、延伸率、冲击韧性的影响；Sim等[5]研究了相变温度对中碳钢组织、珠光体中渗碳体片厚度及塑性的影响；张峰等[6]发现提高铁素体含量、细化晶粒可以提高断裂韧性，认为珠光体片间距0.6mm时，断裂韧性最好。文中选择7个断裂韧性不同的CL50D车轮钢试样，对其显微组织进行观察和定量分析，以期更好地掌握它们之间的规律，为组织控制提供借鉴。

❶ 原文发表于《安徽工业大学学报》2012年第4期。
科技部“863”重点项目（2008AA030703）。

2　实验

2.1　材料

实验用钢采用 CL50D 中碳硅锰车轮钢。选用 7 个不同断裂韧性（K_Q）的断口试样，其编号和断裂韧性见表 1，化学成分见表 2。由表 1 可见，不同炉号的车轮钢断裂韧性有较大的差异，其最高值与最低值相差 60%以上；同一炉号的车轮钢断裂韧性差别也很大。

表 1　试样编号及断裂韧性

炉　号	试样编号	K_Q/MPa · $m^{1/2}$
10-1-07284	1#	130.6
	2#	112.6
	3#	90.8
	4#	70.4
10-1-04212	5#	60.1
08-1-09351	6#	54.5
10-1-04212	7#	46.7

表 2　试样的化学成分　（%）

炉号	C	Si	Mn	P	S	Cr	Ti	Als	N
10-1-04212	0.51	1.10	0.93	0.0070	0.0004	0.03	0.0054	0.049	0.00388
10-1-07284	0.51	0.93	0.93	0.0090	0.0010	0.04	0.0012	0.023	0.00320
08-1-09351	0.52	0.92	0.96	0.0088	0.0006	0.06	0.0047	0.011	0.00434

2.2　方法

在断裂韧性断口试样上截取金相试样，研磨、抛光后，用体积分数为 4%的硝酸酒精腐蚀，在光学显微镜和 Nano SEM 型号扫描电镜下采集照片，对试样中的晶粒尺寸、铁素体含量及珠光体片层间距进行统计。

3　实验结果与讨论

图 1 为典型断裂韧性断口试样的金相组织。由图 1 可知，试样组织均为珠光体+铁素体，亮区为铁素体，暗区为珠光体，大部分铁素体成断续的网状，极少部分铁素体成块状；不同断裂韧性车轮钢试样组织中的铁素体含量区别明显。

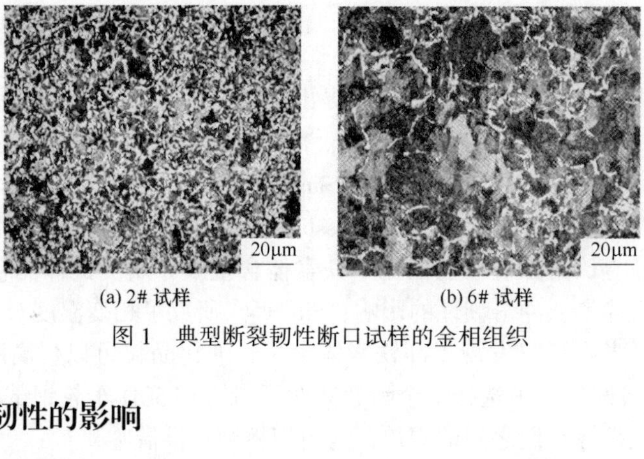

(a) 2# 试样　(b) 6# 试样

图 1　典型断裂韧性断口试样的金相组织

3.1　晶粒尺寸对断裂韧性的影响

在亚共析钢奥氏体分解的冷却过程中，铁素体优先在奥氏体晶界析出，因此可以将铁素体网看成是一个个晶粒，从而测量出晶粒尺寸。根据 GB/T 6394—2002 标准，将晶粒尺寸转换成晶粒级别，作出晶粒分布图，如图 2 所示。

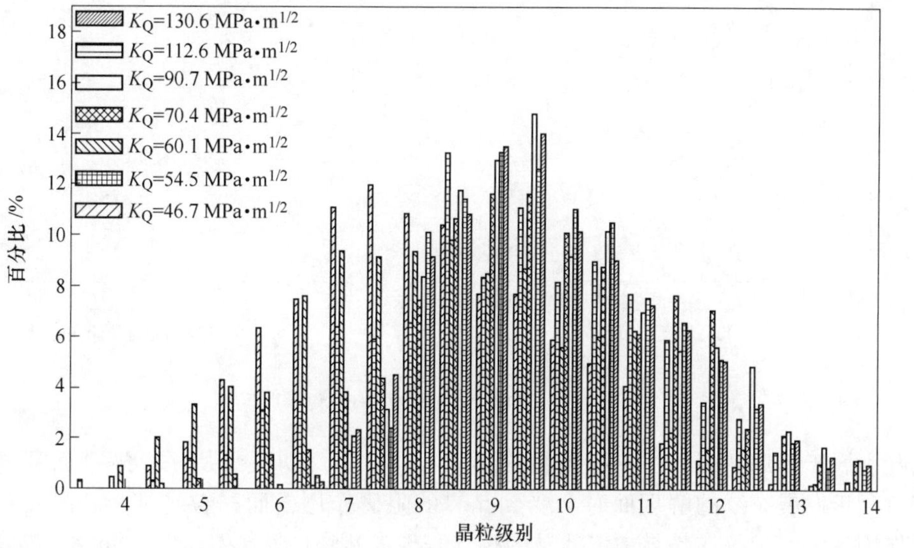

图 2　不同断裂韧性试样晶粒尺寸的分布

从图 2 可看出，断裂韧性较高试样（≥90.7MPa·$m^{1/2}$）的晶粒级别大部分集中在 8~10 级，几乎不存在晶粒级别小的晶粒；K_Q=70.4MPa·$m^{1/2}$试样的断裂韧性值大于标准里的最低值 70MPa·$m^{1/2}$，其晶粒级别也大部分集中在 8~10 级，但集中性不如断裂韧性较高试样好，少量小于 6 级；断裂韧性较低试样（≤60.1MPa·$m^{1/2}$）的晶粒级别大部分集中在 6~8 级，同时还存在较大尺寸的晶粒，有些甚至小于 4.5 级。由此可以看出，晶粒级别越大，断裂韧性越高，也就是说晶粒尺寸越小，车轮钢的断裂韧性越高。细化晶粒能够改善车轮钢的断裂韧性。

根据测得的晶粒尺寸，求出每个试样的平均晶粒尺寸。在所测晶粒尺寸中取 5%求平均值，记为 5%最大平均晶粒尺寸，用于评判大晶粒尺寸[7]。文中用不均匀因子评价组织的均匀性。采用最大晶粒尺寸与平均晶粒尺寸之比作为不均匀因子[8]，不均匀因子越大，混晶现象越严重。表 3 是不同断裂韧性车轮钢试样的晶粒尺寸及不均匀因子计算结果。

表 3　不同断裂韧性车轮钢试样的晶粒尺寸及不均匀因子

试样	断裂韧性/MPa·$m^{1/2}$	平均晶粒尺寸/μm	5%最大平均晶粒尺寸/μm	不均匀因子
1#	130.6	15.62	35.14	2.25
2#	112.6	15.64	38.75	2.48
3#	90.8	14.85	30.24	2.04
4#	70.4	20.34	50.81	2.50
5#	60.1	26.53	72.72	2.74
6#	54.5	23.21	66.09	2.85
7#	46.7	27.14	82.46	3.04

从表 3 可以看出，不同断裂韧性试样平均晶粒尺寸的最大值与最小值仅相差 12.29μm；5%最大平均晶粒尺寸的最大值与最小值却相差 52.22μm，达 2 倍多；不均匀因子的最大值与最小值相差 1，差别不大。4#~7#试样的平均晶粒尺寸相差不大，但是 5%最大平均晶粒尺寸差异显著，可见 5%最大平均晶粒尺寸对车轮钢断裂韧性起主导作用。断裂韧性不同的 1#~3#试样，它们的平均晶粒尺寸及 5%最大平均晶粒尺寸水平相当，但晶粒比较细小。这说明当晶粒细化到一定尺寸时，晶粒尺寸不再是车轮钢断裂韧性的主要影响因素。因此，需要进一步分析车轮钢断裂韧性的其他影响因素。图 3 是车轮钢断裂韧性与晶粒尺寸的关系。从图 3 可以看到，车轮钢断裂韧性随着平均晶粒尺寸及 5%最大平均晶粒尺寸的增大而减小。

综上所述，车轮钢断裂韧性随平均晶粒尺寸、5%最大平均晶粒尺寸、不均匀因子的减小而增大。细化和均匀化晶粒尺寸能够提高车轮钢断裂韧性，并且在一定晶粒尺寸范围内，5%最大晶粒尺寸对车轮钢断裂韧性起着主导作用。

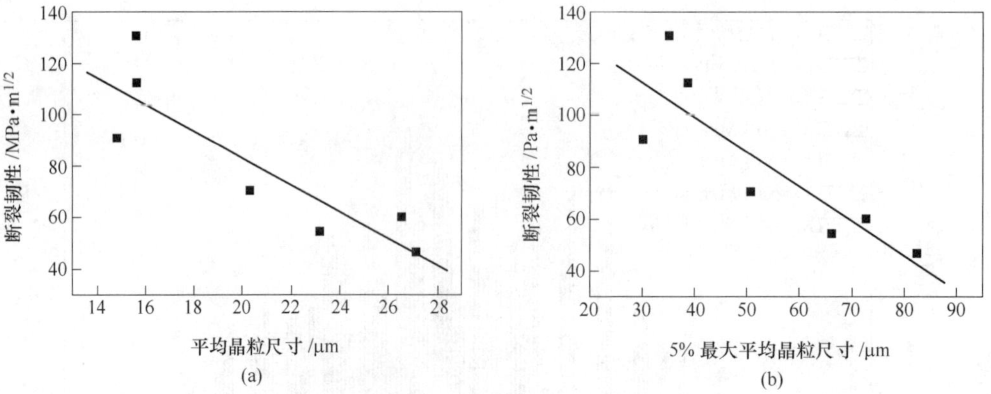

图 3　车轮钢断裂韧性与晶粒尺寸的关系

车轮钢的断裂属于解理断裂。由于各晶粒的取向不同，解理初裂纹从一个解理面穿过晶界进入另一个晶粒中比较有利于发展裂纹的解理面时会受到晶界的阻碍作用，而晶粒越细小，晶界越多，解理初裂纹受到的阻碍作用越大，裂纹在晶界中传播越困难，表现为断裂韧性越高[9,10]，同时，晶粒尺寸变小，晶界总面积增大。在杂质含量一定的情况下，晶界上偏析的含量就会减小，有助于减轻脆断的倾向，从而提高材料的断裂韧性。

解理断裂初裂纹的形成与塑性变形有关。只有当宏观裂纹前端的局部正应力达到临界解理断裂强度，解理裂纹才会发生扩展。文献［11］中指出，临界解理断裂强度仅是奥氏体晶粒的函数，奥氏体晶粒尺寸越小，解理面中形成的晶粒尺寸的微裂纹长度越小，此时所需的宏观裂纹前端局部正应力就越大，材料的断裂韧性就越高。在亚共析钢中，铁素体优先在奥氏体晶界析出。所以，铁素体晶粒尺寸越小，车轮钢的断裂韧性越高。

3.2　铁素体含量对断裂韧性的影响

车轮钢的组织为铁素体和珠光体，而珠光体的基本相是铁素体与渗碳体，其中铁素体是软韧相，较易变形；渗碳体是硬脆相，以细片状分布在铁素体上，起强化作用。钢中铁素体的含量会对材料的韧性产生一定的影响。图 4 是车轮钢断裂韧性与铁素体含量之间的关系。

从图 4 可以看出，车轮钢断裂韧性先随铁素体含量的升高而增大，达到一个峰值点后，随铁素体含量的升高而降低。断裂韧性较高试样（≥90.7MPa·$m^{1/2}$）的平均晶粒尺寸、5%最大平均晶粒尺寸、不均匀因子都无明显差异，但其组织中的铁素体含量却有明显差异，并且相对于断裂韧性较低试样（≤70.4MPa·$m^{1/2}$），组织中的晶粒尺寸较小，铁素体含量较高。这是因为细化奥氏体晶粒能够在一定程度上提高 A_{r3}点，同时大大增加了奥氏体晶界所占的体积，使铁素体的形核点增多，提高铁素体的形核密度，在一定程度上能细化铁素体组织，并且提高铁素体含量。实验中还发现当铁素体晶粒细小，断裂韧性却随着铁素体含量的增高而降低，这跟铁素体的形态及分布有关。

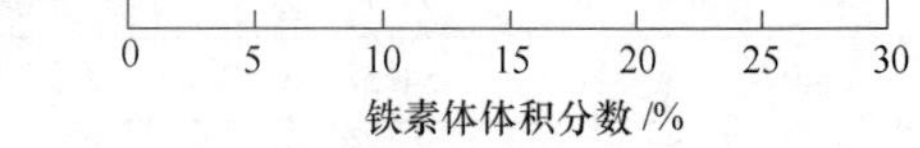

图 4　车轮钢断裂韧性与铁素体含量的关系

先共析铁素体的金相形态大致可分为块状、网状和片状（或针状），不同的铁素体形态对材料性能的影响也不同。文中 CL50D 车轮钢的碳质量分数在 0.52%左右，比较接近共析点成分，并且车轮尺寸大，形状比较复杂，压轧成型过程中变形难以达到一致，在后续热处理淬火过程中也难以快速冷却。因此，车轮钢组织中铁素体主要以断续的网状存在，但观察图 1 发现，组织中还有极少的铁素体呈块状存在。目前还没有具体的技术将网状铁素体和块状铁素体区分，并且定量化，所以车轮钢断裂韧性与组织中铁素体形态的关系有待于进一步的研究。

3.3　珠光体片层间距对断裂韧性的影响

珠光体形态为片状铁素体与片状渗碳体交替排列的片状组织，相邻的一片铁素体厚度与相邻的一片渗碳体厚度之和为珠光体片层间距。珠光体形态影响钢的性能，片层间距是描述珠光体形态的一个重要参数。图 5 为不同断裂韧性试样的珠光体片层形貌，表 4 为不同断裂韧性试样的珠光体片层间距。从表 4 可以看到，不同断裂韧性车轮试样的珠光体片层间距略有差异，其珠光体片层间距处在 0. 13~0. 16μm。

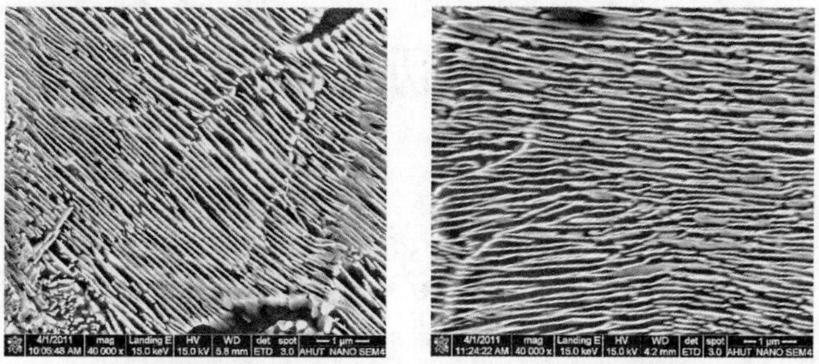

(a) 4# 试样　　(b) 7# 试样

图 5　不同断裂韧性试样的珠光体片层形貌

表 4　不同断裂韧性试样的珠光体片层间距

试样	K_Q/MPa · $m^{1/2}$	珠光体片层间距/μm	试样	K_Q/MPa · $m^{1/2}$	珠光体片层间距/μm
1#	130. 6	0. 136	5#	60. 1	0. 153
2#	112. 6	0. 136	6#	54. 5	0. 156
3#	90. 8	0. 132	7#	46. 7	0. 160
4#	70. 4	0. 150			

4　结论

（1）车轮钢断裂韧性随晶粒尺寸的减小而增大，细化晶粒能够提高车轮钢断裂韧性。组织中的大晶粒对车轮钢的断裂韧性起着决定性作用，组织的均匀性也对断裂韧性产生一定影响，组织越均匀，断裂韧性越高。

（2）组织中铁素体含量越大，断裂韧性越高，但是当晶粒尺寸较细小时，车轮钢的断裂韧性随铁素体含量的增大而减小，与铁素体的形态及分布有关。

（3）不同断裂韧性车轮钢试样的珠光体片层间距略有差异，其珠光体片层间距处在 0. 13~0. 16μm。在此范围内，车轮钢断裂韧性与珠光体片层间距的相关性不大。

参 考 文 献

[1] Sangho K，Sunghak L，Bong S L. Effects of grain size on fracture toughness in transition temperature region of Mn-Mo-Ni low-alloy steels [J]. Materials and Engineering A，2003，359 (1/2)：198-209.

[2] Seshu Kumar A，Ravi Kumar B，Datta G L，et al. Effect of microstructure and grain size on the fracture toughness of a micro-alloyed steel [J]. Materials Science and Engineering A，2010，527 (4/5)：954-960.

[3] Haruo S，Kazuo T，Kenji H. Fracture toughness of medium-high carbon steel for railroad wheel [J]. Materials Science and Engineering A，2000，285 (1)：288-292.

[4] Modi O P，Deshmukh N，Mondal D P，et al. Effect of interlamellar spacing on the mechanical properties of 0. 65% C steel [J]. Materials characterization，2001，46 (5)：347-352.

[5] Hye-Joung S，Yong B L，Won J N. Ductility of hypo-eutectoid steels with ferrite-pearlite structures [J]. Journal of materials science，2004，39 (5)：1849-1851.

[6] 张峰，陈刚. 车轮断裂韧性与组织和性能的关系 [J]. 理化检验—物理分册，2004，40 (4)：72-75.

[7] 李胜军，任学冲，高克玮. 等. 晶粒尺寸对车轮钢解理断裂韧性的影响 [J]. 北京科技大学学报，2011，33 (9)：1106-1109.

[8] 罗新民，王安东，陈彩凤. 不均匀因子与工具钢奥氏体晶粒长大的控制 [J]. 金属热处理，1999 (12)：13-16.

[9] 崔忠圻. 金属学与热处理 [M]. 北京：机械工业出版社，2006：193.

[10] 张星联，王广科，江波，等. CL60 车轮钢流度应力模型 [J]. 安徽工业大学学报（自然科学版），2009，26 (4)：357-359.

[11] Taleff E M，Lewandowski J J，Pourladian B. Microstructure property relationships in pearlitic eutectoid and hypereutectoid carbon steels [J]. JOM，2002，54 (7)：25-30.

高速车轮钢的组织韧化工艺及机理研究❶

马 跃[1] 潘 涛[1] 陈 刚[2] 崔银会[2] 苏 航[1] 彭 云[1]

(1. 钢铁研究总院；2. 马鞍山钢铁股份有限公司)

摘 要 为改善高速车轮钢韧性，从而提高高速车轮运行安全性，通过改变辗轧变形温度（t_D）及踏面淬火温度（t_Q），系统研究了热处理工艺对车轮钢力学性能的影响。采用光学、扫描电子显微（SEM）技术、电子背散射技术（EBSD）、定量金相技术等研究了车轮钢珠光体组织。试验结果表明：车轮钢韧性随着 t_D 与 t_Q 的降低而升高，强度变化不大；t_D 与 t_Q 的降低导致奥氏体晶粒尺寸减小，同时得到细化的珠光体球团组织，是韧性优化的直接原因。进一步断口分析与EBSD分析表明，单个珠光体球团可形成一个解理面，且解理面滑移带终止于珠光体球团界，与珠光体球团内部小角度晶界相对应，可认为珠光体球团是车轮钢韧性的控制单元。

关键词 车轮钢；热处理；珠光体球团；韧性；EBSD

Study on Processing and Mechanism of Improvement of Toughness in High Speed Railway Wheel Steels

Ma Yue[1] Pan Tao[1] Chen Gang[2] Cui Yinhui[2] Su Hang[1] Peng Yun[1]

(1. Central Iron and Steel Research Institute; 2. Ma'anshan Iron and Steel Co., Ltd.)

Abstract The effect of heat treatment processing, including change in deformation temperature (t_D) and quenching temperature (t_Q), on mechanical properties of a railway wheel steel, especially toughness, had been systemically investigated. Optical microscopy, scanning electron microscopy (SEM), electron backscatter diffraction (EBSD) and quantitative metallographic technology had been employed to research the microstructure of the steel. The results show that the toughness of the steel is improved with the decreasing of t_D and t_Q, while strength stays at the same level. The reason of improvement in toughness is that prior austenite grain size is refined by decreasing t_D and t_Q and thus refined pearlite colony size is obtained. Further study in fracture surface revealed that single pearlite colony could form into a fracture facet and slip bands in a facet ended at pearlite colony boundaries. These slip bands could be related with low angle grain boundaries within one pearlite colony through EBSD analysis. So it is reasonable to consider that the pearlite colony was the controlling factor for the microstructure of railway wheel steels.

Key words railway wheel steels; heat treatment; pearlite colony; toughness; EBSD

1 引言

随着高速列车的速度等级提高，高速车轮的运行安全性引起越来越多的关注。断裂力学的研究指出[1,2]，车轮表面及亚表面裂纹是车轮疲劳失效的主要原因，危害行车安全。Wetenkamp 等[3]对车轮应力集中的计算表明，提高车轮钢的韧性是阻碍裂纹扩展的有效方式。因此，提高车轮钢韧性显得尤为迫切[4]。Sakamoto 等[5]研究了碳含量 0.4%~0.7%的珠光体车轮钢断裂韧性，强调了增加铁素体含量与细化奥氏体晶粒的有益作用。Ahlström 等[6]在含质量分数 0.50%C 的车轮钢中系统研究了变形加热温度及淬火

❶ 原文发表于《材料科学与工艺》2012 年第 5 期和 2013 年铁路和建筑用钢学术研讨会论文集。
国家科技部重点“863”项目（2008AA030703）；国家铁道部重点项目（2009J015，2009J016）。

加热温度对韧性的影响，指出较低的变形加热温度及淬火加热温度能细化奥氏体晶粒，带来一定韧性改善。车轮钢使用状态组织主要为珠光体，但有关车轮钢物理冶金过程中组织传递行为及珠光体组织特征对车轮钢韧性的影响规律尚不明确，需进一步研究。

本文通过对车轮钢生产过程中主要热工艺过程的实验室模拟，系统研究了改善车轮韧性的工艺方法，并分析了原始组织状态对珠光体球团特征的影响规律，在此基础上，分析了高速车轮钢韧性改善的组织控制单元。

2 试验材料与方法

试验钢成分（质量分数）为0.55%C-0.30%Si-0.75%Mn，为EN 13262标准ER8钢，取自某车轮厂ϕ380mm连铸圆坯。整体辗钢车轮生产时，辗轧变形温度（t_D）决定了成形及轧制工艺过程温度，踏面淬火温度（t_Q）则直接决定车轮成品组织特征，这两个温度的高低直接决定了车轮成品性能。为此，在实验室条件下模拟了车轮生产过程中的t_D及t_Q，热处理工艺如下：将ϕ380mm连铸圆坯在1200℃均匀化处理10h，随后沿轴向锻为矩形试块，终锻温度900℃；锻后在950℃正火10h再次进行均匀化处理，去除表面脱碳层后，得到截面尺寸为56mm×106mm锻坯；对锻坯分别在1150℃、1200℃、1250℃轧前保温2h后进行多道次轧制，轧制工艺相同，终轧温度900℃，轧板厚15mm，部分试样轧后直接淬火以保留原始奥氏体晶粒，其余试样空冷；对轧后空冷试样再加热至800~920℃，保温时间1h，少量试样直接淬火，其余试样随后快速空冷至室温，冷速约为2℃/s，以观察再加热温度对珠光体相变行为的影响。试验中热处理加热均采用箱式空气炉。

组织观察试样经机械磨抛后采用金相腐蚀方法在Leica MEF4M光学显微镜上观察，并对试样采用带有EBSD的S4300场发射扫描电镜进行显微观察。珠光体球团（pearlite colony）是指渗碳体片层与铁素体片层相互平行的珠光体领域，采用一种原创的金相腐蚀方法显示珠光体球团组织。EBSD及金相腐蚀试样制备方法详见文献[7]。采用过饱和苦味酸水溶液显示原始奥氏体晶粒度。

对热处理后试样进行了力学性能检验。拉伸试验依据GB/T 228—2002标准在WE300B拉伸试验机上进行，标距段长度30mm，截面尺寸1.0mm×20mm，测试室温性能。Charpy冲击试验依据GB/T 229—2007标准在JB50冲击试验机上进行，冲击试样尺寸为10mm×10mm×55mm，V形2mm缺口，测试-20~40℃冲击功。

3 试验结果

3.1 原始奥氏体晶粒尺寸

变形温度对原始奥氏体晶粒尺寸的影响如图1所示。利用截距法对奥氏体晶粒度进行了定量分析，如表1所示。奥氏体晶粒尺寸随着t_D降低明显下降。需要指出的是，所测量的奥氏体晶粒是经过轧制变形后的晶粒尺寸。这说明采用不同变形温度时，轧制过程不能消除变形温度对奥氏体晶粒的影响。当变形过程完成后，经过860℃淬火加热，t_D=1150℃的试样仍然具有最小的原始奥氏体晶粒。从为后续工艺过程做组织准备来看，当满足设备变形能力时，采用较低辗轧变形温度更合适。

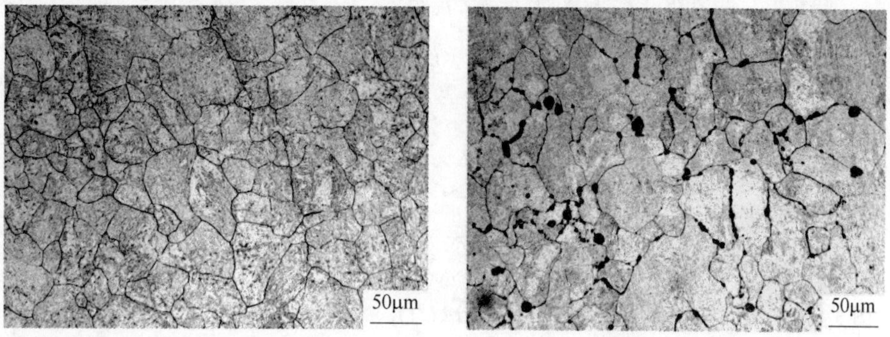

(a) 1150℃　　(b) 1250℃

图1　不同辗轧变形温度的轧后原始奥氏体晶粒

表 1　热处理工艺对试验钢组织和性能影响

t_D/℃	AGS_{tD}/μm	t_Q/℃	AGS_{tQ}/μm	PCS/μm	f_F/%	A_{KV}(-20℃)/J	UTS/MPa	YS/MPa	YR	EL/%
1150	53.6	860	16.6	10.9	6.5	9.4	825	470	0.569	19
1200	56.1	800	15.2	10.7	11.0	10.3	820	490	0.598	21
		820	15.9	11.1	11.8	10.0	818	483	0.590	20
		840	17.8	11.6	8.7	8.7	823	493	0.599	21
		860	18.0	12.2	6.9	7.7	830	483	0.581	19
		880	18.4	12.7	6.8	7.6	830	473	0.569	20
		900	18.2	12.5	6.2	7.3	835	475	0.569	19
		920	18.6	13.4	5.9	4.0	820	470	0.573	21
1250	66.8	860	18.3	12.7	7.2	5.3	820	475	0.579	18

注：t_D—辗轧变形温度；t_Q—踏面淬火温度；AGS—原始奥氏体晶粒尺寸；PCS—珠光体球团尺寸；f_F—铁素体体积分数；YR—YR = YS/UTS。

淬火温度是车轮钢踏面淬火生产中的关键参数，直接影响奥氏体/珠光体转变过程。从表 1 及图 2 可见，随着淬火温度由 800℃提高到 840℃，试验钢晶粒尺寸由 15.2μm 增大至 17.8μm，继续提高至 920℃，奥氏体晶粒稳定为 18μm 左右。这说明为了在珠光体转变前得到明显细化的奥氏体晶粒，应低于 840℃淬火加热。

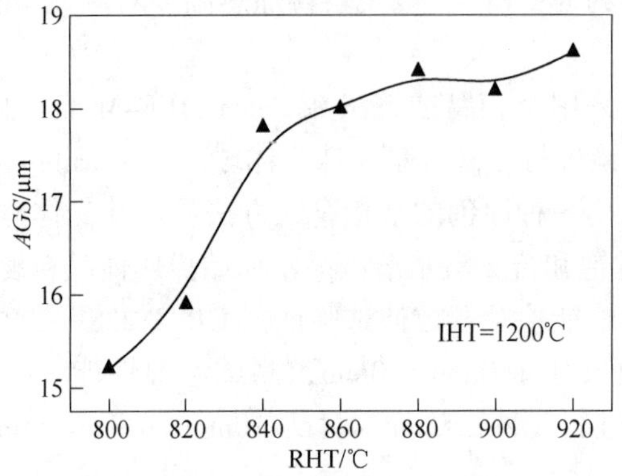

图 2　原始奥氏体晶粒随淬火温度的变化

3.2　晶界铁素体

通常认为晶界铁素体出现于共析转变之前，也被称为先共析铁素体。利用图像分析软件对空冷组织中的铁素体体积分数进行了测定，如图 3 所示。晶界铁素体体积分数随 t_D 温度升高而略有增加，且随 t_Q 温度升高而明显降低。

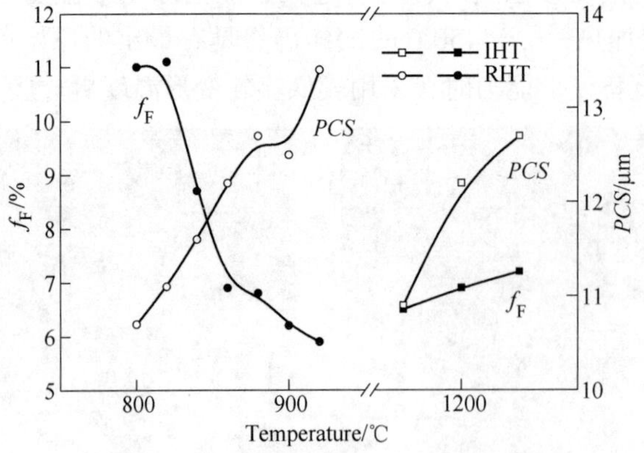

图 3　加热温度（t）对晶界铁素体体积分数（f_F）及珠光体球团尺寸（PCS）的影响

从图 3 来看，较低的 t_Q 温度和较高的 t_D 温度均能使晶界铁素体量增加。显然，为得到细小奥氏体晶粒，前者才是可取的。所以，在车轮钢中，晶界铁素体尽管能带来一定的韧性改善[5]，但是不能作为主要的韧化方式。

3.3 珠光体球团

试验钢的主要组织是珠光体，珠光体球团是相互平行的渗碳体片层与铁素体片层组成的领域。利用金相方法显示了珠光体球团界，如图4所示。利用截距法统计了对试验钢的珠光体球团尺寸（*PCS*），如表1及图3所示，可见珠光体球团尺寸随着奥氏体化温度升高而增大，这与Elwazri[8]和Garbarz[9]等的结果一致。

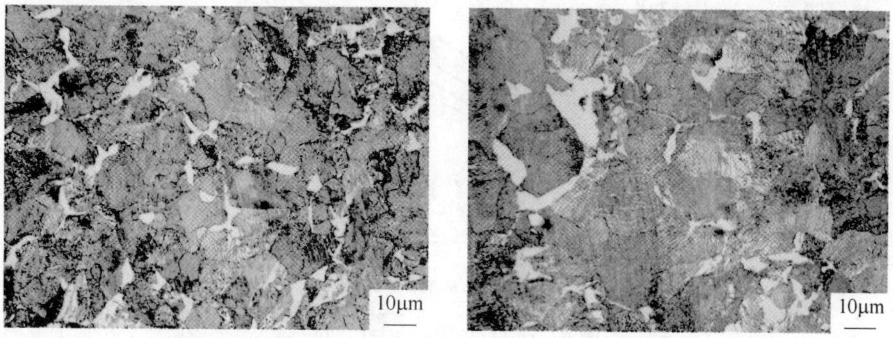

(a) t_Q=800℃ (b) t_Q=920℃

图4 利用饱和苦味酸水溶液显示的珠光体组织

对奥氏体晶粒尺寸连续变化的3种试样统计珠光体球团分布，t_Q 分别为800℃、820℃、920℃，如图5所示，对应珠光体球团平均尺寸分别为10.7μm、11.1μm、13.4μm。利用线性回归方法，对试验钢珠光体球团尺寸与淬火温度进行了分析，得到：

$$PCS = 0.021t_Q - 6.4 \tag{1}$$

式中，*PCS* 单位为μm；t_Q 单位为℃；t_Q=800~920℃。从式（1）可见，淬火温度降低50℃，所得到的珠光体球团尺寸减小1μm。因此，降低踏面淬火温度是非常有效的珠光体球团细化途径。

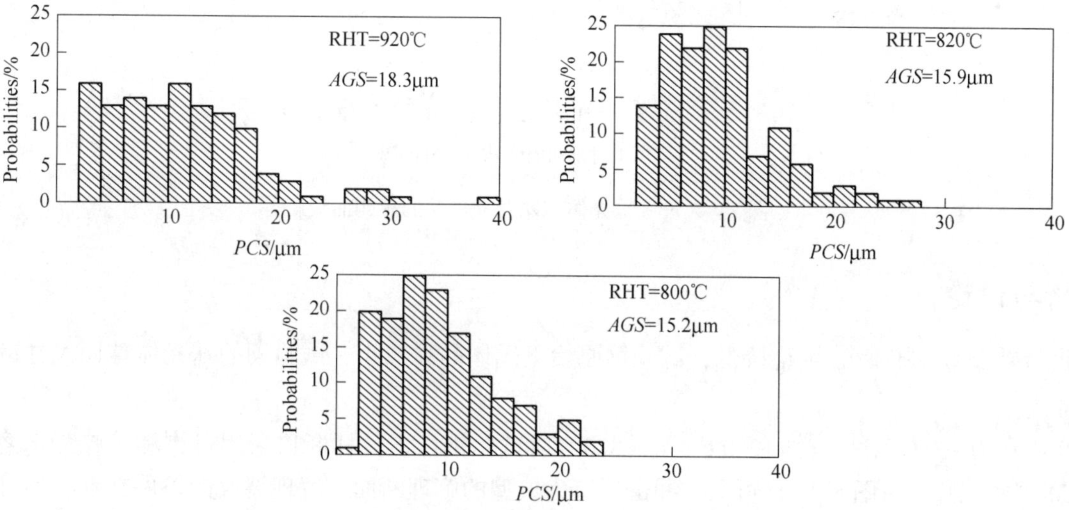

图5 不同淬火温度试验钢的珠光体球团尺寸统计

随着淬火温度从800℃提高至920℃，珠光体球团尺寸分布范围变大，小尺寸球团所占比例降低明显，而大于20μm的大尺寸球团所占比例明显上升，由800℃的7%提高到920℃的20%左右。这一尺寸分布的变化对车轮钢韧性的影响将尤为显著。

3.4 力学性能

从表1可见，t_D 与 t_Q 的变化对抗拉强度的影响不明显，t_Q 降低能少量提高试验钢屈服强度，从而略提高屈强比。这说明在试验温度范围内进行工艺改进，不会损害车轮钢强度。

当 t_D 由 1250℃降低到 1150℃时，试验钢的-20℃冲击功由 5. 3J 提高至 9. 4J。说明奥氏体晶粒尺寸的减小有利于试验钢韧性提高，而这一作用则是通过减小珠光体球团尺寸实现的，而不是铁素体含量变化。

当 t_Q 由 920℃降低至 800℃时，试验钢韧性如表 1 及图 6 所示。试验钢的-20℃冲击功随着 t_Q 降低明显升高。从图 6 系列冲击结果看，t_Q 较低的试验钢在检测温度范围内均具有最高的冲击功。这说明通过降低 t_Q 温度，得到整体细化的珠光体球团，能有效提高试验钢韧性。

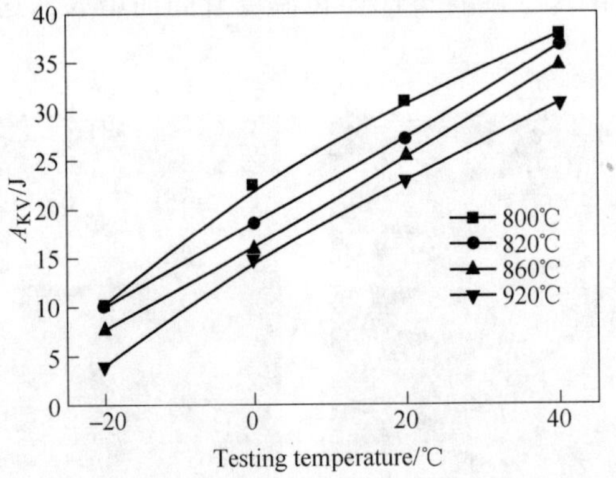

图 6　t_Q 对试验钢冲击功影响

进一步统计试验中得到的所有试样的冲击韧性与试样组织中大尺寸珠光体球团的关系，结果如图 7 所示。可以看到，试验钢的韧性随着珠光体球团中大尺寸球团（*PCS*≥20μm）比例的降低明显升高。

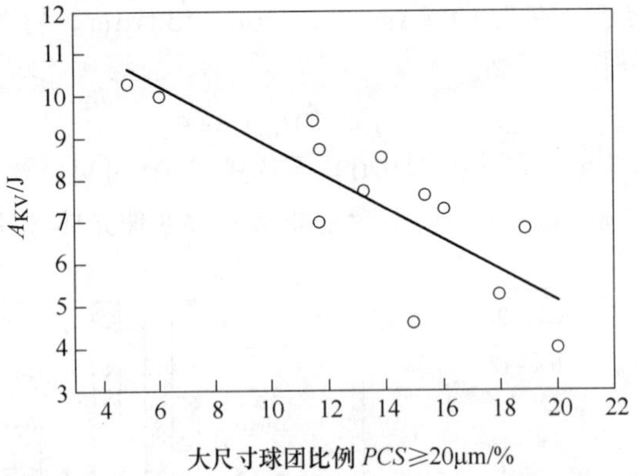

图 7　大尺寸珠光体球团对冲击功的影响曲线

4　分析与讨论

试验结果表明，随着 t_D 与 t_Q 降低，试验钢原始奥氏体晶粒减小，试验钢的珠光体球团尺寸减小，同时韧性提高。

图 8 所示为-20℃测试，t_D = 1200℃，t_Q = 820℃对试验钢冲击试样断口采用过饱和苦味酸水溶液腐蚀后的 SEM 观察照片。由图 8（a）可见，冲击断口为典型的解理断面，解理裂纹的扩展在珠光体球团界发生转折，单个珠光体球团可作为解理断裂的小平面。当从整体上降低珠光体球团尺寸时，裂纹扩展过程中遇到球团界增多，阻力增大，从而提高钢的韧性，这正是减小珠光体球团尺寸的意义所在。图 8（b）中虚线标出一个约 40μm 的大型珠光体球团，单独组成一个解理面，由于这种大型珠光体球团的存在，裂纹在其中几乎以直线前进，降低了裂纹扩展阻力，成为车轮钢韧性降低的主要原因，这是 t_Q 为 920℃试验钢冲击功最低的原因。

珠光体球团界能阻碍裂纹扩展的另一个证据是球团内部滑移带的存在。由图 8 箭头处可见，在一个解理断面上，存在一小台阶，小台阶的一端位于珠光体球团界，另一端或位于珠光体球团内，或也位于珠光体球团界。珠光体球团中滑移带由高橋稔彦等[10]在共析钢中最先进行了研究。滑移带的细节见图 9，可见滑移带在珠光体球团界终止。说明珠光体球团界对滑移带具有很强的约束作用。

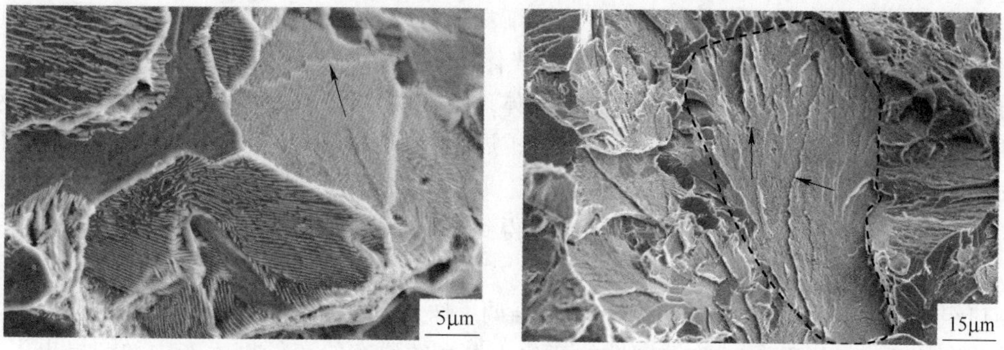

图8 试验钢经腐蚀出珠光体组织后的断口形貌（-20℃测试）

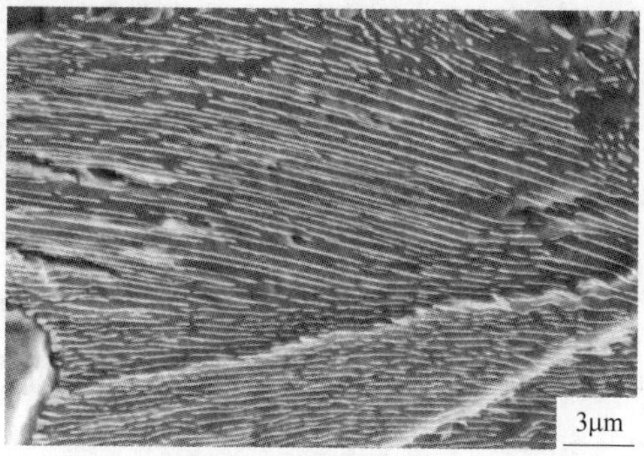

图9 试验钢断口解理面上的滑移带

珠光体球团内滑移带的存在与EBSD观察到的球团内小角度晶界有较好的对应关系，如图10所示。图10（b）中粗黑线为大角度晶界，标示了珠光体球团界；细白线则为珠光体球团内部8°以下小角度晶界。从图中可见，大部分珠光体球团内部都有小角度晶界存在，且其存在方式与解理面滑移带类似，大部分终止于珠光体球团界上。珠光体球团内部的小角度晶界在Adachi等[11]的研究中也有体现。

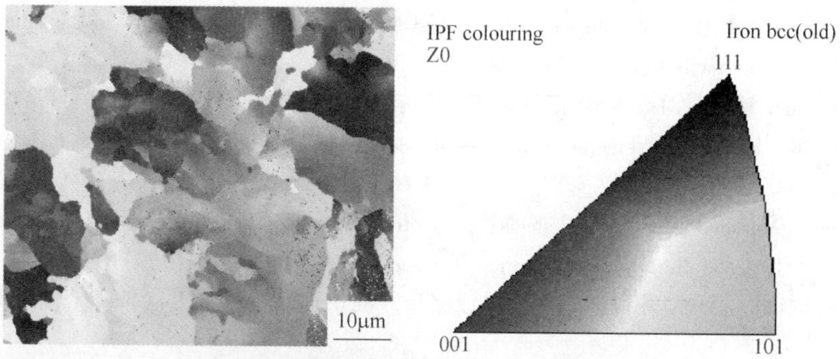

(a) 反极图

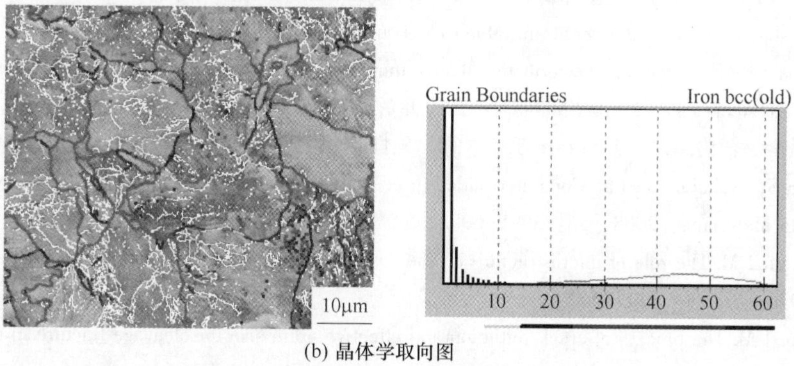

(b) 晶体学取向图

图10 试验钢珠光体组织EBSD观察

珠光体内部小角度晶界的存在说明，当珠光体球团形成解理面时，裂纹扩展沿着一个或多个亚表面进行，亚表面之间接近平行，亚表面之间的交线即为滑移带。当解理面扩展到珠光体球团界时，由于小角度晶界消失，滑移带同时终止。裂纹以此方式逐渐在珠光体球团之间扩展，形成脆性解理断口。珠光体球团内滑移带和小角度晶界终止于球团界，是珠光体球团控制珠光体钢韧性的有力证明。

人们普遍认为，珠光体韧性的控制单元与珠光体球团有关。Bernstein 认为[12,13]，珠光体钢解理断裂形式为：断裂首先开始于珠光体渗碳体片层，接着扩展至临近铁素体片层，从而整个珠光体球团发生断裂。Bernstein 认为多个具有相同铁素体位向的球团组成同一解理面，称为 nodule。随着 EBSD 技术引入珠光体钢组织取向观察，大量珠光体球团间的取向差得到了研究，在此过程中，珠光体球团界得到了广泛认同，而 nodule 的存在并不能通过 EBSD 技术确认[11,14]。因此，nodule 尺寸的测量仍然有待讨论。

通过断口组织观察与 EBSD 观察相结合，本文强调了珠光体球团在解理断裂中的支配作用。利用珠光体球团尺寸分布的变化足以解释试验钢韧性的变化。本文的研究给车轮钢生产中增韧提出了工艺方向，同时给珠光体韧性研究提出了一个新的思路。

5　结论

（1）通过对试验车轮钢分别在 1150～1250℃进行变形加热，在 800～920℃进行淬火试验，辗轧变形温度和淬火温度分别取 1150℃和 800℃对韧性最有利，同时不影响试验钢的强度。

（2）在试验温度范围内，降低辗轧变形温度和淬火温度，能够减小原始奥氏体晶粒尺寸，相应减小珠光体球团平均尺寸，降低大尺寸珠光体球团出现概率。

（3）珠光体球团平均尺寸减小及大尺寸珠光体球团减小，是试验钢获得较好韧性的原因；珠光体球团可单独形成解理面，以及解理面滑移带与珠光体球团内部小角度晶界存在对应关系，均表明珠光体球团可作为车轮钢韧性控制单元。

参考文献

[1] Ekberg A, Kabo E. Fatigue of railway wheels and rails under rolling contact and thermal loading—an overview [J]. Wear, 2005, 258: 1288-1300.

[2] Zerbst U, Mädler K, Hintze H. Fracture mechanics in railway applications—an overview [J]. Engineering Fracture Mechanics, 2005, 72: 163-194.

[3] Wetenkamp H R, Kipp R M. Thermal damage and rail load stresses in a 33-inch railroad car wheel [J]. Transactions of ASME. Journal of Engineering for Industry, 1978, 100: 363-369.

[4] 马跃，潘涛，江波，等．硫含量对高速车轮钢断裂韧性影响的研究［J］．金属学报，2011，47（8）：978-983.

[5] Sakamoto H, Toyama K, Hirakawa K. Fracture toughness of medium-high carbon steel for railroad wheel [J]. Materials Science and Engineering A, 2000, 285: 288-292.

[6] Ahlström J, Karlsson B. Modified railway wheel steels: production and evaluation of mechanical properties with emphasis on low-cycle fatigue behavior [J]. Metallurgical and Materials Transactions A, 2009, 40 (7): 1557-1567.

[7] 马跃，彭云，潘涛，李丽，苏航．中高碳钢珠光体球团尺寸的快速精确统计方法［J］．材料热处理学报，2012，33（6）：64-69.

[8] Elwazri A M, Wanjara P, Yue S. Effect of prior-austenite grain size and transformation temperature on nodule size of microalloyed hypereutectoid steels [J]. Metallurgical and Materials Transactions A, 2005, 36: 2297-2305.

[9] Pickering F B, Garbarz B. The effect of transformation temperature and prior austenite grain size on the pearlite colony size in vanadium treated pearlitic steels [J]. Scripta Metallurgica, 1987, 21: 249-253.

[10] 高橋稔彦，南雲道彦，浅野厳之．共析パーライト鋼の延性支配因子［J］．日本金属学会誌，1978，42：708-715

[11] Adachi Y, Morooka S, Nakajima, et al. Computer-aided three-dimensional visualization of twisted cementite lamellae in eutectoid steel [J]. Acta Materialia, 2008, 56: 5995-6002.

[12] Hyzak J M, Bernstein I M. The role of microstructure on the strength and toughness of fully pearlitic steels [J]. Metallurgical Transactions A, 1976, 7 (8): 1217-1224.

[13] Park Y J, Bernstein I M. The process of crack initiation and effective grain size for cleavage fracture in pearlitic eutectoid steels [J]. Metallurgical Transactions A, 1979, 10: 1653-1664.

[14] Takahashi T, Ponge D, Raabe D. Investigation of orientation gradients in pearlite in hypoeutectoid steel by use of orientation imaging microscopy [J]. Steel Research International, 2007, 78: 38-44.

显微组织对高速车轮钢不同温度下断裂韧性的影响❶

肖蔚荣[1] 任学冲[1] 陈 刚[2] 赵 海[2] 崔银会[2]

(1. 北京科技大学，国家材料服役安全科学中心；2. 马鞍山钢铁股份有限公司)

摘 要 对碳含量为0.54%高速车轮钢轮辋进行了不同奥氏体化温度和冷却速率热处理，得到具有不同晶粒尺寸和珠光体片间距的显微组织，在20~-120℃温度下对具有不同显微组织的紧凑拉伸（CT）试样进行断裂韧性测试。结果表明：在实验温度范围内，不同显微组织车轮钢断裂韧性均随温度的降低而降低，温度对不同显微组织车轮钢材料断裂韧性的影响主要是由于温度对材料流变应力的改变以及CT试样断裂模式的变化。温度较高时，解理断裂的模式为扩展控制，晶粒尺寸和珠光体片间距越小断裂韧性越高；温度较低时，解理断裂的模式为形核控制，显微组织对断裂韧性的影响不明显。

关键词 车轮钢；显微组织；温度；断裂韧性

Effect of Microstructure on Fracture Toughness of High Speed Railway Wheel Steel at Different Temperatures

Xiao Weirong[1] Ren Xuechong[1] Chen Gang[2] Zhao Hai[2] Cui Yinhui[2]

(1. University of Science and Technology Beijing，National Center for Materials Service Safety；2. Ma'anshan Iron and Steel Co.，Ltd.)

Abstract High speed railway wheel steel with 0.54% carbon was heat treated at different austenitizing temperatures and cooling rates. Microstructure with different grain diameter and pearlite interlamellar spacing was achieved. Compact tension (CT) fracture toughness specimens with different microstructure were tested at different temperatures in the range of 20--120℃. The results show that the fracture toughness of the wheel steel with different microstructure decreases with the decreasing of temperature. The effect of temperature on the fracture toughness of wheel steel with different microstructure is mainly due to the effect of temperature on the flow stress of the material and fracture mode of the CT specimens. The fracture toughness of wheel steel decreases with increase the grain diameter and the pearlite interlamellar spacing when the fracture mode is microcrack propagation control at about room temperature. There is little influence of microstructure on the fracture toughness when the fracture mode is nucleation control at low temperature.

Key words wheel steel；microstructure；temperature；fracture toughness

1 引言

随着列车运行速度的提高，断裂韧性也越来越受到重视。高速车轮钢目前主要采用中、高碳含量的低合金钢，碳作为主要的强化元素。其显微组织主要为以珠光体为主的珠光体-铁素体复相组织，先共析铁素体主要分布于原奥氏体晶界[1]。显微组织对车轮钢断裂韧性的影响引起了广泛的重视，Sakamoto等[2]研究了传统中-高碳车轮钢的断裂韧性，发现断裂韧性随原奥氏体晶粒尺寸的降低而增加，同时随铁素体体积分数的增加而增加。龚帅等[3]最近的研究表明，断裂韧性主要取决于晶粒尺寸，晶粒尺寸越小，

❶ 原文发表于《材料热处理学报》2016年第4期。
国家自然科学基金项目（51171020，U1234207），高等学校学科创新引智计划（B12012）。

断裂韧性越高；珠光体片间距对断裂韧性也有一定程度的影响，粗大的珠光体片间距会降低断裂韧性，并且当晶粒尺寸较小时，珠光体片间距的影响更明显。在相同的珠光体片间距及平均晶粒尺寸下，前 5%的最大晶粒平均尺寸的对数与断裂韧性成线性反向相关关系[4]。王丽英等[5]分析了 ER7 车轮钢的断裂韧性 K_Q 值，认为晶粒细化、均匀，先共析铁素体均匀分布于珠光体周围是提高 K_Q 值的关键。以上研究表明：显微组织对车轮钢室温下断裂韧性影响的规律已基本清楚。然而车轮钢在服役过程中要经受环境温度的变化，最低使用温度将会达到-40℃以下，车轮钢在低温下的性能，尤其是断裂韧性不仅关系列车运行的安全，还对车轮的设计及材料的选择具有重要的影响。大量的研究表明，材料的断裂韧性一般随温度的降低而降低[6,7]，但温度与断裂韧性之间的关系具有一定的复杂性，不同的材料或不同的显微组织存在不同的关系。对低碳低合金钢的研究表明，不同温度下材料的断裂机制会发生变化，从而使温度对断裂韧性的影响存在不同的规律[8,9]。本研究将通过对不同显微组织车轮钢低温断裂韧性的研究，找到影响车轮钢低温韧性的主要显微组织因素，为车轮钢的低温运行安全性提供依据，并为低温中高碳低合金钢的开发与应用提供参考。

2　实验材料及方法

实验所用材料为国产轧制高速车轮钢，其中 C 0.54%，Si 0.25%，Mn 0.73%，P 0.005%，S 0.003%，Cr 0.24%，其余为 Fe 元素。从车轮轮辋部位截取圆棒拉伸试样和紧凑拉伸（CT）断裂韧性试样毛坯。为获得不同显微组织试样，将试样毛坯在马弗炉中进行不同工艺热处理：材料采用两种奥氏体化温度，分别为 850℃和 1050℃，在奥氏体化温度下保温 2h，然后每种奥氏体化温度保温后的试样分两批，分别按照随炉冷却和空气冷却方式冷却至室温，最终得到四种不同的显微组织。

热处理后的试样毛坯制成圆棒拉伸试样（长度沿车轮轮辋周向）和紧凑拉伸（CT）断裂韧性试样（裂纹面法向与轮辋周向平行），拉伸试样实验段直径为 8mm，长度为 50mm；紧凑拉伸（CT）断裂韧性试样厚度为 30mm。拉伸及断裂韧性试验在配有环境箱的电液伺服万能试验机（MTS-810）上进行，试验温度分别为 20℃、-20℃、-40℃、-60℃、-80℃和-120℃，控制温差±2℃，拉伸及断裂韧性实验加载速率均为 0.03mm/s，试验机自动记录载荷-应变（或位移）曲线。每种状态下拉伸试验采用两个试样，测量得到屈服应力 R_{eL}、抗拉强度 R_m、伸长率 A 及断面收缩率 Z，结果取平均值。断裂韧性试样每种状态下采用 3 个试样，断裂韧性取平均值。

从每种热处理条件下断裂后的断裂韧性试样的断口附近取金相试样，用 3%（体积分数）硝酸酒精溶液侵蚀，通过光学显微镜对其显微组织进行观察，并采用三圆截点法（GB/T 6394—2002）统计试样的平均晶粒直径，每种热处理态试样随机进行 5 次测量，结果取其平均值，并取标准差作为误差；侵蚀后的金相试样在 Zeiss-EVO18 型扫描电子显微镜（SEM）下进行珠光体片间距的测量，每种热处理态试样随机选取 10 个珠光体团进行测量，结果取其平均值，并取标准差作为误差。用扫描电子显微镜观察断裂韧性试样的断口形貌。对断裂韧性试样预制疲劳裂纹尖端附近断口取截面，用 3%硝酸酒精溶液侵蚀后在扫描电镜下观察断口附近区域的残留微裂纹。

3　实验结果

3.1　显微组织

不同热处理后车轮钢的金相组织如图 1 所示。图 1（a）、（b）分别为奥氏体化温度为 850℃时在空气中冷却（850~450℃时平均冷却速率为 1.2℃·s^{-1}）和随炉冷却（850~450℃时平均冷却速率为 0.1℃·s^{-1}）条件下的金相组织。图 1（c）、（d）分别为奥氏体化温度为 1050℃后在空气中冷却和随炉冷却条件下的显微组织。由图 1 可见，热处理后车轮钢的显微组织均为少量网状先共析铁素体+珠光体。不同热处理试样的平均晶粒直径如表 1 所示。随着奥氏体化温度的升高，平均晶粒直径明显增加。平均晶粒尺寸主要受奥氏体化温度影响，冷却速率的影响并不明显。

图 2 为不同条件热处理后车轮钢的珠光体片间距形貌。图 2（a）、（b）分别为 850℃奥氏体化后在空气中冷却和随炉冷却条件下的珠光体片间距，图 2（c）、（d）分别为 1050℃奥氏体化后在空气中冷却和随炉冷却条件下的珠光体片间距。由图可见，空冷条件下珠光体片间距较炉冷条件的明显减小。不同热

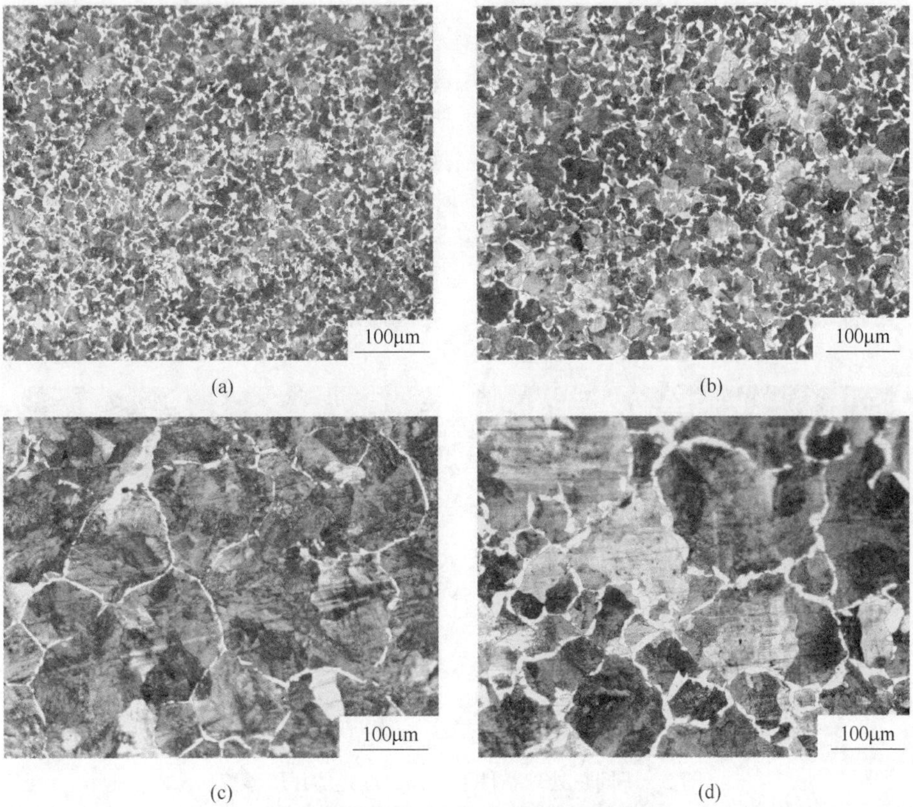

图1 不同热处理条件下试样的组织

（a）850℃，奥氏体化空冷；（b）850℃，奥氏体化炉冷；（c）1050℃，奥氏体化空冷；（d）1050℃，奥氏体化炉冷

Fig. 1 Metallography of specimens under different heat treatments

（a） austenitized at 850℃ and cooled in air；（b） austenitized at 850℃ and cooled in furnace；
（c） austenitized at 1050℃ and cooled in air；（d） austenitized at 1050℃ and cooled in furnace

处理条件下珠光体片间距统计见表1，当冷却条件相同时，珠光体片间距基本相同，基本不受奥氏体化温度的影响。

根据晶粒尺寸和珠光体片间距的大小，850℃奥氏体化后在空气中冷却和随炉冷却试样分别称为细晶粒细珠光体片间距组织试样（记为FGFS）和细晶粒粗珠光体片间距组织试样（记为FGCS）；1050℃奥氏体化后在空气中冷却和随炉冷却试样分别称为粗晶粒细珠光体片间距组织试样（记为CGFS）和粗晶粒粗珠光体片间距组织试样（记为CGCS）。

表1 不同热处理条件下车轮钢晶粒尺寸及珠光体片间距

Table 1 Grain diameter and interlamellar spacing in specimens with different heat treatment

No.	Heat treatment process	Cooling rate/℃ · s^{-1}	Interlamellar spacing/nm	Grain diameter/μm	Markers for microstructure
1	850℃×1h，cooled in air	1.2	220.5±14.7	26.5±1.7	FGFS
2	850℃×1h，cooled in furnace	0.1	382.5±19.4	28.3±2.6	FGCS
3	1050℃×1h，cooled in air	1.2	228.7±21.2	82.3±4.5	CGFS
4	1050℃×1h，cooled in furnace	0.1	395.0±24.8	87.8±7.6	CGCS

3.2 拉伸力学性能

不同显微组织车轮钢在不同温度下的拉伸力学性能如图3所示。图3（a）为不同显微组织试样屈服应力随温度的变化。由图可见，随温度的降低试样的屈服应力均呈升高的趋势，材料的屈服应力主要取决于珠光体片间距，珠光体片间距越小，屈服应力越高；而平均晶粒直径对强度几乎没有影响。图3（b）为不同显微组织试样抗拉强度随温度的变化。由图可见，抗拉强度也主要由珠光体片间距决定，受平均晶粒直径影响较小。图3（c）为不同显微组织试样断后伸长率随温度的变化。由图可见，断后伸长率主

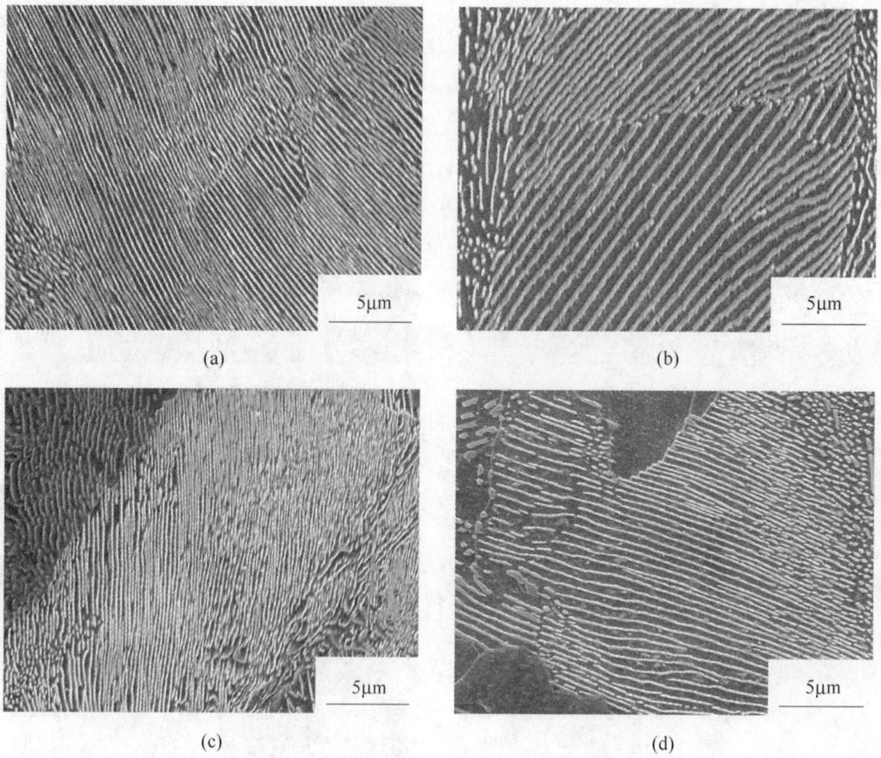

图 2　不同热处理条件下试样的珠光体片层形貌

（a）850℃，奥氏体化空冷；（b）850℃，奥氏体化炉冷；（c）1050℃，奥氏体化空冷；（d）1050℃，奥氏体化炉冷

Fig. 2　Pearlite interlamellar of specimens with different heat treatment

（a） austenitized at 850℃ and cooled in air；（b） austenitized at 850℃ and cooled in furnace；

（c） austenitized at 1050℃ and cooled in air；（d） austenitized at 1050℃ and cooled in furnace

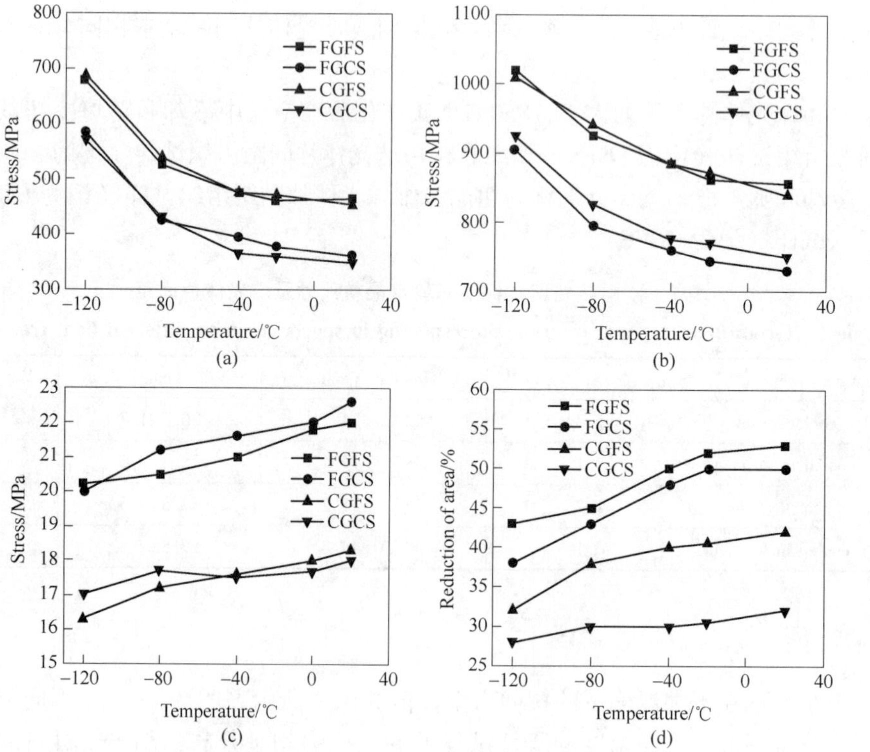

图 3　不同显微组织试样拉伸性能随温度的变化

（a）屈服应力；（b）抗拉强度；（c）伸长率；（d）断面收缩率

Fig. 3　Relationship between tensile properties of specimens with different microstructure and temperatures

（a） yield stress；（b） ultimate strength；（c） elongation；（d） reduction of area

要受平均晶粒尺寸的影响，晶粒尺寸小，断后伸长率高，而珠光体片间距则影响不大。图3（d）为不同显微组织试样断面收缩率随温度的变化。由图可见，断面收缩率随温度的降低而下降，其受平均晶粒直径和珠光体片间距的综合影响，晶粒尺寸和珠光体片间距越小断面收缩率越大。

3.3 断裂韧性及断口形貌

图4为不同显微组织试样断裂韧性 K_{IC} 或 K_Q（若试验测得的条件断裂韧性 K_Q 满足平面应变断裂韧性的条件 $B \geqslant 2.5\ (K_Q/R_{p0.2})^2$，其中 B 为试样厚度，记此时的条件断裂韧性为断裂韧性 K_{IC}；否则，则记此时的条件断裂韧性为 K_Q）随着温度的变化。由图可见，显微组织及温度对车轮钢的断裂行为具有明显的影响。在20~-120℃温度范围内，不同显微组织车轮钢试样断裂韧性均随温度的降低而降低；在20~-60℃温度范围内，FGFS试样的断裂韧性明显高于其他试样。在20℃和-20℃温度下，不同显微组织试样的断裂韧性由高到低依次均为FGFS试样、FGCS试样、CGFS试样及CGCS试样；在室温下的差异尤其明显，其断裂韧性平均值分别为92.1MPa·m$^{1/2}$、76.2MPa·m$^{1/2}$、68.3MPa·m$^{1/2}$及63.5MPa·m$^{1/2}$。由此可见：在室温下晶粒尺寸及珠光体片间距越小断裂韧性越高，当晶粒尺寸较大时，断裂韧性较低，珠光体片间距的影响较细晶粒材料减小。在-40℃及以下温度时，FGCS试样、CGFS试样及CGCS试样的断裂韧性相差不大；即在低温下，显微组织对断裂韧性的影响表现出与室温下不同的规律。进一步降低温度，在-120℃时，所有试样的断裂韧性均基本相同，约为33~35MPa·m$^{1/2}$。

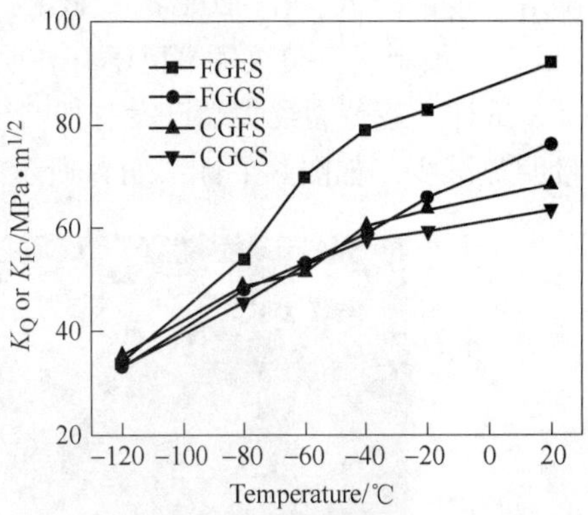

图4 不同显微组织试样在不同温度下的断裂韧性

Fig. 4 Fracture toughness of specimens with different microstructure at different temperatures

不同显微组织断裂韧性试样在室温下的断口形貌如图5所示。对FGFS试样及FGCS试样，疲劳裂纹尖端有明显的延性断裂区，说明试样加载过程中在预制疲劳裂纹尖端先形成延性撕裂，然后引发解理断裂，解理起裂源位置距离延性撕裂前端一定距离处。FGCS试样的延性撕裂区的宽度相对FGFS试样明显

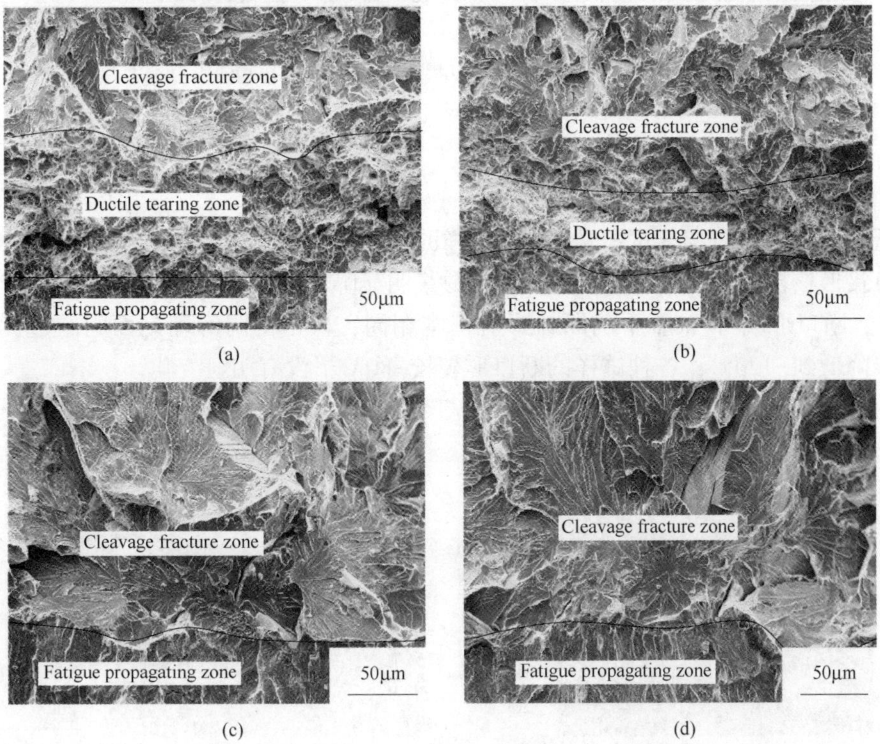

图5 不同显微组织紧凑拉伸（CT）断裂韧性试样室温断口形貌

（a）FGFS；（b）FGCS；（c）CGFS；（d）CGCS

Fig. 5 Fracture of CT specimens with different microstructure tested at room temperature

（a）FGFS；（b）FGCS；（c）CGFS；（d）CGCS

减小，如图 5（a）、（b）所示。对 CGFS 试样及 CGCS 试样，在疲劳裂纹尖端仅有少许不连贯的延性撕裂，几乎没有明显的延性撕裂即发生解理断裂，由于晶粒较为粗大，解理断裂刻面尺寸较 FGFS 试样及 FGCS 试样明显大，并且解理断口上存在大量二次裂纹，如图 5（c）、（d）所示。

随着温度的降低，在-20℃时，FGFS 试样疲劳裂纹尖端的延性撕裂区变窄，宽度不超过 20μm；对 FGCS 试样，预制疲劳裂纹尖端已不存在明显连续的延性撕裂区，如图 6（a）、（b）所示。对 CGFS 试样及 CGCS 试样，疲劳裂纹尖端已没有任何延性撕裂，解理裂纹在疲劳裂纹尖端直接形核扩展，而且二次裂纹数量明显减少，如图 6（c）、（d）所示。

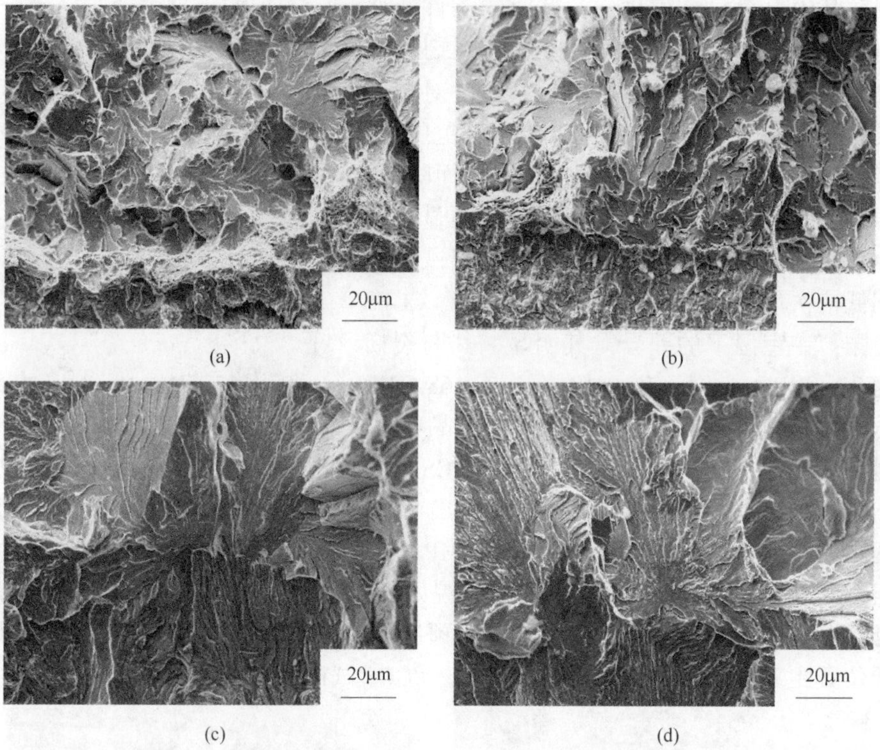

图 6　不同显微组织紧凑拉伸断裂韧性试样-20℃下断口形貌

（a）FGFS；（b）FGCS；（c）CGFS；（d）CGCS

Fig. 6　Fracture surfaces of CT specimens with different microstructure tested at -20℃

（a）FGFS；（b）FGCS；（c）CGFS；（d）CGCS

当温度降低到-80℃时，FGFS 试样及 FGCS 试样的预制疲劳裂纹尖端均未出现延性撕裂，解理断裂在疲劳裂纹尖端直接形核扩展且解理断面上二次裂纹数量明显降低，如图 7（a）、（b）所示。对于 CGFS 试样及 CGCS 试样，断口形貌与-20℃下的断口形貌基本相同，只是不同解理刻面间的过渡连接更加平坦。随着温度进一步降低到-120℃，各种试样的断口形貌较-80℃下没有明显变化。

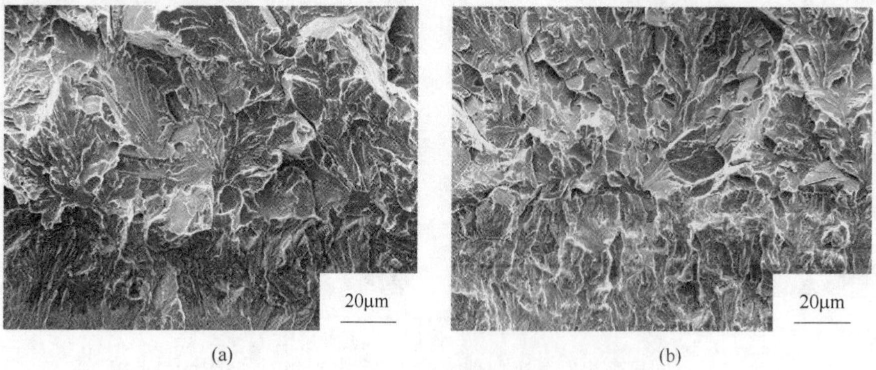

图 7　不同显微组织紧凑拉伸断裂韧性试样-80℃下断口形貌

（a）FGFS；（b）FGCS

Fig. 7　Fracture of CT specimens with different microstructure tested at -80℃

（a）FGFS；（b）FGCS

4 讨论

由实验结果可见，显微组织对车轮钢断裂韧性有明显的影响，而显微组织对断裂韧性的影响与解理断裂的微观机制密切相关。对于 FGFS 试样及 FGCS 试样，在室温下，预制疲劳裂纹尖端出现先延性撕裂，而不是解理。说明缺口前端的尽管应变很大，但由于应力不足，无法发生解理断裂。对 FGCS 试样断口截面的残留裂纹观察如图 8（a）所示，由图可见：断口下方存在一些长度与晶粒尺寸相当的微裂纹。这些微裂纹止裂于晶界铁素体。由此可见试样内部即使形成微裂纹，由于局部应力不足，裂纹无法解理扩展，从而无法发生解理断裂。对 FGFS 试样的残留微裂纹观察结果与 FGCS 试样基本相同。CGFS 试样的残留微裂纹如图 8（b）所示，由图可见，断口下的解理微裂纹主要止裂于晶界，由于晶粒尺寸较大，微裂纹尺寸较长，对 CGCS 试样的残留微裂纹观察结果与 CGFS 试样基本相同。这说明该温度下试样解理扩展的临界事件是微裂纹穿过晶界，即扩展控制。对解理断裂的研究认为，只有当缺口或裂纹前端一定范围内的正应力达到临界值 σ_f，才会引发解理[10,11]。对于断裂临界事件为扩展控制的解理断裂，裂纹扩展导致解理断裂发生的条件可以表示为[12]：

$$\sigma_f = [4E\gamma_{eff}/\pi(1-\nu^2)d]^{1/2} \quad (1)$$

式中，γ_{eff}为材料的有效表面能；ν 为泊松比；d 为微裂纹长度，受特征显微组织单元的影响。由此可见，显微组织通过影响材料中的特征微裂纹长度对断裂应力产生影响。在相同的有效表面能条件下，晶粒尺寸增加，特征微裂纹长度 d 增加，使解理断裂应力降低。对晶粒尺寸较大试样，由于发生解理断裂的临界应力 σ_f 降低，宏观裂纹尖端区所需的应力也相应降低，即宏观裂纹尖端的应力场强度因子 K_I 降低，从而导致断裂发生时的断裂韧性 K_Q 降低。

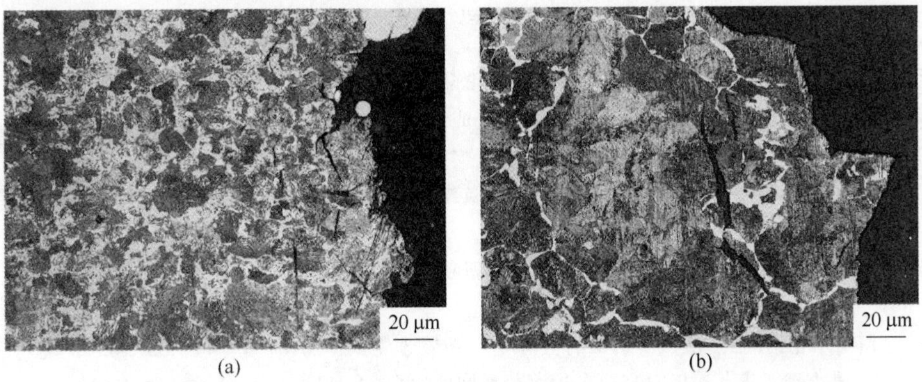

图 8 在 20℃下紧凑拉伸断裂韧性试样截面上断口附近的残留微裂纹

（a）FGCS；（b）CGFS

Fig. 8 Residual microcracks on the cross section near fracture of CT specimens at 20℃

（a）FGCS；（b）CGFS

Alexander[13]对全珠光体钢的研究表明，珠光体组织的有效表面能 γ_p 随珠光体片间距 S 的减小而增加，二者基本呈线性关系，可以表示为：

$$\gamma_p = 1.96 + 1.137S^{-1} \quad (2)$$

车轮钢中裂纹扩展过程中消耗的能量主要由珠光体的有效表面能、铁素体的有效表面能及晶界（或珠光体团界）的有效表面能组成。由于在车轮钢中珠光体组织所占的比例较高，因此珠光体有效表面能的改变将会对解理断裂应力产生明显的影响。即在相同的晶粒尺寸下，珠光体片间距越小，解理断裂应力越高[13]，研究结果对这一理论进行了很好的实验验证，这就解释了珠光体片间距对断裂韧性的影响。

当温度降低到-20℃时，FGFS 试样断口依然存在延性撕裂，其断裂模式仍为扩展控制的解理断裂。当温度降低时，材料的屈服应力及抗拉强度均升高，即流变应力升高，由于在相同的断裂模式下，材料的解理断裂应力不随温度变化[11,12]，从而使得低温下裂纹前端的应力更易达到解理断裂应力，引发解理，使得断裂韧性降低。而对 FGCS 试样、CGFS 试样及 CGCS 试样，-20℃时疲劳预裂纹尖端的延性撕裂区消失，解理起裂于疲劳裂纹尖端，变为完全脆性断裂。该温度下对 FGCS 试样、CGFS 试样及 CGCS 试样的疲劳裂纹前端处断口截面观察也未发现大量存在的晶粒尺寸微裂纹。对于车轮钢材料，由于加工硬化及裂纹尖端的应力集中，裂尖的应变最大，而应力则不然，最大应力分布在距裂纹尖端一定距离处，而微裂纹的形核主要受应变控制。对 FGCS 试样、CGFS 试样及 CGCS 试样，-20℃时一旦裂纹形核，便立即扩展至整个试样，发生断裂，因此这种以裂纹形核为解理断裂过程临界事件的断裂模式称之为形核控制。Chen 等[14]的研究表明，当温度降低时裂纹试样解理断裂的临界事件从晶粒尺寸裂纹的扩展控制过渡到相粒子尺寸裂纹的扩展控制再变为形核控制。不同温度下，在车轮钢中断口上均未发现解理断裂起裂源与相的相关性，表现为解理断裂从晶粒尺寸裂纹的扩展控制变为形核控制。在形核控制断裂模式下，FGCS 试样、CGFS 试样及 CGCS 试样的断裂韧性差异性较扩展控制模式下明显减小。在-40℃及以下温度，显微组织对 FGCS 试样、CGFS 试样及 CGCS 试样的断裂韧性几乎没有影响。在-80℃下 FGFS 试样也变为形核控制，其断裂韧性与其他试样差异明显减小，当温度降到-120℃时，所有试样的断裂韧性几乎完全相等，关于这一现象，目前还不能很好地解释，也未见国内外相关的研究，因此形核控制断裂模式下，显微组织对断裂过程及断裂韧性的影响机理还需进一步研究。

5 结论

（1）不同显微组织车轮钢在 20～-120℃下，断裂韧性均随温度的降低而降低。温度对不同显微组织车轮钢材料断裂韧性的影响主要是由于温度对材料流变应力及断裂模式的变化；

（2）温度较高时，车轮钢解理断裂表现为扩展控制模式，晶粒尺寸和珠光体片间距越小，断裂韧性越高。温度较低时，解理断裂表现为形核控制模式，显微组织对断裂韧性的影响不明显；

（3）显微组织对断裂模式由扩展控制变为形核控制的转变温度有明显影响，晶粒尺寸和珠光体片间距越小，转变温度越低。

参 考 文 献

[1] 任学冲，李胜军，高克玮，等．热处理工艺对 CL50 车轮钢晶粒度的影响［J］．金属热处理，2012，37（7）：7-12.

[2] Sakamoto H，Toyama K，Hoirakawa K. Fracture toughness of medium-high carbon steel for railroad wheel［J］. Mater Sci Eng A，2000，285：288-292.

[3] 龚帅，任学冲，马英霞，等．热处理对高速车轮钢显微组织和断裂韧性的影响［J］．材料热处理学报，2015，36（4）：150-155.

[4] 李胜军，任学冲，高克玮，等．晶粒尺寸对车轮钢解理断裂韧性的影响［J］．北京科技大学学报，2011，33（9）：1105-1110.

[5] 王丽英，李伟．ER7 车轮钢的 K_Q 值试验结果与分析［J］．物理测试，2010，8（4）：33-36.

[6] 任学冲，马英霞，高克玮，等．温度对高速车轮钢断裂韧性的影响［J］．中国铁道科学，2013，34（5）：93-99.

[7] 张志明，李余德，牛延军，等．金属材料断裂韧度随温度变化的研究［J］．力学与实践，2010，32（6）：43-48.

[8] Chen J H，Li G，Cao R，et al. Micromechanism of cleavage fracture at the lower shelf transition temperatures of a C-Mn steel［J］. Materials Science and Engineering A，2010，527（18/19）：5044-5054.

[9] Margolin B Z，Gulenko A G，Nikolaev V A，et al. A new engineering method for prediction of the fracture toughness temperature dependence for PRV steels［J］. International Journal of Pressure Vessels and Piping，2003，80（12）：817-829.

[10] Ritchie R O，Knott J F，Rice J R. On the relationship between critical tensile stress and fracture toughness in mild steel［J］. Journal of the Mechanics and Physics of Solids，1973，21（6）：395-410.

[11] Chen J H，Wang G Z，Yan C，et al. Advances in the mechanism of cleavage fracture of low alloy steel at low temperature. Part Ⅲ：Local fracture stress σ_f［J］. International Journal of Fracture，1997，83：139-157.

[12] Curry D A，Knott J F. Effects of microstructure on cleavage fracture stress in steel［J］. Metal Science，1978，12（11）：511-514.

[13] Alexander D J，Bernstein I M. Cleavage fracture in pearlitic eutectoid steel［J］. Metallurgical Transactions A，1989，20：2321-2335.

[14] Chen J H，Wang G Z，Yan C，et al. Advances in the mechanism of cleavage fracture of low alloy steel at low temperature. Part Ⅰ：Critical event［J］. International Journal of Fracture，1997，83：105-120.

我国大轴重货车车轮开发的几点思考[❶]

陈 刚 程德利 王世付

（马鞍山钢铁股份有限公司）

摘 要 通过对使用条件变化的分析，提出了我国大轴重货车车轮开发的基本方向，通过对提速重载条件下车轮产生缺陷的原因分析，提出了我国大轴重货车车轮开发的技术关键所在。

关键词 大轴重货车；车轮；缺陷；原因分析；综述

Thinking about the Development of Heavy-duty Freight Car Wheel in China

Chen Gang Cheng Deli Wang Shifu

（Ma'anshan Iron and Steel Co., Ltd.）

Abstract On the basis of the analysis of operation condition changes in China, basic direction for the development of heavy-duty freight car wheel is proposed. Then the cause of wheel defect generation under speed-raise and heavy-duty condition is analyzed and the technical key to the heavy-duty wheel development is put forward.

Key words heavy-duty freight car; wheel; defect; cause analysis; review

1 引言

近几年来，我国铁路货运得到了迅猛发展，但是，从总体上讲，与国外铁路货运发达国家相比还存在明显差距。国民经济的快速发展使得货运不足的问题越来越突出。国外的实践证明，增大货车轴重实现重载运输、适当提高货车运行速度，是提高铁路运输能力、解决运能不足的有效途径。

车轮是货车的关键部件之一，在列车运行中具有承载、导向、向钢轨传递动力和制动等功能。随着车辆轴重的加大和速度的提高，车轮的使用条件必然会发生显著变化。而我国铁路运输密度大、客货混运、客运优先的现状也加剧了车轮使用条件的恶化。

因此，从车轮使用寿命和运行安全性方面考虑，自主开发大轴重货车车轮极为必要。

2 使用条件变化的影响

车轮产品的开发研制同其使用条件密切相关，使用条件的变化决定车轮产品开发的方向。

车轮在使用过程中将承受热载荷，热载荷可来自两个方面：一是踏面制动；二是由于轮轨黏着下降或制动载荷过大导致车轮滑行，产生轮轨滑动摩擦热。对于货车来说，由于采用踏面制动方式，随着车辆轴重的加大和速度的提高，势必会导致制动力增大，车轮在制动时将承受巨大的热载荷，同时由于制动载荷的加大，车轮滑动距离增加，加剧了轮轨间的滑动摩擦趋势，从而使热损伤缺陷甚至热裂事故的发生几率增大。

---

❶ 原文发表于《铁道车辆》2005年第11期。

同时，轴重、速度的增加不可避免地会引起轮轨间相互作用力的增加，从而加剧轮轨磨损，使接触损伤缺陷的发生几率增大。在 JD-1 型轮轨模拟试验台上的试验表明：25t 轴重时钢轨的磨损率要比 21t 时高 40%，车轮磨耗也相应增加[1]。更应值得注意的是，由于轮轨间接触载荷的增加，使车轮掉块、辋裂事故的发生几率增大。

可见，使用条件的变化会导致大轴重货车车轮的接触损伤、非正常磨损、热损伤缺陷的发生几率增加。国内外重载货车车轮的运行经验证明了上述观点。

在前苏联，当轴重由 21t 提高到 23t 时，车轮轮对的碾伤增加 18%，因磨损而报废的车轮增加 25%；在美国，重载运输带来的突出问题就是车轮热损伤显著增加，特别是因滑动导致的车轮热损伤型缺陷已经成为车轮更换的主要原因之一[2]；在澳大利亚，重载车轮的磨耗和热裂也都十分突出，因制动而导致的热裂增加了 10%[3]；在国内，120km/h 时速提速货车试验时也出现了车轮制动热损伤严重的现象[4]。

因此，使用条件的变化决定了我国大轴重货车车轮开发的基本方向，即车轮应具有高的抗接触损伤、抗磨损和抗热损伤能力，同时应杜绝车轮掉块、辋裂事故的发生。

3 缺陷原因浅析

通过多年来车轮失效分析的经验积累，人们对上述缺陷的产生原因已基本达成共识。

车轮掉块、辋裂事故同钢质的纯净度相关，国内外大量研究发现[5]，轮辋裂纹萌生于内部冶金缺陷，如非金属夹杂（Al_2O_3 或 $6Al_2O_3 \cdot CaO$）和孔洞，且裂纹扩展几乎平行于踏面，裂纹的深度达到 12~19mm（1/2~3/4in）。因此，辋裂被视为严重的失效，是导致车辆脱轨的可能原因之一。

接触损伤缺陷是由于踏面近表层金属在接触应力作用下发生塑性变形，当应力-应变循环过程中的塑性变形累积发展到一定程度后，塑性变形层加工硬化到一定程度，不能再产生新的塑性变形而形成。从过去的失效分析结果看，强度、硬度偏低是该类缺陷产生的主要原因。

踏面制动热损伤缺陷的形成过程主要是由于强烈的踏面制动产生巨大的热输入，使踏面表层金属淬火而形成马氏体，组织比容及组织应力急剧变化，从而导致踏面表层微裂纹的产生并在组织变化区扩展；同时，制动热使踏面下部分区域转变为周向拉应力状态，驱动裂纹向内部扩展，当热裂纹进至周向压应力层时，不再能继续向内发展，转而在接触应力作用下沿周向扩展而形成。踏面制动产生高的热输入导致发生马氏体相变是该类缺陷产生的主要原因。

滑动热损伤缺陷的形成主要与轮轨接触产生的相对滑动有关。研究表明[2]，轮轨之间的滑动摩擦热最高可使踏面表层升至 1200℃以上，远高于典型车轮钢的奥氏体转变温度，迅速冷却后使奥氏体转变为马氏体，进而产生剥离。这种剥离的形成过程可能非常短促，即使滑动时间小于 1s，也能在车轮踏面上形成马氏体斑，因而也难以防范。

4 几点思考

由上述分析可见，车轮缺陷的产生同车轮钢材质、冶金质量等因素密切相关，因此要使我国大轴重货车车轮能够满足使用条件变化的需要，具有高的抗接触损伤、抗磨损和抗热损伤能力，必须要在以下几个方面进行深入研究。

4.1 车轮材质研究

到目前为止，国内外使用的车轮轮箍钢均为中高碳 C-Mn 碳素钢，组织状态为铁素体-珠光体，这种钢的显著特点在于碳是决定强、韧配合的关键因素，如我国的 CL60 级车轮的强度等级为 1000MPa 左右，断裂韧性在 50~60MPa · $m^{1/2}$；欧洲的 R7 钢车轮的强度等级为 900MPa 左右，断裂韧性超过 80MPa · $m^{1/2}$。

对于碳素钢车轮，从耐磨性、抗接触疲劳强度方面考虑，高碳为好，但材料抵抗热损伤、内部疲劳裂纹扩展的能力较差，而低碳则相反，因此，碳素钢无法在车轮各项使用性能之间作出良好的协调。但是，碳素钢车轮具有成本低、生产工艺简单、耐磨性能好等特点，因此目前阶段，仍应是我国大轴重货车车轮开发的首选。

目前，CL60 级 HESA 车轮（适用于 25t 轴重）在大秦线上已经投入运行，表明 CL60 级车轮钢材质基本满足25t轴重货车的需要。但是120km/h时速货车提速试验表明，如将货车速度提高至100~120km/h时，因踏面制动导致的热损伤现象严重。因此，如何在CL60级钢种的框架内，提高CL60级车轮钢的抗热损伤性能应是目前研究的重点。

硅能够提高钢在加热和冷却时的临界转变温度[6]，从而使因制动热而发生相变的几率减小，有利于缓解热损伤缺陷的产生。国外的实践证明[7]，通过增硅，能够在冷却时加速珠光体转变从而阻止或减少马氏体转变，如果珠光体能够迅速产生，则在奥氏体达到马氏体转变开始温度前（$M_s=300℃$）会形成珠光体。因此，硅合金化CL60级车轮钢材质将会成为大轴重货车车轮开发的一个研究方向。

从国外新钢铁材料的发展趋势及其在铁路上的运用可以看出，无碳化物贝氏体材质具有优异的强韧性、循环硬化特性，低缺口敏感性和高疲劳强度，高的热稳定性和机械稳定性，对承受交变载荷和接触疲劳性能特别有利，能兼顾铁路车轮的各项使用性能要求。因此，开展无碳化物贝氏体车轮钢的研究必将成为大轴重货车车轮开发的一个方向，国外也已经进行了有益的尝试[7]，也值得我们关注。

4.2 钢质的纯净度

提高车轮钢纯净度是消除车轮掉块、辋裂的根本性措施。因此提高车轮钢纯净度，特别是去除和改善脆性氧化物夹杂一直是车轮钢生产的重要研究内容。

钢中总氧含量很大程度上决定钢中氧化物夹杂的含量，自1996年以来，通过在脱氧及夹杂物控制方面进行了深入的研究。通过脱氧剂的优选及其适时、适量的加入，在显著降低钢中全氧含量及Al_2O_3夹杂物含量的同时，使残余的Al_2O_3夹杂变性为低熔点产物而得以充分上浮排出，从而使全氧含量和夹杂物级别得到有效控制。通过几年的实践，已形成一套切实有效的高纯净车轮钢工艺冶炼路线。目前KKD车轮钢中的全氧含量已由过去的20~30ppm降低到15~25ppm，平均在20ppm，B类夹杂稳定在1.0级以下，A类、D类夹杂稳定在1.5级以下，从实际使用情况看，KKD、HDS车轮掉块、辋裂已成为偶发性现象，但是，AAR的资料表明[8]，2002年大约有174件轮辋破损事故发生。可见，大轴重货车车轮的开发仍应走高纯净钢冶炼路线。

4.3 热处理工艺研究

在化学成分一定的前提下，车轮钢的性能最终取决于奥氏体冷却转变后的室温组织状态。对于碳素钢车轮来说，获得全截面微细珠光体组织（小的珠光体片层间距和珠光体团尺寸，薄的渗碳体片厚度，先共析铁素体合理分布）对于提高车轮抗接触损伤和耐磨性是极为有利的[9]。

在常规单面连续淬火热处理条件下，由于冷却速度的差异，车轮轮辋无法获得均匀的微细珠光体组织，从而导致断面硬度由表及里递减，在运用的中后期，硬度较低的部位成为工作表面，接触疲劳强度降低；而在运用初期工作表面硬度高，轮轨之间又难以达到较好的接触拟合状态，不仅接触应力高，而且轮轨间滑动倾向也可能增大，从而会对热-机械型损伤的产生有不利影响。

因此如能改进车轮热处理工艺，通过冷却方式的改变以减小淬火过程轮辋内外温度梯度，从而获得全截面微细珠光体组织，减小轮辋断面硬度梯度，对于减少车轮接触损伤和非正常磨耗是有益的，因此也应是我国大轴重货车车轮开发的重要研究内容。

同时，也应该看到，欧洲和北美车轮产品综合性能均匀稳定、波动小、强韧匹配好[7]。与之相比，我们还存在一定的差距，这表明在热处理工艺制度的科学性、合理性、热处理工艺过程控制的稳定性等方面，仍需要我们进一步的深入研究。

5 结论

开发我国重载货车车轮是实现铁路货运重载化的关键技术之一，是关系到重载运输安全性、可靠性的关键，是极为必要的。

要使我国重载货车车轮能够满足使用条件变化的需要，具有高的抗接触损伤、抗磨损和抗热损伤能力，必须要在车轮材质、冶金质量控制、热处理工艺等方面进行深入研究，是一项十分艰巨的系统工程。

参 考 文 献

[1] 文化．系统分析方法在治理轮轨磨损方面的应用［J］．铁道车辆，1991（3）：41-46.

[2] Joseph V Kristan, Daniel H Stone, Railroad Wheel Alloy Developed to Inhibit Spall Formation as a Result of Wheel Slide [C]. In: 14th International Wheelset Congress, Orlando, 2004.
[3] 郑伟生. 关于我国重载车轮的若干问题 [J]. 铁道车辆, 1993 (10): 11-15.
[4] 马钢技术中心内部资料.
[5] Tomoaki, et al. High Micro-cleanliness Wheels Preventing Shattered-rim Fracture [C]. In: 14th International Wheelset Congress, Orlando, 2004.
[6] 孙珍宝, 等. 合金钢手册 (上) [M]. 北京: 冶金工业出版社, 1984: 44-49.
[7] Ghidini A, Cantini S. Mechanical Comparison between North American and European Materials for Railway Wrought Solid Wheels, in Terms of RCF Resistance [C]. In: 14th International Wheelset Congress, Orlando, 2004.
[8] Jean-Jacques Viet, Acques Bouvy, et al. Steel cleanliness in railway wheels: Application to high speed train [C]. In: 14th International Wheelset Congress, Orlando, 2004.
[9] 王栋材. 重轨接触疲劳性能影响机制的研究 [R]. 包钢冶金所, 1991.

重载车轮对机械性能要求的研究❶

安　涛[1]　李胜祇[1]　李小宇[2]　张　斌[3]

（1. 安徽工业大学；2. 马鞍山钢铁股份有限公司；3. 中国铁道科学研究院）

摘　要　介绍了大秦线车轮的服役表现，探讨了重载运输条件下，车辆的轴重增加后车轮钢种特性的要求。认为轴重增加后，应该调整车轮钢的钢种特性，适应重载运输条件。根据重载运输条件，提出我国重载车轮的研发思路。根据这一思路，进行了试验钢的开发，表明符合设计思路。

关键词　重载运输；车轮；钢种；失效

Research on Mechnical Property Requirements of Heavy-duty Wheel

An Tao[1]　Li Shengzhi[1]　Li Xiaoyu[2]　Zhang Bin[3]

(1. Anhui University of Technology; 2. Ma'anshan Iron and Steel Co., Ltd.;
3. China Academy of Railway Sciences Co., Ltd.)

Abstract　Wheel service performance on Daqin Line is summarized and the requirement on property of wheel steel under heavy-duty transportation condition is discussed. In order to adapt to the heavy-duty transportation condition, the property of wheel steel should be adjusted after axle load is increased. The development scheme of heavy-duty wheel in China is put forward and the experiment steel is produced based on this scheme.

Key words　heavy-duty transportation; train wheel; steel grade; failure

1　引言

车轮是列车重要的走行部件，在车辆中起着支撑车辆和运行的重要任务。随着运输条件的变化，车轮也应该有相应的变化来与之适应。

我国目前的货车运输，基本上有三个轴重标准，即21t、23t轴重以及重载专用线的25t轴重。钢种均为ZL-B和CL60钢，轴重的区别仅仅采用了不同的轮型（D、E轮）。随着C76、C80等25t级轴重车辆的大量使用，车轮的表现差强人意，尤其在繁忙重载运输线上（如大秦线），车轮钢表现出的机械性能与运输条件的不适应越来越突出。因此，需要研究重载运输条件下，轴重增加后对车轮机械性能的要求。

2　大秦线重载车轮的表现

大秦线是我国第一条重载专用线，2005年全年运输量达到了2亿吨，也是最繁忙的干线之一，车辆的使用频次很高。车轮在这条线的表现具有一定的代表性。大同到秦皇岛铺设的是75kg级钢轨，重载运行；秦皇岛到大同铺设的是60kg级钢轨，空车回程，车辆到站后一般不进行调头作业。目前有两种车辆编组形式：120辆轴重21t的C60车编组；105辆轴重25t的C76或C80车。所有车辆均使用铸钢车轮HEZB或辗钢车轮HESA，相应的车轮钢是ZL-B和CL60。其化学成分和力学性能见表1[1,2]。从表中的数据可以看出，从钢种特性和强度角度上说两者基本一致。

❶　原文发表于《铁道车辆》2006年第11期。

表 1　辗钢车轮和铸钢车轮的化学成分（%）和力学性能

化学成分	钢号	C	Si	Mn	P	S
TB/T 1013—1999	ZL-B	0.57~0.67	>0.15	0.60~0.85	≤0.035	≤0.040
TB/T 2817—1997	CL60	0.55~0.65	0.17~0.37	0.50~0.80	≤0.035	≤0.040
力学性能	轮辋拉力试验			硬度（HB）		冲击功/J
	抗拉强度/MPa	延伸率/%	断面收缩率/%	踏面下 30mm	表面	
TB/T 1013—1999	≥910	≥4	—	≥265	277~341	≥10
TB/T 2817—1997	≥910	≥10	≥14	265~320	240~341	≥16

2005 年中期开始，大秦线 C76、C80 车所装配的车轮，由于异常磨耗、辗边等故障大幅度上升。为此，作者考察了大秦线，经过统计分析认为，大秦线车轮的异常表现主要有以下几个特点[3]：

（1）以辗边、轮缘垂直磨耗、踏面沟槽等缺陷为主；

（2）铸钢车轮和辗钢车轮均出现了非正常磨耗，且磨耗类型一致；

（3）闸瓦对车轮非正常磨耗有明显影响；

（4）C76、C80 等 25t 轴重车出现异常磨耗，21t 车辆磨耗正常。

图 1~图 4 为大秦线车轮典型异常磨耗和辗边的图片。

图 1　踏面异常磨耗

图 2　辗边

图 3　轮缘异常磨耗

图 4　踏面异常磨耗

2005 年 5 月 9 日至 8 月 10 日，大秦线连续发生同一炉号车轮的 3 起辋裂，1 起辗边事故。通过宏观形貌观察，这类辋裂特征明显，均为典型的“轮辋内部疲劳裂纹”性质，见图 5。但解剖分析表明，其化学成分、力学性能、金相组织均符合技术条件要求，三个辋裂车轮的裂纹源处均未能找到链状夹杂物或其残留痕迹，只是裂纹源表面有很厚的白层组织，其厚度约为 130μm，分别测量白层和白层下基体组织的显微维氏硬度，见图 6。从显微硬度测量的结果中可以看出，白层的硬度远远高于基体，说明白层是在极高应力反复作用下形成的。这与以往典型的辋裂现象完全不同[5]。

从运行条件看，这些车轮的轴重较高，因此车轮承受的载荷也较大，从裂纹源区发现较厚的马氏体白层也说明了这一点。在较高的载荷作用下，由于轮辋内部处承受了非常大轮轨接触应力，其内在的最大剪切应力极可能会在踏面下 15~20mm 最大应力区域的处形成裂纹起源，随后在轮轨接触应力的作用下进一步疲劳扩展，可以认为其疲劳裂纹源的形成及裂纹扩展是非常有规律的。

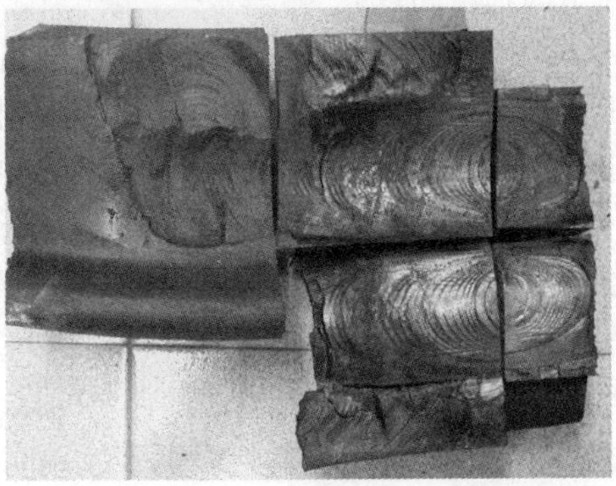

图5 大秦线辋裂车轮裂纹源图

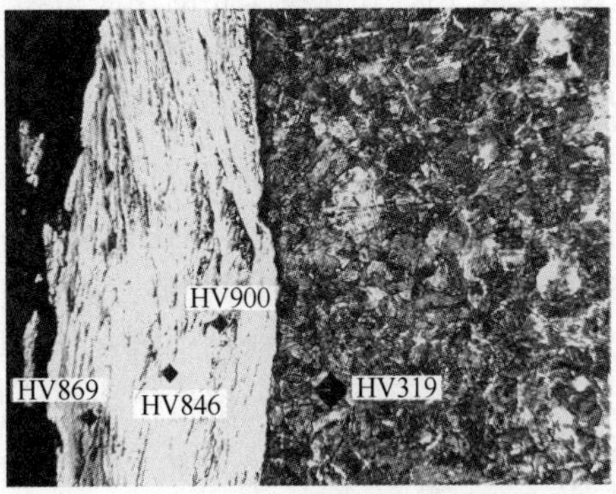

图6 轮辋裂纹车轮裂纹源处白层及基体组织的显微硬度（200×）

根据文献研究认为[6]：随着列车轴重的增加，轮轨间的作用力越来越强，对车轮、钢轨的伤害也就越来越强。从大秦线C76、C80车辆车轮所表现的问题来看，在其他运营条件没有较大改变情况下，轴重的增加是车轮故障发生的关键因素。同时铸钢车轮、辗钢车轮的表现也基本相似，可以断定，以60钢为基础的ZL-B和CL60钢车轮对25t轴重运输的适应能力是不足的，也是直接导致轮缘严重磨耗和辋裂的根本原因之一。因此，在大轴重的情况下，需要研究适应其变化的车轮钢的钢种。

3 AAR标准体系分析及重载车轮的发展方向初探

以北美三国为主的AAR协会，主要是以重载货运为主，其车轮标准AAR M107/M208适用于货运和机车。世界上重载运输繁忙的国家如澳大利亚、南非、巴西等，在车轮上也采用了AAR标准。从国外订货上来看，这些铁路高轴重的车轮一般都采用的是AAR C级钢。因此，有必要分析AAR标准的钢种特性。有关AAR M107和M208标准中化学成分和硬度见表2[7]。

表2 AAR M107/M208标准的化学成分（%）和硬度

化学成分	L级	A级	B级	C级
C	≤0.47	0.47~0.57	0.57~0.67	0.67~0.77
Si	0.15~1.0			
Mn	0.60~0.90			
P	≤0.030			
S	0.005~0.040			
硬度（HB）	197~277	255~321	302~341	321~363

其中AAR B级钢与CL60、ZL-B钢基本相似，ZL-B钢更是直接从AAR B级钢直接套用过来的。值得注意的是，AAR B级钢的硬度，在2006年之前一直是HB 277~341，规定从2006年元旦开始，修订为HB 302~341，下限提高了HB 25。这些钢种实际检测的力学性能比较见表3（力学性能取自马钢的日常生产检验数据）。

表3 AAR车轮的力学性能

钢种	抗拉强度/MPa	延伸率/%	断面收缩率/%	断面平均硬度（HB）（30mm）
CL60	950~1050	15~18	大于25	295
AAR B	970~1070	14~16	大于22	310
AAR B+	1210~1087	12~16	20~35	310~336
AAR C	1250~1153	10.5~14.5	23~33.5	320~363

从表3中可以看出，如果按照强度级别划分，从CL60、AAR B级钢应该属于1000MPa级别的钢，AAR B+应该属于1100MPa级别的钢，而AAR C级钢基本属于1200MPa级别的钢，在硬度上也有此区别。

AAR B 级钢的实测数据是在标准修改之前测试的。在标准修改后，强度应该有所提高，而达到 1050MPa 级别。因此，可以看出，在重载车轮的发展道路上都选择了高强度路线。

车轮在运行过程中，需要承受机械载荷和热载荷，在货车轮设计中，以这两种载荷的不同组合来模拟车轮的实际运行状态[8]。其中热载荷可来自两种途径：一是踏面制动；二是由于轮轨黏着下降或制动载荷过大导致车轮滑行，产生轮轨滑动摩擦热。对于货车来说，由于采用踏面制动方式，随着车辆轴重的加大和速度的提高，势必会导致制动力增大，车轮在制动时将承受巨大的热载荷，同时由于制动载荷的加大，车轮滑动距离增加，加剧了轮轨间的滑动摩擦趋势，从而使热损伤缺陷甚至热裂事故的发生几率增大。

车轮承受的机械载荷来自车辆的轴重和动态载荷。轴重的增加不可避免的会引起轮轨间相互作用力的增加，从而加剧轮轨磨损，使接触损伤的发生几率增大。在 JD-1 型轮轨模拟试验台上的试验表明：25t 轴重时钢轨的磨损率要比 21t 时大 40%，车轮磨耗也相应增加[9]。前述的大秦线辋裂事故表明，由于轮轨间接触载荷的增加，使车轮辋裂事故的发生几率增大。可见，使用条件的变化会导致大轴重货车车轮的接触损伤、非正常磨损、热损伤缺陷的发生几率增加。

到目前为止，国内外使用的车轮轮箍钢均为中、高碳 C-Mn 碳素钢，组织状态为铁素体-珠光体。对于碳素钢车轮，从耐磨性、抗接触疲劳强度方面考虑，高碳为好，但材料抵抗热损伤、内部疲劳裂纹扩展的能力较差，而低 C 则相反[10]。完全依靠含碳量的变化，难以在车轮各项使用性能之间作出良好的协调，需要调整其他成分来补充碳素钢的不足。但碳素钢车轮具有成本低、生产工艺简单等特点，仍应是我国大轴重货车车轮开发的首选。

从钢种研究的角度出发，结合我国当前重载运输的特点，笔者认为我国的重载车轮钢应该具备以下一些重要性能方向：

（1）兼顾机械损伤和热损伤而选用钢种，使车轮热处理后稳定地获得较高硬度，提高其抗接触疲劳剥离、非正常磨耗的能力，踏面下 20mm 轮辋断面硬度大于 HB 300；

（2）重载运输以闸瓦踏面制动为主，因此车轮钢本身须具有较小的马氏体转变倾向，以缓解热致剥离，选用钢种的 A_{c3} 要高于 CL60 钢；

（3）韧性指标与目前的车轮钢相当，以保证安全性，辐板常温冲击功 $A_{KU2} \geqslant 16J$，与 CL60 钢一致，轮辋断裂韧性 K_Q（CT30）$\geqslant 50MPa \cdot m^{1/2}$；

（4）制造成本与目前车轮持平，因此需要采用廉价的合金元素。

因此为了达到重载车轮的目标，保持或降低目前的车轮钢碳含量，保持现有车轮钢的韧性水平，通过其他强化方式提高车轮的强度，提高钢种的临界温度降低热裂的可能性，是我国重载车轮的发展方向。

4　钢种设计初探

4.1　碳含量的确定

在实验室进行了不同碳含量对材料性能的影响研究工作，选取不同碳含量的车轮钢进行了滚动磨损试验，滑动磨损试验，冷热疲劳试验和接触疲劳试验的研究工作，试验结果见图 7。从试验结果看，碳含量为 0.6%和 0.7%的两种材质耐磨性能和抗接触疲劳性能很好，但是这两种材质的韧性也是较差，而且抗热损伤性能的首要考虑因素冷热疲劳性能较差，特别是碳含量为 0.7%的材质其抗热损伤性能；碳含量为 0.4%和 0.5%的两种材质正好相反，韧性较好，且冷热疲劳性能很好，但是耐磨性能、接触疲劳性能不好。由此可见，对于重载车轮来说，从兼顾机械损伤和热损伤的角度出发，碳含量为 0.60%的材质成为首选，即目前的 CL60 级车轮钢。

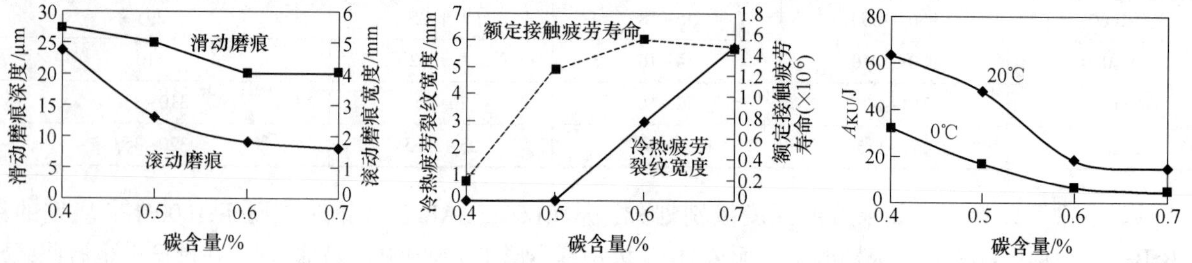

图 7　碳含量对材质性能的影响

4.2 硅含量的确定

碳含量确定后，如何在现有的CL60级钢种的框架内提高CL60级车轮钢的抗热损伤、抗磨耗性能成为研究的重点。为此确定了Si合金化的成分设计路线。

硅是钢中常见的元素之一。在钢中不形成碳化物，而是以固溶体的形态存在于铁素体或奥氏体中，具有提高硬度和强度的作用。同时，Si能够强烈地阻止贝氏体转变时碳化物的形成，促使未转变部分奥氏体富集碳，从而能够推迟贝氏体的形成，因而在热处理过程中，能有效保证铁素体-珠光体组织的实现，而不产生其他异常组织。这对于提高CL60级车轮钢的抗磨耗性能和抗接触疲劳性能是极为有利的。

硅是封闭γ相区的元素之一，能够提高钢的A_{c1}、A_{c3}点的温度，这意味着硅会使材质奥氏体化的温度升高，因此会使车轮因制动热而发生相变的几率减小，有利于缓解热致剥离、防止热裂纹[11]。硅降低碳在铁素体中的扩散速度，使回火时所析出的碳化物不易聚集，因而对于提高钢的回火稳定性有很大的好处，这可使车轮在受明显热影响时，近表面硬度损失减小，有助于缓解热损伤和不正常磨耗。

由于硅能够在冷却时加速珠光体转变从而阻止或减少马氏体转变，如果珠光体能够迅速产生，则在奥氏体达到马氏体转变开始温度前（$M_s=300℃$）会形成珠光体，有利于缓解热损伤[12]。

根据上述情况，决定在CL60级车轮钢的框架内，通过Si合金化工艺来达到目的。

4.3 试验结果分析

根据以上分析和研究，以CL60钢为基础设计了试验钢种，进行了实验室试验研究。试验采用实验室电炉冶炼而成，采用与当前车轮生产工艺轧制成HESA轮型，并进行了热处理，从钢种特性和工艺性能上进行研究。分析结果表明，试验钢的性能指标基本上达到了预计目标（表4），证明是一种可行的选择。

表4 试验钢与CL60钢力学性能对比

性能指标			CL60	试验钢
力学性能	轮辋拉伸	屈服极限 R_{eH}/MPa	684.3	747.3
		强度极限 R_m/MPa	1051.8	1091.9
		伸长率 A/%	16.5	19.83
		收缩率 Z/%	39.28	48.05
	辐板拉伸	屈服极限 R_{eH}/MPa	420.9	466
		强度极限 R_m/MPa	835.3	879.8
		伸长率 A/%	18.2	16.6
		收缩率 Z/%	33.37	36.19
踏面下硬度（HB）			294.2	314.2
轮辋冲击 A_{KV5}/J		常温	14.7	14.3
		−60℃	2.8	5.8
辐板冲击 A_{KV2}/J		常温	22.7	29.3
		−60℃	4	10.5
奥氏体化温度/℃		A_{c3}	790	800
		M_s	240	240
断裂韧性/MPa·$m^{1/2}$		K_Q	63.9	63.92
		K_{IC}	60.79	66.92
轴向低周疲劳性能		疲劳强度系数 σ_f'/MPa	1347	1465
		循环强度系数 K'/MPa	1569	1735
		疲劳强度指数 b	−0.0848	−0.092
		循环应变硬化指数 n'	0.1467	0.1603
		疲劳延性系数 ε_f'	0.3444	0.3457
		疲劳延性指数 C	−0.5746	−0.5732

钢种研究的初步检验结果分析如下：

（1）试验钢强度、硬度级别相当于 AAR B+级钢，为 1100MPa 级，硬度超过 CL60 钢 HB20 以上，低于 AAR C 级钢 HB20 左右；

（2）轮辋冲击性能与 CL60 钢相当，但低温性能较优；

（3）常温辐板冲击超过 CL60 钢 30%左右，低温性能全面超过 CL60 钢一倍以上，显示了优良的低温特性；

（4）几种车轮钢的晶粒度相当，组织均匀为珠光体-铁素体组织（见图 8、图 9）。

图 8　试验钢显微组织（100×）

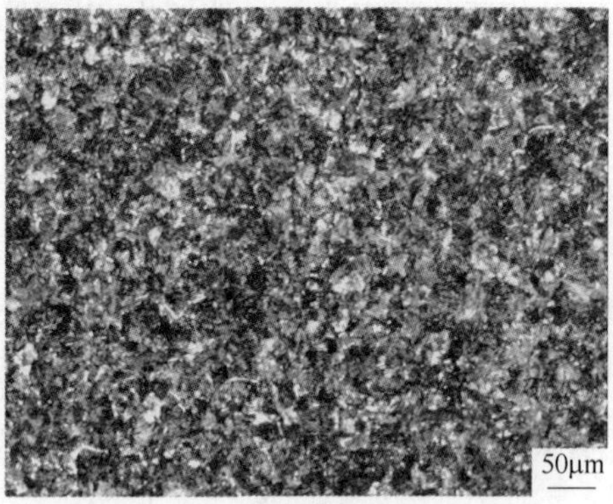

图 9　CL60H 钢显微组织（100×）

（5）断裂韧性 $64MPa \cdot m^{1/2}$，略高于 CL60 钢，远高于 AAR B+和 AAR C 级钢的 $50MPa \cdot m^{1/2}$。

（6）奥氏体化温度显示，由于 Si 的影响，在不同的加热速率下，试验钢的 A_{c1} 和 A_{c3} 点温度明显高于其他 CL60、AAR B+、AAR C 等三种材料；这意味着在车轮受到较大热输入的情况下，试验钢奥氏体化的温度会升高，从而会使车轮重新发生奥氏体相变的几率减小，有利于缓解热致剥离、防止热裂纹。试验钢的 C 曲线与 CL60 钢相比右移较多，淬透性较好。

（7）车轮轮辋的轴向低周疲劳性能：疲劳强度系数 σ_f' 表征的是抗应变疲劳载荷的参量。根据实验结果，和拉伸强度比较，试验钢与 CL60 钢的疲劳强度系数 σ_f' 均高于 1.3 倍，表明两者均有较好的疲劳强度性能。疲劳延性系数 ε_f' 表示的是极低寿命的情况下的材料应变范围，反映的是材料在疲劳条件下的塑性指标，两者相当。疲劳延性指数 C 表征的是随着循环应变范围的减小，循环寿命增加的幅度变化，C 值代数值越小，循环寿命的提升越慢，表明材料承受小循环应变的能力越差。两种钢的 C 值也是相当的。

（8）试验钢在不同回火工艺下的强硬度指标明显高于 CL60 钢，同 AAR C 级车轮钢的强硬度指标基本相当；而且，试验钢在 450~600℃的回火温度下的抗拉强度的衰减明显低于 CL60 钢和 AAR C 级钢，这可使车轮在受明显热影响时，近表面硬度损失减小，有助于缓解热-机械剥离和不正常磨耗。

5　结论

目前重载铁路运输车轮表现出来的问题主要是强度、硬度偏低所致，是 CL60 钢种特性与重载运输条件不匹配的问题，需要研究新的钢种来适应运输条件的变化。我国重载铁路的实际运行条件，要求车轮具有较高强度、韧性指标，较高的抗热裂性，以及保持相对较低的成本。通过实验室和工业性试制的结果表明，采用硅合金化工艺生产的重载车轮钢各项性能指标均很好地满足了设计技术指标的要求，同 CL60 级普通车轮钢相比，具有更优异的抗热损伤性能和耐磨性能，能够更好地满足重载的需要。目前该钢种仍然处于实验室研究阶段，应该继续进行实际运行的考察验证，有望发展成为我国新型重载车轮的实用钢种。

参 考 文 献

[1] TB/T 2817—1997，铁路车辆用辗钢整体车轮订货技术条件［S］.

[2] TB/T 1013—1999，碳素钢铸钢车轮技术条件［S］.

[3] 大秦线报告：关于大秦线 C76、C80 车辆车轮踏面异常磨耗的汇报［R］. 2005.

[4] 铁道科学研究院报告：大秦线C76型敞车E型货车车轮辋裂失效分析报告［R］.2005.
[5] 张斌，卢观健，付秀琴，等.铁路车轮、轮箍失效分析及伤损图谱［M］.北京：中国铁道出版社，2002.
[6] 严隽耄.重载列车系统动力学［M］.北京：中国铁道出版社，2005.
[7] AAR M107/M208—2004，WHEELS，CARBON STEEL——Specification［S］.
[8] AAR S660—2004，Analytic evaluation of locomotive and freight car wheel designs——Standard[S].
[9] 文化.系统分析方法在治理轮轨磨损方面的应用［J］.铁道车辆，1991（3）：41-46.
[10] 季怀中，苏航，杨才福，等.车轮钢摩擦热影响区的相变及其损伤机理［J］.钢铁研究学报，2005（5）：58-62.
[11] 孙珍宝，朱谱藩，林慧国，等.合金钢手册（上）［M］.北京：冶金工业出版社，1984：42-48.
[12] Ghidini A，Cantini S. Mechanical Comparison between North American and European Materials for Railway Wrought Solid Wheels，in Terms of RCF Resistance［C］.In：14th International Wheelset Congress，Orlando，2004.

新型铁路重载货车车轮的生产实践[❶]

汪国才　吴耀光　陈　刚　龚志翔　王世付

（马鞍山钢铁股份有限公司）

摘　要　从成分设计、冶炼工艺、热处理工艺、实物质量、服役表现几方面重点介绍了马钢自主研制的新型重载车轮的生产实践情况，实物解剖和装车运行试验表明，新型重载车轮生产工艺控制稳定，冶金质量优良，相比常规 CL60 车轮具有更良好的综合力学性能，能够更好地满足铁路重载的需要。

关键词　重载货车车轮；冶炼；热处理；服役

Production Practice of New Type CL65 Grade Heavy-Duty Freight Car Wheel

Wang Guocai　Wu Yaoguang　Chen Gang　Gong Zhixiang　Wang Shifu

（Ma'anshan Iron and Steel Co., Ltd.）

Abstract　Production practice of new type CL65 grade heavy-duty freight car wheel developed by Ma Steel is introduced from composition design, smelting, heat treatment, product quality and service performance. The results of product analysis and service test show that the process control of new type heavy-duty wheel production is steady and the metallurgical quality is fine. Compared with conventional CL60 grade wheel, the new type heavy-duty wheel has better comprehensive mechanical properties and can perform better to meet the heavy-duty requirement of railway.

Key words　heavy-duty freight car; smelting; heat treatment; service performance

1　引言

近几年来中国铁路货运得到迅猛发展，但是与国外铁路货运发达国家相比还存在明显差距。国民经济的快速发展使得货运不足的问题越来越突出。根据铁道部规划，在“十一五”末将货车轴重由 21t 提高到 25t，速度由 80km/h 提高到 120km/h，届时我国铁路将跨入货运重载的门槛。但从大秦线 25t 轴重货车运用情况看，执行现行铁标 TB 2817—1997 的 CL60 车轮服役表现不佳，磨耗量急剧增大了 1 倍以上，热裂纹发生量也明显增加，直接影响了正常运营。国外重载运输实践也表明[1-4]，随着使用条件的显著变化使车轮受到的机械载荷、制动热负荷增大，导致机械损伤（磨损、接触疲劳、辗宽）和热损伤（热裂、制动剥离）成为影响车轮服役表现的突出问题。

因此，从车轮使用寿命和运行安全性方面考虑，自主开发大轴重货车车轮极为必要，自 2004 年开始，马钢启动了新型重载货车车轮的研制工作，并于 2006 年获得国家“863”项目资助，经过几年的工作已基本具备批量生产能力。

本文从成分设计、冶炼工艺、热处理工艺、实物质量、服役表现几方面介绍了马钢自主研制的新型重载车轮的生产实践情况。

---

❶ 原文发表于第七届（2009）中国钢铁年会论文集。

基金项目：国家“863”计划项目（2006AA03Z514）。

2 新型重载车轮研制概况

2.1 成分设计

到目前为止，国内外使用的车轮轮箍钢均为中、高碳碳素钢，金相组织状态为铁素体-珠光体，耐磨性好，且成本低、生产工艺简单，因而重载车轮材料仍应具有铁素体-珠光体组织状态。如何在保证材料具有良好的耐磨性和抗接触疲劳性能的前提下，合理调整 C、Si、Mn 和合金元素含量，改善材料的特性参数，以有效缓解热损伤缺陷的产生是新型重载车轮材料成分设计的重点。

在实验室条件下开展了 C、Si、Mn 和合金元素含量对车轮材料性能及相变特性的影响研究[5]，最终确定了两种重载车轮材料的合金设计方案用于工业性试制。

2.2 高纯净钢冶炼工艺

优良的冶金质量是车轮安全运行的重要前提和基本保障，近年来通过不断的技术改造和工艺创新，在转炉自动化炼钢技术，高纯净度钢水精炼技术、真空脱气技术、脱氧及夹杂物控制技术、无氧化保护浇注技术、大断面圆坯铸态组织控制技术等方面均取得实际效果，车轮钢中 T. O<15ppm、N≤55ppm、H≤2ppm、S≤50ppm，铸坯疏松<1. 5 级、中心等轴晶率>50%、碳偏析指数<1. 05，冶金质量已能达到国外先进车轮生产厂的水平，基本形成一套较完备的高纯净度车轮钢冶炼工艺，确保了所生产的车轮产品具有均匀稳定的化学成分、低的气体及夹杂含量、优良的铸坯质量[6,7]。

2.3 获得稳定而均质金相组织的热处理工艺

热处理工艺状态的稳定可靠直接决定了车轮的最终服役状态的好坏，从欧洲和北美车轮产品实物质量看[8]，其综合性能均匀稳定，波动小，强韧匹配好。

在常规单面连续淬火热处理条件下，由于冷却速度的差异导致车轮轮辋无法获得均匀的微细珠光体组织，为此，开发了一种新型淬火冷却控制技术，能够提高淬火组织的一致性和均匀度、减缓踏面近表层的硬度梯度、改善残余应力分布状态，从而使单件车轮断面硬度散差波动控制在 HB20 以内，整批车轮的表面硬度散差波动控制在 HB30 以内。

3 新型重载车轮生产实践

3.1 工业性试制

为更好的衡量上述研究结果，开展了新型重载车轮钢的工业性试制，并选取了常规 CL60 钢进行比对试验，冶炼工艺路线为转炉→LF 钢包精炼→VD 真空脱气→钢包喂线→ϕ380mm 圆坯连铸。典型重载车轮钢的化学成分偏析和气体含量分析结果见表 1，铸坯宏观低倍组织形貌见图 1。可见，成分控制稳定，气体含量低，铸坯宏观组织致密。

表 1 典型重载车轮钢的化学成分控制水平

钢种	化学成分/%	偏析指数			气体含量/ppm		
	C	C 偏析指数	Si 偏析指数	Mn 偏析指数	T. O	N	H
重载Ⅰ	0. 62	1. 03	1. 03	1. 03	12. 9	38. 9	1. 0
重载Ⅱ	0. 72	1. 04	1. 03	1. 03	14. 3	43. 2	1. 3
CL60	0. 63	1. 04	1. 02	1. 03	15. 2	46. 8	2. 5

将重载Ⅰ、Ⅱ车轮钢、CL60 钢压轧成 HESA 车轮，开锻温度 1250℃，终轧温度 950℃左右，重载Ⅰ、CL60 钢的热处理均热温度均为 850±5℃，重载Ⅱ车轮钢热处理均热温度为 830±5℃，总喷水冷却时间均为 230s，回火温度均为 500±5℃。按照 TB 2817—1997、EN13262 进行了机械性能试验，试验结果见表 2。可见，重载Ⅰ、Ⅱ型车轮的强、硬度水平明显高于常规 CL60 级车轮，具有良好的综合力学性能。

表 2　工业性试制车轮机械性能试验结果

钢种	轮辋						辐板			
	R_m/MPa	A/%	Z/%	踏面下 30mm 处硬度（HB）		K_Q /MPa · $m^{1/2}$	R_m/MPa	A/%	Z/%	A_{KU}/J (20℃)
				硬度值	波动范围					
重载 Ⅰ	1110	16.0	34.0	315	3~8	63.2	900	14.5	26.5	30
重载 Ⅱ	1190	16.5	32.0	335	4~6	53.7	950	11.5	20.0	22
CL60	1080	15.0	32.0	300	5~10	63.9	840	16.0	29.0	29.3

在车轮上由踏面起向轮辋内部取样进行组织分析，仅在踏面下 2~3mm 以内出现少量非珠光体组织，可在后续机加工时完全消除，内部均为细珠光体+少量铁素体（见图 2），实际晶粒度均为 7~8 级，可见新型淬火冷却控制技术取得实际效果。

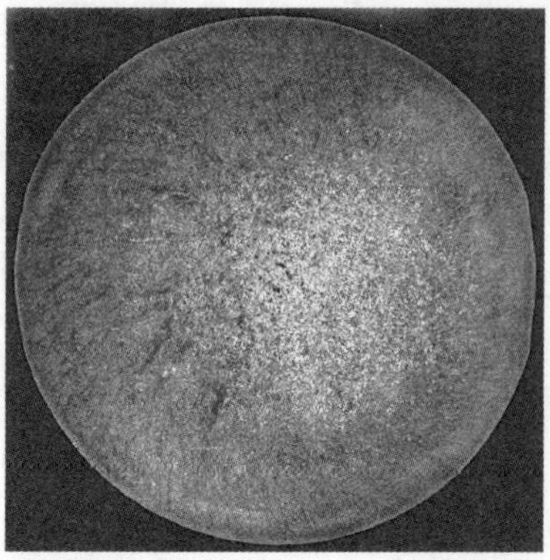

图 1　典型重载车轮钢铸坯宏观低倍组织形貌

图 2　典型重载车轮踏面下微观组织形貌（500×）

按照北美 AAR M107/208 和 ASTM1245 的要求采用图像分析仪进行了轮辋非金属夹杂物定量检验，并同北美 AAR C 车轮的平均水平进行了比较[9]，结果见表 3。可见，新型重载车轮非金属夹杂物的控制水平应优于北美车轮厂家。

表 3　非金属夹杂物定量分析结果

钢种	氧化物+孔隙		硫化物	
	平均分数	最大分数	平均分数	最大分数
重载 Ⅰ	0.005%	0.017%	0.015%	0.058%
重载 Ⅱ	0.006%	0.020%	0.021%	0.048%
CL60	0.006%	0.022%	0.017%	0.064%
北美 AAR C 车轮平均值	0.031%	0.65%	0.17%	0.96%

总体上看，新型重载车轮的生产实践基本实现了预期的组织、性能、冶金质量目标。

3.2　服役表现

在铁道科学研究院环行试验线和在大秦运煤专线对工业性试制的重载 Ⅰ 、重载 Ⅱ 型车轮和常规 CL60 车轮进行了装车对比试验，试验用车轴重均为 25t，其中环形线试验运行里程 17 万公里，大秦运煤专线试验运行里程 12.4 万公里。

对三种车轮的磨耗情况进行了测量，环形线重载 Ⅰ 、重载 Ⅱ 车轮磨耗量分别为 2.6mm、1.9mm，对比用 CL60 车轮磨耗量为 3.2mm；大秦线重载 Ⅰ 、重载 Ⅱ 车轮磨耗量分别为 0.55mm、0.43mm，对比用 CL60 车轮磨耗量为 0.61mm。环形线三种车轮的踏面形貌如图 3~图 5 所示，重载 Ⅰ 、重载 Ⅱ 车轮踏面状态基本正常，对比用 CL60 车轮出现了热损伤。

装车试验结果表明，新型重载车轮确实具有更好的使用性能。

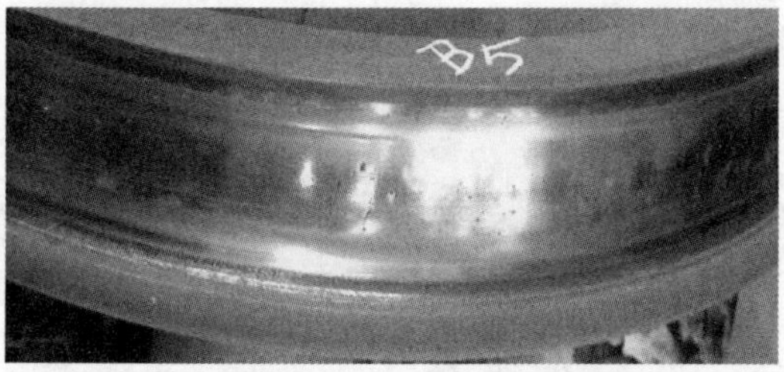

图3 重载Ⅰ型车轮踏面宏观形貌

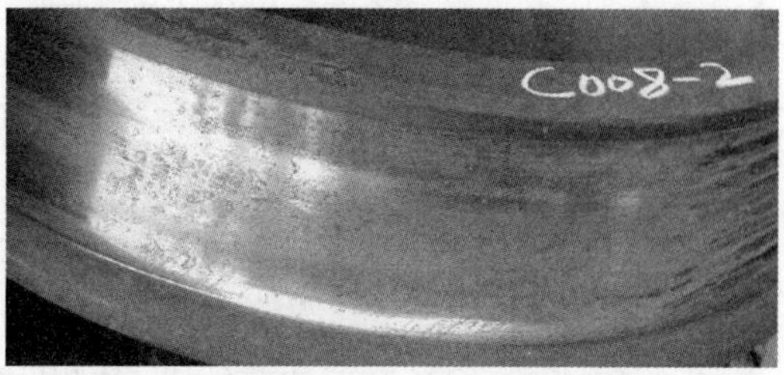

图4 重载Ⅱ型车轮踏面宏观形貌

图5 对比用CL60车轮宏观形貌

4 结语

从新型重载车轮的生产实践和装车考验结果看，新型重载车轮工艺控制稳定，冶金质量优良，相比CL60车轮具有更良好的综合力学性能和服役表现，能够更好的满足铁路重载的需要。

参考文献

[1] 张进德. 我国铁路货车技术近期发展趋向商榷 [J]. 铁道车辆，2001，39 (5)：15-19.

[2] 文化. 系统分析方法在治理轮轨磨损方面的应用 [J]. 铁道车辆，1991 (3)：41-46.

[3] 郑伟生. 关于我国重载车轮的若干问题 [J]. 铁道车辆，1993 (10)：11-15.

[4] Sullivan R，Lonsdale C，Oliver J. 2003 AAR Car Repair Billing Wheel Removal Anlysis [A]. In：14th International Wheelset Congressl [C]. Orlando，2004：25-30.

[5] 朱昌逑，等. 铁路重载货车车轮新材料的研制 [J]. 钢铁，2007，42 (8)：56-59.

[6] 苏世怀，等. 马钢高质量车轮生产技术开发 [J]. 材料工程，2008 (2)：32-34.

[7] 吴宗双，等. 长水口氩封保护浇铸对车轮钢 ϕ450mm 圆坯质量的影响 [J]. 金属材料与冶金工程，2007，35 (1)：23-28.

[8] Ghidini A，Cantini S. Mechanical Comparison between North American and European Materials for Railway Wrought Solid Wheels，in Terms of RCF Resistance [C]. In：14th International Wheelset Congress，Orlando，2004：123-126.

[9] Joseph V Kristan，Daniel H Stone，Railroad Wheel Alloy Developed to Inhibit Spall Formation as a Result of Wheel Slide [C]. In：14th International Wheelset Congress，Orlando，2004：81-85.

马钢高速、重载、低噪声车轮的研发与质量控制技术❶

苏世怀　张明如　江　波　崔银会

（马鞍山钢铁股份有限公司）

摘　要　简要介绍了马钢车轮生产工艺流程、车轮质量控制技术和发展趋势，通过先进的工艺装备和技术创新，马钢车轮质量稳定、安全可靠，为用户提供各种品种规格的不同需求的车轮产品。与此同时，马钢成功开发了大功率机车轮、高速动车组车轮、重载车轮和低噪声车轮，这些高等级车轮符合相关技术条件和标准的要求，实物质量达到国际先进水平。

关键词　铁道车轮；高速车轮；重载车轮；质量控制

The Development and Quality Control of High-speed, Heavy-duty and Low-noise Wheels in Masteel

Su Shihuai　Zhang Mingru　Jiang Bo　Cui Yinhui

（Ma'anshan Iron and Steel Co.，Ltd.）

Abstract　The manufacture processes，quality control methods and development tendency of wheels in Ma Steel are introduced. With the help of advanced equipments and technical innovation，various wheel products of stable quality and safety reliability can be supplied by Ma Steel. At the meantime，the large-power locomotive wheel，high-speed MU wheel，heavy-duty wheel and low-noise wheel which meet the relevant specifications and standards have been successfully developped and the quality of these products achieves the advanced level in the world.

Keywords　railway wheel；high-speed wheel；heavy-duty wheel；quality control

1　引言

铁路是我国重要的基础设施和国民经济的大动脉。车轮承担列车全部静、动态载荷[1]，是列车运行安全的最关键部件之一。我国铁路发展趋势是“高速、重载、低噪声”。

根据我国中长期铁路规划，客车时速已从100km/h逐渐提高到200km/h，客运专线已经达到250~300km/h，甚至350km/h。时速250~300km/h的京津线、武广线、郑西线等客运高速专线都已通车运营，时速300km/h的京沪线将于2011年7月投入运营。预计到2012年，客运专线里程达到1.2万公里，新造及维修需动车组车轮共计3万片左右，用钢约1万吨。高速动车组车轮实物质量要求高，尤其冲击韧性和断裂韧性要求高，断裂韧性K_{1C}要大于80MPa·$m^{1/2}$，因此，钢质纯净，钢中［H］、T.O、［N］有害气体含量以及硫、磷等有害元素含量和夹杂物总量低，化学成分与金相组织均匀，轮辋超声波探伤不得有大于等于ϕ1mm平底孔当量的缺陷，车轮外形尺寸精度高，最大残余静不平衡应小于25g·m。

货运列车重载化，是以北美和澳大利亚为代表，轴重从20t到25t、30t以及40t，单节车皮的载重量由以前的70~80t提高到100t、120t，最重提高到160t。在“十一五”末，我国货运列车的轴重由21t已经逐渐提高到23t，大秦线、神华线已经达到25t，将来将达到27~30t。重载车轮要求车轮材料强韧性好，

❶　原文发表于第八届（2011）中国钢铁年会论文集。

具有耐磨、抗热裂和抗疲劳等综合力学性能。

城际高速客运专线和城市地铁、轻轨要求噪声低，车内噪声小于65dB。通过优化设计车轮结构和材质选择，使车轮与钢轨接触噪声降低8dB，减少噪声强度；辐板采用屏蔽阻尼与贴敷吸音材料等措施吸收噪声与减少噪声的传播。

2 马钢车轮工艺装备水平与发展趋势

马鞍山钢铁股份有限公司自1964年生产出我国第一件自制整体辗钢车轮算起，已经生产有1500万件车轮轮箍在我国和世界各地铁路线上运行使用。马钢车轮轮箍生产工艺和设备已达到国际一流水平，产品规格齐全，品种多样，能生产2000多个品种规格的货车轮、客车轮和机车轮，最大可轧制直径ϕ1250mm整体机车车轮，年轧制能力达到110万件。

马钢可以按照美国铁路协会AAR规范标准体系、欧洲标准体系、日本标准体系、前苏联标准体系生产各种技术等级和要求的车轮产品，产品出口到欧洲、美洲、东南亚等30多个国家和地区。2007年4月，马钢研制成功40t轴重供澳大利亚FMG公司载重160t矿石敞车的重载货车轮。2007年7月，研制生产出供我国大秦铁路25t轴重重载货车用CL65、CL70材质HESA重载车轮。2010年8月，ϕ1250mm大功率电力机车轮完成装车试运行，目前已运行约15万公里。2010年10月，200~250km/h速度等级的动车组车轮已经完成相关试验，等待铁道部评审和装车试运行。

为了给高速动车组车轮国产化提供优质的车轮钢坯料，马钢于2010年投资20多亿元，建设一条具有国际先进工艺技术装备水平的电炉特种钢炼钢、炉外精炼、连续浇铸和开坯生产线，以及包括水浸式超声波探伤系统的高速车轮精加工和检测生产线。该项目2011年底建成投产后，每年可以为马钢高等级车轮制造提供80万吨优质钢坯，从硬件装备和工艺流程上柔性设计、灵活配套，高精度的车轮外形加工、国际一流的检测系统与设备技术，进一步保证高等级车轮的质量控制和安全使用。

马钢车轮制造工艺流程如下：

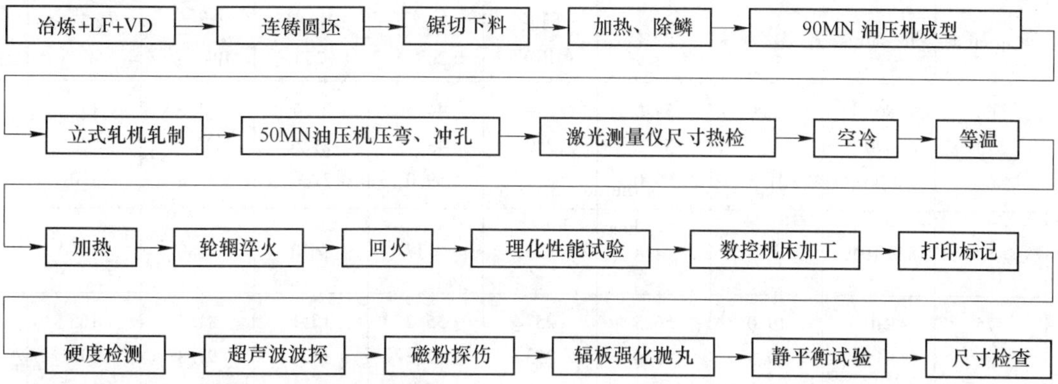

3 马钢车轮质量保证体系与控制技术

马钢经过近五十年车轮生产和研发经验的积累，以及不断工艺技术创新和设备改造，长期跟踪和改善车轮的使用性能[2]，车轮生产制造已经具备了雄厚的技术质量基础和工艺装备优势，车轮实物质量不断提高，满足不同用户的需求。从管理体制、生产流程与控制、设备工艺技术、产品检验等各个具体环节着手，重点实施车轮品牌战略，构建车轮制造全流程质量保证体系和防控体系，依托一流的先进设备和工艺装备水平，稳步提高工序质量控制能力，形成了成分控制技术、高精度轧制技术、新型热处理技术、内部质量控制技术、表面精加工技术和检测技术，确保产品高标准制造与零缺陷出厂，让用户放心使用马钢车轮产品。

目前，马钢高速车轮钢中硫、磷、气体含量及夹杂物总量控制水平见表1。

2007年，马钢牌车轮获得“中国名牌产品”称号；2010年1月，马钢车轮商标又荣获“中国驰名商标”称号。另外，马钢车轮被美国通用电气公司（GE）授予“最佳质量奖”，为其提供的车轮产品占其年采购总量的75%，成为GE全球合作伙伴和主要车轮供应商。

表 1 马钢高速车轮钢的硫、磷、气体含量及夹杂物总量控制水平

项目	S/%	P/%	[H] /ppm	[N] /ppm	T. O/ppm	夹杂物总量/ppm
含量	≤0. 015	0. 015	≤2. 0	≤60	≤20	18~40
平均值	0. 004	0. 008	1. 3	36	6. 8	24

4 马钢车轮新品种开发

在党和国家及铁道部的支持下，马钢不断深化与中国铁道科学研究院、清华大学、钢铁研究总院、北京科技大学、西南交通大学、安徽工业大学等科研院校的“产学研”合作，联合中国南车集团和北车集团，加快大功率机车轮、高速动车组车轮和重载车轮的国产化自主创新进程。在“十五”“十一五”期间，马钢先后主持承担了国家“863”项目“高速铁路用车轮材料及关键技术研究”“重载铁路列车用车轮钢及关键技术的研究”和“高速动车组车轮研究与开发”，尤其国家“863”项目“高速动车组车轮研究与开发”，在车轮生产工艺关键技术创新集成上取得了重大突破，研制的高速动车组车轮实物质量达到国际先进水平，形成了自主创新、高品质车轮关键技术集成体系。

4.1 大功率整体机车轮的开发

马钢按试制技术条件生产了 128 件装车运用考核车轮，2010 年 8 月发往株洲电力机车厂、大同机车厂、大连机车厂装车运行考核，具体技术性能指标和要求见表 2。

从表 2 及认证试验结果看，马钢试制的大功率机车车轮全部满足技术条件要求。目前，已运行约 15 万公里，经中国铁道科学研究院现场检测，车轮服役使用情况正常。

表 2 装车考核用大功率机车车轮力学性能指标

牌号	轮辋								辐板	
	R_{eH}/MPa	R_m/MPa	A_5/%	Z/%	硬度 (HBW)	A_{KU}/J (20℃)	A_{KV}/J (-20℃)	K_Q /MPa · m$^{1/2}$	R_m 减小 /MPa	A_5/%
J1	560 570 565	865 870 900	22. 0 19. 5 21. 5	59. 0 57. 5 59. 0	240 239 251	44. 3 43. 7 39. 0	21. 4 21. 6 21. 6	94. 5 111. 2 87. 8	135 125 170	20. 0 20. 0 21. 5
技术条件要求	≥520	820~940	≥14	≥14	≥235	≥17	≥10	≥80	≥110	≥16
J2	575 580 575	910 915 920	19. 0 19. 5 20. 5	56. 5 55. 0 57. 5	257 253 257	35. 2 32. 2 31. 7	15. 1 18. 4 11. 5	81. 5 91. 8 93. 7	165 170 155	19. 5 20. 5 18. 0
技术条件要求	≥540	860~980	≥13	≥14	≥250	≥17	≥10	—	≥120	≥16

4.2 高速动车组车轮的技术开发

系统地开展了国内外高速车轮使用情况调研、引进高速动车组车轮解剖分析、高速轮轨相互作用研究、高速动车组车轮材料研究、高速动车组车轮制造工艺研究，深入研究了高速动车组车轮微观伤损机理、疲劳性能影响因素、钢的合金化和组织转变及检测技术等[3,4]。在此基础上，2010 年 10 月试制生产了 D1、D2 和 D3 三个牌号，适合 250km/h 高速动车组车轮，见表 3 和表 4。试制的动车组车轮样轮在中国铁道科学研究院和国家钢铁材料检测中心进行了全面认证试验与检测，结果见表 5。

从试制的结果看，认证试验用样轮符合试制技术条件要求。200~250km/h 动车组车轮研发工作已基本形成了系统的技术工艺体系，并且经过多轮试验和验证，具备了稳定批量生产的工艺技术能力。

表 3 认证用动车组车轮主要化学成分要求

牌号	化学成分/%					气体含量/ppm	
	C	Si	Mn	P	S	T.O	N
D1	0.50~0.56	0.17~0.40	0.65~0.80	≤0.015	≤0.010	≤20	≤70
D2	0.50~0.56	0.90~1.10	0.90~1.10	≤0.015	≤0.010		
D3	0.54~0.60	0.17~0.40	0.65~0.80	≤0.015	≤0.010		

表 4 非金属夹杂物应达到的级别

A		B		C		D		B+C+D	
粗系	细系	粗系	细系	粗系	细系	粗系	细系	粗系	细系
≤0.5	≤0.5	≤1.0	≤1.0	≤1.0	≤1.0	≤1.0	≤1.0	≤1.5	≤1.5

表 5 试制动车组样轮力学性能指标

牌号		轮辋							辐板	
		R_{eH}/MPa	R_m/MPa	A_5/%	硬度（HBW）	A_{KU}/J（20℃）	A_{KV}/J（-20℃）	K_Q /MPa·$m^{1/2}$	R_m 减小 /MPa	A_5/%
D1	试验样轮	560	905	20.0	262	30	14.5	86.2	185	23.5
	技术条件	≥540	860~980	≥13	≥245	≥17	≥10	≥80	≥120	≥16
D2	试验样轮	615	955	21.0	268	26.5	20.5	101.2	155	23.0
	技术条件	≥570	900~1000	≥14	≥265	≥17	≥10	≥70	≥120	≥16
D3	试验样轮	590	950	19.5	279	25	10.5	80.7	190	21.0
	技术条件	≥580	900~1050	≥12	≥255	≥13	≥8	≥65	≥130	≥14

4.3 马钢重载车轮的技术开发

为了满足我国货运列车的轴重提高到 25t 并且逐渐提高到 27~30t、行驶速度由 80km/h 提高到 120km/h、运输效率要提高 30%以上的要求，马钢与中国铁道科学研究院合作，系统地研究了重载、提速条件下车轮的服役使用性能，调查了大秦线重载运输 C80、C76 型重载货车 CL60 材质车轮服役情况。在研究重载车轮伤损机理和技术关键基础上，在不降低现有 CL60 车轮的韧塑性指标下，提高车轮的强度和硬度，改善车轮抗滚动接触疲劳性能和磨损性能[5,6]。通过调整 CL60 车轮钢中碳、硅、锰合金元素含量，形成用普通 C-Si-Mn 合金化技术的 CL65、CL70 重载车轮用钢，其综合性能及特性参数明显得到改善与提高。CL60 与 CL65、CL70 重载车轮主要化学成分与主要力学性能指标分别见表 6 和表 7。

表 6 CL60 与 CL65、CL70 重载车轮主要化学成分 （%）

牌号	C	Si	Mn	P	S	[H]
CL60	0.55~0.65	0.17~0.37	0.50~0.80	≤0.035	≤0.040	≤2.0ppm
CL65	0.60~0.65	0.80~0.95	0.78~0.85	≤0.025	0.006~0.020	≤2.0ppm
CL70	0.70~0.75	0.80~0.95	0.78~0.85	≤0.025	0.006~0.020	≤2.0ppm

表 7 CL60 与 CL65、CL70 重载车轮主要力学性能指标

牌号	轮辋					辐板常温冲击功 A_{KU}/J
	R_m/MPa	A_5/%	Z/%	断面硬度（HBW）	表面硬度（HBW）	
CL60	≥910	≥10	≥14	265~320	270~341	≥16
CL65	≥1010	≥10	≥14	≥280	≥302	≥16
CL70	≥1050	≥10	≥14	≥300	≥321	≥16

首期开发的1600件CL65、CL70重载货车车轮陆续投入大秦线运营，从服役情况看，车轮踏面磨损情况正常，使用情况良好，满足大秦线重载货车运用条件的要求。根据CL65、CL70重载车轮研究成果和核心技术，成功开发了出口GE、北美、巴西、澳大利亚等地区和国家的大轴重（30~40t轴重）的重载车轮，实现了高质、高效、低成本生产。截至2010年底共生产相关车轮近12万件，创造了一定的经济效益和社会效益，也使我国重载车轮的研究和制造技术居于世界先进水平行列。

4.4 马钢低噪声车轮的开发

目前，国内没有完整的轨道交通车轮噪声控制技术方面的要求和标准，马钢联合西南交通大学，开展了高速轮轨噪声机理研究，基于有限元-边界元法对各种类速列车车轮进行了系列性的振动-声辐射特性研究，跟踪调查不同速度等级、线路条件、运行条件和环境条件下轨道交通用车轮的噪声情况，掌握车轮噪声随运行条件和运行里程的变化规律，从车轮结构、材质、降噪措施等多方面入手，对现有轨道交通的噪声问题进行了开创性的研究，为我国列车低噪声车轮的研发积累了大量的经验与理论分析数据。

根据轮轨相互作用特征和轮轨噪声特性，先后采用新型车轮设计和选材、车轮辐板屏蔽阻尼结构、贴敷吸音材料和消音环等降低噪声措施，实现客运专线轮轨噪声降低2.0~3.0dB，城市轨道交通轮轨噪声降低3.0~5.0dB的目标。

马钢已开发带消音环的城市轨道交通用低噪声车轮，已经掌握这种低噪声车轮的设计、制造技术，批量生产500件这种降噪措施的地铁车轮交付杭州地铁使用。目前也正与相关车辆制造厂协作，推荐更多的地铁用户使用低噪声车轮。

5 展望

（1）马钢拥有近五十年的车轮生产实践，通过不断的总结和技术改造，形成了一整套车轮生产质量保证体系和制造技术。在此基础上，依据先进的工艺装备和系统的质量控制技术，马钢生产的各种车轮质量稳定、使用安全，用户和社会可以放心使用马钢车轮产品。

（2）马钢不断创新车轮生产制造技术和手段，通过“产学研用”相结合，系统开发了大功率机车轮、高速动车组车轮、重载车轮和低噪声车轮，技术性能与指标达到国际先进水平，为动车组车轮和大功率机车轮国产化奠定了基础。

（3）马钢进一步开展车轮使用技术研究，紧跟铁路发展方向与发展趋势，不断研究车轮制造技术，开发不同用途的车轮新产品，持续改进，实现车轮服役使用的长寿命与高安全。

参考文献

[1] 金学松，刘启跃．轮轨摩擦学［M］．北京：中国铁道出版社，2004.

[2] 张斌，卢观健，傅秀琴，张颖智，邢丽贤，刘彤蕾．铁路车轮、轮箍失效分析及损伤图谱［M］．北京：中国铁道出版社，2002.

[3] 刘忠侠．高速列车车轮钢的基础研究［D］．西安：西安交通大学，2001.

[4] 康大韬，郭成熊，编译．工程用钢的组织转变与性能图册［M］．北京：机械工业出版社，1992：35-41.

[5] 朱昌逑，江波，安涛，等，铁路重载货车车轮新材料的研制［J］．钢铁，2007，42（8）：56-59.

[6] 安涛，等．重载车轮对机械性能要求的研究［J］．铁道车辆，2006，44（11）：1-5.

铬微合金化高碳重载车轮钢的连续冷却转变❶

宫彦华[1] 沈晓辉[1] 闫 军[1] 江 波[2] 陈 刚[2] 邢 军[1]

(1. 安徽工业大学; 2. 马鞍山钢铁股份有限公司)

摘 要 采用Gleeble-3500热/力模拟试验机、金相显微镜和扫描电镜研究了两种含铬微合金高碳重载车轮钢的连续冷却组织转变规律，分析了冷速对组织及性能的影响。试验结果表明，铬元素含量高的高碳重载车轮钢的临界冷却速度低，淬透性高，珠光体域和珠光体片层间距小，洛氏硬度高；冷速为5.0℃/s、8.0℃/s、10℃/s时有少量的贝氏体和针状铁素体出现，且它们的体积分数随铬含量的增加而增加。

关键词 铬；微合金化；重载车轮钢；连续冷却

Continuous Cooling Transformation of Chromic Microalloyed High Carbon Heavy Haul Wheel Steels

Gong Yanhua[1] Shen Xiaohui[1] Yan Jun[1] Jiang Bo[2] Chen Gang[2] Xing Jun[1]

(1. Anhui University of Technology; 2. Ma'anshan Iron and Steel Co., Ltd.)

Abstract The microstructure transformation of two Chromic-microalloyed high carbon steels during continuous cooling process were simulated on Gleeble-3500 thermomechanical simulator. The microstructure evolution of the two steels were analyzed and compared. The results showed that the higher chromium steel has lower critical cooling rate, higher hardenability, smaller pearlite colony size, pearlite lamellar spacing and higher Rockwell Hardness. At cooling speed of 5.0, 8.0 and 10℃/s, there are a small amount of bainite and acicular ferrite appeared and more in the higher chromium steel.

Key words chromium; microalloyed; heavy haul wheel steels; continuous cooling

1 引言

火车车轮是列车的关键部件之一，在列车运行中具有承载、导向、驱动和制动等功能。随着车辆轴重的加大和速度的提高，需要更高强度和韧性的车轮与之相匹配[1]。目前生产的重载车轮钢在高速运行时抗接触损伤、抗磨损和抗热损伤能力偏差，强度不足。微合金钢作为一种潜在的新材料比传统的碳钢拥有更大的优势，它可以提高钢的强韧性和延长客货车轮的寿命[1,2]。

目前，铬元素微合金化在车轮钢生产中的应用较少，相关的基础研究不多。车轮钢的淬透性是决定车轮寿命的最重要的特性之一，在使用寿命方面淬透性低的车轮比淬透性高的车轮短[3]。钢中加入铬元素能显著提高A_{c1}的温度和钢的淬透性，推迟分解成铁素体和珠光体的时间，在较低的冷速下就能产生马氏体组织[4]；钢中加入铬元素，能显著减小珠光体的片层间距，使渗碳体细化[5]，从而提高以铁素体-珠光体组织为基体组织的重载车轮钢的强韧性。

探讨铬微合金化对高碳钢的连续冷却转变行为、组织和性能的影响具有一定的理论意义和生产实用价值，笔者利用Gleeble-3500热/力模拟试验机、金相显微镜和扫描电镜等手段，研究了含铬高碳钢（碳含量为0.72%，铬含量为0.17%和碳含量为0.71%，铬含量为0.38%）的连续冷却转变和组织转变规律，

❶ 原文发表于《钢铁研究学报》2012年第12期。
科技部“863”重点项目（2008AA030703）。

分析了冷速对组织及性能的影响。

2　实验材料及方法

2.1　实验材料

实验用钢为马钢生产的 90mm×90mm 的锻坯，锻造加热温度为 1200～1300℃，锻后空冷。选用两种不同的钢种，其成品化学成分如表 1 所示。

表 1　试验钢的化学成分

Table 1　Compositions of samples　（%）

试验钢号	C	Si	Mn	P	S	Cr	Ni	Cu	Mo	V	Al_s
1	0.72	0.76	0.77	0.013	0.006	0.17	0.008	0.027	0.004	0.002	0.033
2	0.71	0.74	0.81	0.013	0.005	0.38	0.010	0.029	0.003	0.003	0.009

2.2　实验方法

将锻坯加工成 ϕ6mm×86mm 的试样，试样中部焊接热电偶，在 Gleeble-3500 试验机进行测定，测径仪装在热电偶焊接部位（便于准确测量试样因温度变化和相变引起的膨胀量）。为防止氧化脱碳，试样加热与冷却均在真空中进行。

试样以 10℃/s 加热到 900℃ 奥氏体化，保温 5min，分别以 0.2℃/s、0.5℃/s、1.0℃/s、3.0℃/s、5.0℃/s、8.0℃/s、10℃/s、15℃/s、20℃/s、30℃/s 的不同速度冷却到室温；绘制试样冷却过程的膨胀量-温度曲线，再用切线法确定相变开始点温度及结束点温度，然后以温度为纵坐标，时间对数为横坐标，将相同性质的相变开始点和结束点分别连成曲线；最后将试样在热电偶焊接处锯开，制样，并用金相显微镜和扫描电镜观察不同冷却速度下的最终组织；用洛氏硬度计测得钢的洛氏硬度值。

3　实验结果及分析

3.1　CCT 曲线的建立与分析

利用 Origin 软件对 Gleeble-3500 热/力模拟试验机采集的膨胀量-温度数据进行了处理分析得出的试验钢的 CCT 曲线，如图 1 所示。

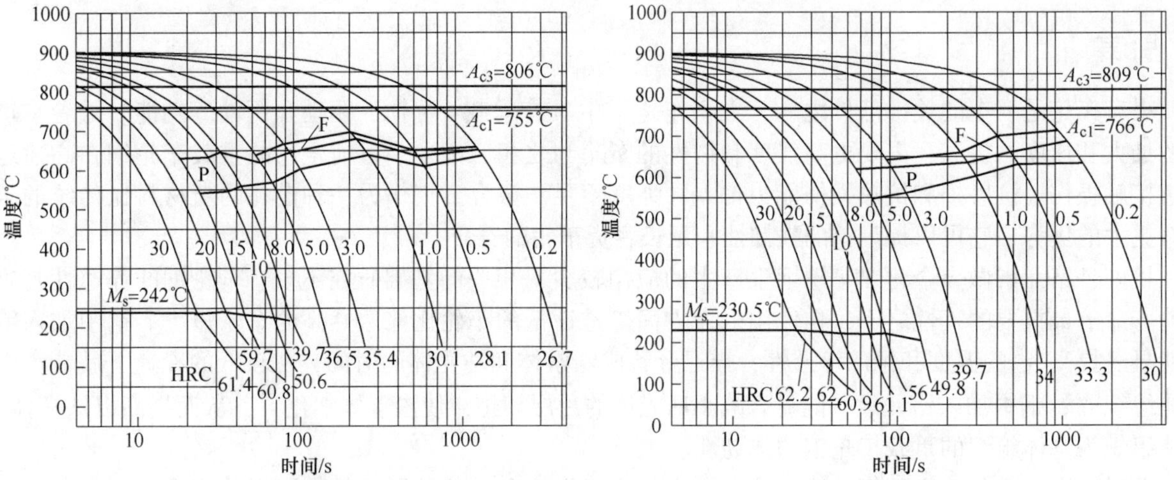

(a) 1号试验钢　　(b) 2号试验钢

图 1　实验材料的连续冷却转变曲线

Fig. 1　CCT curves of the test steels

1 号试验钢和 2 号试验钢的 CCT 曲线都存在铁素体析出区、珠光体转变区和马氏体转变区。其中 1 号试验钢的 A_{c1} 为 755℃，A_{c3} 为 806℃，M_s 为 242℃，铁素体转变开始温度大约在 659～638℃，珠光体的转变开始温度大约在 652~630℃，珠光体转变结束温度大约在 637~541℃；2 号试验钢的 A_{c1} 为 766℃，A_{c3} 为 809℃，M_s 为 230.5℃，铁素体转变开始温度大约在 713~642℃，珠光体的转变开始温度大约在 687~620℃，珠光体转变结束温度大约在 634~548℃。

对比两试验钢 CCT 曲线知，Cr 元素含量高的 2 号试验钢的 A_{c1} 温度、铁素体转变开始温度和珠光体转变开始温度都高于 Cr 元素含量低的 1 号试样钢。这是由于 Cr 元素是铁素体稳定化元素，提高了 A_{c1} 的温度，降低了马氏体转变开始温度。Cr 元素在奥氏体冷却转变过程中是一种典型的抑制珠光体和贝氏体形成的元素[4,6,7]，Cr 元素的增加降低了铁素体、珠光体、贝氏体的形核速率和长大速率，从而不同程度地推迟珠光体转变和贝氏体转变，即降低了钢的临界冷却速度，提高了钢的淬透性。两试验钢的 CCT 曲线中都没有贝氏体转变区的存在，造成此现象的原因为，此两种钢的化学成分接近于共析钢的化学成分；Cr 元素的加入使贝氏体形核速率、长大速率以及相变转变开始温度降低，致使贝氏体相变难度进一步增大，转变区消失。

3.2 显微组织的分析

各冷速所对应钢的金相组织如图 2 所示。

结合 CCT 曲线（图 1）及对应各冷速下的金相组织可以看出，对于 1 号和 2 号试验钢，当冷速在 0.2~3.0℃/s 时，都产生先析铁素体（白色）组织和珠光体（褐色）组织（图 2(a)、(b)、(g)、(h)），铁素体的含量很少，呈断续网状分布；随着冷速的增加，珠光体的体积分数增加；当 1 号试验钢冷速达到 3.0℃/s（图 2(b)）时，钢中珠光体的体积分数达到最大值，冷速达到 5.0℃/s（图 2(c)），钢中有少量马氏体析出，而 2 号试验钢在冷速达到 3.0℃/s（图 2(h)），钢中就有少量马氏体析出；随着冷速的增加，马氏体的体积分数增加；当冷速达到 20℃/s（图 2(f)、(l)）时，钢中主要为马氏体组织。

从 1 号试验钢冷速为 8.0℃/s、10℃/s（图 2(d)、(e)）和 2 号试验钢冷速为 5.0℃/s、8.0℃/s、10℃/s（图 2(i)、(j)、(k)）的显微组织中发现，有少量的贝氏体和针状铁素体出现。图 3 是冷却速度为 5.0℃/s 的 2 号试验钢的扫描电镜组织照片。图 3(a) 是针状铁素体组织，图 3(b) 是珠光体组织，图 3(c) 是贝氏体组织。这种组织在 2 号试验钢中的体积分数多于在 1 号试验钢中的体积分数（对比图 2(d)、(j) 易发现)，这是由于 Cr 元素的增加降低了钢的临界冷却速度，影响了铁原子、合金原子以及碳原子的扩散。

对比冷速为 5.0℃/s、8.0℃/s、10℃/s（图 2（c）和（i)、(d）和（j)、(e）和（k))时的显微组织发现 2 号试验钢的珠光体的体积分数远远小于 1 号试验钢的珠光体的体积分数。图 4（a）为两实验材料冷却转变后珠光体的体积分数与冷却速度之间的关系曲线。当冷速为 0.2~1.0℃/s 时，两实验材料的珠光体的体积分数相当（2 号试验钢略高于 1 号试验钢）；当冷速为 1.0~15℃/s 时，1 号试验钢的珠光体的体积分数明显高于 2 号试验钢，而 2 号试验钢的珠光体的体积分数在冷速为 3℃/s 就出现降低，这是由于 Cr 元素的增加降低钢的临界冷却速度，从而造成 2 号实验钢在较低的冷速下就有大量的马氏体组织的产生。

综上所述，Cr 元素的增加使钢内组织受冷速的影响更大，对钢的控制冷却要求更高。

图 5 所示为两种试验钢冷速 1.0℃/s 冷却后的扫描电镜显微组织照片，可见，在同一冷速下，2 号试验钢的珠光体域比 1 号试验钢的珠光体域尺寸小，且 2 号试验钢的珠光体片层间距明显小于 1 号试验钢的片层间距，这是由于在珠光体反应的孕育期 Cr 元素的加入提高了形核功和转变激活能，致使相变过程受到抑制，因此在同样的冷速下 Cr 元素含量高的钢更易于获得细小的组织，使钢拥有更好的韧性和塑性。

珠光体是车轮钢中最主要的组织成分，高碳钢的强、硬度主要取决于珠光体的片层间距以及渗碳体的大小和分布。珠光体片层间距减小，铁素体、渗碳体变薄，相界面增多越大，对位错的阻碍也就越大，钢的强、硬度提高，因此研究珠光体的片层间距就会变得十分重要[8~10]。图 4（b）为两种试验材料冷却转变后珠光体片层间距与冷速的关系曲线，很明显，虽然在不同冷速下，珠光体的片层间距有波动，但从整体而言，2 号试验钢的珠光体片层间距要小于 1 号试验钢。这是由于 Cr 元素的增加影响了碳的扩散和再分配。

图 4（c）是试验钢的洛氏硬度与冷速的关系曲线，从图中曲线的变化趋势可以看出，硬度随冷速的

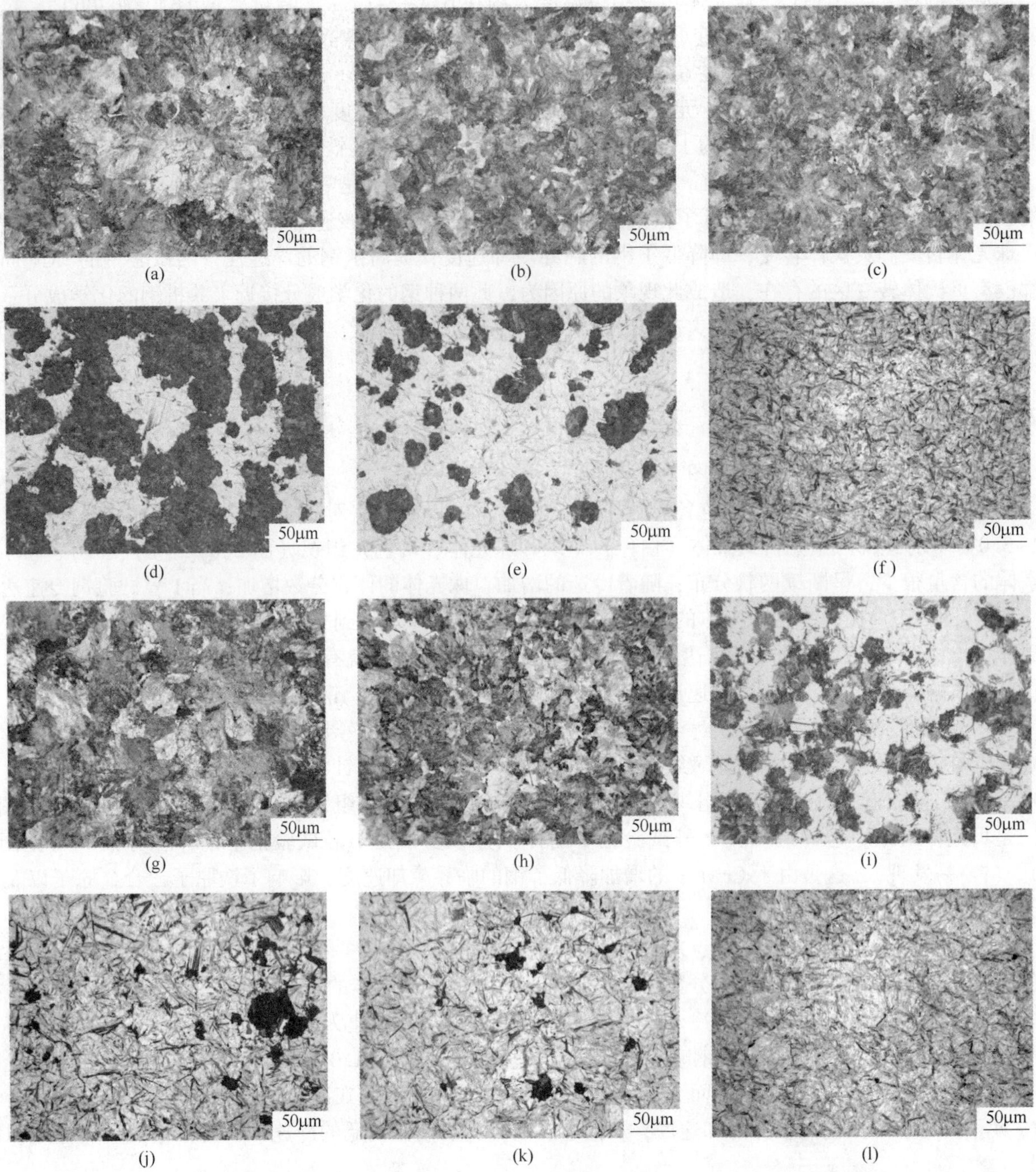

图 2　不同冷速下的显微组织照片

Fig. 2　Microstructure of samples at different cooling rate

1 号试验钢：(a)0.2℃/s；(b)3.0℃/s；(c)5.0℃/s；(d)8.0℃/s；(e)10℃/s；(f)20℃/s

2 号试验钢：(g)0.2℃/s；(h)3.0℃/s；(i)5.0℃/s；(j)8.0℃/s；(k)10℃/s；(l)20℃/s

增大而增大，而 Cr 元素含量高的 2 号试验钢的硬度明显高于 1 号试验钢，这除与珠光体的片层间距有关，还与相变组织有关，下面将硬度的变化与显微组织的变化相结合进行分析和讨论。对比两种材料在相同冷速下的显微组织（图 2（a）、(g)）和铁素体的体积分数与冷速之间的关系图（图 4（d））发现，Cr 元素含量高的 2 号试验钢基体中先共析铁素体体积分数明显低于 1 号试验钢，在较低的冷速下尤为明显，铁素体的体积分数的减少增加了晶粒尺度的不均匀性，对韧性尤其是断裂韧性有不利的作用[11]，且先共析铁素体的形状接近于网状，网状铁素体较薄且不连续时，则裂纹可能沿珠光体晶区边界扩展[12]；2 号试验钢在较低的冷速下就有马氏体组织的产生。

从上面的分析和讨论可知，Cr 元素的加入使高碳钢的连续冷却转变的稳定性降低，即转变组织受冷速的影响很大。在低冷速下产生相对较少的铁素体，在冷速为 5.0~10℃/s 时有少量的贝氏体和针状铁素

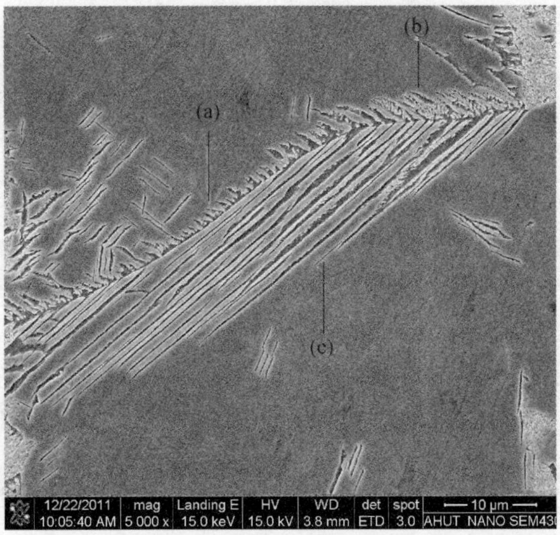

图3　2号试验钢的扫描电镜显微组织照片（冷速5.0℃/s）

Fig. 3　SEM micrographs of 2# test steel (Cooling rate 5.0℃/s)

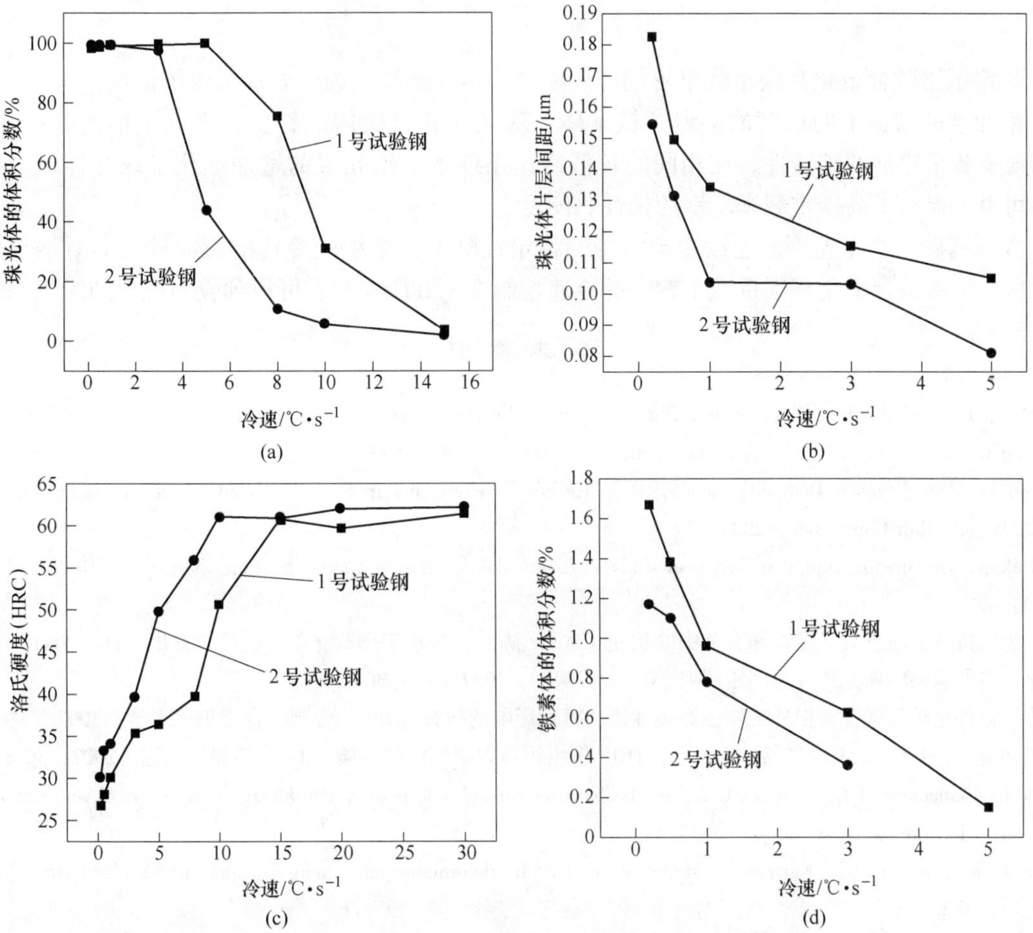

图4　珠光体的体积分数（a）、珠光体片层间距（b）、洛氏硬度（c）、铁素体的体积分数（d）与冷速之间的曲线关系

Fig. 4　Influence of cooling rate on the volume fraction pearlite (a), the interlamellar spacing of pearlite (b), hardness (c) and the volume fraction ferrite (d)

体（对重载车轮钢来说是异常组织）出现就是很好的证明。对于视均匀的珠光体+少量的铁素体为理想组织的高碳重载车轮钢来说，马氏体、贝氏体和针状铁素体都不是生产中希望得到的，因此要想在高碳钢中利用铬微合金化来提高其强度、韧性和塑性，控制冷速是一个至关重要的环节。

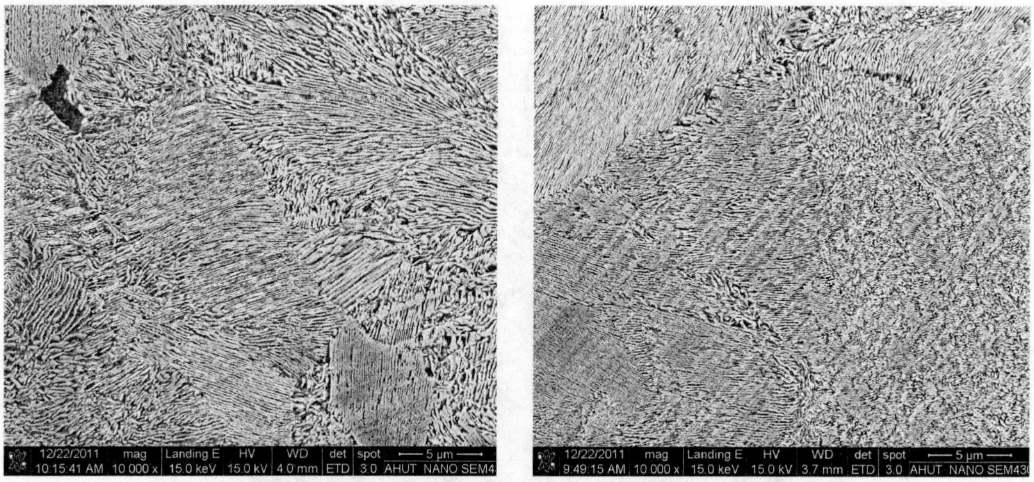

(a) 1 号试验钢　　(b) 2 号试验钢

图 5　扫描电镜显微组织照片（冷速 1.0℃/s）

Fig. 5　SEM micrographs of microstructure（Cooling rate 1.0℃/s）

4　结论

（1）测定了铬微合金化高碳重载车轮钢的连续冷却转变曲线，为热处理提供了依据。

（2）铬元素的增加不同程度的推迟了铁素体、珠光体和贝氏体的转变，降低了钢的临界冷却速度，提高了高碳重载车轮钢的淬透性。在相同的较低冷速条件下，铬元素的增加细化了珠光体域，减小了珠光体片层间距，提高了高碳重载车轮钢的韧性和硬度。

（3）含铬高碳重载车轮钢的连续冷却转变的稳定性降低，组织受冷速的影响较大，对钢材轧后的冷却要求更高。将铬微合金化高碳重载车轮钢的冷速控制在 1.0℃/s 左右可得到较为理想的组织。

参 考 文 献

[1] Singh U P，Popli A M，Jain D K，et al. Influence of microalloying on mechanical and metallurgical properties of wear resistant coach and wagon wheel steel［J］. ASM International，2003，12（5）：573.

[2] Cameron Lonsdate，Steven Dedmon，James，et al. Recent developments in forged railroad wheels for improved performance［C］. 2005 Joint Rail Conference，2005：39.

[3] Song Zhikun，He Qingfu，Sun Yan. Survey of study on fatigue damage due to braking heat on wheel［J］. Rolling Stock，1997，35（9）：43.

[4] 波特，伊斯特林，谢里夫. 金属和合金中的相变［M］. 陈冷，余永宁译. 北京：高等教育出版社，2011.

[5] 孙贤熙. 铬轴承钢中珠光体片层间距研究［J］. 特殊钢，1987（1）：30.

[6] 孙国栋. 铬含量对低碳合金钢冲击腐蚀磨损性能和机理影响的研究［D］. 合肥：合肥工业大学，2007.

[7] 杨梅梅，唐荻，刘仁东. Cr 对低碳 Si-Mn 系 TRIP 钢组织与力学性能的影响［J］. 热加工工艺，2007，36（2）：30.

[8] Izotov V I，Getmanova M E，Filippov G A，et al. Characteristics of deformation and damage in wheel steel with different pearlite dispersions［J］. Metallurgist，2007（51）：11.

[9] Cvetkovski K，Ahlstroem J，Karlsson B. Monotonic and cyclic deformation of a high silicon pearlitic wheel steel［J］. Wear，2011（1）：382.

[10] 黄海波，李凡. 高中低碳钢力学性能的微观揭示［J］. 理化检验（物理分册），2006，42（1）：15.

[11] 张峰，陈刚. 车轮断裂韧性与组织和性能的关系［J］. 理化检验（物理分册），2004（4）：172.

[12] 崔银会，张建平，苏航，等. 高速列车车轮材料研究的综述［J］. 安徽冶金科技职业学院学报，2005（2）：9.

重载车轮钢显微组织与氢渗透特性[❶]

王飞飞[1] 沈晓辉[1] 陈 刚[2] 张庆安[1]

(1. 安徽工业大学；2. 马鞍山钢铁股份有限公司)

摘 要 利用金相显微技术、扫描电镜和透射电镜技术以及X射线衍射测量研究了一种重载车轮钢的显微组织，采用电化学方法探讨它的氢渗透特性。研究表明，实验用重载车轮钢的显微组织由质量分数分别为95.7%的层片状珠光体4.3%的先共析铁素体组成，20℃时氢在实验钢中的扩散系数 D_0 为 $1.96\times10^{-6}cm^2\cdot s^{-1}$，该钢产生氢鼓泡的临界氢质量分数为 3.64×10^{-6}。

关键词 车轮钢；氢渗透；氢鼓泡

Microstructure and Hydrogen Permeation Characteristics of Wheel Steel for Heavy Haul Trains

Wang Feifei[1] Shen Xiaohui[1] Chen Gang[2] Zhang Qingan[1]

(1. Anhui University of Technology; 2. Ma'anshan Iron and Steel Co., Ltd.)

Abstract The microstructure of a heavy haul wheel steel was studied by using metallographic microscopy, scanning electron microscopy (SEM), transmission electron microscopy (TEM) and X - ray diffraction (XRD) measurement. Meanwhile its hydrogen permeation characteristics were also investigated with electrochemical method. It is found that the investigated steel consists of 95.7% (mass percent) of lamellar pearlite and 4.3% of proeutectoid ferrite. At 20℃, the hydrogen diffusion coefficient D_0 in the steel investigated is $1.96\times10^{-6}cm^2\cdot s^{-1}$ and the critical hydrogen mass fraction for hydrogen blistering is 3.64×10^{-6}.

Key words wheel steel; hydrogen permeation; hydrogen blistering

1 引言

随着重载货运的发展，人们对重载车轮钢的研究和开发越来越重视[1~3]。目前，国外主要采用碳含量为0.67%~0.77%（质量分数）的高强度、高硬度碳素钢作为重载车轮材料[4]，而国内自主研制成功的CL65，CL70级重载车轮在具有耐磨性、抗接触疲劳强度性能的同时，还兼顾抵抗热损伤、内部疲劳裂纹扩展等性能[5]。从当前的研究和开发状况来看[6,7]，人们的研究工作主要集中在成分设计和工艺改进上，以达到改善组织和提高力学性能的目的。实际上，车轮钢中的白点是影响产品质量的一个不可忽视因素[8]，尤其是当连铸工艺替代模铸工艺、S含量很低的情况下，白点的敏感性升高[9]，导致韧性下降。而白点的敏感性与钢中氢的扩散和氢陷阱有关[10]，因此，文中对正在开发的一种重载车轮钢中氢的扩散及氢鼓泡现象进行研究，为开发高性能的重载车轮钢提供依据。

2 实验材料及实验方法

实验用钢采用真空冶炼炉冶炼，化学成分见表1。将钢锭浇铸后锻造成钢坯，锻造加热温度为1200~

❶ 原文发表于《安徽工业大学学报（自然科学版）》2013年第4期。
国家高技术研究发展计划“863”重点项目（2008AA030703）。

1300℃，锻后进行空冷。在锻态实验用钢上截取直径为 20mm 的试样棒进行热处理。考虑到车轮的生产工艺为：压轧后进行踏面淬火，即 870℃×2h 加热，实际淬火温度约为 840℃，然后踏面喷水 230s，其实际轮辋冷却速度 2~4℃/s，最后进行 510℃×5h 回火。为了模拟该工艺，并考虑到实验用试样的尺寸比实际工件小很多，实验中对所有试样均采用 850℃×0.5h 正火，再 500℃×2h 回火。

表 1　实验用钢化学成分

Table 1　Chemical compositions of the steels investigated　(%)

C	Si	Mn	P	S	Cr	Al_s
0.72	0.83	0.78	0.013	0.005	0.24	0.015

将热处理后的试样切成厚度为 1.3mm 的圆片，用砂纸打磨后抛光，最终厚度为 1mm 左右。氢在钢中渗透特性的测量均采用电化学方法[11]，实验温度均为 20℃。将准备好的试样安装在氢渗透装置中，试样镀镍面作为扩散面，电解液采用 0.2mol/L 的 NaOH。然后在 2 个电解池中通入 N_2 以除 O_2，避免因 O_2 导致的阴极反应的复杂化。接着在试样的扩散面加上 200mV 恒电位（相对于参比电极），当残余阳极电流衰减直到稳定值后接通充氢电流，调节充氢电源使电流密度保持在预定恒定值，并开始记录不同时刻试样扩散面的阳极电流，一直到阳极电流达到稳定状态（最大值），从而得到氢渗透曲线。

氢鼓泡试样经打磨抛光后在 0.5mol/L 的 H_2SO_4 中以不同电流密度充氢 24h，使其达到饱和，取出迅速用蒸馏水冲洗表面酸液，擦干后用排油集气法[8]测量试样中可扩散氢含量。测完后将试样置于金相显微镜下观察是否产生氢鼓泡，确定产生氢鼓泡的临界电流密度 i_c。再以临界电流密度 i_c 充氢得到 1 组产生氢鼓泡的试样，测出临界可扩散氢含量，并取平均值 C_0^*，将测完 C_0^* 的试样擦干净后在室温放置 1 个月，然后用 RH-404 定氢仪测量陷阱中氢的质量分数 C_T（取平均值），最后得到产生氢鼓泡的临界氢质量分数 $C^*=C_0^*+C_T$。

对钢中的相进行分析，首先采用 Bruker D8 Advance 进行 XRD 测量，所用靶材为铜靶，测量步长设定为 0.02°；再用 RIETEN-2000 软件[12]对 XRD 数据进行 Rietveld 分析；然后将样品重新抛光，并用体积分数为 4%的硝酸酒精浸蚀，分别采用 Olympus 金相显微镜和 FEI NANO SEM 430 扫描电镜进行组织观察。最后，利用 Philips Tecnai 12 透射电镜对材料组织进行观察，所用透射电镜样品均采用电解双喷减薄的方法制成，电解液为体积分数为 8%的高氯酸+体积分数为 92%的乙醇溶液。

3　实验结果与讨论

3.1　显微组织及其相对含量

图 1(a) 为实验用钢的显微组织。可以发现，该材料由珠光体 P 和少量的先共析铁素体 $F_{先}$ 组成；从图 1(b)、(c) 可以看到，珠光体为典型的层片状组织。这说明该钢种在目前的工艺条件下很容易获得所期望的珠光体加少量先共析铁素体的组织，可使材料具有重载车轮所需的强韧性指标[3-5]。

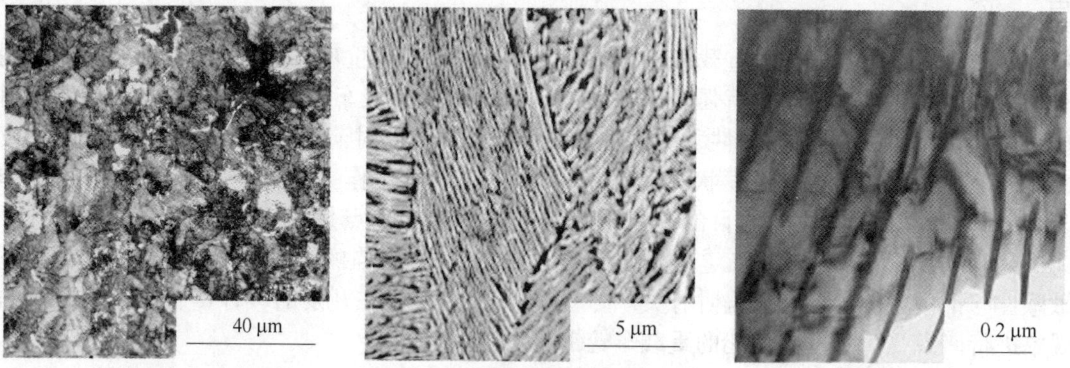

(a) 金相照片　(b) 扫描电镜照片　(c) 透射电镜照片

图 1　实验用钢的显微组织

Fig. 1　Microstructure of the steel investigated

为进一步定量分析钢的显微组织，对试样进行 XRD 分析。图 2 为实测 XRD 谱与 Rietveld 拟合谱，可以看出，实测谱与拟合计算谱吻合很好。由 Rietveld 分析方法得到的渗碳体（Fe_3C）相和铁素体（F）相的质量分数分别为 11%，89%，由于平衡状态下珠光体组织中 F 和 Fe_3C 相的质量分数分别为 88.5%和 11.5%，因此可以近似地折算出本实验用钢中珠光体 P 和先共析铁素体 $F_先$ 组织相对的质量分数分别为 95.7%和 4.3%。与杠杆定理计算的理论值（珠光体 P 和先共析铁素体 $F_先$ 的质量分数分别为 93.5%和 6.5%）相比，样品中先共析铁素体的含量有所减少，这主要与本实验中采取的正火工艺有关。

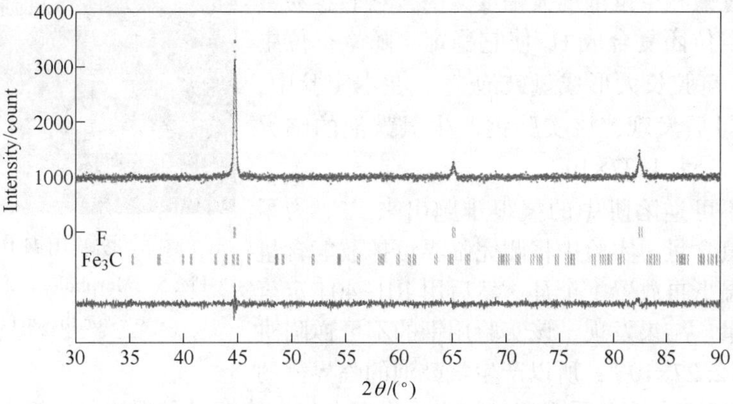

图 2　实验用钢 XRD 的 Rietveld 拟合

Fig. 2　Rietveld refinement of the XRD pattern for the steel investigated

3.2　氢扩散系数

图 3 为 20℃时不同充氢电流密度下样品的阳极电流随时间的变化曲线。从图 3 可以发现：随着氢渗透时间的延长，试样的阳极电流 I_a 不断增大，说明氢渗透量不断增多；当氢渗透到一定时间后阳极电流达到稳定值 I_∞，即氢渗透通量达到稳定值；同时还可以看到，随着充氢电流密度的增大，最大阳极电流 I_∞ 也不断增大，而且阳极电流达到最大值所需要的时间缩短。

在氢渗透曲线中，滞后时间 $t_{0.63}$ 为 $I_a/I_\infty=0.63$ 时所对应的时间，根据滞后时间 $t_{0.63}$ 可计算出表观扩散系数[11]。实验用钢在 20℃时的表观扩散系数 D 随充氢电流密度变化曲线如图 4 所示，由图 4 可以发现：随着充氢电流密度的增大，钢中氢的表观扩散系数逐渐增大；当充氢电流密度增大到 15mA · cm^{-2}时，氢的表观扩散系数达到一稳定值 $1.96\times10^{-6}cm^2\cdot s^{-1}$，这一稳定值即为 20℃时氢在该钢中的扩散系数 D_0。研究表明[13,14]，珠光体组织中 F 和 Fe_3C 相界面可以作为氢陷阱，该陷阱与氢的结合能为 10.85kJ · mol^{-1}；氢在钢中的扩散系数随着 F 和 Fe_3C 相界面的面积增大而减小。珠光体组织的片层间距越小，氢的扩散系数就越小。因此，在对重载车轮钢进行成分设计和工艺制定时，要考虑尽量得到较细的珠光体组织（见图 1），以减小氢的扩散系数。

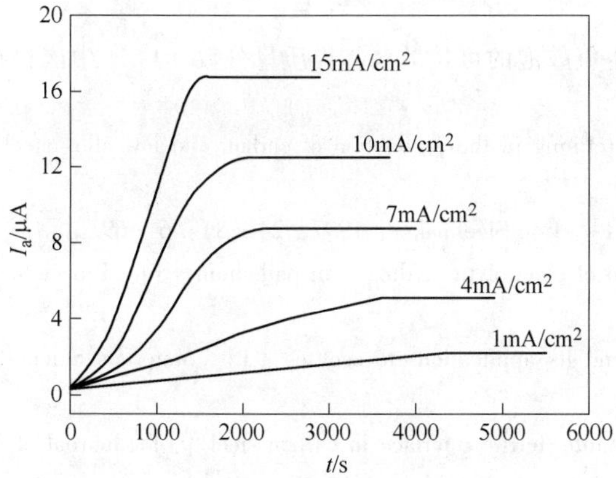

图 3　不同充氢电流密度下氢渗透曲线

Fig. 3　Hydrogen permeation curves at different charging current densities

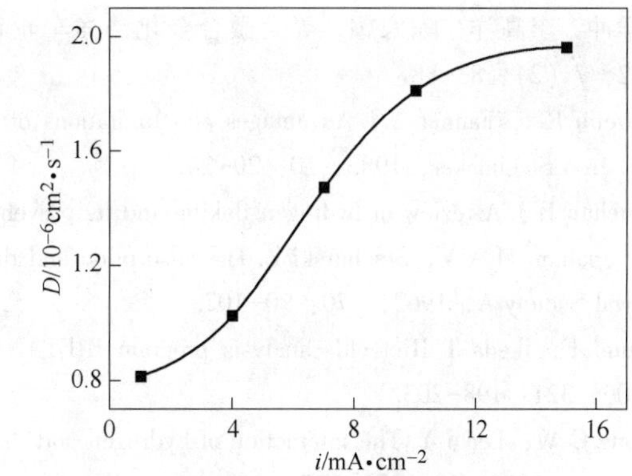

图 4　表观扩散系数随充氢电流密度的变化

Fig. 4　Apparent diffusion coefficient vs charging current density

3.3　氢鼓泡的临界氢含量

对实验用钢以不同电流密度（按从小到大的顺序）充氢 24h，取出后在显微镜下观察是否有氢鼓泡，发现当充氢电流密度增大到一定值后，试样会产生氢鼓泡，如图 5 所示。一般来说，钢中的氢占据晶体点阵中的间隙位置、可逆陷阱和不可逆陷阱；在室温下，处于间隙位置和可逆陷阱中的氢可以通过扩散从金属中跑出来[15]。钢在充氢时，氢进入材料使晶体点阵中过饱和空位浓度大幅度升高，它们容易聚集成空位团；氢进入空位团复合成 H_2 使它稳定，随着空位中氢的不断进入，含 H_2 空腔长大形成氢鼓泡[16]。在本实验中，采用排油集气法[8]测量后发现，该实验钢产生氢鼓泡的临界可扩散氢的质量分数 C_0^* 为 1.37×10^{-6}。

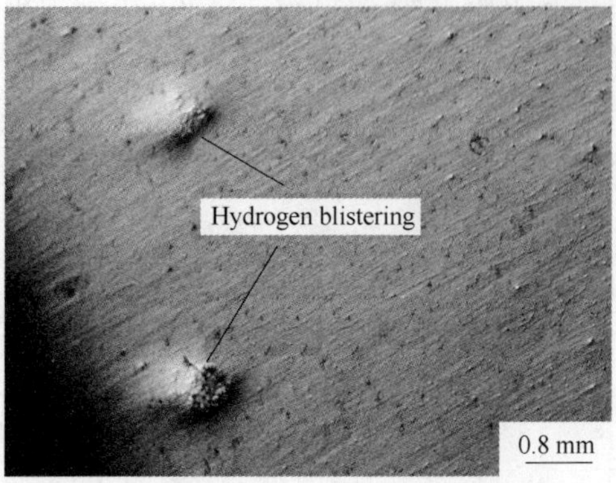

图 5 实验用钢中产生的氢鼓泡形貌

Fig. 5 Morphology of the hydrogen blistering for the steel investigated

然而，在室温下不可逆陷阱中的氢很难跑出来[13]。为了测量不可逆陷阱中的氢含量，实验中将测完临界可扩散氢含量的试样清洗干净后室温下再放置 1 个月，然后用 RH-404 定氢仪测出试样中的氢含量。结果发现，该实验用钢的不可逆陷阱中氢的质量分数 C_T 为 2.27×10^{-6}，所以产生氢鼓泡的临界氢的质量分数为 3.64×10^{-6}。为了避免重载车轮钢中出现白点，在炼钢时必须控制好钢中的氢含量。

4 结论

（1）实验用重载车轮钢的显微组织由质量分数分别为 95.7%的层片状珠光体和 4.3%的先共析铁素体组成。

（2）20℃时氢在该实验用重载车轮钢中的扩散系数 D_0 为 $1.96\times10^{-6}\mathrm{cm}^2\cdot\mathrm{s}^{-1}$。

（3）重载车轮钢产生氢鼓泡的临界氢的质量分数为 3.64×10^{-6}，其中可扩散氢的质量分数为 1.37×10^{-6}、不可逆陷阱中氢的质量分数为 2.27×10^{-6}。

参 考 文 献

[1] 郑伟生．关于我国重载车轮的若干问题［J］．铁道车辆，1993（10）：11-15.

[2] 张进德．我国铁路货车技术近期发展趋势商榷［J］．铁道车辆，2001，39（5）：15-19.

[3] 张斌，张弘，付秀琴．新材质重载货车车轮性能研究［J］．中国铁道科学，2009，30（5）：65-70.

[4] Hernandez F C R，Cummings S，Kalay S，et al. Properties and microstructure of high performance wheels［J］. Wear，2011，271：374-381.

[5] 朱昌逑，江波，安涛，等．铁路重载货车车轮新材料的研制［J］．钢铁，2007，42（8）：56-59.

[6] Liu Z X，Gu H C. Failure modes and materials performance of railway wheels［J］. Journal of Materials Engineering and Performance，2000，9（5）：580-584.

[7] Sakamoto H. Fracture Toughness of medium-high carbon steel for railroad wheel［J］. Materials Sciences and Engineering，2000，285A：288-292.

[8] 任学冲，李高洋，陈朱耀，等．微合金化洁净车轮钢产生氢鼓泡的可扩散氢临界质量分数［J］．中国科技论文，2012，7（2）：83-88.

[9] Andreini R J，Fanner A J. Advantages and limitations of AOD refining in the production of carbon and low alloy steel forgings［J］. Iron Steelmaker，1983，10：20-24.

[10] Fruehan R J. A review of hydrogen flaking and its prevention［J］. Iron Steelmaker，1997，24（8）：61-69.

[11] Devanathan M A V，Stachurski Z. The adsorption and diffusion of electrolytic hydrogen in palladium［J］. Proceedings of the Royal Society A，1962，270：90-102.

[12] Izumi F，Ikeda T. Rietveld-analysis program RIETAN-98 and its applications to zeolites［J］. Materials Science Forum，2000，321：198-203.

[13] Hong G W，Lee J Y. The interaction of hydrogen and the cementite-ferrite interface in carbon steel［J］. Journal of Materials Science，1983，18：271-277.

[14] Hagi H. Effect of interface between cementite and ferrite on diffusion of hydrogen in carbon steels［J］. Materials Transactions，JIM，1994，35（3）：168-173.

[15] Serna S，Martínez H，López S Y，et al. Electrochemical technique applied to evaluate the hydrogen permeability in microalloyed steels［J］. International Journal of Hydrogen Energy，2005，30（12）：1333-1338.

[16] 任学冲，单广斌，褚武扬，等．氢鼓泡的形核长大和开裂［J］．科学通报，2005，50：1689-1692.

35~40t 轴重 Si-Cr 合金化重载车轮新材料研制[❶]

江 波[1] 陈 刚[1] 王世付[2] 钟 斌[1]
李 翔[2] 赵 海[1] 章 静[3]

(1. 马鞍山钢铁股份有限公司，高性能轨道交通新材料及安全控制安徽省重点实验室；2. 马鞍山钢铁股份有限公司；3. 安徽工业大学)

摘 要 为适应美国用户在通用 AAR C 级钢成分要求框架内提出的高硬度等级 35-40t 轴重新型车轮的需求，在实验室采用 Si-Cr 合金化手段设计 4 种试验钢并对其进行材料特性参数比对试验，从而确定合金化设计方案，并结合复合喷水冷却工艺进行工业性验证。结果表明，Si-Cr 合金化车轮新材料和与之相配套的热处理工艺可使车轮在具有高硬度的同时，具有更高的相变点温度，车轮轮辋具有一致珠光体-铁素体组织状态，从而使车轮抗机械损伤和抗热损伤性能得到更好的协调，有利于提高车轮使用性能。

关键词 重载铁路；车轮；Si-Cr 合金化；材料特性参数；机械性能

Development of New Si-Cr Microalloying Wheel Steel for 35-40t Axle-load Freight Car Wheel

Jiang Bo[1] Chen Gang[1] Wang Shifu[2] Zhong Bin[1]
Li Xiang[2] Zhao Hai[1] Zhang Jing[3]

(1. Ma'anshan Iron and Steel Co., Ltd., Key Laboratory of High-quality Railway New Materials and Safety Control of Anhui Province; 2. Ma'anshan Iron and Steel Co., Ltd.; 3. Anhui University of Technology)

Abstract To meet the American customers' demand of new type high hardness 35-40t axle-load wheel which proposed within the chemical composition requirement of general AAR C steel grade, four types Si-Cr microalloying steel were designed and comparison tests of material characteristic parameters were implemented in the laboratory to determine the microalloying design scheme which is industrially verified combined with compound quenching technology. The results show that the wheel developed with new type Si-Cr microalloying wheel steel and relevant heat treatment process has high hardness and higher phase-transition point temperature, as well as the heomogeneous ferrite-pearlite rim structure which lead to the better balance between the mechanical damage resistance and thermal damage resistance, thus it is good for the improvement of wheel service performance.

Key words heavy-duty railway; train wheel; Si-Cr microalloying; material characteristic parameter; mechanical property

1 引言

随着重载货运的发展，35~40t 轴重重载矿运列车得到普遍应用。但是，在轴重增加的情况下，车轮所承受的机械载荷和热载荷显著增加，势必使车轮的接触损伤、磨损、热损伤缺陷加剧产生，从而影响车轮服役安全性能[1-3]。因此从改善和提高车轮使用性能的角度出发，美国用户提出了硬度等级更高（HB341~388 甚至 HB360~401）的新型车轮需求，要求在通用 AAR C 级车轮钢化学成分要求框架内实现

---

❶ 原文发表于《安徽工业大学学报》2013 年第 10 期。
安徽省科技计划项目（11Z0101022）。

这一技术目标。材料的强硬度匹配决定抗机械损伤性能，而材料相变特性决定抗热损伤性能[4,5]，国外学者的研究思路均是通过合金化的方式，在确保材料能够获得高强硬度的前提下，应尽可能提高材料的加热、冷却过程中相变特性以提高车轮抗热损伤能力[6,7]。从马钢按照北美通用 AAR C 级车轮（硬度要求为 HB321~363）的生产经验看，在 C、Mn 含量要求无法改变的条件下，要使硬度值提高 HB20 以上，必须在化学成分要求框架内采取合金化的措施，但如果合金化措施不当，会对车轮使用性能带来不利影响：一是淬透性提高使车轮踏面下非珠光体组织区深度增大，这不仅无益于耐磨性的提高，还会增大踏面剥离发生率；二是车轮承受的制动热负荷高，如车轮材料的相变点温度 A_{c1}、A_{c3} 不能提高，则会增大热损伤发生率。两者都会造成临修频次增多、金属利用率降低，使车轮维修成本增大，实际使用寿命降低[8,9]。综上所述，35~40t 轴重重载车轮的研制不单单是提高硬度，关键是兼顾抗机械损伤和热损伤能力。为此，采用合金化手段和与之配套的热处理工艺，研制 35~40t 轴重重载车轮材料。

2　合金设计实验室研究

2.1　合金化方式选择

高硬度车轮钢化学成分要求与 AAR M107/208 标准对通用 AAR C 级车轮钢的要求一致，即：C 0.67%~0.77%，Si 0.15%~1.00%，Mn 0.60%~0.90%，Cr≤0.25%，Ni≤0.25%，Mo≤0.10%，V≤0.040%，Cu≤0.35%，Al≤0.060%，Ti≤0.03%，Nb≤0.05%，除 C、Si、Mn、Cu、Al、Ti、Nb 元素外，其他元素含量符合式（1）即可：

$$930 - 570w(\mathrm{C}) - 80w(\mathrm{Mn}) - 20w(\mathrm{Si}) - 50w(\mathrm{Cr}) - 30w(\mathrm{Ni}) - 20w(\mathrm{Mo}) - w(\mathrm{V}) > 390 \tag{1}$$

相变点温度 A_{c1}、A_{c3} 和珠光体临界冷却速度 v_3（℃/h）的计算公式分别为[10]：

$$A_{c1} = 723 - 20.7w(\mathrm{Mn}) - 16.9w(\mathrm{Ni}) + 29.1w(\mathrm{Si}) + 16.9w(\mathrm{Cr}) + 290w(\mathrm{As}) + 6.38w(\mathrm{W}) \tag{2}$$

$$A_{c3} = 910 - 203w(\mathrm{C})^{1/2} - 15.2w(\mathrm{Ni}) + 44.7w(\mathrm{Si}) + 104w(\mathrm{V}) + 31.5w(\mathrm{Mo}) + 13.1w(\mathrm{W}) \tag{3}$$

$$\log v_3 = 6.36 - [0.43w(\mathrm{C}) + 0.49w(\mathrm{Mn}) + 0.26w(\mathrm{Cr}) + 0.38w(\mathrm{Mo}) + 2w(\mathrm{Mo})^{1/2} + 0.78w(\mathrm{Ni}) + 0.0019P_{\mathrm{A}}] \tag{4}$$

式中，P_A 为奥氏体化条件参数，℃/h。

从式（2）~式（4）可看出：Si 元素含量的增加能够有效提高材料相变点温度 A_{c1}、A_{c3}，对珠光体临界冷却速度 v_3 未产生明显影响；Cr 元素含量的增加有提高 A_{c1}、A_{c3} 的作用，对珠光体临界冷却速度 v_3 的影响相对较小，采用 Si 或 Si-Cr 合金化与预期技术思路是吻合的，故作为合金化研究的主选方案。Mo 元素含量对珠光体临界冷却速度 v_3 的影响较大，不利于抑制非珠光体组织；Ni 元素含量的增加不仅降低材料相变点温度 A_{c1}、A_{c3}，还减小珠光体临界冷却速度 v_3，因而，Mo、Ni 元素均不予考虑；V 元素对组织性能的影响较为复杂，且成本较高，也不予考虑。

2.2　实验室试验

2.2.1　试验原料与方法

试验钢采用 ZCX02-26-1 型 200kg 真空熔炼炉冶炼，钢锭经过切头、表面机加工等前处理后，锻造成厚度 60mm，宽度 120mm 的板状供试验用。试验钢化学成分（见表 1）均符合 AAR M107/208 标准对 AAR C 级车轮钢的要求。表中 $R_{p0.2}$ 为屈服强度；R_m 为抗拉强度；A 为延伸率；Z 为断面收缩率。

表 1　试验钢化学成分及常温拉伸性能

Table 1　Chemical composition of test steel and tensile properties at room temperature

试样	w/%					常温拉伸性能			
	C	Si	Mn	Cr	P、S	$R_{p0.2}$/MPa	R_m/MPa	A/%	Z/%
1#	0.71	0.35	0.88	0.02	≤0.010	490	890	15.5	27.5
2#	0.69	0.91	0.85	0.02		540	935	17.0	26.0
3#	0.72	0.76	0.77	0.17		520	950	16.0	27.5
4#	0.71	0.85	0.81	0.26		560	990	15.5	27.5

在锻态试验钢上取 ϕ25mm 试棒，经 850℃×0.5h 正火+500℃×2h 回火后进行拉伸试验，初步了解合金化方式对强塑性的影响。在锻态试验钢上取样，按 GB 225—1988《钢的淬透性末端淬火试验方法》加工试样，经过 850℃×0.5h 奥氏体化后进行末端淬火试验。

在锻态试验钢上取样按 YB/T 5127—1993《钢的临界点测定方法（膨胀法）》测定试验钢的 CCT 曲线。

2.2.2 试验结果与分析

合金化方式对试验钢强塑性的影响拉伸试验结果见表 1。由表 1 可见：Si 元素含量的提高起到了提高试验钢强度的作用，但仅靠 Si 元素不足以使试验钢强度大幅度提高；在提高 Si 含量的同时加入 Cr 元素，试验钢的强度增幅加大，Si 及 Si-Cr 合金化均未对试验钢的塑性指标产生明显影响。试验钢的末端淬火试验结果见图 1。从 1#、2#试验钢的端淬曲线看，提高 Si 元素含量主要使淬火曲线向上平移，向右移动幅度不大，说明 Si 元素含量的增加具有明显提高硬度的作用，同时对过冷奥氏体转变影响较小。从 2#、3#、4#试验钢的末端淬火曲线看，提高 Cr 元素含量使淬火曲线逐渐向右上方移动，说明 Cr 含量的增加不仅使材料的硬度水平提高，而且过冷奥氏体的稳定性也逐渐增大。

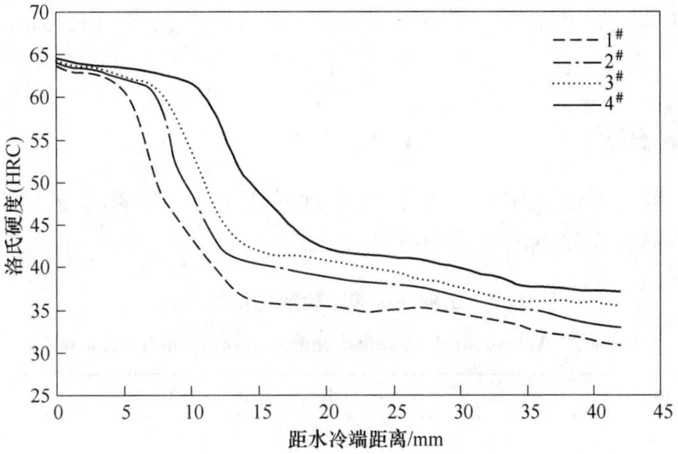

图 1 试验钢末端淬火曲线

Fig. 1 End quenching Curve of test steel

车轮热处理冷却方式与末端淬火试验有一定的相似性。车轮冷却时，踏面下 10~35mm 范围的冷却速度大致对应末端淬火试样上距末端 15~40mm 部分，1#~4#试验钢位于该范围的硬度值分别为 HRC36.0~31.2、HRC40.4~33.0、HRC42.0~35.7、HRC48.8~37.2，换算为布氏硬度分别为 HB332~298、HB374~306、HB391~329、HB483~343。可见，以踏面下 35mm 处硬度超过 HB340 为目标，则必须采用 Si-Cr 合金化措施，在 Si 质量分数为 0.85%左右时，Cr 质量分数应达到 0.25%~0.30%。但这同时带来一个问题，由于淬透性增大，车轮踏面下非珠光体组织区的深度会随之增大。

3#、4#试验钢的 CCT 曲线分别见图 2、图 3。由图 2、图 3 可见：4#试验钢的 A_{c1}、A_{c3}分别比 3#试验钢升高了 13℃、8℃，这对提高车轮抗热损伤性能是有利的；但是，两者的珠光体临界冷却速度却有较大差别，3#试验钢约为 5℃/s，4#试验钢则为 3℃/s。与车轮轮辋冷却速度变化规律相对比，采用 3#、4#试验钢制造的车轮踏面下非珠光体组织区深度分别为 10mm、15mm 左右。由此可见，采用 0.85%Si-0.25%~0.30%Cr 的合金化方式，在常规热处理冷却工艺下，会使车轮踏面下非珠光体组织区深度明显增加，因精加工无法去除，会对车轮使用性能产生不利影响。

根据实验室试验结果得出车轮钢合金化设计方案，设定 C 质量分数为 0.70%~0.75%，Si 质量分数为 0.85%~0.95%，Mn 质量分数为 0.75%~0.85%，Cr 质量分数为 0.25%~0.30%，P 质量分数为≤0.030%，S 质量分数为 0.005%~0.020%。该方案以保证车轮踏面下 35mm 处硬度值超过 HB340 为首要目标，非珠光体组织区的问题则依靠热处理冷却工艺的改进来解决。

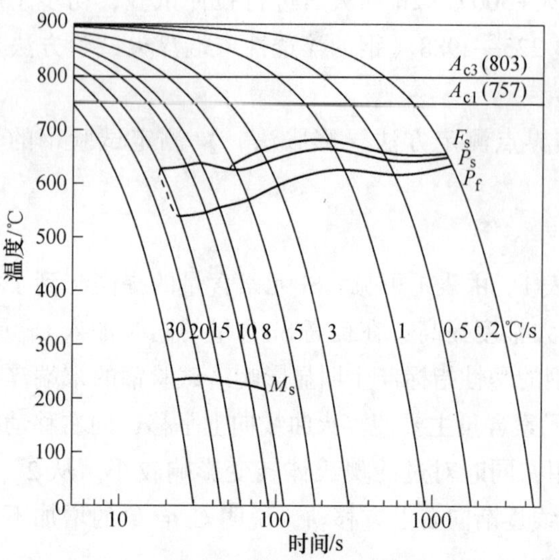

图 2　3#钢 CCT 曲线

Fig. 2　CCT curve of 3# steel

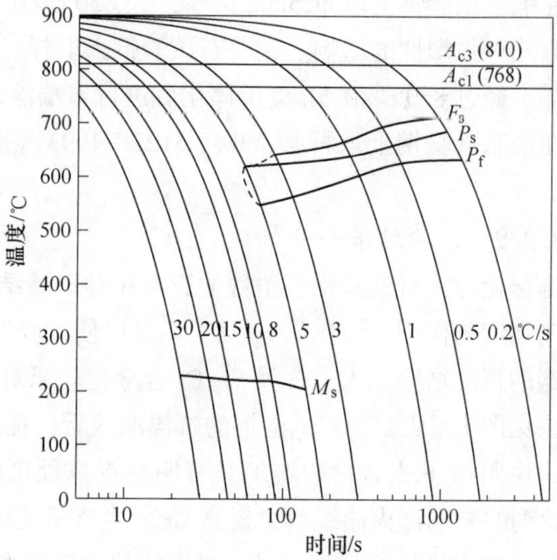

图 3　4#钢 CCT 曲线

Fig. 3　CCT curve of 4# steel

3　工业性试验和批量生产

为评估实验室工作效果，另取通用 C 级车轮钢进行对比试验，冶炼工艺路线均为转炉→LF→VD→450mm 圆坯连铸。工业性试验车轮钢的化学成分见表 2。

表 2　工业性试验车轮钢的化学成分

Table 2　Wheel steel chemical composition of industrial test

(%)

钢种	C	Si	Mn	Cr	P	S
试验钢	0.71	0.87	0.81	0.27	0.012	0.008
通用 C 级钢	0.72	0.30	0.79	0.16	0.013	0.007

将试验钢压轧成相同规格的 ϕ970mm 车轮。车轮进行热处理试验时，针对非珠光体组织区问题采用不同的冷却方式。热处理加热温度相同，冷却方式分别采用常规的连续冷却和马钢已开发的 1 种具有自主知识产权的复合喷水冷却工艺[11]，对车轮轮辋进行分段式连续喷水强制冷却，回火制度均为 500℃×4h。

在试验车轮轮辋踏面下 15mm 处取样进行拉伸试验，踏面下 35mm 处进行断面硬度测试，自踏面沿径向取样观察组织分布，结果见表 3。由表 3 可见：Si-Cr 合金化措施使车轮强硬度水平大幅度提高，且对塑性指标影响不大，可确保车轮硬度值满足美国用户要求；采用复合喷水冷却工艺可在保证高强硬度水平的同时，使非珠光体组织区深度大幅降至后续机加工时能够去除的范围，保证出厂车轮的轮辋全截面具有一致的铁素体-珠光体组织状态。

表 3　试验车轮性能、组织

Table 3　Properties and microstructure of test wheel

钢种	热处理冷却工艺	拉伸性能			踏面下 35mm 处硬度(HB)	非珠光体组织区深度/mm
		R_m/MPa	A/%	Z/%		
试验钢	常规冷却	1240	15.0	33	350	13.4
	复合冷却	1251	14.5	31	355	7.6
通用 C 级钢	常规冷却	1176	16.0	35	326	7.8

依托 Si-Cr 合金化措施和与之相配套的热处理工艺，2010 年以来批量生产销售供 BHP、力拓等的高硬度重载车轮近 3 万件，硬度合格率达 99.7%。

4 结论

研制 Si-Cr 合金化车轮新材料，并采用复合喷水冷却+500℃×4h 回火热处理工艺，使该车轮在具有高硬度的同时具有更高的相变点温度 A_{c1}、A_{c3}，车轮轮辋具有一致珠光体-铁素体组织状态，从而可使车轮满足美国用户的高硬度技术要求，同时协调了抗机械损伤和抗热损伤性能之间的矛盾关系，有利于车轮服役使用性能的提高。

参考文献

[1] 陈刚，程德利，王世付．我国大轴重货车车轮开发的几点思考［J］．铁道车辆，2005，43（11）：12-14.
[2] Sullivan R，Lonsdale C，Oliver J. 2003 AAR ear repair billing wheel removal anlysis［C］. 14th International Wheelset Congress，Orlando，USA，2004：25-30.
[3] 汪国才，吴耀光，陈刚，等．新型铁路重载货车车轮的生产实践［C］．第七届中国钢铁年会，北京，2009：442-445.
[4] 潘涛，马跃，李丽，等．抗剥离车轮钢的合金设计及 Si 元素对抗剥离性能的影响［J］．钢铁，2009，44（8）：67-71.
[5] 朱昌逑，江波，安涛，等．铁路重载货车车轮新材料的研制［J］．钢铁，2007，42（8）：57-59.
[6] Kristan J V，Stone D H. Railroad wheel alloy developed to inhibit spall formation as a result of wheel slide［C］. 14th International Wheelset Congress，Orlando，USA，2004：246-252.
[7] Cantini G S. Mechanical comparison between north American and European materials for wrought solid wheels，in terms of RCF resistance［C］. 14th International Wheelset Congress，Orlando，USA，2004：135-140.
[8] 季怀忠，苏航，杨才富，等．车轮钢摩擦热影响区的相变及其损伤机理［J］．钢铁研究学报，2005，17（4）：55-59.
[9] 安涛，李胜祗，李小宇，等．重载车轮对机械性能要求的研究［J］．铁道学报，2006，44（11）：1-5.
[10] 康大韬，郭成熊．工程用钢的组织转变与性能图册［M］．北京：机械工业出版社，1992：35-39.
[11] 陈刚，王世付，江波，等．高碳钢火车车轮轮辋表面的热处理方法及热处理装置：中国，ZL200810020421.5［P］. 2010-06-02.

35~40t 轴重铁路重载货车车轮材料研究❶

江 波　陈 刚　王世付　李 翔　钟 斌　赵 海

（马鞍山钢铁股份有限公司，高性能轨道交通新材料及安全控制安徽省重点实验室）

摘 要　针对 35~40t 轴重重载车轮的使用条件特点，研究了一种采用 Si-Cr 合金化车轮新材料和与之相配套的热处理工艺，可使车轮在具有高硬度的同时具有更高的 A_{c1}、A_{c3}，使车轮轮辋具有一致铁素体-珠光体组织状态，从而能使车轮抗机械损伤性能和抗热损伤性能得到了更好的协调，有利于提高车轮使用性能。

关键词　重载铁路；车轮；铁素体-珠光体钢；机械性能；相变特性

1 引言

近年来国外重载货运发展迅速，35~40t 大轴重列车得到普遍应用，国外用户提出了硬度等级更高（HB341~388 甚至 HB 360~401）的新型车轮需求，要求在通用 AAR C 级车轮钢化学成分要求的框架内实现这一技术目标。从北美通用 AAR C 级车轮（硬度要求为 HB 321~363）的生产经验看，在 C、Mn 含量要求不得改变的条件下，要使硬度值提高 HB20 以上，必须在化学成分要求框架内采取合金化措施，但如果合金化措施不当，会对车轮使用性能带来不利影响。

一是淬透性提高使车轮踏面下非珠光体组织区深度增大，这不仅无益于耐磨性的提高，还会增大踏面剥离发生率；二是车轮承受的制动热负荷高，如车轮材料的 A_{c1}、A_{c3} 不能提高，则会增大热损伤发生率，两者都会造成临修频次增多、金属利用率降低，使车轮维修成本增大，实际使用寿命降低[1,2]。

因此，35~40t 轴重重载车轮的研制不单单是提高硬度一个方面，最关键的是兼顾抗机械损伤和热损伤能力，使车轮的使用性能得以保证，这就需要合金化措施适当、适度，同时，热处理工艺要与合金化措施相协调。

2　合金化方式选择及实验室研究

2.1　合金化方式选择

高硬度车轮钢化学成分要求与 AAR M107/208 标准对 AAR C 级车轮钢的要求一致，见表 1。

表 1　高硬度车轮钢主要强化元素的含量要求　　（%）

C	Si	Mn	Cr	Ni	Mo	Cu	V
0.67~0.77	0.15~1.00	0.60~0.90	≤0.25	≤0.25	≤0.10	≤0.35	≤0.040

研究结果表明[3]，Si 提高 A_{c1}、A_{c3} 的作用明显，对珠光体临界冷却速度 v_3 无影响；Cr 有提高 A_{c1}、A_{c3} 的作用，对珠光体临界冷却速度的影响相对较小，采用 Si 或 SiCr 合金化与预期技术思路是吻合的，故作为合金化研究的主选方案。Mo 对珠光体临界冷却速度 v_3 的影响较大，不利于抑制非珠光体组织；Ni 不仅降低 A_{c1}、A_{c3}，还降低珠光体临界冷却速度 v_3，因而，Mo、Ni 均不予考虑。V 对组织性能的影响较为复杂，且成本较高，也不予考虑。

2.2　实验室试验

实验室试验钢采用真空熔炼炉冶炼，钢锭经过切头、表面机加工等前处理后，锻造成板状样供各项

❶ 原文发表于 2013 年铁路和建筑用钢学术研讨会论文集。

试验用。

在锻态试验用钢上取圆棒试棒，经回火后进行拉伸试验，初步了解合金化方式对强塑性的影响。可以看出，Si 起到了提高强度的作用，但仅靠 Si 不足以使强度大幅度提高，在提高 Si 含量的同时加入 Cr，强度增幅加大。Si 及 Si-Cr 合金化均未对材料的塑性指标产生明显影响。表 2 为试验用钢的化学成分及常温拉伸性能检测结果。

表 2 试验钢化学成分及常温拉伸性能

试验钢	化学成分/%					常温拉伸性能			
	C	Si	Mn	Cr	P、S	$R_{p0.2}$/MPa	R_m/MPa	A/%	Z/%
1#	0.71	0.35	0.88	0.02	≤0.010	490	890	15.5	27.5
2#	0.69	0.91	0.85	0.02		540	935	17.0	26.0
3#	0.72	0.76	0.77	0.17		520	950	16.0	27.5
4#	0.71	0.85	0.81	0.26		560	990	15.5	27.5

在锻态试验钢上取样，经过奥氏体化后进行末端淬火试验，结果见图 1。

从 1#、2#试验钢的端淬曲线看，Si 含量的提高主要使淬火曲线向上平移，向右移动幅度不大，说明 Si 具有明显提高硬度的作用，同时对过冷奥氏体转变的影响较小。

从 2#、3#、4#试验钢的端淬曲线看，Cr 含量的提高使淬火曲线逐渐向右上方移动，说明随 Cr 含量的增加，不仅硬度水平提高，过冷奥氏体的稳定性也逐渐增大。

车轮热处理冷却方式与末端淬火试验有一定的相似性，以车轮踏面下 35mm 处硬度超过 HB340 为目标，必须采用 SiCr 合金化措施；但同时带来一个问题，由于淬透性增大，车轮踏面下非珠光体组织区的深度会随之增大。

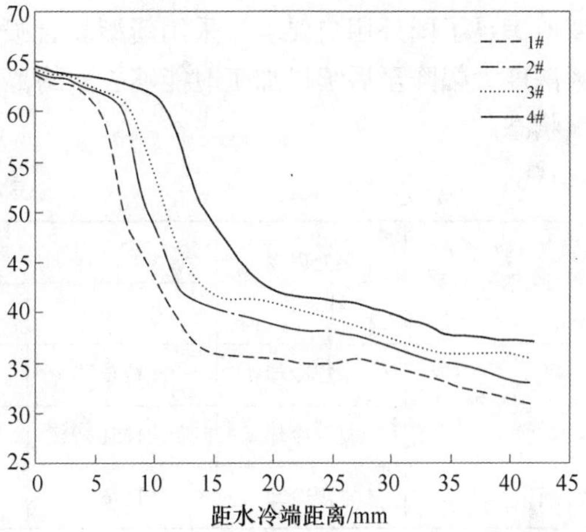

图 1 试验钢末端淬火曲线

在锻态试验钢上取样测定了 3#、4#钢的 CCT 曲线，见图 2 和图 3，4#钢的 A_{c1}、A_{c3} 分别比 3#钢升高了 13℃、8℃，这对于提高车轮抗热损伤性能是有利的，但是，两者的珠光体临界冷却速度却有较大差别，3#钢约为 5℃/s，4#钢则为 3℃/s。采用 0.85%Si-0.25%～0.30%Cr 的合金化方式，在常规热处理冷却工艺下，会使车轮踏面下非珠光体组织区深度明显增加，由于后续精加工无法去除，会对车轮使用性能产生不利影响。

根据实验室试验结果确定了高硬度车轮钢采取 SiCr 合金化的设计思路，以保证车轮踏面下 35mm 处硬度值超过 HB340 为首要目标，非珠光体组织区的问题则依靠热处理冷却工艺的改进而予以解决。

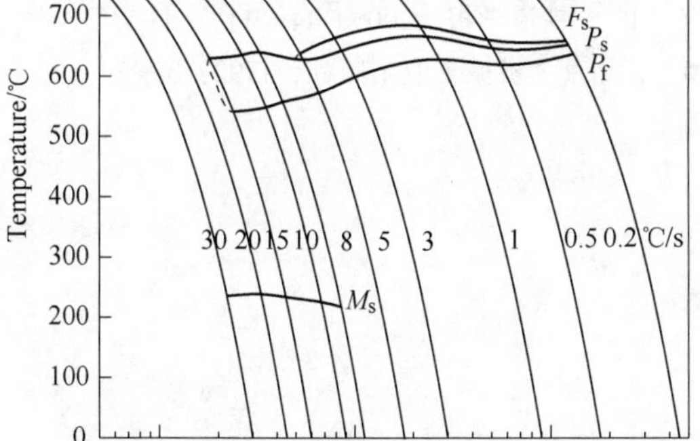

图 2 3#钢 CCT 曲线

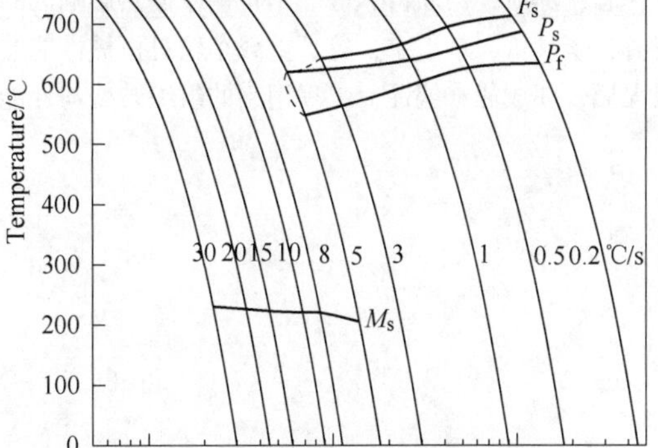

图 3 4#钢 CCT 曲线

3 工业性试验和批量生产

为评估实验室工作效果，另取通用C级车轮钢进行了比对试验，冶炼工艺路线均为转炉→LF→VD→ϕ450mm圆坯连铸。工业性试验车轮钢的参考化学成分见表3。

表3 工业性试制车轮钢的化学成分 (%)

钢种	C	Si	Mn	Cr	P	S
试验钢	0.71	0.85	0.80	0.20	0.012	0.008
通用C级钢	0.72	0.30	0.79	0.16	0.013	0.007

试验用钢压轧成ϕ970mm规格车轮。

对车轮进行热处理试验，主要针对非珠光体组织区问题。热处理加热温度相同，冷却方式分别采用常规的连续冷却和新型复合喷水冷却工艺，回火制度均为500℃。

在试验车轮轮辋踏面下取样进行拉伸试验和横断面硬度测试，自踏面沿径向取样观察组织分布，结果见表4。可见，SiCr合金化措施使车轮强硬度水平大幅度提高，且对塑性指标影响不大，可确保车轮硬度值满足了国外用户要求。采用新型复合喷水冷却工艺可在保证高强硬度水平的同时，使非珠光体组织区深度大幅降至后续机加工时能够去除的范围，保证出厂车轮的轮辋全截面具有一致的铁素体-珠光体组织状态。

表4 试验车轮性能和组织

钢种	热处理冷却工艺	拉伸性能			硬度（HB）	非珠光体组织区深度/mm
		R_m/MPa	A/%	Z/%		
试验钢	常规冷却	1240	15	33	350	13.4
	复合冷却	1251	14.5	31	355	7.6
通用C级钢	常规冷却	1176	16	35	326	7.8

依托SiCr合金化措施和与之相配套的热处理工艺，2010年以来批量生产销售供国外用户等的高硬度重载车轮过万件，硬度合格率达99.7%。

4 结论

所研究的SiCr合金化车轮新材料以及与之相配套的热处理工艺，可使车轮满足国外用户的高硬度技术要求，同时协调了抗机械损伤和抗热损伤性能之间的矛盾关系，有利于车轮服役使用性能的提高。

参 考 文 献

[1] 季怀忠，苏航，杨才富，等．车轮钢摩擦热影响区的相变及其损伤机理［J］．钢铁研究学报，2005，17（4）：55-59.
[2] 安涛，李胜祗，李小宇，等．重载车轮对机械性能要求的研究［J］．铁道学报，2006，44（11）：1-5.
[3] 康大韬，郭成熊，编译．工程用钢的组织转变与性能图册［M］．北京：机械工业出版社，1992：35-39.

出口铁路货车用40t轴重高硬度车轮生产实践❶

陈　刚[1]　江　波[1]　王世付[2]　钟　斌[1]　李　翔[2]　赵　海[1]　任学冲[3]

（1. 马鞍山钢铁股份有限公司，高性能轨道交通新材料及安全控制安徽省重点实验室；
2. 马鞍山钢铁股份有限公司；3. 北京科技大学，国家材料服役安全科学中心）

摘　要　针对国外40t轴重车轮需求，开发了一种采用Si-Cr合金化的车轮新材料和与之相配套的热处理工艺，通过生产实践马钢已形成一整套40t轴重重载车轮生产制造技术集成，实物综合性能控制稳定，相比北美AAR M107/M208标准中的C级车轮具有更良好的综合力学性能和抗接触疲劳性能。

关键词　40t轴重；货车车轮；抗接触疲劳

Production of Rigid Wheels for Export-oriented Freight Cars with 40t Axleload

Chen Gang[1]　Jiang Bo[1]　Wang Shifu[2]　Zhong Bin[1]
Li Xiang[2]　Zhao Hai[1]　Ren Xuechong[3]

(1. Ma'anshan Iron and Steel Co., Ltd., Key Laboratory of High-quality Railway New Materials and Safety Control of Anhui Province; 2. Ma'anshan Iron and Steel Co., Ltd.; 3. University of Science and Technology Beijing, National Center for Materials Service Safety)

Abstract　In view of the demand of wheels for 40t axleload on the international market. Si-Cr alloy steel wheel and relevant heat treatment processes are developed and integral manufacturing technologies for the heavy haul wheels are formulated. Comprehensive performance test indicates that the new wheel's overall properties are steadily controlled and are superior to those of the Grade C wheel specified in AAR M107/M208 in terms of comprehensive mechanical properties and contact fatigue resistance.

Key words　40t axleload; freight car; rigid wheel; contact fatigue resistance

1　引言

近年来随着国外重载货运发展，35～40t大轴重重载矿运列车得到普遍应用，从改善和提高车轮使用性能的角度出发，国外用户提出了HB341～388甚至HB360～401硬度等级更高的新型车轮需求，希望在不改变轮型设计的前提下，通过提高车轮材质性能以进一步提高车轮的承载能力，从而实现运输效率的提高。但是，在轴重增加情况下，车轮所承受的机械载荷和热载荷显著增加，势必会明显加剧车轮的接触损伤、磨损、热损伤缺陷的发生几率，影响车轮服役安全性能[1-3]。

因此，从大轴重车轮服役安全性能以及用户需求等考虑，2010年马钢自主开展了出口40t轴重重载货车车轮研发工作，目前已形成了一整套完备的生产制造技术集成并实现了批量出口。

❶　原文发表于《机车车辆工艺》2014年第1期。

2　40t 轴重货车轮研制概况

2.1　Si-Cr 合金化车轮新材料设计

对于大轴重车轮来说，高耐磨耗性能是其应具备的最基本功能，而硬度水平相当时，铁素体-珠光体材料具有最好的耐磨性[4]，因此到目前为止，国外 30~35t 轴重重载车轮主要采用北美 AAR M107 标准中的高碳（0.67%~0.77%）的高强硬度碳素钢车轮材料（即北美 AAR M107/M208 标准中的 C 级车轮）。但是随着轴重增加到 35~40t，需要车轮材料具有更高的强硬度指标以获得更优良的耐磨耗性能、抗机械损伤性能，完全依靠碳的强化作用已难以在提高强度上有所作为，必须采用适当的合金化措施[5]。

已有的研究结果表明，Si 的固溶强化作用极强，能够有效提高钢的强硬度，但当超过 3%时会降低钢的塑韧性能[6]；钢中加入少量 Cr，可在保持钢的韧塑性基本不变的情况下，显著提高钢的强硬度指标，这和 Cr 对基体的固溶强化作用及对珠光体片层的细化作用密切相关[7]。为此，在实验室完成了 Cr-Si 合金元素含量对车轮材料性能及相变特性的影响研究，试验用钢化学成分见表 1。

在锻态试验钢上取 ϕ25mm 试棒，经 850℃×0.5h 正火+500℃×2h 回火后进行了拉伸试验，表 1 所示实验室常温拉伸性能结果表明，适当提高 Si、Cr 合金含量，未对材料塑性指标产生较明显影响，但材料强度得到了大幅度提高，这有益于改善材料的耐磨性能和抗机械损伤性能。

同时图 1、图 2 所示的 CCT 曲线测试结果也表明，Si-Cr 含量的增加使材料的 A_{c1}、A_{c3} 点升高，这也有益于改善材料的抗热损伤性能，据此最终确定了 40t 轴重车轮钢合金设计方案并用于工业性试制。

表 1　试验钢化学成分及常温拉伸性能

试验钢	化学成分/%					常温拉伸性能			
	C	Si	Mn	Cr	P、S	$R_{p0.2}$/MPa	R_m/MPa	A/%	Z/%
1#	0.71	0.35	0.88	0.02	≤0.010	490	890	15.5	27.5
2#	0.69	0.91	0.85	0.02		540	935	17.0	26.0
3#	0.72	0.76	0.77	0.17		520	950	16.0	27.5
4#	0.71	0.85	0.81	0.26		560	990	15.5	27.5

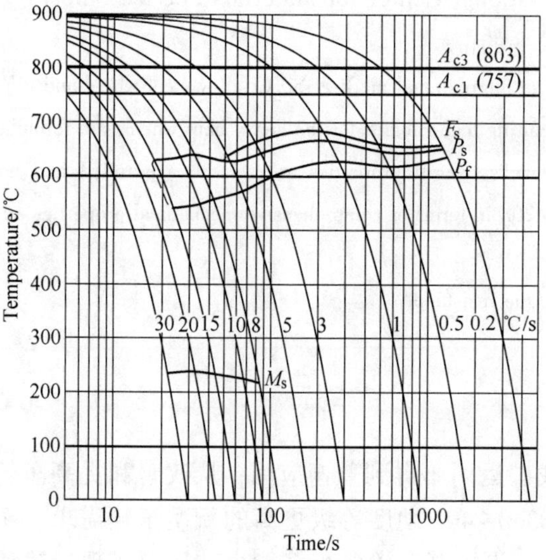

图 1　3#钢 CCT 曲线

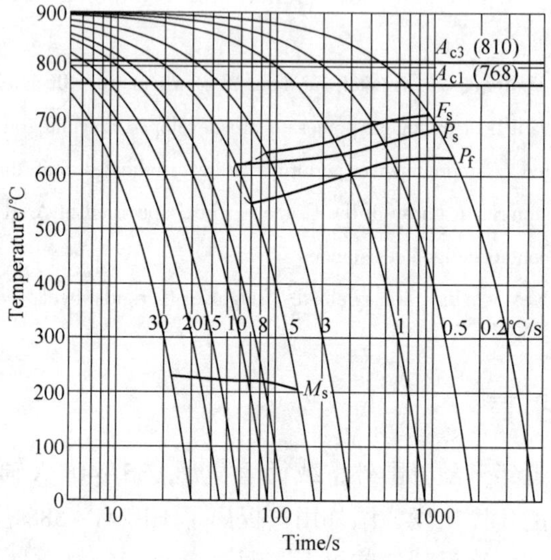

图 2　4#钢 CCT 曲线

2.2　高纯净度车轮钢冶炼工艺

冶金实物质量是决定车轮安全性、可靠性的关键因素，其中脆性非金属氧化物夹杂是导致车轮轮辋疲劳掉块、辋裂、接触疲劳剥离的根源，是车轮钢质量控制的基本要求，因此在冶炼连铸工艺控制方面，出钢过程采用 Al 预脱氧、LF 炉采用铝铁终脱氧工艺，重点采取精炼白渣操作、夹杂物变性处理、严格净化搅拌等综合措施，使钢中 T. O 含量稳定控制在 12ppm 以下，这使得钢中脆性非金属氧化物夹杂不仅数量少，而且细小、弥散，不再是影响车轮服役使用性能的主要因素，同时也确保了超出 ϕ1mm 平底孔探伤当量要求的重载车轮超声波探伤废品率稳定控制在 3%~5%以下。

2.3 获得稳定而均质珠光体+铁素体组织的热处理工艺

从图 1 和图 2 可见 Si-Cr 合金元素的加入影响了车轮材料的相变特性，在常规单面连续喷水冷却热处理条件下会使踏面近表层数毫米区域内产生含回火索氏体、贝氏体的复合组织层的概率明显增大，该组织层硬且脆，在轮轨接触应力的作用下极易发生剥离剥落，从而影响车轮的服役表现。

为此，将自主开发的复合喷水冷却工艺控制技术投入批量生产应用，并根据复合喷水冷却工艺特点，采取正交试验方法综合研究了相关工艺参数对高硬度重载车轮的组织状态和性能指标的影响，在此基础上对复合喷水冷却工艺各项参数进行了优化，将踏面近表层复合组织层的深度控制在 5~8mm 加工余量的范围内，实现了成品车轮轮辋能够获得均匀的微细珠光体+铁素体组织的目标。

3 40t 轴重重载货车轮生产

3.1 工业性试制

在上述研究的基础上开展了 40t 轴重车轮工业性试制，并选取北美 AAR M107/M208 标准中的通用 C 级车轮进行对比试验，冶炼工艺路线均为 BOF→LF→VD→ϕ450mm 圆坯连铸，工业性试制车轮钢的化学成分、气体含量见表 2。

表 2 工业性试制车轮钢的化学成分、气体含量

钢种	熔炼成分/%			偏析指数		气体含量/ppm		
	C	Si	Cr	C 偏析指数	Si 偏析指数	T. O	N	H
40t 轴重	0.71	0.87	0.27	1.03	1.03	10.3	43.2	0.9
通用 C 级	0.72	0.30	0.16	1.04	1.02	13.2	46.8	1.8

将 40t 轴重车轮钢和通用 C 级车轮钢连铸坯通过轧制→缓冷→热处理工艺路线以相同工艺试制成 ϕ970mm 规格车轮后，按照 TB2817、EN13262、GB/T4161、ASTM E21 进行了综合性能试验，试验结果见表 3。可见，40t 轴重车轮在塑韧性综合性能保持相当水平的前提下，强硬度指标和高温拉伸性能明显提高，具有更良好的综合力学性能。

表 3 工业性试制车轮综合性能试验结果

钢种	轮辋常温拉伸			断面硬度 (HB)	K_Q/MPa·m$^{1/2}$	轮辋高温拉伸（537.78℃）			
	R_m/MPa	A/%	Z/%			$R_{p0.2}$/MPa	R_m/MPa	A/%	Z/%
40t 轴重	1240	15	33	350	44.1	416	540	28	71
通用 C 级	1176	16	35	326	45.5	363	512	26	64

在车轮轮辋部位进行了金相组织检验，非珠光体组织深度仅为 5~7mm，未超出车轮精加工余量，内部均为细珠光体+少量铁素体组织，实际晶粒度达到 7~8 级，可见，与 40t 轴重车轮钢新材料设计相配套的热处理工艺在保证高强硬度水平的同时，使非珠光体组织区深度控制在后续机加工时能够去除的范围，保证了成品车轮轮辋全截面具有一致的珠光体+铁素体组织状态。

3.2 抗接触疲劳性能对比试验

为了进一步验证 40t 轴重重载车轮钢抗接触疲劳性能，在 40t 轴重成品车轮和通用 C 级成品车轮轮辋部位分别取样，按照 GB10622 标准在 GPM-30 滚动接触疲劳和磨损试验台上完成了摩擦磨损、剥离剥落性能对比试验，均采用 U71Mn 钢轨材料作为陪试件。

通用 C 级车轮试样磨损率为 17.8μg/m，40t 轴重车轮试样磨损率为 11.5μg/m，可见，40t 轴重车轮材料抗滚动接触磨损性能优于通用 C 级车轮材料。

通用 C 级车轮试样经历 8.46×10^6 个循环周次后出现了剥离现象，如图 3 所示。40t 轴重车轮试样经历 2×10^7 个循环周次后尚未出现剥离现象，如图 4 所示。所有摩擦副的钢轨试样在试验停止之时均未发生剥离。可见，40t 轴重车轮材料抗剥离剥落性能优于通用 C 级车轮材料。

图 3　通用 C 级车轮试样表面宏观形貌（8.46×10^6 次循环）

图 4　40t 轴重车轮试样表面宏观形貌（2×10^7 次循环）

4　结语

总体上看，马钢 40t 轴重重载车轮生产已形成一套较完备的生产制造技术集成，车轮实物质量相比北美 AAR M107/M208 标准中的通用 C 级车轮具有更良好的综合力学性能和抗接触疲劳性能，目前马钢 40t 轴重重载车轮已成功进入澳大利亚市场，实现出口和转出口近 3 万件，取得了一定的经济效益。

参 考 文 献

[1] 陈刚，程德利，王世付．我国大轴重货车车轮开发的几点思考［J］．铁道车辆，2005，43（11）：12-14.

[2] Sullivan R，Lonsdale C，Oliver J. 2003 AAR Car Repair Billing Wheel Removal Analysis［A］．In：14th International Wheelset Congressl. Orlando，USA，2004.

[3] 汪国才，吴耀光，陈刚，等．新型铁路重载货车车轮的生产实践［A］．第七届中国钢铁年会．北京，2009.

[4] 季怀忠，苏航，杨才富，等．车轮钢摩擦热影响区的相变及其损伤机理［J］．钢铁研究学报，2005，17（4）：55-59.

[5] 安涛，李胜祇，李小宇，等．重载车轮对机械性能要求的研究［J］．铁道学报，2006，44（11）：1-5.

[6] 孙珍宝，朱谱藩，林慧国，等．合金钢手册（上）［M］．北京：冶金工业出版社，1984：42-49.

[7] 崔银会，范映，潘涛，等．铬对高速车轮钢显微组织和力学性能的影响［J］．钢铁研究学报，2006，18（8）：39-42.

铬微合金化重载车轮钢力学性能及摩擦磨损性能❶

沈晓辉[1] 宫彦华[1] 李贤强[1] 章 静[1] 陈 刚[2] 闫 军[1]

(1. 安徽工业大学; 2. 马鞍山钢铁股份有限公司)

摘 要 采用Gleeble-3500热/力模拟试验机、MMS-2A型微机控制摩擦磨损试验机及光学显微镜、扫描电镜研究了含铬(0.02%、0.24%)微合金高碳重载车轮钢的高温力学性能和摩擦磨损性能,分析了热处理温度对组织及性能的影响。结果表明,铬元素含量为0.24%的高碳重载车轮钢硬度高,强度、塑性及耐磨性好;热处理温度在840℃时试验钢的铁素体体积分数最大,强度和塑性最好。

关键词 铬合金化;重载车轮钢;力学性能;摩擦磨损性能

Research on the Mechanical and Frictional Wear Properties of Chromic Microalloyed Heavy Haul Wheel Steel

Shen Xiaohui[1] Gong Yanhua[1] Li Xianqiang[1] Zhang Jing[1] Chen Gang[2] Yan Jun[1]

(1. Anhui University of Technology; 2. Ma'anshan Iron and Steel Co., Ltd.)

Abstract The high temperature mechanical properties and frictional wear properties of the Chromic-microalloyed high carbon steels were invested by using Gleeble-3500 thermomechanical simulator, MMS-2A friction and wear testing machine, microscope and SEM. The effect of heat treatment temperature on the microstructure and properties of test steel was examined. The results showed that the chromium in the steel produces higher hardness, strength and plasticity, better wear and shelling-resistance. At heating temperature of 840℃, the test steels has largest volume fraction of the ferrite, highest strength and plasticity.

Key words chromium alloys; heavy haul wheel steel; mechanical properties; frictional wear properties

1 引言

火车车轮在列车运行中具有承载、导向、驱动和制动等功能。车轮用钢应具有较高的硬度、强度、韧性、耐磨性和较高的抗接触疲劳、抗冷热疲劳性能,是铁路车辆中综合性能要求很严格的材料[1]。随着货运车辆轴重的增加和运行速度的提高,需要更高强度和韧性的车轮与之相匹配[2]。研究[1,3]表明,列车轴重加大后,车轮与钢轨之间的磨损加剧;制动过程产生大量摩擦热,加剧了车轮和钢轨因疲劳、剥离等引发的失效问题。微合金化和改善热处理工艺是提高车轮钢强韧性和延长客货车轮的寿命的两个重要途径[2,4,5]。

探讨铬微合金化对高碳钢硬度、高温力学性能及摩擦磨损性能的影响对提高重载车轮的服役性能具有一定的理论意义和生产实用价值。本文利用Gleeble-3500热/力模拟试验机、光学显微镜、MMS-2A型微机控制摩擦磨损试验机和扫描电镜等手段,研究重载车轮钢(碳含量为0.69%,铬含量为0.02%和碳含量为0.72%,铬含量为0.24%)的高温(538℃)力学性能和摩擦磨损性能,分析热处理温度对组织及

❶ 原文发表于《材料热处理学报》2014年第2期。

基金项目:科技部“863”重点项目(2008AA030703);安徽省千人计划项目(20110004)。

性能的影响。

2　试验材料及方法

实验用钢为马钢生产的锻坯，锻造加热温度为1200~1300℃，锻后空冷。选用2种不同的钢种，其成品化学成分如表1所示。

表1　试验钢的化学成分

Table 1　Compositions of samples　（%）

试验钢	C	Si	Mn	P	S	Cr	Ni	Cu	Mo	V	Als
AAR-C	0.69	0.91	0.85	0.012	0.004	0.02	0.007	0.027	0.003	0.002	0.042
AAR-D	0.72	0.83	0.78	0.013	0.005	0.24	0.009	0.029	0.007	0.003	0.015

将锻坯加工成ϕ15mm×112.5mm和ϕ38mm×110mm的圆棒，用Sr2-h-13箱式炉进行热处理试验。热处理工艺为：取试样分别加热到820℃、840℃、860℃、880℃，保温1.5h，根据前期研究结果[6]，试样冷速在1℃/s时最佳，故本实验中采用沙冷的方式，图1所示为两次沙冷过程测试所得温度-时间曲线，由图可知在两相区（700~600℃）的冷速为1℃左右。取部分试样横向切割、制样，借助金相显微镜观察金相组织。

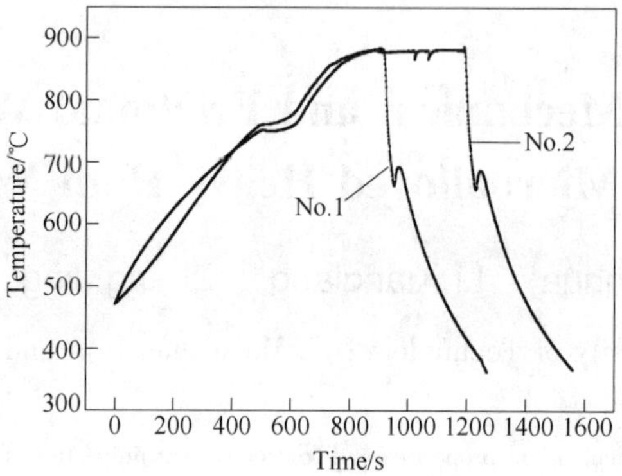

图1　沙冷时温度曲线

Fig. 1　Temperature curve of samples during cooling in sand

重载车轮在制动时轮辋温度迅速升高，车轮钢在高温下的力学性能对车轮服役性能具有重要影响。按照AAR（美国铁路协会）对D级重载车轮钢的高温（538℃）力学性能有明确要求。为分析热处理温度及Cr微合金化对车轮钢高温力学性能的影响进行高温力学性能测试。为研究Cr微合金化后对车轮钢摩擦磨损性能的影响，进行车轮钢滚动对磨试验。将经过热处理后的ϕ15mm×112.5mm和ϕ38mm×110mm试样分别加工成如图2所示的高温拉伸试样和摩擦磨损试样（本文中只选用热处理温度为840℃的试样进行摩擦磨损试验），拉伸试验在Gleeble-3500热/力模拟试验机上进行。拉伸试验参数：将试样以5.0℃/s加热速度加热到538℃保温30s，以10^{-3}mm/s的应变速率进行拉伸。摩擦磨损实验参数：试验采用同种材料双轮对滚接触方式进行，两试样直径均为30mm，下试样转速200r/min，上试样转速180r/min，转动滑差率10%，对应施加法向载荷为200N，实验在干摩擦态下进行，每10000转测量试样失重量，分别测量上试样失重量、下试样失重量和两试样总失重量，直至100000转结束，每组试样测量3次，取平均值。

3　实验结果及分析

3.1　热处理温度对试验钢组织性能的影响

图3所示为两种试验钢不同工艺热处理后的金相显微组织。对于AAR-C和AAR-D试验钢，在沙冷的条件下都产生先析铁素体（亮白色）组织和珠光体（灰黑色）组织，铁素体的含量很少，呈断续网状分布。对比图3中图（a）~（d）或者图3中图（e）~（h）可知铁素体弥散度随热处理温度增加而先增大后减小，在840℃时达到最大。铬元素易在晶界上形成弥散化碳化铬，热处理时阻碍晶粒的长大并推

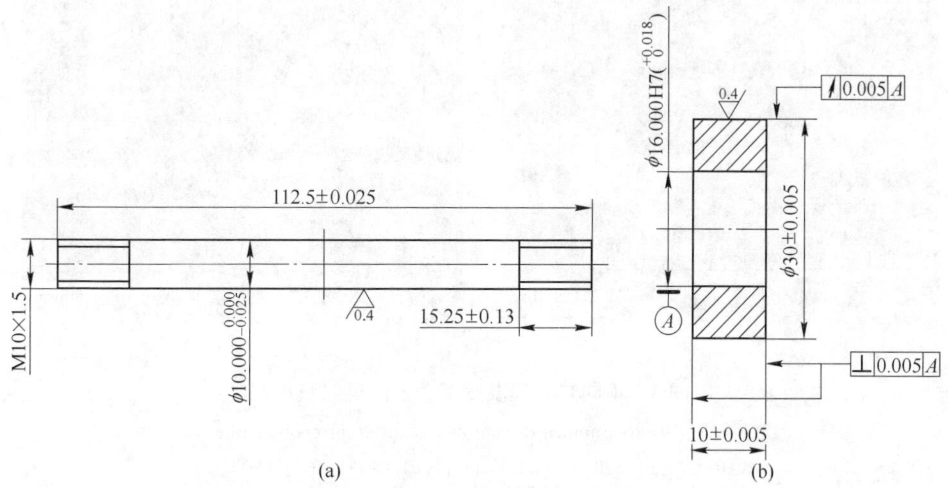

图 2　实验试样

（a）高温拉伸试样；（b）滚动磨损试样

Fig. 2　The sizes of the test samples：（a） High temperature tensile sample ；（b） Rolling friction sample

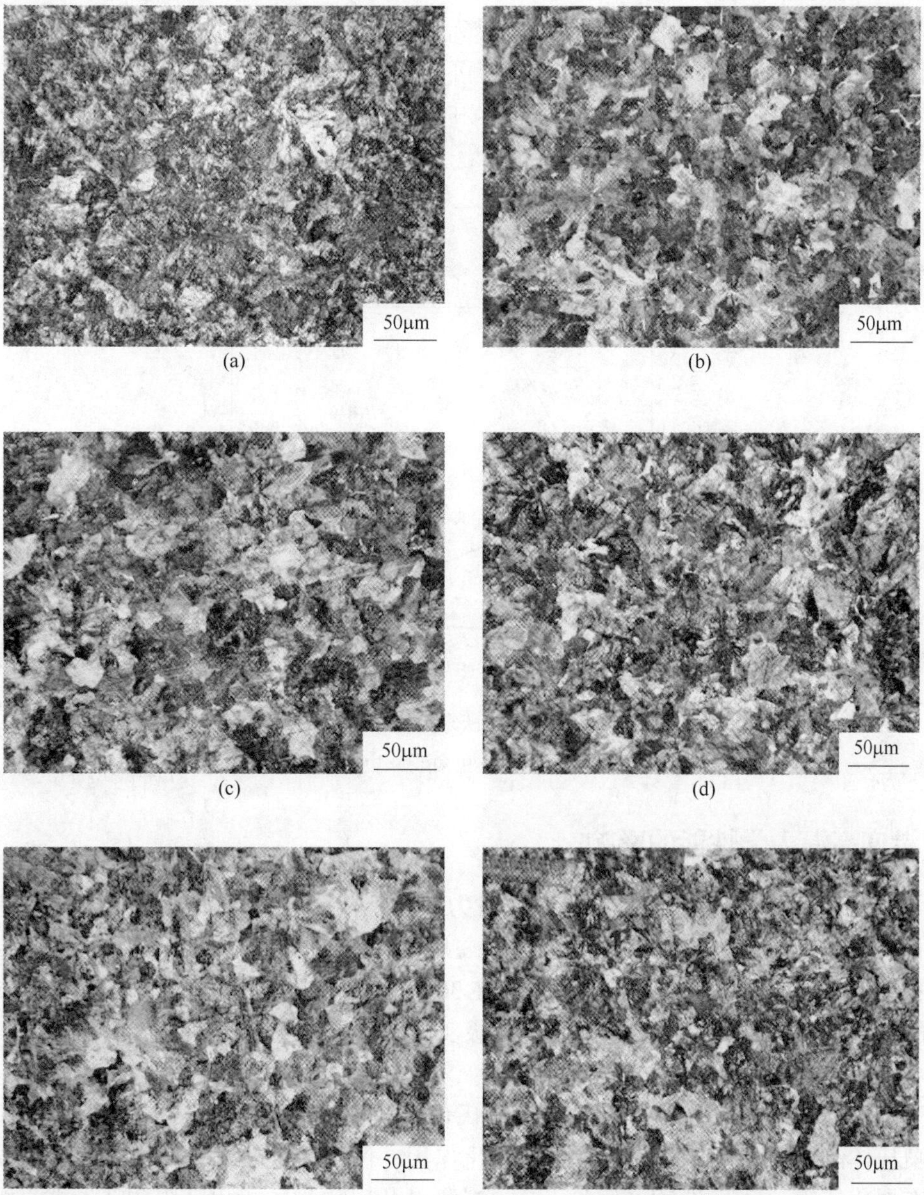

(g)　　(h)

图 3　不同热处理温度下的显微组织照片

Fig. 3　Microstructure of samples at different cooling rate

AAR-C：(a) 820℃；(b) 840℃；(c) 860℃；(d) 880℃；

AAR-D：(e) 820℃；(f) 840℃；(g) 860℃；(h) 880℃

迟冷却过程中的铁素体转变，使先共析铁素体的析出量明显减少。AAR-C 试验钢的铁素体网连续性好于 AAR-D 试验钢。

图 4 所示为不同温度热处理后铁素体体积分数的变化趋势，可见两种试验钢在 820~840℃范围内铁素体体积分数随热处理温度升高而增加；在 840~860℃范围内随热处理温度的升高先减小；之后随热处理温度升高铁素体体积分数略微增加。可见 840℃热处理可使得铁素体体积分数达到最大。在 820℃时试验钢奥氏体化不均匀，铁素体形核受阻；在 840~860℃范围内，随着温度升高，奥氏体晶粒逐渐长大变粗，转变时铁素体的形核点减少，使得铁素体体积分数降低。而热处理温度达到 880℃时由于奥氏体晶粒粗大到一定程度，转变时铁素体长大更充分即铁素体变厚变大，使得铁素体体积分数又有所增加。故热处理温度为 840℃时，铁素体体积分数最大，分布最均匀。

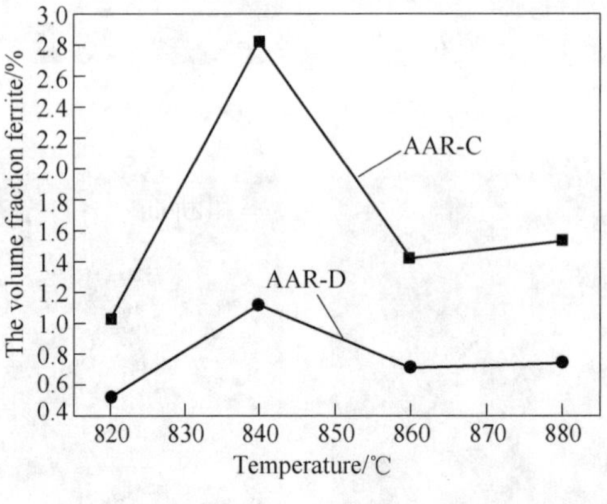

图 4　热处理温度对铁素体体积分数的影响

Fig. 4　Influence of heating temperature on the volume fraction ferrite

3.2　热处理温度高温力学性能的影响

图 5 所示为热处理温度对试验钢在 538℃高温时力学性能的影响。由图 5（a）、（b）可知，AAR-C 级实验钢的抗拉强度都在 497.7~512.22MPa 之间，屈服强度在 318.14~363.4MPa 之间；AAR-D 级实验钢的抗拉强度在 515.4~540.3MPa 之间，屈服强度在 365.1~416.7MPa 之间。两种试验钢在热处理温度为 840℃时抗拉强度、屈服强度达到峰值，且 AAR-D 级实验钢抗拉强度、屈服强度都明显高于 AAR-C 级实验钢。在 820~840℃范围内，随热处理温度的升高，实验钢的强度呈现上升趋势；加热温度超过 840℃后，强度明显下降。这是因为热处理温度影响着奥氏体晶粒尺寸和合金元素在钢中的溶解及分布状态。一方面，由于奥氏体晶粒的细化对实验钢强度有强化作用，但随着加热温度的提高，奥氏体晶粒的长大对实验钢强度有弱化作用；另一方面由于铬元素的溶解以及碳化物的析出，阻碍了晶粒的长大，对实验

钢起到强化作用。因而综合作用的结果是，铬元素的加入使试验钢的晶粒细化，强度提高；同时，随着热处理温度的提高，实验钢晶粒细化，强度提高，但热处理温度到达一定温度后继续升高将使奥氏体晶粒粗化，转变后实验钢的强度出现弱化现象。

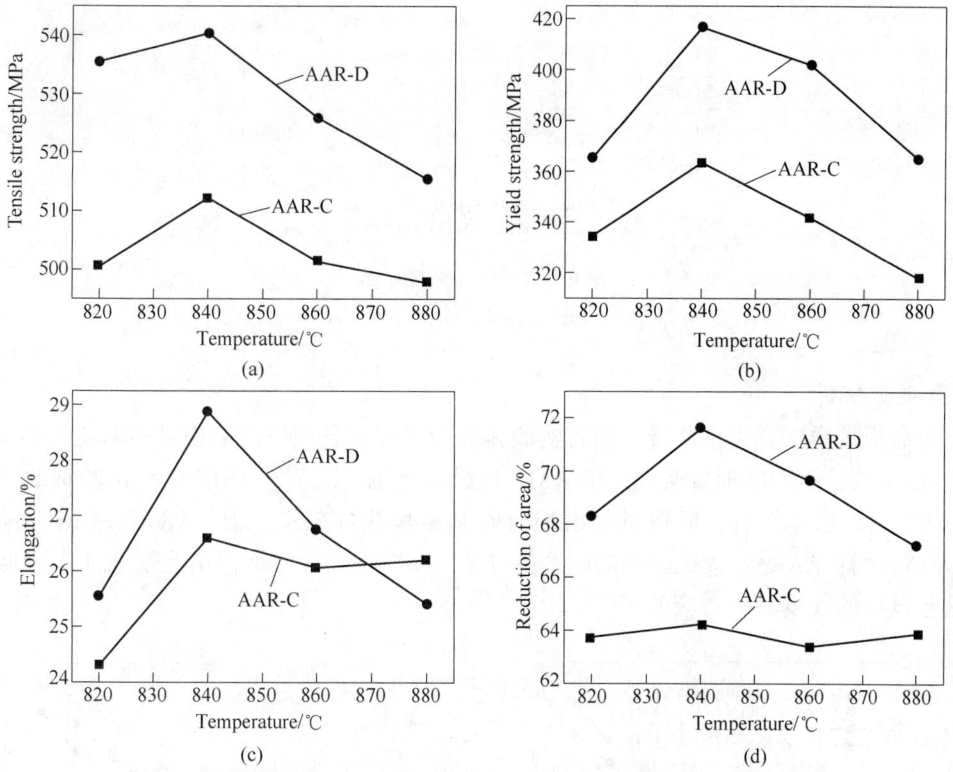

图 5 试验钢力学性能（538℃时）与热处理温度之间的曲线关系

Fig. 5 Influence of heating temperature on mechanical properties（538℃）

由图 5（c）、（d）可知 AAR-C 级实验钢的高温伸长率都在 23.03%~26.64%之间，断面收缩率在 63.76%~64.24%之间；AAR-D 试验钢的高温伸长率在 25.41%~28.87%之间，断面收缩率在 67.71%~71.59%之间。两种试验钢在热处理温度为 840℃时伸长率和断面收缩率达到最大，且 AAR-D 试验钢伸长率和断面收缩率都明显高于 AAR-C 钢。同时，由曲线可知热处理温度对 AAR-C 级试验钢的伸长率和断面收缩率的影响小于 AAR-D 钢。

综上所述，随热处理温度的升高，实验钢的强度呈现上升趋势，当热处理温度超过 840℃时，强度又逐渐下降。热处理温度的升高，实验钢的塑性呈现上升趋势，热处理温度超过 840℃时，塑性明显下降。

3.3 摩擦磨损性能分析

经过对 840℃热处理后的摩擦磨损试样的硬度检测，AAR-C 和 AAR-D 级试验钢试样的洛氏硬度分别为 34.1 和 35.4。由于 AAR-D 试验钢的珠光体域比 AAR-C 小，且 AAR-D 级试验钢的珠光体片层间距小于 AAR-C，在珠光体反应的孕育期 Cr 元素提高了形核功和转变激活能，致使相变过程受到抑制，因此在同样的冷速下 Cr 元素含量高的具有更好的强度和硬度[6]，会提供钢的摩擦磨损性能。

3.3.1 摩擦系数曲线分析

图 6 所示为车轮钢试样的滚动摩擦系数。刚开始滚动时的摩擦系数很小，其值约为 0.2 左右，其主要原因是滚动接触面光滑，表面粗糙度很小。随着摩擦的进行，滚动摩擦系数急剧上升，最大值达到 0.8 左右。在施加了恒定制动力的工况下，滚动摩擦系数曲线存在微小的波动。这是由于磨损过程中的振动以及金属表面的微观塑性变形和破坏，使试样接触表面状态产生波动而产生的。AAR-C 和 AAR-D 车轮钢对磨时的滚动摩擦系数变化不大，数值相近，但是 AAR-C 钢的滚动摩擦系数微高于 AAR-D 钢，这说明铬元素的加入略微降低了车轮钢的滚动摩擦系数。

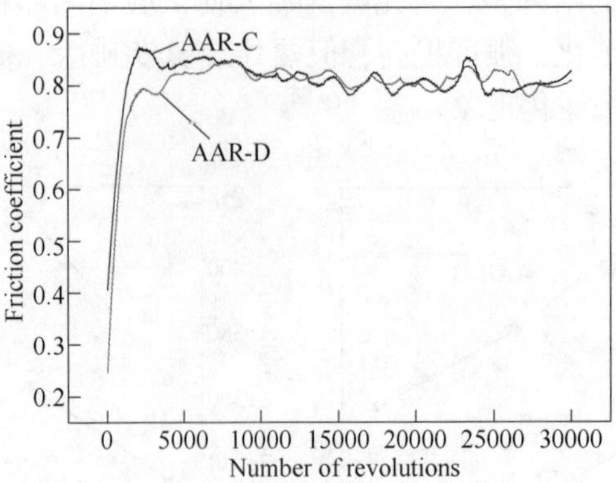

图 6 试样滚动摩擦系数

Fig. 6 Friction coefficient of test steel

3.3.2 磨损量分析

图 7 所示为磨损试样磨耗失重曲线。随着实验转数的增加，各试样的磨损量逐渐增大。小于 50000 转的时候，AAR-C 级试验钢的磨损量略微高于 AAR-D 级试验钢；之后，AAR-C 级试验钢的磨损量明显低于 AAR-D 级试验钢。总体来看，磨损量与磨损时间基本呈线性关系，但 AAR-D 级钢的斜率明显小于 AAR-C 级钢。这表明：AAR-D 级试验钢的耐磨性好于 AAR-C 级试验钢，铬元素的加入降低了车轮材料的磨损量，这与试样的硬度是相对应的。

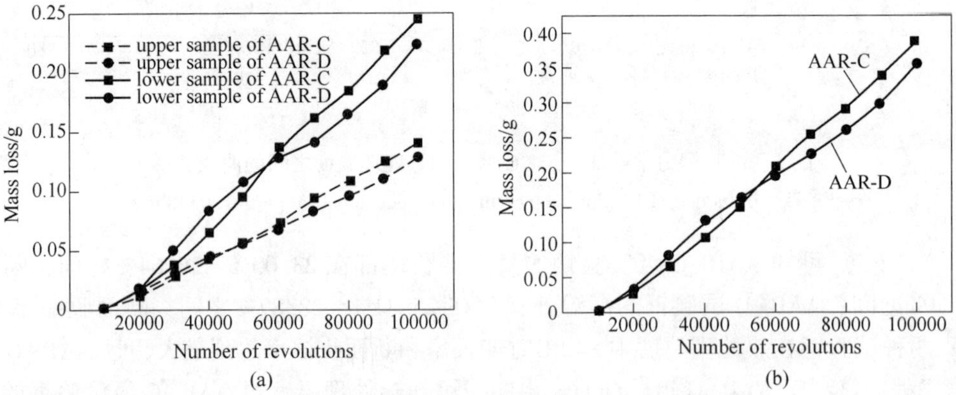

图 7 磨耗失重曲线

（a）各试样失重曲线；（b）上下试样失重总量

Fig. 7 The relationship between the mass loss and revolutions

（a） mass loss of the samples ；（b） total mass loss of the upper and lower samples

3.3.3 踏面磨痕形貌分析

图 8 所示为车轮钢试样经过 100000 次循环后的表面磨痕图片，每张图中的左试样为摩擦实验的上试样，右试样为摩擦实验的下试样，可见，下试样的磨损程度要重于上试样，这一点和前面磨损失重曲线所得的结果是一致的。试样圆周表面呈现出金属剥落损伤和鱼鳞状或龟裂状热裂纹现象。AAR-C 级试验钢的下试样出现了大量的鱼鳞状热裂纹，且伴有轻微的金属掉块剥离损伤，而 AAR-D 级试验钢出现了少量的轻微热裂纹，且未见明显的金属掉块剥离损伤。这表明铬元素的加入减轻了车轮材料的摩擦磨损损伤。

图 9 所示为摩擦试验的下试样经过 100000 次循环后的表面磨损 SEM 形貌与 EDX 谱，由图分析知，两种试验钢都存在大量剥落凹坑（2#点所示位置）和未剥落的氧化铁皮（1#点位置）。通过对比两个试样的 EDX 谱，发现 AAR-C 级试验钢的 1#试验点的氧含量明显高于 AAR-C 级试验钢，AAR-D 级试验钢的 2#试验点几乎没有氧的存在。这说明 AAR-D 级试验钢在摩擦磨损试验过程摩擦面的氧化程度明显弱于 AAR-C 级试验钢。可见，磨损表面的氧含量随 Cr 元素的加入明显降低，这对提高车轮钢抗磨损性能具有积极意义。

图 8 试样磨痕形貌

（a）AAR-C 试样；（b）AAR-D 试样

Fig. 8 Photos of the worn surfaces

（a）AAR-C test steel；（b）AAR-D test steel

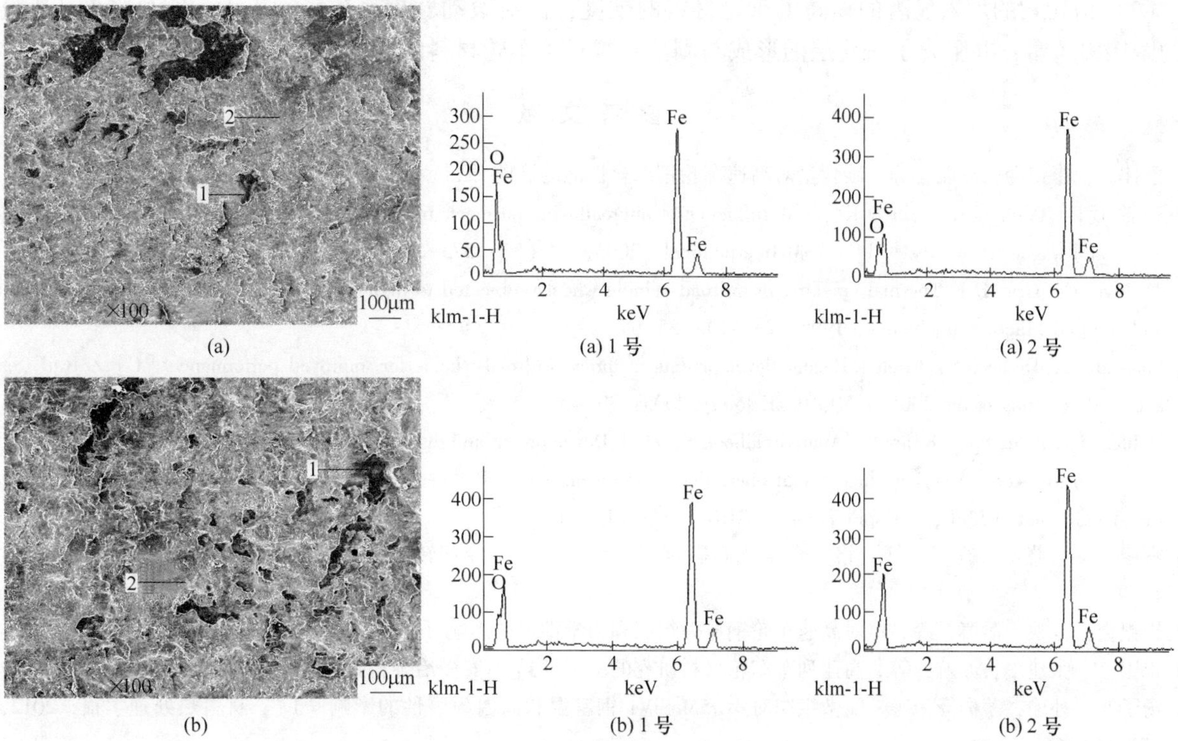

图 9 试样表面磨损 SEM 形貌与 EDX 谱

Fig. 9 SEM micrographs and EDX spectrum of Specimen surface（a）AAR-C test steel；（(a) -1#）No. 1 point；（(a) -1#）No. 2 point；（b）AAR-D test steel；（(a) -1#）No. 1 point；（(a) -1#）No. 2 point）

4 讨论

材料的力学性能和耐磨性能与材料的合金成分、显微组织或热处理工艺密切相关。重载车轮钢中 Cr 元素的适量加入使高温力学性能、摩擦磨损性能以及硬度明显提高。文献［7］研究发现，车轮钢中加入少量的铬，可显著提高钢的强度和硬度，有助于提高车轮钢的耐磨性和抗接触疲劳性能；这和铬对基体的固溶强化作用及对珠光体片层的细化作用密切相关；在珠光体中保持一定量的铬，对提高车轮的抗剥离性能有利。这与本文的结论基本一致。但 Cr 元素的加入使得实验材料的铁素体的体积分数明显减少，铁素体的体积分数的减少对韧性尤其是断裂韧性有不利的影响[8]，故重载车轮钢中 Cr 元素含量的控制是至关重要的环节。

按照 Archard 公式[9]可知，材料的磨损量正比于载荷和滑动距离，反比于材料的硬度。根据热处理后试验钢的硬度，AAR-D 级试验钢的洛氏硬度高，相应具有高的耐磨性。由图 7 所示的车轮磨耗失重曲线比较可见，AAR-D 级试验钢的摩擦磨损失重量小于 AAR-C 级试验钢，耐磨性基本符合 Archard 公式。

滚动过程中车轮钢磨损量的变化主要与接触斑处致密氧化膜的形成有关[10,11]。文献［12］的研究认为磨损是磨损表面不断重复发生氧化、形成氧化层和疲劳剥落的过程。由图 9 可知 AAR-D 级试验钢的氧化程度明显弱于 AAR-C 级试验钢。这是由于在摩擦磨损过程中金属表面受各类应力作用而发生塑性变形，促使表面缺陷增多，从而增加了金属表面的活性，使得氧原子与金属原子之间发生化学反应，随着金属离子不断地往金属表面扩散，氧化层愈来愈厚，氧化膜与基体结合强度降低，并且在氧化膜下形成了高应力和变形区，导致表面裂纹的形成和扩展，氧化膜也随之破裂剥落[13]。AAR-D 级试验钢中加入了微量的 Cr 元素，Cr 元素的加入对基体有固溶强化作用及对珠光体片层有细化作用[7]，这使得氧化层的形成及剥落较 AAR-C 级试验钢更为困难，耐磨性更好，这符合车轮钢试样的磨损失重规律。

5 结论

（1）两种试验钢的铁素体体积分数随着热处理温度的升高先增加后减少，强度和塑性随着热处理温度的升高先增强后减弱，热处理温度在 840℃时试验钢的铁素体体积分数最高，强度和塑性最好。

（2）铬元素的加入显著的提高了车轮材料的硬度，但对滚动摩擦系数影响不大，明显降低了车轮材料的摩擦失重量；并阻碍了氧化层的形成与剥落，减轻了车轮材料的表面摩擦磨损损伤。

参 考 文 献

［1］季怀忠，崔银会，苏航，等．碳含量对高速车轮钢综合性能的影响［J］．钢铁，2005，40（2）：62-65.

［2］Singh U P，Popli A M，Jain D K，et al. Influence of microalloying on mechanical and metallurgical properties of wear resistant coach and wagon wheel steel［J］. ASM International，2003，12（5）：573-579.

［3］Orringer O，Gray D E. Thermal cracking in railroad vehicle wheels subjected to high performance top braking［J］. Theoretical and Applied Fracture Mechanics，1995，23（1）：55-65.

［4］Lonsdate C，Dedmon S，Pilch J. Recent developments in forged railroad wheels for improved performance［C］//Rail Conference，Proceeding of the 2005 ASME/IEEE Joint.. 2005：39-43.

［5］Robles Hernandez F C，Kalay S，Anankitpaiboon S，et al. Development and evaluation of advanced wheel steels to prevent wheel failures in the North American heavy haul operating environment［J］. Proceedings of the Institution of Mechanical Engineers，Part F：Journal of Rail and Rapid Transit，2010，224：413-419.

［6］宫彦华，沈晓辉，阎军，等．铬微合金化高碳重载车轮钢的连续冷却转变［J］．钢铁研究学报，2012，24（12）：42-47.

［7］崔银会，范映，潘涛，等．铬对高速车轮钢显微组织和力学性能的影响［J］，钢铁研究学报，2006，18（8）：40-42.

［8］崔银会，张建平，苏航，等．高速列车车轮材料研究的综述［J］．安徽冶金科技职业学院学报，2005（02）：9-12.

［9］杨子润，孙瑜，茅奕舒，等．显微组织对 4Cr5MoSiV1 钢室温和高温耐磨性的影响［J］．材料热处理学报，2012，33（7）：61-66.

［10］Wei M X，Wang F，Wang S Q，et al. Comparative research on the elevated-temperature wear resistance of a cast hot-working die steel［J］. Materials and Design，2009，30（3）：3608-3614.

［11］Wang S Q，Wei M X，Wang F，et al. Transition of mild wear to severe wear in oxidative wear of H21 steel［J］. Tribology Letters，2008，32（2）：67-72.

［12］李自彬，郭俊，王文健，等．车轮转速对列车车轮磨损性能的研究［J］．机械工程材料，2010，34（6）：24-27.

［13］Qiang Y H，Ge S R，Xue Q J. Microstructure and tribological behaviour of nitrocarburizing-quenching duplex treated steel［J］. Tribology International，1999，32（3）：131-136.

产品开发·无碳化物贝氏体钢车轮

无碳化物贝氏体在车轮上应用的展望[❶]

张明如 程礼峰

（马鞍山钢铁股份有限公司） （南京钢铁股份有限公司）

摘　要　无碳化物贝氏体是新近研究和发展起来的一种新型组织结构，是高强度超级钢的一种理想的基体组织，它是含碳过饱和的贝氏体铁素体与富碳的残余奥氏体的复合组织，钢中没有碳化物。适量含硅钢等温处理都可以得到无碳化物贝氏体。由于无碳化物贝氏体组织构成的钢具有高强、高韧和耐磨等特性，加工性能也好，因此，它具有广阔的应用前景。火车车轮是重要的行走部件，受载复杂，服役条件恶劣，现有材料再提高综合力学性能指标则比较困难，而无碳化物贝氏体钢带来了新的曙光，将是21世纪最有发展前途的钢铁材料之一。

关键词　无碳化物贝氏体；车轮钢；强韧性；超级钢

The Application Prospects for Carbide-free Bainite Railway Wheels

Zhang Mingru　　Cheng Lifeng

(Ma'anshan Iron and Steel Co., Ltd.) (Nanjing Iron and Steel Co., Ltd.)

Abstract　The recent work and research have shown that the free-carbide bainite, a new kinds of microstructre that is a mixture of bainitic ferrite lathes extra-sauturated with carbon and retained austenite in different morphologies, is a desirable matrix for development of high strength ultra-grade steel. By adding a appropriate amount of silicon on the alloying basis of bainitic steel, it is easy to be gained during the isothermal transformation. The steel combine the advantages of high strength with high toughness, excellent weldability, good wear-resistent and unique technological performances. It has a broad application prospect in different industrial fields. About railway, the wheel is the important parts that has the heavy forces and the bad conditions. The today wheel steels have a difficulties for the more properties, but the free-carbide bainite steel maybe has, so that it will be one of the most developing structural materials in the 21st century and maybe use the railway wheels.

Key words　carbide-free bainite; wheel steel; strength and toughness; ultra-grade steel

1　引言

21世纪，钢铁材料仍将是占主导地位的结构材料，钢铁行业仍然是我国国家建设和发展的支柱产业[1]。为满足社会发展的需求，美国、日本、欧洲等国和我国都制订了新世纪超级钢研究计划。据报道，日本超级钢计划是研究强度1500MPa，且具有优异的抗延迟断裂性能的新钢种，设想开发一种抑制晶界碳化物生成，使之产生相当于下贝氏体的“新马氏体”，以其作为强化的基体组织。实质上，这种设想中的“新马氏体”与无碳化物贝氏体是相当吻合的。采用炉外精炼技术，降低钢中气体和杂质含量，在保持高的强度的前提下，可大幅度提高钢的冲击韧性，这必将导致钢的断裂韧性和疲劳寿命的显著提高，显示出无碳化物贝氏体组织优良的性能。假若能做到“三超”（超细化、超洁净、超均质），无碳化物贝氏体

❶　原文发表于《安徽冶金》2001年第4期。

钢的性能还可提高到更高的水平，无碳化物贝氏体与“三超”相结合，可能是追踪世界超级钢发展的一条捷径，具有相当大的发展前途。因此，无碳化物贝氏体将是21世纪新材料，具有广阔的应用前景，在车轮产品上实现无碳化物贝氏体也将是一场革命和尝试。

2　无碳化物贝氏体钢的特点

英国剑桥大学 H. K. D. H. Bhadeshia、D. V. Edmonds 等[2,3]利用 Si 对碳化物析出的抑制作用发现了无碳化物贝氏体的优异强韧性，这种贝氏体在形态上类似于上贝氏体，但铁素体板条中间不是析出碳化物而是残余奥氏体薄膜，由于残余奥氏体薄膜具有较高的含碳量，因此，有较高的机械稳定性和热稳定性。贝氏体在等温转变初期为奥氏体转变为贝氏体铁素体，而未转变奥氏体则呈薄膜状平行分布于铁素体板条之间或与长轴呈一定角度分布板条之内。类比地说：无碳化物贝氏体就好比珠光体中渗碳体变成了残余奥氏体，铁素体变成了过饱和的、畸变的贝氏体铁素体，这种组织特征赋予其优异的特性。碳原子的间隙固溶强化和板条亚结构细晶强化，使之具有优良的强度特性；薄膜状的残余奥氏体的存在又使它具有吸收变形能量、抵抗裂纹萌生和扩展的能力。良好的强度与塑性配合以及循环硬化特性，使无碳化物贝氏体钢具有低缺口敏感性和高疲劳强度。无碳化物贝氏体钢的破断抗力较高，并且在磨损过程中残余奥氏体受形变诱发转变为高碳马氏体，因而表现出优良的耐磨性。奥氏体良好的塑性，可以缓解应力集中，协调塑性变形，使成形加工较一般贝氏体钢更为优越。

无碳化物贝氏体这种特征在原理上是一个理想的组织结合，随着钢的纯净度的增加，引起损伤缺陷萌生由夹杂物变为显微组织的内在组元，如碳化物。无碳化物贝氏体无解理和空穴萌生的碳化物，因此对提高钢的强韧性特别有利，一方面组织中铁素体板条有利于细化有效晶粒尺寸，另一方面在过饱和铁素体板条间密集分布的残余奥氏体薄膜既有较高的加工硬化能力，对裂纹具有较好的钝化能力，而且通过相变诱发塑性（TRIP），在裂纹尖端应力场作用下，通过 A→M 转变增加断裂功，提高材料的断裂韧性和疲劳裂纹扩展抗力。此外，其较高的热稳定性和机械稳定性对承受交变载荷和热负荷的接触疲劳性能特别有利。但是，要获得这种良好的性能配合必须控制残余奥氏体形态，残余奥氏体是以纳米级薄膜状存在，而不是以块状存在。

我国材料科学家[4-7]对无碳化物贝氏体钢也进行了大量研究，开发了一系列无碳化物贝氏体钢，其强度级别可以在很大范围内调整，实现一钢多级，并已应用于矿山、农业、铁路、石油等行业耐磨件，如铁路道岔、鱼尾板、煤矿截齿、矿山耐磨钢球等，但这些研究成果都是保密的。

无碳化物贝氏体非常难获得，一方面需要正确的合金化设计，另一方面现在通常都采用等温淬火处理的方法。而等温淬火处理方法有一定的缺点：（1）零件尺寸受到限制；（2）需要特殊设备，如等温槽等；（3）工艺过程复杂。所以在生产中还不能广泛应用。因此，为获得无碳化物贝氏体组织的无碳化物贝氏体钢的开发研究有着重要的应用价值。

3　无碳化物贝氏体的合金化原理和获得方法

无碳化物贝氏体钢是在通常钢种的基础上添加非碳化物形成元素，如 Si、Ni、Co、Al 等，这些元素抑制碳化物的析出，当钢在贝氏体转变范围时，转变初期形成的贝氏体铁素体是固溶过饱和碳的，同时伴随上贝氏体的形成，一部分碳经扩散固溶于周围尚未转变的奥氏体中，使 M_s 点低于室温，以介稳状态保留下来。这样便形成没有碳化物的、由贝氏体铁素体和残余奥氏体组成的非典型的贝氏体组织，统称为无碳化物贝氏体。低碳合金钢的贝氏体相变开始温度较高，此时碳的扩散能力强，相变时易于形成一些尺寸较大的富碳奥氏体区。富碳奥氏体区不同部位的含碳量并不相同，所对应的马氏体相变温度 M_s、M_f 也很不一样，在随后的冷却过程中可能部分转变为马氏体，因而常会观察到由残余奥氏体和马氏体构成的小岛，呈链状分布于贝氏体铁素体板条间，称为粒状贝氏体。实际生产中，要防止这种粒状贝氏体的形成。

一般钢的等温转变，可分为高温转变区、中温转变区和低温转变区。无碳化物贝氏体钢的合金化原则为：在典型贝氏体钢的合金化的基础上再加入阻止贝氏体碳化物析出元素，主要有：

（1）推迟（F+P）转变区的开始线，并对贝氏体转变区影响不大的元素如 Mo、W、V、B 等，以及 Mn、Cr、Ni 等均可使 TTT 图的（F+P）区右移，而贝氏体区在左方突出出来，即增加了贝氏体淬透性，而对马氏体淬透性影响不大。如此，空冷也可获得典型贝氏体组织。合金元素联合加入作用比单一加入对推迟（F+P）开始转变线的影响不大。

（2）降低 B_s 点的元素，如Mn、Ni、Cr等，B_s 点愈低，贝氏体铁素体的板条愈细，其强度和韧性愈高。碳含量适量，可以根据强度要求来确定。

（3）有推迟贝氏体碳化物析出的合金元素，硅是一个强烈抑制碳化物析出的元素，是无碳化物贝氏体主要的合金元素，并且在钢中能增加残余奥氏体量及其稳定性，硅含量一般不低于1.62%，而且价格低廉。

（4）通过合理的合金设计，钢从 A_{c3} 以上冷却，可在很宽的冷速范围内获得不同类型的无碳化物贝氏体组织。

目前，无碳化物贝氏体获得的方法主要是采用等温淬火热处理的方法，也可以用空冷的方法获得无碳化物贝氏体。

4 无碳化物贝氏体在车轮上应用的展望

无碳化物贝氏体钢车轮的性能要求、成分设计原则主要有以下几点：

（1）高的强度及合理的硬度及硬度分布，以提高车轮接触疲劳强度和耐磨性；

（2）高的热裂抗力，降低循环热应力产生热裂纹的可能性；

（3）好的冲击韧性和断裂韧性，特别是低温韧性，增加临界裂纹尺寸，减少车轮辋裂、掉块等灾难性事故的发生；

（4）高的疲劳门槛值及裂纹扩展抗力，提高其损伤极限；

（5）无碳化物贝氏体钢的成分设计既要考虑车轮钢的性能要求，又要考虑车轮钢的冶炼、制造工艺性及加工成本，特别是应以实现车轮钢的强度、韧性、疲劳性能的合理配合，满足列车提速和轴重增加对无碳化物贝氏体使用性能的要求为最终目的；

（6）在冶炼工艺、成分控制方面尽量与现有车轮钢工艺衔接，尽量减少设备投资费用；

（7）合金元素应尽量选择我国丰富的合金元素，如Si、Mn等，以降低成本。

由于无碳化物贝氏体具有良好的热稳定性、机械稳定性和强韧性配合，Si-Mn系无碳化物贝氏体钢车轮是极具潜力的新型高强韧车轮钢。英国已经成功地研究和生产出无碳化物贝氏体钢轨[8]和贝氏体车轮[9]，但是否达到批量生产还不太清楚。用等温法对任何合适的钢种都可以获得无碳化物贝氏体，但车轮体积大、热容量高，不容易实现等温淬火工艺。但是，在正确的合金化的前提下，有一个宽大的贝氏体相变区时，在不改变现有车轮热处理条件下，可以通过间歇淬火实现无碳化物贝氏体的组织结构。在Si、Mn含量适当增高的基础上，降低碳含量，适当调整热处理参数获得无碳化物贝氏体组织是可能的，不管是从工艺角度或是从成本考虑也是可行的。在成分选择上，考虑到残余奥氏体薄膜良好的机械稳定性和热稳定性，可以推断：维持适当含碳量仍可使材料具有良好的热裂抗力和韧性，综合考虑车轮的强度、韧性、耐磨性及疲劳性能的要求，新型无碳化物贝氏体车轮钢含碳量可选择在0.10%~0.40%之间，但是为保证获得无碳化物贝氏体组织，Si、Mn含量应分别保证在1.50%~1.90%和0.90%~2.50%范围内；作为工艺性试验，可以添加适量的Mo，其含量应控制在0.20%~0.60%，此外，还可考虑加入Cr、B、Ni等合金元素，从而筛选出最佳合金成分。

5 结束语

（1）无碳化物贝氏体是一种非常好的组织结构，无碳化物贝氏体钢不仅强度高，强度级别可以调整，能实现“一钢多级”，而且，塑性和韧性都非常好，将是21世纪新的钢铁材料，具有一定的推广价值和应用前景。

（2）在深入研究的基础上，车轮可以实现无碳化物贝氏体组织，车轮钢种的成本不增加，或者增加不多。

参考文献

[1] 刘忠侠，顾海澄．钢铁仍将是二十一世纪结构材料的支柱［J］．钢铁，2001，36（7）：68-73.

[2] Bhadeshia H K D H, Edmonds D V. Bainite in silicon steels: New composition - property - approach, Part 1 [J]. Metal Science, 1983, 17 (9): 411-419.
[3] Miihkinen V T T, Edmonds D V. Tensile deformation of two experimental high-strength bainitic low alloy steels containing silicon [J]. Materials Science and Technology, 1987, 3 (6): 441-449.
[4] 康沫狂，秦熊浦，杨延清，等．准贝氏体钢及其特性［C］．2000 年全国低合金钢学术年会论文集，2000：68-82.
[5] 黄维钢，方鸿生，等．硅对 Mn-B 系空冷贝氏体钢组织与性能的影响［J］．金属热处理学报，1997，18（2）：2-7.
[6] 张明星，康沫狂．硅对低碳贝氏体钢组织和性能的影响［J］．金属学报，1993，29（1）：A7-10.
[7] 康沫狂．贝氏体相变理论研究工作的主要回顾［J］．金属热处理学报，2000，21（2）：2-7.
[8] Bhadeshia H K. High-strength steels [C]. Future Developments of Metals and Ceramics, A Collection of Invited Papers Presented to Mark the 70th Birthday of Professor Sir Robert Honeycombe, ed. by Charles J A, Greenwood G W. The Institute of Materials, London, 1992: 25-73.
[9] Sawley K J, Benyon J A, Jones E G. Bainitic Steels for Railway Wheels.

The Structure Stability of Carbide-free Bainite Wheel Steel ❶

Zhang Mingru[1,2] Qian Jianqing[2] Gu Haicheng[1]

(1. State Key Laboratory for Mechanical Behavior of Materials, Xi'an Jiaotong University; 2. Ma'anshan Iron and Steel Co., Ltd.)

Abstract Metallographic structures of carbide-free bainite steel wheel rim are mainly composed of supersaturated lath ferrite and retained austenite film among bainitic ferrite laths. It is suspected that supersaturated ferrite and retained austenite are likely to decompose under the influence of temperature change and mechanical stress. Stability of wheel rim structure is studied by means of X-ray diffraction, dye microscopy and micro-hardness test. When the samples are tempered in the range of 150-350℃, the retained austenite films are at the state of relative stability. Fifty percent of retained austenite is decomposed when the sample is tempered at 400℃. Microhardness increases when the sample is tempered at 150℃. The decrease in hardness is mild when the samples are tempered from 200℃ to 500℃. The mechanical stability of retained austenite film is studied with tensile sample under the effect of tensile stress. The retained austenite appears to be stable in low and middle degree of deformation, and decomposition occurs at great amount of deformation. Diffraction peak of carbide is not found in all above experiments. The steel enriched silicon prevents the carbide precipitation during the transformation. It indicates the carbide-free bainite wheel steels have excellent thermal and mechanical stability.

Key words carbide-free bainite; dye microscopy; retained austenite; wheel steel

1 Introduction

The performance of wheels influences safety and economy of railway transportation. High-speed coach and heavy wagon with an axle-load of over 23/25 tons require higher safety and reliability. Wheel safety is vital for both heavy load and high speed of railway transportation. In order to improve strength, toughness and fatigue resistance, it is necessary to optimize the chemical composition, microstructure, and manufacturing technique of wheel materials[1-5]. For a long time, scholars engaged in material research have dedicated to wheel steel study on the alloy design, microalloying, smelting and heat treatment technique, and made effective achievement with enhanced steel purity and wheel structure uniformity[6-9].

The common characteristics of above mentioned wheel steels is that they are made of medium and high carbon steel with the microstructure of pearlite-ferrite. The phase interfaces between carbide and ferrite in pearlite are source of fatigue cracks. Furthermore, high carbon content facilitates the formation and propagation of thermal crack. Carbide-free bainite steels have excellent mechanical properties, fracture resistance and some extent of wear resistance[10,11]. The steel of carbide-free bainite can be applied to wheel manufacture, as long as the chemical composition of the wheel can assure the microstructure below wheel tread 50mm to 70mm is mainly carbide-free bainite. The structure stability of carbide-free bainite wheel has been studied in this paper.

2 Experimental Procedures

The Si-Mn-Mo carbide-free bainite steel contains sufficient silicon to prevent the precipitation of carbide during

❶ 原文发表于“Journal of Materials Engineering and Performance”2007 年第 5 期。

transformation at slow cooling rates, sufficient manganese for the purposes to improve hardenability, and some other alloying elements, such as molybdenum and vanadium. The molybdenum and vanadium are useful to gain fine grains, laths and/or plates and to repress temper embrittlement[12,13]. The experimental steel was smelted by intermediate frequency induction furnace at the lab of Maanshan Iron and Steel Co., Ltd, China, and electro-slag remelted into round ingots with a diameter of 420mm and a weight of 920kg. After stress relief annealing, they were rolled into two experimental wheels of 840mm in diameter. For heat treatment, wheels were heated to 910℃, and flash quenching was conducted at the wheel rim section by programmed control. Metallographic samples and tensile samples were taken from one of the wheel in rim section under the tread, metallographic samples below the tread 5mm and the tensile sample below the tread 30mm. For thermal stability test, only one metallographic sample was used in order to decrease the error in measurement. First, the microstructure of the sample was observed with 4 pct nitric acid alcohol and dye method simultaneously, the content of retained austenite was determined by X-ray diffractometer, and micro hardness was tested; Second, the sample was tempered at given temperature ranging from 150℃ to 500℃; Third, observation of the microstructures, determination of the content of retained austenite and micro hardness test were conducted again, and so on. At every tempering temperature, the sample was held two hours, then cooled to room temperature in the air.

Microstructure of samples was analyzed with microscope Zeiss Axioskop1-MAT; and micro hardness with Akashi HM-125. Tensile test was conducted using WAW-Y500A material testing system. The tensile sample was cut into five segments after fracture. Their actual deformations were calculated. All the samples were analyzed by microstructure observation, X-ray diffraction and micro hardness measurement. According to microstructure observation, the change of austenite content in the sample tempered at escalating temperatures is evaluated. In the photographs obtained by dye method, the palm yellow or red zone represents the constituent of ferrite, the blue represents the carbide-free bainite, and the white represents the retained austenite or martensite because they are difficult to be etched. The volume fraction of retained austenite also determines by X-ray diffractometer with the diffraction peak integral intensity of {220}, {311} crystal plane[14,15]. The conversion ratio X can be calculated by:

$$X = \frac{\gamma_0 - \gamma_l}{\gamma_0} \tag{1}$$

Where γ_0 and γ_l are volume fraction of austenite before and after testing.

3 Results and Analysis

3.1 Thermal stability

A small amount of retained austenite film (<10 pct) is observed by X-ray diffraction spectrum and optical microscope in the samples etched with 4 pct nitric acid alcohol and dye method. The retained austenite content and micro hardness after tempered at different temperatures are shown in Table 1 and Fig. 1. The microstructure of the quenching wheel rim is shown in Fig. 2, and others as shown from Fig. 3 to Fig. 7. It can be seen that retained austenite remains stable between 150℃ and 250℃, and becomes less stable up to 350℃. Only half of retained austenite decomposed when it was tempered at 400℃. A small quantity of austenite was still retained until 500℃. The results of microstructure analyses tally well with the content of retained austenite. When tempering temperature exceeds 350℃, content of retained austenite reduces with escalating tempering temperature, and lath width of bainite ferrite becomes wider. Microhardness slightly increases when retained austenite is tempered at 150℃. The hardness decreases slightly when tempered from 200℃ to 500℃.

Table 1 The retained austenite content (Ar) and micro hardness at different tempered temperature

Item	As quenched	150℃	200℃	250℃	300℃	350℃	400℃	450℃	500℃
Microhardness (HV)	401	452	392	392	395	391	399	323	357
Ar/pct	5.4	5.4	5.2	4.8	4.3	4.2	2.7	0.6	0.3
Austenite conversion ratio X	0	0	0.037	0.11	0.20	0.22	0.50	0.89	0.94

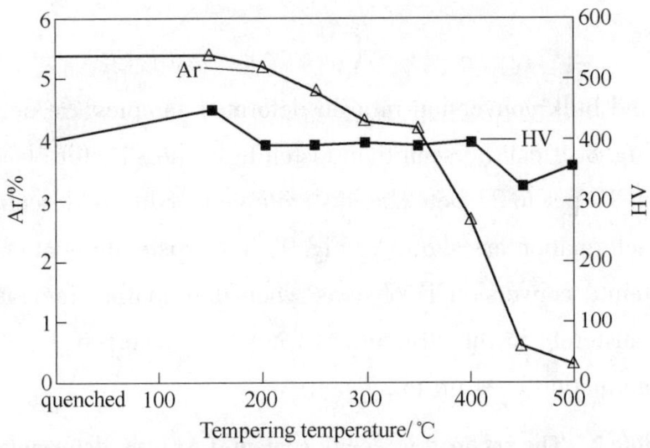

Fig. 1　Retained austenite content, micro hardness and tempered temperature curves

Fig. 2　Microstructure of the flash quenched wheel rim, dye method

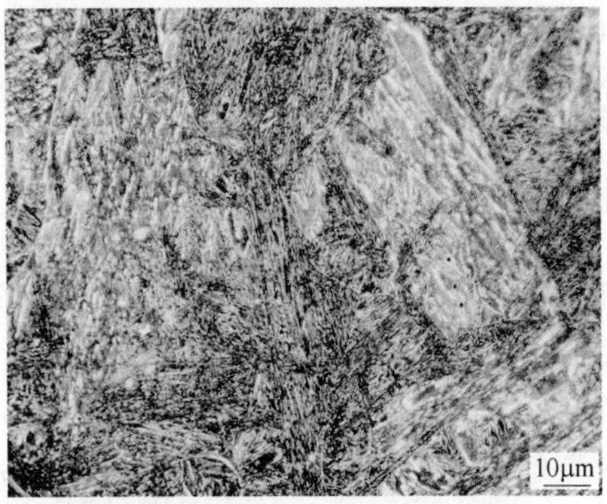

Fig. 3　Microstructure of the wheel rim tempered at 150℃, dye method

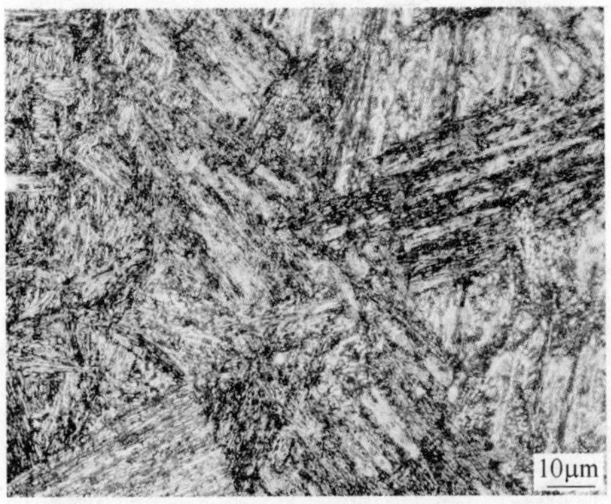

Fig. 4　Microstructure of the wheel rim tempered at 250℃, dye method

Fig. 5　Microstructure of the wheel rim tempered at 350℃, dye method

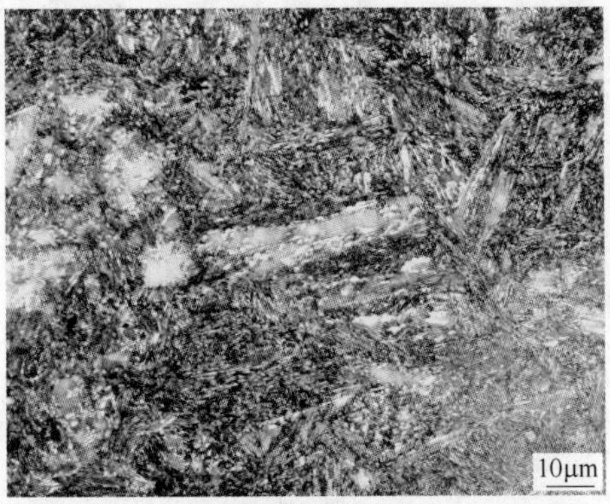

Fig. 6　Microstructure of the wheel rim tempered at 400℃, dye method

Fig. 7　Microstructure of the wheel rim tempered at 500℃, dye method

3.2 Mechanical stability

The austenite volume fraction and bulk conversion ratio in deformed samples are determined by X-ray diffractometer, as shown in Table 2 and Fig. 8. It can be seen that austenite in the structure basically doesn't change when deformation is in the range of from 10 pct to 21 pct. The austenite conversion is descending smoothly, and the microstructure of 21 pct and 57 pct deformation are shown in Fig. 9, i. e. austenite is at stable state when the deformation is at the above range. The austenite conversion is obvious when deformation increases from 21 pct to 42 pct. But 2.4 pct volume fraction of the austenite in the structure has not been changed. 1 pct volume fraction of austenite is still retained even when the deformation goes up to 57 pct.

Table 2 The retained austenite content (Ar) vs. deformation

Deformation/pct	0	10	12	21	42	57
Ar/pct	9.0	9.0	8.5	6.6	2.4	1.0
Austenite conversion ratio X	0	0	0.06	0.27	0.73	0.89

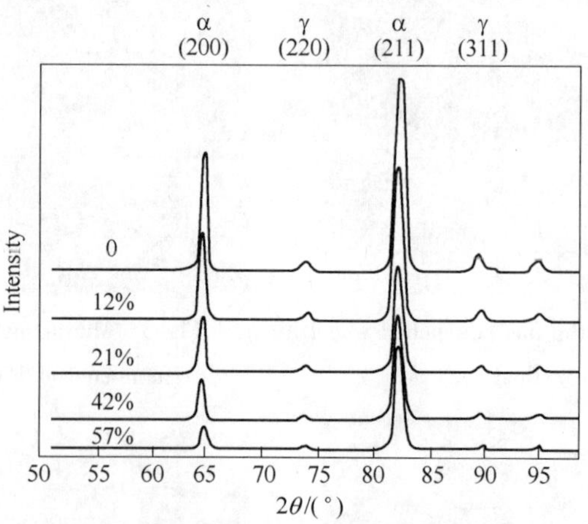

Fig. 8 X-ray diffraction patterns of the samples deformed with different reductions

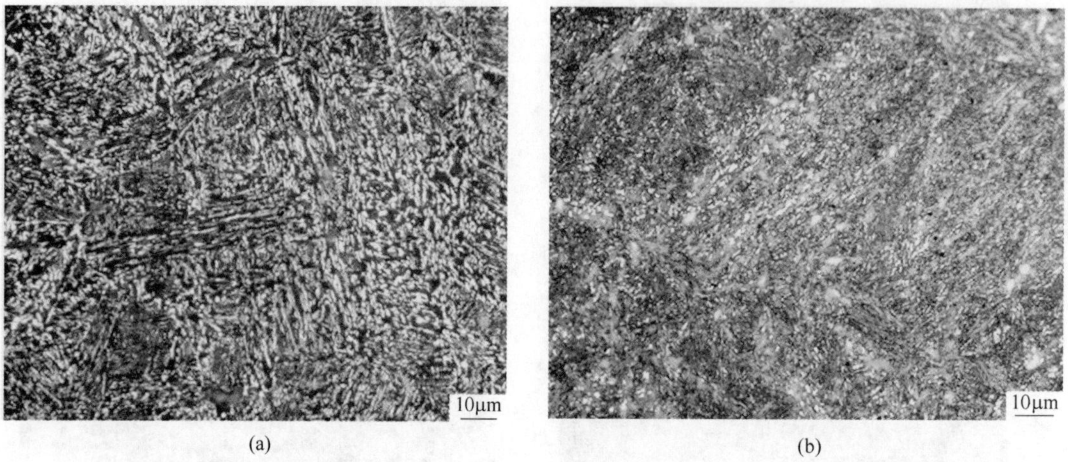

Fig. 9 Relationships between deformation, retained austenite content and microstructure
(a) 21 pct of deformation; (b) 57 pct of deformation

4 Discussion

The lattice parameter of retained austenite below the wheel rim section measured by means of X-ray diffraction spectrum determination is 0.3614nm. The relationship between the lattice constant and carbon content can be formulated[16,17] as Eq. (2):

$$[C] = \{a_0 - 0.3578 - 0.000096[Mn] + 0.00152[Si] - 0.00031[Mo]\}/0.0033 \quad (2)$$

Where a_0 is actual lattice parameter of retained austenite, equaling 0.3614nm; [Mn], [Si] and [Mo] correspond to the weight percents of elements Mn, Si and Mo in the austenite, respectively. For this steel, carbon content of retained austenite is 1.75wt pct according to Eq. 2. On basis of structure uniformity of the wheel rim section, it is appropriate that carbon content of retained austenite is 1.6 wt pct. Obviously, retained austenite in the steel belongs to supersaturating austenite of high carbon content. Once the supersaturating retained austenite turns into high carbon martensite or precipitates into carbide phase due to deformation stress induced transformations[18] or critical temperature, it would without doubt bring serious bad influence to safety of the wheel running. Actually, it is found that the addition of silicon inhibits the precipitation of the brittle carbide. By adding appropriate quantity of elements like Mn, as well as correct heat treatment, the retained austenite almost is stable[19]. Silicon makes an effect on controlling precipitation of the brittle carbide, and has contributed to high concentration carbon in supersaturating austenite and obtains the film retained austenite that has better stability than that of the blocky retained austenite. Martensite Phase transformation start point M_s is controlled by carbon content of retained austenite. The relationship between the M_s of retained austenite and carbon content of retained austenite is given in literature[20].

$$M_s(℃) = M_s^o - 564(X_c - \overline{X}) \quad (3)$$

Where, M_s^o in the formula is transformation start point of martensite, with average carbon content. X_c is carbon concentration of retained austenite (wt pct). $\overline{X}$ is average carbon concentration (wt pct) in the material.

Correlative parameters of the experimental steel are put into Eq. (3) to calculate the M_s. The M_s of retained austenite is −127℃. When wheel is heated to austenitizing temperature due to heating by braking and then rapidly cooled in a moment, the heating is so fast that the carbon in the original retained austenite has no time to diffuse. Low carbon austenite is formed in the process of bainite ferrite transformation under the condition of heating, and then transforms into the low carbon bainite or martensite during natural cooling. While the transformation point M_s of high carbon parts of retained austenite is still −127℃, they are difficult to take place martensite transformation even at low temperature. Only in the low carbon parts of retained austenite during heating and cooling procedure, phase transformation will occur. The products of phase transformation are still carbide-free bainite and/or low carbon lath martensite of low volume fraction. Thus, the retained austenite, especially the film retained austenite, has no effect on whole performance of wheels.

The retained austenite is strongly hydrogen trapping, and improves hydrgon embrittlement if the retained austenite is stable[21]. Hydrogen embrittlement of the carbide-free bainite wheel steel is studying using slow strain rate testing technique. Stability of carbide-free bainite mainly depends on the stability of retained austenite. The relationship between deformation and austenite content presents descending trend when deformation is ranged from 21 pct to 42 pct. But 2.4 pct volume fraction of austenite in the structure has not been changed, and 1 pct volume fraction of austenite is still retained even when the deformation up to 57 pct. It manifests the film retained austenite has excellent mechanical stability which is essentially related to the high silicon contents that effectively retard the precipitation of brittle carbide and control the shapes of the retained austenite. Excellent mechanical stability also relates closely to the concentration of solid solution carbon in retained austenite. If the solid solubility of carbon is higher, the martensite start transformation temperature Ms is lower, and the retained austenite is more stable.

It is known by means of the structure observation of tempered and deformed samples that granular bainite in the structure gradually increase with escalating tempering temperature and deformation degree. The bainite ferrite laths coarsen during tempering or deformation. The retained austenite turns into granular bainite in the process of tempering and deformation. Though the film retained austenite among inter-phase turns into granular bainite, it has little effect on material performance.

By the way, the carbide-free bainite wheel steel has been confirmed experimentally to possess excellent combination of strength with toughness, high fatigue resistance and good tribological behaviors[22]. The second heat of this kind of new novel wheel steel of 90 ton weight was made in Maanshan Iron & Steel Co., Ltd, and eight trial wheels are running now on a specific railway for testing.

5 Conclusions

(1) The carbide-free bainite has excellent structural stability. The film retained austenite is in a correspondingly stable state below 350℃ tempering temperature. The variation extent is increasing over 400℃. A small quantity of retained austenite is still retained until 500℃.

(2) When deformation is at low and middle extent, excellent mechanical stability is obtained for carbide-free bainite steel. 1 pct volume fraction of austenite is still retained even at great degree of deformation.

(3) The amount of granular bainite gradually increases and bainite ferrite laths coarsen with escalating tempering temperature and deformation degree.

(4) Martensite structure and carbide precipitation are not found. According to the transformation products, the film retained austenite hardly influences safety of train transportation. The wheel of carbide-free bainite steel has excellent thermal and mechanical stability.

References

[1] Jan Sun, Kevin J Sawley, Daniel H. Stone: Progress in the reduction of wheel spalling [C]. 12th Internation Wheelset Congress, China, 1998: 18-29.

[2] Zhou Yimin. Wheels an axles of Chinese railway locomotive and car meeting challenges of 21st century [C]. 12th International Wheelset Congress, China, 1998: 10-13.

[3] Tan Datong. Present condition and future development of axles and wheels of Chinese railways [C]. 12th International Wheelset Congress, China, 1998: 14-17.

[4] Mutton P J, Boelen R. Wheel developments for high axle load operations [C]. 4th International Heavy Haul Railway Conference, Brisbane, 1989.

[5] Parsons S A, Edmonds D V. Microstructure and mechanical properties of medium-carbon ferrite steel microalloyed with vanadium [J]. Materials Science and Technology, 1987, 3 (11): 894-904.

[6] Singh U P, Roy B, Jha S, Bhattacharry S K. Microstructure and mechanical properties of as rolled high strength bainitic rail steels [J]. Materials Science and Technology, 2001, 17 (1): 33-38.

[7] Cassidy P. A new wheel material for the new century [C]. 13th International Wheelset Congress, Rome, 2001.

[8] Offerman S E, van Dijk N H, Rekveldt M Th, Sietsma J, van der Zwaag S. Ferrite/pearlite band formation in hot rolled medium carbon steel [J]. Materials Science and Technology, 2002, 18 (3): 297-303.

[9] Singh U P, Popli A M, Jain D K, Roy B, Jha S. Influence of microalloying on mechanical and metallurgical properties of wear resistant coach and wagon wheel steel [J]. J. of Mater. Eng. and Performance, 2003, 12 (5): 573-580.

[10] Caballero F G, Bhadeshia H K D H, Mawella K J A, Jones D G, Brown P. Very strong low temperature bainite [J]. Materials Science and Technology, 2002, 18: 279-284.

[11] Tim Constable, Robert Boelen, Elena V Pereloma. The quest for improved wheel steels enters the martensitic phase [C]. 14th International Wheelset Congress, USA, 2004.

[12] Ashraf Ali. Bainitic microstructures formed by split isothermal transformation in an Fe - C - Si - Mn - Mo steel [J]. Metall. Mater. Trans. A., 1996, 27A (5): 1141-1147.

[13] Zarei A Hanzaki, Hodgson P D, Yue S. Retained austenite characteristics in thermomechanically processed Si-Mn transformation-induced plasticity steels [J]. Metallurgical and Materials Transactions, 1997, 28A (11): 2405-2414.

[14] Kazuyuki Tohji, Yasuo Udagawa. Double-crystal spectrometer for laboratory EXAFS spectroscopy [J]. J. Rev. Sci. Instrum., 1988, 59 (7): 1120-1127.

[15] Shuvaev A T, Helmer B Yu, Lyubeznova T A, et al. Laboratory diffractometer - based XAFS spectrometer [J]. J. J. Synchrotron Rad., 1999: 6-158.

[16] Abdellah Airod, Roumen Petrov Etal. Analysis of the TRIP effect by means of axisymmetric compressive tests on a Si-Mn bearing steel [J]. ISIJ Int., 2004, 44 (1): 179-180.

[17] Babu S S, Specht E D, David S A, Karapetrova E, Zschack P, Peet M, Bhadeshia H K D H. In-situ observation of lattice parameter fluctuations in austenite and transformation to bainite [J]. Metallurgical and Materials Transactions A., 2005, 36A (12): 3281-3289.

[18] Huo C Y, Gao H L. Strain-induced martensitic transformation in fatigue crack tip zone for a high strength steel [J] . Materials Characterization, 2005, 55: 12-18.

[19] Sherif M Y, Garcia C Mateo Sourmail T, Bhadeshia H K D H. Stability of retained austenite in TRIP-assisted steels [J]. Materials Science and Technology, 2004, 20 (3): 319-322.

[20] Rees G I, Bhadeshia H K D H. Bainite transformation kinetics, Part1: Modified model [J] . Materials Science and Technology, 1992, 8 (11): 985-993.

[21] Yalci H K, Edmonds D V. The effect of hydrogen on the bainite transformation [J] . Journal of Materials Science, 1999, 34: 711-717.

[22] Zhang Mingru, Chen Lianmam, Gu Haicheng. Microstructure and mechanical properties of carbide-free bainite railway wheels produced by programmed quenching, to be published.

Microstructure and Properties of Carbide Free Bainite Railway Wheels Produced by Programmed Quenching❶

Zhang Mingru[1,2]　Gu Haicheng[2]

(1. State Key Laboratory for Mechanical Behaviour of Materials, Xi'an Jiaotong University;
2. Ma'anshan Iron and Steel Co., Ltd.)

Abstract　A kind of carbide free bainite steel was used to produce railway wheels. The alloy design, manufacture process, microstructure and behaviours are summarised. The novel steel is distinctively superior in excellent combination of strength and toughness compared with the traditional pearlite type wheel steels. The details of the microstructure of novel steel have been investigated in nanoscale.

Key words　railway wheel; carbide free bainite; microstructure; properties; tribological behaviour

1 Introduction

Bhadeshia first declared the collaborative research with British Steel Corporation on bainite rail steels based on bainitic ferrite and retained austenite duplex microstructure.[1] Since then, there have been 30 grades of bainitic rail steels in the worldwide.[2,3], though some of them are still in experimental stage. Similar to traditional rail steels, at the present time most wheels are made of medium high carbon steels with carbon content range 0. 45-0. 80wt%. The microstructures of them are pearlite plus a bit of ferrite or full pearlite. The current trend toward higher speed for passenger train and heavier axle load in haul traffic demands stronger, tougher, safer and more wear resistant wheel steels.[4,6] Previous improvements in wheel steels include enhancement of the existing plain carbon steels by microalloying and clean steels made by advanced steel-making process.[7,8] However, the advantage of those improvements is still limited. This paper will summarise achievement in developing the novel railway wheel made of carbide free bainite steels and produced by programmed quenching.

2 Alloy Design

The following conditions must be kept in mind during alloy design:

(1) the steel wheels are generally made in large scale serial production, and the equipment of mill is very expensive. It is important that the new steel will not bring big change to the main machinery of production line

(2) the railway wheels are huge in size and mass, so austempering, the usual way to obtain bainite in heat treatment, is unrealistic and unavailable

(3) the comprehensive performance of the wheels made of the new steel, not only strength and toughness, but also tribological behaviour should be superior to that of traditional steels

(4) low cost and energy saving.

Based on the theories of bainite transformation and alloying of steels,[9-11] the composition design of the steel should assure appropriate microstructure and properties of wheels, especially in their rim part.

Manganese has been found to be an effective element to increase the hardenability of steels. Silicon suppresses the formation of carbide during bainite transformation. The addition of both manganese and silicon is cheap in econo-

❶ 原文发表于"Materials Science and Technology"2007 年第 8 期。

my. Molybdenum delays the formation of ferrite and pearlite during continuous cooling process and counters embrittlement owing to impurities. Vanadium is useful to gain fine laths or plates in microstructure. The essence of the problem is carbon content. The previous work by the authors shows that the microstructure and properties of medium carbon wheel steels are too sensitive to cooling rate, leading to inhomogeneity in section of wheels. Therefore low carbon content is selected, and more reasons for this decision will be elucidated later.

The designed alloy for bainitic wheel is low medium carbon Si-Mn-Mo-V steel, and the chemical composition in these researches below is presented in Table 1.

Table 1 Chemical composition of bainitic and CL50 wheel steels (wt%)

Steel	C	Si	Mn	Mo	V	S	P	Cr	Ni	Cu	Fe
Bainitic wheel	0. 20	1. 43	1. 91	0. 30	0. 08	0. 003	0. 019	0. 03	0. 22	0. 09	Bal
CL50 wheel	0. 51	0. 33	0. 72	—	—	0. 004	0. 015	≤0. 25	≤0. 25	≤0. 25	Bal

The Jominy end quench tests showed that hardness-distance curves are approximately horizontal, which means the designed steels posses very deep hardenability.

Continuous cooling transformation (CCT) diagram was measured with a Gleeble-2000 thermal simulator (see Fig. 1), A series of dilation curves were detected at different rates of cooling. The transformation points were determined from the dilation curves, and the transformation products were confirmed by microscopic examination and Vickers hardness.

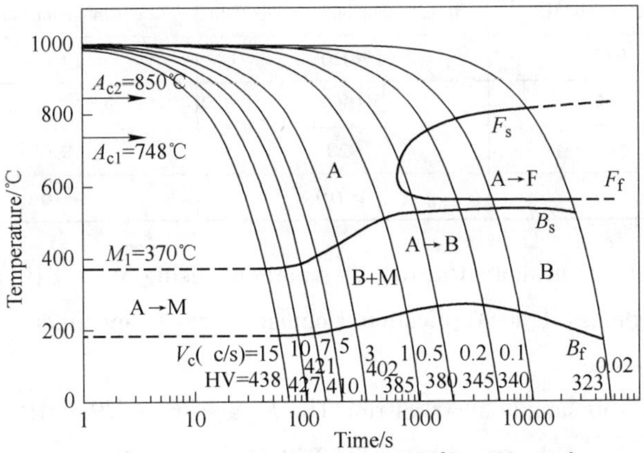

Forged specimens; Austenitization: 1000℃, 180seconds

Fig. 1 Continuous cooling transformation diagram of new steel

3 Manufacture Processes

The first heat of bainitic wheel steel was smelt with intermediate frequency induction furnace, and electroslag remelt into ingots with a diameter of ϕ420mm and a weight of 920kg. Two experimental wheels with ϕ840 mm in diameter were rolled and then spray quenched on the tread. One wheel was anatomised into lots of samples for different kinds of testing and analyses; the other was done the friction and brake tests. The second heat of the steel was made, shaped and treated on production lines as commercial products. The wheel steel was made by 40t electric furnace. Secondary steel-making processes were performed in ladle furnace (LF) and then vacuum degassing (VD) vessel, to keep [H] 1. 70ppm. Eventually 55 pieces of wheels were manufactured. Programmed spray quenching was conducted on the tread of wheels under computer control. Different kinds of tests like the first heat were performed. Two wheels were press fitted with an axle into the bore of hub for assembly test. Eight wheels have been running on a special experimental route over 180000km with periodic monitor. Others are undertaken a series of experiments to optimise the fabrication technology.

4 Mechanical Properties

Fig. 2 shows the hardness distribution on the full section of a wheel. The tensile properties generated with the specimens from rim and web are given in Table 2. For comparison, the corresponding figures of conventional wheel steel CL50 and the requirements of wheel standard are also given. CL50 wheels are used for purpose of higher toughness and the chemical composition is also listed at Table 1.

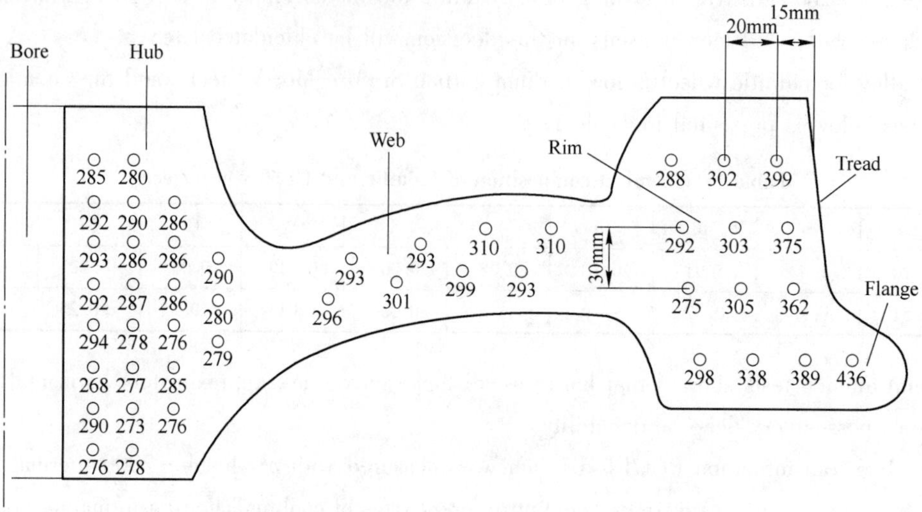

Fig. 2 Brinell hardness (HB) profiles of wheel section

Table 2 Tensile properties of bainitic and CL50 wheels

Items	Yield strength/MPa	Ultimate tensile strength/MPa	Elongation/%	RA/%
Bainitic wheel rim	955	1020	19.0	51.5
Bainitic wheel web	735	1060	15.5	42.5
CL50 wheel rim	585	920	18.0	46.0
Standard TB/T2708	—	≥910	≥10	≥14

The fracture toughness of rim was evaluated at room temperature using MTS-810 TESTSTAR, controlled by the software 790.50 Fracture Toughness Test Application. Compact tension specimens CT50 (length 125mm×width 120mm×thickness 50mm) were used.

Fig. 3 shows the location of CT50 sample at wheel rim. The K_Q are 76.3–79.4MPa · $m^{1/2}$, and the values of $2.5(K_Q/YS)^2$ are 16.0 – 17.5mm, so the thickness of CT50 is enough to obtain valid K_{IC} values. The fracture toughness values of the bainitic wheel steel are higher than that of pearlitic steels:

(1) CL50 plain carbon steel wheel with carbon content 0.51 wt% (K_Q 71.3–74.9MPa · $m^{1/2}$).

(2) CL60 plain carbon steel wheel with carbon content 0.60 wt% (K_Q 30–60MPa · $m^{1/2}$).

(3) Microalloyed medium carbon wheel steel with the composition of Fe–0.54C–0.63Si–1.04Mn–0.14V (K_Q38–50 MPa · $m^{1/2}$).

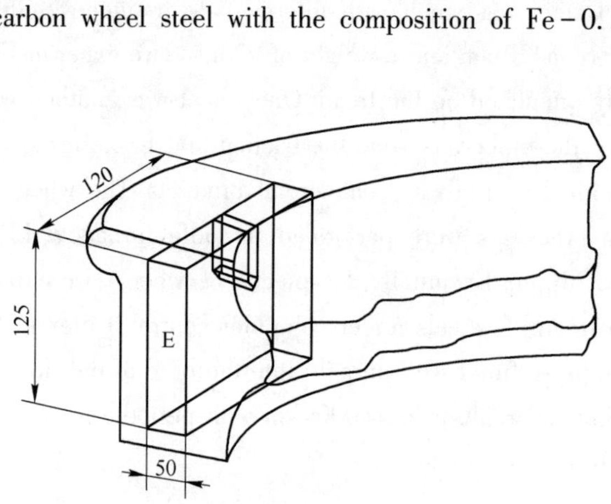

Fig. 3 Scheme of location for CT50 sample in rim

Besides, in the situation of pearlitic type steels, K_Q equals K_{max}, i. e. the specimens were suddenly fractured in brittle manner; while in bainitic steel, P_Q were corresponding to the 'pop-in' load, beyond this point the load were increasing again to P_{max}. However. P_{max}/P_Q is in the range of 1.14-1.20, indicating that the condition $P_{max}/P_Q \leqslant 1.10$ is not satisfied. Moreover, when the specimens of bainitic steel were prefatigued, it took higher cyclic load and longer time to nucleate and grow a fatigue crack at the tip of notch than pearlitic steels. It can be concluded from all these facts that the bainitic wheel steel possesses high resistance to crack nucleation and propagation.

The impact toughness tests were conducted using standard U-notch specimens with Zwick/Roell KRP450 instrumented impact machine. Fig. 4 shows the impact energies of specimens from wheel rim and web tested at different temperatures. These values are much higher than that of pearlitic steels. The requirement of conventional wheel standard for impact energy at room temperature is only 16J. Fig. 5 shows the impact force-displacement curves of rim and web at room temperature and -30℃, confirming the crack initiation energy and propagation energy are rather higher.

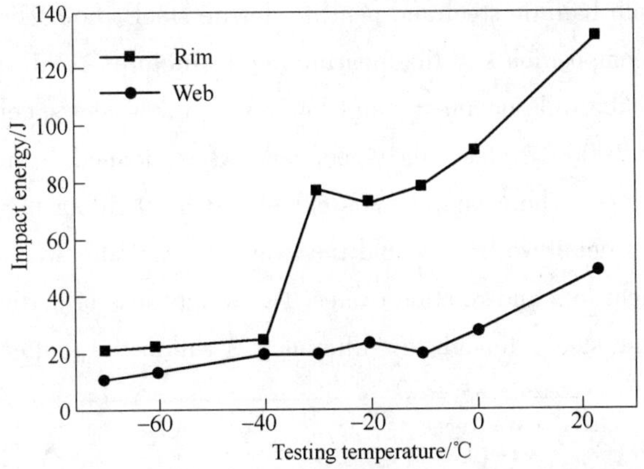

Fig. 4 Charpy impact energy at different testing temperatures

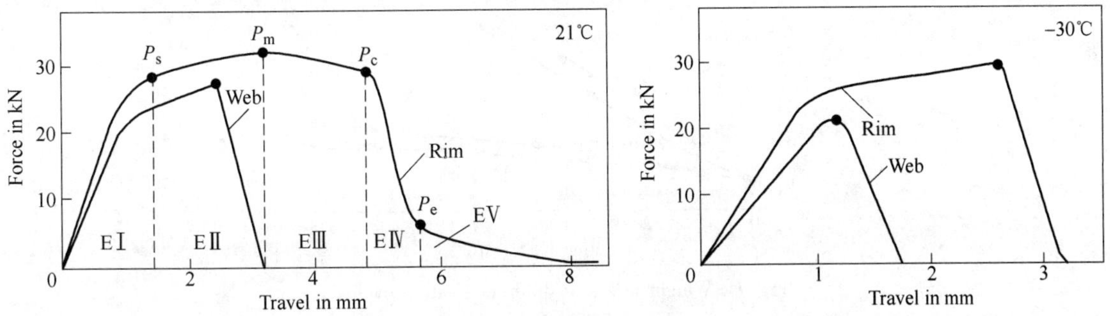

Fig. 5 Force-displacement curves at room temperature and -30℃

5 Microstructure

The wheel rim microstructure of the scope at a range of 55mm below the tread is mainly carbide free bainite, i. e. bainitic ferrite laths and thin films of retained austenite along the lath boundaries, as shown in Fig. 6. With a field emission high resolution electron microscope HREM JEM-2100F, a twin within the film of retained austenite is shown.

The mixed microstructure of bainitic ferrite and granular bainite was observed in wed and hub.

6 Tribological Behaviour

Rolling-sliding wear tests were conducted using an Amsler wear testing machine at room temperature under a dry regimen with 10% rolling - sliding mode between rail and wheel specimens according to Chinese standard GB12444.1—1990. The disc type specimens of ϕ40mm in diameter and 10mm thickness with a bore of ϕ16mm

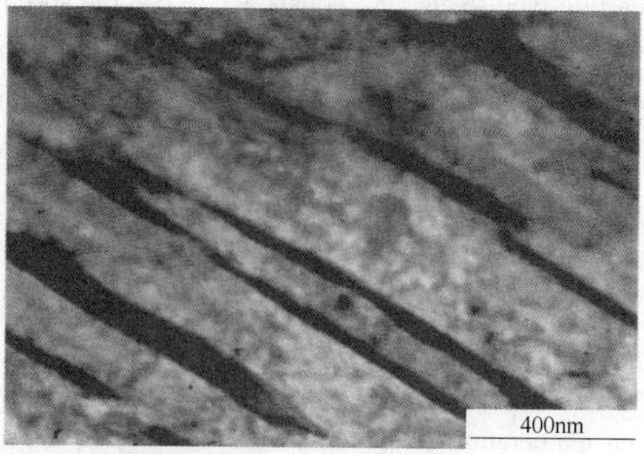

Fig. 6　Rim microstructure formed by bainitic ferrite and films of retained austenite

were used for the measurement of wear rate. For comparison, the specimens were fetched below the tread 2mm from the rim of the wheels made of both bainitic steel and pearlite-ferrite steel CL60. The counterparts are from the head of PD3 rail with near eutectoid composition and fine pearlite microstructure. A pair of wear specimens were adjusted on Amsler machine, upper with the rail specimen, and lower with the wheel specimen, and contact force 490 N was applied. After each running 10000 cycles, the specimens were cleaned by ultrasonic 3min in acetone and dried, and then balanced the weight. The wear rate was calculated by dividing the loss in weight of the disc with 10000 cycles. Each test had been done two times, and the average wear rates were calculated. Fig. 7 shows the results of relationship between weight loss and rotation cycles. The weight loss of carbide free bainite steel slightly exceeds that of CL60 pearlite-ferrite steel, though the difference is within the scatter of error.

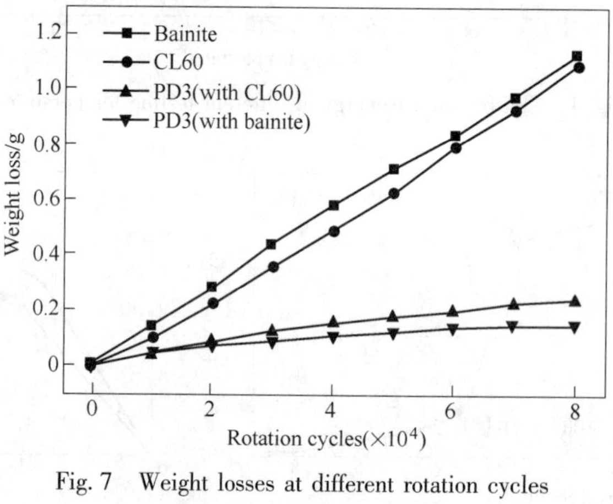

Fig. 7　Weight losses at different rotation cycles

The worn surfaces of specimens were observed using a Philips XL30 scanning electron microscope (SEM). Fig. 8 shows the subsurface cracks paralleling to the worn surface. This is the evidence of lamination wear.

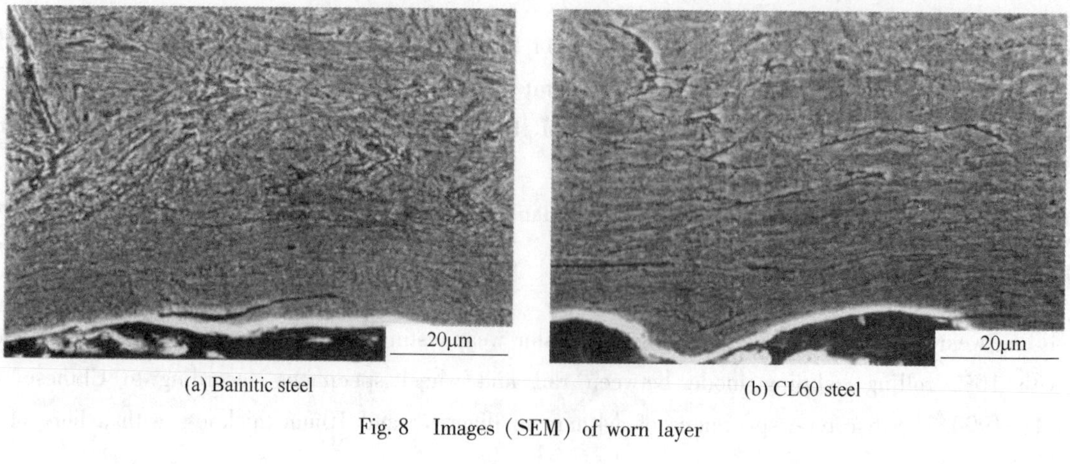

(a) Bainitic steel　　(b) CL60 steel

Fig. 8　Images (SEM) of worn layer

The intriguing point is that the weight loss of PD3 rail specimens matched with carbide free bainite specimens is smaller than that of matching with conventional CL60 steel. Meantime, the total weight loss for the pairs of rail with bainitic wheel is smaller than that of the pairs with CL60. The secrecy has been found through the investigation using a high resolution transmission electron microscope JEOL-2010 to examine the worn surface of both bainitic and CL60 steels. In the worn surface layer of bainitic steel, the nanostructure consisting of nanocrystals and nanoamorphous is observed; and whereas in CL60 steel, only lamellar mixture of ferrite and cementite (some are broken) were observed (see Fig. 9). The above findings seem to be quite promising that the carbide free bainite wheel will be helpful to prolong the service life of rail.

7 Discussion

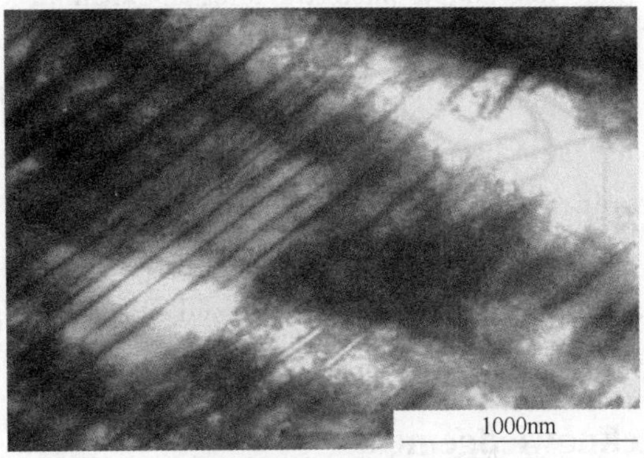

Fig. 9 Images (TEM) of worn layer of CL60 steel

Fatigue and fracture is the most dangerous failure mode of wheels,[12] causing derailment with attendant loss of life and property. The present experiments demonstrated that the fracture resistance of bainitic steel is much higher than that of pearlitic steels. Pearlite is a very common constituent of steels and has received intensive studies. The cementite in pearlite and the interface between cementite and ferrite have been found the sources of fracture and fatigue.[13.14] In contrast with pearlite, the carbide free bainite is consisting of bainitic ferrite laths and films of retained austenite along lath boundaries. Both ferrite and austenite are ductile phases. Moreover, the structure of pearlite can be observed with optical microscope under the magnification of 1000 times, whereas the details in structure of carbide free bainite only can be examined by TEM or high resolution transmission electron microscopy (HRTEM) under the magnification of 10000-1000000 times. Therefore, it is not surprising that the latter is much superior to the former in strength, plasticity and toughness.

The wear resistance is vital to both wheel and rail.[15,16] Wear is recognised as a system property more than a materials property. Nevertheless, the wear resistance of pearlite versus bainite has been studied extensively. The present study is aimed at striving for an optimum combination of wheel and rail with minimal total wear. Second, rolling contact fatigue (RCF) caused shelling is another type of failure on tread.[17] Yield strength (YS) has a major influence on the damage response to rolling contact fatigue, as it will dictate the cyclical strain amplitude caused by rolling contact stresses. The carbide free bainite steel has higher yield strength than pearlite ferrite steel, so it is believed that the former has higher resistance to contact fatigue. Third, flat, spin-burns and/ or thermal crack may occur due to temperature change on tread surface.[18] When a running train is braked or a wheel is skidding on frosty rail, the contact points will be heated to form austenite and then cooled rapidly as the heat is dissipated, causing the austenite to transform into martensite. In low carbon steel, the martensite is in the shape of laths, which are ductile; while in medium high carbon steel, the martensite is in the form of lenticular plates, which are brittle. It means the low carbon carbide free bainite steel has better resistance to thermal damage than pearlitic steels.

The conventional CL60 wheel steel is sensitive to hydrogen embrittlement. Compared with pearlite/ferrite, bainite generally offer high strength coupled with minimum susceptibility to hydrogen embrittlement.[19] Moreover, when silicon is present in excess of 1 wt%, it improves the resistance to hydrogen embrittlement further.[20,21] In order to prevent the formation of white flake, the wheels made of conventional steels must be isothermal annealed at 630℃ soaking for 5h (diffuse hydrogen treatment). It is anticipated that the isothermal annealing may be eliminated for the novel bainitic wheels, coupled with vacuum degassing process to keep [H] <2.00ppm. This will be helpful to save energy.

Both B_s and M_s temperature of low carbon steels are higher than medium high carbon steels'.[22] In the present situation, B_s equals 530℃ and M_s 370℃; At these temperatures, carbon atoms can diffuse in short distance, it is so called 'auto-tempering'. Therefore it is also possible to eliminate the 'tempering procedure' after quenching, leading to save energy too.

8 Conclusions

(1) The yield strength, ductility, fracture toughness and impact toughness of the bainitic wheel steel are distinctively superior to that of the traditional wheel steels. The excellent mechanical properties are closely related to thc carbide tree bainite microstructure, i. e. bainitic ferrite laths with films of retained austenite along lath boundaries together in nanoscale.

(2) Rolling-sliding test results demonstrate that the wear rates of carbide free bainite steel are slightly higher than that of pearlite plus ferrite steel, but the total wear loss of bainitic wheel and pearlitic rail is less than that of pearlitic-ferrite wheel and pearlitic rail, i. e. the rail specimens are less worn with carbide free bainite wheel.

(3) The novel bainitic steel can be used to produce railway wheels on production lines without change of main machinery and equipment. As a candidate of new generation wheel steel, further investigation is required and undertaken.

Acknowledgement

Financial supports from Ministry of Railway and National 863 Projects of China are greatly appreciated.

References

[1] Bhadeshia H K D H. In: Future Developments in Metals and ceramics [M]. Charles. J A, et al. 1992: 25-73., London: Institute of Materials.
[2] Sinha A K. Physical Metallurgy Handbook [M]. 9. 40: 2003, New York: McGraw-Hill, 2003: 9. 40.
[3] Singh U P, Roy B, Jha S, Bhattacharyya S K. Mater. Sci. Technol., 2001, 17: 33-38.
[4] Zhou Y. Proc. 12th Int. Wheelset Cong., Qingdao, 1998: 10-13.
[5] Tan D T: Proc. 12th Int. Wheelset Cong., Qingdao, 1998: 14-17.
[6] Mutton P J Boelen R. Proc. 4th Int. Heavy Haul Railway Conf., Brisbane, 1989, IEAust: 421-427.
[7] Zhang M R. Microalloyed railway wheel steels, Ma'anshan Iron & Steel Co., Ltd, 2000.
[8] Viet J J, Demilly F, Bouvry J, Ingouf T. Proc. 14th lnt. Wheelset Cong., Orlando, 2004: Paper 2. 4, 1-11.
[9] Entchin R I. Tranformation of Auslenite in Steels [M]. Moscow: Metallurgy, 1996.
[10] Bhadeshia H、K、D、H. Bainite in Steels, 2nd ed [M]. London: IOM Communications, 2002.
[11] Wang J, Van P J, Van S. J. Mater. Sci., 2000, 35: 4393-4404.
[12] Liu Z X, Gu H C, J. Mater. Eng. Perform., 2000, 9: 580-584.
[13] Eden H C. Garnham J E, Davis C L. Mater. ScL Technol. 2005: 21. 623-629.
[14] Clayton P, Su X. Wear. 1996, 200: 63-73.
[15] Sato M, Anderson P. M, Rigney D A, Wear, 1993, 162-164: 159-172.
[16] Clayton P, Jin N. Wear, 1996, 200: 74-82.
[17] Kalousek J, Magel E, Strasser J, Caldwell W N, Kanevsky G, Blevins B. Wear. 1996. 191: 210-218.
[18] Kumagai N, Ishikawa H, Haga K, Kigawa T, Nagase K. Wear. 1991. 144: 277-287.
[19] Edmonds D V, Cochrane R C, Metall. Trans. A, 1990, 21A: 1527-1540.
[20] Bernstein I M, Thompson A W, Int. Met. Rev., 1976: 269-287.
[21] Bernstein I M, Thompson A W, in 'Advances in Corrosion Science and Technology [M]. (Fontana M G, Stachle R W, ed.), 1980: 53-175. New York: Plenum.
[22] Bhadeshia H K D H. Mater. Sci. Technol., 2005. 21: 1293-1302.

无碳化物贝氏体钢车轮组织和力学性能❶

张明如[1,2] 陈联满[1] 杨丽珠[1] 张 斌[3] 顾海澄[2]

（1. 马鞍山钢铁股份有限公司；2. 西安交通大学，金属材料强度国家重点实验室；
3. 中国铁道科学研究院）

摘 要 为了研究无碳化物贝氏体钢制造铁路车轮的可能性，新设计一种 Si-Mn-Mo-V 系车轮钢并按照现有 CL60 车轮钢生产工艺锻压轧制和热处理 ϕ840 试验车轮，对试验钢淬火、正火试样，以及试验车轮轮辋、辐板和轮毂截面组织和结构进行观测和分析。同时，测试了车轮力学性能、断裂韧性、裂纹扩展速率和磨损试验、热损伤试验、压装试验与环形线运行试验等，试验车轮轮辋踏面下 55mm 显微组织结构主要是无碳化物贝氏体，贝氏体铁素体片条宽度为 0.44μm 左右，条间残余奥氏体薄膜厚度为 10~70nm 左右，辐板组织主要为粒状贝氏体。试验车轮具有优良的力学性能和韧性，具有一定的应用前景。

1 引言

随着铁路运输行业向重载、高速方向发展，作为机车车辆的关键性重要部件之一，车轮的运行安全性能倍受人们重视[1,2]。长期以来，各国从事材料研究的人员一直在致力于车轮用材方面的研究，在提高车轮疲劳性能、抗热裂性能、耐磨性能等方面，取得了卓有成效的进展[3,4]。至目前为止，所研究的车轮用材均是各种含碳量的碳素钢、低合金钢、微合金化钢等，它们的显微组织属于珠光体—铁素体型组织。珠光体组织中碳化物是脆性相，有利于疲劳裂纹萌生与扩展，很难进一步提高车轮疲劳性能与抗热裂性能，珠光体—铁素体组织屈服强度低，抵抗轮—轨滚动接触疲劳性能差，容易使轮辋次表面产生剥落损伤[5~7]。无碳化物贝氏体钢显微组织中不含碳化物，以高稳定性的过饱和残余奥氏体薄膜替代珠光体中渗碳体，具有极佳的强韧性配合性能、抗热裂性能与耐磨性能[8~12]。

本文充分利用金属材料科学最新研究和应用成果——无碳化物贝氏体钢，将其应用到车轮制造材料上，彻底改变传统的车轮用钢的历史，针对车轮形状及制造工艺等特点，设计适应现有车轮热处理工艺条件下中低碳无碳化物贝氏体钢，轧制无碳化物贝氏体钢车轮，对无碳化物贝氏体钢车轮组织结构、力学性能等进行分析和研究。

2 试验材料与方法

研究材料的化学成分碳含量为 0.15%~0.30%wt，Si、Mn 之和小于 3.8%wt，再加入微量合金元素，如 Cr、Mo、V 等。试验钢在马鞍山钢铁股份公司冶炼，浇铸成 2.94t 圆锭，经切割后按正常生产程序轧制成 ϕ840 试验车轮并热处理。对车轮进行解剖分析研究，取样部位、试样规格、试验方法等按照 TB/T 2718—1997 标准进行，拉伸试验在 WAW-Y500 材料试验机上进行，冲击试验采用 10mm×10mm×55mm 标准 U2 型试样，试验设备为 Zwick/Roe11 Amsler RKP450 示波冲击试验机。金相试样分别取自试验车轮的轮辋、辐板和轮毂，利用 Axioskop1-MAT 型金相显微镜、DX-41 型扫描电镜和高分辨透射电镜对组织结构进行分析，对所有断口进行观测和分析。为了容易地进行组织鉴别，金相试样分别进行硝酸酒精腐蚀和染色，在染色金相中，根据染色剂不同，染色后铁素体呈棕黄色，贝氏体铁素体呈蓝色（黑色），奥氏体呈白色。

断裂韧性 K_{IC} 试验采用 FFC（T）CT30 试样，试样平面与车轮踏面平行，并紧贴车轮踏面。试验方法

❶ 原文发表于《世界轨道交通》2007 年增刊。

采用 ASTM E399—2005 "Standard Test Method for Pane Fracture Toughness of Metallic Materials"，试样线切割裂纹后，在 MTS-810 TESTSTAR 万能材料试验机上预制疲劳裂纹和测试，控制采用 790.50 Fracture Toughness Test Application。

裂纹扩展速率 da/dN 试样取自车轮踏面，试样尺寸为 134mm×26mm×13mm，试验方法采用 ASTM E647-00 "Standard Test Method for Measurement of Fatigue Crack Growth Rates"，试样线切割裂纹后，在 MTS-810 万能材料试验机上疲劳测试。

按照 GB 12444.1—90《金属磨损试验方法 MM 型磨损试验》标准研究贝氏体钢车轮的磨耗性能。试样采用圆环型试样，外径 40mm，内径 16mm，厚度 10mm。对比试样为 CL60 珠光体-铁素体型车轮的踏面，对磨试样为攀钢产 PD3 钢轨（硬度为 HRC29～30），取自轨头踏面下 2mm 处。试验在 Amsler 磨损试验机上进行。试验条件为：上轴装钢轨试样（PD3），转速 180r/min；下轴装车轮试样（贝氏体钢和 CL60 钢），转速 200r/min，10%滑差，在载荷 490N（50kg）力下干磨耗。每转 10000 转后称量试样失重，试样放入丙酮中，用超声波清洗 3min 后，取出吹干，用精度为 0.0001 克光学天平测量试样失重，每 2 个试样平均得出一组磨耗数据。

车轮与车轴的链接是通过压装的方法实现紧配合的。只能允许一次性压装成功。无碳化物贝氏体钢车轮强度高、硬度高，即使在轮毂仍然也是强度高、硬度高。在铁道部铜陵车辆厂做压装试验。在铁道部科学研究院环行线上进行系统运行实验，实验运行速度 120km/h，历时一年半，运行里程 18 万公里。

3　试验结果与分析

3.1　试验钢显微组织结构

淬火试样显微组织为自回火板条马氏体，见图 1（a）；正火试样显微组织为无碳化物贝氏体+粒状贝氏体+铁素体，见图 1（b）。由试验结果可知，在淬火与正火状态下均能获得以无碳化物贝氏体为主的显微组织，表明试验钢具有宽大的贝氏体相区，试验钢的成分设计合理，有利于复杂形状的大件车轮的热处理工艺制定。

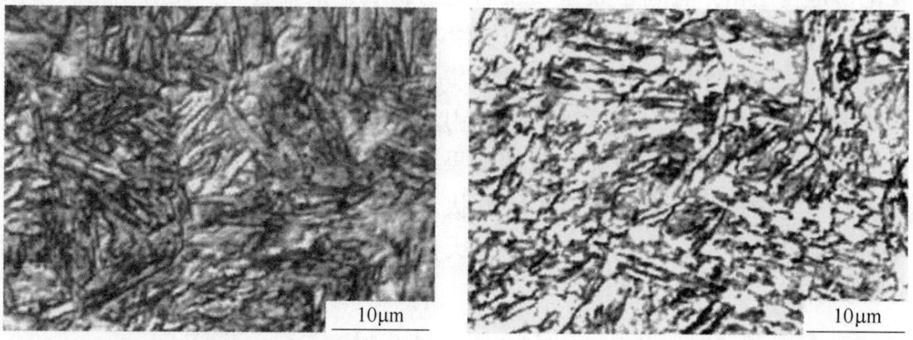

(a) As quenched　　(b) Normalized

图 1　试样显微组织

3.2　无碳化物贝氏体车轮显微组织结构

车轮轮辋在距踏面下 55mm 范围内的显微组织主要为无碳化物贝氏体，见图 2。轮辋高分辨透射电镜照片见图 3，残余奥氏体为薄膜状残余奥氏体。在此范围内，随着距踏面距高的增加，粒状贝氏体和铁素体的量逐渐有所增多，增多的趋势比较平缓。其后的组织由无碳化物贝氏体为主逐渐过渡到以粒状贝氏体为主，此段距离为踏面下 60～70mm。轮辋截面以无碳化物贝氏体为主的组织占轮辋总截面的面积约为 2/3，该比例完全可以确保车轮因镟修达到报废临界尺寸前，轮辋踏面下工作层组织仍以无碳化物贝氏体为主。表明设计的无碳化物贝氏体车轮钢的化学成分与间歇淬火工艺的参数选择较为合理，达到预期效果。

试验车轮辐板、轮毂组织为粒状贝氏体和贝氏体铁素体，见图 4。组织中含有网络状、粒状精细结构的块状组织，它与普通铁素体的形貌明显不同。根据组织转变机理推测，块状组织的一种可能性是属于奥氏体转变不完全的粒状贝氏体组织，另一种可能性是与材料中含有较多的硅元素有关，因为硅不易扩散，通常是固溶在晶体点阵中，引起晶格畸变，再结合对该钢的退火组织研究结果，块状铁素体中的硅含量偏高。因此，这种块状组织可能是含硅过饱和铁素体在相变过程发生的一种畸变浮凸效应。

图 2 和图 4 是染色金相组织，比较容易区别黑白金相反差小的组织结构。白色为残余奥氏体，黑色为贝氏体，棕色为铁素体，实际上都存在一定的过饱和度。

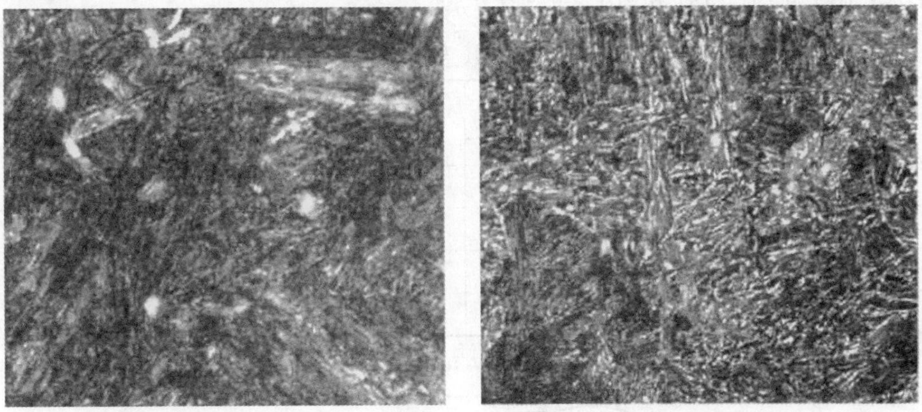

(a) Rim close to tread　　(b) Middle of rim

图 2　轮辋显微组织

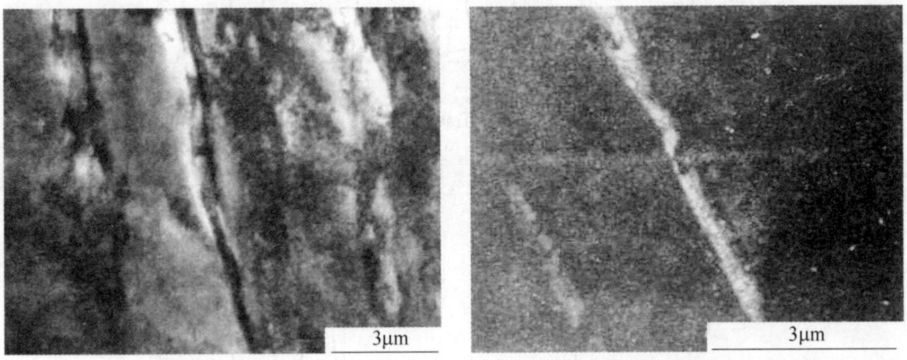

(a) Bright-field image　　(b) Corresponding dark-field image

图 3　轮辋电镜照片

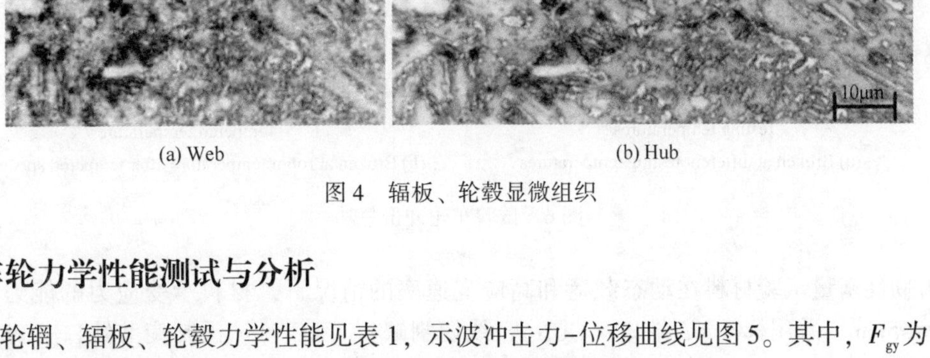

(a) Web　　(b) Hub

图 4　辐板、轮毂显微组织

3.3　试验车轮力学性能测试与分析

试验车轮轮辋、辐板、轮毂力学性能见表 1，示波冲击力-位移曲线见图 5。其中，F_{gy} 为动态屈服力，F_m 为裂纹形成力，F_u 为裂纹失稳力，F_a 为裂纹止裂力，不同试验温度冲击总功 E_t（total impact energy）

见图 6（a）。轮辋、辐板系列冲击断口 SEM 照片分别见图 7 和图 8。为了研究低温处理后冲击性能的变化和残余奥氏体组织转变数量，轮辋与辐板试样分别在低温-20℃、-40℃、-60℃保温 2h，以及在高温 150℃、250℃、350℃保温 2h 后空冷，在示波冲击试验机上进行室温冲击试验，结果见图 6（b）。轮辋、辐板试样经-20～-60℃处理，室温冲击功几乎没有太大的变化，即低温处理对室温冲击功的影响不明显。就轮辋而言，低温处理后室温冲击功与未经处理的室温冲击功相比，不但没有降低，反而随处理温度的降低有所增加，分别增加 13J、19J 和 20J。

表 1　试验车轮轮辋、辐板、轮毂力学性能

Items	YS/MPa	UTS/MPa	EL/%	RA/%	Hardness (HB)	Charpy impact energy E_t, A_{ku}/J				
						21℃	0℃	-20℃	-40℃	-60℃
Rim	860	1090	14.5	50.0	310	159	143	92	44	23
Web	585	1020	13.0	36.5	295	91	64	31	24	13
Hub	590	990	12	23	290	95				
TB/T 2708	—	≥910	≥10	≥14	265～320	≥16				

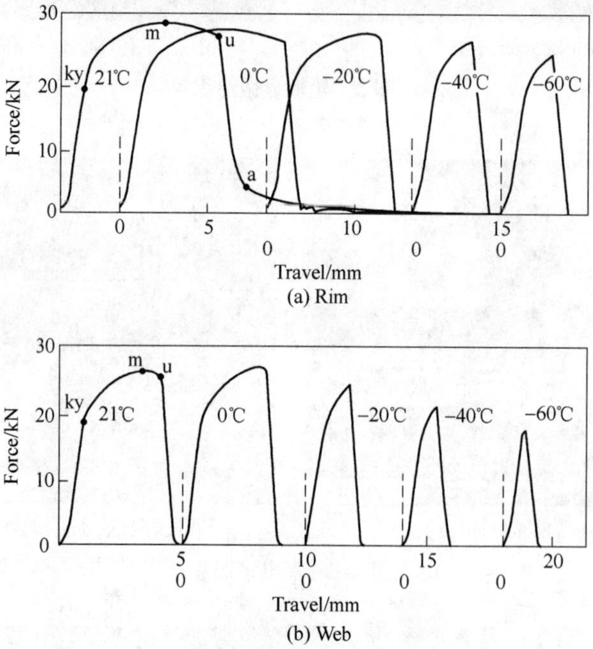

图 5　不同温度下冲击力—位移曲线

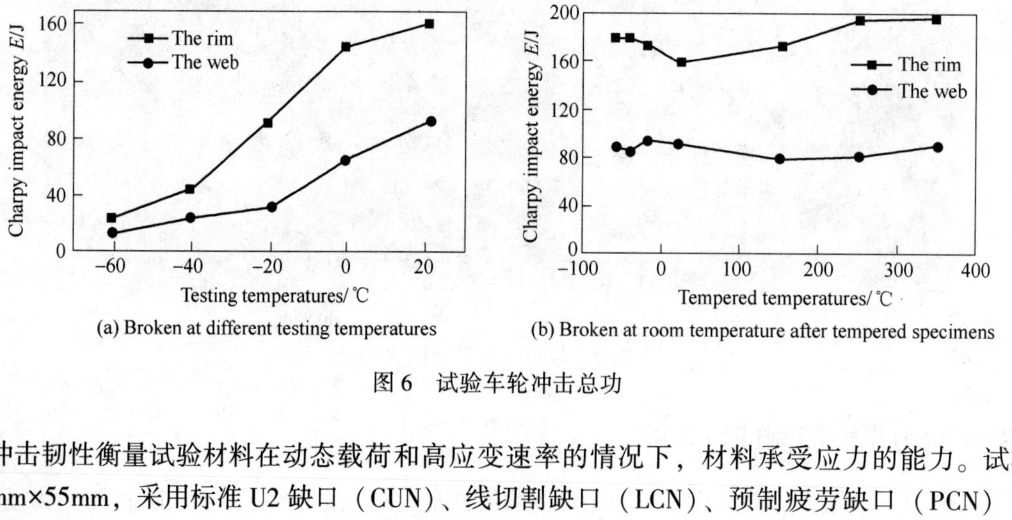

图 6　试验车轮冲击总功

动态冲击韧性衡量试验材料在动态载荷和高应变速率的情况下，材料承受应力的能力。试样大小为 10mm×10mm×55mm，采用标准 U2 缺口（CUN）、线切割缺口（LCN）、预制疲劳缺口（PCN）三种缺口形式，试验结果见表 2。

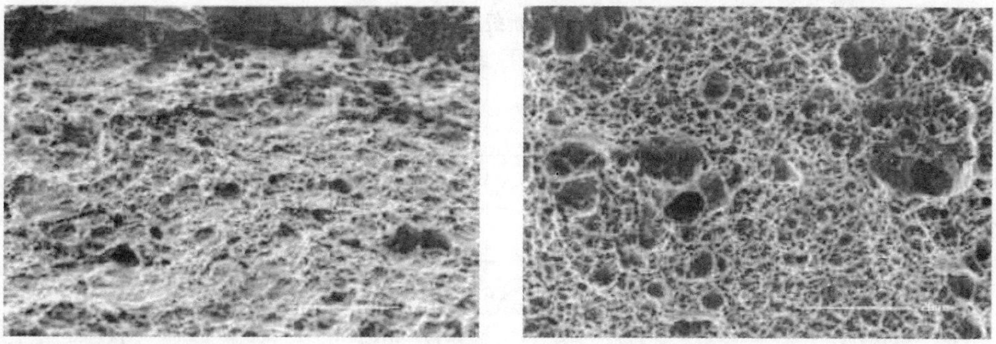

(a) Crack initiation source morphology at room temperature　　(b) Tearing zone at room temperature

图 7　车轮 SEM 照片

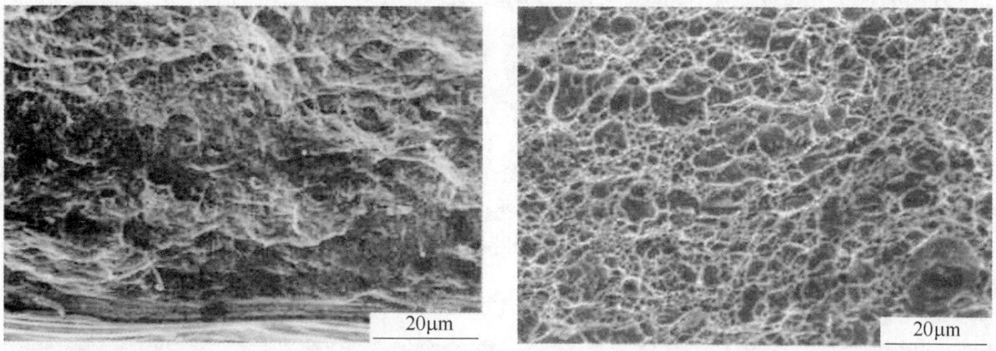

(a) Crack initiation source region at room temperature　　(b) Ductile at room temperature

图 8　辐板 SEM 照片

表 2　动态冲击韧性试验结果

Location	Notch	F_{gy}	F_a	E_t	E_F	σ_m	$\sigma_{0.2}$	$\sigma_m/\sigma_{0.2}$	η	J_w	K_{IC}
		kN	kN	J	J	MPa	MPa			kJ/m^2	MPa · m
Rim	CUN	20	29	80.2	78.6	934.4	860.0	1.09	1.46	1463.7	567.2
	LCN	20.5	24.7	29.8	20.8	958.2	860.0	1.11	1.46	543.9	345.7
	PCN	16.8	17.7	6.0	14.0	784.9	860.0	0.91	2	150.0	181.6
Web	CUN	19	27	63.2	27.3	887.7	585.0	1.52	1.46	1153.4	503.5
	LCN	14.5	15.8	5.2	4.9	677.4	585.0	1.16	1.46	94.9	144.4
	PCN	5.3	8.0	1.9	3.1	247.6	585.0	0.42	2	47.5	102.2

无碳化物贝氏体钢车轮强度和韧塑性都比较高，明显高于 CL60 车轮钢的强度和韧塑性，而且辐板、轮毂的强度指标相差不大，轮辋、辐板、轮毂抗拉强度相差不大，特别表现的是轮辋屈服强度，达到 860MPa，大大超过 CL60 车轮钢轮辋的屈服强度。轮辋常温冲击功达到 159J，这是 CL60 车轮钢轮辋冲击韧性的 5~8 倍；辐板常温冲击功达到 91J，这是 CL60 车轮钢辐板冲击韧性的 3~5 倍，示波冲击曲线和冲击断口都表明了试验材料具有高的萌生功和扩展功，冲击韧性在高水平平台上达到一个新台阶。动态冲击韧性也非常高，表明无碳化物贝氏体钢车轮在动态载荷和高应变速率的情况下，材料承受应力的能力强。

3.4　试验车轮断裂韧性测试结果与分析

测试结果见表 3，车轮断裂韧性 K_Q 为 106~132MPa · m$^{1/2}$，平均值为 127MPa · m$^{1/2}$；K_{max} 为 125~147MPa · m$^{1/2}$，平均值为 143MPa · m$^{1/2}$，比 CL60 车轮钢断裂韧性（K_{IC}一般在 30~60MPa · m$^{1/2}$）高。通过 K_Q 和 K_{max} 的数值，无碳化物贝氏体钢车轮将具有非常好的韧性。K_Q 等于 K_{IC} 有两个条件：$P_{max}/P_Q \leqslant 1.10$ 和 $2.5\ (K_Q/R_{eL})^2 \leqslant 30$（试样宽度）。本试验中，这两个条件都不满足，说明试验材料有非常好的韧性，选择断裂韧性试样应为 CT50 试样，或者运用新的测试方法。

表 3　车轮断裂韧性试验结果

试样号	Modulus/MPa	R_5 Strength Ratio	P_{max}/P_Q	K_Q /MPa · $m^{1/2}$	2.5 $(K_Q/R_{eL})^2$ /mm	K_{max} /MPa · $m^{1/2}$	加载速率 /MPa · m · s^{-1}
1	206000	1.5027	1.116	132.433	59.28	147.79	0.7052
2	198000	1.6315	1.093	142.569	68.71	155.83	0.7346
3	189000	1.3048	1.176	106.608	38.43	125.37	0.7380
平均	198000	—	—	127.203		142.99	

断裂韧性 K_{IC}3 个试样的断口宏观形貌相似，试样断口宏观形貌主要有三个区域，预制疲劳裂纹区、快速扩展区和剪切唇区，各区形貌见图 9。取 3 号试样断口进行扫描电镜分析，3 号试样断口面上的字母标记对应各区的形貌。疲劳裂纹区无确定的裂纹源，为多源扩展，裂纹起裂区伴有少量连波花样，“A”处在 500 倍下观察为纤维状断裂形貌。“B”处为疲劳扩展区，有与疲劳扩展方向垂直的块状疲劳压痕，疲劳扩展区与快速扩展区的交界处（“C”）形貌，界线较明显，即没有明显的过渡区。快速扩展区的断口形貌为准解理断裂，伴有少量塑性撕裂岭和二次裂纹，“E”“F”均为剪切唇，剪切唇断裂形貌都是极细小的纤维状韧窝组成。上述宏微形貌分析表明，除满足三向应力条件的快速扩展区的断口为准解理的脆性断裂形貌外，其余均为韧性断口，且断口的韧带区特别宽，与高断裂韧性数值相一致，因此，工业性试验的无碳化物贝氏体钢车轮更具有高的韧性。

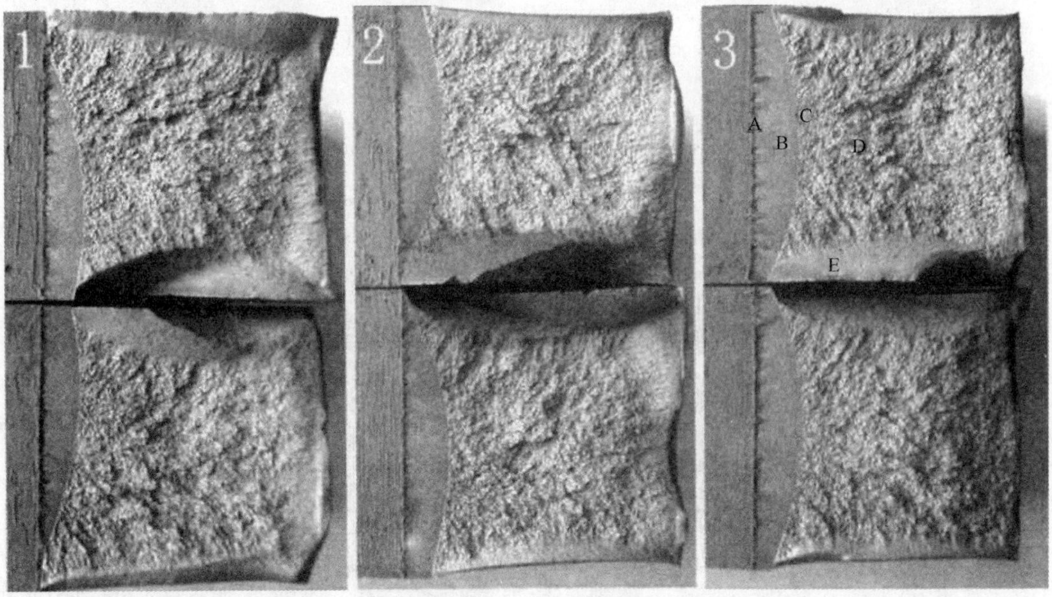

图 9　试验断口宏观形貌

3.5　试验车轮裂纹扩展速率 d*a*/d*N* 测试结果与分析

根据试验数据，得到 c 和 n 的平均数值分别为：$c=1.117\times10^{-7}$，$n=2.154$，裂纹扩展速率方程：$da/dN=c(\Delta K)^n$，即 $da/dN=1.117\times10^{-7}(\Delta K)^{2.154}$，数据重复性好，对裂纹扩展速率试样断口进行扫描电镜观测，断口正常，主要为塑性韧窝断裂形貌，没有发现脆性断裂和白点等缺陷。

3.6　无碳化物贝氏体钢车轮磨损试验

每 1 万转测量一次试样失重，经 9 万转后试验结果显示了贝氏体车轮和 CL60 车轮磨损性能对比，贝氏体车轮的磨耗量比 CL60 稍大一些，但与贝氏体车轮对磨的 PD3 钢轨试样的失重少；摩擦副总的失重，贝氏体钢所在的摩擦副总失重量少，见图 10。试验结果与相关贝氏体材料磨损试验结论一致，跟贝氏体车轮金相组织有关。磨损后试样表面光洁度各不相同，贝氏体车轮-PD3 试样表面光洁度好。CL60-PD3

试样表面光洁度差，表面形成了氧化层，二者磨耗面都存在麻坑，与贝氏体轮对磨的 PD3 钢轨试样的表面也较为光洁。

选取贝氏体钢车轮、CL60 钢车轮磨损试样各一组，进行金相组织观察及磨耗面分析。将试样剖开，并进行镶嵌保边，观察磨耗层的不同。用 SEM 对磨损试样磨损表面和横截面进行观察和分析，贝氏体车轮钢磨损层厚度为 0.04mm，CL60 车轮钢的磨损层厚度为 0.08mm，这反映出贝氏体车轮钢屈服强度高于 CL60，见图 11，两种车轮钢磨耗层中均未发现白层。用 TEM 对磨损层微观结构进行观测和分析，贝氏体钢车轮磨损层产生纳米晶和纳米结构，而 CL60 车轮磨损层仅发生渗碳体片破碎。

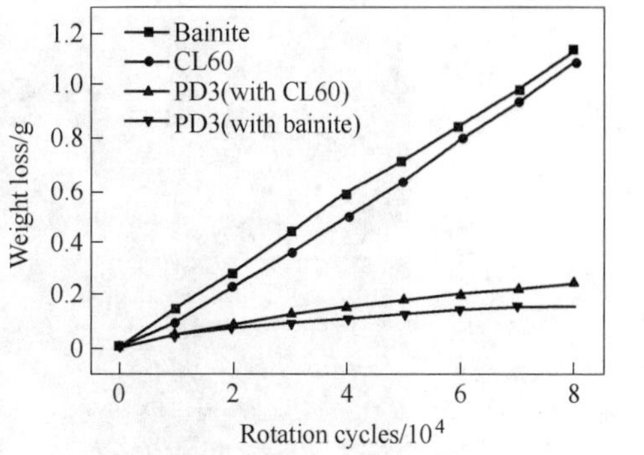

图 10　三种材料的失重

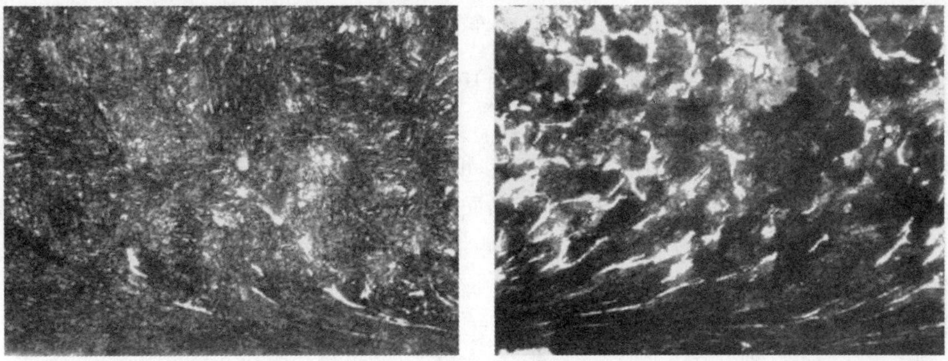
(a) Bainitic wheel (400×)　(b) CL60 wheel (400×)

图 11　车轮磨耗层形貌

3.7　制动热损伤试验

无碳化物贝氏体与 CL60 车轮在制动试验后，表面热裂纹见图 12 和图 13，贝氏体钢车轮表面产生的裂纹少，深度浅，裂纹尖端钝化。

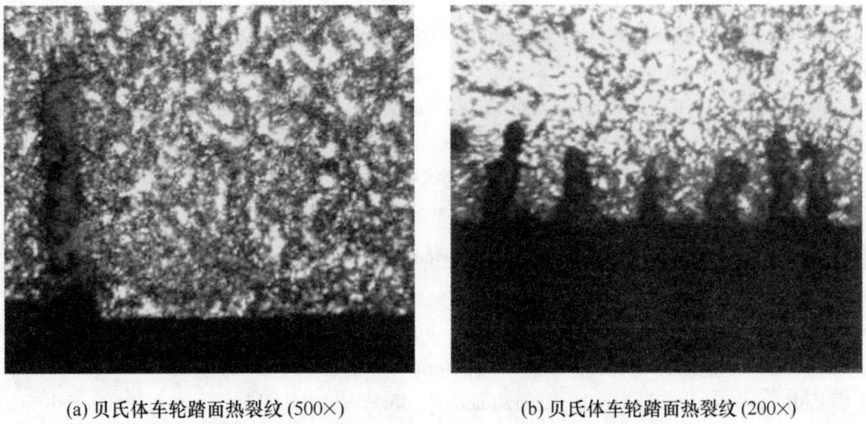
(a) 贝氏体车轮踏面热裂纹 (500×)　(b) 贝氏体车轮踏面热裂纹 (200×)

图 12　无碳化物贝氏体车轮热裂缝形貌

4　结论

试验钢淬火显微组织为自回火板条马氏体，正火显微组织为无碳化物贝氏体-粒状贝氏体-贝氏体铁素体的混合组织，试验钢强度高，合金化原理正确，淬透性非常好。

无碳化物贝氏体钢车轮在工业化生产中能正常冶炼，在现有炼钢设备和操作水平下，钢的化学成分能稳定控制，钢中氢含量、氮含量和氧含量能控制在较低水平，钢中夹杂物等级总体较低。车轮全断面盐酸热侵蚀低倍检验，组织正常、致密，没有发现白点等宏观缺陷。全断面硬度分布均匀，硬度高、梯度小，轮辋硬度达到 HB320，辐板和轮毂硬度都在 HB290 左右。车轮轮辋金相组织主要为无碳化物贝氏

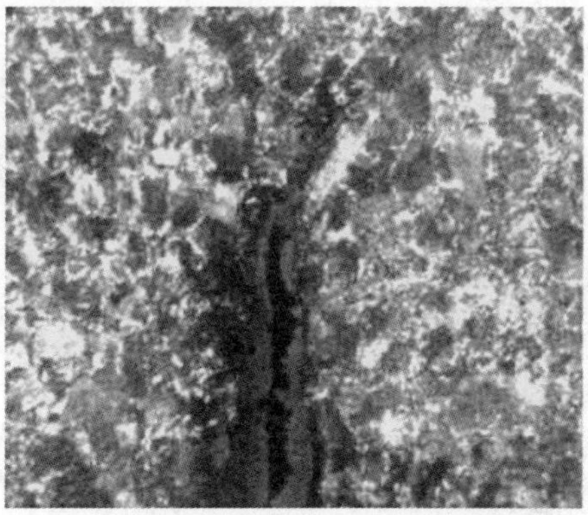

(a) CL60 车轮踏面尖端热裂纹 (500×)

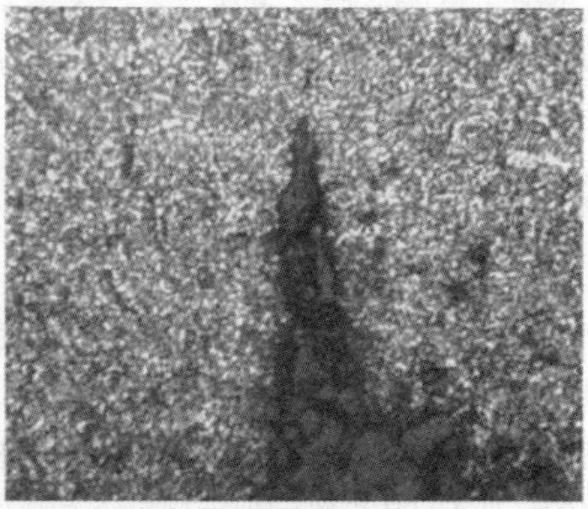

(b) CL60 车轮踏面热裂纹 (500×)

图 13 CL60 车轮热裂纹形貌

体，距踏面深度达到 55mm；辐板金相组织为粒状贝氏体和贝氏体铁素体；轮毂金相组织为粒状贝氏体和贝氏体铁素体。

无碳化物贝氏体钢车轮强度和韧塑性都比较高，明显高于 CL60 车轮钢的强度和韧塑性，尤其轮辋屈服强度高，达到 860MPa；辐板、轮毂的抗拉强度和屈服强度也非常高。轮辋、辐板室温与系列温度冲击功都非常高，冲击时裂纹萌生功和扩展功高。高的冲击韧性和低温冲击韧性使车轮的安全性大大提高。

无碳化物贝氏体钢车轮具有非常高的断裂韧性，而且断裂韧性值均匀，K_Q 为 106~132MPa · $m^{1/2}$，平均值为 127MPa · $m^{1/2}$。断裂韧性试样断口正常，主要以韧性断裂形貌为主，且断口的韧带区特别宽，没有发现脆性断裂、白点等缺陷。

无碳化物贝氏体钢车轮裂纹扩展速率方程为 $da/dN=1.117\times10^{-7}(\Delta K)^{2.154}$，与半工业性生产试验中无碳化物贝氏体钢车轮裂纹扩展速率的测试结果基本一致，裂纹扩展速率较低，尤其在高应力作用下，裂纹速率比珠光体-铁素体车轮更低。裂纹扩展速率试样断口宏微观形貌主要为塑性韧窝断裂。

无碳化物贝氏体钢车轮在现有工艺和设备能力情况下能够正常与车轴压装。车轮装车在环形线运行结果良好，抵抗磨损和热损伤都比较好，尤其抵抗热损伤能力好，运行车轮没有发现热裂纹。

参 考 文 献

[1] Zhou Yimin. Wheels an axles of Chinese railway locomotive and car meeting challenges of 21st century [C]. 12th International Wheelset Congress, Qingdao, 1998: 10-13.

[2] Tan Datong. Present condition and future development of axles and wheels of Chinese railways [C]. 12th International Wheelset Congress, Qingdao, 1998: 14-17.

[3] 刘忠侠. 高速列车车轮钢的基础研究 [D]. 西安: 西安交通大学, 2001.

[4] 张斌, 卢观健, 傅秀琴, 等. 铁路车轮、轮箍失效分析及损伤图谱 [M]. 北京: 中国铁道出版社, 2002.

[5] Ji Huaizhong, Cui Yinhu, Su Hang, et al. Effect of carbon content on comprehensive properties of wheel steel for high-speed train [J]. Iron and Steel, 2005 (2): 40, 62-65.

[6] Singh U P, Popli A M Jain D K, et al. Influence of microalloying On mechanical and metallurgical properties of wear resistant coach and wagon wheel steel [J]. J. of Mater Eng and Performance., 2003, 12 (5): 573-580.

[7] Liu Z X, Gu H C. Failure modes and materials performance of railway wheels [J]. Journal of materials engineering and performance, 2000 (5): 580-584.

[8] Jin N, Clayton P. Effect of microstructure on rolling/sliding wear of low carbon bainitic steels [J], Wear, 1997, 202 (2): 202-207.

[9] Tim Constable, Robert Boelen, Elena V. Pereloma: The quest for improved wheel steels enters the martensitic phase [C]. 14th International Wheelset Congress., USA, 2004.

[10] Sawley KJ, Kristan J. Development of bainitic rail steels with potential resistance to rolling contact fatigue [J]. Fatigue and Fracture of Engineering Materials and Structures, 2003, 26 (10): 1019-1029.

[11] Bhadeshia H K D H. Bainite in steels [M]. Second edition, IOM Communications Ltd. 2001.

[12] Singh U P, Roy B, Jha S, et al. Microstructure and mechanical properties of as rolled high strength bainitic rail steels [J]. Materials Science and Technology, 2001, 17 (1): 33-38.

用染色金相鉴别无碳化物贝氏体钢车轮的组织结构❶

张明如[1,2] 陈联满[2] 杨丽珠[2] 顾海澄[1]

(1. 西安交通大学，金属材料强度国家重点实验室；2. 马鞍山钢铁股份有限公司)

摘 要 无碳化物贝氏体钢车轮是近期研究的一种高性能铁道用车轮，它的显微组织组成物较复杂，用常规的黑白金相技术难以显现和分辨组织细节。采用化学染色法对车轮的显微组织进行染色试验，使车轮组织中的残余奥氏体、铁素体的分布形态以及粒状贝氏体的组织结构清楚地显现出来，并采用定量金相分析技术对组织中的残余奥氏体进行了定量分析。分析结果对进一步研究车轮的组织性能提供了重要的技术依据。

关键词 无碳化物贝氏体；染色金相；残余奥氏体；粒状贝氏体

The Microstructure Distinguish of Carbide-free Bainite Wheels By Dye Microscopy

Zhang Mingru[1,2] Chen Lianman[2] Yang Lizhu[2] Gu Haicheng[1]

(1. Xi'an Jiaotong University, State Key Laboratory for Mechanical Behavior of Materials;
2. Ma'anshan Iron and Steel Co., Ltd.)

Abstract The carbide-free bainite wheel with high performance is newly developing wheel as railway materials. Its microstructure is composite of many phases and difficult to distinguish by black and white photographs. The shapes and morphologies, such as the retained austenite, ferrite, bainite ferrite, granular bainite, are clearly demonstrated in the dye microscopy with a special chemical etchant. The volume amounts of the phase components can be determined by quantitative metallography. The results will give us the investigation directions in the microstructures and mechanical properties for carbide-free bainite wheels.

Key words carbide-free bainite; dye microscopy; retained austenite; granular bainite

1 引言

随着材料科学的发展，要求研究者准确地显示材料的显微组织，而传统的黑白金相分析方法往往由于金属表面衬度不足、特征不清而难以区分和鉴别甚至出现误判。为了克服传统黑白金相的不足，提高鉴别金相组织的精确度，国内外从事金相研究的工作者们做了大量的探索，直到20世纪40年代美国金相学家Berha[1]等人发明了彩色金相技术，使解决提高鉴别金相组织的精确度有了明确的方向，并日益受到各国从事金相研究者们的重视。彩色金相技术处理的合金试样色彩斑斓、衬度鲜明、美丽悦目，大大提高了金相鉴别能力，增加试样表面可提供的信息量，可用于组织的区分和定量相分析等。彩色金相主要是以薄膜干涉现象为基础，通过化学或物理的方法在金属表面形成一种极微薄的干涉膜，再利用薄膜干涉效应使金属微观组织产生不同的干涉色，从而显著地提高了对金属组织的鉴别能力。至目前为止，干涉膜的形成方法有六种，如热染法、阳极化法、化学染色法、真空沉积法、中性活化离子溅射法和恒电位法。以上方法中各有优缺点，相比之下化学染色法具有可操作性强，无须任何特殊设备，实际应用最

❶ 原文发表于《东北大学学报（自然科学版）》2007年增刊2。

广泛。

为了适应我国铁路运输行业向重载、高速方向发展和满足机车车辆的关键性重要部件车轮的运行安全性能的需求[2,3]，我们研制了一种无碳化物贝氏体钢车轮。无碳化物贝氏体钢显微组织中不含碳化物，以高稳定性的过饱和残余奥氏体薄膜替代珠光体中渗碳体，具有极佳的强韧性、抗热裂性能与耐磨性能。本文主要应用彩色金相中的化学染色法研究无碳化物贝氏体钢组织结构并应用染色结果进行定量相分析。

2 试验材料及工艺方法

研究材料的化学成分：碳含量（wt.）为 0.10%~0.35%，Si、Mn 之和小于 3.8%，再加入微量合金元素，如 Cr、Mo、V 等。试验钢在马鞍山钢铁股份有限公司技术中心中频感应炉冶炼，经电渣炉熔炼成直径 ϕ420mm 钢锭，在马钢车轮分公司锻压轧制成 ϕ840mm 试验用轨道交通车轮。车轮热处理淬火加热温度为 910℃，保温出炉后采用踏面喷水间歇淬火。金相试样分别取自试验车轮的轮辋、辐板。利用 Axioskop1-MAT 型金相显微镜进行显微组织分析，并用其图像分析软件对残余奥氏体含量进行定量相分析。为了容易地进行组织鉴别，金相试样分别进行硝酸酒精腐蚀和阳极化学试剂染色。硝酸酒精试剂浓度为 4%硝酸酒精溶液，染色剂采用阳极化学法染色剂。试剂[4,5]的配方经反复筛选研究，调整结果见表 1。

表 1 阳极化学染色试剂配方

编号	试剂成分	组织颜色
1	焦亚硫酸钾 3g+硫代硫酸钠 10g+水 100mL	铁素体呈棕黄色，贝氏体呈蓝色，奥氏体呈白色
2	1%焦亚硫酸钠和蒸馏水 1：1（体积比）3%苦味酸酒精溶液	铁素体棕红色，贝氏体呈棕褐色，奥氏体呈白色

3 试验结果与分析

3.1 轮辋显微组织

根据无碳化物贝氏体车轮钢的成分设计原则与车轮的锻压轧制、热处理工艺制度，轮辋显微组织在距踏面下 50~60mm 范围内应是以无碳化物贝氏体为主，其次是粒状贝氏体，并伴有少量的块状铁素体、残余奥氏体。其中，无碳化物贝氏体的组织组成相是板条状贝氏体铁素体和薄膜状残余奥氏体。粒状贝氏体组织有可能是由贝氏体铁素体和块状残余奥氏体组成，也可能是由马氏体小岛和块状残余奥氏体组成，也可能是铁素体和碳化物组成的显微组织。因此，表面无碳化物贝氏体的组织比较复杂，用常规的黑白金相技术很难分辨，也不适合进行显微组织的定量相分析。图 1 是距轮辋踏面下 20mm 处采用硝酸酒精溶液腐蚀的组织照片，板条状无碳化物贝氏体可以辨认，其中残余奥氏体与铁素体的颜色均是白色，不易区分。图中左上角有明显的粒状贝氏体组织，粒状贝氏体的组织的组成相如何，较难确定。图 2 是轮辋踏面相同部位采用 1 号试剂染色的彩色金相组织，图中棕黄色的块状铁素体与白色的块残余奥氏体明显被区分。图 2 左上角粒状贝氏体的组织是由铁素体和残余奥氏体组成，并非是由岛状马氏体-奥氏体组成。图 3 是距轮辋踏面下 40mm 处黑白金相组织照片，照片中的信息表明，随着距踏面距离的增加，因材料的淬透性缘故，板条状无碳化物贝氏体的含量逐渐减少，铁素体或残余奥氏体的含量逐渐增多。但是黑白金相组织照片中的铁素体和残余奥氏体都是白色，不能定性反映铁素体和残余奥氏体各自含量增加的趋势，而染色金相照片图 4 将铁素体和残余奥氏体从颜色上明显区分开，主要是铁素体相增加得比较多。根据上述彩色金相照片提供的信息，不仅能初步估计出无碳化物贝氏体钢车轮的力学性能，还能为进一步调整改善车轮的热处理工艺提供重要依据。

3.2 辐板显微组织

无碳化物贝氏体钢车轮热处理淬火工艺主要是轮辋间歇喷水，辐板部分不喷水淬火，相当于空冷正火处理。又因车轮体积大，热容量高，空冷速度比较缓慢，即辐板的显微组织介于该钢的正火与退火之间的组织。由正火、退火试样的显微组织推测，辐板的显微组织应该是：粒状贝氏体+铁素体+少量残余奥氏体。图 5 是采用硝酸酒精溶液腐蚀的组织照片，图中浅灰色相为粒状贝氏体，粒状贝氏体基体上分布的白色相中的铁素体、残余奥氏体不容易区分开。图6是采用2号染色剂染色辐板组织照片，图中铁素体棕红色，贝氏体呈棕褐色，奥氏体呈白色。图6不但清楚地将铁素体和残余奥氏体区分开，而且清楚地显示出了残余奥氏体的分布形态，这对研究车轮辐板的力学性能意义较大。

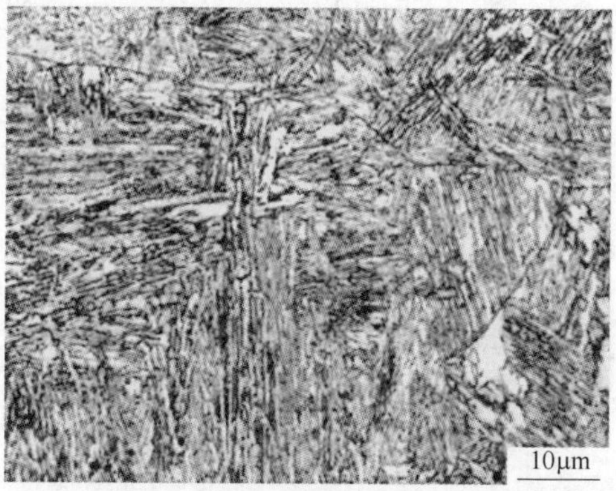

图1 轮辋组织4%硝酸酒精腐蚀

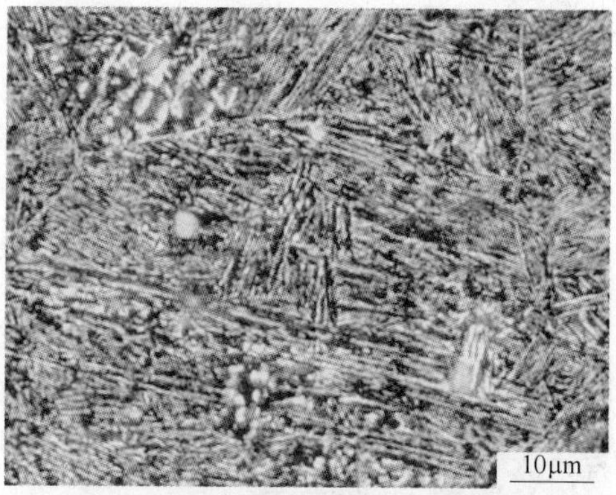

图2 轮辋组织结构1号试剂染色

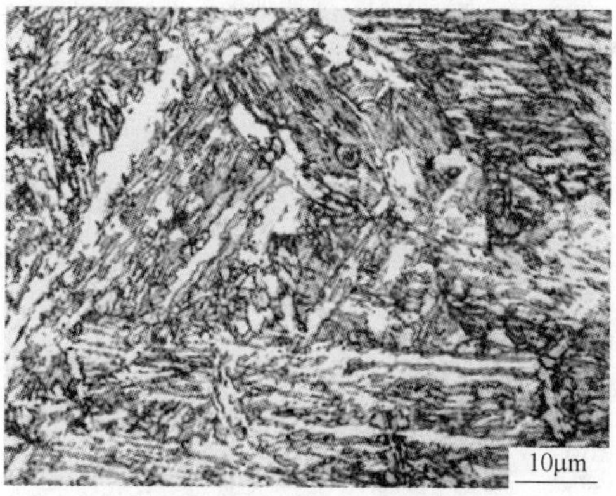

图3 轮辋组织体4%硝酸酒精腐蚀

图4 轮辋组织结构1号试剂染色

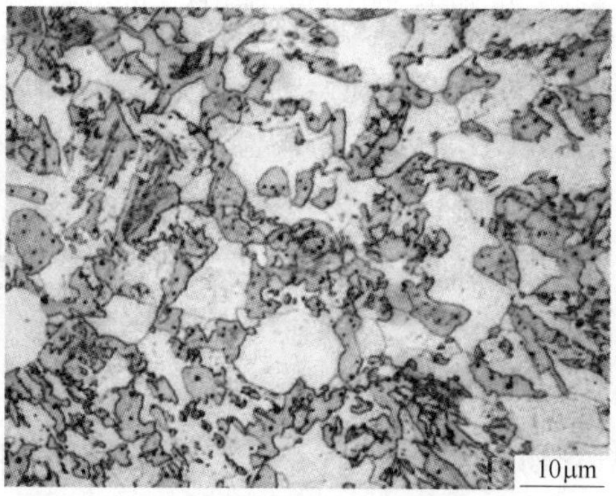

图5 辐板组织结构

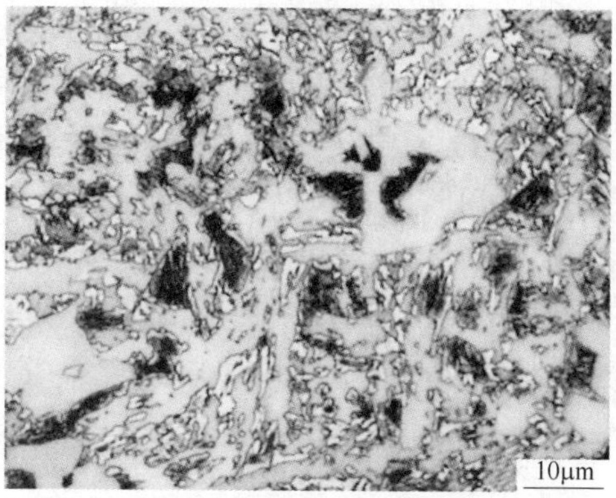

图6 辐板染色金相组织

3.3 轮辋显微组织残余奥氏体定量分析

为了研究残余奥氏体的低温稳定性，确定以不同低温温度处理的试样的室温冲击韧性与残余奥氏体组织转变数量之间的关系。在试验车轮轮辋部位取冲击试样，冲击试样尺寸为10mm×10mm×55mm标准“U2”缺口试样。试样分别在-20℃、-40℃、-60℃保温2h。首先在示波冲击试验机上进行室温冲击试验，然后用染色法将冲击试样制成金相试样，利用Axioskop1-MAT型金相显微镜图像分析软件进行残余奥氏体定量分析。冲击试验和残余奥氏体定量分析结果见表2，相应低温处理温度下的染色金相组织见图7~图10。

表 2　试样低温处理后冲击试验和残余奥氏体含量测试结果

项目	-60℃	-40℃	-20℃	室温
轮辋冲击功/J	179	178	172	158.8
残余奥氏体含量/%	4.8	3.28	3.80	5.89

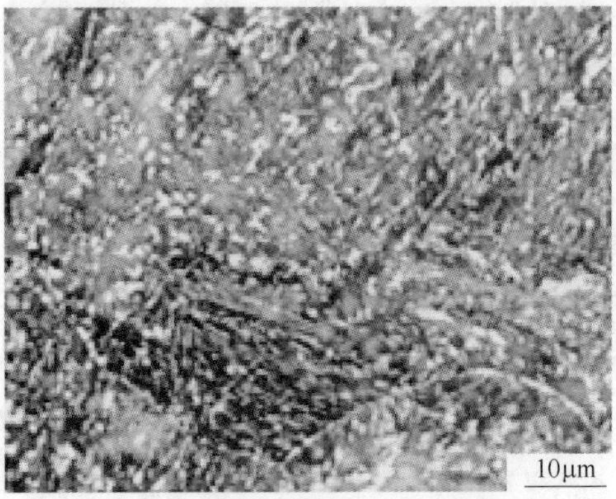

图 7　轮辋室温染色金相组织

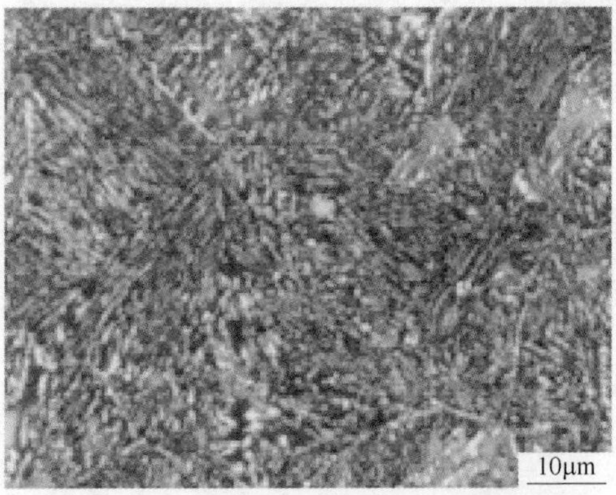

图 8　轮辋-20℃冷处理染色金相组织

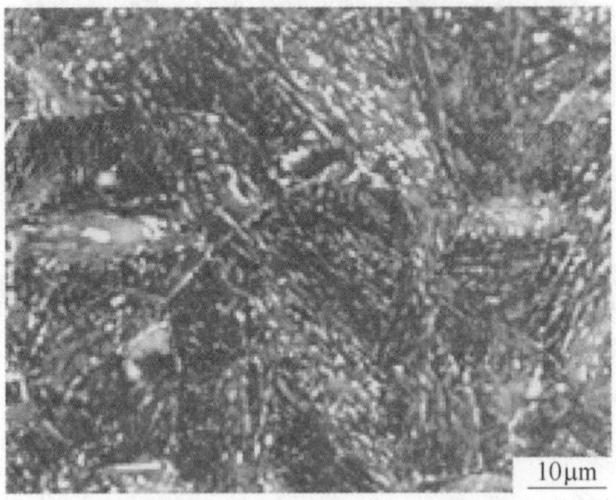

图 9　轮辋-40℃冷处理染色金相组织

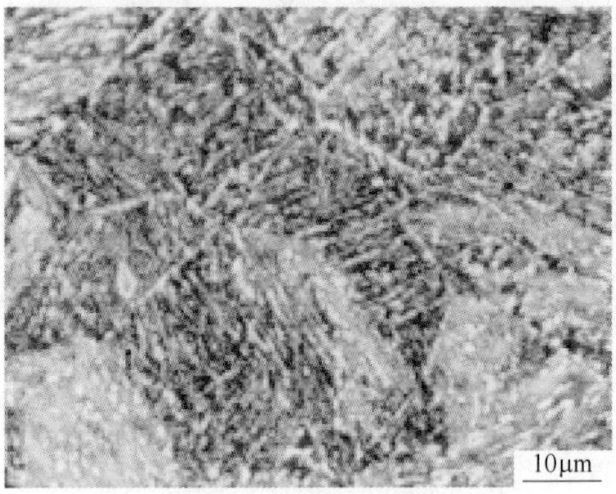

图 10　轮辋-60℃冷处理染色金相组织

由冲击试验结果可知，试样经-20～-60℃处理，室温冲击功几乎没有太大的明显变化，即低温处理温度对室温冲击功的影响不明显。表中残余奥氏体含量为 30 个测量视场的平均值。残余奥氏体转变量测试结果表明，试样在-20～-60℃温度范围处理，残余奥氏体也无明显的转变趋势，基本保持相对稳定，此结果与低温处理冲击功的测试结果相一致。由图 7～图 10 可见，不同处理温度的染色金相组织也比较直观地反映了该结果的吻合性。

4　结论

（1）试验无碳化物贝氏体钢车轮轮辋显微组织为无碳化物贝氏体，即板条状过饱和铁素体中间夹着薄膜状残余奥氏体；辐板显微组织为粒状贝氏体-过饱和铁素体组织，而且粒状贝氏体是由过饱和铁素体和块状残余奥氏体组成的。

（2）对轮辋试样低温处理后，冲击功基本不变，残余奥氏体的体积分数也基本不变，因此，轮辋薄膜状残余奥氏体具有一定的低温稳定性。

（3）彩色金相能够将无碳化物贝氏体钢车轮组织中的残余奥氏体、铁素体的分布形态和粒状贝氏体的组织结构清楚地显现出来。

（4）化学染色法只要选择合适的染色剂和规范的操作方法，就可以获得衬度适中和高清晰的彩色图片，且重现性较好。利用彩色金相具有的高衬度和高色调反差，可以进行显微组织定量相分析且可操作性较强。

（5）彩色金相是用于鉴别显微组织和定量相分析的一种简单快捷的可行方法，值得推广应用。

参考文献

[1] Berha E, Sholge B. Colour metallographic [C]. ASM Handbook, volume 9: Metallography and Microstructures [M]. ASM International, 2004: 4-160.

[2] Zhou Yimin. Wheels an axles of Chinese railway locomotive and car meeting challenges of 21st century [C]. 12th International Wheelsets Congress, Qingdao, 1998: 10-13.

[3] Ji Huaizhong, Cui Yinhu, Su Hang, et al. Effect of carbon content on comprehensive properties of wheel steel for high-speed train [J]. Iron and Steel, 2005, 40 (2): 62-65.

[4]《彩色金相技术》编写组. 彩色金相技术 [M]. 北京: 国防工业出版社, 1987: 94-105.

[5] 桂立丰, 等. 机械工程材料手册·物理金相卷 [M]. 沈阳: 辽宁科学技术出版社, 1999: 49-52.

Microstructure and Mechanical Properties of Railway Wheels Manufactured with Low-medium Carbon Si-Mn-Mo-V Steel❶

Zhang Mingru[1,2]　　Gu Haicheng[1]

(1. State Key Laboratory for Mechanical Behavior of Materials, Xi'an Jiaotong University; 2. Ma'anshan Iron and Steel Co., Ltd.)

Abstract The suitability of carbide-free bainite steel as railway wheel materials was investigated. The low-medium carbon Si-Mn-Mo-V steel was designed to make up railway wheels by being forged and rolled. The slack quenching with water was conducted on tread of rim section by programmed control to simulate isothermal heat treatment after being austenitized. Microstructures and mechanical properties have been studied. The results show the microstructure of rim is mainly carbide-free bainite, and the mixed microstructure of bainitic ferrite and granular bainite is observed in web and hub. The mechanical properties are superior to both the standard requirements and the commercial production such as CL60 plain carbon. The Charpy impact energy is relatively high at room and/or sub-zero temperatures. The force-displacement curves and fractographies reveal excellent ability of resistance to crack initiation and propagation.

Key words wheel steel; carbide-free bainite; microstructure; mechanical properties

1 Introduction

Chinese railway will continue to develop high-speed passenger train, heavy haul freight transportation and various kinds of special wagons. It requires higher safety and reliability, as well as requirements for wheel material quality, assembly process, static balance and test standard[1,2]. Railway wheels are the key parts which must be superior to resistance of wear, thermal crack, fatigue and fracture leading to a sudden catastrophic failure. In present time, the wheels are made of medium-high carbon grade steels with 0.45wt%-0.75wt% carbon content. The microstructures of them are pearlite-ferrite. The phase interfaces between the ferrite and cementite in the pearlite are initiation source of cracks. Previous improvements in wheel steels include enhancements of the existing eutectoid carbon pearlite-ferrite wheel steels by micro-alloying and cleaner steels made possible by improved steel-making process. However, these conventional classes of steels are limited scope for further significant improvement because of relatively low toughness, ductility and fatigue resistance[3-5].

During a wheel-rail slide or tread braking, the temperature is high enough to austenitizing the tread close to the contact surface. After that, the tread is rapidly cooled by heat conduction into the rest of the wheel when the wheelset starts rolling again and thus martensite can form in the surface layer. The carbon content or the starting temperature M_s for martensite phase change affects the transformation of martensite. Cracks can initiate on tread by the rapid heating and cooling when the wheel slides on the rail during intended or unintended braking events. The initiation and propagation of cracks lead to spalling after thermal damage repeats many times. High carbon content facilitates the formation and propagation of thermal cracks[6].

Hardness and strength are considered primary indicators of wheel service performance. Resistance to wear has of-

❶ 原文发表于"Journal of University of Science and Technology Beijing" 2008 年第 5 期。
国家"863"项目（2003AA331160）。

ten been associated with increased hardness in order to obtain a deep usable tread with uniform hardness; however, yield strength has a major influence on the resistance to rolling contact fatigue (RCF) as it will dictate the cyclic strain amplitude caused by rolling contact stresses. The normal contact and shear stresses applied through rolling can cause cracks on surface of wheels and/or rails[7,8].

The wheels of pearlite-ferrite steels don't resolve these two problems at same time because of low yield strength and high carbon content, and it is more difficult to prevent spalling or shelling under the condition of heavy load and high speed.

For the long research process of bainitic theory and application, scientists and technicians have found out that high silicon (about 2%wt) hinders the precipitation of brittle carbide during phase transformation[9-14]. If the steel has good hardenability and cooling rate after austenitizing is high enough, the microstructure is carbide-free bainite without carbides, i. e. the thin-film of retained austenite enriched with high carbon content distributes between laths of bainitic ferrites. Because of supersaturation strengthening and fine laths and/or sub-units strengthening, the yield strength of carbide-free bainite is higher than that of pearlite-ferrite under the similar tensile strength level. This investigation studies the possibility of carbide-free bainite steel used for manufacture the railway wheels. Newly experimental Si-Mn-Mo-V steel was designed. The wagon wheels with 840mm in diameter were made. The microstructures and mechanical properties had been evaluated and compared with those for CL60 wheels of conventional carbon grade.

2 Experimental Procedure

The experimental low-medium carbon Si-Mn-Mo-V steel was designed and optimized on the basis of laboratory researches and small scale trial. The heat of trial steel was melted in a 40t electric arc furnace, secondary steel-making processes were performed in ladle furnace (LF) and vacuum-degassing (VD) vessel to keep [H] content to be 1.70 ppm, and then poured into round ingots with a diameter of 420mm and a weight of 2.93t at Maanshan Iron & Steel Co., Ltd. After stress relief annealing and cutting, the round ingots were forged and rolled into wheels with 840mm in diameter for wagon transportation. During heat treatment, the wheels were heated to 910℃ soaking two hours, and slack quenching with water were conducted on the tread of rim section by programmed control to simulate the isothermal heat treatment. Two wheels were press-fitted with an axle into the bore of hub for assembly test. Two wheels were to study and analyze according to Chinese railway standard TB/T 2708—1996. Eight wheels were run on a special experimental route over 180, 000 km with periodic monitor. And others were undertaken a series of experiments in order to optimize the fabrication technology.

The chemical composition was measured using ARL 4460 Optical emission spectrometer. Metallographic specimens with a size of 25mm×25mm×25mm were taken from the rim, web and hub section, respectively, and were for inclusion and microstructure analysis. Simultaneously, the microstructures were observed and analyzed using transmission electron microscope (TEM). The content of retained austenite was determined by X-ray diffractometer with the diffraction peak integral intensity of {220}, {311} crystal plane[15,16].

The Brinell hardness numbers (HB) were measured on the full section with Digital Brinell Testor 970/3000. Tensile specimens of the rim, taking from 30mm under the tread, were ϕ15mm×60mm short proportion specimen, and the web or hub tensile specimens were ϕ10mm×50mm proportion specimen using the WAW-Y500A material testing system. Impact specimens were taken from the rim, web and hub respectively, and the standard 10mm×10mm×55mm Charpy U2-notch specimens were used. The Charpy test was conducted at room temperature and sub-zero temperatures using Amsler/Roell RKP450 instrumented impact testing machine. All fractographies of the specimens were inspected and analyzed using Philips XL30 scanning electron microscope (SEM) equipped with an energy dispersive spectrometer.

In order to compare with pearlite-ferrite wheel, the CL60 wheel of industrial scale production was also tested.

3 Experimental Results

3.1 Chemical composition and microstructures

The chemical compositions of bainitic and pearlite-ferrite wheel steels are shown in Table1. The carbide-free bainite steel is low-medium carbon Si-Mn-Mo-V steel with sufficient silicon to prevent the precipitation of carbides during phase transformation at slow cooling rates, sufficient manganese for the purpose to increase hardenability, and some other alloying elements, such as molybdenum and vanadium. The molybdenum and vanadium addition facilitate to achieve the desired hardenability for obtaining uniform hardness, and is beneficial for achieving finer grain size and higher tensile strength and toughness. The addition of molybdenum also represses temper embrittlement.

Table 1　Chemical composition of bainitic and CL60 wheel steels　(mass%)

Wheels	C	Si	Mn	Mo	V	S	P	Cr	Ni	Cu	Fe
Bainitic	0. 19	1. 44	1. 82	0. 26	0. 07	0. 004	0. 013	0. 09	0. 22	0. 03	Bal.
CL60	0. 60	0. 26	0. 74	—	—	0. 003	0. 010	≤0. 25	≤0. 25	≤0. 25	Bal.

For the bainitic wheel, the microstructure of rim at the range of 55mm below the tread is mainly carbide-free bainite, and that of the web and hub is granular bainite and bainitic ferrite, respectively, as shown in Fig. 1 (a), (b) and (c). In order to distinguish the types of bainite and the morphology of retained austenite, the transmission electron microscopes (TEM) were used to go further into determining the microstructures. The morphology of retained austenite in rim is film among bainitic ferrite laths or sub-laths which the width is 10-30nm, as shown in Fig. 2 (a) and (b). The volume fraction of retained austenite is about 4%-9%, and martensite structure or carbide precipitation is not found by X-ray diffraction spectrum.

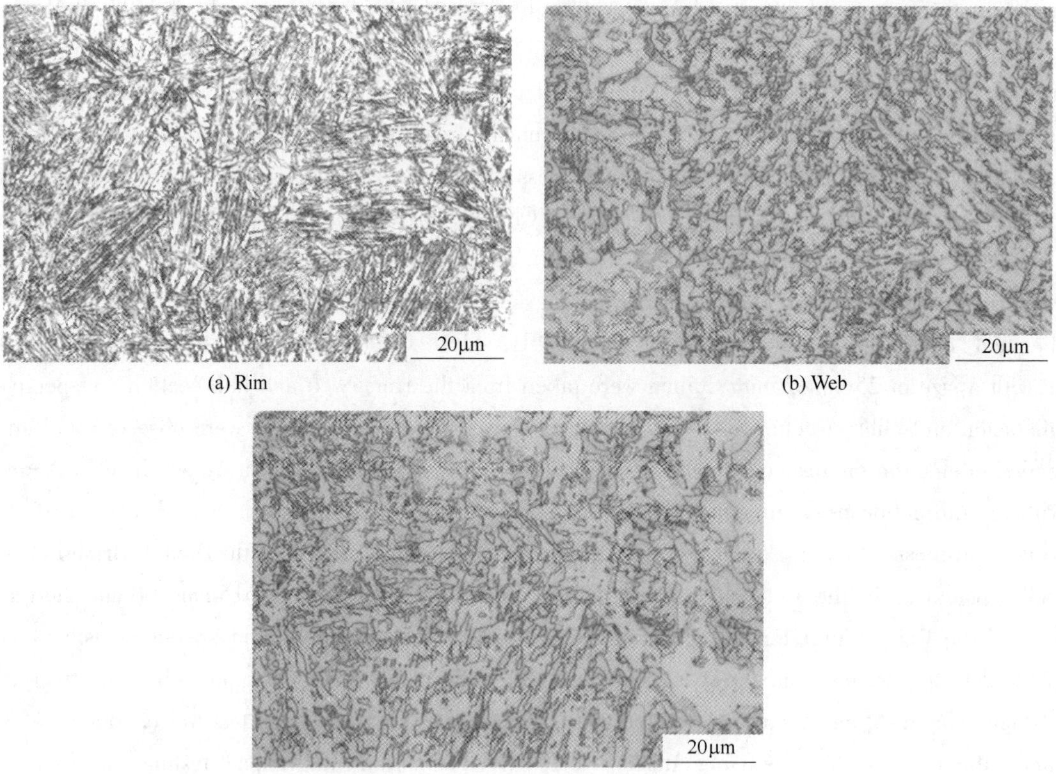

(a) Rim　(b) Web

(c) Hub

Fig. 1　Optical micrographs of the carbide-free bainite wheel etched by 4% nital

The CL60 is typical wheel steel with 0. 60wt% carbon content and the microstructure is pearlite-ferrite. These two kinds of wheel steels are an essential difference in carbon and alloying element contents and microstructures.

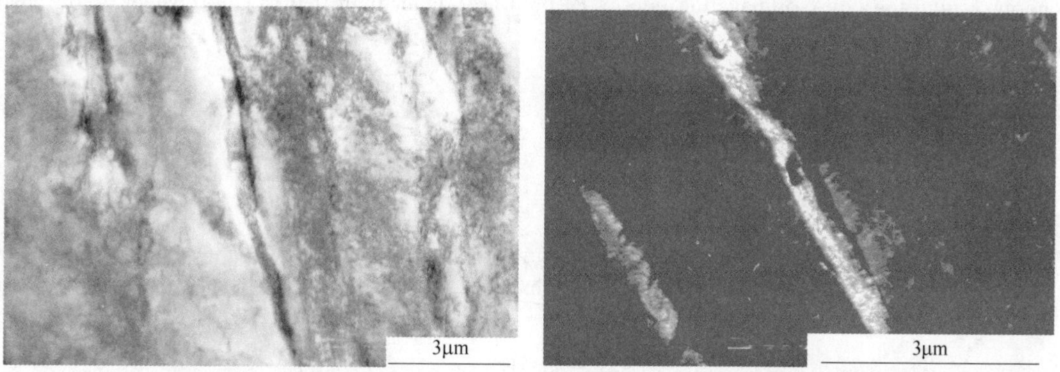

(a) Bright-field image (b) Corresponding dark-field image

Fig. 2 TEM micrographs of the carbide-free bainite wheel rim

3. 2 Mechanical properties

Mechanical properties of the yield strength (*YS*), ultimate tensile strength (*UTS*), elongation (*EL*), reduction of area (*RA*), hardness below the tread 30mm and Charpy impact energy E_t broken at room temperature with U2-notch, as well as the conventional wheel standard requirements, are shown in Table 2.

Table 2 Mechanical properties of bainitic and CL60 wheels

Materials	*YS*/MPa	*UTS*/MPa	*EL*/%	*RA*/%	Hardness (HB)	Impact energy/J
Bainitic wheel rim	860	1090	15	50	310	159
Bainitic wheel web	585	1020	13	37	295	91
Bainitic wheel hub	590	990	12	23	290	95
CL60 wheel rim	665	1020	15	34	273	34 (web)
Standard TB/T 2708	-	≥910	≥10	≥14	265~320	≥16 (web)

The hardness profiles at the cross surface of bainitic wheel are shown in Fig. 3. The hardness of bainitic wheel is relatively higher and more uniform throughout the various locations within the all-section, and the hardness level exceeds HB37 below the tread 30mm than that of the conventional CL60 wheel (an average hardness of HB273 shown in Table 2). By comparing hardness of bainitic wheel, the hardness in rim, web or hub, almost is similar level though the cooling rates are quite different, and it is reasonable to assume the surface hardness is maintained throughout a typical rim cross-section. The cooling rate of the rim is the fastest because of tread slack quenching, and the cooling rate of the hub is the slowest. The microstructures demonstrate the difference of the cooling rates, as shown in Fig. 1. The bainitic wheel steel has higher hardenability compared to CL60 by metallographic structures and hardness profiles.

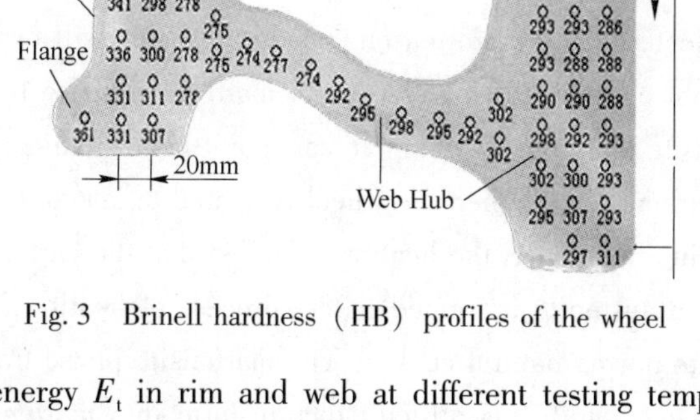

Fig. 3 Brinell hardness (HB) profiles of the wheel

Fig. 4 shows the total impact energy E_t in rim and web at different testing temperatures for bainitic wheel. The force-displacement curves reveal excellent ability of resistance to crack initiation and propagation because the crack forming energy E_i and the crack propagation energy E_p both are higher than that of CL60 wheel by the instrumented impact testing machine.

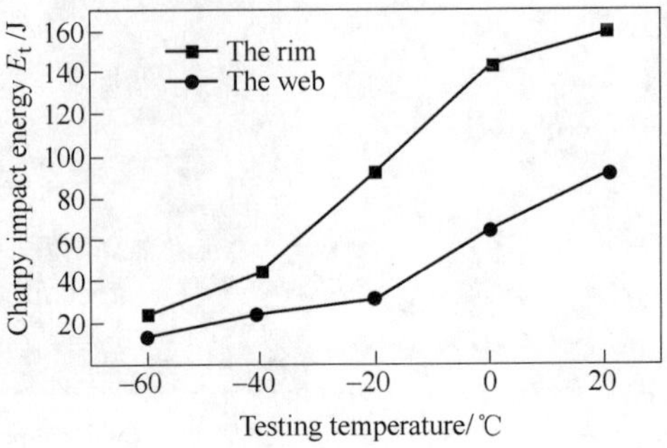

Fig. 4　Impact energy E_t at different testing temperatures

3.3　Fractographies of the tensile and impact fracture

After tensile and Charpy impact tests, the fractographies of specimens were inspected and analyzed with SEM. The fractograph of tensile specimen about stable propagation appearance is shown in Fig. 5. The fractographs of the rim impact specimens broken at room temperature are shown in Fig. 6 (a), (b) and (c), respectively.

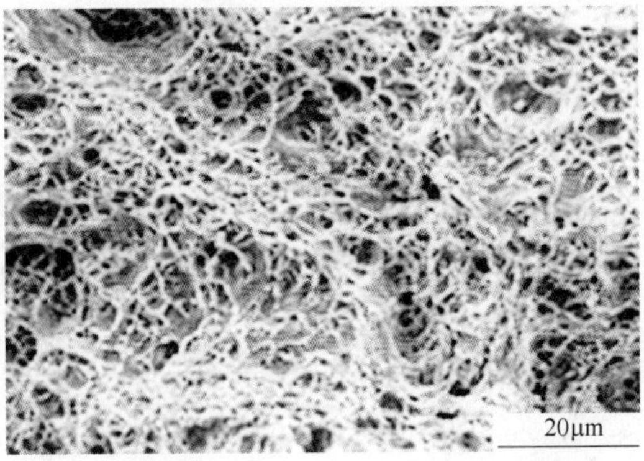

Fig. 5　Rim tensile fracture about stable propagation

4　Discussion

4.1　Material design and thermal damage

Wheel materials are subjected to various stress and transient thermal loads during running and through tread braking. Skids and burns in present pearlite-ferrite wheel steels invariably result in spalling as regions with brittle high carbon martensite formed by rapid cooling, fractured and separated from tread surface. In order to improve thermal damage as well as ductility and toughness at equal ultimate tensile strength, the principle of the latest design for wheel steels is to decrease carbon content. The essence of the problem is carbon content leading to inhomogeneity in section of wheels because the microstructure and properties of medium carbon steels are too sensitive to cooling rate. So low carbon content is selected, and more reasons for this decision will be elucidated later. The carbide-free bainite wheel steel is low-medium carbon alloying steel; the martensite phase transformation start point Ms of the steel is about 370℃. The martensite phase transformation start point Ms of retained austenite is very low because the film retained austenites richen carbon[17-20]. When the wheel is heated to austenitizing temperature due to heating by braking and then rapidly cooled in a moment, the heating is so fast that the carbon in the original retained austenite has no time to diffuse. Low carbon austenite is formed in the process of heating, then transforms into carbon-free bainite or auto-temped martensite during natural cooling. The martensite phase transformation start point Ms of high carbon retained austenite is still low, and it is difficult to transform into martensite even at low temperature. The products of phase transformation still are carbide-free bainite. It is expected that the whole performance of wheels,

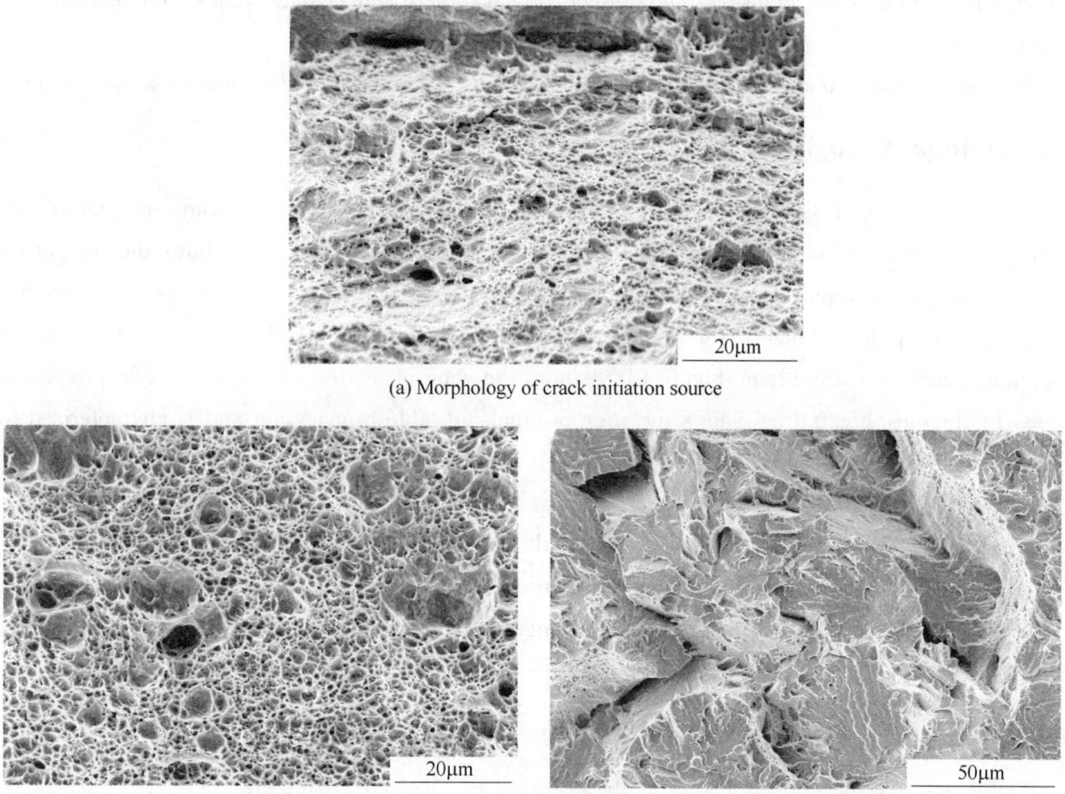

(a) Morphology of crack initiation source

(b) Tearing zone

(c) Quasi-cleavage fracture

Fig. 6 SEM fractographs of rim impact for bainitic wheel broken at room temperature

including the resistance to shelling and thermal damage, will be improved with this low-medium carbon Si-Mn-Mo-V steel which the rim microstructure is carbide-free bainite.

Carbide-free bainite steel, applied on wheel manufacture, can be produced with cheap alloying additions such as silicon and manganese. As long as the chemical composition is designed to assure the microstructure at the range to 55mm below tread is mainly carbide-free bainite, the wheel will satisfy the new development of railway transportation, and may provide improved resistance to rolling contact fatigue, and minimize sensitivity to thermal damage.

4.2 Hardness and strength

In order to improve wear and shelling, higher yield strength and hardness are necessary as well as good plasticity and toughness simultaneously. Decreasing hardness with depth from tread surface is typical for the conventional pearlite-ferrite wheel, as the cooling rates promoting pearlite refinement are not uniform throughout the rim cross-section due to large thermal mass of wheel and the relative low hardenability of these steels. The high carbon content generally contributes to higher hardness and reduces hardness gradient. Micro-alloying substantially increases hardness, while also slightly decreases the hardness gradient. The treads are in the elastic region under the major applied stresses, but tri-axial stresses from wheel-rail contact will inevitably exceed the elastic limit. Shear stresses caused by Hertz contact stresses are higher than the permitted shear stress of the steel, especially, having maximum shear stresses under the tread 1 - 5mm, and the Hertz contact fatigue is improved by increasing yield strength[9]. Compared with that of pearlite-ferrite wheel, the values of yield strength and hardness and plasticity of carbide-free bainite wheel are much higher, and the hardness gradient reduces.

It can be found out from Fig. 5 that microscopic appearance of fracture surface also manifests excellent combination of strength with toughness. Crack morphology of the fracture surface with inner wall is shown and it indicates the ductile tearing appearance with great amount of plastic deformation. There are lots of secondary cracks in fracture surface. Secondary crack also is one of the characterizations of fracture surface according with propagation mechanism of crack path. The secondary cracks of tensile fracture consume a great deal of energy, relax stress concentration, weaken stress peak of the crack tip and reduce propagation speed of main crack and/or change the crack propagation direction.

For pearlite-ferrite wheel steel, the secondary cracks of tensile fracture are the patterns of quasi-cleavage.

4.3 Charpy impact toughness

Charpy impact value is one of the fundamental properties of the material toughness. Carbide-free bainite steel wheel has extraordinary impact toughness at room and/or sub-zero temperature. Fig. 6 (a) shows the zone of crack initiation and characterized by dimples, and there is obvious stretched zone in the root of specimen notch. Stretched zone is the pattern of ripple and has plastic deformation with shallow dimple morphologies and strain hardening. The width of stretched zone is about 32μm. Fig. 6 (b) shows the zone of tearing with crack stable propagation and is characterized by dimples. Fig. 6 (c) shows the zone of crack unstable propagation and is characterized by distinct quasi-cleavage. The SEM fractographies of impact broken at room and/or sub-zero temperatures reveal excellent ability of resistance to crack initiation and propagation.

Furthermore, the ductility and toughness at equal ultimate strength are beneficial to reliability and safety of wheels, and to reduction in likelihood of catastrophic failure when weather is cold and where there are bad railway line. Carbide-free bainite steel wheel has excellent strength and toughness and good resistance to thermal damage and rolling contact fatigue.

5 Conclusions

(1) The new experimental low-medium carbon Si-Mn-Mo-V steel, whose the alloy design is reasonable and satisfies the design requirements of carbide-free bainite wheel steel, can be applied on wheel manufacture by suitable chemical composition and correct heat treatment for big wheels whose shapes are intricate. The microstructure of rim is mainly carbide-free bainite, and those of the web and hub both are granular bainite and bainitic ferrite.

(2) The value of strength, hardness and plasticity of carbide-free bainite wheel is high, and the yield strength and Charpy impact energy are much higher than that of pearlite-ferrite wheel steel especially. The force-displacement curves and fractographies reveal excellent ability of resistance to crack initiation and propagation.

(3) The wheels manufactured with carbide-free bainite steel may provide improved performances, and eliminate or minimize sensitivity to high transient thermal damage and prevent wheel breakage. Carbide-free bainite steels are emerging as a potential wheel material to replace conventional carbon grade steels to achieve longer life even if for high speed and heavy axle-load coach and wagon transportation.

Acknowledgements

Financial supports from Ministry of Railway and National 863 Projects of China are greatly appreciated.

References

[1] Zhou Yimin. Wheels and axles of Chinese railway locomotive and car meeting challenges of 21st century [C]. Proc. 12th International Wheelset Congress, Qingdao, 1998: 10-13.

[2] Tan Datong. Present condition and future development of axles and wheels of Chinese railways [C]. Proc. 12th International Wheelset Congress, Qingdao, 1998: 14-17.

[3] Singh UP, Popli A M, Jain D K, Roy B, Jha S. Influence of microalloying on mechanical and metallurgical properties of wear resistant coach and wagon wheel steel [J]. J. of Mater. Eng. and Performance, 2003, 12 (5): 573-580.

[4] Jan Sun, Kevin J Sawley, Daniel H Stone. Progress in the reduction of wheel spalling [C]. Proc. 12th Internation Wheelset Congress, Qingdao, 1998: 18-29.

[5] Mutton P J, Boelen R. Wheel developments for high axle load operations [C]. Proc. 4th International Heavy Haul Railway Conference, Brisbane, 1989: 414-421.

[6] Liu Z X, Gu H C. Failure modes and materials performance of railway wheels [J]. J. of Mater. Eng. and Performance, 2000 (5): 580-584.

[7] Catot B, Demilly F. Contribution to improved steel grades for wheels for heavy freight traffic [C]. Proc. 10th International Wheelset Congress, Sydney, 1992: 229-233.

[8] Rai D, Jain D K, Singh R, Godura V. C-Mn-Nb-V steel for heavy duty locomotive wheel applications [C]. Proc. 10th International Wheelset Congress, Sydney, 1992: 213-217.

[9] Tim Constable, Robert Boelen, Elena V Pereloma. The quest for improved wheel steels enters the martensitic phase [C]. Proc. 14th International Wheelset Congress, Orlando FL, 2004: 1-11.

[10] Sawley K J, Kristan J. Development of bainitic rail steels with potential resistance to rolling contact fatigue [J]. Fatigue and Fracture of Engineering Materials and Structures, 2003, 26 (10): 1019-1029.

[11] Bhadeshia H K D H, Edmonds D V. The mechanism of bainite formation in steels [J]. Acta Metallurgica, 1980 (9): 1265-1273.

[12] Yang Fubao, Bai Bingzhe, Liu Dongyu, Chang Kaidi, Wei Dongyuan, Fang Hongsheng. Microstructure and properties of a carbide-free bainite/martensite ultra-high strength steel [J]. Acta Metallurgica Sinica, 2004, 40 (3): 296-300 (in Chinese).

[13] Zarei A Hanzaki, Hodgson P D, Yue S. Retained austenite characteristics in thermomechanically processed Si-Mn transformation-induced plasticity steels [J]. Metallurgical and Materials Transactions A, 1997, 28A (11): 2405-2414.

[14] Fang Hongsheng, Yang Zhigang, Yang Jinbo, Bai Bingzhe. Research on bainite transformation in steels [J]. Acta Metallurgica Sinica, 2005, 41 (5): 449-457 (in Chinese).

[15] Kazuyuki Tohji, Yasuo Udagawa. Double-crystal spectrometer for laboratory EXAFS spectroscopy [J]. J. Rev. Sci. Instrum., 1988, 59 (7): 1120-1127.

[16] Shuvaev A T, Helmer B Yu, Lyubeznova T A, et al. Laboratory diffractometer - based XAFS spectrometer [J]. J. J. Synchrotron Rad., 1999: 6-158.

[17] Rees G I, Bhadeshia H K D H. Bainite transformation kinetics, part 1: modified model [J]. Materials Science and Technology, 1992, 8 (11): 985-993.

[18] Abdellah Airod, Roumen Petrov. Analysis of the trip effect by means of axisymmetric compressive tests on a Si-Mn bearing steel [J]. ISIJ Int., 2004, 44 (1): 179-180.

[19] Babu S S, Specht E D, David S A, Karapetrova E, Zschack P, Peet M, Bhadeshia H K D H. In-situ observation of lattice parameter fluctuations in austenite and transformation to bainite [J]. Metallurgical and Materials Transactions A, 2005, 36A (12): 3281-3289.

[20] Streicher-Clarke A M, Speer J G, Matlock D K, de Cooman B C. Analysis of lattic parameter changes following deformation of a 0.19C-1.63Si-1.59Mn transformation induced plasticity sheet steel [J]. Metall. Mater. Transactions A, 2005, 36A (4): 907-918.

Fracture Toughness of Nanostructured Railway Wheels❶

Zhang Mingru[1,2]　Gu Haicheng[1]

(1. State Key Laboratory for Mechanical Behavior of Materials, Xi'an Jiaotong University;
2. Ma'anshan Iron and Steel Co., Ltd.)

Abstract The nanostructured railway wheels are made of Si-Mn-Mo-V alloy steel through advanced metallurgy process and fabrication technology. The microstructure of the wheel especially in the rim part is carbide-free bainite, i. e. the bainitic ferrite laths and retained austenite films along the lath boundaries. The thicknesses of laths and films are in nanometer scale. For comparison, the traditional pearlite-ferrite wheel steels are also investigated. Test results show that not only yield strength but also fracture toughness of carbide-free bainite steel are superior to that of pearlite-ferrite. Theoretical explanation of these phenomena is also elucidated.

Key words fracture toughness; nanocrystalline and nano-amorphous; railway wheels; carbide-free bainite; pearlite-ferrite

1 Introduction

Wheels are key components whose failure often accounts for the catastrophic consequences in railway transportation. The major failure modes of railway wheels can be classified into five types: shelling, spalling, flat, rim cracking, and brittle fracture[1]. At the present time, most wheels are made of medium-high carbon grade steels with carbon content in the range of 0. 45%-0. 80% wt. Their microstructure is typically pearlite-ferrite. The steels of pearlite-ferrite kind show low toughness, ductility and yield strength, as well as low resistances to contact fatigue and thermal damage. The increase of train speed and axle-load requires higher stability and reliability of wheels[2,3].

Nanostructured materials, with average structural domain sizes below 100 nm, are believed to exhibite a marked improvement in mechanical properties over the coarse-structured counterparts [4-8]. There is now strong evidence showing that severe plastic deformation (SPD) and controlled solid-state transformation are effective means to obtain nanostructured materials. Railway wheels are huge in mass (weight: 330-450kg, and diameter: ϕ840-ϕ1250mm) and complicated in shape (see Fig. 1). It seems impossible to fabricate wheels from nano-scale clusters or by severe plastic deformation (SPD). This paper will report our achievement in producing nanostructured wheels (especially in rim part) using advanced metallurgy process and fabrication technology at the cost comparable to current commercial wheels. The excellent combination of yield strength and fracture toughness is associated with bainitic ferrite laths and retained austenite films both in nano-size.

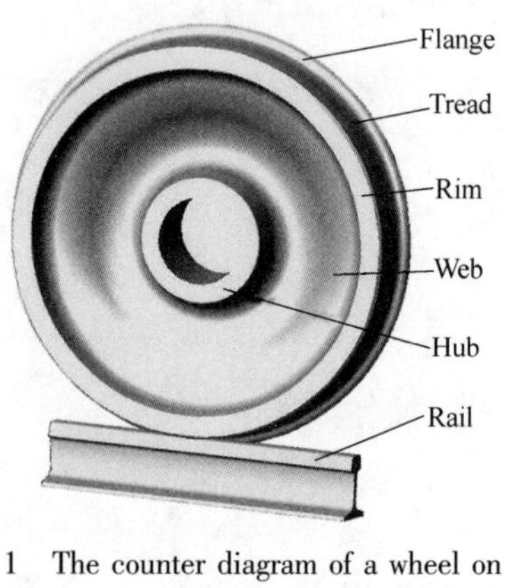

Fig. 1　The counter diagram of a wheel on rail

❶ 原文发表于“Engineering Fracture Mechanics”2008 年。
国家“863”项目课题。

2 Experimental

2.1 Materials

A novel carbide-free bainite steel alloyed with silicon and manganese was designed and developed. Silicon can suppress the precipitation of cementite during bainitic transformation; manganese increases the hardenability of the steel, and thus, it homogenizes the microstructure and properties in the section of wheel. Micro-alloying elements vanadium and molybdenum are also added in order to gain fine laths and eliminate tempered embrittlement. The alloy design and manufacture process of this steel were summarized in Ref[9]. For comparison, the traditional pearlite-ferrite wheel steels CL60 were investigated too.

The chemical compositions of the steels were measured using ARL 4460 Optical Emission Spectrometer. The results are shown in Table 1.

Table 1 Actual chemical composition of the steels (wt%)

Alloy	C	Si	Mn	Cr	Mo	V	P	S
Novel steel	0.21	1.53	1.92	0.03	0.30	0.10	0.019	0.003
CL60-a	0.62	0.76	0.70	0.19	0.0063	0.0034	0.023	0.019
CL60-b	0.63	0.27	0.75	0.17	0.0013	0.0024	0.017	0.010

2.2 Microstructure

The microstructure of specimens taken from rim, web and hub sections was observed with Zeiss Axioskop 1-MAT optical microscope and scanning electron microscope (SEM) Philips XL30 + DX41. Because cracks usually nucleate and propagate at rim part, in this paper we will focus on rim part only.

Fig. 2 shows the microstructure of CL60, pearlite and pro-eutectoid ferrite can be seen. Fig. 3 shows the morphology of pearlite in detail, the alternate layers of cementite (Fe_3C) and ferrite formed in pearlite colonies are revealed. The optical micrograph of bainite is shown in Fig. 4. The detail of microstructure is unresolved under 1000 ×magnification. The samples of the novel bainitic steel were machined down to foils of 3mm diameter and 50μm thickness, then, these foils were electro-polished using a twin jet electro-polisher until perforation occurred. These foils were examined with transmission electron microscope (TEM). Fig. 5 and Fig. 6 were taken with a field emission high-resolution transmission electron microscope (HRTEM) JEM—2100F. The details of carbide-free bainite can be revealed now, i.e., the slender laths of bainitic ferrite and the films of retained austenite along the lath boundaries. The feature of the structure is coincident with the previous research[10,11].

The retained austenite in film morphology and nano-size thickness has excellent thermal and mechanical stability[12].

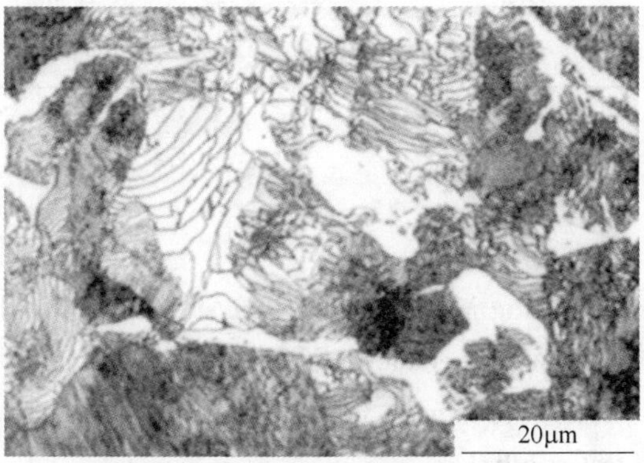

Fig. 2 Pearlite and pro-eutectoid ferrite of CL60 etched by 4% nital

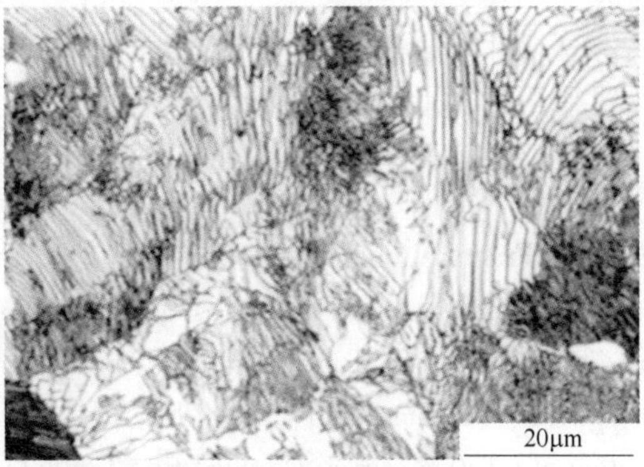

Fig. 3 Pearlite of CL60 etched by 4% nital

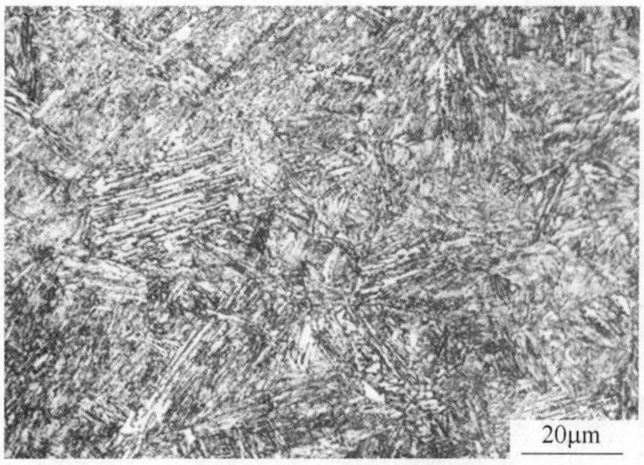

Fig. 4　Carbide-free bainite of bainitic wheel etched by 4% nital

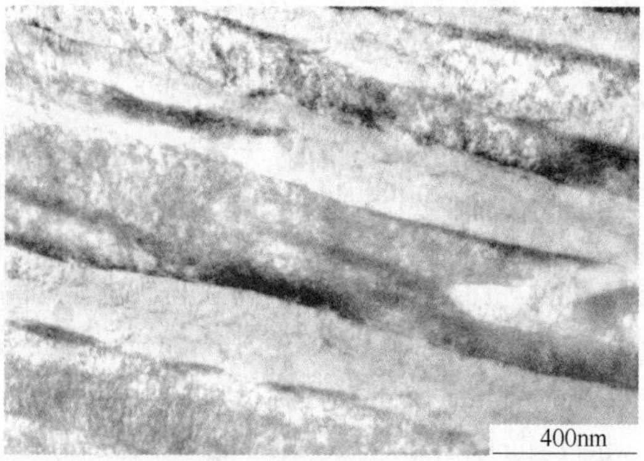

Fig. 5　TEM micrograph of carbide-free bainite wheel

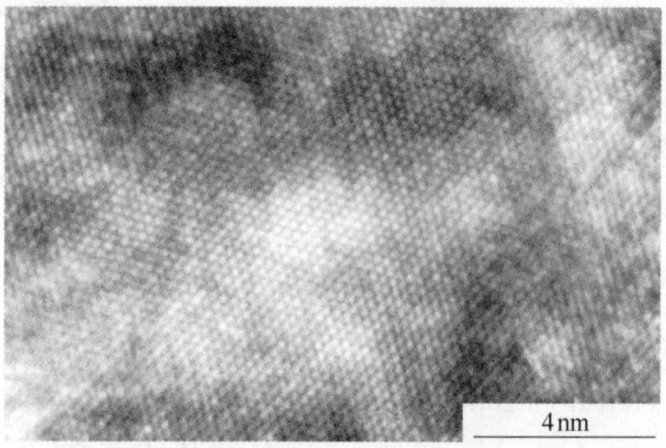

Fig. 6　Two-dimensional lattice image of retained austenite

2. 3　Mechanical properties

Tensile specimens taken from different parts of wheels were tested with WAW-Y500A material testing system according to Chinese railway standard TB/T 2817-1997. Impact toughness of the wheels was evaluated using 10mm×10mm×55mm Charpy U-notch specimens at room temperature and different low temperatures with Amsler/Roell KRP450 instrumented impactor. The Brinell hardness numbers (HB) were measured at the site of 30mm under the tread with a Digital Brinell Testor 970/3000. The test results are summarized in Table 2.

Table 2　Mechanical properties of the steels

Items	*YS*/MPa	*UTS*/MPa	*EL*/%	*RA*/%	Hardness (HB)	a_{KU}/J · cm^{-2}
Novel steel	955	1020	19. 0	51. 5	312	163. 8
CL60-a	686	1072	17. 0	39. 2	305	26. 6
CL60-b	684	1051	16. 0	39. 3	294	29. 4

2. 4　Fracture mechanics tests

2. 4. 1　Fracture toughness

The fracture toughness of rim was investigated at room temperature using MTS-810 TESTSTAR, controlled by the software 790. 50 Fracture Toughness Test Application. Compact tension specimens CT50 (length 125mm×width 120mm×thickness 50mm) and CT30 (length 125mm×width 120mm×thickness 30mm) were tested. Fig. 7 shows the location of CT50 specimen at wheel rim. Table 3 gives the test results.

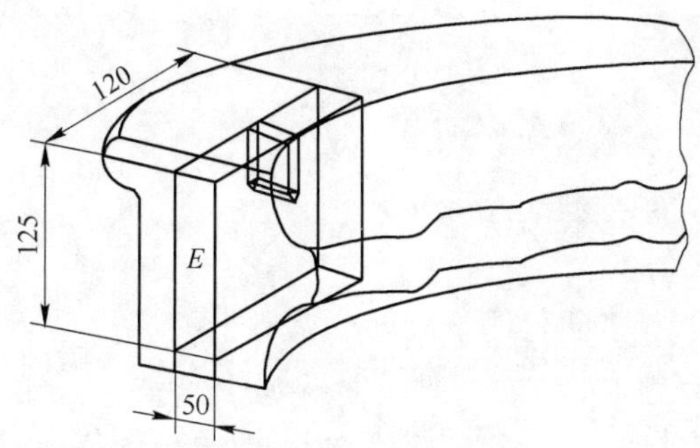

Fig. 7 Scheme of the location for CT50 sample in rim

Table 3 Fracture toughness values of the steels

Steels	Specimens	K_Q/MPa · $m^{1/2}$		K_{max}/MPa · $m^{1/2}$	
		Measured values	Average	Measured values	Average
Novel	CT50	76.3, 78.1, 79.1	77.8	91.4, 89.2, 92.2	90.9
	CT30	79.2, 77.9	78.6	90.5, 86.3	88.4
CL60-a	CT30	61.8, 62.0, 60.9, 65.0, 66.4, 63.2	63.2	$K_{max}=K_Q$	
CL60-b	CT30	53.8, 66.0, 69.9, 76.3, 53.4, 63.9	63.9		

For bainitic steel, 2.5 $(K_Q/YS)^2=16.1\sim17.5$mm, so the values of K_Q are equal to valid K_{IC}; for CL60, 2.5 $(K_Q/YS)^2=15\sim26$mm, so K_Q obtained from CT30 specimens are also valid K_{IC}.

The fracture surfaces of specimens were observed with SEM Philips XL30+DX-41. Fig. 8 is macro-morphology of fracture surface of carbide-free bainite wheel rim specimen. The lower boundary, indicating the contour of pre-fatigued zone, rough corresponds the start of load P_{POP}; and the upper boundary, where shear lips formed at two sides and then coalesced in centre, corresponds the load P_{max}. Fig. 9 and Fig. 10 are the fractographs of bainitic wheel rim in the middle area within the stretched zone, many secondary cracks and irregular parallel ridges can be seen. In contrast to the bainite, the stretched zone in CL60 is rather marrow. This is coincident with the fact, that specimens of CL60 suddenly fractured when the load was approaching P_Q, thus P_Q was equal to P_{max}.

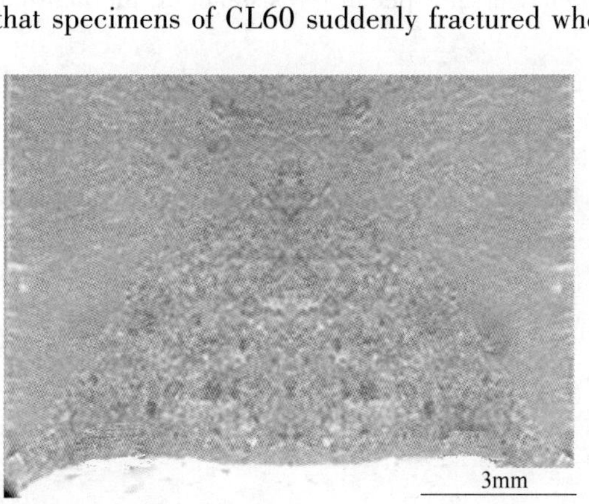

Fig. 8 SEM fractograph of macro-morphology

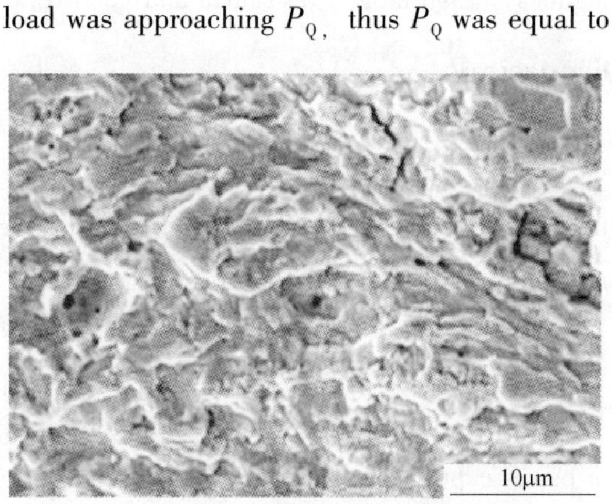

Fig. 9 SEM fractograph of stretched zone with secondary cracks

2.4.2 Subcritical crack growth rate

The subcritical crack growth rate of carbide-free bainite steel was also measured. The relation between crack growth increment per cycle (da/dN) and parameter of the range of stress-intensity factor (ΔK) was proposed initially by Paris[13] as below.

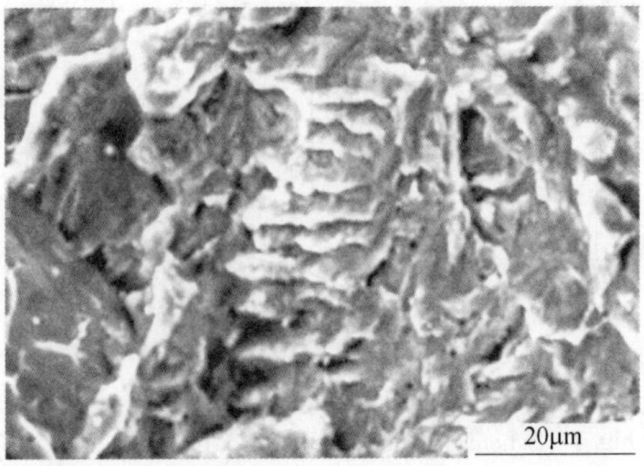

Fig. 10　SEM fractograph of irregular parallel ridges

$$da/dN = A \cdot \Delta K^{m} \tag{1}$$

A more comprehensive equation was given by Knott[14].

$$da/dN = \frac{A \cdot \Delta K^{m}}{4E\sigma_{f}}\left(\frac{1+R}{1-R}\right)\frac{1}{K_{IC} - K_{max}} \tag{2}$$

Where, σ_f: cyclic flow stress; R: stress ratio, $R=\frac{K_{min}}{K_{max}}$; E: Young's modulus.

From a group of experimental data, the average m and A of carbide-free steel are 2.266 and 1.076×10^{-7} respectively. As mentioned above, the bainitic steel offers higher yield strength and fracture toughness, so the novel steel has good resistance to crack propagation.

2.5　Field performances of real wheels

Eight wheels made of this novel steel were manufactured according to ϕ840 wagon's requirements, such as dimensions, tolerances and so on, and were been fitted on the first bogie of two freight wagons. They were running on a specific railway line with 120km/h speed. Surface qualities, wear and ultrasonic flaw detection had been inspected with periodic monitor. After finished running 180, 000km, no shelling, spalling, cracking was found on the tread of trial wheels with carbide-free bainite microstructure.

Thus, the actual running tests confirm the carbide-free bainite wheels possess excellent combination of strength with toughness, high fatigue resistance and good tribological behaviors, especially resistance to thermal damage.

3　Discussions

3.1　Yield strength

Hall and Petch measured the values of lower yield stress, σ_y, exhibited by α-iron polycrystal specimens having different grain sizes. The results had been summarized as well known Hall-Petch relation[15]: σ_y was proportional to the inverse square root of average polycrystal grain diameter, L, as shown as (3).

$$\sigma_y = \sigma_0 + K_y \cdot L^{-1/2} \tag{3}$$

Where σ_0 and K_y were taken as experimental constants. This is an approximation, and a more general formulation is to use a power expression with exponent, $-n$, i. e.

$$\sigma_y = \sigma_0 + K_y \cdot L^{-n} \tag{4}$$

Where, $0.3 \leqslant n \leqslant 0.7$.

Nowadays, nano-crystalline materials have been the subject of widespread research over the past couple of decades. Increasing interest has focused on whether the Hall-Petch relationship can be extrapolated to grain sizes of nano-scale[16-19].

In our case, either pearlite-ferrite steel, or carbide-free bainite steel, is not pure iron. Actually, they are multi-phase materials. Pearlite is a very common constituent of a wide variety of steels. Lamellar eutectoid structures of this type are widespread in metallurgy[20]. The morphology and crystallography of pearlite, the mechanism and kinetics of pearlite formation have been thoroughly investigated[21]. We only point out, that two phases in pearlite are ferrite and cementite, see Fig. 3. Ferrite contains 0.025%wt carbon, so it can be considered as pure iron; while cementite, Fe_3C, is a compound, containing 25% atomic carbon, which is about 6% by weight. Ferrite is ductile, while cementite is hard but brittle. The yield strength of pearlite is controlled by the pearlite interlamellar spacing, S_P, the distance from the centre of one cementite lamella to the centre of the next, measured normal to the plane of the lamellae. Heller[22] proposed a simple equation to describe the yield strength of pearlite, which is similar to Hall-Petch relation, i. e.

$$\sigma_y(\text{pearlite}) = 85.9 + 8.3 \cdot S_P^{-1/2}(\text{MPa}) \tag{5}$$

In carbide-free bainite steel, the laths of bainitic ferrite are carbon depleted. The thickness of these laths is extremely fine. Besides, the films of retained austenite are carbon riched, and distributed along the lath boundaries. The thickness of these films is also in nano-scale. So it is not surprising that the yield strength of carbide-free bainite is stronger than pearlite.

3.2 Fracture toughness

Combining the mechanics of fracture with the mechanism of fracture, Knott concluded, that fine grain size, fine carbide distribution and widely spaced inclusions will produce high toughness[23]. Analogous to the Hall-Petch treatment for spread of yield from grain to grain, the critical value of K for fracture has been derived[24]:

$$K_{IC} = \sigma_F \cdot \sqrt{2\pi r^*} \tag{6}$$

Where r^* is a fixed distance between a microcrack to crack-tip, and σ_F is the local tensile stress required to propagate the microcrack. According to RKR model, r^* is close to two grain diameters; while according to CK model, r^* is a statistically-averaged distance[25].

In wheel steels, either the interlamellar spacing of pearlite, or the dimensions of bainitic ferrite laths, is statistical values. We cannot calculate the values of fracture toughness of both wheel steels quantitatively yet. Anyway, because the carbide-free bainite is much finer than pearlite, the former definitely offers higher fracture toughness without doubt.

There are more reasons to appraise the high toughness of bainite. In pearlite, ferrite is ductile while cementite is hard, so the interfaces between ferrite and cementite have been found to be the sites for crack nucleation. Contrary, in carbide-free bainite, the retained austenite with its face centred cubic lattice, is easy to accommodate the deformation of bainitic ferrite. Moreover, the retained austenite films can buffer the propagation of cracks, and when retained austenite transformed into martensite, crack closure would occur due to volume expansion. This is so called as transformation induced plasticity (TRIP) effect[26]. There is reason to expect that the novel steel having higher yield strength as well as higher fracture toughness, so longer critical crack length or longer nondestructive inspection interval could be adopted, indicating the wheels made of the novel steel will be safer than before.

3.3 Others

Besides, there are a series of advantages of the novel steel: more resistant to thermal damage and to hydrogen embrittlement. When the surfaces of rails are wet or frosty, or a running train is braked, wheels skid on the rails; the contact points of tread surfaces can be heated to a temperature high enough to form austenite, and then cooled rapidly as the heat is dissipated, causing the austenite to transform into martensite. In the traditional medium-high carbon steels, martensite is in the form of lenticular plates, which are brittle; while in our low carbon steel, the martensite is in the form of laths, which are ductile, so the novel steel is immune to the thermal damage. Moreover, the conventional CL60 steel is sensitive to hydrogen embrittlement. For novel steel, bainite offers minimum susceptibility to hydrogen embrittlement as compared with martensite and pearlite-ferrite, especially when silicon is present in excess of 1%wt, thus improves the resistance to hydrogen embrittlement further[27].

It is interesting to compare our results with those obtained from nano-crystalline Fe and nanostructured steels. A bulk iron with grain size of 180 nm was fabricated by consolidating the mechanically milled iron powder. Its yield strength is 1. 6 GPa, while there is no elongation after the yielding[28]. Another nano-phase Fe samples, with an average grain size of about 80nm, were consolidated using sinter forging from nano-crystalline Fe powders prepared by mechanical attrition[29]. The compression yield strength is about 2. 5 GPa with very little (well below 1%) plastic strain before fracture, while the tension breaking stress is in the range of 250-330 MPa, which is roughly about 1/10 of the compressive strength. In China, a kind of "Super steel" with yield strength over 2 GPa and average austenite grain size about 1,000 nm has been developed and is commercially available now. Efforts were made to strive for increasing resistances to fatigue and fracture. In U. S. A., a high strength, high toughness, high alloy steel, called Aer Met 100, developed by Carpenter Technologies, has outstanding strength and toughness (K_{IC} as high as 180MPa · $\sqrt{m}$ at yield strength above 1850 MPa) with ultra-fine grain size in the submicron range[30]. The composition of the steel is Fe-13. 4Co-11. 1Ni-3. 1Cr-1. 20Mo-0. 23C. All these data lead us to believe that we have to choose the balance not only between strength and toughness, but also between performance and economy. Railway wheels are produced in mass production scale. Lean alloy steel and easy fabrication method should be preferred.

Recently, the ideal strength of iron was established from first-principles calculations[31]. The ideal tensile strength of Fe in the <001> direction is 12. 6 GPa. The ideal shear strengths of the two shear systems, <111> {112} and <111> {110} are 7. 2 GPa and 7. 8 GPa respectively. For almost three millennia, iron and its alloy have provided the most commonly used structural materials, with which two great sciences, mechanics and materials, joined together. Iron and steel have so much potential to be discovered, there is still a long way to go in front of us.

4 Conclusions

(1) The microstructure in the wheel rim made of the novel bainitic steel has been proved by observation using field emission high-resolution transmission electron microscope (HRTEM) JEM-2100F as carbide-free bainite, i. e., bainitic ferrite laths and retained austenite films along the lath boundaries. The thicknesses of laths and films are in nanometer scale.

(2) The yield strength of the novel bainitic steel is higher than that of pearlite-ferrite steels. This trend is consistent with Hall-Petch relation.

(3) The fracture toughness of the novel bainitic steel is higher than that of pearlite-ferrite steel too. This fact can be explained in terms of Knott model.

(4) The actual loading tests and running trials experimentally confirm the carbide-free bainite wheels have high toughness and service performances.

Acknowledgements

Financial supports from Ministry of Railway and National 863 Projects are greatly appreciated.

Nomenclature

a crack depth

A, m constant parameters in Paris equation

A_{KU} Impact toughness using standard U-notch specimens at room temperature

CT compact tension

EL elongation

E Young's modulus

da/dN crack growth rate

K stress intensity factor
K_Q SIF at applied load pop-in
K_{max} SIF at maximum applied load
L grain size
R stress ratio
RA reduction of area
UTS ultimate tensile strength
r^* a fixed distance ahead a microcrack (by Knott)
S_P interlamellar spacing in pearlite
ΔK stress intensity factor range
σ_0, K_y constant parameters in Hall-Petch relation
σ_f cyclic flow stress
σ_F local fracture stress
σ_y, YS yield strength

References

[1] Liu Z X, Gu H C. Failure modes and materials performance of railway wheels [J]. J. Mater. Eng. Performance, 2000, 9 (5): 580-584.

[2] Tan D T. Present condition and future development of axles and wheels of Chinese railways [C]. In: Proceedings of 12th international wheelset congress, Qingdao, 1998: 14-17.

[3] Zhou Y M. Wheels and axles of Chinese railway locomotive and car meeting challenges of 21st century [C]. In: Proceedings of 12th international wheelset congress, Qingdao, 1998: 10-13.

[4] Weertman J R. Mechanical behavior of nanocrystalline metals [C]. In: Koch C C, ed. Nanostructured Materials. Noyes, 2002: 397-421.

[5] Hugo R, Kung H, Weertman J R. Defects, microstructure and dislocation activity in nanocrystalline metals [C]. In: Zhu Y T, Langdon T G, Mishra R S, Semiatin S L, Saran M J, Lowe T C, ed. Ultrafine Grained Materials II. TMS, 2002: 307-322.

[6] Meyers M A, Mishra A, Benson D J. Mechanical properties of nanocrystalline materials [J]. Progress in Mater. Sci., 2006, 51: 427-556.

[7] Argon A S, Yip S. The strongest size [J]. Philo Magazine Letters, 2006, 86 (11): 713-720.

[8] Koch C. Bulk behavior of nanostructured materials [C]. In: Siegel R W, Hu E, Roco M C, ed. Nanostructure Science and Technology, Kluwer, 1999: 93-111.

[9] Zhang M R, Gu H C. Microstructure and mechanical properties of carbide-free bainite railway wheel [J]. Mater. Sci. Tech., 2007, 23 (8): 970-974.

[10] Bhadeshia H K D H. Bainite in Steels (Second edition) [M]. IOM Communications, 2001.

[11] Bhadeshia H K D H. Large chunks of very strong steel [J]. Mater. Sci. Tech., 2005, 21 (11): 1293-1302.

[12] Zhang M R, Qian J Q, Gu H C. The structure stability of carbide-free bainite wheel steel [J]. J. Mater. Eng. Performance, 2007, 16 (5): 635-639.

[13] Johnson H H, Paris P C. Subcritical flaw growth [J]. Eng. Fracture Mech., 1968, 1 (2): 3-45.

[14] Knott J F. Models of fatigue crack growth [C]. In: Smith R A, ed. Fatigue Crack Growth — 30 Years of Progress. Pergamon, 1986: 31-52.

[15] Armstrong R W. The yield and flow stress dependence on polycrystal grain size [C]. In: Baker T N, ed. Yield, Flow and Fracture of Polycrystals. Applied Science Publishers, 1983: 1-31.

[16] Koch C C, Narayan J. The inverse Hall-Petch effect — fact or artifact? [C]. In: Farkas D, Kung H, May M, Swygenhoven H V, Weertman J, ed. Structure and Mechanical Properties of Nanophase Materials. MRS, 2001: B5. 1. 1-B5. 1. 11.

[17] Bata V, Pereloma E V. An alternative physical explanation of the Hall - Petch relation [J]. Acta Mater., 2004, 52: 657-665.

[18] Saada G. Hall-Petch revisited [J]. Mater. Sci. Eng. A., 2005, 400-401: 146-149.

[19] Carlton C E, Ferreira P J. What is behind the inverse Hall-Petch effect in nanocrystalline materials [J]. Acta Mater., 2007,

55：3749-3756.

[20] Honeycombe R W K. Steels — Microstructure and Properties [M]. Edward Arnold，1981.

[21] Howell P R. The pearlite reaction in steels：mechanisms and crystallography [J]. Mater. Character，1998，40：227-260.

[22] Heller W. Rail steels [M]. STP 644，ASTM，1978.

[23] Knott J F. Fundamentals of fracture mechanics [M]. Butterworths，1979.

[24] Knott J F. Cleavage fracture and the toughness of structural steel [C]. In：Baker T N，ed. Yield，Flow and Fracture of Polycrystals. Applied Science Publishers，1983：81-99.

[25] Knott J F. Probabilistic aspects of brittle fracture [C]. In：Soboyejo W O，Lewandowski J J，Ritchie R O，ed. Mechanisms and Mechanics of Fracture，The John Knott symposium，TMS，2002：79-86.

[26] Timokhina I B，Hodgson P D，Pereloma E V. Effect of deformation schedule on the microstructure and mechanical properties of a thermomechanically processed C-Mn-Si transformation-induced plasticity steel [J]. Met. Mater. Trans. A，2003，34：1599-1609.

[27] Edmonds D V，Cochrane R C. Structure-property relationship in bainitic steels [J]. Metal. Trans. A，1990，21：1527-1540.

[28] Takaki S，Kawasaki K，Kimura Y. Fabrication of ultrafine grained bulk iron through mechanical milling of iron powder [C]. In：Mishra R S，Semiatin S L，Suryanarayana C，Thadhani N N，Lowe T C，ed. Ultrafine Grained Materials. TMS，2000：247-255.

[29] Jia D，Ramesh K T，Ma E. Compressive，tensile，and dynamic behavior of nanophase iron [C]. In：Mishra R S，Semiatin S L，Suryanarayana C，Thadhani N N，Lowe T C，ed. Ultrafine Grained Materials. TMS，2000：309-318.

[30] Guo Z，Sato K，Lee T K，Morris J W. Ultrafine grain size through thermal treatment of lath martensitic steels [C]. In：Mishra R S，Semiatin S L，Suryanarayana C，Thadhani N N，Lowe T C，ed. Ultrafine Grained Materials. TMS，2000：51-62.

[31] Clatterbuck D M，Chrzan D C，Morris J W. The ideal strength of iron [C]. In：Meyers M A，Ritchie R O，Sarikaya M，ed. Nano and Microstructured Design of Advanced Materials. Elsevier，2003：173-190.

贝氏体车轮钢性能分析❶

付秀琴[1] 张 斌[1] 张 弘[1] 张明如[2]

(1. 中国铁道科学研究院; 2. 马鞍山钢铁股份有限公司)

摘 要 针对铁路车轮使用中存在的剥离问题，对新研制的贝氏体车轮钢进行检验。力学性能检测结果说明，与普通CL60车轮钢相比，新型贝氏体车轮钢的强度提高13%，塑性变形能力提高23%，冲击韧性提高2~3倍；通过金相组织观察、SEM断口分析、X射线衍射组织测定和TEM分析得出：新型贝氏体车轮钢为细而均匀的贝氏体+铁素体+少量粒状贝氏体组织，冲击断口具有典型的韧性断裂特征，钢中残余奥氏体含量为12%，显微组织主要由条状铁素体组成，未见碳化物析出相，为无碳化物贝氏体组织。分析结果表明：新型贝氏体车轮钢能显著提高车轮的抗剥离性能，具有更高的运用安全性。

关键词 车轮钢；贝氏体钢；性能分析；显微组织

Performance Analysis of Bainite Wheel Steel

Fu Xiuqin[1] Zhang Bin[1] Zhang Hong[1] Zhang Mingru[2]

(1. China Academy of Railway Sciences, Co., Ltd.; 2. Ma'anshan Iron and Steel Co., Ltd.)

Abstract A type of bainite wheel steel has been recently developed to resolve the spalling problem of wheels. The mechanical property, metallurgical structure, fracture and structural constituent of the bainite steel were tested. The test result of mechanical property indicates that compared with the ordinary CL60 wheel steel, the strength of the new bainite wheel steel is 13% higher, the plastic deform ation capacity is 23% higher and the impact ductility is 2-3 times higher. Conclusions are drawn from the metallurgical structure observation, SEM fracture analysis, X-ray diffraction test and TEM analysis. The structure of new bainite wheel steel was thin and uniform bainite+ferrite+little granular bainite. The impact fracture featured with typical toughness fracture. The residual austenite content in this new bainite wheel steel was 12%. The microstructure of bainite was mainly composed of ferrite band without carbide, which meant that the bainite of the steel was non-carbide bainite. Analysis results show that the new bainite wheel steel can remarkably improve the anti-spalling performance of wheels, thus it will serve railway more safely.

Key words wheel steel; bainite steel; performance analysis; microstructure

1 引言

目前，铁道机车车辆车轮运用中最突出的问题是踏面剥离，产生剥离的主要原因是大部分车轮在制造时采用了含C量为0.45%~0.8%的中高碳钢，这类钢的热敏感性较高，在实际运用中易发生热损伤剥离等问题[1]。近年来对无碳化物Si-Mn系贝氏体钢的研究获得了较大的进展[2-4]。贝氏体钢由于所具有的特征成为制造车轮的理想材料。因此，作者主要针对无碳化物贝氏体车轮钢的力学性能进行深入研究，对所研制的贝氏体车轮钢的组织和性能与目前使用的普通CL60车轮钢进行了对比分析。

2 贝氏体车轮钢成分设计与试样制备

在贝氏体车轮钢的合金设计方面，遵循简化热处理工艺和调整合金成分以提高经济性与实用性的原

❶ 原文发表于《中国铁道科学》2008年第5期。

铁道部科技研究开发计划项目（2002J042）。

则，使试样在普通冷却条件下能够获得无碳化物贝氏体组织。试样材料选取低碳 Mn-Si-Cr 合金系。贝氏体车轮钢与普通 CL60 车轮钢样品的化学成分见表 1。

表 1 试验用贝氏体钢及普通 CL60 车轮钢化学成分 (%)

试样	C	Mn	Si	Cr	S	P
贝氏体车轮钢样品	0.10~0.40	1.2~2.2	1.0~2.0	0.5~1.0	≤0.030	≤0.030
普通 CL60 车轮钢样品	0.55~0.65	0.50~0.80	0.17~0.37	≤0.25	≤0.040	≤0.035

注：贝氏体车轮钢与普通 CL60 车轮钢的热处理工艺均为 920℃保温+水淬+450℃回火。

3 试验结果及分析

3.1 力学性能

2 种试样的拉伸性能试验结果见表 2。

从表 2 的检测结果中可见，贝氏体车轮钢的拉伸性能和塑性变形能力均明显高于普通 CL60 车轮钢，抗拉强度与延伸率分别比普通 CL60 车轮钢高 13%和 23%。

表 2 拉伸性能试验结果

试样	屈服强度/MPa	抗拉强度/MPa	延伸率/%	断面收缩率/%
贝氏体车轮钢样品	775	1110	18.5	39.5
普通 CL60 车轮钢样品	630	980	15.0	31.0

2 种试样系列温度冲击试验的结果见表 3。

表 3 冲击试验结果 (J)

试验温度/℃	20	-20	-40	-60
贝氏体车轮钢样品	87	60	46	22
普通 CL60 车轮钢样品	26	14	8	4

从表 3 的检测结果中可见：贝氏体车轮钢样品的系列温度冲击功均远高于普通 CL60 车轮钢样品，平均提高约 2~3 倍。在-60℃时其冲击功平均值为 22J，从室温直至-60℃时均未出现明显的脆性转变；而普通 CL60 车轮钢样品在-20℃时冲击功明显降低，说明其脆性转变温度较高。

3.2 金相组织分析

2 种试样的金相组织如图 1 和图 2 所示。

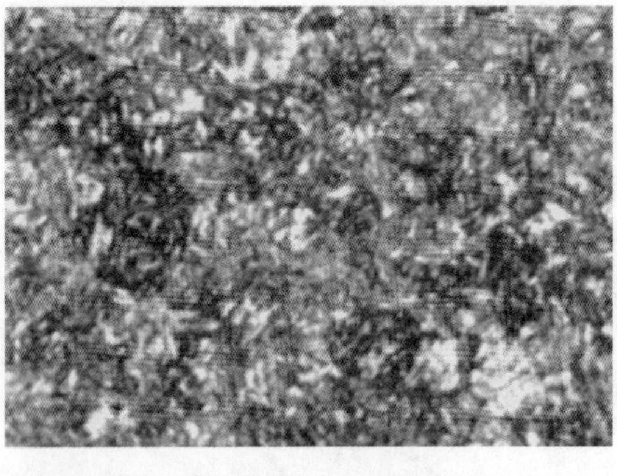

图 1 贝氏体车轮钢试样的金相组织

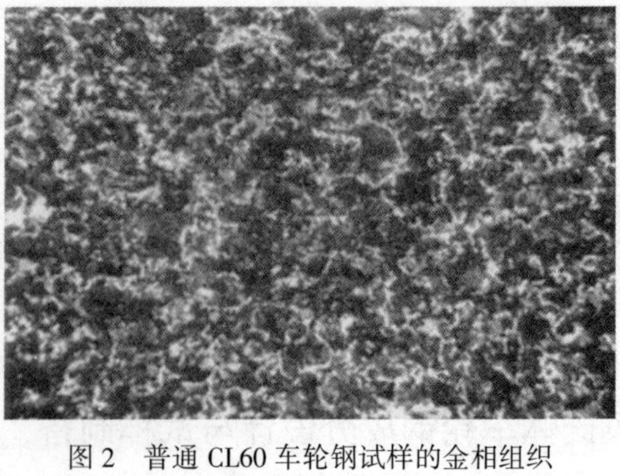

图 2 普通 CL60 车轮钢试样的金相组织

从金相组织检验的结果中可见，贝氏体车轮钢试样的金相组织为贝氏体+铁素体+少量粒状贝氏体，未见有碳化物，组织细而均匀。可见在贝氏体形成温度范围中，适当降低冷却速度有利于铁素体向奥氏体充分排碳[5]。这样不仅可以提高残余奥氏体的稳定性，而且使马氏体转变温度大幅度降低，此时贝氏体车轮钢试样中的马氏体含量减少或根本不出现马氏体。相变后的贝氏体铁素体切变单元通过连续冷却和回火过程中的位错运动进一步被细化。通过这种方法使贝氏体铁素体中的位错密度分布不均匀，从而形成胞状结构或超细晶粒。降低相变温度会增大形核率，并可细化组织，而且能提高残余奥氏体的稳定性，影响贝氏体长大过程的塑性协调，使贝氏体铁素体中超细晶粒尺寸减小，形成高稳定性残余奥氏体薄膜，以达到改善强度与韧性的目的。这种组织与贝氏体组织相比，晶粒尺寸大、强度与韧性低。

普通 CL60 车轮钢试样的金相组织为珠光体+少量铁素体是中碳钢淬火+回火后的正常组织。

3.3 冲击断口 SEM 分析

用扫描电子显微镜（SEM）观察到的贝氏体车轮钢试样和普通 CL60 车轮钢试样的冲击断口，如图 3 和图 4 所示。

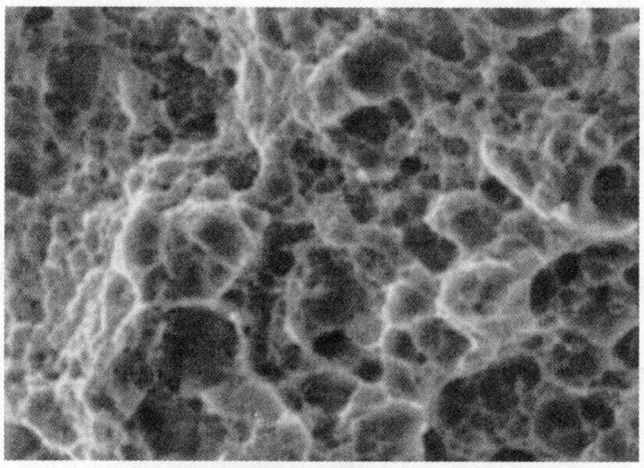

图 3 贝氏体车轮钢试样的冲击断口

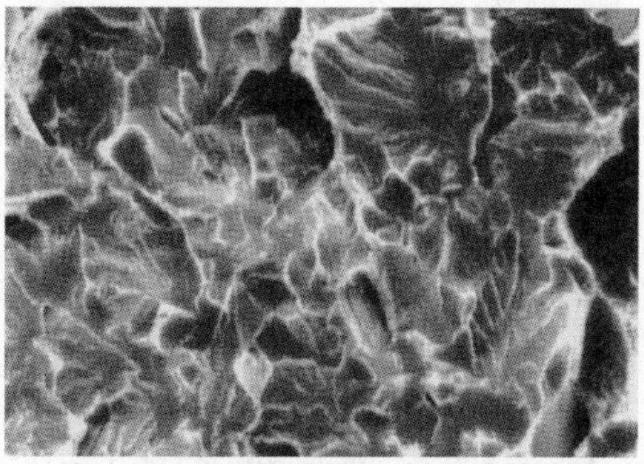

图 4 普通 CL60 车轮钢试样的冲击断口

从对 2 个试样冲击断口的 SEM 微观形貌观察结果中可见，贝氏体车轮钢试样断口中存在明显的韧窝结构，且稍大韧窝底部可见小韧窝，断口准解理台阶短小清晰，这是韧性断裂的典型特征，与无碳化物贝氏体的亚结构和超微精细亚结构在断裂过程中所表现的形貌特征有关。普通 CL60 车轮钢冲击断口中有明显的河流状花纹，同时有撕裂的层状组织，断口解理台阶较长，呈韧脆结合的断口特征。

用扫描电镜观察到的断口形貌特征与冲击性能试验的结果相吻合。这是因为低温相变是细化组织、提高残余奥氏体稳定性的有效方法[6]。因此在采用了优化合金设计（如加入适量的 Si 等合金元素）与改进热处理工艺（如降低相变温度）等手段后，可增加贝氏体铁素体的体积分数，提高残余奥氏体的含碳量及其稳定性，消除块状残余奥氏体与脆性马氏体，使贝氏体钢的冲击性能得到明显改善。贝氏体铁素体中过量的碳常位于位错一类的缺陷处[7]，会增加碳及位错的强化作用。因此，使贝氏体铁素体中固溶较多的碳有利于提高强度。加之贝氏体在低温长大过程中还会产生相当数量的缺陷，进一步增加了碳在缺陷附近被俘获的机会，此时只要不发生碳化物的沉淀，就能提高贝氏体钢抵御解理断裂与空位形成的抗力。

3.4 贝氏体车轮钢试样 X 射线衍射组织测定

用 X 射线衍射法测定贝氏体车轮钢试样中各相的含量，其衍射曲线如图 5 所示。

从贝氏体车轮钢试样 X 射线衍射组织测定结果可见，除贝氏体铁素体外，试样中残余奥氏体的含量为 12%，碳化物含量很低，仅在衍射角 $2\theta=37.5°$处出现了衍射强度较低的碳化物衍射峰。

X 射线衍射实验的结果说明，从铁素体中析出的碳富集在残余奥氏体中基本没有形成碳化物，这既能有效地消除铁素体中存在的内应力，也会显著提高残余奥氏体的稳定性，使之在回火处理后直至室温的降温过程中都十分稳定。由相变诱发的塑性效应可进一步增加钢的

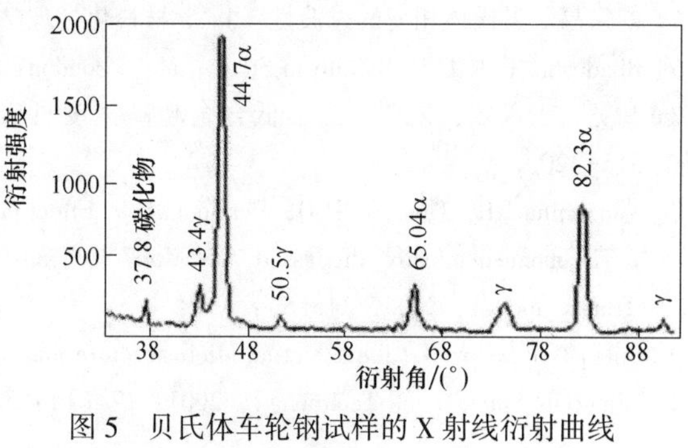

图 5 贝氏体车轮钢试样的 X 射线衍射曲线

韧性，这与新研制的贝氏体车轮钢的综合力学性能较普通 CL60 车轮钢有显著提高的结果相吻合。

3.5 贝氏体车轮钢试样的透射电镜分析

用透射电镜（TEM）对贝氏体车轮钢试样进行组织分析，结果如图 6 所示。

图 6　贝氏体车轮钢试样显微组织与衍射斑点的标定
（a）显微组织；（b）衍射斑点；（c）衍射斑点的标定

从贝氏体车轮钢试样显微组织分析可见，试样的组织主要由条状铁素体组成，条状铁素体呈平行相间分布，铁素体条间为残余奥氏体薄膜，未见碳化物析出相，这表明贝氏体车轮钢在淬火+回火的热处理状态下获得的组织是无碳化物贝氏体。

对贝氏体车轮钢试样的热处理过程分析和热力学计算可知[8,9]，贝氏体相变驱动力较小，贝氏体以切变方式进行较为困难。但驱动力不足也可以切变，系统的自组织功能可以通过形成贝氏体铁素体亚单元、精细孪晶的方式逐个进行，逐渐积累成为一个下贝氏体片条。贝氏体铁素体由许多细小的亚片条、亚单元、精细孪晶组成。如贝氏体铁素体片条由 5~30nm 细小孪晶组成，贝氏体铁素体亚片条就是细小的孪晶，亚片条之间存在孪晶关系。可以推测，亚单元的产生过程可能就是以滑移、孪生切变方式逐个形成许多亚单元，最后积累形成一片贝氏体铁素体，从而以较小的驱动力逐级地形成了贝氏体铁素体条片。

4 结论

（1）新研制的贝氏体车轮钢的组织为贝氏体+铁素体+少量粒状贝氏体，属于无碳化物贝氏体，组织细而均匀，具有更好的抗热疲劳和机械疲劳性能，能显著提高车轮的抗剥离性能。

（2）新研制的贝氏体车轮钢的综合力学性能优异，其强度比普通 CL60 车轮钢提高 13%，冲击韧性比普通 CL60 车轮钢提高 2~3 倍，具有更高的运用安全性。

参 考 文 献

[1] 张斌，付秀琴，张弘，等．机车车辆车轮剥离原因分析及改进对策研究［R］．北京：中国铁道科学研究院，2005.

[2] 徐祖耀．贝氏体相变简介［J］．热处理，2006，21（2）：1-20.

[3] Yakubtsov A，Boyd J D. Bainite Transformation during Continuous Cooling of Low Carbon Microalloyed Steel［J］. Materials Science and Technology，2001，17（3）：296.

[4] 刘东雨，徐鸿，杨昆，等．贝氏体/马氏体复相组织对低碳合金钢强韧性的影响［J］．金属学报，2004，40（8）：882-886.

[5] 刘宗昌．贝氏体相变的过渡性［J］．材料热处理学报，2003，24（2）：36-40.

[6] Bhadeshia H K D H. Bainite in Steels［M］. London：Great Britain，2001.

[7] 高宽，王六定，朱明，等．低合金超高强度贝氏体钢的晶粒细化与韧性提高［J］．金属学报，2007，43（3）：315-320.

[8] Timokhina I B，Hodgson P D，Pereloma E V. Effect of Deformation Schedule on the Microstructure and Mechanical Properties of a Thermomechanically Processed C - Mn - Si Transformation - Induced Plasticity Steel［J］. Metallurgical and Materials Transactions A，2003，34（8）：1599.

[9] Singh U P，Roy B，Jha S，et al. Microstructure and Mechanical Properties of as Rolled High Strength Bainitic Rail Steels［J］. Materials Science and Technology，2001，17（1）：33.

含硅低合金高强度贝氏体钢的环境断裂敏感性❶

江 波[1] 陈 刚[1] 刘芬斌[2] 任学冲[1,2] 褚武扬[2]

(1. 马鞍山钢铁股份有限公司; 2. 北京科技大学)

摘 要 为研究新型高强度贝氏体钢的环境适应性，测试了两种不同含碳量的含硅高强度贝氏体钢的力学性能和环境断裂敏感性。结果表明，强度（含碳量）对贝氏体钢的环境断裂敏感性具有明显的影响，高含碳量贝氏体钢（HC）（C 0.88%，$\sigma_y=1818$MPa）试样的环境断裂敏感性明显高于低含碳量贝氏体钢（LC）（C 0.33%，$\sigma_y=1310$MPa），HC 钢性能较同强度级别马氏体时效钢 T250 为差，而 LC 钢性能相当于相同强度级别下的 30CrMnSiNi2A 钢。

关键词 贝氏体钢；力学性能；环境断裂

Environmental Fracture Sensitivity of Low Alloy High-strength Bainitic Steels Containing Silicon

Jiang Bo[1] Chen Gang[1] Liu Fenbin[2] Ren Xuechong[1,2] Chu Wuyang[2]

(1. Ma'anshan Iron and Steel Co., Ltd.; 2. University of Science of Technology Beijing)

Abstract To investigate the environmental fracture susceptibility of two bainitic steels contained silicon, the mechanical properties and environmental fracture susceptibility of the two steels with different carbon content were tested. The results showed that the environmental fracture susceptibility of the bainitic steels was affected by the yield strength (the carbon content) of the steels obviously. The environmental fracture susceptibility of the steel with high carbon content (HC) (C 0.88 wt. %, $\sigma_y=1818$ MPa) was much higher than that with low carbon content (HC) (C 0.33 wt. %, $\sigma_y=1310$ MPa). The environmental fracture sensitivity of the HC steel is higher than the T250 maraging steel at the same strength level. And the environmental fracture sensitivity of the LC steel is equivalent to that of the 30CrMnSiNi2A steel with the same strength level.

Key words bainitic steel; mechanical property; environment fracture

1 引言

在钢中通过添加 2%左右的硅可以得到由贝氏体铁素体和富碳残余奥氏体组成的微观组织，这是由于硅在渗碳体中的溶解度很低，硅的存在阻碍了渗碳体从奥氏体中析出。Caballero 等[1-3]认为无碳化物贝氏体是通过切变机制而形成的，他们在试验中得到强度为 1600~1700MPa、断裂韧性值接近 130MPa·m$^{1/2}$的贝氏体相钢，该值接近于马氏体时效钢。但在相同的性能下，贝氏体钢的价格仅为马氏体时效钢的 1/90，因此具有很大的应用潜力。但这种贝氏体钢的组织转变时间较长，而且转变温度较高。最近，通过添加适当的合金元素，可以实现 200℃下相对较短的时间内转变得到贝氏体组织，这种新型的无碳贝氏体钢的强度可达 2500MPa[4-6]。正是由于它的优越力学性能，无碳化物贝氏体钢被越来越广泛的用作高强度钢[7-9]。

---

❶ 原文发表于《腐蚀与防护》2010 年第 9 期。

国家自然科学基金资助项目（50901010），中国博士后科学基金资助项目（20080430309）。

一般说来，环境断裂敏感性随钢强度的增加而增加[10]。Sandoz[11]对4340钢的氢致滞后开裂进行研究发现，氢致滞后开裂（应力腐蚀开裂）的门槛应力强度因子 K_{IH}（or K_{ISCC}）随屈服强度 σ_y 的增加而呈线性降低。楔形张开加载（WOL）试样中的应力腐蚀裂纹扩展速度 da/dt 随抗拉强度 σ_b 增加而增加[12]。由于贝氏体钢通常用作高强度钢，并且随着它越来越广泛应用，环境断裂敏感性对其安全服役也越来越重要。本文的目的就是为了研究无碳化物贝氏体钢预裂纹试样在空气中、水中和充氢环境下的环境断裂敏感性。

2 试验过程

贝氏体钢的化学成分见表1。实验钢用高纯金属在25kg真空感应炉中熔炼而成，HC和LC钢贝氏体转变的时间-温度（TTT）曲线已经有报道，其马氏体开始转变温度分别为155℃和125℃[1,3]。将试样在900℃保温30min奥氏体化，然后立刻分别将HC和LC钢在200℃保温15天和60天，等温转变后在空气中冷却至室温。

表1　实验用钢的化学成分

Table 1　Composition of the bainitic steels　　(%)

Steel	C	Si	Mn	Cr	Mo	V
HC	0.88	1.51	2.00	1.78	0.28	0.2
LC	0.33	1.41	2.02	1.80	0.26	0.2

试样经过磨制和抛光后用3%的硝酸酒精溶液浸蚀，然后利用金相显微镜观察浸蚀后的显微组织。测量了两种钢的显微硬度（HV）（载荷为9.8kN）。拉伸试样标距为30mm，直径为6mm，在100kN的MTS 810试验机上以0.1mm/min的速度对试样做拉伸试验。根据ISO 83：1976标准，在室温下测试V型缺口试样的冲击韧性。

图1为20mm厚的WOL（楔形张开加载）试样，用它测试断裂韧性 K_{IC} 和环境诱导滞后开裂门槛应力强度因子 K_{IE}。

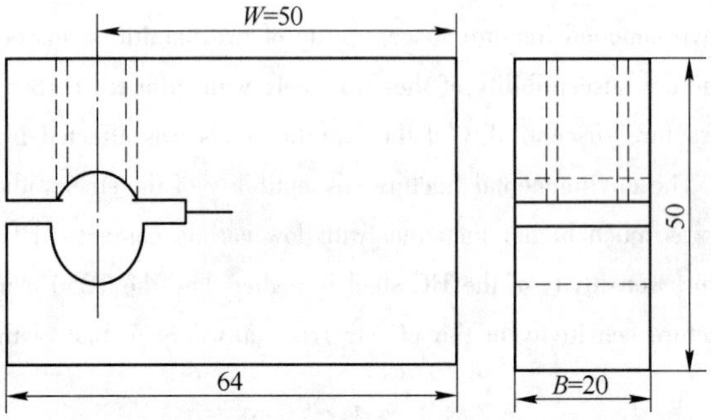

图1　楔形张开加载（WOL）试样尺寸（单位：mm）

Fig. 1　Size of wedge-open loading (WOL) specimens (Unite: mm)

用螺钉将预制疲劳裂纹的WOL试样加载致开裂。根据以下公式[13]计算断裂韧性 K_{IC}：

$$K_I = Y(a/w)V_0E/\sqrt{a}$$

$$Y(a/w) = \exp[10.5 - 115.6(a/w) + 408.4(a/w)^2 - 708.3(a/w)^3 + 602.1(a/w)^4 - 200.8(a/w)^5] \quad (1)$$

式中，V_0 为螺钉加载引起的千分表中心线处试样张开位移；E 为杨氏模量；a 为裂纹长度；w 为从试样加载中心线到试样末端的距离。将加载试样分别放在干空气（RH=25%~30%）、湿空气（RH=92%）、水以及以 i=0.1mA/cm² 的电流密度室温充氢的0.5mol/L H_2SO_4+0.25g/L As_2O_3 溶液环境中，测量不同环境下裂纹滞后扩展的门槛应力强度因子 K_{IE} 以及裂纹扩展速率 da/dt。

3 结果与讨论

HC和LC钢的金相照片组织分别如图2（a）和（b）所示。HC和LC钢的六个试样的硬度及其95%的置信区间分别为HV 623±5和HV 501±6。

(a) (b)

图 2 贝氏体钢的金相组织

Fig. 2 Optical micrograph of the bainitic steels

(a) HC 钢；(b) LC 钢

HC 和 LC 钢的拉伸性能见表 2。表 2 说明 HC 钢的强度高于 LC 钢，而塑性明显低于 LC 钢。

表 2 HC 和 LC 钢的拉伸性能

Table 2 Tensile properties of the HC Steel and LC steel

Steel	Elongation/%	*RA*/%	*YS* (σ_y)/MPa	*UTS* (σ_b)/MPa
HC	6.7	18.7	1818	2110
LC	12.4	51.8	1310	1603

图 3 和图 4 为 HC 和 LC 钢的拉伸断口。图 3 和图 4 表明 HC 和 LC 钢都是夹杂物诱导的开裂。从图 3(b) 和图 4(b) 可以看出 HC 的拉伸断口为脆性断口，而 LC 钢的断口则由韧窝组成。

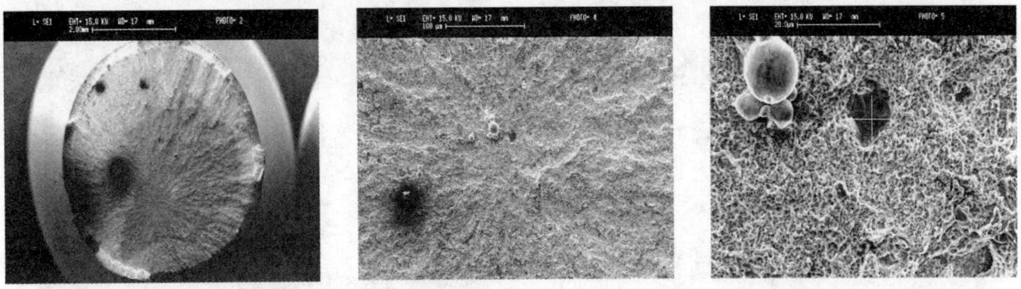

(a) (b) (c)

图 3 HC 钢的拉伸断口形貌

(a) 断口的宏观形貌；(b) 裂纹起裂点处的形貌；(c) 裂纹起源位置处的夹杂

Fig. 3 Tensile fracture surface of HC steel

(a) macro-scopy of the fracture surface; (b) initiation site of the fracture; (c) the inclusion on the initiation site

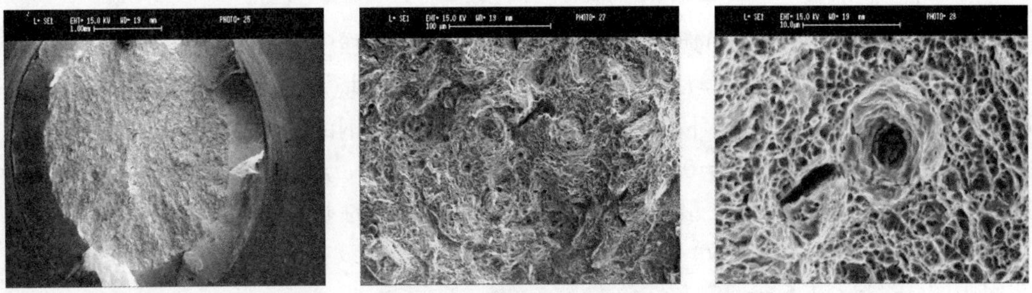

(a) (b) (c)

图 4 LC 钢的拉伸断口形貌

(a) 断口的宏观形貌；(b) 裂纹起裂处的形貌；(c) 裂纹起源位置的夹杂

Fig. 4 Tensile fracture surface of LC steel

(a) macro-scopy of the fracture surface; (b) initiation site of the fracture; (c) the inclusion on the initiation site

HC 和 LC 钢的六个试样的冲击韧性及其 95%的置信区间分别为 13. 3±0. 4 J 和 51. 3±1. 3 J，图 5 为冲击试样的断口。HC 几乎都是穿晶脆性断口，没有韧性特征，而 LC 则为有韧窝的穿晶准解理断口。

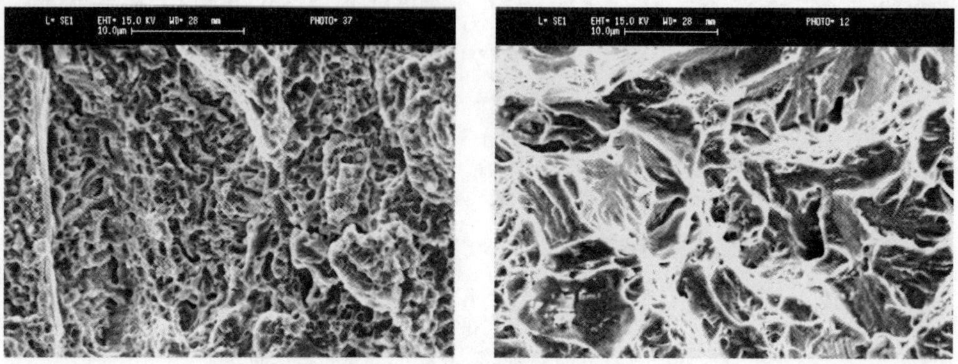

(a)　　(b)

图 5　冲击试样的断口形貌

（a）HC 钢；（b）LC 钢

Fig. 5　Fracture surfaces of impact specimens

（a）HC steel；（b）LC steel

断裂韧性用 WOL 试样测试。HC 试样的平均断裂韧性为 34. 4 MPa · $m^{1/2}$，而 LC 为 93. 6 MPa · $m^{1/2}$。两种材料的断口形貌如图 6 所示。图 6（a）表明 HC 的断口为无特征的穿晶脆性断口，图 6（b）表明 LC 的断口形貌为穿晶准解理。

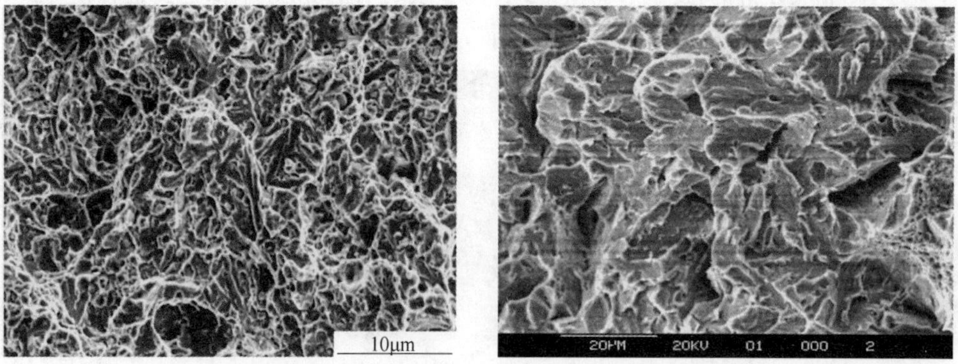

(a)　　(b)

图 6　WOL 试样断口形貌

（a）HC 钢；（b）LC 钢

Fig. 6　Fracture surfaces of WOL samples

（a）HC steel；（b）LC steel

将加载后的 WOL 试样放在不同的环境下，如果裂纹尖端应力强度因子 K_I 高于环境诱导滞后开裂门槛应力强度因子 K_{IE}，裂纹将扩展至 $K_I = K_{IE}$，这时裂纹止裂。不同环境下的环境诱导滞后开裂门槛应力强度因子 K_{IE} 见表 3。结果表明，HC 钢的环境断裂敏感性非常高。HC 钢的裂纹可在 RH = 25% ~ 30%的空气中滞后扩展。K_{IE}（A）/K_{IC} = 16. 2/34. 4 = 0. 47。扩展速率也很高，da/dt = 2. 5mm/h。LC 钢的环境断裂敏感性相对较低。当应力强度因子 $K_I = K_{IC}$，裂纹无论在 RH = 25% ~ 30%的干空气中或 RH = 92%的湿空气中都不扩展。但是在水中可以扩展，K_{IE}（W）/K_{IC} = 31. 5/93. 6 = 0. 34。裂纹扩展速率 da/dt = 0. 08mm/h，这远低于 HC 钢在水中的 da/dt = 14. 5mm/h。

在湿空气中，随着裂纹尖端的应力强度因子从 K_{IC} 降到 K_{IE}（H），HC 的断口从穿晶向沿晶转变。Liu 等[14]指出不能通过除去导致脆性元素的方法来抑制高强度淬火-回火 4340 钢沿原奥氏体晶界的沿晶断裂。这说明沿晶断裂不能仅仅归因于晶界的杂质，这个问题还有待进一步研究。

表 3 不同环境下的环境诱导滞后开裂实验结果

Table 3 Threshold stress intensity factors of environment-induced delayed cracking, K_{IE}, in different environment

Steel	Air		Humid air		Water		Solution ($i=0.1mA/cm^2$)	
	K_{IE} (A) /MPa·$m^{1/2}$	da/dt/mm·h^{-1}	K_{IE} (H) /MPa·$m^{1/2}$	da/dt/mm·h^{-1}	K_{IE} (W) /MPa·$m^{1/2}$	da/dt/mm·h^{-1}	K_{IE} (S) /MPa·$m^{1/2}$	da/dt/mm·h^{-1}
HC	16.2	2.5	12.2	8.3	9.8	14.5	—	—
LC	—	—	—	—	31.5	0.08	23.8	0.42

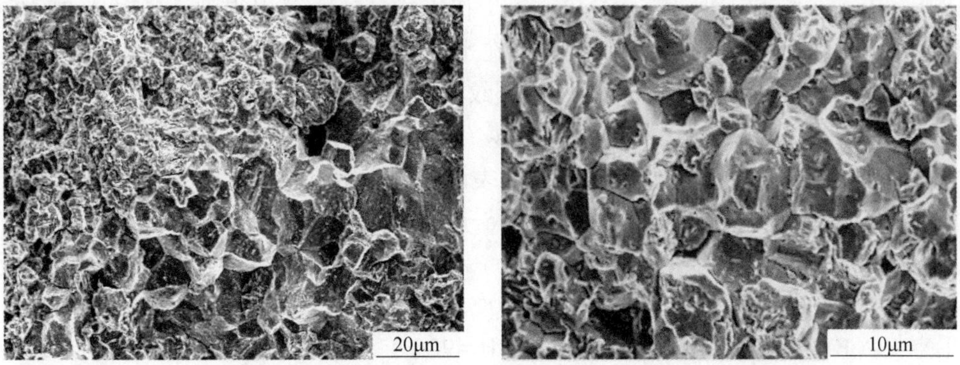

(a) (b)

图 7 湿空气中 HC 的滞后开裂断口形貌

(a) 当 $K_I=20MPa\cdot m^{1/2}$时的穿晶断裂和沿晶断裂混合断口；(b) 当 $K_I=13\ MPa\cdot m^{1/2}$时的沿晶断口

Fig. 7 Delayed fractured surface of HC steel in humid air

(a) mixed model of intergranular and intragranular fracture when $K_I=20\ MPa\cdot m^{1/2}$;

(b) intergra nular fracture surface when $K_I=13\ MPa\cdot m^{1/2}$

很多研究认为高强钢的环境断裂是一种氢致开裂（HIC）[15]。由于金属离子的水解作用，钢铁材料中的蚀坑、缝隙和裂纹周围环境的 pH 值降低，裂纹尖端酸化，使得周围环境容易释放出氢。很多实验表明，随着屈服强度 σ_y 的增加，HIC 的门槛应力强度 K_{IH}降低。Gerberich 等[17]认为裂纹尖端塑性区的流体张应力如下：

$$\sigma_h=\beta\sigma_y[1/2+\ln(1+x/\rho)]=\beta\sigma_y[1/2+\ln(1+\alpha K_I/E\delta)] \tag{2}$$

式中，ρ 为钝裂纹尖端的曲率半径；x 为到裂纹尖端的距离；β, α 和 δ 为常数；K_I 为强度因子；E 为杨氏模量。对于 HIC，应力诱导扩散的平衡氢浓度如下：

$$C_\sigma=C_0\exp(\sigma_h V_H/RT) \tag{3}$$

式中，C_0 为可扩散氢浓度；V_H 为氢的摩尔体积；R 为气体常数；T 为绝对温度。在临界条件下，当 K_I 等于 HIC 的门槛应力强度因子 K_{IH}时，裂纹尖端平衡的氢浓度 C_σ 将达到氢致开裂必要的临界氢浓度（C_{th}）。所以将式（2）代入式（3）可得：

$$K_{IH}=D-A\ln C_0 \tag{4}$$

其中：$D=E\delta/\alpha\sigma_y[RT\ln C_{th}/\beta V_H-\sigma_y/2]$，$A=E\delta RT/\alpha\beta V_H\sigma_y$。

很多材料的门槛应力强度因子 K_{IH}服从式（4），也就是说 K_{IH}随可扩散氢浓度的对数 $\ln C_0$ 增加而线性降低。例如，40CrMo 钢[16]，CL60 轮箍钢[18]和 T250 马氏体时效钢[19]等的 K_{IH}都服从关系式（4）。但在本试验环境下，贝氏体钢的可扩散氢浓度很难准确测量，所以未知数 D 和 A 还无法确定。但可以从式（4）看出，K_{IH}随屈服强度 σ_y 的增加而降低。

对于评价环境断裂敏感性（或氢脆敏感性），裂纹扩展速率是一个非常重要的参数。氢致滞后开裂的裂纹扩展速率 da/dt 通常由氢扩散过程或氢吸附过程控制。如 da/dt 由氢扩散过程控制，氢必须通过应力诱导扩散在裂纹尖端处富集至临界值 C_{th}。这个扩散过程需要时间，假设：

$$da/dt=l/t \tag{5}$$

式中，l 为裂纹长度；t 为扩散距离 l 需要的时间。在弹-塑性断裂机制条件中：

$$K_{\mathrm{I}} = Q\sigma_{\mathrm{y}}(2\pi)^{1/2}(l+\rho/2)^{3/2}/(l+\rho) \tag{6}$$

式中，Q 为塑性约束系数；ρ 为缺口尖端半径。对于高强钢，当应力强度因子 K_{I} 较低时：

$$K_{\mathrm{I}} = Q\sigma_{\mathrm{y}}(2\pi l)^{1/2}，有\ l = K_{\mathrm{I}}^2/2\pi Q^2\sigma_{\mathrm{y}}^2 \tag{7}$$

氢在时间 t 中的平均扩散距离 x 为：

$$x = 2(Dt)^{1/2}，有\ t = x^2/4D \tag{8}$$

式中，D 为氢的扩散系数。假设 $x=l$，可得：

$$\mathrm{d}a/\mathrm{d}t = 8\pi Q^2{\sigma_{\mathrm{y}}}^2 D/{K_{\mathrm{I}}}^2 \tag{9}$$

从式（9）可以看出，裂纹扩展速率 $\mathrm{d}a/\mathrm{d}t$ 随着屈服强度的升高以及扩散系数的增加而增加。将 $Q=5$，$\sigma_{\mathrm{y}}=1818\mathrm{MPa}$，$D=10^{-6}\mathrm{cm/s}$[18]，$K_{\mathrm{I}}=25\mathrm{MPa}\cdot\mathrm{m}^{1/2}$代入式（9），可以得到 $\mathrm{d}a/\mathrm{d}t=1.2\times10^5\mathrm{mm/h}$。这个结果与试验相差近 4 个数量级，这就说明对高强钢在水中的滞后开裂，更多是由氢原子在裂尖表面的吸附过程所控制。Zhao 等[20]指出，氢原子或水分子在裂纹表面的吸附导致滞后开裂可表示为：

$$K_{\mathrm{IH}} = [2\gamma_{\mathrm{H}}E/(1-\nu^2)]^{1/2} \tag{10}$$

式中，γ_{H} 为吸附氢或水后的表面能。氢吸附降低的表面能相当于氢降低的原子之间的吸引力[21]。但是还不能确定是吸附水还是吸附水分解后的氢，这还有待于更加深入的研究。

4　结论

（1）在干空气（RH=25%~30%）、湿空气（RH=92%）和水中，屈服强度为 $\sigma_{\mathrm{y}}=1818\mathrm{MPa}$、断裂韧性为 $K_{\mathrm{IC}}=34.4\mathrm{MPa}\cdot\mathrm{m}^{1/2}$的 HC 贝氏体钢都会出现环境诱导滞后开裂（EIDC）。EIDC 的门槛应力强度因子分别是 $K_{\mathrm{IE}}(\mathrm{A})=16.2\mathrm{MPa}\cdot\mathrm{m}^{1/2}$，$K_{\mathrm{IE}}(\mathrm{H})=12.2\mathrm{MPa}\cdot\mathrm{m}^{1/2}$和 $K_{\mathrm{IE}}(\mathrm{W})=9.8\mathrm{MPa}\cdot\mathrm{m}^{1/?}$，裂纹扩展速率分别是 2.5mm/h、12.2mm/h 和 14.5mm/h。其抗环境敏感开裂性能不及相同强度级别的 T250 马氏体时效钢。

（2）屈服强度为 $\sigma_{\mathrm{y}}=1310\mathrm{MPa}$、断裂韧性为 $K_{\mathrm{IC}}=93.6\mathrm{MPa}\cdot\mathrm{m}^{1/2}$的 LC 贝氏体钢的环境断裂敏感性要低于 HC 贝氏体钢。在干空气（RH=25%~30%）和湿空气（RH=92%）中，LC 贝氏体钢都不会出现滞后断裂现象；但是在水中会出现滞后断裂现象，滞后开裂门槛值 K_{IE}（W）$=31.5\mathrm{MPa}\cdot\mathrm{m}^{1/2}$，裂纹扩展速率为 0.08mm/h。在 0.5mol/L H_2SO_4+0.25g/L As_2O_3的水溶液中以 $i=0.1\mathrm{mA/cm}^2$ 的电流密度充氢环境下，LC 钢的 EIDC 门槛应力强度因子为 $23.8\mathrm{MPa}\cdot\mathrm{m}^{1/2}$，裂纹扩展速率为 $\mathrm{d}a/\mathrm{d}t=0.42\mathrm{mm/h}$。其抗环境开裂性能与相同强度级别的 30CrMnSiNi2A 相当。

参考文献

[1] Caballero F G, Bhadeshia H K D H, Mawella K J A, Jones D G, Brown P. Design of novel high strength bainitic steels: Part 1 [J]. Materials Science and Technology, 2001, 17: 512-516.

[2] Caballero F G, Bhadeshia H K D H, Mawella K J A, Jones D G, Brown P. Design of novel high strength bainitic steels: Part 2 [J]. Materials Science and Technology, 2001, 17: 517-522.

[3] Caballero F G, Bhadeshia H K D H. Very strong low temperature bainite [J]. Materials Science and Technology, 2002, 18: 279-284.

[4] Garcia-Mateo C, Caballerol F G, Bhadeshia H K D H. Acceleration of low-temperature bainite [J]. ISIJ International, 2003, 11: 1821-1825.

[5] Garcia-Mateo C, Caballerol F G, Bhadeshia H K D H. Development of hard bainite [J]. ISIJ International, 2003, 8: 1238-1243.

[6] Caballero F G, Bhadeshia H K D H. Very strong bainite [J]. Current Opinion in Solid State and Materials Science, 2004, 8: 251-257.

[7] Zhang M R, GuHC. Microstructure and properties of carbide free bainite railway sheels produced by programmed quenching [J]. Materials Science and Technology, 2007, 23: 970-974.

[8] Zhang F C, Wang T S, Zhang P, Zheng C L, Lv B, Zhang M, Zheng Y Z. A novel method for the development of a low temperature bainitic microstructure in the surface layer of low carbon steel [J]. Scripta Materialia, 2008, 59: 294-296.

[9] Pointner P. High strength rail steel-The importance of material properties in contact mechanics problems [J]. Wear, 2008,

265：1373-1379.

[10] Zmudzinshi C. Hydrogen in metal [M]. Paris：Pergamon Press，N Y，1977：6A2.

[11] Sandoz G. Unified theory for some effects of hydrogen source，allying elements，and potential on crack growth in martensitic 4340 steel [J]. Met. Trans.，1972，3：1169-1174.

[12] Chu W Y，Liu T H，Hsiao C M，Li SQ. Mechanism of stress corrosion cracking of low alloy steel in water [J]. Corrosion，1981，31：320-323.

[13] GB 12445. 3—90. National Standard of People's Republic of China [S]，1990.

[14] Liu X Y，Kameda J，Anderegg J W，Takaki S，Abiko K，McMahon C J Jr. Hydrogen-induced cracking in a very-high-purity high-strength steel [J]. Materials Science and Engineering A.，2008，1-2：218-220.

[15] Chu W Y，Hsiao C M，Li W X. Mechanism of low crack growth and stress corrosion cracking in austenitic stainless steel [J]. Metall. Trans. A.，1984，15：2087-2092.

[16] Li H L，Gao K W，Qiao L J，Wang Y B，Chu W Y. Strength effect in stress corrosion cracking of high strength steel in aqueous solution [J]. Corrosion，2001，57：295-299.

[17] Gerberich W W，Garry J，Lessar J F. Effect of hydrogen on behavior of materials [M]. eds. Thompson A W，Bernstein I M. New York：AIME 1976：70.

[18] Ren X C，Chu W Y，Su Y J，Li J X，Qiao L J，Jiang B，Zhang M R，Chen G. The effects of atomic hydrogen and flake on mechanical properties of a tyre steel [J]. Materials Science and Engineering A.，2008，491：164-171.

[19] Zhang Y P，Shi D M，Chu W Y，Qiao L J，Shi Y L，Zheng S L，Wang S B. Hydrogen-assisted cracking of T-250 maraging steel [J]. Materials Science and Engineering A.，2008，471：34-37.

[20] Zhao X W，Chu W Y，Su Y J，Li J X，Gao K W，Qiao L J. Domain switching and delayed propagation of indentation crack in $BaTiO_3$ single crystal under sustained stress [J]. Acta Metallurgica Sinica，2006，42：13-18.

[21] Fu C L，Painter G S. First principles investigation of hydrogen embrittlement in FeAl [J]. Journal of Materials Research，1991，6：719-723.

贝氏体车轮钢的氢脆敏感性❶

任学冲[1,2] 金 莹[1] 王莎莎[3] 宿彦京[3] 乔利杰[3] 张明如[2] 崔银会[2]

(1. 北京科技大学，国家材料服役安全科学中心；2. 马鞍山钢铁股份有限公司；
3. 北京科技大学，新材料技术研究院)

摘 要 用电解充氢试验方法研究了可扩散氢浓度对贝氏体车轮钢慢拉伸性能及氢致滞后开裂性能的影响，并与普通珠光体-铁素体车轮钢进行对比。结果表明，在相同慢拉伸条件下，贝氏体车轮钢材料的塑性损失高于珠光体-铁素体车轮钢，尽管贝氏体车轮钢的断裂韧性明显高于珠光体-铁素体车轮钢，但在相同的充氢条件下，氢致开裂门槛应力强度因子相对于断裂韧性值的降低程度明显高于珠光体-铁素体车轮钢，具有较高的氢致开裂敏感性。

关键词 贝氏体；车轮钢；氢脆；氢致滞后开裂

Hydrogen Embrittlement Sensitivity of a Bainite Railway Wheel Steel

Ren Xuechong[1,2] Jin Ying[1] Wang Shasha[3] Su Yanjing[3]
Qiao Lijie[3] Zhang Mingru[2] Cui Yinhui[2]

(1. National Center for Materials Service Safety, University of Science and Technology Beijing;
2. Ma'anshan Iron and Steel Co., Ltd.;
3. Center of Corrosion and Protection, University of Science of Technology Beijing)

Abstract The effects of diffusible hydrogen concentration C_0 on the plasticity and hydrogen induced delayed cracking of a bainite railway wheel steel were investigated using the slow strain rate test (SSRT) specimens and wedge open loading (WOL) specimens charged in a solution respectively. The results showed that the plasticity loss of the bainite wheel steel is larger than that of the pearlite-ferrite CL60 wheel steel. The threshold stress intensity factor of hydrogen induced delayed cracking K_{IH} of the bainitie wheel steel decreased with the increase of diffusible hydrogen concentration. The K_{IH} of the bainite wheel steel is much lower than that of the CL60 wheel steel when $C_0 \geqslant 1.6 \times 10^{-6}$, though the fracture toughness K_{IC} of the bainite wheel steel was much higher than that of the CL60 wheel steel.

Key words bainite; wheel steel; hydrogen embrittlement; hydrogen induced delayed cracking

1 引言

贝氏体组织是一种中温转变产物，由于贝氏体组织的优良力学性能，贝氏体相变以及贝氏体的组织-性能关系受到广泛的重视[1]，贝氏体钢也得到了越来越多的开发和应用[2]，贝氏体车轮钢的开发便是贝氏体钢发展的一个重要应用[3]。工业试制贝氏体车轮钢的性能分析表明[4]，其强度、硬度及韧性均明显优于传统的珠光体-铁素体车轮钢，具有很大的应用潜力。但由于贝氏组织属于亚稳态组织，同时具有较高的强度，以往的研究表明，此类钢可能具有较珠光体-铁素体钢更高的环境断裂敏感性[5]。车轮服役的状态不仅有载荷的作用，同时还处在自然大气、雨水等介质中，这些外界环境有可能对贝氏体车轮钢的性能产生作用。车轮表面的水或水气在一定的局部电化学作用下，会产生 H，进而扩散

❶ 原文发表于《腐蚀与防护》2011 年第 11 期。
国家自然科学基金资助项目（50901010），高等学校博士学科点专项科研基金资助项目（200800081006）。

进入材料内部，和材料内部冶炼过程中残留的 H 一起导致性能的劣化，因此有必要研究贝氏体车轮钢在不同环境下的氢脆敏感性，为车轮钢的服役安全评价提供基础，同时为贝氏体车轮钢生产中的 H 含量控制提供指导。

2 试验过程

贝氏体车轮钢的化学成分见表 1，余量为 Fe。车轮轧制后在 910℃下进行奥氏体化，采用间歇淬火工艺得到贝氏体组织。从轮辋上取金相试样，经过磨制和抛光后用 3%的硝酸酒精溶液浸蚀，然后利用金相显微镜观察浸蚀后的显微组织。用 10%高氯酸+90%甲醇溶液进行电解双喷制作透射电镜样品，在 JEOL-H800 透射电镜下观察贝氏体板条的显微结构。

表 1 试验用贝氏体车轮钢的化学成分

Table 1 Composition of the bainite wheel steel (%)

元素	C	Si	Mn	S	P	Mo	Ni
含量	0. 19	1. 44	1. 82	0. 004	0. 013	0. 26	0. 22

拉伸试样在车轮轮辋上沿轮辋厚度方向取样，试样尺寸如图 1 所示。试样在 0. 5mol/L H_2SO_4+1g/L 硫脲溶液中用不同电流密度充氢 24h 后进行慢拉伸实验，拉伸速率为 $5\times10^{-6}s^{-1}$，研究氢浓度对贝氏体车轮钢慢拉伸性能的影响。为了获得不同电流密度下试样中的可扩散氢浓度，从车轮上取样加工成 5mm×10mm×20mm 的试样，表面经过磨制、抛光，在 0. 5mol/L H_2SO_4+1g/L 硫脲溶液中通不同的电流密度充氢 24h，试样为阴极，Pt 丝为阳极，用排油集气法测出试样中的可扩散氢含量。测出可扩散氢含量后在光学显微镜下观察试样表面的氢鼓泡形貌或氢致裂纹。

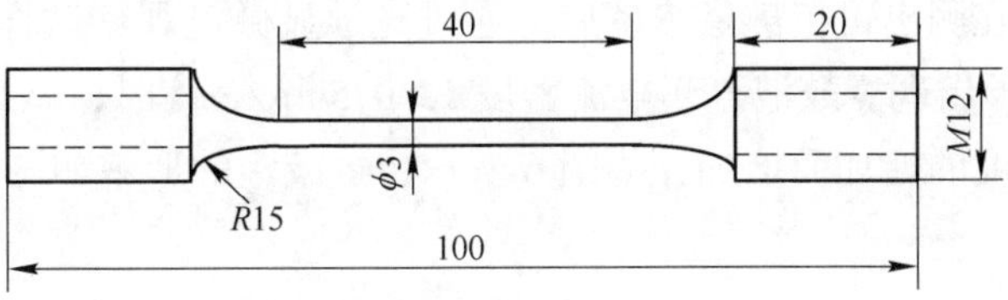

图 1 拉伸试样形状及尺寸（单位：mm）

Fig. 1 Size of tensile specimen for SSRT（mm）

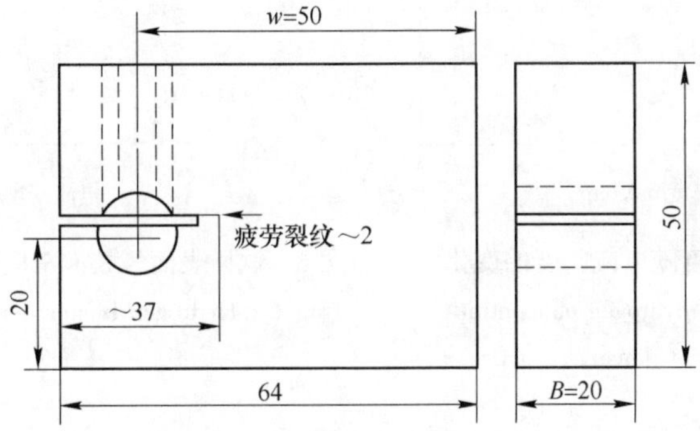

图 2 WOL 预裂纹试样形状及尺寸（单位：mm）

Fig. 2 Size of WOL pre-cracked specimen（mm）

用楔形张开加载（WOL）预裂纹试样根据国标 GB 12445. 3—90 测量贝氏体车轮钢的氢致滞后开裂门槛应力强度因子 K_{IH}。WOL 试样形状及尺寸如图 2 所示，WOL 试样裂纹面法向与轮辋踏面切线平行。试样在 0. 5mol/L H_2SO_4+1g/L 硫脲溶液中用不同的电流密度充氢 72h。通过螺钉加载，使裂纹尖端具有一定的应力强度因子 K_I，K_I 按式（1）计算得到：

$$K_I = Y(a/w)V_0E/\sqrt{a}$$

$$Y(a/w) = \exp[10.5 - 115.6(a/w) + 408.4(a/w)^2 - 708.3(a/w)^3 + \quad (1)$$

$$602.1\ (a/w)^4-200.8\ (a/w)^5]\tag{2}$$

式中，V_0 为螺钉加载引起的千分表中心线处试样张开位移；E 为杨氏模量；a 为裂纹长度；w 为从试样加载中心线到试样末端的距离。试样加载后继续在溶液中充氢，记录裂纹长度 a 随时间 t 的变化，获得 a-t 曲线。等裂纹停止扩展后测出止裂裂纹长度 a_c，就可算出氢致滞后扩展门槛应力强度因子 K_{IH}。

3　结果与讨论

贝氏体车轮钢的金相如图 3 所示，主要为条状贝氏体组织。透射电镜下组织形貌如图 4 所示。

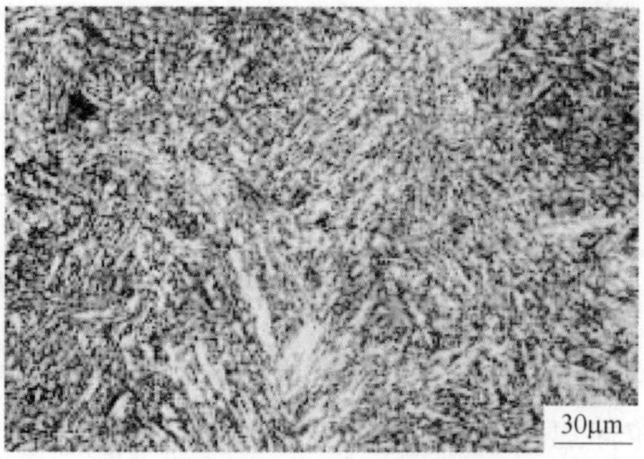

图 3　贝氏体车轮钢的金相组织

Fig. 3　Optical microstructure of the bainite wheel steel

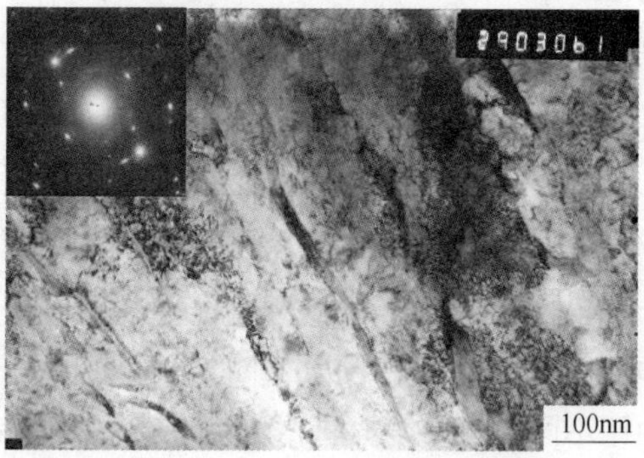

图 4　贝氏体车轮钢微观组织的 TEM 照片

Fig. 4　TEM microstructure of the bainite wheel steel

不同充氢电流密度下，室温下测出的可扩散氢浓度 C_0 如图 5 所示。充氢试样中的可扩散氢浓度随充氢电流密度的增加而增加。在测出可扩散氢浓度后，通过光学显微镜观察试样表面的形貌。当电流密度 $i<0.5\text{mA/cm}^2$ 时，试样表面不出现氢鼓泡。当电流密度 $i\geq0.5\text{mA/cm}^2$ 时，试样表面将出现氢鼓泡，且试样表面的鼓泡密度随电流密度的增加而增加，如图 6 所示，氢鼓泡的形貌如图 7 所示。

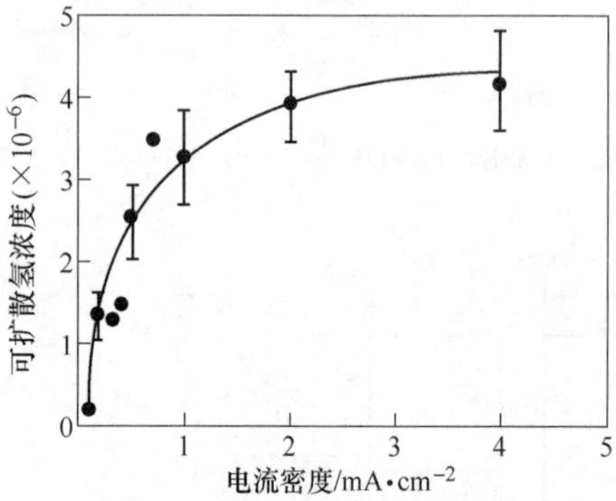

图 5　可扩散氢浓度随电流密度的变化

Fig. 5　The diffusible hydrogen concentration C_0 vs current density i

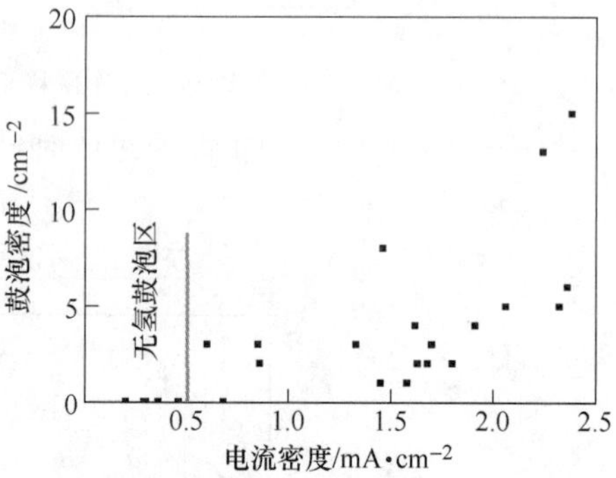

图 6　试样表面氢鼓泡密度随充氢电流密度的变化

Fig. 6　Hydrogen blister density vs current density i

试样在不同的可扩散氢浓度下慢拉伸时所对应的延伸率如图 8 所示，图中实线所示为贝氏体车轮钢材料延伸率随平均可扩散氢浓度的变化，由图可见，对贝氏体车轮钢未充氢试样，即可扩散氢浓度 $C_0=0$ 时，试样的延伸率为 12.5%，而当可扩散氢浓度为 0.4×10^{-6}时，试样的延伸率迅速降低到 3.6%。随着可扩散氢浓度增加到 1.6×10^{-6}、2.6×10^{-6}和 4.0×10^{-6}时，慢拉伸试样的延伸率逐渐降低到 2.8%、2.2%和 1.3%。图中虚线为普通珠光体-铁素体组织 CL60 车轮钢慢拉伸性能随可扩散氢浓度的变化[6]，由图可见，尽管 CL60 车轮钢未充氢试样的延伸率略低于贝氏体车轮钢，但在各种可扩散氢浓度下，CL60 钢的延伸率均高于贝氏体车轮钢。当可扩散氢浓度增加到 1.3×10^{-6}、1.4×10^{-6}、2.5×10^{-6}和 4.0×10^{-6}时，CL60 钢的延伸率分别为 8.4%、7.6%、6.7%和 4.5%。

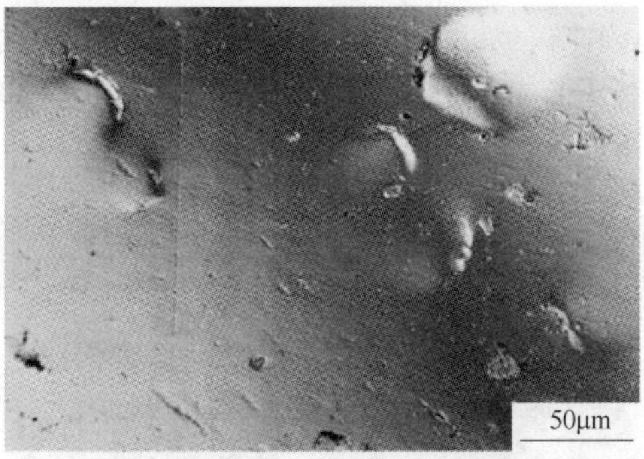

图7 充氢后试样表面的氢鼓泡

Fig. 7 Hydrogen blisters on the charged wheel steel specimen

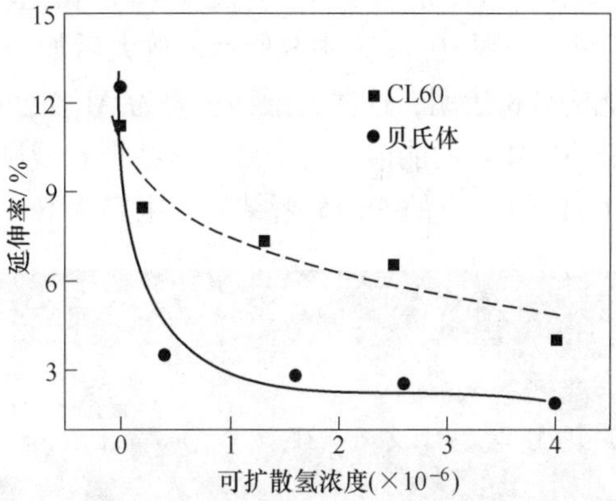

图8 慢拉伸试样的延伸率随可扩散氢浓度的变化

Fig. 8 Elongation of SSRT specimens vs diffusible hydrogen concentration C_0

图9为贝氏体车轮钢未充氢试样慢拉伸试样断口，图9（a）为宏观断口，断口中心部位为韧窝型延性断口，如图9（a）中的A区，A区以外为解理断口，如图9（b）中的B区，图9（c）为图9（b）中B区的放大。

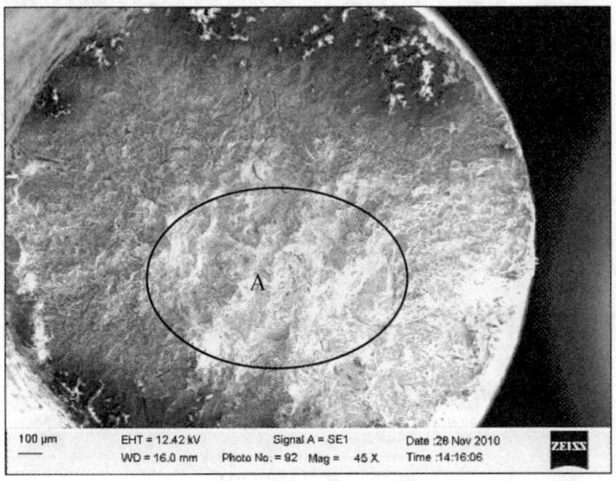

(a) 宏观断口

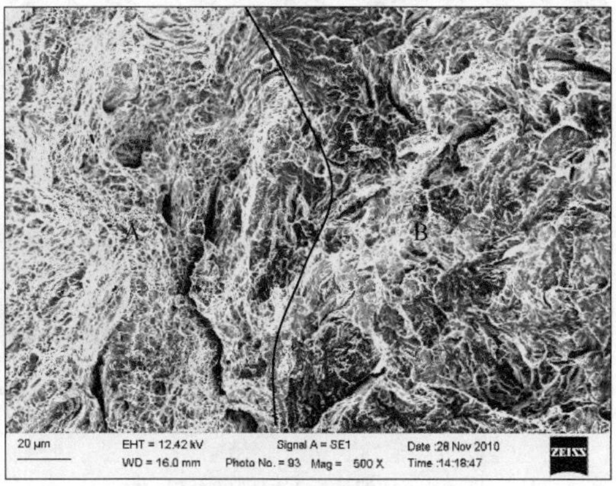

(b) 韧窝区与解理区的交界处

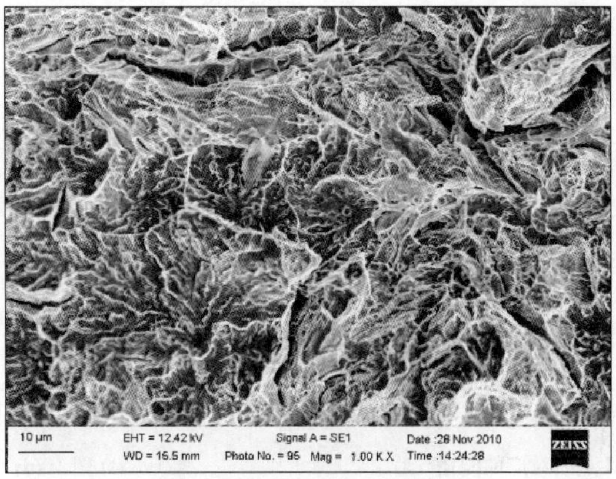

(c) 解理断裂区形貌

图9 贝氏体车轮钢未充氢试样拉伸断口

Fig. 9 Fracture surface of the uncharged specimen

图10为试样平均可扩散氢浓度 $C_0=0.4\times10^{-6}$（对应的电流密度为0.1mA/cm^2）时慢拉伸断口。图10（a）为试样断口的宏观形貌，其中A区为准解理断口形貌，如图10（b）所示，它是由慢拉伸过程中氢致裂纹扩展所形成的断口形貌。而A区以外的区域则为解理断口，如图10（c）所示，它是由试样的快速断裂所形成的断口形貌。这说明当氢致裂纹逐渐扩展到A区大小时，导致裂纹尖端的应力强度因子达到断裂韧性门

槛值，导致试样发生快速断裂。与图 9（c）相比较，充氢后试样的解理特征更明显。在氢致开裂的 A 区有一亮色区域，如图 10（a）中 S 所示。放大后如图 10（d）所示，为一夹杂物的聚集区，长约 250μm，宽约 80μm。能谱分析表明，这些夹杂物主要为 Al_2O_3、CaS 及 MnS 等，如图 10（e）和（f）所示。图 10（e）为图 10（d）中 M 点的能谱分析结果，这些形状规则、尺寸较大且有棱角形的夹杂物主要为 Al_2O_3。图 10（f）为图 10（d）中 N 点的能谱分析结果，主要为 CaS 和 MnS 的复合夹杂物，一般呈颗粒状。

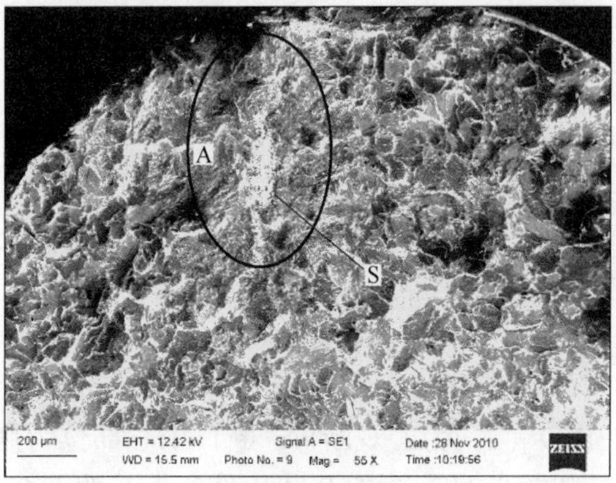

(a) 拉伸断口宏观形貌

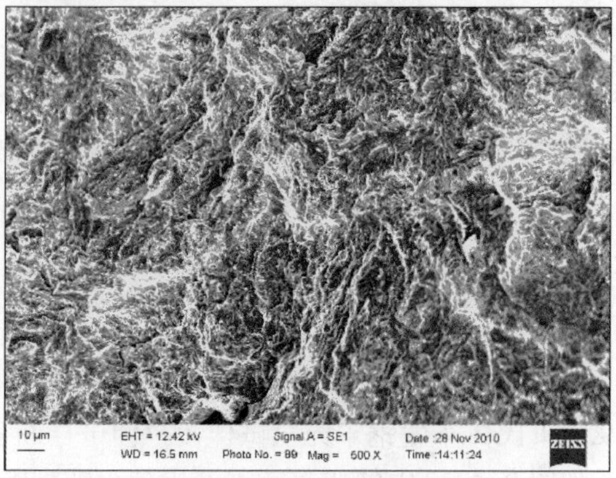

(b) 氢致开裂形成的准解理区形貌

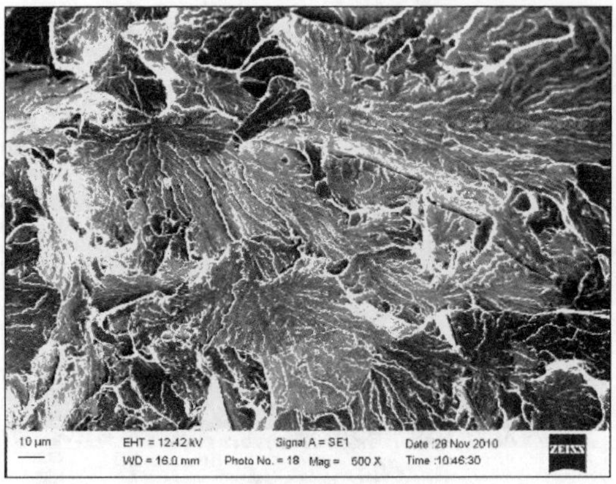

(c) 快速断裂解理区形貌

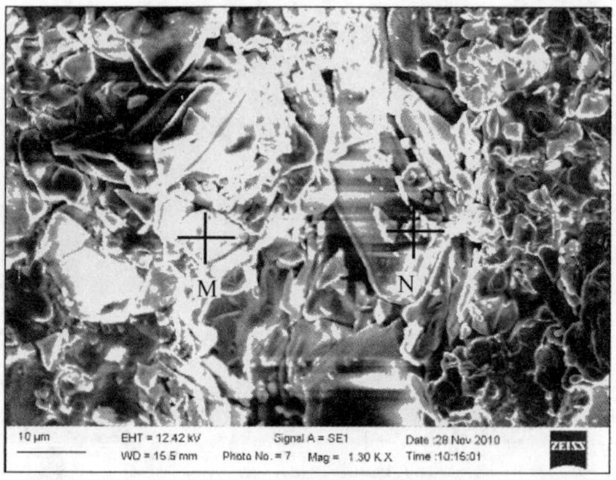

(d) 断口上夹杂物聚集区形貌

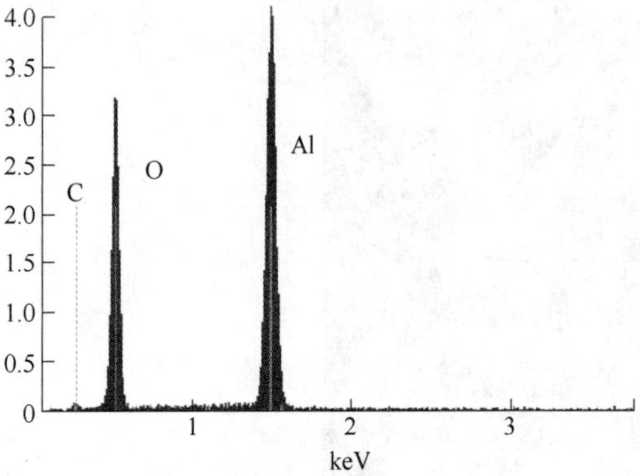

(e) 图 10(d) 中 M 点所对应的能谱

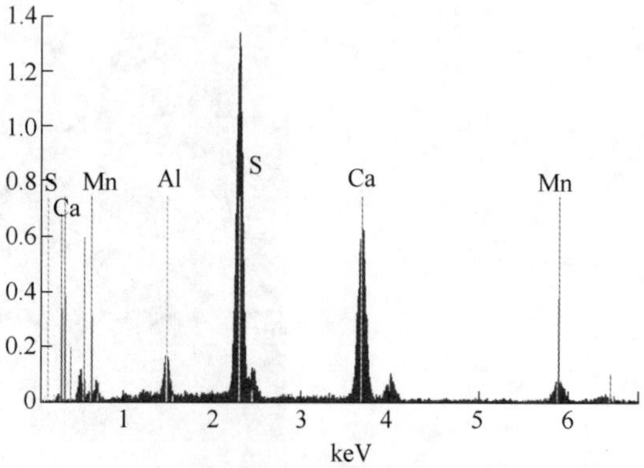

(f) 图 10(d) 中 N 点所对应的能谱

图 10　0.1mA/cm² 电流密度充氢后的慢拉伸断口形貌及能谱分析

Fig. 10　Fracture surface and EDS results of a charged SSRT specimen with $i = 0.1 \mathrm{mA/cm^2}$

图 11 为平均可扩散氢浓度为 2.6×10^{-6}（所对应的充氢电流密度为 $0.5\mathrm{mA/cm^2}$）时，试样慢拉伸后的断口形貌。图 11（a）为断口的宏观形貌，其中 A 区为氢致开裂导致的脆性断口。可见随着可扩散氢浓度的增加，试样氢致开裂断口所占的比例也明显增加。图 11（b）为图 11（a）的局部放大，可以看出，除了穿晶的准解理断裂外，还有部分的沿晶断裂，这也是氢浓度升高所导致的。在该试样断口上也发现有夹杂物的聚集，如图 11（a）中 S 所指的白亮区域，放大后如图 11（c）所示，能谱分析表明，其成分与

图 10（d）中的夹杂物相似，主要为 Al_2O_3，也包含 CaS 和 MnS 的复合夹杂物。尽管不是所有的慢拉伸试样断口上都有这样的夹杂物聚集区，但这些夹杂物为氢的陷阱，容易导致氢的聚集，从而诱发氢致开裂，同时，这些夹杂物也可能导致车轮钢力学性能的下降，因此，在冶炼中应予以降低或消除。

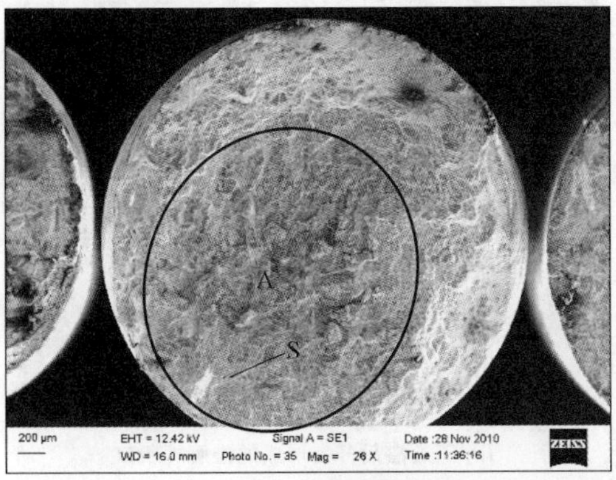

(a) 断口宏观形貌

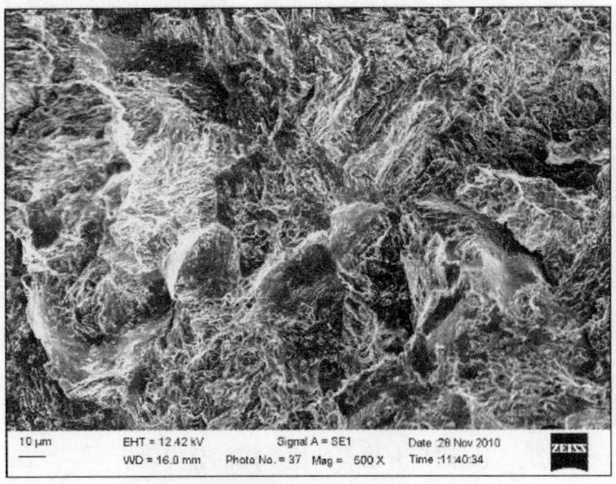

(b) 氢致开裂引起的准解理和沿晶混合断口

(c) 慢拉伸断口上的夹杂物聚集区

图 11　0.5mA/cm² 电流密度充氢后的慢拉伸断口形貌

Fig. 11　Fracture surface of a charged SSRT specimen with $i=0.5\text{mA/cm}^2$

图 12 为车轮钢氢致滞后开裂门槛应力强度因子 K_{IH} 随可扩散氢浓度 C_0 的变化，图中实线为贝氏体车轮钢 K_{IH} 随可扩散氢浓度的变化，虚线为珠光体-铁素体 CL60 车轮钢 K_{IH} 随可扩散氢浓度的变化[6]。由图可见，对未充氢试样，贝氏体车轮钢的断裂韧性 K_{IC} 明显高于 CL60 车轮钢。贝氏体车轮钢的 K_{IC} 平均值为 117MPa · $m^{1/2}$，而 CL60 车轮钢的 K_{IC} 平均值仅为 58MPa · $m^{1/2}$。当可扩散氢浓度为 0.4×10^{-6} 时（所对应的 $i=0.1\text{mA/cm}^2$），贝氏体车轮钢的 K_{IH} 和 CL60 车轮钢的 K_{IH} 已很接近，分别为 59MPa · $m^{1/2}$ 和 55MPa · $m^{1/2}$，分别较断裂韧性下降了 50% 和 5%。当可扩散氢浓度等于 1.6×10^{-6} 时，贝氏体车轮钢的 K_{IH} 明显低于 CL60 车轮钢的 K_{IH}，分别为 39MPa · $m^{1/2}$ 和 51MPa · $m^{1/2}$。继续增加氢浓度，CL60 车轮钢的 K_{IH} 随可扩散氢浓度呈线性下降趋势，而贝氏体车轮钢的 K_{IH} 随可扩散氢浓度则呈指数下降趋势。可见贝氏体车轮钢氢致滞后开裂的敏感性明显高于珠光体-铁素体的 CL60 车轮钢。

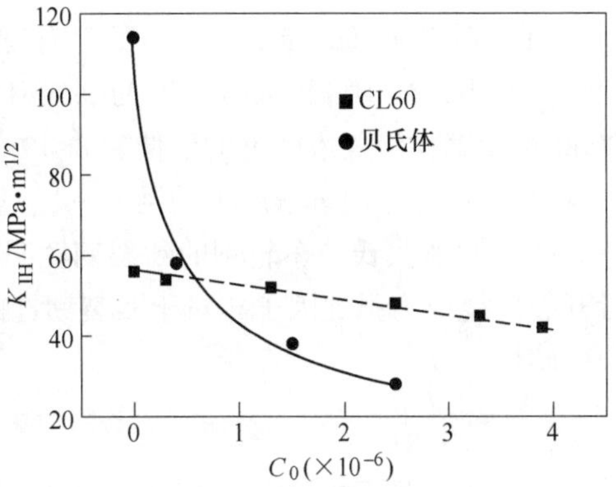

图 12　车轮钢氢致滞后开裂门槛应力强度因子 K_{IH} 随可扩散氢浓度 C_0 的变化

Fig. 12　The threshold stress intensity factor of hydrogen induced delayed cracking K_{IH} vs C_0

图 13 为贝氏体车轮钢 $C_0=1.6\times10^{-6}$ 时的氢致滞后开裂断口形貌。试样加载致开裂时的断口为解理断口，如图 13（a）中的 A 区所示。充氢试样加载断裂后，在空气中放置一段时间，裂纹开始发生滞后扩展，滞后扩展初期断口形貌为穿晶准解理断口，如图 13（b）所示，这与 CL60 车轮钢的滞后开裂断口形貌相似。但随着贝氏体车轮钢试样裂纹的扩展，即裂纹尖端的应力强度因子的降低，断口形貌逐渐变为

穿晶准解理和沿晶的混合断口，如图 13（c）所示。这是 CL60 车轮钢所不具有的特征，可能也是贝氏体车轮钢滞后开裂敏感性较高的原因。

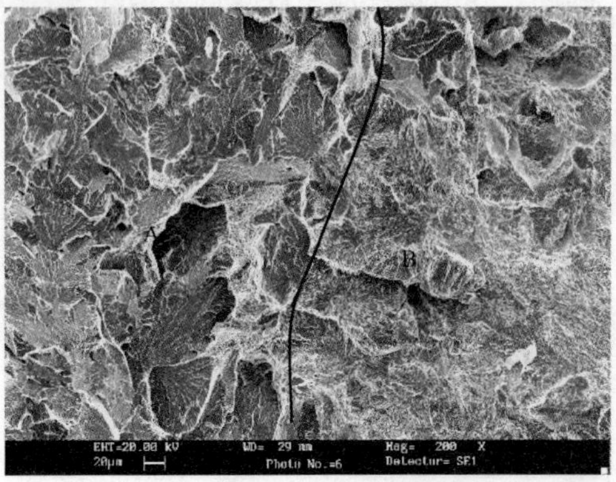

(a) 滞后开裂与快速断裂的分界区

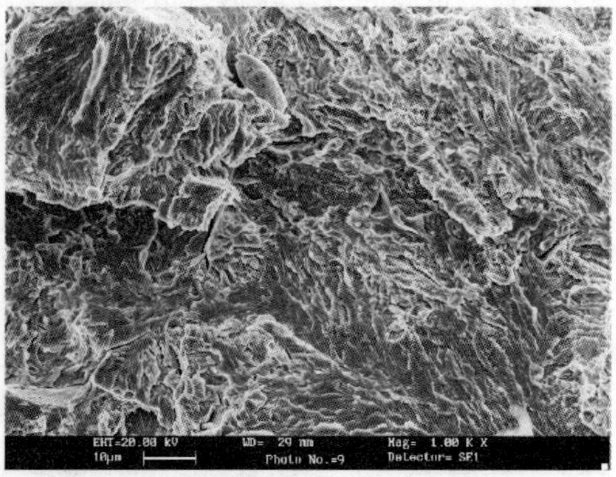

(b) 氢致滞后开裂形成的准解理断口

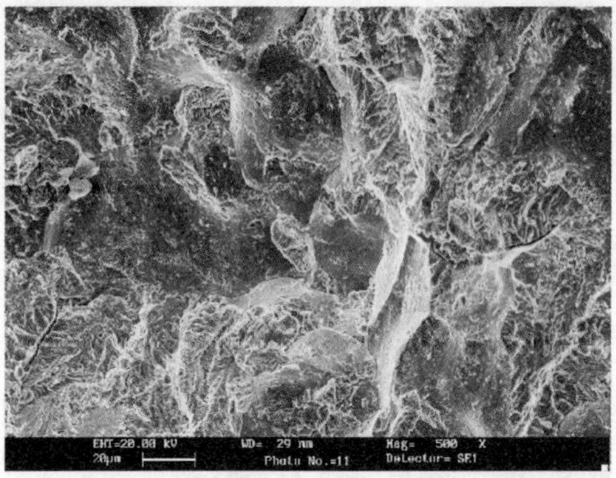

(c) 氢致滞后开裂形成的沿晶与准解理的混合断口

图 13　$C_0 = 1.6\times10^{-6}$时贝氏体车轮钢的氢致滞后开裂断口形貌

Fig. 13　Delayed cracking fracture surface of a WOL specimen with $i = 0.5\text{mA/cm}^2$

4　结论

（1）对未充氢试样，贝氏体车轮钢慢拉伸试样的延伸率为 12.5%，略高于珠光体-铁素体的 CL60 车轮钢。而当试样中可扩散氢浓度为 0.4×10^{-6}时，贝氏体车轮钢试样的延伸率迅速降低到 3.6%，远低于 CL60 车轮钢在该氢浓度下的延伸率 8.4%。随着氢浓度的增加，贝氏体车轮钢的延伸率继续降低，均低于 CL60 车轮钢在相同氢浓度下的延伸率，具有较高的氢致塑性损失。

（2）尽管贝氏体车轮钢的断裂韧性明显高于珠光体-铁素体车轮钢，但在相同的充氢条件下，氢致滞后开裂门槛应力强度因子相对于断裂韧性的降低明显高于珠光体-铁素体车轮钢，具有较高的氢致滞后开裂敏感性。

参 考 文 献

[1] 刘宗昌，任慧平．贝氏体与贝氏体相变［M］．北京：冶金工业出版社，2009.

[2] 贺信莱，尚成嘉，杨善武，等．高性能低碳贝氏体钢［M］．北京：冶金工业出版社，2008.

[3] Zhang M R，Gu H C. Microsturcture and properties of carbide free bainite railway wheels produced by programmed quenching［J］. Materials Science an Technology，2007，23（8）：970-974.

[4] 张明如．贝氏体铁道车轮的研制和开发［D］．西安：西安交通大学，2007.

[5] 江波，陈刚，刘芬斌，等．含硅低合金高强度贝氏体钢的环境断裂敏感性［J］．腐蚀与防护，2010，31（9）：665-669.

[6] Ren X C，Chu W Y，Su Y J，et al. Effects of atomic hydrogen and flacking on mechanical properties of wheel steel［J］. Metallurgical and Materials Transactions，2007，38（A）：1004-1011.

Hydrogen Embrittlement Sensitivity of a Novel Bainite Railway Wheel Steel❶

Ren Xuechong[1,2] Jin Ying[1] Wang Shasha[3] Su Yanjing[3]
Qiao Lijie[3] Zhang Mingru[2] Cui Yinhui[2]

(1. National Center for Materials Service Safety, University of Science and Technology Beijing; 2. Ma'anshan Iron and Steel Co., Ltd.; 3. Center of Corrosion and Protection, University of Science of Technology Beijing)

Abstract The effects of hydrogen charging on the strength, plasticity, fracture toughness and hydrogen induced delayed cracking (HIDC) of a bainitic wheel steel were investigated. The results showed that the critical diffusible (C_0^*) or total (C_T^*) hydrogen concentration for forming flaking were $C_0^* = 1.5 \pm 0.3$ ppm and $C_T^* = 3.4 \pm 0.5$ppm, respectively. Atomic hydrogen had no effect on the fracture toughness extended with normal strain rate. Hydrogen, however, had the effect of reducing the plasticity during slow strain rate tests, and induced delayed failure under constant displacement. The threshold stress intensity factor of hydrogen induced delayed cracking, K_{IH}, decreased exponentially with the diffusible hydrogen concentration C_0, i. e. K_{IH} (MPa · $m^{1/2}$) = 28+81exp-2C_0 (ppm) ($0.4 \leqslant C_0 \leqslant 3.4$). And the crack propagating rate increased exponentially with the diffusible hydrogen concentration i. e. v (mm/min) = 0.01 + 0.0013exp1.5C_0 (ppm) ($0.4 \leqslant C_0 \leqslant 3.4$).

Key words bainite; wheel steel; hydrogen induced delayed cracking

1 Introduction

Internal hairline cracks or shatter cracks, commonly referred to as (snow) flakes, have been a major problem in large steel forgings and parts since the early part of the 20th century[1-6]. It is safe to say that these defects are associated with hydrogen, and it is recognized that the best method to avoid the hydrogen flaking is to reduce the hydrogen concentration in steel to typically less than 2 ppm[1-6]. However, with the development of ladle metallurgy, secondary refining and continuous casting, flaking in continuous casting clean steels with low hydrogen, e. g., less than 1.5 ppm, again becomes a serious problem[7,8]. In 1998, delayed failure of a tyre occurred in Britain, and cracks were found in many other tyres, due to flaking[8]. In China, flaking in wheel and bearing steels is still a major problem. For example, about ten tyres experienced delayed fracture after being fitted in recent years.

The current trend toward higher speed for passenger train and heavier axle load in haul traffic demands the stronger, tougher and safer wheel steel. Previous improvements in wheel steels include enhancement of the existing plain carbon steels by microalloying and clean steels made by advanced steel-making process. However, the advantage of these improvements is still limited. Recently, a novel bainitic wheel steel has been made[9,10]. The bainitic wheel steel are with excellent mechanical properties due to it's fine carbide free bainite microstructure. But the hydrogen embrittlement susceptibility is still unclear.

The objective of the present research is to investigate the effects of atomic hydrogen on the strength, plasticity,

❶ 原文发表于 2011 第六届全国腐蚀大会论文集。
国家自然科学基金项目（50901010）和国家高科技“863”项目（2009AA03Z505）。

fracture toughness and hydrogen induced delayed cracking of the bainitic wheel steel.

2 Experiment

A bainite wheel steel[9] with composition in weight percent of 0. 20C, 1. 43Si, 1. 92Mn, 0. 22Ni, 0. 019P and 0. 003S was used. The bloom was processed into wheels at 1300℃, and was then held at 620℃ for 5 h, after which it was reheated to 910℃ and flash quenched by programmed control. The resulting microstructure was bainitic ferrite laths with films of retained austenite along lath boundaries. All the samples were cut from a wheel. The hexahedron sample with dimensions of 4mm×8mm×15mm is charged for 24h and used for measuring hydrogen concentration.

A rod tensile sample with a diameter of 3mm and gage length of 40mm is for measuring the tensile properties. Fig. 1 is a modified WOL (wedge opening loading) sample with thickness of 30mm, which is used to measure the fracture toughness (K_{IC}), the threshold stress intensity factor of hydrogen induced delayed cracking (K_{IH}), and the rate of crack propagation (da/dt). The loading direction of all samples is along the circumference of the wheel.

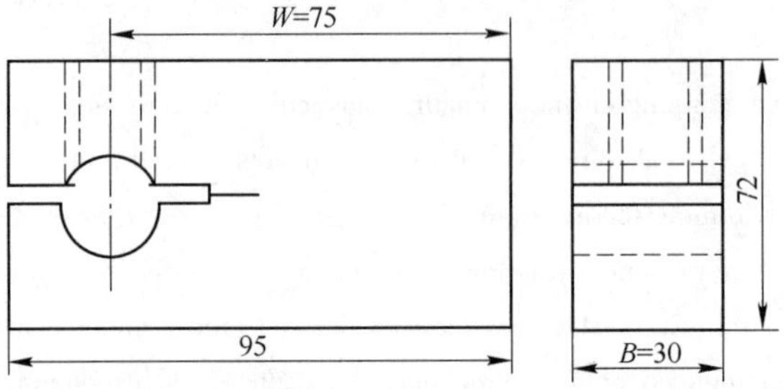

Fig. 1 Wedge opening loading (WOL) sample used in the experiments. (unit: mm)

Charging was carried out in a 0. 5mol/L H_2SO_4+0. 25g/L As_2O_3 solution with various current densities (i) at room temperature. The charged hexahedral samples were placed into a glass tube filled with silicone oil and the saturation volume of hydrogen evolved at room temperature, V (cm^3), was measured. The diffusible hydrogen concentration C_0 (ppm) $= 2\times10^{-6}V/82.6mT$, where m (g) is the weight of the sample, T (K) temperature and V (cm^3) is the volume of hydrogen gas evolved at T[13]. To get the hydrogen concentration in the traps, from where it could not escape at room temperature, C_t, hydrogen analyses were made by the hot -extraction method, using a mass spectrometry Hydrogen Analyzer H_2A2002. The total hydrogen concentration was $C_T = C_0 + C_t$. Hydrogen blisters on the surfaces of hexahedral samples were studied using polarized optical microscopy. The density of blistering on the surfaces was measured.

Specimens with the diameter of 17mm and the thickness L=0. 9mm were used to measure the effective hydrogen diffusivity D_{eff} by electrochemical permeation method. The exit side of each specimen was electroplated with a nickel layer with a thickness of 0. 1μm. The cathodic side of the cell was galvanostatically polarized at a constant charging current density (0. 1mA/cm^2) in a 0. 5mol/L H_2SO_4+0. 25g/L As_2O_3 solution. The anodic side, or the exit side, of the cell was held at a constant potential of +300mV versus saturated calomel electrode (SCE) in a 0. 1 N NaOH solution at room temperature. The potentiostatic current give a direct measure of the hydrogen flow rate. Permeation transitions were recorded by a computer. The effective hydrogen diffusivity was calculated form the transient curve using the "time lag" method: $D_{eff} = L^2/6t_L$, where t_L is the lag time which is defined as 0. 63 times the steady state value.

The tensile samples were charged in solution with different current densities (i) for 24 h, then the charged samples were tensioned immediately in air with slow strain rate test (SSRT) at a strain rate of 5. 3×10^{-6}/s. Prefatigued WOL samples were loaded using a screw to induce cracking. The arrested fracture toughness K_{IC} was then calculated based on the following equation:

$$K_I = Y(a/w) V_0 E/\sqrt{a}$$

$$Y(a/w) = \exp[10.5 - 115.6(a/w) + 408.4(a/w)^2 - 708.3(a/w)^3 + 602.1(a/w)^4 - 200.8(a/w)^5] \quad (1)$$

where V_0 is the displacement caused by the application of the screw, E the Young's modulus, a the crack length, and w the width of the sample. After unloading, the samples were charged with various i for 240 h, and loaded again to cracking. Substituting new V_0 and a into Eq. (1), the fracture toughness of the hydrogenated sample was obtained. After that, the samples were charged with various i under the constant displacement. Hydrogen-induced delayed cracking occurred and a-t curves were measured. Substituting the constant displacement V_0 and the length of arrested hydrogen induced crack into Eq. (1), the threshold stress intensity factor of hydrogen induced cracking (K_{IH}) was obtained.

3 Results

The effective diffusivity of the steel has been measured and $D_{eff} = 3.3\times10^{-6}$ cm^2/s. The thickness of the hexahedral sample used for measuring hydrogen concentration is $2x = 4$mm. According to the equation $x = \sqrt{Dt}$, where x is the distance where the concentration equals half of the concentration on surface from specimen surface, D diffusivity and t time, summit $x = 2$mm to this equation, $t = 3.4$ h can be got. So the hydrogen concentration across the thickness of the sample is uniform after charging for 24 h. Maybe the fugacity of hydrogen is very high on the sample surface, but in the sample, the hydrogen concentration across the thickness of the sample is uniform if it is charged for enough long time, for example 24 h. And the very thin surface layer of high hydrogen concentration can not affect the measuremental results of the average hydrogen concentration.

The diffusible hydrogen concentration increases linearly with increasing of the current density, as shown in Fig. 2. The density of hydrogen blistering on the surface of the sample also increases with increasing of the current density during hydrogen charging[11]. The critical current density for forming hydrogen blistering is about 0.2mA/cm^2. When $i = 0.2$mA/cm^2, the mean of diffusible hydrogen concentration of 18 samples with 1-3 hydrogen blisters on the surface and its 95% confidence interval is $C_0 = 1.5\pm0.3$ ppm. The measured hydrogen concentration in the traps is $C_t = 1.9\pm0.5$ ppm through heating the samples to 1000℃. Therefore, the critical diffusible and total hydrogen concentration for forming hydrogen blistering is $C_0^* = 1.5\pm0.3$ ppm and $C_T^* = 3.4\pm0.5$ ppm respectively. There are microcracks under the large surface blisteringand other microcracks can be found in the middle of specimens with blistering. The microcracks are flakings. Thus, the critical hydrogen concentration for forming flaking was also $C_0^* = 1.5\pm0.3$ppm.

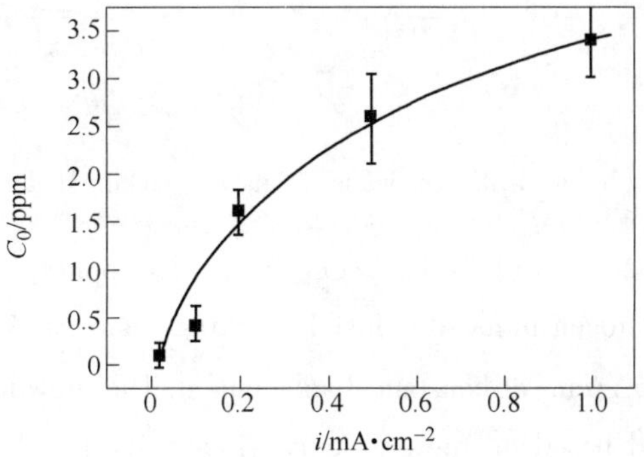

Fig. 2 Diffusible hydrogen concentration C_0 *vs* current density during charging i

The elongation (δ) and ultimate tensile strength (σ_b) for the precharged samples during slow strain rate test (SSRT) decrease with the increasing of diffusible hydrogen concentration C_0 increases, as shown in Fig. 3. Fig. 3 shows that hydrogen-induced plasticity loss ultimate tensile strength loss decrease dramatically during SSRT just when $C_0 \geqslant 0.4$ ppm.

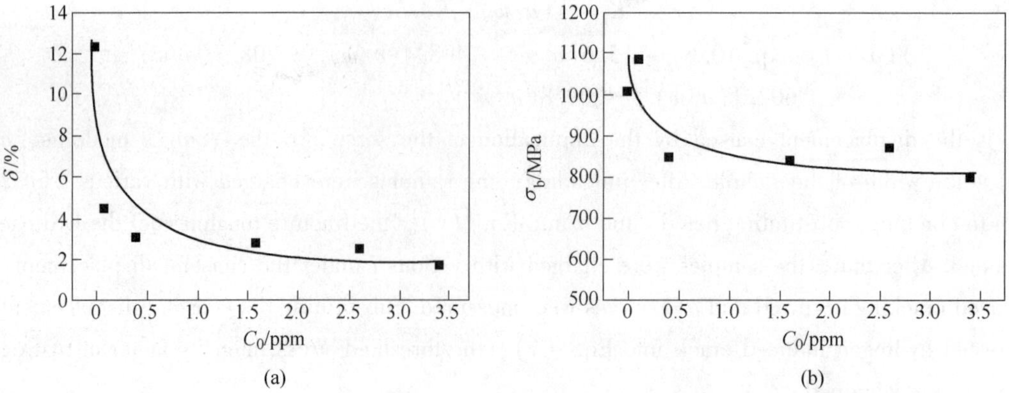

Fig. 3 Mechanical properties of charged samples vs diffusible hydrogen concentration C_0

(a) elongation δ; (b) ultimate tensile strength σ_b

Submitting the thickness of the WOL sample $2x=30$mm and the diffusivity $D=3.3\times10^{-6}$ cm^2/s to the equation $x=\sqrt{Dt}$, $t=190$h can be got. So the hydrogen concentration across the thickness of the WOL sample is almost uniform after charging for 240 h. The mean of the arrested fracture toughness of uncharged samples (K_{IC}) and its 95% confidence interval for 6 samples is $K_{IC}=116\pm8.8$ MPa · m$^{1/2}$.

Hydrogen-induced delayed crackings propagated slowly after an incubation period under constant displacement until arrested. After that, the threshold stress intensity factor of hydrogen-induced delayed cracking, K_{IH}, can be measured and it decreases exponentially with increasing C_0, as shown in Fig. 4 (a). Based on Fig. 4 (a), the following equation is obtained

$$K_{IH}(\mathrm{MPa\cdot m^{1/2}}) = 28 + 81\exp - 2C_0(\mathrm{ppm})\,(0.4 \leqslant C_0 \leqslant 3.4) \tag{2}$$

The threshold diffusible hydrogen concentration for hydrogen induced delayed cracking is $C_{th}=0.1$ ppm. If $C_0<0.1$ ppm there is no HIDC.

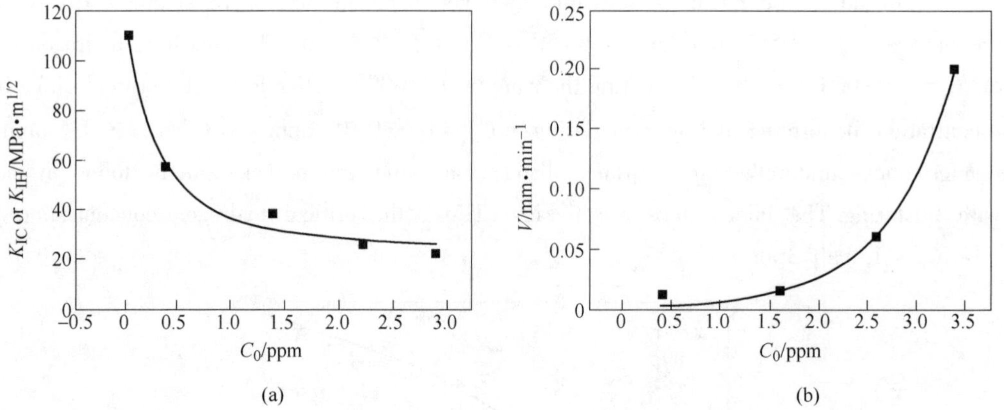

Fig. 4 K_{IH} (a) and da/dt (b) for hydrogen-induced delayed cracking under constant displacement *vs* C_0

If a WOL sample precharged for 240 h with $i=1$mA/cm^2 ($C_0=3.4$ ppm) is loaded to cracking and kept in air under constant displacement the hydrogen induced delayed cracking occurres. And the K_{IH} is near that of the sample during dynamic charging with $i=1$mA/cm^2 at constant displacement. The growth rate of hydrogen-induced cracking of stage Ⅱ, which can be obtained based on the $a-t$ curves, increases with increasing C_0, as shown in Fig. 4 (b). And the crack propagating rate increased exponentially with the diffusible hydrogen concentration i. e. :

$$v(\mathrm{mm/min}) = 0.01 + 0.0013\exp 1.5C_0(\mathrm{ppm})\,(0.4 \leqslant C_0 \leqslant 3.4) \tag{3}$$

The fracture surfaces of rapid failure, e. g. during measuring K_{IC}, for hydrogen-free and hydrogenated WOL sample are cleavage with a little dimples, as shown in Fig. 5 (a). However, the fracture surfaces of hydrogen induced delayed cracking are most brittle transgranular and with part of inergranular fracture surface, as shown Fig. 5 (b).

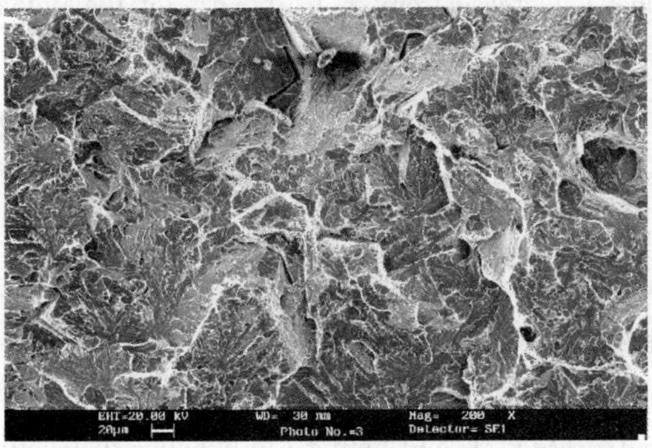

(a)

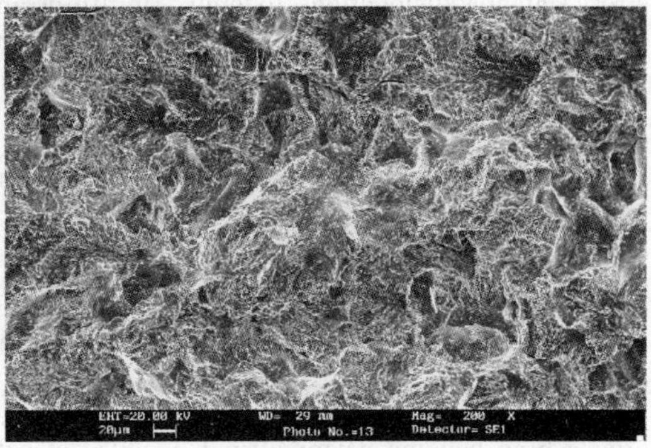

(b)

Fig. 5 Fracture surface of rapid failure of hydrogen free (a) and that of hydrogen induced delayed cracking (b)

4 Discussion

Many investigations show that for each steel there is a threshold value of hydrogen content below which the susceptibility to flaking is very low and above which the susceptibility increases abruptly and markedly as the hydrogen content increases[12]. In this work, if the total hydrogen content C_T^* is less than 3.3 ppm, no blister can be found on the surface of the samples; if it is more than 3.3 ppm, the blisters can be found on the surface of polished samples, and the density and the size of blistering increase as the total hydrogen content increases. So the threshold value for the wheel steel is $C_T^* = 3.3$ ppm. But for the bainitic wheel steel, only very little diffusible hydrogen ($C_0 = 0.1$ppm) can reduce the plasticity dramatically when SSRT. As for pearlite-ferrite wheel steel, the plasticity decreases markedly when $C_0 > 2$ ppm[11]. And the threshold stress intensity factor of hydrogen-induced delayed cracking, K_{IH}, for bainitic wheel steel is much lower than that for pearlite-ferrite wheel steel[11].

There are many mechanisms of hydrogen induced delayed cracking (HIDC), for example, hydrogen pressure theory, hydrogen adsorption lowering the surface energy, decohesion theory and hydrogen enhanced local plasticity theory[2,13,14]. Hydrogen pressure theory can explain the forming of flaking when $C_0 \geqslant C_0^* = 1.5 \pm 0.3$ppm. If $C_0 < C_0^*$ no flaking forms. However, the HIDC can still occur when $C_{th} < C_0^*$, which can not be explained by hydrogen pressure theory. If hydrogen lowers the cohesive strength it can also decrease the surface energy[13]. Therefore, hydrogen decreasing cohesive strength (decohesion mechanism) and hydrogen enhanced local plasticity or the combination of the two factors can induce HIDC. Hydrogen can promote dislocation emission, multiplication and motion at the local hydrogen enrichment region[15-17]. When hydrogen-enhanced local plasticity under lower applied stress develops into a certain degree, the stress concentration at dislocation-free zone or ahead of pile up of dislocations will equate the cohesive strength which has been decreased greatly by the encroachment of hydrogen and result in initiation of HIDC[17].

If the hydrogen concentration in steel goes up to a critical value it produces an additive stress which can be measured using the flow stress difference method[18]. Smooth tensile samples are extended in air beyond the yield point with $\varepsilon_p \geqslant 0.5\%$. After unloading at point A, they are charged in the solution with various current densities, and then the samples with various hydrogen concentrations are extended again in air beyond the yield point. The yield stress of the hydrogenated samples at point B, σ_{ys}, is different to the flow stress of the hydrogen-free sample before unloading, σ_f, and the difference between them is the additive stress induced by atomic hydrogen, i. e. $\sigma_{ad} = \sigma_f - \sigma_{ys}$. For a X80 pipeline steel[18], the atomic hydrogen-induced additive stress, σ_{ad}, increased linearly as the diffusible hydrogen concentration C_0 increased, i. e.,

$$\sigma_{ad}(\text{MPa}) = -14.1 + 3.9C_0(\text{ppm})\ (3.6 \leqslant C_0 \leqslant 13.7) \tag{4}$$

The threshold diffusible hydrogen concentration for hydrogen induced additive stress is $C_{th} = 3.6$ ppm. If $C_0 < 3.6$ ppm no hydrogen induced additive stress was detected in this steel. It is highly likely that the hydrogen induced additive stress in the wheel steel will be like that in the pipeline steel except for its quantity. The result shows that the applied stress causing dislocations to emit, multiply and move decrease from σ_f to $\sigma_f-\sigma_{ad}$ for the unloaded and charged sample. That means a flow stress softening. σ_{ad} is a macroscopic measurable parameter and the mechanism of σ_{ad} is microspically similar to the hydrogen screening stresses between dislocations proposed by Birnbaum and Sofronis[14]. The most significant effect seems to be a decrease in the strength of the interaction between dislocations and point defects and between dislocations and internal stress fields provided by other dislocations due to H shielding. In both the interaction between like signed dislocation and unlike signed dislocations, hydrogen screens stresses between dislocations and consequently lowers the flow stress. This indicates that hydrogen enhances the mobility of dislocations. Zhang et al. [17] suggested that an additional stress τ_H would act on a screw dislocation with hydrogen atmosphere, which became asymmetrical because of external stress τ_{ex}, and help τ_{ex} to enhance dislocation multiplication and motion. So the macroscopic deformation behavior in the charged pipeline steel, i. e. flow stress softening, can be attributed to hydrogen enhanced dislocation mobility due to hydrogen induced additive stress microscopically.

K_{IC} is a material constant for hydrogenated samples and hydrogen free samples and does not change during crack propagation induced by loading because the atomic hydrogen does not have enough time to diffuse to the crack tip during the process of loading and rapid crack propagating. For a precharged WOL constant displacement sample, the stress intensity factor induced by the applied stress, K_I, decreases with the propagation of the crack[19]. In order to make the arrested crack propagate again in a hydrogenated WOL constant displacement sample, the efficient stress intensity factor ahead of the arrested crack, $K_{Ieff}=K_I+K_{Iad}$, (i. e., the motivity of crack propagating) must not be less than $K_{IC}'=K_{IC}-K_{Iad}'$, i. e. $K_{Ieff}=K_I+K_{Iad}\geqslant K_{IC}-K_{Iad}'$, where K_{Iad} is the additive stress intensity factor caused just by atomic hydrogen induced additive stress; K_{IC}' is the fracture toughness decreased by decohesion mechanism and/or other mechanisms (not including the hydrogen induced additive stress mechanism) through hydrogen diffusion and enrichment and it is the resistance for crack propagating; K_{Iad}' is an additive stress intensity factor induced by decohesion mechanism and/or other mechanisms (not including the hydrogen induced additive stress mechanism). If a hydrogen-induced crack stops propagating, $K_I+K_{Iad}=K_{IC}-K_{Iad}'$, and in this case, the applied stress intensity factor corresponding to the arrested hydrogen-induced delayed cracking is defined as the threshold stress intensity factor of HIDC, K_{IH}, i. e.

$$K_{IH}=K_{IC}-K_{Iad}-K_{Iad}' \tag{5}$$

Thus the critical stress intensity factor for cracking, K_{IC}, is reduced to K_{IH} by combination of hydrogen induced additive stress and other mechanisms through hydrogen diffusion and enrichment.

5 Conclusions

(1) The critical diffusible and total hydrogen concentration for forming flaking in the wheel steel is $C_0^*=1.5\pm0.3$ ppm and $C_T^*=3.4\pm0.5$ ppm, above which its susceptibility for forming flaking increases abruptly and markedly as the hydrogen content increases.

(2) The hydrogen embrittlement susceptibility of the bainitic wheel steel is much higher than that of pearlite-ferrite microstructure wheel steel.

(3) The threshold stress intensity factor of hydrogen-induced delayed cracking K_{IH} decreases exponentially with the diffusible hydrogen concentration C_0, i. e. K_{IH} (MPa · m$^{1/2}$) = 28+81exp−2C_0 (ppm) ($0.4\leqslant C_0\leqslant 3.4$). The effect of atomic hydrogen on the threshold stress intensity K_{IH} can be partly attributed to the additive stress induced by atomic hydrogen.

Acknowledgement

This work was supported by the National Natural Science Foundation of China (No. 50901010) and the National High Technology Research and Development Program ("863" Program) of China (No. 2009AA03Z505)

References

[1] Mclellan R R, Xu Z R. Scr. Mater., 1997, 36: 1201-1206.
[2] Hirth J P. Metal. Trans. A, 1981, 11A: 861-890.
[3] Interrante C G. Current Solution to Problems in Steels [M]. ASM, Metals Park, OH, 1982: 2.
[4] Pressourye G M. Current Solution to Problems in Steels [M]. ASM, Metals Park, OH, 1982: 18.
[5] Steiner J E. Current Solution to Problems in Steels [M]. ASM, Metals Park, OH, 1982: 55.
[6] Oriani R A, Hirth J P, Smialowski M. Hydrogen Degradation of Ferrous Alloys [M]. NJ: Noyes Pub. Park Ridge, 1985: 90.
[7] Fruehan R T. Iron Steel Maker, 1997, 24: 61-69.
[8] Pollard M G. Proc. Instn. Engrs., 1999, 213: part F, 181-195.
[9] Zhang M R, Gu H C. Mater. Sci. & Tech., 2007, 23 (8): 970-974.
[10] Zhang M R, Qian J Q, Gu H C. J. Mater. Eng. & Perform., 2007, 16 (5): 635-637.
[11] Ren X C, Chu W Y, Su Y J, Li J X, Qiao L J. Metall. & Mater. Trans. A, 2007, 38: 1004-1011.
[12] Hodge J M, Orehoski M A, Steiner J E. Trans. Met. Soc. AIME., 1964, 230: 1182-1193.
[13] Oriani R A, Josephic P H. Acta Met., 1974, 22: 1065.
[14] Birnbaum H K, Sofronis P. Mater. Sci. Eng. A, 1994, 176A: 191-202.
[15] Li J C M, Park C G, Ohr S M. Scr. Mater., 1986, 20: 371-376.
[16] Wang Y B, Chu W Y, Hsiao C M. Scr. Mater., 1985, 19: 1157-1160.
[17] Zhang T Y, Chu W Y, Hsiao C M. Scr. Mater., 1986, 20: 225-229.
[18] Zhang T, Chu W Y, Gao K W, Qiao L J. Mater. Sci. Eng. A, 2003, 347A: 291-299.
[19] Knott J F. Fundament of Fracture Mechanics [M]. London: Butterworths, 1973: 114.

Innovation of Bainitic Steel for Railway Wheels in Heavy Freight Operations❶

Zhang Mingru[1,2] Su Shihuai[1,2] Xin Min[3] Zhang Bin[4] Tan Zhunli[5]

(1. Key Laboratory of High-quality Railway New Materials and Safety Control of Anhui Province; 2. Ma'anshan Iron and Steel Co., Ltd.; 3. Railway Truck Company, Shenhua Group; 4. China Academy of Railway Sciences Co., Ltd.; 5. Beijing Jiaotong University)

Abstract In this paper, a kind of bainitic steel was used to produce the 30t axle-load wagon wheels in order to improve the rolling contact fatigue and the thermal damage during the braking process. By the adapted alloy design and the advanced metallurgy process and fabrication technology, the rim is the microstructure of carbide-free bainite and has distinctively superior in excellent combination of strength, hardness and toughness compared to the traditional pearlite-ferrite grade wheel steels, particularly in the yield strength and toughness. The notch sensitivity ratio NSR of the rim, web and hub, all are more than 1.12 when the stress concentration factor K_t is higher than 3.0. The bainitic wheel is not complete notch sensitivity and the notch strengthening. The service performance by running on a specific railway line will prove the bainitic wheels have better resistance in the rolling contact fatigue and the thermal damage.

Key words railway wheel; carbide-free bainite; rolling contact fatigue; thermal damage; notch sensitivity ratio NSR

1 Introduction

The railway in the worldwide will continue to develop high-speed passenger train, heavy haul freight transportation and various kinds of special wagons. Wheels are the key parts in railway systems, and they are required higher safety and reliability[1-4]. Furthermore, the heavy-duty wheels must be superior to resistance of rolling contact fatigue (RCF), thermal crack and wear.

In present time, the wheels are made of medium-high carbon grade steels with 0.45%-0.80%wt carbon content. The microstructures of them are pearlite-ferrite. Previous improvements in wheel steels include enhancements of the existing eutectoid carbon by micro-alloying, cleaner steels by improved steel-making and heat treatment process. The methods don't resolve these three problems at same time because of low yield strength (<600MPa) and high carbon content, and it is more difficult to prevent spalling and/or shelling under the condition of heavy haul freight railway transportation[5,6]. Much metal of the tread has been machined because of spelling and/or spalling, and so on.

For the long research process of the carbide-free bainite steels in theory and application, scientists and technicians have found out that high silicon and/or nickel hinder the precipitation of carbide during phase transformation. If the steel has good hardenability and the cooling rate after austenitizing is high enough, the microstructure is carbide-free bainite without carbides, i.e. the film of retained austenite enriched with high carbon content distributes between laths of bainitic ferrites, also the bainitic ferrite and the film of retained austenite are nanometer in microstructure[7-13]. With the supersaturation strengthening and the fine laths or sub-units strengthening, the yield strength of carbide-free bainite steel is higher than that of pearlite-ferrite under the similar tensile strength level.

❶ 原文发表于"The 18th International Wheelset Congress"论文集（2016）。

This article aims to investigate the service performances of the bainitic steel grade wheels in heavier axle load operations. The wagon wheels with ϕ840mm in diameter were made, which rim microstructure is mainly carbide-free bainite with suitable tread slack quenching, and the yield strength is greater than 700MPa together with higher toughness. The microstructures and mechanical properties have been evaluated and compared with those for CL60 conventional carbon grade wheel.

2 Experimental Procedure

The experimental medium carbon Si-Mn-Mo-V steel was designed and optimized on the basis of previous researches[14]. The 10 heat were smelt with intermediate frequency induction furnace and electro-slag remelted into round ingots with a 420mm diameter and 920kg weight at Ma'anshan Iron and Steel Co., Ltd., China. After stress relief annealing and diffuse hydrogen heat treatment, Each ingot was cutted and rolled into two experimental wheels with a diameter of ϕ840mm. Total 20 trial wheels were made and heated to 910℃ soaking two hours, and slack quenching was conducted at the tread by programmed control. Three wheels were anatomized to study and analyze according to Chinese Railway Standard TB/T 2708—1996, one wheel was press fitted with an axle into the bore of hub for assembly test.

16 trial wheels were fitted the 30t axle-load wagon and are running now on a specific railway for testing.

The chemical composition was measured using ARL 4460 Optical Emission Spectrometer. Metallographic specimens with the size of 25mm×25mm×25mm were taken from the wheel rim, web and hub section, respectively, and polished for inclusion and microstructure analysis by using a Zeiss Axioskop1 - MAT microscope. Simultaneously, the microstructures were observed and analyzed using the dye microscopy with a special chemical etchant.

The tensile properties of the bainitic wheels were divided into two kinds, one was normal tensile specimens, the other was notched tensile test in order to measure the notch sensitive coefficient. For normal tensile test, the tensile specimens of the rim, taking from 30mm under the tread, were ϕ15mm×60mm short proportion specimen, and the web and hub tensile specimens were ϕ10mm×50mm proportion specimen using the Zwick/Roell material testing system.

The notched tensile specimens were shown in Fig. 1, and the notched root radius is 0. 50±0. 02mm. Calculated by Stress Concentration Factors Handbook[15], the stress concentration factor K_t of the rim is 3. 69; both the web and hub, the K_t is 3. 0. After tensile, the notch sensitivity ratio (NSR) was calculated by the ratio of the nominal ultimate tensile strength R_m with notched specimen to the ultimate tensile strength R_m with no-notched specimen, NSR* also was calculated by the ratio of the nominal yield strength with notched specimen to the yield strength with no-notched specimen, i. e, NSR = R_m(notched)/R_m(no-notched), NSR* = R_{eL}(notched)/R_{eL}(no-notched).

The Brinell hardness numbers (HB) were measured on the full section with the Digital Brinell Testor 970/3000. Impact specimens were taken from the rim, web and hub, and the standard 10mm×10mm×55mm Charpy U-2 notch (U type notch and 2mm depth) and V-2 notch (V type notch and 2mm depth) specimens were used, respectively. The Charpy test was conducted at room temperature and other different temperatures using Amsler/Roell RKP450 instrumented impact testing machine.

The fracture toughness of rim was evaluated at room temperature using MTS-810 TESTSTAR, controlled by the software 790/50 Fracture Toughness Test Application. Compact tension specimens CT30 (length 125mm×width 120mm×thickness 30mm) were used, the location of CT30 sample at wheel rim was according to EN13262 and test method by ASTM E399. 90.

Some fractographies of the specimens were inspected and analyzed using Philips XL30 scanning electron microscope equipped with an energy dispersive spectrometer.

In order to compare the carbide-free bainite wheel with the pearlite-ferrite wheel, the wheel of industrial scale production, grade CL60 plain carbon, was also tested according to TB/T 2708—1996 standard.

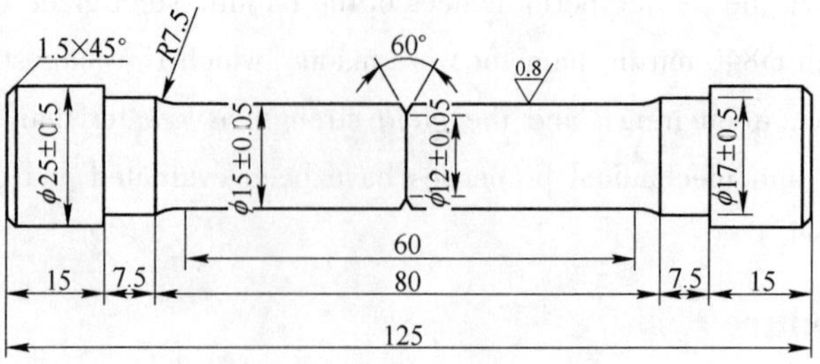

(a) Rim (the radii of the root:0.50mm)

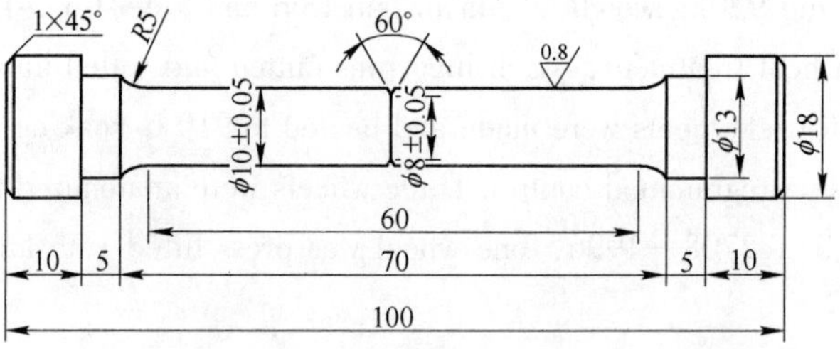

(b) Web and hub (the radii of the root:0.50mm)

Fig. 1 Notched tensile specimens

3 Experimental Results

3.1 Chemical composition and microstructure

The chemical compositions of the experimental bainitic wheel steel and the pearlite-ferrite wheel steel are shown in Table1. The carbide-free bainite steel is medium carbon Si-Mn-Mo-V steel with sufficient silicon to prevent the precipitation of carbides during phase transformation at slow cooling rates, sufficient manganese for the purpose to increase hardenability, and some other alloys, such as molybdenum and vanadium. The molybdenum and vanadium addition facilitate to achieve the desired microstructures and hardenability for obtaining uniform hardness, and is beneficial for achieving finer grain size and higher tensile strength and toughness. The microstructure of wheel rim is mainly carbide-free bainite, and the web and hub are granular bainite and blocky bainitic ferrite, as shown in Figs. 2 (a), (b) and (c), respectively. In order to distinguish the types of bainite and the morphology of retained austenite, the dye microscopy with a special chemical etchant were used to go further into determining the microstructures.

The CL60 wheel steel is typically wheel steel with 0. 60%wt carbon content and the microstructure is pearlite-ferrite.

Table 1 The chemical composition of bainitic and CL60 wheel steels (% wt)

Steels	C	Si	Mn	Mo	V	S	P	Cr	Ni	Cu	Fe
Bainitic wheel	0. 21	1. 55	2. 05	0. 32	0. 11	0. 007	0. 013	0. 09	0. 05	0. 09	Bal
CL60 wheel	0. 62	0. 35	0. 82	—	—	0. 009	0. 015	≤0. 25	≤0. 25	≤0. 25	Bal

3.2 The tensile properties

The tensile properties with no-notched specimens and hardness under 30mm from the tread for the bainitic wheels and CL60 steel wheels, as well as the conventional wheel standard requirements, are shown in Table 2.

The mechanical properties of the bainitic steel wheels with notched specimens, included the stress concentration factor K_t, the notch sensitivity ratio NSR, NSR* and R_m/R_{eL}, are shown in Table 3.

For bainitic steel wheel, the yield strength R_{eL}, the elongation A ($A_{4.52}$ for rim and A_5 for web or hub), and

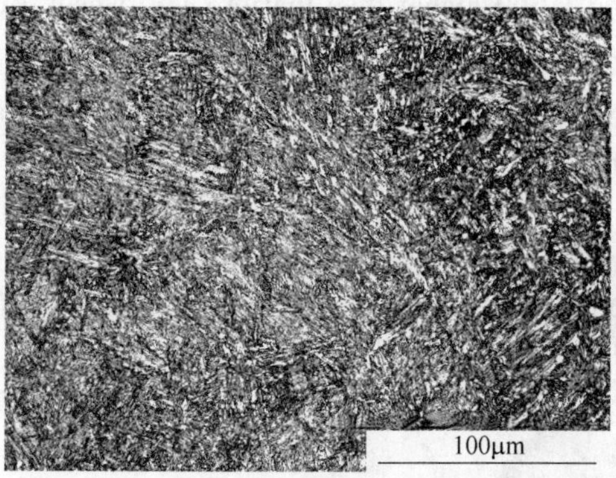

(a) Rim

(b) Web

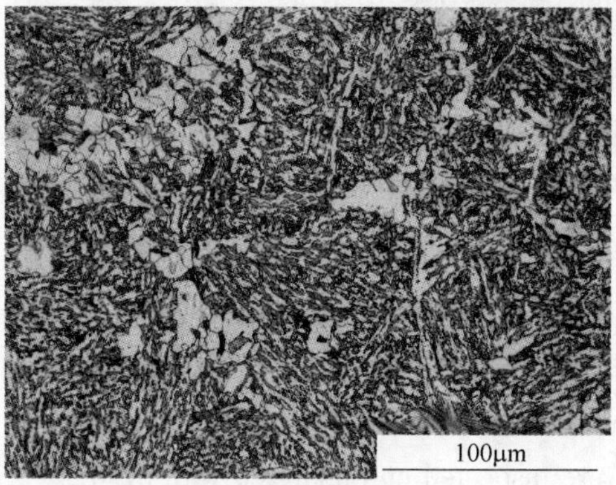

(c) Hub

Fig. 2 Optical micrographs of the bainitic wheel etched by 4% nital

the reduction of area Z, are higher than that of CL60 pearlite-ferrite wheel; the ultimate tensile strength R_m corresponds with that of pearlite-ferrite wheels. The mechanical properties of carbide-free bainite wheel are superior to the standard requirements. However, the yield strength R_{eL} of the rim, web and hub, all are greater than 700MPa.

Table 2 Mechanical properties of bainitic and CL60 wheels

Items	R_{eL}/MPa	R_m/MPa	A/%	Z/%	Hardness (HB)	A_{KU} (20℃)/J
Bainitic wheel rim	732	1020	12	20	340	55
Bainitic wheel web	786	1063	18	40	320	36
Bainitic wheel hub	721	1124	15	21	320	24
CL60 wheel rim	565	1028	13	22	287	39 (web)
Standard TB/T2708	—	≥910	≥10	≥14	265~320	≥16 (web)

Table 3 Notch tensile properties of bainitic wheels

Items	Notched sizes/mm		K_t	R_{eL}/MPa	R_m/MPa	A/%	Z/%	R_m/R_{eL}	NSR	NSR*
	Diameter	Radii of root								
Rim	ϕ12	0. 50	3. 69	1132	1353	2. 0	3. 0	1. 20	1. 13	1. 55
Web	ϕ8	0. 50	3. 0	1242	1423	2. 5	4. 0	1. 15	1. 34	1. 58
Hub	ϕ8	0. 50	3. 0	1161	1293	1. 5	5. 0	1. 11	1. 15	1. 61

3. 3 Hardness distribution

The hardness distribution at the cross surface of the experimental bainitic wheel are shown in Fig. 3. Under the tread below 30mm, the hardness of bainitic wheel is HB340, and HB60 higher than that of CL60 wheel (CL60 wheel has an average hardness of around HB280). The hardness of the web and hub almost are same, about HB320. As testing revealed, the hardness of bainitic wheel is relatively higher and more uniform throughout the various locations within the all-section, and the hardness level exceeds the conventional steels.

Fig. 3　Brinell hardness (HB) on the full section

3.4　Charpy impact and fracture toughness

Charpy impact with U-2 notch and V-2 notch specimens from the rim, web and hub were tested at different testing temperatures. Fig. 4 and Fig. 5 show the curves of the total impact energy vs. different testing temperatures, respectively.

The fracture toughness of the bainitic rim K_Q is 62-69MPa · $m^{1/2}$, the average fracture toughness K_Q is 65MPa · $m^{1/2}$, K_{max} is 71MPa · $m^{1/2}$.

The fractographies of specimens were inspected and analyzed with SEM.

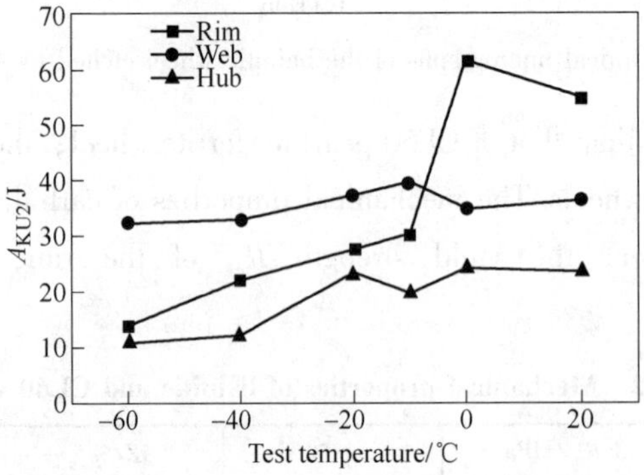

Fig. 4　Charpy impact with U-2 notch specimen at different temperature

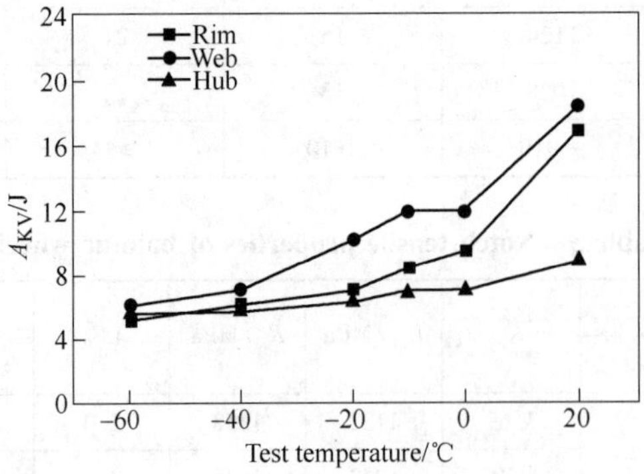

Fig. 5　Charpy impact with V-2 notch specimen at different temperature

3.5　Running on a specific railway

Total 16 trial wheels were fitted the 30t axle-load wagon and are running now on a specific railway for testing with periodic monitor. All results are normal.

4 Discussions

4.1 Alloy design and microstructures

The steel of bainitic wheel is medium carbon Si-Mn-Mo-V alloying steel produced with cheap alloying additions such as silicon and manganese. The carbon content adjusts the strength and hardness. Higher silicon hinders the formation of carbide and higher manganese increases the hardenability during the phase transformation. Molybdenum strongly delays the formation of ferrite and pearlite during continuous cooling process and counters embrittlement owing to impurities. Vanadium is useful to gain fine in microstructure. In this alloying design, the microstructure of the rim is carbide-free bainite, the web and hub are granular bainite and blocky bainitic ferrite. If the chemical composition is designed to assure the microstructure at the range to 50mm below tread is mainly carbide-free bainite, the wheels will satisfy the new development of the railway transportation.

Braking and wheel-rail slide in the present pearlite-ferrite wheel steels invariably result in spalling as regions of brittle high carbon martensite formed by rapid cooling, fractured and separated from the tread surface. In order to improve thermal damage as well as ductility and toughness at equal strength, the principles of the latest design for wheel steels are to decrease carbon content and the microstructure of the rim is the carbide-free bainite without carbides by suitable alloying.

For this new experimental wheel steel, the martensite phase transformation start point M_s is about 370℃, and the microstructure of the rim is the carbide-free bainite, i. e, two distributions in nanometer, one is the laths of bainitic ferrites, the other is the thin film of retained austenite enriched with high carbon content. The martensite phase transformation start point M_s of retained austenite is very low for this steel because the film of retained austenite is richen carbon.

If the wheel is heated to austenitizing temperature due to heating by braking or slide, and then rapidly cooled in a moment, the heating is so fast that the carbon in the original retained austenite has no time to diffuse. Low carbon austenite from the laths of bainitic ferrites is formed in the process of heating, then transforms into the low carbon bainite or auto-temped martensite during natural cooling. The high carbon retained austenite in nanoscale is difficult to transform into martensite even at low temperature because the M_s of the high carbon retained austenite is still low. The products of phase transformation are still carbide-free bainite and/or low carbon auto-temped lath martensite[16-18]. If the temperature is close to A_{c3}, the parts of the rim are temped, and the products after heating are still carbide-free bainite and/or carbide-free bainite with temped treatment.

It is expected that the whole performance of wheels, including the resistance to spalling and thermal damage, will be improved with this medium carbon steel which the rim microstructure is carbide-free bainite.

4.2 Mechanical properties and hardness

Wheels are one of the key parts in railway systems, and subjected to various stress and transient thermal loads during running and through tread braking. The mechanical properties and toughness are important for this new generation wheel steel. Compared with that of pearlite-ferrite wheel, the values of strength, toughness and hardness and plasticity of carbide-free bainite wheel are much higher, and also the hardness gradient reduces. Because of the supersaturation strengthening and the fine laths or sub-units strengthening, the yield strength of carbide-free bainite is higher than that of pearlite-ferrite under the similar tensile strength level.

In order to improve rolling contact fatigue (RCF) resistance and reduce shelling and wear, higher yield strength and hardness are necessary as well as good plasticity and toughness simultaneously. The yield strength is about 732MPa higher than pearlite-ferrite wheels. The treads are in the elastic region under the major applied stresses, but tri-axial stresses from wheel-rail contact will inevitably exceed the elastic limit. Shear stresses caused by Hertz contact stresses are higher than the permitted shear stress of the steel, especially, having maximum shear stresses under the tread 3-10mm, and the Hertz contact fatigue is improved by increasing yield strength.

By comparing the hardness of the bainitic wheel rim with the web and/or the hub, the hardness almost are similar level though the cooling rates are quite different, and it is reasonable to assume the surface hardness is maintained throughout a typical rim cross-section. The cooling rate of the rim is the fastest because of tread slack quenching, and the cooling rate of the hub is the slowest. The microstructures of the wheel demonstrate the difference of the cooling rates, as shown in Figs. 2 (a), (b) and (c). The bainitic wheel steel has higher hardenability compared to CL60 wheel by metallographic structures and hardness profiles.

Decreasing hardness with depth from the tread surface is typical for the conventional pearlite-ferrite wheel, as the cooling rates promoting pearlite refinement are not uniform throughout the rim cross-section due to large thermal mass of the rim and the relatively low hardenabilitiy of these steels. The high carbon content of the wheel steels generally contributes to higher hardness and reduces hardness gradient. Micro-alloying substantially increases hardness, while also slightly decreases the hardness gradient. The carbide-free bainite of the rim is beneficial to higher hardness and decreases the hardness gradient, they will improve the usage properties, uniform wear and tribological behaviour.

4.3 Toughness

Charpy impact value and fracture toughness are one of the fundamental properties of the material toughness. Carbide-free bainite steel wheels have extraordinary impact toughness at room or sub-zero temperature.

Excellent impact toughness of carbide-free bainite wheel is intuitively reflected on the curves of Charpy impact, as shown as Fig. 4 and Fig. 5. The force-displacement curves of instrumented impact are very typical. The Charpy impact values are higher than the wheel standard and the FATT about −10℃.

Also, the average fracture toughness of the bainitic rim K_Q is 65MPa · $m^{1/2}$; the fracture toughness of the CL60 plain carbon steel wheels, K_Q 30−60MPa · $m^{1/2}$. The fracture toughness values of the bainitic wheel steel are higher than that of pearlite-ferrite steels at the similar ultimate tensile strength.

They indicate that the new material has high resistance to crack initiation and crack propagation. The reason of the difference relates well to their microstructures. Phase components of pearlite are ferrite and cementite, and micro-crack initiates or propagates from carbides. Thus, crack initiation work and propagation work are greatly decreased. However, the carbide-free bainite are mainly austenitic film distributed along bainitic ferrite that is composed of sub-laths without carbide. Crack initiation, located in the front of specimen notch, only depends on the shear cracking and cleavage that happens on the slip line of strain region[19]. When crack tip propagates to austenitic film, austenite plasticity is better, and takes blunting effect to crack tip and maybe change the direction and/or path. Consequently, the toughness of carbide-free bainite steel is greatly enhanced, and the carbide-free bainite wheels have much ability to inhibit the crack initiation and propagation[20].

4.4 The notch strength and notch sensitivity

Notch strength ratio NSR is a very important test for evaluation the notch sensitivity or insensitivity. Wheels under the mechanical fatigue and/or thermal fatigue have been subjected to all kinds of stresses and impact. The tri-axial stresses from wheel-rail contact will inevitably exceed the elastic limit. Wheel materials also have some fault, such as inclusions, carbides and so on. Whether the notch effect of the bainitic steel is strengthening or weakening, it affects the faults size and their behavior. The stresses around the fault or defect are in concentration and maybe make the fault increasing. If the NSR is more than 1.0, the material is the notch insensitivity and the notch strengthening.

Table 2 and Table 3 show the tensile results about the notch specimens and no-notch specimens fetched from the rim, web and hub, respectively. All of the NSR are more than 1.12 when the stress concentration factor K_t is 3.69 for the rim or 3.0 for the web and hub. The NSR* of the rim, web and hub, are same and close to 1.60. Specimen deformation is induced in the notch root because the elongation A and the reduction of area Z are measurable.

Compared the microstructure, the location in wheel, and the NSR and K_t between the rim, web and hub, the carbide-free bainite in rim is better for the mechanical properties and the bainitic wheel steel has no notch sensitivity and notch strengthening.

4.5 The service performances

The service performance mainly consider to increase the rolling contact fatigue (RCR), minimize the thermal damage and wear. The bainitic wheels have higher yield strength, more than 700MPa, and are made of the 0.20% wt carbon, so it means the wheels have better resistance to contact fatigue and no spalling on the tread. The previous research by the authors[14] shows that the wore surface layer of bainitic steel is the nano-crystals and nanoamorphous; and whereas in CL60 steel, only lamellar mixture of ferrite and cementite. The amount, morphologies and the structure stabilities of the retained austenite affect the performances of the bainitic wheels[16,20,21].

The carbide-free bainite wheel steel has been confirmed experimentally to possess excellent combination of strength with toughness, high fatigue resistance and good tribological behaviors. The actual loading test and service trials will examine these possibilities.

5 Conclusions

(1) The alloy design of the new experimental medium carbon Si-Mn-Mo-V steel is reasonable and satisfies the design requirements of carbide-free bainite wheel steel. Wheels also can be manufactured by suitable chemical composition and correct heat treatment for big wheels whose shapes are intricate. The microstructure of rim is mainly carbide-free bainite, and the web and hub both are granular bainite and ferrite microstructure.

(2) The bainitic wheels have higher strength, hardness and toughness than pearlite-ferrite wheel steel, and completely notch insensitivity. They are beneficial to the service performance, reliability and safety of the wheels.

(3) The bainitic wheels will have improved rolling contact fatigue, resistance to thermal damage and wear. The service performances on a special experimental route with 30t axle-load wagon will further prove they have excellent performances.

Acknowledgements

Financial supports from National 973 Projects of China (No. 2015CB654804) are greatly appreciated.

References

[1] Zhou Yimin. Wheels and axles of Chinese railway locomotive and car meeting challenges of 21st century [C]. 12th International Wheelset Congress, Qingdao, 1998: 10-13.

[2] Liu Z X, Gu H C. Failure modes and materials performance of railway wheels [C]. J. of Mater. Eng. and Performance, 2000, 9 (5): 580-584.

[3] Jan Sun, Kevin J Sawley, Daniel H Stone. Progress in the reduction of wheel spalling [C]. 12th Internation Wheelset Congress, Qingdao, 1998: 18-29.

[4] Catot B, Demilly F. Contribution to improved steel grades for wheels for heavy freight traffic [C]. 10th International Wheelset Congress, Sydney, 1992: 229-233.

[5] Singh U P, Popli A M, Jain D K, Roy B, Jha S. Influence of microalloying on mechanical and metallurgical properties of wear resistant coach and wagon wheel steel [J]. J. of Mater. Eng. and Performance, 2003, 12 (5): 573-580.

[6] Rai D, Jain D K, Singh R, Godura V. C-Mn-Nb-V steel for heavy duty locomotive wheel applications [C]. 10th Internation Wheelset Congress, Sydney, 1992: 213-217.

[7] Bhadeshia H K D H, Edmonds D V. The mechanism of bainite formation in steels [J]. Acta Metallurgica, 1980, 28 (9): 1265-1273.

[8] Rees G I, Bhadeshia H K D H. Bainite transformation kinetics, part1: modified model [J]. Materials Science and Technology, 1992, 8 (11): 985-993.

[9] Tim Constable, Robert Boelen, Elena V Pereloma. The quest for improved wheel steels enters the martensitic phase [C]. 14th

International Wheelset Congress, USA, 2004.

[10] Sawley K J, Kristan J. Development of bainitic rail steels with potential resistance to rolling contact fatigue [J] . Fatigue and Fracture of Engineering Materials and Structures, 2003, 26 (10): 1019-1029.

[11] Zhang Mingru, Gu Haicheng. Microstructure and properties of carbide-free bainite railway wheels manufactured with low-medium carbon Si-Mn-Mo-V steel [J] . Journal of University of Science and Technology Beijing, 2008, 15 (2): 125-131.

[12] Yang Fubao, Bai Bingzhe, Liu Dongyu, Chang Kaidi, Wei Dongyuan, Fang Hongsheng. Microstructure and properties of a carbide-free bainite/martensite ultra-high strength steel [J] . Acta Metallurgica Sinica, 2004, 40 (3): 296-300.

[13] Zarei A Hanzaki, Hodgson P D, Yue S. Retained austenite characteristics in thermomechanically processed Si-Mn transformation-induced plasticity steels [J] . Metallurgical and Materials Transactions, 1997, 28A (11): 2405-2414.

[14] Zhang Mingru, Gu Haicheng. Microstructure and properties of carbide-free bainite railway wheels produced by programmed quenching [J] . Materials Science and Technology, 2007, 23 (8): 970-974.

[15] Science and Technology Committee of Aerospace Industry Ministry, ed. Stress Concentration Factors Handbook [M] . Beijing: Higher Education Press, 1990: 7 (in Chinese) .

[16] Zhang Mingru, Qian Jianqing, Gu Haicheng. The Structure Stability of Carbide-free Bainite Wheel Steel [J] . Journal of Materials Engineering and Performance, 2007, 16 (5): 635-639.

[17] Fang Hongsheng, Yang Zhigang, Yang Jinbo, Bai Bingzhe. Research on bainite transformation in steels [J] . Acta Metallurgica Sinica, 2005, 41 (5): 449-457.

[18] Babu S S, Specht E D, David S A, Karapetrova E, Zschack P, Peet M, Bhadeshia H K D H. In-situ observation of lattice parameter fluctuations in austenite and transformation to bainite [J] . Metallurgical and Materials Transactions A, 2005, 36A (12): 3281-3289.

[19] Zhang Mingru, Gu Haicheng. Fracture toughness of nanostructured railway wheels [J] . Engineering Fracture Mechanics, 2008, 75: 5113-5121.

[20] Huo C Y, Gao H L. Strain-induced martensitic transformation in fatigue crack tip zone for a high strength steel [J] . Materials Characterization, 2005, 55: 12-18.

[21] Abdellah Airod, Roumen Petrov, et al. Analysis of the trip effect by means of axi symmetric compressive tests on a Si-Mn bearing steel [J] . ISIJ Int., 2004, 44 (1): 179-180.

[22] Streicher-Clarke A M, Speer J G, Matlock D K, de Cooman B C. Analysis of lattic parameter changes following deformation of a 0. 19C-1. 63Si-1. 59Mn transformation induced plasticity sheet steel [J] . Metall. Mater. Transactions A, 2005, 36A (4): 907-918.

低噪声车轮结构特点及应用综述❶

肖　峰

（马鞍山钢铁股份有限公司）

摘　要　轮轨滚动噪声是铁路噪声污染的主要来源，TWINS 模型揭示了轮轨滚动噪声的机理，为解决铁路噪声污染提供了理论指南。安装低噪声车轮是目前普遍采用的降低铁路噪声的一种有效措施，本文根据低噪声车轮的结构特征，将低噪声车轮分为 3 类，并对这 3 种车轮结构特征、降噪原理、降噪效果作了详细的介绍。

关键词　车轮；噪声；结构

Survey on Structural Characteristics of Low Noise Wheels and the Application

Xiao Feng

（Ma'anshan Iron and Steel Co.，Ltd.）

Abstract　The noise of wheel-rail rolling is the main source of railway noise pollution. The TWINS model discloses the mechanism of the wheel-rail rolling noise and provides theoretical guide for solution of railway noise pollution. Application of low noise wheel is an effective way commonly used at present to reduce railway noise. In this paper，the low noise wheels are classified into three types according to the structural characteristics of low noise wheels are classified into three types according to the structural characteristics of low noise wheels. And the structural characteristics，noise reduction principles and noise reduction effect of the three types of wheels are described in detail.

Key words　wheel；noise；structure

1　引言

列车运行时产生的噪声不仅影响车上工作人员和旅客的健康，而且还给铁路沿线的环境造成严重的污染。随着高速铁路和城市轨道交通的快速发展，人们环保意识的日益加强，解决铁路噪声污染的要求变得越来越迫切。虽然降低铁路噪声的措施很多，如从路基、枕木、铁轨等方面着手，或在铁路两旁增设隔声墙，但是安装低噪声车轮被认为是投资少、效果好、易于维护的一种方法，应用最为广泛。

铁道部四方车辆研究所早在 1964 年便尝试在 KZ3 型转向架轮对的辐板上涂敷石棉沥青浆，以期达到降低车轮噪声的目的。1994 年，四方所又参照德国的低噪声车轮设计了扇形盘式和环形叠板式两种低噪声车轮[1]，并围绕不同阻尼材料、不同阻尼板层数和不同阻尼板厚度条件下的降噪效果进行了比较性试验。但这两种低噪声车轮均没有投入正式生产和使用。迄今为止，我国在低噪声车轮制造上仍是空白。

2　国外对铁路噪声的研究

20 世纪 60 年代初期，一些发达国家便开始致力于降低铁路噪声的研究。初步研究表明，列车运行时

❶　原文发表于《铁道车辆》2000 年第 8 期。

轮轨之间的相互作用是引起噪声的主要原因。为减缓轮轨之间的相互作用，发明了弹性车轮。对于低速列车来说，弹性车轮确实起到了良好的降低噪声的效果。

70 年代，铁路运行速度有了较大的提高，列车运行时产生的噪声也相应增大。弹性车轮因橡胶件在高速运转时发热而导致减振作用减小，造成降噪效果明显变差。于是，各国加大了对降低轮轨噪声的研究。一方面，通过改进弹性车轮，提高了弹性车轮的使用性能；另一方面，对轮对噪声的机理有了更加深入的认识，并在此基础上提出了更多的降噪措施，其他类型的低噪声车轮也相继问世。

在铁路噪声的研究方面，日本和欧洲起步早，投入大，水平高，与这些国家的铁路技术的发展程度相称。

日本东海道新干线刚投入使用时，高速列车带来的强烈噪声，便引起了日本政府的极大关注。1975 年，日本环境署发布了新干线的噪声质量标准，建议在居民区不得超过 70dB，商业区不得超过 75dB。为此，国铁技术研究所将降低铁路噪声立为重点课题进行攻关。他们在新干线沿途设置了吸声材料倒 L 形阻挡墙，大大地降低了铁路噪声对环境的污染。至于理论研究，他们在轮轨噪声、空气动力学噪声、传动机械噪声等方面均取得了骄人的成绩。

欧洲 70 年代初期研制成功的 TGV 高速列车，同样伴随着严重的噪声污染问题。关于铁路噪声的研究一开始便被列为 TGV 技术开发的重要项目。此项研究后来发展成为一种跨国联合行动。1988 年，在国际铁路联盟的研究与实验部（ORE）倡导下（1992 年后由欧洲铁路研究所（ERRI）接管），一支由多国振动及声学专家组成的颇具实力的科研队伍开始了对滚动噪声的基础性研究。此项研究的最大成果是建立了著名的滚动噪声模型——TWINS 模型。试验证实，该模型能够精确地计算轮轨振动噪声的相对大小。

3　轮轨噪声的机理及降噪方案

轮轨噪声被认为是铁路噪声污染的主要来源。一般可将轮轨噪声分为 3 种：啸叫噪声、冲击噪声及轮轨滚动噪声。高速运行时，轮轨噪声又以轮轨滚动噪声为主。80 年代，关于滚动噪声的形成机理曾出现过几种理论加以解释。但目前多数研究人员认为，轮轨滚动噪声源是轮轨表面粗糙度。

所谓粗糙度，是指轮轨表面同时存在的微小缺陷或称表面波纹，其峰值一般在 50μm 以下，波长在1~50cm 范围内。这些表面波纹使得轮轨之间产生相对位移，结果导致了车轮和钢轨的振动，振动将转变为声波辐射出去。

Irretier 等人曾采用有限元方法分析了车轮的振动特性。其中，D. J. Tompson 的计算方法赢得了学术界的公认。

Tompson 认为，车轮和轮轨系统的导纳（或阻抗）是影响轮轨系统在表面粗糙度激励下响应的决定性因素，因此，系统分析轮轨系统的导纳特性是研究轮轨滚动噪声的基础。具体做法是：首先计算轮的自由振动特性，然后将实验测得的轮轴结构阻尼引入导纳计算中，计算出车轮的导纳特性。该方法是由欧洲铁路研究所（ERRI）以 TGV-A 型列车的标准运营速度（160km/h）为基础开发出来的。后来经修改被推广为一种在 60~350km/h 较大范围内产生滚动噪声的分析模型——TWINS 模型（见图 1）。

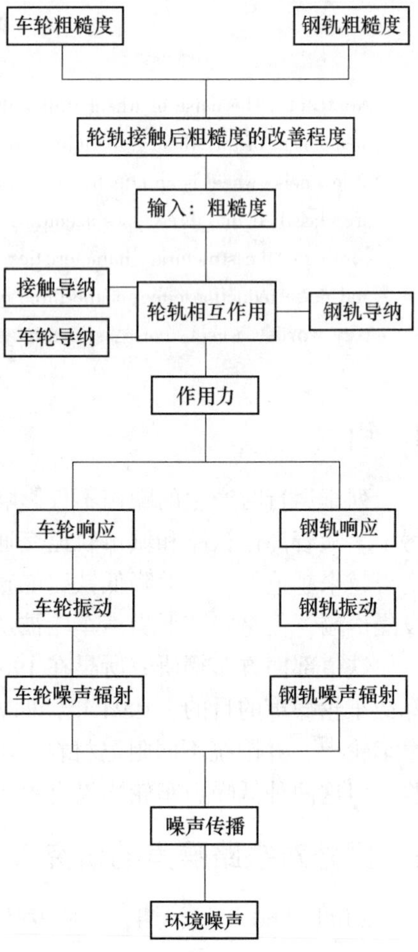

图 1　TWINS 模型

根据这一模型，要想降低轮轨滚动噪声，可以采取以下措施：（1）减小引起轮轨振动的激励；（2）降低轮与轨本身的响应能力；（3）耗散轮轨振动时的机械能，减少声波辐射。

就车轮而言，可作如下考虑：（1）用高阻尼材料连接轮辋和轮芯，或在车轮上安装消声装置，把机械振动能转换成热能；（2）磨光车轮踏面，或增加踏面弹性，以达到减小激励的目的；（3）合理设计车轮外形，改变车轮的导纳特性，降低车轮噪声。

4 低噪声车轮的类型及其降噪效果

按上述原理开发出来的低噪声车轮种类繁多。根据低噪声车轮的结构特征可将其大致分为3类：

（1）弹性车轮。主要特征是轮心与轮箍分离，中间用橡胶连接。

（2）消声车轮。在整体车轮上安装组合消声器，或在整体车轮的适当部位嵌入某种增加阻尼的组件，或直接在整体车轮的部分表面涂上阻尼材料构成。

（3）整体低噪声车轮。从外表来看，与普通车轮无多大区别，轮毂、辐板与轮辋为一个整体，车轮上也没有任何消声装置，但实质上车轮已做了低噪声处理，如使踏面光洁、增加踏面弹性及对外形作声学优化设计等。

4.1 弹性车轮

弹性车轮的共同特征是，连接轮心与轮箍之间的部件采用高阻尼特性的橡胶（硫化合成橡胶）。该部件一般有两种形式——整体式和单块弹性体沿圆周排列式。另外，弹性体截面形状、连接方式也可以不同。弹性体截面既有简单的矩形，也有其他复杂形状。若按连接方式分类，弹性车轮大致可分为3种——剪切型、压缩型和压缩剪切型（见图2）。

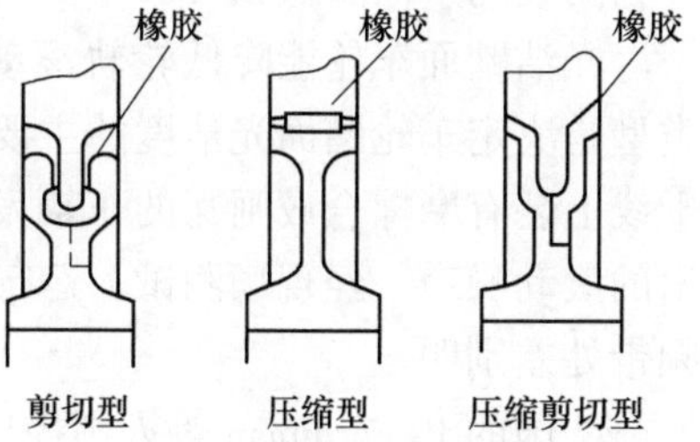

图2 弹性车轮的类型

弹性车轮至今仍被广泛应用于低速、轻载列车，如城市有轨电车、地铁等。不过，与早期相比，如今的弹性车轮在使用性能上有了较大的改善。

对弹性车轮的改进，主要是从车轮的使用寿命、适用范围及降噪效果等角度来考虑的。研制过程中，通常要对弹性部件进行一些测试，诸如加载、变形、径向和轴向刚度以及相对残余应变等。其中，刚度是设计中的基本参数，尤其是轴向刚度决定了轮心和轮箍间的相对位置。在满足刚度及径向、轴向最大允许变形的前提下，还可通过选择以下参数对弹性车轮进行优化：（1）弹性部件的形状、尺寸和材料；（2）轮心和轮箍间弹性部件的数目；（3）弹性块安装座的形状。

4.2 消声车轮

消声车轮的最大优点是性能稳定、经久耐用，因而适用于高速、重载列车。

德国1979年研制的盘形消声车轮、环形消声车轮及钢珠消声车轮这3种消声车轮较为典型，目前几乎所有的消声车轮均可视为这3种车轮的变形。

4.2.1 盘形消声车轮

车轮辐板上盖有6块扇形消声屏。该车轮由MAN公司设计制造，已用于ICE高速客车。试验表明，对于各种不同速度及频率，其消声效果各不相同：160km/h时降低7~9dB，200km/h时降低6~8dB，250km/h时降低4~5dB。250km/h高速运行时，各频率消声效果为：1000~4000Hz对应下降8~10dB，1000Hz对应下降3~5dB，但250Hz对应上升3~7dB。

4.2.2 环形消声车轮

把环形消声器安装在轮辋与辐板连接处的轮辋上，分为在车轮内侧安装、外侧安装以及内外都安装3种形式。消声器由多层环形阻尼板构成。在以200km/h的速度运行时，离线3m远处测得该车轮较普通车轮噪声降低5~12dB。对消声器装在车轮内侧的车轮，最大降噪频率为2000Hz，低频降噪效果明显较差；装在车轮外侧时，最大阻尼位于2000~3000Hz之间；两侧安装时，各频率阻尼较为均匀。

4.2.3 钢珠消声车轮

由德国蒂森·亨利希汉高速与蒂森研究中心联合研制，适用于降低500~1000Hz的噪声。其消声基本机理为，利用大量游动钢珠来耗散和转换能量。通常用黏性材料（如油或油脂等）把最佳直径的钢珠置于车轮上最佳位置以达到最佳降噪效果。研究表明，当将上述材料安装在辐板与轮辋交接处，速度为120~160km/h时，噪声下降约14dB。

4.3 整体低噪声车轮

目前已经投入使用或正在试验中的整体低噪声车轮主要有：弹性踏面车轮、光洁踏面车轮、优化外形低噪声车轮 3 种。

美国多采用弹性踏面车轮。这种车轮主要是通过改善踏面弹性，使车轮与钢轨接触有较小的刚度，减轻轮轨的激励作用，从而降低轮轨噪声。目前，已投入使用的弹性踏面车轮有两种——薄轮辋车轮和镍钛合金踏面车轮。经试验，当薄轮辋车轮的轮辋厚度为 17.8~20.3mm 时，约降低噪声 7dB；当轮辋厚度为 12.7~19mm 时，约降低噪声 3~8dB；而镍钛合金踏面车轮的轰鸣声约降低 2~5dB。

光洁踏面车轮能降低轮轨滚动噪声，而对于服役中的列车来说，闸瓦类型是决定车轮踏面光洁度的主要因素。70 年代中期，日本研究发现，新干线上装有摩擦合成闸瓦的车辆发出的滚动噪声远小于铸铁闸瓦车辆上发出的滚动噪声。经现场测试，运行噪声平均降低 5~7dB，且在 2000Hz 以上频带处差别明显。

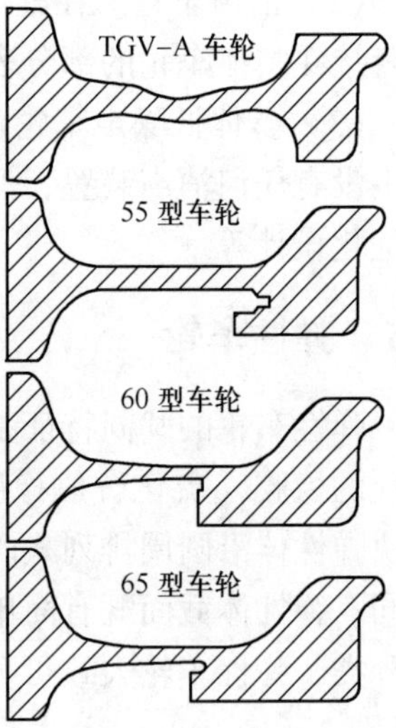

图 3　声学优化车轮断面形状

法国的 P. Fordiman 等人则提出了通过改变车轮外形来降低轮轨滚动噪声的方案。Fordiman 根据 TWINS 模型和借助有限元分析工具，设计了 3 种在噪声辐射方面优化的车轮（如图 3 所示）。线路现车试验证明：在 300km/h 的商业运营速度下，就 A 型车轮承载状态下整体声压水平而言，55 型和 60 型车轮噪声下降约 2dB，65 型车轮下降 1.7dB，在车轮声波辐射频带（1600~5000Hz），55 型和 60 型车轮噪声衰减了 5dB，65 型车轮衰减了 4dB。

5 结束语

虽然对铁路噪声的研究至今仍在继续，但是一些基本的结论可以肯定：

（1）轮轨相互作用产生的噪声是铁路噪声污染的主要来源，包括啸叫噪声、冲击噪声和轮轨滚动噪声。高速运行时，轮轨噪声以轮轨滚动噪声为主。在 TWINS 模型中，列车运行速度、车轮踏面粗糙度、轨面粗糙度以及车轮和钢轨导纳是决定车轮和钢轨振动频率和幅度的关键参数。

（2）为列车安装低噪声车轮是降低铁路噪声的一种经济、有效、方便的方法。从结构特征来看，可降低噪声车轮分为 3 类：弹性车轮、消声车轮、整体低噪声车轮。前者一般用于城市有轨电车和地铁，后两种适用于准高速和高速列车。不同低噪声车轮在不同行驶速度下，对于不同频率的噪声，降噪效果各不相同。

参 考 文 献

[1] 周竹君，等. 消声车轮研究 [J]. 铁道车辆，1995，33（10）：1-7.

[2] Amici G. 新一代有轨车辆用弹性低噪声车轮的设计、制造和试验 [C]. 北京：中国铁道出版社，1997.

[3] Yosio Moritoh. 新干线高速铁路滚动噪声控制 [C]. 北京：中国铁道出版社，1997.

[4] Fordiman P. TGV-A 拖车声学优化车轮的现场试验效果 [C]. 北京：中国铁道出版社，1997.

[5] Remingtoon P J. Wheel/rail rolling noise：What do we know? What don't we know? Where do we go from here? [J]. Journal of Sound and Vibration，1988：120（2）.

[6] Irretier H. The natural and forced vibrations of a wheel disc [J]. Journal of Sound and Vibration，1982：87（2）.

[7] Thompson D J. Wheel-rail noise generation，Part Ⅱ，Wheel vibration [J]. Journal of Sound and Vibration，1993：161（3）.

弹性车轮的发展与研究现状❶

范蓉平[1] 孟 光[1] 崔银会[2]

(1. 上海交通大学，振动、冲击、噪声国家重点实验室；2. 马鞍山钢铁股份有限公司)

摘 要 介绍了弹性车轮的发展概况和国内外研究进展情况，其中包括弹性车轮的结构改进、降低轮轨噪声的理论和性能试验研究、寿命研究以及弹性车轮新材料研究进展情况，并在此基础上提出了今后的研究方向。

关键词 弹性车轮；轮轨噪声与控制；车辆

Current Status of Development and Study on Resilient Wheel

Fan Rongping[1] Meng Guang[1] Cui Yinhui[2]

(1. National Laboratory of Vibration, Shock and Noise, Shanghai Jiaotong University; 2. Ma'anshan Iron and Steel Co., Ltd.)

Abstract It is introduced the proceedings on development and study of resilient wheel at home and abroad, such as the structural improvement, theory of reduction of wheel-rail noise, performance test study, lifetime study and new material study. The trend of future study is proposed.

Key words resilient wheel; rail wheel noiseandcontrol; vehicle

1 引言

随着城市轻轨交通的发展，轻轨车辆在市区地面或高架桥上运行时产生的噪声已成为轻轨交通的突出问题。为解决这一问题，世界各国的轻轨车辆广泛地使用弹性车轮[1]。弹性车轮的轮心和轮箍之间装有一个弹性单元，轮箍弹性地支撑在车轮上，从而能有效地降低曲线噪声、减小轨道冲击、降低轮轨磨耗和提高线路车辆使用寿命。采用弹性车轮作为有效降低曲线噪声的措施，在轻轨车低地板有轨电车、城间列车、地铁车辆上得到广泛应用。

弹性车轮研究和应用领域处于领先地位的是欧洲、日本和美国。我国的轻轨交通方兴未艾，弹性车轮的研究和应用才刚刚起步。下面分别对弹性车轮的结构特点，它在国内外的应用前景以及降噪性能、寿命、材料等方面的研究情况进行介绍。

2 国内外弹性车轮发展概况

2.1 弹性车轮的结构形式

弹性车轮的弹性元件多为橡胶件。按橡胶元件的主要受力状况，弹性车轮的结构形式可分为 3 种类型：压缩型、剪切型和压剪复合型。下面分别介绍这 3 类弹性车轮的结构特点和改进情况。

2.1.1 压缩型弹性车轮

最初的弹性车轮（图 1（a））钢件及橡胶元件都比较简单，橡胶元件只承受压应力，其轴向弹性比

---

❶ 原文发表于《机车电传动》2005 年第 1 期。

国家“863”计划项目（2003AA333140）。

径向弹性大得多。这种弹性车轮结构简单，质量小，适用于小半径车轮。在运行和制动时，垂向变形较小，变形热也不大，不用加热即可更换轮箍。纯粹的压缩型弹性车轮现在很少使用，在欧洲的轻轨交通广为应用的 Bochum 弹性车轮（图 1（b））就是改进后的压缩型弹性车轮[2]。

压缩型弹性车轮的横向刚度和径向刚度匹配性较差，对这种车轮结构和性能的改进，主要集中在使用性能优良的高分子弹性材料以及采用优化截面形状的弹性单元这两方面。图 1（c）所示的弹性车轮[3]采用聚亚胺酯新材料，这种材料通过注料孔进入轮箍和轮心形成的椭圆形空腔内；图 1（d）所示弹性车轮使用特殊结构形式的聚四氟乙烯来克服弹性车轮的轴向刚度和径向刚度不匹配、弹性单元受热时散热性能不好等缺点[4]。

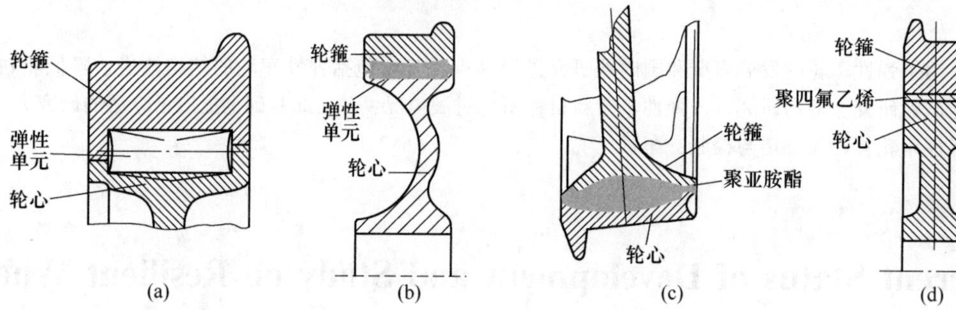

图 1　压缩型弹性车轮结构图

（a）最早弹性车轮；（b）Bochum 弹性车轮；（c）聚亚胺酯弹性车轮；（d）聚四氟乙烯弹性车轮

2.1.2　剪切型弹性车轮

剪切型弹性车轮（图 2（a））在垂直载荷和冲击载荷作用下，其橡胶元件主要承受径向和切向的剪切作用，轴向承受压缩载荷产生压缩变形，轴向弹性较小。美国芝加哥的 CTA、MTA、NYCT 车辆上的 PCC 弹性车轮就是剪切型弹性车轮（图 2（b））。

剪切型橡胶弹性车轮径向可获得较大弹性，轴向弹性小[5]，因此在 20 世纪 70~80 年代，剪切型弹性车轮被广泛使用。但这种弹性车轮结构复杂，成本高，质量大，运行阻尼大，安装和拆卸也不方便。

2.1.3　压剪复合型弹性车轮

压剪复合型弹性车轮（图 3（a））采用既能承剪又能承压的结构。橡胶元件通常采用 V 型布置，不仅能广泛利用车轮侧面的空间，而且压应力和剪应力的合理分配可以随橡胶环的倾角大小而改变，即轴向刚度和径向刚度能达到期望的最佳匹配。这种形式的弹性车轮结构简单，安装和检修很方便，节约检修时间及费用[2]，使用比较普遍，它代表着弹性车轮的发展方向。

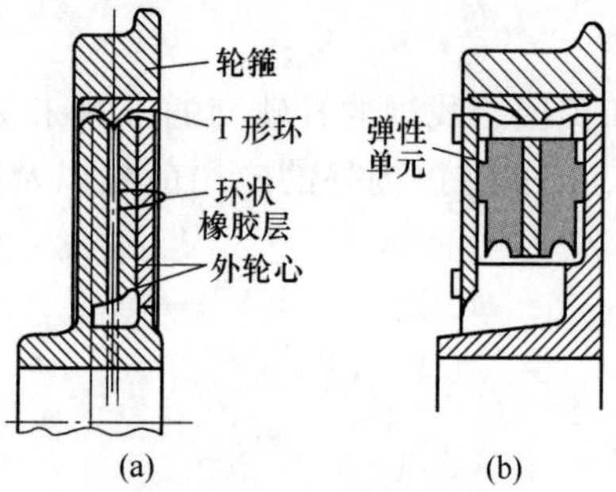

图 2　剪切型弹性车轮

（a）结构；（b）美国 PCC 弹性车轮

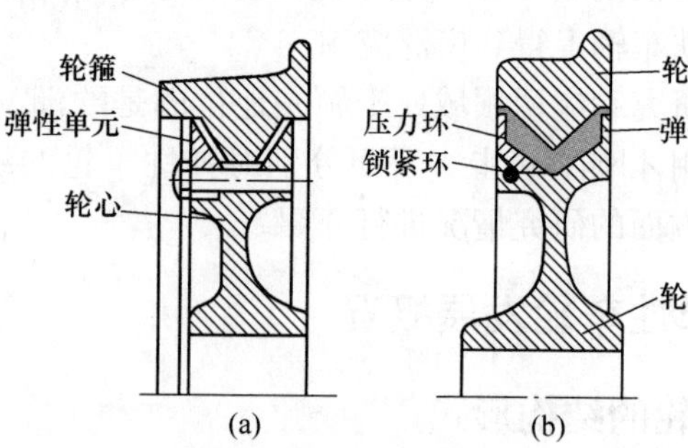

图 3　压剪复合型弹性车轮

（a）SAB 弹性车轮；（b）德国专利的改进方案

但这种结构弹性车轮在使用过程中曾出现螺栓松动的现象，近几年来公布的很多专利对它提出改进。德国专利[6]（图 3（b））提出的改进方案是：取消螺栓连接，在压力圈和轮心之间使用一个圆形截面的锁紧环来定位 V 型单元和轮箍。Bonatrans 公司生产的新型弹性车轮（图 4（a））就采用这种结构，其新一代产品（图 4（b））在都灵、米兰、罗马和墨西哥这些城市的新一代低地板轻轨车辆上使用。

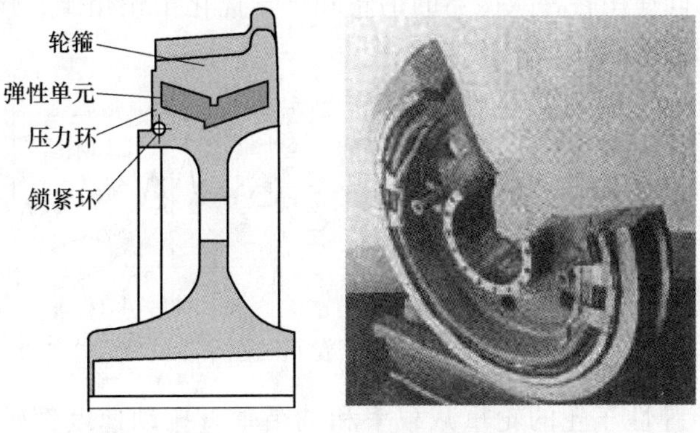

(a) (b)

图 4 新型 Bonatrans 弹性车轮

(a) 德国专利产品;(b) 意大利使用的产品

2.2 弹性车轮的优缺点及其在国内的应用前景

美国在 20 世纪 70~80 年代就对几种应用较广泛的弹性车轮降噪性能进行全面和详细的测试[7],日本 1994 年也进行了弹性车轮降低高速转向架的噪声和振动的试验研究[8,9],主要考察弹性车轮对地面、车上的减振降噪效果以及对轨道冲击、运行安全性和轴重变化的影响等。这些测试表明,弹性车轮具有以下特点:

(1) 弹性车轮减小曲线噪声的效果比较显著。弹性车轮降低曲线噪声的能力与车轮模态损失因子有关,Acousta flex、Penn Bochum 和 SAB 这 3 种常用弹性车轮在不同频率处的损失因子不同(见表 1),其降噪性能也不相同。Bochum 车轮在整个频段上损失因子都较大,因此,对轮箍横向振动引起的 500Hz 低频噪声和轮箍弯曲振动辐射的 1000Hz 以上的高频尖叫噪声的降噪效果比较好,Acousta flex 车轮次之,而 SAB 车轮的损失因子比这二者都小,其降噪效果没有它们好。

表 1 3 种弹性车轮在不同频率处的损失因子

车轮	500Hz	1000Hz	2000Hz
Penn Bochum	0.012	0.014	0.0072
SAB	0.0026	0.0016	0.0009
Acousta flex	0.012	0.0051	0.0034

表 2[7] 列出了这 3 种车轮在不同路段上降低曲线噪声的效果。其中 SEPTA 测试表明,对于路边噪声,Acousta flex 和 Penn Bochum 弹性车轮可以减小 8~10dB(A),SAB 车轮减小 3~4dB(A)。

表 2 3 种弹性车轮降低曲线噪声效果

轨道系统	轨道状况	弹性车轮	相对刚性车轮噪声降低值		
			路边噪声/dB(A)	室内噪声/dB(A)	尖叫频率/dB(A)
SEPTA	曲线处轨道	Acousta Flex	8~10	1~2	5~30
		Penn Bochum	8~10	1~2	20~30
		SAB	3~4	0~1	0~30
BART	曲线地铁轨道	Acousta Flex	3~9	1~5	3~25
		Penn Bochum	9~16	8~18	15~30
伦敦轨道路线	隧道	Penn Bochum	—	5	—
		SAB	—	5	—

(2) 弹性车轮改变平直轨道上滚动噪声频谱特征。使用弹性车轮后,滚动噪声的低频成分比刚性车轮低,高频成分比刚性车轮的高频成分高。由于地板结构过滤高频成分,车内转向架正上方的噪声要比普通车轮低 1~2dB(A),25m 处的噪声要比使用普通车轮低 1~2dB(A)。弹性车轮能减小车轮辐射的高

频滚动噪声，如图 5 所示，同使用各种减振器的钢轮和声学优化车轮相比，弹性车轮振动辐射 1.6kHz 以上频率的滚动噪声的声压都有所减小。

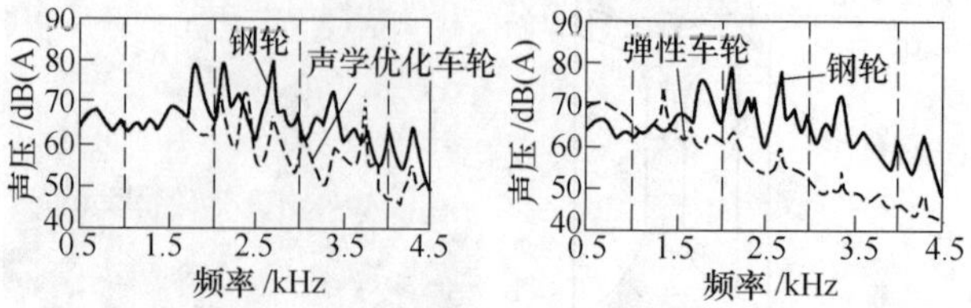

图 5　弹性车轮、声学优化车轮和刚性车轮的线性声压级

（3）与钢制车轮相比，弹性车轮的轮重减载率和轴箱垂直振动速度都较低，具有抑制钢轨激振力，减小 30%~20%轨道动作用力、减小渣床沉降和轨道损坏方面的作用。同时弹性车轮具有垂向、横向和纵向弹性，还能减小轮轨接触面、踏面和轮缘的磨耗，使轮轨的使用寿命提高 20%~40%。

弹性车轮虽然有降低曲线噪声、改善轮轨冲击力的优点，但相对于刚性车轮，弹性车轮结构复杂，成本高，运行安全性差；尤其是采用诸多螺栓，存在连接轮箍和弹性垫之间的定位槽尖角应力集中、螺栓孔边的应力集中和橡胶元件老化等缺点；此外，弹性车轮对轴重要求比较严格，较大轴重受到橡胶强度等条件的限制，从而限制了它的应用和发展。这就是为什么弹性车轮难以普遍推广的主要原因。

国外近几十年来，轻轨、地铁车辆为达到降噪效果，在保证运行安全可靠的前提下，尽可能使用结构简单、安装和维修方便的弹性车轮和消声车轮。

目前我国尚无轻轨车辆、地铁车辆的设计规范，国内多家车辆厂暂按照以下参数考虑：轴重不大于 16t，速度不大于 100km/h，轮径在 860~915mm。据此，确定对轻轨及地铁车轮选型的 5 个原则：（1）结构简单、可靠；（2）具有良好的运行安全性和可靠性；（3）具有较好的减振降噪功能，弹性车轮应比同类刚性车轮降低噪声 3~5dB（A）；（4）较低的制造成本及维修费用；（5）工艺性好，易于推广应用。对可以用于轻轨车辆的弹性车轮、消声车轮、声学优化车轮的应用前景作了初步讨论，认为对降噪要求不高的线路，可以不使用弹性车轮[10]；建议国内优先开发声学优化车轮；对弹性车轮及消声车轮，应在试验研究的基础上来探讨在我国推广应用的可行性[11]。

3　国内外弹性车轮的研究进展

3.1　弹性车轮降低曲线噪声的性能研究

当车轮通过曲线轨道时，车轮不能同轨道切向对齐，前车轴上的车轮偏离轨道，从动轴上的车轮向轨道内侧方向运行。每个车轮在滚动的同时，还存在垂直于轮面方向的爬行。爬行速度取决于车轮和轨道的夹角。这种爬行引起与车轮踏面垂直的摩擦力，正是这个摩擦力激励车轮作弯曲振动，车轮向周围辐射噪声。

消除或减小曲线噪声最有效的方法是增加车轮的阻尼。通常是采用弹性车轮，因为弹性元件增加车轮模态阻尼因子，从而抑制可能发生的弯曲模态的自激共振[12,13]。

弹性车轮通常不能阻止曲线噪声的产生。美国和欧洲通常在车轮上安装环状减振器和可调片状减振器形成弹性减振车轮[14]，提高其降噪性能。

3.2　应用 TWINS 模型和有限元方法研究弹性车轮降低滚动噪声的性能

弹性车轮降低滚动噪声的效果不是很理想。欧洲铁路研究院（ERRI）为此开发的预测轮轨噪声水平的理论模型及软件（TWINS），提供了低噪声车轮和轨道设计的标准模型和方法。目前，利用 TWINS 模型研究弹性车轮减低滚动噪声的性能主要从两方面着手：（1）使用理论建模和试验验证结合的方法完善 TWINS 有关弹性车轮的建模[15]；（2）使用有限元复模态分析和 TWINS 模型进行弹性车轮降低滚动噪声的关键结构参数、材料参数和性能参数优化分析[15-18]。

3.3　弹性车轮轮轨动力学分析和应力的有限元分析

最初有限元模型没有考虑弹性体的材料非线性、变形非线性，单独就车轮轮箍进行分析。后来的计算模型，考虑了弹性车轮在高速下由于橡胶阻尼作用和高温下橡胶较大的热膨胀系数使橡胶单元的体积增加，从而引起车轮应力增加所导致的轮辋应力；同时应用断裂力学的理论，进行车轮机械载荷应力、热负荷应力与残余应力[19,20]分析，为其结构优化提供重要分析手段，解决了长期困扰人们的弹性车轮轮箍裂纹、擦伤剥离等问题，在弹性车轮的结构设计中发挥了重要作用。

对于橡胶材料的非线性问题，文献［21］在基于有限元橡胶材料超弹性特性力学本构关系建模方法研究的基础上，模拟计算了弹性车轮在道岔冲击载荷作用下的瞬态动力响应。其有限元仿真结果表明，弹性车轮在过道岔时轮轴处位移比钢制车轮减少21.4%，动载荷减小38%；橡胶硬度增加，轮轴处的位移与弹簧动载荷均有所增加，这与试验结果相符合。

3.4 弹性车轮使用寿命研究

国外对弹性车轮使用寿命进行了较为深入的研究[21]。橡胶单元中的热扩展是弹性车轮损坏的重要原因。热循环对小裂纹的增长有影响，但裂纹增长到一定尺寸后，机械负荷是其扩张的主要原因。材料断裂韧性值的提高，对提高车轮寿命影响很小，且不能完全避免车轮运用失效。优化橡胶单元的弹性和疲劳强度，提高疲劳裂纹扩展门槛值和残余应力，是提高车轮寿命的重要因素。这个研究结果，为合理选择弹性车轮材质、弹性单元的性质及确定热处理工艺提供了依据。因此提高疲劳裂纹扩展值，增加残余应力和橡胶单元的疲劳强度，成为延长车轮寿命特别是轮箍寿命的重要措施。

3.5 弹性车轮采用新材料轻量化研究

弹性车轮橡胶元件的疲劳破坏、老化直接影响弹性车轮的使用寿命。现在使用的弹性元件多为天然橡胶。为提高弹性体性能，可利用高分子聚合物复合材料，改进弹性单元的性能，提高天然橡胶的力学性能、耐老化性能和耐疲劳性能。对橡胶的表面处理、硫化体系、防老体系等进行研究，全面改进弹性元件的承载能力和使用寿命，以提高弹性车轮的轴重和长期使用性能。同时，欧洲和美国正开发铝制的弹性车轮，如德国ICE高速列车上计划采用高性能铝制弹性车轮[23]，这可使轮对的质量减小125kg。

4 结论

本文详细阐述了国内外弹性车轮的发展概况和研究现状，其中包括世界各国最近十年公布的弹性车轮专利情况、弹性车轮降低各种轮轨噪声的理论模型和性能试验研究、弹性车轮有限元分析和寿命研究以及弹性车轮新材料研究进展。此外，还涉及各国应用较多的各种弹性车轮。根据目前的发展情况，弹性车轮要在轻轨、地铁以及干线等轨道交通上得到广泛应用，还需要进行以下几个方面的研究：

（1）开发弹性车轮复合材料，研究开发能降低高频成分噪声并具有最佳轮箍质量和橡胶性能的新型弹性车轮。

（2）对弹性车轮的踏面磨耗、滚动接触疲劳等问题开展试验研究。进行弹性车轮的结构优化设计和强度分析，优化轮轨型面，改善轮轨之间的法向载荷和粘着力，提高弹性车轮的使用寿命。

（3）广泛采用有限元方法及计算机仿真技术，对弹性车轮构成的轮轨系统进行系统研究，完善橡胶单元的建模。进行轮轨动力学研究及磨损疲劳分析，优化弹性车轮对轨道动力作用的效果。

（4）轻轨车辆上进一步研究将弹性车轮用作独立车轮的技术。

参考文献

［1］史和平，郭立军．城市轨道车辆弹性车辆研究［J］．城市轨道交通研究，1998（4）：25-27.

［2］赵熙雍．橡胶弹性车轮的发展与应用［J］．机车电传动，2001（4）：5-6.

［3］Mack Rudolf. Sound-and-vibration-damping rail wheel comprises disc with outer circumferential concave recess, matching inner circumferential recess of tire, with fixed collar axial retention and injected filling of polyure thane［P］．德国专利：19830814，2000-01-20.

［4］Emilsson. Rail vehicle wheel［P］．美国专利：5183306，1993-02-02.

［5］王伯铭，赵清．橡胶弹性车轮在轻轨车辆中的应用［J］．城市轨道交通研究，1998（4）：37-40.

［6］Gunter Valjent. Assembly wheel for rail vehicles has circumferential groove［P］．德国专利：19851356，2000-05-11.

[7] James T, Nelson Wilson. Wheel/Rail Noise Control Manual [R]. Washington, D. C: National Academy Press, 1997.

[8] 左藤洁（日本）. 用弹性车轮来降低高速机车车辆噪声和振动的效果 [J]. 国外内燃机车, 1997 (2): 7-13.

[9] 左藤洁（日本）. 装有弹性车轮和制动盘的高速列车的噪声和振动 [J]. 国外内燃机车, 1997 (12): 38-44.

[10] 鲍维千. 我国轻轨车选型的有关问题 [J]. 机电车传动, 2001 (2): 34-36.

[11] 郑伟生. 轻轨、地铁车轮选型的研究 [J]. 国外铁道车辆, 2000 (2): 17-22.

[12] Maria A Heckl, I D Abrathams. Curve squeal of train wheels, part 1: mathematical model for its generation [J]. Journal of Sound and Vibration, 2000, 229 (3): 669-693.

[13] Heckl M A. Curve squeal of train wheels, part 2: which wheel modes are prone to squeal [J]. Journal of Sound and Vibration, 2000, 229: 695-707.

[14] Thompson D J, Jones C J C. A review of the modeling of wheel/rail noise generation [J]. Journal of Sound and Vibration, 2000, 231 (3): 519-536.

[15] Jones C J C, Thompson D J. Extended validation of a theoretical model for railway rolling noise novel wheel and track designs [J]. Journal of Sound and Vibration, 2003, 267: 509-522.

[16] Jones C J C, Thompson D J. Rolling noise generated by wheels with viscous-elastic layers [J]. Journal of Sound and Vibration, 2000, 231: 779-790.

[17] Scripi M. Analysis and design of a low-noise railway wheel [J]. Journal of Rail & Rapid Transit, 2001, 215 (3): 179-193.

[18] Pascal Bouvet, Nicolas Vincent. Optimization of Resilient wheels for rolling noise control [J]. Journal of Sound and Vibration, 2000, 231 (3): 765-777.

[19] Boehmer Alexander, et al. Dynamics and stress analysis of rubber-sprung wheel rims [J]. Journal for Railway and Transport, 2000, 124 (2-3): 223-230.

[20] Liu Xiufei. Stress in rubber-sprung wheels at high speed [J]. ZEV Rail Glasers Annalen, 2002, 126 (10): 464-471.

[21] 张治国, 郑明军, 谢基龙. 弹性车轮瞬态动力响应的有限元仿真方法研究 [J]. 北方交通大学学报, 2003 (1): 25-27.

[22] Storzel Klaus, Rupp Andreas, Pongracz Roman, Hauenschild Rudolf, Frohn Jorg. Design of a rubber-sprung rail vehicle wheel by numerical simulation [J]. Material testing, 2003, 45 (4): 145-152.

[23] Gerlach Thomas, Villmann Joerg, Velten Bernd. Lightweight construction-a challenger for railway transport [J]. Eisenbahningenieur, 1998, 49 (3): 72-79.

阻尼车轮的降噪结构设计与应用❶

邹 强[1,2] 江 波[1,2] 刘友存[2] 陈 刚[1,2]

(1. 高性能轨道交通新材料及安全控制安徽省重点实验室；2. 马鞍山钢铁股份有限公司)

摘 要 概述了国外阻尼车轮的降噪结构设计特征、降噪原理以及降噪效果，降噪结构设计与制作已经成为衡量车轮制造综合实力的标志之一。国内车轮制造企业要实现阻尼车轮产业化整体发展，必须拥有自主知识产权的产品。

关键词 车轮；阻尼环；轮轨噪声；约束阻尼；动力吸振器

The Damped Wheels Application and Design for Noise Reduction

Zou Qiang[1,2] Jiang Bo[1,2] Liu Youcun[2] Chen Gang[1,2]

(1. Key Laboratory of High-quality Railway New Materials and Safety Control of Anhui Province; 2. Ma'anshan Iron and Steel Co., Ltd.)

Abstract Structure, design, principle and noise-reduction effect of damped wheel in oversea countries were summarized. Design and manufacture of noise reduction structure has been one of the symbols for the measurement of comprehensive capacity on wheel manufacture. Domestic wheel manufacturers have to own independent intellectual property for the integral development of damped wheel industrialization.

Key words wheel; ring damped; wheel rail noise; constrained-layer damping; tuned mass damper

1 引言

随着我国轨道交通事业的迅猛发展，人们的出行变得越来越便利，但列车在运行过程中产生的噪声不仅影响车内司乘人员的乘坐舒适性，也对附近居民的生活和身心健康造成影响，轨道交通的振动和噪声污染已成为影响城市环境的突出问题。

根据国内外铁路噪声测试，轨道噪声主要包括轮轨噪声、牵引噪声和空气动力噪声，其中轮轨噪声分滚动噪声、冲击噪声和曲线啸声三类。轮轨噪声在整个列车运行过程一直存在，当列车行驶速度低于250km/h时，轮轨噪声是轨道噪声的主要部分[1]。因此，降低列车运行噪声的根本措施是在声源上直接加以控制，把降噪措施放在设计阶段考虑，研制低噪声车轮。

2 阻尼车轮类型

早在19世纪末，国外就已经开展了低噪声车轮的研究与应用。目前，研究和开发的低噪声车轮主要有弹性车轮、阻尼车轮（又称消声车轮、噪声衰减车轮）、声学优化车轮和复合材料车轮四大类。

弹性车轮主要特征是在轮芯和轮箍之间加一个橡胶垫，起缓冲减振作用。但相比刚性车轮，弹性车轮的主要缺点表现在结构复杂、成本高，目前主要应用在有轨电车等低速轻载轨道交通领域。声学优化车轮研制与安全评估成本较高，当前主要是对现有成熟轮型进行小的优化，如有大的改动可能存在行驶

❶ 原文发表于《铁道车辆》2016年第4期。
安徽省科技攻关项目（12010202c180）。

安全问题。复合材料车轮是指辐板部分用复合材料替换的车轮，目前仍停留在研究阶段，从未实现工业化生产。

相比上述三种类型的低噪声车轮，阻尼车轮是在现有车轮的基础上进行改造处理，而且在实际应用过程中降噪效果稳定，安全可靠性相对较高，目前已经成为降噪结构设计研究较多、应用最为广泛的低噪声车轮。阻尼车轮降噪的最大优点是可以在较宽的频率范围内对噪声进行抑制（轮轨噪声的能量主要集中在800~2500Hz频率范围）。从目前的研究与应用现状来看，阻尼车轮大致可分为敷设阻尼结构与外挂动力吸振器两大类。

3　降噪结构型式与应用

3.1　敷设阻尼环

阻尼环又称环形阻尼，一般呈开口式，可直接嵌入车轮轮辋[2]，如图1所示。当车轮受到外界激励产生振动时，阻尼环与车轮本体之间由于干摩擦而产生阻尼效应进而起到减振降噪作用。以往研究表明，嵌入阻尼环降噪模式在降低滚动噪声的同时，还能更好地抑制曲线啸声。阻尼环车轮对车轮结构的改动最小，阻尼结构相对简单，易于实现生产制造，故应用最广泛。

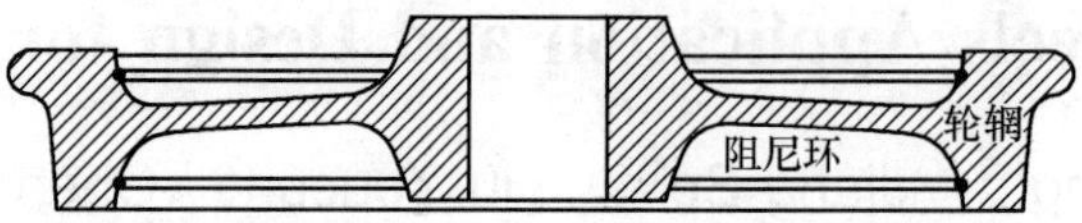

图1　阻尼环车轮结构截面图

近年来，国外科研人员对阻尼环材质与形式也在不断的改进。日本某车轮制造企业也对阻尼环进行了优化或改进，如图2所示，在原不锈钢材质阻尼环基础上进行橡胶包裹以及设计橡胶夹层式阻尼环。从其检测的降噪效果看，两种新型阻尼环对大于2000Hz的噪声有明显的抑制，如图3所示[3]。

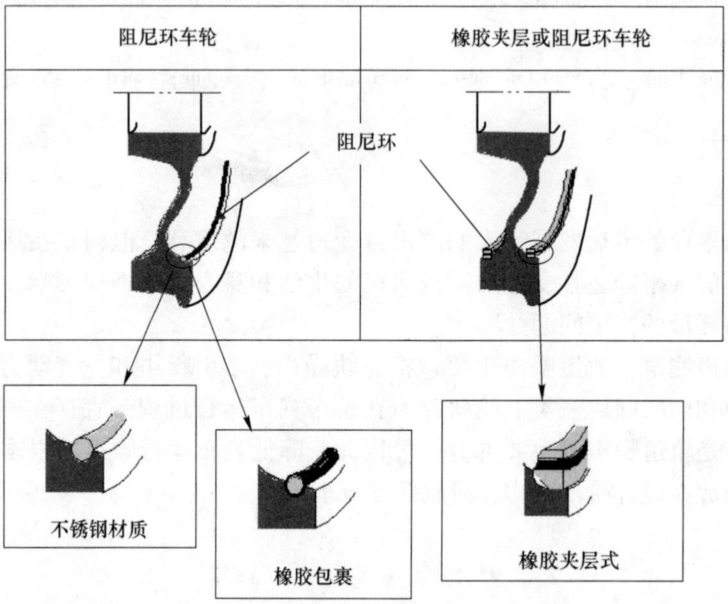

图2　改进型阻尼环设计

3.2　辐板敷设阻尼

车轮辐板是振动声辐射传播的显著部位，可通过在其表面或声辐射路径粘贴约束阻尼结构来抑制或屏蔽轮轨噪声。

意大利某车轮制造公司设计将一种特殊的黏弹约束阻尼层施加到车轮表面，无需任何机械固定系统。

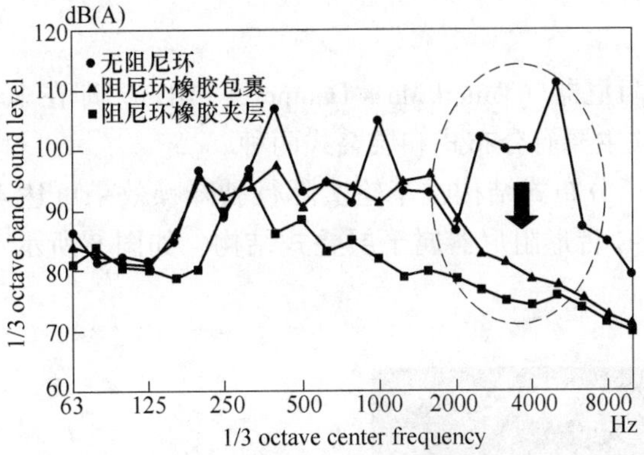

图3 1/3倍频程降噪分析

这种阻尼处理无需改变车轮的原有设计，简单实用，其结构如图4所示，内层贴近辐板为黏弹性聚合阻尼材料，外层为铝板或钢板。在意大利ETR500高速列车上安装测试了这种阻尼车轮，结果表明，当列车速度在191~295km/h时，沿线总噪声级降低4.0~5.2dB（A）[4-6]。

目前，我国部分高铁列车车轮就采用该种辐板覆盖式阻尼方式，但由于动车轮辐板装有制动盘，故主要应用在拖车轮。在国外线路应用中，意大利针对设计的局限进行了改进，如图5所示。在轮辋位置进行约束阻尼处理，线路运行时能对滚动噪声有至少4.0~5.0dB（A）的降噪效果[6]。

日本设计了直接在辐板上粘贴减振钢板进行降噪的车轮，如图6所示。其中，辐板全覆盖式车轮的降噪效果可达7dB[7]。

图4 约束阻尼车轮

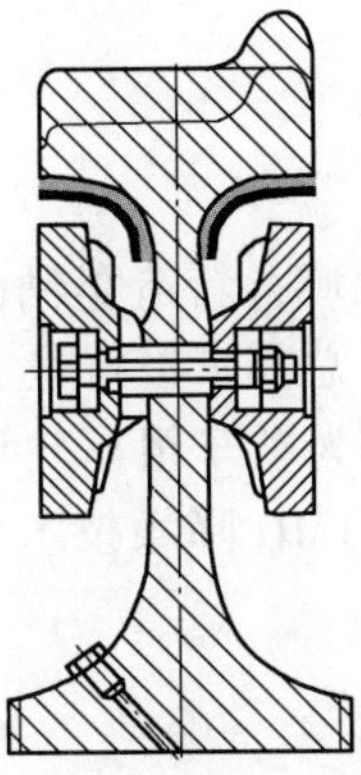

图5 动车轮约束阻尼

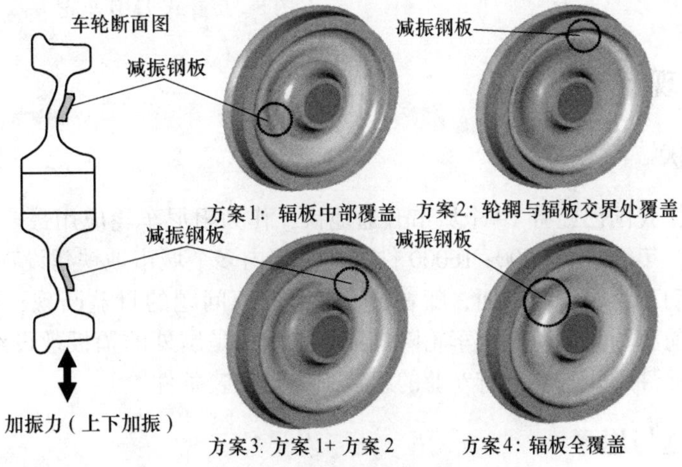

图6 车轮粘贴阻尼钢板

3.3　外挂动力吸振器

动力吸振器又称调谐质量阻尼器（Tuned Mass Damper，TMD），即在车轮（即主振系）上附加一个子结构（即吸振器），其结构形式主要有分布式和层叠式两种。

在欧洲某科研项目中应用了分布式结构，车轮实际行驶降噪效果可达 4~5dB（A）[8]，如图 7 所示。德国某车轮制造公司设计的 VSG 舌形阻尼器属于层叠式结构，如图 8 所示[9]，目前国内一些高铁车辆采用了该种降噪结构形式。

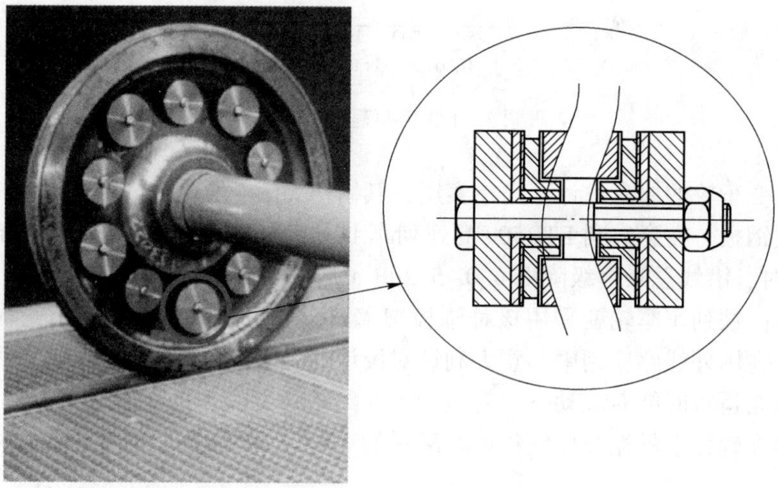

图 7　分布式 TMD 车轮

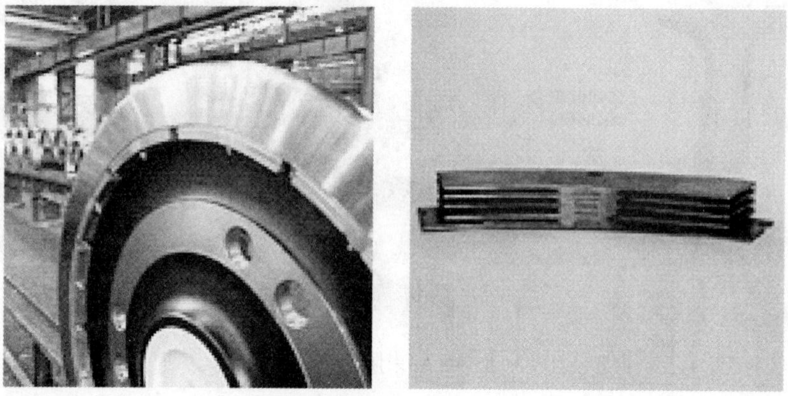

图 8　层叠式 TMD 车轮

4　国内现状与问题

4.1　现状

目前，我国已经有 19 个城市开通地铁，作为阻尼车轮应用最广泛的地铁领域，新造车辆已全部使用降噪车轮，年需求量 8000~16000 件。随着国内多个城市地铁建设项目的上马，总需求量将呈上升趋势。

高速动车组用车轮方面，随着轨道交通噪声问题的日益凸现，降噪将会成为动车组车轮评价的硬性指标。目前我国高速动车组车轮降噪措施采用的是国外的辐板敷设约束阻尼与 TMD 降噪技术，这些阻尼构件以标准件形式提供，有专业的组装工序与工装条件。

4.2　问题与思考

（1）知识产权。国外阻尼车轮研究历史已数十年，形成了许多专利，国内近年来对阻尼车轮的重视程度也在加大，形成了一些专利，但实际用轮特别是高速动车组车轮均采用国外降噪技术，要实现国产阻尼车轮产业化整体发展，必须拥有自主知识产权的产品。

（2）研制和试验手段。阻尼车轮涉及声学、非金属材料等多个领域，目前国内的车轮制造企业需要与外部资源合作，共同完成降噪结构设计、车轮降噪效果测试等研制工作，同时还需形成产品成本与技术的比较性优势。例如常规阻尼环车轮的阻尼环开口需要进行焊接闭合，虽然焊接工艺越来越成熟，但由于在车轮本体上操作，车轮使用客户有一定安全顾虑。此外，焊接完毕后还需要对焊接部位进行打磨与探伤，增加了工序，降低了生产效率。如果阻尼环结构设计成非焊接式闭合方式，将在安全性、成本上形成产品优势。

（3）可靠性分析技术。阻尼车轮是在现有车轮基础上粘贴阻尼构件，在实际应用的过程中不可避免的需要考虑其可靠性，从而提高产品推介说服力。例如，约束阻尼车轮，为验证粘贴阻尼结构在车轮高速运转条件下的可靠性，研究人员会开展撕裂试验与阻尼材料寿命测评等。因此，实现阻尼车轮的综合评价，必须对可靠性验证方式与条件进行标准化系统设计。

5 结语

（1）阻尼车轮降噪效果稳定，安全可靠性相对较高，是目前应用最为广泛的低噪声车轮，世界知名企业均具有阻尼车轮自主开发和产业化能力，其降噪结构设计与制造水平已经成为衡量车轮制造综合实力的标志之一。

（2）国产阻尼车轮产业化整体发展，必须拥有自主知识产权的产品，实现阻尼车轮产品专业化、标准化生产。

参考文献

[1] Brian Hemsworth. Environmental Noise Directive Development of Action Plans for Rail-ways [R]. UIC, 2008: 6-7.

[2] Brunel J F, Dufrénoy P, Charley J. Analysis of the attenuation of railway squeal noise by preloaded rings inserted in wheels [J]. Journal of The Acoustical Society of America, 2010 (3): 1301-1303.

[3] Nippon Steel & Sumitomo Metal Corporation [EB/OL]. http: //www. nssmc. com/en/.

[4] Brunel J F, Dufrénoy P, Demilly F. Modeling of squeal noise attenuation of ring damped wheels [J]. Applied Acoustics, 2004 (65): 457-471.

[5] Cervello S, Donzella G, Pola A, Scepi M. Analysis and design of a low-noise railway wheel [J]. Proceedings of the Institution of Mechanical Engineers, Part F: Journal of Rail and Rapid Transit, 2001, 215 (3): 179-192.

[6] Andrea Bracciali. Low noise wheels: Lucchini solutions [C]. Railway noise in urban areas: possible source noise reduction measures, Pisa, 2006.

[7] 笹倉実. 在来線車輪の振動・騒音解析と低減対策 [R]. 鉄道総研月例発表会, 2013.

[8] Jones C J C, Edwards J W. Development of wheels and track components for reduced rolling noise from freight trains [C]. In: Proceedings of Internoise 96, Liverpool, 1996: 403-408.

[9] Inaki Merideno, Javier Nieto, Nere Gil-Negrete. Theoretical prediction of the damping of a railway wheel with sandwich-type dampers [J]. Journal of Sound and Vibration, 2014, 333: 4897-4911.

阻尼环对车轮降噪效果的影响❶

邹　强[1]　周　信[2]　江　波[1]　陈灵通[1]　王志刚[3]

(1. 马鞍山钢铁股份有限公司，高性能轨道交通新材料及安全控制安徽省重点实验室；2. 西南交通大学，牵引动力国家重点实验室；3. 马鞍山钢铁股份有限公司，轮轴事业部)

摘　要　通过半消声室声辐射测试，对比分析阻尼环与车轮本体之间的预紧力、环截面直径以及环数的变化对车轮降噪效果的影响，结果表明，随着预紧力的增加，车轮的降噪效果呈现先增高后降低的趋势。阻尼环由单环增加到双环，降噪量有所提高，但并非成倍线性增长，而阻尼环截面直径的变化对车轮振动声辐射影响不显著。

关键词　减振降噪；阻尼环；预紧力；声辐射

1　引言

目前中国已经有二十几个城市开通地铁，人们的出行越来越便利，但列车在运行过程中产生的噪声已成为影响城市环境的突出问题。因此，具有“减振降噪”功能的低噪声车轮的需求越来越大。这其中阻尼环车轮对原始车轮结构的改动最小，结构简单，易于实现生产制造，故应用最广泛。然而，实际阻尼环车轮受阻尼环影响因素较多，本文通过对比分析阻尼环参数的变化对车轮降噪效果的影响，为阻尼环车轮优化与标准化生产制作，进一步提高降噪效果提供方向。

2　阻尼环车轮结构

阻尼环又称环形阻尼，一般呈开口式，可直接嵌入车轮轮辋，如图1所示。当车轮受到外界激励产生振动时，阻尼环与车轮本体之间由于干摩擦而产生阻尼效应进而起到减振降噪作用。以往的研究表明，嵌入阻尼环降噪模式在降低滚动噪声的同时还能更好地抑制曲线啸声[1]。阻尼环所涉及的组装参数有环与车轮本体之间的预紧力、环的截面直径、环的数量等[2]。

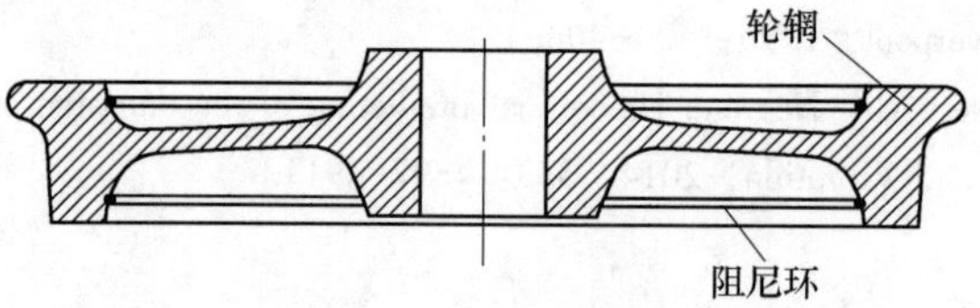

图1　阻尼环车轮结构截面示意图

3　试验车轮的试制

3.1　阻尼环连接装置的非焊接式设计

常规阻尼环在嵌入车轮槽内后都需要对阻尼环开口接头部位进行焊接处理，防止阻尼环在车轮运行过程中脱落或松动，虽然焊接工艺越来越成熟，但由于在车轮本体上操作，车轮使用客户有一定安全隐患顾虑。为此，本试验设计一种具有调整预紧力功能的非焊接式阻尼环连接装置，以打消用户对安全性的疑虑，同时，研究预紧力对降噪效果的影响，找出组装参数与降噪效果的量化关系，以指导阻尼环车

❶　原文发表于铁路车辆轮轴技术交流会（2016）论文集。

轮标准化生产，提高降噪效果稳定性。设计的连接装置如图2所示。原理如下：机构原理为正反扣机械自动锁紧。放入连接装置后，通过顶丝使其两侧定位销伸出卡入阻尼环，保证连接装置不会从阻尼环开口接头处脱落，转动空心丝杆，左右螺母向两侧移动，对阻尼环施力撑紧，形成环与轮本体之间的预紧力。阻尼环、连接装置以标准件制作，通过转动空心丝杆改变连接装置尺寸间距（量化手段）来调节预紧力。

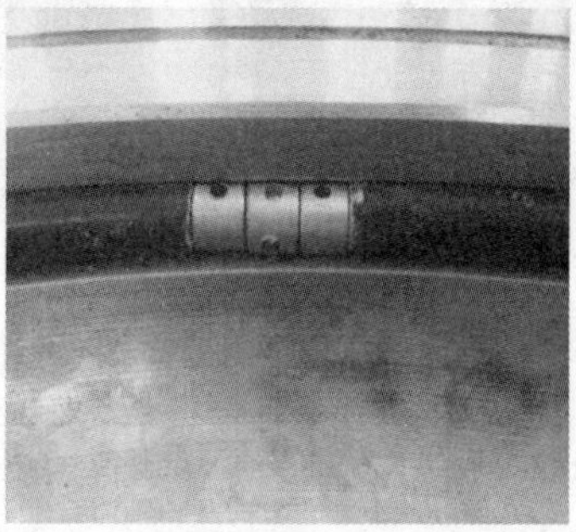

图2 阻尼环非焊接式连接装置

3.2 样轮试制

选用某规格ER9材质地铁车辆用车轮进行样轮试制，阻尼环材质为10A钢，表面进行磷化处理，样轮试制与测试工装方案如表1所示。

表1 阻尼环车轮试制与测试工装方案

序号	规格	试制目的	车轮测试工况编号
1	无阻尼环	与阻尼环车轮对比分析	W0
2	ϕ14 单环	（1）在不同预紧力下降噪效果 （2）与双阻尼环车轮对比分析	WD_ Φ14_ 0、WD_ Φ14_ 1、WD_ Φ14_ 2、WD_ Φ14_ 3、WD_ Φ14_ M（预紧力逐渐增大）
3	ϕ12 双环	（1）在不同预紧力下降噪效果 （2）与ϕ14双环车轮对比，环截面直径变化对降噪效果的影响	WS_ Φ12_ 0、WS_ Φ12_ 1、WS_ Φ12_ M（预紧力逐渐增大）
4	ϕ14 双环	（1）在不同预紧力下降噪效果 （2）与ϕ12双环车轮，环截面直径变化对降噪效果的影响	WS_ Φ14_ 0、WS_ Φ14_ 1、WS_ Φ14_ M（预紧力逐渐增大）

注：W表示车轮；D表示单环；S表示双环；Φ表示阻尼环截面直径；0、1、2、3、M分别表示阻尼环预紧力所处状态。

4 车轮振动声辐射分析

4.1 测试方式概况

参照国际标准ISO 3745与国家标准GB/T 6882，基于B&K振动噪声测试分析系统，开展多种测试工况下振动声辐射特性室内测试试验。根据ISO标准中20点法的1/2球面测点布置，对自由状态下，标准车轮和多型式阻尼环车轮在落球撞击激励下的声学响应特性进行测试分析[3]，比较分析阻尼环对车轮振动声辐射的抑制效果。实验室测试如图3所示。

4.2 预紧力对单环阻尼车轮WD_ Φ14声辐射的影响

图4给出了自由悬挂状态下，标准车轮W0和不同预紧力的单环阻尼车轮WD_ Φ14车轮在径向和轴向落球撞击激励条件下总辐射声功率值。总体上，阻尼环装置具有良好的降噪效果。由图4可知，自由悬挂状态下单环阻尼车轮WD_ Φ14在径向和轴向落球撞击激励条件下，随着预紧力的增加阻尼车轮的降噪效果呈现先增高后降低的趋势。测试工况综合考虑，预紧力WD_ Φ14_ 3降噪效果最好，径向激励下降低13.2dB（A），轴向激励下降低10.2dB（A）。

图 3　半消音室测试

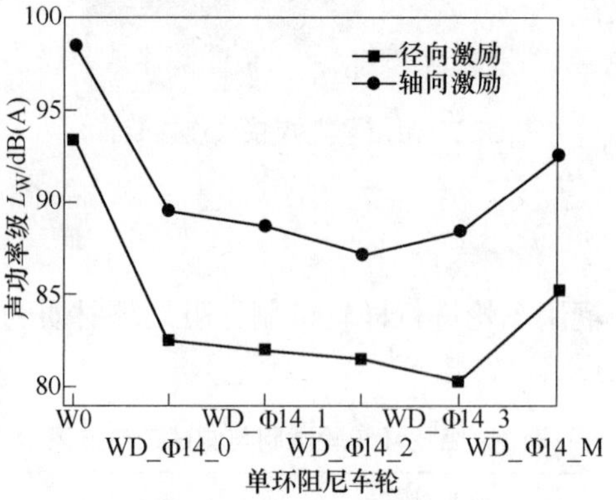

图 4　自由悬挂状态下 ϕ14 单环阻尼车轮辐射声功率级

4.3　预紧力对 WS_ Φ14 车轮振动声辐射的影响

图 5 给出了自由悬挂状态下标准车轮 W0 和不同预紧力的双环阻尼车轮 WS_ Φ14 车轮在径向和轴向落球撞击激励条件下总辐射声功率值。由图 5 可知，自由悬挂状态下双环阻尼车轮 WS_ Φ14 在径向和轴向落球撞击激励条件下随着预紧力的增加阻尼车轮的降噪效果仍然有先增高后降低的趋势，但没有单环明显，这可能是受到环数增加造成的综合影响，测试工况综合考虑，预紧力 WS_ Φ14_ M 降噪效果最好，径向激励下降低 13. 9dB（A），轴向激励下降低 13. 1dB（A）。

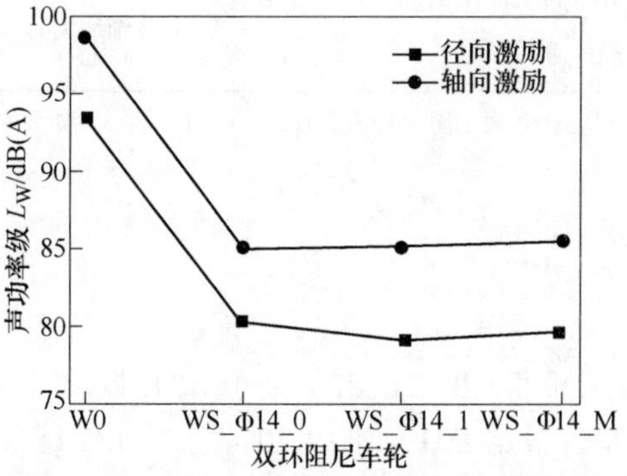

图 5　自由悬挂状态下 ϕ14 双环阻尼车轮辐射声功率级

4.4　预紧力对 WS_ Φ12 车轮振动声辐射的影响

图 6 给出了自由悬挂状态下标准车轮 W0、不同预紧力的双环阻尼车轮 WS_ Φ12 车轮在径向和轴向落球撞击激励条件下总辐射声功率值。由图 6 可知，双阻尼环装置具有良好的降噪效果。自由悬挂状态下，双环阻尼车轮 WS_ Φ12 在径向和轴向落球撞击激励条件下随着预紧力的增加阻尼车轮的降噪效果变化不显著，这可能是受到环数增加造成的综合影响，测试工况综合考虑，预紧力 WS_ Φ12_ M 降噪效果最好，径向激励下降低 14. 4dB（A），轴向激励下降低 12. 0dB（A）。

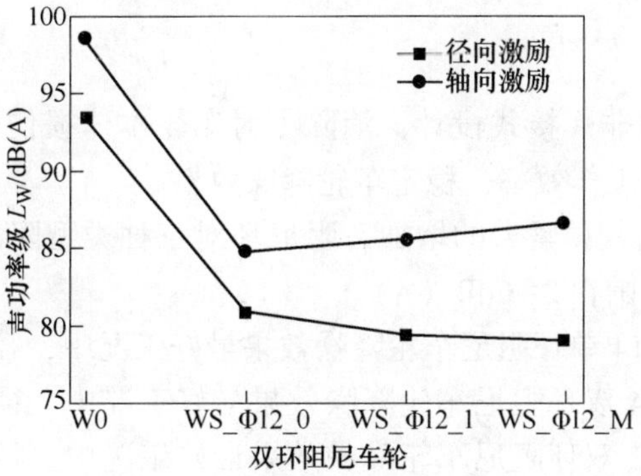

图6　自由悬挂状态下 $\phi12$ 双环阻尼车轮辐射声功率级

4.5　阻尼环个数对车轮振动声辐射的影响

为了进一步了解单、双环阻尼环装置的降噪效果，图7给出了自由悬挂状态下标准车轮 W0、单环阻尼车轮 WD_ Φ14_ M 和双环阻尼车轮 WS_ Φ14_ M 在径向和轴向落球撞击激励条件下总辐射声功率值。由图7可知，自由悬挂状态下，阻尼环由单环增加到双环，降噪量有所提高，但并非成倍线性增长。径向激励下，单环阻尼车轮 WD_ Φ14_ M 降噪效果为 8.2dB（A），双环 WS_ Φ14_ M 降噪效果为 13.9dB（A），增加一个环，其降噪效果增加 5.7dB（A）；轴向激励下，单环 WD_ Φ14_ M 降噪效果为 6.0dB（A），双环 WS_ Φ14_ M 降噪效果为 13.1dB（A），增加一个环，其降噪效果增加 7.2dB（A）。

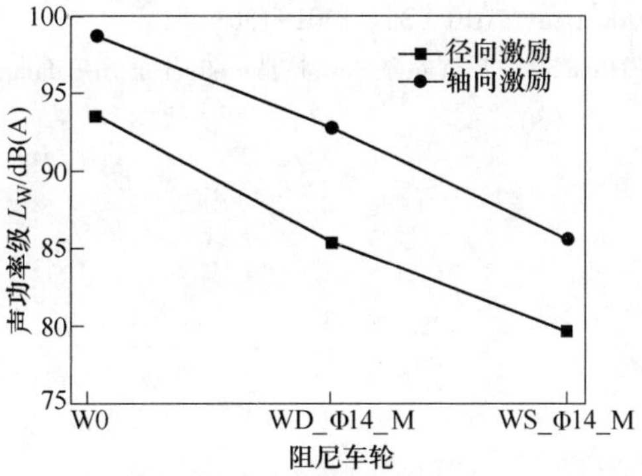

图7　自由悬挂状态下阻尼车轮辐射声功率级

4.6　阻尼环截面直径对车轮振动声辐射的影响

目前国内阻尼环基本选用 $\phi12$ 与 $\phi14$ 两种截面直径，针对这两种直径对振动声辐射的影响，图8给出标准车轮 W0、双环阻尼车轮 WS_ Φ12_ M 和双环阻尼车轮 WS_ Φ14_ M 在径向和轴向落球撞击激励条件下总辐射声功率值。由图8可知，自由悬挂状态下阻尼环直径对声辐射影响不显著。径向激励下，双环阻尼车轮 WS_ Φ12_ M 降低了 14.4dB（A），双环阻尼车轮 WS_ Φ14_ M 降低了 13.9dB（A）；轴向激励下，双环阻尼车轮 WS_ Φ12_ M 降低了 12.0dB（A），双环阻尼车轮 WS_ Φ14_ M 降低了 13.1dB（A）。

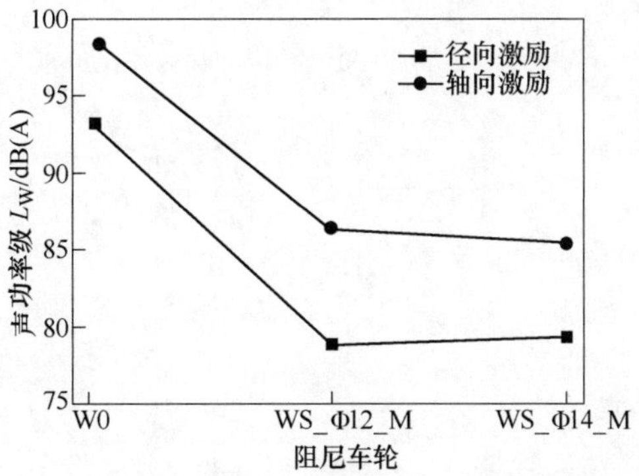

图8　自由悬挂状态下阻尼车轮辐射声功率级

5 结论

（1）改进型阻尼环连接装置非焊接式设计，消除了对车轮本体损伤的安全隐患，连接装置安装方便简单，减少了操作工序，提高了工作效率，稳定车轮降噪效果。

（2）在车轮自由状态下，随着预紧力的增加，阻尼环对三种类型阻尼环车轮振动声辐射的抑制效果均有先增加后减小趋势，变化范围在 2~6dB（A）。

（3）在车轮自由状态下，ϕ14 单环阻尼车轮降噪效果最好工况中，径向激励下降低 13. 2dB（A），轴向激励下降低 10. 2dB（A）；ϕ14 双环阻尼车轮降噪效果最好工况中，径向激励下降低 13. 9dB（A），轴向激励下降低 13. 1dB（A）；ϕ12 双环阻尼车轮降噪效果最好工况中，径向激励下降低 14. 4dB（A），轴向激励下降低 12. 0dB（A）。

（4）在车轮自由状态下，车轮由单环增加到双环，降噪量有所提高。ϕ14 双环全预紧阻尼车轮较 ϕ14 单环全预紧阻尼车轮，径向激励下，降噪效果增加 5. 7dB（A）；轴向激励下，降噪效果增加 7. 1dB（A）。

（5）在车轮自由状态下，阻尼环截面直径对车轮振动声辐射影响不显著，阻尼环截面直径由 12mm 增加至 14mm，降噪量增加约 1dB（A）。

参 考 文 献

[1] Brunel J F, Dufrénoy P, Demilly F. Modeling of squeal noise attenuation of ring damped wheels [J]. Applied Acoustics, 2004, 65: 457-471.

[2] Brunel J F, Dufrénoy P, Charley J. Analysis of the attenuation of railway squeal noise by preloaded rings inserted in wheels [J]. Journal of the Acoustical Society of America, 2010 (3): 1301-1303.

[3] Zhang Yumei, Xiao Xinbiao, Shen Huoming, Li Yanyi, et al. The effect of ring dampers on noise radiation from railway wheels [J]. Noise Control Engr. J., 2012, 60 (3).

试验研究

车轮断裂韧性与组织和性能的关系❶

张峰　陈刚

（马鞍山钢铁股份有限公司）

摘　要　研究了车轮断裂韧性与组织性能的关系。结果表明，D1、D2 车轮 K_Q 比 E1 车轮分别高 30.0%、低 14.5%。裂纹尖端延伸区宽度、铁素体百分含量与 K_Q 之间存在正相关关系，Cr、C_{eq}、晶粒尺寸与 K_Q 之间存在负相关关系，珠光体片间距约为 0.6μm 时断裂韧性 K_Q 最高。

关键词　断裂韧性；应力强度因子；珠光体片间距；晶粒

Relationship of Fracture Toughness and Microstructures and Properties of Wheel Steel

Zhang Feng　Chen Gang

（Ma'anshan Iron and Steel Co., Ltd.）

Abstract　Relationship of fracture toughness and microstructures and properties of wheel steel were studied. The results indicated that K_Q of D1 increased by 30.0% and D2 reduced by 14.5% than E1. The width of crack stretch zone and ferrite percent were positive correlation to K_Q. The Cr, C_{eq}, grains were negative correlation to K_Q. The fracture toughness K_Q was maximum at 0.6μm of pearlite lamella.

Key words　fracture toughness; stress intensity factor; pearlite lamella; grains

1　引言

车轮在钢轨上滚动时，轮轨之间发生相互作用，车轮承受垂直力、导向力、制动闸瓦压力和残余应力等。随着铁路不断提速，尤其是高速铁路的快速发展，车轮的使用条件进一步恶化，提高车轮使用性能，特别是提高车轮抵抗裂纹扩展性能越加显得重要。就高速车轮材质选择看，由于运行条件不同，日本与西欧走的是不同的道路，日本东海道新干线一直沿用高碳钢，提高材料的强硬度是他们的首选，而西欧如法国、德国、意大利等用的是 UIC 标准中的 R7 或 R8 钢，后者含碳量低于前者，Cr、Mo、V 等元素作为残余元素保留在钢中，一般认为这些微量的残余元素对车轮钢断裂韧性是有利的，尤其是微量的 Cr 元素，它改善了钢的综合性能，提高了硬度和淬透性，并具有较高的韧性和较低的微裂纹敏感性。UIC 标准增加了断裂韧性 K_Q 试验，提出了严格的要求。如何提高车轮的断裂韧性，认识微合金元素在车轮钢中的作用，探索断裂韧性与性能组织的关系，满足市场的需求是本文工作的宗旨。本文选取了三件车轮，它们的冶炼工艺不完全一致，化学成分略有变化，轧制工艺和热处理工艺基本相同，测试了断裂韧性 K_Q，分析了 K_Q 与组织性能的关系。

2　试验材料及过程

E1 车轮冶炼工艺流程为转炉→精炼→真空→连铸，是车轮钢的常规生产工艺，D1、D2 车轮冶炼方式

❶　原文发表于《理化检验—物理分册》2004 年第 4 期。

为电渣重熔。三件车轮热加工及热处理工艺相近，为开轧温度 1200~1300℃左右，终轧温度 1030℃左右，轧后 630℃×5h 等温，920℃×240s 淬火，550℃×4h 回火。它们的化学成分、力学性能分别见表 1、表 2。

断裂韧性 K_Q 试验选取非标试样，形状为 FFC（T），尺寸为 30mm×50mm×100mm，在 MTS Teststar 材料试验机上用 790.50 Fracture Toughness Test Application 软件进行。断裂韧性试样延展区宽度、珠光体片间距在 PHILIPS XL30 扫描电镜上测量，其中片间距测量放大 2500×，晶粒尺寸、铁素体百分含量用 IBAS 图像分析系统的自动分析软件测算。

表 1　车轮钢化学成分

Table 1　Chemical composition of wheel steel　　（%）

编号	C	Si	Mn	P	S	Cr	Al_s	[H]	C_{eq}①	冶炼方法
E1	0.51	0.33	0.72	0.015	0.004	0.23	0.006	0.00012	0.676	精炼、真空、连铸
D1	0.47	0.26	0.81	0.017	0.003	0.16	0.016	—	0.637	电渣重熔
D2	0.50	0.30	0.76	0.017	0.002	0.28	0.037	—	0.683	电渣重熔

①本文中按 $C_{eq}=C+\frac{1}{6}Mn+\frac{1}{5}Cr$ 计算。

表 2　车轮钢力学性能

Table 2　Mechanical properties of wheel steel

编号	R_{eL}/MPa	R_m/MPa	A/%	Z/%	轮辋 A_K/J						断面硬度 HBS10/3000		
					U5（+20℃）			V2（-20℃）					
E1	585	920	18	46	20	25	25	8.5	8.5	8.5	272	260	262
D1	525	825	21	56	34	34	32	10	11	12	228	231	232
D2	560	880	19	56	27	25	29	5.5	5.0	5.0	235	248	239

3　断裂韧性试验结果

K_{IC}是材料阻止宏观裂纹失稳扩展的度量，它和裂纹本身大小、形状无关，也与外加应力大小无关，是材料的基本特性之一，与材料的成分，热处理及加工工艺有关，材料的 K_{IC}越高，裂纹扩展的外应力就越大，材料抵抗裂纹失稳扩展的阻力就越大。由于车轮轮辋部位尺寸的限制，本次试验选择试样厚度为 30mm，所取试样尺寸绝大多数不能严格满足断裂韧性 K_{IC} 试验所需的平面应变条件，测试的断裂韧性由 K_Q 表示，虽然 K_Q 与 K_{IC}的物理意义不同，但可以表示裂纹失稳扩展阻力的相对大小。三件车轮断裂韧性试验结果见表 3，其中 R_s 为强度因子$\left(R_s=\frac{2P_{max}(2w+a)}{B(w-a)^2R_{eL}}\right)$，是材料的一种韧性指标，$2.5(K_Q/R_{eL})^2$ 是试样达到平面应变条件所需厚度，除 D2_2 试样达到平面应变条件外，其余均为平面应力状态，R_y 为裂纹失稳扩展时裂纹尖端塑性区尺寸，文献［1］指出平面应力状态下 $R_y=\frac{1}{2\pi}\left(\frac{K_Q}{\sigma_s}\right)^2$，平面应变状态 $R_y=\frac{1}{6\pi}\left(\frac{K_Q}{\sigma_s}\right)^2$。

表 3　断裂韧性试验结果

Table 3　Test results of the fracture toughness

编号	K_Q /MPa·$m^{1/2}$	R_s	P_{max}/P_q	$2.5(K_Q/R_{eL})^2$ /mm	R_y /mm	加载速率 /MPa·$m^{1/2}$·s^{-1}
E1_1	73.68	0.8814	1.00	44.87	2.86	0.8151
E1_2	74.89	0.8948	1.00	46.36	2.95	0.8221
E1_3①	74.71	0.8965	1.00	46.13	2.94	0.8249
E1_4	71.29	0.8509	1.00	42.00	2.67	0.8144
E1_5	86.83	1.0379	1.00	62.31	3.97	0.8133
E1_6	74.43	0.8908	1.00	45.78	2.91	0.8181

续表 3

编号	K_Q /MPa · $m^{1/2}$	R_s	P_{max}/P_q	$2.5(K_Q/R_{eL})^2$ /mm	R_y /mm	加载速率 /MPa · $m^{1/2}$ · s^{-1}
E1 平均值	75.97	0.9087	—	47.91	3.05	0.8180
D1_1	87.27	1.0422	1.000	62.94	4.01	0.8207
D1_2	106.27	1.2993	1.025	93.34	5.94	0.8128
D1_3①	111.13	1.3348	1.008	102.10	6.50	0.8118
D1_4	89.92	1.0748	1.000	66.82	4.25	0.8192
D1_5	99.38	1.1837	1.000	81.63	5.20	0.8093
D1 平均值	98.79	1.1870	—	81.37	5.18	0.8148
D2_1	63.71	0.7602	1.000	33.55	2.14	0.8168
D2_2①	57.96	0.6882	1.000	27.76	0.59	0.8010
D2_3	71.45	0.8492	1.000	42.19	2.69	0.8110
D2_4	67.25	0.7988	1.000	37.37	2.38	0.8029
D2_5	64.57	0.7671	1.000	34.47	2.19	0.8136
D2 平均值	64.99	0.7727	—	35.07	2.00	0.8091

①选取该试样进行微观分析。

4 分析讨论

E1 钢与 D 系列钢冶炼方式不同，但断裂韧性没有呈现对应关系。三件车轮 P、S 含量相当，Al_s 对断裂韧性的影响未显示出明显规律；C 含量对断裂韧性有影响，但并不呈现线性关系；Cr、C_{eq} 与断裂韧性存在负相关关系，这是因为 Cr 能够提高钢的淬透性和强度、硬度，减少铁素体百分含量，增加了晶粒尺度的不均匀性，对韧性尤其是断裂韧性有不利的作用。断裂韧性与强度、硬度之间总体来说呈现负相关，但并不是完全对应；与伸长率、断面收缩率关系不明显；与常温 U 形冲击功基本呈现正相关关系；与低温 V 形冲击功呈现明显的线性对应关系，这是因为低温尖锐缺口与断裂韧性试样裂纹尖端都存在应力集中，从理论上看两者具有相似的断裂过程。从常温 U 形冲击功与低温 V 形冲击功的相互关系看，D2 钢缺口敏感性较高。

试样断口延伸区微观形貌如图 1~图 3 所示，试样微观组织如图 4~图 6 所示。从断口的微观形貌看，断裂韧性 K_Q 与裂纹尖端延展区宽度存在线性关系，说明 K_Q 数值高的试样在断裂过程中吸收了大量的能量，断口微观形貌表现为韧窝状（见图 1~图 3）。组织决定了性能，三种车轮钢微观参数见表 4，其中铁素体百分含量与 K_Q 之间存在正相关关系。这是因为裂纹尖端扩展到铁素体区，在铁素体中出现塑性钝化，裂纹扩展表现为穿晶，以韧性断裂为主，断口微观形貌为韧窝，断裂吸收功高。因此，铁素体百分含量高断裂韧性 K_Q 高；晶粒尺寸与 K_Q 之间存在负相关关系。这是因为断口上疲劳条纹的形成是通过裂纹尖端的钝化和复锐来实现的，裂纹扩展的途径将优先指向并穿越自由铁素体，在疲劳裂纹扩展状态下，当晶粒尺度与裂纹尖端塑性区尺寸相当时，相邻位错源开动，晶界上位错塞积减少，应力集中缓和，晶内出现解理裂纹。此时断裂方式是沿晶断裂和晶内解理同时存在，宏观显示断裂吸收功低。当晶粒尺度

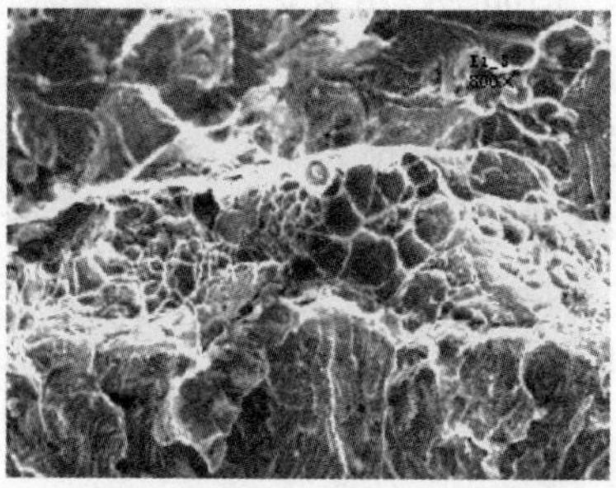

图 1 E1_3 试样断口延伸区微观形貌

Fig. 1 Micropattern of stretch zone of E1_3 in fracture toughness test

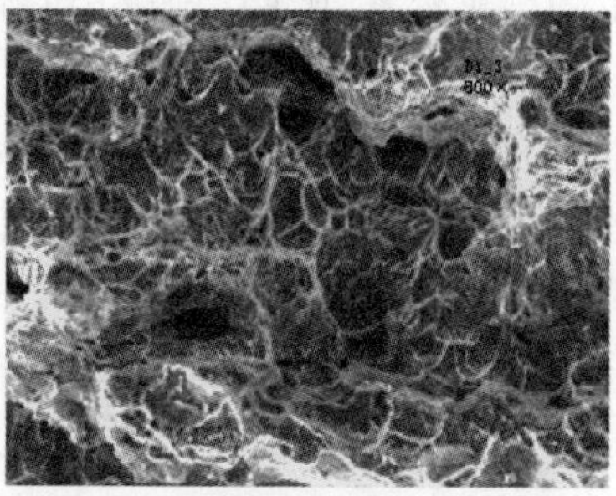

图 2 D1_3 试样断口延展区微观形貌

Fig. 2 Micropattern of stretch zone of D1_3 in fracture toughness test

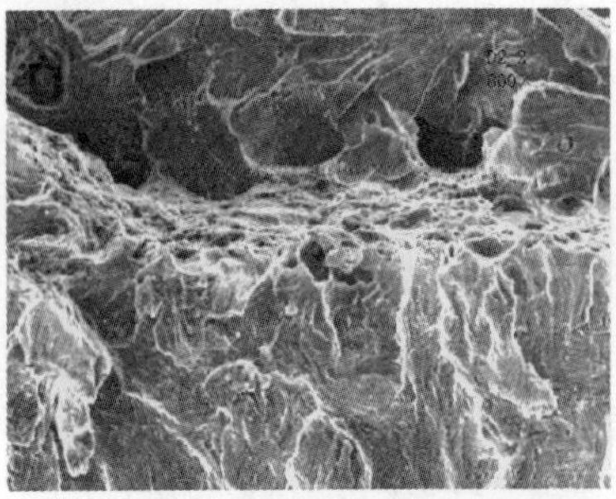

图 3　D2_2 试样断口延伸区微观形貌

Fig. 3　Micropattern of stretch zone of D2_2 in fracture toughness test

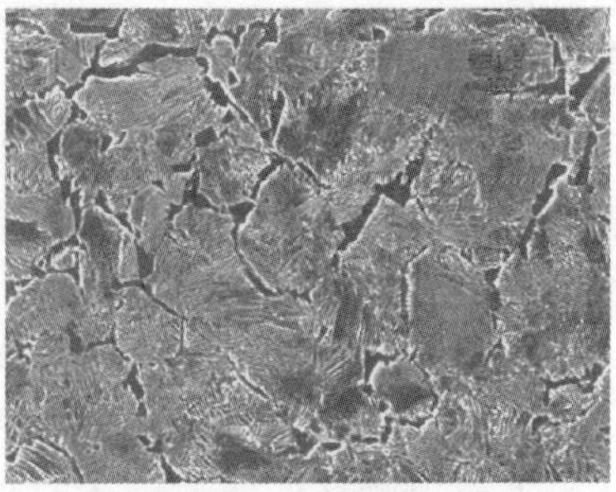

图 4　E1_3 试样微观组织

Fig. 4　Microstructure of E1_3 sample

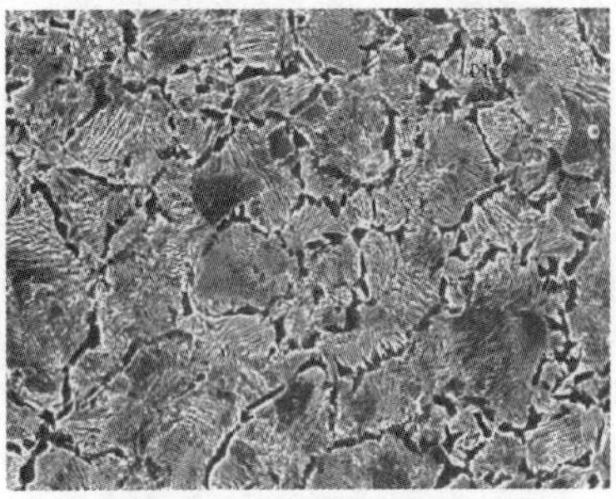

图 5　D1_3 试样微观组织

Fig. 5　Microstructure of D1_3 sample

图 6　D2_2 试样微观组织

Fig. 6　Microstructure of D2_2 sample

小于裂纹尖端塑性区尺寸时，晶界上不具备因位错塞积而造成开裂的条件，晶内滑移面上位错塞积也不很严重，这种断裂方式以韧性撕裂为主，断口主要由韧窝组织[2]，宏观表现为较高的断裂韧性 K_Q。对铁素体-珠光体钢来说，珠光体片间距变小，层间铁素体片层变薄，裂纹尖端塑性变形能力变弱，材料更加容易处于平面应变状态，在较小的断裂吸收功条件下，试样发生断裂，宏观显示断裂韧性指标低，但因片间距变小的同时渗碳体厚度也随之减小，韧性指标上升，两者综合作用的结果使铁素体珠光体钢存在一最佳的片间距，在此期间钢的断裂韧性指标最好。本文试验结果表明，最佳片间距约在 0.6μm 左右。

表 4　断裂韧性试样微观参数

Table 4　Microparameter of fracture toughness sample

编号	断裂韧性试样延伸区宽度/μm	晶粒尺寸/μm	珠光体片层间距/μm	铁素体百分含量/%
E1_3	355	55.45	0.7670	5.48
D1_3	920	30.45	0.6225	7.99
D2_2	200	66.20	0.2120	4.99

5　结论

（1）D1、D2 车轮 K_Q 比 E1 车轮分别高 30.0%、低 14.5%，说明冶炼方式差异与断裂韧性之间没有对应关系。

（2）Cr、C_{eq}与 K_Q 之间存在反比例关系，K_Q 与强度、硬度之间的负相关关系不是完全对应，与常温 U 形冲击功呈现正相关关系，与低温 V 形冲击功呈现明显的线性对应关系，D2 车轮缺口敏感性较高。

（3）车轮断裂韧性试样裂纹尖端延展区宽度、铁素体百分含量与 K_Q 之间存在正相关关系，晶粒尺寸与 K_Q 之间存在负相关关系，珠光体片间距约在 0.6μm 时 K_Q 值最高。

参 考 文 献

［1］坎贝尔 J E，等．断裂力学在选材方面的应用［M］．北京：冶金工业出版社，1992：14-16.

［2］俞德刚，等．钢的组织强度学［M］．上海：科学技术出版社，1983：50.

KKD车轮淬火加热动态测温试验及分析❶

安 涛[1] 肖 峰[1] 程德利[1] 蒋宗好[1] 王世付[1] 刘日新[2] 李鹏辉[2]

(1. 马鞍山钢铁股份有限公司；2. 北京赛维美高科技有限公司)

摘 要 通过采用“黑匣子”耐高温温度测试仪对车轮在淬火加热炉内的温度进行动态跟踪测试，验证了马钢车轮轮箍分公司在淬火加热炉完成技改后所用临时工艺是合理的，同时提出了工艺优化的方向。

关键词 车轮；黑匣子；加热炉；测温

Experiment and Analysis on the Dynamical Measurement Temperature of KKD Wheel Hardening Heating

An Tao[1] Xiao Feng[1] Cheng Deli[1] Jiang Zonghao[1] Wang Shifu[1] Liu Rixin[2] Li Penghui[2]

(1. Ma'anshan Iron and Steel Co., Ltd.;
2. Beijing Saiweimei High Scientific Technique Co., Ltd.)

Abstract Through to employ "black box" anti-high-temperature temperature measurer, the temperature inside hardening heating furnace was dynamically measured. Examine that Ma-steel wheel branch company employed provisional technology is rational after hardening heating furnace accomplished technique reform. Final put forward the course of technology optimization.

Key words wheel; black box; heating furnace; measuring temperature

1 引言

马鞍山钢铁股份有限公司车轮轮箍分公司是生产铁路车轮和轮箍的专业厂家。马钢投资近5亿元人民币对车轮生产系统从轧钢到热处理再到检测进行技术改造。2003年4月，马钢车轮轮箍分公司的新车轮淬火系统建成试产。新淬火系统主要包括一座新环形加热炉（4#炉），2台装料机械手和6台车轮淬火台。

4#炉的燃烧系统、炉体结构、布料加热方式、控制系统和装出料设备等不同于改造前的车轮淬火加热炉。试产期间，车轮轮箍分公司先是根据经验制定了车轮淬火加热的临时工艺。通过对产品性能的统计分析，表明4#炉及临时工艺能够较好的实现产品技术条件要求的产品性能。为进一步检验4#炉的特性和验证工艺的正确性，做了两次车轮淬火加热过程动态测温试验。通过测量在4#炉内车轮不同位置的温度变化，分析加热速度的合理性，指导选择和优化炉温工艺参数。测量轮辋、辐板和轮毂奥氏体化的时间，指导选择和优化加热时间工艺参数。

2 试验条件

2.1 试验设计

两次试验都是采用KKD车轮作为试验工件，在4#炉中按照试验工艺加热3h，借助一种俗称“黑匣

❶ 原文发表于《工业加热》2004年第4期。

子”耐高温温度测试仪随试验工件入炉跟踪测试。“黑匣子”高温温度测试仪由高温温度记录仪和保温箱组成。在入炉前通过计算机编程设定采样周期、触发时间和在炉时间等参数，然后将高温温度记录仪装入有耐火纤维隔热的保温箱中，连接热电偶并随车轮进入炉内。在炉中运动依次通过预热段、加热一段、加热二段、均热段。出炉后，由计算机调出记录数据。采用 K 型热电偶，其测温范围为 0~1290℃，测量误差为 0.5%。记录仪的通道数为 7 个，分别用于第 8~14 点的测温。采样速率设定为每 8s 采集记录一次。

设计测温点如图 1 所示。测温点 8、9、10、12 用于测量轮辋温度场的变化。第 11 点用于测量车轮上表炉气温度。第 13 点用于测量辐板温度变化。第 14 点用于测量轮毂心部温度。

2.2 加热炉

4#淬火加热炉是一座外径为 28m 的环形加热炉，采用了强制供风亚高速烧嘴、全纤维炉内衬、工件架空受热、计算机控制等技术。炉膛宽 3.5m，有内、中、外环三排托料“梅花桩”。共分 60 个角度，每个角度有内、中、外三个“梅花桩”。加热区分为预热段、加热一段、加热二段和均热段，分别占 12、12、20、12 个角度，其中入口和出口之间占去 4 个角度。

2.3 试验工件

KKD 车轮是一种目前在我国普遍使用的提速客车轮，钢种为 CL60（化学成分类似 60 钢）。主要尺寸见图 2。

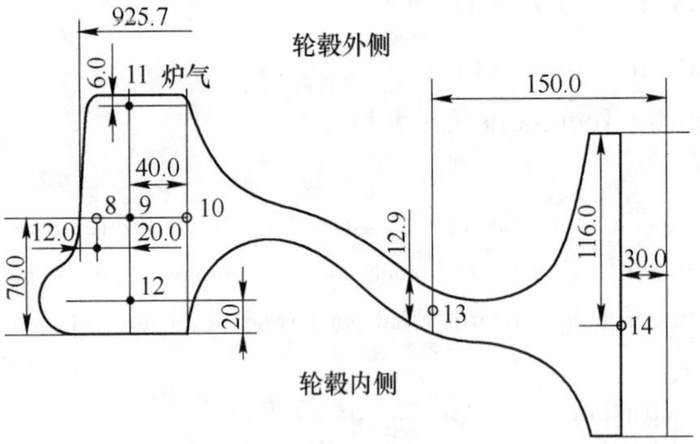

图 1　淬火加热温度测试点

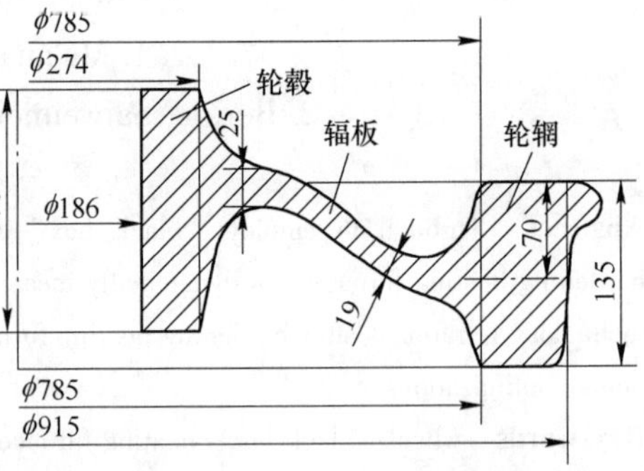

图 2　KKD 车轮结构及主要尺寸

第 1 次试验采用的车轮是淬火过的黑皮车轮；第 2 次采用的是经机加工的光亮车轮。

2.4 试验工艺

（1）KKD 车轮淬火加热的临时工艺：

预热段：≤860℃；加热一段：860~880℃；加热二段：860~880℃；均热段：860~880℃；共 2.5h。

（2）试验控制：

第 1 次试验：

预热段：前 20min 为 770℃左右，后 15min 为 800℃左右；

加热一段：860℃左右；

加热二段：880℃左右；

均热段：平稳在 870℃，上下波动不超过 10℃。

第 2 次试验：

预热段：控制基本在 800~840℃范围内；

加热一段：860℃左右；

加热二段：880℃左右；

均热段：平稳在 860℃，上下波动不超过 10℃。

两次试验加热总时间控制为3h。前2.5h匀速通过预热段、加热一段、加热二段、均热段4个角度，平均3.125min转动一个角度。均热段保温30min后，连续转动8个角度出炉。

3　试验结果及分析

测得的两次温度-时间曲线见图3、图4。

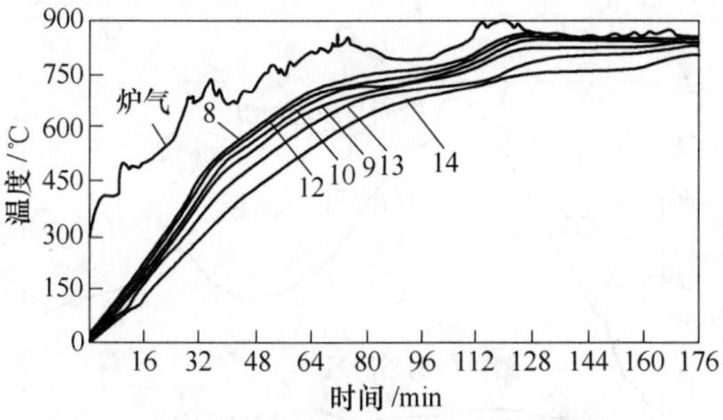

图3　第1次试验的测试结果（黑皮轮）

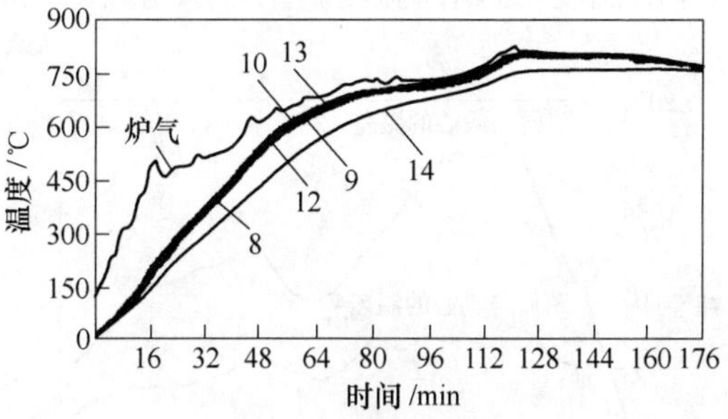

图4　第2次试验的测试结果（光亮轮）

其中，炉温取4#炉实时监控系统记录的各段温度的平均值；第11点测得的车轮上表的炉气温度。

辐板大部分和轮毂全部被架在上面的保温箱遮挡，保温箱底部与轮毂面间距仅为10mm，加热效果受到一定影响。尤其当温度高于700~800℃时，加热主要是靠辐射，遮挡对加热效果影响更大。所以实际生产情况下，加热相同时间，辐板和轮毂温度要比试验测量的温度要高。因此，辐板和轮毂的试验数据仅用于参考。

3.1　相变时间

对于CL60钢，在缓慢升温条件下，$A_{c1}=727℃$，$A_{c3}=765℃$[1]。两次试验车轮各部位到达转变温度所需时间见表1。

表1　车轮各部位加热到转变温度所需时间

位置	转变温度	近踏面（8）	辋中心（9）	辋颈部（10）	近内辋面（12）	板中心（13）	毂中心（14）
第1次	A_{c1}	1：06	1：25	1：14	1：09	1：36	1：49
	A_{c3}	1：19	1：45	1：40	1：33	2：00	2：04
	时差/min	13	20	26	24	24	15
第2次	A_{c1}	1：25	1：27	1：24	1：29	1：27	1：56
	A_{c3}	1：52	1：54	1：57	2：01	1：58	2：10
	时差/min	27	27	33	32	31	14

由表1可见，首先开始转变的是近踏面部位，约在装炉后66min（第1次试验数据），最后完成转变的是轮毂中心，约在装炉后130min（第2次试验数据）。这段时间，车轮正处于加热二段加热（第25个角度到第44个角度）。

两次试验中，辐板和轮毂心部完成相变的时间大约都在装炉后2h，若排除试验时辐板和轮毂加热受到保温箱遮挡的影响，则辐板和轮毂完成相变的时间更短。若加热3h，则有1h多的保温时间，可能导致辐板奥氏体晶粒长大，最终影响回火后的辐板冲击韧性。

从图2、图3来看，相变阶段加热曲线出现平台，这是由于相变潜热影响的缘故。由珠光体转变为奥氏体时是一个吸热的过程，吸热导致加热速度变慢。

相变完成后剩下50min的时间用于奥氏体均匀化和温度均匀化。但对于碳素钢和一部分合金结构钢来说，奥氏体的均匀化的时间很短，可以视为零[2]。所以，奥氏体转变完成后的加热目的是实现温度的均匀化。

3.2 内外温差

在同一时刻，一般是近踏面位置（即 8#测温点）温度最高（钢表温度除外），轮辋的最低温度在轮辋中心（即 9#测温点），整个车轮的最低温度在轮毂中心（即 14#测温点）。加热过程中内外温度差的变化见图 5、图 6。由于轮毂近表面未设测温点，假定加热过程中车轮整个表面的温度基本一致，所以可用（轮毂中心温度-近踏面温度）来表示轮毂部位的内外温差。

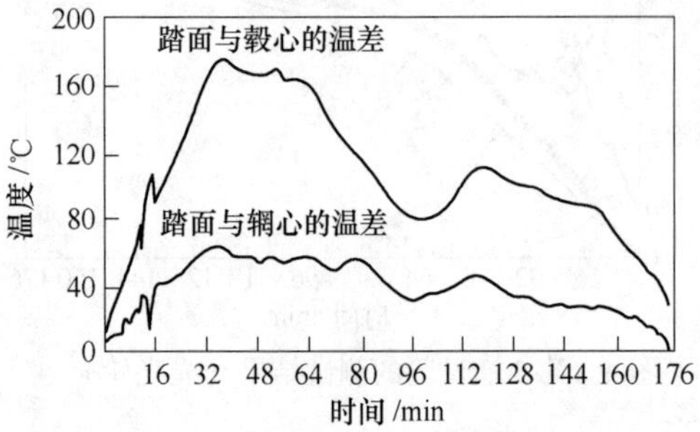

图 5　第 1 次试验（黑皮轮）踏面-轮辋中心和踏面-轮毂中心的温差分布

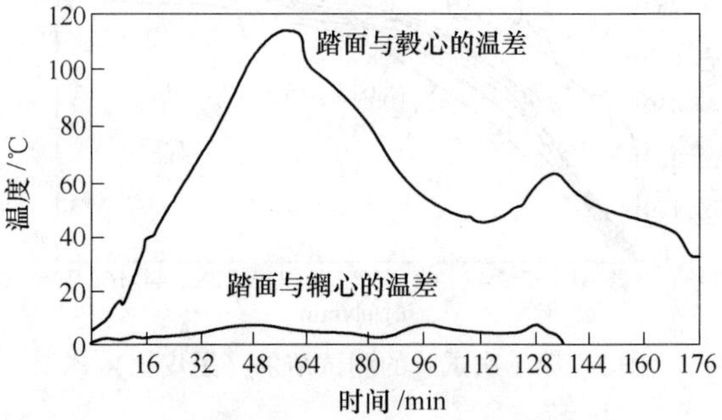

图 6　第 2 次试验（光亮轮）踏面-轮辋中心和踏面-轮毂中心的温差分布

表 2　内外温差

次数	轮辋					轮毂				
	最大			最小		最大			最小	
	温差/℃	时间/min	心温/℃	温差/℃	时间/min	温差/℃	时间/min	心温/℃	温差/℃	时间/min
第 1 次	63	37	466	8	180	176	39	377	26	180
第 2 次	8	50	534	0	141	115	56	482	24	180

两次试验中加热温度控制基本相同，但从图 3～图 6 来看，第 1 次试验中内外温差较大，而第 2 次试验中内外温差很小。就其原因，主要是第 1 次试验用车轮和第 2 次试验用车轮的表面状况不同，前者是淬火后的黑皮车轮，后者是经机加工的光亮车轮。同样加热条件下，黑皮车轮的加热速度显然要比光亮车轮的要快[2]，这点也被以下的加热速度分析证明，加热速度快自然内外温差大。

第 1 次试验中最大温差出现在加热一段的起始位置，第 2 次试验中最大温差出现在加热一段的中间位置。此后轮辋和轮毂的内外温差呈下降趋势。相变过程出现温差低谷，相变完成后出现第 2 个温差峰值。出炉时，轮辋部位的温度基本均匀，最大温差仅 8℃。此时，轮毂内外温差也仅有 24～26℃，对于相当于正火处理的轮毂来说，这种温差也是比较理想的。

如果严格执行 2.5h 加热的工艺，并假定炉底恒速转动，那么每转动一个角度的时间为 2.68min。按此计算，66min 时车轮刚从第 25 个角度转到第 26 个角度，130min 后车轮在第 48 个角度并马上转到第 49 个角度。剩下 8 个角度（21min）用于温度均匀化。从第 1 次试验来看，相变完成后 21min 尚不能实现轮辋的温度均匀化，内外温差接近 30℃。但从第 2 次试验来看，轮辋温度均匀化不是问题，因为轮辋最大温差仅有 8℃，且在装炉 141min 后，轮辋内外温差就已经接近零了。目前，车轮轮箍分公司的车轮生产工艺流程安排是，在等温后淬火前有一道初加工工序，所以加热车轮的表面状况同第 2 次试验。所以我们认为，不必考虑温度均匀化的问题。

3.3 加热速度

温度变化速度对于热处理来说是一个重要的因素。就淬火加热而言，值得关注的是最大加热速度以及临界相变时和转变区间的加热速度，尤其是临界相变时和转变区间的加热速度决定着 A_{c1} 和 A_{c3} 的温度值以及转变速度。具体到这两次试验，考察的是分别在 300～500℃、710～720℃和 730～760℃ 3 个温度范围内的加热速度，见表 3。

表 3 加热速度

次数	300~500℃		710~720℃		730~760℃	
	近踏面/℃ · s^{-1}	轮辋中心/℃ · s^{-1}	近踏面/℃ · s^{-1}	轮辋中心/℃ · s^{-1}	近踏面/℃ · s^{-1}	轮辋中心/℃ · s^{-1}
第 1 次	0.25	0.22	0.09	0.05	0.04	0.03
第 2 次	0.18	0.17	0.05	0.05	0.02	0.02

总体来看，第 1 次试验中轮辋内外 3 个阶段的加热速度均高于第 2 次试验。其原因在上面提到过，因为两次试验采用的试验车轮的表面状况不同。从表 1 数据来看，第 1 次加热速度快，所以完成转变也快。

相变开始前加热速度为 0.05~0.09℃/s，相变过程中加热速度为 0.02~0.09℃/s，根据以往试验，在这种加热速度条件下，CL60 钢的 A_{c1}、A_{c3}分别在 725℃和 765℃左右。两次试验得到的加热曲线相变平台进一步证明了这点。

加热温度跟踪试验得到的加热速度可作为更深入研究的输入条件。可以认为，1998 年马钢钢铁研究所在通过热模拟试验测定 CL60 钢的 CCT 曲线时设定相变前加热速度为 10℃/s 和相变过程加热速度为 0.05℃/s，是与车轮热处理生产实际相符合的。

4 结语

（1）对于 KKD 车轮来说，临时淬火加热工艺是合理的。

（2）加热时间宜控制在 2.5h 以内，否则辐板因保温时间过长而导致奥氏体晶粒长大，最终影响回火后车轮的辐板冲击韧性。

（3）对于经机加工的光亮车轮来说，加热过程中的内外温度差不大，加热速度仍有提高的空间。提高加热速度后，不仅能够加快相变的速度，增加 4#炉的小时产量（当然 4#炉的小时产量在很大程度上受淬火台生产能力的限制），而且能有效减小奥氏体的晶粒度，对改善热处理后的车轮力学性能有利。

（4）可尽量提升预热段的温度，并且在加热一段、加热二段和均热段全部按 860~880℃控制。

参 考 文 献

[1]《车轮轮箍生产》编委会．车轮轮箍生产（下册）[M]．北京：冶金工业部工人听视教材编辑部，1992.
[2] 中国机械工程学会热处理分会《热处理手册》编委会．热处理手册（第 1 卷）[M]．北京：机械工业出版社，2002.

控制车轮钢硫含量试验研究❶

孔晓眉　钟斌　陈刚

(马鞍山钢铁股份有限公司)

摘　要　随着对车轮技术研究的不断深入，硫化物可作为钢中氢致缺陷的“氢陷阱”理论被提出，在不断提高钢的纯洁度的同时，硫含量的控制已经不再是越低越好。马钢积极开展了控制车轮钢硫含量的试验研究，结果表明，采用真空后喂硫铁线工艺具有硫铁线回收率高，平均达 85.7%，硫含量控制稳定的特点。通过对硫含量对车轮性能、内在质量影响研究，提出了车轮钢硫含量宜控制在 0.008%~0.015%内的建议。

关键词　车轮钢；提硫试验；硫铁线；硫含量；性能；夹杂

Experimental Study of Sulfur Control in Wheel Steel

Kong Xiaomei　Zhong Bin　Chen Gang

(Ma'anshan Iron and Steel Co., Ltd.)

Abstract　The viewpoint that sulfide can act as “hydrogen trap” is put forward in this paper. To avoid the hydrogen-induced defects, S content should not be controlled as low as before. Expefimental study of sulfur control in wheel steel has been done in Masteel and the results of experiments indicate that the adoption of feeding FeS wire after VD technique can effectively increase the recovery ratio and can stably control the S content. The suggestion that S content of wheel steel should be controlled between 0.008%-0.015% is put forward through the study of S content's affection on wheel properties and internal quality.

Key words　wheel steel; S-increasing experiment; FeS wire; S content; property; inclusion

1　引言

随着铁路运输向高速重载方向的快速发展，对车轮质量提出了越来越高的要求，在稳定提高钢的纯洁度的前提下，进一步提高车轮产品的使用性能和行车安全是当今世界车轮生产技术的重点和难点。针对车轮产品特点，世界主要车轮生产国对车轮钢的内在质量，如钢中气体、P、S 及夹杂含量提出了较为严格的要求。然而随着对车轮技术研究的不断深入，人们对车轮钢中的硫及其控制有了新的认识，其中硫化物可作为钢中“氢陷阱”的理论影响最大，认为随着钢的纯洁度不断提高，硫含量的控制已经不再是越低越好。与高硫钢相比，低硫钢在更低的氢含量下就会产生白点。低硫钢的白点发生率增大这一现象已在实际的锻件生产中被发现[1]。目前国外车轮标准也对车轮钢中的硫含量的下限作出了严格规定：2003 年 7 月份，美国 AAR M107《碳素辗钢车轮标准》对钢的化学成分要求进行了修订，规定钢中硫含量为 0.005%~0.040%。欧洲 PrEN 13262《铁路规范—轮对和转向架—车轮—产品要求》提出“可根据炼钢工艺允许一个最小的硫含量以防止氢裂且允许最大硫含量为 0.025%”的规定。

随着马钢对车轮钢及控制技术研究不断深入和适应国际先进标准满足出口车轮的质量要求，马钢积极开展了控制车轮钢中硫含量的试验研究，如车轮钢冶炼过程硫含量控制的工艺技术，硫含量对车轮性能、内在质量影响研究，提出了车轮钢硫含量宜控制在 0.008%~0.015%内的建议。

---

❶　原文发表于《安徽冶金科技职业学院学报》2004 年第 4 期。

2 试验条件及方案

试验工艺路线如下：顶底复吹转炉冶炼→LF 钢包精炼→VD 真空脱气→圆坯连铸。

试验钢种：CL60 车轮用钢，其熔炼化学成分要求见表 1。

工艺方案：在正常冶炼工艺条件下，通过真空后钢包内喂 FeS 线工艺控制钢中硫含量，硫含量控制目标 0.008%～0.020%，FeS 线主要技术参数见表 2。

表 1 CL60 钢熔炼化学成分要求 (%)

标准	牌号	C	Si	Mn	P	S
TB/T 2817—1997	CL60	0.55～0.65	0.17～0.37	0.50～0.80	≤0.035	≤0.040

表 2 FeS 线主要技术参数

项目	线径/mm	每米线重量/g·m^{-1}	每米粉剂重量/g·m^{-1}	粉剂 S 含量/%
数值	ϕ13	400	360	32.0

3 试验结果

3.1 钢中硫含量控制情况

对提硫工艺前后钢中硫含量分布情况进行统计，结果见表 3 和图 1、图 2。

表 3 提硫前后钢中硫含量统计结果

时间	样本数	范围/%	分布比例/%				
			<0.005	0.005～0.008	0.009～0.012	0.013～0.015	>0.015
提硫前	1204	0.002～0.024	18.52	51.91	21.43	5.32	2.82
提硫后	438	0.005～0.024	0.0	2.97	33.87	51.26	11.90

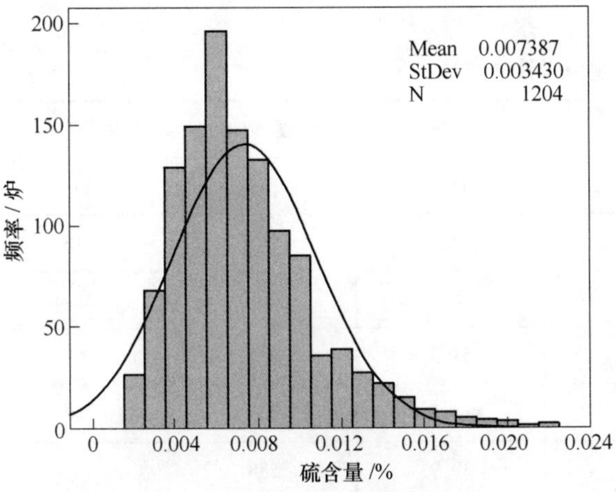

图 1 提硫前钢中硫含量分布图

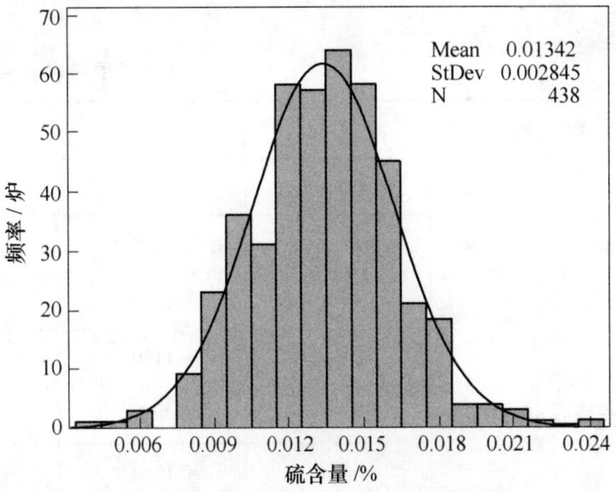

图 2 提硫后钢中硫含量分布图

由表 3、图 1、图 2 可以看出，提硫前，车轮钢成品硫含量集中分布于 0.004%～0.008%，小于 0.008% 的约占 70%～75%，硫含量 0.009%～0.015% 只占 25% 左右；而提硫后钢中硫含量集中分布于 0.012%～0.015%，0.009%～0.015% 之间的约占 85%。由此可见，采用喂硫铁线工艺可较稳定控制钢中硫含量。

3.2 工序硫含量变化分析

采用提硫后冶炼各工序硫含量变化规律见图 3。由此可见，LF 精炼炉精脱硫明显，从而确保 VD 脱气效

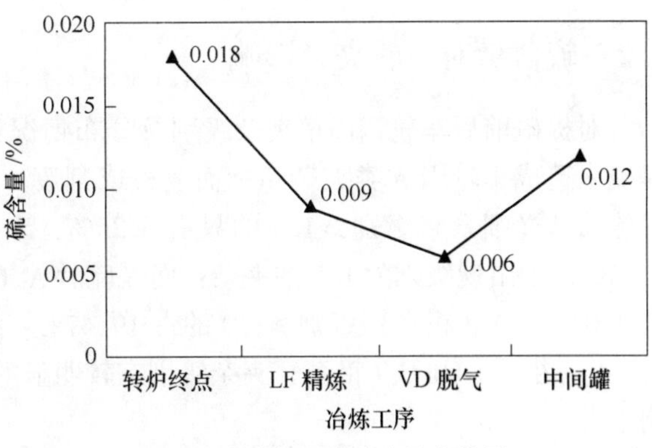

图 3 冶炼各工序硫含量变化图

果和钢水的内在质量。

3.3 硫铁线回收率分析

硫铁线的回收率直接影响成品钢中硫含量控制稳定性，对210炉提硫试验炉次的喂硫铁线前后的硫含量及喂线量进行统计，统计结果见表4。结果表明，采用喂硫铁线工艺硫回收率较为稳定，平均达85.72%，钢中硫含量也可稳定控制在0.009%~0.015%之间。

表4　喂线操作及硫铁线回收率统计结果

范　围	[S]/%		喂硫铁线量/m	硫回收率/%
	喂线前	喂线后		
最大值	0.012	0.021	110	98.5
最小值	0.002	0.005	15	72.4
平均值	0.006	0.012	59.5	85.7

4 提硫对车轮内在质量影响分析

硫作为钢中有害元素，因其在钢坯凝固过程高的偏析特性，从而影响钢的高温力学性能，线性硫化物也可成为裂纹源而使产品易于断裂。因此对钢中［S］的要求十分严格。为了研究提硫对车轮内在质量的影响，本文分别针对硫含量对车轮性能、夹杂级别的影响进行分析。

4.1 硫含量对车轮钢性能影响分析

对提硫前后车轮钢的力学检验结果进行了统计，见表5。结果表明，提硫对车轮钢的力学性能没有明显影响。

表5　提硫前后车轮常规力学性能统计

工艺	项目	R_m/MPa	A/%	Z/%	硬度（HB）	辐板常冲 A_{KU2}/J
提硫前 $n=110$ 炉	最大值	1140	22.0	48.5	319	43.7
	最小值	935	11.5	15.0	265	16
	平均值	1070	14.0	28.8	295	25.1
提硫后 $n=300$ 炉	最大值	1130	32.5	51.5	312	62
	最小值	918	11.5	14.5	267	16
	平均值	1050	14.9	30.9	288	27
TB/T 2817—1997		≥910	≥10	≥14	265~320	≥16

4.2 硫含量对车轮夹杂影响

对提硫前后车轮钢高倍夹杂级别及分布情况进行了统计，统计结果见表6、表7及图4。可以看出，提硫未造成车轮因A类夹杂超标而复检或判废，但提硫对A类夹杂影响较大，使其检验结果明显恶化。提硫前A（细系）级别≥1.5的只占6.25%，未出现级别为2.0的夹杂，A（粗系）级别≥1.0的只占8.13%，未出现级别为1.5的夹杂；而提硫后A（细系）级别≥1.5的达到26.18%，其中级别为2.0级的占4.03%，A（粗系）级别≥1.0的占19.47%，级别为1.5的占4.70%。另外，从图表中可看出，提硫后，B（粗系）和C（粗系）夹杂级别有较明显的改善，而对B（细系）和C（细系）以及D类夹杂的影响不大。

表 6 提硫前车轮钢的高倍夹杂分布（样本数 160）

级别		A		B		C		D	
		频数/个	比例/%	频数/个	比例/%	频数/个	比例/%	频数/个	比例/%
细系	0.0					138	86.25	3	1.88
	0.5	89	55.63	114	71.25	21	13.13	48	30.00
	1.0	61	38.13	42	26.25	1	0.63	59	36.88
	1.5	10	6.25	4	2.50			50	31.25
粗系	0.0	78	48.75	54	33.75	124	77.5	91	58.75
	0.5	69	43.13	71	44.38	24	15	47	29.38
	1.0	13	8.13	30	18.75	11	6.88	15	9.38
	1.5			5	3.13	1	0.63	4	2.5

表 7 提硫后车轮钢的高倍夹杂分布（样本数 149）

级别		A		B		C		D	
		频数/个	比例/%	频数/个	比例/%	频数/个	比例/%	频数/个	比例/%
细系	0.0					134	89.93	1	0.67
	0.5	63	42.28	109	73.15	13	8.72	57	38.26
	1.0	47	31.54	34	22.82	2	1.34	54	36.24
	1.5	33	22.15	6	4.03			37	24.83
	2.0	6	4.03						
粗系	0.0	63	42.28	82	55.03	139	93.29	98	65.77
	0.5	57	38.26	58	38.93	8	5.37	38	25.50
	1.0	22	14.77	6	4.03	1	0.67	11	7.38
	1.5	7	4.7	3	2.01	1	0.67	2	1.34

注：A—硫化物；B—氧化铝；C—硅酸盐；D—球状氧化物。

根据统计表明，S 含量对 A 类夹杂的影响较大，提硫前，未出现细系级别为 2 级、粗系级别为 1.5 级的夹杂。提硫后，分别出现了 6 炉和 7 炉，特别当 S 含量>0.015%时，这两种级别的夹杂分别出现了 5 炉和 4 炉；另外，随着硫含量提高，较高级别的夹杂出现的炉次大幅增加，这说明硫含量的提高对 A 类夹杂的影响是较大的。

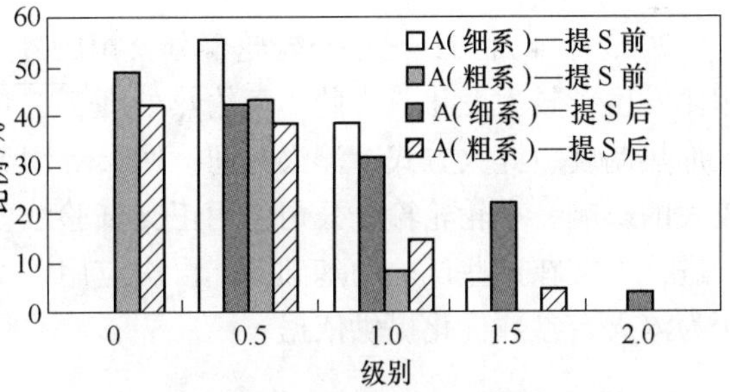

图 4 提硫前后硫化物夹杂级别及分布

5 结论

（1）所采用的喂硫铁线工艺具有硫铁线回收率高，平均达 85.7%，硫含量控制稳定的特点。

（2）适当地提高钢中硫含量不会对产品的力学性能产生明显影响；

（3）适当提高钢中硫含量，对钢中的 B、C、D 类夹杂不会产生直接影响；

（4）随着硫含量提高，较高级别的夹杂出现的频次明显增加，建议钢中硫含量控制在 0.008%～0.015%之间。

参考文献

[1] Fruehan R J. A review of hydrogen flaking and its prevention [J]. Iron and Steelmaker, 1997 (8): 61-69.

车轮淬火系统参数设置的优化❶

钟 斌 肖 峰 程德利 王世付

（马鞍山钢铁股份有限公司）

摘 要 应用正交试验法研究了车轮淬火系统的喷嘴型号、水压大小、喷射角度等参数对车轮性能的影响，试验结果为新车轮淬火系统参数设置的优化提供了依据。

关键词 车轮；正交试验；淬火

Optimization of Parameter Settings for Wheel Quenching System

Zhong Bin Xiao Feng Cheng Deli Wang Shifu

（Ma'anshan Iron and Steel Co.，Ltd.）

Abstract Affection of wheel quenching system parameters，such as nozzle type，spray water pressure and spray angle，etc. on the wheel properties was studied with orthogonal test. The conclusion derived from the results of orthogonal test founds the basis for the optimization of new wheel quenching system.

Key words train wheel；orthogonal test；quenching

1 引言

2003年4月初，马钢车轮轮箍分公司的新车轮热处理系统建成投产，新系统与旧的车轮热处理系统相比发生了较大变化，为此，车轮热处理工艺应做相应调整。影响车轮热处理质量的因素很多，除了淬火加热制度、淬火方式、淬火时间、回火等因素外，淬火台的相关设备参数设置也对车轮热处理质量有较大的影响。车轮轮箍分公司应用正交试验法安排了一系列的试验，对车轮热处理工艺制度进行了优化改进，本文在这些试验的基础上，再次应用正交试验研究了新淬火台的参数设置对车轮性能的影响，从而为淬火台参数优化提供依据。

2 试验方案

2.1 试验条件

本次试验考察的主要性能指标为车轮轮辋的冲击韧性，同时为保证轮辋有较好的性能匹配，将轮辋的断面硬度也作为考察指标。通过初步分析发现新淬火台的喷嘴型号、喷嘴的喷射角度、水压等条件可能对车轮的性能影响较大，因此在本次正交试验中将喷嘴型号、喷嘴的喷射角度、淬火台水压作为考察因素；虽然回火是车轮热处理过程中必不可少的工序，但为了更好地考察所选的各因素对轮辋性能影响的显著性，本次试验中将是否回火也作为考察因素。

本次试验选用材质为CL60的915KKD车轮，淬火加热工艺、淬火方式和时间的选取主要依据车轮轮箍分公司所进行的改进淬火工艺制度的正交试验结果，取淬火加热工艺为880～900℃×2.5h，淬火时采用单面淬火，淬火时间为300s。

---

❶ 原文发表于《江苏冶金》2005年第4期。

2.2 试验设计

根据上述分析和试验条件，对本次正交试验进行了如下设计：

试验中每个因素取两个水平，相应的因素水平见表1。

表1 因素水平

因素 / 水平	A（是否回火）	B（喷嘴型号）流量/L·min^{-1}	C（喷射角度）/(°)	D（淬火台水压）/MPa
1	不回火	45	45	0.45
2	回火（500℃×4h）①	31	135	0.30

①500℃×4h的回火工艺在针对车轮新热处理系统所进行的正交试验中，被证明是较优的。

由表1看出，这是一项4因素2水平的正交试验，因此选用$L_8(2^7)$正交表来安排本次试验，表头设计见表2。按$L_8(2^7)$正交表安排的正交试验方案见表3。

表2 表头设计

因素	A		D		B	C	
列号	1	2	3	4	5	6	7

表3 按$L_8(2^7)$正交表安排的正交试验方案

列号 / 试验号	(A) 1	2	(D) 3	4	(B) 5	(C) 6	7
1	1（不回火）	1	1（0.45MPa）	1	1（45L/min）	1（45°）	1
2	1	1	1	2	2（31L/min）	2（135°）	2
3	1	2	2（0.30MPa）	1	1	2	2
4	1	2	2	2	2	1	1
5	2（回火）	1	2	1	2	1	2
6	2	1	2	2	1	2	1
7	2	2	1	1	2	2	1
8	2	2	1	2	1	1	2

3 试验结果与分析

车轮轮辋断面硬度和冲击韧性检验结果见表4右边两列，极差分析结果见表4下部。

在极差分析中，只对喷嘴型号、喷嘴的喷射角度以及淬火台水压对性能的影响进行分析。从表4可知，因素B（喷嘴型号）和D（淬火台水压）对硬度的影响基本上处于同一水平，小喷嘴（31L/min）、低水压（0.30MPa）有助于轮辋断面硬度的提高；而因素C（喷嘴的喷射角度）对硬度的影响很小。因此从提高轮辋断面硬度的角度看，较好的参数设置是$B_2C_0D_2$（这里，下标1表示选取该因素的第1水平，下标2表示选取第2水平，下标0表示两水平可任意选取），即采用小喷嘴、低水压进行淬火有助于轮辋断面硬度的提高。

同样从表4可以看出，对轮辋冲击韧性指标来说，喷嘴的型号和喷射角度对轮辋冲击韧性指标影响较大，基本处于同一水平，大喷嘴（45L/min）、顺向喷水（45°）有利于轮辋冲击韧性值的提高；淬火台水压对轮辋冲击韧性的影响很小。从提高轮辋冲击韧性的角度出发，采用$B_1C_1D_0$的参数设置，即大喷嘴顺向喷水淬火能有效地提高轮辋的冲击韧性。

表 4　试验结果和极差分析

试验号 \ 列号		A 1	2	D 3	4	B 5	C 6	7	硬度（HB）	A_{KU2} /J
1		1	1	1	1	1	1	1	294	25.7
2		1	1	1	2	2	2	2	300	12.3
3		1	2	2	1	1	2	2	302	19.3
4		1	2	2	2	2	1	1	302	24.7
5		2	1	2	1	2	1	2	294	34.7
6		2	1	2	2	1	2	1	290	38
7		2	2	1	1	2	2	1	291	31
8		2	2	1	2	1	1	2	290	41.7
硬度	Ⅰ	1198	1178	1175	1181	1176	1180	1177	2363	227.4
	Ⅱ	1165	1185	1188	1182	1187	1183	1186		
	Ⅰ-Ⅱ	33	-7	-13	-1	-11	-3	-9		
冲击	Ⅰ	82	110.7	110.7	110.7	124.7	126.8	119.4		
	Ⅱ	145.4	116.7	116.7	116.7	102.7	100.6	108		
	Ⅰ-Ⅱ	-63.4	-6	-6	-6	22	26.2	11.4		

从以上分析看出，两个考察指标的因素水平选取是有矛盾的，主要为喷嘴型号的选取，同时试验过程中存在误差，为保持性能间的平衡并分析试验误差对数据的影响，需进行方差分析，以判断各因素对指标的影响是不是显著的。表 5 和表 6 分别为轮辋断面硬度和冲击韧性的方差分析表，显著性水平 α 分别取 0.05 和 0.01。表中标有△记号的因素表示应将其变动归入误差，将因素变动归入误差变动的原则是并入误差变动的因素，其平均变动一般以不超过误差平均变动的两倍为限，即将满足式（1）的那些因素的变动并入误差变动，得到 $S_{误}^{\triangle}$：

$$V_{因} \leqslant 2V_{误} \tag{1}$$

从表 5 和表 6 看出，喷嘴型号和喷嘴的喷射角度对轮辋的冲击韧性的影响是显著的，而对轮辋断面硬度的影响却不显著，所以应采用大喷嘴顺向喷水的参数设置；至于淬火台水压，其对两项指标的影响都不显著，从表 4 的极差分析看，采用低水压可能有助于这两项指标的提高。综上所述，选用 $B_1C_1D_2$ 参数设置，即采用大喷嘴、低水压顺向喷水淬火将有助于在轮辋断面硬度和轮辋冲击韧性之间获得较佳的配合。

表 5　轮辋断面硬度方差分析表

方差名称	S	f	V	F	显著性
A	136.125	1	136.125	31.11	* *
B	15.125	1	15.125	3.46	
C	1.125	1	1.125		
D	21.125	1	21.125	4.83	
误	16.375	3	5.458		
误$^{\triangle}$	17.5	4	4.375		

注：F0.05(1，4)=7.71，F0.01(1，4)=21.20。

表 6　轮辋冲击韧性方差分析表

方差名称	S	f	V	F	显著性
A	502.445	1	502.445	67.57	* *
B	60.5	1	60.5	8.14	*
C	85.805	1	85.805	11.54	*

续表 6

方差名称	S	f	V	F	显著性
$D^{\triangle}$	4.5	1	4.5		
误	25.245	3	8.415		
误$^{\triangle}$	29.745	4	7.436		

注：F0.05(1，4)=7.71，F0.01(1，4)=21.20。

淬火后回火是车轮热处理工艺中必不可少的工序，这从本次试验的方差分析结果也可以看出，无论对轮辋断面硬度还是轮辋冲击韧性来说，是否回火的影响都是十分显著的，但相比较而言，其对轮辋冲击韧性的影响更大，因此从提高车轮轮辋的综合性能看，必须采用淬火后回火的工艺。

将本次正交试验所确定的新淬火台参数设置以及针对车轮新热处理系统所进行的一系列正交试验结果应用到实际生产中后取得了良好的效果，车轮各项性能检验指标都达到或超过了原热处理系统生产的车轮。

4 结论

（1）为获得较高的轮辋冲击韧性以及在轮辋冲击韧性和断面硬度之间获得较佳的配合，应采用大喷嘴、低水压、顺向喷水的淬火台参数设置。

（2）正交试验法能够通过有限的试验次数得出较优的解决问题的方案，对于处理车轮热处理这样影响因素众多的问题无疑是最佳的。

车轮钢摩擦热影响区的相变及其损伤机理❶

季怀中[1,2] 苏 航[1] 杨才福[1] 张永权[1]

(1. 钢铁研究总院；2. 马鞍山钢铁股份有限公司)

摘 要 将有限元热力耦合-温度场分析与材料相变特征的实验研究相结合，研究了高速度（200km/h）、大载荷（10^5N）条件下车轮摩擦热影响区的相变过程，探讨了材料对该过程的影响。结果表明，轮-轨摩擦导致的车轮踏面局部升温可超过材料的奥氏体相变的临界点，碳含量为0.5%时，完全奥氏体化层的深度可达0.6mm；过冷奥氏体高速冷却，几乎全部形成脆硬的马氏体薄层，造成踏面剥离。通过降碳来降低车轮钢奥氏体相变的临界点，可以显著抑制踏面马氏体层的形成。随着碳含量从0.7%降至0.4%，材料的A_{c3}提高45℃，马氏体层的厚度减小30%，有助于减少车轮踏面的热疲劳损伤。

关键词 车轮钢；热疲劳；马氏体相变；摩擦；有限元分析

Frictional Heat Induced Phase Transformation and Spalling Mechanism of Train Wheel Steel

Ji Huaizhong[1,2] Su Hang[1] Yang Caifu[1] Zhang Yongquan[1]

(1. Central Iron and Steel Research Institute; 2. Ma'anshan Iron and Steel Co., Ltd.)

Abstract Based on finite element analysis of train wheel/rail friction and experimental data of train wheel steel phase transformation, the mechanism of thermal fatigue under high speed and heavy load conditions was simulated. The influence of materials properties on formation of phase transformation zone at wheel tread has been discussed. The result shows that, in process of braking, the peak temperature of rail/wheel friction zone may be higher than austenization point. The depth of austenized zone may reach to 0.6 mm under wheel tread for steel with 0.5%C. The supercooled austenite transforms into friable martensite layer during the following rapid cooling process, leading to cracking and spalling at wheel tread. Decrease in carbon content of steel helps inhibit the formation of martensite by increasing its austenization point. When carbon content is decreased from 0.7% to 0.4%, the A_{c3} of steel is increased by 45℃, leading to 30% decrease of the martensite layer thickness. So it is helpful to reduce the probability of cyclic-temperature loading fatigue causing spalling at wheel tread.

Key words train wheel steel; cyclic - temperature loading fatigue; martensitic transformation; friction; finite element analysis

1 引言

列车车轮要承受重载、牵引、制动、轨道接头及道岔冲击等复杂的力学环境，服役条件十分苛刻。列车速度的不断提高加剧了因疲劳、表面剥离等引发的车轮失效，给列车的安全运行带来隐患[1,2]。

车轮踏面损伤的产生形式包括接触疲劳剥离、局部接触疲劳剥离、制动剥离、擦伤剥离等多种情况，但从材料失效机理上主要可以分为两类：一类是由交变接触应力引起的接触疲劳损伤，另一类是由摩擦热循环引起的热疲劳损伤。在制动过程中，轮-轨之间会出现短时摩擦，产生大量的摩擦热，车轮踏面的热疲劳会导致其剥离，这是高速车轮最主要的损伤形式之一。由于在运动条件下轮-轨接触区的实验研究

❶ 原文发表于《钢铁研究学报》2005年第4期。
国家“863”计划资助项目（2003AA331160）。

非常困难，目前对它仍缺乏深入的了解和有效的控制手段。

对该问题的研究涉及接触摩擦、温度-应力场耦合、传热、相变、材料组成等多方面的问题。国外一些学者利用简化的数学模型对车轮在钢轨上低速滑行所产生的热效应进行过分析[3,4]，但由于问题的复杂性，这些研究没有涉及材料及其相变过程的分析。笔者采用有限元热-力耦合分析和温度场分析，并结合CCT曲线的实测数据，研究了在轮-轨摩擦过程中，3种不同碳含量车轮钢踏面温度场的变化及其相变分布的规律，这对选择车轮钢材料具有重要的指导意义。

2 计算原理及方法

2.1 车轮踏面制动热损伤的物理过程

大量实验结果表明，车轮踏面的热疲劳损伤主要与马氏体的形成有关[5~7]。高速运行的情况下制动时，轮-轨之间的短时相对滑动会使接触区的温度急剧升高，甚至达到材料的相变温度以上，从而产生局部奥氏体化，在摩擦过程结束后，由于车轮与钢轨的散热冷却，车轮接触区的温度快速下降，产生局部淬火生成马氏体组织。在热应力和载荷应力的联合作用下，脆硬的马氏体层极易产生裂纹，成为引起车轮热损伤剥离的主要根源。

在上述过程中，马氏体层的产生和厚度受车轮钢的成分、淬透性、加热温度、冷速等多种因素制约。马氏体的脆性与碳含量有关，因此通过计算滑动摩擦条件下温度场的变化，可以模拟出车轮材料发生相变的外部条件；另外通过对材料成分、相变特征的实验研究，可以测定材料发生相变的内部条件。两者相结合，不但能了解马氏体层的产生条件和分布情况，更能确定它的产生位置、厚度、相变规律及其抑制手段，为新型高速车轮材料的设计提供理论和试验依据。

2.2 计算原理及方法

列车的轮-轨摩擦是一个热-力耦合问题，车轮在铁轨上摩擦滑行是动力学接触问题，摩擦产生的热量扩散又是一个热传导问题。由于涉及大载荷（10^5N）、高速度（200km/h）的摩擦问题，热-力耦合计算的非线性程度较高。笔者选用美国麻省理工学院开发的ADINA系统来进行有限元建模和热-力耦合分析。在ADINA系统中，热传导方程为：

$$[C_S][t'] + [C_C][T] = [Q] \tag{1}$$

式中，$[C_S]$ 为材料的热容矩阵；$[T]$、$[t']$ 分别为节点温度和时间导数列阵；$[C_C]$ 为材料的热传导率矩阵；$[Q]$ 为热源列阵。不考虑材料黏性，力学方程为：

$$[M][t''] + [K][u] = [F] \tag{2}$$

式中，$[M]$ 为材料质量矩阵；$[u]$、$[t'']$ 分别为节点位移和时间二阶导数列阵；$[K]$ 为结构刚度矩阵；$[F]$ 为外载荷和温度载荷列阵。通过方程（1）和（2）的相互迭代即可求出热-力耦合问题的解。

考察摩擦过程中接触区的温度分布及其变化速率是整个计算工作的核心。有了这一组重要参数，就可以确定车轮材料在摩擦热循环中的相变情况，进而为选择适宜的材料提供理论指导。在此基础上，笔者计算了不同材质车轮接触区温度场的变化，结合对材料物理性能和奥氏体连续冷却转变曲线的测定，进而计算和分析了马氏体层的产生位置、厚度及其分布规律。

3 结果和讨论

3.1 试验材料的基本性能

研究对象是碳含量为0.7%的高碳车轮钢、0.5%的中低碳车轮钢和0.4%的低碳微合金化车轮钢，它们的主要成分（质量分数）见表1。为模拟车轮轮辋的实际交货状态，进行880℃正火和530℃回火处理，使试验钢的硬度相近，其正常组织为珠光体+少量铁素体。对计算中需要用到的基本性能和物理参数进行了实测，结果见表1，某些热物理参数随温度的变化见图1。由于车轮钢的热导率和相变点对合金元素的含量较为敏感，而其他物理参数在所研究的范围内对成分变化不敏感，因此近似认为热扩散率、比热及线膨胀系数等热物理参数与成分无关，只与温度有关；3种材料均取密度7851kg/m^3，弹性模量2.101×10^5，泊松比0.3。图1显示在高温时一些热物理参数有波动，这是材料发生相变造成的。

采用Gleeble 3500试验机测定了试验钢的CCT曲线，见图2。可以看到，随着碳含量的降低，试验钢

表 1　试验钢的成分和基本性能

Table 1　Composition and properties of tested steels

材料	成分/%					HB	A_{c1} /℃	A_{c3} /℃	M_s /℃	σ_b /MPa	$\sigma_{0.2}$ /MPa	A_{KU}(20℃) /J
	C	Si	Mn	Cr	V							
高碳车轮钢	0.7	0.3	0.8	—	—	262	730	765	230	920	505	15
中低碳车轮钢	0.5	0.3	0.7	0.2	—	250	735	780	265	740	400	36
低碳微合金化车轮钢	0.4	0.5	1.0	—	0.1	253	745	810	320	852	550	63

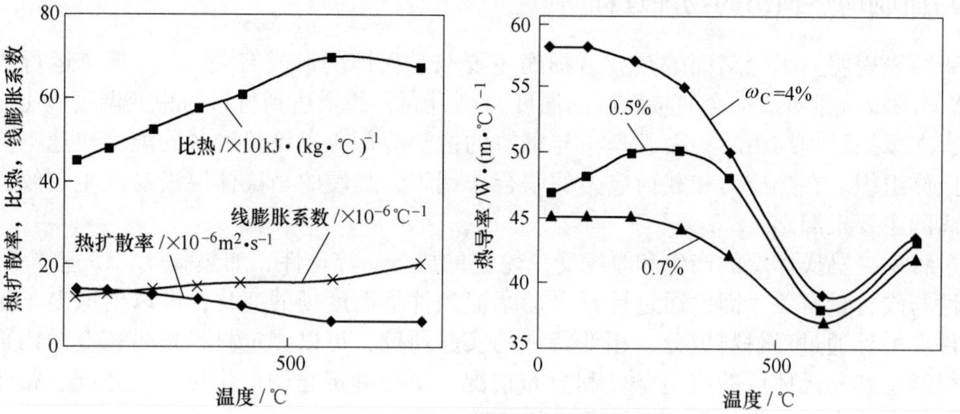

图 1　不同温度下试验钢的热物理参数曲线

Fig. 1　Thermal properties of tested steel

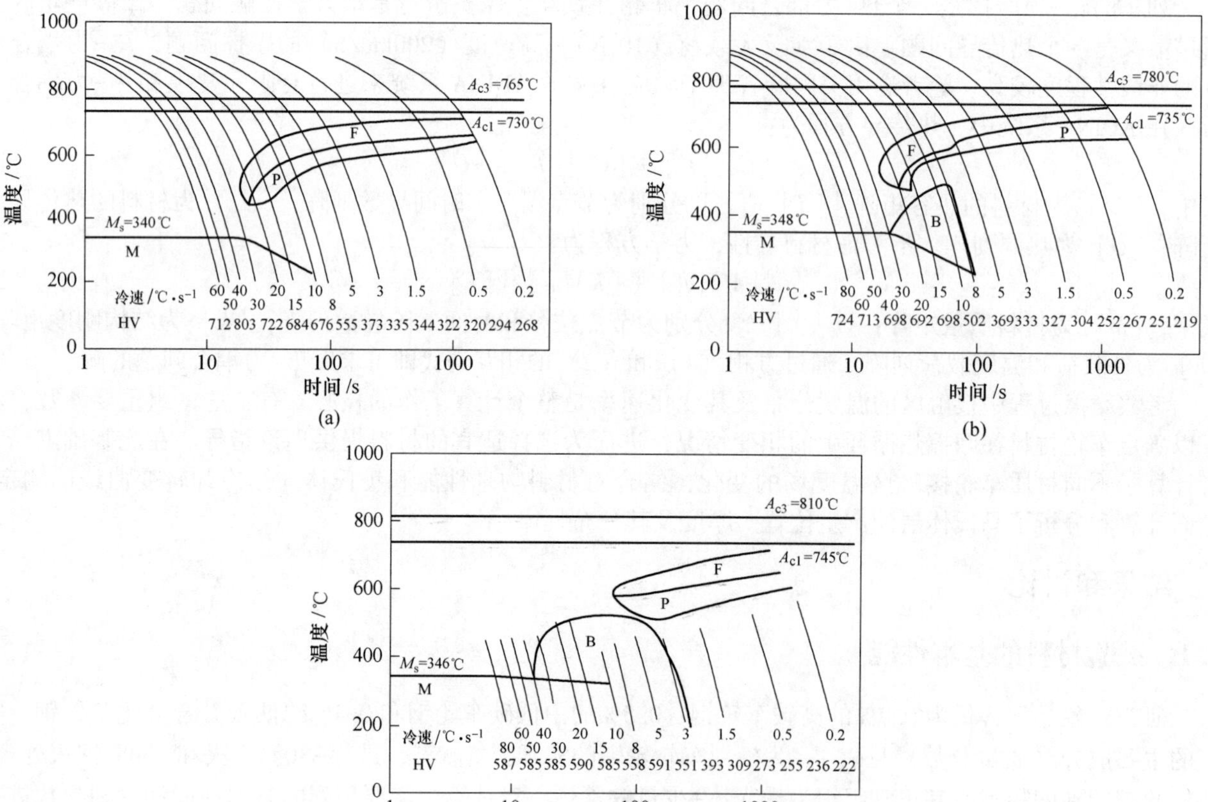

图 2　试验钢实测的 CCT 曲线

Fig. 2　Measured CCT curves of tested steels

（a）碳含量为 0.7%；（b）碳含量为 0.5%；（c）碳含量为 0.4%

的相变临界点升高，碳含量为0.5%和0.4%的试验钢，其A_{c3}分别比碳含量为0.7%的试验钢升高了15℃和45℃，A_{c1}也有所升高，较高的奥氏体化温度有助于减小相变区的形成范围，从而限制了马氏体区的形成范围。M_s点也有所升高，碳含量为0.4%的试验钢比碳含量为0.7%的试验钢在高冷速（>40℃/s）端M_s点升高了6℃，在中低冷速（10℃/s）端则升高了90℃。碳含量降低后，铁素体、珠光体转变区移向低冷速端，在很宽的冷速范围内形成贝氏体区域。

3.2 滑动摩擦时车轮的温度场和相变

动态温度场的计算涉及热-力耦合过程，由于问题的复杂性，计算量巨大。因此，笔者的全部计算结果都基于以下近似条件：（1）只考虑车轮抱死状态下的短时间滑行制动；（2）不考虑车轮和钢轨的表面磨损；（3）不考虑滑动摩擦系数随载荷或速度的变化；（4）采用二维简化轮型，轮-轨接触面的形态与实际轮型有差异。

将车轮形状简化为外径915mm，内径170mm，厚135mm的带内孔的圆柱体。轨道按刚性体处理，厚度取70mm。取10m长的轨道，车轮和轨道共划分平面应力单元17320个，节点20433个。依据不同工况分别在车轮上施加不同的速度和载荷，分5000时间步进行计算。另外，由于轮、轨所用钢的成分类似，在计算中热分配系数取0.5，近似认为摩擦热在轮、轨间等量分配。轮-轨滑动摩擦系数μ取0.3，环境温度设为0℃。

在典型工况（速度200km/h，载荷1.42×10^5N，滑动摩擦5s）下，碳含量为0.5%的车轮钢的温度场的计算结果见图3。可以看出，滑行接触区最高温度达到900℃以上，超过了材料的A_{c1}和A_{c3}，因此在接触面以下某个深度内将发生部分或完全奥氏体化相变。温度超过A_{c1}时，相变层深度可达0.9mm。

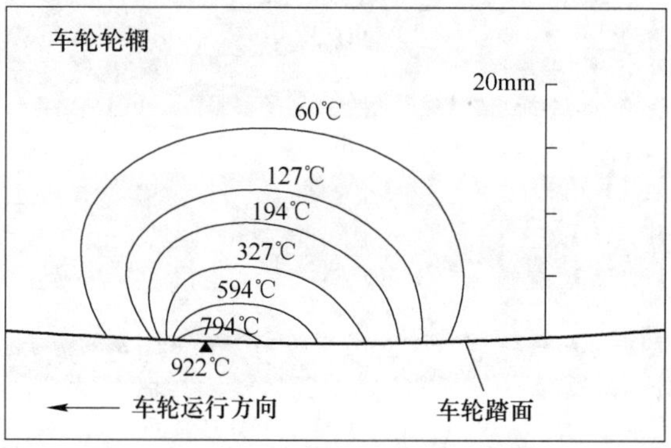

图3 计算出的简化轮型在典型工况下滑行时的温度场

Fig. 3 Simulated temperature field of simplified wheel model for typical sliding condition

在CCT曲线上标记出各区域的冷速（图4），即可确定马氏体相变产生的范围。从图4可见，由于摩擦热影响区很薄，在车轮和钢轨快速散热的情况下，冷却速度很快，相当于淬火过程，过冷奥氏体几乎全部形成马氏体组织。

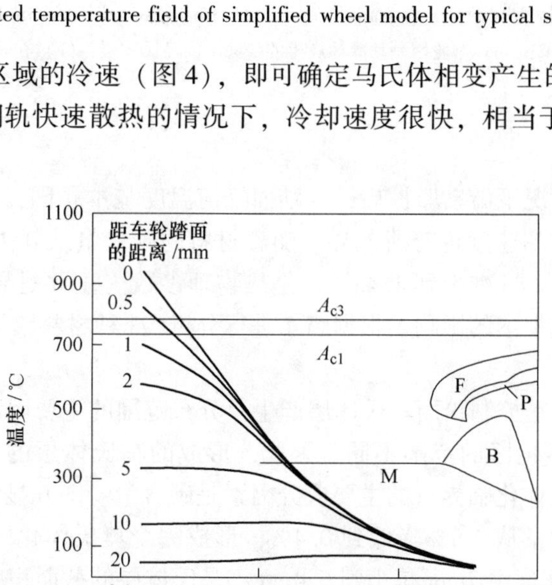

图4 踏面以下不同深度处的温降曲线及相变情况（碳含量为0.5%，钢轨接触冷却）

Fig. 4 Cooling curve and phase transformation at different depth under tread

计算了踏面以下的温度分布和温度超过相变点A_{c1}、A_{c3}的区域，结果见图5(a)。可以看出，车轮踏面以下温度超过A_{c1}的最大深度约为0.9mm；温度超过A_{c3}的最大深度约为0.6mm。沿踏面的切线方向，温度超过A_{c3}的长度约6mm。根据图4推断，该区域冷却后完全形成马氏体组织。实际车轮上观察到的马氏体层的尺寸也大多在此数量级（图5(b)）。

在温度超过A_{c1}但低于A_{c3}的区域，由于发生不完全奥氏体化，情况略为复杂。众所周知，加热时奥氏体在珠光体晶界上产生，粗大的珠光体很快转变成奥氏体，但由于铁素体碳含量极低，铁素体的奥氏体化速度很慢，因此在A_{c1}~A_{c3}之间的区域，淬火后铁素体呈网状保留下来，形成F+M混合组织。这种组织的强韧性匹配较差，其强度低于马氏体层，在大载荷作用下会产生应力集中，而其韧性又低于基体组织，容易成为裂纹扩展的通道。与此相呼应，在许多车轮损伤的金相照片[8]中都观察到裂纹在马氏体层的端部产生，沿其底部扩展的现象（图5(c)）。

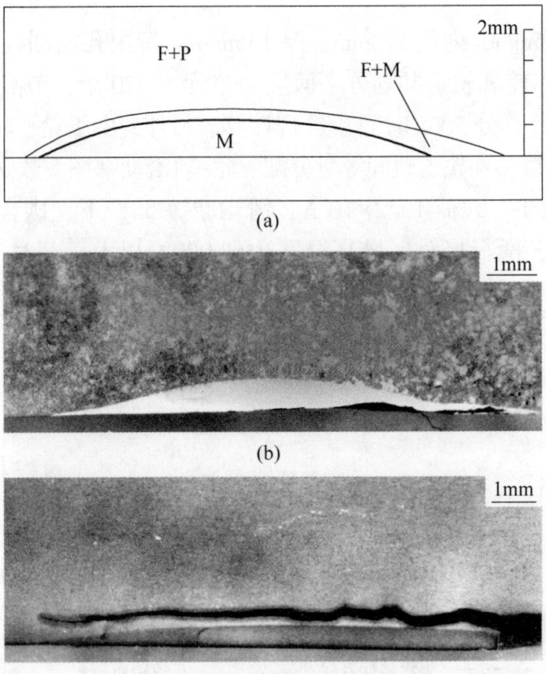

图5　车轮踏面下的摩擦相变带

Fig. 5　Phase transformation zone under tread caused by friction heat

（a）组织分布的计算结果；（b）车轮因制动摩擦产生的踏面下的马氏体层；（c）在马氏体层以下裂纹的扩展

3.3　材料成分的影响

不同成分的车轮在相同工况下滑动摩擦后，其踏面峰值温度基本相同，均为920℃左右，但摩擦热影响区的温度分布略有不同，冷却速度也有所差异。随着材料的碳含量从0.7%降到0.4%，踏面从峰值温度冷却到M_s点所需的时间从3.8s减少到1.4s。这是热物理参数（主要是导热系数）的差异所致，但这种差异不至于对相变过程产生根本的影响。根据图4进行分析，3种材料踏面的奥氏体化区最终都会形成马氏体组织。

奥氏体化临界点A_{c1}和A_{c3}是控制踏面马氏体层产生及分布范围的主要因素。临界点的差异会导致车轮踏面在摩擦加热过程中奥氏体化区的范围不同。因此，形成的马氏体层的最大厚度和最大宽度也不同。在3种试验材料中，影响奥氏体化临界点的主要成分因素是碳含量。图6显示了马氏体层厚度和宽度的计算结果。可以看到，随着碳含量从0.7%降低到0.4%，形成完全奥氏体化区的马氏体层的厚度从0.7mm减小到0.5mm，减薄30%；宽度由7mm减小到5.4mm，马氏体层的截面积减小了45%左右。这表明奥氏体化临界点的提高，对抑制马氏体的形成具有重要作用。

当奥氏体的碳含量在1.0%~0.2%之间时，淬火形成片状和板条状两种马氏体的混合组织。马氏体组织的塑性和韧性与碳含量有关，高碳片状马氏体的塑性、韧性很差，而低碳板条状马氏体具有较高的塑

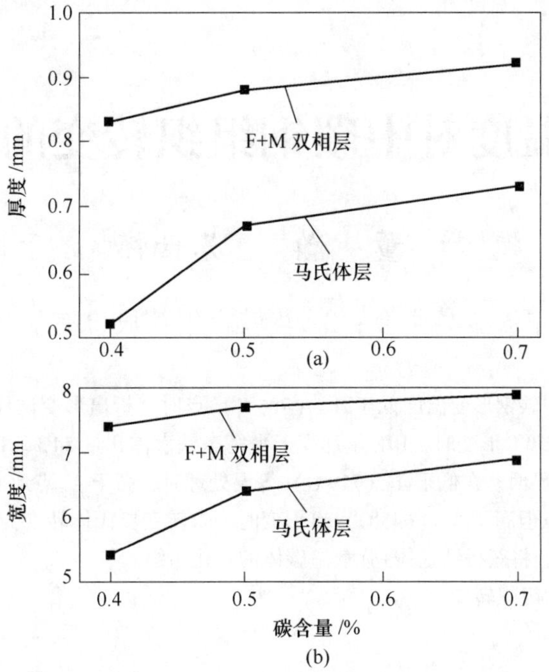

图 6　车轮踏面下马氏体层的厚度（a）和宽度（b）随碳含量的变化

Fig. 6　Change of depth and width of martensite layer under tread with carbon content

性和韧性。因此，随着碳含量的降低，板条马氏体数量增多，这对改善马氏体层自身的机械性能，阻碍裂纹的产生和扩展也十分有利。

4　结论

（1）在高速度、大载荷条件下，列车轮-轨间的滑动摩擦会导致车轮踏面局部升温，使接触区峰值温度超过车轮材料的奥氏体化相变临界点，奥氏体化层的深度可达 0. 9mm，完全奥氏体化层的深度可达 0. 6mm。因冷却速度很大，过冷奥氏体几乎全部形成脆硬的马氏体组织，成为产生踏面剥离缺陷的诱导因素；马氏体层的厚度可达 0. 7mm，在温度介于 A_{c1} 和 A_{c3} 之间的区域则会形成 F+M 两相组织。这种组织强韧性匹配较差，在应力集中的条件下，容易成为裂纹萌生和扩展的通道。

（2）材料的相变临界点是控制马氏体层产生和分布的关键因素。碳含量的降低提高了 A_{c1} 和 A_{c3} 温度，减小了奥氏体相变的范围，从而缩小了快速冷却后马氏体区的深度和宽度。计算表明，碳含量从 0. 7%降低到 0. 4%，马氏体层的厚度减小 30%，截面积减小 45%，同时降碳后马氏体层的塑性和韧性提高，对于抑制热疲劳损伤的形成、减少车轮踏面的制动剥离等缺陷具有十分积极的作用。

（3）笔者提出的分析方法具有普遍的意义，适用于研究其他金属材料摩擦、相变与材质之间的关系。

参 考 文 献

[1] 肖彦君．我国既有铁路提速的试验研究［J］．中国铁道科学，2000，21（1）：9-12.

[2] 水恒勇，张永权，杨才福．高速列车车轮用材料的开发动向［J］．钢铁研究学报，2003，15（3）：66-69.

[3] 孙健．在减少车轮剥离方面的研究进展［J］．国外铁道车辆，1999，(2)：12-16.

[4] Johan A，Birger K. Analytical 1D model for analysis of the thermally affected zone formed during railway wheel skid［J］. Wear，1999，232：15-24.

[5] 郑伟生，刘会英．关于车轮擦伤剥离的若干问题与对策［J］．铁道车辆，2001，39（2）：19-22.

[6] Orringer O，Gray D E. Thermal cracking in railroad vehicle wheels subjected to high performance stop braking［J］. Theor Appl Frac Mech，1995，23（1）：55-65.

[7] Cole I S，Griffiths J R. Thermal crashing of railway wheels［J］. Metallurgy Australas，1985，17（1）：14-15.

[8] 张斌．铁路车轮、轮箍损伤及失效分析图库［M］．北京：中国铁道出版社，2002.

形变温度对中碳钢组织转变的影响❶

惠卫军[1,3] 田 鹏[1,4] 董 瀚[1] 苏世怀[3] 于同仁[3] 翁宇庆[2]

（1. 钢铁研究总院；2. 中国金属学会；3. 马鞍山钢铁股份有限公司；4. 昆明理工大学）

摘 要 热模拟单向压缩下中碳钢形变温度低于 A_{d3}（786℃）点时，析出形变诱导铁素体（DIF），DIF 量随形变温度降低而提高；在低于 750℃形变时，DIF 量远高于平衡态铁素体含量 54%。DIF 析出时碳原子高度富集在铁素体晶界和铁素体/奥氏体界面。在低于 A_1（719℃）等温处理时，高于 A_{d3}点形变试样中，奥氏体转变为铁素体+片层状珠光体；低于 A_{d3}点但高于 A_{r3}（645℃）点形变时，未转变奥氏体转变为铁素体+片层状珠光体+晶界渗碳体；稍高于 A_{r3}点形变时，将获得铁素体+弥散渗碳体的球化组织。

关键词 形变温度；中碳钢；组织转变

Influence of Deformation Temperature on the Microstructure Transformation in Medium Carbon Steel

Hui Weijun[1,3] Tian Peng[1,4] Dong Han[1] Su Shihuai[3] Yu Tongren[3] Weng Yuqing[2]

（1. Central Iron and Steel Research Institute；2. The Chinese Society for Metals；
3. Ma'anshan Iron and Steel Co.，Ltd.；4. Kunming University of Science and Technology）

Abstract During uniaxial hot compression for a medium carbon steel, the deformation induced ferrite (DIF) appeared when deformed temperatures lower than A_{d3} (786℃). The volume fraction of DIF increases with decreasing deformation temperature, especially when deformed temperatures lower than 750℃ the volume fraction of DIF increases significantly, which is far beyond the equilibrium ferrite fraction of 54%. With the increase of DIF, more and more carbon atoms were rejected into the boundaries of ferrite and interfaces of ferrite/untransformed austenite. During isothermal holding below A_1 (719℃) temperature just after deformation, supercooled austenite would decompose to different structures in three different ways: when the deformation temperature is higher than A_{d3}, conventional ferrite-lamellar pearlite structure was obtained; when the deformation temperature is lower than A_{d3} whereas higher than A_{r3} (645℃), retained austenite transformed to ferrite-lamellar or degenerated pearlite-grain boundary cementite; when the deformation temperature decreased to just above A_{d3}, a microstructure different from lamellar pearlite was obtained, which consisted of fine cementite particle and ferrite.

Key words deformation temperature; medium carbon steel; microstructure evolution

1 引言

对低碳钢的大量研究结果表明[1,2]，在高应变速率及大应变下，进行稍高于 A_{r3}点的形变可产生形变诱导铁素体相变（DIFT），从而获得 2μm 以下的超细铁素体，使钢的强度和韧性得到显著提高。值得注意的是，对低碳钢（如 SS400、Q235、20Mn 等）的研究发现[3,4]，形变改变了超细铁素体周围未转变奥氏体的分解方式，在随后的冷却或保温退火过程中表现为奥氏体向退化珠光体的加速转变并缓慢粗化。这种珠光体的退化

❶ 原文发表于《金属学报》2005 年第 6 期。

国家高技术研究发展规划资助项目（2003AA331030）。

现象不仅具有重要的理论意义，同时还具有重要的工业应用前景。中碳钢通常多采用冷成形法来制造紧固件等机械零部件。按照传统轧制工艺生产的中碳钢线材，微观组织中的珠光体呈片层状，因而在冷成形前需要进行耗时、耗能的球化退火处理，其周期约为12~24h[5]。因此，对于中碳钢，通过控轧控冷工艺如能够获得退化的珠光体甚至球化的珠光体，则可大幅度地缩短球化退火时间甚至省略球化退火处理。然而，对于中碳钢此类的研究工作很少[6,7]。Park 等[6]研究热机械形变对0.45%C 中碳钢组织细化的影响，结果表明，在 A_{r3}(600℃) 点形变可获得1μm 的超细晶粒，从而经过3h 的球化退火便可获得良好的球化组织。Storojeva 等[7]对0.36%C 中碳钢在600~710℃进行多道次大形变，随后在形变温度等温2h，同样可获得良好的球化组织，其力学性能与淬火回火组织相当。上述研究工作中采用的形变温度过低，在目前的工业生产中尚难以实现，且仍是一种离线球化退火处理，无法实现在线球化退火处理。本工作在较宽的温度范围内较系统地研究了形变温度对中碳钢微观组织转变的影响，通过控制形变和随后的冷却，可在较高的形变温度和较短的时间内获得良好的球化组织，从而有可能在工业上实现中碳钢的在线球化退火。

2 实验方法

实验材料为工业生产的中碳冷镦钢 SWRCH 35K，成分（质量分数,%）为：C 0.36，Si 0.18，Mn 0.68，S 0.009，P 0.015。实验钢的 A_1 点和 A_3 点分别为719℃和786℃，用 Formaster 热膨胀仪测出实验料以5℃/s 的速度冷却时的 A_{r3}点为645℃。在 Gleeble 2000 热模拟试验机上进行单向热压缩形变实验，样品直径为8mm、长为15mm 或直径为10mm、长为20mm 的圆柱试样。形变后部分样品采用水淬以固定高温组织。在热模拟机压头与试样两端接触处夹一层石墨片进行润滑，使试样尽可能均匀形变。但在高应变速率和大形变量下效果甚微，形变后试样呈鼓形，试样中心应变量高于平均值。从试样纵截面中心最高应变处取样进行组织分析。通过3%硝酸酒精侵蚀显示微观组织形貌，用 Neophot Ⅲ型光学显微镜和 HITACHI S-4300 扫描电镜对样品进行微观组织分析，用 SISC IAS V8.0 自动图像分析仪测定铁素体含量。

3 实验结果及分析

3.1 热形变行为

图1为试样在不同应变速率和不同形变温度下的真应力-真应变曲线。在相同的形变温度或应变速率下，随着应变速率的增加或形变温度的降低，应力水平提高。从图1(a) 可以看出，$\sigma-\varepsilon$ 曲线在低应变速率下（$\dot{\varepsilon}$=0.01，0.1s^{-1}）具有双峰特征，$\dot{\varepsilon}$>1s^{-1}时，$\sigma-\varepsilon$ 曲线上的第2个峰变得较平缓，硬化特征不明显。$\sigma-\varepsilon$ 曲线的这种特征与Q235钢在750~780℃、不同速率形变时的 $\sigma-\varepsilon$ 曲线特征[8]类似。随着应变量

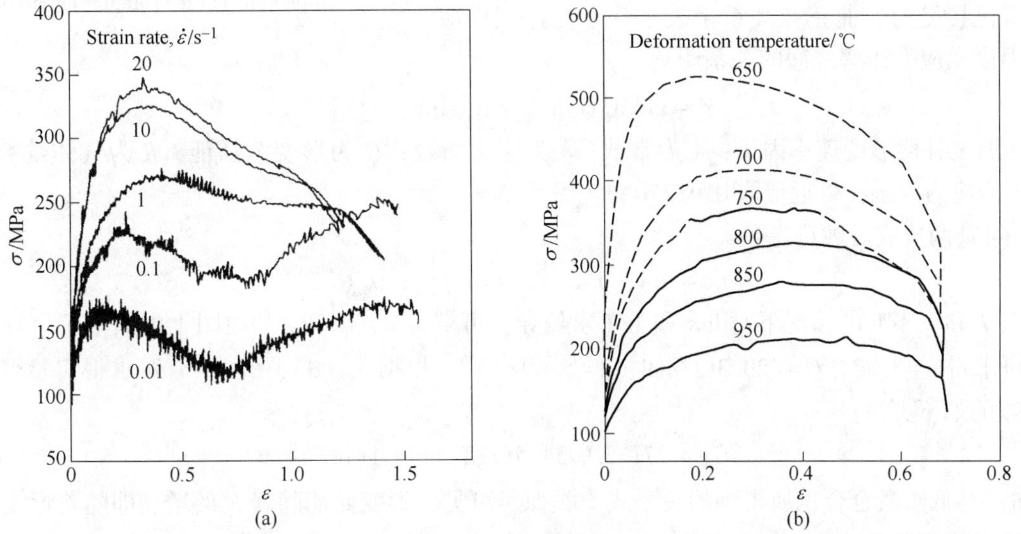

图1 不同应变速率和形变温度对实验钢真应力-真应变曲线的影响

Fig. 1 Effects of strain rate $\dot{\varepsilon}$ (deformation temperature 750℃) (a) and deformation temperature (strain rate $\dot{\varepsilon}$=20s^{-1}) (b) on true stress-true strain ($\sigma-\varepsilon$) curve of the steel tested

的增加，形变过冷奥氏体的缺陷密度不断增加，形变储能不断积累，形变诱导铁素体（DIF）在奥氏体晶界、晶内形变带等处形核析出。当奥氏体的动态回复和动态再结晶及DIF的析出所引起的形变储能的释放超过形变储能的积累时，在σ-ε曲线上表现为应力下降，从而出现第1个峰；应变量继续增加，铁素体大量形核、长大，其转变量不断增加，由于析出的铁素体随着应变量的增加亦逐渐硬化，因此流变应力不再下降反而提高，在曲线上出现低谷；应变量进一步增加，形变储能不断积累，应力逐渐提高，随后铁素体和未转变的奥氏体在合适的条件下将发生动态回复或再结晶软化，使得流变应力不再提高反而下降，从而出现第2个峰。

在其他条件不变的情况下，形变温度的影响主要体现在：随着温度降低，形变储能的释放途径由动态回复和动态再结晶逐步向形变诱导铁素体（DIF）相变过渡，即形变温度降低，相变化学驱动力增加，同时位错回复程度降低，形变储能增加，从而使得DIF量增加（图2）。

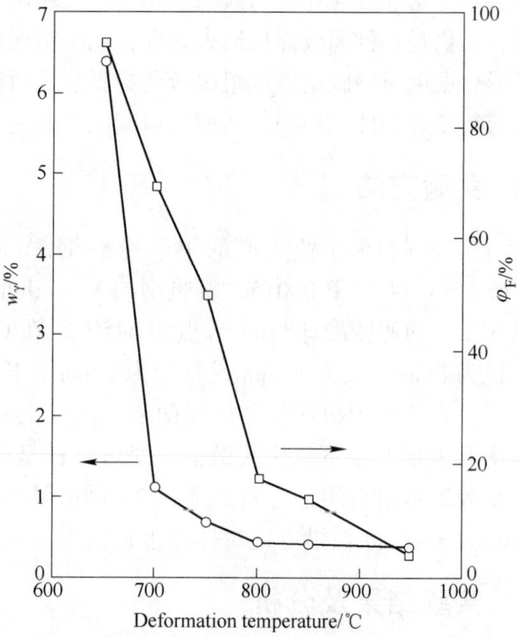

图2　实验钢在不同温度形变（ε=0.69）后形变诱导铁素体体积分数φ_F和未转变奥氏体平均碳含量w_γ随形变温度的变化

Fig. 2　Variations of deformation induced ferrite amount (volume fraction) φ_F and average carbon content (mass fraction) w_γ in untransformed austenite with deformation temperature for ε=0.69

相变的方向应是降低体系自由能的方向，即$\Delta G<0$。ΔG可表达为：

$$\Delta G = -V(\Delta G_v - \Delta G_e) + \Delta G_s \tag{1}$$

式中，V为体积；ΔG_v为化学自由能变化；ΔG_e为弹性自由能变化；ΔG_s为形成新相时的表面自由能变化。若考虑到塑性变形过程中体系中有部分形变能（ΔG_d）不能被热释放和热弛豫，因而将引起体系的自由能变化，并转变为相变的驱动力，即最终降低了系统的自由能，则式（1）变为：

$$\Delta G = -V(\Delta G_v - \Delta G_e) + \Delta G_s - \Delta G_d \tag{2}$$

上述的形变储能主要取决于形变引起的位错能[7]：

$$\Delta G_d \approx \Delta G_{dis} = \frac{\sigma^2}{M^2\alpha_0^2\mu} \tag{3}$$

式中，M为Taylor因子，对面心立方金属取3.11；α_0为常数，取0.15；μ为剪切弹性模量，取$7.9\times10^{10}N/m^2$。单位摩尔奥氏体内的位错能需在上式中乘以奥氏体的摩尔体积（$7.1\times10^{-6}m^3/mol$）[8]。奥氏体热形变是一个热激活过程，此处采用广泛接受的双曲正弦关系来表示热形变过程中应力、形变温度及应变速率之间的关系[9]：

$$Z = \dot{\varepsilon}\exp(Q/RT) = A[\sinh(\alpha\sigma)]^n \tag{4}$$

式中，Z为温度补偿形变速率因子；A为常数；n为应力指数；Q为形变激活能；R为气体常数；T为形变温度；α为应力因子，可近似取0.012MPa[8]。

对式（4）两边取对数可得：

$$\ln\dot{\varepsilon} = \ln A + n\ln[\sinh(\alpha\sigma)] - Q/(RT) \tag{5}$$

分别在T和$\dot{\varepsilon}$不变的情况下对$\ln\dot{\varepsilon}$和$1/T$求偏导，可求得n，Q和A。在图1中取第1个峰值应力进行计算，可求得n=3.73，Q=420.3kJ/mol，$A=5.69\times10^{16}$。根据式（3），式（4）可求得实验钢的形变储能与Z参数的如下关系：

$$\Delta G_d = 271.3 - 34.5(\lg Z) + 1.1(\lg Z)^2 \tag{6}$$

式（6）与低碳微合金钢所得到的关系式[8]类似。可见，形变储能随着Z的增加即随着形变温度的降低和应变速率的升高而增加。

3.2　不同温度形变后水冷的组织

图3为试样在不同温度形变（ε=0.69）后立即水冷的SEM组织。950℃形变时组织基本为马氏体

(水冷前为奥氏体)和极少量的铁素体(图 3(a))。800℃形变时则有较多的铁素体析出，这表明在应力作用下奥氏体向铁素体转变温度升高。随着形变温度的降低，铁素体转变量逐渐增加，当形变温度降至700℃，铁素体转变量显著增加(图 3(b))，此时未转变的奥氏体(水冷后为马氏体)呈长条形。在稍高于 A_{r3}点的 650℃形变，则得到完全不同的组织(图 3(c))。图 2 给出了不同温度形变($\varepsilon=0.69$)后立即水冷所测得的形变诱导析出的铁素体体积分数 φ_F 随形变温度的变化，图中同时给出未转变奥氏体平均碳含量 w_γ 随形变温度的变化。w_γ 可由下式计算得到：

$$w_\gamma = \frac{w_0 - \varphi_F w_\alpha}{1 - \varphi_F} \tag{7}$$

式中，w_0 为相变前奥氏体的碳含量(质量分数)，本实验为 0.36%；w_α 为铁素体的碳含量(质量分数)，本实验为 0.0218%。可见，随着形变温度的降低和形变诱导铁素体的析出，未转变奥氏体中的平均碳含量亦逐渐增加。应当指出的是，铁素体析出时扩散排出的碳的分布并不均匀，而是高度富集在细小的铁素体界面和未转变奥氏体的界面。在随后的等温或缓冷过程中，这些富碳区析出短棒状或颗粒状渗碳体。从图 3 还可以看出，即使在淬火态，少部分渗碳体已呈短棒状或颗粒状，且这种状态在形变温度较低时较明显。

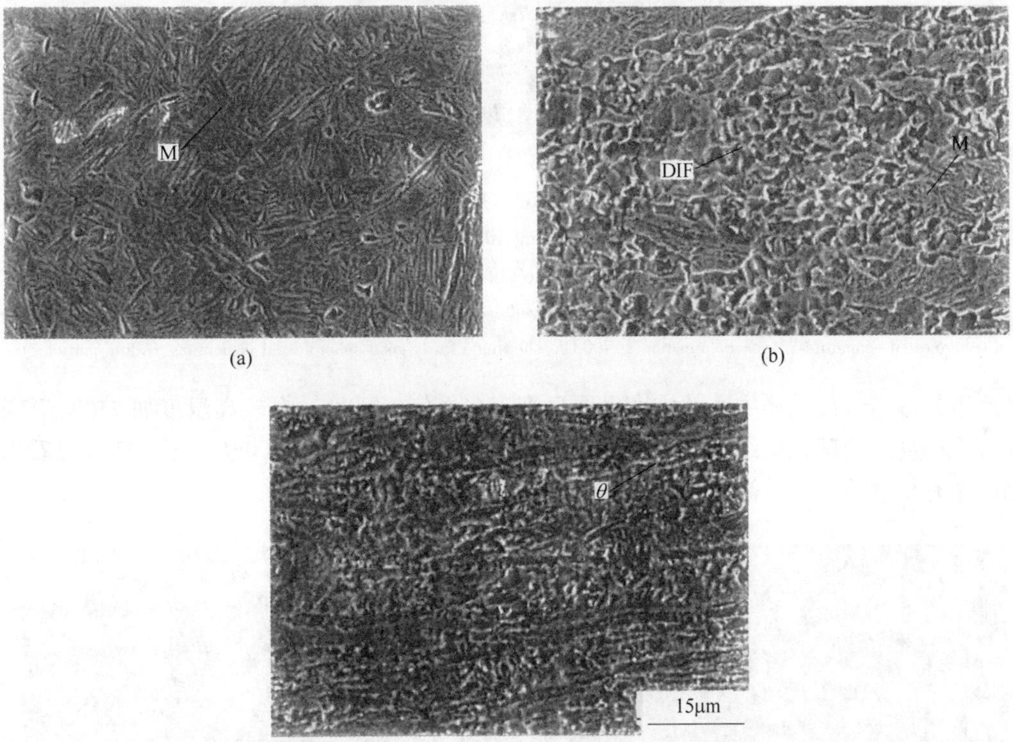

图 3　实验钢在不同温度下形变($\varepsilon=0.69$)后水冷的 SEM 组织

Fig. 3　SEM micrographs of the steel tested water quenched after deformation $\varepsilon=0.69$ at different temperatures

(a) 950℃, showing martensite (M) and a small amount of ferrite; (b) 700℃, showing martensite and large amount of deformation induced ferrite (DIF); (c) 650℃, showing a rather different microstructure with some rod-like cementites (θ)

3.3　不同温度形变后等温处理的组织

图 4 为未形变及在不同温度形变($\varepsilon=0.69$)后在 680℃等温 10min 空冷的微观组织。可见，未形变试样中珠光体发生一定程度的退化，部分渗碳体呈短棒状或颗粒状(图 4(a))；850℃形变试样中珠光体片层间距细小，亦发生一定程度的退化；此后随着形变温度降至 750℃，铁素体边界富碳区和未转变奥氏体发生转变，渗碳体大多呈短棒状或颗粒状(图 4(b))；进一步将形变温度降低到 700℃时，则得到了渗碳体基本呈短棒状或颗粒状的良好球化组织(图 4(c))。

图 5 为试样在 750℃进行应变(名义应变)$\varepsilon=1.2$ 的大形变，在 700℃等温不同时间后水冷的组织。

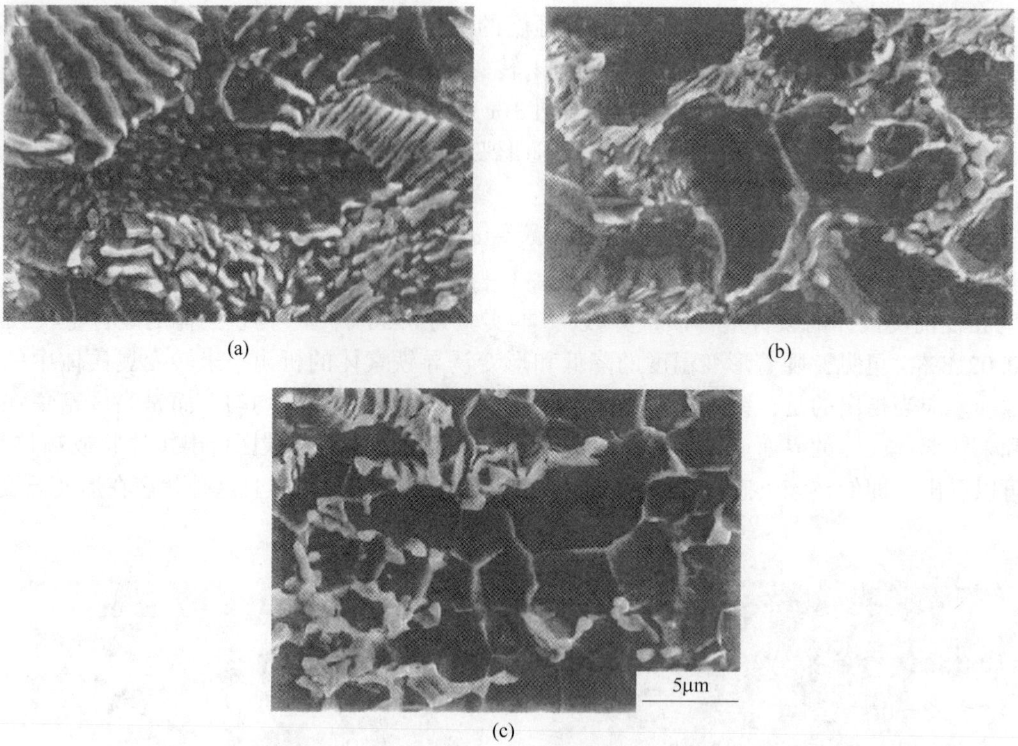

图 4　实验钢在不同温度下形变（$\varepsilon=0.69$）后在 680℃等温 10min 空冷的 SEM 组织

Fig. 4　SEM micrographs of steel tested holding 10min at 680℃ and then air cooled before and after deformation $\varepsilon=0.69$ at different temperatures

（a）before deformation, showing a small amount of spheroidized cementites;（b）deformation at 750℃, showing large amount of spheroidized cementites;（c）deformation at 700℃, showing a fairly good spheroidized cementites（white particles）

由于试样呈严重鼓形，因而试样中心的应变量明显高于名义值。可见，在较高温度如 750℃形变时，提高应变量同样可获得良好的球化组织，而延长保温时间可使渗碳体适度长大。从图 5 中还可以看出，在细小的铁素体晶内亦有少量的颗粒状渗碳体析出。

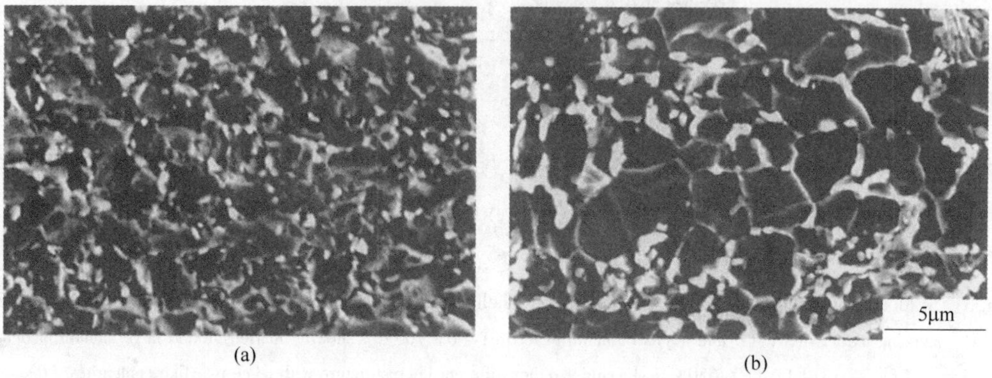

图 5　实验钢在 750℃形变（$\varepsilon>1.2$）后在 700℃保温不同时间水淬的组织变化

Fig. 5　SEM micrographs of the steel tested at holding times of 5min（a）, 10min（b）at 700℃ after deformation $\varepsilon>1.2$ at 750℃ and then water quenching, showing the spheroidization and coarsening of cementites with holding time

4　讨论

钢中发生的共析转变即奥氏体向珠光体的转变通常认为只能以渗碳体的片层状形态从母相中析出，是以扩散为基础并受扩散所控制的。然而，由于球状渗碳体在热力学上较片层状更稳定，有可能在一定条件下不经历中间亚稳态而直接从过冷奥氏体中稳态析出。显然，稳态的球状渗碳体不可能从稳态的奥氏体中析出，如果能够使奥氏体尽可能地偏离平衡态，则析出的渗碳体就越接近转变温度区间的平衡态，即得到球状的渗碳体。工业上高碳钢如工具钢的球化退火处理，其机理便是利用不均匀奥氏体中未溶碳化物或奥氏体中高浓度碳偏聚区的非自发形核的有利作用，将过冷奥氏体缓冷或低于 A_1 温度等温而得到球状渗碳体[10]。因此，如果在轧制过程中通过形变实现奥氏体的非平衡化，再通过随后的控制冷却就有可能获得球状的渗碳体。

形成片层状珠光体需要铁素体与渗碳体的协同长大，影响其协同长大的因素有形变温度、奥氏体晶粒尺寸及变形量等[3]。根据上述研究结果，提出了不同温度下形变时实验钢组织转变机制的示意图，见图6。

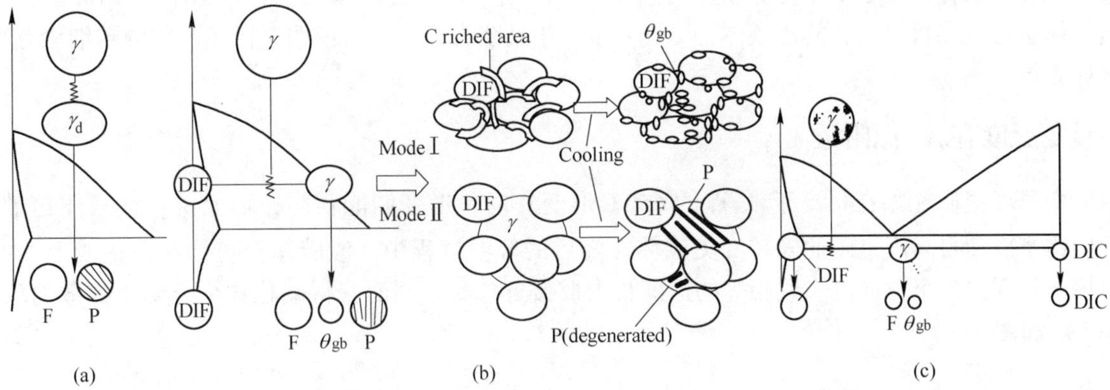

图6 实验钢在不同温度下形变时的组织转变机制示意图

Fig. 6 Schematic diagrams showing the evolution of microstructures after deformation at different temperatures

（a）when the deformation temperature is higher than A_{d3}, conventional ferrite-lamellar pearlite structure was obtained;

（b）when the deformation temperature is lower than A_{d3} but higher than A_{r3}, DIF formed and retained austenite transformed to ferrite-lamellar or degenerated pearlite-grain boundary cementite, in Mode Ⅰ the carbon highly rich retained austenite transforms to cementite at grain boundary; whereas in Mode Ⅱ the bigger retained austenite transforms to ferrite and lamellar or degenerated pearlite;

（c）when the deformation temperature decreased to just above A_{d3}, a quite different microstructure of small cementite particle and ferrite instead of lamellar pearlite was obtained

γ—austenite; γ_d—deformed austenite; F—ferrite; P—pearlite; DIF—deformation induced ferrite; θ_{gb}—cementite at grain boundary

4.1 形变温度高于 A_{d3}点

在其他条件不变的情况下，当形变温度高于 A_{d3}点（平衡状态开始出现铁素体相的 A_3 平衡点，由于 ΔG_d 的影响该平衡点上升为 A_{d3}[8]），如 950℃时，形变储能很低，无形变诱导铁素体析出（图2，图3(a)），此时形变奥氏体在随后低于 A_1 点的等温过程中首先转变为铁素体+片层状珠光体，见图6(a)。如果继续延长等温时间，按照能量趋低原理，则这种片层状珠光体还会逐渐球化，但这种球化进程往往十分缓慢[10]。

4.2 形变温度低于 A_{d3}点但高于 A_{r3}点

形变储能的引入使铁素体临界形核功降低，形核率大幅度提高[8]。因此，当形变温度低于 A_{d3}点但高于 A_{r3}点时，形变诱导铁素体含量随形变温度的降低而提高，见图2，图3。在形变诱导铁素体相变过程中，从铁素体中析出的碳并不是均匀地富集于未转变奥氏体中，而是高度富集在铁素体/铁素体界面和铁素体/奥氏体之间的界面前沿。界面处这些高度富碳区在随后的等温甚至形变过程中易析出短棒状或颗粒状渗碳体。同样，由于能量趋低原理，这种短棒状渗碳体还会在随后的等温过程中溶断而逐渐球化，见图6(b) 中的转变方式Ⅰ；而未转变的奥氏体将按照图6(b) 中的方式Ⅱ转变为铁素体+珠光体。因此，此时的微观组织为铁素体+珠光体+晶界渗碳体。然而，上述组织中各相的形态和所占的比例受形变温度(奥氏体形变储能)、富碳程度和尺寸等的影响。

实验料在平衡态的铁素体含量为54%。从图2还可以看出，当形变温度为750℃时，形变诱导铁素体含量 φ_F 即接近平衡态；继续降低形变温度，φ_F 明显增加，远大于平衡态含量，与此对应的未转变奥氏体含量则明显低于平衡态含量，这时被铁素体分割、包围的未转变奥氏体高度富碳，且其尺寸亦愈来愈小，见图 3(b)。因此，当形变温度小于 750℃时，将获得较多的晶界渗碳体和退化珠光体，而片层状珠光体量较少。反之，当形变温度较高（如 800℃和 850℃）时，形变储能较低，形变诱导铁素体量较少，低于平衡态，未转变奥氏体尺寸较大，其中的富碳程度较低，低于珠光体转变的共析成分。这些均使得未转变奥氏体在随后的等温过程中先析出铁素体，尔后富碳浓度达到共析成分时发生珠光体共析转变。显然按照这种机制将获得较多的片层状珠光体。

由于共析转变产物原则上不超越母相晶粒边界，因此渗碳体片的长度不大于母相奥氏体晶粒直径。如将渗碳体片的长宽比等于 3 作为球和片的分界[7]，则当未转变奥氏体晶粒直径约小于 3μm 时，就可认为从奥氏体中可直接析出球状的渗碳体，见图 6(b) 中转变方式Ⅱ。这说明奥氏体晶粒的超细化有利于获得球状珠光体。

4.3　形变温度在 A_{r3}点附近

当形变温度很低（如在稍高于 A_{r3}点的 650℃形变）时，形变储能很高，形变诱导铁素体超量析出，极高的位错密度使得高度富碳的未转变奥氏体在随后的等温过程中，渗碳体有可能在位错线上等处大量领先形核，然后向各个方向以大致相等的速度长大成接近球状，因而获得碳化物十分细小弥散的球化体，见图 3(c) 和图 6(c)。

5　结论

(1) 推导出中碳钢 35K 在 650~950℃单向压缩形变时奥氏体的形变储能与温度补偿形变速率因子 Z 的关系式。形变储能随着 Z 值的增加（即随着形变温度的降低和应变速率的升高）而增加。

(2) 当形变温度低于 A_{d3}时，析出形变诱导铁素体，其量随着形变温度的降低而提高，当形变温度降至 750℃以下时，铁素体量显著增加，远高于平衡态；形变诱导铁素体的析出使得铁素体/铁素体界面和铁素体/未转变奥氏体界面高度富碳。

(3) 形变后在低于 A_1 点的等温过程中，依据形变温度的不同将发生不同类型的转变：1）当形变温度高于 A_{d3}点时，无形变诱导铁素体析出，形变的奥氏体直接转变为铁素体+片层状珠光体。2）当形变温度低于 A_{d3}点但高于 A_{r3}点时，未转变奥氏体转变为铁素体+珠光体+晶界渗碳体，3 相的形态和含量受形变温度（奥氏体形变储能）、富碳程度和尺寸等的影响，即当形变温度较高时，组织中晶界渗碳体量较少，片层状珠光体量较高；形变温度较低时，组织中晶界渗碳体量较多和退化珠光体量较多，片层状珠光体量较少。3）当形变温度在 A_{r3}点附近时，将直接获得铁素体+细小弥散渗碳体的球化体组织。

感谢钢铁研究总院孙新军博士在奥氏体形变储能计算方面的帮助和有益的讨论。

参 考 文 献

[1] 翁宇庆. 钢铁，2003，38（5）：1.
[2] Tsuji N. Tetsu Hagané，2002，88：359.
[3] 李维娟，王国栋，刘相华. 新一代钢铁材料研讨会，北京：中国金属学会，2001：311.
[4] 田朝旭，杨平，孙祖庆. 材料热处理学报，2003，24（3）：18.
[5] O'Brien J M，Hosford W F. Metall. Mater. Trans，2002，33A：1255.
[6] Park J，Song D H，Lee D，Choo W Y. In：Zhu Y T，Langdon T G，Mishra R S，Semiatin S L，Saran M J，Lowe T C，eds.，Ultrafine Grained Materials Ⅱ，Seattle：The Minerals，Metals & Materials Society，2002：275.
[7] Storojeva L，Kaspar R，Ponge D. Mater. Sci. Forum，2003，426-432：1169.
[8] 翁宇庆，等. 超细晶钢——钢的组织细化理论与控制技术［M］. 北京：冶金工业出版社，2003：140，118.
[9] McQueen H J，Ryan N D. Mater. Sci. Eng.，2002，A322：43.
[10] 安运铮. 热处理工艺学［M］. 北京：机械工业出版社，1982：51.

车轮钢中白点与断裂力学行为研究❶

褚武扬[1] 李金许[1] 乔利杰[1] 江 波[2]
陈 刚[2] 崔银会[2] 钟 斌[2]

(1. 北京科技大学；2. 马鞍山钢铁股份有限公司)

摘 要 以车轮钢为主要研究对象，研究了钢中白点的表征方法，形成白点的临界氢浓度和临界温度，白点断口与氢致开裂断裂、机械断口之间的联系和区别，氢和白点对断裂行为的影响，夹杂和应力对形成白点的影响，最后给出了防止白点的措施。

1 白点表征研究

国内外对氢鼓泡的形成机理以及它和白点的相关性一直有争议。很多人认为先形成氢压裂纹，然后形成鼓泡。对低强度钢（如车轮钢），表面只会显示氢鼓泡，而看不到氢压裂纹；只有把表层磨去或取合适的截面才能看到裂纹（即白点）。如能证明鼓泡先形成，且一旦出现鼓泡后，在相同条件下继续充氢，裂纹就会从鼓泡壁形核，则就可把表面发现氢鼓泡作为白点形成的表征。

用偏光显微镜很容易发现抛光表面上的氢鼓泡，见图 1(a)。用三维形貌仪可测量鼓泡的三维尺寸，见图 1(b)。图 1(c) 是小鼓泡的横截面，裂纹尚未形核。继续充氢，随鼓泡长大，裂纹从鼓泡壁形核，

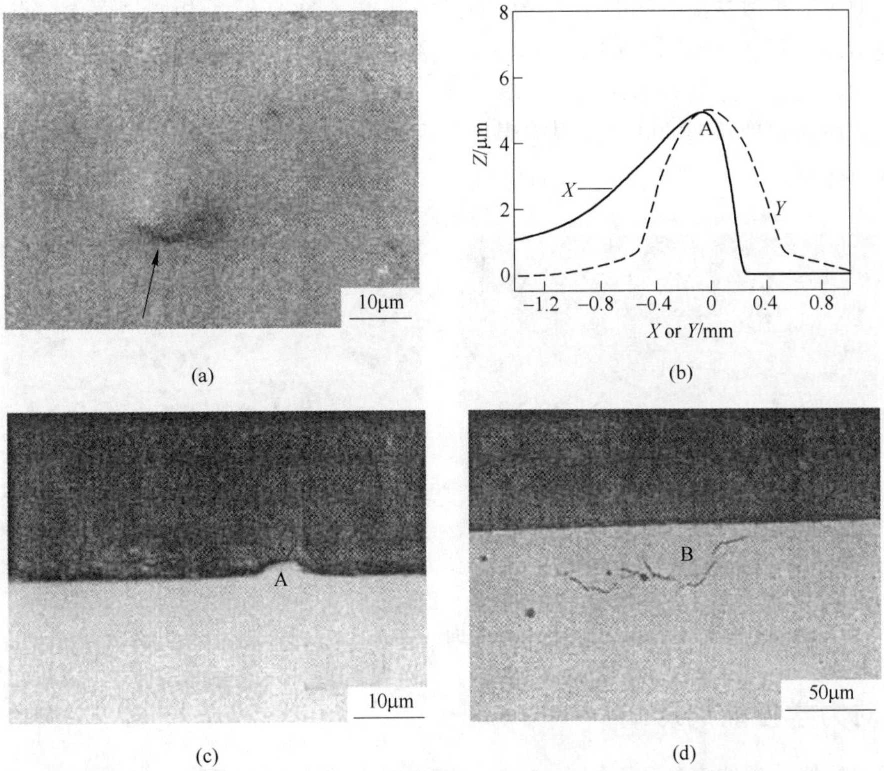

图 1 氢鼓泡的偏光像（a）、大鼓泡沿相互垂直两个方向的高度分布（b）和鼓泡的横截面形貌（c，d）

❶ 原文发表于全国钢铁产品防腐技术研讨会论文集 2005。

见图 1(d)。图 2 表明，在大鼓泡 a 的表面上有一个小鼓泡 b。因为鼓出表面的鼓泡壁由完整晶格构成，这说明小鼓泡 b 不是通过微裂纹钝化形成的，它是在完整晶格中通过空位和氢聚集而成的，通过空位和氢的不断进入而长大。

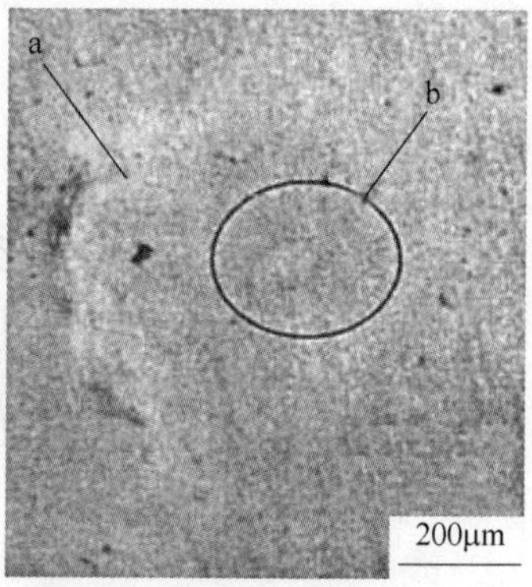

图 2　车轮钢中大鼓泡表面上的小鼓泡

由此可获得如下结论：氢和过饱和空位进入空位团或原先存在的空隙，形成带 H_2 压的空腔，它就是氢鼓泡；随着氢和空位不断扩散进入，氢鼓泡连续长大（这时原子键并不断裂），同时因应力诱导扩散的作用在鼓泡周围形成氢的富集区；当鼓泡中氢压增大到等于被氢降低了的原子键合力时，原子键断开，导致裂纹沿鼓泡壁形核、长大，这就是发裂或白点。因此，形成氢鼓泡的临界氢浓度就是出现白点的临界氢浓度。

2　白点的临界氢浓度和形成温度

用 200 多个抛光试样在各种充氢溶液中用不同电流密度进行电解充氢，寻找刚出现氢鼓泡的临界氢浓度，用不同温度气相充氢测量临界氢浓度和白点形成温度。对实验结果进行了统计分析，结果表明：(1) 在加毒化剂的 0.5mol/L H_2SO_4 中充氢，出现氢鼓泡的临界电流为 $i_c=0.2\text{mA/cm}^2$，临界可扩散氢浓度的平均值及其 95% 置信区间为 $C_0^*=1.29\pm0.43$ppm，产生氢鼓泡的陷阱氢浓度为 $C_t^*=2.41\pm1.08$ppm。(2) 在无毒化剂的 0.5mol/L H_2SO_4 中充氢，$i_c=5\text{mA/cm}^2$，$C_0^*=1.24\pm0.23$ppm。(3) 产生氢鼓泡和白点总氢浓度为 $C_T^*=3.7\pm1.1$ppm。(4) 气相充氢测出的 C_0^* 处在电解充氢的分散带内，白点形成温度 T_C 随氢浓度升高而升高，氢浓度低时，$T_C=150\sim200$℃；氢浓度高时，$T_C>700$℃。

3　白点断口研究

国际上关于白点断口的形貌一直有争议，原因在于所有人均把含白点试样的断口误认为是白点断口。我们用特殊方法获得了车轮钢白点裂纹开裂面的形貌，这就是真实的白点断口，它为准解理，见图 3。它和恒载荷下通过原子氢扩散富集引起的氢致滞后断裂的断口（图 4(a)）相同。而含白点试样的断口则千姿百态，可以是沿晶（见图 4(b)）；韧窝（图 4(c)）或解理（见图 4(d)）；偶尔也可看到原始白点的准解理断口。因为原始白点和滞后开裂区为准解理，和快速断裂区的解理断口明显不同，因此，从崩箍断口上可以找到导致快速解理断裂的断裂源（它是准解理断口），但无法从断裂源中把原来存在的白点和氢致滞后开裂区加以区别。

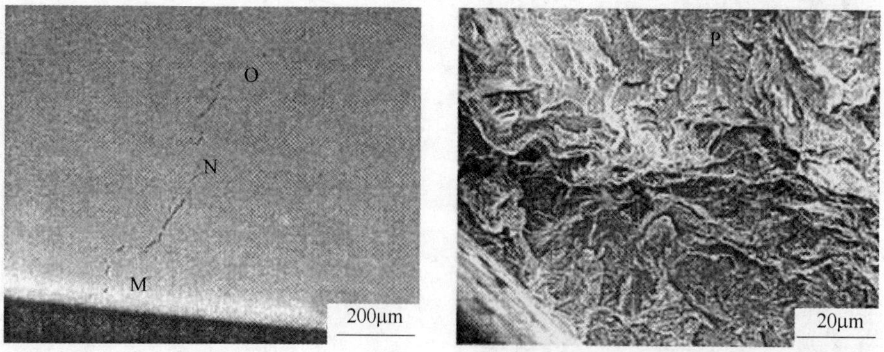

(a)　(b)

图 3　白点裂纹（a）及其开裂面（背面减薄后掰断）（b）的形貌

4　氢和白点对力学性能的影响

预充氢试样慢拉伸，延伸率 δ 和面缩率 ψ 随氢浓度 C_0 升高而急剧下降，只有当 $C_0>3.9$ppm，σ_b 才下降，见图 5。如预充氢后 200℃清除原子氢，只剩下白点，δ、ψ 和未充氢试样相同；只有当白点含量很高（$C_0>5.6$ppm）时，才使 δ、ψ 和 σ_b 下降，如图 5 空心圆所示。

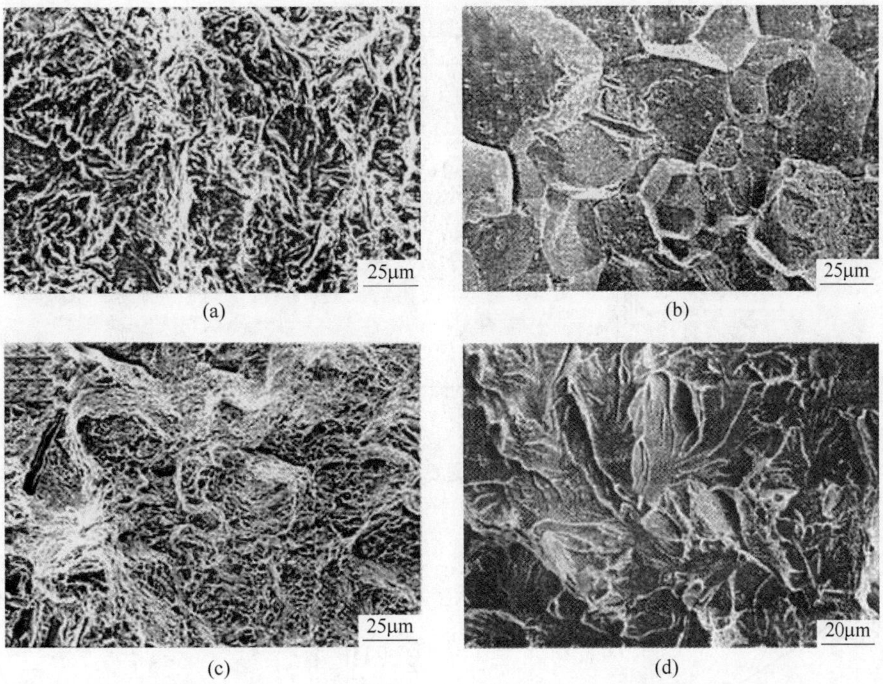

图 4　含白点试样断口

（a）氢致滞后扩展的准解理断口；（b）含白点的沿晶断口；（c）含白点试样的韧窝断口；（d）含白点试样的解理断口

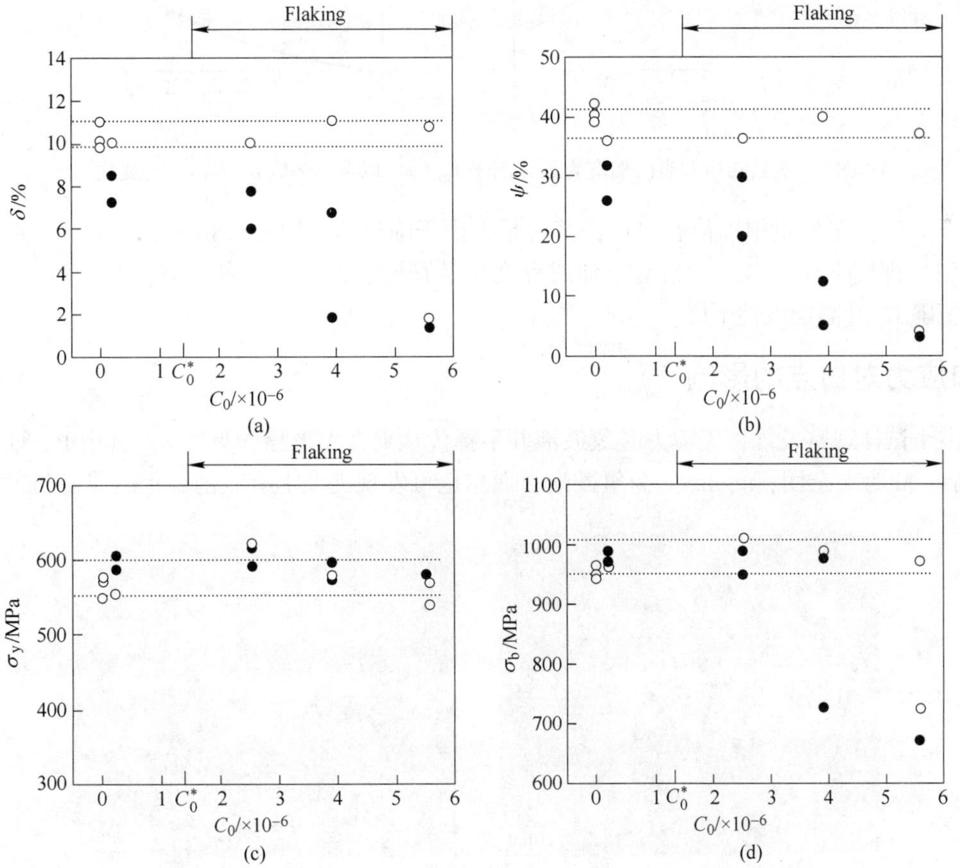

图 5　含氢（●）和不含氢（○）试样慢拉伸性能随可扩散氢浓度 C_0 的变化，

水平虚线为 7 个不含氢试样（包括充氢后除气）平均值的 95%置信度区间

（a）延伸率 δ；（b）面缩率 ψ；（c）屈服强度 σ_y；（d）抗拉强度 σ_b

不同氢含量试样的断裂韧性 K_{IC}(H) 和无氢试样的 K_{IC}相同，见图 6。恒位移下充氢，氢致裂纹不断扩展，最后止裂，由此可求出裂纹扩展速率 da/dt 以及氢致滞后开裂门槛值 K_{IH}，它们随 C_0 的变化见图 7。

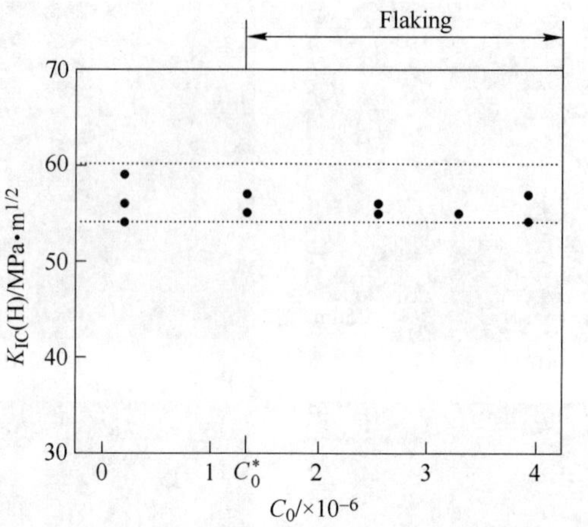

图 6　含氢试样的断裂韧性 K_{IC}(H) 随可扩散氢浓度 C_0 的变化，水平虚线为 K_{IC} 平均值的 95%置信度区间

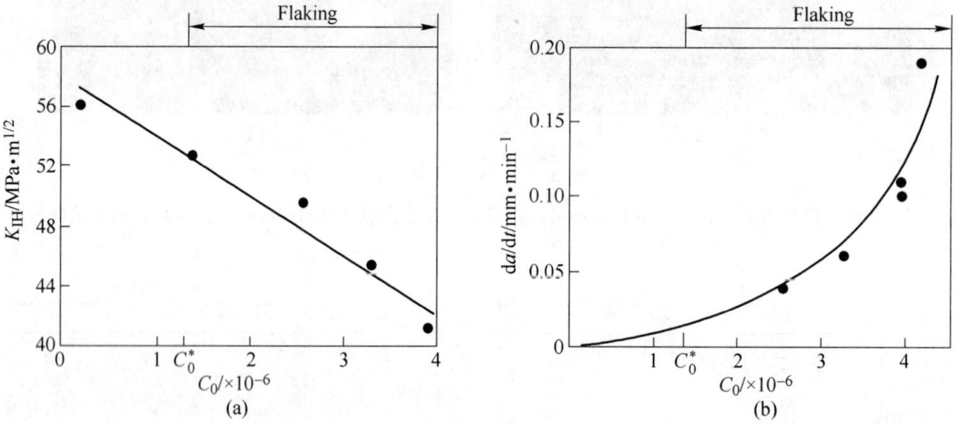

图 7　氢致滞后开裂门槛应力强度因子 K_{IH}(a) 以及 da/dt(b) 随 C_0 的变化

结论如下：(1) 车轮钢中即使有白点，其含量也少于临界值，即 C_T<8ppm，故对 δ、Ψ、σ_b 和 K_{IC} 均没有影响。(2) 即使不存在白点，当慢拉伸或存在恒载荷时，原子氢也能使 δ、Ψ 下降，并发生滞后开裂，其门槛值随 C_0 升高而线性下降。

5　夹杂和应力对白点的影响

对 200 多个试样观察发现，无应力时氢鼓泡并不择优从夹杂上形核，见图 8。其中 P、Q 是球形夹杂，L 是条形夹杂，M 为夹杂团，a、b、c 为氢鼓泡。偶尔也可发现夹杂上有鼓泡，但这是随机的。

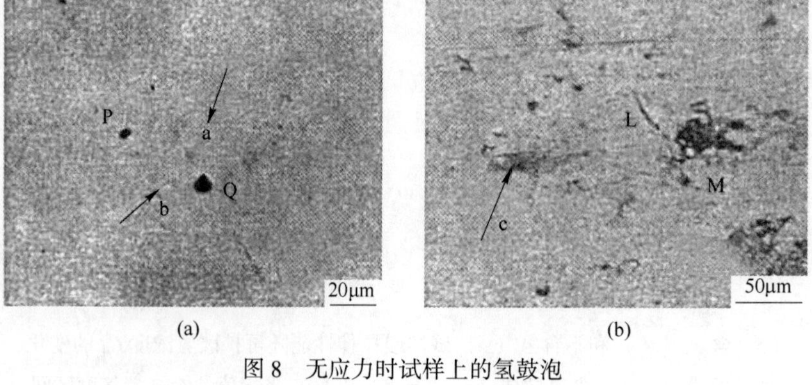

图 8　无应力时试样上的氢鼓泡

对无条形夹杂试样，结果表明，当 $i\leqslant4mA/cm^2$，即使 $\sigma/\sigma_b=0.9$，也不出鼓泡，但当 $i=5mA/cm^2$，部分试样出现氢鼓泡。由此可知，恒载荷下出现鼓泡（或白点）的临界电流密度为 $i=5mA/cm^2$，这和无载荷试样相同。对含条形夹杂的试样，恒载荷时鼓泡则优先从夹杂处形核，见图 9。恒载荷下出现氢鼓泡

的临界电流密度为 i=3mA/cm²。结论如下：(1) 无应力时，夹杂对氢鼓泡和白点没有影响；(2) 如无条形夹杂，则外应力对白点也没有影响；(3) 当应力和条形夹杂共存时，能促进白点形成。

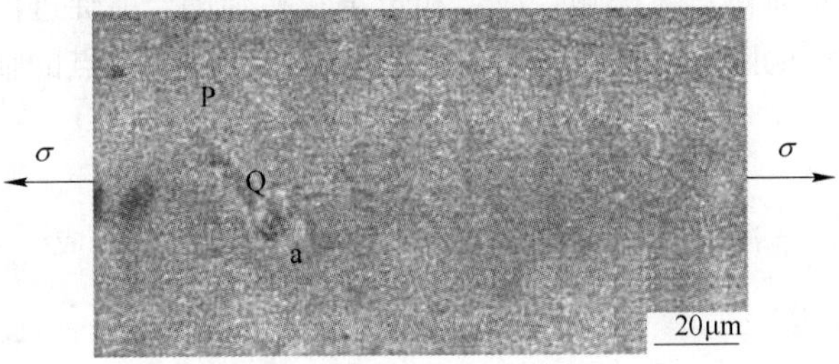

图 9 恒应力下充氢 (i=3mA/cm²) 24h 在条状夹杂 PQ 前端出现鼓泡 a

6 防止白点的措施

由实验室研究结果可知，产生白点的临界总氢含量为 3.7±1.1ppm。由在线氢行为变化规律的研究结果可知，铸坯中的氢含量约在 4.0ppm 左右。因而，如果能在压轧热处理过程中将车轮中的氢含量降至 2.0ppm 以下，就可防止白点的发生。

前苏联曾对车轮生产过程中氢含量的变化规律进行了详细的研究。结果发现，在钢坯压轧过程中具有最大的去氢量。其原因是加热初期，由于氢浓度梯度大且高温时扩散系数大，故不断促使氢由内部往外扩散，而在随后的等温处理和热处理过程中，由于实际氢含量与其固溶度之间的差距减小，除氢量也随之减小，主要作用是使氢均匀分布。

以此为参考，工艺试验首先分析了压轧过程中氢含量的变化特点，然后对几种除氢工艺进行了比较分析，选择效果好、能与生产节奏相匹配的工艺进行工业性试验。

在同一炉号的 102、202、302 铸坯上各取 2 块钢坯，按正常压轧工艺轧成 HDSA 车轮，终轧结束后直接空冷至室温，在轮辋、轮毂部位取样进行氢含量分析。尽管铸坯氢含量有所不同，但轧态车轮中的氢含量水平是相当的；和铸坯相比，降低幅度非常明显，说明压轧过程具有强烈的去氢作用，这与前苏联的试验结果是一致的。

氢在 Fe 中溶解度和扩散系数见表 1，可见，在 400~700℃ 范围内，氢的扩散系数相差不到 1 倍，这说明，在相当大的温度区间，氢具有相近的扩散能力，而溶解度却有很大的差别。

表 1 氢在 Fe 中的溶解度和扩散系数

T/℃	C/ppm	扩散系数 D/cm²·s⁻¹
400	0.315	1.38×10^{-4}
500	0.675	1.70×10^{-4}
600	1.08	2.04×10^{-4}
700	1.665	2.34×10^{-4}

由于轧态车轮中氢含量已处于较低水平，因此，要使等温处理工艺具有更好的去氢效果，等温温度应降低为好。基于这一思路，采用对比试验的方法进行了工艺试验。结果表明，在 400~650℃ 范围内等温处理，除氢效果是相当的。从降低能耗、保证工序顺行、可操作性（等温温度在 500℃ 下很难控制）等几方面综合考虑，推荐采用 500~550℃×4h 等温工艺。从实际效果看，自 2003 年采用以来，无白点发生。

7 研究结论

(1) 白点裂纹从先形成的氢鼓泡壁上形核，氢鼓泡可作为白点的表征。

(2) 车轮钢产生白点平均总氢浓度及其 95%置信区间为 C_T^*=3.7±1.1ppm；白点形成温度随氢浓度升高而升高。

(3) 白点裂纹开裂面为准解理，和氢致滞后断裂断口相同，而含白点试样的断口则千姿百态（韧窝，准解理，解理或沿晶）。

（4）白点对强度、延伸率和 K_{IC} 没有影响；不论是否有白点，原子氢均使塑性下降，并产生滞后开裂。

（5）应力和夹杂单独存在对白点无影响；应力和长条状夹杂耦合能促进白点形成。

（6）优化压轧和热处理时的除氢工艺，使车轮中氢浓度小于产生白点的临界氢浓度。

致谢

本文的实验工作主要由任学冲、武明、段桂花、史冬梅等研究生完成，感谢马鞍山钢铁公司和基金委的支持。

原子氢和白点对车轮钢力学性能的影响❶

任学冲[1] 褚武扬[1] 李金许[1] 乔利杰[1]
江 波[2] 陈 刚[2] 崔银会[2]

(1. 北京科技大学；2. 马鞍山钢铁股份有限公司)

摘 要 车轮钢中白点形成的临界可扩散氢浓度为 $C_0^* = 1.3\times10^{-6}$（总氢浓度 $C_T^* = 3.7\times10^{-6}$）。当白点数量超过临界值（对应的可扩散氢浓度 $C_0 \geqslant 5.6\times10^{-6}$），则使强度和塑性急剧下降。但实际车轮中白点含量少（$C_0 < 3.9\times10^{-6}$），对材料的拉伸性能和断裂韧性没有影响。原子氢对断裂韧性 K_{IC} 没有影响；但如慢拉伸，则使塑性下降。如恒位移加载，则原子氢能引起氢致滞后开裂，其门槛应力强度因子 K_{IH} 随 C_0 升高而线性下降，即 $K_{IH} = 57.8 - 3.9C_0$。但白点对氢致滞后开裂没有影响。

关键词 车轮钢；白点；原子氢；氢致滞后开裂

Effects of Atomic Hydrogen and Flaking on Mechanical Properties of Wheel Steel

Ren Xuechong[1] Chu Wuyang[1] Li Jinxu[1] Qiao Lijie[1]
Jiang Bo[2] Chen Gang[2] Cui Yinhui[2]

(1. University of Science and Technology Beijing; 2. Ma'anshan Iron and Steel Co., Ltd.)

Abstract The experiments of atomic hydrogen concentration and appearance of flaking in a wheel steel show that the critical diflusible hydrogen concentration for formation flaking is $C_0 = 1.3\times10^{-6}$ (or total hydrogen concentration $C_T^* = 3.7\times10^{-6}$). If the amount of the flaking exceeds a critical value, e. g., corresponding to $C_0 \geqslant 5.6\times10^{-6}$, the plasticity and strength of the steel decrease sharply. In general, for wheel steels, $C_0 < 3.9\times10^{-6}$, the amount of flaking is below the critical value, thus there is no effect of flaking on tensile properties and fracture toughness K_{IC}. Atomic hydrogen does not influence fracture toughness, but causes plasticity to decrease evidently during slow strain rate tension. Atomic hydrogen can also causes hydrogen-induced delayed cracking under constant deflection loading and the threshold stress intensity factor of hydrogen-induced delayed cracking, K_{IH}, decreases linearly with increasing diffusible hydrogen concentration i. e., $K_{IH} = 57.8 - 3.9C_0$. However there is no effect of the flaking on hydrogen-induced delayed cracking.

Key words wheel steel; flaking; atomic hydrogen; hydrogen-induced delayed cracking

1 引言

钢中白点曾经是一个严重的问题。一般认为，只要钢液中的氢低于 2ppm(2×10^{-6})，就不再出现白点[1-6]。随着真空设备的广泛应用，这个条件很容易满足，从而认为白点问题已经解决。但近年来随着连铸工艺的广泛应用以及钢中硫含量的急剧降低，连铸洁净钢产生白点的敏感性急剧升高[7]。例如英国连铸坯轮箍约有 10%在使用中发生裂纹扩展，其原始裂纹就是白点[8]。

❶ 原文发表于《金属学报》2006 年第 2 期。
国家自然科学基金项目资助（50471096）。

一般认为，氢致裂纹（包括白点）将使钢的力学性能下降[2]。对奥氏体不锈钢，氢致马氏体和原子氢都能引起塑性损失，但充氢出现微裂纹后，对塑性损失并没有附加影响[9]。预先存在的氢致裂纹对氢致滞后断裂也没有影响[10]。总之，白点对力学性能的影响还需要进一步研究。原子氢需要富集后才会对力学性能有影响，即它需要时间，从而依赖应变速率；而白点的影响却和应变速率无关。因此原子氢和白点对力学性能的影响有本质的不同。本文将通过氢对车轮钢的塑性、断裂韧性以及滞后断裂性能的影响来区分原子氢和白点的作用。

2　实验方法

车轮钢成分为 C 0.62%，Si 0.29%，Mn 0.74%，Cr 0.18%，P 0.015%，S 0.011%，Al 0.005%。车轮经 870℃淬火后在 500℃回火 2h，组织为包含先共析铁素体的珠光体。从车轮的轮辋部位制备厚为 1mm 的板状拉伸试样以及厚为 30mm 的 WOL（楔形张开加载）试样。按国家标准 GB 12445.3—90[11]测量断裂韧性。

充氢溶液为 0.5mol/L H_2SO_4+0.25g/L As_2O_3。抛光的小试样（2mm×4mm×10mm）用不同电流密度 i 充氢 24h 后放入充满硅油带刻度的玻璃管中，用排油集气法测出室温放出的氢体积，从而可算出试样中的可扩散氢浓度 C_0[12]。试样加热至 1000℃，测量陷阱中的氢浓度 C_t，总氢浓度为 $C_T^*=C_0+C_t$。薄板试样的拉伸速率为 $5.3\times10^{-6}s^{-1}$。

3　实验结果

抛光试样充氢后用偏光显微镜测量单位面积的鼓泡数目，它随充氢电流升高而升高，如图 1(a) 所示。且存在一临界电流密度，小于该临界值长时间充氢也不能形成氢鼓泡，实验测出形成氢鼓泡的临界电流密度为 $i_c=0.2mA/cm^2$。图 1(b) 是平均可扩散氢浓度 C_0 随充氢电流的变化。由此可知，$i_c=0.2mA/cm^2$ 对应的临界可扩散氢浓度 $C_0^*=1.3\times10^{-6}$。测出氢陷阱中的平均氢浓度为 $C_t=2.4\times10^{-6}$，故车轮钢形成白点的总临界氢浓度为 $C_T^*=3.7\times10^{-6}$。图 1 表明，随试样中可扩散氢浓度升高，白点的体积分数也升高。

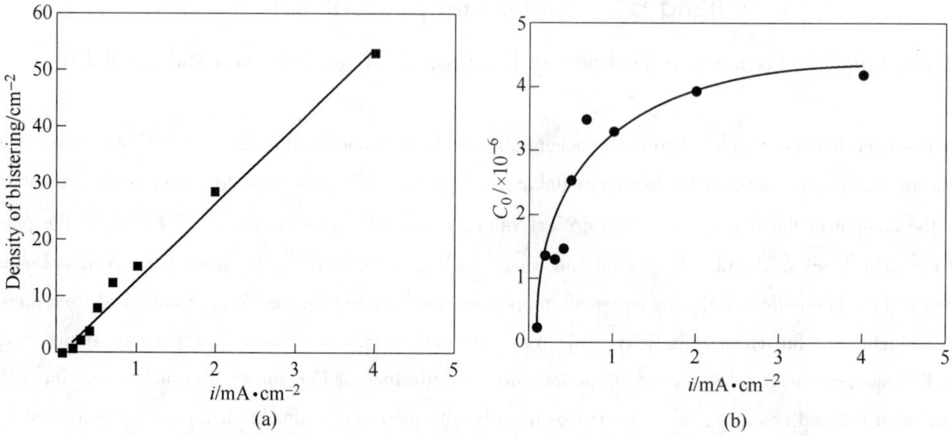

图 1　氢鼓泡密度（a）以及可扩散氢浓度 C_0（b）随充氢电流密度 i 的变化

Fig. 1　Density of hydrogen blistering (a) and diffusible hydrogen concentration C_0 (b) vs current density during charging i

白点核是充满 H_2 的空腔，通过 H 和空位向内扩散而长大，在试样表面就称为氢鼓泡。当氢压作用在内壁上的应力等于原子键合力（它可能被 H 所降低）时，裂纹就在鼓泡内壁形成[13]。氢鼓泡和氢压裂纹总称为白点。用偏光显微镜可观察试样抛光表面的氢鼓泡[13]；把白点试样抛光后，横截面上可观察到不连续的氢压裂纹。

预充氢的薄板在空气中慢拉伸（$\dot{\varepsilon}=5.3\times10^{-6}s^{-1}$），拉伸性能随试样中可扩散氢浓度 C_0 的变化见图 2。由此可知，氢使面缩率和延伸率急剧下降，当 $C_0\geqslant3.9\times10^{-6}$后，也使抗拉强度下降。如 $C_0<5.6\times10^{-6}$，则在 200℃除氢 2h 再拉伸，性能和未充氢试样相近。这 7 个无氢试样（3 个未充氢，4 个充氢后除气）平均值的95%置信度区间已在图 2 上用 2 条虚线标出。因为 4 个充氢后除气试样的测量值均在 95%置信度区间内，这就表明，当 $C_0<5.6\times10^{-6}$时充氢后除气试样的力学性能和未充氢的相同，即氢致塑性损失是可逆

的。但是，当 $C_0=5.6\times10^{-6}$时，有一个试样除气后强度和塑性均不能恢复，它是白点引起的。令 δ_0、ψ_0 是未充氢试样的平均值，δ、ψ 是两个充氢试样的平均值，δ^*、ψ^* 是充氢后除氢试样的值。用 $I_\delta=(\delta_0-\delta)/\delta_0$ 或 $I_\psi=(\psi_0-\psi)/\psi_0$ 表示充氢引起的总的塑性损失。用 $I_\delta^*=(\delta_0-\delta^*)/\delta_0$ 或 $I_\psi^*=(\psi_0-\psi^*)/\psi_0$ 表示白点引起的塑性损失。I_δ 和 I_δ^* 以及 I_ψ 和 I_ψ^* 随氢浓度 C_0 的变化见图 3。氢致塑性损失一部分来源于预先存在的白点，另一部分来源于原子氢，即：

$$I_\delta = I_\delta^* + I_\delta(\mathrm{H}) \tag{1}$$

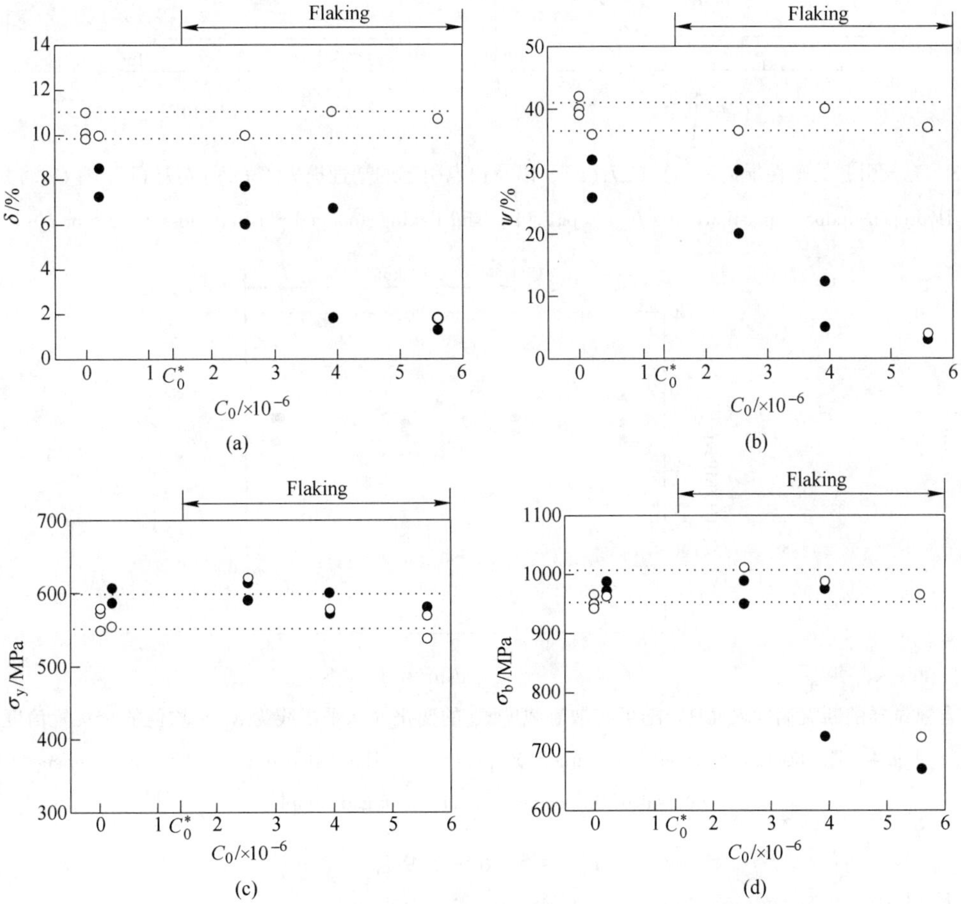

图 2　含氢（●）和不含氢（○）试样慢拉伸性能随可扩散氢浓度 C_0 的变化，水平虚线为 7 个不含氢试样（包括充氢后除气）平均值的 95%置信度区间

（a）延伸率 δ；（b）面缩率 ψ；（c）屈服强度 σ_y；（d）抗拉强度 σ_b

Fig. 2　Mechanical properties of charged samples（●）and uncharged or outgassed samples（○）vs diffusible hydrogen concentration C_0; the dotted lines are 95% confidence interval of the average values of hydrogen-free samples（$\dot{\varepsilon}=5.3\times10^{-6}\mathrm{s}^{-1}$）

（a）elongation δ;（b）reduction of area ψ;（c）yield stress σ_y;（d）ultimate tensile strength σ_b

图 3 表明，当白点含量较少（$C_0<5.6\times10^{-6}$）时，白点对强度和塑性均没有影响；氢致塑性损失完全归因于原子氢。当白点含量较高（$C_0=5.6\times10^{-6}$）时，白点能使强度和塑性急剧下降，这时白点引起的塑性损失明显高于原子氢。

用螺钉加载使预裂纹的 WOL 试样开裂，由止裂裂纹长度可算出止裂断裂韧性 K_{IC}[11]。卸载后试样充氢 100h，再用螺钉加载至开裂，从而可测出含氢（包括白点）试样的止裂断裂韧性 $K_{IC}(\mathrm{H})$。15 个试样测出 K_{IC}的平均值及其 95%置信度区间为 $K_{IC}=56.9\pm2.8\mathrm{MPa\cdot m^{1/2}}$。图 4 中的两条水平虚线表示 K_{IC}的 95%置信度区间。$K_{IC}(\mathrm{H})$ 随可扩散氢浓度的变化见图 4。图 4 表明，$K_{IC}(\mathrm{H})$ 全部落在 K_{IC}的 95%置信度区间内。由此可知，当 $C_0\leqslant3.9\times10^{-6}$时，原子氢和白点对断裂韧性没有影响。根据图 3，可能当 $C_0\geqslant5.6\times10^{-6}$，氢压裂纹很多时，$K_{IC}(\mathrm{H})$ 就会明显下降。

预充氢试样加载测出 $K_{IC}(\mathrm{H})$ 后，在空气中保持恒位移，裂纹能缓慢扩展，把止裂后的长度代入 K_I 公式[11]就可测出氢致滞后开裂门槛应力强度因子 K_{IH}。它随氢浓度的升高而线性下降，见图 5(a)，即：

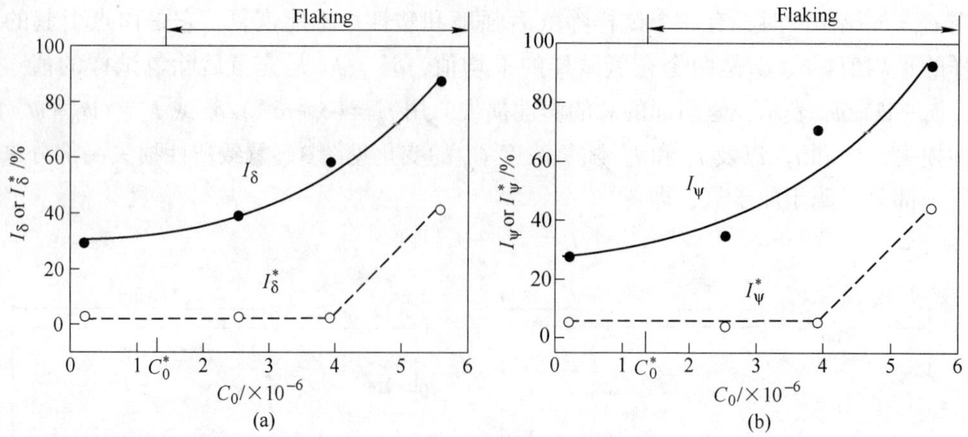

图 3　充氢引起的塑性损失 I_δ(a) 或 I_ψ(b)，以及白点引起的塑性损失 I^*_δ(a) 或 I^*_ψ(b) 随 C_0 的变化

Fig. 3　Hydrogen-induced plasticity loss I_δ(a) or I_ψ(b) and flaking-induced plasticity loss I^*_δ(a) or I^*_ψ(b) vs C_0

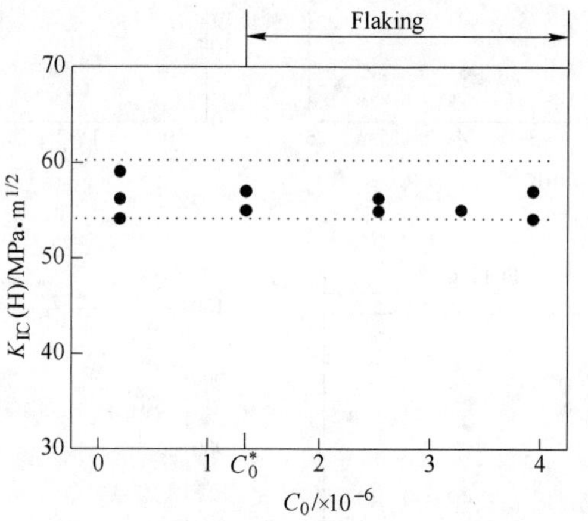

图 4　含氢试样的断裂韧性 K_{IC}(H) 随可扩散氢浓度 C_0 的变化（水平虚线为 K_{IC} 平均值的 95%置信度区间）

Fig. 4　The fracture toughness of charged samples vs. C_0. The dotted lines are 95% confidence interval of the average K_{IC} of uncharged samples

$$K_{IH} = 57.8 - 3.9C_0 \tag{2}$$

对 K_{IC} 归一化后可得：

$$K_{IH}/K_{IC} = 1.01 - 0.07C_0 \tag{3}$$

随氢浓度的增加，裂纹扩展速率 da/dt 也增加，见图 5(b)。

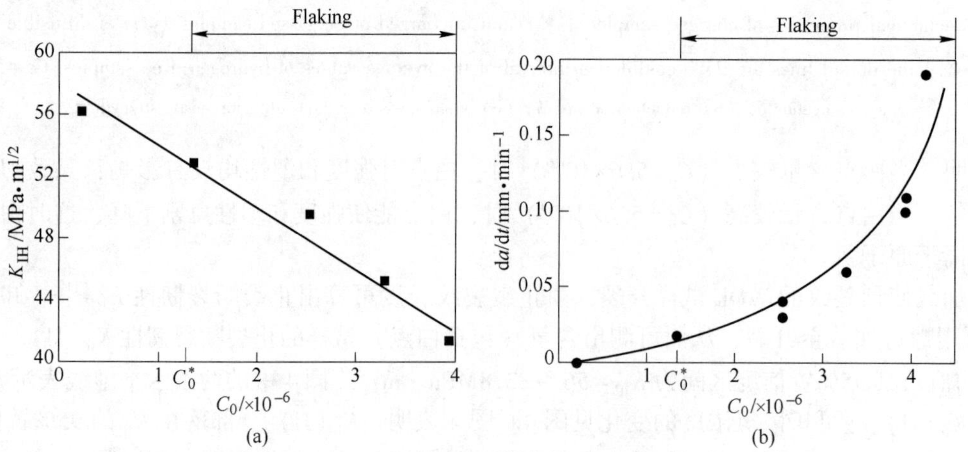

图 5　氢致滞后开裂门槛应力强度因子 K_{IH}(a) 以及 da/dt(b) 随 C_0 的变化

Fig. 5　K_{IH}(a) and da/dt (b) for hydrogen-induced delayed cracking under constant deflection vs. C_0

WOL 试样用大电流充氢产生大量白点（$i = 10\text{mA/cm}^2$，$C_0 = 5.6\times10^{-6}$）后，再除气（200℃，100h），

这时室温可扩散氢浓度 $C_0=0$。加载至开裂后放在空气中100h，裂纹并不扩展，即不发生滞后开裂。由此可知，氢致滞后开裂由可扩散的原子氢引起，与是否存在白点无关，白点对氢致滞后开裂没有任何影响。

4 讨论

实验表明，原子氢对力学性能的损伤明显依赖于加载速率[2]。如正常拉伸，则原子氢来不及扩散和富集，故对拉伸性能和断裂韧性均没有影响。但如果慢拉伸或保持恒载荷（或恒位移），这时原子氢有足够的时间扩散、富集，达到临界值时就会引起氢致裂纹的形核、扩展。从而使塑性下降，氢致裂纹不断扩展。原子氢引起的损伤是可逆的；当充氢后除气再慢拉伸时塑性就会恢复。

当 $C_0>1.3\times10^{-6}$后就会产生白点。但当 $C_0<5.6\times10^{-6}$，白点的体积分数低于临界值时，对塑性（图3）和断裂韧性（图4）均没有任何影响。但如 $C_0\geqslant5.6\times10^{-6}$，白点体积分数超过临界值后，就会使充氢后除气试样的延伸率及强度急剧下降（图2）。即使白点体积分数已达到临界值（$C_0=5.6\times10^{-6}$），它对滞后开裂并没有影响，即如果把原子氢除去，仅存在白点不会使宏观过载裂纹或白点裂纹发生滞后扩展。因为实际车轮钢中 $C_0<3.9\times10^{-6}$（或 $C_T<7.3\times10^{-6}$），因而即使存在白点，对拉伸性能和断裂韧性也不会有影响，故试图通过力学性能测定来判断是否存在白点是行不通的。由于白点对氢致滞后断裂无关，因此，车轮或轮箍在服役时发生的任何氢致滞后断裂事故[8]均是原子氢引起的，和是否存在白点无关。由于本文没有研究白点对疲劳的影响，很可能车轮中白点的存在会大大降低疲劳寿命，因此含白点的构件通过除氢处理后能否使用就要由白点对疲劳性能的影响来决定。

本实验表明，不论是否有白点，氢对断裂韧性 K_{IC}没有影响。对恒位移试样，加载合适时裂纹一扩展就止裂，故裂纹扩展阻力就是止裂 K_{IC}。因此，在恒位移条件下氢致滞后扩展阻力永远为 K_{IC}。但对恒位移试样，外加应力引起的裂纹扩展动力（即 K_I）却随裂纹扩展而不断下降（K_I 随 a 升高而下降），故 $K_I<K_{IC}$。要使氢致裂纹能扩展，氢必须提供一个附加动力 $\Delta K_I=K_{IC}-K_I$，才能使总的动力 ΔK_I+K_I 等于阻力 K_{IC}。当氢致裂纹滞后扩展停止后，K_I 降至最小值 K_{IH}（它就是氢致滞后开裂的门槛值），此时氢提供的临界附加应力强度因子为：

$$\Delta K_I(H)=K_{IC}-K_{IH} \tag{4}$$

实验表明，氢致滞后扩展和白点无关，完全是由原子氢引起的。氢通过应力诱导扩散富集在裂纹尖端从而产生一个附加拉应力 σ_p[14]。例如对管线钢，实验测出氢致附加拉应力随可扩散氢浓度而线性升高，即：

$$\sigma_p=-14.1+3.89C_0 \quad (C_0>3.7\times10^{-6}) \tag{5}$$

WOL 试样拉伸时，其应力强度因子 K_I 如下[2]：

$$K_I=\frac{P}{B\sqrt{W}}F(a/W)=\sigma\sqrt{W}F(a/W) \tag{6}$$

$$F(a/W)=30.96(a/W)^{1/2}-195.8(a/W)^{3/2}+730.6(a/W)^{5/2}-1186.3(a/W)^{7/2}+754.6(a/W)^{9/2}$$

式中，P 为载荷；a 为裂纹长度；B 为试样厚度；W 为试样宽度；σ 为外加应力。测 K_{IC}时 $a_0/W=0.35$，由实验测出的 $K_{IC}=56.9\text{MPa}\cdot\text{m}^{1/2}$，可算出 $\sigma_c=29.6\text{MPa}$。σ_p 引起的附加应力强度因子为 $\Delta K_I(H)=\sigma_p\sqrt{W}F(a/W)$。由此可知，$\Delta K_I/K_{IC}=\sigma_p/\sigma_c$。把它代入式（4）可得：

$$\Delta K_I/K_{IC}=1-K_{IH}/K_{IC}=\sigma_p/\sigma_c,\ K_{IH}/K_{IC}=1-\sigma_p/\sigma_c \tag{7}$$

把式（5）以及 $\sigma_c=29.6\text{MPa}$ 代入可得：

$$K_{IH}/K_{IC}=(1+14.1/\sigma_c)-3.89C_0/\sigma_c=1.47-0.13C_0 \tag{8}$$

这个公式和实验方程（3）的形式相同。数值系数的不同来源于式（5），它是由管线钢导出的。对车轮钢，式（5）中的数值系数应当不同。尽管如此，理论公式（8）和实验方程（3）形式一致，这就表明，氢致滞后开裂的表观原因是原子氢引起一个附加应力。因此，原子氢引起塑性损失以及滞后开裂的机理可描述如下：在外应力作用下，原子氢通过扩散、富集达到临界值后就会产生一个氢致附加应力 σ_p（或 ΔK_I），它叠加到外应力（或 K_I）上，从而在低的外应力（或低 K_I）下裂纹就形核、扩展，导致低应力脆断或裂纹滞后扩展。文献［14］中已详细讨论了产生氢致附加应力的机理，它和氢促进局部塑性变形是一致的[14]。

5 结论

（1）车轮钢中产生白点的临界可扩散氢浓度为 $C_0^* = 1.3\times10^{-6}$（总氢浓度 $C_T^* = 3.7\times10^{-6}$）；当白点数量超过临界值时（$C_0 \geqslant 5.6\times10^{-6}$），就会使强度和塑性下降，但实际车轮中白点数量较少（$C_0 < 5.6\times10^{-6}$），它对拉伸性能和断裂韧性没有影响。

（2）原子氢对断裂韧性没有影响，但如慢拉伸，则会使塑性下降。

（3）原子氢能使恒位移试样发生滞后开裂，其门槛值随 C_0 升高而线性下降，即 $K_{IH} = 57.8 - 3.9C_0$，但白点对氢致滞后开裂没有影响。

参 考 文 献

[1] Mclellan R R，Xu Z R. Scr Mater，1997，36：1201.

[2] 褚武扬．氢损伤与滞后断裂［M］．北京：冶金工业出版社，1988：148.

[3] Interrante C G. Current solution to problems in steels［C］．ASM，Metals Park，OH，1982：2.

[4] Pressourye G M. Current solution to problems in steels［C］．ASM，Metals Park，OH，1982：18.

[5] Steiner J E. Current solution to problems in steels［C］．ASM，Metals Park，OH，1982：55.

[6] Oriani R A，Hirth J P，Smialowski M. Hydrogen Degradation of Ferrous Alloys［M］．Park Ridge，NJ：Noyes Pub.，1985.

[7] Fruehan R T. Iron Steel Maker.，1997，24：61.

[8] Pollard M G. Proc. Instn. Mech. Engrs.，1999，213，part F：181.

[9] Pan C，Su Y J，Chu W Y，Li Z B，Ling D T，Qiao L J，Corr. Sci.，2002，44：1983.

[10] Pan C，Chu W Y，Li Z B，Su Y J，Gao K W，Qiao L J. Mater. Sci. Eng.，2003，351A：293.

[11] 中华人民共和国国家标准，GB 12445. 3—90.

[12] Peng X，Su Y J，Gao K W，Qiao L J，Chu W Y. Mater. Lett.，2004，58：2073.

[13] Ren X C，Shan G B，Chu W Y，Su Y J，Gao K W，Li J X，Qiao L J，Jiang B，Chen G，Cui Y H. Scr. Mater.，2005，in press.

[14] Zhang T，Chu W Y，Gao K W，Qiao L J. Mater. Sci. Eng.，2003，A347：291.

高碳钢高温力学性能研究❶

吴宗双　龚志翔　陈　刚

（马鞍山钢铁股份有限公司）

摘　要　在 Gleeble-2000 动态热/力模拟试验机上，采用凝固法研究了高碳钢的高温力学性能；测定了 t_{ZD}（零塑性温度）、t_{ZS}（零强度温度）。在 4×10^{-4}/s 应变速率下，所测钢种在熔点到750℃范围存在两个脆性温度区域，即熔点到1300℃的第Ⅰ脆性温度区域和750～925℃的第Ⅲ脆性温度区域。在第Ⅲ脆性温度区域，γ 单相 AlN、NbN 等氮化物在 γ 晶界的析出和在 γ+α 两相区先共析 α 相呈网膜状，在 γ 晶界的析出是造成钢脆化的主要原因。通过控制钢中氮、铝含量以及采用合理的冷却方式，提高钢种的内在质量。

关键词　断面收缩率；60Mn 钢；高温性能；塑性区

Study on High Temperature Mechanical Properties of High Carbon Steel

Wu Zongshuang　Gong Zhixiang　Chen Gang

（Ma'anshan Iron and Steel Co.， Ltd.）

Abstract　This paper studies high temperature mechanical properties of high carbon steel by methods of solidifying method on Gleeble-2000 experiment machine. t_{ZD}（zero ductility temperature） and t_{ZS}（zero strength temperature） are determined. Under the strain rate of 4×10^{-4}/s， there exist two ductility temperature regions within a temperature range from the melting point to 750℃. Region Ⅰ from the melting point to 1300℃ and region Ⅲ is between 750℃ to 925℃. The ductility loss is mainly cansed by the precipitations of nitrides of Al， Nb， etc. at the austenite boundaries in single γ phase temperature range and the formation of the film-like proeutectoid ferrite along γ grain boundaries in γ+α two-phase temperature range. The interior quality of the steel can be improved by taking some measures， such as pricesely controlling contents of N and Al as well as adopting reasonable secondary cooling pattern.

Key words　shrinkage on cross section；60Mn；high temperature property；ductility region

1　引言

马钢圆坯连铸机能生产国内直径最大的圆坯（ϕ450mm），主要用于生产高碳钢。为提高钢的质量，作者利用 Gleeble-2000 热/力模拟试验机对高碳钢的高温性能进行了一系列试验，其结果除了直接确定钢的高温强度、断面收缩率之外，还可为铸坯应力应变数值模拟提供基本物性参数（零强度温度、零塑性温度）。为改进高碳钢的质量提供了可靠的数据。

2　试验方法

本试验是在 Gleeble-2000 热/力模拟试验机上进行 60Mn 钢高温性能的测试，同时借助光学显微镜和扫描电镜对组织和断口形貌进行观察和分析。因凝固法测定钢的高温力学性能比加热法更接近生产实际状况[1]，本试验采用凝固法。

❶　原文发表于《钢铁研究》2006 年第 2 期。

2.1　试验试样

高温性能测试用试样取自马钢连铸圆坯（ϕ450mm），在铸坯上接近表面的1/4处取样，试样的长度方向沿铸坯径向，与柱状晶成长方向平行。试样尺寸为ϕ10mm×120mm，见图1。试验钢种为60Mn钢，化学成分见表1。

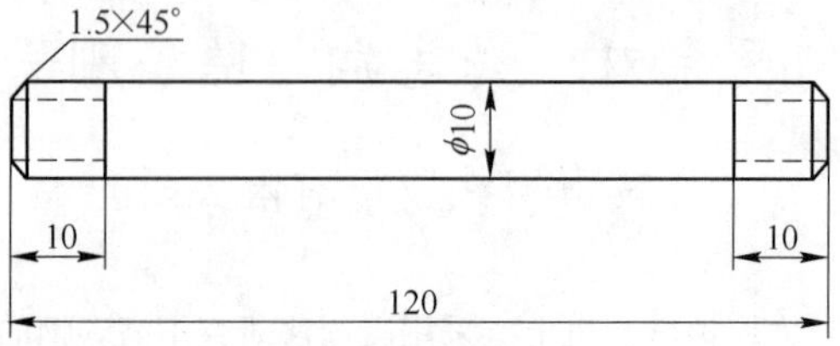

图1　试样尺寸

Fig. 1　The size of specimen

表1　测试试样的化学成分

Table 1　Chemical compositions of steel　　(%)

钢种	C	Si	Mn	P	S	Cr
60Mn	0.61	0.32	0.74	0.016	0.005	0.18

2.2　测试方法

2.2.1　零强度温度、零塑性温度测试

零强度温度（t_{ZS}）、零塑性温度（t_{ZD}）是钢的基本物性参数。零塑性温度的测定工艺见图2，将试样在恒定拉伸速率（15mm/s，即变形速率为4×10^{-4}/s）下，分别加热到1350℃、1380℃、1400℃、1420℃、1440℃，将其拉断，试样断面收缩率为零的温度就是零塑性温度。零强度温度的测定工艺见图3，将试样在一个很微小的拉力作用下升温，试样被拉断时的温度就是零强度温度。

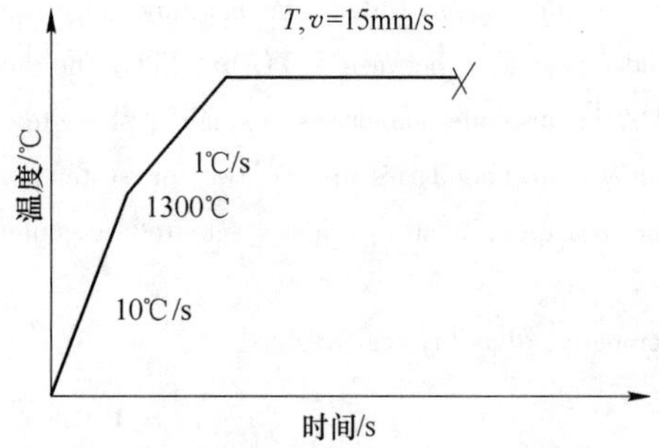

图2　零塑性热模拟试验工艺

Fig. 2　The process of test of zero ductility

T=1350℃、1380℃、1400℃、1420℃、1440℃

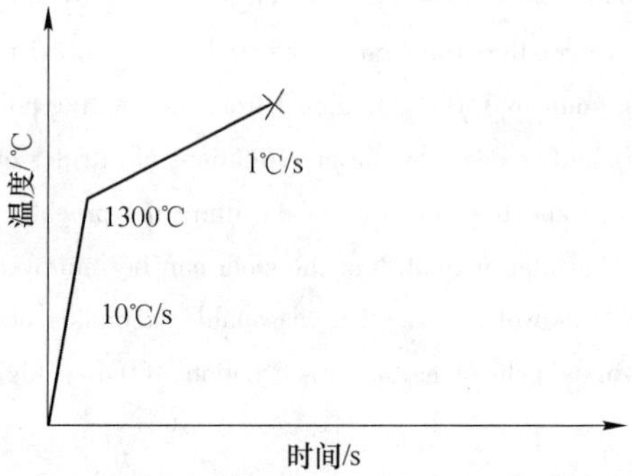

图3　零强度热模拟试验工艺

Fig. 3　The process of test of zero strength

2.2.2　力学性能测试

高温应力应变测试时，试样采用水平放置方式，中部套上ϕ10.2mm×30mm的石英管。试样夹持好后，试样室通入1L/min的氩气流防止氧化。根据试验钢的液相线温度大约1490℃为标准，将试样以10℃/s的速度加热至1500℃。当温度接近液相线时，应采用较缓慢的升温速度1.5℃/s，并施加很小的压缩应力（或1%~2%的压缩应变）以防止孔洞出现。保持温度1min，以1.5℃/s的速度降温，接近测试点上50℃时，以0.2℃/s的速度降温到测试温度，保持1min后以确定的形变速率对试样进行拉伸直至断裂。温度及形变制度如图4所示。试样拉断后，立即对拉断部位喷水冷却，以保持试样的断口原貌。测量拉断部位的截面积，以计算断面收缩率值，并记录试样断裂时的强度极限。

试验的温度步长主要依据碳含量来确定。但为稳妥起见，温度步长应适当减小。具体确定的温度步

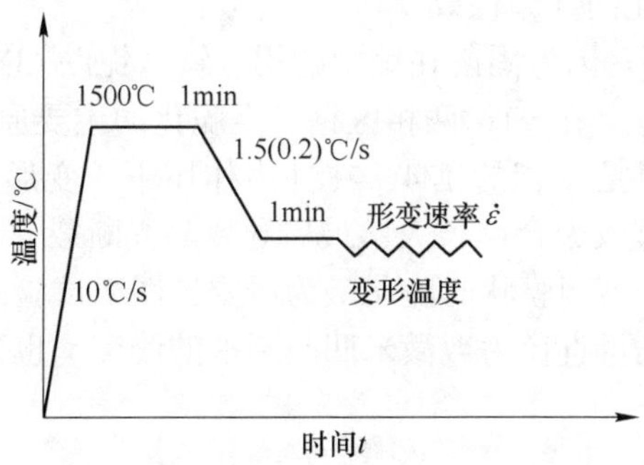

图 4 拉伸试验的温度制度与形变制度

Fig. 4 The system of temperature and deformations of test

长为：1400~1050℃，温度差为 50℃；1050~750℃，温度差为 25℃，750~600℃，温度差为 50℃。根据试验钢表面形变速率和固/液相形变速率的范围来确定试样的形变速率，取 4×10^{-4}/s。

3 试验结果及分析

3.1 零强度温度和零塑性温度

零强度温度 t_{ZS} 和零塑性温度 t_{ZD} 是衡量材料高温行为的重要参数。t_{ZS} 表征固液界面刚凝固的金属开始具有抵抗外力作用的温度，而 t_{ZD} 表征已凝固的金属开始具有抵抗变形能力的温度。试验测定 $t_{ZS}=1400$℃，而 $t_{ZD}=1380$℃。在 t_{ZS} 至 t_{ZD} 钢具有一定的强度，但无抵抗塑性变形能力，是裂纹敏感区。只有降至 t_{ZD} 温度，钢的塑性才开始急剧增加，增强了抵抗变形能力。

3.2 高温力学性能的特征曲线

不同温度下的强度极限（σ_b）及断面收缩率 *RA* 是表明钢的高温力学性能优劣的两个重要指标，热塑性曲线（*RA*-*T*）及强度曲线（σ_b-*T*）是钢的高温力学性能的特征曲线。照前述方法和要求，在 Gleeble-2000 试验机上进行拉伸试验，测得试验钢在应变速率为 4×10^{-4}/s 条件下的高温特征曲线如图 5 所示。图 5 为试样拉断时断面收缩率 *RA* 和强度随温度的变化情况。可以看到，试样的拉伸强度随温度的降低而逐渐升高。试样拉断时断面收缩率 *RA*，在 1350℃附近，试样的 *RA* 值很低，随温度的降低，试样 *RA* 上升很快，在 925~1250℃之间，试样具有良好的塑性，*RA* 值在 66%以上，温度降到 925℃以下后，*RA* 值再次降低，进入了通常所称钢的第Ⅲ脆性温度区，在 825℃时，*RA* 值降到最低点（26.0%），其后随温度的进一步降低 *RA* 值又回升。

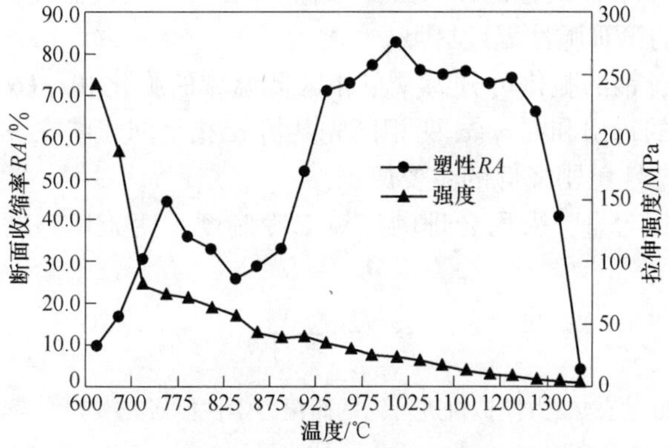

图 5 试样断面收缩率及强度随温度的变化

Fig. 5 Hot ductility and strength curves for the specimen

在试验温度范围内试样出现了两个脆性温度区：

高温下的脆性温度区为 1300℃~熔点 T_m，在此范围内钢的延塑性很低，其脆性主要沿枝晶界延伸，钢中杂质增多时，枝晶之间存在的液膜使钢的凝固点降低，使脆性向低温区延伸。在 1300℃温度下将试样急冷得到的金相组织为马氏体+细珠光体+少量铁素体，如图 6 所示。

钢的塑性 *RA* 值在 750~925℃之间降低，根据试样组织变化，这一温度区间的脆化实际上由 γ 单相区

低温域的脆化和 γ+α 两相区的脆化两部分构成。

γ 单相区低温域钢的脆化主要是因为固溶在钢中的铝、钛、铌以 AlN、TiN、NbN 或 Nb(CN) 的形式、或静态或动态析出在 γ 晶界引起[2]。在 γ+α 两相区钢产生脆化的主要原因在于沿 γ 晶界铁素体 α 相的析出，在这一温度区间，α 相强度只是 γ 相的 1/4，在外力作用下，变形主要集中在沿 γ 晶界析出的 α 相中，使 α 相中存在的微小孔洞和裂纹聚合、长大，最后导致晶界断裂[3,4]。该区域钢的脆化与 γ 晶界析出的 α 相的形态尺寸有关，α 相呈细薄网膜状时脆化最为严重，图 7 试验试样断口形貌扫描电镜照片，由照片中可以看到，试样的断口存在大量直径为数微米凹凸不平的浅窝。也证实在这一钢的低塑性 *RA* 温度区域，试样是沿晶界断裂。

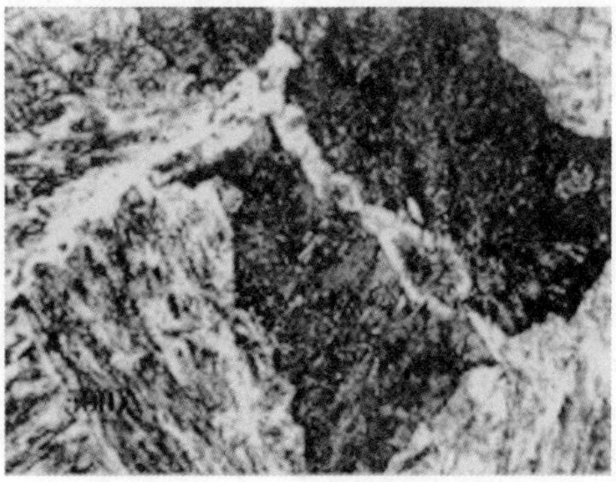

图 6　1300℃拉伸试样断口的显微组织

Fig. 6　Optical micrograph of fracture surface for the specimen（1300℃）

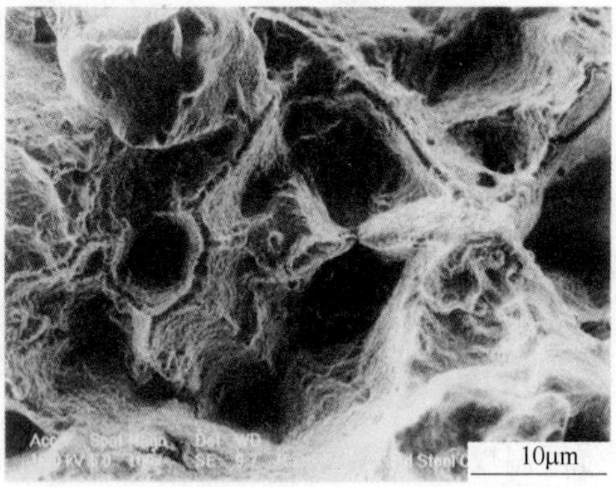

图 7　875℃试样断口部位的扫描电镜照片

Fig. 7　Microstructure of fracture surface for the specimen（875℃）

本试验进行的高碳钢的高温性能的研究结果表明，在第Ⅲ脆性温度区域钢的脆化可分为 γ 单相区低温域的脆化和 γ+α 两相区的脆化，当钢含较高的氮、铝元素时第Ⅲ脆性温度区域，会向高温扩展。为此加强精炼操作，钢中的［N］含量由 0.0075%降到 0.0053%，钢中的 Al_s 含量也由平均 0.010%降到了 0.007%；同时采用较温和的二冷方式，钢的质量得到了进一步提高。

4　结论

（1）零强度温度 t_{ZS} 和零塑性温度 t_{ZD} 是衡量材料高温行为的重要参数。试验测定 $t_{ZS}=1400$℃，而 $t_{ZD}=1380$℃。

（2）在 4×10^{-4} 的应变速率下，试验钢在 750℃～熔点存在两个脆性温度区域，即 1250℃～熔点的第Ⅰ脆性温度区域和 750～925℃的第Ⅲ脆性温度区域。

（3）在 750～925℃之间，钢的脆化可分为 γ 单相区低温域的脆化和 γ+α 两相区的脆化。在 γ 单相区 AlN、NbN、TiN 等在 γ 晶界的析出和在 γ+α 两相区先共析 α 相呈网膜状在 γ 晶界的析出造成 γ 晶界的脆化，这是在此温度区间钢的塑性急剧降低的主要原因。

（4）通过控制钢中氮、铝含量，采用合理的连铸二冷制度，使铸坯温度避开第Ⅲ脆性温度区，从而改善钢的质量。

参 考 文 献

［1］霍文灿，等．在 Gleeble-1500 动态热/力模拟机进行钢的高温力学性能研究［J］．钢铁，1991，26（8）：55-57.

［2］Mintz B，Yue S，Jonas J J. Hot ductility of steels and its relationship to the problem of transverse cracking during continuous casting［J］. International Materials Reviews，1991，36（5）：187.

［3］Suzuki H G，Nishimura S，Yamaguchi S. Characteristics of Hot Ductility in Steels Subjected to the Melting and Solidification［J］. Trans. ISIJ，1982（2）：48.

［4］Suzuki T. Creep properties of steel at continuous casting temperatures［J］. Ironmaking and Steelmaking，1988，15（2）：90.

车轮钢中的白点及其断口形貌研究[❶]

任学冲[1] 褚武扬[1] 李金许[1] 乔利杰[1]
江 波[2] 陈 刚[2] 崔银会[2]

(1. 北京科技大学；2. 马鞍山钢铁股份有限公司)

摘 要 研究了车轮钢中白点的形成过程，制备了白点（氢压裂纹）的真实断口，并和含白点试样的各种断口进行了对比。结果表明，先形成氢鼓泡，然后从鼓泡壁产生微裂纹，它们连接形成白点。白点断口和含白点试样的断口概念不同，前者为准解理，和氢致滞后开裂断口相同，但后者则依赖断裂方式和试样厚度。钢中白点除了产生二次裂纹外，对各种断口形貌均没有影响。车轮钢的滞后断裂由原子氢引起，和白点无关。

关键词 白点；车轮钢；断口；氢致滞后开裂

Research of Flaking and Its Fractography in a Wheel Steel

Ren Xuechong[1] Chu Wuyang[1] Li Jinxu[1] Qiao Lijie[1]
Jiang Bo[2] Chen Gang[2] Cui Yinhui[2]

(1. University of Science and Technology Beijing; 2. Ma'anshan Iron and Steel Co., Ltd.)

Abstract Forming process of flaking in a wheel steel has been investigated. The cracking surface of the flacking is got using a special method, and is compared to various fracture surfaces of samples containing flaking. The results show that a cavity with H_2, i.e. hydrogen blistering, forms and grows firstly, then microcracks initiate from the wall of the blistering, grow and connect each other resulting in formation of flaking. The cracking surface of flaking is a different idea with fracture surface of the sample containing flaking. The former is quasi-cleavage, similar to that of hydrogen-induced delayed cracking, but the later is dependent upon the failure method and the thickness of the sample. There is no effect of flaking in the steel on various fracture surface morphologies besides secondary cracks. Hydrogen-induced delayed failure is due to atomic hydrogen instead of flaking.

Key words flaking; wheel steel; fracture surface; hydrogen-induced delayed cracking

1 引言

钢中氢浓度较高，冷却时就出现氢压裂纹，在断口上往往看到银白色亮点，故俗称白点[1-3]。但对车轮和轮箍，滞后断裂断口上的断裂源 A 很清楚，但并不呈银白色，如图 1(a) 所示。高倍下 A 区为准解理，如图 1(b) 所示。A 区以外裂纹快速扩展区为解理断口，两者之间有一条分界线 BC，如图 1(c) 所示。有的构件断口上不出现银白色亮点，但横截面酸洗后会出现裂纹，如图 1(d) 所示。英国一个火车轮箍于 1998 年发生滞后断裂，断口上未发现银白色亮点，检查发现，在役轮箍中有 10%存在裂纹滞后扩展，起源就是白点[4]。因此，不管断口上是否存在银白色亮点，工业界均把钢构件中服役前出现的氢压裂纹称为白点。白点是如何形成的呢？究竟是先形成含 H_2 的空腔（称为鼓泡）然后从鼓泡壁上形成裂纹，还是先产生很小的氢压裂纹，通过塑性变形而钝化成鼓泡再扩展，一直有争议[3-6]。本文的第一目的是通过

❶ 原文发表于《金属学报》2006 年第 3 期。
国家自然科学基金项目（50471096）。

白点的形核、长大过程来探讨白点的形成机理。

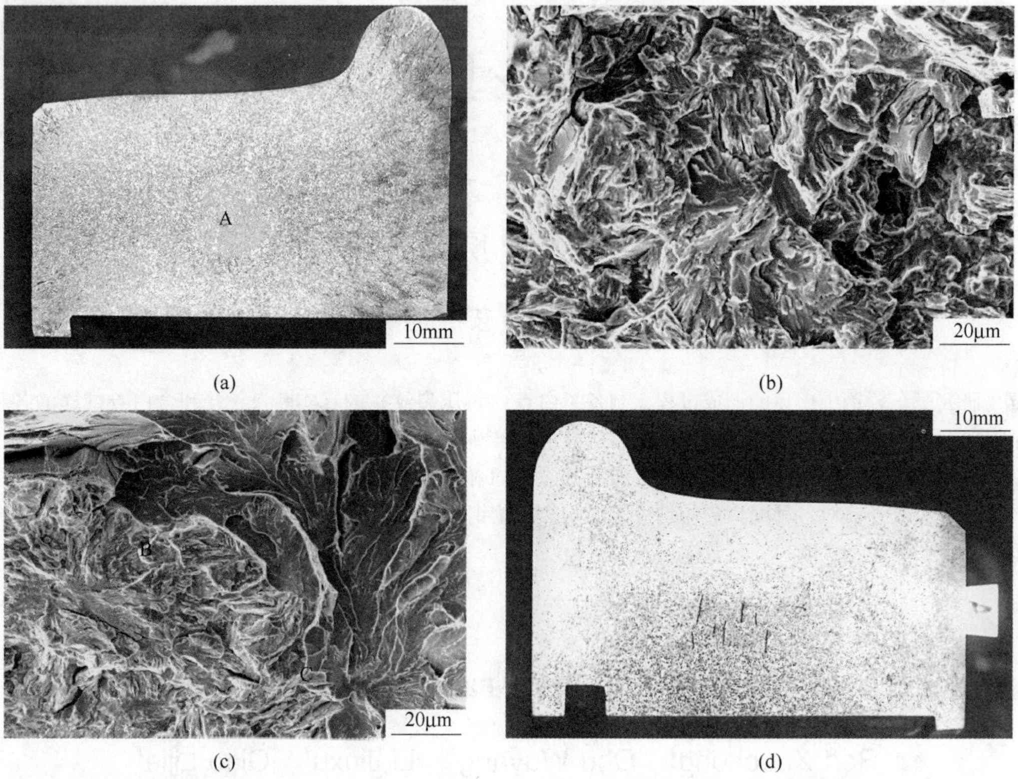

图 1　轮箍钢的宏观断口（a）和 A 区微观断口（b，c）以及含白点轮箍的截面酸洗形貌（d）

Fig. 1　Macroscopic fracture of a delayed fractured tyre（a） and microscopic fracture of area A（b，c） and cross-section of an acid etched tyre contained flakings（d）

一般认为，通过真空除气使氢浓度低于 2ppm 就不会出现白点。但近年来随着钢包精炼和连铸的广泛使用，在连铸洁净钢（S、O 低）中又出现白点[4,7]。图 1(a）是轮箍装配后所发生的滞后断裂，一般均把它归因于白点[4]。这是否合理呢？

即使不存在白点，原子氢在恒定装配应力作用下会富集，从而引起氢致裂纹形核、扩展，导致断裂[8]。如存在白点（即氢压裂纹），则只有当它和装配应力垂直时才相当一个原始裂纹，在装配应力下通过原子氢引起的滞后开裂而不断长大。

由于轮箍装配前探伤未发现白点（也可能它和探头平行而测不出），是否可通过事故断口分析来判断白点的作用呢？图 1(a）的 A 区全为准解理，分不出哪一部分是氢压裂纹（白点）产生的，即无法确定装配前是否存在裂纹以及在什么位置。造成困难的原因在于对白点断口本身就存在争议。例如，Andrew 和 Lee 等认为[9]，断口上小的白点是穿晶断裂区，而大的白点则往往是沿晶断裂区。陈廉等认为，断口上的白点有些是穿晶的准解理断裂区，上面有撕裂岭以及二次裂纹；有些则是沿晶断裂区，晶界面上有波纹状花样；还有一些白点是内表面平滑的空隙[10]。Phillips 在 4340 钢的断口上也发现白点区显示波纹状条纹，但它是穿晶的[11]。也有人认为白点产生准解理断口[12]。这些争议的来源之一就在于把白点断口（白点开裂面形貌）和含白点试样断裂后的断口混为一谈。因为含白点（氢压裂纹）试样断裂过程中，断裂面不一定沿原来白点（氢压裂纹）的开裂面，因此，在含白点试样的断口上很难确定原始白点的开裂面。如何才能获得白点裂纹的开裂面形貌，并和含白点试样在各种断裂模式（疲劳，过载，恒载荷下滞后断裂）下的断口进行比较呢？这是本研究的第二个目的。

2　实验过程

试样来源于 CL60 车轮，成分为 C 0.62%，Si 0.29%，Mn 0.74%，Cr 0.18%，P 0.015%，S 0.011%，其余为 Fe。试样包括 2mm×4mm×10mm 的方块，不同厚度的拉伸试样以及厚为 30mm 的 WOL（楔形张开

加载）预裂纹试样。

在 0.5mol/L H_2SO_4+0.25g/L As_2O_3 溶液中用不同电流密度充氢；一部分试样在 1000℃，$P=0.5$MPa 的 H_2 中气相充氢。用排油集气法在室温测量可扩散氢浓度 C_0[13]。测出 C_0 后将试样加热到 1000℃测出陷阱中的氢浓度 C_t，总氢浓度为 $C_T=C_0+C_t$。用偏光显微镜观察表面氢鼓泡。用防水膜保护后，物镜伸入溶液原位观察鼓泡的长大过程。含鼓泡试样镶样后，从横截面观察鼓泡壁上是否有裂纹。

3 结果

3.1 白点裂纹及其开裂面形貌

当充氢电流 $i \geqslant 0.2$mA/cm^2（对应可扩散氢浓度为 $C_0=1.3\times10^{-6}$，总氢浓度为 $C_T=3.7\times10^{-6}$）时，在试样表面就出现氢鼓泡，如图 2(a) 所示。对直径 1mm 的大鼓泡，用三维光学形貌仪测出鼓泡呈铁饼形，其高度分布如图 2(b) 所示。在横截面试样上，小鼓泡下方并没有裂纹，如图 2(c) 所示；但大鼓泡下方往往存在不连续的裂纹，如图 2(d) 所示。由图 2(b) 测得的直径为 1mm 鼓泡的最大高度仅为 5μm，对于直径为 100μm 的鼓泡，在横截面上鼓泡坡度很小，所以基本看不出来。用大电流充氢 2min，氢鼓泡出现，如图 3(a) 上的 a~d；继续充氢 1min，该氢鼓泡已长大成 e~h，如图 3(b) 所示。如高温气相充氢，固溶氢浓度极高，冷却时产生大量小鼓泡，如图 4(a) 上的小亮点。它们均匀分布于晶内，但富集在晶界上，如图 4(a) 上 A、B、C 三条晶界几乎全为小鼓泡所占据。箭头所指为大鼓泡。在该试样内部发现很多穿晶的白点（氢压裂纹），如图 4(b) 所示。由于晶界面上存在大量的鼓泡，晶界的净截面积明显降低，外力很小时晶界应力就极高，故压断时沿晶界断裂（原子氢使晶界键合力下降也会起作用），如图 4

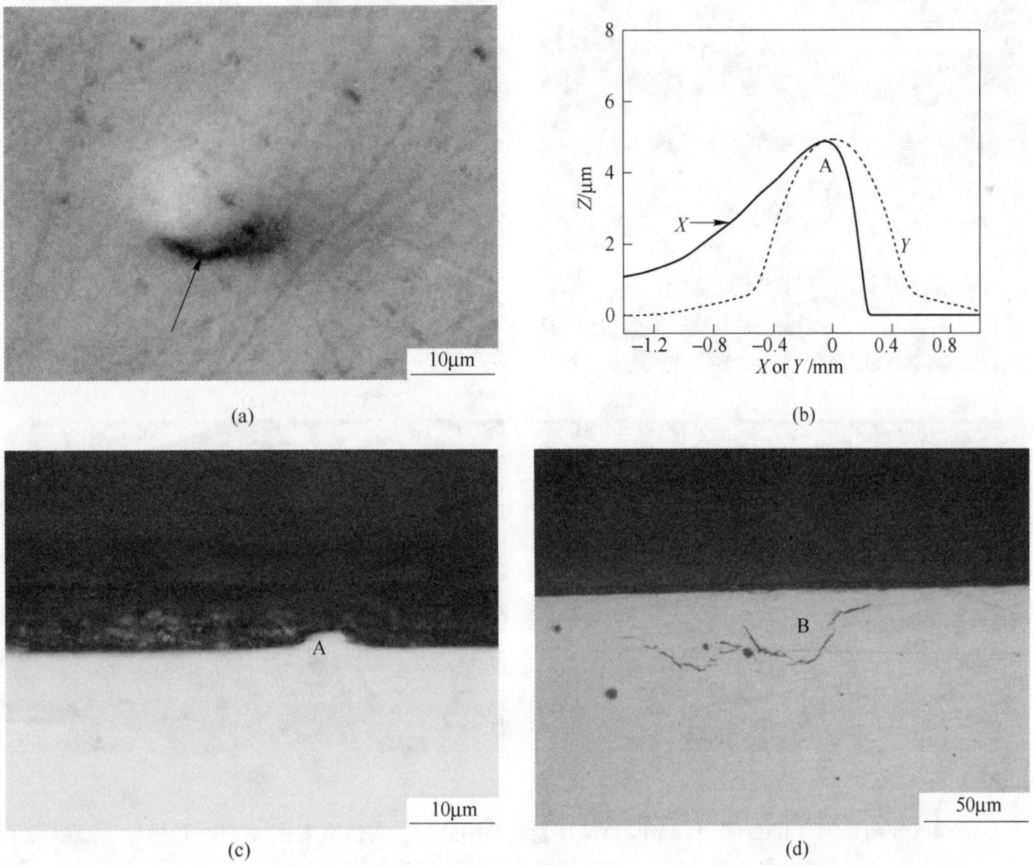

图 2 氢鼓泡的偏光像（a）、大鼓泡沿相互垂直两个方向的高度分布（b）以及鼓泡的横截面形貌（c，d）

Fig. 2 Morphology of hydrogen blistering in wheel steel in polarized light (a), height distributions of a big blistering with 1mm in diameter along two directions (b), cross-section of a small blistering A (c) and cracks under a big blistering (d)

(c) 所示。与此同时晶界面上的小鼓泡也被拉断而成为凹坑，这些凹坑（如 P 和 Q）内壁光滑，没有裂纹，如图 4(d) 所示。由此可知，含白点试样的沿晶断口（图 4(c)）并不是穿晶氢压裂纹（图 4(b)）开裂面的断口。

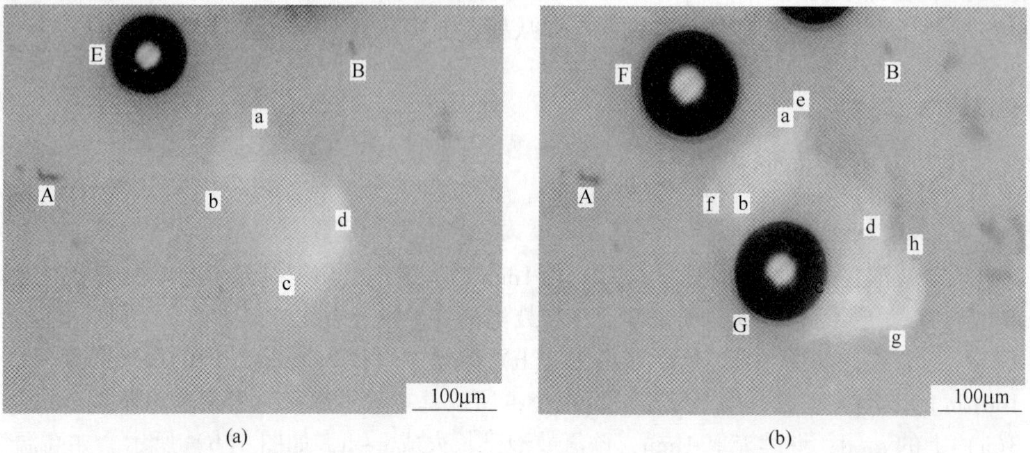

图 3　充氢 2min 形成的氢鼓泡 abcd(a)，继续充氢 1min 后长大至 efgh，E，F，G 是水中气泡

Fig. 3　A hydrogen blistering forming after charging for 2min growing from abcd (a) to efgh (b) after further charging 1min. E, F and G are bubbles

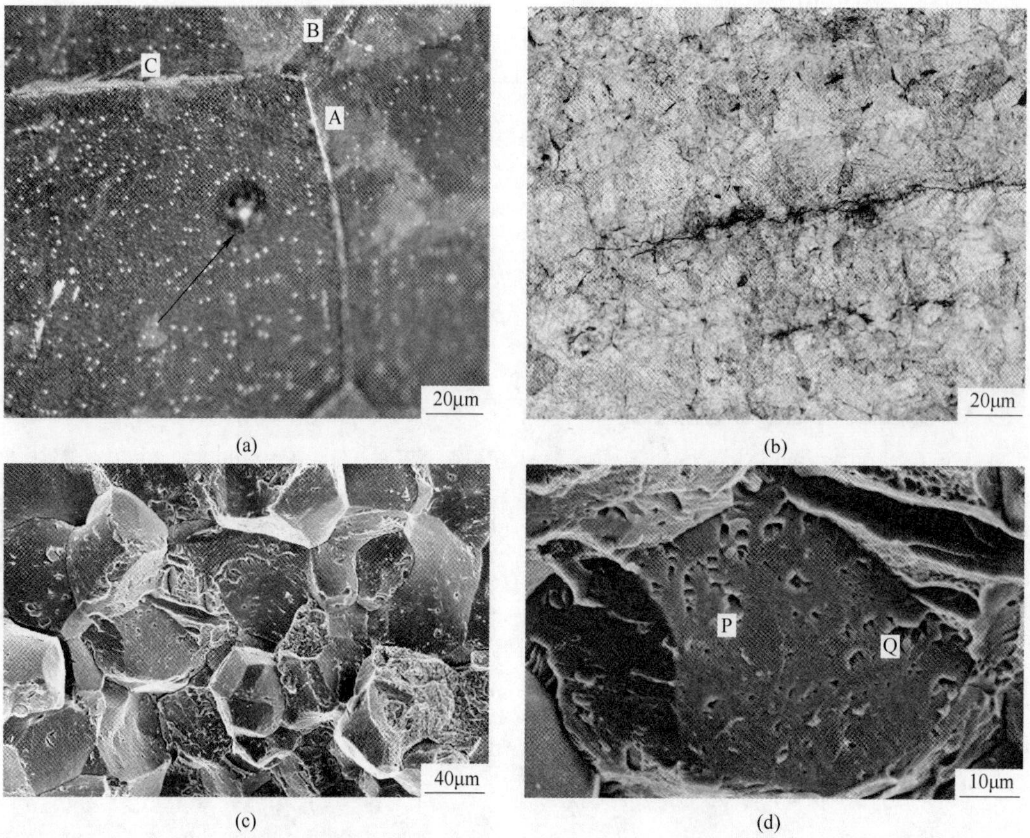

图 4　气相充氢（1000℃，0.5MPa）试样表面的小鼓泡，它们富集在 A，B，C 晶界（a），试样内部的穿晶裂纹（b）以及该试样压断后的沿晶断口（c，d）

Fig. 4　Hydrogen bristerings enriched in grain boundaries A, B and C, arrow showing a big blistering (a), transgranular cracks (flakings) inside the sample (b) and intergranular fracture of the sample containg flakings (c, d), P and Q in Fig. 3(d) are small blisterings without cracking, the sample is charged in H_2 with $P_{H_2} = 0.5$MPa at 1000℃

如何才能获得这些氢压裂纹开裂面的断口呢？为此首先选择一个大鼓泡，抛光后显示裂纹，如图 5(a) 所示。然后从反面把试样磨薄至约 0.2mm，使反面也可以看到裂纹，再把试样掰断。这样，断裂面必定沿着氢压裂纹的开裂面。例如图 5(b) 上 ABCDE 就是图 5(a) 上氢压裂纹 M 的开裂面，它深入试样 30~80μm。图 5(b) 上 ABCP 是试样内部另一条氢压裂纹的开裂面，这两个微裂纹已互相连接。图 5(a) 上 N 裂纹的开裂面如图 5(c) 上的 LFGH。图 5(c) 上的 FGHIJ 以及 IJK 是试样内部另外两个氢压裂纹的开裂面。所有这些氢压裂纹的开裂面，即白点的断口，全为准解理。对其他氢压裂纹掰断后也获得准解理断口。如把厚为 2mm 的含白点试样打断，则获得过载解理断口，如图 5(d) 所示。当体内白点开裂面和断裂面相交时就产生二次裂纹，如图 5(d) 上的 a。在白点的准解理断口上也会有其他白点产生的二次裂纹，如图 5(b) 上的 A。

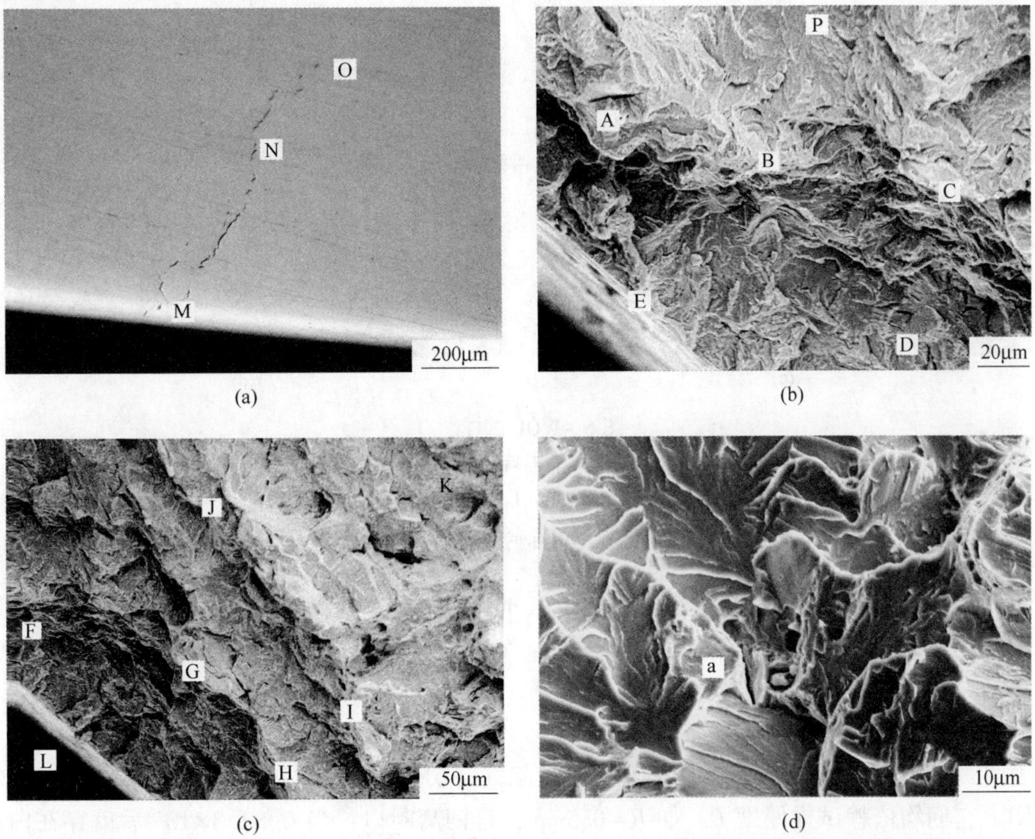

图 5　氢压裂纹 M 和 N(a) 被掰断后所显示的准解理开裂面（b，c）以及含白点厚试样的过载解理断口（d）

Fig. 5　Flaking (a), cracking surfaces of the flaking at sits of E (b) and L (c), respectively, and overloading fracture of the thick sample containing flacking (d)

3.2　氢致滞后开裂断口

把厚为 30mm 的 WOL 预裂纹试样用螺钉加载至开裂测出止裂 K_{IC}，卸载后用不同 i 充氢 100h（当 $i \geq 0.2mA/cm^2$ 后就出现白点），再加载至开裂，可测出含氢试样的 $K_{IC}(H)$。保持恒位移，裂纹能发生滞后扩展，止裂后把试样拉断，如图 6(a) 所示。其中，abcd 是疲劳区，cdef 是充氢前的过载区，efgh 是充氢后的过载断口，ghlk 是氢致滞后开裂区，高倍下它是准解理断口，如图 6(b)、(c) 所示。它和白点断口（图 5(b)、(c)）没有本质区别。当 $C_0<1.3\times10^{-6}(i<0.2mA/cm^2)$ 时不存在白点，但仍能发生氢致滞后裂纹的形核和扩展，断口形貌也为准解理。$C_0>1.3\times10^{-6}$ 后试样内部存在白点，它和氢致滞后开裂面相交会产生二次裂纹。白点的存在除了在断口上出现二次裂纹外，对氢致滞后断口形貌本身没有影响。如没有白点，充氢后的过载区（图 6(a) 上的 efgh）是解理断口，和充氢前过载区（图 6(a) 上的 cdef）相同，如图 6(d) 所示。如出现白点时，充氢后过载区也是解理断口，但存在二次裂纹，类似于图 5(d)。图 6(d) 上半部的疲劳断口和下半部的过载断口不同，偶尔可发现疲劳条纹，如图 6(d) 上的 abcd。

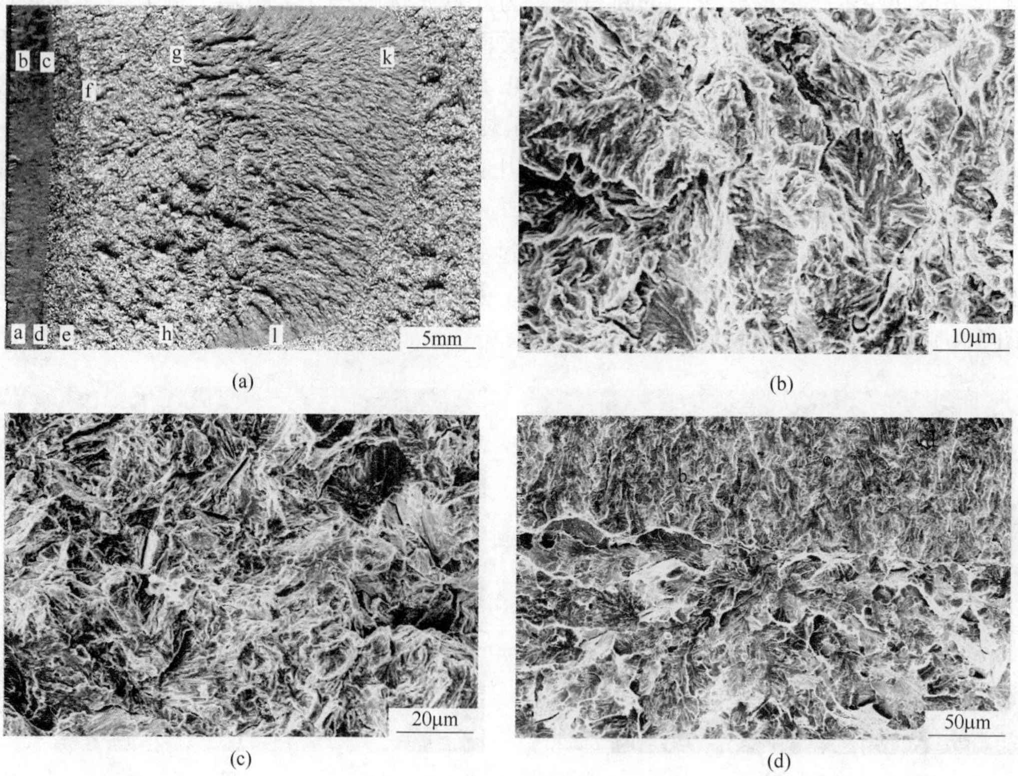

图 6　WOL 试样断口

（a）宏观断口；（b），（c）氢致滞后开裂断口；（d）疲劳和过载断口

Fig. 6　Fracture surface of WOL sample

（a）macroscopic fracture；（b），（c）fracture surfaces of hydrogen-induced delayed cracking；（d）fatigue and overloading fracture

把氢浓度很高（$C_0=5.6\times10^{-6}$，含有大量白点）的 WOL 试样在 200℃除气 100h，加载至开裂，保持恒位移 100h，这时裂纹并不滞后扩展。这就表明，氢致滞后开裂完全是由原子氢引起的，和白点无关。

3.3　拉伸断口

实验表明，充氢后快速拉伸的断口形貌和充氢后除气（200℃，12h）试样慢拉伸（$d\varepsilon/dt=5.3\times10^{-6}/s$）的断口相同。它们均依赖试样厚度 B。如 $B=0.5$mm，是韧窝断口；当 $C_0>1.3\times10^{-6}$后就存在白点，在断口上就有二次裂纹，如图 7(a) 所示。如 $B=1$mm，大部分是韧窝断口，但中间有少量解理区，如存在白点，则断口上可发现二次裂纹，如图 7(b) 所示。如 $B\geqslant2$mm，则获得解理断口，如图 7(c) 所示。厚为 1mm 的试样充氢后慢拉伸，这时塑性明显下降，断口形貌也以氢致开裂形成的准解理为主，如图 7(d) 所示。由此可知，除了出现二次裂纹外，白点对拉伸断口的形貌没有影响。

4　讨论

图 3 表明，充氢后氢鼓泡不断长大。鼓泡长大的机制有两个。一是通过鼓泡壁上原子键断裂成为两端很尖的空洞裂纹，然后裂尖区通过氢压引起的局部塑性变形而钝化成球形，从而使鼓泡体积增大；这种先开裂后钝化过程的重复就会导致鼓泡长大。因为一旦原子键断裂就会产生准解理断裂面，当把鼓泡从中间断开后就会在鼓泡壁及其附近找到局部的准解理区。但图 4(d) 表明，小鼓泡（它包含上千万个空位）断裂后内壁光滑，周围也没有局部准解理区，即没有原子键断裂的痕迹。横截面检查也发现小鼓泡壁上并没有裂纹（图 2(c)）。由此可知，鼓泡通过开裂、钝化导致长大的机制并不正确。鼓泡长大的另一种机制是原子氢和空位不断扩散进入空位团或预先存在的空隙而导致鼓泡长大。氢的存在能使空位浓度急剧升高[14-16]；例如对 γ-Fe，当 $C_0=0.3\times10^{-6}$时，400K 下空位浓度升高 16 个数量级[14]；在充氢的不锈钢中发现过饱和空位盘崩塌而形成的位错圈[15]。氢使空位浓度升高就为过饱和空位扩散进入鼓泡提供了依据。氢鼓泡按扩散机制长大时原子键没有断裂，故内壁光滑。图 2~图 4 的结果证明了扩散机制的合

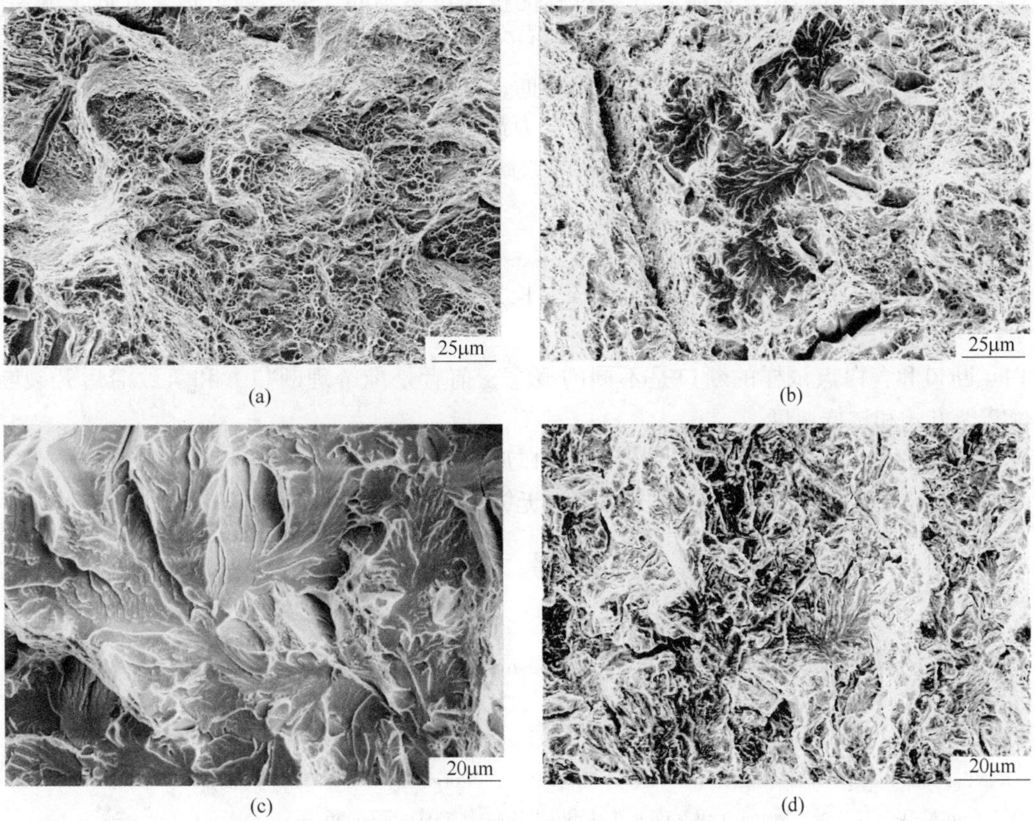

图 7　慢拉伸（$d\varepsilon/dt=5.3\times10^{-6}/s$）断口

（a）$B=0.5$mm，充氢后除气；（b）$B=1$mm，充氢后除气；（c）$B=2$mm，充氢后除气；（d）$B=1$mm，充氢后不除气

Fig. 7　Fractures of slow strain rate tension（$d\varepsilon/dt=5.3\times10^{-6}/s$）

（a）$B=0.5$mm，charged and outgassed；（b）$B=1$mm，charged and outgased；（c）$B=2$mm，charging and outgassed；（d）$B=1$mm，hydrogenated sample

理性。随着原子氢的不断进入，氢压升高，当鼓泡壁的应力等于被氢降低了的原子键合力时，裂纹就形核。裂纹一旦形核氢压就下降，从而很快止裂。故氢压裂纹（白点）进入试样的深度小于100μm（见图5(b)、(c)），其长度也很短（见图5(a)）。图5(a) 的氢压裂纹是由一个个很短的不连续裂纹连接而成的。由此可知，发源于鼓泡壁的裂纹存在一个形核、长大过程，其本质也是一种氢致滞后开裂过程。一方面，氢压裂纹可沿鼓泡壁在360°方位内形核，另一方面，随原子氢进入，氢压升高，已止裂的裂纹会间断式扩展，并互相连接。鼓泡内的氢压将会诱导原子氢扩散富集在鼓泡壁使原子键合力降低，从而使裂纹形核的临界氢压下降。但白点的形成以分子氢压理论为主，氢降低原子键合力理论为辅。由于实验用小试样（500℃回火）不存在内应力，故白点的形核长大和应力无关。

但如存在外应力，则情况就不同，即使不存在预裂纹，当原子氢通过应力诱导扩散，富集至临界值后就会促进局部塑性变形，从而在无位错区或位错塞积群前端产生极大的应力集中，当它等于被氢降低了的原子键合力时就会使氢致裂纹形核[8]。一旦裂纹形核或存在预裂纹，则富集在裂尖附近的原子氢将使基体开裂，导致裂纹滞后扩展。含白点的充氢试样加载时，原子氢将富集在白点前方基体内（该处应力集中最大），而不会进入白点（空腔内只有氢压而无应力集中）。这时不可能通过原子氢进入升高氢压而使白点长大。但通过氢致滞后开裂可使白点前方基体开裂，它和白点相连就会使白点长大。如不存在外应力，原子氢就会进入白点，氢压升高导致裂尖原子键断裂，从而使白点长大。但由于原子氢能被别的白点所捕获或形成新的鼓泡和白点，因而每一个白点的长大均受限制，故不会发生滞后断裂。如加外载，则开裂面和外应力垂直的白点将通过氢致滞后开裂而不断长大，直至断裂。但也有可能氢致滞后裂纹面成为主裂纹面，它和白点开裂面相交就会在断口上出现二次裂纹。预裂纹的WOL试样充氢产生大量白点（$C_0=5.6\times10^{-6}$）后除氢（200℃，100h），加载至开裂后无论是白点裂纹还是主裂纹均不发生长大。由此可知，氢致滞后断裂事故完全是由原子氢引起的，和是否存在白点无关。

氢压裂纹形核及长大过程和氢致滞后开裂过程的机理虽然不同，但均通过被氢降低了的原子键的断裂来实现。氢处在 α-Fe 四面体间隙位置，它使铁原子间的键合力减弱，裂尖氢富集对发生断裂是一个随机过程，因而裂纹形核、扩展并不沿特定的晶体学面，故导致准解理断口。厚试样快速拉伸或过载断裂时氢来不及富集降低原子键合力，因而裂纹沿键合力最小的解理面形核、扩展，从而导致解理断口。薄试样拉伸时，缩颈区内空洞形核、长大和连接就导致韧窝断口。

5　结论

（1）原子氢和空位的扩散导致氢鼓泡的形核、长大，然后从鼓泡壁形成微裂纹，它们连接导致白点长大。

（2）白点断口和含白点试样的断口是不同的概念，前者是准解理断口，和氢致滞后开裂断口相同；后者则依赖断裂方式和试样厚度。

（3）车轮钢中的白点对各种断裂方式产生的断口形貌均没有影响，但在断口上可发现二次裂纹。

（4）车轮钢的滞后断裂由原子氢引起，和白点无关。

参 考 文 献

[1] Hirth J P. Metall. Trans. A., 1980, 11A: 861.
[2] Smialowski M. Hydrogen in Steel [M]. New York: Pergaman Press, 1962: 327.
[3] Steiner J E. Current Solution to Hydrogen Problems in Steel [C]. Metals park, Ohio: ASM. 1982: 55.
[4] Fruehan R J. Iron Steel Maker, 1997, 24: 61.
[5] Akhurst K N, Pumghreg P H. Hydrogen in Metals [M]. Paris: Pergmen Press, 1977: 3B1.
[6] Chu W Y, Gao K W, Li J X, Wang Y B, Qiao L J. Steel Res., 2001, 72: 66.
[7] Pollard M G. Proc. Inst. Mech. Eng., 1999, 213, F: 181.
[8] 褚武扬，乔利杰，陈奇志，高克玮．断裂与环境断裂［M］．北京：科学出版社，2001：120.
[9] Andrew J H, Lee H. J. Iron Steel Inst., 1947, 156: 208.
[10] 陈廉，刘民治，尹万全．金属学报，1979，15：446.
[11] Phillips A, Kevling V. Metal Progress, 1969, 95: 81.
[12] 褚武扬．氢损伤和滞后断裂［M］．北京：冶金工业出版社，1988：146.
[13] Peng X, Su Y J, Gao K W, Qiao L J, Chu W Y. Mater. Lett., 2004, 58: 2073.
[14] Mclellan R R, Xu Z R. Scripta Mater., 1997, 36: 1201.
[15] Gavriljuk V G, Bugaev V N, Petrov Y N, Tarasenko A V, Yanchitski B Z. Scripta Mater., 1996, 34: 903.
[16] Galvele J R. Corrosion Sci., 2004, 46: 1807.

不同加热温度下钒对车轮钢强韧性的影响❶

潘 涛[1] 崔银会[2] 苏 航[1] 张永权[1] 杨才福[1]

(1. 钢铁研究总院；2. 马鞍山钢铁股份有限公司)

摘 要 研究了不同正火加热温度下钒对车轮钢强韧性的影响。结果表明，当加热温度较低时，在强度与无V钢相同的情况下，加钒可显著提高车轮钢的低温冲击韧性；当加热温度较高时，在韧性与无V钢相同的情况下，加钒可显著提高车轮钢的强度。含V车轮钢存在一个适中的加热温度，可获得较好的强韧性匹配。含V车轮钢性能的变化规律与V(C,N) 的溶解与析出行为有关。

关键词 车轮钢；V(C,N)；强韧性；正火温度

Effect of Vandium on Strength and Toughness of Wheel Steel Normalized at Different Temperatures

Pan Tao[1] Cui Yinhui[2] Su Hang[1] Zhang Yongquan[1] Yang Caifu[1]

(1. Central Iron and Steel Research Institute；2. Ma'anshan Iron and Steel Co., Ltd.)

Abstract The effect of vanadium on the strength and toughness of wheel steel normalized at different temperatures were studied. The result shows that compared with V-free wheel steel normalized at lower temperature, V-bearing steel has higher low-temperature impact toughness and almost the same strength. After normalization at higher temperature, V-bearing steel obtains higher strength and almost the same toughness. Therefore, for V-bearing wheel steel normalized at suitable temperature, the strength and toughness can be well improved. The rule mentioned above is related with the dissolution and precipitation of V(C,N) in the V-bearing steel.

Key words wheel steel；V(C,N)；strength and toughness；normalizing temperature

1 引言

由于重载运输可以显著提高运输效率，世界各国普遍把重载运输作为铁路货运的主要发展方向，世界铁路大国美国、加拿大、澳大利亚、南非、中国、巴西、俄罗斯、瑞典、印度等重点推广重载运输，万吨级以上的重载列车在美国、加拿大已于20世纪60~70年代普遍开行，现在2万吨级重载列车已经在美国、加拿大、澳大利亚等许多国家正常开行，重载货车轴重大都超过25t。2005年3月28日，我国第一条重载货运专线——大秦线正式开行2万吨重载列车，开辟了中国铁路重载运输的新纪元。铁道部部长刘志军表示，“十一五”期间，各大区域之间大能力货运通道网络将初步形成。对京沪、京广、京九、焦柳四大南北既有干线全部进行电气化改造，发展货物重载运输，四条大通道的过江货运总能力达到4亿吨以上。围绕十大煤炭基地，建设大能力煤运通道。届时，我国铁路东西南北中之间货运将实现大出大入。

车轮作为列车的一个重要零部件，起着承载的重要作用。各国重载车轮用钢，有很大差别，但有一个共性，那就是以硅、锰为强化元素的中碳碳素钢。重载运输比较发达的美国、加拿大、澳大利亚、南非等国，重载列车轴重大，运行速度不高，重载列车车轮采用美国铁路协会AAR规范标准推荐的碳含量

❶ 原文发表于《钢铁》2006年第3期。
国家高技术研究发展规划资助项目（2003AA331160）。

在 0.57%~0.67%的 AAR-B 级钢和碳含量在 0.67%~0.77%的 AAR-C 级钢。

强度和韧性一直是结构材料研究和开发的一对矛盾体，在车轮钢中更是如此。长期以来，在满足强度和硬度的情况下，车轮钢的韧性，尤其是-20℃的冲击韧性很难满足要求，通过降低碳含量来提高低温冲击韧性时又常常使强度达不到要求。在成分设计方面，曾试图采用降低碳含量并进行微合金化的方法来改善车轮钢的强韧性。各国对微合金化元素钒在车轮钢中的作用的看法各不相同。前苏联的研究表明，加入少量的钒有利于提高车轮钢的低温冲击韧性，拉伸性能保持不变[1]；而日本和法国的研究却显示钒的加入可大幅度提高强度但损害韧性或保持韧性不变[2]。江波认为加钒对提高强度的贡献不大[3]，梅东生的实验却给出相反的结果，加钒明显提高强度，但略微损害韧性[4]。本文系统研究了不同加热温度下 V 微合金化的不同作用，并探讨其强韧化机理。

2　试验材料与方法

在实验室真空感应炉上冶炼了基本成分相同的两炉钢，其化学成分见表 1，其中 2 号钢加入少量的 V。钢水浇注成 50kg 的钢锭，钢锭经锻造开坯后在实验室轧机上轧成 18mm 厚钢板。锻造、轧制工艺如下：钢锭加热到 1200℃，保温 2h，然后锻成 60mm×130mm×L 钢坯，终锻温度约 1000~1100℃。将毛坯加热到 1150℃进行轧制，轧成 18mm×130mm×L 钢板，终轧温度约 900℃，轧后空冷。

表 1　试验钢的化学成分

Table 1　Chemical composition of experimental steels　(%)

编号	C	Mn	Si	Cr	S	P	V
1	0.48	0.70	0.41	0.27	0.007	0.010	—
2	0.46	0.70	0.43	0.27	0.007	0.009	0.082

将试样进行正火处理，正火温度分别为 820℃、860℃、880℃、900℃和 950℃，然后在 500℃回火 3h。对处理后的试样进行拉伸和冲击等力学性能测试。取样进行金相、扫描电镜（SEM）、透射电镜（TEM）观察和化学相分析，并对试验结果进行理论计算。

3　试验结果

3.1　力学性能

两种试验用钢不同加热温度下的抗拉强度（R_m）和-20℃冲击韧性（A_{KV}）的测试结果如图 1 所示。从图中可以看出，对于无 V 钢，当加热温度较低时（820℃），抗拉强度最低，仅为 745MPa，低温韧性也不高，小于 8J。随着加热温度的升高，车轮钢的抗拉强度逐渐升高，同时韧性呈下降趋势；当加热温度升高到 950℃，抗拉强度提高了 55MPa，韧性降低了 2J。而对于含 V 钢，当加热温度较低时（820℃），抗拉强度最低，但低温韧性高达 18.7J，随着加热温度的升高，抗拉强度升高，低温冲击韧性显著下降，当加热温度升高到 950℃，抗拉强度达到最高值，比 820℃时增加了 110MPa，但韧性也降低到最低（4.5J），降幅达 75%。结果显示含 V 钢的性能随加热温度波动更大，也说明了选择合适的加热温度对于含 V 车轮钢是非常重要的。

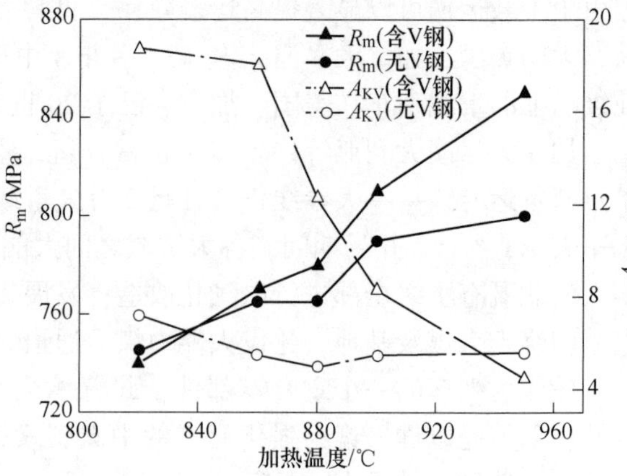

图 1　含 V 钢和无 V 钢力学性能对比

Fig. 1　Comparison in mechanical properties between V-bearing and V-free steel

将含 V 钢和无 V 钢的力学性能差值总结于图 2 中，可以看出加 V 对车轮钢性能的影响。在整个试验温度范围内，含 V 钢的强度和韧性基本都高于无 V 钢。在较低的加热温度（820℃或 860℃），含 V 钢的低温冲击韧性是无 V 钢的 2 倍以上，而强度基本相同。随着加热温度的提高，加 V 对冲击韧性提高的幅度逐渐减小，而提高强度的作用逐渐增强。当加热温度升至

950℃，与无 V 钢相比，含 V 钢强度增加达 50MPa 以上，而韧性的增幅几乎降低为零。因此，从力学性能可以看出，在较低的加热温度下，加 V 主要起改善材料韧性的作用；而在较高的加热温度下，加 V 主要起提高材料强度的作用。在二者之间存在一个中间温度，钢的强度和韧性都有一定程度的提高。例如，在 880℃加热，和无 V 钢相比，韧性增加 8J，增幅近 2 倍，可弥补车轮钢经常出现的低温韧性不足的缺点；而强度也增加 20MPa 左右，硬度增加 HB 5~10，有利于进一步提高车轮钢的耐磨性和抗接触疲劳性能。因此，通过本次试验可以认为，880℃左右是含 V 车轮钢获得较好强韧性匹配的适中加热温度。

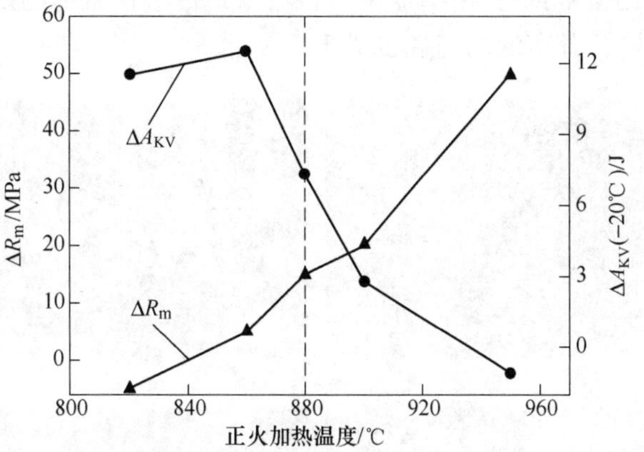

图 2　加 V 对车轮钢强韧性的影响（图中数据为从无 V 钢到含 V 钢的强度或韧性增量）

Fig. 2　Effect of V on the strength and toughness of wheel steels

3.2　原始奥氏体组织

含 V 钢和无 V 钢在不同加热温度下原始奥氏体显微组织如图 3 所示。可以看出，随着奥氏体化温度的升高，含 V 钢和无 V 钢的奥氏体晶粒尺寸都增大，但含 V 钢的晶粒长大速度明显低于无 V 钢。无 V 钢到 900℃就出现大量异常长大晶粒，而含 V 钢直至 950℃才开始出现奥氏体晶粒的异常长大。

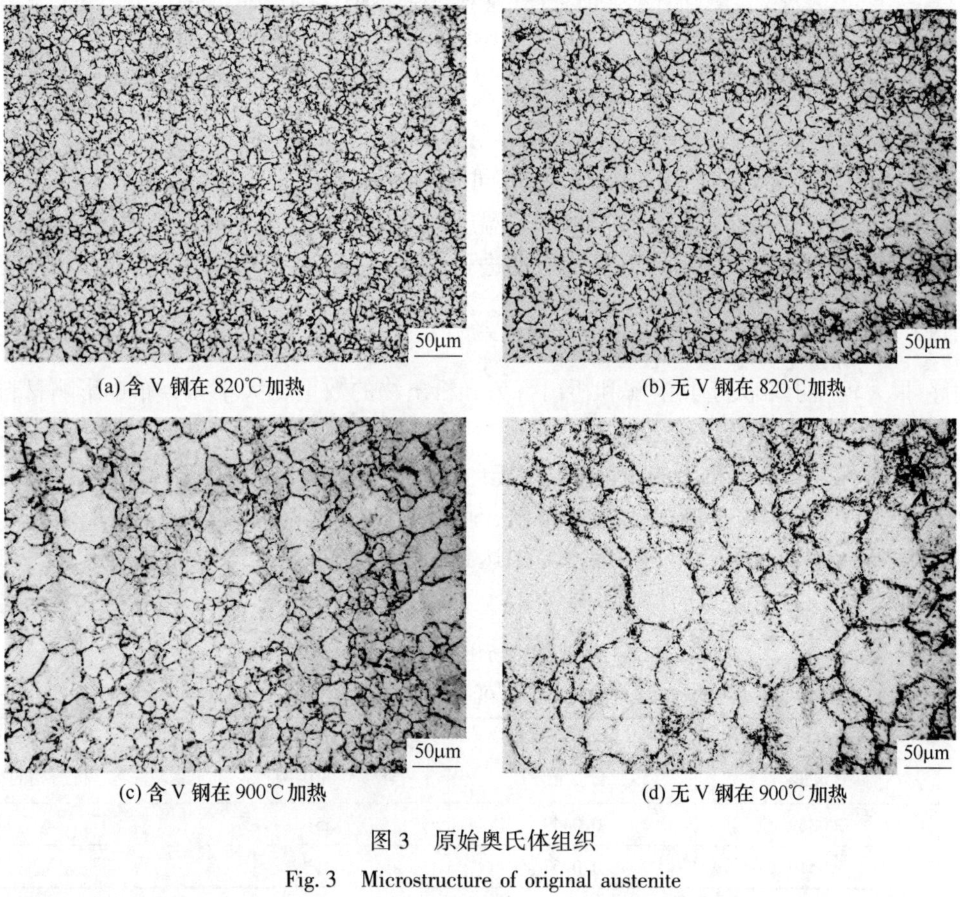

(a) 含 V 钢在 820℃加热　(b) 无 V 钢在 820℃加热

(c) 含 V 钢在 900℃加热　(d) 无 V 钢在 900℃加热

图 3　原始奥氏体组织

Fig. 3　Microstructure of original austenite

3.3 正火组织

试验钢在不同温度下的正火组织见图4。随着加热温度的升高，含V钢和无V钢两种材料的转变产物中先共析铁素体的面积分数都逐渐减少。例如，在820℃正火加热时，含V钢中的先共析铁素体的面积分数为30%以上，至900℃正火时，降至22%左右，到950℃正火时，仅10%左右。无V钢也有类似的变化规律。而在相同的加热温度下，含V钢的铁素体面积分数远高于无V钢。例如，在860℃，含V钢和无V钢的铁素体面积分数分别为25%和9%，说明加V可以有效地促进铁素体的形成。另外，含V钢的铁素体形态和尺寸与无V钢大不相同，分布的均匀性也优于无V钢。

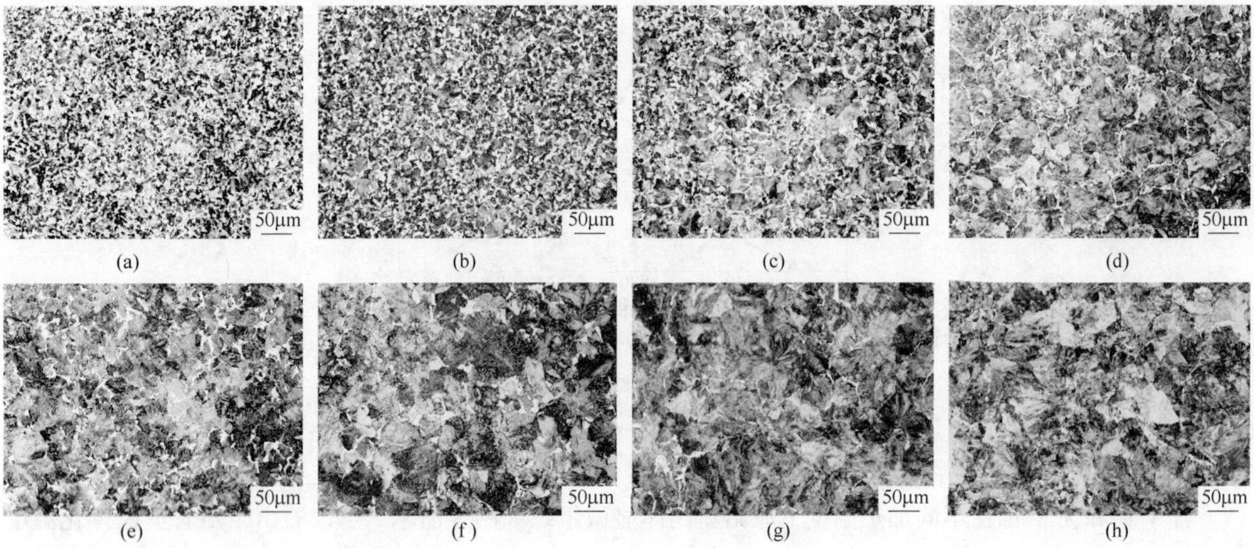

图4 车轮钢的正火组织

Fig. 4 Microstructure of wheel steel after normalization

含V钢分别在（a）820℃；（b）860℃；（c）900℃；（d）950℃加热；

无V钢分别在（e）820℃；（f）860℃；（g）900℃；（h）950℃加热

4 分析与讨论

含V钢和无V钢的力学性能有较大差异。在不同的加热温度下，这种性能差异的表现不同，在较低的加热温度下，加V主要提高韧性；在较高的加热温度下，加V主要表现为提高强度。在显微组织方面，加V一方面抑制了晶粒的长大，另一方面还明显促进了先共析铁素体的形成。

4.1 V(C,N) 析出物分析

V的作用在很大程度上取决于其溶解和析出行为，析出物的数量、大小和分布也影响材料的组织与性能。含V钢中析出物的化学相分析结果如表2所示。在轧制状态，钢中大于50%的V元素从基体中析出。在以后的正火加热过程中，这些析出的V(C,N) 粒子必然要部分回溶，加热温度越高，析出粒子回溶得越多。在820℃均热，只有约43%的V析出物溶解，而860℃的均热温度就使近60%的V析出物重新溶解，900℃和950℃的加热温度下，V的回溶率分别达到78%和96%。不同温度下的正火态和轧制态的析出物情况基本类似。

表2 含V钢中析出物的化学相分析

Table 2 Chemical phase analysis of precipitates in the V-bearing steel

状态	M(C,N) 相析出物百分含量/%	析出V的百分含量/%	析出（未溶）V占全部V的比例/%	M(C,N) 析出相的结构
轧制态	0.0869	0.0449	55	$(V_{0.64}Ti_{0.18}Cr_{0.18})(C_{0.54}N_{0.46})$
820℃淬火	0.0510	0.0257	31	$(V_{0.63}Ti_{0.30}Cr_{0.07})(C_{0.38}N_{0.62})$

续表 2

状态	M(C,N) 相析出物百分含量/%	析出 V 的百分含量/%	析出（未溶）V 占全部 V 的比例/%	M(C,N) 析出相的结构
860℃淬火	0.0410	0.0185	23	$(V_{0.56}Ti_{0.37}Cr_{0.07})(C_{0.26}N_{0.74})$
900℃淬火	0.0290	0.0099	12	$(V_{0.43}Ti_{0.52}Cr_{0.05})(C_{0.27}N_{0.73})$
950℃淬火	0.0130	0.0015	2	$(V_{0.14}Ti_{0.74}Cr_{0.13})(C_{0.03}N_{0.97})$
正火态①	0.8180	0.0414	50	$(V_{0.63}Ti_{0.19}Cr_{0.18})(C_{0.56}N_{0.44})$

①不同正火温度下的析出情况基本相同。

4.2 析出情况的理论计算

图 5 为含 V 实验钢中 V(C,N) 析出与温度的关系以及 N 在 V(C,N) 中占位分数的 Thermo-Calc 热力学软件计算结果。随着加热温度的升高，以析出状态存在于钢中的钒数量减少，直至钒的完全溶解温度 1050℃。随着温度的提高，元素 N 在 V(C,N) 析出物中的间隙位置的占位分数增加。由于析出物已经完全溶解，1050℃以上的曲线没有意义。实验和计算结果基本相符，而二者的差别可能正好反应平衡计算和动力学上的区别及其他碳氮化物（Ti、Cr）等其他因素的影响。

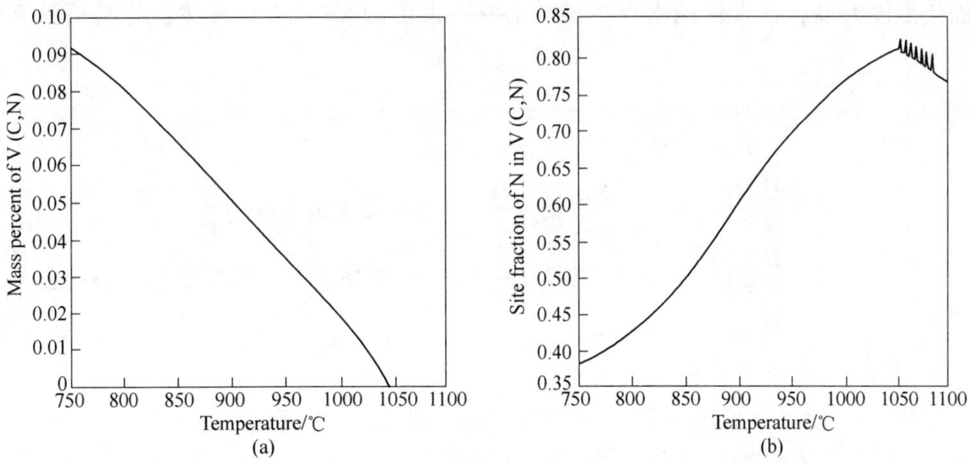

图 5 V(C,N) 的析出量（a）及 N 在 V(C,N) 间隙位置上的占位分数（b）与温度的关系

Fig. 5 Relation of V(C,N) precipitates (a), and site fraction of N in V(C,N) (b) with temperatures

4.3 含 V 析出物与显微特征的关系

含 V 钢中晶粒较为细小的原始奥氏体组织与尚未全部回溶的 V 析出物有很大关系。以 820℃加热为例，轧制态析出的 V(C,N) 粒子只有小部分溶解，剩余的未溶解粒子对阻止奥氏体晶粒的长大起着重要作用。由于加热温度较低，奥氏体晶粒本身的长大速率也不高，所以，无 V 钢和含 V 钢的奥氏体晶粒尺寸差别不是很大。随着加热温度的提高，无 V 钢的奥氏体晶粒长大速率增加，而含 V 钢的未溶析出物对奥氏体晶粒尺寸的阻碍作用变得明显起来，含 V 钢和无 V 钢的奥氏体晶粒尺寸差别逐渐加大。当然，由于加热温度的升高，未溶析出物的数量显著下降，而且未溶析出物颗粒在热的驱动作用下聚集长大，V 对奥氏体晶粒长大的阻碍作用受到一定的限制。

为理解加 V 阻碍奥氏体晶粒粗化的作用，将含 V 钢和无 V 钢的奥氏体晶粒尺寸进行比较，如图 6 所示。可以看出，含 V 钢的原始奥氏体晶粒比无 V 钢小，而且加热温度越高，含 V 钢比无 V 钢的原始奥氏体晶粒细小的程度越明显。说明在本实验温度范围内，加 V 可以抑制奥氏体晶粒的长大，且温度越高，这种抑制作用越明显。当加热温度超过 860℃，无 V 钢与含 V 钢的晶粒尺寸差别开始变大，至 900℃，含 V 钢的平均晶粒尺寸不到 30μm，而无 V 钢的晶粒尺寸已经超过 50μm。细小的奥氏体晶粒尺寸，对于获得细小的正火组织以及良好的韧性水平是相当重要的[5]。

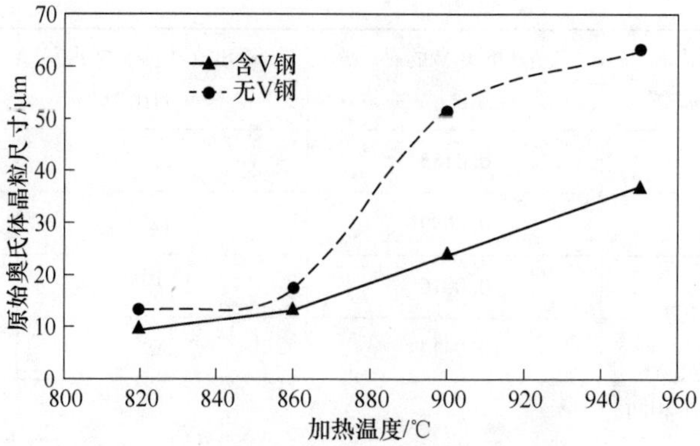

图 6　V 对奥氏体晶粒长大的阻碍作用

Fig. 6　Effect of V on the retardation of austenite grain growth

未溶析出物的另一个作用还表现为对铁素体形核的促进作用。根据国内外的研究[6-8]，铁素体和 VN 粒子满足 B-N 取向关系时的晶格错配度很小（小于 3%），铁素体容易以 VN 为核心形核长大。在奥氏体向铁素体的转变之前，如果在奥氏体晶界或晶内存在许多分散的一定尺寸大小的 VN 或 V(C,N) 粒子，则促进铁素体转变。而固溶 V 对珠光体转变还有一定的推迟作用，客观上相当于扩大了先共析铁素体转变的温度区间，从而增加了铁素体转变的面积分数。含 V 钢和无 V 钢的先共析铁素体的面积分数比较如图 7 所示。加热温度升高，铁素体的潜在形核核心——未溶的 V(C,N) 减少，先共析铁素体的转变量减少。

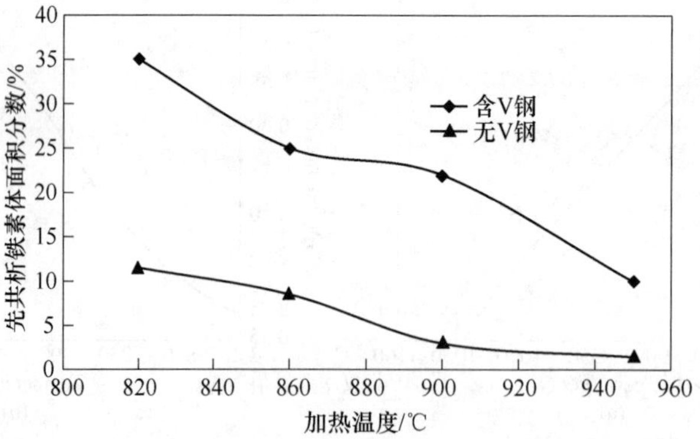

图 7　含 V 钢和无 V 钢先共析铁素体的面积分数

Fig. 7　Percentage of pro-eutectoid ferrite in V-bearing and V-free steels

4.4　含 V 析出物和力学性能的关系

车轮钢的服役组织为铁素体+珠光体。铁素体是材料中的软相，韧性较好，和铁素体相比，珠光体的韧性较差，基本没有吸收冲击载荷的能力。一般情况下，铁素体的百分含量越高，材料的冲击韧性越好。在较低的加热温度下，含 V 钢的铁素体含量较多，因而冲击韧性较高。随加热温度提高，铁素体含量减少，含 V 钢的冲击韧性降低。虽然在较高的加热温度下，含 V 钢的铁素体含量比无 V 钢多，但此时 V 在铁素体中析出的量增大，析出强化作用增强，使铁素体脆化，韧化和脆化两种效果相互作用，使含 V 钢的冲击韧性降至和无 V 钢基本处于同一水平。当然，含 V 钢的冲击韧性提高，和奥氏体晶粒的细化也有一定的关系。

在较高的加热温度下，含 V 钢的抗拉强度明显提高，这和 V 的析出强化作用有关。在 900℃ 或 950℃ 加热，V 元素基本都溶解于基体中，见表 2。在随后的正火过程中，V 在铁素体转变、珠光体转变中和转变后弥散析出，对先共析铁素体和珠光体中的铁素体产生较强烈的析出强化作用，从而提高材料的强度。V 在先共析铁素体和珠光体中的析出情况如图 8 所示。可以看出，在铁素体和珠光体中，都有大量的 V(C,N)粒子弥散析出，对基体的析出强化起了重要作用，这也是高温正火的含 V 钢比无 V 钢的强度高出许多的重要原因。

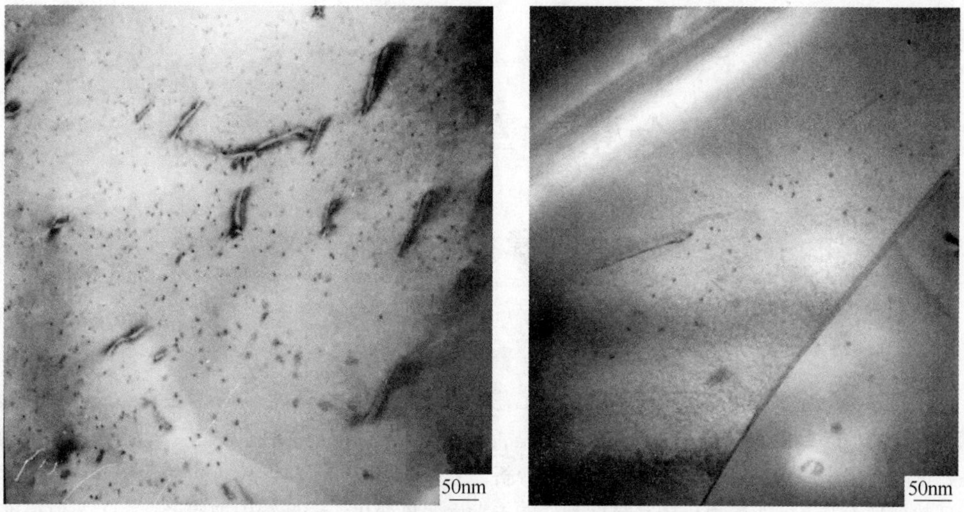

图 8 V(C,N) 在铁素体（a）和珠光体（b）中弥散析出的情况（900℃正火）
Fig. 8 V(C,N) precipitates in pro-eutectoid ferrite (a), and in pearlite (b) (Normalized at 900℃)

总之，V 对车轮钢力学性能的影响是多方面的，也因正火加热温度的不同而有所区别。在较低的加热温度下，基体中未溶的 V(C,N) 质点比较多，可以作为铁素体的形核核心，促进铁素体转变，使铁素体的含量增大，材料的整体冲击韧性提高。在较高加热温度下，V 大部分溶解在钢中，在随后相变过程中，其在铁素体和珠光体中弥散析出，对材料产生析出强化作用，提高材料的强度。因此，存在一个适中的加热温度，在这个温度下，材料的强度和冲击韧性都得到较大的提高。本次试验中，这个温度为 880℃左右。另外，由于 V(C,N) 析出物的影响，含 V 钢的晶粒尺寸比无 V 钢小，这种差别在较高温度下更大一些。

5 结论

（1）在车轮钢中加入少量元素 V，在较低的加热温度下正火，可改善钢的冲击韧性，在较高的加热温度下正火，可提高钢的强度。

（2）在合适的正火加热温度下，元素 V 可同时改善车轮钢的强度和韧性。在本研究中，这个强韧兼备的合适加热温度为 880℃左右。

（3）钒对车轮钢综合性能的影响与其在钢中的存在形态密切相关。加热时未溶解的 V(C,N) 可阻止奥氏体的晶粒长大，并可作为先共析铁素体的潜在形核位置，促进铁素体的形核，提高铁素体的含量，从而改善钢的韧性；加热时溶解的 V 在随后的相变过程中和相变后弥散析出，产生强化，提高钢的强度。

参 考 文 献

[1] Projdak Y S, Dasik M I, Antipov B F, et al. Improvement of wheel steel quality during alloying with nitrided FeV in ladle [J]. Steel (in Russian), 1994 (7): 29-31.
[2] 木川武彦．車輪材料の動向［J］．金属（日文），2000，70（2）：21-32.
[3] 江波．客车轮用钢研究［J］．马钢科研，1997（3）：9-17.
[4] 梅东生．钒在钢轨钢中的作用［C］．1999 年全国低合金钢年会论文集．上海：1999：206-210.
[5] Lewandowski J J, Thompson A W. The effect of the prior austenite grain size on the ductility of fully pearlitic eutectoid steel [J]. Metall. Trans., 1986, 17A: 461-472.
[6] Shim J H, Oh Y J, Sun J Y, et al. Ferrite nucleation potency of non-metallic inclusions in medium carbon steels [J]. Acta Mater., 2001, 49: 2115-2122.
[7] Madariaga I, Gutierrez I. Role of the particle-matrix interface on the nucleation of acicular ferrite in a medium carbon microalloyed steel [J]. Acta Mater., 1999, 47 (3): 951-960.
[8] Miyamoto G, Shinyoshi T, Yamaguchi J, et al. Crystallography of intra-granular ferrite formed on (MnS+V(C,N)) complex precipitate in austenite [J]. Scripta Mater., 2003, 48: 371-377.

酸溶铝含量对车轮性能的影响❶

陈 刚　程德利　江 波

(马鞍山钢铁股份有限公司)

摘　要　拟在车轮钢冶炼中采用降低钢中加铝量的工艺以杜绝因大尺寸 Al_2O_3 夹杂导致的车轮次表面疲劳破损，但减少钢中加铝量会导致钢中酸溶铝含量的降低，是否会影响成品车轮性能值得关注。为此，进行了实物车轮奥氏体晶粒度对比试验分析及成品车轮性能的统计分析。分析结果表明，将车轮钢中酸溶铝含量降低至 0.010% 以下，在现热处理工艺下，车轮奥氏体晶粒度和性能未发生明显变化，降低钢中加铝量这一工艺值得推广。

关键词　酸溶铝；Al_2O_3 夹杂；奥氏体晶粒度；性能

The Effect of the Amount of Soluble Aluminum on Wheel Properties

Chen Gang　Cheng Deli　Jiang Bo

(Ma'anshan Iron and Steel Co., Ltd.)

Abstract　We think the process of deoreasing the amount of Al added during wheel steel melting may help to avoid subsurface fatigue damage which is caused by large Al_2O_3 inclusions, but deoreasing the amount of Al will reduce the content of Al_s, it is studied by contrasting experiment of wheel austenitic grain and the statistics of finished wheel properties to see the reducing of Al_s can affect the performance of finished wheel obviously. The results show that reducing the content of Al_s to below 0.010% will not change the austenitic grain and properties of wheels obviously under the present heat treatment process, the process of decreasing the amount of Al is deserved to popularize.

Key words　soluble aluminum; Al_2O_3 inclusion; grain size of austenitic; property

1　引言

次表面疲劳破损是车轮的主要破损形式之一，对行车安全构成直接威胁。大量的失效分析结果表明，大尺寸的 Al_2O_3 夹杂是造成该类破损的原因[1]。

要杜绝次表面疲劳破损，在车轮钢冶炼中降低钢中加铝量或不加铝无疑起重要作用。但减少钢中加铝量势必导致钢中酸溶铝含量的降低，这是否对车轮性能产生不利影响值得注意。笔者对此问题进行了探讨。

2　试验方法

车轮钢冶炼一直采用铝终脱氧，铝在钢中有三种形态：固溶铝、夹杂铝和氮化铝。从化学分析的角度，所谓酸溶铝指的是固溶铝和氮化铝中铝含量之和。

研究结果表明[2]，钢中酸溶铝含量通过对所析出 AlN 颗粒的大小、数量和分布的影响而对奥氏体晶粒长大过程产生直接的影响，奥氏体晶粒尺寸的变化将会影响过冷奥氏体转变特性，从而会对钢的性能产生影响。

为此，笔者通过实物车轮奥氏体晶粒度对比试验和工业性试验车轮性能统计对比分析的方法，研究

❶　原文发表于《理化检验—物理分册》2006 年第 3 期。

了不同酸溶铝含量对车轮性能的影响。

3 试验结果

3.1 奥氏体晶粒度对比试验

3.1.1 试验用钢

在保证碳当量基本一致的前提下，选取不同酸溶铝含量的车轮钢（见表1）进行实验室对比试验。

表1 对比试验用实物车轮钢的主要化学成分

Table 1 Corparision of chemical composition for different beat number (%)

炉次	C	Mn	Si	Al_s	C+1/4Mn
1	0.60	0.71	0.25	0.004	0.78
2	0.59	0.73	0.26	0.007	0.77
3	0.61	0.72	0.29	0.009	0.79
4	0.61	0.75	0.29	0.012	0.80
5	0.60	0.74	0.30	0.015	0.79

3.1.2 热处理工艺

影响奥氏体晶粒大小的关键因素是奥氏体化温度和时间。结合生产实际，选用2h作为试验用奥氏体化时间，加热温度在860~1020℃范围内变化。

3.1.3 晶粒尺寸及粗化温度的测定

采用美国材料试验学会（ASTM）推荐的割线法来测定晶粒的平均弦长[3]，将据此法做出的温度-晶粒平均弦长图上晶粒平均弦长骤然长大的温度定义为奥氏体晶粒粗化温度。

用随机5个视域中粗晶（≥4级）所占面积的百分比也能反映出奥氏体晶粒粗化温度及晶粒长大全过程，这时规定当视域中平均粗晶所占面积达15%时的温度为奥氏体晶粒粗化温度。

本试验同时采用上述两种方法来测定奥氏体晶粒粗化温度及其长大过程，并互相印证。

3.1.4 对比试验结果

不同炉次钢的试样在860~1020℃保温2h后测定其晶粒平均弦长，图1为晶粒长大曲线。

试验表明，该五炉车轮钢在≤900℃奥氏体化温度范围内晶粒通常不长大，900℃时的奥氏体晶粒度均细于7级。在920℃时，酸溶铝含量低于0.010%的车轮钢出现混晶现象。奥氏体晶粒粗化温度与钢中酸溶铝含量的高低密切相关，不同炉次车轮钢的奥氏体晶粒粗化温度列于表2。

表2 钢中酸溶铝含量与奥氏体晶粒粗化温度间关系

Table 2 The amount of soluable aluminium vs austenitic grain coarsening temperature

炉次	Al_s/%	晶粒粗化温度/℃	炉次	Al_s/%	晶粒粗化温度/℃
1	0.004	920	4	0.012	940
2	0.007	920	5	0.015	960
3	0.009	920			

对比试验反映了随钢中酸溶铝含量的升高，奥氏体晶粒粗化温度升高这一基本规律。但在酸溶铝含量低于0.010%范围内，Al_s 含量对粗化温度影响不大。

3.2 工业性试验车轮性能统计对比分析

根据奥氏体晶粒度试验结果，将车轮钢熔炼酸溶铝含量控制在0.010%以下，进行了工业性试验，并同采用常规工艺（酸溶铝含量控制在0.010%~0.020%）生产的车轮的力学性能进行了统计对比，结果见表3和图2~图4。

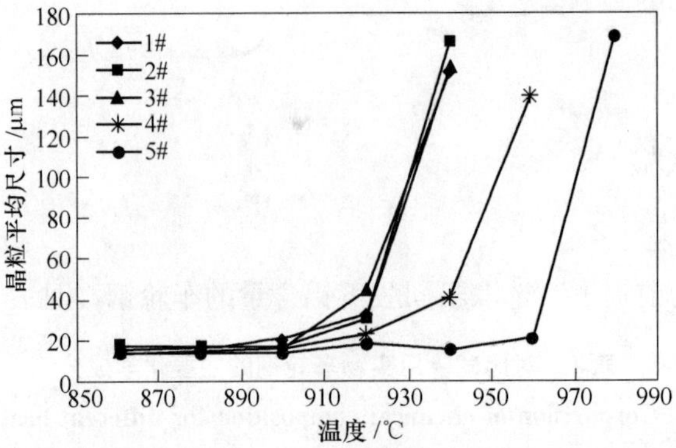

图 1　不同炉次车轮钢奥氏体晶粒长大曲线

Fig. 1　Diagram of austenitic grain growth for wheel steel of different beat numbers

表 3　不同酸溶铝含量车轮性能平均值统计

Table 3　The mean value statistic of mechanical characteristics for different amount of Al_s

Al_s/%	样本数/炉次	σ_b/MPa	断面硬度（HB）	常温冲击功/J	实际晶粒度
≤0. 010	55	1035	288	30. 4	细于 6 级
>0. 010	185	1024	285	33. 5	细于 6 级
TB/T 2817—1997[4]		≥910	265~320	≥16	细于 6 级

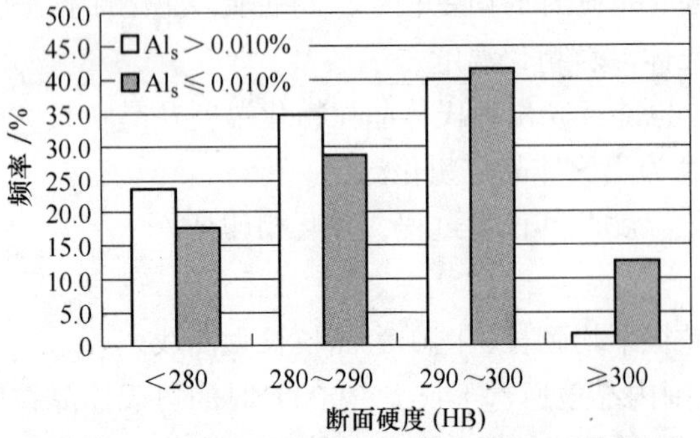

图 2　不同酸溶铝含量车轮断面硬度分布频率

Fig. 2　Occurrence distribution of hardness for different amount of Al_s

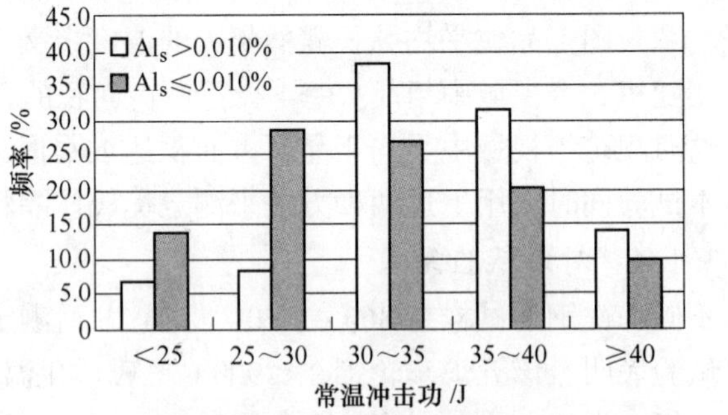

图 3　不同酸溶铝含量车轮常温冲击功分布频率

Fig. 3　Occurrence distribution of impact energy for different amount of Al_s

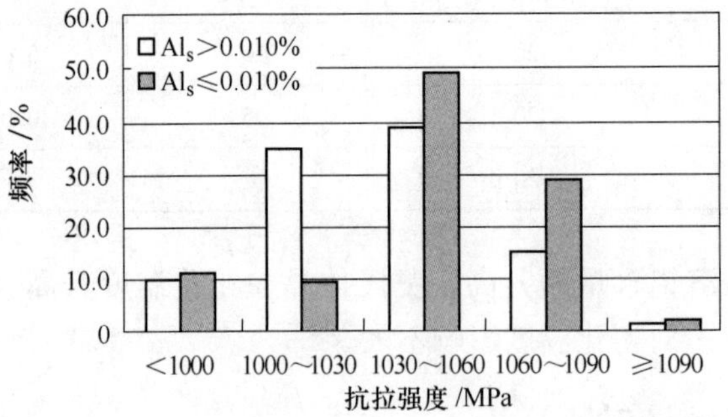

图 4　不同酸溶铝含量车轮抗拉强度分布频率

Fig. 4　Occurrence distribution of σ_b for different amount of Al_s

从表 3 和图 2~图 4 可知，酸溶铝含量高于和低于 0.010%者，其力学性能均能够较好满足标准要求，但酸溶铝含量低于 0.010%的车轮总体上强度、硬度略高，冲击韧性略低。

4 讨论

4.1 车轮钢采用铝脱氧工艺的利弊分析

铝在炼钢过程中主要用作脱氧剂，同时有细化晶粒的作用。用铝脱氧是目前应用最广泛的钢脱氧方法。铝和氧亲和力很强，脱氧效率高，而且成本低。为确保脱氧时夹杂物迅速与钢水分离并防止二次氧化，通常需加入过量的铝，多余的铝则溶于钢水中。但当钢中酸溶铝含量较高时，钢中的铝极易与渣中的氧结合，也会还原渣中的 SiO_2、MnO 等化合物，使钢中聚集的 Al_2O_3 增加；在出钢和浇铸过程中，过高的酸溶铝也会增大钢液的二次氧化倾向，易产生难以去除的大颗粒 Al_2O_3，对成品性能产生有害影响。降低钢中铝含量可有效解决大尺寸 Al_2O_3 夹杂问题，这对于杜绝次表面疲劳破损无疑是有益的。

如前所述，降低钢中铝含量势必对性能产生影响。车轮钢属含碳量高的铁素体-珠光体钢。Gladman 等在 1972 年对铁素体-珠光体钢的组织和性能的关系做了如下描述[5]：

$$\sigma_b = 15.4\{f_a^{1/3}[16.0 + 74.2(\text{wt\%N}_{\text{自由}}) + 1.18d^{-1/2}] + (1 - f_a^{1/3})(46.7 + 0.23s^{-1/2}) + 6.3(\text{wt\%Si})\} \tag{1}$$

$$T(℃) = f_a(-46 - 11.5d^{-1/2}) + (1 - f_a)[-335 + 5.6s^{-1/2} - 13.3p^{-1/2} + (3.48 \times 10^6)t] + 48.7(\text{wt\%Si}) + 762(\text{wt\%N}_{\text{自由}}) \tag{2}$$

式中，σ_b 为抗拉强度，N/mm^2；T 为韧脆转变温度，℃；f_a 为先共析铁素体体积分数；d 为铁素体晶粒直径，mm；s 为珠光体片间距，mm；p 为珠光体团尺寸，mm；t 为渗碳体片厚度，mm。

在式（1）和式（2）中并未包含奥氏体晶粒尺寸因素。对于含碳量高的铁素体-珠光体钢，f_a 值很小，因此，其性能主要由珠光体形态所决定。珠光体形态的诸参数（s、p、t）与过冷奥氏体稳定性有关，而影响过冷奥氏体稳定性的主要因素就是奥氏体晶粒尺寸。可见，对于车轮钢这类含碳量高的铁素体-珠光体钢，奥氏体晶粒尺寸本身并不直接对性能产生影响，而是通过影响珠光体形态来影响性能。从式（1）和式（2）看，对于车轮钢，如把奥氏体晶粒尺寸控制在一定范围，不使过冷奥氏体的稳定性发生明显变化，则性能不会产生明显差异。从这一意义上讲，加铝与否或加铝量多少并非实质性问题。

铝的作用有两重性，细化奥氏体晶粒是利，而可能产生大尺寸 Al_2O_3 夹杂是弊，两相权衡，在满足标准的前提下，即使性能指标可能有所降低，但尽可能降低加铝量的利仍然是大于弊的。

4.2 酸溶铝含量对车轮性能的有限影响

从力学性能统计分析结果可知，酸溶铝含量低于 0.010%的车轮强度、硬度略高，韧性略低。这一现象说明，尽管都能满足标准要求，酸溶铝含量对车轮性能还是有所影响的，但影响的幅度有限。

酸溶铝含量对性能的有限影响实际上是其影响奥氏体晶粒尺寸的结果。组织形态是决定钢性能的最主要因素，而组织形态主要是由钢的过冷奥氏体转变特性决定的。奥氏体晶粒尺寸是影响过冷奥氏体转变特性的因素之一。晶粒尺寸大者，奥氏体稳定性好，对于铁素体-珠光体钢来说，珠光体转变温度较低，珠光体片间距（s）较小，因此，钢的强度较高。从奥氏体晶粒度对比试验结果可知，在都未出现混晶的奥氏体化温度，酸溶铝含量高于 0.010%的晶粒基本较酸溶铝含量低的为细，且随酸溶铝含量的增高，奥氏体晶粒变细。当化学成分、热处理工艺一致时，强度、硬度的有限差别显然是由于奥氏体晶粒大小造成的。强度与塑性、韧性之间通常是相互矛盾的，因此，其他条件不变时，在强度略有增加的情况下，塑性、韧性略有降低的情况是正常的。

目前，现行车轮热处理工艺要求车轮冷装入加热炉后进行连续升温，升温至 860~880℃后保温，总加热时间为 2h。由于车轮截面较大，在连续加热过程中，其温度由表及里直至均温需要较长的时间，因此在 860~880℃的实际保温时间要少于 2h。相比之下，奥氏体晶粒度对比试验用的金相试样到温很快，其 2h 的奥氏体化时间基本为实际保温时间。因此，从实际生产的角度看，试验条件下得到的奥氏体晶粒度结果应不会优于车轮实际的奥氏体晶粒度。从试验结果看，在 900℃×2h 奥氏体化制度下，酸溶铝含量低于 0.010%的均保持均匀细晶（>7 级）。可见，对于酸溶铝含量低于 0.010%的车轮，在现行热处理工艺下，保证其实际晶粒度满足标准要求（>6 级）是可行的。

从对比试验结果看，酸溶铝含量在 0.010% 以上、以下的车轮钢，其在 2h 奥氏体化时间下奥氏体粗化温度相差 20～40℃。提高酸溶铝含量，只会使实现预期晶粒度目标的条件宽松一些。酸溶铝含量在 0.010% 以下的车轮钢，其在 2h 奥氏体化时间下的奥氏体晶粒粗化温度均在 900～920℃，如能将热处理均热温度控制在此范围，酸溶铝含量低于 0.010% 是能够满足现行标准要求的。

综合对比试验和统计分析结果，酸溶铝含量低于 0.010% 的车轮在现行热处理工艺下，其性能和组织能满足标准要求。酸溶铝含量降至 0.010% 以下对车轮组织和性能影响有限。

5　结论

（1）酸溶铝含量降至 0.010% 以下对车轮组织和性能影响有限。

（2）对现行热处理工艺，降低钢中加铝量，将酸溶铝含量控制在 0.010% 以下是一条可行的工艺路线。

参 考 文 献

[1] Galliera G，等．踏面次表面故障对铁路车轮疲劳性能的影响控制方法与制造工艺［C］．第 11 届国际轮轴会议论文集．北京：铁道出版社，1997：55-62.

[2] 董企铭，等．酸溶铝含量对 20Cr2Ni4A 钢奥氏体晶粒长大的影响［J］．理化检验—物理分册，1990，26（5）：7-12.

[3] ASTM E112—84，Standard Methods for Determing Average Grain Size［S］.

[4] TB/T 2817—1997，铁道车辆用辗钢整体车轮技术条件［S］.

[5] Gladman T，McIvor I D，Pickering F B. Some aspects of the structure-properties relationships in high-carbon ferrite-pearlite steels［J］. J. Iron Steel Inst.，1972：916-930.

轮轨关系中的硬度匹配研究❶

周清跃[1] 刘丰收[1] 朱 梅[2] 安 涛[3]

(1. 中国铁道科学研究院；2. 铁道部标准计量研究所；3. 马鞍山钢铁股份有限公司)

摘 要 为提高轮轨综合使用寿命，研究轮轨的合理硬度匹配。针对国内外普遍使用的轮轨材料，归纳分析轮轨硬度匹配的典型的实验室研究结果、轮轨硬度匹配的现状和存在的问题，并结合国内轮轨使用情况，阐述轮轨硬度、加工硬化对轮轨使用寿命的影响以及轮轨材料的最新发展，初步提出不同运输条件下轮轨硬度匹配的建议。重载铁路：在半径>1200m 的曲线以及直线段上铺设轨面硬度 HB>280 的轧态钢轨；在半径为 1200m 以下的曲线段上铺设使用 H370 热处理钢轨；应积极研发使用轨面硬度 HB>370 的钢轨，以及轮辋表面硬度 HB>320 的重载铁路用车轮。客运专线铁路：铺设轨面硬度 HB>260 的轧态钢轨，采用轮辋表面硬度 HB>260 的 ER8 等级的或轮辋表面硬度 HB>248 的 ER7 等级的车轮。对引进的时速 200km/h 及以上动车组在我国的使用情况进行跟踪研究，以进一步研究轮轨关系中硬度的合理匹配问题。

关键词 轮轨关系；硬度匹配；建议；综述

Research on Hardness Matching in Wheel-Rail System

Zhou Qingyue[1] Liu Fengshou[1] Zhu Mei[2] An Tao[3]

(1. China Academy of Railway Sciences Co., Ltd.;
2. Standards and Metrology Research Institute of MOR;
3. Ma'anshan Iron and Steel Co., Ltd.)

Abstract Reasonable hardness matching in wheel-rail system is researched in order to increase the integrated service life of wheel-rail system. According to the general materials of wheels and rails home and abroad, some typical laboratory results, current research situation and the existed problems of hardness matching in wheel-rail system are summed up and analyzed. Combining with domestic application status of wheels and rails, the effect of wheel-rail hardness and machining-hardening on service life as well as the latest development of wheels and rails are discussed. It's initially suggested that different hardness matching of wheels and rails should be adopted for railway lines under different traffic conditions. For heavy haul railway, rails as rolled with surface hardness above HB280 should be laid on straight line and curve line with the radius more than 1200m. The head-hardened rails H370 should be laid on curve line with the radius less than 1200m. The rails with surface hardness above HB370 and wheels with the surface hardness of wheel rim above HB320 should be developed and applied actively for heavy haul railway. The rails as rolled with surface hardness above HB260 should be laid on passenger dedicated railway line, meanwhile, wheels ER8 with the surface hardness of wheel rim above HB260 or ER7 with the surface hardness of wheel rim above 248HB should be applied. Attentions should be paid to the application status of imported EMU for further research of hardness matching in wheel-rail system.

Key words wheel-rail system; hardness matching; suggestion; summarization

1 引言

轮轨是一对摩擦副，除了设计合理的轮轨几何形面外，不同运输条件下轮轨硬度的合理匹配对提高

❶ 原文发表于《中国铁道科学》2006 年第 5 期。
铁道部科技研究开发计划项目（2005YF04）。

轮轨的综合使用寿命具有十分重要的作用。

随着我国《中长期铁路网规划》的批准和实施，我国铁路正进入一个客运高速、货运重载、客货分线的跨越式发展的新时期。未来几年将从不同国家引进时速200km/h及300km/h的动车组并逐步实现国产化。因此，如何在轮轨关系上使引进列车适应我国的既有铁路线路，或是在新线建设中予以考虑，是目前迫切需要解决的重大问题。由于客货列车分线运行，进行轮轨硬度的合理匹配，具有可操作性。因此研究轮轨关系中的硬度匹配，具有十分重要的意义。

本文针对国内外普遍使用的轮轨材料，归纳分析轮轨硬度匹配典型的实验室研究结果和轮轨硬度匹配的现状及其存在的问题，对轮轨硬度匹配的若干问题进行探讨，提出重载铁路、客运专线以及既有客货混线等不同运输条件下的轮轨硬度匹配的建议。

2　铁路普遍使用的轮轨材料与性能

国内外铁路普遍使用的钢轨及车轮材料的化学成分与力学性能列于表1和表2。由表1可见，轧态钢轨的强度等级为780~980MPa，轨面硬度（HB）基本可以分为<260、260~300、280~320。由表2可见，按不同的使用条件要求，欧洲、美国、俄罗斯将车轮按不同的化学成分和轮辋硬度分为3或4个等级。欧洲的ER6、ER7、ER8和ER9车轮踏面下35mm处最小硬度值（HB）分别为225、235、245和255；美国的L、A、B和C级车轮轮辋表面最低硬度值（HB）分别为197、255、277和321；俄罗斯的最新车轮标准（ГОСТ 10791—2004）将车轮按不同的化学成分和硬度值分为3档，踏面下30mm处最小硬度值（HB）分别为248、255和285。我国广泛使用的辗钢车轮（CL60）和铸钢车轮（ZL-B），其轮辋表面硬度最小值均为HB270，相当于美国的B级车轮或俄罗斯的2档车轮。

表1　国内外铁路使用的主要热轧钢轨的化学成分及其性能[1,2]

国别（地区）	钢号	化学成分/%					力学性能		
		C	Si	Mn	P	S	抗拉强度/MPa	断后伸长率/%	硬度（HB）
日本	60kg	0.63~0.75	0.15~0.30	0.70~1.10	≤0.030	≤0.025	≥800	≥10	≥235
欧洲	UIC700	0.40~0.60	0.05~0.35	0.80~1.25	≤0.050	≤0.050	680~830	≥14	200~260
	UIC900A	0.60~0.80	0.10~0.50	0.80~1.30	≤0.040	≤0.040	≥880	≥10	260~300
	EN260	0.62~0.80	0.15~0.58	0.70~1.20	≤0.025	0.008~0.025	≥880	≥10	260~300
美国	碳素钢	0.74~0.84	0.10~0.60	0.75~1.25	≤0.020	≤0.020	≥980	≥10	≥300
俄罗斯	K76T/H	0.71~0.82	0.25~0.45	0.75~1.05	≤0.030	≤0.035	≥900	≥5	
中国	U71Mn	0.65~0.76	0.15~0.35	1.10~1.40	≤0.030	≤0.030	≥880	≥9	260~300
	U71Mn(k)	0.65~0.75	0.10~0.50	0.80~1.30	≤0.025	0.008~0.025	≥880	≥10	260~300
	U75V(PD3)	0.71~0.80	0.50~0.80	0.70~1.05	≤0.030	≤0.030	≥980	≥9	280~320

表2　国内外铁路使用的各种车轮的化学成分及力学性能[3-8]

国别（地区）及标准号	钢号	化学成分/%					力学性能		
		C	Si	Mn	P	S	抗拉强度/MPa	断后伸长率/%	硬度（HB）
欧洲 EN 13262—2004	ER6	≤0.48	≤0.40	≤0.75	0.020	0.015	780~900	≥15	
	ER7	≤0.52	≤0.40	≤0.80	0.020	0.015	820~940	≥14	248~285
	ER8	≤0.56	≤0.40	≤0.80	0.020	0.015	860~980	≥13	260~302
	ER9	≤0.60	≤0.40	≤0.80	0.020	0.015	900~1050	≥12	
美国 AAR M107/M208—2004	L	≤0.47	0.15~1.00	0.60~0.90	0.030	0.005~0.040			197~277
	A	0.47~0.57	0.15~1.00	0.60~0.90	0.030	0.005~0.040			255~321
	B	0.57~0.67	0.15~1.00	0.60~0.90	0.030	0.005~0.040			277~341
	C	0.67~0.77	0.15~1.00	0.60~0.90	0.030	0.005~0.040			321~363

续表 2

国别（地区）及标准号	钢号	化学成分/%					力学性能		
		C	Si	Mn	P	S	抗拉强度/MPa	断后伸长率/%	硬度(HB)
俄罗斯 ГОСТ 10791—2004	1	0.44~0.52	0.40~0.60	0.80~1.20	0.035	0.030	880~1080	≥12	≥248
	2	0.55~0.65	0.22~0.45	0.50~0.90	0.035	0.030	910~1110	≥8	≥255
	3	0.58~0.67	0.22~0.45	0.50~0.90	0.030	0.020	980~1130	≥8	≥285
日本 JIS E5402	SSW-3R	0.60~0.75	0.15~0.35	0.50~0.90	0.045	0.050	790~980	≥12	311~363
中国 TB/T 2817—1997	CL60	0.55~0.65	0.17~0.37	0.50~0.80	0.035	0.040	≥910	≥10	270~341
中国 TB/T 1013—1999	ZL-B	0.57~0.67	≥0.15	0.60~0.85	0.035	0.040	≥910	≥4	277~341
中国科教装［2000］33 号	CL50A	≤0.52	≤0.40	≤0.80	0.025	0.025	820~940	≥14	245~300

3 轮轨硬度匹配的实验室研究

多年来，世界各国的科研工作者就轮轨硬度匹配对轮轨磨耗的影响进行了大量的实验室研究。文献［9］研究指出，当车轮硬度固定而钢轨/车轮的硬度比<1 时（即钢轨较软），随着钢轨硬度的增大，钢轨的磨耗率减少，而车轮的磨耗率增大，当钢轨的硬度增大到和车轮的硬度相等时，钢轨和车轮的磨耗率相同。当钢轨/车轮硬度比>1 时（钢轨比车轮硬），钢轨硬度继续增大，钢轨的磨耗率随着其硬度的增大以更快的速度减少，而车轮的磨耗率保持不变。当钢轨/车轮硬度比为 1.1~1.2 时，车轮的磨耗率大于钢轨的磨耗率，说明钢轨硬度的提高将使车轮磨耗增加。由于其试验采用不同的回火温度来获得不同的硬度，因此与实际轮轨材料的组织状态有所不同。文献［10］研究表明，当钢轨/车轮的硬度比 HR/HW<0.96 时，钢轨试样磨损明显上升，当 HR/HW>1.0 时，钢轨试样磨损稳定在较低水平，而当 HR/HW>1.25 时，钢轨试样磨耗开始下降；车轮试样的磨损与钢轨相反，当 HR/HW=1.20 左右时，车轮试样磨损明显增加，当 HR/HW=1.28 时，车轮试样磨损陡然增大了 4~5 倍。在 HR/HW=1.0 附近，轨、轮试样磨损相当，总磨损也最低。由此可见，就减少轮轨材料的磨耗而言，最佳硬度匹配区为 HR/HW=1.0~1.2。其试验同样采用热处理的方法来获得不同的硬度，与实际轮轨材料的真实情况不同。文献［11］也从轮轨试样磨损试验中得到了轮轨材料硬度对轮轨滑动磨损影响很大的结论。在纯滑动条件下，钢轨试样硬度提高，车轮试样的滑动磨耗量大大增加。对于淬硬轨（HRC40~42），车轮试样硬度提高（不大于钢轨试样硬度），其滑动磨损量明显减少，而钢轨试样滑动磨损量变化不大。

欧洲铁路联盟 UIC 的研究认为[12]，车轮和钢轨材质硬度对于轮轨磨耗的作用，在很大程度上依赖于磨耗模式和硬度等级。他们将磨耗的模式分为：中等、严重和灾难性 3 种。在滚动—滑动状态下的实验室试验结果表明：在中等和严重磨耗模式状态下，硬度由 HRC30 增加至 HRC50，会使轮轨磨耗速率成倍地降低；在灾难性磨耗模式状态下，增加同样的硬度可能使磨耗速率降低达到 2 个数量级。从 UIC 的研究结果可以看到，当磨耗严重时，应该提高其硬度，并且磨耗越严重，提高硬度的减磨效果越好。

UIC 实验室试验结果还表明：硬度对轮/轨磨耗的影响还依赖于轮/轨的硬度等级[12]，在硬度等级 HB<250 时，轮或轨硬度的增加并不会影响轮/轨试样的总磨耗；在硬度等级介于 HB250~450 时，轮或轨硬度的增加会使轮/轨试样的总磨耗降低；在硬度等级超过 HB450 时，轮或轨硬度的增加会使轮/轨试样的总磨耗降低的程度更大。

UIC 专家在研究中还指出，当轨轮硬度比从 0.7 到 1.6 之间变化时，并不存在一个最佳的硬度匹配使得轮轨之间的总磨耗最小[13]。

由研究结果可以看出，为了减少轮轨系统的磨耗，对于轮轨硬度的匹配存在着不同的观点。实际上，造成上述不同的试验结果与各试验采用的材料和方法不同有很大的关系。另外，更为重要的是，实验室的试验条件难以模拟轮轨的实际受力和相互作用，而往往在很多时候，轮轨的硬度匹配不能单从减少轮轨的磨耗来考虑，还应当考虑轮轨磨合以及对滚动接触疲劳的影响。因此，实验室的试验结果与实际运行中的轮轨硬度匹配有一定的差距，应根据不同线路运行条件，作具体的分析研究。

4 轮轨硬度匹配现状与存在的问题

高速铁路发达的欧洲，以往铺设数量最大的是UIC700钢轨，轨面硬度约为HB200~260。欧洲一体化后，广泛铺用UIC900A钢轨，轨面硬度约为HB260~300。欧洲铁路根据其线路条件不同可分别选用ER6~ER9间的车轮，而规定车速在200km/h以上时，选用ER7(车辆用）和ER8(机车、内燃动车组、电动车组）车轮，轮辋的硬度分别为HB248~285以及HB260~302。欧洲铁路轮轨硬度均较低，这与欧洲铁路以客运为主，运行速度快有关。

日本铁路广泛使用轨面硬度HB>235的钢轨，但车轮的硬度较高，其中SSW-3R车轮轮辋的硬度为HB311~363。

重载铁路发达的美国，1996年前广泛铺用的钢轨硬度均HB>260；1996年后铺用的钢轨硬度均HB>300。

上述国家铁路在小半径曲线上为减少钢轨的磨耗，广泛铺用硬度更高的合金轨（轨面硬度HB>320）或热处理钢轨（轨面硬度HB>340）。

美国车轮标准[11]规定了不同等级车轮的应用范围：轮辋硬度为HB197~277的L级车轮，主要用于高速运行、制动条件比其他级别车轮更为恶劣而车轮载荷小的场合；轮辋硬度为HB255~321的A级车轮，主要用于高速运行、制动条件恶劣、中等轮载荷的场合；轮辋硬度为HB277~341的B级车轮，主要用于高速运行、制动条件恶劣、较重轮载荷的场合；轮辋硬度HB321~363的C级车轮，主要用于轻制动条件和大轮载运输的工况或用于非踏面制动的较严重制动条件的场合。B级或C级车轮用于通用的货车，也推荐用于机车。由于美国铁路大多数为货运专线，列车轴重大，运行速度不高，因此多数采用硬度较高的C级车轮。由此可见，美国铁路车轮的硬度明显高于钢轨的硬度。

此外国际重载铁路协会（IHHA）在文献［12］中指出，在重载条件下，车轮的硬度（强度）应不低于钢轨的硬度（强度）。针对轮轨硬度之间的相互作用，IHHA认为应从系统角度来考虑，并以南非铁路公司在运煤专线中使用硬度更高的钢轨而未考虑对车轮影响所带来的不良后果为例，指出了这种综合解决方案的重要性。

苏联[14]在20世纪70年代末期，在当时占正线铁路总长度约25%的全部曲线区段，都铺设了整体淬火钢轨，并开始了在直线区段的铺设。到1986年为止，铺设整体淬火钢轨的总长度已占总线路的50%以上。在这种情况下，从20世纪80年代中期到20世纪90年代中期，货车的运行由于车轮轮缘的快速磨耗而实际上近乎瘫痪。据统计，车轮的平均使用寿命从1980年的10年，缩短到1998年的3年。鉴于这种情况，俄罗斯从1996年开始进行提高轮辋硬度的试验，结果表明，提高轮辋硬度后可明显提高车轮的使用寿命，并提出了车轮轮辋与钢轨头部硬度的最佳比例是（1.2~1.4）：1的观点。

我国铁路在1990年前，普通钢轨的硬度HB>260；1990年后，铺设的PD3钢轨的硬度HB>300；1998年后，主要线路铺设的U75V(原PD3）及U76NbRE（原BNbRE）钢轨的硬度约HB>280；部分曲线上铺用的热处理钢轨的硬度HB>340。20世纪90年代前，钢轨的磨耗问题较为突出，此后，由于铺设钢轨的硬度以及列车运行速度提高，钢轨的滚动接触疲劳伤损增加，尤其在广深准高速铁路以及成段铺设全长热处理钢轨的路段更为严重。事实证明，成段铺设全长热处理钢轨，不仅不能提高钢轨的使用寿命，还会明显减少车轮的使用寿命。

我国铁路客货车上大部分车轮的材质为辗钢CL60或铸钢ZL-B，轮辋表面的硬度HB>270。在广深客运专线上使用部分新研制的CL50A车轮其轮辋硬度HB>240。2002年从法国及乌克兰进口部分按欧洲标准生产的ER7和ER8车轮，在国内既有线上使用。出现的问题主要有[15,16]：在广深线上使用的CL50A车轮、在部分线路上使用的进口ER7和ER8车轮以及在大秦重载铁路C_{76}和C_{80}车上使用的CL60和ZL-B车轮，相继出现严重的辗边、剥离和踏面圆周磨耗等问题，表现出车轮硬度不足，尤其在轴重较大或线路平面条件不好的情况下更为严重。

上述情况表明，在客运专线上，由于轮轨磨耗很少，轮轨的安全使用性能非常重要。为此，轮轨材料多数采用含碳量更低的亚共析钢，轮轨硬度也较低。在重载铁路上，为了提高轮轨的耐磨性能，多采用含碳量较高的共析钢甚至过共析钢，轮轨硬度较高。在车轮硬度大于钢轨硬度的情况下，尚未见轮轨硬度不匹配的报道。

5 问题讨论

5.1 钢轨硬度对其使用的影响

实验室以及现场试验结果均表明，钢轨的硬度越高，耐磨性越好。为了提高钢轨的耐磨性，目前铺用钢轨的最高硬度可达 HB400 以上，并正在研究 HB>450 的钢轨新材料。

在侧磨严重的小半径曲线上股，铺用高硬度的钢轨，可提高使用寿命 3~5 倍，具有显著的技术经济效益[17]。

目前世界各国高硬度钢轨主要通过合金化和热处理获得。高硬度的合金轨虽然耐磨性好，但由于韧、塑性及焊接性能不好而被限制使用。热处理钢轨强韧性兼备，疲劳强度高，被世界各国广泛采用，但是除了前苏联成段铺设热处理钢轨外，一般只在曲线上使用。仅从材料角度而言，在直线上铺用强韧性兼备的热处理钢轨，理应比未热处理钢轨具有更高的使用寿命，但实际情况并非如此。作者曾多次到现场对进口热处理钢轨的使用情况进行调查[18]，结果是成段铺设在京广、陇海、浙赣等铁路线上的进口日本、法国、奥地利等国的热处理钢轨，在小半径曲线上股，因耐磨性好，可显著提高其使用寿命，而在直线上还不如普通国产 U71Mn 钢轨。当通过总重 4 亿~6 亿吨时，爆发性出现严重的轨面斜裂纹、剥离掉块、隐伤等滚动接触疲劳伤损（RCF），并相继发生断轨，不得不提前下道或大量采用夹板固定。成段铺设的国产热处理钢轨使用情况与此类似。究其原因，主要是钢轨硬度太高，轮轨难以磨合，使轮轨接触应力增加和轨头最大剪应力位置长期不变，最终导致接触疲劳伤损而提前下道。

在重载铁路上，即使在直线区段，钢轨强度也不宜太低。美国重载铁路钢轨使用经验表明，在直线上钢轨硬度应 HB>300。

在高速客运专线上，不必担心钢轨发生过分磨耗。日本和法国高速铁路运行经验已证明了这一点。日本自建设高速铁路至今，仍在直线上铺用轨面硬度 HB>235 的钢轨；法国东南线高速铁路铺用轨面硬度约为 HB 200~260 的 UIC700 钢轨，自 1983 年开通至今，仍在道上使用。这表明高速铁路不需要也不宜采用高硬度钢轨。为此，我国客运专线将选用欧洲高速铁路广泛采用的 880MPa 级的 EN260（UIC900A）钢轨，其化学成分与性能与我国现行的 U71Mn 钢轨基本相同，称之为 U71Mn(k)。兼顾货运的客运专线铁路，将根据运行条件采用 980MPa 级的 U75V 钢轨[19]。

5.2 车轮硬度对其使用的影响

当车轮在使用中出现辗边或踏面圆周严重磨耗时，说明车轮的硬度偏低，强度不足。尤其在轴重较大的情况下，为了减少车轮的磨耗，车轮硬度不宜太低。

120km/h 提速货车环行线可靠性试验结果表明[20]，运行 18 万公里后（线路通过总重约 60Mt · km/km），重车或半重车辗钢车轮（CL60）踏面圆周磨耗可达 4~8mm，而铺设在半径 1000m 曲线上股的 U74 轧态轨，最大磨耗不到 1mm。结果说明，货车车轮的耐磨性有待提高。

曾有观点认为，钢轨的硬度应该高于车轮的硬度。这主要是从车轮的维修和更换比钢轨容易的角度考虑，在轮轨磨耗均相当严重的情况下，是一种经济的选择。目前，除了在重载铁路以及小半径曲线上钢轨磨耗仍比较突出外，在普通铁路的直线上钢轨磨耗不大，在客运专线上钢轨的磨耗则很少，此时若车轮的硬度高于钢轨的硬度，可使车轮使用中磨耗减少，降低车轮的不圆度，从而保证列车运行的平顺性。促使钢轨多磨耗一点，对保证良好的轮轨关系有利。相反，若钢轨硬度比车轮高出很多，造成车轮磨耗严重而钢轨磨耗少，在这种情况下，一方面，在线路状态不良的情况下，会导致车轮磨出沟槽；另一方面，由于钢轨磨耗少，会加速其滚动接触疲劳伤损的发生和扩展。

5.3 轮轨材料的加工硬化

在轮轨使用过程中会发生加工硬化，而加工硬化性能将影响轮轨匹配。不同的运输和线路条件、不同的轮轨材料，发生加工硬化的速率和程度会有所不同。未发生加工硬化的新车轮或刚镟修过的车轮在已经发生强烈加工硬化的钢轨上运行，势必造成钢轨磨耗少，车轮磨耗多，对形成良好的轮轨关系不利。因此及时对钢轨进行打磨，不仅对改善轮轨接触状态有利，还可以磨去萌生的裂纹，减少钢轨的加工硬化层。

笔者曾于2003~2005年间对成渝铁路线上（K400-K401）使用的钢轨硬度进行过跟踪测量，铺设使用1年后的结果表明（通过总重约50Mt · km/km），U71Mn轧态钢轨在直线上硬度平均值达到HB310，在*R*900m的曲线上，硬度平均值达到HB330；U75V热处理钢轨在直线及*R*395的曲线上，硬度平均值约为HB396。这说明铺设在直线上的U71Mn钢轨，通过总重50Mt · km/km左右时，其加工硬化并不严重，若此时进行钢轨的打磨，则可进一步降低其轨面硬度，还可减少对车轮的磨耗。

5.4 轮轨材料的最新发展

20世纪80年代后期到90年代初期，欧洲有关部门针对其车轮出现的失效特点，以在钢中添加合金元素和降低含碳量，提高或保持车轮的强度/硬度，延长车轮的使用寿命为思路广泛开展车轮新材料的研究。如1998年法国研制出了一种新的车轮钢种，含碳量下限值只有0.42%，抗拉强度约886MPa，与R8T差不多，但其冲击功（为24J）比R8T（为15J）要大得多。使用结果表明，新钢种车轮可以延长车轮寿命约3倍[21]。另外，还开展了贝氏体钢车轮的研究[22]。但是这些研究成果均未纳入欧洲最新制定的车轮标准中。

为了减少钢轨的滚动接触疲劳（RCF）伤损，法国、日本、奥地利等有关部门积极开展了贝氏体钢轨的研究[23]。为了减少曲线上股钢轨的磨耗及剥离伤损，俄罗斯研制了曲线上股用特殊断面的高硬度热处理钢轨，并纳入了最新颁布的钢轨技术条件中[2]。日本钢轨制造商研制了过共析热处理钢轨并在美国重载铁路上铺设使用[23]。美国铁路采用更高硬度的钢轨在重载铁路上使用，并纳入了最新颁布的钢轨技术条件中[3]。这些研究表明，为了减少重载铁路钢轨的伤损，提高其硬度仍然是重要手段。而在高速铁路用轨方面，主要是提高钢质内部纯净性、钢轨的几何尺寸精度、平直度以及减少钢轨的表面缺陷、提高钢轨使用的可靠性等[23]。

6 我国铁路轮轨硬度匹配的建议

借鉴国内外轮轨硬度匹配的实验室试验结果和现场使用经验，结合我国铁路的运行实际，提出如下有关轮轨硬度匹配的建议。

6.1 在重载铁路上（以货运为主，开行5000t或万吨以上列车，年通过总重达100Mt · km/km及以上）

在半径800~1200m以上的曲线以及直线上铺设轨面硬度HB>280~320的轧态钢轨（如U75V或U76NbRE），同时应积极研发使用轨面硬度HB>300的钢轨。

在半径800~1200m以下的曲线铺设使用H370热处理钢轨（轨面硬度HB341~401）[1]，同时应积极研发使用轨面硬度HB>370的热处理钢轨或其他高硬度钢轨。

应积极研发使用轮辋表面硬度HB>320的重载铁路用车轮，以满足重载铁路发展的需要。

6.2 在客运专线上（新建客运专线，时速大于200km/h，最小曲线半径大于5500m）

铺设轨面硬度为HB260~300的轧态钢轨（如U71Mn(k)）以及采用轮辋表面硬度为HB260~302的ER8等级的或轮辋表面硬度为HB248~285的ER7等级的车轮，并应积极开展适合我国铁路特点的既具有高安全使用性能又有长使用寿命的高速铁路用轮轨新材料的研究。

6.3 在既有客货共线铁路上

在年通过总重≥50Mt · km/km的线路上，直线及半径>800~1200m的曲线地段应铺设轨面硬度为HB280~320的轧态钢轨（如U75V或U76NbRE）；半径≤800~1200m的曲线地段应铺设H340的热处理钢轨（轨面硬度HB332~391）或其他相应硬度等级的钢轨。

在年通过总重为25~50Mt · km/km的线路上，直线及半径>800~1200m的曲线地段应铺设轨面硬度为HB260~300的轧态钢轨（如U71Mn）；半径≤800~1200m的曲线地段应铺设H340的热处理钢轨或其他相应硬度等级的钢轨（如 U75V、U76NbRE、U71Mn 等热处理钢轨）。

在年通过总重小于 25Mt · km/km 的线路上，直线及半径>500~800m 的曲线地段应铺设轨面硬度为 HB 260~300 的热轧钢轨（如 U71Mn），半径<500~800m 的曲线地段应铺设 H340 的热处理钢轨或其他相应硬度等级的钢轨（如 U75V、U76NbRE、U71Mn 等热处理钢轨）。在该等级的线路上，应积极采用经过机械整修的再用轨，并成段铺设使用（有条件应焊成无缝线路）。

另外，除了在夹直线以及采用小周期换轨的情况外，不宜在直线上成段铺设使用热处理钢轨或其他高强轨。

对运行速度小于 160km/h 的客车，宜采用 CL60 车轮；普通货车宜采用 CL60 或 ZL-B 车轮；对采用高磨闸瓦的提速货车，需要研制抗热裂性能更好的车轮材料。

对运行速度大于 200km/h 的客车，可采用满足 200km/h 相应技术要求的 SSW-3R、ER8 等车轮。

6.4 系统开展轮轨硬度匹配的研究

上述建议主要从目前国内外广泛使用的轮轨材质性能方面考虑，还未涉及国内外正在研究的具有发展前景的贝氏体钢等轮轨材料。事实上影响轮轨使用寿命的因素很多，如轮轨的廓面匹配、轮轨的科学润滑以及车轮的及时镟修和钢轨的定期打磨等，应综合考虑。另外，在加强轮轨关系的理论研究和试验室研究的同时，包括采用实际轮轨材料，研究轮轨硬度匹配对轮轨磨耗以及滚动接触疲劳的影响，更应重视对轮轨伤损的使用跟踪研究，即对引进不同材料及硬度的时速 200km/h 及以上动车组车轮在我国的使用情况以及对高速客运专线和重载铁路上使用的车轮和钢轨进行跟踪研究，以进一步研究轮轨关系中硬度的合理匹配问题。

参 考 文 献

[1] 周清跃．国内外最新钢轨标准汇编［M］．北京：铁道科学研究院，2004.
[2] 周清跃．现代铁路钢轨标准汇编［M］．北京：铁道科学研究院，2005.
[3] TB/T 2817—1997，铁路车辆用辗钢整体车轮订货技术条件［S］.
[4] TB/T 1013—1999，碳素钢铸钢车轮技术条件［S］.
[5] JIS E5402-1：1998，铁道车辆用整体车轮技术要求［S］.
[6] EN 13262—2004（E），欧洲车轮标准铁路应用—轮对和转向架—车轮—产品要求［S］.
[7] M-107/208—2004，美国铁路协会机务部机械处标准和建议方法手册，碳素钢车轮规范［S］.
[8] ГОСТ 10791—2004（俄罗斯国家标准），整体辗钢车轮技术条件［S］.
[9] 张斌，卢观健，付秀琴，等．铁路车轮、轮箍失效分析及伤损图谱［M］．北京：中国铁道出版社，2002：29.
[10] 马腾，朱桂兰．热处理钢轨的轨/轮匹配关系［J］．研究物理测试，1999（5）：1-3.
[11] 陈扬枝，杨东亮，马冀，等．轮轨滚滑磨损试验研究［J］．大连铁道学院学报，1995，16（1）：47-50.
[12] Harris J，Lundgren J，Tournay H. Guidelines to Best Practices Heavy Haul Railway Operations：Wheel and Rail Interface Issuse［M］. Virginia：International Heavy Haul Association，2001.
[13] Komarovsky I，Zharov I. Influence of Hardness on Wear Resistance of Wheel and Rail Steels for Different Loading Condition［J］. Journal of Friction and Wear，2001，22（2）：134-139.
[14] Пацолок И Л. 车轮硬度的提高［J］．国外铁道车辆，2001，38（3）：41-44.
[15] 张斌，付秀琴，张弘，等．关于对武汉铁路局等单位进口客车车轮调查情况初步报告［R］．北京：铁道科学研究院金属及化学研究所；青岛：四方车辆研究所，2005.
[16] 大秦线重载铁路 E 型货车车轮使用情况调查［R］．大同：太原铁路局湖东车辆段，2006.
[17] 周清跃，张银花，杨来顺，等．钢轨的材质性能及相关工艺［M］．北京：中国铁道出版社，2005，3：70-108.
[18] 周清跃，王树青，张银花，等．热处理钢轨若干问题的探讨［J］．中国铁道科学，2005，26（1）：72-77.
[19] 铁道部技术委员会文件［2005］12 号［R］．北京：铁道部，2005.
[20] 李学峰，王新锐，丁勇，等．提速货车 120km/h 环行线试验研究报告［R］．北京：铁道科学研究院，2005：269-364.
[21] 水恒勇，王豫．高速列车辗钢车轮材料的发展［J］．热处理，2002，17（2）：17-20.
[22] 张斌．贝氏体钢车轮的研究［R］．北京：铁道科学研究院，2005.
[23] 周清跃，张银花，陈朝阳，等．国内外钢轨钢研究及进展［J］．中国铁道科学，2002，23（6）：120-126.

应力和夹杂对车轮钢中氢鼓泡的影响❶

武　明[1]　褚武扬[1]　李金许[1]　江　波[2]　陈　刚[2]　崔银会[2]

（1. 北京科技大学；2. 马鞍山钢铁股份有限公司）

摘　要　车轮钢在恒应力下充氢表面出现氢鼓泡的临界电流和无应力试样相同，恒应力下临界可扩散氢浓度 C_σ^* 落在无应力试样的分散带内，t 检验表明应力对 C_0^* 没有影响。恒应力下发生氢致滞后断裂的门槛电流密度和门槛可扩散氢浓度分别为 $i_{th}=3mA/cm^2$ 和 $C_{th}=0.52\times10^{-6}$，远小于出现氢鼓泡的相应值 $i_c=5mA/cm^2$ 和 $C_0^*=1.18\times10^{-6}$。无应力时，氢鼓泡并不择优沿夹杂产生；但在恒应力下，氢鼓泡择优沿长条状夹杂形核，其临界可扩散氢浓度从 1.18×10^{-6} 降为 0.56×10^{-6}。

关键词　氢鼓泡；应力；夹杂；车轮钢；白点

Effects of Stress and Inclusion on Hydrogen Blistering in Wheel Steel

Wu Ming[1]　Chu Wuyang[1]　Li Jinxu[1]　Jiang Bo[2]　Chen Gang[2]　Cui Yinhui[2]

（1. University of Science and Technology Beijing；2. Ma'anshan Iron and Steel Co.，Ltd.）

Abstract　The critical current density for the blistering formed on the surface of wheel steel during charging under sustained stress is the same with that of the sample without stress，and the critical diffusible hydrogen concentration for forming blistering under sustained stress，C_σ^*，is located within the scatter interval of C_0^* for the sample without stress，t test shows that there is no effect of the stress on C_0^*. However the threshold current density and diffusible hydrogen concentration for hydrogen-induced delayed fracture under sustained stress are $i_{th}=3mA/cm^2$ and $C_{th}=0.52\times10^{-6}$，respectively，which are smaller than the corresponding values for forming hydrogen blistering，$i_c=5mA/cm^2$ and $C_0^*=1.18\times10^{-6}$. Hydrogen blistering did not preferentially form along the inclusions for the samples without stress however，the blistering preferentially formed along the lengthened inclusion under sustained stress，resulting in decreasing C_0^* from 1.18×10^{-6} for the samples without stress to 0.56×10^{-6} in the sample containing lengthen inclusion under sustained stress.

Key words　hydrogen blistering；stress；inclusion；wheel steel；flaking

1　引言

结构钢中因氢压而引起的裂纹称为发裂，通常称为白点[1-8]。最近已弄清了其机理，即氢和空位进入空位团或原先存在的空隙就成为带氢压的鼓泡，随着氢和空位的扩散进入，氢鼓泡不断长大，当氢压等于屈服强度后，靠近表面的鼓泡就会鼓出表面，当氢压等于原子键合力时，裂纹就会从鼓泡壁形核，长大，形成发裂（即白点）[9]。对中低强度钢，表面可看到鼓泡，但无裂纹；只有在横截面上才能发现沿鼓泡壁形成的裂纹[10]。一旦出现鼓泡，如在恒电流下继续充氢，则必然会出现发源于鼓泡壁的裂纹。因此，产生鼓泡的临界氢浓度 C_0^* 就是白点形成的临界氢浓度。

钢在冷却时会产生相变应力或温差应力，一般均认为这个内应力将会促进白点的形成[2-5]。但到目前为止，还缺乏直接的实验证据。由于恒应力下或慢拉伸时原子氢通过扩散、富集后会产生氢致滞后裂纹，它和

❶　原文发表于《金属学报》2006 年第 8 期。
国家自然科学基金资助项目（50471096）。

氢降低原子键合力或氢促进局部塑性变形有关，而和氢压无关[11]。因此，氢致滞后裂纹和氢压裂纹（即白点）并不相同。而且发生氢致滞后开裂的门槛可扩散氢浓度 C_{th} 远小于形成氢鼓泡（或氢压裂纹）的临界可扩散氢浓度 C_0^*。例如，对不含钒的重轨钢，$C_{th}=0.09\times10^{-6}$，$C_0^*=0.7\times10^{-6}$；对含钒的重轨钢，$C_{th}=0.26\times10^{-6}$，$C_0^*=2.03\times10^{-6}$[12]。对车轮钢，$C_{th}=0.41\times10^{-6}$，$C_0^*=1.3\times10^{-6}$[13]。发生氢致滞后开裂时应力必须大于门槛值，而且要长时间作用才能保证原子氢有时间扩散、富集。钢冷却时的内应力存在时间并不长，数值也不一定很大，因而钢在冷却时不一定能发生氢致滞后开裂。另外也无法从大生产中确定内应力对白点的影响。由于形成氢鼓泡的 C_0^* 和白点相同，而氢鼓泡可直接观察，从而可通过应力对氢鼓泡的影响来确定它对白点的影响。因此，本文的第一个目的就是研究应力对形成氢鼓泡的临界可扩散氢浓度 C_0^* 的影响。

对管线钢，在 H_2S 溶液中浸泡时氢压裂纹择优从 MnS 夹杂上形核、长大[1]，因而减少 MnS 夹杂或使之球化就可大大降低氢压裂纹的数量[1]。对车轮钢，情况是否也是如此呢？在恒应力和无应力时夹杂对氢鼓泡的形成究竟起什么作用呢？这是本研究的另一目的。

2 实验过程

车轮钢的成分（质量分数,%）为：C 0.62，Si 0.29，Mn 0.74，Cr 0.18，P 0.015，S 0.011。从车轮上加工出 3.5mm×10mm×13mm 的小试样以及 1.2mm×3mm×80mm 的拉伸试样（均匀部分长 25mm）。拉伸试样抛光后检查夹杂，仅含球形夹杂的试样称为 A 类试样；如和拉伸轴夹角大于 45°方向上存在长条状夹杂，则称为 B 类试样。

试样的抗拉强度 $\sigma_b=823$MPa。已抛光的拉伸试样加恒载荷 $\sigma/\sigma_b=0$，0.2，0.4，0.6，0.8 和 0.9，在 0.5mol/L H_2SO_4 溶液中用不同电流密度充氢 24h 后立即放入一个上端封口、带有刻度并充满硅油的集气漏斗中，根据室温放出的氢体积，就可计算可扩散氢浓度 C_0^*[14]。放氢停止后，用偏光显微镜检查氢鼓泡。也用抛光的小试样来研究无应力下充氢产生氢鼓泡的临界氢浓度。对测出的有应力和无应力时产生氢鼓泡的可扩散氢浓度进行 t 检验以确定应力对氢鼓泡的产生有无影响。一部分试样测出可扩散氢浓度 C_0 后再加热到 1000℃，测出陷阱中的氢浓度 C_t。

3 实验结果

对 100 多个无应力试样充氢后观察发现，绝大部分的氢鼓泡和夹杂无关[15]，如图 1 中的鼓泡 a，b，c，d。在图 1(a) 上的球形夹杂 P 和 Q，图 1(b) 的长条状夹杂 L 以及夹杂团 M 上均没有鼓泡，只有图 1(c) 上的鼓泡 X 发源于夹杂。

实验表明，当充氢电流 $i=0.5$，1，2，3 和 4mA/cm² 时，充氢 24h 后均不出现氢鼓泡；当 $i=7$，9，10 和 50mA/cm² 时全部试样均出现氢鼓泡；当 $i=5$mA/cm² 时试样中有 13 个出现氢鼓泡，其余 3 个则没有鼓泡。因此，产生氢鼓泡的临界充氢电流密度 $i_c=5$mA/cm²。对 15 个试样测出产生氢鼓泡的临界可扩散氢浓度 ($\times10^{-6}$) 为 0.39，0.73，1.08，1.17，1.23，1.25，1.27，1.34，1.39，1.39，1.44，1.47，1.62，1.68，2.10，平均值及其 95%置信度区间 $C_0^*=(1.30\pm0.22)\times10^{-6}$。取其中 6 个加热至 1000℃测出陷阱中的氢浓度 ($\times10^{-6}$) 为 1.06，1.55，2.49，2.50，2.88 和 3.96，即陷阱氢浓度平均值 $C_t^*=(2.41\pm1.08)\times10^{-6}$。出现氢鼓泡的总氢浓度的平均值 $C_T^*=3.71\times10^{-6}$。

用 A 类拉伸试样，分别在不同的恒应力 σ/σ_b 下充氢 24h，测出 C_0 后观察是否出现氢鼓泡，结果见表 1。表 1 表明，当 $i=3$ 和 4mA/cm² 时，所有试样均不出现氢鼓泡；当 $i=5$mA/cm² 时，11 个试样中有 2 个不出现鼓泡，其余 9 个均有鼓泡；当 $i=10$mA/cm² 时，所有试样均出现氢鼓泡，表中未列出。由此可知，在恒应力下（$\sigma\leqslant0.9\sigma_b$），出现氢鼓泡的临界充氢电流密度与无应力试样相同，均为 $i_c=5$mA/cm²。$i_c=5$mA/cm² 时，无应力拉伸试样测出的 $C_0^*=0.52\times10^{-6}$，再加上小试样测出的 15 个数据，共有 $n_1=16$ 个数据；而恒应力拉伸时，表 1 给出 $n_2=5$ 个数据。由于 $n_1\neq n_2$，不能用 F 检验而必须用 t 检验来判定应力对 C_0^* 是否有影响[16]。t 检验中参数 t 为：

$$t=(\bar{x}_1-\bar{x}_2)\left[\frac{n_1+n_2-2}{(n_1s_1^2+n_2s_2^2)(1/n_1+1/n_2)}\right]^{1/2} \quad (1)$$

式中，$\bar{x}_1=1.25\times10^{-6}$ 和 $\bar{x}_2=0.95\times10^{-6}$ 是无应力和恒应力下 C_0 的平均值，$s_1=0.43\times10^{-6}$ 和 $s_2=0.24\times10^{-6}$ 是两

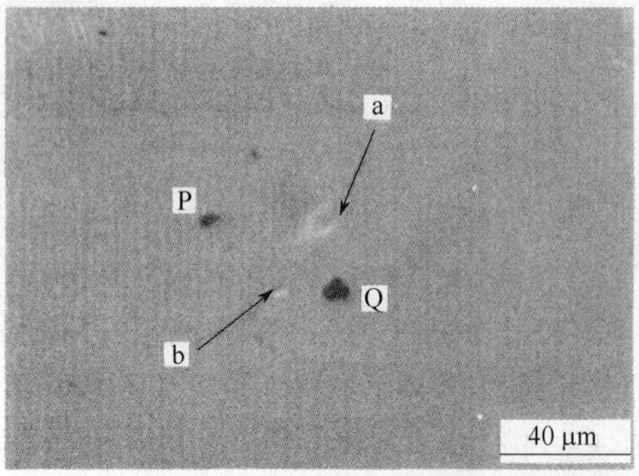

(a)

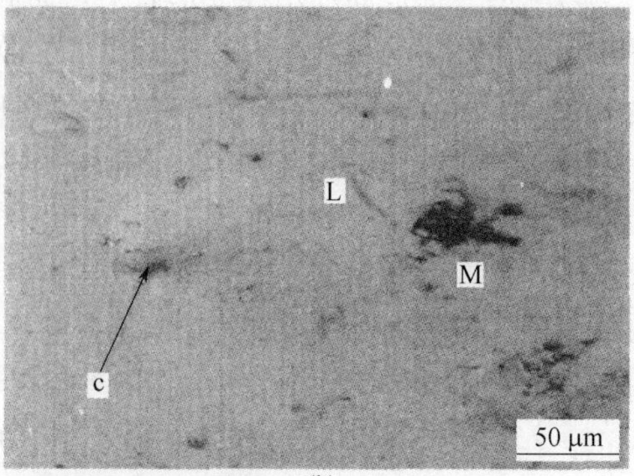

(b)

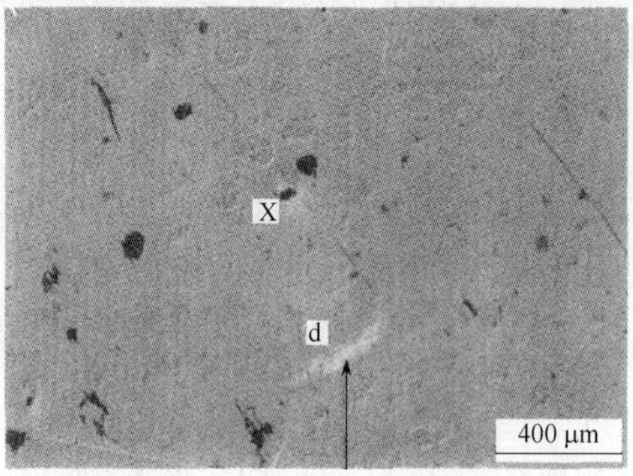

(c)

图 1　小试样上的氢鼓泡（偏振光观测）

Fig. 1　Hydrogen blisterings（a，b，c，d）in small samples with diffusible hydrogen concentrations $C_0=0.58\times10^{-6}$（a），1.97×10^{-6}（b）and 0.40×10^{-6}（c）(polarized optical micrographs)，the observation for hundreds of samples charged without stress showing that，blistering appeared near inclusions（P，Q，X）only in little amount of sample，for example，in Fig. 1（c）

类样本的标准差，代入方程（1）可得 $t=1.43$。由 t 分布表可查出当自由度 $f=n_1+n_2-2=19$ 时，$t_{0.025}=2.093$[16]。由于 $t<t_{0.025}$，由此可认为外加恒应力对形成氢鼓泡的临界氢浓度 C_0^*（对应 $i_c=5\text{mA/cm}^2$ 的 C_0）没有影响[15]。$i=5\text{mA/cm}^2$ 时所有 21 个无应力和恒应力下 C_0 的平均值及其 95%置信度区间为：

$$C_0^* = (1.18 \pm 0.19)\times10^{-6} \tag{2}$$

它就是车轮钢产生氢鼓泡的临界氢浓度。

表 1　A 类试样不同恒应力拉伸下充氢 24h 的氢鼓泡观测结果

Table 1　Observation results of hydrogen blistering in 26 samples A (only containing ball-shape inclusion) after charging for 24h under different sustained tensile stresses σ

i/mA · cm^{-2}	σ/σ_b	C_0/×10^{-6}	Blistering	i/mA · cm^{-2}	σ/σ_b	C_0/×10^{-6}	Blistering
3 (12 samples)	0	0.32	No	4 (3 samples)	0.8		No
		0.43	No		0.9		No，No
	0.2	0.34	No	5 (11 samples)	0	0.52	Yes，Yes，Yes，No
		0.84	No		0.2	1.22	Yes
	0.4	0.29	No		0.4	0.77	Yes
	0.6	0.35	No		0.6	0.83	Yes
		0.87	No		0.8	0.73	Yes，Yes，No
	0.8	0.35	No，No		0.9	1.21	Yes
		0.57	No，No				
	0.9	0.79	No				

某些 A 类试样在恒应力下充氢不到 24h 就发生了氢致滞后断裂，共有 8 个，断裂时间见表 2。在这 8

个发生滞后断裂的试样表面均不存在氢鼓泡。由此可知，发生氢致滞后断裂的门槛充氢电流密度是 $i_{th}=3mA/cm^2$，小于形成氢鼓泡的临界电流密度 $i_c=5mA/cm^2$。表 1 给出了 $i=3mA/cm^2$ 时共测出 10 个 C_0，它们就是发生氢致滞后断裂的门槛氢浓度。由表 1 可求出这 10 个数据的平均值及 95%置信区间 $C_{th}^*=(0.52\pm0.17)\times10^{-6}$。由此可知，对车轮钢，$C_{th}^*<C_0^*$。

表 2 恒应力拉伸下氢致滞后断裂的实验结果

Table 2 Experimental result of hydrogen induced delayed fracture for 8 samples A under sustained tensile stress

$i/mA\cdot cm^{-2}$	σ/σ_b	t_F/h	Blistering	$i/mA\cdot cm^{-2}$	σ/σ_b	t_F/h	Blistering
3 (4 samples)	0.8	11	No	4 (3 samples)	0.8	15	No
		9	No		0.9	4.5	No
	0.9	1.5	No			7	No
		4	No	5 (1 sample)	0.8	3	No

用含长条状夹杂的 B 类试样在恒应力下充氢 24h，夹杂处出现氢鼓泡的情况如表 3 所示。表 3 指出，当 $i=2mA/cm^2$ 时，4 个恒应力试样均不出现氢鼓泡；当 $i=4mA/cm^2$ 时，所有 3 个恒应力试样均出现鼓泡；而当 $i=3mA/cm^2$ 时，2 个试样没有鼓泡，另 2 个试样则从长条状夹杂前端出现鼓泡，见图 2。由此可知，当存在长条状夹杂时恒应力下出现氢鼓泡的临界电流密度为 $i_c=3mA/cm^2$。已用 14 个试样（表 1 有 10 个，表 3 有 4 个试样）测出 $i=3mA/cm^2$ 所对应的可扩散氢浓度 C_0，这 14 个数据的平均值及其 95%置信区间为

$$C_{\sigma,\ inc}^*=(0.56\pm0.13)\times10^{-6} \tag{3}$$

它就是恒应力下长条状夹杂前端产生氢鼓泡的临界氢浓度。比较方程（2）和（3）表明，夹杂和应力同时存在时能使 C_0^* 从 1.18×10^{-6} 降为 0.56×10^{-6}。t 检验表明，夹杂和应力同时存在对 C_0^* 有明显影响。

表 3 含条状夹杂的 B 类试样恒应力拉伸下充氢 24h 的氢鼓泡测试结果

Table 3 Experimental results of hydrogen blistering in 11 samples B (containing lengthened inclusion) after charging for 24h under sustained tensile stress

σ/σ_b	$i/mA\cdot cm^{-2}$	$C_0/\times10^{-6}$	Blistering	σ/σ_b	$i/mA\cdot cm^{-2}$	$C_0/\times10^{-6}$	Blistering
0.6 (4 samples)	3	0.57, 0.79	Yes, Yes	0.9 (3 samples)	2		No, No
		0.49, 0.84	No, No		4	1.01	Yes
0.8 (4 samples)	2		No, No				
	4	0.82	Yes, Yes				

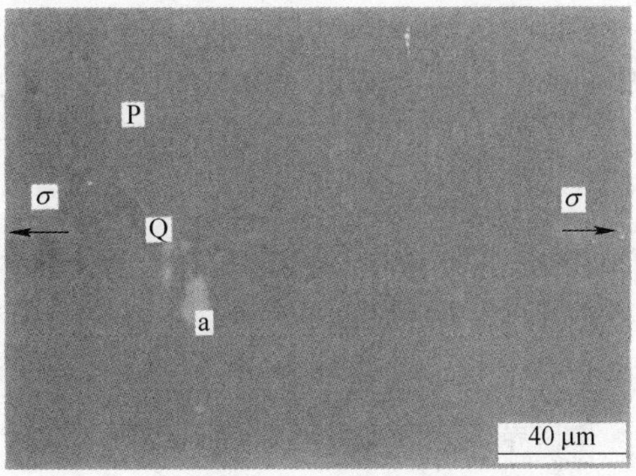

图 2 B 类试样恒应力（$\sigma/\sigma_b=0.6$）拉伸下充氢（$i=3mA/cm^2$）24h 在条状夹杂 PQ 前端出现的鼓泡 a

Fig. 2 Blistering (a) appeared ahead of lengthened inclusion (PQ) in the sample B after charging with $i=3mA/cm^2$ for 24h under sustained tensile stress of $\sigma/\sigma_b=0.6$

4 讨论

存在应力时，氢将向高应力处扩散，达到平衡后，高应力处的氢浓度 C_σ 为[1,11]：

$$C_\sigma = C_0\exp(\sigma_h V_H/RT)$$
$$\sigma_h = (\sigma_x + \sigma_y + \sigma_z)/3 \tag{4}$$

式中，σ_h 为静水应力，单向拉伸时，$\sigma_h - \sigma/3$；V_H 是氢的偏摩尔体积，对钢，$V_H = 2\text{cm}^3/\text{mol}$。取温度 T= 300K，$\sigma = 0.9\sigma_b = 740\text{MPa}$ 代入式（4）可得 $C_\sigma = 1.2C_0$。由于应力诱导氢富集，在高应力处产生氢鼓泡的可扩散氢浓度将从 C_0^* 降为 C_σ^*，即：

$$C_\sigma^* = (C_0/C_\sigma)C_\sigma^* = 0.83C_0^* \tag{5}$$

但由于测量 C_0 和 C_σ 的分散性大，当 $i = 5\text{mA/cm}^2$ 时恒应力下全部6个数据（表1）均处在无应力时16个数据的分散带内，故t检验表明，$\overline{C_0^*} = \overline{C_\sigma^*}$，即应力对 C_0^* 无影响。平均值 C_0^* 的上下限分别为 $1.18C_0^*$ 和 $0.81C_0^*$，式（5）给出的计算值处在实验平均值的分散带内。故虽然理论上算出应力对 C_0^* 有些影响，但由于实验分散性大，从而反映不出来。

工厂关心的是白点（即氢压裂纹），应力对氢压裂纹是否有影响呢？对于一个带有内压力为 p 的球，在球的内壁 $r = R_1$ 上应力有最大值，即[17]：

$$\sigma_{\theta\theta} = \frac{p(R_2^3 + 2R_1^3)}{2(R_2^3 - R_1^3)}$$
$$\sigma_{rr}(r = R_1) = -p \tag{6}$$

式中，R_2 是球的外半径。因为无裂纹时氢鼓泡的 $R_1 \leqslant 5\mu\text{m}$，而试样尺寸（相当 R_2）为几个毫米，故 $(R_2^3 + 2R_1^3)/(R_2^3 - R_1^3) = 1$，从而可得 $\sigma_{\theta\theta} = p/2$。另外，外应力 σ 将在球形鼓泡（空洞）处产生应力集中 3σ[16]，对于一个长轴为 a，短轴为 b 的椭圆孔洞，长轴端应力为[17]：

$$\left.\begin{aligned}\sigma_{yy} &= \sigma(1 + 2a/b)\\ \sigma_{xx} &= 0\\ \sigma_{zz} &= \upsilon\sigma_{yy}\end{aligned}\right\} \tag{7}$$

因为夹杂的应力集中小于孔洞，可认为 $\sigma_{yy,inc} = \alpha\sigma_{yy}$，$\alpha < 1$。故夹杂前端的静水应力为：

$$\sigma_{h,\ inc} = (1 + \upsilon)\sigma_{yy,\ inc}/3 = \alpha(1 + \upsilon)(1 + 2a/b)\sigma/2 \tag{8}$$

对于图2上的夹杂，$a/b \approx 9$，因为 $\upsilon \approx 0.26$，$\sigma = 0.6\sigma_b = 494\text{MPa}$。因此 $\sigma_{h,inc} = 3942\alpha\text{MPa}$。把它以及 $V_H = 2\text{cm}^3/\text{mol}$，$R = 8.31\text{J}/(\text{mol}\cdot\text{K})$，$T = 300\text{K}$ 代入式（4），可得 $C_{\sigma,inc}/C_0 = \exp(3.16\alpha)$。由式（2）和式（3）可知，实验测出 $C_{\sigma,inc}/C_0 = 2.19$，由此可得 $\alpha = 1/4$。当氢鼓泡壁上的总应力 $(p/2) + 3\sigma$ 等于原子键合力 σ_{th} 时，则壁上的原子键就断裂，从而产生氢压裂纹。故氢压裂纹形核条件为：

$$(p/2) + 3\sigma = \sigma_{th} \tag{9}$$

原子键合力 σ_{th} 约等于弹性模量的1/10，即 $\sigma_{th} = 0.1E = 2\times10^4\text{MPa}$。$3\sigma = 3\times0.9\sigma_b = 0.18\sigma_{th}$，故应力的存在能使形成氢压裂纹的临界氢压从 P 降为 $0.82P$，但鼓泡中的氢压能随时间（由于氢的不断进入）而升高，故只要 $C_0 \geqslant C_0^*$，不管是否有应力均能产生氢压裂纹。由此可知，应力对氢压裂纹或白点没有明显影响。

5 结论

（1）恒应力和无应力充氢时，出现氢鼓泡的临界电流相同；恒应力下产生鼓泡的临界氢浓度 C_σ^* 落在无应力 C_0^* 的分散带内，故应力对氢鼓泡没有明显影响。

（2）车轮钢恒应力下发生氢致滞后断裂的门槛电流 $i_{th} = 3\text{mA/cm}^2$ 和门槛氢浓度 $C_{th} = 0.52\times10^{-6}$ 小于出现氢鼓泡的临界电流 $i_c = 5\text{mA/cm}^2$ 和临界氢浓度 $C_0^* = 1.18\times10^{-6}$。

（3）如存在长条状夹杂，则恒应力下出现氢鼓泡的临界电流密度从 5mA/cm^2 降为 3mA/cm^2，相应的临界可扩散氢浓度也从 1.18×10^{-6} 降为 0.56×10^{-6}，即应力能促进氢鼓泡从长条状夹杂前端形核；如没有应力，则氢鼓泡并不择优从长条状夹杂处形核。

参 考 文 献

[1] 褚武扬. 氢损伤与滞后断裂［M］. 北京：冶金工业出版社，1988：146.

[2] Smialowski M. Hydrogen in Steel［M］. New York：Pergamon Press，1962：327.

[3] Interrante C G. In：Interrante C G，Pressourye G M，eds.，Current Solution to Hydrogen Problems in Steels，Metals Park，OH：ASM，1982：2.

[4] Steiner J E. In：Interrante C G，Pressourye G M，eds.，Current Solution to Hydrogen Problems in Steels，Metals Park，OH：ASM，1982：55.

[5] Fruehan R J. Iron Steel Maker，1997，24：61.

[6] Pressourye G M. In：Interrante C G，Pressourye G M，eds.，Current Solution to Hydrogen Problems in Steels，Metals Park，OH：ASM，1982：18.

[7] Oriani R A，Hirth J P，Smialowski M. Hydrogen Degradation of Ferrous Alloys. Park Ridge，NJ：Noyes Pub，1985：737.

[8] Panagopoulos C N，El-Amoush A S，Agathocleous P E. Corros Sci，1998，40：1837.

[9] Ren X C，Shan G B，Chu W Y，Su Y J，Gao K W，Qiao L J，Chin Sci Bull.，2005，50：1962.

[10] 任学冲，褚武扬，李金许，乔利杰．金属学报，2006，42：275.

[11] 褚武扬，乔利杰，陈奇志，高克玮．断裂与环境断裂［M］．北京：科学出版社，2001：133.

[12] Chu W Y，Li J X，Huang C H，Wang Y B，Qiao L J. Corrosion，1999，55：892.

[13] 任学冲，褚武扬，李金许，乔利杰．金属学报，2006，42：156.

[14] Peng X，Su Y J，Gao K W，Qiao L J，Chu W Y. Mater Lett.，2004，58：2073.

[15] 武明，任学冲，褚武扬，李金许，乔利杰，江波，陈刚，崔银会．金属学报，2006，42（待发表）.

[16] Spiegel M R，Schiller J，Srinivasan，R A. Schaum's Outline of Theory and Problems of Probability and Statistics［M］. 2nd ed，New York：McGraw-Hill Co，2000：171.

[17] Timoshenko S，Gocdier J N. Theory of Elasticity［M］. 2nd ed，New York：McGraw-Hill Book Co，1951：375.

铬对高速车轮钢显微组织和力学性能的影响❶

崔银会[1,3]　范　映[1,3]　潘　涛[2]　季怀忠[3]

（1. 安徽工业大学；2. 钢铁研究总院；3. 马鞍山钢铁股份有限公司）

摘　要　研究了微量 Cr 元素对高速车轮钢组织和性能的影响。实验结果显示，加入微量的 Cr 元素，可以细化珠光体的片层间距，在保持韧塑性不变的情况下，显著增加材料的强度和硬度，从而提高车轮钢的耐磨性和抗剥离性能。

关键词　车轮钢；铬；硬度；片层间距

Effect of Chromium on the Microstrcture and Mechanical Properties of High-speed Wheel Steel

Cui Yinhui[1,3]　Fan Ying[1,3]　Pan Tao[2]　Ji Huaizhong[3]

(1. Anhui University of Technology; 2. Central Iron and Steel Research Institute;
3. Ma'anshan Iron and Steel Co., Ltd.)

Abstract　The effect of microalloy element on the microstructure and mechanical properties of high-speed wheel steel was studied. The result shows that small quantity of Cr addition in steel can decrease the lamellar spacing of pearlite, and markedly increase strength and hardness with almost the same ductility and toughness, and accordingly improve wear and shelling-resistance of wheel steel.

Key words　wheel steel; chromium; hardness; lamellar spacing

1　引言

随着我国铁路提速战略的不断实施，高速铁路的建设正在积极筹划和建设之中。高速车轮作为高速列车的重要零部件，起着支撑整个列车重量，并把驱动力和制动力传递给钢轨的作用，其使用质量直接关系列车的运行安全和旅客生命财产的安全[1]。为使车轮有良好的使用性能，研究人员对高速车轮材料进行了大量研究，通过对 C 含量在 0.4%~0.7%之间的碳素车轮钢研究结果证明，碳含量在 0.5%左右的中碳车轮钢可以获得较好的综合性能[2]。但是，仅仅靠调整碳含量很难优化车轮钢材料的综合性能，无法满足高速列车车轮用钢的要求。在确定降低碳含量、提高铁素体珠光体向奥氏体相变时的临界温度的原则下，还需要采用合适的合金化手段，进一步改善车轮钢的性能匹配，使车轮更安全有效地服役于铁路系统[3]。Si、Mn 是产生固溶强化最显著的合金元素，在车轮钢中应该保持一定含量，使钢的硬度提高。某车轮厂已有的经验证明，Si 和 Mn 含量分别为 0.3%和 0.7%左右时可以使车轮钢的强度和硬度显著提高而钢的韧性没有明显下降。但是，仅以目前 C、Si、Mn 元素配比生产的实物车轮在实际运行中暴露出了强度和硬度偏低，耐磨性和抗接触疲劳性能较差的问题[4]。因此，从成分设计的角度出发，添加微合金元素就成为对高速车轮用钢进一步强化的主要手段，本文研究了微合金元素 Cr 对高速车轮钢显微组织和

❶　原文发表于《钢铁研究学报》2006 年第 8 期。
国家高技术研究发展规划资助项目（2003AA331160）。

力学性能的影响。

2 实验材料和方法

设计并冶炼两炉连铸圆坯车轮钢，其化学成分见表1。由于车轮采用的是强制性标准[5]，Cr含量要求≤0.30%，所以试验钢Cr含量按0.15%~0.30%设计，试验车轮实际Cr含量为0.23%，其他成分含量基本相同。为使试验结果对实际生产有更好的指导性，试验车轮的生产完全采用与正常车轮生产相同的工艺，即95t转炉冶炼→LF精炼+VD合金微调→圆坯连铸→锻压轧制→等温→淬火加热→淬火→回火→机加工→成品检验。

表1 试验车轮钢的成品成分

Table 1 The composition of experimental wheel steels (%)

编号	C	Si	Mn	S	P	Cr	O	N
1#	0.51	0.33	0.72	0.006	0.015	0.23	0.0024	0.0060
2#	0.50	0.32	0.72	0.008	0.015	—	0.0018	0.0062

对成品车轮按照标准取样[5]，进行拉伸和冲击实验等基本力学性能测试，采用光学显微镜（OM）、扫描电镜（SEM）和透射电镜（TEM）进行样品的显微组织和精细结构观察，并进行硬度分析。为获取Cr元素在车轮钢中的分布情况，对钢中的渗碳体进行化学相分析。

3 实验结果

3.1 力学性能及对比

对试验车轮的轮辋进行了常规力学性能试验，表2和图1分别是试验车轮的轮辋拉伸性能、硬度和轮辋冲击性能。从实验结果可看出，无Cr钢的强度和硬度都较低，仅为847MPa和HB246，略超过文献[5]规定的下限指标。和无Cr车轮钢相比，含Cr车轮钢材料的强度和硬度有了明显的提高，增量分别为50MPa和HB15。尤其是距轮辋表面35mm处的硬度，加Cr后有了显著的提高。还应看出，含Cr钢的塑性稍有下降，但仍然远远超过规定的下限水平。冲击实验的结果显示，加Cr对冲击性能有一定影响，但不是太大。

表2 试验车轮轮辋的常规力学性能

Table 2 Basic mechanical properties of experimental wheel steel

编号	试验温度/℃	抗拉强度 R_m/MPa	屈服强度 $R_{p0.2}$/MPa	伸长率 A(min)/%	断面收缩率 Z/%	踏面下35mm断面硬度（HB）
1#	21.5	900	570	16.5	45.5	261
2#	21.5	847	525	18	54	246

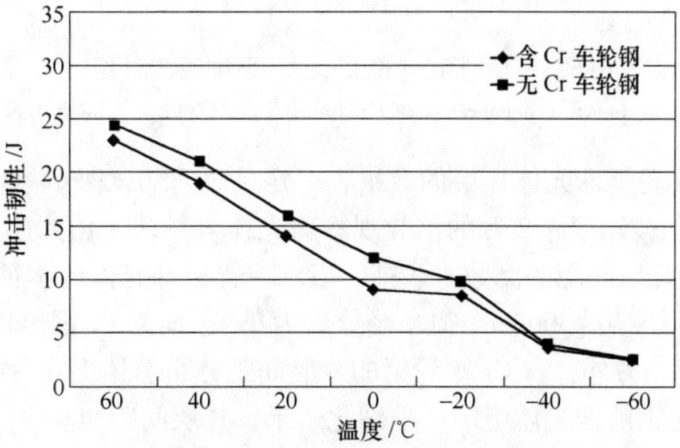

图1 试验车轮轮辋V形冲击曲线

Fig. 1 V-notched impact curve of experimental wheel

3.2　显微结构分析

含 Cr 车轮钢和无 Cr 车轮钢经热处理（轮辋淬火+回火）后的显微组织如图 2 所示。从图中可看出，两种钢的显微组织主要是珠光体，含 Cr 钢的先共析铁素体比无 Cr 钢的略少。另外，含 Cr 钢的显微组织尺寸比无 Cr 的细小，显示了加 Cr 对车轮钢的组织细化有一定的作用。

(a) 含 Cr 车轮钢　　(b) 含 Cr 车轮钢

图 2　轮辋经淬火处理后的显微组织

Fig. 2　The microstructure of experimental wheel steel after heat treatment

车轮钢属于铁素体-珠光体型中高碳钢，其性能取决于铁素体和珠光体组织的各自的体积分数、形态和分布状况。其中珠光体组织占 80%以上，其组织形态和分布对钢的性能有很大的影响。珠光体片层间距的大小，决定了珠光体组织性能的优劣，是车轮钢材料中的一个非常重要的材料参数。影响珠光体片层间距大小的因素主要有转变温度和合金元素含量等。进一步的 TEM 观察可以发现，加 Cr 使珠光体的片层间距减小，使组织得到进一步细化，如图 3 所示。加 Cr 提高 Fe 在 γ 相中的自扩散激活能，降低奥氏体转变为铁素体和珠光体的形核和长大速度，因而使珠光体的转变温度降低，珠光体的片层间距减小。

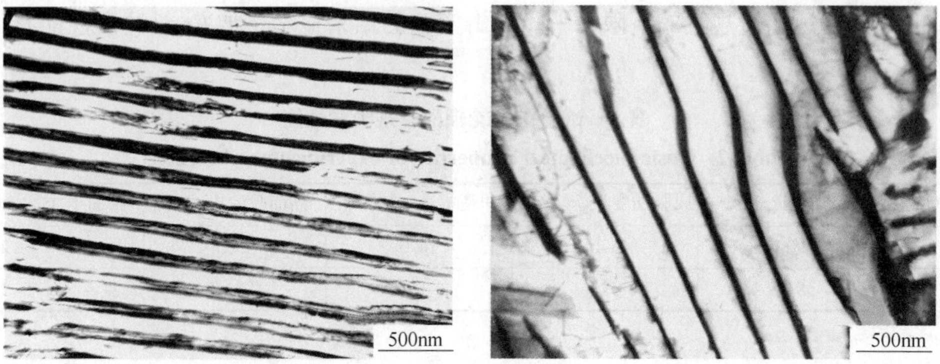

(a) 含 Cr 车轮钢　　(b) 无 Cr 车轮钢

图 3　含 Cr 车轮钢和无 Cr 车轮钢的珠光体组织

Fig. 3　The pearlite morphology of Cr-bearing and Cr-free wheel steel in TEM

为了验证加 Cr 对细化车轮钢珠光体片层的效果，并定量估算含 Cr 车轮钢和无 Cr 车轮钢珠光体的表观片层间距[6]，在扫描电镜下以 1 万~2 万的倍数观察珠光体，对珠光体片层间距做大量数据统计，结果示于图 4 中（图中横轴采用片层间距的倒数来表征，以求更接近珠光体的本征参数[6]）。可以看出，含 Cr 钢出现概率峰的片层间距值为 270~300nm，概率峰值约为 0.4，而无 Cr 钢出现概率峰的片层间距值为 330~380nm，概率峰值约为 0.3。另外，含 Cr 车轮钢的片层间距分布总体向小片层间距值方向偏移。数据统计的结果说明，加 Cr 使车轮钢的珠光体组织产生细化效果，片层间距减小。

另外，通过化学相分析研究了含 Cr 试验车轮钢中的碳化物，结果显示，碳化物全部都由渗碳体构成。定量分析发现，渗碳体中溶解有合金元素 Mn 和 Cr，其组成是 $(Fe_{0.981}Cr_{0.006}Mn_{0.013})_3C$，渗碳体中的 Cr 元素是基体含量的 3 倍。渗碳体中溶解有 Cr 等合金元素，使合金渗碳体相更稳定，在奥氏体化过程中渗碳

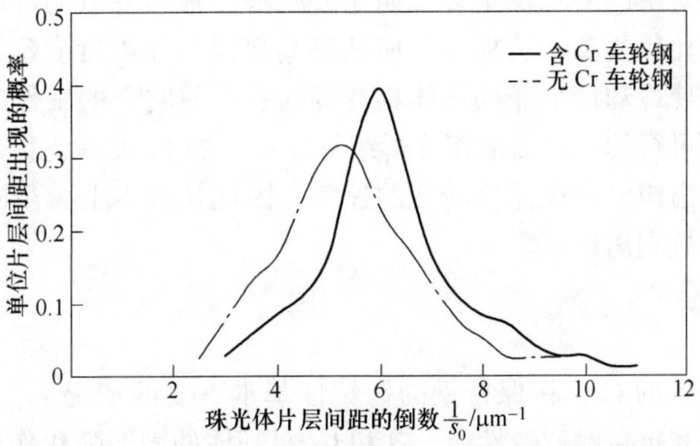

图 4　含 Cr 钢和无 Cr 钢珠光体片层间距的统计分布图

Fig. 4　Distribution curve of lamellar spacing of pearlite microstructure in Cr-bearing and free steels

体的溶解速率降低。在高速列车的服役过程中，由于刹车产生摩擦热，导致车轮表面急剧升温，甚至达到奥氏体相变温度，但是这一过程是很短暂的，如果车轮钢的原始组织中渗碳体相更稳定，将在一定程度上延缓原始组织向奥氏体转变的速率，从而降低在随后快冷过程中形成马氏体的可能[7]。因此，在车轮钢中加入适量 Cr 元素在一定程度上有助于提高车轮钢的抗剥离性能。

3.3　含 Cr 车轮钢的性能分析

高速车轮在实际运行中由于轮轨接触面在接触应力作用下导致踏面表层金属塑性变形并引发疲劳裂纹萌生和发展，产生接触疲劳损伤，结合以前对铁路提速车轮（KKD、HDS）失效原因研究分析结果可知，硬度偏低的车轮发生接触疲劳剥离的可能性较大，车轮的磨耗速度也加快。反之，强度和硬度较高的车轮抗接触疲劳性能和耐磨性较好。然而，实验证明[2]，单纯增加碳含量来提高车轮的强度和硬度不仅不能提高车轮的服役能力，而且因为显著降低钢的韧塑性而使车轮的综合性能下降。合适的做法是，添加适量的微合金元素，在基本不降低车轮韧性的前提下增加强度和硬度，本研究在钢中加入少量的 Cr，从而提高车轮的耐磨性和抗接触疲劳性能。

含 Cr 试验车轮钢材料中 Cr 元素的添加在钢中产生固溶强化，其强化效果仅次于 Si、Mn，而韧性又没有明显降低，而且 Cr 能够细化珠光体的片层间距。利用显微硬度计和扫描电镜的配合，对于车轮钢珠光体组织，研究片层间距和显微硬度的关系，数据统计结果显示于图 5 中。结果显示，含 Cr 钢的珠光体片层越细，珠光体显微硬度越高。对于本研究中的车轮钢，其定量关系为 $HV=15.9\times\frac{1}{s_0}+187$，结合图 4 对片层间距的统计数据，含 Cr 和无 Cr 两种钢的珠光体组织的平均硬度约为 HV280 和 HV268，考虑两种钢中少量铁素体还对硬度有“稀释”作用，说明以上计算数据和表 2 的实测硬度值吻合得比较好。

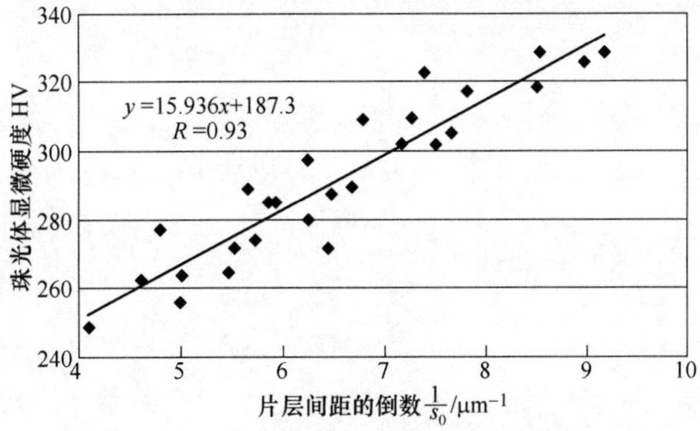

图 5　车轮钢中珠光体显微硬度与片层间距的关系

Fig. 5　Relationship between the micro-hardness and lamellar spacing of pearlite

高速车轮在运行过程中还存在另一种重要失效形式是摩擦热致相变产生的踏面剥离，即列车在刹车、转弯时，轮轨间相对滑动引起摩擦热，经过急剧升温和降温过程，轮辋表面形成相变马氏体薄层，在接触应力的作用下，在马氏体薄层的尖端发生裂纹萌生并扩展，最终导致局部区域小块的金属脱落。总体来说，产生这种剥离的机制比较复杂，从根本上应从提高奥氏体化温度、延缓奥氏体相变、提高珠光体和贝氏体相变的上限冷速以使冷却产生非马氏体相变等入手。苏航[7]的工作证明在现实中提高珠光体和贝氏体相变的上限冷速是不可行的。前面的相分析结果显示，加 Cr 使珠光体组织更稳定，在一定程度上延缓轮轨相对滑动期间原始组织向奥氏体化转变的速率，因此从根本上减少随后冷却过程中马氏体相变的可能性，从而提高车轮的抗剥离性能。

4 结论

在高速车轮钢中加入少量的 Cr，在保持钢的韧塑性基本不变的情况下，显著提高钢的强度和硬度，有助于提高车轮钢的耐磨性和抗接触疲劳性能。这和 Cr 对基体的固溶强化作用及对珠光体片层的细化作用密切相关。在珠光体中保持一定量的 Cr，对提高车轮的抗剥离性能有利。

参考文献

[1] 水恒勇，张永权，杨才福．高速列车车轮用材料的开发动向［J］．钢铁研究学报，2003，15（3）：66-69.
[2] 季怀忠，崔银会，苏航，等．碳含量对高速车轮用钢综合性能的影响［J］．钢铁，2005，40（2）：62-65.
[3] 江波．客车轮用钢研究［J］．马钢科研，1997（3）：9-17.
[4] 崔银会，张斌．200km/h 轻型客车车轮踏面剥离原因分析［J］．轧钢，2003，20（3）：13-15.
[5] 马钢股份有限公司，钢铁研究总院，铁道部科学研究院，四方车辆研究所，等．270km/h 客车试验用辗钢整体车轮技术条件和补充试验研究内容［R］．青岛，2001.
[6] 季怀忠．抗剥离高速车轮钢的研究［D］．北京：钢铁研究总院，2004：68-71.
[7] 苏航，季怀忠，张永权，等．高速列车车轮钢摩擦热致相变的计算机模拟［J］．金属学报，2004，40（9）：909-914.

原子氢和白点对车轮钢力学性能影响的进一步研究❶

任学冲[1] 褚武扬[1] 李金许[1] 乔利杰[1] 江 波[2] 陈 刚[2] 崔银会[2]

（1. 北京科技大学；2. 马鞍山钢铁股份有限公司）

摘 要 研究了原子氢和白点对车轮钢冲击韧性和疲劳性能的影响。结果表明，可扩散氢浓度较低时（$C_0 \leq 0.7\times10^{-6}$），氢对冲击韧性及疲劳性能没有影响。白点降低冲击韧性并且使冲击韧性值的波动范围增加。当可扩散氢浓度较高（$C_0 \geq 2.5\times10^{-6}$）时，氢能促进疲劳裂纹的形核和扩展。白点能增加疲劳裂纹扩展速率，并且使疲劳裂纹扩展速率发生明显的波动。

关键词 车轮钢；白点；原子氢；冲击韧性；疲劳

Further Investigation of Effects of Atomic Hydrogen and Flakes on Mechanical Properties of Wheel Steel

Ren Xuechong[1] Chu Wuyang[1] Li Jinxu[1] Qiao Lijie[1]
Jiang Bo[2] Chen Gang[2] Cui Yinhui[2]

（1. University of Science and Technology Beijing；2. Ma'anshan Iron and Steel Co.，Ltd.）

Abstract The effects of hydrogen and flakes on impact toughness and fatigue properties of a wheel steel have been investigated. The results show that when the diffusible hydrogen concentration is low（$C_0 \leq 0.7\times10^{-6}$）, atomic hydrogen has no effects on impact toughness and fatigue properties. The flakes decrease impact toughness and make it fluctuate. Atomic hydrogen can promote the initiation and growth of fatigue cracks and increase the fatigue cracks when the diffusible hydrogen concentration is high enough（$C_0 \geq 2.5\times10^{-6}$）. The flakes increase the fatigue crack growth rate and make it fluctuate.

Key words wheel steel；flake；atomic hydrogen；impact toughness；fatigue

1 引言

文献［1］的工作表明，原子氢和白点对力学性能的影响有本质的不同，原子氢需要富集后才会对力学性能有影响，即它需要时间，从而依赖应变速率；而白点的影响却和应变速率无关。如慢拉伸，原子氢使塑性下降，而白点较少时则对塑性没有影响。原子氢和白点对断裂韧性K_{IC}没有影响，如恒位移加载，则原子氢能引起氢致滞后开裂，但白点对氢致滞后开裂没有影响。这说明在不同的实验条件下，材料的力学性能对原子氢和白点的敏感性有明显的不同。

结构材料的冲击和疲劳性能是材料使用性能的重要指标，大量研究表明，氢对很多材料的疲劳性能有损害作用，主要是增加疲劳裂纹扩展速率和降低疲劳极限。Kelestemur 等[2]在氩气、湿空气和氢气环境下研究了 AISI304 不锈钢的疲劳裂纹扩展，发现在这三种环境下疲劳裂纹扩展的门槛值 ΔK 依次降低，并且对氢很敏感，在氩气中疲劳裂纹断口由穿晶和部分沿晶断面组成，而在湿空气和氢气中断口是完全穿晶的。Oda 等[3]对 304 不锈钢的研究表明在氢气中的裂纹扩展速率比空气中快。Barbangelo[4]对电解充氢

❶ 原文发表于《金属学报》2007 年第 1 期。
国家自然科学基金项目资助（50471096）。

的 NiCrMoV 结构钢疲劳性能研究表明，材料内部的氢在所有的应力强度因子范围都能增加疲劳裂纹的扩展速率。但关于白点对疲劳性能的影响的报道较少。Nong 等[5]的研究表明，钢中的白点能使冲击韧性和疲劳强度明显降低，但取决于白点在钢中的位置和取向。在文献［1］工作的基础上，本文通过冲击实验和高频疲劳实验研究了氢和白点对车轮钢冲击和疲劳性能的影响。

2 实验方法

车轮钢成分为 C 0.62%，Si 0.29%，Mn 0.74%，Cr 0.18%，P 0.015%，S 0.011%，Al 0.005%。车轮在 1300℃进行轧制，620℃等温处理 5h，然后加热至 870℃，进行表面淬火后在 500℃回火 2h。U 形冲击试样从车轮的辐板部位截取，所有试样的截取位置与缺口方向均相同，按 GB/T 229—1994 进行测试。用于测量裂纹扩展速率的紧凑拉伸（CT）试样在轮箍上截取，厚为 10mm。所有试样的截取位置与裂纹扩展方向均相同。实验设备为 AMSLER100HFP5000 高频疲劳试验机，采用固定载荷法，最大载荷为 7.2kN，应力比 $R=0.1$。

未充氢的 U 形冲击试样和 CT 疲劳试样直接在室温下进行冲击和疲劳实验，一部分冲击和疲劳试样于 0.5mol/L H_2SO_4+0.25g/L As_2O_3 溶液中，在电流密度为 $i=2mA/cm^2$ 的条件下充氢 100h 后，在 200℃除氢 60h 再进行冲击和疲劳实验，研究白点对车轮钢冲击韧性和疲劳性能的影响；另一部分充氢试样于该充氢溶液中在 $i=0.15mA/cm^2$ 条件下充氢 100h 后立刻进行冲击和疲劳实验，主要研究不出现白点的情况下原子氢对冲击韧性和疲劳性能的影响。还有部分疲劳试样在 $i=2.0mA/cm^2$ 的条件下充氢 100h 后直接进行疲劳实验，研究氢和白点同时存在时对疲劳性能的影响。

3 实验结果

车轮钢组织为包含先共析铁素体的珠光体，如图 1 所示。U 形试样的冲击韧性实验结果如表 1 所示。由表 1 可见，8 个未充氢试样的冲击韧性平均值及其 95%置信区间为 19±6J，其中一个试样的冲击韧性值仅为 6J，远在置信区间外，因此可以认为是异常值，舍去该值后未充氢试样的冲击韧性值平均值及其 95%置信区间为 21±2J。用 $i=0.15mA/cm^2$ 充氢的 6 个试样的平均值及其 95%置信区间为 19±7J，其中一个试样的冲击韧性值仅为 5J，该值远在这个区间外，因此可以认为是异常值，舍去该值后未充氢试样的冲击韧性值平均值及其 95%置信区间为 21±2J。$i=0.15mA/cm^2$ 充氢的试样和未充氢试样的 A_{KU} 平均值及其 95%置信区间均相同，说明当电流密度 $i=0.15mA/cm^2$ 充氢时（对应的总氢浓度约为 2.5×10^{-6}，可扩散氢浓度为 0.7×10^{-6}[1]），氢对冲击韧性没有影响。对 $i=2.0mA/cm^2$ 充氢 100h 后于 200℃放氢 60h 的 10 个试样，即试样内含有白点时，部分试样的冲击韧性值较未充氢的要低，冲击韧性值平均值及其 95%置信区间为 16±6J。因此白点降低冲击韧性并且使冲击韧性值的波动范围增加。

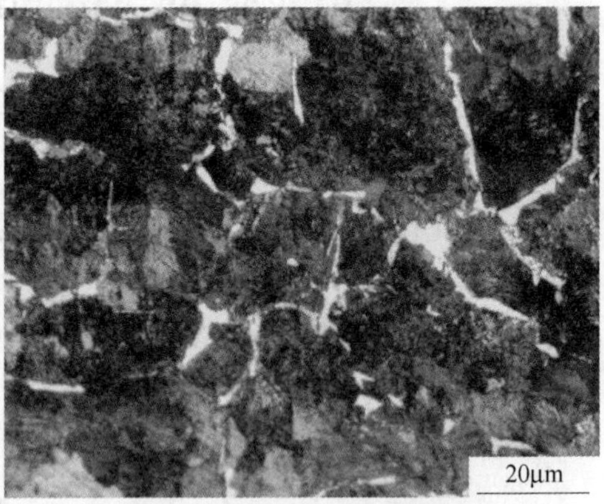

图 1 车轮钢的微观组织

Fig. 1 Microstructures of the wheel steel, consisting of pearlite and pre-eutectoid ferrite

表 1 U 形试样在不同条件下冲击实验结果

Table 1 Results of impact experiment for the wheel steel

Experimental conditions	A_{KU}/J	The means and 95% confidence intervals
uncharged	6, 18, 20, 22, 20, 25, 24, 15	21±2①
$i=0.15mA/cm^2$, 100h	5, 25, 21, 23, 17, 20	21±2②
$i=2.0mA/cm^2$, 100h, outgassed	11, 20, 14, 23, 10, 24, 9, 19, 14, 13	16±6

① The numbers are the mean and 95% confidence interval expect the value 6;

② The numbers are the mean and 95% confidence interval expect the value 5。

对于冲击韧性值 A_{KU} 较低的两个试样断口进行扫描电镜观察。图 2 为其中一个冲击韧性值为 5J 试样的断口观察结果。由图 2(a) 可见，在距试样缺口根部 1.5mm 处有一明显的起裂源（图中 A 区），断口以起裂源为中心呈放射状解理花样，且缺口根部几乎没有发现延性撕裂区。高倍观察表明，引发解理的起裂源为一直径约 5μm 的夹杂物颗粒，如图 2(b) 所示。对夹杂物的能谱分析表明，该夹杂物含有 Si、Al 和 Ca 等元素。对另一个冲击韧性值为 6J 试样的断口观察及能谱分析也是如此。

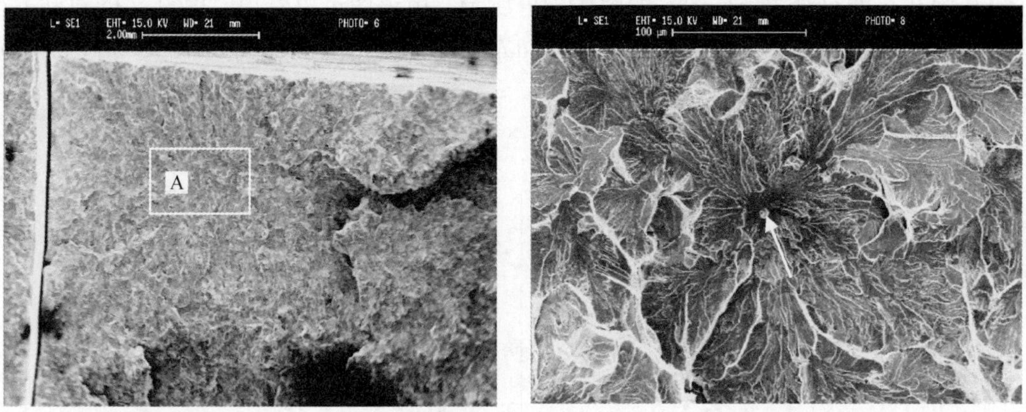

(a) (b)

图 2　冲击韧性值为 5J 试样的断口形貌

(a) 宏观形貌；(b) 起裂源处的夹杂物

Fig. 2　Fractographs of the sample which impact toughness is 5J (i=0.15mA/cm^2)

(a) macroscopic image; (b) high magnified image of A zone in Fig. 2(a), showing an inclusion on the initiation site of crack

对含白点冲击试样的断口进行了扫描电镜观察发现，冲击韧性值较低的试样缺口根部有明显的白点裂纹面。而试样的解理断裂正是起裂于这些白点裂纹的尖端。图 3 为其中一个含白点试样的冲击断口，图 3(a) 中 C 区为断裂源区，缺口前仅有很窄的延性撕裂区，在断裂源区内有一椭圆形白点裂纹面，如图 3(b)中的 F 区所示，图 3(c) 中 D 点为该试样解理断裂的起裂点，它位于白点裂纹的正前方。

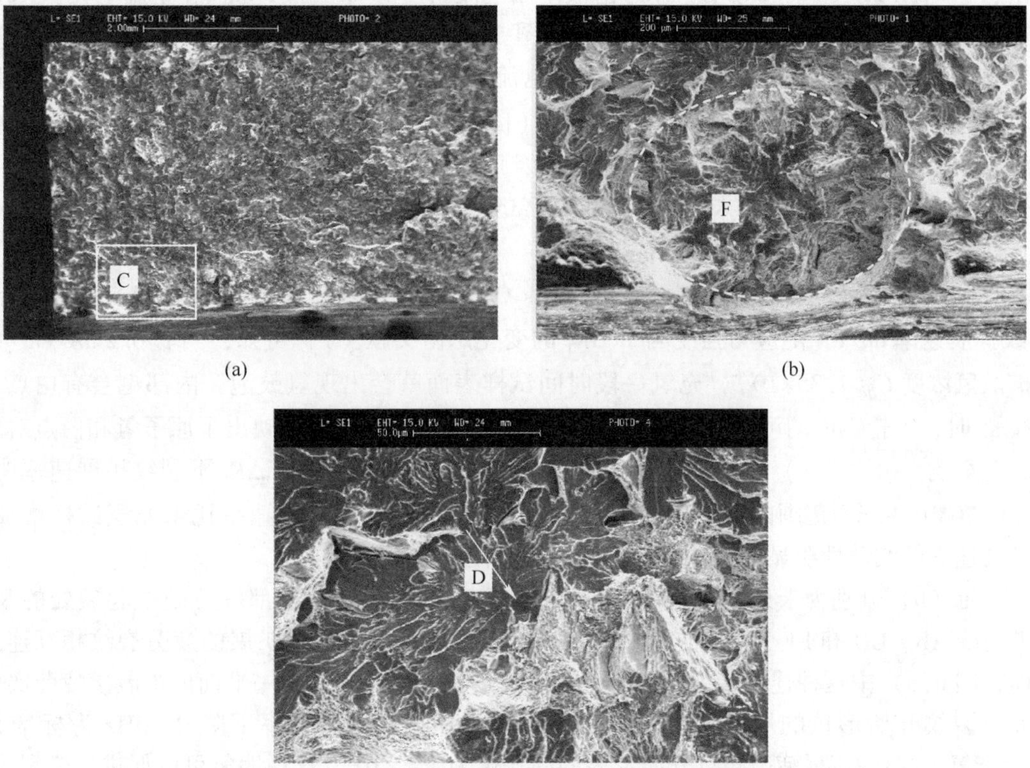

(a) (b)

(c)

图 3　含白点冲击试样的断口形貌

(a) 宏观形貌；(b) 断口上白点；(c) 白点前解理起裂源

Fig. 3　Fracture surface of a impact sample containing flakes

(a) macroscopic image; (b) high magnified image of C zone in Fig. 3(a), showing a flake appeared on the fracture surface; (c) cleavage initiation on the tip of flake, as shown as arrow D

图 4(a) 为未充氢试样在高频疲劳试验机上所得裂纹扩展速率 da/dN 随应力强度因子范围 ΔK_I 的变化关系。由图可见，随着应力强度因子范围 ΔK_I 从 11.5MPa · $m^{1/2}$ 增加到 35MPa · $m^{1/2}$，裂纹扩展速率 da/dN 从 1.2×10^{-5} mm/cycle 增加到 22×10^{-5} mm/cycle。对图 4(a) 中的 da/dN 和 ΔK_I 取对数，做成关于 $\lg(da/dN)$ 和 $\lg(\Delta K_I)$ 的双对数坐标图，如图 4(b) 所示。由该图可以看出，$\lg(da/dN)$ 和 $\lg(\Delta K_I)$ 呈一线性关系。对所有数据点进行线性拟合，可得 $\lg(da/dN)=-8.390+3.101\lg(\Delta K_I)$，相关系数 $r=0.984$，写成 Paris 方程：

$$da/dN = 4.074\times10^{-9}(\Delta K_I)^{3.101} \tag{1}$$

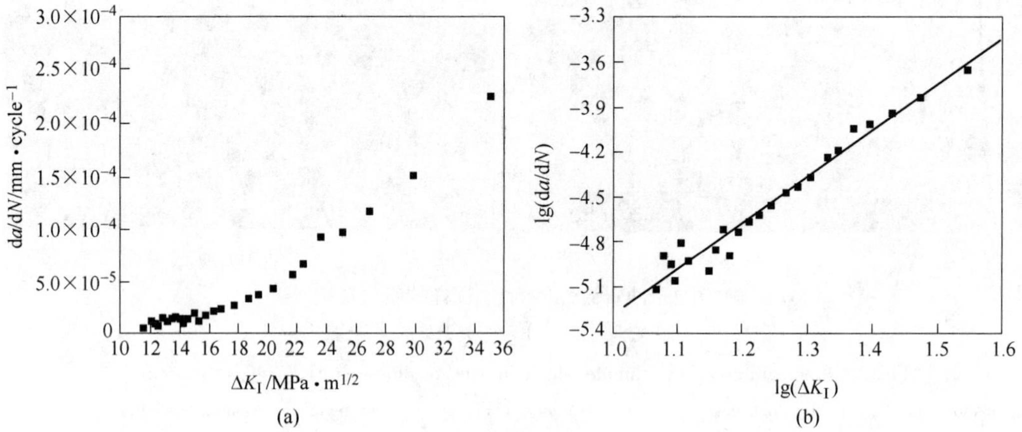

图 4　未充氢试样的疲劳裂纹扩展速率

（a）裂纹扩展速率 da/dN 随应力强度因子范围 ΔK_I 的变化；（b）$\lg(da/dN)$ 随 $\lg(\Delta K_I)$ 的变化

Fig. 4　Fitague crack growth rate of uncharged sample

(a) fitague crack growth rate da/dN varying with stress intensity factor range ΔK_I; (b) $\lg(da/dN)$ varying with $\lg(\Delta K_I)$

试样在 0.5mol/L H_2SO_4+0.25g/L As_2O_3 溶液中用电流密度 $i=0.15$mA/cm^2 在室温下充氢 100h，然后在与未充氢试样完全相同的条件下进行疲劳实验。图 5(a) 为该试样的裂纹扩展速率 da/dN 随应力强度因子范围 ΔK_I 的变化，由文献［1］可知，当充氢电流密度 $i<0.2$mA/cm^2 时，车轮钢内的可扩散氢浓度 $C_0<1.35\times10^{-6}$，对其长时间充氢也不会出现氢鼓泡（白点），该试样充氢电流密度为 0.15mA/cm^2，可扩散氢浓度约为 0.7×10^{-6}，试样内部不会产生白点，因此只可能有原子氢对疲劳性能产生影响。由图5(a) 可见，在相同的 ΔK_I 下，该试样与未充氢试样的 da/dN 基本相同，因此，当可扩散氢浓度较小($C_0\leqslant0.7\times10^{-6}$) 时，原子氢对车轮钢的疲劳性能没有影响。

图 5(b) 为试样在 0.5mol/L H_2SO_4+0.25g/L As_2O_3 溶液中用电流密度 $i=2.0$mA/cm^2 在室温下充氢 100h 后裂纹扩展速率 da/dN 随应力强度因子 ΔK_I 的变化。由文献［1］可知，当 $i>0.2$mA/cm^2 时，车轮钢内的可扩散氢浓度 $C_0>1.35\times10^{-6}$，充氢一段时间试样表面就会出现氢鼓泡，内部也会有白点形成。当 $i=2.0$mA/cm^2 时，车轮钢内的可扩散氢浓度 C_0 约为 3.9×10^{-6}。此试样反映出了原子氢和白点对车轮钢疲劳性能的综合影响。由图 5(b) 可见，当氢和白点同时存在时，在相同的 ΔK_I 下裂纹扩展速率明显增加，当 ΔK_I 在 13~20MPa · $m^{1/2}$ 范围内时，含氢和白点的试样的平均裂纹扩展速率比未充氢试样增加了一倍，并且裂纹扩展速率的波动性明显增加，裂纹扩展时快时慢。

图 6(a) 与 (b) 分别为未充氢和 $i=2$mA/cm^2 充氢 100h 试样缺口根部疲劳裂纹起裂处的断口形貌。图 6(b) 中亮线 AB、CD 和 EF 为从不同疲劳裂纹源形核后在不同平面内扩展的疲劳裂纹相互连接形成的连接带，而在图 6(a) 中这种连接带细而短，说明裂纹形核后很快就在同一平面内扩展。疲劳实验表明未充氢试样疲劳裂纹开始形核的周次约为 3.0×10^4（以疲劳实验共振频率下降 0.10Hz 为标准），而 $i=2.0$mA/cm^2 充氢 100h 的试样疲劳裂纹开始形核的周次仅为 1.5×10^4。这说明氢可以促进疲劳裂纹的形核，同时使得形核更加不均匀。

对 $i=2.0$mA/cm^2 在室温下充氢 100h 后的试样在 200℃ 下进行去氢处理 60h，按照与前面完全相同的条件进行疲劳实验。裂纹扩展速率 da/dN 随 ΔK_I 的变化如图 5(c) 所示。从图 5（c）中也可看出，当 ΔK_I 在 11~17MPa · $m^{1/2}$ 范围内时，裂纹扩展速率和未充氢试样基本相同。当 ΔK_I 在 17~25MPa · $m^{1/2}$ 范围

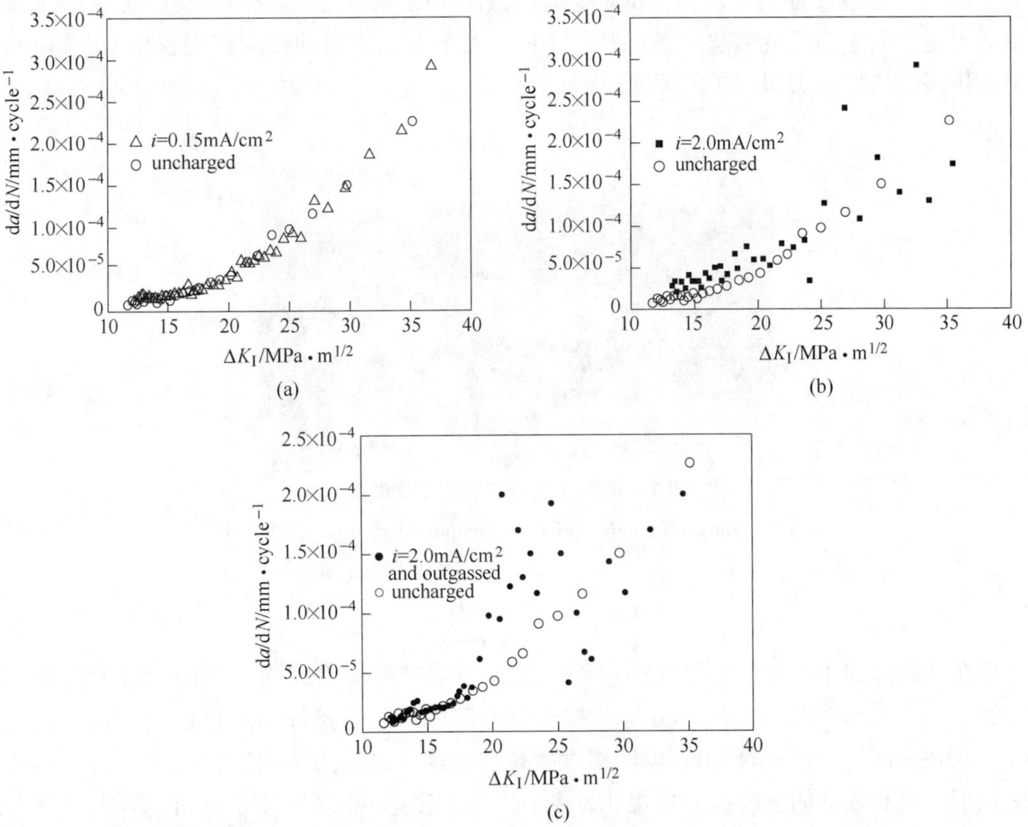

图 5 不同条件下试样裂纹扩展速率 da/dN 随应力强度因子范围 ΔK_I 的变化

（a）i=0. 15mA/cm² 充氢 100h；（b）i=2. 0mA/cm² 充氢 100h；（c）i=2. 0mA/cm² 充氢 100h 后在 200℃去氢处理 60h

Fig. 5 Fitague cracking rate da/dN varying with stress intensity factor range ΔK_I of different samples

（a）charged 100h at i=0. 15mA/cm²；（b）charged 100h at i=2. 0mA/cm²；

（c）charged 100h at i=2. 0mA/cm² and then outgased 60h at 200℃

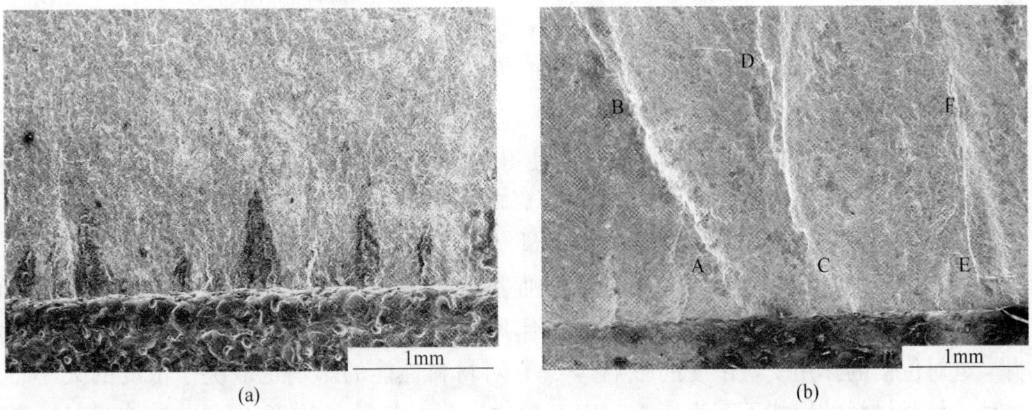

图 6 未充氢试样（a）和 i=2. 0mA/cm² 充氢 100h 试样（b）缺口根部疲劳裂纹起裂处的断口形貌

Fig. 6 Fracture surface on the initiation zone in samples of uncharged（a）and charged 100h at i=2. 0mA/cm²（b）

内时，裂纹扩展速率较未充氢试样高，且波动很大，裂纹扩展速率较未充氢试样高出 2 倍多；当 ΔK_I>30MPa · m$^{1/2}$时，裂纹扩展速率又回到未充氢试样的水平。这是因为在 ΔK_I = 17～25MPa · m$^{1/2}$时，疲劳断口上发现有白点，而当 ΔK_I>30MPa · m$^{1/2}$时，疲劳裂纹已扩展出白点区域，因此它的疲劳性能和未充氢试样的相同。

试样在 i=0. 5mA/cm² 电流密度下单面充氢 100h 后（最大可扩散氢浓度 C_{0max} = 2. 5×10^{-6}），在与前面完全相同的实验条件下进行疲劳实验。实验发现，疲劳裂纹在充氢的一面扩展较快，而在未充氢的一面裂纹扩展较慢。将试样转动 180°重新加载，排除加载偏心的因素，裂纹仍然在充氢的一面扩展较快，疲劳断口如图 7 所示。图中 A 面为充氢面，B 面为未充氢面，CD 线为预制线切割缺口前沿，EF 线为疲劳裂纹前沿。由图可见，充氢面的疲劳裂纹扩展长度 DF 远大于未充氢面的裂纹扩展长度 CE。说明氢确实能促进疲劳裂纹扩展，增加疲劳裂纹扩展速率。

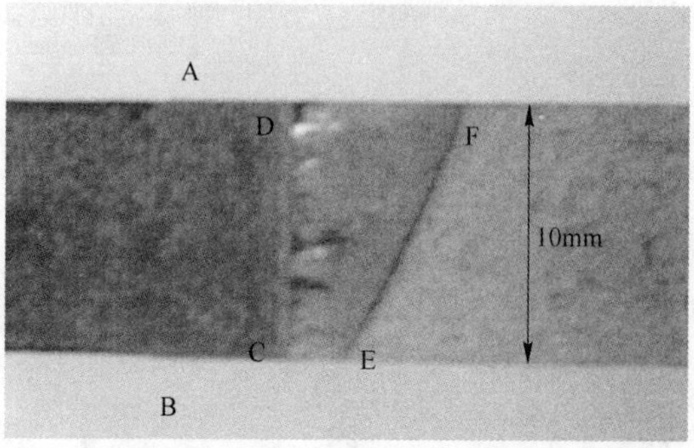

图 7　单面充氢疲劳裂纹扩展断口

Fig. 7　Fatigue fracture surface of sample charged on single side

4　讨论

缺口试样在加载过程中由于变形受到约束而在缺口前端产生应力集中，正应力最大处位于缺口前端的一定距离处[6,7]。Ritchie 等[8]以及 Chen 等[9]提出发生解理断裂的条件为缺口或裂纹前某处正应力达到临界值。Curry 和 Knott [10]进一步提出解理断裂发生条件是这个高应力区内存在一个合适开裂的第二相粒子，因为该粒子处具有较低的强度，并且提出断裂所需的应力受第二相尺寸控制。本实验中有两个由夹杂物引发解理的试样，夹杂物远大于文献［10］中所研究的第二相粒子尺寸（0.5μm），所以使得发生解理的应力很低，所需的载荷也就很低，因此冲击韧性也就很低。

若缺口前端的应力集中区存在氢致裂纹（白点），试样在冲击变形时裂纹尖端存在很高的应力集中，当裂纹尖端的应力集中达到材料发生解理所需的正应力时，试样便发生解理断裂[8]。此时试样所需的外载荷（冲击功）小于不存在白点的试样。但白点对解理起裂的作用受白点的尺寸、白点在缺口前的位置和取向影响，当白点和缺口共同作用所产生的应力集中最容易达到解理断裂应力时，冲击韧性最低。正是由于氢致裂纹在试样中是随机分布的，它会在缺口的作用下产生不同程度的应力集中，因此使得含白点的试样冲击韧性降低的同时也使得冲击韧性值产生较大的波动。

研究表明[1]，当氢含量较少时，氢对车轮钢的屈服应力和抗拉强度均没有影响，而氢对车轮钢塑性的影响则取决于材料的应变速率，只有在慢拉伸时，氢才会使得材料的塑性降低。在冲击条件下，当试样中的氢含量较少时（不出现白点），氢既不影响材料的塑性，也不影响材料的强度，因此氢对冲击韧性没有影响。

氢可以促进位错的发射、增殖和运动已经为大量实验所证实[11]。疲劳裂纹的形核和扩展正是通过位错的发射、增殖和运动来进行的[12,13]，因此氢可以促进疲劳裂纹的形核和扩展。由于氢在铁素体中的扩散较快，它可以在疲劳载荷所产生的应力强度因子作用下向疲劳裂纹尖端聚集，从而增加氢对疲劳裂纹扩展的影响。氢对位错的作用受氢浓度的影响[11]，它对材料性能的影响也取决于浓度的大小。当氢浓度低于临界值时，氢对材料的性能不产生影响。对车轮钢，当可扩散氢浓度 $C_0 \leqslant 0.7\times10^{-6}$时，氢对疲劳性能没有影响，而当 $C_0 \geqslant 2.5\times10^{-6}$时，氢能促进疲劳裂纹的形核和扩展。

对用 $i=2.0\text{mA/cm}^2$ 充氢 100h 后并在 200℃下进行去氢处理 60h 的试样，疲劳断口观察表明 ΔK_{I} 在 $17\sim25\text{MPa}\cdot\text{m}^{1/2}$范围内时，断裂表面发现明显的白点，见图 8(a)。图中 B 区为试样中的白点断口，F 区为疲劳裂纹扩展区，箭头为疲劳裂纹扩展方向。这说明白点能明显增加疲劳裂纹扩展速率，并且使得整个试样的疲劳裂纹扩展速率发生明显的波动。因为当疲劳裂纹穿过白点时（如图 8(b) 所示，图中 A 区为疲劳裂纹，B 区为一白点），白点减少了试样横截面积并且增加了一部分裂纹长度，使得裂纹前端的有效应力强度因子增大，因此裂纹扩展速率增加。当疲劳裂纹遇到与裂纹面不完全平行的白点时，疲劳裂纹一方面要改变方向，另外白点前端的裂纹需要通过疲劳重新形核，使得裂纹扩展速率又有所降低。因此，白点又使得疲劳裂纹扩展速率出现较大波动。

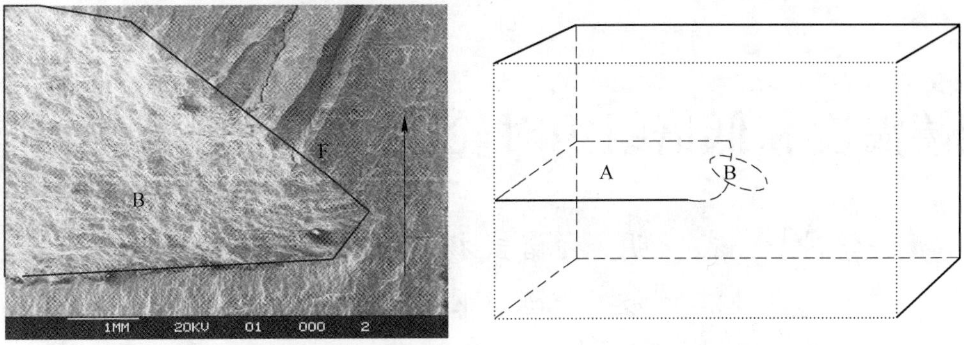

(a) (b)

图 8 疲劳断口上的白点（a）和疲劳裂纹穿过白点的示意图（b）

Fig. 8 (a) Flake (zone B) on the fatigue fracture surface, (b) sketch map of a flake traversed by fatigue crack

5 结论

（1）未充氢试样的冲击韧性值平均值及其 95%置信区间为 21±2J。电流密度 $i=0.15\text{mA/cm}^2$ 充氢时（对应可扩散氢浓度 $C_0=0.7\times10^{-6}$），氢对冲击韧性没有影响。白点降低冲击韧性并且使冲击韧性值的波动范围增加。

（2）对未充氢试样，随着应力强度因子范围 ΔK_I 从 $11.5\text{MPa}\cdot\text{m}^{1/2}$ 增加到 $35.0\text{MPa}\cdot\text{m}^{1/2}$，裂纹扩展速率 da/dN 从 1.2×10^{-5}mm/cycle 增加到 22×10^{-5}mm/cycle；裂纹扩展的帕里斯方程为：$da/dN=4.074\times10^{-9}(\Delta K_\text{I})^{3.101}$。

（3）当试样中氢含量较少（$C_0\leqslant0.7\times10^{-6}$）时，原子氢对车轮钢的疲劳性能没有影响。当氢含量较高（$C_0\geqslant2.5\times10^{-6}$）时，氢能促进疲劳裂纹的形核和扩展。试样中存在的白点能增加疲劳裂纹扩展速率，并且使得整个试样的疲劳裂纹扩展速率发生明显的波动。

参 考 文 献

[1] Ren X C, Chu W Y, Li J X, Qiao L J, Jiang B, Chen G, Cui Y H. Acta Metall. Sin., 2006, 42 (2): 153.
[2] Kelestemur M H, Chaki T K. International Journal of Fatigue, 2001, 23: 169.
[3] Oda Y, Noguchi H. International Journal of Fracture, 2005, 132 (2): 99.
[4] Barbangelo A. Journal of Engineering Materials and Technology, 1987, 109 (2): 119.
[5] Nong G, Yao W X, Cao Y Z. Materials Characterization, 1992, 28: 15.
[6] Wang G Z, Ren X C, Chen J H. Metallurgical and Materials Transactions, 2004, 35: 1765.
[7] Griffith J R, Owen D R J. Journal of Mechanics and Physics of Solids, 1971, 19: 419.
[8] Ritchie R O, Knott J F, Rice J R. Journal of the Mechanics and Physics of Solids, 1973, 21: 395.
[9] Chen J H, Wang Q, Wang G Z, Li Z. Acta Materialia, 2003, 51 (7): 1841.
[10] Curry D A, Knott J F. Met. Sci., 1978, 12 (11): 511.
[11] Robertson I M. Engineering Fracture Mechanics, 2001, 68: 671.
[12] Neumann P. Acta Met. and Mat., 1990, 38: 1933.
[13] Vinogardov A, Hashimoto S, Miura S. Acta Met. and Mat., 1995, 43: 675.

连铸温度和低倍组织对轮箍钢氢致开裂的影响❶

任学冲[1]　武　明[1]　褚武扬[1]　李金许[1]　乔利杰[1]
江　波[2]　陈　刚[2]　崔银会[2]

（1. 北京科技大学；2. 马鞍山钢铁股份有限公司）

摘　要　研究了轮箍低倍组织和连铸温度对白点敏感性、断裂韧性的影响。结果表明，连铸温度对白点敏感性有影响，低温铸坯（尾坯）的白点敏感性略高于高温铸坯（头坯）。低倍组织对白点敏感性影响显著，柱状晶区的白点敏感性最低，等轴晶区的白点敏感性最高。但是，低倍组织和连铸温度对氢扩散和条件断裂韧性 K_{IQ} 均没有影响。

关键词　轮箍；低倍组织；连铸温度；氢致开裂；白点

Effects of Casting Temperature and Macrostructure on Hydrogen-induced Cracking of Tyre Steel

Ren Xuechong[1]　Wu Ming[1]　Chu Wuyang[1]　Li Jinxu[1]　Qiao Lijie[1]
Jiang Bo[2]　Chen Gang[2]　Cui Yinhui[2]

(1. University of Science and Technology Beijing; 2. Ma'anshan Iron and Steel Co., Ltd.)

Abstract　The effects of the macrostructure of tyre steel and continuous-casting temperature on hydrogen flaking and fracture toughness, K_{IQ}, have been investigated. The results show that the continuous-casting temperature can influence the susceptibility to hydrogen flaking, for example, the susceptibility of the low temperature billet (end billet) is higher than that of the high temperature billet (head billet). In addition, there is an evident effect of macrostructure on the susceptibility to hydrogen flaking, which is the highest in the columnar grain zone and the lowest in the equiaxed grain zone. However, the hydrogen diffusivity, D_a, and fracture toughness, K_{IQ}, are almost independent upon the macrostructure of tyre steel and also continuous-casting temperature.

Key words　tyre steel; macrostructure; casting temperature; hydrogen induced cracking; flaking

1　引言

1998年英国一个火车轮箍发生断裂，经检查发现，很多轮箍均存在裂纹，它们发源于横截面中心附近的偏析区，当元素偏析出现局部贝氏体时，氢致裂纹（白点）就在该处出现[1]。尽管对钢中的白点已进行了广泛研究，并认为只要使钢水中氢含量低于 2×10^{-6} 就可不产生白点[2-8]。但随着连铸的广泛应用，洁净钢的白点问题又死灰复燃[1,8]。对连铸坯轧成的轮箍，白点出现在离内径面30~50mm处。由此可推想，由连铸引起的低倍组织必然会对白点敏感性有影响。另一方面，一桶钢水头坯的浇铸温度约为1545℃，比尾坯的浇铸温度高30~50℃，这种温度差对白点敏感性是否存在影响也需要考察。本文的目的是研究低倍组织和连铸温度对白点敏感性和断裂韧性的影响。

---

❶　原文发表于《金属学报》2007年第2期。
国家自然科学基金资助项目（50471096）。

2 实验过程

CL60 轮箍钢成分为：C 0.60%，Si 0.28%，Mn 0.73%，Cr 0.18%，P 0.015%，S 0.011%，其余为Fe。轮箍生产工艺为：转炉冶炼→钢包精炼→真空脱气→喂线→圆坯连铸→切坯→加热（1300±10℃×4h）→轧制→等温处理（620±20℃×5h）→粗加工→加热（870±10℃×2h±10min）→外侧面朝上单面淬火（210±10s）→回火（500±10℃×4h）→精加工。连铸坯横截面热酸侵蚀后低倍组织如图 1(a) 所示，图中可明显看出铸造组织。其中，A′、B′、C′和 D′分别为等轴晶区、柱状晶与等轴晶的混合晶区、柱状晶区和中心疏松区。轮箍横截面热酸侵蚀后低倍组织如图 1(b) 所示，轮箍在一定程度上保留了连铸坯的铸造组织。其中，A 为等轴晶区，其中心距内径面 MN 约为 17mm；B 为混合晶区，其中心距 MN 约为 47mm；C 为柱状晶区，其中心距 MN 约为 80mm。但从高倍看，这三个区域的微观组织没有明显区别，如图 2 所示。图 2(c) 是 C 区的三维微观组织，尽管其低倍形貌和 A 区明显不同，但由于此钢中碳含量接近共析钢中的含量，其组织主要为珠光体加少量的网络状铁素体，晶粒边界不易分辨，因此在相互垂直的三个截面上均看不到明显的柱状晶粒。

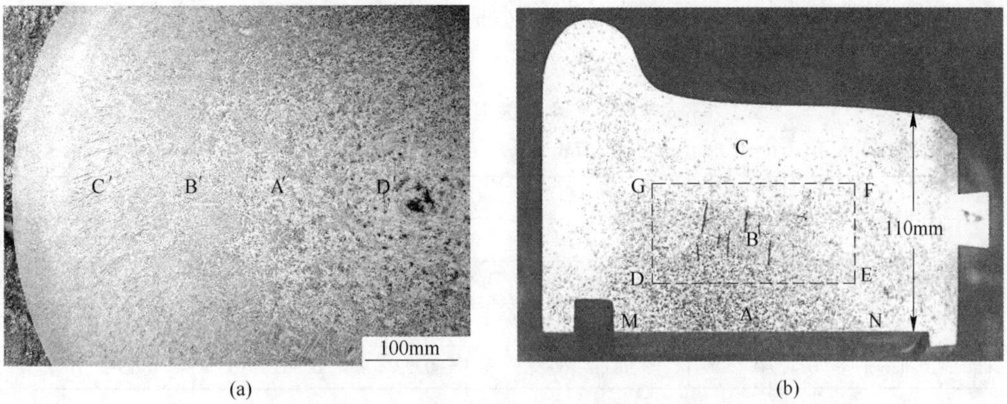

图 1 铸坯（a）和轮箍（b）横截面酸浸后的低倍形貌

Fig. 1 (a) Macrostructure of cross-section of ingot (area A′ is equiaxed grain zone; area B′ duplex grain zone; area C′columnar grain zone; area D′ center loose zone), (b) Macrostructure of cross-section of tyre (area A is equiaxed grain zone; area B duplex grain zone; area C columnar grain zone; DEFG tensile stress zone)

图 2 高温铸坯所轧制轮箍不同部位的微观组织

（a）~（c）对应图 1（b）A、B、C 区

Fig. 2 Microstructures (pearlites + net-like ferrites) corresponding to the areas of A (a), B (b) and C (c) in Fig. 1 (b), (c) is 3D structural diagram

从轮箍上截取厚为 20mm 的楔形张开加载（WOL）试样的裂纹面平行于横截面，加载时裂纹沿 MN 方向扩展，加载方向沿轮箍周向。研究氢鼓泡的试样为 3.5mm×10mm×15mm 的方块，表面经 1μm 的金刚石研磨膏抛光。研究氢扩散的试样为直径 17mm、厚 1mm 的圆盘，两面抛光后在扩散试样的阳极面镀镍厚约 0.1μm。高、低温铸坯（头、尾坯）的编号分别为 H.T. 和 L.T.，A、B、C 分别表示等轴晶区、柱状晶与等轴晶的混合晶区和柱状晶区。故 A(H.T.) 表示高温铸坯等轴晶区，其他表示与此类似。

对车轮钢的研究指出，一旦抛光试样表面出现可观察的氢鼓泡，则保持相同的氢浓度（电流密度），氢致裂纹（白点）[9,10]可以在鼓泡处形成。这就表明，可把表面氢鼓泡作为白点的标志。抛光试样在 0.5mol/L H_2SO_4 水溶液中用不同电流充氢 24h，放入充满硅油的集气管中，根据室温放出的 H_2 的体积，算出可扩散的氢浓度 C_0[11]。然后用偏光显微镜检查是否存在氢鼓泡。

用双电解槽法测氢在车轮钢中的扩散系数[3]，阴极充氢槽为 0.5mol/L H_2SO_4+0.25g/L As_2O_3 水溶液，阳极槽为 0.2mol/L NaOH 水溶液。用滞后时间法计算表观扩散系数 $D_a=0.167L^2/t_{0.63}$，其中 L(cm) 为试样厚度，$t_{0.63}$是氢渗透曲线（I-t）上 $I/I_\infty=0.63$ 所对应的时间，I_∞（μA）为饱和电流。晶格中氢浓度为 $C_L=1.31\times10^{-6}I_\infty L/D_aS$，其中，$S$ 为扩散面积，cm^2。

3 实验结果

试样中的氢鼓泡（白点）密度随着氢浓度的增加而增加，当试样内的氢浓度小于一定值时就不产生氢鼓泡（白点），因此可以通过测量试样表面的鼓泡密度确定试样产生白点的临界氢浓度[12]。规定 $\rho=1\sim2$ 个/cm^2 为临界条件，表 1 中列出了满足这个条件试样中的可扩散氢浓度 C_0，它们就是产生氢鼓泡（白点）的临界氢浓度 C_0^*。其平均临界可扩散氢浓度及其 95%置信度区间列于表 1 最后一行。C_0^* 愈小，氢鼓泡或白点敏感性就愈高[6,13]。

表 1 不同类试样产生氢鼓泡的临界可扩散氢浓度 C_0^* （$\times10^{-6}$）

Table 1 Critical diffusible hydrogen concentration for the formation of hydrogen blistering in different kinds of samples

Part	A(H.T.)	B(H.T.)	C(H.T.)	A(L.T.)	B(L.T.)	C(L.T.)
C_0^*	0.63，0.61	1.10，0.70	0.72，0.72	0.39，0.42	0.70，0.89	0.80，0.78
	0.82，0.77	1.02，1.29	0.76，1.18	0.44，0.47	0.74，0.66	0.65，0.74
	0.76	0.82，0.95	1.27，1.02	0.67，0.59	0.66	0.91
mean±95% confidence interval	0.72±0.15	0.98±0.16	0.95±0.22	0.50±0.10	0.73±0.10	0.78±0.11

用螺钉和垫块对 WOL 试样缓慢加载至开裂，由此可测出断裂韧性[12]。因为该钢种的 $\sigma_y=580MPa$[12]，$2.5(K_{IQ}/\sigma_y)^2=35mm$，大于试样厚度 20mm，故无法获得断裂韧性 K_{IC}，而只能得到条件断裂韧性 K_{IQ}，如图 3 所示。所有试样卸载后在 0.5mol/L H_2SO_4 + 0.25g/L As_2O_3 溶液中用电流密度 $i=0.2mA/cm^2$（对应的 $C_0=1.35\times10^{-6}$[12]）充氢 100h，然后再加载至开裂，测出含氢试样的条件断裂韧性 $K_{IQ}(H)$，见图 3。图 3 表明，所有试样的条件断裂韧性值均分布在其平均值的 95%置信区间（图中虚线所示）内或紧靠区间两侧，因此，铸造温度和低倍组织对条件断裂韧性 K_{IQ}及充氢后的条件断裂韧性 $K_{IQ}(H)$ 均没有影响。

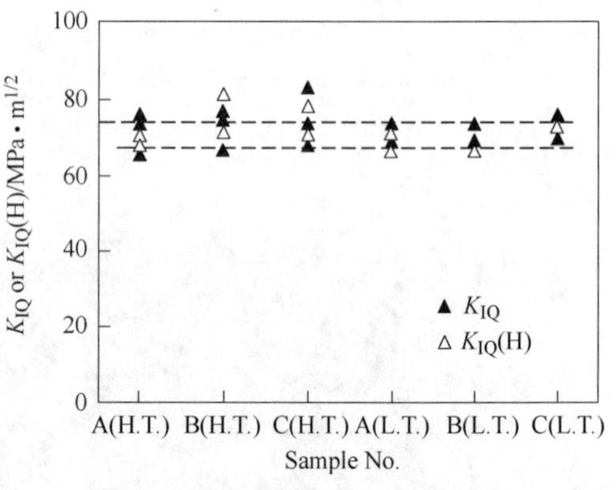

图 3 不同类试样的 K_{IQ}和 $K_{IQ}(H)$

Fig. 3 Condition fracture toughness K_{IQ} and $K_{IQ}(H)$ for various samples

不同种类的试样在室温下 0.5mol/L H_2SO_4+0.25g/L As_2O_3 溶液中用 $i=0.5mA/cm^2$ 充氢，测出表观扩散系数 D_a 以及晶格中氢浓度 C_L，见图 4，图中虚线表示它们各自平均值 95%的置信区间。由此可知铸造温度和低倍组织对氢扩散系数和晶格中氢浓度均没有影响。对高温铸坯混合晶区 B(H.T.) 的试样，在不同温度下 0.5mol/L H_2SO_4+0.25g/L As_2O_3 溶液中用 $i=0.1mA/cm^2$ 充氢，所得 D_a 值（$10^{-6}cm^2/s$）分别为 1.68，1.42(0℃)；8.71，8.60(25℃)；16.0，14.44(50℃)；30.0，28.5(70℃)。扩散系数平均值的对数随温度的倒数呈线性关系，见图 5。由此可获得轮箍钢在 0~70℃范围内的表观扩散方程为 $D_a=1.39\exp(-3750/T)$，扩散常数为 $D_0=1.39cm^2/s$，表观扩散激活能 $Q_a=31.2kJ/(mol \cdot K)$。

在 $i=0.5mA/cm^2$ 电流密度下，氢渗透达到饱和的时间约为 10~15min，由饱和阳极电流算出的晶格氢浓度 $C_L=0.71\times10^{-6}$（见图 4），其远低于相同电流密度充氢 24h 后的块状充氢试样在室温放出（以 24h 为截止时间）的可扩散氢浓度 $C_0=2.54\times10^{-6}$[12]。C_0-C_L 就等于在室温能跳出陷阱但又不完全参与扩散的低能氢陷阱中的氢浓度。

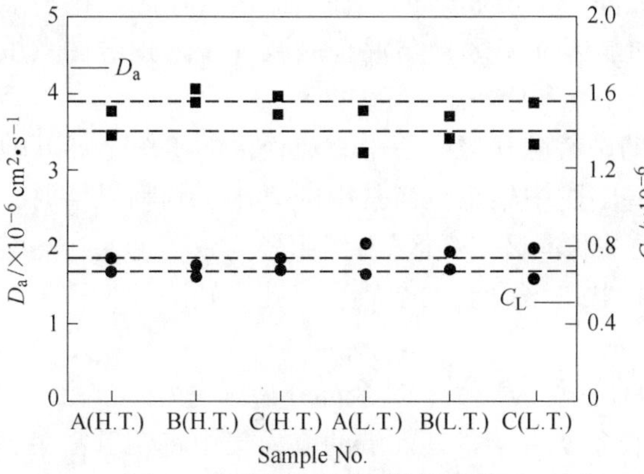

图 4 不同试样的表观扩散系数 D_a 以及晶格中的氢浓度 C_L

Fig. 4 Apparent diffusivity D_a and hydrogen concentration in lattice C_L for various samples

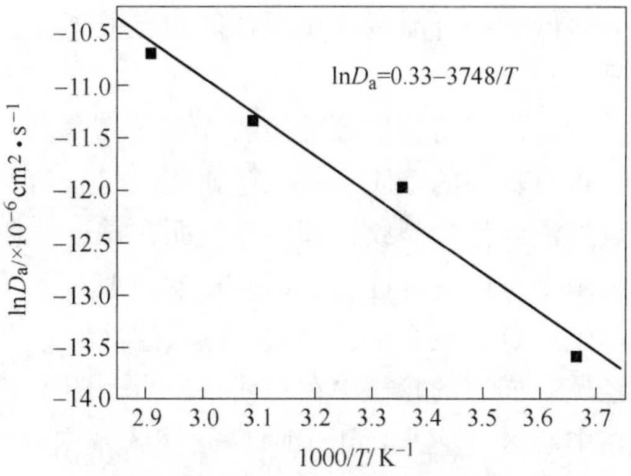

图 5 试样 B（H. T. ）表观扩散系数 lnD_a 随温度 1/T 的变化

Fig. 5 Apparent diffusivity D_a vs temperature T for sample B（H. T. ）

4 讨论

由表 1 可知，高温铸坯 3 个区域的 C_0^* 均比低温铸坯的要高。由于即使在同一区域测出的 C_0^* 也有一定分散性，所以必须用统计分析来确定连铸温度和组织对形成氢鼓泡临界氢浓度的影响。如果两组实验次数（样本）相等，就可利用方差分析[14]，通过 F 检验来确定某因素（A）对某参量的影响程度，即：

$$F = \frac{S_A/f_A}{S_e/f_e} \tag{1}$$

其中，$S_A = \sum_{j=1}^{2}\sum_{i=1}^{n}(\bar{x}_i - \bar{x})^2$，$S_e = \sum_{j=1}^{2}\sum_{i=1}^{n}(x_{ij} - \bar{x})^2 - S_A$ 是因素 A 和误差 e 的偏差平方和，$f_A = N-1$ 和 $f_e = n+n-2$ 分别是因素 A 和误差 e 的自由度，其中 N 为因素数（本实验为 2），n 为实验样本数。如 $F>F_{0.05}$ 或 $F>F_{0.01}$ 则认为因素 A 对测量值 x_{ij} 有影响，其可信度分别为 95%（影响显著）或 99%（影响很显著）。如果两组实验次数不相等（$n_1 \neq n_2$），这时不能用 F 检验，必须用 t 检验来判定某因素对 x_{ij} 参数是否有影响。如果两个样本的均值和子样标准差分别为：

$$\bar{x}_1 = \frac{1}{n_1}\sum_{i=1}^{n_1} x_{1i}，\ \bar{x}_2 = \frac{1}{n_2}\sum_{i=1}^{n_2} x_{2i} \tag{2}$$

$$s_1 = \left[\sum (x_{1i} - \bar{x}_1)^2/(n_1 - 1)\right]^{1/2}，\ s_2 = \left[\sum (x_{2i} - \bar{x}_2)^2/(n_2 - 1)\right]^{1/2} \tag{3}$$

则变量 $t = \dfrac{\bar{x}_1 - \bar{x}_2}{\sigma\left(\dfrac{1}{n_1} + \dfrac{1}{n_2}\right)^{1/2}}$、$\sigma = \left(\dfrac{n_1 s_1^2 + n_2 s_2^2}{n_1 + n_2 - 2}\right)^{1/2}$ 及 $f = n_1 + n_2 - 3$ 满足 t 分布。如果 $|t| \leqslant t_{\alpha/2}$，则该因素没有影响；$|t| > t_{\alpha/2}$，则该因素有影响，式中 $\alpha = 0.05$ 或 0.01 称显著性水平。$t_{0.025} < |t| < t_{0.005}$，则该因素在 1% 显著性水平上没有影响，但在 5% 显著性水平上有影响。一般选用 $|t| > t_{0.025}$ 作为影响显著性的判据；若 $|t| > t_{0.005}$，则该因素影响很显著。

研究连铸温度对白点敏感性的影响时，由于高温铸坯的数据个数 $n_1 = 17$，和低温铸坯 $n_2 = 16$ 不同，无法用 F 检验，故用 t 检验[14]。$t = (\bar{x}_1 - \bar{x}_2)/[(n_1 s_1^2 + n_2 s_2^2)/(n_1 + n_2 - 2)]^{1/2}(1/n_1 + 1/n_2)^{1/2} = 3.78$，其中 $\bar{x}_1$、$\bar{x}_2$ 以及 s_1^2、s_2^2 是高、低温铸坯所有数据的平均值及方差。因为 $t_{0.005}(f=31) = 2.705$，$t > t_{0.005}$ 就表明温度对 C_0^* 影响很显著。由此可知，低温铸坯的白点敏感性比高温铸坯的要高。由表 1 可知，柱状晶区（C 区）C_0^* 的平均值 $\bar{x}_C$ 明显高于等轴晶区（A 区）的平均值 $\bar{x}_A$。由于柱状晶区与等轴晶区的数据个数（包含高温铸坯实验数据和低温铸坯实验数据）相等，故可采取 F 检验。F 检验表明，$F = \dfrac{S_A/f_A}{S_e/f_e} = 12.7 > F_{0.005}$

($f_A=1$, $f_e=20$) = 9.94，因此低倍组织对 C_0^* 的影响很显著。这表明，柱状晶区（C 区）的白点敏感性显著低于等轴晶区（A 区）的白点敏感性。对其他各区之间的 F 分析表明，柱状晶区（C 区）的白点敏感性也显著低于混合晶区（B 区）的白点敏感性，但等轴晶区（A 区）与混合晶区（B 区）的白点敏感性无明显差别。

在轮箍低倍组织中等轴晶区 A 的位置靠近连铸坯的中心疏松区，而中心疏松区的组织不如其他部位致密，含有较多的杂质、气孔等缺陷。氢很容易在这些陷阱中聚集，当其中的氢压达到临界值时，就会产生氢鼓泡或氢致裂纹，即白点。而在靠近铸坯外侧的柱状晶区（C 区），组织较为致密，这在热酸浸蚀低倍组织中可以得到证实，即 C 区较 A 区更耐侵蚀。柱状晶区含有的杂质、气孔等缺陷较少，氢在其中聚集产生白点的概率小，因此白点敏感性低。

经轧制成型的轮箍中存在残余应力，图 1 上的 DEFG 区为拉应力，其余部分为压应力[1]。由于偏析带也处在中心区（它平行于 DE），故该区域中存在很多长条状夹杂，其前端的应力集中将使氢富集。计算表明，条状夹杂前端氢浓度 $C_{in}=2.19C_0$[15]。因此，在轮箍中心拉应力区的条状夹杂处，产生氢鼓泡的临界可扩散氢浓度将降低，氢鼓泡（白点）将择优在轮箍中心区的条状夹杂上形核。统计表明，低倍裂纹（白点）出现在离 MN 约 30~50mm 处（见图 1），它对应 B（混合晶）的下半区以及 A（等轴晶）的上半区，该处中存在残余拉应力，故在该区的条状夹杂前端出现氢鼓泡的临界可扩散氢浓度降低为 $C_{in}^*=(0.63\sim0.87)\times10^{-6}/2.19=(0.29\sim0.39)\times10^{-6}$，前者为 A 区的平均值，后者为 B 区的平均值。由此可知，低倍组织、残余拉应力以及条状夹杂三个因素导致白点在等轴晶区上方或混合晶区下方择优形核。如图 1 中白点裂纹集中于存在拉应力的混合晶区中产生。

由图 4 可见，氢在轮箍钢中的扩散系数为 3.6×10^{-6} cm²/s，轮箍中心距边缘的最小距离为 55cm。原子氢在 t 时间内扩散的最大距离为 $x=4\sqrt{Dt}$[3]（式中，D 为扩散系数，cm²/s；t 为时间，s）。氢从内部扩散出来的时间至少为 $t=x^2/D=55^2/(16\times3.6\times10^{-6})\approx625$days，因此轮箍中心部位在热处理中未扩散出试样而在室温下保留下来的氢很难通过扩散而跑出，因此冶炼及浇铸过程中产生的氢在轮箍中心部位浓度更高。因此实际轮箍中白点的产生不仅与连铸温度和铸造组织有关，还与轮箍中的应力状态和实际氢浓度有关。

5　结论

（1）连铸温度对轮箍钢白点敏感性有影响，尾坯的白点敏感性略高于头坯。

（2）低倍组织对白点敏感性影响显著，柱状晶区的白点敏感性最低，等轴晶区的白点敏感性最高。

（3）铸造温度（头、尾坯）以及低倍组织对氢扩散、条件断裂韧性 K_{IQ} 均没有影响。

参 考 文 献

[1] Pollard M G. Proc. Instn. Engrs., 1999, 213, part F: 181.

[2] Mclellan R R, Xu Z R. Scr. Mater., 1997, 36: 1201.

[3] 褚武扬. 氢损伤与滞后断裂［M］. 北京：冶金工业出版社，1988：148.

[4] Interrante C G. Current Solution to Problems in Steels［C］. ASM, Metals Park, OH, 1982: 2.

[5] Pressourye G M. Current Solution to Problems in Steels［C］. ASM, Metals Park, OH, 1982: 18.

[6] Steiner J E. Current Solution to Problems in Steels［C］. ASM, Metals Park, OH, 1982: 55.

[7] Oriani R A, Hirth J P, Smialowski M. Hydrogen Degradation of Ferrous Alloys［M］. NJ: Noyes Pub. Park Ridge, 1985.

[8] Fruehan R T. Iron Steel Maker, 1997, 24: 61.

[9] 任学冲，褚武扬，李金许，乔利杰，江波，陈刚，崔银会. 金属学报，2006，42：273.

[10] Ren X C, Shan G G, Chu W Y, Su Y J, Gao K W, Qiao L J, Jiang B, Chen G, Cui Y H. Chinese Sci. Bull., 2005, 50: 1962.

[11] Peng X, Su Y J, Gao K W, Qiao L J, Chu W Y. Mater. Lett., 2004, 58: 2073.

[12] 任学冲，褚武扬，李金许，乔利杰，江波，陈刚，崔银会. 金属学报，2006，42：153.

[13] Hodge J M, Orehoski M A, Steiner J E. Transactions of the Metallurgical Society of AIME, 1964, 230: 1182.

[14] Allen A O. Probability, Statistics and Queuing Theory［M］. New York: Academic Press, 1978: 293.

[15] 武明，褚武扬，李金许，江波，陈刚，崔银会. 金属学报，2006，42：815.

KKD车轮失圆原因分析及改进建议❶

许英威[1]　赵　海[2]　王长乐[2]

（1. 哈尔滨铁路分局；2. 马鞍山钢铁股份有限公司）

摘　要　分析了出现TPDS报警的25G型车用KKD车轮失圆的原因，并提出了改进建议。

关键词　TPDS；KKD；失圆；分析；建议

Cause Analysis and Improvement Suggestion of KKD Wheels Round Loss

Xu Yingwei[1]　Zhao Hai[2]　Wang Changle[2]

（1. Harbin Railway Branch；2. Ma'anshan Iron and Steel Co.，Ltd.）

Abstract　This paper analyzes the causes of KKD wheels round loss in the 25G vehicle with TPDS alarm，and puts forward some suggestions for improvement.

Key words　TPDS；KKD；round loss；analyze；suggestion

1　引言

2015年，我段（哈尔滨铁路分局三棵树车辆段）25G型车出现多起TPDS系统报警。经查，报警车辆上的KKD车轮踏面跳动量已超过1.3mm，出现明显失圆。为查清车轮失圆原因，我段委托车轮制造商对车轮进行了解剖分析，并对运用线路及车辆进行了排查，并提出了改进建议。

2　车轮解剖分析

由于车轮失圆特征基本一致，应为相同因素导致，因此挑选一件典型车轮进行分析。

2.1　分析目的

（1）判断车轮是否满足相关标准要求，确定失圆是否为车轮制造因素导致。

（2）失圆部位缺陷产生的原因，以便于后期提出改进建议。

2.2　取样及分析

解剖分析用的1件车轮宏观形貌见图1(a)，在车轮踏面部分位置伴有轻微剥离伤损，见图1(b)。

首先对该件车轮的轮辋进行超声波探伤，再对整个车轮进行静平衡测试，轮辋探伤未发现缺陷，车轮静不平衡为262g·m。查车轮质保书上该件车轮的静不平衡为58g·m，可见，车轮失圆后，静不平衡明显增加，如不能及时镟修，可能导致车辆振动加大产生安全事故。

按TB/T 2708—1996《铁路快速客车辗钢整体车轮技术条件》要求进行相关检试验分析，车轮成分、性能、组织等各项指标符合要求，见表1。

❶ 原文发表于《福建冶金》2007年第2期。

(a) 宏观形貌

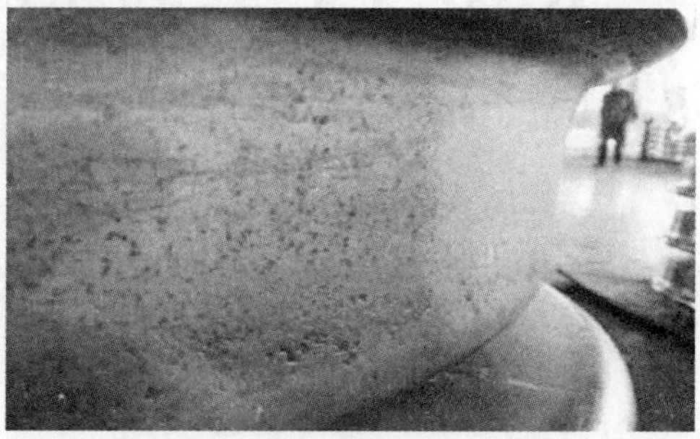

(b) 踏面剥离

图 1　失圆车轮

表 1　失圆车轮成分及性能

类别＼指标	主要成分/%					力学性能				
	C	Si	Mn	P	S	R_m /MPa	A /%	Z /%	硬度（HB）	A_{KU} /J
分析结果	0.61	0.24	0.71	0.008	0.002	1010	16.5	40	295	24
TB/T 2708—1996	0.55~0.65	0.17~0.37	0.50~0.80	≤0.035	≤0.040	≥910	≥10.0	≥14.0	265~320	≥16

在失圆车轮磨耗较大及较小的部位各取 3 块试样进行全断面硬度测试，测试点位置及测试结果见图 2、表 2，可见，磨耗大部位与磨耗小的部位整体硬度水平差异不明显，这说明整个车轮轮辋整体周向硬度分布比较均匀，失圆并非因轮辋局部偏软造成。

表 2　车轮试样踏面下不同位置硬度均值

踏面下部位＼试样	磨耗小部位断面硬度（HB）				磨耗大部位断面硬度（HB）			
	试样 1	试样 2	试样 3	平均	试样 1	试样 2	试样 3	平均
5mm	313	308	310	310	305	310	314	310
20mm	304	301	302	302	297	300	299	299
35mm	298	295	295	296	293	296	292	294
50mm	291	288	288	289	287	291	287	288
65mm	283	282	281	282	279	282	282	281

100×

500×

图 2　车轮轮辋表层组织

对轮辋磨耗严重处组织进行观察分析，在轮辋踏面表面存在明显的塑性变形区，剥离处为明显的接触疲劳伤损，伴有明显向内部扩展的小裂纹，见图2。沿踏面继续向下组织正常，未发生塑性变形，见图3。

100×　　500×

图3　车轮轮辋内部组织

3　我段排查情况

3.1　运用线路

统计发现，出现车轮失圆的车辆多出现在运行里程较长的线路，如K1062次车（哈尔滨到重庆北）、K728次（哈尔滨到桂林北）。从线路和钢轨的情况看，钢轨种类主要是U75V(PD3)和U71Mn两种，但有不少区段使用的是经过淬火热处理的钢轨，整个线路钢轨硬度差异较大（硬度范围HB260~400）。同时线路中曲线较多。

3.2　车辆情况

统计发现，车轮失圆多集中在25G型车上，且多数分布在1/3/5/7车位，而25K、25T型车，即使是在相同或类型的线路上运行，出现失圆的车轮几率明显小于25G型车。

4　分析与建议

（1）车轮失圆非制造因素导致，主要因为在车辆通过曲线段时，轮轨接触应力偏大，且钢轨硬度明显高于车轮，车轮与钢轨接触表面会发生塑性变形。经多次反复，产生明显的失圆，同时因接触疲劳导致剥离的产生。另外，车轮的失圆可能和车型结构也存在一定的关系[1]。

（2）针对目前在用车轮，如出现失圆，应及时镟修使车轮获得良好的踏面外形，确保使用的安全性。

（3）车轮的失圆是多因素造成的，而通过车轮材质的改进，减小失圆的发生，应该是相对最为经济有效的。

5　结语

从近几年的情况来看，车轮失圆导致的轮对故障不仅引起了各路局的关注，也引起了铁总的高度重视。2016年2月，铁总正式下发运辆客车电［2016］225号文，推广新材质CL65K车轮的试用[2]，我段组织认真学习铁总文件精神，配合铁总做好新材质车轮的装车考核工作。

参考文献

［1］中华人民共和国铁道部运输局．铁道部运输局关于印发《提高客车车轮性能研讨会会议纪要》的通知（运辆客车函［2012］542号）［D］．2012.

［2］中国铁路总公司运输局．关于KKD型CL65K钢车轮装车运用考核的通知（传真电报运辆客车电［2016］225号）［D］．2016.

车轮钢中的白点（一）❶

江　波[1]　陈　刚[1]　崔银会[1]　任学冲[2]　褚武扬[2]

（1. 马鞍山钢铁股份有限公司；2. 北京科技大学）

摘　要　研究了车轮钢中白点形成的机理以及白点对断口形貌的影响。结果表明，氢和空位聚集导致鼓泡形核和长大，随鼓泡内氢压升高，裂纹从鼓泡核壁形核、扩展导致白点形成。白点的断口为准解理，和氢致滞后开裂断口相同，含白点试样的断口形貌依赖断裂方式和试样厚度。钢中的白点除了产生二次裂纹和局部准解理断面外，对各种断口形貌均没有其他明显影响。

关键词　车轮钢；白点；断口形貌；氢致滞后开裂

Research of Flaking in a Wheel Steel（Ⅰ）

Jiang Bo[1]　Chen Gang[1]　Cui Yinhui[1]　Ren Xuechong[2]　Chu Wuyang[2]

（1. Ma'anshan Iron and Steel Co., Ltd.; 2. University of Science and Technology Beijing）

Abstract　The mechanism of flaking in wheel steel and the effects of flaking on fracture surfaces were investigated. The results show that a blisters nucleate and grow through diffusion and gathering of hydrogen atoms and vacancies when the hydrogen pressure is increased, microcracks initiate at the wall of the blister, and propagate which results in formation of flaking. The fracture with flaking is quasi-cleavage, similar to that of hydrogen-induced delayed cracking. The fracture morphology of the sample containing flaking is dependent upon the failure mode and the thickness of the sample. There is no effect of flaking on fracture surface morphology besides secondary cracks and local quasi-cleavage fracture.

Key words　wheel steel; flaking; fracture surface; hydrogen induced delayed cracking

1　引言

钢中白点曾经是一个严重的问题。白点是充满分子氢的空腔或裂纹，在试样表面可形成氢鼓泡。一般认为，只要钢液中的氢低于2ppm，就不再出现白点[1]。但近年来随着连铸工艺的广泛应用以及洁净度提高，连铸洁净钢产生白点的敏感性反而升高，特别是车轮钢和轴承钢[2]。白点的形成机理还不十分清楚，关于白点核心的形成一直有争议[1,3]，有人认为是材料中原先存在的孔洞，也有人认为是塑性变形导致的裂纹核。本文的第一目的是通过白点的形核、长大过程来探讨白点的形成机理。

英国一个火车轮箍于1998年发生滞后断裂，检查发现10%的在役轮箍存在裂纹滞后扩展[4]。把它归因于白点是因为如不含白点，原子氢在装配应力作用下会通过扩散富集而引起氢致裂纹滞后扩展。如果通过事故断口分析来判断白点的作用，其困难在于对白点断口本身就存在争议。例如，Andrew 等认为[5]，小的白点穿晶，而大的白点则往往沿晶。陈廉等认为[6]，有些白点是穿晶的准解理断口，上面有撕裂岭以及二次裂纹；有些白点则沿晶，晶界面上有波纹状花样；还有一些白点是内表面平滑的空隙。也有人认为白点产生准解理断口。引起这些争议的主要原因在于把白点断口（白点开裂面形貌）和含白点试样断裂后的断口混为一谈。如何才能获得白点的真实断口，白点的存在对各种断裂模式下的断口形貌会有

❶　原文发表于《钢铁》2007年第4期。
国家自然科学基金资助项目（50471096）。

什么影响呢，是本研究的第二个目的。

2 实验材料和方法

车轮钢成分为：C 0.62%，Si 0.29%，Mn 0.74%，Cr 0.18%，P 0.015%，S 0.011%，Al 0.005%。组织为珠光体和不连续分布的网状先共析铁素体。从车轮的轮辋部位制备 2mm×4mm×10mm 的块状充氢试样、不同厚度的板状拉伸试样以及厚为 30mm 的 WOL(楔形张开加载）预裂纹试样。

块状试样表面抛光后在 0.5mol/L H_2SO_4+0.25g/L As_2O_3 溶液中及高温氢气中进行充氢，用排油集气法在室温测量可扩散氢浓度 C_0。测出 C_0 后试样加热到 1000℃ 测出陷阱中的氢浓度 C_t，总氢浓度为 $C_T=C_0+C_t$。用偏光显微镜观察表面氢鼓泡。含鼓泡试样镶样后，从横截面观察鼓泡壁上是否有裂纹。板状拉伸试样和 WOL 试样充氢后进行实验，用扫描电子显微镜（SEM）观察断口形貌。

3 实验结果

图 1(a) 为电解充氢时表面出现的氢鼓泡。实验测出形成氢鼓泡的临界电流密度为 $i_c=0.2\text{mA/cm}^2$，对应的临界可扩散氢浓度 $C_0^*=1.3\times10^{-6}$；测出氢陷阱中的平均氢浓度为 $C_t=2.4\times10^{-6}$，故车轮钢形成鼓泡的总临界氢浓度为 $C_T=3.7\times10^{-6}$。随试样中可扩散氢浓度升高，鼓泡的体积分数也升高。200 倍显微镜下可观察到的鼓泡（图 1(a)）下方均存在不连续的裂纹，如图 1(b) 所示。因此把出现氢鼓泡的临界电流密度作为出现白点的临界电流密度。金属构件中由于氢的存在往往会产生内部裂纹，一般在断口上表现为银白色亮点，所以称之为白点，在试样截面上表现为发丝样的裂纹，又称为发裂。它与白点指的是相同的缺陷，工业界一般把氢致缺陷统称为白点，因此为和白点相联系，这类裂纹又称为白点裂纹。

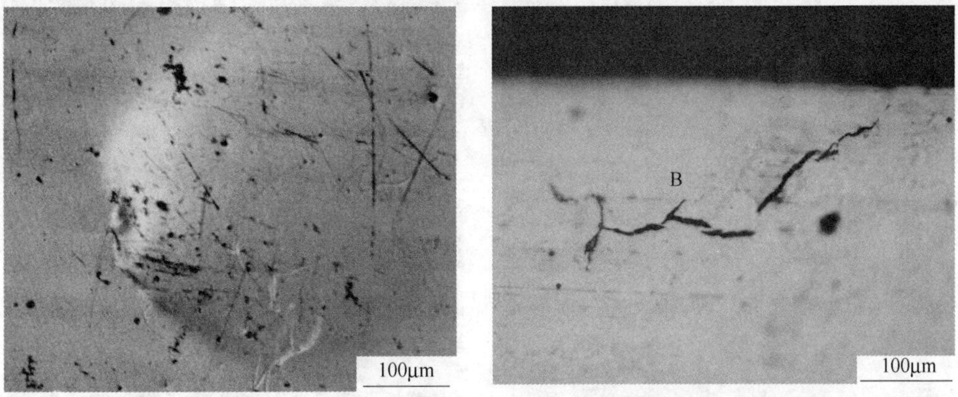

(a) (b)

图 1 氢鼓泡及其横截面形貌
(a) 试样表面氢鼓泡（偏光）；(b) 鼓泡下的裂纹

Fig. 1 Surface and cross-section morphology of hydrogen blistering
(a) hydrogen blistering on the surface; (b) cross-section of microcracks under the blistering

如高温气相充氢（1000℃，0.5MPa，0.5h），固溶氢浓度极高，冷却时产生大量过饱和氢（$C_0=9.8\times10^{-6}$），在试样内部发现很多穿晶的白点裂纹，如图 2(a) 所示。由于晶界面上存在大量的鼓泡，晶界的净截面积明显降低，故冲击时产生沿晶断口，如图 2(b) 所示。沿晶断裂晶界面上的小鼓泡也被拉断而成为凹坑，这些凹坑（如图 2(b) 上 A 和 B）是还没有形成裂纹的微小白点。由此可知，含白点试样的沿晶断口（图 2(b)）并不是穿晶白点（图 2(a)）开裂面的断口。

为了获得白点裂纹开裂面的断口，首先大电流充氢使表面出现大的氢致裂纹，在与其中一条裂纹垂直的截面上磨至出现裂纹，如图 3(a) 所示。然后从反面把试样也磨至出现裂纹，此时试样厚度约为 3mm，掰断时断裂面沿着这条白点裂纹的开裂面，它是准解理断口，如图 3(b) 所示。而氢致裂纹以后的断口则为带有二次裂纹的解理断口。如图 3(c) 所示。它们之间有明显的分界线，如图 3(d) 所示。图 2 和图 3 表明，白点开裂面的断口（穿晶准解理）和含白点试样的断口（沿晶或解理）是两个不同的概念。白点断口就是指白点裂纹开裂面的断口，它是含白点试样断口上的一种局部现象。当白点开裂面与试样断裂面相交时，在断口上就表现为二次裂纹，只有当断裂面通过与其平行的白点开裂面时，含白点试样断口局部上才能显示出白点开裂面的断口形貌。

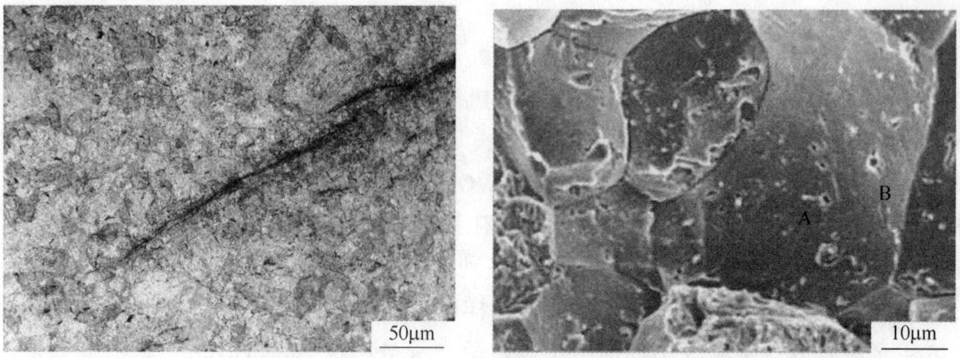

(a)　　(b)

图 2　气相充氢试样内部的穿晶裂纹（a）和该试样冲断后的沿晶断口（b）

Fig. 2　（a）Transgranular crack and（b）fracture of hydrogen sample intergranular

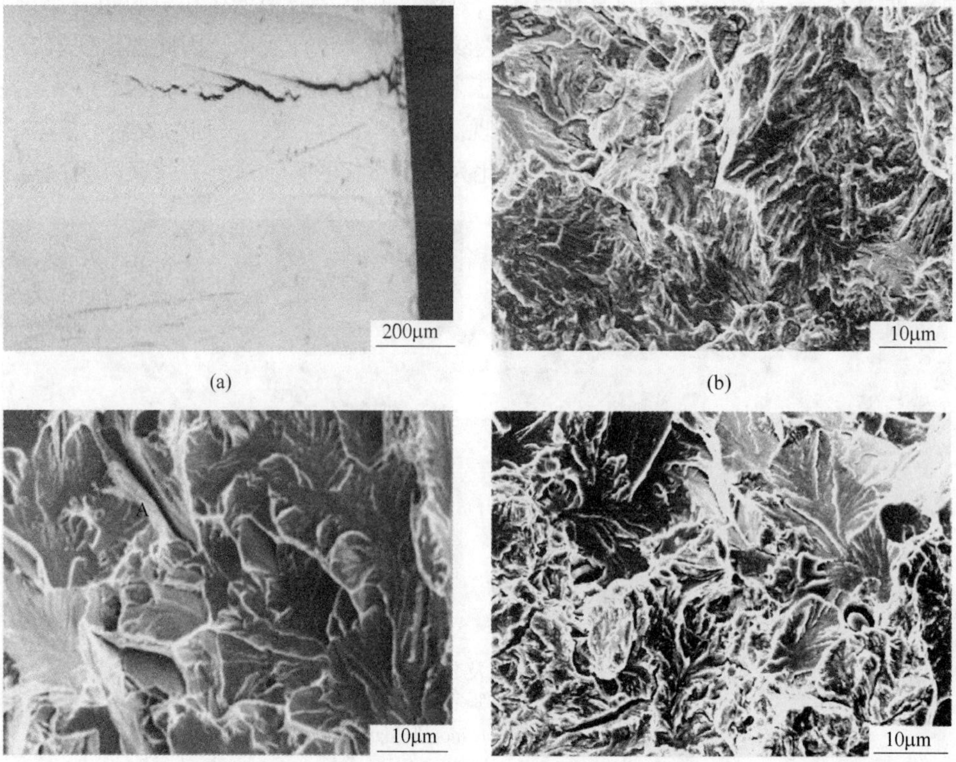

(a)　(b)　(c)　(d)

图 3　试样中的白点裂纹及其断口

（a）试样中的白点裂纹；（b）白点裂纹的准解理开裂面；（c）该试样的过载解理断口；（d）白点断裂面和过载断裂面的交界面

Fig. 3　Flaking cracks and fracture in hydrogenated specimen

（a）flaking cracks；（b）cracking surfaces of the flaking；（c）overloading cleavage fracture of the sample containing flaking；（d）the intercourse line between the cleavage fracture surface and the quasi-cleavage fracture surface of flaking

把厚为 30mm 的 WOL 预裂纹试样用螺钉加载至开裂，按国标可测出止裂断裂韧性 K_{IC}；卸载后用不同电流密度 i 充氢 100h(当 $i \geq 0.2mA/cm^2$ 后就出现白点)，再加载至开裂，可测出含氢试样的断裂韧性K_{IC}。保持恒位移，裂纹能发生滞后扩展，止裂后把试样拉断，如图 4(a) 所示。其中，abcd 是疲劳区，cdef 是充氢前的过载区，efgh 是充氢后的过载断口，ghlk 是氢致滞后开裂区，高倍下它是准解理断口，如图 4(b) 所示。它和白点断口（图 3(a)）没有本质区别。当 $C_0<1.3\times10^{-6}$($i<0.2mA/cm^2$) 时不存在白点，但仍能发生氢致滞后裂纹的形核和扩展，断口形貌为准解理。$C_0>1.3\times10^{-6}$后试样内部存在白点，它和氢致滞后开裂面相交会产生二次裂纹。白点的存在除了在断口上出现二次裂纹外，对氢致滞后断口形貌本身没有影响。如没有白点，充氢后的过载区（图4(a)上的efgh）是解理断口，和充氢前过载区（图4(a)上的cdef）相同。如出现白点时，充氢后过载区也是解理断口，但存在二次裂纹，类似于图3(c)。在解理断口上发现小的准解理区的概率很小，也就是在快速解理断裂过程中，主裂纹扩展基本不受小的白点裂纹的影响。因此，除产生二次裂纹外，白点对试样解理断裂过程形成的解理断口形貌也基本没有影响。

(a) (b)

图4 WOL试样断口

（a）宏观断口；（b）氢致滞后开裂断口

Fig. 4 Fracture of a WOL sample

（a）macroscopic fracture surface;（b）fracture surfaces of hydrogen-induced delayed cracking

图5(a)为一轮箍装配后在内部氢压和装配应力共同作用下白点裂纹滞后扩展导致轮箍崩裂的宏观断面。其中A区为长轴约为40mm的椭圆形区域，该区域在扫描电子显微镜下观察微观形貌为含有二次裂纹的准解理断口，如图5(b)所示。与氢致裂纹及氢致滞后开裂断口形貌相同。因此，我们不能在断口上分辨出A区中哪部分是轮箍装配前已存在白点的区域，哪部分是在装配应力下之后扩展的区域。当氢致裂纹扩展到临界尺寸时，轮箍就在装配应力作用下发生崩裂。A区以外区域为解理断口，如图5(c)所示。A区的准解理断口与其外的解理断口有一明显的分界线，如图5(d)所示。对该轮箍的横向截面和纵向截面进行酸浸后均发现存在长达几厘米的白点裂纹，如图5(e)、(f)所示。

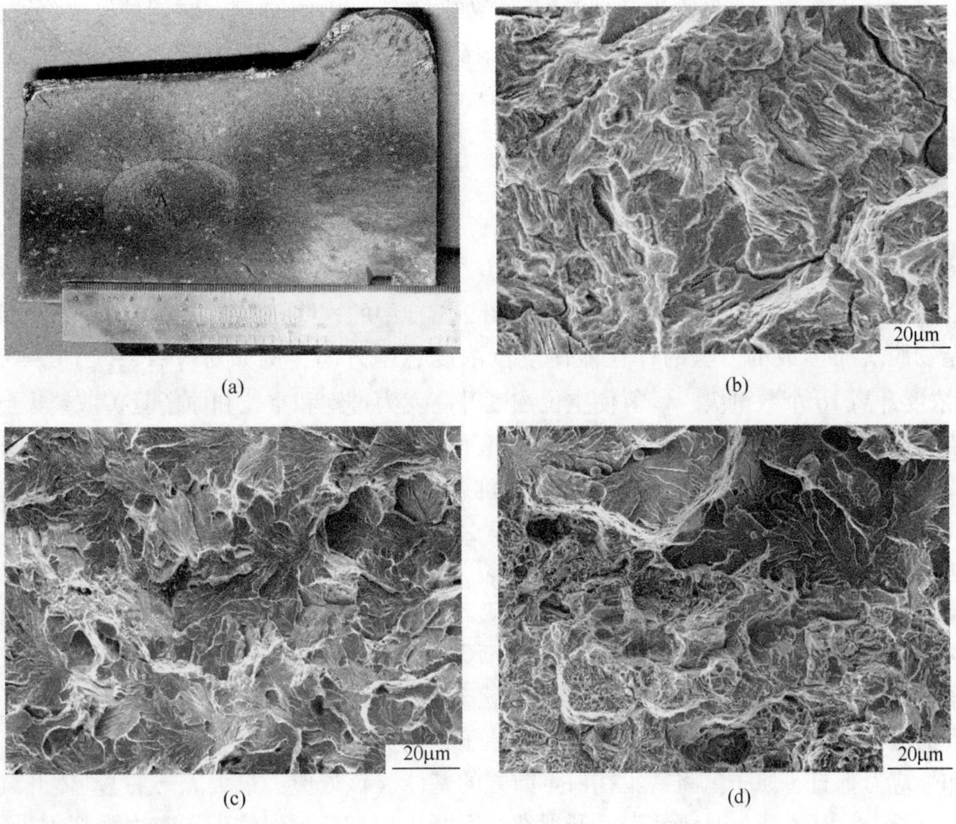

(a) (b)

(c) (d)

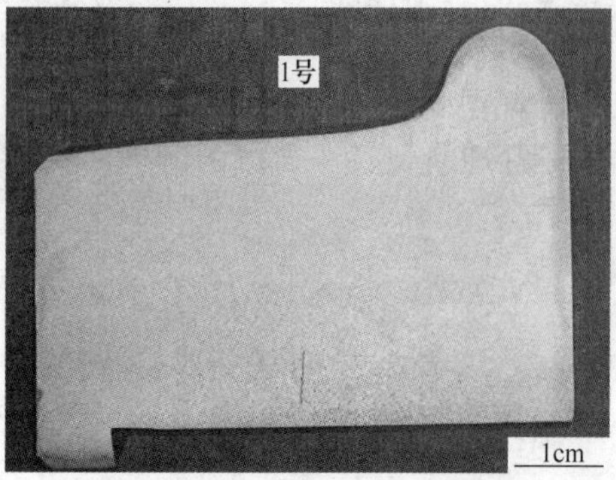

(e)

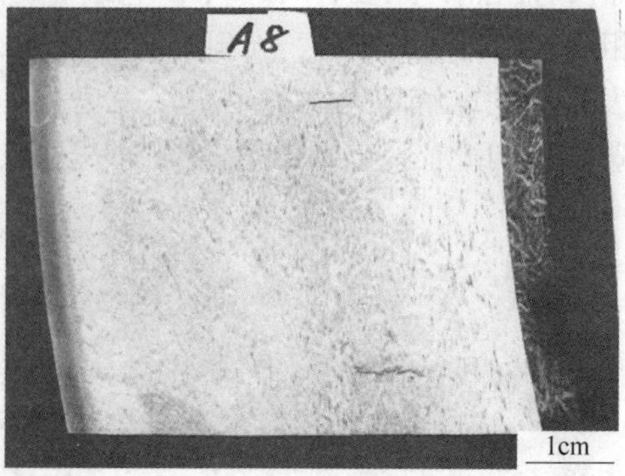

(f)

图 5　发生崩裂轮箍中的白点裂纹及断口

（a）由于白点滞后开裂引起轮箍开裂的宏观断口；（b）白点区域 A 的准解理断口；（c）轮箍快速断裂区的解理断口；
（d）白点的准解理断口与快速断裂去解理断口的交界线；（e）轮箍横截面上酸浸后显示的白点；（f）轮箍纵截面上酸浸后显示的白点

Fig. 5　Flaking cracks and fracture of wheel band

（a）the macroscopic fracture surface of a fractured wheel band induced by delayed cracking of flaking;
（b）quasi-cleavage fracture surface of flaking A;（c）cleavage fracture surface induced by overload fast cracking;
（d）the intercourse line between the cleavage and the quasi-cleavage fracture surface;
（e），（f）flaking cracks on the cross -section of the wheel band

实验表明，对缺口试样充氢后快速拉伸（v=1mm/s）的断口形貌和充氢后除氢（200℃，12h）（此时仅存在白点的影响）试样慢速拉伸（$v=5\times10^{-4}$mm/s）的断口形貌相同。它们均依赖试样厚度 B。如 B=0.4mm，是韧窝断口；当 $C_0>1.3\times10^{-6}$后就存在白点，在断口上就有二次裂纹，如图 6(a) 所示。如B=1mm，大部分是韧窝断口，但中间有少量解理区，如存在白点，则断口上可发现二次裂纹，如图 6(b) 所示。如 $B\geqslant$4mm，则获得解理断口，如图 6(c) 所示。厚为 1mm 的试样充氢后不经除氢处理进行慢拉伸（$v=5\times10^{-4}$mm/s），这时塑性明显下降，断口形貌也以氢致开裂形成的准解理为主，如图 6(d) 所示。

图 7(a) 为厚 1mm 的拉伸试样充氢后产生的一条与表面接近垂直的氢致裂纹 L，对该试样施加与裂纹垂直方向的拉应力，试样在裂纹处先产生塑性变形，然后沿该裂纹发生断裂。观察其断口形貌发现，在该裂纹位置处，试样内部有一半圆形准解理断面区，如图 7(b) 中的 M 区，它就是氢致裂纹 L 的开裂面，在 M 区周围是韧窝状断口。由于试样较薄，尽管在氢致裂纹（白点）尖端存在一定的应力集中，试样仍发生以韧窝为主的延性断裂。由此可知，试样的断口形貌和试样尺寸有关，除了出现二次裂纹和局部准解理区外，白点对试样断口的形貌没有其他影响。

4　讨论

气相充氢时，试样内氢浓度较高时（$C_0=9.8\times10^{-6}$），在晶界上存在大量的微小孔洞，如图 2(b) 所示，从而使晶界强度减弱，在沿晶断口上有孔洞。图 2(b) 中的这些孔洞形状规则，分布也较均匀，不可能是由于夹杂物脱落而形成的。氢的存在能使空位浓度急剧升高，例如对 γ-Fe，当 $C_0=0.3\times10^{-6}$时，400K 下空位浓度升高 16 个数量级[7]。氢使空位浓度升高就为过饱和空位和原子氢扩散聚集形成鼓泡提供了基础。白点形成的机理可解释如下：原子氢和过饱和空位进入鼓泡核（空位团或晶体缺陷）就使鼓泡核不断长大，当氢压增大到等于被氢降低了的原子键合力时，裂纹就从鼓泡核壁形核、长大，从而形成白点。如裂纹距表面较近，且与表面近似平行，它就会在氢压下鼓出表面成为氢鼓泡。

原子氢进入白点，氢压升高导致裂尖原子键断裂，使白点进一步长大。但由于原子氢能被别的白点捕获或形成新的鼓泡和白点，因而每一个白点的长大均受限制，故如不存在外应力，车轮钢充氢时不会发生滞后断裂。存在外应力的情况下，即使不存在预裂纹或白点，也能发生氢致滞后开裂或氢致塑性损失。因为原子氢通过应力诱导扩散富集至临界值后就会促进局部塑性变形，从而在无位错区或位错塞积群前端产生大的应力集中，当它等于被氢降低了的原子键合力时就会使氢致裂纹形核、扩展。如有白点，且其开裂面和外应力垂直，原子氢将富集在白点前方的基体（该处应力最大），通过基体开裂使白点裂纹扩展，从而白点长大，其本质上是氢致滞后开裂裂纹不断扩展，直到裂纹尖端应力强度因子达到临界值，

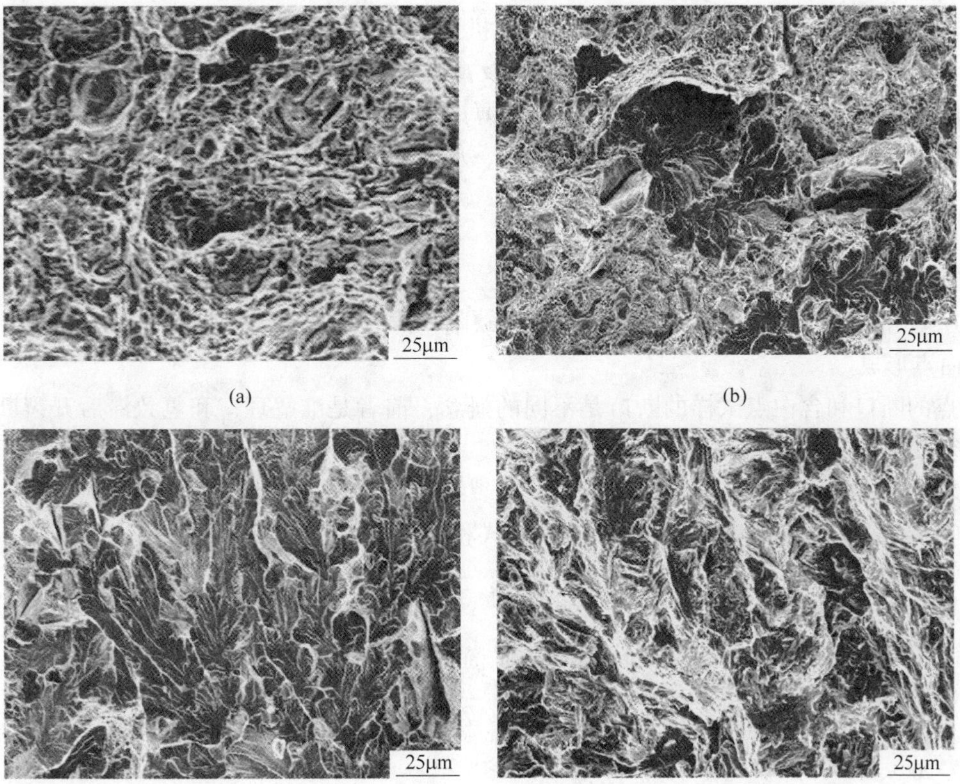

图 6　不同厚度缺口试样慢拉伸（$v=5\times10^{-4}$mm/s）断口

（a）$B=0.4$mm，充氢后除气；（b）$B=1$mm，充氢后除气；（c）$B=4$mm，充氢后除气；（d）$B=1$mm，充氢后不除气

Fig. 6　Fractography of notched specimens with different thickness under slow strain rate tension（$\dot{\varepsilon}=5.3\times10^{-6}$/s）

（a）$B=0.5$mm，charged and outgassed；（b）$B=1$mm，charged and outgased；

（c）$B=4$mm，charging and outgassed；（d）$B=1$mm，hydrogenated sample

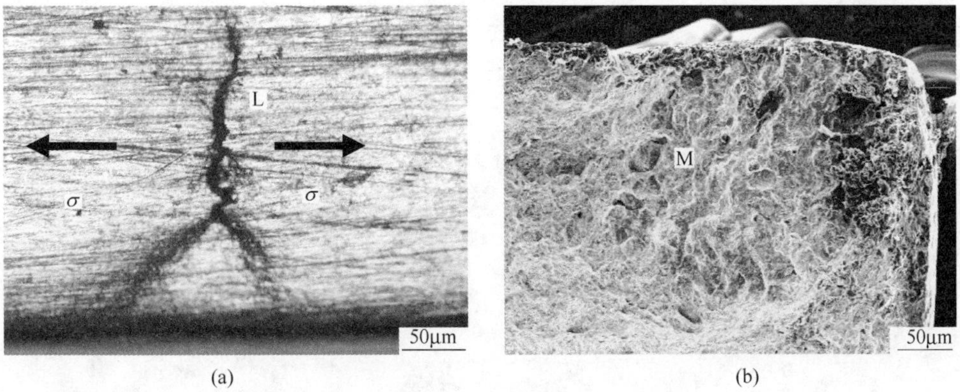

图 7　厚 1mm 拉伸试样中的氢致裂纹及断口

（a）试样中与表面和拉伸方向垂直的氢致裂纹（白点）；（b）白点处的准解理断口和白点周围的韧窝断口

Fig. 7　Hydrogen induced cracking and fracture of tensile specimen with width $B=1$mm surface

（a）hydrogen induced cracking；（b）fracture surface of the fractured specimen

试样发生断裂，这时在试样断口局部上就可发现氢致滞后扩展所形成的准解理断口。即使白点不发生滞后扩展，当断裂面通过与其平行的白点开裂面时，含白点试样断口局部上也能显示出白点开裂面的准解理断口形貌，只是这种概率较小，在断口上较难发现。大部分白点的开裂面并不垂直外应力，不能在外应力作用下滞后扩展，当它和在原子氢与外应力共同作用下引起的滞后扩展开裂面或其他形式的断裂面相交时，就会在断口上出现二次裂纹。

白点开裂及长大过程和氢致滞后开裂过程均通过被氢降低了的原子键的断裂来实现。具有最大氢富集的晶面（可能是高指数面）上其原子键合力被降得最低，因此白点和氢致滞后裂纹将沿着具有最小键合力（已被氢降低）的任何晶面（包括解理面）随机形核，也可能沿多个晶面同时形核、扩展，故导致准解理断口。厚试样快速拉伸或过载断裂时氢来不及富集降低原子键合力，由于解理面上的键合力最小，故裂纹沿解理面形核、扩展，从而导致解理断口。薄试样拉伸时，试样处于平面应力状态，裂纹（或缺口）前的三向应力拘束小，正应力达不到解理强度，从而通过缩颈区内空洞形核、长大和连接导致韧窝断口。

5 结论

（1）原子氢和空位进入鼓泡核（空位团或晶体缺陷）导致它长大，随氢压升高，裂纹从鼓泡壁形核、长大，导致白点形成。

（2）白点的断口和含白点试样的断口是不同的概念，前者是准解理，和氢致滞后开裂断口相同；后者则取决断裂方式和试样厚度。

（3）车轮钢中的白点能在各种断口上产生二次裂纹和局部的白点准解理开裂面，但对白点开裂面以外区域的断口形貌基本没有影响，它取决于断裂方式和试样尺寸。

参考文献

[1] Steiner J E. Current Solution to Hydrogen Problems in Steel [M]. Metals Park, Ohio: ASM, 1982: 55.

[2] Fruehan R J. A review of hydrogen flaking and its prevention [J]. Iron Steel Maker, 1997, 24: 61-68.

[3] Chu W Y, Gao K W, Li J X, Wang Y B, Qiao L J. Hydrogen blistering and hydrogen -induced fracture of rail steel [J]. Steel Res., 2001, 72 (2): 66-70.

[4] Pollard M G. Tyre fracture: The problem, the cause and preventative action [J]. Proc. Inst. Mech. Eng., 1999, 213, F: 181-195.

[5] Andrew J H, Lee H, Lloyd H K, et al. Hydrogen transformation characteristics in steel [J]. J. Iron Steel Inst., 1947, 156: 208-224.

[6] 陈廉，刘民治，尹万全，等. 气瓶钢中白点焊合的研究 [J]. 金属学报，1979，15（4）：446.

[7] Mclellan R R, Xu Z R. Hydrogen-induced vacancies in the iron lattice [J]. Scripta Mater, 1997, 36 (10): 1201-1205.

车轮钢中的白点（二）❶

江 波[1] 陈 刚[1] 崔银会[1] 任学冲[2] 褚武扬[2]

（1. 马鞍山钢铁股份有限公司；2. 北京科技大学）

摘 要 研究了车轮钢中白点对力学性能的影响。结果表明，当白点含量少且尺寸较小时，对拉伸性能没有影响，但使冲击韧性明显下降；当白点含量较多或尺寸较大时，使拉伸性能下降，但对断裂韧性没有影响。钢中的白点增加疲劳扩展速率并使扩展速率发生波动。氢致滞后开裂和白点无关，而与氢原子有关。

关键词 车轮钢；白点；力学性能；氢致滞后开裂

Research of Flaking in a Wheel Steel（Ⅱ）

Jiang Bo[1] Chen Gang[1] Cui Yinhui[1] Ren Xuechong[2] Chu Wuyang[2]

（1. Ma'anshan Iron and Steel Co.，Ltd.；2. University of Science and Technology Beijing）

Abstract The effect of flaking on mechanical properties of wheel steel was investigated. The results show that if the amount of flaking is below a critical value, there is no effect of flaking on tensile properties, but the impact toughness is decreased distinctly. If the density and size of flaking is above the critical value the tensile properties are reduced, but no effect on fracture toughness K_{IC} is obscrued. The flaking do increases and undulates the fatigue crack growth rate. Hydrogen-induced delayed cracking has nothing to do with flaking and is attribute to hydrogen atoms.

Key words wheel steel; flaking; mechanical property; hydrogen-induced delayed cracking

1 引言

钢中白点曾经是一个严重的问题。白点是由于钢中氢的作用而形成的裂纹，在试样表面可成为氢鼓泡。一般认为，只要钢液中的氢低于2ppm，就不再出现白点[1]。但近年来随着连铸工艺的广泛应用以及洁净度提高，连铸洁净钢产生白点的敏感性反而升高，特别是车轮钢和轴承钢[2]。英国一个火车轮箍于1998年发生滞后断裂，检查发现10%的在役轮箍存在裂纹滞后扩展[3]。一般认为，氢致裂纹（包括白点）将使力学性能下降。对奥氏体不锈钢，氢致马氏体和原子氢都能引起塑性降低，但充氢出现微裂纹后，对塑性损失并没有附加影响[4]。预先存在的氢致裂纹对氢致滞后断裂也没有影响[5]。总之，白点对力学性能的影响还需要进一步研究。本文的目的是研究白点对车轮钢的拉伸性能、冲击韧性、断裂韧性、疲劳性能以及滞后开裂性能的影响。

2 实验方法

车轮钢成分为：C 0.62%，Si 0.29%，Mn 0.74%，Cr 0.18%，P 0.015%，S 0.011%，Al 0.005%。组织为珠光体和不连续分布的网状先共析铁素体。从车轮的轮辋部位制备1mm厚的板状拉伸试样、厚为30mm的WOL(楔形张开加载）预裂纹试样及10mm厚的疲劳裂纹扩展速率CT(紧凑拉伸）试样，如图1所示。分别研究白点对拉伸性能、断裂韧性和疲劳性能的影响。从车轮的轮辋部位制备2mm×4mm×10mm的

---

❶ 原文发表于《钢铁》2007年第5期。
国家自然科学基金资助项目（50471096）。

充氢块状试样，研究白点数量随可扩散氢浓度的变化。

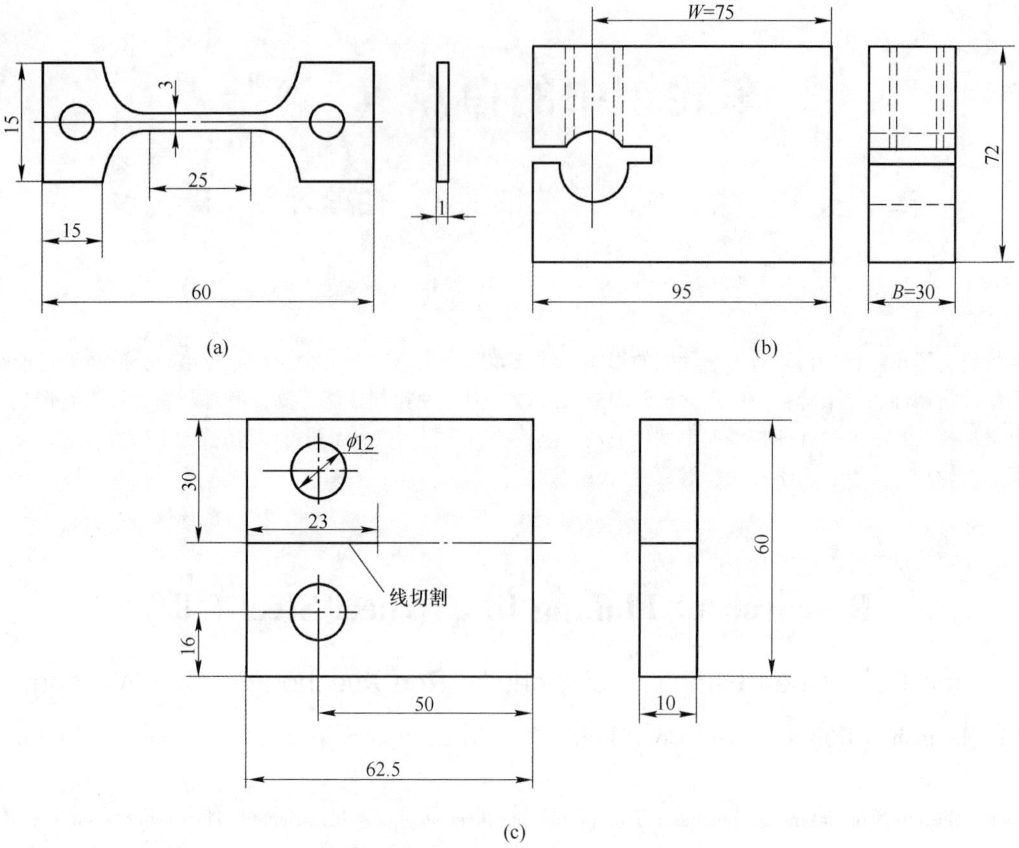

图 1　试样形状及尺寸（mm）

（a）拉伸试样；（b）WOL 试样；（c）CT 试样

Fig. 1　Sample and size of samples

（a）tensile sample；（b）WOL sample；（c）CT sample

试样在 0.5mol/L H_2SO_4+0.25g/L As_2O_3 溶液中充氢。块状试样用不同电流密度充氢 24h，用排油集气法在室温测量可扩散氢浓度 C_0。然后用偏光显微镜观察表面氢鼓泡，测量表面鼓泡密度随充氢电流密度的变化。不同电流密度充氢 24h 后的板状拉伸试样一部分直接在空气中进行慢拉伸，另一部分在 200℃除氢 10h 后在空气中进行慢拉伸。未充氢的 WOL 试样和用不同电流密度充氢 100h 后的试样用螺钉加载至开裂，研究白点对车轮钢断裂韧性的影响。未充氢疲劳试样和充氢 100h 并在 200℃除氢 60h 后的试样在高频疲劳实验机上进行疲劳实验。

3　实验结果

抛光试样充氢后用偏光显微镜测量单位面积的鼓泡数目，它随充氢电流升高而升高，如图 2(a) 所示。且存在一临界电流密度，小于该临界值长时间充氢也不能形成氢鼓泡，实验测出形成氢鼓泡的临界电流密度为 i_c=0.2mA/cm^2。图 2(b) 是平均可扩散氢浓度 C_0 随充氢电流的变化。由此可知，i_c=0.2mA/cm^2 对应的临界可扩散氢浓度 $C_0^*=1.3\times10^{-6}$。对可观察到的氢鼓泡，其下方均发现氢致裂纹，即白点。因此，试样表面氢鼓泡的密度可作为试样内白点密度的表征。图 2 表明，随试样中可扩散氢浓度升高，白点的密度也升高。

不同电流密度预充氢 24h 的拉伸试样在空气中慢拉伸（$\dot{\varepsilon}=5.3\times10^{-6}s^{-1}$），拉伸性能随试样中可扩散氢浓度 C_0 的变化见图 3。图 3 表明，充氢后面缩率和延伸率急剧下降，屈服强度基本不受充氢量的影响。当 $C_0\geq3.9\times10^{-6}$后，也使抗拉强度下降。如 $C_0<5.6\times10^{-6}$，则在 200℃除氢 10h 再拉伸，性能和未充氢试样相近。这 7 个无氢试样（3 个未充氢，4 个充氢后除氢）平均值的 95%置信度区间在图 3 上用两条虚线标出。因为 4 个充氢后除气试样的测量值均在 95%置信度区间内，这就表明，当 $C_0<5.6\times10^{-6}$时含白点试样的力学性能和未充氢的相同，即氢引起塑性损失是可逆的。但是，当 $C_0=5.6\times10^{-6}$时（i=10mA/cm^2），有一个

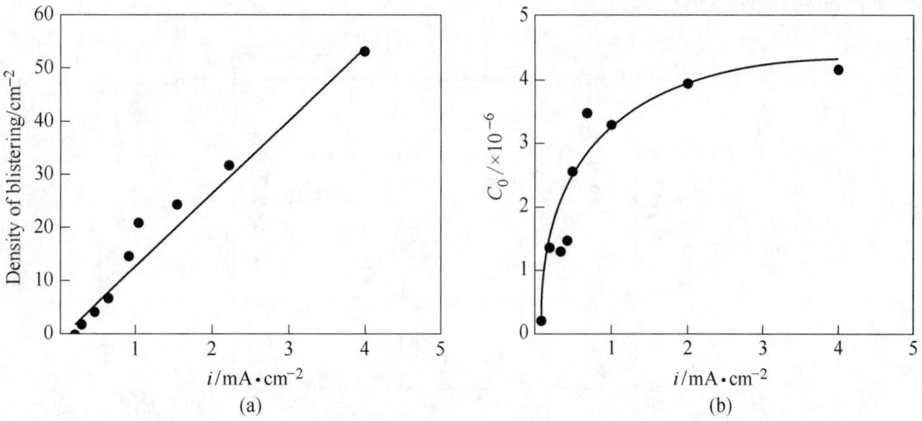

图 2　氢鼓泡密度（a）以及可扩散氢浓度 C_0（b）随充氢电流密度 i 的变化

Fig. 2　Density of hydrogen blistering（a） and diffusible hydrogen concentration C_0（b） vs current density i

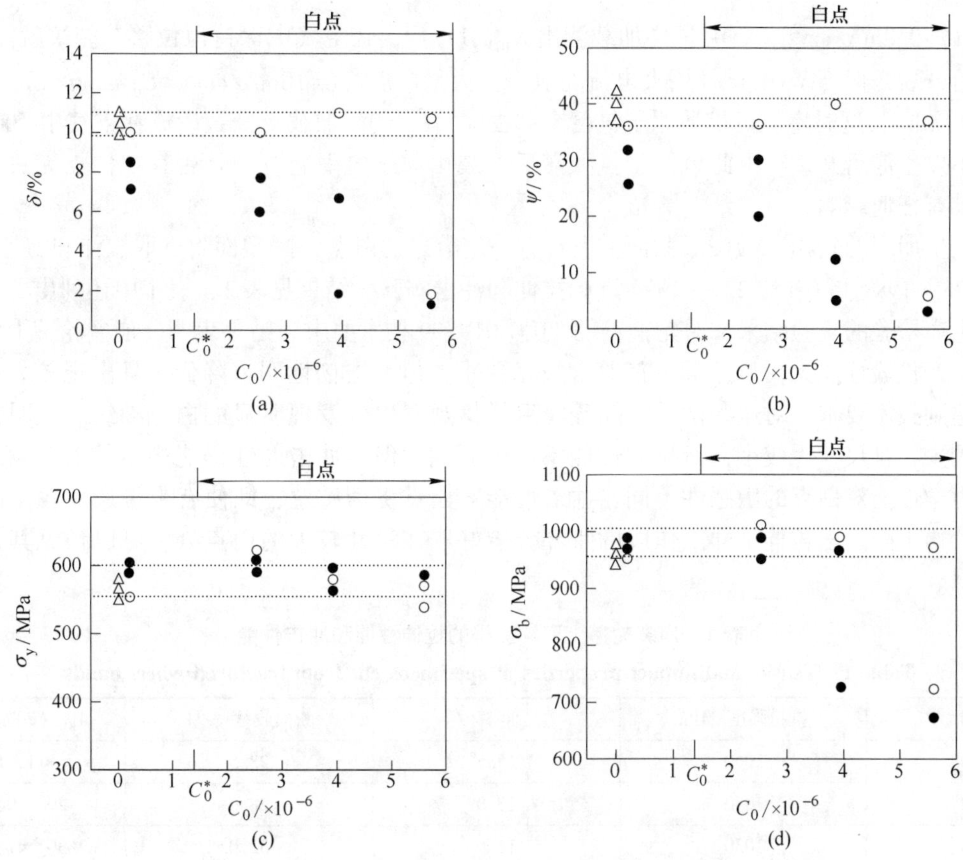

图 3　未充氢（△）含氢（●）和充氢后除气（○）试样慢拉伸性能随可扩散氢浓度 C_0 的变化

（水平虚线为 7 个不含氢试样（包括充氢后除气）平均值的 95%置信度区间）

（a）延伸率 δ；（b）面缩率 ψ；（c）屈服强度 σ_y；（d）抗拉强度 σ_b

Fig. 3　Mechanical properties of uncharged（△）, charged（●） and outgassed（○） samples vs diffusible hydrogen concentration C_0; the dotted lines are 95% confidence interval of the average values of hydrogen-free samples

（a） elongation δ;（b） reduction of area ψ;（c） yield stress σ_y;（d） ultimate tensile strength σ_b

试样除气后强度和塑性均不能恢复，它是白点引起的。

15 个未充氢 WOL 试样测出的 K_{IC} 平均值及其 95%置信度区间为 $K_{IC}=56.9\pm2.8\text{MPa}\cdot\text{m}^{1/2}$。图 4 中的两条水平虚线表示 K_{IC} 平均值的 95%置信度区间。充氢试样断裂韧性 K_{IC}(H) 随可扩散氢浓度的变化如图 4 所示。图 4 表明，K_{IC}(H) 全部落在 K_{IC} 平均值的 95%置信度区间内。由此可知，当 $C_0\leqslant3.9\times10^{-6}$ 时，原子氢和白点对断裂韧性均没有影响。

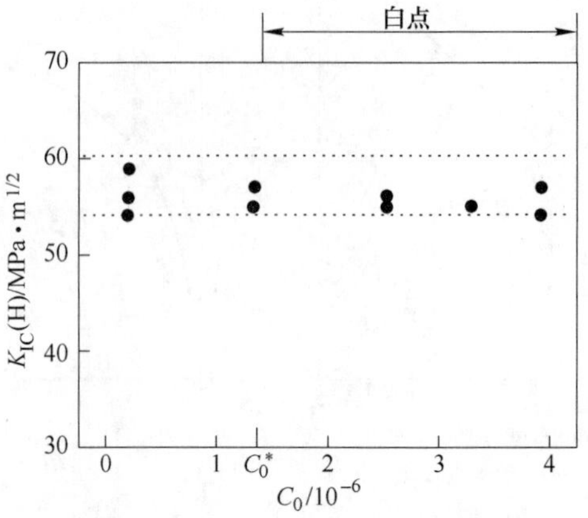

图 4　含氢试样的裂韧性 $K_{IC}(H)$ 随可扩散氢浓度 C_0 的变化

（水平虚线为 K_{IC} 平均值的 95%置信度区间）

Fig. 4　The fracture toughness of charged samples vs. C_0

(The dotted lines are 95% confidence interval of the average K_{IC} of uncharged samples)

预充氢（$i>0.2mA/cm^2$）WOL 试样加载测出 $K_{IC}(H)$ 后，在空气中保持恒位移，裂纹就能缓慢扩展，发生氢致滞后开裂。但当 WOL 试样用大电流充氢产生大量白点（$i=10mA/cm^2$，$C_0=5.6\times10^{-6}$）后，再除气（200℃，100h），这时室温可扩散原子氢已全部去除，$C_0=0$。加载至开裂后放在空气中 100h，裂纹并不扩展，即不发生滞后开裂。由此可知，氢致滞后开裂由原子氢引起，和是否存在白点无关，白点对氢致滞后开裂没有任何影响。

在 4 个发生崩裂的轮箍（酸浸后截面上发现有一定数量的白点）断裂面附近取拉伸和 U 型冲击试样，分别按 GB 228—1987 和 GB/T 229—1994 进行拉伸和冲击实验，结果见表 1，表 1 中还列出了在正常轮箍上取样进行生产检验的实验结果和对轮箍钢的 TJLG 01—99 技术要求。结果表明，崩裂轮箍上取样测得的拉伸性能与生产检验性能无明显差异，都符合技术要求。但冲击韧性明显降低，且出现较大波动，大部分试样不能达到技术要求。对这些试样截面酸浸后低倍观察也未发现明显的白点裂纹。说明在这些试样中白点数量较少，且尺寸也较小，对拉伸性能不产生影响，但对冲击韧性仍能产生较大影响。同时也说明，不同的力学性能对白点的敏感性不同，冲击性能对白点更为敏感，即使有少量尺寸较小的白点也能使冲击韧性大幅下降。若拉伸试样工作段的一部分恰好取在尺寸较大的白点处，可以预见其拉伸性能也将会明显下降。

表 1　崩裂轮箍上取样测得的拉伸性能和冲击性能

Table 1　Tensile and impact properties of specimens cut from fractured wheel bands

项　目	抗拉强度/MPa	延伸率/%	断面收缩率/%	A_{KU} (20℃)/J · cm^{-2}
取样 1	1060	15.5	33.5	11，10，11
取样 2	1050	13.0	28.0	20，10，30，34
取样 3	1030	14.0	32.0	30，47，19，14
取样 4	1100	15.3	34.4	21，22，12，18，38
生产检验	1050	13.0	28.0	56，45，43，23
TJLG 01—99 技术指标	950~1130	≥10	≥14	≥25

疲劳实验在 AMSLER100HFP5000 高频疲劳试验机上进行，采用固定载荷法，最大载荷为 7.2kN，应力比 $R=0.1$。对 $i=2.0mA/cm^2$ 在室温下充氢 100h 后在 200℃下去氢处理 60h 的试样，裂纹扩展速率 da/dN 随 ΔK_I 的变化如图 5 所示。从图 5 中也可看出，当 ΔK_I 在 11~17MPa · $m^{1/2}$ 范围内时，裂纹扩展速率和未充氢试样基本相同。当 ΔK_I 在 17~25MPa · $m^{1/2}$ 范围内时，裂纹扩展速率较未充氢试样高，且波动很大，裂纹扩展速率较未充氢试样高出 2 倍多；当 $\Delta K_I>30$MPa · $m^{1/2}$ 时，裂纹扩展速率又回到未充氢试样的水平。

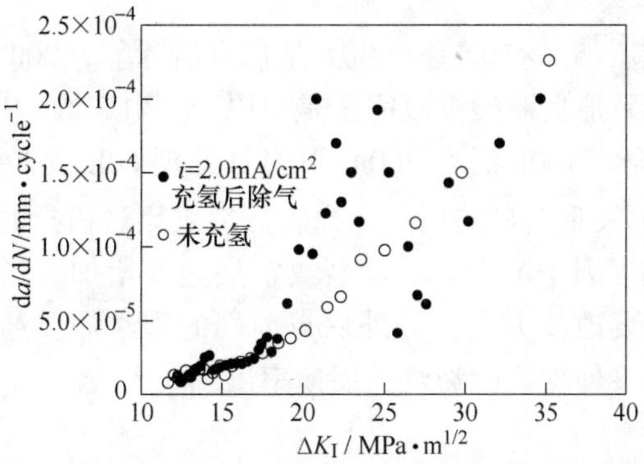

图 5 未充氢和 $i=2.0\text{mA/cm}^2$ 充氢 100h 后在 200℃去氢处理 60h 条件下试样裂纹扩展速率 da/dN 随应力强度因子范围 ΔK_{I} 的变化

Fig. 5 Fitague cracking rate da/dN varying with stress intensity factor range ΔK_{I} for samples of uncharged and charged 100h at $i=2.0\text{mA/cm}^2$ and then outgased 60 h at 200℃

4 讨论

令 δ_0、ψ_0 是未充氢试样延伸率和断面收缩率的平均值，δ、ψ 是两个充氢试样的平均值，δ^*、ψ^* 是充氢后除氢试样的值。用 $I_\delta = (\delta_0 - \delta)/\delta_0$ 或 $I_\psi = (\psi_0 - \psi)/\psi_0$ 表示充氢引起的总的塑性损失。用 $I_\delta^* = (\delta_0 - \delta^*)/\delta_0$ 或 $I_\psi^* = (\psi_0 - \psi^*)/\psi_0$ 表示白点引起的塑性损失。它们随氢浓度 C_0 的变化如图 6 所示。氢致塑性损失一部分来源于预先存在的白点，另一部分来源于原子氢，即

$$I_\delta = I_\delta^* + I_\delta(\text{H}) \tag{1}$$

图 6 表明，当白点含量较少（$C_0<5.6\times10^{-6}$）时，白点对塑性没有影响；氢致塑性损失完全归因于原子氢。当白点含量较高（$C_0=5.6\times10^{-6}$）时，白点能使塑性急剧下降。因为实际正常车轮钢中 $C_0<3.9\times10^{-6}$，因而即使存在白点，对拉伸性能和断裂韧性也不会有影响，故仅通过拉伸性能测定来判断是否存在白点是不可靠的。

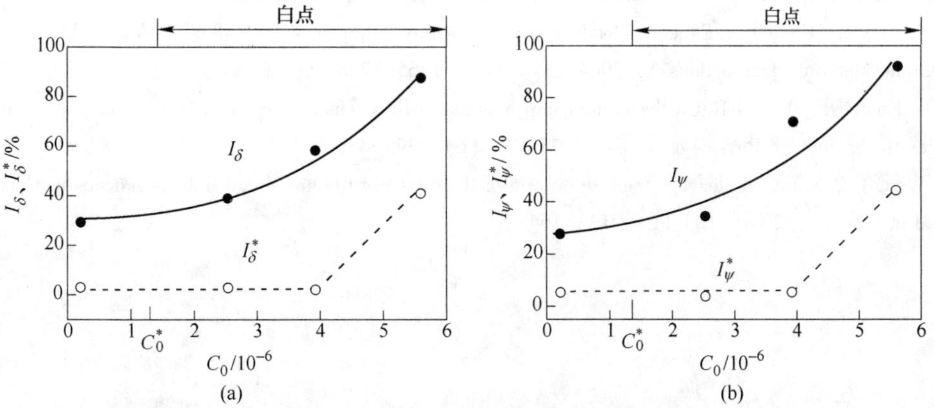

图 6 充氢引起的塑性损失 I_δ(a) 或 I_ψ(b)，以及白点引起的塑性损失 I_δ^*(a) 或 I_ψ^*(b) 随 C_0 的变化

Fig. 6 Hydrogen-induced plasticity loss I_δ(a) or I_ψ(b) and flaking-induced plasticity loss I_δ^*(a) or I_ψ^*(b) vs C_0

缺口试样在加载过程中缺口前端由于变形受到约束而产生应力集中，正应力的应力最大处位于缺口前端的一定距离处[6]，Ritchie[7]、Chen[8]等提出发生解理断裂的条件为缺口或裂纹前某处正应力达到临界值。若缺口前端的应力集中区存在氢致裂纹（白点），试样在冲击变形时裂纹尖端存在很高的应力集中，当裂纹尖端的应力集中达到材料发生解理所需的正应力时，试样便发生解理断裂[7]。此时试样所需的外载荷（冲击功）小于不存在白点的试样。但白点对解理起裂的作用受白点的尺寸、白点在缺口前的位置和取向影响。解理的发生主要受缺口前端正应力的控制，当白点和缺口共同作用所产生的应力集中最容易达到解理断裂应力时，冲击韧性最低。正是由于氢致裂纹在试样中是随机分布的，它会在缺口的作用下产生不同的应力集中，因此使得含白点的试样冲击韧性降低的同时也使得冲击韧性值产生较大的

波动。

预裂纹的 WOL 试样充氢（$C_0=5.6\times10^{-6}$）产生大量白点后除氢（200℃，100h），加载至开裂后裂纹不发生滞后扩展。由此可知，氢致滞后断裂事故完全是由原子氢引起的，是否存在白点不是决定性因素。

对 $i=2.0\text{mA/cm}^2$ 在室温下充氢 100h 后在 200℃ 下去氢处理 60h 试样疲劳断口观察表明 ΔK_I 在 17～25MPa · $m^{1/2}$范围内时，试样内部发现明显的白点，当疲劳裂纹穿过白点时，相当于增加了一部分裂纹长度，使得裂纹前端的有效应力强度因子增大，因此裂纹扩展速率增加。当疲劳裂纹遇到与裂纹面不完全平行的白点时，疲劳裂纹一方面要改变方向，另外白点前端的裂纹需要通过疲劳重新形核，使得裂纹扩展速率又有所降低。因此，白点又使得疲劳裂纹扩展速率出现较大波动。

5 结论

（1）车轮钢中白点数量较少（$C_0<5.6\times10^{-6}$），且尺寸较小时，它对拉伸性能没有影响，当白点数量和尺寸较大时（$C_0\geqslant5.6\times10^{-6}$），就会使强度和塑性下降。

（2）白点对断裂韧性没有影响，但能使冲击韧性明显降低并使冲击韧性值产生较大波动。

（3）试样中存在的白点能增加疲劳裂纹扩展速率，并且使得整个试样的疲劳裂纹扩展速率发生明显的波动。

（4）氢致滞后开裂由原子氢引起，和白点无关。

参考文献

[1] Steiner J E. Current Solution to Hydrogen Problems in Steel [M]. Metals Park, Ohio: ASM, 1982: 55.

[2] Fruehan R J. A review of hydrogen flaking and its prevention [J]. Iron Steel Maker, 1997, 24: 61-68.

[3] Pollard M G. Tyre fracture: The problem, the cause and preventative action [J]. Proc. Inst. Mech. Eng., 1999, 213, F: 181-195.

[4] Pan C, Su Y J, Chu W Y, Li Z B, Ling D T, Qiao L J. Hydrogen embrittlement of weld metal of austenitic stainless steels [J]. Corr. Sci., 2002, 44 (9): 1983-1993.

[5] Pan C, Chu W Y, Li Z B, Su Y J, Gao K W, Qiao L J. Hydrogen embrittlement induced by atomic hydrogen and hydrogen-induced martensites in type 304L stainless steel [J]. Mater. Sci. Eng. A., 2003, 351A (1-2): 293-298.

[6] Wang G Z, Ren X C, Chen J H. Effects of loading rate on fracture behavior of low-alloy steel with different grain sizes [J]. Metallurgical and Materials Transactions A, 2004, 35A (6): 1765-1778.

[7] Ritchie R O, Knott J F, Rice J R. On the relationship between critical tensile stress and fracture toughness in mild steel [J]. Journal of the Mechanics and Physics of Solids, 1973, 21 (6): 395-410.

[8] Chen J H, Wang G Z. Study on cleavage fracture criteria of the quasi-brittle and micro-inhomogeneous materials [J]. International Journal of Fracture, 2001, 108 (2): 143-164.

热处理工艺对车轮残余应力的影响❶

沈晓辉[1] 赵亚琼[1] 安 涛[1,2] 章 静[1] 闫 军[1]

（1. 安徽工业大学；2. 马鞍山钢铁股份有限公司）

摘 要 运用有限元法，综合考虑了温度、相变及应力的耦合作用，对车轮热处理残余应力及热处理工艺对它的影响规律进行了分析。模拟分析表明，马钢生产的 HDSA 车轮踏面的最大周向残余压应力为 140MPa 左右，压应力区深度达到 38 . 2mm。得到了淬火温度、淬火时间、回火温度和回火时间对踏面上周向残余压应力和踏面下压应力区深度的影响规律，其中回火温度对踏面上的残余应力影响最大。

关键词 车轮；热处理；残余应力；影响；有限元

Influence of Heat Treatment Parameters on Residual Stress of Railway Wheel

Shen Xiaohui[1] Zhao Yaqiong[1] An Tao[1, 2] Zhang Jing[1] Yan Jun[1]

（1. Anhui University of Technology；2. Ma'anshan Iron and Steel Co.，Ltd.）

Abstract The influence of heat treatment parameters on residual stress of railway wheel ware analyzed with finite element method with consideration of coupling of temperature，phase transformation and stress. Residual circumferential stress in the tread of HDSA wheel reached 140MPa，and the depth below the tread of the compressive stress region was 38. 2mm. The influence of quenching temperature，quenching time，temper temperature and temper time on residual stress was clarified. Among these parameters ，temper temperature has the biggest influence on the residual stress.

Key words railway wheel；heat treatment；residual stress；influence；finite element

1 引言

热处理是火车车轮制造的一个重要工序。热处理过程产生的残余应力对车轮使用性能有重要影响。特别是轮辋踏面下在一定深度范围分布的周向残余压应力，可以抵消或部分抵消车轮运行过程产生的拉应力，对防止车轮运行过程中可能出现的车轮踏面裂纹、金属剥落有着重要作用。欧洲车轮标准对车轮产品内部的残余应力有着明确的规定[1]，把残余应力作为衡量车轮质量的重要指标之一。

残余应力是在淬火过程中形成的，该过程是一个温度、组织转变、应力三方面相互作用的复杂过程[2~5]。从理论上获得对残余应力的解析解极其困难。笔者应用有限元数值模拟的方法，研究了车轮在热处理过程中产生的残余应力的分布情况以及热处理工艺对它的影响规律，为优化热处理工艺，提高车轮质量提供了依据。

2 建立模型

按照车轮实际生产工艺进行建模。车轮材料为 CL60 钢，具体热处理工艺参数（以 HDSA 车轮为例）为：淬火温度 840℃，淬火时间 280s，回火温度 500℃，回火时间 4h。淬火时车轮高速旋转，对车轮踏面

❶ 原文发表于《钢铁》2007 年第 10 期。
安徽省重点科研计划项目（07021007）。

进行喷水冷却，即单面淬火工艺。将热处理过程的外界载荷和约束条件视为轴对称，按轴对称问题进行研究。整个模拟过程主要分4个工况：淬火加热、淬火、回火和空冷。以非线性有限元软件 MSC. Marc 为平台，建立热弹塑性模型，通过用户子程序进行二次开发，综合考虑相变、温度、应力及回火蠕变的作用。有限元计算时按各相屈服应力的加权得出材料的屈服应力[2]。

2.1 相变的计算

对于扩散型转变，相变量用 Avrami 方程[6]进行计算：

$$V = 1 - \exp(-bt^n) \tag{1}$$

式中，V 为新相组织的体积分数；b 和 n 是两个与钢的成分和奥氏体化转变条件有关的参数，根据车轮钢等温转变曲线求出。

对于非扩散型转变，转变量仅决定于温度，用 Koistinen- Marburger[6] 方程进行计算：

$$V = 1 - \exp[-\alpha(M_s - T)] \tag{2}$$

式中，M_s 为马氏体开始转变温度,℃；T 为转变温度,℃；α 为常数，计算时取 0.011。

2.2 潜热的计算

伴随组织转变会释放相变的潜热。相变时，由于各相的热焓值不同[6]，不同类型的组织转变会释放出不同的相变潜热，潜热的释放与相变量成正比，其计算式如下：

$$Q = \Delta H \cdot \frac{\Delta V}{\Delta t} \tag{3}$$

式中，ΔH 为各组织的热焓的变化，J/m^3；ΔV 为在 Δt 时间内相变量的增量（体积分数）。

2.3 应变的计算

热处理过程中总应变的增量包括：弹性应变、塑性应变、热应变、组织应变和相变塑性应变的增量。其中组织应变的增量为[6]：

$$\mathrm{d}\varepsilon_{ij}^{\mathrm{tr}} = \beta \mathrm{d}V \tag{4}$$

式中，β 为相变膨胀系数。

相变塑性应变为[6]：

$$\mathrm{d}\varepsilon_{ij}^{\mathrm{tp}} = k\sigma_{\mathrm{e}}(1 - V)\mathrm{d}V \tag{5}$$

式中，k 为相变塑性应变系数；σ_{e} 为等效应力，Pa。

2.4 回火过程蠕变的计算

在回火过程中，材料发生粘弹性蠕变，残余应力部分释放。释放残余应力的多少取决于蠕变的大小。粘弹性蠕变主要取决于金属的应力状态、回火温度及回火时间[7]。

$$\dot{\varepsilon}_{\mathrm{c}} = 4.02 \times 10^{-18}(\sigma_{\mathrm{e}}^{12.5})\mathrm{e}^{\frac{-53712}{1.8T+492}} \tag{6}$$

式中，$\dot{\varepsilon}$ 为蠕变应变速率；σ_{e} 为等效应力，MPa；T 为温度,℃。

3 应力分析

车轮淬火过程中温度、组织变化具有不均匀性和非同时性，导致热应力和组织应力非常明显。二者共同作用使车轮的内应力分布变得十分复杂。

图1为淬火过程中 HDSA 车轮踏面下不同深度处周向应力的变化情况，图中 A、B、C、D、E、F、G、H 点距踏面的距离（mm）分别为 0、4.9、9.7、19.4、28.8、37.8、51.0、64.6。在淬火开始阶段，踏面附近金属温降大，收缩大；较深部位的金属温降小，收缩小，导致踏面附近金属受到较大的周向拉应力作用。随着继续冷却，此拉应力逐渐减小，并转换为压应力，喷水结束时，压应力达到最大。在回火前的自然冷却过程中，踏面附近金属的周向压应力缓慢减小，深处金属的周向拉应力值有较大增加，压应力区域逐渐向轮辋中部扩大。在回火过程中，残余奥氏体继续分解，残余应力在回火蠕变的作用下

发生松弛，松弛幅度较小。在回火后的空冷过程中，由于热应力作用，残余应力有小幅度增加。

图2为热处理结束后车轮径向断面的残余周向压应力和拉应力的分布情况。踏面下大部分轮辋区域分布周向压应力，辐板及轮毂的大部分区域分布周向拉应力。踏面上周向残余压应力达到140MPa，踏面下周向压应力区的深度为38.2mm。此结果与文献［1］中推荐的机械破坏性测试法测得的结果基本一致。

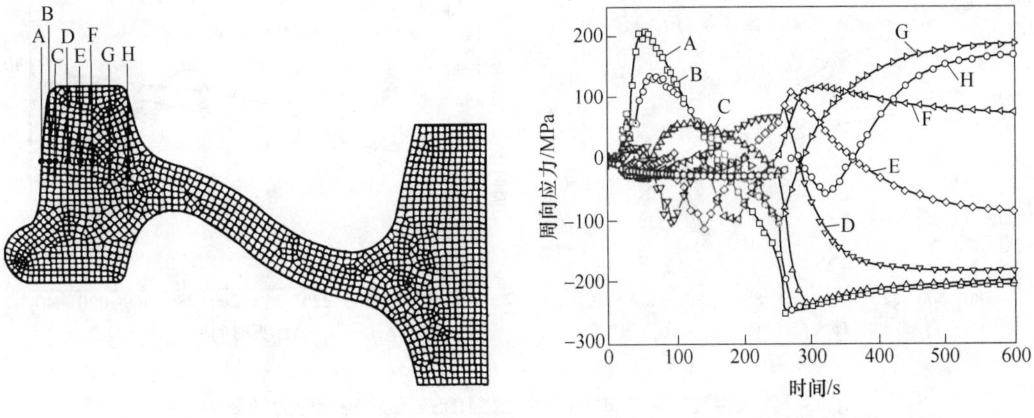

(a) 踏面下各点的位置 (b) 淬火过程各点的应力变化

图1 淬火过程中HDSA车轮踏面下不同位置的周向应力变化

Fig. 1 Circumferential stress at different depth below tread for HDSA wheel during quenching

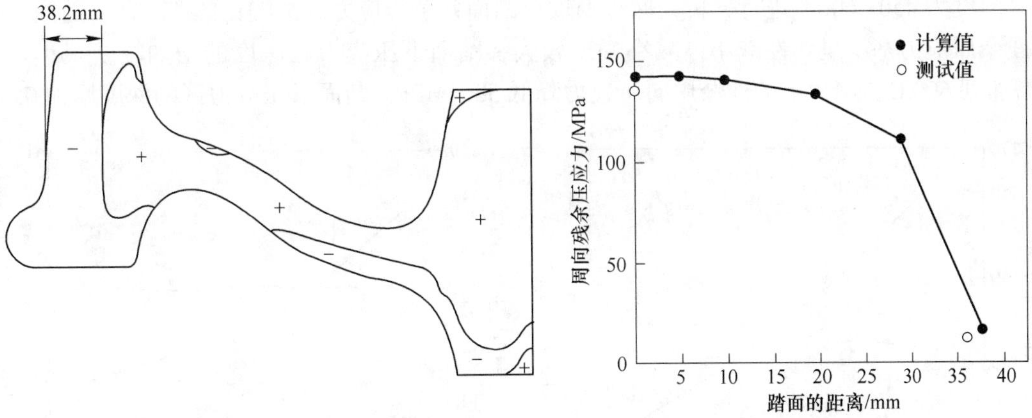

(a) 车轮径向断面周向残余应力的分布 (b) 踏面下不同深度处的残余应力

图2 HDSA车轮残余应力的分布情况

Fig. 2 Residual stress distribution of HDSA wheel

4 热处理工艺参数对残余应力的影响

车轮热处理工艺参数主要有淬火温度、淬火时间、回火温度和回火时间。在研究工艺参数对残余应力的影响时，可在一定范围内变化工艺参数，分析踏面上周向残余应力的大小和踏面下残余压应力区域深度的变化规律。

4.1 淬火温度

车轮淬火温度，即车轮从淬火加热炉中取出时车轮的平均温度。淬火温度对热处理结束后车轮残余应力的影响见图3（a）。淬火温度升高，踏面上周向残余压应力减小，踏面下残余压应力区的深度减小。淬火温度由785℃提高到930℃，踏面上的残余周向压应力降低6MPa，踏面下压应力区的深度减小3.8mm。

4.2 淬火时间

淬火时间即对车轮踏面喷水冷却的时间。淬火时间取180～330s。淬火时间对车轮残余压应力的影响见图 3（b）。随着淬火时间的延长，车轮的踏面周向残余压应力逐渐增加，残余应力的大小与淬火时间基本呈线性关系。随淬火时间的延长，踏面下周向残余压应力区的深度增加。淬火时间由 180s 增加到 330s，踏面上的残余周向压应力增加 5. 2MPa，踏面下压应力区的深度增加 4. 2mm。

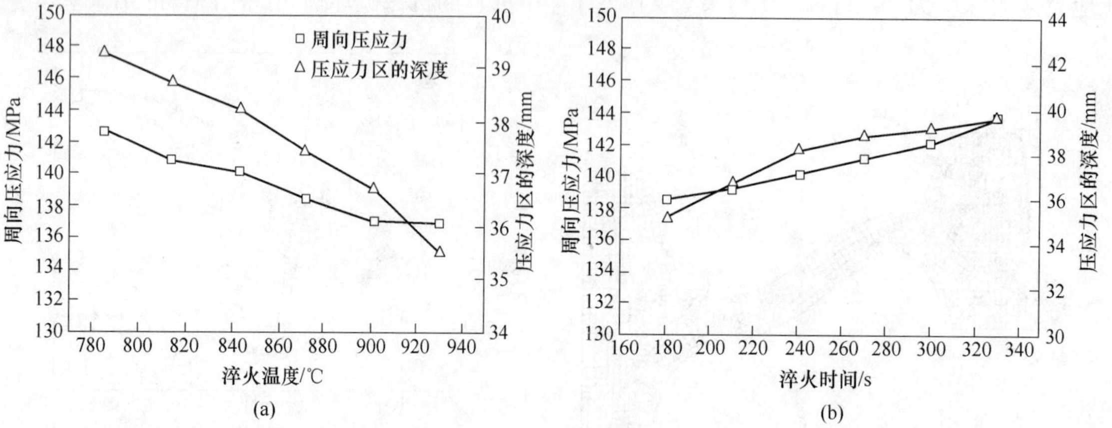

图 3　淬火温度（a）、时间（b）对 HDSA 车轮残余应力的影响

Fig. 3　Influence of quenching temperature（a）and time（b）on residual stress of HDSA wheel

4. 3　回火温度

取回火温度为 450～600℃进行分析，回火温度对踏面残余压应力的影响见图 4（a）。随回火温度的增加，踏面残余压应力基本呈线性减小，减小幅度较大，踏面下压应力区深度的增加幅度很小。回火温度由 450℃增加到 600℃，踏面上的残余周向压应力降低 58. 4MPa，踏面下压应力区的深度增加 0. 5mm。

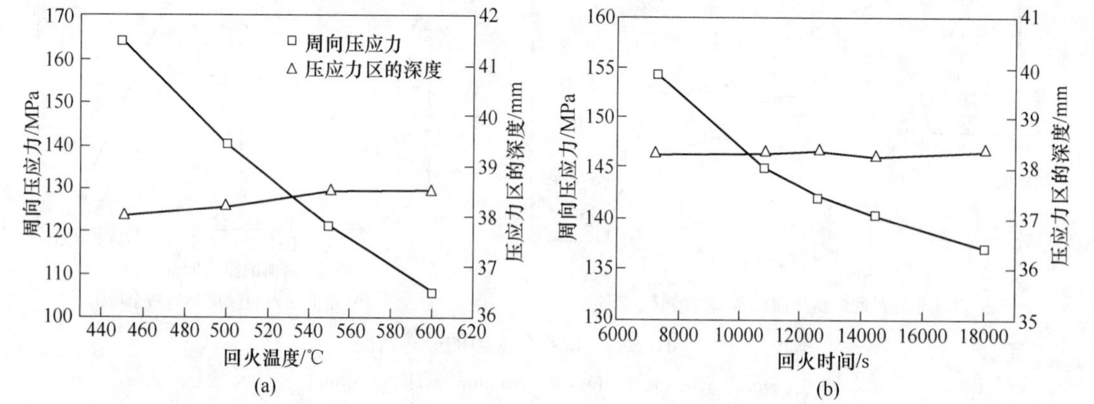

图 4　回火温度（a）、时间（b）对 HDSA 车轮残余应力的影响

Fig. 4　Influence of temper temperature（a）and time（b）on residual stress of HDSA wheel

4. 4　回火时间

取回火时间为 2～5h 进行研究。回火时间对车轮踏面周向残余压应力的影响见图 4（b）。回火时间越长，踏面周向残余压应力越小。说明回火时间越长，应力松弛越明显。在回火时间短于 3h 时，应力松弛的幅度较大，回火超过 4h 之后，应力松弛的幅度较小。回火时间对车轮踏面下周向压应力区的深度基本没有影响。回火时间由 2h 增加到 5h，踏面上的残余周向压应力降低 17. 4MPa。

5　结论

（1）分析了热处理过程车轮应力的变化规律。在淬火开始阶段，车轮踏面附近分布着周向拉应力，其深处受到压应力，在淬火 60s 时踏面拉应力达到最大，随后踏面附近的拉应力逐渐减小并转化为压应力，而轮辋深处受到拉应力。最终车轮踏面上的周向残余压应力达到 140MPa，踏面下压应力区的深度达 38. 2mm。

（2）随淬火温度、回火温度和回火时间的增加，最终踏面周向压应力减小，其中回火温度的影响最大。随淬火时间的增加，踏面周向残余压应力增加。随淬火温度的提高，淬火时间的增加，踏面下压应力区的深度增加，但增加幅度较小。回火温度和回火时间对踏面下的残余压应力区的深度影响很小。

参考文献

[1] EN13262, Railway Applications- Wheelsets and Bogies-Wheels-Product Requirements [S].

[2] Gür C H, Tekkaya A E. Numerical Investigation of Non-Homogeneous Plastic Deformation in Quenching Process [J]. Materials Science and Engineering, 2001, 319-321A (12): 164-169.

[3] Hamouda A M S, Sulaiman S, Lau C K. Finite Element Analysis on the Effect of Workpiece Geometry on the Quenching of ST50 Steel [J]. Journal of Materials Processing Technology, 2001, 119 (13): 354-360.

[4] 蒋昱，曾攀，娄路亮. 26Cr2Ni4MoV 钢淬火过程的三场耦合数值模拟 [J]. 哈尔滨工业大学学报，2002，34（3）：302-307.

[5] 顾剑锋，潘健生，胡明娟，等. 9Cr2Mo 冷轧辊加热过程的模拟 [J] 金属学报，1999，35（12）：1266-1270.

[6] 刘庄，吴肇基，吴景之，等. 热处理过程的数值模拟 [M]. 北京：科学出版社，1996.

[7] Gordon J, Perlaman A B. Estimation of Residual Stress in Railroad Commuter Car Wheels Following Manufacture [C]. In: Wolf E J eds. Proceedings of the International Mechanical Engineering Congress and Exhibition. Anaheim, CA: ASME RTD, 1998, 15: 13-18.

薄轮辋、深盆形车轮的热成形工艺❶

李　翔[1]　许章泽[1]　安　涛[1]　李胜祇[2]　闫　军[2]

(1. 马鞍山钢铁股份有限公司；2. 安徽工业大学)

摘　要　借助商业有限元软件 MSC/Superform，研究了薄轮辋、深盆形车轮的成形技术，较好地解决了具有薄轮辋、深盆形特点车轮的热成形工艺设计问题，获得了显著的经济效益和社会效益。

关键词　车轮；薄轮辋；深盆形；热成形

Hot Forming Technology of Railway Wheel with Thin Rim Width and Deep Dish

Li Xiang[1]　Xu Zhangze[1]　An Tao[1]　Li Shengzhi[2]　Yan Jun[2]

(1. Ma'anshan Iron and Steel Co., Ltd.; 2. Anhui University of Technology)

Abstract　The shape characteristic of railway wheel with thin rim width and deep dish was presented. The hot forming technology was studied by applying MSC/Superform commercial software, and a correct solution to design hot forming technology of this kind of wheel was worked out. Through Industrial production, high economy effect and social benefits can be obtained.

Key words　wheel; thin rim width; deep dish; hot-forming

1　引言

客车高速、货车重载运输技术已被国际公认是铁路发展的方向，高速重载运输取得的效益已由各国的实际运输业绩所证实。这些对火车车轮的强韧性、耐磨性、抗热裂性、抗疲劳性、抗剥离性要求更高。

20 世纪 90 年代后，有限元应用技术日益成熟，用有限元弹性模型研究车轮的运行状态，评定车轮设计的合理性，优化设计出具有低应力、高抗热损坏性能的车轮。美国铁路协会 AAR 在 1981 年对车轮进行有限元分析评定的要求制定成 AAR 标准 S-660。据此设计的低应力车轮有以下特点[1]：(1) 薄轮辋，其辋厚小于 50mm；(2) 深盆形，内辐板中线与内辋面相距较大，车轮呈较深的盆形形状；(3) 车轮辐板厚度较薄，其值小于 25mm；(4) 车轮辐板呈 S 形，且全部用圆弧连接；(5) 轮毂壁厚较薄，仅为 30mm；(6) 采用高速的 HLM 型踏面外形。

本文论述了具有薄轮辋、深盆形车轮的热成形工艺设计问题，提出了该类车轮设计中关键问题的解决方法，经生产实践证明取得了良好的效果。

2　车轮结构

H36 货车车轮是出口北美市场的代表产品，低应力的使用性能决定其具有薄轮辋、深盆形特点，其结构形式和基本尺寸如图 1 所示。成品质量 326kg，轴重 29.8t，速度 100km/h。轮毂与轮辋距离 C 值 63mm。

---

❶ 原文发表于《钢铁研究学报》2007 年第 11 期。

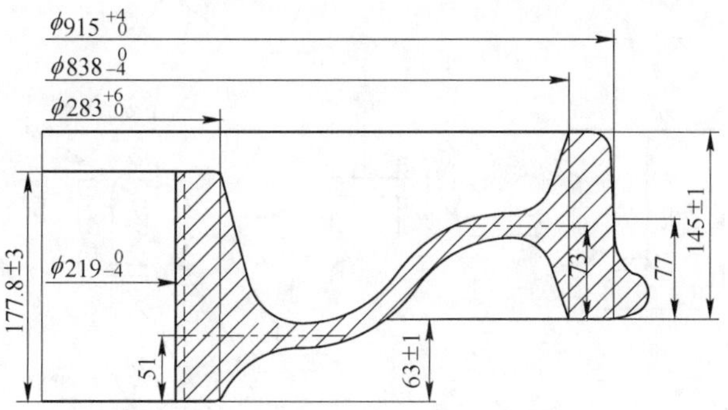

图 1　H36 货车轮几何尺寸

Fig. 1　Frame dimension of wheel for freight cars

H36 车轮轮辋厚度仅 36mm，而常规车轮轮辋厚度大于 50mm，故其具有薄轮辋的特点。该车轮靠近轮毂部位的内辐板中线位于轮辋内侧下面，整个车轮呈现深盆形的特点。车轮辐板由圆弧连接成大 S 形。

3　车轮成形过程

火车车轮热成形过程[2]如下：在 2 号 30MN 水压机上完成镦粗、定径、压痕工步，获得预成形轮坯；在 80MN 水压机上完成成形工步，得到车轮成形坯，获得轮毂和压制辐板的工艺尺寸。在车轮轧机上轧制车轮，使成形坯扩径，外径达到工艺要求，并获得充满较好的轮缘。在 3 号 30MN 水压机上冲孔压弯，将压制辐板和轧制辐板压弯成形，平整辋面，获得目标尺寸。热成形过程如图 2 所示。

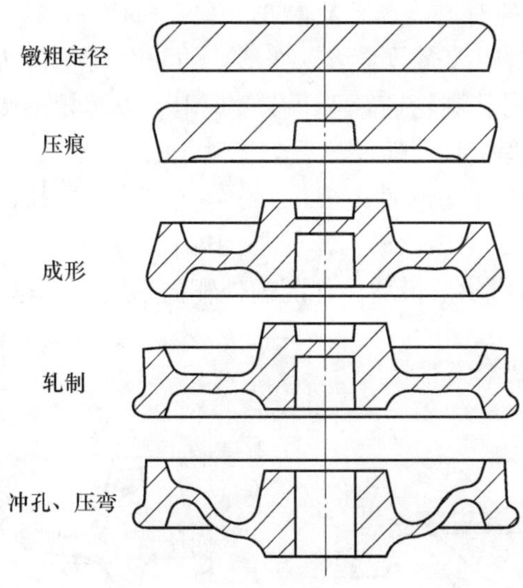

图 2　车轮热成形过程

Fig. 2　Hot forming process of wheel

4　车轮成形工艺设计特点

4.1　薄轮辋成形设计

H36 货车轮轮辋厚度仅 36mm，轮辋变形较困难。在试制生产中，我们发现 H36 车轮的外辋面出现严重向内倾斜的现象，而且踏面斜度加大，如不解决将造成大量废品。针对这个问题，我们仔细观察了轧钢各机组的生产状况，发现问题出在压弯工步，即压弯时产生了辋面压斜的现象。

为了解决这个问题，我们在轧制时改变了轮辋和踏面的形状，使车轮外辋面先向反方向倾斜，这样，压弯后被整形回正常形状。重新设计的轧制轮辋孔型如图 3 所示。

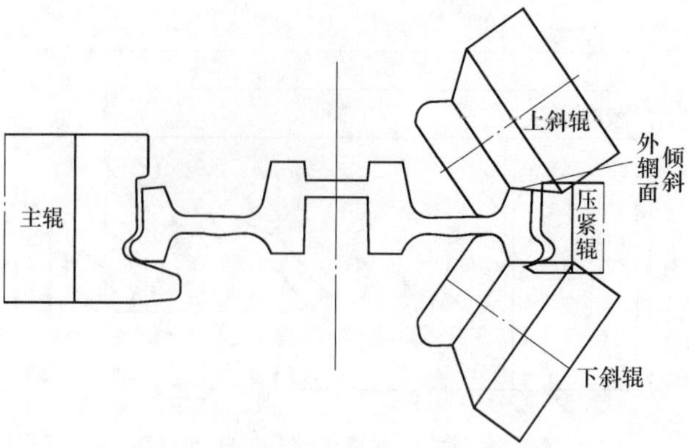

图 3　轧制轮辋孔型构成

Fig. 3　Roll pass design for wheel rim

4.2　车轮压弯成形数值模拟

由于车轮具有轴对称性，故采用二维轴对称热力耦合数值模拟。模具压下速度为 50mm/s。压弯工步来料为车轮轧制坯，材料为 60 号钢，相当于 CL60 钢，用四节点单元网格离散坯料，共 224 个单元，274 个节点。材料的物理性质（热传导系数、热容和热膨胀系数）是随温度变化的，变形抗力是热力学参数（变形程度、变形速度和变形温度）的函数，这些材料数据均由模拟软件的材料库中读取。

车轮压弯工步温度为 1150℃。模具与工件间接触摩擦遵循剪切摩擦定律，摩擦因子取 0.5。传热边界条件主要考虑工件与模具间的接触传热及工件与环境间的对流传热，工件与模具间的接触传热系数取 12kW/(m^2·℃)，工件与环境间的对流传热系数取 0.12kW/(m^2·℃)。模具视作恒温刚性体。关于变形热效应的影响，Wertheimer 认为对于大多数金属，变形功的 90%转化为热量[3]。

模拟结果如图 4 所示。压弯时轧制轮坯置于下压弯模上，以车轮内侧内径圆弧段定位，上压弯模先接触车轮外侧压制辐板圆弧处，压弯模具与轧件位置如图 4（a）所示。压弯时辐板通过拉伸弯曲变形，达到工艺尺寸。轮辋由于较薄的原因，变形时先被拉斜，整个轮辋逆时针旋转，内辋面与下压弯模之间产生间隙，如图 4（b）所示。随后，上压弯模与车轮外侧内径处接触，对轮辋反向加压，致使整个轮辋顺时针旋转，变形情况如图 4（c）所示。最后，伴随内外辋面平整，车轮压弯成形结束，图 4（d）是压弯成形时的车轮坯。

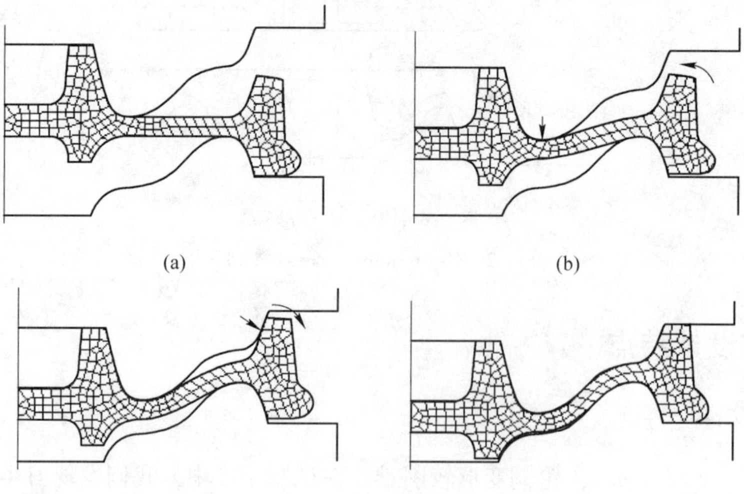

(a)　(b)　(c)　(d)

图 4　H36 车轮压弯成形过程

Fig. 4　Dishing press process of H36 wheel

4.3 深盆形导致热处理轮毂下沉设计

车轮具有轴对称圆形结构，淬火热处理工步，轮辋剧烈冷却，导致轮毂下沉[4]。H36 货车轮是大 S 型辐板、薄轮辋、深盆形车轮。我公司试制生产时，合格率很低，原因与淬火下沉量的估计有关。虽然我们意识到这个问题，但淬火下沉量是困扰国际车轮生产行业多年的难题，没有人能够通过公式计算出它的大小，只能根据经验猜测。首先，我们按照常规产品的下沉量估算 H36 下沉值。再根据首次生产情况，测量了所有 H36 冷态毛坯，发现实际下沉量比原先预计大，达到 6~8mm，致使车轮内板外侧在预加工时全部呈黑皮，因此造成一定废品。此后，我们重设计了成形工艺，将下沉量定在 7mm，这个问题不再出现，而且内板余量也减少了 4mm。

5 结论

（1）根据车轮薄轮辋和深盆形的特点，合理设计轧制轮辋孔型，在轮辋外侧预留金属，待压弯拉伸时，平整辋面，达到理想的外形尺寸。

（2）数值模拟车轮压弯成形过程，模拟结果与实际生产相一致，验证了设计方法。

（3）由于车轮具有深盆形的特点，在热处理工步轮壳存在较大的下沉量，结合生产经验，选取合适的下沉量，获得符合要求的毛坯形状。

参 考 文 献

[1] 郭玉玺 . 辗钢车轮的低应力设计与制造［J］. 太重技术导报，1997（1）：21-33.

[2] 程必福，蔡钊，李恺，等 . 车轮轮箍生产［M］. 北京：冶金工业部工人视听教材编辑部，1991.

[3] Wertheimer T B. Thermal mechanically coupled analysis in metal forming process［C］. Pittman J F T，Wood R D，Alexander J M，et al. eds. Numerical Methods in Industrial Forming Processes. Swansea：Pineridge Press Ltd.，1982：425-434.

[4] 比比克 Γ A. 火车车轮的制造［M］. 苏星，译. 北京：冶金工业出版社，1990.

执行 GB/T 10561—2005 标准对复杂形状夹杂物的评定研究❶

张明如[1,2]　陈联满[1]　王　越[1]　杨丽珠[1]

（1. 马鞍山钢铁股份有限公司；2. 西安交通大学）

摘　要　在检验钢中非金属夹杂物时，常发现一些特殊形貌的夹杂物。对这些特殊形貌夹杂物评定，GB 10561—1989 标准中没有明确规定。检验人员只能凭个人感觉评定，影响了夹杂物的评级准确性。通过收集生产检验过程中的各种特殊形貌夹杂物的试样，进行比对试验和夹杂物的微区成分分析，结合新标准 GB/T 10561—2005 与相关资料进行综合分析，制定出特殊形貌的非金属夹杂物评级参考图，使非金属夹杂物的评级进一步规范化，提高了非金属夹杂物的评级准确性。

关键词　特殊形貌夹杂物；评定；参考图

Reference Drawing Study of the Special Appearance Inclusion to Operative GB/T 10561—2005 standard

Zhang Mingru[1,2]　Chen Lianman[1]　Wang Yue[1]　Yang Lizhu[1]

（1. Ma'anshan Iron and Steel Co., Ltd.; 2. Xi'an Jiaotong University）

Abstract　Some special appearance inclusion was often found when examining non-metallic inclusion in the steel. There was no definite prescript for evaluating the non-metallic inclusion in GB 10561—1989 standard. Level of the inclusion only could be evaluated under the influence of examiner's feeling. Through collecting the samples of all kinds special appearance inclusion, the compared tests were taken and the micro-area component was analyzed. Combining new standard GB/T 10561—2005 and analyzing synthetically with correlative data, reference drawing of evaluates was established for the special appearance inclusion. Evaluation of the non-metallic inclusion would be further standardized and its accuracy would be improved.

Key words　special appearance inclusion; evaluation; reference drawing

1　引言

我国评定非金属夹杂物在 1989 年之前主要执行冶标 YB 25—77（以下简称冶标），1989 年制定了国标 GB 10561—1989《钢中非金属夹杂物显微评定方法》（以下简称国标），此后逐步取代了冶标。虽然国标使非金属夹杂物的评定更趋详细和全面，但是该标准是等效采用国际标准 ISO 4967：1979。与国际标准相比，国标在评定方法中省略了一些细节问题。新标准 GB 10561—2005（以下简称新国标）等同翻译了 ISO 4967：1998(E)，使夹杂物的评定方法几乎完全贴近国际标准，但是对钢中部分复杂形状夹杂物的评定仍然没有具体规定，检验人员在面对这类夹杂物评定过程中常存在一些难以把握的尺度。就本单位而言，根据检验人员的反映，评定非金属夹杂物主要存在如下问题：

（1）新国标评级图谱中没有块状、角状、环状及月牙状等特殊形貌的氧化物夹杂的归类，评定结果

❶　原文发表于《东北大学学报》2007 年 8 月增刊。

因人而异，有人评为B类氧化物，有人评为D类球状氧化物，甚至还有人评为C类硅酸盐，影响了检验结果的可信度；

(2) 线材经拉拔后，夹杂物的形貌较难确认，如有些链、条状分布的夹杂物既像B类又像C类，评定时仅能凭个人感觉评定，使夹杂物级别评定的随意性较大，增加评级误差等。

针对上述问题，统一检验人员对标准的理解，明确非金属夹杂物，尤其是一些特殊形貌的非金属夹杂物的归类分系，使检验人员在评定非金属夹杂物时有据可依，是正确评定钢中非金属夹杂物急需解决的问题。因此，对执行GB 10561—2005《钢中非金属夹杂物含量的测定标准评级图显微检验法》评定钢中非金属夹杂物的一些细节问题进行研究，制定特殊形貌非金属夹杂物的参考评级图，具有一定的实用价值。另外，过去国内也有些检验室在执行1989年版国标时，根据本单位产品中的非金属夹杂特点，结合国际标准，自定一些评定原则[1]。

2 研究样品与方法

研究样品主要来源于在日常冶金产品检验中发现的一些含有不易评定的复杂形状夹杂物的试样，共搜集24个样品。首先对搜集的典型试样通过金相方法，按照国标中的Ⅰ-JK标准评级图，对所收集试样中的复杂形状非金属夹杂物进行评级，并请相关检验人员各自单独对每个试样中指定的复杂形状非金属夹杂物进行复评，即比对试验。再利用扫描电镜和能谱仪对部分复杂形状非金属夹杂物进行形貌与成分分析。按照国标、国际标准对非金属夹杂物的评级原则，结合比对试验结果，适当参考复杂形状非金属夹杂物的形貌与成分的对应关系，综合确定所收集的复杂形状非金属夹杂物的类、系及其级别，最后编辑所收集的复杂形状非金属夹杂物的评级参考图。

3 试验结果与分析

3.1 初检评级结果

复杂形状非金属夹杂物的初检与比对试验评级结果见表1。表中H，I，J，K分别为参加评级人员的代号，其中H为初检人员的代号。表中综合评定栏是指最终评定结果。

表1 非金属夹杂初检与比对试验评定结果

Table 1 Primary examination and compared evaluation results of the non-metallic inclusion

夹杂图号	A类						B类						C类	D类					综合评定
	细系	粗系					细系	粗系					粗系	粗系					
		H	J	K	I	L		H	J	K	I	L	H	H	J	K	I	L	
1	J：0.5	1.0		0.5			L、I：1.0												A粗：0.5
2	0.5	0.5	0.5	1.0	0.5	1.0													A粗：0.5
3								1.0	1.0	0.5	1.0	0.5							B粗：0.5
4								0.5	0.5	0.5	0.5	0.5							B粗：0.5
5								0.5	1.0	0.5	0.5	0.5							B粗：0.5
6								1.0	1.0	0.5	0.5	0.5							B粗：0.5
7								1.0	1.0	1.0	1.0	1.0							B粗：0.5
8								1.5	1.0	1.0	1.0	1.0							B粗：1.0
9								1.5	1.5	1.5	1.5	1.5							B粗：1.5
10							H：1.5		1.5	1.5	1.5	1.5							B粗：1.5
11								1.5	1.5	1.5	1.5	1.5							B粗：1.5
12								1.5	1.5	1.5	1.5	1.5							B粗：1.5
13							J、I、H：1.5			1.5		1.5							B粗：1.5
14									1.5	2.0	1.5	2.0	1.5						B粗：1.5
15							H：1.5								1.0	0.5	0.5	0.5	D粗：0.5
16							L、I、K：0.5	1.0	0.5										B粗：0.5
17								1.5							1.0	1.0	1.0	1.0	D粗：1.0
18									0.5					1.5		1.0	1.0	1.0	D粗：1.5
19									0.5					1.0		1.0	1.0	1.0	D粗：1.5
20								0.5	0.5							0.5	0.5	0.5	D粗：1.5

续表 1

夹杂图号	A类						B类						C类	D类					综合评定
	细系	粗系					细系	粗系					粗系	粗系					
		H	J	K	I	L		H	J	K	I	L	H	H	J	K	I	L	
21									1.0					1.5		1.0	1.0	1.5	D粗：1.5
22								0.5	1.5	1.0	1.0	1.0							D粗：2.0
23								1.5	1.5		1.0			2.0		1.5		1.5	D粗：2.0
24								1.5	1.5	2.0	1.0	2.0							D粗：3.0

由表 1 可知，5 人对 24 个样品进行比对评级试验，在对复杂形貌夹杂的归类方面，24 颗夹杂中完全一致的有 14 颗夹杂，占总夹杂数量的百分比为 58%，即夹杂的归类准确率为 58%；夹杂的粗系、细系划分有 4 颗夹杂的分系结果不同，占总夹杂数量的百分比为 21%，即夹杂的分系准确率为 79%；在归类完全一致的 12 颗夹杂中，夹杂的评级最大极差为 0.5 级，该极差在夹杂评级误差允许的 0.5 级偏差之内，若以此统计，在 12 颗夹杂中，评级误差准确率为 100%；在全部 24 颗夹杂中，夹杂物级别评定结果完全相同的仅有 5 颗夹杂，占总参评夹杂的百分数为 21%。

3.2 部分夹杂扫描电镜分析

比对试验结果较分散的部分（13 种形貌）复杂形貌夹杂进行了扫描电镜形貌与能谱成分（质量分数）分析，分析结果见表 2。

表 2 部分复杂形貌夹杂的能谱成分分析结果

Table 2 Analysis result of the partial non-metallic inclusion by EDAX (%)

夹杂图号	分析区域	O	Mg	Al	Si	Ca	S	Mn	Fe
1		—	—	—	—	1.82	37.77	60.41	—
3	基体相	39.60	0.92	50.63	0.92	7.94	—	—	—
	深色相	40.72	15.85	43.44	—	—	—	—	—
5	浅色相	16.31	—	—	—	45.49	38.20	—	—
	深色相	34.71	1.78	20.48	13.76	29.27	—	—	—
9		40.42	4.01	43.21	2.44	7.92	—	—	—
11		43.78	—	46.63	—	9.59	—	—	—
12		44.53	—	49.15	—	6.32	—	—	—
15	基体相	35.61	6.69	24.56	7.45	17.91	2.49	—	5.30
	尾巴相	—	—	—	—	39.22	37.91	8.93	13.94
17		36.62	3.59	19.62	13.58	27.59	—	—	—
18		40.52	9.41	38.95	2.17	8.96	—	—	—
20		36.08	—	38.01	—	25.91	—	—	—
21	浅色相	36.45	—	27.58	7.66	28.31	—	—	—
	深色相	39.63	43.13	17.25	—	—	—	—	—
23		40.57	6.63	16.76	9.82	26.23	—	—	—
24		39.14	4.09	19.06	8.47	25.65	2.79	—	

若以夹杂的能谱成分分析结果分类，附图 A 中的复杂形貌夹杂物主要有如下四种类型：

第一种：硫化物类型的夹杂，见图 1；

第二种：铝酸钙类型的夹杂，见图 3，图 11、图 20、图 12；

第三种：含镁的铝酸钙类型的夹杂，见图 9、图 18；

第四种：含镁的铝酸钙与硅酸盐复合类型的夹杂，见图 5、图 24、图 14、图 17、图 23、图 21。

由以上分类可知，在这 13 种夹杂形貌中，没有相对单纯的氧化铝与硅酸盐夹杂，一般都以复合形式存在于钢中，且以含镁的复合类型夹杂为主。

4 讨论

由表1、表2可知，所检验试样中的复杂形貌夹杂主要属于B类和D类夹杂。B类和D类夹杂的区分准确性相对较低，同类夹杂的分系准确性相对较高，在夹杂评级误差允许的0.5级偏差之内，准确率较高，由此表明影响夹杂评级准确性的主要焦点是B类和D类复杂形貌夹杂的正确分类，解决如何正确分类的主要矛盾是规范评级人员对D类不同形状球状氧化物识别准则。识别准则一旦统一，B类和D类复杂形貌夹杂的分类问题就会迎刃而解，夹杂物评级的准确性必将大大提高。

检验搜集的24种复杂形貌夹杂中，不同形状的球形夹杂共有12种，按形貌划分，可归类为以下4种形状：

（1）碎裂球状夹杂，见图11、图6；

（2）拖尾巴球状或凹凸球状夹杂，见图18、图15、图17、图16；

（3）月牙状或缺口状与空心状夹杂，见图19、图20、图23、图21；

（4）球状夹杂物的附近含有串、链状夹杂，见图24。

第一种夹杂形状为碎裂球状，所谓碎裂球状，即根据碎裂夹杂的形貌，可明显推测出其在未经压力加工变形前的形状为球形或近似球形。由于它们碎裂后，已明显地呈断续的块状分布，失去D类夹杂的特征，在材料中具备B类夹杂的危害性。因此，这种形状的夹杂按其形貌、颜色特征应归为B类夹杂；虽然新国标中没有对球类夹杂物的形状进行具体描述，但是仔细分析国标评级图谱，D类球状夹杂物的形状并非完全是规范圆形，多数呈不规则形状，如椭圆形、凹与凸圆形、半圆形等。这些球状夹杂物形貌基本上覆盖了上述的第二、三种夹杂形状，甚至有的与第四种夹杂形状相似。如前所述，新国标是等同翻译ISO 4967：1998(E)标准制定的，该标准对D类球状夹杂物定义是不变形的、角状或圆形，形态比小（一般小于3），黑色或蓝黑色，任意分布的颗粒。由此定义，结合国标评级图谱中D类夹杂的各种形貌，第二、三种夹杂形状应归类为D类球状氧化物夹杂；第四种夹杂，即球状夹杂物附近含有串、链状夹杂的分类，在比对试验中，所有参评人员都把球状夹杂物归类为其附近的串、链状夹杂，即将它归为B类粗系。由图24中右边的夹杂形貌，明显属于拖尾巴球类夹杂，其尺寸也远大于其附近的串、链状夹杂，显然不属于同类夹杂，应按照新国标附录B的规定进行评级，即同一视场中不同类夹杂用与其最近似的标准图片进行对比评级的原则。按此原则，图24中右边的夹杂形貌应归为D类夹杂，其附近的串、链状夹杂应归为B类夹杂，并分别对照D类与B类夹杂的图谱进行评级。

表1中的图10为一条直线上的同类不同系的夹杂，参评人员一致认为该夹杂属于B类夹杂，但就其分系方面存在一定分歧，分歧原因主要是旧版GB 10561标准对此没有明确规定。多数参评人员将它分为粗系，少数参评人员将它分为细系，分为细系的理由是依据冶质［1997］33号文件，该文件C款规定，“当同类的粗大和细小夹杂物在同一视场中出现时（呈同一直线分布或不同一直线分布），不得分开评定，其级别应将两系列（粗大、细小）夹杂物的长度或数量相加后按占优势的那个系列夹杂物评定。”按此规定，图10中夹杂应该属于B类细系。但是新标准对这类夹杂物已明确规定，应将其最大宽度视为该类夹杂物的宽度。按此规定，图10中夹杂应该属于B类粗系，因为该图中间的大块夹杂物的宽度远大于其两端的串状夹杂的宽度。由此而言，新国标对夹杂物的评定原则更加贴近国际标准，符合文献［3］提出的采用国际标准是势在必行的倡导。

综合上述分析讨论以及比对试验参评人员对24颗夹杂物的评级结果，对表1中的夹杂物进行了最终评定，评定结果见表1中的综合评定栏。并把表1中的最终评级结果分别以同类型、同系列与同级别的复杂形状夹杂物重新编排成复杂形状非金属夹杂物评级参考图。此参考图因收集的试样数量有限，仍需今后补充完善。

5 结论

（1）比对试验结果表明，在复杂形貌夹杂的归类分系、复杂形貌夹杂物的级别评定结果完全相同方面因人而异，准确性较差。

（2）复杂形状夹杂物主要有碎裂球状、拖尾巴球状、凹球状、月牙形球状或缺口形球状、空心球状

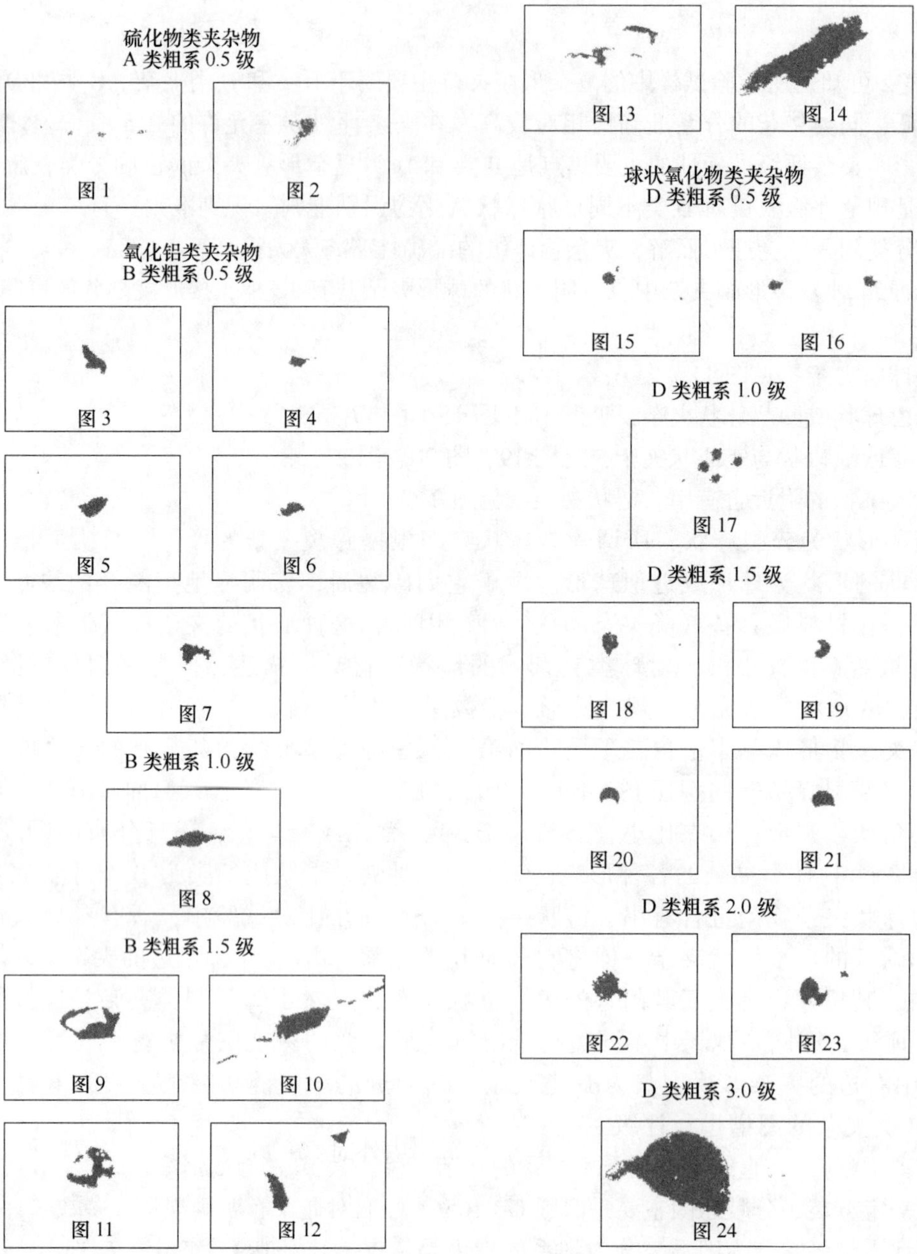

复杂形状非金属夹杂物评级参考图（100×）

Reference diagrams of evaluation for non-metallic inclusion of complex shapes

和球状夹杂物附近含有串、链状夹杂物。

（3）拖尾巴球状、凹球状、月牙形球状或缺口形球状、空心球状夹杂物应归属于 D 类球状氧化物夹杂。

（4）碎裂球状氧化物夹杂物建议按 B 类夹杂评级。

（5）球状夹杂物附近含有串、链状夹杂时，应属于不同类别的夹杂，建议按各自类别分开评级。

（6）复杂形状非金属夹杂物评级参考图可规范非金属夹杂物的评级，避免评级结果因人而异。

参 考 文 献

[1] 钟传珍，潘淑红．GB 10561—89《钢中非金属夹杂物显微评定方法》标准的理解与执行［J］．物理测试，1997（3）：46.

[2] 栾燕．钢中非金属夹杂物标准图谱及评定方法的发展动态［J］．冶金标准化与质量，1999，37（3）：8.

[3] 潘敬云．积极解决钢中非金属夹杂物合格级别的兑换［J］．冶金标准化与质量，2000，38（2）：19.

车轮钢精炼—连铸过程氢含量变化规律现场试验研究❶

陈 刚[1] 江 波[2] 钟 斌[2] 龚志翔[2] 刘建坤[2]

(1. 安徽工业大学；2. 马鞍山钢铁股份有限公司)

摘 要 采用离线测定的方式对车轮钢精炼-连铸过程氢含量的变化规律进行了现场试验研究，确定车轮钢增氢的关键环节，为制定车轮钢防增氢措施提供依据。

关键词 车轮钢；精炼；连铸；增氢

Field Test Study of Hydrogen Content Change in Wheel Steel during LF-CC Process

Chen Gang[1] Jiang Bo[2] Zhong Bin[2] Gong Zhixiang[2] Liu Jiankun[2]

(1. Anhui University of Technology; 2. Ma'anshan Iron and Steel Co., Ltd.)

Abstract Field test of hydrogen content change in wheel steel during LF-CC process was done where off-line inspecting method is used. The key hydrogenation stage for wheel steel is determined and provide basis for anti-hydrogenation measures.

Key words wheel steel; ladle refining; continuous casting; hydrogenation

1 引言

自Johnson于1875年首次报道氢对钢铁材料的有害影响以来，人们已充分认识到氢的危害，在此基础上提出了一系列理论[1]。20世纪20年代至70年代，国内外对钢中白点进行了广泛的研究。到20世纪80年代，国内外均认为白点问题已经解决。但是，随着钢包精炼，真空除气（VD、RH）的广泛应用，以及连铸代替模铸，白点又成为一些钢铁企业中的一个严重问题[2,3]。

近年来，马钢车轮系统通过技术改造已形成较先进的车轮钢冶炼工艺路线：95t顶底复吹转炉→钢包吹氩处理→LF精炼→VD真空脱气→喂线（CaSi）→(ϕ=380mm，450mm）圆坯连铸。随着技术改造的结束，为了有效遏制车轮钢白点的出现，保证车轮产品的使用安全性能，开展了车轮钢精炼—连铸过程氢含量变化规律的现场试验。

2 试验方法

2.1 试验用车轮钢成分要求

试验用车轮钢为CL60(H）钢种，以保证试验钢生产工艺的一致性，试验钢熔炼化学成分：C 0.57%~0.65%，Si 0.17%~0.37%，Mn 0.60%~0.80%，P≤0.035%，S≤0.025%。

2.2 取样方法

采用上海贺力氏产专用钢包取样器从钢液中直接取样，钢包取样器由保护套管和真空二氧化硅吸管组

❶ 原文发表于《安徽工业大学学报（自然科学版）》2008年第1期。
国家“863”计划项目（2006AA03Z514）。

成，吸管直径 $\phi=6mm$。取样器插入钢液面下 500mm 后保持 3~5s 可获得致密、光洁度良好的合格样品。

2.3 试样保存

将红钢试样在 2~3s 内迅速放入冷水中进行快速冷却，立即取出，除去吸管后将试样在 3~5s 内迅速放入干冰桶内低温保存。

2.4 取样位置

采取在现场跟踪取样的方式，在真空前、真空后、喂线后各用钢包专用取样器在钢包中取样；连铸中期（约开浇 30min 左右）用钢包专用取样器在连铸中包中取样；将连浇第 2 炉以后的炉次确定为试验炉次。

2.5 氢含量测试方法

氢的测量采用离线测定的方式，即参照 EN 13262 和 IRS-R-34 的要求，对在不同取样位置获得的样品用美国 LECO 公司制造的 RH-404 型定氢仪采用热萃取法进行氢含量的测定。每批试样分析前用标样对定氢仪进行标定。

3 试验结果

3.1 精炼—连铸过程氢含量总体波动范围

为从宏观上了解精炼—连铸过程氢含量波动范围，将在各取样位置测定的氢含量结果的最大值、最小值、平均值进行了统计，见图 1。

3.2 真空处理过程氢含量变化

对 50 炉次试验钢的真空过程脱氢量（=真空前氢含量-真空后氢含量）和真空脱氢率（=真空过程脱氢量/真空前氢含量）进行统计表明，真空脱氢效果明显，真空脱氢率主要分布在 50%~80%之间，最大达 83%，平均为 62%，见图 2。图 3 为真空过程脱氢量与真空前氢含量之间的统计关系。

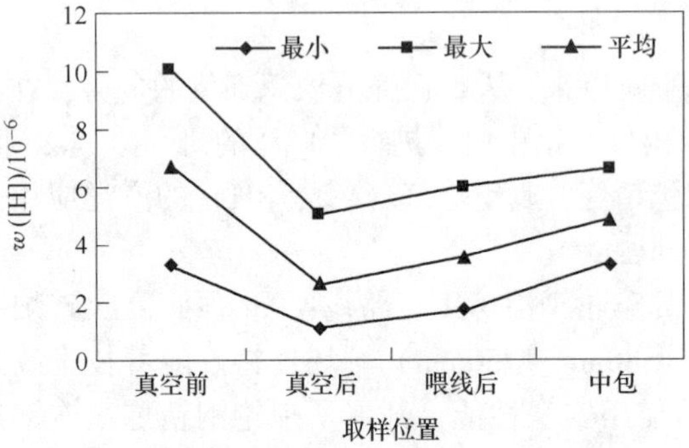

图 1　精炼-连铸过程氢含量总体波动范围

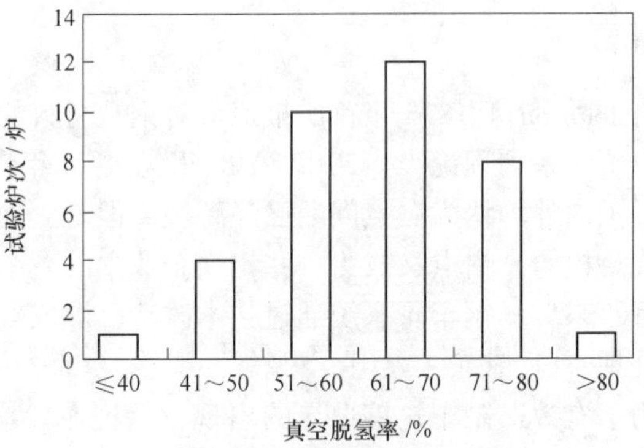

图 2　真空脱氢率分布

3.3 喂线过程氢含量变化

对 50 炉次试验钢的喂线过程增氢量（=喂线后氢含量-真空后氢含量）进行统计表明，真空结束后的喂线过程存在增氢现象，见表 1。增氢量最大 2.71ppm，最小 0.12ppm，平均为 1.00ppm。图 4 为喂线后氢含量与真空后氢含量之间的统计关系。

表 1　喂线—连铸过程氢含量变化统计结果

项　目	喂线后增氢量/ppm	连铸增氢量/ppm
最小值	0.12	0.09
最大值	2.71	2.90
平均值	1.00	1.44

续表 1

项　目	喂线后增氢量/ppm	连铸增氢量/ppm
95%置信区间	±0. 19	±0. 29
增氢范围	1. 00±0. 19	1. 44±0. 29

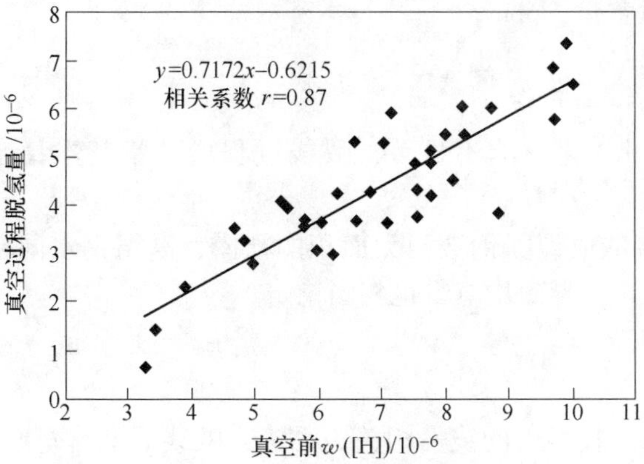

图 3　真空前氢含量与真空过程脱氢量的关系

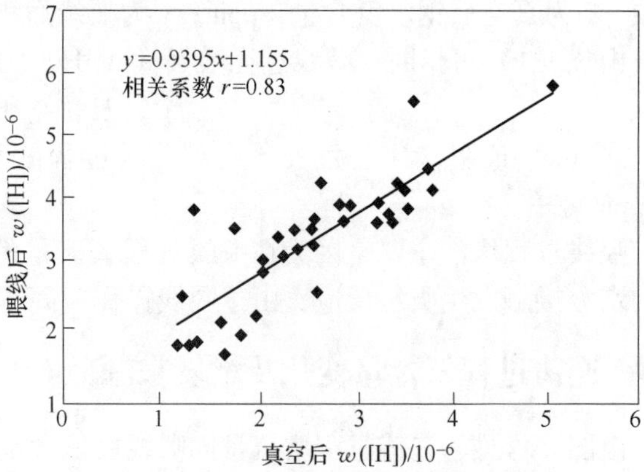

图 4　喂线后氢含量与真空后氢含量的关系

3.4　连铸过程氢含量变化

对 50 炉次试验钢连铸过程增氢量（=连铸中期中包氢含量−喂线后氢含量）进行统计表明，钢水在连铸过程存在增氢现象，见表 1，增氢量最大 2. 90ppm，最小 0. 09ppm，平均为 1. 44ppm。图 5 为中包氢含量与喂线后氢含量之间的统计关系，图 6 为连铸过程增氢量与喂线后氢含量之间的统计关系。

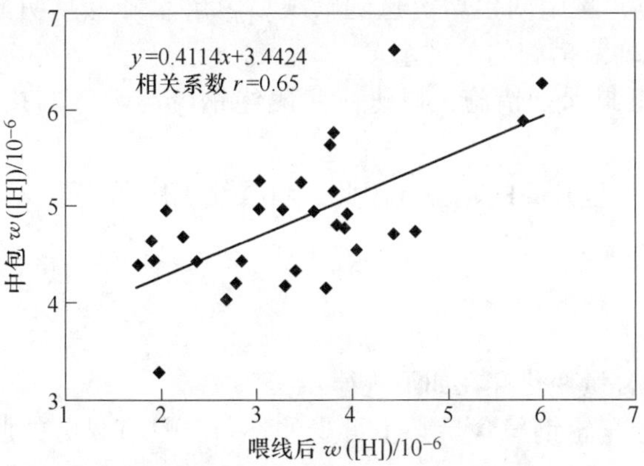

图 5　中包氢含量与喂线后氢含量的关系

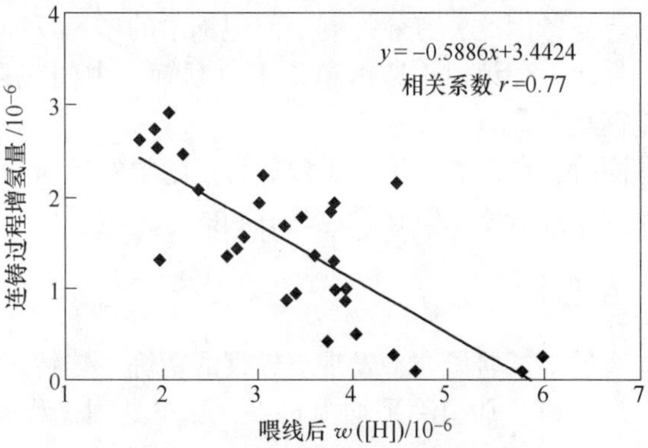

图 6　连铸过程增氢量与喂线后氢含量的关系

4　车轮钢氢含量变化规律分析

4.1　精炼—连铸过程氢含量总体变化

图 1 表明，在精炼—连铸过程中，氢含量变化具有明显的规律：真空处理具有明显的脱氢效果；真空处理后，钢水存在明显的增氢现象。

4.2　真空过程氢含量变化

本次试验中在真空工序钢水的处理条件（真空度、真空保持时间、吹氩强度）基本稳定，当真空度达到一定要求后，真空保持时间平均为 14min。

从图 3 可见，真空脱氢量与真空前氢含量之间线性相关关系高度显著[4]，真空前氢含量越高，真空脱氢量越大，表明真空处理工艺可靠、脱氢效果稳定，LF 精炼工序不会对真空后的钢水氢含量产生实质性的影响。

4.3　喂线过程氢含量变化及增氢来源

由图 4 可见，喂线后氢含量与真空后氢含量之间线性相关关系高度显著[4]，喂线后氢含量随真空后氢含量的升高而明显增大，见式（1）：

$$y = 0.9395x + 1.155 \tag{1}$$

式中，x 为真空后钢水氢含量，ppm；y 为喂线后钢水氢含量，ppm。

由式（1）可推断，喂线过程增氢量 Δ[H] 为：

$$\Delta[H] = -0.0605x + 1.155 \tag{2}$$

式（2）说明，真空后氢含量对喂线过程的氢含量变化影响不显著，喂线过程增氢量基本稳定在 1.1ppm 左右。

喂线过程增氢主要是因为在喂线过程大流量的吹氩造成裸露钢液面大面积的裸露，高温钢水同空气中的水分接触发生吸氢反应，由于喂线操作时间基本稳定，导致增氢量也相当稳定。

4.4　连铸过程氢含量变化及增氢来源

由图 6 可见，连铸过程增氢量同喂线后氢含量之间呈较显著的线性相关关系[4]，喂线后氢含量越高，连铸过程增氢量就越低，这主要是因为当钢水中原始氢含量高时，会抑制吸氢反应的进行。

由于试验炉次均为连浇第 2 炉以后的炉次，因此基本排除了中间包用耐火材料对增氢的影响，连铸过程增氢主要来源于大气，是由于钢包长水口套管密封效果不好，使钢流进入长水口时同空气接触发生吸氢反应所致。

4.5　防增氢措施

由上述分析可知，车轮钢在真空处理结束后的喂线过程和连铸过程均存在明显的增氢现象，表 1 的统计结果表明，相比喂线过程，增氢反应主要发生在钢包，且中间包增氢量随喂线后氢含量降低呈明显增大的趋势，因此，有效控制中间包钢水的增氢反应是防增氢措施的关键。

为此，建议对连铸钢包长水口套管、中间包采取氩封保护措施，以进一步隔绝钢流与大气的接触，防止钢水增氢。

同时，由图 5 可见，中包氢含量随喂线后氢含量增大呈升高的趋势，因此，将喂线工序调整至真空处理前，对降低钢水氢含量也是有利的。

5　结论

通过本试验研究，发现车轮钢的精炼—连铸过程氢含量变化存在如下规律：

（1）真空脱氢率平均为 62%，真空处理过程是降低车轮钢氢含量必不可少的环节，具有显著的脱氢效果。

（2）车轮钢在真空处理结束后的喂线过程存在明显的增氢现象，增氢量基本稳定在 1.0ppm 左右，真空后氢含量对其影响不大。

（3）连铸过程存在明显的增氢现象，增氢平均为 1.44ppm，增氢量同喂线后氢含量成反比。

（4）真空后的增氢来源主要为大气中的水分，相比喂线过程，钢包→中间包是增氢最大的环节。

（5）有效的控制增氢措施是：浇铸过程注流采用钢包长水口+氩封保护措施；喂线工序前移至 VD 真空脱气前。

参 考 文 献

[1] 褚武扬．氢损伤和滞后断裂［M］．北京：冶金工业出版社，1998.

[2] 王平．质疑白点［N］．世界金属导报，2003-8-12（3）．

[3] Pollard M G. Tyer fracture：the problem，the cause and preventative action［J］. Proc. Instn. Mech. Eng.，1999，213F：181-195.

[4] 廖永平．质量管理常用统计技术与方法［M］．北京：中国科学技术出版社，2000.

Frictional Heat-Induced Phase Transformation on Train Wheel Surface❶

Su Hang[1] Pan Tao[1] Li Li[1] Yang Caifu[1] Cui Yinhui[2] Ji Huaizhong[2]

(1. Central Iron and Steel Research Institute; 2. Ma'anshan Iron and Steel Co., Ltd.)

Abstract By combining thermomechanical coupling finite element analysis with the characteristics of phase transformation (continuous cooling transformation (CCT) curve), the thermal fatigue behavior of train wheel steel under high speed and heavy load conditions was analyzed. The influence of different materials on the formation of the phase transformation zone of the wheel tread was discussed. The result showed that the peak temperature of wheel/track friction zone could be higher than the austenitizing temperature for braking. The depth of the austenitized region could reach a point of 0.9 mm beneath the wheel tread surface. The supercooled austenite is transformed to a hard and brittle martensite layer during the following rapid cooling process, which may lead to cracking and then spalling on the wheel tread surface. The decrease in carbon contents of the train wheel steel helps inhibit the formation of martensite by increasing the austenitizing temperature of the train wheel steel. When the carbon contents decrease from 0.7% to 0.4%, the A_{c3} of the wheel steel is increased by 45℃, and the thickness of the martensite layer is decreased by 30%, which is helpful in reducing the thermal cycling fatigue of the train wheel tread such as spalling.

Key words train wheel steel; thermal cycling fatigue; friction; martensitic transformation; thermo-mechanical coupling

1 Introduction

The train wheels served under a rather critical environment such as heavy load, braking, drawing and striking Pact. Along with the development of high speed trains, wheel failure caused by shelling and spalling increases rapidly, and sometimes even endangers the safety of a running train.

Generally, train wheel fatigue failure can be summarized in two mechanisms: fatigue damage caused by alternating contact stress, and fatigue caused by thermal cycling. Along with the increased running speed, there will be longer braking distance and more frictional heat caused by wheel/track friction. In recent times, heat cycling induced wheel tread spalling has become one of the most popular forms of high speed train fatigue failure[1].

Up to date, it is still very difficult to study the wheel/track contact zone experimentally, when in a running state. The study of the wheel tread spalling process is associated with complicated problems, such as, contact friction, thermo-mechanical coupling, heat transfer, phase transformation, and rnaterial composition. Refs. [2] and [3] analyze the thermal effect of a train wheel sliding process based on a simplified mathematical model, without considering the phase transformation of the wheel steel. In this article, combining the thermo-mechanical coupling analysis with experimental CCT data of the wheel steel, the frictional heat-induced phase transformation in three wheel steels with different carbon contents has been studied and analyzed.

2 Principle and Method

2.1 Physical and chemical processes of thermal fatigue on wheel tread

Many researches showed that the thermal fatigue of wheel tread was related to the formation of the martensite

❶ 原文发表于"Journal of Iron and Steel Research International" 2008 年第 5 期。
国家高技术研究发展计划（"863"计划）资助项目（2006AA03Z514，2008AA030703）。

phase[4-6]. When the brakes were applied on a train, the temperature of the wheel/track contact zone increased sharply because of sliding friction. Sometimes the temperature was even higher than the phase transformation point of the wheel steel, and caused partial and even complete austenization in the wheel tread surface. When the sliding process was complete, the heated surface rapidly cooled down because of the cold track and wheel rim, which formed a thin martensite (or mixture of phases) layer. Martensite was a hard and brittle phase, which easily resulted in cracking under cycling load.

2.2 Method

The changes of temperature field and cooling rate were calculated by thermo-mechanical coupling method. After the CCT curve was determined, the martensite's nucleation position, thickness, and distribution were analyzed.

The thermo-mechanical coupling analysis need a great amount of calculation. The following approximations have been made to reduce the computational complexity:

(1) Only sliding movement (no revolving) was considered;

(2) No abrasion was considered;

(3) The coefficient of sliding friction was assumed not to change with load and temperature;

(4) A simplified wheel model was used.

The typical friction process could be divided into three separate thermal stages (see Fig. 1). In the first stage, the temperature of the wheel/track contact zone rose rapidly just after sliding started and thermo-mechanical coupling was considered in this stage. In the second stage, it was a balance process between friction heating and track/rim cooling, and the peak temperature tended to be constant. This stage could be simplified as a spot heating process of wheel/track contact zone, and only the thermal conduction model was considered. In the third stage, the friction was complete, and only a static cooling model was considered.

The wheel was simplified as a hollow cylinder with an outside diameter of 915 mm, an inside diameter of 170 mm, and a thickness of 135 mm. The track was considered to be rigid, 70 mm in thickness and 10 m in length. The wheel and track was meshed with 20433 nodes and 17320 plane stress elements. Different operating conditions with different loads and different speeds were considered in the model. The heat distribution coefficient between the wheel and track was set as 0.5, that is, the frictional heat would be distributed equally between wheel and track because of a similar composition of material. The coefficient of sliding friction μ was assigned as 0.3, and the ambient temperature was assigned as 0℃.

The ADINA system was used for finite element modeling and thermo-mechanical coupling. Gleeble 3500 tester was used to measure the CCT curves of the three tested steels.

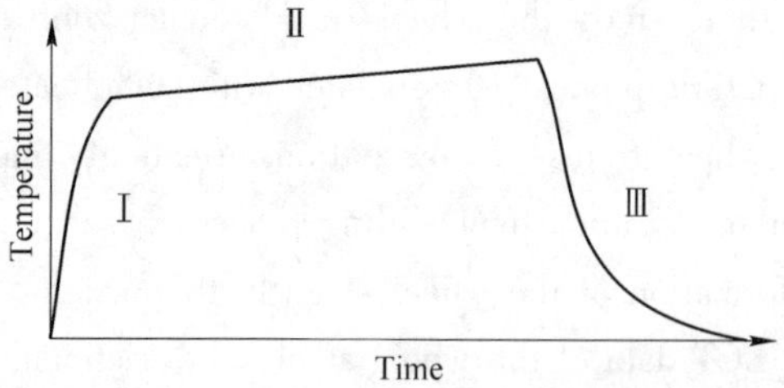

Fig. 1 Schematic diagram of three thermal stages of a typical wheel/track friction process

Ⅰ—temperature rise stage; Ⅱ—thermal equilibrium stage; Ⅲ—cooling stage

3 Result and Discussion

3.1 Measurement of mechanical properties of test steels

The carbon contents in the three tested wheel steels were 0.7%C, 0.5%C and 0.4%C, respectively. Table 1 shows the main composition of these steels and their mechanical properties. For simulating the commercial train wheel rim, these steels were normalized at 880℃ and tempered at 530℃ to ensure that they had a similar hardness, between HB 250–262. The microstructures of these steels were composed of pearlite and a small amount of ferrite. The mechanical properties and physical parameters of these steels were measured for thermo-mechanical coupling (see Table 1 and Fig. 2). The fluctuation of physical parameters at high temperature, in Fig. 2, might be caused by phase transformation. The density, Young's modulus and Poisson's ratio of the three steels were assigned as 7.851 kg/m^3, 2.101×10^{5}MPa, and 0.3, respectively.

Table 1 Composition and mechanical properties of test steels

Steel	C /%	Si /%	Mn /%	Cr /%	V /%	HB	A_{c1} /℃	A_{c3} /℃	M_s /℃	R_m /MPa	$R_{p0.2}$ /MPa	A_{KU}(20℃) /J
0.7%C	0.7	0.3	0.8	—	—	262	730	765	230	920	505	15
0.5%C	0.5	0.3	0.7	0.2	—	250	735	780	265	847	400	36
0.4%C	0.4	0.5	1.0	—	0.1	253	745	810	320	852	550	63

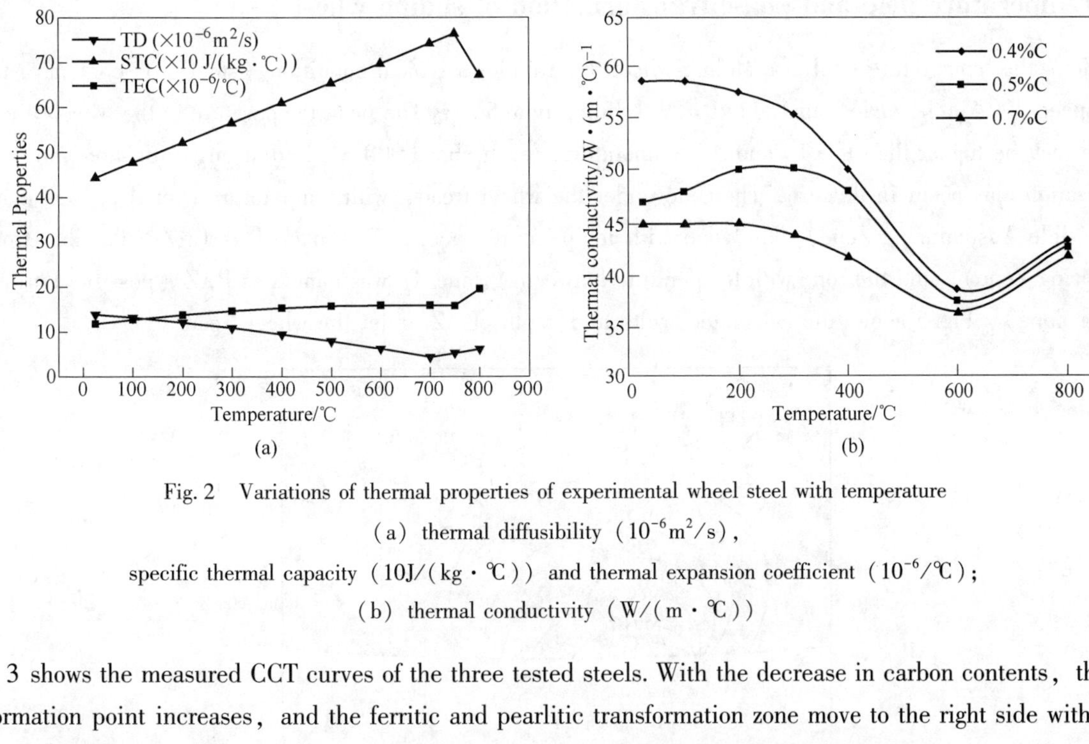

Fig. 2 Variations of thermal properties of experimental wheel steel with temperature
(a) thermal diffusibility (10^{-6}m^2/s),
specific thermal capacity (10J/(kg·℃)) and thermal expansion coefficient (10^{-6}/℃);
(b) thermal conductivity (W/(m·℃))

Fig. 3 shows the measured CCT curves of the three tested steels. With the decrease in carbon contents, the phase transformation point increases, and the ferritic and pearlitic transformation zone move to the right side with a lower cooling rate. Bainite is formed in a rather wide range of cooling rate with lower carbon contents.

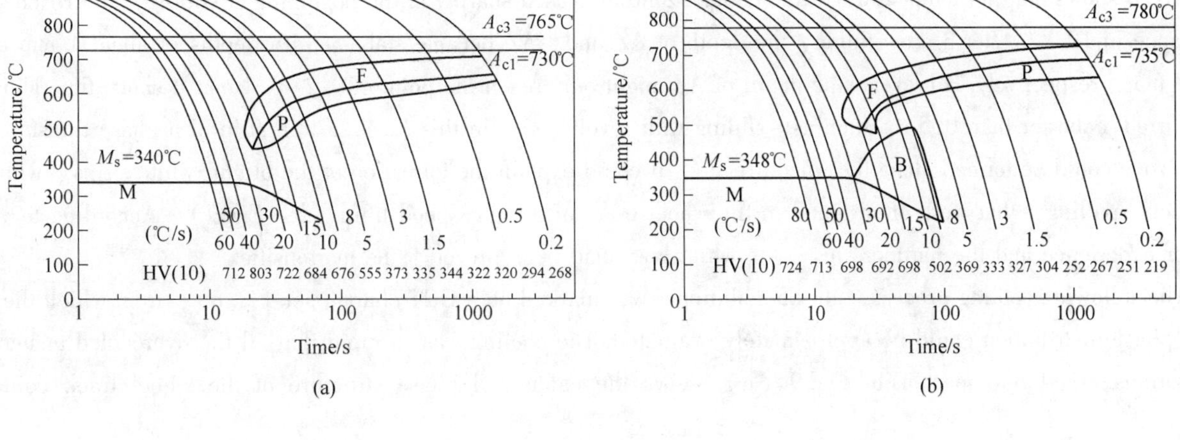

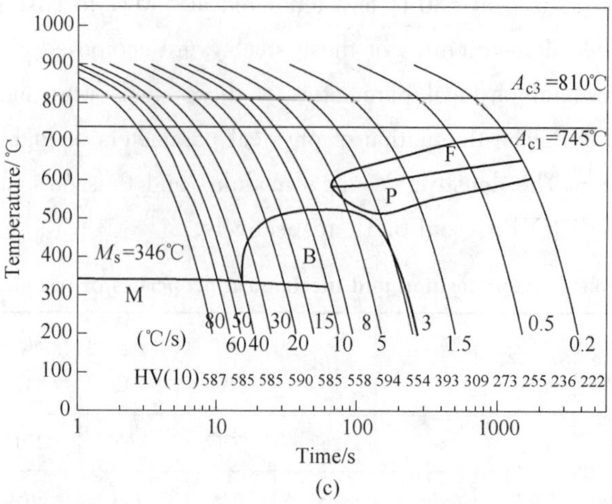

Fig. 3　Measured CCT curves of the three tested steels

(a) 0.7%C; (b) 0.5%C; (c) 0.4%C

3.2　Temperature field and phase transformation of sliding wheel

Fig. 4 shows the temperature field of a sliding wheel tread under a typical condition (steel of C content at 0.5%, sliding speed 200 km/h, axle load 1.42×10^5 N, sliding time 5 s). The peak temperature at the wheel/track contact zone may be higher than the A_{c1} and A_{c3} temperature, even above 900 ℃. Partial austenitization and complete austenitization may occur in this area. The zone under the wheel tread, with temperature over A_{c1}, was named as AZ (possible Austenitizing Zone), the zone with temperature over A_{c3} was named as CAZ (possible Complete Austenitizing Zone), and the zone with temperature between A_{c1} and A_{c3} was named as PAZ (possible Partial Austenitizing Zone). Fig. 5 shows the calculated width and depth of AZ under the wheel tread.

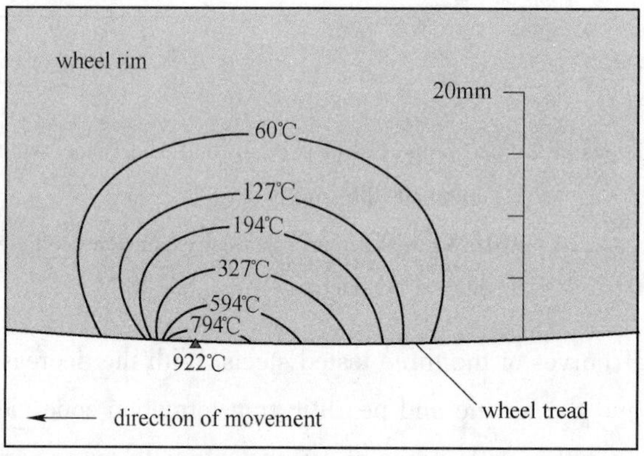

Fig. 4　Simulated temperature field under wheel tread under a typical sliding condition

(0.5%C steel, sliding speed 200km/h, axle load 1.42×10^5 N, sliding time 5s)

Fig. 6 shows that the temperature at the contact zone increased sharply at the beginning of sliding, and reached a balance in 10^{-1} s. After 3 s of sliding, the depth of AZ and CAZ became stable, with depths of about 1 mm and 0.7 mm, respectively. However, the depth of AZ might only reach the point of 0.2~0.4 mm if short-time sliding occurred (shorter than 0.5 s, such as, sliding with revolving). In this case, a thin strip of a phase transformation zone could be formed along the wheel tread[7]. It could explain the formation of the bright-white strips (with or without spalling) that were often found in the wheel tread of a high-speed train (see Fig. 7). According to vast prior experience and the hardness test, the white layer had been proved to be martensitic.

The following cooling process, after 5 s sliding, was marked on a CCT chart (see Fig. 8), from which the final phase distribution could be approximately evaluated. The cooling was so rapid that all the overcooled austenite was transformed into martensite. Fig. 9 (a) shows the calculated phase structure of the wheel/track contact

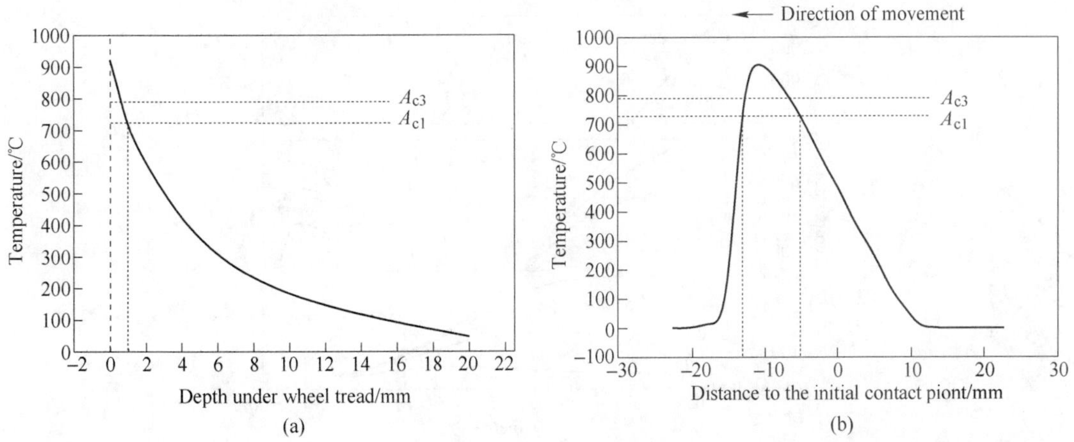

Fig. 5 Calculated temperature distribution and size of austenitizing zone

(0.5%C steel, sliding speed 200km/h, axle load 1.42×10^5 N, sliding time 5s)

(a) along depth direction, depth of AZ≈1 mm; (b) along arc direction, width of AZ≈8 mm

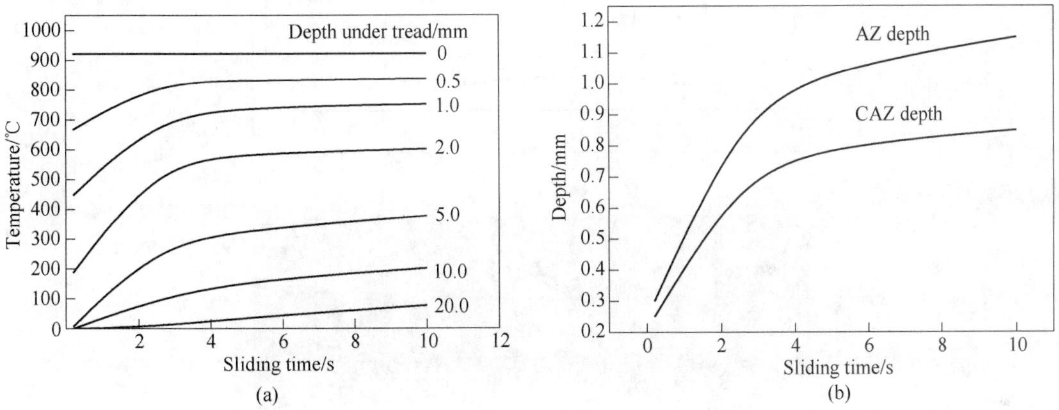

Fig. 6 Effect of sliding time

(a) wheel rim temperature; (b) AZ and CAZ depth under wheel tread

zone. In the zone where the sliding temperature was over A_{c3}, the phase was mainly martensite (zone M). In the zone where the sliding temperature was lower than A_{c1}, the phase remained as ferrite and pearlite (zone F+P).

Under a typical sliding condition, the calculated size of zone M was about 6 mm in width and 0.6 mm in depth. It is a typical size for many observed martensitic layers on real wheel treads (see Fig. 9(b) and (c)).

There was some complication in the region with temperature between A_{c1} and A_{c3} (PAZ). It was well known that the austenitizing process was initialized on the grain boundary of pearlite when heating over the A_{c1} point. The austenitizing speed of ferrite was much slower than that of pearlite because of the lower carbon content in its composition. Hence, the ferrite remained as a ferrite network after the rapid heating and rapid cooling process, whereas, the austenized pearlite transformed into martensite, which led to M+F mixed-phase structure in the PAZ region. M+F phases had lower strength than martensite and easily

Fig. 7 Spalling pit and martensitic white layer on the wheel tread taken from one of the working wheels of some high speed train (etching solution: hydrochloric acid)

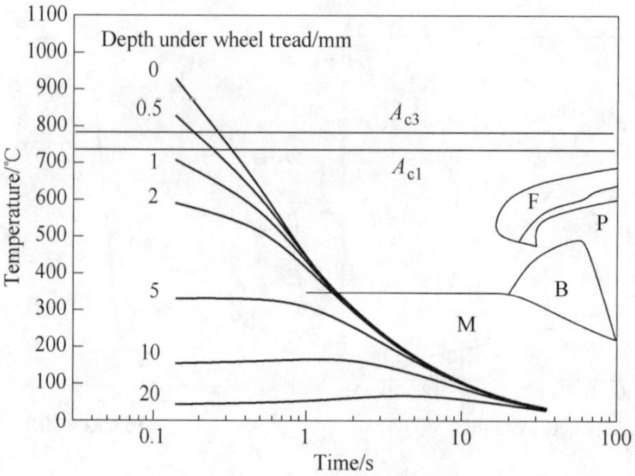

Fig. 8 Cooling rate curve and phase transformation state at different depths in wheel/rail contact zone (0.5%C wheel, contact with track)

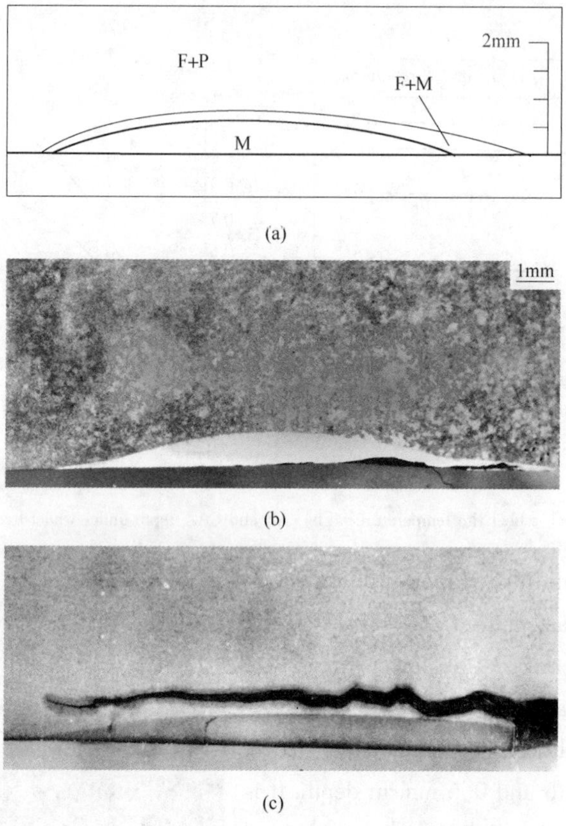

Fig. 9 Phase-change zone under wheel tread caused by frictional heat
(a) calculated phase structure; (b) actual martensite layer under wheel tread caused by braking (etching solation: hydrochloric acid); (c) the crack extension under the bottom edge of martensite layer

resulted in stress concentration under heavy load. Furthermore, its toughness was lower than the original F+P phase in the wheel rim, and it was easy for it to act as a channel of crack propagation. That was helpful to explain the phenomena observed in the sample that the cracks under wheel tread tended to grow along the bottom edge of the martensite layer (Fig. 9(c)).

3.3 Effect of sliding speed

The effect of sliding speed on the peak temperature of wheel tread was calculated at a speed range from 0 to 300 km/h (see Fig. 10). It showed that at 100 km/h, 200 km/h, and 300 km/h, the peak temperature did not rise distinctly with an increase in the initial speed. The track cooling effect was one of the most important reasons for this phenomenon. With high speed sliding, the rate of heat transfer was much lower than that of the wheel movement, and the wheel almost contacted the cold track. In one unit time, when the sliding speed doubled, the frictional heat doubled and the sliding track doubled, which meant that the cooling intensity doubled too. The peak temperature tended to be constant when the sliding speed exceeded a certain threshold value concerned with the heat transfer rate. In Fig. 10, the threshold value was about 0. 1 m/s at the axle load 1.42×10^5 N, and the peak temperature of wheel tread was still 920 ℃ when the threshold speed was being exceeded.

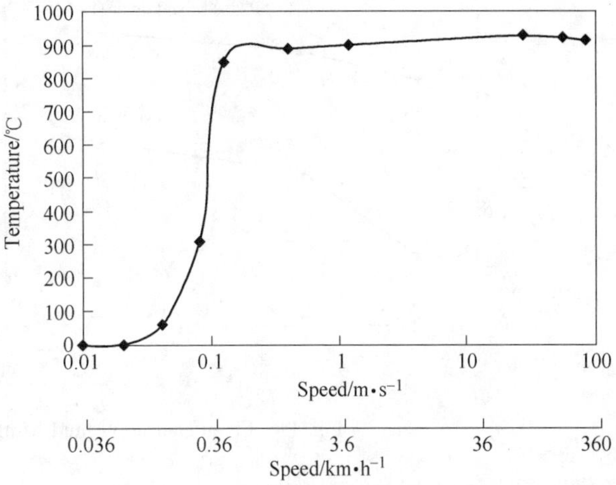

Fig. 10 Peak temperature of contact zone tended to be constant when initial sliding speed over than 0. 1 m/s at axle load of 1.42×10^5 N

Now, it can be concluded that increased speed does not result in a significant increase in the peak temperature, depth or width of the martensite layer. It has been reported that the thermal fatigue of the wheel tread increased with the running speed for high speed trains. It may be because of the increased probability of phase change at an increased speed. Based on Newton's law of motion, when the initial speed increases from 100 km/h to 300 km/h, under the same braking force, the braking time increases by three times and the stopping distance increases by nine times. Thus, the possibility of wheel/track sliding increases greatly, and the occurrence of the martensite layer increases significantly.

3.4 Effects of wheel steel composition

The calculation showed that the three wheel steels with different carbon contents gave almost the same peak temperature, around 920 ℃, on the wheel tread surface after sliding. There was a slight difference in the temperature distribution of the frictional heat affected zone, which was caused by the difference of thermophysical parameters (mainly because of the different coefficients of thermal conductivity) among these steels, but the difference would not lead to an essential difference in the final phase transformation. Based on a similar analysis, as shown in Fig. 8, all the three wheel steels would unavoidably form a martensite layer on the wheel tread after high speed sliding and quick cooling.

However, the steel composition has a significant effect on the depth and thickness of the martensite layer. The key factor that controls the generation and distribution of the martensite layer are the austenitizing temperatures A_{c3} and A_{c1}. Different A_{c3} and A_{c1} cause different AZ and PAZ size during the sliding process, which leads to different sizes of martensite layers after rapid cooling. Carbon contents have a great influence on the austentizing temperature. As the carbon contents decrease from 0. 7% to 0. 4%, the A_{c3} of wheel steel increases from 765 ℃ to 810 ℃, and the thickness and width of the martensite layer decreases by 30% and 25%, respectively. At the same time, the sectional area of the martensite layer significantly decreases by 45% (see Fig. 11).

Furthermore, decreased carbon contents would increase the percentage of lath martensite contents in the martensite layer, which would improve the toughness and plasticity properties, and prove helpful in reducing the probability of wheel tread spalling. Moreover, microalloying, such as, V, Cr, Mo, may compensate for the hardness and strength loss because of carbon reduction, keeping balance strength and toughness of the high-speed wheel, and having less impact on the transformation temperature.

4 Conclusion

The mechanism of thermal fatigue of the wheel tread under high speed and heavy load conditions were analyzed. The analysis was carried out using the thermomechanical coupling method and continuous cooling transformation curve

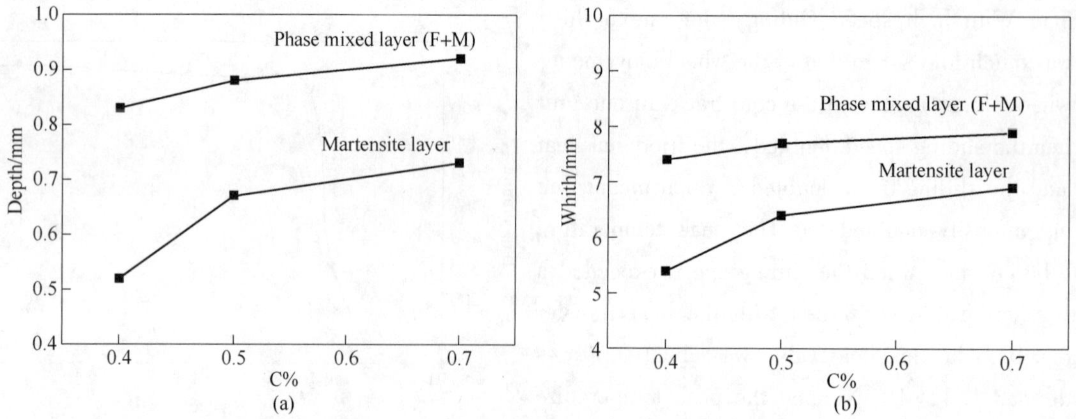

Fig. 11　Calculated depth and width of martensite layer under wheel tread

(CCT). The results are as follows:

(1) The sliding friction between wheel/track caused a rapid temperature rise on the wheel tread. The peak temperature of the contact zone could exceed the austenitizing temperature of the wheel steel in a short time, in the order of about 10^{-1} s. The depth of the austenitized and partially austenitized zone could reach 1 mm.

(2) When the sliding process was completed, the heated surface cooled down rapidly so that almost all the overcooling austenite was transformed into a hard and brittle martensite layer, which could lead to thermal fatigue of the wheel tread. The thickness of the martensite layer could reach the point of 0.2~0.7 mm, with a sliding time of 0~3 s.

(3) The F+M mixed phases could be formed after cooling, in a partially austenitized zone at temperature between A_{c1} and A_{c3}. They had a strength lower than that of martensite and toughness lower than that of the original F+P phase in the wheel rim; therefore, they easily became the channel of crack initiation and propagation.

(4) The increased speed could result in an increased probability of wheel tread phase transformation, but it did not lead to a significant increase in the peak temperature of the wheel tread or the thickness of the martensite layer.

(5) The austenitizing temperature of low alloyed steels increased with the decrease in carbon contents, which was helpful in limiting the size of the phase change area on the wheel surface. When the carbon contents decreased from 0.7% to 0.4%, the thickness and sectional area of the martensite layer significantly decreased by 30% and 45%, respectively. The decreased carbon contents also improved the toughness and elongation properties of the martensite layer and helped to reduce the probability of wheel tread spalling.

Acknowledgement

The authors would like to thank Professor Zhang Bin for his help of providing a great deal of valuable information.

References

[1] Xiao Yanjun. Test and research for speed raising on existing railways in China [J]. China Railway Science, 2000, 21 (1): 9.

[2] Sun Jian. Progress in the reduction of wheel spalling [C]. eds. China Railway Society. Proceedings of 12th International Wheelset Congress, Qingdao, 1998: 18.

[3] Kisyelyev S N. Reliability of the mechanical systems of rail transport [J]. VNIIZhT Bulletin, 1994 (7): 13 (in Russian).

[4] Zheng Weisheng, Liu Huiying. Several problems about wheel tire flat, peeling and counter measures [J]. Rolling Stock. 2001, 39 (2): 1.

[5] Orringer O, Gray D E. Thermal cracking in railroad vehicle wheels subjected to high performance stop braking [J]. Theor. Appl. Frac. Mech., 1995, 23 (1): 55.

[6] Cole I S, Griffiths J R. Thermal crashing of railway wheels [J]. Metallurgy Australas, 1985, 17 (1): 14.

[7] Zhang Bin. Damage and failure analysis gallery for railroad wheel and tire [M]. Beijing: China Railway Publishing Company, 2002.

抗剥离车轮钢的合金设计及 Si 元素对抗剥离性能的影响❶

潘 涛[1] 李 丽[1] 马 跃[1] 江 波[2] 崔银会[2] 苏 航[1]

(1. 钢铁研究总院; 2. 马鞍山钢铁股份有限公司)

摘 要 利用热力学计算软件 Thermo-Calc 和 Gleeble 物理模拟技术辅助进行抗剥离车轮钢的合金设计。热力学计算结果显示，从成分设计的角度出发，提高 Si 含量和降低 C 含量提高车轮钢的相变点，可有效抑制车轮钢的制动剥离现象。动态升温模拟实验也说明，提高 Si 含量可改善车轮钢的抗剥离性能。但是，降低 C 含量也带来车轮钢耐磨性的降低，而提高 Si 含量则在基本不损害塑性的情况下，显著提高车轮钢的强度。

关键词 车轮钢；合金设计；热力学；剥离；相变

Chemistry Design of Spalling-resistant Wheel Steels and the Effect of Si Addition on Spalling Resistance

Pan Tao [1] Li Li [1] Ma Yue [1] Jiang Bo[2] Cui Yinhui[2] Su Hang[1]

(1. Central Iron and Steel Research Institute; 2. Ma'anshan Iron and Steel Co., Ltd.)

Abstract Utilizing Thermo-Calc, thermodynamic computational software, and Gleeble simulation tester, chemistry design of spalling-resistant wheel steels was investigated. The computational results showed that increasing Si content as well as decreasing C content is effective to reduce tread spalling since they both elevate transformation temperature of wheel steels. And Gleeble simulation test provides the evidence of improved spalling resistance by Si addition in kinetics. However, as one of the two methods to improve spalling resistance, decreasing C brings about wear-resistance reduction of wheel steel while Si addition increases the strength of wheel steels remarkably with slightly reduced ductility.

Key words wheel steels; chemistry design; thermodynamics; spalling; transformation

1 引言

列车在制动或转弯时，车轮容易因发生滑动摩擦而出现踏面剥离倾向。车轮的制动剥离现象和滑动摩擦致使车轮表面局部急剧升温从而发生奥氏体化相变有关。苏航[1]通过数值模拟和实验证明，车轮钢的剥离倾向与车轮钢的相变点有关。在列车服役工况保持不变的情况下，提高车轮钢的相变点是抑制车轮发生制动剥离的最根本手段。在研制抗剥离车轮钢的过程中，尽量提高车轮钢相变点是合金设计的重要原则之一。研究工作[1,2]显示，降低车轮钢的碳含量可大幅度减少车轮踏面发生制动剥离的面积和概率。但是，碳含量降低太多不利于车轮钢的耐磨性和接触疲劳性能，尤其对于对耐磨性要求较高的重载货车车轮，碳含量降低的幅度不可能太大。本文利用 Thermo-Calc 热力学计算软件和 Gleeble 物理模拟实验机辅助进行抗剥离车轮钢的合金设计，取得了一定成效。

2 热力学计算

车轮钢中常用的合金元素包括 C、Si、Mn、Cr、V、Mo 等。为获得提高相变点的合金设计，使用热

❶ 原文发表于《钢铁》2009 年第 8 期。
国家“863”项目资助（2006AA03Z514、2007AA030703）。

力学软件 Thermo-Calc 计算了合金元素 C、Si、Cr、Mn 元素对现有车轮钢成分体系相变点的影响，结果如图 1 所示。V 和 Mo 为钢中的微量添加元素，基本对钢的相变点不会产生较大的变化，计算中没有考虑这两种元素的影响。

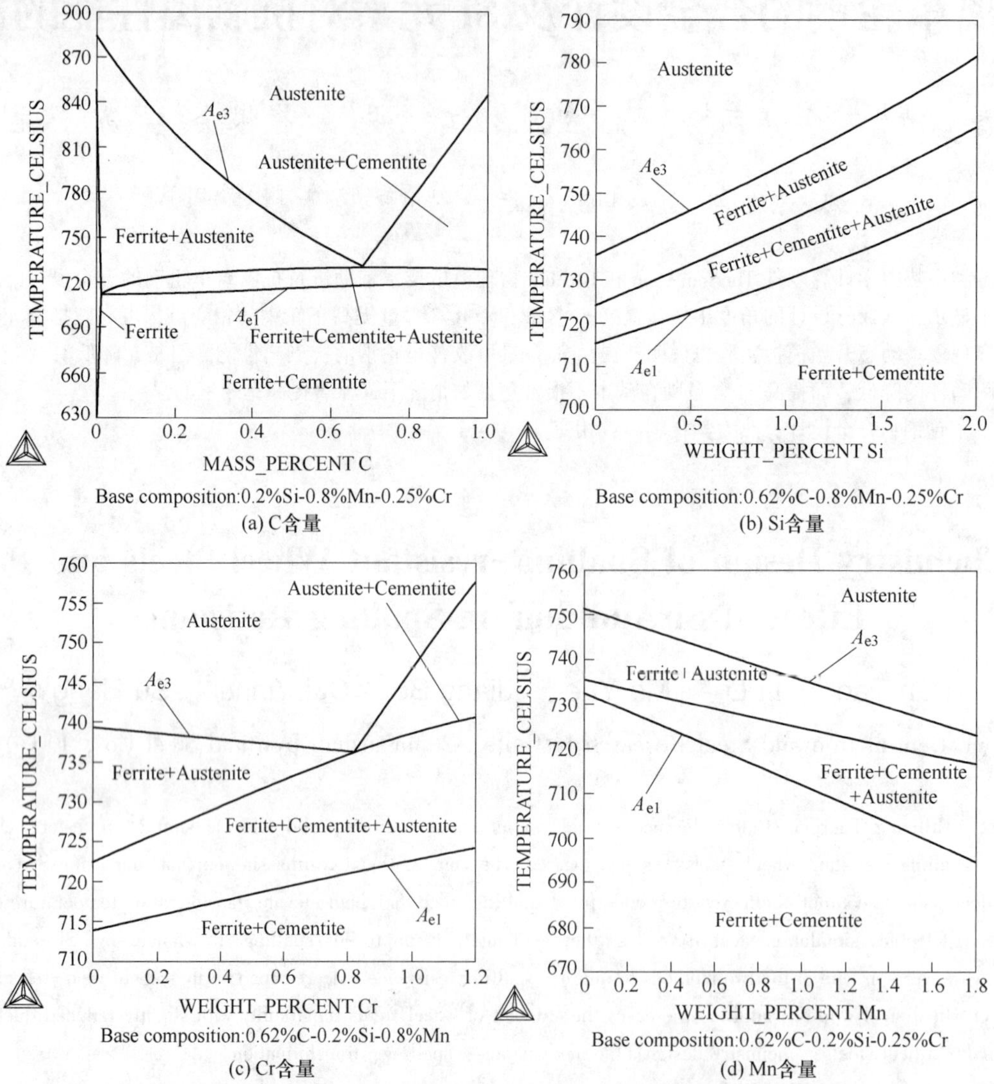

图 1　车轮钢中各合金元素对相变点的影响规律

Fig. 1　Influence of alloy elements on transformation point in wheel steel

从计算结果可以看出，车轮钢中减少 C 含量，显著提高 A_{e3}点，而对 A_{e1}点影响不大。C 含量从 0. 6%减少至 0. 4%，A_{e3}点升高 35℃，而 A_{e1}点还略有下降。在钢中增加 Si 含量，可以显著提高钢的相变点。Si 含量从 0. 2%增加至 0. 8%，A_{e1}和 A_{e3}点分别增加 11℃和 14℃；继续增加至 1. 2%，A_{e1}和 A_{e3}点则分别增加 15℃和 20℃（和含 0. 2%Si 的车轮钢相比）。国外为了改善车轮钢的抗剥离性能[2]，曾在实验中把 Si 含量增加至 1. 8%，A_{e1}和 A_{e3}点分别增加了 27℃和 38℃（和含 0. 2%Si 的车轮钢相比），不考虑对钢的韧塑性的影响，这种 Si 含量无疑对车轮钢抗剥离性能有较大的好处。而 Cr 元素在不超过 0. 83%的范围内的含量变化，都不会对车轮钢的相变点产生较大的影响。如 Cr 含量从 0. 25%增加至 0. 8%，A_{e1}点仅升高 5℃，而 A_{e3}点反而降低 2℃。而且，Cr 含量增加至 0. 8%将带来车轮钢的淬透性和韧塑性等一系列问题。对于 Mn 元素，含量和相变点则为反向变化规律，增加 Mn 含量带来 A_{e1}和 A_{e3}点的降低。若把 Mn 含量从 0. 8%降低至 0. 2%，相变点 A_{e1}和 A_{e3}则分别增加 12℃和 10℃，但是 Mn 是车轮钢中的主要强化元素之一，降低 Mn 含量同样降低车轮钢的耐磨性。

对于提高车轮钢的抗剥离性能，从合金设计的角度，主要有提高 Si 含量和降低 C 含量两种途径。进一步采用 Thermo-Calc 软件计算 C 和 Si 含量对车轮钢相变点 A_{e1}和 A_{e3}的复合影响，如图 2 显示了计算的 C-Si-(Fe-Mn-Cr) 三元等温截面相图。从计算相图可以看出，若考虑车轮钢发生部分相变的开始温度为

715℃，在 C 含量为 0.6%时，仅需加入 0.12%左右的 Si；若 C 含量降低至 0.4%，铁素体稳定元素 Si 的含量须达到 0.3%才能保证在 715℃刚刚开始发生相变。说明仅对 A_{e1} 点而言，降低 C 含量反而降低相变点。分析图 2（b），在常规 Si 含量（0.2%~0.4%）下，发生完全奥氏体化的温度为 775℃的条件是 C 含量必须降低至 0.4%左右；基于车轮钢耐磨性的考虑，为了保持 0.6%左右的 C 含量，只需相应升高 Si 含量至 1.5%左右。

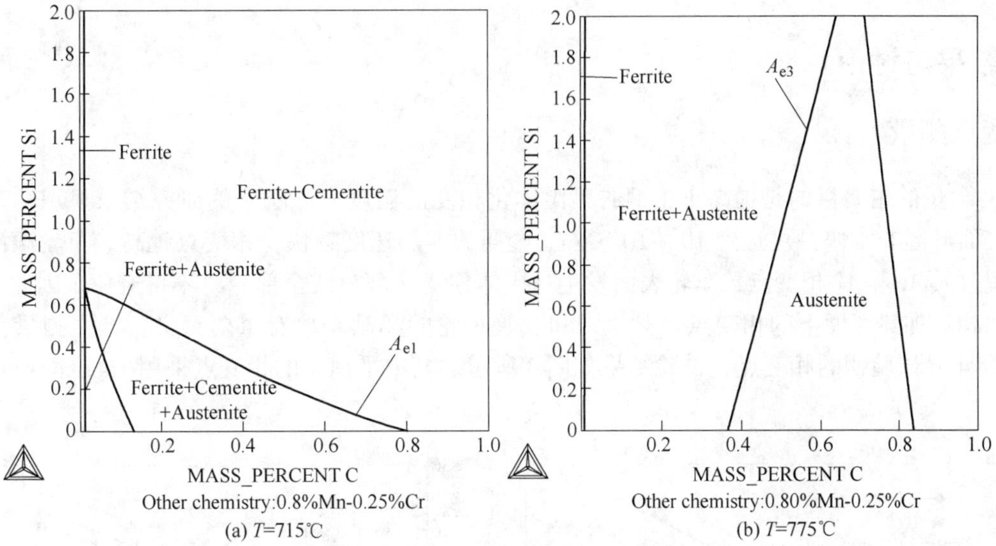

图 2　车轮钢中 C-Si-(Fe-Mn-Cr) 等温截面图

Fig. 2　Isothermal Section of C-Si-(Fe-Mn-Cr) system in wheel steel

综合上述计算结果，为改善车轮钢抗制动剥离性能，可采取提高 Si 含量和降低 C 含量相结合的合金设计思路。对于重载货车车轮钢，由于耐磨性和抗接触疲劳的性能要求，以及考虑元素对 A_{e1} 和 A_{e3} 相变的综合影响结果，C 含量不应有过多降低，抗剥离车轮钢的合金设计以提高 Si 含量为主。

3　合金设计与材料准备

基于上述合金设计思路，仅考虑 Si 含量对重载货车车轮钢的影响，设计并冶炼了如下成分的试验用钢，见表 1。实验钢采用 50kg 真空感应炉冶炼，浇铸成锭。钢锭经高温锻造成 50mm 厚板坯。锻造工艺为 1150℃加热、开锻，900℃终锻。板坯经 1150℃加热后经过实验室轧机多道次轧制成 16mm 后钢板，终轧温度为 870℃。钢板的成品尺寸为 16mm 厚×120mm 宽×L 自由长。对热轧态钢板进行热处理，热处理工艺为正火+回火。先在空气炉中 860℃加热并保温 1h，出炉空冷，然后在回火炉中进行 520℃保温 2h，出炉空冷。四种实验用钢经热处理后的显微组织均为珠光体+极少量的铁素体，符合车轮钢对显微组织的要求。

表 1　试验钢的化学成分

Table 1　Chemical composition of experimental steels　（%）

试验钢	C	Si	Mn	P	S	备注
1	0.60	0.19	1.06	0.0071	0.005	基准
2	0.61	0.55	1.07	0.0069	0.006	+0.4%Si
3	0.61	0.96	1.08	0.007	0.005	+0.8%Si
4	0.62	1.26	1.14	0.0075	0.005	+1.1%Si

利用 Gleeble1500D 模拟实验机，分别以 1℃/s、10℃/s 和 100℃/s 的升温速率，测量 1~4 号试验钢的 A_1 和 A_3 相变点（分别对应奥氏体相变开始和结束温度）。还测量 1~4 号试验钢的力学性能，包括试样拉伸性能和先共析铁素体的纳米硬度。其中，纳米硬度的测试过程为，磨平试验钢上下表面，并对其中一面进行镜面抛光并轻腐蚀。采用的纳米硬度计为美国橡树岭实验室研制的 DCM 新型纳米探针仪，设备的理论定位精度为 2nm，满足本实验定位先共析铁素体的要求。探针的最大载荷为 20mN。将样品同时置于

纳米探针仪中，选取先共析铁素体尺寸大于 5μm 的区域，进行纳米硬度测量，纳米探针的压入深度为 500nm 左右。本实验条件下，纳米探针的压入深度在 100nm 以内，会出现一个硬度峰值，这是由于表面的平整度、表面活性物质及其他不定因素的影响，并不反映材料的本征特征。当压入深度超过 300nm 时，纳米硬度值趋于稳定。这时的硬度基本可表征材料的特性。本实验中，每个实验数据点均取自 300~500nm 深度的平均硬度值，每个样品保证至少有 5 个有效数据点，并总体取平均，即获得所需的纳米硬度。

4　实验结果与讨论

4.1　相变点测量

提高 Si 含量的主要目的是提高车轮钢的奥氏体化相变的温度。苏航[1]的研究结果显示，车轮由于滑动造成的踏面升温非常快，可达到 $10^2 \sim 10^3$℃/s。金属的加热速度越快，相变点越高。车轮滚滑一旦发生后，温度超过其 A_1 和 A_3 相变点，车轮表面发生马氏体相变（部分或全部）将不可避免。因此，研究在模拟车轮表面相近加热速度下的相变点，对认识和改善车轮的滑动剥离有重要意义。本文测量在不同的加热速度下 1~4 号试验钢的相变点，试验结果如图 3 所示。其中平衡态的相变点采用 Thermo-Calc 热力学软件计算。

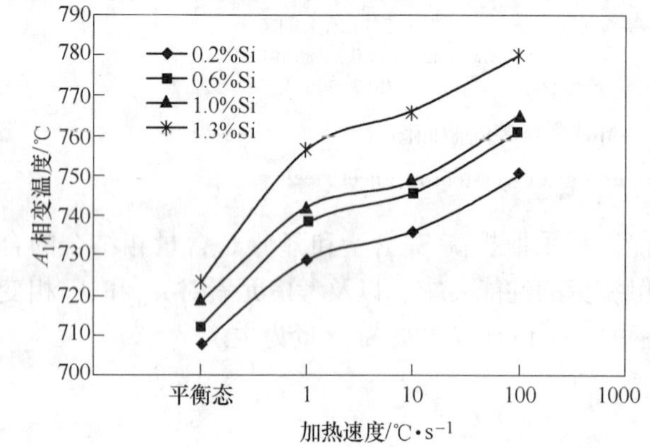

(a) A_1

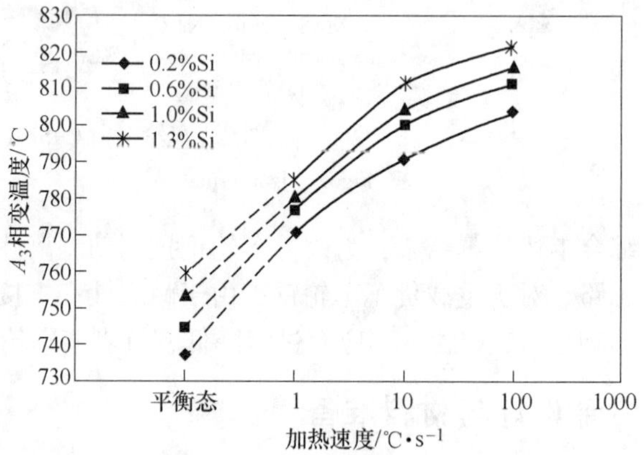

(b) A_3

图 3　不同 Si 含量条件下相变点随加热速度的变化

Fig. 3　Transformation point variation with heating rate changed with different Si contents

从上图可以看出，随着加热速率的升高，不同 Si 含量的车轮钢相变点均升高，而平衡态的相变点相对最低。Si 含量从 0.2%升高至 1.3%，对于平衡态，A_1 点增加 16℃，A_3 点增加 22℃；对于升温速率 100℃/s 时，A_1 点增加 30℃，A_3 点增加 18℃。升温速率达到 100℃/s 时，较为接近车轮钢发生滚滑的实际温度场变化情况。试验结果说明，提高 Si 含量，对车轮钢发生实际的制动剥离具有较好的抑制作用。

4.2　力学性能

试验测量了不同 Si 含量的车轮钢的室温拉伸性能，如图 4 所示。结果显示，在现有的加入量范围内，合金元素 Si 对车轮钢产生较高的强化效果。Si 含量从 0.2%增加至 0.6%，抗拉强度和屈服强度分别增加了 55MPa 和 35MPa，再增加至 1.0%和 1.3%，抗拉强度累计增加了 105MPa 和 190MPa，屈服强度累计增加了 70MPa 和 160MPa。可见，每增加 0.4%左右的 Si，车轮钢将产生约 50~60MPa 的抗拉强度增量，强化作用非常显著。同时可看出，Si 的加入略微降低车轮钢的塑性。

Si 元素是非碳化物形成元素，渗碳体中不含 Si。Si 主要固溶于体心立方晶格中的铁素体，和铁原子较大的尺寸差使铁素体晶格产生强烈的畸变，形成固溶强化。Si 含量越高，铁素体的固溶强化越显著。这种固溶强化作用不仅体现于车轮钢的先共析铁素体中，还存在于珠光体铁素体中。而这种强化作用对渗碳体基本没有太大影响。前面的强度结果证实了 Si 的加入确实提高钢的总体强度，而通过纳米硬度实验可直接说明 Si 对铁素体的强化作用。

图 5 为不同 Si 含量的实验钢先共析铁素体的纳米硬度测试结果。

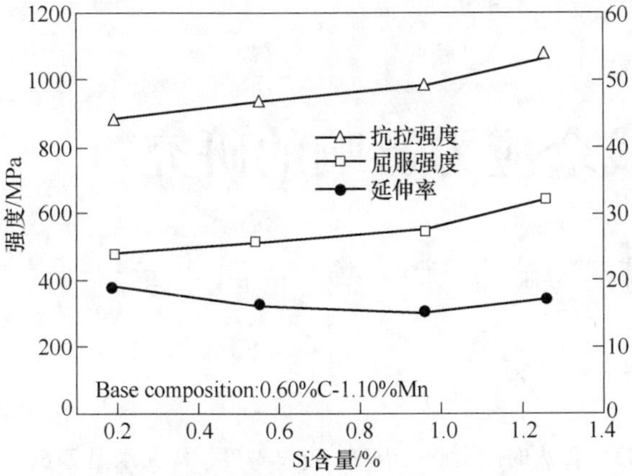

图 4 试验用钢的拉伸性能

Fig. 4 Tensile properties of experimental steels

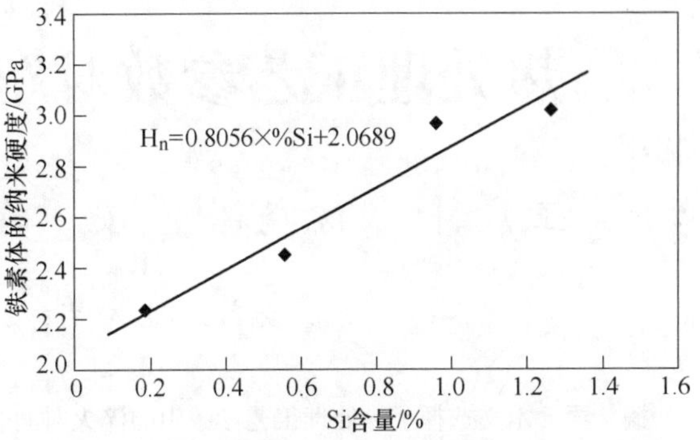

图 5 先共析铁素体的硬度和 Si 含量的关系

Fig. 5 Relationship between nano-hardness of pro-eutectoid ferrite and Si content

从上述实验结果可以看出，随着 Si 含量的增加，钢中先共析铁素体的纳米硬度逐渐增加。Si 含量为 0.2%时，铁素体的平均硬度为 2.34GPa，而到 1.3%Si 时，铁素体的硬度增加至 3.13GPa，增量达到原铁素体硬度的1/3，可见 Si 对铁素体的强化效果比较显著。由于珠光体铁素体中一部分 Si 从形成渗碳体扩散而来，其 Si 含量甚至高于钢中的平均成分，因此，可以推断，Si 元素在珠光体铁素体中的固溶强化效果更强于先共析铁素体。车轮钢的显微组织以珠光体组织为主，珠光体铁素体也是车轮钢强度的主要贡献者之一，提高珠光体中的铁素体也同时提高钢的总体强度。

对于改善车轮钢的抗制动剥离性能的两种重要途径，提高 Si 含量和降低 C 含量，在力学性能方面有着不同的影响。降低 C 含量虽然还提高钢的韧塑性，但降低车轮钢的强度和耐磨性；对于一些对耐磨性要求较高的车轮钢，降低 C 含量实际上是不可行的。而提高 Si 含量不仅同时提高车轮钢的 A_1 和 A_3 相变点，而且在不明显损害塑性的情况下显著提高钢的强度，有利于耐磨性的提高。因此，在合金设计中，可综合考虑上述因素对车轮钢的综合性能的影响。

5 结论

（1）利用 Thermo-Calc 热力学计算软件和 Gleeble 物理模拟技术辅助进行抗剥离车轮钢的合金设计，在现有的合金体系中，降低 C 含量和提高 Si 含量是改善车轮制动剥离性能的有效途径。

（2）对于耐磨性要求较高的重载货车车轮钢，尽量提高 Si 含量，在不同加热速率下，可显著提高车轮钢的 A_1 和 A_3 相变点，改善车轮钢的抗剥离性能。

（3）在本试验范围内，提高 Si 含量还显著提高车轮钢的强度，主要通过提高先共析铁素体和珠光体铁素体的强度来实现，而塑性略有降低。

参 考 文 献

[1] 苏航，季怀忠，张永权，等. 高速列车车轮钢摩擦热致相变的计算机模拟［J］. 金属学报，2004，40 (9)：909.

[2] Lonsdale C，Dedmon S，Pilch J. Recent developments in forged railroad wheels for improved performance［C］. 2005 Joint Rail Conference Proceeding . Colorado，USA：2005：39.

热处理工艺参数对车轮残余应力影响的研究❶

王广科[1]　沈晓辉[1]　安　涛[2]　李　翔[2]　章　静[1]　闫　军[1]

（1. 安徽工业大学；2. 马鞍山钢铁股份有限公司）

摘　要　本文选择了热处理工艺参数中的淬火时间、淬火温度、回火时间、回火温度、冷却速度、淬火水温等6个因素，采用正交试验法研究了热处理工艺对车轮残余应力的影响，研究了各参数对残余应力的影响规律。研究表明：存在一个合理的热处理工艺参数的组合，使得车轮中残余应力的大小和深度达最佳值。

关键词　车轮；热处理；正交试验；残余应力

Research of Effect of Heat Treatment Technology on Residual Stress in Railway Wheel

Wang Guangke[1]　Shen Xiaohui[1]　An Tao[2]　Li Xiang[2]　Zhang Jing[1]　Yan Jun[1]

（1. Anhui University of Technology；2. Ma'anshan Iron and Steel Co.，Ltd.）

Abstract　Six factors of heat treatment，such as quenching time，quenching temperature，tempering time，tempering temperature，heat transfer coefficient and quenching water temperature are selected to study the influence of heat treatment technology on residual stress in railway wheel. By means of orthogonal test. It is proved that there are parameters combination to obtain the optimum of residual stress magnitude and stress distribution depth in railway wheel rim.

Key words　railway wheel；heat treatment；residual stress；orthogonal test

1　引言

残余应力是衡量火车车轮质量的重要指标，欧洲车轮标准对车轮产品内部的残余应力有明确的规定[1]。车轮内部的残余应力大小和分布直接影响车轮的使用性能，掌握其产生及分布规律对于延缓车轮运行过程中可能产生的疲劳裂纹是有利的。车轮热处理是车轮生产的重要工序，生产过程中的残余应力主要来源于热处理过程[2]。本文通过有限元仿真分析，采用正交试验法，对热处理过程中各工艺参数对车轮周向残余压应力的大小及其在踏面下分布深度的影响进行了分析，可为制定合理的热处理工艺提供依据。

2　车轮热处理工艺

为提高车轮的机械性能，在车轮成形后要进行热处理。车轮产生的残余应力主要在淬火过程中形成，淬火后还需进行回火处理。一般车轮淬火是指车轮踏面淬火，即对踏面进行喷水冷却，同时车轮高速旋转，如图1所示。由于热处理过程的外界载荷和约束条件均满足轴对称，可按轴对称问题进行分析。根据淬火工艺，将整个仿真分析过程分为六个工况：淬火加热、淬火前间隙、淬火、淬火后间隙、回火和空冷。本文以非线性有限元软件MSC. Marc为平台，通过软件的二次开发[2,3]，综合考虑相变、温度、应力

❶ 原文发表于第七届中国钢铁年会论文集（2009）。
科技部“863”重点资助项目（2008AA030703）。

及回火蠕变的作用，对车轮热处理过程进行分析。

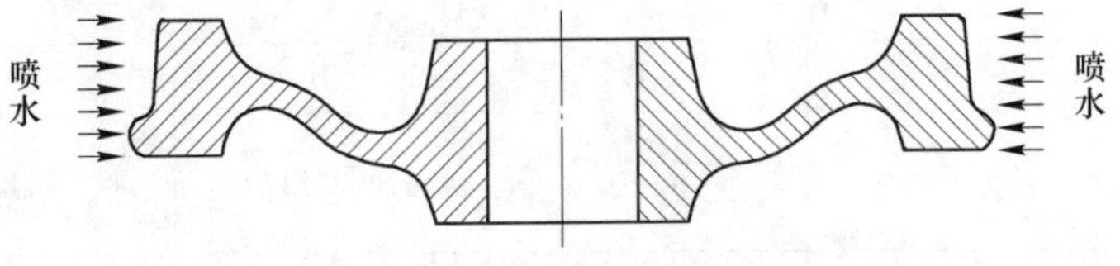

图 1　火车轮喷水淬火示意图

Fig. 1　Schematic diagram of wheel spray quenching

3　正交试验设计

车轮热处理工艺参数主要有淬火温度、淬火时间、淬火换热系数、淬火水温、回火温度和回火时间。由于影响因素多，本文采用正交实验法安排试验的次数及顺序，通过正交试验研究工艺参数对残余应力的影响，分析踏面上周向残余应力的大小和踏面下残余压应力区域深度的变化规律。正交试验为 6 因素 5 水平，两个试验指标（踏面周向残余压应力 σ 和踏面下压应力区深度 d），选用正交表 $L_{25}(5^6)$ 可满足试验要求[5]。表 1 为试验因素表。

表 1　因素水平表

Table 1　Factors and levels

水平	因素					
	A	B	C	D	E	F
	淬火温度/℃	淬火时间/s	换热系数 /kW·（m²·℃）⁻¹	淬火水温/℃	回火温度/℃	回火时间/h
1	800	170	2.8	10	420	3
2	820	210	3.0	20	450	3.5
3	840	240	3.2	30	480	4
4	860	270	3.4	40	510	4.5
5	880	300	3.6	50	540	5

根据表 2 正交试验因素与水平的配表，可知每次试验的热处理工艺参数，然后根据工艺参数对车轮进行淬火有限元分析。25 次试验的工艺参数各不相同，但各个因素的每个水平的相互搭配是均衡的。从 25 次试验的结果可以清楚地分析各个因素对试验的影响。

表 2　各因素与水平相互匹配表

Table 2　The match of factors and levels

试验号	因素					
	A	B	C	D	E	F
	淬火温度/℃	淬火时间/s	换热系数 /kW·（m²·℃）⁻¹	淬火水温/℃	回火温度/℃	回火时间/h
1	800	170	2.8	10	420	3
2	800	210	3.0	20	450	3.5
3	800	240	3.2	30	480	4
4	800	270	3.4	40	510	4.5
5	800	300	3.6	50	540	5
6	820	170	3.0	30	510	5
7	820	210	3.2	40	540	3
8	820	240	3.4	50	420	3.5
9	820	270	3.6	10	450	4

续表 2

试验号	因素					
	A	B	C	D	E	F
	淬火温度/℃	淬火时间/s	换热系数 /kW·(m²·℃)⁻¹	淬火水温/℃	回火温度/℃	回火时间/h
10	820	300	2.8	20	480	4.5
11	840	170	3.2	50	450	4.5
12	840	210	3.4	10	480	5
13	840	240	3.6	20	510	3
14	840	270	2.8	30	540	3.5
15	840	300	3.0	40	420	4
16	860	170	3.4	20	540	4
17	860	210	3.6	30	420	4.5
18	860	240	2.8	40	450	5
19	860	270	3.0	50	480	3
20	860	300	3.2	10	510	3.5
21	880	170	3.6	40	480	3.5
22	880	210	2.8	50	510	4
23	880	240	3.0	10	540	4.5
24	880	270	3.2	20	420	5
25	880	300	3.4	30	450	3

4　结果分析

4.1　实验结果计算

表 3 为根据热处理工艺计算出的对应各试验指标的结果。

表 3　试验结果

Table 3　Test results

试验号	试验指标		试验号	试验指标	
	d/mm	σ/MPa		d/mm	σ/MPa
1	45.1	−181.6	14	49.3	−130.3
2	48.1	−170.5	15	48.4	−192.9
3	49.3	−154.7	16	46.4	−122.5
4	51.1	−139.7	17	46.5	−176.9
5	51.7	−126.4	18	47.5	−161.1
6	46	−131.7	19	48.2	−157.1
7	47.9	−131.9	20	48.4	−143.4
8	46.3	−186	21	44.8	−144.6
9	48.6	−173	22	47.3	−133.6
10	50.2	−153	23	49.2	−122.3
11	45.1	−157.4	24	46.6	−182.4
12	47.4	−146	25	48.3	−175.8
13	48	−144.6			

表 4 和表 5 中 K1、K2、K3、K4、K5 分别表示每一因素所对应每一水平的试验指标平均值，极差为

每一因素各水平试验指标平均值之间的最大差值。最优值为每一因素中对试验指标影响最大的水平。表4和表5结合起来分析可以得出各因素对试验指标（残余应力大小、残余应力深度）的影响大小。按大小次序区分为E（回火温度）>B（淬火时间）>F（回火时间）>A（淬火温度）>C（换热系数）>D（淬火介质水温）。

表4 残余压应力深度极差值

Table 4 Range analysis results of residual compression stress depth under tread

	均值	A	B	C	D	E	F
残余压应力深度	K1	49.06	45.48	47.88	47.74	46.58	47.5
	K2	47.8	47.44	47.98	47.86	47.52	47.38
	K3	47.64	48.06	47.46	47.88	47.98	48
	K4	47.4	48.76	47.9	47.94	48.16	48.42
	K5	47.24	49.4	47.92	47.72	48.9	47.84
	极差	1.82	3.92	0.52	0.22	2.32	1.04
	最优	A1	B5	C2	D4	E5	F4

表5 踏面周向残余应力极差值

Table 5 Range analysis results of residual stress on tread

	均值	A	B	C	D	E	F
踏面周向残余应力	K1	-154.58	-147.56	-151.92	-153.26	-183.96	-158.2
	K2	-155.12	-151.78	-154.9	-154.6	-167.56	-154.96
	K3	-154.24	-153.74	-153.96	-153.88	-151.08	-155.34
	K4	-152.2	-156.5	-154	-154.04	-138.6	-149.86
	K5	-151.74	-158.3	-153.1	-152.1	-126.68	-149.52
	极差	3.38	10.74	2.98	2.5	57.28	8.68
	最优	A4	B2	C5	D6	E1	F3

4.2 热处理工艺参数对残余应力的影响规律

4.2.1 淬火温度

车轮用钢CL60为亚共析钢，加热使车轮组织完全转变为奥氏体，淬火及回火后获得需要的组织和性能。改变加热温度，分别加热到800℃、820℃、840℃、860℃、880℃ 5个温度，然后以踏面喷水淬火300s进行模拟计算。

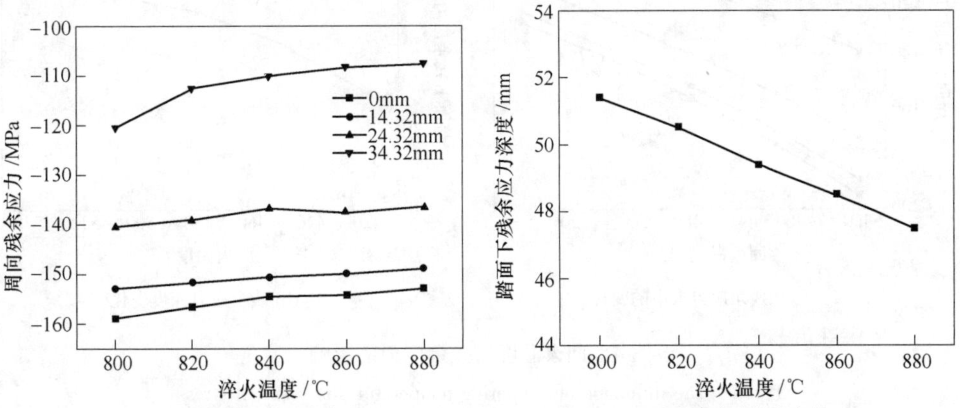

(a) 残余应力大小的变化 (b) 残余应力深度变化

图2 淬火温度对残余应力的影响

Fig. 2 The influence of quenching temperatures on residual stress

图 2（a）为踏面下不同深度残余应力的变化规律（以下相同），从图中可以看出，淬火温度在 800~840℃之间，踏面附近不同点残余压应力随淬火温度的升高而缓慢增大（注：压应力用负值表示，因此其绝对值是在减小），但是变化不大。随着淬火温度的进一步提高，在 840~880℃之间，残余应力随温度的升高变化平缓，基本没什么变化。图 2（b）为不同淬火温度下周向残余压应力深度变化，在淬火温度 800℃时，残余应力深度为 51. 4mm。随淬火温度的增加，残余应力深度逐渐减小，残余应力深度最小为 47. 5mm。

4. 2. 2　淬火时间

淬火时间对残余应力大小影响如图 3（a）所示，随着淬火时间的延长，车轮踏面下各点的最终周向残余压应力逐渐增加，近似线性变化。当淬火时间为 170s 时，踏面上的残余应力为−146. 5MPa；淬火时间为 210s 时，残余应力增加到−149. 2MPa；淬火时间达到 300s 时，残余应力变为−156. 5MPa。淬火时间对踏面下周向残余压应力的影响如图 3（b）所示，随着淬火时间延长，残余应力的深度范围逐渐增加。当淬火时间为 170s 时，残余应力深度为 45. 8mm，淬火时间达到 300s 后，残余应力深度增大到 50. 1mm，增加了 4. 3mm。

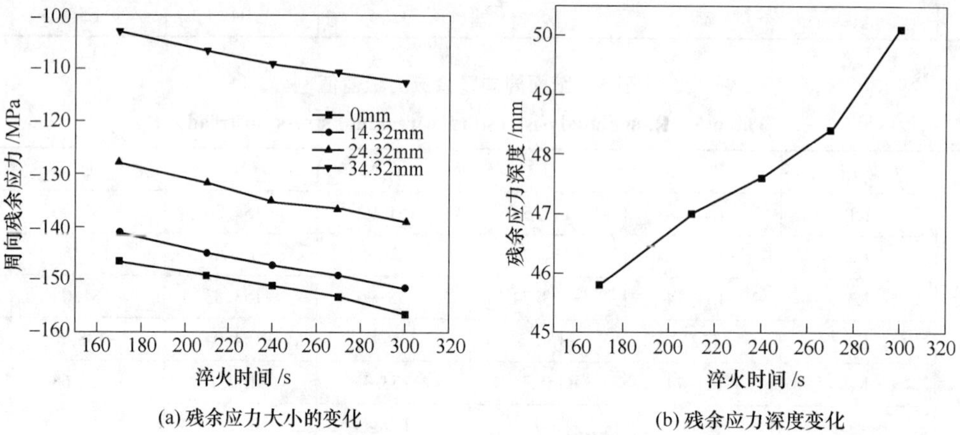

图 3　淬火时间对残余应力的影响

Fig. 3　The influence of quenching time on residual stress

4. 2. 3　回火温度

回火温度取 420℃、450℃、480℃、510℃、540℃，其他工艺参数不变。

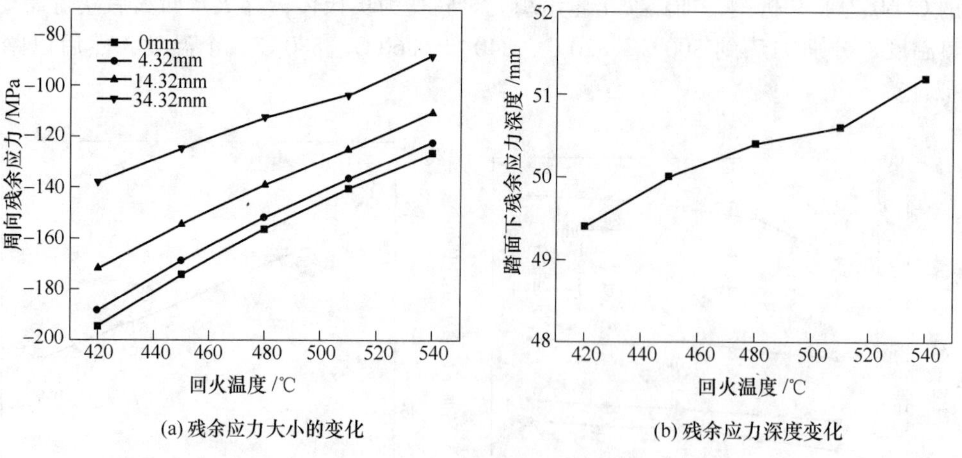

图 4　回火温度对残余应力的影响

Fig. 4　The influence of tempering temperature on residual stress

从图 4（a）中可以看出，随着回火温度的增大，周向残余压应力呈线性减小。踏面上残余应力在 420℃回火时为−194. 7MPa；回火温度为 540℃时，周向残余应力将为−137. 98MPa。回火温度对周向残余应力深度的影响如图 4（b）所示。回火温度增大，残余应力深度范围也随之增加，在 420℃时为 49. 4mm，回火温度增大到540℃后残余应力深度变为51.2mm。

4.2.4 回火时间

回火时间取3h、3.5h、4h、4.5h、5h进行研究，其他工艺参数不变。回火时间对残余应力大小及深度的影响如图5（a）、（b）所示。随着回火时间的增加，踏面下不同深度的各点残余应力逐渐减小，呈线性变化，与回火温度对残余应力的影响相似。回火时间取3h，踏面上周向残余应力为-164.4MPa；回火时间增大到5h，残余应力减小为-151.8MPa，残余应力减小了-12.6MPa。残余应力深度随回火时间的增加基本没什么大的变化。回火蠕变受回火时间的影响较大，随回火时间的增加，回火蠕变率增大。淬火后的残余应力受回火蠕变的影响，应力释放，应力值相应减小。从图中可以看出，虽然残余应力的值有所减小，但是残余应力的分布状况和残余应力的深度变化不大。

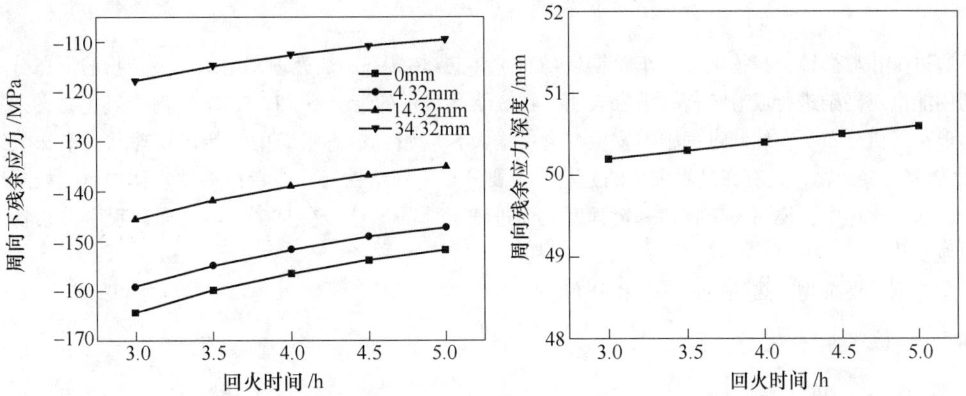

(a) 残余应力大小的变化　(b) 残余应力深度变化

图5　回火时间对残余应力的影响

Fig. 5　The influence of tempering time on residual stress

5　结论

（1）通过对车轮热处理的正交试验，得出了各因素对试验指标（残余应力大小、残余应力深度）的影响，按影响程度是E（回火温度）>B（淬火时间）>F（回火时间）>A（淬火温度）>C（换热系数）>D（淬火介质水温）。

（2）根据仿真分析的结果，当淬火温度取820℃，淬火时间取300s，换热系数取3.0kW/(m^2·℃)，水温取20℃，回火温度取480℃，回火时间取4.5h时的组合，试验指标达到了最佳值。

（3）随淬火温度升高，踏面附近周向残余应力减小，残余应力深度减小；而随着回火温度升高，周向残余应力减小，而周向残余应力深度却增加。当淬火时间延长时，残余应力增大，残余应力深度也相应增加；而当回火时间延长时，周向残余应力减小，而残余应力深度仅有微小增加。

参 考 文 献

［1］EN13262. Railway Applications-Wheelsets and Bogies-Wheels-Product Requirements［S］. Appendix C.

［2］安涛，沈晓辉，章静，闫军．车轮热处理过程中残余应力的分析［J］．重型机械，2007（2）：47-50.

［3］沈晓辉，闫军，安涛，等．车轮热处理过程中的变形分析［J］．中国冶金，2007（7）：19-22.

［4］Gordon J. Estimation of Residual Stresses in Railroad Car Wheels Resulting from Manufacture and Service Loading［D］. MS Thesis, Department of Mechanical Engineering, Tufts University, February, 1998.

［5］郑少华，姜奉华．试验设计与数据处理［M］．北京：中国建材工业出版社，2004：67-73.

热处理对车轮钢中夹杂物的形态和分布的影响❶

李胜军[1]　任学冲[2]　高克玮[1]　宿彦京[1]　江　波[3]　陈　刚[3]　赵　海[3]

（1. 北京科技大学；2. 北京科技大学，国家材料服役安全科学中心；
3. 马鞍山钢铁股份有限公司）

摘　要　通过金相显微镜、扫描电镜对车轮钢（CL50）铸态/热轧态和热处理态组织中夹杂物的形态分布进行研究，并利用能谱对夹杂进行成分分析。结果表明，在S含量极低的情况下，CL50车轮钢中氧化物夹杂主要呈球形或多边形，随机分布，在轧制过程中不发生变形；增大S含量，铸态组织中开始出现球状、串珠状以及条状MnS-氧化物复合夹杂物，且有在晶界聚集的趋势，主要分布于网状铁素体或者孤岛铁素体中；热处理后夹杂物则分布于网状铁素体中，说明夹杂物在一定程度上促进铁素体的形核。在890℃热处理过程中夹杂物形态和分布没有明显变化。

关键词　车轮钢；夹杂物；热处理；形态和分布

Effect of Heat Treatment on Morphology and Distribution of Inclusions in Wheel Steels

Li Shengjun[1]　Ren Xuechong[2]　Gao Kewei[1]　Su Yanjing[1]
Jiang Bo[3]　Chen Gang[3]　Zhao Hai[3]

（1. University of Science and Technology Beijing; 2. National Center for Materials Service Safety, University of Science and Technology Beijing; 3. Ma'anshan Iron and Steel Co., Ltd.）

Abstract　Effect of heat treatment on morphology and distribution of inclusions in wheel steels（CL50）was investigated by metallographic microscope, SEM and EDS. The results show that the oxide inclusions in the steel with low sulphur content are spheroidal and polygonal random distributing in the steel and no deformation occurs during rolling. Increasing sulphur content, spheroidal, strip and beaded MnS-oxide inclusions are observed in the cast steel, tending to distribute in the network ferrite at grain boundary and the island-like ferrite in pearlite. In the heat treated steel, the inclusions prevail in the network ferrite at grain boundary. Austenitizing at 890℃ has no significant effect on morphology and distribution of the inclusions.

Key words　wheel steel; inclusions; heat treatment; morphology and distribution

1　引言

钢中的夹杂物通常对其性能是有害的，会造成钢的组织不均匀。夹杂处往往是裂纹源，因而钢中夹杂物是钢断裂韧性的重要影响因素，其中条状MnS影响最为明显[1-3]。在钢的热处理过程中，不同成分及不同形态的夹杂物对钢组织晶粒度的控制起着不同的作用，超细氧化物夹杂促进晶内铁素体形成，起到有效分割晶粒、细化组织的作用，这种细化技术即为氧化物冶金技术，其中一般起主要作用的夹杂物是超细的钛化物（TiO、TiN等）[4-6]。氧化物冶金技术是开发高强度高韧性钢铁材料的有效途径。因此，夹杂物的形态和种类

❶　原文发表于《材料热处理学报》2011年第12期。
国家“863”计划项目（2009AA03Z505）；第3批中国博士后科学基金特别资助项目（20100355）。

的控制已经越来越受到重视，但是不同的钢种对夹杂物的形态和种类控制的要求是不同的。

高速车轮钢要求有较高的抗断裂性能[7]，即高的断裂韧性，而夹杂的形态和分布对钢的断裂韧性影响很大[8]。热处理是钢的强韧化的重要手段[9]。本文研究热处理前后高速车轮钢（CL50）中夹杂物的形态和分布，探讨热处理工艺对车轮钢中夹杂物的影响规律。

2 实验材料及方法

研究材料为 CL50 车轮钢。由于夹杂物的分布规律受夹杂数量的影响[10]，为研究夹杂物的分布和形态，对钢中的合金元素进行了调整。含有不同合金元素含量的 3 种车轮钢的化学成分见表 1。

表 1 车轮钢的化学成分（质量分数）

Table 1 Composition of the wheel steels (%)

Steel	C	Si	Mn	P	Ti	S	Al	Fe
B	0.50	0.29	0.74	0.0015	0.02	0.011	≤0.025	Bal.
D	0.50	0.29	0.74	0.0015	0.02	0.025	≤0.025	Bal.
A	0.51	1.0	0.90	0.0012	—	0.001	≤0.025	Bal.

试验钢的冶炼过程如下：将 3kg 国产车轮钢和一定量 FeS 放入真空感应炉中，然后抽真空，通电快速加热升温使材料完全熔化，然后添加一定量的 Ti 和 S，保温 2min，之后直接浇注到锭模中，冷却至室温。其中 A 钢在 1250℃下进行热轧，变形比为 5∶1，随后空冷至室温。

采用线切割切成 15mm×12mm×18mm 的金相样，采用 KFD-S90 型马弗炉加热对不同钢样进行热处理，具体热处理工艺制度如图 1 所示。采用 3%硝酸酒精溶液侵蚀金相，同时通过光学显微镜和扫描电镜对试样中夹杂物形态和分布观察分析，并采用能谱（EDS）分析夹杂物成分。通过统计不同形态的夹杂物的长轴和短轴尺寸，分析夹杂物的尺寸分布。

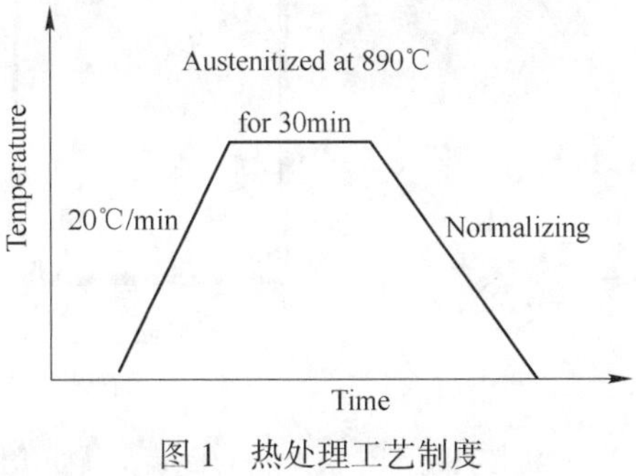

图 1 热处理工艺制度

Fig. 1 Schematic illustration of heat treatment for tested steels

3 实验结果

3.1 车轮钢中夹杂物的形态

图 2 为 B 钢的铸态组织和正火组织中夹杂物的形貌和分布图。在铸态组织（珠光体+网状铁素体）中，夹杂物主要分布在网状铁素体和孤岛状铁素体中，其形状主要呈球形或者短条状，如图 2（a）所示；在正火组织（珠光体+网状铁素体）中，夹杂物主要分布在网状铁素体中，形状呈球形，如图 2（b）所示。

图 3 为 B 钢铸态组织中夹杂物的形貌和不同形态夹杂的能谱图。由图 3 可以看出，在铸态组织中，夹杂物主要是氧化铝和氧化钛的复合夹杂物及 MnS 夹杂，氧化铝/钛复合夹杂为多边形状，如图 3（a）所示；MnS 夹杂可以单独存在，呈球形或者短棒状，如图 3（c）、（e）所示。

图 4 为 B 钢正火组织中夹杂物的形貌和不同形态夹杂的能谱图。在 B 钢正火组织中也有独立存在的 MnS 夹杂，其形状呈球形，如图 4（a）所示；钛化物夹杂则多与 MnS 及氧化铝等夹杂复合存在，当钛化物和氧化铝复合存在时，其形状呈椭球状或多边形状，当钛化物和 MnS 复合存在时，其形状也多呈球形和多边形的复合，如图 4（c）所示。

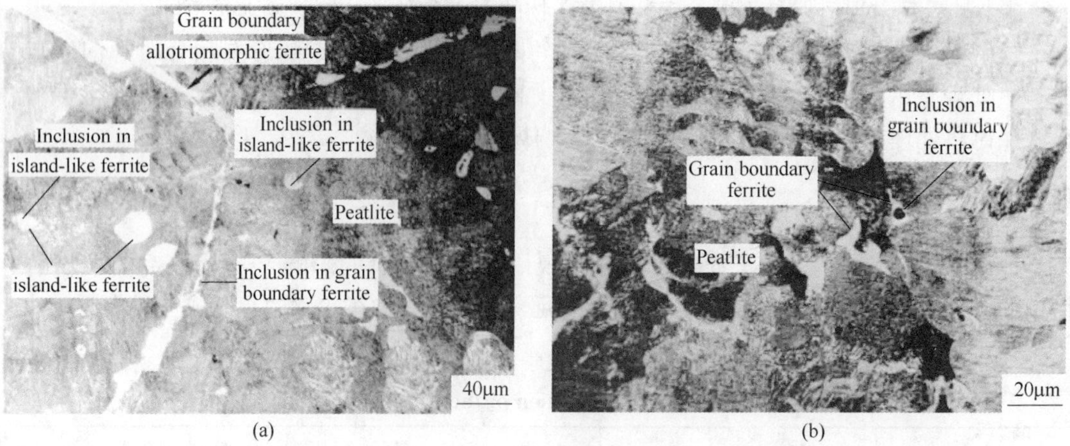

图 2　B 钢的铸态组织（a）和正火组织（b）中夹杂物的形貌

Fig. 2　Optical micrographs showing morphology of inclusions in steel B under (a) cast and (b) normalized conditions

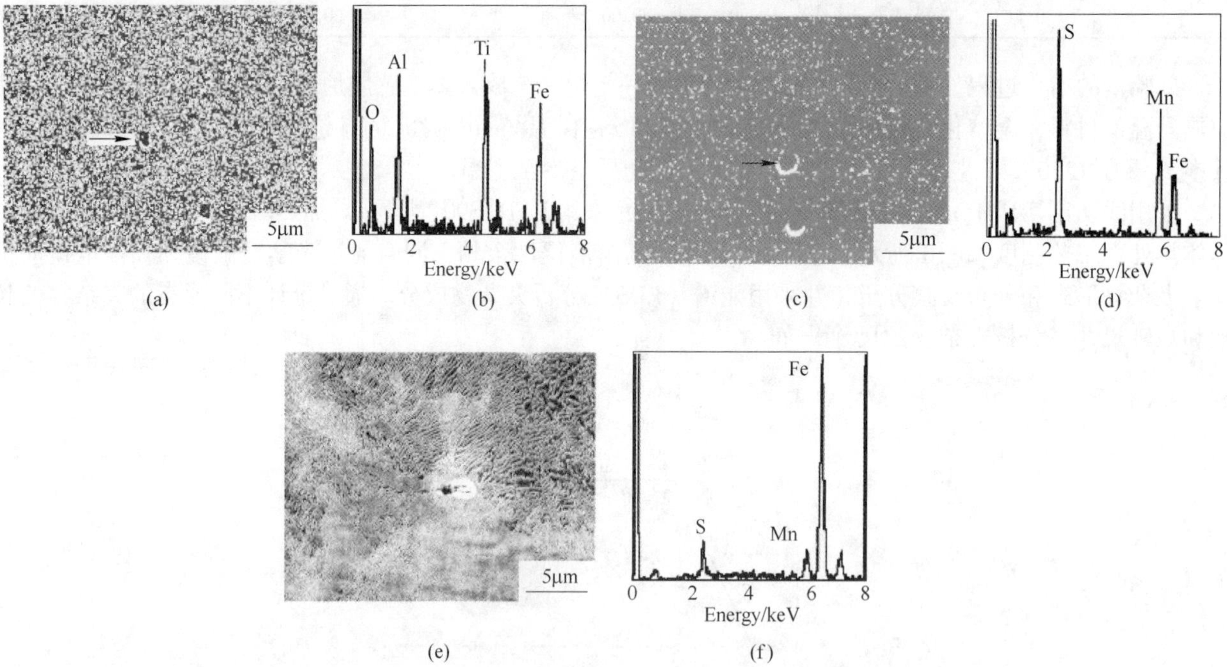

图 3　B 钢铸态组织中夹杂物的形貌及其能谱图

Fig. 3　SEM images and EDX spectra of inclusions in steel B under cast condition

(a) triangular inclusion; (b) EDX spectrum of triangular inclusion;

(c) pheroidal inclusion; (d) EDX spectrum of spheroidal inclusion;

(e) strip inclusion; (f) EDX spectrum of strip inclusion

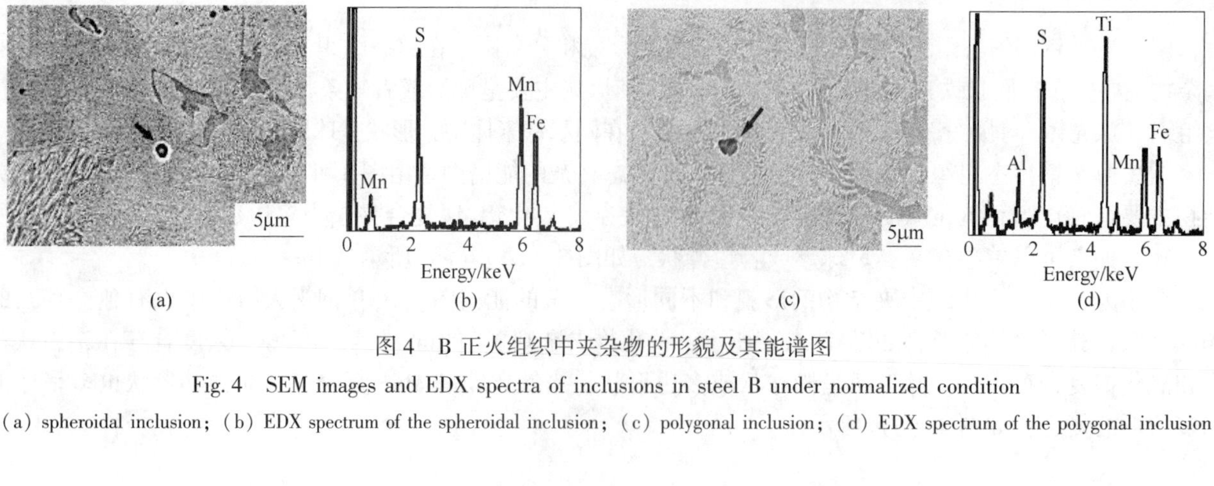

图 4　B 正火组织中夹杂物的形貌及其能谱图

Fig. 4　SEM images and EDX spectra of inclusions in steel B under normalized condition

(a) spheroidal inclusion; (b) EDX spectrum of the spheroidal inclusion; (c) polygonal inclusion; (d) EDX spectrum of the polygonal inclusion

图 5 为 D 钢铸态组织和正火组织中夹杂物的形貌和分布图。由图 5 可以看出，D 钢中的夹杂物明显多于 B 钢中，这主要是 D 钢中 S 含量的增加导致 MnS 的增加引起的。D 钢铸态组织和正火组织中夹杂物多呈长条状、串珠状，也有单独存在的球形，呈现在晶界聚集分布的趋势。在铸态组织中，夹杂主要分布在网状铁素体中，同时还可以观察到短条状夹杂分布在珠光体中靠近网状铁素体的孤岛铁素体中，如图 5（a）所示，说明 MnS 夹杂的存在明显促进铁素体的形核；而在正火组织中，所有夹杂都分布在网状的铁素体中，如图 5（b）所示。

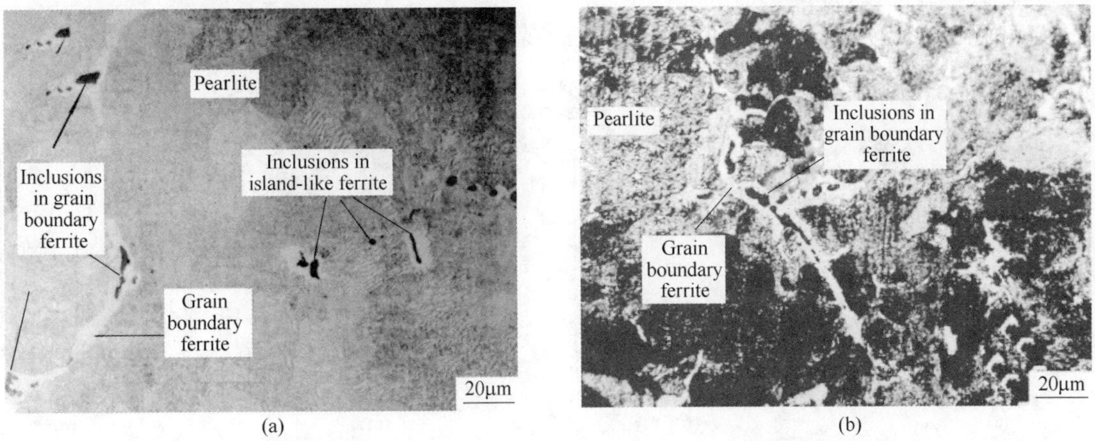

图 5　D 钢的铸态组织（a）和正火组织（b）中夹杂物的形貌和分布

Fig. 5　Optical micrographs showing morpholog of inclusions in steel D under (a) cast and (b) normalized conditions

图 6 为 D 钢铸态组织中夹杂物的形貌和不同形态夹杂的能谱图。形态呈珠串状的夹杂物是 MnS 夹杂，如图 6（a）所示；同时还观察到有呈球形单独存在的 MnS 夹杂，钛化物和 MnS 的复合夹杂物一般呈短条状，如图 6（c）所示；同时有极少量独立存在的钛化物（TiN）夹杂，呈多边形状，如图 6（e）所示。

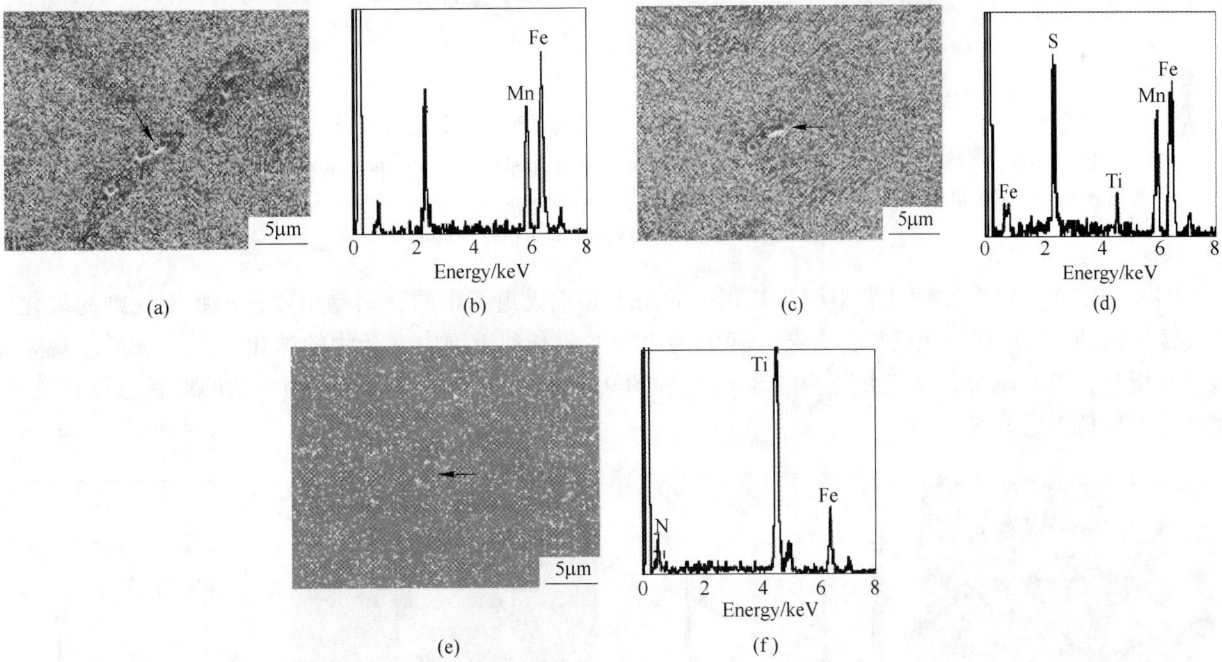

图 6　D 钢铸态组织中夹杂物的形貌及其能谱图

Fig. 6　SEM images and EDX spectra of inclusions in steel D under cast condition

(a) beaded inclusion; (b) EDX spectrum of the beaded inclusion; (c) strip inclusion; (d) EDX spectrum of the strip inclusion; (e) polygonal inclusion; (f) EDX spectrum of the polygonal inclusion

一般含 Ti 钢中 MnS 夹杂的形成过程为，凝固过程中含 Ti 化合物多为氧化钛，可作为 MnS 形核点。由于 TiO 的熔点高于 Fe，而（Ti,Mn)O 的熔点低于 Fe，在钢凝固过程中（Ti,Mn)O 易于形成液滴。(Ti,

Mn)O 在液态 Fe 中的溶解度显著低于 MnS，(Ti,Mn)O 液滴的核心首先在 Fe 的固-液界面形成。然后，液滴状 MnS 在（Ti,Mn)O 液滴上形核[13]，因而其夹杂物呈复合夹杂，且其外围由 MnS 包裹。同时氧化物的存在[14]和热处理[15]还能改变 MnS 的形态。

对于车轮钢，由于 D 钢中加入的 S 元素含量较高（0.025%），部分 MnS 由于没有足够的氧化物夹杂作为形核核心而单独析出，如图 6（a）所示。同时，在 D 钢（即含 Ti 0.020%，S 0.025%）中出现了条状的 MnS 和钛化物复合夹杂，主要是由于 MnS 以钛化物为成核点而形成 14 面体形状的初晶，再由这些初晶连接起来而生长成为条状 MnS[14]。

图 7 为 D 钢正火组织中夹杂物的形貌和不同形态夹杂的能谱图。在 D 的正火组织中，MnS 和钛化物的复合夹杂多呈长条形（图 7（a））或球形（图 7（c）），而 MnS 夹杂则多为串珠状，与图 6（a）相似。

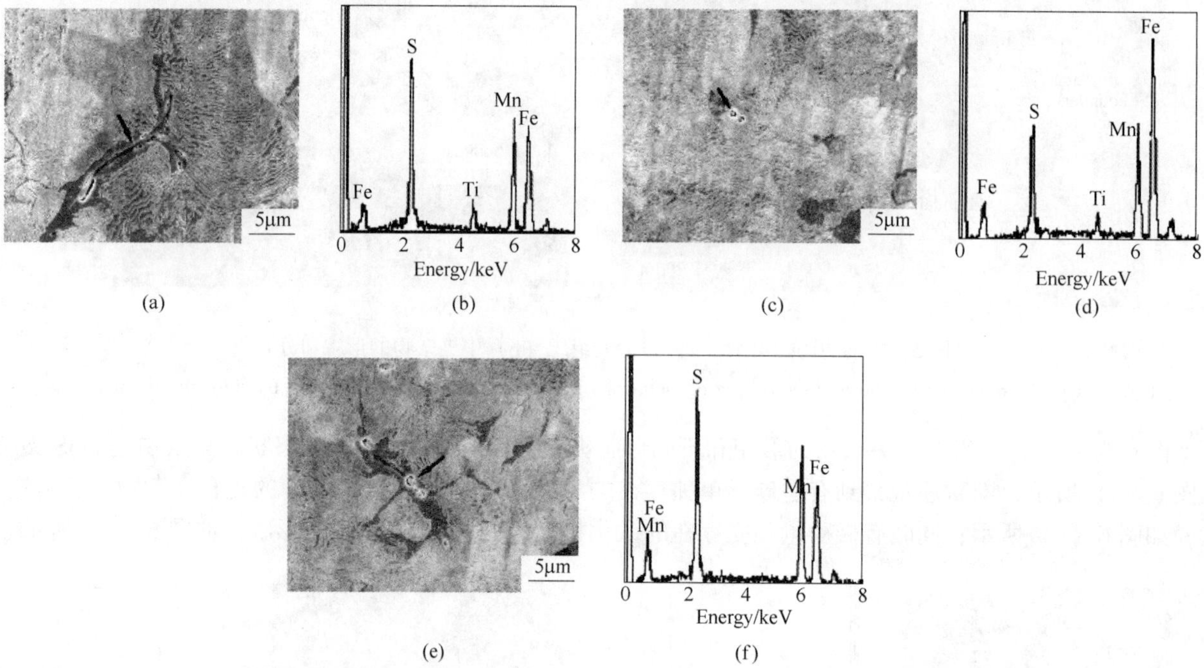

图 7　D 钢的正火组织中夹杂物的形貌及其能谱图

Fig. 7　SEM images and EDX spectra of inclusions in steel D under normalized condition

(a) strip inclusion; (b) EDX spectrum of the strip inclusion; (c) spheroidal inclusion; (d) EDX spectrum of the spheroidal inclusion; (e) beaded inclusion; (f) EDX spectrum of the beaded inclusion

图 8 和图 9 分别为 A 钢轧态组织及其正火后组织和正火组织中的夹杂物主要是形状不规则的氧化硅夹杂及球形的 Al_2O_3 和氧化钙复合夹杂，其中钙化物夹杂有利于钢中夹杂物的球化[11,12]。在形貌观察和能谱分析时，没发现 MnS 夹杂物。由图 8（c）和图 9（c）可见，轧制后氧化物夹杂的形状也没有变化，保持铸态材料中的形状。

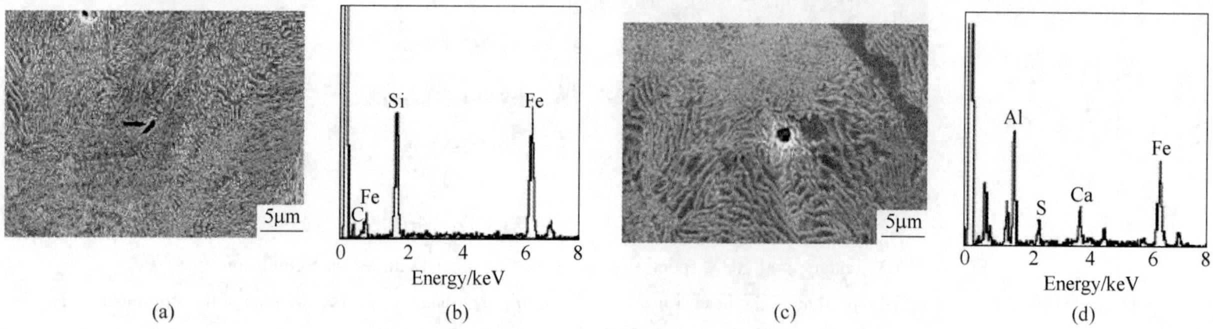

图 8　A 钢轧态组织中夹杂物的形貌及其能谱

Fig. 8　SEM images and EDX spectra of inclusions in steel A under rolled condition

(a) irregular-shape inclusion; (b) EDX spectrum of the irregular-shape inclusion;

(c) spheroidal inclusion; (d) EDX spectrum of the spheroidal inclusion

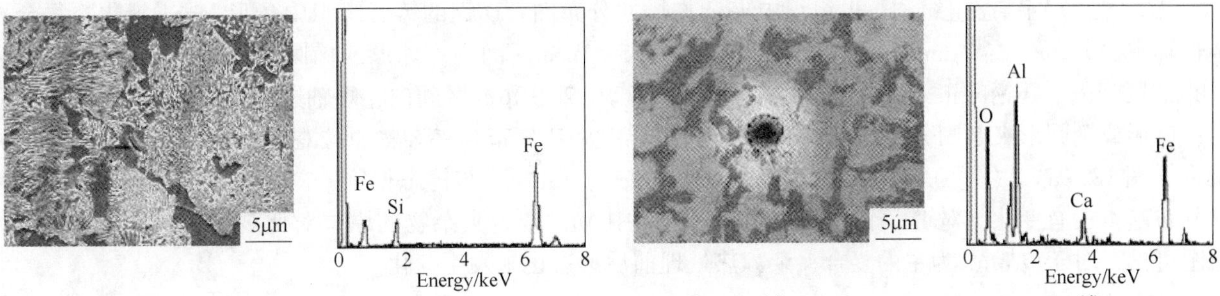

(a) (b) (c) (d)

图 9　A 钢正火组织中夹杂物的形貌及其能谱

Fig. 9　SEM images and EDX spectra of inclusions in steel A under normalized condition

(a) irregular-shape inclusion; (b) EDX spectrum of the irregular-shape inclusion;

(c) spheroidal inclusion; (d) EDX spectrum of the spheroidal inclusion

3.2　车轮钢中夹杂物的尺寸分布

图 10 为 B 钢铸态组织和正火组织中夹杂物尺寸分布图。铸态组织中，呈球状和短条状的 MnS 和呈多边形的钛化物等复合夹杂尺寸分布在 0.5~3.0μm 区间内；正火组织中的球状夹杂的尺寸分布在 1.0~3.0μm 区间内。由于统计数量的限制，铸态组织和正火组织中夹杂物尺寸的分布有一定的差别，但变化趋势不明显。

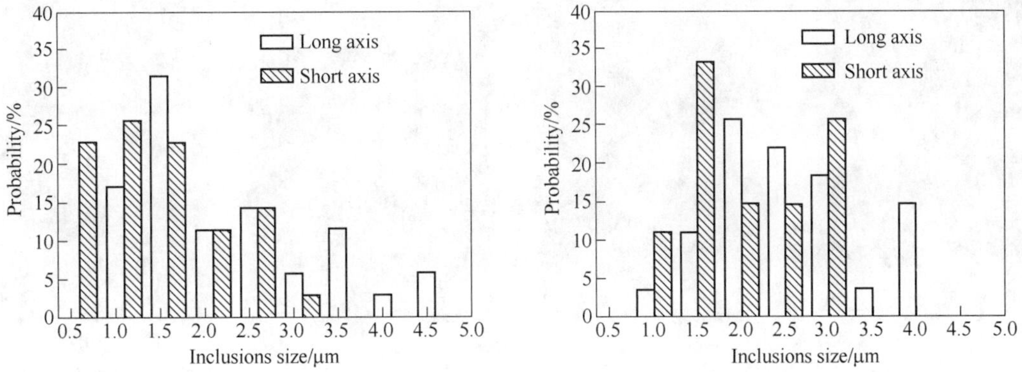

(a) (b)

图 10　B 钢铸态组织 (a) 和正火组织 (b) 中夹杂物的尺寸分布

Fig. 10　Size distribution of inclusions in steel B under (a) cast and (b) normalized conditions

对同一夹杂物在热处理前后的形态对比观察，如图 11 所示。在铸态组织中夹杂物附近利用显微硬度计进行标记，然后在真空石英管中（真空度 $P=2\times10^{-2}$Pa）进行热处理，因为真空度的限制，试样表面有一定程度的氧化，但不影响对夹杂物形态的观察。由图 11 可见，正火前后，夹杂物（氧化铝复合夹杂物）的形状和尺寸均未发生明显变化。

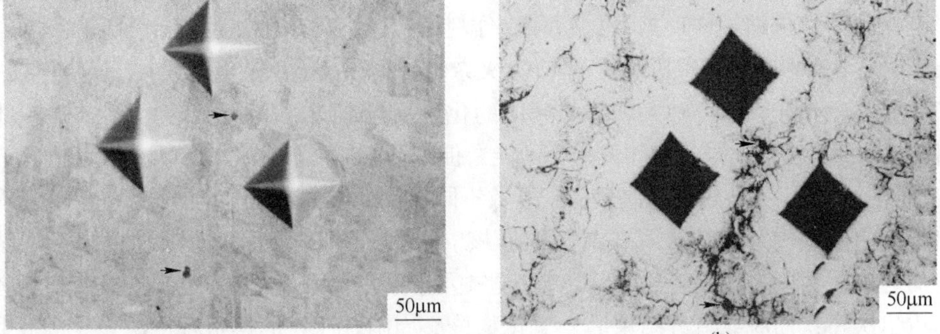

(a) (b)

图 11　B 钢铸态组织 (a) 和正火组织 (b) 夹杂物（氧化铝复合夹杂物）

Fig. 11　Optical micrographs showing morphology of inclusions in steel B under

(a) cast and (b) normalized conditions by in-situ observation

图12为D钢铸态组织和正火组织中夹杂物尺寸分布图。D钢的铸态组织中条形MnS-氧化物复合夹杂长轴主要分布在2~7μm区间内，短轴分布在0.5~3μm区间内；球形或椭圆形的夹杂则分布在0.5~2.0μm区间内。D钢的正火组织条形夹杂物长轴分布在2~10μm区间内，短轴则分布在0.5~3.5μm区间内；球形或椭圆形夹杂则分布在1.0~3.0μm。同样由夹杂分布和夹杂物原位观察可知，D钢中的条形夹杂物（图13（a）、（b））和球形夹杂物（图13（c）、（d））与铸态相比，在热处理后长轴、短轴的尺寸分布基本没有变化。对D钢铸态组织和正火组织中MnS复合夹杂物的原位对比观察结果如图12所示，由图可见，对于以MnS为主的复合夹杂，热处理前后形态也未发生变化。

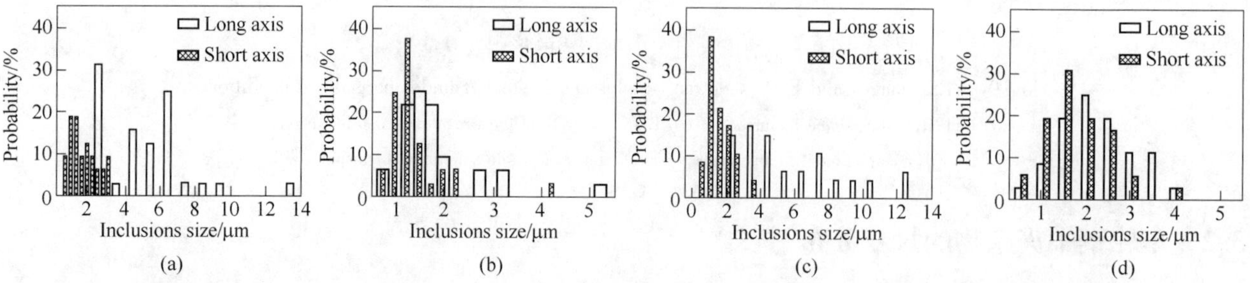

图12　D钢铸态组织中条形夹杂（a）和球形夹杂（b）及正火组织中条形夹杂（c）和球形夹杂（d）的尺寸分布

Fig. 12　Size distribution of inclusions in steel D under（a and b）cast and（c and d）normalized conditions

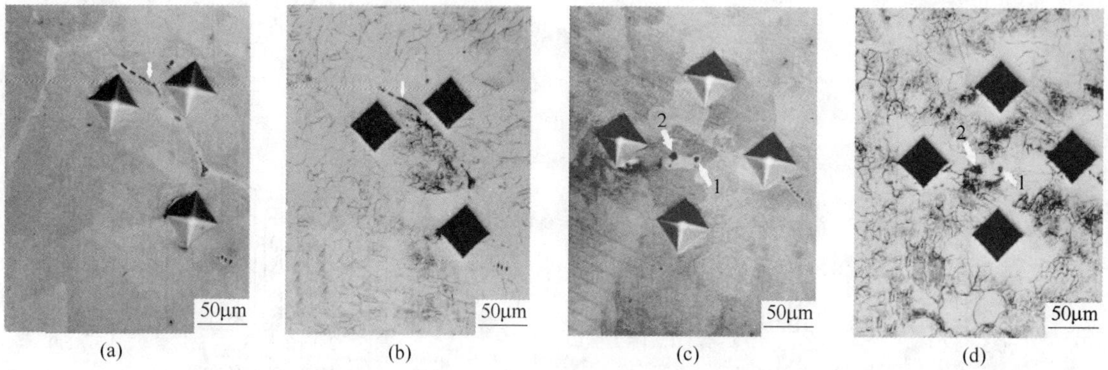

图13　D钢铸态组织（a、c）和正火组织（b、d）中夹杂物原位对比观察

Fig. 13　Optical micrographs showing worphology of inclusions in steel D under（a，c）cast and（b，d）normalized conditions by in-situ observation

4　讨论

车轮钢中夹杂物的形态和分布可以影响车轮钢的综合性能。热处理如果改变钢中夹杂物的形态和分布，则夹杂在热处理前后对材料性能会产生不同的影响。如果热处理不改变钢中夹杂物的形态和分布，只引起基体组织的变化，则需考虑夹杂物对热处理过程中基体组织变化的影响。在热处理过程中，夹杂物对组织的影响主要是促进铁素体形核，从而有效分割晶粒，细化车轮钢组织。

关于夹杂物诱导晶内形核有多种机制[16]：（1）夹杂物析出在其周围造成溶质贫乏区（如贫锰区），使相变点提高，有利于铁素体相变；（2）夹杂物与基体的化学反应造成的碳成分变化，促进铁素体形成；（3）夹杂物与母相之间的高界面能、与新相间低的界面能，促进铁素体形成；（4）氧化物夹杂作为异质核心，导致铁素体非均质形核；（5）夹杂物与基体热膨胀系数不同导致冷却中附加应变能，促进铁素体形成。

氧化物冶金钢中有益夹杂物是从液态金属中形核、长大，并在随后的冷却过程中形成核心为高熔点氧化物、外表面为硫化物的多相复合物结构[13]。脱氧元素形成的氧化物的熔点决定夹杂物核心的成分和各氧化物相的析出次序；而脱氧过程结束后，氧化物核心周围S元素的偏析程度决定了氧化物外表面是否能够析出硫化物。因此，铸态车轮钢中的夹杂物为氧化物复合物或氧化物硫化物复合物，即为MnS-氧化物复合夹杂（图3和图6）。同时，由于夹杂物作为异质核心，导致铁素体非均质形核，促使车轮钢组织中先共析铁素体形成，即在铸态组织（图2（a）和图5（a））中，夹杂有在晶界聚集的趋势，主要分布于网状铁素体或者孤岛铁素体中。

热处理中，车轮钢中夹杂物形态（图 11 和图 13）和尺寸（图 10 和图 12）均未变化。在车轮钢890℃热处理时，夹杂物为先共析铁素体提供形核质点，促使网状铁素体形核，同时较细小的氧化物夹杂对奥氏体晶界迁移起“钉扎”作用，抑制奥氏体晶粒的长大[17]；另外，其铸态组织中包裹夹杂物的铁素体为热处理转变的网状铁素体提供成分条件，促使铁素体和珠光体的转变。车轮钢中有益的夹杂物再次分割晶粒，细化其组织（图 2 和图 5），从而影响车轮钢的综合性能。

5 结论

（1）当 S 含量极低时（≤0.001%）车轮钢（CL50）中的氧化物夹杂呈多边形或球形且随机分布，并且在轧制过程中保持形状不变；

（2）当 S 含量增加到 0.011%时，车轮钢的铸态和热处理态组织中都存在氧化物和 MnS 的复合夹杂，呈多边形或椭圆形，同时有单独存在的球形 MnS 夹杂；当 S 含量增加到 0.025%时，钢中出现条形和串珠状 MnS 夹杂，且多为钛化物和 MnS 的复合夹杂；

（3）车轮钢在 890℃热处理中夹杂物形态和分布均未变化，MnS 夹杂的存在可促进铁素体的形核。

参考文献

[1] Cyril N, Fatemi A. Experimental evaluation and modeling of sulfur content and anisotropy of sulfide inclusions on fatigue behavior of steels [J]. International Journal of Fatigue, 2009, 31: 526-537.

[2] Temmel C, Karlsson B, Ingesten N. Fatigue anisotropy in cross-rolled, hardened medium carbon steel resulting from MnS inclusions [J]. Metall Mater Trans A, 2006, 37: 2995-3007.

[3] Wilson A D. Comparing the Effect of Inclusions on Ductility, Toughness, and Fatigue Properties [M]. Philadelphia, American Society for Testing and Materials, 1983.

[4] 杨占兵，王福明，宋波，等. 含 Ti 复合夹杂物对中碳非调质钢组织和力学性能的影响 [J]. 北京科技大学学报，2007，29（11）：1096-1100.

[5] 李新明，郑少波，郑庆，等. 钢的氧化物冶金技术 [J]. 上海金属，2005，27（5）：55-60.

[6] 武会宾，尚成嘉，苑少强，等. 超细化低碳贝氏体钢的回火组织稳定性及力学性能 [J]. 材料热处理学报，2004，25（6）：65-70.

[7] 高海潮，史怀言，刘国平，等. 快速车轮钢的质量控制 [J]. 钢铁，2000，35（5）：26-29.

[8] 任学冲，褚武扬，李金许，等. 原子氢和白点对车轮钢力学性能影响的进一步研究 [J]. 金属学报，2007，43（1）：53-58.

[9] 肖纪美. 金属的韧性与韧化 [M]. 上海：上海科学技术出版社，1980.

[10] 张济忠. 分形 [M]. 北京：清华大学出版社，2001.

[11] 高德春，李承基，曹凤豫，等. Ca 对 42MnCr 钢显微组织及冲击韧性的影响 [J]. 金属热处理学报，1993，14（3）：9-14.

[12] 夏志新，叶文冰，杨卓越，等. MnS 形态对超高强度钢韧性的影响 [J]. 钢铁研究学报，2009，21（3）：11-14.

[13] Khaled F A. The grain coarsening and subsequent transformation of austenite in the HSLA steel during high temperature thermomechanical processing [D]. Pittsburgh: University of Pittsburgh, 2005: 115-116.

[14] Oikawa K. The control of the morphology of MnS inclusion in steel during solidification [J]. ISIJ International, 1995, 35 (4): 402-408.

[15] 卢献忠，吴润，李书黎，等. 热处理对高硫钢硫化物形态及性能的影响 [J]. 武汉科技大学学报，2010，33（2）：147-150.

[16] 杨志刚. 晶内铁素体在夹杂物上的形核机制的讨论 [J]. 金属热处理，2005，30（1）：20-23.

[17] 周传久，戚正风. 奥氏体晶粒大小与第二相粒子 r/f 比值间的关系 [J]. 金属热处理学报，1987，8（2）：74-81.

室温下高速车轮钢断裂韧性与冲击韧性的关系❶

任学冲[1,2] 李胜军[3] 高克玮[3] 宿彦京[4] 江 波[2] 陈 刚[2] 赵 海[2]

（1. 北京科技大学，国家材料服役安全科学中心；2. 马鞍山钢铁股份有限公司；
3. 北京科技大学材料科学与工程学院；4. 北京科技大学，新材料技术研究院）

摘 要 通过紧凑拉伸（CT）实验测试了不同热处理条件下高速车轮钢的室温断裂韧性，在具有不同断裂韧性的CT试样上取样，制成标准夏比V型冲击试样，进行室温冲击；并对断裂韧性和冲击试样的断口和显微组织进行了观察和分析。结果表明，室温下该车轮钢材料的条件断裂韧性 K_{IQ} 和冲击韧性 A_{KV} 成线性关系；车轮钢的预裂纹加载断裂和缺口冲击断裂均为以解理为主的断裂，该车轮钢中夹杂物主要为Ti(C,N)，其对室温下条件断裂韧性和冲击韧性基本没有影响。

关键词 车轮钢；断裂韧性；冲击韧性；解理断裂

The Relationship between Fracture Toughness and Impact Toughness of High-speed Wheel Steel at Room Temperature

Ren Xuechong[1,2] Li Shengjun[3] Gao Kewei[3] Su Yanjing[4] Jiang Bo[2]
Chen Gang[2] Zhao Hai[2]

(1. University of Science and Technology Beijing, National Center for Materials Service Safety;
2. Ma'anshan Iron and Steel Co., Ltd.; 3. University of Science and Technology Beijing;
4. University of Science and Technology Beijing, Institute of Advanced Materials)

Abstract The fracture toughness of high-speed wheel steel were measured at room temperature through compact tension (CT) specimens heat-treated with different procedures. Charpy V-notched impact specimens were made from CT specimens with different fracture toughness, respectively. Impact tests were carried out on Impact specimens at room temperature. The fracture toughness as well as the fracture surfaces and microstructure of the fracture specimens were observed and analyzed. Results show that the fracture toughness K_{IQ} and charpy impact energy A_{KV} of the wheel steel at room temperature own the relationship: $K_{IQ}=3A_{KV}+35$. The fracture mode of both CT specimens and impact specimens are mainly cleavage fractures. The inclusions in wheel steel mainly are Ti(C,N) which have little effects on the fracture toughness and impact toughness at room temperature.

Key words wheel steel; fracture toughness; Charpy impact energy; cleavage fracture

1 引言

韧性是车轮钢材料性能的重要指标之一。随着列车速度的提高，对车轮钢的韧性也提出了越来越高的要求。表征材料韧性的方法通常有断裂韧性和冲击韧性，分别表征材料在静态和动态载荷下的韧度。由于测量冲击韧性的成本比测量断裂韧性的成本低许多，希望通过找出材料的断裂韧性和冲击韧性的关系，通过冲击韧性实验测得材料的冲击韧性，继而得到材料的断裂韧性，研究断裂机理。从20世纪60~

---

❶ 原文发表于《中国铁道科学》2012年第1期。
国家高技术研究发展计划（2009AA03Z505）。

70年代开始，各国研究者在材料的断裂韧性与冲击韧性的关系方面就进行了大量的研究[1-4]，建立了材料的断裂韧性与冲击韧性的一些定量关系。研究表明[5-7]，这些关系对于特定的材料及实验温度有严格限制，其适用范围非常有限。因此对于车轮钢建立断裂韧性与冲击韧性的关系还需进行必要的工作。本文针对我国开发的高速车轮钢，测量不同热处理条件下的断裂韧性和冲击韧性，研究室温下断裂韧性和冲击韧性的定量关系，以及夹杂物等因素对断裂韧性和冲击韧性的影响。

2 试验方法

实验用材料为按照《铁道部 CA250 EMU 动车组整体车轮技术规范》生产的车轮钢，其中 C，Si，Mn，P，S 和 Cr 元素的质量百分数分别为 0.54%，1.04%，0.98%，0.006%，0.003%和 0.03%，其余为 Fe 元素。从轧态车轮轮辋取样制成 30 mm 厚的紧凑拉伸试样（简称为 CT 试样），CT 试样裂纹面法线与轮辋外圆切线方向平行。部分 CT 试样在马弗炉中进行不同工艺下的热处理。所有 CT 试样在 Amsler HPF5000 高频疲劳试验机上预制疲劳裂纹，然后在 MTS-810 试验机上按照 GB 4161—1984《金属材料平面应变断裂韧度 K_{IC}试验方法》进行断裂韧性测试。接着从每个断裂的 CT 试样上利用线切割技术取 3 个夏比 V 形缺口冲击试样，使所有冲击试样缺口位置和方向一致。按照 GB/T 229—1994《金属夏比缺口冲击试验方法》在 JB-300B 冲击试验机上进行冲击试验，冲击能量为 150J，冲击速度为 5.2m/s。对断裂后的所有冲击试样和 CT 试样在 Zeiss-DVO18 扫描电子显微镜上进行断口形貌观察。

3 实验结果及分析

3.1 断裂实验及冲击实验结果

CT 试样厚度 B 为 30 mm，由于不能满足平面应变断裂韧性 K_{IC}的条件（$B \geqslant 2.5\ (K_Q/\sigma_y)^2$ 其中 σ_y 为材料的屈服应力，对热处理态车轮钢 $\sigma_y \approx 490$MPa；K_Q 为材料的条件断裂韧性），此时测得的断裂韧性不是真正的断裂韧性，故称为条件断裂韧性。不同热处理工艺下车轮钢 CT 试样及未热处理 CT 试样的条件断裂韧性 K_Q 及冲击韧性 A_{KV}实验结果、冲击试样断口观察的结果见表 1。其中 CT 试样 1~6 热处理方式为（1），试样 7~12 热处理方式为（2），试样 13~15 为轧态。

表 1 不同试样的条件断裂韧性与冲击韧性及相关参数

CT 试样编号	热处理方式	K_Q/MPa · m$^{1/2}$	冲击试样编号	A_{KV}/J	起裂处夹杂物情况及尺寸/μm	A_{KV}平均值/J
1	（1）以 3℃/min 的速度加热至 900℃，然后保温 0.5h，最后以 1.5℃/s 的速度冷却至室温	66.7	1	8	35×10	10.0
			2	12	8×8	
			3	10	10×2	
2		81.0	4	15	无	15.3
			5	16	无	
			6	15		
3		71.2	7	14	无	15.0
			8	16	无	
			9	15		
4		81.5	10	18	无	17.0
			11	18		
			12	15	无	
5		76.9	13	13	6×6	13.0
			14	12	无	
			15	14		
6		90.1	16	18	无	17.3
			17	16	无	
			18	18		

续表 1

CT 试样编号	热处理方式	K_Q/MPa · $m^{1/2}$	冲击试样编号	A_{KV}/J	起裂处夹杂物情况及尺寸/μm	A_{KV} 平均值/J
7		90.7				
8	(2) 以 15℃/min 的速度加热至 850℃，然后保温 0.5h，最后以 1.5℃/s 的速度冷却至室温	90.3	19	20	无	19.6
			20	20	无	
			21	19		
9		93.9	22	22		21.0
			23	20		
			24	21		
10		95.4	25	17	8×6	18.3
			26	20		
			27	18	无	
11		99.5	28	18	2×2	19.6
			29	21	无	
			30	20		
12		85.8	31	19		18.0
			32	18		
			33	17		
13	轧态 CT 试样	65.3	34	12	无	10.6
			35	10	无	
			36	10	8×4.5	
14		70.8	37	12		11.3
			38	12		
			39	10		
15		64.8	—	—		

由表 1 可知：轧态 CT 试样的条件断裂韧性最低，试样 13~15 的条件断裂韧性平均值为 67.0 MPa · $m^{1/2}$，最小值为 64.8 MPa · $m^{1/2}$；CT 试样 1~6 的条件断裂韧性平均值为 77.9 MPa · $m^{1/2}$，而且各 CT 试样的条件断裂韧性相差很大，最大达 90.1 MPa · $m^{1/2}$，最小仅为 66.7 MPa · $m^{1/2}$；CT 试样 7~12 的条件断裂韧性的平均值为 92.6 MPa · $m^{1/2}$，最大值为 99.5 MPa · $m^{1/2}$，最小值为 85.8 MPa · $m^{1/2}$，表明 CT 试样 7~12 的条件断裂韧性比轧态 CT 试样的有显著提高。由此可见，热处理方式对车轮钢的条件断裂韧性和冲击韧性有非常明显的影响。

3.2　断裂韧性试样微观组织

对轧态 CT 试样和两种热处理状态 CT 试样的金相显微组织如图 1 所示。由图 1 知：CT 试样 13（轧态试样）的组织主要为珠光体和少量分布在晶界的网状铁素体组成，且晶粒较大，其直径平均约为 300μm；经热处理的 CT 试样 1 和 11 的晶粒明显细化，11 号 CT 试样晶粒尺寸更加均匀。

3.3　断裂韧性和冲击试样断口观察

轧态 CT 试样 13 的断口形貌如图 2 所示。图中：A、B 区为两个不同的起裂点。由图 2 可知：CT 试样 13 沿预制疲劳裂纹尖端有很多解理起裂点；解理裂纹从预制疲劳裂纹尖端直接起裂并扩展，疲劳裂纹和解理裂纹之间没有任何延性区；有的解理起裂发生在离裂纹尖端一定距离的第二相粒子处（见图 2（c）），该处距疲劳裂纹尖端 32μm；第二相粒子的直径约为 2μm，见图 2（d）。

CT 试样 1 的断口形貌如图 3 所示。由图 2 和图 3 可知：CT 试样 1 的疲劳裂纹与解理裂纹交界处的断口形貌的特征与 CT 试样 13 的基本相同，在疲劳裂纹尖端有多个起裂源，只是解理刻面尺寸比 CT 试样 13

的小得多；CT 试样 1 的解理裂纹从预制疲劳裂纹尖端直接起裂并扩展，疲劳裂纹和解理裂纹之间没有任何延性区。

(a) CT试样13

(b) CT试样1

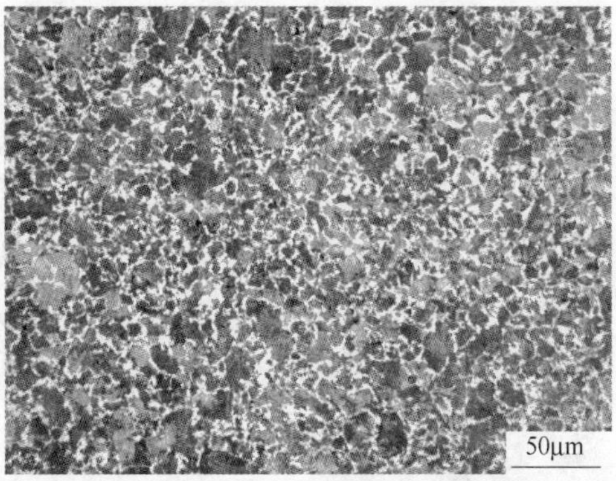

(c) CT试样11

图 1　轧态及不同热处理的 CT 试样的金相显微组织

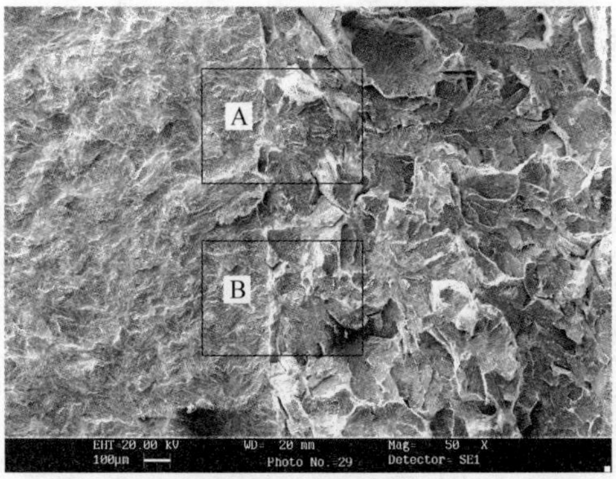

(a) 疲劳裂纹尖端断口形貌

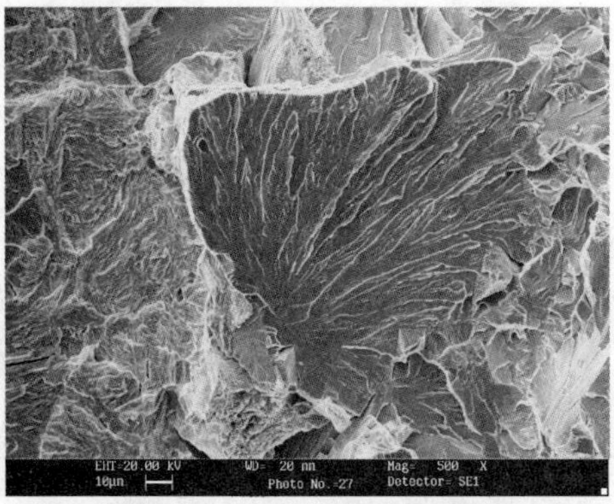

(b) 图(a)中B区的放大

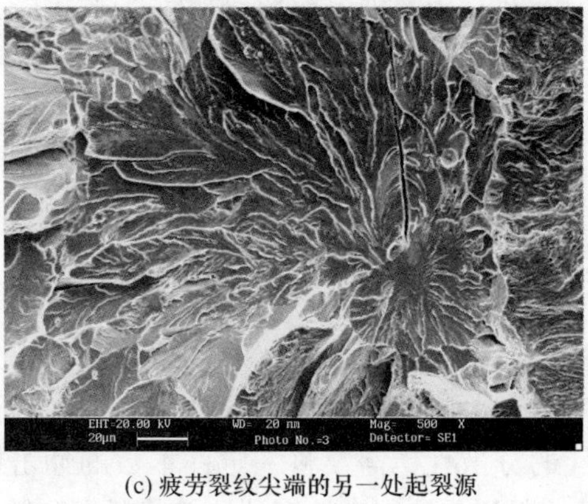

(c) 疲劳裂纹尖端的另一处起裂源

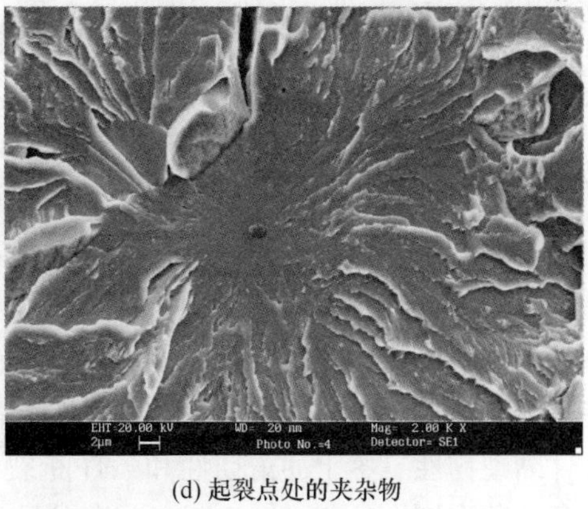

(d) 起裂点处的夹杂物

图 2　13 号轧态 CT 试样的断口形貌

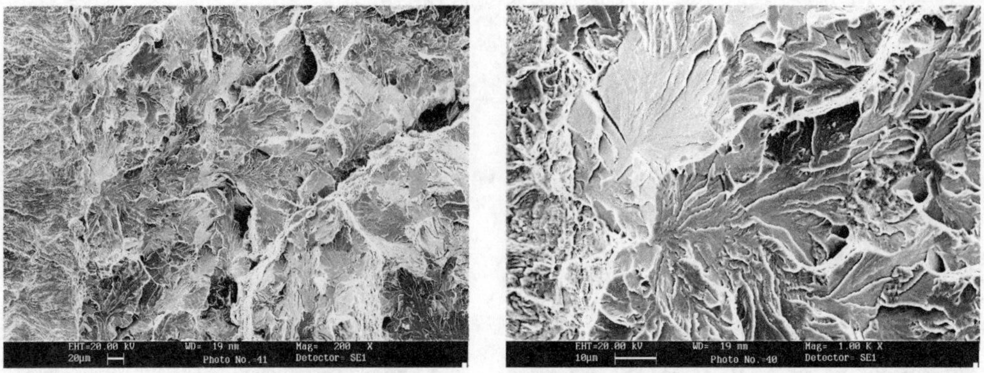

(a) 疲劳裂纹尖端断口形貌　　(b) 疲劳裂纹尖端的解理起裂源处断口

图 3　热处理状态 CT 试样 1 的断口形貌

断裂韧性较高的 CT 试样 2 和 CT 试样 11 的断口形貌如图 4 所示。由图 4 可知：CT 试样 2 的断口形貌特征与 CT 试样 1 的基本相同；CT 试样 11 在疲劳裂纹与解理裂纹之间有宽度约 20μm 左右的延性伸张区。

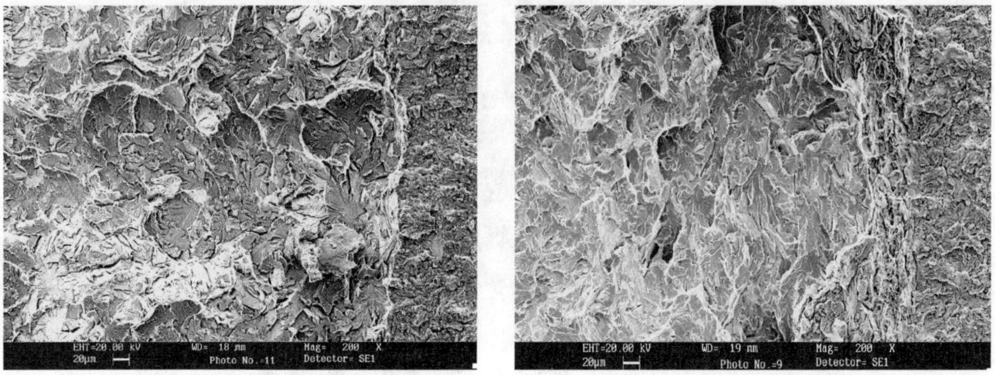

(a) CT 试样 2　　(b) CT 试样 11

图 4　断裂韧性较高的热处理试样断口形貌

轧态冲击试样 36 的断口形貌如图 5 所示。由图 5 可知：该试样缺口前端有宽为 120μm 的韧窝状撕裂区，如图 5（a）中 A 区域，其下方为解理断裂区；在解理断裂区存在唯一的起裂源，如图 5（a）中箭头指示，该起裂源距延性韧窝区边缘距离为 250μm，将该起裂源放大后发现存在 1 个夹杂物，其尺寸约为 8μm×4. 5μm（如图 5（b）所示）；对夹杂物进行的能谱分析（如图 5（c）所示）表明，该夹杂物的主要成分为 Ti，C 和（或）N，初步确定为 TiN 或者 TiC 和 TiN 的复合夹杂物。

图 6 为冲击试样 7 的断口形貌。由图 6 可知：该冲击试样缺口前端有明显的韧窝状撕裂区（如图 6（a）所示），其下方是解理断裂区；在解理断裂区有唯一的起裂源（如图 6（b）中 P 点所示），该起裂源距延性韧窝区边缘距离为 70μm，且无夹杂物。

图 7 为冲击试样 29 的断口形貌。由图 7 可知：该冲击试样缺口前端的韧窝状撕裂区宽度约为 420μm，在解理区有一明显的起裂源（如图 7（a）中箭头所示），将该起裂源放大后（如图 7（b）中 P 点所示），观察发现该起裂源无夹杂物。

3. 4　断裂韧性与冲击韧性的关系

对表 1 的条件断裂韧性 K_{IQ} 与冲击韧性 A_{KV} 的值进行线性拟合，可近似为 $K_{IQ}=3A_{KV}+35$。对该线性关系做 95%置信区间，有 25 个数据点落在该区间内，占总试样数的 64. 1%；若取 90%置信区间，则有 35 个数据点在该区间内，占样本总数的 89. 7%，结果如图 8 所示。

室温下车轮钢条件断裂韧性与冲击韧性之间呈线性关系，因此通过冲击韧性可以较好的预测车轮钢室温下的条件断裂韧性。鉴于冲击韧性和条件断裂韧性的分散性，需要将一定样本数的冲击韧性进行统计，来预测条件断裂韧性的范围。由断口观察可见，解理断裂是控制车轮钢裂纹加载断裂和缺口冲击断裂的主要断裂模式，本文提出的条件断裂韧性和冲击韧性的关系也是建立在断裂模式均为解理断裂基础上的。

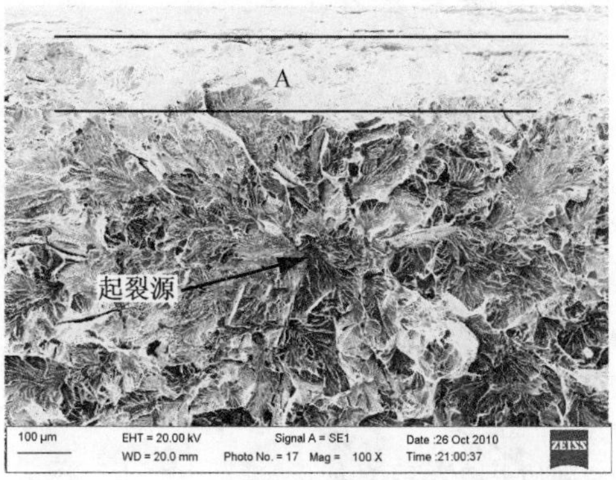

(a) 宏观断口及起裂源

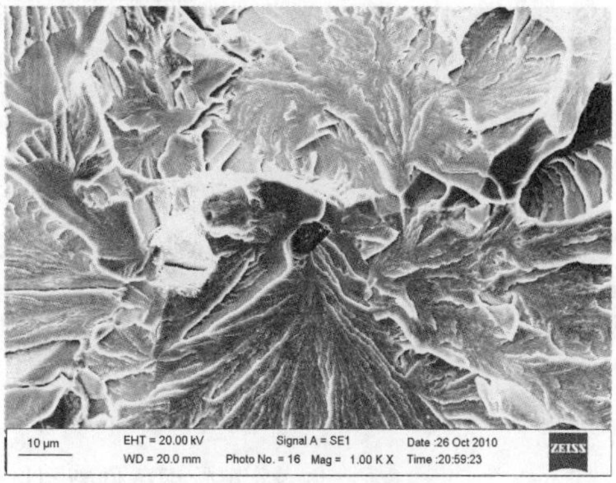

(b) 起裂源处的夹杂物

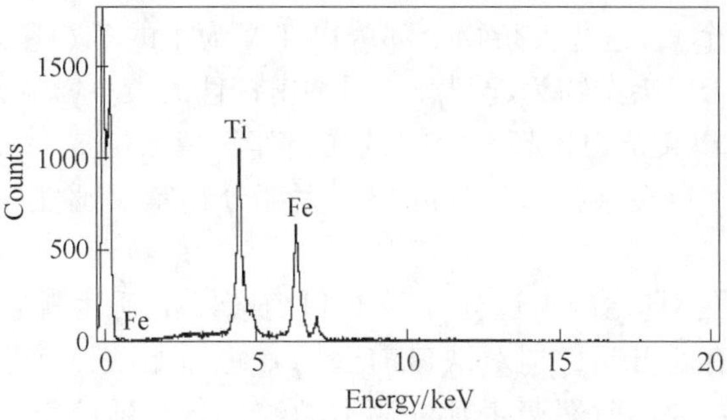

(c) 起裂源处夹杂物的能谱分析

图 5　轧态冲击试样 36 断口形貌及能谱分析结果

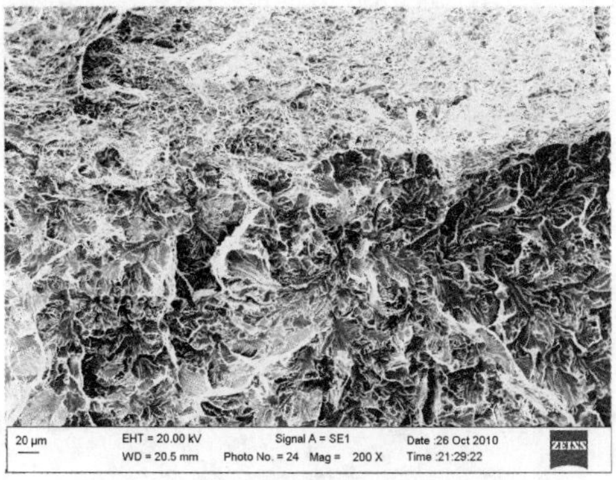

(a) 缺口前端的韧窝区及解理起裂源

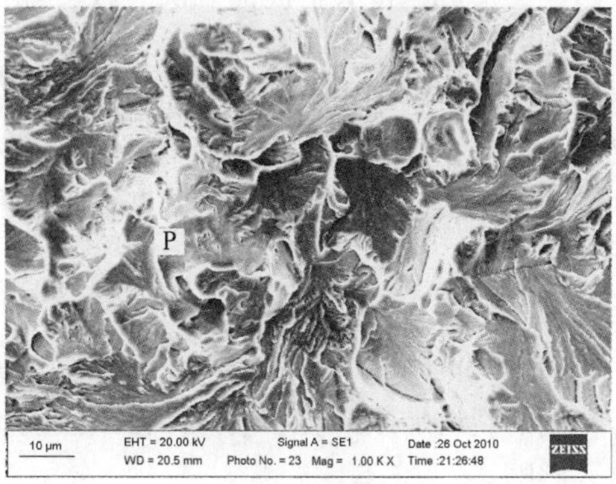

(b) 解理起裂源的放大

图 6　冲击试样 7 断口形貌

(a) 缺口前端的韧窝区及解理起裂源

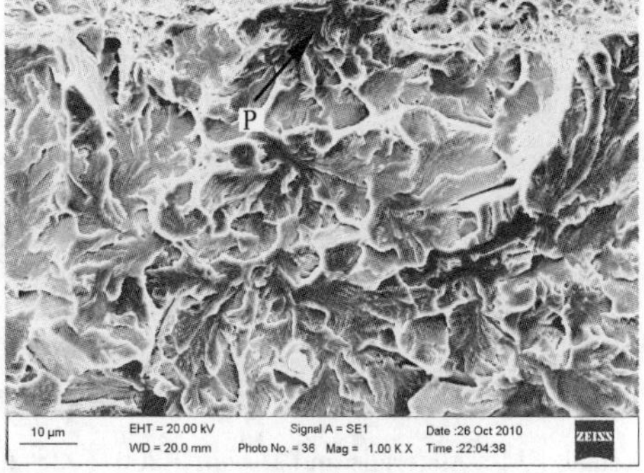

(b) 解理起裂源的放大

图 7　热处理态冲击试样 29 断口形貌

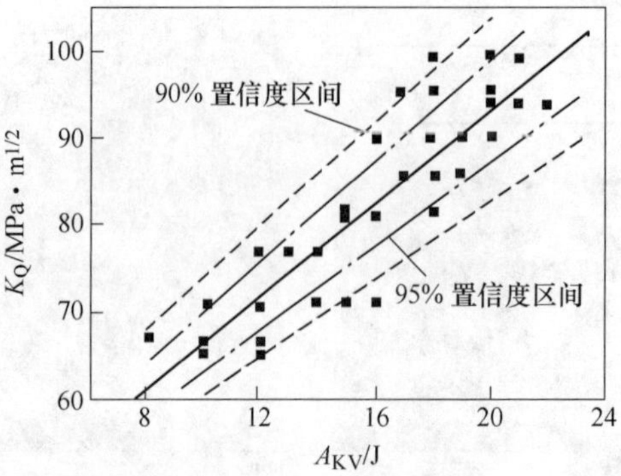

图 8　车轮钢条件断裂韧性 K_Q 随冲击韧性 A_{KV} 的变化

表 1 的在起裂源处发现起裂点为夹杂物或第二相的断口有 7 个（“第二相的 7 个断口”，这是这个术语还是说“第二相断口”有 7 个），这些夹杂物全部为以 TiN 为主的 Ti(C,N) 复合物。在同一断裂韧性试样上取样的冲击试样，其是否以夹杂物为起裂源，对冲击韧性的大小影响并不明显（如 CT 试样 5、10、11 和 13 上所取的冲击试样）。以夹杂物为起裂源的试样，其起裂点位置一般较分散，从距离延性撕裂区前端几十个微米到几百微米。不以夹杂物起裂的起裂源大部分在紧靠延性撕裂区前端起裂，个别在延性撕裂区前端几十个微米处起裂。

文献［8］的分析结果表明，夏比冲击试样 V 型缺口前端发生延性撕裂（长度为 100μm）后，在延性裂纹前端的应力和应变均会有所升高，但对缺口前远场（距原始缺口前端距离≥300μm）的应力和应变则基本没有影响。由此可见：缺口前端产生延性撕裂裂纹后，在延性裂纹尖端更易发生解理断裂；如果在缺口前端的一定距离内存在夹杂物，则夹杂物会优先诱发解理起裂。但在缺口前端的一定区域内可能存在不只一个夹杂物，这些夹杂物诱发的微裂纹只有进一步扩展才能发生解理断裂。在试样断口上，可以发现很多已经形成但没有扩展的二次裂纹，如图 2（c）、图 3（a）及图 5（b）。由此可推断：微裂纹的形成在解理断裂过程中不是最重要的，只有当合适的微裂纹能够穿过晶界继续扩展才能导致解理断裂。因此室温下车轮钢解理断裂的临界事件是微裂纹穿过晶界扩展，而不是微裂纹的形核。这样，由于夹杂物的尺寸一般小于晶粒尺寸，即使夹杂物引发微裂纹形核，如果微裂纹不能穿过晶界继续扩展，也不能导致试样断裂。因此夹杂物对试样的断裂韧性和冲击韧性基本没有影响。

4　结论

（1）车轮钢的条件断裂韧性 K_{IQ} 与冲击韧性 A_{KV} 成正相关关系，其关系式为：$K_{IQ}=3A_{KV}+35$。

（2）车轮钢的裂纹加载断裂和缺口冲击断裂均为解理为主的断裂，夹杂物和第二相对断裂韧性和冲击韧性基本没有影响。

参 考 文 献

［1］Curry D A. The Relationship between fracture toughness and Charpy impact transition temperatures in mild steel［J］. Materials Science and Engineering，1980，44（2）：285-290.

［2］张永信，马德林．材料断裂韧性与冲击能之间的关系［J］．兵器材料科学与工程，1987（2）：42-46.

［3］Kim S H，Park Y W，Kang S S，Chung H D. Estimation of fracture toughness transition curves of RPV steels from Charpy impact test data［J］. Nuclear Engineering and Design，2002，212（1）：49-57.

［4］Tronskar J P，Mannan M A，Lai M O. Measurement of fracture initiation toughness and crack resistance in instrumented Charpy impact testing［J］. Engineering Fracture Mechanics，2002，69（4）：321-338.

［5］王元清，奚望，石永久．低温下铁道钢轨钢材冲击韧性与断裂韧性的关系分析［J］．铁道科学与工程学报，2009，6（4）：1-4.

［6］Chao Y J，Ward Jr J D，Sands R G. Charpy impact energy，fracture toughness and ductile-brittle transition temperature of dual-phase 590 steel［J］. Materials and Design，2007，28（2）：551-557.

［7］Kumar A P V，Nageswara R B，Acharya A R. Statistical scater in fracture toughness of M250 grade maraging steel predicted from Charpy V-notch impact Test［J］. Engineering Fracture Mechanics，1990，31（4）：135-138.

［8］任学冲．加载速率对不同组织合金钢缺口试样断裂行为的影响［D］．兰州：兰州理工大学，2003.

夹杂物和晶粒尺寸对洁净车轮钢室温冲击韧度的影响❶

任学冲[1,2] 李高洋[3] 宿彦京[3] 高克玮[4] 江 波[2] 陈 刚[2] 赵 海[2]

（1. 北京科技大学，国家材料服役安全科学中心；2. 马鞍山钢铁股份有限公司；
3. 北京科技大学，新材料技术研究院；4. 北京科技大学）

摘 要 对洁净车轮钢在不同温度下进行正火热处理，得到不同的晶粒尺寸的显微组织，对车轮钢进行室温冲击试验，利用SEM对冲击试样断口形貌进行观察，研究了夹杂物和晶粒尺寸对洁净车轮钢室温冲击韧度的影响。结果表明，部分车轮钢冲击试样以夹杂物起裂，夹杂物类型为Ti(C,N)，另一部分冲击试样断口起裂源处则未发现有夹杂物，但尺寸在10μm以下的Ti(C,N) 夹杂物对车轮钢的冲击韧度没有明显的影响，而晶粒尺寸对车轮钢冲击韧度有明显影响。其主要原因是室温下车轮钢冲击断裂的临界事件是微裂纹穿过晶界扩展引发解理断裂，因此晶粒尺寸是决定洁净车轮钢冲击韧度的主要因素。

关键词 洁净车轮钢；冲击韧度；夹杂物；晶粒尺寸；解理断裂

Effects of Inclusions and Grain Size on Impact Toughness of a Cleaning Wheel Steel at Room Temperature

Ren Xuechong[1,2] Li Gaoyang[3] Su Yanjing[3] Gao Kewei[4] Jiang Bo[2] Chen Gang[2] Zhao Hai[2]

(1. University of Science and Technology Beijing, National Center for Materials Service Safety; 2. Ma'anshan Iron and Steel Co., Ltd.; 3. University of Science and Technology Beijing, Institute of Advanced Materials; 4. University of Science and Technology Beijing)

Abstract The cleaning wheel steel was heat-treated at different temperature to get microstructure with different grain size. Charpy V impact toughness of the wheel steel with different grain size was tested at room temperature. And the fracture surfaces were examined by scanning electron microscope (SEM) with energy-dispersive X-ray spectroscopy (EDS). The results show that part of all the impact specimens initiated from Ti(C,N) inclusions. And no inclusion was found on the other specimens' fracture surfaces. Ti(C,N) inclusions with diameter less than 10μm in the specimens don't decrease the impact toughness. The impact toughness of the wheel steel increases with the decreasing of average size. The result relays on the critical event of the impact cleavage fracture at room temperature is the micro-cracks propagating though grain boundaries.

Key words cleaning wheel steel; impact toughness; inclusion; grain sizes; cleavage fracture

1 引言

随着列车运行速度的提高，车轮所经受的服役环境越来越严酷，其中冲击载荷大大增加，这对高速

❶ 原文发表于《理化检验-物理分册》2012年第4期。
国家高技术研究发展计划（“863”计划）资助项目（2009AA03Z505与2008AA030703）。

车轮钢的冲击性能提出了更高的要求。冲击韧度（性）反映了材料在高速冲击载荷作用下抵抗断裂的能力，是材料的重要参数之一，因此冲击韧性也是评价车轮钢性能的重要指标之一。影响材料冲击韧性的因素有很多，主要有晶粒尺寸、夹杂物、热处理状态等。但不同的材料由于断裂模式的不同，影响冲击韧性的主要因素也有所不同。

很多研究报道非金属夹杂物对材料的冲击韧性有很大损害作用[1-4]。如 Yan 等[1]的研究指出，在 -20℃情况下低碳微合金钢中尺寸 5μm 左右的 TiN 夹杂物会使冲击功由 318J 降到 18J 甚至 6J。但在一定情况下夹杂物也会起到有益的作用，比如冶炼及热处理过程中形成的细小非金属夹杂物可以阻止奥氏体晶粒的长大，诱导晶内铁素体形核，细化晶粒，提高材料强度和韧性[5,6]。实践证明提高钢材的洁净度有助于提高钢材质量，但如一味追求洁净度不仅会增加生产成本，也可能对产品性能带来不利影响。

关于 P 元素对钢材料性能的损害已广泛被接受。使用连铸工艺生产车轮钢坯，由于钢坯截面尺寸较大，对于硫化物夹杂的聚集长大难以控制，极易损害车轮钢的性能，尤其是冲击韧性。因此对冲击性能要求严格的高速车轮钢，降低钢中 S、P 含量，同时严格控制氧化物夹杂，实现洁净化是保证产品质量的重要手段。同时利用钢中生成的细小 TiN、AlN 等第二相细化晶粒、提高性能。这也是高品质车轮钢生产的一个方向。但由于 TiN、AlN 等第二相以及尺寸较大的 TiN 夹杂物等对车轮钢的冲击性能是否会产生影响，以及如何控制 TiN、AlN 等夹杂物的尺寸等目前还不清楚。本文针对我国高速车轮钢的生产实际，研究了内生夹杂物及其晶粒尺寸对室温冲击韧性的影响，为进一步改善车轮钢综合性能和生产工艺提供理论依据。

2　实验过程

实验用材料为马鞍山钢铁股份有限公司按照《铁道部 CA250 EMU 动车组整体车轮技术规范》生产的车轮钢，其化学成分（wt.）如下：C 0.54%，Si 1.04%，Mn 0.98%，P 0.006%，S 0.003%，Cr 0.03%，Ti 0.012%，O 0.0025%，N 0.0074%，其余为 Fe。与传统 CL60 车轮钢相比，S、P 含量大大降低。连铸圆坯在 1250℃轧制成车轮，从轧态车轮轮辋中心部位取样，分别在 1100℃、950℃和 850℃下保温 0.5 h 后进行正火处理，然后利用线切割制作 V 形缺口，所有试样缺口位置和方向一致，按照 GB/T 229—1994 在 JB-300B 冲击试验机上进行室温冲击试验，冲击能量为 150J，冲击速度为 5.2m/s。断裂后的冲击试样在 Zeiss-DVO18 扫描电子显微镜上进行断口观察，在不同热处理及冲击韧性的冲击试样上取金相试样，磨制抛光后用 3%（v/v）硝酸酒精侵蚀后在光学显微镜下观察组织形貌，根据 GB/T 6394—2002《金属平均晶粒度测定方法》对晶粒尺寸进行测定。利用 JEM-2010 型 TEM 观察了钢中 Ti(C,N) 第二相析出的情况。

3　实验结果

三种热处理状态试样的金相组织如图 1 所示。由图 1（a）可见，1100℃热处理试样在晶粒较为粗大，其组织主要为珠光体和少量分布在晶界的网状铁素体组成，平均晶粒直径为 43.2μm。图 1（b）和（c）分别为 950℃和 850℃热处理后的显微组织。可见随着热处理温度的降低，晶粒明显细化和均匀化，平均晶粒直径分别为 25.6μm 和 16.3μm。

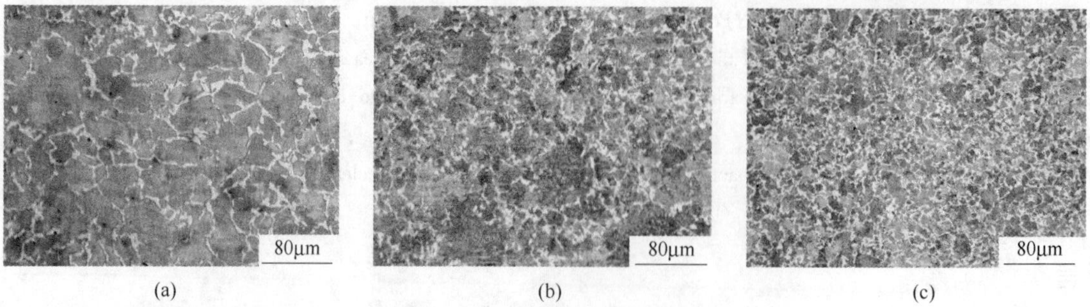

图 1　不同热处理条件下试样的金相显微组织

（a）1100℃×0.5h；（b）950℃×0.5h；（c）850℃×0.5h

Fig. 1　Microscopic structure of the wheel steel with different heat treatment

（a）1100℃×0.5h，（b）950℃×0.5h，（c）850℃×0.5h

不同热处理状态的车轮钢冲击韧性实验结果如表1所示。同时表1中还列出了冲击试样断口上测得的缺口前韧窝状延性断裂区的宽度 w、起裂源到延性区边缘的距离 f 以及起裂源处观察到的夹杂物类型和尺寸。

表1 不同试样的冲击韧性及相关参数

Table 1 Impact toughness of samples and information on the fracture surfaces

试样编号	热处理工艺	冲击功 A_{KV}/J	A_{KV} 平均值/J	起裂处夹杂物情况及尺寸/μm	夹杂物类型	w/μm	f/μm
1	1100℃	8	10.3	32×13	Ti(C, N)	110	500
2		12		9×7	Ti(C,N)	160	240
3		10		10×2	Ti(C,N)	80	540
4		12		无		60	0
5		10		无		50	0
6		10		8×4.5	Ti(C,N)	120	250
7	950℃	15	14.9	无		250	0
8		16		无		250	0
9		14		无		460	70
10		16		无		210	0
11		18		无		330	50
12		15		无		230	0
13		13		6×6	Ti(C,N)	165	250
14		12		无		292	0
15	850℃	18	18.5	无		290	100
16		16		无		127	0
17		20		无		290	0
18		20		无		416	0
19		17		8×6	Ti(C,N)	315	130
20		18		无		350	0
21		18		3×2	Ti(C, N)	275	46
22		21		无		420	0

由表1可见，车轮钢冲击韧性随着热处理温度的升高而降低。1100℃热处理试样的冲击韧性最低，冲击功分布于8~12J，6个试样平均值为10.3J。950℃热处理试样的冲击韧性分布于12~18J，8个试样的平均值分别14.9J。850℃热处理试样的冲击功分布于16~21J，8个试样的平均值分别18.5J。由于洁净化车轮钢的S含量很低（0.003%），在试样金相和断口上均未发现MnS夹杂，引起车轮钢冲击试样起裂的夹杂物全部为Ti(C,N)。

图2为950℃热处理试样中的第二相，由图可见，第二相主要为方形的Ti（C，N）析出，其尺寸主要分布在50~150nm。可以起到细化晶粒和第二相强化的作用[7]。尽管大颗粒Ti(C,N)形成机制还不清楚，但往往是不可避免的，因此第二相对力学性能的影响决定了是否要采取措施对析出相的尺寸通过工艺进行改变。

对于在1100℃下热处理的6个试样，其中4个在缺口根部以Ti(C,N)夹杂物起裂。图3为3号冲击试样的断口形貌。其中，图3（a）为断口宏观形貌。由图可以看出，在缺口前端有宽度为80μm的韧窝状撕裂区，随后是解理断裂区，在解理区有一明显的起裂源，且为解理区的唯一起裂源，起裂源距延性韧窝区边缘距离为540μm，起裂源放大后发现为一夹杂物，其尺寸约为10μm×2μm，如图3（b）所示。能谱分析表明，该夹杂物的主要成分为Ti、C和/或N，如图3（c）所示。

而另外两个试样断口起裂源处则未发现夹杂物。图4为冲击试样4的断口形貌，其缺口前端仅有宽度约60μm的韧窝状撕裂区，随后是解理断裂区，在解理区有一明显的起裂源，如图4（a）所示。起裂源处高倍观察照片如图4（b）所示，可见起裂源紧靠延性韧窝区边缘，通过能谱分析，未发现有任何夹杂物。

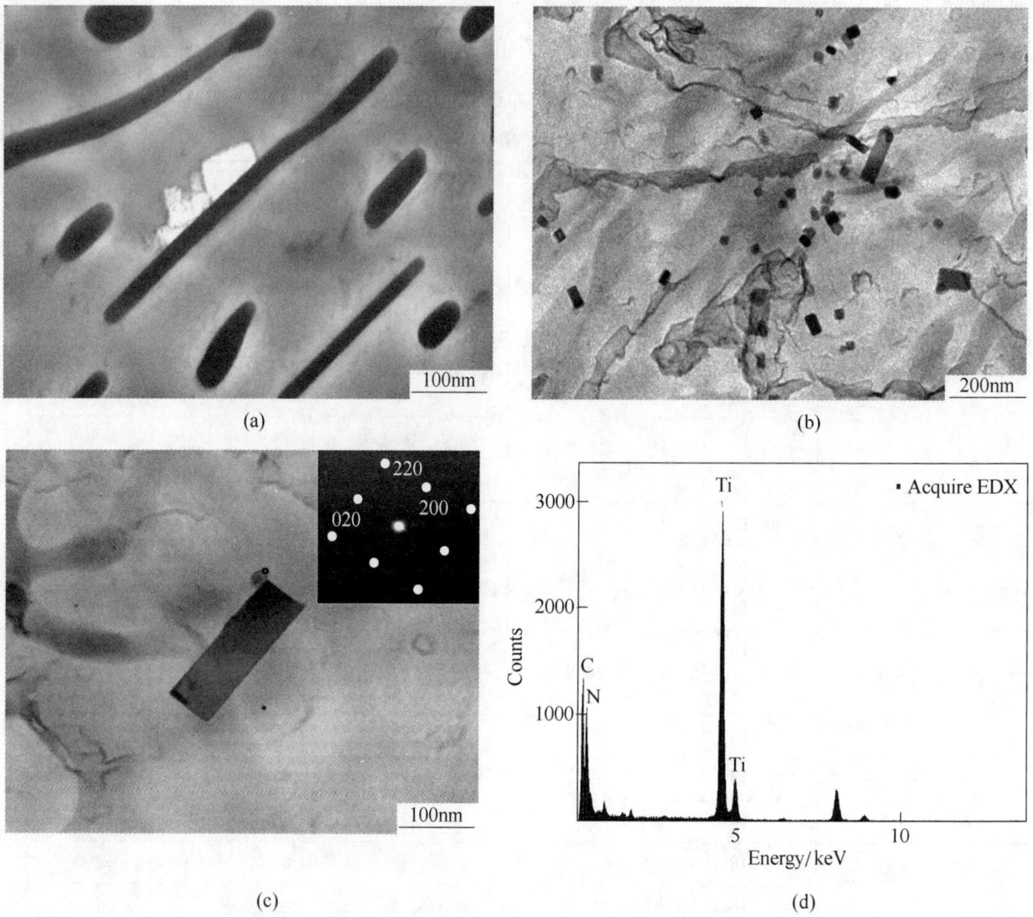

图 2　车轮钢中第二相的形态和分布

（a）车轮钢试样珠光体中的第二相；（b）复型法萃取车轮钢中的析出相；

（c）车轮钢中析出相的形态和电子衍射斑；（d）图 2（c）中第二相的能谱分析结果

Fig. 2　The shape and distribution of the secondary phase particles in the wheel steel

（a）some secondary phase particles in the wheel steel pearlite；（b）the secondary phase particles in the replica film；（c）a secondary phase particle in the replica film and it's electron diffraction spots；（d）the electron diffraction spectroscopy（EDS） results of the second phase particles showed in Fig. 2（c）, that indicates the secondary phase particle is Ti(C,N)

对于在 1100℃下热处理的冲击试样，以夹杂物起裂的 1~3 号和 6 号试样与不以夹杂物起裂的 4 号和 5 号试样的冲击功没有明显差别。只是当冲击试样不以夹杂物起裂时，起裂源紧靠延性撕裂区的边缘。

在 950℃下热处理的 8 个试样，其中仅有 13 号试样在缺口根部以 Ti(C, N) 夹杂物起裂。图 5 为 13 号冲击试样的断口形貌，其中图 5（a）为断口宏观形貌，由图可以看出，在缺口前端有宽度为 165μm 的韧窝状撕裂区，随后是解理断裂区，在解理区有唯一起裂源，起裂源距延性韧窝区边缘距离为 250μm，

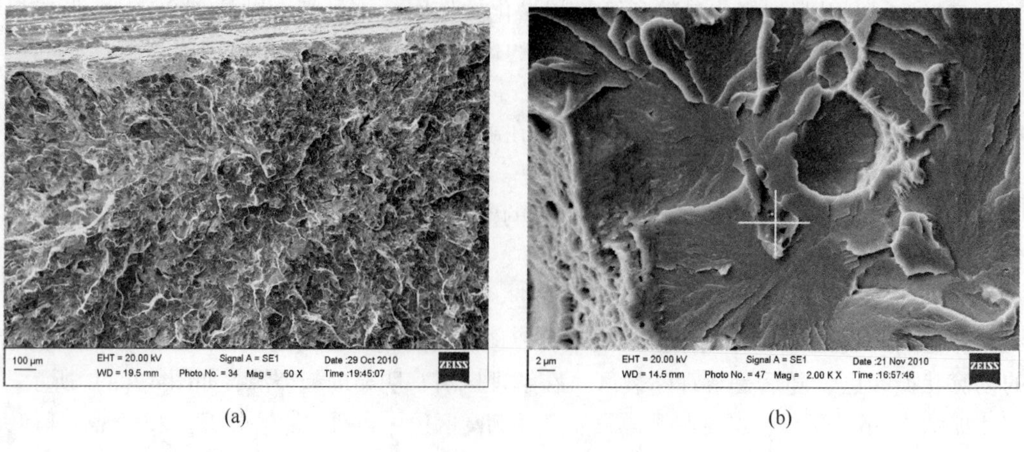

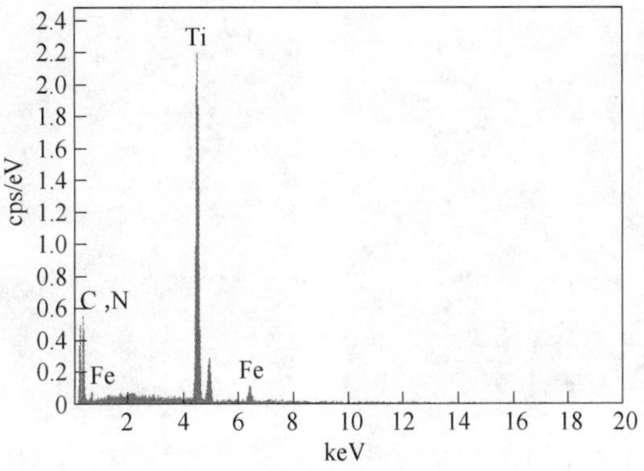

(c)

图 3　3 号冲击试样断口形貌及能谱分析结果

（a）宏观断口及起裂源；（b）起裂源处的夹杂物；（c）起裂源处夹杂物的能谱分析

Fig. 3　Fracture surface and EDS result of sample 3

（a）fracture surface at the edge of notch;（b）the inclusion on the initiation site;

（c）EDS result of the inclusion shows in Fig. 2（b）

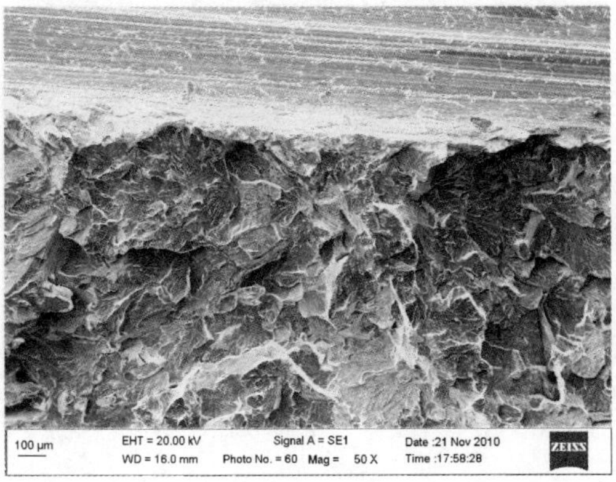

(a)

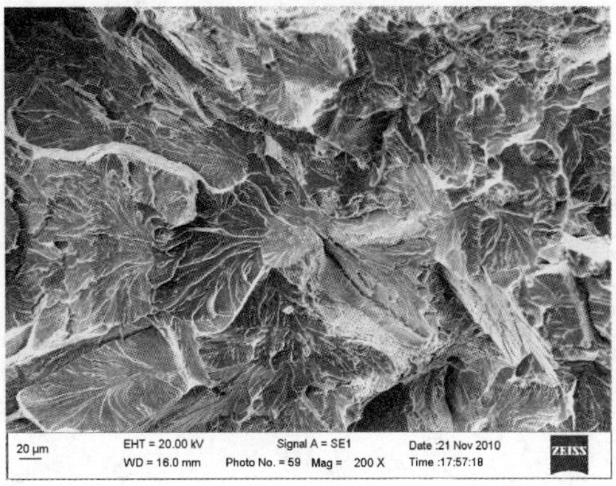

(b)

图 4　4 号冲击试样断口形貌

（a）宏观断口及起裂源；（b）起裂源处的局部放大

Fig. 4　Fracture surface of sample 4

（a）fracture surface at the edge of notch;（b）fracture surface on the initiation site

起裂源放大后发现为一尺寸约为 6μm×6μm 的 Ti(C,N) 夹杂物，如图 5（b）所示。14 号试样的断口形貌如图 6 所示，其缺口前端韧窝状撕裂区宽度约 292μm，随后是解理断裂区，在解理区有一明显的起裂源，如图 6（a）所示。起裂源处高倍观察照片如图 6（b）所示，起裂源紧靠延性韧窝区边缘，且未发现有任何夹杂物存在。

以夹杂物起裂的 13 号试样的冲击功为 13J，略低于该组热处理试样的平均值 14. 9J，但高于不以夹杂物起裂的 14 号试样的冲击功 12J，同时也高于 1100℃热处理试样的冲击功平均值 10. 3J。说明热处理制度对试样的冲击韧性起决定性作用，而是否以夹杂物起裂，则对冲击韧性没有明显影响。

在 850℃下热处理的 8 个试样，其中有 19 和 21 号试样在缺口根部以 Ti(C，N) 夹杂物起裂。图 7 为 19 号冲击试样的断口形貌，其中图 7(a) 为断口宏观形貌，在缺口前端有宽度为 315μm 的韧窝状撕裂区，随后是解理断裂区，在解理区有唯一起裂源，起裂源距延性韧窝区边缘距离为 130μm，起裂源处为 Ti（C,N）夹杂物，其尺寸约为 8μm×6μm，如图 7(b) 所示。而 20 号试样的断口形貌如图 8 所示，其缺口前端韧窝状撕裂区宽度约 350μm，随后是解理断裂区，在解理区有一明显的起裂源，如图 8（a）所示。起裂源处高倍观察照片如图 8（b）所示，起裂源紧靠延性韧窝区边缘，且未发现有任何夹杂物存在。

以夹杂物起裂的 19 和 21 号试样的冲击功分别为 17J 和 18J，与该组热处理试样的平均值 18. 5J 相当，也说明在相同的热处理制度下，是否以夹杂物起裂对试样的冲击韧性影响不大。

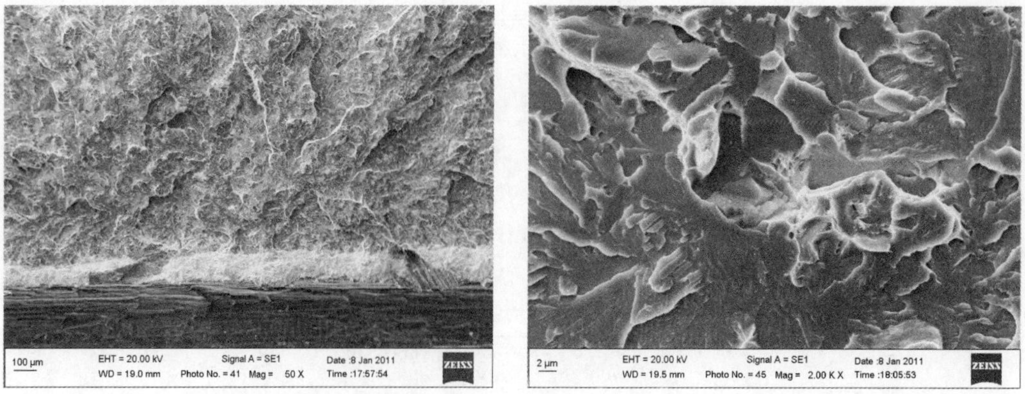

(a)　　(b)

图 5　13 号冲击试样断口形貌

（a）宏观断口及起裂源；（b）起裂源处的局部放大

Fig. 5　Fracture surface of sample 13

（a）fracture surface at the edge of notch；（b）fracture surface and the inclusion on the initiation site

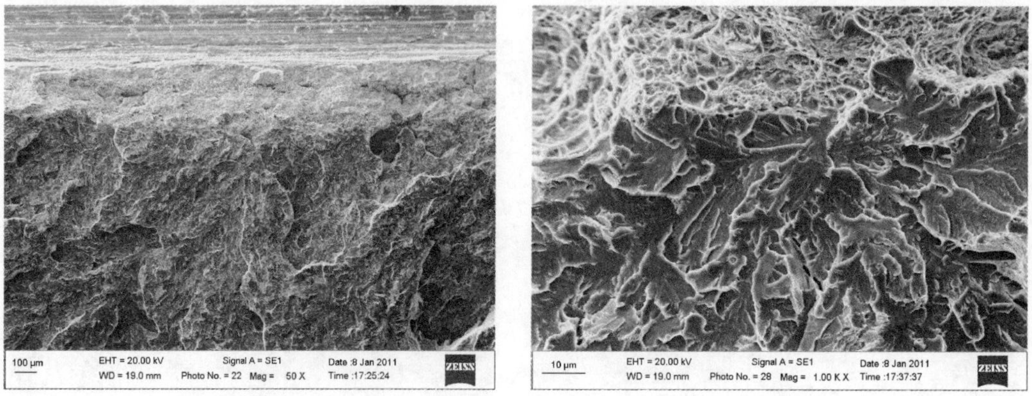

(a)　　(b)

图 6　14 号冲击试样断口形貌

（a）宏观断口及起裂源；（b）起裂源处的局部放大

Fig. 6　Fracture surface of sample 14

（a）fracture surface at the edge of notch；（b）fracture surface on the initiation site

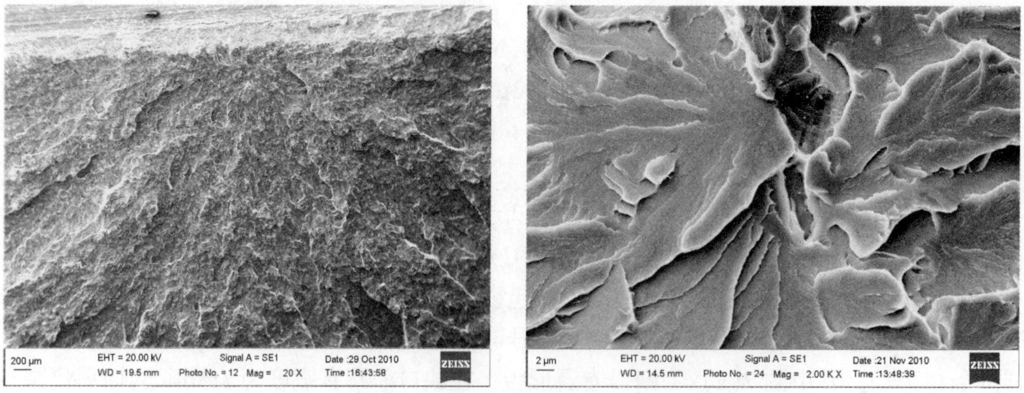

(a)　　(b)

图 7　19 号冲击试样断口形貌

（a）缺口前韧窝区及解理起裂源；（b）解理起裂源的放大

Fig. 7　Fracture surface of sample 19

（a）fracture surface at the edge of notch；（b）an inclusion on the initiation site

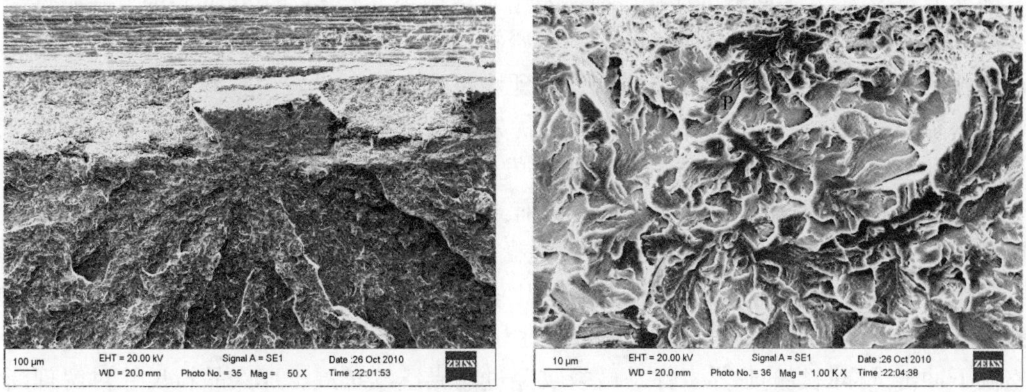

(a) (b)

图 8 20 号冲击试样断口形貌

(a) 缺口前韧窝区及解理起裂源；(b) 起裂源处的放大

Fig. 8 Fracture surface of sample 20

(a) fracture surface in front of notch; (b) fracture surface on the initiation site

4 讨论

由表 1 可以看出，在所观察的 22 个冲击试样断口上，其中 7 个断口在起裂源处发现起裂点为夹杂物或第二相，能谱分析表明，这些夹杂物全部为以 TiN 为主的 Ti(C,N) 复合夹杂物。从冲击实验结果看，在同一热处理状态下冲击试样是否以夹杂物起裂，对冲击功大小的影响并不明显。例如在 1100℃ 热处理状态下，冲击功主要分布在 10~12J；在 950℃ 热处理状态下，冲击功主要分布在 12~16J；在 850℃ 的热处理状态下，冲击功主要分布在 16~20J。在相同的热处理状态下，不论试样是否以夹杂物起裂，试样的冲击韧性均无较大差异。这说明影响车轮钢室温冲击韧性的主要因素不是 Ti(C,N) 夹杂物，但当试样缺口前端存在夹杂物时，试样往往从夹杂物处起裂。那么夹杂物在试样的冲击断裂过程中起到怎样的作用呢？

对断裂后冲击试样缺口附件断裂面的截面观察表明，断口附近存在晶粒尺寸大小的微裂纹，如图 9 所示。同时在冲击断口上存在晶粒尺寸大小的二次裂纹，这说明解理微裂纹穿过晶界扩展较裂纹在晶粒内的形成更为困难，因此，微裂纹的形成并不是试样解理断裂的临界条件，只有裂纹穿过晶界扩展才是试样解理断裂的临界事件[8,9]。试样在冲击过程中，有合适的晶粒或第二相可以开裂，但开裂后的微裂纹必须穿过晶界后继续扩展才能形成解理断裂。如果已形核的微裂纹由于晶界的阻力以及微裂纹的位相等因素，不能继续扩展，便保留在材料内部形成残留微裂纹或二次裂纹。

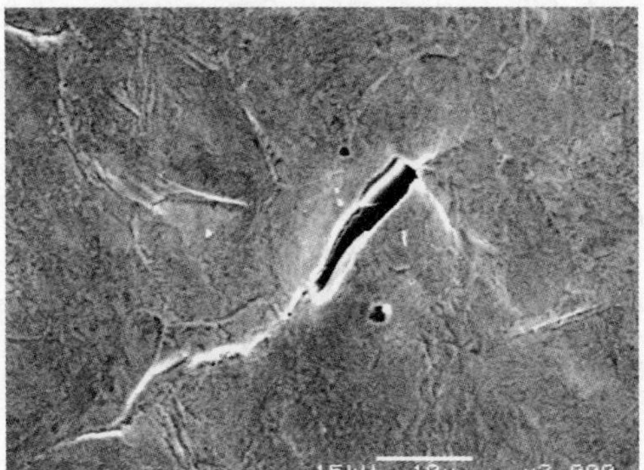

图 9 断口下方存在的晶粒尺寸大小的微裂纹

Fig. 9 Grain-size cracks remained in the sample under the fracture surface

对于以夹杂物起裂的试样，起裂点位置一般较分散，从距离延性撕裂区前端几十个微米到几百微米。而对于不以夹杂物起裂的起裂源大部分在紧靠延性撕裂区前端起裂，个别在延性撕裂区前端几十个微米处起裂。有限元分析表明[10]，冲击试样缺口前端发生延性撕裂（长度为100μm）时，在延性裂纹前端的应力和应变均会有所升高，但对缺口前远场（距原始缺口前端距离≥300μm）的应力和应变则基本没有影响。这说明在缺口前端形成延性撕裂裂纹后，在延性裂纹尖端更易发生解理断裂。同时也说明，如果在缺口前端的一定距离内存在夹杂物，则夹杂物会优先诱发解理起裂。但这些夹杂物诱发的微裂纹只有进一步扩展才能发生解理断裂。在试样断口上可以发现很多已经形成但没有扩展的二次裂纹。这说明，微裂纹的形成在解理断裂过程中不是最重要的，只有当合适的微裂纹能够穿过晶界继续扩展才能导致解理断裂。因此室温下车轮钢解理断裂的临界事件是微裂纹穿过晶界扩展，而不是微裂纹的形核。这样，由于夹杂物的尺寸一般小于晶粒尺寸，即使夹杂物引发微裂纹形核，如果微裂纹不能穿过晶界继续扩展，也不能导致试样断裂。因此夹杂物对试样的断裂韧性和冲击功基本没有影响。

既然室温下冲击试样断裂的临界事件是微裂纹穿过晶界继续扩展，那么晶粒尺寸对解理断裂的过程必然起到重要的作用，也就是对冲击韧性起到重要作用。由图1中的金相可以看出，随着热处理温度的升高，晶粒尺寸变大，1100℃、950℃和850℃热处理后的平均晶粒直径分别为43.2μm、25.6μm和16.3μm，试样的平均冲击韧性也依次升高。当晶粒尺寸较大时，在晶粒内部被晶界所阻止的微裂纹长度也较大。根据Griffith理论，裂纹扩展所需的外加应力较小，裂纹穿过晶界扩展更加容易；晶粒尺寸较小时则相反。因此当夹杂物尺寸小于晶粒尺寸时，室温冲击韧性主要依赖于晶粒尺寸，冲击韧性随晶粒尺寸的减小而增加。

5　结论

（1）在洁净车轮钢中，仅发现Ti(C,N）夹杂与断裂过程相关，且尺寸在10μm以下的Ti（C,N）夹杂物对车轮钢室温冲击韧性没有明显影响。

（2）室温下车轮钢冲击断裂的临界事件是晶粒尺寸的微裂纹穿过晶界扩展而引发解理断裂，车轮钢的室温冲击韧性随晶粒平均直径减小而升高。

参考文献

[1] Yan W, Shan Y Y, Yang K. Effect of TiN inclusions on the impact toughness of low-carbon microalloyed steels. Metal. Mater. Trans. A., 2006, 37A: 2147-2158.

[2] 高义民，李继文，张祖临．硫化物夹杂形态对硅锰钢冲击韧性的影响［J］．西安：西安交通大学学报，2000，34(3)：74-77.

[3] Liu X, Yang L C, Yang L, Gao X Z. Effect of Ce on inclusions and impact property of 2Cr13 stainless steel [J]. J. of Iron and Steel Research Int., 2010, 17 (12): 59-64.

[4] 王勇，苏春霞，张起生．夹杂物和组织对20R钢低温冲击韧性的影响［J］．特殊钢，2007，28（6）：30-32.

[5] Maloney J L, Garrison Jr W M. The effect of sulfide type on the fracture behavior of HY180 steel [J]. Acta Materialia, 2005, 53: 533-551.

[6] Tsunekage N, Tsubakino H. Effects of sulfur content and sulfide-forming elements addition on impact properties of ferrite-pearlitic microalloyed steels [J]. ISIJ Inter., 2001, 42 (5): 498-505.

[7] 雍岐龙．钢铁材料中的第二相［M］．北京：冶金工业出版社，2006.

[8] Chen J H, Wang G Z, Yan C, et al. Advances in the mechanism of cleavage fracture of low alloy steel at low temperature, Prat I: Critical event [J]. Inter. J. Frac., 1997, 83: 105-120.

[9] Wang G Z, Ren X C, Chen J H. Change of critical events of cleavage fracture with variation of loading rate in notched specimens of steel [J]. Inte. J. Frac., 2003, 119: 61-66.

[10] 任学冲．加载速率对不同组织合金钢缺口试样断裂行为的影响［D］．兰州：兰州理工大学，2003：60-64.

热处理工艺对 CL50D 车轮钢晶粒度的影响❶

任学冲[1] 李胜军[2] 高克玮[2] 宿彦京[2] 江 波[3] 陈 刚[3] 赵 海[3]

(1. 北京科技大学，国家材料服役安全科学中心；
2. 北京科技大学；3. 马鞍山钢铁股份有限公司)

摘 要 研究了加热速率、加热温度、保温时间及冷却速率等热处理工艺参数对高速车轮钢（CL50D）热处理态组织晶粒度和断裂韧性的影响。结果表明，轧态车轮钢采用快速加热（10~25℃/min）至约 850℃，保温 30~60min 后，进行 1~2℃/s 控制空冷至室温，可得到细化且均匀的珠光体+网状铁素体组织，且断裂韧性优异，K_Q 可达 90MPa·$m^{1/2}$以上。

关键词 车轮钢；热处理；晶粒度；加热速率；断裂韧性

Effects of Heat Treatment Process on Grain Size of Wheel Steel CL50D

Ren Xuechong[1] Li Shengjun[2] Gao Kewei[2]
Su Yanjing[2] Jiang Bo[3] Chen Gang[3] Zhao Hai[3]

(1. University of Science and Technology Beijing, National Center for Materials Service Safety;
2. University of Science and Technology Beijing; 3. Ma'anshan Iron and Steel Co., Ltd.)

Abstract Effect of the heating rate, austenizing temperature, holding time and cooling rate on the grain size and fracture toughness K_{IC} (or K_Q) of a high speed wheel steel CL50D were studied. The results show that when austenitized at 850℃ with high heating rate (10-25℃/min) for proper holding time (30-60min) and then air cooled in 1-2℃/s, the hot-rolled wheel steel can obtain fine and homogeneous pearlite and netted ferrite microstructure and high fracture toughness (90MPa·$m^{1/2}$).

Key words wheel steel; heat treatment; grain size; heating rate; fracture toughness

1 引言

高速车轮钢要求有优异的综合性能，尤其是高的断裂韧性 K_{IC}。K_{IC}对材料微观组织有很强的敏感性。研究表明，均匀细化的组织有利于材料的综合性能的改善[1]。而热处理是钢获取不同组织的重要手段，同时也是重要的强韧化工艺。针对具体热处理工艺制度，如加热速率、加热温度、保温时间和冷却速率则是其重要的参数。很多文献[2-8]通过对这些热处理工艺参数的研究，探索了热处理工艺对材料组织结构的影响规律。其中晶粒尺寸是微观组织的重要表征参量，也是影响材料力学性能的重要参数。通常，晶粒细化可以提高钢的综合力学性能。快速加热使钢在奥氏体化时提高奥氏体形核温度，增加形核速率[2,3]，促使奥氏体晶粒细化；加热温度，即奥氏体化温度，是奥氏体晶粒长大驱动力的决定因素，同时特定的加热温度和加热速率促使 AlN 等的析出[4,5]和碳化物的溶解[6]，影响其钉扎作用，进而影响奥氏体晶粒度；选择合适的保温时间可使得热处理后的钢组织细化均匀[7]；冷却制度决定过冷奥氏体转变过程

❶ 原文发表于《金属热处理》2012 年第 7 期。
国家“863”计划资助项目（2009AA03Z505），国家自然科学基金资助项目（50901010）。

和转变产物，其中主要参数即为冷却速率[8]。虽然热处理工艺对钢的组织结构的影响规律及其机理已较清楚，但是对于特定的新钢种，如高速车轮钢，热处理工艺参数（特别是加热速率和加热温度）对其组织影响规律仍需进一步研究。

本文针对服役组织为珠光体+网状铁素体的中碳车轮钢 CL50D，通过改变热处理工艺参数，研究热处理工艺，尤其是加热速率和加热温度对高速车轮钢晶粒度的影响规律。同时采用不同热处理工艺下试样的断裂韧性（K_{IC}）对热处理工艺进行评价，为优化车轮钢生产的热处理工艺制度提供依据。

2　实验材料及方法

实验材料为高速车轮钢 CL50D，其成分（wt）：C 0.51%，Si 1.05%，Mn 0.98%，S 0.002%，P 0.007%，Al_s 0.015%，其余为 Fe。车轮钢生产工艺为转炉冶炼→钢包精炼→真空脱气→喂线→圆坯连铸→切坯→加热（1300 ±10℃×4h）→轧制。从轧制后的车轮轮辋部位截取热处理试样。采用线切割将轧态车轮钢切成 30mm×30mm×30mm 的热处理样，制定不同参数的热处理工艺制度（见表 1），采用 KFD S90 型马弗炉对不同钢样进行热处理。用 3%硝酸酒精溶液对热处理后金相试样进行浸蚀，通过光学显微镜对其微观组织进行观察，并采用三圆截点法（GB/T 6394—2002《金属平均晶粒度测定方法》）分别统计计算不同热处理态组织的显微晶粒度。

从轧制后的车轮轮辋部位截取出测量断裂韧性的紧凑拉伸（CT）试样，CT 试样的裂纹面法向与车轮踏面切线平行，试样厚度为 30mm。利用不同热处理工艺对断裂韧性试样进行热处理，并按 GB/T 4161—2007《金属材料平面应变断裂韧度 K_{IC} 试验方法》测量断裂韧性，找到热处理工艺—微观组织—断裂韧性的关系。

表 1　热处理工艺制度

Table 1　Process of heat treatment

<table>
<tr><th>试验批次</th><th>加热速率/℃ · min⁻¹</th><th>加热温度/℃</th><th>保温时间/min</th><th>冷却条件</th></tr>
<tr><td rowspan="3">1</td><td>2</td><td rowspan="3">890</td><td rowspan="3">30</td><td rowspan="3">空冷</td></tr>
<tr><td>10</td></tr>
<tr><td>25</td></tr>
<tr><td rowspan="9">2</td><td rowspan="5">25</td><td>810</td><td rowspan="9">30</td><td rowspan="9">空冷</td></tr>
<tr><td>830</td></tr>
<tr><td>850</td></tr>
<tr><td>890</td></tr>
<tr><td>930</td></tr>
<tr><td rowspan="4">10</td><td>810</td></tr>
<tr><td>830</td></tr>
<tr><td>850</td></tr>
<tr><td>890</td></tr>
<tr><td rowspan="3">3</td><td rowspan="3">25</td><td rowspan="3">890</td><td rowspan="3">30</td><td>炉冷</td></tr>
<tr><td>空冷</td></tr>
<tr><td>强制空冷</td></tr>
<tr><td rowspan="3">4</td><td rowspan="3">25</td><td rowspan="3">890</td><td>2</td><td rowspan="3">空冷</td></tr>
<tr><td>30</td></tr>
<tr><td>120</td></tr>
</table>

3　实验结果及讨论

3.1　轧态车轮钢微观组织

试样热处理前（热轧态）的显微组织如图 1 所示。由图可以看出，试样的微观组织为由网状铁素体和块状珠光体。在奥氏体分解的冷却过程中，由于铁素体优先沿奥氏体晶界析出，因此网状铁素体可认为是晶粒的边界，并由此测量晶粒尺寸。轧态车轮钢晶粒尺寸较为粗大，平均晶粒直径约为 300μm。

图 1　轧态车轮钢的组织

Fig. 1　Microstructure of wheel steel as hot-rolled state

3.2　加热速率对车轮钢晶粒度的影响

图 2 为加热速度分别为 2℃/min、10℃/min 和 25℃/min（加热温度为 890℃，保温 30min，空冷）的试样显微组织。由图 2 可以看出，随着加热速率的增加，车轮钢的组织不断细化。采用三圆截点法统计其显微晶粒度级别 G，如图 3 所示。由图 3 可知，车轮钢组织的显微晶粒度随着加热速率的增加而增大。这主要是由于加热速度快，提高了奥氏体形核温度，根据形核率[3]：$\dot{N}=\exp(Q_N/RT)$，式中 Q_N 为形核激活能；T 为温度，K；R 为气体常数。即增加了奥氏体的形核速率。同时，快速加热增加了奥氏体转变的过热度，奥氏体晶核不仅在铁素体-碳化物相界上形成，而且也可以在铁素体亚晶界[9]上形成，加快了奥氏体化，奥氏体晶粒形核后来不及长大，使奥氏体晶粒细化，从而在随后的相变过程会得到较细化的组织。因此，对工业生产车轮钢，在设备能力许可的条件下，应尽可能提高加热速率。

3.3　加热温度对车轮钢晶粒度的影响

加热速率为 10℃/min，加热温度分别为 810℃、830℃、850℃和 890℃，保温 30min，空冷后的显微组织如图 4 所示，其显微晶粒度的变化见图 5。由图 5 可见，车轮钢在 850℃附近有一组织细化温度区间，即晶粒度随温度变化的曲线在 850℃附近有一峰值（最大值）。当加热速率为 25℃/min，在不同温度保温

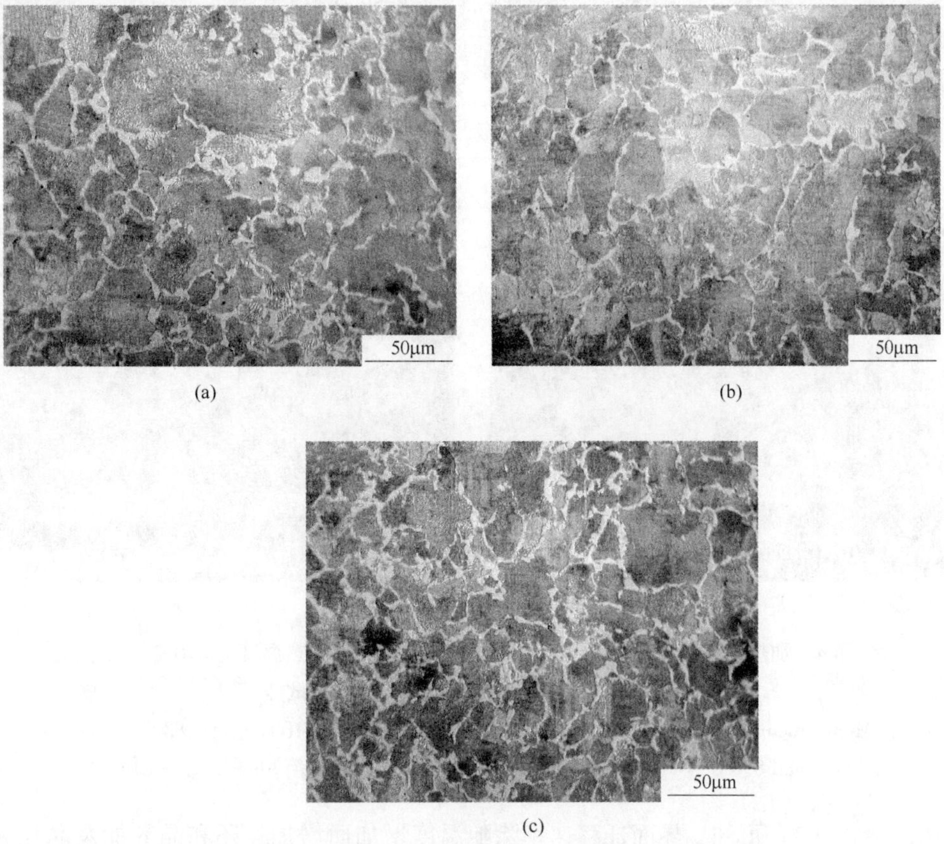

图 2　加热温度为 890℃、保温 30min、空冷时，加热速度为 2℃/min（a）、10℃/min（b）和 25℃/min（c）的组织

Fig. 2　Microstructure of wheel steel heat-treated at heating rate of 2℃/min（a），10℃/min（b）and 25℃/min（c）（temperature = 890℃，holding time = 30min，air cooling）

30min，然后进行空冷试样的平均晶粒度也表示在图 5 中，其规律与 10℃/min 加热速率相同。由图 5 还可以看出，快速加热晶粒度要高于慢速加热的，这和晶粒度随加热速率变化规律相符。

一般来说，晶界迁移速度 v 与晶界迁移率 M 和驱动力 P 有如下关系：

$$P = v/M \tag{1}$$

因表面能 σ 而产生的压力差 P 为：

$$P = K_1 \frac{\sigma}{\rho}$$

式中，ρ 为晶界曲率半径；K_1 为常数。

而晶界迁移率与温度有如下关系：

$$M = M_0 \exp(-Q/RT) \tag{2}$$

式中，M_0 为常数；Q 为晶界迁移激活能；T 为温度，K；R 为气体常数。则：

$$v = K \frac{\sigma}{\rho} \exp(-Q/RT) \tag{3}$$

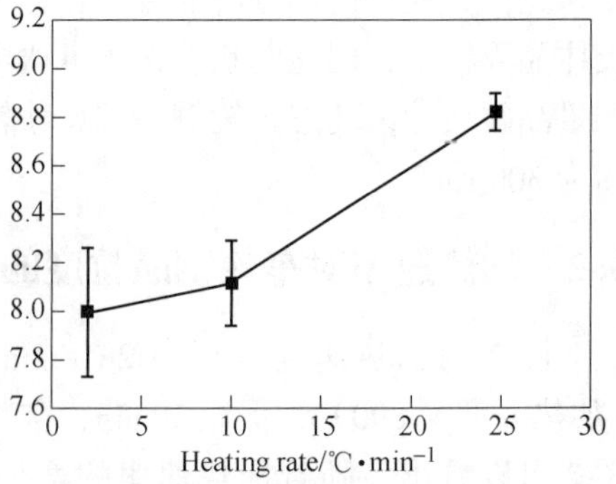

图 3　不同加热速率的试样显微晶粒度级别 G（加热温度为 890℃，保温 30min，空冷）

Fig. 3　Micro-grain size number G vs. heating rate（temperature = 890℃, holding time = 30min, air cooling）

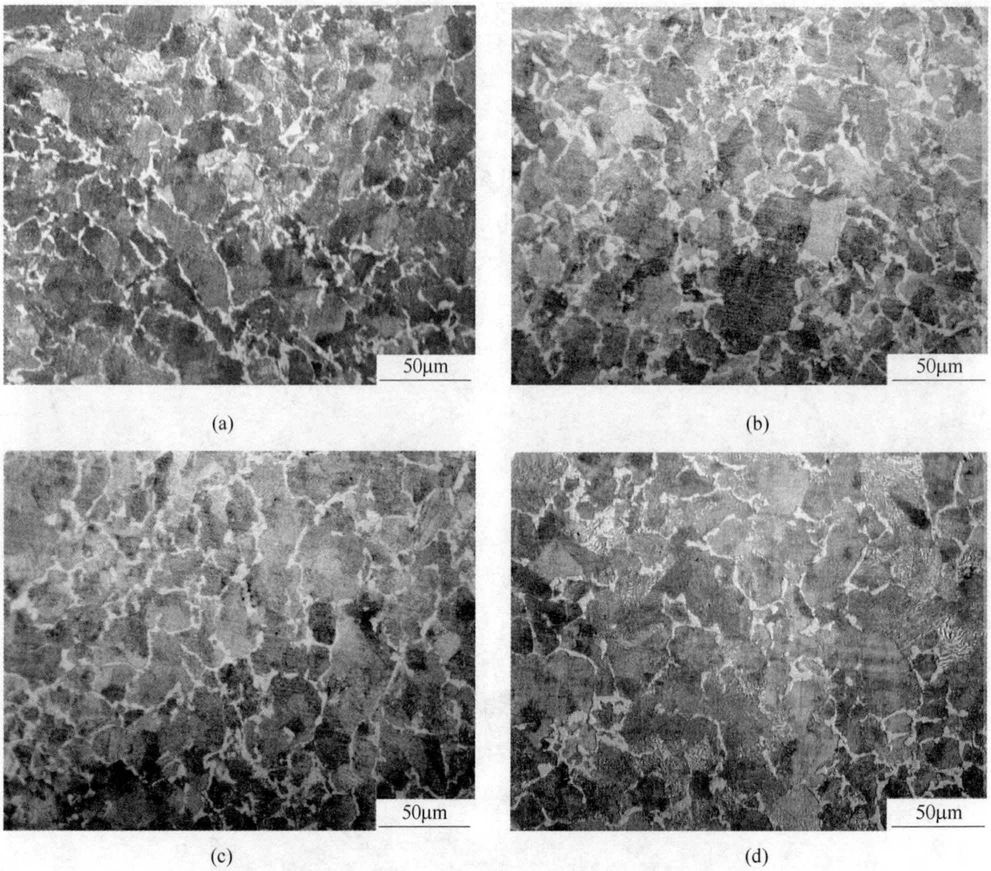

图 4　加热速率为 10℃/min，保温 30min，空冷时，加热温度为 810℃（a）、830℃（b）、850℃（c）和 890℃（d）的试样组织

Fig. 4　Microstructure of wheel steel heat-treated at temperature of 810℃（a），830℃（b），850℃（c）and 890℃（d）（heat rate = 10℃/min, holding time = 30min, air cooling）

式中，$K = K_1 M_0$。由式（3）可知，界面迁移速率除随温度增加而增加，还和晶界能及晶粒大小有关。同时，由于车轮钢是 Al 脱氧的钢，则在加热过程中有难熔的六方点阵结构的 AlN 析出，并且其析出量随着温度的升高而增加[4]，AlN 弥散析出在晶界上阻碍晶界的移动，阻碍了晶粒的长大。而超过一定的温度（>900℃），AlN 开始溶解，同时碳化物析出也开始溶解，C 原子参与扩散，碳化物钉扎作用减弱[6]，则

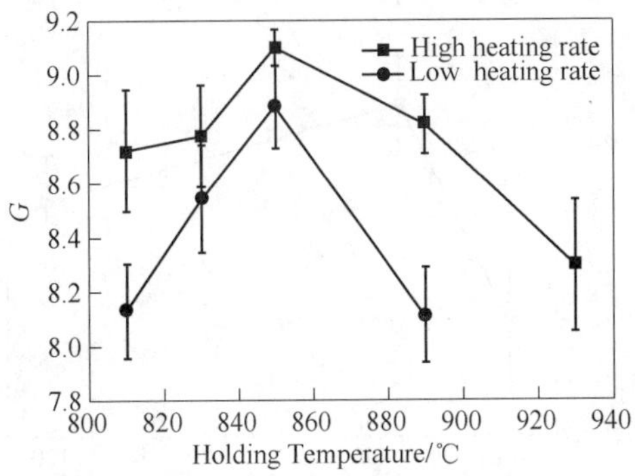

图 5　不同加热温度的试样晶粒度级别随加热温度变化曲线

Fig. 5　Micro-grain size number G vs temperature（holding time=30min）

晶界的迁移速率增加，晶粒迅速长大。即晶粒的迁移速率同温度不是一个单调函数，有一极值。因而车轮钢在不同加热温度进行奥氏体化，可以得到晶粒细化温度区间，优化车轮钢的奥氏体化温度。从而车轮钢在该温度下加热奥氏体化，可以得到细小的奥氏体晶粒，进而细化的正火态组织。

3.4　保温时间对车轮钢晶粒度的影响

图 6 为不同保温时间（加热速率为 25℃/min，加热温度 890℃，空冷）的试样显微组织。图 7 为晶粒度随保温时间的变化。由图 6 可以看出，保温 30min 的试样具有较细且均匀的组织结构，保温 2min 的试样的组织虽然细小但不均匀，而保温 120min 的试样的组织均匀但相对粗大。通常工业生产中，由于车轮尺寸较大，为保证加热均匀，保温时间一般较长。由本试验结果可见，保温时间应尽可能不大于 120min，从保证产品性能和降低能耗的角度，保温时间可选择在 30~60min。

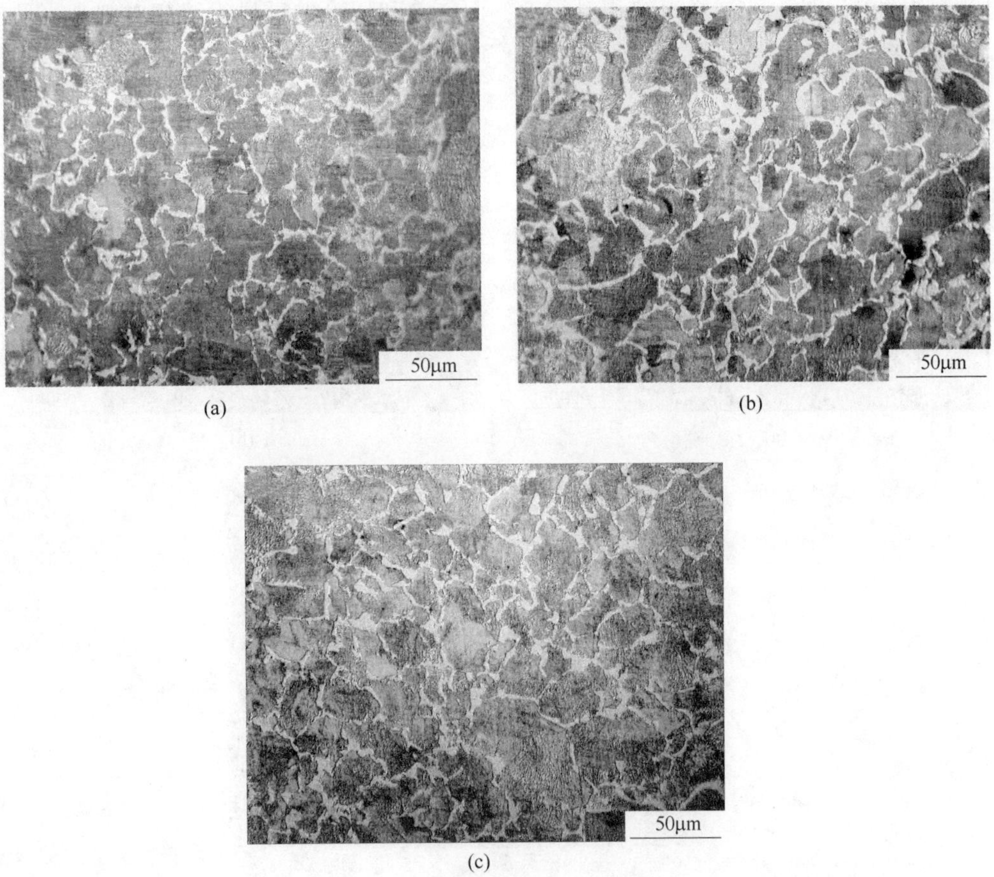

图 6　加热速率为 25℃/min，加热温度 890℃，空冷时，保温时间为 2min（a）、30min（b）和 120min（c）试样组织

Fig. 6　Microstructure of wheel steel heat-treated at holding time with 2min（a），30min（b）and 120min（c）（heat rate=25℃/min，temperature=890℃，air cooling）

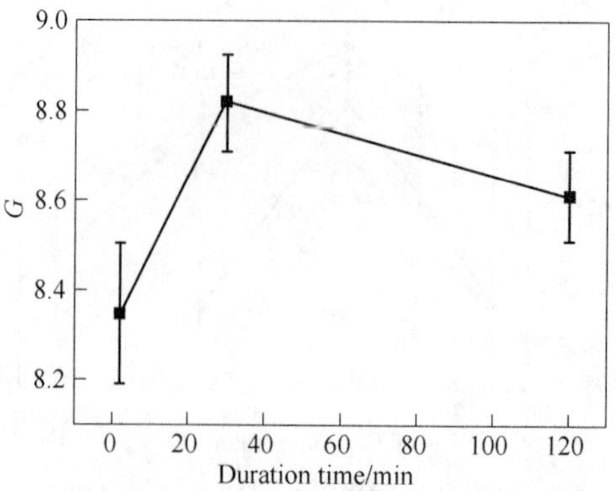

图 7　加热速率为 25℃/min，加热温度 890℃，空冷条件下试样晶粒度级别随保温时间的变化曲线

Fig. 7　Micro-grain size number G vs holding time（heating rate = 25℃/min，temperature = 890℃，air cooling）

一般地，钢在奥氏体化时，保温时间短，钢的碳化物来不及溶解，可以为过冷奥氏体转变提供成分起伏，有利于细化晶粒[10]，但奥氏体晶粒大小不均匀；长保温时间，奥氏体晶粒大小均匀，但晶粒相对粗大[11,12]。试样保温 2min，保温时间短，原来的相对粗大的轧态组织没有完全均匀化，同时保温时间较短，奥氏体晶界没有充分时间迁移，因而奥氏体晶粒尺寸大小不均匀，则其正火组织不均匀，使其有效晶粒度测试偏大；而随着保温时间的增加，奥氏体晶粒充分长大，因而保温 120min 的试样可以得到组织较为粗大，但相对均匀的奥氏体，在随后的相变过程中，得到的是相对均匀但较为粗大的珠光体+网状铁素体组织。因而，在奥氏体化过程中选择合适的保温时间，车轮钢可以得到相对细化且均匀的组织。

3.5　冷却速率对车轮钢晶粒度的影响

图 8 和图 9 分别为不同冷却速率的试样显微组织和晶粒度随冷却速率的变化曲线。比较不同冷却速率下的试样显微组织可知，炉冷的试样组织相对粗大，而空冷和风冷的试样组织相对细小，且二者的组织

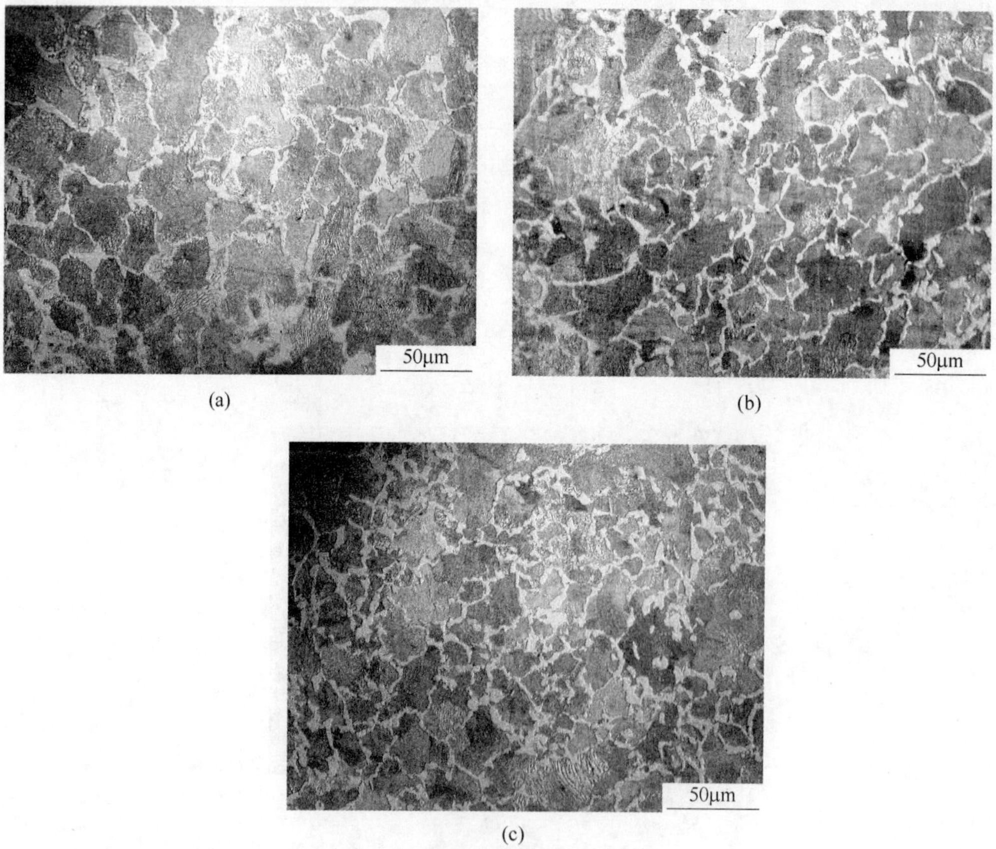

图 8　加热速率为 25℃/min，加热温度为 890℃，保温 30min 时，炉冷（a）、空冷（b）和风冷（c）试样的组织

Fig. 8　Microstructure of heat-treated wheel steel with cooling rate of cooling with furnace（a），air cooling 2min（b）and forced air cooling（c）（heat rate = 25℃/min，temperature = 890℃，holding time = 30min）

晶粒度变化不大（见图9）。

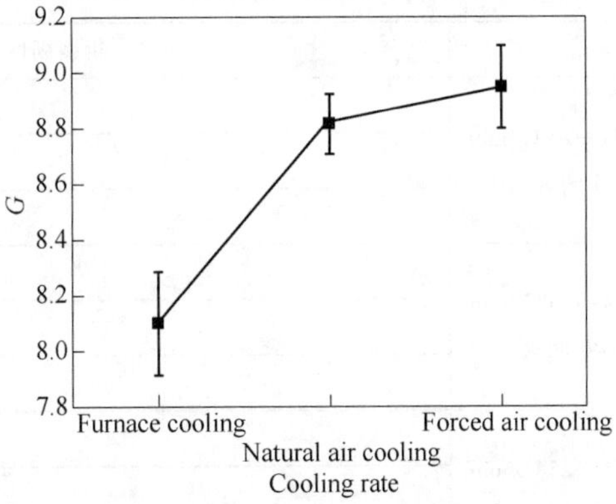

图9 加热速率为25℃/min，加热温度为890℃，保温30min时，不同冷却速率的试样晶粒度级别

Fig. 9 Micro-grain size number G vs cooling rate（heating rate=25℃/min，temperature=890℃，duration time=30min）

炉冷的试样组织粗大是由于冷却速度慢，相当于增加了保温时间，奥氏体晶粒得以充分长大，使随后转变的组织相对粗大；而空冷和风冷的试样，奥氏体快速转变为珠光体+网状铁素体，得到较细小的组织。进一步增加冷却速率只是对珠光体的片间距影响较大，而对其组织的晶粒度影响不大，因此二者晶粒度差别不大。但比较空冷和风冷试样组织中的网状铁素体可知，其宽度随着冷却速率的增加而减小并且其形状不完整性增加。其主要原因：随着冷却速率的增加，在碳原子充分扩散前，先共析铁素体的生长已经完成，并且在先共析铁素体生长前沿的过冷奥氏体中碳原子的富集，也阻碍了铁素体的生长。然而，由于碳原子的富集为珠光体的转变提供的成分起伏，促使珠光体的转变使其细化[13]。

3.6 断裂韧性测试

试样在不同加热速率热处理条件下的断裂韧性测试结果如表2所示，不同加热温度下断裂韧性测试结果如表3所示。由于试样厚度 B 为30mm，不能满足平面应变断裂韧性 K_{IC} 的条件 $B \geqslant 2.5\ (K_Q/\sigma_y)^2$，所以记为条件断裂韧性 K_Q。由表2和表3可见，不同热处理工艺下，试样的断裂韧性有较大的差异。由表2可知，随着加热速率的增加，其断裂韧性是增加的，并且其断裂韧性最高值较最低值高出近40%。同时，由表3还可以看出，在860℃正火均匀化后，快速加热到840℃保温30min后，风冷冷却至室温，然后在510℃保温4h的试样的断裂韧性稳定且相对较高。结合不同加热速率的晶粒度（图3）和不同加热温度的晶粒度（图5），可知均匀细化的车轮钢组织具有较高的断裂韧性。即车轮钢CL50D在快速加热和在850℃附近奥氏体化时，可以得到高断裂韧性的组织状态。

表2 不同加热速率的试样断裂韧性

Table 2 Fracture toughness of specimens heat-treated with different heating rate

热处理工艺	断裂韧性 K_Q/MPa · $m^{1/2}$
2℃/min 加热到 860℃×0.5h—空冷至室温—510℃×4h 回火	78.3
	66.7
10℃/min 加热到 860℃×0.5h—空冷至室温—510℃×4h 回火	81.0
	82.6
25℃/min 加热到 860℃×0.5h—空冷至室温—510℃×4h 回火	99.5
	97.0
热轧态	64.8

表 3　不同加热温度的试样断裂韧性

Table 3　Fracture toughness of specimens heat-treated with different temperature

热处理工艺	断裂韧性 K_Q/MPa · $m^{1/2}$
10℃/min 加热到 890℃×2h—空冷至室温—25℃/min 加热到 860℃×0. 5h—空冷至室温—510℃×4 回火	85. 8
	84. 8
	93. 3
10℃/min 加热到 860℃×2h—空冷至室温—25℃/min 加热到 840℃×0. 5h—空冷至室温—510℃×4h 回火	92. 3
	94. 3
	91. 3
10℃/min 加热到 830℃×2h—空冷至室温—25℃/min 加热到 810℃×0. 5h—空冷至室温—510℃×4h 回火	99. 7
	76. 9
	90. 7

4　结论

（1）CL50D 车轮钢显微晶粒度随加热速率的增加而增加，且组织均匀化，其组织在 850℃附近有一细化的温度区间，而高于和低于这一温度区间时，组织较粗大，且不均性增加；

（2）选择合适的保温时间和冷却速率，可以更好的保留车轮钢加热时得到的组织状态，进一步改善微观组织；

（3）车轮钢的断裂与微观组织密切相关，微观组织的细化和均匀化有利于断裂韧性的提高。

（4）对于工业生产车轮钢，在工艺允许的情况下应尽可能提高加热速率（大于 10℃/s）和冷却速率（1~2℃/s），在 850℃控制恒温保温时间 30~60min，可优化车轮钢组织，得到较高的断裂韧性。

参 考 文 献

[1] Srinivas M，Malakondaiah G，Armstrong R W，et al. Ductile fracture toughness of polycrystalline armco iron of varying grain size［J］. Acta Metall，1991，39（5）：807-816.

[2] 戚正风，汪元柱. 轴承钢的双细化处理［J］. 金属热处理，1983，8（3）：41-47.

[3] Muljono D，Ferry M，Dunne D P. Influence of heating rate on anisothermal recrystallization in low and ultra-low carbon steels［J］. Materials Science and Engineering A，2001，303（1-2）：90-99.

[4] 周鸿吉. 低碳钢加热和冷却条件对氮化铝的析出和钢的性能的影响［J］. 钢铁，1959，16：725-726.

[5] 职任涛，朱逢吾，屠欢，等. 钢中原始组织对奥氏体化混晶的影响［J］. 金属热处理学报，1981，5（1）：7-20.

[6] 李顺杰，杨弋涛，彭坤，等. 奥氏体化温度对 Cr5 合金钢组织和性能的影响［J］. 金属热处理，2010，35（1）：110-113.

[7] Liu K，He T Q，Wan X L，et al. The effect of isothermal holding on the microstructures and mechanical properties of a low carbon alloy steel［J］. Materials Characterization，2011，62（3）：340-345.

[8] 刘云旭. 金属热处理原理［M］. 北京：机械工业出版社，1982.

[9] Chowdhury S G，Pereloma E V，Santos D B. Evolution of texture at the initial stages of continuous annealing of cold rolled dual-phase steel：effect of heating rate［J］. Materials Science and Engineering A，2008，480（1-2）：540-548.

[10] Olasolo M，Uranga P，Rodriguez-Ibabe J M，et al. Effect of austenite microstructure and cooling rate on transformation characteristics in a low carbon Nb-V microalloyed steel［J］. Materials Science and Engineering A，2011，528：2559-2569.

[11] Akhbarizadeh A，Golozar M A，Shafeie A，et al. Effects of austenizing time on wear behavior of D6 tool steel after deep cryogenic treatment［J］. Journal of Iron and Steel Research，International，2009，16（6）：29-32.

[12] 江海涛，唐小勇，唐荻，等. 热处理工艺对冷轧 TRIP800 钢组织与性能的影响［J］. 材料热处理学报，2009，30（4）：53-56.

[13] Militzer M，Pandi R，Hawbolt E B. Ferrite nucleation and growth during continuous cooling［J］. Metallurgical and Matericals Transaction A，1996，27（6）：1547-1556.

碳、硅含量对重载车轮钢显微组织的影响❶

吴海龙[1]　王飞飞[1]　沈晓辉[1]　陈　刚[2]　张庆安[1]

（1. 安徽工业大学；2. 马鞍山钢铁股份有限公司）

摘　要　利用金相显微术、扫描电镜、透射电镜以及X射线衍射测量技术研究碳、硅含量对重载车轮钢显微组织的影响。结果表明：重载车轮钢的显微组织由珠光体和少量先共析铁素体组成，适当降低碳含量、增加硅含量不仅使珠光体含量减少，而且导致珠光体的片层间距增大；与珠光体团内层片状组织相比，珠光体团界处的渗碳体不再呈片状、而是以颗粒状不连续分布，同时渗碳体含量相对较少。

关键词　车轮钢；化学成分；显微组织

Effect of C and Si Contents on Microstructure of Wheel Steel for Heavy Haul Trains

Wu Hailong[1]　Wang Feifei[1]　Shen Xiaohui[1]　Chen Gang[2]　Zhang Qingan[1]

(1. Anhui University of Technology; 2. Ma'anshan Iron and Steel Co., Ltd.)

Abstract　The effect of C and Si contents on the microstructure of heavy haul wheel steels was investigated by means of metallographic microscopy, scanning electron microscopy (SEM), transmission electron microscopy (TEM) and X-ray diffraction (XRD) measurement technique. It is found that the microstructure of wheel steel for heavy haul trains is composed of pearlite and minor proeutectoid ferrite. The decrease of C content and increase of Si content leads to not only a decline in pearlite amount but also an enlargement of pearlite interlaminar spacing. Compared with the lamellar microstructure in pearlite colonies, granular cementite particles distribute discontinuously along the boundaries of pearlite colonies instead of cementite lamellae. In contrast, the amount of cementite near the boundaries is less than that in pearlite colonies.

Key words　wheel steel; chemical composition; microstructure

1　引言

为了解决国内铁路运力不足，铁路部根据世界铁道运输的发展趋势，提出了铁路建设跨越式发展的战略，其当务之急是提速、重载[1,2]。随着重载货运的发展，人们对重载车轮提出了更高的性能要求，要求车轮具有良好的抗接触损伤、抗磨损和抗热损伤能力[3]，因此研究高性能的重载车轮钢具有重要的战略意义和应用价值。北美主要采用碳含量为0.67%~0.77%（质量分数）的高强度、高硬度碳素钢作为重载车轮材料（即AAR C级车轮），但材料的抗热损伤、内部疲劳裂纹扩展的能力较差[4]。从国内来看，目前马钢自主研制成功的CL65，CL70级重载车轮在大秦线上得到了实际装车应用，服役效果良好[5]。研究表明[6,7]，材料的抗机械损伤性能主要取决于材料的强度，抗热损伤能力主要与材料的韧性和相变特性有关，因此适当降低碳含量、增加硅含量可以获得良好的强韧配合和使用性能。笔者研究适当降低碳含量、增加硅含量对重载车轮钢显微组织特征和相对含量的影响，为开发高性能的重载车轮钢提供技术指导和理论依据。

---

❶ 原文发表于《安徽工业大学学报》2013年第2期。

国家高技术研究发展计划“863”重点项目（2008AA030703）。

2　实验材料及方法

实验用钢为 2 种重载车轮钢，化学成分见表 1。实验用钢采用真空冶炼炉冶炼，浇铸后将钢锭锻造成钢坯，锻造加热温度在 1200~1300℃，锻后空冷，在锻态实验用钢上截取 ϕ20mm 的试样棒进行热处理。车轮制造工艺为：压轧后进行踏面淬火，即 870℃×2h 加热，实际淬火温度约为 840℃；然后踏面喷水 230s，实际轮辋冷却速度 2~4℃/s；最后进行 510℃×5h 回火。为了模拟该工艺，并考虑到实验用试样的尺寸比实际工件小很多，本实验中对试样采用 850℃×0. 5h 正火+500℃×2h 回火。

表 1　实验用钢化学成分

Table 1　Chemical compositions of the steels investigated　(w/%)

试样	C	Si	Mn	P	S	Cr	Al_s
1#	0. 71	0. 35	0. 88	0. 012	0. 006	0. 02	0. 036
2#	0. 61	0. 95	0. 88	0. 017	0. 004	0. 03	0. 040

热处理后将试样切成厚度为 1. 3mm 的圆片，用砂纸打磨后抛光。采用 Bruker D8 Advance 进行 XRD 测量，所用靶材为铜靶，测量步长为 0. 02°；用 RIETEN-2000 软件[8] 对 XRD 数据进行 Rietveld 分析。重新抛光，并用 4%（体积分数）的硝酸酒精浸蚀后，分别采用 Olympus 金相显微镜和 FEI NANO SEM 430 扫描电镜进行组织观察。最后，利用 Philips Tecnai 12 透射电镜对材料组织进行观察，所用透射电镜样品均采用电解双喷减薄的方法制成，电解液为 8%（体积分数）高氯酸+92%（体积分数）乙醇溶液。

3　实验结果与讨论

3. 1　显微组织及其相对含量

图 1 为 2 种实验用钢的金相组织照片。由图 1 可以看出：含碳量较高的 1#试样由珠光体 P 和少量的先共析铁素体 $F_{先}$ 组成；适当降低碳含量、提高硅含量（2#试样）后，钢的组织仍然是由珠光体和先共析铁素体组成，但先共析铁素体明显增多。

(a) 1#试样

(b) 2#试样

图 1　实验用钢金相组织

Fig. 1　Metallographic microstructures of the steels investigated

为了定量研究显微组织的相对含量，对 2 种实验用钢进行 XRD 分析。对显微组织相对含量的定量研究往往采用定量金相的方法，对于该材料，定量金相分析过程比较复杂而且耗时较长，因此采用对 XRD 数据进行 Rietveld 分析的方法[8] 定量计算珠光体和铁素体组织的相对含量。在 Rietveld 拟合的过程中，铁素体（F）相和渗碳体（Fe_3C）相的晶体结构均采用已报道的结构模型[9,10]。图 2 为 1# 和 2# 试样实测 XRD 谱与 Rietveld 拟合谱，由图 2 可以看出，实测谱（数据点）与拟合计算谱（实线）吻合很好。

本研究中通过采用 XRD 的 Riteveld 分析方法得到 2 种钢的 F 和 Fe_3C 相的含量，见表 2。珠光体中 F 和 Fe_3C 相的质量分数分别为 88. 5%和 11. 5%，可将表 2 中 F 和 Fe_3C 相的含量折算成先共析铁素体 $F_{先}$ 和珠光体 P 的相对含量，结果也列于表 2 中。如果忽略其他合金元素的影响，1# 和 2# 试样平衡组织（先共

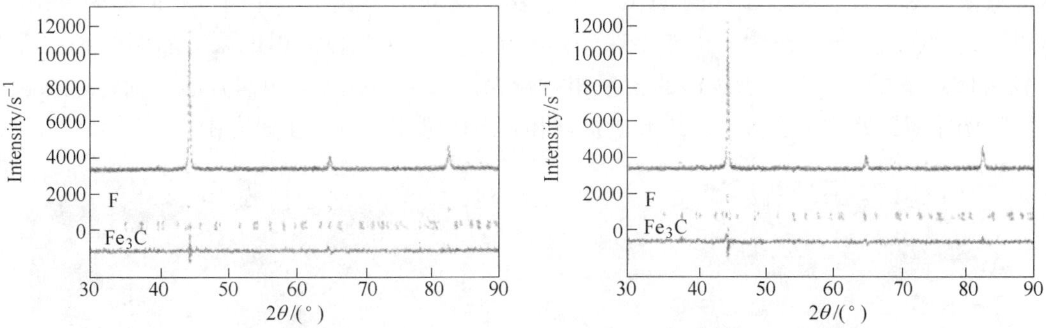

(a) 1#试样　　(b) 2#试样

图 2　实验用钢 XRD 的 Rietveld 拟合

Fig. 2　Rietveld refinements of the XRD patterns for the steels investigated

析铁素体 $F_{先}$ 和珠光体 P）相对含量的理论值可以近似地采用杠杆定理来计算。从表 2 可看出，1#和 2#试样中先共析铁素体的质量分数为 5.2%和 14.8%，均低于各自质量分数的理论值 7.8%和 20.8%。主要原因是本实验采取的是正火工艺，奥氏体化后冷却速度快于缓慢冷却的退火冷却速度（接近平衡状态），在珠光体转变之前来不及完全析出先共析铁素体。比较 1#和 2#试样中先共析铁素体的相对含量可发现，重载车轮钢中碳的质量分数从 0.71%降低到 0.61%，同时硅的质量分数从 0.35%提高到 0.95%后，先共析铁素体的质量分数从 5.2%增加到 14.8%，从而达到改善韧性的同时通过 Si 弥补强度的目的。

表 2　实验用钢中各相及组织的相对含量

Table 2　Amounts of each phase and microstructure of the steels investigated　　(%)

试样	相		组织	
	Fe_3C	F	P	$F_{先}$
1#	10.9	89.1	94.8	5.2
2#	9.8	90.2	85.2	14.8

3.2　珠光体特征

图 3 为 1#和 2#试样中珠光体组织的 SEM 照片。由图 3 可以看出，2 种钢中的珠光体均为典型的层片状组织，但 2#试样中珠光体的片层间距较大。由此可见，适量提高 Si 含量在某种程度上可以减小珠光体的片层间距，这与文献［11］中的报道相吻合，但 C 含量的降低会明显增大珠光体的片层间距。因此，从重载车轮钢的力学性能要求出发，有必要对该钢种进一步合金化。

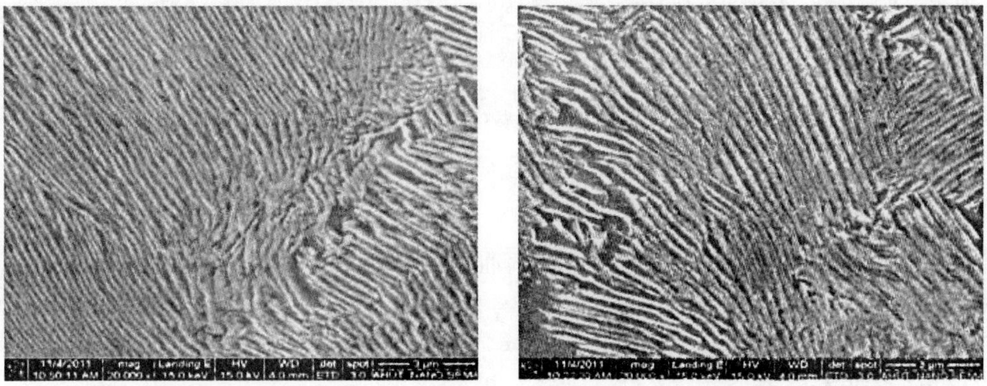

(a) 1#试样　　(b) 2#试样

图 3　实验用钢中珠光体组织形貌

Fig. 3　Pearlite morphologies of the steels investigated

重载车轮钢的显微组织对车轮的使用性能和安全性有重要影响，因此必须抑制异常组织的出现。在原奥氏体晶界处，均匀分布着少量先共析铁素体，可保证材料具有一定的韧性[3]，但珠光体团界处的微观组织不可忽视。图4为1#和2#试样的TEM照片，由图4可以看出，2种钢具有同样的显微组织特征，在珠光体团界处没有出现异常组织，仍然为珠光体组织，但与珠光体团内的层片状组织相比存在不同之处：(1) 铁素体含量相对较多、渗碳体的含量相对较少；(2) 渗碳体不再呈片状，而是以颗粒状不连续分布。关于珠光体团界处这种显微组织的形成机理和影响因素正在进一步研究中。

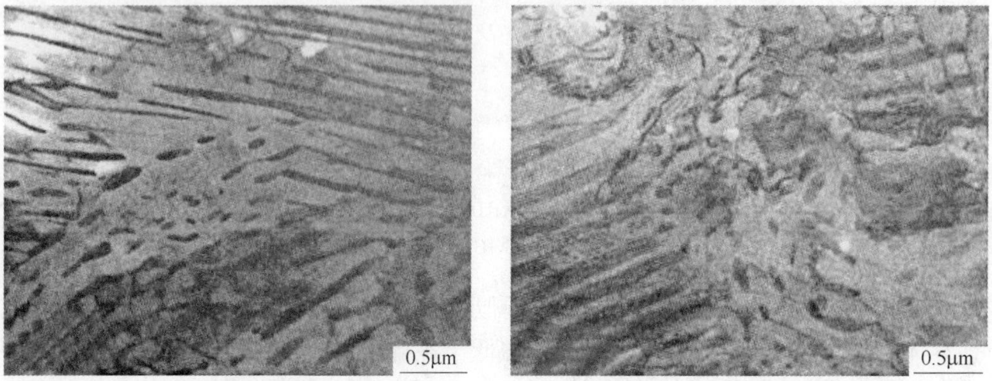

(a) 1#试样　　(b) 2#试样

图4　实验用钢的TEM照片

Fig. 4　TEM images of the steels investigated

4　结论

(1) 重载车轮钢的显微组织由珠光体和少量先共析铁素体组成，当钢中碳的质量分数从0.71%降低到0.61%、硅的质量分数从0.35%提高到0.95%时，先共析铁素体质量分数从5.2%增加到14.8%。

(2) 2种重载车轮钢中的珠光体均为典型的层片状组织，但适当降低碳含量、增加硅含量会使珠光体的片层间距有所增大。与珠光体团内层片状组织相比，珠光体团界处的珠光体组织中铁素体含量相对较多、渗碳体的含量较少，而且渗碳体不再呈片状，而是以颗粒状不连续分布。

参 考 文 献

[1] 郑伟生. 关于我国重载车轮的若干问题 [J]. 铁道车辆, 1993 (10): 11-15.

[2] 张进德. 我国铁路货车技术近期发展趋势商榷 [J]. 铁道车辆, 2001, 39 (5): 15-19.

[3] 张斌, 张弘, 付秀琴. 新材质重载货车车轮性能研究 [J]. 中国铁道科学, 2009, 30 (5): 65-70.

[4] Hernandez F C R, Cummings S, Kalay S, et al. Properties and microstructure of high performance wheels [J]. Wear, 2011, 271: 374-381.

[5] 朱昌逑, 江波, 安涛, 等. 铁路重载货车车轮新材料的研制 [J]. 钢铁, 2007, 42 (8): 56-59.

[6] Liu Z X, Gu H C. Failure modes and materials performance of railway wheels [J]. Journal of Materials Engineering and Performance, 2000, 9 (5): 580-584.

[7] Sakamoto H. Fracture Toughness of medium-high carbon steel for railroad wheel [J]. Materials Sciences and Engineering, 2000, 285A: 288-292.

[8] Izumi F, Ikeda T. Rietveld-analysis program RIETAN-98 and its applications to zeolites [J]. Materials Science Forum, 2000, 321: 198-203.

[9] Herbstein F H, Smuts J. Comparison of X-ray and neutron-diffraction refinements of the structure of cementite Fe_3C [J]. Acta Crystallography, 1964, 17: 1331-1332.

[10] Giles P M, Longenbach M H, Marder A R. High-pressure martensitic transformation in iron [J]. Journal of Applied Physics, 1971, 42: 4290-4295.

[11] 孔淑华, 张振戎, 熊毅, 等. 锰和硅添加对重度冷轧及退火后珠光体钢力学性能的影响 [J]. 机械工程学报, 2005, 41 (5): 147-153.

温度对高速车轮钢断裂韧性的影响❶

任学冲[1] 马英霞[2] 高克玮[2] 文 磊[1]
江 波[3] 陈 刚[3] 赵 海[3]

（1. 北京科技大学，国家材料服役安全科学中心；
2. 北京科技大学；3. 马鞍山钢铁股份有限公司）

摘 要 针对高速车轮钢低温环境下服役安全评价的需求，按照试验规范，在20℃、0℃、-20℃、-40℃、-60℃和-80℃下，分别进行标准圆棒拉伸试样的拉伸试验、紧凑拉伸（CT）试样的断裂韧性试验和Charpy-V形缺口冲击试样的冲击韧性试验，分析温度影响高速车轮钢断裂韧性的机理，研究高速车轮钢的断裂韧性随温度变化的规律。结果表明：20～-80℃下，高速车轮钢的断裂韧性和冲击韧性处于韧—脆转变区，且随温度的降低而降低；随着温度的降低，由于车轮钢屈服应力升高，CT试样的裂纹尖端由塑性形变强化而导致的解理起裂逐渐变为直接解理起裂；采用Master Curve法预测高速车轮钢的断裂韧性时，适用的最低温度仅为-14.4℃，不能满足高速车轮钢的实际服役环境温度（最低-40℃）需要；根据高速车轮钢的断裂韧性随温度降低基本呈线性下降的趋势，给出了室温（25℃）至-80℃温度范围内高速车轮钢的断裂韧性随温度变化的线性拟合关系式，以满足利用室温断裂韧性预测高速车轮钢低温断裂韧性的需要。

关键词 车轮钢；温度；断裂韧性；高速列车

Effects of Temperature on the Fracture Toughness of High Speed Wheel Steel

Ren Xuechong[1] Ma Yingxia[2] Gao Kewei[2] Wen Lei[1]
Jiang Bo[3] Chen Gang[3] Zhao Hai[3]

（1. University of Science and Technology Beijing，National Center for Materials Service Safety；
2. University of Science and Technology Beijing；3. Ma'anshan Iron and Steel Co.，Ltd.）

Abstract To meet the demand for the safety of high speed train wheels serving in low-temperature environment and according to test specifications，the tensile test of standard round bar specimens，the fracture toughness test of compact tension（CT）specimens，and impact test of Charpy V-notched specimens were carried at temperature of 20℃，0℃，-20℃，-40℃，-60℃ and-80℃ respectively. The relationship between temperature and fracture toughness was analyzed and the mechanism of the effects of temperature on the fracture toughness was investigated. The results showed that the impact toughness and fracture toughness decreased with decreasing temperature in the temperature range of 20--80℃ which was in the ductile-brittle transition region of the high speed wheel steel. The cleavage of CT specimen was initiated by plastic deformation induced strengthening at crack tip at normal temperature and was initiated directly at crack tip without plastic deformation at low temperature due to the yield stress increased with decreasing temperature. The lowest temperature applicable for Master Curve method to predict the fracture toughness was-14.4℃ which could not meet the lowest serving temperature（-40℃）of high speed wheel steel. A linear relationship between fracture toughness and temperature in the range of room temperature（25℃）to -80℃ was fitted based on the experimental results，and the linear relationship

❶ 原文发表于《中国铁道科学》2013年第5期。
国家自然科学基金资助项目（50901010，51171020，U1234207），中央高校基本科研业务费专项资金资助项目（FRF-TP-12-160A）。

could be used to predict the fracture toughness at low temperature using the fracture toughness at room temperature.

Key words　wheel steel; temperature; fracture toughness; high speed train

1　引言

车轮钢在服役过程中要经受环境温度的变化，尤其是我国北方地区冬季的环境温度甚至会降到-40℃。因此车轮钢在低温下的性能，特别是断裂韧性不仅关系到高速列车运行的安全，还对高速铁道车辆车轮的设计及材料的选择产生重要影响。金属材料尤其是体心立方金属材料的力学性能对温度具有较高的敏感性，目前关于温度对金属材料韧性影响的研究更多集中在缺口冲击韧性方面[1,2]，并建立了韧脆转变理论；但关于温度对金属材料断裂韧性的影响还未建立起可供广泛工程应用的理论。大量的研究表明，材料的断裂韧性一般随温度的降低而降低[3,4]，而且温度会导致不同材料的断裂机制发生不同的变化[5,6]，因此温度与材料的断裂韧性之间存在一定的复杂性关系。工程上，既需要对高速车轮钢的低温断裂韧性进行评价，从而为高速车轮钢材料的设计提供指导；另一方面又迫切需要掌握高速车轮钢的断裂韧性随温度变化的规律，为预测高速车轮钢的低温断裂韧性提供理论基础。近年来，在 Weibull 分布[7,8]基础上发展起来的 Master Curve 方法被逐渐应用于描述和预测材料断裂韧性随温度的变化并取得了良好的效果[9,10]。该方法主要适用于屈服应力在 275~825MPa 内具有铁素体体心立方结构的碳钢和合金钢，这类钢的典型微观组织包括铁素体、珠光体、回火马氏体和回火贝氏体，具有断裂韧性随温度呈韧脆转变的特性。但目前关于 Master Curve 方法对车轮钢断裂韧性随温度变化的预测效果，以及温度对高速车轮钢断裂韧性的影响尚未见报道，还不能通过常温断裂韧性试验合理预测高速车轮钢的低温断裂性能。本文将通过裂纹试样研究温度对高速车轮钢断裂韧性影响的规律及其对断裂机理的影响，为预测高速车轮钢的低温性能及服役安全评价提供依据。

2　试验方法

试验所用的材料为按照《CA250 EMU 动车组整体车轮技术规范》生产的国产轧制高速车轮钢，其中 C，Si，Mn，P，S，Cr，Ni 和 Al_s（酸溶铝）元素的质量百分数分别为 0.54%，0.25%，0.73%，0.005%，0.003%，0.24%，0.17%和 0.024%，其余为 Fe 元素。

拉伸、断裂韧性及冲击韧性试验时，试验温度均为 20℃、0℃、-20℃、-40℃、-60℃和-80℃。

从车轮轮辋上沿其厚度方向切取试验段直径为 8mm 的标准拉伸试样，按照 GB/T 228—2002《金属材料室温拉伸实验方法》和 GB/T 13239—2006《金属材料低温拉伸试验方法》进行拉伸试验，每个试验温度下取 3 个标准拉伸试样，结果取平均值。

从车轮轮辋上截取厚度为 30mm 的断裂韧性紧凑拉伸（CT）试样，CT 试样的裂纹面法向与车轮踏面切线平行。将试样于不同试验温度下在 MTS 810 液压伺服疲劳试验机上按照 GB/T 4161—2007《金属材料平面应变断裂韧度 K_{IC} 试验方法》进行断裂韧性测试，参考 ASTM E 1921—2005《Standard Test Method for Determination of Reference Temperature，T_0，for Ferritic Steels in the Transition Temperature》中的单温度测试方法拟合得到高速车轮钢断裂韧性 Master 曲线。

在车轮轮辋部位取标准 Charpy-V 形缺口冲击试样，试样长度沿轮辋周向，在不同试验温度下按照 GB/T 229—2007《金属夏比缺口冲击试验方法》测量高速车轮钢的冲击韧性 A_{KV2}。试验用摆锤刀刃半径为 2mm，冲击能量为 150J，冲击速度为 5.2m/s，每个试验温度下取 3 个标准 Charpy-V 形缺口冲击试样，结果取平均值。

对不同温度下的断裂韧性试样断口在 Zeiss-EVO18 扫描电子显微镜（SEM）下进行断口形貌观察。

3　试验结果和分析

3.1　拉伸试验结果

拉伸试验得到高速车轮钢的屈服应力 $R_{p0.2}$、抗拉强度 R_m、延伸率 A 和断面收缩率 Z 随温度变化曲线如图 1 所示。

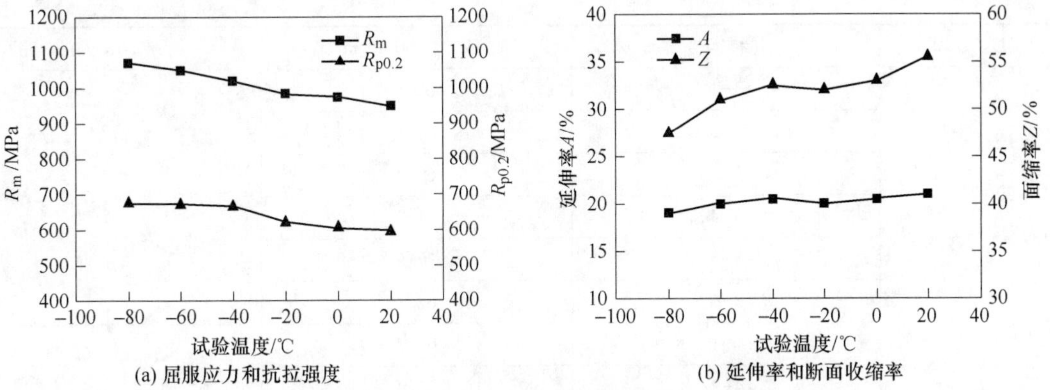

图 1 不同温度下高速车轮钢的拉伸试验结果

由图 1（a）可以看出：屈服应力和抗拉强度随温度的降低而升高，屈服应力由 20℃时的 595MPa 增加到−80℃时的 675MPa，增幅约为 80MPa；而抗拉强度由 20℃时的 949MPa 增加到−80℃时的 1070MPa，增幅约 120MPa。由图 1（b）可以看出：延伸率随温度没有明显的变化，在 19%~21%之间；而断面收缩率随温度的降低略有下降，从 20℃时的 55.5%下降到−80℃时的 47.5%。

3.2 断裂韧性和冲击韧性试验结果

若试验测得的条件断裂韧性 K_Q 满足平面应变断裂韧性的条件 $d \geqslant 2.5\ (K_Q/R_{p0.2})^2$（式中，$d$ 为试样厚度；K_Q 为条件断裂韧性），记此时的条件断裂韧性为断裂韧性 K_{IC}；否则，则记此时的条件断裂韧性为解理起裂断裂韧性 K_{JC}，它由 J 积分值 J_C 换算得到，为：

$$K_{JC} = [J_C E/(1 - \nu^2)]^{1/2} \qquad (1)$$

式中，E 为弹性模量；ν 为泊松比。

得到的不同试验温度下高速车轮钢的断裂韧性试验结果，见表 1。

表 1 不同试验温度下高速车轮钢的断裂韧性试验结果

试验温度/℃	试样编号	K_{JC}或K_{IC}/MPa · $m^{1/2}$	平均值/MPa · $m^{1/2}$
20	1-1	79.5	86.5
	1-2	92.7	
	1-3	83.0	
	1-4	90.7	
	1-5	81.0	
	1-6	85.8	
	1-7	93.3	
	1-8	84.7	
	1-9	76.9	
	1-10	71.6	
	1-11	96.7	
	1-12	102.0	
0	2-1	74.8	75.9
	2-2	72.5	
	2-3	69.5	
	2-4	76.7	
	2-5	83.2	
	2-6	78.9	

续表 1

试验温度/℃	试样编号	K_{JC}或K_{IC}/MPa · $m^{1/2}$	平均值/MPa · $m^{1/2}$
-20	3-1	65.6	67.3
	3-2	66.3	
	3-3	68.3	
	3-4	71.2	
	3-5	70.5	
	3-6	62.1	
-40	4-1	62.7	60.8
	4-2	56.9	
	4-3	59.7	
	4-4	66.4	
	4-5	54.8	
	4-6	64.3	
-60	5-1	59.2	53.5
	5-2	52.8	
	5-3	49.6	
	5-4	55.6	
	5-5	53.4	
	5-6	50.8	
-80	6-1	48.2	47.7
	6-2	51.3	
	6-3	46.6	
	6-4	46.3	
	6-5	43.7	
	6-6	50.6	

在不同试验温度下得到的K_{JC}或K_{IC}的平均值及A_{KV2}的平均值如图 2 所示。由图 2 可以看出：断裂韧性和冲击韧性的平均值随温度的降低而降低，断裂韧性平均值由 20℃时的 86.5MPa · $m^{1/2}$降低到-80℃时的 47.7MPa · $m^{1/2}$，降幅约为 45%；冲击韧性的平均值由 20℃时的 29.6J 降低到-80℃时的 8.7J，降幅约为 71%。

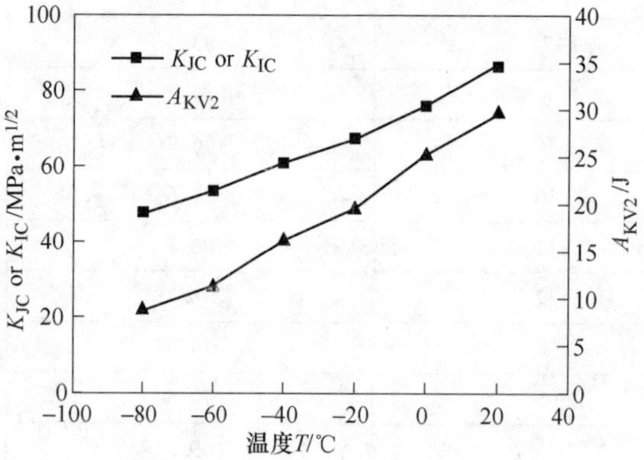

图 2　断裂韧性及冲击韧性平均值随温度变化曲线

3.3　CT 试样断口形貌

在不同温度下 CT 试样的断口形貌如图 3 所示。由图 3（a）可以看出：断裂韧性为 93.3MPa · $m^{1/2}$的

1-7 试样，其断口在疲劳裂纹尖端存在宽度约 100μm 的延性撕裂区（A 区），以及解理断裂区（B 区）。由图 3（b）可以看出：断裂韧性为 76.9MPa · $m^{1/2}$ 的 1-9 试样，其断口在疲劳裂纹与解理断裂区之间存在一宽度约 20μm 的延性撕裂区。由此可见，在相同温度下，断裂韧性不同的 CT 试样，其延性撕裂区的宽度也不同；断裂韧性越高，延性撕裂区越宽。由图 3（c）和（d）可以看出：随着温度的降低，延性撕裂区逐渐变窄，当温度为-40℃时，4-1 试样的疲劳裂纹尖端延性撕裂区已经不连续，仅在个别位置存在，且宽度较窄，不超过 10μm；在-80℃时，疲劳裂纹尖端没有发现延性撕裂区，试样由疲劳扩展裂纹直接变为解理断裂裂纹。由此可见，随着试验温度不断降低，断口上的延性撕裂区逐渐变窄直至消失，表明在此温度范围内高速车轮钢的断裂处于韧—脆转变区。

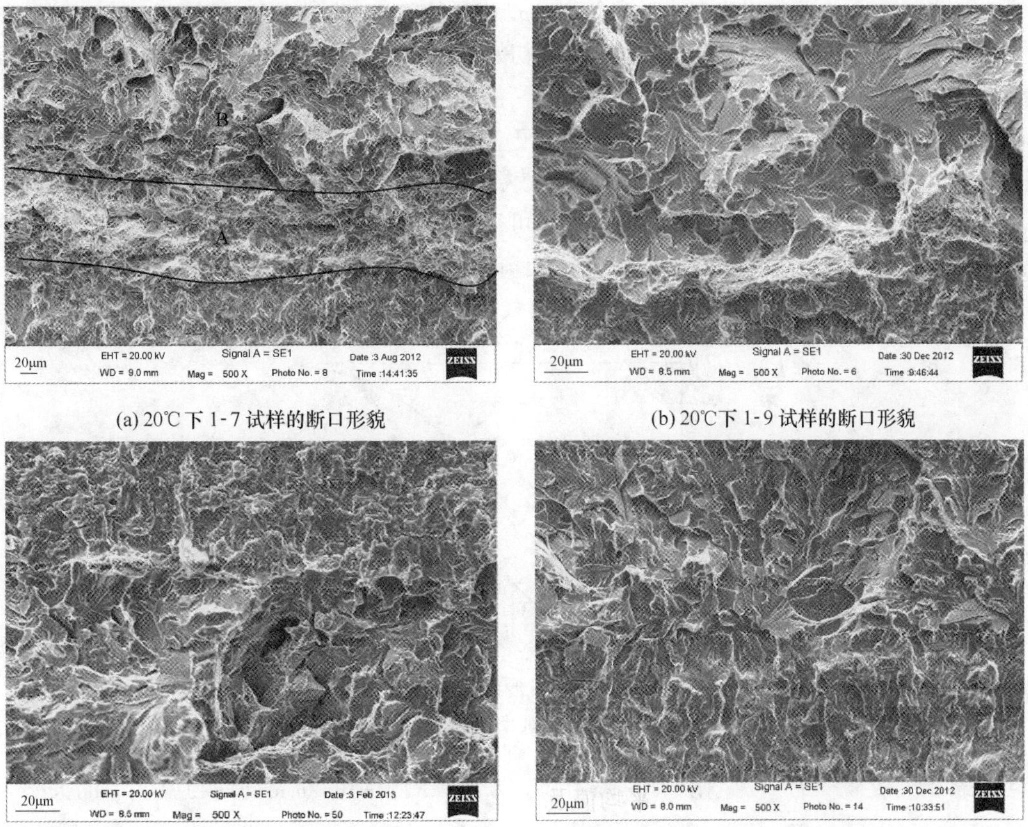

(a) 20℃下 1-7 试样的断口形貌　　(b) 20℃下 1-9 试样的断口形貌

(c) -40℃下 4-1 试样的断口形貌　　(d) -80℃下 6-1 试样的断口形貌

图 3　CT 试样断口形貌

对解理断裂的研究表明[11,12]，在一定的断裂模式下，解理断裂的必要条件是裂纹尖端一定范围内的正应力达到断裂应力 σ_f。而 σ_f 是一个稳定的材料参数，不随温度、加载速率等外界条件的变化而变化[13,14]。有限元计算表明[15]，裂纹尖端最大正应力 $\sigma_{yy(max)} \approx 3.5R_{p0.2}$，可见由于裂纹尖端的应力约束，使最大正应力的变化随屈服应力的 3.5 倍变化，即 $\Delta\sigma_{yy(max)} \approx 3.5\Delta R_{p0.2}$。当温度较低时，由于屈服应力较高，裂纹尖端的最大正应力容易满足 $\sigma_{yy(max)} = \sigma_f$ 的条件。随着温度的上升，材料的屈服应力下降，使得裂纹尖端满足 $\sigma_{yy(max)} = \sigma_f$ 的条件变得困难，裂纹尖端需要通过塑性变形使材料发生应变强化，从而使裂纹尖端满足 $\sigma_{yy(max)} = \sigma_f$ 的条件，这种塑性变形增加了试样的断裂载荷。因此在较高的试验温度下，裂纹尖端出现由塑性变形引起的延性伸张区较宽。

由以上分析可以看出，高速车轮钢的屈服应力随温度的降低而升高，尽管升高幅度不大，但这在高速车轮钢韧脆转变区对于诱发解理起裂却起到至关重要的作用。

3.4 断裂韧性与温度的关系

材料在微观组织结构上的不均匀性，以及断裂过程的随机性，使得同一试验条件下不同试样之间的试验结果存在一定的差异。对于断裂韧性试验结果的分散性，可以利用三参数 Weibull 分布模型建立断裂韧性 K_{JC} 与累积失效概率 P_f 之间的关系[7]为：

$$P_f = 1 - \exp\{-[(K_{JC(P_f)} - K_{min})/(K_0 - K_{min})]^4\} \tag{2}$$

其中：

$$K_0 = \left[\sum_{i=1}^{N} \frac{(K_{JC(i)} - K_{min})^4}{N}\right]^{1/4} + K_{min}$$

式中，$K_{JC(P_f)}$ 为累积失效概率为 P_f 时对应的断裂韧性；K_0 为 Weibull 分布的尺度参数，对应于累积失效概率为 63.2%时的断裂韧性；K_{min} 为 Weibull 分布的位置参数即门槛值，通常取 20MPa · m$^{1/2}$；N 为有效试样的个数。

为保证试样满足弹塑性断裂条件，试样的有效上限值 $K_{JC(limit)}$ 可以通过下式检验：

$$K_{JC(limit)} = \{b_0 R_{p0.2} E/[M(1-\nu^2)]\}^{1/2} \tag{3}$$

式中，b_0 为试样初始韧带的尺寸（即试样宽度 b 与初始裂纹长度 l_0 之差）；M 为约束系数，取 30。

由式（3）可以得出 20℃下的 $K_{JC(limit)}$ = 331MPa · m$^{1/2}$，远高于试验测量得到的断裂韧性值。由于 $R_{p0.2}$ 随温度的降低而升高，低温下的有效上限值 $K_{JC(limit)}$ 更高，而实际测量得到的断裂韧性值则均低于 20℃下的断裂韧性值，因此，本试验结果中的数据均为有效数据。

由式（2）计算得到 K_0=88.1MPa · m$^{1/2}$，并且可得 20℃下断裂韧性 K_{JC} 和累积失效概率 P_f 之间的关系曲线和失效概率密度曲线如图 4 所示。由图 4 可知：试验得到的数据点主要集中在累积失效概率为 50%~80%之间；由试验数据绘制的失效概率密度曲线符合以平均值为最大值的正态分布。

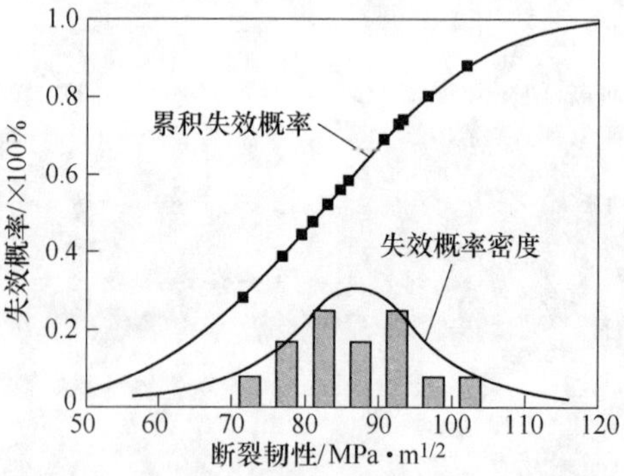

图 4　室温下失效概率随断裂韧性的变化

在不同的累积失效概率 P_f 下，采用 Master Curve 方法预测得到的断裂韧性与温度 T 的关系为：

$$K_{JC(P_f)} = 20 + \{\ln[1/(1-P_f)]\}^{0.25}\{11 + 77\exp[0.019(T - T_0)]\} \tag{4}$$

式中，T_0 为参考温度,℃，一般取 50%累积失效概率下的断裂韧性（约等于断裂韧性平均值）为 100MPa · m$^{1/2}$时对应的温度。

由式（4）可见，一定累积失效概率下断裂韧性值的预测值只与参考温度 T_0 有关，因此，准确求得 T_0 是 Master Curve 方法的关键。由表 1 可见，在所有温度下的试验数据中，20℃时的断裂韧性平均值最接近 100MPa · m$^{1/2}$，因此选取该温度下的试验数据用于估计参考温度 T_0。

参考温度 T_0 与试验温度 T 的关系为：

$$T_0 = T - (1/0.019)\ln[(K_{JC(0.5)} - 30)/70] \tag{5}$$

其中：

$$K_{JC(0.5)} = K_{min} + (K_0 - K_{min})[\ln(2)]^{1/4} \tag{6}$$

式中，$K_{JC(0.5)}$ 为试验温度下 50%累积失效概率下的断裂韧性值。

因 K_0 = 88.1MPa · m$^{1/2}$，则式（6）可得 20℃时 50%累积失效概率下的中值断裂韧性 $K_{JC(0.5)}$ = 82.1MPa · m$^{1/2}$，由式（5）可得 T_0=35.6℃。因此式（4）可以表示为：

$$K_{JC(P_f)} = 20 + \{\ln[1/(1-P_f)]\}^{0.25}\{11 + 77\exp[0.019(T - 35.6)]\} \tag{7}$$

则 50%累积失效概率下，采用 Master Curve 方法预测得到的断裂韧性与温度 T 的关系曲线即 Master Curve 曲线为：

$$K_{JC(0.5)} = 30 + 70\exp[0.019(T - 35.6)] \tag{8}$$

累积失效概率为 95%时断裂韧性的上边界 $K_{JC(上)}$ 为：

$$K_{JC(上)} = 34.5 + 101.3\exp[0.019(T - 35.6)] \tag{9}$$

累积失效概率为 5%时断裂韧性的下边界 $K_{JC(下)}$ 为：

$$K_{JC(下)} = 25.2 + 36.6\exp[0.019(T - 35.6)] \tag{10}$$

由式（8）~式（10）得到的断裂韧性随温度变化曲线如图 5 所示。由于 Master Curve 方法的有效窗口范围为 T_0±50℃，因此采用该方法进行预测的最低温度即有效边界仅为-14.4℃，不能满足实际温度（-40℃）的需要。由图 5 可见：在有效窗口范围内，试验数据落在上下边界范围内；在 0℃时，试验数据的最小值与 Master Curve 曲线值相当；在较低的试验温度下，采用 Master Curve 方法预测得到的断裂韧性过低，与试验值的下限接近。因此，采用 Master Curve 方法预测高速车轮钢的低温断裂韧性方面过于保守。

综合图 2 和图 5 可以看出，高速车轮钢断裂韧性随温度的降低基本呈线性下降，对其进行线性拟合得：

$$K_{JC} = 76.8 + 0.38T \tag{11}$$

式（11）为利用已知温度下的断裂韧性预测未知温度下的断裂韧性提供了依据，因此由其可得不同温度下车轮钢的断裂韧性用室温（取 25℃）下的断裂韧性值来表征，为：

$$K_{JC} = K_{JC(室温)} + 0.38(T - 25) \tag{12}$$

式中，$K_{JC(室温)}$ 为高速车轮钢在室温下的断裂韧性平均值。

式（11）的 95%置信度区间所对应的上下边界 $K'_{JC(上)}$ 和 $K'_{JC(下)}$ 分别为：

$$K'_{JC(上)} = 80 + 0.4T \tag{13}$$

$$K'_{JC(下)} = 71.4 + 0.35T \tag{14}$$

将式（11）、式（13）和式（14）所表示的线性拟合曲线及其上下边界也绘在图 5 中。则由图 5 可见：线性拟合与实验数据吻合很好，83.3%的数据落在拟合曲线的 95%置信度区间预测范围内；由于试验温度越高断裂韧性试验值的分散性越大，因此 20℃下的分散性最大，此温度下 66.7%的试验数据落在预测范围内。

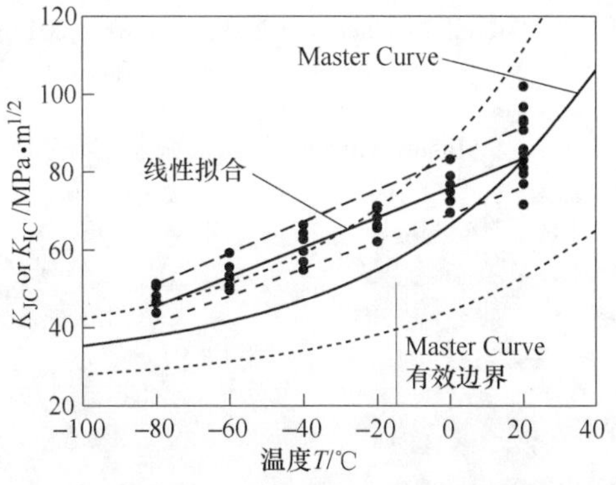

图 5　断裂韧性随温度变化的 Master Curve 曲线及线性拟合曲线

4　结论

（1）20~-80℃下高速车轮钢的断裂韧性和冲击韧性处于韧—脆转变区，且随温度的降低而降低，并且断裂韧性的分散性随温度的降低而减小。

（2）温度由 20℃变化至-80℃时，高速车轮钢 CT 试样的裂纹尖端由裂纹塑性形变强化而导致解理起裂逐渐变为直接解理起裂，这是由于材料的屈服应力随温度的降低而升高，裂纹尖端局部应力更容易达到解理断裂应力。

（3）采用 Master Curve 法预测高速车轮钢的断裂韧性时，适用的最低温度仅为-14.4℃，不能满足高速车轮钢的实际服役环境温度（最低-40℃）需要。

（4）建立室温（25℃）至-80℃范围内高速车轮钢的断裂韧性随温度变化的线性拟合关系式，为 $K_{JC}=K_{JC(室温)}+0.38(T-25)$，其 95%置信度区间的有效性可以满足预测高速车轮钢低温断裂韧性的需要。

参 考 文 献

[1] Pickering F B. Constitution and Properties of Steels [M]. Weinheim, New York, Basel, Cambridge: VCH, 1992.

[2] Curry D A. The relationship between fracture toughness and Charpy impact transition temperatures in mild steel [J]. Materials Science and Engineering, 1980, 44 (2): 285-290.

[3] Jang Yunchan, Lee Youngseog. A model to predict the fracture distance of cleavage fracture as a function of temperature [J]. Engineering Fracture Mechanics, 2011, 78 (9): 2082-2087.

[4] 姚枚，张瑞平，周玉，等. 低温对超高强度钢断裂行为的影响 [J]. 金属科学与工艺，1985，4 (1): 15-25.

[5] 张志明，李余德，牛延军，等. 金属材料断裂韧度随温度变化的研究 [J]. 力学与实践，2010，32 (6): 43-48.

[6] 杜万泉，蔡其巩，罗力更. 硅钢解理断裂韧性 K_{IC} 与温度的关系 [J]. 金属学报，1983，19 (4): A323-A331.

[7] Wallin K. The scatter in K_{IC} results [J]. Engineering Fracture Mechanics, 1984, 19 (6): 1085-1093.

[8] Margolin B Z, Gulenko A G, Nikolaev V A, et al. A new engineering method for prediction of the fracture toughness temperature dependence for PRV steels [J]. International Journal of Pressure Vessels and Piping, 2003, 80 (12): 817-829.

[9] 曹昱澎，惠虎，轩福贞，等. 基于Master Curve方法的16MnR钢韧脆转变区断裂韧性研究 [J]. 压力容器，2008，25 (12): 10-13, 21.

[10] Moskovic R. Modelling of fracture toughness data in the ductile to brittle transition temperature region by statistical analysis [J]. Engineering Fracture Mechanics, 2002, 69 (4): 511-530.

[11] Ritchie R O, Knott J F, Rice J R. On the relationship between critical tensile stress and fracture toughness in mild steel [J]. Journal of Mechanics and Physics Solids, 1973, 21 (6): 395-410.

[12] Chen J H, Li G, Cao R, et al. Micromechanism of cleavage fracture at the lower shelf transition temperatures of a C-Mn steel [J]. Materials Science and Engineering A, 2010, 527 (18/19): 5044-5054.

[13] Chen J H, Wang G Z, Yan C, et al. Advances in the mechanism of cleavage fracture of low alloy steel at low temperature. part III: local fracture stress σ_f [J]. International Journal of Fracture, 1997, 83 (2): 139-157.

[14] Holzmann M, Jurasek L, Dlouhy I. Fracture behavior and cleavage initiation in hypoeutectoid pearlitic steel [J]. International Journal of Fracture, 2007, 148 (1): 13-28.

[15] Cao R, Li G, Fang X Y, et al. Investigation on the effects of microstructure on the impact and fracture toughness of a C-Mn steel with various microstructures [J]. Materials Science and Engineering A, 2013, 564: 509-524.

辋板距大差异车轮热成形工艺研究❶

许章泽[1] 李 翔[1] 谢 峰[1] 沈晓辉[2]

(1. 马鞍山钢铁股份有限公司；2. 安徽工业大学)

摘 要 介绍了辋板距大差异车轮的结构特点，对该类车轮采用的锻压—轧制热成形技术进行研究。利用数值模拟软件，模拟预成形锻压过程，验证了金属分流面的存在。分析表明，采用流动半径数值可以优化设计压痕模；针对车轮锻压成形工步分析发现，成形坯轮缘形状是成形环模具设计的关键依据；通过分析车轮轧制变形，得出辐板辊设计原则。该方法较好地解决了具有辋板距大差异特点车轮的热成形工艺设计问题，生产实践证明，热成形合格率达到98%。

关键词 辋板距大差异车轮；锻压；轧制

Studied on Hot Forming Technology of Railway Wheel with Considerable Variability in Size between Plate and Rim

Xu Zhangze[1] Li Xiang[1] Xie Feng[1] Shen Xiaohui[2]

(1. Ma'anshan Iron and Steel Co., Ltd.; 2. Anhui University of Technology)

Abstract The shape characteristic of railway wheel with considerable variability in the size between plate and rim were presented, the hot forming technology was studied, and a correct solution to design hot forming technology of this kind of wheel was worked out. Through simulated pre-forming process, the existence of metal neutral face was verified; the value of mobile radius could be used to optimize the design of pre-forming mould. During the forming process, forming ring mould design was based on the wheel flange shape. By analyzing wheel rolling deformation, the roll web design principles was gained. After industrial production, the passing test for hot formed products reaches to 98% at least.

Key words railway wheel with considerable variability in size between plate and rim; forging; rolling

1 引言

整体辗钢车轮由轮毂、辐板和轮辋组成，通常把车轮在钢轨上运行时可见面称为外侧面，其相对面为内侧面，径向外圆面是踏面，该部位与钢轨接触，内侧轮辋面与踏面相交处为轮缘，辋板距是指同侧轮辋面与辐板面的距离，DF11机车轮各部位结构名称如图1所示[1]。

成品车轮轮型设计时考虑降低运行热应力，或是安装刹车盘等配件需要，车轮内外侧面辋板距大小存在差异。内外辋板距对称或差异小时有利于车轮辗轧成形，对于辋板距大差异车轮，轧制时轮坯与辐板辊变形区不对称，内外侧面变形量不同，变形工具与工件之间难以建立稳定轧制状态，轧制时车轮摆动，容易产生轧制缺陷。该类车轮以往的热成形合格率仅87%，热成形工序产生大量轮缘缺肉、轧制辐板错位、内板沟槽、表面折叠等废品。

本文研究了具有辋板距大差异车轮的热成形过程，提出了该类车轮设计中关键问题的解决方法，开发辋板距大差异整体辗钢车轮热成形工艺，经生产实践，热成形产品合格率得到较大提高，取得了良好

❶ 原文发表于《锻压技术》2013年第6期。
国家高技术研究发展计划项目（2008AA030703）。

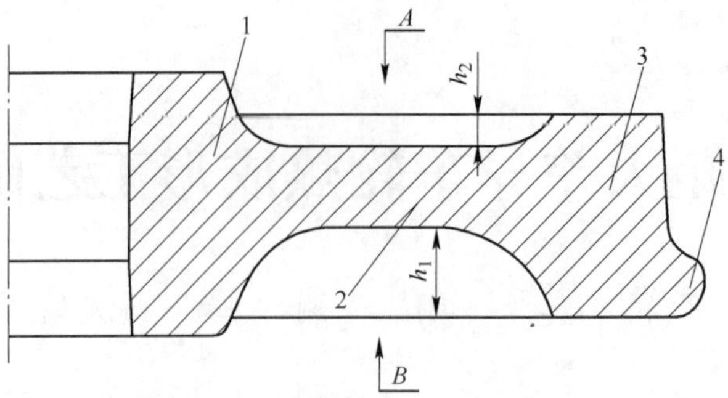

图 1　DF11 机车轮各部位结构名称

A—外侧面；B—内侧面；1—轮毂；2—辐板；3—轮辋；4—轮缘；h_1—内辋板距；h_2—外辋板距

Fig. 1　Section names of locomotive wheel for DF11

A—Front surface；B—Back surface；1—Wheel hub；2—Web；3—Rim；4—Wheel flange；h_1—The size between back plate and rim；h_2—The size between front plate and rim

的效果。

2　辋板距大差异车轮的结构特点和热成形

2.1　结构特点

"跨越"号东风 11G 型内燃机车轮（DF11），其毛坯外辐板深度太小，外辋板距 h_2 仅为 22mm，内辋板距 h_1 却达到 70mm，二者相差巨大，属于辋板距大差异车轮。此外，图 1 显示该车轮辐板与轮辋交接处过渡圆弧也有很大差异。DF11 车轮毛坯重量 776kg，轮毂与轮辋距离 C 值 14mm，运行速度 170km/h，轴重 23t。

2.2　热成形过程

整体辗钢车轮热成形采用锻压-轧制生产方式，工艺流程包括预成形、成形、轧制和冲孔压弯等工步，其中轧制前的锻压成形工步形成车轮轮毂、压制辐板及轮辋主要部位，轧制工步获得轮辋和轮缘尺寸，压弯冲孔工步获得热坯所需要的形位尺寸[2]。热成形各工步坯形图如图 2 所示。

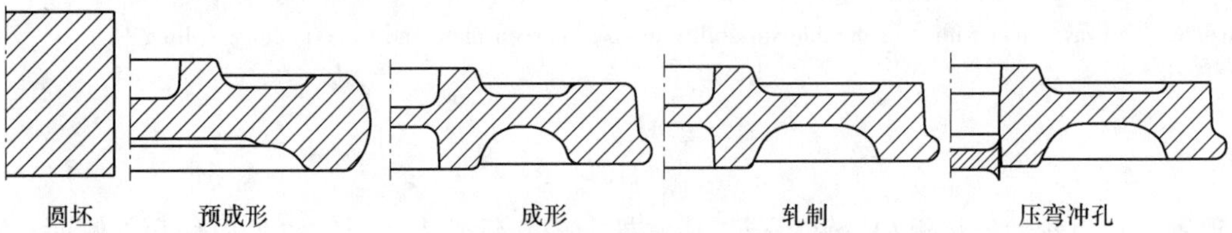

图 2　DF11 机车轮热成形坯形图

Fig. 2　Hot forming billet shape of locomotive wheel for DF11

3　辋板距大差异车轮热成形工艺分析与改进

3.1　预成形[3]

各工序负荷匹配主要表现在预成形金属分配和轧制扩径量的选取。预成形工步主要作用是预先分配轮毂、轮辋的金属体积，即流动半径内侧金属恰好等于轮毂部分金属需求，流动半径外侧金属体积满足轮辋和轮缘的需要。压力机模锻时是以静压力来锻压的，并且以一次行程完成终锻工步，因而金属易于沿水平方向流动，而不易于去填充上下模腔[4]。辋板距大差异整体辗钢车轮轮毂内侧面尖角处较难充满，工艺设计需要对压痕模优化，计算轮毂和轮辋的金属体积比，首先确保锻压成形分流面内部金属与轮毂需要金属量匹配。生产中，成形坯轮毂可稍许过充满，辐板厚度适宜。利用数值模拟软件经济性和效率高的特点，模拟车轮锻压过程，由金属节点流动方向，求得预成形坯金属流动半径为 271mm，如图 3 所示。

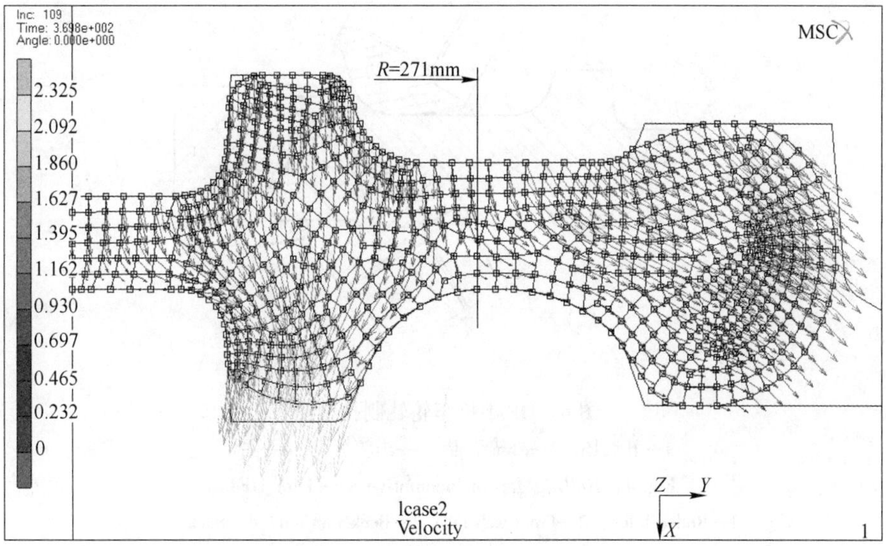

图 3　预成形金属流动半径

Fig. 3　Metal flow radius of preformed process

3.2　成形[5]

成形工步在辗钢车轮热成形过程中起到承上启下的作用，成形坯坯形质量影响毛坯车轮表面质量，该工步坯形不合理容易产生内辋面折叠及轮缘缺肉缺陷。辋板距大差异车轮 DF11 在成形工步主要是轮缘设计，理想的成形坯轮缘轧制初期应与主辊轮缘孔型匹配。生产中，钢温和金属投料重量时有波动，钢温较低和料重过大容易导致压力机压下不到位，使得成形坯高度方向比设计的要厚 4~5mm，过厚的成形坯轮缘进入主辊容易形成内辋面折叠。此外，当坯料椭圆或者压力机模台偏心时，成形坯圆周方向存在轮缘欠充满的弧段，该处与主辊孔形不匹配，扩径辗轧时圆周方向局部金属量补充不足，轧制终了时该部位轮缘仍然未充满，形成轮缘缺肉缺陷。成形工步与轧制工步匹配上主要是优化设计成形环孔型，以成形环模具型面控制成形坯轮缘长度和厚度，使轮缘轧制初期与主辊轮缘孔型理想匹配，避免不恰当的成形坯轮缘进入主辊形成折叠或者轮缘缺肉缺陷。

3.3　车轮辗轧

轧制工步的作用是对模锻后的轮坯进行轧制扩径，使辐板延展，并完成轮辋、轮缘及踏面的精确成形。该工步工艺设计核心是辐板辊设计，合理的辊面形状利于金属流动，实现稳定轧制。辋板距大差异车轮 DF11 的主要缺陷是辐板折叠和外辋面折叠，辐板折叠位于起轧位置，折叠深度 1~3mm，外辋面折叠于辋面中部，深 2~3mm[6]。9 辊立式轧机起轧时靠辐板辊压下转动带动车轮旋转，辋板距大差异车轮 DF11 内外辋板距差异大，车轮建立稳定轧制困难，开轧时车轮摆动较大。由于内外侧辐板深度差别大，轧制时内外侧辐板辊对应的变形区面积相差很大，外侧变形区远小于内侧变形区，但外侧面辐板辊压下量大于内侧面，以达到内外侧受力平衡。由于外侧面辋板距 h_2 很小，该侧面内径处对应的变形区接触弧短，金属流动阻力小，辗轧时金属易于流向外辋面。外辋面获得了较多的金属，经右侧辋面斜辊辗压后容易产生外辋面折叠，这一现象在稳定轧制前半阶段较为明显。为克服该缺陷，根据辋板距差异大的特点，优化辐板辊设计，对应小辋板距处采用大角度大圆弧设计轧辊工作面，使轧制变形时金属易于流向辐板，避免轮辋辋面金属过多产生折叠。此外，还应合理设计辐板辊直径，使内侧辐板辊与外侧辐板辊变形时表面线速度匹配，金属流动趋于合理。辋板距大差异车轮 DF11 轧制孔型见图 4。9 辊立式轧机轧制操作上，重点是辊系矫正，采用样轮补偿方法来校正车轮轧机辊系，避免因辊系错位导致轧制辐板错位和内板沟槽缺陷。

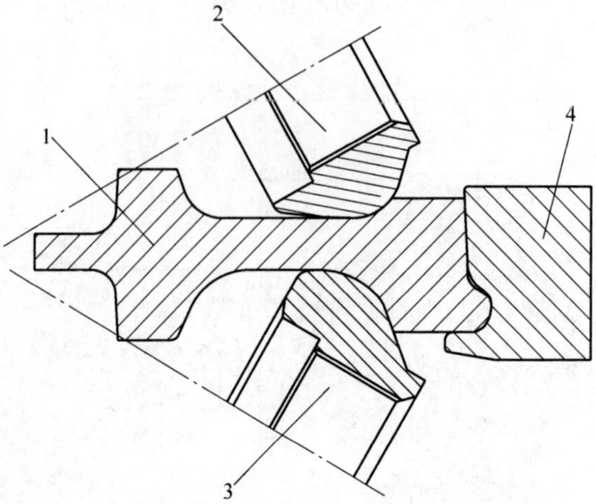

图 4　DF11 机车轮轧制孔型图

1—轧制坯；2—外辐板辊；3—内辐板辊；4—主辊

Fig. 4　Rolling gap of locomotive wheel for DF11

1—Rolled billet；2—Front web roll；3—Back web roll；4—Back roll

3.4　生产结果

开发辋板距大差异车轮热成形工艺，一次批量生产“跨越”号东风 11G 型机车轮 560 片，合格品 549 片。热成形合格率达到 98%，其金属综合成材率达到 68%，生产结果证明了其成形工艺设计的合理性，该工艺为同类车轮设计提供借鉴。

4　结论

针对辋板距大差异整体辗钢车轮轮型特点，开发热成形工艺，优化设计成形环和辐板辊等主要变形工具。用该工艺辗轧辋板距大差异车轮，热成形过程金属流动合理，毛坯车轮表面无折叠缺陷。热成形工艺参数设计合理，便于工艺调整，成形后车轮产品符合零件的图纸要求。

参 考 文 献

[1] 比比克 ГА. 火车车轮的制造 [M]. 苏星，译. 北京：冶金工业出版社，1990.

[2] 刘吉远，陈雷. 铁路货车轮轴技术概论 [M]. 北京：中国铁道出版社，2009.

[3] 许章泽，李翔，张磊，等. 火车车轮热成形金属流动规律数值模拟 [J]. 锻压技术，2008，33 (3)：141-143.

[4] 康海鹏，左淼，李浩强，等. 有限元模拟技术在主体锻造工艺设计中的应用 [J]. 锻压技术，2012，37 (1)：28-30.

[5] 谢安，马庆贤. 大型封头锻件终锻成形规律模拟研究 [J]. 锻压技术，2011，36 (2)：1-4.

[6] 许章泽，谢峰，张磊，等. 1050-DF11 机车轮折叠缺陷的分析与改进 [J]. 热加工工艺，2011，40 (9)：174-175.

AlN 改善车轮钢韧性的可行性分析❶

孙曼丽[1,2] 江 波[1,2] 陈 刚[1,2] 钟 斌[1,2] 赵 海[1,2] 鲁 松[2]

（1. 高性能轨道交通新材料及安全控制安徽省重点实验室；
2. 马鞍山钢铁股份有限公司）

摘 要 长期以来，车轮钢在满足强度和硬度的前提下，其韧性很难稳定满足要求，韧性已成为提高车轮整体使用性能的关键制约因素。本文通过简要介绍第二相钉扎晶界原理以及影响第二相质点析出的因素，提出通过控制第二相质点 AlN 的析出来改善车轮钢韧性具有可行性。

关键词 车轮钢；韧性 ；AlN

Feasibility Analysis of AlN Improving the Toughness of Wheel Steels

Sun Manli[1,2] Jiang Bo[1,2] Chen Gang[1,2] Zhong Bin[1,2] Zhao Hai[1,2] Lu Song[2]

（1. Key Laboratory of High-quality Railway New Materials and Safety Control of Anhui Province；2. Ma'anshan Iron and Steel Co.，Ltd.）

Abstract For a long time，the strength and hardness of wheel steels can meet the requirement，but the toughness is hard to maintain a required level. So the toughness of the steel has become a key restraint for improving wheel's performance. The principle of second-phase particle pinning grain boundary and influence factors for precipitation of second-phase were briefly introduced，and it is proposed that controlling the precipitation of AlN particles can improve the toughness of wheel steel.

Key words wheel steel；toughness；AlN

1 引言

随着我国铁路交通的迅速发展，车轮作为火车的重要支撑、行走部件，对其使用性能要求越来越高，特别是使用安全性能，因此，在要求车轮必须具备一定强度和硬度的同时，必须具有较好稳定的韧性。目前，如何在提高车轮韧性的同时不降低强度和硬度已成为提高车轮整体性能的关键问题，大量文献指出，合理的第二相析出不仅能有效提高钢铁材料韧性，同时并不影响甚至提高材料的强度[1-4]。

本文通过文献调研，指出车轮钢中有益的第二相形成元素为 Al 和 N；并分析影响第二相 AlN 质点细化晶粒的因素；最后，综合国内外研究成果，提出利用第二相质点 AlN 提高车轮韧性具有可行性。

2 第二相钉扎晶界原理

奥氏体晶粒长大是借助晶界迁移来实现的，晶界迁移能否进行，又受两种作用力的相互制约，一种是由于系统自由能降低而使晶界移动的驱动力（加热温度、保温时间）；一种是弥散第二相质点阻碍晶界迁移的阻力（钉扎力）[5-7]。晶界钉扎理论的物理模型，如图 1 所示。

假设晶界 *mn* 自左向右迁移，图 1（a）为晶界尚未与第二相质点 A 相遇，当晶界 *mn* 迁移至图 1（b）所示位置时，晶界被第二相质点 A 分割，分割的结果是晶界面积减少，其减少量相当于第二相质点 A 的

❶ 原文发表于《钢铁研究学报》2014 年第 8 期。

面积。由于晶界界面能和界面面积呈线性关系，晶界面积减少，界面能相应降低，由于此时晶界 mn 面积最小，因而具有最低的界面能，mn 的迁移速度降到最低，奥氏体晶粒处于最稳定状态。当晶界 mn 再往右迁移至图 1（c）所示位置时，晶界 mn 的面积下降较少，相对于图 1（b）时晶界面积增加，进而引起界面能增加。同时，为了保持界面张力平衡，晶界和第二相质点表面必须保持垂直从而导致第二相质点附近的晶界发生弯曲，如图 1（c）所示，又增加了部分界面能。但相对于图 1（a）来说晶界的界面能还是下降较多，晶界的迁移速度降低，从而控制了晶粒的长大。这是第二相质点与晶界发生交互作用的结果。说明第二相质点对晶界施加了约束力，提供了晶界迁移的阻力。

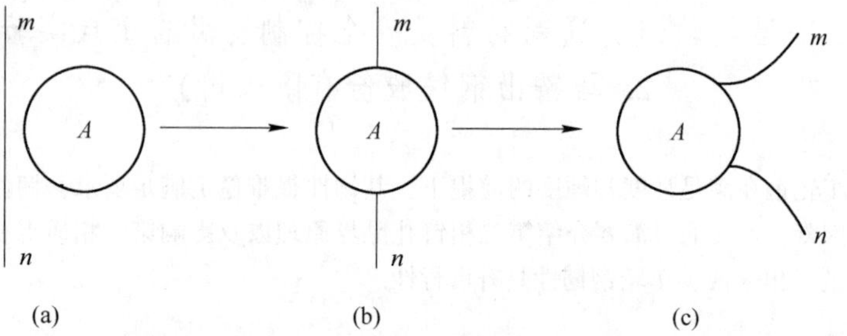

图 1　第二相质点与晶界的相互作用

Fig. 1　Interaction between second-phase particles and grain boundary

在奥氏体晶粒长大过程中，不是任何第二相质点对晶界都有钉扎效果，主要是 AlN 相具有这种特殊贡献[2,8]。为保证 AlN 有效钉扎晶界，必须存在体积分数足够多、平均尺寸足够小且均匀分布的第二相 AlN 质点[3,4,9,10]。

AlN 这一古典微合金元素析出物细化晶粒的效应已被使用了 70 年多年，关于 AlN 细化晶粒、提高韧性的研究已屡见不鲜。而车轮钢中的 AlN 形成元素 Al 和 N 一直作为有害元素加以控制，关于 Al 和 N 在车轮钢中的有益作用研究国内外均未见报道。因此，应当转变观念，控制有效 Al、N 含量，使得 AlN 有效发挥细化晶粒作用，趋利避害。

3　影响 AlN 质点析出的因素

3.1　Al 和 N 含量对 AlN 质点析出的影响

车轮钢冶炼一直采用 Al 脱氧，采用 Al 脱氧的钢中 Al 以 Al_2O_3 夹杂态和单质铝即 Al_s 状态存在。Al_s 在钢中一部分与游离 N 结合形成 AlN，一部分溶于基体。钢中 Al_s 过高时，不但有可能产生大尺寸 Al_2O_3 夹杂，由于有限溶解度的原因，较高温度下便会产生 AlN 质点的沉淀和团聚，导致 AlN 质点尺寸较大，不能有效阻止晶粒长大，很难获得细晶粒组织。而且还会使钢锭在锻造过程中容易产生裂纹，以及冶金质量恶化和出现层状断口。若钢中没有 Al_s 或者其含量较低时，无法产生足够弥散细小的 AlN 钉扎晶界，同样也很难获得细晶组织。因此，应将钢中的 Al_s 控制在一定范围内，不同钢种 Al_s 有效含量不同，需控制在一定范围内，过高或过低均不能形成细晶组织[2,8]。

钢中 N 含量过高时，会导致材料脆化，降低韧性；过低时则不能产生足够弥散细小的 AlN 质点。因此，也应适当控制钢中 N 含量。

3.2　N/Al 比值对 AlN 质点析出的影响

AlN 质点的析出是靠铝、氮原子在钢中的共同扩散来实现的，原子半径小的氮原子，在固溶体中以间隙扩散机制进行扩散，其扩散速率远远高于以空位扩散机制进行扩散的半径大的铝原子，因此，AlN 质点的形成和长大是受置换型原子铝的扩散所控制的[11]。

AlN 质点是严格按化学比，即 1∶1 的铝、氮原子比析出的。当钢中游离氮、铝原子数之比为 1∶1 时，相对应于质量分数之比为 14/27，即约为 0.52。AlN 形核析出后，基体中游离铝、氮的浓度均降低，控制 AlN 进一步长大的铝原子在基体中的低浓度限制了 AlN 质点的长大，使 AlN 质点尺寸得以维持细小状态。当钢中氮、铝原子数之比小于 1，即 $N/Al < 0.52$ 时，基体中相对富铝，对 AlN 的形核长大有利，并可促进 AlN 质点进一步长大。当氮、铝原子数之比大于 1，即 $N/Al > 0.52$ 时，AlN 形核析出后，导致基体中铝原子浓度变低，不利于 AlN 质点长大，因而也可以使 AlN 保持细小状态。同时 N/Al 比值不宜过大，过大会导致钢中游离 N 增多而影响韧性[12]。

因此，为得到细小 AlN 质点，不仅要控制 Al_s 和 N 含量，还要控制 N/Al_s 比值，不宜过低也不宜过高，以 0.52 左右为宜。

3.3 热处理（加工）温度对 AlN 质点析出的影响

钢中的 Al_s 和 N，仅为钢中存在弥散分布的 AlN 质点提供可能，而 AlN 质点的析出状态（大小、形状和分布等）受多方面因素的影响，其中，热加工加热温度和终轧（锻）温度以及热处理制度等工艺影响最大[5,8,13]。

3.3.1 温度对 AlN 相析出的影响

不同温度下 AlN 相析出时形态不同，在较高温度下析出的 AlN 相多呈粗棒状与多角状，颗粒较大；而在较低温度下析出的 AlN 相呈正方形，细棒状及针状，颗粒较小。

从热力学方面分析，AlN 固溶后，随着温度的降低，奥氏体中铝、氮原子的溶解度降低，必然增大 AlN 相析出量，如图 2 曲线 2 所示。从动力学方面分析，AlN 相析出量又受奥氏体中铝、氮原子扩散制约。温度越低，原子扩散越不充分，AlN 相形核越困难，析出量则达不到该温度下的平衡析出量，实际上是减少析出量，如图 2 曲线 1 所示。综上两个方面的因素，不论是在奥氏体相区，或是在铁素体相区，都存在 AlN 相析出的“峰值”温度，如图 3 所示，不同钢种析出峰温度范围不同[5,8,14,15]。

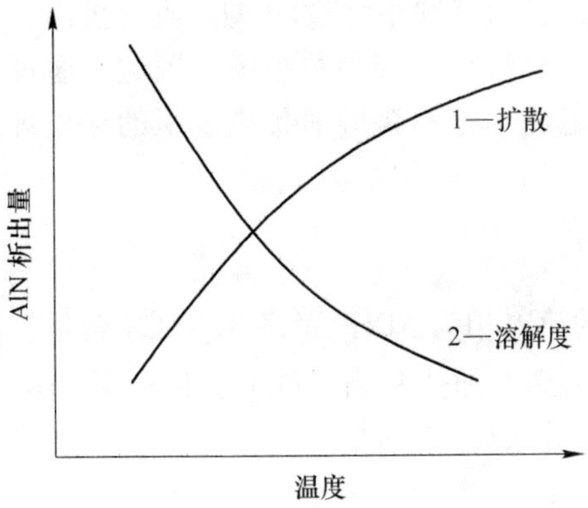

图 2 奥氏体溶解度和原子扩散对 AlN 相析出量的影响

Fig. 2 Austenitic solubility and atomic diffusion effects on the precipitation of AlN phase

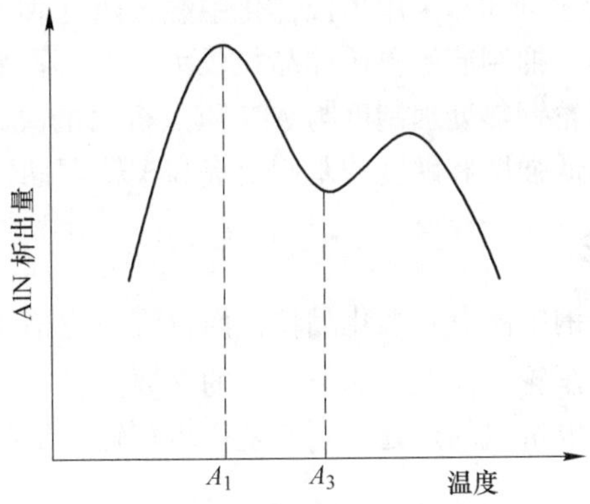

图 3 AlN 相析出量与温度的关系

Fig. 3 Relationship of AlN precipitation amount and temperature

3.3.2 热加工温度对 AlN 质点析出的影响

若固溶温度偏低或保温时间不足时，少量粗大的 AlN 相未完全溶解，冷却时，钢中 AlN 相重新析出，并在未溶 AlN 质点上沿某些特定晶面长大，形成粗大 AlN 相质点，减少有效弥散预处理 AlN 相质点的数量，不利于奥氏体晶粒的控制。

因此，热加工时采用高温加热（温度在 AlN 相固溶温度以上）和高温轧制，可使 AlN 完全固溶于基体，为随后冷却过程中 AlN 质点析出提供有利条件。

3.3.3 热加工变形量对 AlN 质点析出的影响

有研究认为[16,17]，热加工工艺对晶粒度的影响，除了加工温度对钢中 AlN 质点的作用之外，还与各部位变形量有关。

热变形在较低温度进行，变形量起主导作用，小变形量的晶粒度较细，大变形量则出现严重混晶；高温区变形时，无论变形程度大小都能获得均匀细小的本质晶粒度[5]。

3.3.4 热处理温度对 AlN 质点析出的影响

根据 AlN 质点的“障碍理论”，热处理制度对晶粒的影响，首先表现在对 AlN 的析出量影响，其次是对 AlN 质点的析出状态和分布的影响，AlN 质点析出量多但分布不均匀或者 AlN 质点分布较均匀但析出量较少时，都有可能出现粗大晶粒。

因此，一般认为，使 AlN 质点均匀弥散析出的热处理制度就可以提高晶粒粗化温度。先通过热处理把 AlN 质点重新固溶到奥氏体之中，然后执行从过饱和固溶体中析出 AlN 质点的淬火回火型热处理制度，就可达到细化晶粒的目的。但在实际生产中把钢材在水中冷却或者重新加热到 AlN 固溶温度以上是不现实的[8]。

由图 3 已知，在奥氏体化高温区存在 AlN 相析出的“峰值”，该温度区间析出的 AlN 颗粒较粗大，对晶界钉扎作用很弱，容易产生混晶；在奥氏体化低温区，AlN 相形核困难，析出量很少，对晶界的钉扎作用同样很弱；在奥氏体化中温区，AlN 呈弥散态析出，此时的 AlN 质点具有较强钉扎晶界作用[5,8]，奥氏体化中温区加热在生产中较容易实现，但加热炉温度控制必须精确，不能波动太大。

同时在 A_1 温度区间也存在 AlN 相析出的“峰值”，由于温度偏低，在该温度区间 AlN 质点不仅析出量大而且尺寸细小，可有效钉扎晶界，起到细化晶粒作用。因此，在生产中可以采用高温回火的热处理制度，以获得细晶粒组织。

4　AlN 细化车轮钢晶粒的可行性和方法

从上文可知，细化晶粒可以在提高材料韧性的同时保证强度不降低，而 AlN 是唯一可能在车轮钢中有效发挥细化晶粒作用的第二相，同时要有效发挥 AlN 质点阻碍起始奥氏体晶粒长大，达到细化晶粒效果，需要采用热加工高温加热、高温轧制和合适的后续热处理制度。

车轮钢热加工时高温加热温度在 1200℃以上，且保温时间较长，因此可以保证 AlN 完全固溶于基体，同时终轧温度在 1000℃左右，属于高温区变形，在高温变形区不论变形量大小均能获得细晶粒组织。因此，车轮钢热加工时高温加热和高温轧制为获得细晶粒组织提供有利条件。

从上述可知，采用奥氏体化中温区热处理或者高温回火有助于细小弥散的 AlN 质点析出，从而有效钉扎晶界，抑制起始奥氏体晶粒长大，提高晶粒粗化温度，最终得到细晶粒组织。因此，通过针对性系统研究车轮钢热处理制度与 AlN 质点析出的关系，从而确定使车轮钢获得细晶粒组织的热处理制度，最终在不降低强度和硬度的基础上提高车轮钢韧性。

5　结论

车轮钢中能有效细化晶粒从而改善车轮整体使用性能的第二相为 AlN，而将 Al_s 和 N 含量控制在有效范围是使车轮钢获得细晶粒组织的必要条件；热加工时采用高温加热和高温轧制，同时采用保证 AlN 质点均匀弥散析出的热处理制度是获得车轮钢细晶粒组织的充分条件。

参考文献

[1] 雍岐龙．钢铁材料中的第二相［M］．北京：冶金工业出版社，2006.
[2] 董企铭，李炎，江锡堂，等．酸溶铝含量对 20Cr2Ni4A 钢奥氏体晶粒长大的影响［J］．理化检验—物理分册，1990，26（5）：7.
[3] 苏娟华，许树森，陈钢，等．50Mn 轴承钢本质晶粒度的研究［J］．大型铸锻件，1995（2）：9.
[4] 张小红，李文卿．阻止中碳钢奥氏体晶粒长大的析出相的研究［J］．金属热处理，1990（11）：20.
[5] 胡德林，刘智恩．奥氏体晶界迁移过程的研究［J］．金属学报，1986，22（4）：334.
[6] 雍岐龙，李永福．第二相与晶粒粗化时间及粗化温度［J］．钢铁，1993，28（9）：45.
[7] 苏德达．奥氏体晶粒长大与晶界迁移［J］．金属制品，2004，30（5）：51.
[8] 李永吉，任春玲．影响合金结构钢奥氏体本质晶粒度基本工艺因素的研究［J］．特殊钢，1982（6）：52.
[9] 职任涛，刘昌其，屠欢，等．钢中奥氏体晶粒的粗化［J］．特殊钢，1982（6）：32.
[10] 刘正才，王海岭，陈名浩，等．氮化铝形态对结构钢奥氏体晶粒度的影响［J］．特殊钢，1982（6）：14.
[11] 胡本芙，卜勇，吴承建，等．N/Al 比值对 A508-3 钢的组织和性能的影响［J］．钢铁，1999，34（1）：1.
[12] Sequeira C A C，Hocking M G. Hot corrosion of nimonic 105 in sodium sulfate-sodium chloride melts［J］. Corrosion，1981，37（7）：392.
[13] 戚正风，周传久，高宏，等．热处理工艺对车轴钢奥氏体晶粒度的影响［J］．金属热处理，1985（5）：2.
[14] 胡德林，刘志恩，华文君，等．合金结构钢中 AlN 相的存在状态与奥氏体本质晶粒度的关系［J］．特殊钢，1982（6）：24.
[15] 刘正才．AlN 的固溶析出对结构钢奥氏体晶粒粗化温度的影响［J］．特殊钢，1982（6）：37.
[16] 罗培令．热加工及预处理对 40CrNiMoA 钢奥氏体晶粒度的影响［J］．特殊钢，1982（6）：75.
[17] 莫伟灵．热加工工艺对奥氏体本质晶粒度的影响［J］．特殊钢，1980（2）：94.

表面喷丸处理对车轮辐板腐蚀行为的影响❶

殷艳君[1] 肖 峰[2] 任学冲[1]

(1. 北京科技大学，国家材料服役安全科学中心；2. 马鞍山钢铁股份有限公司)

摘 要 选取轧制车轮不同喷丸处理状态辐板表面，对辐板表面粗糙度、表面残余应力和表层显微硬度进行了测量，利用扫描电镜（SEM）观察了不同程度喷丸处理后车轮钢表层微观组织，通过盐雾加速腐蚀试验研究了不同表面喷丸状态试样的腐蚀行为。结果表明，在腐蚀时间较短时，不同喷丸状态试样均为均匀腐蚀，延长腐蚀时间，开始出现不均匀的坑状腐蚀。在试验周期内，充分喷丸试样的平均腐蚀速率最大，不充分喷丸试样和未喷丸试样的腐蚀速率基本相当。腐蚀速率的差异主要是由试样表面粗糙度、表层塑性变形程度和残余压应力等综合因素共同影响。

关键词 喷丸处理；表面粗糙度；残余应力；盐雾腐蚀

Influence of Surface Shot Peening Treatments on Corrosion Behavior of Wheel Steel

Yin Yanjun[1] Xiao Feng[2] Ren Xuechong[1]

(1. University of Science and Technology Beijing, National Center for Material Service Safety; 2. Ma'anshan Iron and Steel Co., Ltd.)

Abstract Surface characteristics such as microhardness, roughness, microstructure and residual stress of the rolled railway wheel plate surfaces with different shot peening process were tested. The salt spray corrosion test of wheel plate specimens with different surface conditions such as full-shot-peening, half-shot-peening and without shot-peening ware performed. All the samples underwent uniform corrosion and the corrosion rate was the largest for the full-shot-peening specimen and similar for the other two specimens. The experimental results can be analyzed from the perspectives of the surface conditions such as surface roughness, plastic deformation and residual stress.

Key words shot peening; surface roughness; residual stress; salt spray corrosion test

1 引言

车轮是铁路运输设备的关键部件，随着铁路高速、重载化的发展对车轮的性能提出了越来越高的要求[1]。车轮辐板喷丸是常用的表面处理手段，通过表面产生的残余压应力，大大提高车轮辐板的抗疲劳性能[2,3]。同时，由于列车运行环境的复杂性，车轮辐板长期经受雨、雪、潮湿大气甚至海洋性大气环境的考验。这些环境因素会对车轮辐板表面产生腐蚀作用，腐蚀会导致喷丸后表面残余压应力失效，从而降低疲劳性能。如果车轮辐板表面产生点蚀、丝状腐蚀或晶间腐蚀等不均匀腐蚀，将会促进疲劳裂纹的形核，大大降低疲劳寿命，给列车运行带来安全隐患。

朱小明等[4]研究表明喷丸处理提高了800合金抗应力腐蚀断裂的性能，但会导致抗均匀腐蚀性能降低。Azar等[5]研究发现高氮奥氏体不锈钢经过喷丸处理后，抗腐蚀性和抗疲劳性能都有提高。李明星

❶ 原文发表于《腐蚀与防护》2015年第1期。
国家自然科学基金资助项目（50901010，U1234207）。

等[6]研究表明 800 合金（00Cr22Ni35Fe）管在喷丸处理后耐点腐蚀性能降低，晶间腐蚀敏感性也增强，点蚀坑的密度变大且面积更小，但是倾向于向纵深基体的方向发展。这些研究表明，喷丸处理对材料的腐蚀行为及力学性能均有一定的影响，但对不同材料的影响是复杂的，其表现也相差很大。其主要原因是材料的腐蚀行为及机理不同，因此喷丸对不同材料腐蚀的影响行为及程度各不相同，因此针对具体材料应具体研究。本文通过盐雾加速腐蚀试验研究了不同喷丸状态下的车轮辐板，为不同状态下车轮辐板的腐蚀防护提供依据。

2　试验过程

试验所用轧制车轮辐板的化学成分（质量分数）如下：C 0.63%，Si 0.87%，Mn 0.80%，P 0.014%，S 0.010%，Cr 0.17%，Ni 0.011%，其余为 Fe。轧制车轮辐板热处理后进行机械加工，机械加工后进行两种状态喷丸处理，分别为未充分喷丸（喷丸时间为 45s，喷丸覆盖率不足 100%）和充分喷丸（喷丸时间为 120s，喷丸面积覆盖率为 100%）。从机械加工后不喷丸、未充分喷丸和充分喷丸三种状态辐板表面取样，用光学显微镜观察不同状态试样表面形貌；用 SEM 观察三种状态下试样的截面微观组织；用布鲁克（Bruker）ContourGT-X 高精度三维表面测量仪测量试样表面粗糙度；利用日本理学 MSF-2M 型 X 射线应力分析仪对不同表面喷丸处理的试样进行残余应力测试，X 射线光束斑尺寸约为 4mm×4mm，每种状态试样测量 3 个点，结果取平均值；用显微硬度计测量了试样截面上距表面距离 0.7mm 内的显微硬度，每种试样每个距离下测 3 个点，结果取平均值。

盐雾腐蚀试样从车轮辐板表面截取，尺寸为 30mm×50mm，厚度约 5mm，试样用丙酮超声清洗后，机加工或喷丸表面裸露，其余各面用硅橡胶密封。试样在盐雾箱中进行腐蚀试验，盐雾箱容积为 $2m^3$，溶液为 5%NaCl 水溶液，试验温度为 35±1℃。在盐雾箱中，试样机加工或喷丸处理的表面向上，与垂直方向呈 30°角。盐雾的沉降速度约为 $0.02mL/(h \cdot cm^2)$。每种表面状态材料 12 个试样，试样周期分别为 1 天、2 天、4 天、8 天、16 天、32 天，每个阶段取 2 个试样。试样取出后，晾干拍照，去除表面保护硅橡胶，然后在加入 3.6g/L 六次甲基四胺的 1∶1 盐酸溶液浸泡除去腐蚀产物，再用清水和丙酮清洗晾干后称重，计算腐蚀后的质量损失并观察试样腐蚀后的表面形貌。

3　结果与讨论

加工及喷丸处理后的辐板表面形貌如图 1 所示。图 1（a）为机械加工后未喷丸处理试样表面，由机械加工形成的车削刀痕清晰可见；图 1（b）为机械加工后未充分喷丸试样表面，存在喷丸所形成的凹坑，基本看不出由机械加工形成的刀痕，但喷丸点并未全部覆盖试样表面，覆盖面积约 60%；图 1（c）为充分喷丸试样表面，喷丸所形成的凹坑已完全覆盖辐板表面。

图 2 为不同喷丸试样截面形貌及微观组织。图 2（a）为未喷丸试样截面形貌，可见表面较平整。图 2（b）为未充分喷丸试样截面形貌，在截面上可看到由喷丸所形成的凹坑及凸起，由于喷丸不充分，喷丸凹坑之间存在平整区域。图 2（c）为充分喷丸试样截面形貌，可见由喷丸凹坑在辐板材料与镶样剂之间形成的波浪状界面，图 2（d）放大后可以看出在辐板材料表层形成厚度约 20~30μm 的塑性变形层，试样组织为珠光体与少量网状铁素体。而未喷丸试样表面则没有发现任何表面明显的塑性变形；未充分喷丸试样表面仅在喷丸坑底存在局部的塑性变形。

(a) 机械加工后未喷丸试样

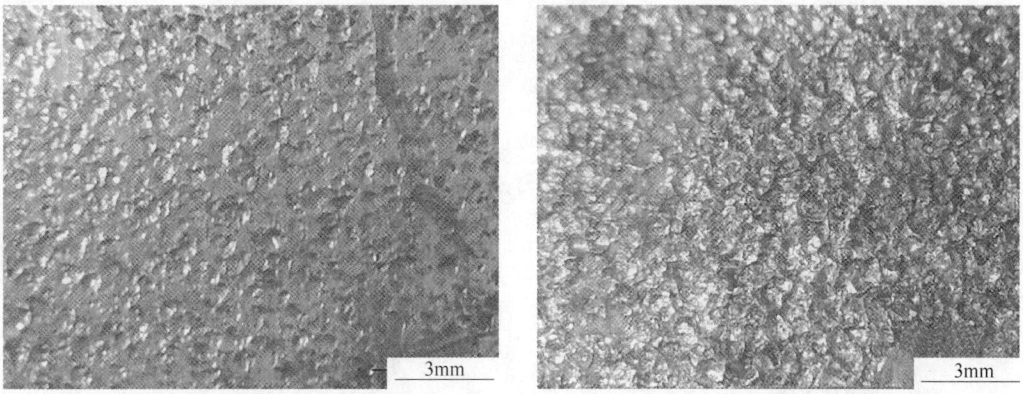

(b) 未充分喷丸试样　　(c) 充分喷丸试样

图 1　车轮钢辐板不同喷丸状态下表面形貌

Fig. 1　Surface morphology of specimens with different shot peening treatment

（a） without shot-peening；（b） half-shot-peening；（c） full-shot-peening

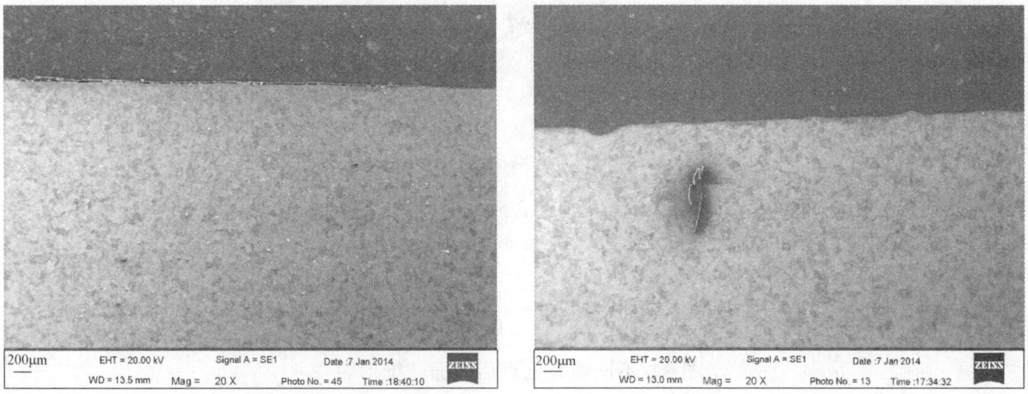

(a) 未喷丸处理试样截面形貌　　(b)未充分喷丸试样截面形貌

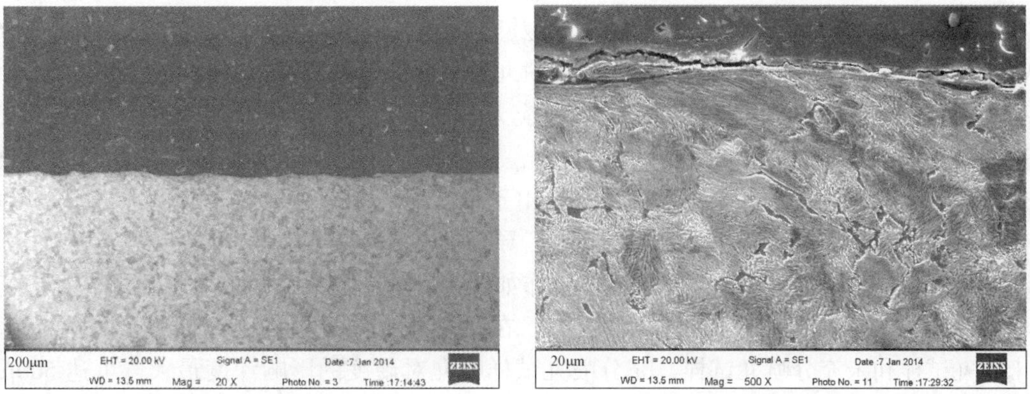

(c) 充分喷丸处理试样的截面形貌　　(d) 充分喷丸处理试样的表层微观组织

图 2　不同喷丸处理试样截面形貌及微观组织

Fig. 2　Morphology and microstructure on the cross-section of specimen with different shot peening treatment

（a） without shot-peening；（b） half-shot-peening；（c） full-shot-peening；（d） microstructure of surface，full-shot-peening

不同喷丸状态试样的表面三维形貌测量结果如图 3 所示。图 3（a） 为机械加工后未喷丸试样表面形态，其表面粗糙度为 R_a = 2. 9μm，加工刀痕形成的波峰与波谷间的高度差约 24μm。图 3（b） 为未充分喷丸试样表面，其表面粗糙度为 R_a = 10. 5μm，喷丸凹坑底部与边缘突出部分的高度差约 90μm。图 3（c） 为充分喷丸试样表面形态，其表面粗糙度为 R_a = 15. 2μm，加工刀痕形成的波峰与波谷间的高度差约 150μm。由测量结果可见，随着喷丸程度的增加，试样表面的粗糙度增加。

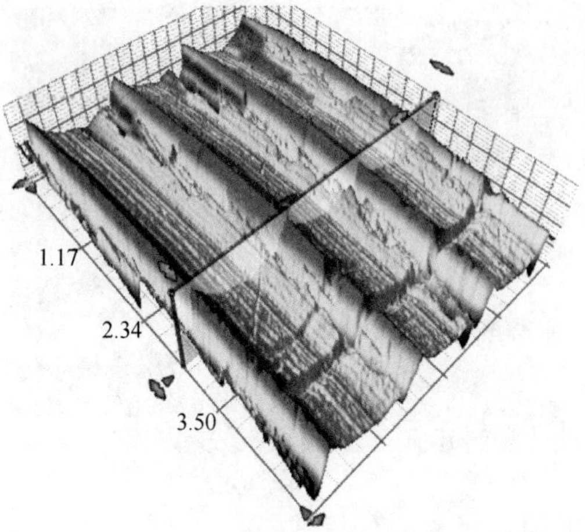

(a) 机械加工后未喷丸试样

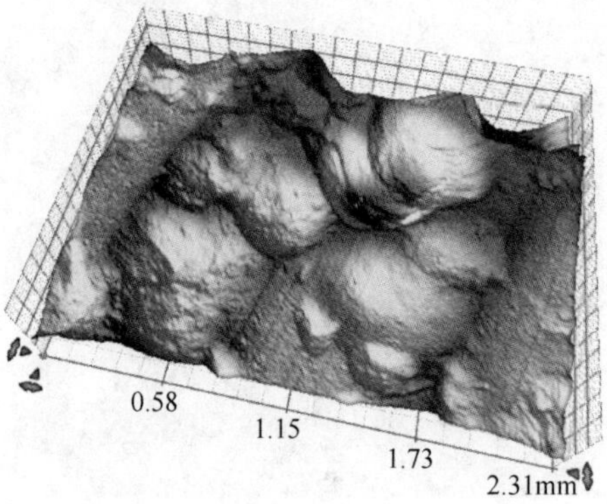

(b) 未充分喷丸试样

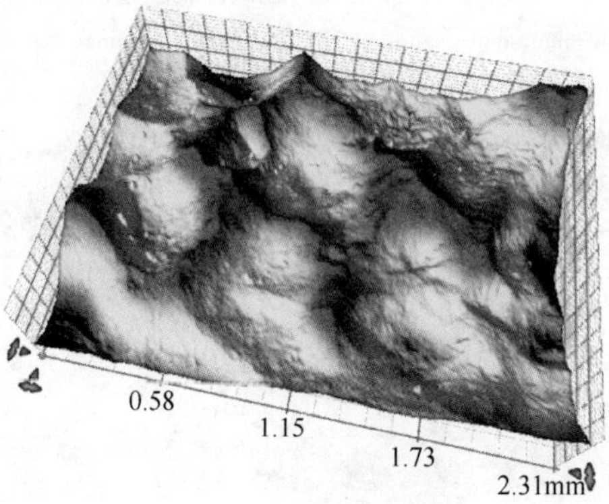

(c) 充分喷丸试样

图 3　不同喷丸处理后表面三维形貌

Fig. 3　3D surface morphology of specimens with different shot peening treatment

（a） without shot-peening; （b） half-shot-peening; （c） full-shot-peening

机械加工后未喷丸处理试样、未充分喷丸试样及充分喷丸试样的表面残余应力分别为+256±6MPa、-276±16MPa 和-159±5MPa。可见，机械加工后未喷丸处理试样表面为拉应力，而经过喷丸处理的试样表面残余应力均为压应力，其中部分喷丸试样的残余应力平均值最大，但其波动也较大。充分喷丸的试样表面残余应力平均值较未充分喷丸试样低约 117MPa，这主要是由于未充分喷丸试样表面喷丸点处存在较大的塑性变形，形变梯度较大，因此材料表层存在由于形变引起的应力；而充分喷丸材料表层均发生较大的塑性变形，这些变形相互协调，形变梯度降低，导致表层残余应力降低。

不同喷丸处理试样由表面向内部显微硬度的分布如图 4 所示。由图可见，喷丸后试样表层的显微硬度明显升高，充分喷丸试样表层硬度较基体高约 30%。在距表面 500μm 以内，充分喷丸试样的显微硬度均明显高于未喷丸试样和未充分喷丸试样，充分喷丸试样喷丸对硬度的影响深度最大，可达 500μm，未充分喷丸试样高硬度层厚度约为 250μm，而未喷丸试样表面机械加工对硬度的影响很小。喷丸所造成硬度的升高主要是由于材料塑性变形导致的加工硬化及残余应力引起的。

不同表面喷丸处理试样盐雾腐蚀平均腐蚀速率试验结果如图 5 所示。由图可见，三种表面状态试样的腐蚀规律基本一致，在最开始的 2 天内腐蚀速率较高，而在第 4 天时，腐蚀速率降低，不同批次的试样均表现出相同的实验结果，这可能与表面腐蚀产物膜的形成及特性有关。当腐蚀进行到第 8 天时，腐蚀速率又有所增加，从 8 天以后试样的平均腐蚀速率逐渐降低。在各个不同的实验周期内，充分喷丸试样的平均腐蚀速率均高于其他两种试样 10%左右。而未喷丸试样和未充分喷丸试样的平均腐蚀速率没有明显差异，尤其是在腐蚀 8 天以后。

图 6 和图 7 分别为不同表面喷丸处理试样盐雾腐蚀 16 天和 32 天清除腐蚀产物后表面形貌。由图可见，在腐蚀至 16 天时，不同表面喷丸处理试样表面均表现为均匀腐蚀，未出现点蚀现象。且腐蚀至 16 天

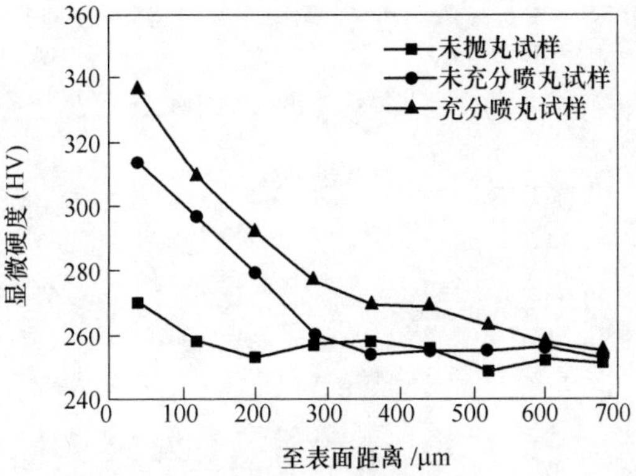

图 4　不同表面喷丸处理试样表层显微硬度随深度的变化

Fig. 4　Micro-hardness on the cross-section along the depth of specimens with different shot peening treatments

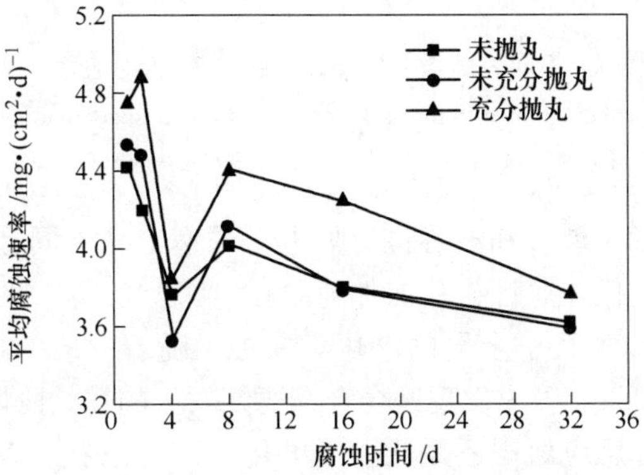

图 5　不同表面喷丸处理试样平均腐蚀速率随时间的变化

Fig. 5　Change of average corrosion rate with time for different shot peening treated specimens

时，喷丸所形成的凹坑不再明显。腐蚀 32 天时，试样表面出现明显的坑状不均匀腐蚀，这种坑状腐蚀形貌的出现，将破坏喷丸所形成的高硬度残余压应力层并造成应力集中，降低辐板的疲劳性能。

(a) 未喷丸　　(b) 未充分喷丸　　(c) 充分喷丸

图 6　不同表面喷丸处理试样腐蚀 16 天时表面形貌

Fig. 6　Surface morphology of different shot peening treated specimens corroded for 16 days

(a) without shot-peening; (b) half-shot-peening; (c) full-shot-peening

由实验结果可见，随着喷丸程度的不同，试样表面的粗糙度、残余应力及塑性变形程度均有所不同，这些因素均会对材料的腐蚀性能产生一定的影响。试验结果表明，喷丸程度越高，表面粗糙度越大，在表观面积相同的情况下，与溶液接触的实际面积越大。同时表面粗糙度越大，其表面凸出位置越多。Li

(a) 未喷丸　(b) 未充分喷丸　(c) 充分喷丸

图 7　不同表面喷丸处理试样腐蚀 32 天时表面形貌

Fig. 7　Surface morphology of different shot peening treated specimens corroded for 32 days

(a) without shot-peening; (b) half-shot-peening; (c) full-shot-peening

等[7]使用原子力显微镜分析表面，波峰和波谷位置处电子的逸出功不同，在波峰附近的电子比在波谷附近的电子更容易丢失，使波峰处优先腐蚀，从而加速腐蚀。彭立涛等[8]的研究表明，粗糙表面可以加大腐蚀电池的电动势，从而引起或加快了金属的电化学腐蚀，随着反应的进行，表面凸出的材料被消耗，电动势减小，腐蚀速率下降。Walter 等[9]发现镁合金在腐蚀发生的初始阶段，腐蚀电流随着表面粗糙度的增加而增加。因此，无论从实际反应面积还是从微观电化学过程来看，表面粗糙度增加会导致腐蚀速率的增加。

喷丸属于冷加工，使材料表层发生严重的塑性变形，形成组织强化层。金相观察显示，喷丸后试样存在明显的塑性变形层，在这个塑性变形区内，位错密度增加。由于位错可以看做是缺陷存在金属的表面层，为金属的腐蚀提供了更多的电化学活性位置[10]。孙建波[11]及 Li[12]的研究均表明，强烈的冷变形使金属材料的腐蚀电位略有降低，阻抗减小，塑性变形程度越大，腐蚀速率越大。喷丸后试样的塑性变形程度远高于未喷丸试样，因此腐蚀速率也相应增加。

喷丸后的试样表面出现了高压应力层。并且未充分喷丸试样由于变形不均匀，喷丸点处形变的梯度较大，产生的残余压应力平均值大于完全喷丸试样。残余压应力将原来存在于组织中的空位、显微裂纹等缺陷一定程度压合，阻碍腐蚀介质向基体内部的扩散[13,14]。从电化学角度看，残余压应力可以显著地减少金属表面活化的位置，阻碍沿晶腐蚀的速率[15]。裂尖附近的压应力可以推迟局部氢原子的进入，减轻氢脆，还能降低原有空洞张开的趋势，抑制腐蚀的发展[16]。可见，残余压应力对腐蚀具有一定的抑制作用。因此表明喷丸状态下材料的腐蚀受表面各种状态的综合影响，高的表面粗糙度和塑性变形促进腐蚀的发生和发展，而表面残余压应力则对腐蚀具有一定的抑制作用。在充分喷丸状态下表面粗糙度和塑性变形最大，起到影响腐蚀过程的主导作用。在未充分喷丸材料中，表面粗糙度和塑性变形对腐蚀的促进作用与残余压应力的抑制作用基本相当，因此腐蚀速率与未喷丸试样相差不多。

4　结论

(1) 在 32 天盐雾实验周期内，充分喷丸试样的平均腐蚀速率最大，未充分喷丸试样和未喷丸试样的腐蚀速率基本相当。当腐蚀时间较短时，不同喷丸状态试样均为均匀腐蚀，当腐蚀时间较长时（≥32 天），开始出现明显的坑状腐蚀。

(2) 随着喷丸程度的增加，试样表面粗糙度、表层硬度、高硬度层深度及表层塑性变形程度均增加；而表面平均残余压应力则在未充分喷丸试样中最高。

(3) 喷丸状态下材料的腐蚀受表面各种状态的综合影响，高的表面粗糙度和塑性变形促进腐蚀的发生和发展，而表面残余压应力则对腐蚀具有一定的抑制作用。

参 考 文 献

[1] 杨才福，苏航，惠卫军，等．高速列车用车轮钢、轴承钢和弹簧钢的发展［J］．机车电传动，2003，S1：28-31.

[2] 陈刚，张磊，吴保桥，等．喷丸处理对S形辐板车轮辐板表面周向残余应力变化影响的试验研究［J］．安徽冶金，2009，(4)：1-2.

[3] Regoa R R，Gomes J O，Barros A M. The influence on gear surface properties using shot peening with a bimodal media size distribution［J］. Journal of Materials Processing Technology，2013，213（12)：2152-2162.

[4] 朱小明，黄红波，俊林，等．用XPS分析喷丸处理后800合金在强碱溶液中的腐蚀产物［J］．中国腐蚀与防护学报，2004，24（4)：213-217.

[5] Azar V，Hashemi B，Yazdi M R. The effect of shot peening on fatigue and corrosion behavior of 316L stainless steel in Ringer's solution［J］. Surface & Coatings Technology，2010，204（21)：3546-3551.

[6] 李明星．喷丸对800合金腐蚀性能的影响［J］．腐蚀与防护，2013，34（6)：495-498.

[7] Li W，Li D Y. Influence of surface morphology on corrosion and electronic behavior［J］. Acta Materialia，2006，54（2)：445-452.

[8] 彭立涛，王道明，郑子涛，等．表面粗糙度对锌涂层防腐性能的影响［J］．全面腐蚀控制，2011，25（6)：29-31.

[9] Walter R，Kannan M B. Influence of surface roughness on the corrosion behaviour of magnesium alloy［J］. Materials & Design，2011，32（4)：2350-2354.

[10] 杨明康，王明德．冷塑性变形对奥氏体冷加工强化型耐蚀合金腐蚀行为的影响［J］．功能材料，1983，14（5)：33-41.

[11] 孙建波，柳伟，路民旭．塑性变形条件下16MnR钢的CO_2腐蚀电化学行为［J］．材料工程，2009（1)：59-63.

[12] Li W，Li D Y. Variations of work function and corrosion behaviors of deformed copper surfaces［J］. Applied Surface Science，2005，240（1)：388-395.

[13] 张霞．残余应力的产生和对腐蚀开裂的影响研究［J］．佳木斯大学学报：自然科学版，2008，26（2)：182-184.

[14] Zhao X，Munroe P，Habibi D，et al. Roles of compressive residual stress in enhancing the corrosion resistance of nano nitride composite coatings on steel［J］. Journal of Asian Ceramic Societies，2013（1)：86-94.

[15] Liu X，Frankel G S. Effects of compressive stress on localized corrosion in AA2024-T3［J］. Corrosion Science，2006，48（10)：3309-3329.

[16] Ahmed M S，Munroe P，Jiang Z，et al. Corrosion behaviour of nanocomposite TiSiN coatings on steel substrates［J］. Corrosion Science，2011，53（11)：3678-3687.

热处理工艺对高速车轮钢显微组织和断裂韧性的影响❶

龚　帅[1]　任学冲[1]　马英霞[2]　高克玮[2]
江　波[3]　陈　刚[3]　赵　海[3]

(1. 北京科技大学，国家材料服役安全科学中心；
2. 北京科技大学；3. 马鞍山钢铁股份有限公司)

摘　要　对碳含量为0.54%高速车轮钢热处理工艺进行了实验研究，得到不同晶粒尺寸和珠光体片间距的显微组织，在室温下对具有不同显微组织的紧凑拉伸（CT）试样进行断裂韧性测试。结果表明，车轮钢的平均晶粒尺寸随奥氏体化温度升高而增加；珠光体片间距随冷却速率增加而减小。车轮钢室温下的断裂模式为解理断裂，断裂韧性主要取决于晶粒尺寸，晶粒尺寸越小，断裂韧性越高。珠光体片间距对断裂韧性也有一定程度的影响，粗大的珠光体片间距会降低断裂韧性，并且当晶粒尺寸较小时，珠光体片间距地面影响更明显。因此，实际工程中为提高车轮钢断裂韧性，合理的奥氏体化温度是关键，同时需适当增加车轮钢的冷却速率。

关键词　车轮钢；热处理；显微组织；断裂韧性；解理断裂

Effect of Heat-treatment on Microstructure and Fracture Toughness of High-speed Railway Wheel Steel

Gong Shuai[1]　Ren Xuechong[1]　Ma Yingxia[2]　Gao Kewei[2]
Jiang Bo[3]　Chen Gang[3]　Zhao Hai[3]

(1. National Center for Materials Service Safety, University of Science and Technology Beijing;
2. University of Science and Technology Beijing; 3. Ma'anshan Steel and Iron Co., Ltd.)

Abstract　High-speed railway wheel steel with 0.54% carbon in weight percent was heat-treated with different austenitizating temperature and cooling rate to achieve microstructures with various grain diameters and pearlite interlamellar spacings. Compact tension (CT) specimens with different microstructures were tested at room temperature. The results show that the average grain diameter increases with increase austenizating temperature. The pearlite interlameller spacing decreases with the increasing of cooling rate. The fracture mode of all the CT specimens at room temperature is cleavage. The fracture toughness of the wheel steel increases with decrease the grain diameter, and large interlameller spacing is harmful to the fracture toughness especially when the grain size was fine. Reasonable austenitizing temperature and continuously cooling rate are important to elevate the fracture toughness of the wheel steel.

Key words　wheel steel; heat treatment; microstructure; fracture toughness; cleavage

1　引言

断裂韧性是车轮钢的重要技术指标，关系列车运行的安全性与可靠性。随着列车运行速度的提高，断裂韧性也越来越受到重视。在高速铁路发达国家，断裂韧性已被列入车轮钢的技术标准[1]。由于我国

❶　原文发表于《材料热处理学报》2015年第4期。
国家自然科学基金项目（51171020，U1234207），中央高校基本科研业务费专项资金资助项目（FRF-TP-12-160A）。

高速铁路起步较晚，对高速车轮钢的热处理工艺及断裂韧性的系统研究较少。高速车轮钢目前主要采用中、高碳含量的低合金钢，碳作为主要的强化元素。关于共析钢及亚共析钢显微组织与强度、塑性及冲击韧性等力学性能进行了大量的研究[2-4]，但关于显微组织与断裂韧性关系的研究却未受到足够重视。冲击韧性虽然在一定程度上可以反映断裂韧性的高低[5]，但由于表征参量不同，显微组织与冲击韧性关系的研究结果对显微组织与断裂韧性定量关系研究的指导性不足。Sakamoto 等[6]研究了传统中-高碳车轮钢的断裂韧性，发现断裂韧性随原奥氏体晶粒尺寸的降低而增加，同时随铁素体体积分数的增加而增加。任学冲等[7]研究了加热速率对车轮钢晶粒度及断裂韧性的影响，认为快速加热可以使晶粒细化，从而提高断裂韧性。王丽英等[8]分析了 ER7 车轮钢的断裂韧性 K_Q 值，认为晶粒细化、均匀，先共析铁素体均匀分布于珠光体周围是提高 K_Q 值的关键，但这些研究均忽略了珠光体片间距的影响，珠光体片间距是如何影响车轮钢断裂韧性的，它与晶粒尺寸是如何共同作用对断裂韧性产生影响的目前还不清楚。

本文通过不同的热处理制度得到不同显微组织的车轮钢，测量具有不同显微组织车轮钢的断裂韧性，找到影响车轮钢断裂韧性的主要显微组织参量，为提高车轮钢的断裂韧性及制定热处理工艺提供依据。

2 实验方法

实验所用材料为国产轧制高速车轮钢，其中：C 0.54%，Si 0.25%，Mn 0.73%，P 0.005%，S 0.003%，Cr 0.24%，其余为 Fe 元素。从车轮轮辋部位截取圆棒拉伸试样毛坯（尺寸为 32mm×32mm×140mm）和紧凑拉伸（CT）断裂韧性试样毛坯（尺寸为 32mm×77mm×74mm），试样毛坯在马弗炉中进行不同工艺热处理，热处理制度如表 1 所示。材料采用三种奥氏体化温度，分别为 1050℃、950℃和 850℃，在奥氏体化温度下保温 2h，然后每种奥氏体化温度保温后的试样分三批，分别按照随炉冷却、空气冷却和喷水淋浴冷却方式冷却至室温。每种冷却条件下，在其中一块断裂韧性试样毛坯的端部（尺寸为 32mm×74mm）开直径为 3mm、深度为 20mm 的内孔，将热电偶插入其中，测量冷却过程中试样毛坯温度随时间的变化，以计算冷却速率。

表 1 不同热处理条件下车轮钢晶粒尺寸及珠光体片间距

Table 1 Grain diameter and interlamellar spacing in specimens with different heat treatment

No.	Heat treatment process	Cooling rate/℃ · s^{-1}	Interlamellar spacing/nm	Grain diameter/μm
1	1050℃×2h cooled in furnace	0.1	385.0±25.6	87.8±3.7
2	1050℃×2h cooled in air	1.2	220.7±18.2	82.3±4.2
3	1050℃×2h cooled by water spraying	2.5	192.9±16.7	79.2±4.6
4	950℃×2h cooled in furnace	0.1	377.9±28.5	36.3±2.2
5	950℃×2h cooled in air	1.2	223.3±21.3	35.1±2.1
6	950℃×2h cooled by water spraying	2.5	202.3±18.4	35.5±1.8
7	850℃×2h cooled in furnace	0.1	372.5±22.6	27.3±1.7
8	850℃×2h cooled in air	1.2	220.5±16.3	26.5±1.5
9	850℃×2h cooled by water spraying	2.5	202.7±17.8	25.2±1.6

从每种热处理条件下的断裂韧性试样毛坯上取金相试样进行显微组织分析，主要对晶粒尺寸及珠光体片间距进行分析。由于合金成分一定的情况下，珠光体团尺寸基本不受热处理制度影响[3,9]，因此本文没有对珠光体团尺寸进行分析。金相试样采用3%硝酸酒精溶液侵蚀，通过光学显微镜对其微观组织进行观察，并采用三圆截点法（GB/T 6394—2002）统计试样的有效晶粒直径，每个热处理态试样随机进行五次测量，其结果取平均值，并取标准差作为误差。侵蚀后的金相试样在扫描电子显微镜（SEM）下进行珠光体片间距的测量，每种热处理态试样随机选取 10 个珠光体团进行测量，其结果取平均值，并取标准差作为误差。

热处理后的试样毛坯制成标准圆棒拉伸试样和断裂韧性紧凑拉伸（CT）试样，圆棒拉伸试样试验段直径为 8mm，标距段长度为 40mm 长度沿车轮轮辋周向。CT 试样厚度为 30mm，试样的切口及预裂纹面法向与轮辋周向平行。每种热处理条件下采用 2 个拉伸试样进行测试，测量其屈服强度、抗拉强度、伸长率及断面收缩率，结果取平均值。每种热处理条件下采用 6 个断裂韧性试样按照国标 GB/T 4161—2007 进行断裂韧性测试，其结果取平均值，并按照标准差进行误差计算。

3　实验结果

试样在冷却至室温过程中存在相变，在相变点处（A_{r3} 约为 670℃）由于释放热量，试样温度会稳定一段时间，因此相变点附近的冷却速率明显降低。本实验采用试样在 840～500℃温度区间的平均冷却速率作为冷却速率的表征值。随炉冷却、空气冷却和喷水淋浴冷却条件下的平均冷却速率分别为 0. 1℃/s、1. 2℃/s 和 2. 5℃/s。不同热处理条件下的平均晶粒直径和珠光体片间距如表 1 所示。由表 1 可见，奥氏体化温度 1050℃时，平均晶粒直径最大，为 79. 2±4. 6～87. 8±3. 7μm。冷却速率增加使平均晶粒尺寸略有降低，但分散性也相应增加，主要是由于冷却速率快使铁素体含量明显降低，导致以网状铁素体为特征的晶粒边界不清晰，易出现统计误差。随着奥氏体化温度的降低，平均晶粒直径明显减小。在奥氏体化温度为 950℃时，平均晶粒直径为 35. 1±2. 1～36. 3±2. 2μm；在奥氏体化温度为 850℃时，平均晶粒尺寸为 25. 2±1. 6～27. 3±1. 7μm。由此可见，平均晶粒尺寸主要受奥氏体化温度影响，冷却速率的影响不明显。空冷条件下（平均冷却速率为 1. 2℃/s），不同奥氏体化温度热处理试样的微观组织如图 1 所示，其微观组织为以少量网状先共析铁素体为晶界的珠光体+铁素体组织。由图 1（a）可见，当奥氏体化温度为 1050℃时，晶粒尺寸较大，最大可达约 150μm；当奥氏体化温度为 950℃时，晶粒尺寸明显降低，尺寸分布也更加均匀；当奥氏体化温度为 850℃时，晶粒尺寸最小，如图 1（c）所示。

由表 1 还可以看出，当冷却条件相同时，珠光体片间距基本相同，炉冷条件下片间距最大，其分散性也最大，片间距平均尺寸为 372. 5±22. 6 ～385. 0±25. 6nm，基本不受奥氏体化温度影响。空冷条件下，珠光体片间距明显降低，片间距平均尺寸为 220. 5±16. 3～223. 3±21. 3nm。喷水冷却条件下，珠光体片间距较空冷条件进一步降低，但降低幅度不大，片间距平均尺寸为 192. 9±16. 7～202. 7±17. 8nm。由此可见，珠光体片间距主要受冷却速率影响，与奥氏体化温度基本无关。图 2 为奥氏体化温度为 1050℃时，不同冷却条件下珠光体形态的 SEM 图像。图 2（a）为炉冷条件下珠光体形貌，珠光体片间距较大，图 2（b）

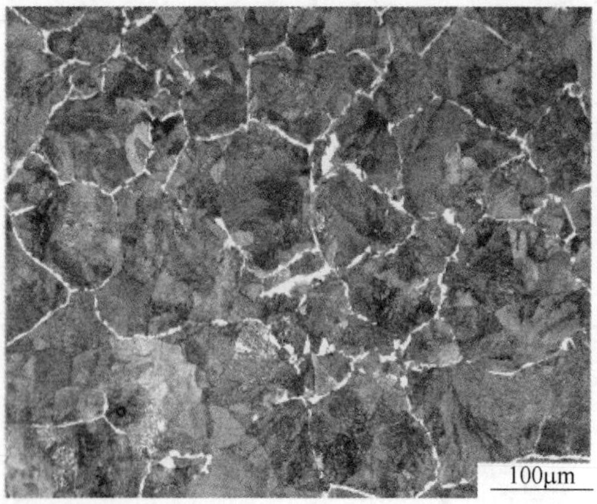

(a) 1050℃奥氏体化

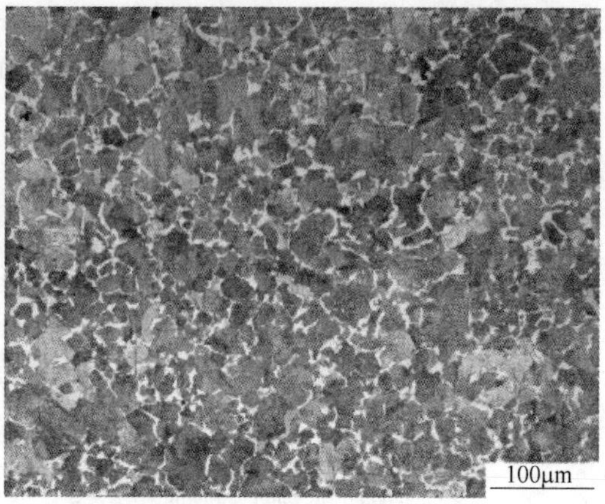

(b) 950℃奥氏体化

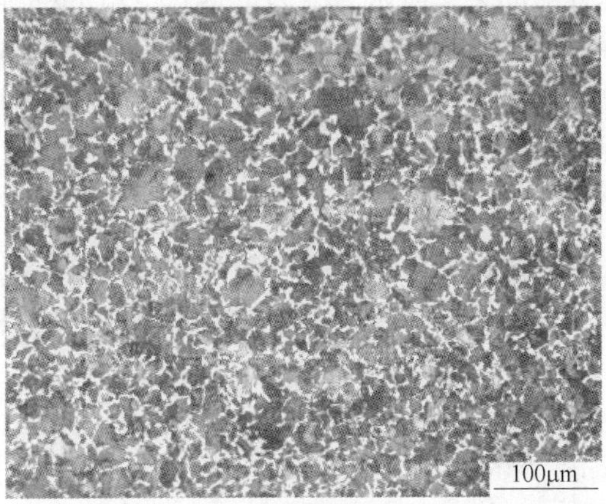

(c) 850℃奥氏体化

图 1　不同奥氏体温度处理后空冷条件下试样的微观组织

Fig. 1　Metallography of specimens were cooled in air after austenitized at different temperatures

（a） austenitized at 1050℃；（b） austenitized at 950℃；（c） austenitized at 850℃

和（c）分别为空冷和喷水冷却条件下的珠光体形貌，较炉冷条件下的片间距明显减小，并且空冷与喷水冷却条件下，珠光体片间距差异较小。

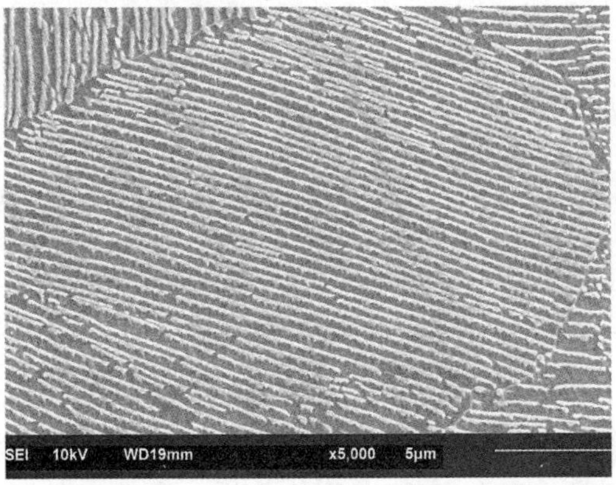

(a) 炉冷

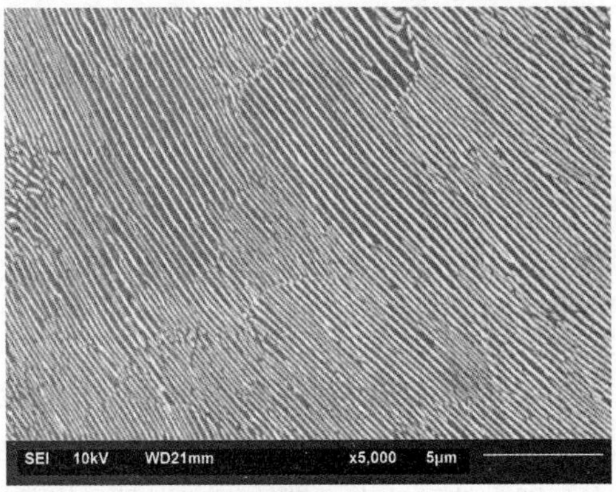

(b) 空冷

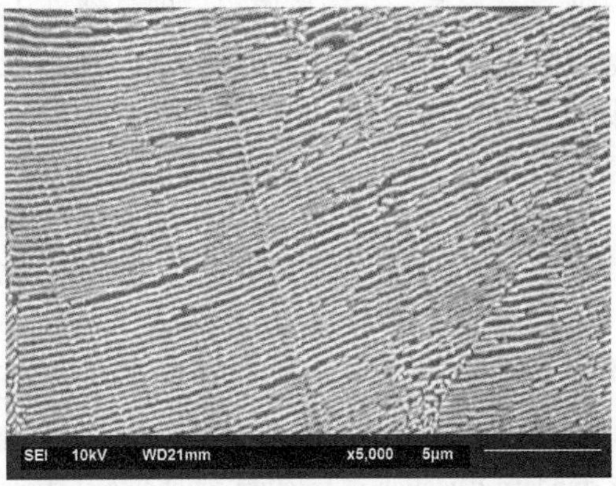

(c) 喷水冷却

图 2　1050℃奥氏体化后不同冷却条件下珠光体片间距的分布形态

Fig. 2　Interlamellar spacing of specimens were cooled to room temperature with different ways after austenitized at 1050℃

（a） cooled in furnace；（b） cooled in air；（c） cooled by shower

不同热处理条件下的拉伸性能如表 2 所示。由表可见，室温下材料的屈服强度 R_{eL} 和抗拉强度 R_m 基本不随奥氏体化温度（即晶粒尺寸）变化而变化，而与冷却条件（即珠光体片间距）密切相关，冷却速率大，屈服强度和抗拉强度高，这说明车轮钢的强度主要取决于珠光体片间距，珠光体片间距越小，强度越高；而平均晶粒尺寸对强度几乎没有影响。而伸长率 A 和面缩率 Z 不仅和珠光体片间距相关，而且也与晶粒尺寸相关，晶粒尺寸和珠光体片间距越大，伸长率和面缩率越小。

表 2　热处理条件对车轮钢拉伸性能的影响

Table 2　Effect of heat treatment on tensile properties of the wheel steel

No.	Heat treatment process	Ultimate tensile stress R_m/MPa	Yield strength R_{eL}/MPa	Elongation A/%	Reduction of area Z /%
1	1050℃×2h cooled in furnace	740	349	17. 5	27
2	1050℃×2h cooled in air	840. 5	456	16. 0	35. 5
3	1050℃×2h cooled by water spraying	856	489. 5	18. 5	38
4	950℃×2h cooled in furnace	726. 5	343. 5	21. 5	39
5	950℃×2h cooled in air	844	471	20. 5	51. 5
6	950℃×2h cooled by water spraying	860. 5	493. 5	22. 0	53
7	850℃×2h cooled in furnace	721	362	21. 5	42
8	850℃×2h cooled in air	864	463. 5	21. 5	53. 5
9	850℃×2h cooled by water spraying	880	488	21. 0	55

不同热处理条件下的断裂韧性平均值及标准差如表 3 所示，由于试样厚度 B 为 30mm，所有试样均不能满足平面应变断裂韧性 K_{IC} 的条件 $B \geqslant 2.5\ (K_Q/\ R_{eL})^2$，故记为条件断裂韧性 K_Q。由表 3 可以看出奥氏体化温度高，即晶粒尺寸大，车轮钢室温下的断裂韧性低，如 1050℃奥氏体化后，车轮钢的断裂韧性为 62. 6±3. 2~67. 8±5. 3MPa · $m^{1/2}$，不同冷却速度试样之间断裂韧性值相差不大，说明在该晶粒尺寸下，珠光体片间距对断裂韧性影响不大。随着奥氏体化温度降低，即晶粒尺寸减小，断裂韧性逐渐增加。但珠光体片间距对断裂韧性的影响也开始显现，珠光体片间距增加会降低断裂韧性。在 950℃奥氏体化后，空冷试样和喷水冷却试样的断裂韧性分别为 86. 0±3. 5MPa · $m^{1/2}$ 和 86. 5±4. 7MPa · $m^{1/2}$，而炉冷试样的断裂韧性为 75. 9±5. 2MPa · $m^{1/2}$，其平均值较空冷和喷水冷却试样约低 12%。当奥氏体化温度为 850℃时，空冷和喷水冷却试样的断裂韧性分别达到 92. 4±3. 5MPa · $m^{1/2}$ 和 94. 2±5. 3MPa · $m^{1/2}$，炉冷试样的断裂韧性为 80. 8±4. 5MPa · $m^{1/2}$，其平均值较空冷和喷水冷却试样约低 13%。由此可见，高速车轮钢的断裂韧性明显受显微组织的影响，晶粒直径越小，断裂韧性越高；当晶粒尺寸较小时，珠光体片间距的影响明显，片珠光体间距越小，断裂韧性高。

表 3　不同热处理条件下车轮钢的断裂韧性平均值及标准差

Table 3　The average value and standard deviation of fracture toughness of specimens with different heat treatment

No.	Heat treatment process	Fracture toughness K_Q/MPa · $m^{1/2}$
1	1050℃×2h, cooled in furnace	62. 6±3. 2
2	1050℃×2h, cooled in air	67. 8±5. 3
3	1050℃×2h, cooled by water spraying	65. 3±6. 2
4	950℃×2h, cooled in furnace	75. 9±5. 2
5	950℃×2h, cooled in air	86. 0±3. 5
6	950℃×2h, cooled by water spraying	86. 5±4. 7

续表 3

No.	Heat treatment process	Fracture toughness K_Q/MPa · $m^{1/2}$
7	850℃×2h, cooled in furnace	80. 8±4. 5
8	850℃×2h, cooled in air	92. 4±3. 5
9	850℃×2h, cooled by water spraying	94. 2±5. 3

根据表1中不同热处理下材料的平均晶粒直径和表3中断裂韧性 K_Q 的平均值，绘制晶粒直径和断裂韧性的关系，如图3所示。由图可见，在不同的冷却速率（即不同的珠光体片间距）下，断裂韧性均随晶粒直径的增加而降低，并且珠光体片间距最大试样（炉冷试样）的断裂韧性明显低于相同晶粒尺寸下珠光体片间距较小试样（空冷及喷水冷却试样）的断裂韧性。

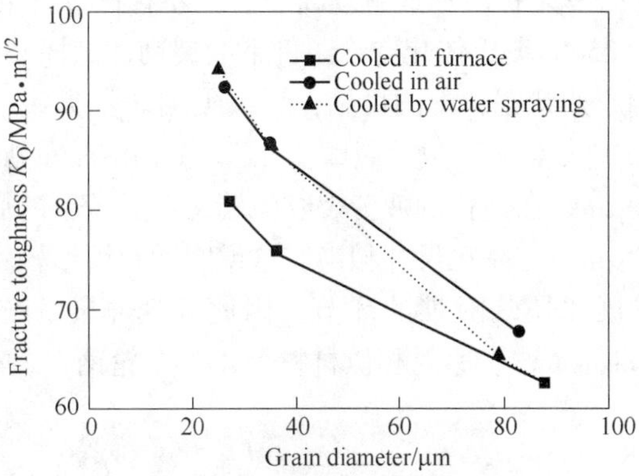

图3 不同热处理条件下车轮钢断裂韧性随晶粒直径的变化

Fig. 3 Effect of grain diameter on fracture toughness of specimens with different heat treatment

由表3还可以看出，喷水冷却（冷却速率为2. 5℃/s）试样的断裂韧性平均值与空冷试样（冷却速率为1. 2℃/s）的差异并不大，并且喷水冷却试样断裂韧性值的分散性有所增加。实际工程中合理增加车轮钢的冷却速率对于提高断裂韧性具有一定的作用，但当平均冷却速率大于1. 2℃/s后，继续增加冷却速率对断裂韧性提高的作用并不大。

空冷条件下，不同奥氏体化温度热处理断裂韧性试样的断口形貌如图4所示。图4（a）为1050℃奥氏体化热处理试样断口形貌，其断裂模式为解理断裂，在疲劳裂纹尖端几乎没有任何延性区。由于晶粒尺寸较大，解理刻面的尺寸也较大，并且二者尺寸相当。图4（b）和（c）分别为950℃和850℃奥氏体化热处理试

(a) 1050℃奥氏体化

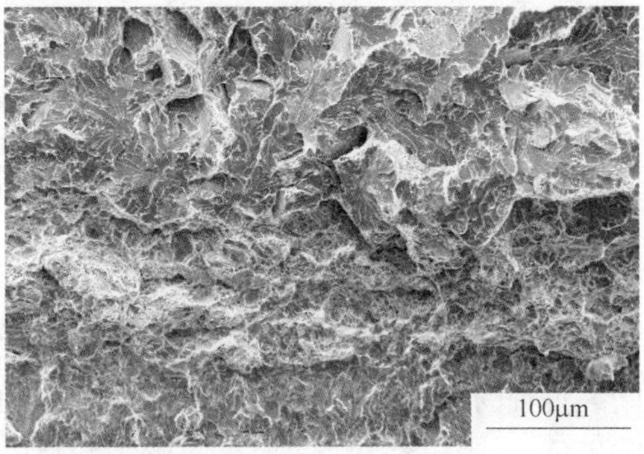

(b) 950℃奥氏体化

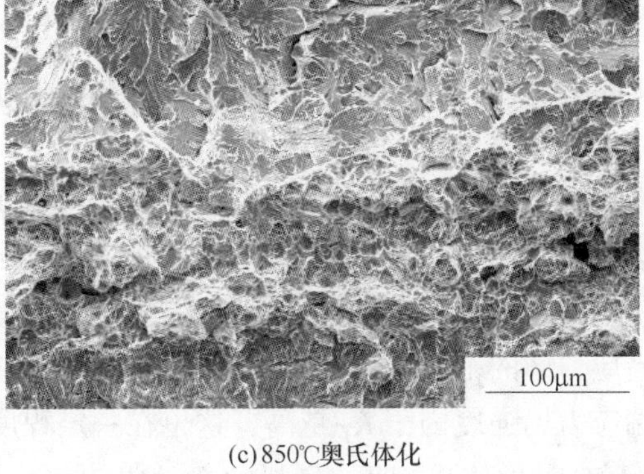

(c) 850℃奥氏体化

图4 不同奥氏体化温度处理后空冷条件下断裂韧性试样断口形貌

Fig. 4 Fracture surfaces of specimens were cooled in air after austenitized at different temperatures

(a) austenitized at 1050℃; (b) austenitized at 950℃; (c) austenitized at 850℃

样的断口形貌。由图可见，两种试样在预制疲劳裂纹尖端均存在宽度约 100μm 的延性断裂区，同时由于晶粒尺寸较小，两种试样解理刻面的尺寸也较小。

4 讨论

由断裂韧性试样的断口可见，车轮钢在室温下的断裂模式为解理断裂。当解理微纹裂形成后，裂纹能否发生扩展形成解理断裂，还要看材料发生解理断裂的临界事件，即解理断裂过程最困难的环节。图 5 为 850℃奥氏体化空冷条件下断裂韧性试样裂纹尖端截面在 SEM 下的形态，图 5（a）为预制疲劳裂纹尖端原始状态，由图可见，裂纹尖端非常尖锐，其宽度在 0.5μm 以下。图 5（b）为断裂韧性试样加载到 90%K_Q 载荷卸载后裂纹尖端形态，由图可见，裂纹尖端加载后发生了张开及钝化，裂纹张开宽度约为 20μm。在钝化的疲劳裂纹尖端又形成了新的微裂纹，如图中标示的 a、b 和 c，这些微裂纹长度约为 20~50μm，与晶粒尺寸相当。这说明微裂纹形核不是解理断裂最困难的环节，而晶粒尺寸的微裂纹穿过晶界扩展才是最困难的环节，因此高速车轮钢解理断裂的临界事件是晶粒尺寸的微裂纹穿过晶界扩展。Holzmann 等[10]对相似材料（R7T 车轮钢）的研究也认为其断裂的机理是由微裂纹的扩展控制的。

(a) 未加载的原始预制疲劳裂纹尖端

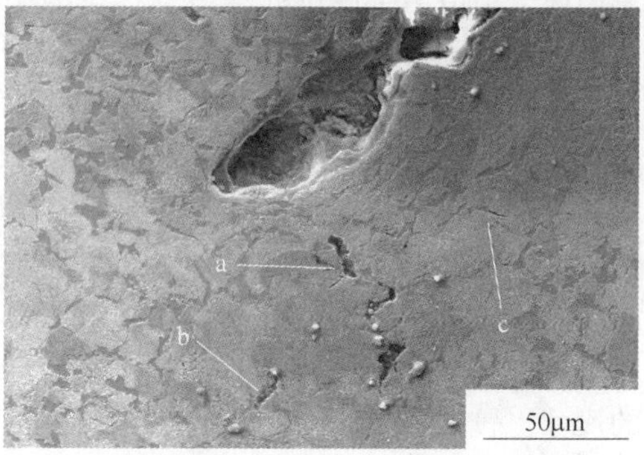

(b) 加载至 90%K_Q 卸载后预制疲劳裂纹尖端

图 5 850℃奥氏体化后空冷条件下断裂韧性试样裂纹尖端截面的 SEM 形貌

Fig. 5 Morphology of pre-crack tip on the cross-section of specimens were cooled in air after austenitized at 850℃

（a）pre-crack tip before loading;（b）unloaded pre-crack tip after loading to 90%K_Q

由于车轮钢解理断裂的临界事件为晶粒尺寸的微裂纹穿过晶界扩展，因此晶粒尺寸裂纹能否穿过晶界扩展是断裂过程的关键。大量研究认为[11,12]，解理微裂纹的扩展需要在宏观裂纹前端一定范围内的正应力达到临界值 σ_f 才会发生，σ_f 称临界解理断裂应力。对低碳低合金钢的实验结果表明[13,14]，在断裂临界事件为晶粒尺寸的微裂纹穿过晶界扩展的情况下，解理断裂应力 σ_f 受晶粒尺寸的影响。断裂发生的临界条件可表示为[6,15]

$$\sigma_f = [4E\gamma/\pi(1-\nu^2)d]^{1/2}$$

式中，E 为弹性模量；γ 为材料的有效表面能；ν 为泊松比；d 为晶粒直径。在相同的屈服应力（即相同的珠光体片间距）条件下，由于发生解理断裂的临界应力降低，宏观裂纹尖端区所需的应力也相应降低，即宏观裂纹尖端的应力场强度因子 K_I 降低，从而导致断裂发生时的断裂韧性 K_Q 降低。像车轮钢这样的幂次硬化材料在弹塑性条件下，宏观裂纹尖端的 K_I 值与裂纹尖端的正应力存在较复杂的关系，因此目前还不能建立显微组织参数与断裂韧性值之间的关系模型。大量有限元计算表明[16,17]，随着 K_I 值的增加，裂纹尖端的最大正应力增加，且高应力区的范围也增加。因此 σ_f 高，裂纹尖端要发生解理断裂所需的最大正应力也越高，所需的裂纹尖端应力场强度因子 K_I 越高，这也在一定程度上解释了断裂韧性 K_Q 随晶粒尺寸减小而升高的现象。Alexander 等[4]的研究表明，材料的有效表面能 γ 与珠光体片间距的倒数成正比，因此珠光体片间距增加，γ 减小，导致断裂应力 σ_f 的降低，这也有助于理解粗大的珠光体片间距导致断裂韧性降低的现象。由于珠光体片间距增加的同时会导致材料屈服应力及流变应力的降低，裂纹尖端最大正应力为达到临界断裂应力 σ_f 需要通过裂纹尖端更严重的塑性变形使材料发生形变强化，从而需要进一步增加裂纹尖端的应力场强度因子 K_I 才能发生解理断裂。因此在相同的晶粒尺寸下，1050℃奥氏体化炉冷试样的断裂韧性并没有比空冷及喷水冷却试样的断裂韧性 K_Q 明显偏低。

5 结论

（1）车轮钢的晶粒尺寸主要取决于奥氏体化温度，奥氏体化温度越高，晶粒尺寸越大；珠光体片间距主要取决于冷却速率，冷却速率越高，珠光体片间距越小。

（2）车轮钢的断裂韧性主要受晶粒尺寸的影响，晶粒尺寸越小，断裂韧性越高。粗大的珠光体片间距会降低车轮钢的断裂韧性。

（3）实际工程中合理增加车轮钢的冷却速率对提高拉伸及断裂韧性具有一定的作用，但当冷却速率大于 1.2℃/s 后，继续增加冷却速率对拉伸性能及断裂韧性提高的作用不大。

参 考 文 献

[1] European Standard, NF EN 13262+A1: 2009-01 [S]. Railway applications-Wheelsets and bogies-Wheels-Product requirements, 2009.

[2] Pickering F B. Constitution and Properties of Steels [M]. Weinheim, New York, Basel, Cambridge, VCH, 1992: 403-405.

[3] Hyzak J M, Bernstein I M. The role of microstructure on the strength and toughness of fully pearlitic steels [J]. Metallurgical Transactions A, 1976, 7 (8): 1217-1224.

[4] Alexander D J, Bernstein I M. Cleavage fracture in pearlite eutectoid steel [J]. Metallurgical Transactions A, 1989, 20 (11): 2321-2335.

[5] 任学冲，李胜军，高克玮，等．室温下高速车轮钢断裂韧性与冲击韧性的关系 [J]．中国铁道科学，2012，33 (1)：93-97.

[6] Sakamoto H, Toyama K, Hoirakawa K. Fracture toughness of medium-high carbon steel for railroad wheel [J]. Materials Science and Engineering: A, 2000, 285 (1): 288-292.

[7] 任学冲，李胜军，高克玮，等．热处理工艺对 CL50D 车轮钢晶粒度的影响 [J]．金属热处理，2012，37 (7)：7-12.

[8] 王丽英，李伟．ER7 车轮钢的 K_Q 值试验结果与分析 [J]．物理测试，2010，8 (4)：33-36.

[9] Park Y J, Bernstein I M. The process of crack initiation and effective grain size for cleavage fracture in pearlite eutectoid steel [J]. Metallurgical Transactions A, 1979, 10 (11): 1653-1664.

[10] Holzmann M, Jurasek L, Dlouhy I. Fracture behavior and cleavage initiation in hypoeutectoid pearlitic steel [J]. International Journal of Fracture, 2007, 148 (1): 13-28.

[11] Ritchie R O, Knott J F, Rice J R. On the relationship between critical tensile stress and fracture toughness in mild steel [J]. Journal of the Mechanics and Physics of Solids, 1973, 21 (6): 395-410.

[12] Chen J H, Li G, Cao R, et al. Micromechanism of cleavage fracture at the lower shelf transition temperature of a C-Mn steel [J]. Materials Science and Engineering: A, 2010, 527 (18): 5044-5054.

[13] 任学冲，田建军，王国珍，等．加载速率对低合金钢缺口断裂行为的影响 [J]．北京科技大学学报，2004，26 (5)：533-537.

[14] Wang G Z, Ren X C, Chen J H. Effects of loading rate on fracture behavior of low alloy steel with different grain size [J]. Metallurgical and Materials Transactions A, 2004, 35: 1765-1778.

[15] Curry D A, Knott J F. Effect of microstructure on cleavage fracture stress in steel [J]. Metal Science, 1978, 12 (11): 511-514.

[16] Chen J H, Wang Q, Wang G Z, et al. Fracture behavior at crack tip — a new framework for cleavage mechanism of steel [J]. Acta Materialia, 2003, 51 (7): 1841-1855.

[17] Wang G Z, Chen J H, Wang J G. On the measurement and physical meaning of the cleavage fracture stress in steel [J]. International Journal of Fracture, 2002, 118 (3): 211-227.

超声检测时探头压力对缺陷尺寸评定的影响[❶]

肖　峰　俞卫权　桂兴亮

（马鞍山钢铁股份有限公司）

摘　要　理论计算了超声检测时不同频率声波和不同耦合层厚度时的声强往复透射率，分析了耦合层厚度变化对不同频率声波回波高度的影响，表明回波高度将随耦合层厚度的减小而上升，且耦合层厚度发生同样变化时高频探头的回波高度变化大于低频探头的回波高度变化。直探头试验证明，缺陷波高随着探头压力的加大而上升，且探头压力发生同样变化时高频探头的回波高度变化大于低频探头的回波高度变化。因此，使用高频探头检测时，保证缺陷定量时的探头压力与探伤灵敏度校准时一致，对于缺陷准确尺寸评定至关重要。

关键词　超声检测；耦合层厚度；声波频率

Effect of Pressure on the Ultrasonic Probe on Defect Size Assessment

Xiao Feng　Yu Weiquan　Gui Xingliang

（Ma'anshan Iron and Steel Co., Ltd.）

Abstract　The reciprocating transmittance of sound intensity during ultrasonic testing was theoretically calculated for different frequencies and different coupling layer thickness. The influences of the thickness of coupling layer on the height of echo for different frequencies sound waves were analyzed. This result indicates that the height of echo rises when the thickness of coupling layer decreases and it will rise higher while using probes of high-frequency. The experiments of straight probe indicate that the height of defect echo rises when the pressure on probe increases and this phenomenon will be more obvious using high-frequency probes. So it is significantly important when evaluating the size of the defect to ensure that the pressure on high-frequency probes is the same as the pressure on carrying out sensitivity calibration.

Key words　ultrasonic testing; the coupling layer thickness; acoustic frequency

1　引言

GB/T 6402—2008《钢锻件超声检测》中规定，探头标称频率应在 1.0~6.0MHz 范围之内，直探头的晶片有效直径应在 10~40mm 之间。2.5MHz ϕ20mm、5MHz ϕ14mm、5MHz ϕ20mm、2.5MHz ϕ14mm 是国内最常见的几种探头。钢锻件手动超声检测中发现，不同探伤人员使用相同的仪器、相同的 5MHz、ϕ14mm 探头和同样耦合剂，缺陷大小评定结果存在较大差异（可达 4~6dB）。这种差异来源于不同探伤人员用手压探头的操作习惯不同。而使用 2.5MHz ϕ20mm 探头时，这种差异却不明显（一般为 1~2dB）。这给钢锻件超声检测的结果判定带来较大分歧。

2　耦合层厚度和声波透射率

在手压探头用力不同时会导致回波幅度的变化，这种现象在手动超声检测时比较常见。分析原因很简单，是因为手压探头用力不同而影响探头与工件表面的耦合效果。如果工件表面平面度和粗糙度、所用耦合剂符合检测要求，而且操作方法正确的话，那么耦合效果表现为声强透射率的大小，并取决于耦

❶　原文发表于《无损检测》2015 年第 6 期。

合层厚度 d_2。当超声波垂直入到两侧介质声阻抗不同的薄层时（如图 1 所示），声强透射率为[1]：

$$T = \frac{I_3}{I_1} = \frac{I_1}{I_3} = \frac{4Z_1Z_3}{(Z_1+Z_3)^2\cos^2\frac{2\pi d_2}{\lambda_2} + \left(Z_2 + \frac{Z_1Z_3}{Z_2}\right)^2\sin^2\frac{2\pi d_2}{\lambda_2}} \tag{1}$$

式中，T 为声强透射率；I_1、I'_1 为入射波、返回波在介质 1 界面处的声强；I_2、I'_2 为入射波、返回波在薄层介质 2 中的声强；I_3、I'_3 为入射波、返回波在介质 3 界面处的声强；Z_2 为薄层介质 2 的声阻抗；Z_1、Z_3 为薄层两侧介质 1、3 的声阻抗；d_2 为薄层厚度；λ_2 为薄层介质中声波波长。

假设声波介质 3 中$\frac{I'_3}{I_3}=\partial$，则声强往复透射率为：

$$\begin{aligned} T' &= \frac{I'_1}{I_1} = \frac{I'_1}{I_3} \times \frac{I'_3}{I_1} = \frac{I'_1}{I'_3} \times \frac{\partial \times I_3}{I_1} = \partial \times \frac{I'_1}{I'_3} \times \frac{I_3}{I_1} \\ &= \partial \times T \times T = \partial \times T^2 \end{aligned} \tag{2}$$

声波往复的声能损失（dB 值）：

$$\begin{aligned} \delta &= 10\lg\frac{I'_1}{I_1} = 10\lg(\partial \times T^2) \\ &= 10\lg\partial + 20\lg T \end{aligned} \tag{3}$$

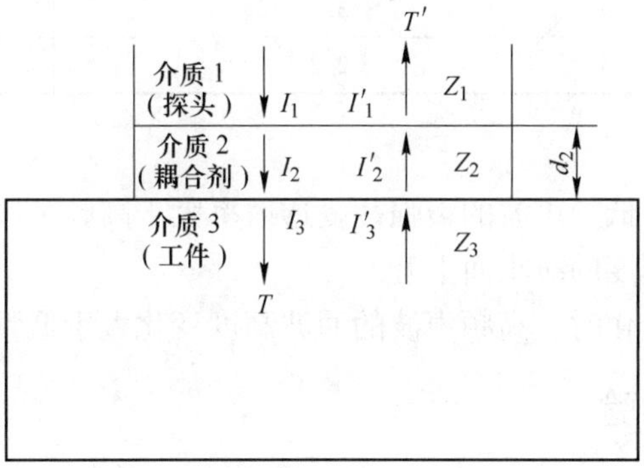

图 1　超声波在薄层的透射和反射

具体到采用 2.5MHz 和 5MHz 带刚玉保护膜的纵波直探头、机油耦合剂对钢进行检测的情况下：Z_1 = 33×10^6kg/(m² · s)，Z_2 = 1.28×10^6kg/(m² · s)，Z_3 = 45×10^6kg/(m² · s)，C_2 = 1425m/s，对于 2.5MHz，λ_2 = 0.57mm；对于 5MHz，λ_2 = 0.285mm。按公式（1）计算声强透射率 T，再计算 $20\lg T$ 声强往复透射率值，得到不同薄层厚度对应的 $20\lg T$ 值和 $20\lg T$-d_2 曲线，分别见表 1 和图 2。按公式（3）和表 1 计算耦合层厚度变化引起的回波高度变化，见表 2。

表 1　不同薄层厚度（d_2）对应的声强往复透射率值　（dB）

薄层厚度/μm	探头频率	
	5MHz	2.5MHz
1.0	−1.1	−0.4
1.5	−2.1	−0.7
2.0	−3.3	−1.1
2.5	−4.6	−1.5
3.0	−6.0	−2.1
3.5	−7.4	−2.6
6.0	−13.7	−6.0
6.5	−14.8	−6.7
12.0	−24.1	−13.7
12.5	−24.8	−14.3

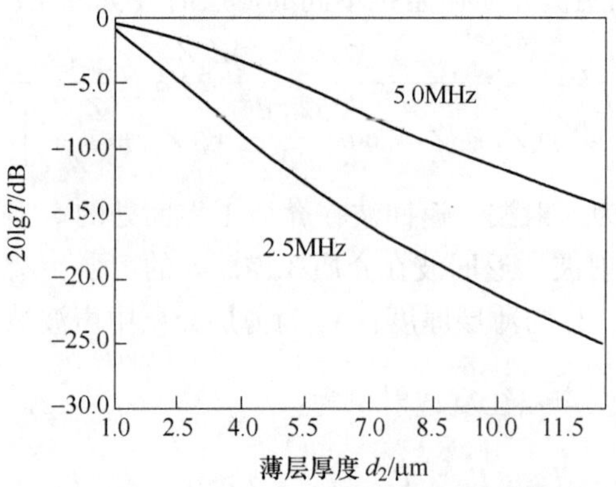

图 2 声强往复透射率对应薄层厚度曲线

表 2 薄层厚度（d_2）变化引起的回波高度变化 (dB)

薄层厚度变化/μm	探头频率	
	5MHz	2. 5MHz
12~6	10. 4	7. 8
6~3	7. 8	3. 9
3~1. 5	3. 9	1. 3
2~1	2. 2	0. 6

由图 2 和表 2 可见：

（1）相同薄层厚度条件下，低频声波的声强往复透射率大于高频声波的声强往复透射率。

（2）回波高度将随着薄层厚度的减小而上升。

（3）当薄层厚度发生同样变化时，高频声波的回波高度变化大于低频声波的回波高度变化。

3 探头压力与回波高度试验

超声检测时薄层厚度无法准确测量。但在其他条件一定时，可以认为薄层厚度与探头压力有关，且在一定范围内薄层厚度随着压力的加大而减小。因此，根据前面的理论分析结论可以推断在一定范围内加大探头压力将使回波高度上升。为比较使用不同频率探头检测时探头压力大小对回波高度的影响，设计了以下试验。

试验一为探头压块质量对缺陷波高的影响。

试验条件：（1）一台 CUD-2080A 型数字超声检测仪；（2）一只 2. 5 MHzϕ20 直探头和一只 5MHzϕ20 直探头，按 TB/T 2047. 3 标准测试合格；（3）一块高度为 145mm 锻件参考试块，含有距扫查面 85mm 深 ϕ1mm 的平底孔，扫查面粗糙度 $R_a \leqslant 1.6\mu m$；（4）若干探头压块，质量分别为 0. 5kg、1. 0kg、2. 0kg、5. 0kg。

试验方法：探头上加不同数量压块，在试块上找准平底孔，不改变增益量，记录 ϕ1 平底孔反射波高。

试验结果如图 3 所示。

试验二为手动检测探头压力测试。

试验条件：（1）一台 CUD-2080A 型数字超声检测仪；（2）一只 2. 5MHzϕ20 直探头和一只 5MHzϕ20 直探头，按 TB/T 2047. 3 标准测试合格；（3）一块高度为 145mm 锻件参考试块，含有距扫查面 85mm 深的 ϕ1 mm 平底孔，扫查面粗糙度 $R_a \leqslant 1.6\mu m$；（4）一台电子台秤。

试验方法：在电子台秤模拟超声检测动作，记录正常单手持探头扫查、正常单手压探头进行灵敏度校准或缺陷定量、双手压探头进行缺陷定量等三种状态下台秤的显示值。

试验结果见表 3。

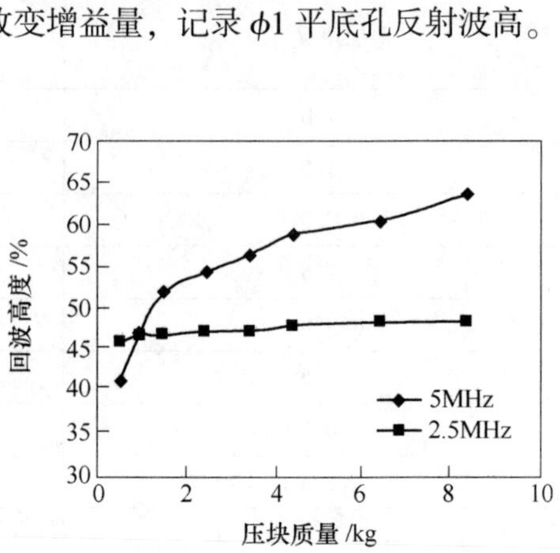

图 3 探头压块质量-ϕ1/80 平底孔反射波高度曲线

表 3 手动超声检测探头压力

序号	状态	压力范围/N
1	正常单手持探头扫查	3.9~6.9
2	正常单手压探头灵敏度校准和缺陷定量	19.6~29.4
3	双手压探头缺陷定量	39.2~88.2

试验结果分析和讨论：

从表 3 中三种状态对应的压力范围内分别选取 1~2 个压力值，再从图 3 中查不同压力值所对应的平底孔反射波高值，得到表 4。由表 4 可见，手动检测时探头压力对缺陷波高的影响，以及这种影响因探头频率的不同而产生的差异。

表 4 手动超声检测平底孔反射波高度变化

序号	状态	压力/N	不同频率探头检测平底孔浮幅/%		相对 4.9N 压力下的反射波高差/dB	
			5MHz	2.5MHz	5MHz	2.5MHz
1	单手轻压探头扫查	4.9	41.2	46.0	0	0
2	单手压探头灵敏度校准和缺陷定量	25.9	54.3	47.5	2.4	0.3
3	双手一般力量压探头缺陷定量	44.1	58.7	48.0	3.1	0.4
4	双手较大力量压探头缺陷定量	83.3	63.5	48.5	3.8	0.5

以上结果是在扫查面粗糙度 R_a 不大于 1.6μm 的试块上通过试验得出的。在对扫查面粗糙度 R_a 不大于 6.3μm 的工件进行实际检测时发现，缺陷定量时加大用力压探头得到的缺陷当量大小要比正常用力（与灵敏度校准时用力一致）压探头得到的结果大得多，对于 5MHz 和 2.5MHz 直探头，变化分别可达 4~6dB、1~2dB。

另外实际检测时还发现，即使同样是 5MHz 直探头，使用 ϕ14 探头时压力对缺陷波高的影响要比使用 ϕ20 探头时大。推断其中原因是：同样压力下小直径探头下的压强大于大直径探头，因此相同的探头压力变化应使得小直径探头下的耦合层厚度变化大于大直径探头。

4 结论

（1）相同耦合层厚度条件下，低频声波的声强往复透射率大于高频声波的声强往复透射率；回波高度将随着耦合层厚度的减小而上升；当耦合层厚度发生同样变化时，高频声波的回波高度变化大于低频声波的回波高度变化。

（2）探头压力影响探头与工件之间的耦合层厚度，缺陷波高随探头压力的加大而上升；当探头压力发生同样变化时，高频探头的回波高度变化大于低频探头的变化。

（3）实际手动检测中，若使用高频探头，尤其是小直径的高频探头，缺陷定量时探头压力的大小对得出的缺陷当量大小有不可忽视的影响。因此，使用高频探头检测时，保证缺陷定量时探头压力与探伤灵敏度校准时一致，对于缺陷准确定量至关重要。

（4）应考虑耦合剂中杂质对耦合层厚度的影响以及因此导致对探伤灵敏度校准和缺陷定量的影响。因此，实际手动检测中，应事先清洁待检工件的扫查面和使用无杂质的耦合剂。

参考文献

[1] 郑晖，林树青．超声检测［M］.2 版．北京：中国劳动社会保障出版社，2008：37.

Corrosion Induced Fatigue Failure of Railway Wheels❶

Ren Xuechong[1] Wu Fei[1] Xiao Feng[2] Jiang Bo[2]

(1. National Center for Materials Service Safety, University of Science and Technology Beijing; 2. Ma'anshan Iron and Steel Co., Ltd.)

Abstract Two AAR class B rolled wheels for locomotives failed after about two years of service. The fracture surfaces of the failed railway wheels were examined. The examination showed that there were corrosion pits on the back plate surface of the failed wheels. All of the fracture originated from corrosion pits at the wheel plate surface and fatigue propagated to a length and then expanded rapidly by cleavage. Fatigue specimens cut from the wheel plate were corroded with different time duration in an artificial corrosion environment to simulate the corrosion states of the wheels. The fatigue properties of the un-corroded specimens and the specimens corroded with different times were tested in air. Finite element method (FEM) and Sines' criterion were used to evaluate the safety of the wheels. The results showed that the wheel plates without corrosion pits exhibited an excellent resistance to failure. The corrosion pits could promote the initiation of fatigue cracks and drastically lower the fatigue limits of corroded specimens. The real root cause of the failure of the subject wheels was due to the corrosion pits at the wheel plate surfaces. A critical depth of the corrosion pit on the wheel plate 300μm was recommended. Protection of the wheel plate was important to ensure the safety of wheels and the rust prevention oil was recommended to be applied on the wheel plate regularly.

Key words corrosion; fatigue; railway wheel; failure analysis; rust prevention

1 Introduction

Railway wheels are one of the most critical components in a railway vehicle and bear cyclic complex loading system[1,2]. Wear and fatigue are the main failure mode of railway wheels[3-6]. Unlike the slow deterioration process of wear, fatigue would result in abrupt fractures of wheels which might cause serious consequences. Fatigue could occur anywhere in the wheel due to the wheel design, the axle load, the train speed and internal or surface defects etc.. Therefore accurate evaluation and prediction of the fatigue performance for wheels are important issues. Moreover, experience with exiting wheels has indicated that also corrosion is a key problem that must be addressed if the structure reliability of the wheel needs to be maintained. It is almost impossible to suppress corrosion especially when the maintenance costs need to be managed within acceptable limits. Many investigations showed that prior corrosion, especially localized corrosion can degrade the fatigue resistance of metals[7-9].

In this article, a failed wheel with fatigue cracks initiated from a corrosion pit has been studied. During service, the wheels suffer fatigue loading all the time, but suffer corrosion not all the time. During non-operating period, corrosion may develop, but fatigue would not. The effects of prior corrosion on the fatigue limit of the wheel steel were investigated here. However the synergetic effect of both corrosion and cyclic loads[10-12] were not considered. Fatigue properties of the wheels with and without corrosion damage were assessed by FEM.

2 Examination of Failed Wheel

A few rolled wheels for locomotives made in accordance with Association of American Railroads (AAR) class B standard[13] failed after about two years of service. The composition (in weight percent) of the wheels was C 0.63, Si 0.87, Mn 0.80, S 0.014, P 0.010, Cr 0.17, Ni 0.011, Cu 0.028 and balanced Fe. The diameter of the

❶ 原文发表于"Engineering Failure Analysis" 2015 年 6 月。
国家自然科学基金项目（U1234207，51171020）。

wheel (at taping line) was 1066mm (42 in). Visual examination, scanning electron microscope (SEM) examination and metallographic examination of two wheels were performed.

One of the failed wheel (No. 1) as received is shown in Fig. 1. Inspection of the wheel reveals a fatigue crack extended through most of the plate. The extent of fatigue crack is highlighted with the black arrows. Outside the fatigue crack frontier there is the fracture surface caused by abrupt break of the wheel. For more detail, fatigue crack appeared to originate from a surface discontinuity most likely a corrosion pit in the back plate surface and the plate appeared to contain a few more pits, as shown in Fig. 2. The distance from the fatigue crack origin to the center of the wheel is 353mm.

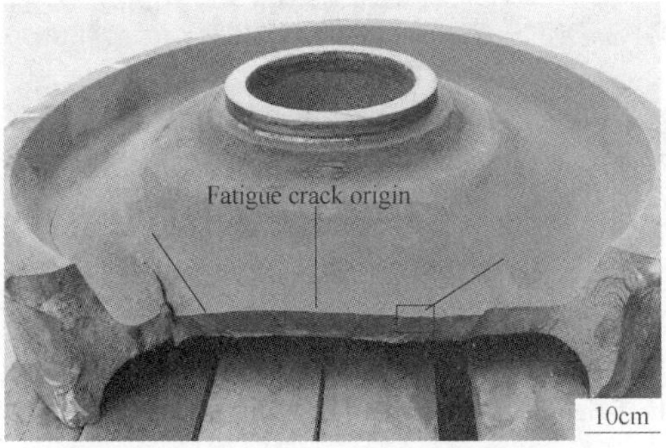

Fig. 1 The failed wheel No. 1 as received

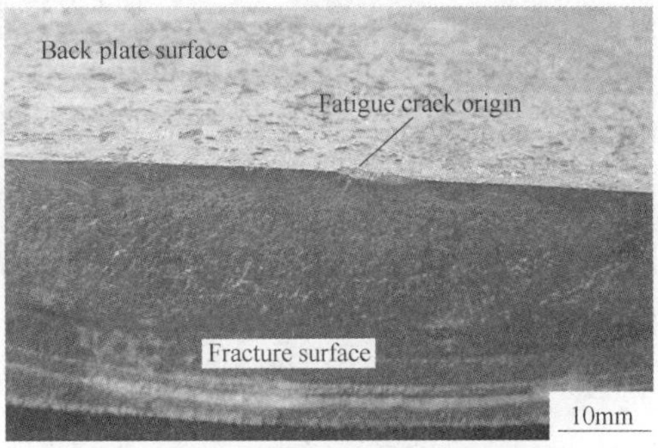

Fig. 2 Close up of fatigue crack origin

The section with the corrosion pit which fatigue crack may be originated from was examined using SEM after the rust was removed from the crack surface using 3.6g/L hexamethylenetetramine+50% hydrochloric acid aqueous solution. The examination showed fatigue crack originated from a corrosion pit, see Fig. 3. The maximum depth of the pit is 0.8mm, the length of the pit is about 4.0mm, as shown in Fig. 3 (a). The half width of the pit is about 1.0mm, as shown in Fig. 3 (b). So the shape of the pit is like a semi ellipsoid. The fatigue fracture surface outside the corrosion pit is qusi-cleavage, as shown in Fig. 3 (c), and no fatigue striations can be found.

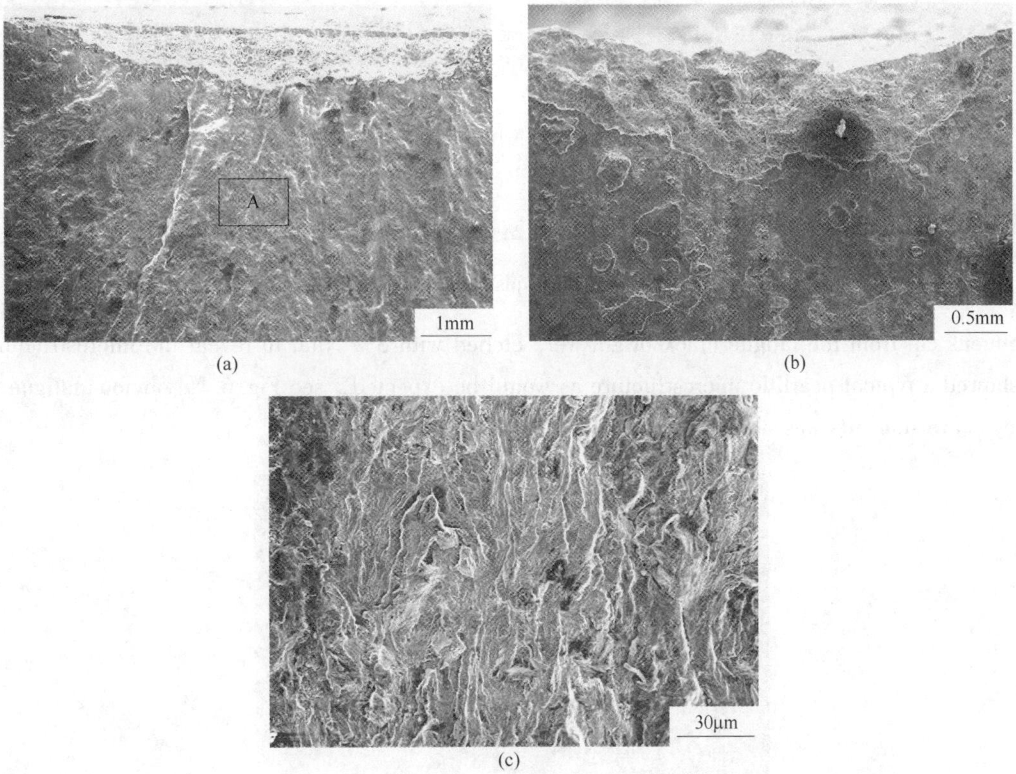

Fig. 3 SEM image of the fatigue crack origin

(a) from fracture surface (cross section view); (b) from plate surface (top view);

(c) high magnification of the fracture surface on zone A shown in (a)

The fracture surface around the fatigue crack frontier (rectangular box zone in Fig. 1) is shown in Fig. 4. There is an obvious boundary between the fatigue crack and the fracture surface caused by abrupt break of the wheel, as shown in Fig. 4 (a). The fatigue crack surface is qusi-cleavage and the fracture surface caused by abrupt break is typical cleavage, as shown in Fig. 4 (b).

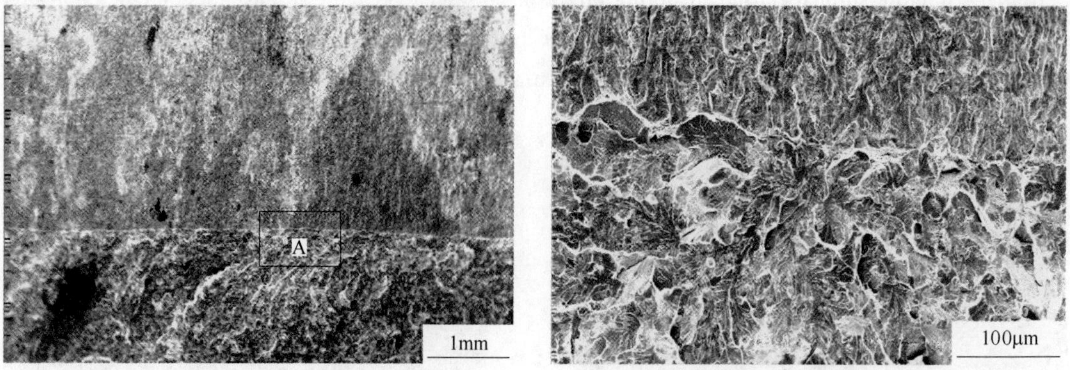

(a)　(b)

Fig. 4　Fracture surface around the fatigue crack frontier

(a) fracture surface of rectangular box zone in Fig. 1; (b) high magnification of area A in Fig. 4 (a)

Metallographic specimens with dimensions of about 20mm×20mm×20mm close to the fatigue crack origin were removed from the wheel plate using the wire-electrode cutting method. The cross section of the wheel plate were mounted, polished, and examined using the Clemex Vision System. Examination of the specimens revealed more corrosion pits in the back plate surface, as shown in Fig. 5 (a). However, no obvious corrosion could be observed in the front plate surface, as shown in Fig. 5 (b).

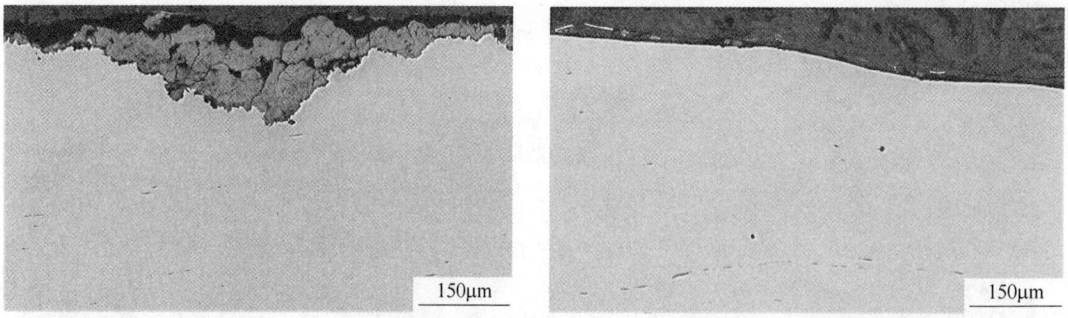

(a)　(b)

Fig. 5　Cross section of the plate near back plate surface (a) and front plate surface (b)

The specimens cut from the fatigue crack origin were etched with 3% Nital to reveal the microstructure. The examination showed a typical pearlitic microstructure as would be expected, see Fig. 6. No obvious fatigue cracks initiated at other corrosion pits was observed.

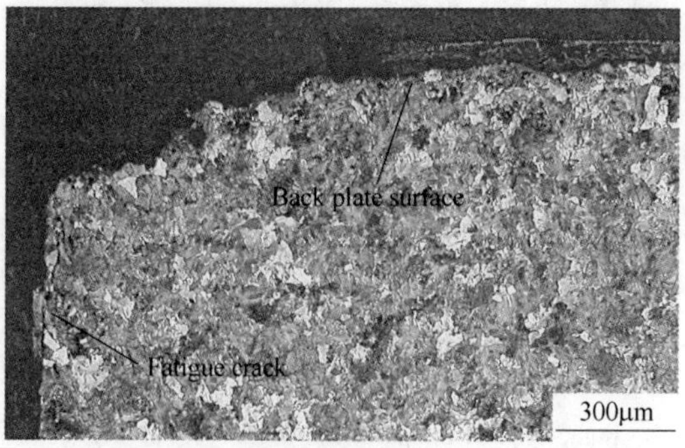

Fig. 6　Pearlitic microstructure near the fatigue crack origin

The morphology of the back plate surface is shown in Fig. 7. Fig. 7 (a) shows the surface morphology near the fatigue crack origin. The 3-dimension morphology of the surface was measured using a ContourGT-X3 optical metrology, as shown in Fig. 7 (b). The average roughness of the surface was 28μm and the maximum depth of the corrosion pits was 220μm. The status of corrosion on the back plate surface was not uniform. In some areas, no obvious corrosion could be found except shot peening indentations, as shown in Fig. 7 (c). The 3-dimension morphology of the surface is shown in Fig. 7 (d). The average roughness of the surface was 14μm and the maximum depth of the shot peening indentations was 81μm.

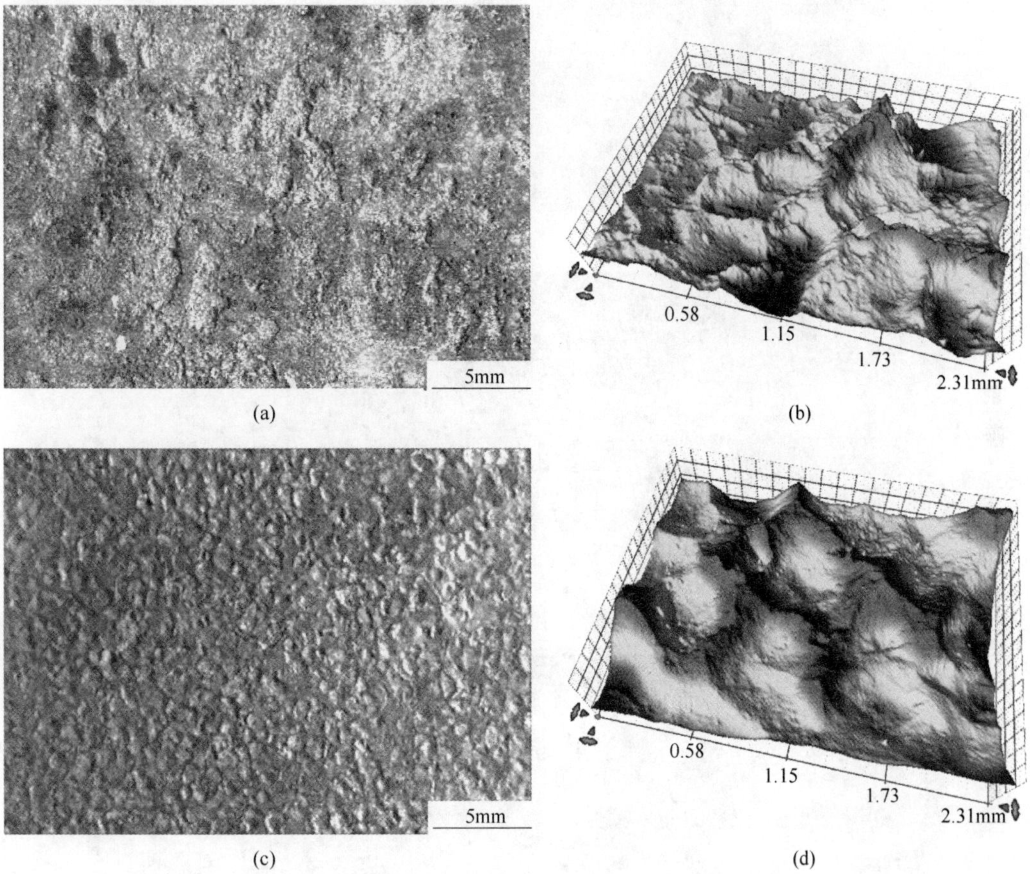

Fig. 7 Morphology of back plate surface

(a) surface morphology near the fatigue crack origin; (b) 3-dimension morphology of the surface in Fig. 7 (a) in a optical metrology; (c) surface without corrosion pits on the plate back; (d) 3-dimension morphology of the surface in Fig. 7 (a) in a optical metrology

The other failed wheel (No. 2) as received is shown in Fig. 8. Inspections of the fracture surfaces reveal two fatigue crack surfaces, shown as Fig. 8 (a). The fatigue crack surfaces are labeled as fatigue crack surface A and fatigue crack surface B. Fatigue crack surface A extended through almost half of the plate along the circumferential direction and fatigue crack surface B is like a semi ellipse, as shown in Fig. 8 (b) and (c). The lengths of the short semi axis and the long semi axis of the semi elliptical crack B were 10mm and 51mm respectively. Fatigue crack surface A and B had a crack origin, i. e. fatigue crack origin A and B, respectively. The distances from the fatigue crack origin A and B to the center of the wheel were 377mm and 338mm respectively.

The morphology of fatigue crack origin A is shown in Fig. 9. The fatigue crack appears to originate from the plate surface, as shown in Fig. 9 (a). The SEM morphology of fatigue crack origin A from the fracture surface direction is shown in Fig. 9 (b). Fatigue crack origin A is a corrosion pit with the maximum depth about 0. 4mm and the length about 2. 0mm. In Fig. 9 (c), the half width of the pit was about 1. 0mm. So the pit is a shallow-wide type. But the boundary of the pit is not as sharp as the pit shown in Fig. 3.

The morphology of fatigue crack origin B is shown in Fig. 10. The fatigue crack appears to originate from a surface

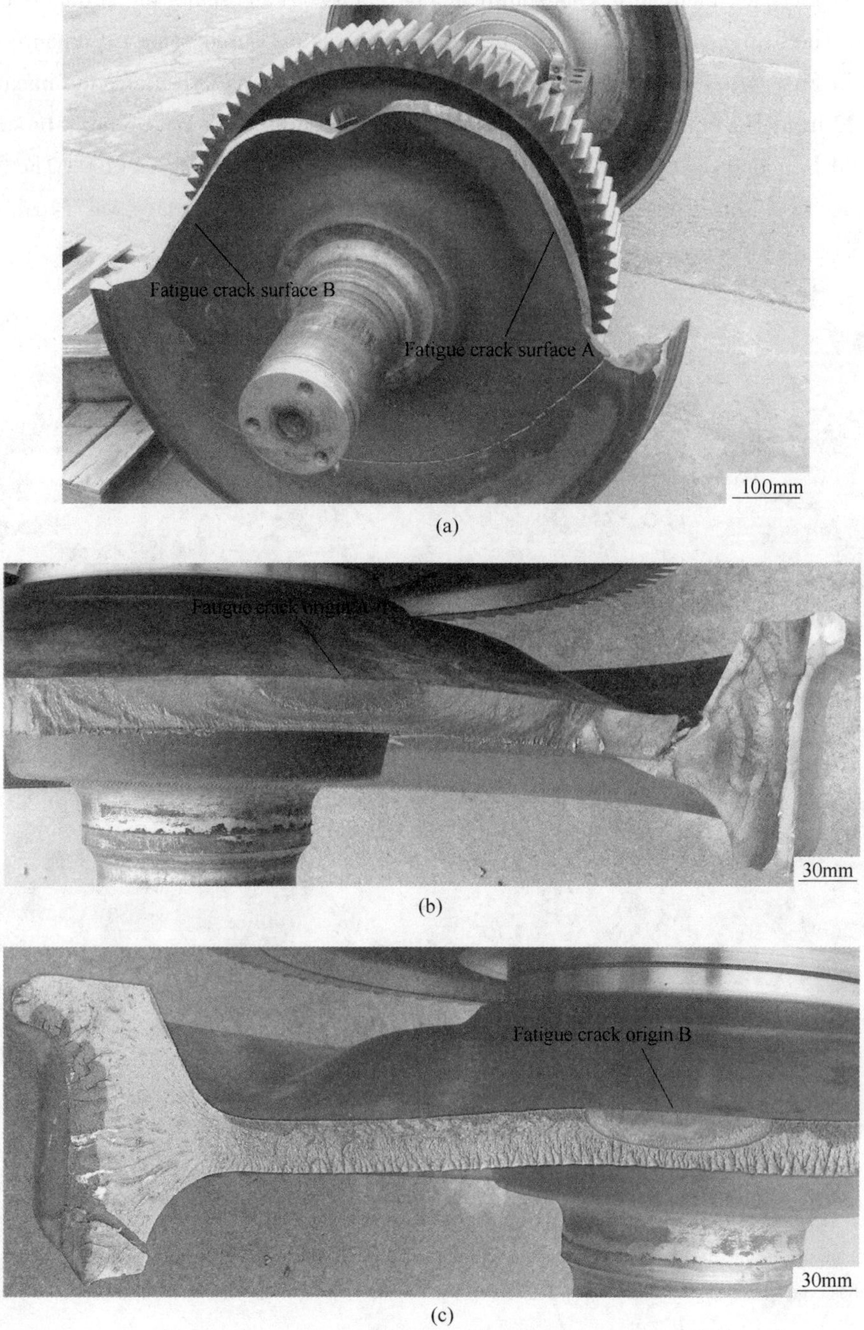

Fig. 8　The fracture surface of failed wheel No. 2 as received
(a) general appearance of the failed wheel; (b) macro morphology of fatigue crack surface A;
(c) macro morphology of fatigue crack surface B

discontinuity like a corrosion pit. Around the fatigue crack origin A, some other surface discontinuities were found, as shown in Fig. 10 (a). The SEM morphologies of fatigue crack origin B from the fracture surface direction and from the plate surface are shown in Fig. 10 (b) and (c). It is shown that the maximum depth, the length and the half width of the pit at the fatigue crack origin B were about 0. 6mm, 2. 0mm and 0. 8mm respectively.

Examinations of the cross section of the failure plate near fatigue crack origin B reveal that some other fatigue cracks were initiated and propagated from corrosion defects on the back plate surface, as shown in Fig. 11. It indicates that the corrosion pits on the plate surface can induce fatigue cracks under similar stress amplitude as the main fatigue crack origin suffered.

Fig. 12 (a) - (c) show the back plate surface morphology of the failed wheel No. 2. It can be seen that the surface morphology is different in different regions. In some regions no obvious corrosion can be found. Even some

Fig. 9 Morphology of fatigue crack origin A on wheel No. 2

(a) optical photography of fatigue crack origin A; (b) SEM image of fatigue crack origin A from fracture surface; (c) from plate surface

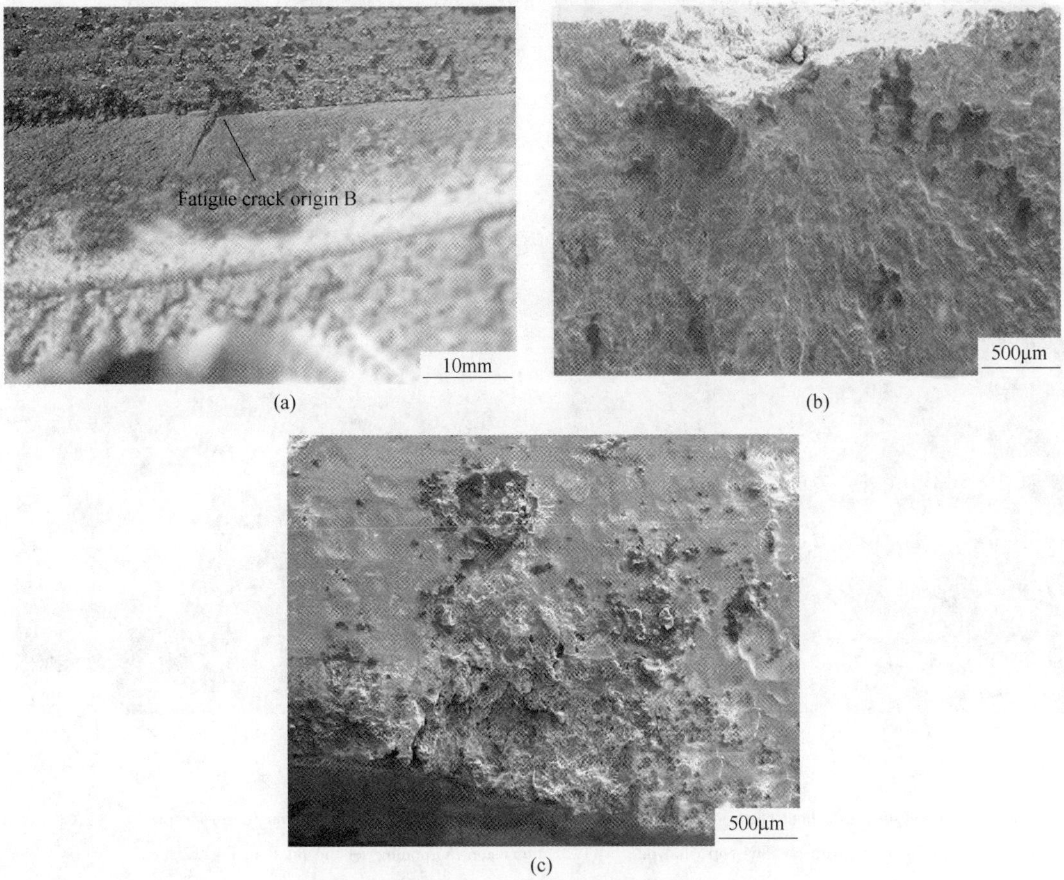

Fig. 10 Morphology of fatigue crack origin B on wheel No. 2

(a) optical photography of fatigue crack origin B; (b) SEM image of fatigue crack origin B from fracture surface; (c) from plate surface

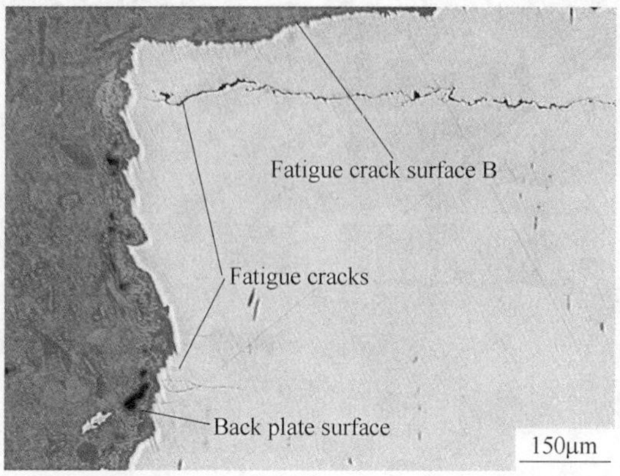

Fig. 11　Cross section of the plate near fatigue crack origin B

areas are with metallic luster, as shown in Fig. 12 (a). The indentations on the plate surface are shot peening marks. In some regains surface corrosion can be seen, but no obvious corrosion pits were found, as shown in Fig. 12 (b). And in some other regains, corrosion pits with diameter about 2-4mm are obvious, as shown in Fig. 12 (c). The 3-dimension morphology of the pit marked by the letter P in Fig. 12 (c) was measured using ContourGT-X3 optical metrology. The results are shown in Fig. 12 (d). The maximum depth of the pit was 0.62mm and the diameter of the pit was about 2mm.

In general, corrosion occurred on the back plate fillet. So corrosion were likely caused mainly in the storage period with an inappropriate way because the back plate surface was placed face upward and was easy to suffer corrosion due to dew or rain water.

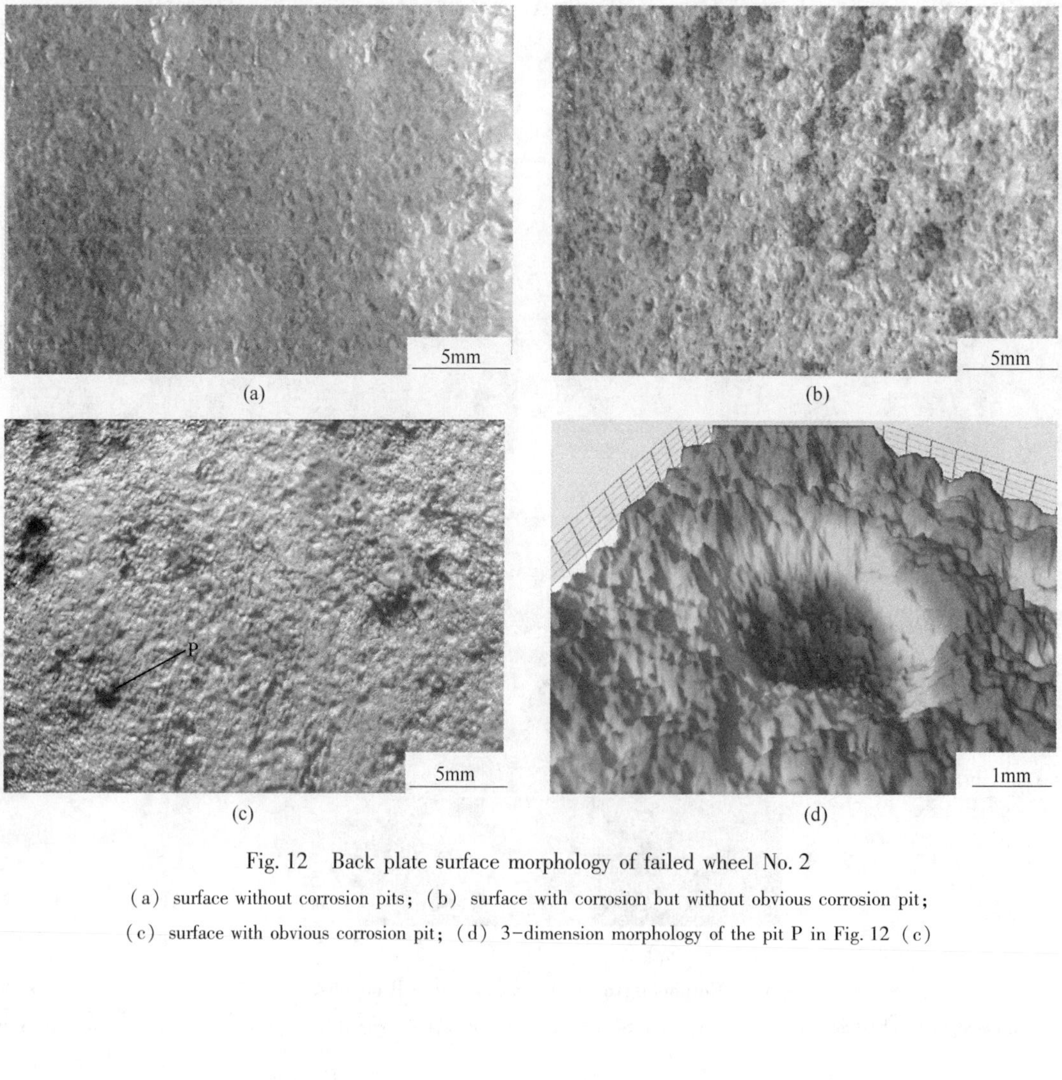

Fig. 12　Back plate surface morphology of failed wheel No. 2

(a) surface without corrosion pits; (b) surface with corrosion but without obvious corrosion pit; (c) surface with obvious corrosion pit; (d) 3-dimension morphology of the pit P in Fig. 12 (c)

3 Experimental and FEM Analysis Methods

Round bar tensile specimens with testing section diameter of 8mm were cut from the failed wheel plate. The longitudinal direction of the tensile specimen was along the radial direction of the wheel plate. The tensile testing was carried out at room temperature in accordance with the standard ISO 6892: 1998.

The FEM analysis was performed using the finite element computer programs COSMOS/M[14] and ANSYS. The shape and dimensions of the wheel model are the same with the failed wheel. The 2-dimensional (2-D) rotational symmetric wheel model and various locations on the wheel are shown in Fig. 13 (a) and the main dimensions (the unit is mm) of the wheel are shown in Fig. 13 (b). The 3-D wheel model are shown in Fig. 13 (c). The 2-D model was composed of 1,319 elements with 4,224 nodes and was composed of a combination of quadrilateral and triangular COSMOS/M eight noded elements to represent the wheel. The 3-D modal analysis model was composed of 48,803 eight noded solid elements with 53,761 nodes. The manufacturing residual stresses and interference fit stresses were calculated by the 2-D model and the mechanical stresses were calculated by the 3-D model.

The initial step in the analysis would be to establish the state of the residual stress due to wheel rim quenching. The complete thermal and stress transient history of the manufacturing process, beginning at the start of the quench process (a uniform wheel temperature of 850℃ was assumed) and ending when the wheel reaches ambient thermal conditions, would be calculated using the 2-D axial symmetric models with the material property data given in Reference [15]. In the model of the FEM analysis the thermal boundary condition of the wheel tread surface was a forced convection to simulate water quenching (water temperature is 45℃, velocity of water flow is 5.3 m/s) and that of the other surfaces was an air natural convection.

The interference fit was accomplished by inserting a hollow axle stub into the wheel bore. A nominal interference of 0.25mm referenced to the diameter was assumed. An outward displacement 0.125mm of the hub hole surface was applied, as shown in Fig. 13 (b).

The severest mechanical load was a combination of 311.2kN normal (P_N) and 155.6 kN lateral (P_L) load on the front of the flange, and at an axial distance of 38.1mm from the back face which was prescribed in AAR Standard S-660. The points and direction of loading on the wheel are shown on Fig. 13 (c). At the same time, all of the degrees of freedom of the inner hub surface contacting with the axle were fixed.

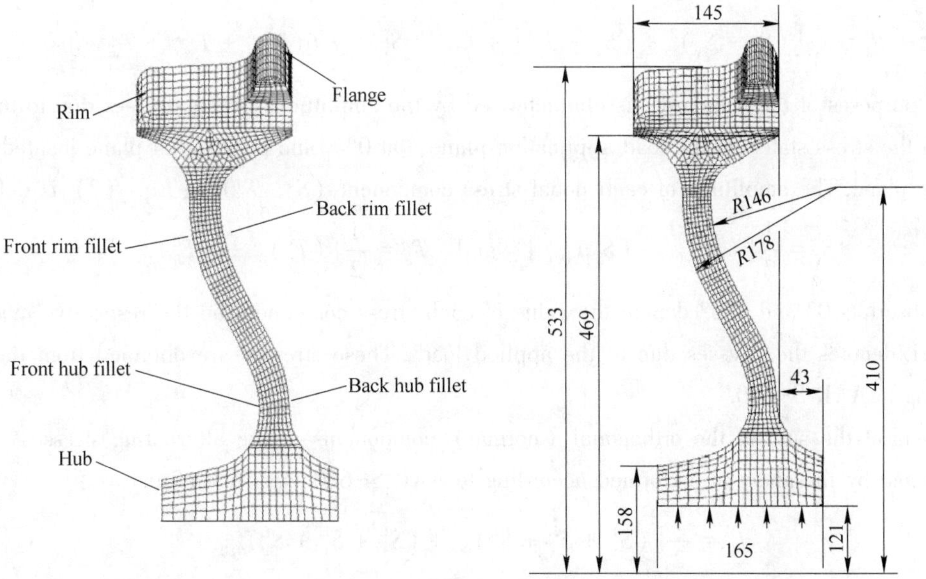

(a) (b)

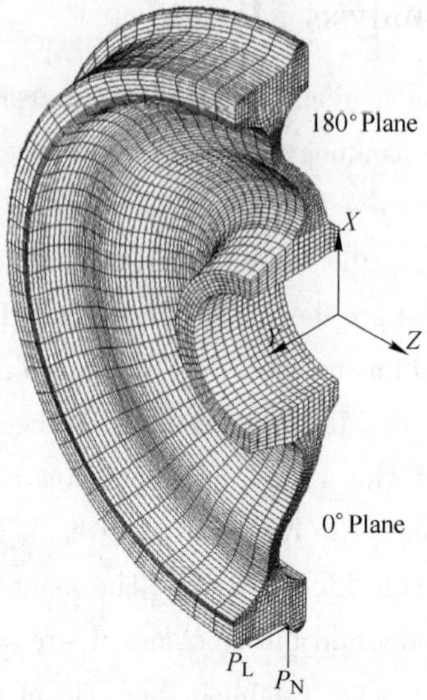

(c)

Fig. 13　The 2-dimensional wheel model, various locations on a wheel (a), the dimensions of the wheel (b) and the 3-dimensional wheel model (c)

The resulting stresses from the thermal and mechanical analyses are then available for independent and combined review. The assessment of the plate (web) of the wheel requires a fatigue criterion that must encompass the residual stresses from manufacturing, fit stresses and cyclic mechanical stresses from the AAR Standard S-660[16]. Sines' criterion[17] has been a widely used failure criterion that fulfills the above requirements.

In this presentation of Sines' criterion, the "octahedral shear stress of the alternating stress amplitude" is reduced by the "material constant reduced by the mean static stresses multiplied by a second constant", thus yielding a positive number if failure has occurred and a negative number infers no failure.

The permissible alternation of stress is a reasonably linear function of the orthogonal normal static stresses expressed as:

$$S_S = J'_2 - A + \alpha\,(J_1^{\ M} + J_1^{\ R} + J_1^{\ F}) \leqslant 0 \tag{1}$$

in which J'_2 represents the octahedral shear stress and is defined as follows:

$$J'_2 = \frac{1}{3}[(S_x - S_y)^2 + (S_y - S_z)^2 + (S_z - S_x)^2 + 6(T_{xy}^{\ 2} + T_{yz}^{\ 2} + T_{xz}^{\ 2})]^{\frac{1}{2}} \tag{2}$$

which, for the purposes of the standard, is characterized by the amplitudes of the stresses due to the applied load as derived from the stress states on the load application plane (at 0°) and on a radial plane located 180° from the load application plane. The amplitude of each nodal stress component (S_i, T_{ij}) in Eq. (2) is defined as:

$$S_i = \frac{1}{2}[(S_i^L)_{0°} - (S_i^L)_{180°}] \quad \text{and} \quad T_{ij} = \frac{1}{2}[(T_{ij}^L)_{0°} - (T_{ij}^L)_{180°}] \tag{3}$$

in which the subscripts 0° and 180° denote the value of each stress component on the respective model planes and the superscript L denotes the stresses due to the applied loads. These stresses are obtained from the analysis performed according to AAR S-660.

$J_1^{\ M}$ is the mean of the sum of the orthogonal (normal) components of the alternating stresses ($S_i^{\ L}$) at each node as determined by the analysis performed according to AAR S-660, and is defined as :

$$J_1^M = \frac{1}{2}[(S_x^L + S_y^L + S_z^L)_{0°} + (S_x^L + S_y^L + S_z^L)_{180°}] \tag{4}$$

in which $(S_x^L + S_y^L + S_z^L)_{0°}$ are the orthogonal (normal) stress components at the nodes on the radial plane upon which the load is acting (at 0°) and $(S_x^L + S_y^L + S_z^L)_{180°}$ are the orthogonal (normal) stress components at the nodes on a radial plane 180° away.

J_1^R is the sum of the orthogonal (normal) components of the manufacturing residual (static) stresses (S_i^R) at each node as determined:

$$J_1^R = S_x^R + S_y^R + S_z^R \tag{5}$$

J_1^F is the sum of the orthogonal (normal) components of the interference fit (static) stress (S_i^F) at each node, and is defined as follows:

$$J_1^F = S_x^F + S_y^F + S_z^F \tag{6}$$

The constants A and α may easily be determined from the fatigue tests with a large R-ratio difference.

$$A = (\sqrt{2}/3)f_1 \tag{7}$$

where f_1 is the amplitude of reversed axial stress (R-ratio $=-1$) that would cause failure at the desired cyclic life N ($=10^7$).

$$\alpha = (\sqrt{2}/3)(f_1/f_1' - 1) \tag{8}$$

where f_1' is the amplitude of fluctuating stress (R-ratio $= 0$) that would cause failure at the same cyclic life as f_1. Thus A and α are described in terms of stress amplitudes f_1 and f_1'. The values of the constants A and α will be experimentally determined in section 4.

Eq. (1) evaluates each node in the region identified as the plate of the wheel for the combinations of the residual stresses, the fit stresses and the mechanical stresses. If Eq. (1) is true at any node in the model then fatigue can occur, rendering the design unacceptable.

In order to get the values of constants A and α, the axial stress controlled fatigue testing was performed. The specimens were made from an AAR class-B wheel plate. The dimensions of the specimen is shown in Fig. 14 (a). The minimum diameter of the specimen was 8mm and the length of testing section with equal diameter was 20mm. The stress concentration factor K_t was 1.0. The longitudinal direction of the fatigue specimen is along the radial direction of wheel. The testing was done with an Amsler 100 HFP 5100 testing machine in accordance with the standard ASTM E466-96. In this study, the temperature was controlled at 22-25℃ and the relative humidity was 30%-35%. The amplitude of reversed axial stress (fatigue limit at R-ratio $=-1$) f_1 and the amplitude of fluctuating stress (fatigue limit at R-ratio $= 0$) f_1' at cyclic life $N=10^7$ were measured using the Staircase method. The increment between the stress levels was 10MPa. The number of valid specimens was 12 (6 pairs). And the failure probabilities of the specimens were $P_f=50\%$.

At the same time, the influence of corrosion on the fatigue limit was investigated. Two groups of specimens with dimensions as shown in Fig. 14 (a) were corroded in 3.5% NaCl aqueous solution with alternate immersion test method for 8 days and 32 days respectively. The alternate immersion test is in accordance with ISO 11130: 1999 standard. The alternate immersion testing was conducted in the environment with temperature $T=24-26$℃ and the relative humidity RH=40%-45%. The immersion time and drying time were 10min and 50min respectively.

The specimens corroded for different time are shown in Fig. 14 (b). The surface roughness of uncorroded and corroded specimens was measured using Contour GT-X3 optical metrology. f_1 and f_1' of the specimens corroded with different time at cyclic life $N=10^7$ with $P_f=50\%$ were measured using the same method used on uncorroded specimens. The increment between the stress levels was 6MPa. The fatigue tests of corroded specimens were done in room conditions, not under controlled corrosion conditions. All of the fracture surfaces of the fatigue specimens were examined using SEM.

4 Experimental and FEM Analysis Results

Tensile properties of the specimen cut from wheel plate are shown in Table 1.

Table 1 Tensile properties of wheel plate

Yield stress/MPa	Tensile strength/MPa	Elongation/%	Reduction of area/%	Young's modulus/GPa
432	945	14.4	22.7	207

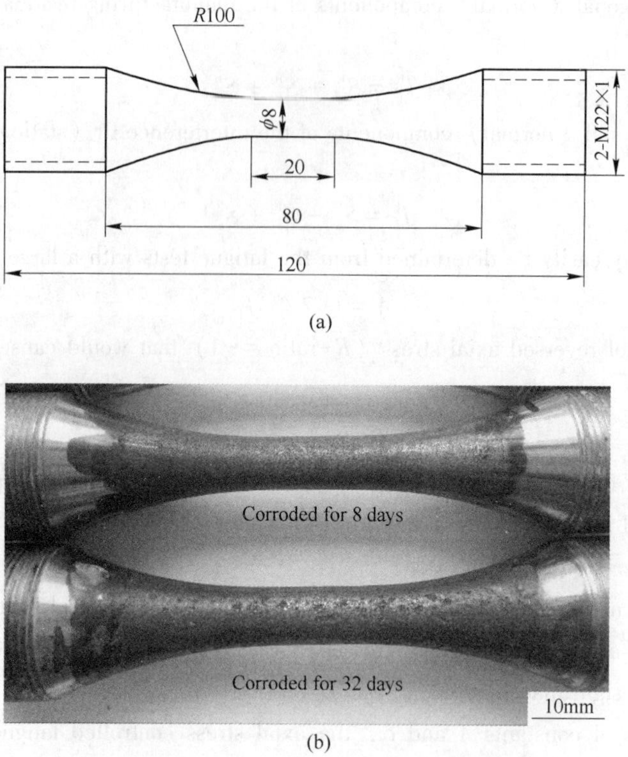

Fig. 14　Dimensions and photograph of specimens

(a) dimensions of fatigue specimens; (b) photograph of specimens corroded for different time

The surface morphology of the uncorroded specimen and corroded specimens is shown in Fig. 15. The surface of uncorroded specimen is really smooth. On contrast there were corrosion pits on the surface of corroded specimen. The depth and width of the pits increased with increasing immersion time. The roughness and the maximum depth of pits of uncorroded and corroded specimens are shown in Table 2.

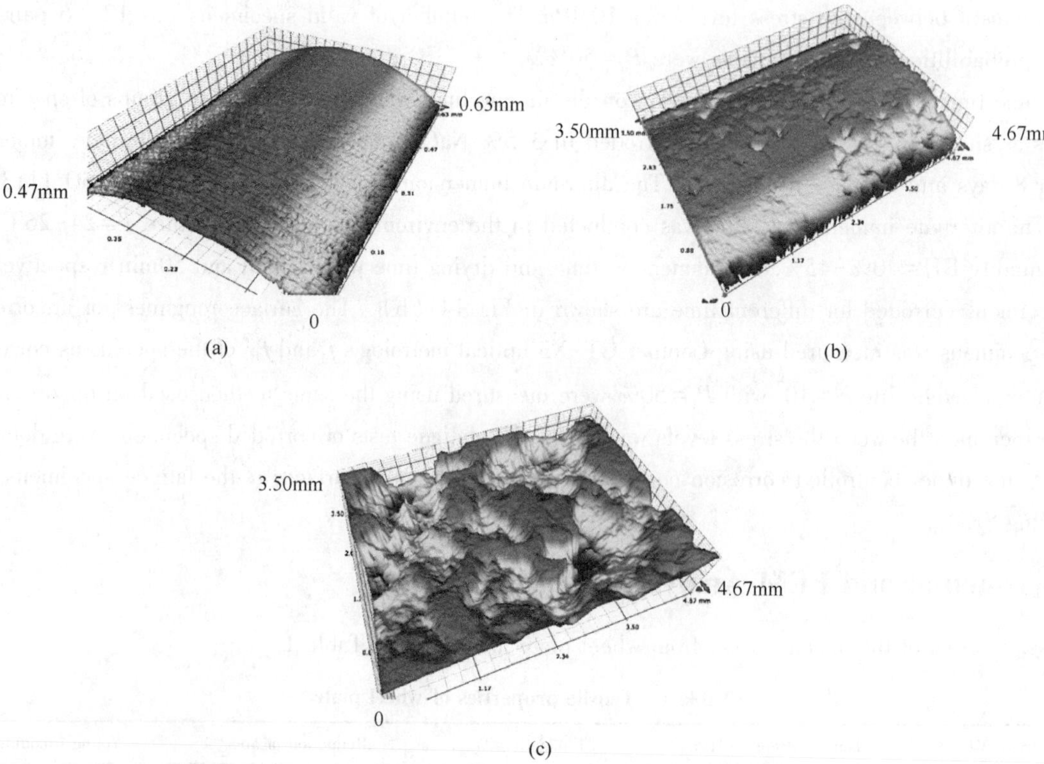

Fig. 15　The surface morphology of the uncorroded and corroded specimens

(a) uncorroded specimen; (b) specimen corroded for 8 days; (c) specimen corroded for 32days

Table 2 Roughness and the maximum depth of pits in uncorroded and corroded specimens

Specimen	Roughness/μm	The maximum depth of pits/μm
Uncorroded	0. 18	—
Corroded for 8 days	3. 0	88
Corroded for 32 days	33. 1	291

The fatigue testing results (f_1 and f_1') of specimens with different corrosion state are listed in Table 3. And the calculated values of A and α for the different specimens are also listed in Table 3. The fatigue limits f_1 and f_1' decrease with the increase of immersion time. The values of A also decrease with the increase of immersion time. But the values of α do not change much.

Table 3 Fatigue testing results of specimens with different corrosion state

Specimen	f_1/MPa	f_1'/MPa	A/MPa	α
Uncorroded	340	250	160	0. 169
Corroded for 8 days	296	225	132	0. 148
Corroded for 32 days	178	134	83	0. 154

The fracture surfaces of specimens without corrosion and specimens corroded for different time are shown in Fig. 16. Fig. 16 (a) and (b) show that the fatigue crack originated from the surface of uncorroded specimen. And no obvious defects can be observed on the fatigue crack origin. The fatigue crack originated from a corrosion pit in the surface of specimen corroded for 8 days. The shape of the pit was hemispherical and the depth of the pit was about 100μm, as shown in Fig. 16 (c) and (d). For the specimen corroded for 32 days, the fatigue crack originated from a corrosion pit with the depth of about 300μm (as shown in Fig. 16 (e) and (f)) which was a little greater than the maximum depth of pits shown in Table 2.

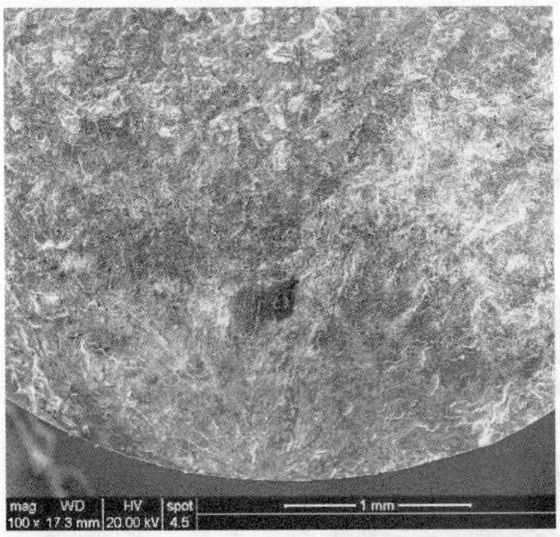

(a)

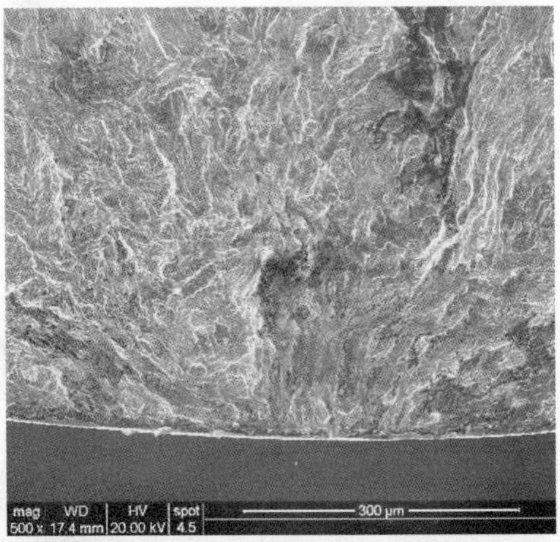

(b)

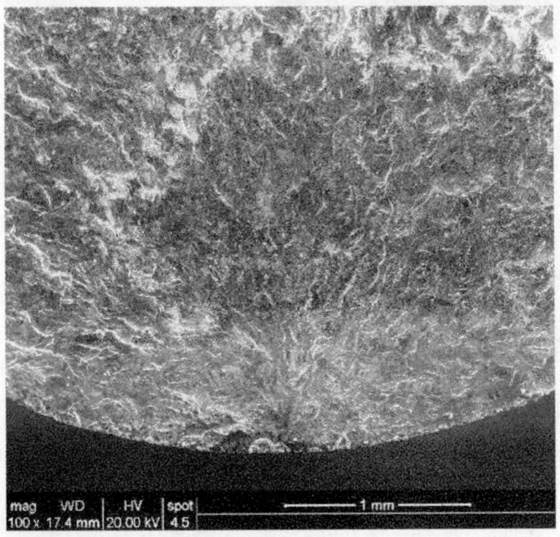

(c)

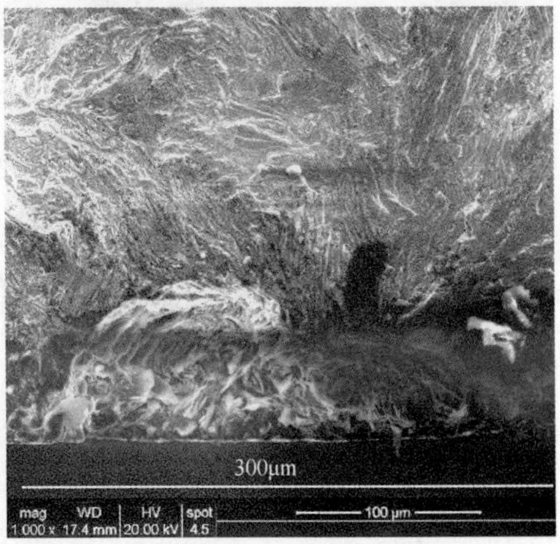

(d)

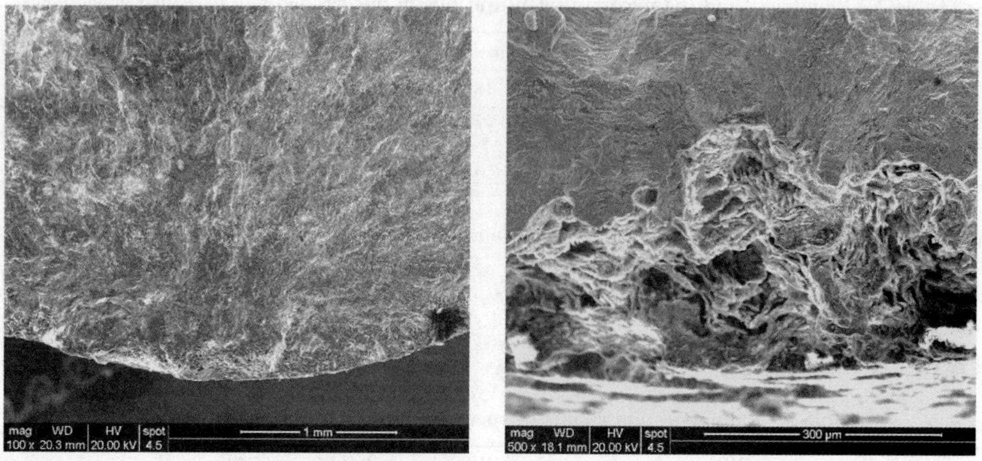

(e)　　(f)

Fig. 16　Fatigue fracture surfaces of specimen without corrosion (a, b), specimen corroded for 8 days (c, d) and specimen corroded for 32 days (e, f)

The mechanical stresses (Mises stress) contour on the cross section of the wheel due to loading is shown in Fig. 17. It shows that the maximum Mises stresses on the wheel plate are on the surface of the back rim fillet and on the surface of the back hub fillet. The maximum Mises stress value on the wheel plate was 209MPa.

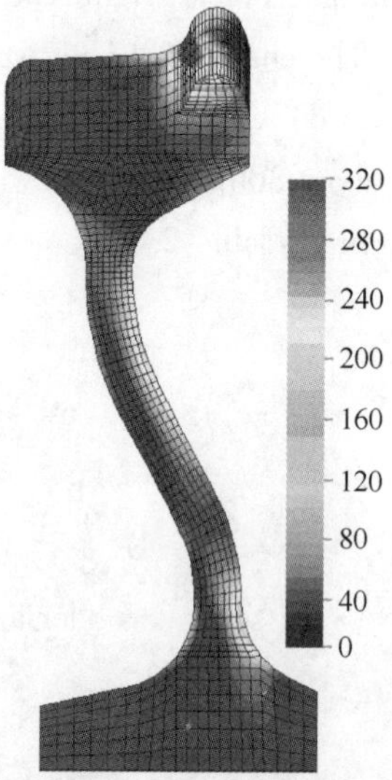

(a)

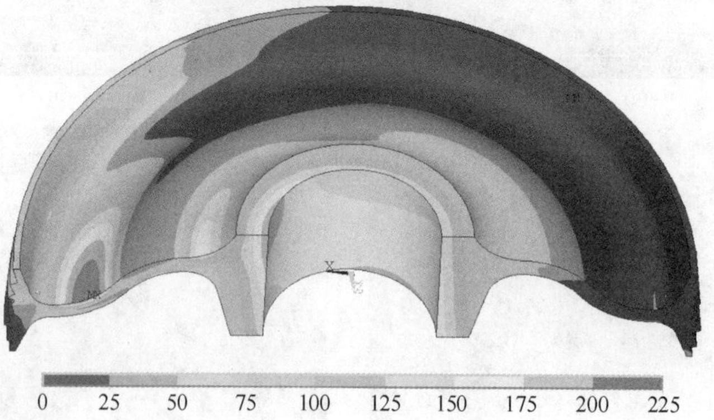

(b)

Fig. 17　Mechanical stresses (Mises stress, MPa) contour on the cross section of a wheel

(a) Stresses contour on the 0° plane cross section of a wheel; (b) stresses contour on the cross section of a wheel plate

Substituting the values of A and α in Table 3 into Sines' criterion Equation (1), the value of S_S at each node in the FEM model could be calculated. Fig. 18 shows the results of the un-corroded wheel, the high values are on the surface of the front hub fillet and the back rim fillet. It means that those sites are at high-risk. And the maximum value of S_S on the surface of the back rim fillet is-76MPa which satisfied the Sines' criterion Equation (1) and it indicates that the wheel without corrosion and shot peening is safe under simulated conditions. And the distance from the site with the maximum value of S_S on the surface of the back rim fillet to the center of the wheel is 361mm. The maximum values of S_S on the surface of wheel plate with pits similar to specimens that corroded for 8 and 32 days are-48MPa and 1.6MPa, which indicates that the wheel plate with pits similar to specimens corroded for 32 days according to standard ISO 11130: 1999 would fail.

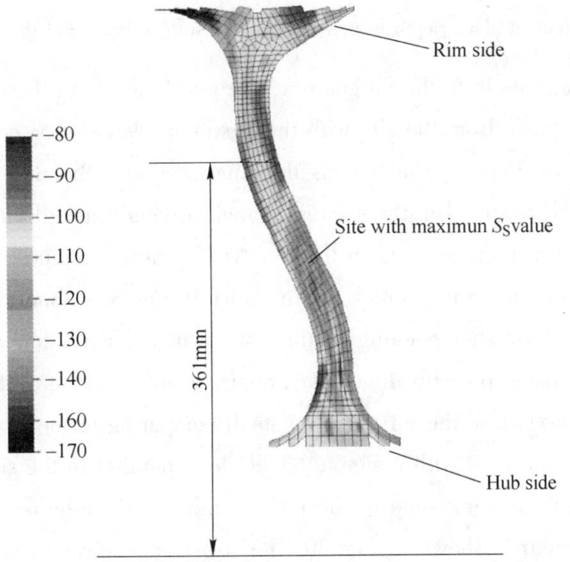

Fig. 18 Sines' criterion results (MPa) for the un-corroded wheel

5 Discussion

In Section 3 and 4, all of the experiment and FEM analysis are based on the specimens and wheels with machine-finishing surface. Owing to the railway wheels are serviced under a cyclic loading condition during running, improving the fatigue limit of the wheels is an important way to avoid failure. Shot peening is an effective way to improve the fatigue limit of materials and structures[18]. The actual wheel plates investigated in this article were shot peened for 120 seconds (the coverage was about 100%) before service and the residual stress was induced in the surface layer of the wheel plate. The residual stress in the surface layer was measured by a Proto-LXRD type X-ray residual stress analyzer. The residual stresses as a function of the depth in a new wheel plate and the failed wheel plate are shown in Fig. 19. The maximum compress residual stress in the new wheel plate surface layer is about 450MPa and the depth of the compress stress layer is about 600μm. The residual stress could be released under the cyclic loading during service. The maximum residual stress and the depth of compress stress layer in the failed wheel plate are about 350MPa and 450μm respectively.

The application of shot peening on the small fatigue specimen was difficult, so the fatigue limits of specimens without shot peening were tested. In Section 4, the maximum value of S_S on the surface of the back rim fillet is-76MPa which satisfied the Sines' criterion Equation (1) and it indicates that the wheel without corrosion and without shot peening is safe under simulated conditions. Shot peeing would improve the fatigue limits of the wheels though the extent of the improvement of the fatigue limits was not measured. It is certain that if the wheel is safe without shot peening then the shot peened wheel will not failure at same service loading condition. So the shot peened wheels without corrosion are safe under the loading condition described in Section 3.

On the failed wheel No. 1, the distance from the fatigue crack origin to the center of the wheel was 353mm. On

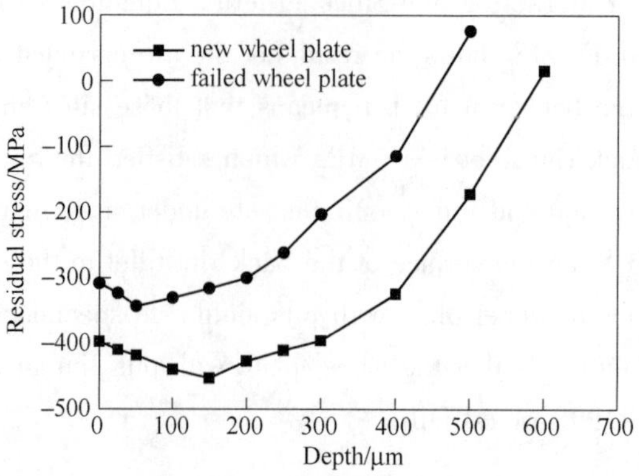

Fig. 19 Residual stress distribution along depth in new wheel plate surface layer and the failed wheel plate surface layer

the failed wheel No. 2, the distances from the fatigue crack origin A and B to the center of the wheel were 377mm and 338mm. In Fig. 18, the distance from the site with the maximum value of S_S on the surface of the back rim fillet to the center of the wheel was 361mm. That means the ring area with the diameter about 361mm on the back plate surface was in the high risk region. The three fatigue crack origins were all close to the region which means if the corrosion pits beyond the critical size existed in the high risk region, fatigue cracks would initiate.

The depth of the corrosion pit at the fatigue crack origin shown in Fig. 3 is about 0. 8mm. Therefore there is no residual compressive stress induced by shot peening in the bottom of the corrosion pit. The stress concentration induced by the semi ellipsoid corrosion pit with dimensions approximated with the pit shown in Fig. 3 was calculated by a 3-D FEM model. Due to the size of the pit was very small comparing to the wheel plate, the 3-D FEM model containing the corrosion pit was analyzed with a simple tensile load parallel to the short semiaxis radial. The loading direction was according to the real loading state of the pit i. e. the radial direction of the wheel as shown in Fig. 2 and Fig. 3. The Mises stress contour is shown in Fig. 20. The stress concentration factor K_t induced by the corrosion pit under the load condition shown in Fig. 20 was 1. 64. The concentration factor K_t was different for different stress component in different direction due to the pit was not spherically symmetric. The $K_t = 1.64$ shown in Fig. 20 was the maximum one in the all concentration factors induced by different loading conditions. $K_t = 1.64$ was supposed as the effective concentration factor just to be the convenience of analysis. Submitting $K_t = 1.64$ in Eq. (1) an $S_S = -22.2$MPa. And the wheel is still safe, which does not meet the real failed result. The failure of the wheel No. 1 is not only due to the nominal microstress concentration of the corrosion pit as shown in Fig. 20. At the bottom of the pit, the interface between the steel matrix and corrosion product is really rough, as shown in Fig. 5 (a). It looks like that at the bottom of the corrosion pit there are micropits which will induce superposition of the stress concentration and promote the initiation of fatigue cracks. Furtherly, the corrosion products in the corrosion pit could induce a tension stress on the steel matrix surface[19]. The tension stress will also lower the fatigue limits of the wheel plate and promote the initiation of fatigue cracks.

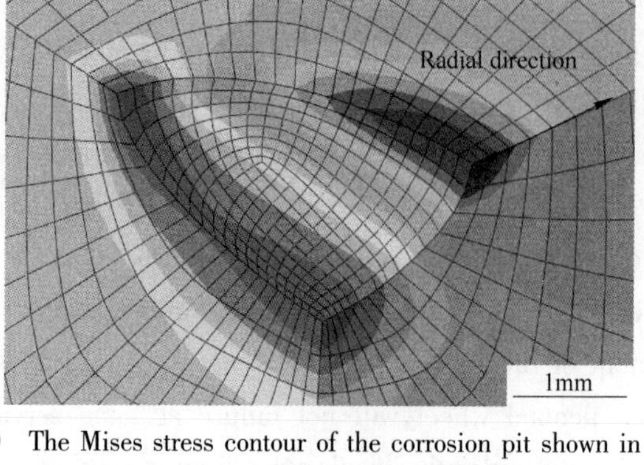

Fig. 20 The Mises stress contour of the corrosion pit shown in Fig. 3

From Fig. 7 and Fig. 12, it can be seen that the corrosion status on the plate are various. In some regions the degree of corrosion is slight and in some other regions the degree of corrosion is severe. In general, the most serious corrosion was produced in the bake plate fillet areas. Comparing the corrosion status between the surfaces of the failed wheel plate and the surfaces of the corroded specimens shown in Fig. 15, the corrosion pits on the wheel plate are much larger. The shape of the pits on the specimen corroded for 32 days was sharper than that of the pits on the plate surface for the real wheel.

Though the morphologies of the pits on the plate surface are different with the pits on corroded specimens, the effects of corrosion pits on the fatigue properties can be discussed. The fatigue limit of the corroded wheel plate was represented by the fatigue limit of the corroded specimens. An approximate and conservative result could be obtained due to the residual stresses on the wheel plate were neglected. The stress concentration induced by the corrosion pit is mainly depended on the shape of pit, i. e. sharper the pit, higher the stress concentration will be. The fatigue limits f_1 and f_1' of specimens corroded for 32 days in laboratory would be lower than that of the wheel plate with pits with the same depth due to the shape of pits on specimens corroded for 32 days in laboratory were sharper.

In Section 4, fatigue failure was predicted when $A=(\sqrt{2}/3)f_1$ and α of specimen corroded for 32 days were substituted into Sines' criterion equation. The maximum value of $J'_2+\alpha(J_1^{M}+J_1^{R}+J_1^{F})-A$ on the surface of wheel plate corroded for 32 days was 1. 6MPa which just met the criterion of failure. The maximum depth of the corrosion pits in the specimens corroded for 32 days in laboratory was about 300μm. So the critical depth of the corrosion pit with similar shape as pits on specimens corroded for 32 days on the unshot peened wheel plate was about 300μm. In Fig. 19, the residual stress in the 300μm depth of the serviced wheel plate was about −200MPa. So if the residual stress and the shapes of pits were taken into account in the experiment or FEM analysis for the shot peened wheel, the critical depth of the corrosion pit on the wheel plate would be greater than 300μm. For safety, and taking into account of the synergetic effect of corrosion and cyclic stress during service, the critical corrosion pit depth of 300μm should still be recommended.

The wheel plate can be corroded during the shipment, storage and service if it is not protected well. The corrosion pits will appear on the wheel plate like other structures made by carbon steel in corrosive mediums containing chloride ion[20,21]. Once corrosion pitting occurred, the integrity of the plate surface can be destroyed and the stress concentration would be induced at the bottom of the pit. When the corrosion pit expanded to be deep enough, the residual stress induced by shot peening would become invalid. The corrosion pit on the plate surface will lower the fatigue limit of the wheel inevitably. So the wheel plate should be protected well from corrosion. If any corrosion pits with depth more than 300μm appear on the wheel plate, they should be treated carefully using polishing, turning or other methods. Otherwise the wheel should be abandoned. Rain water remained in the wheel plate fillet is not permitted during storage. The rust prevention oil is recommended to be applied on the wheel plate regularly especially in the tropical areas.

6 Conclusions

Through experiments and FEM analysis, this type of wheel was safe if there was no corrosion pits on the wheel plate even if without shot peening.

The wheel steel plates were subject to pitting corrosion if the wheels were stored and used with an inappropriate way. The corrosion pits could lower the fatigue limits of specimens and promote the initiation of fatigue cracks. The subject wheels failed due to fatigue crack originating from corrosion pits in the back plate surface of the wheel.

A critical depth of corrosion pit permitted on the wheel plate, 300μm, was recommended base on the experiments and FEM analysis.

The wheel plate should be protected well from corrosion and the rust prevention oil is recommended to be applied on the wheel plate regularly.

Acknowledgement

This research was supported by the National Natural Science Foundation of China under grant No. U1234207 and No. 51171020.

References

[1] Liu Y M, Liu L M, Stratman B, Mahadevan S. Multiaxial fatigue reliability analysis of railroad wheels [J]. Reliab. Eng. Syst. Safety, 2008, 93 (3): 456-467.

[2] Bernasconi A, Filippini M, Foletti S, Vaudo D. Multiaxial fatigue of a railway wheel steel under non-proportional loading [J]. Int. J. Fat., 2006, 28: 663-672.

[3] Handa K, Kimura Y, Mishim Y. Surface cracks initiation on carbon steel railway wheels under concurrent load of continuous rolling contact and cyclic frictional heat [J]. Wear, 2010, 268: 50-58.

[4] Parida N, Das S K, Tarafder S. Failure analysis of railroad wheels [J]. Eng. Fail. Anal, 2009, 16: 1454-1460.

[5] Kubota M, Hirakawa K. The effect of rubber contact on the fretting fatigue strength of railway wheel tire [J]. Trib. Int., 2009, 42 (9): 1389-1398.

[6] Pombo J, Ambrósio J, Pereira M, Lewis R, Rob D J, Ariaudo C, Kuka N. A study on wear evaluation of railway wheels based on multibody dynamics and wear computation [J]. Multibody Syst. Dyn., 2010, 24 (3): 347-366.

[7] Mansor N I I, Abdullah S, Ariffin A K, Syarif J. A review of the fatigue failure mechanism of metallic materials under a corroded environment [J]. Eng. Fail. Anal, 2014, 42: 353-365.

[8] Beretta S, Carboni M, Fiore G, Conte A L. Corrosion fatigue of AlN railway axle steel exposed to rainwater [J]. Int. J. Fat., 2010, 32: 952-961.

[9] Beretta S, Carbonia M, Contea A L, Regazzia D, Trasattib S, Rizzi M. Crack growth studies in railway axles under corrosion fatigue: full-scale experiments and model validation [C]. Proc. Eng., 2011, 10: 3650-3655.

[10] Li X D, Wang X S, Ren H H, Chen Y L, Mu Z T. Effect of prior corrosion state on the fatigue small cracking behavior of 6151-T6 aluminum alloy [J]. Corr. Sci., 2012, 55: 26-33.

[11] Barter S A, Molent L. Fatigue cracking from a corrosion pit in an aircraft bulkhead [J]. Eng. Fail. Anal, 2014, 39: 155-163.

[12] Wasekar N P, Jyothirmayi A, Sundararajan G. Influence of prior corrosion on the high cycle fatigue behavior of microarc oxidation coated 6061-T6 aluminum alloy [J]. Int. J. Fat., 2011, 33 (9): 1268-1276.

[13] AAR Manual of standards and recommended practices - wheels and axles - wheels, carbon steel - specification M107/M208, 2009.

[14] Rusin T M, Kleeschulte D G, Coughlin J M, Application of the finite element method in the development of improved railroad car wheel designs [J]. Journal of Engineering for Industry, 1978, 101: 378-384.

[15] Association of American Railroads Mechanical Division. Manual of Standards and Recommended Practices, Section G, Mechanical Division Standard, Procedure for the Analytic Evaluation of Locomotive Wheel Designs [S]. AAR Standard S-669, effective February 3, 2011.

[16] Association of American Railroads-Technical Service Division-Mechanical Section-Manual of Standards and Recommended Practices, Procedure for the Analytic Evaluation of Locomotive and Freight Car Wheel Designs [S]. Standard S660, 2004.

[17] McMaster F J, Robledo G B, Gordon J E. Fatigue performance of AAR class A railroad wheel steel at ambient and elevated temperatures [C]. Proceedings of IMECE-05, 2005 ASME International Mechanical Engineering Congress and Exposition, Orlando, Florida USA, 2005.

[18] Dalaei K, Karlsson B. Influence of shot peening on fatigue durability of normalized steel subjected to variable amplitude loading [J]. Int. J. Fat., 2012, 38: 75-83.

[19] Komai K, Murayama S, Kanasaki H. Corrosion products induced wedge effect and fatigue crack growth of stainless steels [J]. Frac., 1984, 84: 2489-2496.

[20] Hormaza W, Castro Guiza G M, Mendez Moreno L M. Fatigue failure of a Slickline wire induced by corrosion pits [J]. Eng. Fail. Anal, 2014, 37: 96-109.

[21] Apostolopoulos C A, Demis S, Papadakis V G. Chloride-induced corrosion of steel reinforcement-Mechanical performance and pit depth analysis [J]. Const. Build Mat., 2013, 38: 139-146.

Nb 微合金化对高碳钢组织和性能的影响❶

孙曼丽　江波　陈刚　杨丽珠　钟斌

（高性能轨道交通新材料及安全控制安徽省重点实验室；马鞍山钢铁股份有限公司）

摘　要　通过拉伸、奥氏体晶粒测量和淬透性试验，研究 Nb 微合金化对普通高碳钢组织和性能的影响。结果表明，高碳钢中加入 Nb 不仅有利于细化晶粒，提高奥氏体晶粒稳定性，还可在保持强度和硬度的同时保持其塑性，Nb 还具有改善高碳钢组织均匀性和抑制马氏体转变的作用。

关键词　高碳钢；力学性能；硬度；马氏体；铌微合金化

Effect of Nb Microalloying on Microstructure and Mechanical Properties of High Carbon Steel

Sun Manli　Jiang Bo　Chen Gang　Yang Lizhu　Zhong Bin

（Key Laboratory of High-quality Railway New Materials and Safety Control of Anhui Province；Ma'anshan Iron and Steel Co.，Ltd.）

Abstract　The effect of Nb microalloying on microstructure and mechanical properties of high carbon steel was investigated by tensile，austenite grain growth and hardenability test. The results show that niobium is not only beneficial to refinement and stability of austenite grain，and maintaining the strength and hardness meanwhile the plasticity as well as in high carbon steel，but also beneficial to microstructure uniformity and inhibition of martensitic transformation of the steel.

Key words　high carbon steel；mechanical property；hardness；martensitic；niobium microalloying

1　引言

高碳钢由于其高强度、高硬度、耐磨性和抗疲劳性能好等特点，广泛应用于制造钢轨、车轮、型钢、硬线、弹簧钢等。随着我国国民经济发展从基础设施建设向装备制造业特别是高端制造业的转变，高碳钢的需求量和综合性能要求逐年提高。如何更加有效地提高高碳钢的强度和韧性，是现阶段研究的一个热点。

近年来，微合金化技术和含铌钢生产取得了快速发展，Nb 在低碳钢中的作用已研究得相当广泛和深入[1-5]，加入适量 Nb 可细化晶粒，提高奥氏体晶粒粗化温度及其在高温区晶粒的稳定性。大量研究表明低碳合金钢加入微量 Nb，可提高钢的屈服强度、冲击性能，降低韧脆转变温度和改善焊接性能。而对 Nb 在高碳钢的作用研究相对较少，基于 Nb 在低碳钢中的突出作用，研究高碳钢中微合金元素 Nb 对其组织和性能的影响具有重要意义。

2　试验材料与方法

试验钢采用 ZCX02-26-1 型 200kg 真空冶炼炉冶炼，钢锭经过切头、表面机加工等前处理后，锻造成

---

❶　原文发表于《金属热处理》2016 年第 4 期。
安徽省科技计划项目（11Z0101022）。

厚度 60mm，宽度 160mm 的板状供试验用。1 号和 2 号试验钢化学成分见表 1。

表 1　试验钢化学成分

Table 1　Chemical composition of the tested steel

编号	质量分数/%				
	C	Si	Mn	Nb	N
1	0.70	0.19	0.83	—	0.0045
2	0.71	0.18	0.84	0.04	0.0041

在锻态试验钢上取 ϕ25mm 试棒，经 870℃×1.5h 正火+480℃×2h 回火后加工成 ϕ15mm 拉伸试样，按照 GB 228.1—2010《金属材料拉伸试验 第 1 部分：室温试验方法》在 ZWICK Z600E 拉伸试验机上进行拉伸试验。

在锻态试验钢上取 15mm×15mm×20mm 金相试样在马弗炉中按照不同奥氏体化温度进行热处理，将热处理后试样用饱和的苦味酸腐蚀，在光学显微镜下观察并根据 GB/T 6394—2002《金属平均晶粒度测定方法》评定晶粒度。

在锻态试验钢上取 ϕ50mm 试棒，经 870℃保温 1.5h，油冷后沿 1/2 高度剖开，并从剖开部位截取厚度为 25mm 的圆盘状试块，并进行以下试验：

（1）U 曲线法：对试块进行研磨，并采用 HBT-3000 布氏硬度计按照 GB/T 231.1—2009《金属材料布氏硬度试验 第 1 部分：试验方法》进行硬度分布检验，断面硬度为距心部相同距离 4 个点硬度的平均值，根据不同位置硬度变化，作出断面硬度分布曲线。

（2）显微组织检验：取试块 1/4 圆研磨抛光，用 3%硝酸酒精腐蚀，在 Axiovert 200 MAT 金相显微镜下观察由表面到心部的显微组织分布。

3　试验结果与分析

试验钢拉伸试验结果见表 2。由表 2 可知，添加 Nb 元素可使抗拉强度提高 2%，即两种试验钢强度基本相当，但断面伸长率提高了 24%，由此可知 Nb 有效改善了试验钢的塑性。

表 2　试验钢的常温拉伸性能

Table 2　Room temperature tensile properties of the tested steel

编号	$R_{p0.2}$/MPa	R_m/MPa	A/%	Z/%
1	881	1171	12.5	40
2	922	1195	15.5	46

试验钢在不同奥氏体化温度下的晶粒度如图 1 所示。由图 1 可见，含 Nb 试验钢奥氏体晶粒在试验温度区间一直保持在 8.5 级，而无 Nb 试验钢在 850℃时，晶粒开始迅速长大，如图 2 所示。说明 Nb 的加入

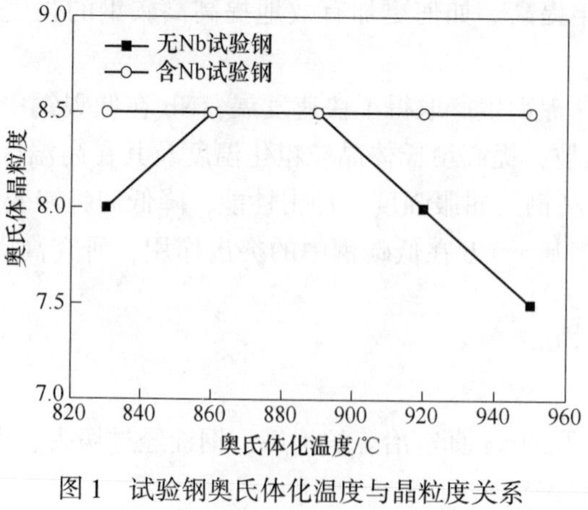

图 1　试验钢奥氏体化温度与晶粒度关系

Fig. 1　The relationship between austenitizing temperature and grain size of the tested steel

具有细化试验钢晶粒，提高其在高温区的奥氏体晶粒稳定性的作用。这是由于 Nb 易与钢中 C、N 结合形成碳氮化物，这种碳氮化物在钢铁基体中的固溶度积很小，在钢凝固的过程中在晶界析出。试验钢中 C 含量很高且含有一定量的 N，其在凝固过程中会产生大量的 Nb（C，N）析出物。试验钢在进行奥氏体化长大试验时，高温下未溶的 Nb（C，N）的析出颗粒能有效地钉扎奥氏体晶界，从而抑制奥氏体晶粒的长大[6-8]，细化了奥氏体晶粒，进而提高试验钢塑性。

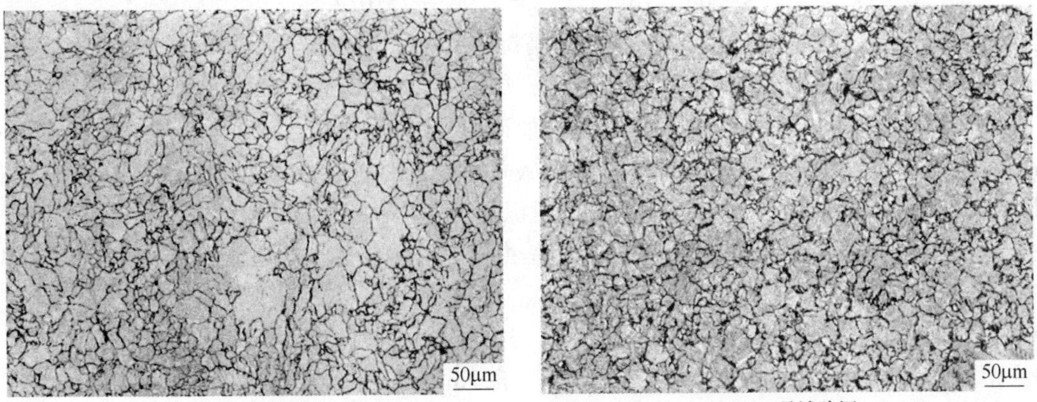

(a) 1 号试验钢　(b) 2 号试验钢

图 2　试验钢 950℃时的奥氏体晶粒

Fig. 2　Austenite grain of the tested steel at 950℃

（a） test steel 1；（b） tset steel 2

圆柱形试样淬火时，自表面至中心各处的冷却速度是逐渐且连续降低的，表面冷却速度最大，而中心的冷却速度最小[9]，试样尺寸相同的同种试验钢淬火时，冷却速度相同的部位，冷却组织和硬度也相同[11]。试验钢表面至心部组织分布如图 3 所示。

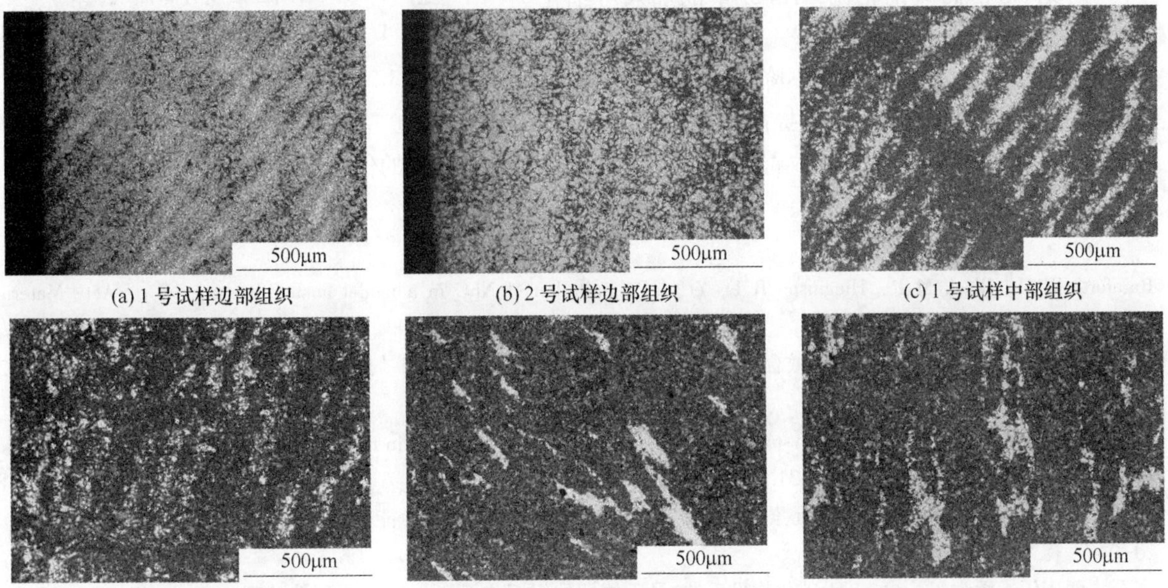

(a) 1 号试样边部组织　(b) 2 号试样边部组织　(c) 1 号试样中部组织

(d) 2 号试样中部组织　(e) 1 号试样心部组织　(f) 2 号试样心部组织

图 3　试验钢断面的显微组织分布

Fig. 3　Section microstructure distribution of the testd steel

（a） sample 1，edge；（b） sample 2，edge；（c） sample 1，intermediate；

（d） sample 2，intermediate；（e） sample 1，cores；（f） sample 2，cores

由图 3 可知，试验钢由边部至心部组织均依次为：边部马氏体+贝氏体、中部贝氏体+少量珠光体和心部珠光体+少量贝氏体，含 Nb 试验钢图 3（b）边部组织中马氏体含量比无 Nb 试验钢图 3（a）少，说明在相同冷却条件下，高碳钢中的 Nb 具有抑制马氏体转变，促进贝氏体产生的作用[8]，即 Nb 降低了试验钢的淬透性。

文献［11］的试验结果表明，低氮含铌钢中铌的析出物以 NbC 为主，且在奥氏体区 NbC 的析出量较少，析出主要发生在 $\gamma \to \alpha$ 的转变过程中。当开始珠光体转变时，由于位错等缺陷密度较大，转变速度较快。但随着新相的形核和长大，原有的大量位错等缺陷消失，转变速度减慢；与此同时，NbC 的析出降低了碳在奥氏体中的扩散速度，因而推迟了转变时珠光体的形核和长大，从而延长了整个转变过程。

NbC 固溶度积公式如下[12]：

$$\lg([\mathrm{Nb}][\mathrm{C}])_{\gamma} = 2.96 - 7510/T \tag{1}$$

利用固溶度积公式计算 Nb 在试验钢中的固溶情况，可知，加热温度为 1250℃时，固溶于钢中的 Nb 仅占总量的 20%，即试验钢中存在大量未溶的 NbC，加热温度为 870℃时，固溶于钢中的 Nb 仅占总量的 0.46%，即此时 Nb 主要以 NbC 的形式存在，一方面抑制奥氏体晶粒长大，细化晶粒在保证强度和硬度的同时提高塑性，另一方面降低了基体中的 C 含量，从而降低了钢的淬透性。

由图 3 还可以看出含 Nb 试验钢从表面到心部组织总体均匀性优于无 Nb 试验钢，这与 Nb 细化晶粒的作用有关。另在图 4 中可明显看到带状贝氏体，这是由于试验钢成分偏析造成的。

图 4 为试验钢断面硬度分布曲线，即 U 曲线。图中“心部”所对应的硬度为圆盘试样中的位置硬度，“边部”所对应的为距圆盘中心 20mm 处硬度。由图 4 可见，含 Nb 试验钢总体硬度变化较无 Nb 试验钢略平缓，且与无 Nb 试验钢相比，中部和心部硬度均提高 5%，略高于无 Nb 试验钢，说明 Nb 不仅具有提高试验钢组织均匀性的作用，也具有一定提高试验钢硬度的作用，这是因为 Nb 具有细化奥氏体晶粒和弥散强化的作用[9]。

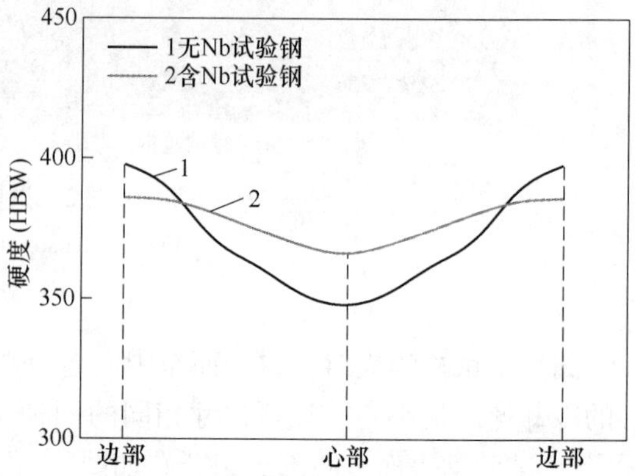

图 4　断面硬度分布曲线

Fig. 4　Section hardness distribution curve

4　结论

（1）与无 Nb 的高碳钢相比，Nb 元素的加入可细化奥氏体晶粒，提高奥氏体晶粒稳定性。

（2）高碳钢中加入 Nb，可在不降低高强度和硬度的同时，使断面延长率提高 24%；有效提高其塑性。

（3）高碳钢中加入 Nb，具有改善组织均匀性和抑制马氏体转变的作用。

参 考 文 献

［1］Rainforth W M，Black M P，Higginson R L，et al. Precipitation of NbC in a model austenitie steel［J］. Acta Materialia，2002，50：735-740.

［2］沈奎，于学森，廖舒纶，等．铌对微合金化高碳钢奥氏体晶粒长大的影响［J］．材料热处理学报，2015，36（2）：102-107.

［3］Speer J G，Hensen S S. Austenite recrystallization and car-bontride precipitation in niobium microalloyed steels［J］. Metallurgical Transactions A，1989，20A：26-31.

［4］詹华，潘红波，刘永刚，等．合金元素与退火工艺对冷轧双相钢组织和性能的影响［J］．金属热处理，2015（5）：20-24.

［5］高石，蔡庆伍，潘学福．含 Nb 无碳化物贝氏体/马氏体钢的组织与性能［J］．金属热处理，2015（6）：16-20.

［6］Harry H Cornell. Canadian Mettallurgical Quarterly，1983，32（3）：347-353.

［7］翁宇庆，孔令航，王国栋，等．超细晶钢：钢的组织细化理论与控制技术［M］．北京：冶金工业出版社，2003.

［8］蔡爱国．铌钒微合金中碳钢的微观组织与强度的关系［J］．钢铁研究学报，1996，8（2）：35-39.

［9］傅代直，林慧国，周人俊，等．钢的淬透性手册［M］．北京：机械工业出版社，1973.

［10］吴季恂，周光裕，荀毓闽．钢的淬透性应用技术［M］．北京：机械工业出版社，1994.

［11］Bepari M A，Whiteman J A. Effect of nitrogen on precipitation behavior of Nb（C，N）in continuously-cooled low-carbon structural steels［J］. Journal of MPT，1996，56：834-846.

［12］雍岐龙．钢铁中的第二相［M］．北京：冶金工业出版社，2006.

ASPEX 定量分析 CL60 车轮非金属夹杂物❶

赵 海 陈讲彪

（马鞍山钢铁股份有限公司）

摘 要 利用 ASPEX 型自动扫描电镜，对 CL60 车轮中非金属夹杂物的种类、分布、尺寸进行了定量分析。结果表明，CL60 车轮中夹杂物由氧化物、TiN、MnS 和氧化物-MnS 复合四大类组成，其中氧化物、TiN 为脆性夹杂，MnS 和氧化物-MnS 复合为塑性夹杂。车轮中单位面积内夹杂物数量和面积分别约为 10 个和 95μm^2。夹杂物长度分布集中在 1~5μm。

关键词 CL60 车轮；ASPEX；夹杂物

The Non-metallic Inclusions Quantitative Analysis in CL60 Wheels with ASPEX

Zhao Hai Chen Jiangbiao

（Ma'anshan Iron and Steel Co.，Ltd.）

Abstract Type，distribution and size of non-metallic inclusions in CL60 wheel were quantitatively analysized by using ASPEX automatic scanning electron microscope（SEM）. The obtained results indicate that the inclusions types in the steel consist of Oxides，TiN，MnS and Oxides-MnS composites，where the oxide and TiN are brittle inclusions，MnS and oxide-MnS composite are plastic inclusions. The counts and area of inclusions per unit area in the steel are 10 and 95μm^2，respectively. The inclusions lengths in the steel are mainly concentrated in the range of 1-5μm. The shapes of Oxides and Oxides-MnS composites are blunter related to other inclusions.

Key words CL60 wheel；ASPEX；inclusions

1 引言

CL60 车轮生产工艺为：电炉冶炼→LF 精炼→RH 真空脱气→ϕ380mm 圆坯连铸→轧制→缓冷→热处理→机加工→检测。车轮中的夹杂物按 GB/T 10561—2005《钢中非金属夹杂物含量的测定标准评级图显微检验法》进行评级，无法对夹杂物性质、形貌、尺寸进行定量分析。本文采用 ASPEX 型自动扫描电镜对车轮钢中夹杂物的类型、数量、尺寸、形貌等进行了定量分析，研究其夹杂物控制特点。

2 研究方法

2.1 ASPEX 型自动扫描电镜简介

本次分析采用美国 ASPEX 公司制造的 ASPEX 型自动扫描电镜。该设备除具备常规扫描电镜的基本功能外，还能够对较大尺寸试样（最大检测尺寸为 80mm×100mm）进行自动分析，得到检测区域内夹杂物的信息。如图 1 所示，该设备的检测原理如下[1]：

（1）图 1（a）中网格点覆盖区域表示试样的检测区域，阴影区域表示夹杂物；较大的黑点表示搜索

---

❶ 原文发表于铁路车辆轮轴技术交流会论文集 2016。

点，其包围区域为搜索网格；较小的黑点表示测量点，其包围区域为测量网格。首先电子射束采用较大步长即搜索网格进行移动扫描。

（2）当发现夹杂物后，改用较小步长，即测量网格，使用旋转弦算法寻找特征的中心并以22.5°为间隔绘制8条通过中心的弦，如图1（b）所示，从而得到夹杂物的计量参数，包括平均值、最大和最小直径、方位和质心。

（3）如果所测数值通过了用户定义的形态接受标准（如，要求检测夹杂物尺寸大于1μm），则使用EDS，以该夹杂物为中心采集EDS光谱并进行量化。

（4）对检测区域重复此过程，最终得到夹杂物的数量、尺寸、位置、组成等信息。

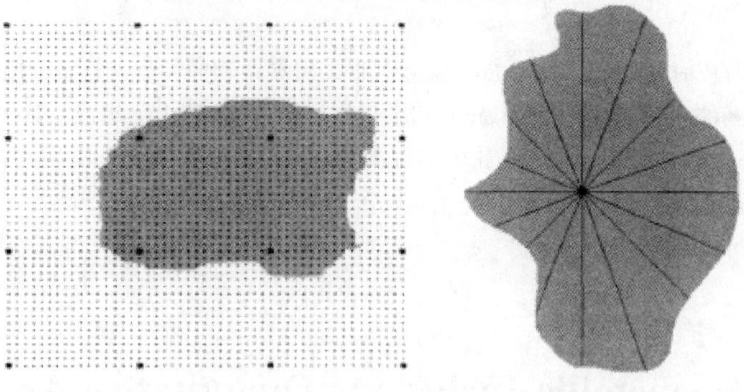

(a)　　(b)

图1　ASPEX扫描电镜工作原理示意图[1]

Fig. 1　Schematic diagram of working principle of ASPEX SEM

2.2　取样及分析方法

分析用车轮成分见表1。取样位置如图2所示。取3套共6块分析面为30mm×30mm的试样，试样编号为1~6#，其中1#、3#、5#对应图2（b）中位置1，2#、4#、6#对应图2（b）中位置2。经粗磨、细磨、抛光等工序制成标准的金相试样，采用ASPEX型自动扫描电镜对非金属夹杂物类型、数量、尺寸、形貌进行定量分析，分析面积大于70mm²，分析起始尺寸大于等于1μm。以分析车轮夹杂物特点及周向分布均匀性。

表1　分析用CL60车轮钢成分

Table 1　The composition of CL60 wheel steel for analysis

牌号	成分/%					气体/ppm	
	C	Si	Mn	P	S	T［O］	［N］
CL60	0.61	0.28	0.74	0.010	0.002	9.6	50.9
TB/T 2817—1997	0.55~0.65	0.17~0.37	0.50~0.80	≤0.035	≤0.040	—	—

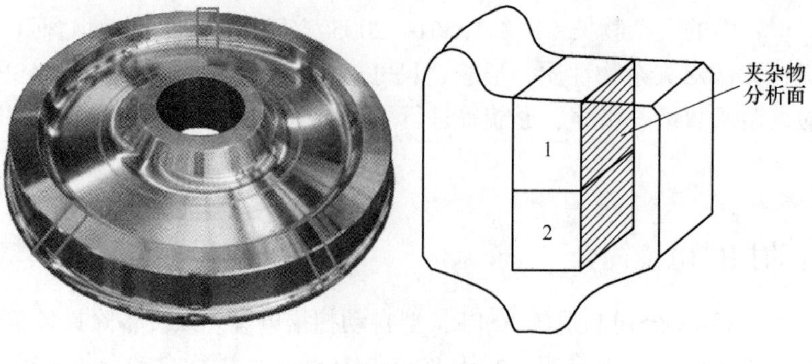

(a)　　(b)

图2　夹杂物分析取样图

（a）车轮上取样位置（间隔120°取3套）；（b）试样分析位置

Fig. 2　The sampling schematic diagram of inclusions analysis

（a）the sampling locations on wheels（3 sets with 120° intervals）；（b）the analysis sample locations

3　分析结果

3.1　夹杂物类型

通过 ASPEX 分析仪对车轮钢进行夹杂物分析，其结果见表 2。按其特性可分为脆性、塑性两大类，其中脆性夹杂包括氧化物夹杂和 TiN 夹杂；韧性夹杂包括 MnS 夹杂和氧化物-MnS 复合夹杂，其典型形貌如图 3 所示。

表 2　ASPEX 分析仪发现的夹杂物类型

Table 2　The types of inclusions found by ASPEX analyzer

分类		类型	名称
脆性	Ⅰ	氧化物	Al-Ca、Mg-Al、Al-Mg-Ca、Al_2O_3、CaS-Oxide、Oxides 等
	Ⅱ	TiN	TiN
塑性	Ⅲ	MnS	MnS、CaS-MnS
	Ⅳ	氧化物-MnS 复合	MnS-Oxide、CaS-Oxide-MnS、CaS-Al_2O_3-MnS

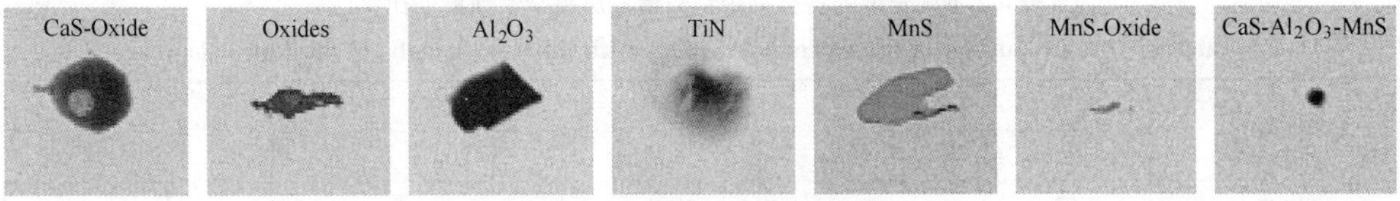

图 3　车轮钢中典型夹杂物形貌

Fig. 3　Morphology of typical inclusions in the steel

3.2　夹杂物总量

对 6 块试样单位面积内夹杂物数量和夹杂物面积进行分析，其结果见表 3。由该表可知，车轮中单位面积内夹杂物数量约为 10 个，面积约为 95μm^2。

表 3　单位面积内夹杂物数量和面积

Table 3　The counts and areas of inclusions per unit area

试样编号	夹杂物数量/个 · mm^{-2}	夹杂物面积/μm^2 · mm^{-2}
1	10. 5	83. 6
2	8. 7	102. 7
3	12. 5	95. 9
4	8. 3	106. 9
5	10. 8	89. 1
6	9. 3	92. 6
平均值	10. 04	95. 25

3.3　各类夹杂物分布

车轮钢中氧化物、TiN、MnS 和氧化物-MnS 复合四类夹杂物数量和面积比较如图 4 所示。由图可知，单位面积内氧化物-MnS 复合夹杂数量最多，氧化物面积最大。

对不同尺寸的氧化物、TiN、MnS 和氧化物-MnS 复合四类夹杂进行统计，其结果见表 4，由表可知，车轮中夹杂物长度分布主要集中在 1～5μm，其中塑性夹杂物（MnS 和氧化物-MnS 复合夹杂）含量超过总含量的一半以上。

通过对车轮夹杂物长宽比进行统计分析，以评价夹杂物形态，其结果见表 5。由表可知，氧化物、氧化物-MnS 复合夹杂长宽比主要集中在 1～5 范围，TiN 和 MnS 夹杂长宽比的变化幅度较大。

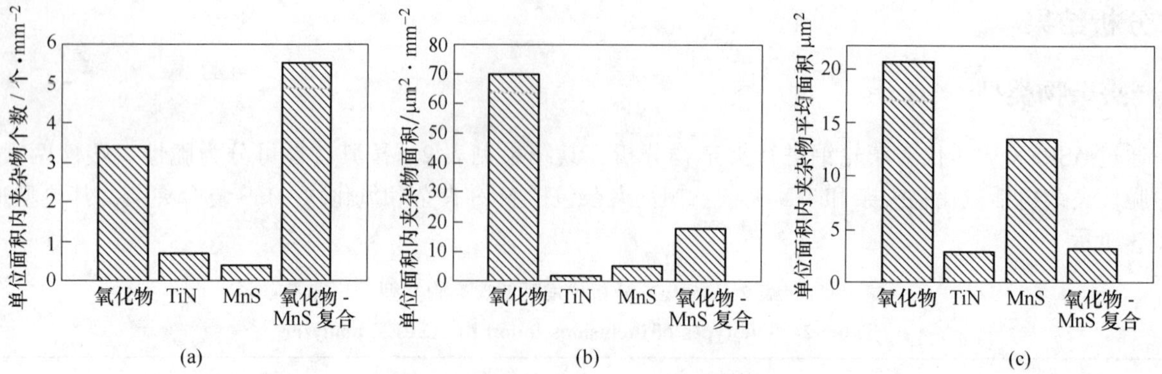

图4　车轮中各类夹杂物比较

（a）单位面积内夹杂物数量；（b）单位面积内夹杂物面积；（c）单位面积内夹杂物平均面积

Fig. 4　The comparison of various types of inclusions in the wheel

（a）the counts of inclusions per unit area;（b）the inclusion area per unit area;

（c）the average area of inclusions per unit area

表4　不同长度的各类夹杂物数量占总夹杂物数量的比例

Table 4　The proportion of the various inclusions with different lengths in total inclusions

夹杂物类型	不同尺寸各类夹杂物数量占总夹杂物比例/%					
	1~5μm	5~10μm	10~15μm	15~20μm	>20μm	合计
氧化物	22.0	9.0	1.8	0.7	0.5	34.0
TiN	5.9	1.0	0.1	0.0	0.0	7.0
MnS	2.2	0.8	0.4	0.3	0.2	3.9
氧化物-MnS复合	51.3	3.5	0.3	0.0	0.0	55.1
合计	81.4	14.3	2.6	1.0	0.7	100

表5　不同长宽比的各类夹杂物数量占总夹杂物数量的比例

Table 5　The proportion of the various inclusions with different length/width ratio in total inclusions

车轮类别	夹杂物类型	不同长宽比分布比例/%			
		1~2	2~5	5~10	>10
辗钢	氧化物	68.4	21.4	6.2	4.0
	TiN	9.3	40.7	31.1	19.0
	MnS	10.5	41.9	27.2	20.4
	氧化物-MnS复合	67.6	27.4	3.7	1.4

4　结论

（1）CL60车轮中夹杂物类型主要为氧化物、TiN、MnS和氧化物-MnS复合四大类。

（2）CL60车轮中夹杂物长度分布主要集中在1~5μm，其中塑性夹杂物（MnS和氧化物-MnS复合夹杂）含量超过总含量的一半以上。

参考文献

[1] 于会香，邵肖静，张静，王新华．采用ASPEX扫描电镜研究钢中总氧和非金属夹杂物的定量关系［J］．工程科学学报，2015，37：35-44.

Optimization of Strength and Toughness of Railway Wheel Steel by Alloy Design❶

Zeng Dongfang[1] Lu Liantao[1] Gong Yanhua[2] Zhang Ning[2] Gong Yubin[1]

(1. State Key Laboratory of Traction Power, Southwest Jiaotong University;
2. Ma'anshan Iron and Steel Co., Ltd.)

Abstract For the purpose of developing a railway wheel steel with a good combination of strength and toughness, an improved wheel steel containing high contents of Si and Mn and a low content of Cr was developed. Microstructures and mechanical properties of the improved wheel steel at different depths in the wheel rim were evaluated by optical microscopy, scanning electron microscopy, electron probe microanalysis, tensile, hardness and Charpy impact tests, with a comparison to two traditional wheel steels. The results indicate that the improved wheel steel has a higher strength without impairing its impact toughness. The improved steel is hardened by solid solution strengthening and refinement of pearlite interlamellar spacing, while the impact absorbed energy is raised by increasing the proeutectoid ferrite fraction. The hardness of materials reduces with an increase in the depth in the wheel rim due to the increasing of proeutectoid ferrite fraction and interlamellar spacing. Materials deeper in the wheel rim exhibit a lower impact absorbed energy because of their larger interlamellar spacing and pearlite colony size. The thickness of complex layer is successfully reduced by alloy design in this study.

Key words railway wheel steel; alloy design; microstructures; strength; toughness

1 Introduction

Wear and rolling contact fatigue (RCF) are the principal damages for railway wheels [1,2]. Severe wear reduces wheel lives and increases the cost in service. The RCF can lead to the catastrophic failures of railway wheel that can be costly from both economic and human damage perspective. Improvement of wear resistance is usually achieved by using railway wheel steels with a higher strength. However, steels of this kind generally have a lower toughness and therefore exhibit a lower resistance to the growth of RCF cracks[3]. In order to control the cost and meet the demand for safety simultaneously during the operation, the strength and the toughness of the railway wheel steel must be well-balanced. ER8 steel defined by EN 13262 is a widely used wheel material for Chinese high-speed train. Although the steel exhibits excellent toughness, wear is still an important factor to reduce the lives of railway wheel made of ER8 steel owning to its low strength. It is therefore important to develop a higher strength wheel steel without impairing its toughness. Mechanical properties of the wheel steel which is composed of proeutectoid ferrite and pearlite depend on the microstructure. The pearlite controls the steel strength, which is a function of the interlamellar spacing, as dictated by the Hall-Petch relationship [4,5]. The toughness of the steel depends primarily upon the volume fraction of proeutectoid ferrite, pearlite colony size, grain size and interlamellar spacing [6-13]. The microstructure of ferrite-pearlite steel can be improved by adjusting the chemical compositions [14-18]. The strength of railway wheel steel is generally increased by increasing carbon content. However, carbon addition leads to the deterioration of the toughness [3]. It has been reported that the microstructure and mechanical properties of ferrite-pearlite steel can also be improved by alloy design [14-18].

Railway wheels are huge in mass (weight: 330-450kg, and diameter: ϕ840-ϕ1250mm) and complex in

❶ 原文发表于"Materials and Design" 2016 年。

shape, as shown in Fig. 1. The rim requires higher strength as compared to the web, since the materials near the wheel tread are subjected to severe contact loading. Therefore, the rim is quenched by spray water cooling during the production to increase the strength and introduce the residual compressive stress within the materials. However, a complex layer is inevitably formed at the region closed to wheel tread where the critical cooling rate for pearlite formation is exceeded [19,20]. The complex layer is fragile and must be removed to ensure a uniform microstructure of ferrite and pearlite section of the wheel rim. It is meaningful to reduce the thickness of the complex layer since the producing cost of railway wheel would be increased as the complex layer becomes thicker. Alloy design is reported to be a useful method to control the thickness of the complex layer by increasing the critical cooling rate for pearlite formation [25,26].

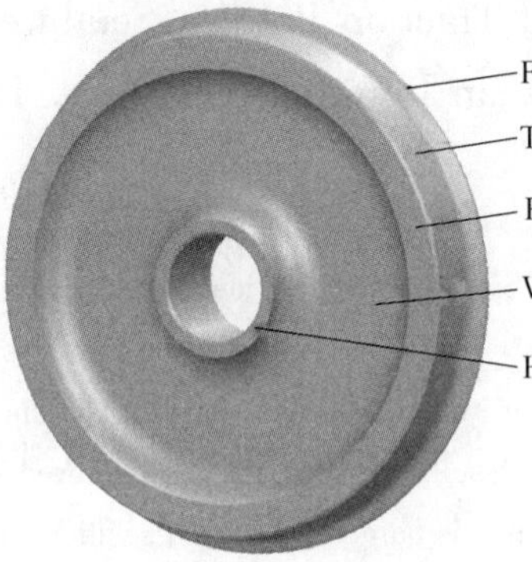

Fig. 1　Structure of the railway wheel

In this paper, an improved wheel steel with a good combination of strength and toughness was optimized from a traditional wheel steel (ER8 steel) by alloy design. It is expected to achieve the following objectives: (1) Compared with ER8 steel, the improved wheel steel has a higher strength without impairing its toughness; (2) The thickness of the complex layer would be reduced by alloy design. Besides, the difference of the effect between carbon addition and alloy design on microstructures and mechanical properties of wheel steel still requires elucidation. Therefore, microstructures and mechanical properties of the other traditional wheel steel (ER9 steel) with a higher carbon content were also investigated and compared with those of the improved steel in this study.

2　Alloy Design

Chemical compositions of the traditional and improved wheel steels are given in Table 1. The carbon content of ER9 is increased as compared to that of ER8 steel. The main differences in compositions between the improved steel and ER8 steel are the contents of Mn, Si and Cr.

Table 1　Chemical compositions of the wheel steels　　(w/%)

Steels	C	Si	Mn	P	S	Cr
ER8	0.52	0.26	0.73	0.016	0.002	0.25
ER9	0.57	0.26	0.73	0.007	0.002	0.26
Improved	0.52	0.93	0.93	0.009	0.001	0.04

Carbon forms cementite and is a typical strengthening element for ferrite-pearlite steels. However, carbon addition is detrimental for the toughness of steel. Thus, the carbon content of the improved steel is restricted to 0.52%, which is the same as the carbon content of ER8 steel. The negative effect of restricting carbon content on the strength of steel is compensated with higher contents of Si and Mn which are the solution strengthening elements for ferrite and cementite [16,21], respectively. In addition, the thermal sensitivity of the steel is decreased by Mn and Si additions; this alleviates the thermal damage arising from braking and curving, etc. Si addition would inhibit the undesirable proeutectoid cementite along the prior austenitic grain boundaries [22,23]. This will reduce crack formation and extend RCF life [24]. Cr can increase the strength of steel by decreasing the pearlite interlamellar spacing. However, Cr addition obviously reduces the critical cooling rate for pearlite formation [19,20] and increases the thickness of the complex layer.

3 Experimental

3.1 Materials

All tested materials were machined from wheel rims with the complex layer. Wheel rims were heat treated using the following procedure: austenitizing at 860℃ for 2 h followed by quenching in a spray of water and tempering at 500℃ for 2 h followed by cooling to room temperature under normal heat exchange conditions. The complex layer formed by heat treatment was reserved.

The complex layer with a thickness of about 10mm (as analyzed in Section 4.1) should be removed before the wheel comes into service. The thickness of a wheel rim without the complex layer would be reduced by about 35mm when the wheel should be replaced. In order to study the complex layer and the materials used during the service, tested materials were machined from the shaded areas shown in Fig. 2.

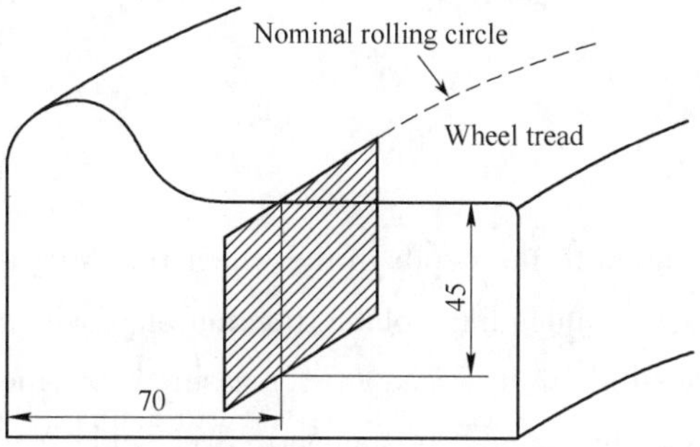

Fig. 2 Position and orientation of the microstructure samples (unit: mm)

3.2 Microstructural characterization

Samples used in the microstructure testing were obtained from the section of nominal rolling circle of wheel rim, as shown in Fig. 2. The samples were polished and etched with 4% nital solution and then observed using a confocal laser scanning microscope (CLSM, KEYENCE VK-9710) and a scanning electron microscope (SEM, JSM-6610LV) operated at secondary electron mode with an accelerating voltage of 25 kV. The volume fraction of the proeutectoid ferrite was analyzed using Image-Pro software from the CLSM images. The elemental concentration of different metallographic constituents within the steels was investigated by an electron probe microanalysis (EPMA, JXA-8230) at an operating voltage of 20 kV and a specimen current of 1.05×10^{-8} A. To reveal prior austenite grain boundaries, the samples were austenitised at 860℃ for 0.5 h followed by water quenching. After usual grinding and polishing operations, they were etched with worm supersaturated picric acid solution. Then, the prior austenite grain size was assessed on surfaces etched with worm supersaturated picric acid solution by linear intercept method according to ASTM E112. SEM images at 5000× magnification that were observed from 25 random regions were used to measure the interlamellar spacing. The interlamellar spacing corresponding to the minimum apparent spacing was measured perpendicular to lamellae within pearlite colony having the shortest spacing[25]. The method proposed by Sergio was applied to determine the pearlite colony size[6]. Microstructure samples were etched with warm supersaturated picric acid solution to reveal the pearlite colony boundaries. And then the pearlite colony size of wheel steel was quantitatively assessed by linear intercept method according to ASTM E112.

3.3 Mechanical properties

Three tensile specimens were machined from the wheel rim following EN 13262 and then underwent tensile tests according to EN 10002-1 for each kind of wheel steel. Room temperature tensile tests were performed on an MTS servo-hydraulic testing machine using a crosshead speed of 2mm/min. In order to study mechanical properties of the wheel steel used during the service, hardness profiles from the wheel tread to 45mm below the surface were measured by Vickers hardness tests. Impact specimens were machined from the wheel rim at depths of 20mm and 45mm, as shown in Fig. 3. According to EN 13262, Charpy U-notched specimens were used and the impact absorbed energy was measured at room temperature following ISO 148-1. Fracture surfaces of impact specimens were examined by SEM to determine the fracture mechanism.

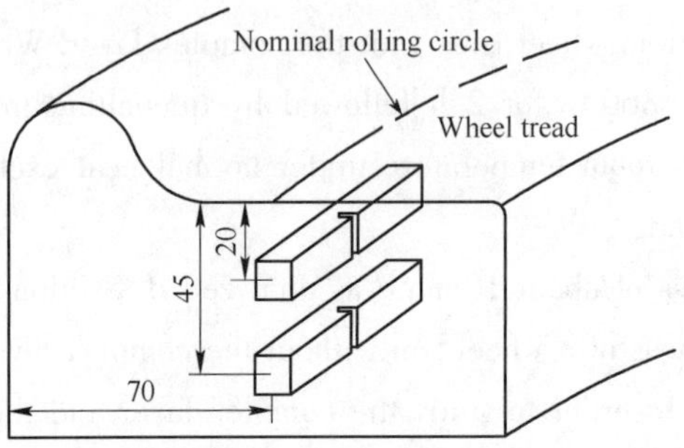

Fig. 3 Position and orientation of specimens for Charpy impact tests (unit: mm)

4 Results and Discussions

4.1 Microstructure

The microstructure of wheel steel varies with the depth in the wheel rim. Microstructural characterizations of tested materials at depths of 20mm and 45mm, including volume fraction of proeutectoid ferrite, interlamellar spacing, pearlite colony size and prior austenite grain size, were measured by the use of CLSM and SEM micrographs. Results of microstructural characterizations are summarized in Table 2 and the typical micrographs are presented in Section 4. 1. 2-Section 4. 1. 4.

Table 2 Microstructural characterizations of wheel steels

Steels	Depth/mm	VFPF/%	IS/μm	PCS/μm	PAGS/μm
ER8	20	3. 2±0. 5	0. 14±0. 02	8. 1±0. 5	20. 2±1. 4
	45	6. 1±0. 6	0. 16±0. 02	12. 9±0. 7	
ER9	20	1. 8±0. 4	0. 13±0. 02	7. 8±0. 4	23. 1±1. 6
	45	4. 3±0. 8	0. 15±0. 02	13. 5±0. 5	
Improved	20	7. 6±0. 9	0. 13±0. 01	8. 2±0. 3	22. 1±1. 7
	45	12. 2±1. 0	0. 15±0. 02	13. 0±0. 8	

VFPF, IS, PCS, and PAGS stand for volume fraction of proeutectoid ferrite, interlamellar spacing, pearlite colony size and prior austenite grain size, respectively.

4. 1. 1 Complex layer

In this study, the wheel rim was austenitized at 860℃, cooled with a water spray and then tempered at 500℃. The cooling rate decreases with an increase in the depth in the wheel rim when water spray chilling is conducted for the wheel tread during the production. Martensite and bainite are inevitably formed at the region closed to wheel tread where the critical cooling rate for pearlite formation is exceeded [24,25]. Then, the martensite is tempered at 500℃. Fig. 4 shows a typical SEM micrograph of the complex layer. It is composed of tempered martensite, bainite, ferrite and pearlite. The microstructure of the complex layer varies with the depth in the wheel rim, as shown in Fig. 5. The material mainly consists of bainite and tempered martensite at a depth of 2mm. Ferrite and pearlite form and the contents of tempered martensite and bainite generally decrease for the reduction of the cooling rate as the depth increases. A uniform microstructure of ferrite and pearlite is formed at a depth of about 11mm for the improved wheel, whereas a certain amount of bainite still exists for ER8 and ER9 wheel at that depth. The microstructure observation reveals that the thickness of the complex layer for both ER8 and ER9 wheel is about 13mm, while it is only 9mm for the improved wheel.

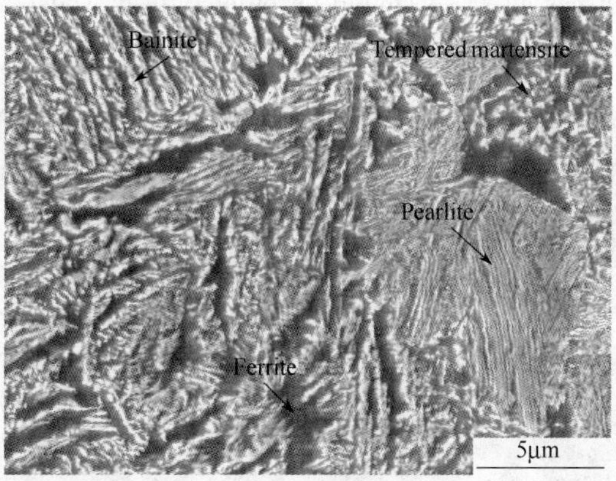

Fig. 4 SEM micrograph of the complex layer of ER8 wheel at a depth of 7mm

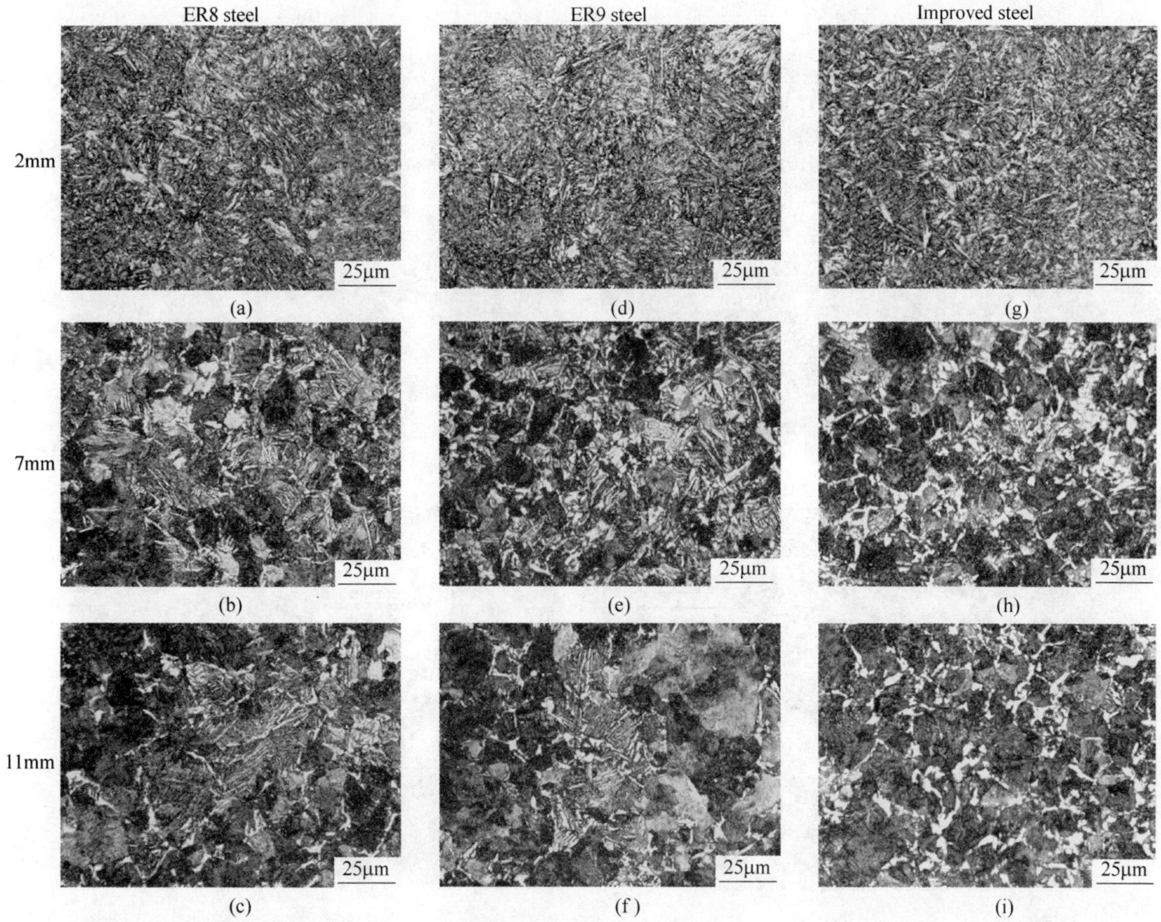

Fig. 5 CLSM micrographs of ER8 steel at depths of (a) 2mm, (b) 7mm and (c) 11mm, ER9 steel at depths of (d) 2mm, (e) 7mm and (f) 11mm and the improved steel at depths of (g) 2mm, (h) 7mm and (i) 11mm

Previous studies have shown that Cr addition increases the hardenability of the steels resulting in the formation of bainite [15]. This can be associated with the effect of Cr on the critical cooling rate for pearlite formation. Jiang et al. have reported that the critical cooling rate for pearlite formation is reduced by Cr addition and thus the formation of tempered martensite and bainite is promoted [24,25]. Compared with ER8 and ER9 steel, Cr content of the improved steel is reduced from 0. 26 to 0. 04 and thereby the thickness of the complex layer is reduced.

4. 1. 2 Volume fraction of proeutectoid ferrite

The microstructures of wheel steels at depths of 20mm and 45mm are shown in Fig. 6. The microstructure of wheel steel is composed of proeutectoid ferrite and pearlite. Since the cooling rate reduces with an increase in the depth in the wheel rim during water spray chilling, the volume fraction of proeutectoid ferrite is increased, as shown in Fig. 6 and Table 2. The same result has also been found for other railway wheel steels with similar chemical compositions [26,27].

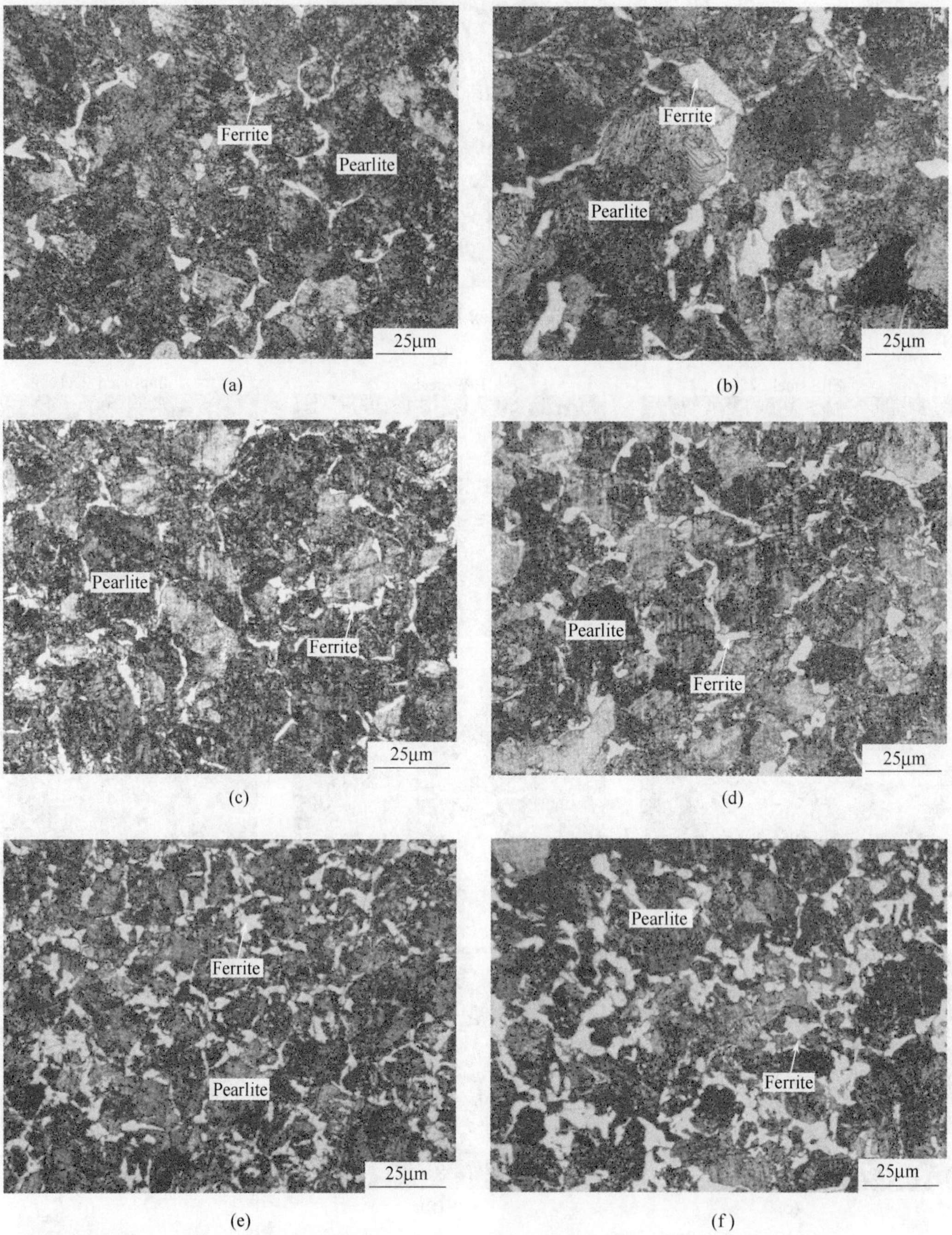

Fig. 6　CLSM micrographs of ER8 steel at depths of (a) 20mm and (b) 45mm, ER9 steel at depths of (c) 20mm and (d) 45mm and the improved steel at depths of (e) 20mm and (f) 45mm

The proeutectoid ferrite fraction of ER8 steel at depths of 20mm and 45mm is about 3.2% and 6.1%, respectively. The proeutectoid ferrite within ER9 steel becomes thinner and the fraction decreases to about 1.8% and 4.3% at depths of 20mm and 45mm, respectively. For the improved steel, the proeutectoid ferrite fraction obviously increases to about 7.6% and 12.2% at depths of 20mm and 45mm, respectively. Si is well known as an alloying element favoring ferrite phase by raising the A_{r3} temperature [16]. This is confirmed by the calculation with IDS model [28]. The improved steel has a more than threefold increase in Si content as compared to the ER8 steel and therefore the ferrite fraction of the steel is significantly increased.

4. 1. 3 Prior austenite grain size

For a given wheel steel, the prior austenite grain size mainly depends on the austenitizing condition during the production, instead of the cooling rate that varies with the depth in the wheel rim during water spray chilling. Therefore, materials at depths of 20mm and 45mm have almost the same grain size. The average prior austenite grain size for ER8, ER9 and the improved steel is 20. 2μm, 23. 1μm and 22. 1μm, respectively. The grain size of ER9 and the improved steel is slightly increased as compared to that of ER8 steel. This is probably associated with the carbon and Mn additions. Both carbon and Mn can increase the grain size by promoting the diffusion of Fe atoms.

4. 1. 4 Pearlite colony size and interlamellar spacing

Fig. 7 and Fig. 8 show CLSM micrographs of the improved steel etched with worm supersaturated picric acid solution and SEM micrographs of the pearlite interlamellar spacing of the improved steel, respectively. The pearlite colony boundaries (as indicated by arrows in Fig. 7) of the improved steel were preferentially etched and the individual pearlite colonies were clearly outlined by the boundaries. Morphologies of pearlite colony and interlamellar spacing of ER8 and ER9 steel are similar to those of the improved steel shown in Fig. 7 and Fig. 8.

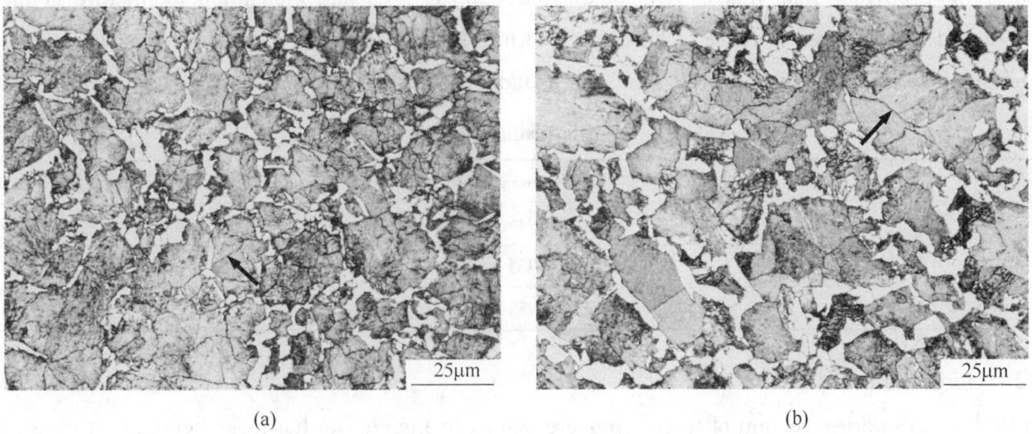

Fig. 7 Preferential etching of pearlite colony boundaries of the improved steel at depths of (a) 20mm and (b) 45mm

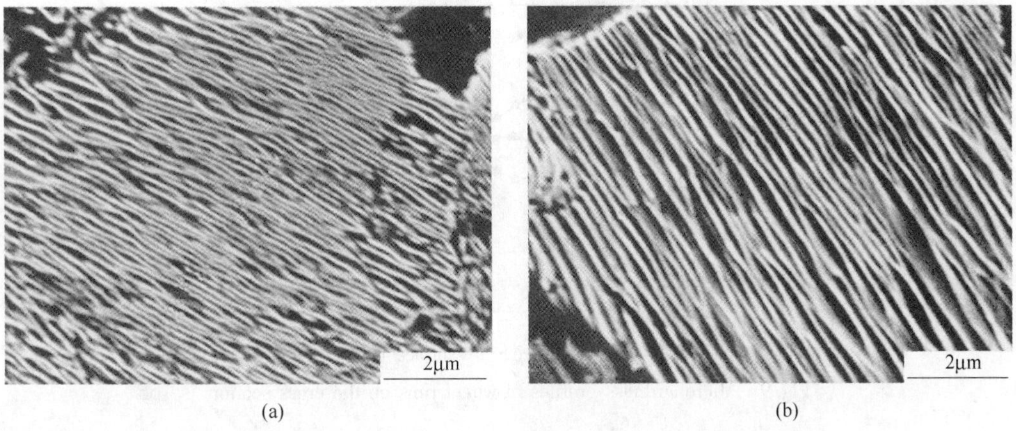

Fig. 8 SEM micrographs of the pearlite interlamellar spacing of the improved steel at depths of (a) 20mm and (b) 45mm

It has been reported that both the pearlite colony size and interlamellar spacing are mainly influenced by the austenite–pearlite transformation temperature (A_{r1}) that varies with the chemical composition and cooling rate [29,30]. The transformation temperature increases with a decrease in the cooling rate. This leads to a coarse pearlite colony and interlamellar spacing. Therefore, the material deeper in the wheel rim has a larger pearlite colony and interlamellar spacing, as shown in Fig. 7, Fig. 8 and Table 2. Carbon addition reduces the interlamellar spacing by decreasing the transformation temperature [30]; and thus ER9 steel has a smaller interlamellar spacing than ER8 steel. The previous studies have shown that additions of Si and Cr cause a decrease in the interlamellar spacing [30,31]. However, there are different opinions on the effect of Mn addition on interlamellar spacing. Gladman et al. reported that Mn addition depresses the transformation temperature, which leads to a decrease in the interlamellar spacing [13,31], whereas Ridley et al. reported that interlamellar spacing is increased by Mn addition [25,32]. The contents of Si, Mn and Cr of the improved steel are adjusted compared with those of ER8 steel. Si addition perhaps has a greater influence on the interlamellar spacing than the adjustment of Mn and Cr contents, since the adjustment of Si content is significantly greater than that of Mn and Cr. This may lead to the refinement of the interlamellar spacing for the improved steel.

4.2 Mechanical properties

4.2.1 Tensile properties

Average values of results obtained from the tensile testing are presented in Table 3. Although both ER9 and the improved steel exhibit higher yield strength and tensile strength than ER8 steel, the strength improvement of the improved steel is more obvious than that of ER9 steel. Reduction of area and elongation to fracture of the improved steel are increased as compared to those of ER8 steel, while those of ER9 steel are reduced. Therefore, compared with traditional wheel steels, the improved steel has a higher strength without impairing its ductility.

Table 3 Tensile properties of tested steels

Steels	Yield strength/MPa	Tensile strength/MPa	Reduction of area/%	Elongation to fracture/%
ER8	610	945	19.5	58.5
ER9	615	965	19.0	55.0
Improved	650	985	22.5	59.3

4.2.2 Hardness profiles

Hardness profiles of the cross section of wheel rims are shown in Fig. 9. The hardness decreases with an increase in the depth in the wheel rim. For a given depth, the improved steel exhibits a higher hardness than ER8 and ER9 steel.

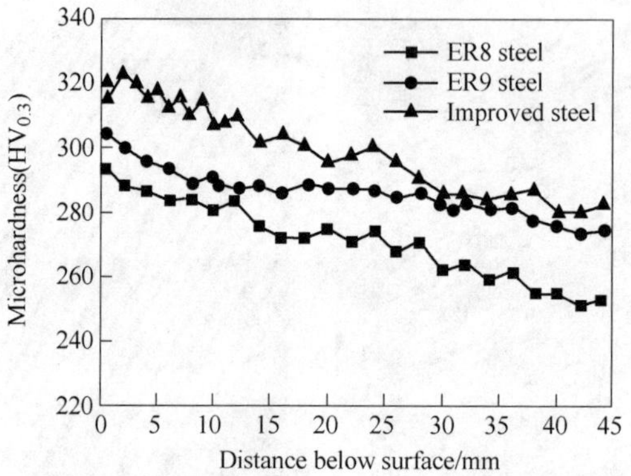

Fig. 9 Microhardness profiles of wheel rims on the cross section

The hardness of the proeutectoid ferrite and the pearlite within the microstructure was measured by a Vickers hardness tester with a load of 10g. It is difficult to measure the microhardness of the proeutectoid ferrite at the depth of 20mm since the proeutectoid ferrite is so thin that the width of the proeutectoid ferrite is less than the size of microhardness indent which has a side length of about 8μm. The proeutectoid ferrite at the depth of 45mm is large enough to be measured and the tested results are present graphically as median ranked probability distribution versus microhardness because of large scatter of the measured values, as shown in Fig. 10. Proeutectoid ferrite within ER8 and ER9 steels has an average microhardness of about $HV_{0.01}$ 200, while the average microhardness of proeutectoid ferrite within the improved steel is increased to about $HV_{0.01}$ 225. The hardness increment of proeutectoid ferrite for the improved steel can be attributed to the solid solution strengthening induced by Si addition. EPMA was used to measure Si and Mn contents of metallographic constituents within the steels and the results are shown in Fig. 11. The proeutectoid ferrite has a Si content of 0. 852% for the improved steel, while the Si content of the proeutectoid ferrite is less than 0. 30% for ER8 and ER9 steel. Of the substitutional solid solution strengthening elements silicon is comparatively strong. It has been reported that 1% silicon raises yield stress by 81MPa [33]. Thus the improved wheel steel exhibits a higher proeutectoid ferrite hardness than ER8 and ER9 steel, as shown in Fig. 10.

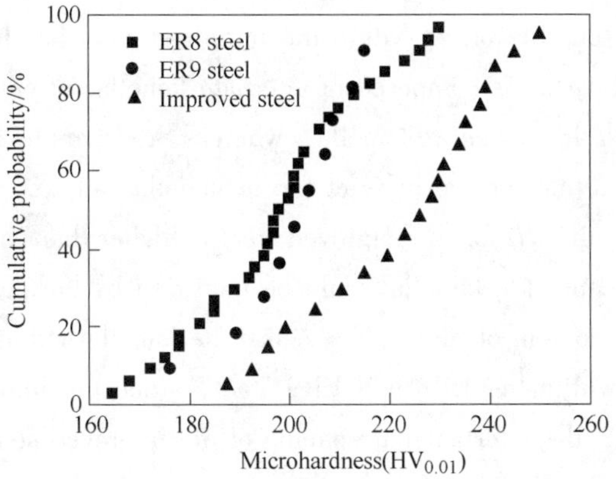

Fig. 10 Median ranked probability distribution versus microhardness of proeutectoid ferrite at depth of 45mm

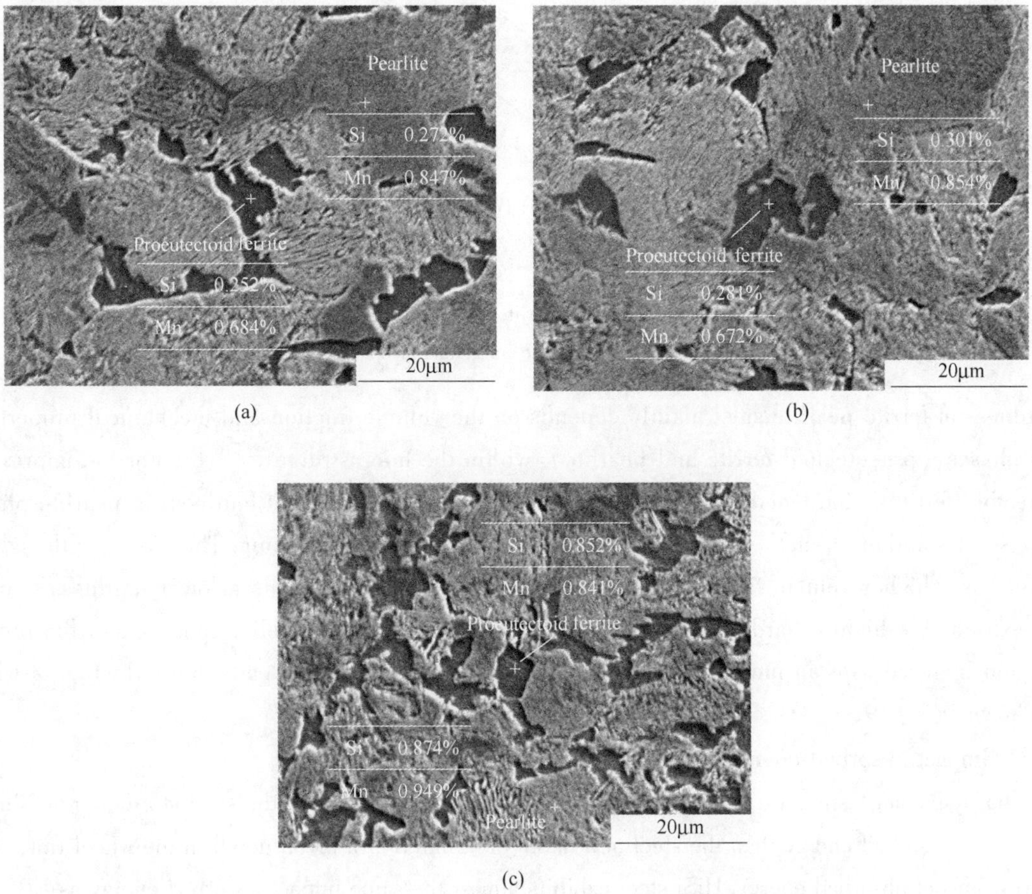

Fig. 11 EPMA results taken from different metallographic constituents within (a) ER8 steel, (b) ER9 steel and (c) the improve steel at depth of 45mm

The pearlite hardness has been reported to follow a Hall-Petch relationship with the interlamellar spacing. The relationship can be expressed as [4,5]:

$$HV = H_0 + K_H S^{-1/2} \tag{1}$$

where HV is the microhardness of the pearlite; H_0 is the microhardness of the ferrite with infinite mean free path; S is the interlamellar spacing; K_H is related to the dislocation locking constant during hardness measurement. The Hall-Petch relationship between pearlite microhardness and $S^{-1/2}$ for tested steels was calculated and plotted on Fig. 12. ER8 and ER9 steels approximately share the same Hall-Petch relationship. However, the improved steel exhibits a higher pearlite hardness than ER8 and ER9 steels when all of these steels have a similar interlamellar spacing. As shown in Fig. 11, the pearlite phase within the improved steel has higher contents of Si and Mn than those within ER8 and ER9 steel. Pearlite is composed of alternate lamellas of cementite and ferrite. It has been reported that Mn strongly partitions to the cementite lamella, whereas Si prefers to the ferrite lamella within the pearlite[21,25]. It is reasonable to suppose that the hardness of ferrite lamella can also be increased by the solid solution strengthening induced by Si. Therefore, H_0 for the improved steel is higher than that for ER8 and ER9, as shown in Fig. 12. Besides, the hardness of cementite lamella would be improved by the partitioning behavior of Mn which is reported to be promoted by a high content of Si [21]. The cementite lamella within the improved steel is expected to have a higher hardness than that within the ER8 and ER9 steel, since the improved wheel steel contains higher contents of Si and Mn. In addition, the interlamellar spacing of the improved steel is reduced as compared to ER8 steel. Hence, a higher pearlite hardness of the improved steel was obtained, as shown in Fig. 12.

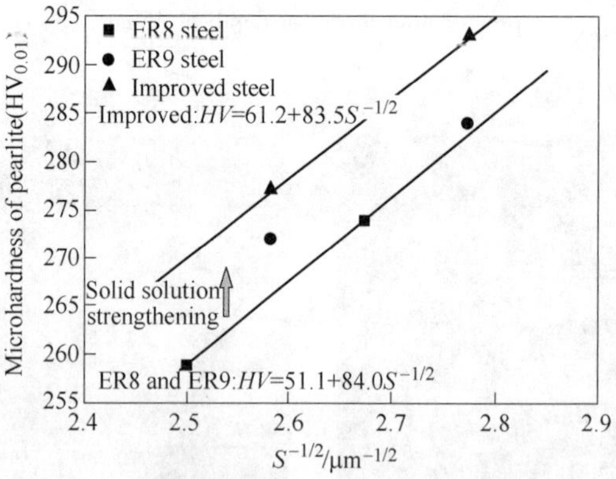

Fig. 12 Relationship between pearlite microhardness and the inverse of the square root of the interlamellar spacing

The hardness of ferrite-pearlite steel mainly depends on the volume fraction and mechanical properties of the individual phases (proeutectoid ferrite and pearlite) within the microstructure [16,34]. For the improved steel, the proeutectoid ferrite is hardened by solid solution strengthening, while the hardness of pearlite phase is increased by solid solution strengthening and refinement of interlamellar spacing. Therefore, although the improved steel has a higher volume fraction of proeutectoid ferrite which exhibits a lower hardness than pearlite phase, it exhibits the highest hardness of all tested steels. Both the interlamellar spacing and the proeutectoid ferrite fraction increase with an increase in the depth in the wheel rim; this leads to a reduction of wheel steel hardness shown in Fig. 9.

4. 2. 3 Impact absorbed energy

Results of Charpy impact testing are summarized in Table 4. For a given wheel, the steel at a depth of 20mm exhibits higher impact absorbed energy than the steel at a depth of 45mm. For a given depth in the wheel rim, ER9 steel has the lowest impact absorbed energy. HiSi steel exhibits almost the same impact absorbed energy as ER8 steel at a depth of 20mm. Besides, the impact absorbed energy for HiSi steel is slightly higher than that for ER8 steel at a depth of 45mm. Therefore, the impact toughness of wheel steel is impaired by carbon addition, while it is slightly improved by alloy design.

Table 4 Results of Charpy impact testing

Steels	Depth/mm	Measured values/J	Average/J
ER8	20	27.3, 26.0, 27.3	26.8
	45	21.7, 23.1, 22.3	22.3
ER9	20	27.1, 25.2, 24.3	25.5
	45	20.0, 16.5, 18.3	18.3
Improved	20	27.6, 26.1, 27.4	27.0
	45	22.8, 25.1, 23.3	23.7

Fig. 13 shows fracture surfaces of impact test specimens. The fracture surface consists primarily of cleavage facets with a small amount of dimples. It can be seen that all the steels mainly failed by transgranular cleavage, which is accompanied by slight ductile tearing. Fig. 14 shows a SEM examination of an etched fracture surface. It can be seen that the ferrite lamella and the cementite lamella within a pearlite colony share a common orientation. The crack grows across both the ferrite lamella and the cementite lamella within the pearlite colony. The pearlite colony can be considered as a single fracture cell and redirection of crack growth occurs at pearlite colony boundaries. Similar results have also been observed for other ferrite-pearlite steels [35,36]. Therefore, refinement of the pearlite colony structure would contribute to an improvement in impact absorbed energy since pearlite colony boundaries can act as obstacles to crack propagation. In addition, refinement of interlamellar spacing can also increase the impact absorbed energy by raising the critical cleavage fracture stress [9,10]. Materials deeper in the wheel rim exhibit a lower impact absorbed energy because of their larger interlamellar spacing and pearlite colony size, as shown in Table 4.

The effect of plastic working by ductile tearing on the cleavage fracture becomes more prominent when increasing the proeutectoid ferrite fraction; thus the critical cleavage fracture stress can be increased. It has been reported that the critical cleavage fracture stress for ferrite - pearlite steel is proportional to (proeutectoid ferrite

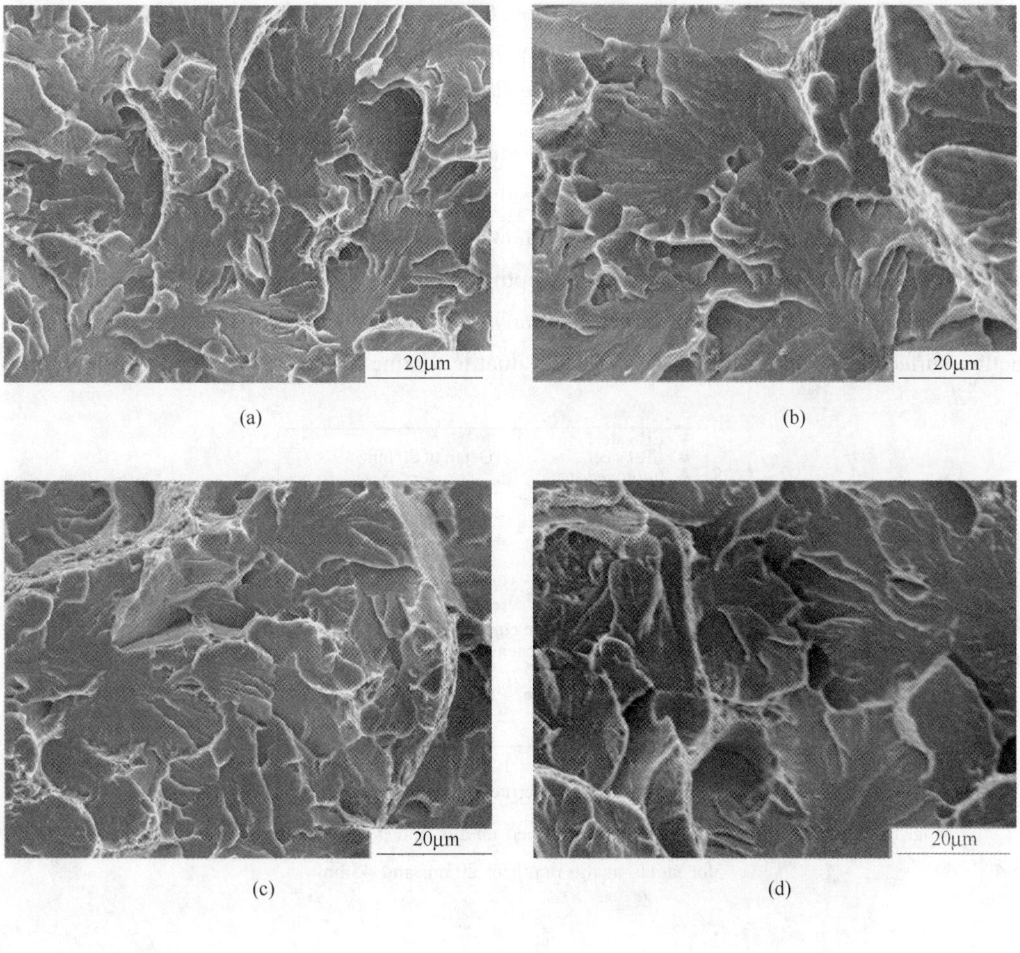

(a) (b) (c) (d)

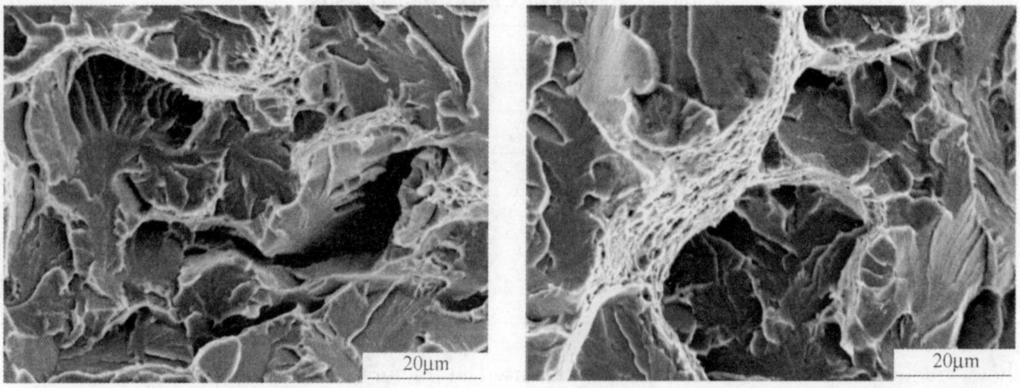

(e) (f)

Fig. 13 SEM examinations of fracture surface. ER8 steel at depths of (a) 20mm and (b) 45mm, ER9 steel at depths of (c) 20mm and (d) 45mm and the improved steel at depths of (e) 20mm and (f) 45mm

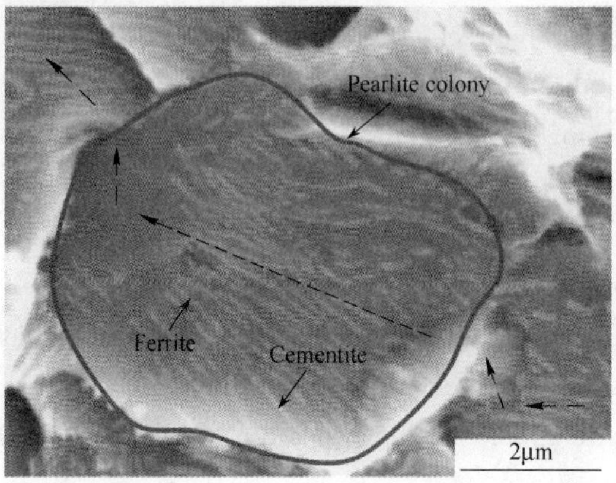

Fig. 14 SEM examination of an etched fracture surface of the improved steel at a depth of 45mm. Each pearlite colony can be considered as a single fracture cell since alternate layers of ferrite and cementite on the cleavage facet are almost parallel to each other

fraction)$^{1/3}$[8,35,37]. For a given depth in the wheel rim, the tested wheel steels have similar pearlite colony size, grain size and interlamellar spacing. Therefore, it is hypothesized that the cleavage fracture at a given depth is only influenced by the proeutectoid ferrite fraction. Fig. 15 shows the relationship between the impact absorbed energy and (proeutectoid ferrite fraction)$^{1/3}$ for steels at the depth of 20mm and 45mm. It can be seen that the impact absorbed energy increases with (proeutectoid ferrite fraction)$^{1/3}$ at a given depth in the wheel rim. This is in accord with the fracture surface observation (Fig. 13) that the ductile tearing for the improved steel which has the highest

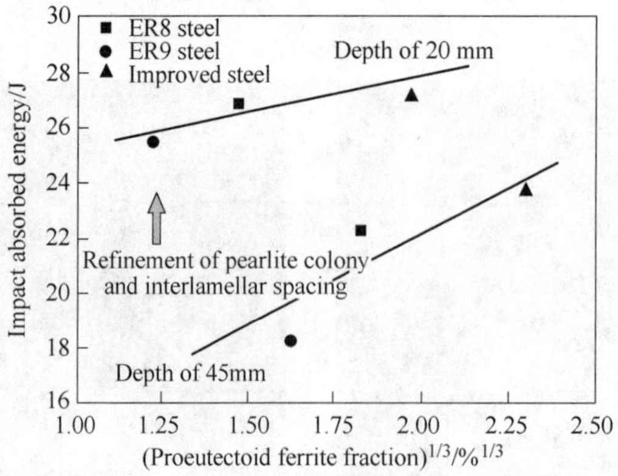

Fig. 15 Relationship between impact absorbed energy and (proeutectoid ferrite fraction)$^{1/3}$ for steels at the depth of 20mm and 45mm

proeutectoid ferrite fraction and impact absorbed energy is more notable than that for ER8 and ER9 steel.

5 Conclusions

An improved wheel steel containing high contents of Si and Mn and a low content of Cr was developed. The relationship between microstructure and mechanical properties was studied for the improved wheel steel, with a comparison to traditional wheel steels. The conclusions are summarized as follows:

(1) Compared with traditional wheel steels, the improved wheel steel has a higher strength without impairing its impact toughness.

(2) The improved steel is hardened by solid solution strengthening and refinement of interlamellar spacing, while the impact absorbed energy is raised by increasing the proeutectoid ferrite fraction.

(3) The hardness of tested wheel steels reduces with an increase in the depth in the wheel rim due to the increasing of proeutectoid ferrite fraction and interlamellar spacing. Materials deeper in the wheel rim exhibit a lower impact absorbed energy because of their larger interlamellar spacing and pearlite colony size.

(4) The thickness of the complex layer is successfully reduced by alloy design.

Acknowledgements

This work was supported by Basic Research Association Foundation of High-speed Rail (U 1134202 and U 1334206), the 2014 Doctoral Innovation Funds of Southwest Jiaotong University and the Fundamental Research Funds for the Central Universities.

References

[1] Ekberg A, Åkesson B, Kabo E. Wheel/rail rolling contact fatigue-probe, predict, prevent [J]. Wear, 2014, 314: 2-12.

[2] Zeng D, Lu L, Zhang J, Jin X, Zhu M. Effect of micro-inclusions on subsurface-initiated rolling contact fatigue of a railway wheel [C]. Proceedings of the Institution of Mechanical Engineers, Part F: Journal of Rail and Rapid Transit. 2014: 0954409714551808.

[3] Sakamoto H, Toyama K, Hirakawa K. Fracture toughness of medium-high carbon steel for railroad wheel [J]. Materials Science and Engineering: A, 2000, 285: 288-292.

[4] Modi O, Deshmukh N, Mondal D, Jha A, Yegneswaran A, Khaira H. Effect of interlamellar spacing on the mechanical properties of 0.65% C steel [J]. Materials Characterization, 2001, 46: 347-352.

[5] Marder A, Bramfitt B. The effect of morphology on the strength of pearlite [J]. Metallurgical Transactions A, 1976, 7: 365-372.

[6] Doi S N, Kestenbach H J. Determination of the pearlite nodule size in eutectoid steels [J]. Metallography, 1989, 23: 135-146.

[7] Elwazri A, Wanjara P, Yue S. The effect of microstructural characteristics of pearlite on the mechanical properties of hypereutectoid steel [J]. Materials Science and Engineering: A, 2005, 404: 91-98.

[8] Knott J F. Fundamentals of Fracture Mechanics [M]. Gruppo Italiano Frattura, 1973.

[9] Alexander D, Bernstein I. Cleavage fracture in pearlitic eutectoid steel [J]. Metallurgical Transactions A, 1989, 20: 2321-2335.

[10] Lewandowski J, Thompson A. Microstructural effects on the cleavage fracture stress of fully pearlitic eutectoid steel [J]. Metallurgical and Materials Transactions A, 1986, 17: 1769-1786.

[11] Lewandowski J J, Thompson A W. Effects of the prior austenite grain size on the ductility of fully pearlitic eutectoid steel [J]. Metallurgical Transactions A, 1986, 17: 461-472.

[12] Hu J, Du L X, Wang J J, Sun Q Y. Cooling process and mechanical properties design of hot-rolled low carbon high strength microalloyed steel for automotive wheel usage [J]. Mater. Design, 2014, 53: 332-337.

[13] Gladman T, McIvor I, Pickering F. Some Aspects of the Structure-Property Relationships in High-C Ferrite-Pearlite Steels [J]. J. Iron Steel Inst., 1972, 210: 916-930.

[14] Jha G, Das S, Sinha S, Lodh A, Haldar A. Design and development of precipitate strengthened advanced high strength steel for automotive application [J]. Materials Science and Engineering: A, 2013, 561: 394-402.

[15] Balart M, Davis C, Strangwood M. Fracture behaviour in medium-carbon Ti-V-N and V-N microalloyed ferritic-pearlitic and bainitic forging steels with enhanced machinability [J]. Materials Science and Engineering: A, 2002, 328: 48-57.

[16] Ollilainen V, Kasprzak W, Holappa L. The effect of silicon, vanadium and nitrogen on the microstructure and hardness of air cooled medium carbon low alloy steels [J]. J. Mater. Process Tech., 2003, 134: 405-412.

[17] Zhao J, Jiang Z, Lee C S. Enhancing impact fracture toughness and tensile properties of a microalloyed cast steel by hot forging and post-forging heat treatment processes [J]. Mater. Design, 2013, 47: 227-233.

[18] Kaynar A, Gündüz S, Türkmen M. Investigation on the behaviour of medium carbon and vanadium microalloyed steels by hot forging test [J]. Mater. Design, 2013, 51: 819-825.

[19] Jiang B, Chen G, Wang S, Zhong B, Li X, Zhao H, et al. Development of new Si-Cr microalloying wheel steel for 35-40 t axle-load freight car wheel [J]. Journal of Anhui University of Technology (Natural Science), 2013: 391-394.

[20] Chen G, Jiang B, wang S, Zhong B, Li X, Zhao H, et al. Production of rigid wheels for export-oriented freight cars with 40t axleload [J]. Locomotive & Rolling Stock Technology, 2014: 1-3.

[21] Tu Y, Mao Z, Zhang Q, Zhou X, Fang F, Jiang J. Atomistic interaction between silicon and manganese in pearlitic steel: combined atom probe tomography and first-principle calculations [J]. Materials Letters, 2014, 134: 84-86.

[22] Heckel R, Paxton H. Rates of growth of cementite in hypereutectoid steels [J]. Trans. Am. Soc. AIME, 1960, 218: 799.

[23] Han K, Edmonds D, Smith G. Optimization of mechanical properties of high-carbon pearlitic steels with Si and V additions [J]. Metallurgical and Materials Transactions A, 2001, 32: 1313-1324.

[24] Robles Hernández F, Cummings S, Kalay S, Stone D. Properties and microstructure of high performance wheels [J]. Wear, 2011, 271: 374-381.

[25] Ridley N. A review of the data on the interlamellar spacing of pearlite [J]. Metallurgical Transactions A, 1984, 15: 1019-1036.

[26] Wu S, Li X C, Zhang J, Shang C J. Effect of Nb on transformation and microstructure refinement in medium carbon steel [J]. Acta Metall. Sin., 2014, 50: 400-408.

[27] Wu S, Li X C, Zhang J, Shang C J, Misra R D K. Microstructural refinement and mechanical properties of high-speed niobium-microalloyed railway wheel steel [J]. Steel Research International, 2015, 86: 775-784.

[28] Miettinen J. Simple semiempirical model for prediction of austenite decomposition and related heat release during cooling of low alloyed steels [J]. Ironmaking & Steelmaking, 1996, 23: 346-356.

[29] Pickering F, Garbarz B. The effect of transformation temperature and prior austenite grain size on the pearlite colony size in vanadium treated pearlitic steels [J]. Scripta metallurgica, 1987, 21: 249-253.

[30] Houin J, Simon A, Beck G. Relationship between structure and mechanical properties of pearlite between 0.2% and 0.8% C [J]. Transactions of the Iron and Steel Institute of Japan, 1981, 21: 726-731.

[31] Fu W, Furuhara T, Maki T. Effect of Mn and Si addition on microstructure and tensile properties of cold-rolled and annealed pearlite in eutectoid Fe-C alloys [J]. ISIJ Int., 2004, 44: 171-178.

[32] Capdevila C, Caballero F, García de Andrés C. Neural network model for isothermal pearlite transformation. part i: Interlamellar spacing [J]. ISIJ Int., 2005, 45: 229-237.

[33] Ollilainen V. Assessment of the cold formability of ferritic steels using parameters determined in uniaxial tensile testing [J]. Journal of Materials Engineering and Performance, 1995, 4: 745-755.

[34] Jahazi M, Eghbali B. The influence of hot forging conditions on the microstructure and mechanical properties of two microalloyed steels [J]. J. Mater. Process Tech., 2001, 113: 594-598.

[35] Park Y, Bernstein I. The process of crack initiation and effective grain size for cleavage fracture in pearlitic eutectoid steel [J]. Metallurgical Transactions A, 1979, 10: 1653-1664.

[36] Strnadel B, Haušild P. Statistical scatter in the fracture toughness and Charpy impact energy of pearlitic steel [J]. Materials Science and Engineering: A, 2008, 486: 208-214.

[37] Hohenwarter A, Taylor A, Stock R, Pippan R. Effect of large shear deformations on the fracture behavior of a fully pearlitic steel [J]. Metall. Mater. Trans. A, 2011, 42A: 1609-1618.

Materials and Technology Development of Railway Wheels❶

Su Shihuai　An Tao　Gong Yanhua　Xiao Feng　Zou Qiang

(Ma'anshan Iron and Steel Co., Ltd.)

Abstract With analysis on several failure modes of railway wheels, and their correlation to materials and crafts, this paper makes a brief description on practice and results that Masteel achieved in terms of materials and crafts to improve train wheel performance. We hold that materials and crafts still have big margin for improvement in enhancing train wheel performance. With respect to material technologies, special study should be carried on metallographic structure influences on fatigue property, fatigue crack production, and crack growth behavior; material and performance enhancement should be made with orientation of structure optimization. In terms of craft technologies, special study should be carried on brittle oxide inclusion mixed with "limited size"; advanced evaluation and testing method should be developed and applied simultaneously when intensive studies are being made on brittle oxide inclusion mixed with formation mechanism and influence elements.

Key words railway wheels; failure analysis; metallurgical structure; property; quality control

1 Introduction

China is the most dynamic country of railway development, and has diversified demands for wheels used for rolling stock. As for different transportation modes, there are great differences of wheel loading conditions, directed measures shall be adopted in accordance with failure features of wheels during their using processes. Masteel, based on the analysis and identification of the relationship between wheel service performance and material as well as technology, carries out material and technology research in order to improve wheel service performance. In the future, it will deepen the fundamental researches of relationship between wheel and track, fatigue and fracture mechanics, etc., and promote the continuous improvement of materials and technologies, so as to make wheels with better applicability.

2 Wheel Failure Modes under Different Transportation Modes

Since the railway leapfrog development strategy has started in the 1990s, China's railway passenger and freight transportation develops rapidly and transportation modes become diverse. For different modes of transportation, due to differences in the line condition, speed, axle load, brake mode, vehicle dynamics, etc., there are various failure features of wheels.

2.1 Wheels for passenger trains

On existing lines, mainly operate power centralized trains with speed no more than 140km/h, also run EMUs with speed no more than 200km/h; on special passenger lines and high-speed railways, run high-speed EMUs with speed levels of 250km/h and 350km/h.

Existing lines for running ordinary passenger trains are railways with passenger and freight traffic. In the straight

❶ 原文发表于"The 18th International Wheelset Congress"2016年。

line interval and large radius curve interval, they adopt U71Mn and U75V hot-rolled rails with rail surface hardness of HB260-300 and HB280-320, while in small radius curve sections, they adopt U77MnCr and PG4 heat-treatment rails with rail surface hardness of HB370-415.

Due to large differences of terrain and physiognomy of China, there are great differences in slopes and curve radii of existing lines.

The axle load of ordinary passenger trains is 16.5 t, adopting disc braking, and the rim hardness of CL60 wheel used for this train type is HB265-310. In sections with small curve radius, the hardness ratio of wheel and rail is obviously less than 1.

Special passenger lines and high-speed railways for operating high-speed EMUs generally adopt ballastless tracks without any joint on the whole line. With larger curve radius and smooth track, the line condition is obviously better than existing lines. Lines with speed of 250km/h adopt U75V hot-rolled rails with rail surface hardness of HB280-320, while lines with speed of 350km/h adopt U71MnG hot-rolled rails with rail surface hardness of HB260-300 and HB280-320.

The axle load of high-speed EMUs is 14-17t. Generally the motor car adopts wheel disc braking and the trailer adopts axle disc braking, mainly using ER8 wheel material with C content no more than 0.56% and rim hardness over HB245, and its hardness ratio of wheel and rail is also less than 1.

Surface damages of ordinary passenger train wheels are normally spalling in circumferential direction with continuous distribution, see Fig. 1. This normally occurs during the early running period of new produced wheels.

While surface damages of wheels of high-speed EMUs are mainly tread oblique crack and scratching, see Fig. 2 and Fig. 3.

For wheels of ordinary passenger trains, shattered rim may occur from time to time. The crack initiation is within the scope of 10-20mm under the tread surface, and damage range can reach hundreds millimeters, see Fig. 4, and it is a failure that can directly threat the security of operation. More importantly, such kind of damage may occasionally occur in wheels for EMUs.

Fig. 1　Circumferential continuous distribution spallring

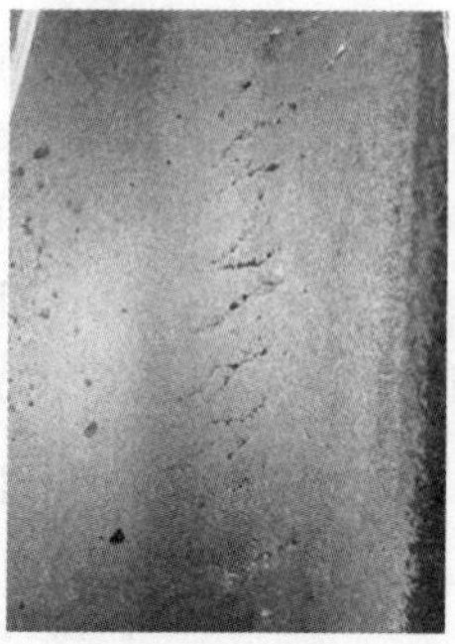

Fig. 2　Tread oblique crack

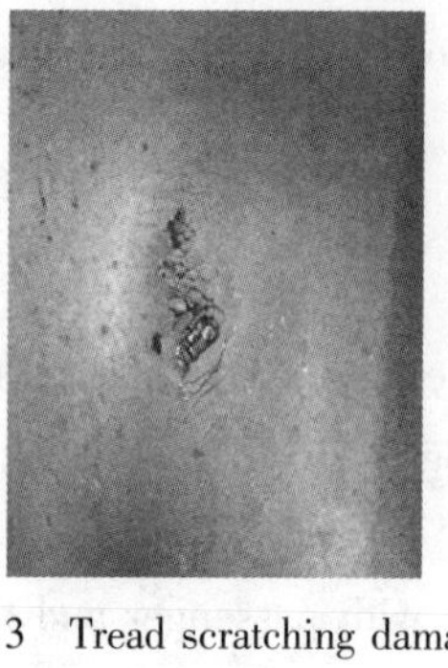

Fig. 3　Tread scratching damage

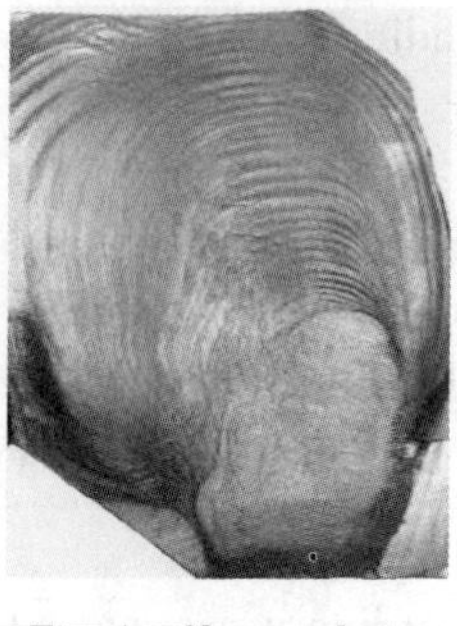

Fig. 4　Shattered rim

2.2 Wheels for freight trains

The axle loads of freight trains that run on existing lines are 21t and 23t, and except accidental shattered rim, the service condition of CL60 wheel used for such trains is basically under controllable condition.

However, when adopt CL60 wheel to freight trains with axle loads of 25t and 27t running on Datong-Qinhuangdao coal line, quite a number of problems are exposed, mainly including: the wear loss sharply increases more than 1 times, and the wheel service life significantly shortens, besides, occurrence rate of grinding edge and spalling obviously increases, see Fig. 5 and Fig. 6, and the shattered rim also presents a trend of increase. These problems make the maintenance of abnormal shutdown in use department increase significantly, which directly affects the normal operation.

The total length of the Datong-Qinhuangdao coal line is about 778km, which is complicated, because it has more than 80 ramps with the maximum gradient of 12‰ and more than 100 curves, where there are more bridges and tunnels and frequent brake phenomenons. U77MnCr rails as rolled with surface hardness above 300HB is used in straight line district, and PG4 and U77MnCr rail after heat treatment is used in zone with the curve radius lower than 1200m.

Fig. 5 Abnormal wear of wheel tread

Fig. 6 Grinding side of the wheel

3 Material and Technological Factor Analysis of Wheel Failure

3.1 Basic judgment on failure cause

3.1.1 Shattered rim

Carrying out dissection analysis on the failure of many vehicle wheels, which is caused by large-size brittle oxide inclusion discovered in the fracture origin without exception. According to the analysis results of one well-preserved fracture, the inclusion in the fracture origin is preserved completely, which is brittle oxide inclusion with a length of 1.072m, as shown in Fig. 7.

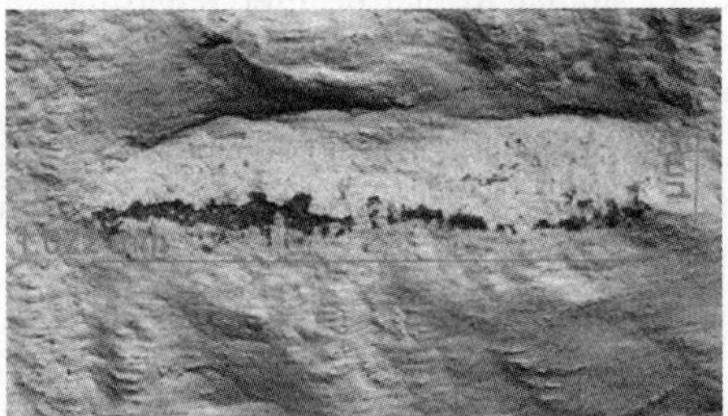

(a) Morphology of the inclusion

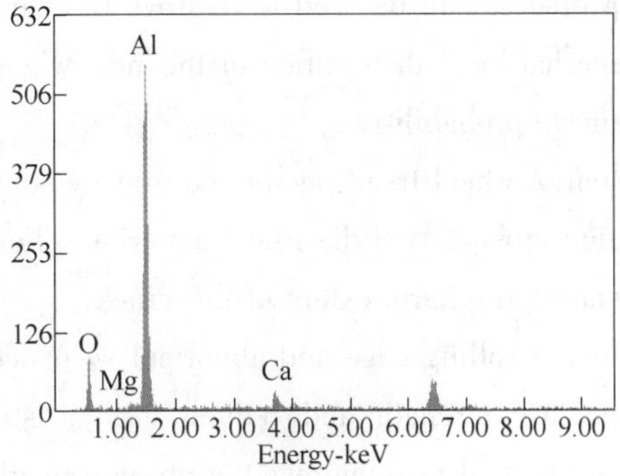

(b) Inclusion composition

Fig. 7 Shattered rim brittle inclusion found in the fracture

Many researchers[1,2] have studied on the mechanism of shattered rim, which belongs to II type crack growth under the weight of wheel-rail contact stress and shear stress, according to the research results of Tomoaki[3], defects with a length of 2.2mm which lies 12mm under the wheel tread may trigger shattered rim.

According to comprehensive results of real analysis and theoretical analysis, we can determine that it is the millimeter-level brittle oxide inclusion that results in the shattered rim.

3.1.2 Surface damage of wheel tread

There are many forms of surface damage on the wheel tread.

Circular continuity peeling defect is much more likely to occur in early application of new vehicle wheel, the occurrence rate of which obviously decreases after repairing, seeing from this rule, this kind of failure may be related to the surface condition of the wheel tread.

The wheel load is passed on the rail through a comparatively small contact area, which usually makes the partial load exceed the elastic limit[4-6] of the wheel and rail material, and plastic deformation occurs in the material on the wheel tread during the process of stress and strain cycles. According to stability limit theory, when the plastic deformation of the material reaches to a certain degree, the plastically deforming area will produce no new plastic deformation due to work hardening thus reaching a steady state, the depth of plastic deformation layer and stress distribution in contact area are closely related to the material of the wheel tread. According to the calculation of S. M. Kulkarni[7], there is a tensile stress area outside the contact area, and the stress of the material will decrease and the stress-strain curve recovers after completion of each contact cycle in the same contact element body with generation of a accumulative tangential residual strain. With the increase in the number of cycles, the inclined crack begins to grow after the accumulative tangential residual strain reaching threshold value of the material fracture, which grows under the shear stress of the contact surface.

The causes to wheel tread flat are quite clear[8], the contact area of the rail-wheel is very small, and high-grade heat is produced in the contact area of the vehicle wheel during braking process, making the metal on the surface of the wheel tread instantaneously be heated up to above phase-transition temperature, which cools rapidly in the air during scrolling to form the so called thermo-mechanical martensitic white layers that fractures under repeated action of wheel-rail contact stress, frictional force, vertical force, thermal stress and structural stress and thus peeling occurs. However, whether the scratching will lead to internal development of the defects is subject to the severity of the crack in the scratching area.

The grinding edge and abnormal wear occurred in the wagon wheel are obviously related to lower strength of the wheel rim, which may also be related to strength reduction under the influence of braking heat load.

3.2 Assessment of material and technological factors that cause wheel failure

The problem of shattered rim is obviously in direct relation to the control ability of non-metallic inclusion, which needs to seek solutions from improvement of steel smelting-casting process of the wheel steel.

Heat-treating process can be used to improve the early peeling of new wheels in common passenger car, which makes the surface hardness distribution of the new wheel tread similar to that of after repairing, and it may even decrease the damage probability.

For the problem of wheel tread peeling caused by scratching or other thermal damage defects, the improvement on phase transition properties of the wheel material is helpful to reduce the range of heat-affected zone and depth of crack thus alleviating the harm extent of the crack.

For the problem of rolling edge and abnormal wear occurred in the wagon wheel, it shall start from material improvement to increase strength and reduce loss of strength under the influence of heating load as much as possible. Besides, it shall also improve the phase transition properties and increase fracture toughness of the material for heavy-duty freight car due to its high braking thermal loads so as to reduce occurrence rate of defects of thermal damage and prevent the expansion of heat crack.

4 Materials Research and Its Effect

4.1 Laboratory study

Different modes of transportation have common demands for wheel material, which will have better service performance if it has good contact fatigue performance, as well as superior A_{c3} and lower generative capacity of martensite.

According to formula 1 & formula 2[9], Si has an effect to increase both A_{c3} and A_{c1}, and V also has an effect to increase A_{c3}, which has application value from coping with thermal damage.

$$A_{c1}(℃) = 723 - 20.7\text{Mn} - 16.9\text{Ni} + 29.1\text{Si} + 16.9\text{Cr} + 290\text{As} + 6.38\text{W} \quad (1)$$

$$A_{c3}(℃) = 910 - 203\text{sqr}(\text{C}) + 44.7\ \text{Si} - 15.2\text{Ni} + 31.5\text{Mo} + 104\text{V} + 13.1\text{W} \quad (2)$$

In order to verify the influence of Si and V alloying on contact fatigue performance, test wheels of non-alloying and alloying steel with C content of 0.55% and 0.60% respectively are produced. After the completion of wheels, take sample from the rims, and conduct contact fatigue test by GPM-30 testing machine. See Table 1 and Fig. 8 for performances and structure characteristics of the sample. The alloying promotes the formation of ferrite in the steel with C content of 0.55%, and leads to the increasing and changing of form of the ferrite in the steel with C content of 0.60%.

Table 1 Wheel materials used for contact fatigue test

C/%	Category	Hardness level (HB)	Structure
0.55	Non-alloying	260-270	Pearlite & discontinuous reticular ferrite (Fig. 8(a))
	Alloying		Pearlite & reticular ferrite (Fig. 8(b))
0.60	Non-alloying	300-310	Pearlite+little discontinuous reticular ferrite (Fig. 9(a))
	Alloying		Pearlite+little punctiform ferrite (Fig. 9(b))

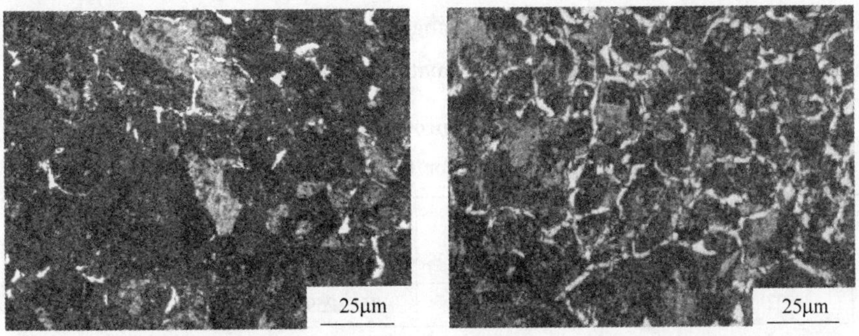

(a) Non-alloying (b) Alloying

Fig. 8 Comparison pictures of structure with C content of 0.55%

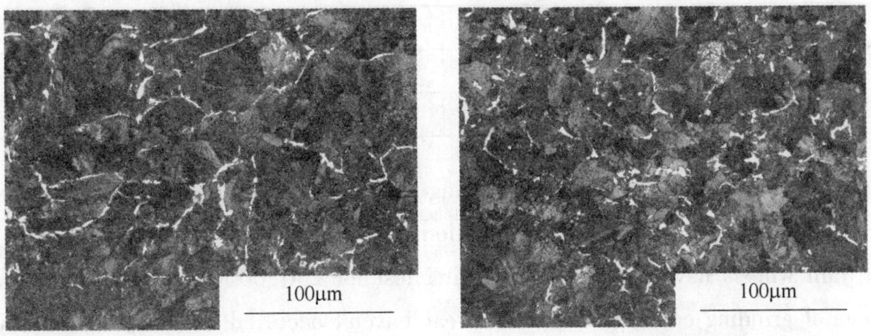

(a) Non-alloying (b) Alloying

Fig. 9 Comparison pictures of structure with C content of 0.60%

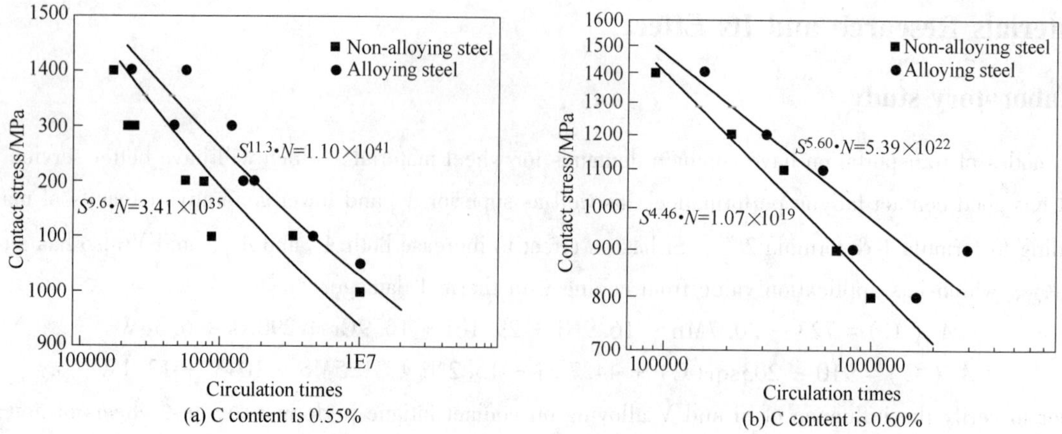

Fig. 10　Comparison figures of contact fatigue performance

See Fig. 10 for test result of these two kinds of test materials, then can get that:

For material with C content of 0.55%, alloying material with equal hardness level and high ferrite content has better contact fatigue performance.

While for material with C content of 0.60%, alloying material with equal hardness level and ferrite in spot and piece form has better contact fatigue performance.

It is clear that content and distribution of ferrite have obvious influence on the contact fatigue performance of wheel material.

Generally, the application of Si and V alloying is beneficial for the improvement of wheel service performance.

4.2 Practical application

Practical applications are respectively conducted in wheels used for China's standard EMU and wheels for freight train with axle load of 27 t, and the function of improving the wheel's physical performance is very distinct, and the wheel possesses better strength and toughness coordination, see Table 2 and Table 3.

Table 2　Comparison of the mechanic properties of improved wheel material and existing material used for China's standard EMU

Category	R_{eH}/MPa	R_m/MPa	A/%	Hardness (HBW)	A_{KU} at room temperature/J	A_{KV} at-20℃/J	K_Q/MPa · $m^{1/2}$
Improved material	592	926	18.5	252-259	28	21	91.3
Existing material	665	959	19	262-265	22	20	103.8

Table 3　Comparison of the mechanic properties of improved wheel material and existing material used for trains with axle load of 27t

Category	R_{eH}/MPa	R_m/MPa	A/%	Hardness (HBW)	K_Q/MPa · $m^{1/2}$
Improved material	692	1068	16	303-312	71
Existing material	633	1017	16	293-295	65

At present, China's standard EMUs have been running for nearly 400,000km, except treads of partial wheels occur minor scratches, generally it is in a sound condition.

Improved freight train wheels have experienced running test for 250,000km on the Datong-Qinhuangdao coal line, and phenomena of grinding edge and abnormal wear haven't occurred and the tread condition is also good, while for CL60 steel wheel used for contrast test, slight contact fatigue oblique crack and scale-shape hot crack have appeared on it, which indicates the comparative advantage of improved material in the resistance to thermal-mechanical damages.

5 Technology Research and Its Effect

5.1 New technology of plastification treatment of brittle oxide inclusion

For wheel steel that adopts aluminium deoxidation technology, it's hard to completely eradicate the large size brittle oxide inclusions, which is exactly the origin of the occasional occurrence of shattered rim.

In order to reduce the possibility of generation of large size brittle oxide to the greatest extent, firstly it needs to significantly reduce the amount of deoxidation products, which demand to break the normal procedure of deoxidation technology; secondly it needs to avoid the aggregation and growth of deoxidation products. By using plastification MnS inclusion wrap up the deoxidation product, it can make deoxidation product lose physicochemical conditions for its aggregation and growth.

After years of experimental research, the technology by using plastification MnS inclusion to do plastification treatment on deoxidation product has been basically mature, its effect is:

(1) Oxygen content in the steel is controlled stably under 10 ppm, thus the oxide amount is dramatically reduced and then the oxide size is considerably decreased, which creates favorable condition for MnS to wrap up the oxide;

(2) There is more than 80% of oxide inclusion in the steel wrapped by MnS, and its shape can be seen in Fig. 11, thus it significantly reduces the harmfulness of oxide inclusion.

The application of this technology also has the function of increasing the toughness of the vehicle wheel, according to test results of CL60 wheel steel (as shown in Fig. 12), the average fracture toughness is increased by about 16MPa · $m^{1/2}$ compared to original process under the condition that the strength of wheel rim is equal.

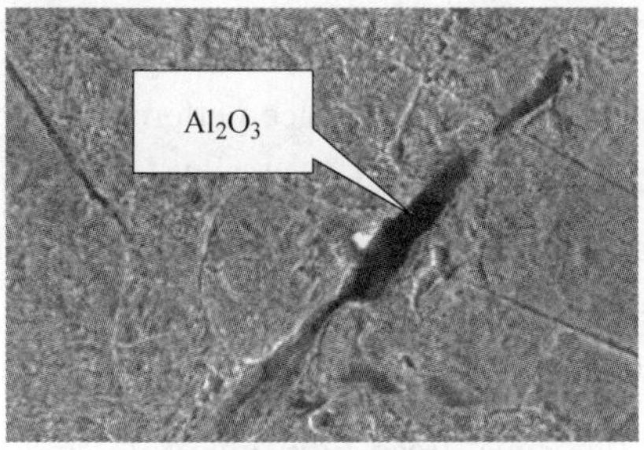

(a) Common oxide inclusion under the existing technology

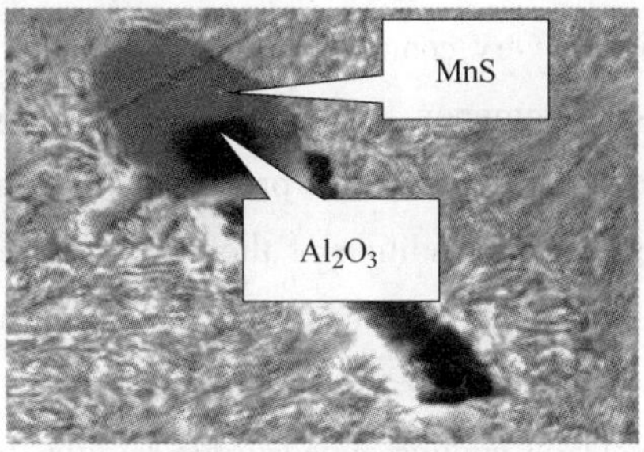

(b) Plastification compound inclusion after MnS wrapping the oxide

Fig. 11 Contrast of inclusion shape

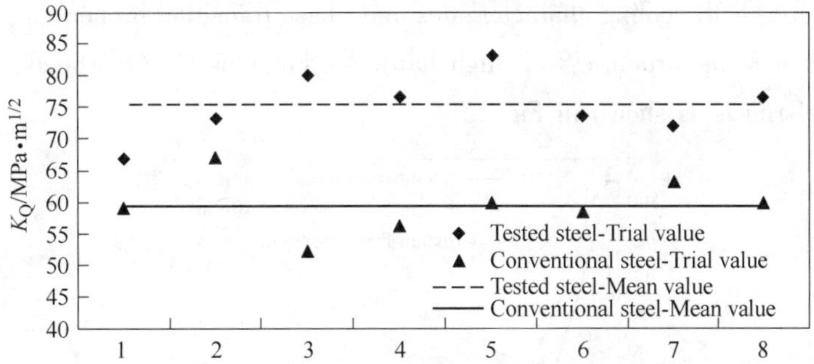

Fig. 12 Fracture toughness comparison between CL60 tested steel wheel and conventional steel wheel

5.2 Detection technology

Wheel on-line ultrasonic testing flaw reflection through the wave and amplitude to reflect the position and size of the defects, but defects in flat bottomed hole equivalent and defects of actual size differ greatly. Therefore, according to the online ultrasonic flaw detection results evaluation of product reliability there are still risks.

To this end, especially for non metallic inclusions in the wheel, the research on the detection technology is carried out:

(1) After locating the defects in the online ultrasonic flaw detection, and then using the method of water immersion focusing ultrasonic C scan to detect the defect, the defect size is obtained, as shown in Fig. 13.

(2) After imaging, the sample processing into ultrasonic fatigue test specimens and to ensure that defects are included in the sample, of sample surface strengthening treatment, ensure ultrasonic fatigue testing of crack initiation from the defect, extended, obtain complete defects on the surface, and then determine the true flaw sizes and types of inclusions.

Through this study, to establish the relationship between the actual size of online ultrasonic inspection results and inclusions, and non metallic inclusion "limited size" of combining the results, to determine the value of online ultrasonic flaw detection threshold, to further improve the deal with deep dissection (shattered rim) of reliability.

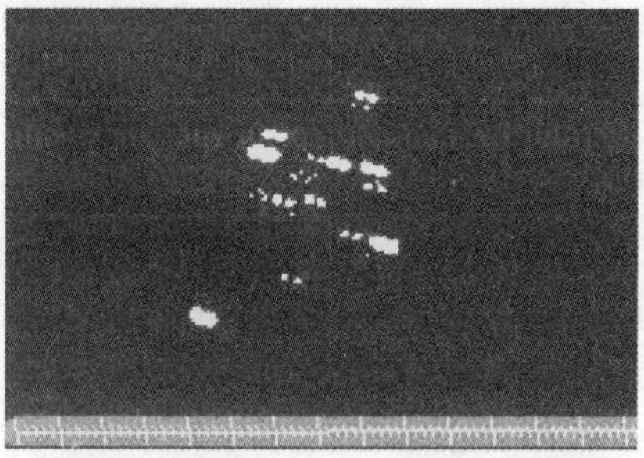

Fig. 13　Image diagram of C-scanning

5.3 Heat treatment process

The phenomenon that the early application of new wheels are more prone to occur peeling which can be greatly improved after repairing is very common.

According to this phenomenon, we can tell that it is connected with the surface performance and structure of new wheels, which can be used to further predict that if new technology is adopted in heat treatment process of the wheels to make the surface condition of the new wheel tread close to that of after repairing as much as possible, then it may effectively reduce the occurrence rate of "early peeling".

Cooling by water spraying over the surface of wheel tread are usually adopted in heat treatment process of vehicle wheels, during which the cooling speed drops rapidly from the wheel tread to inside of it, and the abrupt changes lies in about 10mm under the wheel tread. The cooling speed changes slowly within the wheel rim, and there is significant difference in the cooling speed between 10mm under the wheel tread and the internal wheel rim, seeing Fig. 14, hence it is subject to both cooling characteristics and phase transition properties of the wheel material, the surface of the wheel tread must be structure with high hardness. For new CL 60 wheels, its hardness distribution characteristics of the wheel rim is as shown in Fig. 15.

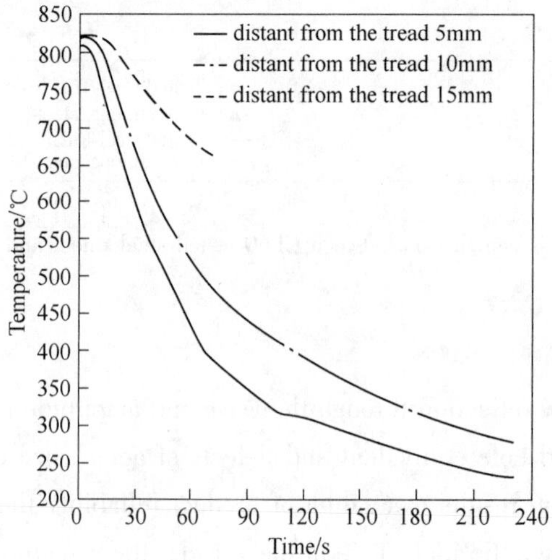

Fig. 14　The measured cooling curves of wheel rim quenching

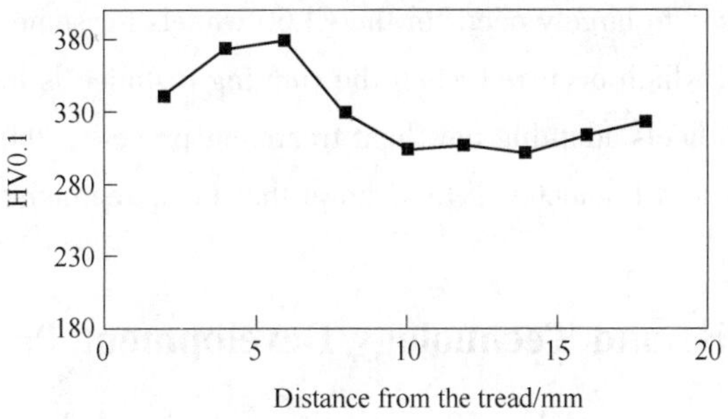

Fig. 15 Hardness distribution of the wheel rim

The tread of the one-time repaired wheel is corresponding to about 5-10mm under the new wheel tread, which is in the gentle zone where the cooling speed changes slightly, it is thus clear that obvious differences exist in the tread surface between the new wheels and the one-time repaired wheel, and the gradient of surface hardness of the new wheel tread is steep while the surface hardness of one-time repaired wheel tread changes slightly.

In order to make the tread surface condition of the new wheels and that of the one-time repaired wheel tend to be the same, a new heat treatment method has been developed, its basic approaches and principles are as follows:

(1) The first is to cool the tread by medium with weak cooling intensity, and make the surface temperature of the tread no less than 550℃ by controlling the cooling time so as to ensure that this part of metal only transforms to pearlitic structure, and the internal temperature under the tread surface is greater than A_{c3}, so that the internal rim can be fully strengthened in the following-up high-strength cooling process;

(2) The second is to cool the tread with high intensity, and phase transition will not occur in tread surface which has occurred organization transformation, the high-temperature region under the surface can only transform to pearlitic structure due to the slow change in cooling speed, thus it can make the structural state of the rim section consistent and the hardness gradient change slowly.

The hardness distribution of the rim of new heat treatment process is as shown in Fig. 16, coarse pearlitic structure has been formed on the surface during low cooling, as shown in Fig. 17, which has lower hardness and this area is basically wiped off after finishing work; the structure which is in the area about 5mm under the tread is fine pearlite & a little ferrite, which is formed during high-intensity cooling process, as shown in Fig. 17, thus it can make the surface structure and the hardness distribution state of the new wheels and the one-time repaired wheel approach unity.

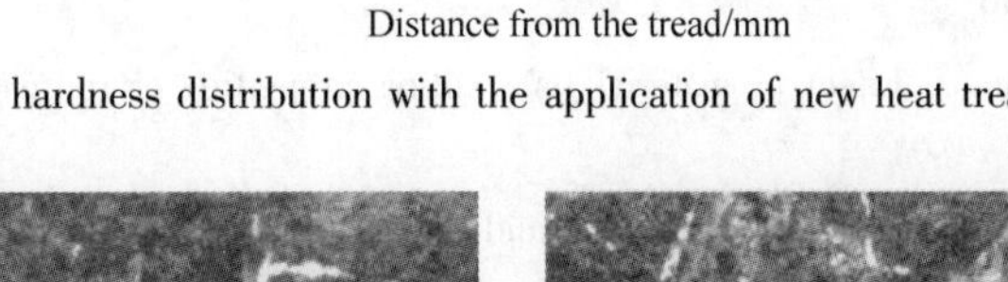

Fig. 16 Rim hardness distribution with the application of new heat treatment process

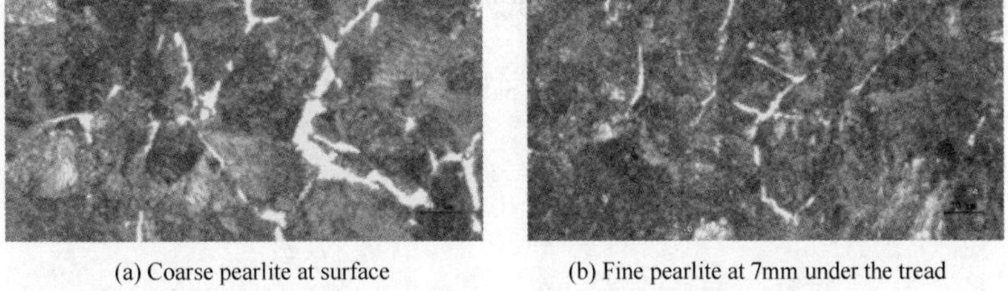

(a) Coarse pearlite at surface (b) Fine pearlite at 7mm under the tread

Fig. 17 CL60 wheel rim structure with application of new treatment process (500×)

The problem of tread peeling used to largely occur in the CL60 wheels for some passenger cars which were adopted in a certain car depot, most of which occurred when the running distance is less than 100 thousand kilometers, Masteel provides more than 1000 wheels adopting new heat treatment process, the tread of which still remains good state after running about 600 thousand kilometers, this shows that heat treatment process is helpful to improve the service performance of the wheels.

6 Railway Wheel Material and Technology Development Prospect

Masteel has produced railway wheel for more than 50 years, it posses the whole flow to manufacture wheel steel and wheels. The production scale and facilities rank top of the world, thus forming product structure that can cover all kinds of demands.

The implementation of China's railway leapfrog development strategy provides favorable opportunity and sufficient power for the innovative development of railway wheel. Diverse demands and constantly improved quality requirements promote Masteel to constantly upgrade the material, technology research and application level of railway wheel. Based on years of practical experience, Masteel considers that, in the aspect of improving wheel service performance, technology progress of material and process still has huge potential, and its major development directions are as follows:

(1) The improvement of wheel service performance must rely on the relationship of wheel and rail, fatigue and fracture mechanics theory, and deep study on wheel failure mechanism, thus provide clear direction and objective for material selection and improvement. According to existing experience, as per load characteristics under different transportation conditions, focus on the research of influence of structure status on fatigue performance and initiation and propagation behavior of fatigue crack, then take the structure optimization as direction to conduct optimization of material and its performance, so as to reach the target of improving the service performance of the wheel.

(2) As brittle oxide inclusion control is the key and common technology, firstly must strengthen the basic research, for wheel material under different transportation conditions, determine the " permissible size" of brittle oxide inclusion, so as to determine the minimum target of quality control; secondly, must conduct further study on forming mechanism and influencing factors of the brittle oxide inclusion, thus further improve the reliability and stability of technology; thirdly, develop and apply advanced assessment and detection measures, so as to further improve the reliability of products.

References

[1] Hahn G T. Analysis of Rolling contact fatigue and fracture [J]. Advance of Fracture, 1984, 1: 295.

[2] O'Regan S D. The drive force for mode II crack growth under rolling contact [J]. Wear, 1985, 101: 333.

[3] Tomoaki Yamamoto. High micro-cleanliness wheels preventing shattered-rim fracture [C]. Proceedings of the 14th International wheelset congress, Orlando, 2004.

[4] Sun K, Sawley J, Stone D H. Progress in the reduction of wheel spalling [C]. Proceeding of the 12th International Wheelset Congress, Qingdao, 1998: 18-29.

[5] Makino T, Yamamoto M, Fujimra T. Effect of material on spalling properties of railroad wheels [J]. Wear, 2002, 253: 284-290.

[6] Johan Ahlstrom, Birger Karlsson. Microstructural evaluation and interpretation of the mechanically and thermally affected zone under railway wheel fiats [J]. Wear, 1999: 232: 1-14.

[7] Kulkarmi S M. Elasto-plastic FEA of repeated there-D elliptical roiling contact with rail wheel properties [J]. Jouranl of Tribology Transactions of the ASME, 1991: 7.

[8] Wheel and shelling and spalling [J]. Railroad Accident & Safety, 1993, 194 (3): 68-71.

[9] Andrews K W. JISI, 1965, 203 (7): 721-727.

Control of the Wheel Steel Cleanness and Inclusions ❶

Shen Chang Wu Liping Su Shihuai Gao Haichao

(Ma'anshan Iron and Steel Co., Ltd.)

Abstract The round billet for high-power locomotive wheels is produced by EAF—LF—RH—CC procedure in Masteel, the researches of the stable EAF end carbon controlling, the ladle top slag ingredients accurate adjustment, the Al_2O_3 inclusions modification treatment, the optimization of RH circulation and soft stirring to remove inclusions and enhance protective technologies on CC are carried on. As the results, the total oxygen is less than 10ppm, the globular inclusions is less than 100/100mm^2 and the size are shorter than 10μm, the Al_2O_3 inclusions is less than 50/100mm^2 and the size are shorter than 15μm, the rate of MnS and MnS wrap up hard phase inclusions is more than 95%.

Key words high-power locomotive wheel steel; cleanness; inclusions

1 Introduction

The wheel rim cracking seriously endanger the operation safety of trains, which is caused by large Al_2O_3 inclusions[1,2], so in order to reduce the risk of wheel rim cracking, it is necessary to improve steel cleanliness, that is to say, in order to control the number and size of Al_2O_3 inclusions, it is essential to control the quality of steel.

It is shown that when the sulfur content in steel is suitable, the amount of oxide inclusions decreased significantly, which reduce the potential concentrated stress and the probability of fine fatigue crack initiated by oxide inclusions [3]. Due to the presence of a certain amount of sulfur, the morphology of oxide inclusions change, and complex inclusions of MnS encapsulating Al_2O_3 formed, which reduce the stress concentration around single Al_2O_3 inclusion and enhance fracture toughness of wheel[4].

Therefore, the research of steelmaking and continuous casting process of wheel steel is carried out in Masteel, in order to improve the cleanliness, reduce total oxygen content, control of the quantity of B Type Inclusions and make sure that Al_2O_3 inclusions are wrapped by MnS because of adequate sulfur content in steel.

2 Experimental Method

2.1 Industrial test

Experiment process route is EAF—LF—RH—CC. The followings are some measures: controlling the carbon content at the end of EAF stably, controlling the LF refining slag component, optimizing the cycle time of RH vacuum degassing process and net cycle process, strengthening protection casting and control the molten steel reoxidize in tundish.

2.2 Inclusion analysis test

According to the sampling plan, samples were taken from the wheel with size of 15mm×15mm×10mm. Then the inclusions were tested by ASPEX, and the detection area of samples is more than 100mm^2.

As shown in Fig. 1, The principle of inclusions be tested by ASPEX is[1]: (1) the system begin to scan with a larger step size; (2) when inclusion is detected, the system begin to scan with a short step size, then length of

❶ 原文发表于“The 18th International Wheelset Congress”2016 年。

the inclusion in the moving direction (L1) is obtained; (3) the electron beam is moved to the midpoint of the L1, and begin to scan in the vertical direction, and length of the direction (L2) is obtained; (4) the electron beam is moved to the center position of the L2, and begin to scan in the vertical direction, and length of the direction (L3) is obtained; (5) the system continue to scan following this rule and length of the inclusion in other directions (L4 and L5) are obtained; (6) points A were defined as the center of the inclusion, whose composition represent the inclusion's composition[5].

As shown in Fig. 1, when the geometric center of inclusion is obtained, the system begin to scan in 8 directions at the interval of 22.5°, and 8 length of 8 direction are obtained, thus the parameters of inclusion, such as maximum diameter, minimum diameter, average diameter, length and width ratio, can be obtained.

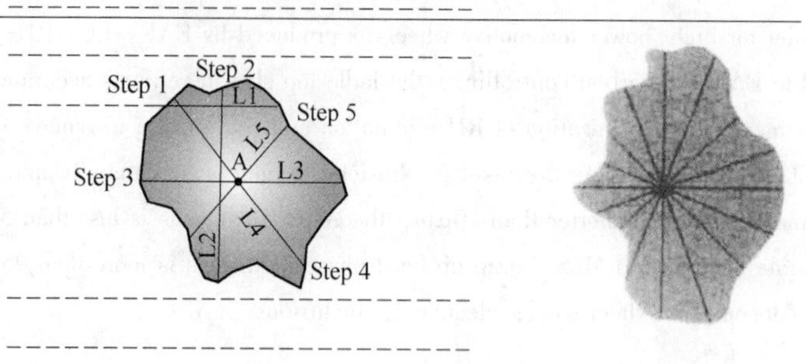

(a)　　(b)

Fig. 1　Illustration of the working principle of ASPEX[1]

(a) Locating an inclusion; (b) Measuring the feature through a rotating chord algorithm

3　Result and Discussion

3.1　Control of chemical compositions

In this paper, the component of tundish is defined as the composition of the molten steel. Results of the No. 1 and No. 2 sequence test were mainly discussed. Control level of [S] and $[Al]_s$ are mainly studied as shown in Fig. 2 and Fig. 3.

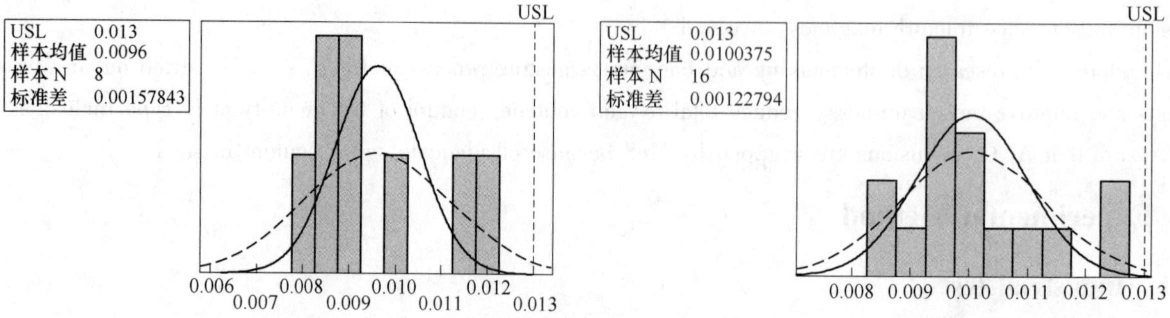

(a) The No.1 sequence of the test　　(b) The No.2 sequence of the test

Fig. 2　Control level of [S] in the molten steel, %

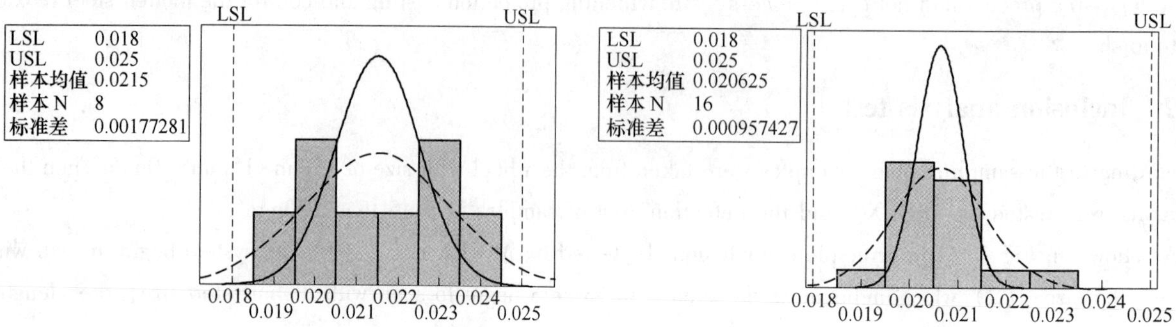

(a) The No.1 sequence of the test　　(b) The No.2 sequence of the test

Fig. 3　Control level of $[Al]_s$ in the molten steel, %

It is clearly shown that the average content of S in molten steel is 0. 010%, and Al_s is 0. 021%. It is noteworthy that the control level of [S] and $[Al]_s$ are stable, the relative standard deviations of [S] are 16. 4% and 12. 2%, while the relative standard deviations of $[Al]_s$ are 8. 24% and 4. 64%, respectively.

3. 2 Analyses of total oxygen content

In order to analyze variation of oxygen concentration, samples were taken from the molten steel of RH and tundish, others were from round billet and wheel. Total oxygen content of the No. 1 and No. 2 sequence of test were analyzed in detail, and the results are shown in Table 1 and Table 2.

Table 1 The total oxygen content of the No. 1 sequence of test (ppm)

Sample process	RH	Tundish	1/2R of round billet	3/4R of round billet	Wheel
The first heat	10. 1	8. 6	6. 2	6. 8	6. 9
The second heat	8. 2	9. 6	5. 9	6. 6	6. 1
The third heat	10. 1	10. 2	7. 4	7. 8	5. 7
The fouth heat	5. 3	12. 1	8. 3	6. 0	5. 5

Table 2 The total oxygen content of the No. 2 sequence of test (ppm)

Sample process	RH	Tundish	1/2R of round billet	3/4R of round billet	Wheel
The first heat	—	10. 3	5. 9	6. 9	6. 7
The second heat	5. 6	6. 4	5. 1	6	5
The third heat	5. 5	8. 3	7	7. 1	5. 3
The fouth heat	6. 1	9	6. 4	6. 8	6. 4
The fifth heat	<5. 0	9. 7	7. 1	6	5. 9
The sixth heat	7	8	5. 7	5. 1	5
The seventh heat	5. 8	8. 9	6. 7	<5. 0	5. 2
The eighth heat	8. 3	6. 1	7. 2	7. 3	<5. 0

From Table 1 and Table 2, it can be concluded that the total oxygen of round billet and wheel can be less than 7 ppm stably, and the minimum is less than 5ppm.

3. 3 Study on inclusions in wheel steel

According to the sampling scheme (shown in Fig. 4), samples are taken from 5 wheels, then The inclusions were analyzed by ASPEX. The detection position is under the wheel rim tread, marked with position 1 and position 2. The detection area of each specimen is more than $100mm^2$.

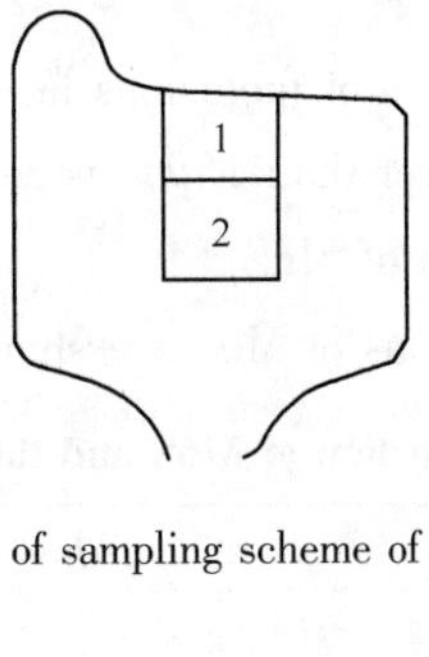

Fig. 4 Illustration of sampling scheme of inclusions samples

3. 3. 1 Alumina inclusion

The amount of Al_2O_3 inclusions of five tested wheels detected are shown in Table 3. The size distribution of Al_2O_3 inclusions is shown in Fig. 5.

Table 3　The amount of Al_2O_3 inclusions

Position	Wheel number				
	1#	2#	3#	4#	5#
1	5	7	6	4	2
2	2	4	9	8	6

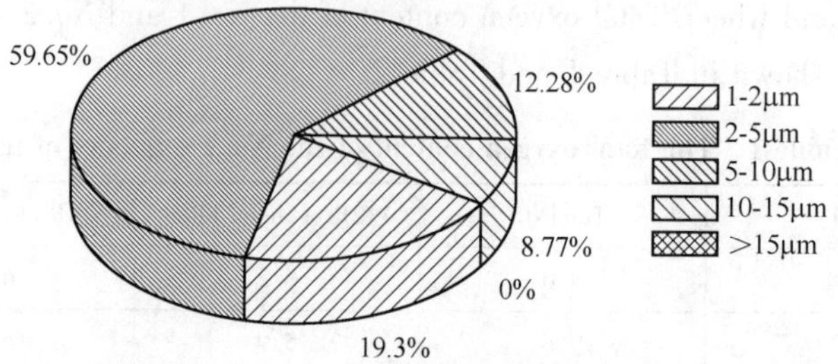

Fig. 5　The size distribution of Al_2O_3 inclusions

It is concluded that there are 9 Al_2O_3 inclusions most each sample and the quantity density is 0.09/mm^2. The size of Al_2O_3 are all less than 15μm, and the inclusions whose size were located in 2−5μm are most, comprising 60%. The proportion located in 1−2μm is 20%.

3.3.2　Calcium aluminate inclusion

The number of calcium aluminate inclusions detected is more than Al_2O_3 inclusions, as shown in Table 4. The size distribution of calcium aluminate inclusions is shown in Fig. 6.

Table 4　The amount of calcium aluminate inclusions

Position	Wheel number				
	1#	2#	3#	4#	5#
1	77	89	70	20	20
2	42	101	14	8	6

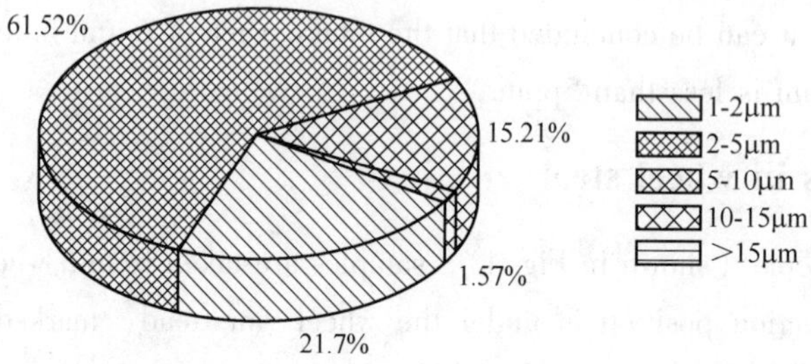

Fig. 6　The size distribution of calcium aluminate inclusions

Similar to the Al_2O_3 inclusions, the proportion of inclusions located in the range of 2−5μm is most, the second is 1−2μm, and the proportion of inclusion larger than 15μm is zero.

3.3.3　MnS and the complex inclusions of MnS

The proportion of MnS and the complex inclusions of MnS are shown in Table 5.

Table 5　The proportion of MnS and the complex inclusions

Position	Wheel number				
	1#	2#	3#	4#	5#
1	95.1%	92.24%	94.26%	93.95%	97.10%
2	93.40%	90.93%	94.06%	92.06%	96.13%

It is found that MnS and the complex inclusions of MnS are the main inclusions, which occupied a proportion of more than 92.24% in position 1 and 90.93% in position 2. They were disperse in steel. The shape of MnS inclusions are oval-shaped, while the complex inclusion of MnS are encapsulated, described as Al_2O_3 inclusion acting an nucleation for MnS precipitation, generate wrapped inclusion of $MnS-Al_2O_3$. The typical morphology and composition are shown in Fig. 7.

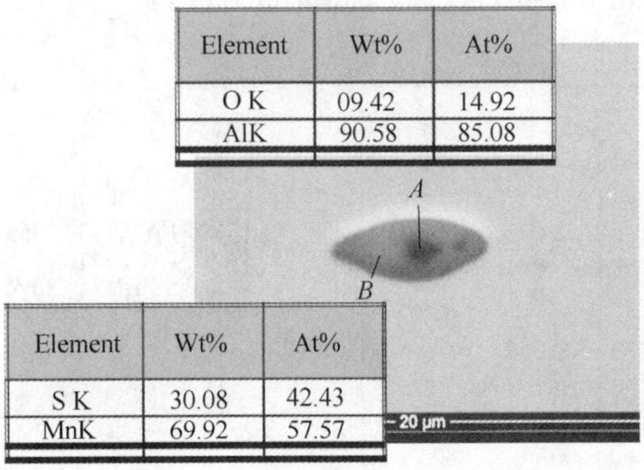

Fig. 7 The typical morphology and composition of $MnS-Al_2O_3$

The size distribution of MnS and $MnS-Al_2O_3$ inclusions are shown in Fig. 8. From Fig. 8, we can see that the MnS and $MnS-Al_2O_3$ inclusions are mainly located in the range of 1-5μm.

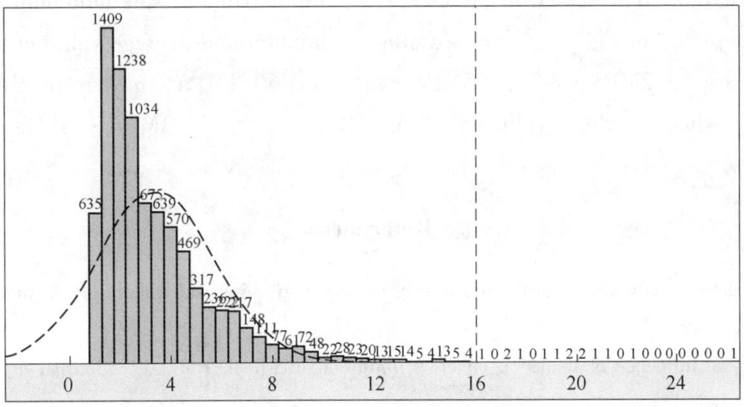

Fig. 8 The size distribution of MnS and $MnS-Al_2O_3$ inclusions, μm

3.4 Inclusion appraisal results of B type inclusions

The B type inclusions are mainly studied. 34 wheels are randomly test, and the results are shown in Fig. 9 and Fig. 10.

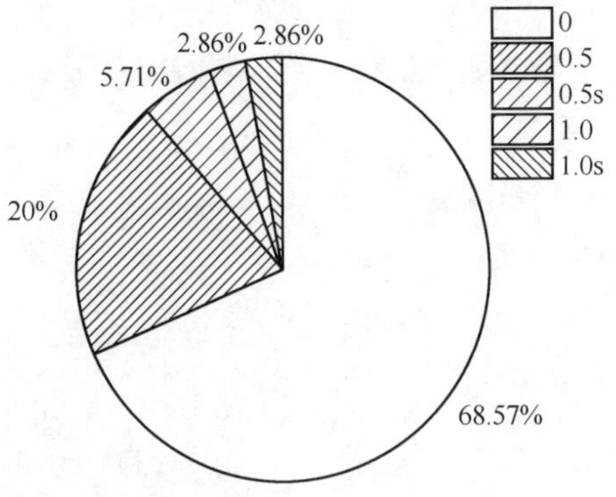

Fig. 9 The grade of thick B type inclusions

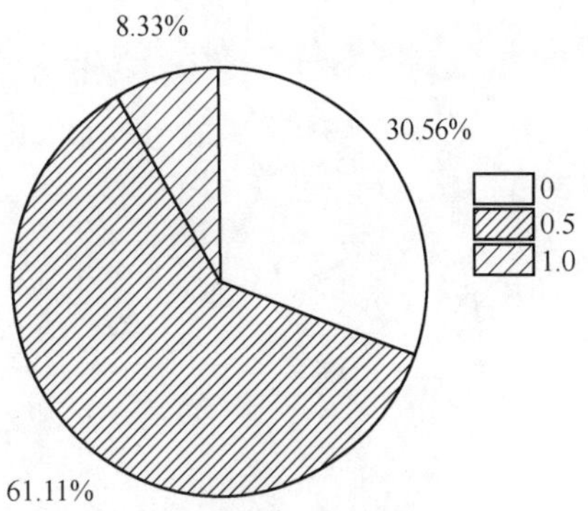

Fig. 10 The grade of thin B type inclusions

From Fig. 9 and Fig. 10, it can be concluded that the grade of thick B type inclusions are less than 1.0, most of which are 0. The thin B type inclusions are less than 1.0, and 61% of which are 0.5.

3.5 Fracture toughness of wheel

In order to investigate the fracture toughness value of tested wheels, 70 original process wheels and 102 test process wheels are comparatively analyzed in this paper, as shown in Fig. 11.

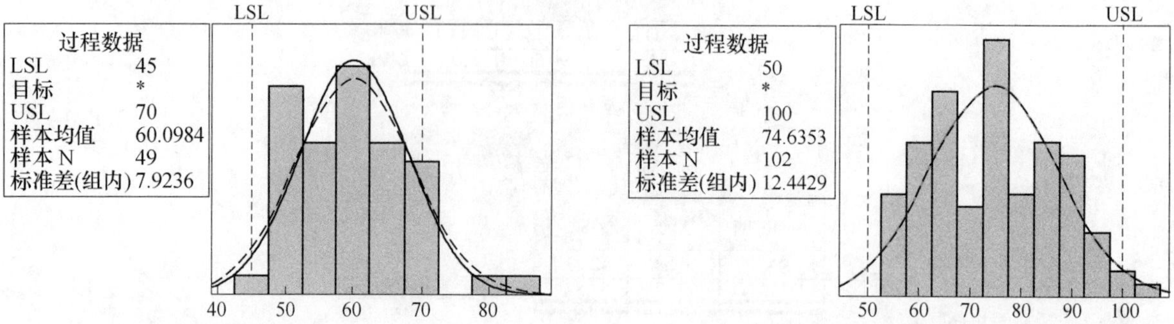

(a) Fracture toughness value of original process wheels　　(b) Fracture toughness value of test process wheels

Fig. 11　The comparison of fracture toughness value between test process wheels and original process wheels, $MPa \cdot m^{1/2}$

It can be concluded that the fracture toughness value of test process wheels is far better than that of original process wheels. It is concretely represented in three aspects: the maximum, the minimum and average value of the fracture toughness. As depicted in Fig. 11, the maximum, minimum and average value of the fracture toughness of original process wheels are 85.2MPa · $m^{1/2}$, 45MPa · $m^{1/2}$ and 60.1MPa · $m^{1/2}$ respectively, which is all lower than that of test process wheels, whose value are 105.4MPa · $m^{1/2}$, 58.3MPa · $m^{1/2}$ and 74.63MPa · $m^{1/2}$ respectively.

References

[1] Cheng K M, Sun H. Defect analysis and ultrasonic testing for locomotive integral wheel [J]. Nondestructive Test, 2008, 30 (5): 296-299.

[2] Mi G F, Liu Y L, et al. Influence of inclusion on crack initiation in wheel-rim [J]. Journal of the China Railway Society, 2010, 32 (4): 109-112.

[3] Lyne C M, Kasak A. Effect of sulfur on the fatigue behavior of bearing steel [J]. Transactions of the ASM, 1968, 61 (1): 10-13.

[4] Ma Y, Pan T, et al. Study of the effect of sulfur contents on fracture toughness of railway wheel steels for high speed train [J]. Acta Metallurgica Sinica, 2011, 47 (8): 978-983.

[5] Wang X H, Li X G, Li Q, Huang F X. Control of string shaped non-matallic inclusions of $CaO-Al_2O_3$ system in X80 pipeling steel plates [J]. Acta Metallurgica Sinica, 2013, 49 (5): 553-561.

Shot Peen's Influence on the Fatigue Property of Wheel Plate❶

Zhang Feng　Xiao Feng

(Ma'anshan Iron and Steel Co., Ltd.)

Abstract After shot peen the wheel plate, the residual stress will have a significant impact on wheel plate's fatigue property. According to research, shot peen can prolong the fatigue life of parts, one reason is because the cold plasticity can enhance the strength of material, another reason is that the residual compressive stress on the parts' surface can prevent flaws formation and expansion. According to the analysis of the reason why plate wheel crack, there is about a 0.5mm depth shot peen not fully covered in the fracture origin, those area may encourage the formation and expansion of fracture origin, thus decreases the fatigue property. This article mainly discuss the wheel plate smoothing samples, shot peen samples, 0.2mm shot blast notch samples, and the 0.5mm shot peen notch samples fatigue property. The conclusion shows that: (1) comparing with the smoothing samples, shot peen samples increase the fatigue limits around 20%; (2) the 0.2mm shot peen cut is slightly decreased comparing with the smooth samples; (3) the 0.5mm shot peen notch's fatigue limits are significantly decreased. The fracture analysis shows the fatigue originates in sample surface, the notch samples originate from the notch. The 0.2mm shot peen notch still belongs to the shot peen area, the 0.5mm shot peen notch belongs to the machine. The enhance of the plate surface can increase the fatigue property, however the not enough shot peen not only can't increase the fatigue property, but also can trigger flaw's formation and expansion, the fatigue limits thus being decreased.

Key words wheel plate; shot peen; residual stress; fatigue property; crack

1 Introduction

It has been confirmed by ASME that enhancing shot peen can improve the anti-fatigue property and prolong or stop the stress corrosion crack[1]. The quantity and distribution of residual stress after the wheel plate being shotting peen has significant influence on the fatigue property of wheel plate. Research suggests that shot peen can prolong the useful life period of parts, one reason is cold plastic transformation can enhance the strength of the material, another reason is that the residual stress on the surface can prevent crack from being and spread.

2 Material and Experimental Methods

The material from AAR B wheel plate, the regular mechanical property is: σ_s 462MPa, σ_b 911MPa, A 14.0%, Z 26%. Fatigue sample is funnel type (Fig. 1): (1) Smooth sample's diameter is ϕ8mm, strength is 8C; (2) Shot peen sample is ϕ5mm, strength of shot peen is 4C; (3) 0.2mm shot blast notch samples is ϕ5mm, strength of shot peen is 4C; (4) 0.5mm shot blast notch samples is ϕ8mm, strength of shot peen is 8C.

The fatigue experiment is axial load, tension symmetrical cyclic load, the ratio of cyclic stress is $R=-1$. The experiment is taken on at the high frequency fatigue machine Zwick HFP 100kN (Fig. 2).

---

❶ 原文发表于“The 18th International Wheelset Congress” 2016 年。

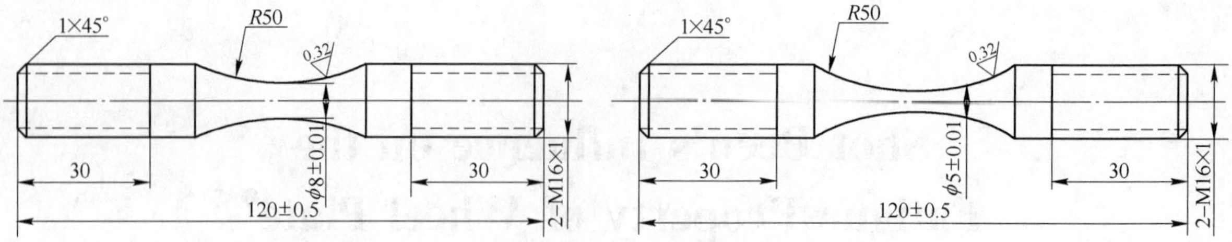

(a) diameter ϕ8mm　　(b) diameter ϕ5mm

Fig. 1　Fatigue sample

Fig. 2　Zwick HFP 100kN machine

3　Test Results

3.1　Fatigue property test

When P is 50%, the experiment results of fatigue limit are (Fig. 3 ~ Fig. 11): Smooth sample (ϕ8mm) 296MPa, The shot peen (ϕ5mm, strength of shot peen: 4C) 355MPa; Shot peen (ϕ5mm, strength of shot peen: 4C, gap: 0.2mm) 294MPa, Shot peen (ϕ8mm, strength of shot peen: 8C, gap: 0.5mm) 236MPa.

According to the result, (1) Comparing with the smooth sample, shot peen's fatigue limits have been improved by 20%; (2) 0.2mm shot peen gap's fatigue limit decreased 20% comparing with the smooth sample ; (3) 0.5mm shot peen gap's fatigue limit decreased drastically.

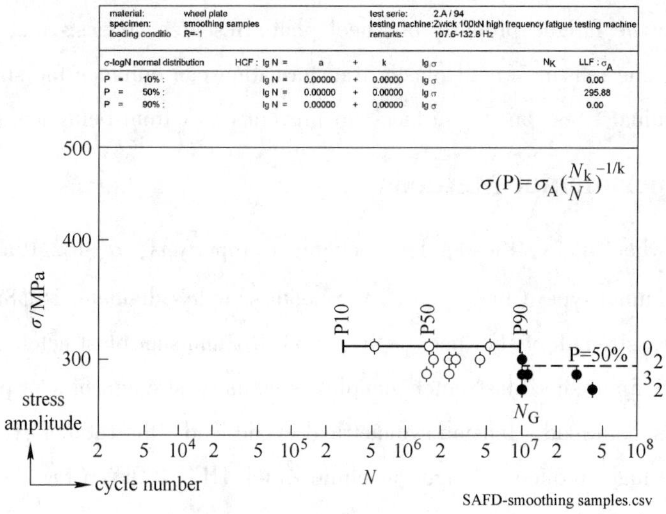

Fig. 3　Smooth sample (ϕ8mm) fatigue property

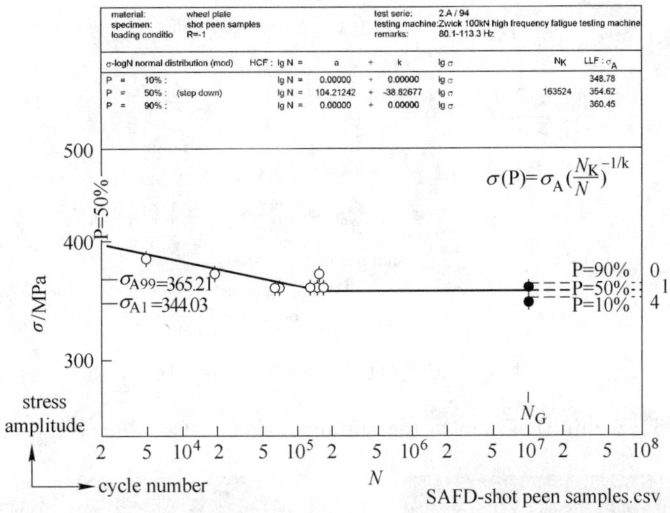

Fig. 4 Shot peen (ϕ5mm, strength of shot peen : 4C) fatigue property

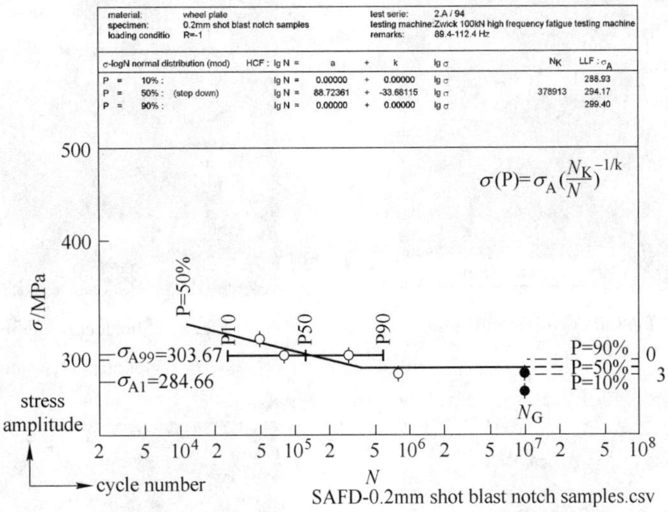

Fig. 5 Shot peen (ϕ5mm, strength of shot peen : 4C, gap: 0.2mm) fatigue property

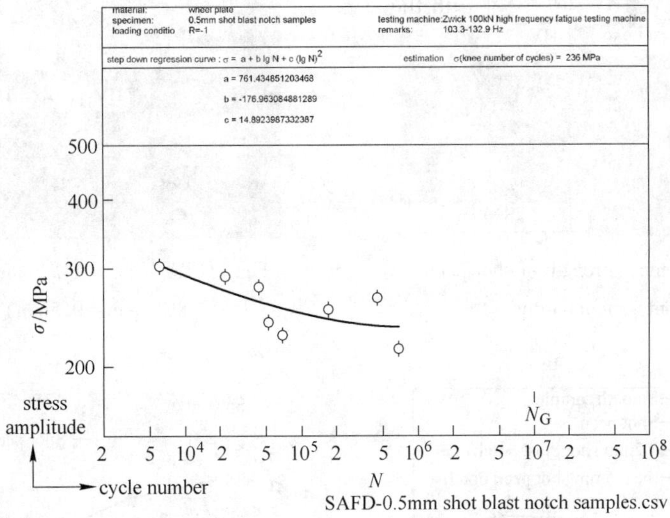

Fig. 6 Shot peen (ϕ8mm, strength of shot peen : 8C, gap: 0.5mm) fatigue property

3.2 Microhardness test

The four samples are all pearlitic. The tissue in smooth sample and shot peen sample have no apparent difference. No evidence of shot peen in the surface. From Fig. 12 we can see that shot peen sample's edge's strength has

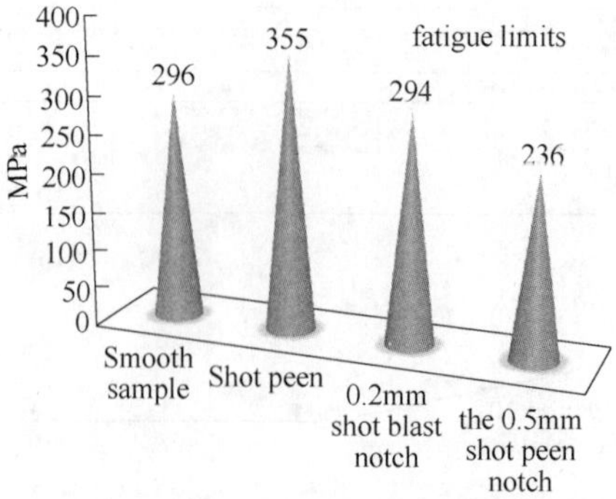

Fig. 7　The four samples fatigue limits

been enhanced. From Fig. 13, within 0.45mm to the surface, shot peen enhance the micro-stiffiness .

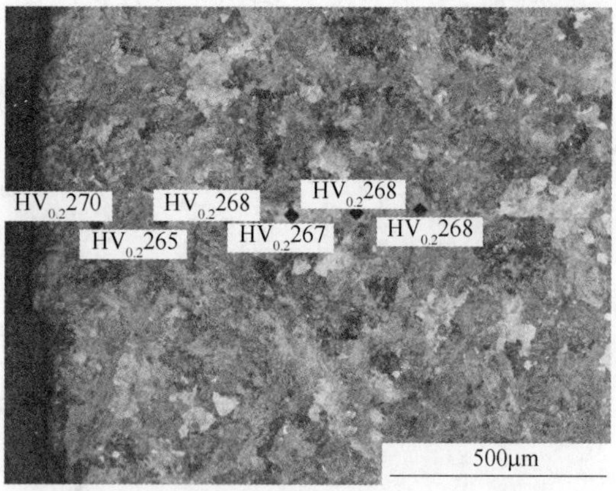

Fig. 8　Smooth sample (ϕ8mm) microhardness

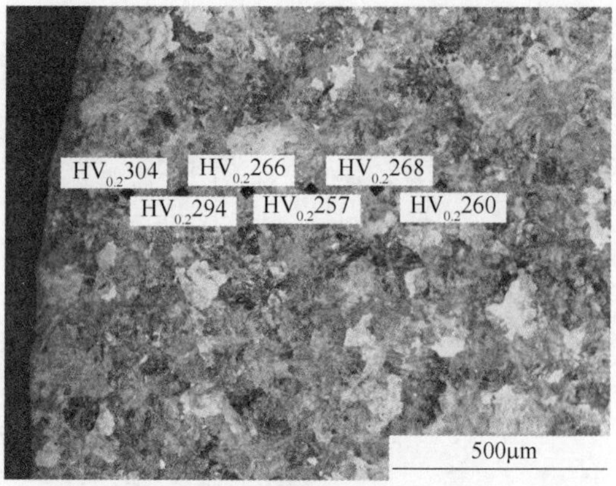

Fig. 9　Shot peen (ϕ5mm, strength of shot peen: 4C) microhardness

Fig. 10　Shot peen (ϕ5mm, strength of shot peen: 4C, gap: 0.2mm) microhardness

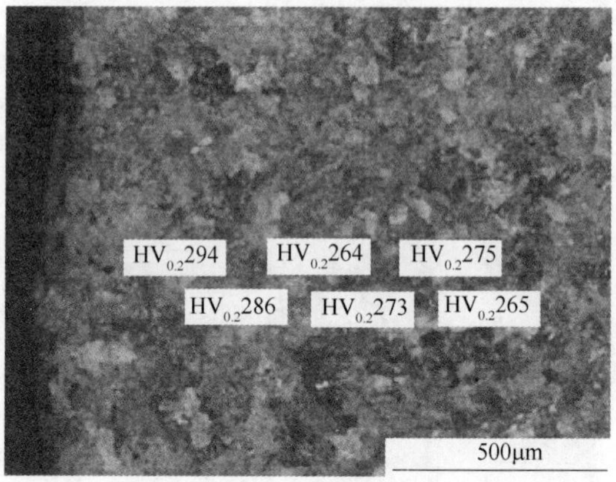

Fig. 11　Shot peen (ϕ8mm, strength of shot peen: 8C, gap: 0.5mm) microhardness

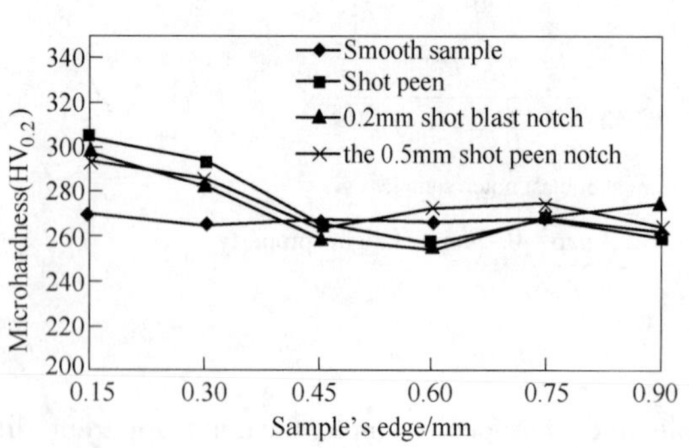

Fig. 12　The four sample's edge microhardness

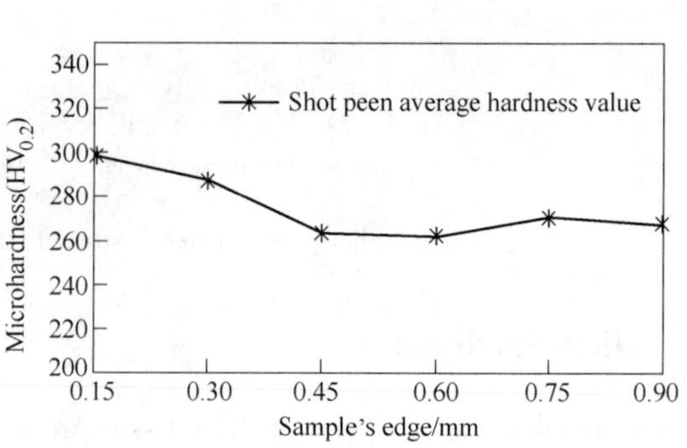

Fig. 13　Shot peen average microhardness

4 Fracture Analysis

Take smooth sample (ϕ8mm), shot peen (ϕ5mm, shot peen strength 4C), shot peen (ϕ5mm, shot peen strength 4C, gap 0.2mm), shot peen (ϕ8mm, shot peen strength 8C, gap 0.5mm) into SEM, the results are in Figs. 14-17.

According to the figure, the fatigue source originates in the surface, crack expansion areas all have secondary crack, the HIT area has evident impact trace. In Fig. 17, there are obvious impact trace in shot peen (ϕ5mm, shot peen strength 4C, gap 0.5mm). It suggests that because the gap is deep, when pressing and pulling, it's easier to lose balance. That's why the hitting evidence is obvious.

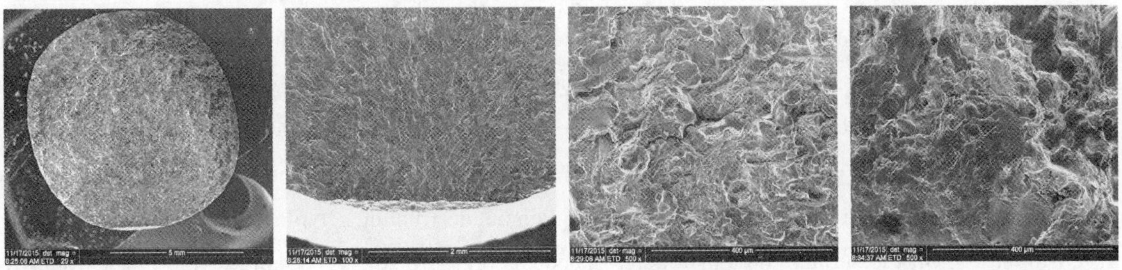

(a) (29×) (b) (100×) (c) (500×) (d) (500×)

Fig. 14 SEM graph of smooth sample (ϕ8mm)

(a) macro structure; (b) fatigue source; (c) crack expansion area; (d) instantaneous fracture area

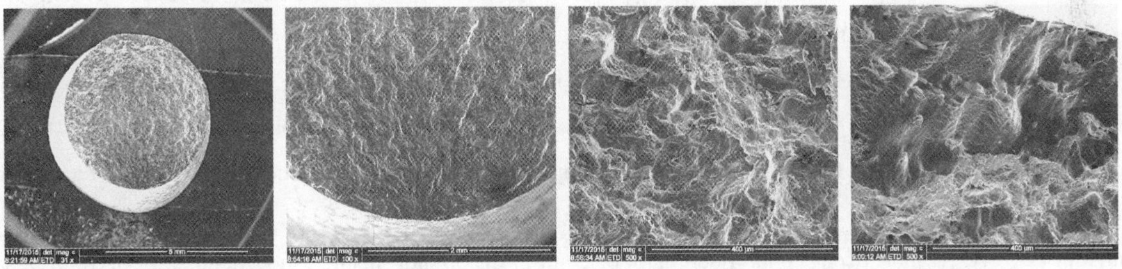

(a) (31×) (b) (100×) (c) (500×) (d) (500×)

Fig. 15 SEM graph of shot peen (ϕ5mm, strength of shot peen: 4C)

(a) macro structure; (b) fatigue source; (c) crack expansion area; (d) instantaneous fracture area

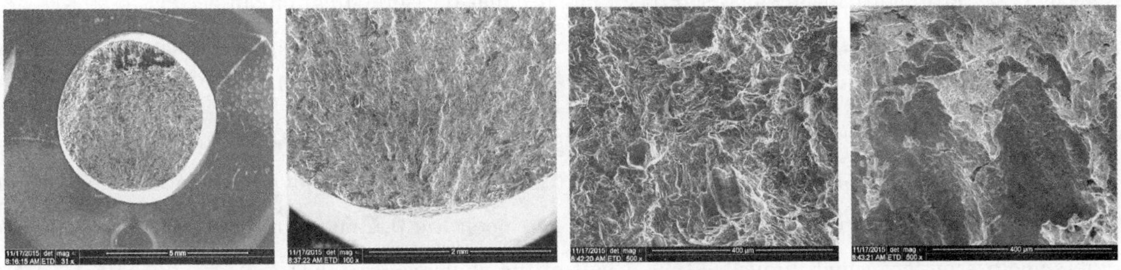

(a) (31×) (b) (100×) (c) (500×) (d) (500×)

Fig. 16 SEM graph of shot peen (ϕ5mm, strength of shot peen: 4C, gap: 0.2mm)

(a) macro structure; (b) fatigue source; (c) crack expansion area; (d) instantaneous fracture area

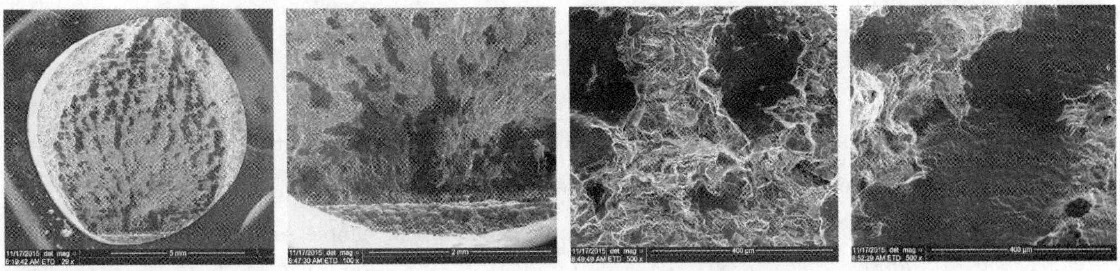

(a) (29×) (b) (100×) (c) (500×) (d) (500×)

Fig. 17 SEM graph of shot peen (ϕ8mm, strength of shot peen: 8C, gap: 0.5mm)

(a) macro structure; (b) fatigue source; (c) crack expansion area; (d) instantaneous fracture area

5 Analysis

From mechanical properties of metals perspective, what's important is to avoid part's plastic deformation and manage to have smooth slippage. which is to say that avoiding part's plastic deformation managing to have smooth and small plastic deformation. After long period of practice, the method of deforming metal's surface in order to enhance part's fatigue property has been found.

Enhancing shot peen is a process that metal part being hit by fast speed shot then the surface is cold deformed so that the part's strength and hardness will be improved.

Shot peen is an effective way to enhance strength of metal surface, uncountable high-velocity shot hit the surface of the metal so that the surface is plastic deformed. Shot peen is an effective way of improving parts' high period fatigue property, corrosion fatigue property, contact fatigue property, slight shock fatigue property and slight shock fatigue property. Shot peen can enhance anti-fatigue property and protect the surface from stress, also can help to form and shape. Place stress on the surface can prevent fatigue destruction, typical fatigue crack normally take place in tensile stress. On the surface the tensile stress becomes pressure stress, it can prevent crack from existing.

Normally, the fatigue strength of steel goes up when the strength of extension increases, higher anti fatigue property can be acquired through the process of shot peen, the basic theory or design principle of shot peen sample is: through shot peen different materials can get the most beneficiary residual stress or the best residual pressure stress, so the material can get a higher anti fatigue crack.

According to statistic, more than 80% parts' damage belongs to fatigue rupture. That's why many works being dedicated to enhancing fatigue resistance. However where's the source of fatigue damage? In most cases, the fatigue damage locates in the surface, the surface is extremly important, therefore, enhancing the surface can enhancing the whole part[2].

From Fig. 12, 4C (Shot peen, shot peen gap 0.2mm) 8C (shot peen, shot peen gap 0.5mm) sample surface within 0.45mm there is no obvious difference. It suggests that to small samples, the strength of shot peen has little to do with the effectiveness of shot peen. The smooth sample and the shot peen sample has certain differences, about $HV_{0.2}30$ which indicates that shot peen has residual pressure stress on surface.

There are certain differences among four fatigue samples: smooth sample, shot peen sample, 0.2mm gap after shot peen, 0.5mm shot peen gap after shot peen. The residual pressure stress is key to improve fatigue property, the plastic deformation on the surface can enhance the strength of the surface, stop crack from existing and expanding. However, once the surface is flawed, crack or uneven shot peen can cause stress on certain spot, the enhancement might be decreased. After shot peen the 0.2mm wire cutting sample fatigue limit equals the smooth sample, which indicates that if half of the shot peen are has cracks, the effects of anti fatigue property will be wear off. When it's over plastic deformation area, which is 0.5mm gap after shot peen, the fatigue property will be decreased drastically, shot peen not only not enhancing but also expand the cracks and decrease the fatigue limits.

6 Conclusion

(1) Comparing with smooth sample, shot peen sample increases the fatigue limits by 20%; 0.2mm shot peen gap's fatigue property slightly decreased; 0.5mm shot peen gap's fatigue property drastically decreased.

(2) According to the fracture analysis, the fatigue source originates in sample surface. The 0.2mm gap still belongs to shot peen area, 0.5mm gap belongs to the machine. Shot peen on the plate can enhance fatigue property, however shot peen not only can't increase the strengthening effect but also can trigger cracks from being and expanding, thus decrease fatigue limits.

(3) According to the analysis of the reason why wheel plate shot peen breaks, there is a 0. 5mm depth area where shot peen is not fully covered, in wheel plate fracture origin. Those spots can exist and expand as fracture origin so the fatigue property of wheel plate might be decreased.

References

[1] Kumar Balan. The influence of machining process on the fatigue life [J]. Heat Treatment, 2009 (1): 35-36.

[2] Mark Lawerenz. Establish requirements for the gear's own shot [J]. Design and Manufacture of Diesel Engine, 1995 (1): 53-60.

Development of New Material for High Performance High-speed Train Wheels❶

Jiang Bo　Li Xiang　Chen Gang　Zhong Bin　Zhao Hai

(Ma'anshan Iron and Steel Co., Ltd.)

Abstract　A new type of ferrite and pearlite wheel material (D2) was developed according to the serving characteristics of high-speed train wheel. The wear resistance, contact fatigue resistance and thermal damage sensitivity were investigated and compared with commonly used ER8 wheel material (D1). The results show that the wear resistance is equivalent to that of D1, the contact fatigue resistance and the thermal damage sensibility are improved. The purpose of improving the reliability and serving life of high-speed train wheel is achieved.

Key words　new wheel material; wear resistance; contact fatigue; thermal damage sensibility

1　Introduction

China has developed into the country with the largest operating mileage of high-speed railway in the world since the implementation of the sixth round railway speed-up campaign in 2006. The requirements for the train operation safety and reliability were also improved accordingly. From the operation situation of Chinese high-speed EMU in the past ten years, wheel tread spalling is the relatively common damage problem and shattered rim is occurred occasionally, thus, improving the contact fatigue resistance and fracture toughness, as well as decreasing the thermal damage sensitivity of wheel are generally accepted.

In this paper, for the purpose of improving the wear resistance, contact fatigue resistance and thermal damage sensibility, the development of a new type wheel material on the basis of existing wheel material improvement, as well as the comparative research with ER8 wheel that is commonly used in Chinese EMU are introduced.

2　The Characteristics of the New Wheel Material

Due to the material characteristics, the performance improving space of commonly used ER8 wheel (the wheel is denoted as D1 wheel in the paper) is limited. Therefore, a new wheel material was developed by using microalloying technology under the condition that maintains the equivalent content of C with ER8 (the obtained new wheel is denoted as D2 wheel in the paper). The D1 and D2 CCT curves are shown in Fig. 1, and the relationship of hardness versus the cooling rate is shown in Fig. 2. Compared with D1, the A_{c3} of D2 wheel is increased by 10℃, the critical cooling rate of pearlite transformation completely is higher and the reduction range of hardness with the cooling rate is significantly lower.

The mechanical properties of D1 and D2 wheel rim are listed in Table 1. It is found that the strength, hardness and toughness of D2 wheel rim are all higher than that of D1 wheel rim. The variations of volume fraction of ferrite and size of pearlite cluster at different depth of rim are shown in Fig. 3 and Fig. 4, respectively. It is found that ferrite content of D2 wheel rim is higher than that of D1 wheel rim and the pearlite cluster size is smaller than that of D1 wheel rim.

---

❶ 原文发表于"The 18th International Wheelset Congress" 2016 年。

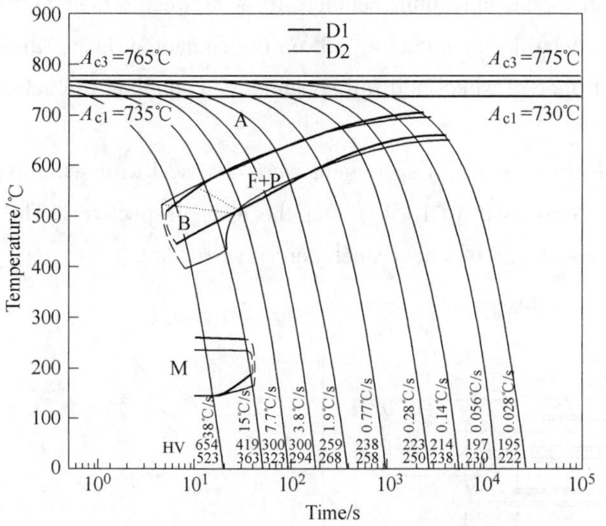

Fig. 1 The CCT curve of D2 and D1 wheels

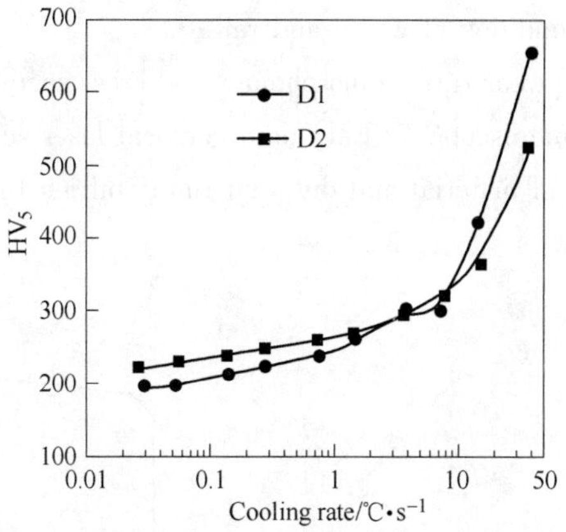

Fig. 2 Hardness variation of D2 and D1 wheels at different cooling rate

Table 1 Mechanical properties of D1 and D2 wheel rim

Wheels	R_{eH}/MPa	R_m/MPa	A/%	Hardness(HBW)	+20℃A_{KU}/J	-20℃A_{KV}/J	K_Q/MPa · m$^{1/2}$
D1	592	926	18.5	252-259	28	21	91.3
D2	665	959	19	262-265	22	20	103.8

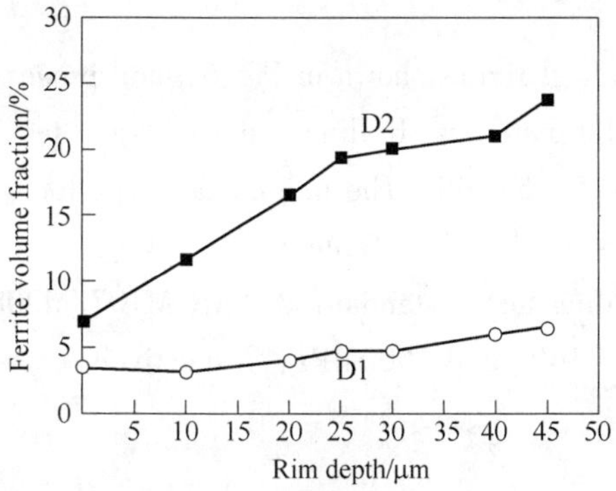

Fig. 3 Variation of the volume fraction of ferrite at different depth of rim

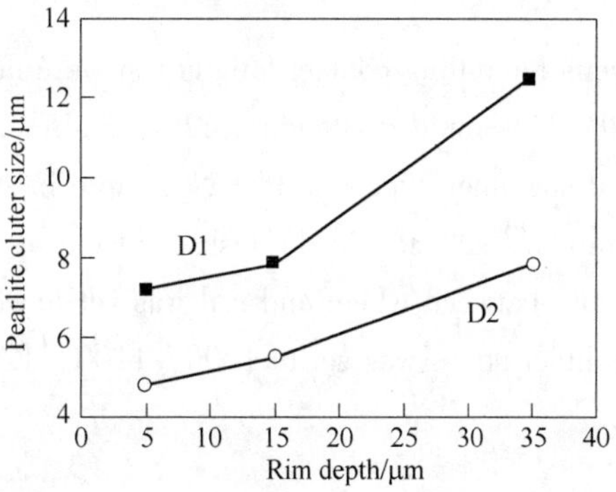

Fig. 4 Variation of the size of pearlite cluster at different depth of rim

3 Experimental Procedures

Wear, contact fatigue and thermal damage sensitivity test were carried out on GPM-30 rolling contact fatigue and wear testing machine to evaluate the serving performance of D1 and D2 wheels. The test specimens were taken from D1 and D2 wheels.

3.1 Wear test

In order to evaluate the stability of wear resistance within the wear limit, the rolling contact wear test was carried out and the specimens were taken from wheel rim at 10, 22.5 and 35mm under the tread, respectively, as shown in Fig. 5. The test conditions are listed in Table 2. The slip rate between wheel and rail was set to 0.5%, which is higher than that of actual operating condition according to the slip rate requirement in AAR M107/M208 specification, to simulate the serving performance under a relatively severe condition. The maximum contact stress between wheel and rail specimens was set to 1100MPa, which is the maximum contact stress between wheel and rail of EMU. The airflow formed in the process of train running would play a cooling roll on the contact surface, therefore, the drying compressed air was sprayed to the contact surface of wheel and rail specimens to simulate the actual contact condition of wheel and rail.

The wear surface morphology and cross section microstructure of test specimens were observed with scanning electron microscope (SEM) and confocal laser scanning microscope (CLSM) after the test, respectively. The influences of material and different rim depth on the wear resistance of wheel steel were investigated.

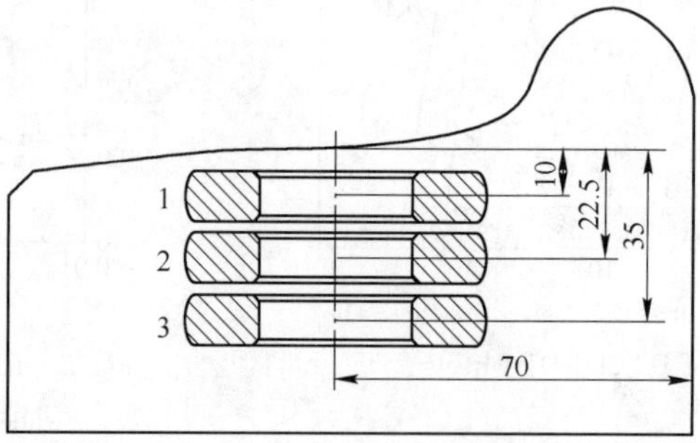

Fig. 5　Schematic diagram of wheel wear specimen

Table 2　Wear test parameters

Contact stress/MPa	Slip/%	Speed/rpm	Times/cycles	Cooling	Accompanying specimen material
1100	0.75	800	500, 000	Air cooling	U71MnG rail steel

3.2　Rolling contact fatigue test

The specimens for rolling contact fatigue test were taken from wheel rim as shown in Fig. 6, and processed according to the JP-3# sample in standard YB/T 5345-2006 Metallic materials-Rolling contact fatigue test. The corresponding rail specimen type was PS-1# sample in standard YB 5345-2006. The line contact type for specimens of wheel and rail was selected in the test, and the test parameters are listed in Table 3.

The slip rate between wheel and rail was set to 0.3% according to the standard of AAR M107/M208, and the maximum contact stress was set to 1000, 1100, 1200, 1300, 1400 and 1500MPa, respectively.

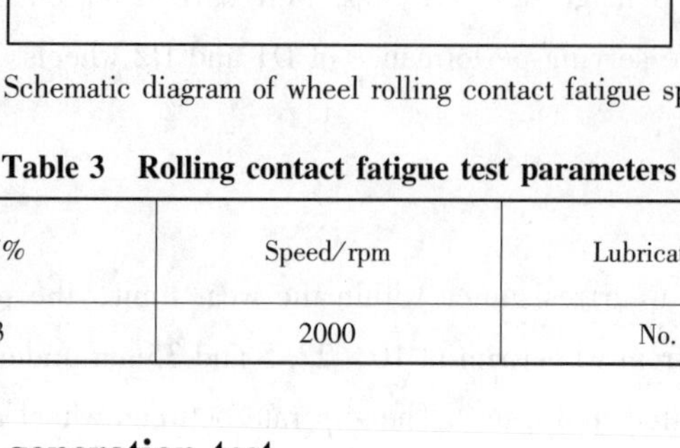

Fig. 6　Schematic diagram of wheel rolling contact fatigue specimen

Table 3　Rolling contact fatigue test parameters

Contact stress/MPa	Slip/%	Speed/rpm	Lubrication oil	Accompanying specimen materials
1000-1500	0.3	2000	No. 20	U71MnG rail steel

3.3　Martensite white layer generation test

The test of martensite white layer generation was carried out in order to evaluate the ability of wheel steel to resist the formation of martensite white layer under the condition of wheel being locked. The contact stress between wheel and rail specimens was set to 1100MPa. Wheel specimen was fixed in the process of test and the speed of rail specimen was set to 500 r/min and kept for one second. Then, the motor for rail specimen was shut down. The contact surface of two specimens was sprayed by water for cooling in the relative sliding process between wheel and rail.

The morphology of contact area of the wheel specimen and the white layer profile were observed with SEM and CLSM after the test, respectively, and the thickness and hardness of martensite white layer were measured. Experiments were all repeated six times for two wheels to ensure the reliability of the test results.

4 Results and Discussion

4.1 Wear test

The variation of hardness and wear loss of wheel D1 and D2 at different rim depth are shown in Fig. 7. It is found that hardnesses of two wheels decrease with the increasement of rim depth, and hardness of D2 is obviously higher than that of D1. The wear losses of two wheels increase with the increasement of rim depth, and the average wear losses of D2 at 10 and 22.5mm under the tread increase by 4% and 5% relatively to that of D1, respectively. However, the wear loss of D2 at 35mm under the tread decreases by 6%. The wear loss increasement of D2 wheel is smaller than that of D1 wheel with the increasement of rim depth. Thus, the wear resistance of D2 wheel is more uniform at the whole range of wear limit. Wear loss difference of two wheels are lower than 10% at the same rim depth. Therefore, it is determined that the wear resistance of two wheels are equivalent.

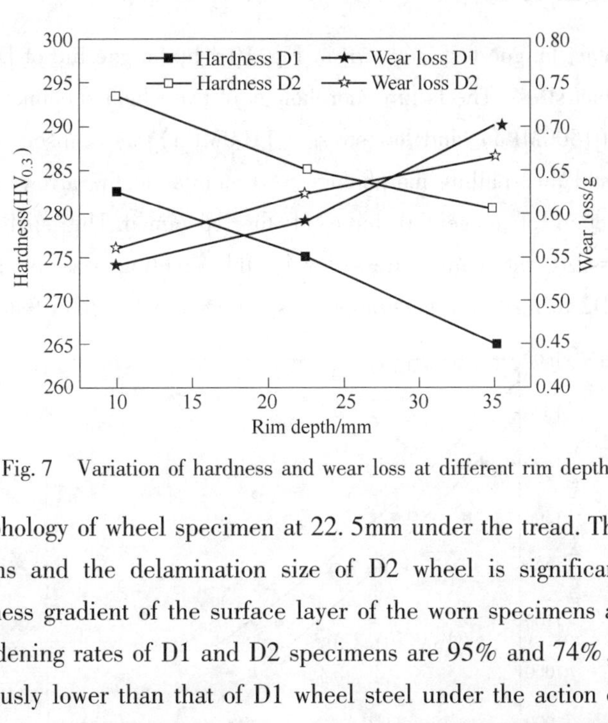

Fig. 7 Variation of hardness and wear loss at different rim depth

Fig. 8 shows the wear morphology of wheel specimen at 22.5mm under the tread. The delamination wear occur on the surface of both specimens and the delamination size of D2 wheel is significantly smaller than that of D1 wheel. Fig. 9 shows the hardness gradient of the surface layer of the worn specimens at 22.5mm under the tread. It is shown that the surface hardening rates of D1 and D2 specimens are 95% and 74%, respectively. Therefore, the hardening rate of D2 is obviously lower than that of D1 wheel steel under the action of rolling contact load.

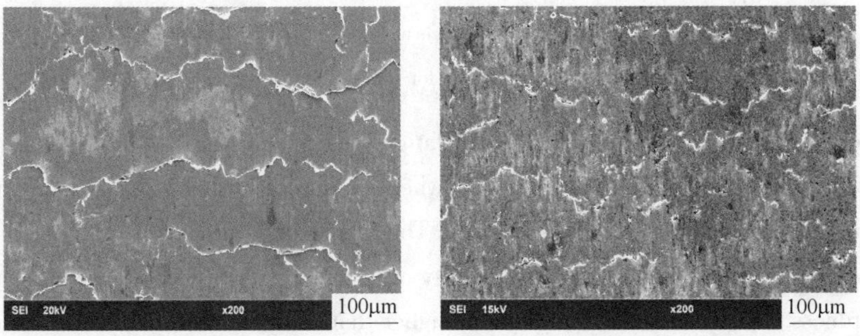

(a) (b)

Fig. 8 The SEM images of wear morphology of wheel specimens

(a) D1 wheel specimen; (b) D2 wheel specimen

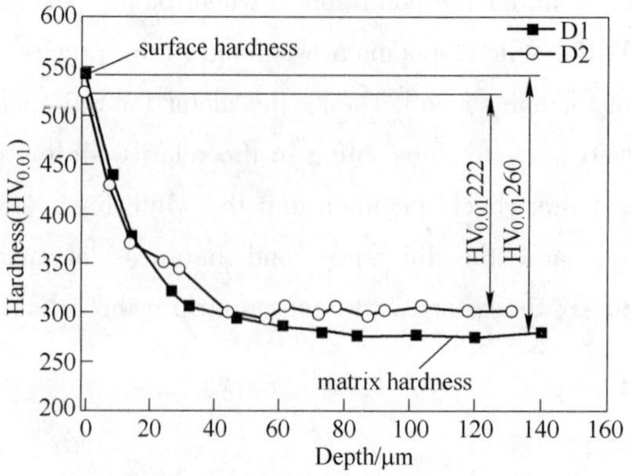

Fig. 9　The hardness gradient of surface layer of the worn wheel specimens at 22. 5mm under the tread

It is well known that wear resistance of ferrite-pearlite steel is determined by the hardness of contact surface. The hardness of D2 matrix is significantly higher than that of D1 while surface hardening rate is lower than that of D1. Therefore, although the delamination size of D2 is smaller than D1, the difference of contact surface hardness between two wheels is small, which leads that there is no significantly difference of wear resistance between two wheels.

4. 2　Rolling contact fatigue test

The S-N curve for rolling contact fatigue test is shown in Fig. 10. The fatigue life of D2 wheel is longer than that of D1 wheel under the same contact stress. The failure morphology of two wheel specimens corresponding to the fatigue test conditions of high stress (1500MPa) and low stress (1100MPa) were observed, as shown in Fig. 11. Both wheels show surface spalling and the spalling morphology were similar to the arrow shape. The direction of arrows are consistent with the direction of tangential force of the specimen. The spalling size increases with the increasement of contact stress. At the same stress level, the spalling size of D2 is smaller than that of D1. Therefore, the ability of D2 to resist the generation of spalling is better than that of D1.

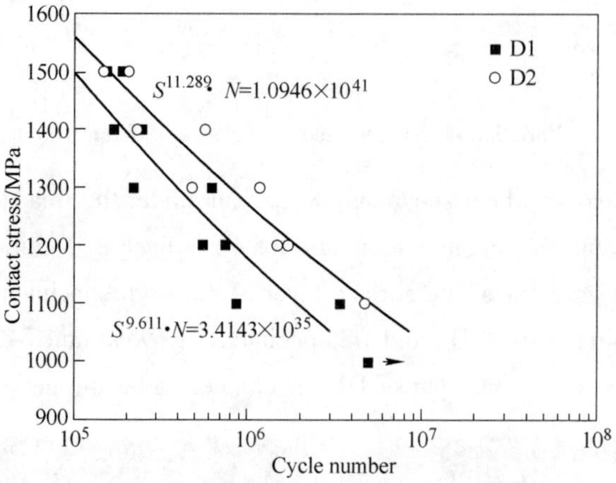

Fig. 10　S-N curves for D2 and D1 wheels

The spalling phenomenon in process of rolling contact fatigue test belongs to the macro spalling generated on the surface of specimen. The phenomenon would occur to two wheels when train runs on a rainy day or the flange lubricating grease flows into the contact surface of wheel and rail. The major influence factor of fatigue crack initiation is the material's ability to resist the plastic deformation. The ability of ferrite-pearlite steel to resist the plastic deformation is determined by its hardness. The hardness of D2 wheel is higher than that of D1 wheel, thus, it can be deduced that the ability of D2 wheel steel to resist the fatigue crack initiation is better than that of D1 wheel steel. In addition, ferrite content and pearlite cluster size also affect the fatigue crack propagation. Therefore, the purpose of decreasing the

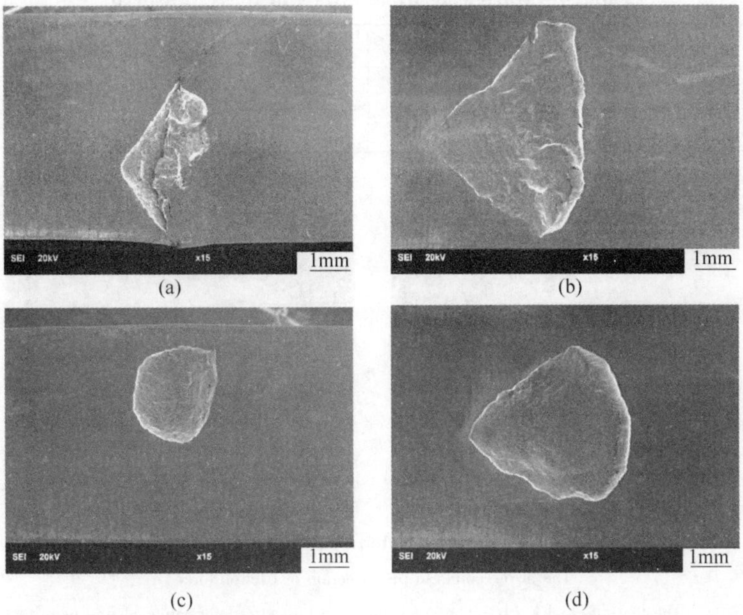

Fig. 11 Macroscopic morphology of two wheel specimens under different contact stresse after rolling contact fatigue failure
(a) D1 1100MPa; (b) D1 1500MPa; (c) D2 1100MPa; (d) D2 1500MPa

propagation rate of fatigue crack can be achieved by means of increasing the ferrite content which can decrease the stress concentration at the crack tip as well as refining the pearlite cluster which can increase the paths of crack propagation. The ferrite content of D2 wheel is higher than that of D1 wheel, and the size of pearlite cluster is smaller than that of D1 wheel. Accordingly, the ability of D2 wheel to resist the fatigue crack propagation is better than that of D1 wheel steel. Therefore, the rolling contact fatigue resistance of D2 wheel is better than that of D1 wheel.

4.3 Martensite white layer generation test

Fig. 12 shows the morphology of martensite white layer on the contact surfaces of the wheel specimens after the test, and measurement results of thickness of martensite white layer are listed in Table 4. The ability of D2 wheel to resist martensite white layer formation is better than that of D1. Fig. 13 shows the profiles of two crack patterns in martensite white layer region, i. e. tearing crack (Fig. 13 (a)) and crack due to the plastic deformation of fine pearlite (Fig. 13 (b)), respectively. The direction of tear crack propagation is consistent with the direction of friction force and the direction of crack propagation caused by plastic deformation is opposite to the direction of friction force. The contact area of two specimens occur to adhere due to friction heat arising in the process of relative sliding, then the adhesive node is torn and the surface crack forms, as shown in Fig. 13 (a). Due to the low strength of fine pearlite structure, The surface of specimen is prone to plastic deformation under the action of tangential force. When the plastic deformation exceeds the limit, the surface crack forms, as shown in Fig. 13 (b). The surface crack in the white layer region is easy to extend under the action of the rolling contact loading, and then the serving safety of the wheel is affected.

Fig. 12 Martensite white layer of wheel specimens
(a) D1; (b) D2

Table 4　Martensite white layer thickness measured　(μm)

Materials	1	2	3	4	5	6	Average value
D1	508	610	621	676	724	826	661
D2	398	417	501	539	629	650	522

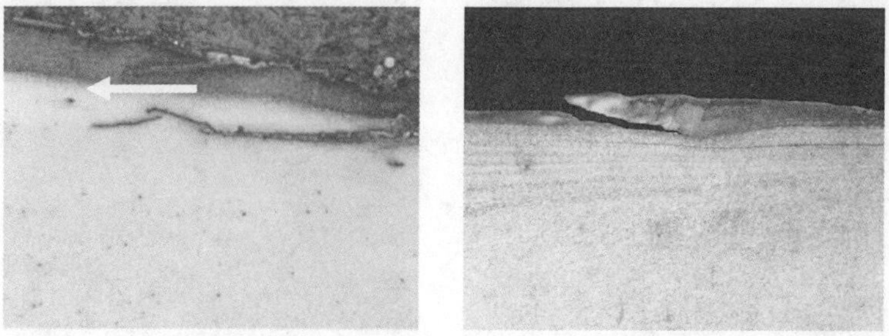

(a)　(b)

Fig. 13　The profiles of two crack patterns in the martensite white layer region
(The arrow points to the direction of friction force)
(a) The tearing crack; (b) The crack due to the plastic deformation of fine pearlite

The martensite white layer on the contact surface of wheel specimen forms in the process of heating and cooling. It directly relates to the characteristics of the phase transition of materials. From the CCT curve (Fig. 1) we know that A_{c3} of D2 is higher than that of D1. The probability of being austenitized on the contact surface in the process of heating is lower and the critical cooling rate of pearlite transformation completed in the process of cooling is higher than that of D1. Therefore, the depth of martensite white layer in D2 wheel specimen is bound to be less than that of D1. In addition, the significantly increased proeutectoid ferrite content in D2 wheel specimen decreases the rate of diffusion of carbon atoms in the process of heating. And thus delay the austenite transformation. Meanwhile, fine grains and clusters in D2 wheel also delay the formation of martensite white layer. Base on the above factors, the resistance to the formation of martensite white layer of D2 wheel is bound to be higher than that of D1. Therefore, the resistance to thermal damage sensitivity is improved.

5 Results

(1) The hardness of the new wheel D2 matrix is higher than that of D1 while the surface hardening rate is lower than that of D1. Therefore, there is no significant difference of wear resistance of two wheel materials.

(2) The hardness of the new wheel material D2 is higher than that of D1, thus the ability of D2 wheel to resist the fatigue crack initiation is better than that of D1. The ferrite content of D2 wheel is higher than that of D1 and the size of pearlite cluster is smaller than that of D1, thus the ability of D2 wheel to resist the fatigue crack propagation is better than that of D1 wheel steel. Therefore, the rolling contact fatigue resistance of D2 wheel is better than that of D1 wheel.

(3) The A_{c3} of the new wheel material D2 is higher than that of D1. Thus the depth of martensite white layer of D2 wheel specimen is less than that of D1. The significantly increased proeutectoid ferrite content in D2 wheel as well as fine grains and clusters in D2 wheel delay the formation of martensite white layer. Therefore, the resistance to the formation of martensite white layer in D2 wheel is better than that of D1, i. e. the resistance to thermal damage sensitivity is improved.

滚动方向改变对车轮钢摩擦磨损性能的影响❶

张明远[1] 鲁连涛[1] 曾东方[1] 陈 刚[2] 张继旺[1]

（1. 西南交通大学，牵引动力国家重点实验室；2. 马鞍山钢铁股份有限公司）

摘 要 为改善滚动接触条件下车轮钢抵抗磨损的能力，使用滚动接触摩擦磨损试验机，测试了在过渡磨损和稳定磨损阶段改变滚动方向前后试样的摩擦系数和磨损率，使用扫描电镜观察了车轮试样的磨损形貌，使用激光共聚焦显微镜和扫描电镜观察了表层塑性变形形貌。试验结果表明，滚动方向的改变可以提高车轮试样的抗磨损能力而不影响摩擦副的摩擦系数。其中，稳定磨损阶段换向对车轮试样抗磨损能力的提高程度高于过渡磨损阶段。分析表明，车轮试样换向前的应变硬化程度越大，换向形成的波状结构的波峰位置越浅，表层组织的珠光体片层间距越小，换向后车轮钢的抗磨损能力提高越明显。

关键词 车轮钢；滚动方向；磨损阶段；应变硬化；波状结构；滚动接触磨损

Effect of Rolling Direction Reversal on Friction and Wear Behavior of Wheel Steel

Zhang Mingyuan[1] Lu Liantao[1] Zeng Dongfang[1] Chen Gang[2] Zhang Jiwang[1]

（1. State Key Laboratory of Traction Power，Southwest Jiaotong University；
2. Ma'anshan Iron and Steel Co.，Ltd.）

Abstract In order to improve the wear resistance of wheel steel under rolling contact condition，the friction coefficient and wear rate of the specimens which respectively reverse rolling direction at the transition and the steady wear state were measured on a Rolling Sliding wear test machine. The surface damages of the wheel specimens were observed using scanning electron microscopy，and the deformed structures of the wheel specimens were observed by laser scanning confocal microscopy and scanning electron microscopy. The test results show that rolling direction reversal has no effect on the friction coefficient，while the wear resistance of the wheel steel is improved after reversal. The reversal at the steady wear state improves the wear resistance more distinct than that at the transition state. The analysis shows that，for the wheel specimen with higher strain hardening rate before reversal，the depth of the wavy structure is shallower，and the pearlite interlamellar spacing become smaller，and the wear resistance is improved more distinct.

Key words wheel steel；rolling direction；wear state；strain hardening；wavy structure；rolling contact wear

1 引言

随着轨道交通的快速发展，轮轨滚动接触磨损加剧，导致运输成本增加。研究[1-5]表明，改变滚动方向有利于减轻钢轨材料的磨损[1-3]，延长其接触疲劳寿命[4,5]。这是由于[1]：（1）换向后，钢轨表层材料发生单向塑性变形的程度减轻，材料因超过临界塑性极限而发生断裂的过程延迟；（2）由于换向前、后切向力在表层材料的作用方向相反，换向可使钢轨材料表层产生反向塑性变形，即波状结构，该结构能抑制裂纹的扩展。

❶ 原文发表于《西南交通大学学报》2017 年第 1 期。
“863”计划项目（2015AA034302）。

材料的磨损可分为过渡磨损和稳定磨损两个阶段，这两个阶段对应的材料表层应变硬化程度不同[6]。换向前应变硬化程度的不同可能会造成换向后表层材料波状结构等存在差异，但这种差异与材料摩擦磨损性能的相关性目前尚不清楚。此外，在铁路车轮、齿轮和凸轮等机械构件中均存在滚动方向改变的工况条件，且材料的磨损是影响其正常使用的因素之一。因此，研究何时换向更利于材料减磨，是具有实用价值的。

本文开展了在过渡磨损阶段和稳定磨损阶段进行换向的滚动接触摩擦磨损试验，测试了轮轨试样摩擦系数和磨损率，以及试验后表层材料的硬度梯度，观察了试验后车轮试样的表面磨损形貌和塑性变形形貌，阐明了不同磨损阶段换向对车轮钢摩擦和磨损性能的影响。

2　试验部分

2.1　试验材料与试样制备

本研究使用的车轮和钢轨材料分别取自未使用的合金车轮和钢轨，试验材料的化学成分见表1。由于车轮轮辋和钢轨材料的显微组织和机械性能随深度发生变化，为了保证试验材料组织和机械性能的一致性，分别从靠近车轮踏面和钢轨表面至表面下15mm的范围间切取车轮和钢轨试样坯料。

表1　试验材料的化学成分

Table 1　Chemical compositions of the materials　　(%)

材料	C	Si	Mn	P	S	Cr
车轮钢	0.50	0.30	0.76	0.014	0.004	0.23
钢轨钢	0.75	0.7	0.95	≤0.03	≤0.03	

2.2　试验方法

使用MMS-2A型微机控制摩擦磨损试验机进行了滚动接触摩擦磨损试验，试验装置如图1所示。根据图中的转速和尺寸，计算得到轮轨试样间的转动滑差率为5.4%。由于轮对在曲线上从高（低）轨运行到低（高）轨时，轮轨摩擦力发生换向[7]。该滑差率用来模拟列车过曲线时的摩擦状态，此时对应的滑动速度为0.021m/s。参照轮轨间接触应力范围，摩擦副的接触应力设定为1100MPa。根据赫兹接触准则[8]，该接触应力对应的法向载荷为994N。列车行进时产生的气流会对轮轨接触面产生风冷作用，为了使试验条件尽可能接近实际情况，试验过程中向轮轨试样接触面喷射冷却压缩空气。本试验磨损率的定义为：车轮试样滚过单位长度（1m）后试样产生的质量损失。

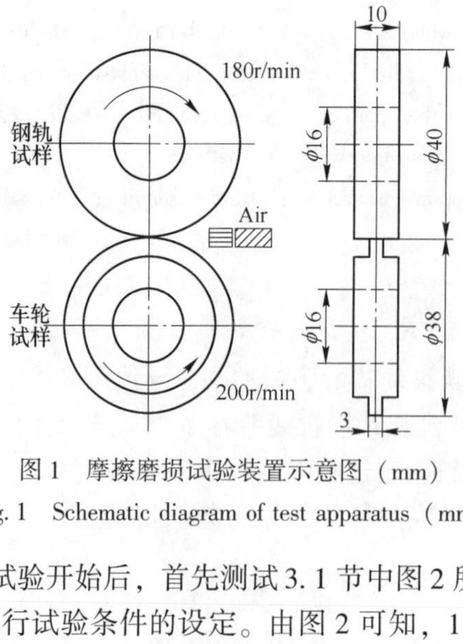

图1　摩擦磨损试验装置示意图（mm）

Fig. 1　Schematic diagram of test apparatus (mm)

各车轮试样试验条件见表2。试验开始后，首先测试3.1节中图2所示的1#车轮试样（不换向）磨损率曲线，然后根据该磨损率曲线进行试验条件的设定。由图2可知，1#车轮试样在0~20000次循环之间处在过渡磨损阶段，20000~80000次循环之间处在稳定磨损阶段。为了研究不同磨损阶段换向对车轮钢摩擦磨损性能影响，2#车轮试样在过渡磨损阶段换向，换向前循环次数设定为 10000 次；3#和 4#车轮试样在稳定磨损阶段换向，换向前循环次数分别设定为 20000 和 40000 次。换向后试样的循环次数均设定为 45000 次。钢轨试样的滚动方向在试验过程中不改变。

表 2 各车轮试样试验条件

Table 2 Test conditions of wheel specimens

换向阶段	不换向	过渡磨损	稳定磨损	
试样编号	1#	2#	3#	4#
换向前循环次数	80000	10000	20000	40000
换向后循环次数	0	45000	45000	45000

3 结果与讨论

3.1 摩擦系数和磨损率

从换向时的循环次数分别向前取 2500 次、向后取 2500 次循环，分别计算两个范围内的平均摩擦系数，得到表 3 所示的换向前后的摩擦系数。可见，换向前、后，摩擦系数几乎没有发生变化。因此，车轮试样滚动方向的改变不影响摩擦副的摩擦系数。

表 3 换向摩擦副换向前后摩擦系数

Table 3 Friction coefficients of wear pairs under directional condition

试样编号	2#	3#	4#
换向前	0. 497	0. 497	0. 494
换向后	0. 486	0. 494	0. 489

图 2 所示为不同摩擦副车轮试样磨损率随循环次数的变化曲线。由图可知，1#车轮试样在 0~20000 次循环过程中，磨损率逐渐增大，在 20000~80000 次循环过程中，磨损率基本不变。换向前，2#~4#车轮试样的磨损率曲线均与 1#车轮试样基本重合。换向后，2#~4#车轮试样的磨损率迅速下降，且随着循环次数的增加，上述三组车轮试样磨损率均呈增长的趋势。图 3 所示为换向车轮试样换向前后的磨损率。可以看出，换向后，3#和 4#车轮试样的磨损率降低程度基本相同且低于 2#车轮试样，随着循环次数的增加，3 #和 4#车轮试样的磨损率增长速度基本相同且低于 2#车轮试样。

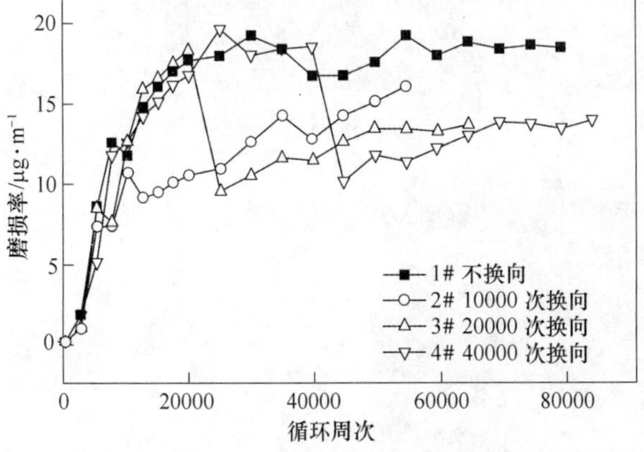

图 2 不同摩擦副车轮试样磨损率随循环次数变化曲线

Fig. 2 Relationship between the wear rate of wheel specimens and number of rolling cycles

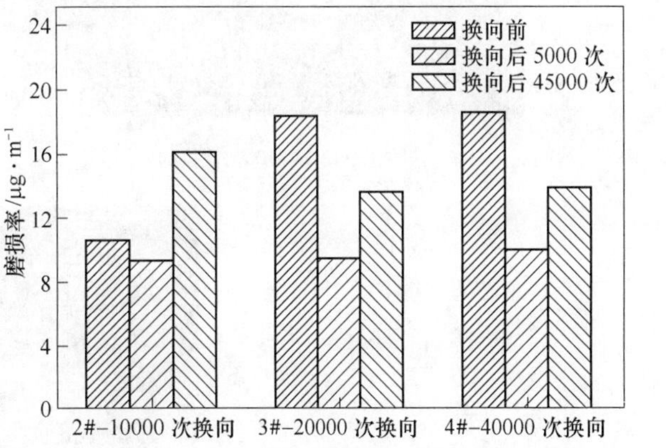

图 3 换向车轮试样换向前后磨损率

Fig. 3 Wear rate of wheel specimens under directional condition before and after rolling direction reversal

此外，试验发现，所有钢轨试样均在 20000 次循环左右达到稳定磨损阶段，磨损率保持在 5μg/m。分析认为，钢轨试样在试验中未发生换向，钢轨试样表层材料受到的切向力大小和方向不变。因此，钢轨试样的磨损率不因车轮试样换向而变化。

3.2　车轮试样表面磨损形貌

使用扫描电镜对试样磨损形貌进行观察，图4和图5所示分别为试验后未换向车轮试样和换向车轮试样的表面磨损形貌。各车轮试样磨损面均发生磨损。1#车轮试样表面损伤最严重，表面呈现大量剥层，且剥层面积大（见图4）。2#车轮试样表面损伤程度居中，其磨损面的剥层小于1#车轮试样（见图5（a））。3#和4#车轮试样表面磨损形貌相似，其表面剥层面积最小，磨损程度最轻（见图5（b）和图5（c））。

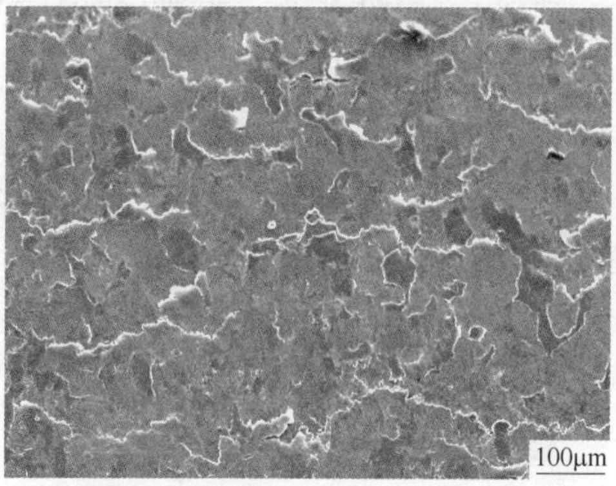

图4　试验后未换向车轮试样（1#）表面磨损形貌

Fig. 4　SEM micrograph of surface damage of wheel specimen under unidirectional condition after testing

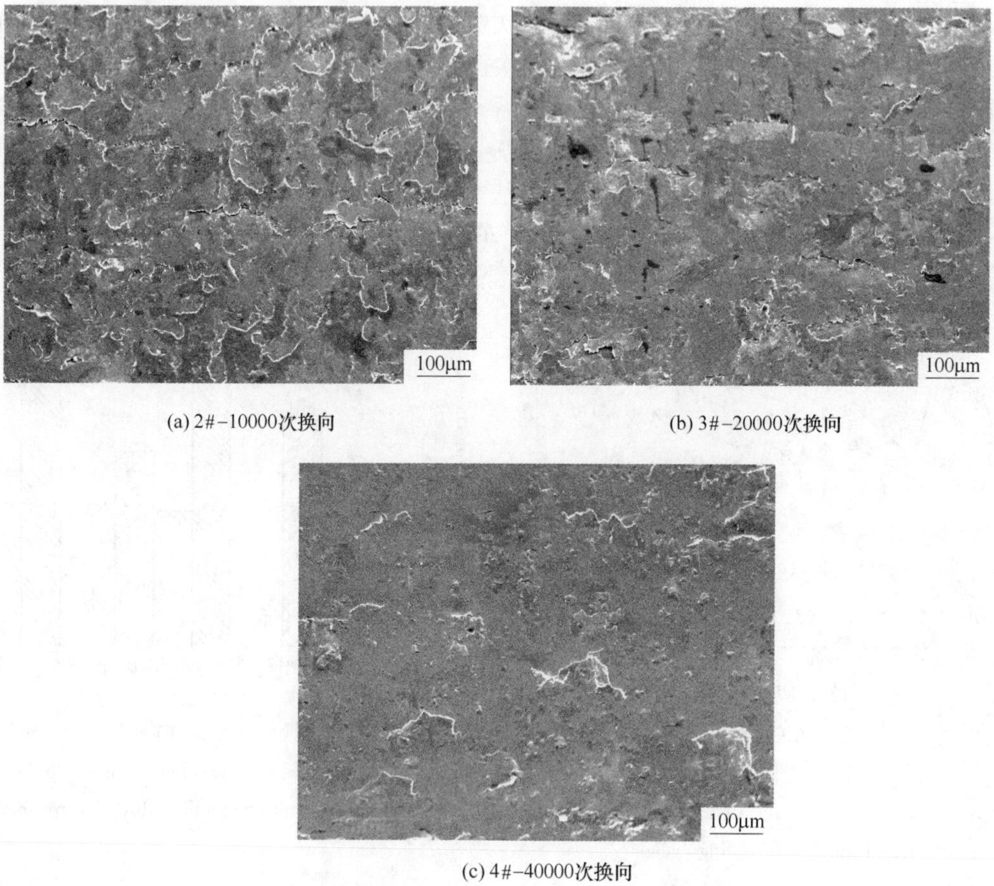

图5　试验后换向车轮试样（2#~4#）表面磨损形貌

Fig. 5　SEM micrographs of surface damages of wheel specimens under directional condition after testing

3.3 车轮试样表层塑性变形形貌

使用激光共聚焦显微镜对试样表层塑性变形形貌进行观察，图6和图7所示分别为试验后未换向车轮试样和换向车轮试样表层塑性变形形貌。可见，各车轮试样的表层材料均发生明显的塑性变形，塑性流动方向与切向力作用方向相同。靠近接触面的珠光体和铁素体在接触应力和切向力作用下，逐渐发展为片状组织，表面裂纹均在发生高度变形的铁素体中萌生扩展。铁素体中形成的裂纹造成了车轮试样表面的剥层现象（见图4和图5）。对比图6和图7可知，1#车轮试样表层材料的塑性流动沿单一方向发展。2#~4#车轮试样表层材料在靠近接触面的位置发生与换向前切向力方向相反的塑性变形，而在距接触面较深的位置保持与换向前切向力方向相同的塑性变形。在两种不同塑性变形方向的过渡区域形成波状结构，该结构波峰位置（图7中虚线所示位置）深度均小于换向前塑性变形层厚度（图6中虚线所示位置）。此外，由于波状结构的存在，2#~4#车轮试样表面裂纹扩展长度小于1#车轮试样。对比图7（a）~（c）可知，3#和4#车轮试样波状结构波峰的深度基本相同，且均小于2#车轮试样。

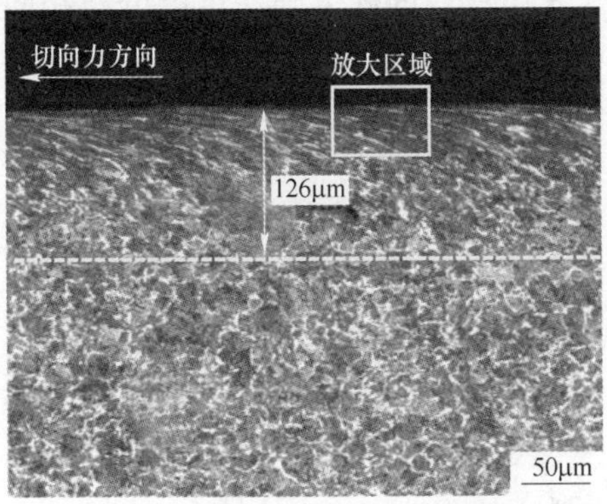

(a)

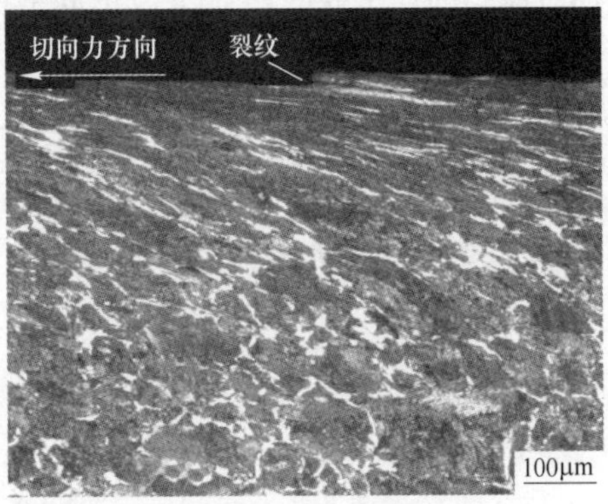

(b)

图6 试验后未换向车轮试样（1#）表层塑性变形形貌

Fig. 6 Cross-sectional microstructures of wheel specimen under unidirectional condition after testing

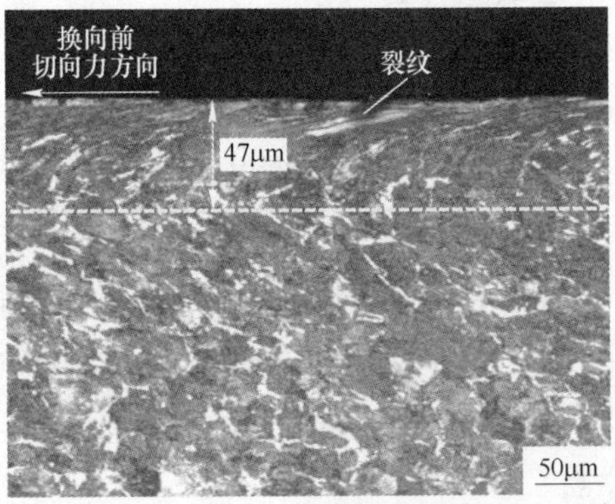

(a) 2#-10000次换向

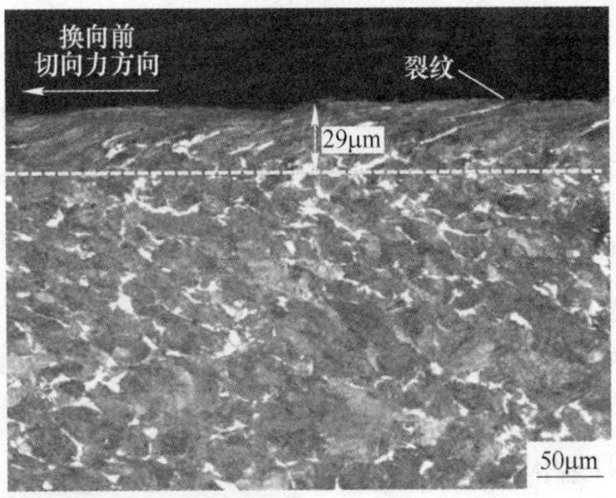

(b) 3#-20000次换向

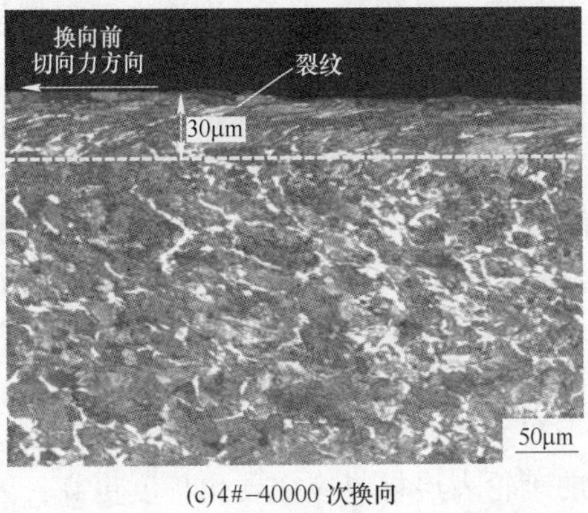

(c) 4#-40000次换向

图7 试验后换向车轮试样（2#~4#）表层塑性变形形貌

Fig. 7 Cross-sectional microstructures of wheel specimens under directional condition after testing

3.4　讨论

3.4.1　换向后车轮钢抗磨损能力不同的原因

本试验发现，换向后，稳定磨损阶段换向的3#和4#车轮试样的抗磨损能力提高程度相同且大于过渡磨损阶段换向的2#车轮试样，分析认为，造成这种现象的原因有以下两点。

第一，车轮试样表层材料发生塑性变形是由于材料表层的切应力大于剪切屈服强度[9]。由于材料的剪切屈服强度与硬度呈线性关系[10,11]，因此，车轮试样表层材料下某深度的剪切屈服强度可通过式（1）进行计算：

$$\tau_z = \frac{H_z}{H_0}\tau_0 \tag{1}$$

式中，τ_0 为车轮材料剪切屈服强度；τ_z 为车轮表层材料下某深度对应的剪切屈服强度；H_0 为车轮材料硬度；H_z 为车轮表层材料下某深度对应的硬度。

在稳定磨损阶段，即使试样的循环次数不同，试样表层材料的硬度随深度的分布相同，且大于过渡磨损阶段[6]。因此，换向时，3#和4#车轮试样表层材料的硬度相同，且高于2#车轮试样。图8所示为测得的试验后2#~4#车轮试样表层材料显微硬度随深度的变化曲线。可见，换向后，在经过相同的循环次数的条件下，2#~4#车轮试样表层材料硬度的相对大小保持不变。

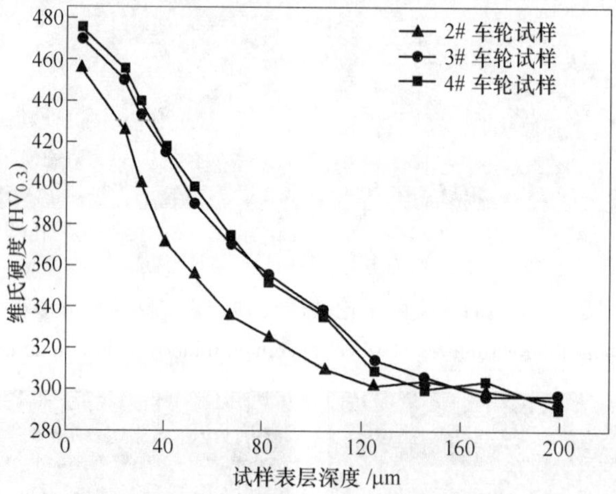

图8　试验后换向车轮试样（2#~4#）表层材料显微硬度随深度变化曲线

Fig. 8　Microhardness distribution of wheel specimens under directional condition after testing

根据式（1）以及换向后各车轮试样表层材料的硬度分布可知，换向后，经过相同的循环次数，在相同深度下，3#和4#车轮试样的剪切屈服强度相同且高于2#车轮试样。由于换向后摩擦副的摩擦系数和接触应力相同，在相同的深度下不同试样所受的切向力大小也相同。这样的条件使得3#和4#车轮试样的波状结构波峰深度相同且小于2#车轮试样。

根据剥层理论[12]，裂纹易萌生于材料表层或次表层，并沿塑性流动方向扩展。换向后，波状结构波峰位置的深度越浅，裂纹沿塑形流动扩展的长度越短，试样的磨损程度越低。因此，更浅的波状结构波峰位置可以提高车轮试样换向后的抗磨损能力。

第二，根据换向时及试验后车轮试样表层材料硬度分布可知，换向后，经过相同的循环次数，3#和4#车轮试样表层材料应变硬化程度相同且大于2#车轮试样。研究发现[13]，珠光体片层间距随应变硬化程度增加而减小。图9所示为使用扫描电镜所观察的试验后2#~4#车轮试样表层珠光体组织。使用文献［14］的方法对图9中的珠光体片层间距进行测量，得到2#~4#车轮试样波状结构中的珠光体片层间距分别为130nm、92nm、88nm。其中，3#和4#车轮试样的珠光体片层间距相差不大，且小于2#车轮试样。更小的珠光体片层间距在组织断裂之前能容纳更多的塑性变形，这有利于抗磨损性能提高[15]。

对于发生换向的车轮试样，由于初始切向力的作用，换向时试样表层已发生应变硬化，使表层材料硬度增加。而在稳定磨损阶段换向的车轮表层材料应变硬化程度更高，因此，换向后试样表层波状结构波峰深度位置更浅，珠光体片层间距更小，抗磨损能力更强。

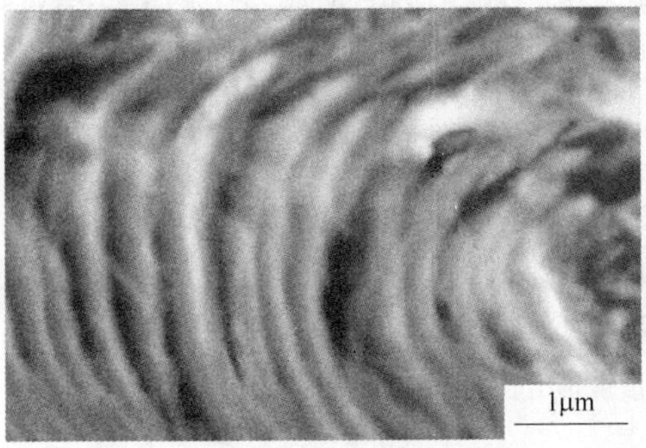

(a) 2#-10000 次换向

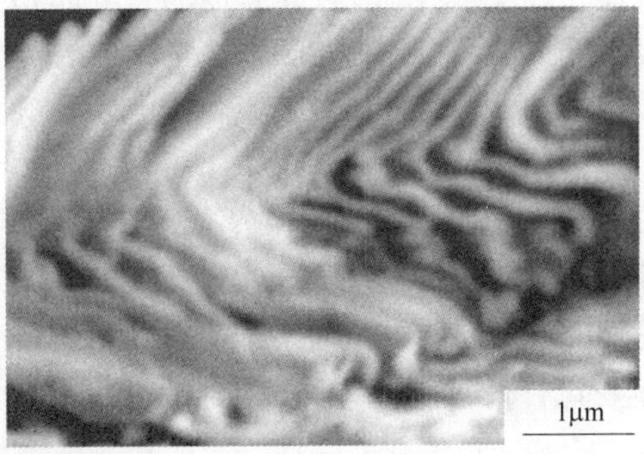

(b) 3#-20000 次换向

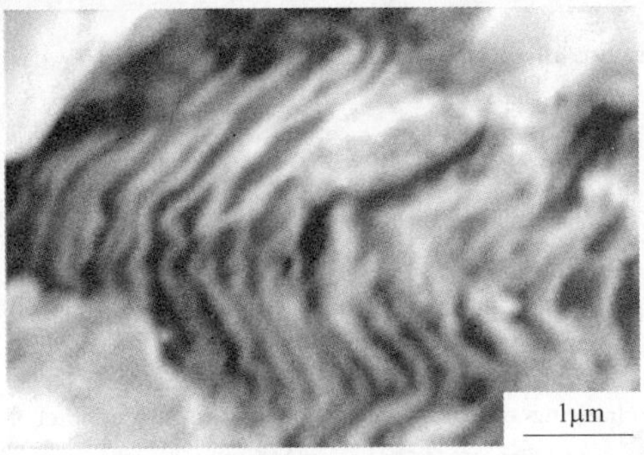

(c) 4#-40000 次换向

图 9　试验后换向车轮试样波状结构珠光体组织

Fig. 9　Pearlitic structures at wave structures of wheel specimens under directional condition after testing

3.4.2　换向后车轮钢磨损率逐渐增长的原因

车轮试样换向后，磨损率会迅速降低，然后逐渐增长（见图 2）。文献［1］虽然对磨损率降低的原因进行了较为详细的分析，但未解释换向后磨损率增长的原因。

试样循环至稳定磨损阶段时，表层材料的应变硬化程度随深度的分布趋于稳定[6]。因此，可以认为 3#车轮试样换向时表层材料的硬度梯度与试验后 1#车轮试样的基本一致。图 10 所示为试验后 1#车轮试样表层材料显微硬度随深度的变化曲线。取 3#车轮试样磨损率曲线上的 A、B 两点，如图 10 中磨损率曲线所示。3#车轮试样换向后循环至 A、B 两点时，对应的磨损量分别为 13mg 和 35mg。根据车轮钢的密度及试样尺寸，可以近似求出 A、B 两点的磨损深度分别为 9.1μm 和 29.2μm。在图 10 硬度梯度曲线中标出 A、B 两点的磨损深度，可以看出，试样循环至 A 点时，表层材料的硬度高于 B 点的。试样在 A 点时表层材料的应变硬化程度更大，换向后形成的波状结构波峰位置更接近表面，珠光体片层间距更小。因此，试样循环至 A 点时的磨损率低于 B 点的，车轮试样磨损率随循环次数增加逐渐增长。换向后磨损率的增长与表层材料的硬度梯度分布有关。

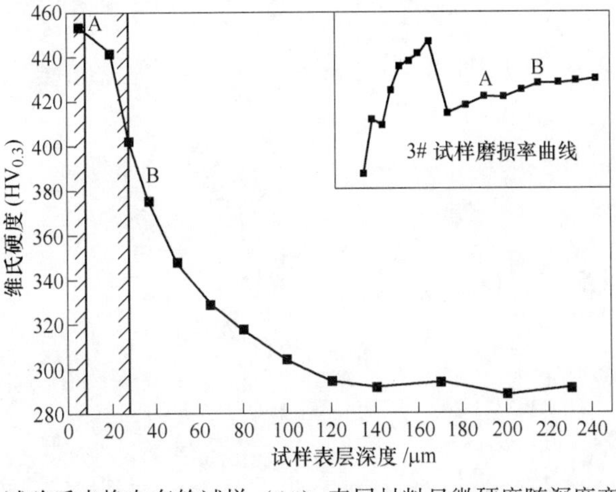

图 10　试验后未换向车轮试样（1#）表层材料显微硬度随深度变化曲线

Fig. 10　Microhardness distribution of wheel specimen under unidirectional condition after testing

综上所述，表层材料应变硬化程度的差异是造成换向后车轮钢抗磨损能力不同的原因，稳定磨损阶段换向比过渡磨损阶段换向更利于提高车轮钢的抗磨损能力。

4 结论

（1）在稳定磨损阶段换向比在过渡磨损阶段换向更能提高车轮钢的抗磨损能力。

（2）车轮试样换向前应变硬化程度越大，换向形成的波状结构波峰位置越浅，珠光体片层间距越小，换向后车轮钢的抗磨损能力越强。

（3）车轮试样换向不影响钢轨试样的磨损率以及摩擦副的摩擦系数。

参 考 文 献

[1] Tyfour W, Beynon J. The effect of rolling direction reversal on the wear rate and wear mechanism of pearlite rail steel [J]. Tribology International, 1994, 27 (6): 401-412.

[2] Ludger Deters, Matthias Proksch. Friction and wear testing of rail and wheel material [J]. Wear, 2005, 258: 981-991.

[3] Lari A, Kapoor A. An investigation to the influence of bogie direction reversal on equalizing rail vehicle wheel wear [J]. Wear, 2008, 265: 65-71.

[4] Tyfour W, Beynon J. The effect of rolling direction reversal on fatigue crack morphology and propagation [J]. Tribology International, 1994, 27 (4): 273-282.

[5] Fujita K, Yoshida Y. The effect of changing rolling direction on the rolling contact fatigue life of annealed and head hardened steel rollers [J]. Wear, 1977, 43: 315-327.

[6] Tyfour W, Beynon J, Kapoor A. The steady state wear behaviour of pearlitic rail steel under dry rolling-sliding contact conditions [J]. Wear, 1995, 180: 79-89.

[7] Tunna J, Sinclair J, Perez J. A review of wheel wear and rolling contact fatigue [J]. Proceedings of the Institution of Mechanical Engineers, Part F; Journal of Rail and Rapid Transit, 2007, 221: 271-289.

[8] Straffelinia G, Guiliaria C, Pillizzaria M, et al. Dry rolling-sliding wear of austempered cast iron [J]. Wear, 2011, 271: 1602-1608.

[9] Franklin F, Widiyarta I, Kapoor A. Computer simulation of wear and rolling contact fatigue [J]. Wear, 2001, 251: 949-955.

[10] Fletcher D, Beynon J. Equilibrium of crack growth and wear rates during unlubricated rolling-sliding contact of pearlitic rail steel [J]. Proceedings of the Institution of Mechanical Engineers, Part F; Journal of Rail and Rapid Transit, 2000, 214: 93-105.

[11] Archard J F. Wear Control Handbook: Wear Theory and Mechanisms [M]. New York: ASME, 1980: 161-178.

[12] Suh N P. An overview of the delamination theory of wear [J]. Wear, 1977, 44: 1-6.

[13] 郭宁．桥梁缆索用冷拔珠光体钢丝微观组织表征及力学性能研究［D］．重庆：重庆大学，2012.

[14] 彭超，刘荣运．钢中珠光体片层间距的割线测量法［J］．物理测试，1990（5）：40-44.

[15] Perez-Unzueta A J, Beynon J H. Microstructure and wear resistance of pearlitic rail steels [J]. Wear, 1993, 162-164 (1): 173-182.

C 和 Si 含量对车轮钢腐蚀行为的影响❶

吴 菲[1] 肖 峰[2] 江 波[2] 崔银会[2] 任学冲[1]

(1. 北京科技大学，国家材料服役安全科学中心；2. 马鞍山钢铁股份有限公司)

摘 要 利用 3.5%NaCl 溶液室温周浸及电化学试验研究了不同 C、Si 含量车轮钢的腐蚀行为，用失重法测量了试样的腐蚀速率，观察了不同腐蚀时间下试样的表面形貌及截面形貌，利用光学表面形貌仪观测了不同腐蚀时间下试样表面粗糙度和腐蚀坑尺寸。结果表明，随 C 含量的增加及 Si 含量的降低，车轮钢稳态腐蚀速率增大；Si 含量的提高使车轮钢自腐蚀电位升高以及表面电荷转移电阻增大，从而提高了其耐蚀性；不同试样在腐蚀 3 天后表面均出现点蚀，并随腐蚀时间的延长，点蚀坑尺寸和表面粗糙度增大。点蚀坑的出现破坏了材料表面的完整性，在腐蚀坑底部造成应力集中，危害车轮的安全运行。

关键词 车轮钢；周浸；腐蚀；点蚀；电化学

Effects of C and Si Content on Corrosion Behavior of Wheel Steel

Wu Fei[1] Xiao Feng[2] Jiang Bo[2] Cui Yinhui[2] Ren Xuechong[1]

(1. National Center for Materials Service Safety, University of Science and Technology Beijing; 2. Ma'anshan Steel and Iron Co., Ltd.)

Abstract Corrosion behavior of wheel steel with different C and Si content was investigated using alternate immersion test and electrochemical test in 3.5% NaCl solution. The corrosion rate was calculated based on the weight loss measurement. The surface morphology and cross section of specimens corroded for different time were observed. The surface roughness and the size of corrosion pits on the surface of specimens corroded for different time were measured using an optical metrology. The results show that the corrosion rate increases with increase the C content and with decrease Si content. The free corrosion potential and charge transfer resistance increased with the increase of Si content, resulting in the improvement of corrosion resistance of wheel steel. Corrosion pits existed on the surface of specimens corroded for 3 days, and the surface roughness and the size of corrosion pits increased with the prolongation of corrosion time. Corrosion pits can destroy the integrity of wheel surface and make stress concentrate on the bottom of pits, which are harmful to the operation safety of the wheels.

Key words wheel steel; alternate immersion test; corrosion; pitting; electrochemistry

1 引言

随着列车的重载化与高速化，车轮作为重要承载运动部件，对车轮疲劳性能的要求也越来越严格。影响车轮疲劳性能的因素很多，如材料强度、表面粗糙度及表面喷丸处理等。尽管车轮的表面状态主要由制造加工工艺决定，但在服役过程中，车轮长期经受雨、雪、潮湿大气环境的作用，表面状态会由于腐蚀作用而发生变化，特别是沿海湿热环境，对车轮的腐蚀性影响不容忽视，国内外由于腐蚀引起的车轮疲劳失效常有报道[1,2]。大量的研究表明[3-5]，碳钢表面易发生点腐蚀，特别是在含 Cl^- 的海水或海洋性大气环境下，从而造成车轮表面完整性的破坏，降低疲劳极限，引发疲劳破坏。C、Si 是车轮钢中常用的

❶ 原文发表于《腐蚀与防护》2017 年第 2 期。
国家自然科学基金（U1234207），国家高技术研究发展计划（2015AA034302）。

强化元素，具有强化效果好、成本低的优点，不同性能要求的车轮可通过 C、Si 含量的调整来实现。已有的研究表明，一般随 C 含量的增加，中低碳低合金钢腐蚀速率随碳含量的增加而增加[6,7]，但当腐蚀机理不同时，C 含量对腐蚀速率的影响不同[8]。Si 含量提高可使球墨铸铁的耐腐蚀性提高[9]。目前关于中高碳车轮钢中 C、Si 含量对腐蚀性能的影响目前鲜有报道。本文采用周期浸泡腐蚀试验研究了不同 C、Si 含量轧制车轮钢在 NaCl 溶液中的腐蚀行为，为车轮钢强化元素的选择及车轮的腐蚀与防护提供参考。

2　试验

试验用材料为 4 种轧制工艺生产的车轮钢，其化学成分如表 1 所示。由表 1 可见，1、2 及 3 号试样的 C 含量依次降低，Si 含量基本相同；4 号试样与 3 号试样相比，Si 含量明显降低，而 C 含量基本相同。在车轮辐板位置取金相试样，经磨制抛光后用质量分数为 3%硝酸酒精溶液侵蚀，用光学显微镜观察试样的显微组织。

表 1　试验用车轮钢化学成分

Table 1　Chemical composition of wheel steel used in this study　(%)

试样编号	C	Si	Mn	P	S
1	0.71	0.87	0.81	0.012	0.01
2	0.63	0.87	0.80	0.014	0.01
3	0.55	0.93	0.90	0.007	0.006
4	0.54	0.26	0.78	0.005	0.002

周期浸泡试样从车轮辐板位置截取，试样尺寸为 50mm×40mm×4mm，试样厚度方向与车轮辐板厚度方向一致，试样表面经磨制，表面粗糙度为 $R_a = 0.23\mu m$。试验参考 GB/T 19746—2005《金属和合金的腐蚀-盐溶液周浸试验》标准进行。周浸试验采用质量分数为 3.5%的 NaCl 溶液，室温下干湿交替的时间分别是 50min/10min，即试样在 NaCl 溶液中浸泡 10min 后干燥 50min，试验时间分别为 3 天、7 天、14 天、30 天、60 天和 90 天。试样在试验前用无水乙醇超声清洗，去除表面可能残留的油污，对每块试样进行称重。浸泡结束后，用 50%盐酸+3%六次甲基四胺缓蚀剂混合液清除试样表面腐蚀产物，干燥，再对试样进行称重，根据试样腐蚀前后质量差并计算腐蚀速率，每种试样采用 3 个平行样，结果取 3 个试样的平均值。

清除表面腐蚀产物后，用数码相机记录试样表面的宏观形貌，并利用 Bruker ContourGT-X3 表面形貌仪观察表面形貌，测量试样表面粗糙度。将腐蚀后试样取横截面，用电木粉对试样进行封装，保护试样截面形貌，对封装试样进行磨制及机械抛光，通过金相显微镜观察截面形貌。

采用极化曲线和电化学阻抗谱法对不同试样进行测试。电化学测试采用标准的三电极系统：饱和甘汞参比电极、Pt 片辅助电极、面积为 10mm×10mm 的测试试样作为工作电极。试验介质为 3.5%NaCl 溶液，使用 Gamry Reference 600 电化学工作站进行电化学测试。电化学阻抗谱测试频率范围为 9Hz～900kHz，交流激励信号为 10mV，采用 Zview 软件对结果进行拟合分析。极化曲线测试从阴极扫到阳极，扫描范围为-0.1～0.2V（相对开路电位），电极扫描速度为 1mV/s。

3　结果与讨论

3.1　金相组织

图 1 为不同试样的金相显微组织，图 1（a）～（d）所示分别为试样 1～4 的显微组织。由图可见，当碳含量为 0.71%时，其组织为珠光体，晶界分布不明显，仅能通过颜色的不同分辨不同取向的珠光体团。当碳含量为 0.63%时，少量先共析铁素体沿原奥氏体晶界呈网状析出，但由于铁素体含量较少，网状铁素体不连续。当碳含量降低到 0.55%时，晶界铁素体基本成网状连续分布。随着碳含量的减少，晶界网状铁素体含量增多。

3.2　腐蚀速率

不同 C 含量试样不同腐蚀周期下的腐蚀速率如图 2 所示。由图可见，所有试样在 14 天范围内，随

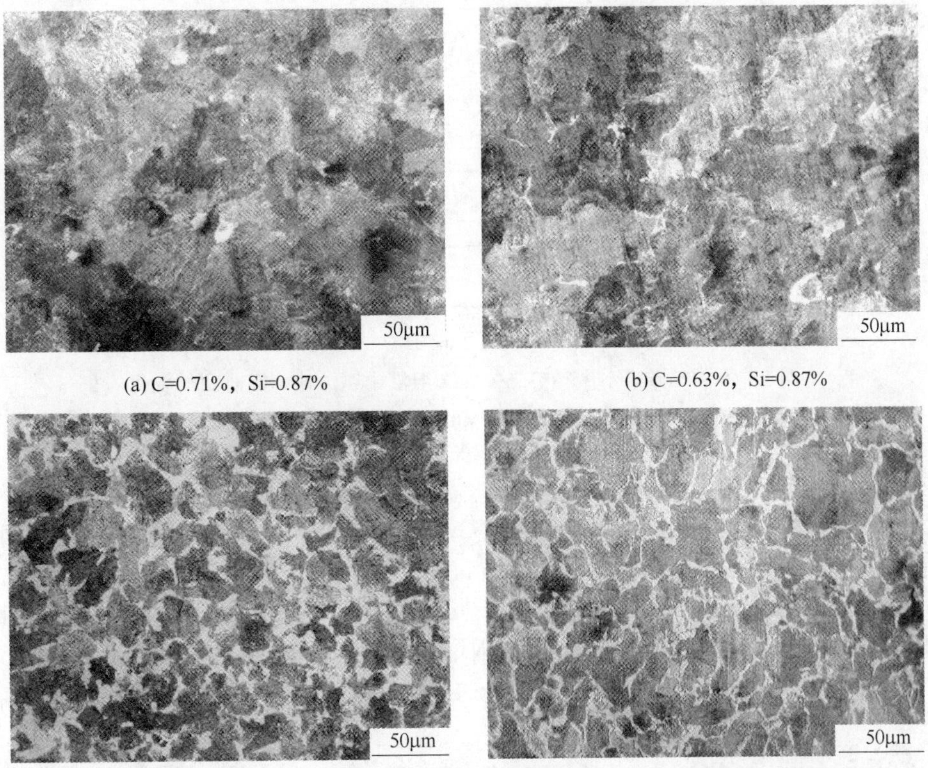

(a) C=0.71%，Si=0.87%　(b) C=0.63%，Si=0.87%

(d) C=0.55%，Si=0.93%　(d) C=0.54%，Si=0.26%

图 1　不同 C、Si 含量车轮钢试样显微组织

Fig. 1　Microstructure of wheel steel specimens with different C and Si contents

时间的延长，所有试样的腐蚀速率均逐渐降低，30 天后腐蚀速率基本稳定。随 C 含量的增加，稳态腐蚀速率增大，C 含量为 0.71%时，试样的腐蚀速率较 C 含量为 0.55%的试样高约 21%。珠光体中的铁素体相和渗碳体相的电位差较大，易形成腐蚀微电池，珠光体会随着微电池中铁素体阳极相的溶解而腐蚀[10]，因此铁素体-珠光体钢中珠光体往往优先腐蚀，珠光体含量越高，腐蚀微电池越多，腐蚀速率越大[11]。

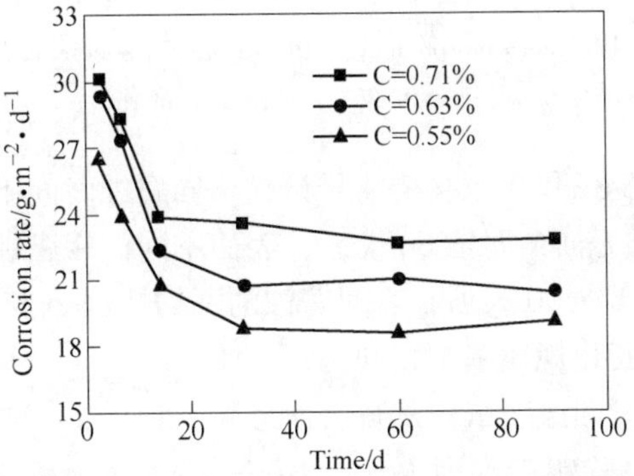

图 2　不同 C 含量试样在 3.5%NaCl 溶液中腐蚀速率随时间的变化

Fig. 2　Corrosion rate vs time for specimens with different C content in 3.5% NaCl solution

图 3 为不同 Si 含量试样的腐蚀速率随时间的变化，其规律与图 2 相似。由图可见，增加 Si 含量可降低稳态腐蚀速率，在其他成分基本相同的情况下，Si 含量由 0.26%增加到 0.93%时，稳态腐蚀速率降低了约 19%。由此可见，增加 Si 含量可降低稳态腐蚀速率，这与文献［12］的结论一致。Nishimura 等[13]认为内部锈层中出现纳米级的富硅氧化物颗粒具有阳离子选择性，能在促进致密锈层形成的同时，阻碍氯离子的进入，从而提高钢材耐蚀性。

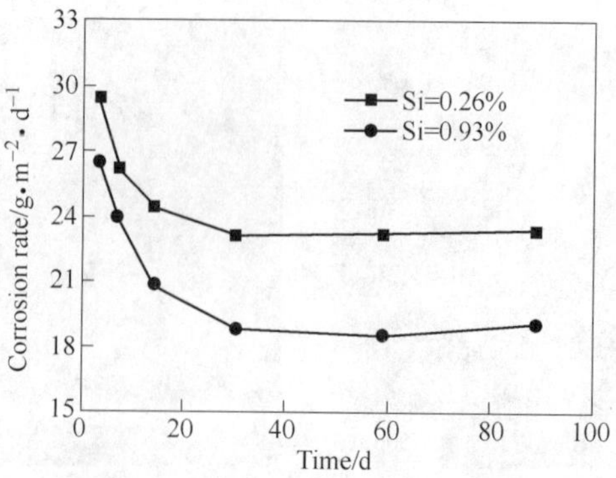

图 3　不同 Si 含量试样在 3.5%NaCl 溶液中腐蚀速率随时间的变化

Fig. 3　Corrosion rate vs time for specimens with different Si content in 3.5% NaCl solution

3.3　腐蚀形貌

3.3.1　腐蚀表面形貌

C、Si 含量分别为 0.63%和 0.87%的 2 号试样不同腐蚀时间的表面形貌如图 4 所示。由图可见，腐蚀 3 天后，试样局部出现点蚀；腐蚀 7 天后，点蚀范围增大，大部分表面出现点蚀；腐蚀 14 天后，试样表面基本全部布满点蚀坑，且点蚀坑的尺寸有所增加。其他试样与该类试样腐蚀形貌的变化规律基本相同。

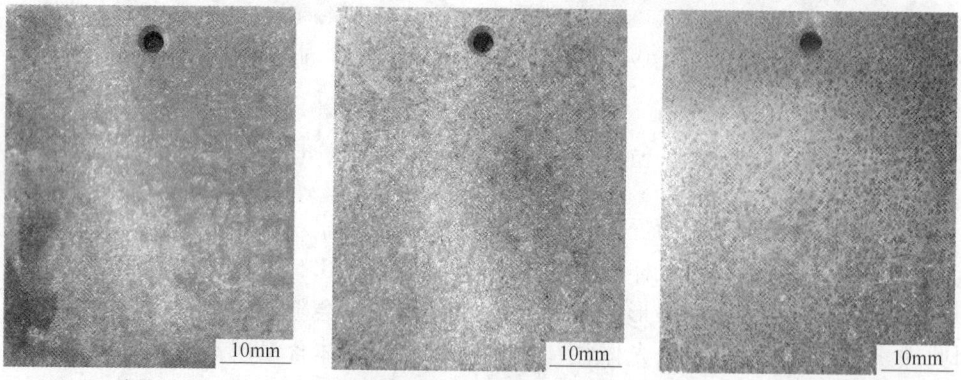

(a) 腐蚀3天　(b) 腐蚀7天　(c) 腐蚀14天

图 4　2 号车轮钢试样（C=0.63%，Si=0.87%）腐蚀不同时间表面宏观形貌

Fig. 4　Macro morphology of the surface of specimen No. 2 (C=0.63%，Si=0.87%) corroded for different time

图 5 为 C、Si 含量分别为 0.54%和 0.26%的 4 号试样不同腐蚀时间下的宏观腐蚀形貌。由图可见，腐蚀 30 天后，点蚀坑布满整个试样表面；腐蚀 60 天后，表面不同区域腐蚀出现明显不均匀性，局部的小点蚀坑合并为尺寸较大的腐蚀坑；腐蚀 90 天后，表面腐蚀的不均性进一步增加，开始出现明显的高低不平。其他试样与该类试样腐蚀形貌的变化规律基本相同。

利用光学表面形貌仪对去除腐蚀产物试样进行表面形貌测量，2 号试样不同腐蚀时间的表面形貌如图 6 所示。腐蚀 7 天后，试样表面平均粗糙度为 $R_a=6.2\mu m$，最大腐蚀坑深度约 70μm，如图 6（a）所示。腐蚀 14 天后，试样表面平均粗糙度为 $R_a=11.4\mu m$，最大腐蚀坑深度约 150μm。腐蚀 30 天后，试样表面平均粗糙度为 $R_a=26.1\mu m$，最大腐蚀坑深度约 300μm。腐蚀 60 天后，试样表面平均粗糙度为 $R_a=53.2\mu m$，试样表面出现较大的腐蚀坑，腐蚀表面最大高度差约 500μm，如图 6（d）所示。

3.3.2　腐蚀截面形貌

4 号车轮钢试样（C、Si 含量分别为 0.54%和 0.26%）不同腐蚀时间的截面形貌如图 7 所示。由图可见，腐蚀 3 天后，试样表面的点蚀还不明显；腐蚀 7 天后，试样表面的点蚀逐渐明显，但点蚀深度较浅；腐蚀 14 天后，点蚀深度增加，最大约 150μm，与光学形貌仪测量结果基本相同；腐蚀 30 天后，腐蚀坑深度及宽度进一步增加，深度大部分在 200μm 左右。由图 7 可见，腐蚀坑底部呈不规则形状，有的腐蚀坑

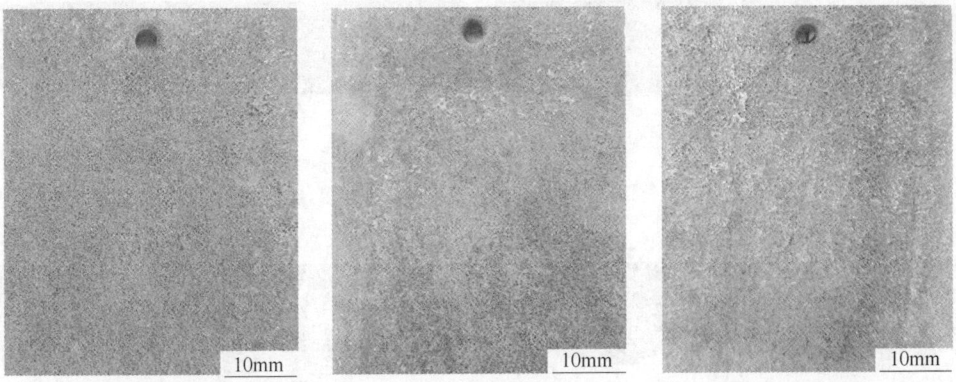

(a) 腐蚀30天　(b) 腐蚀60天　(c) 腐蚀90天

图 5　4 号车轮钢试样（C=0.54%，Si=0.26%）腐蚀不同时间表面宏观形貌

Fig. 5　Macro morphology of the surface of specimen No. 4（C=0.54%，Si=0.26%）corroded for different time

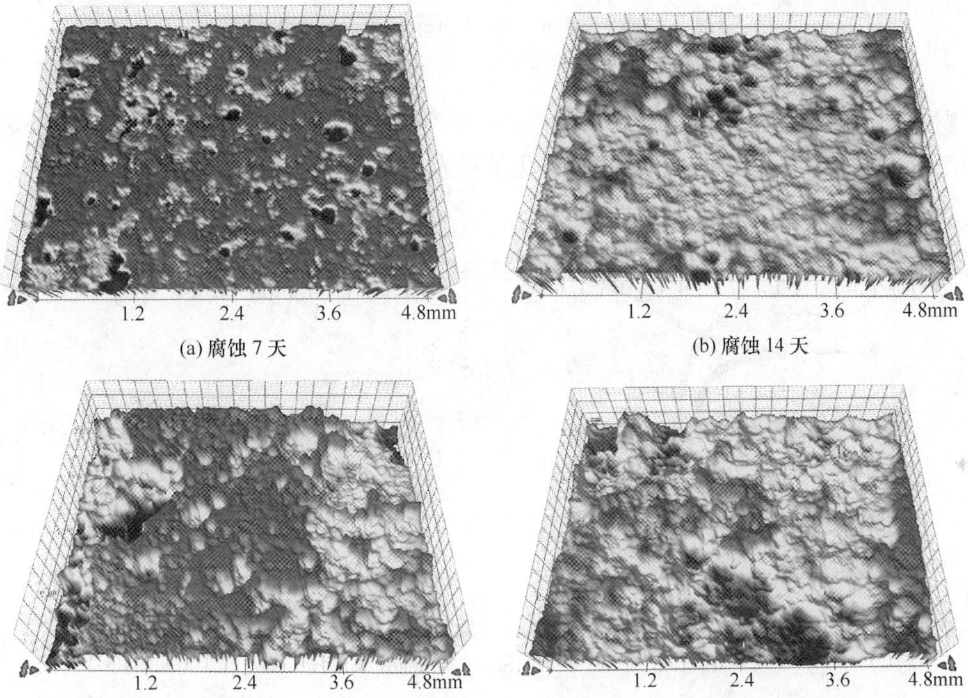

(a) 腐蚀 7 天　(b) 腐蚀 14 天

(c) 腐蚀 30 天　(d) 腐蚀 60 天

图 6　2 号车轮钢试样（C=0.63%，Si=0.87%）腐蚀不同时间表面形貌测量

Fig. 6　3D morphology of the surface of specimen No. 2（C=0.63%，Si=0.87%）corroded for different time

底部包含更小的蚀坑，与文献［1］中引起车轮疲劳开裂的腐蚀坑具有相似的形貌，说明利用实验室周浸腐蚀加速试验模拟车轮在自然环境中的腐蚀具有一定的可行性。点蚀导致的腐蚀坑破坏了车轮表面的完整性，使材料表面喷丸产生的残余压应力区遭到破坏[14]，同时在腐蚀坑底部产生应力集中，从而导致车轮产生早期疲劳开裂，危害车轮运行安全。

3.4　电化学行为

图 8 为 Si 含量不同的 3、4 号试样的极化曲线图和电化学阻抗谱。由图 8（a）两组试样极化曲线可见，Si 含量高的 3 号试样的自腐蚀电位高于 Si 含量低的 4 号试样，分别为-525mV 和-577mV。金属自腐蚀电位越高，腐蚀的倾向性越低，说明 3 号试样的腐蚀倾向性较低。图 8（b）阻抗图谱中，3 号试样的容抗弧直径大于 4 号试样，说明 3 号试样的电荷转移电阻略高于 4 号试样，使得腐蚀反应的速率较低。电

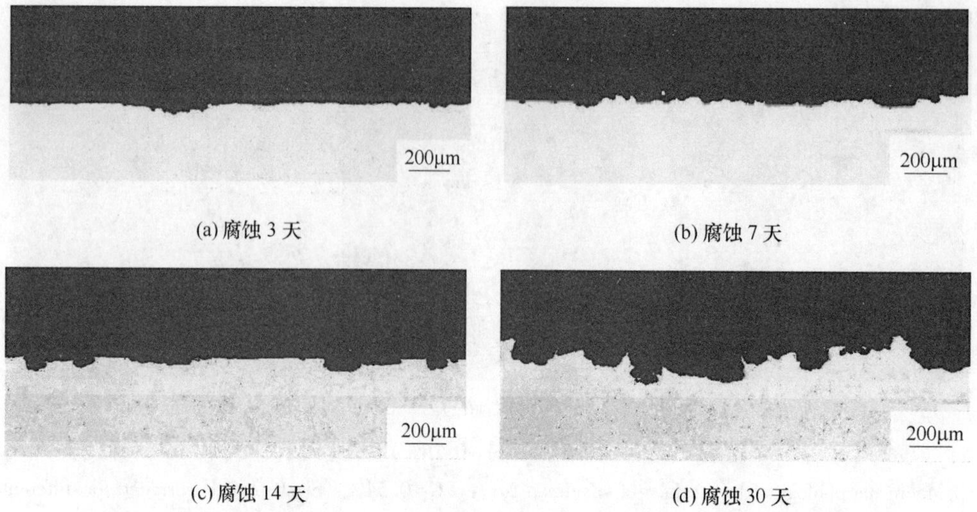

图 7　4 号车轮钢试样（C＝0. 54%，Si＝0. 26%）腐蚀不同时间截面形貌

Fig. 7　Cross-section morphology of specimen No. 4 (C＝0. 54%，Si＝0. 26%) corroded for different time

化学试验结果表明，腐蚀初期高 Si 含量车轮钢的耐腐蚀性优于 Si 含量低的车轮钢，但对于解释长周期周浸腐蚀速率结果还需进一步考虑腐蚀产物及其电化学行为。

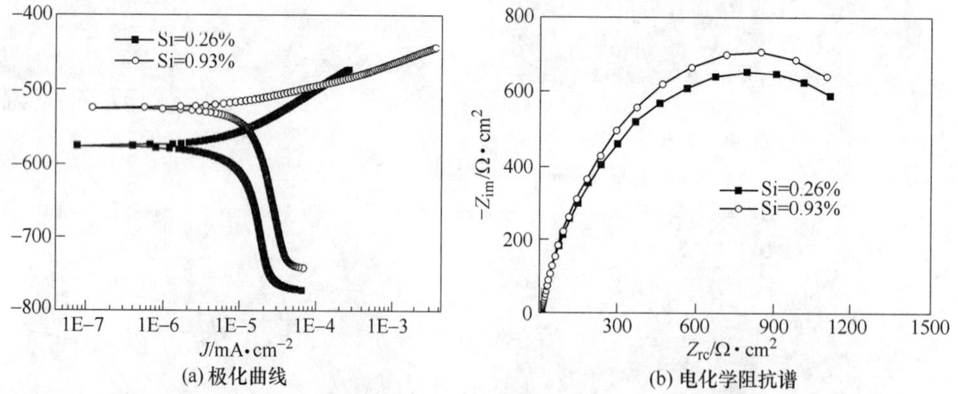

图 8　Si 含量不同的两组试样的极化曲线图和电化学阻抗图谱

Fig. 8　Polarization curves and EIS of specimens with different Si contents

4　结论

（1）腐蚀初期，随着腐蚀时间的延长，车轮钢的平均腐蚀速率逐渐下降，在 30 天左右时达到稳定，基本不再随时间变化。随着 C 含量的增加及 Si 含量的降低，车轮钢稳态腐蚀速率增大。

（2）车轮钢中 Si 含量的提高使材料腐蚀初期自腐蚀电位升高以及电荷转移电阻增大，从而提高耐蚀性。

（3）周期浸泡腐蚀 3 天，车轮钢表面开始出现点蚀，随着腐蚀时间的延长，点蚀坑数量和尺寸不断增大，车轮钢表面粗糙度增加；腐蚀 60 天后车轮钢表面腐蚀坑开始连接，出现较大的腐蚀坑。点蚀坑的出现破坏了车轮钢表面的完整性，会在蚀坑底部造成应力集中，危害车轮的运行安全。

参 考 文 献

[1] 齐冀，肖峰，任学冲．列车车轮辐板断裂原因分析［J］．理化检验-物理分册，2015，51（1）：79-82.

[2] Mansor N I I，Abdullah S，Ariffin A K，et al. A review of the fatigue failure mechanism of metallic materials under a corroded environment［J］. Eng. Fail. Anal，2014，42：353-365.

[3] 戴明安，黄桂桥，朱相荣．海水中钢的局部腐蚀与海域环境相关性［J］．腐蚀科学与防护技术，1999，11（5）：309-310.

[4] 张焱冰，王源升，孔小东，等．碳钢在淡水条件下点蚀的电化学噪声研究［J］．腐蚀与防护，2010，31（5）：372-375.

[5] Beretta S，Carboni M，Fiore G，et al. Corrosion-fatigue of A1N railway axle steel exposed to rainwater［J］. International Journal of Fatigue，2010，32（6）：952-961.

[6] Melchers R E. Effect on marine immersion corrosion of carbon content of low alloy steel［J］. Corrosion Science，2003，45：2609-2625.

[7] 毛红艳，蔡庆伍，武会宾，等．合金元素和碳含量对E36船板钢腐蚀行为的影响［J］．腐蚀与防护，2013，34（6）：499-502.

[8] 李少坡，郭佳，杨善武，等．碳含量和组织类型对低合金钢耐蚀性的影响［J］．北京科技大学学报，2008，30（1）：16-20.

[9] 蓝敏俐．硅含量对球墨铸铁耐蚀性能的影响［J］．黑龙江生态工程职业学院学报，2014，27（6）：23-24.

[10] Clear H J，Greene N D. Electrochmical properties of Fe and steel［J］. Corrosion Science，1969，9：3-13.

[11] 郝雪卉，董俊华，魏洁，等．AH32耐蚀钢显微组织对其腐蚀行为的影响［J］．金属学报，2012，48（5）：534-540.

[12] Mejia G J A，Antonissen J，Palacio C A，et al.，Effects of Si as alloying element on corrosion resistance of weathering steel［J］. Corrosion Science，2012，59：198-203.

[13] Nishimura T. Rust formation and corrosion performance of Si-and Al-bearing ultrafine grained weathering steel［J］. Corrosion Science，2008，50：1306-1312.

[14] 殷艳君，肖峰，任学冲．表面喷丸处理对车轮辐板腐蚀行为的影响［J］．腐蚀与防护，2015，36（1）：31-35.

微合金化元素 V、Ti 对高碳钢组织和性能的影响[❶]

陈讲彪 赵 海 陈 刚 江 波 王长乐 邹 强

（高性能轨道交通新材料及安全控制安徽省重点实验室；马鞍山钢铁股份有限公司）

摘 要 通过力学性能试验和组织分析，研究了微合金化元素 V、Ti 对普通高碳钢组织和性能的影响。结果表明，高碳钢中加入 V 有利于提高材料的强度，在钢中含 N 的情况下，应严格控制 Ti 含量，以防止大块 TiN 夹杂相的出现。

关键词 高碳钢；力学性能；组织；TiN

The Effect of Micro-alloying Element V and Ti on the Microstructure and Mechanical Properties of High Carbon Steel

Chen Jiangbiao Zhao Hai Chen Gang Jiang Bo Wang Changle Zou Qiang

(Key Laboratory of High-quality Railway New Materials and Safety Control of Anhui Province; Ma'anshan Iron and Steel Co., Ltd.)

Abstract The effects of micro-alloying elements V and Ti on microstructure and properties of high carbon steel were investigated by mechanical properties test and microstructure analysis. The results show that the addition of V to high carbon steel is beneficial to improving the strength of the steel. In the case of steel containing N, the content of Ti should be strictly controlled to prevent the emergence of bulk inclusion of TiN.

Key words high carbon steel; mechanical property; microstructure; TiN

1 引言

微合金化钢作为现代冶金生产的低成本高强度钢已广泛应用于石油钻采、油气输送管线、船舶及汽车制造、高层建筑、桥梁建设、轨道交通等方面，是工业应用中不可缺少的重要钢铁材料。采用微合金化技术是改善碳素钢强度、硬度、延性和韧性等性能重要途径，已成为传统钢铁生产向现代化冶金生产转变的标志[1]。工业上常通过添 V、Nb、Ti 等微合金元素改善碳素钢的微观组织状态，以改善其综合性能[2,3]。在高碳钢中，人们常通过 V、N 微合金化来提高其性能[4,5]，由于 N 与 Ti 结合易形成 TiN，对钢的强度和韧性造成不利影响[6,7]，因此，本文以含 N 高碳钢为研究对象，研究 V、Ti 合金元素对其性能的影响。

2 试验材料和方法

2.1 试验材料

试验钢采用 ZCX02-26-1 型 200kg 真空冶炼炉进行冶炼，并对浇铸的钢锭（1 号和 2 号）进行去氢热处理，钢锭经过切头及表面机加工后，分别锻造成厚 60mm，宽 160mm 的钢板供试验用，试验钢化学成分见表 1。

❶ 原文发表于《安徽冶金》2017 年第 2 期。

表1 试验钢化学成分 (%)

编号	C	Si	Mn	V	P	S	Ti	[N]/ppm
1号	0.74	0.37	0.81	0.071	0.010	0.015	0.008	190
2号	0.73	0.38	0.82	0.045	0.008	0.011	0.0019	185

2.2 试验方法

在锻态试验钢上取数块全厚钢板经860℃×1.5~2h正火+480℃×2h回火，在钢板1/4厚处取样加工成ϕ15mm拉伸试样，试样轴线位于钢板厚度的1/4处，拉伸方向为轧制方向，按照国标GB/T 228在Zwick Z600E拉伸试验机上进行拉伸试验，并对断后试样解剖进行组织分析；在钢板1/4厚处取断裂韧性试样CT30，裂纹的扩展方向垂直与轧制方向，在MST拉伸试验机上按ASTM E399标准进行断裂韧性试验；取全厚硬度试样块150mm×30mm，并对试块进行双面磨，按国标GB/T 231在布氏硬度计上进行布氏硬度测试，测试位置为钢板厚度的1/4处；在试验钢厚度1/4处取15mm×15mm×20mm金相试样，将试样用饱和苦味酸进行腐蚀，在光学显微镜下观察并根据GB/T 6394评定晶粒度，并进行金相组织观察。

3 试验结果及分析

两种试验钢经过热处理后的奥氏体晶粒度如图1所示。由图1可见，两种试验钢奥氏体晶粒均在8~9级，两者并无明显区别，这是由于两种钢主要元素含量并无明显差别，且热处理工艺相同。对两种试验钢进行金相组织观察，如图2所示。由图2可知，两种试验钢均为珠光体+少量铁素体组织，经过对钢中铁素体定量计算可知[8]，两者铁素体含量并不相同，1号和2号试验钢中铁素体含量分别为1.84%和2.92%，图2为两种试验钢中铁素体含量差异较明显的两张金相照片。图3为1号试验钢拉伸断后样金相组织照片，从照片中能够清楚地观察到块状TiN夹杂物相，而在2号试验钢断后试样中并未观察到，这是因为两种试验钢虽均含有N元素，但1号试验钢中Ti含量明显高于2号钢，由于Ti活性强度明显高于V，Ti含量超过一定量时，钢中则会出现明显的块状硬质夹杂相TiN，所以在含N钢中Ti含量应该严格控制，以防TiN夹杂相的出现。

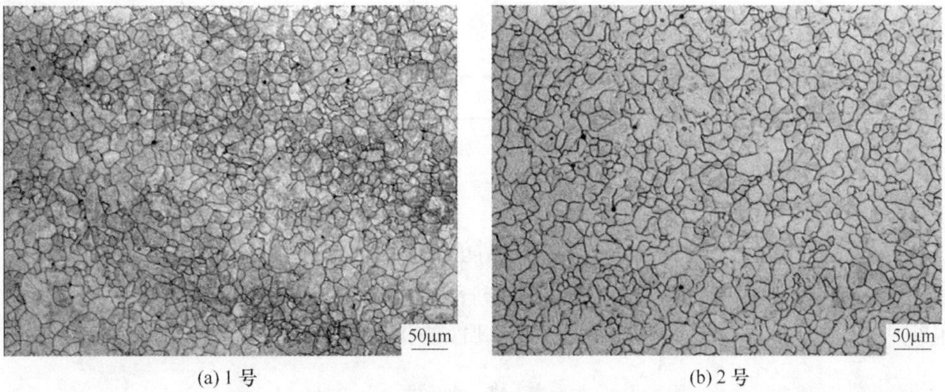

图1 两种试验钢奥氏体晶粒度

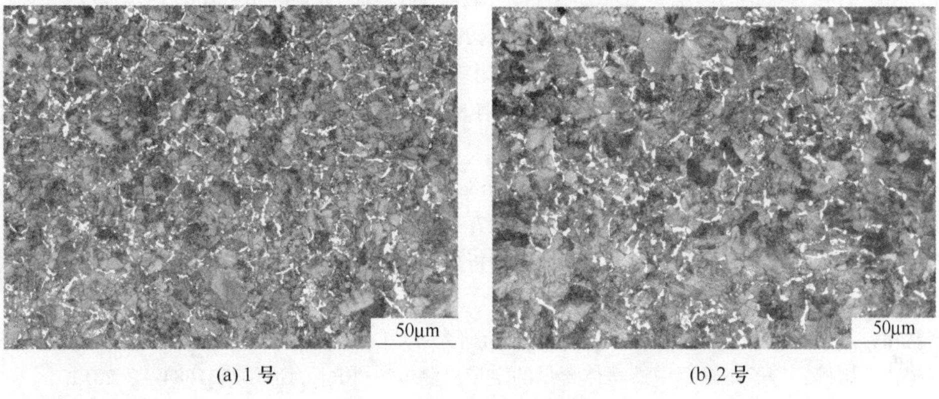

图2 两种试验钢金相组织

图 3　1 号试验钢拉伸断后试样金相组织

表 2 为两种试验钢拉伸性能和断裂韧性结果。由表 2 可知，1 号试验钢强度明显高于 2 号试验钢，但塑性和韧性均略低于 2 号试验钢，这是由于两种试验钢中 V 含量不同，V 在铁素体中以 V（CN）相析出，与铁素体呈共格或半共格关系，导致铁素体晶格畸变，起到基体强化作用。1 号试验钢种 V 含量高于 2 号试验钢，在热处理过程中更多的 V（CN）相析出，与铁素体形成共格或半共格的位向关系，导致珠光体基体发生铁素体共格强化，导致材料强度升高，而珠光体基体中这种第二相与铁素体的共格或半共格的位向关系，在材料发生局部塑性变形时，阻碍了位错的移动，形成位错塞积，导致材料局部塑性降低，硬度升高，见表 3。1 号试验钢硬度明显高于 2 号试验钢，在材料断裂过程中表现出材料的塑性降低，而 2 号试验钢中铁素体含量明显高于 1 号钢，铁素体在材料断裂过程中吸收了断裂导致的表面能增加，从而导致 2 号试验钢断裂韧性高于 1 号试验钢，见表 2。

表 2　两种试验钢基本力学性能

编号	$R_{p0.2}$/MPa	R_m/MPa	A/%	Z/%	K_Q/MPa · $m^{1/2}$
1 号	838	1221	13.2	34	49.3
2 号	759	1156	14.4	38	53.7

表 3　两种试验钢布氏硬度（HB）

编号	1	2	3	4	5	平均值
1 号	374	376	372	373	373	374
2 号	354	339	348	351	355	349

4　结语

（1）在含 N 高碳钢中，应严格控制 Ti 含量，以防 TiN 夹杂相出现；

（2）在含 V 钢中，V 含量的增加有利于提高材料的强度，但材料的塑性降低；

（3）钢组织中铁素体相含量的提高有利于材料韧性的提高。

参 考 文 献

[1] 蒋蓉．含 V、Nb、Ti 微合金钢的微观结构及力学性能［J］．武汉理工大学学报，2009，31（9）：13-17.

[2] 王飞龙，韩晓东，张泽，等．Nb，Ti 对钢的显微组织结构的影响［J］．电子显微学报，2006，25（增刊）：120-121.

[3] 孙曼丽，江波，陈刚，等．微合金化元素 Nb 对高碳钢组织和性能的影响［J］．安徽冶金，2015（2）：36-39.

[4] 王勇围，桂美文，周勇，等．V、N 微合金化对高碳钢 82B 性能的影响［J］．材料热处理学报，2011，32（1）：82-86.

[5] Renata Stas′ko，Henryk Adrian，Anna Adrian. Effect of nitrogen and vanadium on austenite grain growth kinetics of a low alloy steel［J］. Materials Characterization，2006，56：340-347.

[6] 杨俊，王新华，龚志翔，等．超低氧车轮钢中 TiN 夹杂析出的热力学分析及控制［J］．北京科技大学学报，2010，32（9）：1138-1143.

[7] 薛正学，李富伟，赵彦岭，等．钢中 Ti 来源及控制分析研究［C］．第十五届全国炼钢学术论文集，2008：662-665.

[8] 杨丽珠，王越，王媛婷，等．车轮钢中铁素体含量的定量检测方法［P］．CN102735684 A，2012.

V 微合金钢碳氮析出物的热力学分析❶

万志健　茆　勇　陈讲彪　邹　强　宫彦华　姚三成

（高性能轨道交通新材料及安全控制安徽省重点实验室；马鞍山钢铁股份有限公司）

摘　要　为预测和控制钢中 V 的析出物以及优化钢的成分，利用 Thermo-Calc 热力学软件对试验钢在不同温度下析出相的组成、相的析出温度、V 的析出规律进行了计算。结果表明，试验钢中存在三种 FCC 类型的相：FCC_A1#1、FCC_A1#2 和 FCC_A1#3，其析出温度分别为 1470℃、1310℃和 790℃。对于 FCC_A1#3，V(CN) 量在 600~800℃温度范围内急剧下降，最大析出量为 4.5×10^{-3}mol。FCC_A1#2V 元素在 870℃时达到峰值，为 0.5mol。不同 V 含量对 V(CN) 相析出温度影响不大，但碳氮化物析出量与 V 含量呈正比关系。

关键词　碳氮化物；热力学；Thermo-Calc 软件

Thermodynamic Research on Carbonitride in V Microalloying Steels

Wan Zhijian　Mao Yong　Chen Jiangbiao　Zou Qiang
Gong Yanhua　Yao Sancheng

(Key Laboratory of High-quality Railway New Materials and Safety Control of Anhui Province; Ma'anshan Iron and Steel Co., Ltd.)

Abstract　Thermo-Calc thermodynamic software is used to colculate the composition of precipitated phase, precipitation temperature and precipitation regularity of V to predict and control the precipitation of V in steel and optimize the composition of the steel. The results show that there are three types of FCC phases in the steel, i. e. FCC_A1#1, FCC_A1#2, and FCC_A1#3, the precipitation temperatre is 1470℃, 1310℃, and 790℃, respectively. The amount of V(CN) shows a sharp decline between 600℃ and 800℃ and the maximum precipitation amount is 4.5×10^{-3}mol. The amount of V in V (CN) reaches the maximum of 0.5mol at 870℃. Different amount of V has little effect on precipitation temperature of V (CN), but the amount of carbonitride is proportional to the content of V.

Key words　carbonitride; thermodynamic; Thermo-Calc software

1　引言

从 20 世纪 60 年代开始发展起来的 Ti、V、Nb 微合金化技术，以其显著的技术经济优势在世界范围内获得了广泛应用。经过 40 多年的研究开发，微合金化技术在它们的合金设计原理、生产工艺、应用等领域，得到了巨大的发展和完善，微合金化钢也已发展成为不可缺少的一类结构用钢[1]。钒作为一种微合金化元素在亚共析钢中得到了广泛应用，并进行了较深入的研究，其作用机制主要是沉淀强化和晶粒细化[2]。

Thermo-Calc 软件是基于 CALPHAD 方法（由瑞典皇家工学院的 B. Sundman 等人编写），包括了欧洲共同体热化学科学组（SGTE）共同研制的物质和溶液数据库。TCFE5 是 2006 年发布的用于铁基合金的数据库，该数据库一般采用的是 Hillert 等提出的亚晶格—化合物能量模型，可广泛应用于不同类型的相，包括固定成分的相、规则溶体、间隙固溶体、金属间化合物，也可用于钢液体系的热力学平衡计算，揭

❶ 原文发表于《安徽冶金》2017 年第 2 期。

示析出物的演变规律，为析出物的研究提供理论指导[3,4]。因此，本文利用 Thermo-Calc 热力学软件相关数据库及热力学模型对钢中 V 的析出规律进行了研究。

2　实验材料

试验钢采用 ZCX02-26-1 型 200kg 真空冶炼炉冶炼，钢锭经过切头、表面机加工等前处理后，锻造成厚度 60mm，宽度 160mm 的板状供试验用。试验钢化学成分见表 1。

表 1　试验钢化学成分

Table 1　Chemical composition of the testing steel　（%）

编号	C	Si	Mn	P	S	V	Al
1	0.65	0.69	0.75	0.007	0.009	0.088	0.010
2	0.65	0.72	0.76	0.007	0.011	0.089	0.012

3　计算结果与讨论

利用 Thermo-Calc 计算了试验钢析出相和温度的关系性质图，计算结果见图 1。在计算时，面心立方（FCC）相考虑两相共存的溶解度间隙，即奥氏体相和 V（CN）相。可以看出，在所有的平衡析出相中，除 LIQUID（液相）、BCC-A2（铁素体）、AlN、MnS、GRAPHITE、MNO-AL2O3、SI2O4-AL6O9 外，还存在三种 FCC 类型的相：FCC_A1#1、FCC_A1#/2、FCC_A1#3。其中 FCC_A1#1 为奥氏体，FCC_A1#2、FCC_A1#3 为不同温度下的 V（CN）相。FCC_A1#1 相的析出温度约为 1470℃、FCC_A1#2 相的析出温度约为 1310℃、FCC_A1#3 相的析出温度约为 790℃。由图可知，随着温度升高，试验钢在约 730℃奥氏体化，在 730~800℃温度范围内，奥氏体量急剧增加；800~1400℃温度范围内，奥氏体量保持稳定。

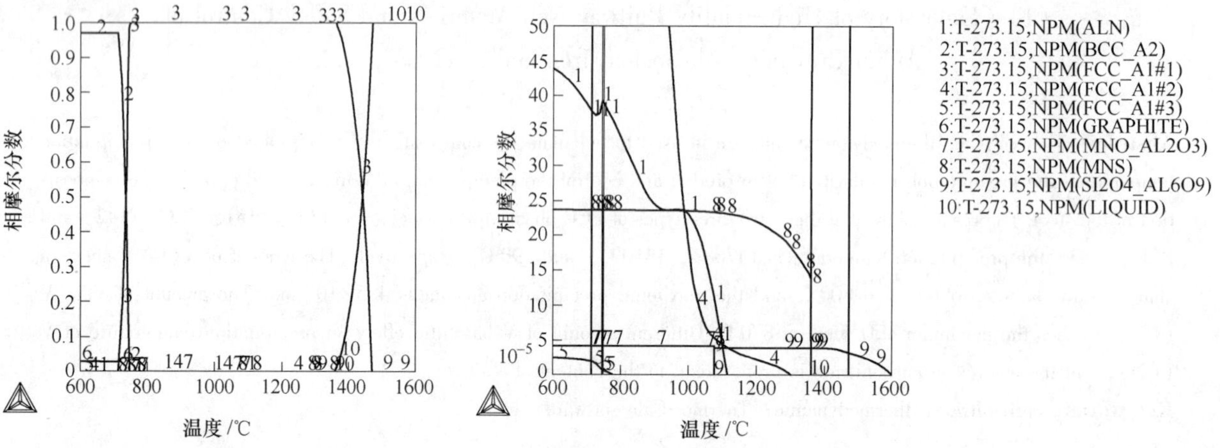

(a) 析出相图　　(b) 局部放大图

图 1　试验钢析出相图

为进一步了解试验钢中析出相的析出模式及其析出相组成的演变过程，分别计算了试验钢的相组成图以及析出相的元素组成图，示于图 2。根据图 2（a）所示，对于 FCC_A1#2，相质量随温度升高呈下降趋势，在 700~1000℃范围内急剧下降，最大析出量为 3.8×10^{-3}mol。由图 2（b）可知，对于 FCC_A1#3，V（CN）量在 600~800℃温度范围内急剧下降，直至消失，最大析出量为 4.5×10^{-3}mol。

对奥氏体以及 V（CN）相中 V 元素的摩尔分数进行了热力学计算，计算结果如图 3（a）所示。600~1000℃温度范围内，奥氏体中 V 元素占位数均增多；1000~1400℃温度区间内，奥氏体中 V 元素占位数基本保持不变；1400~1480℃温度范围内，奥氏体中 V 元素占位数急剧下降；1480~1600℃温度范围内，奥氏体中 V 元素占位数缓慢上升；最大固溶 V 量为 9.4×10^{-4}mol。众所周知，细晶强化是既能增加钢的强度，又能提高韧性的有效途径[5,6]。奥氏体中固溶的 V 的主要作用为晶粒细化，从而达到强韧化的良好结合。固溶强化为试验钢提供了固有强度。温度高时，元素 V 在奥氏体中的溶解度较大，过饱和度及析出驱动力较小，析出较慢；温度低时，虽然元素 V 在奥氏体中的溶解度变小，析出驱动力增大，但此

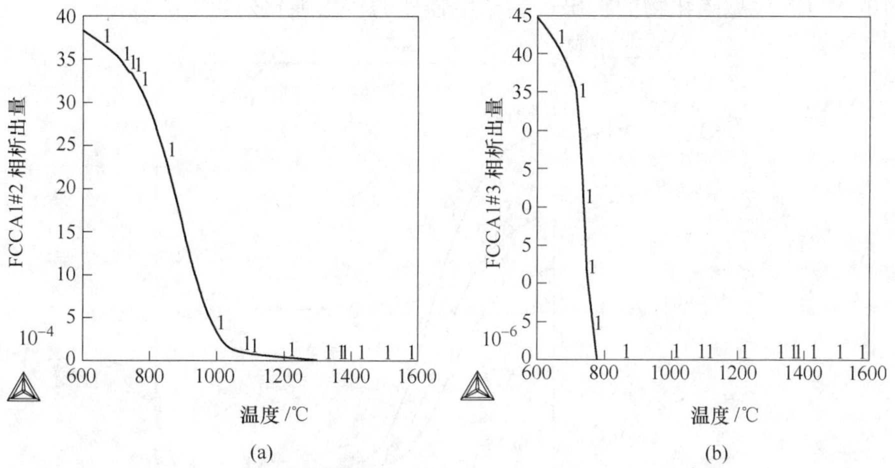

图 2　析出相与温度之间的变化关系

时的扩散速度会较慢，最终析出也会较慢。

由图 3（b）可知，该钢种从高温冷却时，富含 Ti-N 的 FCC_ A1#2 首先在 1310℃开始析出，随温度的降低，Ti 的析出物会从几乎纯 TiN 逐步转化形成（TiV）（CN）的符合碳氮化物，这也部分解释了含 V 试验钢铸坯经 900℃均热后还会有大量的复合碳氮化物，即微量的 Ti 提高 V 在钢中的析出温度[7,8]。对于 FCC_ A1#2，600~900℃温度范围内，元素 V 在 V（CN）中的占位数呈增加趋势，说明在此温度区间，形成了大量的 MX 化合物；900~1300℃温度范围内，元素 V 在 V（CN）中的占位数呈下降趋势；1300~1450℃温度范围内，元素 V 在 V（CN）中的占位数呈上升趋势；相中 V 元素在 870℃时达到峰值，为 0. 5mol。

由图 3（c）可知，对于 FCC_ A1#3，600~750℃温度范围内，元素 V 在 V（CN）中的占位数呈增加趋势；750~770℃温度范围内，元素 V 在 V（CN）中的占位数急剧下降；770~870℃，元素 V 在 V（CN）中的占位数急剧上升；870℃后，元素 V 在 V（CN）中的占位数急剧下降至 0；相中 V 元素含量在 820℃时达到峰值，为 0. 27mol。

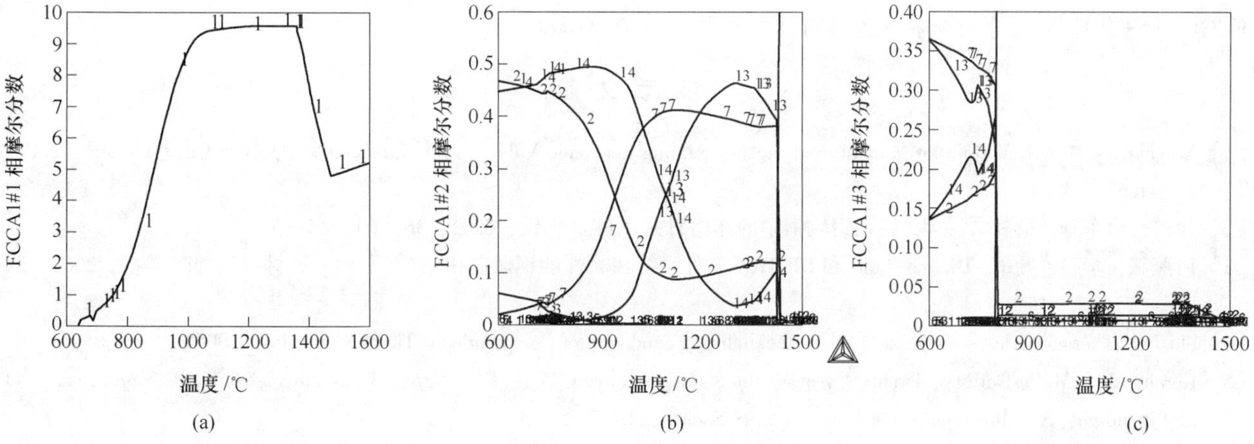

图 3　相中元素摩尔分数

1—Al；2—C；3—Cr；4—Cu；5—Fe；6—Mn；7—N；8—Ni；9—O；10—P；11—S；12—Si；13—Ti；14—V

还研究了不同 V 元素含量下 V(CN) 相的析出，如图 4 所示。V 含量为 0. 07%时，V(CN) 析出量最大为 5. 1×10^{-3}mol；V 含量为 0. 09%时，V(CN) 析出量最大为 3. 9×10^{-3}mol；V 含量为 0. 12%时，V(CN) 析出量最大为 3. 0×10^{-3}mol。V 含量从 0. 07%提高到 0. 12%，V(CN) 相的析出温度均在 1200℃左右，说明不同 V 含量下的试验钢的 V(CN) 相比较稳定，析出温度趋向一致；V(CN) 相的析出趋势变化不大，说明 V 含量变化对相的析出趋势没有较大影响；0. 12%V 元素的相析出量最大，说明 V(CN) 相的析出量与 V 元素含量呈正比关系。V 的碳氮化物在奥氏体中的固溶度相对最大，V 与 C、N 等非金属元素强烈的亲和力，起到固定钢中 C、N 等元素的作用，V 的碳氮化物在奥氏体中的固溶度相对最大，碳化物的析出特别是弥散分布的 V(CN) 型碳化物的析出，会产生强烈的析出强化效果。

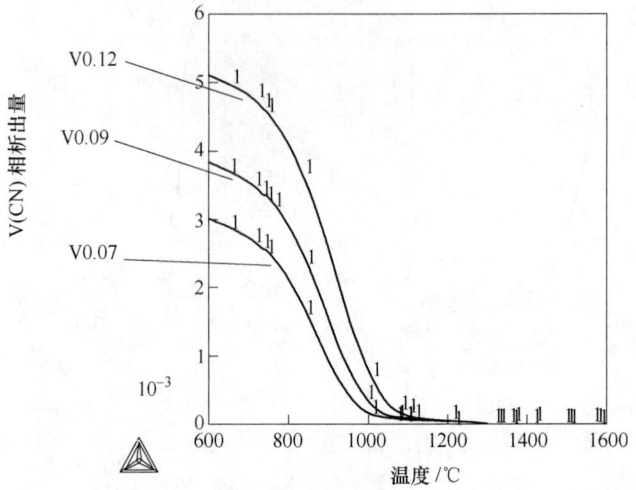

图 4　不同 V 含量下试验钢 V(CN) 相析出

4　结论

借助带有 TCFE5 数据库的商用热力学计算软件 Thermo-Calc 对试验钢的碳氮化物析出进行了热力学计算，可得到如下结论：

（1）试样钢平衡析出相存在三种 FCC 类型的相：FCC_A1#1、FCC_A1#/2、FCC_A1#3，析出温度分别为 1470℃、1310℃、790℃。

（2）试验钢在约 730℃奥氏体化，在 730～800℃温度范围内，奥氏体量急剧增加；800～1400℃温度范围内，奥氏体量保持稳定。

（3）FCC_A1#2 相质量随温度升高呈下降趋势，在 700～1000℃范围内急剧下降，最大析出量为 3.8×10^{-3}mol。FCC_A1#3，V(CN) 量在 600～800℃温度范围内急剧下降，最大析出量为 4.5×10^{-3}mol。

（4）奥氏体中最大固溶 V 量为 9.4×10^{-4}mol；FCC_A1#2 相中 V 元素在 870℃时达到峰值 0.5mol；FCC_A1#3 相中 V 元素含量在 820℃时达到峰值，为 0.27mol。

参 考 文 献

[1] Korchynsky M. A New Role for Microalloyed Steels：Adding Economic Value ［R］. Infaction 9，Quebec City，Canada，2001：33-41.

[2] 徐权，梅东升，俞梦文，等. 钒在钢轨钢中的作用研究［J］. 钢铁，2001，36（6）：44-47.

[3] 何燕霖，李麟，叶平. Thermo-Calc 和 DICTRA 软件系统在高性能钢研制中的应用［J］. 材料热处理学报，2003，24（4）：73-77.

[4] Shi P F. Thermo-Calc user's guide［Z］. Stockholm：Foundation of Computational Thermodynamics，2006.

[5] Korchynsky M. Postscript：Twenty years since mocroalloying'75［C］. In：Microalloying'95. Ed. M. Korchynsky et al. Pittsburgh：A Publication of the Iron and Steel Society，1995：3-13.

[6] 雍歧龙，阎生贡，裴和中，等. 钒在钢中的物理冶金学基础数据［J］. 钢铁研究学报，1998，10（5）：63-66.

[7] 刘清友，杨小军，毛新平，等. EAP-CSP 流程 V-N 微合金钢中第二相的析出［J］. 钢铁，2007，42（4）：53-56.

[8] Li Y，Crowther D N，Mitchell P S，et al. The evolution of microstructure during thin slab direct rolling processing in vanadium microalloyed steels［J］. ISIJ Int.，2002，42（6）：636-644.

浅析钢材锈蚀现状及车轮防锈蚀[❶]

王长乐　陈刚　茆勇　邹强　陈灵通　童乐　任冰

（高性能轨道交通新材料及安全控制安徽省重点实验室；马鞍山钢铁股份有限公司）

摘　要　分析了影响钢材锈蚀的因素、钢材锈蚀的机理以及合金元素对钢材耐锈蚀性能的影响，在此基础上提出了增强车轮耐锈蚀能力的改进措施。

关键词　锈蚀；耐蚀性；锈蚀机理；锈蚀产物；耐蚀性元素

Analysis on Steel Corrosion and Anti-corrosion of Railway Wheels

Wang Changle　Chen Gang　Mao Yong　Zou Qiang
Chen Lingtong　Tong Le　Ren Bing

(Key Laboratory of High-quality Railway New Materials and Safety Control of Anhui Province; Ma'anshan Iron and Steel Co., Ltd.)

Abstract　Analyzes the factors that affect the rust of steel, the mechanism of rust of steel and the effect of alloying elements on the rust resistance of steel. On this basis, the improvement measures of strengthening the rust resistance of wheel are put forward.

Key words　rust; rust resistance; rust mechanism; rust products; rust resistance elements

1　引言

钢材锈蚀是指钢材因受周围介质的电化学作用或化学作用而发生的破坏现象。通常把钢材在大气中由于氧、水分及其他杂质而引起的腐蚀称为锈蚀，其腐蚀产物叫做“锈”；把在高温下空气对钢材的侵蚀则称为氧化，其产物称为“氧化皮”；把强腐蚀性介质中发生的侵蚀破坏称之为“腐蚀”。钢材的锈蚀即为大气腐蚀，是一种常见的钢铁材料腐蚀类型，存在于国民经济以及国防建设的各个领域[1]。钢铁在大气中的锈蚀作用主要是电化学腐蚀，阳极和阴极通过薄膜电解液连接在一起，这种性质使得钢铁对大气腐蚀十分敏感。据调查统计，每年由其造成的损失占到我国总腐蚀经济损失一半以上[2]。因此，研究钢材的锈蚀有着至关重要的意义。

2　影响钢材锈蚀的因素分析

造成钢铁材料在大气中锈蚀的影响因素主要有内因和外因两个方面，内因即为材料本身的影响，外因是指外部环境的影响。材料本身方面：合金元素、组织组成及夹杂物是影响钢材锈蚀的主要因素。外部环境方面：相对湿度、pH 值、大气污染物、氯化物、空气中的灰尘等因素是造成钢材易锈蚀的主要因素。

2.1　影响钢材锈蚀的内因（材料本身因素）

（1）合金元素，该部分内容较多，本文第 4 节单独阐述。

❶　原文发表于《安徽冶金》2017 年第 3 期。

（2）组织组成。有文献表明：单相贝氏体钢耐蚀性能要高于铁素体、珠光体复相组织钢，主要是因为单相贝氏体组织没有明显的电位差，而铁素体和珠光体的复相组织结构相间电位差比较高[3]。从近年来的专利文献看，新发展的专利高强度耐蚀钢均采用贝氏体组织[4]。另外，片状珠光体比球状珠光体腐蚀速率高，而且片层愈细，片层间距离愈小，腐蚀速率愈高[5]。

（3）夹杂物为点蚀的诱发源，加速钢材的锈蚀。有研究表明[6]，碳钢、低合金钢的点蚀诱发时，其最初的溶解几乎都是从夹杂物边界的钢基体处开始的，腐蚀易在 MnS、FeS 类表面夹杂物附近率先发生。国内外利用电化学等实验手段，对碳钢及不锈钢中夹杂物的影响进行了一定的研究[7-10]，达成了一定的共识，认为 MnS 等不同类型的夹杂是点蚀的诱发源。

2.2　影响钢材锈蚀外部环境因素

（1）相对湿度。腐蚀都有水的参与，钢铁在大气中的腐蚀主要是水膜下的电化学腐蚀，相对湿度主要影响钢铁表面的水膜厚度。水膜的厚度对钢铁的腐蚀速率影响很大，水膜厚度仅为单分子层的水膜时腐蚀速度较小；当钢铁表面吸附水膜厚度达几十或数百个分子层时，即形成了连续的电解质薄膜，由于氧的溶入，从而形成了氧的去极化反应，使钢铁的腐蚀速率增加；当水膜的厚度增加到一定程度时，钢铁的电化学腐蚀速率受氧扩散困难的影响而逐渐下降并趋于恒定，相当于全浸腐蚀。每种材料都有相应的使其腐蚀速率急剧增大的临界湿度，图 1 为相对湿度对钢铁大气腐蚀的腐蚀速率的影响。

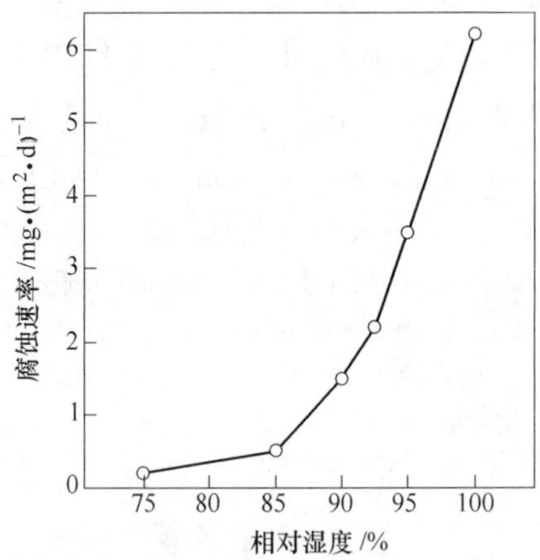

图 1　相对湿度对钢铁大气腐蚀的腐蚀速率的影响

（2）pH 值。众所周知，pH 小于 7，即酸性条件下，钢材会发生析氢腐蚀，腐蚀速率较大。文献表明[11]，在弱碱性环境中（8<pH<12），腐蚀率均是随着 pH 值的增大在逐渐减小。当 pH 值介于 8 到 10 之间时，钢材的腐蚀率相对变化较小，碳钢的腐蚀率较大，溶液中发生氧的去极化和铁的氧化反应；当 pH 值从 10 增大到 11，腐蚀率变化很大；当 pH 值大于 11 后，腐蚀率变化不明显，并随着 pH 值的增大趋于稳定。

（3）二氧化硫。大气污染物当中，二氧化硫对于钢材的腐蚀影响比较大。二氧化硫为酸性气体，可溶于水膜，不仅增加了电解质溶液水膜的导电性，而且析氢腐蚀和吸氧腐蚀同时发生，从而增大了腐蚀速率。

（4）氯化物。钢材的腐蚀也受到氯化物的影响。Cl^- 对碳钢有强烈的侵蚀作用，能够引起碳钢表面氧化膜的破裂进而促进碳钢表面形成电位较低的阳极区而迅速发生腐蚀。氯离子能够溶解在钢表面形成液膜，从而增强溶液的导电性进而破坏钝化膜。

（5）灰尘。空气中的灰尘会使锈点更容易形成。除了腐蚀性气体之外，空气中还含有大量诸如煤烟、灰尘等含碳化合物、砂土、盐类等的固体颗粒物。特别是在空气中各种灰尘和二氧化硫、水分的共同作用下，这些固体颗粒物落在金属表面上会大大地加剧金属的腐蚀。固体颗粒覆盖下的金属表面容易发生点蚀或者缝隙腐蚀。另外，一些本身不具有腐蚀性的固体颗粒物，却具有吸附腐蚀性气体的作用，例如活性炭吸附 SO_2，可以间接地加速腐蚀。也有部分固体颗粒物既不具有腐蚀性，也不具有吸附性，但其可通过毛细凝聚使金属表面形成电解液膜，形成充气不均匀型的闭塞电池，从而导致缝隙腐蚀。

3 碳钢及耐候钢的锈蚀机理

大气腐蚀主要起始于吸湿性沉淀物下面的钢铁表面上，此处由于吸收水分而形成电解质，锈蚀也可起始于 MnS 一类的表面夹杂处。碳钢表面形成薄液膜后发生的电化学腐蚀，阳极过程为铁的溶解，阴极过程为氧的还原，结果生成大量的铁的氧化物及羟基氧化物，形成一层腐蚀产物层。对于初期腐蚀过程的锈层演化研究表明[12]：普通碳钢锈层的常见成分含有 γ-FeOOH、α-FeOOH、非晶的 FeOOH、Fe_3O_4 和 γ-Fe_2O_3。一般认为锈层形成以后，它对于锈层下基体钢的阳极过程将起到去极化作用，在一定条件下，腐蚀产物会影响大气腐蚀的电极反应过程。在大气中长期暴露的钢，其腐蚀速度还是逐渐减慢的。原因：(1) 锈层的增厚会导致锈层电阻的增加和氧渗入的困难，这就使锈层的阴极去极化作用减弱。(2) 附着性好的锈层内层将减少活性的阳极面积，增加了阳极极化，使大气腐蚀减慢。

耐候钢与碳钢耐锈蚀机理类似，耐候钢较碳钢具有更好的耐蚀性的原因在于两者锈层结构不同。碳钢上的锈层是多孔的吸附性很差的单层结构，锈层中裂纹是普遍存在的，并集中于锈层的最外部，这样一种结构对于吸附水和沉积物的进入几乎没有障碍，它们渗透到基体金属使锈蚀过程继续；而耐候钢上的锈层是双层机构的，附着性差的在外层，附着性好的在内层，而且铜、磷等不同程度的集中在内锈层，提高了耐候钢的抗大气腐蚀性。耐候钢的耐蚀性主要是通过在钢中添加微量耐蚀性合金元素实现的，加入铜、磷、铬、镍、钼等微量元素使其在大气腐蚀过程中改变锈层的物理化学特性来抑制腐蚀进程，内锈层外锈层成分主要是 γ-FeOOH、α-FeOOH、Fe_3O_4。通常认为，钢表面锈层中首先形成的是 γ-FeOOH，由它再转变成 α-FeOOH 和 Fe_3O_4。其中，α-FeOOH 对耐蚀性起关键作用，加入耐蚀元素后，在钢的疏松外腐蚀产物层和基体之间会形成一层致密连续的非晶产物层，并最终转化成富集合金元素的 α-FeOOH 层，此防护层可有效地隔离腐蚀介质与钢基体的接触，并减缓腐蚀阳极区和阴极区的电子迁移，从而降低腐蚀速率。

4 合金元素对钢材耐锈蚀的作用

Cu：是提高耐候钢耐蚀性最有效的合金元素，它的作用在于能够阻滞锈的晶体生长，抑制氧供给到钢的表面，减小锈层的导电性，抑制锈的晶体化，有利于初期锈膜的形成。钢中加入 0.2%～0.35%Cu 时，无论在乡村大气、工业大气还是海洋大气中，钢都具有较普碳钢优良的耐候性。如含 0.24%Cu 的钢在工业活海洋大气中的腐蚀速率为相应不含 Cu 钢的 1/5，它在农村大气中的腐蚀速率为相应不含 Cu 钢的 1/2[13] 钢中含有 Cr、Cu、P 等合金元素时，可使 α-FeOOH 和 γ-FeOOH 向非晶态转化，形成致密的稳定化锈层。Cu 和其他合金元素在锈层内表面（即靠近基体的内锈层中）的富集，增加了锈层的致密性和保护性，从而提高了耐大气腐蚀性能。Cu 与 P 复合能够显著提高钢的耐蚀性，Cu、P 元素的同时存在还能形成各种复合盐，成为 FeOOH 结晶的核心，通过内锈层的细化来减少离子通道和阳极面积，并且减少 Fe_3O_4 的生成，降低内锈层的导电性。Cu 还能抵消钢中硫的有害作用，钢中硫含量越高，合金元素铜降低腐蚀速率的相对效果就越显著。一般认为，铜和硫能够生成难溶的硫化物，起到对基体的保护，钢中的铜对大气中所含的 S^{2-} 或 HS^- 离子也有类似的作用。当铜含量达到时使钢具有良好的耐蚀性能后，进一步提高铜含量不仅对耐候性贡献不大，反而会引起热脆，故耐大气腐蚀钢中铜含量一般控制在 0.2%～0.5%之间。

P：磷是提高钢耐大气腐蚀性能最有效的合金元素之一，这可能是它促使锈层具有非晶态的缘故。在大气腐蚀条件下，P 是阳极去极化剂，P 在钢中能加速钢的均匀溶解和 Fe^{2+} 的氧化速度，有助于在钢表面形成均匀的 FeOOH 锈层，促进生成非晶态羟基氧化铁（碱式氧化铁）$FeO_x(OH)_{3-2x}$ 致密保护膜，从而构成了阻碍腐蚀介质进入基体的保护屏障。一般含量在 0.08%～0.15%时耐蚀性最佳。当 P 与 Cu 联合加入钢中时，显示出更好的复合效应。考虑到磷含量提高会降低钢的韧性，特别是出现低温脆性，故高磷耐大气腐蚀钢中磷含量一般为 0.06%～0.10%。为改善钢铁材料耐蚀性而提高磷含量应以确保钢材韧性和不损害焊接性能为前提。

Cr：促使钢表面形成致密的氧化膜，提高钢的钝化能力。当 Cr 与 Cu 同时加入钢中时，效果尤为明显。能在钢表面形成致密的氧化膜，提高钢的钝化能力。当锈层-金属界面的 α-FeOOH 中 Cr 含量超过 5%（质量分数）时，能有效抑制腐蚀性阴离子（特别是 Cl^- 离子）的侵入。铬在耐大气腐蚀钢中用量范围一般是 0.5%～3%，以 1%～2%较为多见。Cr 起到的作用主要有两点：第一，可使 γ-FeOOH、α-FeOOH 向非晶态转化，形成稳定化锈层；第二，Cr 与 Cu、P、Si 等元素有良好的匹配作用，比单加入 Cr 的钢耐蚀性有明显提高[14]。

Ni：是一种比铁稳定的元素，加入 Ni 能提高钢的自腐蚀电位，增加了钢的稳定性，但其钝化作用不如 Cr。通常当含 Ni 量大于 3%（质量分数）时才有明显效果。大气暴露试验表明，当含量在 4%左右时，能显著提高海滨耐大气腐蚀钢的抗大气腐蚀性能。最近日本开发的无 Cr 含 Ni 海滨耐大气腐蚀钢的研究证明，稳定锈层中富集 Ni 能有效抑制 Cl^- 离子的侵入，促进保护性锈层生成，降低钢的腐蚀速率[15]。同时 Ni 使得锈层具备阳离子选择能力，能够有效阻止氯离子和硫酸根离子的渗透，而让锈层起到保护作用。

Mo：钼是能有效提高耐大气腐蚀性能的合金元素，钼的作用在于改善了锈层的性质，并能促使生成非晶态的氧化膜。英国的研究工作表明，钼与铜一样，对提高钢的耐大气腐蚀性能是有效的，钢中加入 0.40%钼，不论是工业大气、海洋大气还是农村大气，都能使腐蚀速度降低大约一半。向这种含钼钢中再加入 0.5%Cu，可使其在工业大气中的腐蚀速率降低得更多。另一试验是，在低碳钢中加入 0.5%Mo，使腐蚀速率由 0.14mm/a 降到 0.09mm/a。日本人在 CuP 钢中加入钼后表现出比加入铬或镍更为有益的效果[6]。

Si：硅含量的提高使车轮钢自腐蚀电位升高以及表明电荷转移电阻增大，从而提高了其耐蚀性。硅在湿热环境中明显改善钢的耐大气腐蚀性[16]。与其他元素如 Cu、Cr、P、Ca 等配合使用可改善钢的耐候性[17]。硅在钢表面的富集也能提高锈层的稳定性，较高的 Si 含量有利于细化 α-FeOOH，从而降低钢的整体腐蚀速率。

Mn：对耐蚀性的影响还没有一致认识，较多学者认为 Mn 能提高钢对海洋大气的耐蚀性，但对在工业大气中的耐蚀性没有什么影响，耐候钢中 Mn 含量一般为 0.5%～2.0%。

5　车轮防锈蚀改进措施

5.1　化学成分改进

根据金属学理论知识，随碳含量的增加，钢的强度和硬度增加，韧性和塑性降低，耐大气腐蚀能力降低。从提高车轮钢的力学综合性能和提高耐蚀性的角度考虑，均有必要适当降低车轮钢中的碳含量。然而降低 C 含量造成车轮钢强度及硬度的损失可以考虑通过增加 Si 含量来弥补，提高 Si 含量能够提高车轮钢强硬度的同时提高自腐蚀电位，增强车轮钢的耐蚀性。因此，从理论上讲，开发中 C 高 Si 钢种来提高车轮耐锈蚀的能力有一定的可行性。通过普通碳钢与耐候钢耐蚀性对比分析可知，要从根本上提高车轮钢的耐蚀性，添加耐蚀性合金元素是一种行之有效的方法，可以结合车轮标准对化学成分的要求探究适合添加哪些元素、添加量等。表 1 给出了主要车轮标准中对耐蚀性合金元素限定范围。

表 1　主要车轮标准中部分化学成分要求　　(%)

元素	美标	欧标	铁标
Cu	0.35	0.30	0.30
P	0.030	0.020	0.025
Cr	0.25	0.30	0.30
Mo	0.10	0.08	0.08
Ni	0.25	0.30	0.30
Cr+Mo+Ni	—	0.50	0.50

参照耐候钢中耐蚀性元素起作用的元素含量以及车轮标准对各元素的含量要求，在车轮钢中添加 Cu 和 Mo 以提高车轮的耐蚀性有很大的可行性；按照车标准限定的 Cr 含量很难起到提高耐蚀性的效果，考虑到 Cr 与 Cu、Mo、Si 等元素的复合效应，适当增加 Cr 的含量或许对车轮钢耐蚀性的提高有良好作用；同理，炼钢过程适当保留一定量的残 P（标准范围内）或许能与 Cu 起到复合效应而提高车轮耐蚀性。当然，所有耐蚀性合金元素的添加要以不影响车轮的使用性能为前提，上述猜想有待于试验验证。

5.2 组织改进

车轮常规组织为珠光体+少量铁素体，贝氏体组织比铁素体-珠光体组织具有更好的耐蚀性，因此，基于提高车轮耐蚀性的考虑，可以尝试开发高强耐蚀的贝氏体车轮。

5.3 夹杂物控制

车轮钢中夹杂物或夹杂物与车轮钢基体的接触部位是车轮钢中的缺陷，是诱发腐蚀的关键因素，而夹杂物的相界面积对腐蚀孔的扩展有明显的促进作用。如果我们能减少车轮钢中夹杂物、减小夹杂物的相界面积，即减少这些腐蚀因素，则应该能提高车轮钢的耐蚀性。作为冶金企业，则可通过控制冶炼轧制工艺来控制车轮钢中夹杂的形态与分布，从而研制低生产成本的经济型耐蚀车轮钢。

5.4 其他措施

加强对车轮库房的维护，杜绝库房漏雨漏水现象，保证库房干燥；同时加强对库房的清理与打扫，减少灰尘，保证库房的清洁，进而降低外界环境因素对车轮锈蚀造成的不良影响。

6 结束语

钢材锈蚀问题是钢铁行业共性难题，广泛存在于国民经济的各个领域，其影响因素繁多，锈蚀机理复杂多样。本文对影响钢材锈蚀的因素、钢材锈蚀的机理以及合金元素对钢材耐锈蚀性能的影响展开了分析；在此基础上，结合车轮自身特性，提出了车轮防锈蚀改进措施。

参 考 文 献

[1] 曾佳俊，周学杰，吴军，等．金属材料大气腐蚀试验相关性与寿命预测研究现状［J］．腐蚀科学与防护技术，2015，27（1）：90.

[2] 曹楚南．中国材料的自然环境腐蚀［M］．北京：化学工业出版社，2005：1.

[3] Zhang C L. A study on the dual-phase treatment of weathering steel 09CuPCrNi［J］. Mater. Lett.，2004，58：1524.

[4] Chen Y Y. Corrosion resistance and mechanical properties of low alloy steels under atmospheric conditions［J］. Corrosion Science，2005，47：1001.

[5] 徐增华．金属耐蚀材料第二讲碳钢［J］．腐蚀与防护，2001，22（2）：87-90.

[6] 张万灵，刘建容，黄先球，石争鸣，王靓．钢铁材料耐蚀性研究进展［J］．武汉工程职业技术学院学报，2012，24（2）：15-17.

[7] Kaneko M，Senuma T. Effects of S content and surface finish on pitting corrosion of austenitic stainless steels containing Mo in chloride and bromide solutions［J］. ISIJ International，2005，45（9）：1331-1334.

[8] 陈学群，常万顺，陈德斌．碳钢中夹杂物诱发点蚀的规律和特性研究［J］．海军工程大学学报，2004，16（6）：30-36.

[9] Pardo A，Merino M C，Coy A E，et al. Pitting corrosion behaviour of austenitic stainless steels-combining effects of Mn and Mo additions［J］. Corrosion Science，2008，50（6）：1796-1806.

[10] Li M，Guo L Q，Qiao L J，et al. The mechanism of hydrogen-induced pitting corrosion in duplex stainless steel studied by SKPFM［J］. Corrosion Science，2012，60：76-81.

[11] 陈莉荣，阚伟海，姜庆宏，王哲．软化水中除氧剂与pH值对碳钢腐蚀率影响研究［J］．表面技术，2015，44（7）：108-113.

[12] 来格拉夫 C，格雷德尔 T. 大气腐蚀［M］．北京：化学工业出版社，2005.

[13] Larrabee C P，Coburn S K. Proc. Intern. Congr. on Metallic Corrosion. London，1961：276-288.

[14] 黄建中，左禹．材料的耐蚀性和腐蚀数据［M］．北京：化学工业出版社，2003：82-84.

[15] Hiroshi Kiriha，Satoshi Ito，Ahigeru Mizoguchi，et al. 材料と环境，2000，49：30.

[16] 丁国清，张波．钢在自然环境中的大气腐蚀研究进展［J］．装备环境工程，2010，7（3）：42-48.

[17] Jeong W T，Wang Y H，Yoo J Y，et al. Combined effect of Ca and Si on the sea side corrosion property of weathering steel［C］. The 2nd Korea-China Joint Symposium on Advanced Steel Technology，Pohang，2001：141.

热处理参数对车轮辐板残余应力及疲劳评价的影响❶

沈晓辉[1] 黄孝卿[1] 肖 锋[2] 刘 智[2]

（1. 安徽工业大学；2. 马鞍山钢铁股份有限公司）

摘 要 残余应力是影响车轮抗疲劳性能的重要因素之一。基于有限元法对车轮残余应力进行了分析，并将车轮辐板圆弧段残余应力计算值与测试结果进行了比较，利用 Sines 疲劳准则对辐板疲劳进行了计算评价。分析了热处理参数变化对车轮辐板制造态残余应力的影响，以及辐板残余应力对在辐板疲劳评价中的作用。结果表明：在 Sines 疲劳 *SP* 值计算时，由于辐板两端圆弧段残余应力的作用显著大于其他因素，辐板 *SP* 分布形态与残余应力的分布形态基本一致；但热处理工艺参数在基准参数附近较大范围内波动，所引起的辐板残余应力的变化对疲劳 *SP* 值的最大影响幅度约为辐板最大疲劳 *SP* 值的 15%，热处理工艺参数的波动不足以对车轮辐板的疲劳评价结果产生决定性的影响。

关键词 车轮辐板；热处理参数；残余应力；疲劳评价

Influence of Heat Treatment Parameters on Residual Stress and Fatigue Evaluation of Railway Wheel Web

Shen Xiaohui[1] Huang Xiaoqing[1] Xiao Feng[2] Liu Zhi[2]

（1. Anhui University of Technology；2. Ma'anshan Iron and Steel Co.，Ltd.）

Abstract Residual stress is one of the most important factors that affect the fatigue resistance of railway wheels. The residual stresses of railway wheel was analyzed on the finite element method，and the calculated values of the residual stresses of the wheel web were compared with the test results. Sines's fatigue criterion was used to evaluate the wheel web fatigue，and the influence of heat treatment parameters on the manufactured residual stresses and the effect of the residual stress on the Sines Parameter（*SP*）of the wheel web were investigated. The results show that the distribution pattern of *SP* value is in accord with the residual stress distribution，since the magnitude of the residual stresses are much higher than the other components of the *SP* value. When the heat treatment parameters fluctuating within a larger range of normal parameters，the maximum change value of the *SP* resulted by variation of the residual stress is no more than 15% of the maximum value of wheel web's *SP*. So，the wheel web fatigue evaluation result would not be influenced decisively by the variation of the heat treatment parameters around its normal values.

Key words wheel web；heat treatment parameters；residual stress，fatigue evaluation

1 引言

随着列车速度的提高以及轴重的增加，车轮苛刻的服役条件对车轮辐板的疲劳安全性能提出越来越高的要求。除了轮型尺寸和轮轨载荷对车轮辐板疲劳安全性能有直接影响外，车轮制造态残余应力对其也有重要影响。因此，为了保证行车安全，在轮型设计及车轮生产工艺制定时，需要对辐板疲劳性能进行细致评估。

❶ 原文发表于《金属热处理》2017 年第 6 期。

安徽省高校自然科学研究重大项目（KJ2016SD10）。

目前涉及车轮辐板疲劳评价的标准主要有 UIC-510-5 标准[1]和 AAR-S669 标准[2]。其中 UIC-510-5 采用单轴疲劳准则，通过计算最大应力幅值进行疲劳评价，不考虑静水应力的影响。AAR-S669 采用 Sines 多轴疲劳准则，该准则是考虑了静水应力作用。目前大多数研究者基于 UIC-510-5 的应力计算规范，对车轮辐板疲劳评价进行了较为深入的研究。Ha 等人[3]考虑了三种轮轨载荷以及车轮旋转的离心力的作用，建立 ANSYS 3D 有限元模型并利用单轴疲劳准则和多轴 Crossland 疲劳准则对有辐板孔的车轮的疲劳进行了分析。刘旭等人[4]分别使用单轴疲劳评定准则和 Dang-Van 多轴疲劳评定准则，对带有辐板孔车轮的疲劳进行了评定。刘会英等人[5]在分析非踏面制动的主动轮和从动轮的载荷工况基础上，提出了一种具有实用性的当量疲劳应力计算方法。张澎湃等人[6]使用主应力法和修正 Grossland 疲劳准则对动车组车轮辐板疲劳进行评价，并指出了两种方法的适用性。

研究和实践发现，残余压力对高周疲劳具有显著的影响，残余压应力可有效提高疲劳极限[7]。国内外的研究者们已经注意到残余应力对车轮辐板疲劳性能的影响，并进行了分析。张澎湃等人[8]通过计算当量疲劳应力，考察了热处理残余应力和踏面镟修对动车组车轮辐板疲劳性能的影响。Seo 等人[9]使用 Dang Van 疲劳准则考察了残余应力对辐板疲劳安全系数的影响，指出残余应力的存在使得辐板疲劳最小安全系数有所降低。而车轮辐板残余应力主要产生与车轮热处理过程，并受使用过程中车轮磨耗的影响。国内外研究者对车轮热处理残余应力进行了较为广泛的研究[10-12]。但这些研究中所关注的问题基本都是对轮辋的热机械疲劳有直接影响的周向残余应力，并没有对辐板的残余应力进行深入分析。事实上，车轮热处理在轮辋产生周向残余压应力的同时，辐板的径向和周向也会产生显著的残余应力，对辐板的抗疲劳性能产生重要影响。车轮热处理过程中，工艺参数的波动会导致辐板残余应力发生变化。残余应力以及因热处理参数波动而产生的残余应力的变化对辐板疲劳评价的影响值得深入研究。

本文以一种直径为 1066mm 的机车轮为对象，基于 AAR S669 标准，使用 ANSYS 有限元软件分析车轮热处理工艺参数的变化对车轮辐板残余应力分布以及辐板疲劳评价的影响。

2 模型及计算方案

2.1 残余应力计算方案

为了获得车轮热处理残余应力分布，对车轮热处理过程进行热力耦合模拟。研究对象车轮的热处理工艺参数为：淬火温度 860℃（视为均匀分布），热处理加热后在空气中停留 52 s，然后踏面喷水淬火 300 s，淬火后停留 600 s 进行回火，回火温度 480℃，回火时间 4 h，最后空冷至室温。车轮热处理过程残余应力分析视为轴对称问题进行建模。轮辋磨耗到限时车轮残余应力可在新轮热处理残余应力的基础上通过“杀死”轮辋磨耗部分所对应单元计算得出。

为了研究热处理工艺参数的变化对辐板残余应力以及辐板疲劳评价的影响，在基准工艺参数的基础上，设定工艺参数的变化值，如表 1 所示。仿真计算时，某一参数变化时，其他工艺参数取其基准值。

表 1　热处理基准工艺参数及参数变化范围

参数项	基准值	变化值
淬火温度/℃	860	820，840，860，880，900
淬火时间/s	300	200，250，300，350，400
回火温度/℃	480	440，460，480，500，520
回火时间/min	240	120，180，240，300

2.2 载荷工况

考虑两种轮轨载荷工况（V1+L1，V2），载荷的加载位置如图 1 所示。图中竖直方向载荷 V1 及 V2 取车轮最大静态载荷的 2 倍，横向载荷 L1 取最大静态载荷。2 种车轮尺寸（新制车轮和轮辋磨耗到限车轮）和 2 种载荷工况可以得出 4 种工况组合。需要对这 4 种工况组合下的车轮辐板进行疲劳评价。涉及计算的内容包括新制车轮和轮辋磨耗到限车轮的残余应力、轮轴压装应力、轮轨机械载荷下的应力。

车轮在轮轨机械载荷作用下的应力分析是典型的三维问题，但是为了减少计算量并考虑到与 2D 残余

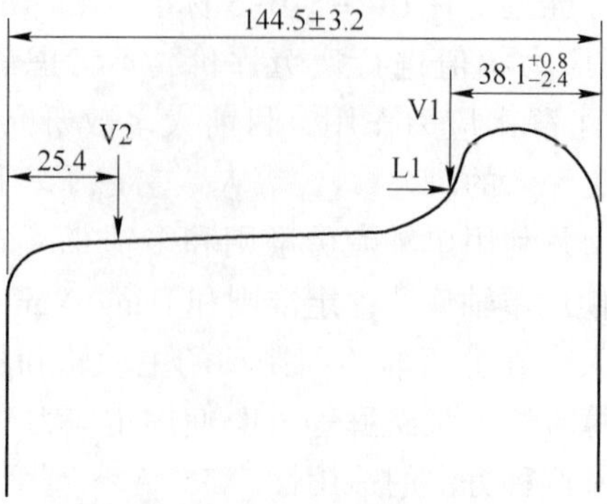

图 1　轮轨载荷加载位置（mm）

应力和轮轴压装应力分析结果进行工况组合，车轮（轴对称零件）承受非轴对称载荷的弹性应力分析可在 2D 模型中采用谐单元分析技术完成[13]，也即将机械载荷沿车轮周向进行傅里叶分解，对分解后的每项进行 2D 加载分析，然后通过后处理的“工况叠加”得出车轮不同截面上的应力分布。

图 2 所示为新制车轮和磨耗到限车轮的有限元模型。新制车轮的轮辋厚度为 65. 9mm，磨耗到限后轮辋厚度为 25. 4mm。图 2（a）中的标识 FPH、FPR、BPH 和 BPR 表示辐板各圆弧段的位置。

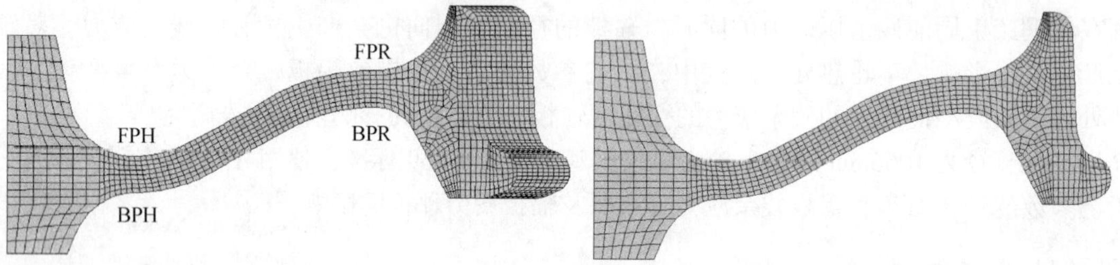

(a) 新制车轮　　(b) 磨耗到限车轮

图 2　车轮有限元模型

2. 3　基于 Sines 准则的疲劳评价

Sines 疲劳准则可写为：

$$J'_2 \leqslant A - \alpha p_m \tag{1}$$

式中，J'_2 为幅值应力张量的二次不变量；p_m 为平均应力张量的一次不变量，反映静水应力的大小；对于车轮辐板疲劳分析，p_m 取决于轮轨机械载荷平均应力、残余应力以及轮轴压装应力；A、α 为材料常数，可由弯曲疲劳试验和扭转疲劳试验得到。

式（1）可具体写为：

$$J'_2 \leqslant A - \alpha(J_1^M + J_1^R + J_1^P) \tag{2}$$

式中，J_1^M、J_1^R、J_1^P 分别为轮轨机械载荷作用下的平均应力张量、残余应力张量和轮轴压装应力张量的一次不变量。

根据式（2）可定义 Sines 疲劳的参数 SP：

$$SP = - A + J'_2 + \alpha(J_1^M + J_1^R + J_1^P) \leqslant 0 \tag{3}$$

AAR-S669 标准中给出材料常数：$A = 193.06\text{MPa}$，$\alpha = 0.16$。

上述疲劳分析计算通过 ANSYS APDL 编程，在有限元分析后处理时实现，并绘制 SP 值的分布云图。

3　热处理参数变化对残余应力的影响

3. 1　残余应力分布

热处理后车轮辐板产生显著的径向和周向残余应力。图 3 所示为残余应力沿车轮辐板表面的分布情况。可以看到辐板外侧靠近轮毂的圆弧段（FPH）和内侧靠近轮辋的圆弧段（BPR）显著径向受拉，辐板内侧靠近轮毂的圆弧段（BPH）和外侧靠近轮辋的圆弧段（FPR）径向显著受压。FPH 和 BPR 部位的最大径向拉应力基本相同，约202MPa。BPH 和 FPR 部位的最大径向压应力分别为200MPa 和125MPa。辐板内侧的周向应力分布与径向应力分布趋势基本一致，在辐板的两端的圆弧部位周向应力较大。轮辋磨耗到限时，辐板的残余应力水平有不同程度的降低，辐板圆弧部位的残余应力相对于新制车轮降低约1/2。

按照美国钢铁协会规定的辐板圆弧部位残余应力测试法[14]，对车轮辐板圆弧段的残余应力进行了测试。该方法通过在辐板圆弧部位测试点位置贯穿切取边长63.5mm方块，锯切过程中测试方块表面因残余应力释放而产生的应变，再反算辐板表面的初始残余应力。测试所得结果与有限元计算值比较如表2所示，测试值的分布规律与有限元的计算值分布一致。但注意到，辐板圆弧处表面残余拉应力的测试值比计算值偏大12%左右。考虑到辐板圆弧部位的内侧与外侧的残余应力方向相反，辐板厚度方向上存在弯矩作用，锯切时厚度方向的弯矩应力释放导致的应变与表面应力释放产生的应变相叠加，因此从而测试出的应变推算出残余应力偏大于实际车轮表面残余应力。排除这种偏差后，可以看出有限元法计算的残余应力的精度可以满足工程分析的要求。

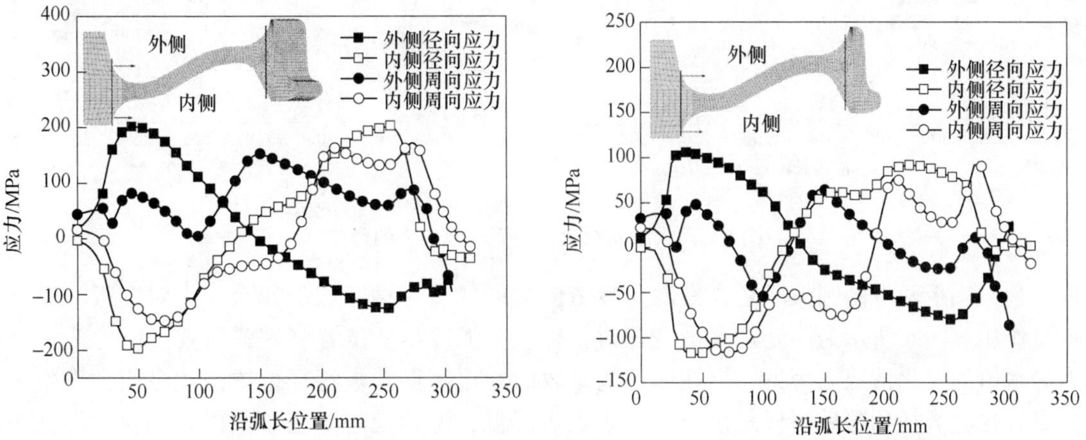

(a) 新轮　　(b) 磨耗到限车轮

图3　制造态车轮辐板表面残余应力分布

表2　辐板特征位置残余应力的测试值与计算值比较

测试位置	BPR		FPH		BPH	
	径向应力	周向应力	径向应力	周向应力	径向应力	周向应力
测试值/MPa	226	158	231	92	-143	-140
计算值/MPa	203	132	202	81	-167	-147

由于 Sines 准则考虑的是残余应力的第一不变量（$J_1^{\mathrm{P}}=\sigma_x^{\mathrm{R}}+\sigma_y^{\mathrm{R}}+\sigma_z^{\mathrm{R}}=3\sigma_{\mathrm{m}}^{\mathrm{R}}$），图4中给出了残余应力静水值（$\sigma_{\mathrm{m}}^{\mathrm{R}}$）的分布。辐板外侧靠近轮毂的圆弧段（FPH）和辐板内侧靠近轮辋的圆弧段（BPR）区域分布显著的拉应力；辐板内侧靠近轮毂的圆弧段（BPH）和辐板外侧靠近轮辋的圆弧段（FPR）区域分布显著的压应力。新制车轮热处理后最大残余应力静水值为122.65MPa，位于BPR位置。随着轮辋的磨耗，辐板残余应力水平逐渐降低；轮辋磨耗到限时，辐板的最大残余应力静水值降低为64.27MPa，其出现位置仍与新制车轮基本相同。

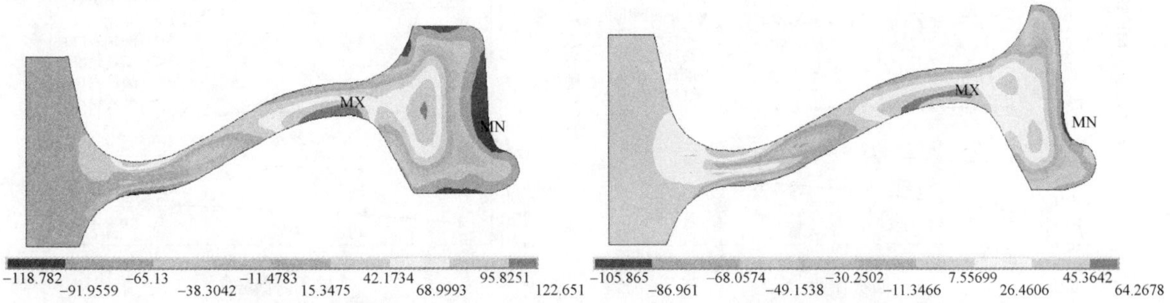

(a) 新轮　　(b) 磨耗到限车轮

图4　车轮制造态残余应力（静水值）分布（MPa）

3.2　热处理参数对残余应力的影响

按照表 1 中的热处理参数变化值进行有限元计算，分析热处理参数的变化对辐板残余应力的影响。图 5 所示为不同淬火时间热处理后，新制车轮辐板内外侧表面残余应力分布。可见，热处理参数对残余应力影响程度最大区域是在辐板外侧的圆弧段。

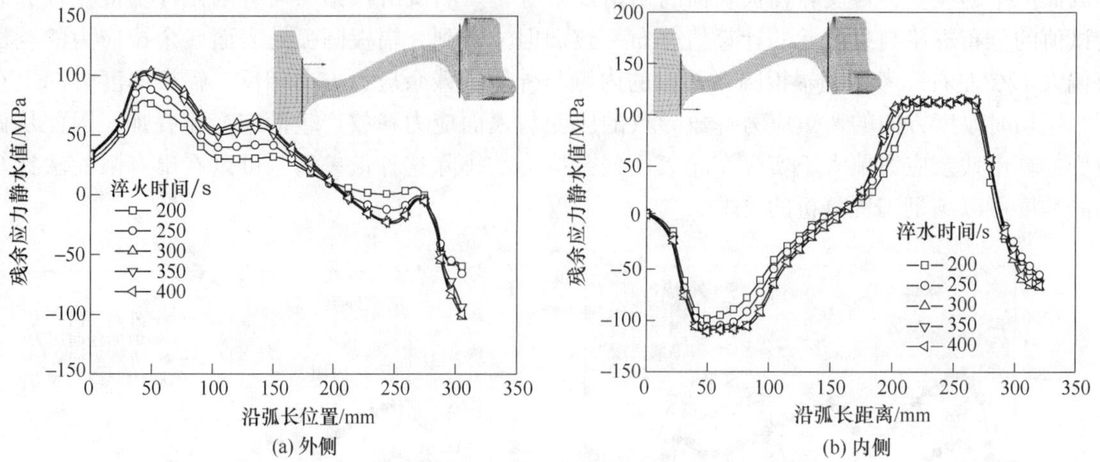

图 5　淬火时间对辐板表面残余应力的影响

根据经验，辐板两端的圆弧段是容易发生疲劳断裂的区域。该区域的残余应力对辐板的整体疲劳性能具有重要作用。图 6 所示为热处理参数变化时，辐板圆弧段特征位置（圆弧段残余应力最大值处）的残余应力静水值的变化情况。可见，热处理工艺参数的变化使得辐板特征位置的残余应力发生不同程度的变化，尽管轮辋磨耗到限后辐板残余应力大小显著降低，但热处理工艺参数的影响仍然存在。在研究的参数变化范围内，辐板特征位置的残余应力静水值的变化幅度如表 3 所示。淬火温度由 820℃升高至

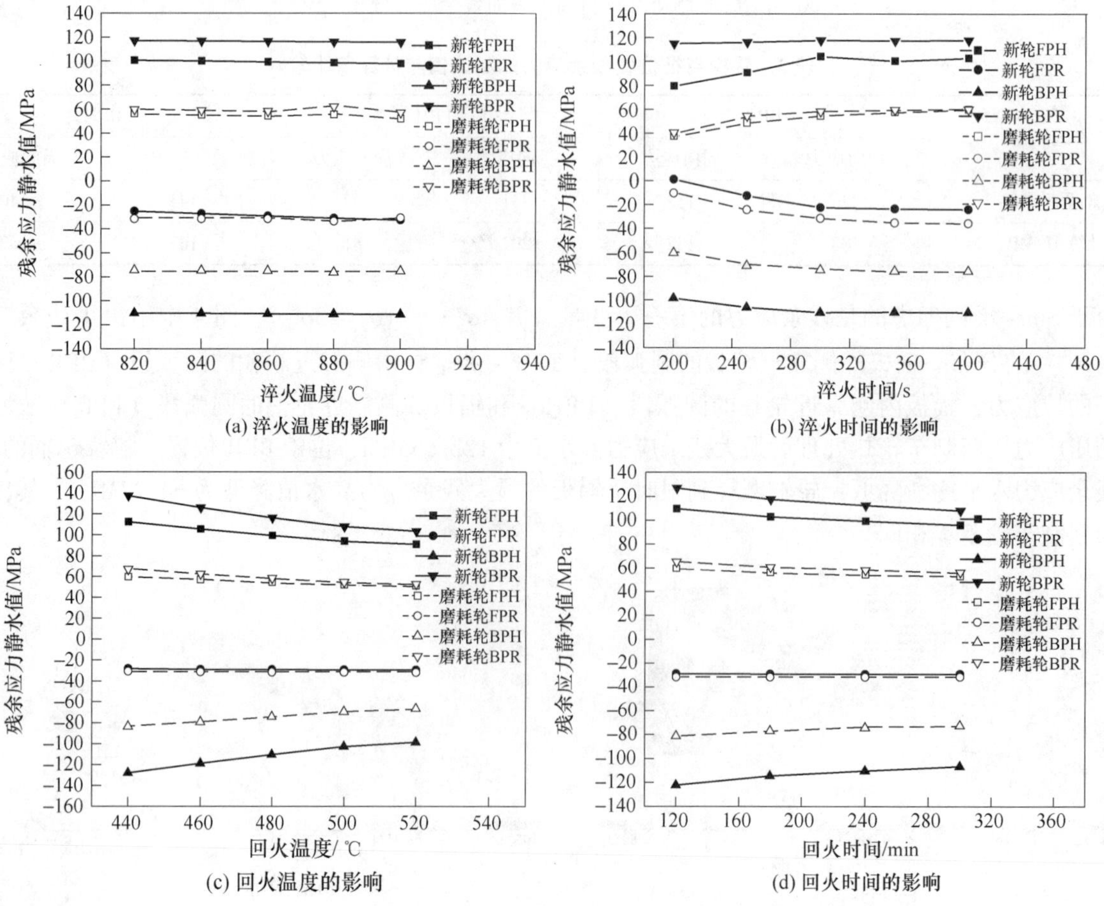

图 6　热处理工艺参数对辐板特征位置残余应力的影响

900℃，辐板特征位置的残余应力水平稍有降低，变化幅度不超过 4.2MPa。淬水时间延长，特征位置的残余应力水平有较显著的增加；淬火时间由 200s 延长至 400s，FHP 位置的残余应力静水值增加 24.7MPa；还可以注意到，淬火时间延长至 300s 之后，辐板特征位置的残余应力变化幅度减小。回火时间延长残余应力水平降低，但 3 个小时后再延长回火时间残余应力减小的幅度逐渐降低。在热处理的 4 个工艺参数中，回火温度是影响热处理残余应力最活跃因素，回火温度提高，残余应力大小明显下降，回火温度由 440℃提高至 520℃，BPR 处的残余应力静水值降低 33.8MPa。

表 3　热处理参数变化导致辐板特征位置残余应力静水值的变化　（MPa）

工艺参数及变化幅度	新轮		磨耗到限轮	
	FHP	BRP	FHP	BRP
淬火温度（820~900℃）	-2.90	-1.37	-4.16	-2.62
淬火时间（200~400s）	24.71	2.74	22.33	19.53
回火温度（440~520℃）	-21.29	-33.76	-8.54	-14.17
回火时间（120~300min）	-13.73	-19.00	-6.41	-8.74

4　辐板疲劳评价及热处理参数的影响

分别计算车轮辐板的轮轨机械作用下的应力、热处理残余应力以及轮轴压装应力，按照 Sines 疲劳准则，得出辐板在四种工况组合下的疲劳 *SP* 值分布，如图 7 所示。在四种工况组合下，辐板各点的疲劳 *SP* 值都是负值，也即按照 Sines 疲劳准则，辐板抗疲劳性能符合安全要求。另外注意到，*SP* 的最大值都出现在辐板外侧靠近轮毂的圆弧段表面位置（FPH），也即 FPH 位置将是辐板疲劳的易发位置；辐板 BPR 位置 *SP* 值也较大，该部位疲劳特性也应该引起重视。四种工况组合中，A 组合下（新轮在 V1+L1 载荷），节点 N1327 的 *SP* 值最大，为-108.04MPa。

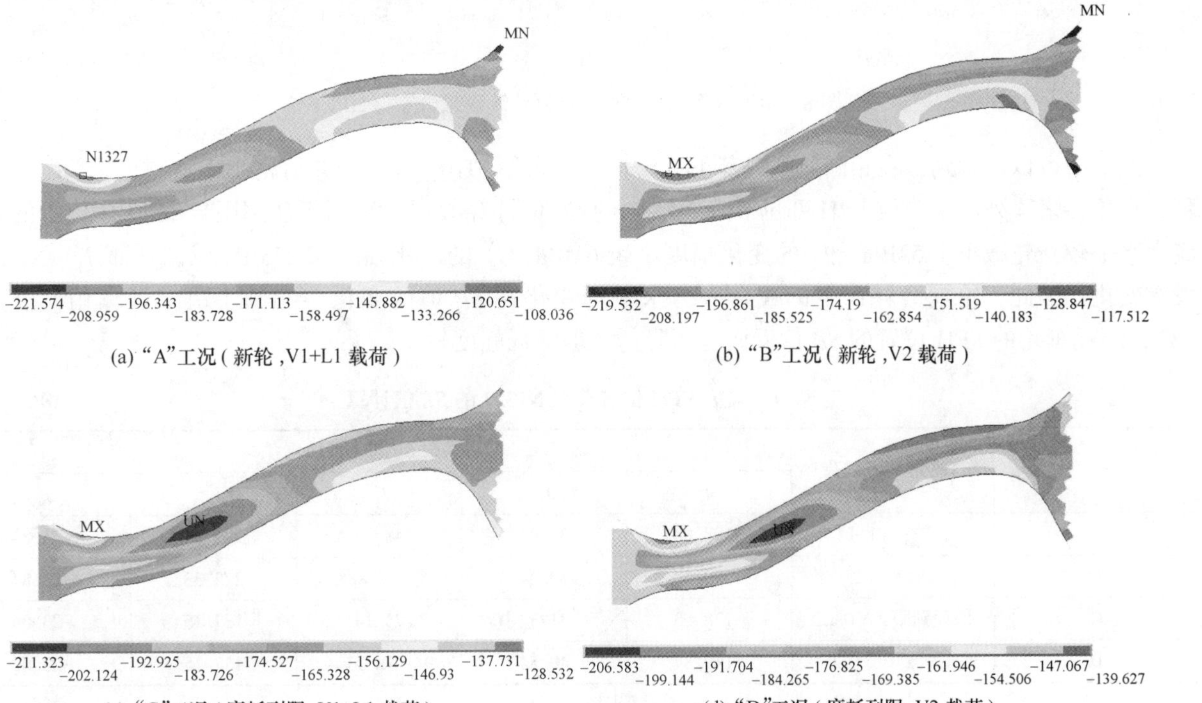

(a)"A"工况(新轮，V1+L1 载荷)　(b)"B"工况(新轮，V2 载荷)
(c)"C"工况(磨耗到限，V1+L1 载荷)　(d)"D"工况(磨耗到限，V2 载荷)

图 7　车轮辐板疲劳 *SP* 值分布

为分析疲劳各因素对疲劳 *SP* 值的贡献，图 8 给出了 A 组合工况 *SP* 值计算时各变量在辐板的分布情况，各变量意义见式（2）。J'_2 和 J_1^M 取决于轮轨载荷，J'_2 最大值为 65.75MPa，位于 BPH 部位；J_1^M 的最大值（69.47MPa）、最小值（-132.82）MPa 分别出现在 FPR 和 BPR 位置；J_1^P 的最大值（91.34MPa）、最小值（-31.24MPa）分别位于 BPR 和 FPH 位置。J_1^R 的最大值（367.59MPa）、最小值（-327.61MPa）

分别位于 BPR 和 BPH 位置。图 8 中的 4 个变量的分布按照式（3）叠加，便得到图 7（a）所示的 *SP* 值分布。由于辐板圆弧段残余应力的静水值显著大于其他三个变量值，残余应力的分布将对 *SP* 值的分布产生决定性影响，并使得辐板 *SP* 值的分布形态与热处理残余应力静水值的分布形态基本相一致。如果不考虑热处理残余应力的影响，则 *SP* 值的最大值将出现在 BPH 位置；但由于 BPH 位置分布很大的残余压应力（J_1^R=-327.61MPa），使得其 *SP* 值较小。而 FPH 位置由于分布较大残余拉应力，且此处的 J'_2 和 J_1^M 也较大，导致该处的 *SP* 值最大。也即，考虑残余应力的影响后，辐板容易发生疲劳的位置由 BPH 转变为 FPH。

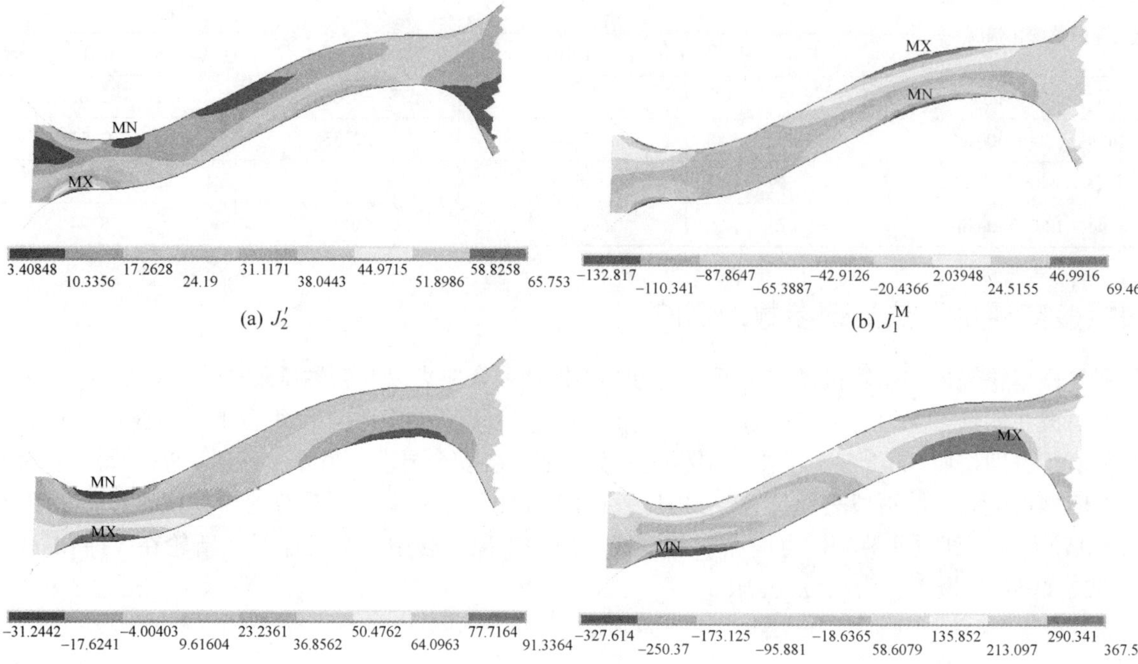

(a) J'_2　　(b) J_1^M

(c) J_1^P　　(d) J_1^R

图 8　A 工况组合下辐板 *SP* 值计算变量分布（MPa）

图 7 中可以注意到，在相同轮轨载荷下，磨耗到限车轮 FHP 位置的 *SP* 值稍小于新制车轮情况。为解释此现象，表 4 列出了辐板 FPH 部位节点 N1327 的 *SP* 值计算数据。轮辋磨耗到限导致 FPH 位置的残余应力水平较新轮减小 115MPa，J'_2 的变化幅度小于 6MPa，J_1^M 的变化幅度在 25MPa 以内，而 J_1^P 大小基本没有变化；因此，轮辋磨耗产生的残余应力水平的变化在 *SP* 值的变化中起到了决定性作用，根据式(3)，磨耗车轮的 FPH 位置的 *SP* 值反而有所降低，但降低幅度较小。

表 4　辐板 FPH 位置节点 N1327 的 *SP* 值计算　　（MPa）

工况组合	车轮状况及载荷	最大 *SP* 值及其构成				
		SP	J'_2	J_1^M	J_1^R	J_1^P
A	新轮，V1+L1	-108.04	37.46	48.78	272.33	-23.84
B	新轮，V2	-120.12	39.24	-37.88	272.33	-23.84
C	磨耗到限，V1+L1	-128.53	31.37	73.14	157.15	-23.04
D	磨耗到限，V2	-140.87	40.54	-61.26	157.15	-23.04

前述分析可见，残余应力对辐板的疲劳评价具有重要影响。热处理工艺参数引起的残余应力波动自然会影响到疲劳 *SP* 值的分布。从前述热处理残余应力分析结果来看，热处理参数在一定范围内波动，并不影响辐板残余应力的分布形态，但对辐板特征位置的残余应力的大小有不同程度的影响，具体见表 3 中数据。在 4 种工艺参数中，影响程度最大是回火温度；回火温度在 480±40℃ 范围内变化时，引起辐板 BPR 位置残余应力静水值变化达到最大，约为 34MPa。按照式（3），其值对 *SP* 的影响幅度在 16.32MPa 之内。对比图 7 中 *SP* 值大小分布，其值约为辐板最大疲劳 *SP* 值的 15%。因此热处理参数波动而引起的

残余应力变化不足以对车轮辐板的疲劳评价结果产生决定性的影响。

5 结论

（1）通过有限元计算，得出车轮辐板的残余应力分布。车轮热处理后辐板外侧靠近轮毂的圆弧段（FPH）和内侧靠近轮辋的圆弧段（BPR）分布显著的径向拉应力，最大拉应力约为202MPa；辐板内侧靠近轮毂的圆弧段（BPH）和外侧靠近轮辋的圆弧段（FPR）分布显著的径向压应力，最大压应力达到200MPa。轮辋磨耗到限后，辐板圆弧部位表面的残余应力降低约1/2。

（2）热处理工艺参数的变化对辐板各部位制造态残余应力有不同程度的影响。其中淬火温度变化的影响最小，回火温度的影响最为活跃。回火温度由440℃提高至520℃，BPR处的残余应力静水值降低33.8MPa。

（3）按照Sines疲劳准则，所研究车轮的疲劳危险位置为辐板外侧靠近轮毂的圆弧段（FPH）以及辐板内侧靠近轮辋的圆弧段（BPR）。残余应力的分布将对疲劳 *SP* 值的分布产生决定性影响。辐板 *SP* 值的分布形态与热处理残余应力静水值的分布形态基本一致。

（4）热处理工艺参数在基准参数附近较大范围内波动，所引起的辐板残余应力的变化对 *SP* 值的影响幅度在16.32MPa以内，约为辐板最大疲劳 *SP* 值的15%。即热处理工艺参数在所研究的范围内波动，所产生的残余应力变化不足以对车轮辐板的疲劳评价结果产生决定性的影响。

参考文献

[1] International Union of Railways. UIC 510-5-2007 technical approval of monobloc wheels [S] //Application Document for Standard EN 13979-1. Paris: Railway Technical Publications ETF, 2007: 1-40.

[2] AAR WABL Committee. AAR S-669: 2012 Analytic Evaluation of Locomotive Wheel Designs Standard [S]. Washington DC: Association of American Railroads, 2012: 125-142.

[3] Ha Manh-Tuan, Kang Chul-Goo. Fatigue analysis of railway wheels according to UIC Standards, 2012 12th International Conference on Control, Automation and Systems, Jeju Island, Korea, 2012.

[4] 刘旭，张开林，姚远，赵利华．两种评定准则下的车轮疲劳强度分析 [J]．机车电力传动，2012 (4): 23-25.

[5] 刘会英，张澎湃，米彩盈．铁道车辆车轮强度设计方法探讨 [J]．铁道学报，2007，29 (1): 102-108.

[6] 张澎湃，刘金朝，张斌，等．基于主应力法和修正的Grossland疲劳准则的动车组车轮疲劳强度评定方法 [J]．中国铁道科学，2014，35 (2): 52-57.

[7] 何家文，胡奈塞，张定铨．残余应力对高周疲劳性能的影响 [J]．西安交通大学学报，1992，26 (3): 25-32.

[8] 张澎湃，付秀琴，张弘，从韬．简析热处理工艺、踏面镟修量对动车组车轮疲劳性能的影响 [J]．铁道机车车辆，2013，33 (6): 56-60.

[9] Jung Won Seo, Seok Jin Kwon, Hyen Kue Jun, etc. Effects of residual stress and shape of web plate on fatigue life of railway wheels [J]. Engineering Failure Analysis, 2009, 16: 2493-2507.

[10] 沈晓辉，赵亚琼，安涛，等．热处理工艺对车轮残余应力的影响 [J]．钢铁，2007，42 (10): 68-71.

[11] Reza Masoudi Nejad. Using three-dimensional finite element analysis for simulation of residual stresses in railway wheels [J]. Engineering Failure Analysis, 2014, 45 (1): 449-455.

[12] Brunel F, Brunel J F, Dufrenoy P, Demilly F. Prediction of the initial residuals tresses in railway wheels induced by manufacturing [J]. Journal of Thermal Stresses, 2013, 36 (1): 37-55.

[13] 徐传来，米彩盈，李沛．基于轴对称模型的货车车轮结构疲劳强度分析 [J]．交通运输工程学报，2008，8 (6): 20-23.

[14] American Iron and Steel Institute, Steel Products Manual, Wrought steel wheels and forged railway axles, Washington, USA, 1979, 9.

Influence of Solid Solution Strengthening on Spalling Behavior of Railway Wheel Steel❶

Zeng Dongfang [1] Lu Liantao [1] Gong Yanhua [2]
Zhang Yuanbin [1] Zhang Jiwang [1]

(1. State Key Laboratory of Traction Power, Southwest Jiaotong University;
2. Ma'anshan Iron and Steel Co., Ltd.)

Abstract The object of this paper is to investigate the influence of solid solution strengthening on the spalling behavior of railway wheel steel. White etching layer (WEL) was reproduced by twin-disc test and analyzed by phase transformation kinetic. Spalling of WEL was then evaluated by rolling contact fatigue (RCF) test and finite element analysis. The results show that solid solution strengthening improves the resistance to WEL formation for wheel steel through increasing the austenitization temperature. WEL remarkably reduces the RCF life of wheel steel. Whether containing WEL or not, solid solution strengthened steel exhibits a better rolling contact fatigue strength than the traditional wheel steel.

Key words rolling contact fatigue; steel; rail-wheel tribology; finite element modelling

1 Introduction

Spalling is a well-known rolling contact fatigue (RCF) damage for the railway wheel. During a wheel-rail slide caused by excessive braking or acceleration, the friction heat is sufficient enough to austenitize the material near the contact surface. Then the material is rapidly cooled by heat conduct into the adjacent material and thus the white etching layer (WEL) forms on the wheel tread [1-4]. Besides, impact loading would be generated since the wheel tread is disrupted during the wheel-rail slide. Cracks often initiate in the WEL and then propagate into the wheel due to cyclic rolling contact. The cracked material may break away from the railway wheel, leaving voids known as spalling.

The spalling of railway wheel includes two stages, WEL formation occurring above austenitization temperature and rolling contact fatigue cracking within the material containing WEL. As a consequence, two methods seem effective to improve the spalling resistance of railway wheel steel: (1) increasing the resistance to WEL formation and (2) delaying the RCF failure for the wheel steel containing WEL. Since the phase transformation kinetic of the steel is influenced by chemical compositions, it has been reported that the resistance to WEL formation can be improved by alloy design [2,5]. Besides, since WEL formation on the surface of railway wheel is inevitable because of the complicated service condition, several works have been focused on the RCF behavior of railway wheel steel containing WEL [6-10]. Kato et al. have shown that the crack initiations are less in the smaller white etching layers than in the larger ones [9]. Makino et al. have shown that RCF life of WEL increases with an increase in the strength of the bulk material below the WEL[6]. Works conducted by Carroll et al. have shown that the crack growth is dependent on the subsurface deformation of the pearlite below the WEL [7,8], which also indicates that the RCF behavior of WEL can be associated with the strength of the bulk material.

The strength of railway wheel steel is usually increased by increasing carbon content. However, carbon addition would increase the thermal sensitivity since it reduces the austenitization temperature. This may decreases the spal-

❶ 原文发表于"Wear" 2017 年。

ling resistance of wheel steel. Silicon and manganese can be used to improve the strength of wheel steel through solid solution strengthening [11-15]. Besides, it has been reported that the addition of silicon and manganese can stabilize the steel at elevated temperatures [14]. Works conducted by Cvetkovski et al. have shown that the high Si-Mn wheel steel is more resistant to thermal degradation below austenitization temperature [11,13]. Therefore, it is expected that the spalling resistance of wheel steel can be improved by solid solution strengthening. However, the influence of solid solution strengthening on spalling behavior of railway wheel steel, which includes WEL formation occurring above austenitization temperature and RCF behavior of the steel containing WEL, has not been conducted so far.

Several test methods have been proposed to study the spalling behavior of railway wheel[6-10,16-19]. Jergeus et al. conducted the full-scale railway wheel flat experiment to investigate the spalling behavior from the view of WEL formation [16,17]. Since the full-scale experiment is costly, WEL formation was also simulated in the laboratory[6-10,18]. Spot weld and laser heating have been used to quench the test sample, which reproduces martensite on the surface of test sample [7,9,18]. Besides, WEL has also been simulated by twin-disc test [6,7,10,19]. As compared with spot weld and laser heating, the actual wheel-rail sliding can be better simulated by twin-disc test. Since the microstructure of WEL is too complicated to be reproduced by spot weld and laser heating [3,18], the white etching layer was reproduced by twin-disc test in this study.

The object of this paper is to investigate the influence of solid solution strengthening on the spalling behavior of railway wheel steel. WEL was reproduced by twin-disc test and analyzed by phase transformation kinetic. Spalling of WEL was then evaluated by rolling contact fatigue test and finite element analysis. Results obtained from a solid solution strengthened steel and a traditional steel were compared and analyzed.

2 Materials

Test materials were machined from the wheel rims that were never used in service. Chemical compositions of the test materials are given in Table 1. The investigated steel is a railway wheel steel with high contents of Si and Mn, which is denoted as HiSi steel in this study. Spalling behavior of ER8 steel is also investigated as a reference. ER8 is a commercial wheel steel, which is defined by EN 13262 and widely used in Europe and China. HiSi is a recently developed steel, which has a more than threefold increase in silicon content as compared with ER8 steel. Chemical compositions of both steel types are similar to those of AAR-Class A steel. Compared with ER8 steel, HiSi steel is hardened by solid solution strengthening. The wheel rim was heat treated using the following procedure: austenitizing at 860℃ for 2 h followed by quenching in a spray of water and tempering at 500℃ for 2 h followed by cooling to room temperature under normal heat exchange conditions. U71Mn steel was selected as the test rail material.

Table 1 Chemical compositions of wheel steels (w/%)

Steels	C	Si	Mn	P	S	Cr
ER8	0.52	0.26	0.73	0.016	0.002	0.25
HiSi	0.52	0.93	0.93	0.009	0.001	0.04
U71Mn	0.72-0.82	0.65-0.90	0.75-1.05	≤0.04	≤0.035	≤0.035

3 WEL Reproduction

3.1 Test method

In this study, the white etching layer was reproduced using a twin-disc machine. Fig. 1 shows the schematic illustration of the test method. Microstructures and mechanical properties of the material vary with the depth in the wheel rim due to the heat treatment. To ensure the uniformity of material properties, wheel discs were machined from wheel rims at a depth of about 15mm with their top surfaces parallel to the wheel tread. Test discs were machined into the shape shown in Fig. 1 and then the contact surface was polished. The roughness of the contact surface was measured using a profilometer (MarSurf PS1) along the axial direction of test disc. The result shows that the contact surface of test discs has an average roughness of about 0.2μm. Optical micrographs of wheel steels shown in Fig. 2 prove a typical ferrite-pearlite structure. Mechanical properties and microstructural characterizations of test wheel steels are summarized in Table 2. It can be seen that HiSi steel exhibits a higher strength than ER8 steel.

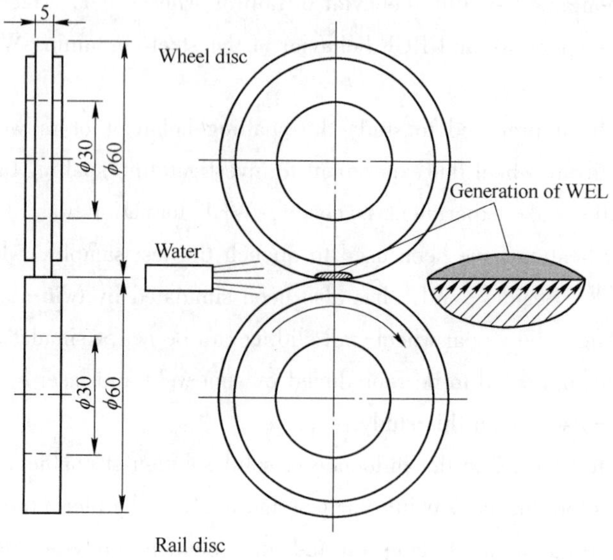

Fig. 1　Schematic illustration of test method

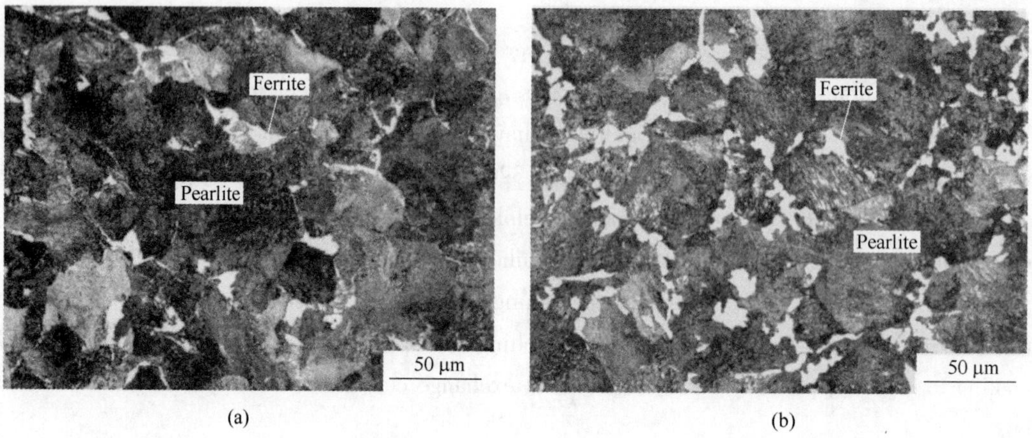

Fig. 2　Micrographs of (a) ER8 steel and (b) HiSi steel

Table 2　Mechanical properties and microstructural characters of wheel steels

Materials	ER8	HiSi
HV (300g)	273	289
UTS/MPa	945	985
Tensile yield strength/MPa	610	650
Ferrite content/%	3.2	7.6
Grain size (ASTM No.)	7.5	7.5
Interlamellar spacing/μm	0.14	0.13

During the test of WEL reproduction, the contact stress between wheel disc and rail disc was set as 1100MPa. Then, the rail disc which was driven by an AC motor began rotating and sliding against the fixed wheel disc, as shown in Fig. 1. Fig. 3 shows the variation of rotational speed of rail disc. The contact area was continuously lubricated and cooled by water when the sliding occurs. The materials in the vicinity of the contact area of wheel disc were rapidly austenitized due to the friction heat and then they were rapidly cooled by water and heat conduction into the cold wheel material. The rapid temperature increase followed by rapid cooling causes the formation of white etching layer on the surface of wheel disc. White etching layer covers a small section of the perimeter of the wheel disc, which has a length of about 12mm. In order to obtain reliable results, six different wheel discs were used to produce WEL for each test material.

After the test, wheel discs were sectioned along the track center and prepared for metallographic observation by an Olympus OLS4100 confocal laser scanning microscope. WEL sizes were measured from the metallographic images. The hardness of WEL was measured with a microhardness tester.

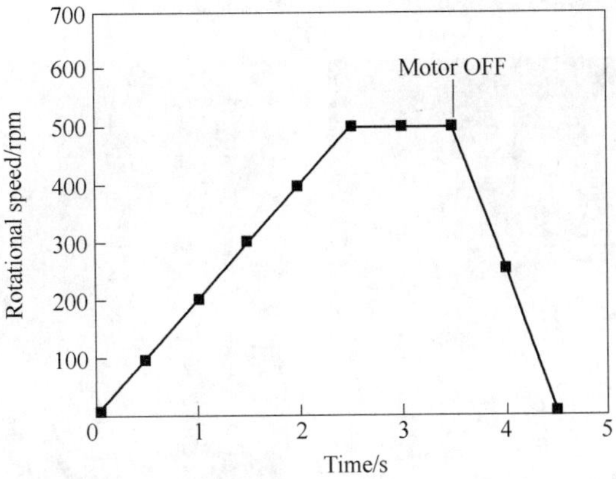

Fig. 3 Variation of rotational speed of rail disc

3.2 Results and discussions

3.2.1 Microstructure and hardness of WEL

Fig. 4 and Fig. 5 show typical micrographs of WEL observed in this study. Three regions can be observed, i. e. a dark etching layer, a martensite zone and a transition zone. The microstructural feature of the WEL is consistent with that observed from the full-scale railway wheel [3,16]. Microhardness as a function of the depth from the disc surface towards the center was measured from the corresponding wheel discs, as shown in Fig. 6. A dark etching layer was found to form on the topmost surface of WEL as previous reported [3]. This layer has an average hardness of around $HV_{0.1}$ 500. It can be identified as fine-grained pearlite by microstructural observation (Fig. 4 (b) and Fig. 5 (b)) and hardness measurement. The austenite grains in the surface region were heavily strained during the sliding; this increases the cooling rate for pearlite formation. Therefore, although the cooling rate reached the maximum in the surface region, the pearlite regenerated during the cooling. The maximum hardness is found to be up to $HV_{0.1}$ 900 at the martensite zone. The transition zone consists of martensite and undissolved ferrite (Fig. 4 (c) and Fig. 5 (c)), where the content of ferrite increases with an increase in the depth. The hardness decreases from around $HV_{0.1}$ 800 to the hardness of bulk materials in this zone. It is interesting to note that the transition zone for HiSi steel is wider than that for ER8 steel, which leads to a reduction in the hardness gradient within the transition zone for HiSi steel. This may be associated with the austenitization temperature, which is treated separately below.

3.2.2 WEL size

In this study, the WEL size is defined as the maximum WEL depth that was measured from the metallographic images. Six tests were repeated to reproduce the WEL for each kind of wheel steel and the WEL sizes of test wheel discs are summarize in Table 3. The WEL size was ranked from smallest to largest, with the smallest size having rank 1, the second smallest rank 2, and so on. ER8 and HiSi steels have an average WEL size of $661\pm58\mu m$ and $484\pm41\mu m$, respectively. It can be seen from the results that HiSi steel has a better resistance to WEL formation at the current manufacturing procedure.

Fig. 4　Microstructure of WEL for ER8 steel. (a) Overall view, (b) dark etching layer and (c) transition zone

Fig. 5　Microstructure of WEL for HiSi steel. (a) Overall view, (b) dark etching layer and (c) transition zone

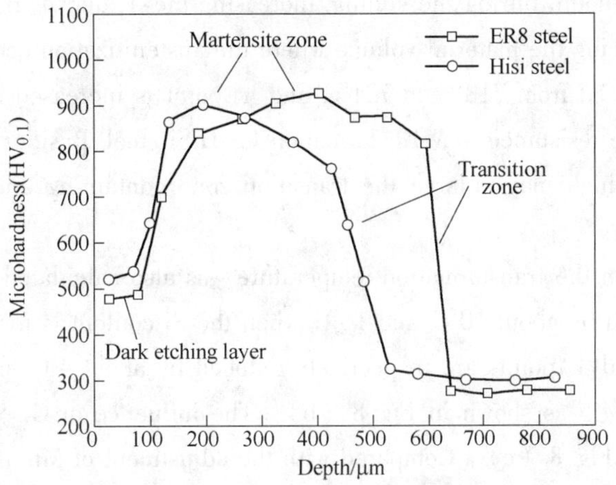

Fig. 6 Microhardness as a function of the depth from the disc surface towards the center

Table 3 Size of white etching layer (μm)

Rank	1	2	3	4	5	6	Average
ER8	602	610	621	676	724	732	661±58
HiSi	440	445	478	490	498	553	484±41

3.3 Effect of materials on WEL formation

The effect of materials on the WEL formation can be associated with the phase transformation kinetic of the wheel steel. Since the heating rate, hydrostatic pressure and plastic straining within the material near contact surface are complicated during the sliding, it is difficult to obtain the actual transformation temperature in that condition [1,3]. Consequently, the resistance to WEL formation for the wheel steel is qualitatively evaluated using the equilibrium phase diagrams in this study. Equilibrium phase diagrams for ER8 and HiSi steel were calculated using Thermo-Calc software, as shown in Fig. 7. There are two lines, denoted by A_1 and A_3, which have great effect on the progress of phase transformation. During the austenitization, the pearlite becomes unstable when A_1 point is reached. The ferrite gradually dissolves between A_1 and A_3. If the heating rate is low enough for equilibrium to prevail, all ferrite would transform to austenite when the temperature exceeds A_3. Then, the austenitized material transforms to the martensite during the following rapid cooling process. Temperature within the material gradually de-

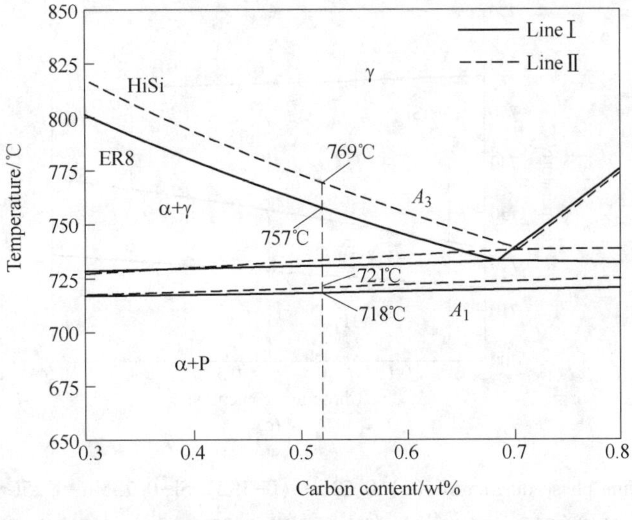

Fig. 7 Equilibrium phase diagrams calculated using Thermo-Calc software

Line Ⅰ: Fe- (0.3-0.8) C-0.26Si-0.73Mn-0.25Cr (wt%) system. The alloy with 0.52 wt% C corresponds to the composition of ER8 steel; Line Ⅱ: Fe- (0.3-0.8) C-0.93Si-0.93Mn-0.04Cr (wt%) system. The alloy with 0.52 wt% C corresponds to the composition of HiSi steel. Phases are indicated as α (ferrite), γ (austenite) and P (pearlite) creases with an increase in the depth during the sliding. Increasing the A_1 and A_3 points can improve the resistance to WEL formation through reducing the material volume where the austenitization occurs. Compared with ER8 steel, A_1 point for HiSi steel is increased from 718℃ to 721℃ and A_3 point is increased from 757℃ to 769℃. This may have a positive influence on the resistance to WEL formation for HiSi steel. Besides, the gap between A_1 and A_3 is enlarged for HiSi (Fig. 7), which may enlarge the transition zone containing undissolved ferrite and martensite (Fig. 5 (c)).

The effect of alloy contents on the transformation temperature was also calculated, as shown in Fig. 8. A_1 and A_3 points are respectively increased by about 10℃ and 16℃ when the Si content is increased from 0.26% to 0.93%, as shown in Fig. 8 (a). A_1 and A_3 points are respectively reduced by about 4℃ and 5℃ when the Mn content is increased from 0.73% to 0.93%, as shown in Fig. 8 (b). The influence of Cr on transformation temperature is almost negligible, as shown in Fig. 8 (c). Compared with the adjustment of Mn and Cr contents, Si addition has a strong influence on the transformation temperature. It is speculated that Si addition can improve the resistance to WEL formation for HiSi steel through increasing the transformation temperature.

As compared with ER8 steel, A_1 and A_3 points for HiSi steel only increase by 3℃ and 12℃, respectively. It is likely that the improvement of resistance to WEL formation can be attributed to some other factors. It is reported that the material characteristics, including chemical composition, grain size, deformation state and initial phase distribution, are associated with the material transformation[3,20], and thereby influence the WEL formation. These factors may also contribute to improving the resistance to WEL formation for HiSi steel.

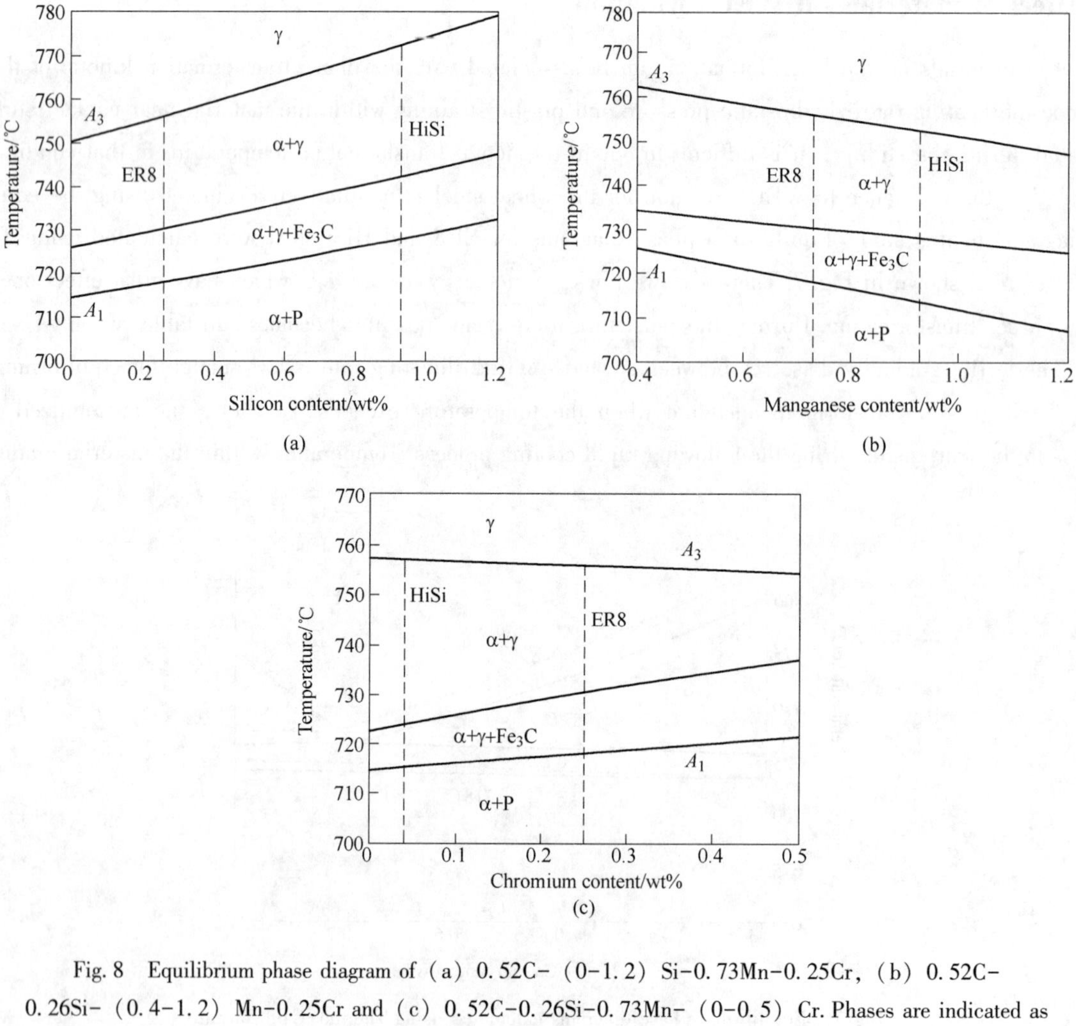

Fig. 8　Equilibrium phase diagram of (a) 0.52C-(0-1.2) Si-0.73Mn-0.25Cr, (b) 0.52C-0.26Si-(0.4-1.2) Mn-0.25Cr and (c) 0.52C-0.26Si-0.73Mn-(0-0.5) Cr. Phases are indicated as α (ferrite), γ (austenite), P (pearlite) and Fe_3C (cementite)

4 RCF Behaviors

4.1 Test method

These tests consist of WEL reproduction tests and RCF tests. ER8 and HiSi wheel discs containing WEL are denoted as WEL-ER8 and WEL-HiSi, respectively. Kato et al. have shown that the crack initiation life decreases with an increase in the WEL size [9]. In order to eliminate the influence of WEL size on the spalling behavior, WEL-ER8 and WEL-HiSi wheel discs were machined to have a similar WEL size. It is assumed that the obtained WEL has the same average size as the WEL listed in Table 3. Given that the average WEL size of ER8 disc is about 0.16mm larger than that of HiSi steel, WEL-ER8 discs were machined to make a radius of 28.10mm, while WEL-HiSi discs were machined to make a radius of 28.26mm. This ensures that both WEL-ER8 and WEL-HiSi discs have an average WEL size of 250μm after the machining. After that, the contact surface of test discs was polished to achieve an average roughness of about 0.2μm.

RCF tests were performed on a twin-disc machine. Details of the equipment and test method can be found in the previous paper [21]. The line contact between two cylindrical test discs was used to simulate the normal loading and slip present at rail/wheel contact. Rail discs corresponding to WEL-ER8 and WEL-HiSi wheel discs have a radius of 28.38mm and 28.54mm, respectively. The rotating speeds of wheel and rail discs were set as 1000 rpm. All RCF tests were therefore conducted at a slip ratio of −1% to simulate a driven wheel. The contact stress between two discs was set as 1200MPa and the corresponding contact half-width was 0.301mm. The contact area was lubricated by machine oil SEA 20 during the test. A torque sensor, with a maximum torque capacity of 25 Nm and relative error of ±1%, was used to measure the friction force during the testing, from which the friction coefficient was calculated. The criterion for the end of RCF life involved either the loss of surface material as spalling or a collapse of the fatigue damaged surface. Both cases led to an increase in the vibration level detected by an accelerometer mounted on the machine. When the vibration reached the preset value, the accelerometer activated a cut-off switch and the test stopped. The run-out stress cycles were setup to 5×10^6 cycles. In consideration of the scatter of the WEL sizes, six repeated RCF tests were conducted for each kind of wheel disc to obtain the reliable RCF life. Then, the statistical behavior of fatigue life was analyzed using the Weibull distribution. In order to observe the crack initiation, several wheel discs with WEL were tested and the stress cycle was set as 80% characteristic life which was obtained from the analysis of Weibull distribution. RCF lives of wheel discs without WEL were also investigated as a reference.

After the test, a JSM-6610LV scanning electron microscope (SEM) was used to observe the damaged surface of wheel discs. And then discs were sectioned along the track center and prepared for metallographic observation using confocal laser scanning microscope and SEM.

4.2 Results

4.2.1 RCF life

The Weibull distribution has been widely used to describe the statistical behavior of the fatigue life of metallic materials. In this study, two-parameter Weibull distribution was employed to characterize the RCF life of tested wheel discs. The cumulative distribution function is given as:

$$F(N) = 1 - \exp\left[- \left(\frac{N}{V_s} \right)^{\beta} \right] \tag{1}$$

where $F(N)$ represents the probability that the RCF life is equal to or less than N, N is the variable, β is the shape parameter that characterizes the degree of scatter of fatigue life and V_s is the characteristic life related to the mean RCF life. The parameters V_s and β can be estimated based on the obtained RCF life data by a number of methods. In this study, these parameters were evaluated using the theory of maximum likehood estimation.

RCF failures were found for all of wheel discs, except for HiSi wheel discs. The characteristic life V_s and shape parameter β for each kind of wheel disc are listed in Table 4. Fig. 9 shows the Weibull distribution plots of the fatigue life. The characteristic life of ER8 discs without and with WEL is 986348 and 88829, respectively. All HiSi discs without WEL survived when the stress cycles reached 5×10^6 cycles, while all of HiSi discs containing WEL failed with a characteristic life of 366959. It can be seen that the WEL remarkably reduces the RCF life of railway wheel steel. Besides, whether containing WEL or not, HiSi steel exhibits a better fatigue strength than ER8 steel.

Table 4　Characteristic life and shape parameter

Test disc	V_s	β
ER8	986348	4.97
WEL-ER8	88829	3.26
HiSi	Unfailed	
WEL-HiSi	366959	4.27

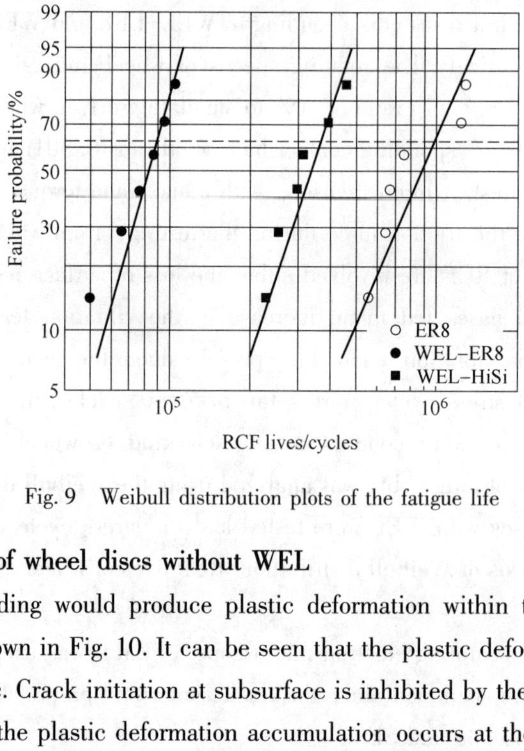

Fig. 9　Weibull distribution plots of the fatigue life

4.2.2　Spalling behavior of wheel discs without WEL

During the test, the contact loading would produce plastic deformation within the material near the surface for wheel discs without WEL, as shown in Fig. 10. It can be seen that the plastic deformation occurs at both the surface and the subsurface of the test disc. Crack initiation at subsurface is inhibited by the compressed matrix and compressive residual stresses. However, the plastic deformation accumulation occurs at the surface of wheel disc and eventually leads to crack initiation when the material reaches its plastic strain limit [22]. Fig. 11 shows crack initiation and propagation for the wheel disc without WEL. The crack initiates on the surface and propagates at an angle of about 30° to the surface, as shown in Fig. 11 (a). When the crack reaches a certain depth, it gradually changes the direction and thereafter propagates parallel to the surface, as shown in Fig. 11 (b). Then, the crack is deflected towards the surface (Fig. 11 (b)), which causes the formation of spalling with a fanned-out appearance shown in Fig. 11 (c). Many works have shown that the lubrication entrapment is the predominant mechanism responsible for the propagation of RCF crack in lubricated condition [23-25]. The lubricant enters the crack cavity once the crack initiates on the surface. When the approaching loaded contact closes the crack mouth, the pressure of trapped lubricant causes the crack growth in mode I. Besides, the crack grows in mode II due to the cyclic shear stresses caused by repeated rolling contact [26]. It has been reported that the crack would rapidly grows because of the trapped fluid [27].

The total RCF life consists of two stages: (1) crack initiation in which microcracks form when the material near the contact surface reaches its plastic strain limit and (2) crack propagation in which the crack grows in mode I+II. Once the crack is initiated, it would rapidly propagate in the presence of fluid. Thus, the way to prolong RCF life of railway wheel steel is through delaying the crack initiation. For a given revolution, the amount of plastic deformation at the surface of HiSi wheel disc would be reduced as compared with ER8 wheel disc, since HiSi steel exhibits a higher shear yield strength. Therefore, the fatigue strength of HiSi steel is improved.

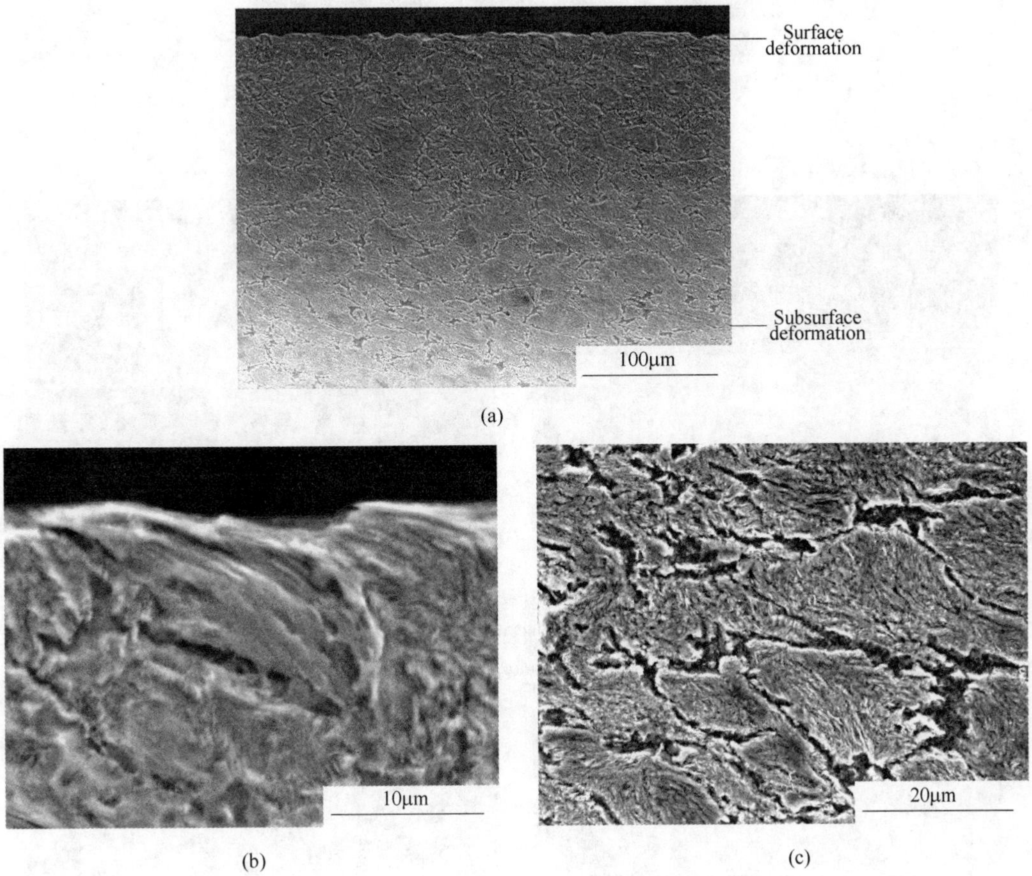

Fig. 10 Cross-sectional microstructure of wheel disc without WEL. (a) Overall view, (b) surface deformation layer and (c) subsurface deformation layer. It was observed from an unfailed region of ER8 disc

4.2.3 Spalling behavior of wheel discs with WEL

Figs. 12 and 13 show the crack morphologies observed from WEL-ER8 and WEL-HiSi wheel discs, respectively. Cracks are found in WEL for all of wheel discs containing WEL. They initiate at the surface of WEL due to tensile/shear stresses and then grow vertical or slightly inclined to the surface, as shown in Fig. 12 (a) and Fig. 13 (a). Once it reaches the interface with the bulk material, the different microstructure deflects the crack (Fig. 12 (a)). Then, cracks are found to propagate along the layer of deformed bulk material below the interface with the white etching layer, as shown in Fig. 12 (c) and Fig. 13 (c). Since there is a gap between crack surfaces, the material above the crack can be considered as a cantilever beam. The WEL surface would suffer tensile stress when the contact load acts on the cantilever beam. This may lead to the crack initiation at the surface of WEL, as shown in Fig. 13 (c). After a number of rolling cycles, the surface initiated crack reaches the gap, which causes the formation of spalling shown in Fig. 13 (b) and Fig. 14. In only a few cases, cracks propagate across the layer of deformed bulk material and grow deep into the bulk material, as shown in Fig. 13 (b). Since these cracks generally locate within the region where the spalling of WEL occurs, it is assumed that they are caused by the impact load generated by the spalling.

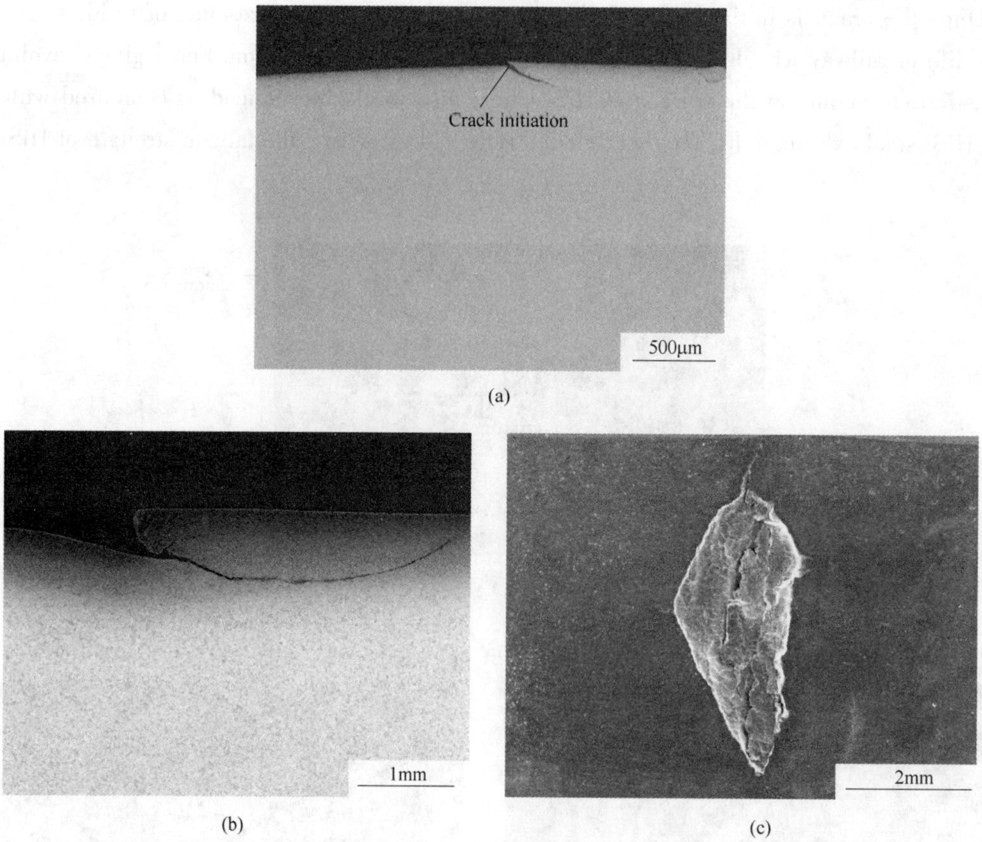

Fig. 11　Crack initiation and propagation for the wheel disc without WEL. (a) Initiation and initial propagation of the surface crack, (b) propagation of the surface crack and (c) morphology of the spalling. It was observed from the ER8 wheel disc

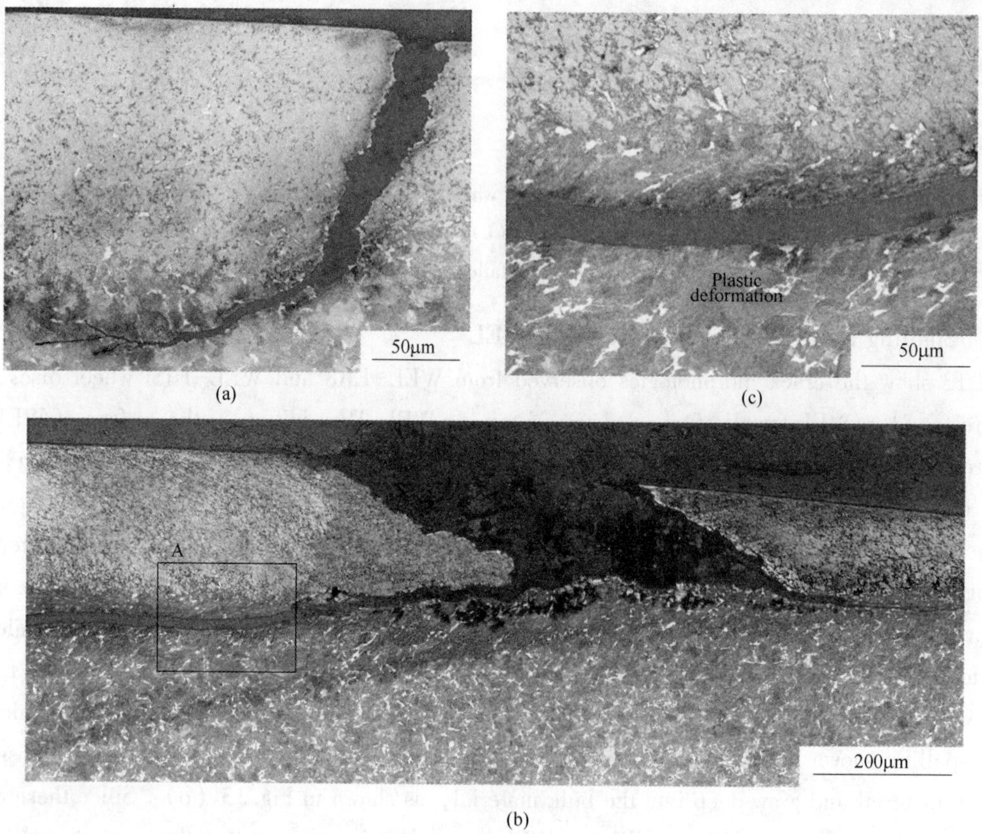

Fig. 12　Cross-sectional microstructure of WEL-ER8 discs. (a) Crack initiated at the surface of WEL, (b) crack propagating along the flow lines of the deformed bulk material below the white etching layer and (c) the deformation of bulk material (Region A)

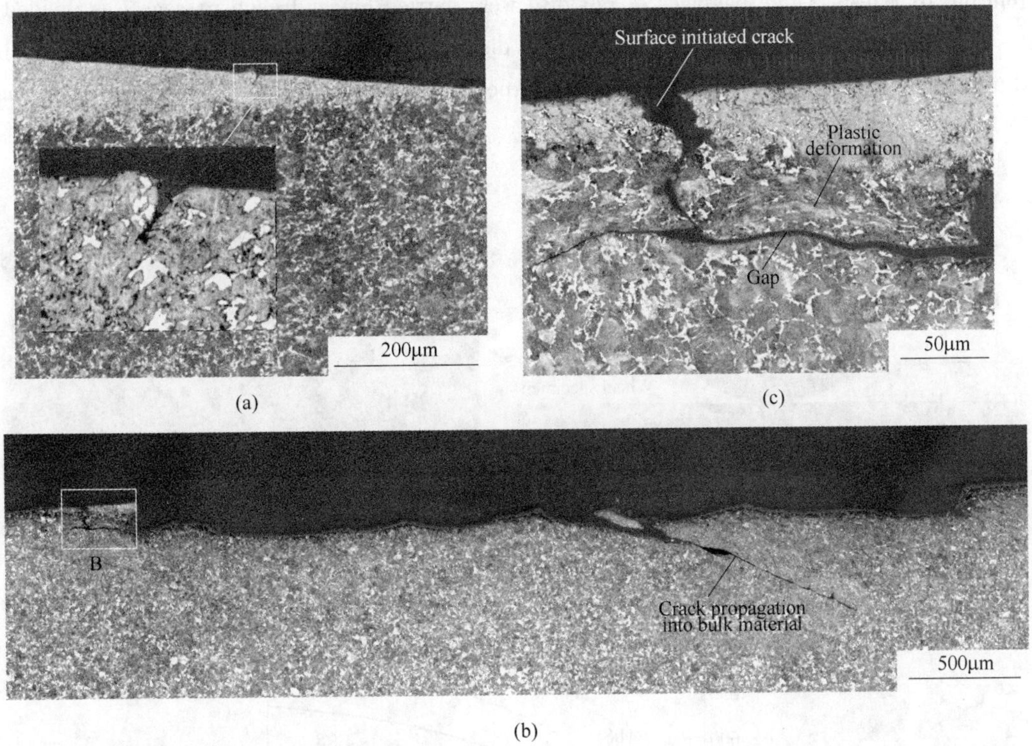

Fig. 13 Cross-sectional microstructure of WEL-HiSi discs. (a) Crack initiated at the surface of WEL, (b) detachment of the WEL and (c) crack propagating along the flow lines of the deformed bulk material (Region B)

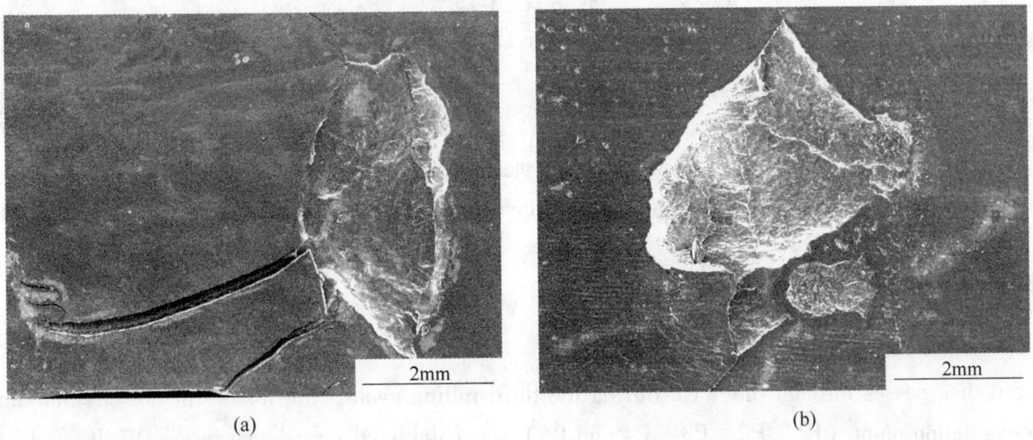

Fig. 14 SEM micrograph of the spalling for (a) WEL-ER8 disc and (b) WEL-HiSi disc

5 Elastic-plastic Analyses

5.1 FE model

The stresses and strains within the wheel disc containing WEL were investigated by finite element analysis using the commercial code ABAQUS. Fig. 15 shows the 2D finite element model of the RCF test. Plane strain conditions were used in the analyses. The geometry of the white etching layer was defined as a part of an ellipse with a length of 5mm and a thickness of 0. 25mm, which were similar to that within the wheel disc. The white etching layer and rail steel were defined as elastic materials with a Young's modulus of 206 GPa and a Poisson's ratio of 0. 28. The wheel steels outside the WEL were considered as elasto-plastic materials with nonlinear kinematic hardening. Their stress-strain relations in the plastic zone are shown in Fig. 16, which were obtained from low cycle fatigue tests. The RCF test condition was simulated by FE analyses. The concentration force corresponding to a contact stress of 1200MPa was applied at the center of rail disc. Friction coefficient in the FE analyses was set as 0. 1, which was obtained from the RCF tests. Three passages of rail disc were carried out and each passage was divided into three steps: (1) the rail disc was on the surface of the wheel disc with a contact stress of 1200MPa; (2) the rail disc was rotated at a given angle; (3) the rail disc was returned to the initial position after removing the contact load.

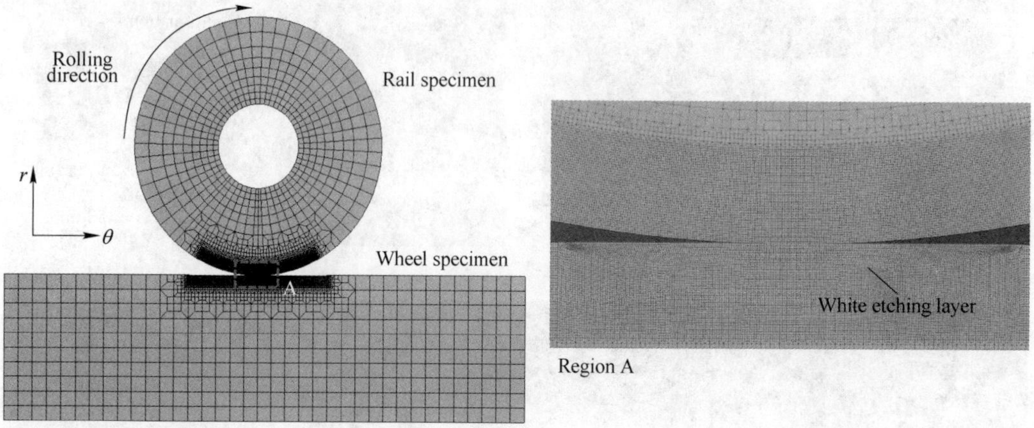

Fig. 15　FEM analysis model

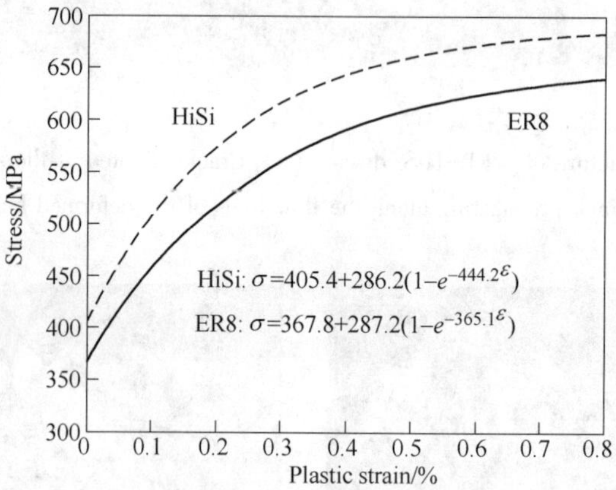

Fig. 16　Cyclic stress-strain relation of wheel steels

5.2　Results and discussions

5.2.1　Crack initiation at WEL surface

When the rail disc passes through the WEL during the third rolling cycle, the history of the circumferential stress σ_θ at each evaluation point (P1, P2, P3, P4 and P5) was calculated, as shown in Fig. 17. It can be found that the distribution of circumferential stress is a parabola-like cure for each evaluation point. The compression stress always appears within the contact area. However, the stress changes to be tensile at the edge of the contact area. It is assumed that the crack initiation on the surface of white etching layer is caused by the change of the circumferential stress [9]. Fig. 18 shows the maximum and amplitude of the circumferential stress during the third rolling cycle. It can be seen that the circumferential stress near the edge of WEL is higher than that at the center of WEL. This is in accord with the observation that most of observed crack initiation sites are closed to the edge of WEL, as shown in Fig. 13 (a). Besides, the stress on the WEL surface of HiSi disc is reduced in comparison to that of ER8 disc. This indicates that the crack initiation life of WEL-HiSi discs would be increased.

Works conducted by Carroll et al. have shown that the crack behavior of WEL is dependent on the plastic deformation of the bulk material below WEL [7,8]. Fig. 19 shows the plastic deformation distribution of wheel disc after the third rolling cycle. The plastic deformation of the bulk material within the WEL-HiSi disc is reduced as compared with that within the WEL-ER8 disc. This can be attributed to the increase in the yield stress of HiSi steel, as shown in Fig. 16. There is a significant difference in the degree of plastic deformation between the bulk material and the white etching layer since the white etching layer can be considered as elastic material. Therefore, the plastic constraint of the bulk material would occur in the vicinity of the white etching layer. In comparison to WEL-ER8 disc, the stress within the white etching layer of WEL-HiSi disc is supposed to be reduced because the plastic constraint would decrease with a reduction in the plastic deformation of bulk material. Then, the tensile stress on the surface of white etching layer is reduced for WEL-HiSi disc, as shown in Fig. 18.

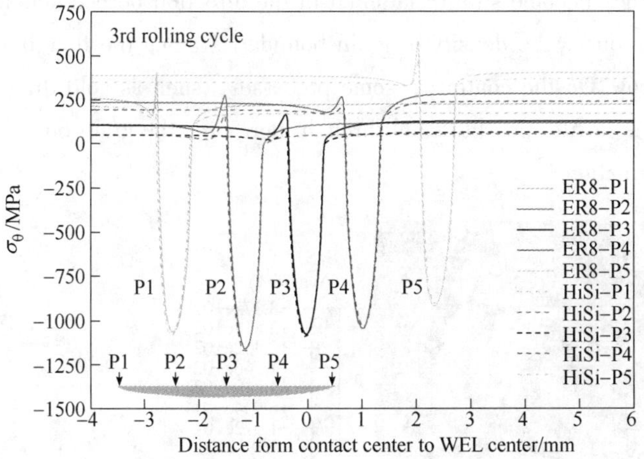

Fig. 17 History of the circumferential stress during the third rolling cycle

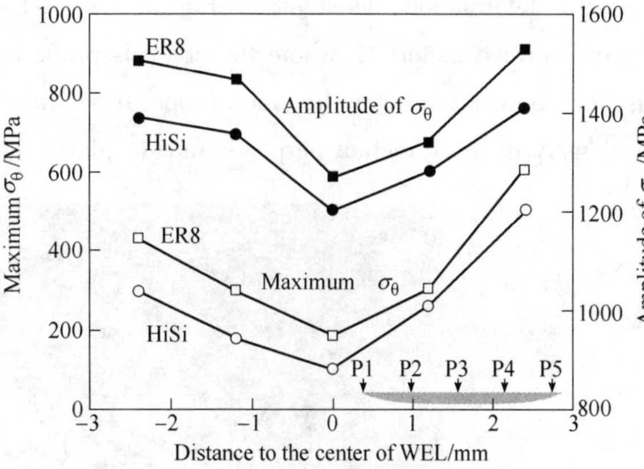

Fig. 18 The maximum and amplitude of the circumferential stress during the third rolling cycle

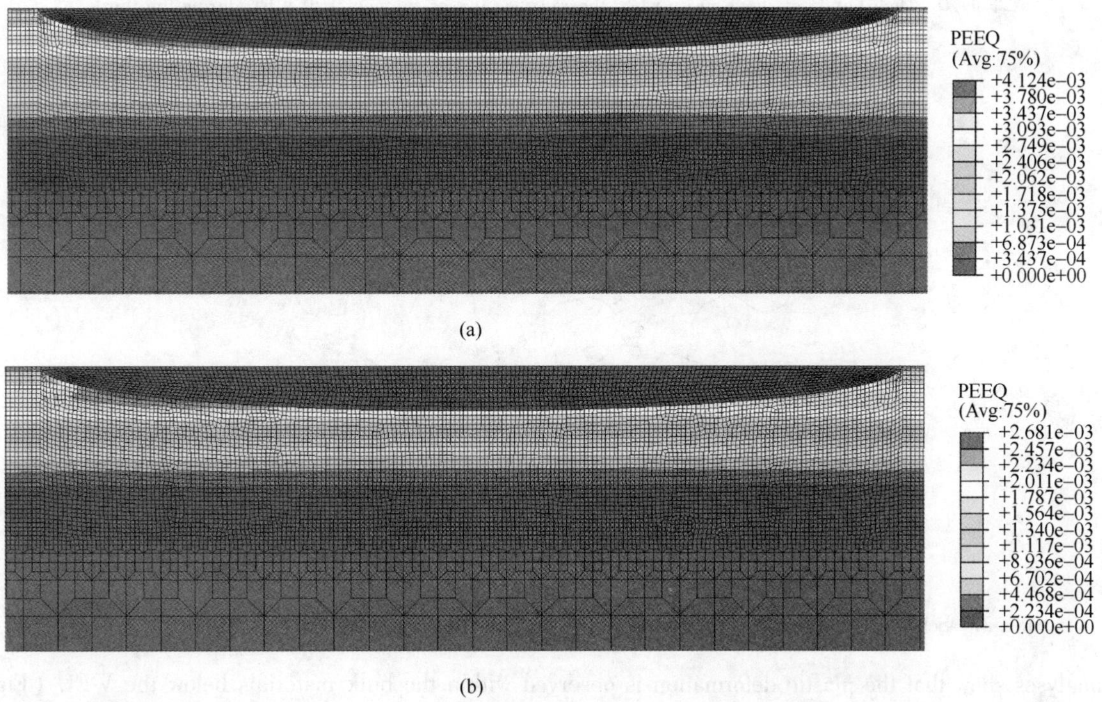

Fig. 19 Plastic deformation distribution of (a) WEL-ER8 disc and (b) WEL-HiSi disc after the third rolling cycle

Besides, the microstructural variation within the transition zone can also contribute to the increase in the crack initiation life of WEL-HiSi disc. In comparison to WEL-ER8 disc, the variations of microstructure and mechanical properties within the transition zone of WEL-HiSi disc become smooth, as shown in Fig. 4-Fig. 6. This can reduce the plastic constraint in the vicinity of the white etching layer and thereby increase the crack initiation life of WEL-HiSi disc.

5.2.2 Crack propagation along the deformed material

Once the crack reaches the interface, it grows along the flow line of the deformed material below the WEL, as shown in Fig. 12 and Fig. 13. This can be attributed to two factors. Firstly, it can be seen from Fig. 20 that the maximum shear stress appears within the bulk materials below the WEL, where the plastic deformation forms. The shear stress promotes the crack growth in Model II along the deformed bulk material. Besides, the resistance to crack growth within the bulk material is reduced in the direction of plastic deformation. Fig. 21 shows the schemes of crack propagation within undeformed and deformed material. Grain boundaries can act as obstacles to crack propagation [14,28], where the crack deflection shown in Fig. 21 (a) occurs. For the deformed material below the WEL, the grains are elongated in the direction of plastic deformation, while they become strain-flattened in the direction perpendicular to plastic deformation, as shown in Fig. 21 (b). This reduces the density of grain boundaries along the flow line of the deformed material, where the crack is prone to grow. On the contrary, some processes, such as cold drawing, can be used to delay the crack propagation within the ferrite-pearlite steel through increasing the grain boundary density in the direction perpendicular to plastic deformation [29].

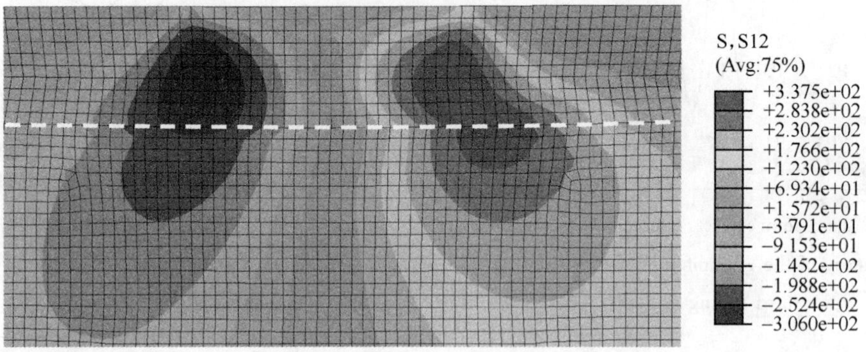

Fig. 20　Distribution of shear stress when the rail disc passes the center of WEL during the third rolling cycle. It was observed from WEL-ER8 disc

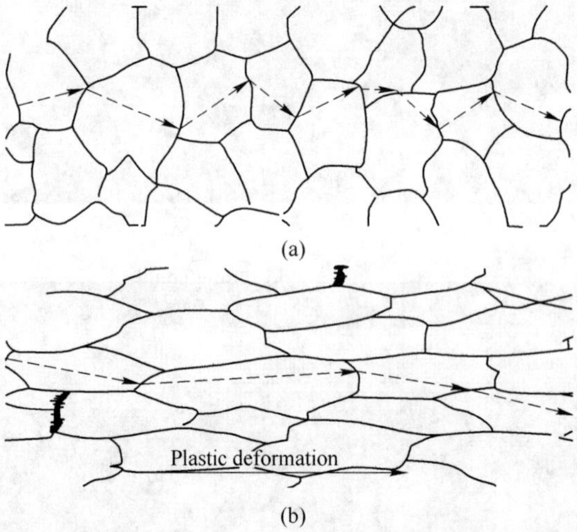

Fig. 21　Schemes of the crack propagation within (a) undeformed material and (b) deformed material

FE analyses show that the plastic deformation is observed within the bulk materials below the WEL (Fig. 19); this is in accord with the microstructural observation shown in Fig. 12 and Fig. 13. Since HiSi steel possesses a higher yield strength, the plastic deformation within the WEL-HiSi disc is reduced as compared with that within WEL-ER8 disc (Fig. 19). ER8 and HiSi steel have a similar initial grain size before the test, as shown in Table 2. This indicates that the WEL-HiSi disc has a higher grain boundary density along the direction of plastic deformation during the test and thus it possesses a higher resistance to crack propagation. Therefore, the crack growth life for WEL-HiSi disc is expected to be increased in comparison to WEL-ER8 disc.

6　Conclusions

In this study, the spalling behavior of a high Si-Mn ferrite-pearlite wheel steel was investigated. The results are evaluated in comparison to these obtained from a traditional wheel steel. The conclusions are summarized as follows:

(1) Silicon addition improves the resistance to WEL formation for HiSi steel through increasing the austenitization temperature.

(2) WEL remarkably reduces the RCF life of railway wheel steel. Whether containing WEL or not, HiSi steel exhibits a better fatigue strength than ER8 steel.

(3) Compared with ER8 steel, the tensile stress on the surface of HiSi steel with white etching layer is reduced. This increases the crack initiation life of WEL-HiSi disc.

(4) In comparison to ER8 steel, the grain boundary density along the direction of plastic deformation is increased within HiSi steel containing white etching layer. This increases the crack growth life of WEL-HiSi disc.

References

[1] Cummings S M, Lonsdale C P. Wheel spalling literature review [C]. In: ASME 2008 Rail Transportation Division Fall Technical Conference, American Society of Mechanical Engineers, 2008: 15-25.

[2] Sawley K. Calculation of temperatures in a sliding wheel/rail system and implications for wheel steel development [J]. Proceedings of the Institution of Mechanical Engineers, Part F; Journal of Rail and Rapid Transit, 2007, 221: 455-464.

[3] Ahlstrom J, Karlsson B. Microstructural evaluation and interpretation of the mechanically and thermally affected zone under railway wheel flats [J]. Wear, 1999, 232: 1-14.

[4] Dedmon S L. The process of spalling in railroad wheels [C]. In: ASME 2011 Rail Transportation Division Fall Technical Conference, American Society of Mechanical Engineers, 2011: 167-172.

[5] Lonsdale C, Dedmon S, Pilch J. Recent developments in forged railroad wheels for improved performance [J]. IEEE, 2005: 39-43.

[6] Makino T, Yamamoto M, Fujimura T. Effect of material on spalling properties of railroad wheels [J]. Wear, 2002, 253: 284-290.

[7] Carroll R I, Beynon J H. Rolling contact fatigue of white etching layer: Part 1-Crack morphology [J]. Wear, 2007, 262: 1253-1266.

[8] Carroll R I, Beynon J H. Rolling contact fatigue of white etching layer-Part 2. Numerical results [J]. Wear, 2007, 262: 1267-1273.

[9] Kato T, Sugeta A, Nakayama E. Investigation of influence of white layer geometry on spalling property in railway wheel steel [J]. Wear, 2011, 271: 400-407.

[10] Seo J, Kwon S, Jun H, Lee D. Numerical stress analysis and rolling contact fatigue of white etching layer on rail steel [J]. International Journal of Fatigue, 2011, 33: 203-211.

[11] Cvetkovski K, Ahlström J. Characterisation of plastic deformation and thermal softening of the surface layer of railway passenger wheel treads [J]. Wear, 2013.

[12] Cvetkovski K, Ahlström J, Karlsson B. Monotonic and cyclic deformation of a high silicon pearlitic wheel steel [J]. Wear, 2011, 271: 382-387.

[13] Cvetkovski K, Ahlström J, Karlsson B. Thermal degradation of pearlitic steels: influence on mechanical properties including fatigue behaviour [J]. Materials Science and Technology, 2011, 27: 648-654.

[14] Zeng D, Lu L, Gong Y, Zhang N, Gong Y. Optimization of strength and toughness of railway wheel steel by alloy design [J]. Mater. Design, 2016, 92: 998-1006.

[15] Zeng D, Lu L, Zhang N, Gong Y, Zhang J. Effect of different strengthening methods on rolling/sliding wear of ferrite-pearlite steel [J]. Wear, 2016.

[16] Jergéus J, Odenmarck C, Lundén R, Sotkovszki P, Karlsson B, Gullers P. Full-scale railway wheel flat experiments [J]. Proceedings of the Institution of Mechanical Engineers, Part F; Journal of Rail and Rapid Transit, 1999, 213: 1-13.

[17] Jergéus J. Martensite formation and residual stresses around railway wheel flats [J]. Proceedings of the Institution of Mechanical Engineers, Part C; Journal of Mechanical Engineering Science, 1998, 212: 69-79.

[18] Österle W, Rooch H, Pyzalla A, Wang L. Investigation of white etching layers on rails by optical microscopy, electron microscopy, X-ray and synchrotron X-ray diffraction [J]. Materials Science and Engineering: A, 2001, 303: 150-157.

[19] Kigawa T, Kimoto E. Influences of skidding pattern upon the occurrences of skid damage to railway wheels [J]. Wear, 1993, 167: 143-154.

[20] Baumann G, Fecht H, Liebelt S. Formation of white-etching layers on rail treads [J]. Wear, 1996, 191: 133-140.

[21] Zeng D, Lu L, Li Z, Zhang J, Jin X, Zhu M. Influence of laser dispersed treatment on rolling contact wear and fatigue behavior of railway wheel steel [J]. Mater. Design, 2014, 54: 137-143.

[22] Garnham J E, Davis C L. The role of deformed rail microstructure on rolling contact fatigue initiation [J]. Wear, 2008, 265: 1363-1372.

[23] Magel E E. Rolling Contact Fatigue: A Comprehensive Review, 2011.

[24] Tunna J, Sinclair J, Perez J. A review of wheel wear and rolling contact fatigue [J]. Proceedings of the Institution of Mechanical Engineers, Part F: Journal of Rail and Rapid Transit, 2007, 221: 271-289.

[25] Olver A. The mechanism of rolling contact fatigue: an update [J]. Proceedings of the Institution of Mechanical Engineers, Part J: Journal of Engineering Tribology, 2005, 219: 313-330.

[26] Bower A. The influence of crack face friction and trapped fluid on surface initiated rolling contact fatigue cracks [J]. Journal of Tribology, 1988, 110: 704-711.

[27] Beynon J, Garnham J, Sawley K. Rolling contact fatigue of three pearlitic rail steels [J]. Wear, 1996, 192: 94-111.

[28] Lewandowski J J, Thompson A W. Effects of the prior austenite grain size on the ductility of fully pearlitic eutectoid steel [J]. Metallurgical Transactions A, 1986, 17: 461-472.

[29] Toribio J, Matos J, González B. Micro-and macro-approach to the fatigue crack growth in progressively drawn pearlitic steels at different R-ratios [J]. International Journal of Fatigue, 2009, 31: 2014-2021.

火车车轮压痕工艺数值模拟❶

许章泽[1] 李胜祇[1] 闫 军[1] 孙中建[1] 李小宇[2] 安 涛[2] 李 翔[2]

（1. 安徽工业大学；2. 马鞍山钢铁股份有限公司）

摘 要 用商业有限元软件 MARC/Autoforge 对火车车轮预成形工步进行了弹塑性有限元热力耦合数值模拟，研究了压痕定尺对车轮成形的影响，进一步证实了成形坯在变形过程中存在分流面的理论。

关键词 火车轮；预成形；压痕；数值模拟

Numerical Simulation of Embossing in Railway Wheel Pre-forming Process

Xu Zhangze[1] Li Shengzhi[1] Yan Jun[1] Sun Zhongjian[1]
Li Xiaoyu[2] An Tao[2] Li Xiang[2]

(1. Anhui University of Technology; 2. Ma'anshan Iron and Steel Co., Ltd.)

Abstract Large strain thermo-mechanical coupled elastic-plastic FEM simulation for pre-forming process of railway wheel was investigated by using MARC/Autoforge commercial software, the paper with elastic-plastic thermo-mechanical coupled FEM. The effect of embossing depth on preforming process was studied. The existence of the neutral planes in embossing and forming workpieces during forming processes was further verified.

Key words railway wheel; preforming; embossing; numerical simulation

1 引言

火车车轮压轧工艺包括镦粗、定径、压痕、成形、轧制、冲孔压弯等工步。其中，车轮预成形包括镦粗、定径、压痕、成形等4个工步，如图1所示。

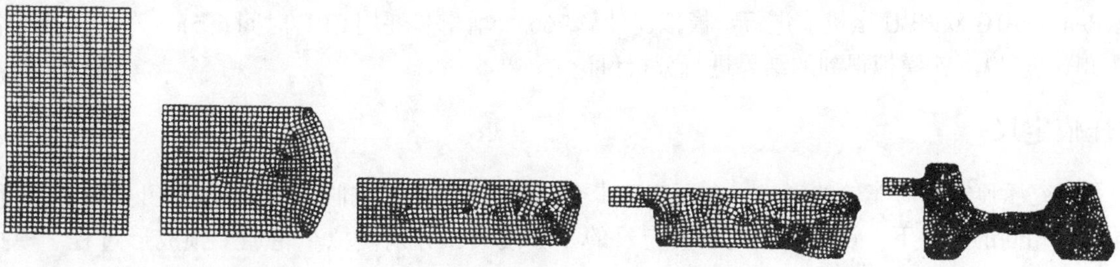

图1 车轮预成形各工步网格图

❶ 原文发表于《安徽工业大学学报》2002年第4期。

安徽省“十五”科技攻关计划项目（01012026）。

压痕工步的目的就是将定径坯中心的金属向四周挤出，通过压痕定尺的大小，分配成形时轮辋、轮毂金属的需用量。设压痕定尺的大小为 h_y，如图 2 所示。压痕工步直接影响车轮成形质量，文献 [1, 2] 是对压痕工艺进行了探讨，但都仅局限于物理范畴的定性分析。

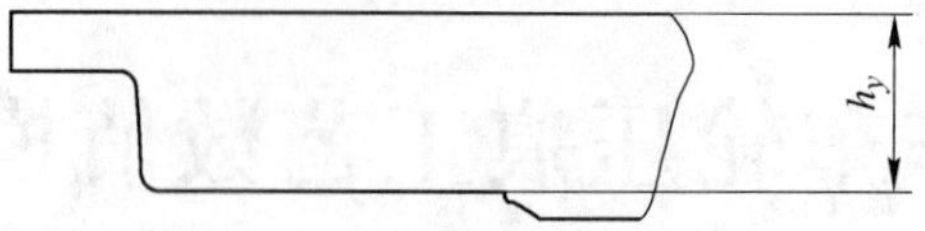

图 2　压痕定尺 h_y

数值模拟具有优化设计、经济性、安全性、预见性等特点，近年来在塑性成形领域应用较多，但由于火车车轮压轧工艺工步多，变形量大，故用弹塑性有限元热力耦合的方法研究车轮压轧工艺的还较少。文献 [3~5] 对车轮压轧工艺进行了数值模拟，但由于车轮生产工艺不同，研究方法各异，故缺少借鉴。借助商业有限元软件 MARC/Autoforge，采用大变形热力耦合弹塑性有限元方法对火车车轮预成形工步进行了模拟。

2　有限元模型

2.1　坯料尺寸、材质及单元划分

由于车轮具有轴对称性，故采用二维轴对称热力耦合数值模拟。以某厂 ϕ915KKD 车轮产品成型加工为模拟对象，镦粗、定径、压痕、成形 4 个工步模具参数均取自某厂实际参数。模具压下速度为 50mm/s。

坯料尺寸为 ϕ=450mm×450mm，材料为 C60，相当于 60 钢，用 4 节点单元网格离散坯料，高向单元数为 45，径向单元数为 22，共 990 个单元，1058 个节点。利用 MARC/Autoforge 网格再生功能，在变形过程中当单元的边长超过 10mm 或工具进入单元 0.1mm 时，对有限元网格进行重划分。材料的物理性质（热传导系数、热容和热膨胀系数）是随温度变化的，变形抗力是热力学参数（变形程度、变形速度和变形温度）的函数，这些材料数据均由 MARC/Autoforge 的材料库中读取。

2.2　初始条件和边界条件

坯料镦粗工步温度为 1250℃。模具与工件间接触摩擦遵循剪切摩擦定律，镦粗工步摩擦系数为 $\mu_1=0.2$，压痕、预成形工步摩擦系数为 $\mu_2=0.3$。

传热边界条件主要考虑工件与模具间的接触传热及工件与环境间的对流传热，工件与模具间的接触传热系数取 12kW/(m^2·℃)，工件与环境间的对流传热系数取 0.12kW/(m^2·℃)。

模具视作恒温刚性体。关于变形热效应的影响，Wertheimer 认为对于大多数金属，变形功的 90%转化为热量[6]。

3　模拟结果分析与讨论

在 Pentium 1G 双 CPU 微机上进行了模拟，计算 766 个增量步耗用 CPU 时间 6.5h。车轮预成形各工步网格图如图 1。以下就模拟得到的结果进行分析讨论。

3.1　压痕定尺

为了研究压痕定尺对车轮的影响，在压痕工步金属排出比（金属排出比=压痕排出金属量/定径环包容金属量）相同的条件下，设计了不同压痕定尺的 3 套模具，分别模拟车轮加工预成形过程。模拟结果如图 3 所示。

由图 3 可以看出，车轮轮毂和轮辋的内侧较外侧先充满，轮毂、轮辋的外侧充满的先后与压痕定尺的大小有关。当压痕定尺 h_y=110mm 时，终成形工步轮毂、轮辋外侧同时充满，且充满良好，如图 3(a) 所示。当压痕定尺 h_y=100mm 时，由于分配给轮毂的金属较少，故终成形工步轮辋已过分充满，而轮毂却欠充满，如图 3(b) 所示。当压痕定尺 h_y=120mm 时，由于分配给轮辋的金属较少，故终成形工步轮毂已过分充满，而轮辋却欠充满，如图 3(c) 所示。

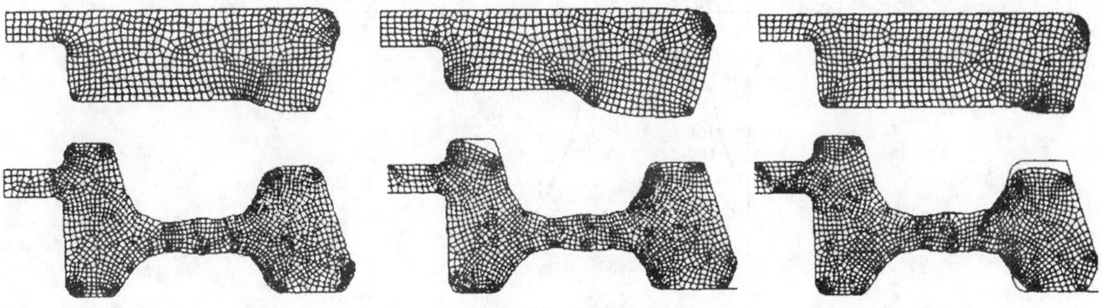

图 3 采用不同压痕定尺锻压时车轮压痕、成形工步网格图

综上可以看出，压痕工步具有分配成形工步轮毂、轮辋金属量的作用，压痕定尺决定了车轮终成形的充满程度。压痕定尺的大小可以通过有限元数值模拟获得，从而指导实际生产。

3.2 分流面

金属塑性加工理论认为，对一个具有轮毂、辐板和轮辋的工件成形时都存在一个分流面[7]。分流面外侧的金属朝向外侧型腔流动，形成轮辋；分流面内侧的金属朝向内侧型腔流动，形成轮毂。随着锻压过程的不断进行，分流面的位置向内侧移动。

有限元应用软件 MARC/Autoforge 具有流线显示功能，图 4 为车轮预成形各工步金属流线图。

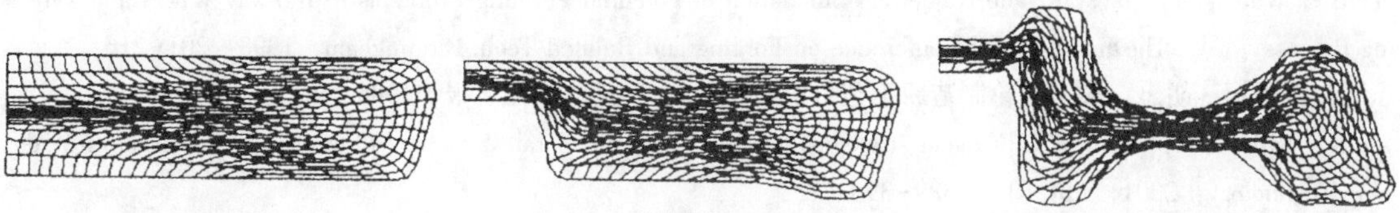

图 4 车轮预成形各工步金属流线图

为了验证成形坯在变形过程中存在分流面的理论，首先，取成形工步的 660，700，735 三个增量步分析径向位移，如图 5 所示。可以看出，金属流动过程中车轮辐板中部内侧存在分流面，且分流面随着变形过程向辐板内侧移动。其次，利用 MARC/Autoforge 强大的后处理功能，作出辐板凸模区各节点的径向摩擦力分布图，如图 6 所示。由图看出，163～169 节点处于分流面内侧，流向轮毂，故其摩擦力为正值；161 和 162 节点处于分流面上，其摩擦力为零；157～160 节点处于分流面外侧，流向轮辋，故其摩擦力为负值。分流面内外金属流动方向不同决定其摩擦力方向各异。模拟结果与文献［4］的研究结果一致。

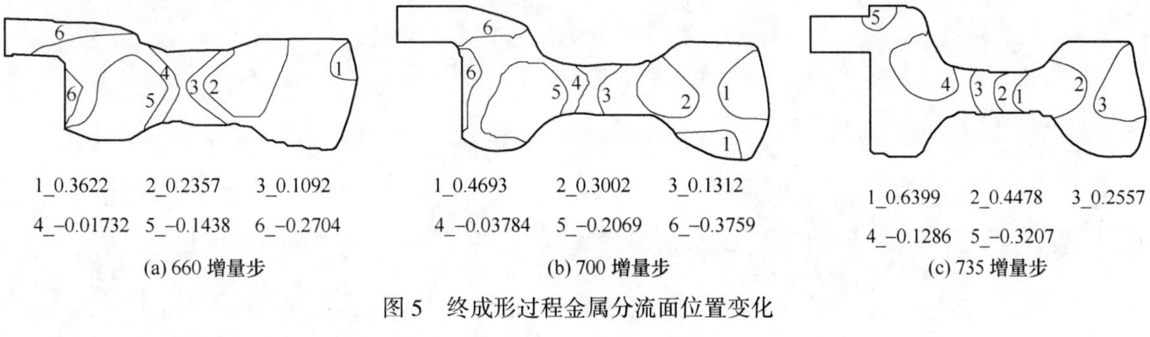

图 5 终成形过程金属分流面位置变化

4 结论

（1）压痕定尺大小决定成形坯轮毂、轮辋在成形后的充满程度，起到分配成形时轮毂、轮辋金属需要量的作用。通过有限元数值模拟，可以确定压痕定尺的最佳尺寸。

（2）车轮锻压过程中存在一个分流面，分流面内侧的金属朝向内侧型腔流动，形成轮毂；分流面外侧的金属则在外侧型腔中流动，形成轮辋。分流面的位置也随之不断变化。

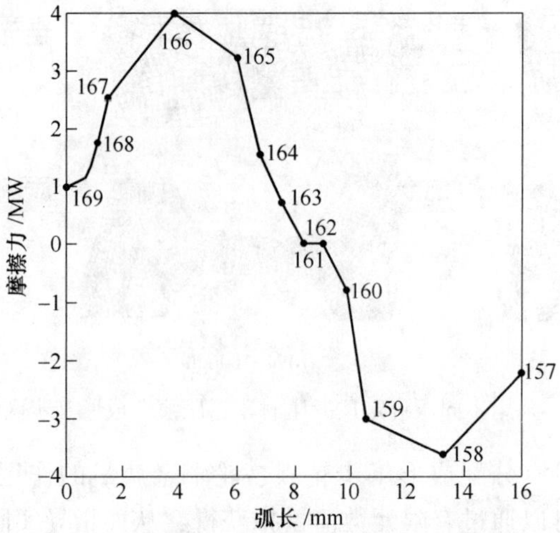

图6　车轮辐板径向节点的摩擦力分布图

（3）非线性有限元计算软件 MARC/Autoforge 是开发火车车轮加工新工艺的有效工具。

参 考 文 献

［1］朱宇宙．轧制车轮压痕工艺及其它［J］．马钢技术，1984（1）：29-34.

［2］章国胜．车轮压痕新工艺探讨［J］．马钢技术，1997（1）：17-18.

［3］Miller B C. Ward M J，Davey K. The Numerical Simulation of Potential Forming Problems in Railway Wheel and Tyre Manufacturing Process［C］. The International Conference on Forging and Related Tech. Birmingham，1998：201-216.

［4］王志诚，王祖唐，胡忠．火车车轮制造新工艺数值模拟［J］．塑性工程学报，1995，2（4）：3-11.

［5］Davey K，Miller B C，Ward M J. Efficient strategies for the simulation of railway wheel forming［J］. Journal of Materials Processing Technology，2001，118（1）：389-396.

［6］Pittman J F T，Wood R D，Alexander J M，Wertheimer T B，et al. Thermal Mechanically Coupled Analysis in Metal Forming Process［A］. Numerical Methods in Industrial Forming Processes［C］. Swansea：Pineridge Press Ltd.，1982：425-434.

［7］Aphobckии И Я Т. 金属塑性加工变形［M］．北京：冶金工业出版社，1958.

火车车轮预成形过程的有限元分析❶

许章泽[1] 李胜祇[1] 闫 军[1] 孙中建[1] 李小宇[2] 安 涛[2] 李 翔[2]

(1. 安徽工业大学；2. 马鞍山钢铁股份有限公司)

摘 要 通过大变形弹塑性有限元热力耦合的方法，模拟计算了火车车轮预成形过程。分析了摩擦状态对车轮锻压变形过程的影响。进一步证实了成形坯在变形过程中存在分流面的理论。得到了车轮预成形过程各工步等效应变分布。

关键词 火车轮；预成形；摩擦；等效应变；数值模拟

Analysis of Railway Wheel Pre-forming Process with Finite Element Method

Xu Zhangze[1] Li Shengzhi[1] Yan Jun[1] Sun Zhongjian[1]
Li Xiaoyu[2] An Tao[2] Li Xiang[2]

(1. Anhui University of Technology；2. Ma'anshan Iron and Steel Co., Ltd.)

Abstract This paper presents the simulation of the pre-forming process of railway wheel with large strain elastic-plastic thermo-mechanical coupled FEM. The influence of friction on the forming process of railway wheel was analyzed. The so-called neutral plane of metal flow during forming process was furher verified. The distribution of equivalent plastic strain in the pre-forming process of railway wheel has been gained.

Key words railway wheel；pre-forming；friction；equivalent plastic strain；numerical simulation

1 引言

火车车轮具有承载、导向、向钢轨传递动力和制动等功能，车轮的强韧性、耐磨性、抗热裂性、抗疲劳性、抗剥离性等要求较高[1]。火车车轮压轧工艺包括镦粗、定径、压痕、成形、轧制、冲孔压弯等工步。其中，车轮预成形包括镦粗、定径、压痕、成形等四个工步，各工步沿轴线截面图如图1所示。由于火车车轮压轧工艺工步多、变形量大，故用弹塑性有限元热力耦合的方法研究车轮压轧工艺的还较少。文献［2~4］对车轮压轧工艺进行了数值模拟，但由于车轮生产工艺不同，研究方法各异，故缺少借鉴。本文采用MARC/Autoforge商业有限元软件对火车车轮预成形工步进行了弹塑性有限元热力耦合数值模拟，分析了摩擦状态对车轮成形过程金属流动的影响，从摩擦力分布的角度进一步证实了成形坯在变形过程中存在分流面的理论，得到了车轮预成形过程各工步等效应变的分布。

2 有限元计算模型和边界条件

2.1 坯料尺寸、材质及单元划分

由于车轮具有轴对称性，故采用二维轴对称热力耦合数值模拟。以某厂ϕ915 KKD车轮产品成形加工

❶ 原文发表于《重型机械》2002年第6期。
安徽省“十五”科技攻关计划项目（01012026）。

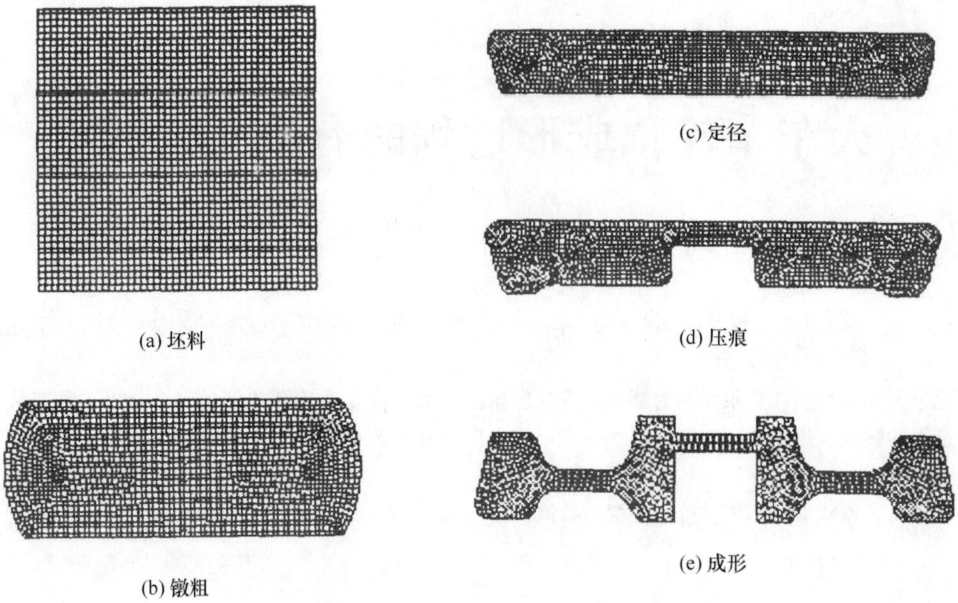

图 1　车轮预成形各工步网格图

为模拟对象，镦粗、定径、压痕、成形四个工步模具参数均取自某厂实际参数。模具压下速度为50mm/s。

坯料尺寸为 ϕ450×450mm，材料为 C60，相当于 60 钢，用四节点单元网格离散坯料，高向单元数为45，径向单元数为 22，共 990 个单元，1058 个节点。利用 MARC/Autoforge 网格再生功能，在变形过程中当单元的边长超过 10mm 或工具进入单元 0.1mm 时，对有限元网格进行重划分。材料的物理性质（热传导系数、热容和热膨胀系数）是随温度变化的，变形抗力是热力学参数（变形程度、变形速度和变形温度）的函数，这些材料数据均由 MARC/Autoforge 的材料库中读取。

2.2　初始条件和边界条件

（1）初始温度　在镦粗工步，坯料视为均温体，初始温度为 1250℃。

（2）传热边界条件　主要考虑工件与模具间的接触传热及工件与环境间的对流传热，工件与模具间的接触传热系数取 12kW/(m^2·℃)，工件与环境间的对流传热系数取 0.12kW/(m^2·℃)。模具视作恒温刚性体。关于变形热效应的影响，Wertheimer 认为对于大多数金属，90%的变形功转化为热量[5]。

（3）摩擦边界条件　摩擦是一种非常复杂的物理现象，与接触表面的硬度、温度、法向应力和相对滑动速度等特性有关，其机理仍是研究中的课题。由于接触表面法向应力过大，模拟中采用剪切摩擦模型，即摩擦应力是材料剪应力的一部分。考虑到车轮预成形工步存在金属流动分流面，为了避免由于金属流动方向变化引起摩擦力大小和方向的突变，故采用反正切函数平滑剪切摩擦，模型如式（1）。

$$e_{\mathrm{ft}} \leqslant -m\frac{\overline{\sigma}}{3}\times\frac{2}{\pi}\arctan\left(\frac{v_{\mathrm{r}}}{r_{\mathrm{venst}}}\right)\times t \tag{1}$$

式中，e_{ft}为摩擦应力；m 为摩擦因子；$\overline{\sigma}$ 为等效应力；v_{r} 为相对滑动速度向量；r_{venst} 为发生滑动时接触体之间的临界相对速度；t 为相对滑动速度方向上的切向单位向量。镦粗工步摩擦因子为 $m_1=0.2$，压痕、预成形工步摩擦因子为 $m_2=0.3$。

3　模拟结果分析与讨论

3.1　摩擦对金属流动的影响

A. Φ. 高洛文曾证明过，在没有外摩擦的条件下金属不可能由锻件外围部分流向锻件中央[6]。可见，合理的摩擦在锻压过程中是必要的。车轮成型工步，成形坯在上下辐板凸模的轴向力作用下，高度方向镦粗变形；同时金属径向向外流向轮辋孔腔，向内流向轮毂孔腔。成形过程中金属流动受到上下辐板凸模施加的轴向力和凸模与成形坯端面之间相对摩擦力的影响。在一定的轴向力作用下，凸模与成形坯端面之间的摩擦直接影响着自由端变形金属的流动。选择不同摩擦因子，数值仿真分析了摩擦条件对成形过程中金属流动的影响，模拟结果如图 2 所示。

对比图 2(a) 和图 2(b) 可以发现，摩擦因子过小，则辐板凸模对成形坯端面金属流动的摩擦阻碍效应过小，而使金属的径向流动过大，导致轮毂外侧孔腔难以充满，故存在一个极小摩擦因子；对比图 2(b)、图 2(c) 可以发现；摩擦因子过大，则辐板凸模对成形坯端面金属流动的摩擦阻碍效应过大，而使金属的径向流动过小，导致轮辋外侧孔腔难以充满，此外，摩擦因子过大会导致金属成形力过大，使模具磨损加重，故存在一个极大摩擦因子。

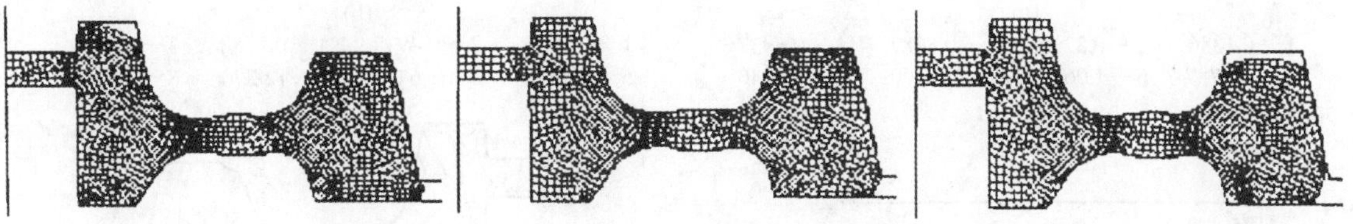

(a) (b) (c)

图 2 不同摩擦条件对车轮成形过程的影响

可以看出，摩擦条件对成形过程的金属流动有重要影响，摩擦因子过小，变形金属径向流动过大，不利于轮毂孔腔充满。摩擦因子过大，变形金属径向流动过小，不利于轮辋孔腔充满。由模拟结果可以看出，摩擦因子 $m_2=0.3$ 比较合理。

3.2 分流面上摩擦力变化

为了验证成形坯在变形过程中存在分流面的理论，利用 MARC/Autoforge 强大的后处理功能，作出辐板凸模区各节点的径向摩擦力分布图，如图 3 所示。由图看出 163~169 节点处于分流面内侧，流向轮毂，故其摩擦力为正值；161 和 162 节点处于分流面上，其摩擦力为零；157~160 节点处于分流面外侧，流向轮辋，故其摩擦力为负值。分流面内外金属流动方向不同决定其摩擦力方向各异。模拟结果与文献 [2] 的研究结果一致。

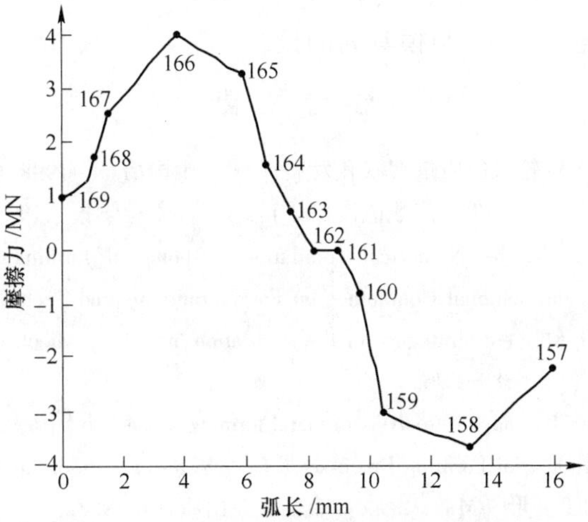

图 3 分流面两侧节点的摩擦力分布图

3.3 等效应变分布

等效应变反映的是变形体内各质点的变形强度，是一个综合指标，其大小可以反映锻件压缩比（锻比）的大小。对大型锻件来说，一定量的锻比是保证产品质量，提高疲劳极限的重要途径[7]。可见，等效应变是车轮成形过程中的重要参数。

图 4 是数值模拟得到的车轮预成形四个工步的等效应变 $\bar{X}$ 分布。可以看出，任一时刻等效应变的分布是不均匀的。镦粗和定径工步，等效应变随着变形程度的增加而加大，镦粗时最大值为 1.4340，定径

时达到 2. 2140。压痕工步，等效应变的较大值集中在中部，这是由于下压痕器作用的结果，其最大等效应变值达到了 2. 7140。成形工步，等效应变分布最不均匀，变形多集中于车轮辐板和轮毂、轮辋两侧凹圆弧过渡处，以车轮辐板处的等效应变最大，达到了 2. 4210。

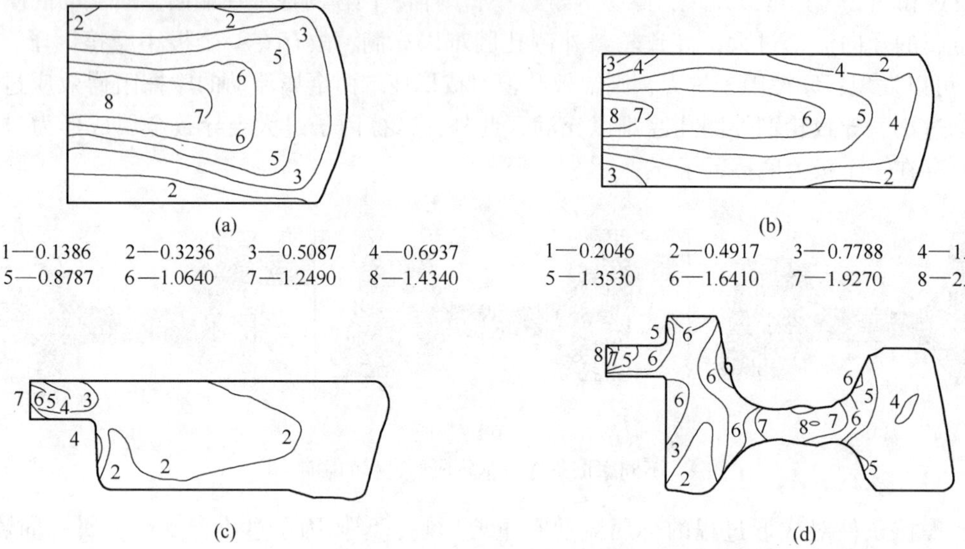

(a)
1—0.1386　2—0.3236　3—0.5087　4—0.6937
5—0.8787　6—1.0640　7—1.2490　8—1.4340

(b)
1—0.2046　2—0.4917　3—0.7788　4—1.0660
5—1.3530　6—1.6410　7—1.9270　8—2.2140

(c)
1—0.4261　2—0.8075　3—1.1890　4—1.5700
5—1.9510　6—2.3330　7—2.7140　8—3.0950

(d)
1—0.1315　2—0.4586　3—0.7857　4—1.1130
5—1.4400　6—1.7670　7—2.0940　8—2.4210

图 4　车轮成形各工步等效应变分布

4　结论

（1）摩擦条件对车轮成形过程中金属流动有很大影响，恰当大小的摩擦因子有利于车轮成形时轮毂、轮辋孔腔充满。

（2）车轮锻压过程中存在一个分流面，分流面内侧的金属朝向内侧型腔流动，形成轮毂；分流面外侧的金属则在外侧型腔流动，形成轮辋。分流面左右摩擦力方向相反。

（3）车轮成形过程等效应变分布很不均匀，应变主要分布在辐板和轮毂轮辋两侧凹圆弧过渡区处，以辐板处等效应变为最大。

参 考 文 献

[1] 安涛，王成永，李怀明．我国车轮轮箍的质量现状和发展［J］．中国冶金，1998（2）：28-31.

[2] 王志诚，王祖唐，胡忠．火车车轮制造新工艺数值模拟［J］．塑性工程学报，1995，2（4）：3-11.

[3] Miller B C, Ward M J, Davey K. The Numerical simulation of potential forming problems in railway wheel and tyre manufacturing process［C］. The International Conference on Forging and Related Tech. Birmingham，1998：201-216.

[4] Davey K，Miller B C，Ward M J. Efficient strategies for the simulation of railway wheel forming［J］. Journal of Materials Processing Technology，2001，118（1）：389-396.

[5] Wertheimer T B. Thermal mechanically coupled analysis in metal forming process［A］. Pittman J F T，Wood R D，Alexander J M，et al. Numerical Methods in Industrial Forming Processes［C］. Swansea：Pineridge Press Ltd.，1982：425-434.

[6] Арновскии И Я Т. 金属塑性加工变形［M］．北京：冶金工业出版社，1958.

[7] 张志文．锻造工艺学［M］．北京：机械工业出版社，1983.

车轮堆垛过程温度场模拟的实现[❶]

钟斌 陈刚 潘远望

(马鞍山钢铁股份有限公司)

摘 要 应用有限元分析软件 ANSYS 6.0 的热分析模块以及“单元生死”和接触功能，成功地模拟了车轮堆垛过程的温度场，为等温过程温度场的模拟奠定了基础。

关键词 车轮；堆垛；温度场；数值模拟；ANSYS；单元生死；接触

Numerical Simulation of Temperature Distribution during Wheel Piling Process

Zhong Bin Chen Gang Pan Yuanwang

(Ma'anshan Iron and Steel Co., Ltd.)

Abstract Temperature distribution during wheel piling is simulated using the thermal analysis module as well as "element birth and death" and contact features of finite element analysis software ANSYS (Ver 6.0), which provide the basis for the numerical simulation of temperature distribution during isothermal treatment.

Key words train wheel; piling; temperature distribution; numerical simulation; ANSYS; element birth and death; contact

1 引言

车轮轧制结束后，经冷床运输到堆垛台进行堆垛，堆垛结束后再由天车吊入等温炉内进行等温处理。在车轮轧后空冷及等温过程温度场数值模拟中，作为轧后空冷和等温处理的中间环节，堆垛过程车轮温度场的模拟极其重要，堆垛结束时的温度场可近似地作为等温过程模拟的初始温度场。

利用有限单元法进行模拟时，要求整体建模，但堆垛过程是一动态过程，车轮按先后次序依次上堆垛台进行堆垛，所以模拟对象是在不断变化的；此外，堆垛时，由于氧化铁皮与空气间隙的存在、表面粗糙度等原因，造成车轮接触面之间产生接触热阻，使接触面之间的传热能力低于车轮内部。所有这些都给堆垛过程温度场的模拟带来困难。利用大型通用有限元软件 ANSYS 6.0 的单元生死和接触功能可解决上述问题。

2 有限元模型

从传热学的角度来说，车轮堆垛过程的温度场计算，基本上是一个在一定初始条件和边界条件下，工件内的热传导问题。

2.1 模型假设

为简化模型，进行如下假设：

❶ 原文发表于《马钢职工大学学报》2003 年第 3 期。

（1）假设材料参数是各向同性的；

（2）忽略车轮在冷床上缓慢运动对车轮温度场的影响；

（3）每个车轮的堆垛时间相同；

（4）无内热源。

2.2　温度场计算的控制方程[1]

无内热源项的温度场计算的控制方程为：

$$\lambda_x \frac{\partial^2 T}{\partial x^2} + \lambda_y \frac{\partial^2 T}{\partial y^2} + \lambda_z \frac{\partial^2 T}{\partial z^2} = \rho c_p \frac{\partial T}{\partial t} \tag{1}$$

按假设，材料是各向同性的，即 $\lambda_x = \lambda_y = \lambda_z = \lambda$，得：

$$\frac{\partial^2 T}{\partial x^2} + \frac{\partial^2 T}{\partial y^2} + \frac{\partial^2 T}{\partial z^2} = \frac{\rho c_p}{\lambda} \frac{\partial T}{\partial t} \tag{2}$$

考虑到车轮几何形状和边界条件的轴对称性，为减小计算量，节省计算时间，可将模型简化为二维轴对称问题，在柱坐标下，轴对称温度场计算的控制方程可表示为：

$$\lambda\left(\frac{\partial^2 T}{\partial r^2} + \frac{1}{r}\frac{\partial T}{\partial r} + \frac{\partial^2 T}{\partial z^2}\right) = \rho c_p \frac{\partial T}{\partial t} \tag{3}$$

式中，$\frac{\partial^2 T}{\partial x^2}$，$\frac{\partial^2 T}{\partial y^2}$，$\frac{\partial^2 T}{\partial z^2}$分别为 x、y、z 方向的温度梯度；λ 为材料的导热系数，W/(m·℃)；ρ 为材料密度，kg/m^3；c_p 为材料定压比热，J/(kg·℃)；T 为工件的瞬态温度,℃；t 为过程进行的时间，s；r，z 分别为沿径向和轴向坐标，m。

2.3　初始条件与边界条件

冷床空冷结束时，单个车轮的温度分布可作为车轮堆垛过程模拟的初始温度。

边界条件是指车轮外表面与周围环境的热交换情况，在本模拟中为第三类边界条件，即已知物体与周围介质的换热系数 h 和介质温度 T_c，表达式为：

$$-\lambda \left.\frac{\partial T}{\partial n}\right|_s = H_{eff}(T_w - T_c) \tag{4}$$

式中，下标 s 为物体边界范围；T_w 为已知车轮表面温度；T_c 为外界环境温度；H_{eff}为折算出的综合对流换热系数，W/(m^2·℃)，既考虑了辐射，又考虑了与空气之间的对流。

3　相关软件及所用功能

本次模拟采用大型通用有限元分析软件 ANSYS 6.0 热分析模块，涉及到的相关概念包括单元生死和接触热阻。

3.1　ANSYS 6.0 热分析

ANSYS 软件是融结构、热、流体、电磁、声学于一体的大型通用有限元分析软件，ANSYS 瞬态热分析主要分建模、加载求解和后处理三步[2]。

（1）建模：在此阶段要定义单元类型，材料属性，建立几何模型，对几何模型划分网格。

（2）加载求解：此步骤中要定义分析类型，获取瞬态热分析的初始条件，施加载荷，设定载荷步选项，求解。

（3）后处理：查看求解结果。ANSYS 热分析提供了两种后处理方式，一种是对整个模型或部分模型在某一时间点的计算结果和导出结果进行后处理，另一种是对模型中特定点在整个瞬态过程的结果进行后处理。

3.2 接触热阻的处理

在有限元计算中，接触热阻可以用多种方法来处理，如设置接触单元、使用对流杆单元、直接耦合节点自由度等。综合考虑计算时间与计算精度，本模型选用的是第二种——对流杆单元的方法。

在 ANSYS 中，对流杆单元 LINK34[3] 可以用来模拟两个物体间的接触热阻，热阻由 LINK34 的实常数与材料物性参数来控制，热阻定义为：

$$R = 1/(H_f A) \tag{5}$$

式中，H_f 是对流换热系数，W/(m^2 · ℃)，在材料物性参数中定义；A 为面积，m^2，在实常数中定义。

3.3 单元生死[4]

从有限元算法上看，ANSYS 软件的单元生死功能的应用并不是将“杀死”的单元从模型中删除，而是将其刚度矩阵乘以一个很小的因子（缺省值为 10^{-6}）。死单元的单元载荷为 0，其载荷向量不生效。同样，死单元的质量、阻尼、比热等也设为 0。在单元被激活后，其刚度、单元载荷等恢复原始的数值，开始温度场计算。

4 温度场模拟的实现

在建立车轮几何模型和有限元模型时，对堆垛的所有车轮整体建模。通过网格划分，使上下两个车轮的接触处的节点对齐，并选中接触面处的节点序列，使用 EINTF 命令直接生成对流杆单元，设定合适的单元实常数和材料物性参数，近似模拟车轮间的接触热阻。然后利用 ANSYS 软件中的单元生死功能，把除最上面一个车轮以外的其他车轮的单元都“杀死”，然后根据需要，在计算过程中逐一激活，加载合适的边界条件，进行温度场计算，这样就完成了车轮堆垛过程的模拟。

本模拟中，六个车轮为一垛，每个车轮的堆垛时间为 40s，堆垛共进行 240s，环境温度设为 30℃，冷床空冷结束时车轮的温度分布作为堆垛过程模拟的初始温度场，其分布情况如图 1 所示。

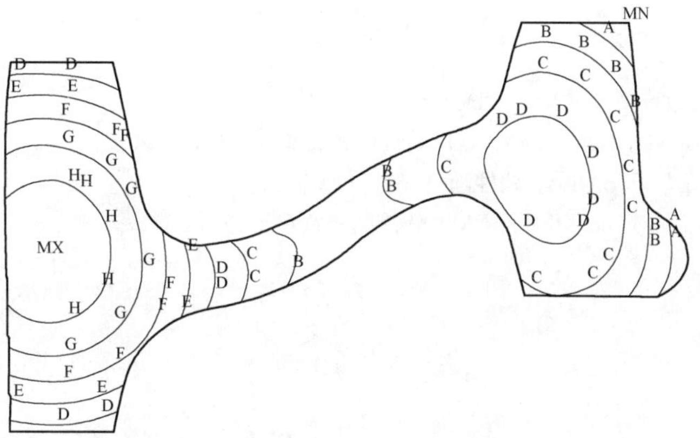

MIN=669 A=700 B=725 C=750 D=775

E=800 F=825 G=850 H=875 MAX=897

图 1 堆垛过程温度场模拟的初始温度场

Fig. 1 Initial temperature distribution for temperature simulation of piling process

堆垛过程结束后，车轮的温度场模拟结果如图 2 所示。

5 结论

应用 ANSYS 软件的热分析模块以及“单元生死”和接触功能，成功解决了车轮堆垛过程温度场模拟中动态边界和接触热阻问题，使堆垛过程温度场数值模拟得以实现，从而为等温过程车轮的温度场模拟打下了基础。

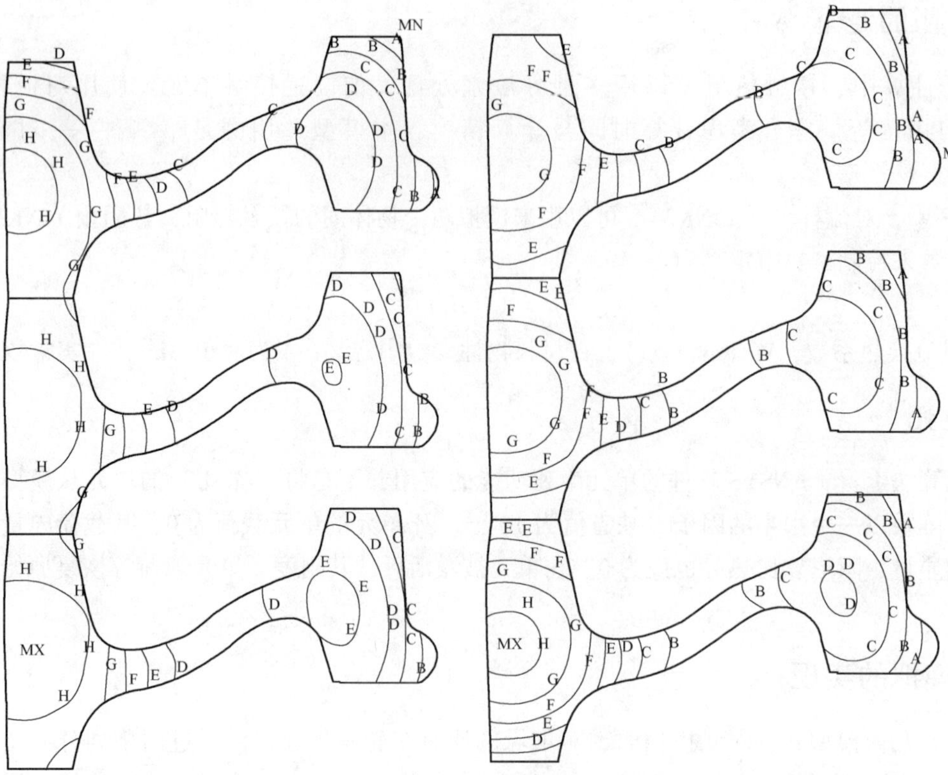

MIN=626　A=650　B=675　C=700　D=725

E=750　F=775　G=800　H=825　MAX=856

（上面 3 个车轮）

MIN=662　A=700　B=725　C=750　D=775

E=800　F=825　G=850　H=875　MAX=885

（下面 3 个车轮）

图 2　堆垛结束时，车轮的温度分布

Fig. 2　Temperature distribution after piling

参 考 文 献

[1] 刘庄，等．热处理过程的数值模拟［M］．北京：科学出版社，1996：5-8.

[2] ANSYS Thermal Analysis Guide［G］．ANSYS 软件随机资料，2000：3.1-3.20.

[3] ANSYS Elements Reference［G］．ANSYS 软件随机资料，2000：4.417-4.424.

[4] Advanced Analysis Techniques Guide［G］．ANSYS 软件随机资料，2000：7.1-7.9.

淬火过程数值模拟技术研究❶

钟斌　陈刚

(马鞍山钢铁股份有限公司)

摘　要　淬火过程是温度场、组织场和应力场相互作用的复杂过程。介绍了淬火过程数值模拟的进展、内容、方法，展望了淬火过程数值模拟的发展趋势。

关键词　淬火；数值模拟；研究

Technical Research on Numerical Simulation of Quenching Process

Zhong Bin　Chen Gang

(Ma'anshan Iron and Steel Co., Ltd.)

Abstract　The quenching process is a complex process during which temperature, phase transformation and stress interact with each other. This paper introduces the developments, briefs the research contents and methods, looks forward to the development trends of numerical simulation of quenching process.

Key words　quenching; numerical simulation; research

1　引言

淬火过程的实质就是通过对淬火工件的温度场、组织场和应力场进行适度调整，使工件获得所需组织、性能和较小的残余应力和残余应变。淬火工艺选择不当不仅影响工件的组织性能，而且会影响工件的使用寿命，因此，加强对淬火工艺的研究是很重要的。

淬火过程是温度、组织转变、应力三方面相互作用的复杂过程，其相互关系见图1[1]。

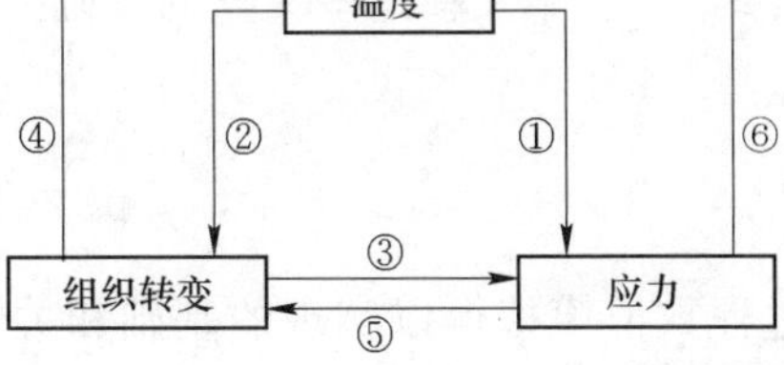

图1　淬火过程中温度、组织转变和应力关系示意图

Fig. 1　Diagram of interaction among temperature, phase transformation and stress during quenching

图中，①表示温度对应力的影响，即热应力；②表示温度对组织转变的作用；③表示组织转变对应力的影响，即组织应力；④表示组织转变对温度场的影响，组织转变时产生潜热，它反过来又影响温度场的分布；⑤表示应力对组织转变的影响；⑥表示应力对温度的影响。

对于上述复杂的过程，要在理论上对温度场、组织场和应力场耦合求解析解是很困难的。用物理模拟方法进行研究也有很多局限性，因为很难找到各种物理量都满足相似原理的物理模型。对小试样在一

❶ 原文发表于《安徽冶金科技职业学院学报》2004年第1期。

定条件下测得的温度场、组织场、应力场很难直接用到真实尺寸的实物上；由于淬火过程是一高温作业过程，一些场量的测量是比较困难的。故目前淬火工艺大多建立在定性分析的基础上，淬火质量不易保证。

近几十年来，随着计算机技术的飞速发展和数值计算的广泛应用，数值模拟方法得到了迅速发展，其用于淬火过程的模拟优越性是很明显的，它虽然不能直接给出诸如相态分布、应力分布与工艺参数的关系，但它能对温度场-组织场-应力场进行耦合计算，给出每一瞬间的温度场、组织场、应力场的信息，并直接观察到其在过程中变化的情况；它在计算中考虑的各物性参数是温度和组织状态的函数关系；它不像用物理模拟时要求各物理量都满足相似原理，只要求数学模型的一致；此外，它还可以预测工艺结果是否符合组织、性能要求。利用数值模拟不仅可以对现行工艺进行校核，而且可以优化工艺方案和参数，从而使淬火工艺的制定建立在更可靠的基础上。

2　淬火过程数值模拟技术现状

淬火过程的数值模拟受到各国热处理界的高度重视，近年来不少学者应用相当复杂的数学模型进行淬火过程中温度场、组织转变、应力应变及其交互作用的数值模拟。如 B. Buchmay 和 J. S. Kirkaaldy[2] 研究出了一套模拟低合金钢在冷却过程中温度场和相变行为的系统，其主要特点是温度场计算和组织分布的计算之间实现了循环修正（耦合），保证了计算结果的精度和稳定性。我国开展这方面的工作虽然起步较晚，但也取得了一定的成绩，如清华大学的刘庄等[1] 用数值模拟方法编制了描述热处理各场量关系的软件包 NSHT，并出版了专著；上海交通大学的潘健生等[3] 应用非线性三维瞬态温度场与相变耦合的有限元算法，对 45 钢淬火冷却过程进行了模拟；上海交通大学的顾剑锋等[4] 采用三维非线性有限元分析方法模拟小型冷轧辊淬火冷却过程，能够直观地显示任一时刻轧辊上的瞬态温度场、组织分布和应力场。

淬火过程的模拟早期曾采用有限差分法，近年来则普遍采用有限元法，有限差分法只是孤立地考虑了节点之间的关系，对于模拟复杂形状和复杂边界条件的问题较困难；而有限元法不仅考虑了节点之间的关系，还考虑了单元内的连续变化以及单元之间的相互作用，能够较精确地模拟复杂形状和复杂边界条件的问题。因而在淬火过程的模拟中，有限元法比有限差分法具有更好的适用性。

淬火过程的模拟，涉及到温度场、应力场和组织场的耦合计算，此外为使模拟结果更加准确，还必须考虑各物性参数的非线性，这些都大大增加了问题的复杂性。现有的有限元分析软件尚不能满足模拟淬火过程的要求，需要进行二次开发。

3　淬火过程数值模拟的内容与方法

淬火过程的数值模拟主要包括温度场的模拟、组织转变的计算以及应力场的模拟等。它们之间是相互联系的，温度场的模拟是组织转变计算和应力场模拟的基础，而组织转变和应力的变化又影响温度场。这些过程的模拟在很多文献中都有介绍[1,5]，本文在这些文献的基础上对温度场、组织转变和应力场的模拟方法和内容进行简要概述。

3.1　温度场的模拟

淬火过程温度场的模拟是淬火过程数值模拟得以实现的基础和关键，它对淬火过程中热应力和热应变的分析有较大影响，同时还对淬火后残余应力和组织分布有较大影响。因此，淬火过程温度场的模拟就成为淬火过程数值模拟的最主要的内容。

三维温度场传热控制偏微分方程为：

$$\rho c \frac{\partial T}{\partial t} = \frac{\partial}{\partial x}\left(k \frac{\partial T}{\partial x}\right) + \frac{\partial}{\partial y}\left(k \frac{\partial T}{\partial y}\right) + \frac{\partial}{\partial z}\left(k \frac{\partial T}{\partial z}\right) + Q \tag{1}$$

式中，ρ 为密度；c 为比热容；k 为导热系数；Q 为内热源强度，在淬火过程中主要为相变潜热。

淬火过程是一种高度的非线性过程，非线性主要来自三个方面：（1）表面换热系数是淬火介质流场和工件温度场的函数；（2）相变过程中要释放的相变潜热与温度有关；（3）工件的导热系数 k、比热容 c 既是温度的函数，同时又随组织的变化而变化。目前解决非线性问题主要有三种方法：迭代法、增量法和混合法[56]，混合法综合了迭代法和增量法的优点，计算精度高，收敛性好，因而常被采用。

在淬火过程温度场模拟中，当发生组织转变时会释放潜热，固态组织转变的潜热，虽不像熔化或凝固时潜热那么大，但也是不可忽略的因素，必须在模拟中加以考虑。在模拟计算中处理潜热问题通常的方法有三种[1]：

（1）等效热量法或称温度回升法；

（2）等效热容法；

（3）比热焓法。

淬火过程中表面换热系数对工件的微观组织分布和残余应力有很大影响，它是淬火过程模拟必要的边界条件，它的确定直接影响到温度场模拟的计算精度。而在表面换热系数的实测中，实验结果极敏感于实验条件，用单纯的实验手段或理论分析方法准确地得到表面换热系数随温度的变化的曲线是难以做到的，淬火过程中表面换热系数的研究成为各国学者关注的课题。目前流行的方法是采用反传热法，即求解热传导问题的逆问题来确定表面换热系数，如 R. F. Prince 和 A. J. Fletcher 给出了一种利用实验确定的时间-温度曲线和数值计算相结合，确定平板淬火中表面换热系数的方法；昆明理工大学的程赫明等[7,8]借鉴 Prince 的工作，采用有限差分法、非线性估计法和由实验测得的温度-时间曲线，求解了 45 钢圆柱体试件淬火时热传导的逆问题，得到了试件表面换热系数和表面温度的关系，并且在求解中考虑了金属相变组织成分的影响，因而更接近于实际。

3.2 组织转变的计算

组织转变伴随着物性变化和力学性能变化，同时还有相变潜热释放，这对工件淬火过程的温度场将产生很大影响，是温度场及应力场数值模拟中不可忽略的一个内容。对钢在冷却过程中的组织转变，Davenport 和 Bain 于 1930 年在等温条件下，提出了等温转变曲线（TTT），由于这种方法在恒温条件下观察不同保温时间的组织变化，可以清楚地显示不同温度下的转变特征，因而得到广泛应用；但由于淬火冷却是连续的，TTT 曲线无法直接应用，40 年代初直接在连续冷却条件下研究钢的组织转变过程，提出了连续冷却转变曲线（CCT），这种曲线由于直观、实用而得到推广。

TTT 曲线和 CCT 曲线为组织转变的模拟提供了两种途径：CCT 曲线首先被选作模拟依据；20 世纪 70 年代末 Hildenwall 运用 Scheil 叠加法则成功地解决了以 TTT 曲线模拟的难题后，TTT 曲线在组织模拟中迅速得以推广。

通过时间离散，可以将连续冷却视为阶梯冷却，对每个离散时间段的阶梯平台可按等温考虑。Scheil 运用叠加法解决了阶梯等温作用的叠加问题。相变包括形核和生长两个过程。形核期的计算采用 Scheil 的逐温孕育成核相加理论，该理论认为：连续冷却过程可以看成由许多短暂的阶梯等温过程组成，每一短暂等温时间都具有短暂的孕育效果，各次短暂孕育效果可以累积相加。设定过冷奥氏体达到分解时的效果为 1，而某一短暂等温时间的孕育效果为 $\Delta t_i/\tau_{\mathrm{T}i}$，$\Delta t_i$ 为短暂等温时间，$\tau_{\mathrm{T}i}$ 为阶梯冷却温区的中点温度下等温转变的孕育期。当各 $\Delta t_i/\tau_{\mathrm{T}i}$ 累积之和等于 1 时，即认为各短暂孕育效果累积达到了成核所需的孕育期，过冷奥氏体开始转变。相变的计算方法[1,4]为：

孕育期叠加法则：
$$\sum_{i=1}^{n}\frac{\Delta t_i}{\tau_{\mathrm{T}i}}=1 \qquad (2)$$

扩散型相变相变量计算：
$$V=1-\exp(-bt^n) \qquad (3)$$

非扩散型相变相变量计算：
$$V=1-\exp[-\alpha(M_{\mathrm{s}}-T)] \qquad (4)$$

式中，V 为转变量；t 为等温时间；b 和 n 为常数，表征形核、长大速率，随钢的成分和奥氏体化温度而异；M_{s} 为马氏体点；T 为温度；α 为常数，反映马氏体的转变速率，随成分而异。

3.3 应力场的计算

淬火过程中温度变化剧烈，不仅引起弹性变形，也会引起塑性变形。材料进入塑性状态后，应力与应变的关系不再是线性的，而是物理非线性的。对淬火过程中应力应变以及淬火后残余应力和变形的预测的准确程度与所采用的材料力学模型密切相关。目前的淬火过程应力场的模拟已经从原先的弹性模型改进为弹塑性模型，考虑材料的力学性能，如加工硬化特性、塑性流动法则、屈服准则等，通常采用 von

-Mises 准则、等向硬化条件和普朗特尔-劳埃斯（Prandtl-Reuss）塑性流动准则[3]。淬火过程的应力分析还必须考虑相变的影响，因此塑性区的处理远远较无相变条件下的普通的应力分析复杂。在淬火过程应力场的计算中，总应变包括了弹性应变、塑性应变、热应变、相变应变和相变塑性应变等多项。

4　淬火过程数值模拟的发展趋势

目前淬火过程数值模拟计算中，计算域一般不包括工件周围的介质，工件与周围介质（如淬火剂）之间的温度或质量交换情况是用边界条件给出的，而边界条件是通过实验确定的，由于实验存在局限性，因而影响了模拟的精度。淬火过程数值模拟的一个重要发展趋势是将工件内的传热传质与周围介质流场模拟结合起来，即逐步向淬火剂流场-淬火工件温度场—淬火工件组织场-淬火工件应力应变场的耦合计算过渡。

淬火过程数值模拟的另一趋势是向工业生产领域的实际应用渗透，从目前研究来看，由于淬火过程中物性参数的高度非线性问题，使得淬火过程的模拟大多停留在理论研究或试验研究阶段，基本上不能在生产实际中应用，随着人们对计算过程中物性参数非线性问题处理的认识和研究的不断深入，研制出可根据对工件的组织性能要求，进行在线控制的淬火工艺数值模拟控制系统必将成为现实。

参 考 文 献

[1] 刘庄，等．热处理过程的数值模拟［M］．北京：科学出版社，1996.

[2] 胡明娟，等．界面条件剧变的淬火过程三维温度场的计算机模拟［J］．金属热处理学报，1996，17（A00）：90-97.

[3] 潘健生，等．45 钢淬火三维瞬态温度场与相变的计算机模拟［J］．热加工工艺，1998，（1）：9-12.

[4] 顾剑锋，等．冷轧辊淬冷过程数值模拟的研究［J］．金属热处理学报，1999，20（2）：1-7.

[5] 李强，等．淬火冷却过程计算机模拟研究的现状及发展趋势［J］．重型机械，2001（6）：4-7.

[6] 蒋有谅．非线性有限元法［M］．北京：北京工业学院出版社，1988.

[7] Prince R F，Fletcher A J. Determination of surface heat-transfer coefficients during quenching of steel plate［J］. Metals Technology，1980（2）：203.

[8] 程赫明，等．45 钢淬火过程中热传导方程的逆问题求解［J］．金属学报，1997，33（5）：467-472.

火车轮预成形压缩比数值模拟❶

许章泽[1] 李 翔[1] 安 涛[1] 李小宇[1]
李胜祇[2] 闫 军[2] 孙中建[2]
(1. 马鞍山钢铁股份有限公司；2. 安徽工业大学)

摘 要 应用MARC/autoforge商用有限元软件，对火车车轮预成形过程进行了热力耦合模拟，研究了车轮成形过程的应变分布。通过圆柱体自由镦粗，得到应变与压缩比的关系，应用拟合公式求出车轮断面的压缩比分布。

关键词 火车轮；预成形；应力；应变；压缩比；数值模拟

FEM Simulation of Pre-forming Process for Railway Wheel

Xu Zhangze[1] Li Xiang[1] An Tao[1] Li Xiaoyu[1] Li Shengzhi[2]
Yan Jun[2] Sun Zhongjian[2]
(1. Ma'anshan Iron and Steel Co., Ltd.; 2. Anhui University of Technology)

Abstract Applying MARC/autoforge commercial software, the pre-forming process of railway wheel with large strain elastic-plastic thermo-mechanical coupled FEM was simulated. The distribution of deformation of railway wheel in the process was studied. The relation of strain and reduction ratio was gained through free upsetting on cylinder. A formula of the distribution of reduction ratio of railway wheel in the process was obtained.

Key words railway wheel; pre-forming; stress; strain; reduction ratio; numerical simulation

1 引言

火车车轮的强韧性、耐磨性、抗热裂性、抗疲劳性、抗剥离性等要求较高[1]。车轮压轧工艺包括镦粗、定径、压痕、成形、轧制、冲孔压弯等工步。其中，车轮预成形包括镦粗、定径、压痕、成形等四个工步。

数值模拟具有优化设计、经济性、安全性、预见性等特点，近年来在塑性成形领域应用较多，但由于火车车轮压轧工艺工步多，变形量大，故用数值模拟方法研究火车车轮成形工艺的还较少。文献［2］用刚黏塑性有限元计算软件RVPFEM分析了车轮锻造中预锻和终锻两个工步的成形过程。文献［3~4］用MARC/autoforge商用有限元软件模拟研究了车轮压轧工艺的预成形工步的成形过程。文献［5~6］用DEFORMTM-2D商业有限元软件模拟了火车车轮压轧变形过程。由于车轮生产工艺不同，研究方法各异，故缺少借鉴。

本文采用MARC/Autoforge商业有限元软件对火车车轮预成形工步进行弹塑性有限元热力耦合数值模拟，得到了车轮成形过程的应变场。通过模拟圆柱体自由镦粗，将圆柱体变形过程应变量与压缩比的关系拟合成公式，进而求出车轮断面的压缩比分布。

---

❶ 原文发表于《热加工工艺》2004年第4期。
安徽省“十五”科技攻关计划资助项目（01012026）。

2　有限元模型

2.1　坯料尺寸、材质及单元划分

由于车轮具有轴对称性，故采用二维轴对称热力耦合数值模拟。以某厂 O915KKD 车轮产品成形加工为模拟对象，镦粗、定径、压痕、成形四个工步模具参数均取自某厂实际参数。模具压下速度为50mm/s。

坯料尺寸为 ϕ450mm×450mm，材料为 C60（相当于 60 钢），用四节点单元网格离散坯料，高向单元数为 45，径向单元数为 22，共 990 个单元，1058 个节点。利用 MARC/Autoforge 网格再生功能，在变形过程中当单元的边长超过 8mm 或工具进入单元 0.1mm 时，对有限元网格进行重划分。材料的物理性质（热传导系数、热容和热膨胀系数）是随温度变化的，变形抗力是热力学参数（变形程度、变形速度和变形温度）的函数，这些材料数据均由 MARC/Autoforge 的材料库中读取。

2.2　初始条件和边界条件

坯料镦粗工步温度为 1250℃。模具与工件间接触摩擦遵循剪切摩擦定律，镦粗工步摩擦因子为 0.3，压痕、预成形工步摩擦因子为 0.4。

传热边界条件主要考虑工件与模具间的接触传热及工件与环境间的对流传热，工件与模具间的接触传热系数取 12kW/(m^2·℃)，工件与环境间的对流传热系数取 0.12kW/(m^2·℃)。

模具视作恒温刚性体。关于变形热效应的影响，Wertheimer 认为对于大多数金属，变形功的 90%转化为热量[7]。

3　模拟结果分析与讨论

模拟计算 766 个增量步耗用 CPU 时间 6.5h。以下就模拟得到的结果进行分析讨论。

3.1　应变分析

等效应变反映的是变形体内各质点的变形程度，其大小与锻件压缩比（锻比）的大小有关。可见，等效应变是车轮成形过程中的重要参数。

图 1 是数值模拟得到的成形工步车轮在不同增量工步时截面的等效应变（$\bar{X}$）分布。可看出，任一时刻等效应变的分布是不均匀的。变形多集中于车轮辐板和轮毂、轮辋两侧凹圆弧过渡处；随着变形模腔的充满，轮坯截面各部分的等效应变值是增大的；终成形车轮截面的等效应变值，辐板处达到了 2.964，中心冲孔处最大，达到 3.40，最小的达到 1.202。

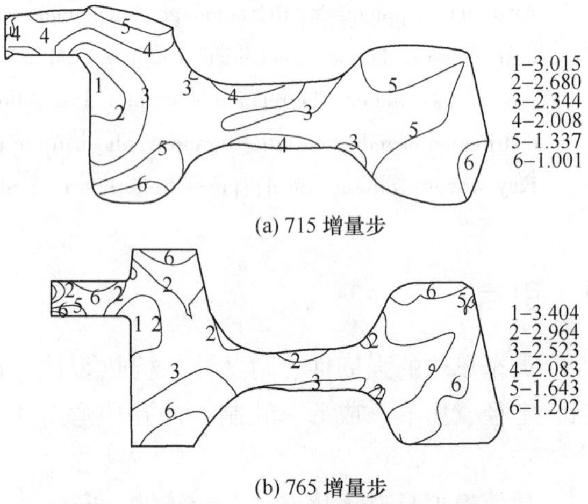

(a) 715 增量步

(b) 765 增量步

图 1　成形工步车轮在不同增量步时截面的等效应变分布

3.2　压缩比

一定量的压缩比，可以破坏钢坯的原始组织，并能从实际上提前决定变形金属的力学性能。对大型锻件来说，一定量的压缩比是保证产品质量，提高疲劳极限的重要途径。由于等效应变可以反映锻件压缩比（锻比）的大小，故可用 ϕ80mm×100mm 圆坯模拟简单镦粗变形。为了得到等效应变与压缩比的关系，圆坯模拟镦粗变形中不考虑模具表面摩擦的影响，热边界条件选择模具为等温绝热。得出等效应变与压缩比（Z）的数据关系如表 1。用 EXCEL 电子表格拟合等效应变和压缩比关系曲线如图 2，即二者关系为：

表 1　圆坯镦粗变形等效应变和压缩比的数据关系

$\bar{X}$	0.0485	0.1830	0.6080	0.7004	0.9773	1.19	1.316	1.46	1.569	1.692	1.759	1.832	1.91	1.994	2.087	2.188	2.302	2.429	2.576	3.069
Z	1.05	1.20	1.84	2.02	2.66	3.29	3.73	4.31	4.81	5.43	5.81	6.25	6.76	7.35	8.06	8.92	10	11.36	13.16	14.705

$$Z = 1.5156\bar{X}^2 + 0.2448\bar{X} + 0.9779$$

其拟合置信度为98.17%。用该拟合式算得车轮成型坯截面压缩比分布如图3所示。可看出，压缩比沿车轮截面分布是不均匀的，它随着变形程度的增加而加大。成形工步锻件变形程度大且不均匀，使得压缩比分布相差很大，压缩比值从3.46到15.22不等，大部分压缩比值在6以上。压缩比较大值集中于车轮辐板和轮毂、轮辋两侧凹圆弧过渡处，较小值位于轮毂、轮辋模腔较后充满部位，即轮毂、轮辋内外侧。

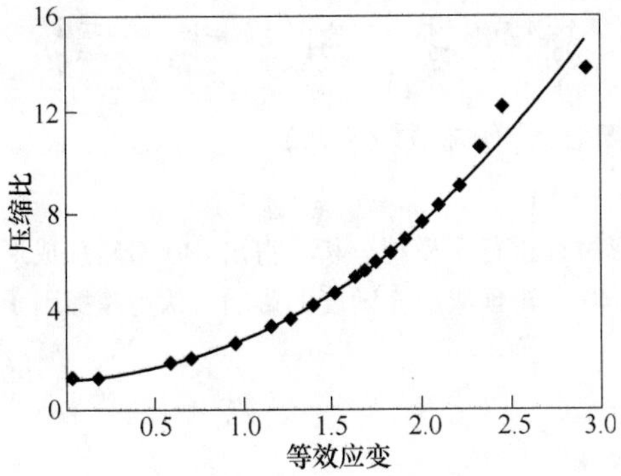

图2 等效应变与压缩比关系拟合曲线

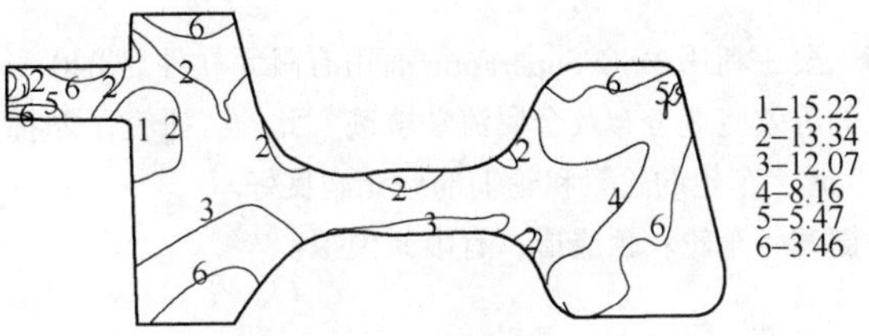

图3 成形工步车轮在765增量步时截面的压缩比分布

4 结论

（1）车轮成形过程中等效应变的分布是变化的。等效应变多集中于车轮辐板和轮毂、轮辋两侧凹圆弧过渡处，且车轮辐板处的等效应变值较大。

（2）通过模拟圆柱体无摩擦绝热自由镦粗，拟合出等效应变与压缩比的关系，从而得到车轮断面的压缩比分布。

参考文献

[1] 安涛，王成永，李怀明．我国车轮轮箍的质量现状和发展［J］．中国冶金，1998（2）：28-31.

[2] 王志诚，王祖唐，胡忠．火车车轮制造新工艺数值模拟［J］．塑性工程学报，1995，2（4）：3-11.

[3] 许章泽，李胜祇，阎军，等．火车车轮压痕工艺数值模拟［J］．安徽工业大学学报，2002，19（4）：281-283.

[4] 许章泽，李胜祇，阎军，等．火车车轮预成形过程的有限元分析［J］．重型机械，2002（6）：35.

[5] Miller B C，Ward M J，Davey K. The Numerical Simulation of Potential Forming Problems in Railway Wheel and Tyre Manufacturing Process［C］. The International Conference on Forging and Related Tech. Birmingham，1998：201-216.

[6] Davey K，Miller B C，Ward M J. Efficient strategies for the simulation of railway wheel forming［J］. Journal of Materials Processing Technology，2001，118（1）：389-396.

[7] Wertheimer T B. Thermal mechanically coupled analysis in metal forming process［C］. In：Pittman J F T，Wood R D，Alexander J M，et al. Numerical Methods in Industrial Forming Processes. Swansea：1982：425-434.

840 车轮预成形过程的有限元分析❶

沈晓辉[1]　安　涛[2]　闫　军[1]　章　静[1]　李　翔[2]　张　磊[2]

（1. 安徽工业大学；2. 马鞍山钢铁股份有限公司）

摘　要　利用 MSC/SuperForm 商用有限元软件对 840 车轮预成形过程进行了模拟分析，得出 840 车轮预成形过程的等效应变分布及金属流动轨迹。此外，研究了摩擦因子对 840 车轮预成形充满度的影响，认为摩擦因子取 0.3 时，车轮的轮毂和轮辋部分充满良好。

关键词　车轮；预成形；有限元模拟

Finite Element Analysis of Preforming for 840 Railway Wheel

Shen Xiaohui[1]　An Tao[2]　Yan Jun[1]　Zhang Jing[1]　Li Xiang[2]　Zhang Lei[2]

（1. Anhui University of Technology；2. Ma'anshan Iron and Steel Co., Ltd.）

Abstract　The preforming process of 840 railway wheel was simulated by using commercial software MSC/Super Form. The distribution of the total equivalent strain and the metal flow track were analyzed. The influence of the friction on die cavity filling was also studied.

Key words　railway wheel；preforming；FEM simulation

1　引言

火车轮成形是一个多阶段的加工过程，一般包括锻压、轧制及压弯等工序。其中，锻压工序称为车轮的预成形工序。这道工序车轮变形比较复杂，最终要形成车轮的基本形状。它对后续工序具有十分重要的影响。传统的车轮预成形分为镦粗、压痕和成形三道工序。840 车轮的预成形新工艺由两道工序组成（见图1），其中第一道工序的作用包括了传统工艺的镦粗和压痕两道工序。在整个预成形过程中，上成形模不变，只是在第一道工序结束后更换下成形模。新工艺的实施可以缩短预成形时间、减小温降并减少工模具数量。

在预成形过程中，金属流动剧烈，变形复杂，借助数值模拟方法可以对车轮的预成形过程进行快速准确的分析。M. J. Ward 等[1]利用 DEFORM-2D 研究了压痕坯形状对车轮成形的影响。K. Davey 等[2]研究了车轮成形模拟的一些策略问题。笔者利用 MSC/SuperForm 商用非线性有限元软件对 840 车轮预成形新工艺过程进行了分析，得到了有价值的结果。

2　模型的建立

由于坯料、模具、预成形坯及预成形过程中外界载荷和约束条件均满足轴对称条件，因此可按轴对称问题进行分析。坯料初始温度为 1250℃，材质为 CL60 钢，上模压下速度为 50mm/s。由于坯料高度较大，应变速率不大，且坯料的惯性力与成形力相比可以忽略，所以将预成形过程近似视为准静态变形，采用静态隐式求解方法。由于在预成形过程中金属变形剧烈，在模拟过程中必须采用网格再生功能。锻压成形中，工件表面正应力很大，选择剪切摩擦模型较为合理，摩擦因子取 $m=0.3$。加载时间为 6.2s，

❶　原文发表于《钢铁研究学报》2005 年第 1 期。
国家“863”计划资助项目（2003AA331160）。

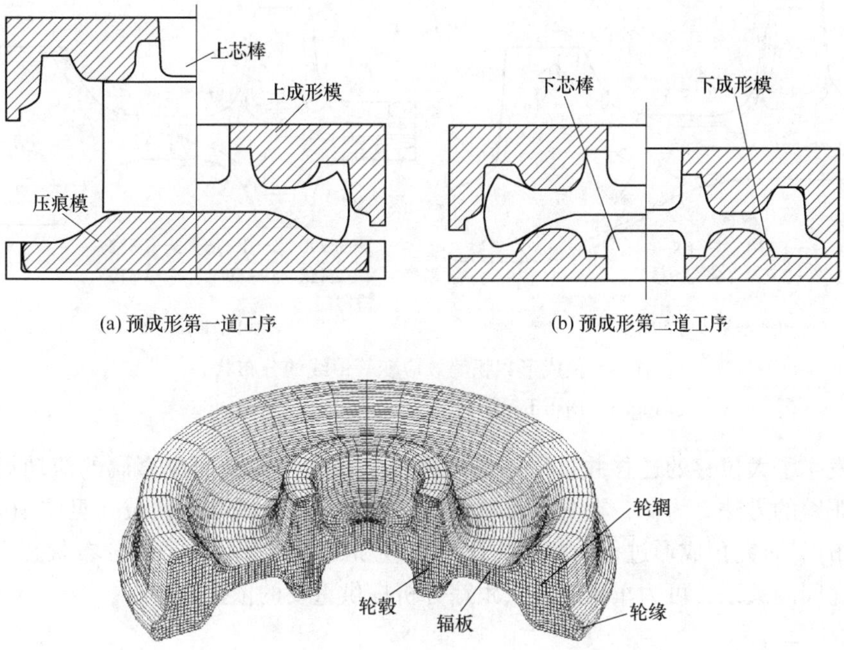

(a) 预成形第一道工序　(b) 预成形第二道工序

(c) 预成形结束后轮坯形状

图 1　840 车轮预成形工艺图

Fig. 1　Preforming process of 840 railway wheel

总增量步为 600 步，其中 0~500 步为预成形第一道工序，500~600 步为预成形第二道工序。由于变形剧烈，变形热较大，故计算采用热力耦合的方式。

3　金属变形规律的分析

3.1　等效应变

等效应变是表征变形强度的参数，其分布也可反映出锻件不同部位的压缩比。累积等效应变与压缩比的关系如图 2 所示。图中曲线是根据理想状态下无摩擦镦粗有限元分析得到的。对大型锻件来说，其坯料是铸坯，为保证锻件的质量，对压缩比有一定的要求。因此，在车轮预成形过程中，坯料心部的大变形是保证成品车轮晶粒细化的重要条件。通过等效应变分析可以清楚地看到成形过程中锻件压缩比的分布状态（见图 3）。可见：在预成形第一道工序结束时（增量步为 500 步），最大累积等效应变出现在上模辐板切入处，达 3.771；在预成形第二道工序结束时，最大累积等效应变出现在辐板处，达 3.997。在此阶段，大量金属沿径向流向轮辋或沿轴向流向轮毂下部，因此辐板中部及轮毂下部累积等效应变较大，约为 2.7。在与上芯棒、压痕模、下芯棒中心处接触的局部区域累积等效应变较小。

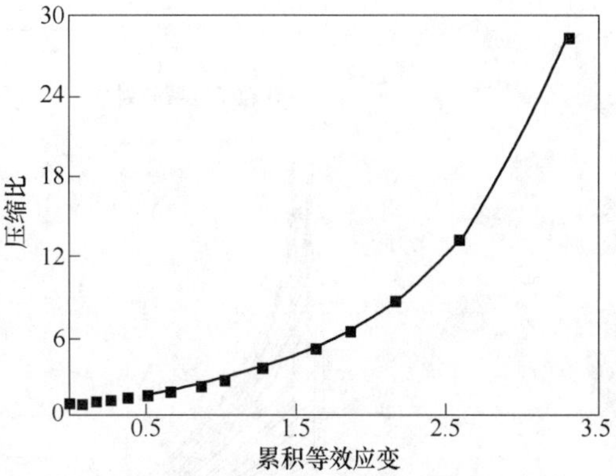

图 2　累积等效应变与压缩比的关系

Fig. 2　Relationship between total equivalent strain and reduction ratio

从图 3 还可看出：金属在模腔中的填充状况较好，在预成形的第一道工序和第二道工序中，金属的流动和轮毂、轮辋中金属的分配也比较合理。在车轮预成形的传统工艺中，金属在轮毂和轮辋中的分配靠下压痕量来控制。如果后续工序模具润滑不良，在轮毂内侧易出现折叠缺陷。新工艺则避免了这种状况。

3.2　金属的流动

分析成形过程需要掌握金属的流动状况，并了解坯料不同部位的金属在成形轮坯中的位置。由于在

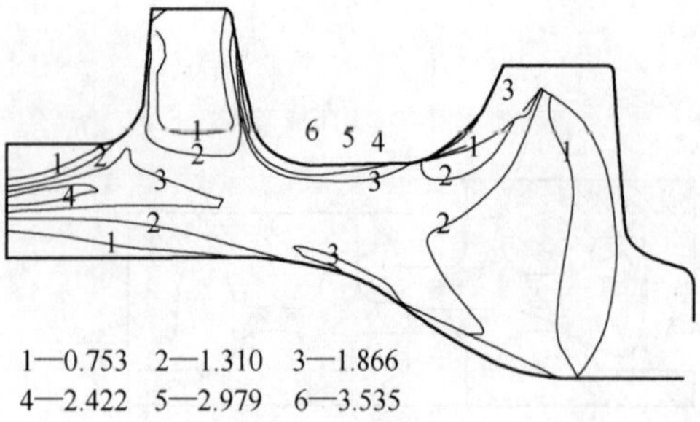

(a) 增量步为 500 步

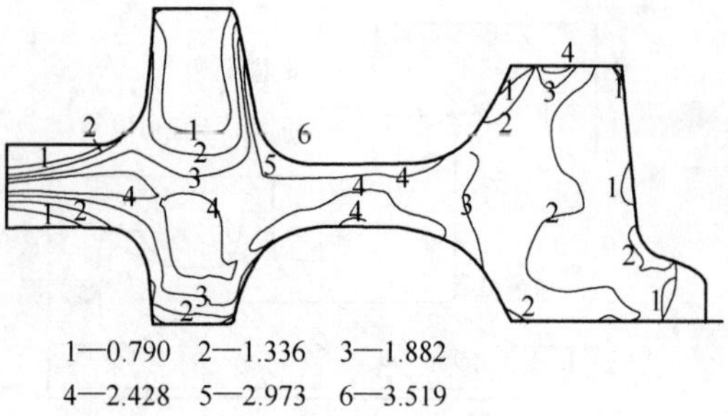

(b) 增量步为 600 步

图 3　预成形累积等效应变等值线的分布状态

Fig. 3　Distribution of total equivalent plastic strain

成形过程中金属发生了大位移的迁移并且采用了网格再造技术，因此研究金属的流动规律及金属迁移轨迹必须采用粒子跟踪的方法。为此，在分析模型中将坯料沿轴向分成 7 个区域（见图 4(a)），金属粒子的迁移轨迹见图 4(b)。研究预成形过程中粒子的迁移轨迹和成形结束后粒子的分布状态，有助于分析成品缺陷与原料缺陷之间的关系，可为车轮的质量跟踪分析提供重要的依据。

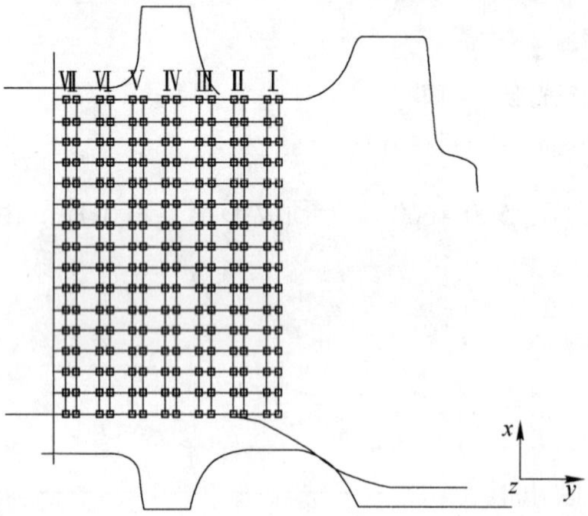

(a) 粒子区域的划分

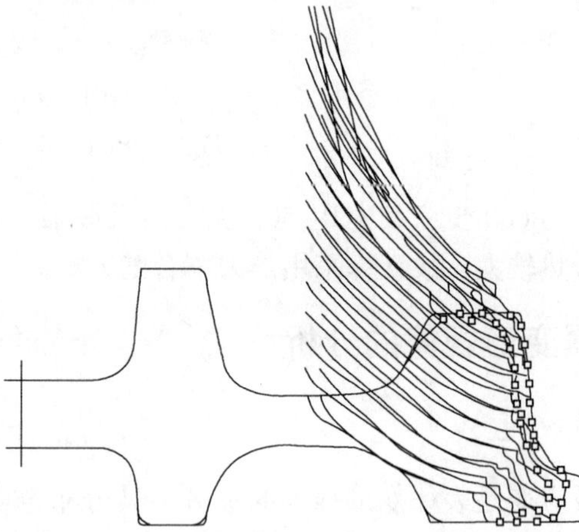

(b) Ⅰ区粒子轨迹

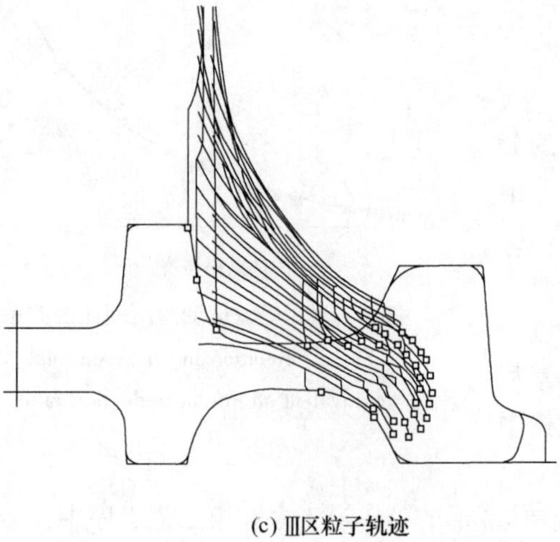

(c) Ⅲ区粒子轨迹

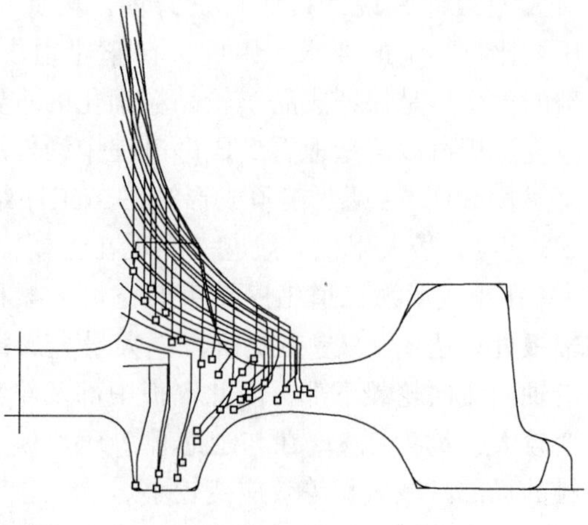

(d) Ⅴ区粒子轨迹

图 4　预成形过程中粒子的迁移状况

Fig. 4　Motion of particles during preforming

图 4(a) 中Ⅰ区粒子在预成形后将分布于轮辋及轮缘外侧（见图 4(b)）；Ⅲ区中的粒子在预成形后的分布区域拉得很宽，说明此区域的金属变形最剧烈，甚至坯料内部金属被挤出后分布于车轮上、下辐板表面（图 4(c)）；Ⅴ区粒子在预成形后基本分布于轮毂及辐板（见图 4(d)）。

3.3 摩擦对充满度的影响

摩擦对锻压成形有明显的影响，它不但影响成形力，还直接影响金属的流动状况。由于在新工艺中没有下压痕工序，因此，要保证金属流动状态合理以及轮毂和轮辋中金属的分配能满足要求，除了要合理设计成形模具外，还必须控制模具表面的摩擦状况，提供合适的润滑条件。为此，研究了不同剪切摩擦因子（m=0.1~0.4 范围内）时车轮预成形的充满度。轮毂和轮辋的充满是预成形控制的主要目标。轮毂在后续轧制工序中没有进一步变形，轮毂的充满是预成形阶段必须达到的目标。

图 5 示出摩擦因子对车轮预成形充满度的影响。可见，$m \leqslant 0.2$ 时，轮毂下部明显未充满，大量金属沿辐板径向流至轮辋及轮缘处；$m \geqslant 0.3$ 时，金属的径向流动阻力增大，轮毂处的金属充满良好；m 继续增大，轮毂处出现过充满倾向，此时成形力会急剧增加。

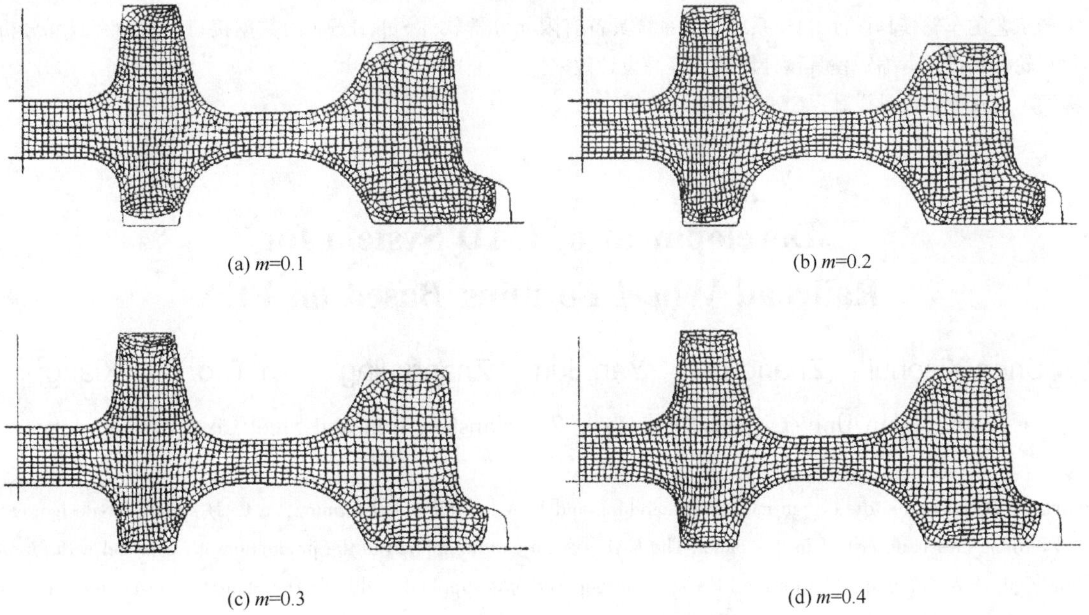

图 5 摩擦因子对预成形充满度的影响

Fig. 5 Influence of friction factor on die cavity filling

摩擦因子主要由预成形中润滑工艺来控制。合理调整润滑工艺可使金属的流动更为合理。选择合适的摩擦因子时，除了应考虑轮毂充满度外，还应该注意到摩擦因子对成形力的影响。从 840 车轮预成形过程的有限元分析结果来看，摩擦因子取 0.3 是比较合理的。

4 结论

（1）840 车轮预成形新工艺简化了成形工序，缩短了成形时间，金属流动状况比较合理。得出了成形过程中累积等效应变分布以及累积等效应变与压缩比的关系。确认：上模与车轮辐板接触处的等效应变最大，其次是轮毂与辐板中部，轮辋外侧应变较小。

（2）通过粒子跟踪法研究了 840 车轮预成形过程中金属的流动轨迹，掌握了坯料不同部位的金属在成形过程中的迁移状况以及成品缺陷与坯料缺陷之间的关系，为车轮质量跟踪分析提供了依据。

（3）模具润滑状况对金属的流动以及模腔充满度有显著的影响。摩擦因子取 0.3 时，840 车轮的轮毂和轮辋部分充满良好。此结果可为制定润滑工艺提供依据。

参 考 文 献

[1] Ward M J, Miller B C, Davey K. Simulation of a multistage railway wheel and tyre forming process [J]. Journal of Materials Processing Technology, 1998, 80: 206-212.

[2] Davey K, Miller B C, Ward M J. Efficient strategies for the simulation of railway wheel forming [J]. Journal of Materials Processing Technology, 2001, 118: 389-396.

基于有限元分析的火车轮模具 CAD 的研究与开发❶

沈晓辉[1]　张　磊[2]　闫　军[1]　章　静[1]　安　涛[2]　李　翔[2]

（1. 安徽工业大学；2. 马鞍山钢铁股份有限公司）

摘　要　通过对火车轮成形模具设计方法的研究和火车轮成形过程的有限元分析，开发出一套适用于火车轮锻轧生产工艺的车轮模具设计 CAD 系统。该系统具备有限元分析软件 SuperForm 的数据接口，借助有限元分析来优化车轮模具设计，缩短模具设计周期，提高设计效率。

关键词　火车轮；模具设计；CAD；有限元分析

Development of CAD System for Railroad Wheel Forming Based on FEA

Shen Xiaohui[1]　Zhang Lei[2]　Yan Jun[1]　Zhang Jing[1]　An Tao[2]　Li Xiang[2]

（1. Anhui University of Techology；2. Ma'anshan Iron and Steel Co.，Ltd.）

Abstract　Based on the die design method researching and FEA for rail wheel forming，a CAD system for designing rail wheel forming dies is described in this paper. The CAD system can be applied to the production of rail wheel with forging-rolling method. A data interface with the FEA software SuperForm is supplied in this CAD system. Optimization of die design can be achieved with the help of FEA. With the help of the CAD system，the period of die designing is shortened and the efficiency is improved.

Key words　rail wheel；die design；CAD；FEA

1　引言

随着火车运行速度不断提高，对机车轮的质量要求也逐步提高。开发新的车轮生产工艺及其成形工具制造优质车轮是车轮制造者面临的主要问题[1]。目前车轮的生产主要采用模锻轧制法，即先模锻出车轮坯，然后用车轮轧机进行扩径，最后对粗制车轮辐板进行压弯、精整[2]。

模锻轧制法生产车轮的工艺一般包括：粗锻、精锻、轧制、压弯冲孔四个工步，此时的车轮称为粗制车轮，还需经过热处理和机加工成为成品车轮。车轮的生产过程复杂，需要模具较多，车轮成形模具设计对车轮的制造起着至关重要的作用。

传统的车轮模具设计依赖于设计人员的经验，设计的工作量大，不同设计者设计的模具往往存在较大差异，而设计出的模具还需要通过生产过程反复检验和修改，设计周期长，试制成本高。

由于车轮生产的高度专业化、投资大且生产厂家少，国内外在车轮模具 CAD 方面发展较缓慢。德国西马克集团 EUMUCO 公司配合其设备设计制造，开发出一套功能较为强大的车轮模具 CAD 软件。出于技术保密的原因，目前对车轮模具设计的相关文献很少。

本文在分析总结模具设计理论及多年生产经验的基础上，结合车轮成形过程的有限元分析，开发出一套基于有限元分析的模具 CAD 系统。该系统可以在设计阶段对模具进行检验和优化，缩短模具设计的

❶　原文发表于《重型机械》2005 年第 4 期。

周期，提高模具设计的水平和减少成本。

2　车轮模具的设计步骤

车轮模具设计的关键是设计出车轮成形过程各工步合理的工步图。在此基础上可以很容易设计出车轮成形模具。车轮成形各工步图的设计过程与车轮成形过程恰好相反，见图1。

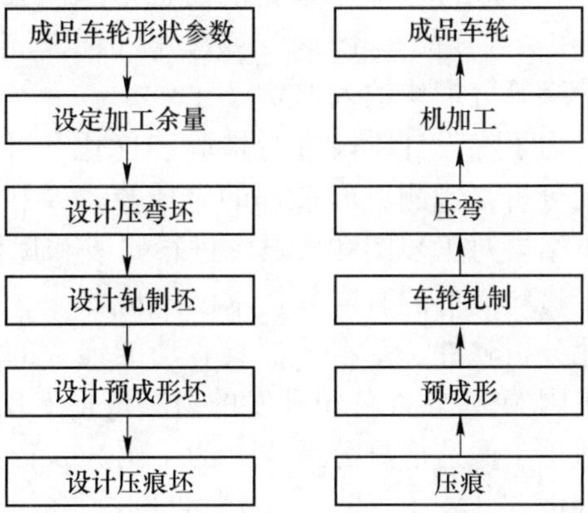

(a)　(b)

图1　工步图的设计过程与车轮成形过程的比较

(a) 工步图设计过程；(b) 车轮成形过程

2.1　压弯工步图设计

粗制车轮需要进行机加工以保证车轮的尺寸精度，因此设计压弯工步图时要按照成品车轮尺寸给出一定的加工余量，并根据坯料的热胀系数和轮毂淬火时的下沉补偿量画出压弯工步图。

2.2　轧制工步图设计

按照轧制坯和压弯坯等体积变换原则，计算出轧制工步。车轮压弯过程坯料的变形主要需考虑辐板变形、辐板弯曲部位的厚度变化和轮毂及轮辋的小变形的精整。

2.3　预成形工步图设计

由车轮预成形坯到轧制坯的主要变形部位是辐板和轮辋，设计中可认为轮毂没有变形。在预成形工步图的设计中要考虑的参数较多，主要有轧制扩径量、辋面压下量以及上下成形模的脱模角度、辐板与轮辋的过渡圆弧等。这些参数确定后，根据等体积变换原则可以画出预成形工步图。

2.4　压痕工步图设计

压痕工步可视为车轮预成形的第一阶段，完成金属的预分配。压痕工步图的设计是否合理直接影响着后面的预成形。压痕时，坯料在上成形模和压痕模之间变形。上成形模的模腔形状通常由预成形坯确定。压痕坯设计主要是设计压痕坯的高度及压痕模腔面轮廓。在由压痕坯到预成形坯的变形过程中，可以假定在轮坯的辐板中间部位存在一个分流面。在预成形过程中，分流面内侧的金属流向轮毂，外侧的金属流向轮辋。不同规格车轮的金属分流面的位置不同。设计时，假定分流面位于预成形坯的辐板中间，则可通过分流面内侧的金属等体积变换确定压痕坯中心部位的高度。

能否很好地充满预成形坯的轮毂及轮辋部位，主要取决于压痕模腔面的参数及压痕坯的高度。这些参数需要根据有限元分析结果或经验进行调整，以保证轮毂和轮辋在预成形阶段得到良好的充满。

以上各成形阶段的坯形设计参数，如扩径量、辋面精整量、压痕量等，由多次有限元分析及生产经验给出计算模型，并固化到CAD系统中。设计时可以对这些参数修改。

车轮模具可分为整体模和组合模。车轮生产过程中，各部位寿命不同，组合模在经济上有明显优势，生产现场多采用组合模。设计模具时，首先设计出整体模样图，在整体模样图的基础上根据模具装配面要求设计出组合模的各零件。

3　系统的主要设计思想

车轮成形模具设计的核心是车轮成形工步图，而车轮的锻轧生产工艺的设计主要是压痕工步和模锻工步的设计。在生产中，不同车轮用于压痕工步、模锻工步和轧制工步的坯形近似。在系统中，需根据多次的有限元分析、试验，确定压痕工步、模锻工步和轧制工步数量较少的坯形几何模型。由于车轮的形状多样，可按对成品车轮的特征形状进行分类。车轮的特征形状主要由辐板的形状决定。辐板分为直辐板、斜辐板、S形辐板等几类。在输入成品车轮形状参数时，根据车轮部位，即轮毂、轮辋、辐板和踏面轮缘等分模块输入形状尺寸。

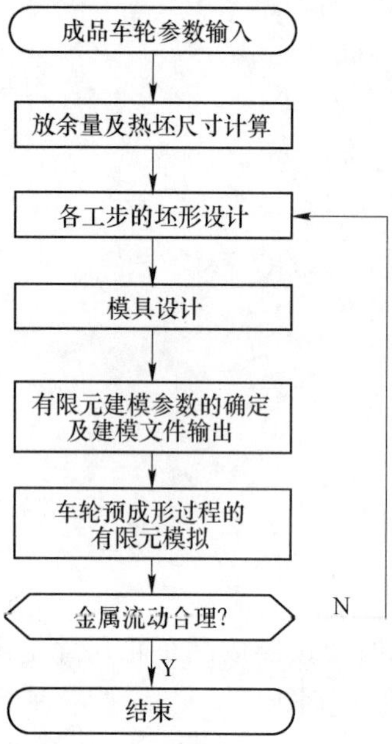

图2　车轮模具CAD系统的流程图

为了在设计阶段进行检验和优化，可对压痕、模锻及压弯工步进行有限元分析，预测成形过程的金属流动及相关力能参数。设计者可按有限元分析结果对工步图和模具图进行修改和优化。经过最近30多年的发展，应用于材料成形的有限元技术已经成熟[3]，目前市面上有多种成熟的商用有限元分析软件，基本上都具有功能强大的求解器和前后处理器。SuperForm是美国MSC软件公司开发的材料成形专用分析软件，其内核基于Marc，尤其适用于锻造成型分析[4]。为了用SuperForm软件进行车轮成形过程的有限元分析，开发了SuperForm软件的数据接口。在设计完各工步图及整体模之后，系统可生成有限元建模过程文件（.proc文件）。SuperForm调用该文件可自动生成有限元分析模型，进行有限元分析。

系统的设计流程见图2。“成品车轮参数输入”主要是输入车轮的尺寸及形状，包括轮毂及轮辋尺寸、辐板和轮缘踏面的形状及尺寸。“各工步的坯形设计”包括压弯坯、轧制坯、预成形坯以及压痕坯的设计。在设计坯形之后，用户可以设计原料尺寸。“模具设计”包括上下成形模、压痕模及轧辊。原料、坯形和模具设计完成后，有限元分析的几何模型参数即确定。在系统中已有默认的有限元分析的初始条件和边界条件及其他参数，设计者可以根据需要进行修改。

4　系统的主要功能

本CAD系统主要用于对模锻轧制法生产车轮的具体工艺和模具进行设计，即需要完成车轮成形各工步的坯形及模具设计。具体功能有：

（1）设计车轮的余量尺寸、轧制坯、预成形坯及压痕坯。

（2）车轮预成形的模具设计，包括上下成形模、压痕模及上下压弯模及轧辊。

（3）具备有限元分析软件SuperForm的数据接口，在SuperForm中对车轮的模锻成形进行有限元分析，对模具设计结果进行分析评价。

（4）根据有限元分析的结果，设计者在CAD中方便地对各工步的坯形参数进行修改，完成模具的最终设计。

（5）提供与AutoCAD的图形接口，可方便地将车轮成形各工步的坯形图和模具图输出到AutoCAD中。

为了提高系统的实用性，本系统具有模具设计数据库，用户可将成功设计的数据存入数据库中，在设计过程中也可方便地引用数据库中的数据。

系统提供丰富详实的图形交互界面。经过实际使用，该系统能够满足常见火车轮的模具设计需要。

5　设计举例

以S形辐板的840车轮为例，输入成品车轮参数，放余量后尺寸如图3所示。

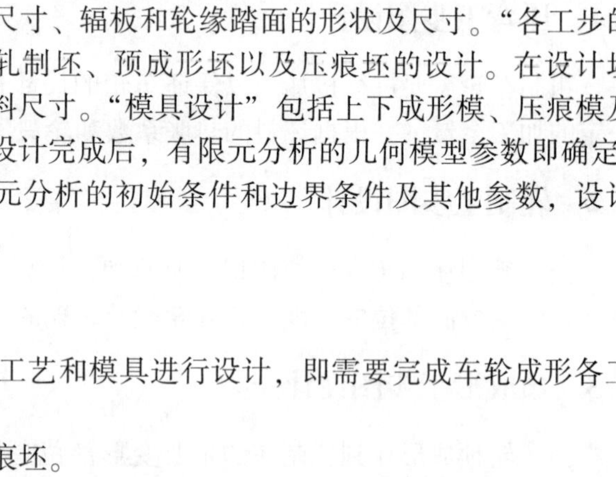

图3　840车轮放余量后尺寸

车轮成形各工步图见图4。在工步图的基础上即可生成模具图。

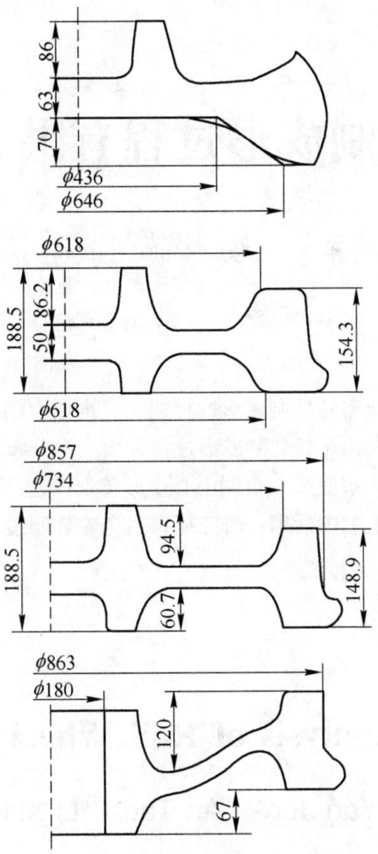

图4 840车轮成形各工步坯形图

6 结论

通过对火车轮成形模具设计步骤的研究分析，在多次有限元分析试验的基础上，开发出火车轮模具设计CAD系统。该系统具备有限元分析软件SuperForm的数据接口，可借助有限元分析来优化车轮模具设计，缩短模具设计周期，提高设计效率，降低试制成本。该系统可用于常见火车轮的锻轧生产中的模具设计，具有丰富的图形界面和数据接口，在使用中，表现出很强的实用性和快捷性。

参 考 文 献

[1] 李翔，许章泽，安涛，等．火车车轮成形工艺现状和展望［J］．锻压设备与制造技术，2004（1）．
[2] 比比克，等．火车车轮的制造［M］．苏星，译．北京：冶金工业出版社，1990.
[3] 刘建生，陈慧琴，等．金属塑性加工有限元模拟技术与应用［M］．北京：冶金工业出版社，2003.
[4] MSC Software Corporation，MSC. SuperForm User's Guide［G］. Version 2002.

车轮轧制成形过程有限元分析❶

沈晓辉[1] 闫 军[1] 安 涛[2] 李 翔[2] 张 磊[2]

(1. 安徽工业大学；2. 马鞍山钢铁股份有限公司)

摘 要 使用MSC. SuperForm对840火车轮轧制成形过程建立三维热力耦合有限元分析模型，研究分析了车轮立式轧制成形过程的金属变形规律。得出车轮轧制成形过程最大变形分布在辐板与轮辋连接处及轮辋外端靠近踏面处，轮辋外端变形明显大于轮辋内端变形，轮辋中心变形较难深透；车轮轧制中，辐板靠近轮辋端的金属周向流动明显，周向流动主要发生在轧制中后期；研究还得出车轮轧制过程各轧辊的受力及其变化情况，为制定车轮轧制工艺提供了参考。

关键词 车轮；轧制；成形；有限元

Finite Element Analysis of Rail Wheel Rolling Forming

Shen Xiaohui[1] Yan Jun[1] An Tao[2] Li Xiang[2] Zhang Lei[2]

(1. Anhui University of Technology；2. Ma'anshan Iron and Steel Co., Ltd.)

Abstract The establishment of a 3D thermomechanic coupled FEA model for 840 rail wheel rolling forming with commercial code MSC. SuperForm is described. The metal deformation laws are explained. The calculated results show that during rolling forming, the largest deformation is localized in conjunction region of web and rim, and at the outer part of rim near the tread; the outer part of rim is deformed larger than inner part; it is difficult to deform the central part of the rim; the metal circumferential flow especially at the web near to rim is remarkable. The force of every roller is also analyzed. All the results can be useful to making rolling schedule.

Key words rail wheel；rolling；forming；finite element

1 引言

车轮轧制是车轮锻轧生产工艺中的一个重要工步。车轮轧制的主要作用是对模锻后的轮坯进行轧制扩径，延展辐板，并完成轮辋、轮缘及踏面的精确成型。由于车轮形状复杂，车轮轧制过程轧辊多，控制参数复杂，轧坯旋转圈数多，车轮轧制是一种特殊的环件轧制形式，它比普通的环件轧制要复杂得多。研究车轮轧制成形过程的金属流动规律对制定轧制工艺和提高车轮质量具有重要意义。由于车轮轧制成形过程复杂，很难用理论解析法进行研究，借助于有限元分析是当前研究车轮轧制变形的比较理想的手段。

M. J. Ward等人利用DEFORM-2D商用软件对车轮和轮箍的多工步成形进行了模拟分析，但对车轮及轮箍的轧制采用了二维简化[1]。由于环件轧制的特殊性，研究人员大多针对具体问题开发有限元程序进行模拟研究。K. Davey和M. J. Ward采用ALE（arbitrary lagrangian eulerian）方法对环件轧制进行了有限元三维分析并对车轮轧制的三维模拟进行了尝试研究[2,3]。Youngsoo Yea等人利用自主开发的专用于环件轧制的SHAPE-RR有限元模拟软件对环件轧制进行了分析[4]。

❶ 原文发表于《钢铁》2006年第3期。
国家863计划资助项目（2003AA331160）。

由于车轮轧制过程的几何形状及受力条件不像车轮预成形工步那样存在轴对称性[5]，必须采用三维的完整模型才能对车轮轧制进行准确描述。本文采用商用有限元分析软件 SuperForm 对车轮轧制过程进行分析。针对车轮轧制特殊性，采用商用软件进行有限元分析的主要困难在于对变形工具运动的描述和三维旋转体（近似三维旋转体）的网格再划分。这些问题的解决在后面的模型建立中予以说明。

2 立式车轮轧制工艺

立式车轮轧制如图 1 所示，共有 9 个辊子，分别是左右 2 个辐板辊、1 个主辊、左右 2 个轧边辊、左右 2 个导辊和上下 2 个对中辊。其中左右辐板辊是主动辊，其余是被动辊。轧制过程中辐板辊位置基本保持不变，主辊由液压机构沿 z 方向缓慢推动，随着轮坯的轧制扩径，轮坯中心逐渐沿 z 轴方向移动。主辊与左右辐板辊（图 2(b)），对轮辋、踏面及轮缘进行加工成形的同时，使辐板延展。踏面与轮缘的形状取决于主辊的辊型。左右轧边辊用于加工轮辋的内外两端面以控制轮辋高度，轧制过程中，轧边辊动态调整保证轧边辊轴线始终指向轮坯中心。上下对中辊及左右导辊的作用是保证轮坯在轧制中旋转稳定。

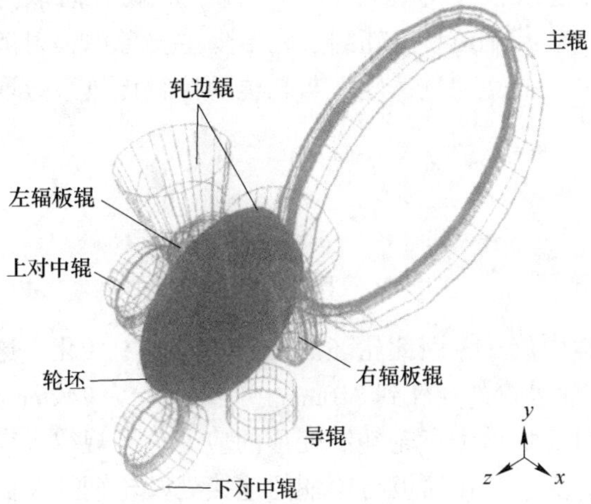

图 1 立式车轮轧机示意图

Fig. 1 Schematic of rail wheel vertical rolling

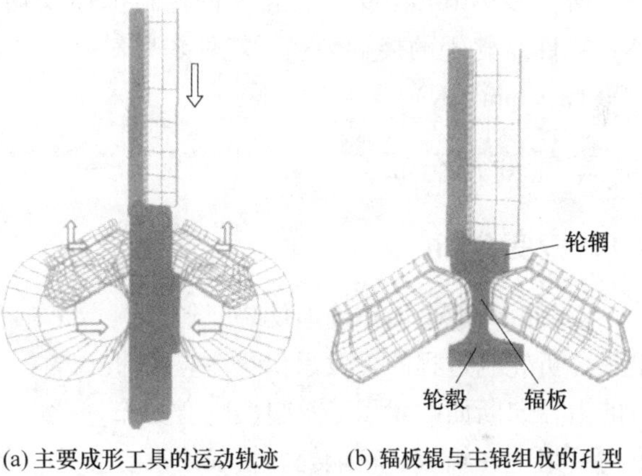

图 2 车轮轧制各主要轧辊轴线运动轨迹及孔型

Fig. 2 Axial kinematic trajectory of main rollers and pass of wheel rolling process

对 840 车轮的轧制持续约 30s，轮坯一般旋转 30~50 圈。

3 模型建立

SuperForm 是 MSC 公司开发的基于 Marc 内核的专用于体积成形的有限元分析软件，它比 Marc 具有更强的三维网格再造功能和更好的收敛性。本文采用 SuperForm 对车轮轧制建立三维热力耦合弹塑性有限元分析。计算模型以马钢车轮公司新线立式轧机轧制 HDSA 车轮为条件。

车轮轧制时，起变形作用的只有左右辐板辊、主辊、左右轧边辊。上下对中辊和左右导向辊只是起到稳定轧件的作用，它们对车轮的变形基本没有影响。在模拟过程中，为了提高计算效率省去了对中辊和导向辊。为了保证轧制稳定，在轮毂中心孔插入一个与孔径相同的外径的虚拟的“芯辊”。该芯辊在模拟过程中随轮坯直径的增大只沿 z 方向运动，从而保证不影响轧件的塑性变形同时使轧件旋转稳定。轧制过程中，左右轧边辊的轴线始终指向轮坯中心即芯辊的中心。通过编写控制刚体运动的用户子程序 motion. f，根据计算过程中“芯辊”在 z 方向受力情况来控制“芯辊”的移动及轧边辊的同步移动。模拟过程中辐板辊位置不变，主辊缓慢沿 z 轴方向移动，其速度采用表格形式给出。

车轮轧制时变形集中于轮辋和辐板，轮毂基本没有变形，为减小计算量，在单元划分时，轮毂处网格可以划得稍稀，在轮缘处形状复杂，网格划得稍密。轮坯初始单元总数 14640，节点总数 18720。模拟的几何模型如图 3 所示。

实际轧制过程中，各主要变形工具的运动由操作人员控制，特别是主辊的进给速度及轧边辊的压下速度确定基本上依赖于经验。模型中左右辐板辊转速 14.5r/s，选择库仑摩擦模型，摩擦因数 0.4。由于轧边辊的总压下较小(5.4mm)，对于轧边辊的压下速度设为 1s 内（轮坯旋转约 3 圈）轧边辊完成目标辊缝设定。

车轮轧制模拟过程中，随着辐板的延展，轮辋变形较大，轧制中、后期轮辋与辐板连接处的单元畸变很大，后续计算精度将受严重影响，甚至无法继续计算。对三维旋转体工件采用 SuperForm 中现有的自动网格再生技术将无法控制单元的形状、分布及数量。要实现网格再造，只能使用手工网格再造技术（manual remesh）。具体方法是在模拟到一定程度后，通过保留轧件形状，再对轧件进行网格划分，生成网格文件，利用重启动功能将重启动之前的计算结果映射到新网格上，使得模拟得以继续。

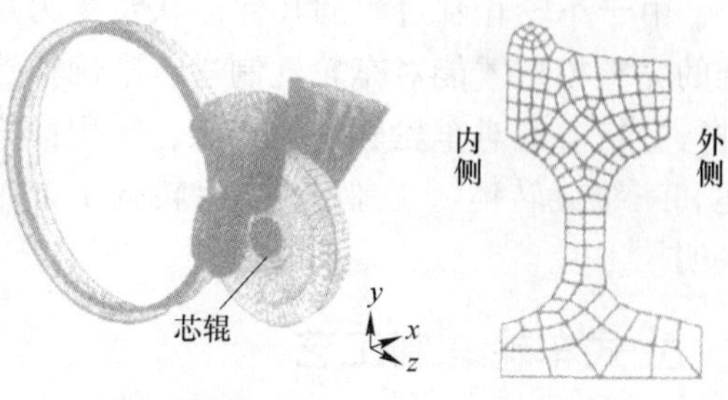

(a) 几何模型　　(b) 切片单元

图 3　有限元分析的几何模型

Fig. 3　Geometrical model of FEA

在实际车轮轧制中，轧制的初始阶段及轧制临结束时几圈轧制车轮变形很小，考虑到模拟中的计算量不能太大，在模拟轧制的初始主辊就开始向辐板辊以较大的速度移动，整个加载时间取为 6s，增量步为 6000 步，完成车轮轧制扩径。初始轧制温度为 1100℃。轧制过程温降主要考虑辐射散热和轧件与轧辊的接触传热，轧件辐射散热系数取 0.1N/(s · mm · K)，轧件与轧辊的接触传热系数取 20N/(s · mm · K)。

4　车轮变形分析

4.1　应变分布

应变分布能全面准确地反映变形情况。车轮在轧制过程中旋转，因此轮坯的位向不断发生变化，这里只分析轧制过程的等效累积塑性应变情况。图 4 所示为车轮外侧外径轧到 810mm（此值初始为 742mm）时的沿径向断面的累积等效塑性应变分布。此时的变形分布反映出了车轮轧制变形的应变分布规律，变形主要集中在辐板和轮辋处。轮毂处没有变形。最大等效应变分布在辐板与轮辋的连接处及轮辋外断面靠近踏面处。在辐板与轮辋连接处由于辐板辊对辐板的延展使得该部位变形剧烈。在轮辋外断面靠近踏面处由于主辊及轧边辊反复交替轧制，使得该处的累积变形很大。轮辋中心部位变形很小，说明车轮轧制在轮辋处变形很难深透，表面变形很大，在轧制后期，轮辋的心部变形将逐步深透，但轮辋的变形分布也很不均匀。轮辋外端的变形比轮辋内端的变形明显要小，这是由于轧制时轮辋外端面与轧边辊的接触面积比外端面与轧边辊的接触面积要小，因此轮辋外端相对容易变形，也说明左右轧边辊对轮辋的轧制是明显非对称轧制。由图 4 中应变分布梯度看出，轮辋变形是由辐板与轮辋连接处及轮辋外端面逐渐向轮辋心部渗透。主辊对踏面和轮缘的直接变形作用较小，踏面应变沿车轮轴向分布很不均匀，轮缘处的变形也不大。

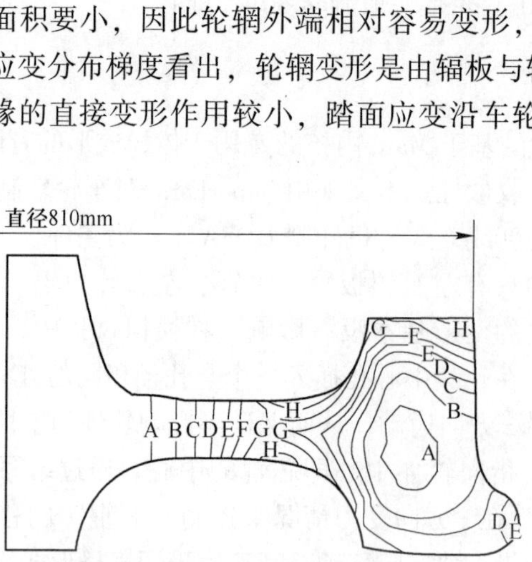

A—0.247;　B—0.487;　C—0.728;　D—0.969;
E—1.209;　F—1.450;　G—0.691;　H—1.931;

图 4　HDSL 车轮轧制过程中累积等效塑性应变分布

Fig. 4　Total equivalent plastic strain distribution during HDSA rail wheel rolling

4.2 金属的周向流动

由于轮坯在轧制过程中始终朝一个方向旋转，网格在轧制过程中发生明显的扭转变形说明金属发生了周向流动。由于模拟过程进行了网格再造，要跟踪研究轮坯中网格的扭转情况，在计算模型中以原始网格线作为流线（flow lines）。图 5 所示是在第一次网格再造前，一个组单元切片的形状变化，从中可以更清楚地看出金属周向流动的分布及其发展趋势。金属的周向流动主要分布在与辐板辊接触的区域，以新延展出的辐板最为明显。单元的扭转方向与轮坯旋转方向一致。由图 5 可看出，随着轧制的继续、变形的加剧，这种周向扭转现象越来越明显。轧到第 9 圈后，由于轮辋的内外端变形不均匀，轮辋上网格单元也发生了不均匀的偏扭。这种金属的周向流动会有利于沿周向形成织构组织，提高车轮的力学性能。

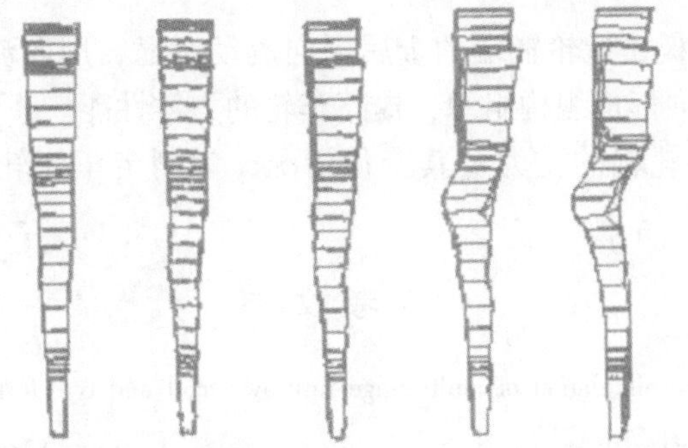

(a) 第1圈 (b) 第2圈 (c) 第3圈 (d) 第4圈 (e) 第5圈

图 5 轧制过程金属的周向流动情况

Fig. 5 Metal circumferential flow pattern during rail wheel rolling

5 轧辊受力分析

力能参数的计算是车轮轧制成形工艺参数的设定和工具设计的重要依据。由于车轮轧制变形中，变形工具繁多且形状复杂，影响因素复杂，难以用普通轧制的理论或经验公式计算轧制力。通过有限元分析可以得出各轧辊的受力情况，如图 6 所示。

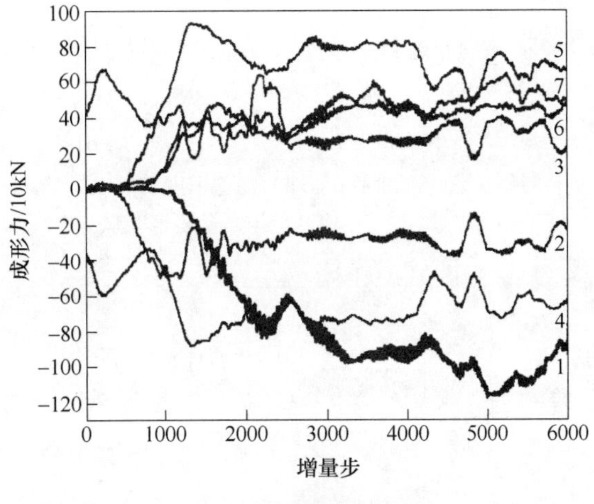

图 6 各轧辊受力情况

Fig. 6 Rolling force of all rollers

1—主辊轧制力；2—左侧轧边辊轧制力；3—右侧轧边辊轧制力；4—左侧辐板辊在 x 方向轧制力；5—右侧辐板辊在 x 方向轧制力；6—左侧辐板辊在 z 方向轧制力；7—右侧辐板辊在 z 方向轧制力

主辊在前 3 圈轧制中受力很小，这是由于前 3 圈的轧制主要是对轮缘及踏面表面变形。随着轧制的继续主辊轧制力波动上升，在轧制后期，轧制力达到最大，接近 1.2MN。轧制临近结束时，主辊轧制力又逐渐减小。左右侧轧边辊受力基本对称，见图 6 中的曲线 2 和 3。轧边辊的最大轧制力达 0.5MN 左右。左右辐板辊在 x 方向受力（两辐板辊之间受力）如图 6 中 4、5 两条曲线所示，两条曲线基本对称，辐板辊

x 方向受力最大约 850kN，在轧制中后期，其波动幅度不大。辐板辊在 z 方向（指向主辊方向）受力见图 6 中曲线 6 和 7，左右辐板辊在 z 方向受力大小不同，右侧辐板辊受力明显大于左侧辐板辊（这主要是车轮轧制成形中内外侧的变形量不同而造成），但其在轧制过程中变化趋势基本一致。

尽管有限元模拟的轧制时间比实际轧制时间短，但通过与实测的轧制力进行比较，计算出各轧辊的最大轧制力及轧制力的变化趋势与马钢车轮公司轧制 HDSA 车轮的实测数据基本一致。说明通过有限元计算可以对轧制力能参数进行较为准确的预报。

6　结论

（1）最大变形分布在辐板与轮辋连接处及轮辋外端靠近踏面处；轮辋外端变形明显大于轮辋内端变形；轮辋中心变形较难深透。

（2）车轮轧制过程中，辐板靠近轮辋端的金属周向流动明显，周向流动主要发生在轧制中后期，金属的周向流动有助于车轮沿周向形成织构组织，提高车轮的力学性能。

（3）得出车轮轧制过程各轧辊的受力及其变化情况，为制定车轮轧制工艺和设备设计提供了理论依据。

参 考 文 献

[1] Ward M J，Miller B C，Davey K. Simulation of multi stage railway wheel and tyre forming process［J］. Journal of Materials Processing Technology，1998，80：206-212.

[2] Davey K，Ward M J. A Practical method for finite element ring rolling simulation using the ALE flow formulation［J］. International Journal of Mechanical Sciences，2002，44：165-190.

[3] Davey K，Ward M J. The practicalities of ring rolling simulation for profiled rings［J］. Journal of Materials Processing Technology，2002，125：619-625.

[4] Youngsoo Yea，Youngsoo Ko，Naksoo Kim，et al. Prediction of spread，pressure distribution and roll force in ring rolling process-using plastic finite element method［J］. Journal of Materials Processing Technology，2003，140：478-486.

[5] 沈晓辉，安涛，阎军，等. 840 车轮预成形有限元分析［J］. 钢铁研究学报，2005（1）.

车轮淬火加热过程温度场的数值模拟[❶]

钟斌 陈刚 王世付 毕军华

（马鞍山钢铁股份有限公司）

摘 要 根据马钢车轮淬火加热炉的实际状况，建立了车轮淬火加热过程温度场计算模型。应用该模型对某规格车轮的淬火加热过程温度场进行了模拟，并应用在线测温系统对该规格车轮淬火加热过程的温度变化进行了实测，结果与实测结果吻合较好。通过模拟发现，该规格车轮现行加热时间过长，有很大的压缩空间。

关键词 车轮；淬火加热；温度场；数值模拟

Numerical Simulation of Temperature Distribution during Wheel Quench Heating Process

Zhong Bin Chen Gang Wang Shifu Bi Junhua

（Ma'anshan Iron and Steel Co., Ltd.）

Abstract Mathematical Model for temperature distribution calculation during wheel quench heating process is established and used in the simulation of a certain type wheel. It shows that the calculated results fit well with tested results measured with on-line temperature measuring system. Through simulation, it can be concluded that the heating time for this type of wheel is too long and can be cut a lot.

Key words train wheel; quench heating; temperature distribution; numerical simulation

1 引言

淬火加热的目的是使钢奥氏体化，淬火加热制度（加热时间和加热温度）应根据钢种、工件规格，结合产品要求制定。淬火加热制度的差异会使奥氏体组织产生差异，直接影响热处理质量，从而使产品实物性能指标及其稳定性显著不同。

马钢车轮淬火加热是在环形加热炉中进行，加热炉分四段：预热段、加热Ⅰ段、加热Ⅱ段、均热段。为制定合理的淬火加热制度，发挥热处理工艺在调控性能方面的重要作用，必须掌握淬火加热过程中车轮温度的变化规律。传统的测试方法不仅难度大，成本高，而且通过某一规格车轮的测试结果难以准确预测另一规格车轮的温度变化；采用数值模拟方法建立车轮淬火加热过程中的温度场计算模型具有很强的适应性、通用性和灵活性，对实际生产具有现实的指导作用。

加热过程的温度场模拟计算是基于传热学原理和有限单元法或差分法，许多著作对此已有详细的介绍[1,2]。顾剑锋等[3]利用有限单元法模拟了9Cr2Mo冷轧辊加热过程瞬态温度场，根据模拟的结果提出了优化的冷轧辊加热工艺，大大地缩短了加热的时间，明显节约了能耗。李永军等[4]对70Cr3Mo钢大型支承辊淬火加热过程进行了计算机模拟，实现了温度场和相变的耦合计算。此外，文献［5，6］分别对中板加热炉内板坯和步进式加热炉内钢坯的加热过程温度场进行了模拟。数值模拟方法不仅能使我们对加热过程中工件内部温度变化规律有比较清晰的认识，为工艺制度的优化提供了依据，而且成本低，周期

❶ 原文发表于《工业加热》2006年第4期。

短，适于推广应用。

本文采用有限单元法建立了某规格车轮淬火加热过程温度场计算模型，并应用耐高温智能测温系统对计算结果进行了验证。

2 数学模型

车轮在环形加热炉内加热属于非稳态传热，涉及到传导、对流和辐射，是一个复杂的传热过程。由于炉内气氛复杂且在奥氏体化过程中涉及到相变潜热的处理，这些都增加了车轮淬火加热过程温度场模拟的难度。

2.1 模型假设

为简化模型，进行如下假设：

(1) 假设材料参数是各向同性的；

(2) 根据环形加热炉的实际状况，假设边界条件和边界热载荷沿周向一致。

根据以上假设，考虑到车轮几何形状的轴对称性，可将三维模型简化成二维轴对称模型。

2.2 温度场计算的控制方程

柱坐标系下，轴对称温度场计算的控制方程可表示为：

$$\lambda\left(\frac{\partial^2 T}{\partial r^2}+\frac{1}{r}\frac{\partial T}{\partial r}+\frac{\partial^2 T}{\partial z^2}\right)+q'=\rho c_p\frac{\partial T}{\partial t} \tag{1}$$

式中，λ 为材料的导热系数；ρ 为材料密度；c_p 为材料的定压比热容；T 为工件的瞬态温度；t 为过程进行的时间；r，z 分别为沿径向和轴向坐标；q'为相变潜热的热流密度。

2.3 初始条件与边界条件

瞬态温度场求解时，需相应的初始条件和边界条件，本模型中，初始条件为淬火加热前车轮的温度，可设为常值。边界条件是指车轮外表面与周围环境的热交换情况，本模型中为对流和辐射混合的换热边界，可用第三类边界条件表示：

$$-\lambda\left.\frac{\partial T}{\partial n}\right|_s=H_k(T_w-T_c)+\sigma\varepsilon(T_w^4-T_c^4)=H_k(T_w-T_c)+H_s(T_w-T_c)=H(T_w-T_c) \tag{2}$$

其中：

$$H=H_k+H_s \tag{3}$$

$$H_s=\sigma\varepsilon(T_w^2+T_c^2)(T_w+T_c) \tag{4}$$

式中，H 为综合换热系数；H_k 为对流换热系数；H_s 为辐射换热系数；T 为绝对温度；σ 为 Stefan-Boltzmann 常数；ε 为车轮表面辐射率；T_w，T_c 分别为车轮表面温度和炉气温度。

环形加热炉内加热时，加热过程较为缓慢，可采用文献［1］中所述的炉内换热系数的计算方法分别计算对流换热系数和辐射换热系数，以综合换热系数的形式加载在车轮表面。

2.4 相变潜热

淬火加热过程中，当发生组织转变时会吸收潜热，相变潜热是淬火加热过程温度场模拟中不可忽略的因素。潜热的吸收会使模型高度非线性化，给求解带来困难，为简化模型，在奥氏体化相变吸热过程的处理中，采用增大相变温度区间热容的方法来近似模拟。

3 模拟结果

根据上述模型，利用 ANSYS 软件对某规格车轮淬火加热过程的瞬态温度场进行了计算，得到了任一时刻车轮内的温度分布。图 1 为加热过程各段结束时车轮的温度分布情况。

从模拟结果看，车轮加热过程中温度变化呈现以下特点：

(1) 加热过程中，由于受热条件较好，轮辋和辐板升温较快，而轮毂部位较慢，加热初期，辐板由

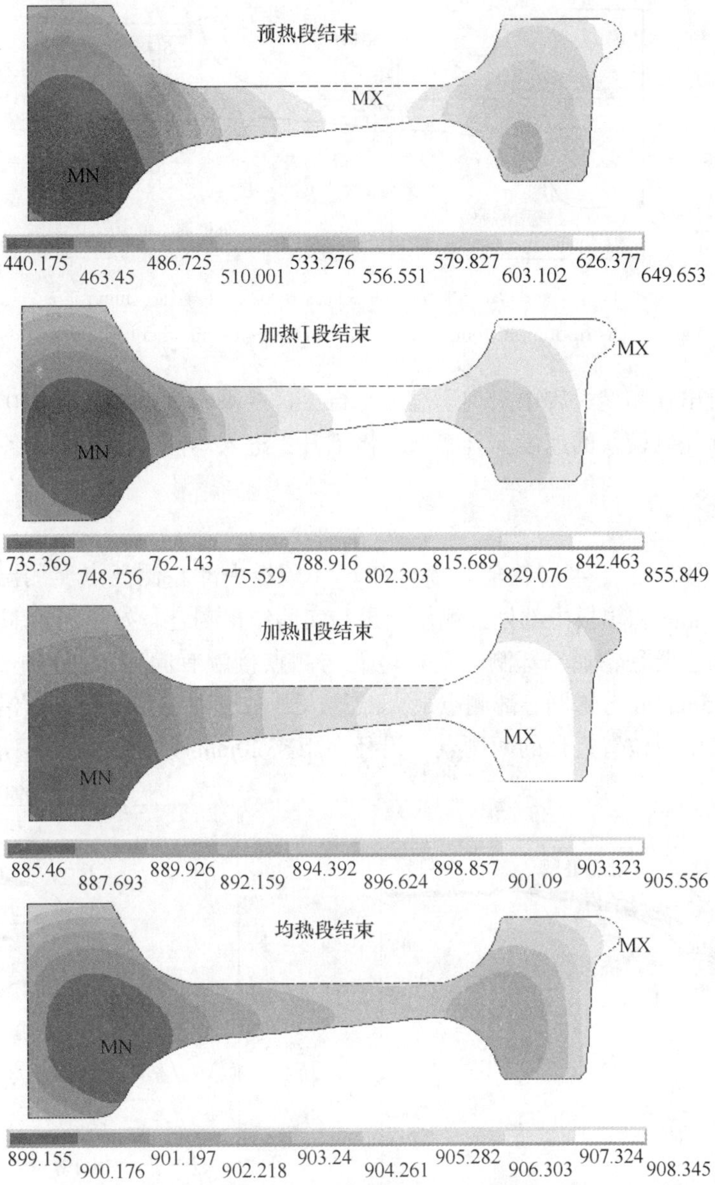

图1　车轮淬火加热过程各段结束时的温度分布

Fig. 1　Wheel temperature distribution at the end of each zone during quench heating process

于较薄，温度上升最快，但进入加热Ⅱ段后期，炉气温度与轮辋和辐板温度接近，这些部位的热交换基本处于平衡状态，轮毂部位除继续通过辐射吸热外，还由于热传导的作用从辐板部位吸收热量，这就造成辐板部位温度略低于轮辋部位的温度。

（2）加热期间，车轮内侧面温度比外侧面温度高，这是因为该规格车轮加热时，车轮内侧面朝上暴露在外，而外侧面朝下靠近炉底，内侧面的换热条件明显好于外侧面。

4　现场测试

为验证淬火加热过程数值模拟的结果，利用北京赛维美高科技有限公司研制的“黑匣子”耐高温在线测温系统对该规格车轮淬火加热过程的温度变化进行了在线测量，测温孔在车轮上的布置见图2。各测温孔分布在沿车轮周向不同角度处。“黑匣子”的7个通道，一个用于采集车轮附近的炉气温度，其余6个用于采集车轮测温孔位置处的温度变化，加热时执行该规格车轮现行加热工艺，加热时车轮内侧面朝上。测试结果见图3。

从图3看出，在预热段和加热Ⅰ段前部，车轮温度迅速上升，其中辐板温度升高最快，轮辋心部最慢；加热1h后，车轮各部分相继发生相变，持续十几分钟，由于奥氏体化过程中，相变要吸收热量，所

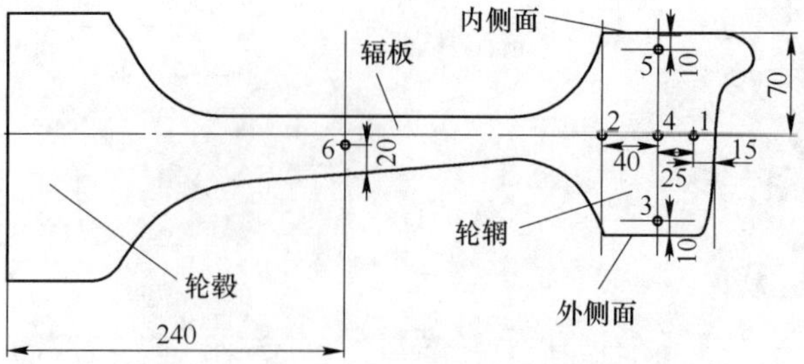

图 2　测温孔在车轮径向截面上的位置（单位：mm）

Fig. 2　Distribution of temperature-measuring holes on wheel radial section

以从图中可以明显地看出在相变过程中出现了温度平台，这些平台大致出现在 750~760℃之间，相变结束后，车轮各测温点温度先以较快的速度上升，后缓慢上升；进入均热段前，车轮各部位温度已基本相同。

5　结果比较与讨论

图 4 为 1#（踏面下 15mm）、4#（轮辋心部）和 6#（辐板中部）测温点实测温度与计算结果的比较。从图中看出，踏面下 15mm 和辐板中部处，测量结果与实测结果吻合较好，而轮辋心部结果有些差异。经分析，造成差异的原因主要是轮辋心部测点的热电偶与测点接触有问题，使热电偶所测的温度偏低。从实测结果看，踏面下 15mm 处与轮辋心部测点最大温差达到 82℃左右，而两测点沿径向仅相距 25mm；在另一规格车轮实测结果中，位置近似的两测点（沿径向距离 20mm）的最大温差不到 10℃。

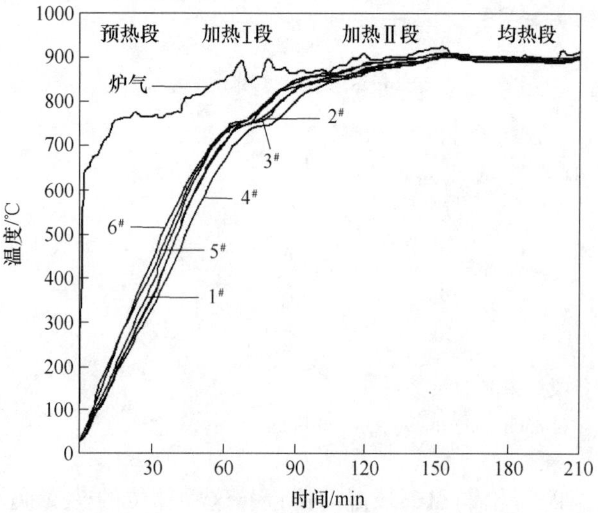

图 3　车轮淬火加热过程温度变化曲线

Fig. 3　Temperature-time curves measured during wheel quench heating process

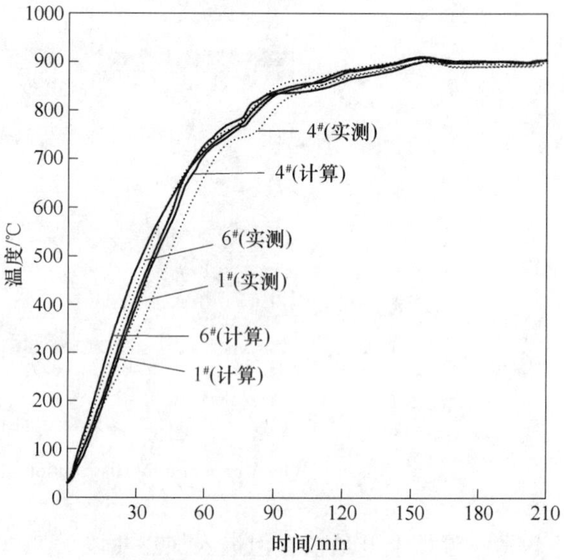

图 4　计算结果与实测结果比较

Fig. 4　Comparison between calculated and tested results

其余三个测温点实测结果与计算结果比较表明两者吻合很好，这说明采用本文建立的温度场模型计算的车轮温度变化值是可信的。

从测试结果看，各测点都出现了较明显的相变平台。由于在计算中对相变潜热采取了简便的处理方法，虽然相变平台不如实测的明显，但从各测点的计算结果可以看出，相变发生的时间和温度区间与测试结果基本一致。

从计算和测试结果看，在现行的该规格车轮淬火加热制度下，车轮在加热过程中，车轮轮辋和辐板部位温差并不是很大，且在加热Ⅱ段后期，车轮各部位温差已很小，加热 2. 5h 后车轮各部分温度基本相同，维持在 900℃左右，总的来说保温时间过长，现行加热制度不甚合理，加热时间还有很大的压缩空间。

6 结论

（1）建立了车轮淬火加热过程温度场模拟数学模型。模拟结果与实测结果比较表明，采用该加热模型进行模拟是可行的。

（2）对某规格车轮淬火加热过程的模拟表明，该规格车轮现行加热制度不甚合理，加热时间有很大的压缩空间。

参考文献

[1] 刘庄，吴肇基，吴景之，等．热处理过程的数值模拟［M］．北京：科学出版社，1996.

[2] 孔祥谦．有限单元法在传热学中的应用［M］．北京：科学出版社，1986.

[3] 顾剑锋，潘健生，胡明娟，等．9Cr2Mo 冷轧辊加热过程的数值模拟［J］．金属学报，1999，35（2）：1266-1270.

[4] 李勇军，潘健生，顾健锋，等．70Cr3Mo 钢大型支撑辊淬火加热计算机模拟［J］．金属热处理，2000（9）：34-35.

[5] 包敦武，李彩霞，刘伟．中板加热炉温度场计算机仿真研究［J］．天津冶金，2003（2）：3-6.

[6] 沈丙振．热轧步进式加热炉内钢坯温度场数值模拟［J］．冶金能源，2002，21（4）：24-28.

火车车轮淬火过程残余应力的计算机模拟❶

付　斌[1]　安　涛[2]　沈晓辉[1]　章　静[1]　闫　军[1]

（1. 安徽工业大学；2. 马鞍山钢铁股份有限公司）

摘　要　为分析火车车轮淬火过程中车轮内部应力变化情况，利用 MSC/MARC 商用有限元软件结合用户子程序开发对车轮淬火过程中的应力场进行了模拟计算。残余应力计算结果和测试结果基本吻合。研究对车轮淬火工艺的制订和车轮的生产工艺的制定具有指导意义和应用价值。

关键词　淬火；残余应力；车轮；数值模拟；有限元

Simulation of Residual Stresses during Quenching Process of Railway Wheel

Fu Bin[1]　An Tao[2]　Shen Xiaohui[1]　Zhang Jing[1]　Yan Jun[1]

（1. Anhui University of Technology；2. Ma'anshan Iron and Steel Co.，Ltd.）

Abstract　In order to analyze the stress variation of wheel during the railway wheel quenching process，stress field during the quenching process was simulated using the FE commercial software MSC/MARC with the programmed user subroutine. The calculated result is in agreement with the measured stresses. This is significantly valuable for the railway wheel production and can be used to guide the quenching process design.

Key words　quenching；residual stresses；wheel；numerical simulation；FEM

1　引言

为了提高火车车轮的使用性能，在生产过程中通常需要进行淬火处理。淬火在提高车轮机械性能的同时也会使车轮产生残余应力，残余应力是产生变形和开裂等工艺缺陷的原因。此外，残余应力对腐蚀、材料疲劳强度、断裂韧性等材料的各种机械性能也有较大的影响。因此，正确认识车轮的残余应力分布以及其对车轮变形的影响有着重要的意义。

残余应力的测试比较复杂，影响残余应力的原因也是多方面的。因此，一般认为残余应力是难以理解和触摸不到的东西[1]。淬火过程是一个温度、组织、应力场相互耦合变化的复杂过程，并伴随有塑性变形，所以采用解析法计算淬火过程的应力变化几乎是不可能的。随着计算机技术和有限元技术的发展，已有不少学者对淬火过程进行了数值模拟计算，取得了一些结果[2-5]。本文利用 MSC/MARC 商用非线性有限元软件结合用户子程序开发对车轮淬火过程的应力场进行了模拟，得到了车轮残余应力分布情况。研究为淬火工艺的制订提供了依据，同时也为提高车轮质量提供了参考。

2　基本理论

2.1　控制方程和边界条件

以轴对称非稳态温度场的基本理论为基础，其导热微分方程形式为[6]：

---

❶ 原文发表于中国金属学会第三届轧钢青年工作委员会年会暨 2006 年全国塑性加工理论与新技术研讨会论文集。
国家“863”计划资助项目（2003AA331160）。

$$\lambda\left(\frac{\partial^2 T}{\partial r^2}+\frac{1}{r}\frac{\partial T}{\partial r}+\frac{\partial^2 T}{\partial z^2}\right)+q'=\rho c_p\frac{\partial T}{\partial t}$$

式中，λ 为材料的导热系数，W/(m·℃)；T 为物体的瞬态温度，℃；r，z 分别为圆柱坐标，m；q'为内热源的热流密度，W/m^2；t 为过程进行的时间，s；c_p 为材料定压比热，J/(kg·℃)；ρ 为材料的密度，kg/m^3。

淬火过程传热问题的边界条件主要是车轮与淬火介质间的对流换热。由于对于对流换热问题采用固体与流体之间的热力耦合分析过于复杂，因此简化为车轮与介质间的换热边界条件：

$$q=h_f(T_d-T_0)$$

式中，q 为边界的热流密度，W/m^2；h_f 为换热系数，W/(m^2·℃)；T_d 为随时间变化的温度，℃；T_0 为介质温度，℃。

2.2 相变的计算

对于扩散型转变，可根据等温转变过程的孕育率推算连续冷却时的转变开始温度，将每一温度下所消耗的时间 t_i 除以该温度下的孕育期 τ_i，用此值作为孕育率。对不同温度下的孕育率可以叠加，当总孕育率达到 1 时，即：

$$\sum_{i=1}^{n}\frac{\Delta t_i}{\tau_{T_i}}=1$$

孕育结束，转变开始[7]。

相变转变量常用 Avrami 方程进行计算：

$$V=1-\exp(-bt^n)$$

式中，b，n 为两个与钢的成分和奥氏体化转变条件有关的参数。

对于非扩散型转变，转变时仅决定于温度而和时间无关，转变量用 Koistinen-Marburger[8] 方程进行计算：

$$V=1-\exp[-\alpha(M_s-T)]$$

式中，M_s 为马氏体开始转变温度，℃；T 为转变温度，℃；α 为常数。

2.3 潜热的处理

伴随组织转变会释放相变的潜热，虽然没有熔化或凝固时的潜热大，但也是一个不可忽略的因素。相变时，由于各相的热焓值不同，不同类型的组织转变会释放出不同的相变潜热，潜热的释放与相变量成正比[9]，其计算公式如下：

$$Q=\Delta H\cdot\frac{\Delta V}{\Delta t}$$

式中，ΔH 为各组织的热焓，J/m^3；ΔV 为在 Δt 时间内的相变增加量。

2.4 淬火过程中的应变

淬火过程中总应变增量可分为以下几个部分：

$$d\varepsilon_{ij}^{T}=d\varepsilon_{ij}^{e}+d\varepsilon_{ij}^{P}+d\varepsilon_{ij}^{th}+d\varepsilon_{ij}^{tr}+d\varepsilon_{ij}^{tp}$$

式中，$d\varepsilon_{ij}^{e}$为弹性应变；$d\varepsilon_{ij}^{P}$为塑性应变；$d\varepsilon_{ij}^{th}$为热应变；$d\varepsilon_{ij}^{tr}$为组织应变；$d\varepsilon_{ij}^{tp}$为相变塑性应变。

组织应变为：

$$d\varepsilon_{ij}^{tr}=\beta dV$$

式中，β 为相变膨胀系数；V 为新相组织百分比。

相变塑性应变为：

$$d\varepsilon_{ij}^{tp}=k\sigma_e(1-V)dV$$

式中，k 为相变塑性应变系数；σ_e 为等效应力，Pa；V 为新相组织百分比。

2.5 TTT 曲线数值化

为便于计算机的存储和调用，在淬火过程的计算机模拟中，广泛采用以 TTT 曲线进行模拟的方法。

需将 TTT 曲线数值化[10]。

马钢车轮用钢为 CL60[11]，CL60 钢和 C60 钢的化学成分对比见表 1。两个钢种在成分上基本相近，因此用 C60 钢的 TTT 曲线[12]进行模拟分析。

表 1　CL60 钢和 C60 钢化学成分

Table 1　Chemical composition of CL60 steel and C60 steel　　（%）

钢种	C	Si	Mn	P	S	Cr	Cu
CL60	0.62	0.021	0.69	0.022	0.021	0.01	0.009
C60	0.63	0.40	0.65	—	—	0.13	0.20

从 TTT 曲线读出各转变曲线的数据，然后将各相变开始线和结束线分别用多项式进行拟合：

$$\lg t = a_0 + a_1T + a_2T^2 + a_3T^3 + a_4T^4 + \cdots$$

式中，t 为时间，s；T 为温度;℃；a_i 为多项式系数。

多项式拟合的 TTT 曲线图如图 1 所示。

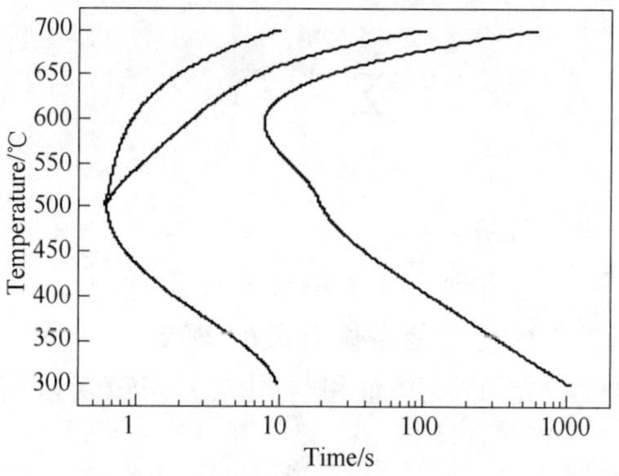

图 1　多项式拟合的 C60 TTT 曲线

Fig. 1　TTT curve of C60 steel by multinomial fitting

3　模型建立

由于回火过程的复杂性，虽然一般认为回火能减少或消除残余应力，但是残余应力在回火过程中的变化规律及回火规范与残余应力衰减的定量关系却少见报道[13]。因此，本文以 840HDSA 车轮为研究对象，对车轮淬火过程建立模型并进行计算分析。目前，马钢车轮轮箍公司采用踏面单面淬火工艺，如图 2 所示。具体热处理工艺：淬火温度 810~850℃，淬火水温 15~32℃，淬火水压 0.3~0.4MPa，淬火时间 240±10s。

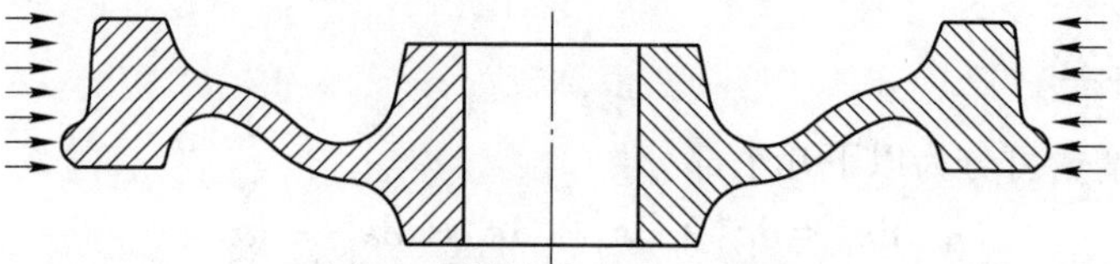

图 2　车轮淬火方式示意图

Fig. 2　Schematic diagram of quenching condition of wheel

由于淬火过程的外界载荷和约束条件均满足轴对称，因此可按轴对称问题进行研究。车轮加热后车轮内部温度分布基本均匀，初始温度为 850℃。整个模拟过程分三个工况，分别为加热炉至淬火台、喷水淬火和淬火台至回火炉三个过程。

4　计算结果及分析

温度场计算的准确性对残余应力的计算结果有很大影响。作者在文献［14］中对淬火温度场进行了分析计算，结果表明计算值与测试值十分吻合。

车轮内部受温度变化和组织变化会使材料的体积发生改变，最终形成内应力，温度变化的差别形成热应力，组织变化的差别形成组织应力。由于热应力和组织应力的共同作用使得车轮的内应力分布变得复杂。温度变化降低大处，体积收缩大，形成拉应力，温度变化降低小处，体积收缩小，形成压应力或使拉应力降低。同样，组织转变时，相变增量多，体积膨胀大，形成压应力也大，而相变量少，体积膨胀也小，所以产生拉应力或使压应力减小。

图 3 为 HDSA 车轮不同时刻车轮周向应力分布图。从图中可以看出，开始阶段，由于未发生组织转变，车轮以产生热应力为主，车轮内部的应力分布也比较均匀。喷水淬火阶段，轮辋处的温度冷却较快，并产生组织转变，车轮内应力为热应力和组织应力的叠加。所以，在此阶段轮辋处的应力情况比较复杂。随后的冷却阶段，轮辋处组织转变基本完成，组织转变主要在轮毂处。所以，在此阶段轮毂处的应力表现得比较复杂（分布很不均匀）。

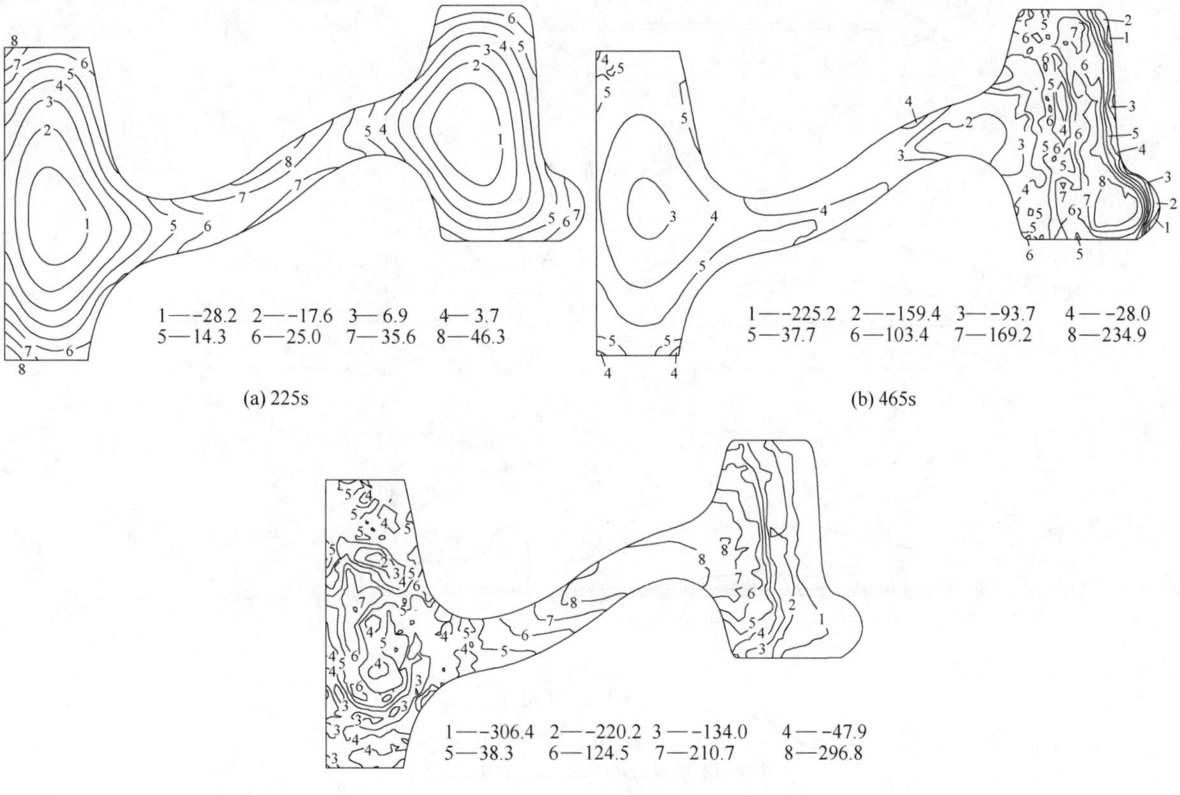

(a) 225s (b) 465s (c) 1785s

图 3　HDSA 冷却过程周向应力分布

Fig. 3　Circumferential stress distribution of HDSA during the cooling

图 4 为 HDSA 车轮距踏面不同距离点淬火过程周向应力变化图。从图中可以看出，在加热炉至淬火台和淬火后至回火炉两个过程中，周向应力的变化相对较为平缓。在喷水淬火过程中周向应力变化比较复杂，存在一定的波动。HDSA 车轮距踏面 5mm、10mm 位置开始阶段由于表面冷却速度比内部快，表面收缩大，处于拉应力状态，而距踏面较远的 65mm 位置正好相反处于压应力状态。若不发生相变，这种变化可能将继续下去。但由于表面位置先发生组织转变，转变的相变膨胀系数要高于其热膨胀系数，相变所引起的膨胀使得表面位置的拉应力状态迅速的转变为压应力状态。由于距踏面越近越早发生相变，从图中也可以看出，5mm 位置较 10mm 位置先发生应力减小。内部因表面的膨胀，所受的压应力也有所上升。

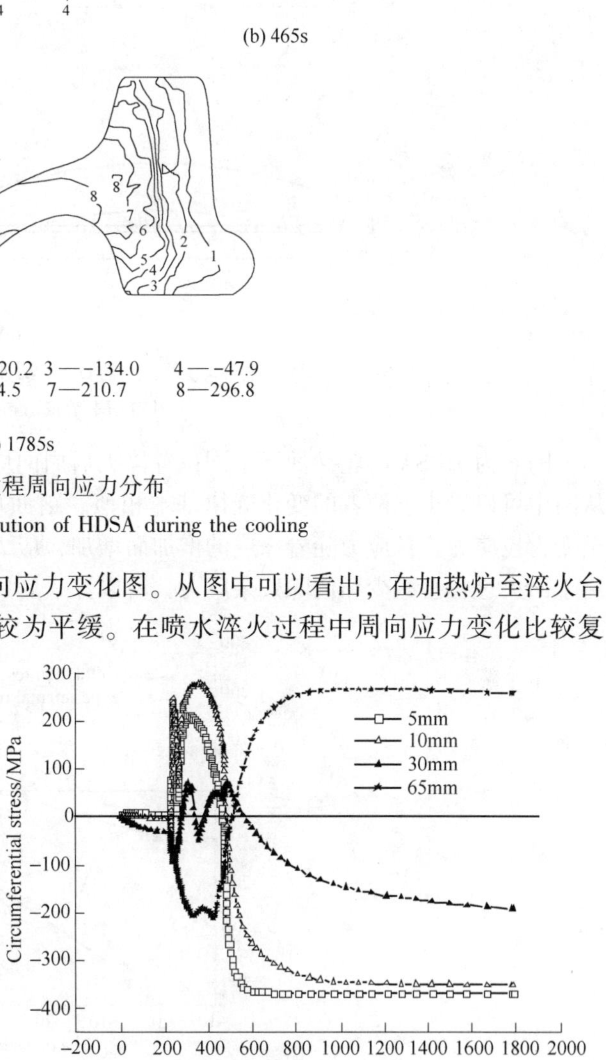

图 4　实测淬火过程周向应力变化

Fig. 4　Circumferential stress variation during quenching

踏面残余压应力的大小及沿轮辋的分布，是考核车轮质量的一个重要指标。采用机械法对车轮回火后残余应力分布进行了测定。首先在车轮相应位置粘贴应变片，然后进行切割，切割完成后再贴片，经过3次切割，如图5所示。利用应变仪记录每一次切割的应变，然后计算出每次切割释放的残余应力，最后将每次测得的残余应力进行叠加。对车轮进行残余应力测试过程复杂，由于车轮为大型工件，这给车轮的切割、贴片和移动过程都带来了不小的难度。由于切割过程车轮内部存在残余压应力释放，容易造成切割工具被夹持，必须采取适当的措施保证测试的精度。

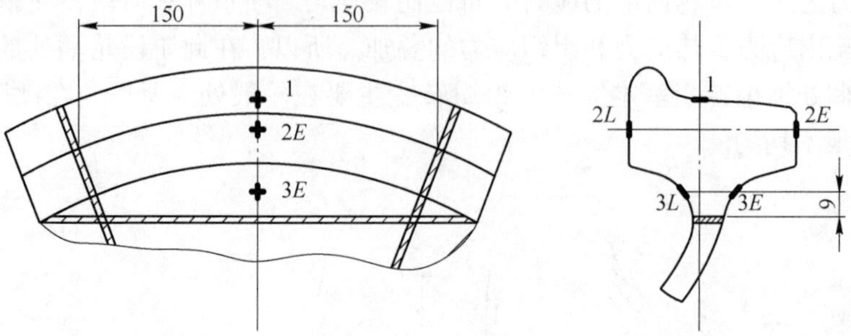

(a) 第一步切割

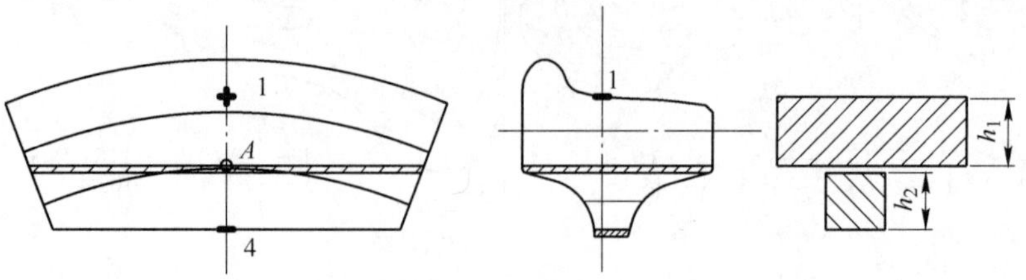

(b) 第二步切割

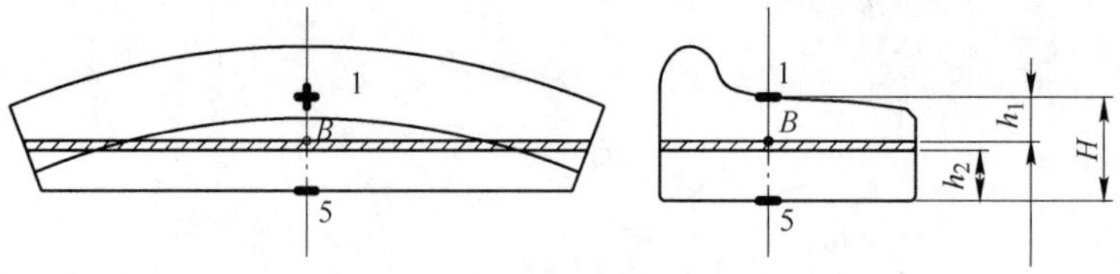

(c) 第三步切割

图5　切割操作示意图

Fig. 5　Schematic diagram of cutting

图6为HDSA车轮踏面下不同位置淬火后周向应力分布计算值和回火后周向应力分布测试值的对比。从图中可以看出，两者的变化规律基本相似。踏面表面为压应力，随着深度的增加，压应力逐渐减小直至变为拉应力，拉应力随着深度的增加而增加，应力的大小和距踏面的距离基本呈线性关系。在数值上，由于回火过程会减少和消除残余应力，所以淬火后的残余应力比回火后的残余应力大。

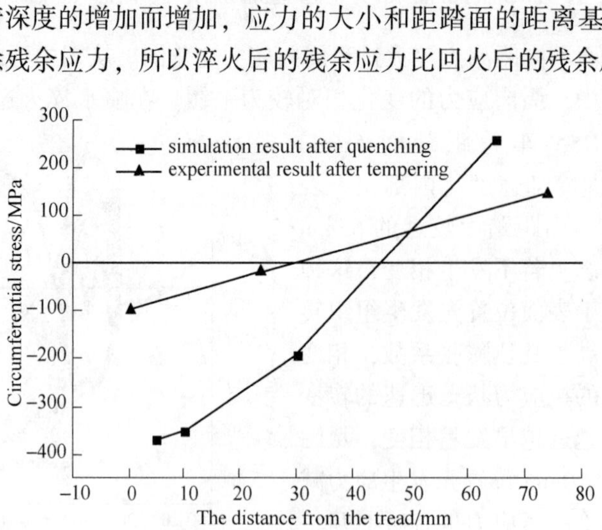

图6　踏面下不同位置周向应力分布

Fig. 6　Circumferential stress distribution below the tread

5 结论

（1）运用曲线拟合的方法对 TTT 曲线进行数值化，便于计算机的存贮和调用，为相变计算提供保证。

（2）试验测得了车轮残余应力值及分布，车轮踏面为周向压应力，应力值在 100MPa 左右，周向压应力为零的范围在踏面下 30mm 左右。

（3）模型能够对车轮淬火过程的应力场进行较准确的模拟计算，对车轮淬火工艺的制订和车轮的生产工艺的制定都具有重要的价值和指导意义。

参考文献

[1] 米谷茂．残余应力的产生和对策［M］．北京：机械工业出版社，1983.

[2] Reti T，Felde I，Horvath L. Quenchant performance analysis computer simulation［J］. Heat Treatment of Metals，1996（1）：11-14.

[3] Pan J S，Li Y J，Gu J F，et al. Research and application prospect of computer simulation on heat treatment process［J］. Journal of Shanghai Jiaotong University，2000，E-5（1）：1-13.

[4] Fernandes F M B，Denis S，Simon A. Mathematical model coupling phase transformation and temperature evolution during quenching of steels［J］. Materials Science and Technology，1985，1（10）：838-844.

[5] 蒋昱，曾攀，娄路亮．26Cr2Ni4MoV 钢淬火过程的三场耦合数值模拟［J］．哈尔滨工业大学学报，2002，34（3）：302-307.

[6] 孔祥谦．有限单元法在传热学中的应用［M］．北京：科学出版社，1998.

[7] 刘庄．热处理过程的数值模拟［M］．北京：科学出版社，1996.

[8] Koistinen D F，Marburger R E. General equation prescribing the extent of the austenite transformation in pure iron-carbon steels［J］. Acta Metall.，1959（7）：50-60.

[9] 顾剑锋，潘健生，胡明娟，等．9Cr2Mo 冷轧辊加热过程的模拟［J］．金属学报，1999（12）：1266-1270.

[10] 潘健生，胡明娟，田东，阮冬．45 钢淬火三维瞬态温度场与相变的计算机模拟［J］．热加工工艺，1998（1）：9-12.

[11] 钱立和，孟江英．铸钢车轮的显微组织研究［J］．钢铁，2000（3）：43-45.

[12] 杨克功．钢的等温转变曲线［M］．哈尔滨：黑龙江人民出版社，1981.

[13] 钱桦，习宝田．淬火圆锯片回火残余应力的研究［J］．北京林业大学学报，2005（2）：107-110.

[14] 付斌，安涛，沈晓辉，等．火车车轮淬火过程温度场研究［J］．钢铁研究学报，已录用．

火车车轮淬火过程数值模拟❶

安 涛[1] 付 斌[2] 沈晓辉[2] 章 静[2] 闫 军[2]

(1. 马鞍山钢铁股份有限公司；2. 安徽工业大学)

摘 要 为分析车轮淬火过程中的车轮各场量变化情况，利用 MSC Marc 商用有限元软件结合用户子程序开发对车轮淬火过程进行模拟计算。通过模拟值和实测值的对比，模拟结果与实测结果吻合较好。

关键词 淬火；车轮；数值模拟；有限元；MSC Marc

Numerical Simulation during Railway Wheel Quenching Process

An Tao[1] Fu Bin[2] Shen Xiaohui[2] Zhang Jing[2] Yan Jun[2]

(1. Ma'anshan Iron and Steel Co., Ltd.; 2. Anhui University of Technology)

Abstract In order to analyze the field variation of wheel during the quenching process, quenching process was simulated using the finite element software MSC. Marc with the programmed user subroutine. The computer simulated results accorded with the experimental results quite well by comparison.

Key words quenching; wheel; numerical simulation; finite element; MSC Marc

1 引言

随着火车向高速重载方向发展，对火车车轮的质量提出越来越高的要求，既要保证内在质量又要保证型式尺寸和外观精度。车轮踏面喷水淬火（见图 1）作为车轮生产工艺过程中的一个重要工序，对车轮最终组织及产品尺寸都将产生很大影响。

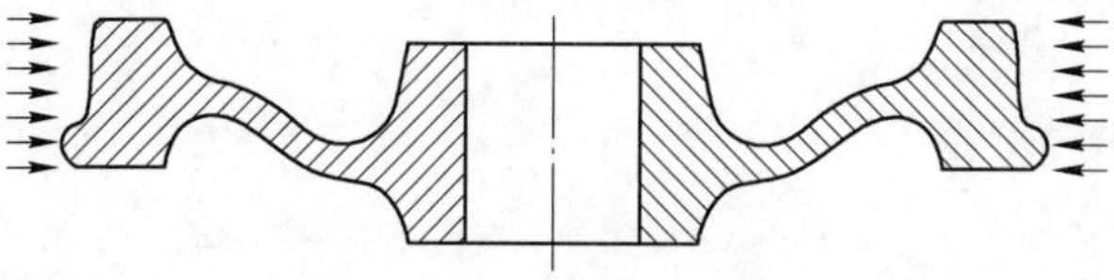

图 1 车轮淬火方式示意图

淬火过程是一个温度、组织、应力场互相耦合的高度非线性问题，目前对车轮淬火过程中各场变量变化的规律还缺乏理论解析，在实际生产过程中也都是凭经验进行判断。随着计算机技术和有限元技术的发展，本文利用 MSC Marc 商用非线性有限元软件结合用户子程序开发对车轮淬火过程进行模拟分析，得到车轮淬火过程中的各场量的分布及变化规律，为实际生产过程提供参考和依据。

2 模型建立

2.1 相变计算

根据等温转变过程的孕育率推算连续冷却时的转变开始温度，将每一温度下所消耗的时间 t_i 除以该

❶ 原文发表于《计算机辅助工程》2006 年增刊。

温度下的孕育期 τ_i，用此值作为孕育率。对不同温度下的孕育率可以叠加（见图 2），当总孕育率达到 1 时，即孕育结束，转变开始。[1]

$$\sum_{i=1}^{n} \frac{\Delta t_i}{\tau_{T_i}} = 1$$

对于奥氏体等温分解的转变量，常用 Avrami 方程进行计算：

$$V = 1 - \exp(-bt^n)$$

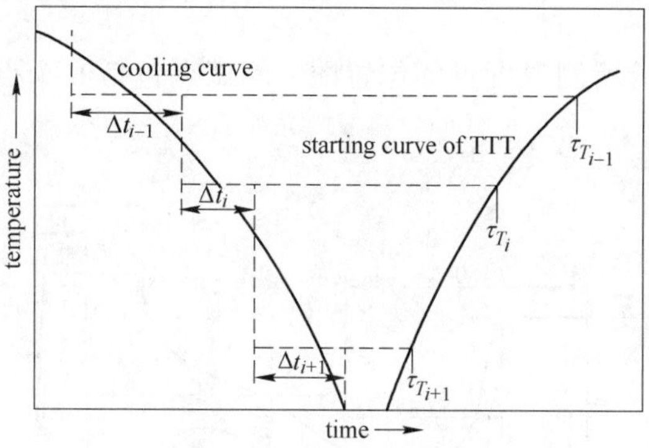

图 2　连续冷却过程示意图

在转变过程中，转变量也可以进行叠加，引入虚拟时间 t_{i+1}^*。

$$t_{i+1}^* = \left[\frac{-\ln(1 - V_i)}{b_{i+1}}\right]^{\frac{1}{n_{i+1}}}$$

然后计算 T_{i+1} 温度下保持 $t_{i+1}^*+\Delta t$ 时刻的转变量：

$$V_{i+1} = 1 - \exp[-b_{i+1}(t_{i+1}^* + \Delta t)^{n_{i+1}}]$$

2.2　潜热处理

热处理过程中必然会发生组织的转变，当发生组织转变时会吸收或释放潜热。固态组织转变的潜热，虽然没有熔化或凝固时的潜热大，但亦是一个不可忽略的因素。相变时，由于各相的热焓值不同，不同类型的组织转变会释放出不同的相变潜热，潜热的释放与相变量成正比[2]，其计算公式如下：

$$Q_L = \Delta H \cdot \frac{\Delta V}{\Delta t}$$

式中，ΔH 为各组织的热焓；ΔV 为时间 Δt 内的相变增加量。

2.3　TTT 曲线数值化

在淬火过程的计算机模拟中，现广泛采用以 TTT 曲线进行模拟的方法。要实现对组织场模拟，TTT 曲线必不可少。为便于计算机存储和调用，需将 TTT 曲线数值化。[3]图 3 为多项式拟合后的 TTT 曲线。

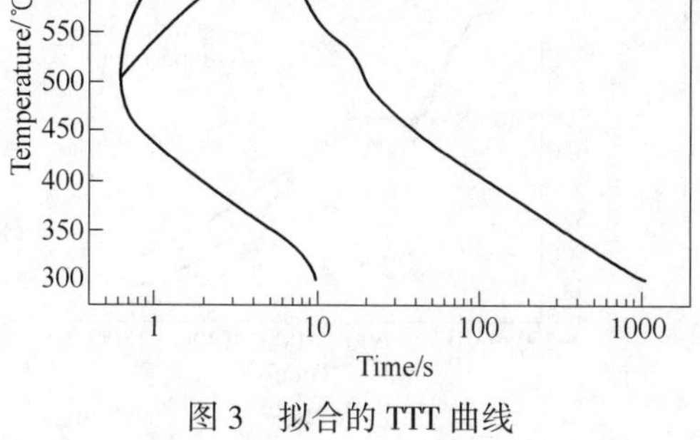

图 3　拟合的 TTT 曲线

3　有限元计算结果及分析

3.1　温度场模拟及分析

淬火开始时，车轮内部温差较小，温度最高处与最低处相差在20℃以内。在淬火过程中，由于采用踏面单面喷水淬火，轮辋处的冷却速度明显大于其他部位。轮辋处的温度迅速降低，而其他部位的温度则缓慢下降。如果表面和内部的温差过大，容易产生过大的热应力而导致车轮开裂，计算结果显示车轮内部的温度分布基本是合理的。

图4为“黑匣子”温度试验所测温度点的位置图。测试点包括6个点，其中踏面下4个点，辐板、轮毂上各1个点。

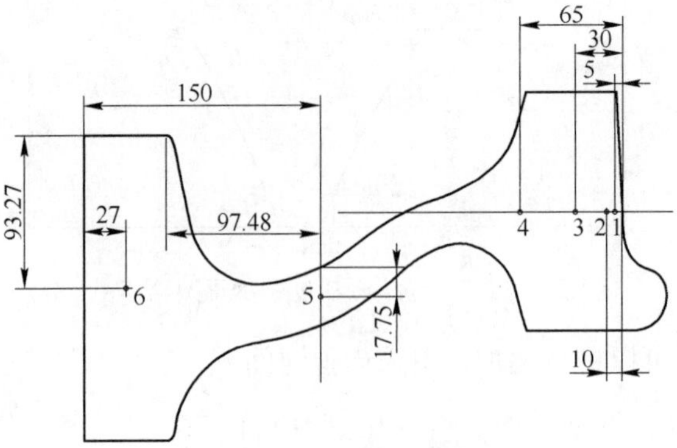

图4　测温点位置

图5为测量点温度的计算值和试验值比较。从图中的变化规律可以看出，离踏面比较近的点的温度变化曲线明显可以分为3段，冷却速度变化明显。而离踏面距离较远的点在整个冷却的过程中，温度的变化相对平缓，冷却速度基本保持不变。从这可以反映出喷水淬火过程中，随着离踏面距离位置越来越远，喷水淬火对温度的影响越来越小。这符合车轮生产的实际，要求中间冷速慢，得到韧性较好的组织，而表层要求冷速较快，得到较硬、耐磨的组织。通过模拟计算的温度变化情况和实际“黑匣子”测试试验得到的温度变化情况对比，模拟计算的结果在趋势上与实测结果一致。在数值上，模拟结果与实测结果吻合较好。

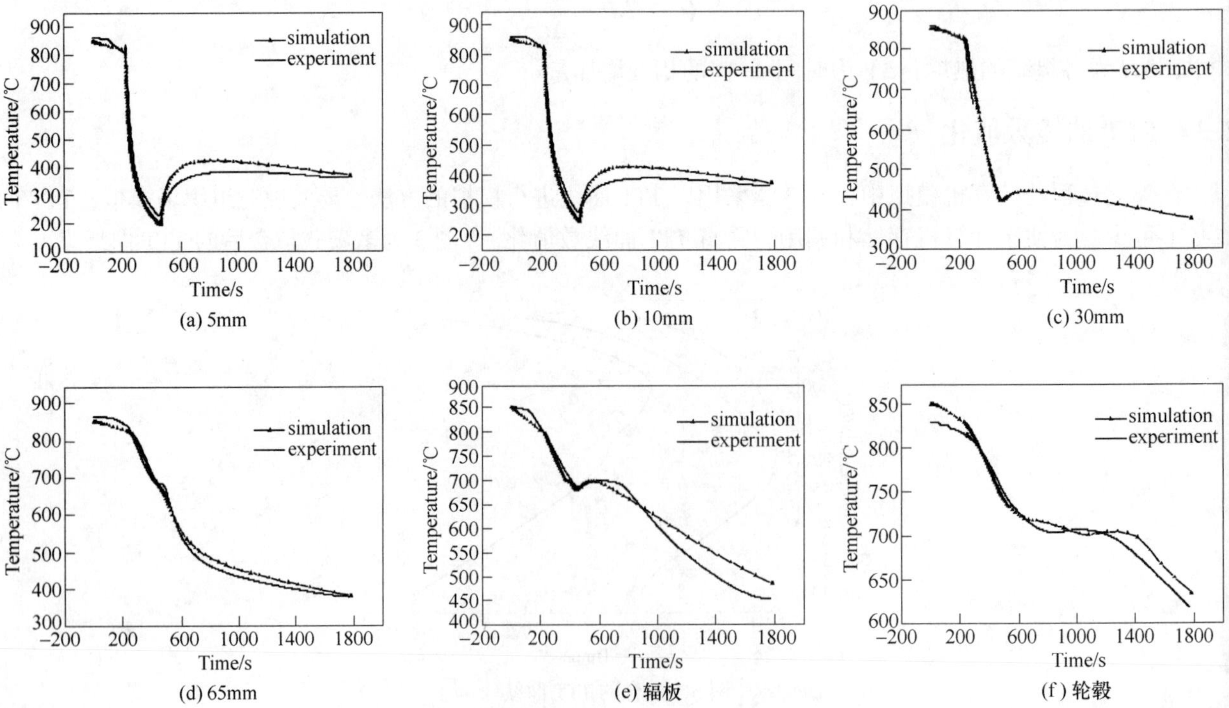

(a) 5mm　(b) 10mm　(c) 30mm

(d) 65mm　(e) 辐板　(f) 轮毂

图5　测量点温度的计算值和试验值比较

3.2 组织场模拟及分析

图 6 为热处理后车轮组织分布图。从图中可以看出，车轮最终组织以铁素体和珠光体为主，在踏面表层和轮缘处还有少量的贝氏体，马氏体几乎没有，只有在轮缘处才析出少量马氏体。

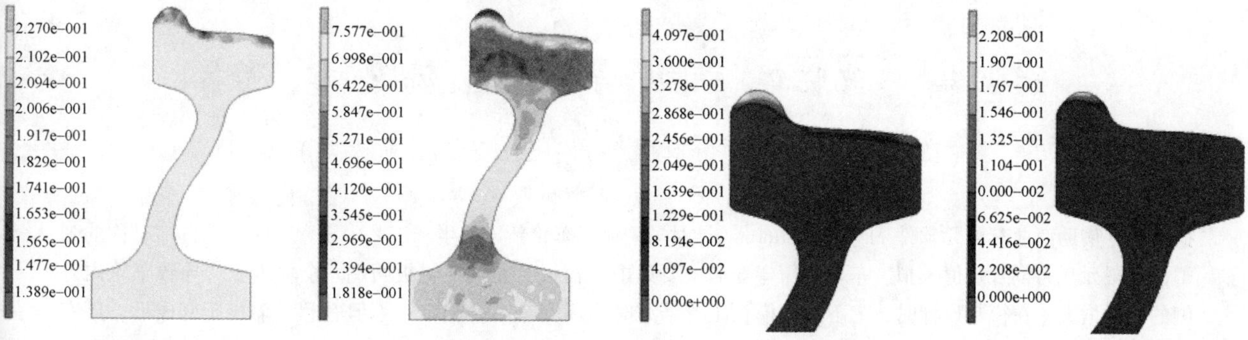

(a) 铁素体　(b) 珠光体　(c) 贝氏体　(d) 马氏体

图 6　热处理后组织分布（体积转变百分数）

4　结论

（1）模拟计算能较准确地模拟车轮淬火过程中的温度变化趋势，且与“黑匣子”试验实测温度接近。模拟计算值和实测值吻合得很好。

（2）运用曲线拟合方法对 TTT 曲线进行数值化，便于计算机存储和调用，为相变计算提供保证。

（3）踏面表层、轮缘部位冷却速度较快，利于形成马氏体、贝氏体组织；而其他部位冷却速度相对较慢，易于形成铁素体和珠光体组织。从金相分析来看，由于车轮为大型工件，采用喷水淬火冷却仍无法使踏面获得马氏体组织。

（4）模型能够对车轮淬火过程进行较准确的模拟，对车轮淬火工艺的制定和车轮生产工艺的制定都具有重要的价值和指导意义。

参考文献

[1] 刘庄．热处理过程的数值模拟［M］．北京：科学出版社，1996.
[2] 李勇军，潘健生，顾剑锋，等．70Cr3Mo 钢大型支承辊淬火加热计算机模拟［J］．金属热处理，2000（9）．
[3] 潘健生，胡明娟，田东，等．45 钢淬火三维瞬态温度场与相变的计算机模拟［J］．热加工工艺，1998（1）．

车轮压弯成形有限元分析❶

张　磊[1]　沈晓辉[2]　闫　军[2]　安　涛[1]　章　静[2]

（1. 马鞍山钢铁股份有限公司；2. 安徽工业大学）

摘　要　借助商业有限元软件 MSC. Superform，针对马钢火车车轮新压轧生产工艺中压弯工序，进行轴对称的弹塑性有限元热力耦合数值模拟。车轮的压弯变形主要集中在辐板，尤其在辐板两端。全辐板压弯导致车轮内外侧的内径增大，在模具设计时，上下压弯模在压弯结束时不用完全贴合辐板，不但有利于辐板压弯成形，还有效降低成形力。用有限元计算的压弯成形力与实际生产情况一致。

关键词　火车车轮；压弯；有限元分析；成形力

Finite Element Analysis on Railway Wheel Dish Process

Zhang Lei[1]　Shen Xiaohui[2]　Yan Jun[2]　An Tao[1]　Zhang Jing[2]

（1. Ma'anshan Iron and Steel Co.，Ltd.；2. Anhui University of Technology）

Abstract　The dish process of railway wheel is analyzed with help of finite element analysis commercial software MSC. Superform. Large strain elastic-plastic thermo-mechanical FEA modules in symmetrical are formulated for wheel dish processes. The deformations mainly concentrate on the web and especially on the two ends of the web. Because the inner diameter enlarge in dish process，it is recommend that dish die surface needn't fully match the finished web when design dish dies. That makes for web forming and lowering the dish force. Dish force calculated matches the actual force well.

Key words　railway wheel；dish process；finite element analysis（FEA）；dish force

长期以来，在火车车轮的生产中，模具设计及生产工艺参数的调整基本上依赖于“试错法”（Trial and Error），造成产品设计周期长，试制成本高，加工余量大，成材率低，浪费严重。运用有限元法可准确计算出车轮成形过程应力、应变及温度分布和力能参数，对研究车轮成形过程金属变形规律及缩短产品开发周期具有重要意义[1-3]。本研究借助商业有限元软件 MSC. Superform 对马钢火车车轮新压轧生产工艺中压弯工序进行轴对称的弹塑性有限元热力耦合数值模拟。并选取最具有代表性的产品 HDSA840 车轮进行分析。对提高车轮模具设计和工艺参数设计的科学性及车轮产品的质量，降低成本有重要的理论意义和应用价值。

1　模型建立

车轮压弯是车轮成形工艺的最后一道工序，主要作用是对辐板进行压弯成形、平整辋面、内外侧内径定径等。马钢车轮公司新线的压弯工序在 50MN 油压机上完成。840 车轮的轧制坯尺寸及压弯模具见图 1。

根据车轮轧制坯、模具及边界条件的轴对称性，在 Superform 中建立轴对称热力耦合模型，将变形过

❶ 原文发表于《安徽工业大学学报》2007 年第 3 期。

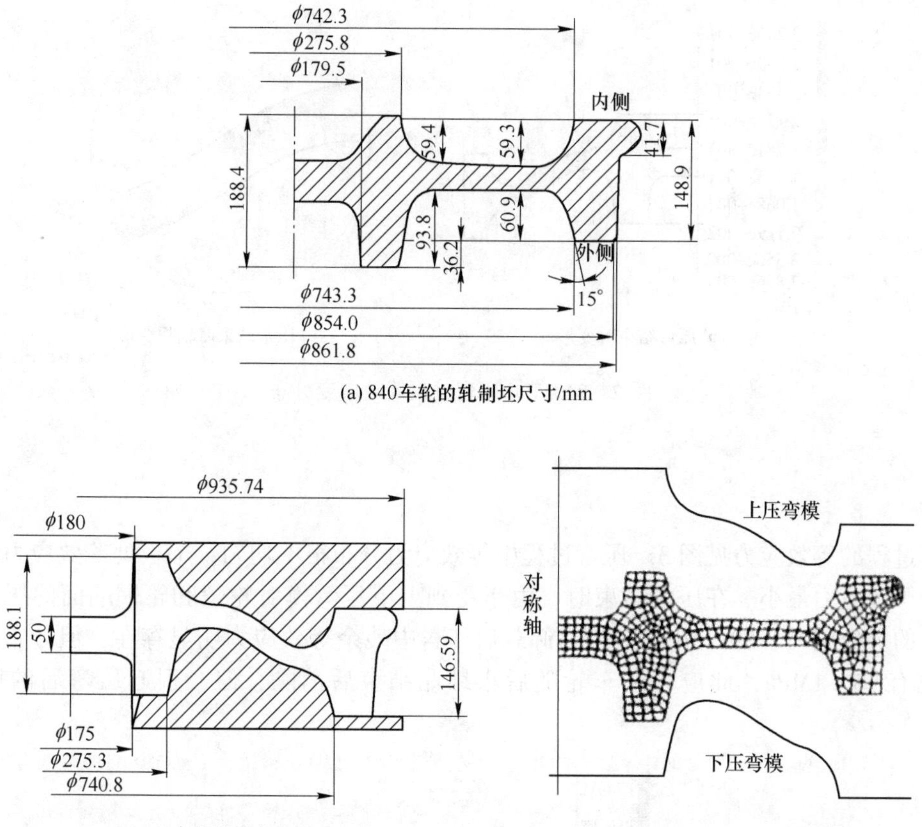

(a) 840车轮的轧制坯尺寸/mm

(b) 840车轮的压弯模具/mm

(c) 车轮压弯几何模型

图 1　840 车轮的轧制坯及压弯模具

程视为准静态加载。压弯初始温度设为 950℃。上模压下速度为 50mm/s。摩擦模型选择剪切摩擦，摩擦因子 $m=0.2$。

2　车轮压弯分析

2.1　变形

车轮压弯过程的金属变形见图 2，图中显示等效塑性应变的大小。压弯过程中上模对车轮内侧内径起到扩展作用，轮辋发生小角度的偏转，同时辐板两端发生弯曲。压弯结束后变形集中在辐板处，轮毂及轮辋基本没有变形。变形结束后，辐板中段没有与上下压弯模完全贴合，见图 2（c）。变形结束时，下模对车轮外侧内径定径，轮辋又被压正。压弯结束后，最大等效塑性应变出现在辐板内侧靠近轮辋端，达到 0.32。

在压弯模设计时模具与辐板不必完全贴合，但需要严格控制弯曲段内侧圆弧尺寸。不但有利于压弯时辐板的弯曲还可以减小压弯力。

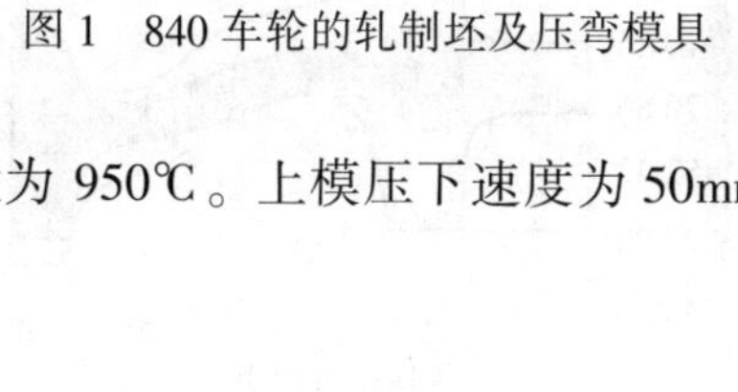

(a) 压弯过程中变形

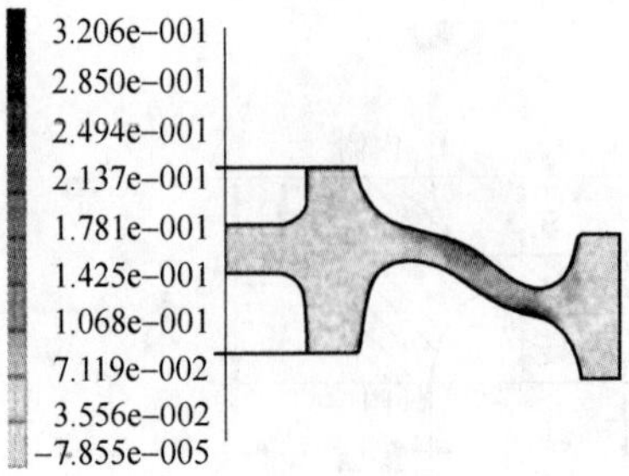

(b) 压弯结束时变形

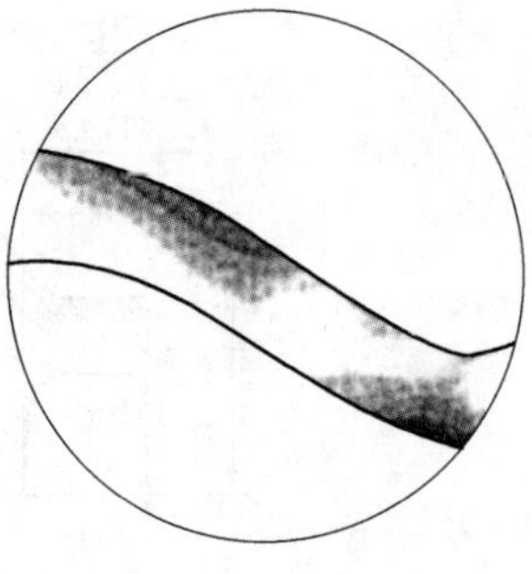

(c) 压弯结束时辐板变形

图 2　840 车轮压弯过程等效应变分布

2.2　应力

车轮压弯过程的等效应力见图 3。压弯过程中等效应力分布很不均匀，辐板处等效应力最大，其次是轮辋，轮毂处等效应力最小。在压弯结束时，由于受到上下压弯模对轮毂和轮辋端面的压力，轮毂和轮辋内部有较大的等效应力（89.1MPa）。模具卸载后坯料中残余等效应力明显存在，但分布很不均匀，最大等效应力仍有 157.1MPa，此应力在车轮随后再结晶结束后消除，但会引起压弯后的回弹，回弹量约 0.2mm。

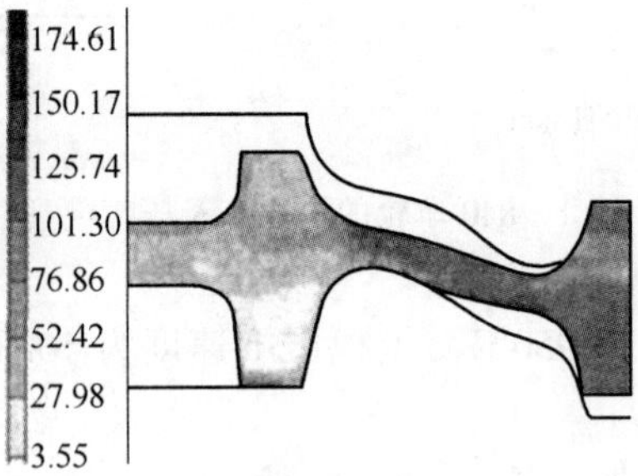

(a) 压弯过程中

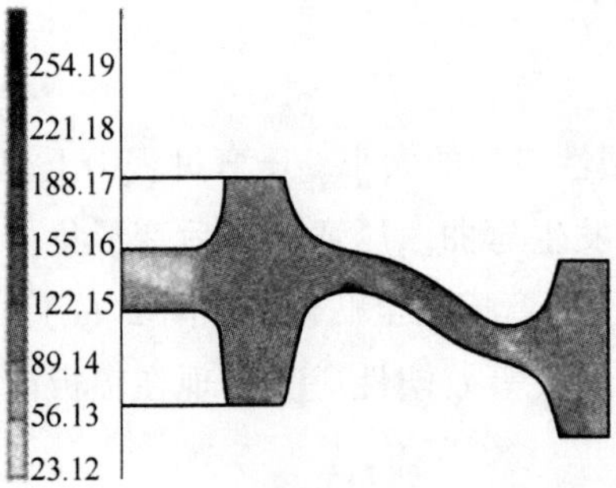

(b) 压弯结束时

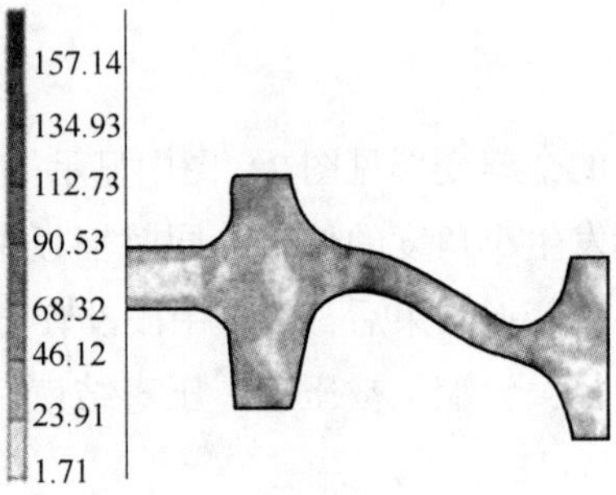

(c) 模具卸载后

图 3　840 车轮压弯过程等效应力分布（MPa）

2.3　压弯模具受力

840 车轮压弯过程上下压弯模的受力分析见图 4。图中上模压力向上记为正，下模向下压力记为负。由图 4 可知，上下压弯模受力完全对称，在压弯过程中成形力逐渐增大，在模具闭合前成形力较小，模具接近闭合时成形力急剧上升，最大成形力达到 24.8MN，与实际生产过程观测的压力基本吻合。由图 5 可以看出，随着摩擦条件的变化，车轮的压弯成形力变化不大，原因是压弯过程金属沿磨具界面滑动较小。

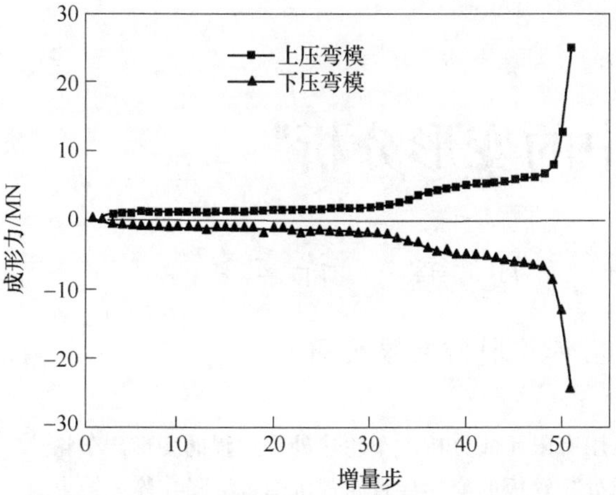

图 4　840 车轮压弯成形力（$m=0.2$）

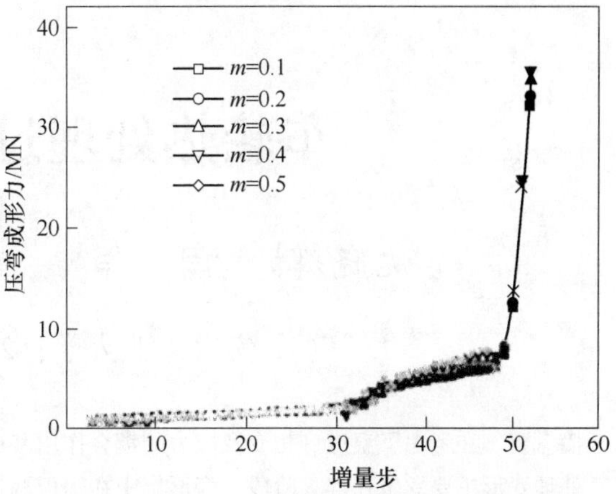

图 5　摩擦因子对 840 车轮压弯成形力的影响

3　结论

（1）840 车轮的压弯变形主要集中在辐板，其两端变形较大。车轮内外侧的内径均增大。

（2）对 840 车轮，压弯过程主要是对辐板变形，在模具设计时，上下压弯模在压弯结束时不用完全贴合辐板，这不但有利于辐板压弯成形，还有效降低了成形力。

（3）摩擦条件对车轮的压弯成形力影响不大。用有限元法计算出的成形力与实际生产情况吻合较好。

参 考 文 献

[1] Ward M J，Miller B C，Davey K. Simulation of multi-stage railway wheel and tyre forming process［J］. Journal of Materials Processing Technology，1998，80：206-212.

[2] 沈晓辉，安涛，闫军，等. 840 车轮预成形有限元分析［J］. 钢铁研究学报，2005，17（1）：30-33.

[3] 沈晓辉，闫军，安涛，等. 车轮轧制成形过程有限元分析［J］. 钢铁，2006，41（3）：55-58.

车轮热处理过程中的变形分析❶

沈晓辉[1]　闫　军[1]　安　涛[2]　肖　锋[2]　许章泽[2]

(1. 安徽工业大学；2. 马鞍山钢铁股份有限公司)

摘　要　在考虑了温度、相变及应力的耦合作用基础上，运用有限元法分析了车轮热处理过程的变形。车轮热处理变形主要发生在淬火阶段，变形集中在辐板两端的圆弧处。辐板的变形导致轮毂沉降，沉降在淬火结束时达到峰值，在随后的回火和冷却过程沉降减小，热处理结束后 HDSA840 车轮沉降达 1.3mm。

关键词　车轮；热处理；变形；有限元

Deformation Analysis of Railway Wheel in Heat Treatment

Shen Xiaohui[1]　Yan Jun[1]　An Tao[2]　Xiao Feng[2]　Xu Zhangze[2]

(1. Anhui University of Technology; 2. Ma'anshan Iron and Steel Co., Ltd.)

Abstract　Deformation in railway wheel for heat treatment was analyzed with finite element method, in which the coupling of temperature, phase transformation and stress was considered. Deformation is taking place mainly in quenching and the plastic strain mainly concentrate on the arc segments in two ends of the plate. The deformation of plate results in the sinking of hub of the wheel. The sinkage reaches maximum when quenching finish, and reduces in the following tempering and cooling process. The ultimate sinkage is 1.3mm when heat treatments finish for HDSA840 railway wheel.

Key words　railway wheel; heat treatment; deformation; finite element analysis

1　引言

碾钢车轮的生产工序主要包括预成形、轧制、压弯冲孔、热处理和机加工。热处理是其中的重要一步，它不但对车轮成品的组织性能和残余应力状态及分布有重要作用，且在其过程中还会产生明显的塑性变形[1]。热处理过程的变形会影响车轮的形状和尺寸。在车轮热处理过程中，由于热应力和组织应力的综合作用，车轮局部会发生塑性变形，在生产中表现出车轮轮毂的沉降。在工艺设计上对热处理沉降的估计不准确，会导致机加工时大量金属的浪费、增加机加工负荷，甚至还会出现车轮的局部加工不到而导致废品。本文深入分析了车轮热处理过程的变形。

热处理是一个温度、组织转变、应力相互作用的复杂过程[2~5]，难以解析温度场、应力场和相变耦合的作用。本文采用有限元法，借助于商用有限元软件 MSC. Marc 进行分析。有限元法速度快，效率高，能综合全面反映热处理过程中各种场量的变化规律。

2　分析模型的建立

2.1　车轮热处理工艺

车轮热处理工艺见图 1。其具体工艺参数（以 HDSA840 车轮为例）为：淬火温度 870℃，淬火时间

---

❶　原文发表于《中国冶金》2007 年第 7 期。
安徽省重点科研计划项目（07021007）。

240s，回火温度500℃，回火时间4h。采用单面淬火工艺，即只对车轮踏面进行喷水冷却，同时车轮高速旋转，这样可把车轮热处理过程视为轴对称问题进行研究。

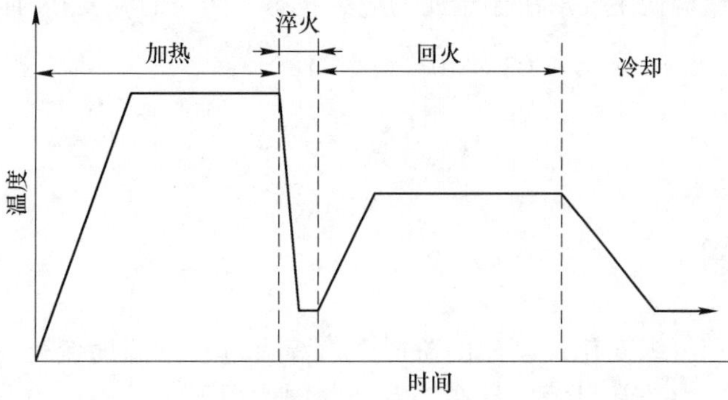

图1 车轮热处理过程温度变化示意

Fig. 1 The schematic figure of temperature change in heat treatment for wheel

2.2 主要数学模型

整个有限元分析过程主要分加热、淬火、回火和空冷。热处理过程是应力应变、温度、相变三者的综合作用过程，见图2。Marc软件中热—力耦合功能是内嵌的，而对应力和相变、温度和相变之间的关系进行二次开发。综合考虑相变、温度、应力及回火蠕变的作用及相互影响，对车轮热处理过程进行分析。

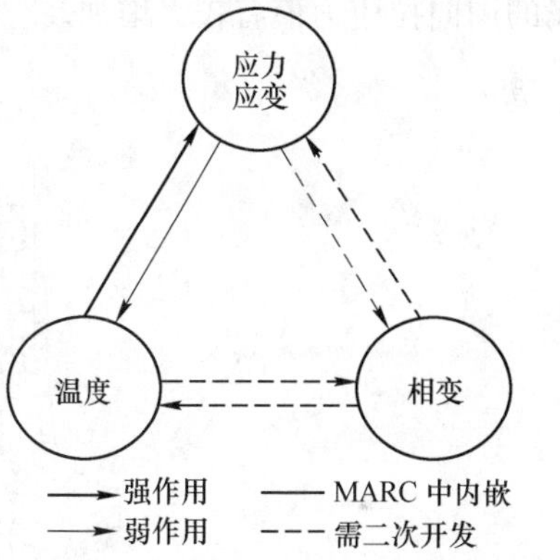

图2 应力、温度、相变间的作用

Fig. 2 Coupling of stress, temperature and phase transformation

2.2.1 相变的计算

对于扩散型转变，相变转变量用Avrami方程[6]计算，即：

$$V = 1 - \exp(-bt^n) \tag{1}$$

式中，b，n分别为与钢的成分和奥氏体化转变条件有关的参数。

对于非扩散型转变，转变时仅决定于温度而与时间无关，转变量用Koistinen-Marburger[6]方程计算，即：

$$V = 1 - \exp[-\alpha(M_s - T)] \tag{2}$$

式中，M_s为马氏体开始转变温度,℃；T为转变温度，K；α为常数。

2.2.2 潜热的处理

伴随组织转变会释放相变的潜热。相变时，由于各相的热焓值不同，不同类型的组织转变会释放出不同的相变潜热，潜热的释放与相变量成正比[5]，其计算见式（3）：

$$Q = \Delta H \cdot \frac{\Delta V}{\Delta t} \tag{3}$$

式中，ΔH为各组织的热焓，J/m^3；ΔV为在Δt时间内的相变增加量。

2.2.3 应变计算

热处理过程中总应变增量可分为：

$$d\varepsilon_{ij}^{T} = d\varepsilon_{ij}^{e} + d\varepsilon_{ij}^{P} + d\varepsilon_{ij}^{th} + d\varepsilon_{ij}^{tr} + d\varepsilon_{ij}^{tp} \tag{4}$$

式中，$d\varepsilon_{ij}^{e}$为弹性应变；$d\varepsilon_{ij}^{P}$为塑性应变；$d\varepsilon_{ij}^{th}$为热应变；$d\varepsilon_{ij}^{tr}$为组织应变；$d\varepsilon_{ij}^{tp}$为相变塑性应变。

组织应变为[6]：

$$d\varepsilon_{ij}^{tr} = \beta dV \tag{5}$$

式中，β为相变膨胀系数；V为新相组织百分比。

相变塑性应变为[6]：

$$d\varepsilon_{ij}^{tp} = k\sigma_e(1 - V)dV \tag{6}$$

式中，k为相变塑性应变系数；σ_e为等效应力，Pa；V为新相组织百分比。

2.2.4　回火过程的蠕变

在回火过程中基本无相变，宏观表现为金属发生黏弹性蠕变，残余应力部分释放。残余应力释放的多少取决于蠕变的大小。黏弹性蠕变主要取决于金属的应力状态、回火的温度和时间[7]：

$$\dot{\varepsilon}_{c} = 4.02 \times 10^{-18}(\sigma_{e}^{12.5})\,e^{\frac{-53712}{1.8T+492}} \tag{7}$$

式中，$\dot{\varepsilon}_{c}$ 为蠕变应变速率。

3　计算结果及分析

3.1　应力分析

淬火是热处理过程中温度和组织变化最剧烈的阶段[8]。淬火过程中温度变化、组织变化的不均匀性和非同时性导致热应力和组织应力非常显著，且在二者的共同作用下车轮内应力分布变得较为复杂。这种应力也是车轮产生变形的根本原因。

HDSA 车轮踏面下不同深度处在热处理过程中周向应力的变化情况见图 3。车轮在淬火开始阶段，踏面附近冷却快，金属收缩较大；而较深部位冷却速度小，金属收缩较小，导致金属受到较大的周向拉应力作用。在喷水 60s 左右拉应力达到最大值。继续冷却，踏面及踏面附近的拉应力逐渐减小，并转换为压应力，喷水结束时达到最大压应力。回火前的自然冷却使踏面附近金属的周向压应力缓慢减小，深处金属的周向拉应力值有较大增加。

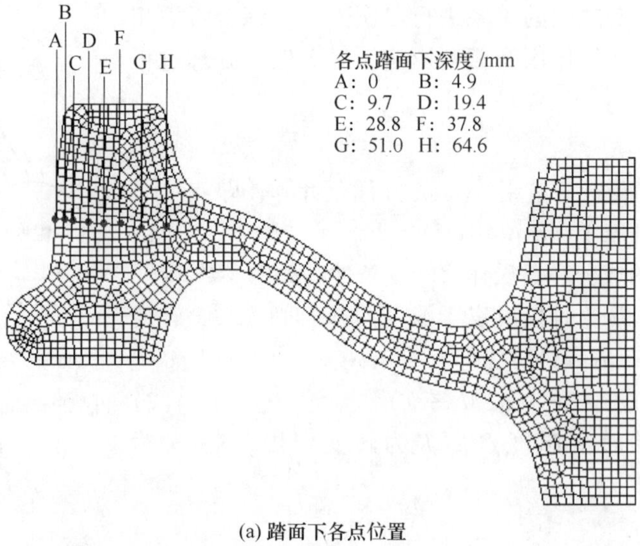

(a) 踏面下各点位置

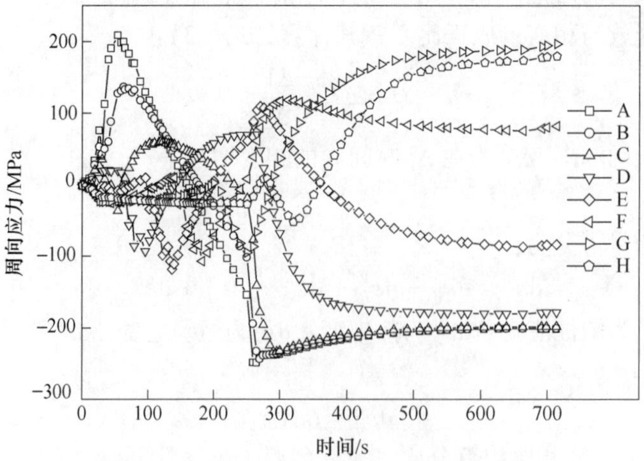

(b) 淬火过程各点应力变化

图 3　HDSA 车轮热处理过程踏面下不同深处位置的周向应力变化

Fig. 3　Circumferential stress in different depth below the wheel tread in quenching for HDSA wheel

3.2 变形分析

3.2.1 变形分布

在淬火过程中由于热应力和组织应力的综合作用，主要是轮辋外层金属收缩作用，当局部区域的金属所受等效应力大于屈服应力时，金属将发生塑性变形，且主要发生在淬火阶段。为便于计算和观察，有限元计算时固定轮毂的内端面。

HDSA 车轮淬火过程的等效塑性变形分布情况见图 4。图中的浅色细轮廓线为车轮淬火加热前的冷坯外形。从图中看出，在淬火过程中轮辋及辐板两端塑性变形明显，其中辐板两端塑性变形尤为突出。其原因是，轮辋温度下降远快于辐板，整个轮辋收缩，致使辐板受到很大的径向压应力。此时，由于辐板两端的温度较高，屈服应力较低，辐板两端圆弧段发生轻微塑性弯曲，圆弧内侧受压，外侧受拉，导致圆弧曲率增大，半径减小。热处理结束后，最大等效塑性变形达到 0.0166。同时，注意到踏面下塑性变形的不均匀所产生的额外应力是车轮完全冷却后出现残余应力的主要原因。在淬火结束后的热处理过程中基本上没有进一步塑性变形。

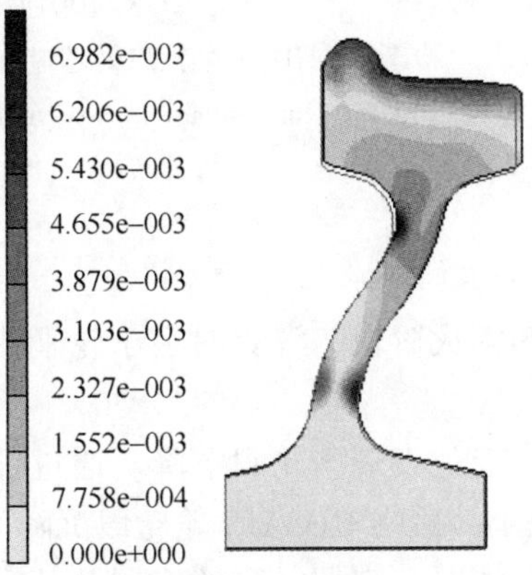

(a) 淬火 60s 等效塑性变形

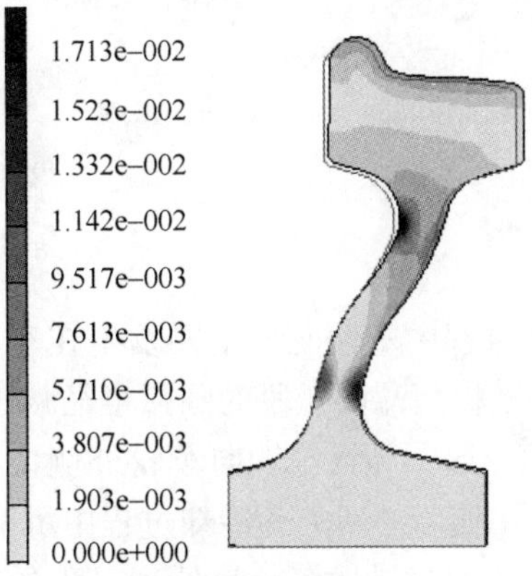

(b) 淬火结束时的等效塑性变形

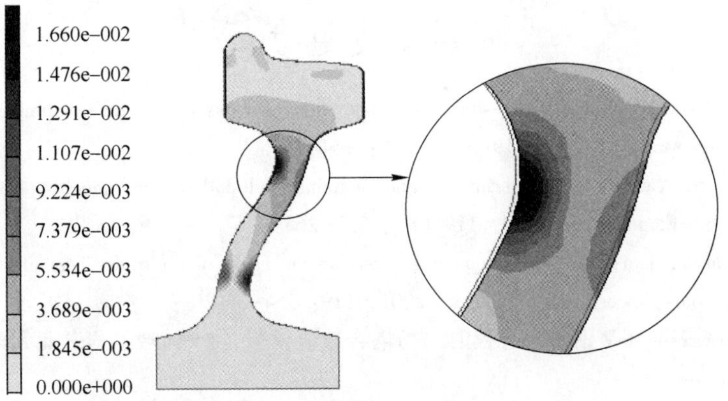

(c) 回火冷却后的等效塑性变形

图 4 HDSA 车轮热处理过程的塑性变形

Fig. 4 Plastic deformation of HDSA wheel in heat treatment

3.2.2 轮毂沉降分析

在车轮淬火过程中，辐板两端圆弧变形会导致车轮的尺寸变化。主要表现为，轮毂端面与轮辋端面的轴向位移，即图 5 中 e 尺寸的变化，一般 e 尺寸会增加，也就是轮毂发生沉降。轮毂沉降是热处理过程中车轮变形的宏观表现。掌握沉降规律对优化车轮成形模具、节约金属、提高成品率具有重要意义。

HDSA 车轮在淬火过程中的轮毂沉降情况见图 6。淬火加热过程中由于金属的膨胀，沉降仅为 0.4mm 左右。这部分沉降是弹性变形所致，冷却后可恢复。车轮辐板在淬火过程中由于受到巨大的热应力和组织应力作用而变形，导致沉降值急剧提高，HDSA 车轮沉降峰值达到 3.3mm。在随后的回火及空冷中，随残余应力的释放和温度的下降，沉降值减小。HDSA 车轮的最终沉降计算值为 1.3mm。另外，这里计算出的沉降值只考虑加热、淬火、回火、空冷过程，没有考虑车轮压弯后等温过程中出现的沉降。生产中HDSA车轮热处理加热前至回火冷却后轮毂的沉降为1.5mm左右，计算与观测结果基本一致。研究中发现车轮的沉降受车轮的形状尺寸、材料和热处理工艺影响。

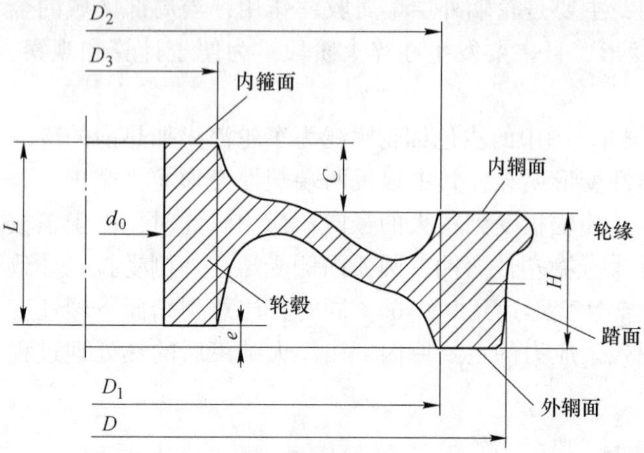

图5　车轮各部位尺寸

Fig. 5　Dimensions of different parts of the wheel

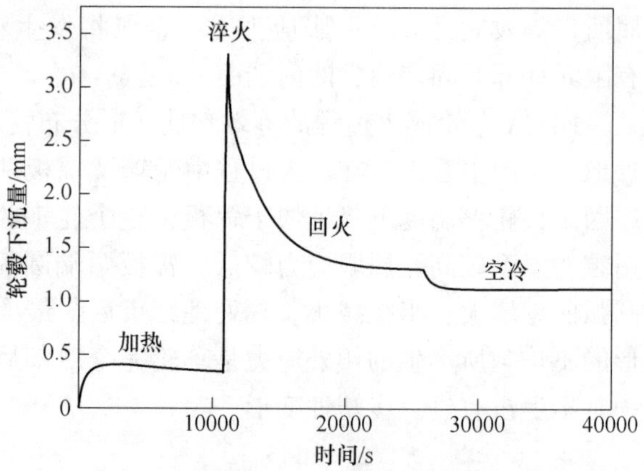

图6　HDSA车轮热处理过程轮毂沉降变化情况

Fig. 6　Hub sinkage in heat treatment for HDSA wheel

4　结论

（1）车轮热处理过程中塑性变形主要发生在车轮的淬火阶段，淬火时由于轮辋快速冷却收缩，辐板两端明显塑性变形，辐板两端圆弧段的圆弧半径减小。

（2）辐板两端的变形，导致轮辋向车轮外侧位移，宏观表现为轮毂沉降。通过计算，车轮在淬火结束时沉降达到峰值，在随后的回火和冷却过程中沉降减小，最终HDSA车轮轮毂沉降为1.3mm。

（3）采用有限元法定量描述车轮热处理过程的变形情况，掌握沉降的成因及其规律，对优化车轮成形模具、节约金属、提高成品率具有重要意义。

参考文献

[1] Hakan C Gür, Erman Tekkaya A. Numerical investigation of non-homogeneous plastic deformation in quenching process [J]. Materials Science and Engineering A, 2001, 319-321 (12): 164-169.

[2] Wang K F, Chandraselear S, Yang H T Y. Experimental and computational study of the quenching of carbon steel [J]. Journal of Manufacturing Science and Engineering, 1997, 119 (8): 257-265.

[3] Hamouda A M S, Sulaiman S, Lau C K. Finite element analysis on the effect of workpiece geometry on the quenching of ST50 steel [J]. Journal of Materials Processing Technology, 2001, 119: 354-360.

[4] 蒋昱，曾攀，娄路亮. 26Cr2Ni4MoV钢淬火过程的三场耦合数值模拟 [J]. 哈尔滨工业大学学报，2002，34（3）：302-307.

[5] 顾剑锋，潘健生，胡明娟，等. 9Cr2Mo冷轧辊加热过程的模拟 [J]. 金属学报，1999（12）：1266-1270.

[6] 刘庄. 热处理过程的数值模拟 [M]. 北京：科学出版社，1996.

[7] Gordon J, Perlaman A B. Estimation of residual stress in railroad commuter car wheels following manufacture [P]. International Mechanical Engineering Congress and Exhibition, ASME RTD, 1998, 15: 13-18.

[8] 安涛，肖锋，程德利，等. KKD车轮淬火加热动态测温试验及分析 [J]. 工业加热，2004，33（4）：48-51.

火车车轮淬火过程中的温度场❶

付 斌[1,2] 安 涛[3] 沈晓辉[2] 章 静[2] 闫 军[2]

(1. 上海应用技术学院；2. 安徽工业大学；3. 马鞍山钢铁股份有限公司)

摘 要 为分析火车车轮淬火过程中车轮内部温度变化情况，利用MSC/MARC商用有限元软件结合用户子程序开发对车轮淬火过程中的温度场进行了模拟计算。温度的模拟结果与实测结果吻合较好。研究结果对车轮淬火工艺的制定和车轮的生产工艺的制定具有指导意义和应用价值。

关键词 淬火；温度场；车轮；数值模拟；有限元

Temperature Field during Quenching Process of Railway Wheel

Fu Bin[1,2] An Tao[3] Shen Xiaohui[2] Zhang Jing[2] Yan Jun[2]

(1. Shanghai Institute of Technology; 2. Anhui University of Technology;
3. Ma'anshan Iron and Steel Co., Ltd.)

Abstract In order to analyze the temperature variation of wheel during the railway wheel quenching process, temperature field during the quenching process was simulated using the FE commercial softw are MSC/MARC with the programmed user subroutine. The calculated result is in agreement with the measured temperature quite well. This is significantly valuable for the railway wheel production and can be used to guide the quenching process design.

Key words quenching; temperature field; wheel; numerical simulation; FEM

1 引言

随着火车向高速重载方向发展，对车轮质量提出了更高的要求，既要保证内在质量又要保证型式尺寸和外观精度。车轮喷水淬火是车轮生产工艺过程中的一个重要工序，它对车轮最终组织及产品尺寸都将产生很大的影响。

车轮淬火过程温度场的研究是研究其他各场变量的基础。车轮内部的温度变化情况不仅直接影响组织转变，而且对内应力也产生很大影响。淬火过程是一个温度、组织、应力场相互耦合变化的复杂过程，单凭经验对淬火过程的温度场进行研究几乎是不可能的。其次在目前的试验条件下，对车轮淬火过程温度场进行实测仍是一个非常困难的工作，其主要原因是在淬火过程中不能做接触式中的实测，只能先破坏车轮并在其内部装入测温元件来记录车轮内部的温度变化情况，试验难度较大。随着计算机技术和有限元技术的发展，已有不少学者对淬火过程进行了模拟计算，取得了一些结果[1-4]。本文利用MSC/MARC商用非线性有限元软件结合用户子程序开发对车轮淬火过程的温度场进行了模拟分析，得到了车轮淬火过程中温度场的分布和变化规律，为淬火过程的组织分析提供了重要依据，也为喷水强度、水温、淬火时间等淬火工艺参数的制订提供了理论依据。

❶ 原文发表于《钢铁研究学报》2007年第9期。
国家“863”计划资助项目（2003AA331160）。

2 基本理论

2.1 控制方程

以轴对称非稳态温度场的基本理论为基础，其导热微分方程形式为[5]：

$$\lambda\left(\frac{\partial^2 T}{\partial r^2}+\frac{1}{r}\frac{\partial T}{\partial r}+\frac{\partial^2 T}{\partial z^2}\right)+q'=\rho c_p\frac{\partial T}{\partial t} \tag{1}$$

式中，λ 为材料的导热系数；T 为物体的瞬态温度；r、z 为圆柱坐标；q'为内热源的热流密度；t 为过程进行的时间；c_p 为材料定压比热容；ρ 为材料的密度。

2.2 初始条件和边界条件

初始条件：

$$T(Z,\ r,\ t=0)=T_0(z,\ r) \tag{2}$$

边界面为第 3 类边界条件，最常用的对流和辐射混合的换热边界，其表达式为[2]：

$$-\lambda\frac{\partial T}{\partial n}\bigg|_s=h_k(T_w-T_c)+\sigma\varepsilon(T_w^4-T_c^4)=h_k(T_w-T_c)+h_s(T_w-T_c)=h(T_w-T_c) \tag{3}$$

式中，h_k 为对流换热系数；T_w 为工件表面温度；T_c 为介质温度；σ 为 Stefan Boltzman 常数；ε 为工件表面辐射率；h_s 为辐射换热系数；h 为总换热系数。

2.3 相变的计算

对于扩散型转变，可根据等温转变过程的孕育率推算连续冷却时的转变开始温度，将每一温度下所消耗的时间 t_i 除以该温度下的孕育期 τ_i，用此值作为孕育率。对不同温度下的孕育率可以叠加，当总孕育率达到 1 时，即：

$$\sum_{i=1}^{n}\frac{\Delta t_i}{\tau_i}=1 \tag{4}$$

孕育结束，转变开始[6]。

相变转变量常用 Avrami 方程进行计算：

$$V=1-\exp(-bt^n) \tag{5}$$

式中，b 和 n 是两个与钢的成分和奥氏体化转变条件有关的参数。

对于非扩散型转变，转变时仅与温度有关而和时间无关，转变量用 Koistinen Marburger[7] 方程进行计算：

$$V=1-\exp[-\alpha(M_s-T)] \tag{6}$$

式中，M_s 为马氏体开始转变温度；T 为转变温度；α 为常数。

2.4 潜热的处理

伴随组织转变释放的相变潜热，也是一个不可忽略的因素。相变时，由于各相的热焓值不同，不同类型的组织转变会释放出不同的相变潜热，潜热的释放与相变量成正比[8]，其计算公式如下：

$$Q=\Delta H\cdot\frac{\Delta V}{\Delta t} \tag{7}$$

式中，ΔH 为各组织的热焓；ΔV 为在 Δt 时间内的相变增加量。

2.5 TTT 曲线数值化

在淬火过程的计算机模拟中，广泛采用以 TTT 曲线进行模拟的方法。为便于计算机的存储和调用，需将 TTT 曲线数值化[9]。

马钢车轮用钢为 CL60[10]，CL60 钢和 C60 钢的化学成分（质量分数）对比见表 1。两个钢种在成分上基本相近，因此用 C60 钢的 TTT 曲线[11]进行模拟分析。

从 TTT 曲线读出各转变曲线的数据，然后将各相变开始线和结束线分别用多项式进行拟合：

$$\lg t = a_0 + a_1 T + a_2 T^2 + a_3 T^3 + a_4 T^4 + \cdots \tag{8}$$

式中，t 为时间；T 为温度；a_i 为多项式系数。

多项式拟合的 TTT 曲线见图 1。

表 1 CL60 钢和 C60 钢化学成分

Table 1 Chemical composition of CL60 steel and C60 steel (%)

钢种	C	Si	Mn	P	S	Cr	Cu
CL60	0.62	0.021	0.69	0.022	0.021	0.01	0.009
C60	0.63	0.400	0.65	—	—	0.13	0.200

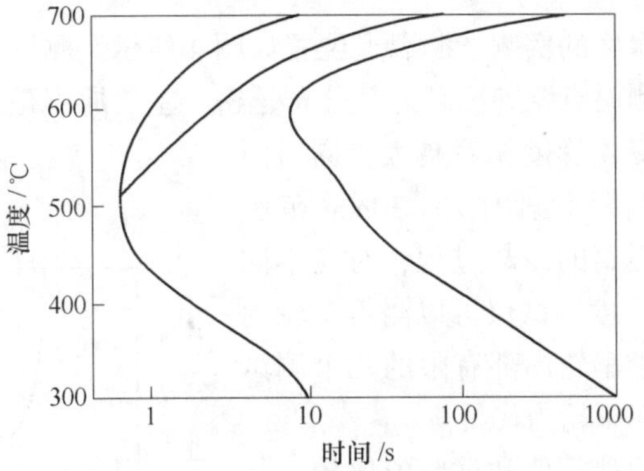

图 1 多项式拟合的 C60 TTT 曲线

Fig. 1 TTT curve of C60 steel by multinomial fitting

3 模型建立

本文以 HDSA 车轮为研究对象，按照实际淬火工艺建立模型并计算。目前，马钢车轮轮箍公司采用踏面单面淬火工艺，如图 2 所示。具体热处理工艺：淬火温度 810~850℃，淬火水温 15~32℃，淬火水压 0.3~0.4MPa，淬火时间 (240±10)s。

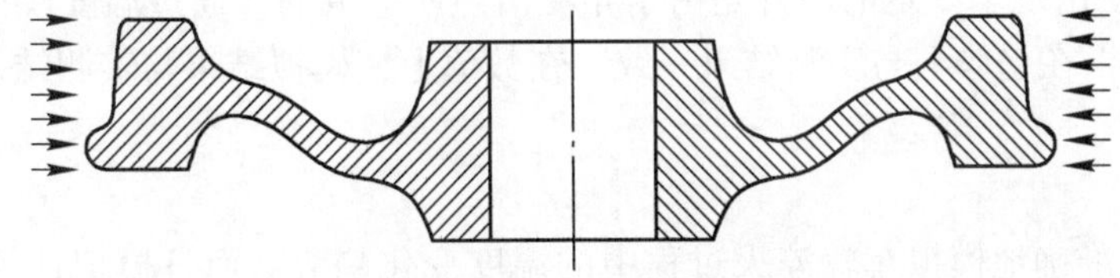

图 2 车轮淬火方式示意图

Fig. 2 Schematic diagram of quenching condition of wheel

由于淬火过程的外界载荷和约束条件均满足轴对称，因此可按轴对称问题进行研究。车轮加热后车轮内部温度分布基本均匀，初始温度为 850℃。整个模拟过程分 3 个工况，分别为加热炉至淬火台、喷水淬火和淬火台至回火炉 3 个过程。

4 有限元计算结果及分析

图 3 为模拟淬火过程车轮内部温度分布图。可以看出，车轮淬火采用踏面单面喷水，踏面和轮缘部分冷却能力较强，温度下降剧烈；而其他部位换热系数相对较小，热量散发不充分，温度较高。踏面表层和轮缘部位冷却速度较快，给马氏体和贝氏体的产生创造了有利条件，而其他部分冷却速度较慢，基本以铁素体和珠光体为主。同时表面和内部的温差过大，容易产生较大的热应力而导致车轮变形，从图中可看出车轮内部的温度梯度是比较适中的。

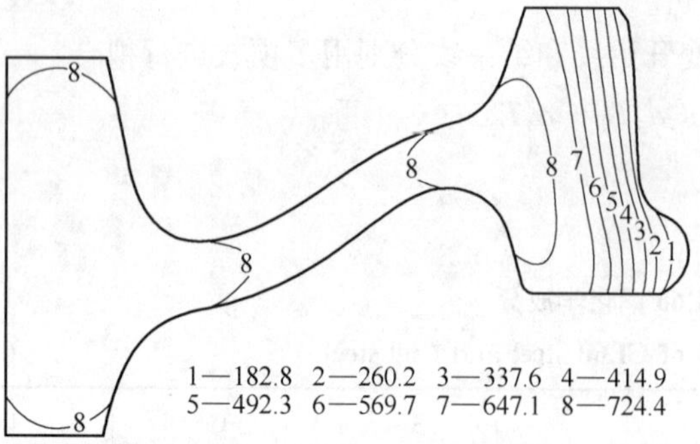

(a) 340s

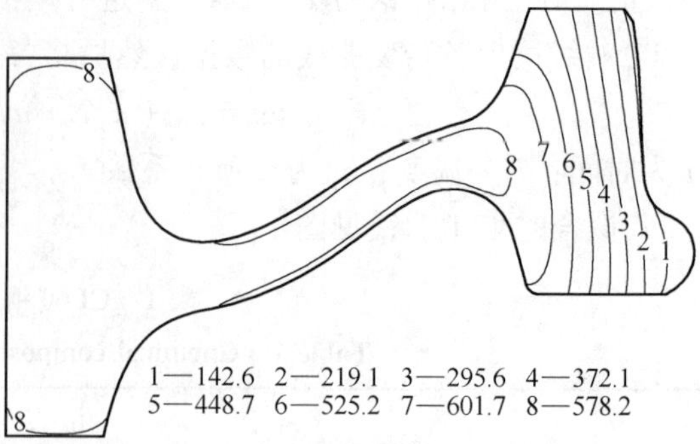

(b) 465s

图 3　淬火过程温度场分布

Fig. 3　Temperature distribution during quenching

采用高温温度测试仪进行温度的实测。测温点位置如图 4 所示。测试共包括 6 个点，其中踏面下 4 个点，辐板、轮毂上各 1 个点。测温点距踏面越近其分布越密，主要原因是由于在淬火过程中轮辋处的冷却速度较大，距踏面越近温度的变化梯度相对越大，同时距踏面越近也越具有参考意义，特别是距踏面 30mm 范围内，以致测量分析距踏面不同距离的冷却过程，对应不同的组织。虽然采用“黑匣子”温度测试仪可以测得车轮内部温度，但这种测试也是仅限于车轮内部有限的几个测试点，而且试验过程复杂并以破坏车轮为代价。

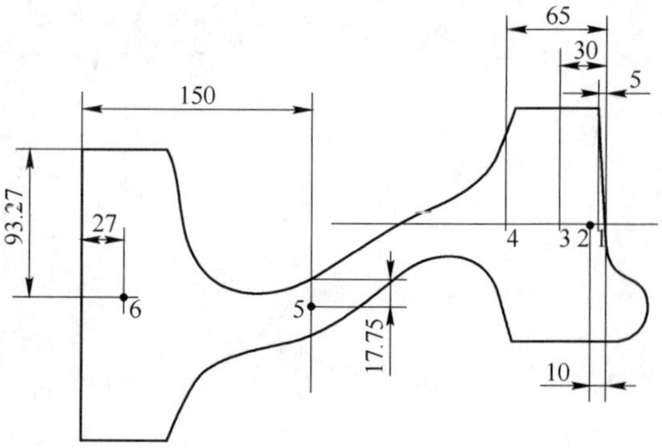

图 4　测温点位置

Fig. 4　Position of measured temperature point

图 5 为 HDSA 测量点温度的计算值和试验值比较。从图中的变化规律可以看出，离踏面比较近的点的温度变化曲线明显可以分为 3 段（图 5(a)、(b)、(c)），冷却速度变化明显；离踏面距离较远的点在整个冷却过程中，温度的变化相对平缓，冷却速度基本保持不变。这主要是由于喷水淬火的特点所决定，随着离踏面距离越远，喷水淬火对温度的影响越小。这也满足车轮淬火工艺的要求，中间要求冷速较慢，得到韧性较好的组织，而表层要求冷速较快，得到较硬、耐磨的组织。辐板和轮毂（图 5(e)、(f)）处温度出现了一定的回升是由于相变潜热所造成的。通过温度模拟值和测试值的对比可以看出，模拟计算的结果在趋势上与实测结果一致。在数值上，模拟结果与实测结果吻合较好。

5　结论

（1）模拟计算能较准确地模拟车轮淬火过程中的温度变化趋势，而且模拟计算得到的温度与试验实测温度接近。模拟计算值和实测值吻合得很好。

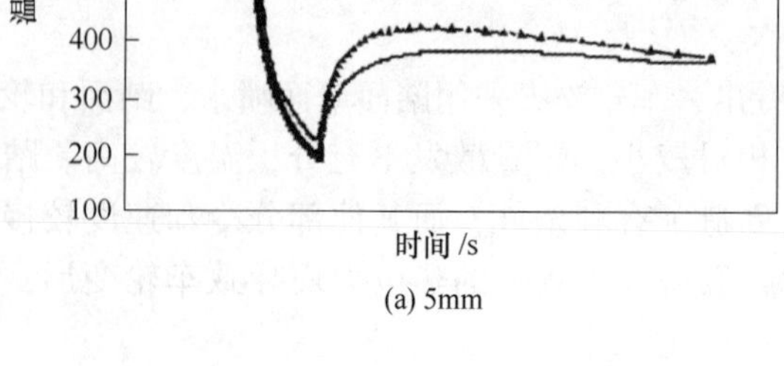

(a) 5mm

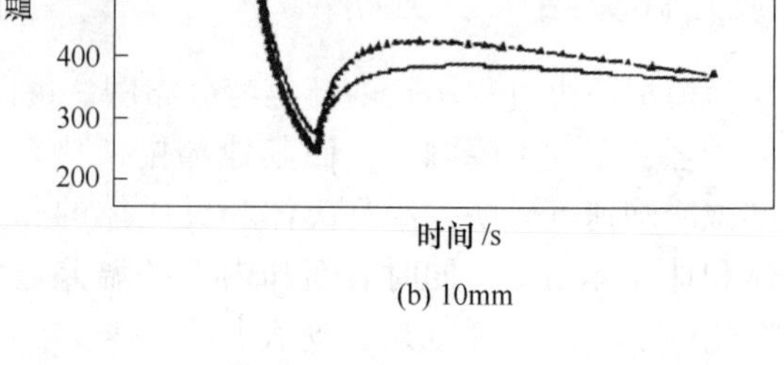

(b) 10mm

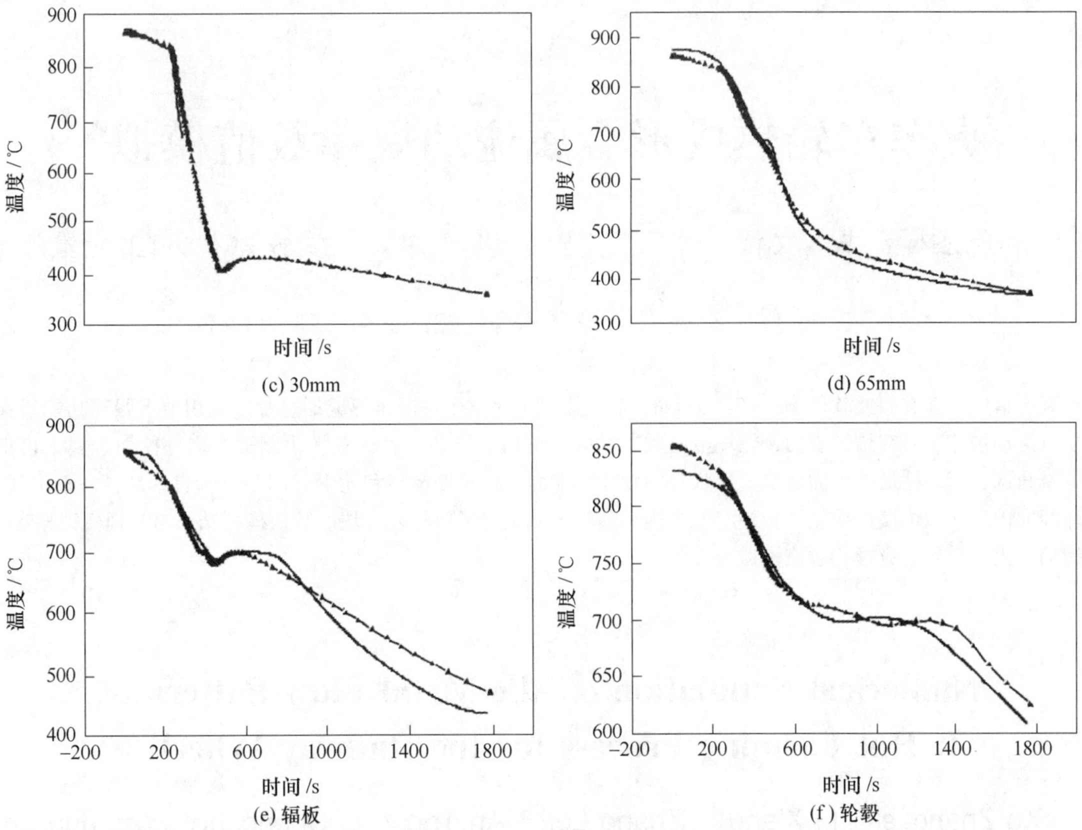

图 5 测量点温度的计算值与实测值的比较

Fig. 5 Comparison of calculated temperature with measured one

（2）运用曲线拟合的方法对 TTT 曲线进行数值化，便于计算机存储和调用，为相变计算提供保证。

（3）踏面表层、轮缘部位冷却速度较快，利于形成马氏体、贝氏体；而其他部位冷却速度相对较慢，易于形成铁素体和珠光体组织。

（4）模型能够对车轮淬火过程的温度场进行较准确的模拟计算，对车轮淬火工艺和车轮生产工艺的制定都具有重要的价值和指导意义。

参 考 文 献

[1] Reti T, Felde I, Horvath L. Quenchant performance analysis computer simulation [J]. Heat Treatment of Metals, 1996, (1): 11-14.

[2] Pan J S, Li Y J, Gu J F. Research and application prospect of computer simulation on heat treatment process [J]. Journal of Shanghai Jiaotong University, 2000, E-5 (1): 1-13.

[3] Fernandes F M B, Denis S, Simon A. Mathematical model coupling phase transformation and temperature evolution during quenching of steels [J]. Materials Science and Technology, 1985, 1 (10): 838-844.

[4] 蒋昱，曾攀，娄路亮. 26Cr2Ni4MoV 钢淬火过程的三场耦合数值模拟 [J]. 哈尔滨工业大学学报，2002，34 (3)：302-307.

[5] 孔祥谦. 有限单元法在传热学中的应用 [M]. 北京：科学出版社，1998.

[6] 刘庄. 热处理过程的数值模拟 [M]. 北京：科学出版社，1996.

[7] Koistinen D F, Marburger R E. General equation prescribing the extent of the austenite transformation in pure iron carbon steels [J]. Acta Metall., 1959 (7): 50-60.

[8] 顾剑锋，潘健生，胡明娟. 9Cr2Mo 冷轧辊加热过程的模拟 [J]. 金属学报，1999 (12)：1266-1270.

[9] 潘健生，胡明娟，田东. 45 钢淬火三维瞬态温度场与相变的计算机模拟 [J]. 热加工工艺，1998 (1)：9-12.

[10] 钱立和，孟江英. 铸钢车轮的显微组织研究 [J]. 钢铁，2000 (3)：43-45.

[11] 杨克功. 钢的等温转变曲线 [M]. 哈尔滨：黑龙江人民出版社，1981.

火车车轮热成形金属流动规律数值模拟❶

许章泽[1] 李 翔[1] 张 磊[1] 安 涛[1] 李胜祇[2] 闫 军[2]

(1. 马鞍山钢铁股份有限公司；2. 安徽工业大学)

摘 要 借助商业有限元软件 MSC/Superform，数值模拟了火车车轮锻压热成形过程。利用节点跟踪功能研究金属质点流动规律。研究结果表明，轮坯金属质点对应于钢坯中原始位置，轮坯压制辐板内外侧面金属来自钢坯上下端角部，钢坯柱形外侧面金属呈环状流向轮坯轮辋周边，轮坯辐板和轮辋心部金属来自钢坯径向正中部位，钢坯径向内环区域金属形成轮坯轮毂心部，钢坯轴心区域金属形成轮坯冲块。数值模拟结果与物理模拟相吻合。

关键词 火车车轮；成形；数值模拟

Numerical Simulation on the Metal Flow Pattern of Hot Forming Process for the Railway Wheel

Xu Zhangze[1] Li Xiang[1] Zhang Lei[1] An Tao[1] Li Shengzhi[2] Yan Jun[2]

(1. Ma'anshan Iron and Steel Co., Ltd.; 2. Anhui University of Technology)

Abstract The hot forming process of railway wheel was simulated by the commercial software MSC/ Superform. Metal flow pattern was analyzed by the particle tracking method. Original places in billet of metal particles which formed the wheel were gained. Metal particles in back and front forging plate sides were from up and down billet corner place. Metal particles in billet columniation surface flowed into wheel web in circular direction. Metal particles in the center of wheel plate and web were from billet middle part along diameter direction. Metal particles in wheel hub center were from billet inner circle part along diameter direction. Billet axes center part formed wheel block. The result of numerical simulation is agreed with the physical simulation.

Key words railway wheel; forming; numerical simulation

1 引言

锻压—轧制生产方式为整体火车车轮热成形的主要途径[1]，工艺流程包括预成形、成形、轧制、冲孔压弯等工步，其中轧制前的锻压成形工步形成车轮轮毂、压制辐板及轮辋主要部位[2]。金属质点在成形坯中位置与其在最终车轮毛坯中位置基本一致，研究车轮成形过程金属流动模式能准确预测车轮成形坯各部位金属在坯料中相应位置。

本文数值模拟了车轮锻压成形过程，采用节点跟踪的方法定量研究金属流动模式。有限元模型节点取样位置与物理模拟销钉位置一致，数值模拟得到车轮坯金属质点在坯料中对应位置，与物理模拟结果相一致。

2 模型建立

整体火车车轮产品的坯料、模具、成形坯及成形过程中外界载荷和约束条件均满足轴对称条件，因

---

❶ 原文发表于《锻压技术》2008 年第 3 期。
国家“863”计划资助项目（2003AA331160）。

此车轮锻压成形按轴对称问题进行分析[3]。坯料直径为 ϕ386mm，高 495mm，用四节点单元网格离散坯料，共 786 个单元，925 个节点。坯料初始温度为 1250℃，材质为 CL60 钢，上模压下速度为 50mm/s。锻压成形中，工件表面正应力很大，故选择剪切摩擦模型较为合理，摩擦因子取 $m=0.3$。加载时间为 4.3s，总增量步为 125 步。由于变形剧烈，变形热较大，故计算采用热力耦合的方式。

传热边界条件主要考虑工件与模具间的接触传热及工件与环境间的对流传热，工件与模具间的接触传热系数取 12kW/(m^2·℃)，工件与环境间的对流传热系数取 0.12kW/(m^2·℃)。

模具视作恒温刚性体。关于变形热效应的影响，Wertheimer 认为对于大多数金属，变形功的 90%转化为热量[4]。

整体火车车轮锻压成形过程中，金属发生了大位移变形，有限元数值模拟时采用了网格再造技术，因此研究金属的流动规律及金属迁移轨迹必须采用节点跟踪的方法[5]。FEM 数值模拟坯料金属质点分布如图 1 所示，其分布位置与文献［6］物理模拟销钉分布一致。

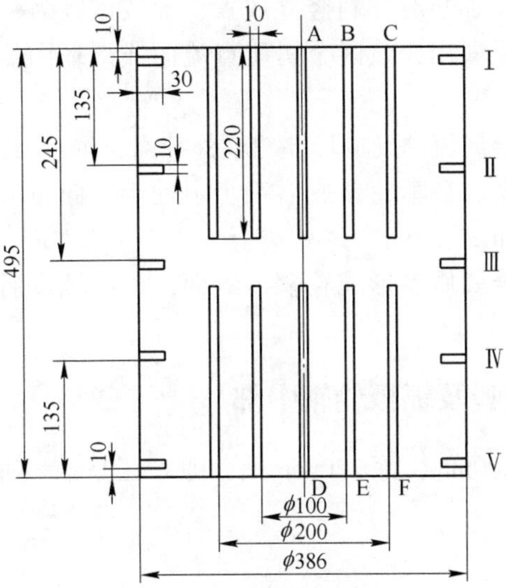

图 1 车轮钢坯质点分布

Fig. 1 Distribution of wheel billet node

3 模拟结果对比分析

3.1 Ⅰ－Ⅴ区金属质点形成辐板及轮辋表面

Ⅰ－Ⅴ区金属质点形成车轮成形坯轮辋，条状质点在轮辋周边依次呈环状分布。Ⅰ区金属质点跟踪如图 2 所示，Ⅱ－Ⅴ区金属质点跟踪如图 3 所示。

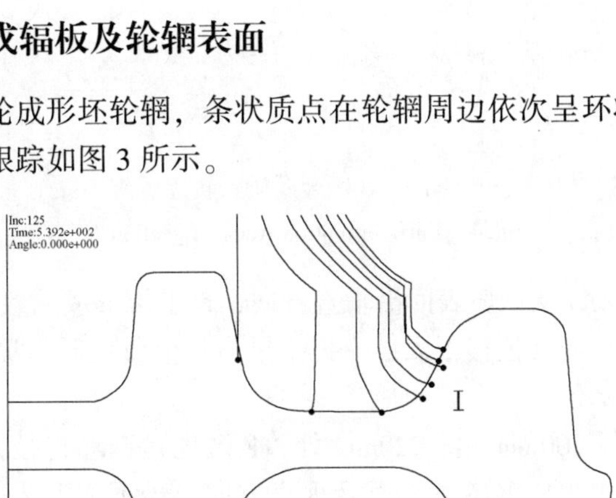

图 2 Ⅰ区金属质点轨迹

Fig. 2 Particle motion track of section Ⅰ

Ⅰ区是钢坯上端角部，常因高压水除鳞致使初始温度偏低且分布不均，也有氧化铁皮粘连现象，模拟结果显示Ⅰ区金属质点流向成形坯压制辐板外侧表层，从质点位移跨度大看出该区变形剧烈。

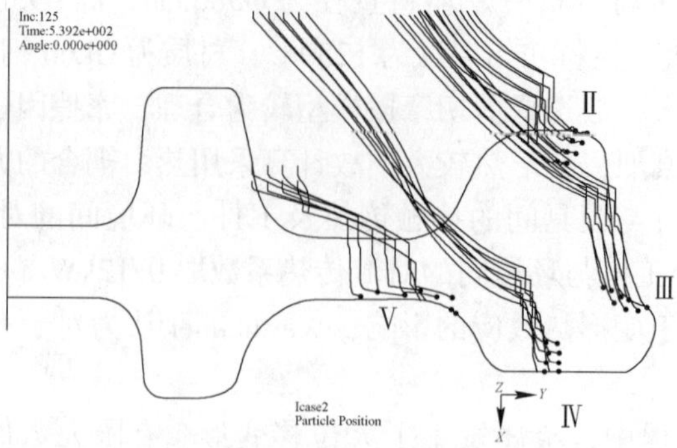

图 3　Ⅱ－Ⅴ区金属质点轨迹

Fig. 3　Particle motion track of section Ⅱ－Ⅴ

Ⅴ区位于钢坯下端角部，由于加热时坯料竖立放置，导致该区为“阴”面，故加热温度不均匀，也是氧化皮不易除净部位。模拟结果看出，该区金属质点流向成形坯内侧面辐板与轮辋过渡圆弧区，与Ⅰ区对应形成辐板内侧面。

Ⅱ区位于钢坯上半部中位，金属流动到成形坯轮辋外端面，垂直表面方向切入成形坯。

Ⅲ区是钢坯正中部位，该区金属在车轮预成形工步中处于周向拉应力状态，金属质点最终形成轮缘喉部，质点呈切入成形坯方向分布。

Ⅳ区位于钢坯下半部中位，金属质点形成轮辋内侧面，该区域在后部轧制工序易形成折叠缺陷，金属质点垂直内辋面切入轮辋。

3.2　B~F 区金属质点形成轮毂及辐板轮辋中部

C 区位于坯料上端面，直径 200mm，深 220mm 处，即 C 区是钢坯直径方向正中部位。该区金属质点轨迹如图 4 所示。

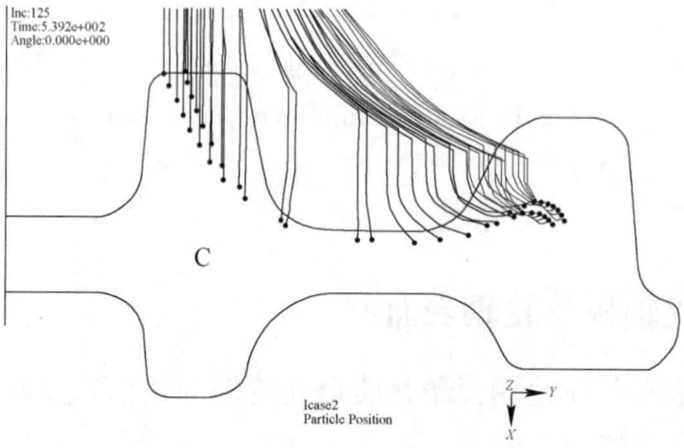

图 4　C 区金属质点轨迹

Fig. 4　Particle motion track of section C

C 区金属质点流动位移较大，从钢坯表面沿垂直方向，最上端形成轮毂外端面。C 区条形质点中段金属形成辐板较内层，该部位质点流动位移很大，模拟结果显示金属变形非常剧烈。C 区条形质点下部金属流向辐板过渡圆弧及轮辋中心部位。

F 区位于钢坯下端面，直径 200mm，深 220mm 处，F 区也是钢坯直径方向正中部位，与 C 区横向对称。该区金属质点流动位移较大，从钢坯下表面沿垂直方向，最下端形成轮毂内端面。中部金属质点形成辐板中心层，F 区条形质点中段形成辐板，该区域金属变形剧烈。F 区条形质点上部金属质点沿着辐板中心线延伸到轮坯轮辋中心部位。该区金属质点轨迹如图 5 所示。

B 区位于钢坯上端面，直径 100mm，深 220mm 处，E 区位于钢坯下端面，直径 100mm，深 220mm 处。B、E 区在钢坯直径方向内环部位，该区金属质点流动位移较小，形成车轮成形坯轮毂中心区域。B、E 区质点轨迹如图 6 所示。

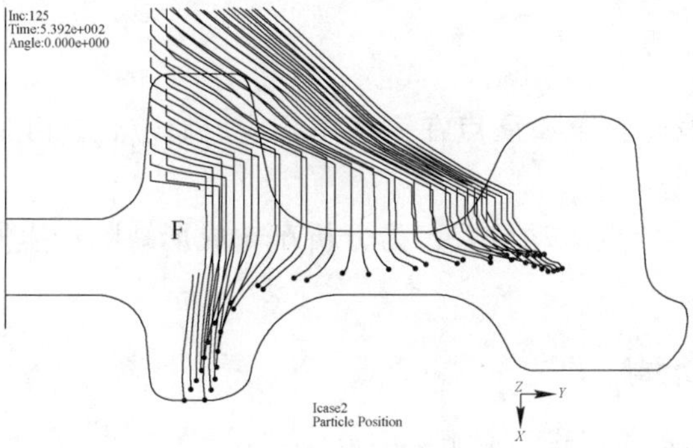

图 5　F 区金属质点轨迹

Fig. 5　Particle motion track of section F

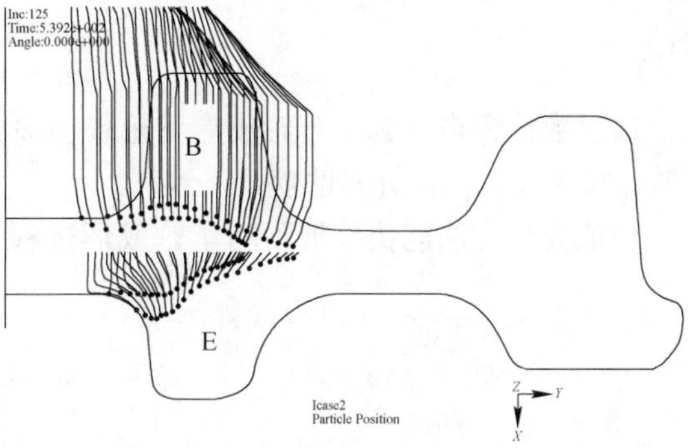

图 6　B、E 区金属质点轨迹

Fig. 6　Particle motion track of section B&E

3.3　A、D 区金属质点形成冲块

A 区和 D 区位于钢坯轴向正中心，是连铸坯中心疏松夹杂出没的区域，模拟结果显示该区金属质点流向车轮成形坯轮毂中心孔冲块位置，如图 7 所示。变形过程中该区条形质点沿径向强烈延伸，沿轴向强烈压缩，形成冲块。压弯冲孔时中心疏松区的金属部分被冲去，有利于车轮质量控制。

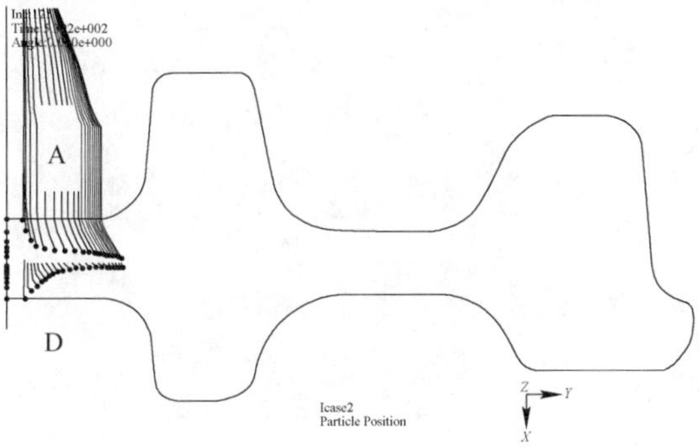

图 7　A、D 区金属质点轨迹

Fig. 7　Particle motion track of section A&D

3.4　与物理模拟结果比较

物理模拟选用坯料尺寸与 FEM 数值模拟一致，销钉埋入深度、大小及位置也与 FEM 模型节点取样位置一致。对物理模拟车轮解剖，试样销钉在车轮上的对应位置示意图如图 8 所示。由于销钉分布的物理模拟结果是经过轧制压弯的车轮毛坯，与成形坯相比，轮毂和压制辐板部分是一致的，仅轮辋有一定的差别，但大体位置是相同的。物理模拟结果显示，销钉位置分布与 FEM 数值模拟金属质点分布一致。

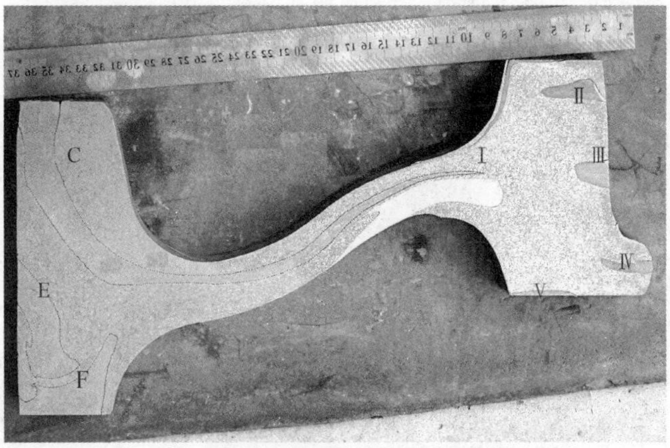

图 8　物理模拟销钉分布图

Fig. 8　Distribution of pin by physical simulation

4 结论

（1）通过数值模拟得到了车轮成形坯轮毂、辐板及轮辋金属质点在钢坯中相应原始位置。FEM 数值模拟结果与物理模拟销钉分布的模式一致。

（2）数值模拟方法能快捷地预测车轮成形过程金属质点流动位置，为分析车轮成形缺陷产生原因提供依据。

参考文献

［1］程必福，蔡钊，李恺，等．车轮轮箍生产［M］．北京：冶金工业部工人视听教材编辑部，1991.

［2］许章泽，李翔，安涛，等．火车车轮 S 形辐板成形研究［J］．热加工工艺，2006，35（13）：74-76.

［3］沈晓辉，安涛，闫军，等．840 车轮预成形过程的有限元分析［J］．钢铁研究学报，2005，17（1）：30-33.

［4］Wertheimer T B. Thermal mechanically coupled analysis in metal forming process［C］．In：Pittman J F T，Wood R D，Alexander J M，et al. eds. Numerical Methods in Industrial Forming Processes. Swansea：Pineridge Press Ltd.，1982：425-434.

［5］MSC Software Corporation. MSC. Super Form User's Guide［G］．Version 2002.

CL60 车轮钢流变应力模型❶

张星联[1] 王广科[1] 江 波[2] 闫 军[1]

(1. 安徽工业大学；2. 马鞍山钢铁股份公司)

摘 要 利用热模拟试验机 Gleeble-3500 对车轮钢 CL60 钢进行压缩试验，研究其变形行为。实验变形温度从 800~1100℃，应变速率为 0.2~8.0s^{-1}。用两种模型对真应力-应变曲线进行模拟。两种模型模拟的结果都与实验结果吻合较好，模型 1 计算简单，可作为 CL60 钢的流变应力模型。

关键词 CL60 钢；热模拟试验；流变应力；模型

Flow Stress Model for CL60 Rail Wheel Steel

Zhang Xinglian[1] Wang Guangke[1] Jiang Bo[2] Yan Jun[1]

(1. Anhui University of Technology; 2. Ma'anshan Iron and Steel Co., Ltd.)

Abstract The behavior of hot deformation of CL60 steel was investigated by compression tests on Gleeble-3500 thermal-mechanical simulator. The deformation temperature varies from 800℃ to 1100℃, the strain rate varies from 0.2 to 8.0s^{-1}. The real stress-strain curve is described with two kinds of models. The flow stresses of CL60 steel predicted by the proposed two models well agree with the experimental results, but the model 1st is simple, so it is taken to describe flow stress of CL60 steel.

Key words CL60 steel; thermal simulation; flow stress; model

1 引言

流变应力是材料在变形过程中塑性变形规律的真实反映，是确定材料破坏强度和材料抵抗形变能力的重要依据。在实际塑性变形过程中，材料的流变应力值决定了变形时所需的载荷、能耗以及金属流动情况，因此流变应力是模拟变形所需的最基本的物理量[1]。Gleeble 热模拟试验机可以准确控制变形工艺参数，具有完备的数据采集和分析功能，可以动态地模拟金属受热及变形过程，功能较为齐全，在冶金和材料领域有广泛应用[2]。笔者利用热模拟实验机，通过压缩试验研究车轮钢 CL60 在不同变形条件下的流变特性，建立 CL60 钢的流变应力模型。此模型是准确分析车轮压轧变形的基础条件。

2 试验材料与方法

试验材料为 CL60 车轮用钢，化学成分（质量分数）为：C 0.58%~0.65%，Si 0.02%~0.37%，Mn 0.67%~0.8%，P≤0.035%，S≤0.035%，Cr 0.16%~0.23%，Cu≤0.20%。

采用 Gleeble-3500 热模拟试验机进行热压缩试验。试样取自车轮轮辋部位，加工成 ϕ8mm×12mm 的圆柱，两端面用磨床精磨，为消除接触摩擦影响，在试样的端部用石墨片润滑。以 10℃/s 的速度将试样加热到 1250℃，保温 3min 后再自由降温至变形温度，然后以恒定应变速率压缩。实验过程中，吹氩保护以防止试样表面氧化。变形温度分别为 1100℃、1000℃、900℃、800℃。应变速率分别为 0.2s^{-1}、

❶ 原文发表于《安徽工业大学学报》2009 年第 4 期。
科技部“863”重点资助项目（2008AA030703）。

2. 0s^{-1}、8. 0s^{-1}。为保证试验的准确性，每个试验重复 3 个试样。

3　试验结果与分析

材料初始屈服后，继续变形将产生加工硬化。采用真实应力-应变曲线可表示材料的加工硬化行为。真实应力-应变曲线即流变曲线。在压缩过程中由于试样任一瞬时的面积 A 和标距（$L=L_0+\Delta L$）都在变化，因此任一瞬时的真实应力 σ 和真实应变 ε 与相应的名义应力 s 和名义应变 e 之间存在着差异，进入塑性阶段后这种差异逐渐增大[3]。真实应力 σ 和真实应变 ε 用式（1）、式（2）表示。

$$\sigma = \frac{PL}{A_0L_0} = s(1 + e) \tag{1}$$

$$\varepsilon = \int_{L_0}^{L_1} \frac{\mathrm{d}L}{L} = \ln \frac{L_1}{L_0} = \ln(1 + e) \tag{2}$$

整理试验结果并绘图得到 CL60 材料在不同温度和应变速率条件下的真实应力-应变曲线，如图 1 所示。

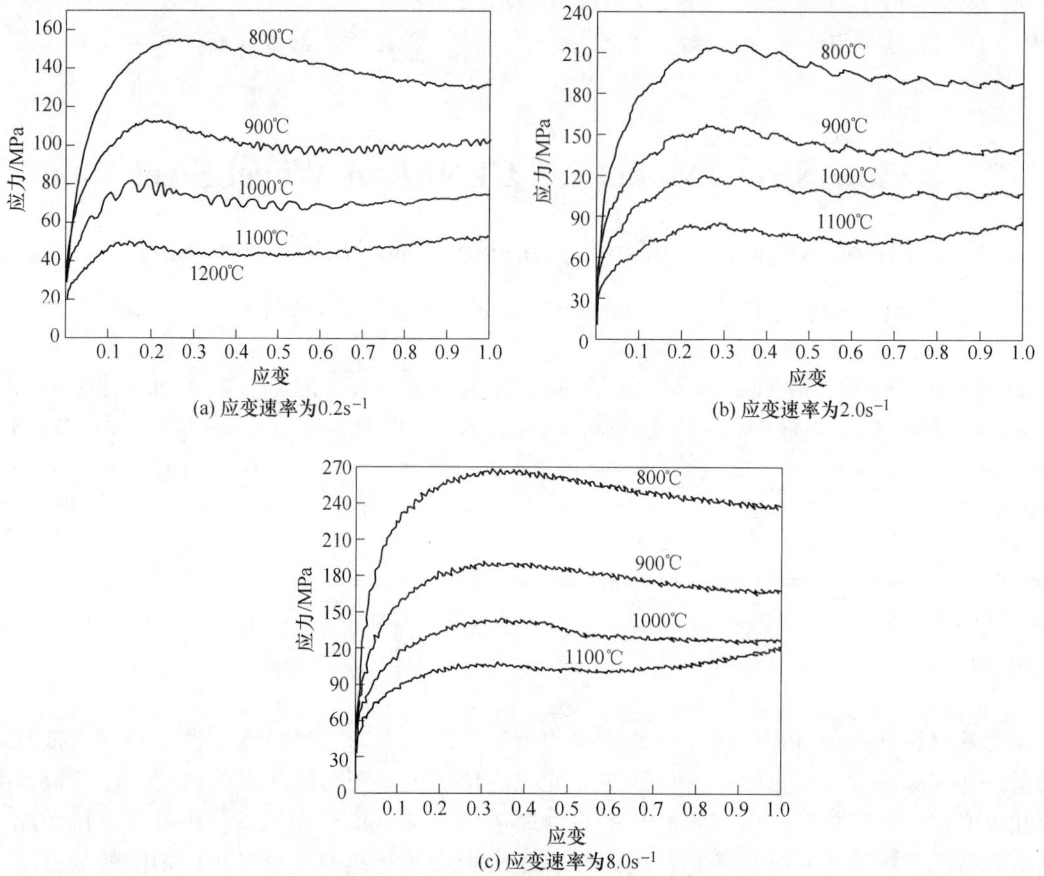

图 1　不同应变速率下的真应力-应变关系曲线

从图 1 可看出，变形抗力随温度升高而降低，随应变速度提高而增加。在变形温度 $T\geqslant 800$℃时，变形程度达到 0. 15~0. 35 范围出现应力峰值，此后由于动态再结晶，材料软化，变形抗力稳定。在同一应变速率下，对应于同一应变值，变形温度越高，应力越低，并且随着变形温度的降低，应力峰值向应变增大的方向移动；在变形温度一定时，流变应力随变形速率的升高而增大；各峰值与对应的稳态流动应力之间的差值随实验温度的上升而减小。

在热加工过程中，流变应力变化主要取决于两个方面：一方面是变形时的位错增值及位错间相互作用导致加工硬化；另一方面是位错通过攀移或交滑移并在热激活和外加应力作用下发生合并、重组，使材料发生动态软化[3-5]。在初始变形阶段，位错密度不断增大，加工硬化现象比较明显。当变形进行到一定阶段时，材料的能量升高，基体处于不稳定的状态，材料发生动态回复，使基体软化，抵消热压时的加工硬化，故流变应力增速变缓。在高温与低应变速率的情况下，随着应变量增加到临界应变时，就会发生动态再结晶。此时，材料的软化机制主要为动态再结晶，抵消了加工硬化，从而降低了流变应力。

在热压过程中的后阶段，加工硬化与动态回复及动态再结晶达到一个平衡，流变应力趋向于稳态。而在低温与高应变速率下，由于变形过程温度低，速率快，积累的位错能较低，尚未能达到动态再结晶所发生的条件，其主要的软化机制为动态回复，当加工硬化与动态回复产生的软化达到平衡时，流变应力也趋向一个稳定值。

4 流变应力模型的拟合

在高温塑性变形条件下，真应力-应变关系可用 Hollomon 经验公式描述[6]，即式（3）：

$$\sigma_s = K\varepsilon^n\dot{\varepsilon}^m e^{-AT} \tag{3}$$

由于是高温变形，动态再结晶软化明显，考虑到应变的影响，对式（3）进行修正：

$$\sigma_s = K\varepsilon^n\dot{\varepsilon}^m e^{(-AT-B\varepsilon)} \tag{4}$$

式中，σ_s 为流变应力；K 为强度参数；$\dot{\varepsilon}$ 为塑性应变速率；ε 为累积塑性应变量；n 为应变硬化指数；A 为温度系数；m 为应变速率敏感系数；T 为温度；B 为应变影响系数。

对试验数据拟合，将式（4）取自然对数线性化，得：

$$\ln\sigma_s = \ln K + n\ln\varepsilon + m\ln\dot{\varepsilon} - At - B\varepsilon \tag{5}$$

对 CL60 钢稳态变形阶段真应变从 0.2 到 8.0 之间的实测流变应力值、应变速率、真应变和变形温度值利用 EXCEL 软件进行多元线性回归分析，得到流变应力方程如下：

$$\sigma_s = 7131.3 \times \varepsilon^{0.28}\dot{\varepsilon}^{0.17}e^{(-0.00295T-0.64\varepsilon)} \tag{6}$$

在应变速率为 $2.0s^{-1}$，$8.0s^{-1}$时该模型计算曲线如图 2 所示。图 2 可见，应用该模型拟合不同应变速率的真应力-应变曲线与试验数据吻合程度较高。

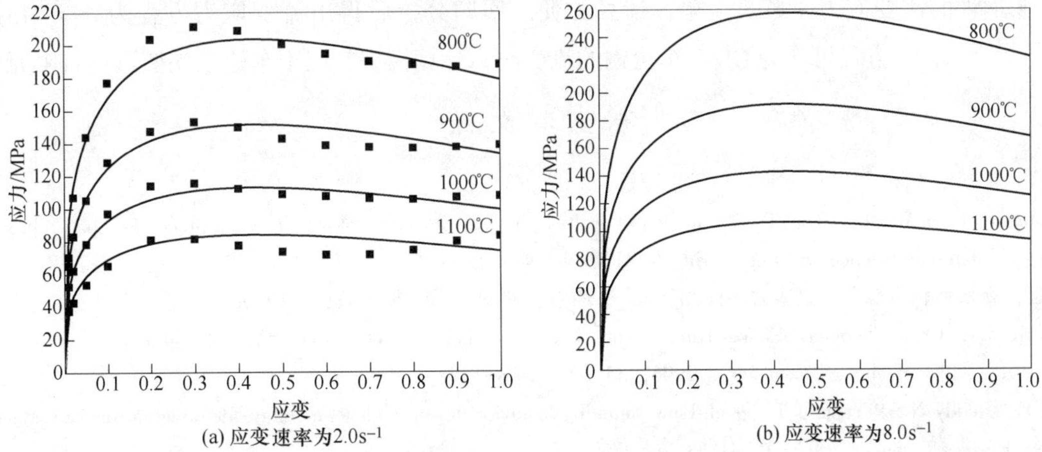

图 2 不同应变速率的真应力-应变拟合曲线（模型 1）

文献［7］中 Kim H Y 等人采用式（7）对文献［8］中 C60 钢的变形抗力进行拟合。将材料的应变硬化指数 $n(T)$ 视为温度的函数，应变速率敏感系数 $m(\varepsilon, T)$ 视为应变程度和温度的函数。

$$\sigma_s = K(T)\varepsilon^{n(T)}\dot{\varepsilon}^{m(\varepsilon,\ T)} \tag{7}$$

其中：$K(T) = A_0 e^{A_1T+A_2\varepsilon}$；$n(T) = B_0 + B_1T + B_2T^2$；$m(\varepsilon, T) = a(\varepsilon) + b(\varepsilon)T$；$a(\varepsilon) = C_0 + C_1\varepsilon + C_2\varepsilon^2$；$b(\varepsilon) = D_0 + D_1\varepsilon + D_2\varepsilon^2$。

此模型考虑了温度和变形程度对硬化指数和应变速率敏感系数的影响。将 CL60 钢的试验数据采用此模型拟合后得到式（7）中的各系数，见表 1。应变速率为 $2.0s^{-1}$、$8.0s^{-1}$流变应力计算曲线如图 3 所示。

表 1 Kim H Y 模型系数

A_0	A_1	A_2	B_0	B_1	B_2
11754.2	-0.00335	-0.655	0.34	7.65e-5	-9.79e-8
C_0	C_1	C_2	D_0	D_1	D_2
0.02	-0.23	0.1	1.11e-4	2.42e-4	-1.22e-4

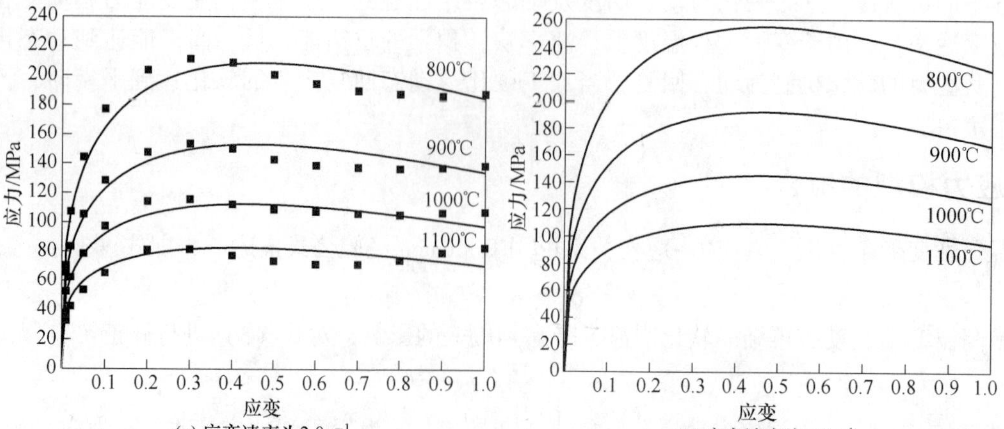

(a) 应变速率为2.0 s^{-1}　　(b) 应变速率为8.0 s^{-1}

图 3　不同应变速率的真应力-应变拟合曲线（模型 2）

比较图 2、图 3 可知，两种模型的拟合精度基本相同；CL60 钢的变形温度和变形程度对应变硬化指数和应变速率敏感系数影响不大；采用式（5）作为 CL60 钢的流变应力模型，计算较为简单，准确度高。

5　结论

（1）通过 Gleeble-3500 热模拟试验机对 CL60 钢进行了单向压缩试验，得到了变形温度、应变速率和变形程度对 CL60 钢的流变应力的影响规律。

（2）建立了 CL60 车轮钢的两种流变应力数学模型。通过模型的比较得出 $\sigma = K\varepsilon^{n}\dot{\varepsilon}^{m}e^{(-At-B\varepsilon)}$ 模型能准确地描述该钢种的流变应力，形式简单，计算方便。回归分析后得出流变应力方程为 $\sigma_s = 7131.3\times\varepsilon^{0.28}\dot{\varepsilon}^{0.17}e^{(-0.002957T-0.64\varepsilon)}$，该方程可作为 CL60 车轮钢的流变应力计算模型，用于车轮压轧变形的有限元分析。

参 考 文 献

[1] 陈明祥. 弹塑性力学［M］. 北京：科学出版社，2007：61-68.

[2] Ferguson D，Chen W，Bonesteel T，Vosburgh J. A look at physical simulation of metallurgical processes，past，present and future［J］. Materials Science and Engineering A，2009，499：329-332.

[3] 黄明志，石德珂，金志浩. 金属力学性能［M］. 西安：西安交通大学出版社，1986.

[4] Zhan Meiyan，Chen Zhenhua，Zhang Hui，et al. Flow stress behavior of porous FVS0812 aluminum alloy during hot-compression［J］. Mech. Res. Commun.，2006，33（4）：508-514.

[5] Lee B H，Reddy N S，Yeom J T，et al. Flow softening behavior during high temperature deformation of AZ31Mg alloy［J］. J. Mater. Process Techol.，2007，187/188：766-769.

[6] Hollomon J H. The effect of heat treatment and carbon content on the work Hardening characteristics of several steels［J］. Trans. of ASM，1944，32：123-133.

[7] Kim Heon-Yong，Kim Joong-Jae，Kim Naksoo. Physical and numerical modeling of hot closed-die forging to reduce forging load and die wear［J］. J. Mater. Process. Technol.，1994，42：401-420.

[8] Atlan T，Oh S I，Gegel H L. Metal Forming：Fundamentals and Applications［M］. ASM，Metal Parks，OH，1983.

车轮残余应力测试的仿真分析❶

王广科[1] 沈晓辉[1] 安 涛[2] 章 静[1] 闫 军[1]

(1. 安徽工业大学; 2. 马鞍山钢铁股份公司)

摘 要 采用助商用有限元软件 MSC. Marc 分析了车轮残余应力测试试验的整个锯切试验过程，分析了锯切中每个测试点的应力、应变变化情况。通过比较仿真结果与工程试验测试结果，说明车轮锯切试验测试残余应力的可靠性，锯切的仿真分析为进一步研究车轮残余应力测试方法奠定了基础。

关键词 车轮；残余应力测试；锯切法；仿真

Simulation Analysis on the Process of Residual Stress Measurement for Railway Wheel

Wang Guangke[1] Shen Xiaohui[1] An Tao[2] Zhang Jing[1] Yan Jun[1]

(1. Anhui University of Technology; 2. Ma'anshan Iron and Steel Co. , Ltd.)

Abstract The saw cutting test process is simulated with the finite element commercial software MSC. Marc. The variations of the stress and strain condition at each test point during the saw-cutting process are studied. Comparison between FEM simulated results and engineering test results shows that to measure residual stress by saw-cutting test is feasible and reliable. The results of simulation analysis lay a good foundation for further study on measuring the residual stress of railway wheel.

Key words railway wheel; residual stress test; saw cutting; simulation

1 引言

火车车轮踏面下通常需要存在一定深度的残余压应力，其作用是阻碍裂纹的形成及扩展，从而极大地延缓疲劳裂纹的形成、延长车轮的使用寿命[1]。残余应力的大小和分布深度是车轮必须达到的一个重要质量指标。国外关于车轮产品要求的标准中，都对此都制定有严格的规定。通过对车轮残余应力的测试可以及时了解车轮的质量情况，进而为热处理工艺参数控制提供依据。我国铁路车轮标准中对车轮也规定了踏面必须为压应力的要求，常用径向切缝收缩量的大小作为周向残余应力的指标。但切缝收缩量不但受残余应力的影响，轮型及尺寸对其也有较大影响。因此该方法仍是无法直接标识残余应力的大小，得出的指标在不同轮型之间的可比性较差。因而，对车轮残余应力测定方法的研究是非常必要的[2]。目前，对车轮残余应力测试方法的研究较少，欧洲标准 EN113262《铁路规范—轮对和转向架—车轮—产品要求》中推荐了破坏性车轮残余应力测试方法[3]，其测试过程不但繁琐复杂，而且是假定为车轮轮辋踏面下的周向残余应力随深度线性变化，与文献［4］所研究的结果不相符合。本文对该测试方法进行了仿真分析，以期掌握车轮残余应力测试的锯切试验过程中，车轮的应力/应变的变化规律，为继续研究测试车轮残余应力奠定基础。

❶ 原文发表于《塑性工程学报》2009 年第 6 期。
科技部“863”重点项目资助（2008AA030703）。

2　残余应力的锯切测试

EN113262 中推荐的车轮残余应力测试过程及应变片所贴位置如图 1 所示。车轮残余应力的测试是通过 3 个切割工序的 5 次锯切完成。通过切割，使轮辋中存在的残余应力不断释放；同时利用应变片测出每次切割测试点的应变量，来计算残余应力的变化；通过应力的叠加得出踏面初始应力；轮辋内部残余应力分布通过在测得的踏面应力和踏面下 B 点（图 1(c)）的应力按线性内插法得到[5]。由于应力分布的轴对称性质，测定仅在一个径向截面上进行。

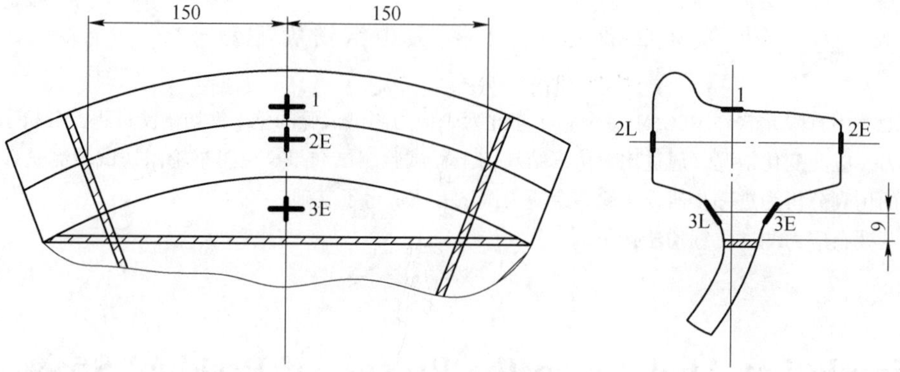

(a) 第一步切割

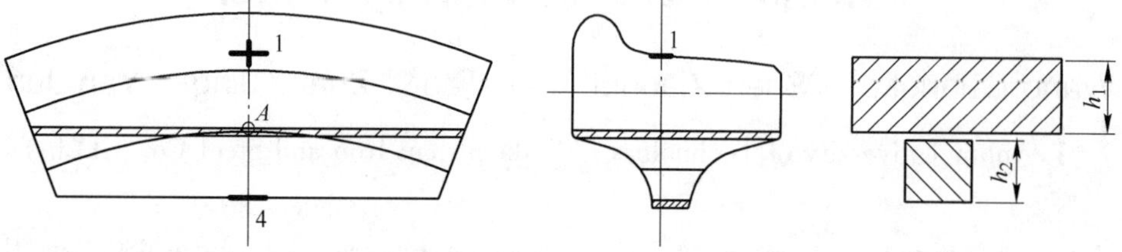

(b) 第二步切割

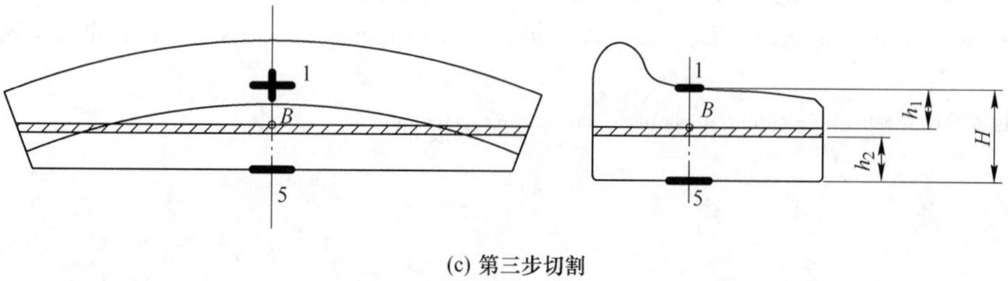

(c) 第三步切割

图 1　车轮切割操作示意图

Fig. 1　The schematic diagrams of saw cutting operation

3　锯切过程的仿真模型

有限元仿真分析车轮径向锯切过程可通过生死单元功能实现，使锯缝单元的自由度从总体刚度矩阵中消失。MSC. Marc 中的死活单元可以真实地模拟整个锯切过程，跟踪分析整个锯切过程中各个部位的位移和应力状态。模型中设置 5 个工况模拟计算锯切过程中的 5 次锯切，每一工况中都需定义该期的死单元（Deactive Element），上一工况的计算结果将作为下一工况的初始状态[6]。

3.1　弹塑性力学模型

计算中涉及的非线性问题属于材料非线性问题，采用弹塑性材料模型。车轮在锯切过程中，整体发生了弹塑性变形，根据 Prandtl-Reuss 增量理论，整体增量应变表示为[7]：

$$d\varepsilon = d\varepsilon^e + d\varepsilon^p \tag{1}$$

式中，$d\varepsilon^e$ 为弹性应变；$d\varepsilon^p$ 为塑性应变。

由 Hooke 定理可以得到弹塑性力学的本构关系为：

$$d\sigma = [D^e](d\varepsilon - d\varepsilon^p) \tag{2}$$

式中，$[D^e]$ 为弹性模量。

设材料变形满足 Misses 屈服准则和各项强化法则，应力应变关系为：

在弹性区
$$d\sigma = [D^e]d\varepsilon \tag{3}$$

在塑性区
$$d\sigma = [D^{ep}](d\varepsilon) + \frac{2}{3}\bar{\sigma}\frac{\{s\}}{S_0}\left(\frac{\partial R}{\partial \bar{\varepsilon}}d\bar{\varepsilon} + \frac{\partial R}{\partial i}di\right) \tag{4}$$

3.2 有限元模型

已有研究中利用轴对称模型对车轮热处理过程残余应力做了分析[1,4]。本文研究是在热处理模拟结束后，保存网格及轮廓形状，生成新的模型文件。然后利用 Menat 里面旋转扩张功能，把二维模型转变成三维模型，生成后的模型如图 2 所示。共计 53592 个单元，58842 个节点。去除的死单元如图 3 所示。

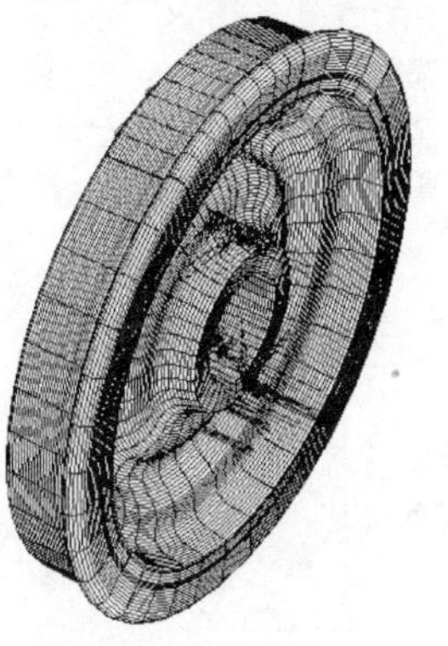

图 2　三维网格划分

Fig. 2　3D meshing

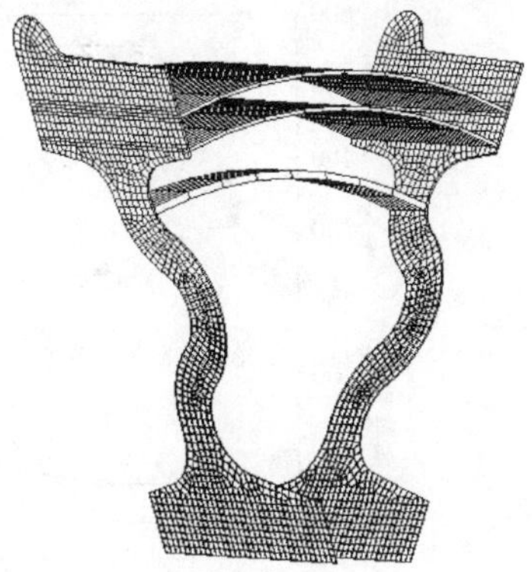

图 3　死单元分布图

Fig. 3　The schematic diagram of dead elements distribution

视热处理结束后的残余应力为车轮生产过程中的最终残余应力，热处理过程仿真模拟结果作为本次分析的初始条件（如图 4 所示），主要取其应力状态参与本次锯切仿真试验分析。车轮轮辋的外部为周向残余压应力，内部为残余拉应力。取车轮截面进行二维热处理模拟分析，此时坐标为直角坐标，x 代表轴向，y 代表径向，z 代表周向。为便于结果的观察，在扩展成三维时要进行坐标转换，把直角坐标转换为柱状坐标。具体转换为以(0，0，0)为中心点，(0，0，1)方向为径向，(0，1，0)方向为周向，(1，0，0) 方向为轴向。

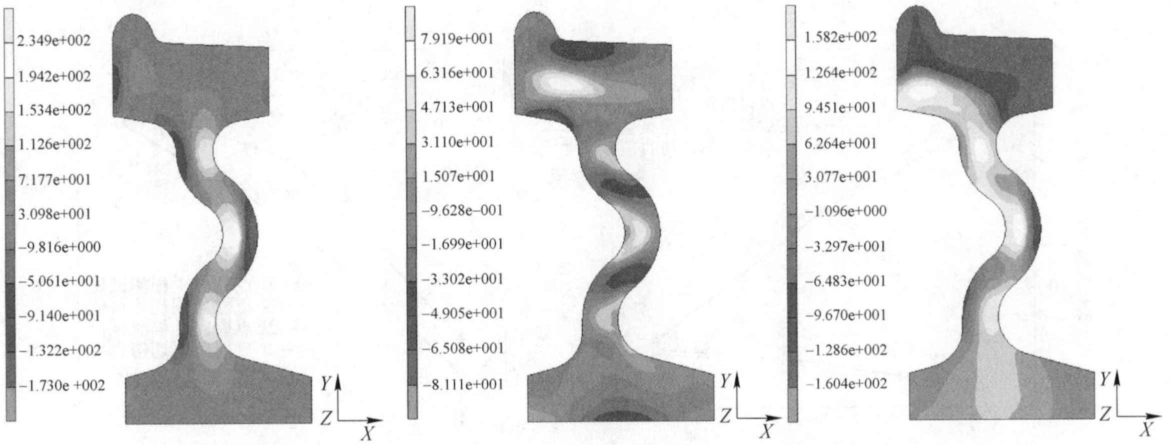

(a) 轴向　(b) 径向　(c) 周向

图 4　热处理后车轮残余应力状态分布

Fig. 4　Residual stress distribution of railway wheel after heat treatment

4 锯切试验仿真结果分析

通过对锯切试验仿真值与工程测试值进行比较分析、推断锯切试验的可靠性。把 1 点、2E 点、2L 点（见图 1）处的应力释放值进行对比，分析其应力释放规律。锯切时车轮主要以弹性变形为主，在锯缝附件有微小的塑性变形，由于对整体的应力应变影响不大，可以忽略不计。

由图 5 中可以看出，1 点处第一刀切割后周向应力释放比较大，所以得到的应变值也比较大。由于实际锯切时锯缝中嵌有楔块以防夹锯，故应变释放不完全，因此造成头第一刀锯切时仿真值比工程实测值大，而随后的几刀切割后获得应变的值相对比实测值小。锯切仿真法与工程锯切法中应变的变化规律相同，释放的量逐渐变小，尤其是总的应变值大小基本相同。切割过程中周向应变值为正，说明周向残余应力的值逐渐得到释放；而头两刀轴向应变变化值为负值，说明轴向压应力不减反增，这正好符合应变理论。轴向应变的应变变化值没有周向应力大，这与轴向应力没周向应力大有关，这也与实际情况相吻合。

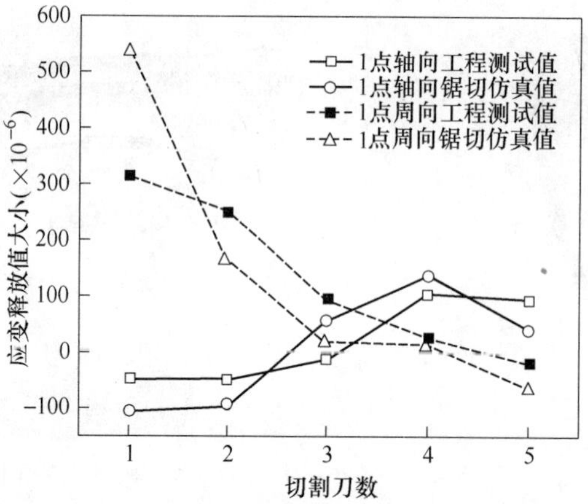

图 5　1 点处应变值的变化

Fig. 5　The strain changes at the point 1

图 6、图 7 分别为图 1 中 2E、2L 处的应变变化图，由 2E 点、2L 点处锯切测试值与锯切仿真模拟计算值的比较可以看出，在这些点处每一刀切割后释放的应变值相近，而且应变值的变化规律也一致。只不过仿真分析是在理想的状态下进行，无外界环境的干扰，故释放会更充分。这两点主要考虑周向应力变化与径向应力变化，轴向变化可以忽略不计，因此可以简化为平面问题，在此处可用平面应变的知识来计算周向应力。可以看出，实测值和仿真值的大小相近，测得应变值的变化规律也基本一致，证明仿真试验能很好的对工程锯切试验进行模拟计算。

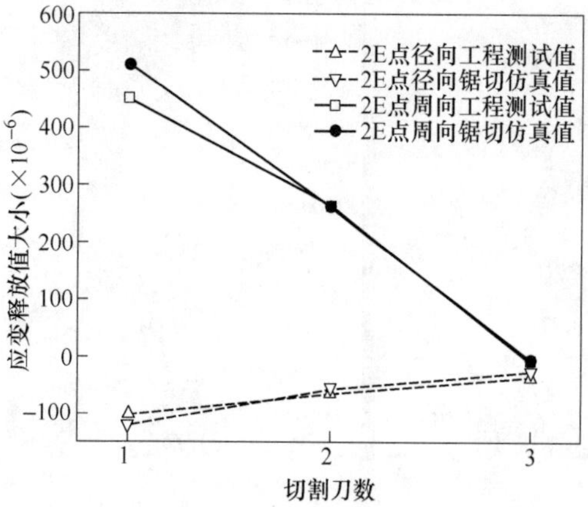

图 6　2E 点处应变值的变化

Fig. 6　The strain changes at the point 2E

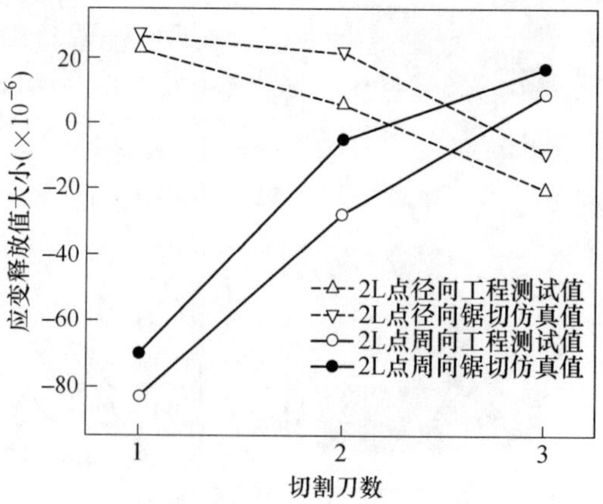

图 7　2L 点处应变值的变化

Fig. 7　The strain changes at the point 2L

3E、3L、4 点、5 点等处实测值与仿真值的大小也都相当，也能够很好地通过对应变的测量来反应残余应力的释放。

图8为两种测试方法得出的残余应力分布对比图。可以看出，车轮锯切测试试验得出的结果与锯切仿真模拟计算的结果一致。在1点计算出的残余应力分别是-157.6MPa、-155.6MPa，说明锯切过程中踏面上1点残余应力的释放比较彻底，通过测量周向与轴向的应变值能够很好的计算周向残余应力值。锯切仿真与工程测试计算出的残余应力深度分别为45.5mm、47.6mm，两值相差为2.1mm，误差仅为4.6%。

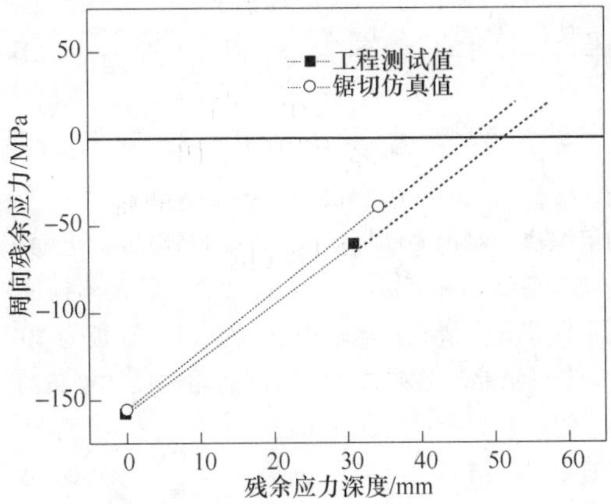

图8 不同测试方法的对比

Fig. 8 Comparison of the results coming from three methods

5 结论

（1）本文建立的模型能够正确的反映车轮残余应力测试的锯切过程，在实际测试与仿真过程中，车轮的残余应力/应变的变化规律一致，可见仿真模型能很好的对锯切试验进行模拟分析。

（2）两种方法计算出踏面处残余应力分别是-157.6MPa、-155.6MPa。残余应力深度分别为45.5mm、47.6mm，误差仅4.6%。证明残余应力的测试方法准确和可靠。

（3）可以采用锯切仿真分析研究残余应力测试方法。本文所建立的模型和研究方法为此提供了借鉴。

参考文献

[1] 沈晓辉，赵亚琼，安涛，等．热处理工艺对车轮残余应力的影响［J］．钢铁，2007（10）：68-71.

[2] 安涛，王成永，李怀明．我国车轮轮箍的质量现状和发展［J］．中国冶金，1998（2）：28-31.

[3] EN113262. Railway applications-Wheelsets and bogies-Wheels-Product require-ments［S］：appendix C.

[4] 安涛，沈晓辉，章静，闫军．车轮热处理过程中残余应力的分析［J］．重型机械，2007（2）：47.

[5] Rybicki E F，Shadely J R，Shealy W S. A consistent-splitting model for experi-mental residual-stress analysis［J］. Experi-mental Mechanics，1983（12）：438-446.

[6] 陈火红，于军泉，席源山．MSC. Marc/Mentat 2003 基础与应用实例［M］．北京：科学出版社，2004.

[7] 陈明祥．弹塑性力学［M］．北京：科学出版社，2007：61-68.

火车轮预成形过程的组织演变模拟❶

沈晓辉[1,2] 闫 军[2] 章 静[2] 江 波[3]

(1. 南京航空航天大学; 2. 安徽工业大学; 3. 马鞍山钢铁股份有限公司)

摘 要 研究火车轮成形过程的组织演变对预测和控制火车轮的晶粒度，进而提高火车轮的强韧性能具有重要意义。本文给出了一种车轮钢的动态再结晶和亚动态再结晶模型，对火车预成形过程的组织演变进行了模拟。得到了火车轮预成形结束后的晶粒尺寸分布情况：轮辋为 50~60μm，辐板为 30~50μm，轮毂内侧为 30~45μm，轮毂外侧为 50~180μm。由于亚动态再结晶和晶粒长大，轧制前晶粒尺寸分布为：轮辋为 50~120μm，辐板为 50~60μm，轮毂内侧为 60~100μm，轮毂外侧为 60~190μm。

关键词 火车轮；预成形；组织演变；再结晶；模拟

Simulation on Microstructure Evolution of Railway Wheel Preforming

Shen Xiaohui[1,2] Yan Jun[2] Zhang Jing[2] Jiang Bo[3]

(1. Nanjing University of Aeronautics and Astronautics;
2. Anhui University of Technology; 3. Ma'anshan Iron and Steel Co. , Ltd.)

Abstract Study on the microstructure evolution in railway wheel forming has played active role in prediction and controlling grain size of microstructure, and further promotion the strength and toughness of wheel. In this research, microstructure evolution on preforming process of railway wheel is simulated by FEM based on the models of dynamic and metadynamic recrystallization prescribed. The results on grain size distribution of the preforming of railway wheel are obtained. The grain sizes are 50-60μm for wheel rim, 30-50μm for wheel plate, 30-45μm for inside part of hub and 50-180μm for outside part of hub when preforming finish. Due to the metadynamic recrystallization and grain grow, the grain sizes are 50-120μm for rim, 50-60μm for plate, 60-100μm for inside part of hub and 60-100μm for outside part of hub.

Key words railway wheel; preforming; microstructure evolution; recrystallization; simulation

1 引言

火车轮在运行中承担载重、导向、传递牵引力和制动力的功能，对铁路行车安全具有重要影响。随着我国铁路运输向高速、重载方向发展，对车轮的要求越来越高。车轮的组织状态决定车轮的力学性能。晶粒度的大小对车轮的强韧性能具有重要影响。车轮成形过程的再结晶行为的研究对预测和控制车轮晶粒度具有重要意义。

金属热加工过程中的再结晶行为很早以前就引起研究者的重视。McQueen 和 Jonas[1,2] 对金属热加工过程的动态再结晶、动态回复以及热加工后的亚动态再结晶、静态再结晶等软化机理进行了深入研究，提出用 Avrami 方程描述再结晶动力学行为。Sellars 等人[3,4] 首先建立了半经验的数学模型对热轧板带过程的组织演变进行了数值模拟。Yada[5] 提出 C-Mn 钢的热轧过程的再结晶和晶粒尺寸预测的数学模型。近年

❶ 原文发表于 2009 热轧钢材组织性能预报研究与应用学术研讨会。
科技部“863”重点项目（2008AA030703）。

来随着物理模拟和数值模拟水平的提高，组织演变研究得到进一步发展。Sinczak[6]对大型锻件的锻造过程组织演变进行了模拟，并对其力学性能进行了预测。Jang[7]大变形热锻过程的组织演变进行了有限元模拟。Minting Wang 和杜凤山等[8-10]对楔横轧和大型锻件锻造过程进行了组织演变研究。Manohar[11]开发了中 C-Mn 钢的组织演变模型并应用到棒材轧制中的组织预测。刘正东[12]等对热轧带钢的多种再结晶模型进行了评价和研究。目前组织演变研究集中于轧制及普通锻压领域，对火车轮成形过程的组织演变研究还未见报道。火车轮的成形工艺见图 1，包括预成形（模锻成形）、轧制成形和辐板压弯三个工序。其中，预成形包括两个工步，完成金属的主要变形。本文主要分析车轮预成形过程的组织演变情况。

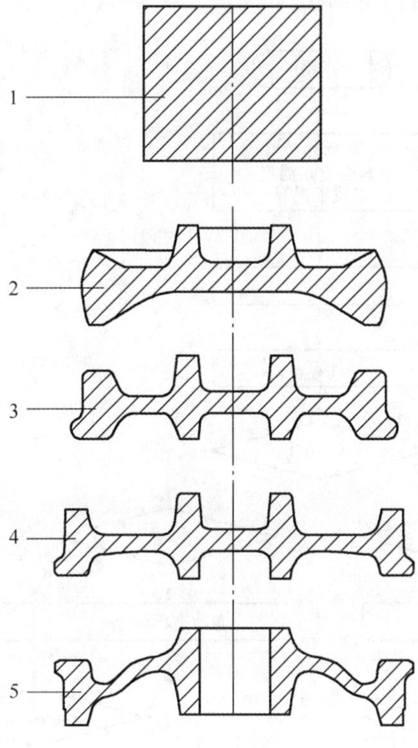

图 1　车轮的成形工艺

1—钢坯；2—预成形第一工步（粗锻）；3—预成形第二工步（精锻）；4—轧制成形；5—压弯、冲孔

2　计算模型

车轮预成形过程，塑性变形超过临界变形量时，即发生动态再结晶。动态再结晶对晶粒的细化起至关重要的作用。在变形结束时，由于部分金属再结晶已经形核，但动态再结晶没有完成，将在变形结束后发生亚动态再结晶。

动态再结晶模型如下：

$$X_{DRX} = 1 - \exp[-20.7(\varepsilon - \varepsilon_c)^{3.492}] \tag{1}$$

$$\varepsilon_c = 8.84 \times 10^{-3} Z^{0.125} \tag{2}$$

$$Z = \dot{\varepsilon}\exp\left(\frac{247500}{RT}\right) \tag{3}$$

$$d_{DRX} = 2.5 \times 10^4 Z^{-0.211} \tag{4}$$

亚动态再结晶模型如下：

$$X_{MDRX} = 1 - \exp\left[-0.693\left(\frac{t}{t_{0.5}}\right)\right] \tag{5}$$

$$t_{0.5} = 8.2648 \times 10^{-6} \dot{\varepsilon}^{-0.6633} \exp\left(\frac{1.0924 \times 10^5}{RT}\right) \tag{6}$$

$$d_{MDRX} = 1.4513 \times 10^5 Z^{-0.2417} \tag{7}$$

晶粒长大模型：

$$D^7 = D_0^7 + 1.65 \times 10^{24} \times t \times \exp\left(\frac{-347000}{RT}\right) \tag{8}$$

式中，X_{DRX}，X_{MDRX}分别为动态再结晶、亚动态再结晶体积分数；d_{DRX}，d_{MDRX}分别为动态再结晶、亚动态再结晶的晶粒尺寸；ε_c为动态再结晶临界应变量；Z为温度补偿变形速率因子；R为气体常数；T为绝对温度；$t_{0.5}$为再结晶50%时所需时间；$\dot{\varepsilon}$为应变速率；D_0为初始晶粒尺寸；D为长大后的晶粒尺寸；t为时间。

车轮预成形过程组织演变计算流程见图2。

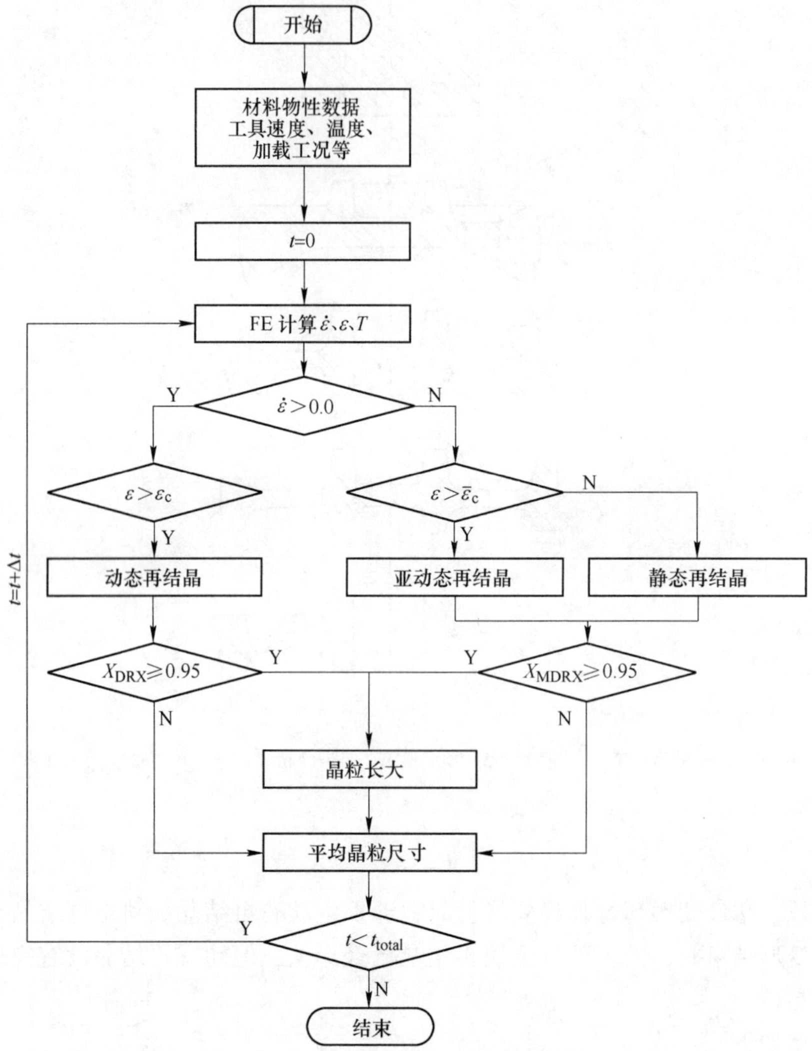

图2　组织演变计算流程

采用有限元软件Marc作为车轮预成形过程分析平台，再结晶模型通过用户子程序Ugrain.f接口链接到Marc求解程序中，对车轮预成形过程再结晶行为进行模拟。车轮预成形视为轴对称问题，原始晶粒大小设为200μm，上模压下速度50mm/s。

3　结果及分析

3.1　预成形第一工步动态再结晶

车轮预成形第一工步动态再结晶体积分数及平均晶粒尺寸见图3。动态再结晶最先发生在上模凸起部位对坯料的切入处。随着上模下压，再结晶区域随塑性变形区域扩大。在预成形第一工步结束时，辐板、轮毂大部、轮辋区域完全动态再结晶，轮毂上部局部和轮毂孔冲块靠近表面区域，由于温度较低，金属变形小于动态再结晶临界变形量而没有发生动态再结晶（图中的深色区域）。动态再结晶后晶粒尺寸较小，但由于温度和变形速度的不均匀，动态再结晶尺寸也不均匀。靠近模具表面由于温度较低，动态再结晶尺寸很小，在 30μm 以下。辐板和轮辋中心区域，动态再结晶晶粒尺寸在 55μm 左右。轮辋边缘晶粒尺寸稍大，80μm 左右。

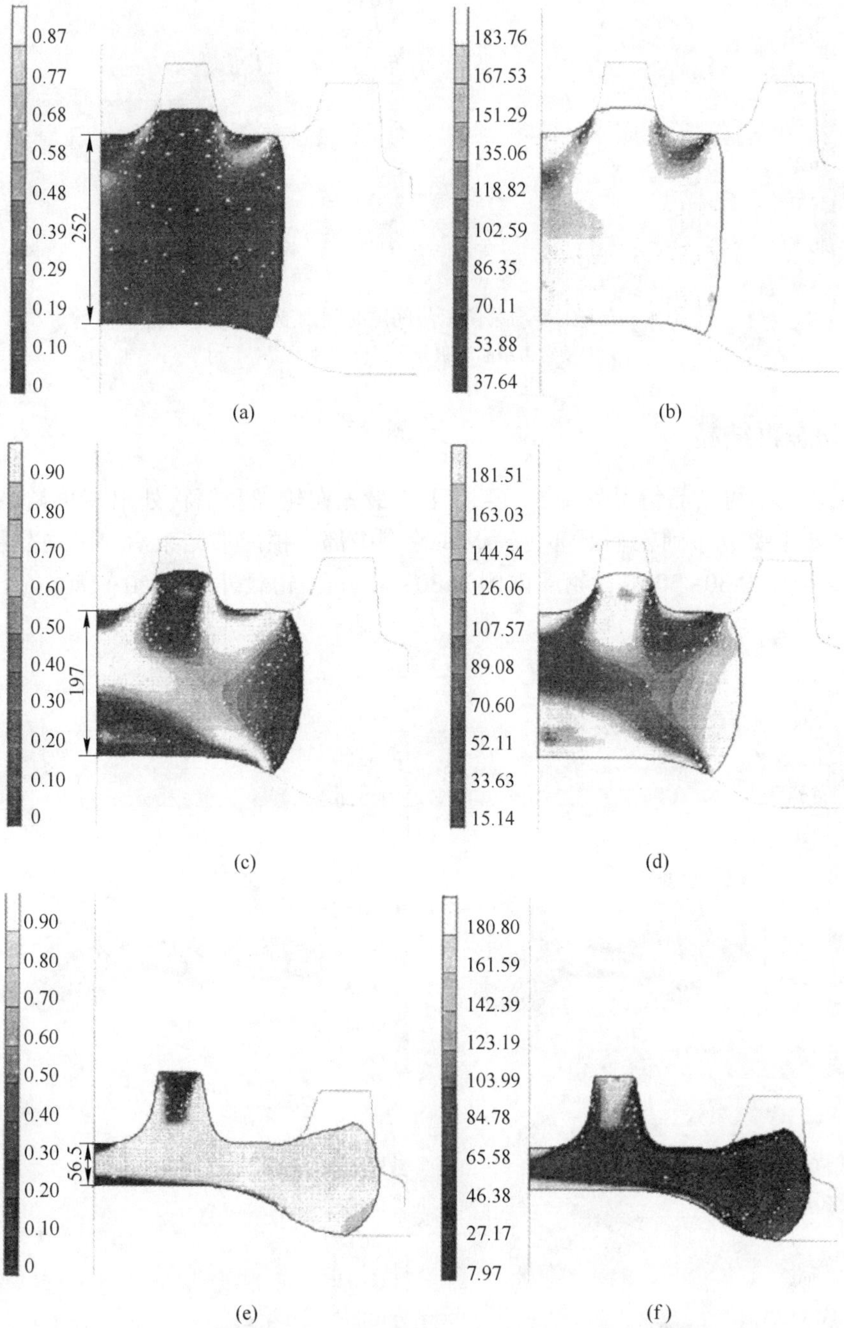

图 3　HESA 车轮预成形第一工步动态再结晶

（a），（c），（e）不同时刻的再结晶体积分数分布；（b），（d），（f）对应时刻的平均晶粒尺寸

3.2　第一工步后的亚动态再结晶

第一工步结束后，上模抬起，更换下模。在这个间隙时间内，工件发生亚动态再结晶。具体见图 4。亚动态再结晶速度很快，1s 基本全部完成。中心部位金属亚动态再结晶晶粒尺寸较大，约为动态再结晶晶粒尺寸的 2.4 倍，原因是此时温度较高（1200℃左右）。表面温度低处亚动态再结晶晶粒尺寸小。亚动态再结晶结束后，由于停留时间很短，晶粒尺寸基本没有长大。表面温度较低区域，平均晶粒尺寸 30~60μm，心部大部分区域，平均晶粒尺寸达到 150μm。

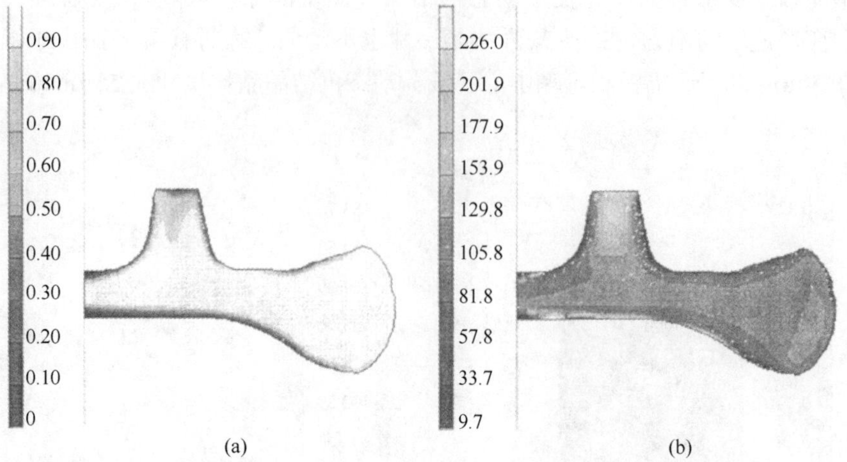

图 4　第一工步与第二工步间隙时间内亚动态再结晶

（a）亚动态再结晶体积分数；（b）平均晶粒尺寸

3.3　第二工步动态再结晶

预成形第二工步动态再结晶情况见图 5。第二工步最先在轮缘和辐板处出现再结晶。随着变形的扩展，动态再结晶区域主要分布到轮辋下部、辐板和轮辋中部。预成形结束后，平均晶粒尺寸分布情况：轮辋为 50~60μm，辐板为 30~50μm，轮毂内侧为 30~45μm，轮毂外侧为 50~180μm，轮毂孔冲块处为 20~50μm。

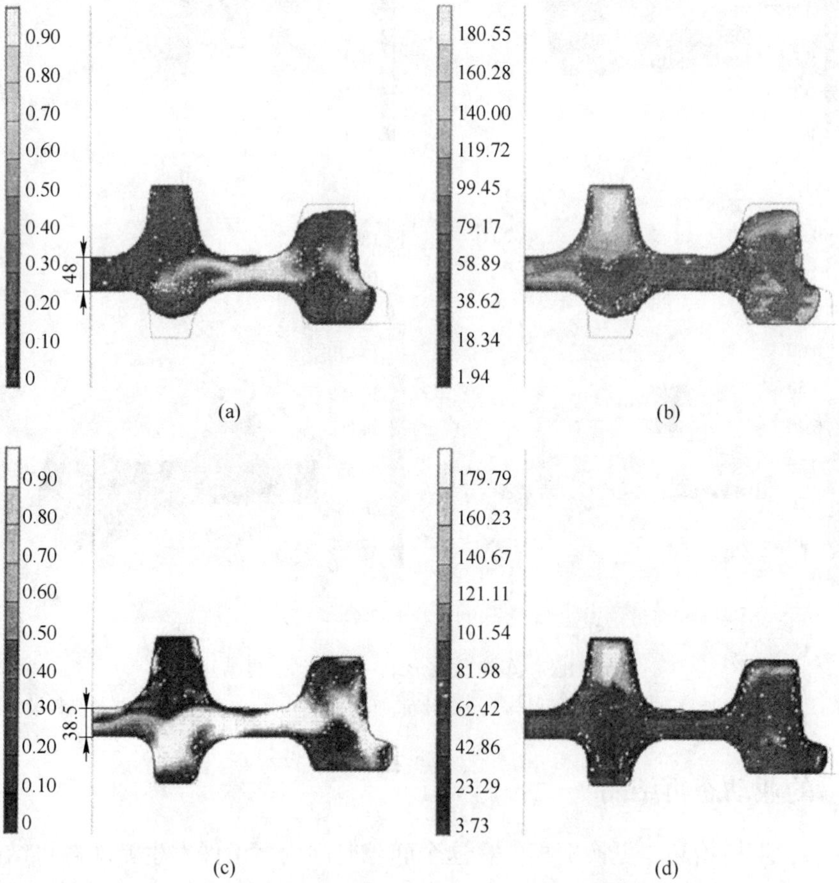

图 5　HESA 预成形第二工步动态再结晶情况

（a），（c）第二工步不同时刻的再结晶体积分数；（b），（d）对应时刻的平均晶粒尺寸

3.4 第二工步后的亚动态再结晶

预成形第二工步后2s内，亚动态再结晶完全，具体情况见图6。随着停放时间的延长，晶粒有长大趋势。停放30s后，晶粒尺寸分布为：轮辋为50~120μm，辐板为50~60μm，轮毂内侧为60~100μm，轮毂外侧为60~190μm，轮毂孔冲块处为30~60μm。

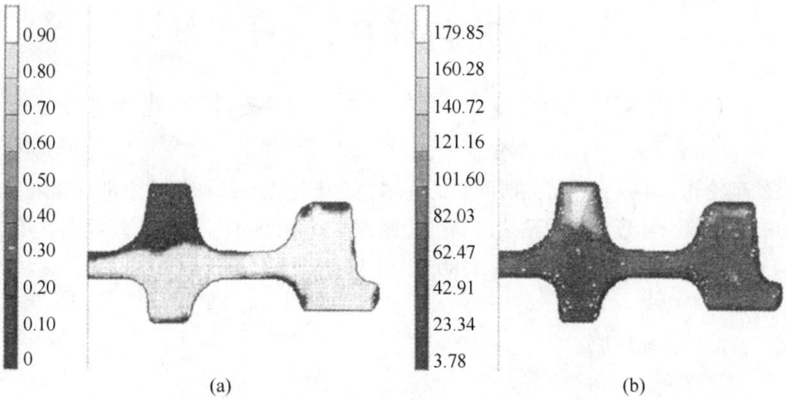

图6 预成形第二工步后的亚动态再结晶

（a）亚动态再结晶体积分数；（b）平均晶粒尺寸

4 结论

（1）利用有限元法对建立了车轮的预成形过程组织演变模拟模型并进行模拟。车轮预成形组织演变的研究为后继的轧制成形组织演变研究奠定了基础。

（2）预成形结束时，平均晶粒尺寸分布情况：轮辋为50~60μm，辐板为30~50μm，轮毂内侧为30~45μm，轮毂外侧为50~180μm，轮毂孔冲块处为20~50μm。由于亚动态再结晶和晶粒长大，30s后晶粒尺寸分布为：轮辋为50~120μm，辐板为50~60μm，轮毂内侧为60~100μm，轮毂外侧为60~190μm，轮毂孔冲块处为30~60μm。

参考文献

[1] McQueen H J，Jonas J J. Recent advances in hot working：fundamental dynamic softening mechanics［J］. J. Appl. Metalworking，1984，3（3）：233-241.

[2] McQueen H J，Jonas J J. Role of the dynamic and static softening mechanisms in multistage hot working［J］. J. Appl. Metalworking，1985（3）：410-420.

[3] Sellars C M，Whiteman J A. Computer modeling of hot working processes［J］. Mater. Sci. Technol.，1985（1）：325-332.

[4] Sellars C M，Witeman J A. Recrystallization and grain growth in hot rolling［J］. Mater. Sci.，1979（3）：187-194.

[5] Yada H，Senuma T. Resistance to hot deformation of steels［J］. J. Jpn. Social Technology Plast.，1986，27（300）：34-44.

[6] Sinczak J，Majta J，Glowacki M，et al. Prediction of mechanical properties of heavy forgings［J］. Journal of Materials Processing Technology，1998，80-81：166-173.

[7] Jang Yong-Soon，Ko Dae-Cheol，Kim Byung-Min. Application of the finite element method to predict microstructure evolution in the hot forging of steel［J］. Journal of Materials Processing Technology，2000：101：85-94.

[8] Wang Minting，Li Xuetong，Du Fengshan，et al. Hot deformation of austenite and prediction of microstructure evolution of cross-wedge rolling［J］. Materials Science and Engineering A，2004，379：133-140.

[9] Wang Minting，Li Xuetong，Du Fengshan，et al. A coupled thermal-mechanical and microstructural simulation of the cross wedge rolling process and experimental verification［J］. Materials Science and Engineering A，2005，391：305-312.

[10] Du F S，Wang M T，Li X T. Research on deformation and microstructure evolution during forging of large-scale parts［J］. Journal of Materials Processing Technology，2007，187-188：591-594.

[11] Manohar P A，Lim Kyuhwan，Rollett A D，et al. Computational exploration of microstructural evolution in a medium C-Mn steel and applications to rod mill［J］. ISIJ International，2003，43（9）：1421-1430.

[12] Liu Z D，Tang G B，Wei J，Cheng J F，et al. Assessment and investigation of recrystallization models during hot strip rolling［C］. Proceedings of the Joint International Conference of HSLA Steel 2005 and ISUGS 2005，Sanya，2005.

大直径车轮钢坯加热工艺的有限元分析及优化❶

张　磊[1]　沈晓辉[2]　蒋宗好[1]

（1. 马鞍山钢铁股份有限公司；2. 安徽工业大学）

摘　要　针对大直径车轮轧制难度大、待热时间长的问题，对圆坯在环形加热炉中进行温度实测及有限元分析，改进大规格圆坯的加热制度。环形加热炉预热段温度控制在 950~1200℃，加热 1 段控制在 1200~1300℃，加热 2 段控制在 1260~1310℃，均热段控制在 1250~1280℃。实践证明，在优化加热制度下，轧制待热时间缩短，同时钢坯的加热质量得到明显改善。

关键词　车轮；圆坯；加热；环形炉

Finite Element Analysis and Optimization on Heating Processfor Large Diameter Railway Wheel Billet

Zhang Lei[1]　Shen Xiaohui[2]　Jiang Zonghao[1]

（1. Ma'anshan Iron and Steel Co. , Ltd. ; 2. Anhui University of Technology）

Abstract　Temperate measurement and finite element analysis are implemented to solve the problems of billet heating process when rolling large size railway wheel. In rolling large size railway wheel, it is often found that the quality of rolled wheel is unstable and a too long heating time to meet the requirements, which restraint the wheel rolling rhythm severely. The heating process is improved by controlling the temperature to be 950-1200℃ for pre-heating stage, 1200-1300℃ for the first heating stage, 1260-1310℃ for the second heating stage, and 1250-1280℃ for soaking stage. Industrial experiments show that the rolling waiting time is reduced, and the quality of heated billet was improved.

Key words　railway wheel; round billet; heating; rotary furnace

1　引言

火车车轮用圆形钢坯加热工艺直接影响后续的生产节奏及成形质量。在生产大直径机车轮时，由于加热炉产能的限制，在原有工艺下不得不延长待热时间，生产效率低下，而且轧制质量不稳定。坯料加热制度的优化关系到产品生产节奏和质量，对节能降耗也有重要意义。近年来国内外学者对钢坯加热进行了大量的研究，主要集中在步进梁式加热炉加热工艺。刘向军[1]采用隐式差分法对步进式加热炉内的钢坯加热过程进行了计算，得出断面温度分布。Han[2]和 Steinboeck[3]分别采用有限体积法和 Galerkin 方法计算了步进加热炉内板坯的辐射通量，并以此作为板坯导热方程的边界条件，分析加热过程中的板坯温度场。对于环形加热炉加热的研究主要集中在管坯加热炉。张旦天[4]等研究了管坯环形加热炉加热过程的二维传热过程的数学模型，预测坯料温度随时间的变化规律，但没有考虑坯料加热过程的温度不均性。姜泽毅[5]研究了管坯在环形加热炉中二维非稳态传热数学模型。在此基础上，马强[6]以满足加热质量要求为前提，以燃耗和氧化损失最低为目标进行离线优化，得出标准产量下管坯在环形炉中加热的最优升温曲线。可以看出，主要是关于板坯、方坯及管坯的加热方面的研究，而车轮圆坯的加热方式与其

❶ 原文发表于《安徽工业大学学报（自然科学版）》2011 年第 4 期。

有明显区别。为解决减少大规格坯料待热时间，提高轧制质量，利用跟踪温度测试和有限元分析方法对钢坯环形加热炉加热制度进行优化研究。

2 马钢车轮钢坯环形加热炉概况及工艺改进思路

马钢车轮公司用于车轮料坯加热轧制的环形加热炉燃料采用高炉与焦炉混合煤气。以2号炉为例，主要参数：炉壁外径28m，炉壁内径19.38m，炉膛高度1.4m，炉膛宽度3.4m，炉底可布料长度68.4m，加热温度700~1300℃，最大加热能力33t/h。根据烧嘴的布置情况，环形炉加热过程可分为预热段、加热1段、加热2段和均热段。

为适应市场需求的变化，马钢车轮公司改造了轧线设备及工艺，轧线的生产能力大幅提高，而加热炉的生产能力没有及时得到改进。当生产坯料质量大于700kg的大直径车轮时，坯料加热由三排立装改为两排卧装。按原加热工艺不仅产能受到制约，而且大直径钢坯加热过程中出现的料坯上下温度不均、等料待轧以及轧制质量不稳定等问题较为突出。为此选择马钢车轮公司2号环形加热炉进行试验，在现有基础上优化大规格车轮圆坯的加热工艺。

根据坯料规格及轧线轧制节奏的不同，车轮圆坯在炉内的布料方式及加热时间时有变化。车轮圆坯在加热炉内的实际温度状况复杂。分析料坯在环形炉内更加准确的热工行为，最有效的办法是进行料坯加热过程跟踪试验和有限元分析，以获得料坯在环形加热炉内不同区段上的升温特点及断面温差等重要信息。基于这些信息，按照轧制的要求，优化环形加热炉的加热制度。

3 车轮圆坯加热过程温度测试及有限元分析

以ϕ450mm圆坯作为试验对象，测试坯料不同位置在加热过程中的温度曲线。图1所示为坯料的温度测量点位置分布。其中1、5号测量点分别位于距离钢坯上、下表面20mm处，用于分析ϕ450mm圆坯上下表面温度和温差；2、4号测量点分别位于距离钢坯上、下表面55mm处，主要用于与1、5测点对照比较；3、6号测量点分别位于钢坯中心和1/4半径处，主要用于分析坯料的中心温度和水平方向的透烧程度。埋入工件内部的6个测温点深度均为钢坯长度的一半（225mm）。

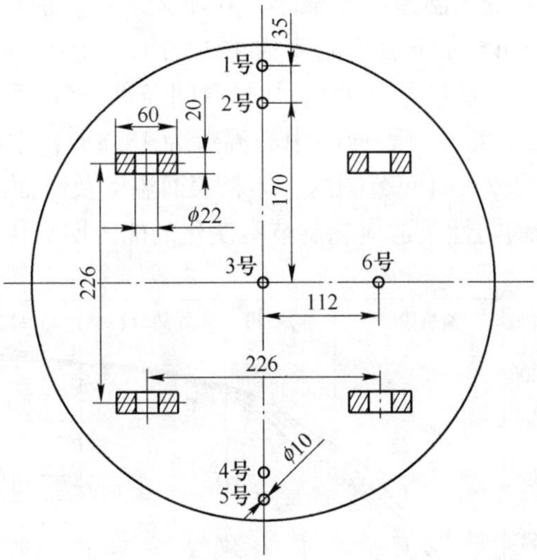

图1 热电偶安装位置示意图

3.1 原加热工艺（工艺1）的温度测试及分析

原加热工艺各段的温度控制为：预热段700~1100℃，加热1段1160~1270℃，加热2段1270~1290℃，均热段1270~1290℃。环形加热炉在原加热制度下的测试温度曲线如图2所示。由于测试原因，均热段数据不完整。

从测试曲线可以看出，在现有的加热制度下，料坯在加热1段，上、下表面之间约有300℃的温差，直至进入加热2段的末期，虽然上表面温度趋于平稳，但是下表面和中心部位的温度仍然处于快速升温

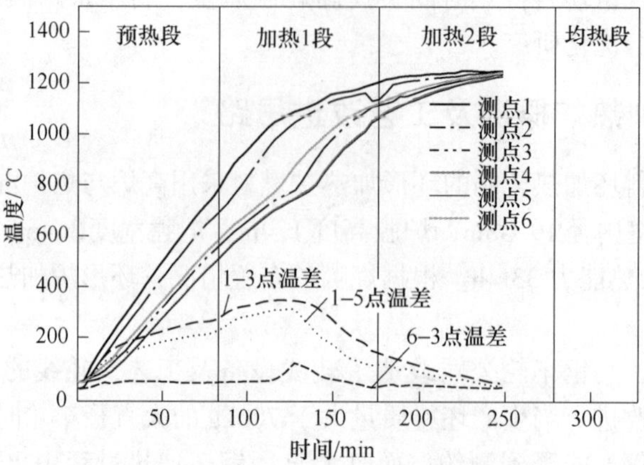

图 2　工艺 1 下圆坯各位置实测温度曲线

期，上、下表面，上表面和中心之间的温差仍旧比较大，在进入均热段后，很难在短时间消除较大温差。因此，只要轧机节奏稍有提高，就会出现加热温度不均问题，轧制产品的质量难以保证。

3.2　加热制度改进（工艺 2）后的温度测试及分析

根据工艺实验数据结果的分析，结合加热炉的实际操作，在热工理论的指导下，拟定新的加热制度（工艺 2），具体见表 1。

表 1　工艺 2 加热制度

加热工段	预热段	加热 1 段	加热 2 段	均热段
新拟定加热制度	950~1200℃	1200~1300℃	1270~1320℃	1250~1290℃
加热炉实控平均温度	1166℃	1282℃	1311℃	1279℃

工艺 2 的加热过程中圆坯各位置温度实测曲线如图 3 所示。在工艺 2 中，坯料在加热 2 段的温度均匀性明显高于工艺 1，加热过程中的最大温差明显减小。在工艺 2 中，加热时间经历 4h 后，坯料上表面温度为 1250.7℃，中心温度为 1246.4℃，下表面温度为 1252.7℃；上表面与中心温差为 4.3℃；下表面与中心温差为 6.3℃，上表面与下表面温差为 3.0℃。加热时间经过 4.9h 后，上表面温度 1291.1℃，中心温度为 1272.3℃，下表面温度为 1285℃，上表面与中心温差为 18.8℃；中心与下表面温差为 12.7℃；上、下表面温差为 6.1℃。在均热段的较大时间范围内，坯料表面温度及断面温差均达到轧制要求。可见，工艺 2 对 ϕ450mm 坯料加热温度的均匀性及适应轧制节奏变化的能力明显优于工艺 1。

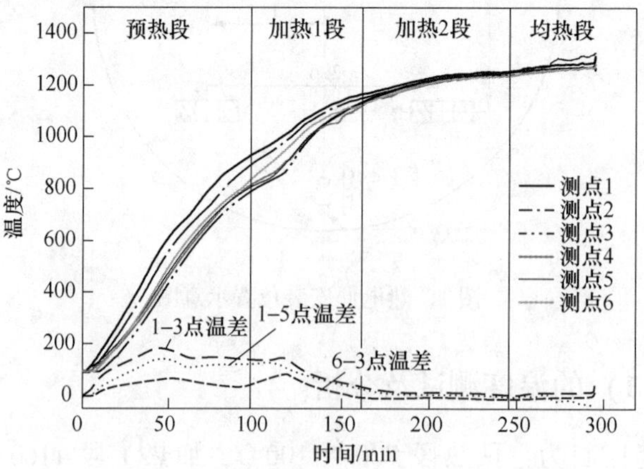

图 3　工艺 2 下圆坯各位置实测温度曲线

另外，在工艺 2 中，ϕ450mm 车轮料坯经过 4h 的加热，在加热段 2 尾部及均热段（约 5h），钢坯上表面温度有上升趋势，因此加热制度还可进一步改善。

3.3 圆坯加热的有限元分析

采用有限元法对圆坯加热工艺进行分析。在圆坯加热的有限元模拟中用等效换热系数考虑边界上的辐射和对流换热。等效换热系数随坯料表面温度变化而变化，具体数值根据实测坯料加热温度曲线，采用反传热法来确定。坯料的热物性参数见表 2。以工艺 2 的加热制度为计算条件，有限元模拟温度变化与实测温度曲线的比较见图 4，计算值与实测值吻合程度较高，说明计算模型较为可靠。

表 2　0.6%C 钢热物性参数[7]

θ/℃	c_p/J·(kg·K)$^{-1}$	λ/W·(m·K)$^{-1}$	θ/℃	c_p/J·(kg·K)$^{-1}$	λ/W·(m·K)$^{-1}$
20	472	42.64	600	667	32.56
100	480	40.58	700	773	29.31
200	492	38.28	749	1034	30.87
300	513	36.46	800	701	26.69
400	541	34.76	900	596	24.42
500	588	33.54	1000	581	22.99

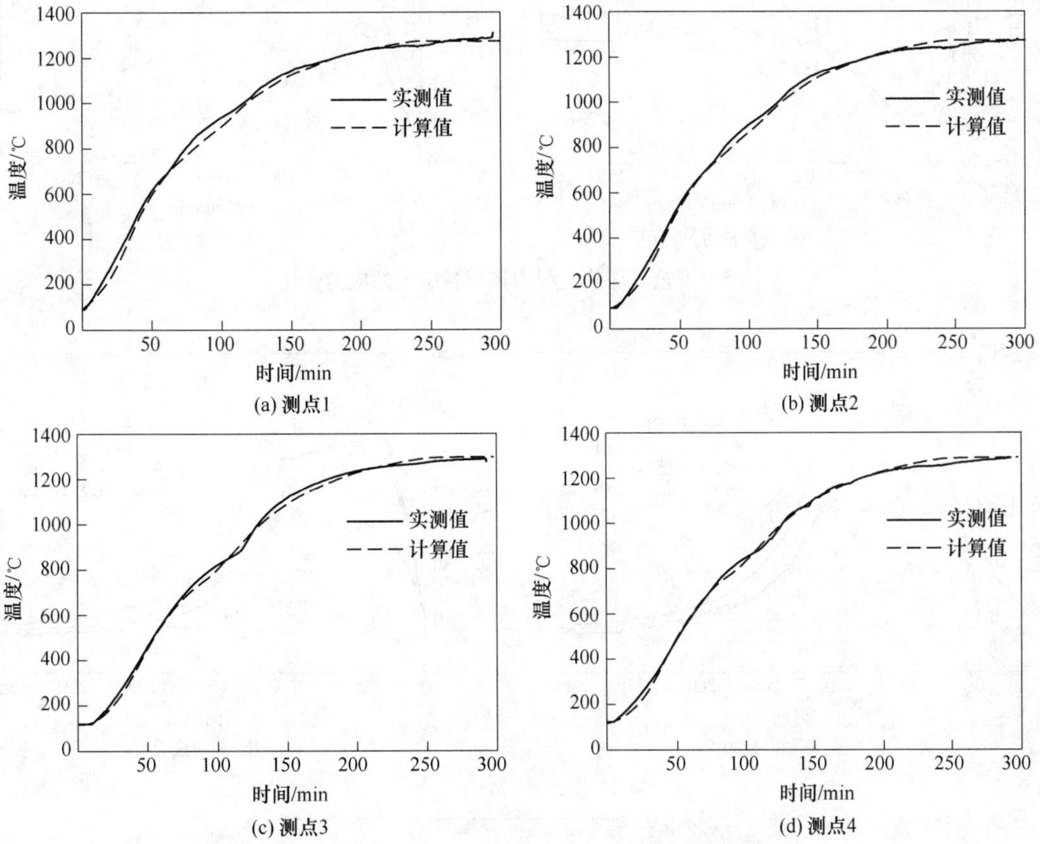

图 4　工艺 2 下圆坯的有限元计算值与实测值的比较

加热过程中由于坯料温度分布不均而产生热应力。图 5 所示为工艺 2 加热过程中不同位置的热应力变化情况。坯料在加热 50min 左右时（即预热段中期，此时对应断面温差最大）坯料中的热应力达到最大，其中点 3（中心点）和点 6(1/2 半径处）存在较大三向拉应力，轴向和径向拉应力峰值达到 225MPa，周向应力峰值为 300MPa；而最大等效应力出现在上表面中心、点 1 和点 5 位置，即靠近表面等效应力较大，最大等效应力达 160MPa。随着时间延长，应力水平大幅度降低。

图 6 所示为工艺 1 和工艺 2 加热过程坯料点 3 和点 6 处应力对比。工艺 2 由于提高了预热段加热速度，点 3 处（中心点）峰值应力较工艺 1 提高约 15%，但峰值应力的绝对值在 300MPa 以下；另外点 6 处（1/2 半径处）应力值提高幅度更小。因此可以判断，在相同坯料质量条件下，尽管工艺 2 中应力值稍有提高，但不足以造成裂纹恶化或钢坯断裂。因此工艺 2 提高预热段炉温是安全的。

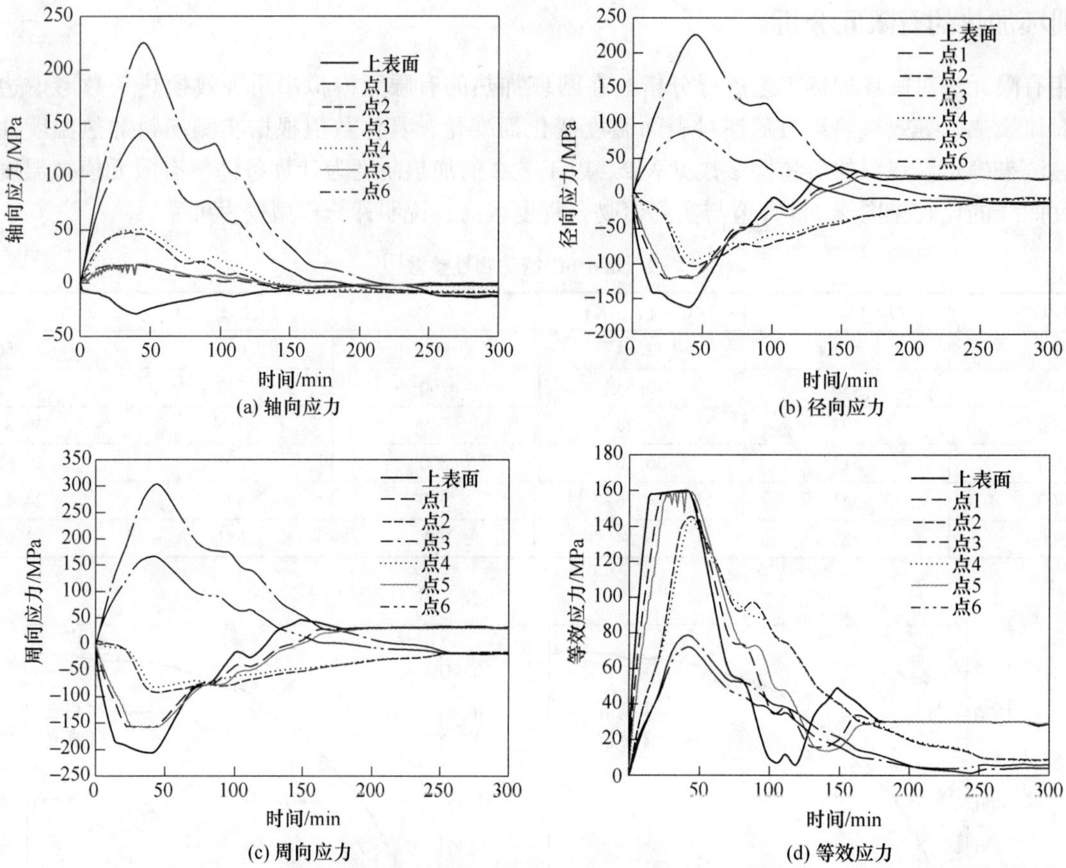

(a) 轴向应力　(b) 径向应力

(c) 周向应力　(d) 等效应力

图 5　工艺 2 加热过程中坯料各位置的应力变化

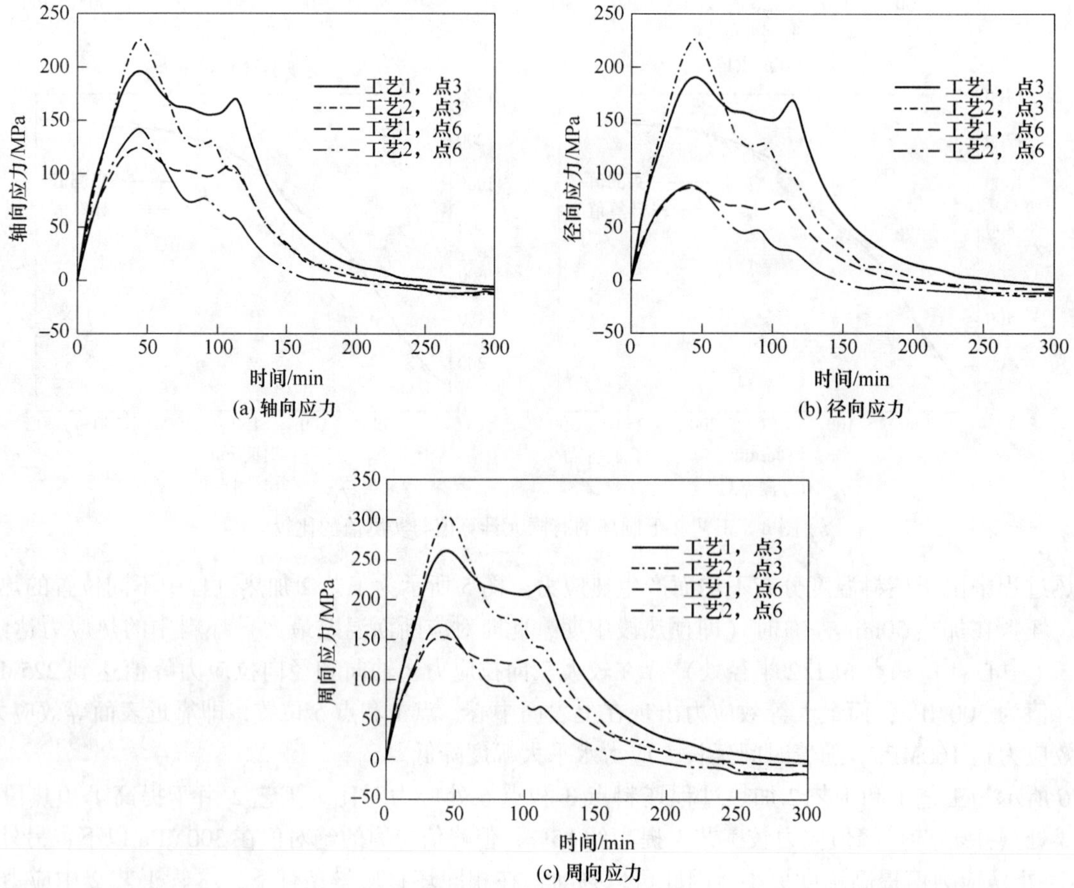

(a) 轴向应力　(b) 径向应力

(c) 周向应力

图 6　两种加热工艺加热过程各位置应力对比

4 加热制度的优化及实践

分析表明，工艺2加热的温度均匀性及对轧制节奏波动的适应性好于工艺1。但在工艺2中可以看到在加热2段尾部及均热段中（约5h）钢坯上表面温度有上升趋势，为保证均热段温度的稳定性，将工艺2中的加热温度降低，优化后的加热工艺（工艺3）如表3所示。

表3 工艺3加热制度

加热炉位置	温度要求/℃	加热炉位置	温度要求/℃
预热段	950~1200	加热2段	1260~1310
加热1段	1200~1300	均热段	1250~1280

为分析优化工艺的温度控制参数适应加热节奏变化的能力，将加热时间由5h分别缩短至4.5h和4h（每段相应缩短），进行有限元分析，坯料各点温度曲线如图7所示。

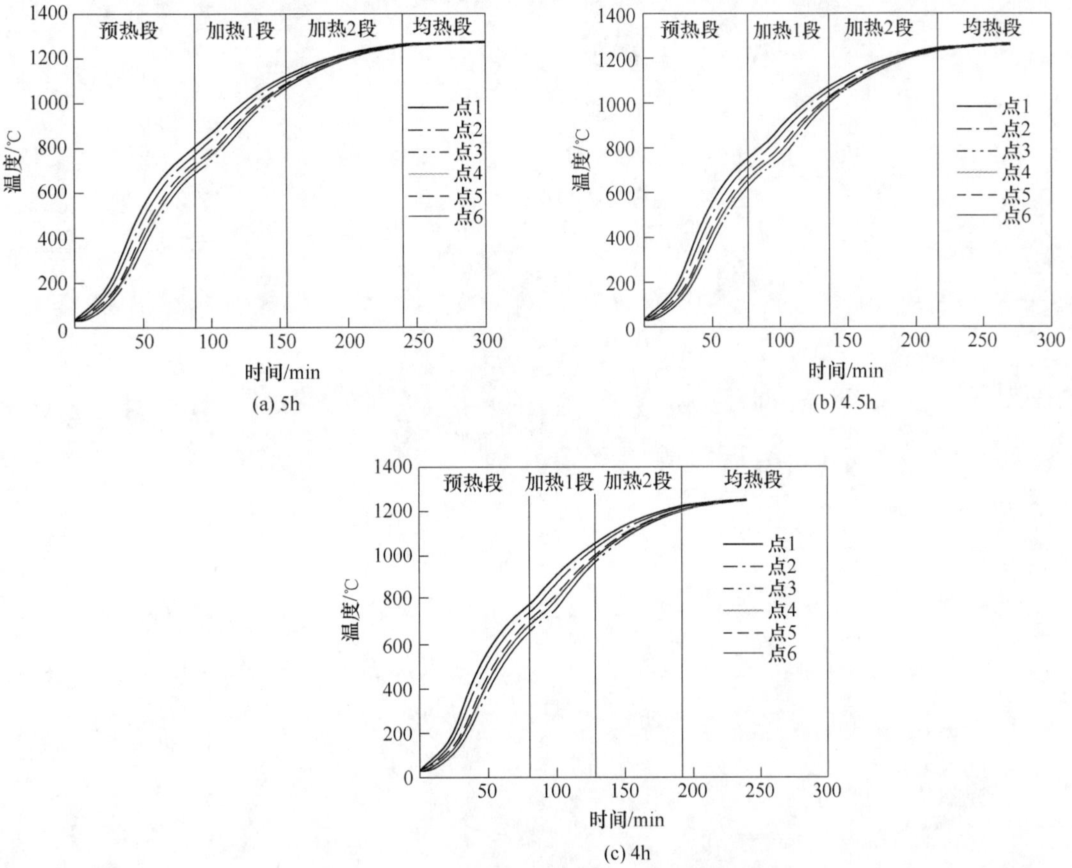

图7 工艺3在不同加热时间下坯料各点温度曲线

可见当加热时间由5h缩短至4.5h，坯料温度分布的均匀性完全满足轧制要求。当加热时间进一步缩短至4h，在均热段初期坯料内部存在较小的温差，随均热时间延长温差减小，加热至4h出炉也可满足轧制温度分布要求。因此，优化后的工艺3能够在较大范围内适应轧制节奏的变化。

为验证工艺3的适用性，按照工艺3的加热制度，对24个炉号共2800多件大规格机车轮坯料进行加热。数据统计表明，轧制待热时间缩短，同时由于钢坯上、下表面钢温均匀性的提高，车轮轧制质量也得到提高。

5 结论

基于车轮圆坯在环形加热炉中温度实测及有限元分析，对大规格圆坯的加热制度进行了改进。改进后的工艺能提高加热质量，很好地适应轧制节奏的变化，轧制待热时间缩短，车轮轧制质量得到提高。

参 考 文 献

[1] 刘向军，赵燕，潘小兵．步进式加热炉内钢坯加热过程的模拟研究［J］．钢铁，2005，40：76-79.

[2] Han Sang Heon，Baek Seung Wook，Kim Man Young. Transient radiative heating characteristics of slabs in a walking beam type reheating furncace［J］. International Journal of Heat and Mass Transfer，2009，52：1005-1011.

[3] Steinboeck A，Wild D，Kiefer T，Kugi A. A mathematical model of a slab reheating furnace with radiative heat transfer and non-participating gaseous media［J］. International Journal of Heat and Mass Transfer，2010，53：5933-5946.

[4] 张旦天，冯双杰，温治，等．环形加热炉热过程数学模型及其数值仿真系统［J］．装备制造技术，2007（9）：38-41.

[5] 姜泽毅，张欣欣，董补全，等．环形加热炉传热数学模型的研究［J］．钢铁，2000（3）：56-63.

[6] 马强，姜泽毅，张欣欣，等．环形加热炉炉温在线分段寻优策略研究［J］．工业加热，2008，37：30-33.

[7] 谭真，郭广文．工程合金热物性［M］．北京：冶金工业出版社，1994：12.

车轮轧制成形过程的有限元模拟❶

武胜飞[1] 陆 彬[1] 崔振山[1] 张 磊[2] 许章泽[2]

(1. 上海交通大学，模具CAD国家工程研究中心；2. 马鞍山钢铁股份有限公司)

摘 要 采用DEFORM-3D建立车轮轧制过程三维有限元分析模型，在建立轧制过程的数学模型和开发轧辊运动的控制算法，并与DEFORM软件集成的基础上，模拟了实际轧制过程中轧辊的运动。从轧制力对比与轮坯几何形状的分析两方面验证了模型和控制算法的可靠性；分析了轧制过程中材料的流动规律，为改进轧制工艺提供了参考。

关键词 车轮；轧制；控制算法；有限元

Finite Element Simulation of Rail Wheel Rolling Process

Wu Shengfei[1] Lu Bin[1] Cui Zhenshan[1] Zhang Lei[2] Xu Zhangze[2]

(1. National Die and Mold CAD Engineering Research Center, Shanghai Jiaotong University;
2. Ma'anshan Iron and Steel Co., Ltd.)

Abstract A 3D FEA model of rail wheel rolling process were simulated using DEFORM-3D. In the simulation, a control program was developed and the mathematical model of rolling was established to control the motion of rollers. This FE wheel rolling model was verified in terms of rolling force and geometry. The material flow was analyzed which provide a good reference for improving the wheel rolling process.

Key words rail wheel; rolling; control algorithm; finite element

1 引言

轨道列车车轮完整的成形工艺包括预锻、终锻、轧制、冲孔和压弯，其中，车轮轧制是所有成形工步中最为重要的一环。车轮轧制是一个三维、多向轧制过程，通过对锻后的轮坯进行轧制扩径，完成对车轮的辐板、轮缘、轮辋以及踏面的成形。目前，国内外对车轮轧制工艺的研究主要以在生产实践中的探索为主，而对车轮轧制过程的数值模拟研究还处于起步阶段。文献［1］对车轮包括轧制在内的多工步成形进行了有限元模拟分析，分析中通过DEFORM-2D软件进行二维分析，对模型做了较多的简化。文献［2］提出了提高车轮轧制或是环件轧制模拟效率的技术方法。文献［3］尝试建立了车轮轧制过程的有限元模拟模型，但为保持计算的稳定性，加入了芯辊。车轮轧制和环件轧制有些相似之处，文献［4］使用显式积分方法，利用通用有限元程序对径向环轧进行了模拟。文献［5］研究了实现环件轧制过程稳定的条件。文献［6］开发的算法，实现了根据模拟过程中各部件的状态（如位置、坯料尺寸、速度、力等）调节轧辊的进给和转速，并将算法集成到有限元求解器中，实现了对轧机闭环控制方法的模拟。

典型的立式轧机轧辊及轮坯的空间分布如图1所示，图中轮坯两边各有一对辐板辊、导向辊和斜辊，轮坯上下各有一个对中辊用以控制轮坯中心，主辊位于轮坯前端。在轧制过程中，辐板辊通过电机驱动带动轮坯转动，轮坯在转动过程中带动其他轧辊运动，主辊沿图示方向进给挤压轮辋部位，实现轮坯扩径和辐板延展，导向辊随着车轮半径增大，沿图示方向向外侧移动。轧制中主辊、斜辊和辐板辊对轮坯

❶ 原文发表于《塑性工程学报》2011年第6期。

的变形起主要作用，上下对中辊和导辊作用是保持轮坯在轧制过程中转动稳定。

车轮轧制的数值模拟与其他塑性加工过程的模拟相比较，有3个难点。

（1）在轧制过程中车轮以刚体旋转为主，转动中心不固定，边界条件难以施加；

（2）轧辊数量较多，接触复杂，但是轮坯和主辊的转动都是依赖摩擦力驱动，模拟摩擦力的误差会导致轮坯和主辊转动速度的波动，进而导致变形失真；

（3）车轮轧制过程的时间较长，有限元模拟效率较低，累积误差较大。

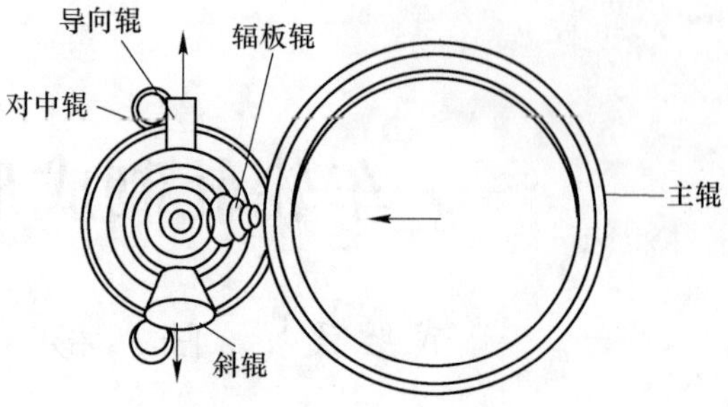

图1　车轮轧制示意图

Fig. 1　Schematic of rail wheel rolling

针对以上问题，本文开发了轧辊控制程序，并与商用有限元软件DEFORM-3D进行集成，通过坐标变换的方法实现了对车轮轧制过程的模拟；通过对车轮轧制数学模型的分析，得到了轧制过程保持稳定的条件，并进行了验证。此外，通过对模拟结果的分析，对车轮轧制过程中材料的流动情况进行了探讨。

2　有限元模型的建立

2.1　车轮轧制过程稳定变形条件

车轮轧制是一个动态成形过程，在轮坯和轧辊之间有着复杂的接触关系，这使得模拟轧制过程常常出现不稳定性。然而，以轮坯半径增大速率保持定值为条件，则可极大的降低这种不稳定性，这是因为，这一条件能使得轮坯与各轧辊的接触保持相对稳定[5]。本文以此为条件，建立了车轮轧制过程中关键参数之间的关系和轧辊运动的模型，如图2所示。为了计算简洁，对车轮外形做了简化（图2中虚线为真实外形）。在车轮轧制稳定以后，将轮辋的高度 b、轮辐的厚度 a、轮缘的半径 c 和辐板与轮辋相交处圆弧半径 e 均视为近似不变。因为轧制过程中辐板辊位置不变，主辊进给导致轮辋变薄而半径增大，所以轮辋变薄的速度就是主辊进给的速度。这也说明，轧制过程的变形区集中在辐板辊和主辊相互挤压的部位，即图2的阴影部位，该部位的分界线是轧制开始时辐板辊与轮坯接触的边缘（见图2(a)），因此，建立轧辊运动参数数学关系时，只考虑阴影部位的变形。

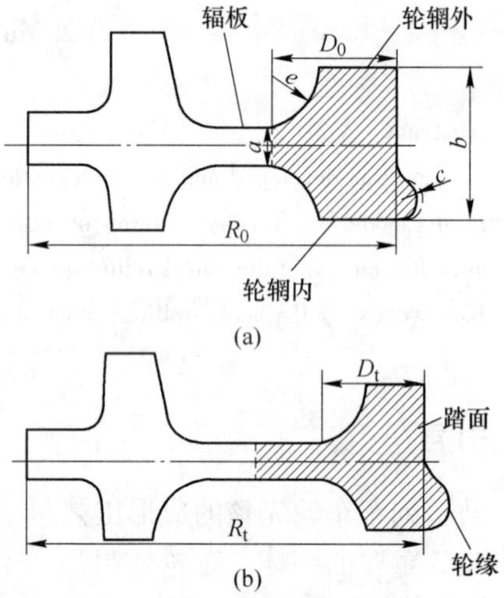

图2　轮坯截面

Fig. 2　Cross-section of the wheel

图2中，D 表示轮辋厚度与辐板与轮辋相交处圆弧半径 e 的和，因 e 近似不变，因而 D 减小的速度就是轮辋变薄的速度。

开始时车轮半径为 R_0，结束时为 R_T，轧制时间为 T，则在轧制过程的任意时刻 t 有：

$$R_t = R_0 + v_d t \tag{1}$$

$$v_d = \frac{R_T - R_0}{T} \tag{2}$$

当 $t=0$ 时，阴影部分的体积为：

$$V_0 = b\pi[R_0^2 - (R_0 - D_0)^2] - \left[\pi^2 e^2 (R_0 - D_0) + \frac{4}{3}\pi e^3\right] + \pi^2 R_0 c^2 + \frac{4}{3}\pi c^3 \tag{3}$$

在时刻 t 时，阴影部分的体积为：

$$V_t = b\pi[R_t^2 - (R_t - D_t)^2] + a\pi[R_t^{\ 2} - (R_t - D_t)^2] - \left[\pi^2 e^2 (R_t - D_t) + \frac{4}{3}\pi e^3\right] + \pi^2 R_t c^2 + \frac{4}{3}\pi c^3 \tag{4}$$

在轧制过程中车轮体积不变，则：

$$V_0 = V_t \tag{5}$$

由此可以解出 D_t 随 t 变化的关系式，其中令 $R_0-D_0=f$，则

$$D_t = 0.5(b-a)^{-1}\{2(b-a)(R_0+tv_d)+\pi e^2+[4b^2t^2v_d^2-8baf^2+\pi^2e^4+4(b^2+a^2)f^2-4abt^2v_d^2+8btv_dR_0(b-a)+4\pi(b-a)(c^2tv_d+fe^2)]^{0.5}\}^{-1} \tag{6}$$

令主辊的进给速度为 v_z，则：

$$v_z = -\mathrm{d}D_t/\mathrm{d}t \tag{7}$$

在轧制过程中，轮坯的转速应该是主辊进给速度的 k 倍，则轮坯的角速度 n 为：

$$n = kv_z \tag{8}$$

k 根据轮坯在轧制过程中转动的圈数和轧制的时间求出，本文取 $k=11.77$。

根据辐板辊和轮坯接触区保持接触平稳，没有打滑，可以得到辐板辊的角速度为：

$$w = n(R-D_t)/P \tag{9}$$

式中，P 为辐板辊的半径。

为了保持斜辊和轮坯接触的稳定性，斜辊的平移速度 v_x 等于轮坯半径的增大速度 v_d，即：

$$v_x = v_d \tag{10}$$

主辊的进给速度由式（7）给出，斜辊和主辊的转动由车轮带动，而其他轧辊作用是保持轧制状态稳定，位置基本不变，在模拟过程中对轧制变形的影响很小，故将其忽略。由此即得到了控制轧辊运动的所有需要输入的关键参数。

2.2 车轮轧制的三维有限元模型

表 1 为模型中所用到的参数，主辊的进给速度 v_x、辐板辊的角速度 w 和斜辊的平移速度 v_x 由式（1）~式（10）给出。

表 1 有限元模型参数表

Table 1 Parameters of the FE model

轮辋的初始宽度（包括辐板圆角），D_0/mm	139.8	轮辋高度，b/mm	152.3
车轮初始半径，R_0/mm	385	轮缘半径，c/mm	20.96
车轮轧制完成时半径，R_T/mm	418	轧制时间，T/s	20
辐板圆弧半径，e/mm	57.33	辐板辊的半径，P/mm	209
辐板厚度，a/mm	37.64	轮坯转速系数 k	11.77

在实际轧制过程中，主辊的进给量由当前轮坯几何尺寸、轧辊支反力共同决定。由于轮坯的转动完全依靠摩擦力，当摩擦力不足以使车轮变形时，工件易打滑而不是跟随辐板辊转动，导致模拟失败。针对以上问题，本文通过保持轧辊和轮坯相对运动关系不变，将轧辊和工件的运动转化为车轮及其他轧辊围绕主辊中心的转动，如图 3 所示，该过程通过外部的程序控制实现。为提高计算效率，在有限元模拟中对轮坯变形影响很小的导辊和中辊予以忽略。

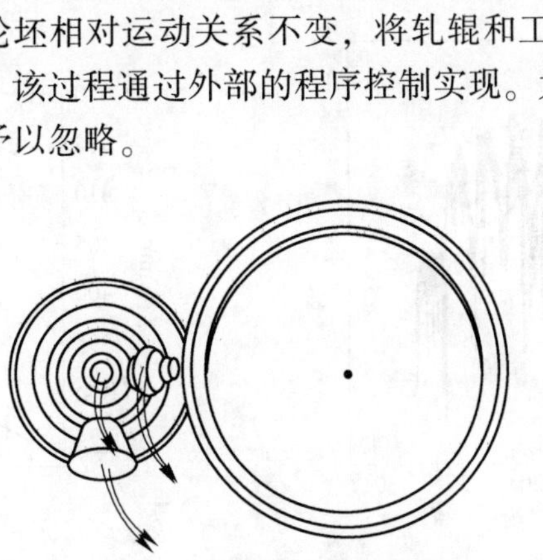

图 3 轧辊运动示意图

Fig. 3 Schematic of motion of the rolls

轮坯材料为 50#钢，流动应力通过 Gleeble 热压缩实验得到，如图 4 所示。

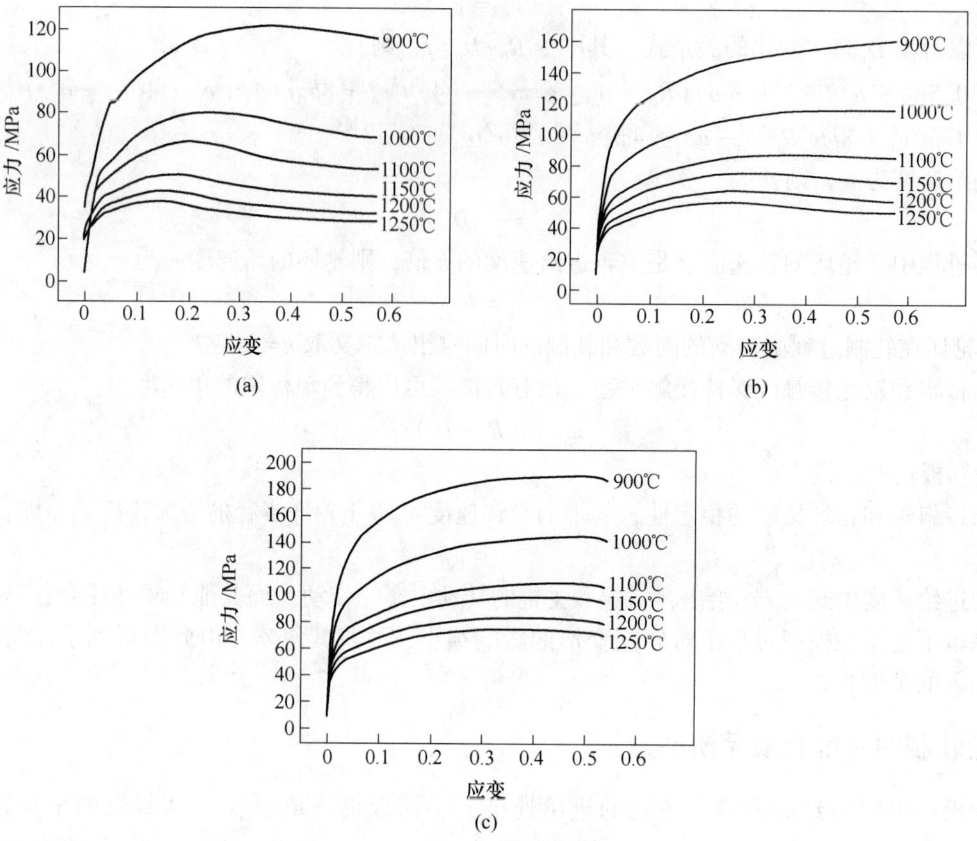

图 4　50#钢在不同温度和应变速率下的应力应变曲线

Fig. 4　Flow stress of 50# steel

（a）应变速率 0. 1s^{-1}；（b）应变速率 1s^{-1}；（c）应变速率 5s^{-1}

3　模型的验证和模拟结果分析

3.1　模拟结果的验证

（1）轧制力的对比。图 5 为模拟预测的成形力与实际轧制过程中的成形力对比曲线。由图中可以看出，有限元模拟的成形力与实际轧制的成形力比较吻合，成形力随时间变化的趋势也较为一致。

（2）轮坯在模拟轧制过程中形状变化分析。图 6 为车轮半径随时间变化的曲线，由图中可以看出，车轮半径增大有一定震荡，但是增大速度基本保持了稳定，与上述关于数学模型的预测结果比较吻合。

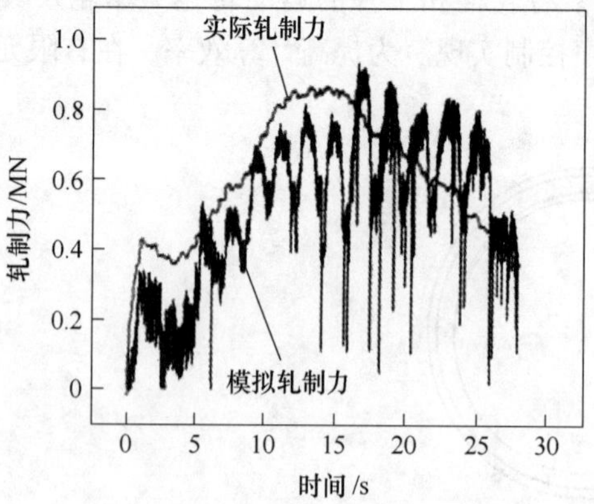

图 5　模拟成形力与实际成形力对比

Fig. 5　Comparison between simulated rolling force and real rolling force

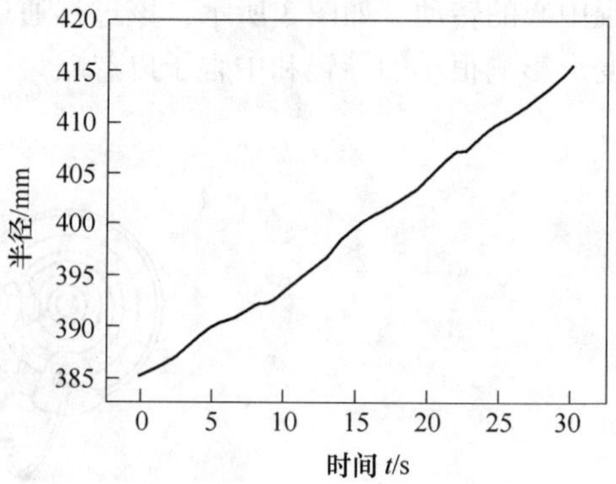

图 6　车轮半径与时间变化曲线

Fig. 6　Change of wheel diameter during rolling process

最终半径为416mm，而实际生产的最终半径在418mm左右，说明模拟的结果在材料流动方面是比较准确的。同时，模拟过程也保持了稳定。

综合以上两点分析可以认为，模拟结果能够基本反映出车轮轧制过程轧制力的变化和材料的流动情况，并由上述的假设和推论的结果得到验证，说明，以此模型为基础的分析结果有一定的可靠性。

3.2 轧制过程中塑性变形区扩展规律

图7为轧制过程中车轮的应变情况。轧制初期的塑性变形主要集中在车轮踏面以及轮辋外侧。在后续的轧制过程中，塑性变形区向轮辋内侧与辐板辊相接触的区域扩展。由图7可以看出，车轮最终的塑性变形主要集中在辐板以及轮辋，这也证明了，建立轧辊运动参数之间关系时的假设是合理的。此外，从图中可以看出，由于塑性变形区域的不平均，轧制过程中轮辋内外侧的轧制力可能存在一定差别。

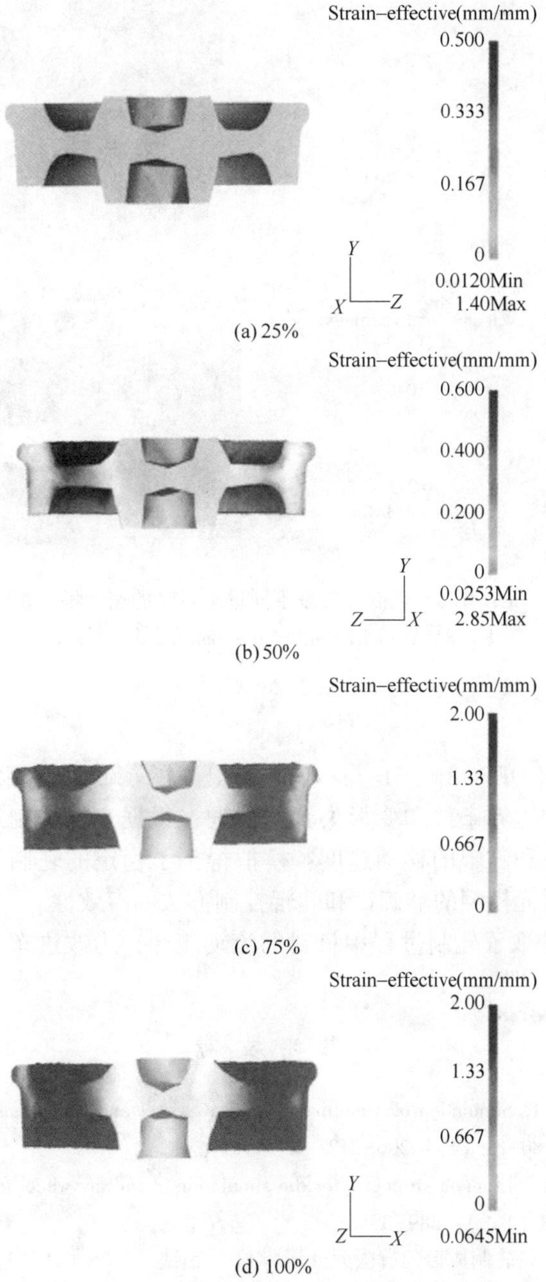

图7 轧制各阶段不同进给量时轮坯的应变

Fig. 7 Distribution of effective-strain

3.3　车轮轧制过程中材料的流动规律

图 8 为轧制各阶段不同进给量时的速度场，由图中可以看出，车轮的变形分为 3 个阶段。

（1）轧制初期。材料主要向无约束的自由面运动，如轮辋外侧以及轮缘。轮辋部分材料流动的流动趋势基本表现为轮坯与主辊之间缝隙的填充（见图 8(a)、图 8(b)）。

（2）轧制中期。当进给量达到一定程度，轧辊与车轮充分接触，自由面变小，轮辋芯部材料开始发生变形，轮辋发生扩径，此时材料向辐板与轮辋交界区域流动（见图 8(c)）。

（3）轧制末期。轮缘得到充分填充，材料继续向轮辋内侧表面流动，如果轧制过程不稳定，则可能产生折叠，如图 8(d) 中方框所示。

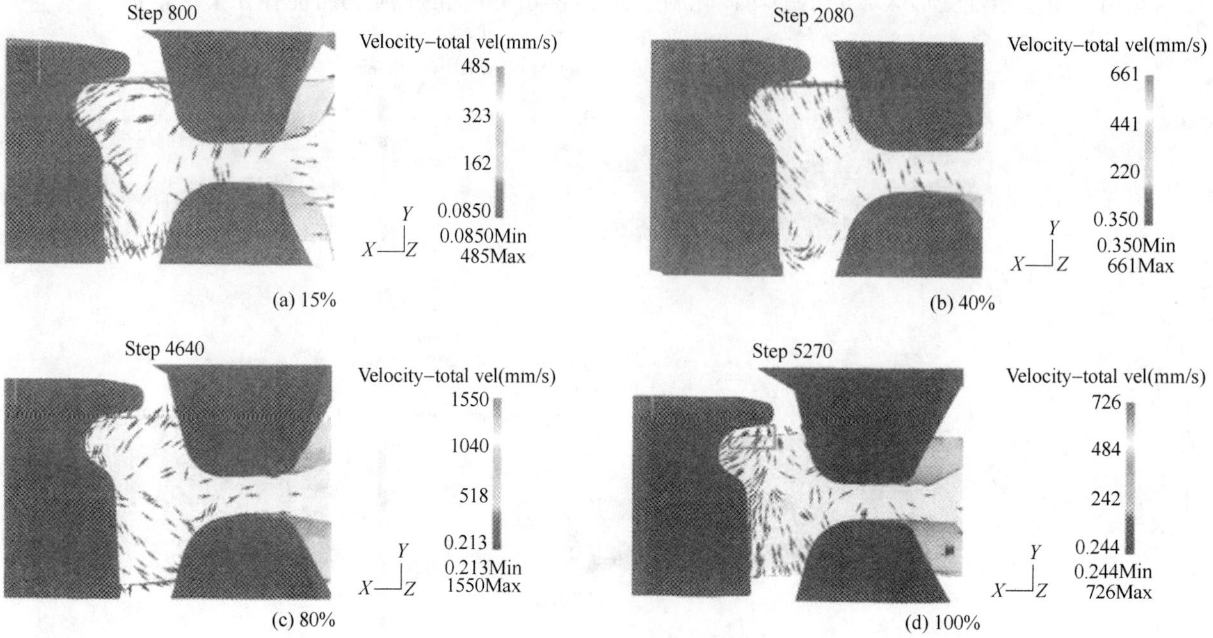

图 8　轧制各阶段不同进给量时的速度场

Fig. 8　Velocity field of the material deformation

4　结论

（1）通过坐标系变换，将 DEFORM-3D 与本文自行开发的控制程序相结合，建立了车轮轧制的有限元模拟模型，解决了难以施加边界条件和变形失真的问题；根据车轮轧制过程的稳定变形条件，得到了主辊的进给速度、辐板辊转速和斜辊的移动速度；模拟得到了稳定的轧制变形结果，模拟轧制力与实际轧制力基本吻合，证明了有限元模型的准确性和轧辊控制方法的有效性。

（2）通过有限元模拟，获取了轧制过程中材料的流动规律，为改进车轮的轧制工艺和提高车轮质量提供了参考。

参 考 文 献

[1] Ward M J, Miller B C, Davey K. Simulation of a multistage railway wheel and tyre forming process [J]. Journal of Materials Processing Technology, 1998, 80-81 (1): 206-212.

[2] Davey K, Miller B C, Ward M J. Efficient strategies for the simulation of railway wheel forming [J]. Journal of Materials Processing Technology, 2001, 118 (1-3): 389-396.

[3] 沈晓辉，闫军，安涛，等. 车轮轧制成形的有限元分析 [J]. 钢铁，2005，41 (3)：55-58.

[4] 罗洲，华林. 周勇强，等. 环件轧制过程中的显式有限元模拟分析 [J]. 塑性工程学报，2004，11 (1)：68-70.

[5] Guo Lianggang, Yang He. Towards a steady forming condition for radial-axial ring rolling [J]. International Journal of Mechanical Sciences, 2011, 53 (4): 286-299.

[6] Hendrik Schafstall, Christian Barth. An innovate approach to automated simulation of full 3D ring rolling process and other increment forming process [J]. Steel Research International, 2010, 81 (9): 202-205.

大型钢钢锭切割加工工艺技术❶

何 宁[1] 曹先红[2] 王志刚[1] 杨利利[2] 姜澄宇[1] 徐九华[1]

(1. 南京航空航天大学；2. 马鞍山钢铁股份有限公司)

摘 要 根据HDS车轮钢钢锭材料性能及加工条件，选择高性能高速钢M42刀具及铝高速钢M2Al刀具进行切割试验。试验表明采用铝高速钢M2Al刀具进行钢锭切割，刀具耐用度明显提高。

关键词 割槽加工；高速钢刀具；割刀；刃磨

The Incising Technique for Large Steel Ingot

He Ning[1] Cao Xianhong[2] Wang Zhigang[1]
Yang Lili[2] Jiang Chengyu[1] Xu Jiuhua[1]

(1. Nanjing University of Aeronautics and Astronautics;
2. Ma'anshan Iron and Steel Co. , Ltd.)

1 引言

车轮制造的首道工序是将钢锭原料切割轧制成一段块料。锥形钢锭大头直径约480mm，小头直径430mm，长约2300mm。钢锭小头用四爪夹持在床头箱，尾架三爪夹持钢锭大头。根据车轮规格，在专用的切割机床上可正反安装6或7对割刀同时切割，反刀突前3mm左右。割槽深度约为160mm，切割时使用乳化液冷却。

由于钢锭尺寸大、槽底深，刀杆刚性受限，钢锭材料中有许多杂质点，因此切割加工困难。随着高速车轮推广应用，钢锭中的合金元素有所调整，硬度和强度都有明显提高，加工更加困难。存在的主要问题有：刀具损耗成倍增加，刀具供应紧张；生产率下降；换刀次数增多，使工人劳动强度大大增加；刀具消耗量大，工具车间刀具供应出现供不应求等问题。因此，高速车轮的推广应用，首先应解决钢锭切割刀具的磨损问题。

2 原料切割工艺试验方案

2.1 原有工艺切割困难的原因分析

经过对原有切割工艺和过去的试验情况进行分析，钢锭切割困难的主要原因有：

（1）刀具材料长期不变，不适应工件材料性能的提高；

（2）机床状态逐步恶化，刚度和精度明显下降，使硬质合金刀具的应用受到限制；

（3）刀具几何形状与角度未经优化，有明显不合理的参数；

（4）工人手工刃磨没有规范化，刀具几何角度以及刃磨力度随意性大，角度不准，刀刃常有烧伤情况。

---

❶ 原文发表于《机械设计与制造工程》2000年第4期。

2.2　高性能高速钢钢锭切割刀具

由于割槽加工条件非常恶劣，试验证明硬质合金刀具不适用。高速钢刀具的耐磨性虽不及硬质合金，但韧性高，成本也低于硬质合金。钢锭切割生产中一直采用高速钢刀具。试验中选用了超硬高钴高速钢 W2Mo9Cr4VCo8（M42 美国牌号）和铝高速钢 W6Mo5Cr4V2Al（M2Al）两种高性能高速钢替代原有的 W9Cr3Mo4V；铝高速钢是由我国自行研制的高速钢牌号，也属超硬高速钢，其成本远低于 M42。

试验刀具结构有焊接式（见图 1）和机夹式（见图 2）两种，因为高速钢刀具在热处理前具有良好的可加工性，因此，机夹式高速钢刀头设计成沉头式，可以避免切屑摩擦螺栓，并减小切屑流动阻力。

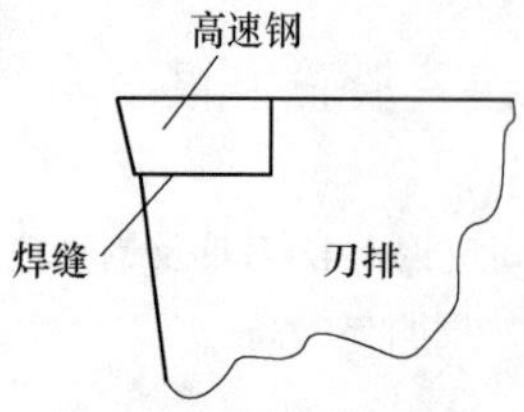

图 1　焊接式高速钢刀具

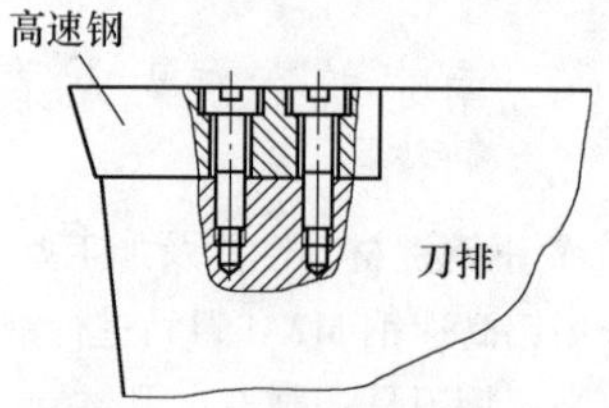

图 2　机夹式高速钢刀具

不论钎焊或高频焊，因为高温，高速钢刀具都会发生退火现象，因此焊接式高速钢刀具采用现行生产中使用的电弧焊，焊接后再热处理，对现场生产的变动最小，便于推广应用。

2.3　试验刀具的几何形状与尺寸

为了试验最佳的几何形状，设计刀头几何形状和尺寸如图 3 所示，其中图 3（a），（b），（c）用于反刀，图 3（d），（e）用于正刀。刀具的前后角变化范围为 $\gamma_p = 0° \sim 5°$，$\alpha_p = 8° \sim 10°$。

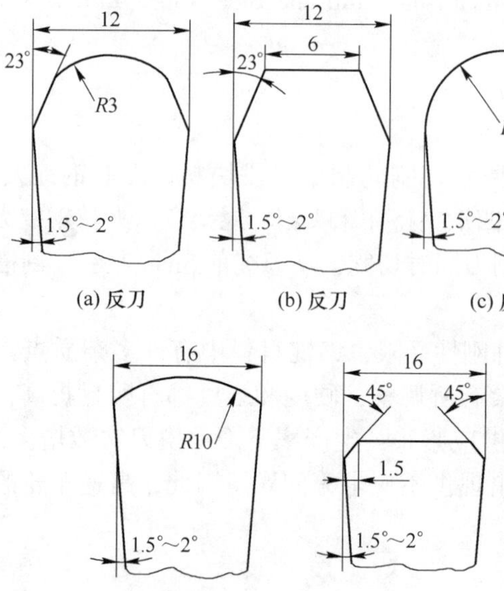

图 3　试验刀头形状

试验结合生产进行，因此试验条件与生产现场实际加工条件完全相同，切削转速初始为 $n = 8.8$r/min，切入一定深度后逐渐加大，最后达到 $n = 15$r/min。初始进给速度为 $f = 0.4$mm/r，切入后增至 $f = 0.6$mm/r。

试验以两次刃磨期间刀具切割的刀缝数作为耐用度指标，加工的刀缝数越多，则说明刀具的耐用度越高，性能越好。

3　试验刀具优选

3.1　高钴高速钢 M42 刀具试验结果

M42 是一种钴含量达 8%的高钴高速钢，由美国进口，号称高速钢王。在加工航空难加工材料中具有良好的切削性能，但由于钴含量较高，因此价格昂贵。

对直接压紧式和焊接式刀具结构在正反刀位置均进行了切削试验，刀具硬度为 HRC66~68。大部分情况下初期磨损较严重，在 10 个刀片的试验中有 7 个刀片仅能切割 1~2 条缝，另 3 个刀片分别切割 7，10，20 条缝，效果不理想，说明 M42 并不适合车轮钢钢锭的切割加工。

3.2 含铝高速钢 M2Al 刀具试验结果

M2Al 是在 W6Mo5Cr4V2 M2 高速钢基础上添加约 0.8%~1.2%的铝改进而成，其性能与 M42 相当，属含铝高速钢，热处理后硬度 HRC65.9~67。由于是我国自行研制，同时不含贵金属钴，因此价格远低于 M42。

在初步试验中 M2Al 就表现出良好的切削性能。切割的刀缝数比原有工艺明显增多。同时，M2Al 高速钢刀具的硬度较高，可以轻松切入钢锭表皮，抗表层砂眼、硬质点的能力也较强。在试验中无崩刃现象，使用可靠性较高。因此确定刀具材料选用 M2Al。

4 钢锭切割工艺

4.1 刀具材料

根据试验结果，刀具材料选用含铝高速钢，牌号为 W6Mo5Cr4V2Al（M2Al），主要成分见表 1。经淬火处理后，硬度可达 HRC65~68。考虑到钢锭切割对刀具强度和韧性的高要求，刀具材料的淬火硬度要求为 HRC65~66。

表 1 M2Al 高速钢化学成分 （%）

W	Mo	Cr	V
5.50~6.75	4.50~5.50	3.8~4.4	1.75~2.20
Al	C	Si	Mn
0.8~1.2	1.05~1.2	≤0.6	≤0.4

4.2 刀具几何结构

机夹式刀具结构由于刀具可用工具磨床刃磨，刀具几何参数比较一致，并能降低刀杆消耗，但考虑到焊接式刀具结构能保持与原有刀具生产和刃磨工艺不变，不需进行技术改造，也便于推广使用，因此决定采用焊接式刀具结构。正刀刀头形状选用图 3（d）形，反刀选用图 3（c）形，形状与几何参数见图 4 及图 5。正刀的切削刃为大圆弧，两刀尖修磨出 2mm 的圆弧，以增加刀尖的强度。反刀主切削刃的圆弧较小，半径为 5~6mm。安装时保持正刀比反刀宽 4~5mm，反刀多伸出 2~3mm，先切入工件，切削图形如图 6 所示，反刀切出刀缝中间部分，正刀主刀刃的两头承担切削任务，缩短了切削刃工作部分长度，同时刀缝中间由反刀切出的凹槽便于钢锭轧断时从中间断裂。

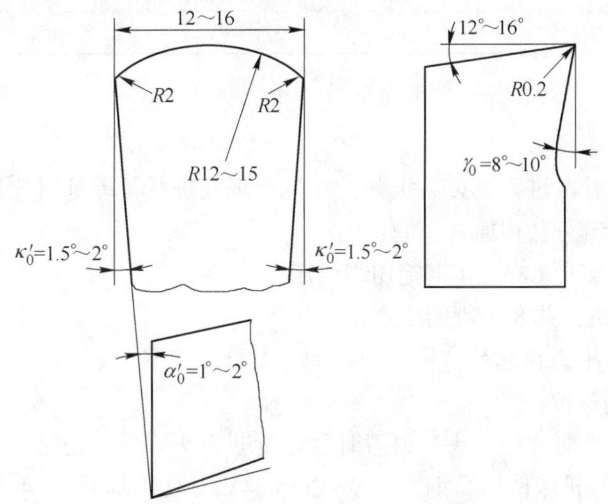

图 4 正刀刀头形状与几何参数

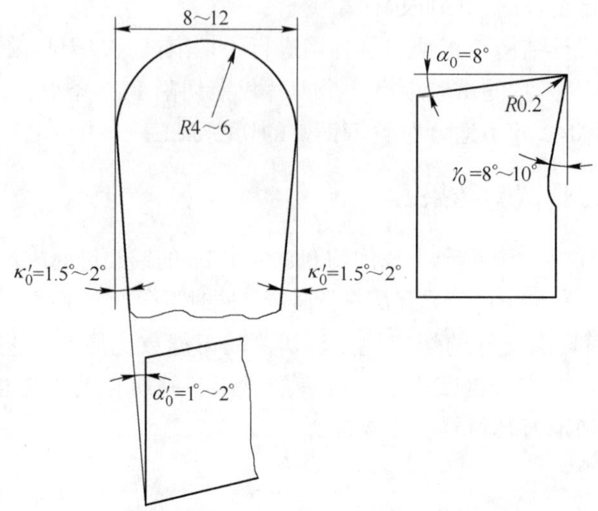

图 5　反刀刀头形状与几何参数

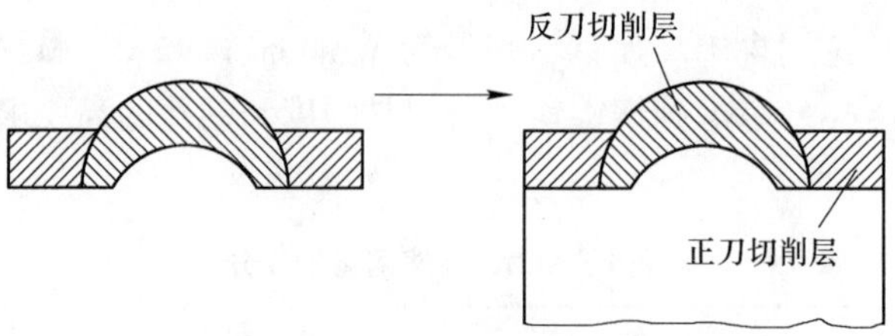

图 6　正刀、反刀切削图形

4.3　切削用量

按照机床现有条件和刀具切割情况，切削用量与原有工艺相同（见表 2）。由于钢锭浇铸形状有误差，同时表皮较硬，安装时又不可能同轴，因此当切割表皮时为断续切削，对刀具的冲击较大，所以在切外表皮阶段转速和进给量都要小一些。当所有刀具都切入钢锭，进入稳定切割阶段后，可适当提高转速和进给量；当切割到芯部，由于切削点直径较小，为保持切削线速度不致下降太多，可进一步提高转速，以提高生产效率。

表 2　钢锭切割切削用量

部　位	转速 n/r · min^{-1}	进给量 f/mm · r^{-1}
切外表皮（15%）	8	0.4
切中部（45%）	11~12	0.6
切芯部（40%）	14~15.5	0.6

5　验证试验

按照上述钢锭切割工艺并改进刀具刃磨工艺，在生产现场进行了验证对比试验。验证试验条件如下。

地点：马钢公司车轮轮箍分公司原料车间；

机床：齐齐哈尔第一机床厂 C8552B 钢锭切割机床；

试验量：2 台机床 4 个班，共 8 个班的生产量；

方式：以车床头（工件小头）起计，第一刀缝为 1 号缝；

工件材料：HDS 车轮钢钢锭；

异常认定：行车上下工件时碰坏刀头，退刀时意外折断刀头不计入记录。

每根钢锭切 6 道槽，7 号机床使用马钢原有 W9Cr3Mo4V 刀具切割第 2、4、6 道槽，使用 M2Al 刀具新工艺切割第 1、3、5 道槽，17 号机床使用马钢原有 W9Cr3Mo4V 刀具切割第 1、3、5 道槽，使用 M2Al 刀具新工艺切割第 2、4、6 道槽。以刀具两次换刀或刃磨之间切割的刀缝数表示刀具耐用度，最后以 4 个班加工的平均数进行比较。

5.1 验证试验记录

8 个班对比验证试验统计数据见表 3 和表 4。表中列出了每道槽累计切割的刀缝数和累计换刀次数。8 个班结束时许多刀头未达到平均耐用度，在统计中略去不计。8 个班试验结果总计为：原有 W9Cr3Mo4V 刀具共换刀 133 次，切割 560 条缝，M2Al 新工艺共换刀 42 次，切割 540 条缝。

表 3　7 号机床对比验证试验记录表

刀具材料	M2Al	W9V	M2Al	W9V	M2Al	W9V	W2Al	W9V	M2Al	W9V	M2Al	W9V
刀缝编号	正 1	正 2	正 3	正 4	正 5	正 6	反 1	反 2	反 3	反 4	反 5	反 6
刀缝数	47	50	51	50	45	52	47	50	50	47	45	49
换刀次数	5	9	4	12	3	14	4	15	3	10	2	15
平均	9.4	5.56	12.75	4.17	15	3.71	11.75	3.33	16.67	4.70	22.50	3.27
总计刀缝	W9V	298		M2Al	285	总计换刀次数			W9V	75	M2Al	21
平均	W9V	298/75 = 3.97 缝/刀				M2Al	85/21 = 13.57 缝/刀					

注：W9V 表示牌号 W9Cr3Mo5V。

表 4　17 号机床对比验证试验记录表

刀具材料	W9V	M2Al	W9V	M2Al	W9V	M2Al	W9V	M2Al	W9V	M2Al	W9V	M2Al
刀缝编号	正 1	正 2	正 3	正 4	正 5	正 6	反 1	反 2	反 3	反 4	反 5	反 6
刀缝数	45	46	44	43	42	44	45	41	44	41	42	40
换刀次数	12	3	10	4	13	4	11	3	7	3	5	4
平均	3.75	15.33	4.40	10.75	3.23	11.00	4.09	13.67	6.29	13.67	8.40	10.00
总计刀缝	W9V	262		M2Al	255	总计换刀次数		W9V	58		M2Al	21
平均	W9V	4.52 缝/刀		M2Al	12.14 缝/刀							
刀缝汇总	W9V	560		M2Al	540	换刀次数汇总		W9V	133		M2Al	42
平均	W9V	560/133 = 4.21 缝/刀				M2Al	540/42 = 12.86 缝/刀					

注：W9V 表示牌号 W9Cr3Mo5。

5.2 验证结果分析

根据验证试验记录，可以直接计算出 W9Cr3Mo4V 刀具和 M2Al 刀具总平均耐用度，W9Cr3Mo4V 刀具为 560/133 = 4.21 缝/刀，M2Al 刀具为 540/42 = 12.86 缝/刀。M2Al 刀具新工艺切割的耐用度比原有工艺提高了 205%。证明工艺改进后效果非常显著。

由试验数据还可分析出，原有 W9Cr3Mo4V 刀具切割的刀缝数在理想的情况下能够切割 12~14 条缝，但普遍只能切割 3~7 条缝，还有很多只能切割 1 条缝。在遇到较硬的钢锭时，通常需要几把刀才能切割一条缝，这样就大大降低了刀具耐用度，工人劳动强度也骤增，生产效率明显降低。这主要由于原有刀具硬度不够高，加工较硬的材料能力有限，而 M2Al 刀具硬度较高，因而从未出现过一条缝需一把以上新刀加工的情况。

钢锭切割受到多种工艺因素与加工条件影响，如刀具材料的质量、刀具制造质量、热处理状态、刃磨技术、几何参数、工件杂质与硬质点分布、机床刚度以及工人操作水平等，因此数据有一定的离散。M2Al 刀具验证试验的耐用度基本服从正态分布，说明该工艺是正常的，并明显优于原有 W9Cr3Mo4V 刀具的切割工艺。新工艺的优越性是由刀具材料、刀具几何结构、刃磨工艺等多方面改进所决定的。

6 结论

经过大量的实验室研究、现场试验及现场验证试验，大型钢钢锭切割工艺改进项目研究得出了如下结论。

（1）采用含铝高速钢 W6Mo5Cr4V2Al（M2Al）材料，结合设计合理的刀具几何参数与规范的刀具刃磨工艺等，新工艺比原有 W9Cr3Mo4V 刀具的切割工艺明显提高了刀具耐用度，每个刀头平均可切割 12.86 条刀缝，比原有工艺提高 205%。

（2）新刀具材料 M2Al 的成本比原有的 W9Cr3Mo4V 约高 35%，但耐用度高 205%，核算到每根钢锭的切割刀头成本将降低 55.7%，刀杆的成本将降低 67.2%，产量增加 8.5%，同时大大减轻工人的劳动强度。因此具有显著的经济效益和社会效益。

参 考 文 献

[1] 何宁，黄科阳，李一民，等．生产现场数据分析与刀具耐用度模型的建立［J］．数据采集与处理，1998，13（4）：362-365.

[2] 张幼桢．金属切削原理［M］．北京：航空工业出版社，1988.

[3] 张幼桢．金属切削原理及刀具［M］．北京：国防工业出版社，1990.

[4] 张幼桢．航空制造工程师手册——金属材料切削加工［M］．北京：航空工业出版社，1994.

[5] 袁哲俊．金属切削实验技术［M］．北京：机械工业出版社，1988.

车轮报废线、止口加工刀具的设计[❶]

曹先红 吴勇中 杨利利 安 涛

（马鞍山钢铁股份有限公司）

摘 要 根据车轮报废线、止口的工艺要求，设计了专用加工刀具，并对不同刀具设计方案进行了比较。

关键词 车轮；报废线；止口；刀具

Design of Cutting Tools for Machining Condemning Line and Limiting Slot of Railway Wheels

Cao Xianhong Wu Yongzhong Yang Lili An Tao

（Ma'anshan Iron and Steel Co.，Ltd.）

Abstract Based on the technological requirements of the condemning line and limiting slot of railway wheels，the special cutting tools are designed，and two kinds of tool design schemes are compared.

Key words railway wheel；condemning line；limiting slot；cutting tool

1 引言

我公司是国内铁路、地铁用车轮的主要生产厂家。1993 年，公司从德国引进一条先进的车轮数控加工线。该加工线由 12 台双刀架数控车床组成，采用 WIDIA 公司的 UT-100 刀具系统。近年来，我们在开拓国际市场时发现国外车轮几乎都有报废线、止口加工要求，且形状复杂多样。由于目前国内车轮无此加工要求，德方在加工线工艺设计中也未考虑这一问题。根据国外车轮用户的要求，为满足报废线、止口加工的需要，我们自行设计了报废线、止口加工专用刀具。

2 工艺要求

报废线是指车轮报废的极限位置，即车轮磨损至此就不能再在重车上使用。止口一般为车轮加工的工艺基准，有时也作为尺寸测量基准。通过分析不同国外客户的车轮图纸，其报废线和止口一般位于车轮外侧面，有的则位于车轮内侧面，或车轮内、外侧面都有（见图 1），其工艺尺寸随国家、地区及车轮规格的不同而各异。目前，我们生产的国外车轮的规格范围为 ϕ725～1098mm，止口位置直径范围 ϕ650～950mm，公差±0.5mm，深度 2～21mm；报废线位置直径范围 ϕ680～980mm，公差±0.5mm，宽度 3～6.5mm，深度 2～3.2mm。止口规格共 8 种，但形状基本相同（具体尺寸范围见图 2），只是深度、圆弧尺寸有一些变化；报废线规格多达 21 种，形状尺寸差异较大（典型形状尺寸见图 3）。报废线和止口表面粗糙度要求均为 R_a1.6～3.2μm。

铁路、地铁用的车轮属锻轧产品，材质为专用车轮钢，主要化学成分为：C 0.55%～0.65%，Mn 0.50%～0.80%，Si 0.17%～0.37%，并含有少量 Cr、Ni、Mo、V 等合金元素。报废线和止口所在位置的车轮内、外侧面均经过淬火处理，热处理硬度为 HB 277～363。同时，车轮加工属成批大量生产，生产效

❶ 原文发表于《工具技术》2000 年第 7 期。

率要求很高。因此，报废线和止口的加工难度较大。

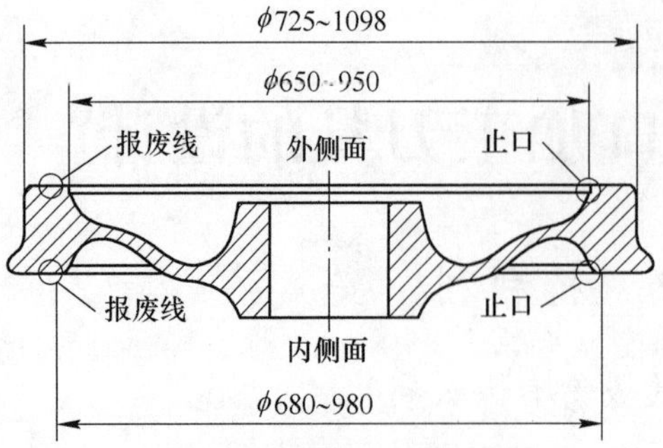

图 1　报废线、止口位置图

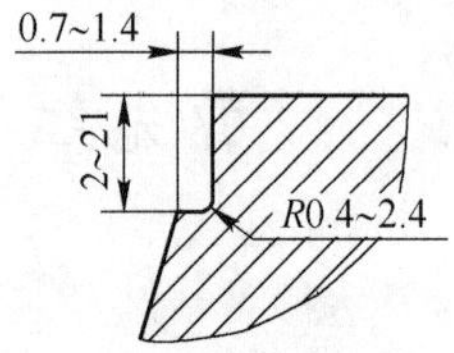

图 2　止口尺寸示意图

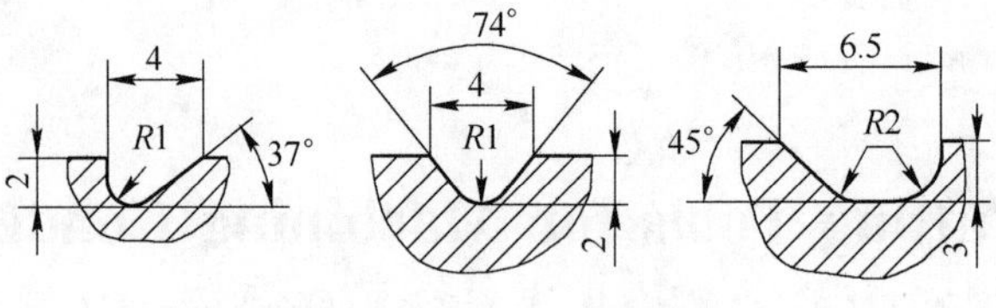

图 3　报废线尺寸示意图

3　刀具设计方案

引进加工线采用的 UT-100 刀具系统是一种高精度模块式快换系统，由基础夹紧件和刀头两部分组成。报废线和止口刀具的设计必须在此基础上进行，即在定位夹紧部分保持不变的前提下，利用现有刀头进行改制，或重新设计一种 UT-100 刀头。由图 2、图 3 可知，报废线和止口的形状差异较大，需分别设计报废线刀具和止口刀具来完成对二者的加工；同时，这两种刀具必须具备良好的通用性，能分别满足不同形状报废线和止口的加工要求。引进加工线机床共有左右两个刀架和 8 个刀位，较理想的加工方式是将报废线和止口分为左右两个工步，实现左右刀架同时加工。但由于车轮形状复杂，工步多，且生产效率要求高，转塔刀位相当紧张，因此报废线和止口刀具必须集中安装在一只刀头上，实行单刀架分别加工。车轮钢属难加工材料，报废线和止口处均经过淬火，硬度较高，因此必须采用硬质合金刀具。根据以上加工条件，我们先后采用了两种刀具设计方案，分别介绍如下。

3.1　刀具设计方案 1

采用焊接式硬质合金刀具对现有刀头进行改制。即利用引进加工线使用的 UT-100 镗孔刀头（代号 02），取下机夹刀杆，装上自制刀夹（如图 4 所示）。自制刀夹设计有左、右两个装刀槽，各装一只焊接刀杆。一只用于加工报废线，刀片规格 C122，牌号 YT5（见图 4 中 1#）；另一只用于加工止口，刀片规格 A416，牌号 YT14（见图 4 中 2#）。为保证通用性，可将报废线刀具按照相应的报废线形状磨制成样板刀，实行样板加工；也可将止口刀具刀尖圆弧磨成 R0. 4mm，主偏角磨成 95°，对于 R>0. 4mm 的止口加工，可通过数控仿形来完成。这样，各种规格的报废线和止口均可采用此设计方案的刀具来保证加工要求。

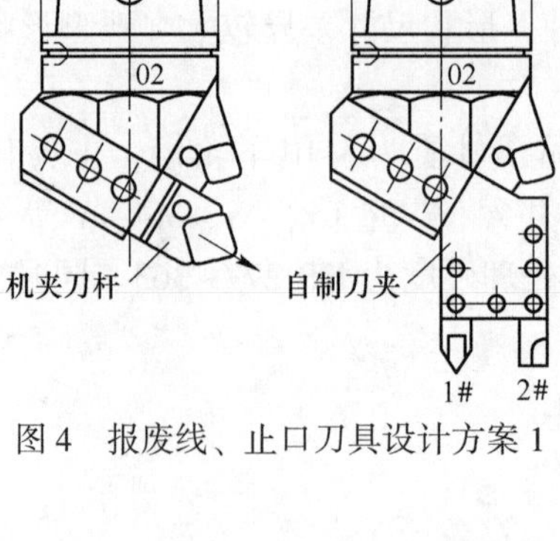

图 4　报废线、止口刀具设计方案 1

3.2　刀具设计方案2

在刀具设计方案1的基础上，采用机夹涂层硬质合金刀具重新设计一种UT-100刀头。该刀头前端有两个装刀槽，分别用于安装机夹刀杆（见图5）。针对报废线的形状特点，将报废线分为a、b、c三组(参见图3)，采用三种规格的刀杆和一种规格的刀片对其进行加工。其中a组刀杆规格为SVJBL 2020 K16（见图5中1#）；b组刀杆规格为SVVBN 2020 K16（见图5中2#）；c组刀杆规格为SVJBR 2020 K16（见图5中3#)。刀片规格为VBMT 160408，牌号为WIDIA公司的TN7015或SANDVIK公司的GC4015。由于止口形状基本一致，只用一种刀杆和刀片即可解决问题（见图5中4#)，该刀杆规格为PCLNR 2020 K12，刀片规格为CNMG 120404，牌号为WIDIA 公司的TN7015或SANDVIK公司的GC4015。这样，报废线和止口均可通过数控仿形来保证加工要求（见图6)。

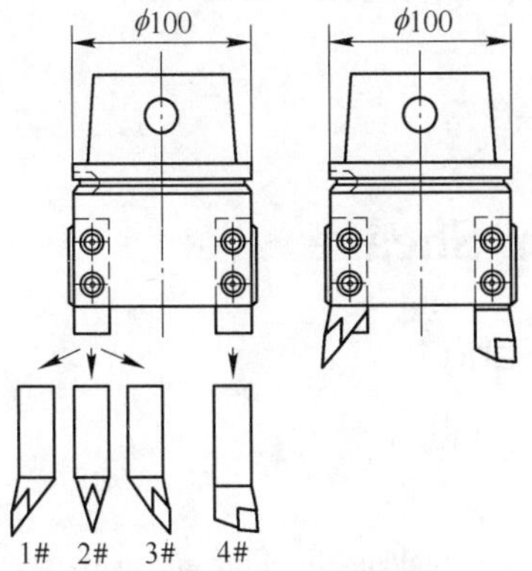

图5　报废线、止口刀具设计方案2

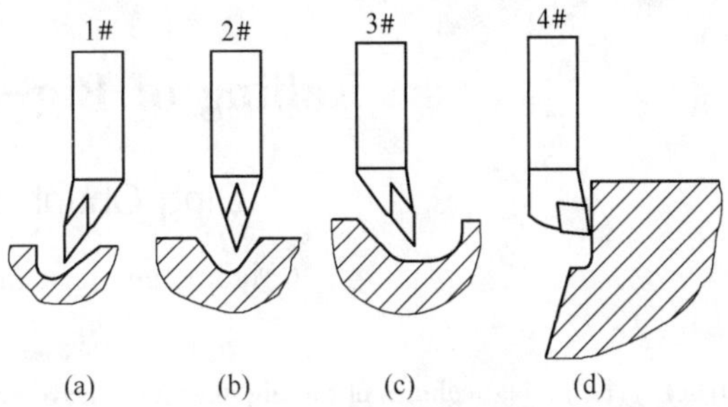

图6　报废线、止口加工示意图（方案2）

4　刀具设计方案比较

与方案1相比较，方案2具有较明显的优势，主要表现在以下方面：

（1）生产效率高。方案1采用普通硬质合金刀具，切削线速度 $v_c \leqslant 50\text{m/min}$，完成一件车轮的报废线和止口加工需时6~10min，生产效率低；方案2采用涂层硬质合金刀具，切削线速度 $v_c = 120 \sim 150\text{m/min}$，完成一件车轮的报废线和止口加工仅需时2~4min，生产效率较方案1提高2~3倍，可满足车轮加工高生产率的要求。

（2）产品质量高。方案1采用焊接刀具，刀具失效后需更换刀杆，刀尖位置会发生变化；同时，报废线形状靠人工保证，影响产品质量；方案2采用机夹刀具，刀片失效后仅须更换刀片，刀尖位置不会发生变化，同时报废线、止口均可实现数控仿形加工，能较好保证报废线和止口的形状要求。

（3）虽然方案2一次性投入较大，但从单件成本和整体效益来看，相对费用较低，可在一定程度上降低生产成本。

（4）由于方案2刀具失效后仅需更换刀片，不必更换刀杆和重新对刀，因此可减轻操作者劳动强度。

5　结语

刀具设计方案1是在我公司开拓国际市场的初期设计的，作为一种简易可行的方法，在当时解决了生产难题，为公司产品进入国际市场发挥了一定作用，但其缺点也在生产中逐渐暴露出来。方案2是方案1的改进设计，该刀头设计完成后，委托WIDIA公司制作，经现场试用，获得成功，于1997年正式投入使用，为我公司铁路、地铁用车轮在国际车轮市场占有一席之地发挥了重要作用。

港口机械用大直径滑轮坯的轧制❶

丁春华　肖　峰

（马鞍山钢铁股份有限公司）

摘　要　介绍了大直径滑轮坯的轧制工艺，分析了轧制过程中存在的问题，并提出了解决方法。

关键词　滑轮；轧制；大直径

Rolling of Big-diameter Sheave

Ding Chunhua　Xiao Feng

（Ma'anshan Iron and Steel Co., Ltd.）

Abstract　The rolling technics of thc big diamctcr shcavc are introduced, the problems in rolling are analyzed, the methods for solving the problems are put forward.

Key words　sheave; rolling; big diameter

1　引言

上海振华港口机械股份有限公司（以下简称振华港机）是我国最大的专门生产港口起运设备的厂家。该公司以前使用的滑轮都是采用钢板焊接加工而成。而欧美等国家的港口起运设备普遍采用的是整体轧制滑轮。这是因为整体轧制滑轮的整体强度明显高于焊接滑轮，使用时更加安全、可靠。从 1998 年起，振华港机先后向马钢车轮轮箍分公司寻购大小共 14 种规格的滑轮坯。我分公司作为国内生产火车车轮和轮箍的专业厂家，以前从未轧制过滑轮坯。虽然滑轮坯外形与火车车轮相似，但滑轮坯有外径大、轮毂直径大、轮辋高度小、辐板长且薄等特点。用现存的车轮生产设备生产滑轮时，模压和轧制等工序都存在一定的困难。

尤其是振华 1000 滑轮坯（见图 1）。外径最大、轮辋高度最小、生产技术难度也最大，但是合理的工艺设计，使该种滑轮坯轧制获得了成功，为振华港机的产品最终能够打进国际市场创造了条件。

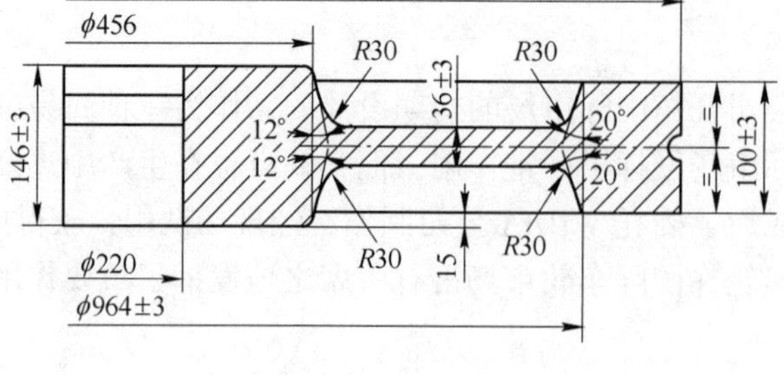

图 1　振华 1000 滑轮坯尺寸

❶　原文发表于《大型铸锻件》2001 年第 3 期，《模具技术》2001 年第 5 期。

2 滑轮坯轧制工艺

滑轮坯生产采用模压-轧制工艺，工艺流程大致如下。

2.1 钢坯镦粗、定径、压痕（见图2）

将610kg圆柱形钢坯（60钢）在ϕ28m环行炉内加热到1290~1310℃后，除鳞，先在一台30MN水压机上进行镦粗，然后将镦粗后的坯料放入定径环内2次镦粗，同时确定坯料的外径。镦粗、定径后的坯料放在压痕器上进行压痕，预成形坯料的中心孔。其中，决定镦粗后坯料大小的定径环规格为ϕ903mm×100mm，最终所得坯料的高度实际高出定径环的高度（100mm），约为120mm。

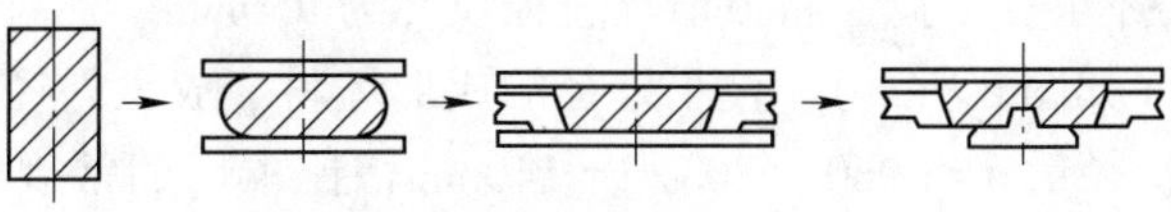

图2 钢坯镦粗、定径、压痕示意

2.2 坯料成形

压痕后的坯料用吊具吊到1台80MN水压机上一次模压成形，压出滑轮的轮壳和部分辐板，同时进一步预成形轮壳孔。成形坯的形状和尺寸见图3。

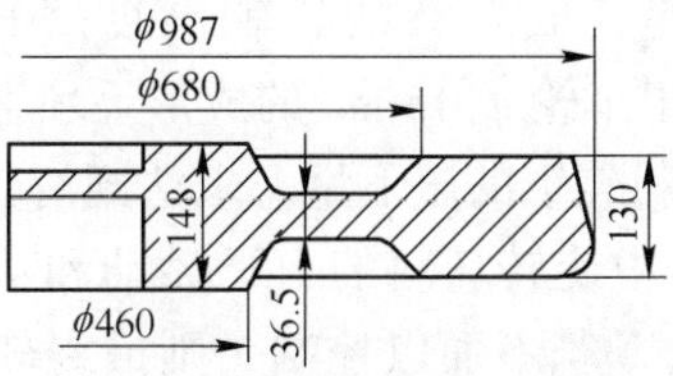

图3 滑轮成形坯尺寸

2.3 滑轮的轧制

成形后的坯料吊往7辊卧式车轮轧机上进行轧制。轧机进行扩径轧制，将滑轮的辐板轧长、滑轮的外径轧大，同时对轮辋部分进行辗轧，将锥形的外圆轧直并轧出凹槽（见图4）。轧制后毛坯形状和尺寸见图5。

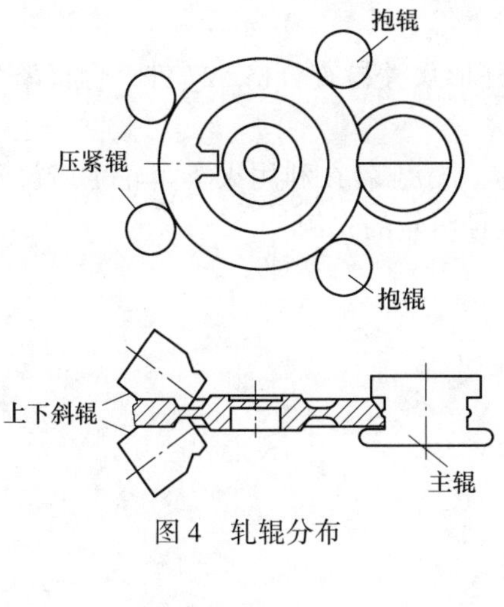

图4 轧辊分布

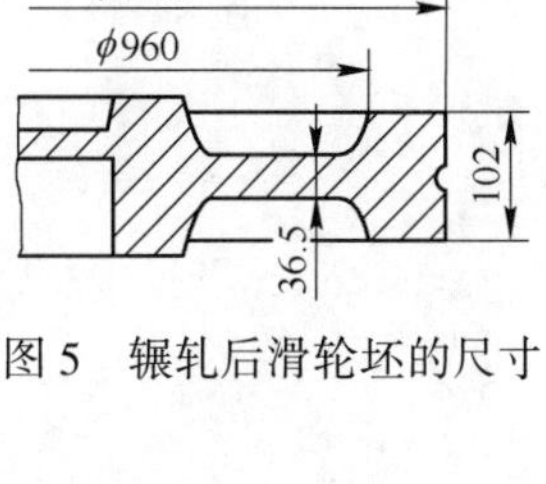

图5 辗轧后滑轮坯的尺寸

2.4 冲孔、平整

轧制后的滑轮用吊具吊到另1台30MN水压机上，先将滑轮的轮壳孔冲通，然后将滑轮的内、外侧面进行平整。同时减小滑轮内径的椭圆度。至此，滑轮的压轧工序全部结束。

3　难题及解决方法

马钢车轮轮箍分公司的火车车轮压轧设备主要由 1 台 30MN 水压机（用于镦粗、定径和压痕）、1 台 80MN 水压机（用于预成形）、1 台车轮轧机和另 1 台 30MN 水压机（用于冲孔和压弯）构成。对于振华 1000 滑轮坯来说，由于它外径大，所以若按照通常的车轮轧制工艺设计思路设计，成形时需要的压力较大，超出 80MN 水压机的公称压力。为克服 80MN 水压机能力的限制，采取了“小成形、大扩径、深轧”的锻轧工艺。

首先，通过减小成形坯的外径，即减小模具和坯料的接触面积，增大成形时单位面积的压力，从而使成形坯料充满状况良好。理论计算和经验表明，采用 80MN 水压机锻压车轮形状的毛坯时，直径不能超过 1000mm，否则水压机能力不够。因此，将成形环直径设计为 950mm。

其次，通过大扩径辗轧（如图 6 所示），使小外径的成形坯料变成大外径的滑轮坯。比较成形坯和辗轧后的滑轮坯的内径尺寸：扩径量 $\delta=(960-680)/2=140$mm，比本厂的常规产品车轮 ϕ915mm 的扩径值 53mm 大得多。

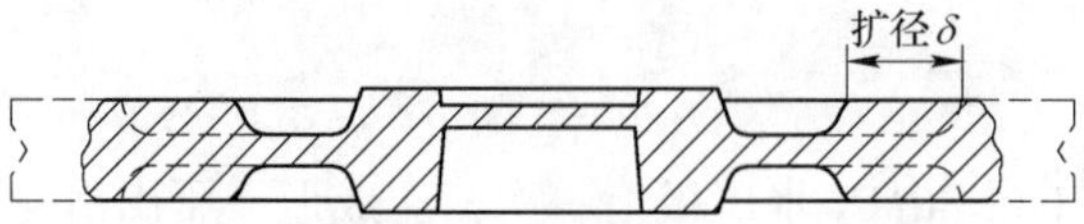

图 6　轧制扩径示意

小直径成形带来的另一个问题是，成形坯的轮辋高度（130mm）偏高，与滑轮坯的轮辋高度（120mm）相差悬殊。差值 28mm 远大于车轮 ϕ915mm 的成形毛坯辋高与辗轧后毛坯辋高的差值 8mm。为此，通过“深轧”，即增大轧机上、下斜轧辊的压下量，来达到滑轮坯轮辋的最终高度。

大扩径量和深轧，导致了辗轧过程中旋转坯料的上下晃动和水平摆动。上下晃动发生在辗轧开始阶段，水平摆动则随着外径的扩大而增大。若不加以控制，则最终轧出来的是瓢曲的椭圆滑轮坯，并且无法通过后期整形工序得到规定的形状和尺寸。为解决这一问题，主要采取了两条措施，改进轧辊的孔形，让轧辊一开始尽量贴紧坯料，使坯料开轧时转动平稳；增大主辊辊径，同时减小扩径速度，使两个主动轧辊（主辊和下斜辊）的线速度匹配，从而避免夹钢和减小水平摆动。

另外，由于压轧前加热温度受到限制，开轧温度约为 1220℃，对于 60 钢材质来说，在此温度条件下，坯料的变形抗力较大，导致坯料模压时充满状况差，轧制时弹跳大，轧出的滑轮坯尺寸波动较大。目前只有通过增加滑轮坯各部位的余量，来确保轧出的滑轮坯能够加工出合格的成品滑轮。

4　结束语

首次正式生产振华 1000 滑轮坯，共投料 530 件，外形尺寸检查合格 527 件，合格率为 99.4%。理化检验中各项指标均符合产品技术条件的要求。

马钢车轮轮箍分公司成功轧制出整体大直径滑轮坯，标志着在利用火车车轮生产设备轧制轮形大型锻件方面迈开了新的一步，同时也开创了国内轧制大直径滑轮的先例。

一种新型车轮加工专用刀具❶

赵愉悦

（马鞍山钢铁股份有限公司）

摘　要　针对原车轮加工工艺中刀具存在的缺陷，提出了新的加工方法，并设计了专用刀具，大幅度提高了产品的尺寸、位置精度，降低了表面粗糙度。

关键词　数控机床；刚性；强度；机夹刀具；后刀面

A New Special Cutting Tool for Wheel Working

Zhao Yuyue

（Ma'anshan Iron and Steel Co., Ltd.）

Abstract　In accordance with the shortcomings of the original cutting tools used in wheel working technology, this paper introduces a new method of working technology and the new designed built-for-purpose inserted tools. Dimension precision, position precision and roughness of surface of working products are highly improved.

Key words　NC Lathe; rigidity; intensity; inserted tool; tool back slide

1　引言

最近，我们承接了一批量较小、精度要求特别高的出口车轮（图1），它的形位公差要求比同类型车轮的精度要高出几个档次，按照以前的加工工艺，车轮是在普通C512机床上，用电器靠模仿型加工各面，但用此法加工此批车轮，则无法满足图纸各项技术要求。针对这种情况，我们设计了一组专用刀具，在数控C5112机床上，编制出NC加工控制程序，较好地解决了这一问题。

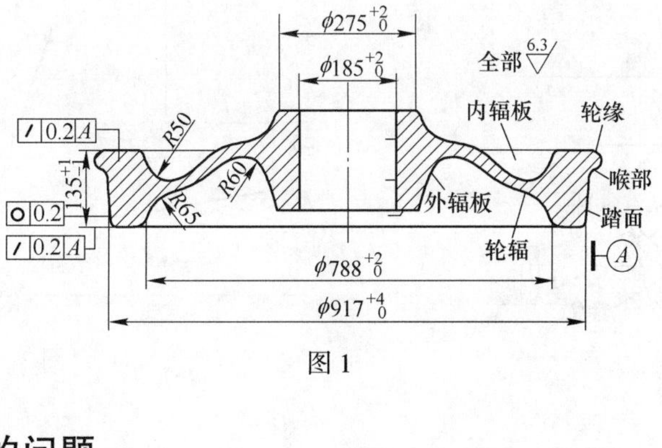

图1

2　原加工中刀具存在的问题

车轮加工主要分为内、外辐板、踏面、轮缘及孔加工。其中车轮辐板及轮缘、踏面加工尤其困难，原来我们一直采用焊接高速钢（W9Cr18V）刀具。辐板加工时，先根据车轮轮廓外形将刀具刀头部位按

❶ 原文发表于《机械工程师》2001年第5期。

R 规样板磨削成相应的圆弧，由于车轮辐板的型腔较深，加工时刀杆伸出长度较长，刀杆的刚性及强度很差，从而导致加工出的车轮辐板处有明显振纹，影响了表面粗糙度，而且加工效率很低；而在加工车轮的轮缘、踏面时，由于轮缘、踏面一直是在加工车轮内、外辐板的同时，由机床另一刀架上的焊接刀具同时加工出轮缘或踏面，最后在轮缘喉部接刀，由两道工序加工而成。由于机床本身的机械精度及车轮加工中需翻身找正，基准找正存在误差，加工出的车轮轮缘喉部接刀处有明显接刀痕，严重影响车轮外观质量。

3 新设计的专用刀具结构

我们改用在数控机床上加工车轮，为此专门设计了一组专用螺钉式机夹刀具，用来加工车轮内、外辐板以及轮缘、踏面。其中，刀具几何参数完全由刀片与刀槽来保证，切削性能稳定。

3.1 内、外辐板加工刀具（图 2）

为了消除车轮辐板加工中出现的振纹，必须提高刀具本身的刚性和强度，我们选取刀架上的镗杆刀位，用螺栓将刀具固定在刀架上，并将刀具切削部分设计成鱼肚型，为了避免刀具后刀面在切削加工中挤压已加工表面，影响其表面粗糙度，后刀面按照小于轮辐 R 样板加工而成。这样，刀杆在加工辐板时，后刀面不仅不挤压已加工表面，而且刀具本体的刚性及强度大大提高，减少了辐板加工中出现的振纹，降低了表面粗糙度。

3.2 轮缘、踏面加工刀具（图 3）

为了消除车轮的轮缘、踏面因为两道工序加工导致的接刀刀痕，轮缘、踏面必须改由一把刀具一次加工完成。为此，我们设计了一种鸭舌型专用刀具，其刀具的外形角度均是按照轮缘外切包络线设计而成，这样，车轮轮缘、踏面只需由数控机床一次装夹、找正，直到最后加工完成，无接刀刀痕，而且在加工车轮喉部时避免了刀具挤压已加工面。

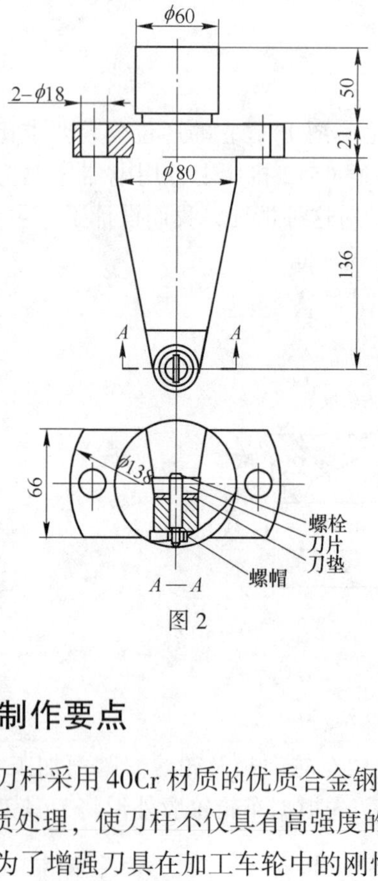

图 2

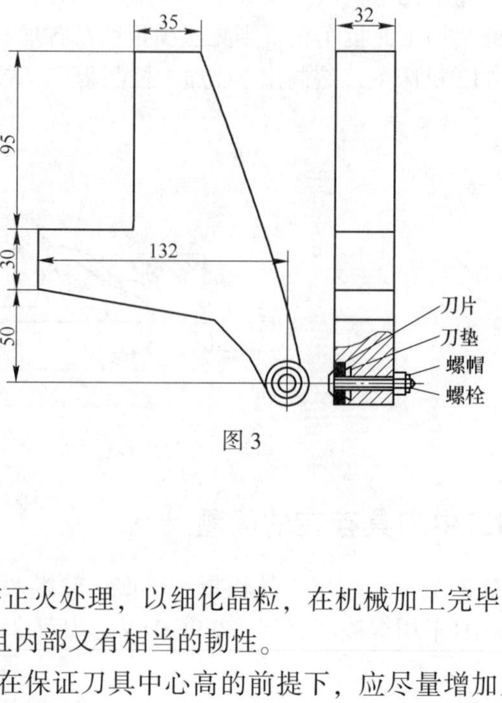

图 3

4 刀具制作要点

（1）刀杆采用 40Cr 材质的优质合金钢，锻造后需正火处理，以细化晶粒，在机械加工完毕后，最后再经过调质处理，使刀杆不仅具有高强度的表面，而且内部又有相当的韧性。

（2）为了增强刀具在加工车轮中的刚性及强度，在保证刀具中心高的前提下，应尽量增加刀体厚度并减少加工中刀具的垫片量，以减少刀具在加工中出现的振动。

（3）为了保证在转位或更换刀片后，刀具的刀尖位置变化小，刀具的刀槽及中心螺钉孔加工，应在数控铣床上一次装夹找正加工完成。

5 新型刀具的特点

（1）定位精度高。由于采用机夹可转位刀具，刀片转位或更换刀片后，刀尖位置的变化在 0.005mm。

（2）操作方便。车轮材质为 60 钢，含碳量高，硬度高（HRC32），加工中刀片易破损，而机夹刀转位或更换刀片迅速，操作简单。

（3）刀具的刀垫采用淬硬钢，提高了刀片支承面的强度，减少了刀具振动。

（4）刀片采用涂层刀片，具有韧性较高的基体和硬度，以及耐磨性极高的表层（TiC，厚度 5～12μm），较好地解决了刀具硬度、耐磨性、韧性之间的矛盾，降低了切削力，切削温度，改善了加工表面质量。

6 结束语

经过对加工出来的车轮进行质量检查，产品的尺寸精度、位置精度均符合图纸技术要求，其中表面粗糙度达 R_a 1.6μm 且踏面、轮缘无接刀刀痕。

200km/h 轻型客车车轮踏面剥离原因分析❶

崔银会[1]　张　斌[2]

（1. 马鞍山钢铁股份有限公司；2. 中国铁道科学研究院）

摘　要　通过对 200km/h 轻型客车轮运行质量的调查，及对产生剥离车轮的检验，分析了剥离产生的原因，并对高速车轮质量改进及其发展方向提出了建议。

关键词　轻型客车；车轮；踏面剥离

Analysis of the Shelling Causes of Wheel Tread of 200km/h Light Passenger Train

Cui Yinhui[1]　Zhang Bin[2]

（1. Ma'anshan Iron and Steel Co.，Ltd.；2. China Academy of Railway Sciences Co.，Ltd.）

Abstract　The running quality of wheel of 200km/h light passenger train was investigated. The causes of shelling of wheel tread were analyzed. Meanwhile，some suggestions of improving wheel quality of high speed train its developing direction were put forward.

Key words　light passenger train；wheel；shelling of tread

1　引言

2002 年 3 月 30 日~4 月 3 日，马鞍山钢铁股份有限公司、四方车辆研究所和长春客车厂的技术人员走访了上海、广州铁路局，对 200km/h 轻型客车轮运行质量进行了调查，铁道科学研究院对典型踏面剥离车轮抽样进行了检验分析。

2　200km/h 轻型客车轮的质量情况

2.1　广—深线 200km/h 轻型客车轮的质量情况

在广—深线运行的准高速列车，平均时速达 150km/h，在运行至 20~120km 处最高时速达 200km/h。线路轨道的最小曲线半径为 1600m，最大为 4200m。共有十组车投入商业运行，其中拖车为长春客车厂制造的“蓝箭”新时速八组，瑞典制造的摆式列车“X-2000”一组，拖车为浦镇车辆厂制造的“先锋”号一组，列车都是两动六拖，盘形制动，有防滑器。“蓝箭”和“先锋”车组装配的拖车轮是马钢公司的 200km/h 轻型客车轮，摆式列车“X-2000”装配的是法国车轮。

截至 2002 年 3 月底，摆式列车“X-2000”已运行 100 多万公里，“蓝箭”8 辆车分别运行了 41.1 万公里、15.1 万公里、19.1 万公里、24.1 万公里、29.6 万公里、24.4 万公里、14.5 万公里、5.19 万公里，“先锋”号刚投入运行 1 万多公里。“蓝箭”拖车用 HSQ 200km/h 轻型客车轮运行中发现的主要问题是踏面剥离和轮缘辗宽。“蓝箭”8 辆车 192 条轮对，2001-11-01 至 2002-03-20 时间段因轮对故障换轮

❶　原文发表于《轧钢》2003 年第 3 期。

对60条，其中因车轮踏面剥离不落轮镟修29条轮对，更换备用轮对9条。现场看到的9件车轮剥离情况如下：

（1）剥离较严重的是批号为11005A 104车轮，有一38mm×25mm×2mm的块状剥离（有擦伤斑），且有约350mm长的鱼鳞状连片剥离，批号为11007B 087车轮有2/3周表面鱼鳞状连片剥离。

（2）剥离程度较轻的表现为小块片状剥离或长度200mm以下的鱼鳞状连片剥离。

（3）有4件剥离车轮伴有不同程度的辗宽（1~2mm），批号为11007B 010的车轮轮缘垂直磨耗明显超限。

（4）“先锋”号投入运行才1万多公里，车轮尚未发现剥离现象。瑞典“X-2000”摆式列车上原装的法国车轮也有剥离，24条轮对2001年共发生5起剥离，现场看到的2件剥离车轮表现为长度200mm以下的鱼鳞状连片剥离。

2.2　沪—宁线200km/h轻型客车轮质量情况

在沪—宁线运行的准高速列车“新曙光”号，拖车是浦镇车辆厂制造的，是两动九拖，运行的平均时速达120km/h，最高时速达200km/h。其中一组车投入商业运行，已运行60多万公里。2001年1月“新曙光”号经过提速改造，出厂运行至2002年3月底，发现车轮踏面剥离6起，发生在列车运行20万~40万公里之间。其中A2修以前2起，A2修以后4起，剥离程度较轻，表现为长度200mm以下的鱼鳞状连片剥离或小片剥离。

在调查走访期间，对时速160km/h的KKD快速客车轮运行质量情况也进行了调查，了解到KKD快速客车轮也有剥离，广州铁路局石牌车辆段所属的186列车2001年因车轮剥离换轮对34条，上海铁路局车辆段所属的提速列车因KKD快速客车轮剥离换轮对100条，车轮剥离的比例高于“新曙光”号上200km/h准高速轻型客车轮。

3　200km/h客车轮剥离检验

铁道科学研究院对“蓝箭”新时速两个典型剥离车轮进行破坏性检验分析，样轮概况见表1。

表1　两个典型车轮破坏性检验分析情况

编号	车号/制造厂	轴号	运行公里数	车轮标记/车轮制造厂	更换日期/是否镟修	剥离位置特点及样品状态
1	RZ_{25DK}10916/长客厂	8236	145000km	000299MGR7HSQ11005A087	2001年10月/未镟修	踏面圆周呈鱼鳞状剥离，表面锈蚀，剥离程度较重
2	RZ_{25DK}10916/长客厂	8228		000299MGR7HSQ11005A024		小块片状剥离，剥离程度较轻

1号车轮剥离现象较严重，2号车轮剥离程度较轻。根据产生剥离的可能原因，在剥离区附近取轮辋横断面低倍试样、轮辋横断面硬度试样、轮辋拉伸试样、轮辋冲击试样及化学成分试样进行理化性能、低倍缺陷检验等；在剥离区处取金相试样，进行非金属夹杂物、金相及扫描电镜检验分析。分析结果符合200km/h轻型客车轮订货技术条件（科教装［2000］33号文）：

（1）低倍组织：低倍试样经磨削抛光，在50%盐酸水溶液下浸蚀进行低倍检验，除观察到低倍磨面踏面处剥离裂纹外，检验结果未发现有害冶金缺陷。踏面中心处磨耗大于其他部位，呈凹陷形貌，轮辋外侧面处具有约2mm碾边特征。

（2）化学成分：C、Si、Mn、P、S五元素进行检验，结果符合技术条件要求。

（3）力学性能：检验结果符合技术条件要求，但其中剥离程度较重的车轮硬度偏下限。

（4）非金属夹杂物：检验结果符合技术条件要求，晶粒度为7级。

（5）金相组织：对两个样轮的剥离区取金相样品用硝酸酒精溶液浸蚀后在金相显微镜下观察其组织形貌，观察结果表明，两个车轮的金相组织形貌均为正常的珠光体+铁素体，无热影响组织及其他有害组织存在，但踏面处金相组织产生变形，变形层深度在0.15mm左右，组织变形较严重，剥离裂纹走向与组织变形方向一致，这表明车轮踏面处承受了较大的轮轨接触应力。通过扫描电镜观察，可见到晶粒明显变形拉长，其下部正常组织处晶粒未发生变形。

（6）显微硬度：变形层处显微硬度略高于正常组织处硬度，这是因为车轮与钢轨碾压过程中形变硬化所致，但其硬度值均属于车轮钢正常金相组织显微硬度范畴，这表明没有热影响组织存在。

4　分析讨论

（1）检验结果表明，两个剥离车轮理化性能指标、金相组织及非金属夹杂物符合订货要求。

（2）金相及扫描电镜检验结果表明，剥离裂纹起源于踏面表层，裂纹起源与金属异常组织及夹杂物无关，但表层金相组织均发生程度不同的塑性变形，且剥离裂纹与塑性变形流线方向一致并向下扩展。对金相组织观察及显微硬度测试表明，变形组织仍为正常的珠光体+网状铁素体，铁素体量较多，该现象说明车轮踏面处没有受到热影响。

（3）根据铁科院金化所研究成果《铁路车轮、轮箍失效分析及伤损图谱》[1]结论，结合上述检验及分析结果，该两个车轮踏面剥离属“轮轨接触疲劳剥离”类型。接触疲劳剥离是由于轮轨接触面在轮轨接触应力作用下，导致踏面表层金属塑性变形及疲劳裂纹萌生和发展的破坏方式。

随着列车行驶速度的提高及采用盘形制动方式，虽然车轮承受的热负荷较低，但机械负荷急剧增加，动载下车轮与钢轨接触应力（最大压应力、最大切应力）都将显著增大，最大切应力位置基本在踏面下2~3mm 深度内，与车轮剥离和剥落发生位置一致，在高速运行条件下，车轮承受的动载荷增加，因此车轮由于接触应力引起的接触疲劳失效几率增加。在这种条件下，很高的接触应力经常超过车轮的屈服强度，使车轮踏面承受严重变形，随着一次次超过屈服强度的载荷循环，材料沿滚动方向发生塑性变形，经多次这样的循环后出现材料塑性枯竭从而达到材料的安全极限，微裂纹在塑性区最大切应力位置与基体交界面处萌生。

5　思考和建议

（1）200km/h 轻型客车轮所用材质 R7 钢是在中国首次研发并运用于 200km/h 时速列车，进行该种车轮踏面剥离分析的讨论对更高速度列车车轮的使用和研制具有很重要的意义。这次“蓝箭”新时速和瑞典“X-2000”摆式列车车轮的材质均为 R7 钢，都存在车轮踏面剥离和辗宽现象，说明 R7 钢材质较软是客观事实。根据欧洲高速车轮运用经验，应坚持用 R7 钢，高速车轮采用材质较软 R7 钢是高速列车安全运行、避免车轮恶性事故发生的必要保证。因为 R7 钢碳含量较低，低温冲击韧性较好，高速车轮采用材质较软 R7 钢，发生大块剥离、掉块和轮辋裂纹的可能性较小。

（2）鉴于这次检验分析的两个车轮中硬度偏标准下限的车轮剥离程度较重，结合对铁路提速车轮（KKD、HDS）剥离原因研究分析结果，硬度偏低车轮发生接触疲劳剥离的可能性较大。

（3）根据多年车轮制造生产经验，特别是提速车轮制造生产制造经验，高速车轮在确保列车运行安全的前提下，要保证车轮有很好的强韧性配合，可在此基础上走微合金化道路，在车轮钢中增加合金元素，合金元素的添加要结合基本元素 C、Si、Mn 的含量，从碳当量的角度综合考虑，强化材质。研究结果表明，洁净度极高的车轮钢在保证理想强度的情况下韧性难以达到理想值。

（4）在研究开发适用于更高速度列车的车轮时，应做大量的基础研究和试验，如接触疲劳试验、制动试验、断裂韧性试验以及多项对比试验等。另外，线路条件、轮轨匹配关系、转向架设计、轮形设计等都要研究和综合考虑，只有这样，才有可能降低车轮磨耗程度、减少剥离现象的发生，延长车轮的使用寿命。

参考文献

[1] 铁道科学研究院．铁路车轮、轮箍失效分析及伤损图谱［M］．北京：中国铁道出版社，2002.

火车车轮成形工艺现状与展望❶

李 翔[1] 许章泽[1] 安 涛[1] 李小宇[1]
李胜祗[2] 闫 军[2] 孙中建[2]
（1. 马鞍山钢铁股份有限公司；2. 安徽工业大学）

摘 要 介绍了国内外火车车轮生产工艺，综述了近年来基于生产经验、物理模拟、有限元数值模拟等方法的车轮成形工艺研究，并预测了车轮成形工艺的发展趋势。

关键词 机械制造；火车车轮；塑性成形；综述

Current Conditions and Development of Study of Railway Wheel Forming Technology

Li Xiang[1] Xu Zhangze[1] An Tao[1] Li Xiaoyu[1]
Li Shengzhi[2] Yan Jun[2] Sun Zhongjian[2]
(1. Ma'anshan Iron and Steel Co., Ltd.; 2. Anhui University of Technology)

Abstract The manufacturing technology of railway wheel domestic and abroad has been presented, with review of the study of railway wheel forming technologies recent years such as experience with production, physical simulation, and FEM numerical simulation; with forecast of the development trends of such technology.

Key words machinery manufacture; railway wheel; plastic forming; review

1 引言

20世纪末，随着我国国民经济的快速发展，地区间的物流量日益增大，铁路作为物流运输的主渠道，已远不能满足要求，成为了制约国民经济发展的薄弱环节。进入21世纪，世界各国开始大力发展高速铁路，以改善交通状况，活跃经济，促进社会发展。我国从1997年实行第一次铁路大提速以来，取得了显著的成效，机车提速已成为铁路发展的新战略。

机车提速后，车轮在高速条件下，受到速度效应和制动方式的制约，其受力状态发生了很大变化，对其强韧性、耐磨性、抗热裂性、抗疲劳性、抗剥离性提出了更高的要求。因而，研究车轮成形工艺，大力提升车轮产品综合质量，制造优质车轮，是实现铁路运输提速的有力保证。

2 火车车轮生产工艺

传统的车轮制造方法有铸造法、模锻法、模锻—轧制法[1]，其中以模锻—轧制法应用最为广泛。其典型成形工艺为镦粗-定径-压痕-成形-轧制-冲孔压弯[2]。

目前，世界上已有如美国、法国、日本、德国、捷克、印度和中国等生产整体车轮[3]。

国内火车车轮生产厂家有：马钢股份公司车轮分公司（模锻-轧制生产线）、太原重型机械（集团）

❶ 原文发表于《锻压装备与制造技术》2004年第1期。
安徽省“十五”科技攻关计划项目（01012026）。

有限公司钢轮厂（模锻-轧制生产线）、铁道部大同机车车辆厂（铸钢车轮生产线）。

马钢股份公司车轮分公司自1964年开始生产铁路机车和车辆用的热轧车轮和轮箍，有着近40年的火车整体车轮和轮箍的生产经验。截至1998年马钢是中国唯一的车轮和轮箍生产厂，公司设备精良，工艺先进，检测设施齐全，生产规模为远东之最。为适应中国铁路运输业的发展，公司分别引进了美国、德国、意大利、瑞典的先进生产检测设备，如车轮全仿型、全自动数控加工机床、SKF真空精炼设备等，建成了世界上先进的车轮加工生产线。不仅能大批量生产时速120km/h的HDSA车轮和时速160km/h的KKD车轮，而且能小批量生产时速200km/h的KDQ车轮和时速300km/h的HSW高速车轮。公司生产的优质碳素结构钢、低合金、合金结构钢车轮于1997年6月通过了ISO9002质量体系认证；1998年8月又获美国铁路协会认证，获AAR证书，取得了进军北美市场的通行证。近期，马钢正在引进德国先进的压轧设备，以进一步改进车轮轮箍生产线[4]。

世界先进的火车车轮生产技术首推法、日两国。国际铁路联盟早在20世纪70年代末80年代初的远景规划中就明确规定，车辆运行速度要提高到250~400km/h。1989年法国的高速列车TGV在大西洋线路上运行速度首次达到250~400km/h；1990年，实验高速列车的速度达到515.3km/h，创造了世界纪录，目前其高速化技术开发的目标是运营速度达到350km/h[5]。日本在20世纪60年代就已经开发出在新干线上时速超过200km/h的高速列车，在其东海岸线上的高速实验列车速度已达到443km/h，且仍在探索进一步提高列车速度的可行性。

3　火车车轮成形工艺研究

车轮成形工艺方法比较常用的有生产经验法、物理模拟法、数值模拟法等几种。现对这些常用方法分别介绍如下。

3.1　生产经验法

在科研手段比较落后的情况下，车轮的设计生产技术人员凭借生产经验，对车轮成形工艺做了大量研究改进。

杨发昌[6]等通过对车轮生产每一工序后的轮坯进行剖析，找出了车轮偏心的原因，提出了要克服偏心，就要控制加热条件，增加高压水清除氧化铁皮能力，改进水压机工作台结构，以及改进30MN水压机的压痕器。

章国胜[7]通过生产实践，发现采用校偏压弯模纠正ϕ915D规格车轮的偏心问题很有成效。由于压痕是车轮生产中的重要工步，压痕量的大小决定流向轮毂和部分辐板的金属量。对压痕工艺实践摸索，章国胜得出压痕时定径环内孔合理斜度为$\alpha=15°\sim18°$时[8]，比较容易满足金属排出比（排出比=压痕排出金属量/定径环包容金属量）为15%~40%的坯料压痕的需要，从而成形轧制时不易形成踏面折叠。

秦国庆[9]等对太原重型机械（集团）有限公司钢轮厂七辊卧式车轮轧机调整参数进行了分析计算，确定了斜辊、车轮与主辊间的速度关系与斜辊中锥段处的截面曲线方程，计算了斜辊各部位、压紧辊与车轮的接触面积，以及斜辊各段的水平、垂直分力。

张高萍[10]等分析了马钢车轮轮箍分公司在车轮生产中存在的主要问题，介绍了车轮生产工艺及设备的改造情况。

3.2　物理模拟法

尽管计算机科学飞速发展，使数值模拟技术在塑性加工中应用有诸多优越性，但迄今为止，它尚不可能完全取代物理模拟，丹麦工业大学的N. Bay也指出这一点[11]，他介绍了该校用石蜡进行的塑性加工物理模拟，采用不同成分添加剂制成的石蜡材料，可以模拟不同金属的加工硬化特性。

王志诚[12]利用铅和塑泥模拟了马钢车轮压轧成形工艺过程。找出了轮辋内、外侧外端充不满的原因，即成形环斜度大，且与压痕坯斜度方向相反，导致轮辋外侧无法充满；成形环高度方向尺寸偏小，使金属易于沿径向流动，轮辋内侧外端无法充满。通过改进，开发了车轮成形的最佳工艺流程。

裴兴华[13]对火车车轮辗轧成形新工艺进行了物理模拟实验，即用铅在室温下进行热辗成形。通过对金属流动的分析，得出了金属流动合理、填充良好、变形均匀、无折叠现象的摆辗成形工艺。

裘哲[14]利用塑泥材料，以 ϕ915C 车轮为实验对象，模拟实验验证了压痕坯分流面的理论计算结果。从而制定出镦粗定径联合工艺、压痕镦粗联合工艺等方案，它使金属变形过程更加合理。

D. Guy[15]等用蜡泥塑料模拟了车轮压轧成形过程，分析了金属流动规律，从而改进了成形模具，克服了车轮边部缺陷，并成功地应用于生产现场。

B. C. Miller[16~18]等用蜡泥塑料模拟了车轮预成形工步，用带彩层的塑料蜡泥模拟了变形过程中金属的流动规律。同时，还验证了其用 DEFORMTM-2D 有限元软件模拟的结果。

3.3　数值模拟法

随着计算机硬件、软件技术的飞速发展，以及有限元分析理论、数值分析技术和计算机技术的进步，20 世纪 60 年代末至 70 年代初出现了一些大型通用有限元分析软件，这些软件具有功能强大、使用方便、计算结果可靠、效率高等特点，使越来越多的工程技术人员和科研人员使用它对塑性成形工艺过程进行研究。目前，著名的大型通用商业有限元分析软件有[19]：MSC/Marc、DEFORM^{TD}-3D、ANSYS、AUTO-FORM、COSMOS、ABAQUAS、NASTRAN 等。这些软件绝大部分都具有完整的、直观的前后处理系统。可以直观地在计算机屏幕上观察材料变形和流动的详细过程，了解材料的应力、应变分布，温度的分布，破裂、折叠等形成过程，以及成形后的残余应力分布。

用有限元数值模拟技术研究了车轮成形工艺：

王志诚[20]开发了二维非稳态刚粘塑性有限元计算软件 RVPEEM，分析了火车车轮锻造中预锻和终锻两个工步的成形过程，研究了车轮成形金属流动规律。

B. C. Miller[16,17]等用 DEFORM™-2D 商业有限元软件模拟了火车车轮压轧变形过程，并将模拟结果与物理模拟进行了比较。对热加工过程的温度场进行了模拟，利用 Cockcroft&Catham 断裂理论进行了穿孔模拟，发现高温度梯度冷却模具对金属流动产生很大影响，并综合各种因素预测了表面折叠缺陷。

许章泽[21,22]等借助商业有限元软件 MARC/Autoforge 对火车车轮预成形各工步进行了弹塑性有限元热力耦合数值模拟。研究内容包括车轮预成形过程金属流动规律、应力场、应变场、温度场以及轮坯压缩比的获得，定量分析了摩擦因素和压痕定尺对车轮预成形过程的影响。

K. Davey[18]等综合分析了有限元数值模拟在火车车轮成形中的应用问题，认为目前对车轮轧制问题进行数值模拟还存在较大困难，这是由于数值模拟计算量大和有限元网格再生的原因。

综上所述，通过对车轮成形工艺的研究，优化了车轮压轧工艺参数，改善了车轮成形金属流动状况，改进了车轮的性能，提高了车轮表面质量和尺寸精度。

4　火车车轮成形工艺研究展望

我国塑性成形工艺与世界先进工艺比较相对落后，车轮成形工艺存在着变形过程不合理、模具寿命低、车轮整体质量不高等不足。物理模拟研究仅做了定性分析，而生产经验的通用性较差，有限元数值模拟工作尚待深入，文献中尚未发现用三维有限元数值模拟方法对车轮压轧工艺系统研究，较多的仅限于对预成型工步的研究。

本文认为，车轮成形工艺尚待研究的问题有以下几个方面：压轧过程模具表面温度、模具受力情况对模具磨损的影响；工件形成折叠等表面缺陷研究，定量分析产生表面折叠的临界尺寸和工具形状部位；预成形工步的合理设计对成形过程的影响；车轮偏心产生原因和改进措施；轧制工序的有限元数值模拟，最佳压下量的设定，轧辊摩擦对车轮成形的影响，轮辋表面折叠、裂纹的产生工况等。

参 考 文 献

[1] 比比克 Γ A，等．苏星，译．火车车轮的制造［M］．北京：冶金工业出版社，1990.
[2] 程必福，蔡钊，李恺，等．车轮轮箍生产［M］．北京：冶金工业部工人视听教材编辑部，1991.
[3] 秦国庆．车轮生产现状及发展趋势［J］．河北冶金，1998（6）：9-11.
[4] 安涛，王成永，李怀明．我国车轮轮箍的质量现状和发展［J］．中国冶金，1998（2）：28-31.
[5] 阎盛龙．铁路用整体碾钢车轮热变形工艺评述［J］．马钢技术，1997（1）：37-41.
[6] 杨发昌，朱宇宙．车轮在热轧生产中的偏心问题［J］．钢铁，1980（1）：49-58.

[7] 章国胜．热轧车轮的偏心及解决办法［J］．马钢科研，1997（4）：35-38.
[8] 章国胜．车轮压痕新工艺探讨［J］．马钢技术，1997（1）：17-18.
[9] 秦国庆，韩静涛，李连诗．七辊卧式车轮轧机调整参数的分析计算［J］．北京科技大学学报，1999，21（3）：258-260.
[10] 张高萍，武立仓，刘会强．马钢火车轮生产系统技术改造［J］．轧钢，2000，17（4）：34-36.
[11] 孙友松，刘天湖，肖小亭．面向新世纪的塑性加工技术［J］．锻压技术，2000（2）：59-60.
[12] 王志诚．火车车轮制造新工艺实验研究和数值模拟［D］．北京：清华大学，1993.
[13] 裴兴华，王广春，张辉，等．火车车轮摆辗成形模拟实验研究［J］．锻压技术，1995（3）：33-36.
[14] 裘哲．马钢火车车轮锻压工艺及模具改进的实验研究［D］．北京：清华大学，1992.
[15] Guy D，Wilson F G. Forging developments for railway and ring rolled products［C］. In：Sellars C M，Davies G J，eds. Hot Working and Forging Processes. London：The Metals Society，1997：204-208.
[16] Miller B C，Ward M J，Davey K. The numerical simulation of potential forming problems in railway wheel and tyre manufacturing process［C］. The International Conference on Forging and Related Tech. Birmingham，1998：201-216.
[17] Ward M J，Miller B C，Davey K. Simulation of a multi-stage railway wheel and tyre forming process［J］. Journal of Materials Processing Technology，1998（80-81）：206-212.
[18] Davey K，Miller B C，Ward M J. Efficient strategies for the simulation of railway wheel forming［J］. Journal of Materials Processing Technology，2001，118（1-3）：389-396.
[19] 张旻翊，孙雪坤，王国栋，等．数值模拟技术在我国钢铁工业中的应用现状与展望［J］．钢铁研究，2000（2）：53-58.
[20] 王志诚，王祖唐，胡忠．火车车轮制造新工艺数值模拟［J］．塑性工程学报，1995，2（4）：3-11.
[21] 许章泽，李胜祇，闫军，等．火车车轮压痕工艺数值模拟［J］．安徽工业大学学报，2002，19（4）：281-283.
[22] 许章泽，李胜祇，闫军，等．火车车轮预成形过程的有限元分析［J］．重型机械，2002（6）：35-38.

结晶器电磁搅拌对 ϕ450mm 连铸圆坯组织和夹杂物的影响❶

龚志翔 陈 刚 焦兴利 丁传友 赵志海 刘建坤

（马鞍山钢铁股份有限公司）

摘 要 试验和分析了结晶器电磁搅拌（M-EMS）对 0.6%C 钢 ϕ450mm 连铸圆坯的中心等轴晶区比率，碳、硫偏析，疏松和非金属夹杂物数量、大小和分布的影响。结果表明，经 450A 电磁搅拌后圆铸坯中平均中心等轴晶的比率由未经电磁搅拌的 7.6%提高到 58.1%，碳偏析指数由 1.10 降至 1.03，硫偏析指数由 1.15 降至 1.09，圆铸坯平均氧含量降低 4.5ppm，夹杂物含量和尺寸均明显降低。

关键词 结晶器电磁搅拌；连铸圆坯；中心等轴晶；碳偏析；夹杂物

Effect of Mould-Electromagnetic Stirring on Structure and Inclusion in ϕ450mm Concasting Round Billet

Gong Zhixiang Chen Gang Jiao Xingli Ding Chuanyou Zhao Zhihai Liu Jiankun

(Ma'anshan Iron and Steel Co., Ltd.)

Abstract The effect of mould-electromagnetic stirring (M-EMS) on center equiaxial crystal zone proportion, carbon and sulfur segregation, porosity, and amount, size and distribution of non-metallic inclusion in ϕ450mm concasting round billet of 0.6C steel has been tested and analyzed. The results showed that the average center equiaxial crystal zone proportion in casting billet with M-EMS increased to 58.1% from 7.6% in billet without M-EMS, the carbon segregation index decreased to 1.03 from 1.10, the sulfur segregation index decreased to 1.09 from 1.15, the average oxygen content decreased by 4.5ppm, and the amount and size of inclusions decreased also obviously in round casting billet.

Key words mould-electromagnetic stirring; concasting round billet; center equiaxial crystal; carbon segregation; inclusion

1 引言

随着连铸技术的快速发展，围绕如何进一步提高连铸坯质量的研究也取得了较大的进展。连铸电磁搅拌（EMS）技术，因其可显著改善铸坯的质量、提高铸机的效率而受到国内外冶金行业的高度重视。结晶器电磁搅拌（M-EMS）是应用最为广泛的连铸电磁搅拌技术，其通过作用于铸坯凝固初期，改善铸坯内钢水的运动来均匀铸坯内部温度、消除过热、析出气体及促使夹杂物上浮[1]，改善铸坯内部非金属夹杂物的分布，降低非金属夹杂物及全氧含量，提高金属的洁净度。

马钢股份公司 2002 年引进了 1 台 ϕ450mm 圆坯连铸机，为了确保铸坯的质量，采用了结晶器电磁搅拌等先进技术。本文将重点对结晶器电磁搅拌对圆坯内在质量，尤其是铸坯内非金属夹杂物含量、分布等方面影响进行研究探讨。

❶ 原文发表于《特殊钢》2004 年第 4 期。

2　试验条件及主要技术参数

2.1　试验工艺

马钢大圆坯连铸机为全弧形圆坯连铸机，铸坯主要用于生产车轮轮箍等产品。圆坯生产工艺路线为：铁水预处理→转炉冶炼→LF-VD 精炼→MCC。

2.2　铸机主要工艺参数

弧形半径：$R=12$m
铸机流数：2 流
铸坯尺寸：ϕ450mm
拉坯速度：≤0.58m/min
注流保护：大包长水口+浸入式水口
结晶器：带足辊双锥度
电磁搅拌：M-EMS（外置式）
矫直机：三点五机架矫直

2.3　结晶器电磁搅拌主要工艺参数

该套圆坯结晶器电磁搅拌装置为外置式，电磁搅拌器采用旋转磁场，基本工艺参数为：电磁搅拌频率：2.0Hz，2.5Hz，电磁搅拌电流：0~550A。

3　试验方案

连铸工艺参数为：
试验钢种：车轮轮箍钢（[C]：0.60%）；
铸坯规格：ϕ450mm；
铸机拉速：0.40~0.50m/min；
二冷比水量：0.30~0.40L/kg；
结晶器电磁搅拌电流：0~450A。
分析研究在无电磁搅拌和不同结晶器电磁搅拌参数条件下：铸坯凝固组织特点；铸坯疏松及成分偏析差异；铸坯内部夹杂物分布特点；铸坯全氧含量及夹杂物组成特点。

4　试验结果及分析

4.1　铸坯低倍组织特点[2]

铸坯的铸态组织往往是评价铸坯内部质量的主要指标，因为铸坯内部质量的好坏很大程度上取决于铸坯的铸态组织，均匀而致密的等轴晶是铸坯最为理想的组织。结晶器电磁搅拌通过引起坯壳内钢水的流动而降低结晶器钢水过热度，同时减少温度梯度。当这种流动的强度足够大时，液体金属就可熔化并破碎树枝晶端，阻止柱状晶的生长，这些分离下来的枝晶则成为形成等轴晶的晶核，有利于形成细小均匀的等轴晶。

生产结果表明，在相同的工艺条件下，不使用结晶器电磁搅拌时，铸坯基本由粗大发达的柱状晶组成，铸坯中心等轴晶比率较小；使用电磁搅拌的炉次，铸坯中心等轴晶比率有明显提高，且随着搅拌电流的增加而增加，最高达 72.2%。不同电磁搅拌电流条件下铸坯中心等轴晶比率结果见表 1。电磁搅拌电流和中间包钢水过热度对铸坯中心等轴晶比率的影响见图 1。

4.2　铸坯疏松程度及中心偏析

铸坯疏松程度是反映铸坯致密程度的重要指标，减少疏松程度是提高铸坯内部质量的关键。研究表

表 1 结晶器电磁搅拌电流对 ϕ450mm 圆铸坯中心等轴晶区比率的影响

Table 1 Effect of M-EMS current on center equiaxial crystal zone proportion in ϕ450mm round casting billet

搅拌电流/A	中间罐钢水过热度/℃		中心等轴晶比率/%	
	波动范围	平均值	波动范围	平均值
0	20~53	38	2.0~12.3	7.6
250	18~49	37	31.2~45.6	36.8
300	8~61	37	44.4~66.3	53.0
450	20~60	40	48.3~72.2	58.1

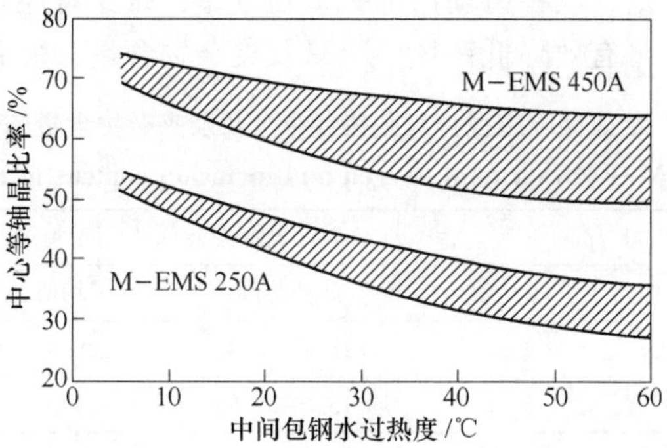

图 1 电磁搅拌电流和中间包钢水过热度对圆铸坯中心等轴晶比率的影响

Fig. 1 Effect of M-EMS current and overheat degree of molten steel in tundish on center equiaxial crystal zone proportion in round casting billet

明，铸坯疏松主要与钢中碳含量、钢水的过热度、拉速、铸坯冷却工艺等有关。结晶器电磁搅拌可大大提高铸坯的中心等轴晶区，改善铸坯的凝固组织，从而减少铸坯的疏松程度。

为研究不同搅拌工艺条件下铸坯断面疏松状况，从铸坯中心至表面连续制取了高倍试样，对铸坯断面的显微疏松状况进行了检验分析。研究结果表明，使用电磁搅拌的铸坯疏松优于无电磁搅拌的铸坯(见表 2)。

表 2 电磁搅拌和无电磁搅拌时 ϕ450mm 圆铸坯的疏松检测结果

Table 2 Examination results of porosity in ϕ450mm round casting billet without M-EMS and with M-EMS

至铸坯中心距离/mm	无电磁搅拌			电磁搅拌 I=300A		
	疏松/级	最大尺寸/mm	密度/颗·cm^{-2}	疏松/级	最大尺寸/mm	密度/颗·cm^{-2}
中心 20~30	2.5	0.06	60	2.5	0.06	60
50	2.5	0.05	60	2.0	0.06	60
70~80	2.5	0.07	60	2.0	0.05	40
100	1.0	0.05	30	1.5	0.05	30
130	1.5	0.07	30	1.0	0.05	20
150	1.0	0.04	30	1.0	0.03	20
170~180	1.0	0.07	30	1.0	0.03	20
200 表面	2.0	0.04	20	0.5	0.02	10

另一方面，结晶器电磁搅拌通过均匀内部钢水成分和温度，使铸坯形成较多的等轴晶区的同时，降低了铸坯的中心偏析程度，尤其是中心 C、S、P 的偏析程度。研究表明，电磁搅拌可有效改善圆坯中心 C、S 元素偏析，见表 3。

4.3 铸坯全氧及夹杂含量

由于结晶器电磁搅拌促进了结晶器内钢水的运动，使得钢中夹杂物在离心力的作用下一部分向弯月面富集，同时也使钢水和保护渣的接触面积增大，上浮夹杂物转移到保护渣中，因此采用结晶器电磁搅

表 3 电磁搅拌电流对圆铸坯中心碳、硫偏析指数的影响

Table 3 Effect of M-EMS current on carbon and sulfur segregation at center of round casting billet

结晶器电磁搅拌电流/A	偏析指数	
	碳	硫
0	1.10	1.15
250	1.07	1.12
300	1.08	1.10
450	1.03	1.09

拌可降低铸坯中全氧及夹杂物含量，改善铸坯内部夹杂物分布，减少铸坯表面及近表面夹杂物。

研究表明，采用结晶器搅拌可有效降低铸坯中全氧及夹杂物含量，见表 4。

表 4 结晶器电磁搅拌对圆铸坯中全氧及夹杂物含量的影响

Table 4 Effect of M-EMS on total oxygen and inclusion content in round casting billet

搅拌工艺	T. O/ppm		电解夹杂总量/ppm		Al_2O_3 分量/%	
	波动范围	平均值	波动范围	平均值	波动范围	平均值
无电磁搅拌	17.5~34.2	25.7	18.1~38.4	28.3	49.5~ 55.2	51.2
搅拌 I=300A	12.9~29.1	21.2	15.6~33.8	24.7	45.3~50.6	48.3

对夹杂物在铸坯上的分布、夹杂物的形状尺寸进行研究分析表明，使用电磁搅拌可有效改善铸坯内部夹杂物的分布，降低夹杂物的尺寸。

图 2 为无电磁搅拌和有电磁搅拌时铸坯内部夹杂物的尺寸分布。由图 2 可见，使用电磁搅拌可促进钢中夹杂物的聚集上浮、排出，从而有效降低铸坯内部夹杂物的级别。

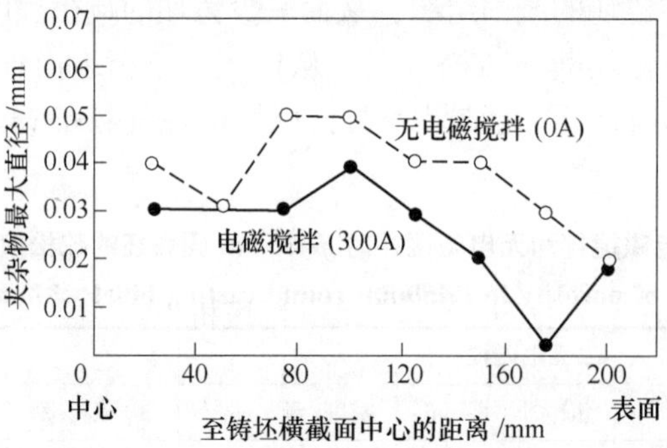

图 2 结晶器电磁搅拌（300A）对圆铸坯内最大直径夹杂物分布的影响

Fig. 2 Effect of M-EMS (300A) on distribution of maximum diameter inclusions in round cast billet

5 结语

（1）结晶器电磁搅拌可有效改善铸坯凝固组织，提高铸坯中心等轴晶比率至 50%以上，并有效改善铸坯的疏松程度，提高铸坯的致密度。

（2）结晶器电磁搅拌可有效降低铸坯的中心偏析，尤其是 C、S 偏析；降低铸坯内的全氧及夹杂物含量，改善夹杂物在铸坯内部的分布，减小夹杂物尺寸。

参 考 文 献

[1] 蔡开科，程士富．连续铸钢原理与工艺［M］．北京：冶金工业出版社，1994.

[2] 龚志翔，陈刚，吴宗双，等．结晶器电磁搅拌对圆坯质量的影响［J］．马钢技术，2003（1）：1.

火车车轮辐板外侧面裂纹成因分析[1]

陈　刚　王世付　程德利

（马鞍山钢铁股份有限公司）

摘　要　针对火车车轮在热成形过程中车轮辐板外侧面易产生裂纹问题，采用低倍检验、金相组织和化学成分分析等方法对裂纹产生原因进行了分析。分析结果表明，裂纹的产生是由于车轮辐板在热成形中受到强烈的冷却影响所致，从而采取了相应的改进措施，取得了较好效果。

关键词　火车车轮；辐板外侧面；裂纹；热成形

Cracking Analysis of The Train Wheel's Front Web Face

Chen Gang　Wang Shifu　Cheng Deli

（Ma'anshan Iron and Steel Co. , Ltd. ）

Abstract　The crack reformation of the the train wheel's front web face during the hot shaping process was analyzed by means of macro-structure examination, metallographic examination and chemistry composition analysis. The result shows that high cooling speed is the main reason of reforming the crack. Meanwhile, the countermeasures were put forward and good effect was obtained.

Key words　train wheel; front web face; cracking; hot shaping process

1　引言

火车车轮是一种特殊的机械产品，车轮的热成形工艺是：先用水压机将锭坯锻压得到成形坯，而后在车轮轧机上轧制出轮缘、踏面及轧制辐板，最后再在水压机上将辐板压弯。

由于车轮在热成形过程中变形温度较高（>950℃），因而热成形时产生裂纹的情况比较少见。但是2005年年初，马鞍山钢铁股份有限公司的多块车轮在热成形过程中轧制辐板出现裂纹；如果有个别微小裂纹漏检，将会严重威胁列车运行安全。为此，对辐板裂纹的形成原因进行了分析。

对所有辐板裂纹车轮进行了外观检查：发现裂纹均沿周向出现，且位于辐板外侧面的轧制面上；裂纹长度不等，最严重的裂纹长达115mm，较轻的裂纹长度20mm，见图1；缺陷区均未发现肉眼可见夹杂及其他冶金缺陷；辐板内侧面均完好。

外观检查表明，裂纹形貌、分布具有相同规律，说明其产生原因是相同的。

2　取样方法及试验内容

根据缺陷区外貌特征，在缺陷区分别制取辐板横向低倍试样；并取贯穿辐板横截面的金相样块观察辐板表面及内部组织；同时进行成品化学成分分析。

3　试验结果

3.1　低倍分析

1∶1的工业盐酸水溶液热侵蚀试验发现，试样辐板外侧面有边裂，开口宽2mm、深3mm，边裂处有

---

❶　原文发表于《轧钢》2006年第1期。

图 1　有辐板裂纹车轮的宏观形貌

Fig. 1　Macro-Structure of the Sample

与基体组织不一致的亮带区，深 19mm，如图 2 所示。

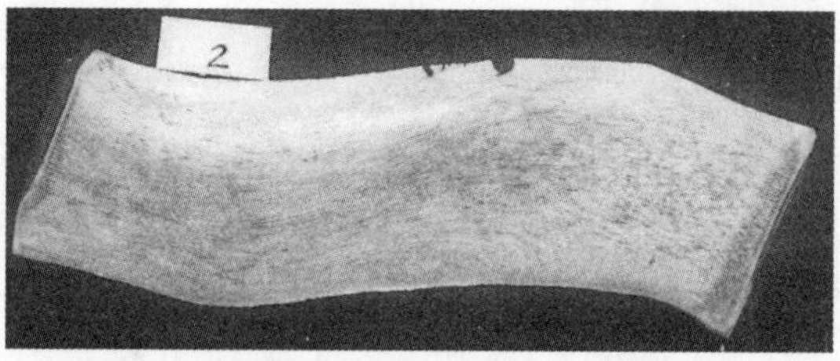

图 2　辐板横向低倍试样宏观形貌

Fig. 2　Macro-structure of the Cross-section Web Sample

3.2　化学成分分析

在低倍试样的亮带区和正常区钻取金属碎屑按 GB 223 标准[1]进行化学成分分析，结果见表 1。

表 1　成品化学成分

Table 1　Chemical composition　(%)

取样位置	C	Si	Mn	P	S	Cr
亮带区	0.60	0.32	0.73	0.022	0.003	0.20
正常区	0.62	0.31	0.73	0.022	0.004	0.20

从亮带区和正常区的化学成分分析结果看，两区成分基本相同，说明低倍亮带区的出现非化学成分偏析所致。

3.3　金相分析

金相检验表明，裂口及其附近区域均未发现冶金异常，裂口处脱碳不明显（见图 5），这说明裂纹非锭坯的原始缺陷所致。

辐板内部及内侧组织正常，为铁素体+珠光体组织（见图 4），但外侧辐板表层出现异常组织区，其深度与低倍亮带区基本一致，异常区内出现大量贝氏体组织（见图 3），这说明外侧辐板表层受到了强烈的冷却影响。

4　讨论

多块车轮均在辐板外侧面的轧制面上出现辐板裂纹，且裂纹基本沿周向，说明其为有规律的缺陷。从低倍检验情况看，裂纹是与辐板外侧近表面的异常组织区相关联的，而辐板内侧表面低倍组织正常，表面状态良好，进一步说明出现辐板裂纹为有规律的缺陷。

组织异常区、正常区的化学成分分析结果表明，组织异常区非化学成分偏析所造成。

裂纹附近脱碳层不明显的现象表明裂纹非锭坯原始缺陷所致，而是在热成形过程中产生的。

如前所述的车轮热成形工艺，辐板由压制辐板和轧制辐板两部分组成，是车轮变形量最大的部位，而且是非均匀性的，只有接触轧辊的部位才会产生局部变形。

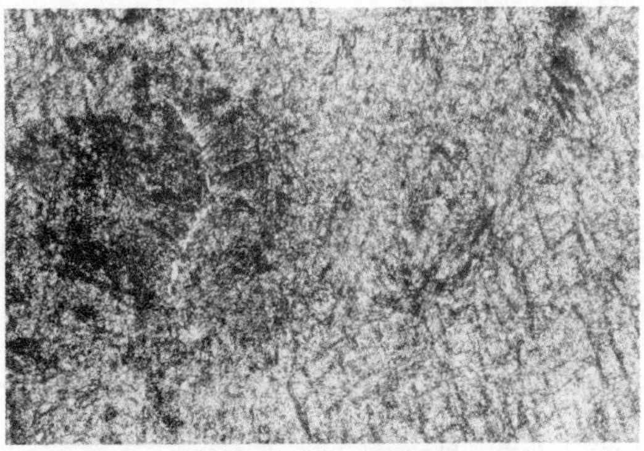

图 3　贝氏体组织微观形貌（400×）

Fig. 3　Micro-structure of the Bainit (400×)

图 4　正常组织区微观形貌（400×）

Fig. 4　Micro-structure of the Normal Structure (400×)

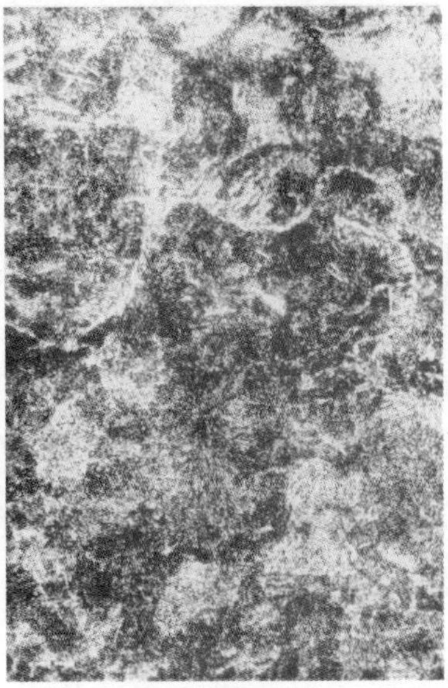

图 5　裂口处微观形貌（100×）

Fig. 5　Micro-structure of the Cracking (100×)

一般来说，虽然轧制辐板变形量最大，但是由于变形温度较高（>950℃），轧制辐板处的金属变形抗力低，塑性好，在正常条件下是不会形成裂纹的。只有当受到外界的异常冷却影响时，由于冷速增大，导致受影响区域变形温度迅速降低，变形抗力增大，变形困难，才会导致裂纹的产生。

车轮钢属于亚共析钢，由于终轧温度较高，冷却速度较慢，热成形结束后的车轮辐板室温组织应为先共析铁素体+珠光体组织[2]。只有当冷却速度增大到超过下临界冷却速度（约 30℃/s）的时候，才使贝氏体组织相变成为可能。

对于亚共析钢的贝氏体开始转变温度，Steven 和 Haynes 提出以下公式[3]：

$$B_s(℃) = 830 - 270(wt\%C) - 90(wt\%Mn) - 37(wt\%Ni) - 70(wt\%Cr) - 83(wt\%Mo)$$

根据表 1 可推算出该车轮的贝氏体开始转变温度大约在 585℃，也就是说只有温度降低到 585℃以下时才会发生贝氏体相变。

根据 B_s 点的估算可知，车轮辐板外侧表面出现贝氏体相变的区域必然受到了剧烈的冷却影响，使温度迅速降低至 585℃以下，导致该区域的变形过程在远低于 A_{c3} 的温度下进行。

现场观察发现，车轮在车轮轧机上进行轧制时需要对轧辊进行喷水冷却，冷却水会喷溅到辐板外侧面上。根据该批车轮的情况判断，喷水过程出现异常，导致辐板外侧表面冷速过快，温降幅度过大，受冷却影响的部位发生了贝氏体相变。

裂纹均位于轧制辐板面上，是因为该部位在热成形过程中受力较大，要产生较大变形，而异常组织的出现使该部位塑性变差，变形困难，无法达到预定的径向变形量，必然导致周向裂纹的产生，在后续的辐板压弯时，受外力作用，裂纹进一步扩大。

上述分析可见，该批车轮辐板外侧面裂纹的产生是由于辐板受强烈冷却影响所致，与轧制时轧辊冷却水出现异常有关，为此，决定对轧辊冷却水进行调整，改单个喷嘴为多个喷嘴进行多点冷却，同时减小冷却水的水量和水压，并对喷嘴的喷射角度进行调整以减少冷却水的喷溅。实践表明，轧辊冷却水调整后该类缺陷得到了有效抑制。

事实证明，该批车轮辐板外侧面裂纹的产生是由于辐板受强烈的冷却影响所致。

参 考 文 献

[1] GB 223，钢铁及合金化学分析方法 [S].

[2] 崔忠圻，等. 金属学及热处理 [M]. 北京：机械工业出版社，1988.

[3] 康大韬，郭成熊，编译. 工程用钢的组织转变与性能图册 [M]. 北京：机械工业出版社，1992.

反辐板机车轮的生产研制❶

许章泽[1] 谢 峰[1] 李 翔[1]
安 涛[1] 李胜祇[2] 闫 军[2]

（1. 马鞍山钢铁股份有限公司；2. 安徽工业大学）

摘 要 反辐板机车轮因其辐板形状与常规车轮相反，故称反辐板车轮。本文分析了反辐板车轮的结构特点，结合成形设备选择成形工艺路线。用商业有限元软件 MARC/Superform 数值模拟了反辐板车轮成形过程。合理设计热轧变形工艺参数，保证辐板成形形状，精确设计各部分尺寸余量，从而使这种具有异常形状辐板的车轮加工成形。

关键词 机车轮；反辐板；成形；数值模拟

Development of the Reverse Webbed Wheel for Locomotive

Xu Zhangze[1] Xie Feng[1] Li Xiang[1] An Tao[1] Li Shengzhi[2] Yan Jun[2]

（1. Ma'anshan Iron and Steel Co. , Ltd. ; 2. Anhui University of Technology）

Abstract Reverse webbed wheel is so named due to its difierent web shape from the traditional one. This paper analyzes the structural characteristics of this abnormally webbed wheel and the selection of forming equipment for the forming process. With the help of FEM software—MARC/Superform, proper selection of deformation data for hot rolling and precise design of the processing allowance, the forming of the abnormally webbed wheel is made possible.

Key words locomotive wheel; reverse web; forming; numerical simulation

1 引言

车轮结构不尽相同，其差异取决于列车工作条件，机车和车辆的构造，也取决于铁路运输工作中形成的传统习惯。然而在任何情况下，车轮都由轮毂、轮辋和辐板三个部分组成[1]。为了提高车轮结构强度和运行安全，延长车轮使用寿命，研究人员开发出有着辐板形状差异的各种车轮[2]。车轮按照辐板形状和轮毂相对于轮辋的位置可分为直辐板车轮、斜辐板车轮、S 形辐板车轮[3]和反辐板车轮。直辐板车轮辐板呈直形，轮毂和轮辋在车轮轴向处于同一个位置，如图 1（a）所示。斜辐板车轮辐板形状为直斜形，轮毂相对轮辋内置，如图 1（b）所示。S 形辐板车轮辐板形状为 S 形，轮毂向轮辋内侧偏置，如图 1（c）所示。绝大部分车轮的轮毂相对于轮辋向内侧偏置，但也有一些机车轮其轮毂偏置于轮辋外侧，即反辐板车轮，如我公司生产的 CKD6A、ZY1005 等，车轮结构如图 1（d）所示。

本文研究了反辐板机车轮的结构特点，结合现场热成形设备条件和机加工工艺，设计了一种生产反辐板机车轮的工艺方法。经生产实践证明，按照该工艺生产反辐板机车轮，可以获得较高成材率。

2 反辐板机车轮成形工艺介绍

车轮锻压-轧轧成形包括镦粗、定径、压痕、成形、轧制、冲孔、压弯等工步。车轮压制辐板（内辐

---

❶ 原文发表于《机车车辆工艺》2006 年第 2 期。

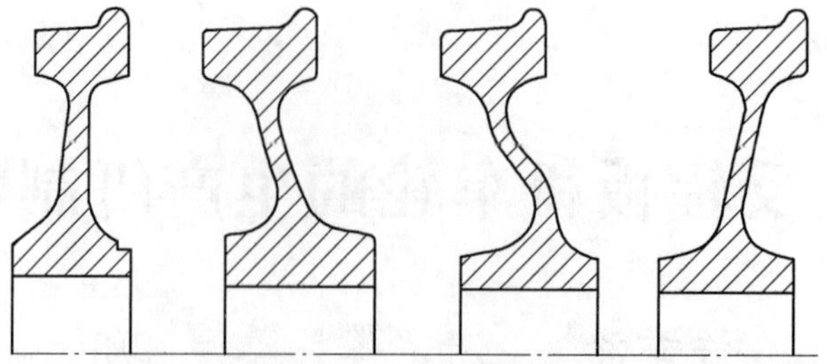

图 1　几类不同辐板形状的车轮

板）在成形工步获得，轧制辐板（外辐板）在车轮轧机上辗压扩径获得。直形辐板在压弯成形工步被压制成具有成品形位公差的辐板形状。斜辐板车轮和 S 形辐板车轮的辐板截面呈“倒八字”形，反辐板车轮的辐板截面呈“正八字”形。辐板形状的差异决定了反辐板车轮压弯成形工艺的不同。

常规车轮压弯以内侧面内径定位，上压弯模与车轮在从辐板到轮毂过渡段上相接触，而下压弯模则在与辐板到轮辋的过渡处相接触。压弯方式如图 2 所示。上压弯模与车轮之间在辐板到轮辋过渡段上和下压弯模与车轮之间在辐板到轮毂过渡段上存在间隙。

反辐板机车轮采用常规工艺路线时，压弯以内侧面轮毂外径定位，上压弯模与车轮在从辐板到轮辋过渡段上相接触，而下压弯模则在与辐板到轮毂的过渡处相接触。上压弯模与车轮之间在辐板到轮毂过渡段上和下压弯模与车轮之间在辐板到轮辋过渡段上有间隙。压弯方式如图 3 所示。

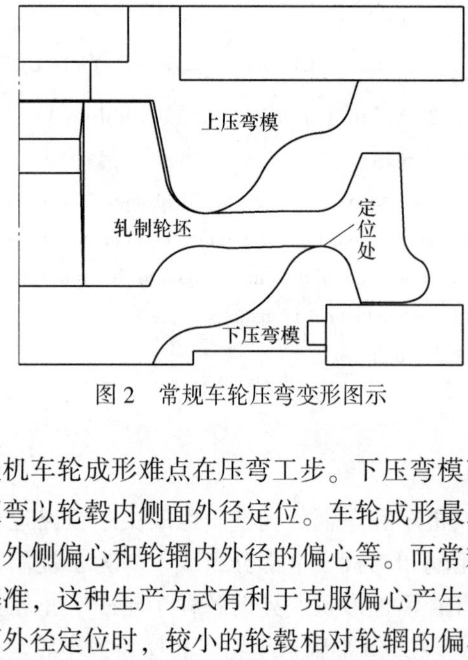

图 2　常规车轮压弯变形图示

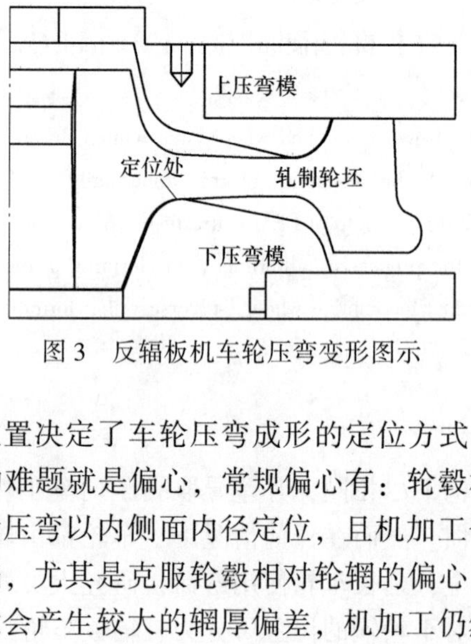

图 3　反辐板机车轮压弯变形图示

反辐板机车轮成形难点在压弯工步。下压弯模高点位置决定了车轮压弯成形的定位方式，使得反辐板机车轮压弯以轮毂内侧面外径定位。车轮成形最棘手的难题就是偏心，常规偏心有：轮毂相对轮辋偏心、轮毂内外侧偏心和轮辋内外径的偏心等。而常规车轮压弯以内侧面内径定位，且机加工也是以内侧面内径为基准，这种生产方式有利于克服偏心产生的缺陷，尤其是克服轮毂相对轮辋的偏心。当压弯以轮毂内侧面外径定位时，较小的轮毂相对轮辋的偏心，就会产生较大的辋厚偏差，机加工仍然以内侧面内径为基准，车轮轮毂和轮缘部位容易产生缺陷，导致废品。

3　反辐板机车轮成形工艺方案选择

反辐板机车轮成形的前几个工步变形方式与常规车轮一致，可改变的是压弯变形方式和机加工定位基准。压弯工步在 3#30MN 水压机上进行，压弯变形方式受机组设备的限制，下压弯模最高点决定车轮压弯成形时的定位方式。常规车轮机加工基准与压弯定位方式一致。对于反辐板车轮可以选择以下工艺方案：

工艺方案一：车轮踏面和轮缘采用常规轧制方法，压弯变形采取以轮毂内侧面外径定位，机加工以车轮内侧面内径为基准。

工艺方案二：轧制轮坯设计成“走轮”式垂直踏面，压弯变形同常规车轮，即压弯时辐板呈“倒八字”，车轮内外侧面反向放置。机加工方式以车轮内侧内径为基准，在垂直踏面处加工出踏面和轮缘。主要变形坯形图如图 4 所示。

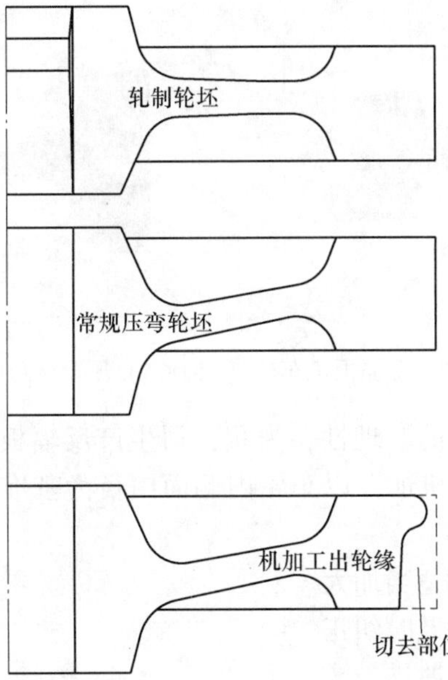

图 4　反辐板车轮按路线二制造的坯形图

工艺方案三：踏面和轮缘采用常规轧制方法，压弯方式采取以轮毂内侧面外径定位，机加工基准选择车轮内侧面轮毂外径。

工艺方案二的金属成材率很低，因为要挖去很多金属才能得到车轮轮缘踏面，且金属流线不合理，导致车轮性能较差；工艺方案三的机加工方式不适合我公司的习惯；综合比较，工艺方案一较合理。

4　有限元数值模拟成形过程

用有限元数值模拟方法预测 80MN 水压机成形工步金属流动半径，合理设计成形模具，特别是压痕器形状尺寸，反复修改，优化模具尺寸。CKD6A 机车轮成形各工步变形分布如图 5 所示。压弯各工步变形图如图 6 所示。

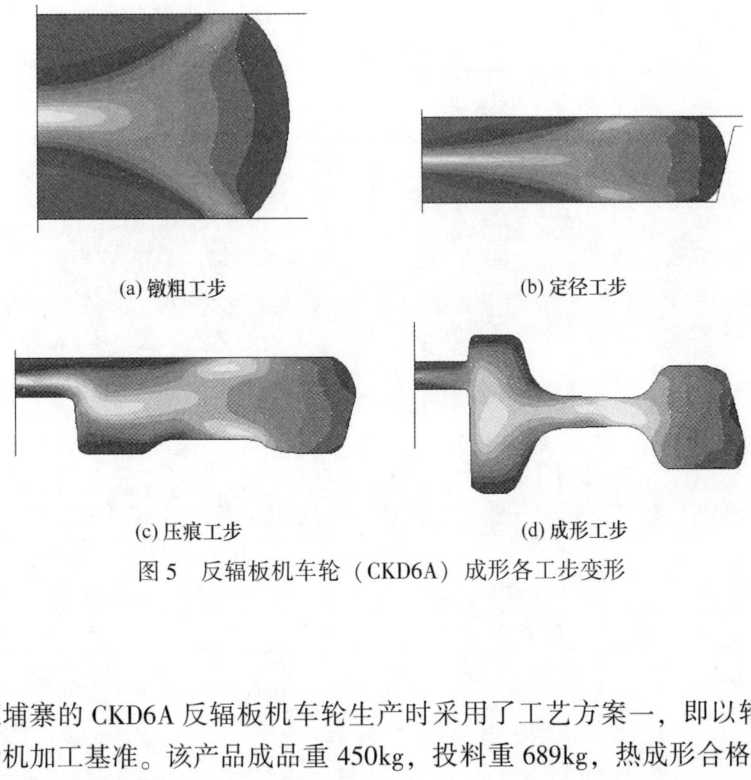

(a) 镦粗工步　(b) 定径工步

(c) 压痕工步　(d) 成形工步

图 5　反辐板机车轮（CKD6A）成形各工步变形

5　结果讨论

马钢公司出口柬埔寨的 CKD6A 反辐板机车轮生产时采用了工艺方案一，即以轮毂内侧面外径定位，以车轮内侧面内径为机加工基准。该产品成品重 450kg，投料重 689kg，热成形合格率 94%，其金属综合成材率为 61.4%，较以工艺方案二生产的同类产品提高了 8 个百分点。CKD6A 反辐板机车轮以较高成材

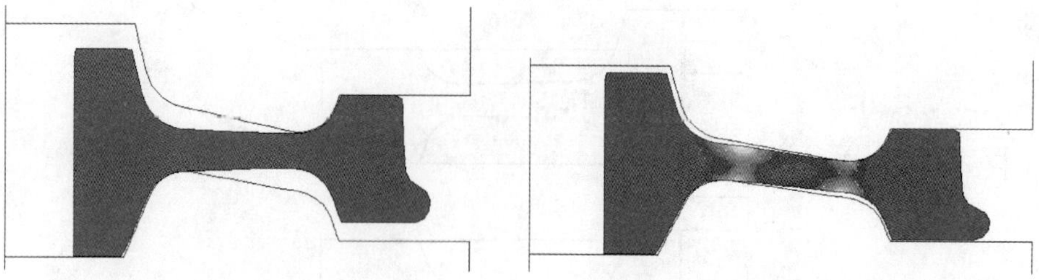

(a) 压弯定位　　(b) 压弯结束

图 6　反辐板机车轮（CKD6A）压弯变形图

率制造成功，证明了其成形工艺设计的合理性，为我公司生产反辐板机车轮提供了示范。但是，由于该工艺方案以轮毂内侧面外径定位，而机加工以车轮内侧面内径为基准，工艺设计时应十分注意以下几个问题。

（1）轮毂外径和轮辋内径余量的适当加大。

（2）机加工时对车轮轮毂偏斜的及时纠正。

（3）热成形压弯工步操作方法的改进。

参 考 文 献

[1] 比比克 Г A，等. 苏星，译. 火车车轮的制造［M］. 北京：冶金工业出版社，1990.

[2] 郭玉玺. 辗钢车轮的低应力设计［J］. 机车车辆工艺，1999（5）.

[3] 郑伟生，刘会英. 我国大圆弧辐板系列高速辗钢车轮的研制与开发［J］. 铁道车辆，2000，38（3）.

车轮钢钢包精炼过程中氮含量变化规律❶

孔晓眉 江 波

(马鞍山钢铁股份有限公司)

摘 要 由于气体氮对车轮韧性有明显的影响，因而掌握钢中氮含量变化规律对于改善车轮性能具有实际意义。对车轮钢精炼过程氮含量变化及影响规律进行了较全面的分析。

关键词 精炼；脱氮率；车轮钢

Law of Nitrogen Variation in Wheel Steel in Ladle Refining Process

Kong Xiaomei Jiang Bo

(Ma'anshan Iron and Steel Co., Ltd.)

Abstract It is obviously of great practical significance to make clear the law of nitrogen variation in steel for improvement in the properties of the wheel steel since the toughness of the wheel steel greatly depends upon the nitrogen content in the steel. The present paper analyzes comprehensively the law of the nitrogen variation in the process of refining the steel and its influence on the property of the steel.

Key words refining; denitrification rate; wheel steel

1 引言

车轮决定车辆行走的安全性和可靠性。铁路车轮在使用过程中承受很大的热—机械载荷，从确保行车安全的角度考虑，提高车轮的韧性是非常重要的。作为一种中、高碳铁素体—珠光体钢材料，有关系式[1]：

$$t = f_a[-46 - 11.5d^{-1/2}] + (1 - \varphi_a)\cdot[-335 + 5.6S^{-1/2}] - 13.3p^{-1/2} + (3.46\times10^6)\delta + 49(\%Si) + 762(\%N)^{-1/2} \quad (1)$$

式中，t 为韧脆转变温度,℃；d 为铁素体晶粒尺寸，mm；φ_a 为铁素体体积分数,%；S 为珠光体片间距，mm；p 为珠光体团尺寸，mm；δ 为渗碳体片厚度，mm。

由式（1）可知，N 对车轮韧性有明显的影响，因而，掌握钢中 N 含量变化规律对于改善车轮性能具有实际意义。

生产过程中，车轮钢中 N 含量的波动非常明显，为此，本文对钢包精炼过程中车轮钢 N 含量变化规律进行了研究。

马钢车轮钢生产工艺路线为：顶底复吹转炉冶炼→钢包吹氩处理→LF 精炼→VD 处理→喂线→钢水→连铸（圆坯）。

2 试验方法

2.1 车轮钢成分要求

试验用钢为 CL60 车轮钢，其化学成分要求见表 1。

❶ 原文发表于《炼钢》2006 年第 5 期。

表 1　CL60 车轮钢中各化学元素的质量分数　(%)

钢种	C	Si	Mn	P	S	Cr	H
CL60（K）	0.60~0.65	0.25~0.35	0.70~0.77	≤0.020	≤0.030	0.18~0.22	≤2.0
CL60（H）	0.60~0.65	0.25~0.35	0.70~0.77	≤0.015	≤0.030	0.17~0.21	≤3.5

2.2　取样方法

使用贺力氏产专用钢包取样器从钢液中直接取样，取样器内部为真空状态，样品直径为 ϕ6mm。取样器插入钢液后保持 3~5s 即可获得致密、光洁度良好的合格试样。

2.3　取样点

试验过程的取样点分别在：LF 结束、真空后、喂线后。所取样品直接用热萃取法进行 N 含量分析。

3　试验结果

3.1　吹氩结束时氮含量

转炉初炼钢水在吹氩站，钢中 w(N) 基本稳定在 20~30ppm。

3.2　LF 结束时的氮含量

LF 结束时的 w(N) 波动在 38~110ppm 之间，w(N) 在 50~80ppm 之间的炉次占试验炉次的 72%，平均为 66ppm，见图 1。与氩站 N 含量相比，LF 过程增 N 不稳定。

3.3　真空处理过程中的 N 含量变化

尽管 LF 结束时钢中 N 含量波动较大，但真空处理过程中 N 含量变化却具有明显的规律，表现为：

（1）真空脱 N 量随 LF 终点 N 含量的增大而增大。真空处理过程脱 N 量与 LF 结束时的钢中 N 含量之间呈较明显的线性关系，真空前原始 N 含量越高，真空脱 N 量越大，见图 2。由图 2 可以看出，要将钢中 N 含量控制在较低水平，LF 过程的控制是非常关键的。

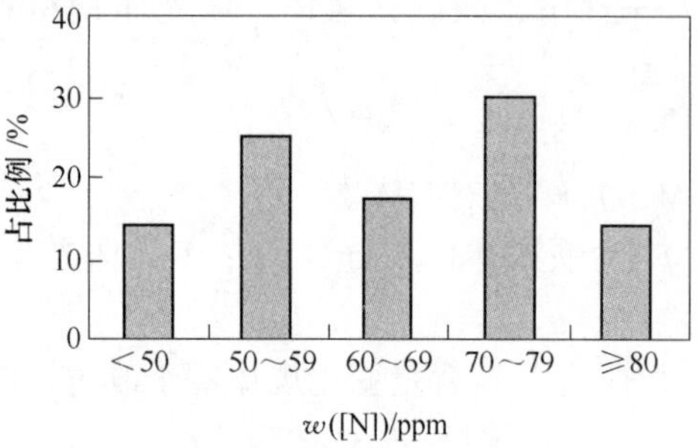

图 1　LF 结束时钢水 N 质量分数

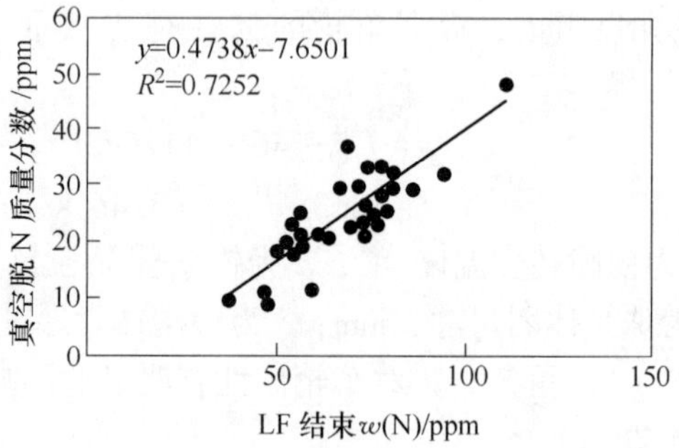

图 2　真空脱 N 量与原始 N 含量之间的关系

（2）真空前、后的 N 含量之间存在明显的线性关系，见图 3。对于钢水中的 N 而言，当进真空工位前的 N 含量较高，出真空时钢水中的 N 将很难达到很低的水平。因此，要想获得低 N 的钢水，应尽可能减少 LF 工序的增 N，在无氩封保护浇注的条件下尤其重要，测试数据表明，若真空前 w(N)>70ppm，则结晶器中钢水 w（N）<70ppm 的可能性不大。

（3）真空脱氮率是有限的，根据 40 炉次测试结果表明，真空脱氮率最大为 52%，最小为 17%，平均 35%左右，主要集中在 30%~49%之间，其中脱氮率在 30%~39%之间的占 59.37%，脱氮率在 40%~49%之间的占 21.87%，见图 4。因此，严格控制 LF 过程增 N 至关重要。

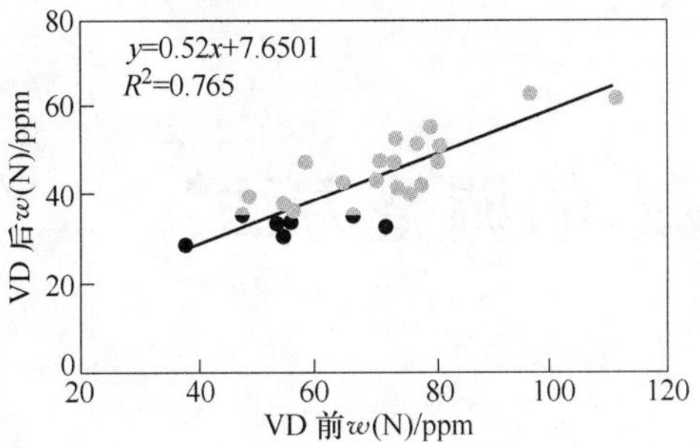

图 3 真空前后 N 含量关系

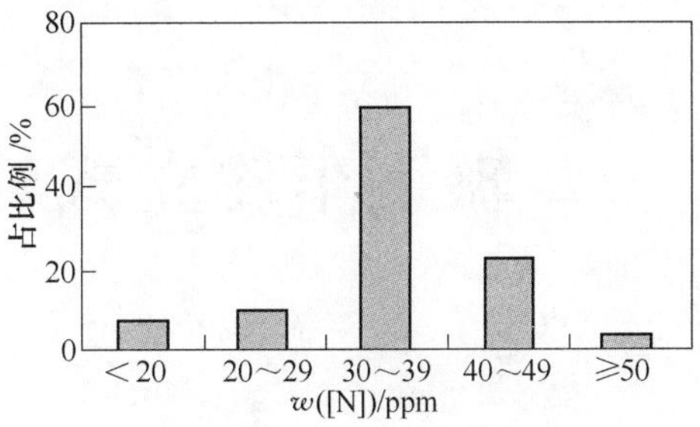

图 4 真空脱氮率分布

3.4 喂线过程中 N 含量变化

试验炉次中喂线过程钢水增氮最大值为 14.7×10^{-6}。试验结果表明，精炼过程钢中氮质量分数有一定的变化规律。根据 40 炉测试结果统计得出 VD 前、VD 后、喂线后氮质量分数的测试平均值分别为：66.9ppm、44.7ppm 和 47.4ppm。真空脱氮（质量分数）平均为 24.5ppm，平均脱氮率为 35.4%。

4 N 含量影响因素的分析

4.1 LF 处理

LF 过程钢水会吸入大量的氮气。对 2004 年全年车轮钢生产炉次的 LF 处理时间统计看，LF 处理时间波动范围在 41～180min，对本次试验的炉次的 LF 处理时间进行统计，其时间波动也在 41～181min 之间。LF 精炼时间不稳定，受制于连续浇注，有些炉次由于等候时间过长，其加热次数也相应较多，这就难免会造成钢中气体量的增加。这当中影响因素是多方面的，有取样、测温、等待试样结果、换电极及受浇注连续性生产组织等诸多因素的制约。在 LF 工位，钢液增氮较为明显。

4.2 VD 过程

本次试验中相对于 LF 工序，在 VD 工序的处理时间是基本稳定的，当真空度达到一定要求后，真空保持时间平均为 14min。在 VD 工位，真空度往往不能达到预期要求，这样就会造成真空脱气不够充分，渣层厚以及包口挂渣都有可能影响真空脱气的效果。

真空过程温降具有较强的规律性，真空温降随真空前温度的升高而增大。真空脱 N 率则与真空温降有较明显的相关性，随着真空过程温降的增加，真空脱氮率呈降低趋势，见图 5。真空前较高的钢水温度势必使真空过程温降增加，因此对脱 N 效果是不利的。

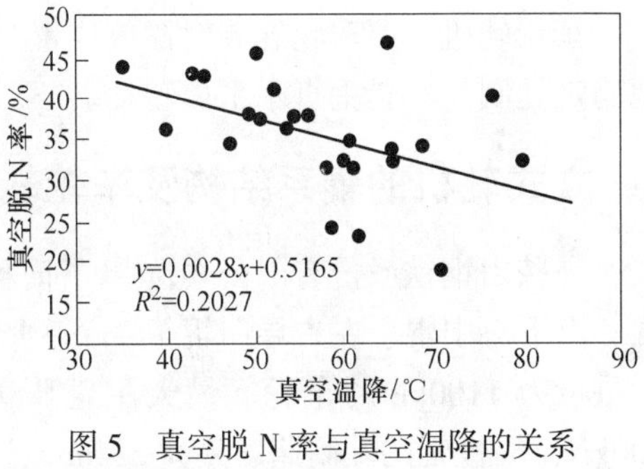

图 5 真空脱 N 率与真空温降的关系

5 结论与建议

（1）严格工艺操作，缩短 LF 工位耽搁时间和减少加热次数。

（2）虽然真空前原始 N 含量越高，真空脱 N 量越大，但是脱氮率是有限的。因此，要获得较低含氮钢水，控制 LF 过程的增氮至关重要。

（3）真空前温度越高，真空过程中单位时间脱氮量越低。同时由于真空前较高的温度使真空过程的温降较大，而较大的温降对脱氮不利，因此在保证钢水连续浇注所必需的温度情况下，控制真空前钢水温度显得尤为重要。

（4）严格控制真空后钢水净化搅拌的时间、氩气压力及流量。

辗钢车轮立式轧机辊系的调整方法[1]

吴江淮　许章泽

（马鞍山钢铁股份有限公司）

摘　要　通过分析车轮立式轧机辊系结构特点及车轮轧制变形方式，阐述了一种“辊系调整尺”的设计原理和使用方法，生产实践表明该方法是可行的。

关键词　辗钢车轮；成形；轧制；调整方法

1　车轮制造工艺介绍

火车车轮制造工艺包括炼钢、连铸、下料、加热、热成形、热处理、机加工、成品检测等工步，其中热成形包括预成形、成形、轧制、压弯4个工步，“三机组”辗钢整体车轮生产工艺流程见图1。

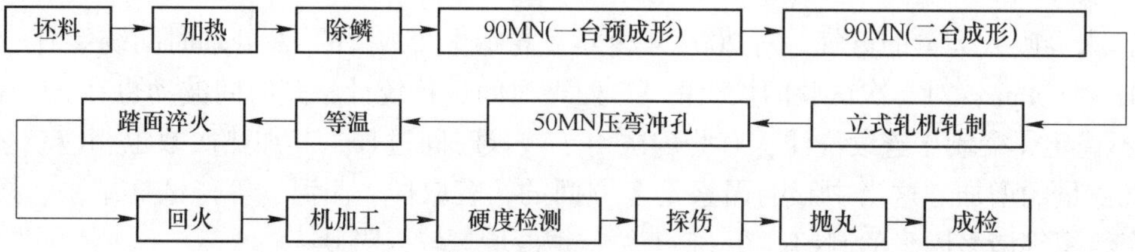

图1　火车车轮制造工艺流程图

预成形工步对车轮轮毂轮辋金属进行预先分配，获得形状接近的预成形坯，分流面以内金属流向轮毂，分流面以外金属流向轮辋，轮毂外侧面在该工步成形。成形工步得到工艺要求的轮毂及压制辐板，形成足够长的轮缘，以便轧制成形。车轮立式轧机完成轮缘、轮辋及轧制辐板的变形，得到符合工艺要求的直辐板轧制坯。经压弯冲孔，获得工艺设计形位尺寸要求的热态毛坯。

车轮轧机按照车轮轧制时摆放位置分为立式轧机和卧式轧机。立式轧机工作时，各轧辊夹持车轮实现稳定轧制，车轮垂直水平面转动。

2　立式轧机的辊系结构及车轮轧制变形方式

马鞍山钢铁股份有限公司（以下简称马钢）的1250立式车轮轧机由主轧辊、左右斜辊、左右辐板辊、上下对中辊、左右导向辊等9个变形工具组成。可轧制名义直径700～1450mm、辋高80～200mm、最大重量为1100kg的车轮。最大主辊压力1800kN，每个辐板辊最大压力1800kN，每个斜辊最大压力800kN，辐板辊的轧制速度最大2.4m/s，名义轧制速度0.4～1.6m/s。车轮轧制时，辐板辊由2台550kW/400V交流电动机驱动。轧机主要构件采用牢固的低应力焊接钢结构，所有齿轮轴、附件以及轧辊都安装在耐磨轴承座上。

辊系中仅2个辐板辊为主动辊，轧制车轮内径及辐板，斜辊轧制轮辋内外侧面。主辊轧制车轮踏面轮缘，主辊、左右辐板辊形成1个孔型（见图2）。轧制过程中，主辊不断向前推进，使轮辋厚度减薄，金属向辐板流动，使辐板增长，从而达到扩径的目的。左右导向辊控制轮坯在轧制过程中的摆动，上下对中辊可以调整轮坯的轴心与辐板辊轴心线的高度差，以控制金属在轮辋和辐板之间的流动分配。轧机配有固定式激光测量系统，用来测量轧制轮坯的外径，以确认轧制是否完成。

---

[1] 原文发表于《铁道机车车辆工人》2006年第8期。

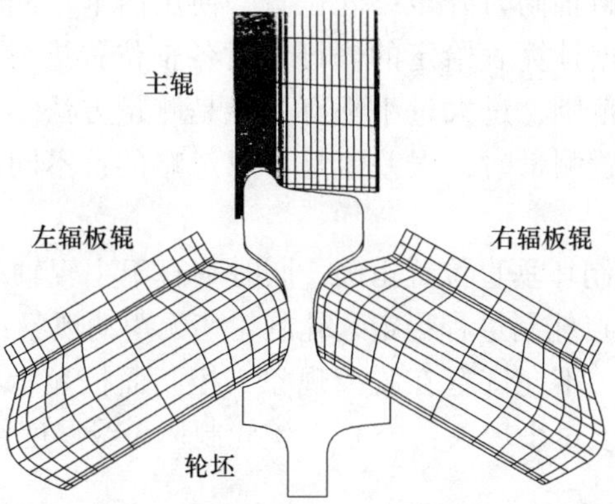

图2　辐板辊与主辊组成的孔型

立式车轮轧机生产时优点突出。轧制热坯时尺寸由激光测量控制，实现了毫米级控制精度。车轮轧机斜辊和辐板辊分别用于轮辋和辐板的变形，实现了不等厚辐板轧制。轧机各轧辊功能单一，结构独立，解决了轧辊通用的问题，节约了成本。轧制力大，对超大型车轮轧制时间与轧制质量大大优于卧式轧机。

3　“辊系调整尺”设计原理及使用方法

3.1　设计原理

立式轧机的缺点是9个轧辊在三维空间的相对位置难以确定。轧机各轧辊位置（辊系）决定了热轧毛轮金属余量分布。车轮制造成本要求机加工余量尽量小，故准确调整立式轧机辊系是车轮制造工艺的重中之重。

“辊系调整尺”设计原理是：以主辊轮缘孔型为基准，确定左侧斜辊、左辐板辊及左侧导向辊位置，由车轮轧制坯工艺参数计算调整数值，移动右侧斜辊、右辐板辊及右侧导向辊。试轧车轮用激光测量尺寸，根据测量差异调整工艺参数。立式车轮轧机辊系调整见图3。

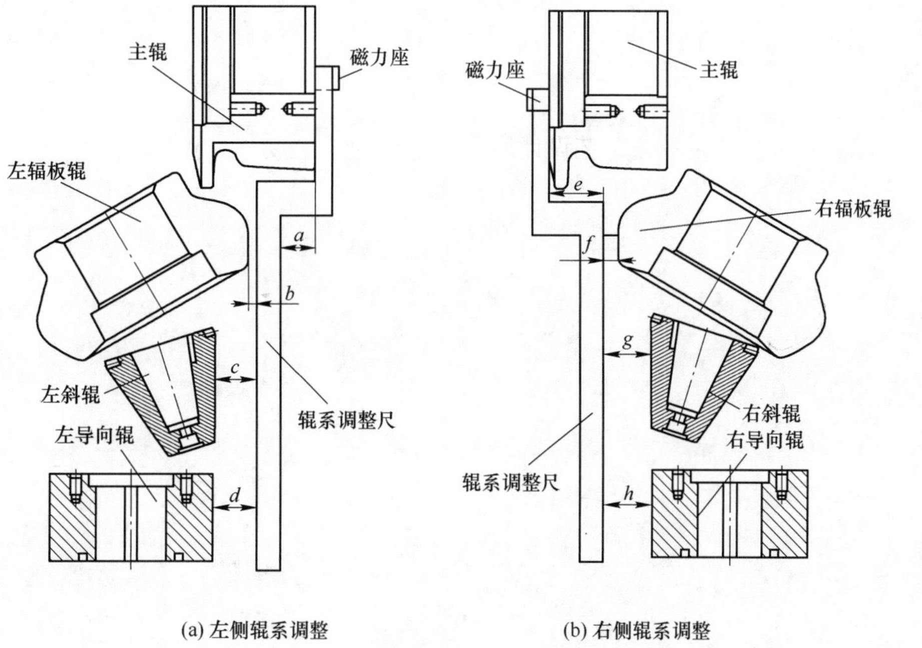

图3　立式车轮轧机辊系调整图示

3.2　“辊系调整尺”使用方法

车轮轧机在更换产品规格或者使用新轧辊时，要用“辊系调整尺”校准轧机辊系。调整步骤为：将一侧斜辊在手动状态下开到终轧位置，将调整尺磁座紧贴对侧主辊垂直面，旋转调整尺至各辊测量位置，记录每侧测量数值。然后将两侧斜辊同时开至终轧位置，使用内卡尺测量每对斜辊辊距值并记录。将测量记录输入轧机调整计算表，依据计算表给定的修订值对各辊位置进行修正。值得注意的是：当计算表中计算出的制作误差值偏离正常范围，过大过小都有可能是测量方法不当导致的人为误差，这时需要重新测量。对同一把尺，于相同位置测量时，误差值是可以忽略的；不同测量位置可以给定相应的参考误差值。

辊系调整目标如下：(1) 轧制坯垂直位置正确，同时垂直于主辊轴线和水平面；(2) 轧机激光测量点与轧制坯外径测量点重合；(3) 轧制过程稳定，轧制轮坯无摆动现象；(4) 轧制过程中辊系受力均衡，左右斜辊及导向辊始终接触轮坯，不允许存在脱离现象，控制面板显示各辊压力值基本均衡且在正常范围内，不允许存在一侧受力过大或过小现象；(5) 车轮轧制坯轮缘厚度符合工艺要求，无削料现象。

4　结束语

立式车轮轧机有控制精度高，能获得不等厚辐板，共用模具，成形力大等优点，其操作难点在于辊系位置的准确调整。根据立式轧机辊系结构特点及车轮轧制变形方式研制的“辊系调整尺”，探索出一种简易可行的操作方法，现场使用方便有效。

轮箍装配试验时的声发射监测❶

陶元宏[1] 关卫和[1] 李 剑[1] 肖 峰[2] 崔银会[2] 王世付[2]

(1. 合肥通用机械研究院; 2. 马鞍山钢铁股份有限公司)

摘 要 通过14只轮箍装配试验时室温下的连续声发射监测，试验轮箍有无裂纹产生以及其可能出现的部位，以便改进轮箍制造工艺和验收方法。

关键词 声发射监测；轮箍；裂纹

Acoustic Emission Inspection for Wheel Band Fitting Test

Tao Yuanhong[1] Guan Weihe[1] Li Jian[1] Xiao Feng[2] Cui Yinhui[2] Wang Shifu[2]

(1. Hefei General Machinery Research Institute; 2. Ma'anshan Iron and Steel Co., Ltd.)

Abstract Fourteen sets of wheel bands are inspected by continuous acoustic emission under atmospheric temperature, to find out the crack and its possible position, the results can be used for reference to improve the process of wheel band manufacture as well as the method of checking and acceptance.

Key words acoustic emission inspection; wheel band; crack

1 引言

铁路系统动力机车使用的车轮轮箍一旦发生破裂事故，往往造成灾难性后果，所以，对轮箍质量的要求相当严格。轮箍与轮芯为热套结合，为了对制造工艺和与轮芯装配的轮箍状况进行检查，对装配有轮芯的轮箍（带有一定尺寸缺陷）在胀箍试验冷却至室温时进行声发射监测120h，主要监测放置过程中应力释放时轮箍缺陷是否萌生裂纹、裂纹的扩展及其萌生的信号特征，以便改进轮箍制造工艺，确保铁路车辆运行安全。

2 轮箍概况

轮箍钢牌号为LG61，外径为ϕ1060mm，轮箍与轮芯的过盈量3~5mm，其化学成分为碳0.57%~0.65%；硅0.20%~0.42%；锰0.60%~0.90%；磷≤0.035%；硫≤0.040%；铬≤0.20%；铜≤0.30%；钼≤0.08%；镍≤0.25%；钒≤0.10%。

其机械性能为抗拉强度$\sigma_b \geq 950 \sim 1130 N/mm^2$；延伸率$\delta \geq 10\%$；收缩率$\psi \geq 14\%$；硬度HB269~341；冲击值20℃时≥25J/cm²；-60℃时≥6J/cm²。

3 轮箍用材料的声发射特性试验

3.1 带缺口拉伸试样声发射监测试验

选取与试验用轮箍同批号的LG61钢试件，加工四根拉伸试样，尺寸为100mm×25mm×10mm，试样中心用线切割机预制9mm缺口。在WE-30液压式万能材料试验机上进行拉伸试验，两个声发射传感器分布

❶ 原文发表于《无损检测》2006年第9期。

在试样缺口两侧，记录拉伸过程中的声发射信号。1 号试样拉伸至断裂（载荷 122kN），2 号和 3 号试样分别在 60kN 和 80kN 停止加载，发蓝后打开断口检查，未发现缺口尖端有明显开裂现象，4 号试样在 94kN 断裂，其信号特征与 1 号试样类似。从拉伸试验过程可以观察到，在载荷达到 40~60kN 时，缺口端部可以看到明显的变形。整个拉伸过程的监测结果为，LG61 钢拉伸试验时缺口端部塑性变形的声发射信号幅度在60~70dB，断裂时的声发射信号幅度在 99dB。

3.2　三点弯曲试样声发射监测试验

选取 LG61 钢三点弯曲试样（与试验用轮箍同批号），尺寸为 100mm×24mm×12mm，预制疲劳裂纹长度约 2~3mm。在 MTS 材料试验机上进行三点弯曲加载试验，两个声发射传感器分布在试样裂纹两侧，记录加载过程中的声发射信号。共进行四根试样的声发射监测。1 号试样为压断试验，试验过程中出现的声发射信号幅度在 60dB 左右，断裂时在 1s 中产生五个声发射事件，声发射信号幅度分别为 76dB、66dB、77dB、92dB 和 97dB；2 号试样为疲劳断裂试样，整个疲劳试验过程中声发射信号极为丰富，信号幅度在 60~70dB，疲劳断裂的声发射信号幅度达到 99dB。3 和 4 号试样在出现一定数量的声发射信号并加载到一定载荷时停载，发蓝后打开断口检查。3 号试样声发射信号幅度在 60~63dB，停止加载时的载荷为 20kN，断口检查发现 3 号试样未见明显开裂，但意外发现试样中有一约 ϕ 5mm 的原始缺陷出现扩展。4 号试样加载到 22.30kN 时声发射信号幅度为 63dB，而加载至 22.39kN 时声发射信号幅度达 99dB，试样已断裂。监测结果为，LG61 钢三点弯曲试验时，裂纹端部塑性变形的声发射信号幅度在 60dB 左右，疲劳裂纹扩展的声发射信号幅度在 60~70dB 范围，断裂时的声发射信号幅度在 92~99dB，原始缺陷开裂和扩展的声发射信号幅度达到 99dB。

4　轮箍试验时声发射监测

4.1　声发射监测条件

选用 DISP-32 通道声发射检测系统、R15 高灵敏度传感器和 1330 前置放大器，传感器沿轮箍圆周方向布置，每个轮箍布置三个传感器（图 1），相隔 120°，检测软件为 AEWIN1.54 声发射定位系统。一次监测八只轮箍，连续监测 120h，其中有两只轮箍监测 48h，无声发射信号，后 72h 改为监测另两只轮箍。各阵列标定采用铅笔芯折断模拟信号进行，标定结果正常后开始监测。

图 1　传感器布置示意图

4.2　声发射监测结果与分析

1~10 号轮箍监测结果表明，每个轮箍在试验过程中均有声发射事件出现，其中出现较集中声发射事件的是 2 号，6 号，8 和 10 号轮箍，但出现的时间不同，如 10 号是在监测开始阶段（最初 48h），2 号和 6 号在整个监测过程中均有，而 8 号是在监测 48h 以后开始出现，这与轮箍有无缺陷、人工缺陷大小、不同的过盈量或不同的制造工艺有关。其声发射信号幅度在 50~70dB 范围。这些信号产生的原因有多种，可能是裂纹的萌生、开裂和扩展，夹杂物的断裂，局部塑性变形以及氧化皮脱落等。试验过程中出现的声发射信号特征，反映了缺陷在应力作用下的活动，如塑性变形或微裂纹的萌生。

11~14 号轮箍监测结果表明，11 号和 14 号轮箍声发射事件较少，12 号和 13 号轮箍声发射事件较多，其中12号轮箍共出现17个声发射事件且幅度较高（声发射能量较大），在监测114h左右时发生断裂，断裂位置位于集中声发射事件出现部位，此处用超声波直探头和斜探头均能检测到缺陷。断裂时声音巨大，固定在轮箍边缘的三个声发射探头和磁固定装置全被弹开，磁固定装置飞出2m。断裂位置监测到的声发射信号数据见表1。13号轮箍共出现39个声发射事件，与12号轮箍相比，信号幅度相对较低，但位置集中，事件幅度多在60~70dB，个别达到80dB，此部位超声波斜、直探头均未发现明显缺陷。建议放置观察一段时间，并注意安全，后经证实，该轮箍又放置一星期后断裂。11号轮箍带有12号类似的缺陷，有些缺陷甚至具有更大当量，但11号轮芯是弯曲的辐板，具备一定程度的吸收变形的能力，因此，轮芯形状不一致可能是造成11和12号轮箍声发射现象不同的原因之一。

表1　12号轮箍断裂位置声发射信号数据

序号	出现时间/h	幅度/dB	序号	出现时间/h	幅度/dB
1	3	99	4	42	80
2	3	80	5	79	93
3	9	83	6	114	99（断裂）

5　结论

综合LG61钢拉伸试验、LG61钢三点弯曲试验和轮箍装配试验的声发射监测结果，可以得出以下几点结论：

（1）LG61钢拉伸试验时缺口端部塑性变形的声发射信号幅度在60~70dB，断裂时达99dB。

（2）LG61钢三点弯曲试验时，裂纹端部塑性变形的声发射信号幅度在60dB左右，疲劳裂纹扩展的声发射信号幅度在60~70dB范围，断裂时的声发射信号幅度在92~99dB，原始缺陷开裂和扩展的声发射信号幅度达到99dB。

（3）轮箍装配试验过程中，可用声发射监测缺陷的活动，如缺陷的塑性变形、开裂、扩展直至断裂。

（4）轮箍装配时过盈量和轮芯形状不同，会带来不同的声发射监测结果。分析这些结果，可帮助改进轮箍制造工艺及验收方法。

火车车轮 S 形辐板成形研究❶

许章泽[1]　李　翔[1]　安　涛[1]　李胜祗[2]　闫　军[2]

(1. 马鞍山钢铁股份有限公司；2. 安徽工业大学)

摘　要　S 形辐板车轮存在诸多优点，本文借助商业有限元软件 MARC/Superform，数值模拟了车轮压弯成形过程。研究了车轮 S 形辐板成形过程金属流动规律，得到了 S 形辐板截面变形分布，为 S 形辐板车轮成形工艺设计提供依据。

关键词　火车车轮；S 形辐板；压弯成形；数值模拟

Research of S-shaped Railway Wheel Web Plate Forming Process

Xu Zhangze[1]　Li Xiang[1]　An Tao[1]　Li Shengzhi[2]　Yan Jun[2]

(1. Ma'anshan Iron and Steel Co. , Ltd. ; 2. Anhui University of Technology)

Abstract　S-shaped web plate wheel had many advantages. Applying MSC/Superform commercial software, dishing process of railway wheel with elastic-plastic thermo-mechanical coupled FEM was simulated, the way metal flows in dishing process was studied. The distribution of deformation in dishing process of railway wheel was gained. The conclusion is useful for the design of wheel forming technology.

Key words　railway wheel; S-shaped wheel web plate; dishing; numerical simulation

1　引言

随着铁路运输向高速重载方向发展，直辐板车轮已不能满足使用要求，S 形辐板车轮以其优良的结构强度、机械性能、抗热裂性能，在机车、客车、货车上得到了广泛应用。S 形辐板车轮因为有合理的辐板形状，故其刚度比直辐板车轮小。列车高速行驶时，车轴对轮辋的约束减少了，使其热应力明显降低[1]。尤其在使用合成闸瓦刹车时，S 形辐板车轮具有显著的抗热应力和抗热裂性能。弹性有限元分析结果表明：用 S 形辐板代替直形辐板，可使车轮热应力降低 50%[2]。

S 形辐板车轮具有先进性、通用性、合理性和经济性，20 世纪 90 年代，各国大力推广 S 形辐板车轮。我国 S 形辐板车轮研制也取得了很大成就，目前已成功批量生产 KKD、H36 等 S 形辐板车轮。本文借助商业有限元软件 MSC/Superform，数值模拟了车轮压弯成形过程。研究了车轮 S 形辐板变形特点，得出 S 形辐板产生较大变形的位置，为车轮成形工艺设计提供依据。

2　S 形辐板车轮成形工艺设计难点

2.1　S 形辐板的制造

车轮热成形过程包括镦粗定径、压痕、成形、轧制、冲孔、压弯等工步。成形工步获得车轮压制辐板（内辐板），轧制辐板（外辐板）在车轮轧机上辗压扩径获得。压弯成形工步将车轮直形辐板压制成 S 形辐板。S 形辐板成形过程如图 1 所示。

❶ 原文发表于《热加工工艺》2006 年第 13 期。

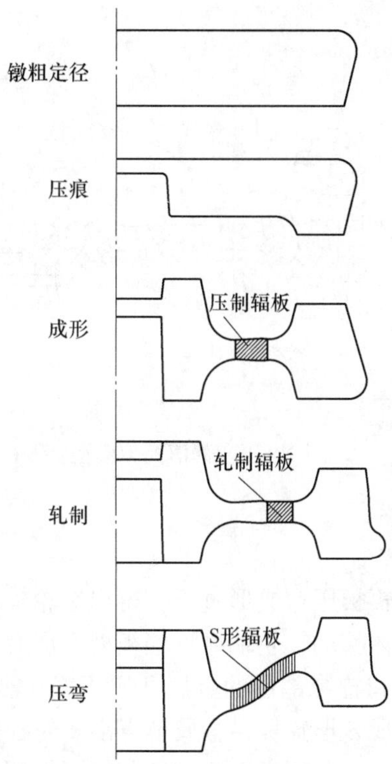

图1 车轮热成形各工步及S形辐板形成过程

2.2 S形辐板车轮设计难点

车轮压弯时，上压弯模与车轮在从辐板到轮毂过渡段上相接触，而下压弯模则在与辐板到轮辋的过渡处相接触。压弯时，轧制坯近乎直的辐板压弯拉伸成S形辐板，辐板中心线长度伸长，辐板拉伸剧烈，变形分布不均匀，沿径向辐板厚度拉缩量差别很大[3]。

为了节约金属，提高车轮成材率，车轮热成形设计时尺寸公差和机械加工余量应尽量小些。同时这个数值一定要合理，因为公差和余量过小时，会产生辐板黑皮，影响产品质量。此外，热处理工步对踏面淬火时，轮毂相对轮辋存在淬火下沉。下沉量的波动，也容易产生辐板黑皮，现场生产时常因辐板局部黑皮造成大量废品。

综上所述，S形辐板车轮设计难点是车轮辐板厚度余量的设置，首先必须选择正确的下沉量。其次，找出压弯成形工步变形大的部位，给拉缩量大的部位预先预留金属，即在80MN水压机成形工步预留金属于压制辐板上，在轧机轧制工步预留金属于轧制辐板上。

3 S形辐板车轮压弯成形过程数值模拟

3.1 数值模拟模型的建立

用有限元软件MSC/Superform对S形辐板车轮压弯成形工步热力耦合数值模拟。以某厂车轮产品为模拟对象，压弯工步模具参数取某厂实际参数。模具压下速度为50mm/s。利用车轮产品轴对称性，将轧制坯用四节点单元网格离散，共224个单元，274个节点。材料选择C60，相当于CL60钢，材料的物理性质（热传导系数、热容和热膨胀系数）是随温度变化的，变形抗力是热力学参数（变形程度、变形速度和变形温度）的函数，这些材料数据均由模拟软件的材料库中读取。

初始条件和边界条件：车轮压弯工步温度设为1050℃。模具与工件间接触摩擦遵循剪切摩擦定律，摩擦因子设为$\mu_1=0.5$。

传热边界条件主要考虑工件与模具间的接触传热及工件与环境间的对流传热，工件与模具间的接触传热系数取12kW/（m^2·℃），工件与环境间的对流传热系数取0.12kW/（m^2·℃）。模具视作恒温刚性体。关于变形热效应的影响，Wertheimer认为对于大多数金属，变形功的90%转化为热量[4]。S形辐板车轮压弯数值模拟模型如图 2 所示。

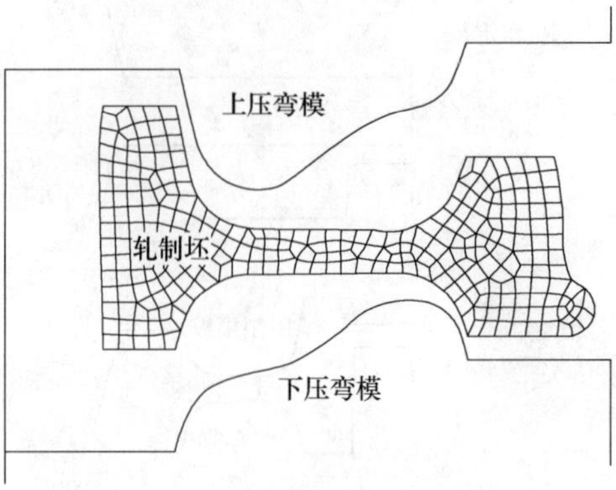

图 2　压弯数值模拟模型

3.2　金属流动及变形分布

用有限元软件数值模拟车轮 S 形辐板压弯成形过程，得出车轮辐板压弯时金属流动有如下特点：轮毂金属不发生变形流动，仅相对轮辋整体移动。轮辋靠近辐板处金属有较大拉缩，此处金属是 S 形辐板金属增量的来源之一。轮辋外侧靠近踏面和轮缘部位的金属几乎不发生变形流动，但压弯变形过程中轮辋整体存在较大的扭转。随着直辐板压弯成 S 形辐板，金属节点沿车轮径向位移逐渐增大，靠近轮辋处达到最大。辐板厚度存在拉缩，拉缩部位位于压制辐板内侧和轧制辐板外侧。

等效应变是变形强度的综合反映，等效应变沿 S 形辐板分布很不均匀，变形随着时间的推移逐渐增大，由辐板表面向内渗透，压弯结束时，变形最大值达 0.252，位于压制辐板内侧和轧制辐板外侧。两个最大变形区与最大拉缩部位保持一致，和压弯模圆弧对称线呈 45°分布。变形分布如图 3 所示。

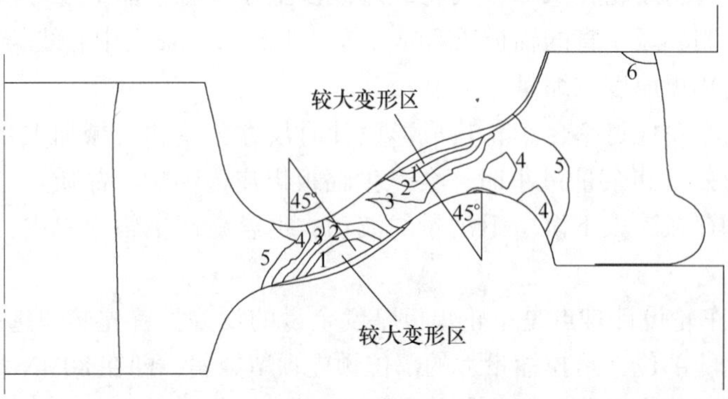

1—0.252；2—0.210；3—0.168；4—0.126；5—0.084；6—0.042

图 3　S 形辐板压弯变形分布

4　S 形辐板热成形设计

传统设计方法认为 S 形辐板金属的增加量完全来源于轧制坯直辐板，基于此，设计时将 S 形辐板金属体积沿车轮轴向等值移动，得到轧制坯直辐板，以下称这种辐板设计方法为“等值移动法”。本文用数值模拟方法得到 S 形辐板成形时拉伸变形的分布，找到较大拉缩区位置，预先给予金属补偿，从而设计出轧制坯直辐板，称为“数值模拟法”。图 4 为两种设计方法示意图。

数值模拟结果表明“等值移动法”认为 S 形辐板拉伸时金属沿轴向等值移动是不贴切的，其金属补偿量均匀分布于辐板中部两侧，这与辐板压弯拉缩变形不一致。按“数值模拟法”设计 S 形辐板车轮，相对于“等值移动法”获得了较高的综合技术指标。图 5 是某产品按两种设计方法设计的 S 形辐板大低倍式样，由图 5（a）看出，等值移动法得到的压弯辐板形状较差，预留的金属余量集中在过渡辐板中部，在被拉缩的区域金属并未得到补偿。图 5（b）显示按数值模拟思路设计的压弯辐板形状合理。

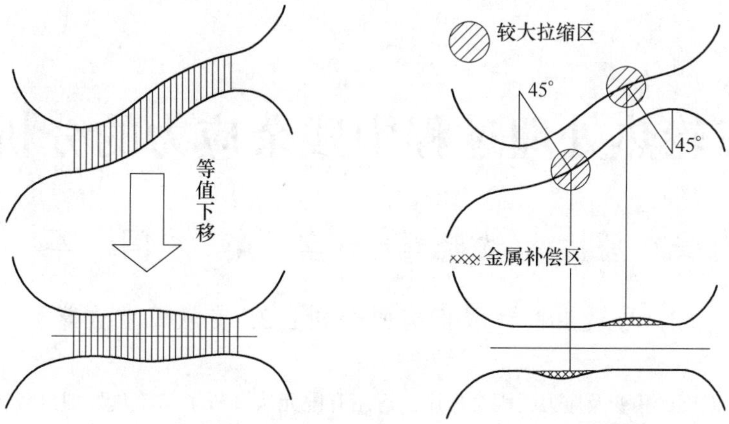

(a) 等值移动法　　(b) 数值模拟法

图 4　S 形辐板设计方法比较

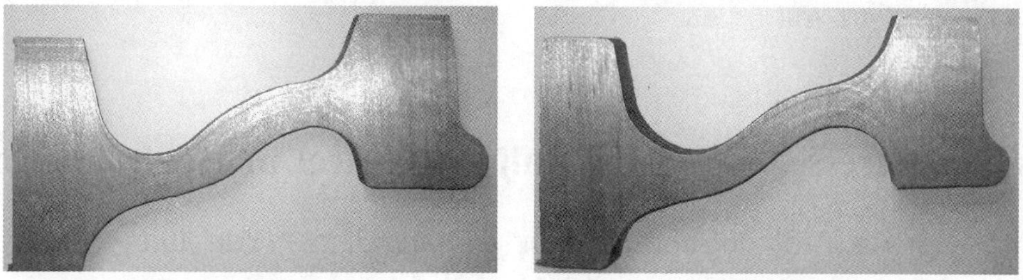

(a) 等值移动法　　(b) 数值模拟法

图 5　两种 S 形辐板设计方法试验比较

5　结论

S 形辐板车轮压弯时，辐板变形剧烈。直形的轧制坯辐板通过压弯模具拉延成 S 形辐板，轮毂和轮辋金属变形流动很小，拉伸变形最大值分布于压制辐板内侧和轧制辐板外侧。

数值模拟结果指导具有 S 形辐板车轮热成形工艺设计，准确地设置车轮轧制辐板和压制辐板的余量，可以提高车轮产品的合格率和成材率。

参考文献

[1] 郭玉玺．辗钢车轮的低应力设计与制造［J］太重技术导报，1997（1）：21-33.

[2] 郑伟生，刘会英．我国大圆弧辐板系列高速辗钢车轮的研制与开发［J］．铁道车辆，2000，38（3）：15-18.

[3] 比比克 Г A. 苏星，译．火车车轮的制造［M］．北京：冶金工业出版社，1990.

[4] Wertheimer T B. Thermal mechanically coupled analysis in metal forming process［A］. In：Pittman J F T，Wood R D，Alexander J M，et al. Numerical Methods in Industrial Forming Processes［C］. Swansea：Pineridge Press Ltd.，1982：425-434.

车轮热处理过程中残余应力的分析❶

安　涛[1,2]　沈晓辉[2]　章　静[2]　闫　军[2]

(1. 马鞍山钢铁股份有限公司；2. 安徽工业大学)

摘　要　综合考虑了温度、相变及应力的耦合作用，运用有限元法分析了车轮热处理过程中残余应力的产生及分布，并进行了测试。在淬火开始阶段车轮踏面附近分布周向拉应力，深部受压，在淬火60s时踏面拉应力达到最大，随后冷却过程中踏面附近拉应力逐渐减小并转化为压应力，通过测试和计算，KKD车轮踏面的最大残余压应力为120MPa左右，压应力区深度达到45mm。

关键词　车轮；残余应力；有限元；测试

Residual Stress Analysis of Railway Wheel in Heat Treatment

An Tao[1,2]　Shen Xiaohui[2]　Zhang Jing[2]　Yan Jun[2]

(1. Ma'anshan Iron and Steel Co., Ltd.; 2. Anhui University of Technology)

Abstract　Residual stress in railway wheel in heat treatment is analyzed with finite element method, in which the coupling of temperature, phase transformation and stress is considered fully, Residual stress testing is carried out, too. In the initial moment of quenching, tensile circumferential stress appeared in the tread of wheel, and the tensile stress reached maximal when at 60s after quenching began; the tensile stress gradually became compressive in the subsequently cooling process. Finally residual circumferential stress in the tread of KKD wheel reached to 120MPa, and the depth of the compressive stress came to 45mm.

Key words　railway wheel; residual stress; finite element; testing

1　引言

车轮作为火车的重要部件，其质量将直接关系到铁路运输安全和运输效率。车轮热处理是车轮生产的重要工序，对车轮组织及产品内部的应力产生及分布具有重要作用，直接影响车轮的使用性能。车轮热处理后在轮辋踏面下一定深度范围分布着周向残余压应力，压应力可以抵消全部或部分车轮运行过程产生的拉应力，对防止车轮运行过程中可能出现的车轮踏面裂纹、金属剥落有着重要作用。欧洲车轮标准对车轮产品内部的残余应力有着明确的规定，把残余应力作为衡量车轮质量的重要指标之一。因此，需要对车轮热处理过程车轮内部应力变化作深入研究。

热处理是一个温度、组织转变、应力三方面相互作用的复杂过程[1]。理论上获得对温度场、应力场和相变耦合分析的解析解是非常困难的。计算机模拟热处理过程具有速度快、效率高、能综合全面反映热处理过程中各种场量的变化规律。本文采用有限元法并结合温度测试和残余应力测试研究了车轮热处理过程中的残余应力分布情况。

2　车轮热处理工艺

为提高车轮的机械性能，在车轮成形后要进行热处理。压轧成形过程产生的残余应力经过等温退火

❶ 原文发表于《重型机械》2007年第2期。

和淬火加热奥氏体化后基本消除。车轮产生的残余应力主要在淬火过程中形成，淬火后还需进行回火处理。车轮热处理工艺如图 1，具体工艺参数见表 1（以 KKD 车轮为例）。

表 1　KKD 车轮热处理工艺参数

淬火温度/℃	840
淬火时间/s	280
回火温度/℃	500
回火时间/h	4

一般车轮淬火时对踏面进行喷水冷却，同时车轮高速旋转，如图 2 所示。由于热处理过程的外界载荷和约束条件均满足轴对称，可按轴对称进行研究。整个模拟过程主要分四个工况：淬火加热、淬火、回火和空冷。本文以非线性有限元软件 MSC. Marc 为平台，通过软件的二次开发，综合考虑相变、温度、应力及回火蠕变的作用，对车轮热处理过程进行分析。

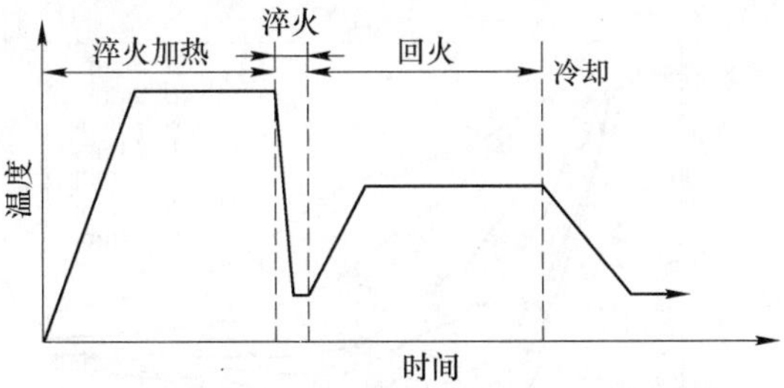

图 1　车轮热处理过程温度变化示意图

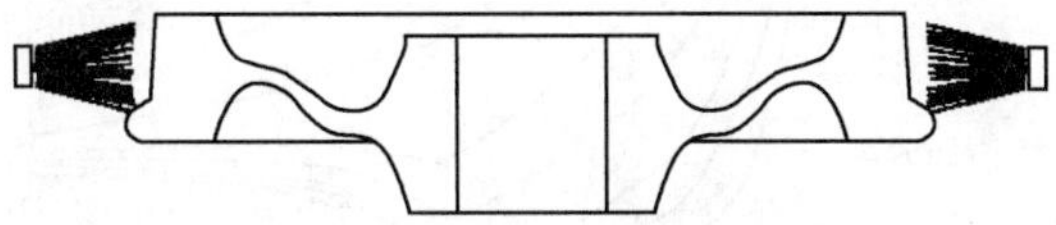

图 2　车轮淬火方式示意图

3　主要数学模型

3.1　相变的计算

热处理过程的相变对温度和应力有重要影响，必须对相变进行准确的计算。对于扩散型转变，相变转变量用 Avrami 方程[2]进行计算：

$$V = 1 - \exp(-bt^n)$$

式中，b 和 n 为与钢的成分和奥氏体化转变条件有关的参数。

对于非扩散型转变，转变时仅决定于温度，和时间无关，转变量用 Koistinen-Marburger[2]方程进行计算。即

$$V = 1 - \exp[-\alpha(M_s - T)]$$

式中，M_s 为马氏体开始转变温度；T 为转变温度；α 为常数。

3.2　潜热的处理

伴随组织转变会释放相变的潜热，潜热是计算温度场时的一个不可忽略的因素。相变时，由于各相的热焓值不同，不同类型的组织转变会释放出不同的相变潜热，潜热的释放与相变量成正比[3]，其计算公式如下：

$$Q = \Delta H \cdot \frac{\Delta V}{\Delta t}$$

式中，ΔH 为各组织的热焓，J/m^3；ΔV 为在 Δt 时间内的相变增加量。

3.3　应变计算

热处理过程中总应变增量可分为以下几个部分

$$d\varepsilon_{ij}^{T} = d\varepsilon_{ij}^{e} + d\varepsilon_{ij}^{p} + d\varepsilon_{ij}^{th} + d\varepsilon_{ij}^{tr} + d\varepsilon_{ij}^{tp}$$

式中，$d\varepsilon_{ij}^{e}$ 为弹性应变；$d\varepsilon_{ij}^{p}$ 为塑性应变；$d\varepsilon_{ij}^{th}$ 为热应变；$d\varepsilon_{ij}^{tr}$ 为组织应变；$d\varepsilon_{ij}^{tp}$ 为相变塑性应变。

组织应变为 $$d\varepsilon_{ij}^{tr} = \beta dV$$

式中，β 为相变膨胀系数；V 为新相组织百分比。

相变塑性应变为 $$d\varepsilon_{ij}^{tp} = k\sigma_e(1 - V)dV$$

式中，k 为相变塑性应变系数；σ_e 为等效应力，Pa。

4 计算结果及分析

4.1 温度场分析

温度场是计算相变和应力的基础。研究中对 KKD 车轮的淬火过程温度场进行了实测。图 3 为 KKD 车轮淬火过程车轮踏面下不同径向深度处的温度变化计算值和实测值。从图中可以看出计算值和实测值基本一致。离踏面比较近的点的温度变化曲线明显分为两段，冷却速度变化明显，在淬火结束后温度逐渐回升。而离踏面距离较远的点（F、G 点）在整个冷却的过程中，温度的变化相对平缓。喷水淬火过程中，随着离踏面距离位置越来越远，喷水淬火对温度的影响越来越小。

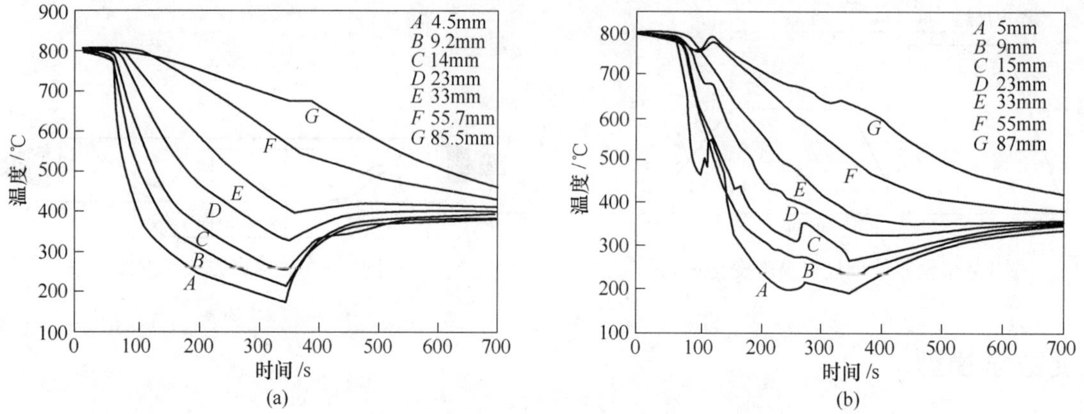

图 3 KKD 车轮淬火过程温度场的计算值和实测值

（a）有限元法计算值；（b）实测值

4.2 应力分析

车轮淬火过程中温度变化、组织变化极不均匀，导致热应力和组织应力非常显著。由于热应力和组织应力的共同作用使得车轮的内应力分布变得复杂。

图 4 为 KKD 车轮踏面下不同深度处在热处理过程中周向应力的变化情况。车轮在淬火开始阶段，踏面附近金属受激冷作用收缩大，较深部位金属收缩小，导致踏面附近金属受到较大的周向拉应力作用，在喷水 60s 左右拉应力达到最大。随着继续冷却，此拉应力逐渐减小，并转换为压应力，在喷水结束时，达到最大压应力。在喷水冷却后、回火前的自然冷却过程中，踏面附近金属的周向压应力缓慢减小，深处金属的周向拉应力值有较大增加，压应力区域逐渐向轮辋深处扩大，拉应力区域移至轮辋心部。在回火过程中，残余奥氏体继续分解，应力分布在回火蠕变的作用下发生松弛，松弛幅度较小。在回火后的空冷过程中，主要是热应力作用，残余应力会有所增加。

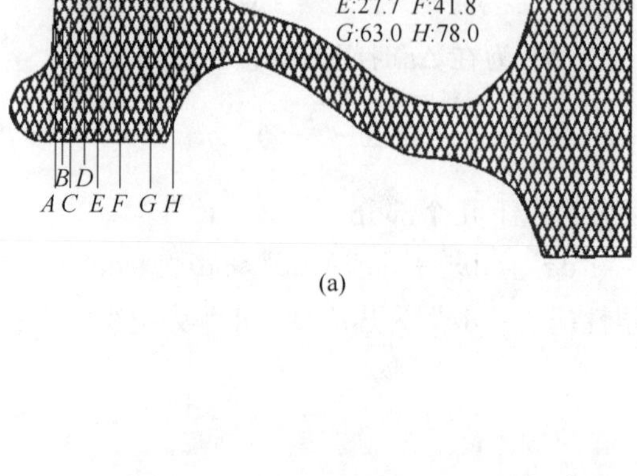

(a)

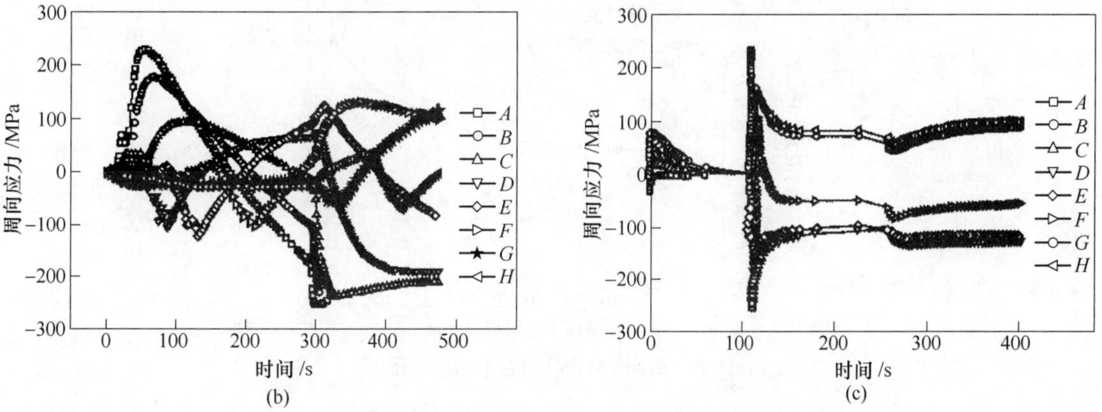

图 4 KKD 车轮热处理过程踏面下不同深处位置的周向应力变化

（a）踏面下各点位置；（b）淬火过程各点应力变化；（c）整个热处理过程各点的应力变化

5 残余应力测试

残余应力的测试方法有多种，本文根据欧洲车轮标准 EN13262 中推荐的方法进行测试。首先在车轮上粘贴好应变片，然后进行切割，切割完成后再贴片，共经过 3 次切割，如图 5 所示。利用应变仪记录每一次切割前后的应变，计算出每次切割释放的残余应力，最后将残余应力叠加得到原始车轮踏面上的周向残余应力大小和残余压应力的分布深度。

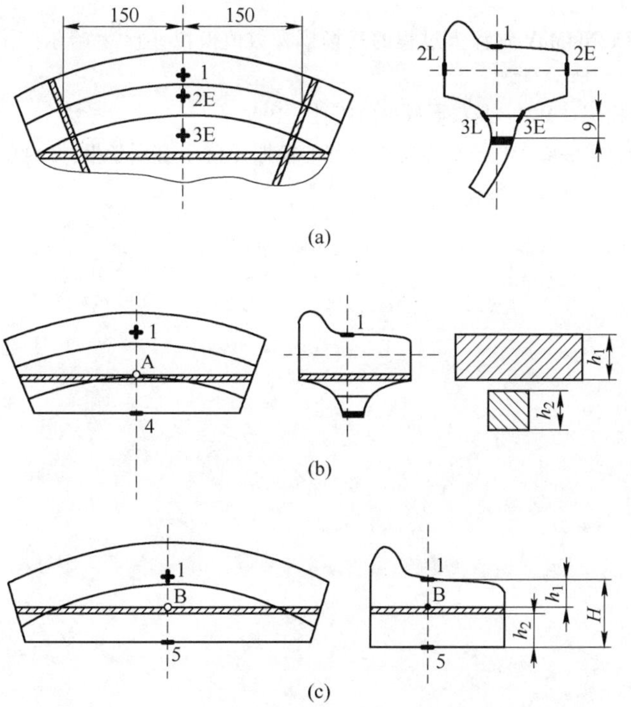

图 5 切割操作示意图

（a）第一步切割；（b）第二步切割；（c）第三步切割

图 6 为 KKD 车轮踏面下周向残余应力分布计算值和测试值对比。从图中可以看出，两者的变化规律基本一致。踏面表面为压应力，随着深度的增加，压应力逐渐减小直至变为拉应力，拉应力随着深度的增加而增加。由于采用破坏性的测试方法，测量的信息点较少。通过有限元计算可以发现踏面下的残余应力的大小和距踏面的距离并不是呈线性关系。计算值要稍大于实测值。对比欧洲车轮标准，KKD 残余应力的实测和计算值都达到标准规定的要求。

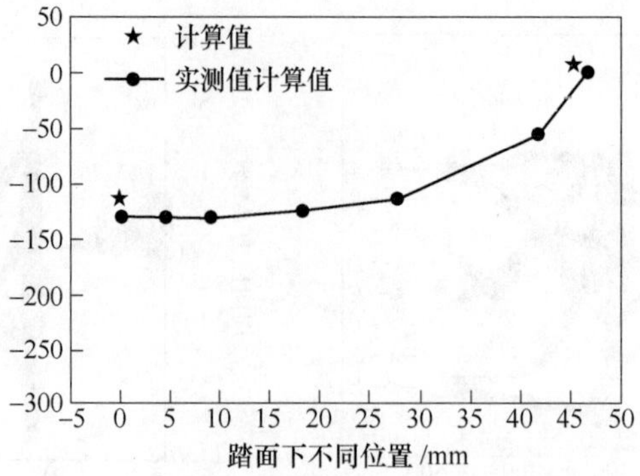

图 6　踏面下不同位置周向应力分布

6　结论

（1）分析了车轮热处理过程应力的变化规律，车轮的残余应力主要是热处理造成的。在淬火开始阶段车轮踏面附近分布周向拉应力，深部受压，在淬火 60s 时踏面拉应力达到最大，随后踏面附近拉应力逐渐减小并转化为压应力，而轮辋深处受拉。

（2）通过测试和计算，KKD 车轮踏面的最大残余压应力为−120MPa 左右，压应力区深度达到 45mm。达到欧洲车轮标准要求。

（3）采用模拟分析的方法可以定量描述车轮中残余应力大小以及分布状况，掌握热处理的工艺效果。并可以通过此方法优化热处理工艺参数，达到提高产品质量的目的。

参 考 文 献

[1] 蒋昱，曾攀，娄路亮．26Cr2Ni4MoV 钢淬火过程的三场耦合数值模拟［J］．哈尔滨工业大学学报，2002，34（3）：302-307.

[2] 刘庄．热处理过程的数值模拟［M］．北京：科学出版社，1996.

[3] 顾剑锋，潘健生，胡明娟，等．9Cr2Mo 冷轧辊加热过程的模拟［J］．金属学报，1999（12）：1266-1270.

长水口氩封保护对圆坯和车轮钢质量的影响❶

吴宗双[1] 包燕平[1] 刘建华[1] 陈 刚[2] 龚志翔[2] 钟 斌[2]

(1. 北京科技大学；2. 马鞍山钢铁股份有限公司)

摘 要 介绍了圆坯连铸机钢包长水口采用氩封保护对铸坯（ϕ450mm）和车轮钢质量的影响；通过氩封保护可有效降低钢中氢、氧、氮气体及非金属夹杂物的含量，提高钢的纯净度。铸坯中 T[O] 由 49.28ppm 降到 27.9ppm，夹杂总量由 29.7ppm 降到 14.8ppm，铸坯质量明显改善；车轮的力学性能显著提高。

关键词 保护浇注；夹杂物；车轮钢；力学性能

Effect of Extended Nozzle and Argon Sealing during Round Bloom Casting on Wheel Steel Quality

Wu Zongshuang[1] Bao Yanping[1] Liu Jianhua[1] Chen Gang[2]
Gong Zhixiang[2] Zhong Bin[2]

(1. University of Science and Technology Beijing; 2. Ma'anshan Iron and Steel Co., Ltd.)

Abstract Effect of extended nozzle and argon sealing on the qualities of ϕ450mm round bloom for wheel steel was investigated. Argon sealing protection can lower [H], [O], [N] and inclusion contents in the steel effectively and the cleanliness of molten steel can be also improved at same time. T[O] in round bloom can be reduced from 49.28ppm to 27.9ppm and total inclusion can be reduced from 29.7ppm to 14.8ppm. Mechanical properties of wheel steel can be improved remarkably.

Key words protective casting; inclusions; wheel steel; mechanical properties

1 引言

自进入 20 世纪 90 年代，我国的铁路运输得到了飞速发展。从 1996 年起，先后进行了六次大提速，客运列车时速从原来的 60km 提高到现在的 170km，货运列车的提速也已在筹划之中。因此，为了保证列车运行的安全性，对于车轮钢的内在质量提出了更为严格的要求。为了进一步提高车轮钢的纯净度、降低钢中气体的含量，提高车轮钢的内在质量，将保护浇注用于生产车轮钢的 ϕ450mm 圆坯连铸十分必要。

提高钢材的质量，首先要降低钢中夹杂物含量，提高钢水的纯净度，钢中氧含量的高低反映钢中氧化物夹杂物的多少，也影响着钢材的性能。为降低钢中的氧化物夹杂水平，应尽量降低钢中的全氧含量。除强化炉前冶炼操作、脱氧合金化及精炼工艺制度外，同时应防止在浇注过程中钢水的二次氧化。本文针对马钢第一炼钢厂的实际生产状况，分析讨论对圆坯连铸钢包长水口进行氩封保护浇注效果。

2 实验条件

马钢大圆坯连铸机是从意大利达涅利公司引进的全弧形圆坯连铸机，铸坯主要用于生产车轮轮箍等

❶ 原文发表于《连铸》2007 年第 2 期；《金属材料与冶金工程》2007 年第 1 期；《特殊钢》2007 年第 2 期。

产品，因此对铸坯表面、内在质量有较高的要求。生产过程中采用钢包加盖、中间包加覆盖剂、结晶器加保护渣。由钢包到中间包采用长水口，由中间包到结晶器采用浸入式水口，并用塞棒控制钢流等一系列措施。

2.1 工艺路线

铁水预处理—转炉冶炼—LF（VD）精炼—喂线（CaSi）—圆坯连铸。

2.2 铸机设备及主要工艺参数

弧形半径：$R=12$m
流数：3 流
流间距：1800mm
铸坯尺寸：ϕ450mm
中间包容量：15t（T 型）
中间包液面高度：1000mm（重量传感器液面控制技术）
结晶器液面控制：Cs^{137}
注流保护：浸入式长水口
结晶器：带足辊双锥度
矫直机：三点五机架矫直
拉坯速度：0.55m/min
比水量：0.35L/kg
M-EMS（外置式）；频率 2.5Hz、电流 300A

2.3 实验方案及取样要求

2.3.1 实验方案

对车轮钢（C：0.6%）采用两种试验方案：
（1）钢包长水口不用氩封保护浇注；
（2）钢包长水口采用氩封保护浇注。

2.3.2 取样分析

精炼喂线后，钢包内取氧、氮样和氢样；在钢包开浇 20min 时，在中间包和结晶器钢水取氧、氮样和氢样；在钢包开浇 40min 之后再取上述样，并对相应的炉次取铸坯样，进行气体含量分析、夹杂物分布和电解夹杂分析；在相应的成品车轮上取样，分别进行夹杂物评级和常规性能检验。

3 实验结果

3.1 钢中气体的变化

3.1.1 钢中氮含量的变化

钢中自由氮形成固溶体，造成固溶强化，加上时效作用，使钢的塑性和韧性降低，冷加工性能下降[1]。钢中氮也降低钢的高温韧性和塑性[2]，根据氩封前的数据可知过程氮含量的变化规律是：真空脱氮：VD 后，钢水中开始增氮，在喂线后—中间包过程增氮显著；与中间包比，结晶器中氮含量略有上升（见图 1、表 1）。

由表 1 可见，喂线后，钢包中氮含量平均约为 47.9ppm；无氩封保护时，中间包氮含量平均为 66.7ppm，结晶器氮含量平均为 72.1ppm，从喂线到中间包，增氮 18.8ppm，中间包到结晶器增氮 5.4ppm，钢包到结晶器共增氮 24.2ppm；采用氩封后，中间包氮含量平均为 52.3ppm，结晶器氮含量平均为 57.9ppm，喂线到中间包，增氮 4.5ppm，中间包到结晶器增氮 5.6ppm，钢包到结晶器共增氮 10.1ppm；采用氩封后，钢水中氮含量可降低约 14ppm，降幅达 20%。

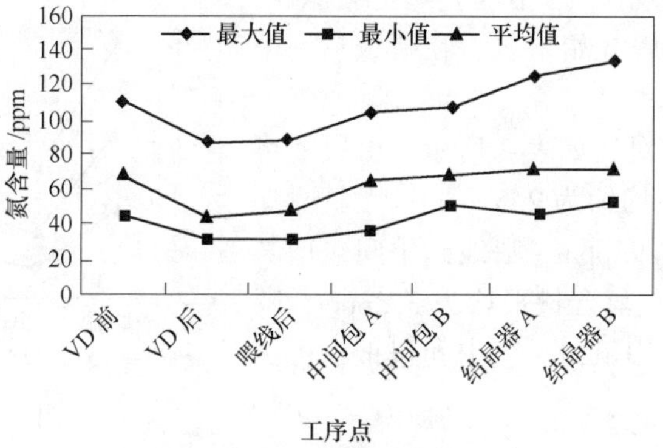

图 1 钢中氮含量的变化

表 1 有无氩封钢中的氮含量 (ppm)

条件	氩封	无氩封
喂线后	47.9	47.8
中间包	52.3	66.7
结晶器	57.9	72.1
$\Delta[N]_1$	4.5	18.8
$\Delta[N]_2$	5.6	5.4
$\Delta[N]_{总}$	10.1	24.2

注：$\Delta[N]_1=[N]_{中间包}-[N]_{喂线后}$，$\Delta[N]_2=[N]_{结晶器}-[N]_{中间包}$，$\Delta[N]_{总}=[N]_{结晶器}-[N]_{喂线后}$。

无氩封喂线后和中间包氮含量的关系，有氩封喂线后和中间包氮含量的关系分别如图 2、图 3 所示。由图 2 可见，直线斜率约为 1，截距可看作是喂线后—中间包增氮量，说明在无氩封保护时，中间包增氮稳定在 19ppm 左右。由图 3 可见，采用氩封保护后，中间包增氮稳定在 4.4ppm 左右，氩封后中间包少增氮约 14ppm，与表 1 统计的结果一致。

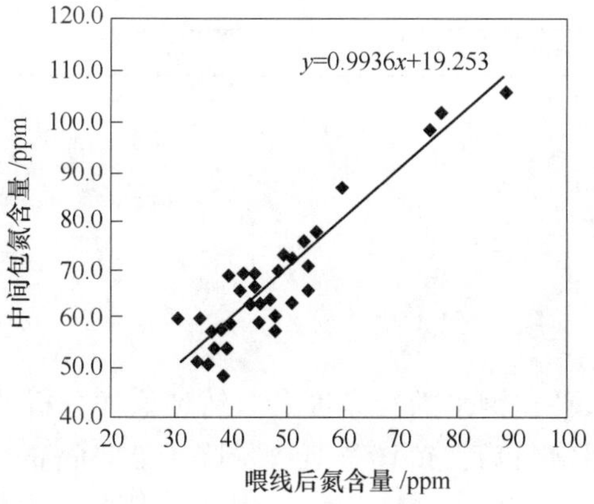

图 2 无氩封时喂线后和中间包氮含量的关系

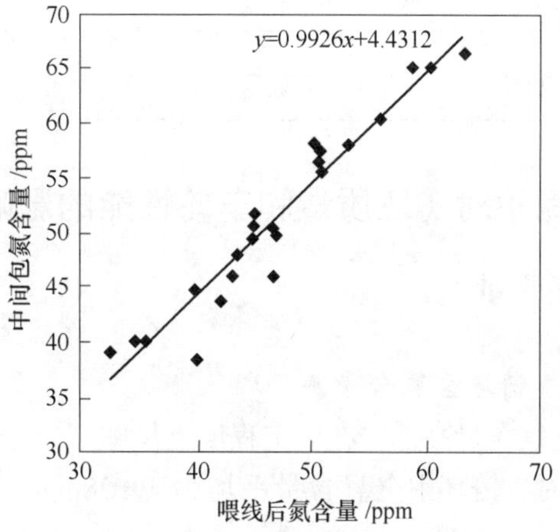

图 3 有氩封时喂线后和中间包氮含量的关系

钢水从空气中吸氧很难直接测定，但钢水在产生二次氧化现象的同时必然从空气中吸氮，因此钢水二次氧化的程度表现在氮含量的增加；可以用氮含量的增加表示钢水的二次氧化程度。将钢包、中间包钢水氮含量带入钢水吸氮速度方程[3]可计算二次氧化吸氧量。根据该方程计算可知，未进行氩封保护时，钢包到中间包吸氧 59ppm，采用氩封保护时，钢包到中间包吸氧 13.5ppm，可见氩封可大大降低钢水的二次氧化。

3.1.2 钢中氢含量的变化规律

车轮钢对氢的要求特别严格，钢中一旦出现白点，整炉报废。氢含量增高，钢的塑性、韧性、疲劳特性等指标明显下降。

根据氩封前氢含量的变化规律（见图4）：真空脱氢明显；VD以后的过程中，钢水中开始增氢，在喂线后—中间包过程增氢显著。

有、无氩封钢中氢含量的对比如表2所示。由表2可见，喂线后，钢包中氢含量平均约为2.57ppm；无氩封保护时，中间包氢含量平均为3.93ppm，喂线到中间包增氢1.38ppm；采用氩封后，中间包氢含量平均为3.2ppm，喂线到中间包增氢0.62ppm；采用氩封后，中间包钢水可少增氢约0.73ppm，降幅达19%。

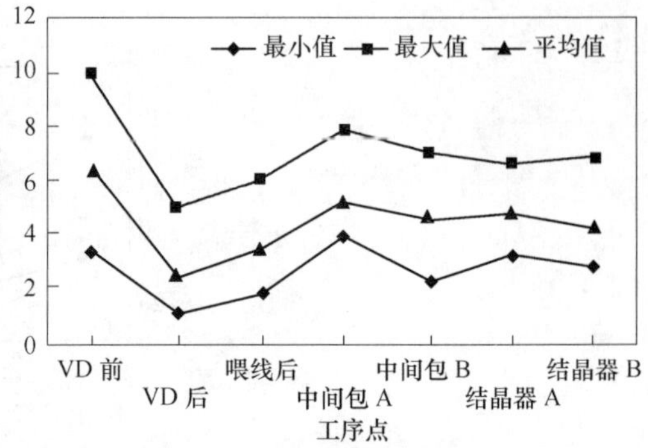

图4　钢中氢的变化规律

表2　有、无氩封钢中氢含量对比　　　　(ppm)

条件	氩封	未氩封
喂线后	2.58	2.55
中间包	3.2	3.93
Δ[H]	0.62	1.38

注：$\Delta[H] = [H]_{中间包} - [H]_{喂线后}$。

3.2　中间包覆盖剂

有无氩封中间包覆盖剂成分的对比见表3。在中间包开浇30min时，取中间包覆盖剂进行分析，由表3可见，未氩封时，Al_2O_3为18.47%，氩封后，Al_2O_3为13.37%和13.96%，其他氧化物也都有所降低；覆盖剂中吸收的Al_2O_3等氧化物量明显减少，说明中间包钢水中氧化物夹杂比无氩封时明显减少，氩封保护效果明显。

表3　有、无氩封中间包覆盖剂成分对比　　　　(%)

成分	Al_2O_3	SiO_2	CaO	MgO
未氩封	7.68	41.83	14.96	9.38
	18.47	34.54	29.9	12.19
氩封	13.37	32.28	17.36	10.68
	13.96	33.45	21.65	10.62

4　氩封保护对铸坯质量和车轮性能的影响

4.1　铸坯质量

4.1.1　铸坯全氧含量

钢中全氧含量高低，在一定程度上反映了夹杂物水平和钢水的纯净度。对铸坯取样分析的结果见图5。无氩封时，铸坯中全氧含量平均为49.28ppm；采用氩封后，铸坯全氧含量降为27.9ppm，降幅高达

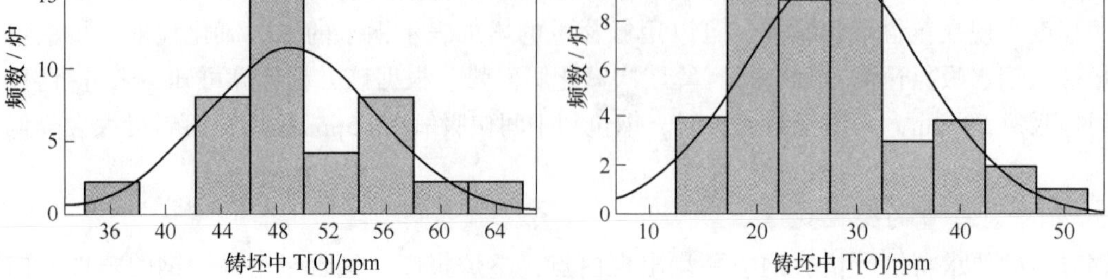

图5　有、无氩封的铸坯中T[O]含量对比

43%；证明氩封保护有效地防止了钢水的二次氧化，提高了钢水的纯净度。

4.1.2 电解夹杂

电解夹杂试样取自无氩封和有氩封铸坯内弧距铸坯表面1/4半径处，电解夹杂物的结果见表4。由表4可知：采用氩封后夹杂物总量从29.7ppm降到了14.8ppm，降幅达50%，Al_2O_3分量夹杂也降低50%，MnO、SiO_2等分量也都有不同程度的降低。

表4 有、无氩封铸坯中总、分夹杂物对比 (ppm)

项目		总量	分量						
			Al_2O_3	CaO	FeO	MgO	MnO	SiO_2	TiO_2
无氩封	波动范围	28~110	7.5~12.1	0.8~1.2	1.7~3.4	1.6~2.0	0.7~1.4	9.4~60	0.4~0.6
	均值	29.7	8.6	0.9	1.9	1.8	1.1	10.9	0.43
有氩封	波动范围	13~16	4.1~5.3	0.6~1.0	0.9~1.7	0.6~1.2	0.2~0.3	7.6~8.6	0.2
	均值	14.8	4.6	0.85	1.35	0.87	0.28	8	0.2

4.1.3 图像仪分析

用图像分析仪对有、无氩封的铸坯中夹杂物的分布进行统计，结果见表5。采用氩封后铸坯中夹杂物降幅达78%，且分布比无氩封时集中。

表5 有、无氩封铸坯中夹杂物对比

项目	夹杂物占视场面积百分比/%	
	氩封	无氩封
最大值	0.8562	10.0815
最小值	0.0523	0.0377
平均值	0.2739	1.28788

4.2 车轮的性能

4.2.1 车轮高倍检验及探伤

非金属夹杂物不仅影响铸坯质量，而且在热处理过程中还可能产生相变，如结晶化会从过饱和固溶体中析出。由于氧化等夹杂物在晶界的析出，致使车轮锻坯在锻造中出现锻裂。由于夹杂物和基体金属的线膨胀系数不等产生的热应力，可使车轮锻件内产生微小裂纹，甚至导致车轮锻件淬火开裂[4]。

对有、无氩封生产的车轮中夹杂物进行高倍检验，结果见图6。采用氩封后，B类夹杂物主要为0级和部分0.5级；而无氩封时，B类夹杂物主要是0.5级和1级。车轮成品探伤废品率也由氩封前的1.6‰降到了0.4‰（氩封后）。车轮合格率由氩封前的98.6%提高到99.5%。

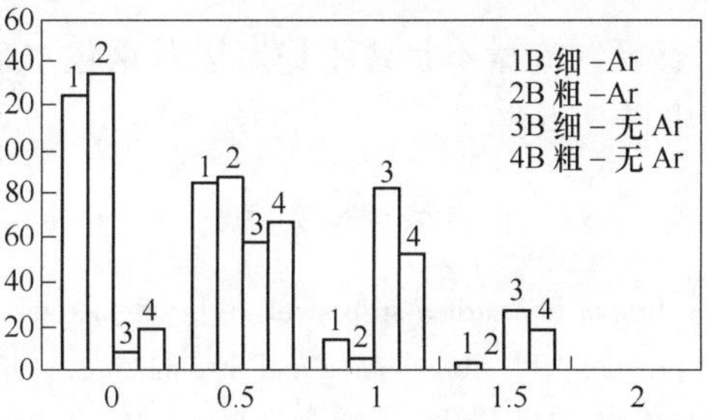

图6 有、无氩封的车轮B类夹杂物比较

4.2.2 力学性能检验

对有、无氩封的车轮分别取样进行常规力学性能检验，结果见表6。由表6可见，采用氩封后车轮的抗拉强度、延伸率、面缩率、冲击功等都明显提高；抗拉强度由1023MPa提高到1038MPa，延伸率由14.39%提高到16.67%，面缩率由26.26%增加为33.22%，冲击功由氩封前的21.53J提高到31.04J，车轮的综合性能显著提高。

表 6　车轮的力学性能

条件	抗拉强度/MPa	延伸率/%	面缩率/%	冲击功/J
有氩封	1038	16. 67	33. 22	31. 04
无氩封	1032	14. 39	26. 26	21. 53

5　问题及措施

尽管对钢流进行了保护套管加氩气保护，钢水中的氮、氢、氧和非金属夹杂物含量大大降低，从而显著提高了铸坯质量和车轮的综合性能，但仍存在钢水吸氧、吸氮现象，原因在于保护套管插入中间包液面的深度不足，浇注过程中钢水注流对中间包钢水的冲击，造成保护套管附近的钢水剧烈翻腾，使钢水与空气接触产生二次氧化；另外，保护套管于钢包下水口接缝处总存在一定量的气隙，在氩气流量较小以及保护套管与钢包下水口接触不正时，仍有空气因钢流的负压被其吸附，表现为钢中氮含量的增加，导致在该工艺条件下吸氧 13. 5ppm。

生产过程中，为有效降低中间包增氢，应对中间包及水口进行合理的烘烤；另外，因在钢包和中间包到位开浇前，向中间包内吹氩气 3~4min 后钢包引流开浇。当中间包内钢水达到一定量时，加入中间包覆盖剂，5min 后减少吹氩量或停止吹氩。钢包引流成功后迅速套上采用氩封的长水口保护钢包注流。保证水口安装对中和合适插入深度；保持氩气稳定、合适的流量；提高钢包的自开浇率；进一步改进中间包覆盖剂。

6　结语

对马钢第一炼钢厂 ϕ450mm 圆坯连铸生产进行钢包长水口氩封保护浇注，有效地防止了钢水的二次氧化、提高了铸坯质量和成品车轮的综合性能。

（1）采用氩封保护浇注，可显著降低钢中气体的含量。［N］含量从 72. 1ppm 降到 57. 9ppm，降幅达 20%；中间包［H］含量由 3. 39ppm 降到 3. 2ppm，降幅达 19%；铸坯中 T［O］含量从 49. 28ppm 降到 27. 9ppm，降幅高达 43%。

（2）采用氩封保护浇注，可有效防止钢水二次氧化，降低钢中非金属夹杂物。夹杂物总量从 29. 7ppm 降到了 14. 8ppm，Al_2O_3 等夹杂分量降幅达 50%；图像仪分析结果表明铸坯中夹杂物降低了 78%；从中间包覆盖剂中 Al_2O_3 夹杂的减少也验证了氩封保护的效果。

（3）采用氩封保护，车轮钢的高倍夹杂级别明显降低，B 类夹杂降低了 0. 5 级；车轮成品探伤废品率也由氩封前的 1. 6‰降到了 0. 4‰。车轮合格率由氩封前的 98. 6%提高到 99. 5%。

（4）采用氩封保护，车轮的抗拉强度、延伸率、面缩率以及冲击韧性等性能都明显提高，车轮的综合性能得到显著改善。

（5）由于水口插入深度不当、氩气流量不足或不稳定以及钢包水口自开率不高等原因，还存在一定程度的二次氧化现象，需在生产中进一步改进。

参 考 文 献

［1］Hudd R C. Some aspects of the annealing of low carbon strip steel［J］. Metals and Materials，1987，3（2）：71.

［2］Morrison W B. Nitrogen in the steel product［J］. Ironmaking and Steelmaking，1989，16（2）：12.

［3］蔡开科，程士富. 连续铸钢原理与工艺［M］. 北京：冶金工业出版社，1994，211.

［4］康大韬. 大型锻件材料及热处理［M］. 北京：龙门书局出版社，1998：35.

60Mn 环件断裂分析[❶]

陈　刚[1]　任学冲[2]

（1. 马鞍山钢铁股份有限公司；2. 北京科技大学）

摘　要　60Mn 环件在装配 150h 后发生崩裂。利用断口分析、化学成分分析、显微组织检验以及有限元计算对断裂件进行了分析。结果表明，环件中存在白点，白点在装配应力和内部氢压的作用下发生滞后扩展，当白点裂纹扩展到临界尺寸时，裂纹尖端的应力强度因子超过零件材料的断裂韧度，从而发生崩裂。

关键词　环件；白点；氢致滞后扩展；断口分析

Fracture Analysis of 60Mn Steel Ring

Chen Gang[1]　Ren Xuechong[2]

(1. Ma'anshan Iron and Steel Co., Ltd.; 2. University of Science and Technology Beijing)

Abstract　A 60Mn steel ring burst apart after its assembly of 150 hours. The analysis was performed on fracture surface, chemical composition, microstructure and limited element calculation. The results showed that there were flakes in the ring and the hydrogen-induced delayed cracking was induced in a flake under the hydrogen pressure and the assembly stress. The ring burst apart when the white flake grew to the critical size and the stress intensity factor was above the fracture toughness.

Key words　steel ring; white flake; hydrogen-induced delayed cracking; fracture analysis

1　引言

环件是机车运行的主要部件，崩裂的发生具有突然性，常会造成财产损伤和人员伤亡，因此应对环件崩裂原因及预防进行研究。

某机车车辆厂用 60Mn 环件，在按组装规程完成热装 150h 后发生崩裂。环件外直径为 1060mm，内直径为 830mm，宽度为 150mm，装配过盈量为 1.5mm。经对环件断口进行观察，对环件化学成分、显微组织、氢含量进行测定，利用充氢模拟再现其断裂特征，并利用有限元分析方法计算断裂氢压，最后确定了环件崩裂的原因。

2　试验过程及结果

2.1　断口形貌

环件宏观断口形貌如图 1 所示。断口平行于环件径向，断面平坦。断裂源基本位于断口中间，离内径面大约 30mm，离外侧面大约 45mm，断裂起源区为椭圆形，尺寸约为 22mm×26mm（图 1 中 A），可见从源区发散的棱线。

断裂起源区的微观形貌为准解理断裂（图 2（a）），可见明显的二次裂纹。裂纹扩展区的微观形貌为解理断裂（图 2（b））。准解理区和解理区之间有明显的分界。

❶　原文发表于《失效分析与预防》2007 年第 2 期。

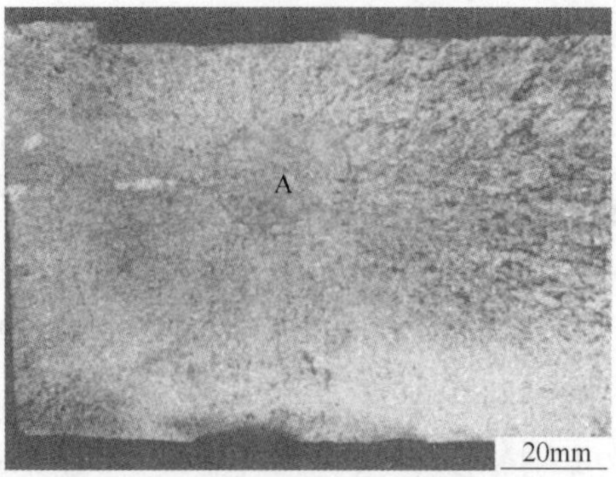

图 1　宏观断口形貌

Fig. 1　Macro-fracture morphology

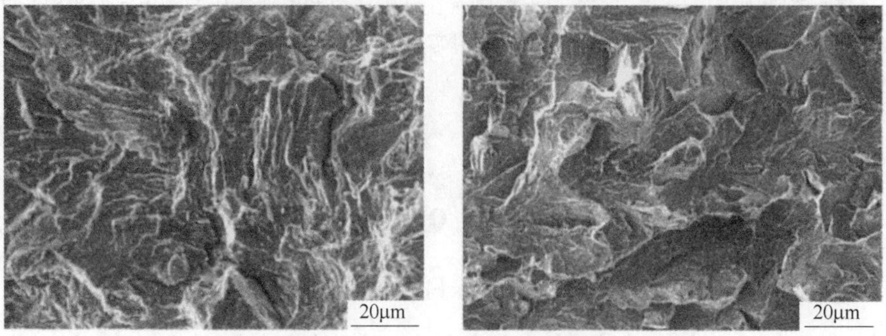

(a) Fracture morphology of area A　(b) Fracture morphology out of area A

图 2　60Mn 环件微观断口形貌

Fig. 2　Micro-fracture morphology of 60Mn steel ring

2.2　化学成分

在断口附近取样，利用光谱进行化学成分分析，结果见表 1。可以看出，各元素含量符合技术要求。

表 1　化学成分分析结果

Table 1　Composition of the fracture ring　(%)

Element	C	Si	Mn	P	S
Content	0.64	0.29	0.68	0.015	0.004
Technical requirement	0.57~0.65	0.20~0.42	0.60~0.90	≤0.035	≤ 0.040

2.3　氢含量测定

在环件上取样进行氢含量测定，氢含量为 1.8ppm，小于技术要求的 2.0ppm。

2.4　金相分析及低倍检验

环件的显微组织如图 3 所示，为珠光体和少量铁素体。在环件截面上有明显的夹杂物（图 4）。对夹杂物能谱分析，主要为 MnS 夹杂以及含 Al、Si、Ca、Mg、O 等元素的夹杂。试样进行酸浸低倍检验，环件中心区的疏松程度略高，纵向低倍试样（检验面平行于内侧面）上可见一条长约 10mm 的裂纹，距内径面约 35mm（图 5 中 A）。

2.5　充氢模拟

环件中的断裂源区具有白点的特征，因此对环件中的白点进行了充氢模拟，即在溶液中充氢至产生氢致裂纹（白点）（图 6（a））。沿裂纹将试样拉断，并利用扫描电镜观察裂纹断口形貌，为带有二次裂纹的准解理断口（图 6（b）），和图 2（a）断裂特征相同。

图 7（a）为环件试样中充氢引起的白点，在白点的形核处有两个夹杂，如 A 和 B，对其进行能谱分

析表明，该处均为 MnS 夹杂（图 7（b））。

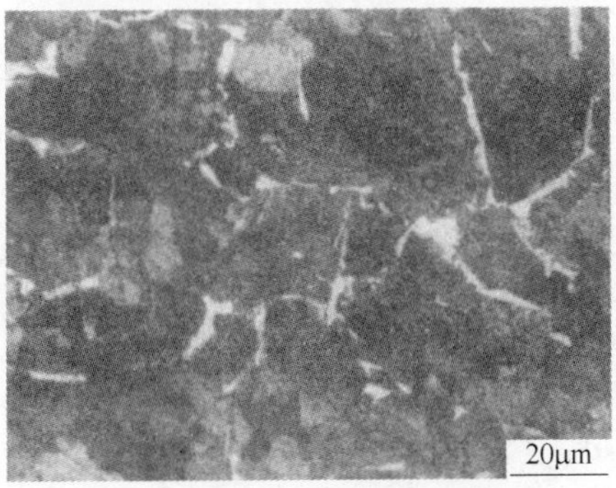

图 3　断裂件显微组织形貌

Fig. 3　Microstructure of the ring

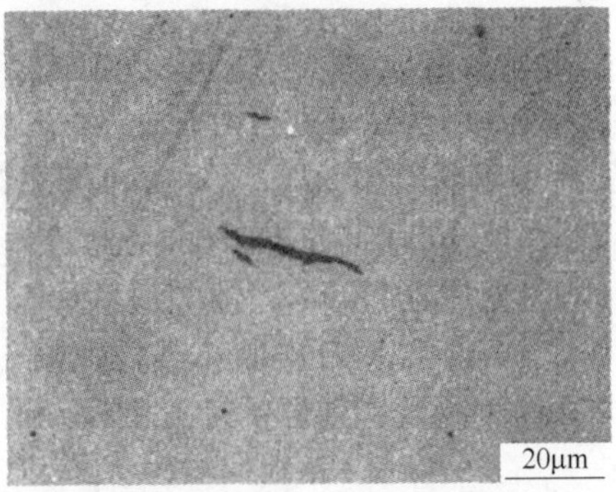

图 4　环件中的夹杂物

Fig. 4　Inclusions of the ring

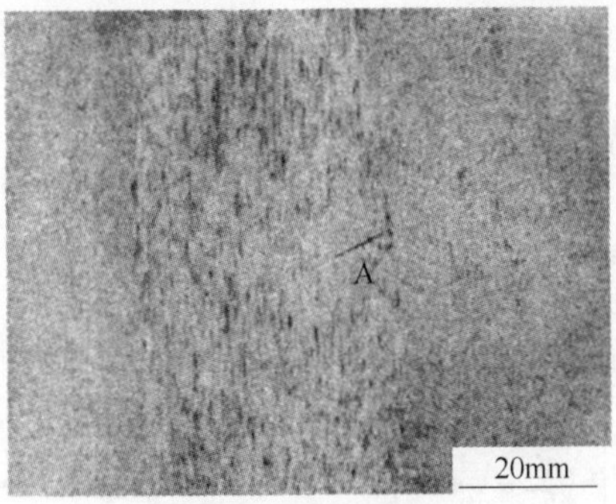

图 5　环件内的裂纹

Fig. 5　Cracks of the ring

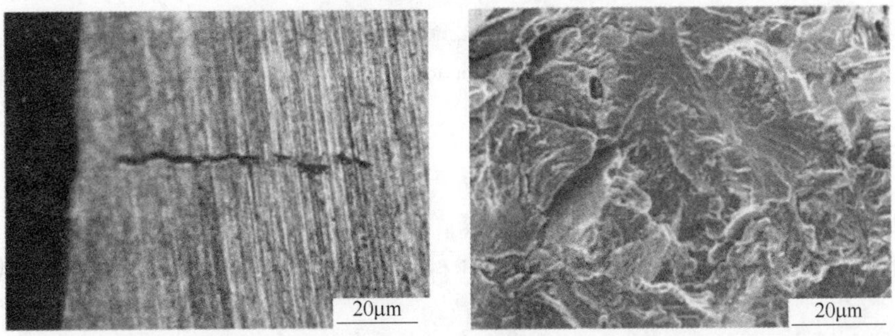

(a) Hydrogen-induced cracking　(b) Fracture morphology of hydrogen-induced cracking

图 6　环件试样充氢产生的氢致裂纹（a）及其断口形貌（b）

Fig. 6　Hydrogen- induced crack in charged sample（a）and its fracture morphology（b）

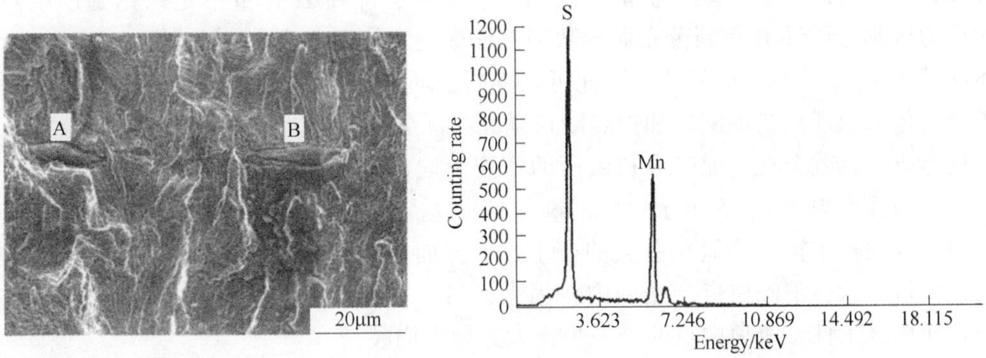

(a)　(b)

图 7　环件试样中充氢引起白点起源处的夹杂（a）及其成分（b）

Fig. 7　Inclusion on the initiation site of the hydrogen induced crack in charged sample（a）and the composition of the inclusion（b）

2.6 氢压计算

有限元计算所得环件装配后的应力分布见图 8（横坐标 x 为沿环件内、外侧中心线距内径面的距离）。可见环件的中心处，周向为拉应力，沿径向为压应力。引起白点形成和长大以及环件崩裂的应力主要为周向拉应力。对于该环件，白点处的拉应力约为 300MPa。实验测得该环件的断裂韧度为 $K_{IC}=53.3\text{MPa}\cdot\text{m}^{1/2}$。图 1 表明，断裂源是尺寸为 $2a\times2c$ 的椭圆形裂纹，它处在与周向拉应力垂直的横截面上，椭圆裂纹短轴端的应力场强度因子 K_I 最大，其值为[1]：

$$K_I=\sigma\sqrt{\pi\alpha}/\phi$$
$$\sigma=\sigma_{外加}+\sigma_{氢压} \tag{1}$$

其中，a 是椭圆裂纹的短半轴长度，ϕ 是第二类椭圆积分，与裂纹形状因子 a/c 有关。$\sigma_{外加}=\sigma_{装配}$，$\sigma_{氢压}$ 是裂纹内 H_2 产生的压力 P 所引起的应力。对该断裂源 $a/c=0.88$，$\phi=1.48$。把 $K_{IC}=53.3\text{MPa}\cdot\text{m}^{1/2}$，$a=11\text{mm}$ 代入式（1），可得断裂应力 $\sigma_c=403\text{MPa}$。已知装配应力为 300MPa，所以 $\sigma_{氢压}=103\text{MPa}$。

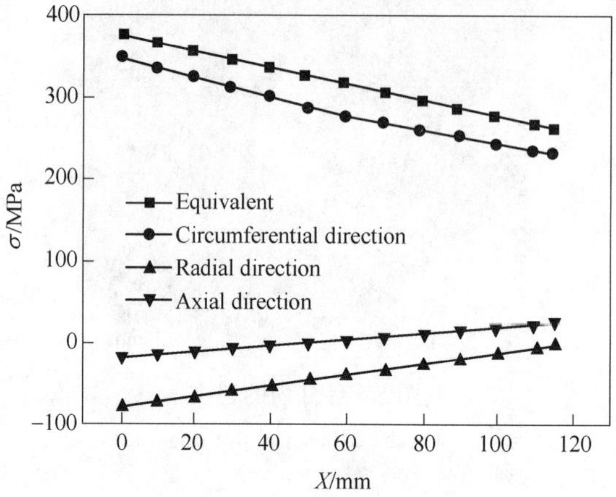

图 8　环件中装配应力的分布

Fig. 8　Stress distribution in the steel ring

3 结果分析与讨论

由断口观察可以推断，环件的断裂分两个步骤，首先是环件中心部位断裂源的穿晶准解理断裂；然后是断裂源处的裂纹以解理的方式快速扩展。环件中心部位穿晶准解理裂纹的形成是环件断裂的诱因。

断口观察和充氢模拟试验表明，环件中心部位的断裂源具有明显的白点特征[2,3]。白点产生的必要条件是材料内部存在足够高的氢浓度，氢在局部聚集复合成 H_2，当氢压足够高时，将导致裂纹的产生和扩展。断裂环件氢含量测定结果符合相关技术标准（H≤2ppm），这一方面可能与测氢取样位置有关，另一方面也可能与断裂之前氢的扩散逃逸有关。另外，即使 H 含量不足以达到产生白点的水平，但缺陷和拉应力区都会诱导 H 重新分布而导致局部偏聚集，从而产生白点[4,5]。

失效环件是在装配后 150h 崩裂的，因此可以推断，环件中的白点在装配应力和氢压的作用下，发生了滞后扩展。但氢致滞后扩展断口和白点断口是无法区分开的，因此不能通过断口分析来确定[2]。

白点一旦形成，氢就会在装配应力和氢压的作用下向高应力区富集[4]，产生滞后扩展，而发生滞后扩展的门槛应力强度因子 K_{IH} 远小于材料的断裂韧度 K_{IC}，并且随氢浓度的升高，K_{IH} 降低[1,6]，因此防止环件断裂失效的根本措施是避免白点的产生。一方面通过合理的工艺降低工件中的氢含量，并且控制夹杂的数量核形状，消除白点产生的内在因素；另一方面对工件进行严格无损检测，一旦发现内部缺陷，停止使用该工件，避免白点的进一步长大并导致崩裂。

4 结论

60Mn 环件装配后崩裂是由于环件中氢导致的白点引起的，装配后，白点可以在氢和装配应力及氢压的作用下发生滞后扩展，当白点扩展到一定尺寸时就会发生瞬时崩裂。因此，在生产过程中应降低产品中的氢含量，减少夹杂物数量以及控制夹杂物的形态，并对工件进行严格的无损检测。

参考文献

[1] 褚武扬．断裂力学［M］．北京：科学出版社，1979.
[2] 任学冲，褚武扬，李金许，等．车轮钢中的白点及其断口研究［J］．金属学报，2006，42（3）：273-279.
[3] 陈廉，刘民治，张维斗，等．气瓶钢中白点焊合的研究［J］．金属学报，1979，15（4）：446-455.
[4] 武明，褚武扬，李金许，等．应力和夹杂对车轮钢中氢鼓泡的影响［J］．金属学报，2006，42（8）：815-819.
[5] 李金许，褚武扬．环境断裂研究进展［J］．失效分析与预防，2006，1（2）：20-28.
[6] 任学冲，褚武扬，李金许，等．原子氢和白点对车轮钢力学性能的影响［J］．金属学报，2006，42（2）：153-157.

车轮钢冶炼过程氮含量的变化规律及工艺改进[❶]

吴宗双　龚志翔　陈刚　钟斌　孔晓眉

（马鞍山钢铁股份有限公司）

摘　要　实验研究了车轮钢生产过程氮含量的变化规律，找出生产低氮车轮钢的限制性环节，制定了相应的工艺改进措施。研究发现，出钢过程、LF 精炼、钢包到中间包钢水增氮显著；VD 真空脱氮率平均为 37.5%。通过采取钢包长水口氩封保护浇注，可降低车轮钢在浇注过程的吸氮量达 15ppm。通过系统的工艺改进，可使车轮钢中的氮含量降到 50ppm 以下。

关键词　车轮钢；脱氮；真空；保护浇注

Nitrogen Pick up during Melting Process for Wheel Steel and the Metallurgical Process Improvement

Wu Zongshuang　Gong Zhixiang　Chen Gang　Zhong Bin　Kong Xiaomei

（Ma'anshan Iron and Steel Co.，Ltd.）

Abstract　Nitrogen pick up during melting process for wheel steel has been investigated. Key operation steps，for nitrogen pick up，such as tapping，LF refining and liquid steel pouring from ladle to tundish before casting were found out. After VD treatment，average denitrification rate is reached 37.5%. With long nozzle and argon sealing protection，nitrogen pick up during casting can be decreased by 15ppm. Through systematic process improvement，nitrogen content in wheel steel can be controlled below 50ppm.

Key words　wheel steel；denitrification；vacuum；protective casting

1　引言

随着我国铁路运输高速、重载大战略的实施，以及高速铁路运输专线建设和出口北美洲、欧洲、东南亚车轮的开发，对车轮的内在质量提出了更高的要求。针对钢中［N］含量均要求不高于 70ppm，甚至要求控制在 50ppm 以下。因为氮可降低钢的高温韧性和塑性；氮含量越高，钢的塑性和韧性降低，冷加工性能下降[1,2]。而目前车轮钢中［N］含量始终在 70ppm 左右，居高不下。为此，对车轮钢冶炼过程氮含量的变化规律进行研究，并提出降低车轮钢中氮含量的改进措施。

2　实验条件

2.1　实验目的

通过跟踪检测分析转炉、LF+VD 精炼、喂线、连铸等各个工序的氮含量，找出冶炼与连铸过程钢中氮含量的变化规律及影响因素。改进车轮钢冶炼及连铸工艺，实现车轮钢中氮含量小于 50ppm 的质量目标。

❶　原文发表于《连铸》2007 年第 4 期。

2.2 车轮钢的化学成分

实验车轮钢的化学成分见表1。

表1 车轮钢的化学成分 (%)

化学成分	C	Si	Mn	P、S	Cr	H/ppm
含量	0.60~0.65	0.20~0.37	0.67~0.80	≤0.035	适量	2.0

2.3 工艺条件

生产工艺流程为：转炉（95t）冶炼—LF+VD精炼—喂线（CaSi）—圆坯连铸。

转炉冶炼：废钢比为22%；全程吹氩；出钢铝脱氧。

LF精炼炉：造新渣，成分调整，升温。

VD炉脱气：五级蒸汽泵抽气，抽气能力400kg/h，最低真空度60Pa。

连铸：钢包浇注采用长水口保护（未氩封）；覆盖剂、中间包浸入式水口；结晶器保护渣。

3 氮含量的变化规律

通过对各个工序节点取氮样分析，氮含量的变化情况见图1。

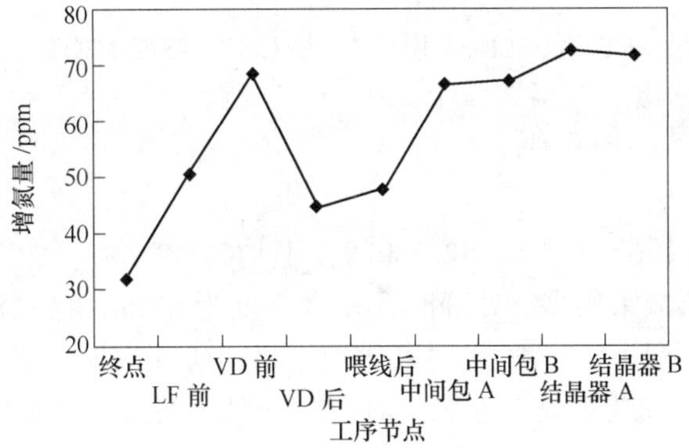

图1 冶炼过程中氮含量的变化

由图1可知，出钢过程平均增氮约20ppm，LF精炼平均增氮约18ppm，VD真空平均脱氮约24ppm，喂线工序增氮平均约3ppm，钢包到中间包增氮平均约19ppm，中间包到结晶器增氮平均约4ppm，在浇注过程中，中间包和结晶器中的氮含量变化不大（未考虑非稳态浇注情况，A、B样分别在钢包开浇20min、40min时取的样）。

可见，增氮主要是在出钢、LF精炼和钢包到中间包浇注过程，增加总量近57ppm，占总增氮量的89%。

4 分析与讨论

4.1 出钢过程增氮

试验发现，出钢工序增氮严重（约为20ppm），增氮主要由两部分组成：从大气中的吸氮；加入铁合金及增碳剂导致的增氮。

出钢过程采用铝脱氧，降低了钢水中的溶解氧，氧是表面活性元素，氧含量降低导致钢水从大气中吸氮严重[3-5]。

车轮钢碳含量较高，出钢过程增碳剂加入量较大，普通增碳剂中含氮量高达0.9%，因而在增碳的同时不可避免地大量增氮。钢液增碳量与增氮量呈显著的线性关系。试验中出钢增碳过程的增氮量可达10~30ppm，是整个冶炼流程中增氮最多的环节，是低氮钢生产最关键的限制性环节。

4.2　LF 精炼过程增氮

LF 精炼操作过程钢液增氮达 18ppm。而目前国内 LF 精炼过程的较好水平，可以保证增氮量小于 5ppm。

研究表明，以下几方面是导致 LF 精炼过程增氮的重要因素：

（1）LF 精炼过程中随增碳剂和合金加入量的增加，LF 增氮量也相应的增加（见图 2）。

（2）电极加热区的电离作用：电弧区温度可达 3000℃以上，将气相的氮分子 N_2 电离，导致钢液吸氮。由图 3 可见，增氮量随 LF 加热时间的增加而增加。

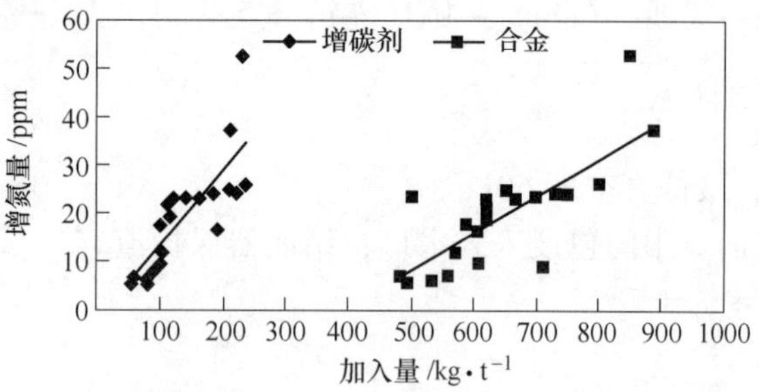

图 2　增碳剂、合金加入量和增氮量的关系

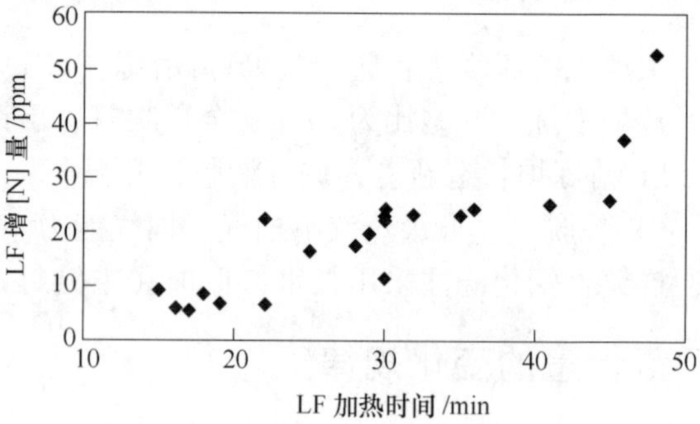

图 3　LF 加热时间和增氮量的关系

（3）还原气氛：为脱除渣中的氧，LF 过程中加入 CaC_2、SiC、C 粉等，熔渣溶解氮的能力增加，这就使得氮进入钢液的机会增多。

4.3　VD 过程的脱氮

试验炉次真空过程脱氮率在 31.4%～52.5%间，平均达 37.6%。真空结束时钢中氮含量平均为 45ppm。按热力学计算，当钢液采用真空处理时，在真空度为 67Pa，钢水温度为 1600℃的条件下，钢液中对应的氮含量平衡值约为 10ppm，实际远未达到平衡。研究表明，影响真空脱氮的效果，除真空度外，与钢中氧活度情况、吹氩搅拌情况、脱气时间、渣况、钢的化学成分等有关。

4.3.1　真空保持时间

真空保持时间是指在真空度达到 67Pa 以下时保持的时间，也可说是有效的真空时间。除了真空度和吹氩量外，真空保持时间是影响钢液脱氮率的另一个重要因素。一般要求脱氮时，真空保持时间在 15min 以上。试验中，当硫含量在 0.006%～0.012%时，大部分炉次的保持时间在 15～20min 之间，脱氮率在 30%～40%之间，只有少部分炉次在 20min 以上。随处理时间延长，脱氮率相应提高。

4.3.2　硫含量的影响

真空脱氮的限制性环节是氮在气液界面上的传质速度，钢液中氧和硫是表面活性元素，阻止氮通过钢液与气相间的边界层，使氮在钢液中的传质速度急剧下降，从而降低钢液脱氮效率。VD 真空处理过程钢液的溶解氧可以保持在小于 5ppm 的水平，其影响完全可以忽略。图 4 显示出 VD 后氮含量与 VD 处理时初始硫含量的关系（真空保持时间为 15～16min）。当初始硫含量小于 50ppm 时，可将钢中氮含量控制在 30ppm 以下，随硫含量增加，VD 后的氮含量增加。

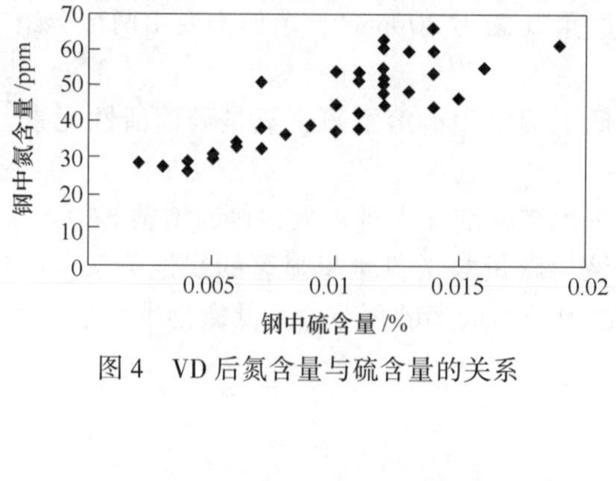

图 4　VD 后氮含量与硫含量的关系

4.4 喂线增氮

喂线过程中增氮量与真空后的氮含量关系不大，增氮量基本上稳定在3ppm左右（见图5）。

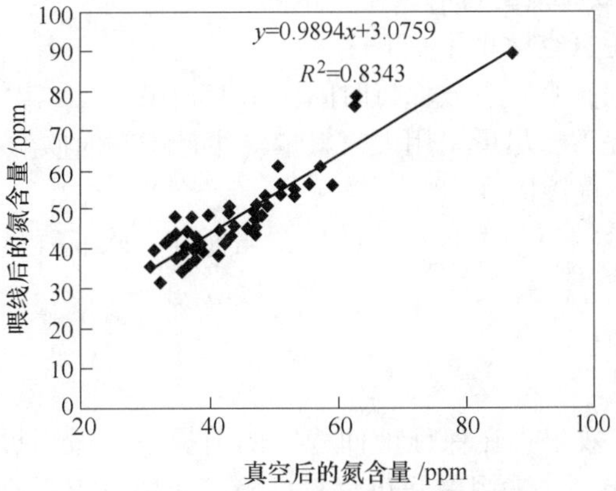

图5 喂线后的氮含量与真空后氮含量的关系

WF过程增氮主要是由于钙气泡将钢液面吹开，造成裸露的钢液从空气中吸氮而产生的。CaSi线中氮含量对钢中的氮含量也有一定的影响，但影响不大。

4.5 连铸过程的增氮

连铸过程中为防止钢水二次氧化和吸氮，普遍采用保护浇注。钢包注流采用长水口保护，中间包用覆盖剂、浸入式水口、结晶器加保护渣。能否防止钢包钢流和中间包钢流的二次氧化，关键在于钢流周围气氛中的氧、氮含量。

4.5.1 中间包增氮规律

由图1可见，连铸过程中的增氮主要是发生在钢包到中间包之间的环节上。中间包钢水氮含量与喂线后氮含量之间存在的明显的相关性，通过回归可得关系式：$N_1=0.9936N_2+19.053$（N_1为中间包钢水氮含量，N_2为钢包中的氮含量），可见，中间包增氮量基本稳定在19ppm左右，浇注过程增氮量与初始氮含量无关。

4.5.2 结晶器增氮规律

采用中间包浸入式水口和结晶器保护渣浇注措施，防止钢水的二次氧化与吸氮。由于保护措施使得钢液与空气完全隔离，所以钢液二次氧化和吸氮现象很弱，增氮量基本稳定在4ppm之间。

综上所述，喂线、中间包至结晶器过程的增氮量基本上稳定，降低钢中氮含量的关键是减少出钢过程、LF精炼、喂线以及钢包到中间包注流的吸氮量，提高真空VD脱氮。

5 工艺的改进

为了实现车轮钢中的氮含量小于50ppm的目标，对车轮钢生产的工艺进行如下改进。

5.1 转炉冶炼

（1）将入炉料的铁水比从75%提高到83%；减小废钢尺寸，长度不得大于1000mm，单个重量应小于150kg；强化转炉冶炼，终点命中率由89%提高到95%，补吹率也明显下降；

（2）终点碳含量由0.05%提高到0.15%；增碳剂由平均1.8kg/t减少到1.3kg/t；并可改用含氮量低的增碳剂；

（3）改进出钢脱氧工艺，采用不加铝等强脱氧剂，只加FeMn和部分FeSi进行预脱氧和合金化的脱氧工艺，使钢液氧含量保持在较高水平（约400ppm），减少出钢吸氮量。

5.2 LF精炼

（1）泡沫渣埋弧加热操作，纯加热时间由原来的平均45min减少为29min；

（2）严格控制搅拌强度，避免停电时钢液面裸露；

（3）减少精炼过程成分调整量及批次，成分调整次数从平均6.4次降为4.1次；

（4）强化 LF 脱硫，保证出 LF 时钢中硫含量小于 50ppm，为 VD 深脱氮提供条件。

5.3　VD 真空、喂线

VD 真空处理过程要达到高效脱氮的目的，需要做到：

（1）提高系统真空度；保持真空度小于 67Pa；

（2）适当增加真空处理时间，真空有效保持时间大于 15min；

（3）在防止发生喷溅的前提下，尽量采用大吹氩量（生产中有时吹氩量高达 600NL/min），以吹开渣层，使钢液有较大的面积与真空直接接触；

（4）喂线时要保证喂入深度，不强搅拌；喂线后，弱搅拌，吹氩强度以不吹开钢液面并有渣面凸起为准。

5.4　连铸

加强中间包长水口氩封保护效果，在保证液面稳定的前提下，适当提高吹氩压力；保证钢包自动开浇，钢包开浇率由 92%提高到 98%；采用中间包氩封措施；使用熔点适宜的中间包覆盖剂和结晶器保护渣，对钢液进行有效保护。

6　工艺改进后钢中氮含量的控制情况

工艺改进试验结果见图 6，由图 6 可知，与改进前相比喂线和结晶器增氮量变化不大；出钢过程、LF 精炼和钢包到中间包浇注过程增氮量都比改进前有明显下降，真空脱氮率也有所提高；各工序节点的氮含量明显降低，实现车轮钢中的氮含量稳定在 50ppm 以下的目标。

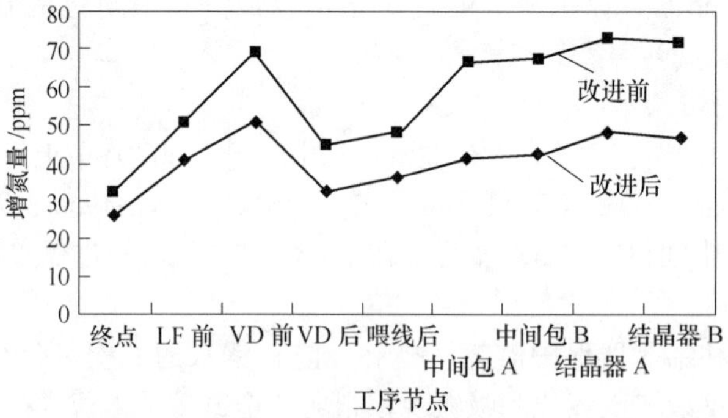

图 6　改进前、后冶炼过程中氮含量的变化

7　结语

（1）车轮钢生产过程钢中氮含量变化的规律是：出钢、LF 精炼、喂线后到中间包过程增氮显著(18~20ppm)；在喂线、中间包到结晶器增氮较少（3~4ppm）；VD 真空脱氮明显（37.5%）。

（2）车轮钢在采用长水口氩封保护后，使钢包到中间包钢液增氮量从 19ppm 降到了 4.5ppm。从而使车轮钢中的氮含量降到 65ppm 以下。

（3）出钢、LF 精炼和钢包到中间包浇注过程是生产低氮车轮钢的限制性环节，系统的工艺改进可使车轮钢中氮含量控制在 50ppm 以下。

参考文献

[1] 傅杰，陈恩普．特种冶金［M］．北京：冶金工业出版社，1982：62.

[2] Morrison W B. Nitrogen in the steel product［J］. Ironmaking and Steelmaking，1989，16（2）：123.

[3] Banya S，Shinohara T，Tozaki H，Fuwa T. Tetsu-to-Hagane，1974，60（10）：1443-1452.

[4] Harashima K，Mizoguchi S，Matsuo M，Kiyose A. ISIJ International，1992，32（1）：111-119.

[5] Wu W P，Lange K W，Janke D. Ironmaking and Steelmaking，1995，22（4）：303-309.

KKD 车轮辐板热轧过程中裂纹成因分析❶

王世付　陈刚　浦红

（马鞍山钢铁股份有限公司）

摘　要　针对 KKD 车轮在热成型过程中车轮辐板产生裂纹的问题，采用低倍检验、显微组织和化学成分分析等方法对裂纹产生原因进行了分析。结果表明，裂纹的产生与冶金质量无关，系车轮轧机铜套碎裂轧入车轮表面所致。加强轧机设备点检后，此类问题未再发生。

关键词　KKD 车轮；辐板裂纹；热轧

Cause Analysis of KKD Wheel Plate Cracking during Hot Rolling

Wang Shifu　Chen Gang　Pu Hong

（Ma'anshan Iron and Steel Co.，Ltd.）

Abstract　To find the cause of KKD wheel web cracking during hot rolling，the microstructure and chemical composition were analyzed. The results show that the copper sleeve of wheel roller rolled into wheel surface is the cause of cracking. Therefore，the equipment maintenance should be attened.

Key words　KKD wheel；crack of web；hot rolling

1　引言

火车车轮的热成型工艺为：先将锭坯锻压至成型坯，然后在车轮轧机上轧制出轮缘、踏面及轧制辐板，最后在水压机上将辐板压弯。

车轮热成型温度较高，在 1000℃以上，因而在成型中很少产生裂纹。但在某批辐板生产中，有多块 KKD 车轮在热成型过程中突现裂纹。为了消除质量隐患，保证生产顺行，对辐板裂纹的形成原因进行了分析。

2　辐板裂纹概况

对所有有辐板裂纹的车轮进行检查，发现裂纹走向均沿周向，且位于辐板外侧面的轧制面上；裂纹不连续，开口度较大，并存在“掉肉”现象，见图 1；辐板内侧面均完好。检查还发现，裂纹形貌、分布规律相同，说明其产生原因相同。

3　取样方法及检验内容

根据缺陷区外貌特征，在缺陷区制取辐板横向试样进行低倍检验；并取贯穿辐板横截面的金相试样用显微镜和扫描电镜进行组织分析，同时对成品的化学成分进行分析。

---

❶　原文发表于《轧钢》2007 年第 4 期。

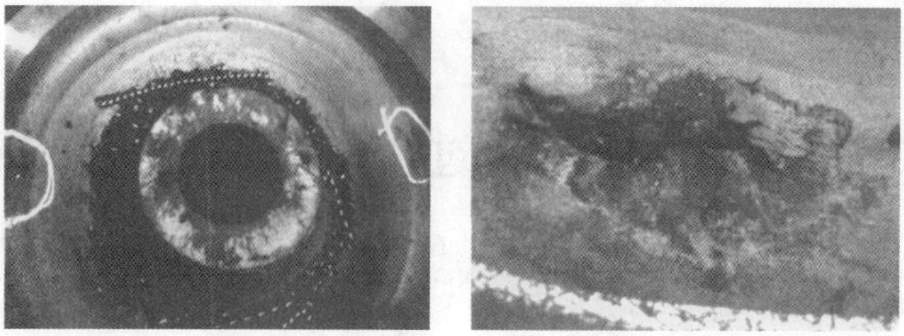

(a)　　(b)

图 1　辐板裂纹车轮及“掉肉”缺陷形貌

（a）辐板裂纹车轮；（b）“掉肉”缺陷

4　检验结果

4.1　低倍检验

1∶1 工业盐酸水溶液热浸蚀试验发现，试样辐板外侧面有裂纹，开口宽 5mm，深约 25mm，裂纹处有大量红棕色异物存在，见图 2。

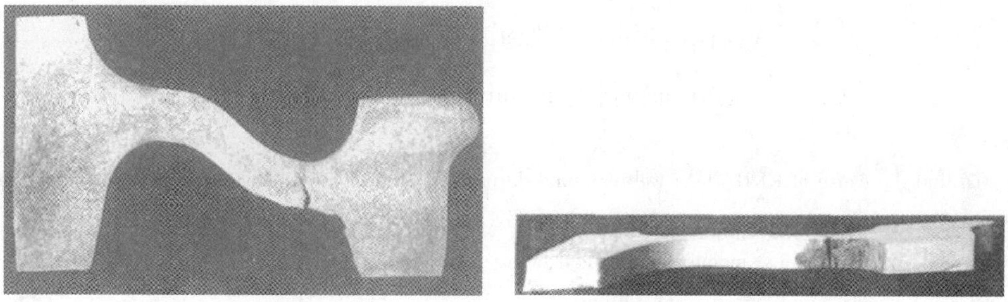

(a)　　(b)

图 2　横向低倍试样辐板裂纹及异物形貌

（a）辐板裂纹；（b）裂纹处异物

4.2　成分分析

在低倍试样靠近裂纹处钻取金属碎屑按 GB 223 标准[1]进行成品化学成分分析，结果见表 1。

表 1　成品化学成分　（wt%）

类别	C	Si	Mn	P	S	Cu
实测值	0.60	0.27	0.72	0.011	0.014	0.020
TB/T 2708—1996[2]	0.55~0.65	0.17~0.37	0.50~0.80	≤0.035	≤0.040	≤0.250

4.3　显微组织

用金相显微镜和扫描电镜对显微组织进行检验。检验结果表明，辐板裂口及其附近有大量异金属存在，异金属在内部呈网状分布，见图 3。对异金属进行能谱扫描分析，发现其含有 Sn、Cu、Zn 等元素，表 2 为无标定量分析结果。

检验结果表明，缺陷处及辐板内部组织正常，为铁素体+珠光体组织，无明显脱碳。从裂纹内部特征可看出，异金属是导致轧制辐板开裂的直接原因，而异金属为黄铜。

表 2　无标定量分析结果

元素	wt%	at%
Cu	90.10	92.38

续表 2

元素	wt%	at%
Zn	4.88	4.87
Sn	5.01	2.75

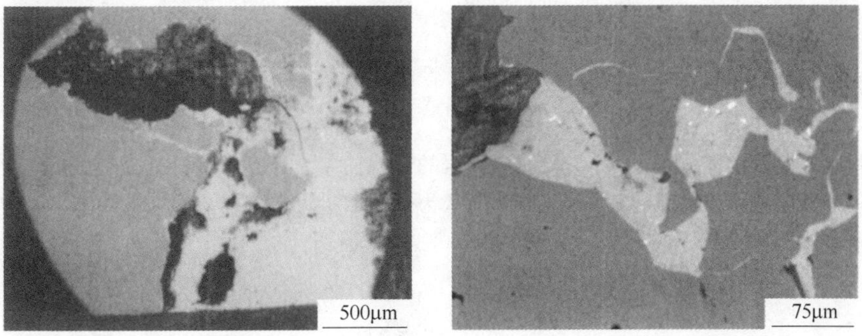

(a) (b)

图 3 辐板裂口及裂口处异金属微观形貌

(a) 裂口处形貌；(b) 裂口处异金属形貌（图中灰白色和亮白色区域为异金属存在区域）

5 讨论

车轮辐板成形工艺主要由压制、轧制两部分组成，轧制辐板的变形量一般较压制时更大，但此时变形温度较高（>1000℃），金属变形抗力低，塑性好，正常情况下不会形成裂纹。

通过对辐板的化学成分及组织分析可以得出，辐板开裂与冶金因素无关，而是黄铜异金属物压入所致。

裂纹均处于辐板轧制面上这一位置特征说明，裂纹在模压过程中形成的可能性较小，在轧制过程中形成的可能性最大。裂纹走向均沿周向，说明其是在径向拉应力作用下形成、长大的。依据车轮的变形特点，轧制过程有扩径功能，辐板轧制面沿径向延伸，必然承受拉应力。将裂纹位置特点、走向特征与变形特点相结合，可判断辐板裂纹是在轧制过程中形成的。

另外，从黄铜的来源分析，车轮热成形设备上仅车轮轧辊套用黄铜制成，其余设备均无与黄铜有关的备件。因此可进一步推断证明：车轮轧制时外侧面朝上，上轧辊铜套破碎后在重力作用下刚好落入轧制面上，并被轧入辐板外侧面上。黄铜是低熔点金属，熔点为 900℃ 左右[3]，而车轮变形温度高于 1000℃，当碎裂的黄铜掉落到辐板上以后，熔化并侵蚀车轮辐板表层的晶界，产生热脆现象[4]。在辐板内部产生网状裂纹，轧制过程中热脆裂纹在径向拉应力作用下扩大，导致辐板外侧轧制面沿周向开裂。

为此，对轧辊黄铜套的点检更换制度进行调整，加强检查力度，缩短更换黄铜套周期。调整后该类质量事故未再发生。

6 结语

（1）该批车轮辐板裂纹的产生是由于车轮轧机上的轧辊黄铜套碎裂，掉落到辐板上后熔化并侵蚀车轮辐板表层所致。

（2）针对轧辊铜套碎裂问题点检制度改进后，解决了此类辐板的开裂问题。

参 考 文 献

[1] GB 223，钢铁及合金化学分析方法 [S].

[2] TB/T 2708—1996，铁路快速客车辗钢整体车轮技术条件 [S].

[3] 黄伯云，李成功，石力开，等. 中国材料工程大典（第 4 卷）[M]. 北京：中国机械工程学会，2006.

[4] 孙珍宝，朱谱藩，林慧国，等. 合金钢手册（上册）[M]. 北京：冶金工业出版社，1984.

铁路机车车辆用车轮的外径测量装置的精度分析❶

肖　峰

（马鞍山钢铁股份有限公司）

摘　要　从测量原理出发，将实际应用中常见几种因素的影响抽象为计算模型，对目前在我国铁路系统普遍使用的一种车轮外径测量装置的测量精度进行了分析，认为这种测量方式有误差放大的缺陷，不适合精度要求高的车轮外径测量。

关键词　机车；车轮；测量；精度

Precision Analysis of Device for Measuring the Outside Diameter of Locomotive Vehicle Wheel

Xiao Feng

(Ma'anshan Iron and Steel Co . , Ltd.)

Abstract　By means of constructed calculating models for the effect of common factors in practical application according to measure principle, measuring precision of the device that is widely applied to measure outside diameter of locomotive wheel is analyzed. It is deemed that this measuring means may magnify error and is unfit for the wheel diameter measure which high precision is required.

Key words　locomotive; wheel; measure; precision

1　提出问题

目前，用于测量铁路机车车辆车轮滚动圆直径（以下简称车轮外径）的量具主要有两种：一种是直接测量直径的游标卡尺；一种是通过测量圆弧间接得出直径的三点式测量装置。后者因其轻巧、使用方便，在铁路系统中获得广泛应用。马鞍山钢铁股份有限公司车轮公司曾试用过三点式车轮外径测量装置，发现对同一精加工车轮在不同测量位置测得的数据之间有 0. 1～0. 3mm 的波动（正确操作时，同一测量位置的重复精度较高，波动范围小于 0. 1mm）。同时，当测量方式不当，或车轮表面污染严重时，会造成更大的测量误差（超过 0. 5mm）。

2　测量装置结构、测量方法及测量原理

测量装置的结构见图 1。测量时，测量装置的两个定位夹贴紧轮辋内侧面，距离此基准 70mm 的两个测量块与滚动圆相切，测头接触滚动圆。测量前，须先用标准圆标定测量装置。

正常测量和测量块接触偏差引起误差的计算几何模型见图 2。具体计算公式如下：

$$\frac{OA}{OA_0}=\frac{OT_3}{OT_1}$$

$$\frac{OA-OT_3}{OA_0-OT_1}=\frac{OT_3}{OT_1}$$

❶　原文发表于《电力机车与城轨车辆》2007 年第 5 期。

$$\frac{X}{X_0} = \frac{r}{r_0} = \frac{d}{d_0}$$

$$\frac{X - X_0}{X_0} = \frac{d - d_0}{d_0}$$

$$\Delta d = \frac{d_0}{X_0}\Delta X = k\Delta X$$

式中，放大倍数 $k = \frac{d}{X_0} = \frac{d_0}{(d_0/2)/\sin(\alpha/2) - d_0/2} = \frac{2}{1/\sin(\alpha/2) - 1}$。

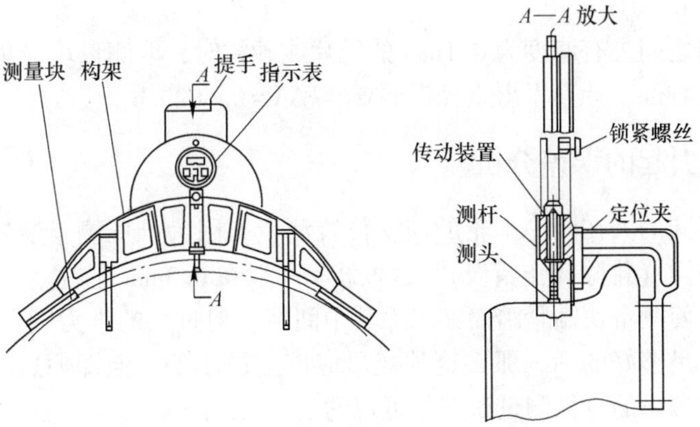

图 1　车轮外径测量装置结构示意图

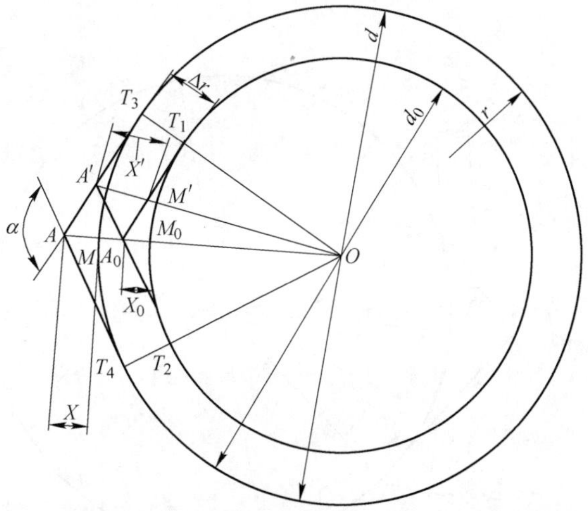

图 2　正常测量和测量块接触偏差引起误差的计算几何模型

直径变量 Δd 与测头的移动量 ΔX 成正比，而比例系数 k 取决于测量装置的两个测量块的夹角 α。

测量装置制作时，将根据夹角 α 计算 k 值，并在指示表中设置。校准后，测量时指示表直接显示被测圆的直径：

$$d = d_0 + \Delta d = d_0 + k \times \Delta X$$

3　误差分析

3.1　测量块接触偏差引起的误差分析

由于操作不当、表面脏物以及形位公差（如圆度）等的原因，导致两个测量块相切的不是同一个圆，如图 2 所示。正常情况下，测量装置的位置应该是 $T_1A_0T_2$，测距是 A_0M_0。因为某因素的影响，测量装置的实际位置为 $T_3A'T_2$，测距为 $A'M'$。

数控机床精加工的车轮，滚动圆的圆度一般大于 0.02mm，小于 0.05mm。取测量块夹角 $\alpha = 113°$，标称直径 $d_0 = 840$mm，切点偏差 $\Delta r = 0.05$mm，因圆度引起的最大测量误差计算结果为：

标称直径对应的测距 $X_0 = A_0M_0 = (d_0/2)/\sin(\alpha/2) - d_0/2 = 83.666\text{mm}$

$k = d_0/x_0 = 10.040$

$AA' = \Delta r/\sin(180 - \alpha) = 0.054\text{mm}$

$AT_3 = (d_0/2 + \Delta r)/\tan(\alpha/2) = 278.025\text{mm}$

$A'T_3 = AT_3 - AA' = 277.971\text{mm}$

$OA' = \sqrt{A'T_3 \cdot A'T_3 + OT_3' \cdot OT_3} = \sqrt{A'T_3 \cdot A'T_3 + (d_0/2 + \Delta r) \cdot (d_0/2 + \Delta r)} = 503.696\text{mm}$

有切点偏差的测距 $X' = A'M' = OA' - d_0/2 = 83.696\text{mm}$

测距偏差 $\Delta X = X' - X_0 = 0.030\text{mm}$

直径误差 $\delta d = k\Delta X = 0.301\text{mm}$

当一个测量块与踏面之间夹有厚度为 0.1mm 的纸片或砂粒时，取测量块夹角 $\alpha=113°$；标称直径 $d_0=840\text{mm}$；切点偏差 $\Delta r=0.1\text{mm}$，计算得出直径误差 $\delta d=k\Delta X=0.602\text{mm}$。

3.2　测量块夹角偏差引起的误差分析

在试用过程发现，不同的人在同一车轮的同一位置测量，因为推压测量装置使测量块贴紧踏面的用力不一样，测量值也不一样（排除操作错误），这种波动一般在 0.3mm 左右。

适当推力的目的在于使测量块贴紧踏面，消除其中间隙。但过大的推力则可能导致测量装置的变形。如果测量装置构架的刚性足够好的话，那么这种变形应该是微小的。但即便这种变形十分微小，测量装置的测量原理决定了由此带来的直径测量误差是可观的。

过大的推力使测量装置发生变形，这种变形对测量值的影响主要表现在测量块夹角 α 的变化，如图 3 所示。

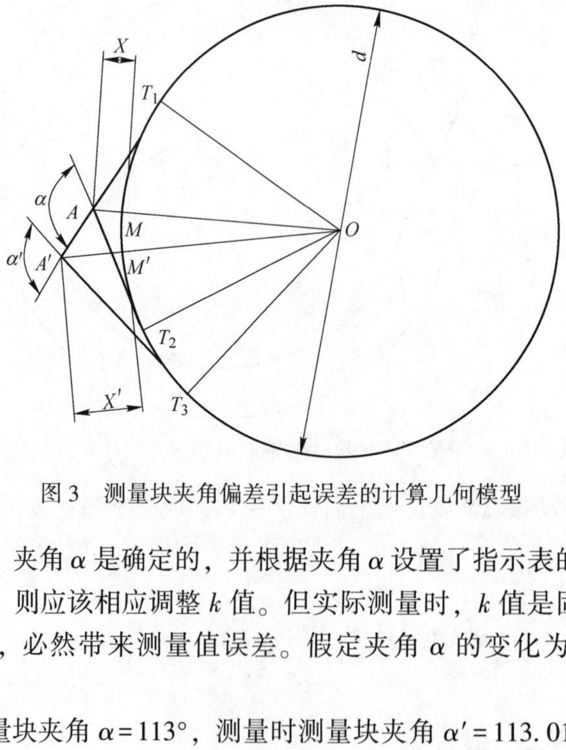

图 3　测量块夹角偏差引起误差的计算几何模型

设计和调试测量装置时，夹角 α 是确定的，并根据夹角 α 设置了指示表的放大倍数 k 值。若测量时由于用力过大导致夹角 α 变大，则应该相应调整 k 值。但实际测量时，k 值是固定的。夹角 α 发生了变化，而仍按原来的 k 值进行计算，必然带来测量值误差。假定夹角 α 的变化为 0.01°，直径测量误差计算如下。

计算条件为：设计的测量块夹角 $\alpha=113°$，测量时测量块夹角 $\alpha'=113.01°$，标称直径 $d=840\text{mm}$，指示表设置放大倍数 $k=10$。

计算结果如下：

正常测量对应的测距 $X = AM = (d/2)/\sin(\alpha/2) - d/2 = 83.666\text{mm}$；

角度变化后对应的测距 $X' = A'M' = (d/2)/\sin(\alpha'/2) - d/2 = 83.637\text{mm}$；

测距偏差 $\Delta X = X' - X = -0.029\text{mm}$；

直径误差 $\delta d = k\Delta X = -0.291\text{mm}$。

4 结论

（1）三点式车轮外径测量装置的测量原理决定了，各接触点（包括两个定位夹与轮辋内侧面的接触，以及测头与踏面的接触）的偏差以及测量装置的构架形变将被放大，导致较大的直径测量误差。

（2）正常情况下，即正确操作（包括正确校准、正确测量）和车轮表面洁净无附着物等，受车轮形位误差的影响，直径测量误差一般在 0.3mm 左右。

（3）车轮表面的附着物，如砂粒、条形码纸等，将导致超过 0.5mm 的较大测量误差。

（4）正确操作对于保证测量精度至关重要。使用三点式车轮外径测量装置时应特别要注意以下几点：指示表的固定螺丝不松动；测量前应仔细清洁被测车轮的表面；测量时测量块贴紧踏面，定位夹贴紧轮辋内侧面；测量时用力应适中且稳定，与校准时一致；为消除或减小车轮形位误差造成的影响，应测量多处，取平均值作为结果。

（5）三点式车轮外径测量装置不适合于测量频次高、车轮表面状况差、同时精度要求高的测量。一般认为，这种车轮外径测量装置可用于修车时不落轮对的测量。

（6）对于车轮制造厂，由于车轮产品技术条件要求外径测量误差小于±0.5mm，应采用满足 TB/T 3015.1—2001 的滚动圆直径卡尺。

参考文献

[1] 柳州市科路测量仪器研究所．GF922-MG 型车辆车轮外径测量仪说明书［Z］．柳州：柳州市科路测量仪器研究所，2006.

货车车轮残余应力的产生与分布研究❶

李小宇[1]　安　涛[1,2]　沈晓辉[2]　章　静[2]　闫　军[2]

（1. 马鞍山钢铁股份有限公司；2. 安徽工业大学）

摘　要　受研究方法和测试手段的限制，货车车轮在生产过程中产生的残余应力状态与分布很难测试，仅能按照有关标准进行残余应力趋势测定。本文采用数值模拟和实测法相结合的手段，研究了车轮在热处理全过程中的温度场、组织场、应力场的变化和分布以及车轮出厂前的残余应力分布状态，分析了车轮残余应力产生的原因，并研究了不同生产工艺参数对残余应力的影响。

关键词　货车车轮；残余应力；分布；热处理；温度场；组织场；应力场

1　引言

车轮制造过程中产生的残余应力及其分布状态对车轮运行过程中可能出现的车轮踏面裂纹形成、扩展及金属剥落等有着重要的影响。

货车车轮生产有三大工序，即锻压成形、热处理和机械加工。锻压过程中虽然产生了较大的残余应力，但在随后的等温退火处理以及热处理加热时，已经基本消除或均匀化，不会遗留到最终产品上；而机械加工所产生的残余应力仅在浅表面（<100μm）形成不大于10MPa的残余拉应力[1]，对整体分布的影响可以忽略不计。因此可以认定，热处理过程形成的残余应力最终成为产品的残余应力。

国外对车轮产品内部的残余应力早就开始关注，要求车轮整体处于残余压应力状态，并形成了标准[2]。现行的欧洲标准[3]对测试方法和要求做出了规定；美国在订货条件中对残余应力的大小做了限制；我国的车轮标准[4]参照欧洲标准对残余应力做出了规定。从标准对残余应力要求的演变中也可以发现国际上对残余应力的认识逐渐深化。因此，对车轮残余应力的产生与分布进行研究是一个不能回避的课题。

本文以我国HDSA型货车车轮为研究对象（图1），分析了热处理过程中车轮内部温度、组织和应力分布以及工艺参数对残余应力的影响。热处理过程中车轮温度变化如图2所示。

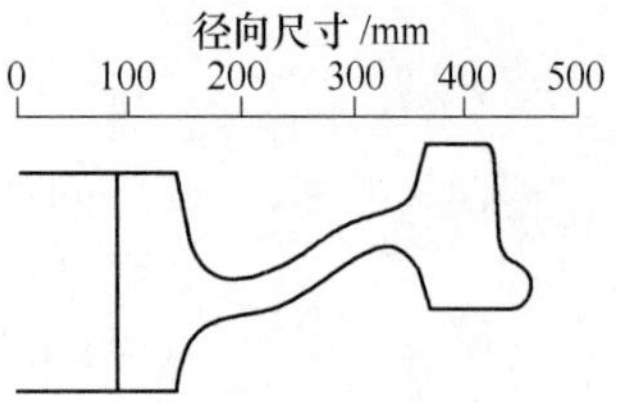

图1　HDSA型车轮外形

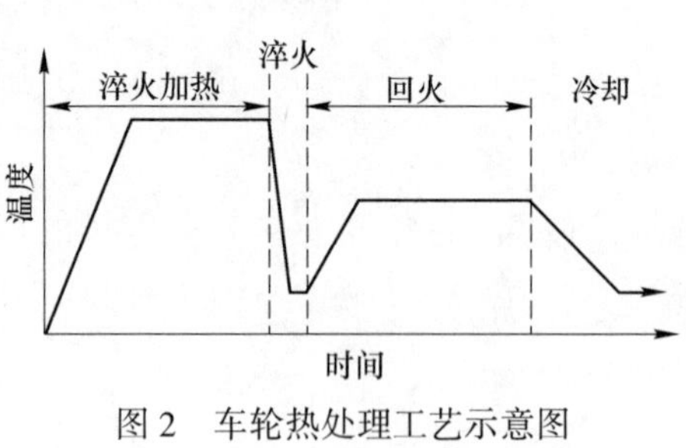

图2　车轮热处理工艺示意图

2　研究方法

热处理过程是一个温度、组织转变、应力三方面交互作用的复杂过程。车轮的热处理工艺参数、方式，车轮形状，材料的热物性参数对车轮热处理后的残余应力都有着不同程度的影响。综合考虑这些因素来研究车轮淬火过程中温度场、组织场和应力场是一个非常复杂的问题。目前，对车轮淬火及回火过程中各场量变化的规律还缺乏理论解析，在实际生产过程中也都是凭经验进行判断。

❶　原文发表于《铁道车辆》2007年第7期。

国家“863”高科技研究发展计划资助项目（2006AA03Z514）。

由于热处理过程和车轮形状的复杂性，要在理论上获得对温度场、组织场、应力场耦合分析的解析解几乎是不可能的，用物理模拟的方法进行研究也存在着很大的局限性，热处理过程中物理量的测试也没有条件。由于残余应力的特性，难以准确测量出内部残余应力的分布。任何形式的解剖分析或有损检测方法，如盲孔法等，都会导致残余应力分布及量值的变化。目前较为常见的残余应力无损测试方法，如X射线、磁测法等，只能检查到表面的残余应力分布。而近年来发展起来的超声波方法[5]，也只能检测出残余应力的趋势。总之，上述方法都难以描述残余应力在断面的分布。

计算机数值模拟具有速度快、效率高、结果形象逼真、能综合全面反映热处理过程中各种变化规律的特点，与试验研究相结合，可以极大地拓展实测数据提供的信息，完成试验研究很难做到甚至不能做到的工作。

本文采用数值模拟法并结合温度测试和残余应力测试研究车轮热处理过程中的组织、应力变化及残余应力分布及其影响规律。具体方法是在大型非线性有限元软件 MSC. Marc 平台上进行二次开发，综合考虑组织场、温度场和应力场的相互影响，模拟车轮热处理生产过程，用实测温度逼近数值模拟有关边界条件及物性参数，着重分析残余应力的形成、分布和影响规律。

3 关键问题的处理

3.1 温度场计算

温度场的研究是研究工件在热处理过程中各场量变化规律的基础。在研究过程中采用温度动态记录仪——黑匣子对车轮热处理过程中的温度变化进行测试[6]，测试结果可以作为对计算结果的验证。

热处理过程的温度场计算，是在一定的初始条件和边界条件下工件内的热传导问题。同时热处理过程要考虑组织转变的影响，其中组织转变对温度的影响主要表现在热物性参数的变化和相变潜热的释放上。

3.1.1 控制方程和热物性参数的选择[7]

固体热传导的控制方程即 Fourier 导热方程。基本的 Fourier 定律在稳定条件下可描述为：热流与温度差及垂直热流方向的表面积成正比，即：

$$Q_x = -\lambda A \frac{\partial T}{\partial x}$$

一般说来，热物性参数都是随着材料的组织状态和温度而变化的，因此，在实际传热过程中，这些参数也是随着时间的变化而变化的。为了简化计算，可以认为在足够小的步长时间内，热物性参数是常数。本研究中车轮材料的热物性参数取 Marc 材料库中 C60 钢的热物性参数。

3.1.2 潜热的处理

在计算温度场时，必须考虑相变潜热对温度场的影响。由于温度场和组织场之间的耦合关系，在计算温度场和组织场时，必须综合起来求解并需要反复迭代。相变时，由于各相的热焓值不同，不同类型的组织转变会释放出不同的相变潜热，潜热的释放与相变量成正比，其计算公式如下：

$$Q_L = \Delta H \cdot \frac{\Delta V}{\Delta t}$$

式中，ΔH 为奥氏体分解时各组织的热焓，J/m^3；ΔV 为时间 Δt 内的相变增加量（体积）。

3.1.3 换热系数的确定

工件表面与环境间存在温度差别时即发生热量传递，在对流换热条件下，单位面积的换热量 q 与工件表面温度 T_w 和对流环境温度 T_c 之差成正比，换热量与温度差呈线性关系：

$$q = h_k(T_w - T_c)$$

对于辐射换热条件，换热量与温度差成非线性关系：

$$q = \sigma\varepsilon(T'_w - T'_c)$$

温度场模拟计算时，确定换热系数非常重要。影响换热系数的因素很多，如介质的性质、流动的速度、工件的材质等。但大件淬火过程中，温度相对比较平缓，可以简化考虑，换热系数可取常数。

对于车轮淬火过程的换热系数的确定，本文先根据有关文献确定不同的环境条件下换热系数的变化范围，然后再取不同的换热系数对工件温度场进行模拟，最后将模拟的温度场和实际测试所得到的结果进行对比，确定合适的换热系数。这也是取得合理结果的一种近似处理方法。

3.1.4　组织转变的计算

组织转变伴随着物性参数的变化和力学性能的变化，同时还存在着相变潜热的释放，这对工件冷却过程的温度场也将产生很大的影响，是温度场和应力场模拟时必不可少的一个重要内容。而现有商用有限元软件中只具有热力耦合计算功能，考虑组织转变的影响必须进行二次开发。本研究采用 TTT 曲线来模拟计算组织转变。HDSA 型车轮材质为 CL60 钢[4]。图 3 为 CL60 钢实测的 TTT 曲线。

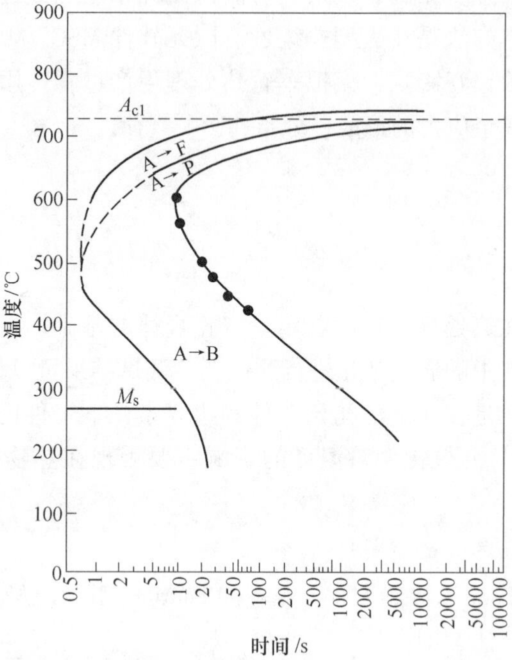

图 3　CL60 钢实测 TTT 曲线

将各相变开始线和结束线分别用多项式 $\lg t = a_0 + a_1 T + a_2 T^2 + a_3 T^3 + a_4 T^4 + \cdots$ 进行拟合，取得结果代入 Marc 程序。进行二次开发可以较好地模拟组织的转变。

3.2　淬火过程的应变

热处理模拟过程中根据应变利用本构关系计算应力。而淬火过程总应变增量可分为以下几个部分：

$$d\varepsilon_{ij}^{T} = d\varepsilon_{ij}^{e} + d\varepsilon_{ij}^{P} + d\varepsilon_{ij}^{th} + d\varepsilon_{ij}^{tr} + d\varepsilon_{ij}^{tp}$$

其中

$$d\varepsilon_{ij}^{tr} = \beta dV$$

$$d\varepsilon_{ij}^{tp} = k\sigma_e(1 - V)dV$$

式中，$d\varepsilon_{ij}^{e}$为弹性应变；$d\varepsilon_{ij}^{P}$为塑性应变；$d\varepsilon_{ij}^{th}$为热应变；$d\varepsilon_{ij}^{tr}$为组织应变；$d\varepsilon_{ij}^{tp}$为相变塑性应变；β 为相变膨胀系数；V 为新相组织百分比；k 为相变塑性应变系数；σ_e 为等效应力，Pa。

3.3　回火过程的蠕变

回火过程中基本上没有相变，从宏观表现看金属发生黏弹性蠕变，残余应力部分释放，释放多少取决于蠕变的大小，此过程较复杂。研究中对蠕变进行力学分析，黏弹性蠕变主要取决于金属的应力状态、回火温度及回火时间。根据国外对材料的试验研究，车轮蠕变速率用以下方程加以描述：

$$\dot{\bar{\varepsilon}} = 4.64 \times 10^{-8}(\sigma_e^{12.5})e^{\frac{-53.712}{T+450}}$$

式中，σ_e 为等效应力；T 为华氏温度。

4 有限元模型和计算结果分析

4.1 有限元模型建立

以 MSC. Marc 商用非线性有限元软件为平台，结合子程序的开发，建立车轮热处理过程的热弹塑性有限元模型。车轮本身为轴对称工件，同时热处理过程的各载荷也为轴对称，因而可以只选取车轮一个截面按照轴对称问题进行研究。开发了相关计算的子程序，涉及的子程序包括组织的计算、潜热的计算、相变膨胀、回火蠕变、屈服应力计算等。

4.2 淬火过程温度场分析

车轮淬火的目的是通过改变金属的组织形态提高车轮的硬度和强度，增加踏面的耐磨性。淬火冷却过程的温度场变化对车轮内部的变形、组织转变及残余应力的形成及分布具有决定性作用。在淬火加热过程中，由于有足够的均热保温时间（约 1h），加热结束后车轮温度分布基本均匀，热应力较小，计算中简化为出炉温度的均匀温度场，且初始应力场是零应力。图 4 为计算得出的 HDSA 型车轮淬火过程中不同时刻的温度场。

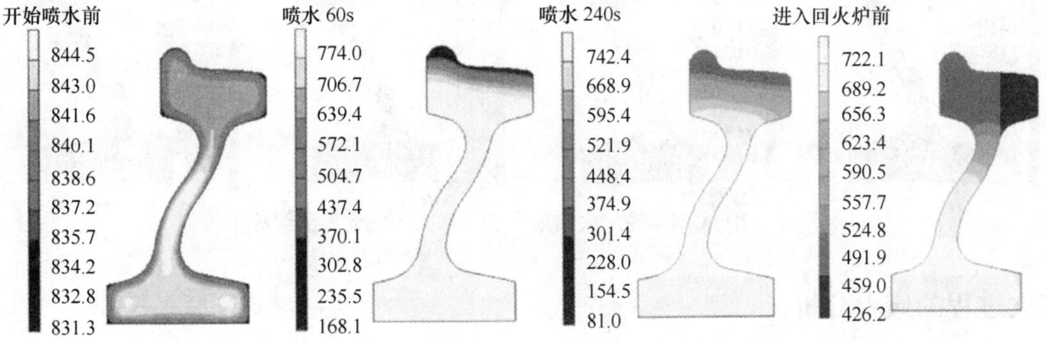

图 4　HDSA 型车轮淬火过程温度场分布（单位:℃）

图 5 为 HDSA 型车轮温度测试值[6]和模拟值的比较。可见，模拟计算结果在趋势上与实测结果一致。

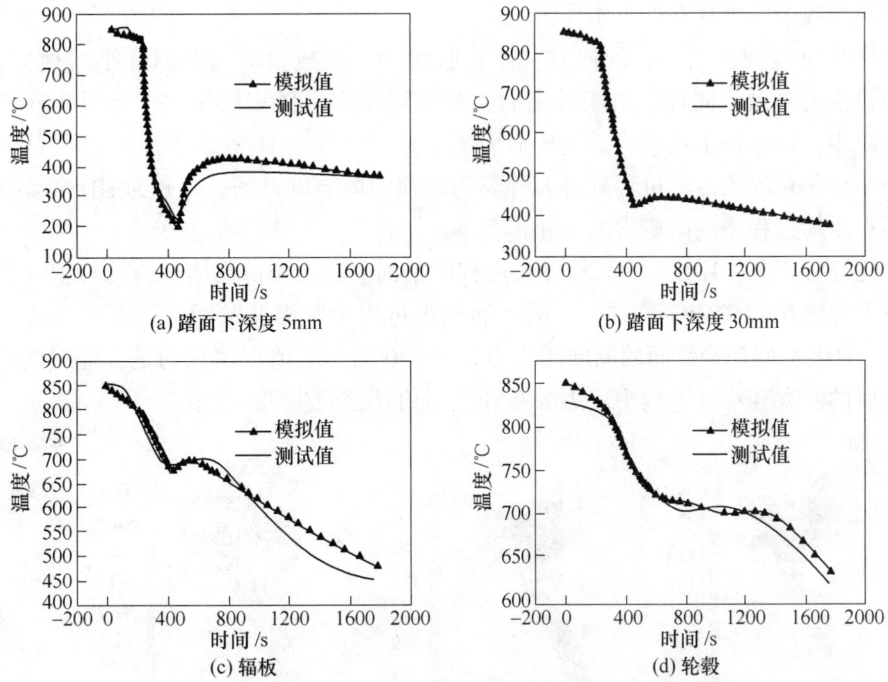

图 5　HDSA 型车轮测量点温度的模拟值和测试值比较

4.3　淬火过程组织场分析

车轮在淬火冷却过程中将出现先共析铁素体、珠光体、贝氏体、马氏体相变。图 6 为 HDSA 型车轮淬火结束及进入回火炉之前的铁素体、珠光体、贝氏体及马氏体的体积百分含量分布图。

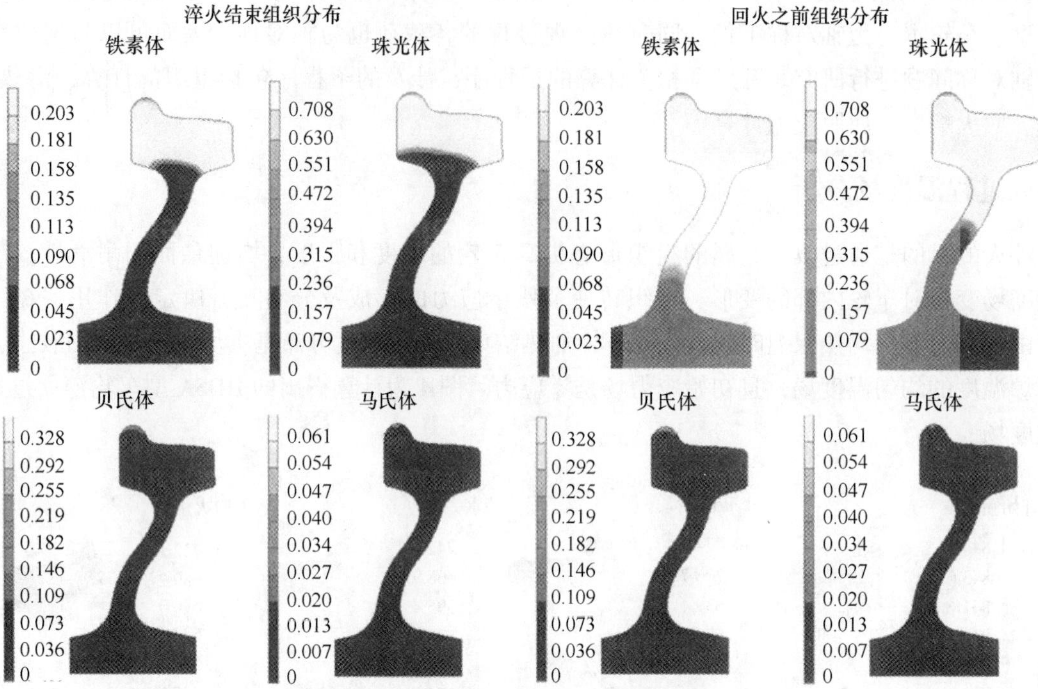

图 6　HDSA 型车轮淬火结束及进入回火炉之前的组织分布

4.4　淬火过程的应力分析

从上面的结果可以看出，车轮淬火过程中的温度和组织变化极不均匀，将导致热应力和组织应力非常显著。由于热应力和组织应力的共同作用使得车轮的内应力分布变得复杂，在复杂应力的作用下，当车轮内部等效应力大于屈服应力时将发生塑性变形，且塑性变形很不均匀。不均匀的塑性变形是随后的回火及冷却过程导致残余应力存在的根本原因之一。

在淬火喷水冷却过程中，温降大的地方，体积收缩大，形成拉应力；温降小的地方，体积收缩小，形成压应力或使拉应力降低。同样，组织转变时，相变增量多，体积膨胀大，形成压应力也大；而相变增量少，体积膨胀小，所以产生拉应力或使压应力减小。

图 7 为 HDSA 型车轮淬火冷却过程到进入等温炉之前的周向应力场。图 8 为 HDSA 型车轮踏面下不同深度处金属在淬火冷却过程中周向应力的变化情况。

对于马钢车轮淬火工艺，HDSA 型车轮淬火过程中踏面附近出现的周向拉应力峰值在 200~250MPa 范围内，周向压应力峰值在-250MPa 左右。在随后的回火过程中踏面及踏面附近金属压应力逐渐减小。在进入回火炉之前，HDSA 型车轮踏面的周向压应力达到-200MPa。值得注意的是，此时的应力值不是最终残余应力，在随后的回火和冷却过程中应力分布和应力值还会发生明显变化。

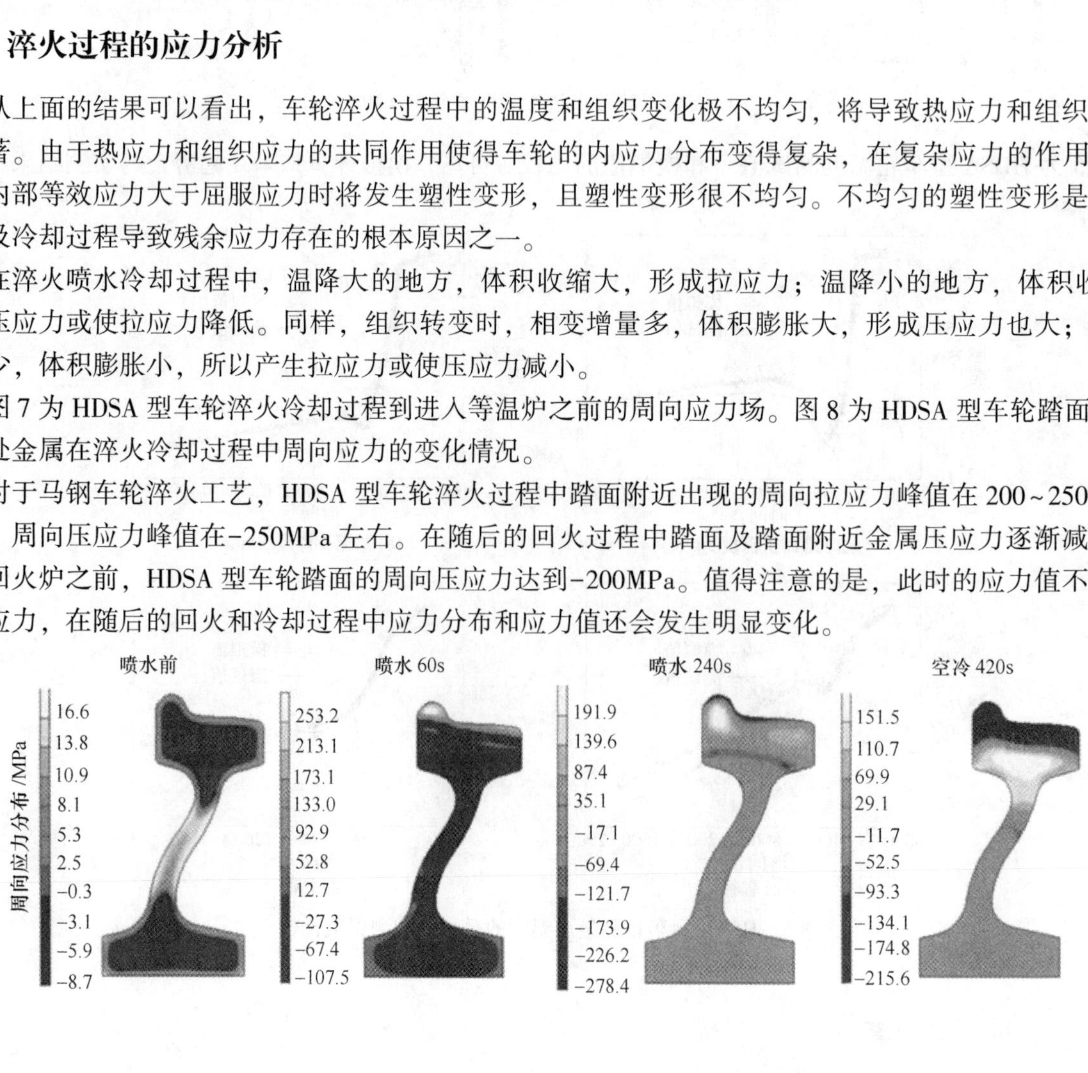

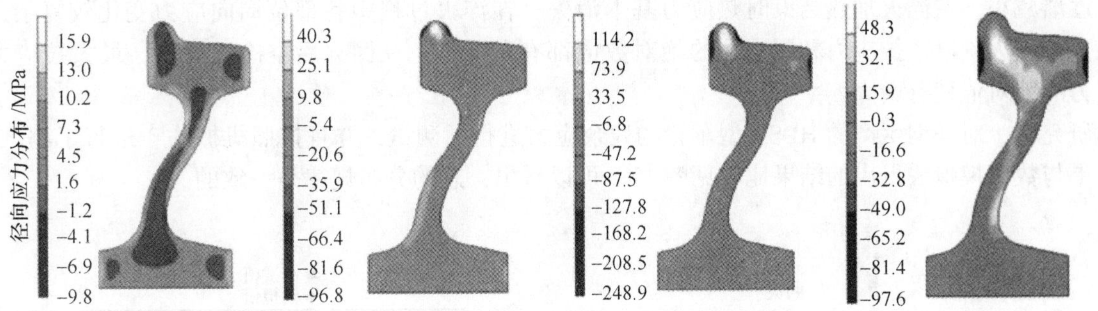

图 7　HDSA 型车轮淬火过程应力分布

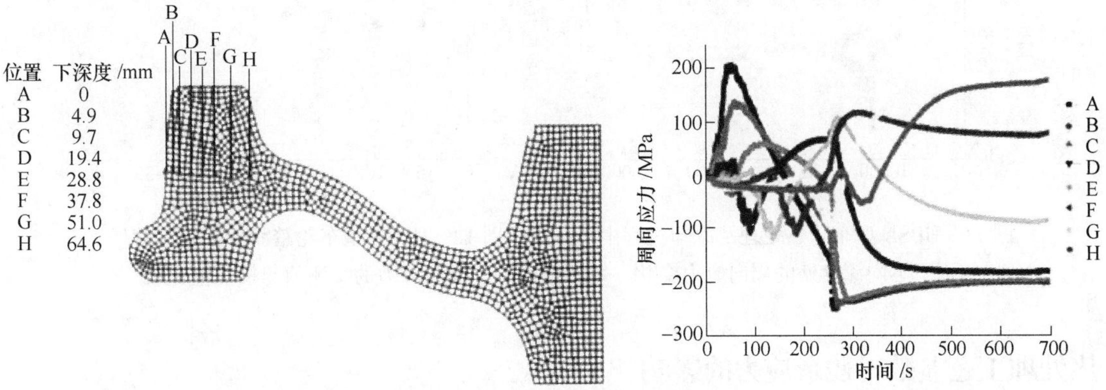

图 8　HDSA 型车轮淬火冷却过程中踏面下不同深度处的周向应力变化

4.5　回火及冷却过程应力分析

回火的目的是获得所需的回火索氏体组织，以改善车轮的综合性能，降低车轮淬火形成的残余应力。回火过程中，淬火过程未转变的奥氏体继续相变，残余应力分布在回火蠕变的作用下发生变化。在回火后的自然冷却过程中，主要是热应力作用，残余应力会有所增加。

图 9 为 HDSA 型车轮回火及随后空冷过程的周向应力分布情况。这一分布规律目前难以验证，但比较符合实际。

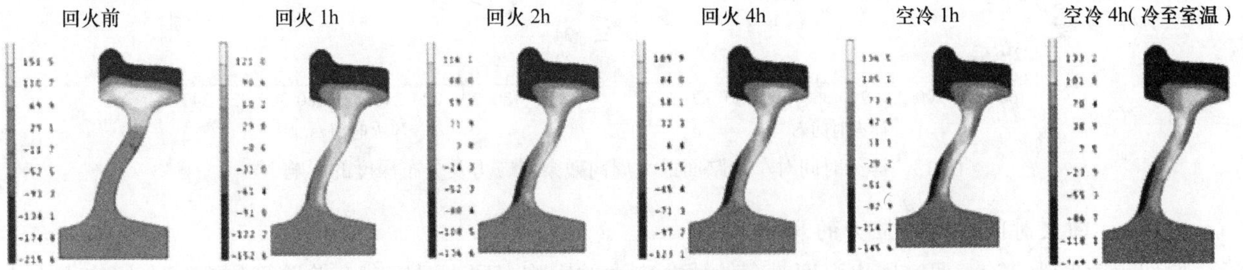

图 9　HDSA 型车轮回火及空冷过程的周向应力变化（单位：MPa）

图 10 为车轮在回火冷却之后径向断面周向拉应力和压应力分布区域图。从图中可以看出，在轮辋踏面下较深范围内和轮毂两端分布压应力，在辐板和轮毂中部主要分布拉应力。其中，车轮踏面上压应力为-140MPa，压应力区的深度为 38.2mm。

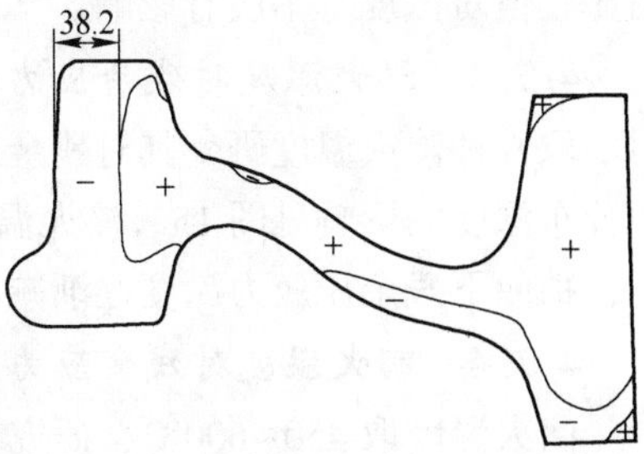

图 10　HDSA 型车轮热处理后拉应力和压应力分布

4.6　完整热处理过程应力分析

综合以上分布计算的过程，得到 HDSA 型车轮在整个热处理过程中踏面下不同深度的周向应力变化情况（图 11）。在淬火加热开始阶段车轮内部出现拉应力，主要是由温度梯度引起的热应力，在加热后期应力逐渐减小，在淬火加热结束时热应力基本消失。在淬火过程中各部位周向应力变化较复杂，且变化很快。在回火阶段，拉应力和压应力的绝对数值都有所降低。在回火后空冷过程中，最大拉应力和最大压应力的绝对值稍有增大。

本研究中，对马钢生产的HDSA型车轮的残余应力进行了测试，并且按照机械法[3]进行了测试分析。测试结果与数值模拟法得出的结果比较见图12。可以看出，总的分布规律是一致的。

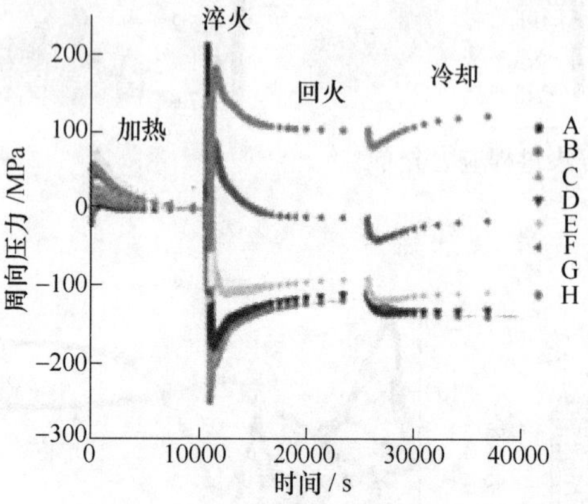

图11　HDSA型车轮热处理及冷却过程中踏面下不同深度处的周向应力变化

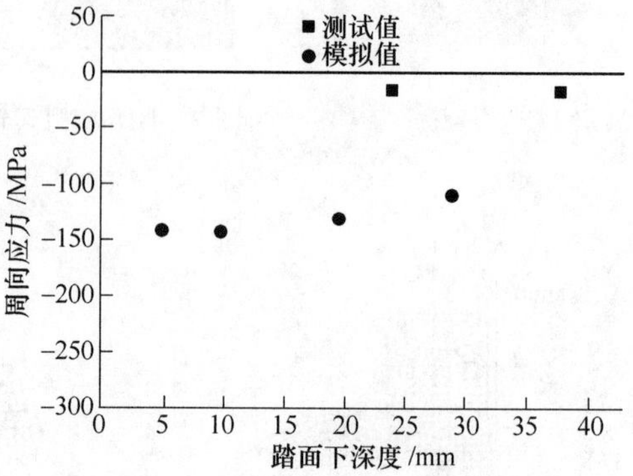

图12　HDSA型车轮踏面下不同深度处周向应力的实测值与模拟值比较

4.7　热处理工艺参数对残余应力的影响

4.7.1　淬火时间对残余应力的影响

淬火时间取180~330s进行研究，其他参数不变。淬火时间对车轮踏面最终残余应力的大小和分布深度的影响见图13。随着淬火时间的延长，车轮踏面周向残余压应力呈线性增加，分布深度也增加。

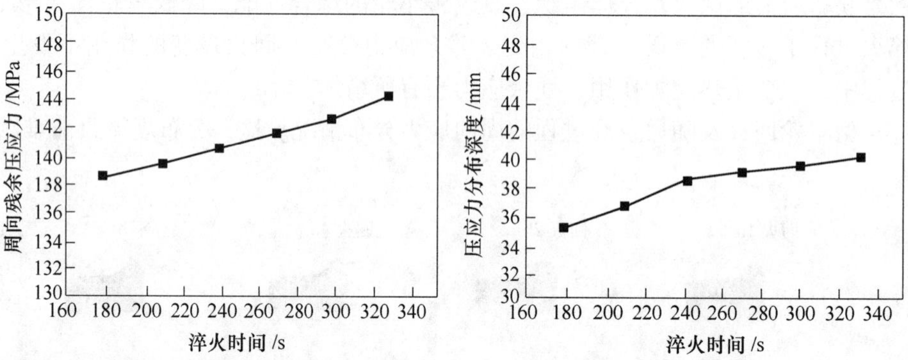

图13　淬火时间对车轮踏面最大周向残余压应力及分布深度的影响

4.7.2　回火时间对残余应力的影响

取回火时间为2~5h研究回火温度对车轮残余应力的影响。回火时间对车轮踏面周向残余压应力大小和分布深度的影响见图14。回火时间越长，踏面周向残余压应力越小。说明回火时间越长，应力松弛越明显，但对深度基本没有影响。

4.7.3　淬火温度对残余应力的影响

取6种淬火温度研究其对残余应力的影响。淬火温度对回火冷却后车轮踏面最大周向残余应力的大小和分布深度的影响见图15。淬火温度升高，踏面残余压应力减小。在研究温度范围内，车轮淬火温度升高，踏面下残余压应力深度逐渐减小。

4.7.4　回火温度对残余应力的影响

回火温度取450~600℃，研究回火冷却后对车轮残余应力大小和深度的影响。回火温度对踏面周向残余压应力及分布深度的影响见图16。回火温度升高，踏面上周向残余压应力减小，对分布深度的影响很小。

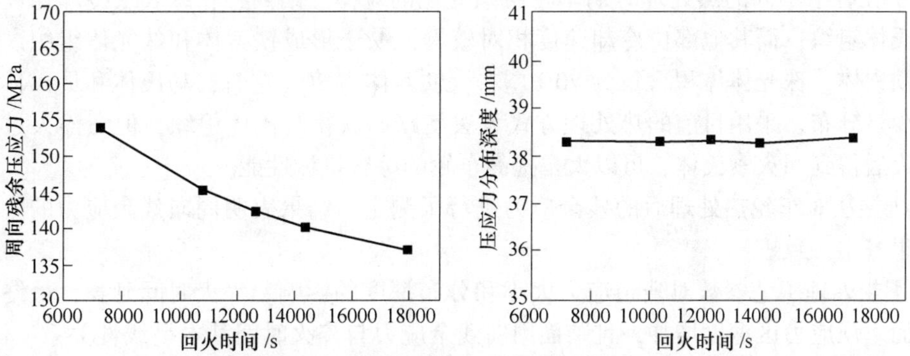

图 14　回火时间对车轮踏面周向残余压应力及分布深度的影响

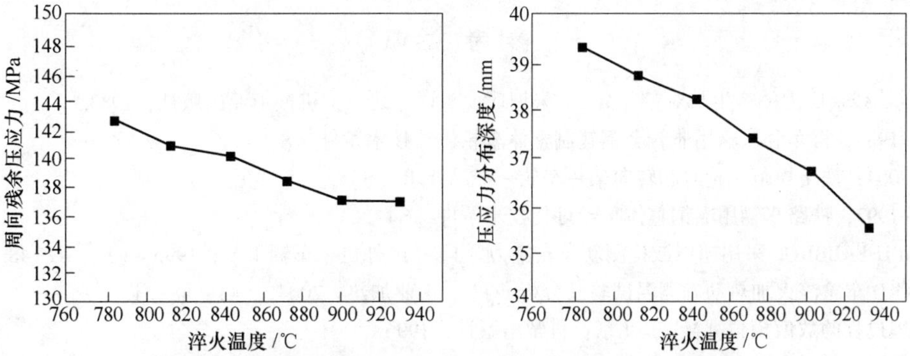

图 15　淬火温度对踏面周向残余压应力及分布深度的影响

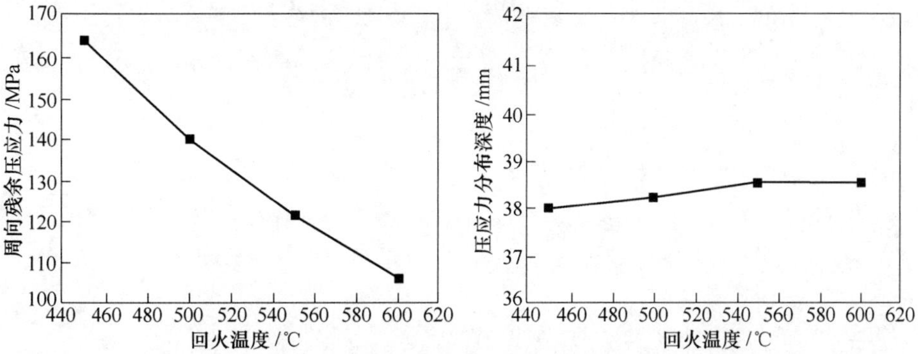

图 16　回火温度对踏面周向残余压应力及分布深度的影响

5　结论

以 HDSA 型车轮为研究对象，依据马钢车轮生产工艺，对车轮成形后的热处理残余应力和车轮变形进行了研究，得出以下主要结论：

（1）综合考虑温度、组织和应力的相互关系以及回火蠕变的影响，在 Marc 软件二次开发的基础上对淬火、回火及空冷过程中的温度场、组织场、应力应变场进行了模拟计算。计算结果能较准确地反映车轮淬火过程中各场量的变化情况。模拟结果和实测值吻合得较好，得出了车轮热处理数值模拟模型。

（2）分析了车轮热处理残余应力产生的原因、过程及分布状态。在淬火初期，踏面附近金属受激冷收缩，拉应力明显，而心部金属受压。在淬火后期及冷却过程中，由于温度梯度的减小，心部金属开始收缩，导致踏面附近金属周向受压，心部金属周向受拉。在回火过程中，在较高的应力和温度作用下，高应力区金属发生蠕变，应力松弛，拉应力和压应力都有一定程度的减小。车轮回火结束后最大压应力值与回火温度下金属的屈服应力和车轮的形状尺寸有直接关系。在回火后的空冷过程中，车轮内部的残余应力稍有提高。按照目前的热处理工艺，HDSA 型车轮踏面上的周向残余压应力为-140MPa，踏面下压应力区深 38mm。

(3) 研究了在各个不同的热处理时期车轮组织变化的规律。踏面、轮缘表层冷却速度最快，利于形成马氏体、贝氏体组织；而其他部位冷却速度相对较慢，易于形成铁素体和珠光体组织。车轮内部基本上是珠光体和铁素体，珠光体体积含量为70%左右，铁素体占20%左右，马氏体和贝氏体含量极少，只在轮缘表层有少量分布。采用目前的热处理方式无法使踏面获得马氏体组织，但在淬火过程中改变了组织的形态，回火后得到回火索氏体，可以大幅提高车轮的综合机械性能。

(4) 采用机械法对车轮热处理后的残余应力进行了测定，结果表明周向残余应力的大小及分布规律与数值模拟结果基本一致。

(5) 研究了热处理工艺参数对残余应力大小和分布深度的影响。淬火时间延长，最终的踏面周向压应力增加，踏面下压应力区深度增加，且踏面周向残余应力与淬火时间基本呈线性关系。淬火温度升高，最终的踏面周向压应力减小，踏面的压应力区深度也减小。回火时间延长、回火温度提高，均使得车轮最终踏面周向压应力减小，而对踏面下的压应力区深度影响很小。

参考文献

[1] (日) 米谷茂. 残余应力的产生与对策 [M]. 朱荆璞，等译. 北京：机械工业出版社，1983.

[2] UIC 812-3—1984，机车和车辆用非合金钢轧制整体车轮供货技术条件 [S].

[3] EN 13262—2004，铁路规范—轮对和转向架—车轮—产品要求 [S].

[4] TB/T 2817—1997，铁路车辆用辗钢整体车轮订货技术条件 [S].

[5] (法) Valerio D FABBRO. 采用超声波检测新车轮应力 [J]. 国外机车车辆工艺，1996，(1)：42-48.

[6] 安涛，等. KKD 车轮淬火加热动态测温试验及分析 [J]. 工业加热，2004，(4)：48-51.

[7] 刘庄. 热处理过程的数值模拟 [M]. 北京：科学出版社，1996.

多传感器数据融合技术在车轮热处理炉温度测量中的应用❶

陶　陶[1]　张辉宜[1]　江　波[2]　陈　刚[2]

（1. 安徽工业大学；2. 马鞍山钢铁股份有限公司）

摘　要　铁路运输高速、重载化要求高质量的列车车轮，热处理是提高车轮质量的重要环节。针对水压力、水流量、热处理时间等工艺参数设定后均不可调节，加热温度成为影响热处理质量关键因素，采用多传感器数据融合技术，对列车车轮热处理炉温进行准确的测量，为其温度控制提供了可靠的依据。

关键词　热处理炉；温度测量；数据融合

Control Method and Its Application of Pressure Water Supply in Train Wheel Heat Treatment Process

Tao Tao[1]　Zhang Huiyi[1]　Jiang Bo[2]　Chen Gang[2]

(1. Anhui University of Technology; 2. Ma'anshan Iron and Steel Co., Ltd.)

Abstract　The performance of high-speed and heavy loading of railway transportation requires the high-quality train wheel. Heat treatment is a important process for improving the quality of train wheel. Heating-up temperature is the key factor for influencing heat treatment while having set such technological parameters as water pressure, water discharge, heat treatment time and so on. By adopting the technology of multi-sensor data fusion, accurately measuring the temperature of heat treating furnace for train wheel provides dependable evidence for temperature control.

Key words　heat treating furnace; temperature measurement; data fusion

1　引言

列车车轮具有载重、导向、传递牵引力和制动力的功能，工作条件十分恶劣，对行车安全具有重要影响。随着我国铁路运输高速、重载化的发展，对列车车轮质量的要求不断提高。热处理是车轮生产过程的重要环节，对改善和稳定车轮金相组织及力学具有重要作用，直接影响车轮的使用性能。

马鞍山钢铁股份有限公司（简称马钢）车轮公司是我国列车车轮的主要生产厂商之一，其产品质量和性能的改善对我国铁路运输行业的发展将产生影响。该公司目前有两条热处理生产线，热处理工艺为喷水冷却，但水压力、水流量、热处理时间等工艺参数设定后均不可调节，因此对加热温度有严格的要求。每条生产线有6个热处理炉，在每个热处理炉中采用几个热电偶测量结果的算术平均值作为加热温度实际值来进行目标温度控制。由于生产现场影响因素较多、测量误差较大，直接影响了加热炉的温度控制精度，成为制约热处理质量亟待解决的技术问题。

本文根据马钢车轮公司的生产实际，介绍一种采用基于多传感器参数估计的数据融合算法进行热处理炉温度测量，不需要任何关于热处理炉温度测量的统计资料，仅对8个温度传感器（热电偶）的测量

❶　原文发表于《中国仪器仪表》2008年第1期。
安徽省科技厅重点科技攻关项目（04022076）。

结果中剔除疏失误差后的一致性测量数据进行融合值计算，以获得比有限个测量数据的算术平均值更可靠的测量结果，从而提高测量准确性的方法。

2　温度测量系统

热处理炉温度测量系统构成如图 1 所示，包括传感器（热电偶）、变送器、ZigBee 无线传输模块、工业控制计算机等部分。

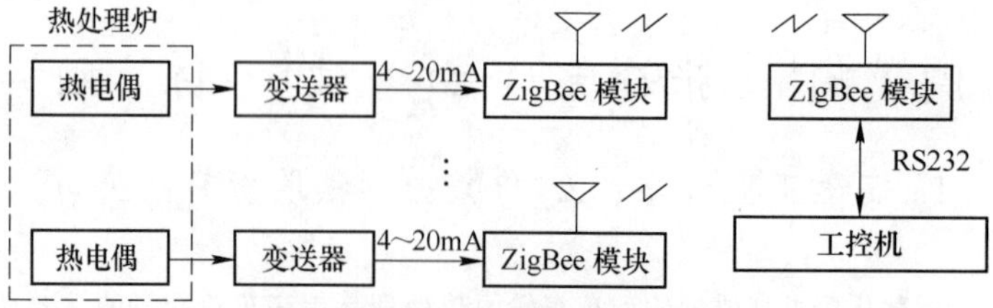

图 1　热处理炉温度测量系统原理图

变送器将热电偶输出的 mV 信号转换为 4~20mA 电流信号；JN5121-DK100-50 型 ZigBee 无线传输模块将 4~20mA 模拟信号进行 12 位 A/D 变换后通过中心模块传送到工控机，该模块传输距离可达 1000m，节点数达 255 个；工控机对接收到的温度数据进行处理，剔除疏失误差，获得一致性测量结果，再进行数据融合计算。融合计算结果与相应加热炉温度设定值比较后，实现温度的负反馈闭环控制。

3　数据融合算法

数据融合一词出现在 20 世纪 70 年代初期，主要是为适应军事应用的需要，C^3I（指挥、控制、通信和情报）系统率先采用多传感器数据融合技术来采集和处理战场信息并获得成功。到 20 世纪 80 年代中期，数据融合技术已逐步应用到智能机器人系统、智能制造、智能交通、医疗诊断、监控系统、金融系统和多源图形处理等领域。它是多学科、多领域所共同关心的高层次共性关键技术之一，是一个多级、多层面的数据处理过程，主要完成对来自多个信息源的数据进行自动检测、相关估计及组合等处理。目前，数据融合技术虽然未形成完整的理论体系和有效的融合算法，但是基于随机理论和人工智能理论，在不少应用领域根据自己的具体应用背景，已提出了许多成熟且有效的融合方法。

热处理炉温度测量数据融合的目的是依据有限的传感器资源，消除测量中的不确定性，获得比有限个传感器测量信息的算术平均值更准确、更可靠的测量结果。由于采用了数据融合处理，当热处理炉温度测量系统中的某些传感器测量结果失效时（如线路松动、硬件损坏、干扰等），系统可以依据其他非失效传感器提供的信息，通过数据融合获得准确温度。

3.1　测量数据的一致性检验

测量数据一致性检验的目的是消除现场的突发性干扰信号、测量设备本身的故障等因素产生的疏失误差。这个误差在进行数据融合前必须予以剔除。

算术平均值法是将所有的数据进行简单的取平均值作为被测物理量的真值，并未对其中可能存在的疏失误差予以剔除，故当测量次数较少时很难消除误差对测量结果所带来的影响，有时还会带来致命的错误。而测量次数较多对，会影响系统的实时性。格罗贝斯准则是一种基于被测值服从正态分布的递归算法，采用此准则可以不受测量次数的影响并得到很好的剔除疏失误差的效果。但是，此方法一次只能剔除一个误差值，需多次反复运算才能消除多个误差，且期间需进行查表操作，因此也会对系统的实时响应产生不良影响。本文采用分布图法剔除疏失误差。

分布图中反映数据分布结构的主要参数是：中位数 T_M、上 4 分位数 F_U、下 4 分位数 F_L 和 4 分位数离散度 dF。

（1）将所测得的 N 个测量数据 T_i 按递增顺序进行排序，得到一数据序列：

$$T_1, T_2, T_3, \cdots, T_{N-1}, T_N$$

其中，T_1 为下限值，T_N 为上限值。

(2) 定义中位数

$$T_M = T_{(N+1)/2}(N\text{为奇数}) \tag{1}$$

$$T_M = (T_{N/2+1} + T_{N/2})/2(N\text{为偶数}) \tag{2}$$

同理定义上 4 分位数 F_U 为 $[T_M, T_N]$ 的中位数，下 4 分位数 F_L 为 $[T_1, T_M]$ 的中位数，4 分位数离散度 $dF=F_U-F_L$。

(3) 确定有效数据的判断区间为 $[F_L-K/2\times dF, F_U+K/2\times dF]$，其中 K 为一常数，K 的大小根据数据列大小和精度要求来确定（通常取 K 值为 0.5、1.0 或 2.0），即认为 $|T_i-T_M|>K\times dF$ 的数据为无效数据，$|T_i-T_M|\leqslant K\times dF$ 的数据是有效的一致性数据。

从上面的分布图法可以看出，其 T_M、T_U 和 T_L 的选取和数据列极值点的大小无关，仅取决于测量数据的位置分布，判断区间 $[F_L-K/2\times dF, F_U+K/2\times dF]$ 的选取也就与需要剔除的可疑数据没有太大的联系。利用此方法可以很好的剔除测量列中可能存在的疏忽误差，增强了其后要进行的数据融合处理的鲁棒性。

3.2 数据融合算法

由于热电偶为等精度传感器，其测量结果具有正态分布，可以采用算术平均值算法与分批估计相结合的融合算法。将经分布图法剔除误差后得到的一致性数据，按其传感器安装位置分为 2 组（相邻两传感器不在同一组），对 2 组数据的平均值采用分批估计算法，估计出接近温度真值的融合值 T，消除测量过程中的不确定性。

将经分布图法得到的一致性数据分为 2 组：

$$T_{11}, T_{12}, \cdots, T_{1m}(m \leqslant N/2)$$
$$T_{21}, T_{22}, \cdots, T_{2c}(c \leqslant N/2)$$

计算出 2 组数据的算术平均值：

$$\overline{T_1} = \frac{1}{m}\sum_{i=1}^{m} T_{1i},\ \overline{T_2} = \frac{1}{c}\sum_{i=1}^{c} T_{1i} \tag{3}$$

相应的标准偏差分别为：

$$\sigma_1 = \sqrt{\frac{1}{m-1}\sum_{i=1}^{m}(T_{1i} - \overline{T_1})^2},\ \sigma_2 = \sqrt{\frac{1}{c-1}\sum_{i=1}^{c}(T_{2i} - \overline{T_2})^2} \tag{4}$$

根据分批估计理论可得到温度融合值的方差为：

$$\sigma^2 = \frac{\sigma_1^2\sigma_2^2}{\sigma_1^2 + \sigma_2^2} \tag{5}$$

最后可以估算出实际温度值 T 为：

$$T = \frac{\sigma_2^2}{\sigma_1^2 + \sigma_2^2}\overline{T_1} + \frac{\sigma_1^2}{\sigma_1^2 + \sigma_2^2}\overline{T_2} \tag{6}$$

分批估计数据融合算法增加了测量方差较小的传感器温度数据的权重，因此比算术平均值方法具有更好的克服各种外界随机干扰对温度测量产生影响的能力，所计算的结果更加接近真实的温度值。其适用条件为传感器测量数据呈正态分布。在热处理炉工作在稳定状态下，可认为此时的温度参数具有缓变特性，而传感器对缓变量的测量结果一般具有正态分布特点，因此对热处理炉温度的测量过程符合分批估计数据融合算法的适用条件。

4 测量结果及分析

为验证上述算法，在实验室加热炉上安装 8 支热电偶，将温度加热到 850℃并保持恒温一定时间，测得数据如表 1 所示。

表 1　多传感器温度测量数据

传感器编号	S1	S2	S3	S4	S5	S6	S7	S8
实测温度值/℃	851. 2	850. 6	849. 5	848. 7	852. 3	851. 4	847. 5	849. 7

8 个传感器的实测平均值为：

$$\bar{T} = \frac{1}{8}\sum_{i=1}^{8} T_i = 850.11℃$$

与恒温值的偏差为+0. 11℃。

采用前述一致性检验算法，本文采用取动态 K 值的方法，即加热阶段由于温度不均匀，取 $K=2.0$；均热阶段，取 $K=1.0$。因此，对表 1 的实验数据，取 $K=1.0$ 可得 S7 传感器测量结果为疏失误差，将其剔除后其余 7 个传感器的实测平均值为 850. 48℃，与恒温值的偏差为+0. 48℃。

剔除 S7 传感器测量结果后，其余 7 个传感器测量数据认为是一致性数据，将其分为 2 组，按式（3）、式（4）、式（6）进行融合计算，可得温度融合值为 850. 05℃。绝对误差为 0. 05℃。

可见，经数据融合后得到的温度值比平均值法得到的结果更接近真实值。

参 考 文 献

[1] 安涛，李胜祇，李小宇，等 . 重载车轮对机械性能要求的研究［J］. 铁道车辆，2006，44（11）.
[2] 张斌，陈雷 . 我国铁路货车车轮技术发展［J］. 中国铁路，2006，（7）.
[3] 刘彬，冉蜀阳 . 采用多传感器数据融合技术的消防报警系统［J］. 中国测试技术，2006，32（6）.
[4] 王正友 . 信息融合及其对现代企业的影响［J］. 矿山机械，2004，（2）.
[5] 蔡菲娜，刘勤贤，朱根兴，等 . 数据融合方法在单传感器系统中的应用［J］. 数据采集与处理，2005，20（1）.

车轮喷水淬火之水压调控技术及其应用❶

胡祝银[1] 陶 陶[1] 江 波[2] 陈 刚[2]

（1. 安徽工业大学；2. 马鞍山钢铁股份有限公司）

摘 要 铁路运输的高速、重载化，要求高质量的列车车轮。热处理是提高车轮质量的重要环节。本文针对马钢车轮公司车轮热处理工艺因素波动大、不能满足高质量产品生产的现状，介绍了喷水淬火的水压控制技术和方法。实际运行结果表明，本方案投资省，热处理系统工作稳定、可靠，达到了预期目标。

关键词 车轮；热处理；恒压供水

Control Method and It's Application of Pressure Water Supply in Train Wheel Heat Treatment Process

Hu Zhuyin[1] Tao Tao[1] Jiang Bo[2] Chen Gang[2]

（1. Anhui University of Technology；2. Ma'anshan Iron and Steel Co.，Ltd.）

Abstract The performance of high-speed and heavy loading of railway transportation requires the high-quality train wheel. Heat treatment is a important process for improving the quality of train wheel. To fulfill the need of high quality production with preventing processing parameters of wheel heat treatment from fluctuating in Ma Steel Wheel Company，the control technique and method for heat treatment medium is introduced. Testing result indicates that the method has low investment，works steadily and reliably with heat treatment system，and meets with the expectation.

Key words train wheel；heat treatment；constant pressure water supply

1 引言

列车车轮具有载重、导向、传递牵引力和制动力的功能[1]，工作条件十分恶劣，对行车安全具有重要影响。随着我国铁路运输高速、重载化的发展，对列车车轮质量的要求不断提高[2]。热处理是车轮生产过程的重要环节，对改善和稳定车轮金相组织及力学性能具有重要作用，直接影响车轮的使用性能。

马钢股份公司车轮公司是我国列车车轮的主要生产厂家之一，其产品质量和性能的改善对我国铁路运输行业的发展将产生直接影响。投产以来，由于热处理环节水压不稳定造成了同一批次车轮的金相组织和力学性能不稳定，限制了公司高质量车轮的生产和经济效益的提高。本文介绍了一种针对上述问题的水压调控方案和技术。实际运行表明，本方案简单易行，热处理机组工作稳定可靠，满足了工业化大批量生产的需求。

2 现状

目前马钢车轮公司有两条热处理生产线，每条生产线有6个热处理台架。采用的热处理工艺为让车轮在热处理台架上高速旋转，同时对车轮踏面进行喷水冷却，如图1所示[3]。图2为热处理过程温度变化示意图[4]。

---

❶ 原文发表于《热处理技术与装备》2008年第2期。

安徽省科技厅重点科技攻关项目（04022076）；安徽省教育厅自然科学研究项目（2006KJ064B）。

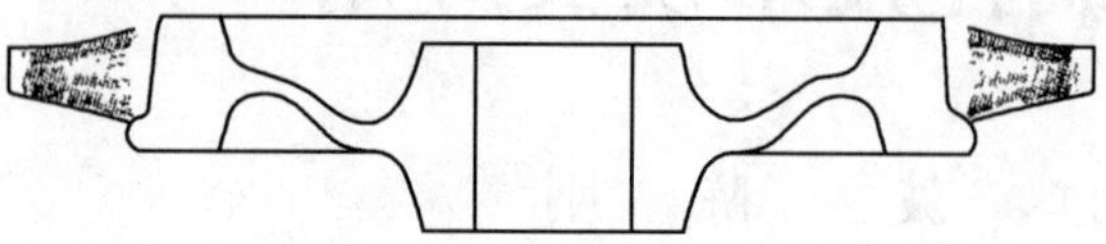

图 1　车轮热处理示意图

Fig. 1　Sketch of wheel heat treatment

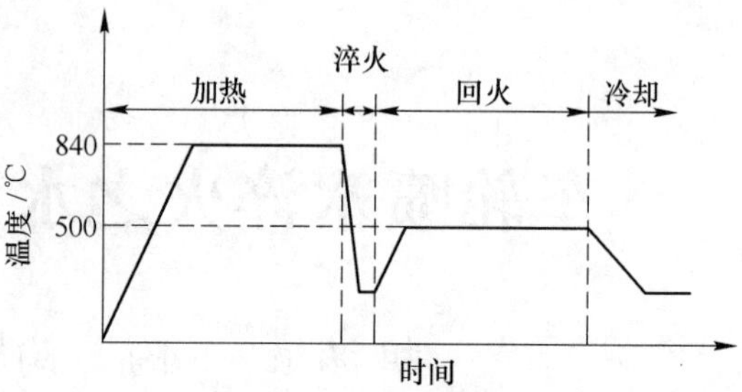

图 2　车轮热处理过程温度变化示意图

Fig. 2　Sketch of temperature change in wheel heat treatment

用于喷冷后的水排放到循环水池，冷却、过滤后通过水泵抽到蓄水箱。热处理总水管与蓄水箱相连，再分成 6 条支管与 6 个热处理台架相连，蓄水箱同时起稳定总管水压的作用。热处理台架供水管路示意图如图 3 所示。

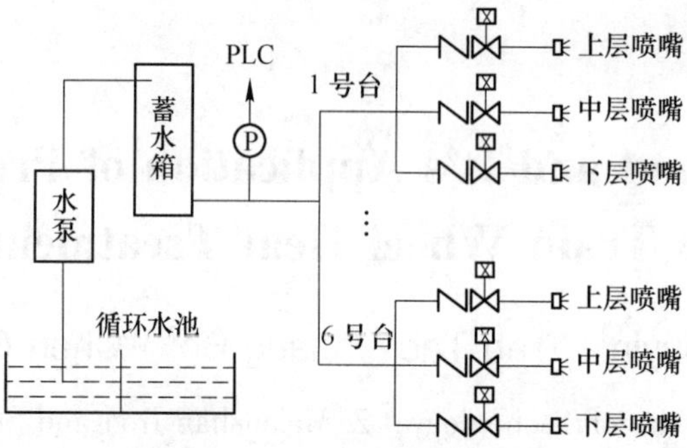

图 3　车轮热处理生产线供水管路示意图

Fig. 3　Sketch of feed piping map of product line in wheel heat treatment

工件在热处理台架上的淬火工作过程为上料、启动旋转机构带动车轮旋转、接通电磁阀进行喷水淬火、断开电磁阀、停止旋转机构、卸料。

3　存在问题

随着用户对列车车轮质量要求的不断提高，同一批次车轮热处理后的性能不一致以及不能达到用户要求的性能指标成了马钢车轮公司急需解决的主要问题。理论上讲，车轮加热温度、水温、水压（水流量)、喷嘴位置、加热与冷却的时间等都将影响热处理结果。由于车轮公司和技术中心在稳定加热温度、喷嘴位置和水温控制等方面已做了大量工作，基本能满足工业化批量生产的要求。因此，经仔细分析和现场实际调查后发现，其根源在于水压不稳定和水压不可调节上。

水压的大小决定冷却速度，从而直接影响淬火硬度等性能指标，要生产不同硬度等级的车轮，必须实现水压的调节和控制。从图 3 可以看出，现行热处理机组（台）冷却水直接引自蓄水箱，只在总管上有一压力检测点，因此，不可能实现水压的自动调节与控制。

由于各热处理台架是独立工作的，当参与工作的台架数量不同，亦即图 3 中电磁阀导通数量不同时，势必造成水压的波动，使得同一批次车轮的淬火冷却强度不同，并呈现无规律波动，造成热处理后车轮的力学性能差异较大。

4　水压调控方案

采用图 3 所示的供水系统，总管最大水压实测为 0.4MPa，6 个热处理台架同时工作时，总管水压实测为 0.32MPa，不能满足总管水压大于 0.4MPa 的工艺要求。因此，必须对供水管路进行改造。

4.1　改造原则

为了在检修期间完成改造而不影响生产，确定了以下改造原则：

（1）对现行热处理机组不作大的改动，尽量不改变现行操作方式。

（2）以稳定水压和水压可调节为改造目标。

（3）尽量减少现场施工量。

（4）改造后的热处理机组应满足工业化批量生产的要求。

4.2 水压调控方案

从生产现场调研结果看，来自蓄水箱的水压（总水管压力）为0.4MPa，基本稳定。造成压力波动的原因，是因为6个热处理台架中，不断有台架投入和退出工作。因此，为了稳定对各热处理台架供水压力，提出了新增旁路水管的改造方案。

其工作原理是：旁路水管和热处理台架交替出水，并使两者的出水量相等。当热处理台架工作时，断开相应的旁路水管电磁阀；当台架退出工作时，接通相应的旁路水管电磁阀。对供水系统而言，相当于6个热处理台架一直不间断地在工作，使每个台架在淬火过程中水压和水量恒定，以保证同一批次车轮热处理后的性能一致。

水压调节则采用变频恒压供水系统实现。众所周知，水流量与水压力之间为二次方关系，同时水流量又正比于电动机转速。因此，通过变频器控制电动机转速，可实现水压的在线自动控制。为减少对原热处理机组的改动以及热处理工艺参数的稳定，采用了调节总管压力的方式。改造后的供水管路系统如图4所示。

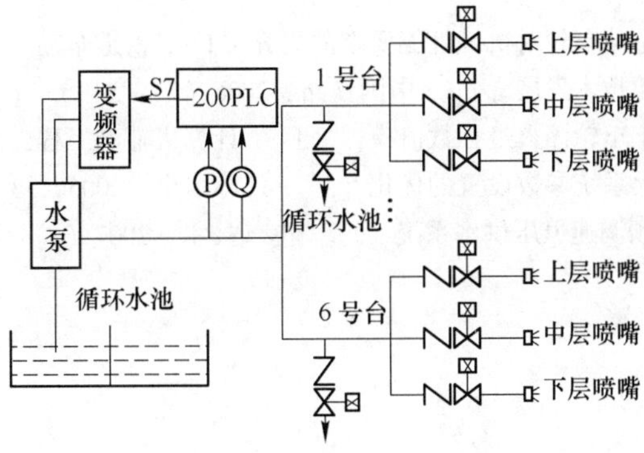

图4 改造后的车轮热处理生产线供水管路示意图

Fig. 4 Sketch of feed piping map after transformation

此方案的优点是只需在各热处理台架新增一段旁路水管，对热处理机组其余部分不作任何改动，也就是说，不改变现行热处理工艺和参数。其缺点是，当热处理台架处于非热处理状态时，仍然要排出等量的水。虽然排出的水进入了循环水池，不存在水的浪费，但会有一定的电能消耗。

图4中，新增旁路管为直管，没有阻力，而从喷嘴流出的水有阻力，因此旁路管直径应比各热处理台架支管小。即：

$$\phi_{旁} = k\phi_{支} \quad (0 < k < 1)$$

由于无法提供精确的喷嘴阻力系数等参数，准确计算k值是不可能的。即使能得到精确的k值和旁路管直径，该直径也不一定符合公称尺寸要求，因此，对旁路管直径的选择不采用理论计算的方法。

本方案采用实验方法，即在旁路管电磁阀前增加一个截止阀，并在总管上新增一台电磁流量计，手动调节截止阀，使从旁路管流出的水量等于从支管经喷嘴流出的水量。

4.3 水压调节的实现

车轮热处理工艺要求水压调节范围为0.1~1.0MPa，因原蓄水箱的最大水压（总水管压力）为0.4MPa，不能满足要求，故本方案采用恒压供水方式以实现水压调节。

现今变频器一般具备PID调节能力，考虑到现场西门子S7-200 CPU224有富余的PID功能模块回路，并且总管压力信号已进入PLC系统，所以在PLC中进行PID运算，并将计算结果输出到变频器，驱动水泵电机变速运行。

在 S7-200 中，PID 功能块通过一个 PID 回路表交换数据，这个表是在 V 数据存储区中开辟，长度为 36 字节。因此，每个 PID 功能块在调用时需要指定两个要素：PID 控制回路号及控制回路表的起始地址[5]。

PLC 中的 PID 算法采用 PD-PID 双模控制。其思路是，在大偏差时采用 PD 控制，利用 PD 控制响应速度快的特点，迅速减小偏差而又不引起过大的超调趋势；小偏差时采用 PID 控制以提高稳态精度。

PID 运算的表达式为：

$$u(k) = K_p e(k) + K_i K \sum_{j=0}^{k} e(j) + K_d [e(k) - e(k-1)]$$

$$K = \begin{cases} 1, & |e(k)| \leqslant \varepsilon \\ 0, & |e(k)| > \varepsilon \end{cases}$$

式中，$u(k)$ 为第 k 采样时刻的 PID 回路输出值；$e(k)$ 为第 k 采样时刻的误差；K_p、K_i、K_d 为系数。

5　结束语

铁路是我国的主要运输形式之一，车轮具有载重、导向、传递牵引力和制动力的功能，工作环境恶劣。本文从提高车轮热处理质量的角度出发，介绍了喷水淬火的水压控制技术和方法，经半年的实际应用表明，本方案投资省，热处理系统工作稳定、可靠，达到了预期目标。可为类似热处理场合提供借鉴。

参 考 文 献

[1] 安涛，李胜祇，李小宇，等．重载车轮对机械性能要求的研究［J］．铁道车辆，2006，44（11）：1-5.
[2] 张斌，陈雷．我国铁路货车车轮技术发展［J］．中国铁路，2006（7）：53-55.
[3] 安涛，付斌，沈晓辉，等．火车车轮淬火过程数值模拟［J］．计算机辅助工程，2006（9）：388-390.
[4] 钟斌，肖峰，程德利．车轮淬火系统参数设置的优化［J］．江苏冶金，2005，33（4）：31-33.
[5] 左鹏军．两种模式 PID 控制变频调速恒压供水系统［J］．电气技术，2007（1）：43-45.

60Mn钢环件断裂原因分析❶

陈　刚[1]　任学冲[2]

(1. 马鞍山钢铁股份有限公司；2. 北京科技大学)

摘　要　60Mn钢环件装配后，在静置状态下突然发生断裂。采用断口分析、化学成分分析、显微组织检验等方法对断裂件进行了分析。结果表明，环件中存在白点。白点在装配应力和内部氢压的作用下发生滞后扩展，当白点裂纹长大到临界尺寸时，裂纹尖端的应力强度因子达到该环件的断裂韧性，从而发生崩裂。

关键词　环件；白点；氢致滞后扩展；断口分析

Fracture Analysis of 60Mn Steel Ring

Chen Gang[1]　Ren Xuechong[2]

(1. Ma'anshan Iron and Steel Co., Ltd.; 2. University of Science and Technology Beijing)

Abstract　The 60Mn steel ring burst broken in static after assembled. The fracture was analyzed through fracture surface, composition and microstructure. The results showed that there were flakes in the ring and the hydrogen-induced delayed cracking was induced in a flake under the hydrogen pressure and the assemble stress. When the flake grew to a critical size and the stress intensity factor was up to the fracture toughness the ring burst apart.

Key words　steel ring; flake; hydrogen-induced delayed cracking; fracture analysis

1　情况简介

60Mn环件过盈装配后，在静置状态下突然发生断裂。这种环件的生产工艺为：电炉冶炼→LF精炼处理→压轧→等温处理→淬回火。该环件外径为1200mm，内径为1000mm，宽度为150mm。鉴于这种断裂形式的危害，对断裂环件进行了失效分析。

2　理化检验

2.1　断口分析

图1为环件的宏观形貌，该环件断口为较平坦的正断型断口。断裂源区为12mm×18mm的椭圆形平坦区域，如图1中A区，断裂源点离内径面大约50mm，离内侧面大约70mm。断裂源点居于环件横截面的中心。

扫描电镜下观察断口，在图1的A区中可以发现有一断裂源，其在一平坦区域，如图2(a)中的M，放大后的形貌如图2(b)所示。区域中可以发现两个球形的夹杂物，如图2(b)中的B和C。在较为平坦的M区外为准解理断口，并含有较多的二次裂纹，如图2(c)所示，而在图1中的A区外则是解理断口，如图2(d)所示，在解理断口和准解理断口间存在明显的分界线，如图2(e)所示。

图1　宏观断口形貌

Fig. 1　Macro appearance of fracture surface

❶　原文发表于《理化检验—物理分册》2008年第4期。

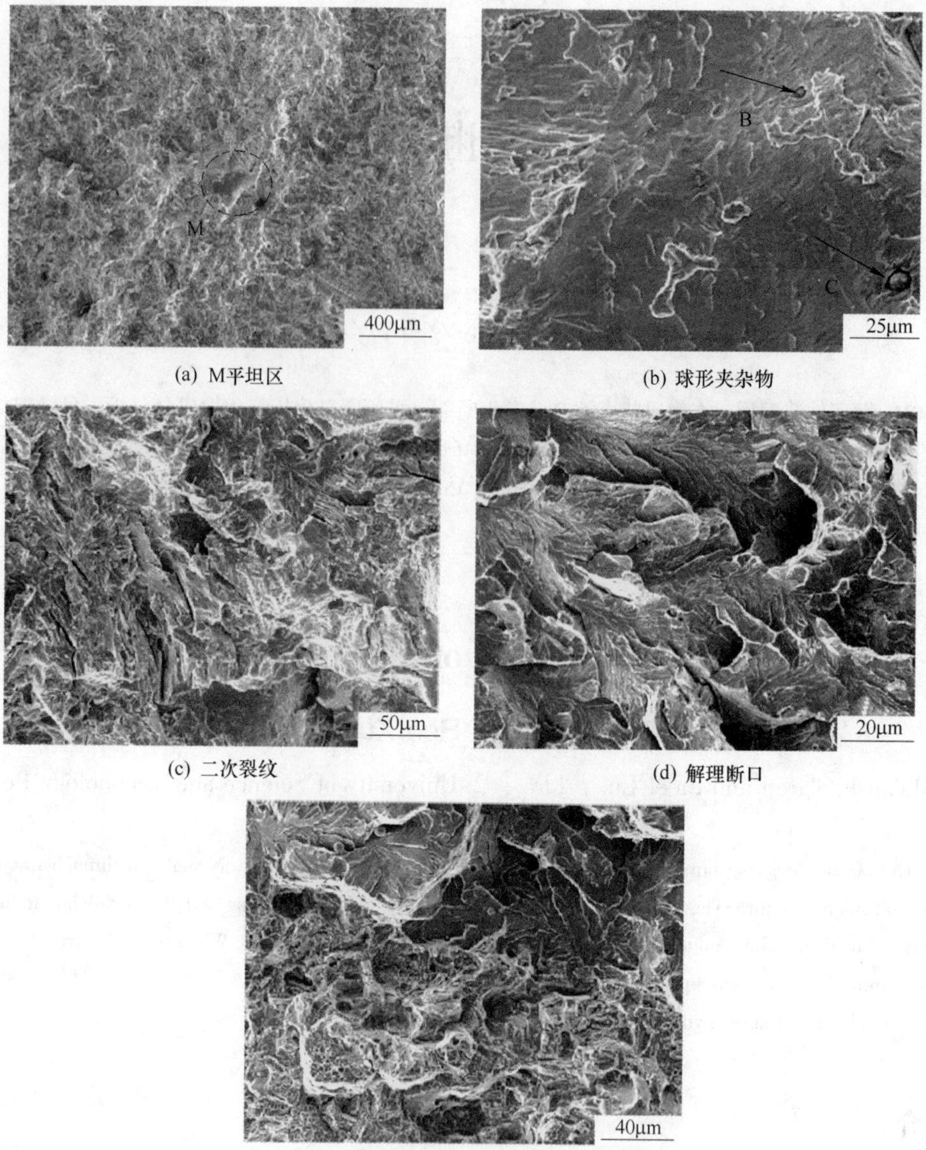

(a) M平坦区　(b) 球形夹杂物　(c) 二次裂纹　(d) 解理断口　(e) 解理和难解理断口的分界线

图 2　60Mn 环件微观断口形貌

Fig. 2　Micro-fracture surface of 60Mn steel ring

2.2　化学成分分析

在近断口处取样进行化学成分分析，结果（质量分数）见表 1。由表 1 可知，除了碳超过上限外，其他元素均符合技术要求。

表 1　原材料和在环件近断品处的化学成分及技术要求

Table 1　Chemical composition of raw material and near the fracture in ring, and specification　（%）

项目	C	Si	Mn	P	S	[H]/ppm
试样	0.69	0.29	0.70	0.017	0.004	—
熔炼成分	0.65	0.30	0.70	0.019	0.006	1.8
技术要求	0.57~0.65	0.17~0.37	0.70~1.00	≤0.035	≤0.035	≤2.0

2.3　金相组织及低倍检验

断裂环件的显微组织如图 3 所示，为珠光体加少量铁素体。在环件截面上发现有夹杂物，如图 4 所示。对图4中夹杂物进行了能谱分析，结果表明，夹杂物主要有两类：一类为 MnS，另一类含铝、硅、钙、镁和氧等元素，为硅酸盐夹杂。对崩裂环件进行了酸浸低倍检验，其中心疏松区的疏松程度略高，纵向低倍试样（检验面平行于内侧面）上存在两条裂纹（发裂），一条为9mm，距内径面约31mm，另一条为10mm，距内径面约23mm。如图5所示。

图3　环件的显微组织

Fig. 3　Microstructure of the ring

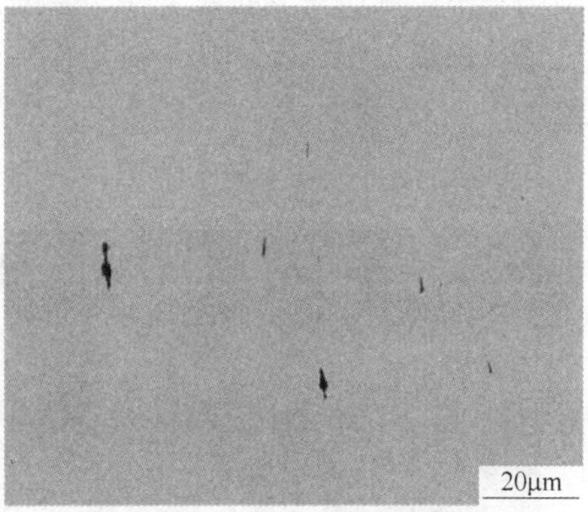

图4　环件中的夹杂物

Fig. 4　Inclusions in the ring

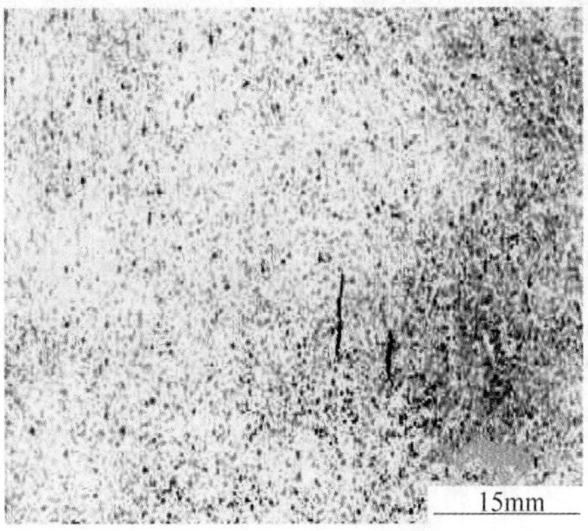

图5　崩裂环件内的裂纹

Fig. 5　Cracks in the broken ring

3　结果分析

由断口分析可知，该环件断裂分两个步骤：一为环件中心部位材料穿晶准解理断裂而形成断裂源；二为解理裂纹从心部准解理裂纹处快速扩展。环件中心部位的穿晶准解理裂纹的形成是导致环件最终断裂的原因。因此，找到中心准解理裂纹形成的原因就可以为分析环件断裂提供主要的依据。

白点是钢中的一种缺陷，在断口上表现出圆形或椭圆形的白色区域，通常是由于钢中氢含量过高引起的[1]。环件中心部位的椭圆形断裂源具有明显的白点断口特征，即微观形貌为带有二次裂纹的穿晶准解理断口[2,3]。因此可以判定，环件中心部位的椭圆形准解理断裂源就是氢导致的白点。白点产生的必要条件是材料内部存在足够高的氢浓度，氢原子会在局部聚集复合成 H_2 而产生氢压，当氢压足够高时，导致裂纹的产生和扩展。尽管在断裂环件上取样测定的氢含量符合标准（$C_H \leqslant 2\times10^{-6}$），但测氢试样在加工和放置过程中会有一部分可扩散氢逃逸出试样，从而使测量值偏低。如果中间包烘烤不干，会导致增氢，使钢水中的氢含量高于 2.0×10^{-6}，如现场取样检验，钢水中氢含量最高可高达（$5\sim6$）$\times10^{-6}$。任学冲等[4]的研究表明，当氢含量在成分与此环件相近的车轮钢中达到 3.7×10^{-6} 就会产生白点。在冷却至室温的铸坯中，由于环件截面较大，内部氢没有足够的时间扩散出，从而聚集形成白点。另外，即使氢含量不足以达到产生白点的水平，如存在应力（内应力、组织应力等），应力会诱导 H 重新分布而在局部区域聚集，从而产生白点[5]，形成如图5中的内部裂纹。环件是在装配后静置状态下发生断裂的，而不是装配瞬时断裂，因此最初形成的白点会在装配应力和氢压的作用下，发生滞后扩展。但氢致滞后扩展断口和白点断口是较难区分开的，因此不能通过断口分析来确定，哪部分是最初形成的白点，哪部分是装配后滞后扩展形成的断裂面[2]。当白点在应力的作用下滞后扩展到一定尺寸时，其尖端的应力强度因子就会达到材料的断裂韧性，从而发生瞬时崩裂。

夹杂是钢中氢的陷阱，它可以使氢富集在夹杂和基体的界面上，如果存在应力，在夹杂和基体的界面处会形成应力集中。从而一方面使氢在夹杂处产生应力诱导氢富集[5]，另一方面使夹杂和基体的界面处优先开裂，形成白点。图 6(a) 中 A 区为环件试样中充氢引起的氢脆断口，在 A 区的中心部位有一形核点，放大后如图 6(b) 所示，其中 B 为一夹杂，准解理开裂面起源于夹杂的两端，如图中箭头所示。对 B 点进行能谱分析表明，该处为 MnS 夹杂，如图 6(c) 所示。

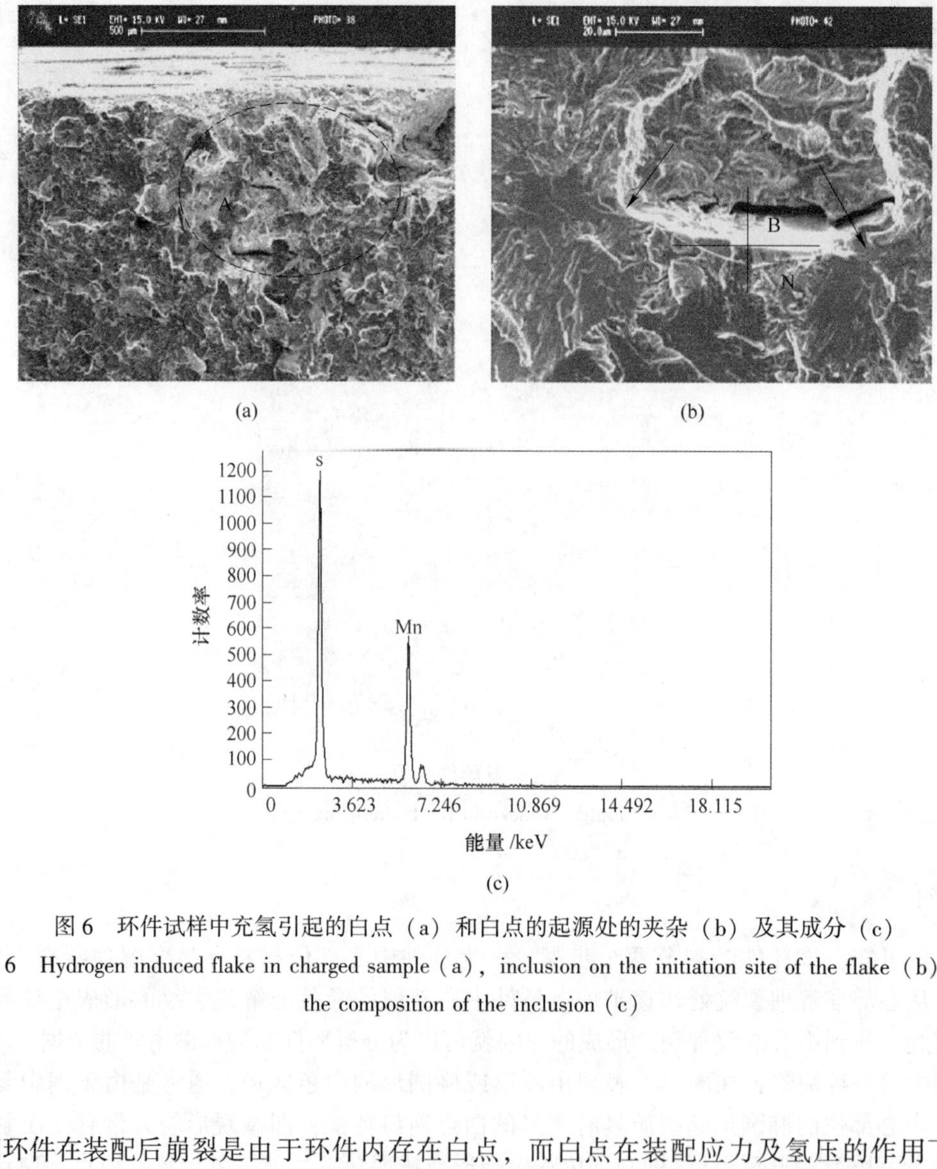

图 6　环件试样中充氢引起的白点（a）和白点的起源处的夹杂（b）及其成分（c）

Fig. 6　Hydrogen induced flake in charged sample（a），inclusion on the initiation site of the flake（b）and the composition of the inclusion（c）

4　结论

60Mn 钢环件在装配后崩裂是由于环件内存在白点，而白点在装配应力及氢压的作用下发生滞后扩展，当裂纹扩展到一定尺寸时就会发生瞬时崩裂。因此，在生产过程中应降低产品中的氢含量，减少夹杂物数量以及控制夹杂物的形态。

参 考 文 献

[1] 褚武扬. 氢损伤和滞后断裂［M］. 北京：冶金工业出版社，1988.

[2] 任学冲，褚武扬，李金许，等. 车轮钢中的白点及其断口研究［J］. 金属学报，2006，42（3）：273-279.

[3] 陈廉，刘民治，张维斗，等. 气瓶钢中白点焊合的研究［J］. 金属学报，1979，15（4）：446-455.

[4] 任学冲，褚武扬，李金许，等. 原子氢和白点对车轮钢力学性能的影响［J］. 金属学报，2006，42（2）：153-157.

[5] 武明，褚武扬，李金许，等. 应力和夹杂对车轮钢中氢鼓泡的影响［J］. 金属学报，2006，42（8）：815-819.

用 Superform 指导 DJ4 机车齿轮芯毛坯锻造工艺设计❶

张 磊 杨宁国 许章泽

(马鞍山钢铁股份有限公司)

摘 要 对 710 齿轮芯锻造生产过程的难点进行了分析，并用 MSC. Superform 软件对成形过程进行模拟，找出特殊锻造模式下的金属流动规律。模拟结果表明，最初的变形工艺存在问题，轮毂部位充不满。因此，根据模拟结果对工艺设计方案进行了改进，以限制金属沿径向向外流动，流向轮毂，并按照改进后的模拟结果指导工艺和锻造模具设计。在实际生产中得以验证，并取得了良好的效果。

关键词 机车齿轮芯；锻造；数值模拟

Forging Process Design of DJ4 Locomotive Gear Hub Billet Directed by Superform

Zhang Lei Yang Ningguo Xu Zhangze

(Ma'anshan Iron and Steel Co., Ltd.)

Abstract The forging difficulty of locomotive gear hub billet was analyzed and simulated with finite element analysis commercial software MSC. Superform. The rule of metal flow in special model was found. The result of simulated reveals that original design has some faults. The hub of gear could not be filled by metal. To avoid metalflowing out to the hub, the design of the die and the parameter of process were modified based on simulation. Gear hub was produced with the modified die and process. The result of simulation was verified by the practice. The locomotive gears were forged well.

Key words locomotive gear hub; forge; FEA simulation

1 引言

710 齿轮轮芯用于 DJ4 电力机车，该机车主要用于大秦线煤炭货运专列，属于重载机车，牵引力 10000t，运行速度 120km/h。DJ4 电力机车是中国与德国西门子合作的项目，引进的德国技术。以往该类齿轮的制造是由齿圈和铸造轮芯组合而成的，但现在证明这不能适应高速重载货运的需要，尤其是不能适应大秦线运煤专列的需要。为了保证高速重载的需要，保证齿轮的安全性、可靠性，德国西门子要求此次 DJ4 电力机车传动齿轮采用锻造轮芯和齿圈组合而成。

如果采用普通的自由锻造工艺，毛坯重量约为 600kg，而且在金属分配和冲孔方面都有很大的难度。此次锻造齿轮芯的制造在马钢车轮公司老车轮轧制线上进行生产，马钢车轮公司根据齿轮芯成品和自身的设备工艺的能力及特点绘制了齿轮芯毛坯图（图 1），毛坯重 588kg，图中虚线为齿轮芯成品。

马钢车轮公司老车轮生产线工艺是由前苏联老式变形工艺改造而来，压轧生产线由 2#30MN 水压机、80MN 水压机、轧机及 3#30MN 水压机等 4 个机组组成[1]。其模锻工艺与自由锻相比具有以下特点：流水化作业，一火成材，工作效率高，成本低；采用模锻成形，锻造精度高，余量小，金属消耗少。

❶ 原文发表于《锻压技术》2008 年第 5 期。
国家“863”计划资助项目（2003AA331160）。

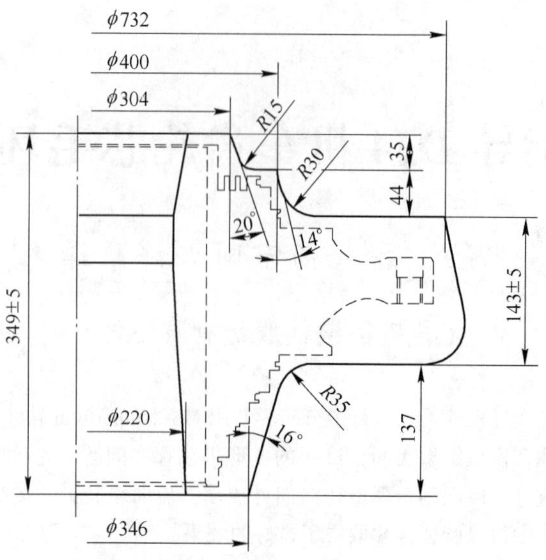

图 1　710 齿轮芯毛坯图

Fig. 1　Billet of 710 gear hub

2　生产难点分析

按照毛坯图马钢预先制定了变形工艺，如图 2 所示。本产品的生产没有轧制工序，加热好的钢坯于 2#30MN 水压机的 1 号工作台进行除氧化铁皮，在定径环内进行定径镦粗；在 2 号工作台则进行压痕工步，压痕深度的大小决定着轮毂和其他部位金属的分布；然后钢坯转送至 80MN 水压机上进行成形模锻，再于 3#30MN 水压机上进行冲孔。

所使用的钢坯为客户供应的经过锻打的 φ400mm 的圆坯，材质为 42CrMo，坯料长度为 650mm。从毛坯图和变形工艺可以看出，本产品生产具有以下难度：

（1）毛坯的轮毂长度较长，349mm，而轮毂的外径为 346mm，轮毂部位长度与外径的比值大于 1，相当于筒形锻件；

（2）内毂面突出较多，达到 137mm，不易充满；

（3）齿轮芯没有轮辋，所以成形模设计成平直的形状。而根据以往的车轮成形的经验，这种形状的成形模无法限制金属的流动，可能会造成轮毂部位充满度不够。

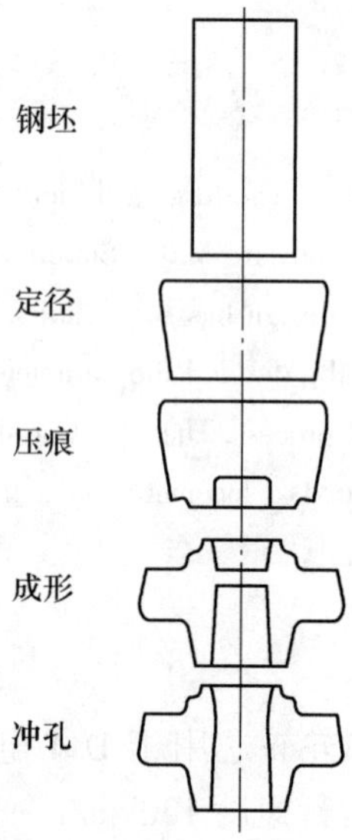

图 2　710 齿轮芯变形工艺

Fig. 2　Deformation process of 710 gear hub

为了保证在制造过程中齿轮芯毛坯各部位充满度良好，确保每一件毛坯都能加工出合格的成品，马钢车轮公司在生产前借助商业有限元软件 MSC. Superform 2004 对 710 齿轮芯成形各工步进行了弹塑性有限元热力耦合数值模拟。研究齿轮芯压制成形过程中金属流动规律，根据模拟的结果制定最佳的模具设计参数和工艺参数。

3　模型建立与结果分析

710 齿轮芯的成形工艺由 3 道工序组成（图 2），分别为定径镦粗、压痕和成形。在整个成形过程中载荷和约束条件均满足轴对称条件，因此可按二维轴对称进行模拟分析。坯料初始温度为 1250℃，材质选用 42CrMo。上模板及上模压下速度均为 50mm/s[2,3]。由于坯料高度较大，应变速率不大，且坯料的惯性力与成形力相比较小，所以变形过程视为准静态变形。将热态坯料按照四节点单元进行划分，分成 1200 个单元，1281 个节点。在成形过程中，金属流动剧烈，变形复杂，所以在模拟中使用了网格再生功能。由于变形剧烈，变形热较大，在计算中采用热力耦合的方式。锻压成形中，工件表面正应力很大，所以选择剪切摩擦模型较为合理，摩擦因子取 $m=0.3$[2]。由于冷态毛坯的高度为 349mm，热膨胀系数设定为 1.015，所以压下后的总高度设为 354mm。加载时间为 22s，模拟的总增量步为 176 步，其中，0~70 步为定径镦粗工序，热态钢坯由 660mm 压下到 360mm；71~116 步为压痕工序，压痕深度为 60mm；117~176 步为成形工序。计算结果如图 3 所示。

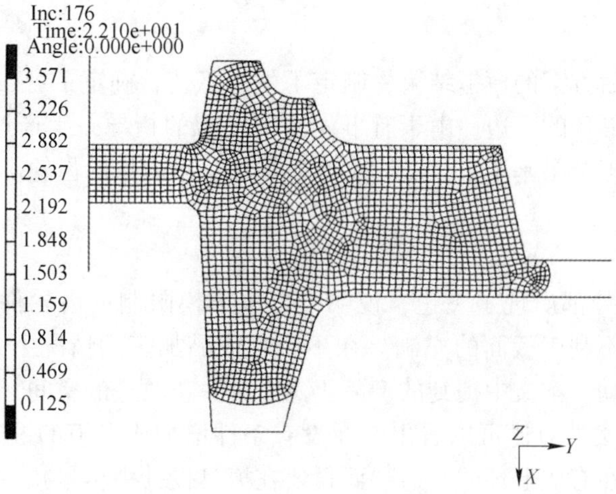

图 3 工艺修改前的模拟结果

Fig. 3 Simulation result before die and process was modified

从模拟结果可以看出：由于内毂面本身突出较多，而且没有了成形模的限制，金属较易于向外流动形成飞边，内毂面充满困难，即使在设备增加压力，金属沿径向向外流动，内毂面仍然无法充满，毛坯自然无法加工出成品；而外毂面由于相对较短，而且有成形环的限制金属向外流动的作用，充满相对较好。

4 变形方案改进

根据以上的模拟结果，设计人员调整了设计方案，改进了模具设计，做出如下调整。

（1）考虑到齿轮芯毛坯除了上下毂面长度不同以外，其余基本相似，所以将上下毂面对调，较难充满的下毂面变为上毂面，放在有成形环一边。

（2）增加成形环的高度，由原来的 110mm，增加到 136mm，提高其限制金属沿径向向外流动的能力。

（3）重新修正镦粗定径和压痕工序，主要是减小镦粗定径环模具的内径，在成形工序之前对金属的预分配加以控制，以保证金属到达成形环形成飞边前轮毂能基本充满成形。

根据以上调整方案再次进行模拟，模拟的初始条件与第 1 次相同。加载时间为 21s，模拟的总增量步为 202 步，其中，0~72 步为定径镦粗工序，73~119 步为压痕工序，120~202 步为成形工序。计算结果如图 4 所示。

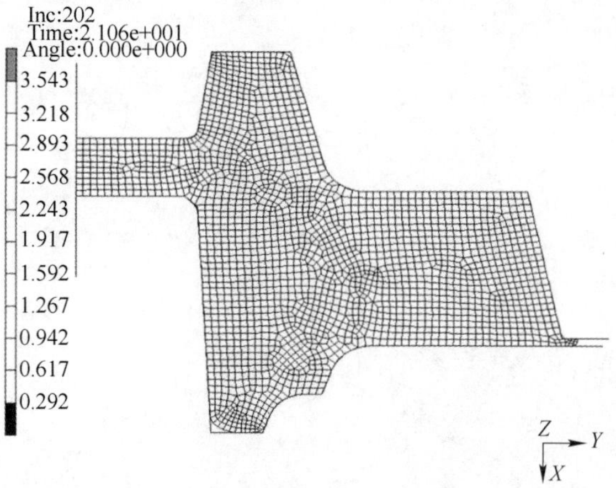

图 4 工艺修改后的模拟结果

Fig. 4 Simulation result after die and process was modified

从模拟结果不难看出：上下毂面的充满度有了明显改善；此时突出较短的下毂面的充满度反而不如突出较长的上毂面，说明加高后的成形环的限制金属向外流动的作用非常明显[4,5]；虽然下毂面局部充满不足，但根据余量图分析，这种状态的毛坯可以加工出合格的齿轮芯。

5　实际生产验证

马钢车轮公司根据改进后方案的模拟结果，制定了生产工艺，确定了各工序的压下量。制作模具时，将较难充满的毂面放在有成形环的一边。由于有事先数值模拟的指导，生产过程比较顺利，首批生产20件，压制后毛坯的状态与模拟结果基本一致。所有毛坯均加工出合格的齿轮芯成品。

6　结论

（1）两次模拟在分模面处都出现了飞边，说明没有成形模限制的齿轮件在水压机锻造成形过程中，金属容易沿径向向外流动，不利于毂面的充满。在不影响成品加工的情况下，应该考虑设计出带有型面的成形模以限制金属向外流动，本文中提到的产品仍然有进一步改进的空间。

（2）从改进前后两个方案的对比可以看出，在没有条件增加成形模的锻造成形中，要考虑成形环的作用，将较难充满的毂面放在有成形环的一边。而且要在模具设计中尽量减少分模面的间隙。

（3）定径镦粗时使用的定径环的外径和高度参数要与成形环合理的匹配。

参 考 文 献

[1] 程必福，蔡钊，李恺，等．车轮轮箍生产［M］．北京：冶金工业部工人视听教材编辑部，1991.

[2] 沈晓辉，安涛，闫军，等．840车轮预成形过程的有限元分析［J］．钢铁研究学报，2005，17（1）：30-33.

[3] 张磊，沈晓辉，闫军，等．车轮压弯有限元分析［J］．安徽工业大学学报，2007，24（3）：266-268.

[4] 吕成，张立文，牟正君，等．TC4钛合金锻件锻造过程三维热力耦合有限元模拟［J］．锻压技术，2007，32（1）：28-31.

[5] 吴丽平，刘建雄，等．基于塑性变形有限元模拟的模具结构优化［J］．锻压技术，2006，31（2）：55-58.

轮箍裂纹成因分析❶

赵　海　邓荣杰　粟海兵

（马鞍山钢铁股份有限公司）

摘　要　对出口轮箍内外辋面出现裂纹现象进行了分析，得出其产生原因是钢锭中的皮下气泡在加热过程中被氧化烧穿不能焊合而造成的。为此提出避免钢模受潮、避免寒冷季节低温下冷模浇注，杜绝气泡产生则裂纹可以防止。

关键词　轮箍；皮下气泡；裂纹

Crack Forming Cause of Tyres

Zhao Hai　Deng Rongjie　Su Haibing

（Ma'anshan Iron and Steel Co.，Ltd.）

Abstract　The crack forming cause of exported tyres was analyzed，which were produced by Ma'anshan Iron and Steel Co.，Ltd. The subcutaneous blow hole existing in ingot was the main reason by analysis. Therefore，some measures were put forward，such as avoiding of ingot mould wetting，low temperature and cold mould casting. At the last，the crack can be eliminated.

Key words　tyre；subcutaneous blow hole；crack

1　引言

在一批出口轮箍中，有3炉产品在机加工时发现每件都存在裂纹。裂纹主要分布在外辋面，少数分布在内辋面，数量较多，长度均在20~30mm，取向基本沿周向，具有一致的形态特征。由于裂纹较深，机加工无法消除，因而造成3炉轮箍全部报废。

该批轮箍采用模铸锭，冶炼浇铸时间为2007年12月夜间，冶炼工艺为：电炉冶炼→LF→VD→模铸，检查冶炼、锻压、轧制、热处理工艺均未见异常。

该批轮箍上裂纹外观特征的一致性说明，其产生原因是相同的，为此，取其中1件进行了检验分析。

2　检验内容

根据裂纹的外貌特征，首先在缺陷处取样进行低倍检验，然后根据裂纹内部特征取样对缺陷区化学成分分析、金相分析，并根据金属流变研究结果判断缺陷区在钢锭中的对应位置，最终确定导致轮箍内外辋面产生裂纹的原始缺陷属性。

3　结果分析

3.1　低倍组织检查

用1∶1工业盐酸水溶液对有表面裂纹的轮箍横断面试样进行热酸浸蚀试验，结果可见有与表面裂纹相连的、呈带状分布的孔洞状缺陷（图1），此为导致轮箍表面裂纹的原始缺陷。

❶ 原文发表于《轧钢》2009年第1期。

图 1　低倍检验显示的带状缺陷形貌

3.2　化学成分分析

在裂纹处取样按 GB 223 标准[1]进行化学成分分析，结果符合产品技术条件要求，见表 1。

表 1　裂纹处试样化学成分分析结果　　(%)

类别	C	Si	Mn	P	S
实测值	0.61	0.30	0.78	0.016	0.010
SM-55/2543[2]	≤0.65	≤0.50	≤0.90	≤0.040	≤0.040

3.3　金相分析

在低倍试样上的带状缺陷区取样进行金相分析。带状缺陷靠近轮箍表面的部分已基本成为裂纹，其两侧有密集的细小氧化铁质点（图 2），并有明显脱碳现象（图 3），而距表面较远的部分则为分散的圆形孔洞，孔洞边缘圆润，具有典型的气泡特征（图 4）。从整个带状缺陷区的特征可以看出，气泡是导致轮箍表面裂纹的原因。

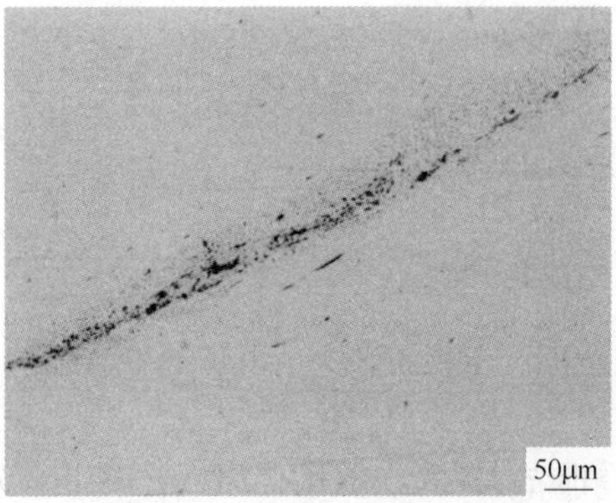

图 2　靠近表面处的带状缺陷形貌（100×）

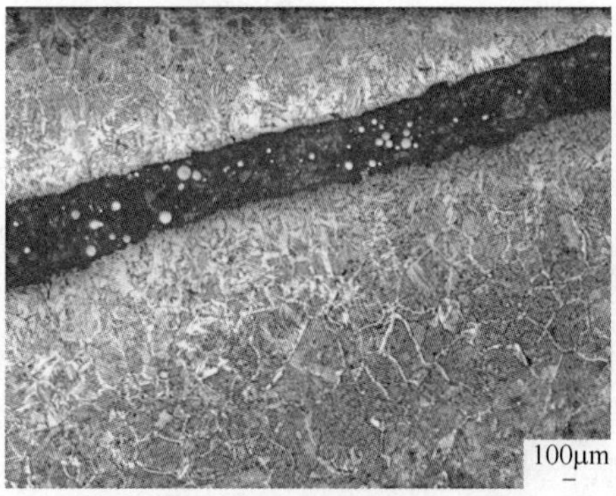

图 3　靠近表面处带状缺陷两侧的脱碳现象（50×）

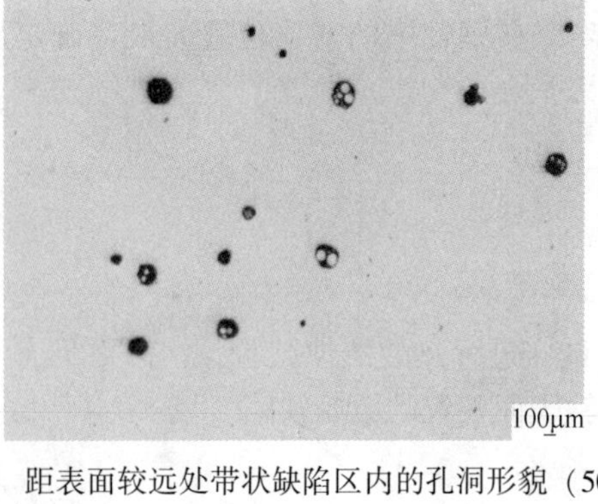

图 4　距表面较远处带状缺陷区内的孔洞形貌（50×）

图 5　尾端圆钝的表面小裂纹形貌（100×）

在轮箍表面上还可观察到多条其他深浅不等的小裂纹，裂纹尾部圆钝（图5），进一步说明气泡与表面裂纹直接相关。

4 讨论

由低倍检验和金相分析结果可知，轮箍表面裂纹是因钢锭表面存在气泡而造成的，由于气泡仅存在于轮箍近表面区域，属皮下气泡。其产生的主要原因有两种[3]：

（1）炼钢时氧气含量较高，由于氧气在液态金属的溶解度远大于固态金属，因此浇铸成锭时会释放出大量气体，金属完全凝固后，气体不易逸出，被包容在钢锭表面附近形成皮下气泡。

（2）由于钢锭模受潮，浇铸时会产生气体，并进入钢锭表面，形成皮下气泡。

由轮箍钢生产工艺所决定，钢中氧含量不会超过30ppm，不可能导致皮下气泡的产生。而该批3炉钢是在12月夜间浇铸的，12月昼夜温差大，夜间温度更低，空气中的水蒸气易于在固态物体的表面冷凝、附着，所以钢锭模受潮是导致皮下气泡产生的直接原因。

在寒冷季节低温下，采用完全冷态钢锭模进行浇注是导致该3炉钢出现严重皮下气泡的原因。因而，在冬季的夜间或空气湿度大的时间段应格外注意钢锭模状态，避免冷模浇注。

皮下气泡存在于钢锭近表面，在钢坯加热过程中极易烧穿，在随后热加工过程中无法焊合而形成表面裂纹[4]。如果皮下气泡深度浅，则表面裂纹深度也浅，有可能在机加工后去除；反之，则导致废品。

轮箍机加工量为3mm，则根据金属流变试验结果[5]，当钢锭中皮下气泡深度小于10mm时，所产生的轮箍表面裂纹在机加工后可去除。而根据图1，可以推断钢锭中皮下气泡深度已达80mm左右，非常严重，必然造成整体报废的质量事故，可见，加强钢锭浇注的过程控制对防范大宗质量事故是非常重要的。

5 结论

（1）钢锭中存在严重的皮下气泡是该批轮箍产生表面裂纹的原因；

（2）在冬季的夜间使用冷模浇注是导致皮下气泡产生的主要原因；

（3）冬季夜间或空气湿度大时应格外注意钢锭模状态，避免冷模浇注，以防止皮下气泡产生。

参考文献

[1] GB 223，钢铁及合金化学分析方法［S］.

[2] SM-55/2543，State Railway of Thailand Standard Specification of Steel Types for Railway Rolling Stock［S］.

[3] 金属材料缺陷金相图谱［M］. 上海：上海科学技术出版社，1966：18-20.

[4] 钢的金相图谱［M］. 北京：冶金工业出版社，1975：36-40.

[5] 陈刚，龚志祥. 车轮轮箍金属流变试验报告［R］. 马钢技术中心产品所，2003：13-15.

铁路机车轮箍超声波探伤的幻影波试验分析[1]

肖 峰 卢永刚

(马鞍山钢铁股份有限公司)

摘 要 通过试验证明了在超声波探伤仪的重复频率较高时，对于透声性好的工件，更容易出现“幻影波”。同时，证明了超声波探伤中“幻影波”不同于缺陷波的一些典型特征，这些特征可作为判定异常反射波为“幻影波”的依据。

关键词 超声波探伤；重复频率；幻影波

Ghost Echo Test Analysis of Ultrasonic Testing on Wheel Hub for Railway Locomotive

Xiao Feng Lu Yonggang

(Ma'anshan Iron and Steel Co., Ltd.)

Abstract It's proved by experiments that ghost echoes appear easily for the workpiece with better sound transmission when the pulse repetition frequency of ultrasonic test instrument is higher. Moreover, it's proved that ghost echoes possess some typical characteristics different from flaw echoes. These characteristics can be treated as the evidence that any abnormal echois a ghost echo.

Key words ultrasonic testing; pulse repetition frequency; ghost echo

1 引言

2007年8月兰州铁路局武威南机务段反映马鞍山钢铁股份有限公司（以下称马钢）提供的一些铁路机车用轮箍在超声波探伤时发现超标缺陷。马钢派人到武南机务段对此批轮箍进行复探。复探发现当超声波探伤仪的重复频率设置为400Hz时，段方提出质量异议的轮箍中一些区域有稳定的异常反射波出现在底波前；但将仪器的重复频率降低至200Hz时，异常反射波消失。马钢的探伤人员认为这些异常反射波属于“幻影波”，而非轮箍内部缺陷引起的反射波。为验证上述异常反射波为底波残留引起的“幻影波”，马钢的探伤人员在出现异常反射波的底面，用沾油的手指拍击，发现异常反射波出现明显的跳动；用沾油的刷子刷动，异常反射波大幅降低甚至消失。

但段方对此提出如下疑问：同样是在400Hz重复频率条件下，为什么只是一些轮箍出现这种异常反射波，而其他多数轮箍没有这种现象；另外，为什么出现这种现象的轮箍也只是局部发现异常反射波，而不是整圈轮箍都发现异常反射波。马钢的探伤人员解释是因为一些轮箍的材质透声性好、表面耦合条件和底面反射条件好所致；同时由于材质透声性、表面耦合条件和底面反射条件的非均匀性，因此只会在局部出现“幻影波”。

2 重复频率和幻影波

重复频率是指超声波探伤的发射电路每秒钟激发脉冲的次数。在模拟超声波探伤仪中，是通过同步

[1] 原文发表于《铁道机车车辆》2009年第3期。

电路产生的等时间间隔的同步脉冲来使超声波探伤仪的发射电路、扫描电路等按一定的节拍工作的。在数字超声波探伤仪中，是通过微处理器或数字信号处理器（DSP）来控制探伤仪的各部分协同工作的。

重复频率是超声波探伤中一个十分重要的仪器设置参数。它的限制条件是：

$$f_r \leqslant c/(2s) \tag{1}$$

式中，f_r 为重复频率；c 为材料的声速；s 为最大声程。

$$f_r \geqslant kv/d \tag{2}$$

式中，v 为探头的扫查移动速度；d 为探头的有效声束宽度；k 为触发报警的脉冲次数。

从以上两公式可以看出，工件越薄，重复频率可以设置越高；扫查速度越快，要求重复频率越高。对于模拟仪器来说，提高重复频率，还能使荧光屏的重现次数增多，从而增强荧光屏上图像的显示亮度，便于观察。对于数字仪器来说，理论上重复频率的选择还得考虑显示器的响应时间或刷新频率，但实际上数字仪器可以通过软件方法将来不及显示的反射波保存起来，集中在下一帧显示。

无论是模拟仪器还是数字仪器，当重复频率选择过高时，都有可能出现“幻影波”，其实质是前一个同步脉冲产生的反射波虽经若干次反射但仍未完全衰减，进入了后一个同步脉冲周期里被显示。当它出现在底面反射波之前时，往往会被视作缺陷反射波。

3 试验和分析

3.1 试验1：预备试验

采用铁道部通用的轮箍超声波探伤试块 LG－1，测量轮箍材料中 2.5MHz 纵波的声速，得到 c = 5920m/s。

3.2 试验2：重复频率对探伤灵敏度的影响

（1）试验条件

仪器：CTS-9003。试块：LG-1(即铁路轮箍超探试块)。探头：2.5MHz、ϕ20 纵波直探头，配 1kg 探头压块。

（2）试验步骤

在 LG-1 试块上找到 ϕ2 平底孔，使其反射波高达到 60%，然后用探头压块压住探头。改变重复频率设置，分别为 50Hz、100Hz、200Hz、400Hz，记录波形如图 1~图 4 所示。

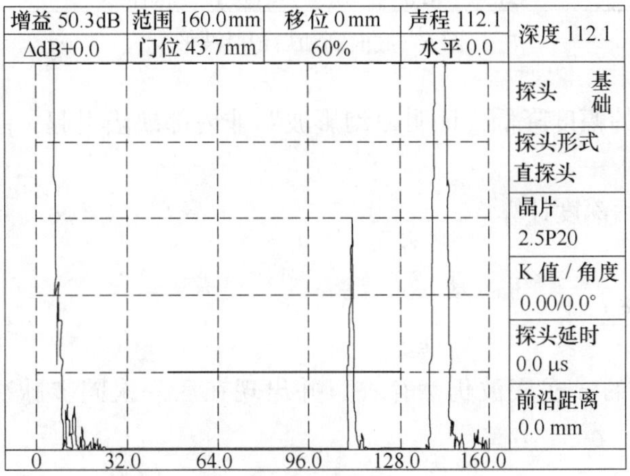

图 1 重复频率 50Hz 记录波形

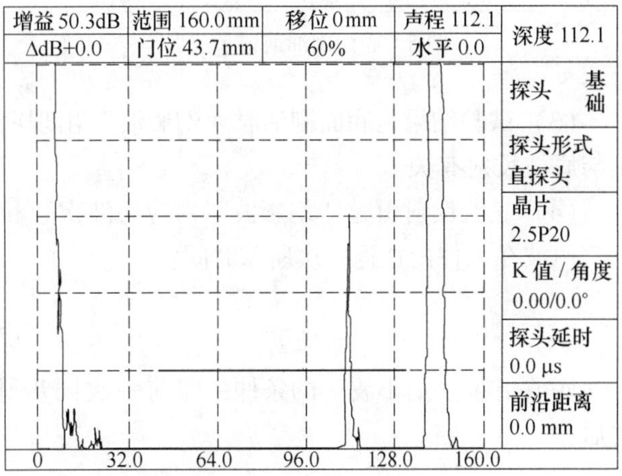

图 2 重复频率 100Hz 记录波形

（3）试验结果：ϕ2 平底孔其反射波高 60%不变，即重复频率对探伤灵敏度没有影响。

3.3 试验3：底面反射条件对“幻影波”的影响

（1）试验条件同试验 2。

（2）试验步骤：

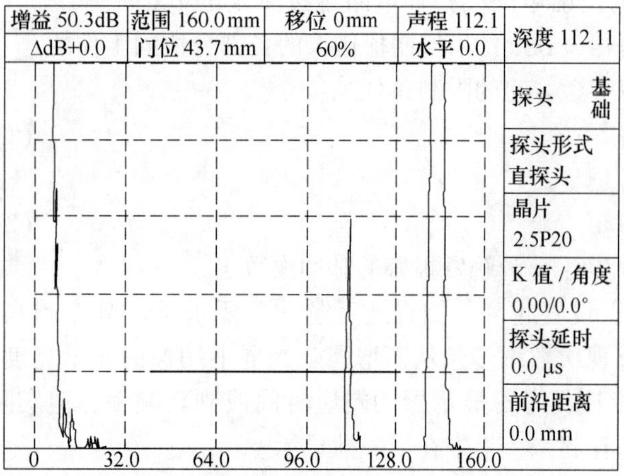

图 3　重复频率 200Hz 记录波形

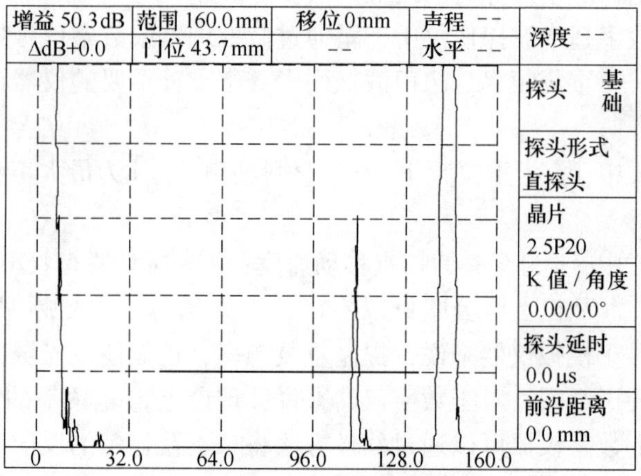

图 4　重复频率 400Hz 记录波形

1）把 LG-1 试块抬高架空。

2）在 LG-1 试块上找到 $\phi 2$ 平底孔使其反射波高达到 60%，然后将探头移至无人工缺陷位置，用探头压块压住探头，将重复频率调节为 800Hz，底波前出现“幻影波”。

3）用沾油的刷子轻刷试块底面，观察“幻影波”的变化。记录波形如图 5 和图 6 所示。

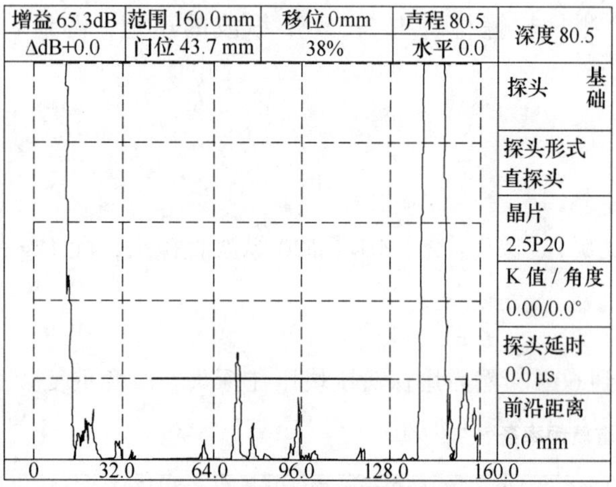

图 5　底面刷油前记录波形

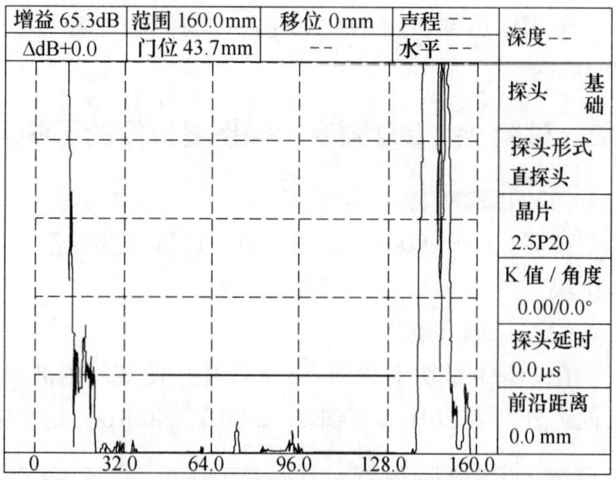

图 6　底面刷油后记录波形

(3) 试验结果是底面刷油时“幻影波”出现明显的幅度降低，证明“幻影波”非内部缺陷引起，而是与底波反射有关。

(4) 底波反射引起“幻影波”对应底波次数和显示深度计算。

声波在工件内往返一次所需时间：

$$t = \frac{2 \times l}{c} \tag{3}$$

底波引起“幻影波”的条件，即前一次同步脉冲的 n 次底波仍然存在，并出现在后一次同步脉冲之后：

$$n \times t > 1/f_r \tag{4}$$

式中，l 为工件厚度；n 为底波次数。

试验 3 中，$l=140$mm，$c=5920$m/s。当 $f_r=800\text{s}^{-1}$ 时，由 $n \times t=1/f_r$ 计算得：$n=26.4$。也就是说当第 27 次底波仍然存在时，将表现为“幻影波”。

前一次同步脉冲的第 n 次底波相对后一次同步脉冲的始波的时间差为：

$$\Delta t = n \times t - 1/f_r \tag{5}$$

在后一次同步脉冲显示里表现的深度为：

$$d_0 = c \times \Delta t/2 \tag{6}$$

由式（5）和式（6）可计算出前一次同步脉冲的第 27 次底波在后一次同步脉冲显示里表现的深度为 80mm。这一计算值与图 5 中“深度”栏显示的数 80.5mm 是吻合的。

3.4 试验 4：材质透声性和探头频率对“幻影波”的影响

3.4.1 试验条件

仪器：CTS-9003；试块：LG-1；工件：两件表面状况一致的 ϕ1060mm 内燃机车轮箍（1#、2#）；探头：两个纵波直探头（2.5MHz、ϕ20，5MHz、ϕ20）。

3.4.2 试验步骤

将仪器的重复频率设置为 100Hz，采用 2.5MHz、ϕ20 直探头在 LG-1 试块上改变扫描速度和灵敏度，使得显示的第 3 次底面反射波波幅高度为 100%。

在上述条件下，检测 1#、2#工件，波形图如图 7 和图 8 所示。

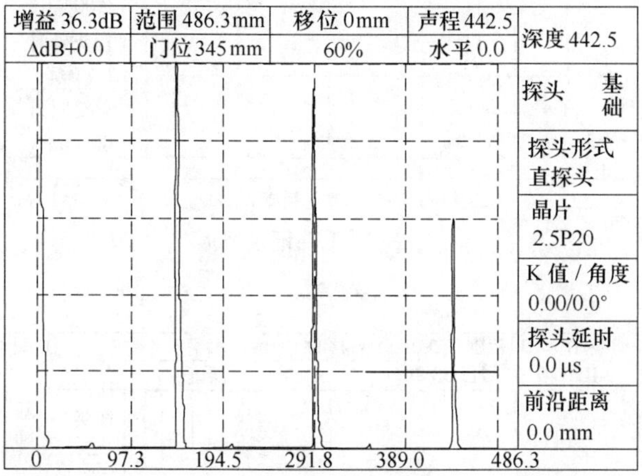

图 7 1#工件记录波形

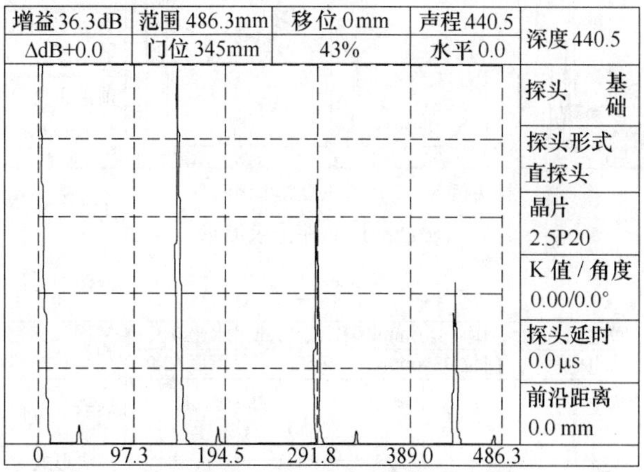

图 8 2#工件记录波形

设定仪器的扫描速度和探伤灵敏度不变，分别采用 2.5MHz、ϕ20，5MHz、ϕ20 两种探头对 1#、2#工件进行检测，并且依次调节重复频率为 100Hz、200Hz、400Hz、800Hz，观察和记录波形图如表 1、表 2 和图 9~图 14 所示。

表 1 1#工件在不同探头频率和重复频率条件下的试验结果

探头规格	重复频率/Hz	100	200	400	800
2.5MHz、ϕ20	始波与底波之间有无波	无	无	有，波高 43%	有，波高 100%
5MHz、ϕ20	始波与底波之间有无波	无	无	有，波高 38%	有，波高 62%

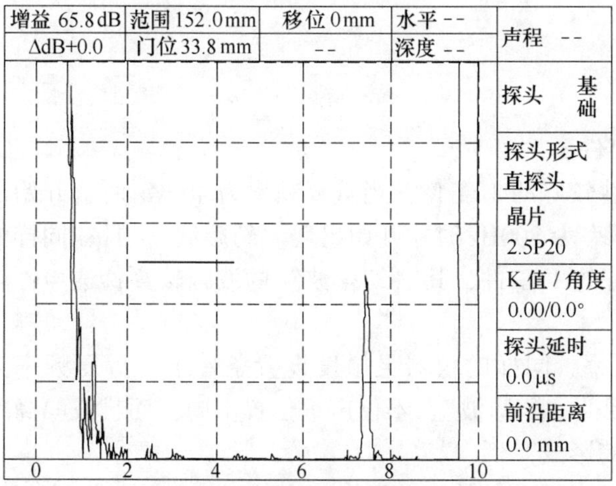

探头频率 2.5MHz, 重复频率 400Hz

图 9 1#工件记录波形

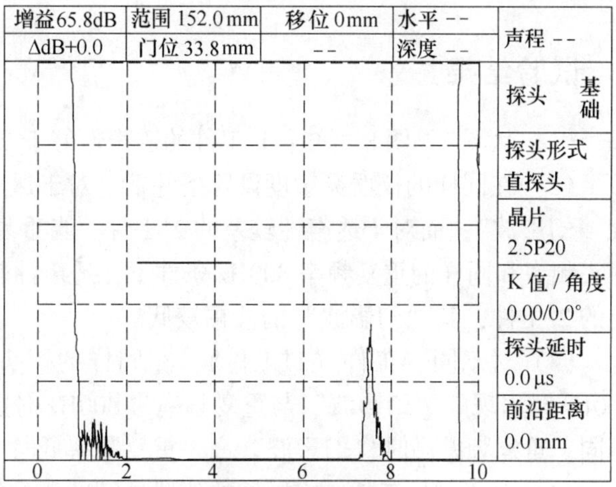

探头频率 5MHz 重复频率 400Hz

图 10 1#工件记录波形

表 2　2#工件在不同探头频率和重复频率条件下的试验结果

探头规格	重复频率/Hz	100	200	400	800
2. 5MHz、$\phi20$	始波与底波之间有无波	无	无	无	有，波高 39%
5MHz、$\phi20$	始波与底波之间有无波	无	无	无	有，波高 80%

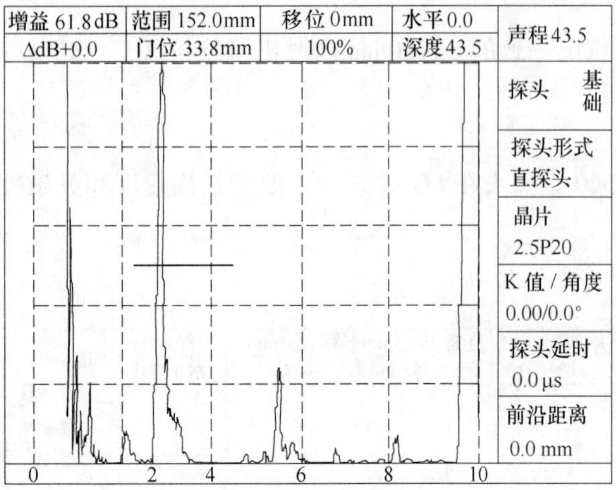

探头频率 2.5MHz，重复频率 800Hz

图 11　1#工件记录波形

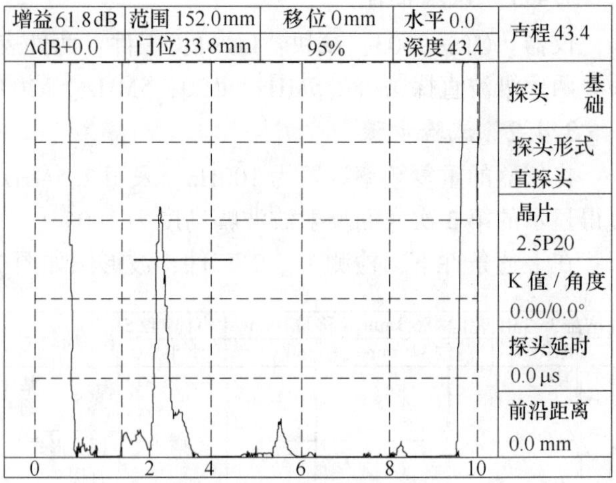

探头频率 5MHz，重复频率 800Hz

图 12　1#工件记录波形

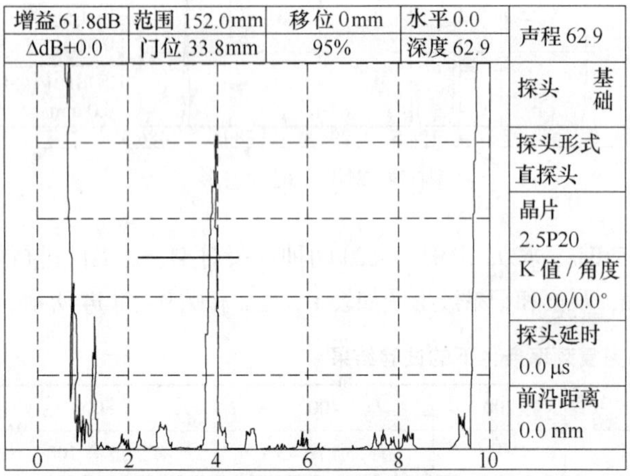

探头频率 2.5MHz，重复频率 800Hz

图 13　2#工件记录波形

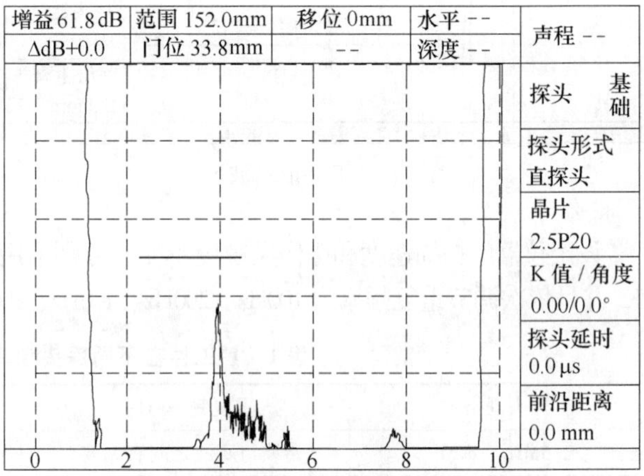

探头频率 5MHz，重复频率 800Hz

图 14　2#工件记录波形

4　试验结果

（1）从图 7、图 8 可知：1#工件的透声性好于 2#工件。

（2）在同样的仪器灵敏度设置条件下，对于透声性较好的 1#工件，当重复频率为 400Hz 时就开始出现“幻影波”；而对于透声性较差的 2#工件，当重复频率为 800Hz 时才开始出现“幻影波”。且在同样的探头频率和同样的重复频率 800Hz 条件下，透声性较好的 1#工件，其“幻影波”的波幅较高；透声性较差的 2#工件，其“幻影波”的波幅较低。

（3）对于同一工件（1#工件），在同样的探头频率、同样的仪器灵敏度设置条件下，重复频率为 400Hz 时出现的“幻影波”与重复频率为 800Hz 时出现的“幻影波”，不仅声程位置不同，而且波幅高度不同。重复频率高时“幻影波”高，重复频率低时“幻影波”低。

（4）对于同一工件，在同样的仪器灵敏度和重复频率设置条件下，探头频率低时“幻影波”高，探头频率高时“幻影波”低。这与声能衰减随着声波频率增高而增大的规律有关。

5 结论

通过上述试验和计算分析，可以得出以下结论：

（1）仪器的重复频率设置过高时，容易出现残余底面发射波引起的“幻影波”。

（2）同样的探伤灵敏度条件下（包括采用同一探头），工件的透声性越好、探伤表面的耦合条件越好、底面的反射条件越好，越有可能在相对较低的重复频率下出现幅度较高的“幻影波”。

（3）为避免“幻影波”的出现，不易选择过高的重复频率。就手工超声波检测而言，一般标准或规程要求探头扫查速度不超过150mm/s。在这种扫查速度下，重复频率设定为100Hz是不会导致漏检的。

（4）“幻影波”具有一些不同于缺陷波的特征，如底面刷油时波幅下降；降低重复频率时波幅下降且声程位置改变，或者消失；提高重复频率时，波幅上升且声程位置改变。这些特征可作为判定异常反射波是否为“幻影波”的依据。

铁路机车用轮箍超探透声不良分析[❶]

肖　峰　邓荣杰

（马鞍山钢铁股份有限公司）

摘　要　一炉铁路机车用轮箍 J307（U）的部分在超声波检测时草状波严重、底波损失大，解剖取样做金相检验，发现超探透声不良区域的实际晶粒度达 1 级甚至更粗。对该炉轮箍的生产过程调查发现，该炉轮箍晶粒粗大为热处理过程异常所致。对超探透声性能不合格的轮箍进行重新热处理后，绝大部分通过了超声波检测，且金相检验正常。在此基础上，对轮箍超探透声检测方法和等温后吊出轮箍的热处理工艺提出了改进意见。

关键词　铁路；轮箍；超声波检测；透声；晶粒粗大

Analysis of Poor Soundtransparent Tyres for Locomotive

Xiao Feng　Deng Rongjie

（Ma'anshan Iron and Steel Co. , Ltd. ）

Abstract　A heat of J307（U）tyres showed serious grass-like waves and more loss of bottom wave in ultrasonic testing. Macroscopic examination of dissected sample showed that actual grain size of poor soundtranspatent areas reached grade 1 or even coarser. Investigation of the production process found that the coarse grain of those tyres had been caused by abnormal heat treatment process. After re-heat-treatment, most of the defective tyres passed UT and showed normal metallurgical structure. Based on this case, improvement advices are given on soundtransparent testing method and heat treatment technics for tyres out of isothermy.

Key words　railway；tyre；ultrasonic testing；soundtransparent；coarse grain

1　引言

2009 年 5 月，马钢车轮公司在对一炉铁路机车用轮箍 J307（U）进行超声波检测时发现 226 件中有 60 件透声不良，经过调查发现，该炉轮箍晶粒粗大为热处理过程异常所致，对超声探透声性能不合格的轮箍进行了重新热处理，绝大部分超声波检测和金相检验正常，同时对轮箍超探透声检测方法和等温后吊出轮箍的热处理工艺提出了改进意见。

2　超声波检测及金相检验

产品尺寸见图 1，产品标准为 TJLG-01—99，超声波检测执行 TB/T 2995—2000。

自动超声波检测，在采用带 ϕ2mm 平底孔的灵敏度样箍校准后，探伤时发现一些轮箍出现草状波报警。

对自动超探报警轮箍采用便携式超探仪和 2. 5P1. 4 直探头进行轴向检测确认（图 1 中 A 面为探伤扫查面），并对其中一件取样做金相检验（取样位置见图 2），情况如下。

---

❶　原文发表于《安徽冶金》2011 年第 1 期。

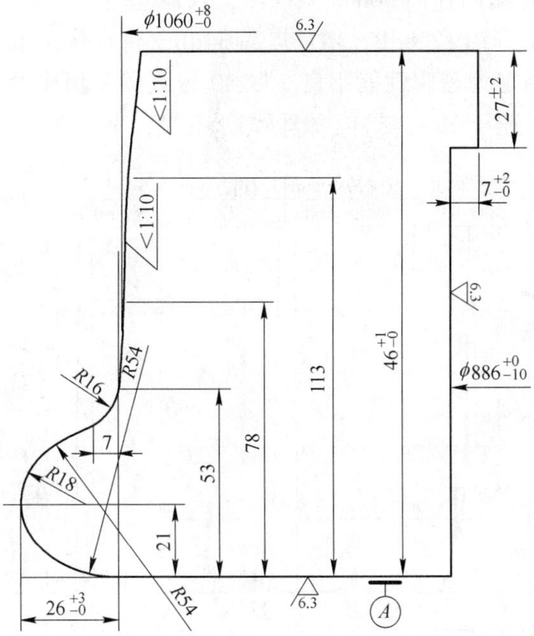

图 1　J307(U) 轮箍交货图

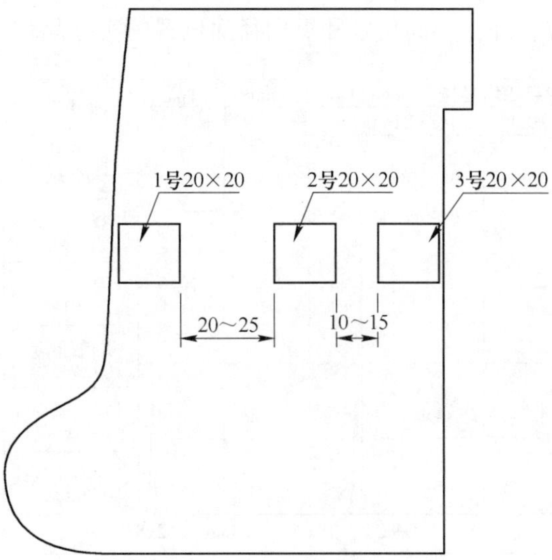

图 2　金相检验取样位置

超探正常区段：探头在距离轮箍内径面 50mm 处检测，仪器总增益一般为 44dB(自动超探无报警的轮箍，透声很好的为 34dB)，一次底波高度可达到 80%，二次底波较一次底波下降约 6. 5dB；增益提高 34dB，将探伤灵敏度调节到 ϕ2mm 后，无草状波，见图 3。判定为透声性能良好。取 39 号试样做金相检验，实际晶粒度细于 6 级，见图 4。

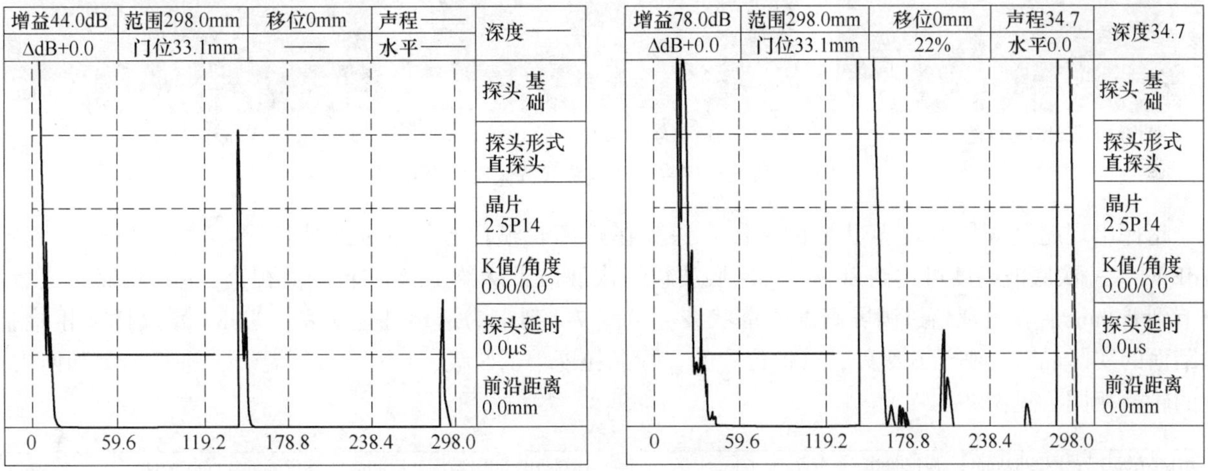

(a) 一次底波为80%时的波形图　　(b) 探伤灵敏度为ϕ2mm时的波形图

图 3　超探正常区段的波形图

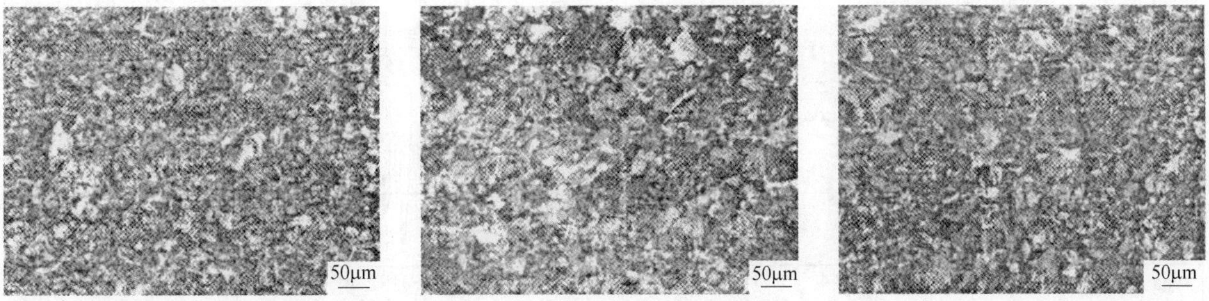

(a) 39号试样1号位置　　(b) 39号试样2号位置　　(c) 39号试样3号位置

图 4　超探正常区段的金相图

超探出现一定的高度草状波的区段：探头在距离轮箍内径面 50mm 处检测，仪器总增益一般为 57dB 时，一次底波高度可达到 80%；二次底波较一次底波下降约 12. 8dB；增益提高 34dB，将探伤灵敏度调节到 ϕ2mm 后，出现最高达到 60%的草状波，见图 5。判定为透声性能不良。取 40 号试样金相检验，除靠踏面位置外，中间位置和靠内径面位置的实际晶粒度远粗于 39 号试样，但仍细于 6 级，见图 6。

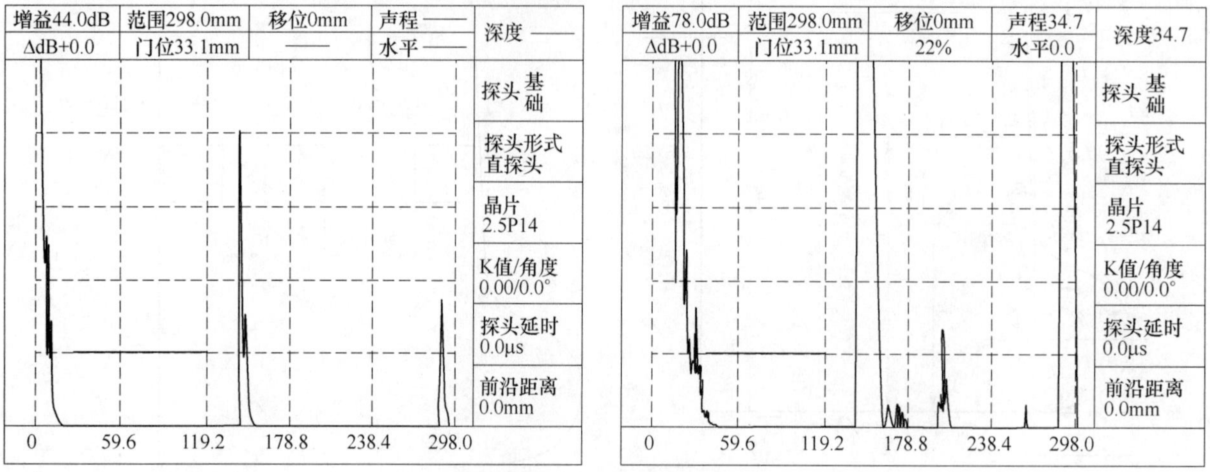

图 5　超探出现一定高度草状波区段的波形图

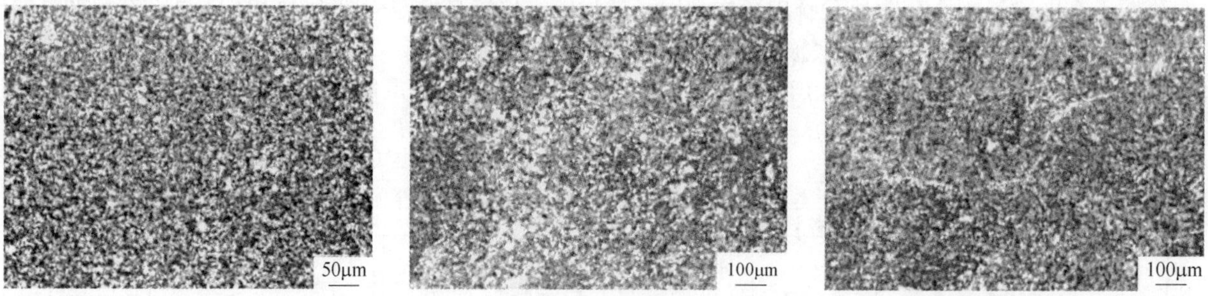

(a) 40号试样1号位置　(b) 40号试样2号位置　(c) 40号试样3号位置

图 6　超探出现一定高度草状波区段的金相图

超探出现超过满屏高度草状波的区段：探头在距离轮箍内径面 50mm 处检测，仪器总增益一般为 67dB 时，一次底波高度可达到 80%，二次底波较一次底波下降约 13. 5dB；增益提高 34dB 将探伤灵敏度调节到 ϕ2mm 后，出现超过满屏高度的草状波，见图 7。判定为透声性能不良。取 37 号试样金相检验，除踏面的实际晶粒度细于 6 级外，其他位置的实际晶粒度为 1. 5 级、1 级，与等温后未进行淬火和回火处理的轮箍相同，见图 7。

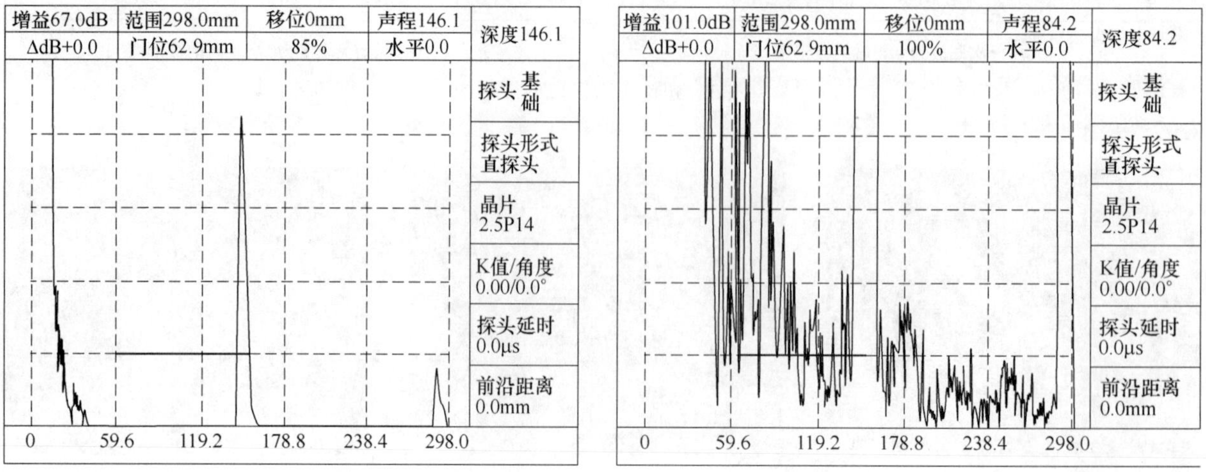

图 7　超探出现超过满屏高度草状波区段的波形图

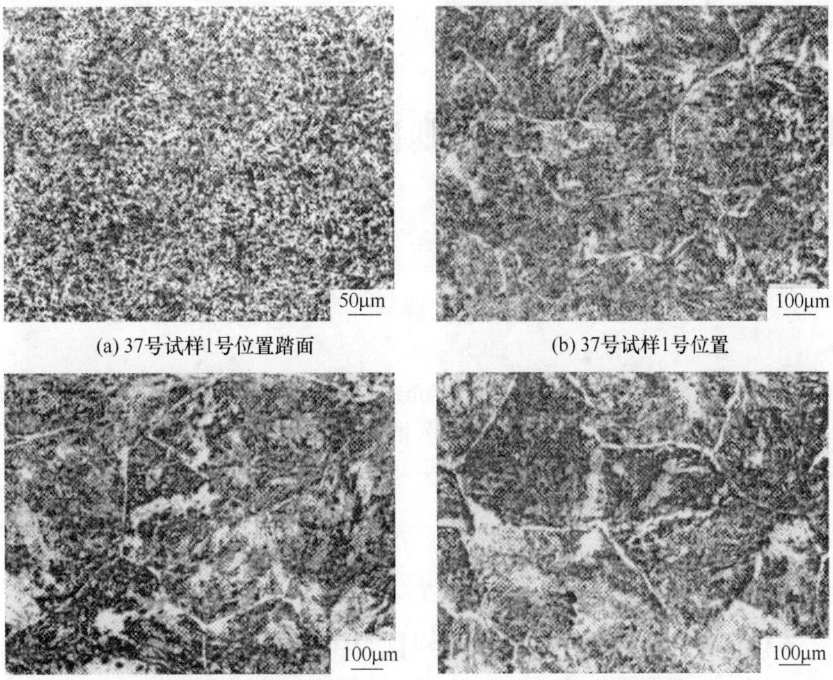

(a) 37号试样1号位置踏面　(b) 37号试样1号位置

(c) 40号试样2号位置　(d) 37号试样3号位置

图 8　自动超探出现超过满屏高度草状波轮箍的金相图

3　原因分析及返工处理

对上述炉号轮箍的生产过程调查发现：由于当时淬火水循环系统发生故障，致使淬火加热炉中的轮箍不能出炉（在较低温度保温），所有淬火加热炉被占用。为了不影响轧钢继续生产，该炉轮箍在等温完成后不得已被吊出空冷，以便将等温炉让给后续轧制的轮箍。几天以后，该炉轮箍继续生产，吊入井式炉在 630℃ 预热 0. 5h 后按正常的淬火及回火工艺进行热处理。由于冷态轮箍入炉后预热时间不够，按正常的淬火加热时间加热未能使所有轮箍均匀、充分奥氏体化，结果部分轮箍热处理后未能达到预期效果，造成局部区域晶粒粗大。这就是导致该炉轮箍的一部分在超声波检测时发现透声不良的原因。

对超探透声不良剩余的 59 件轮箍进行一次重新热处理。重新热处理时将 630℃ 的预热时间改为 1h。热处理后取一件轮箍按产品标准进行硬度、拉伸、冲击、金相和显微组织检验，所有指标正常，其中实际晶粒度细于 6. 0 级。但剩余 58 件轮箍超声波检测时仍有 9 件透声不合格，报废处置。

4　结语

（1）一炉轮箍超声波检测发现批量透声不良，取样检验证明为晶粒粗大所致。

（2）超探透声不良的三种主要表征为：1）相同条件下（包括相同增益、相同检测位置）透声不良区域的一次底波较透声正常区域的低 4dB 以上。2）透场不良区域的二次底波较一次底波低 12dB 以上。3）正常探伤灵敏度条件下，透声不良区域的一次底波前出现明显草状波。

（3）造成部分轮箍局部区域晶粒粗大的原因是：该炉产品等温后因故不能按照正常热处理工艺连续生产，吊出空冷后的轮箍继续淬火和回火处理时又因淬火加热时间较短，部分轮箍不能均匀、充分奥氏体化。延长淬火加热的预热时间重新热处理后，仍有部分产品超探透声不良，说明淬火加热的保温时间不够。

（4）对于等温后不得已吊出空冷的产品，其后热处理工艺应不同于连续正常生产的工艺：一方面要延长等温时间，以确保去氢效果；另一方面要有足够长的淬火加热预热时间和适当延长淬火加热保温时间，以确保产品完全、充分奥氏体化。

DF8B 机车轮毛坯内侧面辐板折叠原因分析[1]

张 磊 许章泽 吴江淮

（马鞍山钢铁股份有限公司）

摘 要 对 DF8B 机车轮毛坯的过程产生的缺陷进行了介绍，用销钉法对车轮圆坯成型的过程进行了模拟，并用 MSC. Superform 软件对成形过程进行数值模拟，找出特殊锻造模式下的金属流动规律。进而找出了折叠产生的原因，并提出了改进建议。

关键词 机车；车轮；销钉；折叠；数值模拟

The Analysis of Overlap on the Back Web of DF8B Locomotive Wheel Blank

Zhang Lei Xu Zhangze Wu Jianghuai

（Ma'anshan Iron and Steel Co. , Ltd. ）

Abstract The process of the blank of DF8B locimotive wheel, and the defect on the web were introduced. The process of forge was simulated with physical method and finite element analysis commercial software MSC. Superform. The rule of metal flow in special model was found. The reason which result in the overlap was founded, and the suggestion of next step was given.

Key words locomitive; wheel; pin; overlap; FEA simulation

1 引言

DF8B 机车是戚墅堰厂研制的东风 8 型机车的换代产品，轴重 25t，能够牵引 4000~5000t 货物列车，最高运行速度为 80~90km/h 的重载货运机车。装用 16V280ZJA 型柴油机，装车功率 3680kW，机车标称功率 3100kW，最大速度 100km/h，起动牵引力 480kN。

马钢股份有限公司为戚墅堰厂提供了部分 DF8B 机车轮，以前在马钢车轮公司 1 号车轮轧制线进行轧制，由于受到设备能力的限制，热轧合格率一直不高。2008 年 12 月份在马钢车轮公司 2 号车轮轧制线进行轧制，合格率有了很大的提高。合同规定该车轮是毛坯交货，由用户自己加工成成品装车。在部分毛坯车轮的内侧辐板的中部出现了一圈断断续续的折叠，虽然不影响最终的成品使用，但对交货的外观质量造成了不良影响。为了能够分析出折叠产生的原因，我们对整个成形过程进行了物理模拟和数值模拟。

2 生产工艺及缺陷介绍

2.1 生产工艺简介

马钢 2 号车轮轧制线是“三机组”辗钢车轮生产线，由 90MN 油压机、1250 立式车轮轧机和 50MN 油压机组成，两台旋转式机械手和两台桥式机械手负责轮坯运送。DF8B 机车轮成品滚动圆直径为 ϕ1050mm，钢坯材质为 CLJ-3，成分与 50 号钢基本相同，坯形为 ϕ450mm 的连铸圆坯，投料重量 780kg，

[1] 原文发表于《内燃机车》2011 年第 9 期。

加热温度 1280℃左右。马钢 2 号车轮轧制线工艺流程如图 1 所示。

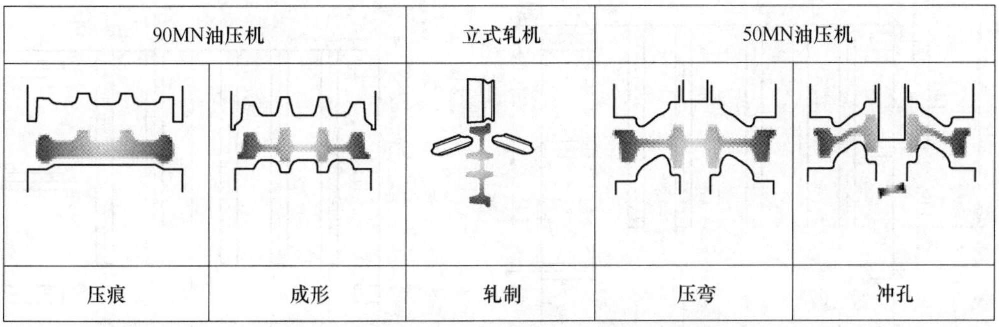

图 1　马钢 2 号车轮轧制线工艺流程示意图

2.2　缺陷介绍

DF8B 车轮毛坯辐板处的缺陷位置如图 2 所示。折叠缺陷大致分布于直径在 ϕ520mm 左右不规则一周，从低倍检验结果看有明显的张口现象，如图 3 所示。高倍结果表明，张口处端部为圆角，开口处有氧化铁和脱碳现象，金属基体组织为珠光体+断续网状铁素体，这是典型的车轮钢的组织，没有发现异常组织。从分析的结果基本可以初步判定这种缺陷不是裂纹，是在金属流动过程中因翻皮产生的折叠。

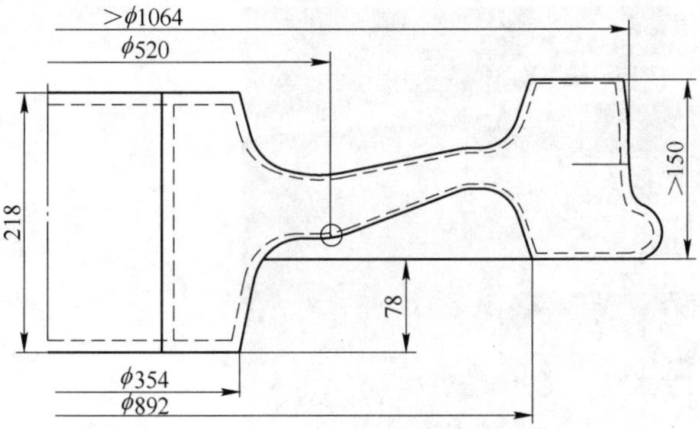

图 2　DF8B 车轮毛坯及缺陷位置示意图

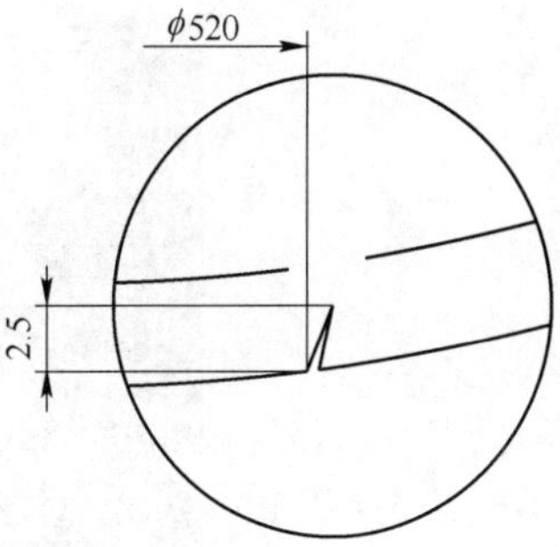

图 3　缺陷放大示意图

3　原因分析

虽然我们初步判定为折叠，但这种缺陷是由钢坯的哪部分金属引起的？在金属变形流动的过程中是如何产生的？怎样才能避免？这些问题都要等待我们去解决。

为了分析出这种缺陷是由哪一部分金属产生的，我们专门做了物理模拟和数值模拟试验，试验方法和结果如下。

3.1　物理模拟

选取 ϕ450mm 的圆坯，材质 CLJ-3。按照 1050-DF8B 坯料配尺确定投料 780kg，销钉为 A3 钢，埋钉位置如图 4 所示，编号示意如图 5 所示。

在 90MN 二台收集一件成形坯做好标记，沿销钉位置切割大低倍，获得低倍试样，观察低倍组织。照片如图 6 所示。

3.2　数值模拟

利用有限元数值模拟软件 Superform 2004 对车轮钢坯的成形过程进行了二维模拟，坯料初始温度为 1250℃，材质选用 50 钢。上模压下速度为 50mm/s。由于锻压成形中，工件表面正应力很大，所以选择剪切摩擦模型较为合理，摩擦因子取 $m=0.3$，模拟总增量步为 132 步，0~109 步为压痕工序，110~132 部为成形工序。

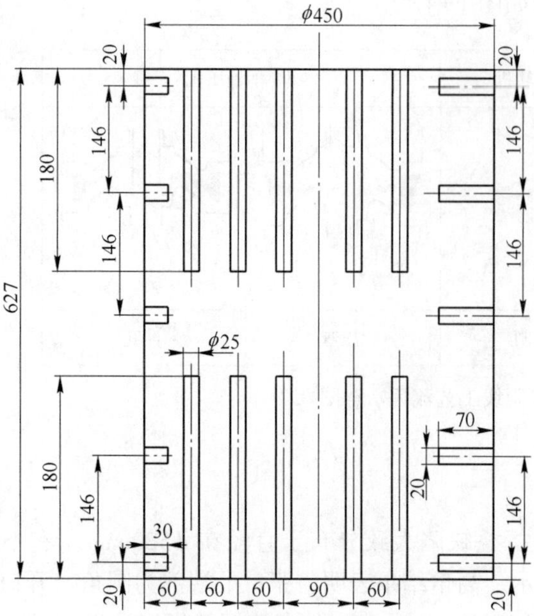

图 4　ϕ450mm 圆坯削钉埋入位置

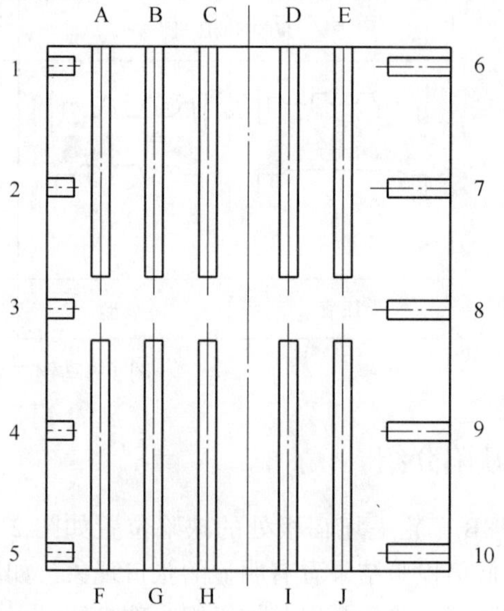

图 5　销钉编号示意图

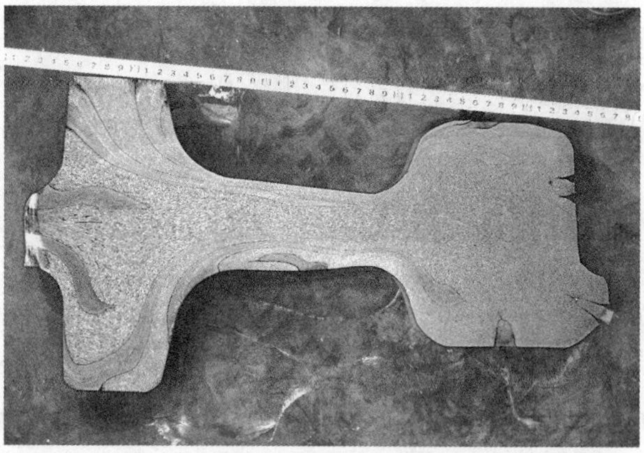

图 6　DF8B 型机车车轮成形坯大低倍照片

对物理模拟中销钉 10 部位的粒子进行追踪，结果如图 7 所示，经过测量其位置基本在直径 ϕ520mm 左右。

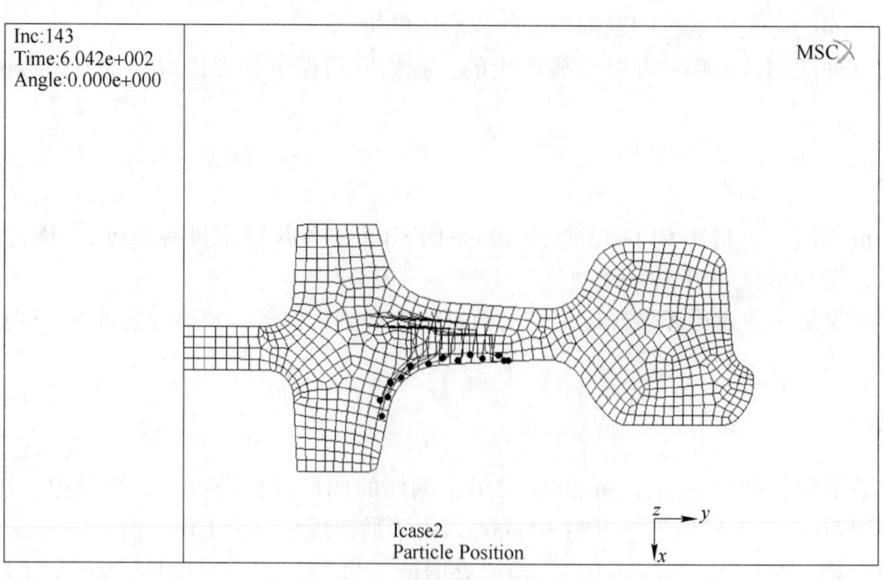

图 7　数值模拟结果

从两种模拟的分析结果可知，DF8B 型机车轮毛坯内侧面辐板折叠对应金属是销钉 10。热成形时坯料下端面金属在流动的过程中形成了折叠，即位于圆坯下端面和外圆交角处的金属形成了折叠。物理模拟试验的结果也验证了数值模拟中摩擦系数设定的准确性。

3.3 原因分析

车轮圆坯的压痕过程对于下端面而言相当于一个圆柱体的镦粗过程。与模具接触的部位属于难变形区，金属向外流动要受到来自模具的摩擦力的阻碍，加上该区域的金属热量向模具传导，温度相对较低。尤其是下端面和外圆交角处，表面积大，热量损失快，温度更低，金属流动更加困难。在外圆部位区域内没有摩擦力的影响，但由于金属在向外流动后，压力机的压力传递减弱，所以这个区域属于较易变形区。在圆坯的中心部位，没有摩擦力的阻碍，压力传递强，而且钢坯出炉后内部基本没有温降，所以这个区域变形最大。由图 8(数值模拟第 54 步) 可以看出，在下端面和外圆交角处的上部有一个小区域的金属介于较易变形区和难变形区之间，从变形的程度看属于易变形区，其等效塑性应变明显高于相邻区域，所以在继续变形的过程中，由于难变形区的金属不能与之同步流动，而且交角处的钢温偏低，流动快的区域向流动慢的区域发生翻转，容易形成折叠。同时由于压痕模周向的摩擦系数由微小的差别，加上下端面一周金属温度的差别，导致一周的折叠不是很完整，而且折叠部位距中心的距离也不同。

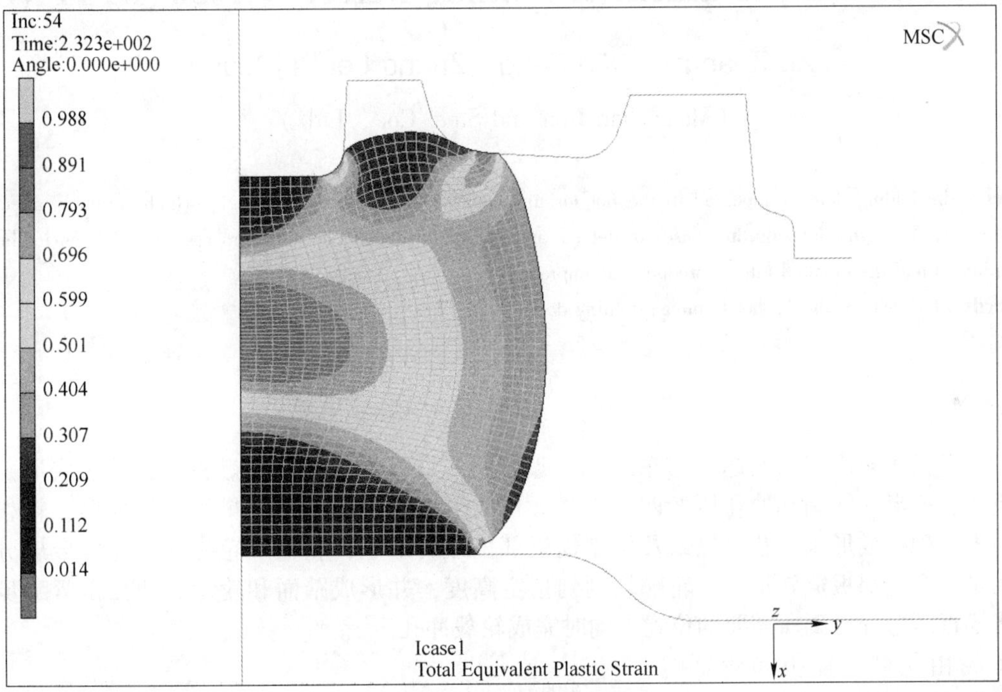

图 8　压痕过程的模拟视图

4 结语

通过以上分析可以得出如下结论：

（1）该缺陷不属于裂纹，是在金属流动过程中因流动速率不同而产生的折叠。

（2）如果提高压痕模具表面的润滑效果、适当提高模具的温度，同时缩短钢坯从出炉到变形的时间减少钢坯交角处的温降，这种缺陷是可以避免的。

（3）下一步通过对压痕模进行改进，改变钢坯交角处的两部分金属流动方式可以有效地避免这种缺陷的产生。

参考文献

［1］程必福，蔡钊，李恺，等．车轮轮箍生产［M］．北京：冶金工业部工人视听教材编辑部，1991.

［2］沈晓辉，等．840 车轮预成形过程的有限元分析［J］．钢铁研究学报，2005，17（1）．

［3］张磊，等．车轮压弯有限元分析［J］．安徽工业大学学报，2007（7）．

1050-DF11 机车轮折叠缺陷的分析与改进❶

许章泽　谢峰　张磊　李翔

（马鞍山钢铁股份有限公司）

摘　要　1050-DF11 机车轮在热成形工序出现了折叠缺陷，严重影响产品质量。通过分析车轮热成形折叠缺陷产生的原因，优化热成形工艺，消除了缺陷，提高了产品的成材率。

关键词　机车轮；热成形；折叠

Analysis and Improvement of Folding Defect of 1050-DF11 Wheel

Xu Zhangze　Xie Feng　Zhang Lei　Li Xiang

(Ma'anshan Iron and Steel Co., Ltd.)

Abstract　The folding defects appeared in the hot forming process of 1050-DF11 wheel, which seriously affected the product quality. Through analyzing the causes of defects and optimizing the hot forming process, the defects in the wheel was eliminated and the eligated rate of product was improved.

Key words　locomotive wheel; hot forming; folding defects

1　引言

1050-DF11 机车轮用于“跨越”号东风 11G 型双机重联准高速客运内燃机车，其热成形工艺过程主要包括预成形、成形、轧制和冲孔压弯四个工步。预成形工步，圆柱形坯料经镦粗变形，轮毂轮辋金属含量得到预先分配；成形工步获得轮毂及压制辐板部位最终形状，轮辋及轮缘部分完成金属分配。轧制工步的作用是将车轮辐板辗轧扩径，轮辋轧制到指定高度，并形成踏面和轮缘。冲孔压弯工步起到平整轮辋，且将辐板压弯变形到所需要的位置，同时完成轮毂冲孔[1,2]。

辗钢车轮由轮毂、辐板和轮辋组成，通常轮辋相对于辐板中心线对称，即内外侧辋板距相当。1050-DF11 机车轮毛坯外辋板距仅为 22mm，内板深度达到 70mm，二者相差太大，轮辋相对辐板中心线极不对称，属于辋板距大差异车轮，车轮毛坯如图 1 所示。该轮形特点决定了在立式轧机上难以达到稳定轧制状态，轧制工步容易产生折叠缺陷。实际生产中，若成形坯形状不理想，坯料钢温不均或过低，造成辗轧过程金属流动不合理，常产生表面折叠缺陷。

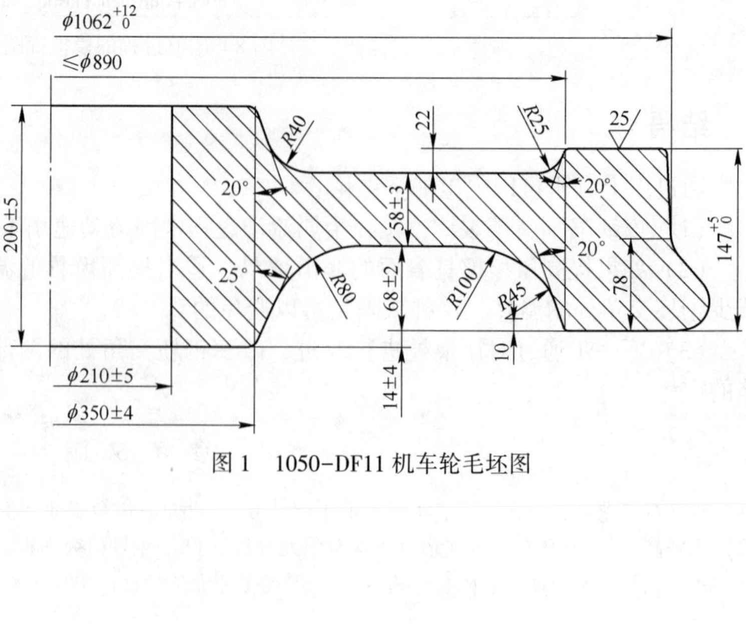

图 1　1050-DF11 机车轮毛坯图

❶　原文发表于《热加工工艺》2011 年第 9 期。

2 折叠缺陷原因分析

2.1 辐板折叠

1050-DF11 机车轮辐板内外侧均出现折叠，折叠位于起轧位置，折叠从压制辐板部位沿着圆周向轧制辐板扩展，折叠深度 1~3mm。立式轧机轧制开始时靠辐板辊压下带动车轮旋转，其余轧辊被动加压旋转，从而达到稳定轧制状态。轧制示意如图 2 所示。

由于该车轮内外辋板距差异大，车轮建立稳定轧制相对困难，稳定轧制前车轮较大摆动容易在过渡辐板处产生折叠。该产品内辐板折叠与钢坯下端面与外侧面交角处钢温偏低有关，金属流动变形试验显示钢坯下端面尖角处金属流向车轮内侧过渡辐板处。此外，热成形氧化铁皮未除干净也会导致辐板折叠。

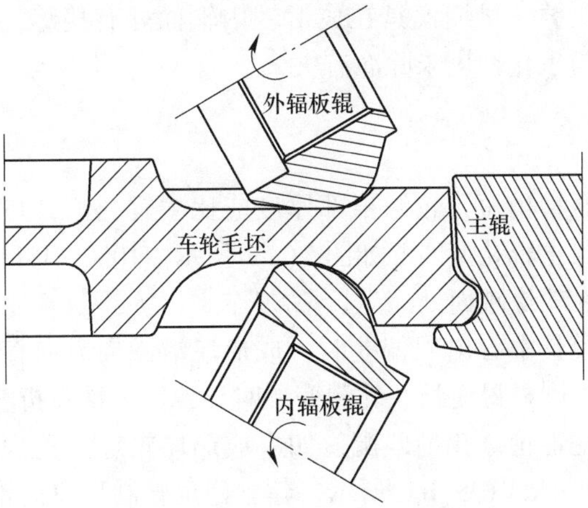

图 2 1050-DF11 机车轮轧制示意

2.2 外侧轮辋表面折叠

该车轮外辋面折叠呈扇形圆弧，距离外侧面内径 30mm 处，折叠深度 1~3mm，折叠形貌如图 3 所示。

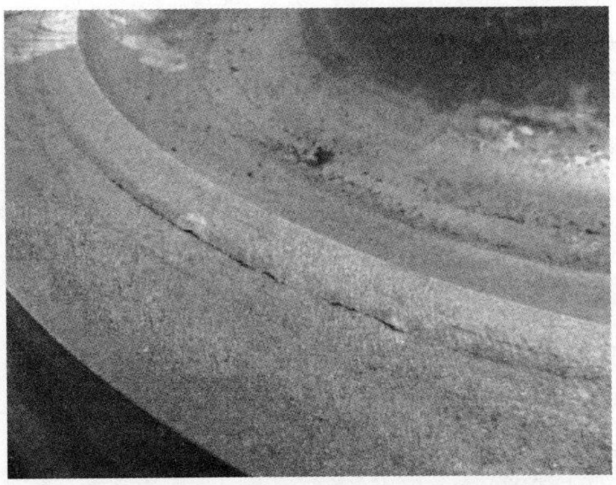

图 3 1050-DF11 机车轮外侧轮辋表面折叠

1050-DF11 机车轮具有较大差异内外辋板距，轧制时内外侧辐板辊对应的变形区面积相差很大，外侧变形区远小于内侧变形区。轧制时，车轮外侧面内径处对应的变形区接触弧短，金属流动阻力小，易于流向外辋面。外辋面获得了较多的金属，经右斜辊辗压后产生折叠。这一现象在建立稳定轧制状态开始阶段较为明显。为克服该缺陷，对右辐板辊辊型进行了优化，采用大圆弧大倾角辊型，增大金属流向外侧辋面的阻力，使轧制变形时金属易于流向辐板。

2.3 内侧轮辋表面折叠

成形坯轮缘严重欠充满导致车轮内辋面折叠。成形工步压力机上下模台偏心常导致成形坯坯形差，表现在成形坯圆周方向充满不均，或某一圆弧段轮缘欠满。内辋面折叠出现在成形坯轮缘和轮辋充满较差的角度，且折叠大小和充满程度成反比。图 4 为 1050-DF11 机车轮轮辋内侧面折叠形貌。

图 4　1050-DF11 机车轮轮辋内侧面折叠形貌

充满差的成形坯轮缘与主辊孔型不匹配，变形时圆周方向局部金属量补充不足，造成开轧时内辋面轧出凸台，形成内侧轮辋表面折叠。早期模具在成形坯内辋面处有接缝，当磨损不一致时也会产生内辋面折叠。此外，内侧面折叠还与氧化铁皮未除净有关。

2.4　踏面轮缘折叠

成形坯轮缘长度应比主辊孔型稍短，轮缘根部厚度应比主辊孔型开口度略肥，使得车轮扩径时轮缘逐渐充满。理想的成形坯轮缘与主辊孔型匹配如图 5(a) 所示。1050-DF11 机车轮试生产时，出现成形坯轮缘与主辊孔型不匹配现象，在轮缘踏面处产生折叠缺陷。

当坯料端面倾斜或压力机模具中心出现偏差时，成形坯沿圆周方向存在一段圆弧轮缘肥短，即欠充满，沿直径相对面的圆弧段轮缘则显得瘦长，轧制变形时导致轮缘踏面折叠。

成形坯轮缘轧制初期应与主辊轮缘孔型匹配，如果成形坯轮缘欠充满，肥短的轮缘在外圆上存在切面。其成形坯轮缘与主辊孔型匹配如图 5(b) 所示。建立稳定轧制阶段，轮缘靠近内辋面处得不到金属补充，踏面金属则沿着切面流入轮缘，呈外侧向内辋面翻卷的趋势，由于摩擦阻力作用，在早期就能产生空隙，辗轧时该空隙无法填充而产生折叠，此类折叠较深。

如果成形坯轮缘比目标轮缘过瘦过长，表现为过充满，其成形坯轮缘与主辊孔型匹配如图 5(c) 所示。起轧阶段瘦长轮缘较先与主辊孔型接触，相对圆周方向其他部位，该处过早充满。经扩径变形，流入多余的金属在内辋面与轮缘交界处形成折叠。

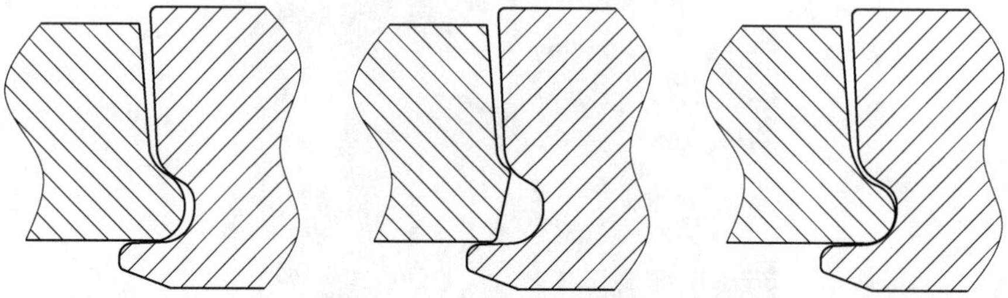

(a) 理想　　(b) 欠充满　　(c) 过充满

图 5　开轧阶段成形坯轮缘与主辊孔型匹配图

3　热成形工艺优化

为消除车轮折叠缺陷，首先是控制原料加热质量。钢坯加热时，使炉内气氛有利于氧化铁皮清除和钢坯温度均匀。使用除鳞设备清除氧化铁皮，成形坯模台增加高压分管吹除二次氧化铁皮。

其次，从工艺设计上消除产生折叠缺陷的倾向。优化轧机辐板辊设计，利于金属流向辐板，减少外辋面折叠。验算成形环大小使成形坯外径与轮毂内断面充满相匹配。采用部分辐板变形方式设计上下压弯模，校正轧制轮坯的轮形。优化压痕模和成形环的设计，保证成形坯轮缘与主辊孔型贴近。在保证轮缘充满均匀的情况下，缩短轧制时间。改善压痕金属预分配，使成形坯轮毂和轮辋均衡得到所需金属，保证各部位充满良好，针对 90MN 对大直径车轮加压难度大的特点，降低成形环轮缘孔型高度，避免因成形坯轮缘过肥，在进入主辊孔型时产生折叠。

再次，工艺调整方法上，采取了直接调小外辋板距、抬高成形压力机上模高度、补偿外侧面内径等方法。保证压力机上、下模台中心，保持轮辋周向充满均匀；辊系调整合理，认真及时地校准样轮和激光测量；不轧低温钢，严格控制轧坯温度。

4 小结

在实际生产中对 1050-DF11 机车轮折叠缺陷进行质量控制，应做到预防为主，工艺设计和现场操作调整相结合，这样折叠缺陷完全是可以发现、调节和控制的。

参考文献

[1] 许章泽，李翔，张磊，等．火车车轮热成形金属流动规律数值模拟［J］．锻压技术，2008（3）：141-143.

[2] 刘吉远，陈雷．铁路货车轮轴概论［M］．北京：中国铁道出版社，2009.

[3] 比比克 Γ A，等．火车车轮的制造［M］．苏星，译．北京：冶金工业出版社，1990.

[4] 叶庆荣，李浩．国外关于热模锻预成形工步设计方法的研究［J］．金属成形工艺，1987（4）：62-66.

列车车轮缺陷的超声波相控阵分析❶

陈昌华[1]　汤志贵[1]　陈能进[1]　邹　强[2]　钱健清[2]

（1. 马鞍山钢铁股份有限公司；2. 安徽工业大学金属材料与加工重点实验室）

摘　要　随着中国列车运行的高速化发展，对车轮质量与检测水平的要求也越来越高。将超声波相控阵技术应用到车轮检测中，着重对车轮内部缺陷的相控阵扫描图像进行分析，还利用仿真软件对车轮产品中轮缘、轮缘根部以及踏面和一定深度内的轮辋区域进行相控阵声束覆盖模拟。研究表明，超声波相控阵技术丰富了车轮超声波无损检测的手段。

关键词　车轮缺陷；超声波；相控阵；超声波声束仿真；相控阵图像几何特征

Ultrasonic Phased Array Analysis of Railway Wheel Flaws

Chen Changhua[1]　Tang Zhigui[1]　Chen Nengjin[1]　Zou Qiang[2]　Qian Jianqing[2]

(1. Ma'anshan Iron and Steel Co., Ltd.;
2. Key Laboratory of Materials and Processing, Anhui University of Technology)

Abstract　With the rapid growth of railway transportation in China, there are more and more strict requirements for the quality and testing of railway wheels. Using ultrasonic phased array in the testing of railway wheels, phased array scanning images of railway wheels interior flaws were analyzed. The emulated software was also used to do covering simulation for phased array acoustic beam, applying in wheel products including wheel flange, wheel flange root, tread and wheel rim area within certain depth. In summary, the technology of ultrasonic phased array enriches the methods of ultrasonic intact testing.

Key words　railway wheel flaw; ultrasonic; phased array; ultrasonic acoustic beam simulation; geometrical characteristics of phased array image

1　引言

列车运行的高速化已经成为不言而喻的趋势，这势必增加车轮与钢轨之间的冲击力，较之于常规车轮更易造成局部的应力集中现象，这些应力集中部位主要发生在车轮与钢轨之间两个关键接触区域。第一个关键接触区域为轮缘以及轮缘根部，这里是车轮与钢轨顶端接触点区域。第二个关键接触区域为钢轨接触处踏面及以下一定深度内（约 15mm）的轮辋区域[1]。

目前，常规的接触式垂直入射超声波波形检测手段对这两个关键区域检测存在一定的局限性；而水浸式聚焦超声波检测虽然盲区小，对小缺陷检测能力高以及可以通过转动聚焦探头的角度对上述两个关键区域进行倾斜入射检测等优势，但聚焦探头的焦点位置固定，而且倾斜入射时，车轮内部实际声场分布较为复杂，结构波影响检测人员对缺陷的准确判定。

2　相控阵检测声束扫查模拟

超声波相控阵（S 扫描）技术用于车轮检测有两个突出特点：聚焦和声束控制。灵活的电子动态聚焦

❶　原文发表于《物理测试》2012 年第 1 期。

能力使得快速进行车轮缺陷检测并保证较高的精确度成为可能，对微小缺陷的检测能力也有所提高；灵活的电子声束控制能力，大大加强了超声在车轮有限区域内的检测能力，并能使设备构造简化。超声波相控阵扇形扫查可进行区域范围选择扫查，实现了用一个超声相控阵探头代替多个角度探头的能力，且不需移动探头即可实现；显示方式上，用图像来代替波形检测，直观反映缺陷的位置分布与形貌等[2,3]。

超声波在车轮中的声束是无法用眼睛进行观察的，为了直观形象地对车轮与钢轨接触面较易产生损伤部位（见图1）进行描述，实验室利用了相控阵超声仿真软件 ESBeam3 SL Beam Tool 对相控阵角度声束与垂直声束扫查方式进行计算机模拟。在模拟相控阵角度声束扫查中，车轮建模依据铁标车轮轮缘图，楔块选择 SA10P-N55S，探头选用 2.25L8-A10P，仿真模拟结果如图 2 所示。在模拟相控阵垂直声束扫查中，车轮建模依据铁标车轮踏面图，楔块选择 SA10P-0L，探头选用 5L16-A10P，仿真模拟结果如图 3 所示。由此，可见超声波相控阵设备 OLYMPUS EPOCH 1000i 可对车轮与钢轨之间接触的两个关键接触区域进行准确扫查。

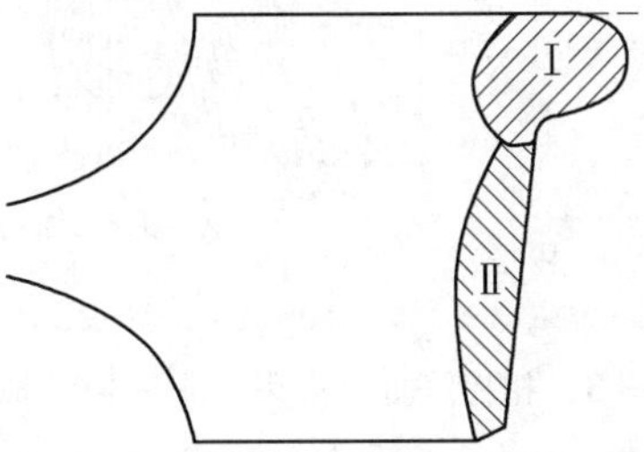

图1　车轮与钢轨接触面较易产生损伤部位

Fig. 1　Easily damaged place on surface of contact of wheel and steel rail

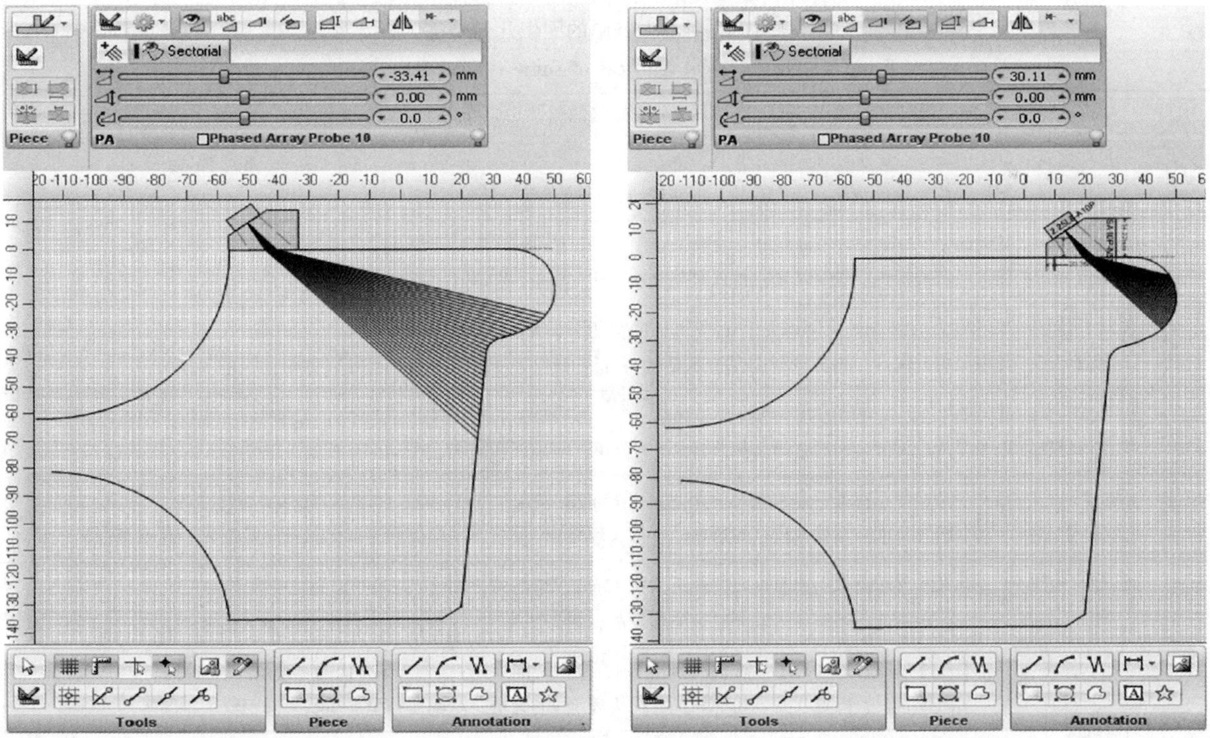

(a) 轮缘根部扫查模拟　　(b) 轮缘扫查模拟

图2　相控阵角度声束扫查区域声束模拟

Fig. 2　Scanning simulation of phased array angular acoustic beam

3　车轮缺陷相控阵检测分析

在超声检测中，图像显示都要比波形显示直观，易于检测人员的评判。而图像中一般将缺陷划分为

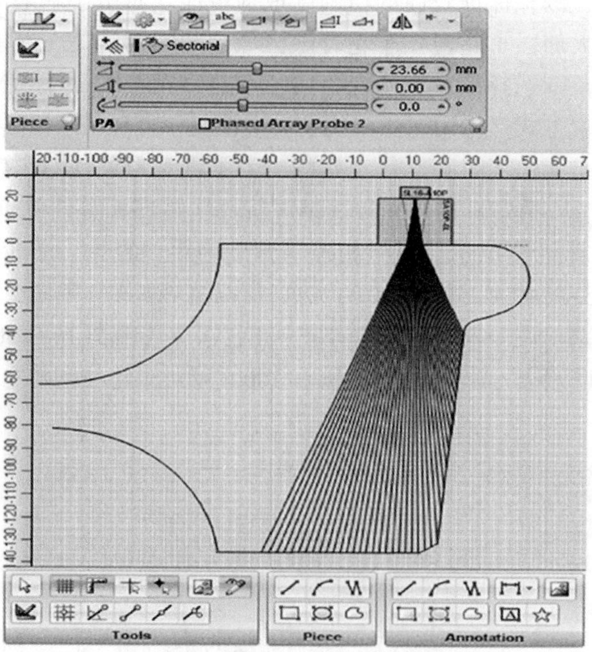

图 3　相控阵垂直声束扫查区域模拟

Fig. 3　Scanning simulation of phased array vertical acoustic beam

点、线、片以及体积状缺陷[4]。通过超声波相控阵缺陷图像以及车轮生产中缺陷的产生原因与分布情况的综合分析，本文将几种典型缺陷的超声波相控阵图像几何特征总结如表 1 所示。

表 1　几种典型缺陷的图像几何特征

Table 1　Geometrical features of some typical flaw images

项目			典型缺陷的图像几何特征
点状类型			尺寸特征：缺陷的 x、y、z 方向的宽度均小于 $\lambda/2$； 图像特征：图像浅蓝、轮廓清晰、单个点状、面积较小，呈局部点状分布
条状类型			尺寸特征：缺陷的 x、y、z 方向的宽度之一大于 λ，另外两个方向的宽度均小于 $\lambda/2$； 图像特征：图像深黄或深红、轮廓清晰；探头环绕 90°分析，缺陷面积较小，呈局部条状分布
片状类型			尺寸特征：缺陷的 x、y 方向的宽度均大于 λ，z 方向的宽度小于 $\lambda/2$； 图像特征：图像深黄或深红、轮廓清晰；探头环绕 90°分析，缺陷面积较大，呈局部片状分布
体积类型			尺寸特征：缺陷的 x、y、z 方向的宽度均不小于 $\lambda/2$； 图像特征：图像深黄或深红、轮廓清晰；探头环绕 90°分析，缺陷面积较大，呈局部体积状分布
多点类型	多点分散型	小缺陷	尺寸分布特征：点与点之间距离大于 13mm，缺陷的 x、y、z 3 个方向的宽度均小于 $\lambda/2$； 图像特征：图像浅蓝、轮廓紊乱；探头环绕 90°分析，缺陷面积呈孤岛状且间距较大、不相连分布
		大缺陷	尺寸分布特征：点与点之间距离大于 13mm，缺陷的 x、y、z 方向的宽度之一大于 $\lambda/2$； 图像特征：图像深黄或深红、轮廓紊乱；探头环绕 90°分析，缺陷面积呈孤岛状且间距较大、不相连分布
	多点密集型	小缺陷	尺寸分布特征：点与点之间距离小于 13mm，缺陷的 x、y、z 3 个方向的宽度均小于 $\lambda/2$； 图像特征：图像浅蓝、轮廓紊乱；探头环绕 90°分析，缺陷面积呈孤岛状且间距较小、偶尔相连分布
		大缺陷	尺寸分布特征：点与点之间距离小于 13mm，缺陷的 x、y、z 3 个方向的宽度之一大于 $\lambda/2$； 图像特征：图像深黄或深红、轮廓紊乱；探头环绕 90°分析，缺陷面积呈孤岛状且间距较小、偶尔相连分布

注：表中 λ 为超声波探头的波长。x、y、z 为笛卡尔坐标的 3 个方向；幅度由低至高色显分别为白、蓝、黄、红。

在本试验分类中，缺陷的几何特征标准不再以某一特定长度单位来丈量，而是以所用探头发射的超声波的波长作为丈量单位，这就要求在对车轮检测前就要根据所需评判标准选择合适频率的探头进行检测评判；在检测方式上对缺陷进行探头环绕扫查，更好的描述缺陷的整体形貌。本试验中扫描了大量的车轮试样，现将一些典型缺陷的图像分类展示，如图 4~图 9 所示，其中探头检测频率为 5MHz。

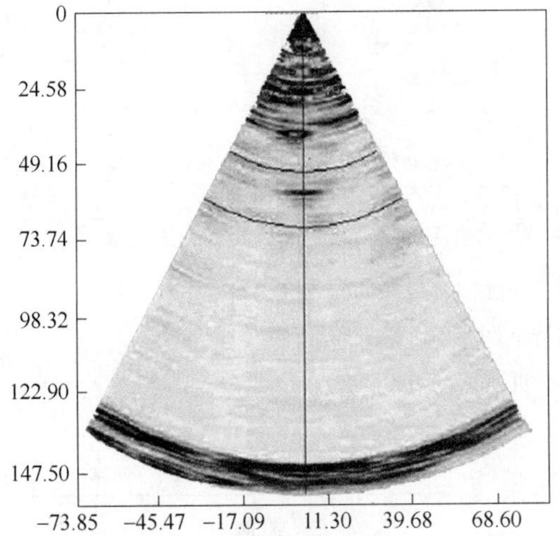

(a) 扇形图

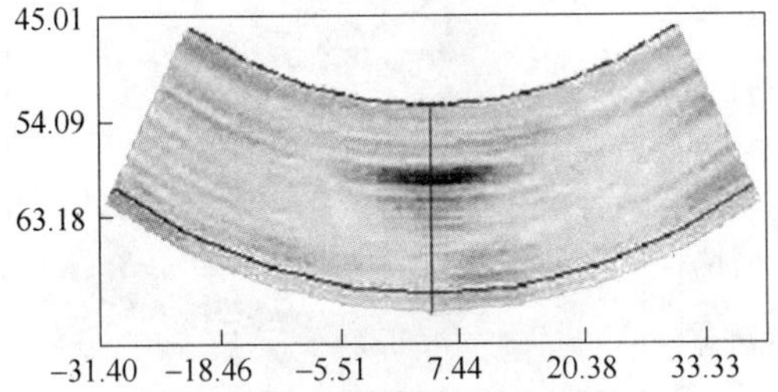

(b) 闸门内缺陷放大显示

图 4　单点缺陷特征图

Fig. 4　Characteristic image of single spot flaw

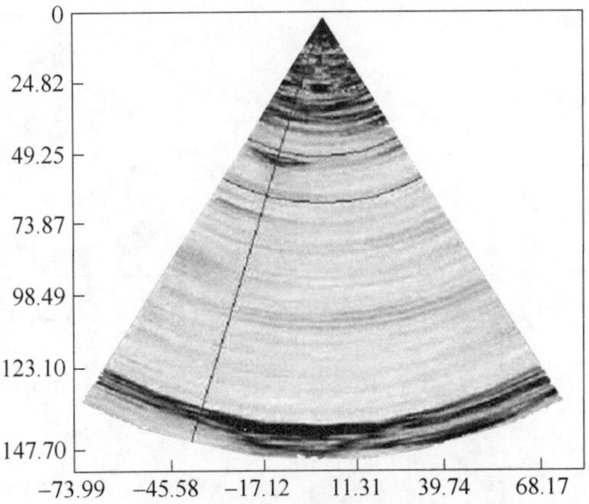

(a) 扇形图

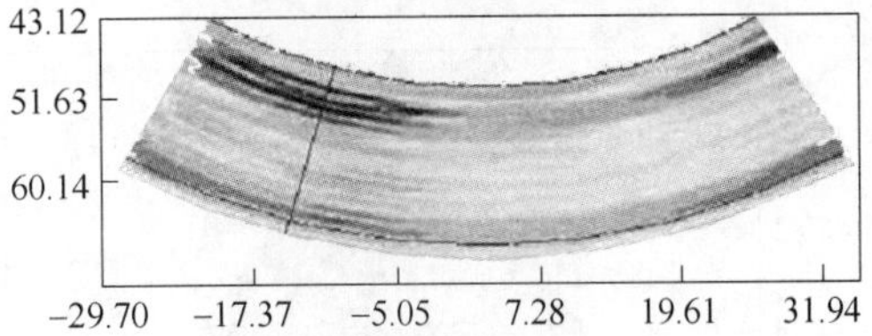

(b) 闸门内缺陷放大显示

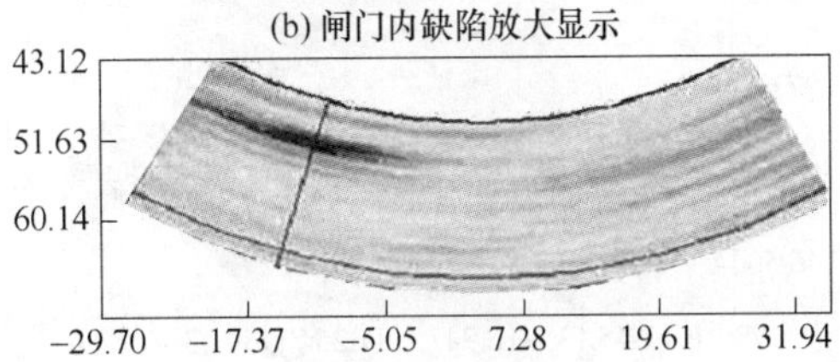

(c) 探头环绕 90°

图 5　条状缺陷特征图

Fig. 5　Characteristic image of stripe flaw

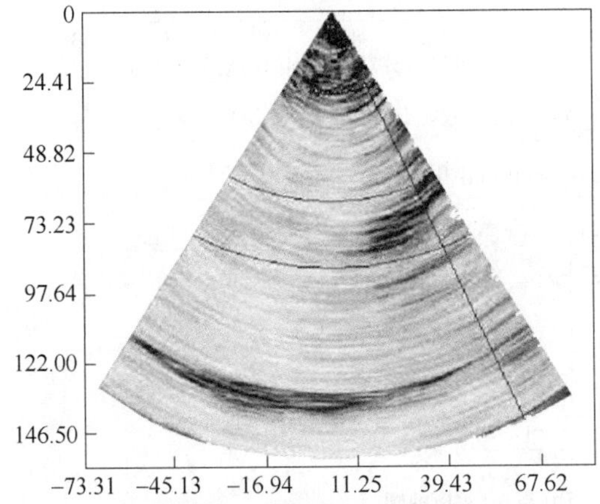

(a) 扇形图

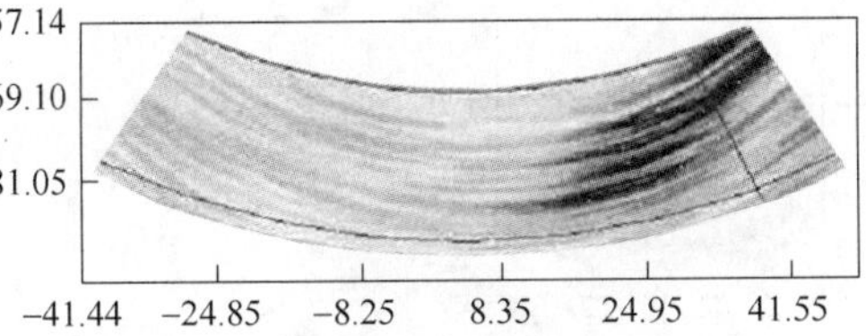

(b) 与 (a) 对应的闸门内缺陷放大显示

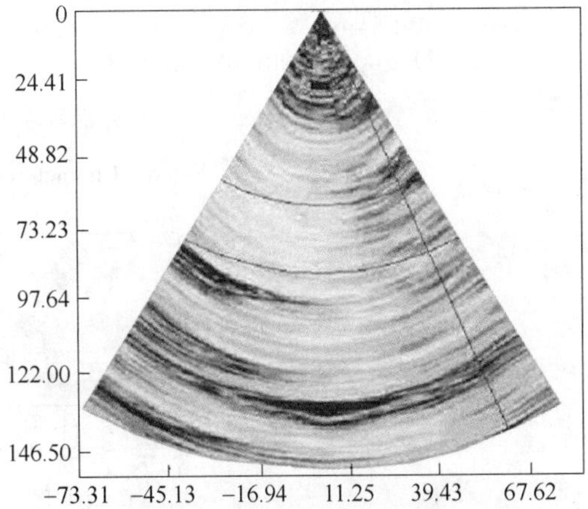

(c) 探头环绕 90°

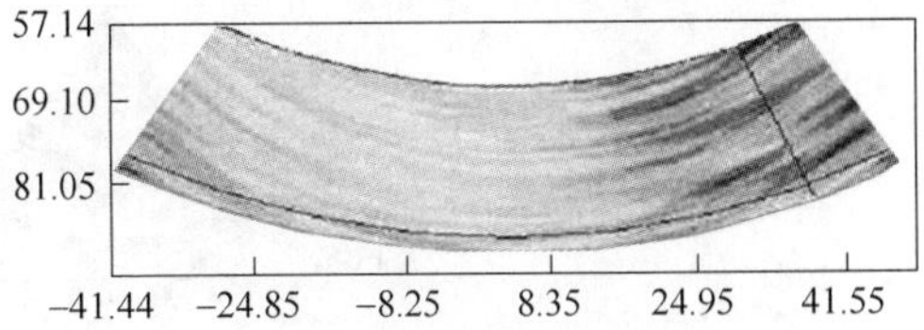

(d) 与 (c) 对应的闸门内缺陷放大显示

图 6　片状缺陷特征图

Fig. 6　Characteristic image of sheet flaw

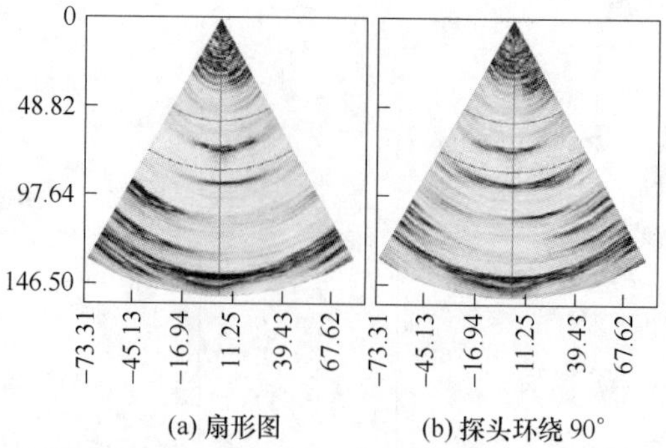

图 7 体积缺陷特征图

Fig. 7 Characteristic image of volume flaw

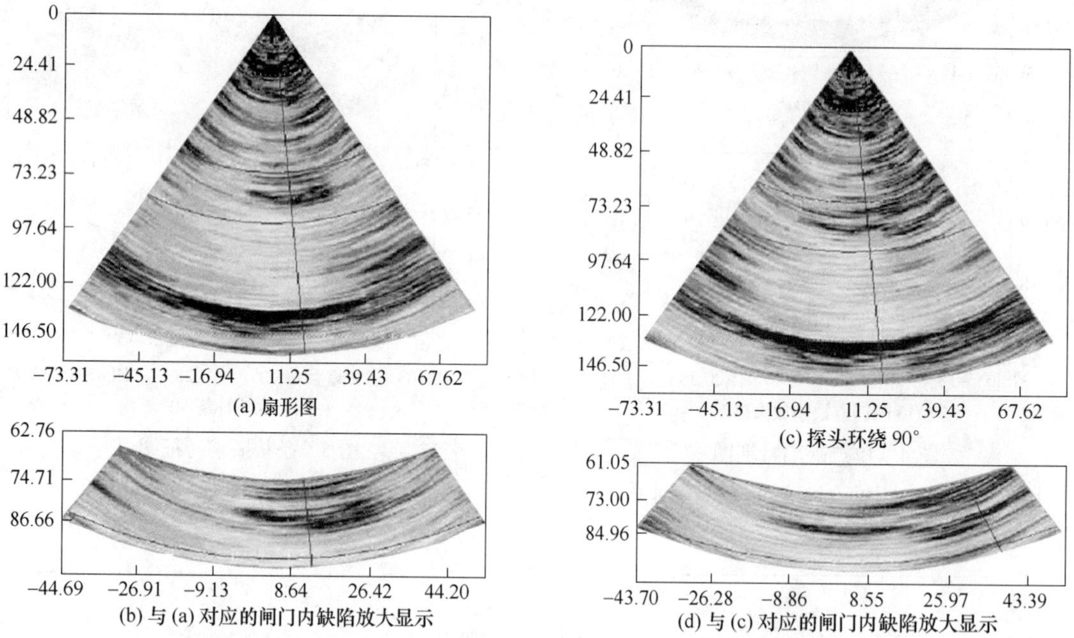

图 8 多点分散型缺陷特征图

Fig. 8 Characteristic image of scattered flaws

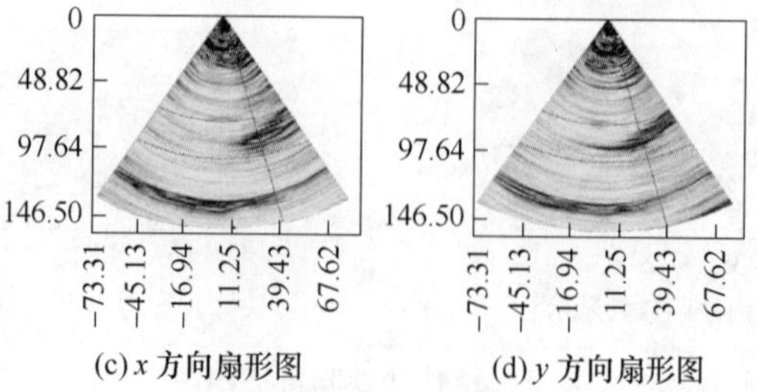

图 9 多点密集型缺陷特征图

Fig. 9 Characteristic image of concentrated flaws

4 实例分析

实验室对某编号为285号与290号两个车轮试样进行超声波相控阵垂直声束检测[5~7]，图像检测结果如图10与图11所示。

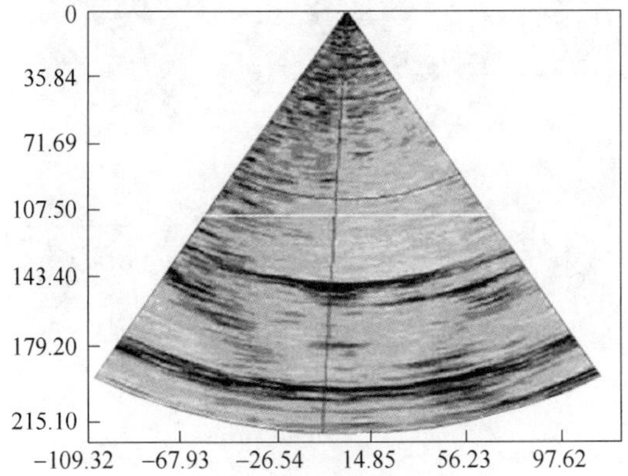

(a) 扇形图

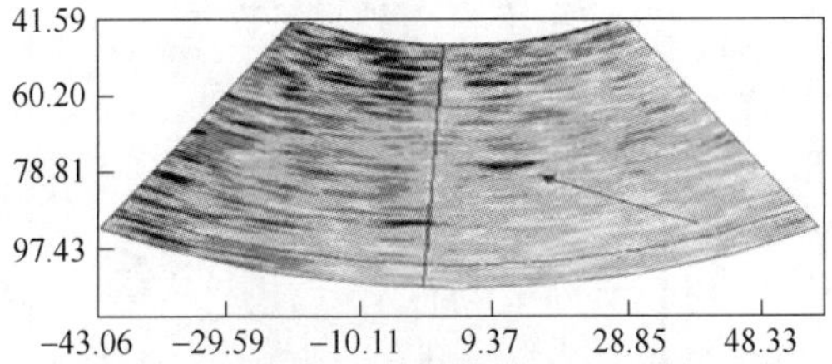

(b) 闸门内缺陷放大显示

图10 285号轮箍超声波相控阵特征图像

Fig. 10 Characteristic image of No. 285 wheel rim ultrasonic phased array

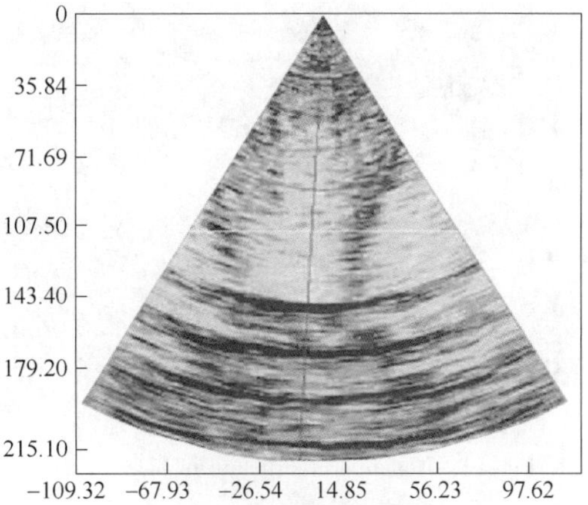

(a) 扇形图

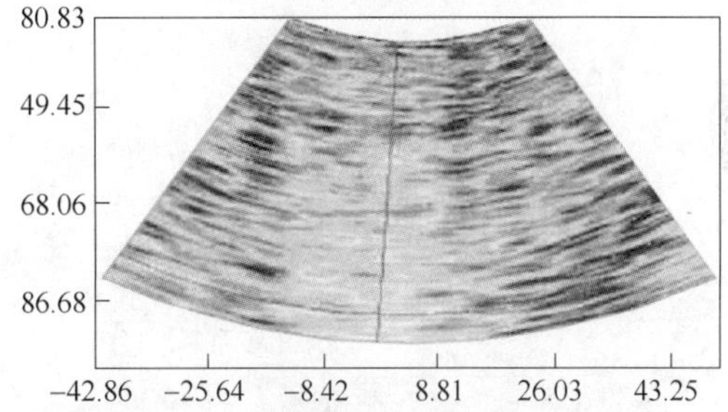

(b) 闸门内缺陷放大显示

图11 290号轮箍超声波相控阵特征图像

Fig. 11 Characteristic image of No. 290 wheel rim ultrasonic phased array

285号试样相控阵所示缺陷图像整体紊乱，面积较大呈局部片状分布，位于轮辋内部，距内侧面40~80mm。局部有单点缺陷，如图10(b)闸门区域放大中箭头所示。

290号试样相控阵所示缺陷图像紊乱，面积较大呈局部片状分布，位于轮辋内部，距内侧面30~70mm。

相控阵检测完毕后对试样进行低倍检验分析，检测结果如图12所示。两个试样低倍组织存在明显疏松。

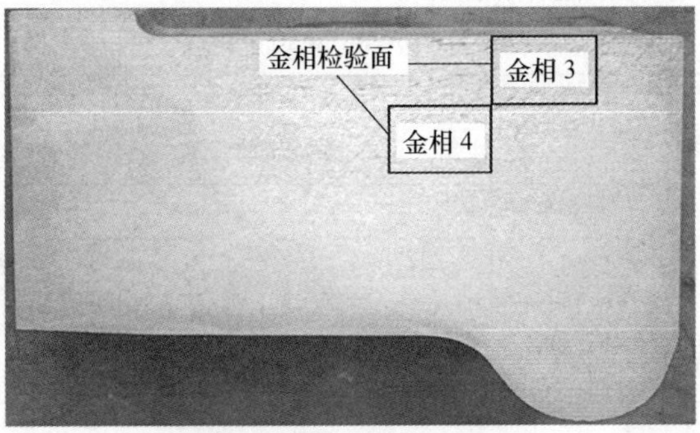

(a) 285号轮箍低倍检验宏观形貌

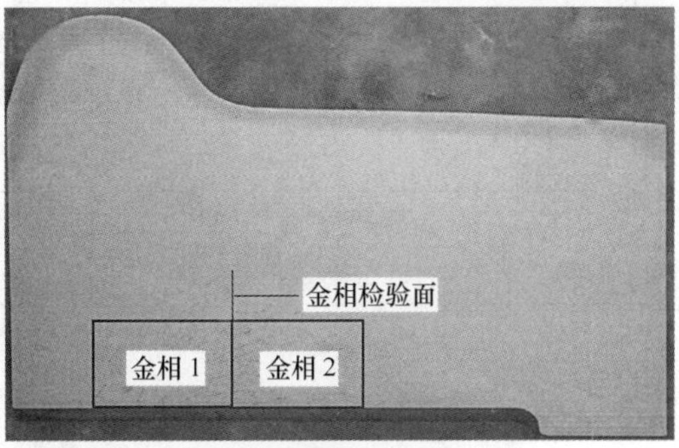

(b) 290号轮箍低倍检验宏观形貌

图12 两轮箍试样低倍检验宏观形貌

Fig. 12 Macro image of sample wheel rim macroscopic examination

在285号轮箍疏松集中的部位取金相检验试样3号、4号，在290号轮箍疏松集中的部位取金相检验试样1号、2号。图11的金相检验面为酸洗面及图12两试样中所示的酸洗面侧面。

在低倍酸洗面和酸洗面侧面两个检验面上，均发现疏松区组织存在严重的组织不均匀现象，贝氏体聚集呈条带分布，如图13与图14所示；条带间有硫化锰夹杂，如图15所示。

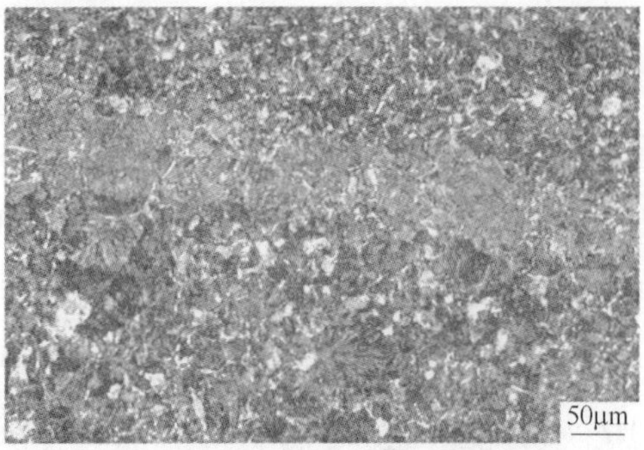

图13　组织不均匀，有贝氏体条带

Fig. 13　Nonuniform structure in bainite stripe

图14　贝氏体条带高倍

Fig. 14　Bainite stripe

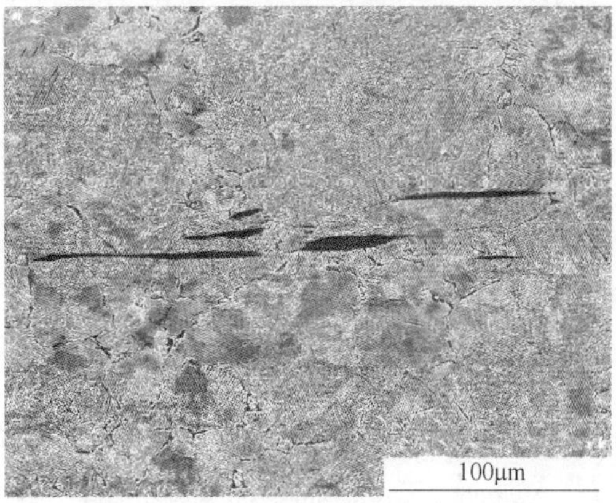

(a)

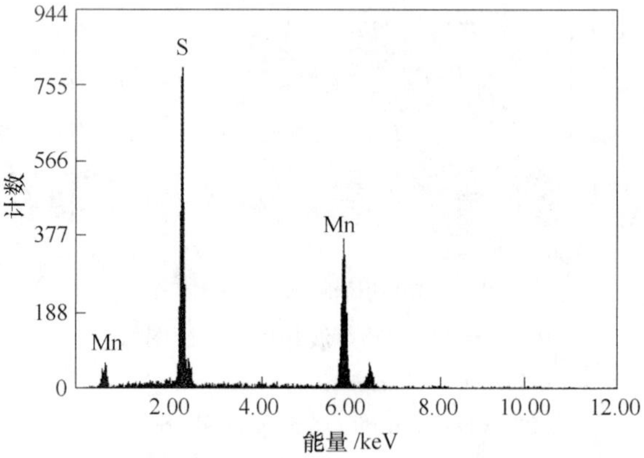

(b)

图15　贝氏体条带中硫化锰夹杂

Fig. 15　Manganese sulfide mingled in bainite stripe

对贝氏体条带及周围珠光体组织做扫描电镜微区成分分析，元素主要为Fe、Si、Mn、Cr，检验结果如表2所示，可见贝氏体条带区域合金元素含量明显高于周围珠光体区域，即组织的不均匀与合金元素的微观偏析有关。

表2　贝氏体条带与周围组织的微区成分分析

Table 2　Microcell component analysis for bainite stripe and surrounding structure　(%)

质量分数	贝氏体条带区域				珠光体区域			
	1	2	3	平均	1	2	3	平均
Si	0.42	0.49	0.47	0.46	0.36	0.45	0.38	0.40
Cr	0.42	0.55	0.48	0.48	0.35	0.37	0.35	0.36
Mn	1.20	1.57	1.32	1.36	0.79	1.04	0.94	0.92
Fe	97.97	97.39	97.73	97.70	98.50	98.14	98.33	98.32

5　结论

(1) 超声波相控阵技术丰富了超声波无损检测的手段，提高了列车车轮无损检测作业水平，特别是两个关键部位的检测，为列车的高速化发展提供了可靠的技术支持。

（2）利用相控阵技术的特点，在不移动或短程移动探头的情况下对车轮缺陷进行快速扫查，实现同时对多个缺陷进行分析，效率大大提高。

（3）超声相控阵技术可提供实时的车轮缺陷彩色成像，便于在线现场缺陷判读，不易误判或漏判缺陷。

（4）相控阵探伤仪的应用，能够通过图像的形式直观地显示缺陷的二维信息，即探测深度方向与振动方向的扇形截面图。

（5）超声波相控阵图像的分类有助于对存在危害性缺陷的车轮进行甄别处理，可准确判定缺陷的二维几何尺寸，转动探头角度可分析缺陷平面形状分布性质（如孔洞类、裂纹或白点类、疏松或粗晶类），也为进一步的车轮缺陷定性提供依据。

参考文献

[1] 汪春晓．相控阵超声波车轮缺陷探伤技术研究［D］．成都：西南交通大学，2010.

[2] Azar L，Shi Y，Wooh S C. Beam Focusing Behavior of Linear Phased Arrays［J］．NDT & E International，2000，33：189.

[3] 江帆．超声相控阵探伤系统关键技术的研究［D］．天津：天津大学，2005.

[4] 陈昌华．车轮轮箍密集型缺陷分析［J］．无损探伤，2009（12）：17.

[5] Berke M，Buechler J. Practical Experiences in Manual Ultrasonic Phased Array Inspection［C］．17th World Conference on Nondestructive Testing，25-28 Oct. 2008，Shanghai：2008.

[6] Schneider E，Hintze H. Ultrasonic Testing of Railway Axles with Phased Array Technique Experiences during Operation［C］．16th World Conference on Nondestructive Testing，August 30-September 3，2004，Montreal：2004.

[7] 汪春晓，张浩，高晓蓉，等．超声相控阵技术在车轮轮辋探伤中的应用［J］．中国铁路，2009（5）：69.

火车车轮残余应力测试与研究❶

岳　元[1]　陈昌华[2]　钱健清[1]　汤志贵[2]
陈能进[2]　祝宝芹[2]　邹　强[1]
（1. 安徽工业大学；2. 马鞍山钢铁股份公司）

摘　要　残余应力的大小和分布，是车轮必须达到的一个重要质量指标。本文探讨了各种残余应力测试方法的不同点，得出了适合火车车轮的残余应力测试方法——应变片法，并用该方法测试了马钢火车车轮的残余应力。本实验的测试方法采用欧洲标准 EN13262 中推荐破坏性测试方法，通过研究车轮切割前后应变的变化，计算出车轮残余应力的大小及分布，得出车轮踏面处残余应力大小和残余压应力零点分别都落在-150～-80MPa 及 35～50mm 范围内，本试验为国产高速火车车轮残余应力研究打下基础。
关键词　火车车轮；残余应力；X 射线法；超声波法；磁性法；应变片法

Residual Stress Test and Research of Train Wheel

Yue Yuan[1]　Chen Changhua[2]　Qian Jianqing[1]　Tang Zhigui[2]
Chen Nengjin[2]　Zhu Baoqin[2]　Zou Qiang[1]
（1. Anhui University of Technlogy；2. Ma'anshan Iron and Steel Co.， Ltd.）

Abstract　The size and distribution of the residual stress is a important quality indicator that the trian wheel must reach. The differences of some residual stress test methods was discussed，the conclusion that the strain gauge method is fit for the train wheel residual stress test has been drawn. The residual stress of Masteel train wheels was test by this method. In the study，the destructive tests method recommended in European standard EN13262 was employed. The residual stress distribution and size of the train wheels were calculated by studing the strain changes of wheels before and after cutted. The test results shown that the residual stress size of tread and the position of zero residual compressive stress all of the wheels tested are on the range of −150−80 MPa and 35 − 50 mm. This study has laied the foundation for domestic high speed train wheel residual stress study.
Key words　the train wheels；residual stress；X-ray method；ultrasonic method；magnetic method；strain gauge method

1　引言

车轮是火车的重要部件之一，其质量的优劣直接关系到铁路的运行安全。随着火车重载、高速要求的日益增加，使车轮的负担越来越重，对车轮质量的要求也更为严格。火车车轮踏面下通常需要存在一定深度的残余压应力，其作用是阻碍裂纹的形成及扩展，从而极大的延缓疲劳裂纹的形成，延长车轮的使用寿命[1]，每个车轮经热处理和机加工之后，其踏面的周向残余应力及踏面下残余应力零点的深度都应控制在一定的范围之内。

踏面残余压应力的大小及沿轮辋深度的分布，是考核车轮质量的一个重要指标，国外关于车轮产品要求的标准中，都对此进行了严格的规定。我国铁路车轮标准中对车轮也规定了踏面必须为压应力，而

❶ 原文发表于 2012 国际冶金及材料分析测试学术报告会论文集。

且规定了定性的测试方法。但是，对具体的残余应力的大小以及其分布并没有规定，国外对火车车轮的残余应力有严格的标准，而国内没有对车轮的残余应力进行过系统测试。

目前我国正在大力发展高速铁路项目的建设，高铁车轮正在向国产化方向发展，针对这一现状，国内有必要对高速车轮的各项性能指标进行测试与研究，本课题组针对车轮的残余应力的性能指标，开展了对国内火车车轮的残余应力测试方法和车轮残余应力分布场的研究，为国产高速车轮的残余应力研究打下基础。

2 残余应力测试方法

残余应力是当产生应力的各种因素不复存在时，平衡于材料内部的应力。实践表明，残余应力的大小及分布影响材料的疲劳强度、抗应力腐蚀性、尺寸稳定性和使用寿命。因此，对残余应力进行研究，具有十分重要的工程价值和意义。

残余应力检测技术始于20世纪30年代[2]。根据检测方法对被测试件是否造成破坏，可将残余应力检测方法分为有损检测法和无损检测法[3]。国内现有的残余应力检测方法主要有X射线法、超声波法、磁性法和应变片法等。本文就这几种方法展开研究，找出一种适合测试火车车轮残余应力的方法。

2.1 X射线衍射法

X射线衍射法最早由俄国学者 Аксенов 于1929年提出，该方法基于弹性力学及X射线晶体学理论。理想的多晶体在无应力的状态下，不同方位的同族晶面间距相等，而存在一定的表面残余应力时，不同晶粒的同族晶面间距随晶面方位及应力的大小发生有规律的变化，致使X射线衍射谱线发生位偏移，根据位偏移的大小即可计算残余应力。到了20世纪30年代，人们开始利用X射线来测定多晶体的应力。1961年德国学者 E. Macherauch 提出 $\sin^2\psi$ 法后，逐渐成为X射线应力测定的标准方法。随后，Gloeker 将其简化成0°~45°法，由于其手续简单、节省时间及对细晶材料误差不太大，在工业生产的宏观应力测定中得到了广泛应用。

该方法测量准确、可靠，并可在原测点重复测试，当应力在小范围内急剧变化时最有效；且可测量应力的绝对值，常用于确定陶瓷残余应力及弯曲面和球面；射线来源方便经济但X射线衍射法需要价格昂贵的X射线衍射仪。

此法的缺点是X射线伤害身体，而且只能测试样表面的残余应力，对被测表面的加工要求较高，特别要求避免局部塑性引起的干扰，测试所用设备也较昂贵。目前，X射线法主要用来检测热处理、焊接、表面强化后的表层应力。

车轮的残余应力测试需要测得踏面下残余应力零点的深度，而X射线衍射法只能测试样表面的残余应力，故该方法不适合火车车轮残余应力的测试。

2.2 磁性法

磁性法是根据铁磁材料受力后，磁性的变化来评定内应力。目前实用的方法有磁噪声法和磁应变法。

磁噪声法是铁磁材料在外加交变磁场的作用下，磁畴壁会发生突然不连续移动，释放出弹性应力—应变波，此现象由德国物理学家巴克豪森（H. Barkhausen）于1919年发现[4]，称为巴克豪森噪声(BN)。每一BN在探测线圈内感应一个脉冲电压，其大小一般以峰值或平均值来表示。材料的显微组织结构和应力状态等与BN信号的大小有一定对应关系。磁噪声法就是根据BN信号的大小来测定应力和一些显微缺陷及组织变化。

磁应变法是利用铁磁材料的磁致伸缩效应来测定应力，即在应力作用下，铁磁材料的磁导率或磁阻发生变化[5]。同时，磁-弹相互作用，产生磁各向异性，磁导率作为张量与应力有着一定的关系。利用该原理，磁应变法可以用来测定某点的主应力大小及方向。

磁性法仅适用于铁磁材料，且对材质比较敏感，每次都需先标定。由于在测试过程中存在一定的累积误差，故精度不高。但其设备结构简单、易于操作、性能稳定、特别适用于现场条件要求不严格的地方使用。目前，磁性法主要用来检测焊接残余应力，同时在去应力处理的热时效和振动时效方面也有一些应用。鉴于此，磁性法也不适合火车车轮残余应力的测试。

2.3　超声波法

早在1940年S. Oka提出应力引起的声双折射现象时，就有学者提出是否可以用超声波来检测材料的内应力，但由于应力引起的超声波速度变化相当小，要测出这个变化，需要灵敏和精确的测量技术，加之材料织构、粗晶等的干扰，使得这种技术发展缓慢。声弹性的发展受两方面的推动：三阶弹性常数的测量和残余应力的测定。线性弹性理论只局限于无限小变形弹性体，适用于大多数材料。但在各种特殊情况下，许多固体是不能用该理论进行描述的。主要有两方面的原因：一是固体可能是滞弹性的或是塑性的；二是变形太大，以致于无限小变形理论不够准确。

超声波法可适用的材料较多，探测深度较大，可简单、快速、准确的检测到试件表面和内部残余应力。但由于声波波长太长，应力引起的波速变化微小，且受材料的形状及组织结构影响大，故其检测精度低，只能测试高值残余应力。同时，该法仅能测超声路程上的平均速度，因此仅能用来检测均匀的应力场。目前，超声波法主要用来检测热残余应力、焊接应力和螺栓应力。鉴于此种情况，超声波法也不适合火车车轮残余应力的测量。

2.4　应变片法

应变片法测试残余应力的原理是采用应变电测试技术，通过破坏被测物体的一部分，将残余应力部分或全部释放，从而获取残余应力。此法虽然会对被测物体造成一定的损伤或破坏，但因其理论完善、技术成熟而被广泛应用。

此方法通过几道切割工序使轮辋中存在的残余应力逐渐释放，利用应变片在每一道切割工序中测出表面由于残余应力释放而产生的应变，来反推切割过程中残余应力状态的变化，获得车轮踏面表面的周向残余应力，并运用线性内插法得到踏面下残余应力零点的深度。

通过对现有残余应力测试方法的比较，应变片法能比较精确地测得车轮踏面周向残余应力及踏面下残余应力零点深度。

3　车轮踏面周向残余应力测试

本实验测试方法决定采用欧洲标准EN13262《铁路规范—轮对和转向架—车轮—产品要求》中推荐破坏性测试方法[6]——应变片法。

根据经验得知，热处理过程有效地使周向的残余应力沿周向分布均匀，所以仅在一个径向截面区域上进行测定。

3.1　车轮残余应力测量步骤

3.1.1　划线

对火车车轮上粘贴应变片的位置进行预测定及第一步切割位置的确定，如图1所示。

图1　划线

Fig. 1　Delimit lines

3.1.2 打磨

用砂轮机将试件表面打平，再用金相砂纸打磨试件表面，直至表面粗糙度为 Ra3.2μm 左右即可。打磨面积为应变片面积的 3~5 倍。

3.1.3 清洗

在磨光的表面上，定出测点的确切位置，用划针通过测点轻轻划出坐标线，即确定方位线。然后进行擦洗工作，用蘸有酒精或丙酮溶剂的脱脂棉球，在一个方向上进行擦洗，切勿交替擦洗，以防污染。擦洗过的表面勿用手摸，待溶剂挥发后即可涂胶贴片。

3.1.4 应变片粘贴位置

在车轮切割前，在轮辋某一径向截面的外表粘贴应变片，第一步切割前粘贴 5 个应变片，应变片粘贴于如下位置：

（1）沿圆周方向和轴向；

（2）位于辐板与轮辋联结处的对称面上的踏面点 1 处；

（3）沿圆周方向和径向；

（4）轮辋外侧面上的点 2E 处和轮辋内侧面上的点 2L 处；

（5）辐板圆角的点 3E 处（外侧）和点 3L 处（内侧）。粘贴位置示意如图 2 所示。粘贴应变片方法如图 3 所示。

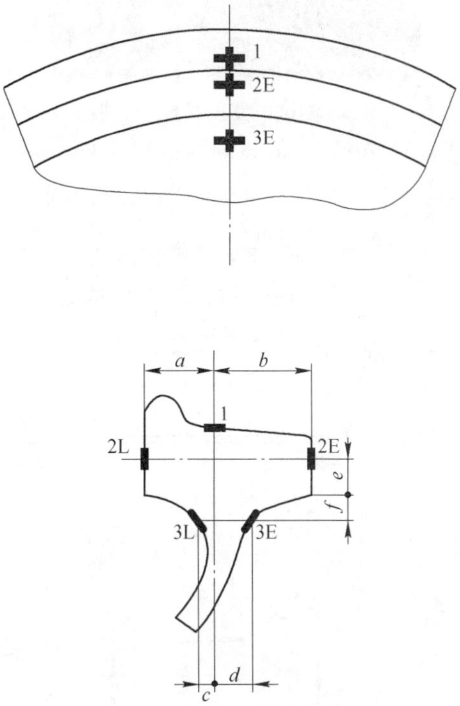

图 2 应变片粘贴位置

Fig. 2 The strain gauge paste position

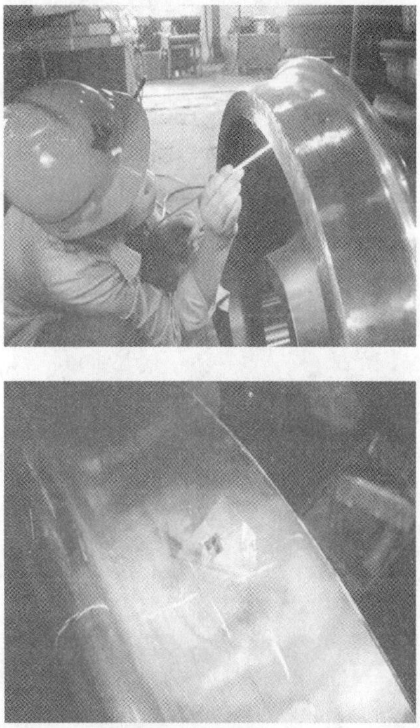

图 3 粘贴应变片

Fig. 3 Strain gauge paste

3.1.5 粘贴接线柱，焊接线路

完成测试电路的接线。焊接采用内热式电烙铁焊接，本测试共 10 根测试线，其中 5 根接测试应变片，编号分别为 1 号、2L、2E、3L、3E；5 根接补偿应变片，分别编号为 1、2、3、4、5。如图 4、图 5 所示。

3.1.6 火焰切割

水平放置车轮，进行火焰切割，如图 6 所示。

3.1.7 第一步切割

第一步切割分三刀，切取车轮圆弧长度相当于 300mm 的一段轮辋（如图 7 所示）。应变片的应力测量仪操作如图 8 所示。

第一刀（如图 7 左侧为第一刀）：第一刀锯切前后，分别读出 1、2E、2L、3E、3L 应变片的应变量并记录。

第二刀（如图 7 右侧为第二刀）：第二刀锯切前后，分别读出 1、2E、2L、3E、3L 应变片的应变量并记录。

图 4　测试电路的焊接

Fig. 4　The test circuit welding

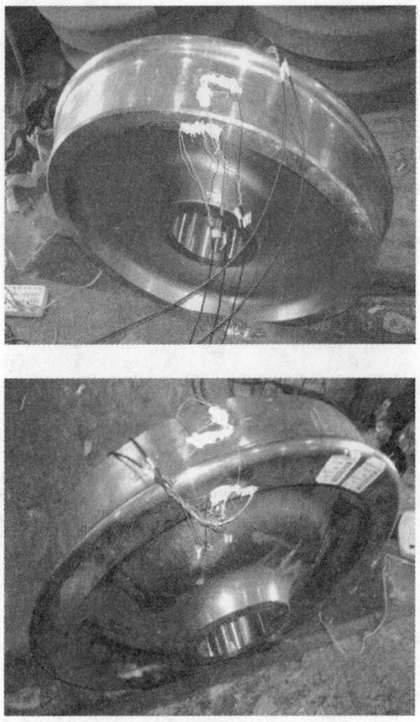

图 5　测试电路的接线及封胶

Fig. 5　The test circuit wiring and sealing glue

图 6　火焰切割

Fig. 6　Flame cutting

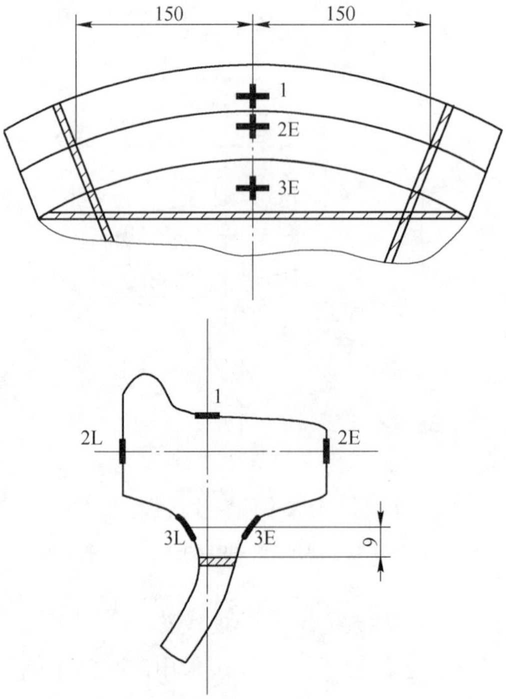

图 7　第一步切割

Fig. 7　The first step cutting

第三刀（如图 7 下侧为第三刀）：第三刀锯切前后，分别读出 1、2E、2L、3E、3L 应变片的应变量并记录。

3.1.8　粘贴应变片 4

第三刀锯切后粘贴应变片 4（粘贴位置如图 9 所示）。

图 8　应变片的应力测量

Fig. 8　The stress of the strain gauge measurement

3.1.9　第二步切割

第二步切割前后分别读出应变片 1 和 4 的应变量，并测量厚度 h_1 和 h_2(如图 9 所示)。粘贴应变片 5 (如图 10 所示)。

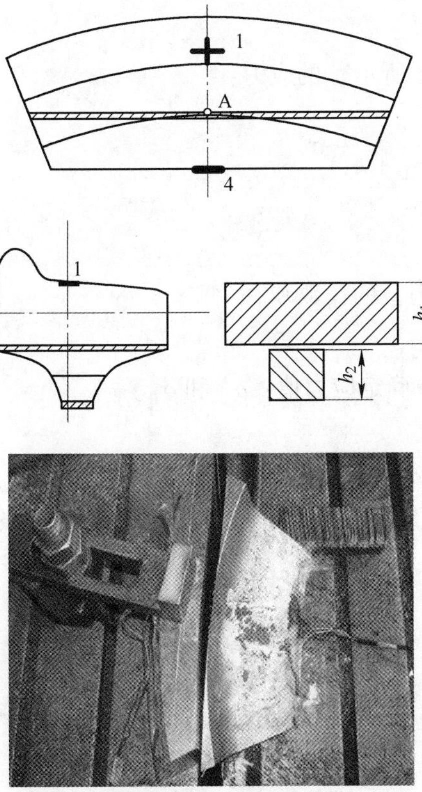

图 9　第二步切割

Fig. 9　The second step cutting

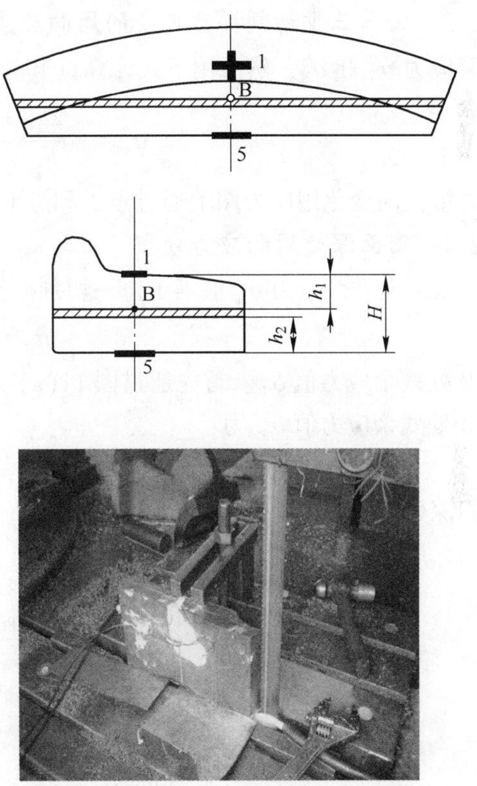

图 10　第三步切割

Fig. 10　The third step cutting

3.1.10　第三步切割

切取 h_1 约为 $H/2$，第三步切割前后分别读应变片 1 和 5 的应变量，并测量厚度 h_1 和 h_2。

3.2　实验数据处理方法

根据标准 EN13262 中的计算公式进行数据处理及残余应力计算。

根据标准中的公式计算在测量点“j”处进行切割操作“i”步而产生的周向应力变化“σ_j^i”：

$$\sigma_j^i = -\frac{E}{1 - v^2}(e_{cirj}^i + ve_{\perp j}^i) \qquad (1)$$

式中，$E = 210000\text{MPa}$；$v = 0.28$；e_{cirj}^i为周向应变；$e_{\perp j}^i$为轴向（或径向）测得的应变。

3.2.1　由第一步切割操作产生的周向应力变化的计算

计算应力 σ_1^1、σ_{2E}^1、σ_{2L}^1、σ_{3E}^1和 σ_{3L}^1。

按下式计算点 2 和点 3 的应力值：

$$\sigma_2^1 = \frac{a}{a+b}\sigma_{2L}^1 + \frac{b}{a+b}\sigma_{2E}^1 \tag{2}$$

$$\sigma_3^1 = \frac{c}{c+d}\sigma_{3L}^1 + \frac{d}{c+d}\sigma_{3E}^1 \tag{3}$$

应力沿径向变化用应力图上通过点 1 和点 3 的直线表示，如图 11(a) 所示。在点 2 处计算出的应力，必须落在这条直线附近，误差为±20N/mm^2。

3.2.2　由第二步切割操作产生的周向应力变化的计算

计算应力 σ_1^2 和 σ_4^2，然后用下式计算点 A 处（图 11(b) 所示）的应力：

$$\sigma_A^2 = \frac{-(2h_1+h_2)S_1\sigma_1^2 + h_2S_2\sigma_4^2}{S_1(h_1+h_2)} \tag{4}$$

应力的变化用应力图上通过点 1 和点 A 的直线表示（图 11(b) 所示）。

3.2.3　由第三步切割操作产生的周向应力变化的计算

计算应力 σ_1^3 和 σ_5^3，然后用下式计算点 B 处（图 11(c) 所示）的应力：

$$\sigma_B^3 = -\frac{2h_1+h_2}{h_1+h_2}\sigma_1^3 + \frac{h_2^2}{h_1(h_1+h_2)}\sigma_5^3 \tag{5}$$

应力沿径向变化用应力图上通过点 1 和点 B 的直线表示。

3.2.4　踏面深处周向应力分布

点 1 处周向残余应力 σ_1 值等于每一切割操作后测得应力值的代数和。

$$\sigma_1 = \sigma_1^1 + \sigma_1^2 + \sigma_1^3 \tag{6}$$

点 B 处残余应力值 σ_B：首先通过图 11(a) 和图 11(b) 确定应力值：σ_B^1 和 σ_B^2。

点 B 处残余应力值 σ_B 为：

$$\sigma_B = \sigma_B^1 + \sigma_B^2 + \sigma_B^3 \tag{7}$$

踏面深处周向应力变化最终示图用应力图上通过相当于点 1 和点 B 应力坐标 σ_1 和 σ_B 的直线表示（图 11(d) 所示）。

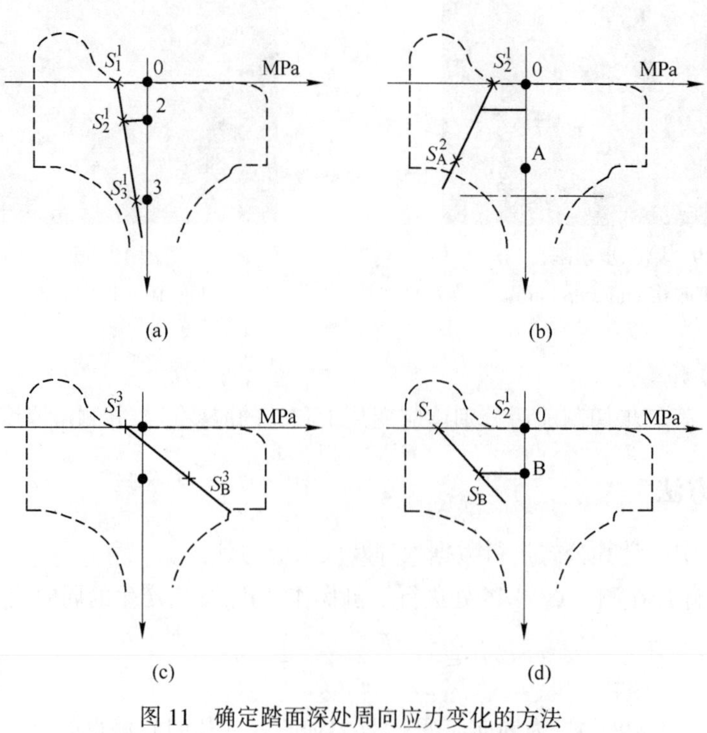

图 11　确定踏面深处周向应力变化的方法

Fig. 11　The way to getting the change of tread strain

3.3 实验结果分析

根据标准 EN13262《铁路应用—轮对和转向架—车轮—产品要求》(中文版) 中的计算公式进行数据处理及周向残余应力计算。

通过切割，使轮辋中存在的残余应力不断释放；同时利用应变片测出每次测试点的应变量，来计算残余应力的变化；通过应力的叠加得出踏面初始应力；轮辋内部残余应力分布，通过在测得的踏面下 B 点的应力，按线性内插法得到[7]。

3.3.1 TL-HESA 11-1-03572 298#的残余应力计算结果

踏面残余应力为-97.8MPa；踏面以下 38.4mm 处应力为 0。符合欧洲标准 EN13262，如图 12 所示。

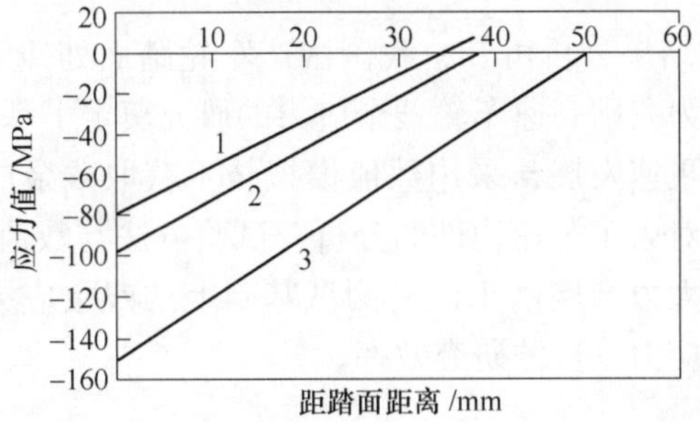

图 12 HESA 车轮残余应力标准要求范围（1，3）及实测残余应力（2）

Fig. 12 The residual stress standards range (1, 3) and measured residual stress (2)

3.3.2 TL-HESA 11-1-03380 115#的残余应力计算结果

踏面残余应力为-94.8MPa；踏面以下 36.4mm 处应力为 0。符合欧洲标准 EN13262，如图 13 所示。

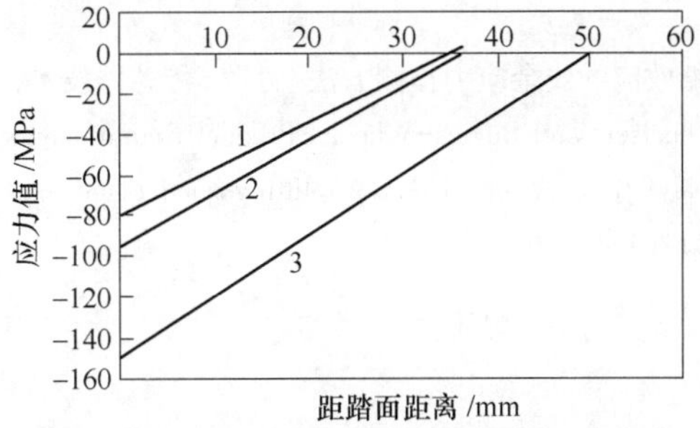

图 13 HESA 车轮残余应力标准要求范围（1，3）及实测残余应力（2）

Fig. 13 The residual stress standards range (1, 3) and measured residual stress (2)

3.3.3 AAR-C-B38 12-2-002835 06054#的残余应力计算结果

踏面残余应力为-96.3MPa；踏面以下 37.4mm 处应力为 0。符合欧洲标准 EN13262，如图 14 所示。

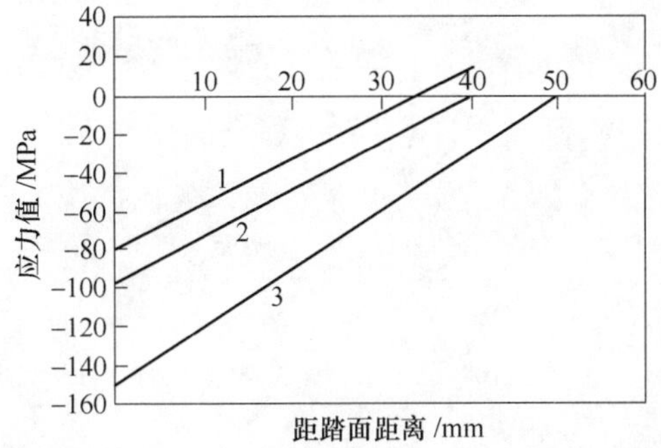

图 14 B38 车轮残余应力标准要求范围（1，3）及实测残余应力（2）

Fig. 14 The residual stress standards range (1, 3) and measured residual stress (2)

4 结论

本文通过对现有的残余应力测试方法的研究与分析，得到了适合火车车轮残余应力测试的方法。并运用该方法，对马钢提供的火车车轮进行了残余应力测量与研究。通过对马钢车轮的应变片残余应力的数据处理与分析，得出了以下结论：

（1）应变片法是原理简单且测量精度较高的一种残余应力测试方法，相比于其他残余应力测试方法对车轮构件的测量尤其适用，可准确分析车轮残余应力锯切过程变化趋势。

（2）车轮残余压应力的测试，三组车轮测得的踏面处残余应力分别是-97.8MPa、-94.8MPa、-96.3MPa；残余压应力深度分别为38.4mm、36.4mm、37.4mm。都落在欧洲标准EN13262规定的-150~-80MPa和35~50mm范围内。

（3）车轮残余压应力的测试结果分析可知，我国国产车轮踏面处残余应力大小和残余应力零点到踏面距离符合欧洲标准EN13262，为我国高速车轮残余应力的研究奠定了基础。

随着有限元软件和计算机的飞速发展，采用数值模拟技术获取残余应力分布的方法应成为残余应力分布研究的一个重要分支，尤其对火车车轮构件的分析，试验方法与数值模拟研究的结合将拥有更快速、更节约成本的优点。因此，建议大力开展基于试验测试基础上的残余应力分布的数值模拟研究工作，有利于提高我国国产高速车轮残余应力分析的研究效率。

参考文献

[1] 沈晓辉，赵亚琼，安涛，等．热处理工艺对车轮残余应力的影响［J］．钢铁，2007（10）：68-71.

[2] 米谷茂．残余应力的产生和对策［M］．北京：机械工业出版社，1983.

[3] 曾令太，朱世根，顾伟生．残余应力无损检测技术的进展［J］．中国科技论文在线，2000.

[4] Titto K. Use of Barkhausen effect in testing for residual stresses and material defects［J］. Non-destructive Testing-Australia, 1989, 26（2）: 36-41.

[5] 文西芹，刘成文．基于逆磁致伸缩效应的残余应力检测方法［J］．传感器技术，2002，21（3）：42-44.

[6] EN13262, Railway Applications-Wheelsers and Bogies-Wheels-Product Requirements［S］. appendix C.

[7] Rybicki E F, Shadely J R, Shealy W S. A consistent - splitting model for experimental residual stress analysis［J］. Experimental Mechanics, 1983（12）: 438-446.

机车用辗钢整体车轮超声波透声不良分析[❶]

肖　峰　王世付　王　翔　蒋培华

(马鞍山钢铁股份有限公司)

摘　要　对一批机车用辗钢整体车轮在超声波检测时发现的透声不良车轮，进行取样检验，确认透声不良为晶粒粗大引起。通过对试样的热处理试验以及对淬火加热炉进行温度均匀性测试，证实了炉内存在低温区，而温度偏低导致了热处理未能完全消除原始轧态组织。

关键词　车轮；超声波检测；透声性；热处理；粗晶

1　引言

某公司在对一批钢种为 AAR-B(含碳量为 0.57%~0.67%的碳素钢) 的铁路机车用辗钢整体车轮进行超声波检测时，发现其中一些车轮的轮辋存在透声不良现象。为此，深入分析了造成透声不良的根本原因，并采取了相应措施，防止车轮透声不良的现象再次发生。

2　车轮超声波检测方法及透声不良车轮表征

首先采用自动超声波检测设备对轮辋进行轴向和径向扫查，然后对于自动检测时出现缺陷反射波报警和轴向回波报警的车轮进行手工超声波检测，对缺陷进行定位、定量检测，按企业内控标准判定是否合格。

2.1　自动检测主要技术条件

(1) 缺陷检测探头：5P 25×6×2 双晶直探头，两行错开排成探头阵列。

(2) 轴向回波衰减检测探头：2.25P ϕ20mm 单晶直探头。

(3) 探伤灵敏度：ϕ1mm 平底孔，扫查时在此基础上至少提高 3dB 以上。

(4) 回波衰减控制：≤4dB。

2.2　透声不良车轮自动检测的表征

(1) 同一批次产品出现超过正常比例的缺陷反射波。

(2) 轴向检测中，缺陷集中出现于轮辋一周约 1/6 区段，深度多在 115~145mm 范围内，密集，缺陷波幅值相当于 ϕ1mm，6dB 左右。

(3) 轴向检测出现缺陷波的区域同时伴有轴向回波衰减，衰减值大于 4dB。

2.3　手工检测确认

使用 5P ϕ20mm 单晶直探头对自动检测发现缺陷的区域进行轴向检测。

以 ϕ1mm 平底孔的灵敏度进行检测，透声不良区域的波形图见图 1(a)，一次底波前出现明显草状波。

透声不良区域的一次底波调节为 80%，二次底波仅为 20%左右；而正常区域的一次底波调节为 80%，二次底波略低于 40%幅高左右。通过简单计算得出：透声不良区域的底波材质衰减比正常区域大 6dB 左右。

---

❶　原文发表于《机车车辆工艺》2013 年第 6 期。

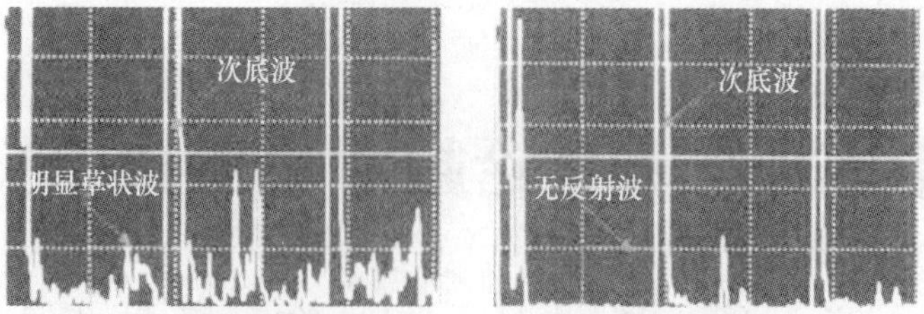

(a) 透声不良区域　　(b) 正常区域

图 1　车轮轮辋轴向超声波检测波形图

2.4　透声不良区域取样检验

对超声波检测透声不良区域进行取样检验，轮辋截面的低倍组织未见异常。

对低倍试样按图 2 取样进行金相检验，发现 1#和 2#试样存在粗晶，实际晶粒度为 3.5~5 级，晶界平直，在粗大晶粒内部存在许多小晶粒，铁素体含量明显高于 3#试样，同时存在明显的珠光体球化现象；3#试样金相组织正常，实际晶粒度为 6 级，晶粒内部不存在小晶粒和珠光体球化现象，见图 3。

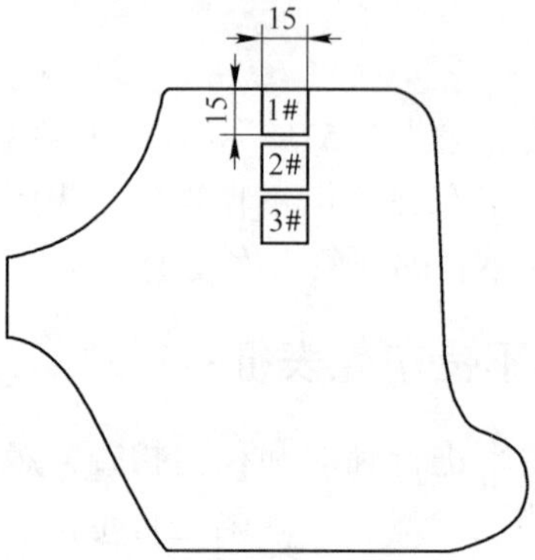

图 2　透声不良区域金相检验取样位置和大小

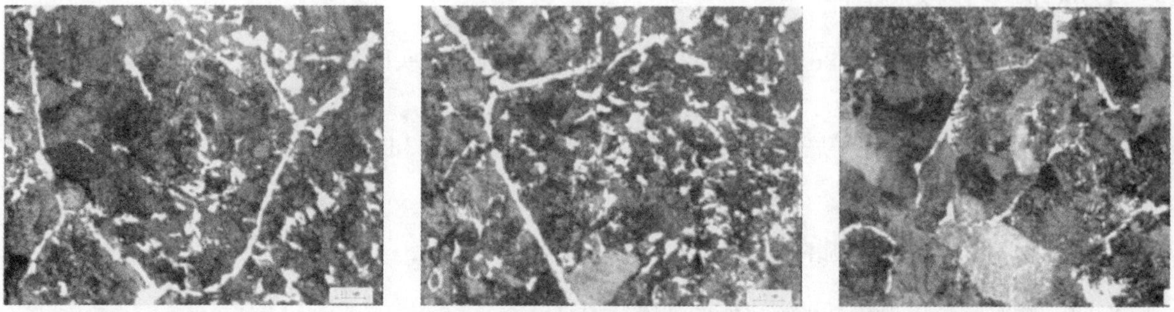

(a) 1# 试样组织 (500×)　　(b) 2# 试样组织 (500×)　　(c) 3# 试样组织 (500×)

图 3　透声不良区域的金相组织

多次取样检验结果表明，1#位置试样均存在粗晶，部分 2#位置试样也存在粗晶，3#位置试样均正常。

3　轮辋粗晶分析

在通过对轧钢坯料加热过程进行调查并排除过热问题以后，鉴于粗晶组织存在混晶和珠光体球化现象，于是怀疑粗晶是由于淬火加热温度偏低引起。

为验证上述推断，设计了以下试验方案。

根据以下计算公式估算 A_{c1} 和 A_{c3}：

$$A_{c1}(℃) = 723 - 20.7Mn - 16.9Ni + 29.1Si + 16.9Cr + 290As + 6.38W = 745℃$$

$$A_{c3}(℃) = 910 - 203C^{1/2} - 15.2Ni + 44.7Si + 104V + 31.5Mo + 13.1W = 788℃$$

从透声不良车轮中取粗晶试样 1 块和正常组织试样若干，分别按表 1 中工艺进行热处理。

表 1 试样热处理试验方案

编号	晶粒度	热处理工艺	试验目的
1	最粗 3.5 级	850℃×2h 正火	超探透声不良车轮上粗大晶粒能否消除→车轮能否挽救
2	细于 6 级	1100℃×2h 正火→850℃×2h 正火	模拟轧态组织→正常轧态组织（F-P）是否存在组织遗传、正常热处理加热能否消除原始轧态组织
3		1100℃×2h 正火→740℃×0.5h 正火	模拟轧态组织→轧态粗大晶粒不能消除的热处理加热条件是：（1）临界区；（2）两相区
4		1100℃×2h 正火→750℃×0.5h 正火	
5		1100℃×2h 正火→790℃×0.5h 正火	

试样按上述试验工艺热处理以后，金相检验结果见表 2。

表 2 试样热处理后检验结果

编号	组织	晶粒度	编号	组织	晶粒度
1	珠光体+少量铁素体	细于 6 级	4	粒状珠光体+铁素体	8.0~4.0 级
2	珠光体+少量铁素体	细于 6 级	5	珠光体+少量铁素体	细于 6 级
3	粒状珠光体+少量铁素体	3.5~7.0 级			

通过以上试验可得出以下结论：

（1）透声不良区粗大晶粒可通过重新热处理消除。

（2）对 AAR-B 车轮钢，原始轧态组织为铁素体-珠光体组织时，不存在组织遗传性，即轧态粗晶组织（过热组织或轧态粗晶组织）通过后续热处理可以消除。

（3）透声不良的粗晶组织为轧态组织在热处理时因加热温度偏低（处于奥氏体转变的两相区）而未能完全消除而致。

4 淬火加热温度偏低分析

由于车轮淬火工艺加热温度规定为 850℃±10℃，对出现透声不良批次车轮的淬火加热温度记录进行检查未发现低于工艺下限的温度，因此可以排除热处理工艺不合理和操作控制失误的问题。

考虑到同一条热处理生产线同期生产的直径较小（小于 1000mm）的车轮未发现透声不良现象，而发现透声不良的均为直径较大的（小于 1000mm）AAR-B 级钢机车用整体车轮，透声不良产品比例为 3%~15%，透声不良区域只占轮辋一周的 1/6，所以推测透声不良车轮在淬火加热时形成的低温区域与车轮在炉内的位置有关。

车轮淬火加热炉结构及直径较大车轮在炉中摆放位置见图 4。可以预计：

（1）车轮轮辋靠近内、外环约 1/6 区段的温度可能偏低。

（2）在高度方向上，车轮轮辋外侧部位的温度可能偏低。

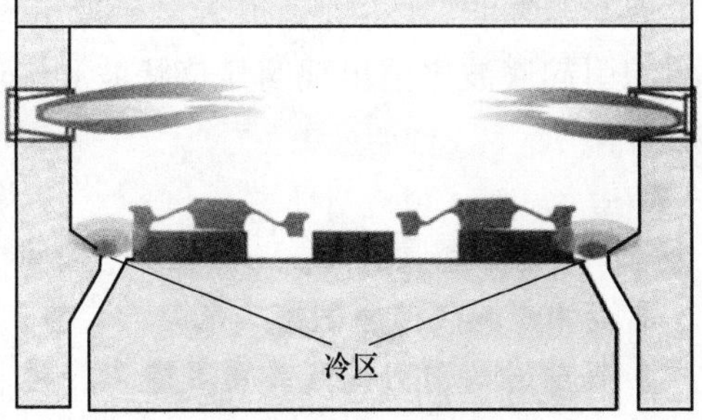

图 4 车轮淬火加热炉结构及炉内车轮位置示意图

为验证以上推断，采用黑匣子进行了加热炉温度均匀性测试。

工装采用透声不良车轮，热电偶测温电偶位于离外侧面 5mm 的踏面上，4#电偶与 2#电偶在同一直径上，装炉时与环形炉直径重合，1#、3#电偶分别与2#电偶周向距200mm，如图5所示。

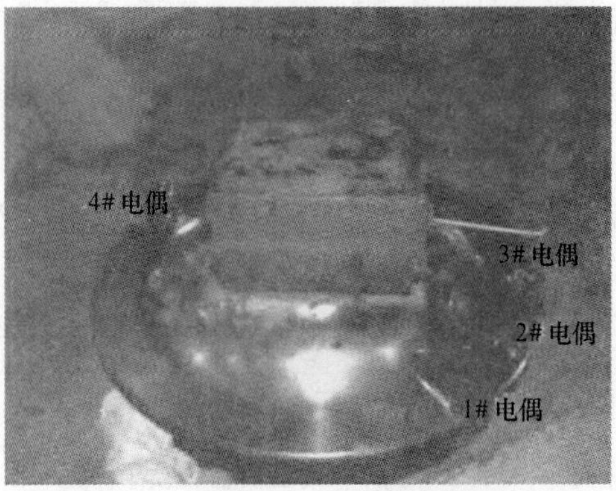

图5　炉温均匀性测试工装

将试验轮装入内环，1#、2#、3#热电偶靠内环水封槽，4#电偶靠中环。按车轮淬火加热工艺（升温→加热1→加热2→加热3→均热1→均热2）控制炉温。测试结果如下：

（1）内环靠炉墙一侧炉温与靠中环一侧的炉温相差较大，最大温差在预热段为151℃，最小温差在加热1段和加热2段区域，温差为37℃，其他区域的温差均在60℃左右。

（2）内环靠炉墙一侧的3只电偶加热温度基本处于800℃以下，电偶装在车轮踏面表面，所测温度基本反映炉气温度，实际车轮的钢温应还要低于该温度，在均热段加热1.5h，1#、2#、3#电偶与4#电偶仅有较小幅度的减小趋势，出炉时温差仍有40℃。

采用同样方法在外环进行测试，发现：

（1）外环靠炉墙一侧的温度在进入到加热3段以后达到了800℃以上，进入到均热2段后温度基本在820~830℃。

（2）靠中环一侧的温度在进入加热3段以后均在830~850℃之间。

通过以上测试，证明淬火加热炉内环靠炉墙区域温度偏低是导致部分车轮轮辋局部区域晶粒粗大的根本原因。

针对上述问题，对加热炉全部热电偶进行了校验，发现其中部分热电偶测量失准。

在更换失准热电偶后重新进行温度均匀性测试，加热温度控制达到了工艺要求，此后热处理的车轮超声波检测未再发现透声不良。

5　结论

（1）超声波检测发现的特定材质、规格车轮的轮辋透声不良为局部轮辋外侧存在粗晶所致。

（2）车轮淬火加热炉内环靠近炉墙一侧温度偏低，内环加热车轮靠炉墙的轮辋部分区域实际钢温可能处于奥氏体转变的两相区，致使原始轧态组织未能完全消除，热处理以后的粗晶组织带有混晶和珠光体球化的特征。

（3）淬火加热炉中的一些热电偶测温失准，是造成加热控制炉温不均匀的根本原因。

（4）超声波检测时上述粗晶组织引起底波之前出现明显草状波和底波材质衰减明显增大，借助这些特征可以判断车轮是否存在上述粗晶。

轮件超声波探伤透声不良原因的分析[1]

赵 海 鲁 松 邓荣杰 邹 强 钟 斌

(马鞍山钢铁股份有限公司，高性能轨道交通新材料及安全控制安徽省重点实验室)

摘 要 一批轮件在进行超声波探伤检查时，出现草状波严重、底波损失大等透声不良现象，比例占14%，透声不良区域长度沿周向约占轮件轮辋周长1/6，且硬度不能满足客户技术条件，形成了大量废品。为防止此类问题再次发生，进行了超探透声不良产生原因分析，结果表明，轮件超探透声不良是由于热处理加热温度偏低未能完全消除轧态组织中粗大晶粒造成的。

关键词 轮件；透声不良；晶粒粗大

Analysis on Poor Penetration of Wheel Ultrasonic Testing

Zhao Hai Lu Song Deng Rongjie Zou Qiang Zhong Bin

(Ma'anshan Iron and Steel Co., Ltd., Key Laboratory of High-quality Railway New Materials and Safety Control of Anhui Province)

Abstract Poor penetration of severe grass echo and heavy bottom wave loss occurred during wheel ultrasonic testing of a batch of wheels, accounting for 14% of the total. The length of poor penetration area in the peripheral direction occupied 1/6 of the wheel circumference and the hardness failed to meet the technical specification of customer, leading to a large quantity of rejected products. To prevent similar defects in the future, the cause of poor penetration of ultrasonic testing were analyzed, showing that poor penetration of wheel ultrasonic testing was caused by the fact that low heat treated temperature failed to completely eliminate coarse crystal grain in rolled structures.

Key words wheel; poor penetration; coarse crystal grain

1 引言

一批轮件在进行超声波探伤检查时，出现草状波严重、底波损失大等透声不良现象，比例占总量的14%，透声不良区域长度沿周向约占轮件周长1/6，探伤波形特征一致，对透声不良区表面硬度进行测试，硬度无法满足客户技术条件。由于该批轮件已加工成成品，无法再进行热处理，造成透声不良轮件全部报废。

该批轮件采用连铸坯轧制，铸坯生产工艺为：转炉→LF→VD→连铸，调查冶炼和轧制热处理工艺均未见异常。

该批轮件上超声波探伤透声不良特征的一致性说明，其产生原因是一致的，为此，取其中的1件进行了解剖分析。

2 分析内容

根据超声波探伤透声不良特征，在同件轮件超探透声不良区和探伤正常区取样，试样编号分别为1#和2#，进行化学成分、金相和硬度分析，最终确定导致轮件超声波探伤透声不良缺陷原因。

---

❶ 原文发表于《安徽冶金》2014年第2期。

3　分析结果

3.1　化学成分分析

按 GB 4336—2002[1] 采用 ARL4460 火花发射光谱仪对 1#和 2#试样进行化学分析，两块试样成分基本一致，符合产品技术条件要求，见表 1。

表 1　化学成分分析结果

(%)

试样号	C	Si	Mn	P	S
1#	0.62	0.85	0.79	0.013	0.013
2#	0.61	0.85	0.78	0.013	0.013
技术条件	0.57~0.67	0.15~1.00	0.60~0.90	≤0.030	≤0.040

3.2　金相分析

采用 Axioskop2-MAT 光学显微镜对 1#和 2#试样组织进行观察（图 1、图 2），并对晶粒度进行评定，见表 2。1#试样组织中存在明显的混晶，最大晶粒度为 3.5 级，在 500 倍视场下可观察到粗晶区存在明显的粒状珠光体；2#试样晶粒度均细于 6 级，珠光体为片状。

表 2　组织及晶粒度检验结果

试样号	组织	晶粒度	备注
1	粒状珠光体+少量铁素体	细于 6~3.5 级	见图 1
2	片状珠光体+少量铁素体	细于 6 级	见图 2

100×　　500×

图 1　1#试样组织

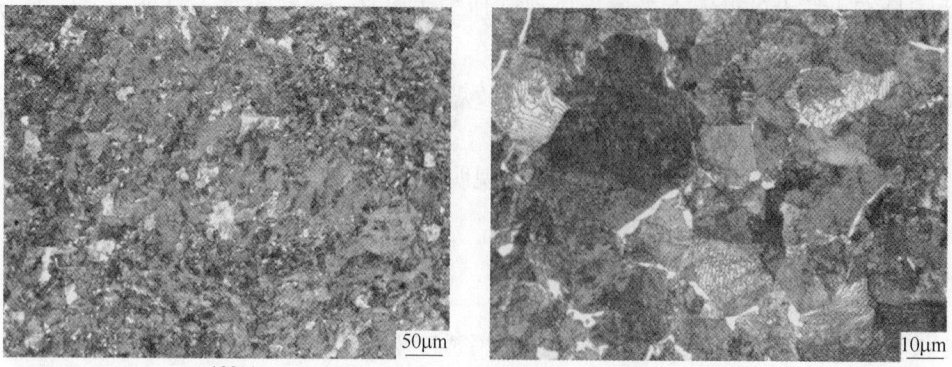

100×　　500×

图 2　2#试样组织

3.3 硬度分析

采用 BRIN 200-MTL 布氏硬度机对 1#和 2#试样同一面上 3 处位置进行硬度测试，1#试样硬度明显低于 2#试样，未能达到技术条件要求，见表 3。

表 3 硬度测试结果

试样号	布氏硬度，HBW（5/750）		
1	280	282	279
2	312	310	312
技术条件	≥301		

4 讨论

1#试样存在粒状珠光体，可初步判断在加热过程中 1#试样温度在铁素体+奥氏体两相区（A_{c1}~A_{c3}）。按以下计算公式，对 A_{c1} 和 A_{c3} 进行计算[2]：

$$A_{c1}(℃) = 723-20.7Mn-16.9Ni+29.1Si+16.9Cr+290As+6.38W=745℃$$

$$A_{c3}(℃) = 910-203C^{1/2}-15.2Ni+44.7Si+104V+31.5Mo+13.1W=788℃$$

为查明晶粒粗大和粒状珠光体形成的原因，在轧态轮件上（晶粒度 2.5 级）取 20mm×20mm 试样，按 4 种不同热处理工艺进行试验，试验方案、目的和结果见表 4 和图 3~图 6。可知，Z1-1#试样组织、最大晶粒度和超探透声不良 1#试样最为接近，可判定该批轮件中出现透声不良部位的实际加热温度只有 750℃左右，明显低于工艺设计温度 840℃。

表 4 实验室热处理试验方案及结果

试样号	热处理工艺①	试验目的	试验结果	
			显微组织	最大晶粒度
Z1-1#	750℃，保温 30min，空冷	两相区温度能否获得与1#试样相同组织	粒状珠光体+少量铁素体	3.0 级
Z1-2#	780℃，保温 30min，空冷			4.5 级
Z2-1#	800℃，保温 30min，空冷	A_{c3} 以上温度能否获得与 2#试样相同组织	片状珠光体+少量铁素体	6.0 级
Z2-2#	840℃，保温 30min，空冷			6.0 级

① 采用马弗炉加热，试样随炉升温；Z2-2#试样加热温度为现轮件热处理加热温度。

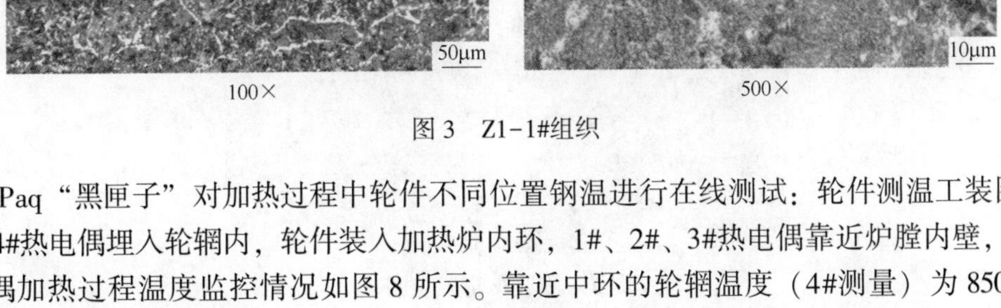

100×　　500×

图 3 Z1-1#组织

采用 DataPaq“黑匣子”对加热过程中轮件不同位置钢温进行在线测试：轮件测温工装图如图 7 所示。1#、2#、3#、4#热电偶埋入轮辋内，轮件装入加热炉内环，1#、2#、3#热电偶靠近炉膛内壁，4#热电偶靠近中环。4 根电偶加热过程温度监控情况如图 8 所示。靠近中环的轮辋温度（4#测量）为 850℃，达到工艺 840~860℃要求，靠近炉膛内部轮辋温度（1#、2#、3#测量）在 780~800℃，明显低于工艺温度。可见，加热炉靠近炉膛内部位置温度明显偏低。而整个过程中现场的温度监控系统显示加热温度均符合工艺要求，因此可以推断现场监控存在盲区。

100×　　　　500×

图 4　Z1-2#组织

100×　　　　500×

图 5　Z2-1#组织

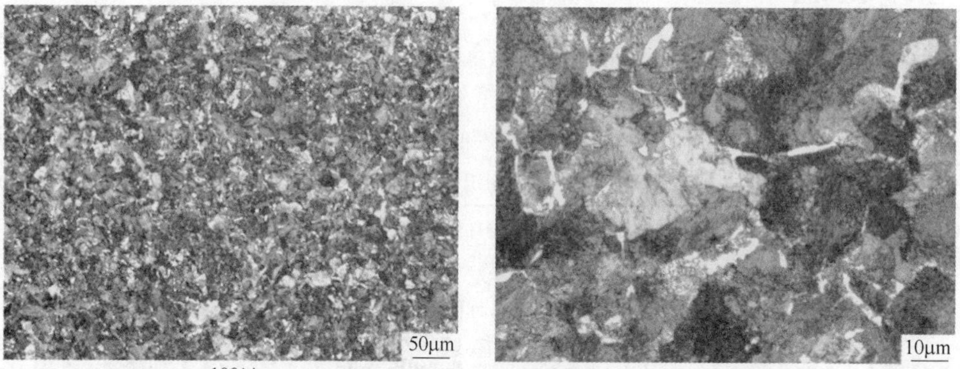

100×　　　　500×

图 6　Z2-2#组织

图 7　测温车轮工装图

通过分析讨论可知，轮件在加热过程中，由于炉内部分位置温度偏低，而现场监控系统无法及时发现，最终导致轮件部分位置轧态粗大晶粒无法完全消除形成混晶组织。

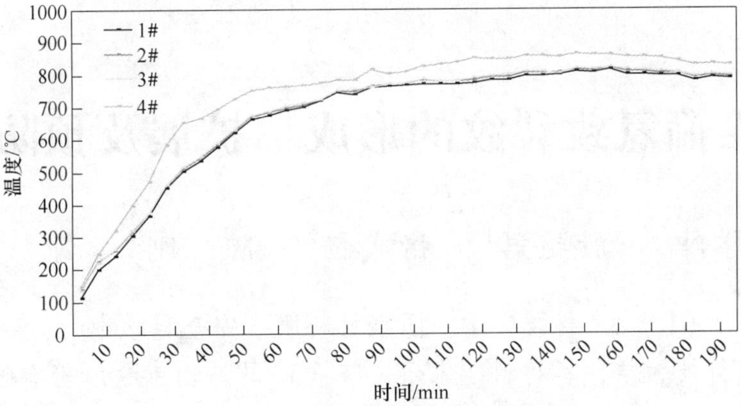

图 8 加热过程中 4 根电偶温度情况

5 结论及建议

(1) 组织中晶粒粗大是该批轮件超探透声不良的原因。

(2) 热处理时轮件轮辋部分位置加热温度在 A_{c1} ~ A_{c3} 之间，导致轧态粗大晶粒无法完全消除形成混晶组织，并伴随生成粒状珠光体。

(3) 建议并增加炉内测温电偶长度（由现在的 150mm 增加到 360mm），扩大其温度测量范围以实现对炉温更好的监控，并定期采用 DataPaq“黑匣子”对炉温进行校正。

(4) 该批次轮件中超声波探伤正常轮件可正常发货，透声不良轮件全部判废。

参 考 文 献

[1] GB 4336—2002 碳素钢和中低合金钢火花源原子发射光谱分析方法（常规法）[S].

[2] 康大韬. 工程用钢的组织转变与性能图册 [M]. 北京：机械工业出版社，1992：35.

轮箍氢致裂纹的形成、扩展及预防[❶]

任学冲[1]　般艳君[1]　褚武扬[2]　陈　刚[3]　钟　斌[3]

（1. 北京科技大学，国家材料服役安全科学中心；
2. 北京科技大学，新材料技术研究院；3. 马鞍山钢铁股份有限公司）

摘　要　以近年来发生崩裂的 6 个列车轮箍为研究对象，在进行断口观察、周向应力有限元分析、残余应力测量、紧凑拉伸试样的断裂韧性测试和疲劳裂纹扩展门槛值测定、氢致滞后断裂临界应力和陷阱氢浓度测定的基础上，研究轮箍崩裂的原因和机理并提出预防措施。结果表明：当轮箍中可扩散氢浓度足够高时，在残余应力（或装配应力与残余应力共同）作用下轮箍内部产生氢致裂纹，氢致裂纹在氢压及拉应力的作用下滞后扩展，氢致滞后断裂临界应力随可扩散氢浓度的增加而降低；对于长大到一定尺寸的氢致裂纹，即使不发生氢致滞后扩展，也会在轮箍运行过程中发生疲劳扩展，轮箍疲劳裂纹扩展门槛值为 5.5MPa · $m^{1/2}$；预防氢致裂纹导致轮箍崩裂的根本方法是将轮箍中总氢浓度控制在 1.8×10^{-6} 以下。

关键词　轮箍；氢致裂纹；氢致滞后断裂；疲劳裂纹扩展

Initiation, Propagation and Prevention of Hydrogen-induced Cracking in Train Tyres

Ren Xuechong[1]　Yin Yanjun[1]　Chu Wuyang[2]　Chen Gang[3]　Zhong Bin[3]

(1. National Center for Materials Service Safety, University of Science and Technology Beijing;
2. Institute of Advanced Materials, University of Science and Technology Beijing;
3. Ma'anshan Iron and Steel Co., Ltd.)

Abstract　6 train tyres were broken after assembly or during service. The fracture surfaces of the broken tyres were observed by scanning electron microscopy (SEM). The stress states of the assembled tyres were calculated by finite element analysis and the residual stress in the unassembled tyres were measured. The tensile properties, fracture toughness, fatigue crack propagation threshold and critical stress for hydrogen induced delayed fracture of the broken tyres were tested. The trapped hydrogen concentration of charged and outgassed samples were measured. The causes and mechanism of cracking and broken of the tyres were analyzed and the precautions were suggested. The results showed that hydrogen induced delayed cracking was initiated by residual stress (or residual stress add fitting stress) and propagated by inner hydrogen pressure and tensile stress if the diffusible hydrogen concentration in the tyre was high enough. The critical stress for hydrogen induced delayed fracture decreased with increasing diffusible hydrogen concentration. The hydrogen induced crack would be fatigue propagated during service when the crack size was large enough even if the hydrogen induced crack was not delayed propagated. The fatigue crack propagation threshold was 5.5MPa · $m^{1/2}$. Controlling the total hydrogen concentration bellow 1.8×10^{-6} was the most effective way to prevent hydrogen induced cracking that would induced broken of tyre.

Key words　tyre; hydrogen induced craking; hydrogen induced delayed fracture; fatigue crack propagation

❶　原文发表于《中国铁道科学》2014 年第 3 期。
国家自然科学基金资助项目（50901010，51171020）。

1 引言

带有轮箍的组合式车轮目前广泛应用在我国机车车轮上。轮箍装配时需加热至350℃左右并按照一定的过盈量热装到轮心上，在其与轨道直接接触时承受车辆运行过程中产生的静载荷外，还承受动载荷、闸瓦制动时的热应力及过盈装配产生的装配应力[1]。轮箍的崩裂是轮箍最严重的失效形式之一[2]，这将可能导致列车脱轨等重大事故的发生，因此其安全性受到广泛的重视。

大多数情况下，轮箍的崩裂是发生在其运行过程中，轮箍裂纹在轮箍径向方向上疲劳扩展，最终在运行中载荷的作用下导致轮箍断裂，轮箍疲劳裂纹源一般起源于轮箍表面的热裂纹、内部夹杂或表面缺陷等[3]。但在过去几年间，轮箍在装配过程中或装配后未经服役即发生崩裂，而这些轮箍在出厂探伤时均未发现裂纹或疑似裂纹缺陷，这给列车的运行带来了极大的安全隐患。

本文在对近年来发生的几起崩裂轮箍进行试验的基础上，研究轮箍氢致裂纹的形成和扩展机理，并结合轮箍钢冶炼及热处理工艺，提出改善轮箍氢致开裂敏感性的方法。

2 试验概述

崩裂轮箍的材料为LG61车轮钢，其设计化学成分中C、Si、Mn、S和P的质量分数分别为0.58%~0.65%、0.22%~0.32%、0.68%~0.78%、0.002%~0.020%和0.008%~0.030%；试验中共分析了6个崩裂轮箍的实际化学成分，结果表明它们均在设计要求范围内。

轮箍的生产工艺为1300℃轧制→620℃等温处理5h→870℃保温2h→表面淬火→500℃回火2h，其组织为珠光体和晶界网状铁素体。

试验中，对崩裂轮箍的断口分别进行宏观和微观观察，测量断口上具有不同断裂特征区域的尺寸，通过扫描电子显微镜（SEM）观察和分析微观断口特征；利用有限元分析软件ANSYS仿真分析轮箍装配后产生的周向应力（沿轮箍踏面切线方向）；利用电磁超声法测量装配前崩裂轮箍内的残余应力；在每个崩裂的轮箍上取3个30mm厚且裂纹面与轮箍崩裂面平行的紧凑拉伸（CT）试样，按照GB 4161—1984《金属材料平面应变断裂韧度K_{IC}实验方法》测试其断裂韧性；取10mm厚、50mm宽的紧凑拉伸（CT）试样在力值比$R=0.1$时按照GB/T 6398—2000《金属材料疲劳裂纹扩展速率试验方法》测量轮箍材料的疲劳裂纹扩展门槛值ΔK_{th}。

室温下液相充氢时，试样内部的可扩散氢浓度C_{Hd}与电流密度存在对应关系[4]，因此可利用充氢电流密度控制试样内部的可扩散氢浓度。在崩裂轮箍上取2mm厚、5mm宽、30mm长板状的拉伸试样，取其中3个试样测量拉伸性能。加恒载荷后在0.5mol/L浓度的H_2SO_4和0.25g/L浓度的As_2O_3溶液中用不同电流密度充氢，取截止时间为360h，测定不同可扩散氢浓度下的氢致滞后断裂临界应力σ_{th}[5]。将在不同电流密度下充氢后拉伸的21个试样在室温下放置至少7天，使内部可扩散氢扩散出拉伸试样，然后再加热到1200℃高温下利用气相色谱法测量拉伸试样内部的陷阱氢浓度C_{Ht}。

3 试验结果

3.1 断口形貌

6个崩裂轮箍的宏观断口形貌如图1所示。由图可见：在所有崩裂轮箍断口的中心部位均存在1个椭圆形区域，该区域与其外侧区域的断口形貌具有明显的分界线，且具有以椭圆形区域为中心向外呈放射状扩展的特征。

轮箍断裂时状态及断口内椭圆形区域的短半轴a和长半轴c、轮箍直径、装配过盈量等相关尺寸见表1。

表1 轮箍崩裂时状态及相关尺寸

轮箍编号	轮箍崩裂时状态	椭圆形区域尺寸（$2a\times2c$）/mm	轮箍直径/mm	装配过盈量/mm
A	装配前加热时	18×28	1260	
B	装配后冷却时	23×26	1060	1.20

续表 1

轮箍编号	轮箍崩裂时状态	椭圆形区域尺寸 $(2a\times2c)$/mm	轮箍直径/mm	装配过盈量/mm
C	装配后 4h	28×30	1060	1.25
D	装配后 1d	30×50	1260	1.46
E	装配后 7d	13×17	1060	1.32
F	运行 380km 后	7×10	1060	1.30

(a) 崩裂轮箍A

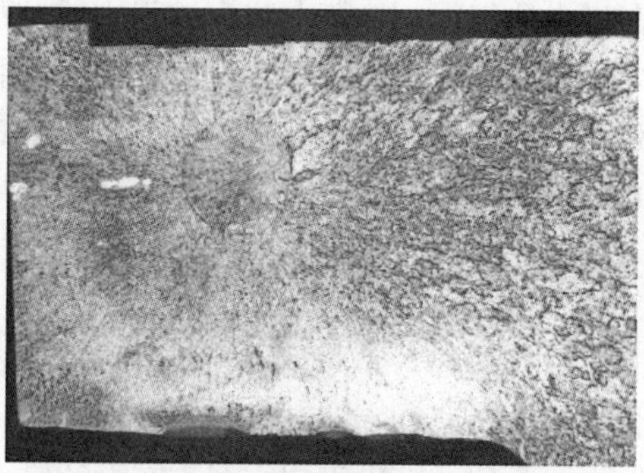

(b) 崩裂轮箍B

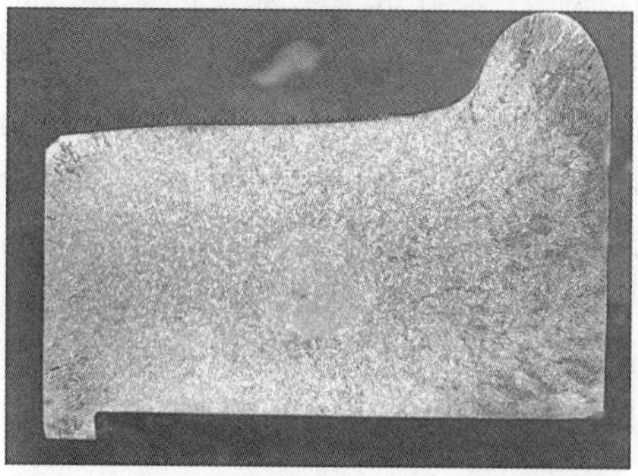

(c) 崩裂轮箍C

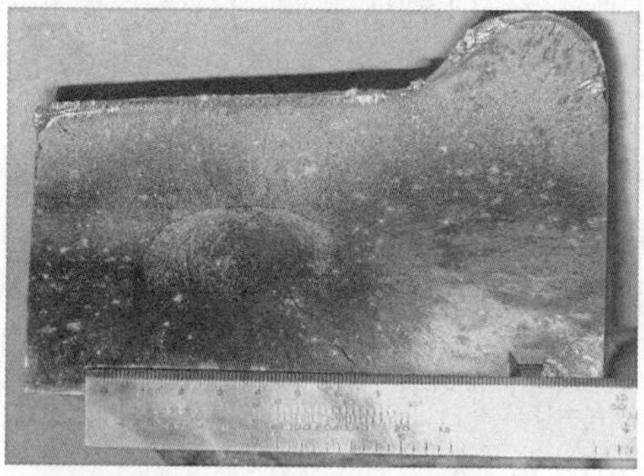

(d) 崩裂轮箍D

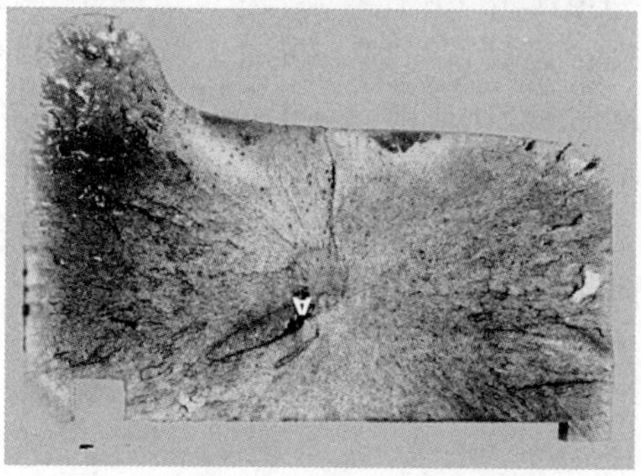

(e) 崩裂轮箍E

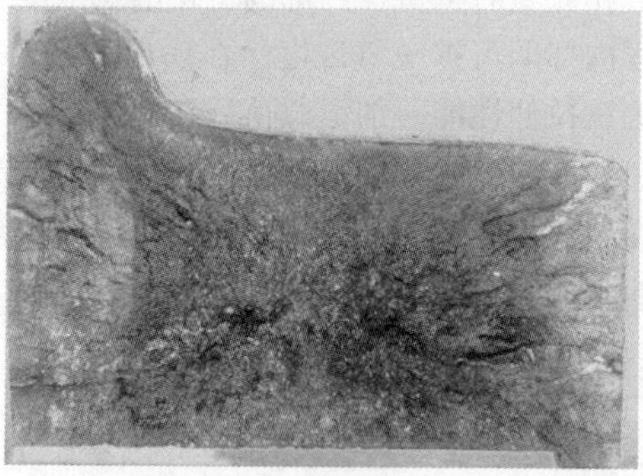

(f) 崩裂轮箍F

图 1　崩裂轮箍的宏观断口形貌

限于篇幅，图 2 和图 3 仅给出了崩裂轮箍 A 和 C 的典型微观断口形貌，即断口椭圆形区域内中心裂纹源和椭圆形区域内外放射状裂纹扩展区的微观形貌。

由图 2(a) 和图 3(a) 可见：断口椭圆形区域内也具有以裂纹源为中心向外呈放射状扩散的特征；将图 2(a) 和图 3(a) 中黑框位置放大至如图 2(b) 和图 3(b) 所示，发现裂纹源区域的裂纹形貌分别为准解理断裂和具有自由表面特征的平坦形貌，自由表面特征表示该区域可能为未被压合的金属孔洞；椭圆形区域内裂纹源外扩展区的裂纹形貌也均为准解理断口，如图 2(c) 和图 3(c) 所示；而椭圆形区域外的裂纹形貌则为解理断裂，如图 2(d) 和图 3(d) 所示。

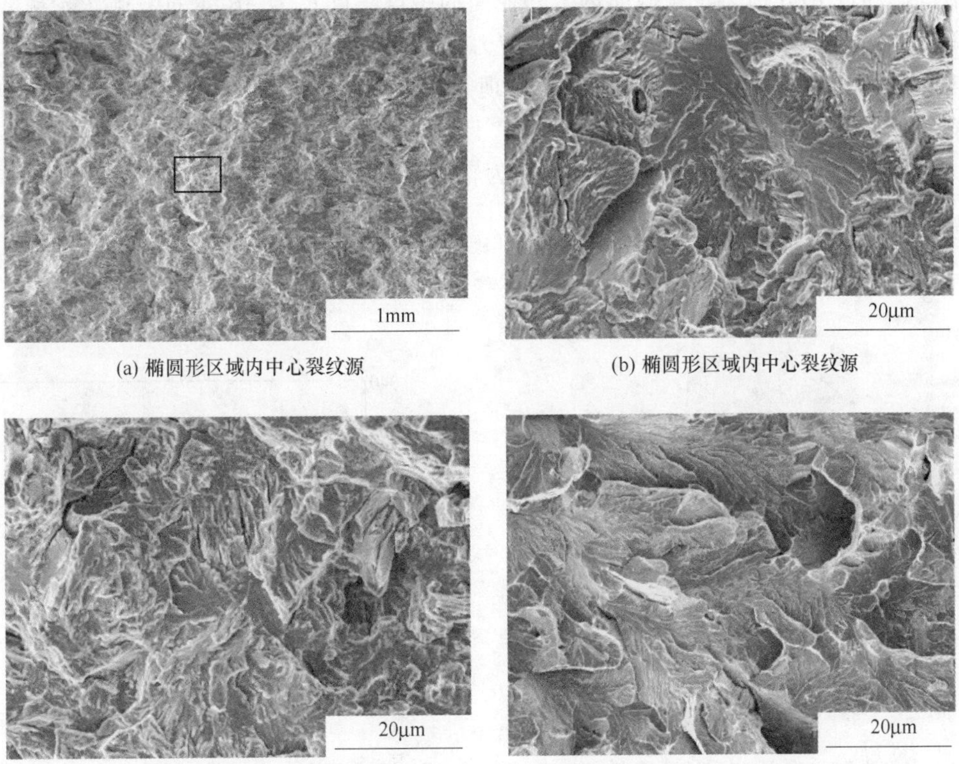

(a) 椭圆形区域内中心裂纹源　(b) 椭圆形区域内中心裂纹源

(c) 椭圆形区域内裂纹扩展区　(d) 椭圆形区域外裂纹扩展区

图 2　崩裂轮箍 A 的微观断口形貌

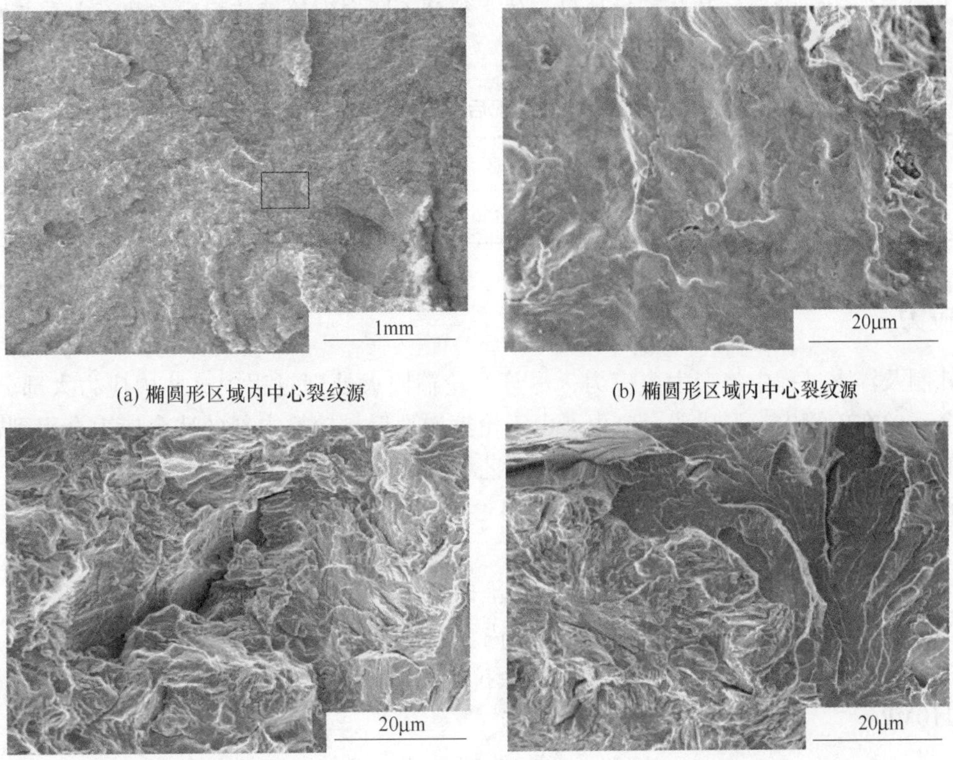

(a) 椭圆形区域内中心裂纹源　(b) 椭圆形区域内中心裂纹源

(c) 椭圆形区域内裂纹扩展区　(d) 椭圆形区域边界处裂纹扩展区

图 3　崩裂轮箍 C 的微观断口形貌

3.2　周向应力

轮箍直径为 1060mm、装配过盈量为 1.5mm 时，仿真得到装配后轮箍截面上周向应力的分布结果如图

4 所示。图中点 A 和点 B 分别为轮箍截面内、外径面的中点、点 C 为 AB 线的中点（轮箍截面的中心位置）；沿轮箍截面内、外径面中点即 AB 线处周向应力分布结果如图 5 所示。

由图 4 和图 5 可见：轮箍截面上的周向应力表现为拉应力，并且在截面内径面为最大，向外径面逐渐减小。轮箍截面上点 C 处的周向应力约为 300MPa，且与在以该点为圆心、半径为 20mm 范围内的周向应力相差 5%以内，因此可以取点 C 点处的周向应力为轮箍截面中心 20mm 半径范围内的平均周向应力，即装配应力 $\sigma_{装配}$。

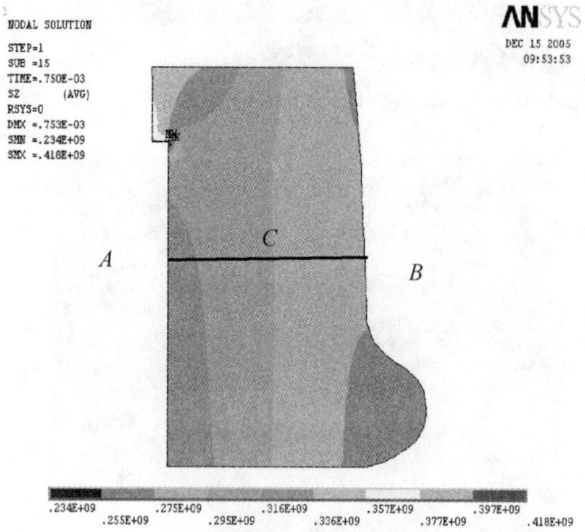

图 4　直径为 1060mm、装配过盈量为 1.5mm 时轮箍截面上周向应力的分布

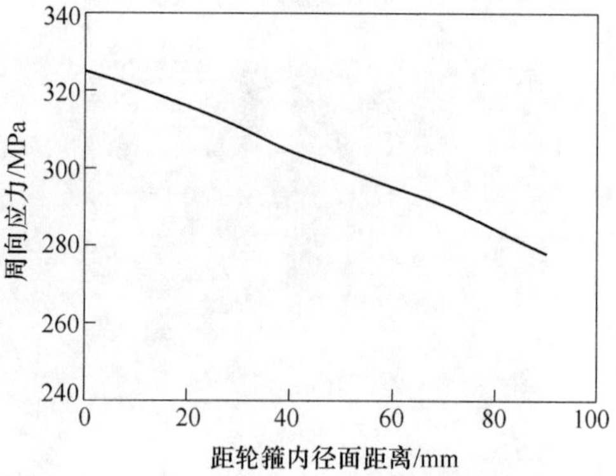

图 5　直径为 1060mm、装配过盈量为 1.5mm 时轮箍截面内、外径面中点处的周向应力分布

根据表 1 中崩裂轮箍的直径和装配过盈量，仿真得到不同崩裂轮箍装配后在截面中心点处产生的周向应力 $\sigma_{装配}$，见表 2。

表 2　不同崩裂轮箍装配后截面中心点处的周向应力

轮箍编号	A	B	C	D	E	F
$\sigma_{装配}$/MPa	0	240	250	252	264	260

3.3　残余应力

轮箍在轧制及淬火过程中将产生内应力，尽管在轮箍回火处理过程中这些内应力大部分被消除，但仍有一部分会残留在轮箍中，形成残余应力。由于轮箍崩裂后，轮箍内部的残余应力会得到部分的释放，对残余应力的测量带来影响，因此试验采用相同工艺下生产的完整轮箍测量残余应力。

通过电磁超声法测量轮箍内的残余应力，得到轮箍外径面（即踏面）至内径面的残余应力分布，如图 6 所示。

由图 6 可见：受到测试设备能力的限制，无法准确测量距内、外径面 10mm 范围内轮箍的残余应力；在轮箍内、外径面侧存在残余压应力，而在轮箍截面中心位置为残余拉应力区，其最大值为 110MPa。

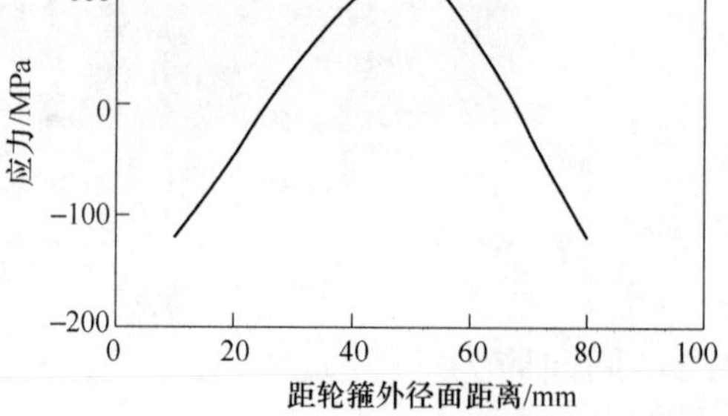

图 6　轮箍外径面至内径面的残余应力分布

3.4　断裂韧性

试验得到不同轮箍断裂韧性的测试结果，见表 3。

由表 3 可见：各个轮箍的断裂韧性值大部分在 53~60MPa · $m^{1/2}$ 范围内，轮箍 F 的断裂韧性平均值略低于其他轮箍试样。

表 3　不同轮箍断裂韧性的测试结果

轮箍编号	不同试件的断裂韧性 K_{IC}/MPa · $m^{1/2}$			K_{IC}平均值/MPa · $m^{1/2}$
	试件 1	试件 2	试件 3	
A	53.9	56.8	58.2	56.3
B	53.2	54.2	56.9	54.8
C	56.6	58.3	62.0	59.0
D	55.1	58.5	61.0	58.2
E	51.8	53.3	55.8	53.6
F	53.8	48.2	54.9	52.3

3.5　疲劳裂纹扩展门槛值 ΔK_{th}

试验得到轮箍材料疲劳裂纹扩展速率（da/dN）的常数随应力强度因子范围 ΔK_I 的变化情况，如图 7 所示。由图可见：da/dN 随 ΔK_I 的降低而降低。当 da/dN = 10^{-7} mm/cycle 时对应的应力强度因子范围为 5.5MPa · $m^{1/2}$，即轮箍材料的疲劳裂纹扩展门槛值 ΔK_{th} = 5.5MPa · $m^{1/2}$。

3.6　氢致滞后断裂临界应力 σ_{th}

试验得到在室温下不同可扩散氢浓度时氢致滞后断裂时间随外加应力的变化情况，如图 8(a) 所示。由图可见：随着外加应力和可扩散氢浓度的增加，断裂时间缩短；在试验截止时间为 360h、室温下可扩散氢浓度 C_{Hd} 分别为 0.5×10^{-6}、1.0×10^{-6} 和 2.5×10^{-6} 时，轮箍的氢致滞后断裂临界应力 σ_{th} 分别为 575MPa、532MPa 和 463MPa。当 C_{Hd} = 0.5×10^{-6} 时，σ_{th} = 575MPa 与试验测定的 3 个拉伸试样屈服应力平均值 $R_{p0.2}$ = 583MPa 相当。说明当试样内可扩散氢达到一定浓度时，试样不发生明显的宏观变形就会发生氢致滞后断裂，并且当 C_{Hd} 升高时，σ_{th} 降低。

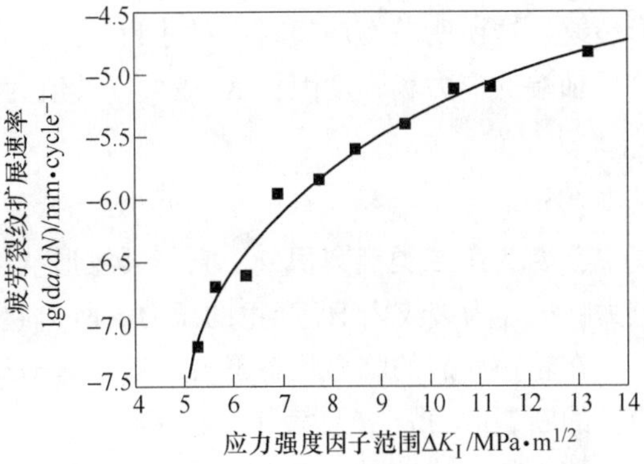

图 7　轮箍材料疲劳裂纹扩展速率 da/dN 的对数随应力强度因子范围 ΔK_I 的变化

氢致滞后断裂临界应力 σ_{th} 与可扩散氢浓度 C_{Hd} 的试验值和拟合曲线如图 8(b) 所示。它们的拟合关系为

$$\sigma_{th} = R_m - 450C_{Hd}^{0.15} \tag{1}$$

式中，R_m 为材料的抗拉强度。

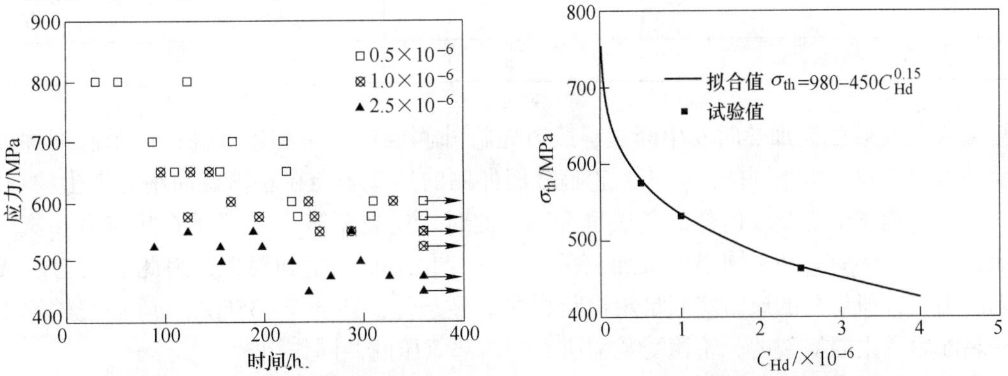

(a) 室温下不同可扩散氢浓度时氢致滞后断裂时间随外加应力的变化

(b) 氢致滞后断裂临界应力σ_{th}随可扩散氢浓度C_{Hd}的变化

图 8　不同可扩散氢浓度下的氢致滞后断裂试验结果

试验测得轮箍钢 3 个拉伸试样抗拉应力平均值为 980MPa。

Ren 等[4]对车轮钢的研究表明，在无应力状态下，当可扩散氢浓度 C_{Hd} 低于 1.3×10^{-6} 时车轮钢的试样内部不会出现氢致裂纹。本试验的研究表明，轮箍试样在拉应力作用下，即使在可扩散氢浓度情况下 $C_{Hd}\leqslant1.0\times10^{-6}$ 也会出现氢致裂纹。

测量 21 个拉伸试样充氢部位的陷阱氢浓度，得到它们的平均值及 95%置信区间为 $(1.8\pm0.3)\times10^{-6}$。

4　分析与讨论

4.1　轮箍崩裂的力学条件

由表 1 可知：崩裂轮箍是在加热过程中，或在装配后未服役时，或服役后运行距离很少时发生崩裂，因此崩裂前轮箍内部的裂纹可以肯定不是由疲劳作用引起的，而且轮箍在出厂前进行了严格的探伤检测，当时也未发现裂纹。图 2(b)、(c) 和图 3(c) 的断口形貌表明，轮箍 A 和 C 的断口椭圆形区域即轮箍崩裂前的内部裂纹形貌均为准解理，是钢中裂纹缓慢扩展的特征之一，这与车轮钢充氢条件下氢致滞后开裂断口形貌完全相同[6]。因此可以判定这些轮箍的崩裂是由于氢致裂纹滞后扩展到一定尺寸，在一定的应力（包括装配应力、内部氢压引起的应力、残余应力及运行应力）作用下，当裂纹尖端应力强度因子达到轮箍材料断裂韧性且轮箍积累的弹性应变能大于断裂时形成新的裂纹所需表面能时发生瞬时断裂引起的。

6 个崩裂轮箍的断口形貌表明，这些轮箍全部沿横截面断裂，且在断裂面上存在 1 个尺寸较大的椭圆形裂纹。这说明轮箍崩裂时内尺寸为 $2a\times2c$ 的椭圆形裂纹处在与周向应力垂直的横截面上，此时椭圆裂纹短轴端的应力场强度因子 K_{I} 最大，其值为：

$$K_{\mathrm{I}} = \sigma\sqrt{\pi a}/\Phi \tag{2}$$

其中：

$$\sigma = \sigma_{装配} + \sigma_{残余} + \sigma_{氢压}$$

式中，Φ 为第二类椭圆积分，它与裂纹形状因子 a/c 有关[7]；σ 为轮箍内的应力；$\sigma_{残余}$ 为轮箍内部的残余应力；$\sigma_{氢压}$ 为裂纹内 H_2 产生的压力 p 所引起的氢压等效应力。

在轮箍崩裂的临界状态下 $K_{\mathrm{I}}=K_{\mathrm{IC}}$，$\sigma=\sigma_c$（$\sigma_c$ 为断裂应力），则由式（1）、表 1 和表 2 可得不同崩裂轮箍的断裂应力 σ_c，见表 4。

随着裂纹的扩展，轮箍内部的残余应力部分释放并重新分布，因此当裂纹扩展到一定尺寸后，裂纹处的残余应力无法准确估算。残余应力属于轮箍内部自平衡应力，因此当轮箍崩裂时残余应力 $\sigma_{残余}$ 对应力强度因子的贡献可忽略不计，则再由表 2 可得裂纹内部氢压等效应力 $\sigma_{氢压}$ 即断裂应力 σ_c 与装配应力 $\sigma_{装配}$ 之差，见表 4。

表 4　崩裂轮箍的断裂应力和氢压等效应力

轮箍编号	断裂应力 σ_c/MPa	氢压等效应力 $\sigma_{氢压}$/MPa	轮箍编号	断裂应力 σ_c/MPa	氢压等效应力 $\sigma_{氢压}$/MPa
A	435		D	343	93
B	427	207	E	517	275
C	428	174	F	662	

崩裂轮箍 A 是在装配前加热时发生断裂，此时轮箍外侧温度较中心温度高，由于温度梯度的存在导致轮箍截面的不同位置产生不同的热膨胀，轮箍截面外侧的热膨胀会在轮箍截面中心产生拉应力。同时，由于温度的升高，轮箍中心裂纹内部的氢压也升高。此时，崩裂轮箍 A 主要是在热应力和氢压的复合作用下发生崩裂，然而热应力在不同温度及加热条件下的变化不易测量和模拟，因此崩裂轮箍 A 的各类应力具体值无法确定，但是总的应力应满足轮箍断裂的临界条件，即 $\sigma_c=435$MPa。除崩裂轮箍 F 外，其他轮箍均是在装配后发生的崩裂的，轮箍受装配应力和内部氢压的共同作用。

对于在运行过程中发生崩裂的轮箍 F，其断裂应力 $\sigma_c=662$MPa，包括 260MPa 的装配应力 $\sigma_{装配}$、氢压等效应力 $\sigma_{氢压}$ 和运行等效应力 $\sigma_{运行}$。因 $\sigma_{运行}$ 和 $\sigma_{氢压}$ 均为未知数，无法确定它们的大小，且氢致裂纹尺寸越小则轮箍内部聚集的氢压会越高，若取崩裂轮箍 B—E 中的最大氢压等效应力 275MPa 为崩裂轮箍 F 的

氢压等效应力 $\sigma_{氢压}$，则崩裂轮箍 F 的最小运行等效应力 $\sigma_{运行}$ 为 127MPa，即认为该轮箍运行过程中的疲劳应力 $\Delta\sigma$ 等于该运行应力 $\sigma_{运行}$，且与疲劳应力相应的疲劳应力强度因子范围为 $\Delta K_I = \Delta\sigma\sqrt{\pi a}/\Phi$，那么通过疲劳裂纹门槛值可计算服役过程中不发生疲劳裂纹扩展的最大裂纹尺寸 a_0^* 为：

$$a_0^* = (\Phi\Delta K_{th})^2/[(\Delta\sigma)^2\pi] \tag{3}$$

在 $\Delta K_{th}=5.5\text{MPa}\cdot\text{m}^{1/2}$，$\Phi=1.4$（取崩裂轮箍 A—F 氢致裂纹的第二类椭圆积分平均值）和 $\Delta\sigma=127\text{MPa}$ 时，由式（3）可得 $a_0^*=1.2\text{mm}$。故能发生疲劳扩展的最小椭圆形裂纹尺寸为 $2a_0^*\times 2c_0^*=2.4\text{mm}\times 3.0\text{mm}$，这也和超声探伤的灵敏度相当，就是说即使相当于超声探伤灵敏度的氢致裂纹在服役过程中也会疲劳长大。

由以上分析可见：如果提高材料的断裂韧性 K_{IC}，那么在相同的裂纹长度下轮箍将不会发生崩裂，但裂纹仍会在轮箍运行过程中发生疲劳扩展，并最终导致崩裂。因此，只有弄清氢致裂纹产生的机理，才能从根本上预防氢致裂纹的产生，防止轮箍的崩裂。

4.2 氢致裂纹的形成、扩展及预防

轮箍生产过程中钢液的氢含量（质量比）一般控制在（$1.5\sim2.0)\times10^{-6}$范围内，且连铸过程存在一定的增氢现象，增氢量平均为 1.44×10^{-6}[8]。即使在轧制后进行去氢热处理，轮箍中也会残留一定浓度的氢。由于在轮箍氢含量测试的取样过程中氢会扩散出试样，导致测量的氢含量偏低，因此无法准确测量残留在轮箍中的实际氢浓度。

当轮箍冷却至室温后，由于氢在室温下的扩展系数很低[9]且轮箍的截面尺寸较大，残留在轮箍中的氢很难扩散出轮箍，但会在残余应力的作用下在轮箍内向高拉应力区扩散[10]直至氢浓度处于平衡状态，并富集在氢陷阱（空穴、夹杂等）处，此时：

$$C_H = C_{H0}\exp[V_H\sigma_H/(RT)] \tag{4}$$

式中，C_H 为平衡状态下的氢浓度；C_{H0}为静水应力 $\sigma_H=0$ 时的氢浓度；V_H 为氢在金属中的偏摩尔体积（在钢中为 $2.0\times10^{-6}\text{m}^3/\text{mol}$）；$R$ 为摩尔气体常数；T 为绝对温度。

当考虑轮箍残余应力 $\sigma_{残余}$时，轮箍中最大静水应力与最小静水应力的差为 $\sigma_H=(\sigma_{残余max}-\sigma_{残余min})/3\approx 220\text{MPa}$，可得 $C_H/C_{H0}=1.1$，若考虑高硬度夹杂物或第二相边界处引起的应力集中，且设应力集中系数为 2，则可得 $C_H/C_{H0}=1.2$。假定轮箍中总的氢浓度为 3.0×10^{-6}，由于轮箍钢中在室温下的陷阱氢浓度仅为 1.8×10^{-6}，因此可扩散氢浓度为 1.2×10^{-6}。在应力诱导扩散作用下，轮箍中高应力区的可扩散氢浓度可达 1.4×10^{-6}，从而进一步使氢致断裂的临界应力降低。当轮箍中可扩散氢浓度为 0.5×10^{-6}时，如考虑残余应力和装配应力，轮箍中的周向应力约 400MPa，在材料内部存在较硬的第二相质点如 Al_2O_3 处，由于其与集体边界处的应力集中，最大应力很容易达到氢致开裂临界应力 575MPa 而引发氢致开裂。武明等[11]的研究结果也表明，当应力存在时，在夹杂处形成氢鼓泡（氢致裂纹）的临界氢浓度大大降低。

Киселев[12]对轮箍淬火后未回火处理状态应力分布的模拟表明，轮箍心部存在较大的周向应力，其值最大可达到 622MPa，达到材料的屈服应力，而在轮箍横截面的外缘存在较大的压应力。在淬火后的回火过程中残余应力不能被完全消除，部分保留在轮箍中，即为使用轮箍中的残余应力。淬火后轮箍在回火前如果存放时间过长，在残余应力的作用下就可能发生较严重的氢扩散和富集，如果氢浓度达到临界值就会导致氢致滞后开裂。氢致裂纹一旦形成，就成为材料中的不可逆氢陷阱，在微裂纹内原子氢复合成分子氢，从而产生由分子氢产生的氢压，在室温状态下，平衡氢压可以达到 GPa 量级[13]，导致裂纹滞后扩展。

由以上分析可知，一旦氢致裂纹在材料内部形成，由于裂纹内分子氢不断形成，内部氢压会不断升高，其扩展与否与材料内部的氢含量有关。如果材料内部氢浓度较高，氢致裂纹内的分子氢压足够高，则不论是否存在外力，裂纹均会发生滞后扩展。由于材料内可扩散氢浓度的测量目前没有准确的方法，对已有氢致裂纹是否会进一步滞后扩展无法预测，对于长大到一定尺寸的氢致裂纹，即使不发生滞后扩展，也会发生疲劳扩展，因此对其进行准确的安全性评估是非常困难的。解决轮箍氢致裂纹导致轮箍崩裂的主要方法是避免氢致裂纹的产生，一是降低钢中的氢含量，使钢中的氢含量低于发生氢致损伤的临界值，最好使室温下钢中的可扩散氢浓度为 0，对轮箍钢总的氢浓度小于 1.8×10^{-6}，室温下的可扩散氢浓

度就会接近于0，可以起到避免氢致开裂的效果；二是降低残余拉应力及应力梯度，使应力诱导扩散导致的氢聚集程度降低；三是降低钢材产生氢致裂纹的敏感性。

降低钢中氢含量一方面是通过冶炼手段降低钢液中的氢浓度，尤其是控制真空脱气后连铸过程中钢液与空气接触而产生的氢浓度增加[8]，另一方面是通过热处理使氢扩散出轮箍。原有的去氢热处理工艺为620℃等温处理5h，由于去氢热处理温度较高，尽管扩散速率较快，但由于高温下材料的氢溶解度相对室温较高，因此去氢效果不佳。改为缓冷工艺后，轮箍内部的氢随着温度的降低，溶解度也逐渐降低，过饱和的氢会逐渐扩散出轮箍，使室温下轮箍中的氢浓度较低，去氢效果良好。对车轮钢产生氢致裂纹临界氢浓度的研究表明[14]，当钢中弥散分布第二相作为氢的强陷阱时，氢将被均匀地束缚在氢陷阱处，而该处的氢浓度又不会导致氢致裂纹的产生，氢在陷阱处被束缚后不再发生扩散、聚集，因此不会导致局部的氢浓度过高而产生氢致裂纹，从而提高氢致裂纹产生的临界氢浓度，降低材料产生氢致裂纹的敏感性，在不降低材料力学性能的条件下达到防止氢致裂纹产生的目的。

5　结论

（1）当轮箍中可扩散氢浓度足够高时，在残余应力（或装配应力与残余应力共同）的作用下，轮箍内部产生氢致裂纹，氢致裂纹在氢压及拉应力的作用下滞后扩展，氢致滞后断裂Ⅰ临界应力随可扩散氢浓度的增加而降低。

（2）对于长大到一定尺寸的氢致裂纹，即使不发生氢致滞后扩展，也会在轮箍运行过程中发生疲劳扩展，导致轮箍崩裂。轮箍疲劳裂纹扩展门槛值为5.5MPa · $m^{1/2}$，根据其运行等效应力计算所得疲劳扩展的最小裂纹直径约为3.0mm。

（3）解决氢致裂纹导致轮箍崩裂的根本方法是避免氢致裂纹的产生，应将轮箍中总的氢浓度控制在1.8×10^{-6}以下。

参考文献

[1] 浦红，罗秀梅，赵志海．机车轮箍崩裂原因分析［J］．理化检验：物理分册，2007，43（12）：626-629.

[2] 赵海，邓荣杰，粟海兵．火车轮箍裂纹成因分析［J］．理化检验：物理分册，2009，45（7）：437-439.

[3] 赵春岱．SS_3型机车轮箍崩裂原因探析［J］．电力机车与城轨车辆，2008，31（1）：57-58.

[4] Ren X C, Chu W Y, Su Y J, et al. Effects of atomic hydrogen and flaking on mechanical properties of wheel steel［J］. Metallurgical and Materials Transactions A, 2007, 38（5）：1004-1011.

[5] 褚武扬，乔烈杰，李金许，等．氢脆和应力腐蚀：典型体系［M］．北京：科学出版社，2013.

[6] 任学冲，褚武扬，李金许，等．车轮钢中的白点及其断口形貌研究［J］．金属学报，2006，42（3）：273-279.

[7] 褚武扬．断裂力学［M］．北京：科学出版社，1979.

[8] 陈刚，江波，钟斌，等．车轮钢精炼—连铸过程氢含量变化规律现场试验研究［J］．安徽工业大学学报：自然科学版，2008，25（1）：26-29.

[9] 任学冲，武明，褚武扬，等．连铸温度和低倍组织对轮箍钢氢致开裂的影响［J］．金属学报，2007，43（2）：149-153.

[10] 褚武扬，乔烈杰，李金许，等．氢脆和应力腐蚀：基础部分［M］．北京：科学出版社，2013.

[11] 武明，褚武扬，李金许，等．应力和夹杂对车轮钢中氢鼓泡的影响［J］．金属学报，2006，42（8）：815-819.

[12] Киселев С Н. 机车轮箍淬火时的组织与应力应变状态［J］．宋忠明，译．国外机车车辆工艺，2000（4）：28-32.

[13] Ren X C, Zhou Q J, Shan G B, et al. A nucleation mechanism of hydrogen blister in metals and alloys［J］. Metallurgical and Materials Transactions A, 2008, 39（1）：87-97.

[14] 任学冲，李高洋，陈朱耀，等．微合金化洁净车轮钢产生氢鼓泡的可扩散氢临界质量分数［J］．中国科技论文，2012，7（2）：83-88.

提高铁路客车用KKD车轮抗早期踏面剥离性能的生产实践❶

陈 刚[1] 高建民[2] 丛 韬[3] 张玉卓[2] 钟 斌[1] 张关震[3] 江 波[1]

(1. 马鞍山钢铁股份有限公司，高性能轨道交通新材料及安全控制安徽省重点实验室，工业产品（车轮、H型钢）质量控制和技术评价实验室；2. 呼和浩特铁路局包头车辆段；3. 中国铁道科学研究院)

摘 要 针对包头车辆段客车用KKD车轮踏面剥离的特点，采用研、用相结合的方法，形成了通过改善车轮踏面表层状态而降低踏面剥离发生率的技术思路，开发出相应的工艺改进措施，运用实践表明，新造KKD客车轮踏面剥离发生率得到有效降低。

关键词 KKD客车轮；抗剥离；工艺实践

Production Practice to Improve the Early Stage Tread Peeling Resistance of KKD-type Passenger Car Wheel

Chen Gang[1] Gao Jianmin[2] Cong Tao[3] Zhang Yuzhuo[2] Zhong Bin[1] Zhang Guanzhen[3] Jiang Bo[1]

(1. Ma'anshan Iron and Steel Co., Ltd., Key Laboratory of High-quality Railway New Materials and Safety Control of Anhui Province, Laboratory of Industry Products (Railway Wheel, H-Beam Steel) Quality Control and Technical Assessment; 2. Hohhot Railway Bureau Baotou Depot; 3. China Academy of Railway Sciences Co., Ltd.)

Abstract Aiming at the tread peeling characteristics of KKD-type passenger car wheels used in Baotou Depot, the technical idea that reducing the tread peeling rate through improving the tread sub-surface status is formed by using the combination method of research and application. The corresponding process improving measures are developed and applied. The serving practice demonstrates that tread peeling rate of newly-manufactured KKD-type wheels is effectively reduced.

Key words KKD-type passenger car wheel; peeling resistance; process practice

1 引言

踏面剥离是铁路车轮运用过程中常见的表面损伤，既增大维修工作量，又降低使用寿命，由于其成因复杂、影响因素众多，一直是困扰铁路用户的常发性、多发性问题。北美铁路因踏面剥离而更换轮对所造成的损失每年高达约1.5亿美元[1]。我国铁路客运全面提速后，车轮踏面剥离发生率急剧上升[2]，以包头车辆段客车为例，2010年因踏面剥离而退修的轮对占当年总使用量的比例高达20%，可见，减少踏面剥离问题具有积极意义。

❶ 原文发表于《铁道机车车辆》2014年第6期。
安徽省科技计划项目（11Z0101022）；铁道部科技研究开发计划项目（2012J006-E）。

鉴于包头车辆段客车用 KKD 车轮的踏面剥离问题具有典型性，马钢与包头车辆段密切合作，采用研、用相结合的方法，开发出相应的工艺改进措施，并进行了运用实践。

2　包头车辆段客车车轮踏面剥离概况

包头车辆段 2010 年配属客车 1418 辆，因故障而退修的轮对占总使用量的 25%，因踏面剥离而退修的轮对占其中的 80%，占总使用量的 20%，新造车轮踏面剥离发生率明显高于已镟修车轮，镟修后踏面剥离发生率明显降低，踏面剥离典型宏观形貌见图 1。可见，改善新造车轮的早期踏面剥离问题，将使车轮踏面剥离问题的总体态势大为改观。

图 1　踏面剥离典型宏观形貌

3　新造车轮早期踏面剥离的原因分析

新造车轮易于产生早期剥离、而镟修后剥离问题大为改善的现象在国内外均已受到注意[3]。2003 年中国铁道科学研究院在进行“车轮轮箍踏面剥离调研”时发现，无论机车轮、客车轮和货车轮，新车轮使用过程中发生“早期剥离”的问题非常普遍，而经过一次镟修后剥离发生率明显降低。在国外，有些铁路用户已针对“早期剥离”现象对车轮表面状态提出了一些要求，如车轮踏面不得有超过一定数量的非珠光体组织，其理由为一定数量的非珠光体组织硬且脆，易于在运用早期导致踏面剥离。

一般来说，一次镟修后车轮踏面约对应新造车轮踏面下 5~10mm，常规车轮热处理工艺决定了新造车轮与一次镟修后车轮在踏面表层状态上必然存在差异，因此，这种差异可能是导致早期踏面剥离问题的重要影响因素之一。

国内外常规车轮热处理工艺均采用踏面表面喷水强化冷却方式[4]，因此，不同生产厂制造的车轮，踏面下组织、硬度的变化规律是基本一致的。

车轮喷水冷却过程中，由踏面向内冷却速度急剧降低，轮辋内部冷却速度变化变缓，踏面下 10mm 以内的冷却速度与轮辋内部相差较大，而一次镟修车轮踏面约对应新造车轮踏面下 5~10mm，正好处于冷却速度急剧变化的区域，由此冷却特性和车轮材料的相变特性所决定，一方面踏面表层组织分布存在差异，新造车轮踏面表层存在 5~7mm 深的贝氏体+珠光体复合组织层，而一次镟修车轮主要以珠光体组织为主，如图 2 所示。另一方面由于组织状态的差异导致硬度梯度存在明显差异，新造车轮踏面表层硬度梯度陡峭，而一次镟修车轮硬度梯度变化平缓，硬度梯度分布如图 3 所示。

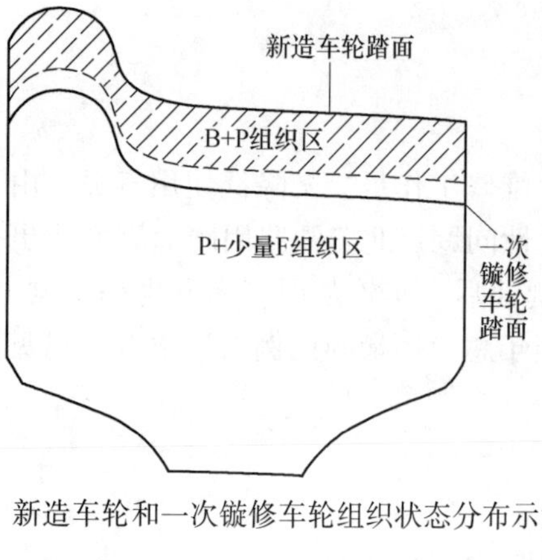

图 2　新造车轮和一次镟修车轮组织状态分布示意图

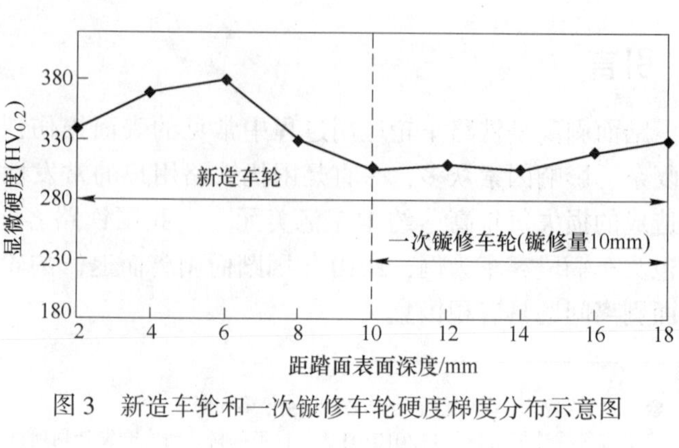

图 3　新造车轮和一次镟修车轮硬度梯度分布示意图

因此，如能使新造车轮踏面表层状态与一次镟修后车轮的踏面表层状态相近，应能在减少车轮早期踏面剥离问题上有所作为。

4 工艺改进实践及其效果

根据对新造车轮早期踏面剥离原因的分析，将车轮热处理工艺确定为工艺实践改进重点，采用了一种新型车轮热处理专利技术[5]，使新造车轮踏面表层状态与一次镟修车轮踏面表层状态相近，以达到提高车轮踏面剥离性能的目的。

2011 年以来，采用这一工艺改进措施分两批次为包头车辆段完成了共 912 件 KKD 车轮的批量试制。车轮踏面下硬度分布见图 4，踏面表层低硬度区为珠光体+铁素体组织，珠光体组织较粗，铁素体含量较高，见图 5，该区域金属精加工后可去除；距踏面约 4mm 以下的区域硬度分布均匀，组织为细珠光体+少量铁素体组织，见图 6，与常规热处理工艺相比该处组织明显不同，见图 7。

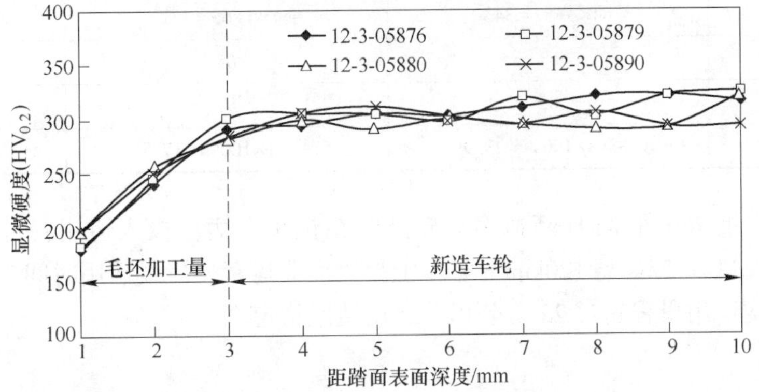

图 4　供包头车辆段 KKD 客车轮毛坯轮辋硬度分布

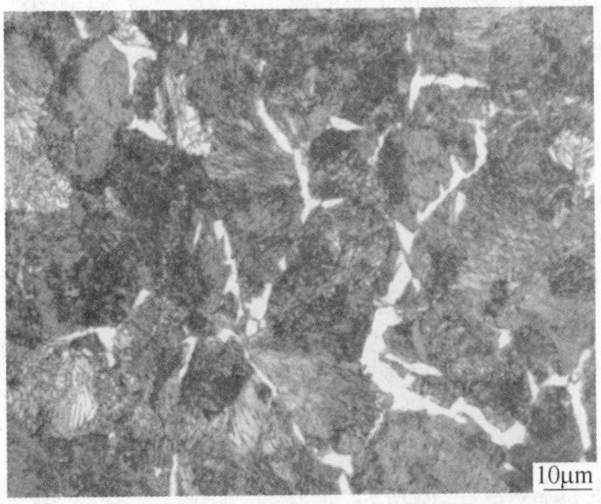

图 5　踏面表层 P+F 组织形貌

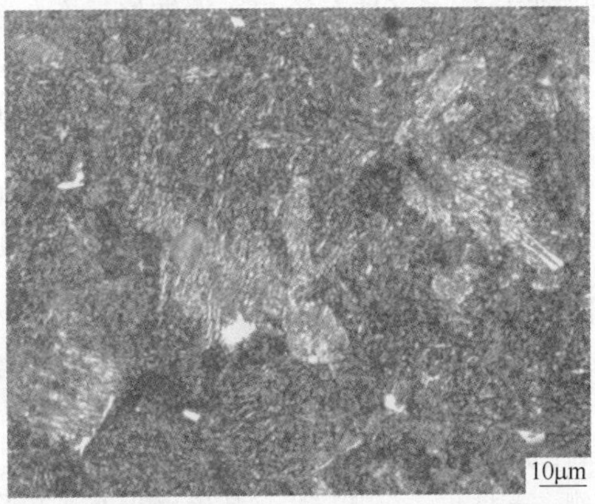

图 6　踏面下 7mm 处细 P+少量 F 组织形貌

图 7　常规热处理工艺踏面下 7mm 处 B+P 复合组织

可见，采用改进的工艺可使新造车轮的踏面表层为一致的珠光体-铁素体组织，具有良好的硬度均匀性，踏面表层状态明显改善。

5　运用效果评价

2010 年 8 月首批 112 件 KKD 新造客车轮装备在包头车辆段共 14 辆 25K 型 140km/h 客车上投入运用，包头车辆段提供的跟踪数据表明，该批车轮持续运用时间已达 1~2 年，运用里程达 40 万~69 万公里，平均运用里程超过 51 万公里，运用情况稳定，仅有 1 条轮对出现轻微踏面剥离，踏面剥离发生率仅为 1.79%，而同期运用的共 64 辆 25K 型客车车轮踏面剥离频发，2010~2012 年车轮踏面剥离发生率见表 1，可见，工艺改进措施取得了实际效果。

表 1　2010~2012 年 64 辆 25K 型客车轮对故障发生率情况

年份	2010 年	2011 年	2012 年
轮对运用数/条	64×4+87=343	64×4+65=321	64×4+50=306
轮对故障数/条	87	65	50
其中踏面剥离数/条	82	57	33
踏面剥离发生率/%	82÷343×100%=23.9%	57÷321×100%=17.8%	33÷306×100%=10.8%

2013 年 2 月起第二批 760 件 KKD 新造客车轮陆续在包头车辆段投入运用，目前已部分装备在 2 辆 25K 型 140km/h 客车和 11 辆 25G 型 120km/h 客车上投入商业运营，持续运用时间 3~8 个月，运用里程达 12 万~41 万公里，平均运用里程超过 22 万公里，运用情况稳定。

6　结论

新造车轮易于产生早期剥离，而镟修后剥离问题大为改善的现象在国内外均已受到注意。常规车轮热处理工艺决定了新造车轮与一次镟修后车轮在踏面表层状态上必然存在差异。为此，马钢开发了一种新型车轮热处理专利技术并得到了实际应用，从运用效果看，可有效降低客车用新造 KKD 车轮早期剥离的发生率，使车轮踏面剥离问题的总体态势大为改观。

参 考 文 献

[1] Sun J, Sawley K J, Stone D H. Progress in the reduction of wheel spalling [C]. 12th International Wheelset Congress, Qingdao, 1998.
[2] 张斌，付秀琴，张弘，等．机车车辆车轮踏面剥离现状及其分析 [C]．铁道车辆，2005，43 (5)：1-5.
[3] 张弘，张斌，王振刚，等．车轮早期剥离现象及成因初探 [C]．铁道机车车辆，2006，26 (3)：18-19.
[4] 蔡钊．整体辗钢车轮传统热处理工艺分析与展望 [C]．轧钢，1990 (6)：44-45.
[5] 陈刚，王世付，江波，等．高碳钢火车车轮轮辋表面的热处理方法及热处理装置 [P]．中国发明专利，CN200810020421.5，2010-06-02.

车轮立式轧制成形条件分析❶

沈晓辉[1] 闫 军[1] 章 静[1] 王会廷[1] 张 磊[2]

（1. 安徽工业大学；2. 马鞍山钢铁股份有限公司）

摘 要 车轮轧制是辗钢车轮成形的重要工步之一。通过理论解析和计算，首先给出辐板辊接触区形状及其投影面积的计算方法，进而得出道次进给量在辐板辊侧和主辊侧分配比例关系；在此基础之上分析得出轮辋轧透条件。结果表明，车轮轧制过程中辐板辊侧的压入量大于主辊侧；随着轮辋直径的增大，辐板辊侧压入量所占比例逐渐增大；随着轮辋厚度的减薄，轧透条件逐渐改善。

关键词 车轮；轧制；压入量；轧透条件

Analysis on Forming Condition of Railway Wheel Vertical Rolling

Shen Xiaohui[1] Yan Jun[1] Zhang Jing[1] Wang Huiting[1] Zhang Lei[2]

（1. Anhui University of Technology；2. Ma'anshan Iron and Steel Co. , Ltd. ）

Abstract Rolling is one of the key forming stages of rolled railway wheel. Calculating method of shape and the projection area in the web and the roll contact zone was firstly proposed by theoretical analysis and calculation. And then proportional relation for the feed amount of pass between the plate roller side and the main roller side was obtained. On the basis of this, wheel rolling penetration condition was obtained. The results show that, the rolling reduction of the web roll sideis larger than that of the back roll side; the ratio of the web miler reduction increases gradually wim diameter expanding of the rim; the rolling penetration condition of the rim is improved gradually witll the rim thickness decreasing.

Key words railway wheel; rolling; rolling reduction; rolling penetration condition

1 引言

车轮轧制是辗钢车轮成形过程的关键工步之一。通过对车轮轮辋和辐板的轧制，辐板延展、外径扩大，轮辋逐渐成形。根据车轮轧制时工具配置和车轮位向的不同，分为卧式和立式两种，如图 1 所示。由于立式车轮轧制时，立式轧制时轮辋径向压下和宽度方向压下互相独立，相对于卧式轧制，辐板辊调整更为灵活[1]。新建车轮生产线基本都是采用立式车轮轧机。立式轧制时辐板辊驱动车轮旋转，且辐板辊位置保持不变，主辊向辐板辊方向连续进给，轮辋逐渐减薄；轮辋宽度控制有左右轧边辊完成。车轮立式轧制过程的金属变形主要发生在辐板辊与主辊所构成的主变形区内。

车轮轧制变形方式类似于环件轧制，但其在轧制时变形工具的数目及工具运动控制的复杂程度都高于普通环件轧制。目前关于普通环件轧制的研究报道较多[2-6]，而车轮轧制变形是一种特殊的三维连续非对称变形问题，其理论解析难度较大，一些研究者通过有限元法对其进行了初步分析。Davey 等人[7]针对车轮三维变形特点，探讨了不同网格自动划分技术和方程求解技术对数值模拟的影响，明确车轮轧制三维模拟的瓶颈问题是耗时过长。车轮轧制模拟的关键问题之一是诸多轧辊运动描述，尤其是对中辊、导辊及轧边辊随着车轮直径的扩大不断调整位置，其运动速度难以预先确定。武胜飞等

❶ 原文发表于《热加工工艺》2014 年第 17 期。
国家高技术研究发展计划资助项目（“863”计划，2008AA030703）。

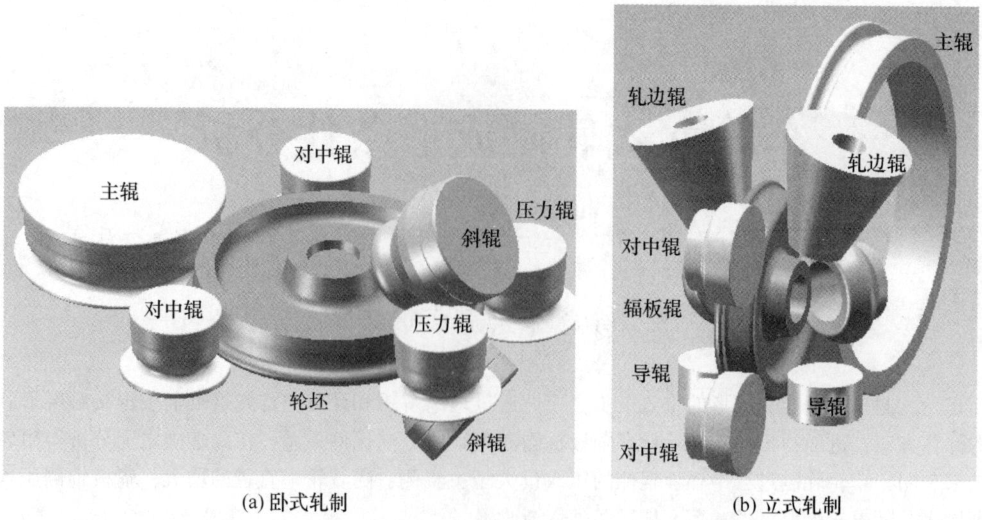

图 1　两种车轮轧制方式

Fig. 1　Two types of wheel rolling process

（a） horizontal type；（b） vertical type

人[8]在假设轧制过程轮坯半径增大速率为定值的前提下导出轧制过程各轧辊的运动关系，并基于 DEFORM-3D 建立了车轮轧制模型。作者也曾利用 SuperForm 有限元软件对车轮立式轧制变形进行了三维有限元模拟，初步分析了车轮轧制过程的金属流动特点[9]。尽管有限元法能够直观分析金属流动，但难以从理论上根本把握车轮轧制成形条件，车轮轧制理论分析对于厘清对车轮轧制变形机理的认识十分重要。秦国庆等人[10]对太重钢轮厂的 7 辊卧式轧机的轧辊运动关系、接触面积及受力进行了分析计算，为车轮卧式轧制参数调整提供了参考。但车轮卧式轧制与立式轧制在轧辊配置及变形方式上存在显著区别，目前对车轮立式轧制力学条件的认识尚不深入，车轮轧制工艺的制定和过程控制基本依赖于生产经验，缺乏理论指导。

本文以 CCD890 车轮立式轧制为对象，定量分析车轮轧制力学条件，包括计算轧辊接触区投影面积、轧制时主辊侧和辐板辊侧的径向压入量的关系及轮辋扩径所需的轧透条件。车轮轧制力学条件的理论分析为车轮立式轧制工艺优化提供理论依据。

2　辐板辊接触区投影面积计算

2.1　辐板辊接触区形状

辐板辊的前锥面、后锥面、圆弧段分别加工车轮的辐板、轮辋内圆面及轮辋与辐板的连接段（图 2 所示）。后锥面母线与辐板辊轴线交点为 o_1，辐板辊轴向记为 x_1 方向。辐板辊与轮辋接触区的形状可以通过不同位置平行于辐板平面的截面 M（距 o_1 点距离为 M）截取轮辋和辐板辊型面分析得到。A 点为辐板辊圆弧段与后锥段的交截位置；若截面 M 位于 A 点右侧，则截取辐板辊的后锥段和圆弧段；若截面 M 位于 A 左侧，则截取辐板辊圆弧段和前锥段。截面 M 与轮辋内圆弧的交点记为 o 点，o 点在 $x_1o_1y_1z_1$ 坐标系（z_1 方向垂直与 $o_1x_1y_1$ 平面）中的坐标记为（a，b，0）。

2.1.1　截面 M 截取辐板辊后锥段所得曲线方程

在坐标系 $o_1x_1y_1z_1$ 中，后锥段曲面的方程为：

$$-x_1^2\tan^2\varphi + y_1^2 + z_1^2 = 0 \tag{1}$$

M 截面的方程（距 o_1 点距离为 M）为：

$$y_1 = -(x_1 - a)\tan\alpha + b \tag{2}$$

将式（2）代入式（1），所截曲线为：

$$x_1^2(\tan^2\alpha - \tan^2\varphi) - 2x_1(a\tan\alpha + b)\tan\alpha + z_1^2 + (a\tan\alpha + b)^2 = 0 \tag{3}$$

把坐标原点移到锥面 o 点上，取新坐标系 $oxyz$，则有：

$$x_1 = a + x\cos\alpha,\ z = z_1$$

考虑到 $b = a\tan\varphi$，在坐标系 $oxyz$ 中，式（3）可写为：

$$z^2 = x^2\cos^2\alpha(\tan^2\varphi - \tan^2\alpha) + 2x(a\cos\alpha\tan^2\varphi + b\sin\alpha) \tag{4}$$

式（4）所示为截面 M 截取辐板辊后锥段的曲线方程，式中（$\tan^2\varphi - \tan^2\alpha$）的值决定了该曲线的类型。

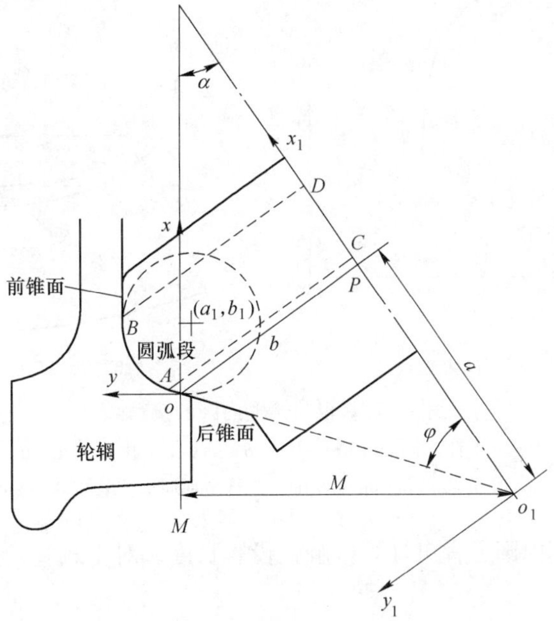

图 2 解析法确定辐板辊与轮辋的接触弧

Fig. 2 The contact arc of the web roll and the rim determined by analytic method

2.1.2 截面 M 截取辐板辊圆弧段所得曲线方程

图 2 中，记辐板辊圆弧段半径为 ρ，其圆心在 $o_1x_1y_1$ 坐标面内的坐标为（a_1，b_1），在 $o_1x_1y_1$ 坐标系圆弧方程为 $(x_1-a_1)^2+(y_1-b_1)^2=\rho^2$，其绕 x_1 轴的旋转曲面方程为：

$$(x_1 - a_1)^2 + (\sqrt{y_1^2 + z_1^2} - b_1)^2 = \rho^2 \tag{5}$$

将式（2）代入式（5），整理得 M 截面与辐板辊圆弧段交截曲线为：

$$z_1^2 = -x_1^2(1 + \tan^2\alpha) + 2(a_1 + a\tan^2\alpha + b\tan\alpha)x_1 + \rho^2 - a_1^2 - a^2\tan^2\alpha - 2ab\tan\alpha - b^2 - b_1^2 + 2b_1\sqrt{\tan^2\alpha(x_1 - a)^2 - 2b\tan\alpha(x_1 - a) + b^2 + z_1^2} \tag{6}$$

在坐标系 $oxyz$ 下，式（6）可写为：

$$z^2 = -x^2 - 2(a - a_1)x\cos\alpha + 2bx\sin\alpha + 2b_1\sqrt{x^2\sin^2\alpha - 2xb\sin\alpha + b^2 + z^2} + \rho^2 - (a^2 + b^2) - (a_1^2 + b_1^2) + 2aa_1 \tag{7}$$

由几何关系（$a = a_1 - \rho\sin\gamma$，$b = b_1 + \rho\cos\gamma$）可得 $\rho^2 - (a^2 + b^2) - (a_1^2 + b_1^2) + 2aa_1 = -2b_1b$，则式（7）可整理为：

$$z^2 = Q + 2b_1\sqrt{P + z^2} \tag{8}$$

式中，$Q = -x^2 - 2x[(a - a_1)\cos\alpha - b\sin\alpha] - 2b_1b$，$P = (x\sin\alpha - b)^2$，进而可解出 z^2：

$$z^2 = Q + 2b_1^2 + 2b_1\sqrt{Q + P + b_1^2} \tag{9}$$

当 M 截面同时截取锥面段和圆弧段时，其截线分两段组成，可由式（4）和式（9）分段描述。

以 CCD890 车轮轧制为例，当截面 M 位于 $h_1/2$ 高度时（h_1 轮辋外侧面至辐板外侧面距离），截取辐板辊圆弧段，基本参数 $a_1 = 271.2$mm，$b_1 = 142$mm，$a = 246.4$mm，$b = 194.4$mm，$\alpha = 35°$，$\rho = 35$mm，式（9）所描述的辊面截线如图 3(a) 所示。

当辐板辊在轮辋径向压入量为 Δr_1 时，该截线与截面 M 处的轮辋内圆相交，如图 3(b) 所示，EF 为接触弧投影长度，在 oxz 平面内记 F 点坐标为（x，0），E 点坐标为（x，z），则：

$$EF^2 = R_i^2 - (R_i - x)^2 = z^2 \tag{10}$$

式中，R_i 为截面 M 位置处的轮辋内圆半径。

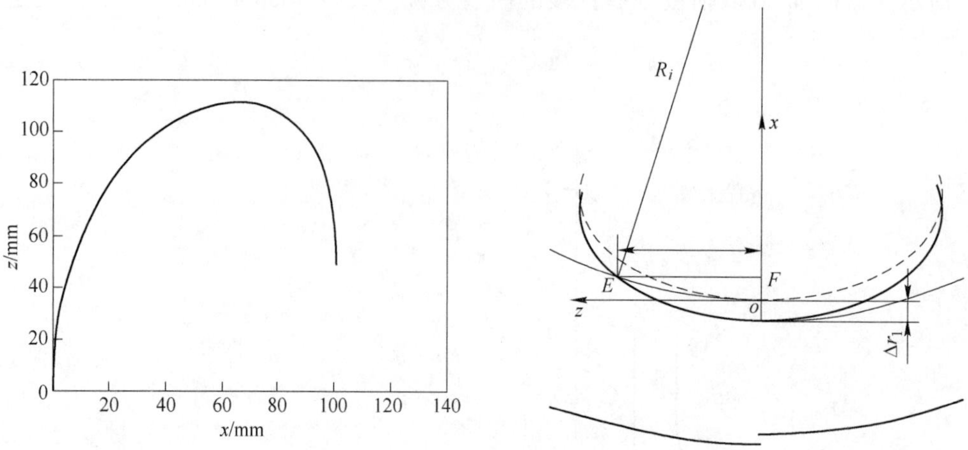

(a) 截面 $M(h_1/2)$ 处与辐板辊截线　　(b) 截面 M 处辐板辊与轮辋接触弧

图 3　辐板辊与轮辋内圆的接触弧

Fig. 3　The contact arc between the web roll and the rim

（a） transversal caused by section $M(h_1/2)$ and the web roll；（b） the contact arc of the web roll and the rim in section M

根据辊面截线方程和轮辋内圆方程可计算接触弧投影长度。对于式（7）描述的辊面截线，在图3(b)所示坐标系 oxz 中，可写成：

$$z^2 = -(x + \Delta r_1)^2 - 2(a - a_1)(x + \Delta r_1)\cos\alpha + 2b(x + \Delta r_1)\sin\alpha - 2b_1 b + 2b_1\sqrt{(x + \Delta r_1)^2\sin^2\alpha - 2(x + \Delta r_1)b\sin\alpha + b^2 + z^2} \tag{11}$$

将式（10）代入式（11），整理得关于 x 的方程：

$$Cx^2 + Dx + E = 0 \tag{12}$$

其中，

$$A = 2[R_i + \Delta r_1 + (a - a_1)\cos\alpha - b\sin\alpha]$$

$$B = -\Delta r_1^2 - 2(a - a_1)\cos\alpha\Delta r_1 + 2b\sin\alpha\Delta r_1 - 2b_1 b$$

$$C = A^2 + 4b_1^2\cos^2\alpha$$

$$D = -2AB - 8b_1^2[\sin\alpha(\Delta r_1\sin\alpha - b) + R_i]$$

$$E = B^2 - 4b_1^2(\Delta r_1\sin\alpha - b)^2$$

由式（12）可解得 E 点的 x 坐标值：

$$x = \frac{-D + \sqrt{D^2 - 4CE}}{2C} \tag{13}$$

将 x 代入式（10），即得 M 截面位置的接触弧投影长度 EF。

图 4(a) 所示为 CCD890 车轮轧制初始时，辐板辊在不同压入量下 M 截面处（M 处于 $h_1/2$ 位置）计算多得的接触情况（计算条件：$\alpha = 35°$，$\varphi = 39°$，$M = 300.55$mm，$a_1 = 271.2$mm，$b_1 = 142$mm，$a = 246.4$mm，$b = 194.4$mm，$R_i = 340$mm）。从图 4(a) 可直接测出辐板辊在不同压入量时接触弧投影长度。

图 4(b) 所示为 CCD890 车轮轧制在不同时刻（对应不同的轮辋内径）轮辋 $h_1/2$ 高度处辐板辊接触弧投影长度 l^2 与辐板辊压入量 Δr_1 的关系。可见其触弧投影长度的二次方与辐板辊压入量成正比例关系，可以描述为：

$$l^2 = K\Delta r_1 \tag{14}$$

式中，K 为比例系数，随着轧制扩径的进行，K 值逐渐减小。

2.2　轧辊接触区投影面积的近似计算

轧辊接触区投影面积是分析车轮轧制力学条件的基本参数之一。辐板辊和轮辋内圆面的特殊形状，

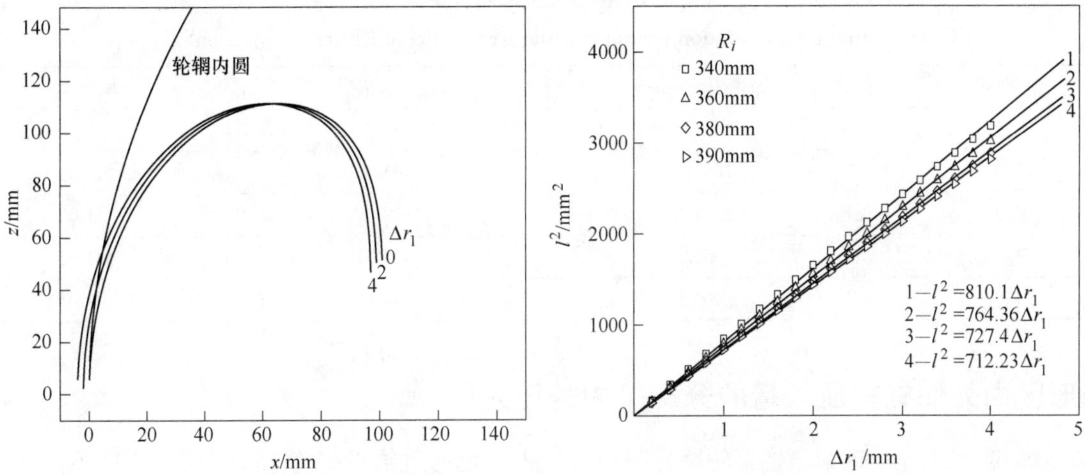

(a) M截面处不同压入量时的接触弧 (b) M截面接触弧投影长与辐板辊压入量关系

图 4　辐板辊不同压入量时的接触弧投影长度

Fig. 4　Projection length of the contact arc for different reduction amount of the web roll

(a) contact arc for different reduction amount of the web roll in section M;

(b) the effect of the reduction amount of the web roll on the projection length of the contact arc

使得辐板辊与轮辋接触区面积的准确计算较为复杂。忽略轧制时轮辋轴向宽展（宽度方向），辐板辊接触区的投影形状可以通过前述解析法得出。图 5(a) 所示为辐板辊与轮辋内圆面接触区在 Y 方向投影示意图。

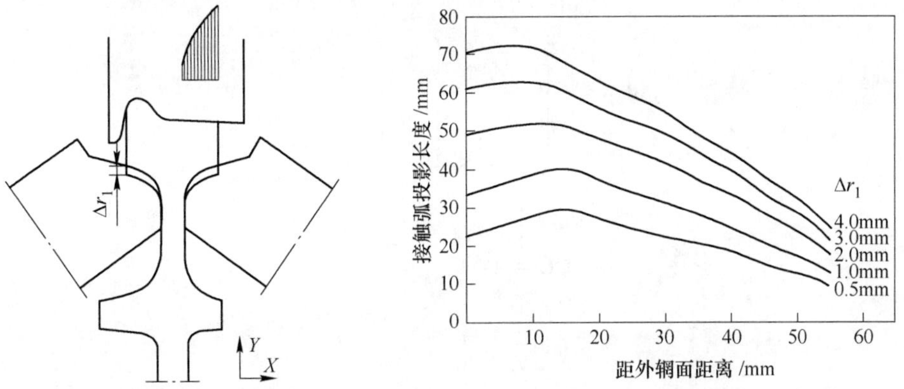

(a) 辐板辊接触区在 Y 方向投影 (b) 不同辐板辊压入量下接触区 Y 方向投影

图 5　CCD890 车轮轧制时辐板辊与轮辋接触区在 Y 方向投影

Fig. 5　Projection of the contact area in Y direction between the web roll and the rim when CCD890 wheel rolling

(a) projection schematic in Y direction of the web roll contact area;

(b) projection in Y direction of the contact area for different web roll reduction amount

图 5(b) 所示为 CCD890 车轮轧制初始时（轮辋内径 680mm）在不同压入量下的辐板辊接触区在 Y 方向的投影形状和尺寸。可见接触弧投影长度沿 X 方向在峰值两侧近似线性分布，最长接触弧（曲线峰值）位于辐板辊后锥段。随辐板辊压入量 Δr_1 的增加，接触弧峰值向轮辋外侧移动。接触区投影面积可以通过数值积分得出。为了便于工程应用，本文采用等效矩形法进行近似计算。接触区投影面积近似等于轮辋接触区宽度 h_1 中间位置（$h_1/2$ 处）接触弧投影长度与接触区宽度 h_1 的乘积。

表 1 列出数值积分法和近似法得出的 CCD890 车轮轧制初始时辐板辊侧不同压入量时的接触区在 Y 方向投影面积，可以看出近似法具有较高的精度。

表 1　接触区投影面积算例

Table 1　Calculation example of the web roll contact area projection

Δr_1/mm	数值积分/mm^2	近似法/mm^2	相对误差
0.5	1197.3	1282.3	0.07
1.0	1662.6	1763.8	0.06
2.0	2218.8	2379.3	0.07
3.0	2650.7	2804.7	0.06
4.0	3000.9	3141.6	0.05

3　变形区内外侧轧辊压入量的分配（内外压入比）

车轮轧制时主辊连续进给，把车轮旋转一圈过程中主辊的进给量记为 Δr。由于主辊与辐板辊的形状尺寸差异以及接触轮辋的部位不同，Δr 按特定比例关系分配到辐板辊侧（Δr_1）和主辊侧（Δr_2）（如图 6 所示），这里把 $\Delta r_1/\Delta r_2$ 称为内外压入比，它对轮辋成形（特别是主辊压入量对轮缘的成形）具有重要影响。内外压入比在轧制过程中随轮辋直径的变化而不断改变，它和 Δr 共同决定了车轮轧制过程的轮辋变形特点。如果辐板辊轴线与轮坯轴线平行，则车轮与普通环件的径向轧制基本相同，这样辐板辊侧的压入量和主辊侧的压入量关系与普通环件轧制类似，若两侧接触弧投影长度相等，可导出[2]：

$$\frac{\Delta r_1}{\Delta r_2}=\frac{\dfrac{1}{R_1}-\dfrac{1}{R_i}}{\dfrac{1}{R_2}+\dfrac{1}{R_o}} \tag{15}$$

式中，R_i 和 R_o 分别为轮辋内圆和外圆半径；R_1 和 R_2 分别为辐板辊和主辊直径。

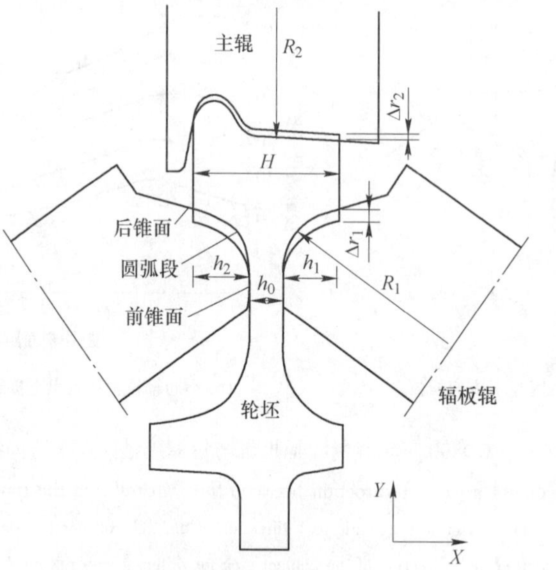

图 6　车轮立式轧制时主变形区示意图

Fig. 6　Schematic diagram of the main deformation zone in wheel vertical rolling process

实际上车轮轧制时辐板辊轴线与轮坯轴线呈一定角度，辐板辊与轮辋的接触情况较为复杂；此外两个辐板辊之间辊缝还对辐板进行辗压，导致主辊侧和辐板辊侧的接触弧投影长度并不相等。因此车轮轧制时辐板辊与主辊侧压入量的关系分析比环件轧制复杂，式（15）不能准确反映车轮轧制时的轮辋内外压入比的关系。

下面分析车轮立式轧制时主辊变形区的内外压入比。车轮稳定轧制时，变形区金属主辊和辐板辊作用下在 Y 方向平衡，即主辊轧制力大小等于左右辐板辊作用力在 Y 方向分力之和。假设主辊接触区和辐板辊接触区平均单位压力相同，则主辊和辐板辊与轮辋接触区在 Y 方向投影面积相等，即：

$$F_2 = F_{1y}^L + F_{1y}^R \tag{16}$$

式中，F_2 为主辊接触区投影面积；F_{1y}^L、F_{1y}^R分别为左、右辐板辊接触区投影面积。

前文得出，辐板辊接触区在 Y 方向投影面积近似为中间截面接触弧长（$l_{h_1/2}$）乘以接触区宽度 h_1(轮辋外侧面距辐板外侧面高度)。这样，车轮轧制初始时右侧辐板辊接触区 Y 方向投影面积为：

$$F_{1y}^R = h_1\sqrt{K\Delta r_1} \tag{17}$$

由于主辊直径较大，其接触区在 Y 方向投影近似为矩形，其投影长度：

$$l_2 \approx \sqrt{2R_2\Delta r_2/(1 + R_2/R_o)} \tag{18}$$

其在 Y 方向投影面积为：

$$F_2 = Hl_2 = H\sqrt{2R_2\Delta r_2/(1 + R_2/R_o)} \tag{19}$$

式中，H 为轮辋宽度；R_2 为主辊工作半径；R_o 为轮辋外半径。

假设左右侧辐板辊接触弧长相同，根据式（16），有：

$$H\sqrt{2R_2\Delta r_2/(1 + R_2/R_o)} = (H - h_0)\sqrt{K\Delta r_1} \tag{20}$$

整理得：

$$\frac{\Delta r_1}{\Delta r_2} = \frac{2H^2R_2R_o}{(H - h_0)^2K(R_o + R_2)} \tag{21}$$

式中，h_0 为辐板厚度。

算例：马钢 DRAW1250 轧机主辊名义直径 1400mm，辐板辊名义直径 400mm。轧制 CCD890 车轮时，轮辋宽度 H=150mm，辐板厚度 h_0=37mm，轧制初期外径 R_o=427mm，轮辋外端中间高度处内圆半径 $R_{h/2}$=330mm(内径 R_i=340mm)；轧制末期外径 R_o=456.5mm，轮辋外端中间高度处内圆半径 $R_{h/2}$=380mm(内径 R_i=390mm)（假设左右辐板辊形状相同），则按照式（21）可得出轧制初期轮辋内外压入比：

$$\frac{\Delta r_1}{\Delta r_2} = \frac{2H^2R_2R_o}{(H - h_0)^2K(R_o + R_2)} = \frac{2 \times 150^2 \times 700 \times 427}{(150 - 37)^2 \times 810.1 \times (427 + 700)} = 1.15$$

同样方法可以计算轧制过程不同时刻的主辊变形区内外侧压入比，结果见表 2。可见车轮轧制过程中，辐板辊的压入量稍大于主辊侧，且随着车轮直径扩大，辐板辊侧压入量所占比例逐渐增大，主辊侧的相对压入量逐渐减小。轧制时为利于轮辋金属挤向轮缘型腔成形轮缘，应尽量增大主辊侧的压入量。而前述分析得出主辊侧的相对压入量在轧制初始时最大，因此轮缘成形尽可能在轧制初期完成，否则越往后期越不利于轮缘成形。

表 2 CCD890 车轮轧制不同时刻轮辋内外压入比

Table 2 Reduction ratio at different stages of CCD890 wheel rolling

轮辋内半径/mm	340(轧制初始)	360	380	390(轧制结束)
K	810.10	764.36	727.40	712.23
$\Delta r_1/\Delta r_2$	1.15	1.26	1.34	1.39

4 轮辋轧透条件

车轮轧制时，变形区中金属的变形从轧辊接触区表面向轮辋心部渗透。车轮轧制扩径的前提是，辐板辊侧的塑性区与主辊侧的塑性区必须贯穿，否则轮辋心部存在刚性区限制轮辋的周向延伸（轮辋直径不能增大）。轮辋内塑性区贯穿，也即需要满足轮辋轧透条件。根据滑移线场理论[11]，平面变形时塑性区贯穿的临界条件是 l/h=0.114(l 为变形区宽度，h 为变形区高度)。忽略轮辋轴向的宽展，车轮轧制时主辊变形区的变形近似视为平面变形，本文把 $l/h \geqslant 0.114$ 作为轮辋轧透的参数要求，把内外塑性区贯穿所需的最小道次进给量作为轮辋轧透条件。

显然，随着主辊的连续进给，轮辋厚度逐渐减薄，轧透条件逐渐改善，也就是说轧制初期轮辋轧透所需的进给量最大。在轧辊尺寸确定下，影响变形区投影长度的因素主要是轧辊的压入量。根据塑性区贯穿要求可计算车轮轧制所需的最小道次进给量，进而可以确定主辊的最小进给速度。

以 CCD890 车轮轧制为例，在轧制初始时轮辋平均厚度为 95mm，终轧后为 77mm。根据几何尺寸及轧透要求（$l/h \geqslant 0.114$），轧制初期和末期的主辊接触弧临界值 l_{min} 分别为 10.83mm 和 8.78mm。在内外平均单位压力相等时，辐板辊接触区投影面积与主辊侧相等，由于主辊侧接触弧投影长度容易计算，这里根据主辊侧变形区参数计算最小道次进给量。

由式（18）可得：

$$\Delta r_2 = \frac{l_2^2}{2R_2}\left(1 + \frac{R_2}{R_o}\right) \tag{22}$$

将 CCD890 车轮轧制初期轮辋轧透的临界接触弧投影长度 l_{min} 代入式（22），有：

$$\Delta r_2 = \frac{10.83^2}{2 \times 700}\left(1 + \frac{700}{427}\right) = 0.22\text{mm} \tag{23}$$

根据表 2 中数据，轧制初始时轮辋内外压入比 $\Delta r_1/\Delta r_2 = 1.15$，则轧制初期轮辋轧透所需的最小道次进给量：

$$\Delta r_{min} = \Delta r_1 + \Delta r_2 = 0.47\text{mm} \tag{24}$$

同样方法，可计算轧制末期，轮辋轧透所需的每圈最小进给量为 0.33mm。

为验证理论计算所得的最小道次进给量下，轮辋内外侧塑性区贯穿，对 CCD890 车轮轧制初始时主辊进给量给定为 0.47mm 进行有限元模拟（建模方法见文献［9］），所得轮辋断面应变分布如图 7 所示。为显示轮辋中心区域的应变大小，将分布云图的应变下限显示值分别设为 0.004(图 7(a))和 0.003(图 7(b))，可见轮辋心部的残余等效应变在 0.003~0.004 之间，此结果表明 CCD890 车轮轧制初始时主辊进给量为 0.47mm 时，轮辋能够轧透，从而说明前述的理论计算方法合理。

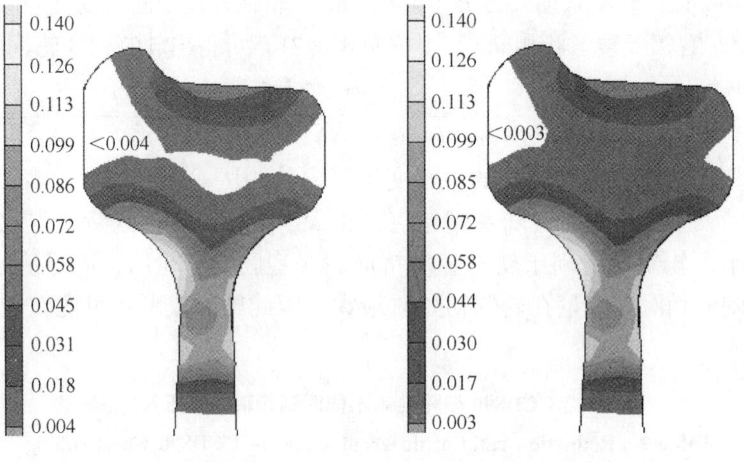

图 7　轧制初始时主辊进给量 0.47mm 时等效塑性应变分布

Fig. 7　The effective plastic strain distribution for the main roll feeding of 0.47mm at the initial stage of the wheel rolling

以上分析表明，车轮在轧制初始时主辊进给速度存在一个下限值，下限值由轮辋轧透条件确定。为了增加轮辋变形的均匀性和提高轧制生产效率，在满足咬入条件和操作稳便的情况下，应尽可能增加道次进给量。

5　结论

（1）通过理论解析得出立式车轮轧制时辐板辊与轮辋接触区的形状，发现辐板辊接弧投影长度的二次方与辐板辊压入量成比例关系，并给出了其接触区投影面积的具体算法。

（2）得到车轮立式轧制时主辊侧和辐板辊侧压入量的分配比例关系及其在轧制过程中的变化规律。结果显示，轧制时辐板辊侧的压入量稍大于主辊侧；且随着轮辋直径的增大，辐板辊侧压入量所占比例逐渐增加。

（3）得出轮辋轧透条件，随着轮辋厚度的减薄轧透条件逐渐改善。CCD890 车轮轧制初始和轧制末期轮辋轧透所需的最小道次进给量分别为 0.47mm、0.33mm。

参考文献

[1] Lonsdale C P, Swartzel R D. Recent improvements in wrought railroad wheel production at standard steel [A]. Proceedings of the 2000 ASME/IEEE joint railroad conference [C]. New York: American Society of Mechanical Engineers, 2000: 63-66.

[2] 华林，黄兴高，朱春东. 环件轧制理论和技术 [M]. 北京：机械工业出版社，2001.

[3] Erden E, Rajiv S. A summary of ring rolling technology-Ⅰ. Recent trends in machines, processes and production lines [J]. International Journal of Machine Tools and Manufacture, 1992, 32: 379-398.

[4] Erden E, Rajiv S. A summary of ring rolling technology-Ⅱ. Recent trends in process modeling, simulation, planning and control [J]. International Journal of Machine Tools and Manufacture, 1992, 32: 399-413.

[5] Kim K H, Suk H G, Huh M Y. Development of the profile ring rolling process for large slewing rings of alloy steels [J]. Journal of Materials Processing Technology, 2007, 187: 730-733.

[6] Wang M, Yang H, Sun Z C, et al. Analysis of coupled mechanical and thermal behaviors in hot rolling of large rings of titanium alloy suing 3D dynamic explicit FEM [J]. Journal of Materials Processing Technology, 2009, 209: 3384-3395.

[7] Davey K, Miller B C, Ward M J. Efficient strategies for the simulation of railway wheel forming [J]. Journal of Materials Processing Technology, 2001, 118: 389-396.

[8] 武胜飞，陆彬，崔振山，等. 车轮轧制成形过程的有限元模拟 [J]. 塑性工程学报，2011，18（6）：36-40.

[9] Shen X H, Yan J, Gao L, et al. Three dimensional finite element modeling of railway wheel vertical-type rolling [A]. Proc. 10th International Conference on Steel Rolling [C]. Beijing: Metallurgical Industry Press, 2010: 1454-1460.

[10] 秦国庆，韩静涛，李连诗. 七辊卧式车轮轧机调整参数的分析计算 [J]. 北京科技大学学报，1999，21（3）：258-261.

[11] Backofen W A. Deformation Processing [M]. New Jersey: Addison-Wesley, 1972.

列车车轮辐板疲劳断裂原因分析❶

齐 冀[1] 肖 峰[2] 任学冲[1]

（1. 北京科技大学，国家材料服役安全科学中心；2. 马鞍山钢铁股份有限公司）

摘 要 通过化学成分分析、宏观及微观检验、力学性能测试、有限元分析等方法对列车车轮辐板断裂的原因进行了分析。结果表明，车轮辐板内侧面存在明显的点腐蚀，在辐板表面交变应力的作用下发生疲劳开裂，当疲劳裂纹扩展到一定长度时车轮发生断裂。点腐蚀不仅破坏了辐板表面喷丸加工所形成的高硬度残余压应力层，并在点蚀坑内部造成应力集中，形成疲劳裂纹源。因此车轮在运输、存放及使用过程中应注意防护，避免腐蚀的发生。

关键词 列车车轮；辐板；断裂；点蚀；疲劳

Analysis on Fracture Reason of Railway Wheel Plate

Qi Ji[1] Xiao Feng[2] Ren Xuechong[1]

（1. National Center for Materials Service Safety，University of Science and Technology Beijing；2. Ma'anshan Iron and Steel Co. ,Ltd. ）

Abstract The fracture reason of railway wheel plate was analyzed by means of chemical composition analysis，macro and micro observation，mechanical property testing，finite element analysis and so on. The results showed that fatigue cracking originated from corrosion pit existed on the inner surface of wheel plate under alternative stress. The wheel plate was broken once the fatigue crack grown to a certain size during service. Corrosion pits did not only induce local stress concentration at the bottom of pits，but also destroy the plate surface layer with high hardness and high residual compressive stress induced by shot peening. The pitting corrosion would decrease the fatigue limit and result in fatigue cracking on the wheel plate. Therefore，the wheels need to be well protected from corrosion during transport，storage and usage.

Key words railway wheel；plate；fracture；pitting corrosion；fatigue

1 引言

某车轮在运行过程中发生断裂，列车轴重 31.8t，平均速度 80km/h。车轮材料为 AAR M-107/M-208 标准中的 B 级钢，车轮为轧制成形，经热处理、机械加工后，辐板表面进行喷丸处理。车轮长期在南方湿热多雨环境下运行，运行 3 年时间发生断裂。为查明车轮发生断裂的原因，笔者对断裂的车轮进行了理化检验与分析。

2 理化检验

2.1 宏观检验

断裂车轮的宏观形貌如图 1 所示。图 1(a) 为车轮断裂后剩余部分宏观断口，由断口可见，裂纹起源于车轮辐板内侧面（轮缘侧）A 点处，具有明显的疲劳扩展特征，当裂纹扩展到 B、C 处时，发生快速扩展，导致断裂。裂纹源处的宏观形貌如图 1(b) 所示，可见疲劳裂纹起源于车轮辐板表面的腐蚀坑，由腐蚀坑处呈放射状向辐板内部扩展。

---

❶ 原文发表于《理化检验—物理分册》2015 年第 1 期。

国家自然科学基金资助项目（U1234207，51171020）。

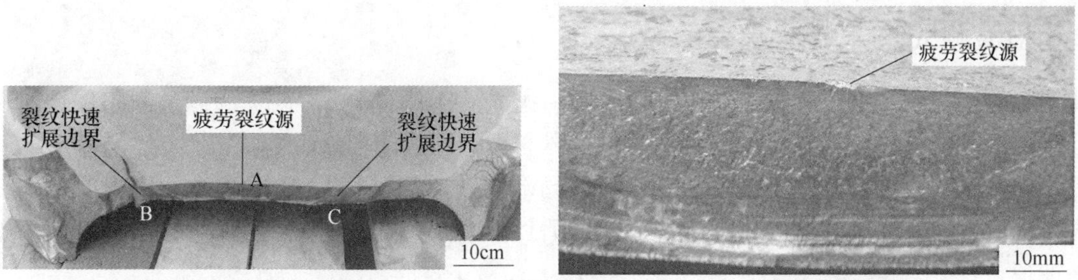

(a) 车轮断裂后剩余部分宏观断口　　(b) 裂纹源处的宏观形貌

图 1　断裂车轮的宏观形貌

Fig. 1　Macro morphology of the failed wheel

(a) macro morphology of the fracture surface; (b) morphology of the failure origin

2.2　化学成分分析

在断裂车轮辐板上取样进行化学成分分析，可见车轮辐板材料的化学成分满足 AAR M-107/M-208 对 B 级车轮钢的要求。

表 1　断裂车轮辐板的化学成分（质量分数）

Table 1　Chemical compositions of the fractured wheel plate　(%)

元素	C	Si	Mn	S	P	Cr	Ni	Cu
实测值	0.63	0.87	0.80	0.014	0.010	0.17	0.011	0.028
标准值	0.57~0.67	0.15~1.00	0.60~0.90	0.005~0.040	≤0.030	≤0.25	≤0.25	≤0.35

2.3　力学性能测试

对失效车轮辐板进行拉伸性能测试，结果如表 2 所示。

表 2　失效车轮辐板拉伸性能测试结果

Table 2　Tensile properties of the failed wheel plate

参量	屈服强度/MPa	抗拉强度/MPa	延伸率/%	面缩率/%
实测值	432	941	13.8	23.0

2.4　断口分析

将断口表面锈蚀层去除并进行超声清洗，将疲劳裂纹源处断口置于扫面电子显微镜（SEM）下观察，如图 2(a) 所示。疲劳裂纹在车轮辐板表面宽浅型点蚀坑底部形核、扩展，点蚀坑的深度为 0.65mm，长度为 4.0mm。图 2(b) 为从辐板表面观察腐蚀坑的形貌，图中标识圆的直径为 1mm，测量得腐蚀坑在该断口上其宽度为 1.1mm，因此可认为腐蚀坑的形貌为半轴长分别为 0.65mm、1.1mm 和 2.0mm 的半椭球面。

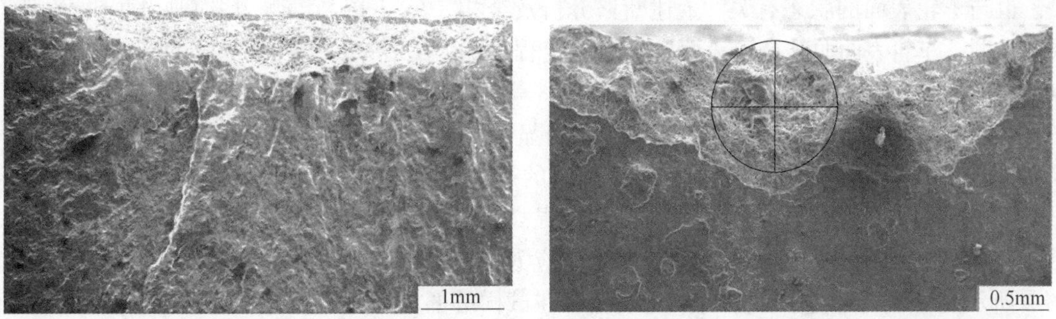

(a) 疲劳裂纹源在断口上的形貌　　(b) 疲劳裂纹源在辐板表面上的形貌

图 2　疲劳裂纹源处 SEM 微观形貌

Fig. 2　SEM images of fracture origin site

(a) fracture surface view; (b) plate surface view

2.5 金相检验测试

从断裂车轮辐板内侧面取样，对截面进行磨制、抛光后用体积分数为3%的硝酸酒精侵蚀，在光学显微镜下观察到的显微组织如图3所示，可见为珠光体与少量网状铁素体。

辐板表面由于被腐蚀而变得不平整，对该截面局部腐蚀形貌进行SEM观察，如图4所示。表面未腐蚀区域存在深度约20~30μm由喷丸作用而产生的塑性变形层，由于点腐蚀的发生，局部表面的塑性变形层已被腐蚀掉。

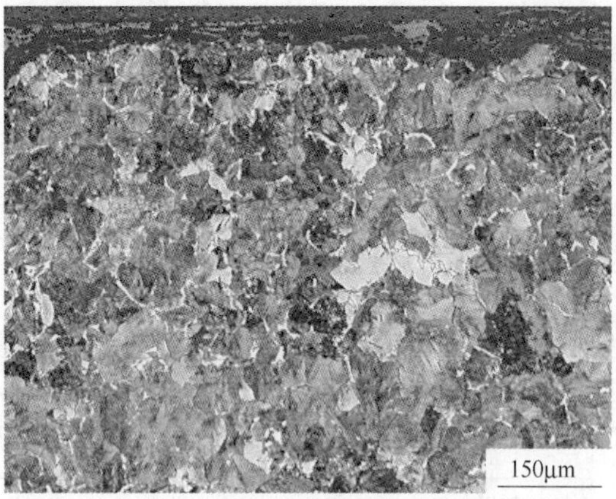

图3　辐板内侧面显微组织

Fig. 3　Microstructure of the back wheel plate

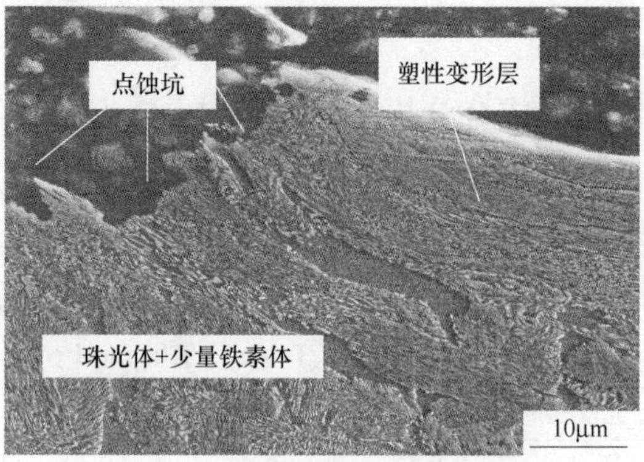

图4　含有点蚀坑的辐板表层截面SEM形貌

Fig. 4　SEM image of cross-section of surface layer with corrosion pit

对辐板形截面上的疲劳裂纹源附近区域进行观察，如图5所示。可见在主疲劳裂纹面附近还存在长短不等的疲劳裂纹，这些疲劳裂纹起源于辐板内侧面表面。由于在截面上不能看到疲劳裂纹源，因此对引发该裂纹的缺陷尺寸无法准确测量，但可判断在车轮辐板表面的腐蚀缺陷发展到一定尺寸即可引发疲劳裂纹。由于辐板表面的点蚀缺陷随机分布，所以疲劳裂纹可在点蚀坑尺寸及应力状态相近的腐蚀缺陷处形核并扩展。

3 综合分析

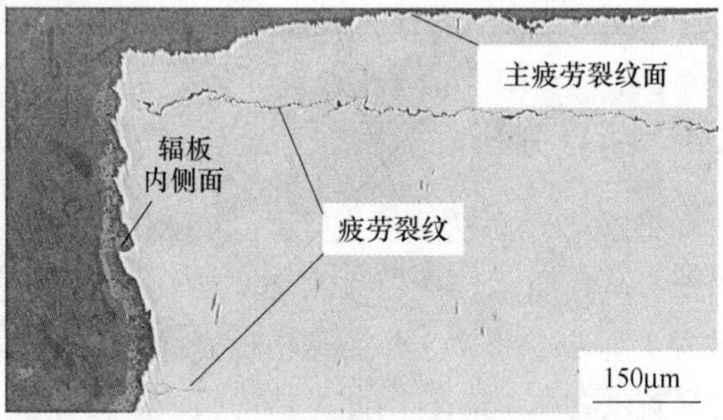

图5　主疲劳裂纹面附近的疲劳裂纹

Fig. 5　Morphology of fatigue cracks near the main fatigue crack surface

车轮在储存、运输及运行过程中如果表面防护不当，在自然环境下，特别是在雨、雪或结露等条件下，表面会发生腐蚀。该车轮运行前表面涂刷防锈油，但车轮在运行过程中服役环境复杂，在二次涂刷前可能表面部分区域防锈保护失效，造成局部区域发生腐蚀。研究表明[1,2]碳钢在海水和淡水环境下均有可能发生点蚀，点蚀特征与材料的腐蚀特性有关，也与车轮表面的状态有关。上述断口分析及金相检验结果均表明，车轮表面尤其是内表面发生了一定程度的点蚀。点蚀的发生是导致车轮早期失效的直接原因。

由图4可见，在喷丸后的车轮辐板表面存在明显的塑性变形层，其厚度约为20~30μm，表面塑性变形层的产生导致表层残余压应力，且残余压应力区的深度一般为200~300μm[3,4]，残余压应力的存在可大幅提高材料的疲劳性能[5,6]。当腐蚀尤其是点蚀发展到一定程度后，表层的塑性变形层被腐蚀掉，其残余压应力层被完全破坏，失去了对疲劳性能改善的作用。

按图2所示腐蚀坑尺寸建立三维有限元模型，在试样端部施加均布载荷，如图6(a)所示。加载后腐蚀坑底部的有限元网格划分及计算的应力分布云图如图6(b)所示，由图可见腐蚀坑底部存在应力集中情况，对于深度为0.65mm，长度为4.0mm，宽度为2.2mm的半椭球面腐蚀坑，其底部的应力集中系数为1.6。由此可见，即使腐蚀坑底部为光滑表面，其底部的应力为材料内部平均应力的1.6倍。

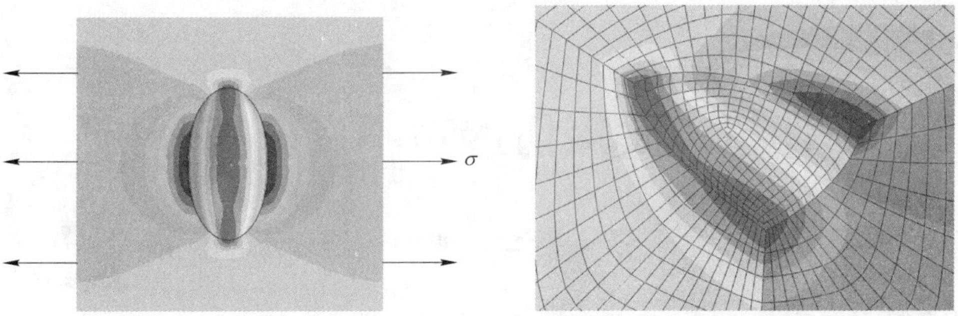

(a) 模拟的点蚀坑形貌及加载方式　　(b) 模拟腐蚀坑处的有限元网格划分及应力分布云图

图6　点蚀坑内应力分布的有限元分析

Fig. 6　FEM analysis of stress distribution at the bottom of corrosion pit

（a） shape of corrosion pit and loading mode；（b） mesh and stress distribution of corrosion pit after loading

辐板表面腐蚀坑底部的截面形貌如图7所示。由图可见，腐蚀坑底部并不光滑，而是有一定尖锐度的小凹坑，小的凹坑起到类似裂纹的作用，在小凹坑底部又会造成进一步的应力集中，从而使腐蚀坑底部的实际应力大大高于试样的平均应力[6]，从而使疲劳裂纹形核的表观应力降低。

由图7还可以看出，在腐蚀坑内部充满腐蚀产物，这些腐蚀产物主要为Fe_3O_4[7,8]，基体变为腐蚀产物将会发生体积膨胀，在腐蚀坑内部形成楔形效应[9]，在腐蚀坑底部造成拉应力。车轮在运行过程中使腐蚀坑底部产生交变应力的平均应力升高，从而使辐板疲劳强度降低。

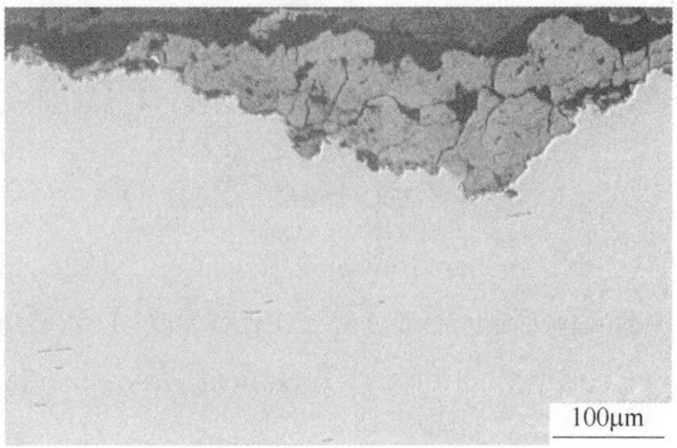

图7　辐板表面腐蚀坑截面形貌及内部腐蚀产物

Fig. 7　Cross section morphology of corrosion pit containing corrosion product

4　结论及建议

车轮辐板的断裂是由于辐板表面的点蚀坑在运行交变应力作用下疲劳开裂、扩展引起的。点蚀坑的形成会破坏喷丸处理形成的表面残余压应力层，并在蚀坑底部造成应力集中，使底部材料交变应力增加；同时由于腐蚀坑内部腐蚀产物的膨胀作用，在腐蚀坑底部造成拉应力，使车轮运行过程中腐蚀坑底部产生交变应力的平均应力升高，从而降低辐板疲劳极限。因此车轮在存放及运行过程中，应注意辐板的防护，避免腐蚀尤其是点蚀的产生，从而保证车轮的运行安全。

参考文献

[1] 戴明安，黄桂桥，朱相荣．海水中钢的局部腐蚀与海域环境相关性［J］．腐蚀科学与防护技术，1999，11（5）：309-310.

[2] 张焱冰，王源升，孔小东，等．碳钢在淡水条件下点蚀的电化学噪声研究［J］．腐蚀与防护，2010，31（5）：372-375.

[3] 冯昌瑾．AISI403 钢电站汽轮机叶片喷丸残余应力分布［J］．理化检验—物理分册，2013，49（8）：526-527.

[4] 刘焕秀．18Cr2Ni4WA 钢氮化和喷丸强化处理的残余应力及性能［J］．理化检验—物理分册，2013，49（10）：661-663.

[5] 温爱玲，于文夫，王生武，等．复合喷丸提高等轴状 TC4 钛合金的疲劳性能［J］．理化检验—物理分册，2012，48（8）：504-507.

[6] Schijve J. Fatigue of Structures and Materials，Second Edition［M］. Springer. com，2009.

[7] 马巾华，崔秀玲．低合金钢在海水中局部腐蚀锈层结构的研究［J］．中国腐蚀与防护学报，1981，1（1）：19-24.

[8] 徐秀清，魏丹，俞莹滢，等．Cl^-浓度对含盐污水中10#碳钢腐蚀行为的影响［J］．表面技术，2013，42（4）：59-62.

[9] Komai K，Murayama S，Kanasaki H. Corrosion products induced wedge effect and fatigue crack growth of stainless steels［J］. Fracture，1984，84：2489-2496.

环件超声波探伤透声不良原因分析❶

赵　海[1]　邹　强[1]　江　波[1]　邓荣杰[2]　鲁　松[2]

（1. 马鞍山钢铁股份有限公司，高性能轨道交通新材料及安全控制安徽省重点实验室，工业产品（车轮、H型钢）质量控制和技术评价实验室；2. 马鞍山钢铁股份有限公司车轮公司）

摘　要　某批环件在进行超声波探伤检查时，出现草状波严重、底波损失大等透声不良现象，环件透声不良比例约为14%，透声不良区域沿周向长度约占环件周长的1/6，且硬度也不能满足客户技术条件。采用化学成分分析、金相分析等方法对该批环件超声波探伤透声不良原因进行了分析。结果表明，环件超声波探伤透声不良是由于其热处理加热温度偏低，未能完全消除轧态组织中的粗大晶粒造成的。

关键词　环件；超声波探伤；透声不良；晶粒粗大

Reasons Analysis on Ultrasonic Testing Poor Penetration of Rings

Zhao Hai[1]　Zou Qiang[1]　Jiang Bo[1]　Deng Rongjie[2]　Lu Song[2]

(1. Ma'anshan Iron and Steel Co., Ltd., Key Laboratory of High-quality Railway New Materials and Safety Control of Anhui Province, Laboratory of Industry Products (Railway Wheel, H-Beam Steel) Quality Control and Technical Assessment; 2. Wheel Branch, Ma'anshan Iron and Steel Co., Ltd.)

Abstract　Poor penetration phenomena such as severe grass echo and heavy bottom wave loss were found when ultrasonic testing to a batch of rings with the unqualified ratio of 14%. The length of poor penetration area along circumferential direction was about 1/6 of the ring circumference. At the same time, the hardness of the rings was also lower than the specific value. Means such as chemical compositions analysis, metallographic examination were used to analyze the reasons for the poor penetration phenomenon. The results show that ultrasonic testing poor penetration of the rings was caused by the fact that the coarse crystal grain of rolling state was not completely eliminated because of the lower heat treated temperature.

Key words　ring; ultrasonic testing; poor penetration; coarse crystal grain

1　引言

一批环件在进行超声波探伤检查时，出现草状波严重、底波损失大等透声不良现象，且探伤波形特征一致。其比例约占环件总量的14%，透声不良区域沿周向的长度约占环件周长的1/6。对透声不良区域的表面硬度进行测试，结果低于客户技术条件。由于该批环件已经加工成成品，无法再进行热处理，因此超声波检查出现透声不良的环件只能全部报废，造成了较大的经济损失。

该批环件采用连铸坯轧制，材料为60钢，铸坯生产工艺为：转炉熔炼→LF炉精炼→VD炉真空脱气→连铸，查冶炼、轧制及热处理工艺均未见异常。

该批环件上超声波探伤透声不良特征的一致性说明，其产生原因是一致的。为此，笔者随机抽取其中一件进行检验和分析，以查明缺陷性质和产生原因，避免类似失效的再次出现。

2　理化检验

根据超声波探伤透声不良特征，在同一环件超探透声不良区域和探伤正常区域分别取样（分别编号

❶　原文发表于《理化检验—物理分册》2015年第4期。

为 1 号和 2 号），进行化学成分分析、金相分析和硬度分析。

2.1　化学成分分析

按 GB/T 4336—2002[1] 采用 ARL4460 火花发射光谱仪对 1 号和 2 号试样进行化学成分分析，结果表明两块试样化学成分基本一致，均符合产品技术条件要求，见表 1。

表 1　化学成分分析结果

Table 1　Chemical compositions analysis results　（%）

试样号	C	Si	Mn	P	S
1 号	0.62	0.85	0.79	0.013	0.013
2 号	0.61	0.85	0.78	0.013	0.013
技术条件	0.57~0.67	0.15~1.00	0.60~0.90	≤0.030	≤0.040

2.2　金相分析

按 GB/T 13298—1991[2] 和 GB/T 6394—2002[3] 采用 Axioskop2-MAT 光学显微镜对 1 号和 2 号试样组织进行观察，并对晶粒度进行评定，结果见表 2 及图 1、图 2。1 号试样组织中存在明显的混晶，最大晶粒度为 3.5 级，在放大 500 倍视场下可观察到粗晶区存在明显的粒状珠光体[4]，沿晶分布主要为铁素体，见图 1；2 号试样晶粒度比较均匀，晶粒度为 6 级，珠光体为片状，见图 2。

表 2　显微组织及晶粒度检验结果

Table 2　Microstructure and grain size test results

试样号	显微组织	晶粒度	备注
1	粒状珠光体+少量铁素体	3.5~6 级	见图 1
2	片状珠光体+少量铁素体	6 级	见图 2

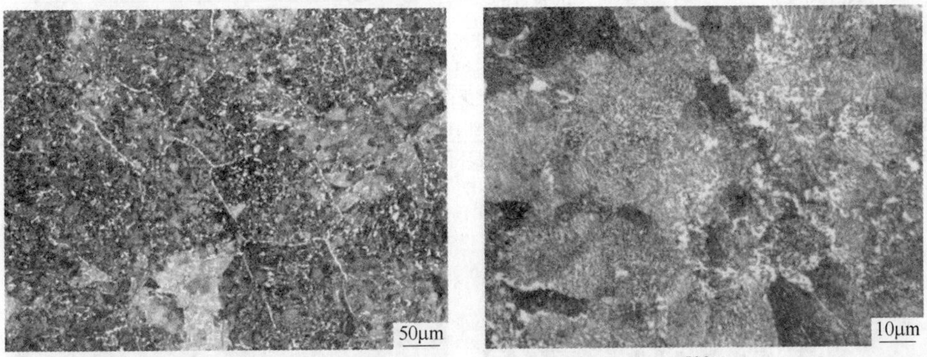

100×　　500×

图 1　1 号试样显微组织

Fig. 1　Microstructure of sample 1

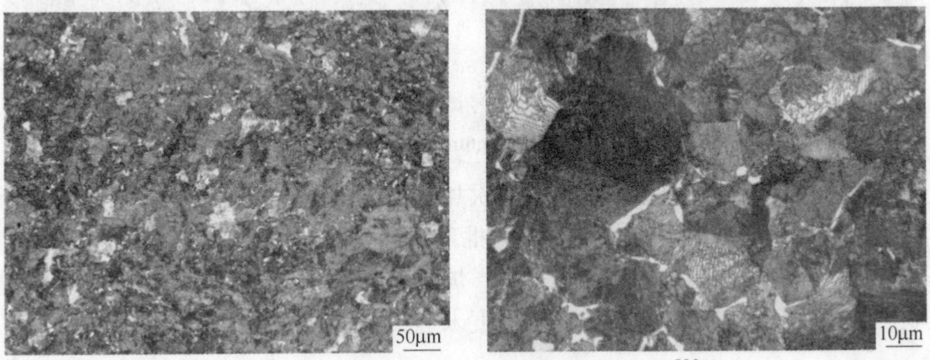

100×　　500×

图 2　2 号试样显微组织

Fig. 2　Microstructure of sample 2

2.3　硬度试验

依据 GB/T 231.1—2002[5]采用 BRIN200-MTL 布氏硬度计对 1 号和 2 号试样同一面上 3 处位置进行硬度测试，结果 1 号试样的硬度明显低于 2 号试样的，未能达到技术条件要求，见表 3。

表 3　硬度测试结果

Table 3　Hardness test results

试样号	布氏硬度，HBW（5/750）		
1	280	282	279
2	312	310	312
技术条件	≥301		

3　综合分析

1 号试样存在粒状珠光体，可初步判断在加热过程中 1 号试样温度在铁素体+奥氏体两相区（A_{c1}~A_{c3}）[6]。按以下计算公式，对 A_{c1}和 A_{c3}进行计算[6]：

$$A_{c1}(℃) = 723 - 20.7Mn - 16.9Ni + 29.1Si + 16.9Cr + 290As + 6.38W = 745℃$$

$$A_{c3}(℃) = 910 - 203C^{1/2} - 15.2Ni + 44.7Si + 104V + 31.5Mo + 13.1W = 788℃$$

为查明环件晶粒粗大和粒状珠光体形成原因，在轧态环件上（晶粒度 2.5 级）取 20mm×20mm 试样，按 4 种不同热处理工艺进行试验，试验方案、目的和结果见表 4，热处理后各试样的显微组织见图 3~图 6。可知，Z1-1 号试样组织、最大晶粒度和超声波探伤透声不良特征与 1 号试样最为接近，由此可判定该批环件中出现透声不良部位的实际加热温度只有 750℃左右，明显低于工艺设计温度 840℃。

表 4　实验室热处理试验方案及结果

Table 4　Scheme and results of laboratory heat treatment test

试样编号	热处理工艺①	试验目的	试验结果	
			显微组织	最大晶粒度
Z1-1 号	750℃，保温 30min，空冷	两相区温度能否获得与 1 号试样相同组织	粒状珠光体+少量铁素体	3.0 级
Z1-2 号	780℃，保温 30min，空冷			4.5 级
Z2-1 号	800℃，保温 30min，空冷	A_{c3}以上温度能否获得与 2 号试样相同组织	片状珠光体+少量铁素体	6.0 级
Z2-2 号	840℃，保温 30min，空冷			6.0 级

① 采用马弗炉加热，试样随炉升温；Z2-2 号试样加热温度为现环件热处理加热温度。

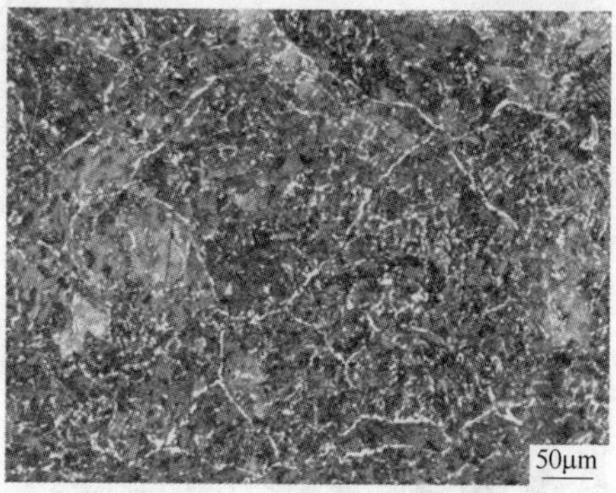

100×

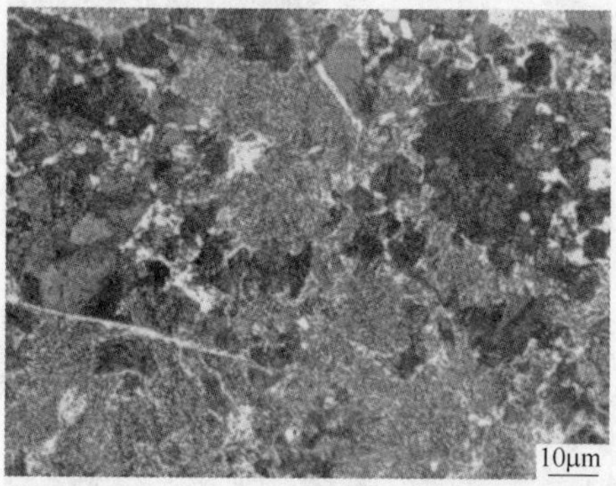

500×

图 3　Z1-1 号试样显微组织

Fig. 3　Microstructure of sample Z1-1

环件热处理加热在井式煤气加热炉中进行，一次加热 18 件。在炉壁上中下布置烧嘴进行加热，并在炉壁中部布置测温电偶对炉内温度进行监控。对该批环件热处理过程进行追踪发现，超声波探伤透声不良环件均出自 5 号炉。对 5 号加热炉进行检查发现，炉壁底部一处喷嘴损坏，而测温热电偶因监控范围有限无法及时反映，导致实际加热时环件部分区域温度未达工艺设计温度。

4　结论及建议

（1）环件显微组织晶粒不均匀，存在粗大晶粒是其超声波探伤透声不良的原因。

100×　　　　　　　　　　500×

图 4　Z1-2 号试样显微组织

Fig. 4　Microstructure of sample Z1-2

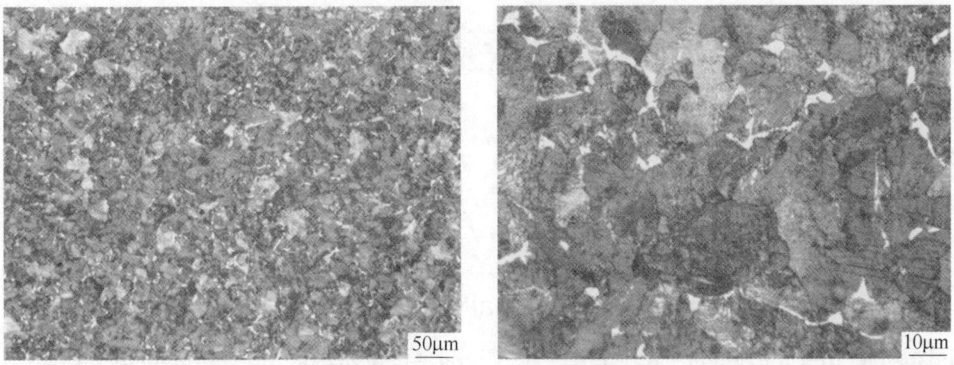

100×　　　　　　　　　　500×

图 5　Z2-1 号试样显微组织

Fig. 5　Microstructure of sample Z2-1

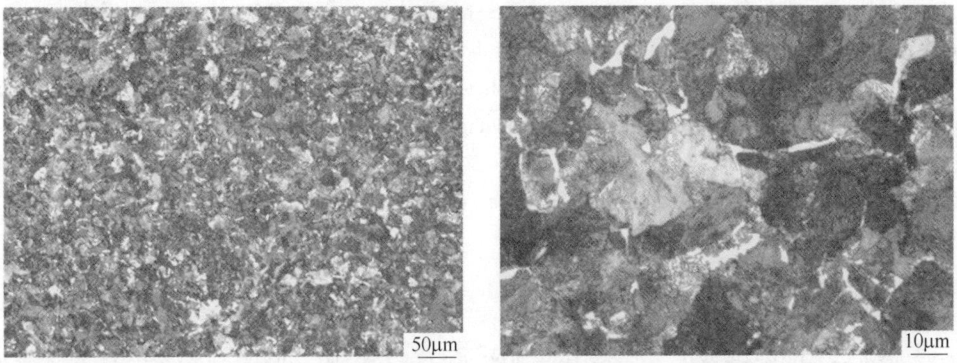

100×　　　　　　　　　　500×

图 6　Z2-2 号试样显微组织

Fig. 6　Microstructure of sample Z2-2

（2）热处理时环件部分位置加热温度在 $A_{c1} \sim A_{c3}$ 之间，导致轧态粗大晶粒无法完全消除形成混晶组织，并伴随生成粒状珠光体。

（3）建议对现环件用井式加热炉炉壁上中下位置均设置测温热电偶以便对炉内温度情况进行全面检查。

参 考 文 献

［1］GB/T 4336—2002，碳素钢和中低合金钢火花源原子发射光谱分析方法（常规法）［S］.

［2］GB/T 13298—1991，钢的显微组织评定方法［S］.

［3］GB/T 6394—2002，金属平均晶粒度测定方法［S］.

［4］崔忠圻. 金属学及热处理［M］. 北京：机械工业出版社，2004.

［5］GB/T 231. 1—2009 金属材料　布氏硬度试验　第 1 部分：试验方法［S］.

［6］康大韬，郭成熊. 工程用钢的组织转变与性能图册［M］. 北京：机械工业出版社，1992：35.

铁路机车车轮辐板疲劳分析❶

肖　峰[1]　张澎湃[2]　刘　智[1]　桂兴亮[1]

（1. 马鞍山钢铁股份有限公司；2. 中国铁道科学研究院）

摘　要　针对机车车轮源于锈蚀坑的辐板疲劳断裂，参照AAR S-669标准，按照Sines准则，并考虑热载荷、抛丸残余应力和表面缺陷的影响，使用有限元软件ANSYS进行疲劳分析。结果表明：车轮的结构设计符合AAR S-669的要求；若车轮无表面缺陷，即使车轮未经抛丸处理且承受大的热载荷，也不可能发生疲劳；若车轮有表面缺陷且承受大的热载荷，随着应力集中系数的提高，将可能发生疲劳。

关键词　车轮；辐板；失效；疲劳；有限元

Fatigue Analysis of Railway Locomotive Wheel's Plate

Xiao Feng[1]　Zhang Pengpai[2]　Liu Zhi[1]　Gui Xingliang[1]

（1. Ma'anshan Iron and Steel Co.，Ltd.；2. China Academy of Railway Sciences Co.，Ltd.）

Abstract　For the fatigue fracture of locomotive wheel resulting from a corrosion pit on the plate，the fatigue analysis was performed by applying the Sines criterion referring to AAR S-669 standard，as well as taking thermal loading and peening residual stress and surface defect into account. Results show that the structure design of this wheel satisfies the requirement of AAR S-669. If there is no defect on the surface，the fatigue cannot happen under great thermal load even though the plate is not peened；if there are defects on the surface，the fatigue is perdicted under great thermal load as the stress concentration factor of the surface defect rises.

Key words　wheel；plate；failure；fatigue；finite element method

1　引言

车轮是铁路车辆行走的关键部件，运行中受到轮轨间相互作用，踏面制动车轮还会承受制动热载荷。在机械和热载荷下，车轮辐板的某些部位可能产生较高的应力，因此在车轮设计时，需要评价车轮辐板的静强度和疲劳强度。车轮辐板静强度和疲劳强度的评价可采用有限元分析方法，即针对特定形状和尺寸的车轮，在给定材料性能、边界约束和载荷工况等条件下，按照某一有限元分析模型计算各种载荷工况下车轮辐板的应力分布和大小，然后按照特定准则评定车轮是否发生屈服和疲劳失效。一些国家和地区制定了相应标准，如欧洲标准EN13979-1[1]、国际铁路联盟标准UIC 510-5[2]、北美铁道协会标准AAR S-660[3]和AAR S-669[4]等。但现行标准在疲劳分析评价时均未考虑踏面制动热载荷、车轮辐板抛丸残余应力和表面缺陷的影响。为此，文中针对一件采取踏面制动、辐板经过抛丸处理并存在锈蚀坑、在美国运行时发生辐板疲劳断裂的车轮，参照AAR S-669标准，考虑热载荷、抛丸残余应力和表面缺陷的影响，使用有限元软件ANSYS进行疲劳分析。

2　失效车轮基本情况

一件按AAR标准生产，规格为D42（新轮直径为1067mm），轮辋磨耗接近报废的机车车轮发生辐板

❶　原文发表于《安徽工业大学学报》2015年第4期。

断裂。失效模式为：车轮运行过程中，辐板内侧面靠近轮辋圆弧处（具体位置见图 1）的锈蚀坑在交变应力作用下，萌生周向裂纹并逐步扩展，直到最后发生快速断裂，断口形貌见图 2。

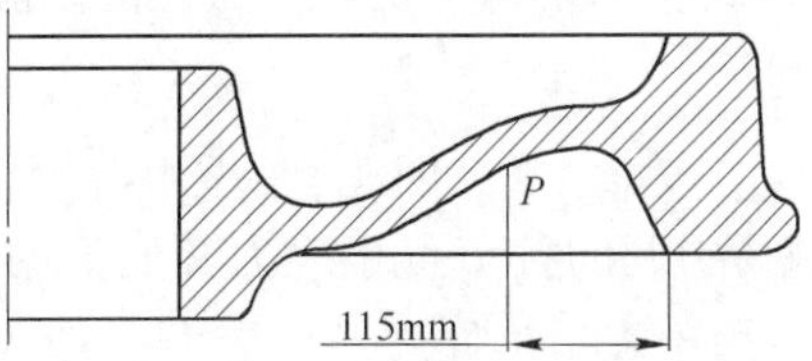

图 1 疲劳源位置

Fig. 1 Position of fatigue source

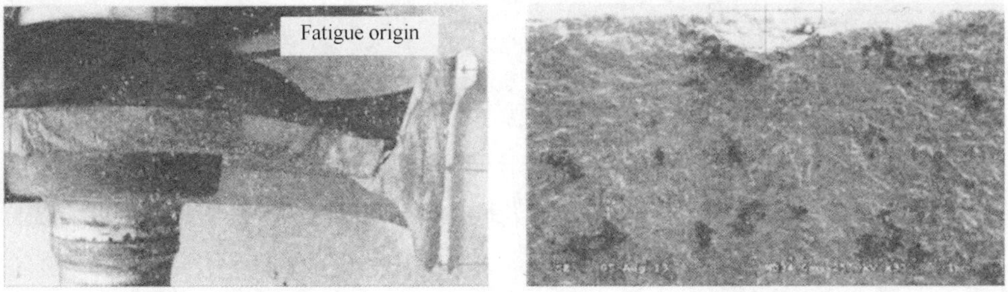

(a) 断口实物图 (b) 疲劳源显微照片

图 2 车轮断口形貌图

Fig. 2 Morphology pictures of the wheel fracture

实验结果显示，失效车轮断口组织和非金属夹杂物正常。轮辋取样检验，化学成分、显微纯净度和硬度均符合产品标准 AAR M-107/M-208 的要求。辐板取样检验，抗拉强度和显微硬度正常。但失效车轮存在辐板抛丸覆盖不充分现象。

3 有限元计算方法及参数设置

3.1 有限元模型的建立

将车轮 CAD 二维图导入 ANSYS 软件中。用 Plane77 单元进行二维热应力分析，用 Plane83 单元进行二维机械应力分析。Plane77 是二维 8 节点热实体单元，是二维 4 节点热单元 Plane55 的高阶版本，每个节点只有 1 个自由度——温度[5]。8 节点单元具有一致的温度形函数，可较好地适应具有曲线边界的模型[2]，故 Plane77 单元适用于车轮的二维热分析。Plane83 单元用于承受非轴对称载荷的二维轴对称结构的建模，此单元是二维 4 节点单元 Plane25 的高阶版本，有 8 个节点，每个节点有 3 个自由度，可以适应不规则形状而较少损失精度，故 Plane83 单元适用于车轮的二维机械应力分析。

新车轮及磨耗到限车轮对应的有限元模型分别见图 3、图 4。新车轮共划分单元 1268 个，节点 4086 个，磨耗到限车轮划分单元 1009 个，节点 3299 个。

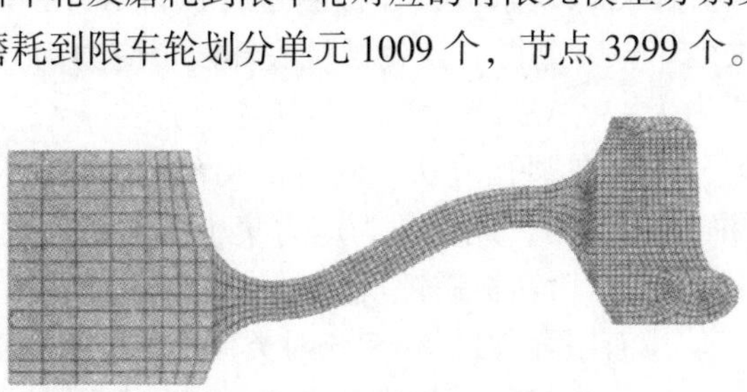

图 3 新车轮有限元模型

Fig. 3 Finite element model of the new wheel

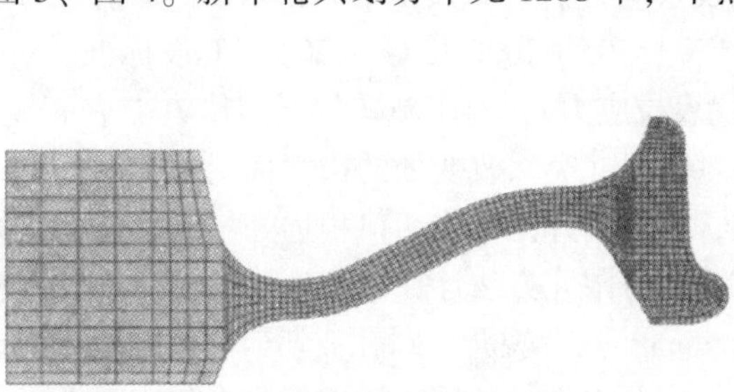

图 4 磨耗到限车轮有限元模型

Fig. 4 Finite element model of the worn wheel

计算所用材料物理属性包括对流系数、比热、导热系数、弹性模量、泊松比、热膨胀系数等，在 AAR S-669 标准中均有规定。

3.2　Sines 准则

通过计算车轮某一位置的 Sines 参数（S_P）来评价其疲劳性能。静态或残余应力与交变应力叠加作用下的 Sines 参数为：

$$S_P = J_2' - \left[A - \alpha (J_1^{\mathrm{M}} + J_1^{\mathrm{R}} + J_1^{\mathrm{P}}) \right] \tag{1}$$

式中，J_2'为八面体剪切应力；J_1^{M} 为载荷引起的各节点正应力交变值的平均值之和；J_1^{R} 为残余应力在节点的正应力之和，在 AAR S-669 标准中用于表示热处理残余应力；J_1^{P} 为装配应力在节点的正应力之和，在 AAR S-669 标准中用于表示轮轴过盈装配应力。材料常数 A 和 α 通过实验得出，在 AAR S-669 标准中分别取值 193MPa，0.16。

当 $S_P<0$ 时，表示分析位置疲劳强度满足 Sines 准则，即不产生疲劳裂纹；当 $S_P>0$ 时，表示分析位置疲劳强度不满足 Sines 准则，易于产生疲劳裂纹。

3.3　载荷

在 AAR S-660 标准中，对于直径≥1016mm 机车车轮，规定的载荷：垂向载荷（V_1，V_2）和横向载荷（L_1）分别为 317520，158760N，踏面输入的热载荷（T_h）为 27.59kW，作用时间为 1200s，载荷加载位置见图 5。

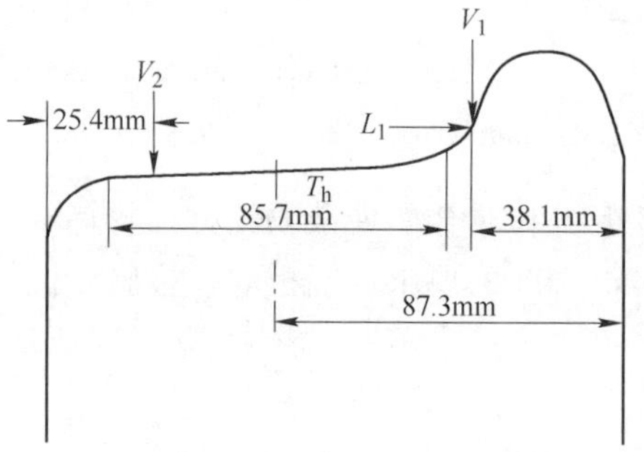

图 5　AAR S-660 标准加载位置

Fig. 5　Loading position of AAR S-660 standard

除按照 AAR S-669 标准规定计算新轮与磨耗车轮在 V_1+L_1 和 V_2 两种载荷工况下的应力外，文中增加计算新轮与磨耗车轮在 $V_1+L_1+T_h$ 及 V_2+T_h 两种载荷工况下的应力。

3.4　实际残余应力和锈蚀坑应力集中效应的考虑

实际使用的车轮热处理后还经历全表面机加工和辐板强化抛丸处理。车轮辐板残余应力并非仅是热处理残余应力，为使计算符合实际，在疲劳源处取样测试残余应力，以测试的残余应力值代替式（1）中热处理残余应力 J_1^{R}。采用 Proto-iXRD 型 X 射线应力分析仪测试残余应力，检测过程执行 ASTM E915—2010，EN 15305—2008 及 GB 7704—2008 标准。对于失效车轮，测得 P 点锈蚀坑底部残余应力为+70MPa（正号代表拉应力）；对于新车轮，测得 P 点表面残余应力为-300MPa（负号代表压应力）。

在零件尺寸突然改变处的横截面上，应力不是均匀分布。在圆孔或切口附近的局部区域内，应力剧烈增加，但在离开圆孔或切口稍远处，应力会迅速降低而趋于均匀，此现象为应力集中[6,7]。理论应力集中系数可用有限元方法计算，且计算结果准确度高[8,9]。失效车轮辐板锈蚀坑，深约 0.5mm，长轴 1mm，短轴 0.5mm，其形貌介于圆孔或切口之间。陈定海等[10]使用有限元软件 ANSYS 对类似形貌的半椭球锈蚀坑应力集中系数进行分析，得出其应力集中系数约 2.06。由于真实锈蚀坑形貌复杂，一些锈蚀坑的实际应力集中系数可能更高[11]，故文中取应力集中系数 2.0，2.5，3.0，将其分别写入后处理程序中进行计算，分析锈蚀坑对车轮疲劳性能的影响。

4　结果及分析

按 AAR S-669 标准计算 V_1+L_1，V_2，$V_1+L_1+T_h$，V_2+T_h 等 4 种载荷工况下的 S_P，所得辐板各处 S_P 值

均为负值，其中 P 点 S_P 见表 1。

表 1 按 AAR S-669 标准计算得到 P 点 S_P

Table 1 S_P value of P position calculated according to AAR S-669 standard

轮型	载荷工况	S_P/MPa	轮型	载荷工况	S_P/MPa
新轮	V_1+L_1	-164.72	磨耗轮	V_1+L_1	-172.59
	V_2	-170.03		V_2	-175.41
	$V_1+L_1+T_h$	-101.84		$V_1+L_1+T_h$	-95.57
	V_2+T_h	-106.53		V_2+T_h	-98.33

由表 1 可见，P 点 S_P 值为负数，且其绝对值远大于零。说明表面不抛丸、无锈蚀坑车轮的 P 点，即使在车轮磨耗到限且有热载荷作用的条件下，疲劳强度依然满足使用要求。对于辐板表面抛丸、无锈蚀坑车轮，采用实际测得表面残余应力代替有限元计算得到的热处理残余应力，计算结果见表 2。

表 2 无锈蚀坑车轮、考虑实测残余应力的计算结果

Table 2 Results of wheels without corrosion pit and with measured residual stress

工况	轮型	载荷工况	实测残余应力/MPa	S_P/MPa	是否通过疲劳校核
C_1	新轮	$V_1+L_1+T_h$	-300	-167.62	是
		V_2+T_h		-173.00	是
C_2	磨耗轮	$V_1+L_1+T_h$	-300	-154.38	是
		V_2+T_h		-157.21	是

对于辐板表面抛丸、有锈蚀坑车轮，采用实际测得的 P 点锈蚀坑深度处的残余应力代替有限元计算得到的热处理残余应力，并将其他应力项乘以应力集中系数，计算结果见表 3。

表 3 有锈蚀坑车轮、考虑实测残余应力和应力集中系数的计算结果

Table 3 Results of wheels with corrosion pit, and with measured residual stress and stress concentration factors

工况	轮型	载荷工况	应力集中系数	实测残余应力/MPa	S_P/MPa	是否通过疲劳校核
C_3	新轮	V_1+L_1	3.0	70	-149.42	是
		V_2			-165.48	是
C_4	磨耗轮	V_1+L_1	3.0	70	-149.56	是
		V_2			-157.97	是
C_5	新轮	$V_1+L_1+T_h$	2.0	70	-34.48	是
		V_2+T_h			-45.17	是
C_6	磨耗轮	$V_1+L_1+T_h$	2.0	70	-6.28	是
		V_2+T_h			-11.93	是
C_7	新轮	$V_1+L_1+T_h$	2.5	70	2.42	否
		V_2+T_h			-10.97	是
C_8	磨耗轮	$V_1+L_1+T_h$	2.5	70	37.65	否
		V_2+T_h			30.62	否
C_9	新轮	$V_1+L_1+T_h$	3.0	70	39.24	否
		V_2+T_h			23.24	否
C_{10}	磨耗轮	$V_1+L_1+T_h$	3.0	70	81.50	否
		V_2+T_h			73.09	否

由表 1、表 2 可知，抛丸产生的表面残余压应力使 S_P 的绝对值增大，因此疲劳安全系数变大。由表 2 可知：对于只有机械载荷的工况 C_3 和 C_4，即使在 P 点锈蚀坑的应力集中系数取较大值 3.0，S_P 值均小于 0，且绝对值远大于 0。说明若无热载荷，无论新轮和磨耗轮，辐板表面锈蚀坑处都不会发生疲劳；对于

机械载荷与热载荷组合的工况 $C_5 \sim C_{10}$，随着锈蚀坑应力集中系数逐渐增大，S_P 值逐步由负值变为正值。说明受热载荷的影响，加上锈蚀坑底部的残余应力变为拉应力和应力集中效应，车轮疲劳性能变得不安全；比较工况 C_5 与 C_6，C_7 与 C_8，C_9 与 C_{10}发现，在相同机械载荷和热载荷组合及相同锈蚀坑应力集中系数条件下，磨耗轮的 S_P 比新轮的大，说明磨耗轮比新轮更易发生疲劳。

5 结论

（1）根据 AAR S-669 标准对失效车轮进行疲劳分析，结果表明车轮结构设计符合 AAR S-669 标准的要求。

（2）若车轮无表面缺陷，即使车轮未经抛丸处理且承受大的热载荷，也不可能发生疲劳；若车轮有表面缺陷且承受大的热载荷，随着应力集中系数的提高，将可能发生疲劳。

（3）在相同机械载荷与热载荷组合、相同锈蚀坑应力集中系数的条件下，磨耗车轮比新车轮更易发生疲劳。

参考文献

[1] CEN/TC 256. EN 13979-1：2003 Railway Applications-wheelsets and Bogies-monobloc Wheels-technical Approval Procedure-Part 1：Forged and rolled wheels [S]. Brussels：European Committee for Standardization，2003：1-45.

[2] International Union of Railways. UIC 510-5-2007 technical approval of monobloc wheels [S] //Application Document for Standard EN 13979-1. Paris：Railway Technical Publications ETF，2007：1-40.

[3] AAR WABL Committee. AAR S-600：2009 Wheel Designd，Locomotive and Frright Car-analytic Evaluation Standard [S]. Washington，DC：Association of American Railroads，2009：237-241.

[4] AAR WABL Committee. AAR S-669：2012 Analytic Evaluation of Locomotive Wheel Designs Standard [S]. Washington DC：Association of American Railroads. 2012：125-142.

[5] 王金龙，王清明，王伟章. ANSYS 12.0 有限元分析与范例解析 [M]. 北京：机械工业出版社，2010：165.

[6] 刘鸿文. 材料力学 [M]. 4 版. 北京：高等教育出版社，2004：344.

[7] Beer F P，Jr Johnston E R. Mechanical of Materials [M]. Six Edition. USA，McGraw Hill，2012：115-116.

[8] 朱晓东，覃启东. 基于 ANSYS 平台含圆孔薄板的应力集中分析 [J]. 苏州大学学报（工科版），2004，24（5）：51-53.

[9] Enab T A. Stress concentration analysis in functionally graded plates with elliptic holes under biaxial loadings [J]. Ain Shams Engineering Journal，2014，5（3）：1-12.

[10] 陈定海，穆志韬，田述栋，等. 腐蚀坑应力集中系数影响分析 [J]. 新技术新工艺，2012（7）：97-99.

[11] Dedmon S L. The relationship between design，processing and shot peening on wheel plate failures [C] //Proceedings of the 2014 Joint Rail Conference. Colorado，USA，2014：1-7.

机车轮箍踏面鳞状缺陷分析❶

肖峰　浦红

(马鞍山钢铁股份有限公司)

摘　要　针对机车轮箍踏面出现的鳞状缺陷，通过对故障轮箍取样检验。发现缺陷处存在热影响组织，说明缺陷形成经历了超过轮箍钢相变点的高温过程。高温拉伸试验表明轮箍材料强度在超过400℃后迅速下降，因此轮箍踏面表层在高温下受轮轨接触应力作用而发生塑性变形甚至开裂。这解释了缺陷的外貌特征、变形组织和内部裂纹。对照AAR标准，确认该缺陷为制动时车轮滑动造成的“踏面堆积”。

关键词　机车轮箍；踏面伤损；滑动摩擦；轮轨接触应力

Analysis of Squamous Defects on Locomotive Wheel Tread

Xiao Feng　Pu Hong

(Ma'anshan Iron and Steel Co., Ltd.)

Abstract　For the squamous defects on locomotive wheel tread, the failure tyres are taken samples to test. The heat-affected structures are found in defects, and testify that defects undergo high temperature process over the phase transition temperature of the tyre steel. Tension tests in high temperatures show that the strength of the tyre steel rapidly drops when the temperature is over 400℃, thereby the tyre tread surface layer in the high temperature may plastically deform and crack under the wheel/rail contract stress. This accounts for the appearance characteristic, deformed structure and inside cracks of the defects. By referring to AAR standards, the defect is identified as the built-up tread which results from wheel sliding when braking.

Key words　locomotive wheel; tread damage; sliding friction; wheel/rail contact stress

1　引言

一辆SS_4机车在运行中发现机车下部有异响，进站检查发现1位、2位轮对的4件轮箍踏面均可见一段长条鱼鳞状缺陷，鱼鳞状缺陷的一端可见一擦平区，同一轮对的两件轮箍踏面缺陷具有对称性。缺陷外观形貌见图1。

进一步检查，机车各动轮弛缓线正常，机车闸瓦无过热变色现象，试验机车单元制动器正常。

根据检查情况，并结合机车运行线路和LKJ数据记录分析，初步认为：机车在长大下坡时使用电阻制动使机车轮对产生瞬间滑行造成踏面小片局部擦伤，由于达不到空转滑行报警值，所以无LKJ滑行、空转报警，但随着电阻制动连续使用，擦伤部位碾压变形最终形成鱼鳞状缺陷。

为验证上述推断，对故障轮箍进行了检验分析。

2　取样检验

鉴于1位、2位轮对的4件轮箍踏面缺陷形貌基本相同，所以仅对1位轮对的两件轮箍进行了解剖取样检验。两件轮箍为同一生产批次，检验时分别编号为A轮箍、B轮箍。与出厂尺寸相比，A轮箍辋厚减

❶ 原文发表于《铁道机车车辆》2017年第1期。

图 1　故障轮箍踏面缺陷外观形貌

少了 22mm，B 轮箍辋厚减少了 21mm。

在 A 轮箍正常段取样进行常规性能检验，检验项目包括：化学成分、低倍组织、显微组织、非金属夹杂物、拉伸性能、断面硬度、冲击性能检验等。取样位置按照产品技术条件 TJLG-01-99，但未考虑轮箍的磨耗。

在 A 轮箍缺陷段取样进行踏面酸洗试验、缺陷显微组织检验、断面硬度检验、缺陷显微硬度检验。在 B 轮箍缺陷段取样进行缺陷显微分析。

另在 A 轮箍上取样进行材料高温拉伸试验，试验温度为室温、200℃、400℃、500℃、600℃、800℃、1000℃。

3　检验结果

3.1　踏面宏观形貌

A 轮箍踏面酸洗后，缺陷起始处（即擦平区）和缺陷中间段均可见灰黑色的擦伤印记，形貌见图 2。

图 2　缺陷段踏面酸洗后宏观形貌

3.2　化学成分

A 轮箍化学成分分析结果见表 1，结果符合产品技术条件的要求。

表 1　化学成分分析结果　（%）

项目	C	Si	Mn	P	S	Cr	Ni	Cu	Mo	V
A 轮箍	0.63	0.29	0.74	0.011	<0.002	0.20	0.008	0.017	<0.005	<0.005
TJLG-01-99	0.57～0.65	0.20～0.42	0.60～0.90	≤0.035	≤0.040	≤0.20	≤0.25	≤0.30	≤0.08	≤0.10

注：Cr+Ni+Cu≤0.50%。

3.3　低倍组织

A 轮箍断面低倍组织正常，结果符合产品技术条件要求，检验结果见表 2 和图 3。

表 2　低倍检验结果

项目	一般疏松	中心疏松	偏析	夹杂	翻皮	裂纹
A 轮箍	1.0 级	1.0 级	1.0 级	无	无	无
TJLG-01-99	≤2.0 级	≤2.0 级	≤1.0 级	无	无	无

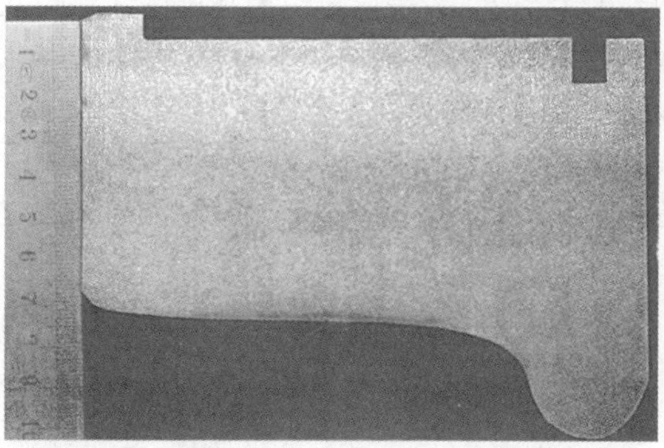

图 3　低倍组织（1∶1 工业盐酸水溶液热蚀）

3.4　显微组织及非金属夹杂物

3.4.1　正常段显微组织

在 A 轮箍正常段取样做显微组织检验，试样编号为 A_{41}、A_{42}、A_{43}。检验结果符合产品技术条件要求。从踏面试样 A_{41} 来看，轮箍踏面表层组织变形，深约 1.4mm，显微组织为细珠光体+少量铁素体，见图 4。

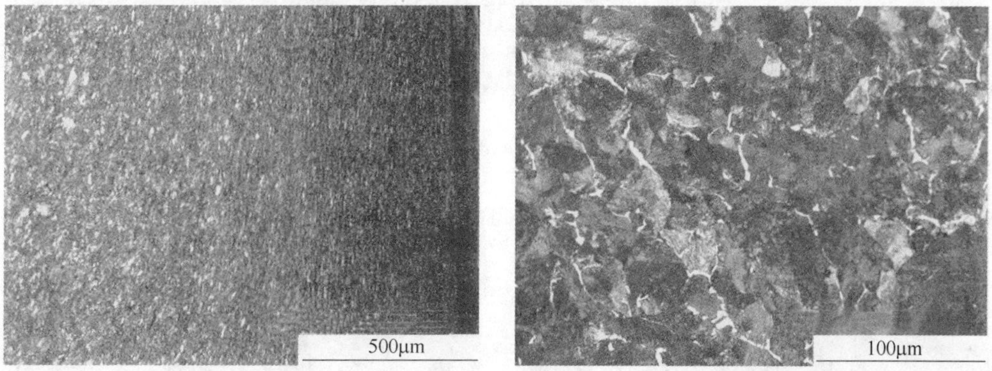

(a) 踏面处显微组织　　(b) 基本显微组织

图 4　试样 A_{41} 显微组织

3.4.2　非金属夹杂物

对试样 A_{41}、A_{42}、A_{43} 做非金属夹杂物检验，非金属夹杂级别符合产品技术条件要求。检验结果见表 3。

表 3　非金属夹杂检验结果

试样号	夹杂物类型（级别）								
	A		B		C		D		DS
	细系	粗系	细系	粗系	细系	粗系	细系	粗系	
A_{41}	0	0	1.0	1.0	0	0	1.0	1.0	0
A_{42}	0	0	1.0	1.0	0	0	1.0	1.0	0
A_{43}	0	0	1.0	1.0	0	0	1.0	1.0	0
TJLG-01-99	≤2.0		≤1.0		≤2.0		≤2.0		—

3.4.3　缺陷处显微组织

在踏面缺陷处取样做显微组织检验。缺陷起始处试样编号为 A_{61}、B_{61}，缺陷中间段试样编号为 A_{63}、B_{63}。检验情况如下：

（1）A_{61}：近踏面内可见多条平行于表面的裂纹，最深约 2.16mm，裂纹内未见非金属夹杂，形貌见图 5。裂纹处组织不脱碳，主要分布在马氏体、贝氏体、屈氏体等混合组织区，见图 6。踏面表层可见热影响层，最深约 6.6mm，呈多层组织结构，最表层组织为马氏体（深约 0.3mm）；内部为贝氏体、屈氏体、索氏体等不完全淬火和回火混合组织，该区域组织不均匀（最深约为 5.5mm）；热影响层与正常组织交界处可见细晶区（深约 0.8mm），显微组织为细珠光体+少量铁素体，局部珠光体粒化；基体组织为细珠光体+少量铁素体；试样由表及里显微组织见图 7。

（2）A_{63}：踏面表层可见马氏体区，最深约 0.36mm。表层组织可见变形，深约 1.2mm。

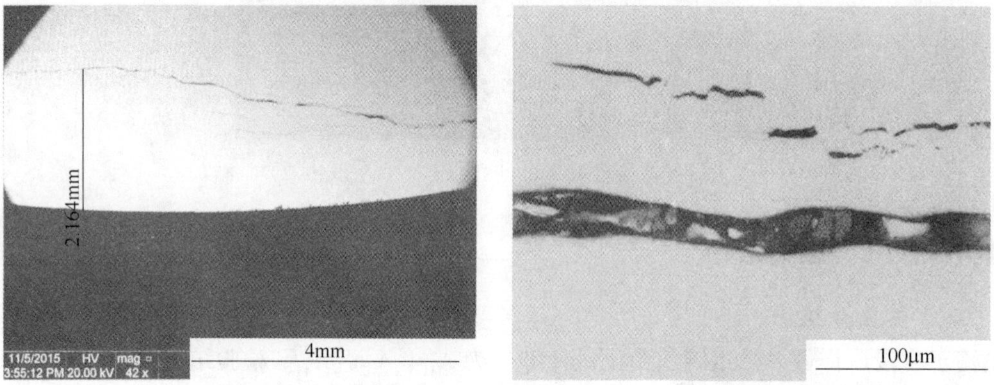

(a) 裂纹宏观形貌　　(b) 裂纹微观形貌

图 5　试样 A_{61} 近踏面裂纹宏观、微观形貌

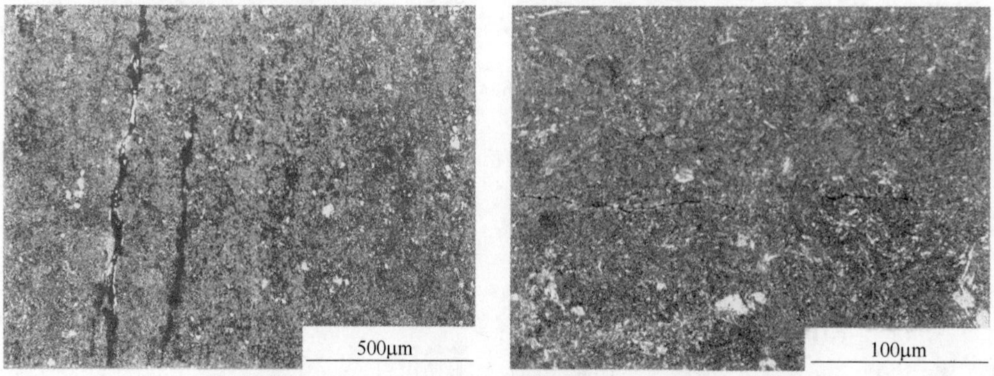

(a) 低倍率　　(b) 高倍率

图 6　试样 A_{61} 裂纹处显微组织

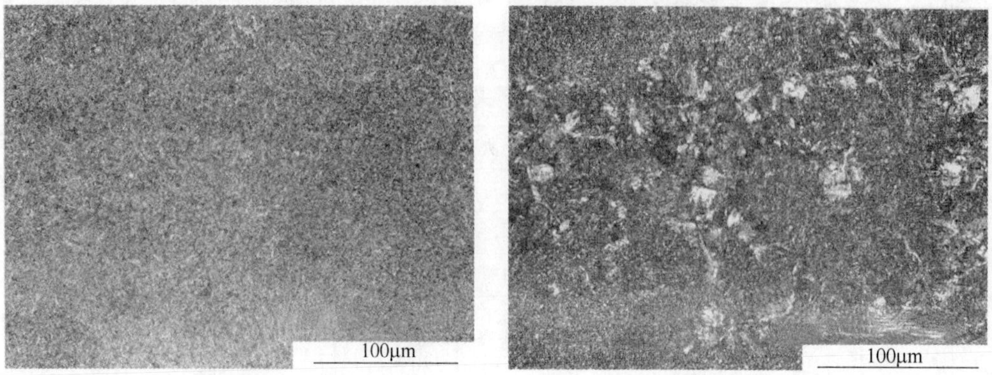

(a) 表层淬火区　　(b) 次表层不完全淬、回火区

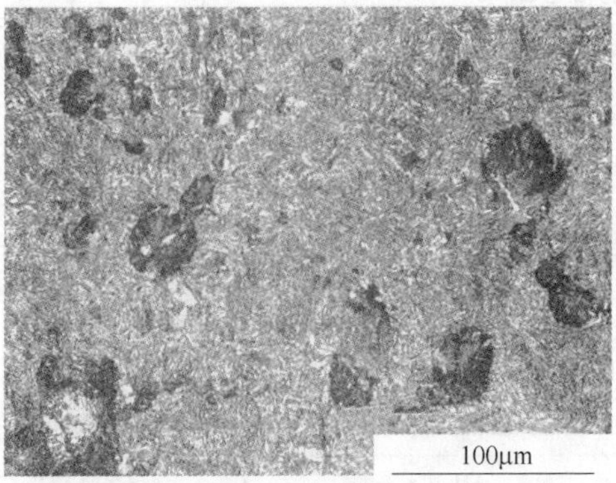

(c) 次表层不完全淬、回火区

(d) 次表层不完全淬、回火区

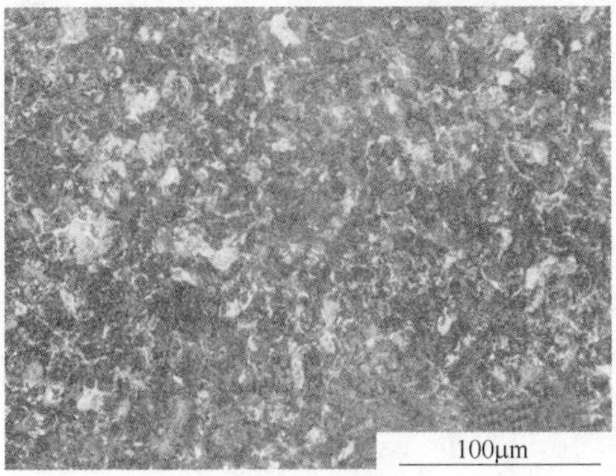

(e) 与基体交界处细晶区

(f) 基体处

图 7 试样 A_{61} 自踏面向内显微组织

（3）B_{61}：近踏面可见平行于表面的裂纹，最深约 1.92mm。踏面表层可见热影响层，最深约 4.0mm，类同于试样 A_{61}。

（4）B_{63}：自踏面向内可见裂纹，深约 0.49mm，踏面表层可见热影响层，最深约 3.6mm，见图 8，类同于试样 A_{61}。

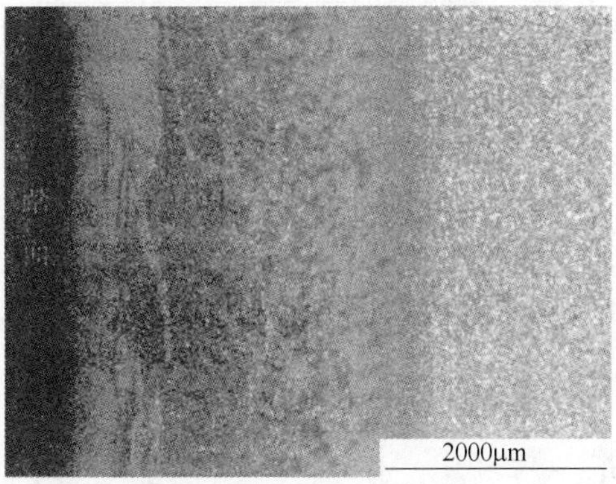

图 8 试样 B_{63} 踏面处显微组织

3.5 力学性能

3.5.1 常规力学性能

轮箍缺陷段与正常段的断面硬度试验结果无明显差别，均符合技术条件要求。常规拉伸、冲击试验结果也符合技术条件要求。检验结果见表 4。

3.5.2 缺陷处显微硬度梯度

试样 A_{61} 自踏面向内显微硬度梯度见表 5 和图 9。

表 4　力学性能检验结果

项目		硬度（HBS 10/3000）		A_{KU}/J · cm^{-2}	R_m/MPa	A/%	Z/%
		踏面下 20mm	轮缘中部				
A 轮箍	正常段	285/288/290	297	35/28/29	958	17	39
	缺陷段	284/288/290	293	—	—	—	—
TJLG-01-99		≥269	≤321	≥25	950~1130	≥10	≥14

表 5　试样 A_{61} 自踏面向内显微硬度梯度

距踏面距离/mm	维氏硬度（$HV_{0.3}$）	距踏面距离/mm	维氏硬度（$HV_{0.3}$）
0.2	612	4.4	384
0.4	648	4.9	403
0.9	461	5.4	349
1.4	583	5.9	344
1.9	584	6.4	325
2.4	578	6.9	293
2.9	524	7.4	308
3.4	476	7.9	297
3.9	557	8.4	302

3.5.3　轮箍材料高温拉伸性能

A 轮箍高温拉伸试验结果见表 6 和图 10。

表 6　高温拉伸试验结果

序号	试验温度/℃	R_m/MPa	A/%	Z/%
1	20	1007	16.5	44
2	200	910	13.0	40
3	400	819	31.0	87
4	500	612	32.5	89
5	600	283	57.0	87
6	800	82	104.0	—
7	1000	28	—	—

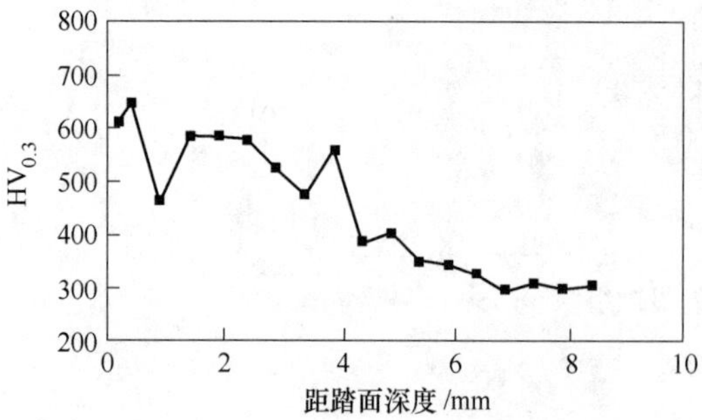

图 9　试样 A_{61} 自踏面向内显微硬度梯度

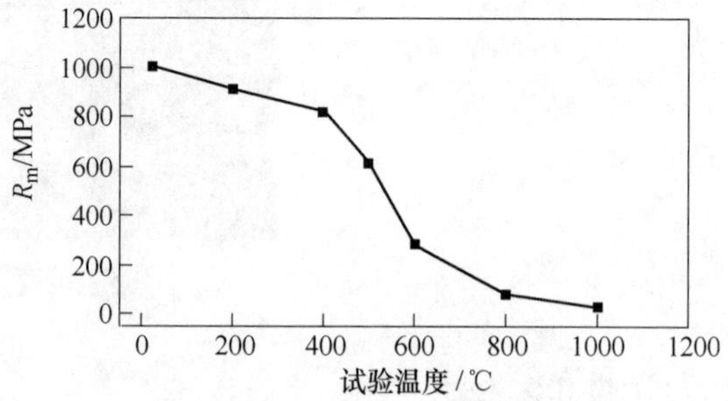

图 10　轮箍抗拉强度与温度的关系

4　讨论

故障轮箍的各项材料性能均符合产品技术条件要求。但踏面缺陷起始处存在明显的擦平区，踏面酸洗后发现缺陷表面发黑，明显不同于正常部位。缺陷显微组织检验发现金属变形层及其中平行于踏面的裂纹，由表及里分别为淬火组织、不完全淬火和回火组织、正常组织。缺陷显微硬度梯度检验发现近表面硬度远高于基体组织的水平，由表及里硬度逐渐下降。这表明缺陷处经历了高温过程。推断缺陷处由于轮轨滑动摩擦生热使踏面表层温度超过钢的相变点（约 723℃ ）。另外，高温拉伸试验表明轮箍材料强度随着温度的上升而下降，尤其当温度超过 400℃以后强度下降加剧。推断：轮轨滑动摩擦生热使轮箍材料强度大幅下降，在较高的轮轨接触应力作用下[1]，踏面表层发生塑性变形甚至开裂。这解释了缺陷外貌特征和显微组织检验所发现的变形组织和内部裂纹。

文中所述踏面鳞状缺陷在国内较为罕见。在 AAR 标准中可找到此类缺陷，即“踏面堆积”（built-up tread），被定义为“因踏面或闸瓦金属被加热至塑性而被沿踏面拖拽或堆积，这种状况通常与车轮在轨道滑行有关”[2]，见图 11。美国交通运输部联邦铁路管理的一个基金项目研究结论是[3]：有明显高度的踏面碾堆的根本原因是过大制动力引起的车轮滑行，且多发生在第 1 位和第 2 位轴，对此类缺陷的预防应主要从制动方面改进入手。

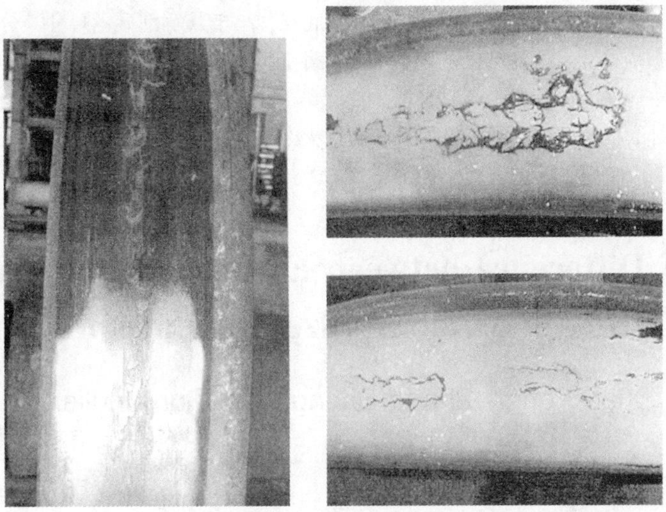

图 11　北美铁路车轮“踏面堆积”缺陷的外观照片

5　结论

（1）对故障轮箍进行取样检验结果证明了最初关于踏面鳞状缺陷成因的推断，即机车在长大下坡运行时使用电阻制动使轮对产生瞬间滑行造成踏面小片局部擦伤，随着电阻制动连续使用，擦伤部位碾压变形最终形成鳞状缺陷。

（2）故障轮箍的各项材料性能均符合产品技术条件 TJLG-01-99 的要求。虽然轮箍材料的常温强度并不低，但在滑动摩擦产生的高温下强度大幅下降，不足以抵抗轮轨接触应力而发生塑性变形甚至开裂。

参 考 文 献

[1] 王娟，何成刚，文广，等. 基于 ANSYS 的轮轨摩擦滑动接触应力分析［J］. 设计与研究，2013，40（12）：10-13.

[2] AAR RP-631，Recommended Wheel Shop Practices［S］. USA：The Association of American Railroads，2012.

[3] Scott Cummins，Devin Sammon. Tread Buildup on Railroad Wheels［R］. USA：Federal Railroad Administration，2015.

车轮缺陷超探当量大小与实际尺寸差异分析❶

肖　峰　张盛华　桂兴亮

（马鞍山钢铁股份有限公司）

摘　要　对一件辋裂车轮进行解剖，对解剖发现的疲劳源 Al_2O_3 夹杂物进行近似理论计算，以评估在形成裂纹前夹杂物超探当量大小，得出当量大小为直径 0.46mm 平底孔，小于其解剖显示尺寸。分别对 2 个轮辋超探缺陷进行解剖和高频超声 C 扫描检测，发现缺陷的超探当量大小远小于其实际尺寸。揭示使用脉冲反射法进行超声探伤时误差出现的可能性，提出在车轮生产时采取更加严格的企业内部质量控制标准的建议。

关键词　车轮；脉冲反射法；超声检测；当量尺寸；脆性夹杂物

Analysis of Difference between Equivalent Sizes Assessed by Ultrasonic Testing and Actual Sizes of Flaws in Railway Wheel

Xiao Feng　Zhang Shenghua　Gui Xingliang

(Ma'anshan Iron and Steel Co., Ltd.)

Abstract　By conducting approximate theoretical calculation of the Al_2O_3 inclusion, a fatigue crack initiation site detected when dissecting wheels with a rim crack to evaluate the equivalent size assessed by ultrasonic testing before forming a crack, the obtained equivalent size is a ϕ0.46mm flat-bottom hole, less than the size shown during dissection. By dissecting the flaws in two wheel rims that are detected during ultrasonic detecting and high-frequency ultrasonic cscanning, it is detected that the equivalent size assessed by ultrasonic testing in the flaws are far less than its actual size. The article indicates the possibility of an error when conducting ultrasonic detection by means of the pulse reflection method, giving suggestions of applying more restrictive in-house quality control standards during wheel production.

Key words　vehicle wheel; pulse reflection method; ultrasonic detection; equivalent size; brittle inclusion

1　问题提出

使用脉冲反射法超声波探伤时，对于小于声束有效宽度的缺陷，采用反射当量法来评估缺陷大小。即，将缺陷的最高反射波高度与同声程已知参考反射体的回波高度比较，若二者相等，则将缺陷大小表示为已知反射体尺寸当量。例如，选择与声束轴线垂直的直径 2mm 平底孔作为参考反射体，若某缺陷的最高反射波高度等于同声程直径 2mm 平底孔的回波高度，则称该缺陷大小为直径 2mm 平底孔当量。对于新造车轮，依照产品交货技术条件和相关超探方法标准，车轮轮辋超探采用脉冲反射法，缺陷大小评定和质量评判采用平底孔当量法。

在对一件轮辋内部出现裂纹的车轮解剖分析时发现，裂纹源为踏面下深约 12mm（考虑到车轮踏面磨耗和镟修量，对应于新制车轮踏面下深约 18mm）、距轮辋内侧面约 65mm 的一条长约 2.59mm（周向）、宽约 0.80mm（轴向）的 Al_2O_3 夹杂物。轮辋裂纹断口形貌如图 1 所示，裂纹源区夹杂物形貌及尺寸如图 2 所示。

---

❶ 原文发表于《铁道技术监督》2017 年第 7 期。

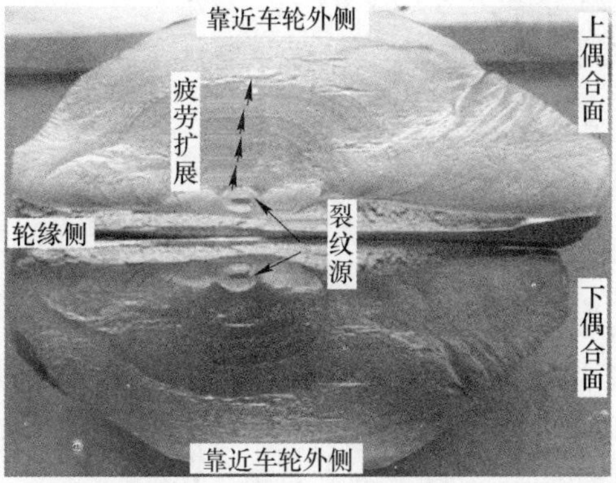

图1　轮辋裂纹断口形貌

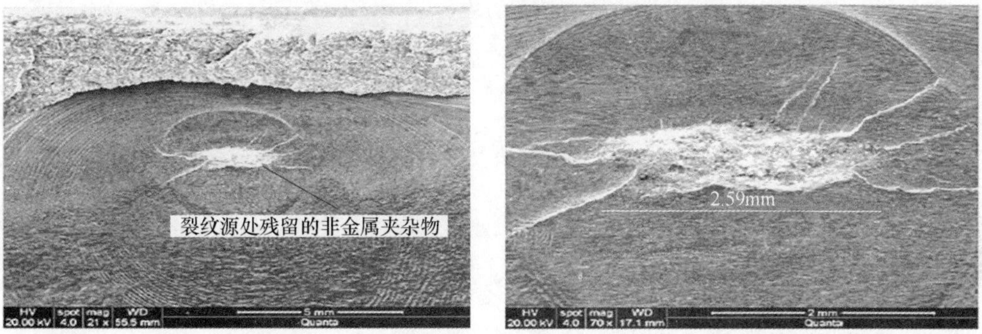

(a) 夹杂物形貌　　(b) 夹杂物尺寸

图2　裂纹源区

车轮失效分析及车轮产品超声检测研究较为关注的一个问题是：作为疲劳裂纹源的上述 Al_2O_3 夹杂物，最初超声检测时其当量大小是多少。

检查该车轮生产超探记录，无缺陷记录（该车轮生产厂的超声检测规程要求记录不小于直径 1mm 平底孔当量的缺陷），而当班检测开始前探伤灵敏校准和检测结束后探伤灵敏度复核都正常。因此，推断该夹杂物最初的超探当量应小于直径 1mm 平底孔。但由于夹杂物已经裂开，无法进行实际超声检测验证，只能通过近似理论计算来分析夹杂物的超探当量大小。

2　夹杂物超探当量大小理论计算

根据缺陷解剖结果，将上述 Al_2O_3 夹杂物假设成一个直径 0.8mm、高 2.59mm 圆柱体。通过分析超声波垂直于该圆柱体的回波声压与直径 1mm 平底孔的回波声压的比值，来判断 Al_2O_3 夹杂物的超探当量是否小于直径 1mm 平底孔。为计算该圆柱体的回波声压，可先计算直径 0.8mm、高 2.59mm 圆柱形横孔的回波声压 P_h，然后考虑 Al_2O_3 夹杂物的声波反射率（反射波声压与入射波声压比）r 的影响，得到圆柱体 Al_2O_3 的回波声压：$r \times P_h$。

钢中圆柱体 Al_2O_3 的反射率计算较为复杂，可近似将其按照声波垂直入射均匀介质中异质薄层的模型进行处理。

2.1　基本条件和假设

（1）检测条件：5MHz 纵波直探头。

（2）缺陷假设：直径 0.8mm、高 2.59mm 的 Al_2O_3 实心圆柱体，轴线平行探伤面，距离探伤面 60mm。

（3）材料参数：1）纵波在钢中的声速 C_S 为 5890m/s，声阻抗 Z_S 为 $4.535 \times 10^7 kg/(m^2 \cdot s)$；2）纵波在 Al_2O_3 中的声速 C_A 为 10770m/s，声阻抗 Z_A 为 $3.768 \times 10^7 kg/(m^2 \cdot s)$。

2.2　短横孔与平底孔回波声压比

短横孔的回波声压为[1]：

$$P_h = P\frac{l}{2x}\sqrt{\frac{\Phi}{\lambda}} \tag{1}$$

平底孔的回波声压为[1]：

$$P_p = P\frac{\pi d^2}{4\lambda x} \tag{2}$$

式中，P 为入射声压，N/m^2；l 和 Φ 为短横孔长度和直径，2.59mm 和 0.8mm；x 为短横孔和平底孔的声程，mm；λ 为钢中纵波长度，1.178mm；d 为平底孔直径，1mm。

由此计算短横孔与平底孔的回波声压比为：

$$\frac{P_h}{P_p} = \frac{2l\lambda}{\pi d^2}\sqrt{\frac{\Phi}{\lambda}} \approx 1.6$$

则有：

$$20\lg\frac{P_h}{P_p} \approx 4\text{dB} \tag{3}$$

可见，回波声压比与声程无关。

2.3　Al_2O_3 夹杂物的声压反射率

垂直入射时，异质薄层的往复反射率为[1]：

$$r = \sqrt{\frac{\frac{1}{4}\left(m-\frac{1}{m}\right)^2\sin^2\frac{2\pi d_2}{\lambda_2}}{1+\frac{1}{4}\left(m-\frac{1}{m}\right)^2\sin^2\frac{2\pi d_2}{\lambda_2}}} \tag{4}$$

式中，d_2 为异质薄层厚度，可假设 Al_2O_3 夹杂物的 d_2 为 0.8mm；λ_2 为纵波在异质薄层中的波长，在 Al_2O_3 中，5MHz 纵波 $\lambda_2 = C_A/f = 10.770/5 = 2.154$mm；$m = Z_S/Z_A$。

计算得出，$r \approx 0.13$。

2.4　圆柱体 Al_2O_3 夹杂物当量大小

夹杂物的回波声压取决于短横孔回波声压和夹杂物声波反射率。可以认为平底孔的声波反射率接近于 1。夹杂物与平底孔的回波声压差为：

$$20\lg\frac{rP_h}{P_p} \approx -13.4\text{dB}$$

换算成平底孔当量为 ϕ0.46mm。

即如果将该 Al_2O_3 夹杂物假设成一个直径 0.8mm、高 2.59mm 圆柱体，那么通过计算，近似得出其超探当量为直径 0.46mm 平底孔，远小于直径 1mm 平底孔。

3　计算结果准确性实验验证

上述采用的回波声压计算式（1）和式（2）有特定的适用条件，如声源假设条件、声程大于 3 倍近场区长度等。实际上可能采用双晶探头，声程也可能不满足。因此，对于计算得出的回波声压比，有必要通过试验加以验证。

3.1　试验试块和探头

试块 A 和试块 B 为含 1 个直径 1mm 平底孔和 1 个轴线平行于上端面的直径 1mm、高 2.6mm 半圆柱槽（分别距离上端面 20mm 和 60mm）。试块 A 和试块 B 公称尺寸如图 3 和图 4 所示。

试验探头为：直探头直径 20mm，5MHz；双晶探头 10mm×10mm×2mm，焦距 40mm，5MHz。

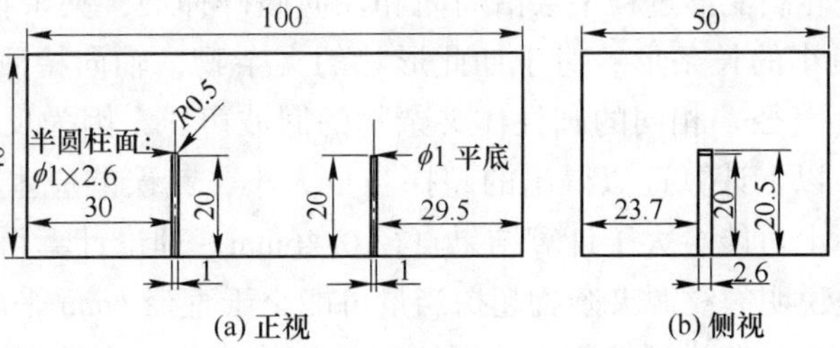

单位：mm

图 3　试块 A 公称尺寸

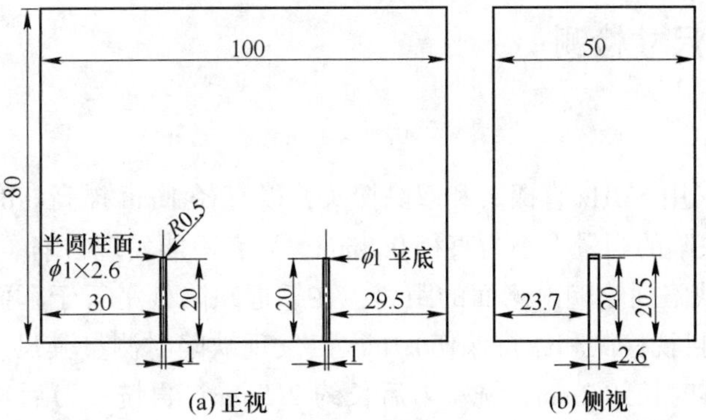

单位：mm

图 4　试块 B 公称尺寸

3.2　测试方法

分别使用直探头和双晶探头扫查 2 个试块的平底孔和半圆柱槽，得到人工反射体的最高回波，调节仪器增益使回波高度达到 80%，记录仪器总增益数。测试结果见表 1。

表 1　同声程半圆柱槽与平底孔的回波增益差测试结果（仪器总增益）　(dB)

试块		直探头			双晶探头		
		平底孔	半圆柱槽	平均增益差	平底孔	半圆柱槽	平均增益差
A（声程 20mm）	测试 1	36.0	32.1	4.0	73.1	68.1	5.0
	测试 2	36.8	32.7		73.1	68.1	
B（声程 60mm）	测试 1	37.9	30.4	7.4	75.1	67.7	7.5
	测试 2	39.8	32.5		75.7	68.2	

注：增益差=半圆柱槽测得的总增益-平底孔测得的总增益。

可见，直探头与双晶探头测得的同声程两种人工反射体回波增益差基本相同。但 60mm 声程的两种人工反射体回波增益差要大于 20mm 声程。

3.3　计算结果与试验结果差异

计算直径 1mm、高 2.6mm 短横孔与直径 1mm 平底孔的回波声压比为：

$$20\lg\frac{P_h}{P_p}=20\lg\left(\frac{2l\lambda}{\pi d^2}\sqrt{\frac{\Phi}{\lambda}}\right)\approx 5.1\text{dB}$$

与试验结果比较，二者相差在-2.4(5.1-7.5)~1.1(5.1-4)dB 范围内，远小于 2.4 节计算得出的夹杂物与平底孔回波声压差-13.4dB。

4　裂纹源夹杂物超探当量理论计算结果讨论

将裂纹源 Al_2O_3 夹杂物假设为一个直径 0.8mm、高 2.59mm 圆柱体，计算得出其超探当量为直径

0. 46mm 平底孔，远小于直径 1mm 平底孔，而实际夹杂物一般不会是标准的圆柱体。在大量解剖中发现，轮辋中 Al_2O_3 夹杂物在车轮轧制变形过程中会沿周向和径向破碎伸展，夹杂物一般表现为周向尺寸最大、径向尺寸次之、轴向尺寸最小的长条形。对于如此形状的夹杂物，轴向检测（从内或外辋面扫查）时，其回波声压应大于长、宽（直径）相同的圆柱体夹杂物的回波声压，因为反射面变平和夹杂物厚度变薄都有助于增强反射。因此，以上计算近似得出的超探当量大小，其误差应主要来源于对于夹杂物形状的假设，夹杂物超探当量实际上可能会大于计算结果直径 0. 46mm。理论计算得出裂纹源夹杂物超探当量为直径 0. 46mm 平底孔，只是说明裂纹源夹杂物超探当量可能小于直径 1mm 平底孔。

实际上，通过对车轮超探缺陷进行解剖和高频超声 C 扫描成像，也发现不大于直径 1mm 平底孔当量的超探缺陷，其实际尺寸远大于 1mm，与上述裂纹源夹杂物尺寸接近，间接证实了以上推断。通过实例说明该情况。

5　车轮轮辋内部缺陷尺寸检测

5. 1　1#缺陷检测

（1）常规超探。分别采用 5MHz 直探头和双晶探头，以直径 1mm 提高 6dB 的扫查灵敏度检测轮辋内侧面和踏面，前者检测出缺陷的当量大小为直径 0. 8mm，后者不能发现缺陷。

（2）解剖检测。根据缺陷到轮辋内侧面的距离，在靠近缺陷处平行于辋面切割一刀，拿到铣床上铣削。每铣去 0. 1mm 检查（目视检测和磁粉探伤）1 次，发现缺陷时测量其尺寸，直到缺陷消失。结果发现一条线状缺陷，初次显露时长约 2mm，铣一刀后长约 2. 5mm，再铣一刀后缺陷消失（夹杂物应为垂直于铣削面具有一定厚度的不规则体，铣削共显示缺陷 2 次，可推断夹杂物垂直于铣削面的厚度大于 0. 1mm、小于 0. 3mm，2 次铣削显示的尺寸可能不同）。

（3）分析。由于辋面检测能够发现缺陷而踏面检测未发现，推测缺陷是一个基本平行于辋面的片状缺陷。平行于辋面铣削时，缺陷表现为一条线，且仅在连续 2 次铣削面显现，推断该缺陷并不是完全平行于辋面。

5. 2　2#缺陷检测

2#缺陷试样制作：采用常规超探方法检测轮辋中缺陷，发现缺陷后进行定位，切割得到适当尺寸的试样。2#缺陷超声 C 扫描轮辋取样如图 5 所示，C 扫描试样及扫描方向定义如图 6 所示。

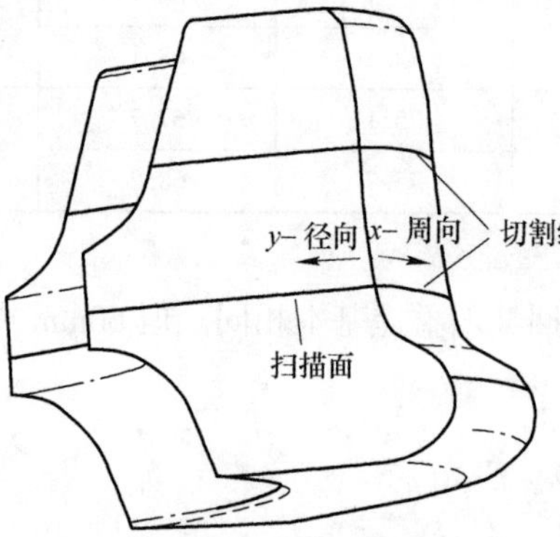

图 5　2#缺陷超声 C 扫描轮辋取样

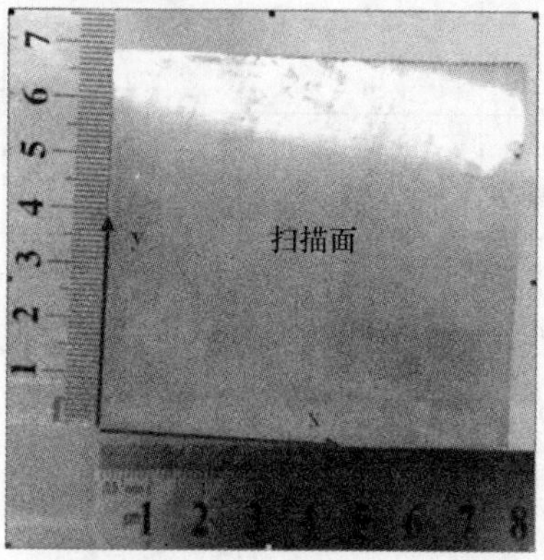

图 6　2#缺陷超声 C 扫描试样及扫描方向定义

（1）常规超探。分别采用 5MHz 的直探头和双晶探头以直径 1mm 提高 6dB 的扫查灵敏度检测轮辋内侧面和踏面。前者检测出缺陷当量大小为直径 1mm，后者不能发现缺陷。

（2）高频超声 C 扫描检测。检测条件：20MHz 水浸聚焦直探头，焦距 20 ~ 30mm，焦点直径小于 0. 5mm；扫描步进量 0. 20mm，速度 5mm/s；使用 25mm 深的直径 3mm 平底孔校准仪器。

C 扫描输出如图 7 所示。

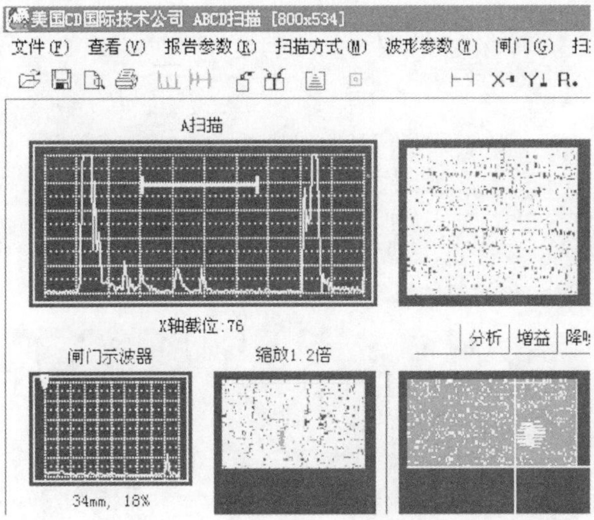

图7 2#缺陷 C 扫描输出

通过计算缺陷图像 x 方向和 y 方向的截位数，得出缺陷尺寸：周向长度 x 为 3.3mm，径向长度 y 为 2.8mm。

因此，第 4 节提到夹杂物超探当量理论计算结果直径 0.46mm 平底孔远小于其实际尺寸，计算结果是在一定假设条件下近似处理得出的，故只是保守推断该缺陷的超探当量大小可能小于直径 1mm 平底孔。

6 结论及建议

（1）故障车轮裂纹源直径 0.8mm、长 2.59mm 的 Al_2O_3 夹杂物，其超探当量大小可能小于直径 1mm 平底孔。

（2）脉冲反射法超探以已知形状、尺寸和方位的人工加工的规则反射体为参考基准来评定点状缺陷的当量大小，而自然缺陷的性质、形状、取向、表面粗糙度等不同于参考反射体，因此自然缺陷的超探当量大小可能与实际尺寸存在较大差别。若参考反射体为平行于扫查面的平底孔且缺陷为非金属夹杂物，缺陷的超探当量大小可能远小于其实际尺寸。

（3）当前国内外车轮产品标准对轮辋超声检测的最高等级要求是缺陷当量大小要小于直径 1mm 平底孔。考虑到如此当量大小水平的缺陷可能是实际长度远大于 1mm 的长条形脆性夹杂物，而如此夹杂物的存在有导致疲劳辋裂的风险，所以为保障车轮运用安全，有必要在车轮产品生产中考虑采取更加严格的企业内部质量控制标准。

参 考 文 献

[1] 郑晖，林树青．超声检测［M］．2 版．北京：中国劳动社会保障出版社，2008.

车轮领域专利文献

车轮领域专利文献

专利名称：自脱卸起重吊钩

申请号：86208892.5

主分类号：B66C 1/26

发明人：李焕才

申请人：马鞍山钢铁公司

摘要：本实用新型公开了一种能够自脱卸载荷的起重吊钩。该装置的特点是在吊钩体上安装有能控制吊爪自脱卸载荷的电磁机构。在吊装重物时，有一挡块锁住吊爪，使吊爪与吊臂呈“L”形状，在卸下重物时，只需将重物放置目的地，使吊爪能触地松弛，然后接通电磁线圈电源，将挡块吸起并同时提升整体吊钩，则吊爪便自动脱离载荷。该装置结构简单，使用方便可靠，成本低、应用范围广泛。

专利名称：车轮自动成垛机

申请号：99227509.1

主分类号：B62D 65/00

发明人：陈仁义；赵伟英；邓蓉芳；祁先英

申请人：马鞍山钢铁股份有限公司

摘要：本实用新型涉及一种车轮生产线上车轮自动成垛装置，该车轮自动成垛机由主机和落垛机组成。主机由电机、制动器、减速器、螺旋伞齿轮副、方螺纹套、限位滑块、触头、上下限位开关、螺杆、限位碰触杆，复位弹簧、托盘、伸缩管组成，落垛机由落垛机底板、销轴、支承爪、落垛机支腿组成。该装置结构简单、不倒垛、不碰伤车轮、成垛速度快、故障率低，完全满足热轧车轮生产线上的车轮落垛。

专利名称：车轮成垛吊

申请号：00261709.9

主分类号：B65G 57/32

发明人：王鸿声；鲜昌明；沈万发；朱宇宙；马发缓；钱书平

申请人：马鞍山钢铁股份有限公司

摘要：该车轮成垛吊由吊环、吊杆、吊杆座、钩子、锥形套、滑环、横构架、吊钩、拉杆、夹板等组成，吊环、钩子用栓钉分别固定在吊杆座上下端并能活动，吊杆从吊杆座上端穿入，并穿过下端带有圆筒的锥形套，吊杆的头部卡在吊杆座下端，滑环从锥形套的下端圆筒外套入，横构架一端固定在滑环的下方的锥形套的圆筒上，其另一端用栓钉固定有吊钩，夹板固定在吊钩上，拉杆一端用栓钉卡件固定在吊杆的末端，拉杆另一端用栓钉固定在吊钩上。结构简单耐用、操作方便、起吊成垛车轮机动灵活，不受地点限制，是车轮生产及运输作业中很好的工具。

专利名称：车轮内圆吊

申请号：00261711.0

主分类号：B66C 1/54

发明人：王鸿声；鲜昌明；沈万发；朱宇宙；马发缓；钱书平

申请人：马鞍山钢铁股份有限公司

摘要：本实用新型车轮内圆吊由吊环、横梁、铁链、钩子、导向轴、圆锥套、滑环、夹钳等组成，结构简单耐用、操作方便、起吊车轮机动灵活，不受地点限制，是车轮生产加工作业中作业效率高的吊运工具。

专利名称：一种车轮轮箍外径尺

申请号：01244571. 1

主分类号：B61K 9/00

发明人：朱宇宙；吴文昌；陈荣谦；高成耀；罗玲星

申请人：马鞍山钢铁股份有限公司

摘要：一种车轮轮箍外径尺，由刻有量值线的尺体 3 组成，尺体 3 的左端呈弯钩状，右端套有可滑动的滑尺 6，滑尺 6 对应尺体 3 的量值线处开有方孔 5，方孔 5 的中心部位刻有零值线，滑尺 6 的上端装有固定螺钉 4，下端呈弯钩状；在尺体 3 的中部下方设有两个定位杆 2。本实用新型结构简单，使用方便，用于测量车轮外径和车轮轮毂外径。

专利名称：两位车轮翻轮机

申请号：01245146. 0

主分类号：B23Q 7/14

发明人：吴文江

申请人：马鞍山钢铁股份有限公司

摘要：本实用新型两位车轮翻轮机，翻轮箱上焊接有中心轴，用轴承座将中心轴固定在支撑架上，中心轴上键销有齿轮，齿轮与齿条相配合，齿条安装在齿条导向机构内，齿条下端连接在液压系统的活塞杆上。翻轮箱可翻转 90°或 180°。该两位车轮翻轮机结构简单、翻转平稳、无碰伤和擦伤，提高了车轮的质量，满足生产高质量车轮的要求。

专利名称：一种车轮加工夹具

申请号：01245366. 8

主分类号：B23Q 3/06

发明人：赵愉悦

申请人：马鞍山钢铁股份有限公司

摘要：一种车轮加工夹具由压下螺杆、压下螺帽、压套、卡爪、芯轴、底座、螺栓件、工作台、垫铁等组成，底座用螺栓件固定在工作台上。芯轴与底座用 T 形螺丝连接，压下螺帽通过卡槽卡入压套的 U 形槽内，卡爪槽 18 内置有卡爪。此种车轮加工夹具，较好地解决了车轮装夹问题，不仅加工出的产品质量稳定，所有车轮的形位公差精度均符合图纸要求，而且由于只需一次装夹、找正好专用夹具，加工车轮时只需旋紧压紧螺帽并装夹牢固，车轮产品本身无须找正，从而大大减少了车轮加工中所需的装夹、找正等辅助时间，提高生产效率 3~5 倍。在整个加工中装夹牢固、可靠、成本低、且结构简单。

专利名称：一种车轮加工刀具

申请号：01245367. 6

主分类号：B23B 27/12

发明人：赵愉悦

申请人：马鞍山钢铁股份有限公司

摘要：一种车轮加工刀具含有刀体、刀片、螺栓、刀垫、螺帽，刀片通过螺栓和螺帽固定在刀体上。用于加工车轮辐板的刀具的刀体呈鱼肚形。用于加工车轮轮缘、踏面的刀具，刀体呈鸭舌形。车轮在整个加工中表面无振纹产生、粗糙度高，车轮尺寸、位置精度高。车轮加工刀具装夹、找正方便，刀片采用涂层，具有韧性较高的基体和硬度。

专利名称：一种改善车削加工性能的火车车轮热处理方法

申请号：02113182. 1

主分类号：C21D 9/34

发明人：苏世怀；张建平；江波；陈刚；孔庆钢

申请人：马鞍山钢铁股份有限公司

摘要：本发明公开了一种铁路用辗钢整体车轮热处理的方法。制备一个保持在奥氏体区域的高温状态的车轮，在自然环境温度下采用喷水冷却的方式，使车轮踏面表面温度冷至550~600℃，停止喷水，静置车轮至表面温度回升到650~720℃之间时，或者采用强制风冷的方式，使车轮踏面表面温度冷却至650~720℃时，再对踏面进行强制喷水冷却。本发明能显著改善车轮的车削加工性能，同时克服了现有技术制造的车轮的接触疲劳强度和耐磨性差，车轮中、后期使用寿命短的缺陷。

专利名称：一种铁道车辆车轮用贝氏体钢

专利号：200410103088.6

主分类号：C22C 38/00

申请人：马鞍山钢铁股份有限公司

发明人：张明如；张斌；张建平；陈联满；江波；安涛；崔银会

摘要：本发明是提供一种铁道车辆车轮用贝氏体钢，该贝氏体钢由下列合金元素按质量百分比组成：C 0.08%~0.45%，Si 0.60%~2.10%，Mn 0.60%~2.10%，Mo 0.08%~0.60%，Ni 0.00%~2.10%，Cr 0.00%~1.20%，V 0.00%~0.20%，Cu 0.00%~1.00%，其余为铁和杂质元素；利用贝氏体钢优异的强韧性，低缺口敏感性，高屈服强度，高疲劳强度和抗热裂性能好的特性，大大减少车轮辋裂、掉块现象，进一步提高铁道车辆用车轮的安全性和使用寿命，满足列车高速、重载的要求。

专利名称：一种轻型高速列车车轮用中碳低合金钢

申请号：200510118305.3

主分类号：C22C 38/18

发明人：江波；崔银会；陈刚；龚志翔；张建平；王健；安涛

申请人：马鞍山钢铁股份有限公司

摘要：一种轻型高速列车车轮用中碳低合金钢，按质量百分比包括以下合金元素，C 0.40%~0.50%，Si 0.20%~0.70%，Mn 0.50%~0.80%，Cr 0.20%~0.30%，Al_s 0.015%~0.035%，S≤0.02%，P≤0.02%，其余为Fe及杂质元素。本发明降低钢中碳含量，提高Si含量，同时加入微量Al及Cr。与背景技术相比，车轮的强度、韧性匹配良好，可获得良好的综合性能，具有良好的耐磨性能和抗裂纹扩展能力、抗热机械损伤能力，合金元素少而价廉，加入量容易控制。

专利名称：胎模锻上脱模装置

申请号：200710019857.8

主分类号：B21J 13/14

发明人：安涛；李翔；吴江淮；谢峰；许章泽

申请人：马鞍山钢铁股份有限公司

摘要：胎模锻上脱模装置属于锻压机械，尤其涉及液压锻造的脱模装置。该装置包括由锻压机主缸、上模台、上模座依次连接成同心柱体，其特点是主缸、上模台、模座芯中心内设同径内腔，内腔中设脱模液压缸及脱模缸柱塞，脱模缸柱塞下与芯轴连接；顶出杆滑装在模座芯设的通孔中，与设在芯轴下端的压板相对应；顶出套滑装在外模与内模预设的环形限位槽内，与顶杆相对应，脱模时脱模缸柱塞向下推压顶杆及顶出套，使工件与上模完全脱离，顶出套使工件与上模脱离。其优点是该装置脱模效果好，快速、可靠，确保百分之百脱模，提高了锻压加工的效率；该装置结构简单、合理，易维修；避免了润滑剂污染，模具消耗减少，提高成材率。

专利名称：大型滑轮的锻压轧制方法及热轧锻压设备

申请号：200710020516.2

主分类号：B23P 15/14

发明人：李翔；杨宁国；谢峰

申请人：马鞍山钢铁股份有限公司

摘要：本发明公开了一种大型滑轮的锻压轧制技术，在大型滑轮（1）切削加工前采用热加工工艺过程中，所述的滑轮（1）的钢锭毛坯或连铸毛坯经过热锻镦粗定厚定径，所述的轮毂（3）及轮辐（4）的初形通过锻模锻压成形，所述的轮辋（2）的内圆表面、两端面、轮辋（2）的外圆面及外圆周上的轮槽（5）通过热轧辗压成形。本发明还提供了这种大型滑轮的锻压轧制技术的中采用的热轧辗压设备。本发明使得滑轮的机械强度高，耐磨性能好；内应力小，不易变形；使用时滑轮的受力均匀，使用寿命大幅度的增加；减少了设备本体的重量以及制造成本和使用成本；材料的利用率有了很大提高；成本进一步的降低。

专利名称：立式车轮轧机辊系调整仪器及其调整方法

申请号：200710020518.1

主分类号：B21B 31/16

发明人：李小宇；安涛；李翔；吴江淮；谢峰；许章泽

申请人：马鞍山钢铁股份有限公司

摘要：本发明公开了一种立式车轮轧机辊系调整仪器，辊系调整仪器（10）上设主尺（2）、游标（3）和标尺（4），所述的主尺（2）上设有定位杆身（12）、游标滑动杆身（11）及将两者连接起来的连接杆身（13），整个主尺（2）的上述三个部分形成“Z”字形，且都为直角连接。本发明还公开了这种立式车轮轧机辊系调整仪器所采用的调整方法。轧辊调整的原理更为合理，有了一个统一的基准，调整的准确性得到提高；调整仪器的使用方便快捷，调整时间缩短，生产效率有很大提高；避免了调整过程的试件的浪费，节约了原材料且降低能耗。

专利名称：一种车轮外圆吊具及其吊装方法

申请号：200710020634.3

主分类号：B66C 1/28

发明人：李自钢；王志刚；李翔；汪俊

申请人：马鞍山钢铁股份有限公司

摘要：本发明公开了一种车轮外圆吊具及其吊装方法，吊具上设有吊钩控制机构（15），其下横梁（2）长度大于上横梁（4），吊具挂杆（16）与吊架（10）、吊杆（9）与下横梁（2）、定位锥套（6）与吊杆（9）分别紧固连接，焊接链条（7）的两端分别连接吊架（10）和上横梁（4）的两端，定位爪（8）与吊架（10）铰接连接，吊架（10）、滑套（5）、上横梁（4）均套在吊杆（9）上成滑动连接，上述结构均以吊杆（9）为中心成对称结构。采用上述技术方案，使车轮外圆吊具结构合理、配置紧凑，投资省、运行费用低，无污染；操作方便、运行安全可靠；装运车轮效率高，受力均匀，降低劳动强度，提高了生产效率，有利于降低生产成本。

专利名称：高温圆坯外圆吊具及其起吊方法

申请号：200710020635.8

主分类号：B66C 1/28

发明人：李小宇；安涛；李翔；吴江淮；谢峰；杨宁国

申请人：马鞍山钢铁股份有限公司

摘要：本发明公开了一种高温圆坯外圆吊具，吊具上设脱钩装置（14），所述的脱钩装置（14）上设一个“L”形的脱钩弯杆（15）将两个吊钩（16）连接，可在分别为吊钩（16）的托钩（23）开口的张开及收起的两个不同状态连接定位，所述的脱钩装置（14）还设有两根钢丝绳（3），两个吊钩（16）各通过其中的一根钢丝绳（3）与套在吊钩（16）上的框架部分（12）连接。与现行公开的吊具相比，本发明的结构简单，减少因人工操作带来的安全问题，减轻劳动强度，在使用上更安全、可靠，提高生产效率、使用寿命更长。

专利名称：胎模锻上脱模装置
申请号：200720033942.5
主分类号：B21J 13/14
发明人：安涛；李翔；吴江淮；谢峰；许章泽
申请人：马鞍山钢铁股份有限公司

摘要：胎模锻上脱模装置属于锻压机械，尤其涉及液压锻造的脱模装置。该装置包括由锻压机主缸、上模台、上模座依次连接成同心柱体，其特点是主缸、上模台、模座芯中心内设同径内腔，内腔中设脱模液压缸及脱模缸柱塞，脱模缸柱塞下与芯轴连接；顶出杆滑装在模座芯设的通孔中，与设在芯轴下端的压板相对应；顶出套滑装在外模与内模预设的环形限位槽内，与顶杆相对应，脱模时脱模缸柱塞向下推压顶杆及顶出套，使工件与上模完全脱离，顶出套使工件与上模脱离。其优点是该装置脱模效果好，快速、可靠，确保百分之百脱模，提高了锻压加工的效率；该装置结构简单、合理，易维修；避免了润滑剂污染，模具消耗减少，提高成材率。

专利名称：消除铁路车轮试样气割硬化层的装置及工艺方法
申请号：200810020420.0
主分类号：C21D 1/30
申请人：马鞍山钢铁股份有限公司
发明人：江波；宋小勇；郑安慧；陈刚；费瑞琪；龚志翔；钟斌

摘要：本发明公开了一种消除铁路车轮试样气割硬化层的装置，对车轮试样的切割硬化表面进行加热退火，包括用于夹持车轮试样的试样夹具（1）和加热结构，所述的车轮试样为车轮辐板气割获得的试块，所述的装置设水槽（2），试样夹具（1）置于水槽（2）中，其中的车轮试样的气割硬化层高于水槽（2）内的水面高度。本发明还提供了上述装置所采用的工艺方法。采用上述技术方案，能可靠地将气割硬化层硬度降低，从而显著提高随后进行的对气割硬化层锯除加工的工效、降低锯条消耗，且易于操作；还能够保证车轮辐板的机械性能检验部位不受这种处理的影响，从而保证了检验结果的真实性。

专利名称：高碳钢火车车轮轮辋表面的热处理方法及热处理装置
专利号：200810020421.5
主分类号：C21D 9/34
申请人：马鞍山钢铁股份有限公司
发明人：陈刚；王世付；江波；李翔；钟斌；程德利；龚志翔；赵海

摘要：本发明公开了一种高碳钢火车车轮轮辋表面的热处理方法，是在冷却过程中，先用小流量水流对火车车轮的车轮踏面进行短时间喷水冷却，然后用大流量水流对车轮踏面进行长时间强制喷水冷却。本发明还公开了实施上述方法的热处理装置，其进水环管分为大流量进水环管和小流量进水环管，大流量进水环管接通多个大流量喷嘴；小流量进水环管接通多个小流量喷嘴。采用上述技术方案，改善车轮的抗接触疲劳性能，减少车轮的踏面剥离；尽早获得合适的轮与轨的几何匹配关系，增大接触面，降低接触应力水平；车轮轮辋内部的耐磨性能提高，从而提高车轮的使用寿命；能够不增大车轮热处理冷却工艺的操作难度。

专利名称：铁路车轮热处理加热炉及其热处理工艺方法
申请号：201010132497.4
主分类号：C21D 9/34
申请人：马鞍山钢铁股份有限公司
发明人：钟斌；江波；王世付；陈刚；李翔；赵海；孙曼丽；蒋培华

摘要：本发明公开了一种铁路车轮热处理加热炉，其中的感应加热装置的结构是在所述铁路车轮的踏面外围，设感应加热线圈，在所述的铁路车轮的轮辋的内侧面及轮辋的内侧面至辐板过渡区域的相应位置，设感应加热补偿线圈。本发明还公开了所述的热处理加热炉的热处理工艺方法。采用上述技术方案，实现了轮辋高强度高韧性、辐板低强度高韧性的工艺目标。两相区加热速度特快、奥氏体温区停留时间特短，利于晶粒均匀细化，提高轮辋韧性。能够实现车轮轮辋部位的快速加热，在使轮辋部位完全奥氏体化的同时，辐板部位温度保持在 A_{c3} 以下。本发明具有启动快、加热速度快、温度容易控制、加热效率高、工艺重复性好、工件表面质量好、环保等优点。

专利名称：一种高碳钢车轮制造方法

申请号：201010132548. 3

主分类号：C21D 8/00

申请人：马鞍山钢铁股份有限公司

发明人：陈刚；江波；王世付；李翔；赵海；钟斌；程德利；张坤

摘要：本发明公开了一种高碳钢车轮制造方法，在锻压轧制工序之后、等温工序之前，设置预热处理工序，其工艺方法是将经过高温锻压轧制后的高碳钢车轮工件空冷至600~650℃，接着对高碳钢车轮工件进行加热，加热温度为730~750℃，加热时间为30~40min，使车轮轮辋发生部分奥氏体转变，随后将高碳钢车轮工件炉冷至600~630℃，进行等温工序。采用上述技术方案，降低氢含量，抑制氢致裂纹的产生，在保证高碳钢车轮工件的强度、硬度基本不变，显微组织仍为铁素体—珠光体的前提下，有效提高高碳钢车轮轮辋的冲击韧性，保证产品的使用安全。

专利名称：一种中碳硅锰低合金钢铁路车轮的热处理方法

申请号：201010132560. 4

主分类号：C21D 9/34

申请人：马鞍山钢铁股份有限公司

发明人：孙曼丽；江波；陈刚；王世付；李翔；钟斌；赵海；张坤

摘要：本发明公开了一种中碳硅锰低合金钢铁路车轮的热处理方法，按照工艺顺序，所述的热处理方法包括轧后的890~910℃的高温正火工序、740~760℃+890~910℃两段式淬火加热工序、510±10℃的回火后水冷工序。采用上述技术方案，旨在细化并均匀化原始组织，改善铁路车轮韧性；采用两段式淬火加热方式，以高的炉气温度提高两相区加热速度，以较短的加热时间限制奥氏体化时间；采用回火后快速水冷的方法，可以消除回火脆性，同时回火后水冷也能改变应力分布，提高疲劳性能。具有较好的强韧性配比。

专利名称：中碳硅锰低合金钢铁路车轮的机加工工艺

申请号：201010132569. 5

主分类号：B23B 5/28

申请人：马鞍山钢铁股份有限公司

发明人：钟斌；江波；吴勇中；陈刚；李翔；赵海；孙曼丽；张磊

摘要：本发明公开了一种中碳硅锰低合金钢铁路车轮的机加工工艺，所述的机加工工艺是在热处理结束后，对所述的铁路车轮的辐板表面进行车削精加工，加工至规定尺寸；在保证加工机床稳定运行的条件下，所述的车削精加工采用的加工线速度 $v=320\pm20\text{m/min}$。采取上述技术方案改善加工后车轮辐板表面的应力分布状态，提高车轮的疲劳强度，保证车轮的使用安全。车轮表面的光洁度明显改善。

专利名称：一种高碳钢铁路车轮的热处理方法

申请号：201010613553. 6

主分类号：C21D 9/00

申请人：马鞍山钢铁股份有限公司

发明人：赵海；陈刚；江波；李翔；王世付；钟斌；孙曼丽；程德利

摘要：本发明公开了一种高碳钢车轮的热处理方法，在锻压轧制工序、等温工序之后，将车轮工件加热至830~850℃进行空冷正火处理；在随后的淬火加热时对辐板覆盖耐火材料进行保护，首先加热至

710~740℃，保温 90min，进行两相区退火，使碳化物发生部分球化，获得少量粒状珠光体组织，随后将车轮放入炉温为 910~930℃保温炉内，保温 40min 后，进行淬火，最后在 500±10℃回火处理。采用上述技术方案，可显著提高车轮辐板冲击韧性，有效降低车轮辐板强度，同时在确保高碳钢车轮轮辋强度、硬度不变的前提下明显提高冲击韧性及断裂韧性，以有效提高高碳钢车轮整体性能，保证产品的使用安全。

专利名称：一种高碳钢铁路车轮的热处理方法

申请号：201010613572.9

主分类号：C21D 9/00

申请人：马鞍山钢铁股份有限公司

发明人：赵海；陈刚；江波；李翔；王世付；钟斌；孙曼丽；程德利

摘要：本发明公开了一种高碳钢车轮的热处理方法，在锻压轧制工序、等温工序之后，在 710~740℃温度区间对车轮进行两相区球化退火处理，最后对车轮轮毂、辐板双面覆盖隔热性较好的耐火材料进行保护，加热至 830~850℃，根据车轮规格确定保温时间及淬火冷却时间，淬火后，并在 500±10℃回火。采用上述技术方案，可显著提高车轮辐板冲击韧性，有效降低车轮辐板强度，在保证高碳钢车轮轮辋强度、硬度、冲击韧性及组织状态不变的前提下，有效提高高碳钢车轮整体性能，保证产品的使用安全。

专利名称：机械除鳞装置

申请号：201110000124.6

主分类号：B08B 7/02（2006.01）

发明人：吴会超；虞长银；马兵

申请人：马鞍山钢铁股份有限公司

摘要：本发明公开了一种机械除鳞装置，它包括液压传动系统、箱体、装在箱体上的上部除鳞机构和下部除鳞机构；上部除鳞机构由上部传动装置、高度调整装置、链条击打装置组成；下部除鳞机构由下部传动装置、链条击打装置组成。其中，链条击打装置由梯形块、链条卡条和链条组成；梯形块固定在主轴上，链条卡条固定在梯形块上，链条装在链条卡条上。本发明机械除鳞装置通过液压马达带动主轴上的链条高速旋转，对圆柱锭钢坯的上下表面进行除鳞，将紧密附着在红热钢锭上的氧化铁皮除去，除鳞效果大幅度提升，大大降低了操作工的劳动强度，也降低了水除鳞对钢温降低的影响。

专利名称：一种车轮外径在线自动测量装置及其测量方法

申请号：201110006448.0

主分类号：G01B 11/08（2006.01）

发明人：易峻坚；杜金虎；刘爱兵；王洋；余光祥；谢永祥

申请人：马鞍山钢铁股份有限公司

摘要：本发明公开了一种车轮外径在线自动测量装置及其测量方法，该种车轮外径在线自动测量装置安装在车轮成品检测线输送辊道上，包括支架、升降机构和测量机构，支架采用门式结构，且横跨于输送辊道上；升降机构安装在支架的中部，完成测量机构的升降运动；测量机构安装在升降机构的下方，测量机构包括位于测量机构本体两端的用于测量车轮外径的测头，测头沿安装在测量机构本体下方的直线导轨前进、后退运动，测头的移动距离由安装在测量机构本体上的光栅尺读出，原点由标准规校定。具有上述特殊结构的该种车轮外径在线自动测量装置使盘类零件测量装置更加完善，测量精度提高到 0.05mm，极大的提高了测量的精度，满足生产工艺需求。

专利名称：一种压力机模具的模具更换方法

申请号：201110039117.7

主分类号：B21J 13/08（2006.01）

发明人：许章泽；李翔；张磊

申请人：马鞍山钢铁股份有限公司

摘要：本发明提供一种应用于模具技术领域的压力机模具换模装置，所述的压力机模具换模装置，包括上模台（1），下模台（2），换模装置（3），所述的换模装置（3）设置为杆状结构的换模导杆（4），所述的上模台（1）和下模台（2）上分别设置一个以上的配合孔（5），所述的换模导杆（4）的两端部分别插入上模台（1）和下模台（2）的配合孔（5）内。本发明的压力机模具换模装置，能够做到既缩短换模时间，提高生产效率，同时现场操作方便。由于不需要吊运重量达到1吨多的原换模装置，明显降级操作人员的劳动强度。

专利名称：一种压力机模具换模装置

申请号：201110039322.3

主分类号：B21J 13/08（2006.01）

发明人：许章泽；李翔；张磊

申请人：马鞍山钢铁股份有限公司

摘要：本发明提供一种应用于模具技术领域的压力机模具换模装置，所述的压力机模具换模装置，包括上模台（1），下模台（2），换模装置（3），所述的换模装置（3）设置为杆状结构的换模导杆（4），所述的上模台（1）和下模台（2）上分别设置一个以上的配合孔（5），所述的换模导杆（4）的两端部分别插入上模台（1）和下模台（2）的配合孔（5）内。本发明的压力机模具换模装置，能够做到既缩短换模时间，提高生产效率，同时现场操作方便。由于不需要吊运重量达到1吨多的原换模装置，明显降级操作人员的劳动强度。

专利名称：铁路货车用低合金车轮钢及其车轮制备方法

申请号：201110046426.7

主分类号：C22C 38/40

申请人：马鞍山钢铁股份有限公司

发明人：陈刚；王世付；江波；李翔；赵海；程德利；钟斌；孙曼丽

摘要：本发明公开了一种铁路货车用低合金车轮钢，其特征在于，其化学成分质量百分比为：C 0.70%~0.75%，Si 0.75%~0.95%，Mn 0.75%~0.90%，Ni 0.15%~0.25%，Cr 0.25%~0.35%，Al_s 0.015%~0.030%，P≤0.010%、S≤0.010%，其余为Fe和不可避免的杂质元素。本发明还公开了铁路货车用低合金车轮钢制备车轮的方法，包括热处理工序，其特征在于：所述的热处理工序为：在830~850℃保温2.0~2.5h，然后喷水冷却轮辋至550℃以下，轮辋内部金属以2~5℃/s的冷却速度加速冷却，然后在500~520℃回火处理4.5~5.0h。

专利名称：一种车轮淬火冷却装置

申请号：201110070107.X

主分类号：C21D 1/667（2006.01）

发明人：程德利；李翔；王世付；强堃；邓荣杰；毕翔

申请人：马鞍山钢铁股份有限公司

摘要：本发明提供一种应用于金属热处理技术领域的车轮淬火冷却装置，车轮淬火冷却装置包括外环管（1），内环管（2），冷却装置（3），控制车轮淬火冷却装置启停的控制装置（9），其特征在于：所述的冷却装置（3）包括喷嘴（4），喷嘴支管（5），所述的喷嘴支管（5）与内环管（2）连接，所述的喷嘴（4）与喷嘴支管（5）连接，所述的喷嘴（4）设置为能够对准车轮轮辋（6）部位的结构。采用本发明的技术方案：（1）减少车轮轮辋异常组织层的深度；（2）改善车轮轮辋断面沿径向方向硬度梯度；（3）改进喷嘴调节方式，使调节变得简单，提升淬火质量；（4）减少水的喷溅，改善工人现场工作环境，改善设备工作环境，降低电器设备的维修成本。

专利名称：机械除鳞装置

申请号：201120000213.6

主分类号：B08B 7/02

发明人：吴会超；虞长银；马兵

申请人：马鞍山钢铁股份有限公司

摘要：本实用新型公开了一种机械除鳞装置，它包括液压传动系统、箱体、装在箱体上的上部除鳞机构和下部除鳞机构；上部除鳞机构由上部传动装置、高度调整装置、链条击打装置组成；下部除鳞机构由下部传动装置、链条击打装置组成。其中，链条击打装置由梯形块、链条卡条和链条组成；梯形块固定在主轴上，链条卡条固定在梯形块上，链条装在链条卡条上。本实用新型机械除鳞装置通过液压马达带动主轴上的链条高速旋转，对圆柱锭钢坯的上下表面进行除鳞，将紧密附着在红热钢锭上的氧化铁皮除去，除鳞效果大幅度提升，大大降低了操作工的劳动强度，也降低了水除鳞对钢温降低的影响。

专利名称：一种车轮外径在线自动测量装置

申请号：201120009224.0

主分类号：G01B 11/08

发明人：易峻坚；杜金虎；刘爱兵；王洋；余光祥；谢永祥

申请人：马鞍山钢铁股份有限公司

摘要：本实用新型公开了一种车轮外径在线自动测量装置，该种车轮外径在线自动测量装置安装在车轮成品检测线输送辊道上，包括支架、升降机构和测量机构，支架采用门式结构，且横跨于输送辊道上；升降机构安装在支架的中部，完成测量机构的升降运动；测量机构安装在升降机构的下方，测量机构包括位于测量机构本体两端的用于测量车轮外径的测头，测头沿安装在测量机构本体下方的直线导轨前进、后退运动，测头的移动距离由安装在测量机构本体上的光栅尺读出，原点由标准规校定。具有上述特殊结构的该种车轮外径在线自动测量装置使盘类零件测量装置更加完善，测量精度提高到0.05mm，极大的提高了测量的精度，满足生产工艺需求。

专利名称：压力机模具换模装置

申请号：201120039904.7

主分类号：B21J 13/08

发明人：许章泽；李翔；张磊

申请人：马鞍山钢铁股份有限公司

摘要：本实用新型提供一种应用于模具技术领域的压力机模具换模装置，所述的压力机模具换模装置，包括上模台（1），下模台（2），换模装置（3），所述的换模装置（3）设置为杆状结构的换模导杆（4），所述的上模台（1）和下模台（2）上分别设置一个以上的配合孔（5），所述的换模导杆（4）的两端部分别插入上模台（1）和下模台（2）的配合孔（5）内。本实用新型的压力机模具换模装置，能够做到既缩短换模时间，提高生产效率，同时现场操作方便。由于不需要吊运重量达到1吨多的原换模装置，明显降级操作人员的劳动强度。

专利名称：车轮淬火冷却装置

申请号：201120078059.4

主分类号：C21D 1/667

发明人：程德利；李翔；王世付；强堃；邓荣杰；毕翔

申请人：马鞍山钢铁股份有限公司

摘要：本实用新型提供一种应用于金属热处理技术领域的车轮淬火冷却装置，车轮淬火冷却装置包括外环管（1），内环管（2），冷却装置（3），控制车轮淬火冷却装置启停的控制装置（9），其特征在于：所述的冷却装置（3）包括喷嘴（4），喷嘴支管（5），所述的喷嘴支管（5）与内环管（2）连接，所述的喷嘴（4）与喷嘴支管（5）连接，所述的喷嘴（4）设置为能够对准车轮轮辋（6）部位的结构。采用本实用新型的技术方案：(1) 减少车轮轮辋异常组织层的深度；(2) 改善车轮轮辋断面沿径向方向硬度梯度；(3) 改进喷嘴调节方式，使调节变得简单，提升淬火质量；(4) 减少水的喷溅，改善工人现场工作环境，改善设备工作环境，降低电器设备的维修成本。

专利名称：亚高速调温烧嘴

申请号：201120118760. 4

主分类号：F23D 14/22

发明人：洪利群；邓国忠；吴晓波；王鑫应

申请人：马鞍山钢铁股份有限公司

摘要：本实用新型公开了一种亚高速调温烧嘴，包括相连接的烧嘴本体和烧嘴砖，烧嘴本体内设有燃烧室，位于烧嘴本体上设有助燃风管和掺冷风管，且助燃风管和掺冷风管分两条通道供应空气，煤气与助燃风通过设置在烧嘴本体上的电子点火器打火在燃烧室内燃烧，从掺冷风管中出来的掺冷风一部分进入燃烧室，使煤气进一步混合燃烧，另一部分掺冷风通过燃烧筒与烧嘴本体之间的缝隙进入烧嘴砖。该种亚高速调温烧嘴使得助燃风、掺冷风单独控制，分两条通道供应空气，助燃风使煤气在燃烧室内燃烧，掺冷风分两部分进入，一部分通过燃烧筒上周向分布的小孔进入燃烧室，保证出口处无明火，一部分通过燃烧筒与烧嘴本体的缝隙进入烧嘴砖，起到调温的目的。

专利名称：自锁紧式车轮轧机辐板辊

申请号：201120260313. 2

主分类号：B21B 27/02

发明人：谢峰；王国俊

申请人：马鞍山钢铁股份有限公司

摘要：自锁紧式车轮轧机辐板辊属于金属轧制设备，尤其涉及轧制轮形件或盘形件的轧机。该装置由轧辊轴和轧辊构成，其特点是轧辊轴端部设外花键和锁紧内螺纹孔；轧辊设内花键通孔与轧辊轴外花键配合，右侧面设压紧凹槽，与内花键通孔连接，压紧凹槽、内花键通孔和轧辊锁紧内螺纹孔三者同在一条直线上；轧辊由垫圈、带帽和锁紧螺纹的轧辊螺钉固定在轧辊轴的端面上。在轧制过程中轧辊转动自动锁紧。优点是构思新颖，结构紧凑、合理，容易制作，安装、拆卸方便、快捷、省力，即用普通人工扳手即可；轧制中自锁紧效果好，轧辊与轧辊轴连接紧固可靠，整套装置不易失效，使用寿命长。减少备件消耗和停机时间更换备件时间，降低成本，保证生产顺利进行。

专利名称：车轮钢中铁素体含量的定量检测方法

申请号：201210218781. 2

主分类号：G01N 21/84（2006. 01）

申请人：马钢（集团）控股有限公司；马鞍山钢铁股份有限公司

发明人：杨丽珠；王越；王媛婷；李奕；付声丽

摘要：本发明公开了车轮钢中铁素体含量的定量检测方法，包括金相试样制备步骤、腐蚀步骤、计算机铁素体含量处理步骤；所述的腐蚀步骤为：将金相试样室温（20~25℃）浸入试剂内，试样面朝上，试样面浸入深度距液面高度为5~10mm，侵蚀时间10~30min，待试样面变成灰色时取出用清水冲洗干净，即可。本发明与现有技术相比，通过改变侵蚀方法，使珠光体组织与铁素体组织的颜色衬度发生改变，达到利用灰度可以区分两种组织的目的，为准确识别该钢种的微观组织定量相分析提供了保证，检测结果与现实结果的差在5%以内。

专利名称：一种火车车轮超声波探伤用试块组件

申请号：201220459451. 8

主分类号：G01N 29/30（2006. 01）

申请人：马钢（集团）控股有限公司；马鞍山钢铁股份有限公司

发明人：陈昌华；汤志贵；陈能进；祝宝芹；肖峰；黄亚强

摘要：本实用新型提供一种应用于超声波探伤装备技术领域的火车车轮超声波探伤用试块组件，所述的试块组件包括四组试块，四组试块为：（1）分别设置通孔的多个横通孔试块；（2）分别设置矩形槽的多个矩形槽试块；（3）分别设置平底孔的多个平底孔试块；（4）分别设置斜通孔的多个斜通孔试块；（5）所述的每组试块中的每个试块的外形均设置为与火车车轮的横截面形状相同的结构，本实用新型所述的火车车轮超声波探伤用试块组件，能够配合 A、S、C 超声波扫描技术，完成火车车轮的探伤零点、声速、灵敏度及盲区的标定的，通过对试块组件上的各种人工缺陷进行全部检测，满足了实际车轮轮箍产品中裂纹、孔状及条状等常见缺陷校准要求。

专利名称：一种低噪音车轮消音环焊接方法

申请号：201310223461.0

主分类号：B23K 9/167（2006.01）

发明人：范兴海；沈斌；王志刚；朱荣；吴诚；张毅；施振华

申请人：马钢（集团）控股有限公司；马鞍山钢铁股份有限公司

摘要：本发明提供一种应用于火车车轮生产技术领域的低噪音车轮消音环焊接方法，开口部的左端部和右端部分别加工开口坡口Ⅰ和开口坡口Ⅱ；圆钢加工成嵌装钢件，在嵌装钢件的左端部和右端部分别加工钢件坡口Ⅰ和钢件坡口Ⅱ；将嵌装钢件放置到开口部，焊机对开口部和嵌装钢件进行焊接，焊接部将开口坡口和钢件坡口覆盖。采用发明的方法，工艺步骤简单，操作方便，投资费用较低，焊接设备维护方便，生产效率高。本发明的焊接方法加工出的车轮消音金属铁环使用在车轮上时，可大大降低车轮运行时发出的噪音，产品质量稳定，降噪效果良好，也提高了装用该产品的整车的舒适度。

专利名称：一种车轮辐板压弯校整模具

申请号：201310223464.4

主分类号：B21D 37/10（2006.01）

发明人：谢峰；李新；许章泽；傅立东

申请人：马钢（集团）控股有限公司；马鞍山钢铁股份有限公司

摘要：本发明提供一种应用于机动车车轮生产加工技术领域的车轮辐板压弯校整模具，所述的校整模具包括上压弯模（1）和下压弯模（2），上压弯模（1）和下压弯模（2）分别与车轮（3）两侧的辐板（4）配合，所述的上压弯模（1）的上工作面（5）和下压弯模（2）的下工作面（6）上分别设置多个凸起的压弯高点（7）和凹进的压弯低点（8）。本发明的车轮辐板压弯校整模具结构简单，能够解决车轮压制和轧制中出现的辐板缺陷无法通过压弯有效校整问题，提高直辐板车轮的合格率，降低生产成本。

专利名称：一种水压机拐臂系统

申请号：201310223587.8

主分类号：G01N 1/02（2006.01）

发明人：虞长银；辛昌杰；陆伟斐

申请人：马钢（集团）控股有限公司；马鞍山钢铁股份有限公司

摘要：本发明提供一种应用于水压机技术领域的水压机拐臂系统，所述的拐臂系统的下部横梁（1）与垂直的左滑柱（2）和右滑柱（3）连接，活动横梁（4）与左滑柱（2）和右滑柱（3）活动连接，所述的拐臂系统的上液压马达（5）和上驱动托手（8）与活动横梁（4）连接，下液压马达（6）和下驱动托手（7）与下部横梁（1）连接，上液压马达（5）和下液压马达（6）分别设置为能够驱动上驱动托手（8）和下驱动托手（7）转动的结构，上液压马达（5）和下液压马达（6）与控制其工作的控制部件（13）连接。本发明的水压机拐臂系统，减少了中间过渡零部件，减少故障点，作为控制部件（13）工作时减少机械系统的冲击，延长拐臂系统的寿命。

专利名称：一种车轮消音环焊接装置

申请号：201310287421.2

主分类号：B23K 9/16（2006.01）

发明人：范兴海；沈斌；李明；朱荣；吴诚；张毅；施振华；施法刚

申请人：马钢（集团）控股有限公司；马鞍山钢铁股份有限公司

摘要：本发明提供一种应用于车轮生产加工设备技术领域的车轮消音环焊接装置，所述的焊接装置包括消音环夹紧工装（1），消音环焊接部件（2），消音环夹紧工装（1）包括底座（3），丝杆（4）与底座（3）活动连接，丝杆（4）上设置多个撑杆（5），底座（3）设置为能够卡装在车轮（16）的中间孔（9）的结构，底座（3）卡装在中间孔（9）时，多个撑杆（5）设置为能够抵靠在消音槽（10）上的结构，消音环焊接部件（2）包括焊机（6），焊机（6）与氩气瓶（7）连接，焊枪（8）与焊机（6）连接。本发明所述的装置，结构简单，能够方便快捷地完成将消音环焊接到车轮消音槽内，同时确保焊接质量。

专利名称：一种大尺寸铁路车辆用辗钢整体车轮及其生产方法

申请号：201310368850.2

主分类号：C22C 38/40（2006.01）

发明人：孙曼丽；陈刚；江波；赵海；钟斌；王世付；程德利；李翔；张弘；丛韬

申请人：马钢（集团）控股有限公司；马鞍山钢铁股份有限公司

摘要：本发明提供一种大尺寸铁路用辗钢整体车轮用钢，其化学成分质量百分比为：C 0.46%～0.55%，Si 0.20%～0.37%，Mn 0.70%～0.85%，Ni 0.10%～0.25%，Cr 0.24%～0.32%，Al_s 0.020%～0.040%，P≤0.008%，S≤0.008%。其热处理工序为：将按照常规工艺轧制并缓冷处理后的车轮随炉升温至860～880℃，保温3～3.5h后出炉空冷至室温，再将车轮随炉升温至840～860℃，保温3.5～4h后，出炉立即冷却到550℃以下后空冷至室温，冷却速度2～5℃/s，然后将冷却后的车轮放入480～500℃炉中，保温4.5～5h后，出炉空冷。

专利名称：一种改善大尺寸铁路车辆用辗钢整体车轮组织均匀性的热处理方法

申请号：201310369128.0

主分类号：C21D 9/00（2006.01）

发明人：孙曼丽；陈刚；江波；赵海；钟斌；王世付；李翔；张斌；付秀琴

申请人：马钢（集团）控股有限公司；马鞍山钢铁股份有限公司

摘要：本发明提供一种大尺寸铁路用辗钢整体车轮用钢的热处理工艺，其特征在于：所述的热处理工艺为：将按照常规工艺轧制并缓冷处理后的车轮随炉升温至860～880℃，保温3～3.5h后出炉空冷至室温，再将车轮随炉升温至840～860℃，保温3.5～4h后，出炉立即冷却，使轮辋内部金属以2～5℃/s的冷却速度加速冷却到550℃以下后空冷至室温，然后将冷却后的车轮放入480～500℃炉中，保温4.5～5h后，出炉空冷。按照本发明热处理的车轮轮辋组织晶粒度8.5级，组织状态趋于一致，组织均匀细小，与常规热处理的车轮相比，不仅明显改善轧态组织的均匀性且使其显著细化。

专利名称：一种应用于冶炼工艺中的行车检修易损件的吊运方法及设备

申请号：201310438491.3

主分类号：B66C 17/06（2006.01）

发明人：范兴海；沈斌；许杰峰；姜世勇；王建明；李峰；施法刚；吴诚；朱荣

申请人：马钢（集团）控股有限公司；马鞍山钢铁股份有限公司

摘要：本发明公开了一种应用于冶炼工艺中的行车检修易损件的吊运方法。步骤一，根据易损件的重量等参数，设计出相应符合各种技术条件的起重设备；步骤二，将所述起重设备与全钢结构厂房中的钢立柱通过焊接连接；步骤三，在所述起重设备上设置固定定滑轮；步骤四，在吊运所述易损件时，通过另一台行车固定好穿过固定定滑轮的载重钢丝绳，利用所述行车大车的前后平移，把更换的易损件吊到或吊离需要检修的行车上。本发明所提供的吊运方法，安全易操作，投资费用较低，起重装置维护方便，满足了现场实际需求，工作效率高，而且降低了维护成本。

专利名称：一种成品车轮外观检查装置及方法
申请号：201310449837. X
主分类号：B65G 37/00（2006. 01）
发明人：王洋；刘爱兵；许杰峰；易峻坚；耿培涛；许捷；龚胜辉；沈德清
申请人：马钢（集团）控股有限公司；马鞍山钢铁股份有限公司
摘要：本发明揭示了一种成品车轮外观检查装置及方法。该装置包括第一检查输送机构、翻轮机构、第二检查输送机构。第一检查输送机构和第二检查输送机构之间设有翻轮机构，所述第一检查输送机构和第二检查输送机构均包括两个液压缓冲器、第一上料模块、第一运输模块、检查模块、第二运输模块、第二上料模块，第一上料模块和检查模块通过第一运输模块连接，第二上料模块和检查模块通过第二运输模块连接。本发明通过改变成品车轮外观检查过程中的运输方式以及车轮，实现成品车轮外观检查时，车轮不再受到磕碰与划伤。

专利名称：油压机油罐液位监控装置
申请号：201310686535. 4
主分类号：B30B 15/26（2006. 01）
发明人：耿培涛；辛昌杰；刘爱兵；徐红
申请人：马钢（集团）控股有限公司；马鞍山钢铁股份有限公司
摘要：油压机油罐液位监控装置属于液体液面指示器技术领域，尤其涉及一种利用磁性操作的指示装置。特点是该装置由压力油罐、液位监测机构和 PLC 控制器连接构成，所述的液位监测机构由连通管、磁性浮筒和位移传感器连接构成，监测机构设进油孔，与油罐外壁设的法兰配合，由垫圈、螺栓固定在油罐上；位移传感器与置于控制室内的 PLC 控制器电气连接。优点是构思新颖，结构简凑、合理；使用位移传感器，通过编程可以将油罐液位的报警位和跳泵位进行精确控制在毫米范围内，液压系统有漏油现象，及时给出报警信号，避免发生大量漏油，节约用油，降低生产成本，减少环境污染，适时补充液压油，保证生产顺利进行。

专利名称：车轮油压机脱模缸
申请号：201310686541. X
主分类号：F15B 15/14（2006. 01）
发明人：耿培涛；刘爱兵；王洋；辛昌杰；许杰峰；徐红；江涛；吴会超；胡晓丽
申请人：马钢（集团）控股有限公司；马鞍山钢铁股份有限公司
摘要：车轮油压机脱模缸属于锻压设备零部件，尤其涉及一种油压机锻压坯料的推出装置。特点是所述的活动横梁下端设凹槽，凹槽周围设螺纹孔，活动横梁设油孔，与脱模缸的油孔对接；所述的上垫板设台阶孔，台阶孔与活动横梁的凹槽中心线同在一条直线上，台阶孔周围均设通孔和螺纹孔，通孔与活动横梁上的螺纹孔相配合，由螺栓将上垫板固定在活动横梁上；脱模缸置于台阶孔内，上端顶在活动横梁的凹槽中，由螺栓固定在上垫板上，柱塞装于缸体内。优点是构思新颖，结构简凑、合理；脱模缸整体安装与拆卸，维修时间减少到 2h，降低工作人员的劳动强度，大大提高油压机的作业率，消除拆除、装配上垫板的安全隐患。

专利名称：大型油压机主缸水平度在线监测装置
申请号：201310688213. 3
主分类号：G01C 9/00（2006. 01）
发明人：耿培涛；刘爱兵；吴会超；王洋；许杰峰；徐红；江涛；辛昌杰；孙旺明；胡晓丽
申请人：马钢（集团）控股有限公司；马鞍山钢铁股份有限公司
摘要：大型油压机主缸水平度在线监测装置属于油压机动态平衡测试技术领域，尤其涉及一种用于测定和校正油压机主缸的水平状态的装置。特点是主缸四侧至少设置三套以上主缸单侧位置监测机构；所述的主缸单侧位置监测机构由管架、位移传感器、磁环套架和底座连接构成；所述的管架下端设导向套，上端设通孔，由螺栓固定在上梁上，管架套装在位移传感器的测杆上；所述磁环套架上设磁环，磁环套架一端套装在位移传感器的测杆上，另一端与主缸连接；所述的底座上端设螺纹孔与测杆的安装螺纹配合，底座下端设通孔，由螺栓固定在侧立柱上。优点是构思新颖，结构简单、紧凑；测定及时、准确、可靠，减少废品，提高合格率，改善产品质量。

专利名称：轨道用车轮辐板表面油漆厚度的定位测量装置及其测量方法

申请号：201310712938. 1

主分类号：G01B 21/08（2006. 01）

申请人：马钢（集团）控股有限公司；马鞍山钢铁股份有限公司

发明人：耿广金；叶斌；于景辉；贺建平

摘要：本发明属于轨道用车轮产品质量的检验设备，尤其涉及一种轨道用车轮辐板表面油漆厚度的定位测量装置。特点是该装置由罗盘定向测位仪、辐板外侧样板和辐板内侧样板组成，罗盘定向测位仪由罗盘、主杆架和芯柱连接构成，罗盘固定在轴承上，轴承套装在主杆架上，罗盘绕主杆架自由转动；辐板的内、外侧样板下沿分别与车轮辐板的内外侧形状相对应，样板的一端垂直地插装在带插槽的罗盘上，下沿与附着在辐板的内外侧上；油漆测厚仪对准辐板样板标志的检测点进行检测。优点是构思新颖，结构简单、合理；解决车轮辐板凹凸面、平面、斜面、圆弧点喷涂漆膜厚度的测量的难题，快速、准确检测漆膜厚度，为车轮防锈和车轮使用提供可靠的依据。

专利名称：辗钢火车车轮冲孔装置

申请号：201310715206. 8

主分类号：B21D 28/30（2006. 01）

发明人：许章泽；李新；谢峰；傅立东；王健

申请人：马钢（集团）控股有限公司；马鞍山钢铁股份有限公司

摘要：辗钢火车车轮冲孔装置属于车轮热压成形技术领域，尤其涉及一种应用于辗钢车轮中心冲孔装置。特点是冲孔机构由冲孔小缸、柱塞、冲孔芯轴、冲头、模座、上导卫和冲孔套构成，柱塞置于冲孔小缸内，柱塞下端由紧固螺栓连接冲孔芯轴；冲头上部设螺纹，与冲孔芯轴下端设的螺纹配合连接；上模上设台阶孔，冲孔套置于台阶孔中，上导卫下端卡装在上模台阶上，上端套装在模座中，上模由螺栓与模座固定连接，冲头置于在冲孔套和上导卫内。优点是构思新颖，结构简凑、合理；冲头工作面处直径可以设计成60~150mm，实现小孔径车轮的辗轧冲孔成形；冲头拆卸和紧固方便快捷，每次维修更换时间仅需要20min，提高工作效率，降低劳动强度。

专利名称：上推式车轮压字装置

申请号：201310727318. 5

主分类号：B41K 3/02（2006. 01）

发明人：刘爱兵；许杰峰；王洋；易峻坚；耿培涛；陆伟斐；辛昌杰；程旭辉；曹志勇；龚胜辉

申请人：马钢（集团）控股有限公司；马鞍山钢铁股份有限公司

摘要：上推式车轮压字装置属于金属零件标识技术领域，尤其涉及一种火车车轮的标识压字装置。特点是该装置由机架、自动进字机构、顶压机构和设在辊道旁的控制机构组成；所述的机架呈方框形，跨设在运输辊道正上方，机架上横梁下方设自动进字机构和标识字盒，下横梁上方设顶压机构，工作压力不低于180kN，进字机构、顶压机构上下垂直相对，同处于运输辊道轴向的中垂线上，顶压机构顶面低于运输辊道水平面，压字时，顶起车轮压到标设字符。优点是构思新颖，结构简凑、合理；满足了国内精品车轮和欧标车轮标识要求，提高了车轮生产效率，大大降低标识错误产生的废品，提高了成品率，降低了车轮生产成本，有利于生产顺利进行。

专利名称：铁路机车用车轮钢及车轮制备方法

申请号：201310731278.1

主分类号：C22C 38/18（2006.01）

发明人：孙曼丽；陈刚；江波；赵海；钟斌；王世付；程德利；李翔

申请人：马钢（集团）控股有限公司；马鞍山钢铁股份有限公司

摘要：本发明公开了一种铁路机车用车轮钢，其化学成分质量百分比为：C 0.46%~0.55%，Si 0.20%~0.37%，Mn 0.70%~0.85%，Cr 0.24%~0.32%，Al_s 0.020%~0.040%，P≤0.008%，S≤0.008%，其余为Fe和不可避免的杂质元素；本发明还公开了一种铁路货车用高碳低合金车轮钢制备车轮的方法，包括热处理工序，所述热处理工序为：在860~880℃保温3~3.5h，出炉空冷至室温，然后在840~860℃保温4h，喷水冷却轮辋400s，然后在480~500℃保温5h后，出炉空冷。

专利名称：一种提高塑性的铁路货车用高碳车轮钢及其车轮的制备方法

专利号：201310736262.X

主分类号：C22C 38/18（2006.01）

申请人：马钢（集团）控股有限公司；马鞍山钢铁股份有限公司

发明人：钟斌；陈刚；王世付；江波；李翔；赵海；邓荣杰；孙曼丽

摘要：一种提高塑性的铁路货车用高碳车轮钢及其车轮制备方法，化学成分质量百分比为：C 0.70%~0.75%，Si 0.70%~1.00%，Mn 0.60%~0.90%，0<Cr≤0.35%，Al_s 0.010%~0.030%，P≤0.020%，S≤0.040%，其余为Fe和不可避免的杂质元素，热处理工序为：轧制、粗加工后的车轮随炉升温至850~880℃后保温，总加热时间为2.5~3.0h，出炉空冷至室温；再将车轮随炉升温至840~860℃后保温，总加热时间为2.5~3.0h，出炉喷水冷却450s；然后放入490~510℃炉中，保温4.5~5.5h后，出炉空冷至室温，使车轮在保持高强度和硬度基础上，显著提高高碳车轮钢的塑性，从而获得良好的综合性能，保证车轮的安全使用性能。

专利名称：铁路货车用高韧性车轮钢及车轮制备方法

申请号：201310736264.9

主分类号：C22C38/08（2006.01）

发明人：赵海；江波；陈刚；王世付；李翔；钟斌；孙曼丽

申请人：马钢（集团）控股有限公司；马鞍山钢铁股份有限公司

摘要：本发明公开了一种铁路货车用高韧性车轮钢，其化学成分质量百分比为：C 0.63%~0.69%，Si 1.00%~1.20%，Mn 0.90%~1.10%，Ni 0.15%~0.30%，Al_s 0.010%~0.030%，P≤0.015%，S≤0.015%，其余为Fe和不可避免的杂质元素。本发明还公开了一种采用上述高韧性车轮钢制备车轮的方法，包括热处理工序，所述热处理工序为：在830~850℃保温2.0~2.5h后空冷，然后在840~860℃保温2.0~2.5h，喷水冷却轮辋至550℃以下，然后在500~520℃回火处理4.5~5.0h。

专利名称：变距式火车车轮自适应输送装置

申请号：201310738654.X

主分类号：B65G 13/02（2006.01）

发明人：刘爱兵；许杰峰；程旭辉；王洋；耿培涛；姜士勇；王鑫；沈德清；罗文

申请人：马钢（集团）控股有限公司；马鞍山钢铁股份有限公司

摘要：变距式火车车轮自适应输送装置属于圆盘形金属制品输送装置，尤其涉及一种火车车轮的输送装置。特点是该装置还包括异型底板、调整机构、辊道支座和导向机构，所述的辊道支座上设由滚动直线导轨副、导轨座和刻度尺构成的导向机构，导向机构对辊道输送机构起着支撑、导向作用；导向机构上设异型底板，异型底板与由关节轴承、具有自锁功能的梯形丝杠、丝杠螺母、齿轮轴、大齿轮、波纹手轮和调整机构支座构成的调整机构连接，调整机构用来调整辊道的开档。优点是构思新颖，结构简凑、合理；操作方便，运行可靠，使车轮在检测线上的运输更加方便，同一条运输辊道可以适应各种车轮的输送要求，为合理组产提供了保证，降低车轮生产成本。

专利名称：组合式火车车轮淬火冷却装置
申请号：201310747164.6
主分类号：C21D 1/667（2006.01）
发明人：安涛；程德利；李翔；肖峰；邓荣杰；雍军；徐红
申请人：马钢（集团）控股有限公司；马鞍山钢铁股份有限公司
摘要：组合式火车车轮淬火冷却装置属于车轮热处理装置。特点是喷水器由壳体、进水机构、调节机构和组合喷嘴组成，进水机构由外环管、上环管、下环管和弹性软管连接构成进水通道，外环管和上环管设控制阀，两环管固定在壳体四周内壁上；上环管至少设6只上喷嘴座，由弹性软管与上喷嘴连接连通；外环管由连接管与下环管连接连通，下环管至少设12只下喷嘴座，由弹性软管与下喷嘴连接连通；调节机构由调节支架构成，一端由连接头与下喷嘴座连接，另一端与组合喷嘴连接；组合喷嘴由上喷嘴和下喷嘴构成，上喷嘴装在下喷嘴内，下喷嘴固定在喷嘴支座上。优点是构思新颖，结构简凑、合理；提高淬火均匀性，提高生产效率，改善作业环境，保证生产顺利进行。

专利名称：一种用于回转体多件包装的隔垫
申请号：201320314937.7
主分类号：B65D 61/00（2006.01）
发明人：傅立东；谢峰；张磊；许章泽
申请人：马钢（集团）控股有限公司；马鞍山钢铁股份有限公司
摘要：本实用新型提供了一种用于回转体多件包装的隔垫。回转体层叠置于底座上，螺杆穿过回转体的中心孔，上方压盖覆盖顶部的回转体，并压紧压盖。该隔垫是一种环件，它的外径相当于相邻的两个回转体层叠在一起时接触面的大小。在隔垫的上下两面都设有凸台，凸台的形状与直径都与回转体的中心孔匹配。在隔垫中心的内圆大小则与中心的螺杆相匹配。隔垫上的凸台分别与上下两个回转体的中心孔合在一起。隔垫上下表面与回转体之间都设有环形的橡胶垫。本实用新型从水平方向上固定了回转体，防止回转体出现水平窜动，从而保证了回转体多件包装的稳定性，避免包装散开、倒塌。同时隔垫结构简单，易于实现。

专利名称：一种椭圆环件的简易矫正装置
申请号：201320315148.5
主分类号：B21D 3/14（2006.01）
发明人：范兴海；沈斌；曹勇；许杰峰；施法刚；毛庆云
申请人：马钢（集团）控股有限公司；马鞍山钢铁股份有限公司
摘要：本实用新型提供了一种椭圆环件的简易矫正装置。包括底座、机架、千斤顶、定位杆和顶撑杆，所述顶撑杆安装在所述千斤顶的顶部，所述定位杆和所述千斤顶的底部都通过所述机架固定在底座上。在机架的一侧设有两个彼此平行的水平托辊，水平托辊通过托辊支架安装在底座上。水平托辊垂直于机架中的钢板，并相对于底座上与水平托辊平行的对角线对称。在矫正状态下，椭圆环件垂直放置在所述底座上，所述顶撑杆、所述定位杆均位于所述椭圆环件内；所述定位杆和所述顶撑杆的中心线重合，垂直于所述底座并与所述椭圆环件的轴线相交。本实用新型既能完成对少数椭圆度超差的椭圆环件的矫正工作，又具有成本低廉、占据空间小、易于操作维护的优点。

专利名称：一种成品车轮外观检查装置
申请号：201320602360.X
主分类号：B65G 37/00（2006.01）
发明人：王洋；刘爱兵；许杰峰；易峻坚；耿培涛；许捷；龚胜辉；沈德清
申请人：马钢（集团）控股有限公司；马鞍山钢铁股份有限公司

摘要：本实用新型揭示了一种成品车轮外观检查装置，该装置包括第一检查输送机构、翻轮机构、第二检查输送机构。第一检查输送机构和第二检查输送机构之间设有翻轮机构，所述第一检查输送机构和第二检查输送机构均包括两个液压缓冲器、第一上料模块、第一运输模块、检查模块、第二运输模块、第二上料模块，第一上料模块和检查模块通过第一运输模块连接，第二上料模块和检查模块通过第二运输模块连接。本实用新型通过改变成品车轮外观检查过程中的运输方式以及车轮，实现成品车轮外观检查时，车轮不再受到磕碰与划伤。

专利名称：钢锭除鳞装置
申请号：201320621694.1
主分类号：B21B 45/08（2006.01）
发明人：耿培涛；刘爱兵；王洋；吴会超；许杰峰；徐红
申请人：马钢（集团）控股有限公司；马鞍山钢铁股份有限公司

摘要：一种钢锭除鳞装置，利用轴向柱塞马达带动小型减速机输出扭矩，带动转台转动，转台带动钢锭转动，实现旋转多圈的功能，彻底消除上下面及侧面黑印的困扰，该装置还包括动力驱动源、定台和穿过定台中部通孔的转轴结构，定台和转台之间设有耐磨铜滑板；所述液压马达与连接架相连，连接架和定台连接。本实用新型提供了一种圆柱钢锭旋转装置，既节省投资，又能消除高压水除鳞带来上下表面及侧面黑印给钢锭带来的影响，保证了产品的成材率，提高产品的合格率，降低生产成本。

专利名称：车轮油压机脱模缸
申请号：201320827366.7
主分类号：F15B 15/14（2006.01）
发明人：耿培涛；刘爱兵；王洋；辛昌杰；许杰峰；徐红；江涛；吴会超；胡晓丽
申请人：马钢（集团）控股有限公司；马鞍山钢铁股份有限公司

摘要：车轮油压机脱模缸属于锻压设备零部件，尤其涉及一种油压机锻压坯料的推出装置。特点是所述的活动横梁下端设凹槽，凹槽周围设螺纹孔，活动横梁设油孔，与脱模缸的油孔对接；所述的上垫板设台阶孔，台阶孔与活动横梁的凹槽中心线同在一条直线上，台阶孔周围均设通孔和螺纹孔，通孔与活动横梁上的螺纹孔相配合，由螺栓将上垫板固定在活动横梁上；脱模缸置于台阶孔内，上端顶在活动横梁的凹槽中，由螺栓固定在上垫板上，柱塞装于缸体内。优点是构思新颖，结构简凑、合理；脱模缸整体安装与拆卸，维修时间减少到2h，降低工作人员的劳动强度，大大提高油压机的作业率，消除拆除、装配上垫板的安全隐患。

专利名称：油压机油罐液位监控装置
申请号：201320827401.5
主分类号：B30B 15/26（2006.01）
发明人：耿培涛；辛昌杰；刘爱兵；徐红
申请人：马钢（集团）控股有限公司；马鞍山钢铁股份有限公司

摘要：油压机油罐液位监控装置属于液体液面指示器技术领域，尤其涉及一种利用磁性操作的指示装置。特点是由压力油罐、液位监测机构和PLC控制器连接构成，所述的液位监测机构由连通管、磁性浮筒和位移传感器连接构成，监测机构设进油孔，与油罐外壁设的法兰配合，由垫圈、螺栓固定在油罐上；位移传感器与置于控制室内的PLC控制器电气连接。优点是构思新颖，结构简凑、合理；使用位移传感器，通过编程可以将油罐液位的报警位和跳泵位进行精确控制在毫米范围内，液压系统有漏油现象，及时给出报警信号，避免发生大量漏油，节约用油，降低生产成本，减少环境污染，适时补充液压油，保证生产顺利进行。

专利名称：大型油压机主缸水平度在线监测装置
申请号：201320828704.9

主分类号：G01C 9/00（2006.01）

发明人：耿培涛；刘爱兵；吴会超；王洋；许杰峰；徐红；江涛；辛昌杰；孙旺明；胡晓丽

申请人：马钢（集团）控股有限公司；马鞍山钢铁股份有限公司

摘要：大型油压机主缸水平度在线监测装置属于油压机动态平衡测试技术领域，尤其涉及一种用于测定和校正油压机主缸的水平状态的装置。特点是主缸四侧至少设置三套以上主缸单侧位置监测机构；所述的主缸单侧位置监测机构由管架、位移传感器、磁环套架和底座连接构成；所述的管架下端设导向套，上端设通孔，由螺栓固定在上梁上，管架套装在位移传感器的测杆上；所述磁环套架上设磁环，磁环套架一端套装在位移传感器的测杆上，另一端与主缸连接；所述的底座上端设螺纹孔与测杆的安装螺纹配合，底座下端设通孔，由螺栓固定在侧立柱上。优点是构思新颖，结构简单、紧凑；测定及时、准确、可靠，减少废品，提高合格率，改善产品质量。

专利名称：环形件检测线下料定位装置

申请号：201320834005.5

主分类号：B65G 47/74（2006.01）

发明人：刁山松；王志刚；潘胜利；徐红；施发刚

申请人：马钢（集团）控股有限公司；马鞍山钢铁股份有限公司

摘要：环形件检测线下料定位装置属于物流用吊具技术领域，尤其涉及一种应用于车轮检测线的下料组垛装置。特点是该装置由定位套和底板组成，所述的底板与机械手下料台固定，底板中心设定位螺杆，定位套套装在定位螺杆上，由螺母紧固；底板上设4个“L”形筋条，按中心对称设置，筋条底部构成十字形凹槽，套笼的两对底脚与凹槽配合，稳固定位套笼。优点是构思新颖，结构简凑、合理；底板的十字形凹槽与套笼的十字形底脚相配合，实现精确定位，减少包装件、机械手因碰撞造成的损坏，提高环形产品自动生产线物流效率，降低生产成本；减少人工操作，消除安全隐患。

专利名称：辗钢火车车轮冲孔装置

申请号：201320852256.6

主分类号：B21D 28/30（2006.01）

发明人：许章泽；李新；谢峰；傅立东；王健；徐红

申请人：马钢（集团）控股有限公司；马鞍山钢铁股份有限公司

摘要：辗钢火车车轮冲孔装置属于车轮热压成形技术领域，尤其涉及一种应用于辗钢车轮中心冲孔装置。特点是冲孔机构由冲孔小缸、柱塞、冲孔芯轴、冲头、模座、上导卫和冲孔套构成，柱塞置于冲孔小缸内，柱塞下端由紧固螺栓连接冲孔芯轴；冲头上部设螺纹，与冲孔芯轴下端设的螺纹配合连接；上模上设台阶孔，冲孔套置于台阶孔中，上导卫下端卡装在上模台阶上，上端套装在模座中，上模由螺栓与模座固定连接，冲头置于在冲孔套和上导卫内。优点是构思新颖，结构简凑、合理；冲头工作面处直径可以设计成60~150mm，实现小孔径车轮的辗轧冲孔成形；冲头拆卸和紧固方便快捷，每次维修更换时间仅需要20min，提高工作效率，降低劳动强度。

专利名称：上推式车轮压字装置

申请号：201320864019.1

主分类号：B41K 3/02（2006.01）

发明人：刘爱兵；许杰峰；王洋；易峻坚；耿培涛；陆伟斐；辛昌杰；程旭辉；曹志勇；龚胜辉

申请人：马钢（集团）控股有限公司；马鞍山钢铁股份有限公司

摘要：上推式车轮压字装置属于金属零件标识技术领域，尤其涉及一种火车车轮的标识压字装置。特点是该装置由机架、自动进字机构、顶压机构和设在辊道旁的控制机构组成；所述的机架呈方框形，跨设在运输辊道正上方，机架上横梁下方设自动进字机构和标识字盒，下横梁上方设顶压机构，工作压力不低于180kN，进字机构、顶压机构上下垂直相对，同处于运输辊道轴向的中垂线上，顶压机构顶面低于运输辊道水平面，压字时，顶起车轮压到标设字符。优点是构思新颖，结构简凑、合理；满足了国内精品车轮和欧标车轮标识要求，提高了车轮生产效率，大大降低标识错误产生的废品，提高了成品率，降低了车轮生产成本，有利于生产顺利进行。

专利名称：变距式火车车轮自适应输送装置
申请号：201320876056.4
主分类号：B65G 13/02（2006.01）
发明人：刘爱兵；许杰峰；程旭辉；王洋；耿培涛；姜士勇；王鑫；沈德清；罗文
申请人：马钢（集团）控股有限公司；马鞍山钢铁股份有限公司

摘要：变距式火车车轮自适应输送装置属于圆盘形金属制品输送装置，尤其涉及一种火车车轮的输送装置。特点是该装置还包括异型底板、调整机构、辊道支座和导向机构，所述的辊道支座上设由滚动直线导轨副、导轨座和刻度尺构成的导向机构，导向机构对辊道输送机构起着支撑、导向作用；导向机构上设异型底板，异型底板与由关节轴承、具有自锁功能的梯形丝杠、丝杠螺母、齿轮轴、大齿轮、波纹手轮和调整机构支座构成的调整机构连接，调整机构用来调整辊道的开档。优点是构思新颖，结构简凑、合理；操作方便，运行可靠，使车轮在检测线上的运输更加方便，同一条运输辊道可以适应各种车轮的输送要求，为合理组产提供了保证，降低车轮生产成本。

专利名称：组合式火车车轮淬火冷却装置
申请号：201320884157.6
主分类号：C21D 1/667（2006.01）
发明人：安涛；程德利；李翔；肖峰；邓荣杰；雍军；徐红
申请人：马钢（集团）控股有限公司；马鞍山钢铁股份有限公司

摘要：组合式火车车轮淬火冷却装置属于车轮热处理装置。特点是喷水器由壳体、进水机构、调节机构和组合喷嘴组成，进水机构由外环管、上环管、下环管和弹性软管连接构成进水通道，外环管和上环管设控制阀，两环管固定在壳体四周内壁上；上环管至少设 6 只上喷嘴座，由弹性软管与上喷嘴连接连通；外环管由连接管与下环管连接连通，下环管至少设 12 只下喷嘴座，由弹性软管与下喷嘴连接连通；调节机构由调节支架构成，一端由连接头与下喷嘴座连接，另一端与组合喷嘴连接；组合喷嘴由上喷嘴和下喷嘴构成，上喷嘴装在下喷嘴内，下喷嘴固定在喷嘴支座上。优点是构思新颖，结构简凑、合理；提高淬火均匀性，提高生产效率，改善作业环境，保证生产顺利进行。

专利名称：一种车轮轮辋自动超声波探伤方法
申请号：201410058348.6
主分类号：G01N 29/04（2006.01）
发明人：穆惠青；肖峰；王翔
申请人：马钢（集团）控股有限公司；马鞍山钢铁股份有限公司

摘要：本发明提供一种应用于车轮技术领域的成品车轮自动超声波探伤方法，所述的探伤方法的步骤包括：探伤探头Ⅰ和探伤探头Ⅱ分别对车轮轮辋的踏面Ⅰ和内侧面Ⅰ所包含的轮辋内部缺陷进行数据采集；然后探伤探头Ⅰ和探伤探头Ⅱ分别对成品车轮轮辋踏面Ⅱ和内侧面Ⅱ所包含的轮辋内部进行数据采集，探伤仪将车轮样轮数据和成品车轮数据进行对比，成品车轮数据在车轮样轮数据范围之内，则成品车轮符合要求，成品车轮数据超出车轮样品数据范围之内，则成品车轮不符合要求，通过本发明的探伤方法，能准确、快捷地对生产线上的成品车轮轮辋内部进行超声波探伤，减少成品车轮轮辋内部缺陷漏报率，提高产品质量。

专利名称：火车车轮轮毂孔检验装置及其检验方法
申请号：201410081717.3
主分类号：G01B 5/00（2006.01）
申请人：马钢（集团）控股有限公司；马鞍山钢铁股份有限公司

发明人：叶斌；耿广金

摘要：火车车轮轮毂孔检验装置，尤其涉及车轮轮毂孔检验装置。特点是上料工位侧至少设三个由盖板、支撑环座和储架筒构成的停放车轮的托架，环绕上料悬臂吊吊具回转弧线下方的地平上设置相同数量的地坑与其匹配，支承环座固定在地坑坑口，盖板扣盖在支承环座上，与地平齐；储架筒置于地坑中，储架筒和地坑深度与串垛车轮的笼架的高度相当，由笼架串垛的车轮置于托架上。优点是构思新颖，结构简凑、合理；操作简便，减少操作人员，杜绝了车轮轮毂孔缺陷和尺寸超差的漏检；避免车轮轮毂孔检验过程中的砸伤、拉伤、碰伤，每台班检达160件以上，提高工作效率；同时消除安全隐患，保障操作人员的人身安全，保障生产顺利进行。

专利名称：车轮钢以及车轮热处理方法

申请号：201410234460.0

主分类号：C22C 38/46（2006.01）

发明人：鲁松；李翔；王世付；邓荣杰；蒋培华；徐红

申请人：马钢（集团）控股有限公司；马鞍山钢铁股份有限公司

摘要：本发明涉及一种车轮钢以及车轮热处理方法，按照质量百分比含有如下组分：C 0.60%~0.67%，Si 0.80%~1.00%，Mn 0.60%~0.80%，P≤0.03%，S≤0.03%，Cr 0.18%~0.23%，Ni≤0.25%，Mo≤0.06%，V≤0.10%，Cu≤0.20%，余量为Fe和不可避免杂质。车轮采用上面所述的车轮钢制成，包括如下步骤：淬火前加热；淬火；辐板保护；回火。本发明的热处理工艺技术在确保高碳钢车轮轮辋强度、硬度的前提下有效降低车轮辐板强度而提高其韧性，获得优良的车轮整体综合性能，保证了产品的使用安全性和可靠性。

专利名称：一种中碳低合金地铁用车轮钢及其制造方法

申请号：201410247587.6

主分类号：C22C 38/18（2006.01）

发明人：江波；赵海；陈刚；钟斌；李翔；鲁松；邹强；孙曼丽

申请人：马钢（集团）控股有限公司；马鞍山钢铁股份有限公司

摘要：本发明涉及一种中碳低合金地铁用车轮钢及其制造方法，其化学成分质量百分比为：C 0.50%~0.60%，Si 0.80%~1.20%，Mn 0.90%~1.10%，Cr 0.15%~0.35%，Al_s 0.010%~0.030%，P≤0.015%，S≤0.015%，其余为Fe和不可避免的杂质元素。制造方法包括如下步骤：电炉冶炼工序—切锭轧制工序—热处理工序。本发明制备的车轮在轮辋韧性基本保持不变的前提下，强硬度显著增加，有效提高了车轮的耐磨性能，减小车轮在使用过程中剥离、磨耗发生的几率。同时，本发明制成的车轮能够保持原有车轮的铁素体-珠光体组织状态，不增大车轮制备的难度。

专利名称：一种大直径折台辐板车轮的制造方法

申请号：201410409922.8

主分类号：B23P 15/00（2006.01）

发明人：谢峰；许章泽；徐红

申请人：马钢（集团）控股有限公司；马鞍山钢铁股份有限公司

摘要：本发明公开了一种大直径折台辐板车轮的制造方法，包括以下工艺流程：锯坯工序—锻造前加热工序—锻造工序—轧制工序—压弯工序，其中，锻造工序，车轮成形时成形坯上压制出车轮辐板的折台，且在预成形阶段使折台内外金属分配量合理；轧制工序，使辐板轧辊轧制时不与折台部位产生干涉；轧制时在车轮的内径面和辐板轧辊的型面之间预留一个非接触角度；压弯工序，压弯时采用压弯模贴合折台内凹侧辐板的压弯方式，定位压弯模时压弯模靠近折台处留有空间；该大直径折台辐板车轮的制造方法，避免了常规车轮轧制方法对折台辐板车轮产生的潜在风险，提高了金属成材率和生产效率，实现此类车轮的稳定和批量生产。

专利名称：一种车轮检测装置

申请号：201410577641.3

主分类号：G01D 21/00（2006.01）

发明人：刘爱兵；许杰峰；王洋；耿培涛；程旭辉；王鑫；曹志勇；龚胜辉

申请人：马钢（集团）控股有限公司；马鞍山钢铁股份有限公司

摘要：本发明提供一种应用于火车车轮生产辅助设备技术领域的车轮检测装置，所述的一种车轮检测装置包括装置底座（1），所述的装置底座（1）上设置垂直布置的升降油缸（2），升降油缸（2）的活塞杆与关节轴承（3）下端部连接，所述的关节轴承（3）上端部安装轴承（4），轴承（4）上活动套装锥形套（5），待检测车轮（6）设置为能够通过轮毂活动套装在锥形套（5）上的结构，所述的升降油缸（2）与能够控制关节轴承（3）伸缩的控制开关（18）连接。本发明所述的检测装置，结构简单，能够方便快捷地完成车轮外观检测，并且在检测时能够降低检测人员的劳动强度，不需要检测人员频换变换位置，提高车轮外观检测效率。

专利名称：一种轧制辐板的轧机

申请号：201410578574.7

主分类号：B21B 31/07（2006.01）

发明人：耿培涛；刘爱兵；辛昌杰；王洋；胡晓丽；许杰峰；江涛；吴会超

申请人：马钢（集团）控股有限公司；马鞍山钢铁股份有限公司

摘要：本发明提供一种应用于轧机设备技术领域的轧制辐板的轧机，所述的轧制辐板的轧机包括辐板辊轴（1），辐板辊（2）与辐板辊轴（1）连接，所述的辐板辊轴（1）包括辐板辊轴本体（3）和连接轴（4），辐板辊轴本体（3）端头部设置安装孔（5），连接轴（4）一端固定安装在安装孔（5）内，连接轴（4）另一端固定套装辐板辊（2），本发明的轧制辐板的轧机，当容易损坏的连接轴部分损坏后，将连接轴进行更换，而辐板辊轴仍可以继续重复使用。这样，不仅提高了轧机及其辐板辊轴的使用寿命，而且轧机的备件费用也相应明显降低，节约了成本。

专利名称：一种环形件热处理用工装

申请号：201410647670.2

主分类号：C21D 9/40（2006.01）

发明人：鲁松；李翔；肖峰；王世付；邓荣杰；毕军华；沙杰

申请人：马钢（集团）控股有限公司；马鞍山钢铁股份有限公司

摘要：本发明提供一种应用于环形件生产加工设备技术领域的环形件热处理用工装，所述的工装的托盘（1）上设置多个下部通孔（2），托盘（1）表面设置多个支撑板件（3），多个支撑板件（3）沿托盘（1）一周按间隙布置，支撑板件（3）之间形成多个扇形的间隙部（4），环形件（5）设置为能够放置在支撑板件（3）上的结构。本发明所述的热处理用工装，结构简单，能够实现环形件多垛装炉加热、在井式炉中加热时加热均匀，起吊运输方便稳定，且整个工装经久耐用。本发明所述的工装，尤其适用于较小直径的环形件（≤600mm）需用较大直径的井式炉（内径≥3m）进行热处理时的需求。

专利名称：一种车轮磁粉探伤机的磁化单元

申请号：201410653869.6

主分类号：G01N 27/84（2006.01）

发明人：王洋；许杰峰；耿培涛；沈德清；史海鸥；王鑫；程旭辉

申请人：马钢（集团）控股有限公司；马鞍山钢铁股份有限公司

摘要：本发明揭示了一种车轮磁粉探伤机的磁化单元，待测车轮斜靠固定在探伤台的驱动轴上，所述磁化单元包括分别位于待测车轮辐板两侧的同心线圈组，以及位于待测车轮外的交叉线圈，所述同心线圈组是由三个线圈构成的同心圆线圈，其中一组同心线圈组与水平垂直，另一组同心线圈组与待测车轮平行。本发明通过对车轮磁粉探伤机的磁化单元改进，使得车轮磁粉探伤机满足了现场探伤需求，磁化单元磁化效果好，并且改造成本低，可对轮对进行周纵向复合磁化，对车轮内外轮辋、辐板、轮缘、踏面等部位磁场覆盖，一次探伤可对工件各部实现有效磁粉检测。

专利名称：车轮在线磁粉探伤用磁悬液混合搅拌装置
申请号：201410744524.1
主分类号：B01F 13/10（2006.01）
发明人：肖峰；俞卫权；孔令文；毕翔；刘海波；王翔；张盛华；陶国强
申请人：马钢（集团）控股有限公司；马鞍山钢铁股份有限公司

摘要：本发明公开了一种车轮在线磁粉探伤用磁悬液混合搅拌装置，属于磁粉探伤机的附件。该装置的搅拌桶设有抽料孔、回流孔、溢流孔，桶壁内环设带折流孔的折流板，桶壁与折流板形成折流腔，桶壁上的回流孔与折流腔相接相通；液流搅拌机构的单向定量液压泵分别经阀、管道与搅拌桶抽料孔、回流孔、溢流孔及喷淋机构相接相通；气体搅拌机构的进气管由搅拌桶中心轴线伸入底部与环管连接，带出气孔的环管固定在搅拌桶底部内侧。优点是该装置采用液体回流机构与气动搅拌机构相结合，磁悬液经折流板上的折流孔，形成喷溅液流，提高磁悬液的湍流程度；气动搅拌机构的环管在搅拌桶底部形成上升气流，抵消磁粉的自沉淀，磁粉用量减少，检测结果的准确性高。

专利名称：火车车轮运输变向装置
申请号：201410747656.X
主分类号：B65G 47/52（2006.01）
发明人：程旭辉；沈斌；许杰峰；王洋；耿培涛；姜世勇；王鑫；李峰；龚胜辉
申请人：马钢（集团）控股有限公司；马鞍山钢铁股份有限公司

摘要：本发明公开了一种火车车轮运输变向装置，属于金属轧制过程中工件的转移装置。该装置的运送机构设辊道架、辊子和输送电机，旋转机构设回转支架、回转支撑、旋转电机和旋转底座，升降机构设油缸、导向机构和油缸底座，旋转底座、油缸底座分别固定在混凝土基础上，运送机构的辊道架置于设在回转支架上端面的支撑座上，运送机构的辊道架下端转动连接升降机构的油缸，升降机构的油缸管路连接液压机构，输送电机、旋转电机、液压机构分别与电控装置电气连接。优点是该装置的运送机构下降时前端面与机床出料辊道、检测线运输辊道齐平对接，减小两者之间的对接缝隙，适用于不同规格火车车轮，尤其是小直径车轮，避免运输过程中出现打滑、掉道事故。

专利名称：火车车轮偏心度测定器
申请号：201410777124.0
主分类号：G01B 5/252（2006.01）
发明人：国新春；谢峰；吕永华；王健；程德利；鲁松；王志刚；许章泽
申请人：马钢（集团）控股有限公司；马鞍山钢铁股份有限公司

摘要：火车车轮偏心度测定器属于火车车轮生产附件，尤其涉及一种火车车轮轧制偏心度测量工具。该测定器由主尺、游尺和滑动套管连接构成，所述的游尺设有长度单位刻度，游尺垂直套设在主尺一侧，由紧固件固定；所述的主尺设有长度单位刻度，滑动套管套设在主尺上，由紧固件固定，露出主尺的长度单位刻度。该定位尺采用主尺与游尺相配合，两者上的壳面挡足、辋面挡足进行定位，可以通过定量地分析、判断火车车轮轮辋轧制偏心方向，为后续精轧提供准确数据，及时进行精轧轧制调整，矫正偏心，降低车轮因偏心而造成的废品率，同时降低了车轮废品回炉率，能源消耗减少，有效地节约生产成本。

专利名称：成垛包装的车轮的侧面护罩
申请号：201420198133.X
主分类号：B65D 59/00（2006.01）
发明人：傅立东；谢峰；徐红；许章泽

申请人：马钢（集团）控股有限公司；马鞍山钢铁股份有限公司

摘要：成垛包装的车轮的侧面护罩属于包装，尤其涉及钢质回转体车轮的包装。特点是每件车轮上设柔韧的纸质角形护罩，角形护罩由水平翼和竖直翼连接构成，其水平翼紧贴车轮轮辋的内侧面一周，防护轮辋，挂住护罩；其竖直翼与车轮轮缘、踏面等宽，围绕车轮轮缘、踏面一周，护住车轮轮缘、踏面。优点是构思新颖，结构简凑合理、实用；有效地解决成垛包装的车轮在运输过程中造成的车轮表面划痕、磨损和碰撞伤问题，避免或减少修复车轮表面损伤的费用，降低成本，满足客户或最终用户的潜在需求（表面质量要求），提高客户满意度。

专利名称：火车车轮打字机用圆心定位尺

申请号：201420752797.6

主分类号：G01B 5/00（2006.01）

发明人：张盛华；陶国强；俞卫权

申请人：马钢（集团）控股有限公司；马鞍山钢铁股份有限公司

摘要：本实用新型公开了一种火车车轮打字机用圆心定位尺，属于车轮打字机的附件。特点是至少由三把钢板尺和一组螺杆、螺帽构成，钢板尺的尺面上均设毫米刻度，一端设圆形通孔，通孔的直径小于钢板尺的宽度，通孔的圆心与钢板尺的中心轴线在同一直线上；螺杆与通孔间隙配合穿设于钢板尺的通孔中，由螺帽固定，通孔的圆心与螺杆的中心轴线在同一直线上。优点是该定位尺采用多把钢板尺由螺杆、螺帽转动固定在一起，可以满足各种车轮型号的中心定位，使用后可以折叠，存放方便；钢板尺上设置毫米刻度、通过设置螺杆圆柱面及螺杆杆尾圆锥孔，钢板尺的读数精度为毫米级，快速、准确定位，提高车轮轮毂中心定位精度，车轮轮毂标识字符打印符合生产工艺要求。

专利名称：车轮在线磁粉探伤用磁悬液混合搅拌装置

申请号：201420767339.X

主分类号：B01F 13/10（2006.01）

发明人：肖峰；俞卫权；孔令文；毕翔；刘海波；王翔；张盛华；陶国强

申请人：马钢（集团）控股有限公司；马鞍山钢铁股份有限公司

摘要：本实用新型公开了一种车轮在线磁粉探伤用磁悬液混合搅拌装置，属于磁粉探伤机的附件。该装置的搅拌桶设有抽料孔、回流孔、溢流孔，桶壁内环设带折流孔的折流板，桶壁与折流板形成折流腔，桶壁上的回流孔与折流腔相接相通；液流搅拌机构的单向定量液压泵分别经阀、管道与搅拌桶抽料孔、回流孔、溢流孔及喷淋机构相接相通；气体搅拌机构的进气管由搅拌桶中心轴线伸入底部与环管连接，带出气孔的环管固定在搅拌桶底部内侧。优点是该装置采用液体回流机构与气动搅拌机构相结合，磁悬液经折流板上的折流孔，形成喷溅液流，提高磁悬液的湍流程度；气动搅拌机构的环管在搅拌桶底部形成上升气流，抵消磁粉的自沉淀，磁粉用量减少，检测结果的准确性高。

专利名称：火车车轮运输变向装置

申请号：201420769972.2

主分类号：B65G 47/52（2006.01）

发明人：程旭辉；沈斌；许杰峰；王洋；耿培涛；姜世勇；王鑫；李峰；龚胜辉

申请人：马钢（集团）控股有限公司；马鞍山钢铁股份有限公司

摘要：本实用新型公开了一种火车车轮运输变向装置，属于金属轧制过程中工件的转移装置。该装置的运送机构设辊道架、辊子和输送电机，旋转机构设回转支架、回转支撑、旋转电机和旋转底座，升降机构设油缸、导向机构和油缸底座，旋转底座、油缸底座分别固定在混凝土基础上，运送机构的辊道架置于设在回转支架上端面的支撑座上，运送机构的辊道架下端转动连接升降机构的油缸，升降机构的油缸管路连接液压机构，输送电机、旋转电机、液压机构分别与电控装置电气连接。优点是该装置的运送机构下降时前端面与机床出料辊道、检测线运输辊道齐平对接，减小两者之间的对接缝隙，适用于不同规格火车车轮，尤其是小直径车轮，避免运输过程中出现打滑、掉道事故。

专利名称：火车车轮偏心度测定器
申请号：201420795359.8
主分类号：G01B 5/252（2006.01）
发明人：国新春；谢峰；吕永华；王健；程德利；鲁松；王志刚；许章泽
申请人：马钢（集团）控股有限公司；马鞍山钢铁股份有限公司

摘要：火车车轮偏心度测定器属于火车车轮生产附件，尤其涉及一种火车车轮轧制偏心度测量工具。该测定器由主尺、游尺和滑动套管连接构成，所述的游尺设有长度单位刻度，游尺垂直套设在主尺一侧，由紧固件固定；所述的主尺设有长度单位刻度，滑动套管套设在主尺上，由紧固件固定，露出主尺的长度单位刻度。该定位尺采用主尺与游尺相配合，两者上的壳面挡足、辋面挡足进行定位，可以通过定量地分析、判断火车车轮轮辋轧制偏心方向，为后续精轧提供准确数据，及时进行精轧轧制调整，矫正偏心，降低车轮因偏心而造成的废品率，同时降低了车轮废品回炉率，能源消耗减少，有效地节约生产成本。

专利名称：火车车轮偏心度测定器
申请号：201420795690.X
主分类号：G01B 5/252（2006.01）
发明人：国新春；李翔；谢峰；王健；吕永华；鲁松；程德利；肖峰；王志刚；许章泽
申请人：马钢（集团）控股有限公司；马鞍山钢铁股份有限公司

摘要：火车车轮偏心度测定器属于火车车轮生产附件，尤其涉及一种火车车轮轧制偏心度测量工具。该测定器由主尺、游尺和滑动套管连接构成，所述的游尺设有长度单位刻度，垂直设在滑动套管的一端，由紧固件固定；所述的主尺设有长度单位刻度，滑动套管滑套在主尺上，由紧固件固定，露出主尺的长度单位刻度。优点是该定位尺采用主尺与游尺相配合，两者上的壳面挡足、辋面挡足进行定位，可以通过定量地分析、判断火车车轮轮辋轧制偏心方向，为后续精轧提供准确数据，及时进行精轧轧制调整，矫正偏心，降低车轮因偏心而造成的废品率，同时降低了车轮废品回炉率，能源消耗减少，有效地节约生产成本。

专利名称：火车车轮辐板厚度检测量具
申请号：201420802678.7
主分类号：G01B 5/06（2006.01）
发明人：王志刚；潘胜利；刁山松
申请人：马钢（集团）控股有限公司；马鞍山钢铁股份有限公司

摘要：本实用新型公开了一种火车车轮辐板厚度检测量具，属于测量技术领域。量具由固定爪、活动爪、指示百分表和拉簧构成，固定爪和活动爪由销轴转动连接前端可开口的整体，固定爪和活动爪尾端均设手柄，拉簧两端分别固定在固定爪和活动爪的中后部，指示百分表安装于固定爪上，活动爪的顶杆与指示百分表触头相抵靠，固定爪和活动爪的前端相互抵靠，其接触点与销轴的中心在同一水平面上，销轴中心分别与接触点、触头的连线距离为（4~5）：1。该量具采用开口轭式的固定爪和活动爪，可以直接测量辐板的厚度，有效避开车轮轮辋区域干涉，加之指示百分表的精度高，读数准确，保证车轮精加工的质量，车轮使用安全得到很好地保障。

专利名称：一种车轮钢，其用途以及热处理方法
专利号：201510230962.0
主分类号：C22C 38/04（2006.01）
申请人：马钢（集团）控股有限公司；马鞍山钢铁股份有限公司
发明人：孙曼丽；江波；陈刚；方金凤；钟斌；邹强；赵海；宫彦华；李翔

摘要：本发明涉及一种车轮钢，其用途以及热处理方法，含有化学成分质量百分比为：C 0.68%~0.77%，Si≤1.00%，Mn≤1.20%，P≤0.025%，S≤0.025%，其余为Fe和不可避免的杂质元素。用于制造铁路货车车轮。热处理方法包括如下步骤：（1）车轮随炉升温至850~870℃；（2）保温；（3）轮辋喷

水冷却；(4) 在辐板中部温度降至730℃以下时，对辐板部位进行风冷；(5) 空冷；(6) 加热，回火，保温。采用本发明热处理后的高碳钢（C 0.68%~0.77%）铁路货车车轮在使得强度与常规高碳钢车轮相当的基础上，辐板冲击性能显著提高，从而获得了良好的综合力学性能，从而提高车轮使用安全性能。

专利名称：轨道列车车轮滚动圆直径的检测装置及其检测方法

申请号：201510306730.9

主分类号：G01B 5/08 (2006.01)

申请人：马钢（集团）控股有限公司；马鞍山钢铁股份有限公司

发明人：耿广金；叶斌；于景辉；吴娟；禹顺

摘要：本发明公开了一种轨道列车车轮滚动圆直径检测装置及其检测方法，所述检测装置包括置于所述车轮内辋面上的检测尺，所述检测尺的一端设有固定检测块，所述检测尺的另一端设有活动检测块，所述固定检测块及活动检测块和所述车轮上距离内辋面设定高度处接触对车轮滚动圆直径进行检测；所述检测方法利用上述的轨道列车车轮滚动圆直径检测装置来实现车轮滚动圆直径检测；本发明不仅能实现车辆成品滚动圆直径尺寸检测，且能检测滚动圆圆度，不仅检测方便，且检测准确度高。

专利名称：一种高强度、高韧性、抗热裂轨道交通用贝氏体钢车轮及其制造方法

申请号：201610527577.7

主分类号：C22C 38/04 (2006.01)

申请人：马钢（集团）控股有限公司；马鞍山钢铁股份有限公司

发明人：张明如；方政；张峰；殷潮海；蒲玉梅；程志远

摘要：本发明提供了一种高强度、高韧性、抗热裂轨道交通用贝氏体钢车轮及其制造方法，成分为：C 0.10%~0.40%，Si 1.00%~2.00%，Mn 1.00%~2.50%，Cu 0.20%~1.00%，B 0.0001%~0.035%，Ni 0.10%~1.00%，P≤0.020%，S≤0.020%，其余为铁和不可避免的残余元素；且1.50%≤Si+Ni≤3.00%，1.50%≤Mn+Ni+Cu≤3.00%。与现有技术相比，本发明通过钢的化学成分设计和车轮制造工艺，特别是热处理工艺和技术，使车轮轮辋获得无碳化物贝氏体组织结构；辐板、轮毂获得粒状贝氏体和过饱和铁素体组织为主的金相组织结构，车轮具有高强度、高韧性、抗热裂性能。

专利名称：一种高韧性轨道交通用贝氏体钢车轮及其制造方法

专利号：201610527582.8

主分类号：C22C 38/04 (2006.01)

申请人：马钢（集团）控股有限公司；马鞍山钢铁股份有限公司

发明人：张明如；赵海；张峰；方政；浦红；谢世红

摘要：本发明提供了一种高韧性轨道交通用贝氏体钢车轮及其制造方法，包含：C 0.10%~0.40%，Si 1.00%~2.00%，Mn 1.00%~2.50%，Ni 0.20%~1.00%，RE 0.001%~0.040%，P≤0.020%，S≤0.020%，其余为铁和不可避免的残余元素；且1.50%≤Si+Ni≤2.50%，2.00%≤Si+Mn≤4.00%。与现有技术相比，本发明通过热处理工艺，使车轮轮辋获得无碳化物贝氏体组织结构；辐板、轮毂获得粒状贝氏体和过饱和铁素体为主的金相组织结构，车轮具有高的屈服强度、韧性和低温韧性等综合力学性能，而且降低了成本，提高了车轮的使用寿命和综合效益。

专利名称：一种低成本精节生产的轨道交通用贝氏体钢车轮及其制造方法

申请号：201610528416.X

主分类号：C22C 38/04 (2006.01)

申请人：马钢（集团）控股有限公司；马鞍山钢铁股份有限公司

发明人：张明如；赵海；方政；张峰；邓荣杰；孙曼丽

摘要：本发明公开了一种低成本精节生产的轨道交通用贝氏体钢车轮及其制造方法，含有：C 0.15%~0.45%，Si 1.00%~2.50%，Mn 1.20%~3.00%，RE 0.001%~0.040%，P≤0.020%，S≤

0.020%，其余为铁和不可避免的残余元素；且 3.00%≤Si+Mn≤5.00%。与现有技术相比，通过合金设计和制造工艺，特别是热处理工艺和技术，车轮轮辋获得无碳化物贝氏体组织结构；辐板、轮毂获得粒状贝氏体和过饱和铁素体组织结构及少量珠光体，车轮具有高的综合力学性能；不特别添加 Mo、Ni、V、Cr 和 B 等合金元素，充分利用热处理工艺和技术，大幅度降低钢的成本，实现精节生产。

专利名称：新型热态金属分配器

申请号：201621146877.2

主分类号：B21J 13/00（2006.01）

发明人：傅立东；许章泽；王健

申请人：马鞍山钢铁股份有限公司

摘要：一种新型热态金属分配器，模面包括第一平面、第二平面；第一平面到第二平面的落差过渡部位设有上圆弧、中部的直线段、下圆弧；上圆弧为模面第一平面与直线段之间的过渡圆弧，下圆弧为模面直线段与第二平面的过渡圆弧，直线段为第一平面到第二平面的落差过渡中斜向连接上圆弧和下圆弧的直线，直线段与第一平面之间的夹角为 20°~40°；第一平面到第二平面之间的落差为 60~100mm。本实用新型增大了台阶落差、减小了角度，减少了热态金属预分配压力，便于调节。采用本分配器，金属预分配结束时不会落到台阶的第二平面，减少了金属预分配压力，便于调节；减少了侧面的表面氧化铁皮压入的机会；减少了表面缺陷，提高了合格率。

专利名称：一种车轮压字机字头拆卸装置

申请号：201621146898.4

主分类号：B41K 3/62（2006.01）

发明人：王世付；陶国强；张盛华；俞卫权

申请人：马鞍山钢铁股份有限公司

摘要：本实用新型公开了一种车轮压字机字头拆卸装置，属于工件标识压印用设备技术领域。本实用新型包括字头和螺杆，字头通过固定螺栓连接在移动滑块的顶部，移动滑块与固定支撑块相连接，固定支撑块的顶部抵于字轮之上，移动滑块的底部与固定支撑块的底部均设有螺孔，螺杆分别连接移动滑块底部螺孔与固定支撑块底部螺孔，上述移动滑块上设有连接固定支撑块用螺孔，上述固定支撑块上设有连接移动滑块用螺孔。本实用新型采用字头和拆卸工具，使更换字头平均耗时从半小时缩短至 3min，大大提高了拆装效率，拆卸简单，很好地满足了生产需要。

专利名称：一种弹性车轮零件的简易喷漆烘烤装置

申请号：201621146899.9

主分类号：B05B 15/12（2006.01）

发明人：范兴海；沈斌；许杰峰；吴诚；邹晓宇；章锐；利小明；张炳强

申请人：马鞍山钢铁股份有限公司

摘要：一种弹性车轮零件的简易喷漆烘烤装置，包括喷漆装置和烘烤装置；所述的喷漆装置包括喷漆室、底座、喷漆托架、水槽、送风装置、抽风装置、卷帘；其中喷漆托架设在底座上，喷漆托架两端下方的凸起部分卡在底座上部的两侧；送风装置安装在喷漆室顶部，抽风装置安装在喷漆室一侧的底部；卷帘设置在喷漆室开口侧；所述的烘烤装置包括烘烤室、支架、烘烤托架、蒸汽加热装置，烘烤装置内的支架与喷漆装置内的底座结构相同，长度较喷漆装置底座长。本实用新型结构简单实用，配置合理，投资省，占用场地小，运行维护简单，操作方便，运行可靠。

专利名称：一种加热炉炉底传动机构

申请号：201621147194.9

主分类号：F27B 3/06（2006.01）

发明人：刘爱兵；胡晓丽；王洋；耿培涛；孙镇镇；许杰锋；陆伟斐；江涛；马灵

申请人：马鞍山钢铁股份有限公司

摘要：一种加热炉炉底传动机构，包括平动装置、升降装置、轨道、平动体、水平杆、两组连杆卡爪Ⅰ和连杆卡爪Ⅱ、固定杆；所述平动装置包括支撑架、平动液压缸、平动活塞杆；所述升降装置包括升降液压缸、升降活塞杆、水平杆；所述的平动体的两侧面垂直置于左右轨道上，在平动体的两侧面下部前后位置均垂直向上开有两个长条孔状移动槽，在平动体的两侧面内侧均设有交叉成钳状的连杆卡爪Ⅰ与连杆卡爪Ⅱ，连杆卡爪Ⅰ和连杆卡爪Ⅱ的下端均垂直焊接有分别插入平动体的两侧面的两个移动槽内的移动杆，水平杆两端分别穿入两侧的连杆卡爪Ⅰ与连杆卡爪Ⅱ交叉处并用卡销销住。本实用新型结构简单，提高了炉体的工作稳定性和使用寿命，降低了投入成本和维修成本。

专利名称：一种火车车轮探伤用托辊

申请号：201621147195.3

主分类号：G01N 29/04（2006.01）

发明人：许杰峰；刘爱兵；王洋；耿培涛；程旭辉；胡晓丽；毛庆云；龚胜辉；王鑫

申请人：马鞍山钢铁股份有限公司

摘要：一种火车车轮探伤用托辊，包括环状的辊芯、环状的辊环、紧固件；辊环分为上辊环和下辊环，在辊环外圆面上开有环状的V型槽；辊芯包括轮毂、辐板、轮辋，在轮辋外圆面加工有定位凹槽；在辊环内环设有环状凸台，辊环的内圆面与辊芯的轮辋外圆面相接触，在环状凸台插入定位凹槽的环形部位周向均匀开有多个通孔，在每个通孔的一外侧均加工有沉孔，内六角螺钉的圆柱头沉入到沉孔内。本实用新型能够适应各种规格的火车车轮探伤需求，采用分体可拆卸式结构，结构简单紧凑，安装方便，维修时不需整体更换，降低了检修难度，节约了检修时间；采用不同材质，在保证托辊强度的情况下，对车轮表面质量有一定保证，增强车轮产品市场竞争力。

专利名称：一种立式车轮轧机斜辊紧固装置

申请号：201621185815.2

主分类号：B21B 31/00（2006.01）

发明人：耿培涛；刘爱兵；吴会超；王洋；许杰锋

申请人：马鞍山钢铁股份有限公司

摘要：本实用新型公开了一种立式车轮轧机斜辊紧固装置，包括双头螺栓、方形压板，其特征在于：所述双头螺栓与斜辊轴相连接，方形压板安装在斜辊轴的方槽内，通过螺钉与斜辊轴紧固在一起，套装在双头螺栓上，双头螺栓的另一端，套装了压盖，压住斜辊；压盖上安装了垫圈，垫圈、螺母和预紧螺栓将压盖紧紧压住斜辊，使斜辊与斜辊轴稳定地连接；双头螺栓顶端有端盖，用固定螺钉固定。其特征在于：所述预紧螺栓和螺母给双头螺栓提供预紧力。其特征在于：所述端盖和固定螺钉用来保护双头螺栓。本实用新型的优点是提高了设备的开动率，延长了轴的使用寿命；同时取消了左旋和右旋，减少了备件的库存量。

专利名称：一种火车车轮运输位置检测装置

申请号：201621204923.X

主分类号：G01D 5/26（2006.01）

发明人：许杰峰；刘爱兵；程旭辉；王洋；耿培涛；王鑫；胡文凯；龚胜辉

申请人：马鞍山钢铁股份有限公司

摘要：本实用新型公开了一种火车车轮运输位置检测装置。特点是该装置包括粗调单元及位置检测单元，粗调单元具有底座及置于底座上且与底座相对滑动的滑座，底座安装在车轮运输辊道末端钢结构平台上，底座的侧面设置有刻度尺，刻度尺上标有不同规格车轮所对应的滑座位置；位置检测单元具有限位杆、限位座、光电开关及用于安装光电开关的支架A，限位座和支架A安装在滑座上，限位杆可往复运动的安装在限位座上，限位杆的头部伸向车轮运输辊道末端，尾部靠近光电开关且未触发光电开关。本实用新型能够满足辊道运输线上的所有规格车轮的精确定位，不仅满足所有规格车轮在辊道运输线上的定位要求，同时为下一道工序提供了位置控制信号。

专利名称：一种上升烟道口设隔墙的环形加热炉

申请号：201621288986. 8

主分类号：C21D 9/70（2006. 01）

发明人：蒋宗好；谢峰；王鑫应；刘丹

申请人：马鞍山钢铁股份有限公司

摘要：本实用新型公开了一种上升烟道口设隔墙的环形加热炉，包括加热炉本体、同心设置的内墙和外墙。在内墙和外墙之间按顺序设置预热段、加热一段、加热二段、均热段、进料门、出料门和上升烟道，其特点是在预热段尾部上升烟道入口前设隔墙，隔墙下部铺设两根支撑梁，隔墙和支撑梁外部浇筑耐火材料；进料门和出料门之间设第一矮隔墙和第二矮隔墙，第一矮隔墙和第二矮隔墙下部与炉底无限接近，下部缝隙仅允许炉底氧化铁皮通过。本实用新型的优点是结构简单，容易控制，运行安全可靠，实现节能减排，避免钢坯出现过热事故，减少钢铁料烧损和提高加热质量。

专利名称：地铁车辆用弹性车轮

申请号：201621301332. 4

主分类号：B60B 17/00（2006. 01）

发明人：周信；邹强；何远鹏；江波；刘玉霞；肖锋；薛弼一；吕永华；金学松

申请人：西南交通大学；马鞍山钢铁股份有限公司

摘要：本实用新型公开了一种地铁车辆用弹性车轮，包括轮辋（1）、轮心（4），其特征在于：所述的轮辋（1）与轮心（4）之间过盈嵌合有截面呈碗型的橡胶层（2），且橡胶层（2）的宽度小于轮辋（1）的宽度；所述的轮心（4）在橡胶层（2）的外侧设有安装槽，安装环（3）与安装槽过盈配合，螺栓（5）穿过安装环（3）及橡胶层（2）后与轮心（4）的内侧螺纹连接。该种弹性车轮结构简单、具有合适的径向和轴向刚度，降噪隔振效果好，安全性高。

专利名称：一种传感器安装工装

申请号：201720966630. 3

主分类号：G01K 1/14（2006. 01）

申请人：马鞍山钢铁股份有限公司

发明人：沈德青；许杰峰

摘要：本实用新型提供一种应用于检测设备技术领域的传感器安装工装，所述的传感器安装工装的工装本体（1）上还设置连接孔（5），连接螺栓（6）穿过连接孔（5）与被测物体（2）上的螺纹孔（7）拧装连接，传感器安装工装的每个连接螺栓（6）上套装一个弹簧垫片（8），工装本体（1）与被测物体（2）连接时，弹簧垫片（8）上表面与工装本体（1）下表面贴合，弹簧垫片（8）下表面与被测物体（2）上表面贴合，本实用新型所述的传感器安装工装，结构简单，能够实现插装温度传感器的工装本体与被测物体实现可靠连接，确保温度传感器与被测物体可靠接触，又避免工装本体随着被测物体的振动而振动，确保插装的温度传感器的稳定性。